Herausgegeben von

Prof. Peter Musall,
Rektor a. D. der Hochschule
für öffentliche Verwaltung und Rechtspflege (FH),
Fortbildungszentrum des Freistaates Sachsen

Prof. Dr. Hans-Jörg Birk,
Rechtsanwalt und Fachanwalt für Verwaltungsrecht
Justiziar des Sächsischen Städte- und Gemeindetags

Prof. Dr. Kurt Faßbender,
Juristenfakultät der Universität Leipzig
Lehrstuhl für Öffentliches Recht,
insbesondere Umwelt- und Planungsrecht

NomosGesetze

Prof. Peter Musall
Prof. Dr. Hans-Jörg Birk
Prof. Dr. Kurt Faßbender

Landesrecht Sachsen

24. Auflage

Stand: 1. März 2020

Die Deutsche Nationalbibliothek verzeichnet diese Publikation in
der Deutschen Nationalbibliografie; detaillierte bibliografische
Daten sind im Internet über http://dnb.d-nb.de abrufbar.

ISBN 978-3-8487-6598-0

24. Auflage 2020

Vorwort

In der im Jahr 2019 zu Ende gehenden 6. Wahlperiode wurden vom Sächsischen Landtag zahlreiche Gesetze neu beschlossen bzw. geändert. Betroffen hiervon sind 27 Signaturen unserer Sammlung, so dass folglich eine Neuauflage zwingend erforderlich ist.

Besonders hinzuweisen ist auf das Gesetz zur Neustrukturierung des Polizeirechts des Freistaates Sachsen vom 11. Mai 2019 (SächsGVBl. S. 358), welches allein sieben Signaturen betrifft. Das bisherige Sächsische Polizeigesetz (Signatur 40) wurde mit Wirkung vom 1. Januar 2020 aufgehoben. Stattdessen enthält Art. 1 dieses Neustrukturierungsgesetzes das Gesetz über die Aufgaben, Befugnisse, Datenverarbeitung und Organisation des Polizeivollzugsdienstes im Freistaat Sachsen (Sächsisches Polizeivollzugsdienstgesetz – SächsPVDG). Das SächsPVDG erhält die bisherige Signatur 40. Mit der Signatur 41 wird das Gesetz über die Aufgaben, Organisation, Befugnisse und Datenverarbeitung der Polizeibehörden im Freistaat Sachsen (Sächsisches Polizeibehördengesetz – SächsPBG; Art. 2 des Neustrukturierungsgesetzes) neu in die Sammlung aufgenommen. Die bisher unter Signatur 41 abgedruckte Verordnung über die Wahrnehmung polizeilicher Vollzugsaufgaben wird zur neuen Signatur 41a.

Insgesamt ist das am 1. Januar 2020 in Kraft getretene neue sächsische Polizeirecht deutlich umfangreicher als das bisherige Sächsische Polizeigesetz. Die Herausgeber sowie der Verlag haben deshalb beschlossen, einige Signaturen aus der Sammlung herauszunehmen bzw. manche Signaturen zu kürzen, damit die Sammlung noch handhabbar bleibt. Herausgenommen werden die Signaturen 26a (Sächsisches Disziplinargesetz) und 82 (Sächsisches Pressegesetz). Vom Sächsischen Kreisgebietsneugliederungsgesetz (Signatur 32) werden in der 24. Auflage nur noch die §§ 1 bis 3 enthalten sein.

Bei den Signaturen 12 (Sächsisches Wahlgesetz) und 52 (Sächsisches Wassergesetz) wird auf die Anlagen verzichtet. Wir hoffen, dass die Benutzer unserer Sammlung hierfür Verständnis haben.

Sämtliche Änderungen sind bis zum SächsGVBl. Nr. 4 vom 9. März 2020 in der Neuauflage berücksichtigt. Die Weiterentwicklung des Landesrechts wird wie bisher von den Herausgebern ständig überwacht.

Für Anregungen und Verbesserungsvorschläge sind wir dankbar.

Meißen, Dresden und Leipzig, im März 2020

Peter Musall
Hans-Jörg Birk
Kurt Faßbender

Inhalt

Verfassung des Freistaates Sachsen

Vom 27. Mai 1992 (SächsGVBl. S. 243)

(BS Sachsen 100-1)

zuletzt geändert durch Art. 1 Verfassungsänderungsgesetz vom 11. Juli 2013 (SächsGVBl. S. 502)

Nichtamtliche Inhaltsübersicht

(4) Im Siedlungsgebiet der Sorben können neben den Landesfarben und dem Landeswappen Farben und Wappen der Sorben, im schlesischen Teil des Landes die Farben und das Wappen Niederschlesiens, gleichberechtigt geführt werden.

Artikel 3 [Grundlagen]

(1) [1]Alle Staatsgewalt geht vom Volk aus. [2]Sie wird vom Volk in Wahlen und Abstimmungen sowie durch besondere Organe der Gesetzgebung, der vollziehenden Gewalt und der Rechtsprechung ausgeübt.

(2) [1]Die Gesetzgebung steht dem Landtag oder unmittelbar dem Volk zu. [2]Die vollziehende Gewalt liegt in der Hand von Staatsregierung und Verwaltung. [3]Die Rechtsprechung wird durch unabhängige Richter ausgeübt.

(3) Die Gesetzgebung ist an die verfassungsmäßige Ordnung, die vollziehende Gewalt und die Rechtsprechung sind an Gesetz und Recht gebunden.

Artikel 4 [Wahlen]

(1) Alle nach der Verfassung durch das Volk vorzunehmenden Wahlen und Abstimmungen sind allgemein, unmittelbar, frei, gleich und geheim.

(2) Wahl- und stimmberechtigt sind alle Bürger, die im Land wohnen oder sich dort gewöhnlich aufhalten und am Tag der Wahl oder Abstimmung das 18. Lebensjahr vollendet haben.

(3) [1]Das Nähere bestimmen die Gesetze. [2]Dabei kann das Wahl- und Stimmrecht von einer bestimmten Dauer des Aufenthaltes im Land und, wenn die Wahl- und Stimmberechtigten mehrere Wohnungen innehaben, auch davon abhängig gemacht werden, daß ihre Hauptwohnung im Land liegt.

Artikel 5 [Bürger, Minderheiten]

(1) [1]Dem Volk des Freistaates Sachsen gehören Bürger deutscher, sorbischer und anderer Volkszugehörigkeit an. [2]Das Land erkennt das Recht auf die Heimat an.

(2) Das Land gewährleistet und schützt das Recht nationaler und ethnischer Minderheiten deutscher Staatsangehörigkeit auf Bewahrung ihrer Identität sowie auf Pflege ihrer Sprache, Religion, Kultur und Überlieferung.

(3) Das Land achtet die Interessen ausländischer Minderheiten, deren Angehörige sich rechtmäßig im Land aufhalten.

Artikel 6 [Sorben]

(1) [1]Die im Land lebenden Bürger sorbischer Volkszugehörigkeit sind gleichberechtigter Teil des Staatsvolkes. [2]Das Land gewährleistet und schützt das Recht auf Bewahrung ihrer Identität sowie auf Pflege und Entwicklung ihrer angestammten Sprache, Kultur und Überlieferung, insbesondere durch Schulen, vorschulische und kulturelle Einrichtungen.

(2) [1]In der Landes- und Kommunalplanung sind die Lebensbedürfnisse des sorbischen Volkes zu berücksichtigen. [2]Der deutsch-sorbische Charakter des Siedlungsgebietes der sorbischen Volksgruppe ist zu erhalten.

(3) Die landesübergreifende Zusammenarbeit der Sorben, insbesondere in der Ober- und Niederlausitz, liegt im Interesse des Landes.

Artikel 7 [Menschenwürde]

(1) Das Land erkennt das Recht eines jeden Menschen auf ein menschenwürdiges Dasein, insbesondere auf Arbeit, auf angemessenen Wohnraum, auf angemessenen Lebensunterhalt, auf soziale Sicherung und auf Bildung, als Staatsziel an.

(2) Das Land bekennt sich zur Verpflichtung der Gemeinschaft, alte und behinderte Menschen zu unterstützen und auf die Gleichwertigkeit ihrer Lebensbedingungen hinzuwirken.

Artikel 8 [Gleichstellung von Frauen und Männern]

Die Förderung der rechtlichen und tatsächlichen Gleichstellung von Frauen und Männern ist Aufgabe des Landes.

Artikel 9 [Kinder, Jugendliche]

(1) Das Land erkennt das Recht eines jeden Kindes auf eine gesunde seelische, geistige und körperliche Entwicklung an.

(2) Die Jugend ist vor sittlicher, geistiger und körperlicher Gefährdung besonders zu schützen.

(3) Das Land fördert den vorbeugenden Gesundheitsschutz für Kinder und Jugendliche sowie Einrichtungen zu ihrer Betreuung.

Artikel 10 [Umweltschutz]

(1) [1]Der Schutz der Umwelt als Lebensgrundlage ist, auch in Verantwortung für kommende Generationen, Pflicht des Landes und Verpflichtung aller im Land. [2]Das Land hat insbesondere den Boden, die Luft und das Wasser, Tiere und Pflanzen sowie die Landschaft als Ganzes einschließlich ihrer gewachsenen Siedlungsräume zu schützen. [3]Es hat auf den sparsamen Gebrauch und die Rückgewinnung von Rohstoffen und die sparsame Nutzung von Energie und Wasser hinzuwirken.

(2) [1]Anerkannte Naturschutzverbände haben das Recht, nach Maßgabe der Gesetze an umweltbedeutsamen Verwaltungsverfahren mitzuwirken. [2]Ihnen ist Klagebefugnis in Umweltbelangen einzuräumen; das Nähere bestimmt ein Gesetz[1].

(3) [1]Das Land erkennt das Recht auf Genuß der Naturschönheiten und Erholung in der freien Natur an, soweit dem nicht die Ziele nach Absatz 1 entgegenstehen. [2]Der Allgemeinheit ist in diesem Rahmen der Zugang zu Bergen, Wäldern, Feldern, Seen und Flüssen zu ermöglichen.

Artikel 11 [Kultur, Wissenschaft, Sport]

(1) Das Land fördert das kulturelle, das künstlerische und wissenschaftliche Schaffen, die sportliche Betätigung sowie den Austausch auf diesen Gebieten.

(2) [1]Die Teilnahme an der Kultur in ihrer Vielfalt und am Sport ist dem gesamten Volk zu ermöglichen. [2]Zu diesem Zweck werden öffentlich zugängliche Museen, Bibliotheken, Archive, Gedenkstätten, Theater, Sportstätten, musikalische und weitere kulturelle Einrichtungen sowie allgemein zugängliche Universitäten, Hochschulen, Schulen und andere Bildungseinrichtungen unterhalten.

(3) [1]Denkmale und andere Kulturgüter stehen unter dem Schutz und der Pflege des Landes. [2]Für ihr Verbleiben in Sachsen setzt sich das Land ein.

Artikel 12 [Nachbarschaftliche Zusammenarbeit]

Das Land strebt grenzüberschreitende regionale Zusammenarbeit an, die auf den Ausbau nachbarschaftlicher Beziehungen, auf das Zusammenwachsen Europas und auf eine friedliche Entwicklung in der Welt gerichtet ist.

Artikel 13 [Anstreben der Staatsziele]

Das Land hat die Pflicht, nach seinen Kräften die in dieser Verfassung niedergelegten Staatsziele anzustreben und sein Handeln danach auszurichten.

2. Abschnitt:
Die Grundrechte

Artikel 14 [Schutz der Menschenwürde]

(1) [1]Die Würde des Menschen ist unantastbar. [2]Sie zu achten und zu schützen ist Verpflichtung aller staatlichen Gewalt.

(2) Die Unantastbarkeit der Würde des Menschen ist Quelle aller Grundrechte.

Artikel 15 [Freie Entfaltung der Persönlichkeit]

Jeder Mensch hat das Recht auf die freie Entfaltung seiner Persönlichkeit, soweit er nicht die Rechte anderer verletzt und nicht gegen die verfassungsmäßige Ordnung oder das Sittengesetz verstößt.

Artikel 16 [Leben; körperliche Unversehrtheit; Freiheit der Person]

(1) [1]Jeder Mensch hat das Recht auf Leben und körperlicher Unversehrtheit. [2]Die Freiheit der Person ist unverletzlich. [3]In diese Rechte darf nur auf Grund eines Gesetzes eingegriffen werden.

(2) Niemand darf grausamer, unmenschlicher oder erniedrigender Behandlung oder Strafe und ohne seine freiwillige und ausdrückliche Zustimmung wissenschaftlichen oder anderen Experimenten unterworfen werden.

Artikel 17 [Freiheitsentziehung]

(1) [1]Die Freiheit der Person kann nur auf Grund eines förmlichen Gesetzes und nur unter Beachtung der darin vorgeschriebenen Formen beschränkt werden. [2]Die betroffene Person muß unverzüglich über die Gründe der Freiheitsbeschränkung unterrichtet werden.

---

1) § 58 SächsNatSchG

(2) [1]Über die Zulässigkeit und Fortdauer einer Freiheitsentziehung hat nur der Richter zu entscheiden. [2]Bei jeder nicht auf richterlicher Anordnung beruhenden Freiheitsentziehung ist unverzüglich eine richterliche Entscheidung herbeizuführen. [3]Die Polizei darf aus eigener Machtvollkommenheit niemanden länger als bis zum Ende des Tages nach dem Ergreifen in eigenem Gewahrsam halten. [4]Das Nähere bestimmt ein Gesetz.

(3) [1]Jede wegen des Verdachtes einer strafbaren Handlung vorläufig festgenommene Person ist spätestens am Tag nach der Festnahme dem Richter vorzuführen, der ihr die Gründe der Festnahme mitzuteilen, sie zu vernehmen und ihr Gelegenheit zu Einwendungen zu geben hat. [2]Der Richter hat unverzüglich entweder einen mit Gründen versehenen schriftlichen Haftbefehl zu erlassen oder die Freilassung anzuordnen.

(4) Von jeder richterlichen Entscheidung über die Anordnung oder Fortdauer einer Freiheitsentziehung ist unverzüglich eine Vertrauensperson oder ein Familienmitglied der festgehaltenen Person zu benachrichtigen.

Artikel 18 [Gleichheit]
(1) Alle Menschen sind vor dem Gesetz gleich.
(2) Frauen und Männer sind gleichberechtigt.
(3) Niemand darf wegen seines Geschlechtes, seiner Abstammung, seiner Rasse, seiner Sprache, seiner Heimat und Herkunft, seines Glaubens, seiner religiösen oder politischen Anschauungen benachteiligt oder bevorzugt werden.

Artikel 19 [Glaubens-, Gewissens- und Bekenntnisfreiheit]
(1) Die Freiheit des Glaubens, des Gewissens und die Freiheit des religiösen und weltanschaulichen Bekenntnisses sind unverletzlich.
(2) Die ungestörte Religionsausübung wird gewährleistet.

Artikel 20 [Meinungs- und Medienfreiheit]
(1) [1]Jede Person hat das Recht, ihre Meinung in Wort, Schrift und Bild frei zu äußern und zu verbreiten und sich aus allgemein zugänglichen Quellen ungehindert zu unterrichten. [2]Die Pressefreiheit und die Freiheit der Berichterstattung durch Rundfunk und Film werden gewährleistet. [3]Eine Zensur findet nicht statt.
(2) Unbeschadet des Rechtes, Rundfunk in privater Trägerschaft zu betreiben, werden Bestand und Entwicklung des öffentlich-rechtlichen Rundfunks gewährleistet.
(3) Diese Rechte finden ihre Schranken in den Vorschriften der allgemeinen Gesetze, den gesetzlichen Bestimmungen zum Schutz der Jugend und in dem Recht der persönlichen Ehre.

Artikel 21 [Kunst- und Wissenschaftsfreiheit]
[1]Kunst und Wissenschaft, Forschung und Lehre sind frei. [2]Die Freiheit der Lehre entbindet nicht von der Treue zur Verfassung.

Artikel 22 [Ehe und Familie]
(1) Ehe und Familie stehen unter dem besonderen Schutz des Landes.
(2) Wer in häuslicher Gemeinschaft Kinder erzieht oder für Hilfsbedürftige sorgt, verdient Förderung und Entlastung.
(3) [1]Pflege und Erziehung der Kinder sind das natürliche Recht der Eltern und die zuerst ihnen obliegende Pflicht. [2]Über ihre Betätigung wacht das Land.
(4) Gegen den Willen der Erziehungsberechtigten dürfen Kinder nur auf Grund eines Gesetzes von der Familie getrennt werden, wenn die Erziehungsberechtigten versagen oder wenn die Kinder aus anderen Gründen zu verwahrlosen drohen.
(5) Jede Mutter hat Anspruch auf den Schutz und die Fürsorge der Gemeinschaft.

Artikel 23 [Versammlungsfreiheit]
(1) Alle haben das Recht, sich ohne Anmeldung oder Erlaubnis friedlich und ohne Waffen zu versammeln.
(2) Für Versammlungen unter freiem Himmel kann dieses Recht durch Gesetz oder auf Grund eines Gesetzes beschränkt werden.

Artikel 24 [Vereinigungsfreiheit]
(1) Alle Bürger haben das Recht, Vereinigungen zu bilden.
(2) Vereinigungen, deren Zweck oder deren Tätigkeit den Strafgesetzen zuwiderlaufen oder die sich gegen die verfassungsmäßige Ordnung oder gegen den Gedanken der Völkerverständigung richten, sind verboten.

Artikel 25 [Arbeits- und Wirtschaftsvereinigungen]
[1]Das Recht, zur Wahrung und Förderung der Arbeits- und Wirtschaftsbedingungen Vereinigungen zu bilden, ist für jede Person und für alle Berufe gewährleistet. [2]Abreden, die dieses Recht einschränken oder zu behindern suchen, sind nichtig; hierauf gerichtete Maßnahmen sind rechtswidrig.

Artikel 26 [Personalvertretungsrecht]
[1]In Betrieben, Dienststellen und Einrichtungen des Landes sind Vertretungsorgane der Beschäftigten zu bilden. [2]Diese haben nach Maßgabe der Gesetze das Recht auf Mitbestimmung.

Artikel 27 [Brief-, Post- und Fernmeldegeheimnis]
(1) Das Briefgeheimnis sowie das Post- und Fernmeldegeheimnis sind unverletzlich.
(2) [1]Beschränkungen dürfen nur auf Grund eines Gesetzes angeordnet werden. [2]Dient die Beschränkung dem Schutz der freiheitlichen demokratischen Grundordnung oder des Bestandes oder der Sicherung des Bundes oder eines Landes, so kann das Gesetz bestimmen, daß sie dem Betroffenen nicht mitgeteilt wird und daß an die Stelle des Rechtsweges die Nachprüfung durch von der Volksvertretung bestellte Organe und Hilfsorgane tritt. [3]Für diesen Fall ist vorzusehen, daß die Beschränkungsmaßnahmen dem Betroffenen nach ihrem Abschluß mitzuteilen sind, wenn eine Gefährdung des Zweckes der Beschränkung ausgeschlossen werden kann.

Artikel 28 [Berufsfreiheit]
(1) [1]Beruf und Arbeitsplatz können frei gewählt werden, soweit Bundesrecht nicht entgegensteht. [2]Die Berufsausübung kann durch Gesetz oder auf Grund eines Gesetzes geregelt werden.
(2) Erwerbsmäßige Kinderarbeit ist grundsätzlich verboten.
(3) Niemand darf zu einer bestimmten Arbeit gezwungen werden, außer im Rahmen einer herkömmlichen allgemeinen, für alle gleichen öffentlichen Dienstleistungspflicht.

Artikel 29 [Ausbildungs- und Bildungsfreiheit]
(1) Alle Bürger haben das Recht, die Ausbildungsstätte frei zu wählen.
(2) Alle Bürger haben das Recht auf gleichen Zugang zu den öffentlichen Bildungseinrichtungen.

Artikel 30 [Unverletzlichkeit der Wohnung]
(1) Die Wohnung ist unverletzlich.
(2) Durchsuchungen dürfen nur durch den Richter, bei Gefahr im Verzug auch durch die in den Gesetzen vorgesehenen anderen Organe angeordnet und nur in der dort vorgeschriebenen Form durchgeführt werden.
(3) Eingriffe und Beschränkungen dürfen im übrigen nur zur Abwehr einer gemeinen Gefahr oder einer Lebensgefahr für einzelne Personen, auf Grund eines Gesetzes auch zur Verhütung dringender Gefahren für die öffentliche Sicherheit und Ordnung, insbesondere zur Behebung der Raumnot, zur Bekämpfung von Seuchengefahr oder zum Schutz gefährdeter Jugendlicher vorgenommen werden.

Artikel 31 [Eigentum und Erbrecht]
(1) [1]Das Eigentum und das Erbrecht werden gewährleistet. [2]Inhalt und Schranken werden durch die Gesetze bestimmt.
(2) [1]Eigentum verpflichtet. [2]Sein Gebrauch soll zugleich dem Wohl der Allgemeinheit dienen, insbesondere die natürlichen Lebensgrundlagen schonen.

Artikel 32 [Enteignung]
(1) [1]Eine Enteignung ist nur zum Wohl der Allgemeinheit zulässig. [2]Sie darf nur durch Gesetz oder auf Grund eines Gesetzes erfolgen, das Art und Ausmaß der Entschädigung regelt.
(2) Grund und Boden, Naturschätze und Produktionsmittel können zum Zweck der Vergesellschaftung durch ein Gesetz, das Art und Ausmaß der Entschädigung regelt, in Gemeineigentum oder in andere Formen der Gemeinwirtschaft überführt werden.

(3) Die Entschädigung ist unter gerechter Abwägung der Interessen der Allgemeinheit und der Beteiligten zu bestimmen.

Artikel 33 [Datenschutz]
[1]Jeder Mensch hat das Recht, über die Erhebung, Verwendung und Weitergabe seiner personenbezogenen Daten selbst zu bestimmen. [2]Sie dürfen ohne freiwillige und ausdrückliche Zustimmung der berechtigten Person nicht erhoben, gespeichert, verwendet oder weitergegeben werden. [3]In dieses Recht darf nur durch Gesetz oder auf Grund eines Gesetzes eingegriffen werden[1].

Artikel 34 [Umweltdaten]
Jede Person hat das Recht auf Auskunft über die Daten, welche die natürliche Umwelt in ihrem Lebensraum betreffen, soweit sie durch das Land erhoben oder gespeichert worden sind und soweit nicht Bundesrecht, rechtlich geschützte Interessen Dritter oder überwiegende Belange der Allgemeinheit entgegenstehen.

Artikel 35 [Petitionsrecht]
[1]Jede Person hat das Recht, sich einzeln oder in Gemeinschaft mit anderen schriftlich mit Bitten oder Beschwerden an die zuständigen Stellen und an die Volksvertretung zu wenden. [2]Es besteht Anspruch auf begründeten Bescheid in angemessener Frist.

Artikel 36 [Bindung der öffentlichen Gewalt]
Die in dieser Verfassung niedergelegten Grundrechte binden Gesetzgebung, vollziehende Gewalt und Rechtsprechung als unmittelbar geltendes Recht.

Artikel 37 [Einschränkung von Grundrechten]
(1) [1]Soweit nach dieser Verfassung ein Grundrecht durch Gesetz oder auf Grund eines Gesetzes eingeschränkt werden kann, muß das Gesetz allgemein und nicht nur für den Einzelfall gelten. [2]Außerdem muß das Gesetz das Grundrecht unter Angabe des Artikels nennen.
(2) In keinem Fall darf ein Grundrecht in seinem Wesensgehalt angetastet werden.
(3) Die Grundrechte gelten auch für juristische Personen mit Sitz innerhalb der Bundesrepublik Deutschland, soweit sie ihrem Wesen nach auf diese anwendbar sind.

Artikel 38 [Rechtsweggarantie]
[1]Wird jemand durch die öffentliche Gewalt in seinen Rechten verletzt, so steht ihm der Rechtsweg offen. [2]Soweit eine andere Zuständigkeit nicht begründet ist, ist der ordentliche Rechtsweg gegeben. [3]Artikel 27 Absatz 2 Satz 2 bleibt unberührt.

3. Abschnitt:
Der Landtag

Artikel 39 [Der Landtag]
(1) Der Landtag ist die gewählte Vertretung des Volkes.
(2) Der Landtag übt die gesetzgebende Gewalt aus, überwacht die Ausübung der vollziehenden Gewalt nach Maßgabe dieser Verfassung und ist Stätte der politischen Willensbildung.
(3) [1]Die Abgeordneten vertreten das ganze Volk. [2]Sie sind nur ihrem Gewissen unterworfen und an Aufträge und Weisungen nicht gebunden.

Artikel 40 [Opposition]
[1]Das Recht auf Bildung und Ausübung parlamentarischer Opposition ist wesentlich für die freiheitliche Demokratie. [2]Die Regierung nicht tragende Teile des Landtages haben das Recht auf Chancengleichheit in Parlament und Öffentlichkeit.

Artikel 41 [Abgeordnete]
(1) [1]Der Landtag besteht in der Regel aus 120 Abgeordneten. [2]Sie werden nach einem Verfahren gewählt, das die Persönlichkeitswahl mit den Grundsätzen der Verhältniswahl verbindet.
(2) [1]Wählbar sind alle Wahlberechtigten. [2]Die Wählbarkeit kann von einer bestimmten Dauer des Aufenthaltes im Land abhängig gemacht werden.

---

1) Siehe hierzu ua:
   G zur Erleichterung der Bekanntmachung von Umweltinformationen und Geodaten.

(3) Das Nähere bestimmt ein Gesetz[1].

Artikel 42 [Rechte der Abgeordneten]

(1) Wer sich um einen Sitz im Landtag bewirbt, hat Anspruch auf den zur Vorbereitung seiner Wahl erforderlichen Urlaub.

(2) [1]Niemand darf gehindert werden, das Amt eines Abgeordneten zu übernehmen und auszuüben. [2]Eine Kündigung oder Entlassung aus einem Dienst- oder Arbeitsverhältnis aus diesem Grund ist unzulässig.

(3) [1]Die Abgeordneten haben Anspruch auf eine angemessene, ihre Unabhängigkeit sichernde Entschädigung. [2]Sie haben innerhalb des Landes das Recht der kostenfreien Benutzung aller staatlichen Verkehrsmittel.

(4) Das Nähere bestimmt ein Gesetz[2].

Artikel 43 [Mandatserwerb, Mandatsverlust]

(1) [1]Wer zum Abgeordneten gewählt ist, erwirbt sein Mandat mit der Annahme der Wahl, die rechtliche Stellung eines Mitglieds des Landtages jedoch nicht vor Zusammentritt des neuen Landtages. [2]Die Annahme der Wahl kann abgelehnt werden.

(2) [1]Abgeordnete können jederzeit auf ihr Mandat verzichten. [2]Der Verzicht ist den Präsidenten des Landtages schriftlich zu erklären. [3]Die Erklärung ist unwiderruflich.

(3) Verlieren Abgeordnete die Wählbarkeit, so erlischt ihr Mandat.

Artikel 44 [Wahlperiode, Neuwahl]

(1) [1]Der Landtag wird auf fünf Jahre gewählt. [2]Seine Wahlperiode endet mit dem Zusammentritt eines neuen Landtages. [3]Dies gilt auch für den Fall der Auflösung des Landtages.

(2) Die Neuwahl muß vor Ablauf der Wahlperiode, im Fall der Auflösung des Landtages binnen sechzig Tagen stattfinden.

(3) [1]Der Landtag tritt spätestens am dreißigsten Tag nach der Neuwahl zusammen. [2]Die erste Sitzung wird vom Alterspräsidenten einberufen und bis zur Wahl des Landtagspräsidenten geleitet.

(4) [1]Der Landtag bestimmt den Schluß und den Wiederbeginn seiner Sitzungen. [2]Der Präsident kann den Landtag früher einberufen. [3]Er ist dazu verpflichtet, wenn ein Viertel der Mitglieder des Landtages oder die Staatsregierung es verlangt.

Artikel 45 [Wahlprüfung]

(1) [1]Die Wahlprüfung ist Sache des Landtages. [2]Er entscheidet auch, ob ein Mitglied sein Mandat verloren hat.

(2) Gegen die Entscheidung ist die Beschwerde an den Verfassungsgerichtshof zulässig.

(3) Das Nähere bestimmt ein Gesetz.

Artikel 46 [Geschäftsordnung]

(1) Der Landtag gibt sich eine Geschäftsordnung.

(2) In der Geschäftsordnung sind Regelungen für den Zusammenschluß der Abgeordneten zu Fraktionen zu treffen.

(3) Die Rechte fraktionsloser Abgeordneter dürfen nicht beschränkt werden.

(4) Die Änderung der Geschäftsordnung bedarf der Mehrheit von zwei Dritteln der anwesenden Abgeordneten.

Artikel 47 [Präsident]

(1) Der Landtag wählt seinen Präsidenten und dessen Stellvertreter, die zusammen mit weiteren Mitgliedern das Präsidium bilden, und die Schriftführer.

(2) Der Präsident leitet die Verhandlungen nach Maßgabe der Geschäftsordnung.

(3) [1]Der Präsident übt das Hausrecht und die Polizeigewalt im Gebäude des Landtages aus. [2]Ohne seine Zustimmung darf in den Räumen des Landtages keine Durchsuchung oder Beschlagnahme stattfinden.

(4) [1]Der Präsident verwaltet die wirtschaftlichen Angelegenheiten des Landtages nach Maßgabe des Haushaltsgesetzes[3]. [2]Er vertritt den Freistaat im Rahmen der Verwaltung des Landtages. [3]Ihm steht

---

1) Siehe das Sächsische WahlG.
2) Siehe das AbgeordnetenG.
3) Siehe das jeweils geltende HaushaltsG.

die Einstellung und Entlassung der Angestellten und Arbeiter sowie im Benehmen mit dem Präsidium die Ernennung und Entlassung der Beamten des Landtages zu. [4]Der Präsident ist oberste Dienstbehörde für die Beamten, Angestellten und Arbeiter des Landtages.

Artikel 48 [Verhandlungen]

(1) [1]Die Verhandlungen des Landtages sind öffentlich. [2]Die Öffentlichkeit kann ausgeschlossen werden, wenn der Landtag es auf Antrag von zwölf Abgeordneten oder eines Mitgliedes der Staatsregierung mit einer Mehrheit von zwei Dritteln der anwesenden Abgeordneten beschließt. [3]Über den Antrag wird in nichtöffentlicher Sitzung entschieden.

(2) Der Landtag ist beschlußfähig, wenn nicht auf Antrag eines seiner Mitglieder, der nur bis zum Beginn einer Abstimmung zulässig ist, vom Präsidenten festgestellt wird, daß weniger als die Hälfte der Abgeordneten anwesend sind.

(3) [1]Der Landtag beschließt mit der Mehrheit der abgegebenen Stimmen, sofern diese Verfassung nichts anderes bestimmt. [2]Für die vom Landtag vorzunehmenden Wahlen kann die Geschäftsordnung Ausnahmen zulassen.

(4) Für wahrheitsgetreue Berichte über die öffentlichen Sitzungen des Landtages und seiner Ausschüsse darf niemand zur Verantwortung gezogen werden.

Artikel 49 [Teilnahme der Staatsregierung]

(1) Der Landtag und seine Ausschüsse können die Anwesenheit eines jeden Mitgliedes der Staatsregierung verlangen.

(2) [1]Die Mitglieder der Staatsregierung und ihre Beauftragten haben zu den Sitzungen des Landtages und seiner Ausschüsse Zutritt und müssen jederzeit gehört werden. [2]Sie unterstehen der Ordnungsgewalt des Präsidenten und der Vorsitzenden der Ausschüsse.

(3) [1]Zu nichtöffentlichen Sitzungen der Untersuchungsausschüsse, die nicht der Beweiserhebung dienen, haben die Mitglieder der Staatsregierung und ihre Beauftragten nur Zutritt, wenn sie geladen sind. [2]Sie können gehört werden. [3]In jedem Fall gibt der Untersuchungsausschuß der Staatsregierung Gelegenheit, zu den Ergebnissen der Beweisaufnahme Stellung zu nehmen. [4]Weitere Beschränkungen des Zutrittsrechtes der Mitglieder und Beauftragten der Staatsregierung zu den Sitzungen der Untersuchungsausschüsse können durch Gesetz bestimmt werden.

Artikel 50 [Information durch die Staatsregierung]

Die Staatsregierung ist verpflichtet, über ihre Tätigkeit den Landtag insoweit zu informieren, als dies zur Erfüllung seiner Aufgaben erforderlich ist.

Artikel 51 [Fragerecht der Landtagsmitglieder]

(1) [1]Fragen einzelner Abgeordneter oder parlamentarische Anfragen haben die Staatsregierung oder ihre Mitglieder im Landtag und in seinen Ausschüssen nach bestem Wissen unverzüglich und vollständig zu beantworten. [2]Die gleiche Verpflichtung trifft die Beauftragten der Staatsregierung in den Ausschüssen.

(2) Die Staatsregierung kann die Beantwortung von Fragen ablehnen, wenn diese den Kernbereich exekutiver Eigenverantwortung berühren oder einer Beantwortung gesetzliche Regelungen, Rechte Dritter oder überwiegende Belange des Geheimschutzes entgegenstehen.

(3) Das Nähere regelt die Geschäftsordnung des Landtages.

Artikel 52 [Ausschüsse]

(1) [1]Der Landtag bildet ständige Ausschüsse. [2]Die Geschäftsordnung bestimmt Aufgaben, Zusammensetzung und Arbeitsweise.

(2) [1]Der Landtag kann auf Antrag von zwölf Abgeordneten oder einer Fraktion die Bildung zeitweiliger Ausschüsse beschließen. [2]Gegenstand und Ziel des jeweiligen Ausschusses sind im Beschluß festzulegen.

(3) Die Ausschüsse können öffentlich tagen.

Artikel 53 [Petitionsausschuss]

(1) Der Landtag bestellt einen Petitionsausschuß zur Behandlung der an ihn gerichteten Bitten und Beschwerden.

(2) Nach Maßgabe der Geschäftsordnung des Landtages können Bitten und Beschwerden auch einem anderen Ausschuß überwiesen werden.

(3) Die Befugnisse des Petitionsausschusses, insbesondere das Zutrittsrecht zu den öffentlichen Einrichtungen und das Recht auf Aktenvorlage, werden durch Gesetz geregelt.

Artikel 54 [Untersuchungsausschüsse]

(1) [1]Der Landtag hat das Recht und auf Antrag von einem Fünftel seiner Mitglieder die Pflicht, Untersuchungsausschüsse einzusetzen. [2]Der Gegenstand der Untersuchung ist im Beschluß festzulegen. [3]Der in einem Minderheitsantrag bezeichnete Untersuchungsgegenstand darf gegen den Willen der Antragsteller nicht verändert werden.

(2) [1]Die Ausschüsse erheben in öffentlicher Verhandlung die Beweise, die sie oder die Antragsteller für erforderlich halten. [2]Die Öffentlichkeit ist auszuschließen, wenn zwei Drittel der anwesenden Mitglieder des Ausschusses dies verlangen.

(3) Beweise sind zu erheben, wenn sie von einem Fünftel der Mitglieder des Ausschusses beantragt werden.

(4) Auf Verlangen eines Fünftels der Mitglieder des Untersuchungsausschusses ist die Staatsregierung verpflichtet, Akten vorzulegen und ihren Bediensteten Aussagegenehmigung zu erteilen, soweit nicht der Kernbereich exekutiver Eigenverantwortung berührt wird oder gesetzliche Regelungen, Rechte Dritter oder überwiegende Belange des Geheimschutzes entgegenstehen.

(5) Gerichte und Verwaltungsbehörden sind zur Rechts- und Amtshilfe verpflichtet.

(6) [1]Das Nähere über die Einsetzung, die Befugnisse und das Verfahren der Untersuchungsausschüsse wird durch Gesetz geregelt. [2]Das Brief-, Post- und Fernmeldegeheimnis bleibt unberührt.

(7) [1]Die Beschlüsse und Ergebnisse der Untersuchungsausschüsse unterliegen nicht der gerichtlichen Nachprüfung. [2]Die Gerichte sind jedoch frei in der Würdigung und Beurteilung des Sachverhaltes, der der Untersuchung zugrunde liegt.

Artikel 55 [Indemnität, Immunität]

(1) [1]Abgeordnete dürfen zu keiner Zeit wegen ihrer Abstimmung oder wegen einer Äußerung, die sie im Landtag oder sonst in Ausübung ihres Mandates getan haben, gerichtlich oder dienstlich verfolgt oder anderweitig außerhalb des Landtages zur Verantwortung gezogen werden. [2]Dies gilt nicht für verleumderische Beleidigungen.

(2) [1]Abgeordnete dürfen nur mit Einwilligung des Landtages wegen einer mit Strafe bedrohten Handlung zur Untersuchung gezogen, festgenommen, festgehalten oder verhaftet werden, es sei denn, daß sie bei Begehung einer strafbaren Handlung oder im Lauf des folgenden Tages festgenommen werden. [2]Die Einwilligung des Landtages ist auch bei jeder anderen Beschränkung der persönlichen Freiheit von Abgeordneten erforderlich.

(3) Jedes Strafverfahren gegen Abgeordnete und jede Haft oder sonstige Beschränkung ihrer persönlichen Freiheit ist auf Verlangen des Landtages für die Dauer der Wahlperiode oder einen kürzer begrenzten Zeitraum auszusetzen.

Artikel 56 [Zeugnisverweigerungsrecht]

(1) Die Abgeordneten können über Personen, die ihnen in ihrer Eigenschaft als Abgeordnete oder denen sie als Abgeordnete Tatsachen anvertraut haben, sowie über diese Tatsachen selbst das Zeugnis verweigern.

(2) Personen, deren Mitarbeit Abgeordnete in Ausübung ihres Mandates in Anspruch nehmen, können das Zeugnis über die Wahrnehmungen verweigern, die sie anläßlich dieser Mitarbeit gemacht haben.

(3) Soweit dieses Zeugnisverweigerungsrecht reicht, sind die Durchsuchung und die Beschlagnahme von Schriftstücken und anderen Informationsträgern unzulässig.

Artikel 57 [Datenschutzbeauftragter]

[1]Zur Wahrung des Rechtes auf Datenschutz und zur Unterstützung bei der Ausübung der parlamentarischen Kontrolle wird beim Landtag ein Datenschutzbeauftragter berufen. [2]Das Nähere bestimmt ein Gesetz[1].

Artikel 58 [Auflösung des Landtages]

Der Landtag kann sich auf Beschluß von zwei Dritteln seiner Mitglieder selbst auflösen.

---

1) Siehe das Sächsische DatenschutzG.

4. Abschnitt:
Die Staatsregierung

Artikel 59 [Aufgabe, Zusammensetzung]
(1) [1]Die Staatsregierung steht an der Spitze der vollziehenden Gewalt. [2]Ihr obliegt die Leitung und Verwaltung des Landes. [3]Sie hat nach Maßgabe der Verfassung Anteil an der Gesetzgebung.

(2) [1]Die Staatsregierung besteht aus dem Ministerpräsidenten und den Staatsministern. [2]Als weitere Mitglieder der Staatsregierung können Staatssekretäre ernannt werden.

(3) [1]Die Staatsregierung beschließt über die Geschäftsbereiche ihrer Mitglieder. [2]Der Ministerpräsident kann einen Geschäftsbereich selbst übernehmen.

Artikel 60 [Bildung der Staatsregierung]
(1) Der Ministerpräsident wird vom Landtag mit der Mehrheit seiner Mitglieder ohne Aussprache in geheimer Abstimmung gewählt.

(2) Kommt eine Wahl nach Absatz 1 nicht zustande, so ist gewählt, wer in einem weiteren Wahlgang die Mehrheit der abgegebenen Stimmen erhält.

(3) Wird der Ministerpräsident nicht innerhalb von vier Monaten nach dem Zusammentritt des neugewählten Landtages oder nach der sonstigen Erledigung des Amtes des Ministerpräsidenten gewählt, so ist der Landtag aufgelöst.

(4) [1]Der Ministerpräsident beruft und entläßt die Staatsminister und Staatssekretäre. [2]Er bestellt seinen Stellvertreter.

Artikel 61 [Amtseid]
[1]Die Mitglieder der Staatsregierung leisten beim Amtsantritt den Amtseid vor dem Landtag. [2]Er lautet: „Ich schwöre, daß ich meine Kraft dem Wohl des Volkes widmen, seinen Nutzen mehren, Schaden von ihm wenden, Verfassung und Recht wahren und verteidigen, meine Pflichten gewissenhaft erfüllen und Gerechtigkeit gegenüber allen üben werde." [3]Der Eid kann auch mit der Beteuerung „So wahr mir Gott helfe" geleistet werden.

Artikel 62 [Rechtsstellung der Regierungsmitglieder, Unvereinbarkeiten]
(1) Das Amtsverhältnis der Mitglieder der Staatsregierung, insbesondere die Besoldung und Versorgung, ist durch Gesetz[1]) zu regeln.

(2) [1]Die Mitglieder der Staatsregierung dürfen kein anderes besoldetes Amt, keinen Beruf und kein Gewerbe ausüben. [2]Sie dürfen nicht dem Aufsichtsrat oder dem Vorstand einer privaten Erwerbsgesellschaft angehören. [3]Eine Ausnahme besteht für Gesellschaften, bei denen der überwiegende Einfluß des Staates sichergestellt ist. [4]Die Staatsregierung gibt dem Landtag jede Übernahme einer Funktion gemäß Satz 3 bekannt. [5]Weitere Ausnahmen kann die Staatsregierung mit Zustimmung des Landtages zulassen.

Artikel 63 [Ministerpräsident und Staatsminister]
(1) Der Ministerpräsident bestimmt die Richtlinien der Politik und trägt dafür die Verantwortung.

(2) Innerhalb der Richtlinien der Politik leitet jeder Staatsminister seinen Geschäftsbereich selbständig unter eigener Verantwortung.

Artikel 64 [Beschlußinhalte]
(1) Die Staatsregierung beschließt insbesondere über Gesetzesvorlagen, über die Stimmabgabe des Freistaates im Bundesrat, über Angelegenheiten, in denen die Verfassung oder ein Gesetz dies vorschreibt, über Meinungsverschiedenheiten, die den Geschäftskreis mehrerer Staatsministerien berühren, und über Fragen von grundsätzlicher oder weittragender Bedeutung.

(2) Die Staatsregierung gibt sich eine Geschäftsordnung.

Artikel 65 [Vertretung des Landes, Staatsverträge]
(1) Der Ministerpräsident vertritt das Land nach außen.

(2) Der Abschluß von Staatsverträgen bedarf der Zustimmung der Staatsregierung und des Landtages.

Artikel 66 [Beamte, Richter]
[1]Der Ministerpräsident ernennt und entläßt die Richter und Beamten des Freistaates. [2]Dieses Recht kann durch Gesetz oder auf Grund eines Gesetzes auf andere Staatsbehörden übertragen werden.

---

1)   Siehe das Sächsische MinisterG.

Artikel 67 [Begnadigungsrecht]

(1) [1]Der Ministerpräsident übt das Begnadigungsrecht aus. [2]Er kann dieses Recht, soweit es sich nicht um schwere Fälle handelt, mit Zustimmung der Staatsregierung auf andere Staatsbehörden übertragen.

(2) Ein allgemeiner Straferlaß und eine allgemeine Niederschlagung anhängiger Strafverfahren können nur durch Gesetz ausgesprochen werden.

Artikel 68 [Beendigung der Amtszeit]

(1) Die Staatsregierung und jedes ihrer Mitglieder können jederzeit ihren Rücktritt erklären.

(2) Das Amt des Ministerpräsidenten und der übrigen Mitglieder der Staatsregierung endet mit dem Zusammentritt eines neuen Landtages, das Amt eines Staatsministers und eines Staatssekretärs auch mit jeder anderen Erledigung des Amtes des Ministerpräsidenten.

(3) Im Fall des Rücktrittes oder einer sonstigen Beendigung des Amtes haben die Mitglieder der Staatsregierung bis zur Amtsübernahme der Nachfolger die Amtsgeschäfte weiterzuführen.

Artikel 69 [Mißtrauensvotum]

(1) Der Landtag kann dem Ministerpräsidenten das Vertrauen nur dadurch entziehen, daß er mit der Mehrheit seiner Mitglieder einen Nachfolger wählt.

(2) Zwischen dem Antrag auf Abberufung und der Wahl müssen mindestens drei Tage liegen.

5. Abschnitt:
Die Gesetzgebung

Artikel 70 [Gesetzesvorlagen]

(1) Gesetzesvorlagen werden von der Staatsregierung, aus der Mitte des Landtages oder vom Volk durch Volksantrag eingebracht.

(2) Die Gesetze werden vom Landtag oder unmittelbar vom Volk durch Volksentscheid beschlossen.

Artikel 71 [Volksantrag]

(1) [1]Alle im Land Stimmberechtigten haben das Recht, einen Volksantrag in Gang zu setzen. [2]Er muß von mindestens 40 000 Stimmberechtigten durch ihre Unterschrift unterstützt sein. [3]Ihm muß ein mit Begründung versehener Gesetzentwurf zugrunde liegen.

(2) [1]Der Volksantrag ist beim Landtagspräsidenten einzureichen. [2]Er entscheidet nach Einholen der Stellungnahme der Staatsregierung unverzüglich über die Zulässigkeit. [3]Hält er den Volksantrag für verfassungswidrig, entscheidet auf seinen Antrag der Verfassungsgerichtshof. [4]Der Volksantrag darf bis zu einer gegenteiligen Entscheidung nicht als unzulässig behandelt werden.

(3) Der Landtagspräsident veröffentlicht den zulässigen Volksantrag mit Begründung.

(4) Der Landtag gibt den Antragstellern Gelegenheit zur Anhörung.

Artikel 72 [Volksbegehren, Volksentscheid]

(1) [1]Stimmt der Landtag dem unveränderten Volksantrag nicht binnen sechs Monaten zu, können die Antragsteller ein Volksbegehren mit dem Ziel in Gang setzen, einen Volksentscheid über den Antrag herbeizuführen. [2]Dem Volksbegehren kann von den Antragstellern ein gegenüber dem Volksantrag veränderter Gesetzentwurf zugrunde gelegt werden. [3]In diesem Fall findet Artikel 71 Abs. 2 entsprechende Anwendung.

(2) [1]Ein Volksentscheid findet statt, wenn mindestens 450 000, jedoch nicht mehr als 15 vom Hundert der Stimmberechtigten das Volksbegehren durch ihre Unterschrift unterstützen. [2]Für die Unterstützung müssen mindestens sechs Monate zur Verfügung stehen. [3]Der Landtag kann zum Volksentscheid einen eigenen Gesetzentwurf beifügen.

(3) [1]Zwischen einem erfolgreich abgeschlossenen Volksbegehren und dem Volksentscheid muß eine Frist von mindestens drei und höchstens sechs Monaten liegen, die der öffentlichen Information und Diskussion über den Gegenstand des Volksentscheides dient. [2]Diese Frist kann nur mit Einverständnis der Antragsteller unter- oder überschritten werden.

(4) [1]Bei dem Volksentscheid wird mit Ja oder Nein gestimmt. [2]Es entscheidet die Mehrheit der abgegebenen gültigen Stimmen.

Artikel 73 [Ausnahme, Wiederholung]

(1) Über Abgaben-, Besoldungs- und Haushaltsgesetze finden Volksantrag, Volksbegehren und Volksentscheid nicht statt.

(2) Ein durch Volksentscheid abgelehnter Volksantrag kann frühestens nach Ablauf der Wahlperiode des Landtages erneut in Gang gesetzt werden.

(3) Das Nähere über Volksantrag, Volksbegehren und Volksentscheid bestimmt ein Gesetz[1], in dem auch der Anspruch auf Erstattung der notwendigen Kosten für die Organisation des Volksbegehrens und eines angemessenen Abstimmungskampfes geregelt wird.

Artikel 74 [Verfassungsänderung]

(1) [1]Die Verfassung kann nur durch Gesetz geändert werden, das den Wortlaut der Verfassung ausdrücklich ändert oder ergänzt. [2]Die Änderung darf den Grundsätzen der Artikel 1, 3, 14 und 36 dieser Verfassung nicht widersprechen. [3]Die Entscheidung, ob ein Änderungsantrag zulässig ist, trifft auf Antrag der Staatsregierung oder eines Viertels der Mitglieder des Landtages der Verfassungsgerichtshof.

(2) Ein verfassungsänderndes Gesetz bedarf der Zustimmung von zwei Dritteln der Mitglieder des Landtages.

(3) [1]Die Verfassung kann durch Volksentscheid geändert werden, wenn mehr als die Hälfte der Mitglieder des Landtages dies beantragt. [2]Sie kann ferner durch einen Volksentscheid gemäß Artikel 72 geändert werden. [3]Das verfassungsändernde Gesetz ist beschlossen, wenn die Mehrheit der Stimmberechtigten zustimmt.

Artikel 75 [Rechtsverordnungen]

(1) [1]Die Ermächtigung zum Erlaß von Rechtverordnungen kann nur durch Gesetz erteilt werden. [2]Dabei müssen Inhalt, Zweck und Ausmaß der erteilten Ermächtigung bestimmt werden. [3]Die Rechtsgrundlage ist in der Verordnung anzugeben.

(2) Die zur Ausführung der Gesetze erforderlichen allgemeinen Verwaltungsvorschriften werden von der Staatsregierung erlassen, soweit die Gesetze nichts anderes bestimmen.

Artikel 76 [Ausfertigung und Verkündung]

(1) [1]Die verfassungsmäßig beschlossenen Gesetze werden vom Landtagspräsidenten nach Gegenzeichnung des Ministerpräsidenten und des zuständigen Staatsministers ausgefertigt und vom Ministerpräsidenten binnen Monatsfrist im Gesetz- und Verordnungsblatt des Freistaates Sachsen verkündet. [2]Wenn der Landtag die Dringlichkeit beschließt, müssen sie unverzüglich ausgefertigt und verkündet werden.

(2) Rechtsverordnungen werden von der Stelle, die sie erläßt, solche der Staatsregierung vom Ministerpräsidenten und den zuständigen Staatsministern, ausgefertigt und, soweit das Gesetz nichts anderes bestimmt, im Gesetz- und Verordnungsblatt des Freistaates Sachsen verkündet.

(3) [1]Gesetze und Rechtsverordnungen sollen den Tag bestimmen, an dem sie in Kraft treten. [2]Fehlt eine solche Bestimmung, so treten sie mit dem vierzehnten Tag nach Ablauf des Tages in Kraft, an dem das Gesetz- und Verordnungsblatt ausgegeben worden ist.

6. Abschnitt:
Die Rechtsprechung

Artikel 77 [Rechtsprechung]

(1) Die Rechtsprechung wird im Namen des Volkes durch den Verfassungsgerichtshof und die Gerichte ausgeübt, die gemäß den Gesetzen des Bundes und des Freistaates errichtet sind.

(2) Die Richter sind unabhängig und nur dem Gesetz unterworfen.

(3) An der Rechtsprechung wirken Frauen und Männer aus dem Volk nach Maßgabe der Gesetze mit.

Artikel 78 [Rechtsweggarantie]

(1) [1]Niemand darf seinem gesetzlichen Richter entzogen werden. [2]Ausnahmegerichte sind unzulässig.

(2) Vor Gericht hat jede Person Anspruch auf rechtliches Gehör.

(3) [1]Jede Person hat Anspruch auf ein gerechtes, zügiges und öffentliches Verfahren und das Recht auf Verteidigung. [2]Die Öffentlichkeit darf nur nach Maßgabe des Gesetzes ausgeschlossen werden.

---

1) siehe das G über Volksantrag, Volksbegehren und Volksentscheid – VVVG, geänd. durch G. v. 1.6.1999 (SächsGVBl. S. 275).

Artikel 79 [Richter]

(1) [1]Die hauptamtlich und planmäßig endgültig angestellten Richter können gegen ihren Willen nur kraft richterlicher Entscheidung und nur aus Gründen und unter den Formen, die die Gesetze bestimmen, vor Ablauf ihrer Amtszeit entlassen oder dauernd oder zeitweise ihres Amtes enthoben oder an eine andere Stelle oder in den Ruhestand versetzt werden. [2]Durch Gesetz können Altersgrenzen festgesetzt werden, bei deren Erreichung auf Lebenszeit angestellte Richter in den Ruhestand treten. [3]Bei Veränderung der Einrichtung der Gerichte oder ihrer Bezirke können Richter an ein anderes Gericht versetzt oder aus dem Amt entfernt werden, jedoch nur unter Belassung des vollen Gehaltes.

(2) Die Ernennung, der Amtseid und die Rechtsstellung der Richter werden im übrigen durch Gesetz geregelt.

(3) Durch Gesetz kann bestimmt werden, daß bei der Ernennung und Anstellung der Richter ein Richterwahlausschuß[1] mitwirkt.

Artikel 80 [Richteranklage]

(1) [1]Wenn ein Richter im Amt oder außerhalb des Amtes gegen die verfassungsmäßige Ordnung des Bundes oder des Freistaates verstößt, so kann auf Antrag des Landtages das Bundesverfassungsgericht anordnen, daß der Richter in ein anderes Amt oder in den Ruhestand zu versetzen ist. [2]Im Fall eines vorsätzlichen Verstoßes kann auf Entlassung erkannt werden.

(2) [1]Der Antrag auf Erhebung der Anklage muß mindestens von einem Drittel der Mitglieder des Landtages gestellt werden. [2]Der Beschluß auf Erhebung der Anklage erfordert bei Anwesenheit von mindestens zwei Dritteln der Mitglieder des Landtages eine Zweidrittelmehrheit, die jedoch mehr als die Hälfte der Mitglieder betragen muß.

Artikel 81 [Verfassungsgerichtshof]

(1) Der Verfassungsgerichtshof entscheidet

1. über die Auslegung dieser Verfassung aus Anlaß von Streitigkeiten über den Umfang der Rechte und Pflichten eines obersten Staatsorganes oder anderer Beteiligter, die durch die Verfassung oder in der Geschäftsordnung des Landtages oder der Staatsregierung mit eigener Zuständigkeit ausgestattet sind, auf Antrag des obersten Staatsorganes oder anderer Beteiligter,
2. bei Zweifeln oder Meinungsverschiedenheiten über die Vereinbarkeit von Landesrecht mit dieser Verfassung auf Antrag eines Viertels der Mitglieder des Landtages oder auf Antrag der Staatsregierung,
3. über die Vereinbarkeit eines Landesgesetzes mit dieser Verfassung, nachdem ein Gericht das Verfahren gemäß Artikel 100 Absatz 1 des Grundgesetzes ausgesetzt hat,
4. über Verfassungsbeschwerden, die von jeder Person erhoben werden können, die sich durch die öffentliche Gewalt in einem ihrer in dieser Verfassung niedergelegten Grundrechte (Artikel 4, 14 bis 38, 41, 78, 91, 102, 105 und 107) verletzt fühlt,
5. in den weiteren in dieser Verfassung ihm zugewiesenen Angelegenheiten,
6. in den ihm durch Gesetz zugewiesenen Angelegenheiten.

(2) Der Verfassungsgerichtshof besteht aus fünf Berufsrichtern und vier anderen Mitgliedern.

(3) [1]Die Mitglieder des Verfassungsgerichtshofes werden vom Landtag mit zwei Dritteln seiner Mitglieder auf die Dauer von neun Jahren gewählt. [2]Den Vorsitz führt einer der Berufsrichter. [3]Die Mitglieder dürfen weder dem Bundestag, dem Bundesrat, der Bundesregierung noch entsprechenden Organen eines Landes angehören.

(4) [1]Das Nähere bestimmt ein Gesetz[2]. [2]Es kann auch vorsehen, daß Wahlen zum Verfassungsgerichtshof im Abstand von drei Jahren stattfinden und daß die Amtszeit der bei der ersten Wahl zum Verfassungsgerichtshof zu bestellenden Mitglieder sowie der bei vorzeitigem Ausscheiden eines Richters nachgewählten Mitglieder abweichend von Absatz 3 geregelt wird.

---

1)   Siehe die VO zur Erhaltung der Arbeitsfähigkeit der Richterwahlausschüsse.

2)   Siehe das Sächsische VerfassungsgerichtshofG, geänd. durch G. v. 27.9.1995 (GVBl. S. 321).

7. Abschnitt:.
Die Verwaltung

Artikel 82 [Träger der Verwaltung]

(1) [1]Die Verwaltung wird durch die Staatsregierung, die ihr unterstellten Behörden und durch die Träger der Selbstverwaltung ausgeübt. [2]Sie ist dem Wohl der Allgemeinheit verpflichtet und dient dem Menschen.

(2) [1]Träger der Selbstverwaltung sind die Gemeinden, die Landkreise und andere Gemeindeverbände. [2]Ihnen ist das Recht gewährleistet, ihre Angelegenheiten im Rahmen der Gesetze unter eigener Verantwortung zu regeln.

(3) Andere öffentlich-rechtliche Körperschaften, Anstalten und Stiftungen sind nach Maßgabe der Gesetze Träger der Selbstverwaltung.

Artikel 83 [Verwaltungsorganisation]

(1) [1]Aufbau, räumliche Gliederung und Zuständigkeiten der Landesverwaltung werden durch Gesetz geregelt. [2]Aufgaben, die von den nachgeordneten Verwaltungsbehörden zuverlässig und zweckmäßig erfüllt werden können, sind diesen zuzuweisen.

(2) [1]Die Einrichtung der staatlichen Behörden im einzelnen obliegt der Staatsregierung. [2]Sie kann Staatsminister hierzu ermächtigen.

(3) [1]Der Freistaat unterhält keinen Geheimdienst mit polizeilichen Befugnissen. [2]Der Einsatz nachrichtendienstlicher Mittel unterliegt einer Nachprüfung durch von der Volksvertretung bestellte Organe und Hilfsorgane, sofern dieser Einsatz nicht der richterlichen Kontrolle unterlegen hat. [3]Das Nähere bestimmt das Gesetz.

Artikel 84 [Kommunale Selbstverwaltung]

(1) [1]Die Gemeinden sind in ihrem Gebiet die Träger der öffentlichen Aufgaben, soweit nicht bestimmte Aufgaben im öffentlichen Interesse durch Gesetz anderen Stellen übertragen sind. [2]Die Gemeindeverbände haben innerhalb ihrer Zuständigkeit die gleiche Stellung.

(2) Bevor durch Gesetz oder Rechtsverordnung allgemeine Fragen geregelt werden, welche die Gemeinden und Gemeindeverbände berühren, sind diese oder ihre Zusammenschlüsse rechtzeitig zu hören.

Artikel 85 [Aufgabenübertragung auf kommunale Träger]

(1) [1]Den kommunalen Trägern der Selbstverwaltung kann durch Gesetz die Erledigung bestimmter Aufgaben übertragen werden. [2]Sie sollen ihnen übertragen werden, wenn sie von ihnen zuverlässig und zweckmäßig erfüllt werden können. [3]Dabei sind Bestimmungen über die Deckung der Kosten zu treffen.

(2) [1]Führt die Übertragung der Aufgaben zu einer Mehrbelastung der kommunalen Träger der Selbstverwaltung, so ist ein entsprechender finanzieller Ausgleich zu schaffen. [2]Dies gilt auch, wenn freiwillige Aufgaben in Pflichtaufgaben umgewandelt werden oder wenn der Freistaat Sachsen durch ein Gesetz oder auf Grund eines Gesetzes nachträglich eine finanzielle Mehrbelastung bei der Erledigung übertragener oder bestehender Aufgaben unmittelbar verursacht.

(3) Bei Übertragung öffentlicher Aufgaben kann sich der Freistaat ein Weisungsrecht nach näherer gesetzlicher Vorschrift vorbehalten.

Artikel 86 [Gemeinde- und Kreisvertretungen]

(1) [1]In den Gemeinden und Landkreisen muß das Volk eine gewählte Vertretung haben. [2]In kleinen Gemeinden kann an die Stelle einer gewählten Vertretung die Gemeindeversammlung treten.

(2) In den Gemeinden wirken die Einwohner an der Selbstverwaltung mit, insbesondere durch Übernahme von Ehrenämtern.

(3) Das Nähere bestimmt ein Gesetz.[1]

Artikel 87 [Kommunale Finanzierung]

(1) Der Freistaat sorgt dafür, daß die kommunalen Träger der Selbstverwaltung ihre Aufgaben erfüllen können.

---

1)   Siehe das KommunalwahlG.

(2) Die Gemeinden und Landkreise haben das Recht, eigene Steuern und andere Abgaben nach Maßgabe der Gesetze zu erheben.

(3) Die Gemeinden und Landkreise werden unter Berücksichtigung der Aufgaben des Freistaates im Rahmen übergemeindlichen Finanzausgleiches an dessen Steuereinnahmen beteiligt.

(4) Das Nähere bestimmt ein Gesetz.

Artikel 88 [Gebietsänderungen]

(1) Das Gebiet von Gemeinden und Landkreisen kann aus Gründen des Wohles der Allgemeinheit geändert werden.

(2) [1]Das Gemeindegebiet kann durch Vereinbarung der beteiligten Gemeinden mit staatlicher Genehmigung, durch Gesetz oder auf Grund eines Gesetzes geändert werden. [2]Die Auflösung von Gemeinden gegen deren Willen bedarf eines Gesetzes. [3]Vor einer Gebietsänderung muß die Bevölkerung der unmittelbar betroffenen Gebiete gehört werden.

(3) [1]Das Gebiet von Landkreisen kann durch Gesetz oder auf Grund eines Gesetzes geändert werden. [2]Die Auflösung von Landkreisen bedarf eines Gesetzes.

(4) Das Nähere bestimmt ein Gesetz.

Artikel 89 [Überwachung der kommunalen Träger]

(1) Der Freistaat überwacht die Gesetzmäßigkeit der Verwaltung der Gemeinden, der Landkreise und der anderen Gemeindeverbände.

(2) Durch Gesetz kann bestimmt werden, daß die Übernahme von Schuldverpflichtungen und Gewährschaften sowie die Veräußerung von Vermögen von der Zustimmung der mit der Überwachung betrauten Behörde abhängig gemacht und daß diese Zustimmung unter dem Gesichtspunkt einer geordneten Wirtschaftsführung erteilt oder versagt werden kann.

Artikel 90 [Kommunale Verfassungsbeschwerde]

Die kommunalen Träger der Selbstverwaltung können den Verfassungsgerichtshof mit der Behauptung anrufen, daß ein Gesetz die Bestimmungen des Artikels 82 Abs. 2 oder der Artikel 84 bis 89 verletze.

Artikel 91 [Öffentlicher Dienst]

(1) Die Ausübung hoheitsrechtlicher Befugnisse ist als ständige Aufgabe in der Regel Angehörigen des öffentlichen Dienstes zu übertragen, die in einem öffentlich-rechtlichen Dienst- und Treueverhältnis stehen.

(2) Alle Bürger haben nach ihrer Eignung, Befähigung und fachlichen Leistung gleichen Zugang zu jedem öffentlichen Amt.

Artikel 92 [Pflicht zur Unparteilichkeit, Amtseid]

(1) Die Bediensteten des Freistaates und der Träger der Selbstverwaltung sind Diener des ganzen Volkes, nicht einer Partei oder sonstigen Gruppe, und haben ihr Amt und ihre Aufgaben unparteiisch und ohne Ansehen der Person nur nach sachlichen Gesichtspunkten auszuüben.

(2) [1]Jeder Beamte leistet folgenden Amtseid: „Ich schwöre, daß ich mein Amt nach bestem Wissen und Können führen, Verfassung und Recht achten und verteidigen und Gerechtigkeit gegenüber allen üben werde." [2]Der Eid kann auch mit der Beteuerung „So wahr mir Gott helfe" geleistet werden.

8. Abschnitt:
Das Finanzwesen

Artikel 93 [Haushaltsplan]

(1) [1]Alle Einnahmen und Ausgaben des Freistaates sind in den Haushaltsplan einzustellen; bei Staatsbetrieben und bei Sondervermögen brauchen nur die Zuführungen oder Ablieferungen eingestellt zu werden. [2]Der Haushaltsplan ist in Einnahme und Ausgabe auszugleichen.

(2) [1]Der Haushaltsplan wird für ein Rechnungsjahr oder mehrere Rechnungsjahre, nach Jahren getrennt, durch das Haushaltsgesetz festgestellt. [2]Die Feststellung soll vor Beginn des Rechnungsjahres, bei mehreren Rechnungsjahren vor Beginn des ersten Rechnungsjahres, erfolgen.

(3) [1]In das Haushaltsgesetz dürfen nur Vorschriften aufgenommen werden, die sich auf die Einnahmen und die Ausgaben des Freistaates und auf den Zeitraum beziehen, für den das Haushaltsgesetz beschlossen wird. [2]Das Haushaltsgesetz kann vorschreiben, daß die Vorschriften erst mit der Verkündung

des nächsten Haushaltsgesetzes oder bei Ermächtigungen nach Artikel 95 zu einem späteren Zeitpunkt außer Kraft treten.

(4) Die Schulden sind in einer Anlage des Haushaltsplanes nachzuweisen.

Artikel 94 [Aufstellung, Ausführung]

(1) [1]Der Haushaltsplan dient der Feststellung und Deckung des Finanzbedarfes, der zur Erfüllung der Aufgaben des Freistaates im Zeitraum, für den der Haushaltsplan aufgestellt ist, voraussichtlich notwendig ist. [2]Der Haushaltsplan ist die Grundlage für die Haushalts- und Wirtschaftsführung.

(2) Bei Aufstellung und Ausführung des Haushaltsplanes ist den Erfordernissen des gesamtwirtschaftlichen Gleichgewichtes, den Grundsätzen der Wirtschaftlichkeit und Sparsamkeit sowie des sozialen Ausgleichs Rechnung zu tragen.

(3) Der Haushaltsplan ermächtigt die Verwaltung, Ausgaben zu leisten und Verpflichtungen einzugehen.

(4) Durch den Haushaltsplan werden Ansprüche oder Verbindlichkeiten weder begründet noch aufgehoben.

Artikel 95 [Kreditaufnahme]

(1) Die Aufnahme von Krediten sowie jede Übernahme von Bürgschaften, Garantien oder sonstigen Gewährleistungen, die zu Ausgaben in künftigen Jahren führen können, bedürfen einer Ermächtigung durch Gesetz.

(2) [1]Der Haushaltsplan ist grundsätzlich ohne Einnahmen aus Krediten auszugleichen. [2]Das Verbot der Kreditaufnahme gilt ebenso für rechtlich unselbstständige Sondervermögen des Freistaates Sachsen. [3]Am 31. Dezember 2010 bestehende Kreditermächtigungen, soweit sie noch nicht zurückgeführt sind, bleiben unberührt.

(3) Vom Verbot der Kreditaufnahme bleiben die Rechte der kommunalen Träger der Selbstverwaltung nach Artikel 85 und Artikel 87 unberührt.

(4) [1]Bei einer von den durchschnittlichen Steuereinnahmen der vorangegangenen vier Jahre (Normallage) um mindestens drei vom Hundert abweichenden konjunkturellen Entwicklung kann von Absatz 2 abgewichen werden. [2]Die Kreditaufnahme ist begrenzt, um die Steuermindereinnahmen auf bis zu 99 vom Hundert der durchschnittlichen Steuereinnahmen der vorangegangenen vier Jahre zu verstärken. [3]Eine Verstärkung über 99 vom Hundert ist unter den Voraussetzungen des Absatzes 6 möglich. [4]Steuermehreinnahmen sind zur Tilgung der Kredite nach diesem Absatz zu verwenden.

(5) [1]Bei Naturkatastrophen oder in außergewöhnlichen Notsituationen, die sich der Kontrolle des Staates entziehen und die staatliche Finanzlage erheblich beeinträchtigen, kann von Absatz 2 abgewichen werden. [2]Die Abweichung ist mit einem Tilgungsplan zu verbinden.

(6) [1]Die Feststellung der Ausnahmen obliegt dem Landtag. [2]Er entscheidet im Falle von Absatz 4 mit der Mehrheit seiner Mitglieder und im Falle von Absatz 5 oder im Falle des Absatzes 4 bei einer Verstärkung auf mehr als 99 vom Hundert mit der Mehrheit von zwei Dritteln seiner Mitglieder [3]In diesen Ausnahmefällen hat eine Tilgung der Kredite spätestens innerhalb von acht Jahren zu erfolgen.

(7) [1]Der Freistaat Sachsen hält eine auskömmliche Vorsorge für künftig entstehende Ansprüche der künftigen Versorgungsempfänger des Freistaates Sachsen auf Versorgung und Beihilfe nach Eintritt des Versorgungsfalles vor. [2]Diese Mittel sind vom allgemeinen Staatshaushalt getrennt auszuweisen und zweckgebunden zu verwenden. [3]Bei der Entnahme der Mittel ist das Verhältnis zwischen der Höhe der angesparten Mittel und der Höhe der bestehenden Versorgungs- und Beihilfeverpflichtungen zu berücksichtigen.

(8) Das Nähere bestimmt ein Gesetz.

Artikel 96 [Haushaltsüberschreitungen]

[1]Über- und außerplanmäßige Ausgaben und Verpflichtungen bedürfen der Zustimmung des Staatsministers der Finanzen. [2]Sie darf nur im Fall eines unvorhergesehenen und unabweisbaren Bedürfnisses erteilt werden. [3]Die Genehmigung des Landtages ist nachträglich einzuholen. [4]Näheres kann durch Gesetz bestimmt werden.

Artikel 97 [Zustimmung der Staatsregierung]

(1) [1]Beschlüsse des Landtages, welche die im Haushaltsplan festgesetzten Ausgaben erhöhen oder neue Ausgaben mit sich bringen, bedürfen der Zustimmung der Staatsregierung. [2]Das gleiche gilt für

Beschlüsse des Landtages, die Einnahmeminderungen mit sich bringen. ³Die Deckung muß gesichert sein.

(2) ¹Die Staatsregierung kann verlangen, daß der Landtag die Beschlußfassung nach Absatz 1 aussetzt. ²In diesem Fall hat die Staatsregierung innerhalb von sechs Wochen dem Landtag eine Stellungnahme zuzuleiten.

Artikel 98 [Vorläufige Haushaltsführung]

(1) Ist bis zum Schluß eines Jahres weder der Haushaltsplan für das folgende Jahr festgestellt worden noch ein Nothaushaltsgesetz ergangen, so kann bis zur gesetzlichen Regelung die Staatsregierung diejenigen Ausgaben leisten, die nötig sind, um

1. gesetzlich bestehende Einrichtungen zu erhalten und gesetzlich beschlossene Maßnahmen durchzuführen,
2. die rechtlich begründeten Verpflichtungen des Freistaates zu erfüllen,
3. Bauten, Beschaffungen und sonstige Leistungen fortzusetzen oder Beihilfen für diese Zwecke weiter zu gewähren, sofern durch den Haushaltsplan eines Vorjahres bereits Beträge bewilligt worden sind.

(2) ¹Soweit die auf besonderem Gesetz beruhenden Einnahmen aus Steuern, Abgaben und sonstigen Quellen oder die Betriebsmittelrücklage die in Absatz 1 genannten Ausgaben nicht decken, kann die Staatsregierung den für eine geordnete Haushaltsführung erforderlichen Kredit beschaffen. ²Dieser darf ein Viertel der Endsumme des letzten Haushaltsplanes nicht übersteigen.

Artikel 99 [Rechnungslegung]

Der Staatsminister der Finanzen hat dem Landtag über alle Einnahmen und Ausgaben sowie über die Veränderung des Vermögens und der Schulden des Freistaates zur Entlastung der Staatsregierung jährlich Rechnung zu legen.

Artikel 100 [Rechnungsprüfung, Landesrechnungshof]

(1) ¹Die Rechnung sowie die gesamte Haushalts- und Wirtschaftsführung des Landes werden durch den Rechnungshof geprüft. ²Er ist eine unabhängige Staatsbehörde.

(2) ¹Mitglieder sind der Präsident, der Vizepräsident und die Leiter der Prüfungsabteilungen. ²Sie besitzen die gleiche Unabhängigkeit wie die Richter.

(3) ¹Der Präsident des Rechnungshofes wird vom Landtag auf Vorschlag des Ministerpräsidenten mit einer Mehrheit von zwei Dritteln der abgegebenen Stimmen gewählt. ²Der Vizepräsident wird vom Ministerpräsidenten auf Vorschlag des Präsidenten des Rechnungshofes mit Zustimmung des Landtages ernannt.

(4) Der Rechnungshof berichtet jährlich unmittelbar dem Landtag und unterrichtet gleichzeitig die Staatsregierung.

(5) Das Nähere bestimmt ein Gesetz[1].

9. Abschnitt:
Das Bildungswesen

Artikel 101 [Grundlagen der Erziehung]

(1) Die Jugend ist zur Ehrfurcht vor allem Lebendigen, zur Nächstenliebe, zum Frieden und zur Erhaltung der Umwelt, zur Heimatliebe, zu sittlichem und politischem Verantwortungsbewußtsein, zu Gerechtigkeit und zur Achtung vor der Überzeugung des anderen, zu beruflichem Können, zu sozialem Handeln und zu freiheitlicher demokratischer Haltung zu erziehen.

(2) ¹Das natürliche Recht der Eltern, Erziehung und Bildung ihrer Kinder zu bestimmen, bildet die Grundlage des Erziehungs- und Schulwesens. ²Es ist insbesondere bei dem Zugang zu den verschiedenen Schularten zu achten.

Artikel 102 [Schulbildung]

(1) ¹Das Land gewährleistet das Recht auf Schulbildung. ²Es besteht allgemeine Schulpflicht.

(2) Für die Bildung der Jugend sorgen Schulen in öffentlicher und in freier Trägerschaft.

(3) ¹Das Recht zur Errichtung von Schulen in freier Trägerschaft wird gewährleistet. ²Nehmen solche Schulen die Aufgaben von Schulen in öffentlicher Trägerschaft wahr, bedürfen sie der Genehmigung

---

1) Siehe das RechnungshofG, geänd. durch G v. 11.12.1995 (SächsGVBl. S. 385).

des Freistaates. ³Die Genehmigung ist zu erteilen, wenn sie in ihren Lehrzielen und Einrichtungen sowie in der wissenschaftlichen Ausbildung ihrer Lehrkräfte nicht hinter den Schulen in öffentlicher Trägerschaft zurückstehen und eine Sonderung der Schüler nach den Besitzverhältnissen der Eltern nicht gefördert wird. ⁴Die Genehmigung ist zu versagen, wenn die wirtschaftliche und rechtliche Stellung der Lehrkräfte nicht genügend gesichert ist.

(4) ¹Unterricht und Lernmittel an den Schulen in öffentlicher Trägerschaft sind unentgeltlich. ²Soweit Schulen in freier Trägerschaft, welche die Aufgaben von Schulen in öffentlicher Trägerschaft wahrnehmen, eine gleichartige Befreiung gewähren, haben sie Anspruch auf finanziellen Ausgleich.

(5) Das Nähere bestimmt ein Gesetz.

Artikel 103 [Aufsicht über das Schulwesen]

(1) Das gesamte Schulwesen steht unter der Aufsicht des Freistaates.

(2) Bei den Schulaufsichtsbehörden können ehrenamtlich tätige Beiräte gebildet werden.

(3) Prüfungen, durch die eine öffentlich anerkannte Berechtigung erworben werden soll, müssen vor den hierfür zuständigen Staatsbehörden oder den vom Freistaat hierzu ermächtigten Stellen abgelegt werden.

Artikel 104 [Mitwirkung]

(1) Eltern und Schüler haben das Recht, durch gewählte Vertreter an der Gestaltung des Lebens und der Arbeit der Schule mitzuwirken.

(2) Das Nähere bestimmt ein Gesetz.

Artikel 105 [Ethikunterricht, Religionsunterricht]

(1) ¹Ethikunterricht und Religionsunterricht sind an den Schulen mit Ausnahme der bekenntnisgebundenen und bekenntnisfreien Schulen ordentliche Lehrfächer. ²Bis zum Eintritt der Religionsmündigkeit entscheiden die Erziehungsberechtigten, in welchem dieser Fächer ihr Kind unterrichtet wird.

(2) ¹Der Religionsunterricht wird unbeschadet des allgemeinen Aufsichtsrechtes des Freistaates nach den Grundsätzen der Kirchen und Religionsgemeinschaften erteilt. ²Die Lehrer bedürfen zur Erteilung des Religionsunterrichtes der Bevollmächtigung durch die Kirchen und Religionsgemeinschaften. ³Diese haben das Recht, im Benehmen mit der staatlichen Aufsichtsbehörde die Erteilung des Religionsunterrichtes zu beaufsichtigen.

(3) Kein Lehrer darf gegen seinen Willen verpflichtet werden, Religionsunterricht zu erteilen.

Artikel 106 [Berufsbildung]

¹Die Berufsbildung findet in den praktischen Ausbildungsstätten und in den beruflichen Schulen statt. ²Das Land fördert das Berufsschulwesen.

Artikel 107 [Hochschulen]

(1) Die Hochschule ist frei in Forschung und Lehre.

(2) ¹Die Hochschule hat unbeschadet der Aufsicht des Freistaates das Recht auf eine ihrem besonderen Charakter entsprechende Selbstverwaltung im Rahmen der Gesetze und ihrer vom Freistaat anerkannten Satzungen. ²An dieser Selbstverwaltung sind auch die Studierenden zu beteiligen.

(3) Bei der Berufung des Lehrkörpers wirkt die Hochschule durch Ausübung des Vorschlagsrechtes mit.

(4) ¹Hochschulen in freier Trägerschaft sind zulässig. ²Das Nähere bestimmt ein Gesetz.

Artikel 108 [Erwachsenenbildung]

(1) Die Erwachsenenbildung ist zu fördern.

(2) Einrichtungen der Erwachsenenbildung können außer durch den Freistaat und die Träger der Selbstverwaltung auch durch freie Träger unterhalten werden.

10. Abschnitt:
Die Kirchen und Religionsgemeinschaften

Artikel 109 [Kirchen und Religionsgemeinschaften]

(1) Die Bedeutung der Kirchen und Religionsgemeinschaften für die Bewahrung und Festigung der religiösen und sittlichen Grundlagen des menschlichen Lebens wird anerkannt.

(2) [1]Die Kirchen und Religionsgemeinschaften sind vom Staat getrennt. [2]Sie entfalten sich bei der Erfüllung ihrer Aufgaben im Rahmen des für alle geltenden Gesetzes frei von staatlichen Eingriffen. [3]Die Beziehungen des Landes zu den Kirchen und Religionsgemeinschaften werden im übrigen durch Vertrag geregelt.

(3) Die diakonische und karitative Arbeit der Kirchen und Religionsgemeinschaften wird gewährleistet.

(4) Die Bestimmungen der Artikel 136, 137, 138, 139 und 141 der Verfassung des Deutschen Reiches vom 11. August 1919 sind Bestandteil dieser Verfassung.[1]

Artikel 110 [Gemeinnützige Einrichtungen]

(1) Werden durch die Kirchen und Religionsgemeinschaften im öffentlichen Interesse liegende gemeinnützige Einrichtungen oder Anstalten unterhalten, so besteht Anspruch auf angemessene Kostenerstattung durch das Land nach Maßgabe der Gesetze.

(2) Freie Träger mit vergleichbarer Tätigkeit und gleichwertigen Leistungen haben den gleichen Anspruch.

Artikel 111 [Eigene Lehreinrichtungen]

(1) [1]Die Kirchen und Religionsgemeinschaften sind berechtigt, zur Ausbildung von Pfarrern und kirchlichen Mitarbeitern eigene Lehreinrichtungen zu unterhalten. [2]Diese sind staatlichen Lehreinrichtungen gleichgestellt, wenn sie den schul- und hochschulrechtlichen Bestimmungen entsprechen.

(2) [1]Die Lehrstühle an theologischen Fakultäten und die Lehrstühle für Religionspädagogik werden im Benehmen mit der Kirche besetzt. [2]Abweichende Vereinbarungen bleiben unberührt.

Artikel 112 [Sonderausschüsse]

(1) Die auf Gesetz, Vertrag oder besonderen Rechtstiteln beruhenden Leistungen des Landes an die Kirchen werden gewährleistet.

(2) [1]Die Baudenkmale der Kirchen und Religionsgemeinschaften sind, unbeschadet des Eigentumsrechtes, Kulturgut der Allgemeinheit. [2]Für ihre bauliche Unterhaltung haben die Kirchen und Religionsgemeinschaften daher Anspruch auf angemessene Kostenerstattung durch das Land nach Maßgabe der Gesetze.

11. Abschnitt:
Übergangs- und Schlußbestimmungen

Artikel 113 [Notstandsregelung]

(1) [1]Ist bei drohender Gefahr für den Bestand oder die freiheitliche demokratische Grundordnung des Landes oder für die lebensnotwendige Versorgung der Bevölkerung sowie bei einem Notstand infolge einer Naturkatastrophe oder eines besonders schweren Unglücksfalles der Landtag verhindert, sich alsbald zu versammeln, so nimmt ein aus allen Fraktionen des Landtages gebildeter Ausschuß des Landtages als Notparlament die Rechte des Landtages wahr. [2]Die Verfassung darf durch ein von diesem Ausschuß beschlossenes Gesetz nicht geändert werden. [3]Die Befugnis, dem Ministerpräsidenten das Vertrauen zu entziehen, steht dem Ausschuß nicht zu.

(2) [1]Solange eine Gefahr für den Bestand oder die freiheitliche demokratische Grundordnung des Landes droht, finden durch das Volk vorzunehmende Wahlen und Abstimmungen nicht statt. [2]Die Feststellung, daß Wahlen und Abstimmungen nicht stattfinden, trifft der Landtag mit einer Mehrheit von zwei Dritteln seiner Mitglieder. [3]Ist der Landtag verhindert, sich alsbald zu versammeln, so trifft der in Absatz 1 genannte Ausschuß die Feststellung mit einer Mehrheit von zwei Dritteln seiner Mitglieder. [4]Die verschobenen Wahlen und Abstimmungen sind innerhalb von sechs Monaten, nachdem der Landtag festgestellt hat, daß die Gefahr beendet ist, durchzuführen. [5]Die Amtsdauer der in Betracht kommenden Personen und Körperschaften verlängert sich bis zum Ablauf des Tages der Neuwahl.

(3) Die Feststellung, daß der Landtag verhindert ist, sich alsbald zu versammeln, trifft der Präsident des Landtages.

(4) [1]Gesetze werden im Fall des Absatzes 1, falls eine rechtzeitige Verkündung im Gesetz- und Verordnungsblatt des Freistaates Sachsen nicht möglich ist, auf andere Weise öffentlich bekanntgemacht. [2]Die Verkündung im Gesetz- und Verordnungsblatt ist nachzuholen, sobald die Umstände es zulassen.

---

1) Vgl. den Anhang zur Verfassung.

(5) Beschlüsse des in Absatz 1 genannten Ausschusses können vom Landtag aufgehoben werden, wenn dies spätestens vier Wochen nach dem nächsten Zusammentritt des Landtages beantragt wird.

Artikel 114 [Widerstandsrecht]
Gegen jede Person, die es unternimmt, die verfassungsmäßige Ordnung zu beseitigen, haben alle Bürger das Recht zum Widerstand, wenn andere Abhilfe nicht möglich ist.

Artikel 115 [Bürger]
Bürger im Sinne dieser Verfassung sind die Deutschen nach Artikel 116 Abs. 1 des Grundgesetzes.

Artikel 116 [Wiedergutmachung]
Wer im Gebiet des heutigen Freistaates Sachsen oder als Bewohner dieses Gebietes durch nationalsozialistische oder kommunistische Gewaltherrschaft wegen seiner politischen, religiösen oder weltanschaulichen Überzeugung oder wegen seiner Rasse, Abstammung oder Nationalität oder wegen seiner sozialen Stellung oder wegen seiner Behinderung oder wegen seiner gleichgeschlechtlichen Orientierung oder in anderer Weise willkürlich geschädigt wurde, hat nach Maßgabe der Gesetze Anspruch auf Wiedergutmachung.

Artikel 117 [Vergangenheitsbewältigung]
Das Land trägt im Rahmen seiner Möglichkeiten dazu bei, die Ursachen individuellen und gesellschaftlichen Versagens in der Vergangenheit abzubauen, die Folgen verletzter Menschenwürde zu mindern und die Fähigkeit zu selbstbestimmter und eigenverantwortlicher Lebensgestaltung zu stärken.

Artikel 118 [Abgeordneten- und Ministeranklage]
(1) Erhebt sich der dringende Verdacht, daß ein Mitglied des Landtages oder der Staatsregierung vor seiner Wahl oder Berufung
1. gegen die Grundsätze der Menschlichkeit oder Rechtsstaatlichkeit verstoßen hat, insbesondere die im Internationalen Pakt über bürgerliche und politische Rechte vom Dezember 1966 gewährleisteten Menschenrechte oder die in der Allgemeinen Erklärung der Menschenrechte vom 10. Dezember 1948 enthaltenen Grundrechte verletzt hat oder
2. für das frühere Ministerium für Staatssicherheit/Amt für nationale Sicherheit der DDR tätig war,
und erscheint deshalb die fortdauernde Innehabung von Mandat oder Mitgliedschaft in der Staatsregierung als untragbar, kann der Landtag beim Verfassungsgerichtshof ein Verfahren mit dem Ziel der Aberkennung von Mandat oder Amt beantragen.
(2) ¹Der Antrag auf Erhebung der Anklage muß von mindestens einem Drittel der Mitglieder des Landtages gestellt werden. ²Der Beschluß auf Erhebung der Anklage erfordert bei Anwesenheit von mindestens zwei Dritteln der Mitglieder des Landtages eine Zweidrittelmehrheit, die jedoch mehr als die Hälfte der Mitglieder des Landtages betragen muß.
(3) Das Nähere bestimmt ein Gesetz, das auch den Verlust von Versorgungsansprüchen regeln kann.

Artikel 119 [Eignung für den Öffentlichen Dienst]
¹Für die Einstellung in den öffentlichen Dienst und die Weiterbeschäftigung im öffentlichen Dienst gelten die Bestimmungen des Vertrages über die Herstellung der Einheit Deutschlands (Einigungsvertrag). ²Die Eignung für den öffentlichen Dienst fehlt jeder Person, die
1. gegen die Grundsätze der Menschlichkeit oder Rechtsstaatlichkeit verstoßen hat, insbesondere die im Internationalen Pakt über bürgerliche und politische Rechte vom 19. Dezember 1966 gewährleisteten Menschenrechte oder die in der Allgemeinen Erklärung der Menschenrechte vom 10. Dezember 1948 enthaltenen Grundrechte verletzt hat oder
2. für das frühere Ministerium für Staatssicherheit/Amt für nationale Sicherheit der DDR tätig war,
und deren Beschäftigung im öffentlichen Dienst deshalb untragbar erscheint.

Artikel 120 [Fortgeltung alten Rechts]
(1) Das im Gebiet des Freistaates Sachsen als Landesrecht geltende Recht bleibt in Kraft, soweit es dieser Verfassung nicht widerspricht.
(2) Landesrecht und Landesgesetze im Sinne der Artikel 81 Absatz 1 Nr. 2 und 3 sowie Artikel 90 sind auch das Recht und die Gesetze aus der Zeit vor dem Inkrafttreten dieser Verfassung.

Artikel 121 [Akademie der Wissenschaften]
Der Freistaat bekennt sich zur Trägerschaft für die Sächsische Akademie der Wissenschaften zu Leipzig.

Artikel 122 [Inkrafttreten]
(1) Diese Verfassung bedarf der Zustimmung von zwei Dritteln der Mitglieder des Landtages.
(2) Sie wird vom Präsidenten des Landtages ausgefertigt und vom Ministerpräsidenten im Gesetz- und Verordnungsblatt des Freistaates Sachsen verkündet.
(3) Die Verfassung tritt am Tag nach ihrer Verkündung[1] in Kraft.

---

1)   Verkündet am 5.6.1992.

Anhang zu Artikel 109 Abs. 4:

Artikel 136 Weimarer Verfassung
(1) Die bürgerlichen und staatsbürgerlichen Rechte und Pflichten werden durch die Ausübung der Religionsfreiheit weder bedingt noch beschränkt.

(2) Der Genuß bürgerlicher und staatsbürgerlicher Rechte sowie die Zulassung zu öffentlichen Ämtern sind unabhängig von dem religiösen Bekenntnis.

(3) [1]Niemand ist verpflichtet, seine religiöse Überzeugung zu offenbaren. [2]Die Behörden haben nur soweit das Recht, nach der Zugehörigkeit zu einer Religionsgesellschaft zu fragen, als davon Rechte und Pflichten abhängen oder eine gesetzlich angeordnete statistische Erhebung dies erfordert.

(4) Niemand darf zu einer kirchlichen Handlung oder Feierlichkeit oder zu Teilnahme an religiösen Übungen oder zur Benutzung einer religiösen Eidesform gezwungen werden.

Artikel 137 Weimarer Verfassung
(1) Es besteht keine Staatskirche.

(2) [1]Die Freiheit der Vereinigung zu Religionsgesellschaften wird gewährleistet. [2]Der Zusammenschluß von Religionsgesellschaften innerhalb des Reichsgebiets unterliegt keinen Beschränkungen.

(3) [1]Jede Religionsgesellschaft ordnet und verwaltet ihre Angelegenheiten selbständig innerhalb der Schranken des für alle geltenden Gesetzes. [2]Sie verleiht ihre Ämter ohne Mitwirkung des Staates oder der bürgerlichen Gemeinde.

(4) Religionsgesellschaften erwerben die Rechtsfähigkeit nach den allgemeinen Vorschriften des bürgerlichen Rechtes.

(5) [1]Die Religionsgesellschaften bleiben Körperschaften des öffentlichen Rechtes, soweit sie solche bisher waren. [2]Anderen Religionsgesellschaften sind auf ihren Antrag gleiche Rechte zu gewähren, wenn sie durch ihre Verfassung und die Zahl ihrer Mitglieder die Gewähr der Dauer bieten. [3]Schließen sich mehrere derartige öffentlich-rechtliche Religionsgesellschaften zu einem Verbande zusammen, so ist auch dieser Verband eine öffentlich-rechtliche Körperschaft.

(6) Die Religionsgesellschaften, welche Körperschaften des öffentlichen Rechtes sind, sind berechtigt, auf Grund der bürgerlichen Steuerlisten nach Maßgabe der landesrechtlichen Bestimmungen Steuern zu erheben.

(7) Den Religionsgesellschaften werden die Vereinigungen gleichgestellt, die sich die gemeinschaftliche Pflege einer Weltanschauung zur Aufgabe machen.

(8) Soweit die Durchführung dieser Bestimmungen eine weitere Regelung erfordert, liegt diese der Landesgesetzgebung ob.

Artikel 138 Weimarer Verfassung
(1) [1]Die auf Gesetz, Vertrag oder besonderen Rechtstiteln beruhenden Staatsleistungen an die Religionsgesellschaften werden durch die Landesgesetzgebung abgelöst. [2]Die Grundsätze hierfür stellt das Reich auf.

(2) Das Eigentum und andere Rechte der Religionsgesellschaften und religiösen Vereine an ihren für Kultus-, Unterrichts- und Wohltätigkeitszwecke bestimmten Anstalten, Stiftungen und sonstigen Vermögen werden gewährleistet.

Artikel 139 Weimarer Verfassung
Der Sonntag und die staatlich anerkannten Feiertage bleiben als Tage der Arbeitsruhe und der seelischen Erhebung gesetzlich geschützt.

Artikel 141 Weimarer Verfassung
Soweit das Bedürfnis nach Gottesdienst und Seelsorge im Heer, in Krankenhäusern, Strafanstalten oder sonstigen öffentlichen Anstalten besteht, sind die Religionsgesellschaften zur Vornahme religiöser Handlungen zuzulassen, wobei jeder Zwang fernzuhalten ist.

Gesetz über den Verfassungsgerichtshof des Freistaates Sachsen (Sächsisches Verfassungsgerichtshofsgesetz – SächsVerfGHG)

Vom 18. Februar 1993 (SächsGVBl. S. 177, ber. S. 495)
(BS Sachsen 112-1)
zuletzt geändert durch Art. 1 G zur Änd. von Gesetzen mit Bezug zur Justiz vom 15. November 2017 (SächsGVBl. S. 598)

Inhaltsübersicht

§ 45   Anwendbare Vorschriften,   § 47   Inkrafttreten
        Beschwerdekammer

Fünfter Teil
Schlussvorschriften
§ 46   Aufwandsentschädigung,
        Reisekostenvergütung, Unfallfürsorge

Der Sächsische Landtag hat am 22. Januar 1993 das folgende Gesetz beschlossen:

Erster Teil
Organisatorische Bestimmungen

§ 1 Bezeichnung und Sitz
¹Der Verfassungsgerichtshof führt die Bezeichnung „Verfassungsgerichtshof des Freistaates Sachsen".
²Er hat seinen Sitz in Leipzig.

§ 2 Zusammensetzung, Stellvertreter, Wählbarkeit
(1) ¹Der Verfassungsgerichtshof besteht aus fünf Berufsrichtern und vier anderen Mitgliedern. ²Der Präsident und der Vizepräsident des Verfassungsgerichtshofes müssen Berufsrichter sein.
(2) ¹Für jedes Mitglied wird ein Stellvertreter gewählt. ²Der Stellvertreter vertritt das Mitglied bei dessen Verhinderung oder nach Beendigung des Amtes bis zur Ernennung des Nachfolgers, soweit kein Fall des § 6 Abs. 2 vorliegt. ³Die Stellvertreter in der Gruppe der Berufsrichter und in der Gruppe der anderen Mitglieder werden jeweils gegenseitig. ⁴Zur Vertretung ist der lebensälteste nicht verhinderte Stellvertreter berufen. ⁵Für die Stellvertreter gelten die Vorschriften dieses Gesetzes, soweit nichts anderes bestimmt ist. ⁶Durch die Beendigung des Amtes des Mitglieds, das sie vertreten, wird ihr eigenes Amt nicht berührt.
(3) ¹Zum Mitglied des Verfassungsgerichtshofes kann gewählt werden, wer das 35. Lebensjahr vollendet hat und zum Deutschen Bundestag wählbar ist. ²Mitglied des Verfassungsgerichtshofes kann nicht sein, wer dem Bundestag, dem Bundesrat, der Bundesregierung, einem entsprechenden Organ eines Landes oder der Europäischen Gemeinschaft, dem Bundesverfassungsgericht oder dem Europäischen Gerichtshof angehört.
(4) Mitglied des Verfassungsgerichtshofes kann nicht sein, wer
1. gegen die Grundsätze der Menschlichkeit oder Rechtsstaatlichkeit verstoßen hat, insbesondere die im Internationalen Pakt über bürgerliche und politische Rechte vom 19. Dezember 1966 gewährleisteten Menschenrechte oder die in der Allgemeinen Erklärung der Menschenrechte vom 10. Dezember 1948 enthaltenen Grundrechte verletzt hat oder
2. für das frühere Ministerium für Staatssicherheit/Amt für nationale Sicherheit der Deutschen Demokratischen Republik tätig war.

§ 3 Wahl
(1) ¹Die Mitglieder des Verfassungsgerichtshofes sollen frühestens drei Monate und spätestens einen Monat vor Beendigung des Amtes ihrer Vorgänger gewählt werden. ²Ist der Landtag in dieser Zeit aufgelöst, findet die Wahl innerhalb von drei Monaten nach dem ersten Zusammentritt des neu gewählten Landtages statt.
(2) Vorschlagsberechtigt für die Wahl der Mitglieder des Verfassungsgerichtshofes sind die Staatsregierung und das Landtagspräsidium.
(3) ¹Der Landtag wählt die Mitglieder des Verfassungsgerichtshofes ohne Aussprache in geheimer Wahl mit der Mehrheit von zwei Dritteln seiner Mitglieder auf die Dauer von neun Jahren. ²Dasselbe gilt für die Wahl des Präsidenten und des Vizepräsidenten. ³Eine Anhörung der Vorgeschlagenen findet nicht statt. ⁴Wiederwahl ist zulässig.

§ 4 Amtseid
(1) Die Mitglieder des Verfassungsgerichtshofes leisten vor Aufnahme ihres Amtes in öffentlicher Sitzung des Landtages folgenden Eid:
„Ich schwöre, das Richteramt getreu dem Grundgesetz für die Bundesrepublik Deutschland, getreu der Verfassung des Freistaates Sachsen und getreu dem Gesetz auszuüben, nach bestem Wissen

und Gewissen ohne Ansehen der Person zu urteilen und nur der Wahrheit und Gerechtigkeit zu dienen."

(2) [1]Der Eid kann auch mit der Beteuerung „So wahr mir Gott helfe" geleistet werden. [2]Bekennt sich ein Mitglied des Verfassungsgerichtshofes zu einer Religionsgemeinschaft, deren Angehörigen das Gesetz die Verwendung einer anderen Beteuerungsformel gestattet, so kann es diese gebrauchen.

(3) Im Falle der Wiederwahl bedarf es keiner erneuten Vereidigung.

§ 5 Rechtsstellung

(1) Die Mitglieder des Verfassungsgerichtshofes sind als Richter unabhängig und nur dem Gesetz unterworfen.

(2) [1]Die berufsrichterlichen Mitglieder des Verfassungsgerichtshofes üben die Tätigkeit im Verfassungsgerichtshof als Nebenamt aus. [2]Die Vorschriften des Deutschen Richtergesetzes und des Richtergesetzes des Freistaates Sachsen gelten auch für ihre Tätigkeit beim Verfassungsgerichtshof, soweit in diesem Gesetz nichts anderes bestimmt ist. [3]Die anderen Mitglieder des Verfassungsgerichtshofes sind ehrenamtlich tätig.

(3) [1]Die Mitglieder des Verfassungsgerichtshofes können nur nach den für Richter im Landesdienst geltenden Vorschriften vorläufig und endgültig ihres Amtes enthoben werden. [2]Einleitungsbehörde ist die Staatsregierung. [3]Die dienstgerichtliche Entscheidung trifft der Verfassungsgerichtshof. [4]Die Amtsenthebung bedarf der Mehrheit von zwei Dritteln der Mitglieder des Verfassungsgerichtshofes; dabei wirkt anstelle des betroffenen Mitglieds dessen Stellvertreter mit.

§ 6 Beendigung der Amtszeit

(1) Vor Ablauf der Amtszeit endet das Amt als Mitglied des Verfassungsgerichtshofes,

1. wenn das Mitglied die Wählbarkeit zum Bundestag verliert;
2. wenn bei dem Mitglied ein Wählbarkeitshindernis nach § 2 Abs. 3 Satz 2 eintritt;
3. wenn der Verfassungsgerichtshof mit der Mehrheit von zwei Dritteln seiner zur Entscheidung berufenen Mitglieder feststellt, daß bei dem Mitglied ein Wählbarkeitshindernis nach § 2 Abs. 4 nachträglich bekannt geworden oder bei der Wahl unbeachtet geblieben ist; anstelle des betroffenen Mitglieds wirkt sein Stellvertreter (§ 2 Abs. 2) mit;
4. wenn das Mitglied gemäß § 5 Abs. 3 seines Amtes enthoben wird;
5. wenn das berufsrichterliche Mitglied aus dem Amt als Berufsrichter ausscheidet;
6. wenn ein nichtberufsrichterliches Mitglied das 70. Lebensjahr vollendet hat, mit dem Ablauf des betreffenden Monats;
7. wenn das Mitglied durch Erklärung zur Niederschrift des Präsidenten des Landtages auf sein Amt verzichtet, mit Ablauf des auf die Erklärung folgenden Monats.

(2) Endet das Amt durch Ablauf der Amtszeit oder durch Erreichen der Altersgrenze, so führt das Mitglied die Amtsgeschäfte bis zur Ernennung seines Nachfolgers fort.

Zweiter Teil
Allgemeine Verfahrensvorschriften

§ 7 Zuständigkeit

Der Verfassungsgerichtshof entscheidet

1. über die Auslegung der Verfassung des Freistaates Sachsen aus Anlaß von Streitigkeiten über den Umfang der Rechte und Pflichten eines obersten Staatsorgans oder anderer Beteiligter, die durch die Verfassung des Freistaates Sachsen oder in der Geschäftsordnung des Landtages[1)] oder der Staatsregierung mit eigener Zuständigkeit ausgestattet sind (Artikel 81 Abs. 1 Nr. 1 der Verfassung des Freistaates Sachsen);
2. bei Zweifeln oder Meinungsverschiedenheiten über die Vereinbarkeit von Landesrecht mit der Verfassung des Freistaates Sachsen (Artikel 81 Abs. 1 Nr. 2 der Verfassung des Freistaates Sachsen);
3. über die Vereinbarkeit eines Landesgesetzes mit der Verfassung des Freistaates Sachsen, nachdem ein Gericht das Verfahren gemäß Artikel 100 Abs. 1 des Grundgesetzes ausgesetzt hat (Artikel 81 Abs. 1 Nr. 3 der Verfassung des Freistaates Sachsen);

---

1) Siehe hierzu die Geschäftsordnung des Landtages des Freistaates Sachsen v. 13.10.1999 (Amtsbl. S. 982).

4. über Verfassungsbeschwerden, die von jeder Person erhoben werden können, die sich durch die öffentliche Gewalt in einem ihrer in der Verfassung des Freistaates Sachsen niedergelegten Grundrechte (Artikel 4, 14 bis 38, 41, 78, 91, 102, 105 und 107 der Verfassung des Freistaates Sachsen) verletzt fühlt (Artikel 81 Abs. 1 Nr. 4 der Verfassung des Freistaates Sachsen);

5. über Beschwerden gegen Entscheidungen des Landtages im Wahlprüfungsverfahren (Artikel 45 Abs. 2 der Verfassung des Freistaates Sachsen);

6. über die Zulässigkeit von Volksanträgen (Artikel 71 Abs. 2 Satz 3 der Verfassung des Freistaates Sachsen);

7. über die Zulässigkeit von Anträgen auf Verfassungsänderung (Artikel 74 Abs. 1 Satz 3 der Verfassung des Freistaates Sachsen);

8. über Anträge kommunaler Träger der Selbstverwaltung auf Feststellung, daß ein Gesetz die Bestimmungen des Artikels 82 Abs. 2 oder der Artikel 84 bis 89 der Verfassung des Freistaates Sachsen verletzt (Artikel 90 der Verfassung des Freistaates Sachsen);

9. über Anträge, Mitgliedern des Landtages oder der Staatsregierung das Mandat oder Amt abzuerkennen (Artikel 118 der Verfassung des Freistaates Sachsen);

10. in den ihm durch Gesetz zugewiesenen Angelegenheiten (Artikel 81 Abs. 1 Nr. 6 der Verfassung des Freistaates Sachsen).

§ 8 Vorsitz, Beschlußfähigkeit, Abstimmung

(1) [1]Der Präsident hat den Vorsitz im Verfassungsgerichtshof und führt die Geschäfte des Verfassungsgerichtshofes. [2]Der Vizepräsident ist sein ständiger Vertreter. [3]Ist auch dieser verhindert, übernimmt das im Verfassungsgerichtshof dienstälteste, bei gleichem Dienstalter das lebensältere nicht verhinderte berufsrichterliche Mitglied, bei Verhinderung aller berufsrichterlichen Mitglieder der im Verfassungsgerichtshof dienstälteste und bei gleichem Dienstalter der lebensältere nicht verhinderte berufsrichterliche Stellvertreter die Aufgaben des Präsidenten.

(2) [1]Der Verfassungsgerichtshof ist beschlußfähig, wenn mindestens sieben seiner Mitglieder, darunter mindestens vier seiner berufsrichterlichen Mitglieder, mitwirken. [2]§ 9 Abs. 1 Satz 2 und § 15 Satz 1 bleiben unberührt.

(3) [1]In den Verfahren gemäß § 7 Nr. 9 bedarf es zu einer dem Mitglied des Landtages oder der Staatsregierung nachteiligen Entscheidung einer Mehrheit von zwei Dritteln der zur Entscheidung berufenen Mitglieder des Verfassungsgerichtshofes. [2]Im übrigen entscheidet die Mehrheit der mitwirkenden Mitglieder des Verfassungsgerichtshofes. [3]Bei Stimmengleichheit kann eine Unvereinbarkeit mit der Verfassung des Freistaates Sachsen oder eine Verletzung von Bestimmungen der Verfassung des Freistaates Sachsen oder anderen maßgeblichen Rechts nicht festgestellt werden; ein sonstiger Antrag ist in diesem Fall abgelehnt.

§ 9 Kammern

(1) [1]Der Verfassungsgerichtshof beruft für die Dauer eines Geschäftsjahres mehrere Kammern. [2]Jede Kammer besteht aus zwei Berufsrichtern und einem anderen Mitglied.

(2) Der Verfassungsgerichtshof beschließt vor Beginn eines Geschäftsjahres für dessen Dauer die Zahl und Zusammensetzung der Kammern sowie die Verteilung der auf sie zu übertragenden Verfassungsbeschwerden.

§ 10 Anwendbarkeit des Verfahrensrechts des Bundesverfassungsgerichts, Geschäftsordnung

(1) Soweit in diesem Gesetz nichts anderes bestimmt ist, sind auf das Verfahren vor dem Verfassungsgerichtshof die allgemeinen Verfahrensvorschriften des Bundesverfassungsgerichtsgesetzes in der Fassung der Bekanntmachung vom 11. August 1993 (BGBl. I S. 1473), das zuletzt durch Artikel 1 des Gesetzes vom 18. Juli 2017 (BGBl. I S. 2730) geändert worden ist, in der jeweils geltenden Fassung, entsprechend anzuwenden.

(2) Soweit in diesem Gesetz nichts anderes bestimmt ist, regelt der Verfassungsgerichtshof sein Verfahren und seinen Geschäftsgang durch eine Geschäftsordnung[1)], die im Sächsischen Gesetz- und Verordnungsblatt zu veröffentlichen ist.

---

1) Siehe hierzu die Geschäftsordnung des Landtages v. 13.10.1999 (Amtsbl. S. 982).

§ 10a Elektronische Kommunikation [ergänzend zu § 23 Absatz 1 und § 30 Absatz 1 Satz 2 des Bundesverfassungsgerichtsgesetzes][1)]

(1) Beim Verfassungsgerichtshof können Dokumente nach Maßgabe der Absätze 2 bis 6 in elektronischer Form eingereicht werden.

(2) [1]Das elektronische Dokument muss für die Bearbeitung durch den Verfassungsgerichtshof geeignet sein. [2]Das Staatsministerium der Justiz bestimmt durch Rechtsverordnung die für die Übermittlung und Bearbeitung geeigneten technischen Rahmenbedingungen.

(3) Das elektronische Dokument muss mit einer qualifizierten elektronischen Signatur der verantwortenden Person versehen sein oder von der verantwortenden Person signiert und auf einem sicheren Übermittlungsweg eingereicht werden.

(4) Sichere Übermittlungswege sind

1. der Postfach- und Versanddienst eines De-Mail-Kontos, wenn der Absender bei Versand der Nachricht sicher im Sinne des § 4 Absatz 1 Satz 2 des De-Mail-Gesetzes vom 28. April 2011 (BGBl. I S. 666), das zuletzt durch Artikel 3 des Gesetzes vom 18. Juli 2017 (BGBl. I S. 2745) geändert worden ist, in der jeweils geltenden Fassung, angemeldet ist und er sich die sichere Anmeldung gemäß § 5 Absatz 5 des De-Mail-Gesetzes bestätigen lässt,

2. der Übermittlungsweg zwischen dem besonderen elektronischen Anwaltspostfach nach § 31a der Bundesrechtsanwaltsordnung in der im Bundesgesetzblatt Teil III, Gliederungsnummer 303-8, veröffentlichten bereinigten Fassung, die zuletzt durch Artikel 1 des Gesetzes vom 12. Mai 2017 (BGBl. I S. 1121) geändert worden ist, in der jeweils geltenden Fassung, oder einem entsprechenden, auf gesetzlicher Grundlage errichteten elektronischen Postfach und der elektronischen Poststelle des Verfassungsgerichtshofes,

3. der Übermittlungsweg zwischen einem nach Durchführung eines Identifizierungsverfahrens eingerichteten Postfach einer Behörde oder einer juristischen Person des öffentlichen Rechts und der elektronischen Poststelle des Verfassungsgerichtshofes; das Nähere regelt die Rechtsverordnung nach Absatz 2 Satz 2,

4. sonstige bundeseinheitliche Übermittlungswege, die durch Rechtsverordnung der Bundesregierung mit Zustimmung des Bundesrates festgelegt wurden, bei denen die Authentizität und Integrität der Daten sowie die Barrierefreiheit gewährleistet sind.

(5) [1]Ein elektronisches Dokument ist eingegangen, sobald es auf der für den Empfang bestimmten Einrichtung des Verfassungsgerichtshofes gespeichert ist. [2]Dem Absender ist eine automatisierte Bestätigung über den Zeitpunkt des Eingangs zu erteilen.

(6) [1]Ist ein elektronisches Dokument für den Verfassungsgerichtshof zur Bearbeitung nicht geeignet, ist dies dem Absender unter Hinweis auf die Unwirksamkeit des Eingangs und die geltenden technischen Rahmenbedingungen unverzüglich mitzuteilen. [2]Das Dokument gilt als zum Zeitpunkt der früheren Einreichung eingegangen, sofern der Absender es unverzüglich in einer für den Verfassungsgerichtshof zur Bearbeitung geeigneten Form nachreicht und glaubhaft macht, dass es mit dem zuerst eingereichten Dokument inhaltlich übereinstimmt.

(7) Soweit eine handschriftliche Unterzeichnung durch ein Mitglied des Verfassungsgerichtshofes vorgeschrieben ist, genügt dieser Form die Aufzeichnung als elektronisches Dokument, wenn die verantwortenden Personen am Ende des Dokuments ihren Namen hinzufügen und das Dokument mit einer qualifizierten elektronischen Signatur versehen.

§ 11 Ablehnung eines Richters wegen Besorgnis der Befangenheit [anstatt § 19 des Bundesverfassungsgerichtsgesetzes]

(1) [1]Wird ein Mitglied des Verfassungsgerichtshofes wegen Besorgnis der Befangenheit abgelehnt, so entscheidet der Verfassungsgerichtshof hierüber unter Ausschluß des Abgelehnten. [2]Eine Vertretung des Abgelehnten findet insoweit nicht statt. [3]Bei Stimmengleichheit gibt die Stimme des Vorsitzenden den Ausschlag.

(2) [1]Die Ablehnung ist zu begründen. [2]Das abgelehnte Mitglied des Verfassungsgerichtshofes hat sich dazu zu äußern. [3]Ein Beteiligter kann ein Mitglied des Verfassungsgerichtshofes nicht mehr wegen Besorgnis der Befangenheit ablehnen, wenn er sich in eine Verhandlung eingelassen hat, ohne den ihm bekannten Ablehnungsgrund geltend zu machen.

---

1) § 10a Abs. 2 Satz 2 und Abs. 4 Nr. 3 2. Halbsatz treten bereits am 9.12.2017 in Kraft.

(3) Erklärt sich ein Mitglied des Verfassungsgerichtshofes, das nicht abgelehnt worden ist, selbst für befangen, so gilt Absatz 1 entsprechend.

(4) Nach erfolgreicher Ablehnung (Absätze 1 und 3) wirkt an der Entscheidung in der Sache selbst anstatt des abgelehnten Mitglieds sein Stellvertreter (§ 2 Abs. 2) mit.

§ 12 Zeugen und Sachverständige [anstatt § 28 Abs. 1 des Bundesverfassungsgerichtsgesetzes]

Für die Vernehmung von Zeugen und Sachverständigen gelten in den Fällen des § 7 Nr. 9 die Vorschriften der Strafprozeßordnung, in den übrigen Fällen die Vorschriften der Zivilprozeßordnung entsprechend.

§ 13 Kein Sondervotum [zu § 30 Abs. 2 des Bundesverfassungsgerichtsgesetzes]

§ 30 Abs. 2 des Bundesverfassungsgerichtsgesetzes findet keine Anwendung.

§ 14 Verbindlichkeit der Entscheidungen [anstatt § 31 des Bundesverfassungsgerichtsgesetzes]

(1) Die Entscheidungen des Verfassungsgerichtshofes binden alle Verfassungsorgane, Behörden und Gerichte.

(2) [1]In den Fällen des § 7 Nr. 2, 3 und 8 hat die Entscheidung des Verfassungsgerichtshofes Gesetzeskraft. [2]Dasselbe gilt in den Fällen des § 7 Nr. 4, wenn der Verfassungsgerichtshof ein Gesetz als mit der Verfassung des Freistaates Sachsen vereinbar oder unvereinbar oder für nichtig erklärt.

(3) Soweit ein Gesetz als mit der Verfassung des Freistaates Sachsen vereinbar oder unvereinbar oder für nichtig erklärt wird, ist die Entscheidungsformel durch den Staatsminister der Justiz im Sächsischen Gesetz- und Verordnungsblatt zu veröffentlichen.

§ 15 Einstweilige Anordnungen [anstatt § 32 Abs. 6 des Bundesverfassungsgerichtsgesetzes]

[1]Bei besonderer Dringlichkeit kann die einstweilige Anordnung erlassen werden, wenn mindestens drei berufsrichterliche Mitglieder des Verfassungsgerichtshofes mitwirken und der Beschluß einstimmig gefaßt wird. [2]Sie tritt nach einem Monat außer Kraft. [3]Wird sie durch den Verfassungsgerichtshof in der Besetzung nach § 8 Abs. 2 bestätigt, so tritt sie sechs Monate nach ihrem Erlaß außer Kraft.

§ 16 Kosten und Auslagenerstattung [anstatt §§ 34 und 34a des Bundesverfassungsgerichtsgesetzes]

(1) [1]Das Verfahren des Verfassungsgerichtshofes ist kostenfrei. [2]§ 34 Abs. 2 bis 6 des Bundesverfassungsgerichtsgesetzes findet keine Anwendung.

(2) Erweist sich im Verfahren nach § 7 Nr. 9 der Antrag auf Aberkennung des Mandats oder Amtes als unbegründet, so sind dem Angeklagten die notwendigen Auslagen einschließlich der Kosten der Verteidigung zu erstatten.

(3) Erweist sich eine Verfassungsbeschwerde als begründet, so sind dem Beschwerdeführer die notwendigen Auslagen ganz oder teilweise zu erstatten.

(4) In den übrigen Fällen kann der Verfassungsgerichtshof volle oder teilweise Erstattung der notwendigen Auslagen anordnen.

Dritter Teil
Besondere Verfahrensvorschriften

Erster Abschnitt
Verfahren in den Fällen des § 7 Nr. 1 (Organstreitverfahren)

§ 17 Antragsteller und Antragsgegner

Antragsteller und Antragsgegner können nur der Landtag, die Staatsregierung und die in der Verfassung des Freistaates Sachsen oder in der Geschäftsordnung des Landtages[1] oder der Staatsregierung[2] mit eigener Zuständigkeit ausgestatteten Teile dieser Organe sein.

§ 18 Zulässigkeit des Antrags

(1) Der Antrag ist nur zulässig, wenn der Antragsteller geltend macht, daß er oder das Organ, dem er angehört, durch eine Handlung oder Unterlassung des Antragsgegners in seinen ihm durch die Verfassung des Freistaates Sachsen übertragenen Rechten und Pflichten verletzt oder unmittelbar gefährdet ist.

---

1) Siehe hierzu die Geschäftsordnung des Landtages v. 13.10.1999 (Amtsbl. S. 982).
2) Siehe hierzu die Geschäftsordnung der Sächsischen Staatsregierung v. 2.11.1999 (Amtsbl. S. 1003).

(2) Im Antrag ist die Bestimmung der Verfassung des Freistaates Sachsen zu bezeichnen, gegen welche die beanstandete Handlung oder Unterlassung des Antragsgegners verstößt.

(3) Der Antrag muß binnen sechs Monaten, nachdem die beanstandete Handlung oder Unterlassung dem Antragsteller bekannt geworden ist, gestellt werden.

(4) Soweit die Frist bei Inkrafttreten dieses Gesetzes verstrichen ist, kann der Antrag noch binnen drei Monaten nach Inkrafttreten gestellt werden, wenn die beanstandete Handlung oder Unterlassung nach Inkrafttreten der Verfassung des Freistaates Sachsen erfolgt ist.

§ 19 Beitritt zum Verfahren

(1) Dem Antragsteller und dem Antragsgegner können in jeder Lage des Verfahrens andere in § 17 genannte Antragsberechtigte beitreten, wenn die Entscheidung auch für ihre Zuständigkeiten von Bedeutung ist.

(2) Der Verfassungsgerichtshof gibt dem Landtag und der Staatsregierung von der Einleitung des Verfahrens Kenntnis.

§ 20 Entscheidung

(1) Der Verfassungsgerichtshof stellt in seiner Entscheidung fest, ob die beanstandete Handlung oder Unterlassung des Antragsgegners den Antragsteller in seinen ihm durch die Verfassung des Freistaates Sachsen übertragenen Rechten und Pflichten verletzt oder unmittelbar gefährdet und, wenn dies der Fall ist, gegen welche Bestimmung der Verfassung des Freistaates Sachsen dadurch verstoßen wird.

(2) Soweit die Entscheidung von der Auslegung einer Verfassungsbestimmung abhängig ist, kann der Verfassungsgerichtshof in der Entscheidungsformel feststellen, wie diese Verfassungsbestimmung auszulegen ist.

Zweiter Abschnitt
Verfahren in den Fällen des § 7 Nr. 2 (abstrakte Normenkontrolle)

§ 21 Zulässigkeit des Antrags

Der Antrag der Staatsregierung oder eines Viertels der Mitglieder des Landtages gemäß Artikel 81 Abs. 1 Nr. 2 der Verfassung des Freistaates Sachsen ist nur zulässig, wenn einer der Antragsberechtigten Landesrecht

1. wegen seiner förmlichen oder sachlichen Unvereinbarkeit mit der Verfassung des Freistaates Sachsen für nichtig hält oder

2. für gültig hält, nachdem ein Gericht, eine Verwaltungsbehörde oder ein Organ des Bundes oder des Landes das Recht als unvereinbar mit der Verfassung des Freistaates Sachsen nicht angewendet hat.

§ 22 Anhörung der betroffenen Verfassungsorgane

Der Verfassungsgerichtshof gibt dem Landtag und der Staatsregierung Gelegenheit zur Äußerung binnen einer zu bestimmenden Frist.

§ 23 Entscheidung

[1]Kommt der Verfassungsgerichtshof zu der Überzeugung, daß Landesrecht mit der Verfassung des Freistaates Sachsen unvereinbar ist, so erklärt er die zur Prüfung gestellten Bestimmungen für nichtig. [2]Sind weitere Bestimmungen desselben Gesetzes aus denselben Gründen mit der Verfassung des Freistaates Sachsen unvereinbar, so kann der Verfassungsgerichtshof sie gleichfalls für nichtig erklären.

§ 24 Wirkungen der Entscheidung

Für die Wirkungen der Entscheidung gilt § 79 des Bundesverfassungsgerichtsgesetzes entsprechend.

Dritter Abschnitt
Verfahren in den Fällen des § 7 Nr. 3 (konkrete Normenkontrolle)

§ 25 Vorlage

(1) Sind die Voraussetzungen des Artikels 81 Abs. 1 Nr. 3 der Verfassung des Freistaates Sachsen gegeben, so holen die Gerichte unmittelbar die Entscheidung des Verfassungsgerichtshofes ein.

(2) [1]Die Begründung muß angeben, inwiefern von der Gültigkeit des Gesetzes die Entscheidung des Gerichts abhängig ist und mit welcher Bestimmung der Verfassung des Freistaates Sachsen das Gesetz unvereinbar sein soll. [2]Die Akten sind beizufügen.

(3) Der Antrag des Gerichts ist unabhängig von der Rüge der Nichtigkeit des Gesetzes durch einen Prozeßbeteiligten.

§ 26 Verfahren, Entscheidung

(1) Die §§ 22 bis 24 gelten entsprechend.

(2) Die in § 22 genannten Verfassungsorgane können in jeder Lage des Verfahrens beitreten.

(3) Der Verfassungsgerichtshof gibt auch den Beteiligten des Verfahrens vor dem Gericht, das den Antrag gestellt hat, Gelegenheit zur Äußerung; er lädt sie zur mündlichen Verhandlung und erteilt den anwesenden Prozeßbevollmächtigten das Wort.

(4) § 82 Abs. 4 des Bundesverfassungsgerichtsgesetzes findet mit der Maßgabe Anwendung, daß die Ersuchen an oberste Landesgerichte ergehen können.

(5) Der Verfassungsgerichtshof entscheidet nur über die Rechtsfrage.

Vierter Abschnitt
Verfahren in den Fällen des § 7 Nr. 4 (Verfassungsbeschwerde)

§ 27 Rügefähige Rechte, Rechtswegerschöpfung

(1) Jede Person kann mit der Behauptung, durch die öffentliche Gewalt des Landes in einem ihrer Grundrechte (Artikel 4, 14 bis 38, 41, 78, 91, 102, 105 und 107 der Verfassung des Freistaates Sachsen) verletzt zu sein, die Verfassungsbeschwerde zum Verfassungsgerichtshof erheben.

(2) [1]Ist gegen die Verletzung der Rechtsweg zulässig, so kann die Verfassungsbeschwerde erst nach Erschöpfung des Rechtsweges erhoben werden. [2]Der Verfassungsgerichtshof kann jedoch über eine vor Erschöpfung des Rechtsweges eingelegte Verfassungsbeschwerde sofort entscheiden, wenn sie von allgemeiner Bedeutung ist oder wenn dem Beschwerdeführer ein schwerer und unabwendbarer Nachteil entstünde, falls er zunächst auf den Rechtsweg verwiesen würde.

§ 28 Begründung der Verfassungsbeschwerde

In der Begründung der Verfassungsbeschwerde sind das Recht, das verletzt sein soll, und die Handlung oder Unterlassung des Organs oder der Behörde, durch die der Beschwerdeführer sich verletzt fühlt, zu bezeichnen.

§ 29 Einlegungsfrist

(1) [1]Die Verfassungsbeschwerde ist binnen einer Frist von einem Monat zu erheben und zu begründen. [2]Die Frist beginnt mit der Zustellung oder formlosen Mitteilung der in vollständiger Form abgefaßten Entscheidung, wenn diese nach den maßgebenden verfahrensrechtlichen Vorschriften von Amts wegen vorzunehmen ist. [3]In anderen Fällen beginnt die Frist mit der Verkündung der Entscheidung oder, wenn diese nicht zu verkünden ist, mit ihrer sonstigen Bekanntgabe an den Beschwerdeführer; wird dabei dem Beschwerdeführer eine Abschrift der Entscheidung in vollständiger Form nicht erteilt, so wird die Frist des Satzes 1 dadurch unterbrochen, daß der Beschwerdeführer schriftlich oder zu Protokoll der Geschäftsstelle die Erteilung einer in vollständiger Form abgefaßten Entscheidung beantragt. [4]Die Unterbrechung dauert fort, bis die Entscheidung in vollständiger Form dem Beschwerdeführer von dem Gericht erteilt oder von Amts wegen oder von einem anderen an dem Verfahren Beteiligten zugestellt wird.

(2) [1]War ein Beschwerdeführer ohne Verschulden verhindert, die Frist des Absatzes 1 einzuhalten, so ist ihm auf Antrag Wiedereinsetzung in den vorigen Stand zu gewähren. [2]Der Antrag ist binnen zwei Wochen nach Wegfall des Hindernisses zu stellen. [3]Die Tatsachen zur Begründung des Antrags sind bei der Antragstellung oder im Verfahren über den Antrag glaubhaft zu machen. [4]Innerhalb der Antragsfrist ist die versäumte Rechtshandlung nachzuholen; ist dies geschehen, so kann Wiedereinsetzung auch ohne Antrag gewährt werden. [5]Nach einem Jahr seit dem Ende der versäumten Frist ist der Antrag unzulässig. [6]Das Verschulden des Bevollmächtigten steht dem Verschulden eines Beschwerdeführers gleich.

(3) Richtet sich die Verfassungsbeschwerde gegen ein Gesetz oder gegen einen sonstigen Hoheitsakt, gegen den ein Rechtsweg nicht offensteht, so kann die Verfassungsbeschwerde nur binnen eines Jahres seit dem Inkrafttreten des Gesetzes oder dem Erlaß des Hoheitsaktes erhoben werden.

(4) ¹Ist ein Gesetz vor dem Inkrafttreten des vorliegenden Gesetzes in Kraft getreten, so kann die Verfassungsbeschwerde bis zum Ablauf eines Jahres seit dem Inkrafttreten des vorliegenden Gesetzes erhoben werden. ²War ein sonstiger Hoheitsakt bei Inkrafttreten der Verfassung des Freistaates Sachsen noch nicht rechtskräftig oder bestandskräftig und der Rechtsweg erschöpft, so kann die Verfassungsbeschwerde bis zum Ablauf eines Monats seit dem Inkrafttreten des Gesetzes erhoben werden.

§ 30 Anhörung Dritter, Entscheidung

(1) Der Verfassungsgerichtshof gibt dem Verfassungsorgan, dessen Handlung oder Unterlassung in der Verfassungsbeschwerde beanstandet wird, Gelegenheit, sich binnen einer zu bestimmenden Frist zu äußern.

(2) Ging die Handlung oder Unterlassung von einem Staatsminister oder einer Behörde des Landes aus, so ist dem zuständigen Staatsminister Gelegenheit zur Äußerung zu geben.

(3) ¹Richtet sich die Verfassungsbeschwerde gegen eine gerichtliche Entscheidung, so gibt der Verfassungsgerichtshof auch dem durch die Entscheidung Begünstigten Gelegenheit zur Äußerung. ²Er kann hiervon absehen, wenn die Verfassungsbeschwerde als offensichtlich unzulässig oder offensichtlich unbegründet erscheint.

(4) Richtet sich die Verfassungsbeschwerde unmittelbar oder mittelbar gegen ein Gesetz, so ist § 22 entsprechend anzuwenden.

(5) Die in den Absätzen 1, 2 und 4 genannten Verfassungsorgane können dem Verfahren beitreten.

(6) Der Verfassungsgerichtshof überträgt die Entscheidung über die Verfassungsbeschwerde durch Beschluß auf die zuständige Kammer, wenn die Verfassungsbeschwerde die Klärung einer verfassungsrechtlichen Frage nicht erfordert und die Angelegenheit nicht von besonderer Bedeutung ist.

(7) ¹Der Verfassungsgerichtshof entscheidet über Verfassungsbeschwerden ohne mündliche Verhandlung, wenn er nichts anderes beschließt. ²Die Kammern entscheiden über Verfassungsbeschwerden im schriftlichen Verfahren.

§ 31 Entscheidungsinhalt

(1) ¹Wird der Verfassungsbeschwerde stattgegeben, so ist in der Entscheidung festzustellen, welche Vorschrift der Verfassung des Freistaates Sachsen durch welche Handlung oder Unterlassung verletzt wurde. ²Der Verfassungsgerichtshof kann zugleich aussprechen, daß auch jede Wiederholung der beanstandeten Maßnahme die Verfassung des Freistaates Sachsen verletzt.

(2) Wird der Verfassungsbeschwerde gegen eine Entscheidung stattgegeben, so hebt der Verfassungsgerichtshof die Entscheidung auf, in den Fällen des § 27 Abs. 2 verweist er die Sache an ein zuständiges Gericht zurück.

(3) ¹Wird der Verfassungsbeschwerde gegen ein Gesetz stattgegeben, so ist das Gesetz für nichtig zu erklären. ²Das gleiche gilt, wenn der Verfassungsbeschwerde gemäß Absatz 2 stattgegeben wird, weil die aufgehobene Entscheidung auf einem verfassungswidrigen Gesetz beruht. ³§ 79 des Bundesverfassungsgerichtsgesetzes gilt entsprechend.

(4) Bleibt die Verfassungsbeschwerde ohne Erfolg, weil sie unzulässig oder offensichtlich unbegründet ist oder der Verfassungsgerichtshof die für ihre Beurteilung erhebliche verfassungsrechtliche Frage bereits entschieden hat, so genügt zur Begründung des Beschlusses der Hinweis auf den maßgeblichen rechtlichen Gesichtspunkt.

Fünfter Abschnitt
Verfahren in den Fällen des § 7 Nr. 5 (Wahlprüfungsbeschwerde)

§ 32 Beschwerdebefugnis

¹Die Beschwerde gegen den Beschluß des Landtages über die Gültigkeit einer Wahl oder den Verlust der Mitgliedschaft im Landtag kann innerhalb eines Monats seit der Beschlußfassung des Landtages beim Verfassungsgerichtshof erhoben werden. ²Beschwerdebefugt sind
1. das Mitglied des Landtages, dessen Mitgliedschaft bestritten ist,
2. ein Wahlberechtigter, dessen Einspruch vom Landtag verworfen worden ist,

3. eine Fraktion,
4. eine Gruppe von mindestens einem Zehntel der Mitglieder des Landtages.

³Eine Gruppe von Wahlberechtigten, für die bei der Wahl ein Wahlvorschlag zugelassen wurde und die beim Landtag Einspruch eingelegt hatte, ist vom Erfordernis des Beitritts weiterer Wahlberechtigter befreit.

Sechster Abschnitt
Verfahren in den Fällen des § 7 Nr. 6 (Entscheidung über die Zulässigkeit eines Volksantrags)

§ 33 Antrag, Entscheidung
(1) Der Verfassungsgerichtshof entscheidet auf Antrag des Landtagspräsidenten über die Zulässigkeit eines Volksantrags.
(2) Der Verfassungsgerichtshof gibt den Antragstellern und der Staatsregierung Gelegenheit zur Äußerung binnen einer zu bestimmenden Frist.

Siebter Abschnitt
Verfahren in den Fällen des § 7 Nr. 7 (Prüfung eines Antrags auf Verfassungsänderung)

§ 34 Frist und Inhalt des Antrags
(1) ¹Der Antrag auf Entscheidung nach Artikel 74 Abs. 1 Satz 3 der Verfassung des Freistaates Sachsen kann nur bis zum Ablauf eines Monats nach Abschluß der ersten Lesung des Gesetzentwurfs, der die Verfassungsänderung enthält, beim Verfassungsgerichtshof gestellt werden. ²Vor Ablauf dieser Frist darf der Gesetzentwurf nicht abschließend beraten werden. ³Ist der Entwurf des verfassungsändernden Gesetzes während eines Gesetzgebungsverfahrens eingefügt worden, so ist der Antrag innerhalb eines Monats nach dieser Einfügung zulässig; Satz 2 gilt entsprechend.
(2) In dem Antrag ist anzugeben, im Hinblick auf welche Vorschrift der Verfassung des Freistaates Sachsen Zweifel an der Zulässigkeit der Verfassungsänderung bestehen.

§ 35 Verfahren, Entscheidung
(1) Der Verfassungsgerichtshof gibt dem Landtag und der Staatsregierung Gelegenheit zur Äußerung binnen einer zu bestimmenden Frist.
(2) ¹Der Verfassungsgerichtshof stellt fest, ob der Antrag auf Verfassungsänderung zulässig ist. ²Gelangt er zur Unzulässigkeit des Änderungsantrags, so spricht der Verfassungsgerichtshof auch aus, welche Bestimmung der Verfassung des Freistaates Sachsen hierfür maßgeblich ist.

Achter Abschnitt
Verfahren in den Fällen des § 7 Nr. 8 (Normenkontrolle auf kommunalen Antrag)

§ 36 Antragsfrist, Verfahren
(1) ¹Der Antrag ist nur innerhalb eines Jahres seit dem Inkrafttreten des Gesetzes zulässig. ²Ist ein Gesetz vor dem Inkrafttreten des vorliegenden Gesetzes in Kraft getreten, so kann der Antrag bis zum Ablauf eines Jahres seit dem Inkrafttreten des vorliegenden Gesetzes gestellt werden.
(2) Für das Verfahren und die Entscheidung gelten die §§ 22 bis 24 entsprechend.

Neunter Abschnitt
Verfahren in den Fällen des § 7 Nr. 9 (Aberkennung des Mandats oder der Mitgliedschaft in der Staatsregierung)

§ 37 Anklageschrift
(1) ¹Aufgrund eines Beschlusses des Landtages auf Erhebung der Anklage gegen ein Mitglied des Landtages oder der Staatsregierung (Artikel 118 der Verfassung des Freistaates Sachsen) übersendet der Präsident des Landtages dem Verfassungsgerichtshof binnen eines Monats eine von ihm gefertigte Anklageschrift. ²Mit deren Eingang beim Verfassungsgerichtshof ist die Anklage erhoben.
(2) ¹Die Anklageschrift muß die Handlung oder Unterlassung, auf der die Anklage beruht, und die Beweismittel bezeichnen. ²Der Anklageschrift ist eine Niederschrift über die Sitzung des Landtages beizufügen, in welcher der Beschluß, Anklage zu erheben, gefaßt worden ist.

§ 38 Anklagefrist

(1) Die Anklage kann nur innerhalb eines Jahres, nachdem der ihr zugrundeliegende Sachverhalt dem Landtag bekanntgeworden ist, erhoben werden.

(2) Soweit die Frist bei Inkrafttreten dieses Gesetzes verstrichen ist, kann die Anklage noch binnen drei Monaten seit Inkrafttreten erhoben werden, wenn der ihr zugrundeliegende Sachverhalt nach Inkrafttreten der Verfassung des Freistaates Sachsen eingetreten ist.

§ 39 Zurücknahme der Anklage

(1) [1]Der Landtag kann die Anklage bis zum Beginn der mündlichen Verhandlung aufgrund eines Beschlusses zurücknehmen. [2]Ein Antrag auf Rücknahmebeschluß muß von mindestens einem Drittel der Mitglieder des Landtages gestellt werden. [3]Der Beschluß erfordert bei Anwesenheit von mindestens zwei Dritteln der Mitglieder des Landtages eine Zweidrittelmehrheit, die jedoch mehr als die Hälfte der Mitglieder des Landtages betragen muß.

(2) [1]Die Anklage wird vom Präsidenten des Landtages durch Übersendung einer Ausfertigung des Beschlusses an den Verfassungsgerichtshof zurückgenommen. [2]§ 37 Abs. 1 Satz 2 und Abs. 2 Satz 2 gilt entsprechend. [3]Der Präsident des Verfassungsgerichtshofes teilt dem Angeklagten den Eingang des Rücknahmebeschlusses mit.

(3) Die Zurücknahme der Anklage ist unwirksam, wenn ihr der Angeklagte innerhalb eines Monats nach Erhalt der Mitteilung nach Absatz 2 Satz 3 schriftlich gegenüber dem Präsidenten des Verfassungsgerichtshofes widerspricht.

§ 40 Vertretung der Anklage

[1]Der Landtag bestimmt, wer die Anklage vor dem Verfassungsgerichtshof vertritt. [2]§ 10 Abs. 1 in Verbindung mit § 22 des des Bundesverfassungsgerichtsgesetzes findet entsprechende Anwendung.

§ 41 Vorbereitung der Verhandlung

(1) [1]Der Präsident des Verfassungsgerichtshofes kann nach Anhörung des Berichterstatters zur Vorbereitung der mündlichen Verhandlung Vorermittlungen anordnen. [2]Er muß sie in den Grenzen der für Beweiserhebungen geltenden Bestimmungen der Strafprozeßordnung anordnen, soweit der Vertreter der Anklage oder der Angeklagte sie beantragt. [3]Vorermittlungen sind einem der berufsrichterlichen Mitglieder des Verfassungsgerichtshofes zu übertragen. [4]Dem Angeklagten ist bei Vorermittlungen Gelegenheit zur Äußerung zu geben.

(2) Nach Abschluß von Vorermittlungen gibt der Präsident des Verfassungsgerichtshofes dem Landtag Gelegenheit zur Entscheidung, ob die Anklage zurückgenommen wird.

§ 42 Mündliche Verhandlung

(1) Der Verfassungsgerichtshof entscheidet aufgrund mündlicher Verhandlung.

(2) [1]Zur Verhandlung ist der Angeklagte zu laden. [2]In der Ladung ist er darauf hinzuweisen, daß ohne ihn verhandelt und entschieden werden kann, wenn er unentschuldigt ausbleibt oder sich ohne ausreichenden Grund vorzeitig entfernt.

(3) [1]In der Verhandlung trägt der Vertreter der Anklage zunächst die Anklage vor. [2]Danach erhält der Angeklagte Gelegenheit, sich zur Anklage zu erklären. [3]Hierauf findet die Beweiserhebung statt. [4]Zum Schluß werden der Vertreter der Anklage mit seinem Antrag und der Angeklagte mit seiner Verteidigung gehört. [5]Der Angeklagte hat das letzte Wort.

§ 43 Urteil

(1) Gegenstand der Urteilsfindung ist der in der Anklage bezeichnete Sachverhalt, wie er sich nach dem Ergebnis der Verhandlung darstellt.

(2) Das Urteil lautet auf Einstellung des Verfahrens, auf Freispruch oder auf Feststellung, daß die fortdauernde Innehabung von Mandat oder Mitgliedschaft in der Staatsregierung durch den Angeklagten aus einem der Gründe des Artikels 118 Abs. 1 der Verfassung des Freistaates Sachsen als untragbar erscheint (Verurteilung).

(3) Die Einstellung des Verfahrens ist auszusprechen, wenn ein Verfahrenshindernis besteht.

(4) Wird der Angeklagte freigesprochen, müssen die Urteilsgründe ergeben, ob er nicht überführt oder ob seine Unschuld erwiesen ist.

(5) [1]Wird der Angeklagte verurteilt, müssen die Urteilsgründe die erwiesenen Tatsachen darlegen, aus denen sich die Erfüllung des Tatbestandes des Artikels 118 Abs. 1 der Verfassung des Freistaates

Sachsen ergibt. [2]Der Verfassungsgerichtshof hat dem Angeklagten das Mandat oder das Amt abzuerkennen. [3]Der Verfassungsgerichtshof kann die vollständige oder teilweise Entziehung der als Mitglied des Landtages oder der Staatsregierung erworbenen Versorgungsansprüche aussprechen. [4]Der Verlust des Mandats oder der Mitgliedschaft in der Staatsregierung und die Entziehung von Versorgungsansprüchen treten mit der Verkündung des Urteils ein.

§ 44 Ausfertigungen des Urteils
Je eine Ausfertigung des Urteils mit vollständigen Entscheidungsgründen ist dem Angeklagten, dem Landtag und der Staatsregierung zu übersenden.

Vierter Teil
Verzögerungsbeschwerde

§ 45 Anwendbare Vorschriften, Beschwerdekammer
(1) [1]Soweit in diesem Gesetz nichts anderes bestimmt ist, gelten die §§ 97a bis 97e des Bundesverfassungsgerichtsgesetzes entsprechend. [2]§ 97e des Bundesverfassungsgerichtsgesetzes ist mit der Maßgabe anzuwenden, dass in Satz 1 auf das Datum 14. März 2013 und in Satz 2 auf das Datum 14. Juni 2013 abzustellen ist.

(2) [1]Über die Verzögerungsbeschwerde entscheidet die Beschwerdekammer, in die der Verfassungsgerichtshof drei seiner Mitglieder beruft. [2]Der Präsident kann nicht Mitglied der Beschwerdekammer sein.

(3) [1]Die Mitglieder der Beschwerdekammer werden durch die übrigen Mitglieder des Verfassungsgerichtshofes ohne Berücksichtigung der Stellvertreter vertreten. [2]Das Nähere, insbesondere die Bestimmung des Vorsitzes und die Gewährleistung eines kontinuierlichen Nachrückens für ausscheidende Kammermitglieder sowie die Ausgestaltung der Vertretung, regelt die Geschäftsordnung.

Fünfter Teil
Schlussvorschriften

§ 46 Aufwandsentschädigung, Reisekostenvergütung, Unfallfürsorge
(1) [1]Die Mitglieder des Verfassungsgerichtshofes erhalten eine monatliche Aufwandsentschädigung. [2]Der Präsident und der Vizepräsident erhalten erhöhte Aufwandsentschädigungen. [3]Die stellvertretenden Mitglieder des Verfassungsgerichtshofes erhalten eine Aufwandsentschädigung für jeden Kalendermonat, in dem sie tätig geworden sind.

(2) Das Nähere über die Aufwandsentschädigungen regelt die Staatsregierung durch Rechtsverordnung.

(3) Die Mitglieder des Verfassungsgerichtshofes erhalten bei Dienstreisen Reisekostenvergütung nach der höchsten Klasse und Stufe des Sächsischen Reisekostengesetzes.

(4) Wird ein nicht berufsrichterliches Mitglied des Verfassungsgerichtshofes durch einen Dienstunfall verletzt, so wird ihm Unfallfürsorge in entsprechender Anwendung des § 32 Abs. 2 Satz 1 Nr. 1 bis 3 und der §§ 33 bis 38 des Sächsischen Beamtenversorgungsgesetzes vom 18. Dezember 2013 (SächsGVBl. S. 970, 1045), das zuletzt durch Artikel 4 des Gesetzes vom 4. Juli 2017 (SächsGVBl. S. 348) geändert worden ist, in der jeweils geltenden Fassung, gewährt.

§ 47 Inkrafttreten
Dieses Gesetz tritt am Tage nach seiner Verkündung[1] in Kraft.

---

1) Verkündet am 4.3.1993.

Gesetz über die Wahlen zum Sächsischen Landtag (Sächsisches Wahlgesetz – SächsWahlG)

In der Fassung der Bekanntmachung vom 15. September 2003[1] (SächsGVBl. S. 525)
(BS Sachsen 113-3)

zuletzt geändert durch Art. 4 G zur Unterstützung der selbstbestimmten Teilhabe von Menschen mit Behinderungen im Freistaat Sachsen vom 2. Juli 2019 (SächsGVBl. S. 542)

Inhaltsübersicht

---

1) Neubekanntmachung des SächsWahlG v. 5.8.1993 (SächsGVBl. S. 525) in der ab 9.9.2003 geltenden Fassung.

Erster Teil
Wahlsystem

§ 1 Zusammensetzung des Sächsischen Landtages und Wahlrechtsgrundsätze

(1) [1]Der Sächsische Landtag (Landtag) besteht vorbehaltlich der sich aus diesem Gesetz ergebenden Abweichungen aus 120 Abgeordneten. [2]Sie werden auf die Dauer von fünf Jahren in allgemeiner, unmittelbarer, freier, gleicher und geheimer Wahl nach einem Verfahren gewählt, das die Persönlichkeitswahl mit den Grundsätzen der Verhältniswahl verbindet.

(2) Von den Abgeordneten werden 60 nach Kreiswahlvorschlägen in den Wahlkreisen und die übrigen nach Landeslisten gewählt.

§ 2 Einteilung des Wahlgebietes

(1) Die Einteilung des Freistaates Sachsen (Wahlgebiet) in Wahlkreise ergibt sich aus der Anlage zu diesem Gesetz.

(2) Das Staatsministerium des Innern wird ermächtigt, die Anlage zu diesem Gesetz erneut bekannt zu machen, wenn die Gebietsbeschreibung unrichtig geworden ist.

(3) Jeder Wahlkreis wird für die Stimmabgabe in Wahlbezirke eingeteilt.

§ 3 Wahlkreiskommission und Wahlkreiseinteilung

(1) [1]Der Landtagspräsident ernennt eine ständige unabhängige Wahlkreiskommission. [2]Sie besteht aus dem Präsidenten des Statistischen Landesamtes, einem Richter des Sächsischen Oberverwaltungsgerichtes und drei weiteren Mitgliedern.

(2) [1]Die Wahlkreiskommission hat die Aufgabe, über Änderungen der Bevölkerungszahlen zu berichten und darzulegen, ob und welche Änderungen der Wahlkreiseinteilung sie im Hinblick darauf für erforderlich hält. [2]Sie kann in ihrem Bericht auch aus anderen Gründen Änderungsvorschläge machen. [3]Bei ihren Vorschlägen zur Wahlkreiseinteilung hat sie folgende Grundsätze zu beachten:

1. Die Bevölkerungszahl eines Wahlkreises soll von der durchschnittlichen Bevölkerungszahl der Wahlkreise nicht um mehr als 15 Prozent abweichen; beträgt die Abweichung mehr als 25 Prozent, ist eine Neuabgrenzung vorzunehmen.
2. Der Wahlkreis soll ein zusammenhängendes Gebiet bilden.
3. Die Grenzen der Gemeinden, Verwaltungsverbände, Verwaltungsgemeinschaften und Landkreise sollen nach Möglichkeit eingehalten werden.

[4]Bei Ermittlung der Bevölkerungszahlen bleiben Ausländer (§ 1 Abs. 2 des Ausländergesetzes[1])) unberücksichtigt.

(3) [1]Der Bericht der Wahlkreiskommission ist dem Staatsministerium des Innern zur Mitte der Wahlperiode des Landtages zu erstatten. [2]Das Staatsministerium des Innern leitet den Bericht unverzüglich dem Landtagspräsidenten zu und veröffentlicht ihn im Sächsischen Amtsblatt.

(4) Zur nötigen Neuabgrenzung der Wahlkreise hat die Staatsregierung dem Landtag rechtzeitig vor der nächsten Landtagswahl einen Gesetzentwurf zur Änderung der Anlage zum Landeswahlgesetz vorzulegen.

§ 4 Direkt- und Listenstimmen

Jeder Wähler hat zwei Stimmen, eine Direktstimme für die Wahl eines Wahlkreisabgeordneten (Direktbewerbers) und eine Listenstimme für die Wahl einer Landesliste einer Partei.

§ 5 Wahl in den Wahlkreisen

[1]In jedem Wahlkreis wird ein Wahlkreisabgeordneter gewählt. [2]Gewählt ist der Direktkandidat, der die meisten Stimmen erhalten hat. [3]Bei Stimmengleichheit entscheidet das vom Kreiswahlleiter zu ziehende Los.

§ 6 Wahl nach Landeslisten

(1) Bei Verteilung der Sitze auf die Landeslisten werden nur Parteien berücksichtigt, die mindestens fünf Prozent der abgegebenen gültigen Listenstimmen erhalten oder in mindestens zwei Wahlkreisen ein Direktmandat errungen haben.

---

1) Siehe nunmehr § 2 Abs. 1 Aufenthaltsgesetz.

(2) Von der Gesamtzahl der Abgeordneten (§ 1 Abs. 1) wird die Zahl jener erfolgreichen Wahlkreisbewerber (Direktkandidaten) abgezogen, die nicht von einer nach Absatz 1 zu berücksichtigenden Partei vorgeschlagen worden sind.

(3) [1]Die nach Absatz 2 verbleibenden Sitze werden auf die gemäß Absatz 1 berücksichtigungsfähigen Parteien nach dem d'Hondtschen Höchstzahlverfahren verteilt: Es werden die für jede Landesliste einer Partei insgesamt abgegebenen Listenstimmen zusammengezählt und die Gesamtstimmenzahl einer jeden Landesliste nacheinander solange durch 1, 2, 3, 4 und so weiter geteilt, bis so viele Höchstzahlen ermittelt sind, als Sitze zu vergeben sind. [2]Jeder Landesliste wird dabei der Reihe nach so oft ein Mandat angerechnet, als sie jeweils die höchste Teilungszahl aufweist. [3]Ergeben sich für den letzten Sitz oder die letzten Sitze gleiche Höchstzahlen für eine größere Anzahl von Landeslisten, als Sitze zu vergeben sind, entscheidet das vom Landeswahlleiter zu ziehende Los.

(4) [1]Erhält bei der Verteilung der Sitze nach Absatz 3 eine Landesliste, auf die mehr als die Hälfte der Gesamtzahl der Listenstimmen aller zu berücksichtigenden Landeslisten entfallen ist, nicht mehr als die Hälfte der zu vergebenden Sitze, wird ihr von den nach Absatz 3 zu vergebenden Sitzen abweichend von Absatz 3 zunächst ein weiterer Sitz zugeteilt. [2]Die restlichen Sitze werden dann nach Absatz 3 zugeteilt.

(5) [1]Von der für jede Landesliste so ermittelten Zahl der Sitze werden die von der Partei in den Wahlkreisen errungenen Direktmandate abgezogen. [2]Die restlichen Sitze werden aus der Landesliste in der dort festgelegten Reihenfolge besetzt. [3]Bewerber, die in einem Wahlkreis direkt gewählt sind, bleiben auf der Landesliste unberücksichtigt. [4]Entfallen auf eine Landesliste mehr Sitze, als Bewerber benannt sind, so bleiben diese Sitze unbesetzt.

(6) [1]In den Wahlkreisen errungene Direktmandate verbleiben einer Partei auch dann, wenn die Summe dieser Sitze die nach den Absätzen 3 und 4 ermittelte Zahl übersteigt (Überhangmandate). [2]Die übrigen Landeslisten erhalten Ausgleichsmandate, wenn auf sie höhere Höchstzahlen entfallen als auf das letzte Überhangmandat. [3]Die Zahl der Ausgleichsmandate darf die der Überhangmandate nicht übersteigen. [4]Die Gesamtzahl der Abgeordneten (§ 1 Abs. 1) erhöht sich um die Zahl der Überhang- und Ausgleichsmandate.

Zweiter Teil
Wahlorgane

§ 7 Wahlorgane

(1) Wahlorgane sind
1. der Landeswahlleiter und der Landeswahlausschuss für das Wahlgebiet,
2. ein Kreiswahlleiter und ein Kreiswahlausschuss für jeden Wahlkreis,
3. ein Wahlvorsteher und ein Wahlvorstand für jeden Wahlbezirk und
4. mindestens ein Wahlvorsteher und ein Wahlvorstand für jeden Wahlkreis zur Feststellung des Briefwahlergebnisses.

(2) Der Landeswahlleiter kann bestimmen, dass für mehrere benachbarte Wahlkreise ein gemeinsamer Kreiswahlleiter bestellt und ein gemeinsamer Kreiswahlausschuss gebildet wird.

(3) [1]Der Kreiswahlleiter kann anordnen, dass Briefwahlvorstände statt für den Wahlkreis für einzelne oder mehrere Gemeinden oder für einzelne Kreise innerhalb des Wahlkreises einzusetzen sind. [2]Er bestimmt die Anzahl der Briefwahlvorstände und bei mehreren Gemeinden die mit der Briefwahldurchführung betraute Gemeinde.

§ 8 Berufung der Wahlorgane

(1) Der Landeswahlleiter und sein Stellvertreter sowie die Kreiswahlleiter und ihre Stellvertreter werden vom Staatsministerium des Innern berufen.

(2) [1]Die Wahlausschüsse bestehen aus dem Wahlleiter als Vorsitzendem und sechs von ihm berufenen Wahlberechtigten als Beisitzern. [2]Für jeden Beisitzer ist ein Stellvertreter zu berufen. [3]Bei Berufung der Beisitzer sind die im Wahlgebiet vertretenen Parteien und sonstigen organisierten Wählergruppen nach Möglichkeit zu berücksichtigen.

(3) Die Wahlvorsteher (Briefwahlvorsteher) und ihre Stellvertreter werden von der Gemeinde berufen.

(4) [1]Die Wahlvorstände (Briefwahlvorstände) bestehen aus dem Wahlvorsteher (Briefwahlvorsteher) als Vorsitzendem, seinem Stellvertreter und weiteren drei bis sieben von der Gemeinde zu berufenden

Wahlberechtigten als Beisitzern. [2]Bei der Zusammensetzung der Wahlvorstände sollen die in der Gemeinde bestehenden Parteien und sonstigen organisierten Wählergruppen angemessen berücksichtigt werden.

(5) [1]Niemand darf in mehrere Wahlorgane berufen werden. [2]Wahlbewerber, Vertrauenspersonen für Wahlvorschläge und stellvertretende Vertrauenspersonen dürfen nicht in Wahlorgane berufen werden.

(6) [1]Die Gemeinden sind befugt, personenbezogene Daten von Wahlberechtigten zum Zweck ihrer Berufung als Mitglied eines Wahlvorstandes auch für künftige Wahlen zu erheben und zu verarbeiten, sofern der Betroffene der Verarbeitung nicht widersprochen hat. [2]Der Betroffene ist über das Widerspruchsrecht zu unterrichten. [3]Im Einzelnen dürfen folgende Daten erhoben und verarbeitet werden: Name, Vorname, akademischer Grad, Geburtsdatum, Anschrift, Telefonnummer, E-Mail-Adresse, Zahl der Berufungen als Mitglied eines Wahlvorstandes und die dabei ausgeübte Funktion.

(7) [1]Auf Ersuchen der Gemeinde sind zur Sicherstellung der Wahldurchführung Körperschaften und sonstige juristische Personen des öffentlichen Rechts verpflichtet, aus dem Kreis ihrer Bediensteten unter Angabe von Namen, Vornamen, akademischem Grad, Geburtsdatum, Anschrift, Telefonnummer und E-Mail-Adresse zum Zweck der Berufung als Mitglied eines Wahlvorstandes diejenigen Personen zu benennen, die im Gemeindegebiet wohnen und volljährig sind. [2]Die ersuchte Stelle hat die Betroffenen über die Datenübermittlung zu unterrichten.

(8) Die Gemeinden sind verpflichtet, die erforderlichen sonstigen Hilfskräfte und Hilfsmittel bereitzustellen.

§ 9 Tätigkeit der Wahlausschüsse und Wahlvorstände

(1) [1]Die Wahlausschüsse und Wahlvorstände verhandeln, beraten und entscheiden in öffentlicher Sitzung. [2]Bei den Abstimmungen entscheidet Stimmenmehrheit; bei Stimmengleichheit gibt die Stimme des Vorsitzenden den Ausschlag.

(2) Die Mitglieder der Wahlorgane, ihre Stellvertreter und die Schriftführer sind zur unparteiischen Wahrnehmung ihres Amtes und zur Verschwiegenheit über die ihnen bei ihrer amtlichen Tätigkeit bekannt gewordenen Angelegenheiten verpflichtet.

§ 10 Ehrenämter

(1) [1]Die Beisitzer der Wahlausschüsse und die Mitglieder der Wahlvorstände üben ihre Tätigkeit ehrenamtlich aus. [2]Zur Übernahme dieses Ehrenamtes ist jeder Wahlberechtigte verpflichtet. [3]Das Ehrenamt darf aus wichtigem Grund abgelehnt werden. [4]Ob ein wichtiger Grund vorliegt, entscheidet hinsichtlich der Mitglieder der Wahlvorstände (Briefwahlvorstände) der Gemeinderat, im Übrigen der betroffene Wahlausschuss.

(2) Die Übernahme eines Wahlamtes können ablehnen:
1. Mitglieder des Europäischen Parlaments, des Deutschen Bundestages, des Landtages sowie der Bundes- oder Staatsregierung,
2. Wahlberechtigte, die das 65. Lebensjahr vollendet haben,
3. Wahlberechtigte, die glaubhaft machen, dass ihnen die Fürsorge für ihre Familie die Ausübung des Amtes in besonderer Weise erschwert,
4. Wahlberechtigte, die glaubhaft machen, dass sie aus dringenden beruflichen Gründen oder durch Krankheit oder Gebrechen oder aus einem sonstigen wichtigen Grund gehindert sind, das Amt ordnungsgemäß auszuüben.

Dritter Teil
Wahlrecht und Wählbarkeit

§ 11 Wahlrecht

Wahlberechtigt sind alle Deutschen im Sinne des Artikels 116 Abs. 1 des Grundgesetzes, die am Wahltag
1. das 18. Lebensjahr vollendet haben,
2. seit mindestens drei Monaten im Wahlgebiet ihre Wohnung, bei mehreren Wohnungen ihre Hauptwohnung, haben oder, falls sie keine Wohnung in einem anderen Land der Bundesrepublik Deutschland haben, sich sonst im Freistaat Sachsen gewöhnlich aufhalten,
3. nicht nach § 12 vom Wahlrecht ausgeschlossen sind.

§ 12 Ausschluss vom Wahlrecht
Ausgeschlossen vom Wahlrecht ist, wer infolge Richterspruchs das Wahlrecht nicht besitzt.

§ 13 Ausübung des Wahlrechts
(1) Wählen kann nur, wer in ein Wählerverzeichnis eingetragen ist oder einen Wahlschein hat.
(2) Wer in ein Wählerverzeichnis eingetragen ist, kann nur in dem Wahlbezirk wählen, in dessen Wählerverzeichnis er geführt wird.
(3) Wer einen Wahlschein hat, kann sein Wahlrecht in dem Wahlkreis, in dem der Wahlschein ausgestellt ist,
1. durch Stimmabgabe in einem beliebigen Wahlbezirk dieses Wahlkreises oder
2. durch Briefwahl
ausüben.
(4) [1]Jeder Wahlberechtigte kann sein Wahlrecht nur einmal und nur persönlich ausüben. [2]Eine Ausübung des Wahlrechts durch einen Vertreter anstelle des Wahlberechtigten ist unzulässig.
(5) [1]Ein Wahlberechtigter, der des Lesens unkundig oder wegen einer körperlichen Beeinträchtigung oder einer Behinderung an der Abgabe seiner Stimme gehindert ist, kann sich hierzu der Hilfe einer anderen Person bedienen. [2]Die Hilfeleistung ist auf technische Hilfe bei der Kundgabe einer vom Wahlberechtigten selbst getroffenen und geäußerten Wahlentscheidung beschränkt. [3]Unzulässig ist eine Hilfeleistung, die unter missbräuchlicher Einflussnahme erfolgt, die selbstbestimmte Willensbildung oder Entscheidung des Wahlberechtigten ersetzt oder verändert oder wenn ein Interessenkonflikt der Hilfsperson besteht.

§ 14 Wählbarkeit
Wählbar sind alle Deutschen im Sinne des Artikels 116 Abs. 1 des Grundgesetzes, die am Wahltag
1. das 18. Lebensjahr vollendet haben,
2. seit mindestens 12 Monaten im Wahlgebiet ihre Wohnung, bei mehreren Wohnungen ihre Hauptwohnung, haben oder, falls sie keine Wohnung in einem anderen Land der Bundesrepublik Deutschland haben, sich sonst im Freistaat Sachsen gewöhnlich aufhalten,
3. nicht nach § 15 von der Wählbarkeit ausgeschlossen sind.

§ 15 Ausschluss von der Wählbarkeit
Nicht wählbar ist,
1. wer nach § 12 vom Wahlrecht ausgeschlossen ist oder
2. wer infolge Richterspruchs die Wählbarkeit nicht besitzt.

Vierter Teil
Vorbereitung der Wahlen

§ 16 Wahltag, Wahlzeit
(1) [1]Die Staatsregierung bestimmt im Einvernehmen mit dem Präsidium des Sächsischen Landtages den Wahltag. [2]Wahltag muss ein Sonntag oder gesetzlicher Feiertag sein. [3]Die Stimmabgabe hat zwischen 8.00 Uhr und 18.00 Uhr (Wahlzeit) zu erfolgen.
(2) [1]Der Wahltag muss frühestens 58, spätestens 60 Monate nach Beginn der Wahlperiode liegen. [2]Hat sich der Landtag gemäß Artikel 58 der Verfassung des Freistaates Sachsen aufgelöst, muss die Neuwahl binnen 60 Tagen stattfinden.

§ 17 Wählerverzeichnis und Wahlschein
(1) [1]Die Gemeinden führen für jeden Wahlbezirk ein Wählerverzeichnis. [2]Für die Führung des Wählerverzeichnisses dürfen, soweit erforderlich, die Daten des Melderegisters genutzt werden. [3]Jeder Wahlberechtigte hat das Recht, an den Werktagen vom 20. bis zum 16. Tag vor der Wahl während der allgemeinen Öffnungszeiten Einsicht in das Wählerverzeichnis zu nehmen, um die Richtigkeit und Vollständigkeit der zu seiner Person eingetragenen Daten zu überprüfen. [4]Die Einsichtnahme kann sich auch auf die Eintragung anderer Personen erstrecken, wenn derjenige, der Einsicht nehmen möchte, Tatsachen glaubhaft gemacht hat, aus denen sich die Unrichtigkeit des Wählerverzeichnisses hinsichtlich dieser Personen ergeben kann. [5]Die Einsichtnahme in Daten anderer Personen ist ausgeschlossen, wenn für diese im Melderegister eine Auskunftssperre nach § 51 Abs. 1 des Bundesmelde-

gesetzes vom 3. Mai 2013 (BGBl. I S. 1084), das zuletzt durch Artikel 11 Absatz 4 des Gesetzes vom 18. Juli 2017 (BGBl. I S. 2745) geändert worden ist, in der jeweils geltenden Fassung, eingetragen ist. (2) [1]Ein Wahlberechtigter, der in das Wählerverzeichnis eingetragen ist, erhält auf Antrag einen Wahlschein. [2]Das Gleiche gilt für den Wahlberechtigten, der aus einem von ihm nicht zu vertretenden Grund nicht in das Wählerverzeichnis aufgenommen worden ist.

§ 18 Wahlvorschlagsrecht, Beteiligungsanzeige

(1) Wahlvorschläge können von Parteien und nach Maßgabe des § 20 von Wahlberechtigten eingereicht werden.

(2) [1]Parteien, die nicht parlamentarisch vertreten sind und deren Parteieigenschaft der Bundeswahlausschuss bei der letzten Wahl zum Deutschen Bundestag nicht festgestellt hat, können einen Wahlvorschlag nur einreichen, wenn sie spätestens am 90. Tag vor der Wahl bis 18.00 Uhr dem Landeswahlleiter ihre Beteiligung an der Wahl schriftlich angezeigt haben und der Landeswahlausschuss ihre Parteieigenschaft festgestellt hat. [2]Nicht parlamentarisch vertreten ist eine Partei dann, wenn sie am 90. Tag vor der Wahl weder im Deutschen Bundestag noch in einem Landesparlament aufgrund eigener Wahlvorschläge vertreten ist. [3]Die Anzeige muss enthalten:
1. den Namen und die Kurzbezeichnung, unter denen die Partei sich an der Wahl beteiligen wird, und
2. die eigenhändigen Unterschriften von mindestens drei Mitgliedern des Landesvorstandes, darunter dem Vorsitzenden oder seinem Stellvertreter oder, wenn ein Landesverband nicht besteht, von den Vorständen der nächstniedrigen Gebietsverbände in deren Bereich der Wahlkreis liegt.

[4]Die schriftliche Satzung und das schriftliche Programm der Parteien sowie ein Nachweis über die satzungsgemäße Bestellung des Vorstandes sind der Anzeige beizufügen.

(3) [1]Der Landeswahlleiter hat die Anzeige nach Absatz 2 unverzüglich nach Eingang zu prüfen. [2]Stellt er Mängel fest, so benachrichtigt er sofort den Vorstand und fordert ihn auf, behebbare Mängel zu beseitigen. [3]Nach Ablauf der Anzeigefrist können nur noch Mängel an sich gültiger Anzeigen behoben werden. [4]Eine gültige Anzeige liegt nicht vor, wenn
1. Form oder Frist des Absatzes 2 nicht gewahrt ist,
2. die Parteibezeichnung fehlt,
3. die nach Absatz 2 erforderlichen Unterschriften und die der Anzeige beizufügenden Anlagen fehlen, es sei denn, diese Anlagen können infolge von Umständen, die die Partei nicht zu vertreten hat, nicht rechtzeitig vorgelegt werden, oder
4. die Vorstandsmitglieder mangelhaft bezeichnet sind, so dass ihre Person nicht feststeht.

[5]Nach der Entscheidung über die Feststellung der Parteieigenschaft ist jede Mängelbeseitigung ausgeschlossen. [6]Gegen Entscheidungen des Landeswahlleiters im Mängelbeseitigungsverfahren kann der Vorstand den Landeswahlausschuss anrufen.

(4) Der Landeswahlausschuss stellt spätestens am 72. Tag vor der Wahl für alle Wahlorgane verbindlich fest,
1. welche Parteien parlamentarisch vertreten sind,
2. für welche Parteien der Bundeswahlausschuss bei der letzten Wahl zum Deutschen Bundestag die Parteieigenschaft festgestellt hat,
3. welche Vereinigungen, die nach Absatz 2 ihre Beteiligung angezeigt haben, für die Wahl als Partei anzuerkennen sind.

(5) Eine Partei kann im Wahlgebiet nur eine Landesliste und in jedem Wahlkreis nur einen Kreiswahlvorschlag einreichen.

§ 19 Einreichung der Wahlvorschläge

Kreiswahlvorschläge sind dem Kreiswahlleiter, Landeslisten dem Landeswahlleiter spätestens am 66. Tag vor der Wahl bis 18.00 Uhr schriftlich einzureichen.[1]

§ 20 Inhalt und Form der Kreiswahlvorschläge

(1) [1]Der Kreiswahlvorschlag muss den Namen eines Bewerbers enthalten. [2]Der Bewerber kann nur in einem Wahlkreis und hier nur in einem Kreiswahlvorschlag genannt werden. [3]Als Bewerber kann nur

---

1) § 19 ist gem. Entsch. d. SächsVerfGH v. 25.11.2005 (SächsGVBl. 2005 S. 335) mit Art. 41 Abs. 2 Satz 1 SächsVerf unvereinbar und nichtig, soweit die Vorschrift auf die Erklärung nach § 15 Nr. 3 SächsWahlG Bezug nimmt.

vorgeschlagen werden, wer seine Zustimmung hierzu schriftlich erteilt hat; die Zustimmung ist unwiderruflich.

(2) [1]Kreiswahlvorschläge von Parteien müssen von dem Vorstand des Landesverbandes oder, wenn Landesverbände nicht bestehen, von den Vorständen der nächstniedrigen Gebietsverbände, in deren Bereich der Wahlkreis liegt, eigenhändig unterzeichnet sein. [2]Kreiswahlvorschläge von Parteien, die nicht parlamentarisch vertreten sind (§ 18 Abs. 2 Satz 2), müssen außerdem von mindestens 100 Wahlberechtigten des Wahlkreises eigenhändig unterzeichnet sein. [3]Die Wahlberechtigung muss im Zeitpunkt der Unterzeichnung gegeben sein und ist bei der Einreichung der Unterstützungsunterschrift nachzuweisen.

(3) [1]Andere Kreiswahlvorschläge müssen von mindestens 100 Wahlberechtigten des Wahlkreises eigenhändig unterzeichnet sein. [2]Absatz 2 Satz 3 gilt entsprechend.

(4) Kreiswahlvorschläge von Parteien müssen den Namen der einreichenden Partei und, sofern sie eine Kurzbezeichnung verwendet, auch diese, andere Kreiswahlvorschläge ein Kennwort enthalten.

§ 21 Aufstellung von Parteibewerbern

(1) [1]Als Bewerber einer Partei kann in einem Kreiswahlvorschlag nur benannt werden, wer in einer Mitgliederversammlung zur Wahl eines Wahlkreisbewerbers oder in einer besonderen oder allgemeinen Vertreterversammlung hierzu gewählt worden ist. [2]Mitgliederversammlung zur Wahl eines Wahlkreisbewerbers ist eine Versammlung der im Zeitpunkt ihres Zusammentritts im Wahlkreis wahlberechtigten Mitglieder der Partei. [3]Besondere Vertreterversammlung ist eine Versammlung der von einer derartigen Mitgliederversammlung aus ihrer Mitte gewählten Vertreter. [4]Allgemeine Vertreterversammlung ist eine nach der Satzung der Partei (§ 6 Parteiengesetz) allgemein für bevorstehende Wahlen von einer derartigen Mitgliederversammlung aus ihrer Mitte bestellte Versammlung.

(2) [1]In Landkreisen und Kreisfreien Städten, die mehrere Wahlkreise umfassen, können die Bewerber für diejenigen Wahlkreise, deren Gebiet die Grenze des Landkreises oder der Kreisfreien Stadt nicht durchschneidet, in einer gemeinsamen Mitglieder- oder Vertreterversammlung gewählt werden. [2]Dabei sind für jeden Wahlkreis getrennte Wahlen durchzuführen.

(3) [1]Die Bewerber und die Vertreter für die Vertreterversammlungen werden in geheimer Wahl mit Stimmzetteln gewählt. [2]Jeder stimmberechtigte Teilnehmer der Versammlung ist vorschlagsberechtigt; satzungsmäßige Vorschlagsrechte bleiben unberührt. [3]Den Bewerbern ist Gelegenheit zu geben, sich und ihr Programm der Versammlung vorzustellen. [4]Die Wahlen dürfen frühestens vier Jahre nach Beginn der Wahlperiode des Landtages stattfinden; dies gilt nicht, wenn die Wahlperiode vorzeitig endet.

(4) Das Nähere über die Wahl der Vertreter für die Vertreterversammlung, über die Einberufung und Beschlussfähigkeit der Mitglieder- oder Vertreterversammlung sowie über das Verfahren für die Wahl der Bewerber regeln die Parteien durch ihre Satzungen.

(5) [1]Eine Ausfertigung der Niederschrift über die Wahl des Bewerbers mit Angaben über Ort, Art und Zeit der Versammlung, Form der Einladung, Zahl der erschienenen Mitglieder und Ergebnis der Wahlen ist mit dem Kreiswahlvorschlag einzureichen. [2]Hierbei haben der Leiter der Versammlung und zwei von der Versammlung bestimmte Teilnehmer gegenüber dem Kreiswahlleiter an Eides statt zu versichern, dass die Anforderungen gemäß Absatz 3 Satz 1 bis 3 beachtet worden sind. [3]Der Kreiswahlleiter ist zur Abnahme einer solchen Versicherung an Eides statt zuständig; er gilt als Behörde im Sinne des § 156 des Strafgesetzbuches.

§ 22 Vertrauensperson

(1) [1]In jedem Kreiswahlvorschlag sollen eine Vertrauensperson und eine stellvertretende Vertrauensperson bezeichnet werden. [2]Fehlt diese Bezeichnung, so gilt die Person, die als erste unterzeichnet hat, als Vertrauensperson und diejenige, die als zweite unterzeichnet hat, als stellvertretende Vertrauensperson.

(2) Soweit in diesem Gesetz nichts anderes bestimmt ist, sind nur die Vertrauensperson und die stellvertretende Vertrauensperson, jede für sich, berechtigt, verbindliche Erklärungen zum Kreiswahlvorschlag abzugeben und entgegenzunehmen.

(3) Die Vertrauensperson und die stellvertretende Vertrauensperson können durch schriftliche Erklärung der Mehrheit der Unterzeichner des Kreiswahlvorschlages an den Kreiswahlleiter abberufen und durch andere ersetzt werden.

§ 23 Zurücknahme von Kreiswahlvorschlägen

[1]Ein Kreiswahlvorschlag kann durch gemeinsame schriftliche Erklärung der Vertrauensperson und der stellvertretenden Vertrauensperson zurückgenommen werden, solange nicht über seine Zulassung entschieden ist. [2]Ein von mindestens 100 Wahlberechtigten unterzeichneter Kreiswahlvorschlag kann auch von der Mehrheit der Unterzeichner durch eine schriftliche, öffentlich beglaubigte Erklärung zurückgenommen werden.

§ 24 Änderung von Kreiswahlvorschlägen

[1]Ein Kreiswahlvorschlag kann nach Ablauf der Einreichungsfrist nur durch gemeinsame schriftliche Erklärung der Vertrauensperson und der stellvertretenden Vertrauensperson und nur dann geändert werden, wenn der Bewerber stirbt oder die Wählbarkeit oder die Mitgliedschaft der Partei, die den Wahlvorschlag eingereicht hat, verliert. [2]Das Verfahren nach § 21 braucht nicht eingehalten zu werden; der Unterschriften nach § 20 Abs. 2 und 3 bedarf es nicht. [3]Nach der Entscheidung über die Zulassung eines Kreiswahlvorschlages (§ 26 Abs. 1 Satz 1) ist jede Änderung ausgeschlossen.

§ 25 Beseitigung von Mängeln

(1) [1]Der Kreiswahlleiter hat die Kreiswahlvorschläge unverzüglich nach Eingang zu prüfen. [2]Stellt er bei einem Kreiswahlvorschlag Mängel fest, so benachrichtigt er sofort die Vertrauensperson und fordert sie auf, behebbare Mängel rechtzeitig zu beseitigen.

(2) [1]Nach Ablauf der Einreichungsfrist können nur noch Mängel an sich gültiger Wahlvorschläge behoben werden. [2]Ein gültiger Wahlvorschlag liegt nicht vor, wenn

1. die Form oder Frist des § 19 nicht gewahrt ist,
2. die nach § 20 Abs. 2 Satz 1 und 2 sowie Absatz 3 erforderlichen gültigen Unterschriften mit dem Nachweis der Wahlberechtigung der Unterzeichner fehlen, es sei denn, der Nachweis kann infolge von Umständen, die der Wahlvorschlagsberechtigte nicht zu vertreten hat, nicht rechtzeitig erbracht werden,
3. bei einem Parteiwahlvorschlag die Parteibezeichnung fehlt, die nach § 18 Abs. 2 erforderliche Feststellung der Parteieigenschaft abgelehnt ist oder die Nachweise des § 21 nicht erbracht sind,
4. der Bewerber mangelhaft bezeichnet ist, so dass seine Person nicht feststeht, oder
5. die Zustimmungserklärung des Bewerbers fehlt.

(3) Nach der Entscheidung über die Zulassung eines Kreiswahlvorschlages (§ 26 Abs. 1 Satz 1) ist jede Mängelbeseitigung ausgeschlossen.

(4) Gegen Entscheidungen des Kreiswahlleiter im Mängelbeseitigungsverfahren können die Vertrauenspersonen oder der Bewerber den Kreiswahlausschuss anrufen.

§ 26 Zulassung der Kreiswahlvorschläge

(1) [1]Der Kreiswahlausschuss entscheidet am 58. Tage vor der Wahl über die Zulassung der Kreiswahlvorschläge. [2]Er hat Kreiswahlvorschläge zurückzuweisen, wenn sie

1. verspätet eingereicht sind oder
2. den Anforderungen nicht entsprechen, die durch dieses Gesetz und die Landeswahlordnung aufgestellt sind.

[3]Die Entscheidung ist in der Sitzung des Kreiswahlausschusses bekannt zu geben.

(2) [1]Weist der Kreiswahlausschuss einen Kreiswahlvorschlag zurück, so kann binnen drei Tagen nach Bekanntgabe der Entscheidung Beschwerde an den Landeswahlausschuss eingelegt werden. [2]Beschwerdeberechtigt sind Bewerber und Vertrauensperson des Kreiswahlvorschlages, der Landeswahlleiter und der Kreiswahlleiter. [3]Der Landeswahlleiter und der Kreiswahlleiter können auch gegen eine Entscheidung, durch die ein Kreiswahlvorschlag zugelassen wird, Beschwerde einlegen. [4]In der Beschwerdeverhandlung sind die erschienenen Beteiligten zu hören. [5]Die Entscheidung über die Beschwerde muss spätestens am 52. Tage vor der Wahl getroffen werden.

(3) Der Kreiswahlleiter macht die zugelassenen Kreiswahlvorschläge spätestens am 48. Tage vor der Wahl öffentlich bekannt.

§ 27 Landeslisten

(1) [1]Eine Landesliste kann nur von einer Partei eingereicht werden. [2]Die Verbindung von Wahlvorschlägen mehrerer Parteien und die Aufstellung gemeinsamer Wahlvorschläge ist nicht zulässig. [3]Die Landesliste muss von dem Vorstand des Landesverbandes oder, wenn ein Landesverband nicht besteht, von den Vorständen der nächstniedrigen Gebietsverbände, die im Wahlgebiet liegen, eigenhändig un-

terzeichnet sein. [4]Landeslisten von Parteien, die nicht parlamentarisch vertreten sind (§ 18 Abs. 2 Satz 2) müssen außerdem von mindestens 1 000 Wahlberechtigten des Wahlgebietes eigenhändig unterzeichnet sein. [5]Die Wahlberechtigung muss im Zeitpunkt der Unterzeichnung gegeben sein und ist bei der Einreichung der Unterstützungsunterschrift nachzuweisen.

(2) Landeslisten müssen den Namen der einreichenden Partei und, sofern sie eine Kurzbezeichnung verwendet, auch diese enthalten.

(3) Die Namen der Bewerber müssen in erkennbarer Reihenfolge aufgeführt sein.

(4) [1]Ein Listenbewerber kann nur in einer Landesliste vorgeschlagen werden. [2]Hierzu bedarf es seiner schriftlichen Zustimmung; diese ist unwiderruflich.

(5) § 21 Abs. 1 und 3 bis 5 sowie die §§ 22 bis 25 gelten entsprechend mit der Maßgabe, dass die Versicherung an Eides statt nach § 21 Abs. 5 Satz 2 sich auch darauf zu erstrecken hat, dass die Festlegung der Reihenfolge der Bewerber in der Landesliste in geheimer Abstimmung erfolgt ist.

§ 28 Zulassung der Landeslisten

(1) [1]Der Landeswahlausschuss entscheidet am 58. Tage vor der Wahl über die Zulassung der Landeslisten. [2]Er hat Landeslisten zurückzuweisen, wenn sie

1. verspätet eingereicht sind oder
2. den Anforderungen nicht entsprechen, die durch dieses Gesetz und die Landeswahlordnung aufgestellt sind.

[3]Sind die Anforderungen nur hinsichtlich einzelner Bewerber nicht erfüllt, so werden ihre Namen aus der Landesliste gestrichen und die folgenden Bewerber rücken nach. [4]Die Entscheidung ist in der Sitzung des Landeswahlausschusses bekannt zu geben.

(2) Der Landeswahlleiter macht die zugelassenen Landeslisten spätestens am 48. Tage vor der Wahl öffentlich bekannt.

§ 29 Stimmzettel

(1) Die Stimmzettel, die Wahlumschläge für die Briefwahl und die Wahlbriefumschläge (§ 35 Abs. 1) werden amtlich hergestellt.

(2) Der Stimmzettel enthält

1. für die Wahl in den Wahlkreisen die Namen der Direktbewerber der zugelassenen Kreiswahlvorschläge, bei Kreiswahlvorschlägen von Parteien außerdem die Namen der Parteien und, sofern sie eine Kurzbezeichnung verwenden, auch diese, bei anderen Kreiswahlvorschlägen außerdem das Kennwort,
2. für die Wahl nach Landeslisten die Namen der Parteien und, sofern sie eine Kurzbezeichnung verwenden, auch diese, sowie die Namen der ersten fünf Bewerber der zugelassenen Landeslisten.

(3) [1]Die Reihenfolge der Landeslisten von Parteien richtet sich nach der Zahl der Listenstimmen, die sie bei der letzten Landtagswahl erreicht haben. [2]Die übrigen Landeslisten schließen sich in alphabetischer Reihenfolge der Namen der Parteien an. [3]Die Reihenfolge der Kreiswahlvorschläge richtet sich nach der Reihenfolge der entsprechenden Landeslisten. [4]Sonstige Kreiswahlvorschläge schließen sich in alphabetischer Reihenfolge der Namen der Parteien oder der Kennwörter an.

Fünfter Teil
Wahlhandlung

§ 30 Öffentlichkeit der Wahlhandlung

[1]Die Wahlhandlung ist öffentlich. [2]Der Wahlvorstand kann Personen, die die Ordnung stören, aus dem Wahlraum verweisen.

§ 31 Unzulässige Wahlbeeinflussung

(1) Während der Wahlzeit sind in und an dem Gebäude, in dem sich der Wahlraum befindet, sowie unmittelbar vor dem Zugang zu dem Gebäude jede Beeinflussung der Wähler durch Wort, Ton, Schrift oder Bild sowie jede Unterschriftensammlung verboten.

(2) Die Veröffentlichung von Ergebnissen von Wählerbefragungen nach der Stimmabgabe über den Inhalt der Wahlentscheidung ist vor Ablauf der Wahlzeit unzulässig.

§ 32 Wahrung des Wahlgeheimnisses

(1) [1]Es sind Vorkehrungen dafür zu treffen, dass der Wähler den Stimmzettel unbeobachtet kennzeichnen und falten kann. [2]Für die Aufnahme der gefalteten Stimmzettel sind Wahlurnen zu verwenden, die die Wahrung des Wahlgeheimnisses sicherstellen.

(2) [1]Die nach § 13 Absatz 5 zulässige Hilfe bei der Stimmabgabe bleibt unberührt. [2]Die Hilfsperson ist zur Geheimhaltung der Kenntnisse verpflichtet, die sie bei der Hilfeleistung von der Wahl einer anderen Person erlangt hat.

§ 33 Wahlräume

[1]Die Wahlräume sollen nach den örtlichen Gegebenheiten so ausgewählt und eingerichtet werden, dass allen Wahlberechtigten, insbesondere Menschen mit Behinderungen, die Teilnahme an der Wahl möglichst erleichtert wird. [2]Die Gemeinde teilt frühzeitig und in geeigneter Weise mit, welche Wahlräume barrierefrei sind.

§ 34 Stimmabgabe mit Stimmzetteln

(1) Gewählt wird mit amtlichen Stimmzetteln.

(2) [1]Der Wähler gibt

1. seine Direktstimme in der Weise ab, dass er durch ein auf den Stimmzettel gesetztes Kreuz oder auf andere Weise eindeutig kenntlich macht, welchen Direktbewerber er wählt,
2. seine Listenstimme in der Weise ab, dass er durch ein auf den Stimmzettel gesetztes Kreuz oder auf andere Weise eindeutig kenntlich macht, welche Landesliste er wählt.

[2]Der Wähler faltet daraufhin den Stimmzettel in der Weise, dass seine Stimmabgabe von außen nicht erkennbar ist und wirft den Stimmzettel in die Wahlurne ein.

§ 35 Briefwahl

(1) [1]Bei der Briefwahl hat der Wähler dem Kreiswahlleiter des Wahlkreises, in dem der Wahlschein ausgestellt worden ist im verschlossenen Briefumschlag

1. seinen Wahlschein und
2. in einem besonderen verschlossenen Umschlag seinen Stimmzettel

so rechtzeitig zu übersenden, dass der Wahlbrief spätestens am Wahltage bis 16.00 Uhr eingeht. [2]§ 32 Abs. 2 gilt entsprechend.

(2) [1]Auf dem Wahlschein hat der Wähler oder die Hilfsperson gegenüber dem Kreiswahlleiter an Eides statt zu versichern, dass der Stimmzettel persönlich oder gemäß dem erklärten Willen des Wählers gekennzeichnet worden ist. [2]Der Kreiswahlleiter ist zur Abnahme einer solchen Versicherung an Eides statt zuständig; er gilt als Behörde im Sinne des § 156 des Strafgesetzbuches.

Sechster Teil
Feststellung des Wahlergebnisses

§ 36 Feststellung des Wahlergebnisses im Wahlbezirk

Nach Beendigung der Wahlhandlung stellt der Wahlvorstand fest, wie viel Stimmen im Wahlbezirk auf die einzelnen Kreiswahlvorschläge (Direktkandidaten) und Landeslisten abgegeben worden sind.

§ 37 Feststellung des Briefwahlergebnisses

Der für die Briefwahl eingesetzte Wahlvorstand stellt fest, wie viel durch Briefwahl abgegebene Stimmen auf die einzelnen Kreiswahlvorschläge (Direktkandidaten) und Landeslisten entfallen.

§ 38 Ungültige Stimmen, Zurückweisung von Wahlbriefen, Auslegungsregeln

(1) [1]Ungültig sind Stimmen, wenn der Stimmzettel

1. nicht amtlich hergestellt ist oder für eine andere Wahl gültig ist,
2. keine Kennzeichnung enthält,
3. für einen anderen Wahlkreis gültig ist,
4. den Willen des Wählers nicht zweifelsfrei erkennen lässt,
5. einen Zusatz oder Vorbehalt enthält.

[2]In den Fällen der Nummern 1 und 2 sind beide Stimmen (Direkt- und Listenstimme) ungültig; im Falle der Nummer 3 ist nur die Direktstimme ungültig. [3]Enthält der Stimmzettel nur eine Stimmabgabe, so ist die nicht abgegebene Stimme ungültig. [4]Bei der Briefwahl sind außerdem beide Stimmen ungültig, wenn der Stimmzettel nicht in einem amtlichen Wahlumschlag oder einem Wahlumschlag

abgegeben worden ist, der offensichtlich in einer das Wahlgeheimnis gefährdenden Weise von den übrigen abweicht oder einen deutlich fühlbaren Gegenstand enthält, jedoch eine Zurückweisung gemäß Absatz 2 Nr. 7 oder 8 nicht erfolgt ist.

(2) [1]Bei der Briefwahl sind Wahlbriefe zurückzuweisen, wenn

1. der Wahlbrief nicht rechtzeitig eingegangen ist,
2. dem Wahlbriefumschlag kein oder kein gültiger Wahlschein beiliegt,
3. dem Wahlbriefumschlag kein Wahlumschlag beigefügt ist,
4. weder der Wahlbriefumschlag noch der Wahlumschlag verschlossen ist,
5. der Wahlbriefumschlag mehrere Wahlumschläge, aber nicht eine gleiche Anzahl gültiger und mit der vorgeschriebenen Versicherung an Eides statt versehener Wahlscheine enthält,
6. der Wähler oder die Hilfsperson die vorgeschriebene Versicherung an Eides statt zur Briefwahl auf dem Wahlschein nicht unterschrieben hat,
7. kein amtlicher Wahlumschlag benutzt worden ist,
8. ein Wahlumschlag benutzt worden ist, der offensichtlich in einer das Wahlgeheimnis gefährdenden Weise von den übrigen abweicht oder einen deutlich fühlbaren Gegenstand enthält.

[2]Die Einsender zurückgewiesener Wahlbriefe werden nicht als Wähler gezählt; ihre Stimmen gelten als nicht abgegeben.

(3) [1]Bei der Briefwahl gelten mehrere in einem Wahlumschlag enthaltene Stimmzettel als ein Stimmzettel, wenn sie gleich lauten oder nur einer von ihnen gekennzeichnet ist; sonst zählen sie als ein Stimmzettel mit zwei ungültigen Stimmen. [2]Ist der Wahlumschlag leer abgegeben worden, so gelten beide Stimmen als ungültig.

(4) Die Stimmen eines Wählers, der an der Briefwahl teilgenommen hat, werden nicht dadurch ungültig, dass er vor dem oder am Wahltag stirbt, aus dem Wahlgebiet wegzieht oder sein Wahlrecht nach § 12 verliert.

§ 39 Entscheidung des Wahlvorstandes

[1]Der Wahlvorstand entscheidet über die Gültigkeit der abgegebenen Stimmen und über alle Fragen, die sich bei der Wahlhandlung und bei der Ermittlung des Wahlergebnisses ergeben. [2]Der Kreiswahlausschuss hat das Recht der Nachprüfung.

§ 40 Feststellung des Wahlergebnisses im Wahlkreis

(1) Der Kreiswahlausschuss stellt fest, wie viel Stimmen im Wahlkreis für die einzelnen Kreiswahlvorschläge (Direktbewerber) und Landeslisten abgegeben worden sind und welcher Direktbewerber als Wahlkreisabgeordneter gewählt ist.

(2) Der Kreiswahlleiter benachrichtigt den gewählten Wahlkreisabgeordneten und fordert ihn auf, binnen einer Woche schriftlich zu erklären, ob er die Wahl annimmt.

§ 41 Feststellung des Ergebnisses der Wahl nach Landeslisten

(1) Der Landeswahlausschuss stellt fest, wie viel Stimmen im Wahlgebiet für die einzelnen Landeslisten abgegeben worden sind.

(2) Der Landeswahlausschuss stellt auch fest, wie viel Sitze auf die einzelnen Landeslisten entfallen und welche Bewerber gewählt sind.

(3) Der Landeswahlleiter benachrichtigt die Gewählten und fordert sie auf, binnen einer Woche schriftlich zu erklären, ob sie die Wahl annehmen.

Siebter Teil
Besondere Vorschriften für eine Nachwahl oder Wiederholungswahl

§ 42 Nachwahl

(1) Eine Nachwahl findet statt,

1. wenn in einem Wahlkreis oder in einem Wahlbezirk die Wahl nicht durchgeführt worden ist,
2. wenn ein Wahlkreisbewerber nach der Zulassung des Kreiswahlvorschlages, aber noch vor der Wahl stirbt.

(2) [1]Die Nachwahl soll im Falle des Absatzes 1 Nr. 1 spätestens drei Wochen nach dem Tag der Hauptwahl stattfinden. [2]Im Falle des Absatzes 1 Nr. 2 kann sie am Tag der Hauptwahl stattfinden; sie

soll spätestens sechs Wochen nach dem Tag der Hauptwahl stattfinden. [3]Den Tag der Nachwahl bestimmt der Landeswahlleiter.

(3) Die Nachwahl findet nach denselben Vorschriften, auf denselben Grundlagen und derselben Wählerverzeichnisse wie die Hauptwahl statt.

(4) Im Falle einer Nachwahl ist das vorläufige Ergebnis der Hauptwahl unmittelbar nach Beendigung der Wahlhandlung auf der Grundlage der abgegebenen Stimmen zu ermitteln, festzustellen und bekannt zu geben.

§ 43 Wiederholungswahl

(1) Wird im Wahlprüfungsverfahren eine Wahl ganz oder teilweise für ungültig erklärt, so ist sie nach Maßgabe der Entscheidung zu wiederholen.

(2) Die Wiederholungswahl findet nach denselben Vorschriften, denselben Wahlvorschlägen und, wenn seit der Hauptwahl noch nicht sechs Monate verflossen sind, aufgrund derselben Wählerverzeichnisse wie die Hauptwahl statt, soweit nicht die Entscheidung im Wahlprüfungsverfahren hinsichtlich der Wahlvorschläge und Wählerverzeichnisse Abweichungen vorschreibt.

(3) [1]Die Wiederholungswahl muss spätestens 60 Tage nach Unanfechtbarkeit der Entscheidung stattfinden, durch die die Wahl für ungültig erklärt worden ist. [2]Ist die Wahl nur teilweise für ungültig erklärt worden, so unterbleibt die Wiederholungswahl, wenn feststeht, dass innerhalb von sechs Monaten ein neuer Landtag gewählt wird. [3]Den Tag der Wiederholungswahl bestimmt der Landeswahlleiter.

(4) [1]Aufgrund der Wiederholungswahl wird das Wahlergebnis nach den Vorschriften des Sechsten Teils neu festgestellt. [2]§ 40 Abs. 2 und § 41 Abs. 3 gelten entsprechend.

Achter Teil
Erwerb und Verlust der Mitgliedschaft im Landtag

§ 44 Erwerb der Mitgliedschaft im Landtag

(1) [1]Ein gewählter Bewerber erwirbt die Mitgliedschaft im Landtag mit dem fristgerechten Eingang der auf die Benachrichtigung nach § 40 Abs. 2 oder § 41 Abs. 3 erfolgenden schriftlichen Annahmeerklärung beim zuständigen Wahlleiter, jedoch nicht vor Ablauf der Wahlperiode des letzten Landtages und im Falle des § 43 Abs. 4 nicht vor Ausscheiden des nach dem ursprünglichen Wahlergebnis gewählten Abgeordneten. [2]Gibt der Gewählte bis zum Ablauf der gesetzlichen Frist keine oder keine schriftliche Erklärung ab, so gilt die Wahl zu diesem Zeitpunkt als angenommen. [3]Eine Erklärung unter Vorbehalt gilt als Ablehnung. [4]Annahme und Ablehnung können nicht widerrufen werden.

(2) [1]Nach Annahme des Mandats hat der Abgeordnete innerhalb einer Woche dem Präsidenten des Landtages seine Wohnanschriften der letzten zehn Jahre vor der Herstellung der Einheit Deutschlands schriftlich mitzuteilen. [2]Der Abgeordnete soll seine Personenkennzahl nach dem Recht der DDR hinzufügen. [3]Der Präsident des Landtages fordert vom Bundesbeauftragten für die Unterlagen des Staatssicherheitsdienstes der ehemaligen DDR sämtliche, die Person des gewählten Abgeordneten betreffenden Unterlagen im Sinne der § 20 Abs. 1 Nr. 6 Buchst. b, § 21 Abs. 1 Nr. 6 Buchst. b des Stasi-Unterlagen-Gesetzes an und gibt dem Abgeordneten hiervon Kenntnis. [4]Der Präsident des Landtages übersendet dem Bundesbeauftragten die ihm nach Satz 1 zugegangenen Mitteilungen.

(3) [1]Der Landtag bildet zu Beginn der Wahlperiode einen Bewertungsausschuss. [2]Dieser setzt sich aus je zwei Mitgliedern der im Landtag vertretenen Fraktionen zusammen. [3]Der Bewertungsausschuss bewertet die vom Bundesbeauftragten für die Unterlagen des Staatssicherheitsdienstes der ehemaligen DDR übergebenen Unterlagen. [4]Er erstellt einen Bericht mit einer Beschlussempfehlung, ob Antrag auf Erhebung der Anklage mit dem Ziel der Aberkennung des Mandats gemäß Artikel 118 der Verfassung des Freistaates Sachsen empfohlen werden soll. [5]Der Landtag entscheidet in nichtöffentlicher Sitzung.

(4) [1]Die Sitzungen des Bewertungsausschusses sind nichtöffentlich. [2]Die Mitglieder des Bewertungsausschusses sind zur Verschwiegenheit über die Angelegenheiten verpflichtet, die ihnen im Rahmen ihrer Tätigkeit im Bewertungsausschuss bekannt geworden sind. [3]Dies gilt auch für die Zeit nach ihrem Ausscheiden.

(5) Der Bewertungsausschuss ist beschlussfähig, wenn mehr als die Hälfte seiner Mitglieder anwesend sind.

(6) [1]Vor der Entscheidung über eine Beschlussempfehlung an den Landtag, ob ein Antrag auf Erhebung der Abgeordnetenanklage gemäß Artikel 118 der Verfassung des Freistaates Sachsen empfohlen werden soll, gibt der Ausschuss dem betroffenen Mitglied des Landtages Gelegenheit zur Stellungnahme. [2]Der Betroffene kann Einsicht in die Unterlagen verlangen. [3]Er hat das Recht, sich durch eine Person seines Vertrauens begleiten, bei der Einsichtnahme auch vertreten zu lassen.

(7) [1]Eine Beschlussempfehlung, in der dem Landtag empfohlen werden soll, die Erhebung der Anklage mit dem Ziel der Aberkennung des Mandats gemäß Artikel 118 der Verfassung des Freistaates Sachsen zu empfehlen, bedarf der Mehrheit von zwei Dritteln der Mitglieder des Bewertungsausschusses. [2]In der Beschlussempfehlung ist zu begründen, weshalb die fortdauernde Innehabung des Mandats als untragbar erscheint. [3]Die Beschlussempfehlung wird nur an die Mitglieder des Landtages verteilt.

§ 45 Verlust der Mitgliedschaft im Landtag

(1) [1]Ein Abgeordneter verliert die Mitgliedschaft im Landtag bei
1. Ungültigkeit des Erwerbs der Mitgliedschaft,
2. Neufeststellung des Wahlergebnisses,
3. Wegfall einer Voraussetzung seiner jederzeitigen Wählbarkeit,
4. Feststellung der Verfassungswidrigkeit der Partei oder der Teilorganisation einer Partei, der er angehört, durch das Bundesverfassungsgericht nach Artikel 21 Abs. 2 Satz 2 des Grundgesetzes,
5. Verzicht,
6. Aberkennung seines Mandats gemäß Artikel 118 der Verfassung des Freistaates Sachsen.

[2]Verlustgründe nach anderen gesetzlichen Vorschriften bleiben unberührt.

(2) Bei Ungültigkeit seiner Direktwahl im Wahlkreis bleibt der Abgeordnete Mitglied des Landtags, wenn er zugleich auf einer Landesliste gewählt war, aber nach § 6 Abs. 5 Satz 3 unberücksichtigt geblieben ist.

(3) [1]Der Verzicht ist nur wirksam, wenn er zur Niederschrift des Präsidenten des Landtages oder eines Notars, der seinen Sitz im Wahlgebiet hat, erklärt wird. [2]Die notarielle Verzichtserklärung hat der Abgeordnete dem Landtagspräsidenten zu übermitteln. [3]Der Verzicht kann nicht widerrufen werden.

(4) [1]Wird eine Partei oder die Teilorganisation einer Partei durch das Bundesverfassungsgericht nach Artikel 21 Abs. 2 Satz 2 des Grundgesetzes für verfassungswidrig erklärt, verlieren die Abgeordneten ihre Mitgliedschaft im Landtag und die Listennachfolger ihre Anwartschaft, sofern sie dieser Partei oder Teilorganisation in der Zeit zwischen der Antragstellung (§ 43 des Gesetzes über das Bundesverfassungsgericht) und der Verkündung der Entscheidung (§ 46 des Gesetzes über das Bundesverfassungsgericht) angehört haben. [2]Haben gewählte Direktbewerber nach Satz 1 ihre Mitgliedschaft verloren, wird die Wahl eines Wahlkreisabgeordneten in diesen Wahlkreisen bei entsprechender Anwendung des § 43 Abs. 2 bis 4 wiederholt; hierbei dürfen die Abgeordneten, die nach Satz 1 ihre Mitgliedschaft verloren haben, nicht als Bewerber auftreten. [3]Soweit Abgeordnete, die nach Satz 1 ihre Mitgliedschaft verloren haben, nach einer Landesliste der für verfassungswidrig erklärten Partei oder Teilorganisation der Partei gewählt waren, bleiben die Sitze unbesetzt. [4]Im Übrigen gilt § 47 Abs. 1.

§ 46 Entscheidung über den Verlust der Mitgliedschaft

(1) Über den Verlust der Mitgliedschaft nach § 45 Abs. 1 entscheidet
1. in den Fällen der Nummern 1 und 3 der Landtag im Wahlprüfungsverfahren,
2. in den Fällen der Nummern 2 und 4 der Landtag oder ein von ihm beauftragter Ausschuss,
3. im Falle der Nummer 5 der Landtagspräsident, der eine Verzichtserklärung schriftlich bestätigt,
4. im Falle der Nummer 6 der Verfassungsgerichtshof des Freistaates Sachsen.

(2) Führt eine Entscheidung im Wahlprüfungsverfahren zum Verlust der Mitgliedschaft, so scheidet der Abgeordnete mit der Rechtskraft der Entscheidung aus dem Landtag aus.

(3) [1]Führt eine Entscheidung des Landtages, des Landtagspräsidenten oder eines Landtagsausschusses zum Verlust der Mitgliedschaft, so scheidet der Abgeordnete mit der Entscheidung aus dem Landtag aus. [2]Die Entscheidung ist unverzüglich von Amts wegen zu treffen. [3]Innerhalb von zwei Wochen nach Zustellung der Entscheidung kann der Betroffene die Entscheidung des Landtages über den Verlust der Mitgliedschaft im Wahlprüfungsverfahren beantragen. [4]Die Zustellung erfolgt nach den Vorschriften des Gesetzes zur Regelung des Verwaltungsverfahrens- und des Verwaltungszustellungs-

rechts für den Freistaat Sachsen vom 19. Mai 2010 (SächsGVBl. S. 142),das durch Artikel 3 des Gesetzes vom 12. Juli 2013 (SächsGVBl. S. 503) geändert worden ist, in der jeweils geltenden Fassung.

§ 47 Berufung von Mandatsnachfolgern und Ersatzwahlen

(1) ¹Wenn ein gewählter Bewerber stirbt oder die Annahme der Wahl ablehnt oder wenn ein Abgeordneter stirbt oder sonst nachträglich aus dem Landtag ausscheidet, so wird der Sitz aus der Landesliste in der dort am Wahltag festgeschriebenen Reihenfolge derjenigen Partei besetzt, für die der Ausgeschiedene bei der Wahl aufgetreten ist. ²Bei der Nachfolge bleiben diejenigen Listenbewerber unberücksichtigt, die seit dem Zeitpunkt der Aufstellung der Landesliste aus dieser Partei ausgeschieden sind. ³Ist die Liste erschöpft, so bleibt der Sitz unbesetzt. ⁴Die Feststellung, wer als Listennachfolger eintritt, trifft der Landeswahlleiter. ⁵§ 41 Abs. 3 und § 44 gelten entsprechend.

(2) ¹War der Ausgeschiedene als Wahlkreisabgeordneter einer Wählergruppe oder einer Partei gewählt, für die im Wahlgebiet keine Landesliste zugelassen worden war, so findet Ersatzwahl im Wahlkreis statt. ²Die Ersatzwahl muss spätestens 60 Tage nach dem Zeitpunkt des Ausscheidens stattfinden. ³Sie unterbleibt, wenn feststeht, dass innerhalb von sechs Monaten ein neuer Landtag gewählt wird. ⁴Die Ersatzwahl wird nach den allgemeinen Vorschriften durchgeführt. ⁵Den Wahltag bestimmt der Landeswahlleiter. ⁶§ 40 Abs. 2 und § 44 gelten entsprechend.

Neunter Teil

Schlussbestimmungen

§ 48 Anfechtung

Entscheidungen und Maßnahmen, die sich unmittelbar auf das Wahlverfahren beziehen, können nur mit den in diesem Gesetz und in der Landeswahlordnung vorgesehenen Rechtsbehelfen sowie im Wahlprüfungsverfahren angefochten werden.

§ 49 Ordnungswidrigkeiten

(1) Ordnungswidrig handelt, wer
1. entgegen § 10 ein Ehrenamt ablehnt oder sich ohne genügende Entschuldigung den Pflichten eines solchen entzieht oder
2. entgegen § 31 Abs. 2 ein Ergebnis einer Wählerbefragung veröffentlicht.

(2) Die Ordnungswidrigkeit nach Absatz 1 Nr. 1 kann mit einer Geldbuße bis zu 500 EUR, die Ordnungswidrigkeit nach Absatz 1 Nr. 2 mit einer Geldbuße bis zu 50 000 EUR geahndet werden.

(3) Verwaltungsbehörde im Sinne des § 36 Abs. 1 Nr. 1 des Gesetzes über Ordnungswidrigkeiten ist
1. bei Ordnungswidrigkeiten nach Absatz 1 Nr. 1
    a) der Kreiswahlleiter, wenn ein Wahlberechtigter das Amt eines Wahlvorstehers (Briefwahlvorstehers), stellvertretenden Wahlvorstehers oder eines Beisitzers im Wahlvorstand oder im Kreiswahlausschuss,
    b) der Landeswahlleiter, wenn ein Wahlberechtigter das Amt eines Beisitzers im Landeswahlausschuss unberechtigt ablehnt oder sich ohne genügende Entschuldigung den Pflichten eines solchen Amtes entzieht,
2. bei Ordnungswidrigkeiten nach Absatz 1 Nr. 2 der Landeswahlleiter.

§ 49a Staatliche Mittel für Träger von Wahlvorschlägen

(1) Bewerber eines nach Maßgabe des § 20 Abs. 3 von Wahlberechtigten eingereichten Wahlvorschlages, die nach dem endgültigen Wahlergebnis mindestens 10 Prozent der in einem Wahlkreis abgegebenen gültigen Direktstimmen erreicht haben, erhalten je gültige Stimme 2,56 EUR.

(2) ¹Die Festsetzung und die Auszahlung der staatlichen Mittel sind von dem Bewerber innerhalb von zwei Monaten nach dem Zusammentritt des Sächsischen Landtages beim Präsidenten des Sächsischen Landtages zu beantragen; danach eingehende Anträge bleiben unberücksichtigt. ²Der Betrag wird vom Präsidenten des Sächsischen Landtages festgesetzt und ausgezahlt.

(3) Die Vorschriften des Parteiengesetzes über die absolute und relative Obergrenze finden keine Anwendung.

(4) Die nach dem Parteiengesetz vom Bund dem Freistaat Sachsen für die Landesverbände der Parteien zugewiesenen Mittel werden vom Präsidenten des Sächsischen Landtages ausgezahlt.

§ 50 Wahlkosten

(1) [1]Die Kosten der Landtagswahl trägt der Freistaat Sachsen. [2]Im Wege der Einzelabrechnung werden erstattet

1. den Gemeinden (Verwaltungsverbänden)
   a) die Kosten für den Versand der Wahlbenachrichtigungen,
   b) die Kosten für den Versand der Briefwahlunterlagen,
   c) die Erfrischungsgelder für die Mitglieder der Wahlvorstände,
2. die Kosten der Kreiswahlleiter,
3. die Kosten des Landeswahlleiters.

[3]Die übrigen Kosten der Gemeinden (Verwaltungsverbände) werden durch einen Festbetrag je Wahlberechtigten erstattet, der auf der Grundlage einer Kostenerhebung festgesetzt wird.

(2) [1]Der Betrag wird vom Staatsministerium des Innern im Benehmen mit dem Staatsministerium der Finanzen festgesetzt. [2]Bei der Festsetzung werden laufende persönliche und sachliche Kosten und Kosten für die Benutzung von Räumen und Einrichtungen der Gemeinden (Verwaltungsgebäude) und Landkreise nicht berücksichtigt.

(3) Der Freistaat Sachsen erstattet den Blindenvereinen, die ihre Bereitschaft zur Herstellung von Stimmzettelschablonen erklärt haben, die durch die Herstellung und Verteilung der Stimmzettelschablonen verursachten notwendigen Ausgaben.

§ 51 Wahlstatistik

(1) Das Ergebnis der Wahlen zum Landtag ist statistisch zu bearbeiten.

(2) [1]In den vom Landeswahlleiter im Einvernehmen mit dem Statistischen Landesamt des Freistaates Sachsen zu bestimmenden Wahlbezirken sind auch Statistiken über Geschlechts und Altersgliederung der Wahlberechtigten und Wähler unter Berücksichtigung der Stimmabgabe für die einzelnen Wahlvorschläge zu erstellen. [2]Die Trennung der Wahl nach Altersgruppen und Geschlechtern ist nur zulässig, soweit die Stimmabgabe der einzelnen Wähler dadurch nicht erkennbar wird.

§ 52 Landeswahlordnung

Das Staatsministerium des Innern wird ermächtigt, durch Rechtsverordnung (Landeswahlordnung) die zur Durchführung dieses Gesetzes erforderlichen Rechtsvorschriften zu erlassen, insbesondere über

1. die Bestellung der Wahlleiter und Wahlvorsteher (Briefwahlvorsteher), die Bildung der Wahlausschüsse und Wahlvorstände (Briefwahlvorstände) sowie über die Tätigkeit, Beschlussfähigkeit und das Verfahren der Wahlorgane einschließlich der Berufung in ein Wahlehrenamt und über den Ersatz von Auslagen für Inhaber von Wahlehrenämtern und über das Bußgeldverfahren,
2. die Bildung der Wahlbezirke und ihre Bekanntmachung,
3. die Voraussetzungen für die Aufnahme in die Wählerverzeichnisse, deren Führung, Einsichtnahme, Berichtigung und Abschluss, den Einspruch und die Beschwerde gegen das Wählerverzeichnis sowie die Benachrichtigung der Wahlberechtigten,
4. die Voraussetzungen für die Erteilung von Wahlscheinen, deren Ausstellung, den Einspruch und die Beschwerde gegen die Ablehnung der Erteilung von Wahlscheinen,
5. den Nachweis der Wahlrechtsvoraussetzungen,
6. das Verfahren nach § 18 Abs. 2 bis 4,
7. Einreichung, Inhalt und Form der Wahlvorschläge sowie der dazugehörigen Unterlagen, über ihre Prüfung, ihre Zulassung, die Beseitigung von Mängeln, die Beschwerde gegen Entscheidungen des Kreiswahlausschusses und des Landeswahlausschusses sowie die Bekanntgabe der Wahlvorschläge,
8. Form und Inhalt des Stimmzettels,
9. Bereitstellung, Einrichtung und Bekanntmachung der Wahlräume sowie über Wahlschutzvorrichtungen und Wahlzellen,
10. die Stimmabgabe, auch soweit besondere Verhältnisse besondere Regelungen erfordern,
11. die Briefwahl,
12. die Wahl in Kranken- und Pflegeanstalten sowie in sozialtherapeutischen und Justizvollzugsanstalten,
13. die Feststellung der Wahlergebnisse, ihre Weitermeldung und Bekanntgabe sowie die Benachrichtigung der Gewählten,

14. die Durchführung von Nachwahlen, Wiederholungswahlen und Ersatzwahlen sowie die Berufung von Listennachfolgern,

15. die Durchführung der repräsentativen Wahlstatistik.

§ 53 Verwaltungsvorschriften

Das Staatsministerium des Innern erlässt die zur Durchführung dieses Gesetzes erforderlichen Verwaltungsvorschriften.

§ 54 Fristen, Termine und Form

(1) [1]Die in diesem Gesetz und in den aufgrund dieses Gesetzes erlassenen Rechtsverordnungen vorgesehenen Fristen und Termine verlängern oder ändern sich nicht dadurch, dass der letzte Tag der Frist oder ein Termin auf einen Sonnabend, einen Sonntag, einen gesetzlichen oder religiösen Feiertag fällt. [2]Eine Wiedereinsetzung in den vorigen Stand ist ausgeschlossen.

(2) Das Staatsministerium des Innern wird ermächtigt, für den Fall einer Auflösung des Landtages die in diesem Gesetz und in den aufgrund dieses Gesetzes erlassenen Rechtsverordnungen vorgesehenen Fristen und Termine durch Rechtsverordnung abzukürzen.

(3) Soweit in diesem Gesetz oder in der Landeswahlordnung nichts anderes bestimmt ist, müssen die nach diesem Gesetz oder der Landeswahlordnung vorgeschriebenen Erklärungen persönlich und handschriftlich unterzeichnet sein und bei der zuständigen Stelle im Original vorliegen.

§ 54a Einschränkung von Grundrechten

Durch dieses Gesetz wird das Recht auf informationelle Selbstbestimmung nach Artikel 33 der Verfassung des Freistaates Sachsen eingeschränkt.

§ 54b Übergangsvorschrift

Auf die Rechtsverhältnisse des am 30. August 2009 gewählten 5. Sächsischen Landtages findet § 16 Abs. 2 Satz 1 in der bis zum 30. Juli 2014 geltenden Fassung weiter Anwendung.

§ 55 (Änderung des Abgeordnetengesetzes)

§ 56 (In-Kraft-Treten)

§ 57 (aufgehoben)

Anlage (hier nicht abgedruckt)

Gesetz über die Verwaltungsorganisation des Freistaates Sachsen (Sächsisches Verwaltungsorganisationsgesetz – SächsVwOrgG)

Vom 25. November 2003 (SächsGVBl. S. 899)
(BS Sachsen 111-13)

zuletzt geändert durch Art. 16 Haushaltsbegleitgesetz 2019/2020 vom 14. Dezember 2018 (SächsGVBl. S. 782)

Inhaltsübersicht

Der Sächsische Landtag hat am 16. Oktober 2003 das folgende Gesetz beschlossen:

Teil 1
Allgemeines

§ 1 Geltungsbereich

(1) Dieses Gesetz gilt für die Behörden des Freistaates Sachsen (Staatsbehörden).

(2) Dieses Gesetz gilt nicht für die Organe der Rechtspflege, den Rechnungshof, den Verfassungsgerichtshof des Freistaates Sachsen, die Verwaltung des Landtages, den Sächsischen Landesbeauftragten zur Aufarbeitung der SED-Diktatur und den Sächsischen Datenschutzbeauftragten.

§ 2 Gliederung der Staatsverwaltung

Die Staatsverwaltung gliedert sich in die obersten Staatsbehörden, die allgemeine Staatsbehörde und die besonderen Staatsbehörden.

Teil 2
Die obersten Staatsbehörden

§ 3 Einteilung
Oberste Staatsbehörden nach diesem Gesetz sind die Staatsregierung, der Ministerpräsident und die Staatsministerien.

§ 4 Aufgaben
Die Staatsregierung und im Rahmen ihres Geschäftsbereiches der Ministerpräsident sowie die Staatsministerien leiten und beaufsichtigen die ihnen nachgeordneten Staatsbehörden.

§ 5 Änderung der Geschäftsbereiche der Staatsministerien und Umbenennung oder Zusammenlegung von Staatsbehörden
(1) Werden Geschäftsbereiche von Staatsministerien neu abgegrenzt, gehen die in Gesetzen und Rechtsverordnungen bestimmten Zuständigkeiten auf das neu zuständige Staatsministerium über.

(2) Die einem Staatsministerium in Gesetzen und Rechtsverordnungen zugewiesenen Zuständigkeiten werden durch eine Änderung der Bezeichnung des Staatsministeriums nicht berührt.

(3) Die Staatsregierung weist auf die Änderung der Geschäftsbereiche und die Änderung der Bezeichnung eines Staatsministeriums im Sächsischen Gesetz- und Verordnungsblatt hin.

(4) [1]Bei Änderungen der Zuständigkeit von Staatsministerien wird das neu zuständige Staatsministerium ermächtigt, im Benehmen mit den beteiligten Staatsministerien durch Rechtsverordnung in Gesetzen oder Rechtsverordnungen die Nennung des bisher zuständigen Staatsministeriums durch die Nennung des neu zuständigen Staatsministeriums zu ersetzen sowie dadurch veranlasste Anpassungen des Wortlauts der Vorschriften vorzunehmen. [2]Diese Ermächtigung gilt auch für das Ersetzen einer alten durch eine neue Bezeichnung von Staatsministerien durch das betroffene Staatsministerium.

(5) Im Falle der Umbenennung oder der Zusammenlegung von Staatsbehörden und des damit verbundenen Aufgabenübergangs sind die Staatsministerien, soweit nichts anderes bestimmt ist, jeweils ermächtigt, in ihren Rechtsverordnungen die Nennung der bisher zuständigen Behörde durch die Nennung der neu zuständigen Behörde zu ersetzen sowie dadurch veranlasste Anpassungen des Wortlauts der Vorschrift vorzunehmen.

Teil 3
Die allgemeine Staatsbehörde

§ 6 Landesdirektion Sachsen
(1) [1]Allgemeine Staatsbehörde ist die Landesdirektion Sachsen mit Standorten in Chemnitz, Dresden und Leipzig. [2]Der Sitz des Präsidenten der Landesdirektion Sachsen ist am Hauptsitz in Chemnitz. [3]Die Landesdirektion Sachsen ist dem Staatsministerium des Innern unmittelbar nachgeordnet.

(2) [1]Die Landesdirektion Sachsen nimmt Aufgaben aus mehreren Staatsministerien wahr und koordiniert die staatliche Verwaltungstätigkeit im gesamten Freistaat Sachsen. [2]Sie ist, soweit nichts anderes bestimmt ist, höhere Verwaltungsbehörde im Sinne bundesrechtlicher Vorschriften. [3]Die Landesdirektion Sachsen nimmt die Aufgaben des Landesamtes zur Regelung offener Vermögensfragen und die Aufgaben der verwaltungsrechtlichen und beruflichen Rehabilitierung wahr.

(3) [1]Auf die Landesdirektion Sachsen gehen mit Inkrafttreten des Gesetzes zur Neuordnung von Standorten der Verwaltung und der Justiz des Freistaates Sachsen (Sächsisches Standortegesetz – SächsStOG) vom 27. Januar 2012 (SächsGVBl. S. 130) die Aufgaben und Befugnisse der bisherigen Landesdirektionen Chemnitz, Dresden und Leipzig über. [2]Die Beamten, Tarifbeschäftigten und Auszubildenden, die zum Zeitpunkt des Inkrafttretens des Sächsischen Standortegesetzes der Landesdirektion Chemnitz, der Landesdirektion Dresden oder der Landesdirektion Leipzig angehören, sind zum Zeitpunkt des Inkrafttretens dieses Gesetzes an die Landesdirektion Sachsen versetzt.

Teil 4
Die besonderen Staatsbehörden

§ 7 Einteilung und räumliche Gliederung
(1) [1]Besondere Staatsbehörden sind die nachfolgend, unterteilt nach Geschäftsbereichen der Staatsministerien und wahrgenommenen Aufgaben, aufgeführten Behörden. [2]Obere besondere Staatsbehör-

den sind den obersten Staatsbehörden unmittelbar nachgeordnete Behörden. [3]Untere besondere Staatsbehörden sind den oberen besonderen Staatsbehörden nachgeordnete Behörden; ausnahmsweise können sie auch unmittelbar einer obersten Staatsbehörde nachgeordnet sein.

(2) [1]Die Staatsregierung bestimmt die räumliche Gliederung der besonderen Staatsbehörden durch Rechtsverordnung. [2]Sie darf die Ermächtigung auf das sachlich zuständige Staatsministerium übertragen. [3]Untere besondere Staatsbehörden sollen räumlich so gegliedert werden, dass sie sich entweder auf das Gebiet eines Landkreises oder einer Kreisfreien Stadt oder mehrerer Gemeinden eines Landkreises beschränken.

§ 7a Aufbau und Aufgaben im Geschäftsbereich der Staatskanzlei

[1]Der Staatskanzlei ist der Staatsbetrieb Sächsische Informatik Dienste unmittelbar nachgeordnet, soweit in § 9 Absatz 1 Satz 1 Nummer 1 Buchstabe b nichts Abweichendes geregelt ist. [2]Der Staatsbetrieb Sächsische Informatik Dienste erbringt informationstechnische Leistungen im Auftrag der Staatsverwaltung. [3]Er kann mit staatlichen Behörden, die nicht der Staatsregierung unterstellt sind, dem Landtag und mit kommunalen Körperschaften sowie anderen juristischen Personen des öffentlichen Rechts Verträge über die Erbringung informationstechnischer Leistungen abschließen.

§ 8 Aufbau und Aufgaben im Geschäftsbereich des Staatsministeriums des Innern

Dem Staatsministerium des Innern sind unmittelbar nachgeordnet

1. das Landesamt für Verfassungsschutz,
2. das Präsidium der Bereitschaftspolizei,
3. das Landeskriminalamt,
4. das Polizeiverwaltungsamt,
5. die Polizeidirektionen,
6. der Staatsbetrieb Geobasisinformation und Vermessung Sachsen,
7. das Statistische Landesamt,
8. das Landesamt für Denkmalpflege,
9. das Sächsische Staatsarchiv,
10. die Hochschule für öffentliche Verwaltung und Rechtspflege (FH), Fortbildungszentrum des Freistaates Sachsen,
11. die Landesfeuerwehr- und Katastrophenschutzschule,
12. die Hochschule der Sächsischen Polizei (FH).

(2) [1]Die in Absatz 1 genannten Behörden nehmen die in den jeweiligen Fachgesetzen beschriebenen Aufgaben wahr. [2]Im Rahmen der Aufgaben und Zuständigkeiten des Staatsbetriebs Zentrales Flächenmanagement Sachsen nach § 9 Absatz 2 stellt der Staatsbetrieb Geobasisinformation und Vermessung Sachsen dem Staatsbetrieb Zentrales Flächenmanagement Sachsen nach § 11 des Sächsischen Vermessungs- und Katastergesetzes vom 29. Januar 2008 (SächsGVBl. S. 138, 148), das zuletzt durch das Gesetz vom 19. Juni 2013 (SächsGVBl. S. 482) geändert worden ist, in der jeweils geltenden Fassung, die Informationen aus den Eigentümerdaten des amtlichen Vermessungswesens laufend bereit.

(3) [1]Die Beamten, Tarifbeschäftigten und Auszubildenden, die zum Zeitpunkt des Inkrafttretens von Artikel 1 Nr. 5 SächsStOG der Bereitschaftspolizeiabteilung Dresden, der Bereitschaftspolizeiabteilung Leipzig oder der Bereitschaftspolizeiabteilung Chemnitz angehören, sind zum Zeitpunkt des Inkrafttretens dieses Gesetzes an das Präsidium der Bereitschaftspolizei Sachsen versetzt. [2]Satz 1 gilt entsprechend für die Beamten, Tarifbeschäftigten und Auszubildenden des Aus- und Fortbildungsinstitutes der sächsischen Polizei, die der Polizeifachschule Leipzig, der Polizeifachschule Chemnitz oder der Diensthundeschule Naustadt angehören.

§ 9 Aufbau und Aufgaben im Geschäftsbereich des Staatsministeriums der Finanzen

(1) [1]Im Geschäftsbereich des Staatsministeriums der Finanzen sind nachgeordnet

1. dem Staatsministerium der Finanzen unmittelbar
   a) das Landesamt für Steuern und Finanzen,
   b) das Landesrechenzentrum Steuern als Oberbehörde im Sinne von § 2 Abs. 1 Nr. 2 und Abs. 2 Satz 1 des Gesetzes über die Finanzverwaltung (Finanzverwaltungsgesetz – FVG) in der Fassung der Bekanntmachung vom 4. April 2006 (BGBl. I S. 846, 1202), das zuletzt durch

Artikel 17 des Gesetzes vom 8. Dezember 2010 (BGBl. I S. 1768, 1797) geändert worden ist, in der jeweils geltenden Fassung; es ist Teil des Staatsbetriebs Sächsische Informatik Dienste,

c) der Staatsbetrieb Sächsisches Immobilien- und Baumanagement,
d) der Staatsbetrieb Zentrales Flächenmanagement Sachsen,

2. dem Landesamt für Steuern und Finanzen die Finanzämter.

[2]Die Oberfinanzdirektion Chemnitz und das Landesamt für Finanzen werden zum 1. Januar 2011 zum Landesamt für Steuern und Finanzen zusammengeführt. [3]Die Beamten, Tarifbeschäftigten und Auszubildenden, die am 31. Dezember 2010 der Oberfinanzdirektion Chemnitz oder dem Landesamt für Finanzen angehören, sind zum 1. Januar 2011 an das Landesamt für Steuern und Finanzen versetzt.

(2) [1]Die in Absatz 1 genannten Behörden nehmen die in den jeweiligen Fachgesetzen beschriebenen Aufgaben wahr. [2]Auf das Landesamt für Steuern und Finanzen gehen die Aufgaben und Befugnisse der Oberfinanzdirektion Chemnitz und des Landesamtes für Finanzen über. [3]Das Landesamt für Steuern und Finanzen übernimmt die Aufgaben der Oberfinanzdirektion Chemnitz als Landesfinanzbehörde im Sinne des Gesetzes über die Finanzverwaltung (Finanzverwaltungsgesetz – FVG) in der Fassung der Bekanntmachung vom 4. April 2006 (BGBl. I S. 846, 1202), zuletzt geändert durch Artikel 2 des Gesetzes vom 18. Dezember 2013 (BGBl. I S. 4318, 4329), in der jeweils geltenden Fassung. [4]Das Landesamt für Steuern und Finanzen ist zuständig für die Festsetzung, Anordnung und Abrechnung der Zuführungen und Erstattungen des Generationenfonds sowie der Versorgungsrücklage des Freistaates Sachsen. [5]Darüber hinaus nimmt das Landesamt für Steuern und Finanzen insbesondere die Aufgaben der Bezüge zahlenden Stelle, der Hauptkasse des Freistaates Sachsen, der Abwicklung von Verkehrsunfällen mit Beteiligung von Fahrzeugen des Freistaates Sachsen und der Familienkasse wahr. [6]Das Landesamt für Steuern und Finanzen kann für die Behörden und Einrichtungen des Freistaates Sachsen die Berechnung und Anordnung der Reisekostenvergütung durchführen sowie die Bezüge- und Beihilfeabrechnung für Dritte durchführen, wenn dies im öffentlichen Interesse liegt. [7]Der Staatsbetrieb Sächsisches Immobilien- und Baumanagement nimmt die Aufgaben der Hochbau- und Immobilienverwaltung im Rahmen der Behördenunterbringung wahr. [8]Der Staatsbetrieb Zentrales Flächenmanagement Sachsen nimmt die Aufgaben des ressortübergreifenden Flächenmanagements einschließlich des Kompensationsmanagements und der Sicherung des Landesvermögens wahr. [9]Er nimmt insbesondere Aufgaben des Grundstücksverkehrs und der Flächenarrondierung wahr und ist für die Abwicklung von Fiskalerbschaften sowie die Ausübung von Aneignungsrechten zuständig. [10]Weiterhin nimmt er für den Freistaat Sachsen die Aufgaben als Grundstückseigentümer wahr, sofern keine Ausnahmen vom Staatsministerium der Finanzen zugelassen werden.

(3) [1]Der Staatsbetrieb Zentrales Flächenmanagement Sachsen wird bis zum 31. März 2019 evaluiert. [2]Dabei sind insbesondere die Zusammenarbeit mit anderen Behörden der Staatsregierung, die Vollständigkeit der Flächenberücksichtigung sowie die erreichte Wirtschaftlichkeit zu untersuchen. [3]Das Staatsministerium der Finanzen wird eine vorgezogene Evaluierung durchführen und dem Haushalts- und Finanzausschuss des Landtags bis zum 30. Juni 2019 einen Konzeptvorschlag vorlegen. [4]Sofern zur Umsetzung des Vorschlags eine Umsetzung von Stellen und Mitteln gemäß § 50 der Sächsischen Haushaltsordnung in der Fassung der Bekanntmachung vom 10. April 2001 (SächsGVBl. S. 153), die zuletzt durch Artikel 1 des Gesetzes vom 14. Dezember 2018 (SächsGVBl. S. 782) geändert worden ist, in Verbindung mit § 10 Absatz 9 des Haushaltsgesetzes 2019/2020 vom 14. Dezember 2018 (SächsGVBl. S. 766) notwendig ist, bedarf diese der Zustimmung des Haushalts- und Finanzausschusses des Landtags. [5]Über strukturelle oder organisatorische Veränderungen im Ergebnis der Evaluierung entscheidet somit der Haushalts- und Finanzausschuss des Landtags auf Vorschlag des Staatsministeriums der Finanzen.

§ 10 Aufbau und Aufgaben im Geschäftsbereich des Staatsministeriums der Justiz

(1) Dem Staatsministerium der Justiz sind unmittelbar nachgeordnet

1. die Justizvollzugsanstalten,
2. das Ausbildungszentrum Bobritzsch,
3. die Leitstelle für Informationstechnologie der sächsischen Justiz.

(2) [1]Die in Absatz 1 genannten Behörden nehmen die in den jeweiligen Fachgesetzen beschriebenen Aufgaben wahr. [2]Dem Ausbildungszentrum Bobritzsch obliegt die Laufbahnausbildung des mittleren nichttechnischen Dienstes in den Fachrichtungen Allgemeine Verwaltung, Justiz, allgemeiner Justizvollzug, Staatsfinanzen, Steuerverwaltung und Sozialverwaltung sowie die Durchführung und Ab-

wicklung von Fortbildungen im Bereich der Justiz und in der fachspezifischen Informationstechnik in der Finanz- und Justizverwaltung.

§ 11 Aufbau und Aufgaben im Geschäftsbereich des Staatsministeriums für Kultus

(1) [1]Dem Staatsministerium für Kultus sind unmittelbar nachgeordnet
1. das Landesamt für Schule und Bildung,
2. die Sächsische Landeszentrale für politische Bildung als nicht rechtsfähige Anstalt des öffentlichen Rechts.

[2]Das Staatsministerium für Kultus kann Regionalstellen des Landesamtes für Schule und Bildung einrichten und aufheben.

(2) [1]Das Landesamt für Schule und Bildung nimmt die in den jeweiligen Fachgesetzen beschriebenen Aufgaben, die Lehrplanarbeit, Aufgaben im Rahmen von Schulversuchen, Aufgaben der konzeptionellen Fortentwicklung des Schulwesens und Aufgaben der Lehrerbildung einschließlich der Abnahme der Ersten und Zweiten Staatsprüfung wahr. [2]Die Sächsische Landeszentrale für politische Bildung nimmt insbesondere die Förderung von Maßnahmen der politischen Bildung auf überparteilicher Grundlage wahr.

§ 12 Aufbau und Aufgaben im Geschäftsbereich des Staatsministeriums für Wissenschaft und Kunst

(1) Dem Staatsministerium für Wissenschaft und Kunst sind unmittelbar nachgeordnet
1. der Staatsbetrieb Landesamt für Archäologie Sachsen,
2. der Staatsbetrieb Staatliche Kunstsammlungen Dresden,
3. der Staatsbetrieb Sächsische Staatstheater,
4. der Staatsbetrieb Deutsche Zentralbücherei für Blinde zu Leipzig,
5. der Staatsbetrieb Sächsische Landesbibliothek – Staats und Universitätsbibliothek Dresden.

(2) Die in Absatz 1 genannten Behörden nehmen folgende Aufgaben wahr:
1. der Staatsbetrieb Landesamt für Archäologie Sachsen die in den jeweiligen Fachgesetzen beschriebenen sowie museale Aufgaben,
2. der Staatsbetrieb Staatliche Kunstsammlungen Dresden insbesondere die Bewahrung, Erforschung, Präsentation, Vermittlung und Erweiterung der Bestände, die Repräsentation wesentlicher Teile des kulturellen Erbes des Freistaates Sachsen in der gesamten Welt sowie die Förderung und Beratung nichtstaatlicher Museen,
3. der Staatsbetrieb Sächsische Staatstheater insbesondere künstlerische Produktionen und Aufführungen von dramatischen und musikdramatischen Werken, Balletten und Konzerten sowie die Förderung der zeitgenössischen Theaterkunst in allen ihren Ausprägungen,
4. der Staatsbetrieb Deutsche Zentralbücherei für Blinde zu Leipzig die Förderung der gesellschaftlichen Integration und Rehabilitation von blinden und sehbehinderten Menschen,
5. der Staatsbetrieb Sächsische Landesbibliothek – Staats und Universitätsbibliothek Dresden sammelt und archiviert umfassend Veröffentlichungen über Sachsen sowie die in Sachsen erscheinenden ablieferungspflichtigen Publikationen, trägt die Informationsversorgung der Technischen Universität Dresden und erfüllt Koordinierungs- und Dienstleistungsfunktionen für sächsische Bibliotheken.

§ 13 Aufbau und Aufgaben im Geschäftsbereich des Staatsministeriums für Wirtschaft, Arbeit und Verkehr

(1) Dem Staatsministerium für Wirtschaft, Arbeit und Verkehr sind unmittelbar nachgeordnet
1. das Landesamt für Straßenbau und Verkehr,
2. das Sächsische Oberbergamt.

(2) [1]Das Landesamt für Straßenbau und Verkehr nimmt die in den jeweiligen Fachgesetzen beschriebenen Aufgaben wahr. [2]Das Sächsische Oberbergamt nimmt insbesondere die Aufgabe des Vollzugs des Bergrechts wahr.

§ 14 Aufbau und Aufgaben im Geschäftsbereich des Staatsministeriums für Soziales und Verbraucherschutz

(1) Dem Staatsministerium für Soziales und Verbraucherschutz sind unmittelbar nachgeordnet
1. die psychiatrischen Krankenhäuser in Trägerschaft des Freistaates Sachsen,
2. das Heim ‚Haus am Karswald' in Arnsdorf,

3. die Landesuntersuchungsanstalt für das Gesundheits- und Veterinärwesen und
4. der Staatsbetrieb für Mess- und Eichwesen.

(2) Die psychiatrischen Krankenhäuser in Trägerschaft des Freistaates Sachsen, das Heim ‚Haus am Karswald' in Arnsdorf, der Staatsbetrieb für Mess- und Eichwesen sowie die Landesuntersuchungsanstalt für das Gesundheits- und Veterinärwesen nehmen die in den jeweiligen Fachgesetzen beschriebenen Aufgaben wahr.

§ 15 Aufbau und Aufgaben im Geschäftsbereich des Staatsministeriums für Umwelt und Landwirtschaft

(1) Im Geschäftsbereich des Staatsministeriums für Umwelt und Landwirtschaft sind nachgeordnet
1. dem Staatsministerium für Umwelt und Landwirtschaft unmittelbar
   a) das Landesamt für Umwelt, Landwirtschaft und Geologie,
   b) der Staatsbetrieb Landestalsperrenverwaltung,
   c) der Staatsbetrieb Sachsenforst,
   d) der Staatsbetrieb Sächsische Gestütsverwaltung,
2. dem Landesamt für Umwelt, Landwirtschaft und Geologie der Staatsbetrieb Staatliche Betriebsgesellschaft für Umwelt und Landwirtschaft.

(2) ¹Der Staatsbetrieb Landestalsperrenverwaltung und der Staatsbetrieb Sachsenforst nehmen die in den jeweiligen Fachgesetzen beschriebenen Aufgaben wahr. ²Ferner nehmen wahr
1. das Landesamt für Umwelt, Landwirtschaft und Geologie insbesondere Aufgaben der Umweltüberwachung, -dokumentation und -berichterstattung, der Beratung des Staatsministeriums für Umwelt und Landwirtschaft in wissenschaftlichen Fragen des Umweltschutzes, der Geologie sowie der Agrar- und Ernährungswirtschaft, der angewandten Forschung auf den Gebieten des Umweltschutzes, der Geologie und der Agrarwirtschaft, der fachlichen Unterstützung der unteren Verwaltungsbehörden sowie der allgemeinen und besonderen Staatsbehörden bei deren Aufgabenerfüllung im Bereich der Geologie, der geowissenschaftlichen und bodenkundlichen Landesaufnahme, der Erhaltung und der Verbesserung der Wettbewerbsfähigkeit der Agrar- und Ernährungswirtschaft, der Erhaltung und Entwicklung der Kulturlandschaft und des ländlichen Raumes, der beruflichen Aus- und Weiterbildung im Bereich Agrarwirtschaft, der fachspezifischen Fortbildung, des Vollzugs des Strahlenschutzrechts mit Ausnahme der Röntgenverordnung und des agrar- und ernährungswirtschaftlichen Fachrechts sowie Aufgaben der Förderung im Geschäftsbereich des Staatsministeriums für Umwelt und Landwirtschaft,
2. der Staatsbetrieb Staatliche Betriebsgesellschaft für Umwelt und Landwirtschaft insbesondere die Aufgaben der Datenerhebung über den Zustand von Wasser, Boden, Luft sowie über die Umweltradioaktivität, des Betriebs der dazugehörigen Messnetze, der Vornahme von Stoffanalysen im Bereich des Chemikalienrechts sowie Analysenqualitätssicherung bei der Zulassung und Kontrolle des privaten landwirtschaftlichen Untersuchungswesens,
3. der Staatsbetrieb Sächsische Gestütsverwaltung insbesondere die Aufgaben der Förderung der Landespferdezucht durch Hengsthaltung und Remontenproduktion, der Erhaltungszucht existenzbedrohter Pferderassen, die Vorbereitung von Pferden für die Leistungsprüfung und der beruflichen Aus- und Weiterbildung im Bereich Pferdezucht.

Teil 5
Übertragung von Zuständigkeiten und Aufsicht

§ 16 Übertragung von Zuständigkeiten

(1) ¹Die Staatsministerien sind in ihrem jeweiligen Geschäftsbereich für alle Aufgaben einschließlich der Fördermittelverwaltung zuständig, soweit nichts anderes bestimmt ist. ²Die Staatsministerien können, soweit nichts anderes bestimmt ist, durch Rechtsverordnung
1. ihnen obliegende Zuständigkeiten ihren nachgeordneten Staatsbehörden übertragen,
2. ihnen obliegende Zuständigkeiten mit Zustimmung der Staatsregierung auf nachgeordnete Staatsbehörden eines anderen Staatsministeriums übertragen,
3. ihren nachgeordneten Staatsbehörden obliegende Zuständigkeiten anderen ihnen nachgeordneten Staatsbehörden übertragen und

4. Zuständigkeiten, die mehreren ihnen nachgeordneten Staatsbehörden obliegen, einer ihnen nachgeordneten Staatsbehörde übertragen.

(2) Eine Übertragung nach Absatz 1 Satz 2 kommt insbesondere in Betracht, wenn sie

1. der Vereinfachung des Verwaltungsverfahrens dient,
2. der Verbesserung oder Wirtschaftlichkeit der Verwaltungsleistung dient,
3. den Koordinierungsbedarf verringert, weil die Zuständigkeiten in engem Sachzusammenhang zu Zuständigkeiten stehen, die bereits auf der nachgeordneten Verwaltungsebene wahrgenommen werden, oder
4. einer bürgernahen Aufgabenerfüllung dient.

§ 17 Fach- und Dienstaufsicht

(1) ¹Die Fachaufsicht erstreckt sich auf die Sicherstellung der rechtmäßigen und zweckmäßigen Aufgabenwahrnehmung. ²Die Aufsichtsbehörden können sich insbesondere unterrichten lassen und Weisungen erteilen; das Weisungsrecht ist nicht beschränkt.

(2) ¹Die Dienstaufsicht erstreckt sich auf alle Aufgabengebiete, die Voraussetzung für den geordneten Ablauf des Dienstbetriebes sind. ²Dazu gehören insbesondere der Aufbau, die allgemeine Geschäftsführung und die Personalangelegenheiten der Behörde.

(3) Soweit nichts anderes geregelt ist, führen die Fach- und Dienstaufsicht

1. die Staatsministerien über die ihnen unmittelbar nachgeordneten Staatsbehörden und
2. die den Staatsministerien unmittelbar nachgeordneten Staatsbehörden über die ihnen nachgeordneten Staatsbehörden.

(4) ¹Die Fachaufsicht über die Landesdirektion Sachsen führt das nach der Abgrenzung der Geschäftsbereiche für die jeweilige Aufgabe zuständige Staatsministerium. ²Die Dienstaufsicht über die Landesdirektion Sachsen führt das Staatsministerium des Innern.

(5) Abweichend von Absatz 3 Nr. 1 führt

1. das Staatsministerium für Umwelt und Landwirtschaft die Fachaufsicht über das Sächsische Oberbergamt, soweit dieses Aufgaben aus dem Geschäftsbereich des Staatsministeriums für Umwelt und Landwirtschaft wahrnimmt,
2. das Staatsministerium für Wirtschaft, Arbeit und Verkehr die Fachaufsicht über das Landesamt für Umwelt, Landwirtschaft und Geologie, soweit dieses Aufgaben aus dem Geschäftsbereich des Staatsministeriums für Wirtschaft, Arbeit und Verkehr wahrnimmt,
3. das für die jeweilige Bildungsaufgabe zuständige Staatsministerium die Fachaufsicht über die am Ausbildungszentrum Bobritzsch errichteten Fachbereiche.

(6) Das Staatsministerium für Umwelt und Landwirtschaft führt abweichend von Absatz 3 Nr. 2 die Dienstaufsicht über den Staatsbetrieb Staatliche Betriebsgesellschaft für Umwelt und Landwirtschaft und kann einzelne Fachgebiete des Staatsbetriebs seiner unmittelbaren Fachaufsicht unterstellen.

§ 18 Selbsteintrittsrecht

Die Aufsichtsbehörde kann, soweit gesetzlich nichts anderes geregelt ist, die Befugnisse der ihrer Aufsicht unterstehenden Staatsbehörde ausüben:

1. bei Gefahr im Verzug oder
2. wenn die ihr unmittelbar nachgeordnete Staatsbehörde einer ihr erteilten Weisung innerhalb der ihr gesetzten Frist keine Folge geleistet hat.

Teil 6
Übergangs- und Schlussvorschriften

§ 19 Aufhebung von Rechtsverordnungen

¹Das Staatsministerium, dessen Geschäftsbereich berührt wird, kann Rechtsverordnungen aufheben, soweit sie wegen Veränderung der Verhältnisse entbehrlich geworden oder durch spätere Rechtsvorschriften überholt sind und eine Ermächtigung für die Aufhebung nicht mehr vorhanden ist. ²Dies gilt in gleicher Weise für die Staatsregierung für die von ihr erlassenen Rechtsverordnungen.

§ 20 In-Kraft-Treten und Außer-Kraft-Treten

(1) § 6 Abs. 1 Satz 5 tritt am Tage nach der Verkündung[1]) dieses Gesetzes in Kraft.

---

1) Verkündet am 24.12.2003.

(2) [1]Im Übrigen tritt dieses Gesetz am ersten Tage des zweiten auf seine Verkündung folgenden Kalendermonats in Kraft. [2]*[nicht wiedergegebene Aufhebungsvorschriften]*

Gesetz über den einheitlichen Ansprechpartner im Freistaat Sachsen (SächsEAG)[1)]

Vom 13. August 2009 (SächsGVBl. S. 446)

(50-2)

zuletzt geändert durch Art. 2 Gesetz zur Neuordnung des Verwaltungskostenrechts im Freistaat Sachsen vom 5. April 2019 (SächsGVBl. S. 245, 251)

Der Sächsische Landtag hat am 24. Juni 2009 das folgende Gesetz beschlossen:

§ 1[2)] Zuständigkeit

(1) [1]Zuständig für die Aufgaben des einheitlichen Ansprechpartners nach den Artikeln 6 bis 8 der Richtlinie 2006/123/EG des Europäischen Parlaments und des Rates vom 12. Dezember 2006 über Dienstleistungen im Binnenmarkt (ABl. L 376 vom 27.12.2006, S. 36) und den Artikeln 57 und 57a der Richtlinie 2005/36/EG ist die Landesdirektion Sachsen. [2]Sie ist insoweit einheitliche Stelle im Sinne von § 1 des Gesetzes zur Regelung des Verwaltungsverfahrens- und des Verwaltungszustellungsrechts für den Freistaat Sachsen vom 19. Mai 2010 (SächsGVBl. S. 142), das durch Artikel 3 des Gesetzes vom 12. Juli 2013 (SächsGVBl. S. 503) geändert worden ist, in der jeweils geltenden Fassung, in Verbindung mit den §§ 71a bis 71e des Verwaltungsverfahrensgesetzes in der Fassung der Bekanntmachung vom 23. Januar 2003 (BGBl. I S. 102), das zuletzt durch Artikel 3 des Gesetzes vom 25. Juli 2013 (BGBl. I S. 2749) geändert worden ist, in der jeweils geltenden Fassung. [3]Die Landesdirektion Sachsen ist auch zuständig, wenn in Fällen des Satzes 1 ein grenzüberschreitender Bezug fehlt.

(2) [1]Der einheitliche Ansprechpartner gemäß Absatz 1 ist als koordinierende Stelle im Sinne von Artikel 56a der Richtlinie 2005/36/EG zuständig für die Weiterleitung eingehender Warnmeldungen an die jeweils zuständigen Stellen. [2]Er ist ferner gemäß den Artikeln 4a bis 4e der Richtlinie 2005/36/EG zuständig für die Zuweisung von Anträgen auf Ausstellung des Europäischen Berufsausweises oder deren Weiterleitung an die jeweils zuständigen Stellen.

(3) Der einheitliche Ansprechpartner gemäß Absatz 1 ist zuständige Behörde für die Verwaltungszusammenarbeit nach Artikel 86 der Richtlinie 2014/24/EU des Europäischen Parlaments und des Rates vom 26. Februar 2014 über die öffentliche Auftragsvergabe und zur Aufhebung der Richtlinie 2004/18/EG (ABl. L 94 vom 28.3.2014, S. 65) und Artikel 102 der Richtlinie 2014/25/EU des Europäischen Parlaments und des Rates vom 26. Februar 2014 über die Vergabe von Aufträgen durch Auftraggeber im Bereich der Wasser-, Energie- und Verkehrsversorgung sowie der Postdienste und zur Aufhebung der Richtlinie 2004/17/EG (ABl. L 94 vom 28.3.2014, S. 243).

§ 2 Informationspflicht der Dienstleistungserbringer

Bedarf die Aufnahme oder die Ausübung einer Dienstleistungstätigkeit einer behördlichen Entscheidung und ist der einheitliche Ansprechpartner zur Verfahrensabwicklung in Anspruch genommen worden, hat der Dienstleistungserbringer dem einheitlichen Ansprechpartner unverzüglich folgende Sachverhalte anzuzeigen:

1. die Gründung von Tochtergesellschaften, deren Tätigkeiten einer behördlichen Entscheidung unterliegen,

2. Änderungen seiner Verhältnisse, die die Voraussetzungen für die behördliche Entscheidung betreffen.

---

1) **Amtl. Anm.:** Dieses Gesetz dient der Umsetzung der Richtlinie 2006/123/EG des Europäischen Parlaments und des Rates vom 12. Dezember 2006 über Dienstleistungen im Binnenmarkt (ABl. EU Nr. L 376 S. 36).

2) § 1 Absatz 1 und 2 dient der Umsetzung der Richtlinie 2005/36/EG des Europäischen Parlaments und des Rates vom 7. September 2005 über die Anerkennung von Berufsqualifikationen (ABl. L 255 vom 30.9.2005, S. 22, L 271 vom 16.10.2007, S. 18, L 93 vom 4.4.2008, S. 28, L 33 vom 3.2.2009, S. 49, L 305 vom 24.10.2014, S. 115), die zuletzt durch die Richtlinie 2013/55/EU (ABl. L 354 vom 28.12.2013, S. 132) geändert worden ist; § 1 Absatz 3 dient der Umsetzung der Richtlinie 2014/24/EU des Europäischen Parlaments und des Rates vom 26. Februar 2014 über die öffentliche Auftragsvergabe und zur Aufhebung der Richtlinie 2004/18/EG (ABl. L 94 vom 28.3.2014, S. 65) und der Richtlinie 2014/25/EU des Europäischen Parlaments und des Rates vom 26. Februar 2014 über die Vergabe von Aufträgen durch Auftraggeber im Bereich der Wasser-, Energie- und Verkehrsversorgung sowie der Postdienste und zur Aufhebung der Richtlinie 2004/17/EG (ABl. L 94 vom 28.3.2014, S. 243).

§ 3 Gebühren und Auslagen

(1) [1]Der einheitliche Ansprechpartner kann für seine Tätigkeit nach diesem Gesetz Gebühren und Auslagen erheben. [2]Soweit nachfolgend oder im Kostenverzeichnis nichts Abweichendes bestimmt ist, finden die Regelungen des Abschnitts 1 des Sächsischen Verwaltungskostengesetzes vom 5. April 2019 (SächsGVBl. S. 245), in der jeweils geltenden Fassung, entsprechende Anwendung.

(2) [1]Die Gebühren dürfen den Aufwand des einheitlichen Ansprechpartners nicht überschreiten. [2]Sie sind so zu bemessen, dass sie in einem angemessenen Verhältnis zu den Kosten des entsprechenden Genehmigungsverfahrens und der -formalitäten stehen. [3]Die sachliche Verwaltungskostenfreiheit, die persönliche Gebührenfreiheit und der Auslagenbegriff können im Kostenverzeichnis abweichend vom Sächsischen Verwaltungskostengesetz festgelegt werden; neben der persönlichen Gebührenfreiheit kann auch eine persönliche Auslagenfreiheit bestimmt werden. [4]Ferner können im Kostenverzeichnis Tatbestände festgelegt werden, bei deren Vorliegen die Erhebung von Gebühren und Auslagen wegen Unbilligkeit unterbleiben soll.

(3) Die Gebühren und Auslagen entstehen mit Inanspruchnahme des einheitlichen Ansprechpartners.

(4) Die Festsetzungsfrist läuft nicht vor Ablauf von einem Monat nach Beendigung der Tätigkeit des einheitlichen Ansprechpartners ab.

§ 4 Datenschutz

[1]Das Staatsministerium für Wirtschaft, Arbeit und Verkehr wird ermächtigt, durch Rechtsverordnung zu bestimmen, unter welchen Voraussetzungen, in welchem Umfang und mit welcher Dauer personenbezogene Daten durch den einheitlichen Ansprechpartner im Rahmen seiner Aufgaben erhoben, gespeichert, verändert, genutzt und übermittelt werden können. [2]Das Grundrecht auf Datenschutz nach Artikel 33 der Verfassung des Freistaates Sachsen vom 27. Mai 1992 (SächsGVBl. S. 243) und nach Artikel 2 Abs. 1 in Verbindung mit Artikel 1 Abs. 1 des Grundgesetzes wird insoweit eingeschränkt.

§ 5 Evaluierung

(1) Der einheitliche Ansprechpartner erfasst statistisch die Inanspruchnahme und den für die Bearbeitung erforderlichen Zeit- und Personalaufwand.

(2) Die Staatsregierung berichtet dem Landtag im Rahmen einer Evaluierung nach Ablauf von zwei Jahren nach dem Inkrafttreten dieses Gesetzes über die Inanspruchnahme des einheitlichen Ansprechpartners und die Auswirkungen auf die Verfahren.

§ 6 Inkrafttreten

Dieses Gesetz tritt am Tage nach seiner Verkündung[1)] in Kraft, mit Ausnahme der §§ 1 und 2, die mit Wirkung vom 28. Dezember 2009 in Kraft treten.

---

1) Verkündet am 5.9.2009.

Gesetz zur Förderung der elektronischen Verwaltung im Freistaat Sachsen (Sächsisches E-Government-Gesetz – SächsEGovG)[1]

In der Fassung der Bekanntmachung vom 8. November 2019[2] (SächsGVBl. S. 718)
(BS Sachsen 234-12)

Inhaltsübersicht

Abschnitt 1
Allgemeine Regelungen

§ 1 Anwendungsbereich

(1) [1]Dieses Gesetz regelt die elektronisch unterstützte öffentlich-rechtliche Verwaltungstätigkeit der Behörden des Freistaates Sachsen sowie der seiner Aufsicht unterstehenden Körperschaften, Anstalten und rechtsfähigen Stiftungen des öffentlichen Rechts (Träger der Selbstverwaltung). [2]Auf Beliehene finden die Vorschriften dieses Gesetzes für die Träger der Selbstverwaltung Anwendung.

(2) Dieses Gesetz gilt nicht für die Tätigkeit des Mitteldeutschen Rundfunks sowie der öffentlich-rechtlichen Kreditinstitute im Freistaat Sachsen und der Sachsen-Finanzgruppe.

(3) Für die Tätigkeit der Gerichtsverwaltungen und der Behörden der Justizverwaltung einschließlich der ihrer Aufsicht unterstehenden Körperschaften des öffentlichen Rechts gilt dieses Gesetz nur, soweit die Tätigkeit der Nachprüfung durch die Gerichte der Verwaltungsgerichtsbarkeit oder durch die in verwaltungsrechtlichen Anwalts-, Patentanwalts- und Notarsachen zuständigen Gerichte unterliegt.

(4) § 3a gilt abweichend von den Absätzen 1 bis 3 für Auftraggeber im Sinne von § 98 des Gesetzes gegen Wettbewerbsbeschränkungen in der Fassung der Bekanntmachung vom 26. Juni 2013 (BGBl. I S. 1750, 3245), das zuletzt durch Artikel 10 des Gesetzes vom 12. Juli 2018 (BGBl. I S. 1151) geändert worden ist, in der jeweils geltenden Fassung, soweit für die Nachprüfung der Vergabeverfahren die Vergabekammer des Freistaates Sachsen oder gemäß § 159 Absatz 1 Nummer 5 des Gesetzes gegen Wettbewerbsbeschränkungen die Vergabekammer des Bundes zuständig sein würde.

---

1) **Amtl. Anm.:** § 3a dieses Gesetzes dient der Umsetzung der Richtlinie 2014/55/EU des Europäischen Parlaments und des Rates vom 16. April 2014 über die elektronische Rechnungsstellung bei öffentlichen Aufträgen (ABl. L 133 vom 6.5.2014, S. 1).

2) Neubekanntmachung des Sächsischen E-Government-Gesetzes v. 9.7.2014 (SächsGVBl. S. 398) in der ab 31.8.2019 geltenden Fassung.

§ 2 Elektronische Kommunikation

(1) ¹Die staatlichen Behörden und die Träger der Selbstverwaltung müssen auch die elektronische Kommunikation ermöglichen. ²Beliehene sind von dieser Verpflichtung ausgenommen, soweit die elektronische Kommunikation für die ordnungsgemäße Wahrnehmung ihrer Verwaltungsaufgaben nicht erforderlich ist. ³Für die elektronische Kommunikation sind Verschlüsselungsverfahren anzubieten und grundsätzlich anzuwenden.

(2) ¹Die Übermittlung elektronischer Dokumente unter Wahrung der für den Freistaat Sachsen verbindlichen Voraussetzungen in

1. § 3a Absatz 2 des Verwaltungsverfahrensgesetzes in der Fassung der Bekanntmachung vom 23. Januar 2003 (BGBl. I S. 102), das zuletzt durch Artikel 7 des Gesetzes vom 18. Dezember 2018 (BGBl. I S. 2639) geändert worden ist, in der jeweils geltenden Fassung, in Verbindung mit § 1 des Gesetzes zur Regelung des Verwaltungsverfahrens- und des Verwaltungszustellungsrechts für den Freistaat Sachsen vom 19. Mai 2010 (SächsGVBl. S. 142), das durch Artikel 3 des Gesetzes vom 12. Juli 2013 (SächsGVBl. S. 503) geändert worden ist, in der jeweils geltenden Fassung,

2. § 36a Absatz 2 des Ersten Buches Sozialgesetzbuch – Allgemeiner Teil – (Artikel I des Gesetzes vom 11. Dezember 1975, BGBl. I S. 3015), das zuletzt durch Artikel 5 des Gesetzes vom 17. August 2017 (BGBl. I S. 3214) geändert worden ist, in der jeweils geltenden Fassung, und

3. § 87a Absatz 3, 4 und 6 der Abgabenordnung in der Fassung der Bekanntmachung vom 1. Oktober 2002 (BGBl. I S. 3866; 2003 I S. 61), die zuletzt durch Artikel 15 des Gesetzes vom 18. Dezember 2018 (BGBl. I S. 2639) geändert worden ist, in der jeweils geltenden Fassung,

für die Ersetzung der Schriftform ist durch die staatlichen Behörden und die Träger der Selbstverwaltung im Rahmen der Kommunikation nach Absatz 1 unter dem Vorbehalt der Bereitstellung von Haushaltsmitteln für die Umsetzung zu ermöglichen, soweit nicht wichtige Gründe entgegenstehen. ²Für Änderungen der Möglichkeiten der Schriftformersetzung, die nach dem 8. August 2014 verkündet werden, gilt die Pflicht aus Satz 1; diese ist innerhalb von zwei Jahren nach Inkrafttreten der bundesrechtlichen Vorschrift umzusetzen. ³Die für die Übermittlung elektronischer Dokumente erforderlichen Informationen sind über die von den Behörden und Verwaltungseinrichtungen im Freistaat Sachsen jeweils genutzten öffentlich zugänglichen Netze zur Verfügung zu stellen.

(3) Die staatlichen Behörden und die Träger der Selbstverwaltung kommunizieren untereinander elektronisch, soweit nicht wichtige Gründe entgegenstehen.

(4) Die Staatsregierung wird ermächtigt, durch Rechtsverordnung die Umsetzung der §§ 7 bis 9 der Elektronischer-Rechtsverkehr-Verordnung vom 24. November 2017 (BGBl. I S. 3803), die durch Artikel 1 der Verordnung vom 9. Februar 2018 (BGBl. I S. 200) geändert worden ist, in der jeweils geltenden Fassung, insbesondere die Zuständigkeit und das Verfahren zur Prüfung der Identität der Behörden, zu regeln.

§ 2a Elektronische Verwaltungsverfahren

(1) ¹Wird ein Verwaltungsverfahren elektronisch durchgeführt, können die vorzulegenden Nachweise elektronisch eingereicht werden, es sei denn, dass durch Rechtsvorschrift etwas anderes bestimmt ist oder die Behörde für bestimmte Verfahren oder im Einzelfall die Vorlage eines Originals oder einer beglaubigten Abschrift in anderer als elektronischer Form verlangt. ²Die Behörde entscheidet nach pflichtgemäßem Ermessen, welche Art der elektronischen Einreichung sie für die Ermittlung des Sachverhaltes zulässt.

(2) ¹Die staatlichen Behörden und die Träger der Selbstverwaltung können erforderliche Nachweise, die von einer öffentlichen Stelle im Anwendungsbereich der Verordnung (EU) 2016/679 des Europäischen Parlaments und des Rates vom 27. April 2016 zum Schutz natürlicher Personen bei der Verarbeitung personenbezogener Daten, zum freien Datenverkehr und zur Aufhebung der Richtlinie 95/46/EG (ABl. L 119 vom 4.5.2016, S. 1, L 314 vom 22.11.2016, S. 72, L 127 vom 23.5.2018, S. 2), in der jeweils geltenden Fassung, stammen, mit der Einwilligung der betroffenen Person im Sinne von Artikel 7 der Verordnung (EU) 2016/679 direkt bei der ausstellenden öffentlichen Stelle elektronisch einholen. ²Satz 1 gilt entsprechend, soweit die öffentlich-rechtliche Verwaltungstätigkeit elektronisch unterstützt ausgeführt wird.

(3) ¹Die staatlichen Behörden und die Träger der Selbstverwaltung sollen bei der Einführung oder wesentlichen Änderung elektronischer Verwaltungsverfahren

1. erforderliche Zahlungsverfahren vollständig medienbruchfrei integrieren und
2. die Abläufe so gestalten, dass Informationen zum Verfahrensstand und zum weiteren Verfahren sowie die Kontaktinformationen der zum Zeitpunkt der Anfrage zuständigen Ansprechstelle auf elektronischem Weg abgerufen werden können. [2]Satz 1 Nummer 1 gilt für staatliche Behörden entsprechend für Zahlungsvorgänge in sonstigen elektronischen Verfahren, bei denen Entgelte für Leistungen der Verwaltung zu entrichten sind.

(4) [1]Ist durch Rechtsvorschrift die Verwendung eines bestimmten Formulars vorgeschrieben, das ein Unterschriftsfeld vorsieht, wird allein dadurch nicht die Anordnung der Schriftform bewirkt. [2]Bei einer für die elektronische Versendung an die Behörde bestimmten Fassung des Formulars entfällt das Unterschriftsfeld.

(5) [1]Die staatlichen Behörden und die Träger der Selbstverwaltung bieten in elektronischen Verwaltungsverfahren, in denen sie die Identität einer natürlichen oder juristischen Person aufgrund einer Rechtsvorschrift festzustellen haben oder aus anderen Gründen eine Identifizierung für notwendig erachten, elektronische Identitätsnachweise mit elektronischen Identifizierungsmitteln nach Artikel 6 der Verordnung (EU) Nr. 910/2014 des Europäischen Parlaments und des Rates vom 23. Juli 2014 über elektronische Identifizierung und Vertrauensdienste für elektronische Transaktionen im Binnenmarkt und zur Aufhebung der Richtlinie 1999/93/EG (ABl. L 257 vom 28.8.2014, S. 73, L 23 vom 29.1.2015, S. 19, L 155 vom 14.6.2016, S. 44), in der jeweils geltenden Fassung, oder nach § 78 Absatz 5 des Aufenthaltsgesetzes in der Fassung der Bekanntmachung vom 25. Februar 2008 (BGBl. I S. 162), das zuletzt durch Artikel 1 des Gesetzes vom 12. Juli 2018 (BGBl. I S. 1147) geändert worden ist, in der jeweils geltenden Fassung, an. [2]In Verwaltungsverfahren bei den Trägern der Selbstverwaltung im Gesundheitswesen kann anstelle des elektronischen Identitätsnachweises nach § 18 des Personalausweisgesetzes vom 18. Juni 2009 (BGBl. I S. 1346), das zuletzt durch Artikel 4 des Gesetzes vom 18. Juli 2017 (BGBl. I S. 2745) geändert worden ist, in der jeweils geltenden Fassung, der elektronische Heilberufsausweis treten.

§ 3 Elektronische Zahlungsverfahren
Die staatlichen Behörden und die Träger der Selbstverwaltung müssen elektronische Zahlungen ermöglichen.

§ 3a Elektronischer Rechnungsempfang
(1) [1]Auftraggeber im Sinne von § 98 des Gesetzes gegen Wettbewerbsbeschränkungen stellen, soweit für die Nachprüfung der Vergabeverfahren die Vergabekammer des Freistaates Sachsen oder gemäß § 159 Absatz 1 Nummer 5 des Gesetzes gegen Wettbewerbsbeschränkungen die Vergabekammer des Bundes zuständig sein würde, den Empfang und die Verarbeitung elektronischer Rechnungen ab dem 18. April 2020 sicher, wenn der geschätzte Auftrags- oder Vertragswert ohne Umsatzsteuer die in § 106 Absatz 2 des Gesetzes gegen Wettbewerbsbeschränkungen festgelegten Schwellenwerte erreicht oder überschreitet. [2]Satz 1 gilt für die staatlichen Behörden unabhängig von der Überschreitung der in § 106 Absatz 2 des Gesetzes gegen Wettbewerbsbeschränkungen festgelegten Schwellenwerte. [3]Vertragliche Regelungen, die die elektronische Rechnungsstellung vorschreiben, bleiben unberührt.

(2) Eine Rechnung ist elektronisch, wenn
1. sie in einem strukturierten elektronischen Format ausgestellt, übermittelt und empfangen wird sowie
2. das Format die automatische und elektronische Verarbeitung der Rechnung ermöglicht.

(3) [1]Die Staatsregierung wird ermächtigt, durch Rechtsverordnung besondere Vorschriften zur Ausgestaltung des elektronischen Rechnungsverkehrs zu erlassen. [2]Die Rechtsverordnung kann insbesondere Regelungen enthalten zu:
1. der Art und Weise der Verarbeitung der elektronischen Rechnung,
2. den Anforderungen an die elektronische Rechnungsstellung, insbesondere an die von den elektronischen Rechnungen zu erfüllenden Voraussetzungen für den Schutz personenbezogener Daten, das zu verwendende Rechnungsdatenmodell sowie die Verbindlichkeit der elektronischen Form für Rechnungen an alle Stellen, die dem Anwendungsbereich dieses Gesetzes unterliegen,

3. der Befugnis von Auftraggebern im Sinne von § 98 des Gesetzes gegen Wettbewerbsbeschränkungen, in Ausschreibungsbedingungen die Erteilung elektronischer Rechnungen vorzusehen sowie

4. Ausnahmen für sicherheitsspezifische Aufträge.

§ 4 Amtliche Mitteilungs- und Verkündungsblätter

(1) Eine durch Rechtsvorschrift bestimmte Pflicht zur Publikation in einem amtlichen Mitteilungs- oder Verkündungsblatt kann unbeschadet des Artikels 76 Absatz 1 und 2 der Verfassung des Freistaates Sachsen zusätzlich oder ausschließlich durch eine elektronische Ausgabe erfüllt werden, wenn diese über öffentlich zugängliche Netze angeboten wird.

(2) [1]Jede Person muss einen angemessenen Zugang zu der Publikation haben. [2]Es ist sicherzustellen, dass die gemäß Absatz 1 elektronisch publizierten Inhalte allgemein und dauerhaft zugänglich sind sowie eine Veränderung des Inhalts ausgeschlossen ist. [3]Bei gleichzeitiger Publikation in elektronischer und papiergebundener Form hat die herausgebende Stelle eine Regelung zu treffen, welche Form als die authentische anzusehen ist. [4]Gibt es nur eine elektronische Ausgabe, ist dies auf geeignete Weise in öffentlich zugänglichen Netzen bekannt zu machen. [5]Gibt es nur eine elektronische Ausgabe oder ist die elektronische Form die authentische, muss die Möglichkeit bestehen, Ausdrucke zu bestellen oder in öffentlichen Einrichtungen auf die Publikation zuzugreifen.

§ 5 Datenschutz

Die Regelungen der Verordnung (EU) 2016/679 des Europäischen Parlaments und des Rates vom 27. April 2016 zum Schutz natürlicher Personen bei der Verarbeitung personenbezogener Daten, zum freien Datenverkehr und zur Aufhebung der Richtlinie 95/46/EG (ABl. L 119 vom 4.5.2016, S. 1, L 314 vom 22.11.2016, S. 72, L 127 vom 23.5.2018, S. 2), in der jeweils geltenden Fassung, des Sächsischen Datenschutzdurchführungsgesetzes vom 26. April 2018 (SächsGVBl. S. 198, 199), in der jeweils geltenden Fassung, und andere spezielle Vorschriften über den Datenschutz bleiben unberührt.

§ 6 Barrierefreiheit

Die staatlichen Behörden und die Träger der Selbstverwaltung gestalten die elektronische Kommunikation und elektronische Dokumente schrittweise so, dass sie auch von Menschen mit Behinderungen grundsätzlich uneingeschränkt und barrierefrei im Sinne von § 3 des Sächsischen Integrationsgesetzes vom 28. Mai 2004 (SächsGVBl. S. 196, 197), das durch Artikel 14 des Gesetzes vom 14. Juli 2005 (SächsGVBl. S. 167) geändert worden ist, in der jeweils geltenden Fassung, genutzt werden können.

§ 7 Georeferenzierung

(1) Wird ein elektronisches Register, welches Angaben mit indirektem Raumbezug, insbesondere zu Flurstücken, Adressen oder durch Rechtsvorschrift definierten Gebieten enthält, neu aufgebaut oder überarbeitet, hat die Behörde in das Register zur jeweiligen Angabe zusätzlich eine Georeferenzierung aufzunehmen.

(2) Register im Sinne dieses Gesetzes sind solche, für die Daten aufgrund von Rechtsvorschriften des Freistaates Sachsen erhoben oder gespeichert werden; dies können öffentliche und nichtöffentliche Register sein.

Abschnitt 2
Regelungen für die staatlichen Behörden

§ 8 Bereitstellung von Daten

(1) [1]Die staatlichen Behörden stellen Daten, die sie nach dem 21. Juni 2019 zur Erfüllung ihrer Aufgaben erheben oder durch Dritte erheben lassen, zum Datenabruf über öffentlich zugängliche Netze bereit, soweit nicht andere Rechtsvorschriften entgegenstehende Bestimmungen enthalten. [2]Ein Anspruch auf Bereitstellung der Daten wird hierdurch nicht begründet. [3]Daten im Sinne des Satzes 1 sind vollständige, elektronisch vorliegende, identifizierbare Sammlungen von Aufzeichnungen, die

1. inhaltlich strukturiert vorliegen, insbesondere in Tabellen- oder Listenform,

2. unabhängig von Bedeutung, Interpretation und Kontext ausschließlich Fakten oder infolge einer Bearbeitung nach der Erhebung Deutungen enthalten, von denen zu erwarten ist, dass ein Nutzungsinteresse, insbesondere ein Weiterverwendungsinteresse nach § 2 Nummer 3 des Informationsweiterverwendungsgesetzes vom 13. Dezember 2006 (BGBl. I S. 2913), das durch Artikel 1

des Gesetzes vom 8. Juli 2015 (BGBl. I S. 1162) geändert worden ist, in der jeweils geltenden Fassung, besteht,

3. nicht das Ergebnis einer Bearbeitung vor der Erhebung sind und
4. außerhalb der Behörde liegende Verhältnisse betreffen.

[4]Für Daten, die vor dem 22. Juni 2019 erhoben wurden, gilt die Verpflichtung nach Satz 1 nur, soweit diese Daten nach dem 21. Juni 2019 zur Aufgabenerfüllung verwendet werden.

(2) Abweichend von Absatz 1 Satz 1 müssen die Daten nicht bereitgestellt werden, wenn

1. an den Daten kein oder nur ein eingeschränktes Zugangsrecht besteht oder ein Zugangsrecht erst nach der Beteiligung Dritter bestünde,
2. die Daten ohne Auftrag der Behörde von Dritten erstellt und ihr ohne rechtliche Verpflichtung übermittelt werden oder
3. die Daten bereits über öffentlich zugängliche Netze entgeltfrei bereitgestellt werden.

(3) [1]Die Bereitstellung der Daten nach Absatz 1 Satz 1 erfolgt unverzüglich nach der Erhebung, sofern der Zweck der Erhebung dadurch nicht beeinträchtigt wird, andernfalls unverzüglich nach Wegfall der Beeinträchtigung. [2]Ist aus technischen oder sonstigen gewichtigen Gründen eine unverzügliche Bereitstellung nicht möglich, sind die Daten unverzüglich nach Wegfall dieser Gründe bereitzustellen. [3]Die staatlichen Behörden stellen die Daten nach Absatz 1 Satz 1 spätestens zwölf Monate nach dem 21. Juni 2019 erstmals bereit. [4]Erfordert die Bereitstellung der Daten erhebliche technische Anpassungen und ist sie deshalb innerhalb des in Satz 3 genannten Zeitraums nur mit unverhältnismäßig hohem Aufwand möglich, verlängert sich der Zeitraum für die erstmalige Bereitstellung der Daten auf bis zu zwei Jahre. [5]Im Fall des Satzes 4 müssen bei der erstmaligen Bereitstellung nur die aktuellen Daten bereitgestellt werden.

(4) [1]Soweit durch Rechtsvorschrift nichts Abweichendes geregelt ist, muss der Abruf von Daten nach Absatz 1 Satz 1 entgeltfrei und zur möglichst uneingeschränkten Weiterverwendung der Daten durch jedermann ermöglicht werden. [2]Der Abruf von Daten nach Absatz 1 Satz 1 soll jederzeit, ohne verpflichtende Registrierung und ohne Begründung möglich sein.

(5) Die staatlichen Behörden sollen die Anforderungen an die Bereitstellung von Daten nach Absatz 1 Satz 1 bereits frühzeitig berücksichtigen bei:

1. der Optimierung von Verwaltungsabläufen gemäß § 12a,
2. dem Abschluss von vertraglichen Regelungen zur Erhebung oder Verarbeitung der Daten sowie
3. der Beschaffung von informationstechnischen Systemen für die Speicherung und Verarbeitung der Daten.

(6) Die staatlichen Behörden sind nicht verpflichtet, die bereitzustellenden Daten auf Richtigkeit, Vollständigkeit und Plausibilität oder in sonstiger Weise zu prüfen.

(7) [1]Stellen staatliche Behörden über öffentlich zugängliche Netze Daten zur Verfügung, sind grundsätzlich maschinenlesbare Formate zu verwenden. [2]Ein Format ist maschinenlesbar, wenn die enthaltenen Daten durch Software automatisiert ausgelesen und verarbeitet werden können. [3]Regelungen in anderen Rechtsvorschriften über technische Formate, in denen Daten verfügbar zu machen sind, gehen vor, soweit sie Maschinenlesbarkeit gewährleisten. [4]Die Daten sind mit Informationen zu versehen, die insbesondere Inhalte, Eigenschaften, Quellen und Nutzungsbestimmungen der Daten beschreiben und es ermöglichen, die Daten zu ermitteln, in Verzeichnisse aufzunehmen und zu nutzen (Metadaten). [5]Der Freistaat Sachsen ermöglicht die kostenfreie, anonyme und zentrale Recherche in den Metadaten über öffentlich zugängliche Netze über die Internetadresse opendata.sachsen.de. [6]Die Sätze 1 bis 5 gelten für Daten, die vor dem 1. September 2014 erstellt wurden, nur, wenn sie in maschinenlesbaren Formaten vorliegen.

(8) [1]Die Staatsregierung wird ermächtigt, durch Rechtsverordnung Bestimmungen für die Erfassung, Pflege und Bereitstellung von Metadaten sowie für die Nutzung der Daten nach Absatz 1 festzulegen. [2]Die Nutzungsbestimmungen sollen die kommerzielle und nichtkommerzielle Nutzung abdecken. [3]Sie sollen insbesondere den Umfang der Nutzung und die Nutzungsbedingungen regeln.

§ 9 Interoperabilität

Die staatlichen Behörden haben die informationstechnischen Systeme zur Unterstützung ihrer Verwaltungsabläufe vorbehaltlich der Bereitstellung entsprechender Haushaltsmittel so auszugestalten, dass ein medienbruchfreier Datenaustausch (Interoperabilität) zwischen ihnen ermöglicht und die Interoperabilität im Verhältnis zu anderen Verwaltungsebenen gefördert wird.

§ 10 Basiskomponenten

(1) [1]Basiskomponenten sind durch den Freistaat Sachsen zentral bereitgestellte E-Government-Anwendungen, die der fachunabhängigen oder fachübergreifenden Unterstützung der Verwaltungstätigkeit dienen. [2]Mit Basiskomponenten dürfen mit Einwilligung des Nutzers Stamm-, Verfahrens- und Kommunikationsdaten sowie elektronische Dokumente zur Verwendung in anderen E-Government-Anwendungen und von anderen E-Government-Anwendungen öffentlicher Stellen im räumlichen Anwendungsbereich der Verordnung (EU) 2016/679 verarbeitet werden. [3]Die Konzeption und die Entwicklung sowie die Pflege, der Betrieb und die Weiterentwicklung der Basiskomponenten erfolgen durch die Staatskanzlei. [4]Für Basiskomponenten zur Nutzung von Geodaten gemäß § 2 Absatz 1 des Sächsischen Geodateninfrastrukturgesetzes vom 19. Mai 2010 (SächsGVBl. S. 134), das durch Artikel 2 des Gesetzes vom 26. Oktober 2016 (SächsGVBl. S. 507) geändert worden ist, in der jeweils geltenden Fassung, erfolgen die Konzeption und Entwicklung sowie die Pflege und Weiterentwicklung durch das Staatsministerium des Innern. [5]Für Basiskomponenten zur Unterstützung von Zahlungs- und Abrechnungsvorgängen erfüllt die Staatskanzlei die Aufgaben nach Satz 3 im Benehmen mit dem Staatsministerium der Finanzen.

(2) [1]Die staatlichen Behörden, die sich für die Unterstützung ihrer Verwaltungsabläufe durch informationstechnische Systeme entschieden haben, sind verpflichtet, bei der Einführung neuer informationstechnischer Systeme und bei wesentlichen Änderungen der eingesetzten informationstechnischen Systeme die hierfür einsetzbaren Basiskomponenten zu nutzen. [2]Dies gilt nicht, soweit durch die Nutzung einer Basiskomponente entgegenstehende Verpflichtungen des Freistaates Sachsen verletzt würden, die vor der Verkündung dieses Gesetzes und mit Zustimmung der Staatsregierung begründet wurden. [3]Auf Antrag kann die Staatskanzlei Ausnahmen von der Nutzungspflicht nach Satz 1 zulassen. [4]Anderen, nicht zu ihrer Nutzung verpflichteten Behörden kann der Freistaat Sachsen Basiskomponenten zur Verfügung stellen.

(3) [1]Die staatlichen Behörden sind verpflichtet, diejenigen Daten elektronisch zur Verfügung zu stellen und mindestens einmal jährlich zu aktualisieren, die für den Betrieb der im Freistaat Sachsen als Zuständigkeitsfinder eingesetzten Basiskomponente notwendig sind. [2]Zu diesen Daten zählen insbesondere die Stammdaten der jeweiligen Behörde und elektronische Verweisungen auf die von der jeweiligen Behörde über öffentlich zugängliche Netze angebotenen Verwaltungsleistungen im Sinne von § 2 Absatz 3 des Onlinezugangsgesetzes vom 14. August 2017 (BGBl. I S. 3122, 3138), in der jeweils geltenden Fassung, und auf die bereitgestellten elektronischen Formulare. [3]Die Verpflichtung nach den Sätzen 1 und 2 gilt als erfüllt, wenn die an den Zuständigkeitsfinder zu liefernden Daten mit Einwilligung der Staatskanzlei aus Datenbanken über Schnittstellen der als Zuständigkeitsfinder eingesetzten Basiskomponente zur Verfügung gestellt und aktualisiert werden.

(4) [1]Die Staatsregierung bestimmt vorbehaltlich der Bereitstellung entsprechender Haushaltsmittel die Basiskomponenten im Sinne von Absatz 1 Satz 1 und 2 durch Rechtsverordnung abschließend. [2]Sie kann in dieser Rechtsverordnung für die Verpflichtung zur Nutzung nach Absatz 2 Satz 1 Übergangsfristen festlegen und berücksichtigt dabei insbesondere den Bestand der vor Inkrafttreten dieses Gesetzes durch den Freistaat Sachsen eingesetzten informationstechnischen Systeme. [3]Die Staatsregierung wird ferner ermächtigt, die Ausgestaltung einzelner Basiskomponenten jeweils durch Rechtsverordnung zu regeln. [4]Die Rechtsverordnung nach Satz 3 kann insbesondere Regelungen enthalten über

1. die Daten, die gemäß Absatz 3 für den Betrieb des im Freistaat Sachsen eingesetzten Zuständigkeitsfinders notwendig und daher von den staatlichen Behörden zu übermitteln sind,
2. Interoperabilitäts- und Informationssicherheitsstandards,
3. die technischen Voraussetzungen zur Verwendung der sorbischen Sprache sowie
4. die von der konkreten Basiskomponente zu verarbeitenden personenbezogenen Daten.

§ 11 Datenübermittlung

Die elektronische Übermittlung von Daten in einer zur dauerhaften Wiedergabe geeigneten Form (elektronische Datenübermittlung) zwischen den staatlichen Behörden ist über ein informationstechnisches Netz zu führen, das deren informationstechnische Netze verbindet (Sächsisches Verwaltungsnetz).

§ 11a Serviceportal Amt24

(1) [1]Das Serviceportal Amt24 ist das Verwaltungsportal des Freistaates Sachsen. [2]Es wird von der Staatskanzlei bereitgestellt. [3]Die staatlichen Behörden nutzen das Serviceportal Amt24, um ihre Verwaltungsleistungen nach Maßgabe des Onlinezugangsgesetzes elektronisch anzubieten und ihre Aufgaben nach diesem Gesetz zu erfüllen.

(2) [1]Das Serviceportal Amt24 stellt gemäß § 3 Absatz 2 des Onlinezugangsgesetzes Nutzerkonten bereit, über die sich Nutzer für die im Portalverbund verfügbaren elektronischen Verwaltungsleistungen von Bund und Ländern einheitlich identifizieren können. [2]Der Nachweis der Identität des Nutzers eines Nutzerkontos kann auf unterschiedlichen Vertrauensniveaus erfolgen und muss die Verwendung des für das jeweilige Verwaltungsverfahren erforderlichen Vertrauensniveaus ermöglichen. [3]Die besonderen Anforderungen der einzelnen Verwaltungsleistungen an die Identifizierung ihrer Nutzer sind zu berücksichtigen.

(3) [1]Der Nutzer eines Nutzerkontos nach Absatz 2 Satz 1 eröffnet einen Zugang für die Übermittlung elektronischer Dokumente nach § 1 Satz 1 des Gesetzes zur Regelung des Verwaltungsverfahrens- und des Verwaltungszustellungsrechts für den Freistaat Sachsen in Verbindung mit § 3a Absatz 1 des Verwaltungsverfahrensgesetzes, indem er über sein Nutzerkonto entweder für das jeweilige elektronische Verwaltungsverfahren einen Antrag stellt oder mit der Behörde in Kontakt tritt. [2]Darauf ist der Nutzer bei der Einrichtung des Nutzerkontos hinzuweisen.

(4) [1]Die Staatsregierung wird ermächtigt, durch Rechtsverordnung die Ausgestaltung und Nutzung des Serviceportals Amt24 näher zu bestimmen. [2]Die Rechtsverordnung kann insbesondere Regelungen enthalten zu:

1. Betrieb und Pflege,
2. der Umsetzung der Verpflichtung, mit den Verwaltungsportalen des Bundes und der Länder einen Portalverbund zu bilden,
3. der Verwendung von Basiskomponenten, Standards, Schnittstellen und Sicherheitsvorgaben für die Anbindung an das Serviceportal Amt24 und die Abwicklung von Verwaltungsleistungen im Serviceportal Amt24, soweit sie nicht durch Bundesrecht abschließend geregelt sind,
4. der Bestimmung der für Nutzerkonten zuständigen und datenschutzrechtlich verantwortlichen Stellen sowie
5. den von den Stellen nach Nummer 4 verarbeiteten personenbezogenen Daten.

(5) Die für die Abwicklung von Verwaltungsleistungen zuständige Behörde kann mit Einwilligung des Nutzers die erforderlichen Daten aus dem Nutzerkonto elektronisch abrufen.

§ 12 Elektronische Vorgangsbearbeitung und Aktenführung

(1) [1]Die staatlichen Behörden sollen, soweit nicht wichtige Gründe entgegenstehen und vorbehaltlich der Bereitstellung entsprechender Haushaltmittel, die elektronische Vorgangsbearbeitung und Aktenführung einsetzen. [2]Hierbei sind die Grundsätze ordnungsgemäßer Aktenführung und ordnungsmäßiger Aufbewahrung zu beachten.

(2) Zwischen staatlichen Behörden, die die elektronische Vorgangsbearbeitung und Aktenführung einsetzen, sollen, soweit nicht wichtige Gründe entgegenstehen und vorbehaltlich der Bereitstellung entsprechender Haushaltmittel, Akten und sonstige Daten elektronisch übermittelt werden.

(3) Soweit ein Recht auf Akteneinsicht besteht, können die staatlichen Behörden, die Akten elektronisch führen, Akteneinsicht insbesondere dadurch gewähren, dass sie einen Aktenausdruck zur Verfügung stellen, die elektronischen Dokumente auf einem Bildschirm wiedergeben, elektronische Dokumente übermitteln oder den elektronischen Zugriff auf den Inhalt der Akten gestatten.

(4) [1]Wird die Akte elektronisch geführt, sind in Papierform vorliegende Schriftstücke und sonstige Unterlagen nach dem Stand der Technik zur Ersetzung des Originals in elektronische Dokumente zu übertragen. [2]Es ist sicherzustellen, dass die elektronischen Dokumente mit den vorliegenden Schriftstücken und sonstigen Unterlagen bildlich und inhaltlich übereinstimmen. [3]Jedes elektronische Dokument ist mit einem Nachweis zu versehen, der die Übereinstimmung mit dem Original dokumentiert und durch den nachvollzogen werden kann, wann, durch wen und mit welchem Verfahren die Übertragung erfolgt ist. [4]Handelt es sich bei dem zu übertragenden Schriftstück um eine öffentliche Urkunde, ist der Übertragungsnachweis mit einer qualifizierten elektronischen Signatur zu versehen. [5]Originale sollen vernichtet werden, wenn sie nicht zurückzugeben sind oder deren Aufbewahrung aus rechtlichen Gründen nicht notwendig ist. [6]Die Vernichtung der Originalunterlagen eines Verwal-

tungsverfahrens hat spätestens mit Unanfechtbarkeit der Verwaltungsentscheidung zu erfolgen, soweit eine weitere Aufbewahrung aus rechtlichen Gründen nicht mehr erforderlich ist.

(5) [1]Soweit es zur Erhaltung der Lesbarkeit erforderlich ist, können elektronisch gespeicherte Akten oder Aktenteile in ein anderes elektronisches Format überführt werden. [2]Absatz 4 Satz 2 gilt entsprechend.

(6) Verfahren zur elektronischen Vorgangsbearbeitung und Aktenführung sind technisch so zu gestalten, dass sie auch von Menschen mit Behinderungen grundsätzlich uneingeschränkt genutzt werden können.

§ 12a Optimierung von Verwaltungsabläufen

(1) Interne Verwaltungsabläufe der staatlichen Behörden sollen in elektronischer Form abgewickelt werden, soweit nicht andere Rechtsvorschriften entgegenstehen.

(2) Die staatlichen Behörden sollen Verwaltungsabläufe, die erstmals zu wesentlichen Teilen elektronisch unterstützt oder wesentlich geändert werden, vor Einführung der informationstechnischen Systeme dokumentieren, analysieren und optimieren.

(3) Von Maßnahmen nach den Absätzen 1 und 2 ist abzusehen, soweit diese einen nicht vertretbaren wirtschaftlichen Mehraufwand bedeuten würden oder zwingende Gründe entgegenstehen.

(4) Die Absätze 1 bis 3 gelten entsprechend bei allen wesentlichen Änderungen der Verwaltungsabläufe oder der eingesetzten informationstechnischen Systeme.

§ 12b Einheitliche Standards

(1) Soweit keine verbindlichen Standards vorgegeben sind, wird die Staatsregierung ermächtigt, durch Rechtsverordnung Regelungen zu erlassen zu:
1. landesspezifischen Standards
   a) zur Gewährleistung der behördenübergreifenden Interoperabilität nach § 9 Absatz 1 zwischen elektronischen Verfahren, E-Government-Anwendungen und informationstechnischen Systemen zur elektronischen Unterstützung der Verwaltungstätigkeit und
   b) für die behördenübergreifende elektronische Kommunikation sowie
2. dem Einsatz bestimmter E-Government-Anwendungen und informationstechnischer Systeme zur elektronischen Unterstützung der Verwaltungstätigkeit, sofern die Interoperabilität nicht auf andere Weise hergestellt werden kann.

(2) Zu den landesspezifischen Standards nach Absatz 1 Nummer 1 gehören insbesondere die Festlegung von
1. technischen Vorgehensweisen für elektronische Verfahren, E-Government-Anwendungen und informationstechnische Systeme zur Unterstützung der Verwaltungstätigkeit (technische Standards) durch die Definition von Schnittstellen, die Festlegung von Datenaustauschschemata oder von Daten- und Dateiformaten für die Speicherung, den Austausch oder die Be- und Verarbeitung von Daten,
2. organisatorischen Bedingungen oder von Vorgehensweisen hinsichtlich des Verfahrens für elektronische Verfahren, E-Government-Anwendungen und informationstechnische Systeme zur Unterstützung der Verwaltungstätigkeit (organisatorische Standards) durch die Festlegung von zeitlichen oder fachlichen Schnittstellen sowie
3. technischen Vorgehensweisen und organisatorischen Bedingungen, die die Verfügbarkeit, Unversehrtheit oder die Vertraulichkeit von Daten betreffen (Sicherheitsstandards).

Abschnitt 3
Regelungen für die Träger der Selbstverwaltung

§ 13 Interoperabilität

Werden dem Freistaat Sachsen Interoperabilitäts- und Informationssicherheitsstandards verbindlich durch Beschlüsse des IT-Planungsrates gemäß Artikel 91c Absatz 2 Satz 1 des Grundgesetzes für die Bundesrepublik Deutschland vorgeschrieben, sind diese Standards durch die Träger der Selbstverwaltung bei den von ihnen eingesetzten informationstechnischen Systemen einzuhalten.

§ 13a Bereitstellung von Daten

Stellen die Träger der Selbstverwaltung Daten, die sie zur Erfüllung ihrer öffentlich-rechtlichen Aufgaben erhoben haben oder durch Dritte in ihrem Auftrag haben erheben lassen über öffentlich zugängliche Netze bereit, gelten § 8 Absatz 4, 6 und 7 sowie Vorgaben der Rechtsverordnung nach § 8 Absatz 8 entsprechend.

§ 14 Basiskomponenten, Einheitliche Standards

(1) [1]Die in § 10 Absatz 1 Satz 3 benannte Behörde kann Basiskomponenten auch den Trägern der Selbstverwaltung zur Verfügung stellen. [2]Die im Freistaat Sachsen als Zuständigkeitsfinder eingesetzte Basiskomponente gemäß § 10 Absatz 3 wird den Trägern der Selbstverwaltung zur Verfügung gestellt.

(2) [1]§ 10 Absatz 3 gilt für die Träger der Selbstverwaltung entsprechend. [2]Die Vorgaben der Rechtsverordnungen gemäß § 10 Absatz 4 Satz 3 und 4 gelten auch für die Träger der Selbstverwaltung, soweit sie Basiskomponenten nutzen oder gemäß Satz 1 in Verbindung mit § 10 Abs. 3 zur Bereitstellung elektronischer Daten verpflichtet sind.

(3) Für die Träger der Selbstverwaltung gelten die Vorgaben der Rechtsverordnung nach § 12b für verwaltungsebenenübergreifende elektronische Verwaltungsabläufe und Verwaltungsverfahren sowie für die verwaltungsebenenübergreifende elektronische Kommunikation.

(4) [1]Dem IT-Kooperationsrat und den Trägern der Selbstverwaltung ist möglichst frühzeitig vor Erlass einer Rechtsverordnung nach § 10 Absatz 4 Satz 3, die Regelungen gemäß § 10 Absatz 4 Satz 4 Nummer 1 enthält, oder einer Rechtsverordnung nach § 12b Gelegenheit zur Stellungnahme zu geben. [2]Ein Hinweis auf diese Gelegenheit wird im Sächsischen Amtsblatt veröffentlicht. [3]Beschließt der IT-Kooperationsrat daraufhin eine Empfehlung im Sinne von § 18 Absatz 3 Satz 1 Nummer 6, ist diese bei Erlass der Rechtsverordnung zu berücksichtigen.

§ 15 Datenübermittlung

Die verwaltungsebenenübergreifende elektronische Datenübermittlung im Sinne von § 11 zwischen den staatlichen Behörden und den Trägern der Selbstverwaltung wird über das Sächsische Verwaltungsnetz geführt.

§ 15a Serviceportal Amt24

[1]Stellen die Träger der Selbstverwaltung ihre Verwaltungsleistungen elektronisch zur Verfügung, haben sie diese auch über das Serviceportal Amt24 anzubieten. [2]§ 3 Absatz 2 des Onlinezugangsgesetzes gilt entsprechend.

§ 16 Elektronische Vorgangsbearbeitung und Aktenführung

Soweit die Träger der Selbstverwaltung sich für die elektronische Vorgangsbearbeitung oder Aktenführung entscheiden, gilt § 12 Absatz 1 Satz 2, Absatz 3 bis 5 entsprechend.

Abschnitt 4

Organisation

§ 17 Zentrale Einrichtungen des Freistaates Sachsen

(1) [1]Die obersten Staatsbehörden entsenden Vertreter in ein Koordinierungsgremium, das ressortübergreifende Entscheidungen zu Fragen der Informationstechnologie (IT) und des E-Governments im Freistaat Sachsen trifft. [2]Grundsätzliche oder weittragende Fragen von allgemeiner politischer, wirtschaftlicher, sozialer, finanzieller oder kultureller Bedeutung bereitet es zur Entscheidung für die Staatsregierung vor. [3]Soweit aufgrund der von dem Koordinierungsgremium behandelten Fragen Haushaltsfolgen zu erwarten sind, sollen vor der Entscheidung diese Folgen und die weiteren, sich aus der Entscheidung dieser Frage ergebenden wesentlichen Auswirkungen in einer angemessenen Wirtschaftlichkeitsuntersuchung gemäß § 7 Absatz 2 der Sächsischen Haushaltsordnung in der Fassung der Bekanntmachung vom 10. April 2001 (SächsGVBl. S. 153), die zuletzt durch Artikel 1 des Gesetzes vom 14. Dezember 2018 (SächsGVBl. S. 782) geändert worden ist, in der jeweils geltenden Fassung, dargestellt werden.

(2) [1]Die Staatsregierung ernennt einen Beauftragten für Informationstechnologie des Freistaates Sachsen. [2]Er ist in den Bereichen IT und E-Government insbesondere zuständig für

1. die Koordinierung der strategischen und operativen Führung der Verwaltung des Freistaates Sachsen im Rahmen der Entscheidungen der Staatsregierung und des Koordinierungsgremiums der Staatsregierung nach Absatz 1,
2. die Zusammenarbeit mit den übrigen Ländern, dem Bund, der Europäischen Union und internationalen Partnern, wenn mehr als eine oberste Staatsbehörde betroffen ist, sowie mit den Kommunen des Freistaates Sachsen und
3. die Vertretung des Freistaates Sachsen in Gremien, insbesondere im IT-Planungsrat.
[3]Er ist an allen Gesetzgebungsverfahren und anderen Regierungsvorhaben zu beteiligen, bei denen IT- und E-Government-Fragen zu berücksichtigen sind. [4]Der Beauftragte für Informationstechnologie kann zur Wahrnehmung seiner Aufgaben Auskunft verlangen.

§ 18 IT-Kooperationsrat

(1) [1]Der Freistaat Sachsen und die sächsischen Kommunen arbeiten bei dem Ausbau ihrer informationstechnischen Systeme zusammen. [2]Ziel dieser Kooperation ist insbesondere die Einführung elektronischer, verwaltungsebenenübergreifend interoperabler und sicherer Verwaltungsabläufe.

(2) [1]Der IT-Kooperationsrat ist das gemeinsame Gremium für diese Zusammenarbeit. [2]Dem IT-Kooperationsrat gehören für den Freistaat Sachsen neben dem Beauftragten für Informationstechnologie des Freistaates Sachsen je ein Vertreter der Staatskanzlei und des Staatsministeriums des Innern an. [3]Die anderen Staatsministerien entsenden zu Beratungsgegenständen, die ihre Ressortkompetenz betreffen, jeweils einen stimmberechtigten Vertreter in den IT-Kooperationsrat. [4]Für die Kommunen gehören dem IT-Kooperationsrat drei Mitglieder an, von denen je ein Mitglied durch den Sächsischen Städte- und Gemeindetag, den Sächsischen Landkreistag und die Sächsische Anstalt für Kommunale Datenverarbeitung entsandt wird. [5]Der IT-Kooperationsrat wird vom Beauftragten für Informationstechnologie des Freistaates Sachsen geleitet. [6]Ein Vertreter des Sächsischen Datenschutzbeauftragten ist beratendes Mitglied des IT-Kooperationsrates. [7]Durch den IT-Kooperationsrat können bei Bedarf externe Dritte mit zusätzlichem Fachwissen, insbesondere Vertreter einzelner Kommunen, beratend hinzugezogen werden.

(3) [1]Der IT-Kooperationsrat beschließt, soweit kommunale Belange berührt werden, Empfehlungen für die Kommunen und die staatlichen Behörden insbesondere zu
1. den im IT-Planungsrat behandelten Themen und den Beschlussvorschlägen des IT-Planungsrates,
2. den Umsetzungsregelungen für die Beschlüsse des IT-Planungsrates, die dieser gemäß § 1 Absatz 1 Satz 1 des Vertrages über die Errichtung des IT-Planungsrats und über die Grundlagen der Zusammenarbeit beim Einsatz der Informationstechnologie in den Verwaltungen von Bund und Ländern – Vertrag zur Ausführung von Artikel 91c GG vom 20. November 2009 (Sächs-GVBl. 2010 S. 44) fasst, und den Bund-Länder-Beschlüssen im Bereich IT und E-Government,
3. der Weiterentwicklung der Strategie für IT und E-Government des Freistaates Sachsen und der E-Government-Umsetzungsplanung des Freistaates Sachsen und der sächsischen Kommunen sowie zur Steuerung der Schlüsselprojekte aus dieser E-Government-Umsetzungsplanung,
3a. der Umsetzung des Onlinezugangsgesetzes im Freistaat Sachsen,
4. der Weiterentwicklung der Basiskomponenten und des Sächsischen Verwaltungsnetzes sowie zu Strategien für die E-Government-Plattform,
5. landesspezifische Interoperabilitäts- und Informationssicherheitsstandards für verwaltungsebenenübergreifende elektronische Verwaltungsabläufe im Freistaat Sachsen eingesetzten informationstechnischen Systeme,
6. der Festlegung der gemäß § 10 Absatz 3 und 4 Satz 3 und 4 Nummer 1 in Verbindung mit § 14 Absatz 2 elektronisch zu liefernden Daten für die im Freistaat Sachsen als Zuständigkeitsfinder eingesetzte Basiskomponente und den Anforderungen an die alternative Schnittstelle für den Netzzugang gemäß § 11 Absatz 1 Satz 2 und Absatz 2 des Sächsischen Informationssicherheitsgesetzes vom 2. August 2019 (SächsGVBl. S. 630), in der jeweils geltenden Fassung, und
7. den elektronischen Kommunikations- und Zahlungsverfahren, die einheitlich im gesamten Freistaat Sachsen von den staatlichen Behörden und den sächsischen Kommunen gleichermaßen angeboten werden sollen.

[2]§ 17 Absatz 1 Satz 3 gilt für die Beschlüsse des IT-Kooperationsrates entsprechend.

(4) Die Beschlüsse des IT-Kooperationsrates werden einstimmig gefasst.

(5) Der IT-Kooperationsrat wird durch eine Geschäftsstelle bei der Staatskanzlei unterstützt.

Abschnitt 5
Schlussvorschriften

§ 19 Verhältnis zu anderen Vorschriften

(1) Unberührt bleibt § 1 Satz 1 des Gesetzes zur Regelung des Verwaltungsverfahrens- und des Verwaltungszustellungsrechts für den Freistaat Sachsen in Verbindung mit § 3a des Verwaltungsverfahrensgesetzes.

(2) Unberührt bleibt § 123 Absatz 5 der Sächsischen Gemeindeordnung in der Fassung der Bekanntmachung vom 9. März 2018 (SächsGVBl. S. 62).

(3) [1]Unberührt bleibt § 9 des Sächsischen Sorbengesetzes vom 31. März 1999 (SächsGVBl. S. 161), das zuletzt durch Artikel 59a des Gesetzes vom 27. Januar 2012 (SächsGVBl. S. 130) geändert worden ist, in der jeweils geltenden Fassung. [2]Die notwendigen Voraussetzungen zur Verwendung der sorbischen Sprache sind zu schaffen.

§ 20 Experimentierklausel

(1) Die jeweils fachlich zuständige oberste Staatsbehörde wird ermächtigt, zur Einführung und Fortentwicklung des E-Governments im Benehmen mit dem Beauftragten für Informationstechnologie des Freistaates Sachsen und nach Zustimmung des Staatsministeriums des Innern sowie im Falle der Nummer 3 im Einvernehmen mit dem Staatsministerium der Finanzen durch Rechtsverordnung sachlich oder räumlich begrenzte Ausnahmen von der Anwendung folgender landesrechtlicher Verwaltungsverfahrens- und Verwaltungskostenregelungen für einen Zeitraum von höchstens fünf Jahren zuzulassen:

1. Zuständigkeits- und Formvorschriften gemäß § 1 Satz 1 des Gesetzes zur Regelung des Verwaltungsverfahrens- und des Verwaltungszustellungsrechts für den Freistaat Sachsen in Verbindung mit den §§ 3, 3a, 33, 34, 37 Absatz 2 bis 5, §§ 41, 57, 64 und 69 Absatz 2 des Verwaltungsverfahrensgesetzes,

2. § 4 Absatz 1 des Gesetzes zur Regelung des Verwaltungsverfahrens- und des Verwaltungszustellungsrechts für den Freistaat Sachsen in Verbindung mit § 5 Absatz 4 bis 7, §§ 5a und 10 Absatz 2 des Verwaltungszustellungsgesetzes vom 12. August 2005 (BGBl. I S. 2354), das zuletzt durch Artikel 11 Absatz 3 des Gesetzes vom 18. Juli 2017 (BGBl. I S. 2745) geändert worden ist, in der jeweils geltenden Fassung, und

3. § 3 Absatz 1 Satz 2 des Gesetzes über den einheitlichen Ansprechpartner im Freistaat Sachsen vom 13. August 2009 (SächsGVBl. S. 446), das zuletzt durch Artikel 2 Absatz 2 des Gesetzes vom 5. April 2019 (SächsGVBl. S. 245) geändert worden ist, in der jeweils geltenden Fassung, in Verbindung mit § 3 des Sächsischen Verwaltungskostengesetzes vom 5. April 2019 (SächsGVBl. S. 245), in der jeweils geltenden Fassung.

(2) Das Gleiche gilt für sonstige Zuständigkeits- und Formvorschriften in Fachgesetzen.

§ 21 Evaluierung

(1) [1]Die Staatsregierung legt dem Landtag im Jahr 2021 einen Bericht vor, in dem sie darlegt,

1. welche Auswirkungen dieses Gesetz insbesondere auf die Entwicklung des E-Governments im Freistaat Sachsen hat,

2. welche Projekte auf der Basis der Experimentierklausel des § 20 durchgeführt wurden,

3. wie sich Datenschutz und Barrierefreiheit in den informationstechnischen Systemen des Freistaates Sachsen entwickelt haben,

4. welche Kosten und Nutzen bei der Umsetzung dieses Gesetzes entstanden sind und

5. ob eine Weiterentwicklung der Vorschriften dieses Gesetzes erforderlich ist.

[2]Bei der Evaluierung ist auch die Perspektive der Nutzer der E-Government-Angebote, insbesondere der Bürgerinnen und Bürger sowie Unternehmen, zu berücksichtigen.

(2) Nach der Evaluierung gemäß Absatz 1 werden dem Landtag entsprechende Erfahrungsberichte jeweils nach Ablauf weiterer zwei Jahre vorgelegt.

§ 22 Einschränkung eines Grundrechtes

Das Grundrecht auf informationelle Selbstbestimmung nach Artikel 33 der Verfassung des Freistaates Sachsen wird durch § 3a Absatz 3 Satz 1 und 2 Nummer 2, §§ 6, 10 Absatz 1 Satz 2, Absatz 4 Satz 3 und 4 Nummer 4 sowie § 11a Absatz 4 Satz 2 Nummer 3 und 4 eingeschränkt.

Verordnung der Sächsischen Staatsregierung, der Sächsischen Staatskanzlei, des Sächsischen Staatsministeriums des Innern, des Sächsischen Staatsministeriums der Finanzen, des Sächsischen Staatsministeriums der Justiz, des Sächsischen Staatsministeriums für Kultus, des Sächsischen Staatsministeriums für Wissenschaft und Kunst, des Sächsischen Staatsministeriums für Wirtschaft, Arbeit und Verkehr, des Sächsischen Staatsministeriums für Soziales und Verbraucherschutz und des Sächsischen Staatsministeriums für Umwelt und Landwirtschaft über die Vertretung des Freistaates Sachsen in gerichtlichen Verfahren (Vertretungsverordnung – VertrVO)

In der Fassung der Bekanntmachung vom 10. April 2013[1] (SächsGVBl. S. 240)
zuletzt geändert durch Dritte Änderungsverordnung vom 9. Mai 2017 (SächsGVBl. S. 270)

Abschnitt 1
Vertretung in gerichtlichen Verfahren

§ 1 Allgemeine Bestimmung

(1) [1]In gerichtlichen Verfahren wird der Freistaat Sachsen durch diejenige oberste Staatsbehörde vertreten, zu deren Geschäftsbereich die Angelegenheit gehört, sofern sich aus den nachfolgenden Bestimmungen nichts anderes ergibt. [2]§ 60 des Sächsischen Justizgesetzes und § 34 Absatz 2 des Sächsischen Disziplinargesetzes vom 10. April 2007 (SächsGVBl. S. 54), das zuletzt durch Artikel 5 des Gesetzes vom 18. Dezember 2013 (SächsGVBl. S. 970) geändert worden ist, in der jeweils geltenden Fassung, bleiben unberührt.

(2) Die zur Vertretung des Freistaates Sachsen befugten Behörden sind verpflichtet, die jeweils betroffene Behörde über das Verfahren unverzüglich zu informieren, sofern diese nicht darauf verzichtet hat.

(3) Die Befugnis zur Vertretung in gerichtlichen Verfahren nach dieser Verordnung erstreckt sich auch auf die Durchführung der Zwangsvollstreckung aus gerichtlichen Vollstreckungstiteln.

§ 2 Streitigkeiten vor den Verfassungsgerichten

In den Verfahren vor dem Bundesverfassungsgericht und dem Verfassungsgerichtshof des Freistaates Sachsen wird der Freistaat Sachsen durch das Staatsministerium der Justiz vertreten.

§ 3 Verfahren vor den ordentlichen Gerichten und den Arbeitsgerichten

(1) In den Verfahren vor
1. den ordentlichen Gerichten und
2. den Arbeitsgerichten

wird der Freistaat Sachsen von dem Landesamt für Steuern und Finanzen vertreten, soweit sich nicht aus Absatz 4 etwas anderes ergibt.

(2) [1]Die Vertretungsmacht des Landesamts für Steuern und Finanzen ist unbeschränkt. [2]Das Landesamt soll Vergleiche nur unter Widerrufsvorbehalt oder im Einvernehmen mit der betroffenen Behörde abschließen. [3]Das Einvernehmen mit der betroffenen Behörde soll auch bei Anerkenntnissen, Verzichtserklärungen und Klagerücknahmen hergestellt werden.

(3) Die oberste Staatsbehörde, zu deren Geschäftsbereich das Verfahren gehört, und in den Fällen des Absatzes 1 Nr. 2 auch die betroffene personalverwaltende Stelle sind neben dem Landesamt für Steuern und Finanzen zu eigenem Sach- und Rechtsvortrag für den Freistaat Sachsen in den gerichtlichen Verfahren befugt.

---

[1] Neubekanntmachung der VertrVO v. 30.3.2009 (SächsGVBl. S. 161) in der ab 14.3.2013 geltenden Fassung

(4) Werden Streitigkeiten in den Verfahren nach
1. dem Vermögensgesetz in der Fassung der Bekanntmachung vom 9. Februar 2005 (BGBl. I S. 205), das zuletzt durch Artikel 6 des Gesetzes vom 1. Oktober 2013 (BGBl. I S. 3719) geändert worden ist, in der jeweils geltenden Fassung,
2. dem Entschädigungsgesetz in der Fassung der Bekanntmachung vom 13. Juli 2004 (BGBl. I S. 1658), das zuletzt durch Artikel 1 des Gesetzes vom 23. Mai 2011 (BGBl. I S. 920) geändert worden ist, in der jeweils geltenden Fassung,
3. dem Ausgleichsleistungsgesetz in der Fassung der Bekanntmachung vom 13. Juli 2004 (BGBl. I S. 1665), das zuletzt durch Artikel 1 des Gesetzes vom 21. März 2011 (BGBl. I S. 450) geändert worden ist, in der jeweils geltenden Fassung, und
4. anderen Gesetzen, die den Ämtern zur Regelung offener Vermögensfragen Entscheidungsbefugnisse zuweisen,
vor den ordentlichen Gerichten anhängig gemacht, wird der Freistaat Sachsen durch die Landesdirektion Sachsen vertreten.

§ 4 Verfahren vor den Verwaltungsgerichten
(1) [1]In den Verfahren vor den Verwaltungsgerichten einschließlich der Klagen aus dem Beamtenverhältnis nach § 54 Absatz 1 des Beamtenstatusgesetzes vom 17. Juni 2008 (BGBl. I S. 1010), das durch Artikel 15 Absatz 16 des Gesetzes vom 5. Februar 2009 (BGBl. I S. 160) geändert worden ist, in der jeweils geltenden Fassung, und bei Klagen gegen Disziplinarmaßnahmen wird der Freistaat Sachsen durch die fachlich zuständige allgemeine oder obere besondere Staatsbehörde, die betroffene Hochschule nach § 1 Absatz 1 des Sächsischen Hochschulfreiheitsgesetzes in der Fassung der Bekanntmachung vom 15. Januar 2013 (SächsGVBl. S. 3), das zuletzt durch Artikel 11 des Gesetzes vom 29. April 2015 (SächsGVBl. S. 349) geändert worden ist, in der jeweils geltenden Fassung, oder durch den jeweils betroffenen Präsidenten des Oberlandesgerichts, des Oberverwaltungsgerichts, des Landesarbeitsgerichts, des Landessozialgerichts, des Finanzgerichts oder den Generalstaatsanwalt vertreten, soweit sich nicht aus Absatz 2 oder § 7 etwas anderes ergibt. [2]Das Landesjugendamt gilt als obere Staatsbehörde im Sinne des Satzes 1. [3]Bei Klagen aus dem Beamtenverhältnis wird der Freistaat Sachsen abweichend von Satz 1 durch den Präsidenten des Landgerichts vertreten, wenn dieser für die Entscheidung über den Widerspruch zuständig ist. [4]Satz 1 gilt nicht, wenn das Verfahren Rechtsverordnungen, Verwaltungsakte oder andere Maßnahmen der obersten Staatsbehörde betrifft.
(2) In den Verfahren nach dem Vermögenszuordnungsgesetz in der Fassung der Bekanntmachung vom 29. März 1994 (BGBl. I S. 709), das zuletzt durch Artikel 3 des Gesetzes vom 3. Juli 2009 (BGBl. I S. 1688) geändert worden ist, in der jeweils geltenden Fassung, wird der Freistaat Sachsen durch den Staatsbetrieb Zentrales Flächenmanagement Sachsen vertreten.

§ 5 Verfahren vor den Finanzgerichten
In den Verfahren vor den Gerichten der Finanzgerichtsbarkeit wird der Freistaat Sachsen durch die Finanzämter im Rahmen ihres Geschäftsbereichs vertreten, soweit nicht eine Finanzbehörde des Freistaates aufgrund bundes- oder landesgesetzlicher Regelung selbst Beteiligte ist oder sich aus § 7 etwas anderes ergibt.

§ 6 Verfahren vor den Sozialgerichten
(1) [1]In den Verfahren vor den Sozialgerichten wird der Freistaat Sachsen durch die fachlich zuständige allgemeine oder obere besondere Staatsbehörde vertreten, soweit sich nicht aus den Absätzen 2, 3 oder § 7 etwas anderes ergibt. [2]Das Landesjugendamt gilt als obere Staatsbehörde im Sinne des Satzes 1. [3]Satz 1 gilt nicht, wenn das Verfahren Maßnahmen der obersten Staatsbehörde oder der Staatsregierung betrifft.
(2) [1]Soweit das Landesamt für Steuern und Finanzen Ausgangs- und Widerspruchsbehörde gewesen ist, wird der Freistaat Sachsen im gerichtlichen Verfahren durch das Landesamt für Steuern und Finanzen vertreten. [2]§ 3 Abs. 2 und 3 ist entsprechend anzuwenden.
(3) Bei der Durchführung des Anspruchs- und Anwartschaftsüberführungsgesetz vom 25. Juli 1991 (BGBl. I S. 1606, 1677), das zuletzt durch Artikel 13 des Gesetzes vom 19. Dezember 2007 (BGBl. I S. 3024) geändert worden ist, in der jeweils geltenden Fassung, wird der Freistaat Sachsen in Angelegenheiten der Angehörigen des Sonderversorgungssystems nach Nummer 2 der Anlage 2 zum Anspruchs- und Anwartschaftsüberführungsgesetz durch das Polizeiverwaltungsamt vertreten.

§ 7 Vertretung in besonderen Verfahren

(1) [1]Abweichend von den §§ 2 bis 6 wird der Freistaat Sachsen wie folgt vertreten:

1. in Verfahren kostenrechtlicher Art, insbesondere bei der Wertfestsetzung, der Festsetzung von Kosten für und gegen den Fiskus, bei der Festsetzung von Entschädigungen, Vergütungen und Vorschüssen nach dem Justizvergütungs- und -entschädigungsgesetz vom 5. Mai 2004 (BGBl. I S. 718, 776), das zuletzt durch Artikel 7 des Gesetzes vom 23. Juli 2013 (BGBl. I S. 2586) geändert worden ist, in der jeweils geltenden Fassung, einschließlich der damit in Zusammenhang stehenden Rechtsbehelfsverfahren,

    a) vor den ordentlichen Gerichten in Verfahren vor den Amts- und Landgerichten und bei der Anfechtung ihrer Entscheidungen auch vor höheren Gerichten durch den Bezirksrevisor bei dem Landgericht oder dem Amtsgericht, im Übrigen durch den Bezirksrevisor bei dem Oberlandesgericht,

    b) vor den Arbeitsgerichten, den Verwaltungsgerichten, den Sozialgerichten und vor dem Finanzgericht durch den jeweiligen Bezirksrevisor,

2. in Verfahren, die hervorgehen aus der zwangsweisen Beitreibung von

    a) Ordnungs- und Zwangsgeldern, die nicht in Strafverfahren oder gerichtlichen Bußgeldverfahren verhängt worden sind, und der mit ihnen einzuziehenden Kosten oder

    b) Ansprüchen nach § 1 Absatz 1 Nummer 4 bis 7, Absatz 2 und 3 der Justizbeitreibungsordnung in der im Bundesgesetzblatt Teil III, Gliederungsnummer 365-1, veröffentlichten bereinigten Fassung, die zuletzt durch Artikel 4 Absatz 9 des Gesetzes vom 29. Juli 2009 (BGBl. I S. 2258) geändert worden ist, in der jeweils geltenden Fassung, mit Ausnahme der in § 8 Absatz 1 der Justizbeitreibungsordnung aufgeführten Verfahren

    durch die zuständige Vollstreckungsbehörde,

3. in Verfahren, die aus einer Übertragung von Ansprüchen der in Nummer 2 Buchstabe b bezeichneten Art gegen Dritte hervorgegangen sind, insbesondere nach § 118 Absatz 1 des Gesetzes über die Zwangsversteigerung und die Zwangsverwaltung in der im Bundesgesetzblatt Teil III, Gliederungsnummer 310-14, veröffentlichten bereinigten Fassung, das zuletzt durch Artikel 6 des Gesetzes vom 7. Dezember 2011 (BGBl. I S. 2582) geändert worden ist, in der jeweils geltenden Fassung, durch die Landesjustizkasse Chemnitz,

4. in Streitigkeiten nach dem Strafrechtlichen Rehabilitierungsgesetz in der Fassung der Bekanntmachung vom 17. Dezember 1999 (BGBl. I S. 2664), das zuletzt durch Artikel 1 des Gesetzes vom 22. Dezember 2014 (BGBl. I S. 2408) geändert worden ist, in der jeweils geltenden Fassung,

    a) über Entschädigungen und über die Gewährung von Leistungen nach den §§ 6, 17 und 19 des Strafrechtlichen Rehabilitationsgesetzes durch die Generalstaatsanwaltschaft,

    b) über besondere Zuwendungen für Haftopfer nach § 17a des Strafrechtlichen Rehabilitationsgesetzes durch die Landesdirektion Sachsen,

5. in Streitigkeiten über Justizverwaltungsakte

    a) nach den §§ 23 bis 30a des Einführungsgesetzes zum Gerichtsverfassungsgesetz in der im Bundesgesetzblatt Teil III, Gliederungsnummer 300-1, veröffentlichten bereinigten Fassung, das zuletzt durch Artikel 13 des Gesetzes vom 23. Juli 2013 (BGBl. I S. 2586) geändert worden ist, in der jeweils geltenden Fassung, in Angelegenheiten auf den Gebieten der Strafrechtspflege, des Vollzugs der Jugendstrafe, des Jugendarrests und der Untersuchungshaft sowie derjenigen Freiheitsstrafen und Maßregeln der Besserung und Sicherung, die außerhalb des Justizvollzugs vollzogen werden, durch die Generalstaatsanwaltschaft,

    b) der Verwaltungsgerichtsbarkeit durch das Oberverwaltungsgericht,

    c) in allen übrigen Fällen durch die Justizverwaltungsbehörde, die den Justizverwaltungsakt erlassen hat,

6. in Verfahren,

    a) in denen der aus einer Straftat dem Freistaat Sachsen erwachsende vermögensrechtliche Anspruch, bei dem eine Justizbehörde Ausgangsbehörde ist, im Strafverfahren geltend gemacht werden soll (§§ 403 bis 406c der Strafprozessordnung in der Fassung der Bekanntmachung vom 7. April 1987 [BGBl. I S. 1074, 1319], die zuletzt durch Artikel 2 Absatz 3 des Gesetzes vom 21. Januar 2015 [BGBl. I S. 10] geändert worden ist, in der jeweils geltenden Fassung),

b) die hervorgehen aus der Beschlagnahme einzelner Gegenstände, anderer Vermögensvorteile oder des Vermögens nach Vorschriften der Strafprozessordnung, soweit nicht ein Fall der zwangsweisen Beitreibung von Ordnungs- und Zwangsgeldern nach Nummer 7 Buchstabe b gegeben ist,

c) die hervorgehen aus Sicherheitsleistungen nach den Vorschriften der Strafprozessordnung, soweit nicht ein Fall der Sicherheitsleistung im Rahmen der Strafvollstreckung nach Nummer 7 Buchstabe d gegeben ist, oder

d) über einen Arrest nach § 111d der Strafprozessordnung durch die für die Strafverfolgung zuständige Staatsanwaltschaft,

7. in Verfahren, die hervorgehen aus

a) der zwangsweisen Beitreibung von Ansprüchen nach § 1 Absatz 1 Nummer 1 bis 2a der Justizbeitreibungsordnung und der mit ihnen einzuziehenden Kosten,

b) der zwangsweisen Beitreibung von Ordnungs- und Zwangsgeldern, die in Strafverfahren und gerichtlichen Bußgeldverfahren verhängt worden sind, und der mit ihnen einzuziehenden Kosten,

c) der Durchführung der rechtskräftigen Anordnung eines Fahrverbotes oder

d) Sicherheitsleistungen im Rahmen der Strafvollstreckung durch die zuständige Strafvollstreckungsbehörde.

²Satz 1 gilt nicht, wenn das Verfahren Verwaltungsakte oder andere Maßnahmen des Staatsministeriums der Justiz betrifft.

(2) In Verfahren nach der Insolvenzordnung vom 5. Oktober 1994 (BGBl. I S. 2866), die zuletzt durch Artikel 6 des Gesetzes vom 31. August 2013 (BGBl. I S. 3533) geändert worden ist, in der jeweils geltenden Fassung, gilt Absatz 1 für die dort bezeichneten Verfahrensgegenstände entsprechend.

(3) ¹Abweichend von den §§ 4 bis 6 wird in Verfahren wegen überlanger Gerichtsverfahren nach dem Siebzehnten Titel des Gerichtsverfassungsgesetzes in der Fassung der Bekanntmachung vom 9. Mai 1975 (BGBl. I S. 1077), das zuletzt durch Artikel 2 Absatz 2 des Gesetzes vom 21. Januar 2015 (BGBl. I S. 10) geändert worden ist, in der jeweils geltenden Fassung, der Freistaat Sachsen durch das Landesamt für Steuern und Finanzen vertreten. ²§ 3 Absatz 2 und 3 ist entsprechend anzuwenden.

§ 8 Selbsteintritt und Übertragung

(1) ¹In den Fällen des § 3 Abs. 1, § 4 Abs. 1 Satz 1, § 6 Abs. 1 Satz 1 kann die oberste Staatsbehörde, zu deren Geschäftsbereich das Verfahren gehört, und in den Fällen des § 7 das Staatsministerium der Justiz, die Vertretung

1. selbst übernehmen,

2. einer anderen Staatsbehörde ihres Geschäftsbereichs oder

3. im Einvernehmen mit der betroffenen obersten Staatsbehörde einer dieser nachgeordneten Staatsbehörde, wenn deren Zuständigkeit berührt ist,

übertragen. ²Das Recht nach Satz 1 Nr. 1 steht in den Fällen des § 3 Abs. 1 Nr. 2 auch der betroffenen personalverwaltenden Stelle im Einvernehmen mit der zuständigen obersten Staatsbehörde zu; das Recht der obersten Staatsbehörde zur Übernahme der Vertretung bleibt unberührt.

(2) ¹Wird die Vertretung nach Absatz 1 übernommen oder übertragen, sind die bisher zuständige Vertretungsbehörde, die am Verfahren Beteiligten und das Gericht hiervon zu benachrichtigen. ²Mit dem Zugang der Anzeige bei dem anderen Beteiligten oder, wenn ein Rechtsstreit bereits anhängig ist, mit dem Eingang der Anzeige bei Gericht, geht die Vertretungsbefugnis auf die in Absatz 1 benannte Behörde über.

Abschnitt 2
Vertretung als Drittschuldner

§ 9 Entgegennahme von Beschlüssen, Benachrichtigungen

(1) Bei der Entgegennahme von Pfändungs- und Überweisungsbeschlüssen sowie von Pfändungs- und Überweisungsverfügungen und bei der Benachrichtigung von einer bevorstehenden Pfändung wird der Freistaat Sachsen als Drittschuldner vertreten

1. durch das Landesamt für Steuern und Finanzen, wenn die Besoldung, das Entgelt, die Versorgungsbezüge oder Rentenansprüche der Bediensteten oder Auszubildenden zu pfänden oder zur Einziehung zu überweisen sind,

2. durch die Hinterlegungsstelle, wenn ein Anspruch auf Auszahlung hinterlegter Gelder oder auf Herausgabe hinterlegter Wertpapiere, sonstiger Urkunden und Kostbarkeiten Gegenstand der Vollstreckung ist, oder

3. durch die Behörde, die die Bewirkung der geschuldeten Leistung, insbesondere die Auszahlung eines geschuldeten Geldbetrages, anzuordnen hat, wenn Forderungen im Sinne der Nummer 1, für deren Auszahlung die Staatskasse nicht zuständig ist, oder sonstige Ansprüche Gegenstand der Vollstreckung sind.

(2) Die nach Absatz 1 zuständige Stelle benachrichtigt die personalverwaltende Stelle von der Zustellung, die die Auszahlung oder die Bewirkung der Leistung angeordnet hat.

Abschnitt 3
Verfahren

§ 10 Zustellung an eine nicht zuständige Stelle

[1]Wird an eine zur Vertretung des Freistaates Sachsen nicht zuständige Stelle zugestellt, hat diese bei einer Zustellung von Amts wegen die zustellende Stelle und bei einer Zustellung im Parteibetrieb die Partei, die die Zustellung betreibt, unverzüglich zu unterrichten. [2]Das zuzustellende Schriftstück ist zurückzugeben; es ist, soweit zweifelsfrei feststellbar, die zur Vertretung berufene Stelle zu bezeichnen. [3]Ein Vermerk ist zurückzubehalten.

Abschnitt 4
Schlussbestimmungen

§ 11 Übergangsvorschrift

Auf gerichtliche Verfahren, die bis zum Inkrafttreten dieser Verordnung eingeleitet worden sind, ist der erste Abschnitt der Verordnung der Sächsischen Staatsregierung über die Vertretung des Freistaates Sachsen in gerichtlichen Verfahren (Vertretungsverordnung – VertrVO) in der Fassung der Bekanntmachung vom 27. Dezember 1999 (SächsGVBl. 2000 S. 2), zuletzt geändert durch Verordnung vom 20. Juni 2008 (SächsGVBl. S. 412), weiter anzuwenden.

§ 12 (Inkrafttreten und Außerkrafttreten)

Verwaltungsvollstreckungsgesetz für den Freistaat Sachsen (SächsVwVG)

In der Fassung vom 10. September 2003[1] (SächsGVBl. S. 614, ber. S. 913)
(BS Sachsen 210-1)

zuletzt geändert durch Art. 2 Sächsisches Verwaltungskostenrechtsneuordnungsgesetz
vom 5. April 2019 (SächsGVBl. S. 245)

Inhaltsübersicht

Erster Teil
Allgemeine Vorschriften

§ 1 Geltungsbereich

(1) Dieses Gesetz gilt für die Vollstreckung von Verwaltungsakten

1. der Behörden des Freistaates Sachsen und der seiner Aufsicht unterstehenden Körperschaften,
   Anstalten und Stiftungen des öffentlichen Rechts,
2. sonstiger Behörden durch die in Nummer 1 genannten Behörden im Wege der Vollstreckungshilfe.

(2) Die Vorschriften über die Vollstreckung von Verwaltungsakten gelten entsprechend für die Vollstreckung aus öffentlich-rechtlichen Verträgen zu Gunsten der in Absatz 1 Nr. 1 genannten Behörden,
wenn sich der Schuldner in dem Vertrag der sofortigen Vollstreckung unterworfen hat.

(3) ¹Dieses Gesetz gilt nicht, soweit auf die Verwaltungsvollstreckung Bundesrecht anzuwenden ist.
²Es gilt jedoch, soweit Bundesrecht die Länder ermächtigt, zu bestimmen, dass die landesrechtlichen
Vorschriften über die Verwaltungsvollstreckung anzuwenden sind.

§ 2 Allgemeine Voraussetzungen der Verwaltungsvollstreckung

Ein Verwaltungsakt, der zu einer Zahlung, einer sonstigen Handlung, einer Duldung oder Unterlassung
verpflichtet, kann vollstreckt werden, wenn er

---

1) Neubekanntmachung des SächsVwVG v. 17.7.1992 (SächsGVBl. S. 327) in der ab 5.6.2003 geltenden Fassung.

1. unanfechtbar geworden ist oder
2. ein gegen ihn gerichteter Rechtsbehelf keine aufschiebende Wirkung hat.

§ 2a Einstellung und Beschränkung der Vollstreckung

(1) Die Vollstreckung ist insbesondere dann einzustellen oder zu beschränken, wenn
1. ihr Zweck erreicht wurde oder sich zeigt, dass er durch Anwendung von Zwangsmitteln nicht erreicht werden kann,
2. der zu vollstreckende Verwaltungsakt aufgehoben wurde,
3. die Vollziehbarkeit des Verwaltungsaktes nachträglich entfallen ist,
4. der mit dem Verwaltungsakt geltend gemachte Anspruch erloschen ist,
5. die mit dem Verwaltungsakt geforderte Leistung gestundet wurde.

(2) [1]In den Fällen des Absatzes 1 Nr. 2 und 4 sind bereits getroffene Vollstreckungsmaßnahmen aufzuheben. [2]Wurde der Verwaltungsakt durch eine gerichtliche Entscheidung aufgehoben, sind bereits getroffene Vollstreckungsmaßnahmen nur insoweit aufzuheben, als die Entscheidung unanfechtbar geworden ist und nicht aufgrund der Entscheidung ein neuer Verwaltungsakt zu erlassen ist. [3]Im Übrigen bleiben die Vollstreckungsmaßnahmen bestehen, soweit nicht ihre Aufhebung ausdrücklich angeordnet ist.

§ 3 Vollstreckungsschuldner

(1) Als Vollstreckungsschuldner kann in Anspruch genommen werden, wer
1. eine Leistung aufgrund des zu vollstreckenden Verwaltungsaktes schuldet oder
2. für eine Leistung, die ein anderer aufgrund des zu vollstreckenden Verwaltungsaktes schuldet, persönlich haftet.

(2) Wer zur Duldung der Vollstreckung verpflichtet ist, steht dem Vollstreckungsschuldner gleich, soweit seine Duldungspflicht reicht.

(3) [1]Gegen den Rechtsnachfolger kann die Vollstreckung eingeleitet oder fortgesetzt werden, soweit er durch den Verwaltungsakt verpflichtet wird und die Voraussetzungen der Vollstreckung für seine Person vorliegen. [2]Ist die Vollstreckung beim Tode des Vollstreckungsschuldners bereits eingeleitet, so kann sie in den Nachlass fortgesetzt werden, auch wenn die Voraussetzungen der Vollstreckung für den Rechtsnachfolger nicht vorliegen.

§ 4 Vollstreckungsbehörden, Vollstreckungshilfe

(1) [1]Vollstreckungsbehörden sind:
1. die Finanzämter für die Vollstreckung von Verwaltungsakten, die zu einer Zahlung verpflichten (Leistungsbescheide), soweit diese von einer Behörde des Freistaates Sachsen erlassen worden sind,
2. für Leistungsbescheide der übrigen Behörden diese selbst,
3. für sonstige Verwaltungsakte die Behörden, die die Verwaltungsakte erlassen haben,
4. die Behörden, die von anderen Behörden erlassene Verwaltungsakte im Wege der Vollstreckungshilfe vollstrecken.

[2]In den Fällen des Satzes 1 Nr. 2 bis 4 gelten für die Kosten der Mahnung und der Vollstreckung die Vorschriften des Sächsischen Verwaltungskostengesetzes und der hierzu erlassenen Rechtsverordnungen. [3]Soweit nach Satz 1 die Finanzämter vollstrecken, gelten für das Verfahren und die Kosten der Vollstreckung die Vorschriften der Abgabenordnung (AO) entsprechend.

(2) [1]Inländischen Behörden ist auf Ersuchen Vollstreckungshilfe zu leisten, wenn die Voraussetzungen für die Gewährung von Amtshilfe erfüllt sind. [2]Ausländischen Behörden darf Vollstreckungshilfe nur geleistet werden, wenn dies in einer völkerrechtlichen Vereinbarung oder in einem Rechtsakt der Europäischen Gemeinschaften vorgesehen ist.

(3) Einem Vollstreckungsersuchen nach Absatz 2 darf, soweit nichts anderes bestimmt ist, nur entsprochen werden, wenn es folgende Angaben enthält:
1. die Bezeichnung und das Dienstsiegel der ersuchenden Behörde sowie die Unterschrift des Behördenleiters oder seines Beauftragten; bei einem Vollstreckungsersuchen, das mit Hilfe automatischer Einrichtungen erstellt ist, können Dienstsiegel und Unterschrift fehlen,
2. die Bezeichnung des zu vollstreckenden Verwaltungsaktes unter Angabe der erlassenden Behörde, des Datums und des Aktenzeichens,

3. die Angabe der Verpflichtung des Vollstreckungsschuldners, im Falle der Beitreibung die Angabe des Grundes und der Höhe der Geldforderung,

4. die Angabe, dass der Verwaltungsakt unanfechtbar geworden ist, ein gegen ihn gerichteter Rechtsbehelf kraft Gesetzes keine aufschiebende Wirkung hat oder seine sofortige Vollziehung angeordnet worden ist; im Falle der Vollstreckung aus einem öffentlich-rechtlichen Vertrag die Angabe, dass sich der Schuldner in dem Vertrag wirksam der sofortigen Vollstreckung unterworfen hat und die sonstigen Voraussetzungen der Vollstreckung aus dem Vertrag vorliegen,

5. die Bezeichnung der Person, gegen die sich die Vollstreckung richten soll,

6. im Falle der Beitreibung die Angabe, wann der Schuldner gemahnt worden ist oder aus welchem Grund die Mahnung unterblieben ist. Treten Umstände ein, die die Einstellung, Beschränkung oder Aufhebung der Vollstreckung notwendig machen, ist die Vollstreckungsbehörde unverzüglich zu unterrichten. Die Sätze 1 und 2 gelten in den Fällen des Absatzes 1 Satz 1 Nr. 1 entsprechend.

(4) Vollstreckt die Vollstreckungsbehörde zu Gunsten einer anderen Körperschaft, Anstalt oder Stiftung des öffentlichen Rechts oder einer beliehenen natürlichen oder juristischen Person, hat diese die uneinbringlichen Vollstreckungskosten zu erstatten.

(5) [1]Die Vollstreckungsbehörde entnimmt bei der Beitreibung die Gebühren und Auslagen der Vollstreckung aus den beigetriebenen und eingezahlten Geldern. [2]Reicht der Erlös einer Vollstreckung oder die Zahlung zur Deckung der beizutreibenden Forderung nicht aus, sind zunächst die in Ansatz gebrachten Gebühren und Auslagen der Vollstreckung, dann die Gebühren und Auslagen der Mahnung, dann die Nebenforderungen und dann die Hauptforderung zu decken, soweit nicht für die Reihenfolge der Anrechnung anderweitige Bestimmungen maßgebend sind.

§ 5 Vollstreckungsauftrag

(1) [1]Der mit der Vollstreckung beauftragte Bedienstete der Vollstreckungsbehörde (Vollstreckungsbediensteter) wird dem Vollstreckungsschuldner und Dritten gegenüber durch schriftlichen Auftrag der Vollstreckungsbehörde zur Vollstreckung ermächtigt. [2]Der Vollstreckungsbedienstete hat auf Verlangen den Vollstreckungsauftrag vorzuzeigen und sich auszuweisen.

(2) Der Vollstreckungsauftrag muss mindestens enthalten:

1. die Bezeichnung und das Dienstsiegel der Vollstreckungsbehörde, den Namen und die Unterschrift des den Vollstreckungsauftrag erteilenden Bediensteten und den Namen des mit der Vollstreckung beauftragten Bediensteten; bei einem Vollstreckungsauftrag, der mit Hilfe automatischer Einrichtungen erstellt wurde, kann die Unterschrift fehlen,

2. die Bezeichnung des zu vollstreckenden Verwaltungsaktes unter Angabe der erlassenden Behörde, des Datums und des Aktenzeichens,

3. die Bestätigung, dass der Verwaltungsakt nach § 2 vollstreckbar ist; im Falle der Vollstreckung aus einem öffentlich-rechtlichen Vertrag die Bestätigung, dass sich der Schuldner in dem Vertrag wirksam der sofortigen Vollstreckung unterworfen hat und die sonstigen Voraussetzungen der Vollstreckung aus dem Vertrag vorliegen,

4. die Bezeichnung der Person, gegen die sich die Vollstreckung richten soll.

§ 6 Betreten und Durchsuchen

(1) [1]Der Vollstreckungsbedienstete ist befugt, das Besitztum des Vollstreckungsschuldners zu betreten und zu durchsuchen, soweit der Zweck der Vollstreckung dies erfordert. [2]Er kann dabei verschlossene Räume und Behältnisse öffnen oder öffnen lassen.

(2) [1]Wohnungen, Geschäfts- und Betriebsräume und sonstiges befriedetes Besitztum kann er ohne Einwilligung des Vollstreckungsschuldners nur auf Anordnung des Amtsgerichts, in dessen Bezirk die Durchsuchung erfolgen soll, durchsuchen. [2]Eine Anordnung des Amtsgerichts ist nicht erforderlich, wenn die dadurch eintretende Verzögerung den Zweck der Vollstreckung gefährden würde.

(3) Willigt der Vollstreckungsschuldner in die Durchsuchung ein oder ist eine Anordnung gegen ihn nach Absatz 2 Satz 1 ergangen oder nach Absatz 2 Satz 2 entbehrlich, so haben Personen, die Mitgewahrsam an der Wohnung des Schuldners haben, die Durchsuchung zu dulden.

§ 7 Widerstand gegen Vollstreckungshandlungen

[1]Der Vollstreckungsbedienstete ist bei Widerstand gegen eine Vollstreckungshandlung befugt, einfache körperliche Gewalt anzuwenden. [2]Er kann eine Polizeidienststelle um Unterstützung ersuchen.

§ 8 Zuziehung von Zeugen

Ist bei einer Vollstreckungshandlung in den Räumen des Vollstreckungsschuldners weder dieser noch eine zu seinem Haushalt oder Geschäftsbetrieb gehörende Person anwesend, so hat der Vollstreckungsbedienstete eine erwachsene Person als Zeugen zuzuziehen.

§ 9 Vollstreckung zur Nachtzeit und an Sonn- und Feiertagen

(1) [1]Zur Nachtzeit sowie an Sonntagen und gesetzlichen Feiertagen darf der Vollstreckungsbedienstete nur mit schriftlicher oder elektronischer Erlaubnis der Vollstreckungsbehörde vollstrecken. [2]Die Erlaubnis darf nur erteilt werden, soweit der Zweck der Vollstreckung dies erfordert. [3]Sie ist auf Verlangen vorzuzeigen.

(2) Die Nachtzeit umfasst die Stunden von 22.00 Uhr bis 6.00 Uhr.

§ 10 Niederschrift

(1) Der Vollstreckungsbedienstete hat über jede Vollstreckungshandlung, die nicht schriftlich vorgenommen wird, eine Niederschrift aufzunehmen.

(2) Die Niederschrift soll enthalten:
1. die Bezeichnung der Vollstreckungsbehörde und des zu vollstreckenden Verwaltungsaktes,
2. Ort und Zeit der Niederschrift,
3. die Vollstreckungshandlung,
4. die Namen der Personen, mit denen verhandelt wurde,
5. die Namen der als Zeugen zugezogenen Personen,
6. eine kurze Darstellung der wesentlichen Vorgänge,
7. die Namen der an der Vollstreckung beteiligten Bediensteten,
8. die Unterschrift des die Vollstreckung leitenden Bediensteten.

(3) War der Vollstreckungsschuldner bei der Vollstreckungshandlung nicht anwesend, so hat ihm die Vollstreckungsbehörde eine Abschrift der Niederschrift zuzusenden.

§ 11 Wegfall der aufschiebenden Wirkung

[1]Rechtsbehelfe gegen Maßnahmen der Verwaltungsvollstreckung haben keine aufschiebende Wirkung. [2]§ 80 Abs. 4 bis 8 der Verwaltungsgerichtsordnung gilt entsprechend.

Zweiter Teil
Vollstreckung von Leistungsbescheiden

§ 12 Art und Umfang der Vollstreckung

(1) Leistungsbescheide werden durch Beitreibung vollstreckt.

(2) Mit der Hauptforderung können beigetrieben werden:
1. die Kosten der Mahnung und der Vollstreckung,
2. Zinsen, Säumniszuschläge und andere Nebenforderungen, wenn der Vollstreckungsschuldner auf die Verpflichtung zur Leistung der Nebenforderungen zuvor schriftlich hingewiesen worden ist.

§ 13 Fälligkeit, Mahnung

(1) Die Beitreibung ist nur zulässig, soweit die beizutreibende Forderung fällig ist.

(2) Vor der Beitreibung ist der Schuldner von der Behörde, die den Verwaltungsakt erlassen hat, durch verschlossenes Schreiben zu mahnen.

(3) Bei regelmäßig wiederkehrenden Geldleistungen kann die Mahnung durch ortsübliche Bekanntmachung erfolgen.

(4) In der Mahnung ist für die Zahlung eine Frist von mindestens einer Woche zu bestimmen.

(5) Einer Mahnung bedarf es nicht, wenn dadurch der Zweck der Vollstreckung gefährdet würde oder wenn Zwangsgeld, Kosten der Vollstreckung sowie Nebenforderungen beigetrieben werden sollen.

§ 14 Beitreibung durch Vollstreckung in bewegliche Sachen

(1) [1]Die Beitreibung kann im Wege der Vollstreckung in bewegliche Sachen erfolgen. [2]Hierfür gelten §§ 281 bis 283, § 285 Abs. 1, §§ 286, 292 bis 308 AO entsprechend mit der Maßgabe, dass an die Stelle des Vollziehungsbeamten der Vollstreckungsbedienstete tritt.

(2) [1]Die Vollstreckungsbehörden können die Gerichtsvollzieher um Beitreibung durch Vollstreckung in bewegliche Sachen ersuchen; dies gilt auch für inländische Vollstreckungsbehörden, die diesem Gesetz nicht unterliegen. [2]Wird die Beitreibung durch Gerichtsvollzieher durchgeführt, gelten die

Vorschriften des Achten Buches der Zivilprozessordnung entsprechend mit der Maßgabe, dass an die Stelle der vollstreckbaren Ausfertigung des Schuldtitels das schriftliche Vollstreckungsersuchen der Vollstreckungsbehörde tritt und eine Zustellung des Vollstreckungsersuchens nicht erforderlich ist. [3]Für das Vollstreckungsersuchen gilt § 4 Abs. 3 entsprechend.

§ 15 Beitreibung durch Vollstreckung in sonstige Vermögensgegenstände

(1) Erfolgt die Beitreibung durch Vollstreckung in sonstige Vermögensgegenstände, so gelten folgende Vorschriften der Abgabenordnung entsprechend:

1. §§ 281 bis 283 für die Vollstreckung in das bewegliche Vermögen im allgemeinen;
2. §§ 309 bis 314, § 315 Abs. 1 und Abs. 2 Satz 1, §§ 316 bis 321 für die Vollstreckung in Forderungen und andere Vermögensrechte;
3. §§ 322 und 323 für die Vollstreckung in das unbewegliche Vermögen.

(2) Die Vollstreckungsbehörde kann die Pfändungs- und die Einziehungsverfügung auch dann selbst erlassen und durch die Post zustellen, wenn der Vollstreckungsschuldner oder der Drittschuldner außerhalb des Freistaates Sachsen, jedoch im Inland seinen Wohnsitz, Sitz oder gewöhnlichen Aufenthaltsort hat, sofern das dort geltende Landesrecht dies zulässt.

(3) Vollstreckungsbehörden im Inland, die diesem Gesetz nicht unterliegen, können gegen Vollstreckungsschuldner und Drittschuldner, die ihren Wohnsitz, Sitz oder gewöhnlichen Aufenthalt im Freistaat Sachsen haben, selbst Pfändungs- und Einziehungsverfügungen erlassen und durch die Post zustellen.

§ 16 Sonstige Vorschriften für die Beitreibung

Im Übrigen gelten für die Beitreibung § 251 Abs. 2 Satz 2, §§ 258, 260, 262 bis 264, 266, 267, 324 bis 327 AO entsprechend.

§ 17 Vermögensauskunft

(1) [1]Der Vollstreckungsschuldner hat dem Gerichtsvollzieher eine Vermögensauskunft nach § 802c der Zivilprozessordnung zu erteilen, wenn die Vollstreckungsbehörde dem Gerichtsvollzieher ein schriftliches Vollstreckungsersuchen übergeben und ihm einen Auftrag nach § 802a Abs. 2 Satz 1 Nr. 2 der Zivilprozessordnung erteilt hat. [2]Für das Vollstreckungsersuchen gilt § 4 Abs. 3 entsprechend.

(2) [1]Hat die Vollstreckungsbehörde den Gerichtsvollzieher um die Vornahme der Pfändung beim Vollstreckungsschuldner ersucht und hat

1. der Vollstreckungsschuldner die Durchsuchung verweigert oder
2. die Pfändung nicht zu einer vollständigen Befriedigung des Gläubigers geführt,

kann der Gerichtsvollzieher dem Vollstreckungsschuldner die Vermögensauskunft auf Antrag der Vollstreckungsbehörde abweichend von § 802f Abs. 1 bis 4 der Zivilprozessordnung sofort abnehmen. [2]§ 802f Abs. 5 und 6 sowie § 807 Abs. 2 der Zivilprozessordnung finden entsprechende Anwendung.

(3) Für die Handlungen nach den Absätzen 1 und 2 gelten die §§ 802c bis 802i, 802k, 802l und 807 sowie 882b bis 882e der Zivilprozessordnung entsprechend.

(4) [1]Gegen die Ablehnung des Auftrags zur Abnahme der Vermögensauskunft durch den Gerichtsvollzieher kann die Vollstreckungsbehörde die Erinnerung nach § 766 der Zivilprozessordnung einlegen; das gilt ebenso, wenn der Vollstreckungsschuldner die Verpflichtung zur Abgabe der Vermögensauskunft nach Absatz 1 bestritten hat. [2]Erlässt das Gericht den Haftbefehl gegen den Schuldner nach § 802g Abs. 1 Satz 1 der Zivilprozessordnung nicht, ist dagegen die sofortige Beschwerde entsprechend § 793 der Zivilprozessordnung gegeben.

(5) [1]Die Landkreise, Kreisfreien Städte und Gemeinden können, anstatt den Auftrag nach Absatz 1 Satz 1 an den Gerichtsvollzieher zu erteilen, verlangen, dass der Vollstreckungsschuldner die Auskunft über sein Vermögen ihnen gegenüber erteilt. [2]Die Vermögensauskunft des Vollstreckungsschuldners gegenüber den in Satz 1 genannten Körperschaften erfolgt in entsprechender Anwendung des § 284 AO. [3]Für die Versicherung an Eides statt nach § 284 Abs. 3 Satz 1 AO gilt § 27 Abs. 2 des Verwaltungsverfahrensgesetzes (VwVfG) in der Fassung der Bekanntmachung vom 23. Januar 2003 (BGBl. I S. 102), das zuletzt durch Artikel 3 des Gesetzes vom 25. Juli 2013 (BGBl. I S. 2749, 2753) geändert worden ist, in der jeweils geltenden Fassung, in Verbindung mit § 1 Satz 1 des Gesetzes zur Regelung des Verwaltungsverfahrens- und des Verwaltungszustellungsrechts für den Freistaat Sachsen (SächsVwVfZG) vom 19. Mai 2010 (SächsGVBl. S. 142), das durch Artikel 3 des Gesetzes vom 12.

Juli 2013 (SächsGVBl. S. 503, 553), geändert worden ist, in der jeweils geltenden Fassung, entsprechend.

§ 18 Beitreibung gegen juristische Personen des öffentlichen Rechts

(1) Die Beitreibung bedarf der Zulassung durch

1. die Staatsregierung, wenn sie sich gegen eine oberste Landesbehörde richtet,

2. die zuständige oberste Landesbehörde, wenn sie sich gegen eine andere Behörde des Freistaates Sachsen richtet,

3. die Aufsichtsbehörde, wenn sie sich gegen eine der Aufsicht des Freistaates Sachsen unterstehende Körperschaft, Anstalt oder Stiftung des öffentlichen Rechts richtet; dies gilt nicht für öffentlich-rechtliche Unternehmen, die am Wettbewerb teilnehmen.

(2) Die Zulassung hat zu erfolgen, soweit es sich nicht um Vermögensgegenstände handelt, die für die Erfüllung von Pflichtaufgaben des Schuldners unentbehrlich sind oder deren Veräußerung ein überwiegendes öffentliches Interesse entgegensteht.

(3) In der Zulassungsverfügung sind der Zeitpunkt der Beitreibung und die Vermögensgegenstände, in die vollstreckt werden darf, zu bestimmen.

Dritter Teil
Vollstreckung sonstiger Verwaltungsakte

1. Abschnitt
Allgemeine Vorschriften

§ 19 Zwangsmittel

(1) Verwaltungsakte, die zu einer sonstigen Handlung, einer Duldung oder einer Unterlassung verpflichten, werden mit Zwangsmitteln vollstreckt.

(2) Zwangsmittel sind

1. Zwangsgeld und Zwangshaft,

2. Ersatzvornahme und Fiktion der Abgabe einer Erklärung,

3. unmittelbarer Zwang einschließlich Zwangsräumung und Wegnahme.

(3) Kommen mehrere Zwangsmittel in Betracht, so hat die Vollstreckungsbehörde dasjenige Zwangsmittel anzuwenden, das den Vollstreckungsschuldner und die Allgemeinheit voraussichtlich am wenigsten beeinträchtigt.

(4) Durch die Anwendung eines Zwangsmittels darf kein Nachteil herbeigeführt werden, der erkennbar außer Verhältnis zum Zweck der Vollstreckung steht.

(5) [1]Zwangsmittel dürfen wiederholt und solange angewandt werden, bis der Verwaltungsakt vollzogen oder auf andere Weise erledigt ist. [2]Zur Erzwingung einer Duldung oder Unterlassung dürfen Zwangsmittel nicht mehr angewandt werden, wenn eine weitere Zuwiderhandlung nicht mehr zu befürchten ist.

§ 20 Androhung

(1) [1]Zwangsmittel sind vor ihrer Anwendung von der Vollstreckungsbehörde schriftlich anzudrohen. [2]Dem Vollstreckungsschuldner ist in der Androhung zur Erfüllung der Verpflichtung eine angemessene Frist zu bestimmen. [3]Eine Frist braucht nicht bestimmt zu werden, wenn eine Duldung oder Unterlassung erzwungen werden soll.

(2) Die Androhung kann mit dem Verwaltungsakt, der vollstreckt werden soll, verbunden werden.

(3) [1]Die Androhung muss sich auf bestimmte Zwangsmittel beziehen. [2]Werden mehrere Zwangsmittel angedroht, ist anzugeben, in welcher Reihenfolge sie angewandt werden sollen.

(4) Zwangsgeld ist in bestimmter Höhe anzudrohen.

(5) Wird Ersatzvornahme angedroht, so sind in der Androhung die voraussichtlichen Kosten anzugeben.

§ 21 Vollstreckung bei Gefahr im Verzug

Von § 3 Abs. 3, §§ 5, 8, 9 und 20 Abs. 1 kann abgewichen werden, soweit dies zur Verhinderung einer unmittelbar bevorstehenden Störung der öffentlichen Sicherheit oder zur Beseitigung einer bereits eingetretenen Störung erforderlich ist.

2. *Abschnitt*
Die einzelnen Zwangsmittel

§ 22 Zwangsgeld
(1) Die Höhe des Zwangsgeldes beträgt mindestens 5 EUR und höchstens 25 000 EUR.
(2) Das Zwangsgeld ist vor der Beitreibung schriftlich festzusetzen.

§ 23 Zwangshaft
(1) [1]Ist das Zwangsgeld uneinbringlich, so kann das Amtsgericht auf Antrag der Vollstreckungsbehörde nach Anhörung des Vollstreckungsschuldners einen Haftbefehl erlassen, wenn bei der Androhung des Zwangsgeldes oder nachträglich auf die Zulässigkeit der Zwangshaft hingewiesen worden ist. [2]In dem Haftbefehl sind der Gläubiger, der Schuldner und der Grund der Verhaftung zu bezeichnen.
(2) Die Zwangshaft beträgt mindestens einen Tag und höchstens zwei Wochen.
(3) [1]Die Zwangshaft ist auf Antrag der Vollstreckungsbehörde von der Justizverwaltung zu vollstrecken. [2]§ 802g Abs. 2 sowie die §§ 802h und 802j Abs. 2 der Zivilprozessordnung gelten entsprechend.

§ 24 Ersatzvornahme
(1) [1]Wird die Verpflichtung, eine Handlung vorzunehmen, deren Vornahme durch einen anderen möglich ist (vertretbare Handlung), nicht erfüllt, so kann die Vollstreckungsbehörde auf Kosten des Vollstreckungsschuldners einen anderen mit der Vornahme der Handlung beauftragen oder die Handlung selbst vornehmen. [2]Der Vollstreckungsschuldner sowie Personen, die Mitgewahrsam an den Räumen und beweglichen Sachen des Vollstreckungsschuldners haben, sind zur Duldung der Ersatzvornahme verpflichtet.
(2) Die Vollstreckungsbehörde kann vom Vollstreckungsschuldner die Vorauszahlung der voraussichtlichen Kosten der Ersatzvornahme verlangen.
(3) [1]Die Kosten der Ersatzvornahme und die Vorauszahlung werden von der Vollstreckungsbehörde durch Leistungsbescheid festgesetzt. [2]Der Leistungsbescheid ist sofort vollziehbar.
(4) [1]Die Kosten sind innerhalb von zwei Wochen nach Zustellung des Leistungsbescheides zu zahlen. [2]Von diesem Zeitpunkt an sind die Kosten der Ersatzvornahme zu verzinsen. [3]Die Vorauszahlung ist zu verzinsen, soweit sie die tatsächlichen Kosten der Ersatzvornahme übersteigt. [4]Der Zinssatz beträgt fünf Prozentpunkte über dem jeweiligen Basiszinssatz nach § 247 des Bürgerlichen Gesetzbuches (BGB). [5]Änderungen des Basiszinssatzes nach § 247 BGB sind für die Verzinsung ab dem Tag wirksam, an dem die Deutsche Bundesbank die Änderung im Bundesanzeiger bekannt gemacht hat. [6]Neben den Zinsen werden keine Säumniszuschläge erhoben.

§ 24a Fiktion der Abgabe einer Erklärung
(1) [1]Ist jemand durch einen Verwaltungsakt verpflichtet, eine bestimmte Erklärung abzugeben, so gilt die Erklärung als abgegeben, sobald der Verwaltungsakt unanfechtbar geworden ist. [2]Voraussetzung ist, dass
1. der Inhalt der Erklärung in dem Verwaltungsakt festgelegt worden ist,
2. der Vollstreckungsschuldner in dem Verwaltungsakt auf die Bestimmung des Satzes 1 hingewiesen worden ist und
3. er im Zeitpunkt des Eintritts der Unanfechtbarkeit des Verwaltungsaktes die Erklärung rechtswirksam abgeben kann.
(2) [1]Die Behörde, die den Verwaltungsakt erlassen hat, teilt den Beteiligten mit, in welchem Zeitpunkt der Verwaltungsakt unanfechtbar geworden ist. [2]Sie ist berechtigt, die zur Wirksamkeit der Erklärung erforderlichen Genehmigungen und Zustimmungen einzuholen und Anträge auf Eintragung in öffentliche Bücher und Register zu stellen. [3]Bedarf die Behörde dazu einer Urkunde, die dem Betroffenen auf Antrag von einer anderen Behörde oder einem Notar zu erteilen ist, so kann sie die Erteilung anstelle des Betroffenen verlangen.

§ 25 Unmittelbarer Zwang
(1) [1]Unmittelbarer Zwang ist jede Einwirkung auf Personen oder Sachen durch einfache körperliche Gewalt sowie durch Waffengebrauch oder andere Hilfsmittel der körperlichen Gewalt. [2]Waffengebrauch ist nur zulässig, soweit dies durch Gesetz ausdrücklich gestattet ist.
(2) Unmittelbarer Zwang darf nur angewandt werden, wenn Zwangsgeld und Ersatzvornahme nicht zum Erfolg geführt haben oder deren Anwendung untunlich ist.

(3) [1]Gegenüber Personen darf unmittelbarer Zwang nur angewandt werden, wenn der Zweck der Vollstreckung durch unmittelbaren Zwang gegen Sachen nicht erreichbar erscheint. [2]Das angewandte Mittel muss nach Art und Maß dem Alter und dem Zustand der Personen angemessen sein.

§ 26 Zwangsräumung

(1) [1]Hat der Vollstreckungsschuldner eine unbewegliche Sache, einen Raum oder ein Schiff zu räumen, zu überlassen oder herauszugeben, so können er und die Personen, die zu seinem Haushalt oder Geschäftsbetrieb gehören, aus dem Besitz gesetzt werden. [2]Der Zeitpunkt der Zwangsräumung soll dem Vollstreckungsschuldner angemessene Zeit vorher mitgeteilt werden.

(2) Bewegliche Sachen, die nicht Gegenstand der Vollstreckung sind, werden dem Vollstreckungsschuldner oder, wenn dieser nicht anwesend ist, seinem Vertreter oder einer zu seinem Haushalt oder Geschäftsbetrieb gehörenden erwachsenen Person übergeben.

(3) [1]Weigert sich der Empfangsberechtigte nach Absatz 2, die Sachen in Empfang zu nehmen, sind sie zu verwahren. [2]Der Vollstreckungsschuldner ist aufzufordern, die Sachen binnen einer bestimmen Frist abzuholen. [3]Kommt er der Aufforderung nicht nach, so kann die Vollstreckungsbehörde die Sachen verwerten. [4]§§ 296 bis 300 AO gelten entsprechend. [5]Unverwertbare Sachen kann die Vollstreckungsbehörde auf Kosten des Vollstreckungsschuldners vernichten, wenn sie ihn auf diese Möglichkeit hingewiesen hat.

§ 27 Wegnahme

(1) Hat der Vollstreckungsschuldner eine bewegliche Sache herauszugeben oder vorzulegen, so kann der Vollstreckungsbedienstete sie ihm wegnehmen.

(2) [1]Wird die Sache beim Vollstreckungsschuldner nicht vorgefunden, so hat er über ihren Verbleib Auskunft zu geben oder auf Ersuchen der Vollstreckungsbehörde gegenüber dem Gerichtsvollzieher zu Protokoll an Eides statt zu versichern, dass er die Sache nicht in seinem Besitz habe und er nicht wisse, wo die Sache sich befinde. [2]Der Gerichtsvollzieher kann eine der Sachlage entsprechende Änderung der eidesstattlichen Versicherung beschließen.

(3) [1]Dem Auftrag der Vollstreckungsbehörde ist eine beglaubigte Abschrift des zu vollstreckenden Verwaltungsakts beizufügen. [2]Für das Verfahren gelten § 802c Abs. 3 und § 802e der Zivilprozessordnung entsprechend. [3]Die Vorschriften der §§ 802g und 802h der Zivilprozessordnung finden entsprechende Anwendung für den Fall, dass der Vollstreckungsschuldner sich weigert, die Versicherung an Eides statt nach Absatz 2 Satz 1 zu leisten.

Vierter Teil
Schlussvorschriften

§ 28 Einschränkung von Grundrechten

Durch Maßnahmen aufgrund dieses Gesetzes können das Recht auf körperliche Unversehrtheit (Artikel 2 Abs. 2 Satz 1 des Grundgesetzes und Artikel 16 Abs. 1 Satz 1 der Verfassung des Freistaates Sachsen), die Freiheit der Person (Artikel 2 Abs. 2 Satz 2 des Grundgesetzes und Artikel 16 Abs. 1 Satz 2 der Verfassung des Freistaates Sachsen) und die Unverletzlichkeit der Wohnung (Artikel 13 des Grundgesetzes und Artikel 30 der Verfassung des Freistaates Sachsen) eingeschränkt werden.

§ 29 Übergangsregelungen

[1]Ändert sich aufgrund des Gesetzes zur Neuordnung der Sächsischen Verwaltung (Sächsisches Verwaltungsneuordnungsgesetz – SächsVwNG) vom 29. Januar 2008 (SächsGVBl. S. 138) die Zuständigkeit der Erlassbehörde, bevor das Vollstreckungsverfahren einschließlich des außergerichtlichen Rechtsbehelfsverfahrens abgeschlossen ist, ist § 4 Abs. 1 Satz 1 mit der Maßgabe anzuwenden, dass die ab dem Inkrafttreten des Sächsischen Verwaltungsneuordnungsgesetzes zuständige Behörde als Erlassbehörde gilt. [2]Das Vollstreckungsverfahren ist von der nach Satz 1 zuständigen Vollstreckungsbehörde fortzuführen. Ausgenommen sind die Verfahren, in denen bereits ein Vollstreckungsauftrag gemäß § 5 an ein Finanzamt erteilt wurde.

§ 30 (In-Kraft-Treten)

Gesetz zur Regelung des Verwaltungsverfahrens- und des Verwaltungszustellungsrechts für den Freistaat Sachsen (SächsVwVfZG)[1]

Vom 19. Mai 2010 (SächsGVBl. S. 142)
(BS Sachsen 210-6)
zuletzt geändert durch Art. 3 G zur Änd. wasserrechtlicher Vorschriften vom 12. Juli 2013
(SächsGVBl. S. 503)

Teil 1
Verwaltungsverfahren

§ 1 Anwendungsbereich
[1]Für die öffentlich-rechtliche Verwaltungstätigkeit der Behörden des Freistaates Sachsen und der seiner Aufsicht unterstehenden Körperschaften, Anstalten und Stiftungen des öffentlichen Rechts gilt das Verwaltungsverfahrensgesetz (VwVfG) in der Fassung der Bekanntmachung vom 23. Januar 2003 (BGBl. I S. 102), zuletzt geändert durch Artikel 2 Abs. 1 des Gesetzes vom 14. August 2009 (BGBl. I S. 2827, 2839), in der jeweils geltenden Fassung entsprechend, soweit nichts Abweichendes geregelt ist. [2]§ 61 Abs. 2 Satz 2 und 3 VwVfG gilt auch, wenn Vertragsschließender eine Behörde im Sinne des Satzes 1 ist.

§ 2 Ausnahmen vom Anwendungsbereich
(1) Für die Tätigkeit der Schulen, Hochschulen, Volkshochschulen und der Staatlichen Studienakademien der Berufsakademie Sachsen ist bei Versetzungs- und anderen Entscheidungen, die auf einer Leistungsbeurteilung beruhen, § 2 Abs. 3 Nr. 2 VwVfG entsprechend anwendbar.

(2) Für Berufungsverfahren im Hochschulbereich und an den Staatlichen Studienakademien der Berufsakademie Sachsen sind die §§ 28 und 39 VwVfG nicht anzuwenden.

(3) Für die Tätigkeit des Mitteldeutschen Rundfunks gilt das Verwaltungsverfahrensgesetz nicht.

§ 3 Verjährung
(1) [1]Die Verjährung von Ansprüchen, die sich aus landesrechtlichen Vorschriften ergeben, unterliegt den Vorschriften des Bürgerlichen Gesetzbuches in der jeweils geltenden Fassung, sofern nichts Abweichendes geregelt ist. [2]§ 1 bleibt unberührt.

(2) Artikel 229 § 6 des Einführungsgesetzes zum Bürgerlichen Gesetzbuche in der Fassung der Bekanntmachung vom 21. September 1994 (BGBl. I S. 2494, 1997 I S. 1061), das zuletzt durch Artikel 4 Abs. 9 des Gesetzes vom 11. August 2009 (BGBl. I S. 2713, 2721) geändert worden ist, findet in der jeweils geltenden Fassung entsprechende Anwendung, sofern nichts Abweichendes geregelt ist.

(3) Für die durch das Gesetz zur Anpassung landesrechtlicher Verjährungsvorschriften vom 8. Dezember 2008 (SächsGVBl. S. 940) im

1. Sächsischen Gesetz über die Presse (SächsPresseG) vom 3. April 1992 (SächsGVBl. S. 125), zuletzt geändert durch Artikel 1 des Gesetzes vom 13. August 2009 (SächsGVBl. S. 438),
2. Polizeigesetz des Freistaates Sachsen (SächsPolG) in der Fassung der Bekanntmachung vom 13. August 1999 (SächsGVBl. S. 466), zuletzt geändert durch Artikel 4 des Gesetzes vom 8. Dezember 2008 (SächsGVBl. S. 940, 941),
3. Sächsischen Gesetz über die Hilfen und die Unterbringung bei psychischen Krankheiten (SächsPsychKG) in der Fassung der Bekanntmachung vom 10. Oktober 2007 (SächsGVBl. S. 422), zuletzt geändert durch Artikel 5 des Gesetzes vom 8. Dezember 2008 (SächsGVBl. S. 940, 941),
4. Sächsischen Wassergesetz (SächsWG) vom 12. Juli 2013 (SächsGVBl. S. 503),

geänderten Vorschriften findet Artikel 229 § 6 des Einführungsgesetzes zum Bürgerlichen Gesetzbuche mit der Maßgabe entsprechende Anwendung, dass an die Stelle des 1. Januar 2002 der 1. Januar 2009 und an die Stelle des 31. Dezember 2001 der 31. Dezember 2008 tritt.

---

1) Verkündet als Art. 1 G zur Regelung des Verwaltungsverfahrens- und des Verwaltungszustellungsrechts für den Freistaat Sachsen und zur Änderung anderer Gesetze v. 19.5.2010 (SächsGVBl. S. 142); Inkraftteten gem. Art. 3 dieses G am 5.6.2010.

§ 4 Anwendungsbereich

(1) Für das Zustellungsverfahren der Behörden des Freistaates Sachsen und der seiner Aufsicht unterstehenden Körperschaften, Anstalten und Stiftungen des öffentlichen Rechts gilt das Verwaltungszustellungsgesetz (VwZG) vom 12. August 2005 (BGBl. I S. 2354), zuletzt geändert durch Artikel 9a des Gesetzes vom 11. Dezember 2008 (BGBl. I S. 2418, 2422), in der jeweils geltenden Fassung entsprechend, soweit nichts Abweichendes geregelt ist.

(2) [1]Absatz 1 gilt nicht für Zustellungen der Gerichte bei der Erledigung von Verwaltungsangelegenheiten, die nach den Vorschriften erfolgen, die sie bei ihrer rechtsprechenden Tätigkeit anwenden. [2]Satz 1 gilt entsprechend für Staatsanwaltschaften.

Verwaltungsverfahrensgesetz (VwVfG)[1]

In der Fassung der Bekanntmachung vom 23. Januar 2003[2] (BGBl. I S. 102)
(FNA 201-6)

zuletzt geändert durch Art. 5 Abs. 25 G zur Einführung einer Karte für Unionsbürger und Angehörige des Europäischen Wirtschaftsraums mit Funktion zum elektronischen Identitätsnachweis sowie zur Änd. des PersonalausweisG und weiterer Vorschriften[3] vom 21. Juni 2019 (BGBl. I S. 846, geänd. S. 1626)

Inhaltsübersicht

---

1) Die Änderung durch G v. 21.6.2019 (BGBl. I S. 846, geänd. durch BGBl. I S. 1626) tritt erst **mWv 1.11.2020** in Kraft und ist im Text noch nicht berücksichtigt.
2) Neubekanntmachung des VwVfG idF der Bek. v. 21.9.1998 (BGBl. I S. 3050) in der ab 1.2.2003 geltenden Fassung.
3) **Amtl. Anm.:** Notifiziert gemäß der Richtlinie (EU) 2015/1535 des Europäischen Parlaments und des Rates vom 9. September 2015 über ein Informationsverfahren auf dem Gebiet der technischen Vorschriften und der Vorschriften für die Dienste der Informationsgesellschaft (ABl. L 241 vom 17.9.2015, S. 1).

Teil I
Anwendungsbereich, örtliche Zuständigkeit, elektronische Kommunikation, Amtshilfe, europäische Verwaltungszusammenarbeit

Abschnitt 1
Anwendungsbereich, örtliche Zuständigkeit, elektronische Kommunikation

§ 1 Anwendungsbereich

(1) Dieses Gesetz gilt für die öffentlich-rechtliche Verwaltungstätigkeit der Behörden

1. des Bundes, der bundesunmittelbaren Körperschaften, Anstalten und Stiftungen des öffentlichen Rechts,

2. der Länder, der Gemeinden und Gemeindeverbände, der sonstigen der Aufsicht des Landes unterstehenden juristischen Personen des öffentlichen Rechts, wenn sie Bundesrecht im Auftrag des Bundes ausführen,

soweit nicht Rechtsvorschriften des Bundes inhaltsgleiche oder entgegenstehende Bestimmungen enthalten.

(2) ¹Dieses Gesetz gilt auch für die öffentlich-rechtliche Verwaltungstätigkeit der in Absatz 1 Nr. 2 bezeichneten Behörden, wenn die Länder Bundesrecht, das Gegenstände der ausschließlichen oder konkurrierenden Gesetzgebung des Bundes betrifft, als eigene Angelegenheit ausführen, soweit nicht Rechtsvorschriften des Bundes inhaltsgleiche oder entgegenstehende Bestimmungen enthalten. ²Für die Ausführung von Bundesgesetzen, die nach Inkrafttreten dieses Gesetzes erlassen werden, gilt dies nur, soweit die Bundesgesetze mit Zustimmung des Bundesrates dieses Gesetz für anwendbar erklären.

(3) Für die Ausführung von Bundesrecht durch die Länder gilt dieses Gesetz nicht, soweit die öffentlich-rechtliche Verwaltungstätigkeit der Behörden landesrechtlich durch ein Verwaltungsverfahrensgesetz geregelt ist.

(4) Behörde im Sinne dieses Gesetzes ist jede Stelle, die Aufgaben der öffentlichen Verwaltung wahrnimmt.

§ 2 Ausnahmen vom Anwendungsbereich

(1) Dieses Gesetz gilt nicht für die Tätigkeit der Kirchen, der Religionsgesellschaften und Weltanschauungsgemeinschaften sowie ihrer Verbände und Einrichtungen.

(2) Dieses Gesetz gilt ferner nicht für

1. Verfahren der Bundes- oder Landesfinanzbehörden nach der Abgabenordnung,

2. die Strafverfolgung, die Verfolgung und Ahndung von Ordnungswidrigkeiten, die Rechtshilfe für das Ausland in Straf- und Zivilsachen und, unbeschadet des § 80 Abs. 4, für Maßnahmen des Richterdienstrechts,

3. Verfahren vor dem Deutschen Patent- und Markenamt und den bei diesem errichteten Schiedsstellen,

4. Verfahren nach dem Sozialgesetzbuch,

5. das Recht des Lastenausgleichs,

6. das Recht der Wiedergutmachung.

(3) Für die Tätigkeit

1. der Gerichtsverwaltungen und der Behörden der Justizverwaltung einschließlich der ihrer Aufsicht unterliegenden Körperschaften des öffentlichen Rechts gilt dieses Gesetz nur, soweit die Tätigkeit der Nachprüfung durch die Gerichte der Verwaltungsgerichtsbarkeit oder durch die in verwaltungsrechtlichen Anwalts-, Patentanwalts- und Notarsachen zuständigen Gerichte unterliegt;

2. der Behörden bei Leistungs-, Eignungs- und ähnlichen Prüfungen von Personen gelten nur die §§ 3a bis 13, 20 bis 27, 29 bis 38, 40 bis 52, 79, 80 und 96;
3. der Vertretungen des Bundes im Ausland gilt dieses Gesetz nicht.

§ 3 Örtliche Zuständigkeit

(1) Örtlich zuständig ist

1. in Angelegenheiten, die sich auf unbewegliches Vermögen oder ein ortsgebundenes Recht oder Rechtsverhältnis beziehen, die Behörde, in deren Bezirk das Vermögen oder der Ort liegt;
2. in Angelegenheiten, die sich auf den Betrieb eines Unternehmens oder einer seiner Betriebsstätten, auf die Ausübung eines Berufs oder auf eine andere dauernde Tätigkeit beziehen, die Behörde, in deren Bezirk das Unternehmen oder die Betriebsstätte betrieben oder der Beruf oder die Tätigkeit ausgeübt wird oder werden soll;
3. in anderen Angelegenheiten, die
   a) eine natürliche Person betreffen, die Behörde, in deren Bezirk die natürliche Person ihren gewöhnlichen Aufenthalt hat oder zuletzt hatte,
   b) eine juristische Person oder eine Vereinigung betreffen, die Behörde, in deren Bezirk die juristische Person oder die Vereinigung ihren Sitz hat oder zuletzt hatte;
4. in Angelegenheiten, bei denen sich die Zuständigkeit nicht aus den Nummern 1 bis 3 ergibt, die Behörde, in deren Bezirk der Anlass für die Amtshandlung hervortritt.

(2) [1]Sind nach Absatz 1 mehrere Behörden zuständig, so entscheidet die Behörde, die zuerst mit der Sache befasst worden ist, es sei denn, die gemeinsame fachlich zuständige Aufsichtsbehörde bestimmt, dass eine andere örtlich zuständige Behörde zu entscheiden hat. [2]Sie kann in den Fällen, in denen eine gleiche Angelegenheit sich auf mehrere Betriebsstätten eines Betriebs oder Unternehmens bezieht, eine der nach Absatz 1 Nr. 2 zuständigen Behörden als gemeinsame zuständige Behörde bestimmen, wenn dies unter Wahrung der Interessen der Beteiligten zur einheitlichen Entscheidung geboten ist. [3]Diese Aufsichtsbehörde entscheidet ferner über die örtliche Zuständigkeit, wenn sich mehrere Behörden für zuständig oder für unzuständig halten oder wenn die Zuständigkeit aus anderen Gründen zweifelhaft ist. [4]Fehlt eine gemeinsame Aufsichtsbehörde, so treffen die fachlich zuständigen Aufsichtsbehörden die Entscheidung gemeinsam.

(3) Ändern sich im Lauf des Verwaltungsverfahrens die die Zuständigkeit begründenden Umstände, so kann die bisher zuständige Behörde das Verwaltungsverfahren fortführen, wenn dies unter Wahrung der Interessen der Beteiligten der einfachen und zweckmäßigen Durchführung des Verfahrens dient und die nunmehr zuständige Behörde zustimmt.

(4) [1]Bei Gefahr im Verzug ist für unaufschiebbare Maßnahmen jede Behörde örtlich zuständig, in deren Bezirk der Anlass für die Amtshandlung hervortritt. [2]Die nach Absatz 1 Nr. 1 bis 3 örtlich zuständige Behörde ist unverzüglich zu unterrichten.

§ 3a Elektronische Kommunikation

(1) Die Übermittlung elektronischer Dokumente ist zulässig, soweit der Empfänger hierfür einen Zugang eröffnet.

(2) [1]Eine durch Rechtsvorschrift angeordnete Schriftform kann, soweit nicht durch Rechtsvorschrift etwas anderes bestimmt ist, durch die elektronische Form ersetzt werden. [2]Der elektronischen Form genügt ein elektronisches Dokument, das mit einer qualifizierten elektronischen Signatur versehen ist. [3]Die Signierung mit einem Pseudonym, das die Identifizierung der Person des Signaturschlüsselinhabers nicht unmittelbar durch die Behörde ermöglicht, ist nicht zulässig. [4]Die Schriftform kann auch ersetzt werden

1. durch unmittelbare Abgabe der Erklärung in einem elektronischen Formular, das von der Behörde in einem Eingabegerät oder über öffentlich zugängliche Netze zur Verfügung gestellt wird;
2. [1)] bei Anträgen und Anzeigen durch Versendung eines elektronischen Dokuments an die Behörde mit der Versandart nach § 5 Absatz 5 des De-Mail-Gesetzes;
3. [1)] bei elektronischen Verwaltungsakten oder sonstigen elektronischen Dokumenten der Behörden durch Versendung einer De-Mail-Nachricht nach § 5 Absatz 5 des De-Mail-Gesetzes, bei der die Bestätigung des akkreditierten Diensteanbieters die erlassende Behörde als Nutzer des De-Mail-Kontos erkennen lässt;

---

1) § 3a Abs. 2 Satz 4 Nr. 2 und 3 sind mWv 1.7.2014 gem. Art. 31 Abs. 2 des G v. 25.7.2013 (BGBl. I S. 2749) in Kraft getreten.

4. durch sonstige sichere Verfahren, die durch Rechtsverordnung der Bundesregierung mit Zustimmung des Bundesrates festgelegt werden, welche den Datenübermittler (Absender der Daten) authentifizieren und die Integrität des elektronisch übermittelten Datensatzes sowie die Barrierefreiheit gewährleisten; der IT-Planungsrat gibt Empfehlungen zu geeigneten Verfahren ab.

[5]In den Fällen des Satzes 4 Nummer 1 muss bei einer Eingabe über öffentlich zugängliche Netze ein sicherer Identitätsnachweis nach § 18 des Personalausweisgesetzes oder nach § 78 Absatz 5 des Aufenthaltsgesetzes erfolgen.

(3) [1]Ist ein der Behörde übermitteltes elektronisches Dokument für sie zur Bearbeitung nicht geeignet, teilt sie dies dem Absender unter Angabe der für sie geltenden technischen Rahmenbedingungen unverzüglich mit. [2]Macht ein Empfänger geltend, er könne das von der Behörde übermittelte elektronische Dokument nicht bearbeiten, hat sie es ihm erneut in einem geeigneten elektronischen Format oder als Schriftstück zu übermitteln.

Abschnitt 2
Amtshilfe

§ 4 Amtshilfepflicht
(1) Jede Behörde leistet anderen Behörden auf Ersuchen ergänzende Hilfe (Amtshilfe).
(2) Amtshilfe liegt nicht vor, wenn
1. Behörden einander innerhalb eines bestehenden Weisungsverhältnisses Hilfe leisten;
2. die Hilfeleistung in Handlungen besteht, die der ersuchten Behörde als eigene Aufgabe obliegen.

§ 5 Voraussetzungen und Grenzen der Amtshilfe
(1) Eine Behörde kann um Amtshilfe insbesondere dann ersuchen, wenn sie
1. aus rechtlichen Gründen die Amtshandlung nicht selbst vornehmen kann;
2. aus tatsächlichen Gründen, besonders weil die zur Vornahme der Amtshandlung erforderlichen Dienstkräfte oder Einrichtungen fehlen, die Amtshandlung nicht selbst vornehmen kann;
3. zur Durchführung ihrer Aufgaben auf die Kenntnis von Tatsachen angewiesen ist, die ihr unbekannt sind und die sie selbst nicht ermitteln kann;
4. zur Durchführung ihrer Aufgaben Urkunden oder sonstige Beweismittel benötigt, die sich im Besitz der ersuchten Behörde befinden;
5. die Amtshandlung nur mit wesentlich größerem Aufwand vornehmen könnte als die ersuchte Behörde.

(2) [1]Die ersuchte Behörde darf Hilfe nicht leisten, wenn
1. sie hierzu aus rechtlichen Gründen nicht in der Lage ist;
2. durch die Hilfeleistung dem Wohl des Bundes oder eines Landes erhebliche Nachteile bereitet würden.

[2]Die ersuchte Behörde ist insbesondere zur Vorlage von Urkunden oder Akten sowie zur Erteilung von Auskünften nicht verpflichtet, wenn die Vorgänge nach einem Gesetz oder ihrem Wesen nach geheim gehalten werden müssen.

(3) Die ersuchte Behörde braucht Hilfe nicht zu leisten, wenn
1. eine andere Behörde die Hilfe wesentlich einfacher oder mit wesentlich geringerem Aufwand leisten kann;
2. sie die Hilfe nur mit unverhältnismäßig großem Aufwand leisten könnte;
3. sie unter Berücksichtigung der Aufgaben der ersuchenden Behörde durch die Hilfeleistung die Erfüllung ihrer eigenen Aufgaben ernstlich gefährden würde.

(4) Die ersuchte Behörde darf die Hilfe nicht deshalb verweigern, weil sie das Ersuchen aus anderen als den in Absatz 3 genannten Gründen oder weil sie die mit der Amtshilfe zu verwirklichende Maßnahme für unzweckmäßig hält.

(5) [1]Hält die ersuchte Behörde sich zur Hilfe nicht für verpflichtet, so teilt sie der ersuchenden Behörde ihre Auffassung mit. [2]Besteht diese auf der Amtshilfe, so entscheidet über die Verpflichtung zur Amtshilfe die gemeinsame fachlich zuständige Aufsichtsbehörde oder, sofern eine solche nicht besteht, die für die ersuchte Behörde fachlich zuständige Aufsichtsbehörde.

§ 6 Auswahl der Behörde

Kommen für die Amtshilfe mehrere Behörden in Betracht, so soll nach Möglichkeit eine Behörde der untersten Verwaltungsstufe des Verwaltungszweigs ersucht werden, dem die ersuchende Behörde angehört.

§ 7 Durchführung der Amtshilfe

(1) Die Zulässigkeit der Maßnahme, die durch die Amtshilfe verwirklicht werden soll, richtet sich nach dem für die ersuchende Behörde, die Durchführung der Amtshilfe nach dem für die ersuchte Behörde geltenden Recht.

(2) [1]Die ersuchende Behörde trägt gegenüber der ersuchten Behörde die Verantwortung für die Rechtmäßigkeit der zu treffenden Maßnahme. [2]Die ersuchte Behörde ist für die Durchführung der Amtshilfe verantwortlich.

§ 8 Kosten der Amtshilfe

(1) [1]Die ersuchende Behörde hat der ersuchten Behörde für die Amtshilfe keine Verwaltungsgebühr zu entrichten. [2]Auslagen hat sie der ersuchten Behörde auf Anforderung zu erstatten, wenn sie im Einzelfall 35 Euro übersteigen. [3]Leisten Behörden desselben Rechtsträgers einander Amtshilfe, so werden die Auslagen nicht erstattet.

(2) Nimmt die ersuchte Behörde zur Durchführung der Amtshilfe eine kostenpflichtige Amtshandlung vor, so stehen ihr die von einem Dritten hierfür geschuldeten Kosten (Verwaltungsgebühren, Benutzungsgebühren und Auslagen) zu.

Abschnitt 3
Europäische Verwaltungszusammenarbeit

§ 8a Grundsätze der Hilfeleistung

(1) Jede Behörde leistet Behörden anderer Mitgliedstaaten der Europäischen Union auf Ersuchen Hilfe, soweit dies nach Maßgabe von Rechtsakten der Europäischen Gemeinschaft geboten ist.

(2) [1]Behörden anderer Mitgliedstaaten der Europäischen Union können um Hilfe ersucht werden, soweit dies nach Maßgabe von Rechtsakten der Europäischen Gemeinschaft zugelassen ist. [2]Um Hilfe ist zu ersuchen, soweit dies nach Maßgabe von Rechtsakten der Europäischen Gemeinschaft geboten ist.

(3) Die §§ 5, 7 und 8 Absatz 2 sind entsprechend anzuwenden, soweit Rechtsakte der Europäischen Gemeinschaft nicht entgegenstehen.

§ 8b Form und Behandlung der Ersuchen

(1) [1]Ersuchen sind in deutscher Sprache an Behörden anderer Mitgliedstaaten der Europäischen Union zu richten; soweit erforderlich, ist eine Übersetzung beizufügen. [2]Die Ersuchen sind gemäß den gemeinschaftsrechtlichen Vorgaben und unter Angabe des maßgeblichen Rechtsakts zu begründen.

(2) [1]Ersuchen von Behörden anderer Mitgliedstaaten der Europäischen Union dürfen nur erledigt werden, wenn sich ihr Inhalt in deutscher Sprache aus den Akten ergibt. [2]Soweit erforderlich, soll bei Ersuchen in einer anderen Sprache von der ersuchenden Behörde eine Übersetzung verlangt werden.

(3) Ersuchen von Behörden anderer Mitgliedstaaten der Europäischen Union können abgelehnt werden, wenn sie nicht ordnungsgemäß und unter Angabe des maßgeblichen Rechtsakts begründet sind und die erforderliche Begründung nach Aufforderung nicht nachgereicht wird.

(4) [1]Einrichtungen und Hilfsmittel der Kommission zur Behandlung von Ersuchen sollen genutzt werden. [2]Informationen sollen elektronisch übermittelt werden.

§ 8c Kosten der Hilfeleistung

Ersuchende Behörden anderer Mitgliedstaaten der Europäischen Union haben Verwaltungsgebühren oder Auslagen nur zu erstatten, soweit dies nach Maßgabe von Rechtsakten der Europäischen Gemeinschaft verlangt werden kann.

§ 8d Mitteilungen von Amts wegen

(1) [1]Die zuständige Behörde teilt den Behörden anderer Mitgliedstaaten der Europäischen Union und der Kommission Angaben über Sachverhalte und Personen mit, soweit dies nach Maßgabe von Rechtsakten der Europäischen Gemeinschaft geboten ist. [2]Dabei sollen die hierzu eingerichteten Informationsnetze genutzt werden.

(2) Übermittelt eine Behörde Angaben nach Absatz 1 an die Behörde eines anderen Mitgliedstaats der Europäischen Union, unterrichtet sie den Betroffenen über die Tatsache der Übermittlung, soweit Rechtsakte der Europäischen Gemeinschaft dies vorsehen; dabei ist auf die Art der Angaben sowie auf die Zweckbestimmung und die Rechtsgrundlage der Übermittlung hinzuweisen.

§ 8e Anwendbarkeit
[1]Die Regelungen dieses Abschnitts sind mit Inkrafttreten des jeweiligen Rechtsaktes der Europäischen Gemeinschaft, wenn dieser unmittelbare Wirkung entfaltet, im Übrigen mit Ablauf der jeweiligen Umsetzungsfrist anzuwenden. [2]Sie gelten auch im Verhältnis zu den anderen Vertragsstaaten des Abkommens über den Europäischen Wirtschaftsraum, soweit Rechtsakte der Europäischen Gemeinschaft auch auf diese Staaten anzuwenden sind.

Teil II
Allgemeine Vorschriften über das Verwaltungsverfahren

Abschnitt 1
Verfahrensgrundsätze

§ 9 Begriff des Verwaltungsverfahrens
Das Verwaltungsverfahren im Sinne dieses Gesetzes ist die nach außen wirkende Tätigkeit der Behörden, die auf die Prüfung der Voraussetzungen, die Vorbereitung und den Erlass eines Verwaltungsaktes oder auf den Abschluss eines öffentlich-rechtlichen Vertrags gerichtet ist; es schließt den Erlass des Verwaltungsaktes oder den Abschluss des öffentlich-rechtlichen Vertrags ein.

§ 10 Nichtförmlichkeit des Verwaltungsverfahrens
[1]Das Verwaltungsverfahren ist an bestimmte Formen nicht gebunden, soweit keine besonderen Rechtsvorschriften für die Form des Verfahrens bestehen. [2]Es ist einfach, zweckmäßig und zügig durchzuführen.

§ 11 Beteiligungsfähigkeit
Fähig, am Verfahren beteiligt zu sein, sind
1. natürliche und juristische Personen,
2. Vereinigungen, soweit ihnen ein Recht zustehen kann,
3. Behörden.

§ 12 Handlungsfähigkeit
(1) Fähig zur Vornahme von Verfahrenshandlungen sind
1. natürliche Personen, die nach bürgerlichem Recht geschäftsfähig sind,
2. natürliche Personen, die nach bürgerlichem Recht in der Geschäftsfähigkeit beschränkt sind, soweit sie für den Gegenstand des Verfahrens durch Vorschriften des bürgerlichen Rechts als geschäftsfähig oder durch Vorschriften des öffentlichen Rechts als handlungsfähig anerkannt sind,
3. juristische Personen und Vereinigungen (§ 11 Nr. 2) durch ihre gesetzlichen Vertreter oder durch besonders Beauftragte,
4. Behörden durch ihre Leiter, deren Vertreter oder Beauftragte.
(2) Betrifft ein Einwilligungsvorbehalt nach § 1903 des Bürgerlichen Gesetzbuchs den Gegenstand des Verfahrens, so ist ein geschäftsfähiger Betreuter nur insoweit zur Vornahme von Verfahrenshandlungen fähig, als er nach den Vorschriften des bürgerlichen Rechts ohne Einwilligung des Betreuers handeln kann oder durch Vorschriften des öffentlichen Rechts als handlungsfähig anerkannt ist.
(3) Die §§ 53 und 55 der Zivilprozessordnung gelten entsprechend.

§ 13 Beteiligte
(1) Beteiligte sind
1. Antragsteller und Antragsgegner,
2. diejenigen, an die die Behörde den Verwaltungsakt richten will oder gerichtet hat,
3. diejenigen, mit denen die Behörde einen öffentlich-rechtlichen Vertrag schließen will oder geschlossen hat,
4. diejenigen, die nach Absatz 2 von der Behörde zu dem Verfahren hinzugezogen worden sind.

(2) [1]Die Behörde kann von Amts wegen oder auf Antrag diejenigen, deren rechtliche Interessen durch den Ausgang des Verfahrens berührt werden können, als Beteiligte hinzuziehen. [2]Hat der Ausgang des Verfahrens rechtsgestaltende Wirkung für einen Dritten, so ist dieser auf Antrag als Beteiligter zu dem Verfahren hinzuzuziehen; soweit er der Behörde bekannt ist, hat diese ihn von der Einleitung des Verfahrens zu benachrichtigen.

(3) Wer anzuhören ist, ohne dass die Voraussetzungen des Absatzes 1 vorliegen, wird dadurch nicht Beteiligter.

§ 14 Bevollmächtigte und Beistände

(1) [1]Ein Beteiligter kann sich durch einen Bevollmächtigten vertreten lassen. [2]Die Vollmacht ermächtigt zu allen das Verwaltungsverfahren betreffenden Verfahrenshandlungen, sofern sich aus ihrem Inhalt nicht etwas anderes ergibt. [3]Der Bevollmächtigte hat auf Verlangen seine Vollmacht schriftlich nachzuweisen. [4]Ein Widerruf der Vollmacht wird der Behörde gegenüber erst wirksam, wenn er ihr zugeht.

(2) Die Vollmacht wird weder durch den Tod des Vollmachtgebers noch durch eine Veränderung in seiner Handlungsfähigkeit oder seiner gesetzlichen Vertretung aufgehoben; der Bevollmächtigte hat jedoch, wenn er für den Rechtsnachfolger im Verwaltungsverfahren auftritt, dessen Vollmacht auf Verlangen schriftlich beizubringen.

(3) [1]Ist für das Verfahren ein Bevollmächtigter bestellt, so soll sich die Behörde an ihn wenden. [2]Sie kann sich an den Beteiligten selbst wenden, soweit er zur Mitwirkung verpflichtet ist. [3]Wendet sich die Behörde an den Beteiligten, so soll der Bevollmächtigte verständigt werden. [4]Vorschriften über die Zustellung an Bevollmächtigte bleiben unberührt.

(4) [1]Ein Beteiligter kann zu Verhandlungen und Besprechungen mit einem Beistand erscheinen. [2]Das von dem Beistand Vorgetragene gilt als von dem Beteiligten vorgebracht, soweit dieser nicht unverzüglich widerspricht.

(5) Bevollmächtigte und Beistände sind zurückzuweisen, wenn sie entgegen § 3 des Rechtsdienstleistungsgesetzes Rechtsdienstleistungen erbringen.

(6) [1]Bevollmächtigte und Beistände können vom Vortrag zurückgewiesen werden, wenn sie hierzu ungeeignet sind; vom mündlichen Vortrag können sie nur zurückgewiesen werden, wenn sie zum sachgemäßen Vortrag nicht fähig sind. [2]Nicht zurückgewiesen werden können Personen, die nach § 67 Abs. 2 Satz 1 und 2 Nr. 3 bis 7 der Verwaltungsgerichtsordnung zur Vertretung im verwaltungsgerichtlichen Verfahren befugt sind.

(7) [1]Die Zurückweisung nach den Absätzen 5 und 6 ist auch dem Beteiligten, dessen Bevollmächtigter oder Beistand zurückgewiesen wird, mitzuteilen. [2]Verfahrenshandlungen des zurückgewiesenen Bevollmächtigten oder Beistands, die dieser nach der Zurückweisung vornimmt, sind unwirksam.

§ 15 Bestellung eines Empfangsbevollmächtigten

[1]Ein Beteiligter ohne Wohnsitz oder gewöhnlichen Aufenthalt, Sitz oder Geschäftsleitung im Inland hat der Behörde auf Verlangen innerhalb einer angemessenen Frist einen Empfangsbevollmächtigten im Inland zu benennen. [2]Unterlässt er dies, gilt ein an ihn gerichtetes Schriftstück am siebenten Tage nach der Aufgabe zur Post und ein elektronisch übermitteltes Dokument am dritten Tage nach der Absendung als zugegangen. [3]Dies gilt nicht, wenn feststeht, dass das Dokument den Empfänger nicht oder zu einem späteren Zeitpunkt erreicht hat. [4]Auf die Rechtsfolgen der Unterlassung ist der Beteiligte hinzuweisen.

§ 16 Bestellung eines Vertreters von Amts wegen

(1) Ist ein Vertreter nicht vorhanden, so hat das Betreuungsgericht, für einen minderjährigen Beteiligten das Familiengericht auf Ersuchen der Behörde einen geeigneten Vertreter zu bestellen

1. für einen Beteiligten, dessen Person unbekannt ist;
2. für einen abwesenden Beteiligten, dessen Aufenthalt unbekannt ist oder der an der Besorgung seiner Angelegenheiten verhindert ist;
3. für einen Beteiligten ohne Aufenthalt im Inland, wenn er der Aufforderung der Behörde, einen Vertreter zu bestellen, innerhalb der ihm gesetzten Frist nicht nachgekommen ist;
4. für einen Beteiligten, der infolge einer psychischen Krankheit oder körperlichen, geistigen oder seelischen Behinderung nicht in der Lage ist, in dem Verwaltungsverfahren selbst tätig zu werden;

5. bei herrenlosen Sachen, auf die sich das Verfahren bezieht, zur Wahrung der sich in Bezug auf die Sache ergebenden Rechte und Pflichten.

(2) Für die Bestellung des Vertreters ist in den Fällen des Absatzes 1 Nr. 4 das Gericht zuständig, in dessen Bezirk der Beteiligte seinen gewöhnlichen Aufenthalt hat; im Übrigen ist das Gericht zuständig, in dessen Bezirk die ersuchende Behörde ihren Sitz hat.

(3) ¹Der Vertreter hat gegen den Rechtsträger der Behörde, die um seine Bestellung ersucht hat, Anspruch auf eine angemessene Vergütung und auf die Erstattung seiner baren Auslagen. ²Die Behörde kann von dem Vertretenen Ersatz ihrer Aufwendungen verlangen. ³Sie bestimmt die Vergütung und stellt die Auslagen und Aufwendungen fest.

(4) Im Übrigen gelten für die Bestellung und für das Amt des Vertreters in den Fällen des Absatzes 1 Nr. 4 die Vorschriften über die Betreuung, in den übrigen Fällen die Vorschriften über die Pflegschaft entsprechend.

§ 17 Vertreter bei gleichförmigen Eingaben

(1) ¹Bei Anträgen und Eingaben, die in einem Verwaltungsverfahren von mehr als 50 Personen auf Unterschriftslisten unterzeichnet oder in Form vervielfältigter gleich lautender Texte eingereicht worden sind (gleichförmige Eingaben), gilt für das Verfahren derjenige Unterzeichner als Vertreter der übrigen Unterzeichner, der darin mit seinem Namen, seinem Beruf und seiner Anschrift als Vertreter bezeichnet ist, soweit er nicht von ihnen als Bevollmächtigter bestellt worden ist. ²Vertreter kann nur eine natürliche Person sein.

(2) ¹Die Behörde kann gleichförmige Eingaben, die die Angaben nach Absatz 1 Satz 1 nicht deutlich sichtbar auf jeder mit einer Unterschrift versehenen Seite enthalten oder dem Erfordernis des Absatzes 1 Satz 2 nicht entsprechen, unberücksichtigt lassen. ²Will die Behörde so verfahren, so hat sie dies durch ortsübliche Bekanntmachung mitzuteilen. ³Die Behörde kann ferner gleichförmige Eingaben insoweit unberücksichtigt lassen, als Unterzeichner ihren Namen oder ihre Anschrift nicht oder unleserlich angegeben haben.

(3) ¹Die Vertretungsmacht erlischt, sobald der Vertreter oder der Vertretene dies der Behörde schriftlich erklärt; der Vertreter kann eine solche Erklärung nur hinsichtlich aller Vertretenen abgeben. ²Gibt der Vertretene eine solche Erklärung ab, so soll er der Behörde zugleich mitteilen, ob er seine Eingabe aufrechterhält und ob er einen Bevollmächtigten bestellt hat.

(4) ¹Endet die Vertretungsmacht des Vertreters, so kann die Behörde die nicht mehr Vertretenen auffordern, innerhalb einer angemessenen Frist einen gemeinsamen Vertreter zu bestellen. ²Sind mehr als 50 Personen aufzufordern, so kann die Behörde die Aufforderung ortsüblich bekannt machen. ³Wird der Aufforderung nicht fristgemäß entsprochen, so kann die Behörde von Amts wegen einen gemeinsamen Vertreter bestellen.

§ 18 Vertreter für Beteiligte bei gleichem Interesse

(1) ¹Sind an einem Verwaltungsverfahren mehr als 50 Personen im gleichen Interesse beteiligt, ohne vertreten zu sein, so kann die Behörde sie auffordern, innerhalb einer angemessenen Frist einen gemeinsamen Vertreter zu bestellen, wenn sonst die ordnungsmäßige Durchführung des Verwaltungsverfahrens beeinträchtigt wäre. ²Kommen sie der Aufforderung nicht fristgemäß nach, so kann die Behörde von Amts wegen einen gemeinsamen Vertreter bestellen. ³Vertreter kann nur eine natürliche Person sein.

(2) ¹Die Vertretungsmacht erlischt, sobald der Vertreter oder der Vertretene dies der Behörde schriftlich erklärt; der Vertreter kann eine solche Erklärung nur hinsichtlich aller Vertretenen abgeben. ²Gibt der Vertretene eine solche Erklärung ab, so soll er der Behörde zugleich mitteilen, ob er seine Eingabe aufrechterhält und ob er einen Bevollmächtigten bestellt hat.

§ 19 Gemeinsame Vorschriften für Vertreter bei gleichförmigen Eingaben und bei gleichem Interesse

(1) ¹Der Vertreter hat die Interessen der Vertretenen sorgfältig wahrzunehmen. ²Er kann alle das Verwaltungsverfahren betreffenden Verfahrenshandlungen vornehmen. ³An Weisungen ist er nicht gebunden.

(2) § 14 Abs. 5 bis 7 gilt entsprechend.

(3) ¹Der von der Behörde bestellte Vertreter hat gegen deren Rechtsträger Anspruch auf angemessene Vergütung und auf Erstattung seiner baren Auslagen. ²Die Behörde kann von den Vertretenen zu

gleichen Anteilen Ersatz ihrer Aufwendungen verlangen. ³Sie bestimmt die Vergütung und stellt die Auslagen und Aufwendungen fest.

§ 20 Ausgeschlossene Personen

(1) ¹In einem Verwaltungsverfahren darf für eine Behörde nicht tätig werden,

1. wer selbst Beteiligter ist;
2. wer Angehöriger eines Beteiligten ist;
3. wer einen Beteiligten kraft Gesetzes oder Vollmacht allgemein oder in diesem Verwaltungsverfahren vertritt;
4. wer Angehöriger einer Person ist, die einen Beteiligten in diesem Verfahren vertritt;
5. wer bei einem Beteiligten gegen Entgelt beschäftigt ist oder bei ihm als Mitglied des Vorstands, des Aufsichtsrates oder eines gleichartigen Organs tätig ist; dies gilt nicht für den, dessen Anstellungskörperschaft Beteiligte ist;
6. wer außerhalb seiner amtlichen Eigenschaft in der Angelegenheit ein Gutachten abgegeben hat oder sonst tätig geworden ist.

²Dem Beteiligten steht gleich, wer durch die Tätigkeit oder durch die Entscheidung einen unmittelbaren Vorteil oder Nachteil erlangen kann. ³Dies gilt nicht, wenn der Vor- oder Nachteil nur darauf beruht, dass jemand einer Berufs- oder Bevölkerungsgruppe angehört, deren gemeinsame Interessen durch die Angelegenheit berührt werden.

(2) Absatz 1 gilt nicht für Wahlen zu einer ehrenamtlichen Tätigkeit und für die Abberufung von ehrenamtlich Tätigen.

(3) Wer nach Absatz 1 ausgeschlossen ist, darf bei Gefahr im Verzug unaufschiebbare Maßnahmen treffen.

(4) ¹Hält sich ein Mitglied eines Ausschusses (§ 88) für ausgeschlossen oder bestehen Zweifel, ob die Voraussetzungen des Absatzes 1 gegeben sind, ist dies dem Vorsitzenden des Ausschusses mitzuteilen. ²Der Ausschuss entscheidet über den Ausschluss. ³Der Betroffene darf an dieser Entscheidung nicht mitwirken. ⁴Das ausgeschlossene Mitglied darf bei der weiteren Beratung und Beschlussfassung nicht zugegen sein.

(5) ¹Angehörige im Sinne des Absatzes 1 Nr. 2 und 4 sind:

1. der Verlobte,
2. der Ehegatte,
2a. der Lebenspartner,
3. Verwandte und Verschwägerte gerader Linie,
4. Geschwister,
5. Kinder der Geschwister,
6. Ehegatten der Geschwister und Geschwister der Ehegatten,
6a. Lebenspartner der Geschwister und Geschwister der Lebenspartner,
7. Geschwister der Eltern,
8. Personen, die durch ein auf längere Dauer angelegtes Pflegeverhältnis mit häuslicher Gemeinschaft wie Eltern und Kind miteinander verbunden sind (Pflegeeltern und Pflegekinder).

²Angehörige sind die in Satz 1 aufgeführten Personen auch dann, wenn

1. in den Fällen der Nummern 2, 3 und 6 die die Beziehung begründende Ehe nicht mehr besteht;
1a. in den Fällen der Nummern 2a, 3 und 6a die die Beziehung begründende Lebenspartnerschaft nicht mehr besteht;
2. in den Fällen der Nummern 3 bis 7 die Verwandtschaft oder Schwägerschaft durch Annahme als Kind erloschen ist;
3. im Falle der Nummer 8 die häusliche Gemeinschaft nicht mehr besteht, sofern die Personen weiterhin wie Eltern und Kind miteinander verbunden sind.

§ 21 Besorgnis der Befangenheit

(1) ¹Liegt ein Grund vor, der geeignet ist, Misstrauen gegen eine unparteiische Amtsausübung zu rechtfertigen, oder wird von einem Beteiligten das Vorliegen eines solchen Grundes behauptet, so hat, wer in einem Verwaltungsverfahren für eine Behörde tätig werden soll, den Leiter der Behörde oder den von diesem Beauftragten zu unterrichten und sich auf dessen Anordnung der Mitwirkung zu ent-

halten. [2]Betrifft die Besorgnis der Befangenheit den Leiter der Behörde, so trifft diese Anordnung die Aufsichtsbehörde, sofern sich der Behördenleiter nicht selbst einer Mitwirkung enthält.

(2) Für Mitglieder eines Ausschusses (§ 88) gilt § 20 Abs. 4 entsprechend.

§ 22 Beginn des Verfahrens

[1]Die Behörde entscheidet nach pflichtgemäßem Ermessen, ob und wann sie ein Verwaltungsverfahren durchführt. [2]Dies gilt nicht, wenn die Behörde auf Grund von Rechtsvorschriften

1.   von Amts wegen oder auf Antrag tätig werden muss;
2.   nur auf Antrag tätig werden darf und ein Antrag nicht vorliegt.

§ 23 Amtssprache

(1) Die Amtssprache ist deutsch.

(2) [1]Werden bei einer Behörde in einer fremden Sprache Anträge gestellt oder Eingaben, Belege, Urkunden oder sonstige Dokumente vorgelegt, soll die Behörde unverzüglich die Vorlage einer Übersetzung verlangen. [2]In begründeten Fällen kann die Vorlage einer beglaubigten oder von einem öffentlich bestellten oder beeidigten Dolmetscher oder Übersetzer angefertigten Übersetzung verlangt werden. [3]Wird die verlangte Übersetzung nicht unverzüglich vorgelegt, so kann die Behörde auf Kosten des Beteiligten selbst eine Übersetzung beschaffen. [4]Hat die Behörde Dolmetscher oder Übersetzer herangezogen, erhalten diese in entsprechender Anwendung des Justizvergütungs- und -entschädigungsgesetzes eine Vergütung.

(3) Soll durch eine Anzeige, einen Antrag oder die Abgabe einer Willenserklärung eine Frist in Lauf gesetzt werden, innerhalb deren die Behörde in einer bestimmten Weise tätig werden muss, und gehen diese in einer fremden Sprache ein, so beginnt der Lauf der Frist erst mit dem Zeitpunkt, in dem der Behörde eine Übersetzung vorliegt.

(4) [1]Soll durch eine Anzeige, einen Antrag oder eine Willenserklärung, die in fremder Sprache eingehen, zugunsten eines Beteiligten eine Frist gegenüber der Behörde gewahrt, ein öffentlich-rechtlicher Anspruch geltend gemacht oder eine Leistung begehrt werden, so gelten die Anzeige, der Antrag oder die Willenserklärung als zum Zeitpunkt des Eingangs bei der Behörde abgegeben, wenn auf Verlangen der Behörde innerhalb einer von dieser zu setzenden angemessenen Frist eine Übersetzung vorgelegt wird. [2]Andernfalls ist der Zeitpunkt des Eingangs der Übersetzung maßgebend, soweit sich nicht aus zwischenstaatlichen Vereinbarungen etwas anderes ergibt. [3]Auf diese Rechtsfolge ist bei der Fristsetzung hinzuweisen.

§ 24 Untersuchungsgrundsatz

(1) [1]Die Behörde ermittelt den Sachverhalt von Amts wegen. [2]Sie bestimmt Art und Umfang der Ermittlungen; an das Vorbringen und an die Beweisanträge der Beteiligten ist sie nicht gebunden. [3]Setzt die Behörde automatische Einrichtungen zum Erlass von Verwaltungsakten ein, muss sie für den Einzelfall bedeutsame tatsächliche Angaben des Beteiligten berücksichtigen, die im automatischen Verfahren nicht ermittelt würden.

(2) Die Behörde hat alle für den Einzelfall bedeutsamen, auch die für die Beteiligten günstigen Umstände zu berücksichtigen.

(3) Die Behörde darf die Entgegennahme von Erklärungen oder Anträgen, die in ihren Zuständigkeitsbereich fallen, nicht deshalb verweigern, weil sie die Erklärung oder den Antrag in der Sache für unzulässig oder unbegründet hält.

§ 25 Beratung, Auskunft, frühe Öffentlichkeitsbeteiligung

(1) [1]Die Behörde soll die Abgabe von Erklärungen, die Stellung von Anträgen oder die Berichtigung von Erklärungen oder Anträgen anregen, wenn diese offensichtlich nur versehentlich oder aus Unkenntnis unterblieben oder unrichtig abgegeben oder gestellt worden sind. [2]Sie erteilt, soweit erforderlich, Auskunft über die den Beteiligten im Verwaltungsverfahren zustehenden Rechte und die ihnen obliegenden Pflichten.

(2) [1]Die Behörde erörtert, soweit erforderlich, bereits vor Stellung eines Antrags mit dem zukünftigen Antragsteller, welche Nachweise und Unterlagen von ihm zu erbringen sind und in welcher Weise das Verfahren beschleunigt werden kann. [2]Soweit es der Verfahrensbeschleunigung dient, soll sie dem Antragsteller nach Eingang des Antrags unverzüglich Auskunft über die voraussichtliche Verfahrensdauer und die Vollständigkeit der Antragsunterlagen geben.

(3) ¹Die Behörde wirkt darauf hin, dass der Träger bei der Planung von Vorhaben, die nicht nur unwesentliche Auswirkungen auf die Belange einer größeren Zahl von Dritten haben können, die betroffene Öffentlichkeit frühzeitig über die Ziele des Vorhabens, die Mittel, es zu verwirklichen, und die voraussichtlichen Auswirkungen des Vorhabens unterrichtet (frühe Öffentlichkeitsbeteiligung). ²Die frühe Öffentlichkeitsbeteiligung soll möglichst bereits vor Stellung eines Antrags stattfinden. ³Der betroffenen Öffentlichkeit soll Gelegenheit zur Äußerung und zur Erörterung gegeben werden. ⁴Das Ergebnis der vor Antragstellung durchgeführten frühen Öffentlichkeitsbeteiligung soll der betroffenen Öffentlichkeit und der Behörde spätestens mit der Antragstellung, im Übrigen unverzüglich mitgeteilt werden. ⁵Satz 1 gilt nicht, soweit die betroffene Öffentlichkeit bereits nach anderen Rechtsvorschriften vor der Antragstellung zu beteiligen ist. ⁶Beteiligungsrechte nach anderen Rechtsvorschriften bleiben unberührt.

§ 26 Beweismittel

(1) ¹Die Behörde bedient sich der Beweismittel, die sie nach pflichtgemäßem Ermessen zur Ermittlung des Sachverhalts für erforderlich hält. ²Sie kann insbesondere
1. Auskünfte jeder Art einholen,
2. Beteiligte anhören, Zeugen und Sachverständige vernehmen oder die schriftliche oder elektronische Äußerung von Beteiligten, Sachverständigen und Zeugen einholen,
3. Urkunden und Akten beiziehen,
4. den Augenschein einnehmen.

(2) ¹Die Beteiligten sollen bei der Ermittlung des Sachverhalts mitwirken. ²Sie sollen insbesondere ihnen bekannte Tatsachen und Beweismittel angeben. ³Eine weitergehende Pflicht, bei der Ermittlung des Sachverhalts mitzuwirken, insbesondere eine Pflicht zum persönlichen Erscheinen oder zur Aussage, besteht nur, soweit sie durch Rechtsvorschrift besonders vorgesehen ist.

(3) ¹Für Zeugen und Sachverständige besteht eine Pflicht zur Aussage oder zur Erstattung von Gutachten, wenn sie durch Rechtsvorschrift vorgesehen ist. ²Falls die Behörde Zeugen und Sachverständige herangezogen hat, erhalten sie auf Antrag in entsprechender Anwendung des Justizvergütungs- und -entschädigungsgesetzes eine Entschädigung oder Vergütung.

§ 27 Versicherung an Eides statt

(1) ¹Die Behörde darf bei der Ermittlung des Sachverhalts eine Versicherung an Eides statt nur verlangen und abnehmen, wenn die Abnahme der Versicherung über den betreffenden Gegenstand und in dem betreffenden Verfahren durch Gesetz oder Rechtsverordnung vorgesehen und die Behörde durch Rechtsvorschrift für zuständig erklärt worden ist. ²Eine Versicherung an Eides statt soll nur gefordert werden, wenn andere Mittel zur Erforschung der Wahrheit nicht vorhanden sind, zu keinem Ergebnis geführt haben oder einen unverhältnismäßigen Aufwand erfordern. ³Von eidesunfähigen Personen im Sinne des § 393 der Zivilprozessordnung darf eine eidesstattliche Versicherung nicht verlangt werden.

(2) ¹Wird die Versicherung an Eides statt von einer Behörde zur Niederschrift aufgenommen, so sind zur Aufnahme nur der Behördenleiter, sein allgemeiner Vertreter sowie Angehörige des öffentlichen Dienstes befugt, welche die Befähigung zum Richteramt haben oder die Voraussetzungen des § 110 Satz 1 des Deutschen Richtergesetzes erfüllen. ²Andere Angehörige des öffentlichen Dienstes kann der Behördenleiter oder sein allgemeiner Vertreter hierzu allgemein oder im Einzelfall schriftlich ermächtigen.

(3) ¹Die Versicherung besteht darin, dass der Versichernde die Richtigkeit seiner Erklärung über den betreffenden Gegenstand bestätigt und erklärt: „Ich versichere an Eides statt, dass ich nach bestem Wissen die reine Wahrheit gesagt und nichts verschwiegen habe." ²Bevollmächtigte und Beistände sind berechtigt, an der Aufnahme der Versicherung an Eides statt teilzunehmen.

(4) ¹Vor der Aufnahme der Versicherung an Eides statt ist der Versichernde über die Bedeutung der eidesstattlichen Versicherung und die strafrechtlichen Folgen einer unrichtigen oder unvollständigen eidesstattlichen Versicherung zu belehren. ²Die Belehrung ist in der Niederschrift zu vermerken.

(5) ¹Die Niederschrift hat ferner die Namen der anwesenden Personen sowie den Ort und den Tag der Niederschrift zu enthalten. ²Die Niederschrift ist demjenigen, der die eidesstattliche Versicherung abgibt, zur Genehmigung vorzulesen oder auf Verlangen zur Durchsicht vorzulegen. ³Die erteilte Genehmigung ist zu vermerken und von dem Versichernden zu unterschreiben. ⁴Die Niederschrift ist

sodann von demjenigen, der die Versicherung an Eides statt aufgenommen hat, sowie von dem Schriftführer zu unterschreiben.

§ 27a Öffentliche Bekanntmachung im Internet

(1) [1]Ist durch Rechtsvorschrift eine öffentliche oder ortsübliche Bekanntmachung angeordnet, soll die Behörde deren Inhalt zusätzlich im Internet veröffentlichen. [2]Dies wird dadurch bewirkt, dass der Inhalt der Bekanntmachung auf einer Internetseite der Behörde oder ihres Verwaltungsträgers zugänglich gemacht wird. [3]Bezieht sich die Bekanntmachung auf zur Einsicht auszulegende Unterlagen, sollen auch diese über das Internet zugänglich gemacht werden. [4]Soweit durch Rechtsvorschrift nichts anderes geregelt ist, ist der Inhalt der zur Einsicht ausgelegten Unterlagen maßgeblich.

(2) In der öffentlichen oder ortsüblichen Bekanntmachung ist die Internetseite anzugeben.

§ 28 Anhörung Beteiligter

(1) Bevor ein Verwaltungsakt erlassen wird, der in Rechte eines Beteiligten eingreift, ist diesem Gelegenheit zu geben, sich zu den für die Entscheidung erheblichen Tatsachen zu äußern.

(2) Von der Anhörung kann abgesehen werden, wenn sie nach den Umständen des Einzelfalls nicht geboten ist, insbesondere wenn

1. eine sofortige Entscheidung wegen Gefahr im Verzug oder im öffentlichen Interesse notwendig erscheint;

2. durch die Anhörung die Einhaltung einer für die Entscheidung maßgeblichen Frist in Frage gestellt würde;

3. von den tatsächlichen Angaben eines Beteiligten, die dieser in einem Antrag oder einer Erklärung gemacht hat, nicht zu seinen Ungunsten abgewichen werden soll;

4. die Behörde eine Allgemeinverfügung oder gleichartige Verwaltungsakte in größerer Zahl oder Verwaltungsakte mit Hilfe automatischer Einrichtungen erlassen will;

5. Maßnahmen in der Verwaltungsvollstreckung getroffen werden sollen.

(3) Eine Anhörung unterbleibt, wenn ihr ein zwingendes öffentliches Interesse entgegensteht.

§ 29 Akteneinsicht durch Beteiligte

(1) [1]Die Behörde hat den Beteiligten Einsicht in die das Verfahren betreffenden Akten zu gestatten, soweit deren Kenntnis zur Geltendmachung oder Verteidigung ihrer rechtlichen Interessen erforderlich ist. [2]Satz 1 gilt bis zum Abschluss des Verwaltungsverfahrens nicht für Entwürfe zu Entscheidungen sowie die Arbeiten zu ihrer unmittelbaren Vorbereitung. [3]Soweit nach den §§ 17 und 18 eine Vertretung stattfindet, haben nur die Vertreter Anspruch auf Akteneinsicht.

(2) Die Behörde ist zur Gestattung der Akteneinsicht nicht verpflichtet, soweit durch sie die ordnungsgemäße Erfüllung der Aufgaben der Behörde beeinträchtigt, das Bekanntwerden des Inhalts der Akten dem Wohl des Bundes oder eines Landes Nachteile bereiten würde oder soweit die Vorgänge nach einem Gesetz oder ihrem Wesen nach, namentlich wegen der berechtigten Interessen der Beteiligten oder dritter Personen, geheim gehalten werden müssen.

(3) [1]Die Akteneinsicht erfolgt bei der Behörde, die die Akten führt. [2]Im Einzelfall kann die Einsicht auch bei einer anderen Behörde oder bei einer diplomatischen oder berufskonsularischen Vertretung der Bundesrepublik Deutschland im Ausland erfolgen; weitere Ausnahmen kann die Behörde, die die Akten führt, gestatten.

§ 30 Geheimhaltung

Die Beteiligten haben Anspruch darauf, dass ihre Geheimnisse, insbesondere die zum persönlichen Lebensbereich gehörenden Geheimnisse sowie die Betriebs- und Geschäftsgeheimnisse, von der Behörde nicht unbefugt offenbart werden.

Abschnitt 2
Fristen, Termine, Wiedereinsetzung

§ 31 Fristen und Termine

(1) Für die Berechnung von Fristen und für die Bestimmung von Terminen gelten die §§ 187 bis 193 des Bürgerlichen Gesetzbuchs entsprechend, soweit nicht durch die Absätze 2 bis 5 etwas anderes bestimmt ist.

(2) Der Lauf einer Frist, die von einer Behörde gesetzt wird, beginnt mit dem Tag, der auf die Bekanntgabe der Frist folgt, außer wenn dem Betroffenen etwas anderes mitgeteilt wird.

(3) [1]Fällt das Ende einer Frist auf einen Sonntag, einen gesetzlichen Feiertag oder einen Sonnabend, so endet die Frist mit dem Ablauf des nächstfolgenden Werktags. [2]Dies gilt nicht, wenn dem Betroffenen unter Hinweis auf diese Vorschrift ein bestimmter Tag als Ende der Frist mitgeteilt worden ist.

(4) Hat eine Behörde Leistungen nur für einen bestimmten Zeitraum zu erbringen, so endet dieser Zeitraum auch dann mit dem Ablauf seines letzten Tages, wenn dieser auf einen Sonntag, einen gesetzlichen Feiertag oder einen Sonnabend fällt.

(5) Der von einer Behörde gesetzte Termin ist auch dann einzuhalten, wenn er auf einen Sonntag, gesetzlichen Feiertag oder Sonnabend fällt.

(6) Ist eine Frist nach Stunden bestimmt, so werden Sonntage, gesetzliche Feiertage oder Sonnabende mitgerechnet.

(7) [1]Fristen, die von einer Behörde gesetzt sind, können verlängert werden. [2]Sind solche Fristen bereits abgelaufen, so können sie rückwirkend verlängert werden, insbesondere wenn es unbillig wäre, die durch den Fristablauf eingetretenen Rechtsfolgen bestehen zu lassen. [3]Die Behörde kann die Verlängerung der Frist nach § 36 mit einer Nebenbestimmung verbinden.

§ 32 Wiedereinsetzung in den vorigen Stand

(1) [1]War jemand ohne Verschulden verhindert, eine gesetzliche Frist einzuhalten, so ist ihm auf Antrag Wiedereinsetzung in den vorigen Stand zu gewähren. [2]Das Verschulden eines Vertreters ist dem Vertretenen zuzurechnen.

(2) [1]Der Antrag ist innerhalb von zwei Wochen nach Wegfall des Hindernisses zu stellen. [2]Die Tatsachen zur Begründung des Antrags sind bei der Antragstellung oder im Verfahren über den Antrag glaubhaft zu machen. [3]Innerhalb der Antragsfrist ist die versäumte Handlung nachzuholen. [4]Ist dies geschehen, so kann Wiedereinsetzung auch ohne Antrag gewährt werden.

(3) Nach einem Jahr seit dem Ende der versäumten Frist kann die Wiedereinsetzung nicht mehr beantragt oder die versäumte Handlung nicht mehr nachgeholt werden, außer wenn dies vor Ablauf der Jahresfrist infolge höherer Gewalt unmöglich war.

(4) Über den Antrag auf Wiedereinsetzung entscheidet die Behörde, die über die versäumte Handlung zu befinden hat.

(5) Die Wiedereinsetzung ist unzulässig, wenn sich aus einer Rechtsvorschrift ergibt, dass sie ausgeschlossen ist.

Abschnitt 3
Amtliche Beglaubigung

§ 33 Beglaubigung von Dokumenten

(1) [1]Jede Behörde ist befugt, Abschriften von Urkunden, die sie selbst ausgestellt hat, zu beglaubigen. [2]Darüber hinaus sind die von der Bundesregierung durch Rechtsverordnung[1] bestimmten Behörden im Sinne des § 1 Abs. 1 Nr. 1 und die nach Landesrecht zuständigen Behörden befugt, Abschriften zu beglaubigen, wenn die Urschrift von einer Behörde ausgestellt ist oder die Abschrift zur Vorlage bei einer Behörde benötigt wird, sofern nicht durch Rechtsvorschrift die Erteilung beglaubigter Abschriften aus amtlichen Registern und Archiven anderen Behörden ausschließlich vorbehalten ist; die Rechtsverordnung bedarf nicht der Zustimmung des Bundesrates.

(2) Abschriften dürfen nicht beglaubigt werden, wenn Umstände zu der Annahme berechtigen, dass der ursprüngliche Inhalt des Schriftstücks, dessen Abschrift beglaubigt werden soll, geändert worden ist, insbesondere wenn dieses Schriftstück Lücken, Durchstreichungen, Einschaltungen, Änderungen, unleserliche Wörter, Zahlen oder Zeichen, Spuren der Beseitigung von Wörtern, Zahlen und Zeichen enthält oder wenn der Zusammenhang eines aus mehreren Blättern bestehenden Schriftstücks aufgehoben ist.

---

1) Siehe § 1 der BeglaubigungsVO, der lautet:
   Zu Beglaubigungen befugte Behörden
   Alle Behörden im Sinne des § 1 Abs. 1 Nr. 1 des Verwaltungsverfahrensgesetzes sind befugt, Beglaubigungen nach den §§ 33 und 34 des Verwaltungsverfahrensgesetzes vorzunehmen.

(3) [1]Eine Abschrift wird beglaubigt durch einen Beglaubigungsvermerk, der unter die Abschrift zu setzen ist. [2]Der Vermerk muss enthalten

1. die genaue Bezeichnung des Schriftstücks, dessen Abschrift beglaubigt wird,
2. die Feststellung, dass die beglaubigte Abschrift mit dem vorgelegten Schriftstück übereinstimmt,
3. den Hinweis, dass die beglaubigte Abschrift nur zur Vorlage bei der angegebenen Behörde erteilt wird, wenn die Urschrift nicht von einer Behörde ausgestellt worden ist,
4. den Ort und den Tag der Beglaubigung, die Unterschrift des für die Beglaubigung zuständigen Bediensteten und das Dienstsiegel.

(4) Die Absätze 1 bis 3 gelten entsprechend für die Beglaubigung von

1. Ablichtungen, Lichtdrucken und ähnlichen in technischen Verfahren hergestellten Vervielfältigungen,
2. auf fototechnischem Wege von Schriftstücken hergestellten Negativen, die bei einer Behörde aufbewahrt werden,
3. Ausdrucken elektronischer Dokumente,
4. elektronischen Dokumenten,
   a) die zur Abbildung eines Schriftstücks hergestellt wurden,
   b) die ein anderes technisches Format als das mit einer qualifizierten elektronischen Signatur verbundene Ausgangsdokument erhalten haben.

(5) [1]Der Beglaubigungsvermerk muss zusätzlich zu den Angaben nach Absatz 3 Satz 2 bei der Beglaubigung

1. des Ausdrucks eines elektronischen Dokuments, das mit einer qualifizierten elektronischen Signatur verbunden ist, die Feststellungen enthalten,
   a) wen die Signaturprüfung als Inhaber der Signatur ausweist,
   b) welchen Zeitpunkt die Signaturprüfung für die Anbringung der Signatur ausweist und
   c) welche Zertifikate mit welchen Daten dieser Signatur zugrunde lagen;
2. eines elektronischen Dokuments den Namen des für die Beglaubigung zuständigen Bediensteten und die Bezeichnung der Behörde, die die Beglaubigung vornimmt, enthalten; die Unterschrift des für die Beglaubigung zuständigen Bediensteten und das Dienstsiegel nach Absatz 3 Satz 2 Nr. 4 werden durch eine dauerhaft überprüfbare qualifizierte elektronische Signatur ersetzt.

[2]Wird ein elektronisches Dokument, das ein anderes technisches Format als das mit einer qualifizierten elektronischen Signatur verbundene Ausgangsdokument erhalten hat, nach Satz 1 Nr. 2 beglaubigt, muss der Beglaubigungsvermerk zusätzlich die Feststellungen nach Satz 1 Nr. 1 für das Ausgangsdokument enthalten.

(6) Die nach Absatz 4 hergestellten Dokumente stehen, sofern sie beglaubigt sind, beglaubigten Abschriften gleich.

(7) Jede Behörde soll von Urkunden, die sie selbst ausgestellt hat, auf Verlangen ein elektronisches Dokument nach Absatz 4 Nummer 4 Buchstabe a oder eine elektronische Abschrift fertigen und beglaubigen.

§ 34 Beglaubigung von Unterschriften

(1) [1]Die von der Bundesregierung durch Rechtsverordnung bestimmten Behörden im Sinne des § 1 Abs. 1 Nr. 1 und die nach Landesrecht zuständigen Behörden sind befugt, Unterschriften zu beglaubigen, wenn das unterzeichnete Schriftstück zur Vorlage bei einer Behörde oder bei einer sonstigen Stelle, der auf Grund einer Rechtsvorschrift das unterzeichnete Schriftstück vorzulegen ist, benötigt wird. [2]Dies gilt nicht für

1. Unterschriften ohne zugehörigen Text,
2. Unterschriften, die der öffentlichen Beglaubigung (§ 129 des Bürgerlichen Gesetzbuchs) bedürfen.

(2) Eine Unterschrift soll nur beglaubigt werden, wenn sie in Gegenwart des beglaubigenden Bediensteten vollzogen oder anerkannt wird.

(3) [1]Der Beglaubigungsvermerk ist unmittelbar bei der Unterschrift, die beglaubigt werden soll, anzubringen. [2]Er muss enthalten

1. die Bestätigung, dass die Unterschrift echt ist,
2. die genaue Bezeichnung desjenigen, dessen Unterschrift beglaubigt wird, sowie die Angabe, ob sich der für die Beglaubigung zuständige Bedienstete Gewissheit über diese Person verschafft hat und ob die Unterschrift in seiner Gegenwart vollzogen oder anerkannt worden ist,
3. den Hinweis, dass die Beglaubigung nur zur Vorlage bei der angegebenen Behörde oder Stelle bestimmt ist,
4. den Ort und den Tag der Beglaubigung, die Unterschrift des für die Beglaubigung zuständigen Bediensteten und das Dienstsiegel.

(4) Die Absätze 1 bis 3 gelten für die Beglaubigung von Handzeichen entsprechend.

(5) Die Rechtsverordnungen nach Absatz 1 und 4 bedürfen nicht der Zustimmung des Bundesrates.

Teil III
Verwaltungsakt

Abschnitt 1
Zustandekommen des Verwaltungsaktes

§ 35 Begriff des Verwaltungsaktes
[1]Verwaltungsakt ist jede Verfügung, Entscheidung oder andere hoheitliche Maßnahme, die eine Behörde zur Regelung eines Einzelfalls auf dem Gebiet des öffentlichen Rechts trifft und die auf unmittelbare Rechtswirkung nach außen gerichtet ist. [2]Allgemeinverfügung ist ein Verwaltungsakt, der sich an einen nach allgemeinen Merkmalen bestimmten oder bestimmbaren Personenkreis richtet oder die öffentlich-rechtliche Eigenschaft einer Sache oder ihre Benutzung durch die Allgemeinheit betrifft.

§ 35a Vollständig automatisierter Erlass eines Verwaltungsaktes
Ein Verwaltungsakt kann vollständig durch automatische Einrichtungen erlassen werden, sofern dies durch Rechtsvorschrift zugelassen ist und weder ein Ermessen noch ein Beurteilungsspielraum besteht.

§ 36 Nebenbestimmungen zum Verwaltungsakt
(1) Ein Verwaltungsakt, auf den ein Anspruch besteht, darf mit einer Nebenbestimmung nur versehen werden, wenn sie durch Rechtsvorschrift zugelassen ist oder wenn sie sicherstellen soll, dass die gesetzlichen Voraussetzungen des Verwaltungsaktes erfüllt werden.

(2) Unbeschadet des Absatzes 1 darf ein Verwaltungsakt nach pflichtgemäßem Ermessen erlassen werden mit

1. einer Bestimmung, nach der eine Vergünstigung oder Belastung zu einem bestimmten Zeitpunkt beginnt, endet oder für einen bestimmten Zeitraum gilt (Befristung);
2. einer Bestimmung, nach der der Eintritt oder der Wegfall einer Vergünstigung oder einer Belastung von dem ungewissen Eintritt eines zukünftigen Ereignisses abhängt (Bedingung);
3. einem Vorbehalt des Widerrufs

oder verbunden werden mit

4. einer Bestimmung, durch die dem Begünstigten ein Tun, Dulden oder Unterlassen vorgeschrieben wird (Auflage);
5. einem Vorbehalt der nachträglichen Aufnahme, Änderung oder Ergänzung einer Auflage.

(3) Eine Nebenbestimmung darf dem Zweck des Verwaltungsaktes nicht zuwiderlaufen.

§ 37 Bestimmtheit und Form des Verwaltungsaktes; Rechtsbehelfsbelehrung
(1) Ein Verwaltungsakt muss inhaltlich hinreichend bestimmt sein.

(2) [1]Ein Verwaltungsakt kann schriftlich, elektronisch, mündlich oder in anderer Weise erlassen werden. [2]Ein mündlicher Verwaltungsakt ist schriftlich oder elektronisch zu bestätigen, wenn hieran ein berechtigtes Interesse besteht und der Betroffene dies unverzüglich verlangt. [3]Ein elektronischer Verwaltungsakt ist unter denselben Voraussetzungen schriftlich zu bestätigen; § 3a Abs. 2 findet insoweit keine Anwendung.

(3) [1]Ein schriftlicher oder elektronischer Verwaltungsakt muss die erlassende Behörde erkennen lassen und die Unterschrift oder die Namenswiedergabe des Behördenleiters, seines Vertreters oder seines Beauftragten enthalten. [2]Wird für einen Verwaltungsakt, für den durch Rechtsvorschrift die Schriftform angeordnet ist, die elektronische Form verwendet, muss auch das der Signatur zugrunde liegende qualifizierte Zertifikat oder ein zugehöriges qualifiziertes Attributzertifikat die erlassende Behörde

erkennen lassen. ³Im Fall des § 3a Absatz 2 Satz 4 Nummer 3 muss die Bestätigung nach § 5 Absatz 5 des De-Mail-Gesetzes die erlassende Behörde als Nutzer des De-Mail-Kontos erkennen lassen. (4) Für einen Verwaltungsakt kann für die nach § 3a Abs. 2 erforderliche Signatur durch Rechtsvorschrift die dauerhafte Überprüfbarkeit vorgeschrieben werden.

(5) ¹Bei einem schriftlichen Verwaltungsakt, der mit Hilfe automatischer Einrichtungen erlassen wird, können abweichend von Absatz 3 Unterschrift und Namenswiedergabe fehlen. ²Zur Inhaltsangabe können Schlüsselzeichen verwendet werden, wenn derjenige, für den der Verwaltungsakt bestimmt ist oder der von ihm betroffen wird, auf Grund der dazu gegebenen Erläuterungen den Inhalt des Verwaltungsaktes eindeutig erkennen kann.

(6) ¹Einem schriftlichen oder elektronischen Verwaltungsakt, der der Anfechtung unterliegt, ist eine Erklärung beizufügen, durch die der Beteiligte über den Rechtsbehelf, der gegen den Verwaltungsakt gegeben ist, über die Behörde oder das Gericht, bei denen der Rechtsbehelf einzulegen ist, den Sitz und über die einzuhaltende Frist belehrt wird (Rechtsbehelfsbelehrung). ²Die Rechtsbehelfsbelehrung ist auch der schriftlichen oder elektronischen Bestätigung eines Verwaltungsaktes und der Bescheinigung nach § 42a Absatz 3 beizufügen.

§ 38 Zusicherung

(1) ¹Eine von der zuständigen Behörde erteilte Zusage, einen bestimmten Verwaltungsakt später zu erlassen oder zu unterlassen (Zusicherung), bedarf zu ihrer Wirksamkeit der schriftlichen Form. ²Ist vor dem Erlass des zugesicherten Verwaltungsaktes die Anhörung Beteiligter oder die Mitwirkung einer anderen Behörde oder eines Ausschusses auf Grund einer Rechtsvorschrift erforderlich, so darf die Zusicherung erst nach Anhörung der Beteiligten oder nach Mitwirkung dieser Behörde oder des Ausschusses gegeben werden.

(2) Auf die Unwirksamkeit der Zusicherung finden, unbeschadet des Absatzes 1 Satz 1, § 44, auf die Heilung von Mängeln bei der Anhörung Beteiligter und der Mitwirkung anderer Behörden oder Ausschüsse § 45 Abs. 1 Nr. 3 bis 5 sowie Abs. 2, auf die Rücknahme § 48, auf den Widerruf, unbeschadet des Absatzes 3, § 49 entsprechende Anwendung.

(3) Ändert sich nach Abgabe der Zusicherung die Sach- oder Rechtslage derart, dass die Behörde bei Kenntnis der nachträglich eingetretenen Änderung die Zusicherung nicht gegeben hätte oder aus rechtlichen Gründen nicht hätte geben dürfen, ist die Behörde an die Zusicherung nicht mehr gebunden.

§ 39 Begründung des Verwaltungsaktes

(1) ¹Ein schriftlicher oder elektronischer sowie ein schriftlich oder elektronisch bestätigter Verwaltungsakt ist mit einer Begründung zu versehen. ²In der Begründung sind die wesentlichen tatsächlichen und rechtlichen Gründe mitzuteilen, die die Behörde zu ihrer Entscheidung bewogen haben. ³Die Begründung von Ermessensentscheidungen soll auch die Gesichtspunkte erkennen lassen, von denen die Behörde bei der Ausübung ihres Ermessens ausgegangen ist.

(2) Einer Begründung bedarf es nicht,

1. soweit die Behörde einem Antrag entspricht oder einer Erklärung folgt und der Verwaltungsakt nicht in Rechte eines anderen eingreift;

2. soweit demjenigen, für den der Verwaltungsakt bestimmt ist oder der von ihm betroffen wird, die Auffassung der Behörde über die Sach- und Rechtslage bereits bekannt oder auch ohne Begründung für ihn ohne weiteres erkennbar ist;

3. wenn die Behörde gleichartige Verwaltungsakte in größerer Zahl oder Verwaltungsakte mit Hilfe automatischer Einrichtungen erlässt und die Begründung nach den Umständen des Einzelfalls nicht geboten ist;

4. wenn sich dies aus einer Rechtsvorschrift ergibt;

5. wenn eine Allgemeinverfügung öffentlich bekannt gegeben wird.

§ 40 Ermessen

Ist die Behörde ermächtigt, nach ihrem Ermessen zu handeln, hat sie ihr Ermessen entsprechend dem Zweck der Ermächtigung auszuüben und die gesetzlichen Grenzen des Ermessens einzuhalten.

§ 41 Bekanntgabe des Verwaltungsaktes

(1) ¹Ein Verwaltungsakt ist demjenigen Beteiligten bekannt zu geben, für den er bestimmt ist oder der von ihm betroffen wird. ²Ist ein Bevollmächtigter bestellt, so kann die Bekanntgabe ihm gegenüber vorgenommen werden.

(2) ¹Ein schriftlicher Verwaltungsakt, der im Inland durch die Post übermittelt wird, gilt am dritten Tag nach der Aufgabe zur Post als bekannt gegeben. ²Ein Verwaltungsakt, der im Inland oder in das Ausland elektronisch übermittelt wird, gilt am dritten Tag nach der Absendung als bekannt gegeben. ³Dies gilt nicht, wenn der Verwaltungsakt nicht oder zu einem späteren Zeitpunkt zugegangen ist; im Zweifel hat die Behörde den Zugang des Verwaltungsaktes und den Zeitpunkt des Zugangs nachzuweisen.

(2a) ¹Mit Einwilligung des Beteiligten kann ein elektronischer Verwaltungsakt dadurch bekannt gegeben werden, dass er vom Beteiligten oder von seinem Bevollmächtigten über öffentlich zugängliche Netze abgerufen wird. ²Die Behörde hat zu gewährleisten, dass der Abruf nur nach Authentifizierung der berechtigten Person möglich ist und der elektronische Verwaltungsakt von ihr gespeichert werden kann. ³Der Verwaltungsakt gilt am Tag nach dem Abruf als bekannt gegeben. ⁴Wird der Verwaltungsakt nicht innerhalb von zehn Tagen nach Absendung einer Benachrichtigung über die Bereitstellung abgerufen, wird diese beendet. ⁵In diesem Fall ist die Bekanntgabe nicht bewirkt; die Möglichkeit einer erneuten Bereitstellung zum Abruf oder der Bekanntgabe auf andere Weise bleibt unberührt.

(3) ¹Ein Verwaltungsakt darf öffentlich bekannt gegeben werden, wenn dies durch Rechtsvorschrift zugelassen ist. ²Eine Allgemeinverfügung darf auch dann öffentlich bekannt gegeben werden, wenn eine Bekanntgabe an die Beteiligten untunlich ist.

(4) ¹Die öffentliche Bekanntgabe eines schriftlichen oder elektronischen Verwaltungsaktes wird dadurch bewirkt, dass sein verfügender Teil ortsüblich bekannt gemacht wird. ²In der ortsüblichen Bekanntmachung ist anzugeben, wo der Verwaltungsakt und seine Begründung eingesehen werden können. ³Der Verwaltungsakt gilt zwei Wochen nach der ortsüblichen Bekanntmachung als bekannt gegeben. ⁴In einer Allgemeinverfügung kann ein hiervon abweichender Tag, jedoch frühestens der auf die Bekanntmachung folgende Tag bestimmt werden.

(5) Vorschriften über die Bekanntgabe eines Verwaltungsaktes mittels Zustellung bleiben unberührt.

§ 42 Offenbare Unrichtigkeiten im Verwaltungsakt

¹Die Behörde kann Schreibfehler, Rechenfehler und ähnliche offenbare Unrichtigkeiten in einem Verwaltungsakt jederzeit berichtigen. ²Bei berechtigtem Interesse des Beteiligten ist zu berichtigen. ³Die Behörde ist berechtigt, die Vorlage des Dokuments zu verlangen, das berichtigt werden soll.

§ 42a Genehmigungsfiktion

(1) ¹Eine beantragte Genehmigung gilt nach Ablauf einer für die Entscheidung festgelegten Frist als erteilt (Genehmigungsfiktion), wenn dies durch Rechtsvorschrift angeordnet und der Antrag hinreichend bestimmt ist. ²Die Vorschriften über die Bestandskraft von Verwaltungsakten und über das Rechtsbehelfsverfahren gelten entsprechend.

(2) ¹Die Frist nach Absatz 1 Satz 1 beträgt drei Monate, soweit durch Rechtsvorschrift nichts Abweichendes bestimmt ist. ²Die Frist beginnt mit Eingang der vollständigen Unterlagen. ³Sie kann einmal angemessen verlängert werden, wenn dies wegen der Schwierigkeit der Angelegenheit gerechtfertigt ist. ⁴Die Fristverlängerung ist zu begründen und rechtzeitig mitzuteilen.

(3) Auf Verlangen ist demjenigen, dem der Verwaltungsakt nach § 41 Abs. 1 hätte bekannt gegeben werden müssen, der Eintritt der Genehmigungsfiktion schriftlich zu bescheinigen.

Abschnitt 2
Bestandskraft des Verwaltungsaktes

§ 43 Wirksamkeit des Verwaltungsaktes

(1) ¹Ein Verwaltungsakt wird gegenüber demjenigen, für den er bestimmt ist oder der von ihm betroffen wird, in dem Zeitpunkt wirksam, in dem er ihm bekannt gegeben wird. ²Der Verwaltungsakt wird mit dem Inhalt wirksam, mit dem er bekannt gegeben wird.

(2) Ein Verwaltungsakt bleibt wirksam, solange und soweit er nicht zurückgenommen, widerrufen, anderweitig aufgehoben oder durch Zeitablauf oder auf andere Weise erledigt ist.

(3) Ein nichtiger Verwaltungsakt ist unwirksam.

§ 44 Nichtigkeit des Verwaltungsaktes

(1) Ein Verwaltungsakt ist nichtig, soweit er an einem besonders schwerwiegenden Fehler leidet und dies bei verständiger Würdigung aller in Betracht kommenden Umstände offensichtlich ist.

(2) Ohne Rücksicht auf das Vorliegen der Voraussetzungen des Absatzes 1 ist ein Verwaltungsakt nichtig,

1. der schriftlich oder elektronisch erlassen worden ist, die erlassende Behörde aber nicht erkennen lässt;

2. der nach einer Rechtsvorschrift nur durch die Aushändigung einer Urkunde erlassen werden kann, aber dieser Form nicht genügt;

3. den eine Behörde außerhalb ihrer durch § 3 Abs. 1 Nr. 1 begründeten Zuständigkeit erlassen hat, ohne dazu ermächtigt zu sein;

4. den aus tatsächlichen Gründen niemand ausführen kann;

5. der die Begehung einer rechtswidrigen Tat verlangt, die einen Straf- oder Bußgeldtatbestand verwirklicht;

6. der gegen die guten Sitten verstößt.

(3) Ein Verwaltungsakt ist nicht schon deshalb nichtig, weil

1. Vorschriften über die örtliche Zuständigkeit nicht eingehalten worden sind, außer wenn ein Fall des Absatzes 2 Nr. 3 vorliegt;

2. eine nach § 20 Abs. 1 Satz 1 Nr. 2 bis 6 ausgeschlossene Person mitgewirkt hat;

3. ein durch Rechtsvorschrift zur Mitwirkung berufener Ausschuss den für den Erlass des Verwaltungsaktes vorgeschriebenen Beschluss nicht gefasst hat oder nicht beschlussfähig war;

4. die nach einer Rechtsvorschrift erforderliche Mitwirkung einer anderen Behörde unterblieben ist.

(4) Betrifft die Nichtigkeit nur einen Teil des Verwaltungsaktes, so ist er im Ganzen nichtig, wenn der nichtige Teil so wesentlich ist, dass die Behörde den Verwaltungsakt ohne den nichtigen Teil nicht erlassen hätte.

(5) Die Behörde kann die Nichtigkeit jederzeit von Amts wegen feststellen; auf Antrag ist sie festzustellen, wenn der Antragsteller hieran ein berechtigtes Interesse hat.

§ 45 Heilung von Verfahrens- und Formfehlern

(1) Eine Verletzung von Verfahrens- oder Formvorschriften, die nicht den Verwaltungsakt nach § 44 nichtig macht, ist unbeachtlich, wenn

1. der für den Erlass des Verwaltungsaktes erforderliche Antrag nachträglich gestellt wird;

2. die erforderliche Begründung nachträglich gegeben wird;

3. die erforderliche Anhörung eines Beteiligten nachgeholt wird;

4. der Beschluss eines Ausschusses, dessen Mitwirkung für den Erlass des Verwaltungsaktes erforderlich ist, nachträglich gefasst wird;

5. die erforderliche Mitwirkung einer anderen Behörde nachgeholt wird.

(2) Handlungen nach Absatz 1 können bis zum Abschluss der letzten Tatsacheninstanz eines verwaltungsgerichtlichen Verfahrens nachgeholt werden.

(3) [1]Fehlt einem Verwaltungsakt die erforderliche Begründung oder ist die erforderliche Anhörung eines Beteiligten vor Erlass des Verwaltungsaktes unterblieben und ist dadurch die rechtzeitige Anfechtung des Verwaltungsaktes versäumt worden, so gilt die Versäumung der Rechtsbehelfsfrist als nicht verschuldet. [2]Das für die Wiedereinsetzungsfrist nach § 32 Abs. 2 maßgebende Ereignis tritt im Zeitpunkt der Nachholung der unterlassenen Verfahrenshandlung ein.

§ 46 Folgen von Verfahrens- und Formfehlern

Die Aufhebung eines Verwaltungsaktes, der nicht nach § 44 nichtig ist, kann nicht allein deshalb beansprucht werden, weil er unter Verletzung von Vorschriften über das Verfahren, die Form oder die örtliche Zuständigkeit zustande gekommen ist, wenn offensichtlich ist, dass die Verletzung die Entscheidung in der Sache nicht beeinflusst hat.

§ 47 Umdeutung eines fehlerhaften Verwaltungsaktes

(1) Ein fehlerhafter Verwaltungsakt kann in einen anderen Verwaltungsakt umgedeutet werden, wenn er auf das gleiche Ziel gerichtet ist, von der erlassenden Behörde in der geschehenen Verfahrensweise und Form rechtmäßig hätte erlassen werden können und wenn die Voraussetzungen für dessen Erlass erfüllt sind.

(2) [1]Absatz 1 gilt nicht, wenn der Verwaltungsakt, in den der fehlerhafte Verwaltungsakt umzudeuten wäre, der erkennbaren Absicht der erlassenden Behörde widerspräche oder seine Rechtsfolgen für den

Betroffenen ungünstiger wären als die des fehlerhaften Verwaltungsaktes. [2]Eine Umdeutung ist ferner unzulässig, wenn der fehlerhafte Verwaltungsakt nicht zurückgenommen werden dürfte.

(3) Eine Entscheidung, die nur als gesetzlich gebundene Entscheidung ergehen kann, kann nicht in eine Ermessensentscheidung umgedeutet werden.

(4) § 28 ist entsprechend anzuwenden.

§ 48 Rücknahme eines rechtswidrigen Verwaltungsaktes

(1) [1]Ein rechtswidriger Verwaltungsakt kann, auch nachdem er unanfechtbar geworden ist, ganz oder teilweise mit Wirkung für die Zukunft oder für die Vergangenheit zurückgenommen werden. [2]Ein Verwaltungsakt, der ein Recht oder einen rechtlich erheblichen Vorteil begründet oder bestätigt hat (begünstigender Verwaltungsakt), darf nur unter den Einschränkungen der Absätze 2 bis 4 zurückgenommen werden.

(2) [1]Ein rechtswidriger Verwaltungsakt, der eine einmalige oder laufende Geldleistung oder teilbare Sachleistung gewährt oder hierfür Voraussetzung ist, darf nicht zurückgenommen werden, soweit der Begünstigte auf den Bestand des Verwaltungsaktes vertraut hat und sein Vertrauen unter Abwägung mit dem öffentlichen Interesse an einer Rücknahme schutzwürdig ist. [2]Das Vertrauen ist in der Regel schutzwürdig, wenn der Begünstigte gewährte Leistungen verbraucht oder eine Vermögensdisposition getroffen hat, die er nicht mehr oder nur unter unzumutbaren Nachteilen rückgängig machen kann. [3]Auf Vertrauen kann sich der Begünstigte nicht berufen, wenn er

1. den Verwaltungsakt durch arglistige Täuschung, Drohung oder Bestechung erwirkt hat;
2. den Verwaltungsakt durch Angaben erwirkt hat, die in wesentlicher Beziehung unrichtig oder unvollständig waren;
3. die Rechtswidrigkeit des Verwaltungsaktes kannte oder infolge grober Fahrlässigkeit nicht kannte.

[4]In den Fällen des Satzes 3 wird der Verwaltungsakt in der Regel mit Wirkung für die Vergangenheit zurückgenommen.

(3) [1]Wird ein rechtswidriger Verwaltungsakt, der nicht unter Absatz 2 fällt, zurückgenommen, so hat die Behörde dem Betroffenen auf Antrag den Vermögensnachteil auszugleichen, den dieser dadurch erleidet, dass er auf den Bestand des Verwaltungsaktes vertraut hat, soweit sein Vertrauen unter Abwägung mit dem öffentlichen Interesse schutzwürdig ist. [2]Absatz 2 Satz 3 ist anzuwenden. [3]Der Vermögensnachteil ist jedoch nicht über den Betrag des Interesses hinaus zu ersetzen, das der Betroffene an dem Bestand des Verwaltungsaktes hat. [4]Der auszugleichende Vermögensnachteil wird durch die Behörde festgesetzt. [5]Der Anspruch kann nur innerhalb eines Jahres geltend gemacht werden; die Frist beginnt, sobald die Behörde den Betroffenen auf sie hingewiesen hat.

(4) [1]Erhält die Behörde von Tatsachen Kenntnis, welche die Rücknahme eines rechtswidrigen Verwaltungsaktes rechtfertigen, so ist die Rücknahme nur innerhalb eines Jahres seit dem Zeitpunkt der Kenntnisnahme zulässig. [2]Dies gilt nicht im Falle des Absatzes 2 Satz 3 Nr. 1.

(5) Über die Rücknahme entscheidet nach Unanfechtbarkeit des Verwaltungsaktes die nach § 3 zuständige Behörde; dies gilt auch dann, wenn der zurückzunehmende Verwaltungsakt von einer anderen Behörde erlassen worden ist.

§ 49 Widerruf eines rechtmäßigen Verwaltungsaktes

(1) Ein rechtmäßiger nicht begünstigender Verwaltungsakt kann, auch nachdem er unanfechtbar geworden ist, ganz oder teilweise mit Wirkung für die Zukunft widerrufen werden, außer wenn ein Verwaltungsakt gleichen Inhalts erneut erlassen werden müsste oder aus anderen Gründen ein Widerruf unzulässig ist.

(2) [1]Ein rechtmäßiger begünstigender Verwaltungsakt darf, auch nachdem er unanfechtbar geworden ist, ganz oder teilweise mit Wirkung für die Zukunft nur widerrufen werden,

1. wenn der Widerruf durch Rechtsvorschrift zugelassen oder im Verwaltungsakt vorbehalten ist;
2. wenn mit dem Verwaltungsakt eine Auflage verbunden ist und der Begünstigte diese nicht oder nicht innerhalb einer ihm gesetzten Frist erfüllt hat;
3. wenn die Behörde auf Grund nachträglich eingetretener Tatsachen berechtigt wäre, den Verwaltungsakt nicht zu erlassen, und wenn ohne den Widerruf das öffentliche Interesse gefährdet würde;
4. wenn die Behörde auf Grund einer geänderten Rechtsvorschrift berechtigt wäre, den Verwaltungsakt nicht zu erlassen, soweit der Begünstigte von der Vergünstigung noch keinen Gebrauch

gemacht oder auf Grund des Verwaltungsaktes noch keine Leistungen empfangen hat, und wenn ohne den Widerruf das öffentliche Interesse gefährdet würde;

5. um schwere Nachteile für das Gemeinwohl zu verhüten oder zu beseitigen.

²§ 48 Abs. 4 gilt entsprechend.

(3) ¹Ein rechtmäßiger Verwaltungsakt, der eine einmalige oder laufende Geldleistung oder teilbare Sachleistung zur Erfüllung eines bestimmten Zwecks gewährt oder hierfür Voraussetzung ist, kann, auch nachdem er unanfechtbar geworden ist, ganz oder teilweise auch mit Wirkung für die Vergangenheit widerrufen werden,

1. wenn die Leistung nicht, nicht alsbald nach der Erbringung oder nicht mehr für den in dem Verwaltungsakt bestimmten Zweck verwendet wird;

2. wenn mit dem Verwaltungsakt eine Auflage verbunden ist und der Begünstigte diese nicht oder nicht innerhalb einer ihm gesetzten Frist erfüllt hat.

²§ 48 Abs. 4 gilt entsprechend.

(4) Der widerrufene Verwaltungsakt wird mit dem Wirksamwerden des Widerrufs unwirksam, wenn die Behörde keinen anderen Zeitpunkt bestimmt.

(5) Über den Widerruf entscheidet nach Unanfechtbarkeit des Verwaltungsaktes die nach § 3 zuständige Behörde; dies gilt auch dann, wenn der zu widerrufende Verwaltungsakt von einer anderen Behörde erlassen worden ist.

(6) ¹Wird ein begünstigender Verwaltungsakt in den Fällen des Absatzes 2 Nr. 3 bis 5 widerrufen, so hat die Behörde den Betroffenen auf Antrag für den Vermögensnachteil zu entschädigen, den dieser dadurch erleidet, dass er auf den Bestand des Verwaltungsaktes vertraut hat, soweit sein Vertrauen schutzwürdig ist. ²§ 48 Abs. 3 Satz 3 bis 5 gilt entsprechend. ³Für Streitigkeiten über die Entschädigung ist der ordentliche Rechtsweg gegeben.

§ 49a Erstattung, Verzinsung

(1) ¹Soweit ein Verwaltungsakt mit Wirkung für die Vergangenheit zurückgenommen oder widerrufen worden oder infolge Eintritts einer auflösenden Bedingung unwirksam geworden ist, sind bereits erbrachte Leistungen zu erstatten. ²Die zu erstattende Leistung ist durch schriftlichen Verwaltungsakt festzusetzen.

(2) ¹Für den Umfang der Erstattung mit Ausnahme der Verzinsung gelten die Vorschriften des Bürgerlichen Gesetzbuchs über die Herausgabe einer ungerechtfertigten Bereicherung[1] entsprechend. ²Auf den Wegfall der Bereicherung kann sich der Begünstigte nicht berufen, soweit er die Umstände kannte oder infolge grober Fahrlässigkeit nicht kannte, die zur Rücknahme, zum Widerruf oder zur Unwirksamkeit des Verwaltungsaktes geführt haben.

(3) ¹Der zu erstattende Betrag ist vom Eintritt der Unwirksamkeit des Verwaltungsaktes an mit fünf Prozentpunkten über dem Basiszinssatz jährlich zu verzinsen. ²Von der Geltendmachung des Zinsanspruchs kann insbesondere dann abgesehen werden, wenn der Begünstigte die Umstände, die zur Rücknahme, zum Widerruf oder zur Unwirksamkeit des Verwaltungsaktes geführt haben, nicht zu vertreten hat und den zu erstattenden Betrag innerhalb der von der Behörde festgesetzten Frist leistet.

(4) ¹Wird eine Leistung nicht alsbald nach der Auszahlung für den bestimmten Zweck verwendet, so können für die Zeit bis zur zweckentsprechenden Verwendung Zinsen nach Absatz 3 Satz 1 verlangt werden. ²Entsprechendes gilt, soweit eine Leistung in Anspruch genommen wird, obwohl andere Mittel anteilig oder vorrangig einzusetzen sind. ³§ 49 Abs. 3 Satz 1 Nr. 1 bleibt unberührt.

§ 50 Rücknahme und Widerruf im Rechtsbehelfsverfahren

§ 48 Abs. 1 Satz 2 und Abs. 2 bis 4 sowie § 49 Abs. 2 bis 4 und 6 gelten nicht, wenn ein begünstigender Verwaltungsakt, der von einem Dritten angefochten worden ist, während des Vorverfahrens oder während des verwaltungsgerichtlichen Verfahrens aufgehoben wird, soweit dadurch dem Widerspruch oder der Klage abgeholfen wird.

§ 51 Wiederaufgreifen des Verfahrens

(1) Die Behörde hat auf Antrag des Betroffenen über die Aufhebung oder Änderung eines unanfechtbaren Verwaltungsaktes zu entscheiden, wenn

---

1) Siehe §§ 812 ff. BGB.

1. sich die dem Verwaltungsakt zugrunde liegende Sach- oder Rechtslage nachträglich zugunsten des Betroffenen geändert hat;

2. neue Beweismittel vorliegen, die eine dem Betroffenen günstigere Entscheidung herbeigeführt haben würden;

3. Wiederaufnahmegründe entsprechend § 580 der Zivilprozessordnung gegeben sind.

(2) Der Antrag ist nur zulässig, wenn der Betroffene ohne grobes Verschulden außerstande war, den Grund für das Wiederaufgreifen in dem früheren Verfahren, insbesondere durch Rechtsbehelf, geltend zu machen.

(3) ¹Der Antrag muss binnen drei Monaten gestellt werden. ²Die Frist beginnt mit dem Tage, an dem der Betroffene von dem Grund für das Wiederaufgreifen Kenntnis erhalten hat.

(4) Über den Antrag entscheidet die nach § 3 zuständige Behörde; dies gilt auch dann, wenn der Verwaltungsakt, dessen Aufhebung oder Änderung begehrt wird, von einer anderen Behörde erlassen worden ist.

(5) Die Vorschriften des § 48 Abs. 1 Satz 1 und des § 49 Abs. 1 bleiben unberührt.

§ 52 Rückgabe von Urkunden und Sachen
¹Ist ein Verwaltungsakt unanfechtbar widerrufen oder zurückgenommen oder ist seine Wirksamkeit aus einem anderen Grund nicht oder nicht mehr gegeben, so kann die Behörde die auf Grund dieses Verwaltungsaktes erteilten Urkunden oder Sachen, die zum Nachweis der Rechte aus dem Verwaltungsakt oder zu deren Ausübung bestimmt sind, zurückfordern. ²Der Inhaber und, sofern er nicht der Besitzer ist, auch der Besitzer dieser Urkunden oder Sachen sind zu ihrer Herausgabe verpflichtet. ³Der Inhaber oder der Besitzer kann jedoch verlangen, dass ihm die Urkunden oder Sachen wieder ausgehändigt werden, nachdem sie von der Behörde als ungültig gekennzeichnet sind; dies gilt nicht bei Sachen, bei denen eine solche Kennzeichnung nicht oder nicht mit der erforderlichen Offensichtlichkeit oder Dauerhaftigkeit möglich ist.

Abschnitt 3
Verjährungsrechtliche Wirkungen des Verwaltungsaktes

§ 53 Hemmung der Verjährung durch Verwaltungsakt
(1) ¹Ein Verwaltungsakt, der zur Feststellung oder Durchsetzung des Anspruchs eines öffentlich-rechtlichen Rechtsträgers erlassen wird, hemmt die Verjährung dieses Anspruchs. ²Die Hemmung endet mit Eintritt der Unanfechtbarkeit des Verwaltungsaktes oder sechs Monate nach seiner anderweitigen Erledigung.

(2) ¹Ist ein Verwaltungsakt im Sinne des Absatzes 1 unanfechtbar geworden, beträgt die Verjährungsfrist 30 Jahre. ²Soweit der Verwaltungsakt einen Anspruch auf künftig fällig werdende regelmäßig wiederkehrende Leistungen zum Inhalt hat, bleibt es bei der für diesen Anspruch geltenden Verjährungsfrist.

Teil IV
Öffentlich-rechtlicher Vertrag

§ 54 Zulässigkeit des öffentlich-rechtlichen Vertrags
¹Ein Rechtsverhältnis auf dem Gebiet des öffentlichen Rechts kann durch Vertrag begründet, geändert oder aufgehoben werden (öffentlich-rechtlicher Vertrag), soweit Rechtsvorschriften nicht entgegenstehen. ²Insbesondere kann die Behörde, anstatt einen Verwaltungsakt zu erlassen, einen öffentlich-rechtlichen Vertrag mit demjenigen schließen, an den sie sonst den Verwaltungsakt richten würde.

§ 55 Vergleichsvertrag
Ein öffentlich-rechtlicher Vertrag im Sinne des § 54 Satz 2, durch den eine bei verständiger Würdigung des Sachverhalts oder der Rechtslage bestehende Ungewissheit durch gegenseitiges Nachgeben beseitigt wird (Vergleich), kann geschlossen werden, wenn die Behörde den Abschluss des Vergleichs zur Beseitigung der Ungewissheit nach pflichtgemäßem Ermessen für zweckmäßig hält.

§ 56 Austauschvertrag
(1) ¹Ein öffentlich-rechtlicher Vertrag im Sinne des § 54 Satz 2, in dem sich der Vertragspartner der Behörde zu einer Gegenleistung verpflichtet, kann geschlossen werden, wenn die Gegenleistung für

einen bestimmten Zweck im Vertrag vereinbart wird und der Behörde zur Erfüllung ihrer öffentlichen Aufgaben dient. [2]Die Gegenleistung muss den gesamten Umständen nach angemessen sein und im sachlichen Zusammenhang mit der vertraglichen Leistung der Behörde stehen.

(2) Besteht auf die Leistung der Behörde ein Anspruch, so kann nur eine solche Gegenleistung vereinbart werden, die bei Erlass eines Verwaltungsaktes Inhalt einer Nebenbestimmung nach § 36 sein könnte.

§ 57 Schriftform

Ein öffentlich-rechtlicher Vertrag ist schriftlich zu schließen, soweit nicht durch Rechtsvorschrift eine andere Form vorgeschrieben ist.

§ 58 Zustimmung von Dritten und Behörden

(1) Ein öffentlich-rechtlicher Vertrag, der in Rechte eines Dritten eingreift, wird erst wirksam, wenn der Dritte schriftlich zustimmt.

(2) Wird anstatt eines Verwaltungsaktes, bei dessen Erlass nach einer Rechtsvorschrift die Genehmigung, die Zustimmung oder das Einvernehmen einer anderen Behörde erforderlich ist, ein Vertrag geschlossen, so wird dieser erst wirksam, nachdem die andere Behörde in der vorgeschriebenen Form mitgewirkt hat.

§ 59 Nichtigkeit des öffentlich-rechtlichen Vertrags

(1) Ein öffentlich-rechtlicher Vertrag ist nichtig, wenn sich die Nichtigkeit aus der entsprechenden Anwendung von Vorschriften des Bürgerlichen Gesetzbuchs ergibt.

(2) Ein Vertrag im Sinne des § 54 Satz 2 ist ferner nichtig, wenn

1. ein Verwaltungsakt mit entsprechendem Inhalt nichtig wäre;
2. ein Verwaltungsakt mit entsprechendem Inhalt nicht nur wegen eines Verfahrens- oder Formfehlers im Sinne des § 46 rechtswidrig wäre und dies den Vertragschließenden bekannt war;
3. die Voraussetzungen zum Abschluss eines Vergleichsvertrags nicht vorlagen und ein Verwaltungsakt mit entsprechendem Inhalt nicht nur wegen eines Verfahrens- oder Formfehlers im Sinne des § 46 rechtswidrig wäre;
4. sich die Behörde eine nach § 56 unzulässige Gegenleistung versprechen lässt.

(3) Betrifft die Nichtigkeit nur einen Teil des Vertrags, so ist er im Ganzen nichtig, wenn nicht anzunehmen ist, dass er auch ohne den nichtigen Teil geschlossen worden wäre.

§ 60 Anpassung und Kündigung in besonderen Fällen

(1) [1]Haben die Verhältnisse, die für die Festsetzung des Vertragsinhalts maßgebend gewesen sind, sich seit Abschluss des Vertrags so wesentlich geändert, dass einer Vertragspartei das Festhalten an der ursprünglichen vertraglichen Regelung nicht zuzumuten ist, so kann diese Vertragspartei eine Anpassung des Vertragsinhalts an die geänderten Verhältnisse verlangen oder, sofern eine Anpassung nicht möglich oder einer Vertragspartei nicht zuzumuten ist, den Vertrag kündigen. [2]Die Behörde kann den Vertrag auch kündigen, um schwere Nachteile für das Gemeinwohl zu verhüten oder zu beseitigen.

(2) [1]Die Kündigung bedarf der Schriftform, soweit nicht durch Rechtsvorschrift eine andere Form vorgeschrieben ist. [2]Sie soll begründet werden.

§ 61 Unterwerfung unter die sofortige Vollstreckung

(1) [1]Jeder Vertragschließende kann sich der sofortigen Vollstreckung aus einem öffentlich-rechtlichen Vertrag im Sinne des § 54 Satz 2 unterwerfen. [2]Die Behörde muss hierbei von dem Behördenleiter, seinem allgemeinen Vertreter oder einem Angehörigen des öffentlichen Dienstes, der die Befähigung zum Richteramt hat oder die Voraussetzungen des § 110 Satz 1 des Deutschen Richtergesetzes erfüllt, vertreten werden.

(2) [1]Auf öffentlich-rechtliche Verträge im Sinne des Absatzes 1 Satz 1 ist das Verwaltungs-Vollstreckungsgesetz des Bundes entsprechend anzuwenden, wenn Vertragschließender eine Behörde im Sinne des § 1 Abs. 1 Nr. 1 ist. [2]Will eine natürliche oder juristische Person des Privatrechts oder eine nichtrechtsfähige Vereinigung die Vollstreckung wegen einer Geldforderung betreiben, so ist § 170 Abs. 1 bis 3 der Verwaltungsgerichtsordnung entsprechend anzuwenden. [3]Richtet sich die Vollstreckung wegen der Erzwingung einer Handlung, Duldung oder Unterlassung gegen eine Behörde im Sinne des § 1 Abs. 1 Nr. 2, so ist § 172 der Verwaltungsgerichtsordnung entsprechend anzuwenden.

§ 62 Ergänzende Anwendung von Vorschriften
[1]Soweit sich aus den §§ 54 bis 61 nichts Abweichendes ergibt, gelten die übrigen Vorschriften dieses Gesetzes. [2]Ergänzend gelten die Vorschriften des Bürgerlichen Gesetzbuchs entsprechend.

Teil V
Besondere Verfahrensarten

Abschnitt 1
Förmliches Verwaltungsverfahren

§ 63 Anwendung der Vorschriften über das förmliche Verwaltungsverfahren
(1) Das förmliche Verwaltungsverfahren nach diesem Gesetz findet statt, wenn es durch Rechtsvorschrift angeordnet ist.

(2) Für das förmliche Verwaltungsverfahren gelten die §§ 64 bis 71 und, soweit sich aus ihnen nichts Abweichendes ergibt, die übrigen Vorschriften dieses Gesetzes.

(3) [1]Die Mitteilung nach § 17 Abs. 2 Satz 2 und die Aufforderung nach § 17 Abs. 4 Satz 2 sind im förmlichen Verwaltungsverfahren öffentlich bekannt zu machen. [2]Die öffentliche Bekanntmachung wird dadurch bewirkt, dass die Behörde die Mitteilung oder die Aufforderung in ihrem amtlichen Veröffentlichungsblatt und außerdem in örtlichen Tageszeitungen, die in dem Bereich verbreitet sind, in dem sich die Entscheidung voraussichtlich auswirken wird, bekannt macht.

§ 64 Form des Antrags
Setzt das förmliche Verwaltungsverfahren einen Antrag voraus, so ist er schriftlich oder zur Niederschrift bei der Behörde zu stellen.

§ 65 Mitwirkung von Zeugen und Sachverständigen
(1) [1]Im förmlichen Verwaltungsverfahren sind Zeugen zur Aussage und Sachverständige zur Erstattung von Gutachten verpflichtet. [2]Die Vorschriften der Zivilprozessordnung über die Pflicht, als Zeuge auszusagen oder als Sachverständiger ein Gutachten zu erstatten, über die Ablehnung von Sachverständigen sowie über die Vernehmung von Angehörigen des öffentlichen Dienstes als Zeugen oder Sachverständige gelten entsprechend.

(2) [1]Verweigern Zeugen oder Sachverständige ohne Vorliegen eines der in den §§ 376, 383 bis 385 und 408 der Zivilprozessordnung bezeichneten Gründe die Aussage oder die Erstattung des Gutachtens, so kann die Behörde das für den Wohnsitz oder den Aufenthaltsort des Zeugen oder des Sachverständigen zuständige Verwaltungsgericht um die Vernehmung ersuchen. [2]Befindet sich der Wohnsitz oder der Aufenthaltsort des Zeugen oder des Sachverständigen nicht am Sitz eines Verwaltungsgerichts oder einer besonders errichteten Kammer, so kann auch das zuständige Amtsgericht um die Vernehmung ersucht werden. [3]In dem Ersuchen hat die Behörde den Gegenstand der Vernehmung darzulegen sowie die Namen und Anschriften der Beteiligten anzugeben. [4]Das Gericht hat die Beteiligten von den Beweisterminen zu benachrichtigen.

(3) Hält die Behörde mit Rücksicht auf die Bedeutung der Aussage eines Zeugen oder des Gutachtens eines Sachverständigen oder zur Herbeiführung einer wahrheitsgemäßen Aussage die Beeidigung für geboten, so kann sie das nach Absatz 2 zuständige Gericht um die eidliche Vernehmung ersuchen.

(4) Das Gericht entscheidet über die Rechtmäßigkeit einer Verweigerung des Zeugnisses, des Gutachtens oder der Eidesleistung.

(5) Ein Ersuchen nach Absatz 2 oder 3 an das Gericht darf nur von dem Behördenleiter, seinem allgemeinen Vertreter oder einem Angehörigen des öffentlichen Dienstes gestellt werden, der die Befähigung zum Richteramt hat oder die Voraussetzungen des § 110 Satz 1 des Deutschen Richtergesetzes erfüllt.

§ 66 Verpflichtung zur Anhörung von Beteiligten
(1) Im förmlichen Verwaltungsverfahren ist den Beteiligten Gelegenheit zu geben, sich vor der Entscheidung zu äußern.

(2) Den Beteiligten ist Gelegenheit zu geben, der Vernehmung von Zeugen und Sachverständigen und der Einnahme des Augenscheins beizuwohnen und hierbei sachdienliche Fragen zu stellen; ein schriftlich oder elektronisch vorliegendes Gutachten soll ihnen zugänglich gemacht werden.

§ 67 Erfordernis der mündlichen Verhandlung

(1) [1]Die Behörde entscheidet nach mündlicher Verhandlung. [2]Hierzu sind die Beteiligten mit angemessener Frist schriftlich zu laden. [3]Bei der Ladung ist darauf hinzuweisen, dass bei Ausbleiben eines Beteiligten auch ohne ihn verhandelt und entschieden werden kann. [4]Sind mehr als 50 Ladungen vorzunehmen, so können sie durch öffentliche Bekanntmachung ersetzt werden. [5]Die öffentliche Bekanntmachung wird dadurch bewirkt, dass der Verhandlungstermin mindestens zwei Wochen vorher im amtlichen Veröffentlichungsblatt der Behörde und außerdem in örtlichen Tageszeitungen, die in dem Bereich verbreitet sind, in dem sich die Entscheidung voraussichtlich auswirken wird, mit dem Hinweis nach Satz 3 bekannt gemacht wird. [6]Maßgebend für die Frist nach Satz 5 ist die Bekanntgabe im amtlichen Veröffentlichungsblatt.

(2) Die Behörde kann ohne mündliche Verhandlung entscheiden, wenn

1. einem Antrag im Einvernehmen mit allen Beteiligten in vollem Umfang entsprochen wird;
2. kein Beteiligter innerhalb einer hierfür gesetzten Frist Einwendungen gegen die vorgesehene Maßnahme erhoben hat;
3. die Behörde den Beteiligten mitgeteilt hat, dass sie beabsichtige, ohne mündliche Verhandlung zu entscheiden, und kein Beteiligter innerhalb einer hierfür gesetzten Frist Einwendungen dagegen erhoben hat;
4. alle Beteiligten auf sie verzichtet haben;
5. wegen Gefahr im Verzug eine sofortige Entscheidung notwendig ist.

(3) Die Behörde soll das Verfahren so fördern, dass es möglichst in einem Verhandlungstermin erledigt werden kann.

§ 68 Verlauf der mündlichen Verhandlung

(1) [1]Die mündliche Verhandlung ist nicht öffentlich. [2]An ihr können Vertreter der Aufsichtsbehörden und Personen, die bei der Behörde zur Ausbildung beschäftigt sind, teilnehmen. [3]Anderen Personen kann der Verhandlungsleiter die Anwesenheit gestatten, wenn kein Beteiligter widerspricht.

(2) [1]Der Verhandlungsleiter hat die Sache mit den Beteiligten zu erörtern. [2]Er hat darauf hinzuwirken, dass unklare Anträge erläutert, sachdienliche Anträge gestellt, ungenügende Angaben ergänzt sowie alle für die Feststellung des Sachverhalts wesentlichen Erklärungen abgegeben werden.

(3) [1]Der Verhandlungsleiter ist für die Ordnung verantwortlich. [2]Er kann Personen, die seine Anordnungen nicht befolgen, entfernen lassen. [3]Die Verhandlung kann ohne diese Personen fortgesetzt werden.

(4) [1]Über die mündliche Verhandlung ist eine Niederschrift zu fertigen. [2]Die Niederschrift muss Angaben enthalten über

1. den Ort und den Tag der Verhandlung,
2. die Namen des Verhandlungsleiters, der erschienenen Beteiligten, Zeugen und Sachverständigen,
3. den behandelten Verfahrensgegenstand und die gestellten Anträge,
4. den wesentlichen Inhalt der Aussagen der Zeugen und Sachverständigen,
5. das Ergebnis eines Augenscheins.

[3]Die Niederschrift ist von dem Verhandlungsleiter und, soweit ein Schriftführer hinzugezogen worden ist, auch von diesem zu unterzeichnen. [4]Der Aufnahme in die Verhandlungsniederschrift steht die Aufnahme in eine Schrift gleich, die ihr als Anlage beigefügt und als solche bezeichnet ist; auf die Anlage ist in der Verhandlungsniederschrift hinzuweisen.

§ 69 Entscheidung

(1) Die Behörde entscheidet unter Würdigung des Gesamtergebnisses des Verfahrens.

(2) [1]Verwaltungsakte, die das förmliche Verfahren abschließen, sind schriftlich zu erlassen, schriftlich zu begründen und den Beteiligten zuzustellen; in den Fällen des § 39 Abs. 2 Nr. 1 und 3 bedarf es einer Begründung nicht. [2]Ein elektronischer Verwaltungsakt nach Satz 1 ist mit einer dauerhaft überprüfbaren qualifizierten elektronischen Signatur zu versehen. [3]Sind mehr als 50 Zustellungen vorzunehmen, so können sie durch öffentliche Bekanntmachung ersetzt werden. [4]Die öffentliche Bekanntmachung wird dadurch bewirkt, dass der verfügende Teil des Verwaltungsaktes und die Rechtsbehelfsbelehrung im amtlichen Veröffentlichungsblatt der Behörde und außerdem in örtlichen Tageszeitungen bekannt gemacht werden, die in dem Bereich verbreitet sind, in dem sich die Entscheidung voraussichtlich auswirken wird. [5]Der Verwaltungsakt gilt mit dem Tage als zugestellt, an dem seit dem Tage

der Bekanntmachung in dem amtlichen Veröffentlichungsblatt zwei Wochen verstrichen sind; hierauf ist in der Bekanntmachung hinzuweisen. [6]Nach der öffentlichen Bekanntmachung kann der Verwaltungsakt bis zum Ablauf der Rechtsbehelfsfrist von den Beteiligten schriftlich oder elektronisch angefordert werden; hierauf ist in der Bekanntmachung gleichfalls hinzuweisen.

(3) [1]Wird das förmliche Verwaltungsverfahren auf andere Weise abgeschlossen, so sind die Beteiligten hiervon zu benachrichtigen. [2]Sind mehr als 50 Benachrichtigungen vorzunehmen, so können sie durch öffentliche Bekanntmachung ersetzt werden; Absatz 2 Satz 4 gilt entsprechend.

§ 70 Anfechtung der Entscheidung

Vor Erhebung einer verwaltungsgerichtlichen Klage, die einen im förmlichen Verwaltungsverfahren erlassenen Verwaltungsakt zum Gegenstand hat, bedarf es keiner Nachprüfung in einem Vorverfahren.

§ 71 Besondere Vorschriften für das förmliche Verfahren vor Ausschüssen

(1) [1]Findet das förmliche Verwaltungsverfahren vor einem Ausschuss (§ 88) statt, so hat jedes Mitglied das Recht, sachdienliche Fragen zu stellen. [2]Wird eine Frage von einem Beteiligten beanstandet, so entscheidet der Ausschuss über ihre Zulässigkeit.

(2) [1]Bei der Beratung und Abstimmung dürfen nur Ausschussmitglieder zugegen sein, die an der mündlichen Verhandlung teilgenommen haben. [2]Ferner dürfen Personen zugegen sein, die bei der Behörde, bei der der Ausschuss gebildet ist, zur Ausbildung beschäftigt sind, soweit der Vorsitzende ihre Anwesenheit gestattet. [3]Die Abstimmungsergebnisse sind festzuhalten.

(3) [1]Jeder Beteiligte kann ein Mitglied des Ausschusses ablehnen, das in diesem Verwaltungsverfahren nicht tätig werden darf (§ 20) oder bei dem die Besorgnis der Befangenheit besteht (§ 21). [2]Eine Ablehnung vor der mündlichen Verhandlung ist schriftlich oder zur Niederschrift zu erklären. [3]Die Erklärung ist unzulässig, wenn sich der Beteiligte, ohne den ihm bekannten Ablehnungsgrund geltend zu machen, in die mündliche Verhandlung eingelassen hat. [4]Für die Entscheidung über die Ablehnung gilt § 20 Abs. 4 Satz 2 bis 4.

Abschnitt 1a
Verfahren über eine einheitliche Stelle

§ 71a Anwendbarkeit

(1) Ist durch Rechtsvorschrift angeordnet, dass ein Verwaltungsverfahren über eine einheitliche Stelle abgewickelt werden kann, so gelten die Vorschriften dieses Abschnitts und, soweit sich aus ihnen nichts Abweichendes ergibt, die übrigen Vorschriften dieses Gesetzes.

(2) Der zuständigen Behörde obliegen die Pflichten aus § 71b Abs. 3, 4 und 6, § 71c Abs. 2 und § 71e auch dann, wenn sich der Antragsteller oder Anzeigepflichtige unmittelbar an die zuständige Behörde wendet.

§ 71b Verfahren

(1) Die einheitliche Stelle nimmt Anzeigen, Anträge, Willenserklärungen und Unterlagen entgegen und leitet sie unverzüglich an die zuständigen Behörden weiter.

(2) [1]Anzeigen, Anträge, Willenserklärungen und Unterlagen gelten am dritten Tag nach Eingang bei der einheitlichen Stelle als bei der zuständigen Behörde eingegangen. [2]Fristen werden mit Eingang bei der einheitlichen Stelle gewahrt.

(3) [1]Soll durch die Anzeige, den Antrag oder die Abgabe einer Willenserklärung eine Frist in Lauf gesetzt werden, innerhalb deren die zuständige Behörde tätig werden muss, stellt die zuständige Behörde eine Empfangsbestätigung aus. [2]In der Empfangsbestätigung ist das Datum des Eingangs bei der einheitlichen Stelle mitzuteilen und auf die Frist, die Voraussetzungen für den Beginn des Fristlaufs und auf eine an den Fristablauf geknüpfte Rechtsfolge sowie auf die verfügbaren Rechtsbehelfe hinzuweisen.

(4) [1]Ist die Anzeige oder der Antrag unvollständig, teilt die zuständige Behörde unverzüglich mit, welche Unterlagen nachzureichen sind. [2]Die Mitteilung enthält den Hinweis, dass der Lauf der Frist nach Absatz 3 erst mit Eingang der vollständigen Unterlagen beginnt. [3]Das Datum des Eingangs der nachgereichten Unterlagen bei der einheitlichen Stelle ist mitzuteilen.

(5) [1]Soweit die einheitliche Stelle zur Verfahrensabwicklung in Anspruch genommen wird, sollen Mitteilungen der zuständigen Behörde an den Antragsteller oder Anzeigepflichtigen über sie weiter-

gegeben werden. ²Verwaltungsakte werden auf Verlangen desjenigen, an den sich der Verwaltungsakt richtet, von der zuständigen Behörde unmittelbar bekannt gegeben.

(6) ¹Ein schriftlicher Verwaltungsakt, der durch die Post in das Ausland übermittelt wird, gilt einen Monat nach Aufgabe zur Post als bekannt gegeben. ²§ 41 Abs. 2 Satz 3 gilt entsprechend. ³Von dem Antragsteller oder Anzeigepflichtigen kann nicht nach § 15 verlangt werden, einen Empfangsbevollmächtigten zu bestellen.

§ 71c Informationspflichten
(1) ¹Die einheitliche Stelle erteilt auf Anfrage unverzüglich Auskunft über die maßgeblichen Vorschriften, die zuständigen Behörden, den Zugang zu den öffentlichen Registern und Datenbanken, die zustehenden Verfahrensrechte und die Einrichtungen, die den Antragsteller oder Anzeigepflichtigen bei der Aufnahme oder Ausübung seiner Tätigkeit unterstützen. ²Sie teilt unverzüglich mit, wenn eine Anfrage zu unbestimmt ist.

(2) ¹Die zuständigen Behörden erteilen auf Anfrage unverzüglich Auskunft über die maßgeblichen Vorschriften und deren gewöhnliche Auslegung. ²Nach § 25 erforderliche Anregungen und Auskünfte werden unverzüglich gegeben.

§ 71d Gegenseitige Unterstützung
¹Die einheitliche Stelle und die zuständigen Behörden wirken gemeinsam auf eine ordnungsgemäße und zügige Verfahrensabwicklung hin; alle einheitlichen Stellen und zuständigen Behörden sind hierbei zu unterstützen. ²Die zuständigen Behörden stellen der einheitlichen Stelle insbesondere die erforderlichen Informationen zum Verfahrensstand zur Verfügung.

§ 71e Elektronisches Verfahren
¹Das Verfahren nach diesem Abschnitt wird auf Verlangen in elektronischer Form abgewickelt. ²§ 3a Abs. 2 Satz 2 und 3 und Abs. 3 bleibt unberührt.

Abschnitt 2
Planfeststellungsverfahren

§ 72 Anwendung der Vorschriften über das Planfeststellungsverfahren
(1) Ist ein Planfeststellungsverfahren durch Rechtsvorschrift angeordnet, so gelten hierfür die §§ 73 bis 78 und, soweit sich aus ihnen nichts Abweichendes ergibt, die übrigen Vorschriften dieses Gesetzes; die §§ 51 und 71a bis 71e sind nicht anzuwenden, § 29 ist mit der Maßgabe anzuwenden, dass Akteneinsicht nach pflichtgemäßem Ermessen zu gewähren ist.

(2) ¹Die Mitteilung nach § 17 Abs. 2 Satz 2 und die Aufforderung nach § 17 Abs. 4 Satz 2 sind im Planfeststellungsverfahren öffentlich bekannt zu machen. ²Die öffentliche Bekanntmachung wird dadurch bewirkt, dass die Behörde die Mitteilung oder die Aufforderung in ihrem amtlichen Veröffentlichungsblatt und außerdem in örtlichen Tageszeitungen, die in dem Bereich verbreitet sind, in dem sich das Vorhaben voraussichtlich auswirken wird, bekannt macht.

§ 73 Anhörungsverfahren
(1) ¹Der Träger des Vorhabens hat den Plan der Anhörungsbehörde zur Durchführung des Anhörungsverfahrens einzureichen. ²Der Plan besteht aus den Zeichnungen und Erläuterungen, die das Vorhaben, seinen Anlass und die von dem Vorhaben betroffenen Grundstücke und Anlagen erkennen lassen.

(2) Innerhalb eines Monats nach Zugang des vollständigen Plans fordert die Anhörungsbehörde die Behörden, deren Aufgabenbereich durch das Vorhaben berührt wird, zur Stellungnahme auf und veranlasst, dass der Plan in den Gemeinden, in denen sich das Vorhaben voraussichtlich auswirken wird, ausgelegt wird.

(3) ¹Die Gemeinden nach Absatz 2 haben den Plan innerhalb von drei Wochen nach Zugang für die Dauer eines Monats zur Einsicht auszulegen. ²Auf eine Auslegung kann verzichtet werden, wenn der Kreis der Betroffenen und die Vereinigungen nach Absatz 4 Satz 5 bekannt sind und ihnen innerhalb angemessener Frist Gelegenheit gegeben wird, den Plan einzusehen.

(3a) ¹Die Behörden nach Absatz 2 haben ihre Stellungnahme innerhalb einer von der Anhörungsbehörde zu setzenden Frist abzugeben, die drei Monate nicht überschreiten darf. ²Stellungnahmen, die nach Ablauf der Frist nach Satz 1 eingehen, sind zu berücksichtigen, wenn der Planfeststellungsbehörde die vorgebrachten Belange bekannt sind oder hätten bekannt sein müssen oder für die Rechtmäßigkeit der Entscheidung von Bedeutung sind; im Übrigen können sie berücksichtigt werden.

(4) [1]Jeder, dessen Belange durch das Vorhaben berührt werden, kann bis zwei Wochen nach Ablauf der Auslegungsfrist schriftlich oder zur Niederschrift bei der Anhörungsbehörde oder bei der Gemeinde Einwendungen gegen den Plan erheben. [2]Im Falle des Absatzes 3 Satz 2 bestimmt die Anhörungsbehörde die Einwendungsfrist. [3]Mit Ablauf der Einwendungsfrist sind alle Einwendungen ausgeschlossen, die nicht auf besonderen privatrechtlichen Titeln beruhen. [4]Hierauf ist in der Bekanntmachung der Auslegung oder bei der Bekanntgabe der Einwendungsfrist hinzuweisen. [5]Vereinigungen, die auf Grund einer Anerkennung nach anderen Rechtsvorschriften befugt sind, Rechtsbehelfe nach der Verwaltungsgerichtsordnung gegen die Entscheidung nach § 74 einzulegen, können innerhalb der Frist nach Satz 1 Stellungnahmen zu dem Plan abgeben. [6]Die Sätze 2 bis 4 gelten entsprechend.

(5) [1]Die Gemeinden, in denen der Plan auszulegen ist, haben die Auslegung vorher ortsüblich bekannt zu machen. [2]In der Bekanntmachung ist darauf hinzuweisen,

1.   wo und in welchem Zeitraum der Plan zur Einsicht ausgelegt ist;
2.   dass etwaige Einwendungen oder Stellungnahmen von Vereinigungen nach Absatz 4 Satz 5 bei den in der Bekanntmachung zu bezeichnenden Stellen innerhalb der Einwendungsfrist vorzubringen sind;
3.   dass bei Ausbleiben eines Beteiligten in dem Erörterungstermin auch ohne ihn verhandelt werden kann;
4.   dass
     a)   die Personen, die Einwendungen erhoben haben, oder die Vereinigungen, die Stellungnahmen abgegeben haben, von dem Erörterungstermin durch öffentliche Bekanntmachung benachrichtigt werden können,
     b)   die Zustellung der Entscheidung über die Einwendungen durch öffentliche Bekanntmachung ersetzt werden kann,
     wenn mehr als 50 Benachrichtigungen oder Zustellungen vorzunehmen sind.

[3]Nicht ortsansässige Betroffene, deren Person und Aufenthalt bekannt sind oder sich innerhalb angemessener Frist ermitteln lassen, sollen auf Veranlassung der Anhörungsbehörde von der Auslegung mit dem Hinweis nach Satz 2 benachrichtigt werden.

(6) [1]Nach Ablauf der Einwendungsfrist hat die Anhörungsbehörde die rechtzeitig gegen den Plan erhobenen Einwendungen, die rechtzeitig abgegebenen Stellungnahmen von Vereinigungen nach Absatz 4 Satz 5 sowie die Stellungnahmen der Behörden zu dem Plan mit dem Träger des Vorhabens, den Behörden, den Betroffenen sowie denjenigen, die Einwendungen erhoben oder Stellungnahmen abgegeben haben, zu erörtern. [2]Der Erörterungstermin ist mindestens eine Woche vorher ortsüblich bekannt zu machen. [3]Die Behörden, der Träger des Vorhabens und diejenigen, die Einwendungen erhoben oder Stellungnahmen abgegeben haben, sind von dem Erörterungstermin zu benachrichtigen. [4]Sind außer der Benachrichtigung der Behörden und des Trägers des Vorhabens mehr als 50 Benachrichtigungen vorzunehmen, so können diese Benachrichtigungen durch öffentliche Bekanntmachung ersetzt werden. [5]Die öffentliche Bekanntmachung wird dadurch bewirkt, dass abweichend von Satz 2 der Erörterungstermin im amtlichen Veröffentlichungsblatt der Anhörungsbehörde und außerdem in örtlichen Tageszeitungen bekannt gemacht wird, die in dem Bereich verbreitet sind, in dem sich das Vorhaben voraussichtlich auswirken wird; maßgebend für die Frist nach Satz 2 ist die Bekanntgabe im amtlichen Veröffentlichungsblatt. [6]Im Übrigen gelten für die Erörterung über die mündliche Verhandlung im förmlichen Verwaltungsverfahren (§ 67 Abs. 1 Satz 3, Abs. 2 Nr. 1 und 4 und Abs. 3, § 68) entsprechend. [7]Die Anhörungsbehörde schließt die Erörterung innerhalb von drei Monaten nach Ablauf der Einwendungsfrist ab.

(7) Abweichend von den Vorschriften des Absatzes 6 Satz 2 bis 5 kann der Erörterungstermin bereits in der Bekanntmachung nach Absatz 5 Satz 2 bestimmt werden.

(8) [1]Soll ein ausgelegter Plan geändert werden und werden dadurch der Aufgabenbereich einer Behörde oder einer Vereinigung nach Absatz 4 Satz 5 oder Belange Dritter erstmals oder stärker als bisher berührt, so ist diesen die Änderung mitzuteilen und ihnen Gelegenheit zu Stellungnahmen und Einwendungen innerhalb von zwei Wochen zu geben; Absatz 4 Satz 3 bis 6 gilt entsprechend. [2]Wird sich die Änderung voraussichtlich auf das Gebiet einer anderen Gemeinde auswirken, so ist der geänderte Plan in dieser Gemeinde auszulegen; die Absätze 2 bis 6 gelten entsprechend.

(9) Die Anhörungsbehörde gibt zum Ergebnis des Anhörungsverfahrens eine Stellungnahme ab und leitet diese der Planfeststellungsbehörde innerhalb eines Monats nach Abschluss der Erörterung mit dem Plan, den Stellungnahmen der Behörden und der Vereinigungen nach Absatz 4 Satz 5 sowie den nicht erledigten Einwendungen zu.

§ 74 Planfeststellungsbeschluss, Plangenehmigung

(1) [1]Die Planfeststellungsbehörde stellt den Plan fest (Planfeststellungsbeschluss). [2]Die Vorschriften über die Entscheidung und die Anfechtung der Entscheidung im förmlichen Verwaltungsverfahren (§§ 69 und 70) sind anzuwenden.

(2) [1]Im Planfeststellungsbeschluss entscheidet die Planfeststellungsbehörde über die Einwendungen, über die bei der Erörterung vor der Anhörungsbehörde keine Einigung erzielt worden ist. [2]Sie hat dem Träger des Vorhabens Vorkehrungen oder die Errichtung und Unterhaltung von Anlagen aufzuerlegen, die zum Wohl der Allgemeinheit oder zur Vermeidung nachteiliger Wirkungen auf Rechte anderer erforderlich sind. [3]Sind solche Vorkehrungen oder Anlagen untunlich oder mit dem Vorhaben unvereinbar, so hat der Betroffene Anspruch auf angemessene Entschädigung in Geld.

(3) Soweit eine abschließende Entscheidung noch nicht möglich ist, ist diese im Planfeststellungsbeschluss vorzubehalten; dem Träger des Vorhabens ist dabei aufzugeben, noch fehlende oder von der Planfeststellungsbehörde bestimmte Unterlagen rechtzeitig vorzulegen.

(4) [1]Der Planfeststellungsbeschluss ist dem Träger des Vorhabens, denjenigen, über deren Einwendungen entschieden worden ist, und den Vereinigungen, über deren Stellungnahme entschieden worden ist, zuzustellen. [2]Eine Ausfertigung des Beschlusses ist mit einer Rechtsbehelfsbelehrung und einer Ausfertigung des festgestellten Plans in den Gemeinden zwei Wochen zur Einsicht auszulegen; der Ort und die Zeit der Auslegung sind ortsüblich bekannt zu machen. [3]Mit dem Ende der Auslegungsfrist gilt der Beschluss gegenüber den übrigen Betroffenen als zugestellt; darauf ist in der Bekanntmachung hinzuweisen.

(5) [1]Sind außer an den Träger des Vorhabens mehr als 50 Zustellungen nach Absatz 4 vorzunehmen, so können diese Zustellungen durch öffentliche Bekanntmachung ersetzt werden. [2]Die öffentliche Bekanntmachung wird dadurch bewirkt, dass der verfügende Teil des Planfeststellungsbeschlusses, die Rechtsbehelfsbelehrung und ein Hinweis auf die Auslegung nach Absatz 4 Satz 2 im amtlichen Veröffentlichungsblatt der zuständigen Behörde und außerdem in örtlichen Tageszeitungen bekannt gemacht werden, die in dem Bereich verbreitet sind, in dem sich das Vorhaben voraussichtlich auswirken wird; auf Auflagen ist hinzuweisen. [3]Mit dem Ende der Auslegungsfrist gilt der Beschluss den Betroffenen und denjenigen gegenüber, die Einwendungen erhoben haben, als zugestellt; hierauf ist in der Bekanntmachung hinzuweisen. [4]Nach der öffentlichen Bekanntmachung kann der Planfeststellungsbeschluss bis zum Ablauf der Rechtsbehelfsfrist von den Betroffenen und von denjenigen, die Einwendungen erhoben haben, schriftlich oder elektronisch angefordert werden; hierauf ist in der Bekanntmachung gleichfalls hinzuweisen.

(6) [1]An Stelle eines Planfeststellungsbeschlusses kann eine Plangenehmigung erteilt werden, wenn
1. Rechte anderer nicht oder nur unwesentlich beeinträchtigt werden oder die Betroffenen sich mit der Inanspruchnahme ihres Eigentums oder eines anderen Rechts schriftlich einverstanden erklärt haben,
2. mit den Trägern öffentlicher Belange, deren Aufgabenbereich berührt wird, das Benehmen hergestellt worden ist und
3. nicht andere Rechtsvorschriften eine Öffentlichkeitsbeteiligung vorschreiben, die den Anforderungen des § 73 Absatz 3 Satz 1 und Absatz 4 bis 7 entsprechen muss.

[2]Die Plangenehmigung hat die Rechtswirkungen der Planfeststellung; auf ihre Erteilung sind die Vorschriften über das Planfeststellungsverfahren nicht anzuwenden; davon ausgenommen sind Absatz 4 Satz 1 und Absatz 5, die entsprechend anzuwenden sind. [3]Vor Erhebung einer verwaltungsgerichtlichen Klage bedarf es keiner Nachprüfung in einem Vorverfahren. [4]§ 75 Abs. 4 gilt entsprechend.

(7) [1]Planfeststellung und Plangenehmigung entfallen in Fällen von unwesentlicher Bedeutung. [2]Diese liegen vor, wenn
1. andere öffentliche Belange nicht berührt sind oder die erforderlichen behördlichen Entscheidungen vorliegen und sie dem Plan nicht entgegenstehen,
2. Rechte anderer nicht beeinflusst werden oder mit den vom Plan Betroffenen entsprechende Vereinbarungen getroffen worden sind und

3. nicht andere Rechtsvorschriften eine Öffentlichkeitsbeteiligung vorschreiben, die den Anforderungen des § 73 Absatz 3 Satz 1 und Absatz 4 bis 7 entsprechen muss.

§ 75 Rechtswirkungen der Planfeststellung

(1) [1]Durch die Planfeststellung wird die Zulässigkeit des Vorhabens einschließlich der notwendigen
Folgemaßnahmen an anderen Anlagen im Hinblick auf alle von ihm berührten öffentlichen Belange
festgestellt; neben der Planfeststellung sind andere behördliche Entscheidungen, insbesondere öffentlich-rechtliche Genehmigungen, Verleihungen, Erlaubnisse, Bewilligungen, Zustimmungen und Planfeststellungen nicht erforderlich. [2]Durch die Planfeststellung werden alle öffentlich-rechtlichen Beziehungen zwischen dem Träger des Vorhabens und den durch den Plan Betroffenen rechtsgestaltend
geregelt.

(1a) [1]Mängel bei der Abwägung der von dem Vorhaben berührten öffentlichen und privaten Belange
sind nur erheblich, wenn sie offensichtlich und auf das Abwägungsergebnis von Einfluss gewesen sind.
[2]Erhebliche Mängel bei der Abwägung oder eine Verletzung von Verfahrens- oder Formvorschriften
führen nur dann zur Aufhebung des Planfeststellungsbeschlusses oder der Plangenehmigung, wenn sie
nicht durch Planergänzung oder durch ein ergänzendes Verfahren behoben werden können; die §§ 45
und 46 bleiben unberührt.

(2) [1]Ist der Planfeststellungsbeschluss unanfechtbar geworden, so sind Ansprüche auf Unterlassung
des Vorhabens, auf Beseitigung oder Änderung der Anlagen oder auf Unterlassung ihrer Benutzung
ausgeschlossen. [2]Treten nicht voraussehbare Wirkungen des Vorhabens oder der dem festgestellten
Plan entsprechenden Anlagen auf das Recht eines anderen erst nach Unanfechtbarkeit des Plans auf,
so kann der Betroffene Vorkehrungen oder die Errichtung und Unterhaltung von Anlagen verlangen,
welche die nachteiligen Wirkungen ausschließen. [3]Sie sind dem Träger des Vorhabens durch Beschluss
der Planfeststellungsbehörde aufzuerlegen. [4]Sind solche Vorkehrungen oder Anlagen untunlich oder
mit dem Vorhaben unvereinbar, so richtet sich der Anspruch auf angemessene Entschädigung in Geld.
[5]Werden Vorkehrungen oder Anlagen im Sinne des Satzes 2 notwendig, weil nach Abschluss des
Planfeststellungsverfahrens auf einem benachbarten Grundstück Veränderungen eingetreten sind, so
hat die hierdurch entstehenden Kosten der Eigentümer des benachbarten Grundstücks zu tragen, es sei
denn, dass die Veränderungen durch natürliche Ereignisse oder höhere Gewalt verursacht worden sind;
Satz 4 ist nicht anzuwenden.

(3) [1]Anträge, mit denen Ansprüche auf Herstellung von Einrichtungen oder auf angemessene Entschädigung nach Absatz 2 Satz 2 und 4 geltend gemacht werden, sind schriftlich an die Planfeststellungsbehörde zu richten. [2]Sie sind nur innerhalb von drei Jahren nach dem Zeitpunkt zulässig, zu dem
der Betroffene von den nachteiligen Wirkungen des dem unanfechtbar festgestellten Plan entsprechenden Vorhabens oder der Anlage Kenntnis erhalten hat; sie sind ausgeschlossen, wenn nach Herstellung des dem Plan entsprechenden Zustands 30 Jahre verstrichen sind.

(4) [1]Wird mit der Durchführung des Plans nicht innerhalb von fünf Jahren nach Eintritt der Unanfechtbarkeit begonnen, so tritt er außer Kraft. [2]Als Beginn der Durchführung des Plans gilt jede erstmals
nach außen erkennbare Tätigkeit von mehr als nur geringfügiger Bedeutung zur plangemäßen Verwirklichung des Vorhabens; eine spätere Unterbrechung der Verwirklichung des Vorhabens berührt
den Beginn der Durchführung nicht.

§ 76 Planänderungen vor Fertigstellung des Vorhabens

(1) Soll vor Fertigstellung des Vorhabens der festgestellte Plan geändert werden, bedarf es eines neuen
Planfeststellungsverfahrens.

(2) Bei Planänderungen von unwesentlicher Bedeutung kann die Planfeststellungsbehörde von einem
neuen Planfeststellungsverfahren absehen, wenn die Belange anderer nicht berührt werden oder wenn
die Betroffenen der Änderung zugestimmt haben.

(3) Führt die Planfeststellungsbehörde in den Fällen des Absatzes 2 oder in anderen Fällen einer Planänderung von unwesentlicher Bedeutung ein Planfeststellungsverfahren durch, so bedarf es keines
Anhörungsverfahrens und keiner öffentlichen Bekanntgabe des Planfeststellungsbeschlusses.

§ 77 Aufhebung des Planfeststellungsbeschlusses

[1]Wird ein Vorhaben, mit dessen Durchführung begonnen worden ist, endgültig aufgegeben, so hat die
Planfeststellungsbehörde den Planfeststellungsbeschluss aufzuheben. [2]In dem Aufhebungsbeschluss
sind dem Träger des Vorhabens die Wiederherstellung des früheren Zustands oder geeignete andere

Maßnahmen aufzuerlegen, soweit dies zum Wohl der Allgemeinheit oder zur Vermeidung nachteiliger Wirkungen auf Rechte anderer erforderlich ist. [3]Werden solche Maßnahmen notwendig, weil nach Abschluss des Planfeststellungsverfahrens auf einem benachbarten Grundstück Veränderungen eingetreten sind, so kann der Träger des Vorhabens durch Beschluss der Planfeststellungsbehörde zu geeigneten Vorkehrungen verpflichtet werden; die hierdurch entstehenden Kosten hat jedoch der Eigentümer des benachbarten Grundstücks zu tragen, es sei denn, dass die Veränderungen durch natürliche Ereignisse oder höhere Gewalt verursacht worden sind.

§ 78 Zusammentreffen mehrerer Vorhaben
(1) Treffen mehrere selbständige Vorhaben, für deren Durchführung Planfeststellungsverfahren vorgeschrieben sind, derart zusammen, dass für diese Vorhaben oder für Teile von ihnen nur eine einheitliche Entscheidung möglich ist, und ist mindestens eines der Planfeststellungsverfahren bundesrechtlich geregelt, so findet für diese Vorhaben oder für deren Teile nur ein Planfeststellungsverfahren statt.

(2) [1]Zuständigkeiten und Verfahren richten sich nach den Rechtsvorschriften über das Planfeststellungsverfahren, das für diejenige Anlage vorgeschrieben ist, die einen größeren Kreis öffentlich-rechtlicher Beziehungen berührt. [2]Bestehen Zweifel, welche Rechtsvorschrift anzuwenden ist, so entscheidet, falls nach den in Betracht kommenden Rechtsvorschriften mehrere Bundesbehörden in den Geschäftsbereichen mehrerer oberster Bundesbehörden zuständig sind, die Bundesregierung, sonst die zuständige oberste Bundesbehörde. [3]Bestehen Zweifel, welche Rechtsvorschrift anzuwenden ist, und sind nach den in Betracht kommenden Rechtsvorschriften eine Bundesbehörde und eine Landesbehörde zuständig, so führen, falls sich die obersten Bundes- und Landesbehörden nicht einigen, die Bundesregierung und die Landesregierung das Einvernehmen darüber herbei, welche Rechtsvorschrift anzuwenden ist.

Teil VI
Rechtsbehelfsverfahren

§ 79 Rechtsbehelfe gegen Verwaltungsakte
Für förmliche Rechtsbehelfe gegen Verwaltungsakte gelten die Verwaltungsgerichtsordnung und die zu ihrer Ausführung ergangenen Rechtsvorschriften, soweit nicht durch Gesetz etwas anderes bestimmt ist; im Übrigen gelten die Vorschriften dieses Gesetzes.

§ 80 Erstattung von Kosten im Vorverfahren
(1) [1]Soweit der Widerspruch erfolgreich ist, hat der Rechtsträger, dessen Behörde den angefochtenen Verwaltungsakt erlassen hat, demjenigen, der Widerspruch erhoben hat, die zur zweckentsprechenden Rechtsverfolgung oder Rechtsverteidigung notwendigen Aufwendungen zu erstatten. [2]Dies gilt auch, wenn der Widerspruch nur deshalb keinen Erfolg hat, weil die Verletzung einer Verfahrens- oder Formvorschrift nach § 45 unbeachtlich ist. [3]Soweit der Widerspruch erfolglos geblieben ist, hat derjenige, der den Widerspruch eingelegt hat, die zur zweckentsprechenden Rechtsverfolgung oder Rechtsverteidigung notwendigen Aufwendungen der Behörde, die den angefochtenen Verwaltungsakt erlassen hat, zu erstatten; dies gilt nicht, wenn der Widerspruch gegen einen Verwaltungsakt eingelegt wird, der im Rahmen
1. eines bestehenden oder früheren öffentlich-rechtlichen Dienst- oder Amtsverhältnisses oder
2. einer bestehenden oder früheren gesetzlichen Dienstpflicht oder einer Tätigkeit, die an Stelle der gesetzlichen Dienstpflicht geleistet werden kann,
erlassen wurde. [4]Aufwendungen, die durch das Verschulden eines Erstattungsberechtigten entstanden sind, hat dieser selbst zu tragen; das Verschulden eines Vertreters ist dem Vertretenen zuzurechnen.

(2) Die Gebühren und Auslagen eines Rechtsanwalts oder eines sonstigen Bevollmächtigten im Vorverfahren sind erstattungsfähig, wenn die Zuziehung eines Bevollmächtigten notwendig war.

(3) [1]Die Behörde, die die Kostenentscheidung getroffen hat, setzt auf Antrag den Betrag der zu erstattenden Aufwendungen fest; hat ein Ausschuss oder Beirat (§ 73 Abs. 2 der Verwaltungsgerichtsordnung) die Kostenentscheidung getroffen, so obliegt die Kostenfestsetzung der Behörde, bei der der Ausschuss oder Beirat gebildet ist. [2]Die Kostenentscheidung bestimmt auch, ob die Zuziehung eines Rechtsanwalts oder eines sonstigen Bevollmächtigten notwendig war.

(4) Die Absätze 1 bis 3 gelten auch für Vorverfahren bei Maßnahmen des Richterdienstrechts.

§ 81 Anwendung der Vorschriften über die ehrenamtliche Tätigkeit

Für die ehrenamtliche Tätigkeit im Verwaltungsverfahren gelten die §§ 82 bis 87, soweit Rechtsvorschriften nichts Abweichendes bestimmen.

§ 82 Pflicht zu ehrenamtlicher Tätigkeit

Eine Pflicht zur Übernahme ehrenamtlicher Tätigkeit besteht nur, wenn sie durch Rechtsvorschrift vorgesehen ist.

§ 83 Ausübung ehrenamtlicher Tätigkeit

(1) Der ehrenamtlich Tätige hat seine Tätigkeit gewissenhaft und unparteiisch auszuüben.

(2) [1]Bei Übernahme seiner Aufgaben ist er zur gewissenhaften und unparteiischen Tätigkeit und zur Verschwiegenheit besonders zu verpflichten. [2]Die Verpflichtung ist aktenkundig zu machen.

§ 84 Verschwiegenheitspflicht

(1) [1]Der ehrenamtlich Tätige hat, auch nach Beendigung seiner ehrenamtlichen Tätigkeit, über die ihm dabei bekannt gewordenen Angelegenheiten Verschwiegenheit zu wahren. [2]Dies gilt nicht für Mitteilungen im dienstlichen Verkehr oder über Tatsachen, die offenkundig sind oder ihrer Bedeutung nach keiner Geheimhaltung bedürfen.

(2) Der ehrenamtlich Tätige darf ohne Genehmigung über Angelegenheiten, über die er Verschwiegenheit zu wahren hat, weder vor Gericht noch außergerichtlich aussagen oder Erklärungen abgeben.

(3) Die Genehmigung, als Zeuge auszusagen, darf nur versagt werden, wenn die Aussage dem Wohl des Bundes oder eines Landes Nachteile bereiten oder die Erfüllung öffentlicher Aufgaben ernstlich gefährden oder erheblich erschweren würde.

(4) [1]Ist der ehrenamtlich Tätige Beteiligter in einem gerichtlichen Verfahren oder soll sein Vorbringen der Wahrnehmung seiner berechtigten Interessen dienen, so darf die Genehmigung auch dann, wenn die Voraussetzungen des Absatzes 3 erfüllt sind, nur versagt werden, wenn ein zwingendes öffentliches Interesse dies erfordert. [2]Wird sie versagt, so ist dem ehrenamtlich Tätigen der Schutz zu gewähren, den die öffentlichen Interessen zulassen.

(5) Die Genehmigung nach den Absätzen 2 bis 4 erteilt die fachlich zuständige Aufsichtsbehörde der Stelle, die den ehrenamtlich Tätigen berufen hat.

§ 85 Entschädigung

Der ehrenamtlich Tätige hat Anspruch auf Ersatz seiner notwendigen Auslagen und seines Verdienstausfalls.

§ 86 Abberufung

[1]Personen, die zu ehrenamtlicher Tätigkeit herangezogen worden sind, können von der Stelle, die sie berufen hat, abberufen werden, wenn ein wichtiger Grund vorliegt. [2]Ein wichtiger Grund liegt insbesondere vor, wenn der ehrenamtlich Tätige

1. seine Pflicht gröblich verletzt oder sich als unwürdig erwiesen hat,
2. seine Tätigkeit nicht mehr ordnungsgemäß ausüben kann.

§ 87 Ordnungswidrigkeiten

(1) Ordnungswidrig handelt, wer

1. eine ehrenamtliche Tätigkeit nicht übernimmt, obwohl er zur Übernahme verpflichtet ist,
2. eine ehrenamtliche Tätigkeit, zu deren Übernahme er verpflichtet war, ohne anerkennenswerten Grund niederlegt.

(2) Die Ordnungswidrigkeit kann mit einer Geldbuße geahndet werden.

Abschnitt 2
Ausschüsse

§ 88 Anwendung der Vorschriften über Ausschüsse
Für Ausschüsse, Beiräte und andere kollegiale Einrichtungen (Ausschüsse) gelten, wenn sie in einem Verwaltungsverfahren tätig werden, die §§ 89 bis 93, soweit Rechtsvorschriften nichts Abweichendes bestimmen.

§ 89 Ordnung in den Sitzungen
Der Vorsitzende eröffnet, leitet und schließt die Sitzungen; er ist für die Ordnung verantwortlich.

§ 90 Beschlussfähigkeit
(1) [1]Ausschüsse sind beschlussfähig, wenn alle Mitglieder geladen und mehr als die Hälfte, mindestens aber drei der stimmberechtigten Mitglieder anwesend sind. [2]Beschlüsse können auch im schriftlichen Verfahren gefasst werden, wenn kein Mitglied widerspricht.

(2) Ist eine Angelegenheit wegen Beschlussunfähigkeit zurückgestellt worden und wird der Ausschuss zur Behandlung desselben Gegenstands erneut geladen, so ist er ohne Rücksicht auf die Zahl der Erschienenen beschlussfähig, wenn darauf in dieser Ladung hingewiesen worden ist.

§ 91 Beschlussfassung
[1]Beschlüsse werden mit Stimmenmehrheit gefasst. [2]Bei Stimmengleichheit entscheidet die Stimme des Vorsitzenden, wenn er stimmberechtigt ist; sonst gilt Stimmengleichheit als Ablehnung.

§ 92 Wahlen durch Ausschüsse
(1) [1]Gewählt wird, wenn kein Mitglied des Ausschusses widerspricht, durch Zuruf oder Zeichen, sonst durch Stimmzettel. [2]Auf Verlangen eines Mitglieds ist geheim zu wählen.

(2) [1]Gewählt ist, wer von den abgegebenen Stimmen die meisten erhalten hat. [2]Bei Stimmengleichheit entscheidet das vom Leiter der Wahl zu ziehende Los.

(3) [1]Sind mehrere gleichartige Wahlstellen zu besetzen, so ist nach dem Höchstzahlverfahren d'Hondt zu wählen, außer wenn einstimmig etwas anderes beschlossen worden ist. [2]Über die Zuteilung der letzten Wahlstelle entscheidet bei gleicher Höchstzahl das vom Leiter der Wahl zu ziehende Los.

§ 93 Niederschrift
[1]Über die Sitzung ist eine Niederschrift zu fertigen. [2]Die Niederschrift muss Angaben enthalten über
1. den Ort und den Tag der Sitzung,
2. die Namen des Vorsitzenden und der anwesenden Ausschussmitglieder,
3. den behandelten Gegenstand und die gestellten Anträge,
4. die gefassten Beschlüsse,
5. das Ergebnis von Wahlen.

[3]Die Niederschrift ist von dem Vorsitzenden und, soweit ein Schriftführer hinzugezogen worden ist, auch von diesem zu unterzeichnen.

Teil VIII
Schlussvorschriften

§ 94 Übertragung gemeindlicher Aufgaben
[1]Die Landesregierungen können durch Rechtsverordnung die nach den §§ 73 und 74 dieses Gesetzes den Gemeinden obliegenden Aufgaben auf eine andere kommunale Gebietskörperschaft oder eine Verwaltungsgemeinschaft übertragen. [2]Rechtsvorschriften der Länder, die entsprechende Regelungen bereits enthalten, bleiben unberührt.

§ 95 Sonderregelung für Verteidigungsangelegenheiten
[1]Nach Feststellung des Verteidigungsfalles oder des Spannungsfalles kann in Verteidigungsangelegenheiten von der Anhörung Beteiligter (§ 28 Abs. 1), von der schriftlichen Bestätigung (§ 37 Abs. 2 Satz 2) und von der schriftlichen Begründung eines Verwaltungsaktes (§ 39 Abs. 1) abgesehen werden; in diesen Fällen gilt ein Verwaltungsakt abweichend von § 41 Abs. 4 Satz 3 mit dem auf die Bekanntmachung folgenden Tag als bekannt gegeben. [2]Dasselbe gilt für die sonstigen gemäß Artikel 80a des Grundgesetzes anzuwendenden Rechtsvorschriften.

§ 96 Überleitung von Verfahren

(1) Bereits begonnene Verfahren sind nach den Vorschriften dieses Gesetzes zu Ende zu führen.

(2) Die Zulässigkeit eines Rechtsbehelfs gegen die vor Inkrafttreten dieses Gesetzes ergangenen Entscheidungen richtet sich nach den bisher geltenden Vorschriften.

(3) Fristen, deren Lauf vor Inkrafttreten dieses Gesetzes begonnen hat, werden nach den bisher geltenden Rechtsvorschriften berechnet.

(4) Für die Erstattung von Kosten im Vorverfahren gelten die Vorschriften dieses Gesetzes, wenn das Vorverfahren vor Inkrafttreten dieses Gesetzes noch nicht abgeschlossen worden ist.

§ 97 (weggefallen)

§ 98 (weggefallen)

§ 99 (weggefallen)

§ 100 Landesgesetzliche Regelungen

Die Länder können durch Gesetz

1. eine dem § 16 entsprechende Regelung treffen;
2. bestimmen, dass für Planfeststellungen, die auf Grund landesrechtlicher Vorschriften durchgeführt werden, die Rechtswirkungen des § 75 Abs. 1 Satz 1 auch gegenüber nach Bundesrecht notwendigen Entscheidungen gelten.

§ 101 Stadtstaatenklausel

Die Senate der Länder Berlin, Bremen und Hamburg werden ermächtigt, die örtliche Zuständigkeit abweichend von § 3 dem besonderen Verwaltungsaufbau ihrer Länder entsprechend zu regeln.

§ 102 Übergangsvorschrift zu § 53

Artikel 229 § 6 Abs. 1 bis 4 des Einführungsgesetzes zum Bürgerlichen Gesetzbuche gilt entsprechend bei der Anwendung des § 53 in der seit dem 1. Januar 2002 geltenden Fassung.

§ 103 (Inkrafttreten)

Verwaltungszustellungsgesetz (VwZG)[1)]

Vom 12. August 2005 (BGBl. I S. 2354)
(FNA 201-9)
zuletzt geändert durch Art. 11 eIDAS-Durchführungsgesetz vom 18. Juli 2017 (BGBl. I S. 2745)

§ 1 Anwendungsbereich
(1) Die Vorschriften dieses Gesetzes gelten für das Zustellungsverfahren der Bundesbehörden, der bundesunmittelbaren Körperschaften, Anstalten und Stiftungen des öffentlichen Rechts und der Landesfinanzbehörden.
(2) Zugestellt wird, soweit dies durch Rechtsvorschrift oder behördliche Anordnung bestimmt ist.

§ 2 Allgemeines
(1) Zustellung ist die Bekanntgabe eines schriftlichen oder elektronischen Dokuments in der in diesem Gesetz bestimmten Form.
(2) [1]Die Zustellung wird durch einen Erbringer von Postdienstleistungen (Post), einen nach § 17 des De-Mail-Gesetzes akkreditierten Diensteanbieter oder durch die Behörde ausgeführt. [2]Daneben gelten die in den §§ 9 und 10 geregelten Sonderarten der Zustellung.
(3) [1]Die Behörde hat die Wahl zwischen den einzelnen Zustellungsarten. [2]§ 5 Absatz 5 Satz 2 bleibt unberührt.

§ 3 Zustellung durch die Post mit Zustellungsurkunde
(1) Soll durch die Post mit Zustellungsurkunde zugestellt werden, übergibt die Behörde der Post den Zustellungsauftrag, das zuzustellende Dokument in einem verschlossenen Umschlag und einen vorbereiteten Vordruck einer Zustellungsurkunde.
(2) [1]Für die Ausführung der Zustellung gelten die §§ 177 bis 182 der Zivilprozessordnung entsprechend. [2]Im Fall des § 181 Abs. 1 der Zivilprozessordnung kann das zuzustellende Dokument bei einer von der Post dafür bestimmten Stelle am Ort der Zustellung oder am Ort des Amtsgerichts, in dessen Bezirk der Ort der Zustellung liegt, niedergelegt werden oder bei der Behörde, die den Zustellungsauftrag erteilt hat, wenn sie ihren Sitz an einem der vorbezeichneten Orte hat. [3]Für die Zustellungsurkunde, den Zustellungsauftrag, den verschlossenen Umschlag nach Absatz 1 und die schriftliche Mitteilung nach § 181 Abs. 1 Satz 3 der Zivilprozessordnung sind die Vordrucke nach der Zustellungsvordruckverordnung zu verwenden.

§ 4 Zustellung durch die Post mittels Einschreiben
(1) Ein Dokument kann durch die Post mittels Einschreiben durch Übergabe oder mittels Einschreiben mit Rückschein zugestellt werden.
(2) [1]Zum Nachweis der Zustellung genügt der Rückschein. [2]Im Übrigen gilt das Dokument am dritten Tag nach der Aufgabe zur Post als zugestellt, es sei denn, dass es nicht oder zu einem späteren Zeitpunkt zugegangen ist. [3]Im Zweifel hat die Behörde den Zugang und dessen Zeitpunkt nachzuweisen. [4]Der Tag der Aufgabe zur Post ist in den Akten zu vermerken.

§ 5 Zustellung durch die Behörde gegen Empfangsbekenntnis; elektronische Zustellung
(1) [1]Bei der Zustellung durch die Behörde händigt der zustellende Bedienstete das Dokument dem Empfänger in einem verschlossenen Umschlag aus. [2]Das Dokument kann auch offen ausgehändigt werden, wenn keine schutzwürdigen Interessen des Empfängers entgegenstehen. [3]Der Empfänger hat ein mit dem Datum der Aushändigung versehenes Empfangsbekenntnis zu unterschreiben. [4]Der Bedienstete vermerkt das Datum der Zustellung auf dem Umschlag des auszuhändigenden Dokuments oder bei offener Aushändigung auf dem Dokument selbst.
(2) [1]Die §§ 177 bis 181 der Zivilprozessordnung sind anzuwenden. [2]Zum Nachweis der Zustellung ist in den Akten zu vermerken:
1.   im Fall der Ersatzzustellung in der Wohnung, in Geschäftsräumen und Einrichtungen nach § 178 der Zivilprozessordnung der Grund, der diese Art der Zustellung rechtfertigt,

---

1) Verkündet als Art. 1 G zur Novellierung des Verwaltungszustellungsrechts v. 12.8.2005 (BGBl. I S. 2354); Inkrafttreten gem. Art. 4 Abs. 1 Satz 2 dieses G am 1.2.2006.

2. im Fall der Zustellung bei verweigerter Annahme nach § 179 der Zivilprozessordnung, wer die Annahme verweigert hat und dass das Dokument am Ort der Zustellung zurückgelassen oder an den Absender zurückgesandt wurde sowie der Zeitpunkt und der Ort der verweigerten Annahme,

3. in den Fällen der Ersatzzustellung nach den §§ 180 und 181 der Zivilprozessordnung der Grund der Ersatzzustellung sowie wann und wo das Dokument in einen Briefkasten eingelegt oder sonst niedergelegt und in welcher Weise die Niederlegung schriftlich mitgeteilt wurde. [3]Im Fall des § 181 Abs. 1 der Zivilprozessordnung kann das zuzustellende Dokument bei der Behörde, die den Zustellungsauftrag erteilt hat, niedergelegt werden, wenn diese Behörde ihren Sitz am Ort der Zustellung oder am Ort des Amtsgerichts hat, in dessen Bezirk der Ort der Zustellung liegt.

(3) [1]Zur Nachtzeit, an Sonntagen und allgemeinen Feiertagen darf nach den Absätzen 1 und 2 im Inland nur mit schriftlicher oder elektronischer Erlaubnis des Behördenleiters zugestellt werden. [2]Die Nachtzeit umfasst die Stunden von 21 bis 6 Uhr. [3]Die Erlaubnis ist bei der Zustellung abschriftlich mitzuteilen. [4]Eine Zustellung, bei der diese Vorschriften nicht beachtet sind, ist wirksam, wenn die Annahme nicht verweigert wird.

(4) Das Dokument kann an Behörden, Körperschaften, Anstalten und Stiftungen des öffentlichen Rechts, an Rechtsanwälte, Patentanwälte, Notare, Steuerberater, Steuerbevollmächtigte, Wirtschaftsprüfer, vereidigte Buchprüfer, Steuerberatungsgesellschaften, Wirtschaftsprüfungsgesellschaften und Buchprüfungsgesellschaften auch auf andere Weise, auch elektronisch, gegen Empfangsbekenntnis zugestellt werden.

(5) [1]Ein elektronisches Dokument kann im Übrigen unbeschadet des Absatzes 4 elektronisch zugestellt werden, soweit der Empfänger hierfür einen Zugang eröffnet. [2]Es ist elektronisch zuzustellen, wenn auf Grund einer Rechtsvorschrift ein Verfahren auf Verlangen des Empfängers in elektronischer Form abgewickelt wird. [3]Für die Übermittlung ist das Dokument mit einer qualifizierten elektronischen Signatur zu versehen und gegen unbefugte Kenntnisnahme Dritter zu schützen.

(6) [1]Bei der elektronischen Zustellung ist die Übermittlung mit dem Hinweis „Zustellung gegen Empfangsbekenntnis" einzuleiten. [2]Die Übermittlung muss die absendende Behörde, den Namen und die Anschrift des Zustellungsadressaten sowie den Namen des Bediensteten erkennen lassen, der das Dokument zur Übermittlung aufgegeben hat.

(7) [1]Zum Nachweis der Zustellung nach den Absätzen 4 und 5 genügt das mit Datum und Unterschrift versehene Empfangsbekenntnis, das an die Behörde durch die Post oder elektronisch zurückzusenden ist. [2]Ein elektronisches Dokument gilt in den Fällen des Absatzes 5 Satz 2 am dritten Tag nach der Absendung an den vom Empfänger hierfür eröffneten Zugang als zugestellt, wenn der Behörde nicht spätestens an diesem Tag ein Empfangsbekenntnis nach Satz 1 zugeht. [3]Satz 2 gilt nicht, wenn der Empfänger nachweist, dass das Dokument nicht oder zu einem späteren Zeitpunkt zugegangen ist. [4]Der Empfänger ist in den Fällen des Absatzes 5 Satz 2 vor der Übermittlung über die Rechtsfolgen nach den Sätzen 2 und 3 zu belehren. [5]Zum Nachweis der Zustellung ist von der absendenden Behörde in den Akten zu vermerken, zu welchem Zeitpunkt und an welchen Zugang das Dokument gesendet wurde. [6]Der Empfänger ist über den Eintritt der Zustellungsfiktion nach Satz 2 zu benachrichtigen.

§ 5a Elektronische Zustellung gegen Abholbestätigung über De-Mail-Dienste

(1) [1]Die elektronische Zustellung kann unbeschadet des § 5 Absatz 4 und 5 Satz 1 und 2 durch Übermittlung der nach § 17 des De-Mail-Gesetzes akkreditierten Diensteanbieter gegen Abholbestätigung nach § 5 Absatz 9 des De-Mail-Gesetzes an das De-Mail-Postfach des Empfängers erfolgen. [2]Für die Zustellung nach Satz 1 ist § 5 Absatz 4 und 6 mit der Maßgabe anzuwenden, dass an die Stelle des Empfangsbekenntnisses die Abholbestätigung tritt.

(2) [1]Der nach § 17 des De-Mail-Gesetzes akkreditierte Diensteanbieter hat eine Versandbestätigung nach § 5 Absatz 7 des De-Mail-Gesetzes und eine Abholbestätigung nach § 5 Absatz 9 des De-Mail-Gesetzes zu erzeugen. [2]Er hat diese Bestätigungen unverzüglich der absendenden Behörde zu übermitteln.

(3) [1]Zum Nachweis der elektronischen Zustellung genügt die Abholbestätigung nach § 5 Absatz 9 des De-Mail-Gesetzes. [2]Für diese gelten § 371 Absatz 1 Satz 2 und § 371a Absatz 3 der Zivilprozessordnung.

(4) [1]Ein elektronisches Dokument gilt in den Fällen des § 5 Absatz 5 Satz 2 am dritten Tag nach der Absendung an das De-Mail-Postfach des Empfängers als zugestellt, wenn er dieses Postfach als Zugang eröffnet hat und der Behörde nicht spätestens an diesem Tag eine elektronische Abholbestätigung nach

§ 5 Absatz 9 des De-Mail-Gesetzes zugeht. ²Satz 1 gilt nicht, wenn der Empfänger nachweist, dass das Dokument nicht oder zu einem späteren Zeitpunkt zugegangen ist. ³Der Empfänger ist in den Fällen des § 5 Absatz 5 Satz 2 vor der Übermittlung über die Rechtsfolgen nach den Sätzen 1 und 2 zu belehren. ⁴Als Nachweis der Zustellung nach Satz 1 dient die Versandbestätigung nach § 5 Absatz 7 des De-Mail-Gesetzes oder ein Vermerk der absendenden Behörde in den Akten, zu welchem Zeitpunkt und an welches De-Mail-Postfach das Dokument gesendet wurde. ⁵Der Empfänger ist über den Eintritt der Zustellungsfiktion nach Satz 1 elektronisch zu benachrichtigen.

§ 6 Zustellung an gesetzliche Vertreter

(1) ¹Bei Geschäftsunfähigen oder beschränkt Geschäftsfähigen ist an ihre gesetzlichen Vertreter zuzustellen. ²Gleiches gilt bei Personen, für die ein Betreuer bestellt ist, soweit der Aufgabenkreis des Betreuers reicht.

(2) ¹Bei Behörden wird an den Behördenleiter, bei juristischen Personen, nicht rechtsfähigen Personenvereinigungen und Zweckvermögen an ihre gesetzlichen Vertreter zugestellt. ²§ 34 Abs. 2 der Abgabenordnung bleibt unberührt.

(3) Bei mehreren gesetzlichen Vertretern oder Behördenleitern genügt die Zustellung an einen von ihnen.

(4) Der zustellende Bedienstete braucht nicht zu prüfen, ob die Anschrift den Vorschriften der Absätze 1 bis 3 entspricht.

§ 7 Zustellung an Bevollmächtigte

(1) ¹Zustellungen können an den allgemeinen oder für bestimmte Angelegenheiten bestellten Bevollmächtigten gerichtet werden. ²Sie sind an ihn zu richten, wenn er schriftliche Vollmacht vorgelegt hat. ³Ist ein Bevollmächtigter für mehrere Beteiligte bestellt, so genügt die Zustellung eines Dokuments an ihn für alle Beteiligten.

(2) Einem Zustellungsbevollmächtigten mehrerer Beteiligter sind so viele Ausfertigungen oder Abschriften zuzustellen, als Beteiligte vorhanden sind.

(3) Auf § 180 Abs. 2 der Abgabenordnung beruhende Regelungen und § 183 der Abgabenordnung bleiben unberührt.

§ 8 Heilung von Zustellungsmängeln

Lässt sich die formgerechte Zustellung eines Dokuments nicht nachweisen oder ist es unter Verletzung zwingender Zustellungsvorschriften zugegangen, gilt es als in dem Zeitpunkt zugestellt, in dem es dem Empfangsberechtigten tatsächlich zugegangen ist, im Fall des § 5 Abs. 5 in dem Zeitpunkt, in dem der Empfänger das Empfangsbekenntnis zurückgesendet hat.

§ 9 Zustellung im Ausland

(1) Eine Zustellung im Ausland erfolgt

1. durch Einschreiben mit Rückschein, soweit die Zustellung von Dokumenten unmittelbar durch die Post völkerrechtlich zulässig ist,

2. auf Ersuchen der Behörde durch die Behörden des fremden Staates oder durch die zuständige diplomatische oder konsularische Vertretung der Bundesrepublik Deutschland,

3. auf Ersuchen der Behörde durch das Auswärtige Amt an eine Person, die das Recht der Immunität genießt und zu einer Vertretung der Bundesrepublik Deutschland im Ausland gehört, sowie an Familienangehörige einer solchen Person, wenn diese das Recht der Immunität genießen, oder

4. durch Übermittlung elektronischer Dokumente, soweit dies völkerrechtlich zulässig ist.

(2) ¹Zum Nachweis der Zustellung nach Absatz 1 Nr. 1 genügt der Rückschein. ²Die Zustellung nach Absatz 1 Nr. 2 und 3 wird durch das Zeugnis der ersuchten Behörde nachgewiesen. ³Der Nachweis der Zustellung gemäß Absatz 1 Nr. 4 richtet sich nach § 5 Abs. 7 Satz 1 bis 3 und 5 sowie nach § 5a Absatz 3 und 4 Satz 1, 2 und 4.

(3) ¹Die Behörde kann bei der Zustellung nach Absatz 1 Nr. 2 und 3 anordnen, dass die Person, an die zugestellt werden soll, innerhalb einer angemessenen Frist einen Zustellungsbevollmächtigten benennt, der im Inland wohnt oder dort einen Geschäftsraum hat. ²Wird kein Zustellungsbevollmächtigter benannt, können spätere Zustellungen bis zur nachträglichen Benennung dadurch bewirkt werden, dass das Dokument unter der Anschrift der Person, an die zugestellt werden soll, zur Post gegeben wird. ³Das Dokument gilt am siebenten Tag nach Aufgabe zur Post als zugestellt, wenn nicht feststeht, dass es den Empfänger nicht oder zu einem späteren Zeitpunkt erreicht hat. ⁴Die Behörde kann eine längere

Frist bestimmen. [5]In der Anordnung nach Satz 1 ist auf diese Rechtsfolgen hinzuweisen. [6]Zum Nachweis der Zustellung ist in den Akten zu vermerken, zu welcher Zeit und unter welcher Anschrift das Dokument zur Post gegeben wurde. [7]Ist durch Rechtsvorschrift angeordnet, dass ein Verwaltungsverfahren über eine einheitliche Stelle nach den Vorschriften des Verwaltungsverfahrensgesetzes abgewickelt werden kann, finden die Sätze 1 bis 6 keine Anwendung.

§ 10 Öffentliche Zustellung

(1) [1]Die Zustellung kann durch öffentliche Bekanntmachung erfolgen, wenn

1. der Aufenthaltsort des Empfängers unbekannt ist und eine Zustellung an einen Vertreter oder Zustellungsbevollmächtigten nicht möglich ist,
2. bei juristischen Personen, die zur Anmeldung einer inländischen Geschäftsanschrift zum Handelsregister verpflichtet sind, eine Zustellung weder unter der eingetragenen Anschrift noch unter einer im Handelsregister eingetragenen Anschrift einer für Zustellungen empfangsberechtigten Person oder einer ohne Ermittlungen bekannten anderen inländischen Anschrift möglich ist oder
3. sie im Fall des § 9 möglich ist oder keinen Erfolg verspricht.

[2]Die Anordnung über die öffentliche Zustellung trifft ein zeichnungsberechtigter Bediensteter.

(2) [1]Die öffentliche Zustellung erfolgt durch Bekanntmachung einer Benachrichtigung an der Stelle, die von der Behörde hierfür allgemein bestimmt ist, oder durch Veröffentlichung einer Benachrichtigung im Bundesanzeiger. [2]Die Benachrichtigung muss

1. die Behörde, für die zugestellt wird,
2. den Namen und die letzte bekannte Anschrift des Zustellungsadressaten,
3. das Datum und das Aktenzeichen des Dokuments sowie
4. die Stelle, wo das Dokument eingesehen werden kann,

erkennen lassen. [3]Die Benachrichtigung muss den Hinweis enthalten, dass das Dokument öffentlich zugestellt wird und Fristen in Gang gesetzt werden können, nach deren Ablauf Rechtsverluste drohen können. [4]Bei der Zustellung einer Ladung muss die Benachrichtigung den Hinweis enthalten, dass das Dokument eine Ladung zu einem Termin enthält, dessen Versäumung Rechtsnachteile zur Folge haben kann. [5]In den Akten ist zu vermerken, wann und wie die Benachrichtigung bekannt gemacht wurde. [6]Das Dokument gilt als zugestellt, wenn seit dem Tag der Bekanntmachung der Benachrichtigung zwei Wochen vergangen sind.

Sächsisches Verwaltungskostengesetz (SächsVwKG)[1]

Vom 5. April 2019 (SächsGVBl. S. 245)
(BS Sachsen 211-2/2)

Inhaltsübersicht

Abschnitt 1
Verwaltungskosten für individuell zurechenbare öffentlich-rechtliche Leistungen

§ 1 Anwendungsbereich

(1) [1]Dieses Gesetz gilt für die Erhebung von Gebühren und Auslagen (Verwaltungskosten) für individuell zurechenbare öffentlich-rechtliche Leistungen der Behörden des Freistaates Sachsen und anderer Behörden, die derartige Leistungen zur Erfüllung von Weisungsaufgaben oder als staatliche Aufgabe erbringen und dabei der Aufsicht von Behörden des Freistaates Sachsen unterliegen. [2]Beliehene sind im Umfang ihrer Beleihung Behörden im Sinne dieses Gesetzes.

(2) Dieses Gesetz findet auf die Erhebung von Verwaltungskosten nach anderen Rechtsvorschriften einschließlich der unmittelbar geltenden Rechtsakte der Europäischen Union ergänzende Anwendung, soweit dort nichts Abweichendes bestimmt ist.

(3) Dieses Gesetz gilt nicht für den Bereich der Justizverwaltung.

§ 2 Begriffsbestimmungen

(1) Öffentlich-rechtliche Leistungen sind
1. Tätigkeiten, die eine Behörde im Sinne des § 1 Absatz 1 in Ausübung hoheitlicher Gewalt mit Außenwirkung vornimmt (Amtshandlungen); eine Amtshandlung liegt auch dann vor, wenn das Einverständnis einer Behörde, insbesondere eine Genehmigung oder eine Erlaubnis, nach Ablauf einer bestimmten Frist auf Grund einer Rechtsvorschrift als erteilt gilt,
2. sonstige Leistungen, die eine Behörde im Sinne des § 1 Absatz 1 im Rahmen einer öffentlich-rechtlichen Verwaltungstätigkeit mit Außenwirkung erbringt, insbesondere die Bereitstellung öffentlicher Einrichtungen zur Benutzung.

---

[1] Verkündet als Art. 1 G v. 5.4.2019 (SächsGVBl. S. 245); Inkrafttreten gem. Art. 4 dieses G am 27.4.2019.

(2) Individuell zurechenbar ist eine Leistung, die

1. beantragt, sonst willentlich in Anspruch genommen oder zugunsten des Leistungsempfängers erbracht wird oder

2. durch einen Tatbestand ausgelöst wird, an den eine Rechtsnorm die Befugnis zum Tätigwerden der Behörde knüpft und die in einem spezifischen Bezug zum Tun, Dulden oder Unterlassen einer Person oder zu dem von einer Person zu vertretenden Zustand einer Sache steht.

§ 3 Verwaltungskostenpflicht

(1) Die Verwaltungskostenpflicht individuell zurechenbarer öffentlich-rechtlicher Leistungen von Behörden im Sinne des § 1 Absatz 1 und die Höhe der Gebühren ergeben sich grundsätzlich aus dem Kostenverzeichnis.

(2) ¹Amtshandlungen sind auch dann verwaltungskostenpflichtig, wenn sie nicht im Kostenverzeichnis enthalten sind. ²In diesen Fällen wird eine Gebühr erhoben, die nach im Kostenverzeichnis bewerteten vergleichbaren Amtshandlungen zu bemessen ist. ³Fehlt eine vergleichbare Amtshandlung, wird eine Gebühr bis zu 50 000 Euro erhoben.

(3) Für öffentlich-rechtliche Leistungen im Sinne des § 2 Absatz 1 Nummer 2 werden Gebühren nur dann erhoben, wenn dies im Kostenverzeichnis bestimmt ist.

(4) Die Gebühr fällt für die jeweilige öffentlich-rechtliche Leistung einzeln an, auch wenn diese zusammen mit anderen vorgenommen wird.

(5) Die Gebühr fällt für die jeweilige öffentlich-rechtliche Leistung ohne Rücksicht auf die Zahl der beteiligten Personen nur einmal an.

(6) Eine Verwaltungskostenpflicht besteht auch, wenn ein auf die Vornahme einer öffentlich-rechtlichen Leistung gerichteter Antrag oder ein Rechtsbehelf zurückgenommen wird oder sich auf andere Art und Weise erledigt.

§ 4 Kostenverzeichnis, Höhe der Gebühr

(1) Das Staatsministerium der Finanzen wird ermächtigt, im Einvernehmen mit den jeweils zuständigen Staatsministerien durch Rechtsverordnung das Kostenverzeichnis zu erlassen und fortzuschreiben.

(2) ¹Die Höhe der Gebühr im Kostenverzeichnis ist nach dem Verwaltungsaufwand aller an der öffentlich-rechtlichen Leistung beteiligten Behörden und Stellen (Kostendeckungsgebot) und nach der Bedeutung der Angelegenheit für die Personen, denen nach § 2 Absatz 2 die öffentlich-rechtliche Leistung zuzurechnen ist, zu bemessen. ²Verwaltungsaufwand sind die regelmäßig bei der Erbringung der öffentlich-rechtlichen Leistung anfallenden Aufwendungen, insbesondere Personal- und Sachaufwendungen. ³Ausnahmen vom Kostendeckungsgebot sind nur zulässig, wenn dies aus Gründen der Billigkeit erforderlich ist. ⁴Die Gebühr darf nicht in einem Missverhältnis zur öffentlich-rechtlichen Leistung stehen. ⁵Die im Kostenverzeichnis festgelegte Gebühr enthält nicht die Umsatzsteuer, sofern in anderen Rechtsvorschriften nichts Abweichendes bestimmt ist.

(3) Die Gebühren sind durch feste Sätze (Festgebühren), nach dem Wert des Gegenstandes, auf den sich die öffentlich-rechtliche Leistung bezieht (Wertgebühren), nach dem Zeitaufwand für die öffentlich-rechtliche Leistung (Zeitgebühr) oder durch Rahmensätze (Rahmengebühren) zu bestimmen.

(4) Das Staatsministerium der Finanzen kann für bestimmte Arten von Fällen im Kostenverzeichnis bestimmen, dass Verwaltungskosten nicht erhoben werden, soweit ihre Erhebung unbillig wäre.

(5) Soweit in Rechtsakten der Europäischen Union inhaltlich bestimmte Gebührenregelungen enthalten sind, die von diesem Gesetz abweichen, finden diese bei der Bestimmung der Gebühren im Kostenverzeichnis Anwendung.

§ 5 Mindestgebühr

Die Mindestgebühr beträgt 10 Euro, sofern im Kostenverzeichnis nichts Abweichendes bestimmt ist oder sich dies aus § 3 Absatz 2 Satz 2 ergibt.

§ 6 Rahmengebühren

Bei Rahmengebühren hat die Festsetzungsbehörde die Gebühren gemäß § 4 Absatz 2 und 5 zu bemessen.

§ 7 Verwaltungskosten in besonderen Fällen

(1) ¹Wird ein Antrag zurückgenommen oder erledigt er sich auf andere Art und Weise, bevor die Leistung vollständig erbracht ist, ist eine Gebühr von 10 bis 75 Prozent der für die beantragte öffent-

lich-rechtliche Leistung festzusetzenden Gebühr je nach Fortgang der Sachbehandlung zu erheben. [2]Von der Festsetzung der Gebühr ist abzusehen, wenn durch die Zurücknahme des Antrags oder seine Erledigung auf andere Art und Weise das Verfahren besonders schnell und mit geringem Verwaltungsaufwand abgeschlossen werden kann und dies der Billigkeit nicht widerspricht; hatte die Behörde mit der sachlichen Bearbeitung noch nicht begonnen, ist keine Gebühr zu erheben.

(2) [1]Bei der vollständigen oder teilweisen Ablehnung eines Antrags kann die für die beantragte öffentlich-rechtliche Leistung festzusetzende Gebühr bis auf 10 Prozent ermäßigt werden. [2]Wird ein Antrag wegen Unzuständigkeit abgelehnt, ist keine Gebühr zu erheben.

(3) [1]Für die Rücknahme oder den Widerruf eines Verwaltungsaktes ist eine Gebühr bis zur Höhe der für den zurückgenommenen oder widerrufenen Verwaltungsakt im Zeitpunkt der Rücknahme oder des Widerrufs festzusetzenden Gebühr zu erheben. [2]Ist für den zurückgenommenen oder widerrufenen Verwaltungsakt keine Gebühr angefallen, ist eine Gebühr bis zu 3 000 Euro zu erheben.

(4) [1]Verwaltungskosten, die bei richtiger Sachbehandlung durch die Behörde nicht entstanden wären, werden nicht erhoben. [2]Das gleiche gilt für Auslagen, die durch die Verlegung eines Termins oder durch die Vertagung einer Verhandlung entstanden sind, soweit dies nicht vom Auslagenschuldner verursacht ist.

§ 8 Verwaltungskosten im Rechtsbehelfsverfahren

(1) [1]Für die Entscheidung über einen Rechtsbehelf ist, soweit dieser erfolglos geblieben ist, eine Gebühr bis zu 150 Prozent der für den angefochtenen Verwaltungsakt festzusetzenden Gebühr zu erheben. [2]Ist für den angefochtenen Verwaltungsakt keine Gebühr angefallen oder hat ein Dritter den Rechtsbehelf eingelegt, ist eine Gebühr bis zu 5 000 Euro zu erheben. [3]Hat ein Rechtsbehelf vollen Erfolg, werden keine Verwaltungskosten erhoben.

(2) [1]Wird ein Rechtsbehelf zurückgenommen oder erledigt er sich auf andere Art und Weise bevor die Entscheidung über den Rechtsbehelf erlassen ist, beträgt die Gebühr 10 bis 75 Prozent der nach Absatz 1 Satz 1 oder Satz 2 festzusetzenden Gebühr. [2]§ 7 Absatz 1 Satz 2 gilt entsprechend.

(3) Hat ein Rechtsbehelf ganz oder teilweise Erfolg und wird auf diesen hin eine öffentlich-rechtliche Leistung vorgenommen oder ein Antrag abgelehnt, bleibt die Erhebung der dafür vorgeschriebenen Verwaltungskosten unberührt.

§ 9 Verwaltungskostenschuldner

(1) Zur Zahlung der Verwaltungskosten ist derjenige verpflichtet,

1. dem die öffentlich-rechtliche Leistung individuell zuzurechnen ist,
2. der die Verwaltungskosten durch eine vor der zuständigen Behörde abgegebene oder mitgeteilte Erklärung übernommen hat oder
3. der für die Verwaltungskostenschuld eines anderen kraft Gesetzes haftet.

(2) Mehrere Verwaltungskostenschuldner haften als Gesamtschuldner.

(3) Auslagen im Sinne des § 13, die durch unbegründete Einwendungen eines Beteiligten oder durch schuldhaftes Verhalten eines Beteiligten oder eines Dritten entstanden sind, hat dieser zu tragen.

§ 10 Verwaltungskostengläubiger

[1]Gläubiger der Verwaltungskosten für die individuell zurechenbaren öffentlich-rechtlichen Leistungen der Behörden des Freistaates Sachsen ist der Freistaat Sachsen. [2]Gläubiger der Verwaltungskosten für die individuell zurechenbaren öffentlich-rechtlichen Leistungen, die andere Behörden zur Erfüllung von Weisungsaufgaben oder als staatliche Aufgabe unter der Aufsicht des Freistaates Sachsen erbringen, ist deren jeweiliger Rechtsträger. [3]Gläubiger der Verwaltungskosten in den Fällen eines zurückgenommenen oder auf andere Art und Weise erledigten Antrags oder Rechtsbehelfs ist der Rechtsträger der Behörde, die über den Antrag oder Rechtsbehelf zu entscheiden hat.

§ 11 Sachliche Verwaltungskostenfreiheit

(1) Verwaltungskosten werden nicht erhoben für

1. Amtshandlungen der Rechts- und Fachaufsicht gegenüber Körperschaften, Anstalten und Stiftungen des öffentlichen Rechts,
2. durch Gesetz oder Rechtsverordnung geregelte Überwachungsmaßnahmen, die auf Grund eines Verdachts oder einer Beschwerde durchgeführt werden, wenn kein Verstoß gegen eine Rechtsvorschrift festgestellt wird,

3. die Rücknahme oder den Widerruf eines Verwaltungsaktes, wenn diese auf Gründen beruhen, die der Betroffene nicht zu vertreten hat,

4. die Anforderung von Verwaltungskosten, Verwaltungskostenvorschüssen, Beiträgen und die Aufforderung zur Zahlung von Säumniszuschlägen sowie die Festsetzung von Entschädigungen oder Vergütungen im Sinne des § 27 und die Festsetzung der in einem Vorverfahren nach § 68 der Verwaltungsgerichtsordnung zur zweckentsprechenden Rechtsverfolgung oder Rechtsverteidigung notwendigen Aufwendungen,

5. öffentlich-rechtliche Leistungen, die ausschließlich oder überwiegend im öffentlichen Interesse von Amts wegen vorgenommen werden; sind sie einem Beteiligten individuell zuzurechnen, sind ihm dafür die Verwaltungskosten aufzuerlegen, soweit dies der Billigkeit nicht widerspricht,

6. Auskünfte einfacher Art; dies gilt nicht für Auskünfte aus Registern oder Dateien,

7. Verfahren über die Stundung, den Erlass oder die Erstattung öffentlicher Abgaben,

8. Verfahren über Anträge auf Unterstützungen, Beihilfen, Zuschüsse, Stipendien, Freiplätze und ähnliche Vergünstigungen sowie über die Erteilung von Bescheinigungen und Zeugnissen zur Festsetzung von Ruhegehalt, Witwen- und Waisengeld und zur Bewilligung von Prozesskostenhilfe,

9. öffentlich-rechtliche Leistungen in Gnadensachen,

10. Amtshandlungen im Rahmen eines bestehenden oder früheren öffentlich-rechtlichen Dienst- oder Amtsverhältnisses einschließlich des Widerspruchsverfahrens; diese Verwaltungskostenfreiheit erstreckt sich auch auf beamtenrechtliche Prüfungen der Angehörigen der Behörden und Gerichte des Freistaates Sachsen,

11. Verfahren wegen Ablehnung eines Amtsträgers,

12. Entscheidungen über Gegenvorstellungen, Aufsichtsbeschwerden, Dienstaufsichtsbeschwerden und andere Petitionen,

13. Amtshandlungen in Angelegenheiten des Wahlrechts, des Volksantrags, des Volksbegehrens und des Volksentscheids,

14. Verfahren über die Anordnung der sofortigen Vollziehung und über die Aussetzung der Vollziehung nach den §§ 80 und 80a der Verwaltungsgerichtsordnung,

15. Amtshandlungen

    a) der Hochschulen, der Schulen im Sinne des Sächsischen Schulgesetzes in der Fassung der Bekanntmachung vom 27. September 2018 (SächsGVBl. S. 648), das durch Artikel 14 des Gesetzes vom 14. Dezember 2018 (SächsGVBl. S. 782) geändert worden ist, in der jeweils geltenden Fassung, und der Schulaufsichtsbehörden zur Begründung oder im Rahmen eines bestehenden Studien- oder Schulverhältnisses,

    b) anlässlich des Besuchs von Schulen und der Teilnahme an Lehrgängen, die der Aus- oder Weiterbildung von Angehörigen des öffentlichen Dienstes und von im Vorbereitungsdienst hierzu befindlichen Personen dienen,

16. öffentlich-rechtliche Leistungen im Sinne des § 2 Absatz 1 Nummer 2

    a) anlässlich des Besuchs von Schulen im Sinne des Sächsischen Schulgesetzes, deren Träger der Freistaat Sachsen ist, soweit andere gesetzliche Regelungen nichts Abweichendes bestimmen,

    b) anlässlich des Besuchs staatlicher Schulen, verwaltungsinterner Fachhochschulen und der Teilnahme an staatlichen Lehrgängen, die der Aus- oder Weiterbildung von Angehörigen des öffentlichen Dienstes und von im Vorbereitungsdienst hierzu befindlichen Personen dienen, wenn die Schulungs- oder Lehrgangsteilnehmer Angehörige der Behörden und Gerichte des Freistaates Sachsen sind; die Erhebung von Verwaltungskosten für die Gewährung von Unterkunft und Verpflegung sowie anderer Sonderleistungen und für Sonderveranstaltungen dieser Einrichtungen bleibt unberührt,

17. die Zulassung zu einer Prüfung, die Abnahme einer Prüfung oder die Erteilung eines Zeugnisses über eine Prüfung, sofern im Kostenverzeichnis nichts Abweichendes bestimmt ist; soweit nichts Abweichendes bestimmt ist, wird für die Zulassung zu einer Prüfung, die Abnahme dieser Prüfung und die Erteilung eines Zeugnisses darüber nur eine Gebühr erhoben.

(2) Soweit in Absatz 1 oder in anderen Rechtsvorschriften nichts Abweichendes bestimmt ist, wird das Rechtsbehelfsverfahren von der sachlichen Verwaltungskostenfreiheit nicht erfasst.

(3) Auch bei Verwaltungskostenfreiheit nach Absatz 1 sind Auslagen im Sinne des § 13, die durch unbegründete Einwendungen eines Beteiligten oder durch schuldhaftes Verhalten eines Beteiligten oder eines Dritten entstanden sind, von diesem zu tragen.

§ 12 Persönliche Gebührenfreiheit

(1) [1]Von der Zahlung der Gebühren für individuell zurechenbare öffentlich-rechtliche Leistungen sind befreit:

1. die Bundesrepublik Deutschland und die juristischen Personen des öffentlichen Rechts, deren Ausgaben auf Grund gesetzlicher Verpflichtung ganz oder überwiegend aus dem Haushalt des Bundes getragen werden;
2. der Freistaat Sachsen und die juristischen Personen des öffentlichen Rechts, deren Ausgaben auf Grund gesetzlicher Verpflichtung ganz oder überwiegend aus dem Haushalt des Freistaates Sachsen getragen werden;
3. die Gemeinden, die Landkreise und sonstigen kommunalen Körperschaften des öffentlichen Rechts, die der Rechtsaufsicht des Freistaates Sachsen unterstehen sowie die juristischen Personen des öffentlichen Rechts, deren Ausgaben auf Grund gesetzlicher Verpflichtung ganz oder überwiegend aus dem Haushalt der genannten kommunalen Körperschaften getragen werden; soweit kommunale Körperschaften des öffentlichen Rechts, die der Rechtsaufsicht des Freistaates Sachsen unterstehen, bei der Wahrnehmung von Weisungsaufgaben öffentlich-rechtliche Leistungen des Freistaates Sachsen im Sinne des § 2 Absatz 1 Nummer 2 in Anspruch nehmen, gilt diese Befreiung auch für Auslagen;
4. die anderen Länder der Bundesrepublik Deutschland, soweit Gegenseitigkeit gewährleistet ist; der Leistungsempfänger hat dazu entsprechende Angaben von Amts wegen zu machen;
5. die Kirchen und die Religionsgemeinschaften, soweit sie die Rechtsstellung einer Körperschaft des öffentlichen Rechts haben.

[2]Die Befreiung tritt nicht ein, wenn die Gebühr einem Dritten auferlegt werden kann. [3]Die in Satz 1 Genannten haben dazu entsprechende Angaben von Amts wegen zu machen.

(2) Nicht befreit sind

1. die Sondervermögen,
2. die Bundesbetriebe sowie die Staatsbetriebe und Landesbetriebe des Freistaates Sachsen und der anderen Länder der Bundesrepublik Deutschland,
3. sonstige wirtschaftliche Unternehmen der juristischen Personen des öffentlichen Rechts.

§ 13 Auslagen

(1) [1]Aufwendungen, die nicht regelmäßig im Zusammenhang mit der Erbringung der öffentlich-rechtlichen Leistung anfallen und deshalb nicht nach § 4 Absatz 2 zu dem in die Gebühr einzubeziehenden Verwaltungsaufwand gehören, werden in der tatsächlich entstandenen Höhe als Auslagen erhoben. [2]Als Auslagen können unter den Voraussetzungen von Satz 1 insbesondere erhoben werden:

1. Vergütungen und Entschädigungen, die Sachverständigen, Dolmetschern, Übersetzern, Zeugen und sonstigen Personen zustehen,
2. Aufwendungen für Post- und Telekommunikationsdienstleistungen,
3. Reisekosten im Sinne der Reisekostenvorschriften und sonstige Aufwendungen bei der Ausführung von Dienstgeschäften außerhalb der Dienststelle,
4. Aufwendungen anderer Behörden oder Personen.

(2) Abweichend von Absatz 1 kann im Kostenverzeichnis bestimmt werden, dass Auslagen pauschal, nicht oder nicht in voller Höhe erhoben werden.

(3) Inhaltlich bestimmte Auslagenregelungen in Rechtsakten der Europäischen Union, die von diesem Gesetz abweichen, sind in das Kostenverzeichnis aufzunehmen.

(4) Auslagen werden auch dann erhoben, wenn die kostenerhebende Behörde aus Gründen der Gegenseitigkeit, der Verwaltungsvereinfachung oder aus ähnlichen Gründen an die anderen Behörden, Einrichtungen oder Personen Zahlungen nicht zu leisten hat.

(5) [1]Aufwendungen für die auf besonderen Antrag erteilten Vervielfältigungen werden gesondert als Schreibauslagen erhoben. [2]Die Höhe der Schreibauslagen wird im Kostenverzeichnis bestimmt.

§ 14 Umsatzsteuer

Unterliegt die öffentlich-rechtliche Leistung der Umsatzsteuer, werden die Verwaltungskosten zuzüglich der gesetzlichen Umsatzsteuer erhoben.

§ 15 Entstehung des Verwaltungskostenanspruchs

(1) [1]Der Verwaltungskostenanspruch entsteht mit Beendigung der verwaltungskostenpflichtigen öffentlich-rechtlichen Leistung, in den Fällen des § 3 Absatz 6 mit Zurücknahme oder Erledigung des Antrags oder Rechtsbehelfs und in den Fällen des § 2 Absatz 1 Nummer 1 Halbsatz 2 zu dem Zeitpunkt, zu dem das Einverständnis als erteilt gilt. [2]Bedarf die öffentlich-rechtliche Leistung einer Zustellung, Eröffnung oder sonstigen Bekanntgabe, ist sie damit beendet.

(2) Wird die verwaltungskostenpflichtige öffentlich-rechtliche Leistung elektronisch erbracht und wird der Leistungsempfänger innerhalb des elektronischen Verfahrens zur sofortigen Zahlung aufgefordert, entsteht der Verwaltungskostenanspruch abweichend von Absatz 1 im Zeitpunkt dieser Aufforderung.

(3) Absatz 2 gilt entsprechend, wenn die Behörde vor Beendigung einer öffentlich-rechtlichen Leistung, für die nach dem Kostenverzeichnis eine Festgebühr bis zu 100 Euro zu erheben ist, zur Zahlung auffordert.

§ 16 Verwaltungskostenvorschuss

(1) [1]Die Behörde kann eine öffentlich-rechtliche Leistung, die auf Antrag vorgenommen wird, von der Zahlung eines angemessenen Vorschusses abhängig machen. [2]Dem Antragsteller ist eine angemessene Frist zur Zahlung des Vorschusses zu setzen. [3]Wird der Vorschuss nicht binnen dieser Frist eingezahlt, kann die Behörde den Antrag als zurückgenommen behandeln; darauf ist der Antragsteller bei der Anforderung des Vorschusses hinzuweisen. [4]Satz 3 gilt nicht im Rechtsbehelfsverfahren.

(2) [1]Ein Vorschuss ist nicht anzufordern, wenn dem Antragsteller oder einem Dritten dadurch ein wesentlicher Nachteil entstehen würde oder wenn es aus sonstigen Gründen der Billigkeit entspricht. [2]Bei Personen, die außerstande sind, ohne Beeinträchtigung des für sie und ihre Familie notwendigen Unterhalts die Verwaltungskosten vorzuschießen, darf ein Vorschuss nur gefordert werden, wenn der Antrag keine hinreichende Aussicht auf Erfolg bietet.

§ 17 Verwaltungskostenfestsetzung

(1) [1]Verwaltungskosten werden von Amts wegen festgesetzt. [2]Die Festsetzung soll schriftlich oder elektronisch erfolgen. [3]Sie kann auch mündlich ergehen. [4]In diesem Fall ist sie auf Antrag schriftlich oder elektronisch zu bestätigen. [5]Die Verwaltungskostenfestsetzung soll zusammen mit der Sachentscheidung erfolgen. [6]Sie ist von Amts wegen innerhalb der Festsetzungsfrist nachzuholen, wenn sie bei der Vornahme der verwaltungskostenpflichtigen öffentlich-rechtlichen Leistung unterblieben ist.

(2) Der Verwaltungskostenschuldner ist verpflichtet, die zur Festsetzung der Verwaltungskosten erforderlichen Angaben wahrheitsgemäß und vollständig zu machen sowie die notwendigen Unterlagen in Urschrift oder beglaubigter Abschrift beizubringen.

(3) Die Verwaltungskostenfestsetzung kann zusammen mit der Sachentscheidung oder selbständig nach Maßgabe der Verwaltungsgerichtsordnung angefochten werden.

(4) Fehlerhafte Verwaltungskostenfestsetzungen können von der Verwaltungskostenfestsetzungsbehörde oder den übergeordneten Behörden innerhalb der Festsetzungsfrist geändert werden.

(5) [1]Die Festsetzung sowie ihre Aufhebung oder Änderung ist nicht mehr zulässig, wenn die Festsetzungsfrist abgelaufen ist. [2]Die Festsetzungsfrist beträgt vier Jahre. [3]Sie beginnt mit Ablauf des Kalenderjahres, in dem der Kostenanspruch entstanden ist. [4]Die Festsetzungsfrist läuft nicht ab, solange

1. über einen vor Ablauf der Frist gestellten Antrag auf Aufhebung oder Änderung der Festsetzung oder einen eingelegten Rechtsbehelf nicht unanfechtbar entschieden worden ist oder
2. der Anspruch wegen höherer Gewalt innerhalb der letzten sechs Monate der Festsetzungsfrist nicht verfolgt werden kann.

[5]Werden nach Ablauf der Festsetzungsfrist noch nicht festgesetzte Kosten im Insolvenzverfahren angemeldet, läuft die Festsetzungsfrist insoweit nicht vor Ablauf von drei Monaten nach Beendigung des Insolvenzverfahrens ab.

§ 18 Fälligkeit der Verwaltungskosten

Die Verwaltungskosten werden einen Monat nach der Bekanntgabe der Verwaltungskostenfestsetzung an den Verwaltungskostenschuldner fällig, wenn nicht die Behörde einen anderen Zeitpunkt bestimmt oder die Fälligkeit abweichend durch Vertrag geregelt ist.

§ 19 Zurückbehaltungsrecht
Bis zur Zahlung der geschuldeten Verwaltungskosten können Urkunden, sonstige Schriftstücke und andere Sachen, an denen die Behörde im Zusammenhang mit der verwaltungskostenpflichtigen öffentlich-rechtlichen Leistung Gewahrsam begründet hat, zurückbehalten werden.

§ 20 Reihenfolge der Tilgung
(1) [1]Schuldet ein Verwaltungskostenschuldner mehrere Beträge und reicht bei freiwilliger Zahlung der gezahlte Betrag nicht zur Tilgung sämtlicher Schulden aus, wird die Schuld getilgt, die der Verwaltungskostenschuldner bei der Zahlung bestimmt. [2]Trifft der Verwaltungskostenschuldner keine Bestimmung, werden zunächst die Geldbußen, sodann nacheinander die Zwangsgelder, die Gebühren, die Auslagen, die Kosten der Mahnung und der Vollstreckung, die Zinsen und die Säumniszuschläge getilgt. [3]Innerhalb dieser Reihenfolge sind die einzelnen Schulden nach ihrer Fälligkeit zu ordnen; bei gleichzeitig fällig gewordenen Beträgen und bei den Säumniszuschlägen bestimmt der Verwaltungskostengläubiger die Reihenfolge der Tilgung.
(2) Wird die Zahlung nach dem Verwaltungsvollstreckungsgesetz für den Freistaat Sachsen in der Fassung der Bekanntmachung vom 10. September 2003 (SächsGVBl. S. 614, 913), das zuletzt durch das Gesetz vom 6. Oktober 2013 (SächsGVBl. S. 802) geändert worden ist, in der jeweils geltenden Fassung, erzwungen und reicht der verfügbare Betrag nicht zur Tilgung aller Schulden aus, derentwegen die Vollstreckung oder die Verwertung der Sicherheiten erfolgt ist, bestimmt der Verwaltungskostengläubiger die Reihenfolge der Tilgung.

§ 21 Stundung, Niederschlagung und Erlass
[1]Für die Stundung, die Niederschlagung und den Erlass von Verwaltungskosten und Nebenleistungen gelten die Vorschriften der Sächsischen Haushaltsordnung in der Fassung der Bekanntmachung vom 10. April 2001 (SächsGVBl. S. 153), die zuletzt durch Artikel 1 des Gesetzes vom 14. Dezember 2018 (SächsGVBl. S. 782) geändert worden ist, in der jeweils geltenden Fassung. [2]In den Fällen des § 10 Satz 2 gelten die für diese Behörden verbindlichen entsprechenden Vorschriften.

§ 22 Säumniszuschläge
(1) [1]Werden Verwaltungskosten nicht bis zum Ablauf des Fälligkeitstages entrichtet, ist für jeden angefangenen Monat der Säumnis ein Säumniszuschlag von 1 Prozent des abgerundeten rückständigen Kostenbetrags zu entrichten; abzurunden ist auf den nächsten durch 50 Euro teilbaren Betrag. [2]Bei Zahlung im Lastschriftverfahren gelten die Kosten als am Fälligkeitstag entrichtet.
(2) [1]Ein Säumniszuschlag wird bei einer Säumnis von bis zu drei Tagen nicht erhoben. [2]Dies gilt nicht bei Barzahlung und bei garantierter oder mittels abstraktem Schuldversprechen abgesicherter Kartenzahlung.
(3) [1]Sind mehrere Verwaltungskostenschuldner hinsichtlich der Verwaltungskostenschuld als Gesamtschuldner in Anspruch genommen worden, entstehen Säumniszuschläge gegenüber jedem säumigen Gesamtschuldner. [2]In diesem Fall besteht auch hinsichtlich der für den gleichen Zeitraum verwirklichten Säumniszuschläge ein Gesamtschuldverhältnis. [3]Insgesamt ist kein höherer Säumniszuschlag zu entrichten, als wenn die Säumnis nur bei einem Gesamtschuldner eingetreten wäre.
(4) § 7 Absatz 4 und § 23 gelten sinngemäß.

§ 23 Zahlungsverjährung
(1) [1]Ein festgesetzter Kostenanspruch erlischt durch Verjährung. [2]Die Verjährungsfrist beträgt fünf Jahre. [3]Sie beginnt mit Ablauf des Kalenderjahres, in dem der Anspruch erstmals fällig geworden ist.
(2) Die Verjährung ist gehemmt, solange der Anspruch wegen höherer Gewalt innerhalb der letzten sechs Monate der Verjährungsfrist nicht verfolgt werden kann.
(3) Die Verjährung wird unterbrochen durch
1. Stundung, Aussetzung der Vollziehung oder Vollstreckungsaufschub,
2. Sicherheitsleistung,
3. eine Vollstreckungsmaßnahme,
4. Anmeldung im Insolvenzverfahren,
5. Eintritt des Vollstreckungsverbotes nach § 294 Absatz 1 der Insolvenzordnung,
6. Aufnahme in einen Insolvenzplan oder einen gerichtlichen Schuldenbereinigungsplan,

7. Ermittlungen der Behörde nach dem Wohnsitz oder dem Aufenthaltsort des Verwaltungskosten-schuldners,

8. schriftliche Geltendmachung des Anspruchs.

(4) Die Unterbrechung der Verjährung durch eine der in Absatz 3 genannten Maßnahmen dauert fort, bis

1. die Stundung, die Aussetzung der Vollziehung oder der Vollstreckungsaufschub beendet ist,

2. zum Erlöschen der Sicherheit,

3. zum Erlöschen des Pfändungspfandrechts, der Zwangshypothek oder des sonstigen Vorzugsrechts auf Befriedigung,

4. zur Beendigung des Insolvenzverfahrens,

5. zum Wegfall des Vollstreckungsverbotes nach § 294 Absatz 1 der Insolvenzordnung,

6. der Insolvenzplan oder der gerichtliche Schuldenbereinigungsplan erfüllt ist oder hinfällig wird.

(5) Mit Ablauf des Kalenderjahres, in dem die Unterbrechung geendet hat, beginnt eine neue Verjäh-rungsfrist.

(6) Die Verjährung wird nur in Höhe des Betrags unterbrochen, auf den sich die Unterbrechungshand-lung bezieht.

§ 24 Zuwiderhandlungen

(1) Ordnungswidrig handelt, wer vorsätzlich oder leichtfertig der Verwaltungskostenfestsetzungsbe-hörde oder anderen Behörden über verwaltungskostenrechtlich erhebliche Tatsachen unrichtige oder unvollständige Angaben macht oder sie pflichtwidrig über verwaltungskostenrechtlich erhebliche Tat-sachen in Unkenntnis lässt und dadurch Verwaltungskosten verkürzt oder für sich oder eine andere Person nicht gerechtfertigte Verwaltungskostenvorteile erlangt.

(2) Die Ordnungswidrigkeit kann mit einer Geldbuße bis zu fünfundzwanzigtausend Euro geahndet werden.

(3) Verwaltungsbehörden im Sinne des § 36 Absatz 1 Nummer 1 des Gesetzes über Ordnungswidrig-keiten für die Verfolgung und Ahndung von Ordnungswidrigkeiten nach Absatz 1 sind die Verwal-tungskostenfestsetzungsbehörden.

(4) Gläubiger der Geldbuße ist der Rechtsträger der nach Absatz 3 zuständigen Verwaltungsbehörde.

Abschnitt 2
Kurtaxe

§ 25 Kurtaxe in den Staatsbädern

(1) [1]Der Freistaat Sachsen unterhält in Bad Elster und Bad Brambach Staatsbäder. [2]Der Sächsischen Staatsbäder GmbH obliegt als Beliehene die staatliche Aufgabe des Staatsbadbetriebes durch Bereit-stellung und Betrieb ihrer Kur- und Erholungseinrichtungen in Bad Elster und Bad Brambach. [3]Soweit in den folgenden Absätzen nichts Abweichendes bestimmt ist, erfüllt die Sächsische Staatsbäder GmbH diese Aufgabe privatrechtlich. [4]Zur Durchführung von Veranstaltungen kann sich die Sächsische Staatsbäder GmbH Dritter bedienen oder an Drittgesellschaften beteiligen.

(2) [1]Für die Aufwendungen, die durch die Bereitstellung, den Betrieb und die Förderung von Einrich-tungen und Veranstaltungen, die in einem Staatsbad zu Kur- und Erholungszwecken unterhalten oder durchgeführt werden, entstehen, kann die Sächsische Staatsbäder GmbH auf Grund einer Kurtaxord-nung als Beliehene eine Kurtaxe erheben. [2]Die Sächsische Staatsbäder GmbH ist befugt, die zu diesem Zweck notwendigen Verwaltungsakte als Festsetzungsbehörde zu erlassen. [3]Die Kurtaxen dürfen höchstens so bemessen sein, dass die einmaligen und laufenden Aufwendungen für die Einrichtungen und Veranstaltungen gedeckt werden können. [4]Sind die Vorteile, die den Kurtaxschuldnern aus den Einrichtungen erwachsen können, verschieden groß, ist das durch eine entsprechende Abstufung der Kurtaxhöhe zu berücksichtigen.

(3) [1]Die Aufsicht über die ordnungsgemäße Erfüllung der staatlichen Aufgaben durch die Sächsische Staatsbäder GmbH übt das Staatsministerium der Finanzen als Rechtsaufsicht aus. [2]Hinsichtlich des Umfanges der Eingriffs- und Kontrollrechte des Staatsministeriums der Finanzen finden die §§ 113 bis 116 der Sächsischen Gemeindeordnung in der Fassung der Bekanntmachung vom 9. März 2018 (SächsGVBl. S. 62), in der jeweils geltenden Fassung, sinngemäß Anwendung. [3]Für die im Rahmen der Rechtsaufsicht vorgenommenen Amtshandlungen werden keine Verwaltungskosten erhoben.

(4) [1]Schuldner der Kurtaxe ist, wer im Kurbezirk, ohne dort seine Hauptwohnung zu haben, Unterkunft nimmt oder Kur- oder Erholungseinrichtungen der Staatsbäder in Anspruch nimmt. [2]Die Kurtaxe wird von Personen, die sich ausschließlich zu anderen als zu Kur- oder Erholungszwecken im Kurbezirk aufhalten, nicht erhoben.

(5) [1]Die Kurtaxordnungen für die einzelnen Staatsbäder erlässt das Staatsministerium der Finanzen als Rechtsverordnungen. [2]Die Kurtaxordnungen haben insbesondere Kurbezirke festzulegen und die Höhe der Kurtaxen, den Kreis der Kurtaxpflichtigen und das Entstehen des Kurtaxanspruchs zu bestimmen. [3]Sie können aus sozialen und sonstigen wichtigen Gründen eine völlige Befreiung von der Kurtaxpflicht oder eine Abstufung der Kurtaxhöhe vorsehen und nähere Bestimmungen über die Erhebung und Verwendung der Kurtaxen sowie Durchführungsvorschriften enthalten. [4]Es kann bestimmt werden, dass derjenige, der Personen gegen Entgelt beherbergt, zu Heil- und Kurzwecken betreut oder einen Campingplatz betreibt, gegenüber der Sächsischen Staatsbäder GmbH zur Meldung der bei ihm verweilenden oder in Behandlung befindlichen Kurtaxpflichtigen und zur Einziehung und Abführung der Kurtaxe verpflichtet ist und gesamtschuldnerisch für die korrekte Einziehung der Kurtaxe haftet. [5]Die in Satz 4 genannten Pflichten können auch Reiseunternehmen auferlegt werden, wenn die Kurtaxe in dem Entgelt enthalten ist, das die Reiseteilnehmer an die Reiseunternehmer zu entrichten haben. [6]Die Kurtaxordnungen können die zur Einziehung der Kurtaxe erforderliche Datenerhebung und -speicherung durch die Einziehungsverpflichteten sowie die Einsichts- und Prüfrechte der Sächsischen Staatsbäder GmbH hinsichtlich dieser Aufzeichnungen regeln. [7]§ 93 Absatz 1 bis 6, §§ 97 bis 99, 101, 103 und 104 der Abgabenordnung in der Fassung der Bekanntmachung vom 1. Oktober 2002 (BGBl. I S. 3866; 2003 I S. 61), die zuletzt durch Artikel 6 des Gesetzes vom 18. Juli 2017 (BGBl. I S. 2745) geändert worden ist, in der am 1. Januar 2018 geltenden Fassung, finden sinngemäß Anwendung mit der Maßgabe, dass an die Stelle der Finanzbehörde die Sächsische Staatsbäder GmbH und an Stelle der Besteuerung die Erhebung der staatlichen Kurtaxe tritt. [8]§ 93 Absatz 1 Satz 3 und § 104 Absatz 1 Satz 2 der Abgabenordnung finden keine Anwendung. [9]Berufsspezifische Geheimhaltungspflichten, wie insbesondere die ärztliche Schweigepflicht, stehen den in den Kurtaxordnungen konkretisierten Melde- und Auskunftspflichten der Kliniken nicht entgegen. [10]Das Grundrecht auf informationelle Selbstbestimmung (Artikel 33 der Verfassung des Freistaates Sachsen) wird insoweit eingeschränkt.

(6) [1]Sofern in der Kurtaxordnung eine Einziehungsverpflichtung bestimmt ist, ist die Sächsische Staatsbäder GmbH befugt, mit einzelnen Kliniken Sondervereinbarungen über eine pauschale Kurtaxerhebung zu treffen, soweit die Klinik auf Grund des Rechtsverhältnisses zum Versicherungsträger zur Freistellung der kurtaxpflichtigen Patienten verpflichtet ist. [2]In den Sondervereinbarungen kann auch der Zeitpunkt der Meldung der Kurtaxpflichtigen und der Abführung der Kurtaxe bestimmt werden.

(7) [1]Soweit in der Kurtaxordnung nichts Abweichendes bestimmt wird, gelten die Vorschriften des Abschnitts 1 entsprechend. [2]Bei der Anwendung des § 24 Absatz 3 tritt die Landesdirektion Sachsen als Bußgeldbehörde an die Stelle der Verwaltungskostenfestsetzungsbehörde.

Abschnitt 3
Sonstige Vorschriften

§ 26 Kostenverwaltung
(1) Die Kostenverwaltung steht unter der Leitung des Staatsministeriums der Finanzen.
(2) Das Staatsministerium der Finanzen erlässt im Einvernehmen mit den jeweils zuständigen Staatsministerien die Verwaltungsvorschriften zur Ausführung dieses Gesetzes.
(3) Verwaltungsvorschriften zur Anwendung einzelner Gebührentatbestände im Kostenverzeichnis erlässt das zuständige Staatsministerium im Benehmen mit dem Staatsministerium der Finanzen.

§ 27 Vergütungen und Entschädigungen
Soweit nicht besondere Vorschriften entgegenstehen, können die zuständigen Staatsministerien im Einvernehmen mit dem Staatsministerium der Finanzen Rechtsverordnungen erlassen über die angemessene Vergütung oder Entschädigung der Sachverständigen, Dolmetscher, Übersetzer, Zeugen und sonstigen Personen, die in einem Verwaltungsverfahren tätig werden.

§ 28 Übergangsvorschriften

(1) [1]Für individuell zurechenbare öffentlich-rechtliche Leistungen, die vor dem 27. April 2019 beendet wurden, ist das Verwaltungskostengesetz des Freistaates Sachsen in der bis zum 26. April 2019 geltenden Fassung weiter anzuwenden. [2]In den Fällen des § 3 Absatz 6 ist anstelle auf den Zeitpunkt der Beendigung der öffentlich-rechtlichen Leistung auf den Zeitpunkt der Rücknahme oder der anderweitigen Erledigung abzustellen.

(2) Bis zum 1. Oktober 2021 ist § 27 Absatz 1 Satz 1 und 2 des Verwaltungskostengesetzes des Freistaates Sachsen in der bis zum 26. April 2019 geltenden Fassung für die in Artikel 3 Absatz 1, 2 und 5 bis 9 des Sächsischen Verwaltungskostenrechtsneuordnungsgesetzes vom 5. April 2019 (Sächs-GVBl. S. 245) aufgeführten Benutzungsgebührenregelungen weiterhin anzuwenden.

(3) Bis zum 1. Oktober 2021 ist § 11 Absatz 1 Nummer 17 für die in Artikel 3 Absatz 5 bis 9 des Sächsischen Verwaltungskostenrechtsneuordnungsgesetzes aufgeführten Benutzungsgebührenregelungen nicht anzuwenden.

Sächsisches Beamtengesetz (SächsBG)[1)]

Vom 18. Dezember 2013 (SächsGVBl. S. 970)
(BS Sachsen 240-2/2)

zuletzt geändert durch Art. 1 G zur Einführung einer automatisierten Beihilfebearbeitung und zu statistischen Meldepflichten von Dienstunfalldaten vom 6. Juni 2019 (SächsGVBl. S. 470)

Inhaltsübersicht

---

1) Verkündet als Art. 1 Sächsisches Dienstrechtsneuordnungsgesetz v. 18.12.2013 (SächsGVBl. S. 970); Inkrafttreten gem. Art. 28 Abs. 1 dieses G am 1.4.2014 mit Ausnahme des § 80 Abs. 4 und 7 Satz 2 Nr. 3 sowie Satz 5, die gem. Art. 28 Abs. 2 am 1.1.2014 in Kraft treten.

Abschnitt 1
Allgemeine Vorschriften

§ 1 Geltungsbereich

Dieses Gesetz gilt für die Beamten des Freistaates Sachsen (Staatsbeamte), der Gemeinden, Landkreise und sonstigen der Aufsicht des Freistaates Sachsen unterstehenden Körperschaften, Anstalten und Stiftungen des öffentlichen Rechts.

§ 2 Oberste Dienstbehörde, Dienstvorgesetzter, Vorgesetzter

(1) ¹Oberste Dienstbehörde des Beamten ist die oberste Behörde seines Dienstherrn, in deren Dienstbereich er ein Amt bekleidet. ²Als oberste Dienstbehörde gilt bei Versorgungsberechtigten des Freistaates Sachsen die oberste Dienstbehörde, der der Beamte bei Beendigung des Beamtenverhältnisses unterstanden hat. ³§ 130 Abs. 2 gilt entsprechend.

(2) ¹Der Dienstvorgesetzte ist für Entscheidungen in beamtenrechtlichen Angelegenheiten der ihm nachgeordneten Beamten zuständig, soweit gesetzlich nichts anderes geregelt ist. ²Dienstvorgesetzter ist der Leiter der Behörde, der der Beamte angehört. ³Dienstvorgesetzter des Leiters einer Behörde ist der Leiter der nächsthöheren Behörde. ⁴Höherer und nächsthöherer Dienstvorgesetzter sind die Leiter der Behörden, die die Dienstaufsicht über den Dienstvorgesetzten führen. ⁵Die oberste Dienstbehörde

kann abweichend von den Sätzen 2 bis 4 durch Rechtsverordnung regeln, wer Dienstvorgesetzter für alle oder einen Teil der Entscheidungen im Sinne von Satz 1 ist.

(3) [1]Der Vorgesetzte ist dafür zuständig, dem Beamten für seine dienstliche Tätigkeit Weisungen zu erteilen. [2]Wer Vorgesetzter ist, bestimmt sich nach dem Aufbau der öffentlichen Verwaltung.

Abschnitt 2
Beamtenverhältnis

§ 3 Allgemeine laufbahnrechtliche Voraussetzungen für die Berufung in das Beamtenverhältnis
In das Beamtenverhältnis darf nur berufen werden, wer die nach § 16 für die jeweilige Laufbahn erforderliche Vorbildung besitzt oder nach § 21 als anderer Bewerber anerkannt ist.

§ 4 Persönliche Voraussetzungen
(1) In das Beamtenverhältnis darf grundsätzlich nicht berufen werden, wer
1. gegen die Grundsätze der Menschlichkeit oder der Rechtsstaatlichkeit verstoßen hat, insbesondere die im Internationalen Pakt über bürgerliche und politische Rechte vom 19. Dezember 1966 (BGBl. 1973 II S. 1534) gewährleisteten Menschenrechte oder die in der Allgemeinen Erklärung der Menschenrechte vom 10. Dezember 1948 enthaltenen Grundsätze verletzt hat, oder
2. für das frühere Ministerium für Staatssicherheit oder Amt für nationale Sicherheit tätig war und zu dem in § 20 Absatz 1 Nummer 6 Buchstabe c bis e und h des Stasi-Unterlagen-Gesetzes in der Fassung der Bekanntmachung vom 18. Februar 2007 (BGBl. I S. 162), das zuletzt durch Artikel 5 Absatz 5 des Gesetzes vom 10. März 2017 (BGBl. I S. 410) geändert worden ist, in der jeweils geltenden Fassung, genannten Personenkreis zählt

und dessen Beschäftigung im öffentlichen Dienst deshalb untragbar erscheint.

(2) [1]Bei ehemaligen Mitarbeitern oder Angehörigen in herausgehobener Funktion von Parteien und Massenorganisationen, der bewaffneten Organe und Kampfgruppen sowie sonstiger staatlicher oder gemeindlicher Dienststellen oder Betriebe der ehemaligen DDR, insbesondere bei Abteilungsleitern der Ministerien und Räten der Bezirke, Mitgliedern der SED-Bezirks- und Kreisleitungen, Mitgliedern der Räte der Bezirke, Absolventen zentraler Parteischulen, politischen Funktionsträgern in den bewaffneten Organen und Kampfgruppen, den Botschaftern und Leitern anderer diplomatischer Vertretungen und Handelsvertretungen sowie bei Mitgliedern der Bezirks- und Kreiseinsatzleitungen wird vermutet, dass sie die für die Berufung in das Beamtenverhältnis erforderliche Eignung nicht besitzen. [2]Diese Vermutung kann widerlegt werden.

(3) Für die Zulassung von Ausnahmen von § 7 Absatz 1 Nummer 1 und Absatz 2 des Beamtenstatusgesetzes vom 17. Juni 2008 (BGBl. I S. 1010), das zuletzt durch Artikel 2 des Gesetzes vom 8. Juni 2017 (BGBl. I S. 1570) geändert worden ist, in der jeweils geltenden Fassung, sind zuständig
1. das Staatsministerium für Wissenschaft und Kunst in den Fällen von § 7 Absatz 3 Nummer 2 des Beamtenstatusgesetzes,
2. im Übrigen das Staatsministerium des Innern.

(4) Die gesundheitliche Eignung für die Berufung in ein Beamtenverhältnis auf Lebenszeit oder in ein anderes Beamten- oder Beschäftigungsverhältnis mit dem Ziel der späteren Verwendung im Beamtenverhältnis auf Lebenszeit ist aufgrund der Untersuchung eines Amtsarztes, Polizeiarztes, anderen beamteten Arztes oder in Ausnahmefällen eines nicht beamteten Facharztes festzustellen.

§ 5 Beamte auf Zeit
(1) [1]Beamte auf Zeit dürfen nur ernannt werden, soweit dies gesetzlich besonders bestimmt ist. [2]Die Vorschriften über die Laufbahnen finden auf sie keine Anwendung.

(2) [1]Der Beamte auf Zeit tritt mit Ablauf seiner Amtszeit in den Ruhestand, wenn er
1. eine ruhegehaltfähige Dienstzeit im Sinne des § 7 des Sächsischen Beamtenversorgungsgesetzes vom 18. Dezember 2013 (SächsGVBl. S. 970, 1045), das zuletzt durch Artikel 5 des Gesetzes vom 28. Juni 2018 (SächsGVBl. S. 430) geändert worden ist, in der jeweils geltenden Fassung, von 18 Jahren erreicht und das 47. Lebensjahr vollendet hat oder
2. als Beamter auf Zeit eine Gesamtdienstzeit von zwölf Jahren erreicht hat oder
3. das 64. Lebensjahr überschritten und als Beamter auf Zeit eine Gesamtdienstzeit von sechs Jahren erreicht hat.

[2]Zeiten, während derer ein Beamter auf Zeit aufgrund eines privatrechtlichen Arbeitsvertrages, der die Zusicherung einer Versorgung nach beamtenrechtlichen Grundsätzen enthält, eine hauptberufliche Tätigkeit in leitender Stellung bei einem kommunalen Landesverband im Freistaat Sachsen ausgeübt hat, werden bis zu einer Gesamtzeit von elf Jahren als ruhegehaltfähige Dienstzeit nach Satz 1 Nr. 1 berücksichtigt.

(3) [1]Die oberste Dienstbehörde eines Beamten auf Zeit kann diesen auffordern, nach Ablauf der Amtszeit das Amt unter nicht ungünstigeren Bedingungen weiter auszuüben. [2]Kommt der Beamte auf Zeit der Aufforderung nach Satz 1 nicht nach, tritt er nicht nach Absatz 2 in den Ruhestand. [3]Dies gilt nicht für Beamte auf Zeit, die am Tag der Beendigung der Amtszeit das 62. Lebensjahr vollendet haben.

(4) [1]Tritt der Beamte auf Zeit mit Ablauf der Amtszeit nicht in den Ruhestand, ist er zu diesem Zeitpunkt entlassen, wenn er nicht im Anschluss an seine Amtszeit erneut in dasselbe Amt für eine weitere Amtszeit berufen wird. [2]Wird er erneut berufen, gilt das Beamtenverhältnis als nicht unterbrochen.

(5) [1]Der einstweilige Ruhestand eines Beamten auf Zeit endet mit dem Ablauf seiner Amtszeit. [2]Der Beamte gilt in diesem Zeitpunkt als dauernd in den Ruhestand versetzt, wenn er bei Verbleiben im Amt mit Ablauf der Amtszeit in den Ruhestand getreten wäre.

§ 6 Ehrenbeamte

(1) [1]Ehrenbeamte dürfen nur ernannt werden, soweit dies besonders gesetzlich bestimmt ist. [2]Für sie gelten die Vorschriften des Beamtenstatusgesetzes und dieses Gesetzes nach Maßgabe der Absätze 2 und 3.

(2) [1]Der Ehrenbeamte kann nach Ablauf des Monats verabschiedet werden, in dem er das 67. Lebensjahr, als schwerbehinderter Mensch im Sinne von § 2 Absatz 2 des Neunten Buches Sozialgesetzbuches vom 23. Dezember 2016 (BGBl. I S. 3234), das zuletzt durch Artikel 23 des Gesetzes vom 17. Juli 2017 (BGBl. I S. 2541) geändert worden ist, in der jeweils geltenden Fassung, das 60. Lebensjahr vollendet hat. [2]§ 46 Abs. 2 gilt entsprechend. [3]Der Ehrenbeamte ist zu verabschieden, wenn die sonstigen Voraussetzungen des Beamtenstatusgesetzes oder dieses Gesetzes für die Versetzung eines Beamten in den einstweiligen Ruhestand oder in den Ruhestand gegeben sind.

(3) Keine Anwendung finden die Vorschriften über die Altersgrenze für die Berufung in das Beamtenverhältnis (§ 7), das Erlöschen privatrechtlicher Arbeitsverhältnisse bei Begründung des Beamtenverhältnisses (§ 10 Abs. 5), die Stellenausschreibung (§ 11), die Abordnung und Versetzung (§§ 14, 15 des Beamtenstatusgesetzes; §§ 31, 32), die Entlassung bei Dienstunfähigkeit und bei Ernennung nach Erreichen der Altersgrenze (§ 23 Abs. 1 Satz 1 Nr. 3 und 5 des Beamtenstatusgesetzes), den Ruhestand und einstweiligen Ruhestand (§§ 25 bis 32 des Beamtenstatusgesetzes; § 5 Abs. 2 und 3, § 46 Abs. 1 und 3 und §§ 47 bis 59), den Wohnort und den Aufenthalt in der Nähe des Dienstortes (§§ 72, 73), die Beihilfe (§ 80), die Anrechnung erzielter Einkünfte auf die Besoldung sowie die Versorgungsbezüge (§ 86), die Arbeitszeit (§ 95), die Anzeigepflicht für eine Nebentätigkeit (§ 103) und über die Voraussetzungen für die Gewährung von Aufwandsentschädigungen (§ 155 Absatz 1).

(4) Ein Beamter hat die Berufung in das Beamtenverhältnis als Ehrenbeamter seinem Dienstherrn anzuzeigen.

§ 7 Altersgrenzen für die Berufung

(1) [1]In das Beamtenverhältnis darf nicht berufen werden, wer das 42. Lebensjahr vollendet hat. [2]Abweichend von Satz 1 kann für einzelne Beamtengruppen durch Rechtsverordnung des Staatsministeriums des Innern im Einvernehmen mit dem Staatsministerium der Finanzen eine nach oben abweichende Altersgrenze, höchstens jedoch das vollendete 52. Lebensjahr, festgelegt werden.

(2) [1]Die oberste Dienstbehörde kann in besonders begründeten Fällen, insbesondere des § 12 Absatz 1 Satz 1 und des § 27 Absatz 7 Satz 2, Ausnahmen von den Altersgrenzen nach Absatz 1 zulassen, die für Staatsbeamte der Zustimmung des Staatsministeriums der Finanzen bedürfen. [2]Die Altersgrenzen können durch Ausnahmen nach Satz 1 infolge des Nachteilsausgleichs in den Fällen des § 12 Absatz 1 Satz 1 und des § 27 Absatz 7 Satz 2 höchstens um insgesamt fünf Jahre erhöht werden. [3]Bei einer Inanspruchnahme von Eltern-, Beurlaubungs-, Kinderbetreuungs- und Pflegezeiten erhöht sich die Altersgrenze um die jeweils in Anspruch genommenen Zeiten, höchstens jedoch um ein Jahr für jeden Einzelfall.

(3) Die Absätze 1 und 2 gelten nicht für

1. Beamte auf Zeit,
2. den Wechsel zwischen einem Richterverhältnis und einem Beamtenverhältnis als Staatsbeamter,
3. die Übertragung eines Amtes mit leitender Funktion im Beamtenverhältnis auf Probe, wenn der Bewerber bereits Beamter ist, und
4. einen Dienstherrenwechsel in den Geltungsbereich dieses Gesetzes unter Anwendung des Versorgungslastenteilungs-Staatsvertrages vom 26. Januar 2010 (SächsGVBl. S. 265) oder einer entsprechenden Regelung.

§ 8 Übertragung eines Amtes mit leitender Funktion im Beamtenverhältnis auf Probe

(1) Folgende Ämter werden zunächst im Beamtenverhältnis auf Probe übertragen:

1. alle Ämter der Besoldungsordnung B in Staatsbehörden,
2. alle Ämter der Besoldungsgruppe A 16, soweit sie mit der Leitung von Staatsbehörden oder Teilen von Staatsbehörden verbunden sind,
3. alle Ämter von Schulleitern ab Besoldungsgruppe A 14 und
4. alle Ämter ab Besoldungsgruppe A 12, einschließlich der Besoldungsordnung B, in Gemeinden, Landkreisen und sonstigen der Aufsicht des Freistaates Sachsen unterstehenden Körperschaften, Anstalten und Stiftungen des öffentlichen Rechts, soweit diese Ämter mit folgenden Funktionen verbunden sind:
   a) Sachgebietsleiter,
   b) Amtsleiter,
   c) Dezernatsleiter,
   d) Leiter vergleichbarer Organisationseinheiten
   und soweit dies allgemein durch Satzung oder Beschluss bestimmt wurde.

(2) Absatz 1 gilt nicht für Ämter,

1. die richterliche Unabhängigkeit besitzen,
2. die in § 57 genannt sind,
3. von Schulleitern, die zur Übertragung der Führungsfunktion erstmals in das Beamtenverhältnis berufen werden und eine Probezeit nach § 26 ableisten, und
4. des Generaldirektors der Sächsischen Landesbibliothek – Staats- und Universitätsbibliothek Dresden.

(3) [1]Die regelmäßige Probezeit beträgt zwei Jahre. [2]Eine Verkürzung der Probezeit kann zugelassen werden; die Mindestprobezeit beträgt ein Jahr. [3]Zeiten, in denen dem Beamten die leitende Funktion nach Absatz 1 oder eine gleichwertige Funktion bereits übertragen worden ist, können auf die Probezeit angerechnet werden. [4]Eine Verlängerung der Probezeit ist nicht zulässig. [5]Die Zeit einer Freistellung wegen Elternzeit oder einer Beurlaubung ohne Dienstbezüge gilt nicht als Probezeit.

(4) [1]In ein Amt im Sinne des Absatzes 1 darf nur berufen werden, wer

1. sich in einem Beamtenverhältnis auf Lebenszeit oder Richterverhältnis auf Lebenszeit befindet und
2. mit Ausnahme der Ableistung der Probezeit nach Absatz 3 die Voraussetzungen für die Übertragung dieses Amtes auf Lebenszeit erfüllt.

[2]Vom Tage der Ernennung an ruhen für die Dauer der Probezeit die Rechte und Pflichten aus dem Amt, das dem Beamten zuletzt im Beamtenverhältnis auf Lebenszeit oder im Richterverhältnis auf Lebenszeit übertragen worden ist, mit Ausnahme der Pflicht zur Amtsverschwiegenheit und des Verbotes der Annahme von Belohnungen und Geschenken; das Beamtenverhältnis auf Lebenszeit oder das Richterverhältnis auf Lebenszeit besteht fort. [3]Dienstvergehen, die mit Bezug auf das Beamtenverhältnis auf Lebenszeit, das Richterverhältnis auf Lebenszeit oder das Beamtenverhältnis auf Probe begangen worden sind, werden so verfolgt, als stünde der Beamte nur im Beamtenverhältnis auf Lebenszeit oder im Richterverhältnis auf Lebenszeit.

(5) [1]Der Landespersonalausschuss kann Ausnahmen von Absatz 4 Satz 1 zulassen. [2]Befindet sich der Beamte nur in dem Beamtenverhältnis auf Probe, ist dieses zugleich Probezeit im Sinne von § 10 des Beamtenstatusgesetzes und § 26 Abs. 1. [3]In diesem Fall findet § 26 Abs. 2 keine Anwendung. [4]Die für die Beamten auf Probe geltenden Vorschriften des Sächsischen Disziplinargesetzes vom 10. April 2007 (SächsGVBl. S. 54), das zuletzt durch Artikel 12 des Gesetzes vom 26. April 2018 (SächsGVBl. S. 198) geändert worden ist, in der jeweils geltenden Fassung, bleiben unberührt.

(6) [1]§ 27 Abs. 3 findet keine Anwendung. [2]§ 27 Absatz 4 Satz 1 Nummer 2 und 3 findet keine Anwendung, wenn der Beamte in ein Amt mit anderer Funktion befördert wird und sich nicht nur in dem Beamtenverhältnis auf Probe befindet.

§ 9 Beendigung des Amtes mit leitender Funktion im Beamtenverhältnis auf Probe

(1) Mit erfolgreichem Abschluss der Probezeit ist dem Beamten das Amt nach § 8 Abs. 1 auf Dauer im Beamtenverhältnis auf Lebenszeit zu übertragen; eine erneute Berufung des Beamten in ein Beamtenverhältnis auf Probe zur Übertragung dieses Amtes innerhalb eines Jahres ist nicht zulässig.

(2) [1]Der Beamte ist
1. mit Ablauf der Probezeit nach § 8 Abs. 3,
2. mit Beendigung seines Beamtenverhältnisses auf Lebenszeit oder seines Richterverhältnisses auf Lebenszeit,
3. mit der Versetzung zu einem anderen Dienstherrn oder
4. mit Verhängung mindestens einer Kürzung der Dienstbezüge im Disziplinarverfahren

aus dem Beamtenverhältnis auf Probe nach § 8 Abs. 1 entlassen. [2]Die §§ 40 und 41 bleiben unberührt.

(3) [1]Der Beamte führt während seiner Amtszeit im Dienst nur die Amtsbezeichnung des ihm nach § 8 Abs. 1 übertragenen Amtes, er darf nur sie auch außerhalb des Dienstes führen. [2]Wird dem Beamten das Amt nach § 8 Abs. 1 nicht auf Dauer übertragen, darf er die Amtsbezeichnung nach Satz 1 mit dem Ausscheiden aus dem Beamtenverhältnis auf Probe nicht weiterführen.

§ 10 Ernennung

(1) Einer Ernennung bedarf es außer in den in § 8 Abs. 1 Nr. 1 bis 3 des Beamtenstatusgesetzes genannten Fällen auch zur Verleihung eines anderen Amts mit gleichem Grundgehalt und anderer Amtsbezeichnung beim Wechsel der Laufbahngruppe.

(2) [1]Die Staatsbeamten werden vom Ministerpräsidenten ernannt, soweit gesetzlich nichts anderes bestimmt ist. [2]Er kann diese Befugnis durch Rechtsverordnung auf andere Behörden übertragen.

(3) Die Beamten der Gemeinden, der Landkreise und der sonstigen der Aufsicht des Freistaates Sachsen unterstehenden Körperschaften, Anstalten und Stiftungen des öffentlichen Rechts werden von den nach Gesetz, Rechtsverordnung oder Satzung hierfür zuständigen Stellen ernannt.

(4) Die Ernennung wird mit dem Tage der Aushändigung der Ernennungsurkunde wirksam, wenn nicht in der Urkunde ausdrücklich ein späterer Tag bestimmt ist.

(5) Mit der Berufung in das Beamtenverhältnis erlischt ein Arbeitsverhältnis zum Dienstherrn.

§ 11 Stellenausschreibungen

[1]Vor Einstellungen und Beförderungen sind die Bewerber durch öffentliche Ausschreibung der freien Stellen zu ermitteln, wenn es im besonderen dienstlichen Interesse liegt. [2]Es ist grundsätzlich die weibliche und die männliche Form der ausgeschriebenen Stellenbezeichnung zu verwenden.

§ 12 Benachteiligungsverbot

(1) [1]Schwangerschaft, Mutterschutz, Elternzeit, die Betreuung von Kindern und eine familienbedingte Beurlaubung oder die Pflege eines nach ärztlichem Gutachten pflegebedürftigen nahen Angehörigen (§ 66 Abs. 2 Satz 1) dürfen sich bei der Einstellung und der beruflichen Entwicklung nicht nachteilig auswirken. [2]Dies gilt auch für Teilzeitbeschäftigung, soweit nicht eine unterschiedliche Behandlung aufgrund zwingender sachlicher Gründe geboten ist.

(2) [1]Haben sich die Anforderungen an die fachliche Eignung für die Einstellung in den öffentlichen Dienst in der Zeit erhöht, in der sich die Bewerbung um Einstellung nur infolge der in Absatz 1 Satz 1 genannten Gründe verzögert, ist der Grad der fachlichen Eignung nach den Anforderungen zu prüfen, die zu dem Zeitpunkt bestanden haben, zu dem die Bewerbung ohne diese Verzögerungen hätte erfolgen können. [2]Der berücksichtigungsfähige Zeitraum beträgt längstens drei Jahre.

§ 13 Verfahren bei Nichtigkeit und Rücknahme der Ernennung

(1) [1]Im Fall von § 11 Absatz 1 des Beamtenstatusgesetzes stellt die oberste Dienstbehörde die Nichtigkeit der Ernennung fest, wenn die Ernennung nicht gemäß § 11 Absatz 2 des Beamtenstatusgesetzes von Anfang an als wirksam anzusehen ist. [2]Im Fall von § 12 des Beamtenstatusgesetzes erklärt die oberste Dienstbehörde die Rücknahme der Ernennung. [3]Bei Staatsbeamten tritt an die Stelle der obersten Dienstbehörde die Ernennungsbehörde, sofern nicht der Ministerpräsident für die Ernennung zuständig wäre.

(2) Die Ernennung kann in den Fällen von § 12 des Beamtenstatusgesetzes nur innerhalb einer Frist von zwölf Monaten zurückgenommen werden, nachdem die oberste Dienstbehörde, bei Staatsbeamten die Stelle, die für die Ernennung zuständig wäre, von der Ernennung und dem Grund der Rücknahme Kenntnis erlangt hat.

(3) Die Verfügungen nach Absatz 1 Satz 1 und 2 sind dem Beamten, im Falle seines Todes den versorgungsberechtigten Hinterbliebenen, zuzustellen.

§ 14 Folgen der Nichtigkeit und Rücknahme einer Ernennung

(1) Die Verfügung nach § 13 Abs. 1 Satz 1 kann mit dem Verbot der Führung der Dienstgeschäfte verbunden werden; im Fall der Nichtigkeit einer Ernennung im Sinne von § 8 Abs. 1 Nr. 1 des Beamtenstatusgesetzes ist sie mit dem Verbot der Führung der Dienstgeschäfte zu verbinden.

(2) [1]Die bis zu dem Verbot der Führung der Dienstgeschäfte nach Absatz 1 oder bis zur Zustellung der Rücknahmeverfügung nach § 13 Abs. 1 Satz 2 vorgenommenen Amtshandlungen sind in gleicher Weise wirksam, wie wenn sie ein Beamter ausgeführt hätte. [2]Die dem Ernannten gewährten Leistungen können ihm belassen werden; die Entscheidung hierüber trifft die Stelle, die die Nichtigkeit feststellt oder über die Rücknahme entscheidet.

Abschnitt 3
Laufbahnen

§ 15 Begriff und Gliederung der Laufbahnen

(1) [1]Eine Laufbahn umfasst alle Ämter, die derselben Fachrichtung und derselben Laufbahngruppe angehören. [2]Soweit ein Vorbereitungsdienst eingerichtet ist, gehört auch dieser zur Laufbahn.

(2) [1]Die Laufbahnen werden zwei Laufbahngruppen zugeordnet. [2]Laufbahngruppe 1 umfasst die Laufbahnen ohne Hochschulabschluss, Laufbahngruppe 2 die Laufbahnen mit Hochschulabschluss. [3]In jeder Laufbahngruppe gibt es zwei qualifikationsbezogene Einstiegsebenen.

(3) Zugang zu den Laufbahnen hat, wer die Bildungsvoraussetzungen nach § 16 und, sofern die Laufbahnbefähigung nicht im Vorbereitungsdienst erworben wird, die Zugangsvoraussetzungen nach § 17 erfüllt, sofern nicht fachgesetzlich etwas anderes geregelt ist.

(4) [1]Es gibt folgende Fachrichtungen:

1. Agrar- und Forstverwaltung,
2. Allgemeine Verwaltung,
3. Bildung und Kultur,
4. Feuerwehr,
5. Gesundheit und Soziales,
6. Justiz,
7. Naturwissenschaft und Technik,
8. Polizei und
9. Finanz- und Steuerverwaltung.

[2]Innerhalb einer Laufbahn können fachliche Schwerpunkte gebildet werden. [3]Ein fachlicher Schwerpunkt umfasst alle Ämter, die aufgrund fachverwandter Bildung und Qualifikation erreicht werden können. [4]Die Laufbahnbefähigung wird durch die Einrichtung von fachlichen Schwerpunkten nicht eingeschränkt.

§ 16 Bildungsvoraussetzungen

(1) Bildungsvoraussetzung für Laufbahnen der Laufbahngruppe 1 ist

1. für die erste Einstiegsebene mindestens
   a) ein Hauptschulabschluss oder
   b) ein gleichwertiger Bildungsstand,
2. für die zweite Einstiegsebene
   a) ein Realschulabschluss oder
   b) ein Hauptschulabschluss mit einer anschließenden abgeschlossenen förderlichen Berufsausbildung oder
   c) ein gleichwertiger Bildungsstand.

(2) Bildungsvoraussetzung für Laufbahnen der Laufbahngruppe 2 ist

1. für die erste Einstiegsebene mindestens

   a)   eine Qualifikation nach § 17 des Sächsischen Hochschulfreiheitsgesetzes in der Fassung der Bekanntmachung vom 15. Januar 2013 (SächsGVBl. S. 3), das zuletzt durch Artikel 44 des Gesetzes vom 26. April 2018 (SächsGVBl. S. 198) geändert worden ist, in der jeweils geltenden Fassung, oder

   b)   ein gleichwertiger Bildungsstand,

2. für die zweite Einstiegsebene

   a)   ein für die jeweilige Laufbahn geeignetes, mit einem Mastergrad, einem diesem entsprechenden Diplomgrad, einer ersten Staatsprüfung, einer ersten juristischen Prüfung im Sinne des § 5 des Deutschen Richtergesetzes in der Fassung der Bekanntmachung vom 19. April 1972 (BGBl. I S. 713), das zuletzt durch Artikel 9 des Gesetzes vom 8. Juni 2017 (BGBl. I S. 1570) geändert worden ist, in der jeweils geltenden Fassung, oder einem Magisterabschluss abgeschlossenes Hochschulstudium, oder

   b)   ein gleichwertiger Bildungsstand.

(3) Ein Bildungsstand ist den aufgeführten Abschlüssen gleichwertig, wenn er entsprechende Fähigkeiten und Kenntnisse vermittelt.

(4) Über die Anerkennung als gleichwertiger Bildungsstand und als förderliche Berufsausbildung entscheiden

1. in den Fällen des Absatzes 1 das Staatsministerium für Kultus,

2. in den Fällen des Absatzes 2 das für die Fachrichtung zuständige Staatsministerium oder die für die Fachrichtung zuständigen Staatsministerien im Einvernehmen mit dem Staatsministerium des Innern.

§ 17 Zugangsvoraussetzungen (Laufbahnbefähigung)

(1) Die Befähigung für eine Laufbahn der Laufbahngruppe 1 besitzt, wer die Bildungsvoraussetzungen nach § 16 erfüllt und

1. für die erste Einstiegsebene

   a)   einen Vorbereitungsdienst oder

   b)   eine gleichwertige Berufsausbildung erfolgreich abgeschlossen hat,

2. für die zweite Einstiegsebene

   a)   einen Vorbereitungsdienst mit einer Laufbahnprüfung oder

   b)   eine gleichwertige Berufsausbildung erfolgreich abgeschlossen hat oder

   c)   eine für die Laufbahn geeignete Berufsausbildung erfolgreich abgeschlossen hat und eine dem Vorbereitungsdienst gleichwertige hauptberufliche Tätigkeit nachweist, wenn nicht eine bestimmte Vorbildung, Ausbildung oder Prüfung besonders vorgeschrieben ist.

(2) Die Befähigung für eine Laufbahn der Laufbahngruppe 2 besitzt, wer die Bildungsvoraussetzungen nach § 16 erfüllt und

1. für die erste Einstiegsebene

   a)   einen Vorbereitungsdienst mit einer Laufbahnprüfung erfolgreich abgeschlossen hat oder

   b)   ein unmittelbar für die Laufbahn qualifizierendes Hochschulstudium mit dem Bachelorgrad oder diesem entsprechenden Diplomgrad abgeschlossen hat oder

   c)   ein sonstiges für die Laufbahn geeignetes Hochschulstudium mit dem Bachelorgrad oder diesem entsprechenden Diplomgrad abgeschlossen hat und eine dem Vorbereitungsdienst gleichwertige hauptberufliche Tätigkeit nachweist, wenn nicht eine bestimmte Vorbildung, Ausbildung oder Prüfung besonders vorgeschrieben ist,

2. für die zweite Einstiegsebene, soweit nicht das Hochschulstudium nach § 16 Abs. 2 Nr. 2, erforderlichenfalls mit Zusatzqualifikationen, unmittelbar für die Laufbahn qualifiziert,

   a)   einen Vorbereitungsdienst mit einer Laufbahnprüfung erfolgreich abgeschlossen hat oder

   b)   einen dem Vorbereitungsdienst gleichwertige hauptberufliche Tätigkeit nachweist, wenn nicht eine bestimmte Vorbildung, Ausbildung oder Prüfung besonders vorgeschrieben ist.

(3) [1]Eine Berufsausbildung oder eine hauptberufliche Tätigkeit ist dem Vorbereitungsdienst gleichwertig, wenn sie seiner Dauer entspricht und die zur selbständigen Wahrnehmung von Ämtern der Laufbahn notwendige fachliche und personale Kompetenz vermittelt. [2]Die Feststellung der Gleichwertigkeit kann von der erfolgreichen Teilnahme an Fortbildungsmaßnahmen abhängig gemacht werden.

§ 18 Vorbereitungsdienst

(1) Der Vorbereitungsdienst soll im Beamtenverhältnis auf Widerruf nach § 4 Absatz 4 Buchstabe a des Beamtenstatusgesetzes abgeleistet werden.

(2) [1]Soweit der Vorbereitungsdienst auch Voraussetzung für die Ausübung eines Berufes außerhalb des öffentlichen Dienstes ist, kann er auch in einem öffentlich-rechtlichen Ausbildungsverhältnis außerhalb des Beamtenverhältnisses abgeleistet werden. [2]Die Ausgestaltung des öffentlich-rechtlichen Ausbildungsverhältnisses regelt das Staatsministerium des Innern im Einvernehmen mit dem Staatsministerium der Finanzen durch Rechtsverordnung. [3]§ 8 Satz 2 Nummer 9 des Sächsischen Juristenausbildungsgesetzes vom 27. Juni 1991 (SächsGVBl. S. 224), das zuletzt durch Artikel 3 des Gesetzes vom 15. November 2017 (SächsGVBl. S. 598) geändert worden ist, in der jeweils geltenden Fassung, bleibt unberührt. [4]In den Fällen des Satzes 1 können die Ausbildungs- und Prüfungsordnungen bestimmen, dass der Bewerber nach seiner Wahl den Vorbereitungsdienst entweder im Beamtenverhältnis auf Widerruf oder in einem öffentlich-rechtlichen Ausbildungsverhältnis ableistet.

(3) [1]Der Vorbereitungsdienst für die erste Einstiegsebene einer Laufbahn der Laufbahngruppe 1 dauert mindestens sechs Monate. [2]Er umfasst eine theoretische und eine praktische Ausbildung. [3]Der Vorbereitungsdienst kann mit einer Prüfung abschließen.

(4) [1]Der Vorbereitungsdienst für die zweite Einstiegsebene einer Laufbahn der Laufbahngruppe 1 dauert mindestens zwei Jahre. [2]Er vermittelt die berufliche Grundbildung sowie die fachlichen Kenntnisse, Methoden und praktischen Fähigkeiten, die zur Erfüllung der Aufgaben in der Laufbahn benötigt werden. [3]Der Vorbereitungsdienst gliedert sich in eine fachtheoretische und eine berufspraktische Ausbildung und schließt mit einer Prüfung ab. [4]Die fachtheoretische Ausbildung soll sechs Monate und die berufspraktische Ausbildung achtzehn Monate dauern.

(5) [1]Der Vorbereitungsdienst für die erste Einstiegsebene einer Laufbahn der Laufbahngruppe 2 dauert mindestens drei Jahre. [2]Er vermittelt in einem geeigneten, mit einer Prüfung abgeschlossenen Studiengang einer Hochschule die wissenschaftlichen und berufspraktischen Fähigkeiten und Kenntnisse, die zur Erfüllung von Aufgaben in der Laufbahn erforderlich sind. [3]Er besteht aus Fachstudien von mindestens achtzehnmonatiger Dauer und berufspraktischen Studienzeiten von mindestens zwölfmonatiger Dauer. [4]Der Vorbereitungsdienst kann auf die berufspraktischen Studienzeiten beschränkt werden, wenn der Erwerb der wissenschaftlichen Fähigkeiten und Kenntnisse, die zur Erfüllung der Aufgaben der Laufbahn erforderlich sind, durch einen geeigneten, mit einer Prüfung abgeschlossenen Studiengang einer Hochschule nachgewiesen wird. [5]Das für die Ausbildungs- und Prüfungsordnung zuständige Staatsministerium bestimmt im Einvernehmen mit dem Staatsministerium des Innern, welcher Studiengang geeignet ist.

(6) [1]Der Vorbereitungsdienst für die zweite Einstiegsebene einer Laufbahn der Laufbahngruppe 2 dauert mindestens zwei Jahre. [2]Für die Ämter der zweiten Einstiegsebene der Laufbahngruppe 2 der Fachrichtung Bildung und Kultur mit dem fachlichen Schwerpunkt Bildungsdienst dauert er mindestens ein Jahr. [3]Der Vorbereitungsdienst vermittelt die für die Laufbahn erforderlichen berufspraktischen Fähigkeiten und Kenntnisse und schließt mit einer Prüfung ab.

(7) Die praktische Ausbildung im Vorbereitungsdienst kann bis auf sechs Monate gekürzt werden, soweit Zeiten einer geeigneten berufspraktischen Ausbildung oder für die Laufbahnbefähigung gleichwertige berufliche Tätigkeiten nachgewiesen worden sind.

§ 19 Im Bereich eines anderen Dienstherrn erworbene Laufbahnbefähigung

(1) [1]Wer die Laufbahnbefähigung nach den Vorschriften eines anderen Landes oder des Bundes erworben hat, besitzt außer in den Fällen von Absatz 2 die Befähigung für eine Laufbahn derselben Fachrichtung nach § 15. [2]Die Feststellung und die Entscheidung über die Zuordnung trifft die für die Ernennung in der neuen Fachrichtung zuständige Behörde im Einvernehmen mit dem für die Fachrichtung zuständigen Staatsministerium.

(2) Entspricht die Laufbahnbefähigung nicht mindestens den Zugangsvoraussetzungen nach § 17, entscheidet die aufnehmende oberste Dienstbehörde im Einvernehmen mit dem für die Fachrichtung zuständigen Staatsministerium oder den für die Fachrichtung zuständigen Staatsministerien, im Übrigen mit dem Staatsministerium des Innern über die Anerkennung der Laufbahnbefähigung, soweit erforderlich nach einer Unterweisung oder zusätzlichen Qualifizierungsmaßnahmen.

§ 20 Erwerb der Laufbahnbefähigung aufgrund im Ausland erworbener Berufsqualifikationen

(1) [1]Die Laufbahnbefähigung kann auch aufgrund

1. der Richtlinie 2005/36/EG des Europäischen Parlaments und des Rates vom 7. September 2005 über die Anerkennung von Berufsqualifikationen (ABl. L 255 vom 30.9.2005, S. 22, L 271 vom 16.10.2007, S. 18, L 93 vom 4.4.2008, S. 28, L 33 vom 3.2.2009, S. 49, L 305 vom 24.10.2014, S. 115), die zuletzt durch den delegierten Beschluss (EU) 2016/790 (ABl. L 134 vom 24.5.2016, S. 135) geändert worden ist, in der jeweils geltenden Fassung,

2. eines mit einem Drittstaat geschlossenen Vertrages, in dem die Bundesrepublik Deutschland und die Europäische Union einen entsprechenden Anspruch auf Anerkennung der Berufsqualifikationen eingeräumt haben, oder

3. einer auf eine Tätigkeit in einer öffentlichen Verwaltung vorbereitenden Berufsqualifikation, die in einem Drittstaat erworben worden ist,

anerkannt werden. [2]Das Nähere regelt die Staatsregierung durch Rechtsverordnung.

(2) Die deutsche Sprache muss in dem für die Wahrnehmung der Aufgaben der Laufbahn erforderlichen Maße beherrscht werden.

(3) [1]Sofern ein Beamter oder ehemaliger Beamter die Anerkennung seiner Berufsqualifikation in einem

1. anderen Mitgliedstaat der Europäischen Union oder

2. Vertragsstaat des Abkommens über den Europäischen Wirtschaftsraum oder

3. anderen Vertragsstaat, dem Deutschland und die Europäische Gemeinschaft oder Deutschland und die Europäische Union vertraglich einen Rechtsanspruch auf Anerkennung von Berufsqualifikationen eingeräumt haben,

beantragt, ist die gemäß Absatz 1 Satz 2 zu bestimmende zuständige Anerkennungsbehörde verpflichtet, die zuständige Behörde des Aufnahmemitgliedstaates auf Antrag über das Vorliegen disziplinarischer Sanktionen und, soweit diese ihr bekannt sind, über strafrechtliche Sanktionen oder über sonstige schwerwiegende Sachverhalte, die sich auf die Ausübung der in der Richtlinie erfassten Tätigkeiten auswirken können, zu unterrichten. [2]Die Anerkennungsbehörde kann insoweit Auskunft von dem unmittelbaren Dienstvorgesetzten oder, wenn das Beamtenverhältnis beendet ist, von dem letzten unmittelbaren Dienstvorgesetzten des Beamten verlangen.

(4) Das Sächsische Berufsqualifikationsfeststellungsgesetz vom 17. Dezember 2013 (SächsGVBl. S. 874), das zuletzt durch Artikel 42 des Gesetzes vom 26. April 2018 (SächsGVBl. S. 198) geändert worden ist, in der jeweils geltenden Fassung, findet mit Ausnahme des § 16 keine Anwendung.

§ 21 Andere Bewerber

(1) [1]Andere Bewerber erwerben die Laufbahnbefähigung durch langjährige Berufs- und Lebenserfahrung. [2]Sie müssen durch ihre Berufs- und Lebenserfahrung befähigt sein, alle Aufgaben ihrer künftigen Laufbahn uneingeschränkt wahrzunehmen. [3]Andere Bewerber dürfen nur eingestellt werden, wenn ein besonderes dienstliches Interesse an der Gewinnung besteht.

(2) Die Befähigung für die Laufbahn, in der andere Bewerber verwendet werden sollen, wird durch den Landespersonalausschuss festgestellt.

(3) Die näheren Voraussetzungen für den Erwerb der Laufbahnbefähigung nach Absatz 1 und die Feststellung durch den Landespersonalausschuss nach Absatz 2 regelt die Staatsregierung durch Rechtsverordnung.

(4) Andere Bewerber dürfen nicht eingestellt werden, wenn eine bestimmte Vorbildung, Ausbildung oder Prüfung durch gesetzliche Regelung erforderlich oder nach der Eigenart der Laufbahnaufgaben vorgeschrieben ist.

§ 22 Laufbahnwechsel

(1) Ein Wechsel der Fachrichtung innerhalb einer Laufbahngruppe (Laufbahnwechsel) ist zulässig, wenn der Beamte die Befähigung für die neue Laufbahn besitzt oder nach Absatz 2 erwirbt.

(2) [1]Besitzt der Beamte die Befähigung für die neue Laufbahn nicht, ist ein Laufbahnwechsel zulässig, wenn er die für die Wahrnehmung der Aufgaben in der Laufbahn erforderlichen Fähigkeiten und Kenntnisse

1. durch Unterweisung oder andere Qualifizierungsmaßnahmen oder

2. aufgrund der Wahrnehmung von Tätigkeiten, die mit den Anforderungen der neuen Laufbahn vergleichbar sind,

erworben hat. [2]Die Anerkennung der Befähigung für die neue Laufbahn ist dem Beamten schriftlich mitzuteilen. [3]Über die Zulässigkeit des Laufbahnwechsels und die Anerkennung der Laufbahnbefähigung entscheiden das für die Fachrichtung zuständige Staatsministerium oder die für die Fachrichtung zuständigen Staatsministerien; sie können die Befugnis durch Rechtsverordnung auf die zuständige Ernennungsbehörde übertragen.

(3) Ein Laufbahnwechsel nach Absatz 2 ist ausgeschlossen, soweit für die neue Laufbahn eine bestimmte Vorbildung, Ausbildung oder Prüfung durch besondere Rechtsvorschrift vorgeschrieben oder nach ihrer Eigenart zwingend erforderlich ist.

§ 23 Fortbildung
[1]Die berufliche Entwicklung setzt voraus, dass der Beamte die erforderliche dienstliche Fortbildung, bei Übertragung und Wahrnehmung von Führungsaufgaben eine geeignete Führungskräftefortbildung wahrnimmt. [2]Darüber hinaus ist der Beamte verpflichtet, sich selbst laufend fortzubilden, damit er über die Anforderungen seiner Laufbahn unterrichtet bleibt und auch steigenden Anforderungen seines Amtes gewachsen ist. [3]Die obersten Dienstbehörden fördern und gewährleisten die für die berufliche Entwicklung erforderliche dienstliche Fortbildung.

§ 24 Personalentwicklung
(1) [1]Zur Personalentwicklung erstellen die obersten Dienstbehörden Personalentwicklungskonzepte, sofern mehr als sieben Beamte auf Lebenszeit in dem Geschäftsbereich tätig sind. [2]Sie können diese Befugnis auf nachgeordnete Behörden übertragen.

(2) [1]Im Rahmen der Personalentwicklungskonzepte sind Eignung, Befähigung und fachliche Leistung durch Personalentwicklungs- und Personalführungsmaßnahmen zu erhalten und zu fördern. [2]Zu diesen Maßnahmen gehören insbesondere
1. die Fortbildungsmaßnahmen,
2. die Führungskräfteentwicklung,
3. das Mitarbeiter-Vorgesetzten-Gespräch,
4. die dienstliche Beurteilung und
5. ein die Fähigkeiten und Kenntnisse erweiternder regelmäßiger Wechsel der Verwendung, insbesondere auch in Tätigkeiten bei einer anderen Behörde oder Dienststelle. Diese Tätigkeiten sollen sowohl in staatlichen als auch in kommunalen Behörden ausgeübt werden.

(3) Die oberste Dienstbehörde kann, sofern es aufgrund der Ausbildung des Beamten und der wahrzunehmenden Tätigkeit erforderlich ist, Ausnahmen von Absatz 2 Satz 2 Nr. 3 und 5 zulassen.

§ 25 Einstellung
(1) [1]Eine Ernennung unter Begründung eines Beamtenverhältnisses (Einstellung) ist nur im besoldungsrechtlich festgelegten Eingangsamt der jeweiligen Einstiegsebene einer Laufbahn zulässig. [2]Satz 1 gilt nicht für die Einstellung in einem in § 57 genannten Amt.

(2) Abweichend von Absatz 1 Satz 1 ist eine Einstellung in einem höheren Amt als dem Eingangsamt zulässig, wenn der Bewerber
1. eine den Anforderungen des höheren Amtes entsprechende berufliche Erfahrung besitzt und dieses Amt nach dem individuellen fiktiven Werdegang bei einer früheren Einstellung hätte erreichen können oder
2. eine sonstige für die Tätigkeit erforderliche Qualifikation besitzt, die über die Zugangsvoraussetzungen nach § 17 hinaus erworben wurde und die Staatsregierung diesen Fall durch Rechtsverordnung bestimmt.

(3) Die Entscheidung nach Absatz 2 trifft die Ernennungsbehörde im Einvernehmen mit der obersten Dienstbehörde, oberhalb des zweiten Beförderungsamtes mit Zustimmung des Landespersonalausschusses.

§ 26 Probezeit
(1) [1]Probezeit ist die Zeit im Beamtenverhältnis auf Probe, während der sich der Beamte nach Erwerb oder Feststellung der Befähigung für die Laufbahn bewähren soll. [2]Elternzeiten oder Zeiten einer Beurlaubung ohne Dienstbezüge gelten nicht als Probezeit.

(2) Die regelmäßige Probezeit dauert drei Jahre.

(3) ¹Die Staatsregierung kann durch Rechtsverordnung die Verkürzung der Probezeit

1. durch Anrechnung von Zeiten hauptberuflicher Tätigkeit im öffentlichen Dienst, die nach Art und Bedeutung der Tätigkeit in der Laufbahn gleichwertig und nicht Bildungs- oder Zugangsvoraussetzung sind, oder

2. in Abhängigkeit von in der Laufbahnausbildung oder in der Probezeit erbrachten überdurchschnittlichen Leistungen

zulassen. ²Die Mindestprobezeit beträgt in Laufbahnen der Laufbahngruppe 1 sechs Monate, in Laufbahnen der Laufbahngruppe 2 ein Jahr.

(4) Kann die Bewährung bis zum Ablauf der Probezeit noch nicht festgestellt werden, kann die Probezeit bis auf höchstens fünf Jahre verlängert werden.

(5) § 8 Abs. 5 bleibt unberührt.

§ 27 Beförderung

(1) Beförderung ist eine Ernennung, durch die dem Beamten ein anderes Amt mit höherem Grundgehalt übertragen wird.

(2) ¹Die Beförderung in ein Amt der Besoldungsgruppe A 7 oder ein Amt der Besoldungsgruppe A 14 setzt voraus, dass der Beamte eine von dem für die Fachrichtung zuständigen Staatsministerium oder den für die Fachrichtung zuständigen Staatsministerien bestimmte Qualifizierung erfolgreich abgeschlossen hat, wenn der Beamte in der ersten Einstiegsebene der jeweiligen Laufbahngruppe eingestellt worden ist und die Befähigung für die zweite Einstiegsebene dieser Laufbahngruppe nicht besitzt (§ 17). ²Die Staatsregierung kann durch Rechtsverordnung die Mindestvoraussetzungen hinsichtlich der Zulassung, der Dauer und der Inhalte der Qualifizierungen und das Erfordernis und die Voraussetzungen für das erfolgreiche Ablegen einer Prüfung regeln sowie für einzelne Laufbahnen oder Ämter Ausnahmen zulassen.

(3) Die Beförderung setzt die Feststellung der Eignung für das höhere Amt nach einer Erprobungszeit von mindestens sechs Monaten Dauer voraus; dies gilt nicht für Beamte auf Zeit, für politische Beamte nach § 57 und für Mitglieder des Landesrechnungshofs.

(4) ¹Eine Beförderung ist nicht zulässig

1. während der Probezeit,

2. vor Ablauf eines Jahres seit dem Ende der Probezeit und

3. vor Ablauf eines Jahres seit der letzten Beförderung, es sei denn, dass das derzeitige Amt nicht durchlaufen zu werden braucht.

²Die Staatsregierung regelt durch Rechtsverordnung, ob nach Eignung, Leistung und Befähigung längere Mindestdienstzeiten gelten.

(5) ¹Ämter, die regelmäßig zu durchlaufen sind, dürfen nicht übersprungen werden. ²Hiervon abweichend können Beamte, die

1. in der ersten Einstiegsebene der Laufbahngruppe 2 eingestellt worden sind, unmittelbar in das Eingangsamt der zweiten Einstiegsebene der Laufbahngruppe 2 befördert werden, wenn sie die nach § 16 Abs. 2 Nr. 2 erforderlichen Bildungsvoraussetzungen und die nach § 17 Abs. 2 Nr. 2 erforderlichen Zugangsvoraussetzungen nachweisen oder

2. in der zweiten Einstiegsebene der Laufbahngruppe 1 eingestellt worden sind, unmittelbar in das Eingangsamt der ersten oder zweiten Einstiegsebene der Laufbahngruppe 2 befördert werden, wenn sie die nach § 16 Abs. 2 für die jeweilige Einstiegsebene erforderlichen Bildungsvoraussetzungen und die nach § 17 Abs. 2 für die jeweilige Einstiegsebene erforderlichen Zugangsvoraussetzungen nachweisen.

³Die Ernennungsbehörde kann in den Fällen des Satzes 2 die erfolgreiche Teilnahme an einem von ihr bestimmten Auswahlverfahren vorschreiben. ⁴Absatz 3 und § 26 Abs. 1 Satz 2 gelten entsprechend. ⁵Für Ämter der Besoldungsordnung A, denen durch die Amtsbezeichnung oder einen diesen ergänzenden Funktionszusatz unmittelbar durch den Besoldungsgesetzgeber ein Amt im funktionellen Sinn zugeordnet ist, gilt Satz 1 nicht.

(6) Der Landespersonalausschuss kann bei Vorliegen besonderer Gründe Ausnahmen von Absatz 4 und 5 Satz 1 zulassen.

(7) ¹Abweichend von Absatz 4 Satz 1 Nummer 1 und 2 ist eine Beförderung bei Verzögerungen des beruflichen Werdegangs durch die Geburt eines Kindes, durch die Betreuung oder Pflege eines Kindes

unter 18 Jahren oder durch die tatsächliche Pflege eines nach ärztlichem Gutachten pflegebedürftigen Angehörigen im Sinne von § 7 Absatz 3 des Pflegezeitgesetzes vom 28. Mai 2008 (BGBl. I S. 874, 896), das zuletzt durch Artikel 7 des Gesetzes vom 21. Dezember 2015 (BGBl. I S. 2424) geändert worden ist, in der jeweils geltenden Fassung, zulässig. [2]Gleiches gilt in den Fällen des Nachteilsausgleichs für

1. ehemalige Soldaten nach dem Arbeitsplatzschutzgesetz in der Fassung der Bekanntmachung vom 16. Juli 2009 (BGBl. I S. 2055), das zuletzt durch Artikel 3 Absatz 1 des Gesetzes vom 29. Juni 2015 (BGBl. I S. 1061) geändert worden ist, in der jeweils geltenden Fassung, und dem Soldatenversorgungsgesetz in der Fassung der Bekanntmachung vom 16. September 2009 (BGBl. I S. 3054), das zuletzt durch Artikel 90 des Gesetzes vom 29. März 2017 (BGBl. I S. 626) geändert worden ist, in der jeweils geltenden Fassung,

2. ehemalige Zivildienstleistende nach dem Zivildienstgesetz in der Fassung der Bekanntmachung vom 17. Mai 2005 (BGBl. I S. 1346), das zuletzt durch Artikel 3 Absatz 5 des Gesetzes vom 29. Juni 2015 (BGBl. I S. 1061) geändert worden ist, in der jeweils geltenden Fassung,

3. ehemalige Entwicklungshelfer nach dem Entwicklungshelfer-Gesetz vom 18. Juni 1969 (BGBl. I S. 549), das zuletzt durch Artikel 6 Absatz 13 des Gesetzes vom 23. Mai 2017 (BGBl. I S. 1228) geändert worden ist, in der jeweils geltenden Fassung, und

4. ehemalige Freiwillige nach dem Jugendfreiwilligendienstegesetz vom 16. Mai 2008 (BGBl. I S. 842), das durch Artikel 30 des Gesetzes vom 20. Dezember 2011 (BGBl. I S. 2854) geändert worden ist, in der jeweils geltenden Fassung, und dem Bundesfreiwilligendienstgesetz vom 28. April 2011 (BGBl. I S. 687), das zuletzt durch Artikel 15 Absatz 5 des Gesetzes vom 20. Oktober 2015 (BGBl. I S. 1722) geändert worden ist, in der jeweils geltenden Fassung.

§ 28 Aufstieg

[1]Beamte mit der Befähigung für eine Laufbahn der Laufbahngruppe 1 können auch ohne Erfüllung der Bildungsvoraussetzungen nach § 16 in die höhere Laufbahn derselben Fachrichtung aufsteigen. [2]Für den Aufstieg ist die Ablegung einer Prüfung zu verlangen, sofern nicht in der Rechtsverordnung nach § 29 oder § 133, die eine Beteiligung des Landespersonalausschusses an einem solchen Aufstiegsverfahren vorsieht, etwas anderes bestimmt ist. [3]Der Beamte verbleibt in seinem bisherigen beamtenrechtlichen Status, bis er die erfolgreiche Ablegung der Prüfung nach Satz 2 nachweisen kann.

§ 29 Laufbahnverordnung

Die Staatsregierung bestimmt durch Rechtsverordnung die zur Ausführung der §§ 15 bis 28 notwendigen Vorschriften, insbesondere über

1. die Gestaltung der Laufbahnen, einschließlich der Besonderheiten für einzelne Fachrichtungen und die regelmäßig zu durchlaufenden Ämter,

2. die Bildung von fachlichen Schwerpunkten,

3. den Erwerb und die Anerkennung der Laufbahnbefähigung,

4. die Ausgestaltung eines Vorbereitungsdienstes, einschließlich Zuständigkeiten und Anrechnungsmöglichkeiten für förderliche Bildungsgänge und Tätigkeiten, Dienstbezeichnungen sowie Notenstufen für Prüfungen,

5. den Laufbahnwechsel und Wechsel zwischen Schwerpunkten einer Laufbahn, einschließlich der Art der Unterweisungen, der förderlichen Tätigkeiten und der Qualifizierungsmaßnahmen,

6. die Probezeit, einschließlich Verlängerung, Anrechnung von Zeiten beruflicher Tätigkeit und Verkürzung unter Berücksichtigung der Ergebnisse der Laufbahnprüfung oder der im Dienst bewiesenen überdurchschnittlichen Leistungen,

7. die Mindestvoraussetzungen für Beförderungen, einschließlich Verwendungsbreite, Verwendungstiefe und Sprungbeförderungen,

8. den Inhalt von Personalentwicklungskonzepten einschließlich der Fortbildung und der zwingenden Voraussetzungen für die Übertragung und Wahrnehmung höherwertiger Tätigkeiten und von Ämtern mit Führungsverantwortung,

9. die allgemeinen Voraussetzungen für den Aufstieg, einschließlich Zulassung, Verfahren und Prüfung,

10. die Festlegung von Höchstaltersgrenzen für den Aufstieg und die Qualifizierung nach § 27 Absatz 2 Satz 1 für einzelne Laufbahnen unter Berücksichtigung der Dauer der Ausbildung, der

erhöhten körperlichen oder gesundheitlichen Anforderungen der Laufbahn und der nach Abschluss des Aufstiegs oder der Qualifizierung zu leistenden Dienstzeit,

11. die Ausgleichsmaßnahmen zugunsten schwerbehinderter und diesen gleichgestellter Menschen,

12. die Zulassung von Ausnahmebefugnissen des Landespersonalausschusses.

§ 30 Ausbildungs- und Prüfungsordnungen

[1]Das für die Fachrichtung zuständige Staatsministerium erlässt oder die für die Fachrichtung zuständigen Staatsministerien erlassen, soweit gesetzlich nichts anderes bestimmt ist, im Einvernehmen mit dem Staatsministerium des Innern durch Rechtsverordnung Vorschriften über die Ausbildung und Prüfung für die Laufbahnen. [2]Dabei sollen insbesondere geregelt werden:

1. die Voraussetzungen für die Zulassung zur Ausbildung und Prüfung einschließlich etwaiger Fremdsprachenkenntnisse,

2. der Ausbildungsinhalt, die Ausgestaltung und Dauer der Ausbildung, einschließlich der theoretischen und praktischen Ausbildung, und ihre Verlängerung,

3. die Anrechnung von Ausbildungszeiten, Beschäftigungszeiten sowie von Prüfungsleistungen in anderen Ausbildungsgängen,

4. die Zwischenprüfungen,

5. die Prüfungsorgane, ihre Zusammensetzung und ihre Zuständigkeit,

6. der Prüfungsinhalt, die Durchführung von Prüfungen sowie deren Anerkennung als Laufbahnprüfung,

7. die Wiederholung von Prüfungen und Prüfungsteilen sowie die Rechtsfolgen bei Bestehen und endgültigem Nichtbestehen einer Prüfung,

8. Kontrollen zur Aufdeckung von Verstößen gegen Prüfungsbestimmungen, auch unter Einsatz technischer Hilfsmittel, die Mitwirkungspflichten der Prüfungsteilnehmer an Kontrollen und die Folgen von Verstößen gegen Prüfungsbestimmungen,

9. die nähere Ausgestaltung des Aufstiegs und

10. die Notwendigkeit einer besonderen Ausbildung und Prüfung für besondere Aufgabenbereiche in einer Laufbahn.

[3]Sie können für die Einstellung in den Vorbereitungsdienst eine Mindestaltersgrenze und nach den besonderen Erfordernissen der Laufbahn, die mit erhöhten körperlichen oder gesundheitlichen Anforderungen verbunden sind, für die Einstellung in den Vorbereitungsdienst eine Höchstaltersgrenze vorsehen. [4]§ 8 Satz 2 Nummer 1 bis 8 sowie 10 und 11 des Sächsischen Juristenausbildungsgesetzes und § 40 Absatz 3 des Sächsischen Schulgesetzes in der Fassung der Bekanntmachung vom 16. Juli 2004 (SächsGVBl. S. 298), das zuletzt durch Artikel 32 des Gesetzes vom 26. April 2018 (SächsGVBl. S. 198) geändert worden ist, in der jeweils geltenden Fassung, bleiben unberührt.

Abschnitt 4
Abordnung und Versetzung sowie Umbildung von Körperschaften

§ 31 Abordnung

(1) Die vorübergehende Übertragung einer Tätigkeit bei einer anderen Dienststelle desselben oder eines anderen in § 1 genannten Dienstherrn unter Beibehaltung der Zugehörigkeit zur bisherigen Dienststelle (Abordnung) kann ganz oder teilweise erfolgen.

(2) Der Beamte kann aus dienstlichen Gründen zu einer seinem Amt entsprechenden Tätigkeit abgeordnet werden.

(3) [1]Der Beamte kann auch zu einer nicht seinem Amt entsprechenden Tätigkeit abgeordnet werden, wenn ihm die Wahrnehmung der neuen Tätigkeit aufgrund seiner Vorbildung oder Berufsausbildung zuzumuten ist. [2]Dabei ist auch die Abordnung zu einer Tätigkeit, die nicht einem Amt mit demselben Endgrundgehalt entspricht, zulässig. [3]Die Abordnung nach Satz 1 und 2 bedarf der Zustimmung des Beamten, wenn sie die Dauer von zwei Jahren übersteigt.

(4) [1]Die Abordnung zu einem anderen Dienstherrn bedarf der Zustimmung des Beamten. [2]Abweichend von Satz 1 ist die Abordnung auch ohne Zustimmung des Beamten zulässig, wenn die neue Tätigkeit einem Amt mit demselben Endgrundgehalt auch einer anderen oder gleichwertigen Laufbahn entspricht und die Abordnung die Dauer von fünf Jahren nicht übersteigt.

(5) ¹Wird ein Beamter zu einem anderen Dienstherrn abgeordnet, finden auf ihn, soweit zwischen den Dienstherren nichts anderes vereinbart ist, die für den Bereich des aufnehmenden Dienstherrn geltenden Vorschriften über die Pflichten und Rechte der Beamten mit Ausnahme der Regelungen über Diensteid, Amtsbezeichnung, Besoldung, Krankenfürsorgeleistungen und Versorgung entsprechende Anwendung. ²Zur Zahlung der ihm zustehenden Leistungen ist auch der Dienstherr verpflichtet, zu dem er abgeordnet ist.

§ 32 Versetzung

(1) Die auf Dauer angelegte Übertragung eines anderen Amtes bei demselben oder einem anderen in § 1 genannten Dienstherrn (Versetzung) kann auf Antrag oder aus dienstlichen Gründen erfolgen.

(2) ¹Die Versetzung auf Antrag ist nur zulässig, wenn der Beamte die für das neue Amt erforderliche Laufbahnbefähigung besitzt. ²Wird er aus dienstlichen Gründen versetzt, ohne dass er die für das neue Amt erforderliche Laufbahnbefähigung besitzt, ist er verpflichtet, an Maßnahmen zu deren Erwerb teilzunehmen.

(3) ¹Die Versetzung bedarf der Zustimmung des Beamten, wenn er nicht in ein Amt mit mindestens demselben Endgrundgehalt versetzt wird. ²Stellenzulagen gelten nicht als Bestandteile des Endgrundgehalts.

(4) ¹Bei der Auflösung oder einer wesentlichen Änderung des Aufbaus oder der Aufgaben einer Behörde oder der Verschmelzung von Behörden kann ein Beamter, dessen Aufgabengebiet davon berührt ist, auch ohne seine Zustimmung in ein anderes Amt mit geringerem Endgrundgehalt derselben oder einer anderen Laufbahn im Bereich desselben Dienstherrn versetzt werden, wenn eine dem bisherigen Amt entsprechende Verwendung nicht möglich ist. ²Das Endgrundgehalt muss mindestens dem des Amtes entsprechen, das der Beamte vor dem bisherigen Amt innehatte.

§ 33 Landesinterne Umbildung von Körperschaften

(1) Die Beamten einer juristischen Person des öffentlichen Rechts mit Dienstherrnfähigkeit (Körperschaft), die vollständig in eine andere Körperschaft eingegliedert wird, treten mit der Umbildung kraft Gesetzes in den Dienst der aufnehmenden Körperschaft über.

(2) ¹Die Beamten einer Körperschaft, die vollständig in mehrere andere Körperschaften eingegliedert wird, sind anteilig in den Dienst der aufnehmenden Körperschaften zu übernehmen. ²Die beteiligten Körperschaften haben innerhalb einer Frist von sechs Monaten nach der Umbildung im Einvernehmen miteinander zu bestimmen, von welchen Körperschaften die einzelnen Beamten zu übernehmen sind. ³Solange ein Beamter nicht übernommen ist, haften alle aufnehmenden Körperschaften für die ihm zustehende Besoldung als Gesamtschuldner.

(3) ¹Die Beamten einer Körperschaft, die teilweise in eine oder mehrere andere Körperschaften eingegliedert wird, sind zu einem verhältnismäßigen Teil, bei mehreren Körperschaften anteilig, in den Dienst der aufnehmenden Körperschaften zu übernehmen. ²Absatz 2 Satz 2 ist entsprechend anzuwenden.

(4) Die Absätze 1 bis 3 gelten entsprechend, wenn

1. eine Körperschaft mit einer oder mehreren anderen Körperschaften zu einer neuen Körperschaft zusammengeschlossen wird,

2. ein oder mehrere Teile verschiedener Körperschaften zu einem oder mehreren neuen Teilen einer Körperschaft zusammengeschlossen werden,

3. aus einer Körperschaft oder aus Teilen einer Körperschaft eine oder mehrere neue Körperschaften gebildet werden oder

4. Aufgaben einer Körperschaft vollständig oder teilweise auf eine oder mehrere andere Körperschaften übergehen.

§ 34 Rechtsfolgen der Umbildung

(1) Tritt ein Beamter aufgrund des § 33 Abs. 1 kraft Gesetzes in den Dienst einer anderen Körperschaft über oder wird er aufgrund des § 33 Abs. 2 oder 3 von einer anderen Körperschaft übernommen, wird das Beamtenverhältnis mit dem neuen Dienstherrn fortgesetzt.

(2) Im Fall des § 33 Abs. 1 ist dem Beamten von der aufnehmenden oder neuen Körperschaft die Fortsetzung des Beamtenverhältnisses schriftlich zu bestätigen.

(3) ¹In den Fällen des § 33 Abs. 2 und 3 wird die Übernahme von der Körperschaft verfügt, in deren Dienst der Beamte treten soll; die Verfügung wird mit der Zustellung an den Beamten wirksam. ²Der

Beamte ist verpflichtet, der Übernahmeverfügung Folge zu leisten; kommt er der Verpflichtung nicht nach, ist er zu entlassen.

(4) Die Absätze 1 bis 3 gelten entsprechend in den Fällen des § 33 Abs. 4.

§ 35 Rechtsstellung der Beamten

(1) [1]Dem Beamten, der nach § 33 kraft Gesetzes in den Dienst einer anderen Körperschaft übertritt oder übernommen wird, soll ein gleich zu bewertendes Amt übertragen werden, das seinem bisherigen Amt nach Bedeutung und Inhalt ohne Rücksicht auf Dienststellung und Dienstalter entspricht. [2]Wenn eine dem bisherigen Amt entsprechende Verwendung nicht möglich ist, kann ihm auch ein anderes Amt derselben oder einer gleichwertigen Laufbahn mit geringerem Grundgehalt übertragen werden. [3]Das Grundgehalt muss mindestens dem des Amtes entsprechen, das der Beamte vor dem bisherigen Amt innehatte. [4]In diesem Fall darf der Beamte neben der neuen Amtsbezeichnung die des früheren Amtes mit dem Zusatz „außer Dienst" („a.D.") führen.

(2) [1]Die aufnehmende oder neue Körperschaft kann, wenn die Zahl der bei ihr nach der Umbildung vorhandenen Beamten den tatsächlichen Bedarf übersteigt, innerhalb einer Frist von sechs Monaten Beamte im Beamtenverhältnis auf Lebenszeit oder auf Zeit in den einstweiligen Ruhestand versetzen, wenn deren Aufgabengebiet von der Umbildung berührt wurde. [2]Die Frist nach Satz 1 beginnt in den Fällen des § 33 Abs. 2 Satz 1, Abs. 3 Satz 1 und Abs. 4, sobald die Bestimmung gemäß § 33 Abs. 2 Satz 2 getroffen wurde. [3]Bei Beamten auf Zeit, die nach Satz 1 in den einstweiligen Ruhestand versetzt sind, endet der einstweilige Ruhestand mit Ablauf der Amtszeit; sie gelten in diesem Zeitpunkt als dauernd in den Ruhestand versetzt, wenn sie bei Verbleiben im Amt mit Ablauf der Amtszeit in den Ruhestand getreten wären.

§ 36 Genehmigungsvorbehalt für Ernennungen

[1]Ist innerhalb absehbarer Zeit mit einer Umbildung im Sinne des § 33 zu rechnen, können die obersten Rechtsaufsichtsbehörden der beteiligten Körperschaften anordnen, dass Beamte, deren Aufgabengebiet von der Umbildung voraussichtlich berührt wird, nur mit ihrer Genehmigung ernannt werden dürfen. [2]Die Anordnung darf höchstens für die Dauer eines Jahres ergehen. [3]Sie ist den beteiligten Körperschaften zuzustellen. [4]Die Genehmigung soll nur versagt werden, wenn durch derartige Ernennungen die Durchführung der nach den §§ 33 bis 35 erforderlichen Maßnahmen wesentlich erschwert würde.

§ 37 Rechtsstellung der Versorgungsempfänger

(1) Die Vorschriften des § 33 Abs. 1 und 2 und des § 34 gelten entsprechend für die im Zeitpunkt der Umbildung bei der abgebenden Körperschaft vorhandenen Versorgungsempfänger.

(2) In den Fällen des § 33 Abs. 3 bleiben die Ansprüche der im Zeitpunkt der Umbildung vorhandenen Versorgungsempfänger gegenüber der abgebenden Körperschaft bestehen.

(3) Die Absätze 1 und 2 gelten entsprechend in den Fällen des § 33 Abs. 4.

§ 38 Landesübergreifende Umbildung von Körperschaften

Im Falle landesübergreifender Körperschaftsumbildungen im Sinne von § 16 des Beamtenstatusgesetzes gelten § 35 Abs. 1 Satz 2 und § 36 entsprechend.

§ 39 Zuständigkeiten

(1) [1]Die Versetzung oder Abordnung wird von der Ernennungsbehörde angeordnet. [2]Vor der Versetzung oder Abordnung ist der Beamte zu hören. [3]Bei Versetzungen oder Abordnungen in den Geschäftsbereich einer anderen obersten Dienstbehörde oder zu einem anderen Dienstherrn ist das Einvernehmen mit der dortigen Ernennungsbehörde herzustellen. [4]Das Einvernehmen ist schriftlich zu erklären. [5]In der Verfügung ist zum Ausdruck zu bringen, dass das Einvernehmen vorliegt.

(2) Für die Versetzung oder Abordnung von Staatsbeamten, für deren Ernennung der Ministerpräsident zuständig wäre, innerhalb eines Geschäftsbereichs sowie aus einem Geschäftsbereich in einen anderen Geschäftsbereich ist die oberste Dienstbehörde des jeweiligen Geschäftsbereichs zuständig.

(3) Die Ernennungsbehörde oder die nach Absatz 2 zuständige Behörde kann die Zuständigkeit für Versetzungen und Abordnungen innerhalb ihres Geschäftsbereichs durch allgemeine Anordnung auf eine nachgeordnete Behörde übertragen.

(4) Für Zuweisungen gemäß § 20 Abs. 1 Nr. 1 und Abs. 2 Alternative 1 des Beamtenstatusgesetzes ist die Ernennungsbehörde und für Zuweisungen gemäß § 20 Abs. 1 Nr. 2 und Abs. 2 Alternative 2 des Beamtenstatusgesetzes die oberste Dienstbehörde zuständig.

Abschnitt 5
Beendigung des Beamtenverhältnisses

Unterabschnitt 1
Entlassung

§ 40 Entlassung kraft Gesetzes

(1) Abweichend von § 22 Abs. 4 des Beamtenstatusgesetzes ist der Beamte auf Widerruf mit Ablauf des Tages aus dem Beamtenverhältnis entlassen, an dem ihm

1. das Bestehen oder endgültige Nichtbestehen der Prüfung oder
2. das endgültige Nichtbestehen einer vorgeschriebenen Zwischenprüfung

schriftlich bekannt gegeben wird.

(2) Die Begründung eines befristeten öffentlich-rechtlichen Dienst- oder Amtsverhältnisses zu einer supranationalen, zwischenstaatlichen oder internationalen Einrichtung ohne Dienstherrneigenschaft führt abweichend von § 22 Abs. 2 des Beamtenstatusgesetzes nicht zu einer Entlassung des Beamten.

(3) Ein Beamter ist, sofern gesetzlich nichts anderes bestimmt ist, mit der Berufung in ein Richterverhältnis zum gleichen Dienstherrn entlassen.

(4) ¹Die Stelle, die für die Ernennung zuständig wäre oder, wenn der Ministerpräsident für die Ernennung zuständig wäre, die oberste Dienstbehörde, entscheidet darüber, ob die Voraussetzungen von § 22 Absatz 1 bis 4 des Beamtenstatusgesetzes vorliegen, und stellt den Tag der Beendigung des Beamtenverhältnisses fest. ²Soll für einen Staatsbeamten nach § 22 Abs. 2 Satz 1 des Beamtenstatusgesetzes die Fortdauer des Beamtenverhältnisses angeordnet werden, ist zusätzlich das Einvernehmen mit dem Staatsministerium des Innern und dem Staatsministerium der Finanzen herbeizuführen.

§ 41 Entlassung auf Antrag

(1) ¹Das Verlangen auf Entlassung muss der Stelle, die für die Ernennung des Beamten zuständig wäre (Entlassungsbehörde), erklärt werden. ²Die Erklärung kann, solange die Entlassungsverfügung dem Beamten noch nicht zugegangen ist, innerhalb von zwei Wochen nach dortigem Zugang, mit Zustimmung der Entlassungsbehörde auch nach Ablauf dieser Frist, zurückgenommen werden.

(2) ¹Die Entlassung ist von der Entlassungsbehörde nach Möglichkeit auf den beantragten Zeitpunkt auszusprechen. ²Sie kann aus dringenden dienstlichen Gründen um längstens drei Monate hinausgeschoben werden.

§ 42 Zuständigkeit

Soweit durch Rechtsvorschrift nichts anderes bestimmt ist, wird die Entlassung von der Stelle ausgesprochen, die für die Ernennung des Beamten zuständig wäre.

§ 43 Fristen

(1) Bei der Entlassung nach § 23 Abs. 1 Satz 1 Nr. 3 des Beamtenstatusgesetzes sowie bei der Entlassung des Beamten auf Probe (§ 23 Abs. 3 des Beamtenstatusgesetzes) und des Beamten auf Widerruf (§ 23 Abs. 4 des Beamtenstatusgesetzes) beträgt die Entlassungsfrist bei einer Beschäftigungszeit

1. von bis zu drei Monaten zwei Wochen zum Monatsende,
2. von mehr als drei Monaten einen Monat zum Monatsende und
3. von mindestens einem Jahr sechs Wochen zum Ende des Kalendervierteljahres.

(2) Als Beschäftigungszeit gilt die Zeit ununterbrochener entgeltlicher Tätigkeit bei demselben Dienstherrn oder bei dem Verwaltungsträger, dessen Aufgaben der Dienstherr übernommen hat.

(3) ¹Im Falle von § 23 Absatz 3 Satz 1 Nummer 1 des Beamtenstatusgesetzes können Beamte auf Probe und Beamte auf Widerruf ohne Einhaltung einer Frist entlassen werden. ²Vor der Entlassung ist der Sachverhalt aufzuklären; die §§ 21 bis 30 des Sächsischen Disziplinargesetzes gelten entsprechend.

(4) In den Fällen von § 23 Absatz 3 Satz 1 Nummer 3 des Beamtenstatusgesetzes ist die Entlassung nur innerhalb einer Frist von sechs Monaten seit der Auflösung oder Umbildung der Behörde zulässig.

§ 44 Wirksamwerden der Entlassung

(1) Soweit gesetzlich oder in der Entlassungsverfügung nichts anderes bestimmt ist, wird die Entlassung mit dem Ende des Monats wirksam, der auf den Monat folgt, in dem die Entlassungsverfügung dem Beamten zugestellt wird.

(2) Im Falle von § 23 Absatz 1 Satz 1 Nummer 1 des Beamtenstatusgesetzes wird die Entlassung mit der Zustellung der Entlassungsverfügung wirksam.

§ 45 Folgen der Entlassung

[1]Nach der Entlassung hat der frühere Beamte keinen Anspruch auf Leistungen des Dienstherrn, soweit gesetzlich nichts anderes bestimmt ist. [2]Er darf die Amtsbezeichnung und die im Zusammenhang mit dem Amt verliehenen Titel nur führen, wenn ihm die Erlaubnis hierzu nach § 85 Abs. 3 erteilt worden ist.

Unterabschnitt 2
Ruhestand

§ 46 Ruhestand wegen Erreichens der Altersgrenze

(1) Beamte auf Lebenszeit treten mit dem Ablauf des Monats in den Ruhestand, in dem sie das 67. Lebensjahr vollenden, soweit nicht durch Gesetz eine andere Altersgrenze bestimmt ist.

(2) [1]Abweichend von Absatz 1 treten Beamte auf Lebenszeit, die vor dem 1. Januar 1947 geboren sind, mit dem Ablauf des Monats in den Ruhestand, in dem sie das 65. Lebensjahr vollenden. [2]Beamte auf Lebenszeit, die nach dem 31. Dezember 1946, aber vor dem 1. Januar 1964 geboren sind, treten mit dem Ablauf des Monats in den Ruhestand, in dem sie das nach nachfolgender Tabelle maßgebliche Lebensalter vollenden:

Beamte des Geburtsjahrgangs	Lebensalter
1947	65 Jahre und 1 Monat
1948	65 Jahre und 2 Monate
1949	65 Jahre und 3 Monate
1950	65 Jahre und 4 Monate
1951	65 Jahre und 5 Monate
1952	65 Jahre und 6 Monate
1953	65 Jahre und 7 Monate
1954	65 Jahre und 8 Monate
1955	65 Jahre und 9 Monate
1956	65 Jahre und 10 Monate
1957	65 Jahre und 11 Monate
1958	66 Jahre
1959	66 Jahre und 2 Monate
1960	66 Jahre und 4 Monate
1961	66 Jahre und 6 Monate
1962	66 Jahre und 8 Monate
1963	66 Jahre und 10 Monate.

(3) Lehrer an öffentlichen Schulen, außer an Hochschulen, treten abweichend von den Absätzen 1 und 2 zum Ende des Schuljahres in den Ruhestand, in dem sie das um ein Jahr unter der jeweiligen Altersgrenze liegende Lebensjahr vollenden.

§ 47 Hinausschiebung des Eintritts in den Ruhestand

[1]Wenn es im dienstlichen Interesse liegt, kann die Stelle, die für die Ernennung zuständig wäre, mit Zustimmung des Beamten oder auf Antrag des Beamten den Eintritt in den Ruhestand für eine be-

stimmte Frist, die jeweils ein Jahr und insgesamt drei Jahre nicht übersteigen darf, hinausschieben. ²Bei Beamten, für deren Ernennung der Ministerpräsident zuständig wäre, trifft die Entscheidung über die Hinausschiebung des Eintritts in den Ruhestand die oberste Dienstbehörde.

§ 48 Versetzung in den Ruhestand ohne Nachweis der Dienstunfähigkeit

¹Ohne Nachweis der Dienstunfähigkeit kann ein Beamter auf Lebenszeit auf seinen Antrag in den Ruhestand versetzt werden, wenn er

1. das 63. Lebensjahr vollendet hat oder
2. schwerbehindert ist im Sinne von § 2 Absatz 2 des Neunten Buches Sozialgesetzbuch und das 60. Lebensjahr vollendet hat.

²§ 157 bleibt unberührt.

§ 49 Versetzung in den Ruhestand wegen Dienstunfähigkeit

Die Frist im Sinne von § 26 Absatz 1 Satz 2 des Beamtenstatusgesetzes, innerhalb derer keine Aussicht besteht, dass die Dienstfähigkeit wieder voll hergestellt ist, beträgt sechs Monate.

§ 50 Begrenzte Dienstfähigkeit

Für die begrenzte Dienstfähigkeit im Sinne von § 27 des Beamtenstatusgesetzes gelten die §§ 52 und 55 Abs. 1 und 2 entsprechend.

§ 51 Versetzung in den Ruhestand auf Antrag

(1) Beantragt der Beamte, ihn nach § 26 Abs. 1 des Beamtenstatusgesetzes in den Ruhestand zu versetzen, wird seine Dienstunfähigkeit dadurch festgestellt, dass sein unmittelbarer Dienstvorgesetzter, soweit erforderlich nach Einholung eines Gutachtens eines Amtsarztes, Polizeiarztes, anderen beamteten Arztes oder in Ausnahmefällen eines nicht beamteten Facharztes über den Gesundheitszustand, erklärt, er halte ihn nach pflichtgemäßem Ermessen für dauernd unfähig, seine Dienstpflichten zu erfüllen.

(2) Die über die Versetzung in den Ruhestand entscheidende Behörde ist an die Erklärung des unmittelbaren Dienstvorgesetzten nicht gebunden; sie kann auch andere Beweise erheben.

§ 52 Versetzung in den Ruhestand ohne Antrag, Vermeidung drohender Dienstunfähigkeit

(1) ¹Bestehen beim Dienstvorgesetzten Zweifel über die Dienstfähigkeit des Beamten und beantragt der betreffende Beamte die Versetzung in den Ruhestand nicht, ist er verpflichtet, sich nach Weisung der Behörde von einem Amtsarzt, Polizeiarzt, anderen beamteten Arzt oder in Ausnahmefällen von einem nicht beamteten Facharzt untersuchen und, falls ein Amtsarzt, Polizeiarzt oder anderer beamteter Arzt dies für erforderlich hält, auch beobachten zu lassen. ²Der Arzt teilt dem Dienstvorgesetzten die für die Feststellung der Dienstunfähigkeit erforderlichen Untersuchungsergebnisse mit. ³Die Mitteilung des Arztes ist in einem gesonderten, verschlossenen und versiegelten Umschlag zu übersenden; sie ist verschlossen zur Personalakte des Beamten zu nehmen. ⁴Entzieht sich der Beamte trotz wiederholter schriftlicher Aufforderung ohne hinreichenden Grund der Verpflichtung nach Satz 1, kann er so behandelt werden, als wäre seine Dienstunfähigkeit festgestellt worden.

(2) Hält der Dienstvorgesetzte den Beamten aufgrund des Gutachtens nach Absatz 1 für dienstunfähig, oder gilt die Dienstunfähigkeit des Beamten nach Absatz 1 Satz 4 als festgestellt, teilt der Dienstvorgesetzte dem Beamten unter Angabe der Gründe mit, dass seine Versetzung in den Ruhestand beabsichtigt ist.

(3) ¹Erhebt der Beamte innerhalb eines Monats nach Zugang der Mitteilung keine Einwendungen, entscheidet die nach § 55 Abs. 1 zuständige Behörde über die Versetzung in den Ruhestand. ²Mit Ablauf des Monats, in dem der Bescheid über die Versetzung in den Ruhestand dem Beamten bekanntgegeben worden ist, wird die die Versorgungsbezüge übersteigende Besoldung einbehalten.

(4) ¹Werden Einwendungen erhoben, entscheidet die nach § 55 Abs. 1 zuständige Behörde, ob das Verfahren einzustellen oder fortzuführen ist. ²Die Entscheidung ist dem Beamten zuzustellen. ³Wird das Verfahren fortgeführt, ist mit dem Ablauf der drei Monate, die auf den Monat der Mitteilung der Entscheidung folgen, bis zum Beginn des Ruhestands die die Versorgungsbezüge übersteigende Besoldung einzubehalten. ⁴Wird die Dienstfähigkeit des Beamten festgestellt, ist das Verfahren einzustellen. ⁵Die Entscheidung ist dem Beamten zuzustellen; die nach Satz 3 einbehaltenen Beträge sind nachzuzahlen. ⁶Wird die Dienstunfähigkeit festgestellt, wird der Beamte in den Ruhestand versetzt; die einbehaltenen Beträge werden nicht nachgezahlt.

(5) Der Beamte ist verpflichtet, zur Vermeidung einer drohenden Dienstunfähigkeit an geeigneten und zumutbaren gesundheitlichen und beruflichen Rehabilitationsmaßnahmen nach Weisung seines Dienstvorgesetzten teilzunehmen.

§ 53 Verfahren bei Wiederherstellung der Dienstfähigkeit
(1) [1]Liegen Anhaltspunkte für die Wiederherstellung der Dienstfähigkeit des Ruhestandsbeamten vor, kann die Ernennungsbehörde ein Gutachten eines Amtsarztes, Polizeiarztes, anderen beamteten Arztes oder in Ausnahmefällen eines nicht beamteten Facharztes über die Dienstfähigkeit einholen. [2]Der Beamte ist verpflichtet, bei der Erstellung des ärztlichen Gutachtens mitzuwirken.

(2) Hat der Ruhestandsbeamte innerhalb von zehn Jahren nach seiner Versetzung in den Ruhestand seine erneute Berufung in das Beamtenverhältnis beantragt und ist seine Dienstfähigkeit wiederhergestellt, ist dem Antrag zu entsprechen, soweit zwingende dienstliche Gründe nicht entgegenstehen.

§ 54 Versetzung eines Beamten auf Probe in den Ruhestand
Für die Versetzung eines Beamten auf Probe in den Ruhestand gelten die §§ 51 bis 53 entsprechend.

§ 55 Zuständigkeit
(1) Die Versetzung in den Ruhestand wird von der Stelle ausgesprochen, die für die Ernennung des Beamten zuständig wäre.

(2) Die Verfügung kann bis zum Beginn des Ruhestands zurückgenommen werden.

(3) [1]Bei Staatsbeamten bedarf die vorzeitige Versetzung in den Ruhestand wegen Dienstunfähigkeit der Zustimmung des Staatsministeriums der Finanzen. [2]Satz 1 gilt nicht, soweit der Ministerpräsident für die Ernennung des Beamten zuständig wäre.

§ 56 Beginn des Ruhestands bei Versetzungen
[1]Der Ruhestand beginnt nach Ablauf des Monats, in dem der Bescheid über die Versetzung in den Ruhestand dem Beamten bekannt gegeben worden ist. [2]Die Festsetzung eines früheren Zeitpunkts ist unwirksam. [3]Abweichend von Satz 1 kann in den Fällen der §§ 48, 139 Absatz 6, § 143 Absatz 1, § 143a Absatz 1, § 147 Absatz 1 Nummer 3 und § 157 auf Antrag oder mit Zustimmung des Beamten als Beginn des Ruhestands ein Zeitpunkt nach Ablauf eines späteren Monats festgesetzt werden.

Unterabschnitt 3
Einstweiliger Ruhestand

§ 57 Politische Beamte
Ämter im Sinne von § 30 Absatz 1 des Beamtenstatusgesetzes sind die der Staatssekretäre, des Präsidenten der Landesdirektion Sachsen, des Regierungssprechers und des Direktors beim Sächsischen Landtag.

§ 58 Beginn des einstweiligen Ruhestands
Der einstweilige Ruhestand beginnt, wenn nicht im Einzelfall ausdrücklich ein späterer Zeitpunkt festgesetzt wird, mit dem Zeitpunkt, in dem der Bescheid über die Versetzung in den Ruhestand dem Beamten bekanntgegeben wird, spätestens jedoch mit dem Ablauf der drei Monate, die auf den Monat der Bekanntgabe folgen.

§ 59 Fristen bei landesübergreifender Umbildung von Körperschaften und bei Umbildung und Auflösung von Behörden
[1]Beamte auf Lebenszeit oder auf Zeit können nach § 18 Abs. 2 und § 31 Abs. 1 des Beamtenstatusgesetzes innerhalb einer Frist von sechs Monaten in den einstweiligen Ruhestand versetzt werden. [2]Die Frist nach Satz 1 beginnt in den Fällen des § 16 Abs. 2 Satz 1, Abs. 3 Satz 1 und Abs. 4 des Beamtenstatusgesetzes, sobald die Bestimmung gemäß § 16 Abs. 2 Satz 2 des Beamtenstatusgesetzes getroffen wurde.

Unterabschnitt 4
Verlust der Beamtenrechte

§ 60 Folgen des Verlusts
[1]Endet das Beamtenverhältnis durch Verlust der Beamtenrechte nach § 24 Abs. 1 des Beamtenstatusgesetzes, besteht mit Rechtskraft des Urteils kein Anspruch auf Leistungen des Dienstherrn, soweit

gesetzlich nichts anderes bestimmt ist. [2]Die Amtsbezeichnung und die im Zusammenhang mit dem Amt verliehenen Titel dürfen nicht weiter geführt werden.

§ 61 Gnadenrecht

(1) Dem Ministerpräsidenten steht hinsichtlich des Verlusts der Beamtenrechte das Gnadenrecht zu.

(2) Wird im Gnadenweg der Verlust der Beamtenrechte in vollem Umfang beseitigt, gelten ab diesem Zeitpunkt § 24 Abs. 2 des Beamtenstatusgesetzes und § 62 entsprechend.

§ 62 Wiederaufnahmeverfahren

(1) In den Fällen von § 24 Absatz 2 des Beamtenstatusgesetzes hat der Beamte einen Anspruch auf Übertragung eines Amtes derselben oder einer gleichwertigen Laufbahn mit mindestens demselben Endgrundgehalt wie sein bisheriges Amt, sofern er die Altersgrenze noch nicht erreicht hat und dienstfähig ist; bis zur Übertragung des neuen Amtes erhält er die Besoldung, die ihm aus seinem bisherigen Amt zugestanden hätte.

(2) Ist aufgrund des im Wiederaufnahmeverfahren festgestellten Sachverhalts oder aufgrund eines rechtskräftigen Strafurteils, das nach der früheren Entscheidung ergangen ist, ein Disziplinarverfahren mit dem Ziel der Entfernung des Beamten aus dem Beamtenverhältnis eingeleitet worden, verliert der Beamte die ihm nach Absatz 1 zustehenden Ansprüche, wenn auf Entfernung aus dem Beamtenverhältnis erkannt wird, mit der Rechtskraft dieser Entscheidung; bis zur Rechtskraft der Entscheidung können die Ansprüche nicht geltend gemacht werden.

(3) Absatz 2 gilt entsprechend in Fällen der Entlassung eines Beamten auf Probe oder auf Widerruf gemäß § 23 Abs. 3 Satz 1 Nr. 1 des Beamtenstatusgesetzes und § 43 Abs. 3.

(4) Der Beamte muss sich auf die ihm nach Absatz 1 zustehende Besoldung ein anderes Arbeitseinkommen oder einen Unterhaltsbeitrag anrechnen lassen; er ist zur Auskunft hierüber verpflichtet.

Abschnitt 6
Rechtliche Stellung im Beamtenverhältnis

Unterabschnitt 1
Allgemeine Pflichten und Rechte

§ 63 Diensteid

(1) Der Beamte hat folgenden Diensteid zu leisten: „Ich schwöre, dass ich mein Amt nach bestem Wissen und Können führen, Verfassung und Recht achten und verteidigen und Gerechtigkeit gegenüber allen üben werde."

(2) Der Eid kann auch mit der Beteuerung „So wahr mir Gott helfe" geleistet werden.

(3) In den Fällen von § 38 Absatz 2 des Beamtenstatusgesetzes hat der Beamte anstelle der Worte „ich schwöre" die Worte „ich gelobe" zu sprechen.

(4) In den Fällen von § 38 Absatz 3 des Beamtenstatusgesetzes kann der Beamte anstelle des Eides folgendes Gelöbnis leisten: „Ich gelobe, meine Amtspflichten gewissenhaft zu erfüllen."

§ 64 Verantwortung für Amtshandlungen von Vollzugsbeamten

[1]Vollzugsbeamte sind verpflichtet, unmittelbaren Zwang anzuwenden, der im Vollzugsdienst von ihren Vorgesetzten angeordnet wird. [2]Die Anordnung darf nicht befolgt werden, wenn deren Befolgung die Menschenwürde verletzen würde oder dadurch ein Verbrechen oder Vergehen begangen würde. [3]Befolgt der Vollzugsbeamte die Anordnung trotzdem, trägt er die Verantwortung für sein Handeln nur, wenn er erkennt oder wenn es für ihn ohne weiteres erkennbar ist, dass dadurch ein Verbrechen oder Vergehen begangen wird. [4]Bedenken gegen die Rechtmäßigkeit der Anordnung hat der Vollzugsbeamte unverzüglich gegenüber seinem Vorgesetzten vorzubringen, soweit dies nach den Umständen möglich ist.

§ 65 Beamtenrechtliche Folgen der Ausübung eines Mandats

Die beamtenrechtlichen Folgen, die sich aus der Übernahme oder Ausübung eines Mandats im Bundestag, im Landtag oder in der Vertretungskörperschaft einer Gemeinde, eines Landkreises oder einer sonstigen der Aufsicht des Freistaates Sachsen unterstehenden Körperschaft, Anstalt oder Stiftung des öffentlichen Rechts ergeben, richten sich, unbeschadet des § 96 Abs. 2, nach den hierfür geltenden besonderen Gesetzen.

§ 66 Unparteilichkeit bei Amtshandlungen

(1) Der Beamte ist von Amtshandlungen zu befreien, die sich gegen ihn selbst oder einen Angehörigen richten würden.

(2) [1]Nahe Angehörige im Sinne dieses Gesetzes sind

1. Eltern, Großeltern, Schwiegereltern, Stiefeltern,
2. Ehegatten, Lebenspartner, Partner einer der Ehe oder der Lebenspartnerschaft ähnlichen Lebensgemeinschaft, Geschwister, Ehegatten der Geschwister und Geschwister der Ehegatten, Lebenspartner der Geschwister und Geschwister der Lebenspartner,
3. Kinder, Adoptiv- oder Pflegekinder sowie Schwiegerkinder und Enkelkinder,
4. die Kinder, Adoptiv- oder Pflegekinder des Ehegatten oder Lebenspartners.

[2]Angehöriger im Sinne dieses Gesetzes ist auch

1. der frühere Ehegatte oder Lebenspartner des Beamten,
2. der Verlobte des Beamten oder die Person, der der Beamte die Begründung einer Lebenspartnerschaft versprochen hat,
3. wer mit dem Beamten in gerader Linie verschwägert, ab dem dritten Grad in gerader Linie verwandt, in der Seitenlinie bis zum dritten Grad verwandt oder in der Seitenlinie bis zum zweiten Grad verschwägert ist.

(3) Gesetzliche Vorschriften, nach denen der Beamte von einzelnen Amtshandlungen ausgeschlossen ist, bleiben unberührt.

§ 67 Verbot der Führung der Dienstgeschäfte

(1) Die oberste Dienstbehörde oder die von ihr bestimmte Behörde ist zuständig für den Erlass des Verbots der Führung der Dienstgeschäfte nach § 39 des Beamtenstatusgesetzes.

(2) Mit dem Verbot der Führung der Dienstgeschäfte kann auch das Tragen der Dienstkleidung und Ausrüstung, der Aufenthalt in Dienst- oder Unterkunftsräumen und die Führung dienstlicher Ausweise und Abzeichen verboten werden.

§ 68 Aussagegenehmigung

Die Aussagegenehmigung nach § 37 Abs. 3 Satz 1 des Beamtenstatusgesetzes erteilt der Dienstvorgesetzte oder, wenn das Beamtenverhältnis beendet ist, der letzte Dienstvorgesetzte; ist der letzte Dienstvorgesetzte weggefallen, wird die Genehmigung vom Staatsministerium des Innern erteilt.

§ 69 Auskünfte an die Medien

[1]Auskünfte an Presse, Rundfunk oder andere Medien erteilt ausschließlich der Leiter der Behörde oder ein von ihm Beauftragter. [2]Andere Beamte sind zur Verschwiegenheit verpflichtet.

§ 70 Annahme von Belohnungen, Geschenken und sonstigen Vorteilen

(1) [1]Die Zustimmung zur Annahme von Belohnungen, Geschenken und sonstigen Vorteilen gemäß § 42 Abs. 1 Satz 2 des Beamtenstatusgesetzes erteilt die oberste oder die letzte oberste Dienstbehörde. [2]Die Befugnis zur Zustimmung kann durch Rechtsverordnung auf nachgeordnete Behörden übertragen werden.

(2) Die Staatsregierung kann durch Rechtsverordnung regeln, ob und inwieweit Ausnahmen von der Ablieferungspflicht für Vergütungen außerhalb des Sächsischen Besoldungsgesetzes für Tätigkeiten zugelassen werden, die dem Hauptamt zuzuordnen sind.

§ 71 Fernbleiben vom Dienst

(1) [1]Der Beamte darf dem Dienst nicht ohne Genehmigung seines Dienstvorgesetzten fernbleiben, es sei denn, dass er wegen Krankheit oder aus sonstigen Gründen unfähig oder aufgrund einer vorgehenden gesetzlichen Verpflichtung gehindert ist, seine Dienstpflichten zu erfüllen. [2]Der Beamte hat seinen Dienstvorgesetzten unverzüglich über seine Verhinderung zu unterrichten. [3]Der Dienstvorgesetzte kann für bestimmte Fälle kurzfristigen Fernbleibens einen Vorgesetzten zur Genehmigung ermächtigen.

(2) [1]Dauert die Dienstunfähigkeit infolge Krankheit länger als drei Kalendertage, hat der Beamte spätestens an dem darauffolgenden allgemeinen Arbeitstag ein ärztliches Zeugnis vorzulegen, auf Verlangen des Dienstvorgesetzten auch früher. [2]Der Dienstvorgesetzte kann die Untersuchung durch einen Amtsarzt, Polizeiarzt oder einem sonstigen vom Dienstvorgesetzten bestimmten Arzt anordnen; die Kosten für diese Untersuchung trägt die Behörde.

(3) [1]Verliert der Beamte wegen ungenehmigten schuldhaften Fernbleibens vom Dienst nach § 14 des Sächsischen Besoldungsgesetzes seine Besoldung, verliert er auch sonstige Leistungen des Dienstherrn für die Zeit seines Fernbleibens. [2]Eine disziplinarrechtliche Verfolgung wird dadurch nicht ausgeschlossen. [3]Die Feststellung und Mitteilung des Verlusts der Besoldung und der sonstigen Leistungen erfolgt durch den Dienstvorgesetzten.

(4) [1]Beamte dürfen ohne Genehmigung bis zu zehn Arbeitstage unter Belassung der Dienstbezüge dem Dienst fernbleiben, wenn dies erforderlich ist, um für einen pflegebedürftigen nahen Angehörigen (§ 66 Absatz 2 Satz 1) in einer akut aufgetretenen Pflegesituation eine bedarfsgerechte Pflege zu organisieren oder eine pflegerische Versorgung in dieser Zeit sicherzustellen. [2]Das Fernbleiben vom Dienst und dessen voraussichtliche Dauer sind unverzüglich anzuzeigen. [3]Die Voraussetzungen für das Fernbleiben sind mittels ärztlicher Bescheinigung nachzuweisen.

§ 72 Wohnort
(1) Der Beamte hat seine Wohnung so zu nehmen, dass er in der ordnungsgemäßen Wahrnehmung seiner Dienstgeschäfte nicht beeinträchtigt wird.

(2) Wenn die dienstlichen Verhältnisse es erfordern, kann der Dienstvorgesetzte den Beamten anweisen, seine Wohnung innerhalb einer bestimmten Entfernung von seiner Dienststelle zu nehmen oder eine Dienstwohnung zu beziehen.

§ 73 Aufenthalt in der Nähe des Dienstorts
Wenn besondere dienstliche Verhältnisse es erfordern, kann der Dienstvorgesetzte den Beamten anweisen, sich während der dienstfreien Zeit in erreichbarer Nähe seines Dienstorts aufzuhalten.

§ 74 Dienstkleidung
Der Beamte ist verpflichtet, nach näherer Bestimmung der obersten Dienstbehörde Dienstkleidung zu tragen, wenn es sein Amt erfordert.

§ 75 Dienstvergehen von Ruhestandsbeamten
Bei einem Ruhestandsbeamten oder früheren Beamten gilt es über die in § 47 Abs. 2 Satz 1 und 2 des Beamtenstatusgesetzes geregelten Fälle hinaus auch als Dienstvergehen, wenn er schuldhaft entgegen
1. § 29 Abs. 1 und 2, § 30 Abs. 3 Satz 2 und 3, § 31 Abs. 2 und 3 des Beamtenstatusgesetzes einer erneuten Berufung in das Beamtenverhältnis nicht nachkommt,
2. § 29 Abs. 4 des Beamtenstatusgesetzes einer Weisung, sich geeigneten und zumutbaren Maßnahmen zur Wiederherstellung der Dienstfähigkeit zu unterziehen, nicht nachkommt oder
3. entgegen § 53 Abs. 1 Satz 2 an einem ärztlichen Gutachten über die Dienstfähigkeit nicht mitwirkt.

§ 76 Verjährung von Schadenersatzansprüchen
[1]Die Ansprüche des Dienstherrn auf Schadenersatz nach § 48 des Beamtenstatusgesetzes verjähren gemäß den §§ 195 sowie 199 Abs. 1 und 3 des Bürgerlichen Gesetzbuches, soweit sich nicht aus Satz 2 etwas anderes ergibt. [2]Hat der Dienstherr einem Dritten Schadenersatz geleistet, tritt an die Stelle des Zeitpunktes, in dem der Dienstherr von dem Schaden Kenntnis erlangt, der Zeitpunkt, in dem der Ersatzanspruch des Dritten diesem gegenüber vom Dienstherrn anerkannt oder dem Dienstherrn gegenüber rechtskräftig festgestellt wird.

§ 77 Mutterschutz, Elternzeit, Pflegezeit
Die Staatsregierung regelt durch Rechtsverordnung die der Eigenart des öffentlichen Dienstes entsprechende Anwendung
1. der Vorschriften des Mutterschutzgesetzes vom 23. Mai 2017 (BGBl. I S. 1228), in der jeweils geltenden Fassung, auf Beamtinnen,
2. der Vorschriften des Bundeselterngeld- und Elternzeitgesetzes in der Fassung der Bekanntmachung vom 27. Januar 2015 (BGBl. I S. 33), das zuletzt durch Artikel 6 Absatz 9 des Gesetzes vom 23. Mai 2017 (BGBl. I S. 1228) geändert worden ist, in der jeweils geltenden Fassung, auf Beamte, dabei kann die Erstattung von Beiträgen zur Krankenversicherung festgelegt werden.

§ 78 Arbeitsschutz
(1) Für Beamte gelten die aufgrund der §§ 18 und 19 des Arbeitsschutzgesetzes vom 7. August 1996 (BGBl. I S. 1246), das zuletzt durch Artikel 427 der Verordnung vom 31. August 2015 (BGBl. I

S. 1474) geändert worden ist, in der jeweils geltenden Fassung, erlassenen Rechtsverordnungen entsprechend, soweit die Staatsregierung durch Rechtsverordnung nichts Abweichendes regelt.

(2) [1]Die Staatsregierung kann in der Rechtsverordnung nach Absatz 1 für bestimmte Tätigkeiten, insbesondere bei der Polizei und den Zivil- und Katastrophenschutzdiensten, regeln, dass Vorschriften des Arbeitsschutzgesetzes ganz oder zum Teil nicht anzuwenden sind, soweit öffentliche Belange dies zwingend erfordern, insbesondere zur Aufrechterhaltung oder Wiederherstellung der öffentlichen Sicherheit. [2]In der Rechtsverordnung ist gleichzeitig festzulegen, wie die Arbeitssicherheit und der Gesundheitsschutz bei der Arbeit unter Berücksichtigung der Ziele des Arbeitsschutzgesetzes auf andere Weise gewährleistet werden.

§ 79 Jugendarbeitsschutz

(1) Die Staatsregierung erlässt durch Rechtsverordnung Vorschriften über den Jugendarbeitsschutz für Beamte unter 18 Jahren (jugendliche Beamte) nach Maßgabe der folgenden Absätze.

(2) Bei der Festlegung der täglichen und wöchentlichen Arbeitszeit, der Freistellung an Berufsschultagen, der Regelung der Pausen, der Schichtzeit, der täglichen Freizeit, der Nachtruhe, der Fünf-Tage-Woche, der Sonnabends-, Sonntags- und Feiertagsruhe sowie des Erholungsurlaubs ist das besondere Schutzbedürfnis der jugendlichen Beamten zu berücksichtigen.

(3) [1]Jugendliche Beamte dürfen nicht mit Dienstgeschäften beauftragt werden, bei denen Leben, Gesundheit oder die körperliche oder seelisch-geistige Entwicklung gefährdet werden. [2]Dies gilt nicht für die Beschäftigung jugendlicher Beamter über 16 Jahre, soweit dies zur Erreichung ihres Ausbildungszieles erforderlich ist und der Schutz der Jugendlichen durch die Aufsicht eines Fachkundigen sichergestellt ist. [3]Die zuständige Dienstbehörde hat bei der Einrichtung und der Unterhaltung der Dienststellen einschließlich der Maschinen, Werkzeuge und Geräte, und bei der Regelung der Beschäftigung die erforderlichen Vorkehrungen und Maßnahmen zum Schutze der Jugendlichen gegen Gefahren für Leben und Gesundheit sowie zur Vermeidung einer Beeinträchtigung der körperlichen oder seelisch-geistigen Entwicklung zu treffen.

(4) Es sind ärztliche Untersuchungen vorzusehen, die sich auf den Gesundheits- und Entwicklungsstand, den körperlichen Zustand und auf die Auswirkungen der Berufsarbeit auf die Gesundheit oder Entwicklung des jugendlichen Beamten erstrecken.

(5) Soweit die Eigenart des Polizeivollzugsdienstes und die Belange der inneren Sicherheit es erfordern, können für jugendliche Beamte des Polizeivollzugsdienstes Ausnahmen von den Absätzen 2 und 4 bestimmt werden.

§ 80 Beihilfe in Krankheits-, Pflege-, Geburts- und sonstigen Fällen

(1) [1]Beihilfe wird in Krankheits-, Pflege-, Geburts- und Todesfällen, zur Gesundheitsvorsorge, zur Früherkennung von Krankheiten, zu Maßnahmen der Empfängnisverhütung, der künstlichen Befruchtung, in Fällen des nicht strafbaren Schwangerschaftsabbruchs sowie der Sterilisation gewährt, soweit deren finanzielle Folgen nicht durch Leistungen aus anderen Sicherungssystemen dem Grunde nach abgesichert sind. [2]Beihilfefähig sind die medizinisch notwendigen und wirtschaftlich angemessenen Aufwendungen für Maßnahmen, deren Wirksamkeit und therapeutischer Nutzen nachgewiesen sind. [3]Die Beihilfe darf zusammen mit den von dritter Seite aus demselben Anlass zustehenden Leistungen die Höhe der dem Grunde nach beihilfefähigen Aufwendungen nicht übersteigen.

(2) [1]Beihilfeberechtigt sind:
1.	Beamte, wenn und solange sie Besoldung erhalten,
2.	Versorgungsempfänger, wenn und solange sie Ruhegehalt, einen Unterhaltsbeitrag, Witwengeld, Waisengeld oder Übergangsgeld erhalten.

[2]Die Beihilfeberechtigung besteht auch
1.	wenn Besoldung oder Versorgungsbezüge wegen Anwendung von Ruhens- oder Anrechnungsvorschriften nicht gezahlt werden,
2.	während eines Urlaubs ohne Dienstbezüge nach § 98 Abs. 1, wenn kein Anspruch auf Familienversicherung nach § 10 des Fünften Buches Sozialgesetzbuch – Gesetzliche Krankenversicherung – (Artikel 1 des Gesetzes vom 20. Dezember 1988, BGBl. I S. 2477, 2482), das zuletzt durch Artikel 4 des Gesetzes vom 17. August 2017 (BGBl. I S. 3214) geändert worden ist, in der jeweils geltenden Fassung, besteht,
3.	während der Inanspruchnahme von Elternzeit,

4. während eines Urlaubs ohne Dienstbezüge, wenn die oberste Dienstbehörde, im staatlichen Bereich im Einvernehmen mit dem Staatsministerium der Finanzen, schriftlich ein dringendes dienstliches Interesse an der Beurlaubung anerkannt hat,

5. bei einer sonstigen Freistellung vom Dienst ohne Anspruch auf Besoldung bis zu einer Dauer von jeweils einem Monat und

6. für ehemalige Beamte auf Widerruf, solange sie Anwärterbezüge nach § 71 des Sächsischen Besoldungsgesetzes erhalten.

(3) Nicht beihilfeberechtigt sind die in Absatz 2 Satz 1 genannten Personen, wenn ihnen Leistungen nach § 11 des Europaabgeordnetengesetzes vom 6. April 1979 (BGBl. I S. 413), das zuletzt durch Artikel 2 des Gesetzes vom 11. Juli 2014 (BGBl. I S. 906) geändert worden ist, in der jeweils geltenden Fassung, in Verbindung mit § 27 des Abgeordnetengesetzes in der Fassung der Bekanntmachung vom 21. Februar 1996 (BGBl. I S. 326), das zuletzt durch Artikel 12 des Gesetzes vom 5. Januar 2017 (BGBl. I S. 17) geändert worden ist, in der jeweils geltenden Fassung, nach § 27 des Abgeordnetengesetzes[1], nach § 21 des Abgeordnetengesetzes in der Fassung der Bekanntmachung vom 4. Juli 2000 (SächsGVBl. S. 326), das zuletzt durch Artikel 21 des Gesetzes vom 29. April 2015 (SächsGVBl. S. 349) geändert worden ist, in der jeweils geltenden Fassung, oder nach entsprechenden landesrechtlichen Vorschriften zustehen.

(4) [1]Beihilfeberechtigte haben auch Anspruch auf Beihilfe für Aufwendungen ihrer berücksichtigungsfähigen Angehörigen. [2]Berücksichtigungsfähige Angehörige des Beihilfeberechtigten sind der Ehegatte (berücksichtigungsfähiger Ehegatte), der Lebenspartner (berücksichtigungsfähiger Lebenspartner) und die im Familienzuschlag des Beihilfeberechtigten nach § 42 Absatz 2 oder Absatz 3 des Sächsischen Besoldungsgesetzes oder § 55 Absatz 2 Satz 1 oder Satz 2 des Sächsischen Beamtenversorgungsgesetzes berücksichtigungsfähigen Kinder (berücksichtigungsfähige Kinder). [3]Ein Anspruch auf Beihilfe für Aufwendungen des berücksichtigungsfähigen Ehegatten und des berücksichtigungsfähigen Lebenspartners besteht nur, soweit dessen Gesamtbetrag der Einkünfte nach § 2 Abs. 3 des Einkommensteuergesetzes in der Fassung der Bekanntmachung vom 8. Oktober 2009 (BGBl. I S. 3366, 3862), das zuletzt durch Artikel 9 des Gesetzes vom 14. August 2017 (BGBl. I S. 3214) geändert worden ist, in der jeweils geltenden Fassung, oder vergleichbare ausländische Einkünfte 18 000 Euro nicht übersteigt.

(5) [1]Nicht beihilfefähig sind Arzneimittel, Medizinprodukte und Hilfsmittel, die überwiegend zur Behandlung von sexuellen Dysfunktionen, der Anreizung oder Steigerung der sexuellen Potenz, zur Raucherentwöhnung, zur Abmagerung oder zur Zügelung des Appetits oder zur Regulierung des Körpergewichts dienen, oder Mittel, die der allgemeinen Lebenshaltung zuzurechnen sind. [2]Beihilfeleistungen sind bei Mitgliedern von gesetzlichen Krankenkassen und deren familienversicherten Angehörigen auf Leistungen für Zahnersatz, Heilpraktiker, Sehhilfen nach Vollendung des 18. Lebensjahres und auf Wahlleistungen im Krankenhaus beschränkt.

(6) [1]Die beihilfefähigen Aufwendungen sind um eine Eigenbeteiligung je verordnetes Arzneimittel und Medizinprodukt mit Ausnahme von Hilfsmitteln, die keine Verbandmittel sind, zu mindern. [2]Diese beträgt 4 Euro bei einem Apothekenabgabepreis bis 16 Euro, jedoch nicht mehr als die Kosten des Mittels oder Produkts, 4,50 Euro bei einem Apothekenabgabepreis von 16,01 Euro bis 26 Euro und 5 Euro bei einem Apothekenabgabepreis von mehr als 26 Euro. [3]Bei der Inanspruchnahme einer Unterbringung im Zweibett-Zimmer als Wahlleistung ist von den beihilfefähigen Aufwendungen eine Eigenbeteiligung von 14,50 Euro pro Aufenthaltstag in der stationären Einrichtung abzuziehen.

(7) [1]Die Beihilfe wird als Prozentsatz (Bemessungssatz) der erstattungsfähigen Aufwendungen gewährt. [2]Der Bemessungssatz beträgt

1. 50 Prozent für die Beihilfeberechtigten nach Absatz 2 Satz 1 Nr. 1,

2. 70 Prozent für die Beihilfeberechtigten nach Absatz 2 Satz 1 Nr. 2; für beihilfeberechtigte Waisen findet Nummer 4 Anwendung,

3. 70 Prozent für den berücksichtigungsfähigen Ehegatten sowie den berücksichtigungsfähigen Lebenspartner und

4. 80 Prozent für die berücksichtigungsfähigen Kinder sowie die beihilfeberechtigten Waisen.

[3]Sind zwei oder mehr Kinder berücksichtigungsfähig, beträgt der Bemessungssatz eines Beihilfeberechtigten 70 Prozent; er vermindert sich bei Wegfall der Berücksichtigungsfähigkeit von Kindern

---

1) Wortlaut amtlich.

nicht, wenn nach dem 31. Dezember 2012 zwei oder mehr Kinder berücksichtigungsfähig sind. [4]Bei mehreren Beihilfeberechtigten beträgt der Bemessungssatz nur bei einem Beihilfeberechtigten 70 Prozent. [5]Die nach Berücksichtigung von Eigenbeteiligungen und des Bemessungssatzes festgesetzte Beihilfe ist für jedes Kalenderjahr, in dem beihilfefähige Aufwendungen entstanden sind, um einen Selbstbehalt in Höhe von 40 Euro zu kürzen. [6]Die Eigenbeteiligungen und der Selbstbehalt entfallen auf Antrag des Beihilfeberechtigten, soweit die Beträge 2 Prozent des Gesamtbetrages der Einkünfte nach § 2 Absatz 3 des Einkommensteuergesetzes übersteigen (Belastungsgrenze).

(8) [1]Das Nähere hinsichtlich des Inhalts und Umfangs der Beihilfe sowie des Verfahrens der Beihilfegewährung regelt das Staatsministerium der Finanzen im Einvernehmen mit dem Staatsministerium des Innern durch Rechtsverordnung. [2]Darin können unter Beachtung der Grundsätze beamtenrechtlicher Fürsorge insbesondere Bestimmungen getroffen werden

1. hinsichtlich des Inhalts und des Umfangs der Beihilfen
   a) über Ausnahmen von Beschränkungen nach Absatz 1 Satz 1 und Absatz 5 Satz 2 für berücksichtigungsfähige Kinder,
   b) über die Anhebung des Bemessungssatzes in besonderen Fällen,
   c) welcher Beihilfeberechtigte den Bemessungssatz nach Absatz 7 Satz 4 erhält,
   d) über die Gewährung von Pauschalen in Pflegefällen, wobei sich deren Höhe am tatsächlichen Versorgungsaufwand orientieren muss,
   e) über den Wegfall der Eigenbeteiligungen und des Selbstbehaltes,
   f) über die Absenkung der Belastungsgrenze nach Absatz 7 Satz 6,
   g) über die Beschränkung der Beihilfefähigkeit von Aufwendungen,
   h) über die Übernahme von Regelungen aus Verträgen, die zwischen privaten Krankenversicherungsunternehmen oder den gesetzlichen Krankenkassen oder deren Verbänden und Leistungserbringern abgeschlossen worden sind,
   i) über die Übernahme der vom Gemeinsamen Bundesausschuss nach den §§ 91 und 92 des Fünften Buches Sozialgesetzbuch beschlossenen Richtlinien,
   j) über die Beschränkung oder den Ausschluss von Beihilfen zu Aufwendungen, die in Ländern außerhalb der Mitgliedstaaten der Europäischen Union entstanden sind,
   k) in Todesfällen,
2. hinsichtlich des Verfahrens der Beihilfegewährung
   a) über eine Ausschlussfrist für die Beantragung der Beihilfe,
   b) über die Verwendung von Antragsvordrucken,
   c) über die Feststellung der Belastungsgrenze,
   d) über die elektronische Erfassung, Bearbeitung und Speicherung von Anträgen und Belegen,
   e) über die Verwendung einer elektronischen Gesundheitskarte entsprechend § 291a des Fünften Buches Sozialgesetzbuch, wobei der Zugriff der Beihilfestellen auf Daten, die für die Bearbeitung der konkreten Abrechnung notwendig sind, zu beschränken ist,
   f) über die Beteiligung von Sachverständigen und sonstigen Stellen zur Überprüfung der Notwendigkeit und Angemessenheit beantragter Maßnahmen oder einzelner Aufwendungen einschließlich der Übermittlung erforderlicher Daten,
   g) über eine unmittelbare Beihilfegewährung an Dritte.

(9) Die der Aufsicht des Freistaates Sachsen unterstehenden Körperschaften, Anstalten und Stiftungen des öffentlichen Rechts, die nicht Mitglied des Kommunalen Versorgungsverbands Sachsen sind, können sich zur Erfüllung ihrer Verpflichtungen nach Absatz 1 der Dienstleistungen von Unternehmen bedienen und hierzu die erforderlichen Daten nach Maßgabe der Verordnung (EU) 2016/679 des Europäischen Parlaments und des Rates vom 27. April 2016 zum Schutz natürlicher Personen bei der Verarbeitung personenbezogener Daten, zum freien Datenverkehr und zur Aufhebung der Richtlinie 95/46/EG (Datenschutz-Grundverordnung) (ABl. L 119 vom 4.5.2016, S. 1, L 314 vom 22.11.2016, S. 72), in der jeweils geltenden Fassung, und des Sächsischen Datenschutzdurchführungsgesetzes vom 26. April 2018 (SächsGVBl. S. 198), in der jeweils geltenden Fassung, übermitteln.

§ 81 Ersatz von Sachschäden

(1) [1]Sind durch plötzliche äußere Einwirkung in Ausübung oder infolge des Dienstes Kleidungsstücke oder sonstige Gegenstände, die der Beamte mit sich geführt hat, beschädigt oder zerstört worden oder abhanden gekommen, ohne dass ein Körperschaden entstanden ist, kann dem Beamten dafür Ersatz

geleistet werden. ²§ 33 Absatz 1 Satz 2 und Absatz 2 Satz 1 und 2 des Sächsischen Beamtenversorgungsgesetzes gilt entsprechend.

(2) ¹Ersatz kann auch geleistet werden, wenn ein während einer Dienstreise abgestelltes, aus triftigem Grund benutztes privateigenes Kraftfahrzeug durch plötzliche äußere Einwirkung beschädigt oder zerstört worden oder abhanden gekommen ist und sich der Grund zum Verlassen des Kraftfahrzeuges aus der Ausübung des Dienstes ergeben hat. ²Satz 1 gilt entsprechend, wenn ein privateigenes Kraftfahrzeug für den Weg nach und von der Dienststelle benutzt wurde und dessen Benutzung wegen der Durchführung einer Dienstreise mit diesem Kraftfahrzeug am selben Tag erforderlich gewesen ist.

(3) ¹Ersatz kann nur geleistet werden, soweit Ersatzansprüche gegen Dritte nicht bestehen oder nicht verwirklicht werden können. ²Ersatz wird nicht geleistet, wenn der Beamte den Schaden vorsätzlich herbeigeführt hat. ³Anträge auf Gewährung von Sachschadenersatz nach Absatz 1 sind innerhalb einer Ausschlussfrist von drei Monaten, im Fall des Absatzes 2 von einem Monat nach Eintritt des Schadensereignisses, schriftlich beim Dienstvorgesetzten oder bei der für die Festsetzung der Ersatzleistung zuständigen Stelle zu stellen.

(4) ¹Über die Ersatzleistung an Staatsbeamte entscheidet das Staatsministerium der Finanzen. ²Das Staatsministerium der Finanzen wird ermächtigt, die Befugnisse durch Rechtsverordnung auf eine besondere Staatsbehörde zu übertragen. ³Die zur Durchführung erforderliche Verwaltungsvorschrift erlässt das Staatsministerium der Finanzen. ⁴Für andere Beamte entscheidet die oberste Dienstbehörde.

§ 81a Erfüllungsübernahme bei Schmerzensgeldansprüchen

(1) ¹Hat der Beamte wegen eines rechtswidrigen Angriffs, den er in Ausübung des Dienstes oder außerhalb des Dienstes wegen der Eigenschaft als Beamter erlitten hat, einen Vollstreckungstitel über einen Anspruch auf Schmerzensgeld gegen einen Dritten, kann der Dienstherr auf Antrag die Erfüllung dieses Anspruchs bis zur Höhe des festgestellten Schmerzensgeldbetrages übernehmen. ²Dies gilt nicht, wenn der Schmerzensgeldbetrag objektiv unverhältnismäßig zu den erlittenen immateriellen Schäden und deshalb der Höhe nach offensichtlich unangemessen ist. ³Liegt ein rechtskräftiges Endurteil eines deutschen Gerichtes vor, gilt der festgestellte Schmerzensgeldbetrag der Höhe nach als angemessen.

(2) ¹Die Erfüllungsübernahme ist innerhalb einer Ausschlussfrist von einem Jahr nach Eintritt der Rechtskraft oder der Unwiderruflichkeit eines Vollstreckungstitels im Sinne des Absatzes 1 Satz 1 schriftlich zu beantragen. ²Die Entscheidung trifft die oberste Dienstbehörde. ³Soweit der Dienstherr die Erfüllung übernommen hat, gehen die Ansprüche gegen Dritte auf ihn über. ⁴Der Übergang der Ansprüche kann nicht zum Nachteil des Geschädigten geltend gemacht werden.

§ 82 Jubiläumszuwendungen

Die Staatsregierung kann durch Rechtsverordnung bestimmen, dass den Beamten anlässlich des 25-, 40- und 50-jährigen Dienstjubiläums Jubiläumszuwendungen gezahlt werden.

§ 83 Genetische Untersuchungen

Für Beamte und Bewerber für ein Beamtenverhältnis gelten die für Beschäftigte geltenden Vorschriften des Gendiagnostikgesetzes vom 31. Juli 2009 (BGBl. I S. 2529, 3672), das zuletzt durch Artikel 2 Absatz 1 des Gesetzes vom 4. November 2016 (BGBl. I S. 2460) geändert worden ist, in der jeweils geltenden Fassung, entsprechend.

§ 84 Festsetzung der Amtsbezeichnung

(1) Eine Amtsbezeichnung, die herkömmlich für ein Amt verwendet wird, das eine bestimmte Befähigung voraussetzt und einen bestimmten Aufgabenkreis umfasst, darf nur einem Beamten verliehen werden, der ein solches Amt bekleidet.

(2) ¹Die Amtsbezeichnungen der Staatsbeamten werden durch den Ministerpräsidenten festgesetzt, soweit sie nicht gesetzlich bestimmt sind. ²Der Ministerpräsident kann die Ausübung dieser Befugnis auf andere Stellen übertragen.

§ 85 Führen der Amtsbezeichnung

(1) ¹Der Beamte hat das Recht, innerhalb und außerhalb des Dienstes die mit seinem Amt verbundene Amtsbezeichnung zu führen. ²Nach dem Übertritt in ein anderes Amt darf der Beamte die bisherige Amtsbezeichnung nicht mehr führen; in den Fällen der Versetzung in ein Amt mit geringerem Endgrundgehalt gilt Absatz 2 Satz 2 entsprechend.

(2) [1]Der Ruhestandsbeamte hat das Recht, die ihm bei der Versetzung in den Ruhestand zustehende Amtsbezeichnung mit dem Zusatz „außer Dienst (a.D.)" und die im Zusammenhang mit dem Amt verliehenen Titel weiterzuführen. [2]Wird ihm ein neues Amt übertragen, erhält er die Amtsbezeichnung des neuen Amts; gehört dieses Amt nicht einer Besoldungsgruppe mit mindestens demselben Endgrundgehalt an wie das bisherige Amt, darf er neben der neuen Amtsbezeichnung die des früheren Amts mit dem Zusatz „außer Dienst (a.D.)" führen.

(3) [1]Einem entlassenen Beamten kann die für die Entlassung zuständige Behörde die Erlaubnis erteilen, die Amtsbezeichnung mit dem Zusatz „außer Dienst (a.D.)" sowie die im Zusammenhang mit dem Amt verliehenen Titel zu führen. [2]Die Erlaubnis kann widerrufen werden, wenn der entlassene Beamte sich ihrer als nicht würdig erweist.

§ 86 Anrechnung erzielter Einkünfte auf die Besoldung sowie die Versorgungsbezüge

[1]Wird durch ein verwaltungsgerichtliches Urteil festgestellt, dass ein Beamtenverhältnis oder ein Anspruch auf Versorgung noch besteht, muss sich der Beamte oder Versorgungsempfänger auf die ihm für die Zeit, die er außerhalb des Dienstes verbracht hat, oder für die Zeit des Verlusts der Versorgungsbezüge nachzuzahlende Besoldung oder Versorgungsbezüge ein anderes aus der Verwendung seiner Arbeitskraft erzieltes Einkommen oder einen Unterhaltsbeitrag anrechnen lassen. [2]Er ist zur Auskunft hierüber verpflichtet.

§ 87 Übertragung von Zuständigkeiten

[1]Die Staatsregierung kann durch Rechtsverordnung die Zuständigkeiten oberster Dienstbehörden des Freistaates Sachsen
1. für die Gewährung von Geldleistungen aufgrund dienstrechtlicher Vorschriften an Staatsbeamte, Richter und Versorgungsempfänger des Freistaates Sachsen sowie deren Rückforderung oder
2. für einzelne mit den Zuständigkeiten nach Nummer 1 verbundene Aufgaben
auf eine besondere Staatsbehörde übertragen. [2]§ 91 des Sächsischen Besoldungsgesetzes, § 64 Abs. 1 Satz 2 und 3 des Sächsischen Beamtenversorgungsgesetzes sowie § 81 Abs. 4 Satz 2 bleiben unberührt.

§ 88 Verzinsung, Abtretung, Verpfändung, Aufrechnung und Zurückbehaltung

§ 5 Abs. 4 und § 17 des Sächsischen Besoldungsgesetzes gelten entsprechend für die Verzinsung, die Abtretung, die Verpfändung, das Aufrechnungs- und Zurückbehaltungsrecht bei Leistungen, die nicht Besoldung oder Versorgung sind.

§ 89 Rückforderung von Leistungen

Für die Rückforderung von Leistungen des Dienstherrn, die nicht Besoldung oder Versorgung sind, gilt § 18 Abs. 2 des Sächsischen Besoldungsgesetzes entsprechend.

§ 90 Übergang von Schadenersatzansprüchen

(1) [1]Wird ein Beamter oder Versorgungsberechtigter oder einer seiner Angehörigen körperlich verletzt oder getötet, geht ein gesetzlicher Schadenersatzanspruch, der diesen Personen infolge der Körperverletzung oder der Tötung gegen einen Dritten zusteht, insoweit auf den Dienstherrn über, als dieser während einer auf der Körperverletzung beruhenden Aufhebung der Dienstfähigkeit oder infolge der Körperverletzung oder der Tötung zur Gewährung von Leistungen verpflichtet ist. [2]Satz 1 gilt sinngemäß auch für gesetzliche Schadenersatzansprüche wegen der Beschädigung, Zerstörung oder Wegnahme von Hilfsmitteln sowie für Erstattungsansprüche. [3]Ist eine Versorgungskasse zur Gewährung der Versorgung oder einer anderen Leistung verpflichtet, geht der Anspruch auf sie über. [4]Der Übergang des Anspruchs kann nicht zum Nachteil des Verletzten oder der Hinterbliebenen geltend gemacht werden.

(2) Absatz 1 gilt für Inhaber eines Anspruchs auf Altersgeld nach dem Sächsischen Besoldungsgesetz und deren Hinterbliebene entsprechend.

§ 91 Reise- und Umzugskosten

Reise- und Umzugskostenvergütungen der Beamten werden durch Gesetz geregelt.

§ 92 Vertretung durch Gewerkschaft oder Berufsverband

Beamte können ihre Gewerkschaft oder ihren Berufsverband mit der Vertretung ihrer Interessen beauftragen, soweit gesetzlich nichts anderes bestimmt ist.

§ 93 Dienstliche Beurteilung

(1) [1]Eignung, Befähigung und fachliche Leistung der Beamten sind in regelmäßigen Abständen zu beurteilen. [2]Für Beamte auf Probe erfolgt die Beurteilung am Ende der Probezeit mit der Feststellung, ob sich der Beamte in der Probezeit bewährt hat und für die Übernahme in das Beamtenverhältnis auf Lebenszeit geeignet ist.

(2) [1]Dem Beamten ist Gelegenheit zu geben, von seiner Beurteilung vor Aufnahme in die Personalakte Kenntnis zu nehmen und sie mit dem Beurteiler zu besprechen. [2]Schriftliche Äußerungen des Beamten zu den Beurteilungen sind zur Personalakte zu nehmen.

(3) [1]Das Nähere zu Absatz 1 regelt die Staatsregierung durch Rechtsverordnung. [2]Dabei können

1. Ausnahmen von der Beurteilung in regelmäßigen Zeitabständen für bestimmte Gruppen von Beamten zugelassen,

2. die Erstellung einer Beurteilung anlässlich bestimmter Personalmaßnahmen (Anlassbeurteilung) vorgeschrieben und

3. für Staatsbeamte Grundsätze der Beurteilung und des Verfahrens, insbesondere die Zeitabstände der regelmäßigen Beurteilung, festgelegt werden.

[3]Im Übrigen bestimmen die obersten Dienstbehörden die Einzelheiten der Beurteilung für ihren Dienstbereich.

§ 94 Dienstzeugnis

(1) [1]Dem Beamten wird nach Beendigung des Beamtenverhältnisses oder beim Wechsel des Dienstherrn auf Antrag von seinem letzten Dienstvorgesetzten ein Dienstzeugnis über Art und Dauer der von ihm bekleideten Ämter erteilt. [2]Außerdem ist auf Antrag zum Zwecke der Bewerbung um eine Stelle bei einem anderen Dienstherrn oder außerhalb des öffentlichen Dienstes ein Dienstzeugnis zu erteilen.

(2) Das Dienstzeugnis muss auf Verlangen des Beamten auch über die von ihm ausgeübte Tätigkeit und seine Leistungen Auskunft geben.

Unterabschnitt 2
Arbeitszeit und Urlaub

§ 95 Arbeitszeit

(1) [1]Die Arbeitszeit der Beamten wird von der Staatsregierung durch Rechtsverordnung geregelt. [2]Dabei können die Voraussetzungen und das Verfahren für ein Lebensarbeitszeitkonto geregelt werden.

(2) [1]Der Beamte ist verpflichtet, ohne Vergütung über die regelmäßige Arbeitszeit hinaus Dienst zu tun, wenn zwingende dienstliche Verhältnisse dies erfordern. [2]Wird er durch eine dienstlich angeordnete oder genehmigte Mehrarbeit mehr als fünf Stunden im Monat über die regelmäßige Arbeitszeit hinaus beansprucht, ist ihm innerhalb eines Jahres für die über die regelmäßige Arbeitszeit hinaus geleistete Mehrarbeit entsprechende Dienstbefreiung zu gewähren. [3]Die Stundenzahl ermäßigt sich entsprechend dem Umfang einer bewilligten Teilzeitbeschäftigung. [4]Ist die Dienstbefreiung aus zwingenden dienstlichen Gründen nicht möglich, können Beamte an ihrer Stelle eine Vergütung nach § 60 des Sächsischen Besoldungsgesetzes unter den dort angegebenen Voraussetzungen erhalten.

(3) [1]Lehrkräften im Schuldienst im Geschäftsbereich des Staatsministeriums für Kultus wird bei angeordneter oder genehmigter Mehrarbeit für Unterrichtstätigkeit im gesamten Umfang der geleisteten Mehrarbeit ab dem 1. Januar 2017 bis zum 31. Januar 2021 statt Dienstbefreiung eine Mehrarbeitsvergütung nach den §§ 18 bis 20 der Sächsischen Erschwerniszulagen- und Mehrarbeitsvergütungsverordnung vom 16. September 2014 (SächsGVBl. S. 530, 550), die durch die Verordnung vom 12. April 2016 (SächsGVBl. S. 146) geändert worden ist, in der jeweils geltenden Fassung, gewährt. [2]Über die für das Ressort veranschlagten Ansätze der Hauptgruppe 4 des Staatshaushaltsplans hinausgehende Ausgaben im Zusammenhang mit Mehrarbeit bedürfen der Einwilligung des Haushalts- und Finanzausschusses des Landtages.

§ 96 Urlaub

(1) Die Staatsregierung regelt durch Rechtsverordnung

1. die näheren Vorschriften über Dauer und Bewilligung des Erholungsurlaubs,
2. die Bewilligung von Urlaub aus anderen Anlässen und bestimmt dabei, ob und inwieweit die Besoldung während eines solchen Urlaubs zu belassen ist, und
3. die finanzielle Abgeltung von krankheitsbedingt nicht in Anspruch genommenem Urlaub.

(2) Zur Ausübung eines Mandats in der Vertretungskörperschaft einer Gemeinde, eines Landkreises oder einer sonstigen der Aufsicht des Freistaates Sachsen unterstehenden Körperschaft, Anstalt oder Stiftung des öffentlichen Rechts ist dem Beamten der erforderliche Urlaub unter Belassung der Besoldung zu gewähren.

§ 97 Teilzeitbeschäftigung

(1) Einem Beamten mit Dienstbezügen kann auf Antrag die Arbeitszeit bis auf die Hälfte der regelmäßigen Arbeitszeit für den jeweils beantragten Zeitraum ermäßigt werden, soweit dienstliche Belange nicht entgegenstehen.

(2) Einem Beamten mit Dienstbezügen ist auf Antrag die Arbeitszeit für den jeweils beantragten Zeitraum bis auf die Hälfte der regelmäßigen Arbeitszeit zu ermäßigen, wenn

1. der Beamte das 58. Lebensjahr vollendet hat und
2. dienstliche Belange nicht entgegenstehen.

(3) [1]Nebentätigkeiten sind bei der Bewilligungsbehörde anzuzeigen. [2]Diese ist für die Aufgaben nach § 106 zuständig. [3]§ 104 Abs. 1 Satz 3 gilt mit der Maßgabe, dass von der regelmäßigen wöchentlichen Arbeitszeit ohne Rücksicht auf die Ermäßigung der Arbeitszeit auszugehen ist. [4]Ausnahmen von Satz 3 kann die nach Satz 1 zuständige Behörde auf Antrag zulassen, soweit dies mit dem Beamtenverhältnis vereinbar ist. [5]Werden Nebentätigkeiten entgegen Satz 1 bis 3 oder einem Verbot nach § 104 ausgeübt, soll die Bewilligung der Teilzeitbeschäftigung widerrufen werden.

(4) [1]Die Bewilligungsbehörde kann auch nachträglich die Dauer der Teilzeitbeschäftigung beschränken oder den Umfang der zu leistenden Arbeitszeit erhöhen, soweit zwingende dienstliche Belange dies erfordern. [2]Sie kann eine Änderung des Umfangs der Teilzeitbeschäftigung oder den Übergang zur Vollzeitbeschäftigung zulassen, wenn dem Beamten die Teilzeitbeschäftigung im bisherigen Umfang nicht mehr zugemutet werden kann und dienstliche Belange nicht entgegenstehen. [3]Ein Antrag auf Verlängerung der Teilzeitbeschäftigung ist spätestens drei Monate vor Ablauf der genehmigten Teilzeitbeschäftigung zu stellen; er soll sich in der Regel auf einen Zeitraum von mindestens sechs Monaten erstrecken.

(5) [1]Wenn dienstliche Gründe nicht entgegenstehen, kann Teilzeitbeschäftigung nach Absatz 1 auch in der Weise bewilligt werden, dass der Teil, um den die regelmäßige Arbeitszeit im Einzelfall ermäßigt ist, zu einem zusammenhängenden Zeitraum vollständiger Freistellung vom Dienst von bis zu einem Jahr zusammengefasst wird. [2]Der Zeitraum vollständiger Freistellung vom Dienst darf frühestens in der Mitte des Bewilligungszeitraums beginnen. [3]Der gesamte Bewilligungszeitraum darf höchstens zehn Jahre betragen. [4]Soweit der Bewilligungszeitraum 12 Monate nicht überschreitet, findet Satz 2 keine Anwendung.

(6) [1]Treten während des Bewilligungszeitraums einer Teilzeitbeschäftigung nach Absatz 5 Umstände ein, welche die vorgesehene Abwicklung unmöglich machen, ist ein Widerruf abweichend von § 49 des Verwaltungsverfahrensgesetzes in der Fassung der Bekanntmachung vom 23. Januar 2003 (BGBl. I S. 102), das zuletzt durch Artikel 11 Absatz 2 des Gesetzes vom 18. Juli 2017 (BGBl. I S. 2745) geändert worden ist, in der jeweils geltenden Fassung, in Verbindung mit § 1 des Gesetzes zur Regelung des Verwaltungsverfahrens- und des Verwaltungszustellungsrechts für den Freistaat Sachsen vom 19. Mai 2010 (SächsGVBl. S. 142), das durch Artikel 3 des Gesetzes vom 12. Juli 2013 (SächsGVBl. S. 503) geändert worden ist, in der jeweils geltenden Fassung, auch mit Wirkung für die Vergangenheit in folgenden Fällen zulässig:

1. bei Beendigung des Beamtenverhältnisses,
2. bei einem Dienstherrenwechsel oder
3. in besonderen Härtefällen, wenn dem Beamten die Fortsetzung der Teilzeitbeschäftigung nicht mehr zuzumuten ist.

[2]Ein Widerruf erfolgt nicht, soweit Zeiten aus der Arbeitsphase durch eine gewährte Freistellung bereits ausgeglichen wurden. [3]Soweit der Beamte in der Zeit zwischen dem Beginn des Bewilligungszeitraums

und dem Widerruf der Teilzeitbeschäftigung eine höhere Besoldung erhalten hat, als ihm gemäß § 10 Absatz 1 des Sächsischen Besoldungsgesetzes für die im Durchschnitt innerhalb dieses Zeitraums geleistete Arbeitszeit zugestanden hätte, hat er die zuviel gezahlte Besoldung zurückzuerstatten.

(7) [1]Entscheidungen nach den Absätzen 1 bis 6 trifft die Stelle, die für die Ernennung des Beamten zuständig wäre, oder, wenn der Ministerpräsident für die Ernennung zuständig wäre, die oberste Dienstbehörde. [2]Die oberste Dienstbehörde kann die Befugnis, soweit sie selbst für die Ernennung des Beamten zuständig wäre, auf nachgeordnete Behörden übertragen. [3]Die Entscheidungen bedürfen der Schriftform.

§ 98 Teilzeitbeschäftigung und Beurlaubung aus familiären Gründen

(1) [1]Einem Beamten mit Dienstbezügen ist auf Antrag, wenn zwingende dienstliche Belange nicht entgegenstehen, die Arbeitszeit bis auf die Hälfte der regelmäßigen Arbeitszeit zu ermäßigen oder Urlaub ohne Dienstbezüge bis zur Dauer von 15 Jahren zu gewähren, wenn er

1. mindestens ein Kind unter 18 Jahren oder
2. einen nach ärztlichem Gutachten oder durch Vorlage einer Bescheinigung der Pflegekasse oder des Medizinischen Dienstes der Krankenversicherung oder einer entsprechenden Bescheinigung einer privaten Pflegepflichtversicherung pflegebedürftigen sonstigen nahen Angehörigen (§ 66 Absatz 2 Satz 1)

tatsächlich betreut oder pflegt. [2]Satz 1 Nummer 2 gilt bei einer Erkrankung eines nahen Angehörigen in den Fällen des § 3 Absatz 6 Satz 1 des Pflegezeitgesetzes entsprechend mit der Maßgabe, dass der Nachweis durch ärztliches Zeugnis zu erbringen ist. [3]Der Wegfall der Gründe nach Satz 1 ist der Bewilligungsbehörde unverzüglich mitzuteilen.

(2) Bei Beamten im Schul- und Hochschuldienst kann der Bewilligungszeitraum bis zum Ende des laufenden Schulhalbjahres oder Semesters ausgedehnt werden.

(3) [1]Der Antrag auf Verlängerung einer Teilzeitbeschäftigung oder Beurlaubung ist spätestens drei Monate vor Ablauf des Bewilligungszeitraumes zu stellen. [2]Der Antrag auf Verlängerung einer Teilzeitbeschäftigung soll sich in der Regel auf einen Zeitraum von mindestens sechs Monaten erstrecken. [3]Die Beurlaubung darf in den Fällen des Absatzes 1 Satz 1 Nr. 1 innerhalb des maximalen Beurlaubungszeitraumes nach Absatz 1 Satz 1 pro Kind höchstens zwei Mal verlängert werden; die zuständige Dienstbehörde kann in begründeten Einzelfällen Ausnahmen zulassen, soweit dienstliche Belange nicht entgegenstehen. [4]§ 97 Abs. 4 Satz 1 gilt entsprechend. [5]Die zuständige Dienstbehörde kann eine Änderung des Umfangs der Teilzeitbeschäftigung oder den Übergang zur Vollzeitbeschäftigung oder eine Rückkehr aus dem Urlaub zulassen, wenn dem Beamten die Teilzeitbeschäftigung in bisherigem Umfang oder eine Fortsetzung des Urlaubs nicht zugemutet werden kann und dienstliche Belange nicht entgegenstehen.

(4) Einem Beamten mit Dienstbezügen kann Teilzeitbeschäftigung mit mindestens 30 Prozent der regelmäßigen Arbeitszeit bis zur Dauer von insgesamt 15 Jahren bewilligt werden, wenn die Voraussetzungen des Absatzes 1 vorliegen und zwingende dienstliche Belange nicht entgegenstehen.

(5) Urlaub nach Absatz 1 Satz 1 und nach § 99 sowie Teilzeitbeschäftigung nach Absatz 4 dürfen zusammen 15 Jahre nicht überschreiten.

(6) [1]§ 97 Abs. 3 gilt entsprechend. [2]Bei einer Beurlaubung ohne Dienstbezüge gilt § 104 Abs. 1 Satz 3 mit der Maßgabe, dass die Voraussetzung des § 104 Abs. 1 Satz 2 Nr. 1 in Bezug auf den Umfang der Arbeitskraft in der Regel als erfüllt anzusehen ist, wenn die zeitliche Beanspruchung durch Nebentätigkeiten in der Woche die Hälfte der regelmäßigen wöchentlichen Arbeitszeit überschreitet. [3]Ausnahmen von Satz 2 oder § 97 Abs. 3 Satz 3 kann die Bewilligungsbehörde auf Antrag zulassen, soweit dies mit dem Zweck der Beurlaubung oder der Teilzeitbeschäftigung vereinbar ist.

(7) § 97 Abs. 7 gilt entsprechend.

§ 99 Beurlaubung

(1) Einem Beamten mit Dienstbezügen kann bei Vorliegen wichtiger dienstlicher oder öffentlicher Interessen, insbesondere zur Schaffung einer verbesserten Altersstruktur der Bediensteten und zur Nutzung von Einstellungskorridoren, auf Antrag, der sich bis zum Beginn des Ruhestandes erstrecken muss, Urlaub ohne Dienstbezüge bewilligt werden, wenn der Beamte das 58. Lebensjahr vollendet hat.

(2) Die Bewilligungsbehörde kann eine Rückkehr aus dem Urlaub zulassen, wenn dem Beamten die Fortsetzung des Urlaubs nicht zugemutet werden kann und dienstliche Belange nicht entgegenstehen.

(3) [1]§ 97 Abs. 7 und § 98 Abs. 5 und 6 gelten entsprechend. [2]Die Bewilligungsbehörde kann Ausnahmen von § 98 Abs. 6 Satz 2 auf Antrag zulassen, soweit dies mit den wichtigen dienstlichen oder öffentlichen Interessen vereinbar ist.

§ 100 Hinweispflicht

Wer Teilzeitbeschäftigung oder Beurlaubung nach den §§ 97 bis 99 beantragt, ist auf die nach § 97 Abs. 3, § 98 Abs. 6 und § 99 Abs. 3 bestehenden Beschränkungen sowie auf die beamtenrechtlichen Folgen hinzuweisen.

Unterabschnitt 3
Nebentätigkeit und Tätigkeit nach Beendigung des Beamtenverhältnisses

§ 101 Nebentätigkeit

(1) [1]Nebentätigkeit ist die Ausübung eines Nebenamtes oder einer Nebenbeschäftigung. [2]Nebenamt ist ein nicht zu einem Hauptamt gehörender Kreis von Aufgaben, der aufgrund eines öffentlich-rechtlichen Dienst- oder Amtsverhältnisses wahrzunehmen ist. [3]Nebenbeschäftigung ist jede sonstige Tätigkeit innerhalb oder außerhalb des öffentlichen Dienstes, die nicht in einem Haupt- oder Nebenamt ausgeübt wird und kein öffentliches Ehrenamt darstellt.

(2) [1]Aufgaben, die für den Freistaat Sachsen, die Gemeinden, Landkreise und sonstigen der Aufsicht des Freistaates Sachsen unterstehenden Körperschaften, Anstalten und Stiftungen des öffentlichen Rechts wahrgenommen werden, sind grundsätzlich in ein Hauptamt einzuordnen, sofern es sich dabei nicht um ein öffentliches Ehrenamt handelt. [2]Diese Aufgaben sollen nicht als Nebentätigkeit zugelassen werden, wenn sie mit dem Hauptamt im Zusammenhang stehen.

(3) [1]Nicht als Nebentätigkeit gelten die

1. Wahrnehmung öffentlicher Ehrenämter, einer Vormundschaft, Betreuung oder Pflegschaft eines Angehörigen sowie

2. andere Tätigkeiten, die nach allgemeiner Lebensanschauung zur persönlichen Lebensgestaltung gehören.

[2]Zu den öffentlichen Ehrenämtern nach Satz 1 Nr. 1 gehören jede auf behördliche Bestellung oder öffentlich-rechtlicher Wahl beruhende unentgeltliche Mitwirkung bei der Erfüllung öffentlicher Aufgaben oder die in einer Verordnung nach § 109 Abs. 1 Satz 2 Nr. 2 sowie in spezialgesetzlichen Regelungen als solche bezeichneten Tätigkeiten, auch wenn dafür die Gewährung einer Aufwandsentschädigung vorgesehen ist.

§ 102 Pflicht zur Übernahme einer Nebentätigkeit

Der Beamte ist verpflichtet, auf Verlangen seiner obersten Dienstbehörde eine Nebentätigkeit im öffentlichen Dienst zu übernehmen und fortzuführen, sofern diese Tätigkeit seiner Vorbildung oder Berufsausbildung entspricht und ihn nicht über Gebühr in Anspruch nimmt.

§ 103 Anzeigepflicht

[1]Nebentätigkeiten und Tätigkeiten nach § 101 Abs. 3 Satz 1 Nr. 1 sind anzeigepflichtig. [2]Nebentätigkeiten nach § 104 Abs. 2 Nr. 2 und 3 sind anzuzeigen, wenn der Beamte hierfür ein Entgelt oder geldwerte Vorteile erhält. [3]Andere Nebentätigkeiten nach § 104 Abs. 2 oder Nebentätigkeiten nach § 102 sind nicht anzeigepflichtig.

§ 104 Verbot einer Nebentätigkeit

(1) [1]Eine Nebentätigkeit ist ganz oder teilweise zu untersagen, soweit sie geeignet ist, dienstliche Interessen zu beeinträchtigen. [2]Dies ist insbesondere der Fall, wenn die Nebentätigkeit

1. nach Art und Umfang die Arbeitskraft des Beamten so stark in Anspruch nimmt, dass die ordnungsgemäße Erfüllung seiner dienstlichen Pflichten behindert werden kann,

2. den Beamten in einen Widerstreit mit seinen dienstlichen Pflichten bringen kann,

3. in einer Angelegenheit ausgeübt wird, in der die Behörde, der der Beamte angehört, tätig wird oder tätig werden kann,

4. die Unparteilichkeit oder Unbefangenheit des Beamten beeinflussen kann,

5. zu einer wesentlichen Einschränkung der künftigen dienstlichen Verwendbarkeit des Beamten führen kann,

6. dem Ansehen der öffentlichen Verwaltung abträglich sein kann.

[3]Die Voraussetzung des Satzes 2 Nr. 1 ist in Bezug auf den Umfang der Arbeitskraft in der Regel erfüllt, wenn die zeitliche Beanspruchung durch eine oder mehrere anzeigepflichtige Nebentätigkeiten in einem Bezugszeitraum von höchstens vier Monaten im Durchschnitt ein Fünftel der regelmäßigen wöchentlichen Arbeitszeit überschreitet. [4]Bei begrenzter Dienstfähigkeit ist von der verminderten Arbeitszeit nach § 27 Abs. 2 Satz 1 des Beamtenstatusgesetzes als regelmäßige Arbeitszeit auszugehen.

(2) Die vollständige oder teilweise Untersagung

1. der Verwaltung des eigenen oder der Nutznießung des ihm unterliegenden Vermögens,

2. einer schriftstellerischen, wissenschaftlichen, künstlerischen oder Vortragstätigkeit,

3. einer mit Lehr- oder Forschungsaufgaben zusammenhängenden selbständigen Gutachtertätigkeit von Lehrern an öffentlichen Hochschulen und Beamten an wissenschaftlichen Instituten und Anstalten,

4. der Mitwirkung an staatlichen Prüfungen oder der Ersten juristischen Prüfung im Sinne des § 5 des Deutschen Richtergesetzes oder

5. der Tätigkeit zur Wahrung von Berufsinteressen in Gewerkschaften oder Berufsverbänden oder in Selbsthilfeeinrichtungen der Beamten

setzt voraus, dass der Beamte bei der Ausübung der Nebentätigkeit dienstliche Pflichten verletzt.

(3) Die Untersagung nach den Absätzen 1 und 2 kann bedingt oder befristet erfolgen.

§ 105 Ausübung von Nebentätigkeiten

(1) [1]Nebentätigkeiten, die der Beamte nicht auf Verlangen, Vorschlag oder Veranlassung seines Dienstvorgesetzten übernommen hat oder bei denen der Dienstvorgesetzte ein dienstliches Interesse an der Übernahme der Nebentätigkeit durch den Beamten nicht anerkannt hat, darf er nur außerhalb der Arbeitszeit ausüben. [2]Ausnahmen dürfen nur in besonders begründeten Fällen, insbesondere im öffentlichen Interesse, zugelassen werden, wenn dienstliche Gründe nicht entgegenstehen und die versäumte Arbeitszeit nachgeholt wird.

(2) [1]Der Beamte darf bei der Ausübung von Nebentätigkeiten oder öffentlichen Ehrenämtern Einrichtungen, Personal oder Material des Dienstherrn nur bei Vorliegen eines öffentlichen oder wissenschaftlichen Interesses mit dessen Genehmigung und gegen Entrichtung eines angemessenen Entgelts in Anspruch nehmen. [2]Das Entgelt hat sich nach den dem Dienstherrn entstehenden Kosten zu richten und muss den besonderen Vorteil berücksichtigen, der dem Beamten durch die Inanspruchnahme entsteht. [3]Es kann auch nach einem Prozentsatz der für die Nebentätigkeit bezogenen Vergütung oder der für das öffentliche Ehrenamt gewährten Aufwandsentschädigung bemessen werden.

§ 106 Verfahren

(1) [1]Anzeigepflichtige Nebentätigkeiten und Tätigkeiten nach § 101 Abs. 3 Satz 1 Nr. 1 sind rechtzeitig vor ihrer Aufnahme dem Dienstvorgesetzten schriftlich anzuzeigen. [2]Der Dienstvorgesetzte kann Nachweise oder Auskunft zu Art und Umfang einer Tätigkeit nach § 101 Abs. 3 Satz 1 Nr. 1 oder einer nicht anzeigepflichtigen Nebentätigkeit nach § 104 Abs. 2 verlangen, soweit tatsächliche Anhaltspunkte für eine Dienstpflichtverletzung bestehen. [3]Die Anzeigepflicht für Nebentätigkeiten nach § 103 Satz 1 und 2 erstreckt sich auf die für eine Entscheidung erforderlichen Nachweise über Art und Umfang der Tätigkeit, insbesondere die Entgeltlichkeit, die zeitliche Inanspruchnahme, die voraussichtliche Dauer sowie die Höhe der vereinbarten Vergütung, Entgelte und geldwerten Vorteile hieraus sowie den Auftraggeber. [4]Der Dienstvorgesetzte kann schriftliche Auskunft über eine ausgeübte oder beabsichtigte anzeigepflichtige Nebentätigkeit verlangen. [5]Jede Änderung einer anzeigepflichtigen Nebentätigkeit ist unverzüglich schriftlich mitzuteilen.

(2) [1]Ein dienstliches Interesse (§ 105 Abs. 1 Satz 1) ist aktenkundig zu machen. [2]Der Beamte hat dem Dienstherrn die für die Festsetzung des angemessenen Entgelts (§ 105 Abs. 2 Satz 2) erforderlichen Unterlagen vorzulegen.

(3) [1]Für das Verbot einer Nebentätigkeit nach § 104, die Zulassung einer Ausnahme nach § 105 Abs. 1 Satz 2 oder die Erteilung der Genehmigung nach § 105 Abs. 2 Satz 1 ist der Dienstvorgesetzte zuständig. [2]Anträge auf Zulassung einer Ausnahme nach § 105 Abs. 1 Satz 2 und auf Erteilung einer Genehmigung nach § 105 Abs. 2 Satz 1, Entscheidungen über diese Anträge sowie das Verlangen auf Übernahme einer Nebentätigkeit nach § 102 bedürfen der Schriftform.

§ 107 Regressanspruch für die Haftung aus angeordneter Tätigkeit in Unternehmensorganen
[1]Der Beamte, der aus einer auf Verlangen, Vorschlag oder Veranlassung seines Dienstvorgesetzten übernommenen Tätigkeit in einem Organ einer Gesellschaft, Genossenschaft oder eines in einer anderen Rechtsform des privaten oder öffentlichen Rechts betriebenen Unternehmens haftbar gemacht wird, hat gegen den Dienstherrn Anspruch auf Ersatz des ihm entstandenen Schadens. [2]Ist der Schaden vorsätzlich oder grob fahrlässig herbeigeführt, ist der Dienstherr nur dann ersatzpflichtig, wenn der Beamte auf Weisung eines Vorgesetzten gehandelt hat.

§ 108 Beendigung der Nebentätigkeit
Mit dem Ende des Beamtenverhältnisses und mit dem Verbot der Führung der Dienstgeschäfte nach § 67 oder § 137 sowie mit der vorläufigen Dienstenthebung nach § 38 des Sächsischen Disziplinargesetzes gelten die Nebentätigkeiten im öffentlichen Dienst als beendet.

§ 109 Verordnungsermächtigung
(1) [1]Die Staatsregierung bestimmt durch Rechtsverordnung die zur Ausführung der §§ 101 bis 108 notwendigen Vorschriften. [2]In der Rechtsverordnung kann insbesondere bestimmt werden,
1. welche Tätigkeiten als öffentlicher Dienst im Sinne dieser Vorschriften anzusehen sind oder ihm gleichstehen,
2. welche Tätigkeiten zu den öffentlichen Ehrenämtern im Sinne des § 101 Abs. 3 Satz 1 Nr. 1 gehören,
3. ob und inwieweit der Beamte für eine im öffentlichen Dienst ausgeübte oder auf Verlangen, Vorschlag oder Veranlassung seines Dienstvorgesetzten übernommene oder ihm mit Rücksicht auf seine dienstliche Stellung übertragene Nebentätigkeit eine Vergütung erhält oder eine erhaltene Vergütung abzuführen hat, und
4. unter welchen Voraussetzungen Beamte zur Ausübung von Nebentätigkeiten oder öffentlichen Ehrenämtern Einrichtungen, Personal und Material des Dienstherrn in Anspruch nehmen dürfen sowie, ob und in welcher Höhe hierfür ein Entgelt an den Dienstherrn zu entrichten ist, wobei das Entgelt pauschaliert in einem Prozentsatz des aus der Nebentätigkeit erzielten Bruttoeinkommens oder der für ein öffentliches Ehrenamt gezahlten Aufwandsentschädigung festgelegt werden kann.
(2) Die oberste Dienstbehörde kann durch Rechtsverordnung
1. die Zuständigkeit des Dienstvorgesetzten nach § 106 an sich ziehen oder auf eine andere ihr nachgeordnete Behörde übertragen und
2. ihre Zuständigkeit nach § 102 auf ihr nachgeordnete Behörden übertragen.

§ 110 Tätigkeit nach Beendigung des Beamtenverhältnisses
(1) Erwerbstätigkeiten oder sonstigen Beschäftigungen gemäß § 41 Satz 1 des Beamtenstatusgesetzes sind während der ersten fünf Jahre nach Beendigung des Beamtenverhältnisses bei der letzten obersten Dienstbehörde des Beamten anzuzeigen und können von dieser Behörde gemäß § 41 Satz 2 des Beamtenstatusgesetzes untersagt werden, wenn zu besorgen ist, dass durch die Erwerbstätigkeit oder sonstige Beschäftigung dienstliche Interessen beeinträchtigt werden.
(2) Die nach Absatz 1 zuständige Behörde kann ihre Zuständigkeit durch Rechtsverordnung auf nachgeordnete Behörden übertragen.

Unterabschnitt 4
Personalaktenrecht

§ 111 Führung der Personalakte und Verarbeitung personenbezogener Daten
(1) [1]Zur Personalakte gehören auch die in Dateien gespeicherten Personalaktendaten. [2]Andere als die Personalaktendaten im Sinne von § 50 Satz 2 des Beamtenstatusgesetzes dürfen nicht in die Personalakte aufgenommen werden. [3]Nicht Bestandteil der Personalakte sind Unterlagen, die besonderen, von der Person und dem Dienstverhältnis sachlich zu trennenden Zwecken dienen, insbesondere Prüfungs-, Sicherheits- und Kindergeldakten. [4]Kindergeldakten können mit Besoldungs- und Versorgungsakten verbunden geführt werden, wenn diese von der übrigen Personalakte getrennt sind und von einer von der Personalverwaltung getrennten Organisationseinheit bearbeitet werden; § 35 des Ersten Buches Sozialgesetzbuch – Allgemeiner Teil – (Artikel 1 des Gesetzes vom 11. Dezember 1975, BGBl. I S. 3015), das zuletzt durch Artikel 5 des Gesetzes vom 14. August 2017 (BGBl. I S. 3214) geändert worden ist, in der jeweils geltenden Fassung, und die §§ 67 bis 78 des Zehnten Buches So-

zialgesetzbuch – Sozialverwaltungsverfahren und Sozialdatenschutz – in der Fassung der Bekanntmachung vom 18. Januar 2001 (BGBl. I S. 130), das zuletzt durch Artikel 10 Absatz 11 des Gesetzes vom 30. Oktober 2017 (BGBl. I S. 3618) geändert worden ist, in der jeweils geltenden Fassung, bleiben unberührt.

(2) [1]Die Personalakte kann nach sachlichen Gesichtspunkten in Grundakte und Teilakten gegliedert werden. [2]Teilakten können bei der für den betreffenden Aufgabenbereich zuständigen Behörde geführt werden. [3]Nebenakten, welche Personalaktendaten enthalten, die sich auch in der Grundakte oder in Teilakten befinden, dürfen nur geführt werden, wenn die personalverwaltende Behörde nicht zugleich Beschäftigungsbehörde ist oder wenn mehrere personalverwaltende Behörden für den Beamten zuständig sind. [4]In die Grundakte ist ein vollständiges Verzeichnis aller Teil- und Nebenakten sowie ein vollständiges Verzeichnis der Personaldateien aufzunehmen, in denen Personalaktendaten elektronisch verarbeitet werden.

(3) [1]Die Personalakte kann vollständig oder teilweise elektronisch geführt werden, soweit die technischen Voraussetzungen für die Personalaktenführung nach diesem Gesetz gegeben sind. [2]Im Übrigen bleibt das Sächsische E-Government-Gesetz vom 9. Juli 2014 (SächsGVBl. S. 398), das zuletzt durch Artikel 9 des Gesetzes vom 26. April 2018 (SächsGVBl. S. 198) geändert worden ist, in der jeweils geltenden Fassung, unberührt. [3]Wird die Personalakte nicht vollständig elektronisch geführt, legt die personalverwaltende Stelle schriftlich fest, welche Teile in welcher Form geführt werden. [4]Soweit die Personalakte elektronisch geführt wird, dürfen eingereichte Schriftstücke und sonstige Unterlagen in Papierform, die zu ihrer Ersetzung in ein elektronisches Dokument übertragen wurden, aufbewahrt werden, wenn dies zu Beweiszwecken erforderlich ist. [5]Für die Unterlagen nach Satz 4 gelten die personalaktenrechtlichen Vorschriften entsprechend. [6]Soweit die Personalakte nicht elektronisch geführt wird, können Personalaktendaten in Dateien verarbeitet werden.

(4) [1]Personalakten sind vor unbefugter Einsichtnahme zu schützen. [2]Zugang zur Personalakte haben Bedienstete der personalverwaltenden Stellen (Personalreferate) und deren Vorgesetzte innerhalb der personalverwaltenden Behörde, soweit dies zu Zwecken der Personalverwaltung oder Personalwirtschaft erforderlich ist; dies gilt auch für den Zugang im automatisierten Abrufverfahren. [3]Satz 2 gilt für andere Vorgesetzte entsprechend, soweit sie im Einzelfall an einer Personalmaßnahme der Personalreferate mitwirken. [4]Zugang haben ferner die mit Angelegenheiten der Innenrevision beauftragten Bediensteten, soweit sie zur Korruptionsbekämpfung tätig sind und die erforderlichen Erkenntnisse nur auf diesem Weg und nicht durch Auskunft aus der Personalakte gewinnen können. [5]Jede Einsichtnahme nach Satz 4 ist aktenkundig zu machen.

(5) [1]Besoldungsakten und Versorgungsakten werden in den Fällen des Absatzes 2 Satz 2 als Teilakten Besoldung und Versorgung geführt. [2]Zugang haben nur Bedienstete der für Besoldung und Versorgung zuständigen Stellen dieser Behörden und deren Vorgesetzte, soweit dies zur Aufgabenerfüllung erforderlich ist.

(6) [1]Der Dienstherr darf personenbezogene Daten über Bewerber, Beamte und ehemalige Beamte verarbeiten, soweit dies zur Begründung, Durchführung, Beendigung oder Abwicklung des Dienstverhältnisses oder zur Durchführung organisatorischer, personeller und sozialer Maßnahmen, insbesondere auch zu Zwecken der Personalplanung und des Personaleinsatzes, erforderlich ist oder eine Rechtsvorschrift dies erlaubt. [2]Fragebogen, mit denen solche personenbezogenen Daten erhoben werden, bedürfen der Genehmigung durch die zuständige oberste Dienstbehörde.

§ 112 Beihilfeakten
[1]Unterlagen über Beihilfen sind stets als Teilakte zu führen. [2]Diese ist von der übrigen Personalakte getrennt aufzubewahren. [3]Sie ist in einer von der übrigen Personalverwaltung getrennten Organisationseinheit zu bearbeiten; Zugang haben nur Beschäftigte dieser Organisationseinheit. [4]Die Beihilfeakte darf für andere als für Beihilfezwecke nur verwendet oder offengelegt werden, wenn der Beihilfeberechtigte und der bei der Beihilfegewährung berücksichtigte Angehörige im Einzelfall einwilligen, die Einleitung oder Durchführung eines im Zusammenhang mit einem Beihilfeantrag stehenden behördlichen oder gerichtlichen Verfahrens dies erfordert oder soweit es aus Gründen eines erheblichen öffentlichen Interesses, einer sonst unmittelbar drohenden Gefahr für die öffentliche Sicherheit oder einer schwerwiegenden Beeinträchtigung der Rechte einer anderen Person erforderlich ist. [5]Die erforderlichen personenbezogenen Daten aus Arzneimittelverordnungen im Sinne des § 1 des Gesetzes über Rabatte für Arzneimittel vom 22. Dezember 2010 (BGBl. I S. 2262, 2275), das zuletzt durch

Artikel 4 des Gesetzes vom 4. Mai 2017 (BGBl. I S. 1050) geändert worden ist, in der jeweils geltenden Fassung, dürfen an die Treuhänder ausschließlich zum Zweck der Prüfung gemäß § 3 des Gesetzes über Rabatte für Arzneimittel übermittelt werden. [6]Die Sätze 1 bis 5 gelten entsprechend für Unterlagen über Heilfürsorge und Heilverfahren.

§ 113 Anhörung
[1]Der Beamte ist zu Beschwerden, Behauptungen und Bewertungen, die für ihn ungünstig sind oder ihm nachteilig werden können, vor deren Aufnahme in die Personalakte zu hören, soweit die Anhörung nicht nach anderen Rechtsvorschriften erfolgt. [2]Die Anhörung ist zur Personalakte zu nehmen.

§ 114 Auskunft an den betroffenen Beamten
(1) [1]Das Recht des Beamten auf Auskunft aus seiner Personalakte oder aus anderen Akten, die personenbezogene Daten über ihn enthalten und für das Dienstverhältnis verarbeitet werden, kann auch in Form der Einsichtnahme gewährt werden. [2]Die personalaktenführende Behörde bestimmt, wo die Einsicht gewährt wird.

(2) Soweit wichtige Gründe im Sinne des Artikels 23 Absatz 1 der Verordnung (EU) 2016/679 nicht entgegenstehen, wird auf Verlangen eine vollständige oder teilweise Kopie zur Verfügung gestellt.

(3) Nicht der Auskunft unterliegen Sicherheitsakten und Daten des Beamten, die mit Daten anderer Personen oder geheimhaltungsbedürftigen nicht personenbezogenen Daten derart verbunden sind, dass ihre Trennung nicht oder nur mit unverhältnismäßigem Aufwand möglich ist.

(4) [1]Die Gründe einer Auskunftsverweigerung sind zu dokumentieren. [2]§ 9 des Sächsischen Datenschutzdurchführungsgesetzes bleibt unberührt.

§ 115 Übermittlung und Auskunft an nicht betroffene Personen
(1) [1]Ohne Einwilligung des Beamten ist es zulässig, die Personalakte für Zwecke der Personalverwaltung oder Personalwirtschaft der obersten Dienstbehörde oder einer im Rahmen der Dienstaufsicht weisungsbefugten Behörde vorzulegen. [2]Das Gleiche gilt für Behörden desselben Geschäftsbereichs, soweit die Vorlage zur Vorbereitung oder Durchführung einer Personalentscheidung notwendig ist, sowie für Behörden eines anderen Geschäftsbereiches desselben Dienstherrn, soweit diese an einer Personalentscheidung mitzuwirken haben. [3]Ärzten, die im Auftrag der personalverwaltenden Behörde ein medizinisches Gutachten erstellen, darf die Personalakte ebenfalls ohne Einwilligung vorgelegt werden. [4]Für Auskünfte aus der Personalakte gelten die Sätze 1 bis 3 entsprechend. [5]Soweit eine Auskunft ausreicht, ist von einer Vorlage abzusehen.

(2) Die obersten Dienstbehörden können zur Erfüllung ihrer Aufgaben bei Behörden, über die sie die Dienstaufsicht ausüben, Personalaktendaten automatisiert abrufen, soweit dies zur Personalentwicklung, Personalbedarfsermittlung oder Personaleinsatzplanung, zur Stellenbewirtschaftung oder im Rahmen rechtlich vorgeschriebener Statistiken erforderlich ist.

(3) [1]Soweit eine andere als die personalverwaltende Behörde für einzelne mit der Personalverwaltung oder Personalwirtschaft verbundene Aufgaben zuständig ist, kann die oberste Dienstbehörde Personalaktendaten an diese andere Behörde übermitteln, sofern dies zu deren Aufgabenerfüllung erforderlich ist. [2]Die Übermittlung kann im Wege des automatisierten Abrufs erfolgen, wenn die Einrichtung eines solchen Verfahrens und der Abruf unter Berücksichtigung der schutzwürdigen Interessen der Beamten und der Aufgaben des Empfängers angemessen und eine mindestens stichprobenartige Abrufkontrolle gewährleistet ist.

(4) [1]Anderen nicht betroffenen Personen dürfen Auskünfte nur mit Einwilligung des Beamten erteilt werden, es sei denn, dass die Abwehr einer erheblichen Beeinträchtigung des Gemeinwohls oder der Schutz berechtigter, höherrangiger Interessen der anderen nicht betroffenen Person die Auskunftserteilung zwingend erfordert. [2]Inhalt und Empfänger der Auskunft sind dem Beamten schriftlich mitzuteilen. [3]Hinterbliebenen des Beamten und deren Bevollmächtigten ist Auskunft zu gewähren, soweit dienstliche Gründe nicht entgegenstehen und ein berechtigtes Interesse glaubhaft gemacht wird.

(5) Übermittlung und Auskunft sind auf den jeweils erforderlichen Umfang zu beschränken.

§ 116 Vernichtung von Unterlagen
(1) [1]Unterlagen über Beschwerden, Behauptungen und Bewertungen, auf die § 16 Abs. 3 und 4 Satz 1 des Sächsischen Disziplinargesetzes nicht anzuwenden ist, sind,
1. falls sie sich als unbegründet oder falsch erwiesen haben, mit Zustimmung des Beamten unverzüglich aus der Personalakte zu entfernen und zu vernichten,

2. falls sie für den Beamten ungünstig sind oder ihm nachteilig werden können, auf Antrag des Beamten nach zwei Jahren zu entfernen und zu vernichten; dies gilt nicht für dienstliche Beurteilungen.

[2]Die Frist nach Satz 1 Nr. 2 wird durch erneute Sachverhalte im Sinne dieser Vorschrift oder durch die Einleitung eines Straf- oder Disziplinarverfahrens unterbrochen. [3]Stellt sich der erneute Vorwurf als unbegründet oder falsch heraus, gilt die Frist als nicht unterbrochen.

(2) [1]Mitteilungen in Strafsachen, soweit sie nicht Bestandteil einer Disziplinarakte sind, sowie Auskünfte aus dem Bundeszentralregister sind mit Zustimmung des Beamten nach drei Jahren zu entfernen und zu vernichten. [2]Absatz 1 Satz 2 und 3 gilt entsprechend.

§ 117 Aufbewahrung

(1) [1]Personalakten sind nach ihrem Abschluss von der personalaktenführenden Behörde fünf Jahre aufzubewahren. [2]Personalakten sind abgeschlossen,

1. wenn der Beamte ohne Versorgungsansprüche oder ohne Ansprüche auf Altersgeld aus dem öffentlichen Dienst ausgeschieden ist, mit Ablauf des Jahres der Vollendung des 67. Lebensjahres, in den Fällen von § 24 Absatz 1 des Beamtenstatusgesetzes und § 10 des Sächsischen Disziplinargesetzes jedoch erst, wenn mögliche Versorgungsempfänger nicht mehr vorhanden sind,
2. wenn der Beamte ohne versorgungsberechtigte Hinterbliebene verstorben ist, mit Ablauf des Todesjahres,
3. wenn nach dem verstorbenen Beamten versorgungsberechtigte Hinterbliebene vorhanden sind, mit Ablauf des Jahres, in dem die letzte Versorgungsverpflichtung entfallen ist.

(2) [1]Unterlagen über Beihilfen, Heilfürsorge, Heilverfahren, Unterstützungen, Erholungsurlaub, Erkrankungen, Umzugskosten, Reisekosten und zum Trennungsgeld sind fünf Jahre nach Ablauf des Jahres, in dem die Bearbeitung des einzelnen Vorgangs abgeschlossen wurde, aufzubewahren. [2]Unterlagen, aus denen die Art einer Erkrankung ersichtlich ist, sind unverzüglich zurückzugeben oder zu vernichten, wenn sie für den Zweck, zu dem sie vorgelegt worden sind, nicht mehr benötigt werden. [3]Arzneimittelverordnungen im Sinne des § 1 des Gesetzes über Rabatte für Arzneimittel sind so lange aufzubewahren, bis sie für eine Prüfung durch Treuhänder gemäß § 3 des Gesetzes über Rabatte für Arzneimittel nicht mehr benötigt werden, längstens jedoch für die Dauer von zwei Jahren nach der Geltendmachung der Abschläge gegenüber den pharmazeutischen Unternehmern. [4]Zahlt das pharmazeutische Unternehmen die Abschläge nicht innerhalb von zwei Jahren nach Geltendmachung, können die Belege längstens bis zu einer Dauer von zwei Jahren nach dem rechtskräftigen Abschluss eines hierüber geführten Verfahrens aufbewahrt werden.

(3) Versorgungsakten sowie Alters- und Hinterbliebenengeldakten sind zehn Jahre nach Ablauf des Jahres, in dem die letzte Versorgungs-, Alters- oder Hinterbliebenengeldzahlung geleistet worden ist, aufzubewahren; besteht die Möglichkeit eines Wiederauflebens des Anspruchs, sind die Akten 30 Jahre aufzubewahren.

(4) Die Personalakten werden nach Ablauf der Aufbewahrungsfrist vernichtet, sofern sie nicht von einem Archiv des Freistaates Sachsen oder einem Archiv einer der Aufsicht des Freistaates Sachsen unterstehenden juristischen Person des öffentlichen Rechts übernommen werden.

§ 118 Verarbeitung von Personalaktendaten

(1) [1]Personalaktendaten dürfen in Dateien nur für Zwecke der Personalverwaltung oder der Personalwirtschaft verarbeitet werden. [2]Ein automatisierter Datenabruf durch andere Behörden ist unzulässig, soweit durch besondere Rechtsvorschrift nichts anderes bestimmt ist.

(2) Personalaktendaten im Sinne des § 112 dürfen im Wege des automatisierten Verfahrens nur im Rahmen ihrer Zweckbestimmung und nur von den übrigen Personaldateien technisch und organisatorisch getrennt verarbeitet werden.

(3) Von den Unterlagen über medizinische oder psychologische Untersuchungen und Tests dürfen im Rahmen der Personalverwaltung Ergebnisse nur automatisiert verarbeitet werden, soweit sie die Eignung betreffen und ihre Verarbeitung dem Schutz des Beamten dient.

(4) [1]Beamtenrechtliche Entscheidungen dürfen nicht ausschließlich auf Informationen und Erkenntnisse gestützt werden, die unmittelbar durch automatisierte Verarbeitung personenbezogener Daten gewonnen werden. [2]Abweichend von Satz 1 dürfen in Beihilfeangelegenheiten beamtenrechtliche

Entscheidungen vollständig durch automatische Einrichtungen erlassen werden, wenn weder ein Ermessen noch ein Beurteilungsspielraum besteht.

(5) [1]Bei erstmaliger Speicherung ist dem Betroffenen die Art der über ihn gemäß Absatz 1 gespeicherten Daten mitzuteilen, bei wesentlichen Änderungen ist er zu benachrichtigen. [2]Ferner sind die Verarbeitungsformen automatisierter Personalverwaltungsverfahren zu dokumentieren und einschließlich des jeweiligen Verarbeitungszwecks, der regelmäßigen Empfänger, des Inhalts automatisierter Datenübermittlung und in den Fällen des § 115 Absatz 2 und 3 Satz 2 der abrufenden Behörden allgemein bekannt zu geben.

§ 118a Verarbeitung von Personalaktendaten in Beihilfeangelegenheiten im Auftrag
(1) In Beihilfeangelegenheiten ist die Verarbeitung von Personalaktendaten im Auftrag des Verantwortlichen gemäß Artikel 28 der Datenschutz-Grundverordnung zulässig, wenn sie erfolgt
1. für die Festsetzung, Anordnung oder Zahlbarmachung von Geldleistungen,
2. für die überwiegend automatisierte Erledigung von Aufgaben oder
3. zur Verrichtung technischer Hilfstätigkeiten durch überwiegend automatisierte Einrichtungen.
(2) Der Verantwortliche hat die Einhaltung der beamten- und datenschutzrechtlichen Vorschriften durch den Auftragsverarbeiter regelmäßig zu kontrollieren.
(3) [1]Die Auftragserteilung bedarf im staatlichen Bereich der vorherigen Zustimmung des Staatsministeriums der Finanzen. [2]Zu diesem Zweck hat der Verantwortliche dem Staatsministerium der Finanzen rechtzeitig vor der Auftragserteilung mitzuteilen:
1. den Auftragsverarbeiter und die von diesem getroffenen technischen und organisatorischen Maßnahmen,
2. die Aufgabe, zu deren Erfüllung der Auftragsverarbeiter die Daten verarbeiten soll, sowie
3. die Art der Daten, die für den Verantwortlichen erhoben oder verwendet werden sollen, und den Kreis der Beschäftigten, auf den sich diese Daten beziehen.
(4) [1]Eine Auftragserteilung darf im staatlichen Bereich nur an eine öffentliche Stelle erfolgen. [2]Öffentliche Stellen im Sinne des Satzes 1 sind die Behörden des Bundes, eines Landes, einer Gemeinde, eines Gemeindeverbandes und sonstiger der Aufsicht des Bundes oder eines Landes unterstehenden Körperschaften, Anstalten und Stiftungen des öffentlichen Rechts.

Abschnitt 7
Beteiligung der Spitzenorganisationen und Landesverbände im Freistaat Sachsen

§ 119 Beteiligung der Spitzenorganisationen und Landesverbände im Freistaat Sachsen
(1) Die in § 53 Satz 1 des Beamtenstatusgesetzes genannten Spitzenorganisationen im Freistaat Sachsen sind auch bei der Vorbereitung anderer allgemeiner Regelungen der beamtenrechtlichen Verhältnisse zu beteiligen.
(2) § 53 des Beamtenstatusgesetzes und Absatz 1 gelten entsprechend für die Beteiligung kommunaler Landesverbände im Freistaat Sachsen, wenn Fragen geregelt werden, welche die Gemeinden und Landkreise berühren.
(3) [1]Den betroffenen Spitzenorganisationen oder kommunalen Landesverbänden im Freistaat Sachsen ist die beabsichtigte Regelung spätestens zwei Monate vor Erlass zur Anhörung zuzuleiten. [2]Ergeben sich aus den Stellungnahmen abweichende Auffassungen, sind diese mit den betroffenen Spitzenorganisationen und kommunalen Landesverbänden im Freistaat Sachsen zu erörtern.

Abschnitt 8
Landespersonalausschuss

§ 120 Unabhängigkeit
Der Landespersonalausschuss übt seine Tätigkeit innerhalb der Schranken der Gesetze unabhängig, weisungsfrei und in eigener Verantwortung aus.

§ 121 Zusammensetzung
(1) [1]Der Landespersonalausschuss besteht aus zehn ordentlichen und zehn stellvertretenden Mitgliedern. [2]Sämtliche Mitglieder müssen Beamte im Sinne dieses Gesetzes sein.

(2) ¹Die Staatsregierung beruft die ordentlichen und die stellvertretenden Mitglieder für die Dauer von fünf Jahren. ²Vier ordentliche und vier stellvertretende Mitglieder sind aus der staatlichen Verwaltung zu berufen. ³Je drei ordentliche und drei stellvertretende Mitglieder werden auf Vorschlag der kommunalen Landesverbände im Freistaat Sachsen und der Spitzenorganisationen der Gewerkschaften und Berufsverbände berufen.

(3) Die Staatsregierung bestellt den Vorsitzenden und den stellvertretenden Vorsitzenden aus dem Kreis der nach Absatz 2 Satz 2 bestellten ordentlichen Mitglieder.

§ 122 Rechtsstellung

(1) ¹Die Mitglieder des Landespersonalausschusses sind als solche unabhängig und nur dem Gesetz unterworfen. ²Sie scheiden aus ihrem Amt als Mitglied des Landespersonalausschusses durch Zeitablauf, durch Beendigung des Beamtenverhältnisses, mit dem Zusammentritt eines neuen Landtages oder mit der Annahme der Wahl durch einen neuen Ministerpräsidenten aus. ³Die ordentlichen und stellvertretenden Mitglieder aus der staatlichen Verwaltung scheiden ferner mit der Beendigung der Zugehörigkeit zur staatlichen Verwaltung aus. ⁴Im Übrigen scheiden sie aus ihrem Amt nur unter den gleichen Voraussetzungen aus, unter denen Mitglieder eines Disziplinargerichtes wegen rechtskräftiger Verurteilung im Straf- oder Disziplinarverfahren ihr Amt verlieren. ⁵Sie sind in den Fällen der Sätze 2 und 3 verpflichtet, die Tätigkeit als Mitglied des Landespersonalausschusses bis zur Berufung neuer ordentlicher und stellvertretender Mitglieder durch die Staatsregierung weiterzuführen.

(2) Die Mitglieder des Landespersonalausschusses dürfen wegen ihrer Tätigkeit dienstlich nicht gemaßregelt, nicht benachteiligt und nicht bevorzugt werden.

(3) § 39 des Beamtenstatusgesetzes und § 67 Abs. 1 finden für das Amt als Mitglied des Landespersonalausschusses keine Anwendung.

§ 123 Dienstaufsicht

¹Die Dienstaufsicht über die Mitglieder des Landespersonalausschusses führt der Ministerpräsident. ²Sie unterliegt den sich aus den §§ 120 und 122 ergebenden Beschränkungen.

§ 124 Aufgaben

(1) Der Landespersonalausschuss hat außer den in diesem Gesetz vorgesehenen Befugnissen folgende Aufgaben:

1. bei der Vorbereitung allgemeiner Regelungen der beamtenrechtlichen Verhältnisse mitzuwirken,
2. bei der Vorbereitung der Vorschriften über die Auswahl, Ausbildung, Prüfung und Fortbildung der Beamten mitzuwirken,
3. über den Antrag einer obersten Dienstbehörde auf Anerkennung einer Prüfung zu beschließen,
4. zu Beschwerden von Beamten und abgewiesenen Bewerbern in Angelegenheiten von grundsätzlicher Bedeutung Stellung zu nehmen,
5. Vorschläge zur Beseitigung von Mängeln in der Handhabung der beamtenrechtlichen Vorschriften zu machen.

(2) Der Landespersonalausschuss ist berechtigt, den Staatsministerien Vorschläge für Vorschriften der in Absatz 1 Nr. 1 und 2 bezeichneten Art zu unterbreiten.

(3) Die Staatsregierung kann dem Landespersonalausschuss durch Rechtsverordnung nach § 29 dieses Gesetzes weitere Aufgaben übertragen.

§ 125 Verfahren

(1) Der Landespersonalausschuss gibt sich eine Geschäftsordnung.

(2) Beschlüsse des Landespersonalausschusses sind, soweit sie allgemeine Bedeutung haben, im Sächsischen Amtsblatt bekannt zu machen.

(3) Soweit dem Landespersonalausschuss eine Entscheidungsfreiheit eingeräumt ist, binden seine Beschlüsse die beteiligten Verwaltungen.

§ 126 Sitzungen und Beschlüsse

(1) ¹Die Sitzungen des Landespersonalausschusses sind nicht öffentlich. ²Beauftragten beteiligter Verwaltungen, Gewerkschaften und Berufsverbänden muss, Beschwerdeführern und anderen Personen kann der Landespersonalausschuss die Anwesenheit bei der Verhandlung gestatten.

(2) Die Beauftragten der beteiligten Verwaltungen sind auf Verlangen zu hören, ebenso der Beschwerdeführer in den Fällen des § 124 Abs. 1 Nr. 4.

(3) Der Landespersonalausschuss kann zur Durchführung seiner Aufgaben in entsprechender Anwendung der für die Verwaltungsgerichte geltenden Vorschriften Beweise erheben.
(4) ¹Die Beschlüsse werden mit Stimmenmehrheit gefasst. ²Bei Stimmengleichheit entscheidet die Stimme des Vorsitzenden. ³Der Landespersonalausschuss ist beschlussfähig, wenn mindestens sieben Mitglieder anwesend sind.

§ 127 Geschäftsstelle
¹Die Staatskanzlei bestellt den Leiter der Geschäftsstelle. ²Er nimmt an den Verhandlungen des Landespersonalausschusses beratend teil.

§ 128 Amtshilfe
Alle Behörden haben dem Landespersonalausschuss Amtshilfe zu leisten, ihm auf Verlangen Auskunft zu erteilen und Akten zu übermitteln, soweit dies zur Durchführung seiner Aufgaben erforderlich ist.

Abschnitt 9
Beschwerdeweg und Rechtsschutz

§ 129 Beschwerden
(1) ¹Der Beamte hat das Recht, Anträge und Beschwerden vorzubringen; hierbei ist der Dienstweg einzuhalten. ²Der Beschwerdeweg bis zur obersten Dienstbehörde steht ihm offen.
(2) Richtet sich die Beschwerde gegen den unmittelbaren Vorgesetzten oder Dienstvorgesetzten, kann sie bei dem nächsthöheren Vorgesetzten oder Dienstvorgesetzten direkt eingereicht werden.

§ 130 Vertretung des Dienstherrn
(1) Bei Klagen aus dem Beamtenverhältnis (§ 54 Abs. 1 des Beamtenstatusgesetzes) wird der Dienstherr durch die oberste Dienstbehörde vertreten, der der Beamte untersteht oder bei der Beendigung des Beamtenverhältnisses unterstanden hat.
(2) Besteht die oberste Dienstbehörde nicht mehr und ist eine andere Dienstbehörde nicht bestimmt, tritt an ihre Stelle das Staatsministerium der Finanzen.
(3) Die nach den Absätzen 1 oder 2 zur Vertretung des Dienstherrn zuständige Behörde kann die Vertretung durch Rechtsverordnung auf andere Behörden übertragen.

§ 131 Zustellung
Verfügungen und Entscheidungen, die dem Beamten, Ruhestandsbeamten oder sonstigen Versorgungsberechtigten nach den Vorschriften dieses Gesetzes oder des Sächsischen Beamtenversorgungsgesetzes bekannt zu geben sind, sind zuzustellen, wenn durch sie eine Frist in Lauf gesetzt wird oder Rechte des Empfängers durch sie berührt werden.

§ 132 Wegfall der aufschiebenden Wirkung
Rechtsbehelfe gegen ein Verbot der Nebentätigkeit (§ 104) oder ein Verbot der Führung der Dienstgeschäfte (§ 39 des Beamtenstatusgesetzes) haben keine aufschiebende Wirkung.

Abschnitt 10
Besondere Beamtengruppen

Unterabschnitt 1
Laufbahnen der Fachrichtung Polizei

§ 133 Besondere Laufbahnvorschriften
(1) Das Staatsministerium des Innern erlässt im Einvernehmen mit dem Staatsministerium der Finanzen durch Rechtsverordnung für die Laufbahnen der Fachrichtung Polizei
1. von der Verordnung nach § 29 Abs. 1 abweichende Regelungen und
2. die Verordnung nach § 29 Abs. 1 ergänzende Regelungen,
soweit die besonderen Verhältnisse des Polizeivollzugsdienstes dies erfordern.
(2) ¹Von § 18 Abs. 6 und 7 kann abgewichen werden. ²In den Fällen des § 27 Absatz 5 Satz 2 Nummer 2 kann von § 27 Absatz 3 abgewichen werden.

§ 134 Gemeinschaftsunterkunft

(1) [1]Der Beamte des Polizeivollzugsdienstes ist auf Anordnung seiner obersten Dienstbehörde verpflichtet, in einer Gemeinschaftsunterkunft zu wohnen und an einer Gemeinschaftsverpflegung teilzunehmen. [2]Diese Verpflichtung kann einem Beamten des Polizeivollzugsdienstes, der Beamter auf Lebenszeit oder verheiratet ist oder eine eingetragene Lebenspartnerschaft begründet hat, nur für besondere Einsätze und Übungen, für Lehrgänge oder für seine Aus- und Weiterbildung in der Bereitschaftspolizei auferlegt werden. [3]Die Unterkunft wird unentgeltlich gewährt.

(2) Die oberste Dienstbehörde kann die Befugnis auf nachgeordnete Behörden oder Dienststellen übertragen.

§ 135 Heilfürsorge

(1) [1]Heilfürsorge wird in Krankheits-, Pflege- und Geburtsfällen, zur Gesundheitsvorsorge, zur Früherkennung von Krankheiten, zu Maßnahmen der Empfängnisverhütung, der künstlichen Befruchtung, in Fällen des nicht strafbaren Schwangerschaftsabbruchs sowie der Sterilisation gewährt. [2]Heilfürsorgefähig sind grundsätzlich nur ausreichende, zweckmäßige und wirtschaftlich angemessene Aufwendungen. [3]Heilfürsorge wird nur gewährt, wenn die Maßnahme medizinisch notwendig ist und die Wirksamkeit und der therapeutische Nutzen nachgewiesen sind. [4]Die Angemessenheit der Aufwendungen beurteilt sich grundsätzlich nach den Regelungen der jeweils geltenden Sozialgesetzbücher, insbesondere des Fünften Buches Sozialgesetzbuch. [5]Die Leistungsgewährung erfolgt grundsätzlich als Sach- und Dienstleistung. [6]Die Heilfürsorgeleistungen dürfen zusammen mit den aus demselben Anlass zustehenden Leistungen, insbesondere aus Krankheitskostenversicherungen, die Gesamtaufwendungen nicht übersteigen. [7]Leistungen aus Krankentagegeld- und Krankenhaustagegeldversicherungen bleiben unberücksichtigt.

(2) [1]Heilfürsorgeberechtigt sind Beamte des Polizeivollzugsdienstes, wenn und solange sie Besoldung erhalten. [2]Die Heilfürsorgeberechtigung besteht auch

1. während der Inanspruchnahme von Elternzeit,
2. bei einer sonstigen Freistellung vom Dienst ohne Anspruch auf Besoldung bis zu einer Dauer von jeweils einem Monat.

(3) [1]Besteht ein Anspruch eines Heilfürsorgeberechtigten auf Leistungen nach § 36 oder § 37 des Sächsischen Beamtenversorgungsgesetzes, wird dieser durch die Gewährung von Leistungen gemäß der nach Absatz 5 erlassenen Rechtsverordnung erfüllt. [2]Die in den §§ 36 und 37 des Sächsischen Beamtenversorgungsgesetzes vorgesehenen Leistungen, die über den Leistungsumfang der nach Absatz 5 erlassenen Rechtsverordnung hinausgehen, werden ebenfalls von der Heilfürsorge gewährt.

(4) [1]Anspruch auf Heilfürsorge besteht nicht

1. bei Heilmaßnahmen wegen anerkannter Kriegsfolgeleiden im Sinne des Bundesversorgungsgesetzes in der Fassung der Bekanntmachung vom 22. Januar 1982 (BGBl. I S. 21), das zuletzt durch die Verordnung vom 12. Juni 2018 (BGBl. I S. 840) geändert worden ist, in der jeweils geltenden Fassung,
2. bei Heilmaßnahmen, für die ein Träger der gesetzlichen Unfallversicherung oder ein anderer Kostenträger leistungspflichtig ist,
3. für solche Arzneimittel, bei deren Anwendung eine Erhöhung der Lebensqualität im Vordergrund steht; insbesondere für solche Mittel, die überwiegend zur Behandlung von sexuellen Dysfunktionen, der Anreizung oder Steigerung der sexuellen Potenz, zur Raucherentwöhnung, zur Abmagerung oder zur Zügelung des Appetits, zur Regulierung des Körpergewichts oder zur Verbesserung des Haarwuchses dienen,
4. bei Behandlung zu rein kosmetischen Zwecken.

[2]Heilfürsorge kann ganz oder teilweise versagt werden, wenn eine die Behandlung betreffende Anordnung ohne gesetzlichen oder sonstigen wichtigen Grund nicht befolgt und dadurch der Behandlungserfolg beeinträchtigt wird. [3]Haben Heilfürsorgeberechtigte eine Krankheit vorsätzlich oder bei einem von ihnen begangenen Verbrechen oder vorsätzlichen Vergehen herbeigeführt, können sie an den Kosten der Heilfürsorgeleistung angemessen beteiligt werden.

(5) [1]Das Nähere hinsichtlich des Inhalts und Umfangs der Heilfürsorge sowie des Verfahrens der Gewährung von Heilfürsorge regelt das Staatsministerium des Innern im Einvernehmen mit dem Staatsministerium der Finanzen durch Rechtsverordnung. [2]Darin können unter Beachtung der Grundsätze beamtenrechtlicher Fürsorge insbesondere Bestimmungen getroffen werden

1. hinsichtlich des Inhalts und des Umfangs der Heilfürsorge
   a) über die Beschränkung von Leistungen der Heilfürsorge unter Berücksichtigung der Regelungen des Fünften Buches Sozialgesetzbuch in der jeweils geltenden Fassung,
   b) für Beamte des Polizeivollzugsdienstes, die ihren dienstlichen Wohnsitz im Ausland haben oder in das Ausland abgeordnet sind,
   c) über Festbeträge unter Berücksichtigung der Regelungen des Fünften Buches Sozialgesetzbuch in der jeweils geltenden Fassung,
   d) über die Beschränkung oder den Ausschluss von Leistungen, die außerhalb der Europäischen Union oder außerhalb des Europäischen Wirtschaftsraumes entstanden sind, unter Berücksichtigung der Regelungen des Fünften Buches Sozialgesetzbuch in der jeweils geltenden Fassung,
   e) über die Übernahme von Regelungen aus Verträgen, die zwischen privaten Krankenversicherungsunternehmen oder den gesetzlichen Krankenkassen oder deren Verbänden und Leistungserbringern abgeschlossen worden sind,
   f) über die Übernahme der vom Gemeinsamen Bundesausschuss nach den §§ 91 und 92 des Fünften Buches Sozialgesetzbuch in der jeweils geltenden Fassung beschlossenen Richtlinien,
2. hinsichtlich des Verfahrens der Gewährung von Heilfürsorge
   a) über das Genehmigungsverfahren,
   b) über eine Ausschlussfrist für die Beantragung der Heilfürsorge,
   c) über die Verwendung von Antragsvordrucken,
   d) über die elektronische Erfassung, Bearbeitung und Speicherung von Anträgen und Belegen,
   e) über die Verwendung einer Krankenversichertenkarte entsprechend § 291 Absatz 1 und 2 des Fünften Buches Sozialgesetzbuch in der am 30. Juli 2010 geltenden Fassung oder einer elektronischen Gesundheitskarte entsprechend § 291 des Fünften Buches Sozialgesetzbuch, wobei der Zugriff der Heilfürsorgestellen auf Daten zu beschränken ist, die für die Bearbeitung der konkreten Abrechnung benötigt werden,

[3]Die Beschränkungen und Ausschlüsse dürfen nicht zu einem Leistungsumfang führen, der hinter den Regelungen des Fünften Buches Sozialgesetzbuch in der jeweils geltenden Fassung zurückbleibt.

§ 136 Dienstkleidung

(1) [1]Die Beamten des uniformierten Polizeivollzugsdienstes erhalten freie Dienstkleidung. [2]Die Beamten der Kriminalpolizei erhalten einen Dienstkleidungszuschuss; dasselbe gilt für Beamte des uniformierten Polizeivollzugsdienstes, die nach Anordnung des Staatsministeriums des Innern den Dienst allgemein in bürgerlicher Kleidung zu versehen haben.

(2) Das Staatsministerium des Innern wird ermächtigt, im Einvernehmen mit dem Staatsministerium der Finanzen
1. durch Rechtsverordnung zu bestimmen,
   a) in welcher Weise der Anspruch auf Dienstkleidung erfüllt oder in welcher Höhe ein Dienstkleidungszuschuss gewährt wird,
   b) in welchen Fällen, in denen längere Zeit keine Dienstgeschäfte geführt werden, der Anspruch auf Dienstkleidung oder einen Dienstkleidungszuschuss ausgeschlossen ist,
2. Art, Umfang und Ausführung der Dienstkleidung zu bestimmen.

§ 137 Verbot der Führung der Dienstgeschäfte

Beamten des Polizeivollzugsdienstes kann abweichend von § 67 bei Gefahr im Verzug auch jeder Dienstvorgesetzte die Führung der Dienstgeschäfte nach § 39 des Beamtenstatusgesetzes verbieten.

§ 138 Polizeidienstunfähigkeit

(1) Der Beamte des Polizeivollzugsdienstes ist dienstunfähig, wenn er den besonderen gesundheitlichen Anforderungen für den Polizeivollzugsdienst nicht mehr genügt und nicht zu erwarten ist, dass er seine volle Dienstfähigkeit innerhalb zweier Jahre wiedererlangt (Polizeidienstunfähigkeit), es sei denn, die auszuübende Funktion erfordert bei Beamten auf Lebenszeit diese besonderen gesundheitlichen Anforderungen auf Dauer nicht mehr uneingeschränkt.

(2) Die Polizeidienstunfähigkeit wird aufgrund des Gutachtens eines Amtsarztes, eines Polizeiarztes, eines anderen beamteten Arztes oder in Ausnahmefällen eines nicht beamteten Facharztes festgestellt.

§ 138a Gesundheitsvorsorge

[1]Die Beamten des Polizeivollzugsdienstes sind zum Erhalt der Polizeidienstfähigkeit verpflichtet, sich regelmäßig untersuchen zu lassen (Vorsorgeuntersuchungen). [2]Im Rahmen dieser Vorsorgeuntersuchungen bleibt die ärztliche Schweigepflicht unberührt.

§ 139 Eintritt in den Ruhestand

(1) Beamte des Polizeivollzugsdienstes auf Lebenszeit, die ein Amt bis einschließlich der Besoldungsgruppe A 13 innehaben, treten mit dem Ablauf des Monats in den Ruhestand, in dem sie das 62. Lebensjahr vollenden.

(2) [1]Abweichend von Absatz 1 treten Beamte auf Lebenszeit im Sinne des Absatzes 1, die vor dem 1. Januar 1952 geboren sind, mit dem Ablauf des Monats in den Ruhestand, in dem sie das 60. Lebensjahr vollenden. [2]Beamte auf Lebenszeit im Sinne des Absatzes 1, die nach dem 31. Dezember 1951, aber vor dem 1. Januar 1964 geboren sind, treten mit dem Ablauf des Monats in den Ruhestand, in dem sie das nach nachfolgender Tabelle maßgebliche Lebensalter vollenden:

Beamte des Geburtsjahrgangs	Lebensalter
1952	60 Jahre und 1 Monat
1953	60 Jahre und 2 Monate
1954	60 Jahre und 4 Monate
1955	60 Jahre und 6 Monate
1956	60 Jahre und 8 Monate
1957	60 Jahre und 10 Monate
1958	61 Jahre
1959	61 Jahre und 2 Monate
1960	61 Jahre und 4 Monate
1961	61 Jahre und 6 Monate
1962	61 Jahre und 8 Monate
1963	61 Jahre und 10 Monate.

(3) Beamte des Polizeivollzugsdienstes auf Lebenszeit, die ein Amt ab Besoldungsgruppe A 14 innehaben, treten mit dem Ablauf des Monats in den Ruhestand, in dem sie das 64. Lebensjahr vollenden.

(4) [1]Abweichend von Absatz 3 treten Beamte auf Lebenszeit im Sinne des Absatzes 3, die vor dem 1. Januar 1952 geboren sind, mit dem Ablauf des Monats in den Ruhestand, in dem sie das 60. Lebensjahr vollenden. [2]Beamte auf Lebenszeit im Sinne des Absatzes 3, die nach dem 31. Dezember 1951, aber vor dem 1. Januar 1964 geboren sind, treten mit dem Ablauf des Monats in den Ruhestand, in dem sie das nach nachfolgender Tabelle maßgebliche Lebensalter vollenden:

Beamte des Geburtsjahrgangs	Lebensalter
1952	60 Jahre und 3 Monate
1953	60 Jahre und 6 Monate
1954	60 Jahre und 9 Monate
1955	61 Jahre
1956	61 Jahre und 4 Monate
1957	61 Jahre und 8 Monate
1958	62 Jahre
1959	62 Jahre und 4 Monate
1960	62 Jahre und 8 Monate
1961	63 Jahre

Beamte des Geburtsjahrgangs	Lebensalter
1962	63 Jahre und 4 Monate
1963	63 Jahre und 8 Monate.

(5) Beamte des Polizeivollzugsdienstes auf Lebenszeit, die ihren Dienst 20 Jahre oder länger im Spezialeinsatzkommando, in einem Mobilen Einsatzkommando, als Polizeitaucher oder als fliegerisches Personal verrichtet haben, treten zwei Jahre vor Erreichen der sich aus den Absätzen 1 bis 4 ergebenden Altersgrenzen, nicht jedoch vor Vollendung des 60. Lebensjahres in den Ruhestand.

(6) [1]Ohne Nachweis der Dienstunfähigkeit können Beamte des Polizeivollzugsdienstes auf ihren Antrag in den Ruhestand versetzt werden, wenn sie das 60. Lebensjahr vollendet haben. [2]Der Antrag kann auch nach § 157 gestellt werden.

Unterabschnitt 2
Andere Beamtengruppen

§ 140 Wissenschaftliches und künstlerisches Personal an Hochschulen
Für die Rechtsverhältnisse des beamteten wissenschaftlichen und künstlerischen Personals an Hochschulen gilt dieses Gesetz nur, soweit keine abweichende gesetzliche Regelung getroffen wird.

§ 141 Beamte des Landesamtes für Verfassungsschutz
Für Beamte, die aus dem Polizeivollzugsdienst in Planstellen des Landesamts für Verfassungsschutz eingewiesen sind, gelten die §§ 133 bis 135, 138 und 139 entsprechend.

§ 142 Beamte der Laufbahnen der Fachrichtung Agrar- und Forstverwaltung
(1) Die zum Tragen von Dienstkleidung verpflichteten Forstbeamten erhalten einen Dienstkleidungszuschuss.

(2) Das Staatsministerium für Umwelt und Landwirtschaft erlässt im Einvernehmen mit dem Staatsministerium der Finanzen durch Rechtsverordnung die näheren Bestimmungen über Art, Umfang und Ausführung der Dienstkleidung und über die Gewährung eines Dienstkleidungszuschusses.

§ 143 Beamte des Justizvollzugsdienstes und des Justizwachtmeisterdienstes in der Fachrichtung Justiz
(1) Für Beamte des Justizvollzugsdienstes auf Lebenszeit gilt § 139 Abs. 1, 2 und 6 entsprechend.

(2) [1]Die Beamten des Justizvollzugsdienstes erhalten freie Dienstkleidung oder einen Dienstkleidungszuschuss, sofern sie nach Anordnung des Staatsministeriums der Justiz den Dienst in bürgerlicher Kleidung zu versehen haben. [2]Das Staatsministerium der Justiz wird ermächtigt, im Einvernehmen mit dem Staatsministerium der Finanzen
1.   durch Rechtsverordnung zu bestimmen,
     a)   in welcher Weise der Anspruch auf Dienstkleidung erfüllt oder in welcher Höhe ein Dienstkleidungszuschuss gewährt wird und
     b)   in welchen Fällen, in denen längere Zeit keine Dienstgeschäfte geführt werden, der Anspruch auf Dienstkleidung oder einen Dienstkleidungszuschuss ausgeschlossen ist,
2.   Art, Umfang und Ausführung der Dienstkleidung zu bestimmen.

(3) Für Beamte des Justizwachtmeisterdienstes gilt Absatz 2 entsprechend.

§ 143a Beamte der Fachrichtung Allgemeine Verwaltung im Vollzugsdienst einer Abschiebungshaft- und Ausreisegewahrsamseinrichtung
(1) [1]Für Beamte der Fachrichtung Allgemeine Verwaltung, die 25 Jahre im Vollzugsdienst einer Abschiebungshaft- und Ausreisegewahrsamseinrichtung beschäftigt waren, gilt § 139 Absatz 1, 2 und 6 entsprechend. [2]Dienstzeiten im Polizei- und Justizvollzugsdienst sind anzurechnen.

(2) [1]Die Beamten der Fachrichtung Allgemeine Verwaltung im Vollzugsdienst einer Abschiebungshaft- und Ausreisegewahrsamseinrichtung erhalten freie Dienstkleidung. [2]Das Staatsministerium des Innern wird ermächtigt, im Einvernehmen mit dem Staatsministerium der Finanzen
1.   durch Rechtsverordnung zu bestimmen,

a) in welcher Weise der Anspruch auf Dienstkleidung erfüllt wird und

b) in welchen Fällen, in denen längere Zeit keine Dienstgeschäfte geführt werden, der Anspruch auf Dienstkleidung ausgeschlossen ist, und

2. Art, Umfang und Ausführung der Dienstkleidung zu bestimmen.

§ 144 Beamte der Laufbahnen der Fachrichtung Feuerwehr

(1) [1]Für die Beamten des Einsatzdienstes der Feuerwehr und andere Beamte der Laufbahnen der Fachrichtung Feuerwehr, die 25 Jahre im Einsatzdienst der Feuerwehr sowie der Landesfeuerwehr- und Katastrophenschutzschule beschäftigt waren, gelten die §§ 135, 136 Abs. 1 und § 138 entsprechend. [2]Beamte auf Lebenszeit im Sinne von Satz 1 treten mit Ablauf des Monats in den Ruhestand, in dem sie das 60. Lebensjahr vollenden.

(2) Für andere Beamte der Laufbahnen der Fachrichtung Feuerwehr gelten die §§ 135 und 136 Abs. 1 entsprechend.

§ 144a Beamte der Laufbahn der Fachrichtung Bildung und Kultur mit dem fachlichen Schwerpunkt Bildungsdienst

[1]Lehrkräfte an den öffentlichen Schulen können nur im Zeitraum vom 1. Januar 2019 bis zum 31. Dezember 2023 in das Beamtenverhältnis berufen werden. [2]Diese Befristung gilt nicht für Schulleiter und stellvertretende Schulleiter.

Abschnitt 11
Kommunale Wahlbeamte

§ 145 Anwendungsbereich

Kommunale Wahlbeamte im Sinne dieses Teils sind:

1. die Bürgermeister,
2. die Landräte,
3. die Beigeordneten,
4. die Verbandsvorsitzenden von Verwaltungsverbänden,
5. die Ortsvorsteher und
6. die Amtsverweser.

§ 146 Dienstherr, Oberste Dienstbehörde, Dienstvorgesetzter, Zuständigkeiten

(1) [1]Dienstherr des Bürgermeisters und der Beigeordneten einer Gemeinde ist die Gemeinde. [2]Dienstherr des Landrates und der Beigeordneten eines Landkreises ist der Landkreis. [3]Dienstherr des Verbandsvorsitzenden ist der Verwaltungsverband.

(2) [1]Oberste Dienstbehörde und Dienstvorgesetzter für die Beamten der Gemeinde einschließlich der Beigeordneten und der Ortsvorsteher ist der Bürgermeister. [2]Oberste Dienstbehörde und Dienstvorgesetzter für die Beamten des Landkreises einschließlich der Beigeordneten ist der Landrat. [3]Oberste Dienstbehörde und Dienstvorgesetzter für die Beamten des Verwaltungsverbandes ist der Verbandsvorsitzende.

(3) Die oberste Dienstbehörde ernennt, versetzt und entlässt die Beamten der Gemeinden, Landkreise und Verwaltungsverbände einschließlich der Beigeordneten.

(4) Die Aufgaben der für die Ernennung zuständigen Stelle und der obersten Dienstbehörde für die Bürgermeister, Landräte, Amtsverweser und Verbandsvorsitzenden nimmt die Rechtsaufsichtsbehörde wahr, soweit gesetzlich nichts anderes bestimmt ist.

(5) In den Fällen von § 51 Absatz 1, von § 52 Absatz 1 und 5, von §§ 68 und 106 sowie von § 50 Absatz 3 des Sächsischen Beamtenversorgungsgesetzes, als auch in den übrigen Fällen, in denen Bürgermeister, Landräte, Amtsverweser oder Verbandsvorsitzende eine Entscheidung nicht selbst treffen können, weil sie nicht als eigene Dienstvorgesetzte anzusehen sind, nimmt die Rechtsaufsichtsbehörde die Aufgaben des Dienstvorgesetzten wahr.

§ 147 Hauptamtliche Bürgermeister

(1) Auf die hauptamtlichen Bürgermeister finden die für die Beamten auf Zeit geltenden Vorschriften unter Beachtung von § 23 Absatz 1 Satz 1 Nummer 2 des Beamtenstatusgesetzes mit folgender Maßgabe Anwendung:

1. ¹Das Beamtenverhältnis des Bürgermeisters wird durch die rechtsgültige Wahl begründet und beginnt mit dem Amtsantritt, den er der Rechtsaufsichtsbehörde unverzüglich anzuzeigen hat. ²Ist die Wahl unanfechtbar oder rechtskräftig für ungültig erklärt worden, ist kein Beamtenverhältnis begründet worden. ³§ 12 Abs. 1 des Beamtenstatusgesetzes und § 14 gelten entsprechend.

2. ¹Ohne Nachweis der Dienstunfähigkeit ist ein hauptamtlicher Bürgermeister auf seinen Antrag in den Ruhestand zu versetzen, wenn er
   a) das 65. Lebensjahr vollendet hat oder
   b) der Fall des § 48 Nr. 2 vorliegt.
   ²Die §§ 46 und 47 finden keine Anwendung.

3. ¹Hauptamtliche Bürgermeister sind von der Rechtsaufsichtsbehörde zu der Erklärung aufzufordern, ob sie bereit sind, ihr Amt im Falle ihrer Wiederwahl unter nicht ungünstigeren Bedingungen auszuüben. ²Geben sie diese Erklärung nicht innerhalb der von der Rechtsaufsichtsbehörde zu bestimmenden angemessenen Frist ab und bewerben sie sich nicht um die Aufnahme in einen Wahlvorschlag zur Bürgermeisterwahl oder nehmen sie die Wahl zum Bürgermeister nicht an, treten sie nicht nach § 5 Abs. 2 in den Ruhestand. ³Bürgermeister, die ihr Amt im Falle ihrer Wiederwahl nur unter wirtschaftlich ungünstigeren Bedingungen ausüben können, haben lediglich die Erklärung nach Satz 1 abzugeben. Die Sätze 1 bis 3 gelten nicht für Bürgermeister, die am Tage der Beendigung der Amtszeit
   a) das 58. Lebensjahr vollendet haben oder
   b) eine Gesamtdienstzeit als Bürgermeister, Beigeordneter, Landrat, Verbandsvorsitzender, hauptamtlicher Ortsvorsteher oder Amtsverweser von 14 Jahren erreicht haben; Zeiten nach § 5 Abs. 2 Satz 2 werden entsprechend berücksichtigt.

(2) Hauptamtliche Bürgermeister, die ein Amt als Bürgermeister, Beigeordneter oder Landrat nach den Vorschriften des Gesetzes über die Selbstverwaltung der Gemeinden und Landkreise der DDR (Kommunalverfassung) vom 17. Mai 1990 (GBl. DDR I S. 255) angetreten und für die Dauer von insgesamt neun Jahren ein Amt hauptamtlich als Bürgermeister, Beigeordneter, Landrat, Verbandsvorsitzender, Ortsvorsteher oder Amtsverweser ausgeübt haben, treten nach Ablauf ihrer Amtszeit in den Ruhestand.

§ 148 Ehrenamtliche Bürgermeister

Auf ehrenamtliche Bürgermeister finden die für Ehrenbeamte geltenden Vorschriften mit Ausnahme des § 6 Abs. 2 Satz 1 und 2 und mit folgenden Maßgaben Anwendung:

1. das Ehrenbeamtenverhältnis des Bürgermeisters wird durch rechtsgültige Wahl begründet und beginnt mit dem Amtsantritt, den er der Rechtsaufsichtsbehörde unverzüglich anzuzeigen hat; ist die Wahl unanfechtbar oder rechtskräftig für ungültig erklärt worden, ist kein Beamtenverhältnis begründet worden; § 12 Abs. 1 des Beamtenstatusgesetzes und § 14 gelten entsprechend;

2. der ehrenamtliche Bürgermeister kann seine Entlassung nach § 23 Abs. 1 Satz 1 Nr. 4 des Beamtenstatusgesetzes und § 41 nur verlangen, wenn ein wichtiger Grund vorliegt, insbesondere, wenn er
   a) das 65. Lebensjahr vollendet hat, ·
   b) anhaltend krank ist,
   c) zehn Jahre dem Gemeinderat oder Ortschaftsrat angehört oder ein anderes öffentliches Ehrenamt bekleidet hat,
   d) durch die Ausübung der ehrenamtlichen Tätigkeit in seiner Berufs- oder Erwerbstätigkeit oder in der Fürsorge für seine Familie erheblich behindert wird,
   e) ein anderes öffentliches Amt ausübt und die oberste Dienstbehörde feststellt, dass die ehrenamtliche Tätigkeit hiermit nicht vereinbar ist.

§ 149 Übernahme von Bürgermeistern bei Gebietsänderung

(1) Hauptamtliche Bürgermeister, die nach der Eingliederung einer Gemeinde in eine andere Gemeinde oder der Vereinigung einer Gemeinde mit einer anderen Gemeinde nicht weiterverwendet werden oder deren Amt wegen dieser Maßnahmen nicht mehr besetzt wird, können auf ihren Antrag von der aufnehmenden oder der neu gebildeten Gemeinde für eine Tätigkeit in leitender Stellung in ein Beamtenverhältnis auf Zeit berufen werden.

(2) Hauptamtliche Bürgermeister, deren Gemeinde Mitglied eines Verwaltungsverbandes oder einer Verwaltungsgemeinschaft ist oder wird, können auf ihren Antrag von dem Verwaltungsverband oder der erfüllenden Gemeinde für eine Tätigkeit in leitender Stellung in ein Beamtenverhältnis auf Zeit berufen werden.

(3) [1]Die Berufung kann nur innerhalb von sechs Monaten nach der Eingliederung oder Vereinigung oder der Begründung der Mitgliedschaft der Gemeinde erfolgen. [2]Die Amtszeit beträgt sieben Jahre. [3]Eine Wiederberufung ist zulässig. [4]Im Falle des § 5 Abs. 2 Satz 1 Nr. 2 tritt eine Gesamtdienstzeit von sieben Jahren an die Stelle einer Gesamtdienstzeit von zwölf Jahren, wenn der Beamte auf Zeit ein hauptamtlicher Bürgermeister war, der bis zum 2. Oktober 1990 gewählt wurde und infolge einer Gebietsänderung nicht mehr weiterverwendet oder dessen Amt nicht mehr besetzt wird.

§ 150 Beigeordnete

(1) [1]Auf die Beigeordneten finden die für Beamte auf Zeit geltenden Vorschriften mit der Maßgabe des § 147 Abs. 1 Nr. 2 und 3 und Abs. 2 Anwendung; § 151 Abs. 2 gilt entsprechend. [2]Der Beigeordnete tritt mit Ablauf des Monats in den Ruhestand, in dem er das 68. Lebensjahr vollendet.

(2) [1]Die Erklärung nach § 147 Abs. 1 Nr. 3 ist auf Aufforderung der obersten Dienstbehörde abzugeben. [2]Die Bewerbung um die Aufnahme in einen Wahlvorschlag entfällt.

§ 151 Landräte

(1) [1]Auf Landräte finden die für hauptamtliche Bürgermeister geltenden Vorschriften mit Ausnahme von § 149 entsprechende Anwendung. [2]Auf die nach § 10 des Kreisgebietsreformgesetzes vom 24. Juni 1993 (SächsGVBl. S. 549), das zuletzt durch Artikel 32 des Gesetzes vom 5. Mai 2004 (SächsGVBl. S. 148, 160) geändert worden ist, in das Beamtenverhältnis auf Zeit berufenen, ausgeschiedenen Landräte findet § 149 Abs. 3 Satz 4 entsprechende Anwendung.

(2) [1]Der Landrat eines nach § 2 Absatz 1 des Sächsisches Kreisgebietsneugliederungsgesetzes vom 29. Januar 2008 (SächsGVBl. S. 102), das durch Artikel 7 des Gesetzes vom 18. Dezember 2013 (SächsGVBl. S. 970) geändert worden ist, aufzulösenden Landkreises, der zum Landrat eines nach § 3 des Sächsischen Kreisgebietsneugliederungsgesetzes neu zu bildenden Landkreises gewählt wird, tritt mit Ablauf des 31. Juli 2008 in den Ruhestand. [2]Die Amtszeit als Landrat des aufzulösenden Landkreises gilt zu diesem Zeitpunkt insgesamt als abgeleistet. [3]Die Dienstzeit zwischen dem Amtsantritt als Landrat des neu gebildeten Landkreises und dem eigentlichen Ablauf der Amtszeit als Landrat des aufgelösten Landkreises wird nur einmal berücksichtigt.

§ 152 Verbandsvorsitzende

(1) Auf die Verbandsvorsitzenden von Verwaltungsverbänden finden die für Beigeordnete geltenden Vorschriften mit der Maßgabe des § 147 Abs. 1 Nr. 2 und 3 und Abs. 2 Anwendung.

(2) [1]Die Erklärung nach § 147 Abs. 1 Nr. 3 ist auf Aufforderung der Rechtsaufsichtsbehörde abzugeben. [2]Die Bewerbung um die Aufnahme in einen Wahlvorschlag entfällt.

§ 153 Ortsvorsteher

(1) Auf Ortsvorsteher finden die für Ehrenbeamte geltenden Vorschriften mit Ausnahme des § 6 Abs. 2 Satz 1 und 2 und mit der Maßgabe des § 148 Nr. 2 Anwendung.

(2) [1]Auf hauptamtliche Ortsvorsteher finden die für Beamte auf Zeit geltenden Vorschriften mit der Maßgabe des § 147 Abs. 1 Nr. 2 und Abs. 2 Anwendung. [2]§ 150 Abs. 1 Satz 2 gilt entsprechend.

(3) In den Fällen des § 9 Absatz 5 Satz 2 der Sächsischen Gemeindeordnung in der Fassung der Bekanntmachung vom 3. März 2014 (SächsGVBl. S. 146), die zuletzt durch Artikel 1 des Gesetzes vom 13. Dezember 2017 (SächsGVBl. S. 626) geändert worden ist, in der jeweils geltenden Fassung, können die bisherigen Bürgermeister bis zum Ablauf ihrer Amtszeit in ihrem Beamtenverhältnis als Beamter auf Zeit oder Ehrenbeamter verbleiben; einer Ernennung bedarf es insoweit nicht.

§ 154 Amtsverweser

(1) [1]Die Ernennungsurkunde für den Amtsverweser nach § 54 Absatz 4 und 5 der Sächsischen Gemeindeordnung wird vom Stellvertreter des Bürgermeisters ausgestellt und dem Amtsverweser bei Amtsantritt ausgehändigt. [2]Wird ein Amtsverweser zum Bürgermeister der Gemeinde gewählt und kann er sein Amt mangels rechtskräftiger Feststellung der Gültigkeit der Wahl nicht ausüben, finden auf einen hauptamtlichen Amtsverweser die für die Beamten auf Zeit geltenden Vorschriften und auf einen ehrenamtlichen Amtsverweser die für Ehrenbeamte auf Zeit geltenden Vorschriften entspre-

chende Anwendung. ³§ 147 Abs. 1 Nr. 2 und 3 Satz 1 bis 3 und § 148 Nr. 2 gelten entsprechend. ⁴§ 150 Abs. 1 Satz 2 gilt entsprechend.

(2) Auf den Amtsverweser im Landkreis findet Absatz 1 mit Ausnahme von § 148 Nr. 2 und der Regelung über die ehrenamtlichen Amtsverweser entsprechende Anwendung.

(3) ¹Der hauptamtliche Amtsverweser nach Absatz 1 Satz 3 und der Amtsverweser nach § 51 Abs. 3 der Sächsischen Landkreisordnung in der Fassung der Bekanntmachung vom 3. März 2014 (Sächs-GVBl. S. 180), die zuletzt durch Artikel 2 des Gesetzes vom 13. Dezember 2017 (SächsGVBl. S. 626) geändert worden ist, in der jeweils geltenden Fassung, tritt nur dann mit Ablauf seiner Amtszeit in den Ruhestand, wenn

1. die Amtszeit endet, weil eine rechtskräftige Entscheidung vorliegt, nach der die Wahl zum Bürgermeister oder Landrat ungültig ist, oder
2. der Beamte nicht erneut zum Amtsverweser bestellt wird, obwohl er dazu bereit ist, das Amt auszuüben.

²Satz 1 Nr. 1 gilt nicht, wenn die Wahl für ungültig erklärt worden ist, weil der Bewerber bei der Wahl eine strafbare Handlung oder eine andere gegen das Gesetz verstoßende Wahlbeeinflussung begangen hat oder aufgrund gesetzlicher Vorschriften nicht wählbar war.

§ 155 Aufwandsentschädigungen, Nebentätigkeiten

(1) Aufwandsentschädigungen dürfen nur gewährt werden, wenn aus dienstlicher Veranlassung Aufwendungen entstehen, deren Übernahme dem Beamten nicht zugemutet werden kann, und der Haushaltsplan Mittel dafür zur Verfügung stellt.

(2) ¹Das Staatsministerium des Innern wird ermächtigt, im Einvernehmen mit dem Staatsministerium der Finanzen durch Rechtsverordnung die Gewährung von Aufwandsentschädigungen an die Beamten der Gemeinden, der Gemeindeverbände und der Landkreise zu regeln. ²Diese Bestimmungen dürfen von den für die Beamten und Richter des Freistaates Sachsen geltenden Bestimmungen nur abweichen, wenn dies wegen der Verschiedenheit der Verhältnisse notwendig ist.

(3) Kommunale Wahlbeamte nehmen die Vertretung ihrer Kommune in einer Gesellschafterversammlung, einem Aufsichtsrat, einem Beirat oder einem sonstigen Gremium einer juristischen Person, die sie auf Bestellung des Gemeinderates oder des Kreistages ausüben, als Nebentätigkeit wahr.

§ 155a Aufwandsentschädigung für ehrenamtliche Bürgermeister und Ortsvorsteher

(1) ¹Ehrenamtliche Bürgermeister und ehrenamtliche Ortsvorsteher haben Anspruch auf eine angemessene Aufwandsentschädigung. ²Die Aufwandsentschädigung wird monatlich im Voraus gezahlt.

(2) ¹Die Aufwandsentschädigung für ehrenamtliche Bürgermeister beträgt monatlich in Gemeinden

1. bis zu 500 Einwohnern 1 050 Euro,
2. über 500 bis zu 1 000 Einwohnern 2 100 Euro,
3. über 1 000 bis zu 2 000 Einwohnern 2 200 Euro,
4. über 2 000 bis zu 3 000 Einwohnern 2 400 Euro,
5. über 3 000 bis zu 4 000 Einwohnern 2 550 Euro und
6. über 4 000 Einwohnern 2 700 Euro.

²Die Aufwandsentschädigung wird jährlich zum 1. April an die Entwicklung des vom Statistischen Landesamt ermittelten Preisindexes für die Lebenshaltungskosten der privaten Haushalte im Freistaat Sachsen angepasst, die jeweils im abgelaufenen Kalenderjahr gegenüber dem vorgegangenen Kalenderjahr eingetreten ist.

(3) ¹Die Aufwandsentschädigung für ehrenamtliche Ortsvorsteher beträgt monatlich in Ortschaften

1. bis zu 1 000 Einwohnern 20 Prozent,
2. über 1 000 bis zu 3 000 Einwohnern 25 Prozent und
3. über 3 000 Einwohnern 30 Prozent

der Aufwandsentschädigung nach Absatz 2 Satz 1, die für den ehrenamtlichen Bürgermeister einer Gemeinde mit der Einwohnerzahl der jeweiligen Ortschaft gelten würde. ²Ehrenamtliche Ortsvorsteher von Ortschaften mit einer örtlichen Verwaltungsstelle erhalten einen Zuschlag von 10 Prozent der Aufwandsentschädigung des ehrenamtlichen Bürgermeisters einer Gemeinde mit der entsprechenden Einwohnerzahl.

(4) ¹Neben der Aufwandsentschädigung nach den Absätzen 2 und 3 darf die Körperschaft, die sie gewährt, keine Entschädigung für die Mitgliedschaft in einem Vertretungsorgan oder seinen Aus-

schüssen und kein Sitzungsgeld für die Teilnahme an Sitzungen ihres Vertretungsorgans, seiner Ausschüsse oder seiner Fraktionen gewähren. [2]Es dürfen keine Entschädigungen für die Teilnahme an Sitzungen der Organe oder Gremien von Zweckverbänden, Verwaltungsgemeinschaften oder Verwaltungsverbänden, denen der kommunale Wahlbeamte aufgrund Gesetzes, Satzung oder Wahl angehört, gewährt werden; dies gilt nicht für den Vorsitz in einem Zweckverband oder Regionalen Planungsverband.

(5) Der Anspruch auf Aufwandsentschädigung entfällt

1. mit Ablauf des Monats, in dem der ehrenamtliche Bürgermeister oder der ehrenamtliche Ortsvorsteher aus seinem Amt scheidet,

2. für die über drei Monate hinausgehende Zeit, wenn der ehrenamtliche Bürgermeister oder der ehrenamtliche Ortsvorsteher ununterbrochen länger als drei Monate sein Amt nicht ausübt, oder

3. für die Zeit, in der der ehrenamtliche Bürgermeister oder der ehrenamtliche Ortsvorsteher seines Dienstes enthoben ist.

(6) [1]Maßgebende Einwohnerzahl ist die bei der letzten Volkszählung ermittelte und vom Statistischen Landesamt des Freistaates Sachsen auf den 30. Juni des Vorjahres fortgeschriebene Zahl der Wohnbevölkerung. [2]In dem Jahr, in dem eine Volkszählung stattgefunden hat, ist der Tag der Volkszählung maßgebend. [3]Werden Gemeinden oder Ortschaften umgebildet, ist vom Inkrafttreten der Neugliederung an die Einwohnerzahl der neuen Gemeinde oder Ortschaft gemäß Satz 1 zu errechnen. [4]Ist durch eine Änderung der Einwohnerzahl an dem maßgebenden Stichtag eine Gemeinde oder eine Ortschaft in eine andere Größenklasse gelangt, ändert sich die Höhe der Aufwandsentschädigung mit Wirkung vom 1. Januar des auf den Stichtag folgenden Jahres. [5]Im Falle der Verringerung der Einwohnerzahl ist die Aufwandsentschädigung nicht zurückzuzahlen.

(7) Auslagen für Dienstreisen, die über den Dienstort hinausgehen, werden nach den Bestimmungen des Sächsischen Reisekostengesetzes vom 12. Dezember 2008 (SächsGVBl. S. 866, 876), das zuletzt durch Artikel 13 des Gesetzes vom 18. Dezember 2013 (SächsGVBl. S. 970) geändert worden ist, in der jeweils geltenden Fassung, erstattet.

(8) Für ehrenamtliche Ortsvorsteher im Sinne von § 9 Absatz 5 Satz 2 der Sächsischen Gemeindeordnung und der entsprechenden Vorschriften in den Gesetzen über die Neugliederung der Gemeindegebiete gilt Absatz 2 entsprechend; maßgebend ist die Einwohnerzahl der Ortschaft.

Abschnitt 12
Übergangs- und Schlussvorschriften

§ 156 Übergangsregelung zur Anhebung der Altersgrenzen

(1) Für Beamte auf Lebenszeit, denen Altersteilzeit nach § 143a oder bis zum 31. Dezember 2011 Urlaub ohne Dienstbezüge bis zum Beginn des Ruhestands nach § 143 Abs. 1 Nr. 2 in der am 31. Dezember 2011 geltenden Fassung bewilligt worden ist, gelten für den Ruhestand die gesetzlichen Altersgrenzen nach den §§ 49, 151 Abs. 1, §§ 153, 155 Abs. 1 und § 156 Abs. 1 in der am 31. Dezember 2011 geltenden Fassung.

(2) Für Beamte, die sich am 31. Dezember 2011 in einem Beamtenverhältnis auf Zeit befanden, gilt § 139 Abs. 1 in der am 31. Dezember 2011 geltenden Fassung.

(3) Für Beamte, die sich am 31. Dezember 2011 in einem Ehrenbeamtenverhältnis befanden, gilt § 157 Abs. 2 und 3 in der am 31. Dezember 2011 geltenden Fassung.

(4) Die Staatsregierung erstellt alle vier Jahre unter Beachtung des Berichts der Bundesregierung nach § 147 Abs. 3 des Bundesbeamtengesetzes vom 5. Februar 2009 (BGBl. I S. 160), das zuletzt durch Artikel 1 des Gesetzes vom 8. Juni 2017 (BGBl. I S. 1570) geändert worden ist, in der jeweils geltenden Fassung, einen Bericht zur Überprüfung der Anhebung der Altersgrenzen für den Eintritt in den Ruhestand im Freistaat Sachsen.

§ 157 Sonderbestimmung zur Versetzung in den Ruhestand ohne Nachweis der Dienstunfähigkeit

[1]Ohne Nachweis der Dienstunfähigkeit kann ein Beamter auf Lebenszeit auf seinen Antrag in den Ruhestand versetzt werden, wenn

1. er das 60. Lebensjahr vollendet hat,

2. er den Antrag auf Versetzung in den Ruhestand vor dem 1. Januar 2014 gestellt hat,

3. er bis zum 31. Dezember 2020 die für ihn geltende gesetzliche Altersgrenze erreichen wird,
4. dem Antrag keine dienstlichen Gründe entgegenstehen und
5. die Maßnahme dem Stellenabbau dient.
²Satz 1 gilt nicht für Staatsanwälte.

§ 158 Zuordnung der Laufbahnen
¹Die Staatsregierung bestimmt durch Rechtsverordnung die Zuordnung der vor dem Inkrafttreten dieses Gesetzes im Freistaat Sachsen eingerichteten Laufbahnen zu den Fachrichtungen und den fachlichen Schwerpunkten (§ 15). ²Im Übrigen entscheidet die aufnehmende oberste Dienstbehörde über die Zuordnung.

§ 159 Übergangsregelung für vorhandene Laufbahnbefähigungen und zur Probezeit
(1) ¹Beamte sowie Bewerber, die die Laufbahnbefähigung vor dem Inkrafttreten dieses Gesetzes im Freistaat Sachsen erworben haben, besitzen die Befähigung für eine Laufbahn nach § 15. ²Dabei entspricht
1. die Laufbahngruppe des einfachen Dienstes der Laufbahngruppe 1 mit den Ämtern ab der ersten Einstiegsebene,
2. die Laufbahngruppe des mittleren Dienstes der Laufbahngruppe 1 mit den Ämtern ab der zweiten Einstiegsebene,
3. die Laufbahngruppe des gehobenen Dienstes der Laufbahngruppe 2 mit den Ämtern ab der ersten Einstiegsebene,
4. die Laufbahngruppe des höheren Dienstes der Laufbahngruppe 2 mit den Ämtern ab der zweiten Einstiegsebene.
(2) Für Beamte, die vor Inkrafttreten dieses Gesetzes in ein Beamtenverhältnis auf Probe berufen wurden, gilt § 28 in der am 31. Dezember 2011 geltenden Fassung.

§ 160 Übergangsregelung für die Anwendung von Bundesrecht
Soweit in Vorschriften des Bundesrechts auf die Laufbahngruppen des einfachen, mittleren, gehobenen und höheren Dienstes Bezug genommen wird, gilt die Zuordnung des § 159 Absatz 1 Satz 2 entsprechend.

§ 161 Fortgeltung von Laufbahn-, Ausbildungs- und Prüfungsvorschriften
Soweit in Vorschriften der Erwerb einer Befähigung für eine vor dem Inkrafttreten dieses Gesetzes im Freistaat Sachsen eingerichtete Laufbahn geregelt oder vorausgesetzt wird, tritt an dessen Stelle der Erwerb einer Befähigung für die Laufbahn, der die bisherige Laufbahn nach den §§ 158, 159 zuzuordnen ist.

§ 162 Übergangsregelung zur Übertragung eines Amtes mit leitender Funktion im Beamtenverhältnis auf Zeit
(1) Beamte, denen vor dem Inkrafttreten dieses Gesetzes ein Amt mit leitender Funktion im Beamtenverhältnis auf Zeit in einer ersten Amtszeit übertragen worden ist, ist das Amt auf Lebenszeit zu übertragen, sobald die Amtszeit zwei Jahre andauert und der Beamte im Rahmen seiner bisherigen Amtsführung den Anforderungen des Amtes mit leitender Funktion im vollen Umfang gerecht geworden ist.
(2) Beamten, denen vor dem Inkrafttreten dieses Gesetzes ein Amt mit leitender Funktion im Beamtenverhältnis auf Zeit in einer zweiten Amtszeit übertragen worden ist, ist das Amt im Beamtenverhältnis auf Lebenszeit zu übertragen.
(3) § 8 Abs. 3 Satz 4 und 5, Abs. 4 Satz 2 und 3 sowie § 9 Abs. 2 und 3 gelten entsprechend.

§ 163 Übergangsregelung zur Neuregelung des Nebentätigkeitsrechts
(1) Nebentätigkeiten, die nach §§ 82 bis 88 in der bis zum Inkrafttreten dieses Gesetzes geltenden Fassung genehmigt sind, können nach Maßgabe des § 104 untersagt werden.
(2) Für Beamte, die zum Zeitpunkt des Inkrafttretens dieses Gesetzes ein öffentliches Ehrenamt wahrnehmen, das in einer anderen Rechtsvorschrift als einem Gesetz als solches bezeichnet wird, gelten § 82 Abs. 1 Satz 2 dieses Gesetzes und § 2 Abs. 4 Satz 3 der Sächsischen Nebentätigkeitsverordnung vom 21. Juni 1994 (SächsGVBl. S. 1110), die zuletzt durch Artikel 1 der Verordnung vom 28. Januar 2004 (SächsGVBl. S. 33) geändert worden ist, jeweils in der am Tage vor dem Inkrafttreten dieses Gesetzes geltenden Fassung bis zum Ende der Amtszeit, längstens bis zum 31. Dezember 2014.

§ 164 Übergangsregelung zur Altersteilzeit

(1) [1]Treten während des Bewilligungszeitraums einer Altersteilzeitbeschäftigung nach § 143a Abs. 3 Buchst. b des Sächsischen Beamtengesetzes in der Fassung der Bekanntmachung vom 12. Mai 2009 (SächsGVBl. S. 194), in der am 12. Mai 2009 geltenden Fassung Umstände ein, welche die vorgesehene Abwicklung der Freistellung unmöglich machen, gilt § 97 Abs. 6 entsprechend. [2]Dabei gelten die unmittelbar vor dem Eintritt in die Freistellungsphase liegenden Zeiten der Arbeitsphase als durch die Freistellung ausgeglichen.

(2) § 97 Abs. 3 und 7 gilt entsprechend.

§ 165 Verwaltungsvorschriften

(1) Das Staatsministerium des Innern oder das Staatsministerium der Finanzen erlassen im Rahmen ihres Zuständigkeitsbereichs die zur Durchführung dieses Gesetzes erforderlichen Verwaltungsvorschriften, soweit dieses Gesetz nichts anderes bestimmt.

(2) Das Staatsministerium der Justiz kann für den eigenen Geschäftsbereich die erforderlichen Verwaltungsvorschriften zur Führung der Personalakten und zur Einführung der elektronischen Personalakte erlassen.

(3) Die Staatsregierung regelt die Einführung der elektronischen Personalakte für die staatlichen Behörden durch Verwaltungsvorschrift.

Gesetz zur Durchführung der Verordnung (EU) 2016/679 des Europäischen Parlaments und des Rates zum Schutz natürlicher Personen bei der Verarbeitung personenbezogener Daten, zum freien Datenverkehr und zur Aufhebung der Richtlinie 95/46/EG (Sächsisches Datenschutzdurchführungsgesetz – SächsDSDG)[1)]

Vom 26. April 2018 (SächsGVBl. S. 198, 199)

zuletzt geändert durch Art. 2 Sächsisches VerwaltungskostenrechtsneuordnungsG vom 5. April 2019 (SächsGVBl. S. 245)

Inhaltsübersicht

Abschnitt 1
Allgemeine Vorschriften

§ 1 Zweck

[1]Dieses Gesetz trifft die ergänzenden Regelungen zur Durchführung der Verordnung (EU) 2016/679 des Europäischen Parlaments und des Rates vom 27. April 2016 zum Schutz natürlicher Personen bei der Verarbeitung personenbezogener Daten, zum freien Datenverkehr und zur Aufhebung der Richtlinie 95/46/EG (ABl. L 119 vom 4.5.2016, S. 1, L 314 vom 22.11.2016, S. 72), in der jeweils geltenden Fassung. [2]Gleichzeitig regelt es in den Grenzen der Verordnung (EU) 2016/679 spezifische Anforderungen an die Verarbeitung personenbezogener Daten.

§ 2 Anwendungsbereich

(1) [1]Dieses Gesetz gilt für die Verarbeitung personenbezogener Daten im Anwendungsbereich der Verordnung (EU) 2016/679 durch Behörden und sonstige öffentliche Stellen des Freistaates Sachsen, der Gemeinden und Landkreise sowie der sonstigen der Aufsicht des Freistaates Sachsen unterstehenden juristischen Personen des öffentlichen Rechts (öffentliche Stellen). [2]Nehmen nicht-öffentliche Stellen hoheitliche Aufgaben der öffentlichen Verwaltung wahr, sind sie insoweit öffentliche Stellen

---

1) Verkündet als Art. 1 G v. 26.4.2018 (SächsGVBl. S. 198); Inkrafttreten gem. Art. 47 Satz 1 dieses G am 25.5.2018.

im Sinne dieses Gesetzes. [3]Für den Landtag gilt dieses Gesetz nur, soweit er in Verwaltungsangelegenheiten tätig wird. [4]Soweit der Landtag, seine Gremien, seine Mitglieder, die Fraktionen und deren Beschäftigte sowie die Landtagsverwaltung in Wahrnehmung parlamentarischer Aufgaben personenbezogene Daten verarbeiten, gibt sich der Landtag unter Berücksichtigung seiner verfassungsrechtlichen Stellung eine Datenschutzordnung.

(2) [1]Als öffentliche Stellen gelten auch juristische Personen und sonstige Vereinigungen des privaten Rechts, an denen eine oder mehrere der in Absatz 1 genannten juristischen Personen des öffentlichen Rechts mit absoluter Mehrheit der Anteile oder absoluter Mehrheit der Stimmen beteiligt sind. [2]Beteiligt sich eine juristische Person oder sonstige Vereinigung des privaten Rechts, die nach Satz 1 als öffentliche Stelle gilt, an einer weiteren Vereinigung des privaten Rechts, findet Satz 1 entsprechend Anwendung.

(3) Für die Sachsen-Finanzgruppe, die Sparkassen, andere öffentlich-rechtliche Unternehmen mit eigener Rechtspersönlichkeit und Stellen nach Absatz 2, die am Wettbewerb teilnehmen, gelten ergänzend zur Verordnung (EU) 2016/679 die für nicht-öffentliche Stellen geltenden Vorschriften des Bundesdatenschutzgesetzes vom 30. Juni 2017 (BGBl. I S. 2097), in der jeweils geltenden Fassung.

(4) [1]Für die Verarbeitung personenbezogener Daten, die nicht in den sachlichen Anwendungsbereich nach Artikel 2 Absatz 1 der Verordnung (EU) 2016/679 fällt, oder die im Rahmen einer Tätigkeit erfolgt, die nach Artikel 2 Absatz 2 Buchstabe a der Verordnung (EU) 2016/679 nicht in deren Anwendungsbereich fällt, gelten ergänzend zu diesem Gesetz die Artikel 4 bis 26, 28 Absatz 1 bis 5, 9 und 10, Artikel 29 bis 35 Absatz 1 bis 3 und 7 bis 11, Artikel 36 bis 39, 44 bis 46 Absatz 1 bis 3, Artikel 48, 49, 55, 57 bis 59, 77 und 82 der Verordnung (EU) 2016/679 entsprechend, soweit dieses Gesetz oder andere spezielle Rechtsvorschriften keine abweichenden Regelungen enthalten. [2]Die Artikel 30, 35 Absatz 1 bis 3 und 7 bis 11 und Artikel 36 der Verordnung (EU) 2016/679 gelten abweichend von Satz 1 nur, soweit die Verarbeitung automatisiert erfolgt oder die Daten in einem Dateisystem gespeichert sind oder gespeichert werden sollen.

(5) Soweit besondere Rechtsvorschriften des Freistaates Sachsen oder des Bundes den Schutz personenbezogener Daten regeln, gehen sie den Vorschriften dieses Gesetzes vor.

Abschnitt 2
Grundsätze der Datenverarbeitung

§ 3 Zulässigkeit der Verarbeitung personenbezogener Daten

(1) Die Verarbeitung personenbezogener Daten durch öffentliche Stellen ist zulässig, wenn sie zur Erfüllung der in der Zuständigkeit des Verantwortlichen liegenden Aufgabe oder in Ausübung öffentlicher Gewalt, die dem Verantwortlichen übertragen wurde, erforderlich ist.

(2) [1]Zu dem Zweck einer Verarbeitung personenbezogener Daten zählt auch die Verarbeitung zur Wahrnehmung von Aufsichts- und Kontrollbefugnissen, zur Rechnungsprüfung, zur Durchführung von Organisationsuntersuchungen und zur Prüfung und Wartung von automatisierten Verfahren sowie zu statistischen Zwecken des Verantwortlichen. [2]Dies gilt auch für die Verarbeitung zu Aus-, Fort-, Weiterbildungs- und Prüfungszwecken, soweit nicht schutzwürdige Interessen der betroffenen Person entgegenstehen.

§ 4 Zulässigkeit der Verarbeitung personenbezogener Daten zu einem anderen Zweck

(1) Eine Verarbeitung zu einem anderen Zweck als zu demjenigen, zu dem die personenbezogenen Daten erhoben wurden, ist zulässig, wenn

1. es zur Abwehr erheblicher Nachteile für das Gemeinwohl oder einer sonst unmittelbar drohenden Gefahr für die öffentliche Sicherheit erforderlich ist,
2. es zur Abwehr einer schwerwiegenden Beeinträchtigung der Rechte einer anderen Person erforderlich ist,
3. es zur Verfolgung von Straftaten oder Ordnungswidrigkeiten, zur Vollstreckung oder zum Vollzug von Strafen oder Maßnahmen im Sinne des § 11 Absatz 1 Nummer 8 des Strafgesetzbuches oder von Erziehungsmaßregeln oder Zuchtmitteln im Sinne des Jugendgerichtsgesetzes in der Fassung der Bekanntmachung vom 11. Dezember 1974 (BGBl. I S. 3427), das zuletzt durch Artikel 4 des Gesetzes vom 27. August 2017 (BGBl. I S. 3295) geändert worden ist, in der jeweils geltenden Fassung, oder zur Vollstreckung von Bußgeldentscheidungen erforderlich ist,

4. die Einholung der Einwilligung der betroffenen Person nicht möglich ist oder mit unverhältnismäßig hohem Aufwand verbunden wäre, aber offensichtlich ist, dass die Datenverarbeitung in ihrem Interesse liegt und sie in Kenntnis des anderen Zweckes ihre Einwilligung erteilen würde,

5. es erforderlich ist, Angaben der betroffenen Person zu überprüfen, weil tatsächliche Anhaltspunkte für deren Unrichtigkeit bestehen, oder

6. die Daten allgemein zugänglich sind oder die verantwortliche Stelle sie veröffentlichen dürfte, soweit nicht überwiegende schutzwürdige Interessen der betroffenen Person entgegenstehen.

(2) Die Verarbeitung besonderer Kategorien personenbezogener Daten im Sinne des Artikels 9 Absatz 1 der Verordnung (EU) 2016/679 zu einem anderen Zweck als zu demjenigen, zu dem die Daten erhoben wurden, ist zulässig, wenn die Voraussetzungen nach Absatz 1 und ein Ausnahmetatbestand nach Artikel 9 Absatz 2 der Verordnung (EU) 2016/679 vorliegen.

(3) Sind mit personenbezogenen Daten, die auf Grund von Rechtsvorschriften im Sinne des Artikels 6 Absatz 1 Buchstabe c oder Buchstabe e der Verordnung (EU) 2016/679 verarbeitet werden, weitere personenbezogene Daten der betroffenen Person oder Dritter so verbunden, dass eine Trennung nicht oder nur mit unverhältnismäßigem Aufwand möglich ist, ist die Übermittlung auch dieser Daten an öffentliche Stellen zulässig, soweit nicht Rechte und Freiheiten der betroffenen Person oder anderer Personen an deren Geheimhaltung offensichtlich überwiegen; eine weitere Verarbeitung dieser Daten ist unzulässig.

(4) Unterliegen die übermittelten Daten einem Berufsgeheimnis, ist ihre Verarbeitung zu einem anderen Zweck im Sinne der Absätze 1 und 2 nur zulässig, wenn die zur Verschwiegenheit verpflichtete Person oder Stelle eingewilligt hat.

(5) Abweichend von Artikel 13 Absatz 3 und Artikel 14 Absatz 4 der Verordnung (EU) 2016/679 erfolgt eine Information der betroffenen Person über die Datenverarbeitung nach Absatz 1 Nummer 1 bis 3 nicht, soweit und solange hierdurch der Zweck der Verarbeitung gefährdet würde.

§ 5 Erhebung personenbezogener Daten

[1]Werden personenbezogene Daten bei einem Dritten oder einer Stelle außerhalb des öffentlichen Bereichs erhoben, sind diese auf deren Verlangen auf den Erhebungszweck hinzuweisen, soweit dadurch schutzwürdige Interessen der betroffenen Person nicht beeinträchtigt werden. [2]Werden die Daten auf Grund einer Rechtsvorschrift erhoben, die zur Auskunft verpflichtet, ist der Dritte oder die Stelle auf die Auskunftspflicht und sonst auf die Freiwilligkeit ihrer Angaben hinzuweisen.

§ 6 Verantwortung bei der Übermittlung personenbezogener Daten

(1) [1]Die Verantwortung für die Zulässigkeit der Übermittlung personenbezogener Daten trägt die übermittelnde Stelle. [2]Erfolgt die Übermittlung auf Ersuchen einer öffentlichen Stelle, trägt diese die Verantwortung. [3]In diesem Fall prüft die übermittelnde Stelle nur, ob das Übermittlungsersuchen im Rahmen der Aufgaben des Empfängers liegt, es sei denn, es besteht besonderer Anlass zur Prüfung der Zulässigkeit der Übermittlung.

(2) Erfolgt die Übermittlung durch automatisierten Abruf, trägt die Verantwortung für die Rechtmäßigkeit des Abrufes die abrufende öffentliche Stelle.

Abschnitt 3
Rechte der betroffenen Person

§ 7 Beschränkungen zur Löschung, Vernichtung oder Einschränkung der Verarbeitung personenbezogener Daten

[1]Soweit öffentliche Stellen verpflichtet sind, Unterlagen dem Sächsischen Staatsarchiv zur Übernahme anzubieten, ist eine Löschung oder Vernichtung erst zulässig, nachdem die Unterlagen dem Sächsischen Staatsarchiv angeboten und von diesem als nicht archivwürdig bewertet worden sind oder über die Archivwürdigkeit nicht fristgemäß gemäß § 5 Absatz 6 des Archivgesetzes für den Freistaat Sachsen vom 17. Mai 1993 (SächsGVBl. S. 449), das zuletzt durch Artikel 25 des Gesetzes vom 26. April 2018 (SächsGVBl. S. 198) geändert worden ist, in der jeweils geltenden Fassung, entschieden worden ist. [2]Die Einschränkung der Verarbeitung personenbezogener Daten lässt die Anbietungspflicht nach dem Archivgesetz für den Freistaat Sachsen unberührt. [3]Die Sätze 1 und 2 gelten für Träger von Archiven sonstiger öffentlicher Stellen nach dem Dritten Abschnitt des Archivgesetzes für den Freistaat Sachsen entsprechend.

§ 8 Beschränkung der Informationspflicht

(1) Bei der Erhebung personenbezogener Daten sieht der Verantwortliche von einer Information der betroffenen Person nach Artikel 14 Absatz 1 und 2 der Verordnung (EU) 2016/679 ab, soweit und solange

1. die Weitergabe der Information die öffentliche Sicherheit gefährden oder dem Wohle des Freistaates Sachsen, eines anderen Landes oder des Bundes Nachteile bereiten würde,
2. dies zur Verfolgung von Straftaten oder Ordnungswidrigkeiten notwendig ist oder
3. die personenbezogenen Daten oder die Tatsache ihrer Verarbeitung nach einer Rechtsvorschrift oder wegen der Rechte und Freiheiten anderer Personen geheim zu halten sind.

(2) Bezieht sich die Informationserteilung auf die Übermittlung personenbezogener Daten an Staatsanwaltschaften, Polizeidienststellen und andere für die Verfolgung von Straftaten zuständige Stellen, Verfassungsschutzbehörden, den Bundesnachrichtendienst oder den Militärischen Abschirmdienst, ist diesen vorab Gelegenheit zur Stellungnahme zu geben.

(3) Sieht der Verantwortliche gemäß Absatz 1 von einer Information der betroffenen Person ab, hat er die Gründe hierfür zu dokumentieren.

§ 9 Beschränkung des Auskunftsrechts

(1) Die Auskunft nach Artikel 15 der Verordnung (EU) 2016/679 unterbleibt, soweit

1. sie die öffentliche Sicherheit gefährden oder dem Wohle des Freistaates Sachsen, eines anderen Landes oder des Bundes Nachteile bereiten würde,
2. dies zur Verfolgung von Straftaten oder Ordnungswidrigkeiten notwendig ist oder
3. die personenbezogenen Daten oder die Tatsache ihrer Verarbeitung nach einer Rechtsvorschrift oder wegen der Rechte und Freiheiten anderer Personen geheim zu halten sind.

(2) [1]Die ablehnende Entscheidung bedarf keiner Begründung, soweit durch die Begründung der Zweck der Ablehnung gefährdet würde. [2]In diesem Fall ist die betroffene Person darauf hinzuweisen, dass sie den Sächsischen Datenschutzbeauftragten anrufen kann. [3]Diesem ist auf Verlangen der betroffenen Person die Auskunft zu erteilen. [4]Die Mitteilung des Sächsischen Datenschutzbeauftragten an die betroffene Person darf keine Rückschlüsse auf den Erkenntnisstand des Verantwortlichen zulassen, sofern dieser nicht einer weitergehenden Auskunft zustimmt.

(3) Bezieht sich die Auskunft auf die Übermittlung personenbezogener Daten an Staatsanwaltschaften, Polizeidienststellen und andere für die Verfolgung von Straftaten zuständige Stellen, Verfassungsschutzbehörden, den Bundesnachrichtendienst oder den Militärischen Abschirmdienst, ist diesen vorab Gelegenheit zur Stellungnahme zu geben.

§ 10 Benachrichtigung der von einer Verletzung des Schutzes personenbezogener Daten betroffenen Person

(1) Der Verantwortliche sieht über Artikel 34 Absatz 3 der Verordnung (EU) 2016/679 hinaus von der Benachrichtigung der von einer Verletzung des Schutzes personenbezogener Daten betroffenen Person ab, soweit und solange

1. die Information die öffentliche Sicherheit gefährden oder dem Wohle des Freistaates Sachsen, eines anderen Landes oder des Bundes Nachteile bereiten würde,
2. dies zur Verfolgung von Straftaten oder Ordnungswidrigkeiten notwendig ist,
3. die personenbezogenen Daten oder die Tatsache ihrer Verarbeitung nach einer Rechtsvorschrift oder wegen der Rechte und Freiheiten anderer Personen geheim zu halten sind oder
4. die Information die Sicherheit von informationstechnischen Systemen gefährden würde.

(2) § 8 Absatz 3 gilt entsprechend.

Abschnitt 4
Besondere Verarbeitungssituationen

§ 11 Verarbeitung von Beschäftigtendaten

(1) [1]Öffentliche Stellen dürfen personenbezogene Daten einschließlich Daten im Sinne des Artikels 9 Absatz 1 der Verordnung (EU) 2016/679 von Bewerbern oder Beschäftigten nur verarbeiten, soweit dies zur Eingehung, Durchführung, Beendigung oder Abwicklung des Dienst- oder Arbeitsverhältnisses oder zur Durchführung organisatorischer, personeller und sozialer Maßnahmen, insbesondere auch zu Zwecken der Personalplanung und des Personaleinsatzes, erforderlich ist oder eine

Rechtsvorschrift, ein Tarifvertrag oder eine Dienst- oder Betriebsvereinbarung dies vorsieht. [2]Dies gilt auch für Daten Dritter, deren Verarbeitung für die in Satz 1 genannten Zwecke erforderlich ist.

(2) [1]Bei der Verarbeitung von personenbezogenen Daten im Sinne des Artikels 9 Absatz 1 der Verordnung (EU) 2016/679 sind angemessene und spezifische Maßnahmen zur Wahrung der Interessen der betroffenen Person vorzusehen. [2]Unter Berücksichtigung des Stands der Technik, der Implementierungskosten und der Art, des Umfangs, der Umstände und der Zwecke der Verarbeitung sowie der unterschiedlichen Eintrittswahrscheinlichkeit und der Schwere der mit der Verarbeitung verbundenen Risiken für die Rechte und Freiheiten natürlicher Personen kann dazu unbeschadet der in den Artikeln 25, 32 und 36 der Verordnung (EU) 2016/679 genannten Maßnahmen insbesondere gehören:

1. zu gewährleisten, dass nachträglich überprüft und festgestellt werden kann, ob und von wem personenbezogene Daten eingegeben, verändert oder entfernt worden sind,

2. an Verarbeitungsvorgängen Beteiligte zu sensibilisieren und zu schulen.

(3) Eine Veröffentlichung der Daten von Beschäftigten ist unbeschadet des Artikels 6 Absatz 1 Buchstabe a der Verordnung (EU) 2016/679 nur zulässig, wenn diese zum Zweck der Information der Allgemeinheit oder der anderen Beschäftigten erforderlich ist und ihr keine schutzwürdigen Interessen der betroffenen Person entgegenstehen.

(4) [1]Daten, die vor Beginn eines Dienst- oder Arbeitsverhältnisses erhoben wurden, sind unverzüglich zu löschen, sobald feststeht, dass ein Dienst- oder Arbeitsverhältnis nicht zustande kommt. [2]Dies gilt nicht, wenn Grund zu der Annahme besteht, dass durch die Löschung schutzwürdige Belange der betroffenen Person beeinträchtigt werden. [3]Die betroffene Person ist hiervon zu verständigen.

(5) Daten von Beschäftigten, die zur Verhaltens- oder Leistungskontrolle erhoben werden, dürfen nur zu diesem Zweck verarbeitet werden.

§ 12 Verarbeitung personenbezogener Daten zu wissenschaftlichen oder historischen Forschungszwecken

(1) Die Verarbeitung personenbezogener Daten einschließlich solcher nach Artikel 9 Absatz 1 der Verordnung (EU) 2016/679 zu wissenschaftlichen oder historischen Forschungszwecken ist zulässig, soweit dies für die Durchführung der wissenschaftlichen oder historischen Forschung erforderlich ist, insbesondere der Zweck der Forschung auf andere Weise nicht oder nur mit unverhältnismäßigem Aufwand erreicht werden kann, und wenn das öffentliche, insbesondere das wissenschaftliche oder historische Interesse an der Durchführung des Forschungsvorhabens das Interesse der betroffenen Person am Unterbleiben der Verarbeitung überwiegt.

(2) [1]§ 11 Absatz 2 gilt entsprechend. [2]Ergänzend dazu sind, soweit es der Forschungszweck erlaubt, die Merkmale, mit deren Hilfe ein Personenbezug hergestellt werden kann, getrennt zu speichern; die Merkmale sind zu löschen, sobald der Forschungszweck dies zulässt.

(3) Soweit die Vorschriften dieses Gesetzes auf den Empfänger der Daten keine Anwendung finden, dürfen diesem nur personenbezogene Daten übermittelt werden, wenn sich der Empfänger verpflichtet, die übermittelten Daten nur zu Forschungszwecken zu verarbeiten und die Vorschriften der Absätze 2 und 4 einzuhalten.

(4) Die wissenschaftliche oder historische Forschung betreibenden Stellen dürfen unbeschadet des Artikels 6 Absatz 1 Buchstabe a der Verordnung (EU) 2016/679 personenbezogene Daten nur veröffentlichen, soweit dies für die Darstellung von Forschungsergebnissen über Ereignisse der Zeitgeschichte unerlässlich ist und überwiegende schutzwürdige Interessen der betroffenen Person nicht entgegenstehen.

(5) Die Rechte auf Auskunft nach Artikel 15 der Verordnung (EU) 2016/679, auf Berichtigung nach Artikel 16 der Verordnung (EU) 2016/679, auf Einschränkung der Verarbeitung nach Artikel 18 der Verordnung (EU) 2016/679 und auf Widerspruch nach Artikel 21 der Verordnung (EU) 2016/679 bestehen nicht, soweit die Wahrnehmung dieser Rechte die spezifischen Forschungszwecke unmöglich machen oder ernsthaft beeinträchtigen würde und die Beschränkung für die Erfüllung der Forschungszwecke notwendig ist.

§ 13 Videoüberwachung öffentlich zugänglicher Räume

(1) Die Erhebung personenbezogener Daten mit Hilfe von optisch-elektronischen Einrichtungen (Videoüberwachung), deren Speicherung und sonstige Verarbeitung sind nur zulässig, soweit dies jeweils zur Wahrnehmung einer im öffentlichen Interesse liegenden Aufgabe oder in Ausübung des Hausrechts

erforderlich ist und keine Anhaltspunkte dafür bestehen, dass schutzwürdige Interessen betroffener Personen überwiegen.

(2) Eine Weiterverarbeitung zu anderen Zwecken ist nur zulässig, soweit dies zur Abwehr von Gefahren für die öffentliche Sicherheit sowie zur Verfolgung von Straftaten, zur Geltendmachung von Rechtsansprüchen oder zur Wahrung schutzwürdiger Interessen betroffener Personen, insbesondere zur Behebung einer bestehenden Beweisnot, erforderlich ist.

(3) Die Tatsache der Videoüberwachung, der Name und die Kontaktdaten des Verantwortlichen sowie die Möglichkeit, beim Verantwortlichen die weiteren Informationen nach Artikel 13 der Verordnung (EU) 2016/679 zu erhalten, sind durch geeignete Maßnahmen erkennbar zu machen.

(4) Die nach Absatz 1 gespeicherten Daten sind unverzüglich, spätestens einen Monat nach der Erhebung zu löschen, soweit sie zur Erreichung der Zwecke nach Absatz 1 und 2 nicht mehr erforderlich sind.

Abschnitt 5
Sächsischer Datenschutzbeauftragter

§ 14 Zuständigkeit

(1) [1]Der Sächsische Datenschutzbeauftragte ist Aufsichtsbehörde im Sinne des Artikels 51 Absatz 1 der Verordnung (EU) 2016/679. [2]Er überwacht bei den öffentlichen Stellen gemäß § 2 Absatz 1 und 2 die Anwendung der Vorschriften über den Datenschutz.

(2) Der Sächsische Datenschutzbeauftragte ist zuständige Aufsichtsbehörde nach § 40 des Bundesdatenschutzgesetzes für die Datenverarbeitung nicht-öffentlicher Stellen.

(3) [1]Sofern die Verarbeitung der personenbezogenen Daten zu journalistischen Zwecken erfolgt, bleiben die Vorschriften zu dem Beauftragten für den Datenschutz im Sächsischen Privatrundfunkgesetz in der Fassung der Bekanntmachung vom 9. Januar 2001 (SächsGVBl. S. 69, 684), das zuletzt durch Artikel 4 des Gesetzes vom 26. April 2018 (SächsGVBl. S. 198) geändert worden ist, in der jeweils geltenden Fassung, unberührt. [2]Für die Verarbeitung personenbezogener Daten zu nicht-journalistischen Zwecken ist der Sächsische Datenschutzbeauftrage Aufsichtsbehörde.

§ 15 Errichtung

(1) Der Sächsische Datenschutzbeauftragte ist eine oberste Staatsbehörde mit Dienstsitz in Dresden.

(2) Die Beamten und Beschäftigten beim Sächsischen Datenschutzbeauftragten sind Beamte und Beschäftigte des Freistaates Sachsen.

(3) Der Sächsische Datenschutzbeauftragte ist Vorgesetzter und oberste Dienstbehörde seiner Mitarbeiter.

(4) [1]Der Sächsische Datenschutzbeauftragte ernennt und entlässt seine Beamten. [2]Ihm obliegt auch die Einstellung und Entlassung seiner Beschäftigten. [3]Die personelle und sachliche Ausstattung erfolgt im Rahmen der durch den Haushaltsgesetzgeber bewilligten Stellen und Mittel.

(5) Der Sächsische Datenschutzbeauftragte unterliegt der Rechnungsprüfung durch den Sächsischen Rechnungshof, soweit hierdurch seine Unabhängigkeit im Sinne des Artikels 52 Absatz 1 der Verordnung (EU) 2016/679 nicht beeinträchtigt wird.

§ 16 Ernennung und Amtszeit

(1) [1]Der Sächsische Datenschutzbeauftragte wird vom Landtag mit der Mehrheit seiner Mitglieder gewählt. [2]Wählbar ist, wer die Voraussetzungen für die Berufung in das Beamtenverhältnis auf Zeit erfüllt und über die für die Erfüllung der Aufgaben und Ausübung der Befugnisse erforderliche Qualifikation, Erfahrung und Sachkunde, insbesondere im Bereich des Schutzes personenbezogener Daten, verfügt. [3]Der Präsident des Landtages kann die Staatsregierung um Vorschläge ersuchen. [4]Der Gewählte ist vom Präsidenten des Landtages zu ernennen.

(2) Der Sächsische Datenschutzbeauftragte leistet vor dem Landtag folgenden Eid: „Ich schwöre, meine Amtspflichten gewissenhaft zu erfüllen, Verfassung und Recht zu achten und zu verteidigen und Gerechtigkeit gegenüber allen zu üben." Der Eid kann auch mit der Beteuerung „So wahr mir Gott helfe" geleistet werden.

(3) [1]Die Amtszeit des Sächsischen Datenschutzbeauftragten beträgt sechs Jahre. [2]Eine einmalige Wiederwahl ist zulässig.

(4) ¹Die Entscheidung über die Amtsenthebung gemäß Artikel 53 Absatz 4 der Verordnung (EU) 2016/679 trifft der Landtag mit einer Mehrheit von zwei Dritteln seiner Mitglieder. ²Ob eine schwere Verfehlung im Sinne von Artikel 53 Absatz 4 der Verordnung (EU) 2017/679 vorliegt, entscheiden die Richterdienstgerichte des Freistaates Sachsen nach den für sie geltenden Vorschriften. ³Das Antragsrecht zur Einleitung eines solchen Verfahrens übt hinsichtlich des Sächsischen Datenschutzbeauftragten der Präsident des Landtages aus.

(5) ¹Für den Fall seiner Verhinderung bestimmt der Sächsische Datenschutzbeauftragte einen Stellvertreter. ²Die Vertretungsbefugnis besteht nach Ende der Amtszeit des Sächsischen Datenschutzbeauftragten bis zur Ernennung eines Amtsnachfolgers fort.

§ 17 Amtsverhältnis

(1) Der Sächsische Datenschutzbeauftragte steht in einem öffentlich-rechtlichen Amtsverhältnis zum Freistaat Sachsen.

(2) Das Amtsverhältnis beginnt mit Aushändigung der Ernennungsurkunde.

(3) ¹Der Sächsische Datenschutzbeauftragte erhält Amtsbezüge in Höhe des Grundgehaltes der Besoldungsgruppe B 5 gemäß der Anlage 5 zum Sächsischen Besoldungsgesetz vom 18. Dezember 2013 (SächsGVBl. S. 970, 1005), das zuletzt durch Artikel 13 des Gesetzes vom 26. April 2018 (SächsGVBl. S. 198) geändert worden ist, in der jeweils geltenden Fassung. ²Im Übrigen finden die für Beamte des Freistaates Sachsen geltenden besoldungsrechtlichen Bestimmungen entsprechende Anwendung.

(4) ¹Für den Sächsischen Datenschutzbeauftragten und seine Hinterbliebenen finden die für Beamte auf Zeit des Freistaates Sachsen geltenden versorgungsrechtlichen Bestimmungen entsprechende Anwendung. ²Daneben finden hinsichtlich der Reise- und Umzugskosten, des Trennungsgeldes, der Beihilfe und des Sachschadensersatzes außerhalb der Unfallfürsorge sowie sonstiger Fürsorgeleistungen die für Beamte des Freistaates Sachsen geltenden Bestimmungen entsprechende Anwendung. ³Gleiches gilt in Urlaubsangelegenheiten.

(5) ¹Das Landesamt für Steuern und Finanzen ist zuständig für

1. die Festsetzung, Anordnung und Abrechnung der Amtsbezüge,
2. die Festsetzung, Anordnung und Abrechnung der Beihilfe und des Sachschadensersatzes außerhalb der Unfallfürsorge,
3. die Festsetzung, Regelung, Anordnung und Abrechnung der Versorgungsbezüge,
4. die Rückforderung von Geldleistungen nach den Nummern 1 bis 3,
5. den Erlass von Widerspruchsbescheiden gegen Entscheidungen nach den Nummern 1 bis 4.

²Zuständig für die Gewährung von Reise- und Umzugskosten, Trennungsgeld sowie der sonstigen Fürsorgeleistungen ist die Dienststelle des Sächsischen Datenschutzbeauftragten.

§ 18 Besondere Pflichten

(1) ¹Der Sächsische Datenschutzbeauftragte darf neben seinem Amt kein anderes besoldetes Amt, kein Gewerbe und keinen Beruf ausüben sowie weder der Leitung, dem Aufsichtsrat oder dem Verwaltungsrat eines auf Erwerb gerichteten Unternehmens, das im Freistaat Sachsen tätig ist, noch einer Regierung oder einer gesetzgebenden Körperschaft des Bundes oder eines Landes angehören. ²Er darf nicht gegen Entgelt außergerichtliche Gutachten abgeben. ³Er hat dem Präsidenten des Landtages Mitteilung über Geschenke zu machen, die er in Bezug auf das Amt erhält. ⁴Der Präsident des Landtages entscheidet über die Verwendung der Geschenke.

(2) Der Sächsische Datenschutzbeauftragte sieht für die Dauer von zwei Jahren nach Beendigung seiner Amtszeit von allen mit den Aufgaben seines früheren Amtes nicht zu vereinbarenden Handlungen und entgeltlichen Tätigkeiten ab.

(3) ¹Der Sächsische Datenschutzbeauftragte und seine Mitarbeiter sind, auch nach Beendigung der Tätigkeit, verpflichtet, über die ihnen amtlich bekanntgewordenen Angelegenheiten Verschwiegenheit gegenüber jedermann zu wahren. ²Dies gilt nicht für Mitteilungen im dienstlichen Verkehr oder über Tatsachen, die offenkundig sind oder ihrer Bedeutung nach keiner Geheimhaltung bedürfen. ³Der Sächsische Datenschutzbeauftragte entscheidet nach pflichtgemäßem Ermessen, ob und inwieweit er oder seine Mitarbeiter über solche Angelegenheiten vor Gericht oder außergerichtlich aussagen oder Erklärungen abgeben; nach Beendigung seines Amtsverhältnisses ist die Genehmigung des amtierenden Sächsischen Datenschutzbeauftragten erforderlich.

§ 19 Befugnisse

(1) Der Sächsische Datenschutzbeauftragte und seine Mitarbeiter sind zur Erfüllung ihrer Aufgaben befugt, jederzeit Diensträume zu betreten und Zugang zu allen Datenverarbeitungsanlagen und -geräten zu erhalten.

(2) Stellt der Sächsische Datenschutzbeauftragte einen strafbewehrten Verstoß gegen dieses Gesetz oder andere Vorschriften über den Datenschutz fest, ist er befugt, diesen bei der zuständigen Behörde zur Anzeige zu bringen.

(3) Die Befugnis, Geldbußen zu verhängen, steht dem Sächsischen Datenschutzbeauftragten gegenüber Behörden und öffentlichen Stellen im Sinne des § 2 Absatz 1 und 2 nur zu, soweit diese als Unternehmen am Wettbewerb teilnehmen.

§ 20 Pflicht zur Information des Sächsischen Datenschutzbeauftragten

Die öffentlichen Stellen haben den Sächsischen Datenschutzbeauftragten über den beabsichtigten Erlass von Verwaltungsvorschriften, soweit sie das Recht auf informationelle Selbstbestimmung betreffen, zu informieren.

§ 21 Kostenerhebung

(1) [1]Der Sächsische Datenschutzbeauftragte kann unbeschadet des Artikels 57 Absatz 3 der Verordnung (EU) 2016/679 für Amtshandlungen und sonstige öffentlich-rechtliche Leistungen nach der Verordnung (EU) 2016/679 und dem Bundesdatenschutzgesetz Gebühren und Auslagen (Kosten) erheben. [2]Die Kosten fließen dem Freistaat Sachsen zu.

(2) [1]Die Staatsregierung wird ermächtigt, die gebührenpflichtigen Tatbestände und Gebührensätze im Einvernehmen mit dem Sächsischen Datenschutzbeauftragten durch Rechtsverordnung festzulegen. [2]Für Amtshandlungen und sonstige öffentlich-rechtliche Leistungen nach der Verordnung (EU) 2016/679 und dem Bundesdatenschutzgesetz, die nicht in einer Rechtsverordnung nach Satz 1 enthalten sind, wird eine Verwaltungsgebühr erhoben, die nach in der Rechtsverordnung bewerteten vergleichbaren Amtshandlungen zu bemessen ist. [3]Fehlt eine vergleichbare Amtshandlung, wird eine Verwaltungsgebühr in Höhe von 5 bis 25 000 Euro erhoben.

(3) [1]Kosten für Untersuchungen nach Artikel 57 Absatz 1 Buchstabe f und h der Verordnung (EU) 2016/679 werden nur erhoben, wenn ein Verstoß gegen die Verordnung (EU) 2016/679, das Bundesdatenschutzgesetz oder eine andere Bestimmung über den Datenschutz festgestellt wird. [2]Untersuchungen oder Beratungen einfacher Art und die Beratung nicht-öffentlicher Stellen ohne Gewinnerzielungsabsicht sind kostenfrei.

(4) Die Höhe der Verwaltungsgebühr ist nach dem Verwaltungsaufwand und der Bedeutung der Angelegenheit für die Beteiligten zu bemessen.

(5) [1]Der Sächsische Datenschutzbeauftragte entscheidet in eigener Verantwortung über die Ermäßigung oder Befreiung von Kosten, soweit dies aus Gründen der Billigkeit oder aus öffentlichem Interesse geboten ist. [2]Im Übrigen finden § 3 Absatz 4 bis 6, § 7 Absatz 1, 2 und 4, §§ 9, 12, 13, 15, 16, 17 Absatz 1 Satz 6, Absatz 3 bis 5, §§ 18, 19, 21 bis 24 des Sächsischen Verwaltungskostengesetzes vom 5. April 2019 (SächsGVBl. S. 245), in der jeweils geltenden Fassung, entsprechende Anwendung.

Abschnitt 6
Schlussvorschriften

§ 22 Ordnungswidrigkeiten und Strafvorschrift

(1) Ordnungswidrig handelt, wer entgegen den Vorschriften dieses Gesetzes oder einer anderen Rechtsvorschrift über den Schutz personenbezogener Daten Daten, die nicht offenkundig sind, verarbeitet oder die Übermittlung durch unrichtige Angaben erschleicht.

(2) Die Ordnungswidrigkeit kann mit einer Geldbuße bis zu fünfundzwanzigtausend Euro geahndet werden.

(3) Der Sächsische Datenschutzbeauftragte ist Verwaltungsbehörde im Sinne des § 36 Absatz 1 Nummer 1 des Gesetzes über Ordnungswidrigkeiten in der Fassung der Bekanntmachung vom 19. Februar 1987 (BGBl. I S. 602), das zuletzt durch Artikel 5 des Gesetzes vom 27. August 2017 (BGBl. I S. 3295) geändert worden ist, in der jeweils geltenden Fassung.

(4) [1]Wer eine der in Absatz 1 bezeichneten Handlungen gegen Entgelt oder in der Absicht begeht, sich oder einen anderen zu bereichern oder einen anderen zu schädigen, wird mit Freiheitsstrafe bis zu zwei Jahren oder mit Geldstrafe bestraft. [2]Der Versuch ist strafbar.

§ 23 Einschränkung eines Grundrechts

Das Grundrecht auf informationelle Selbstbestimmung nach Artikel 33 der Verfassung des Freistaates Sachsen wird durch dieses Gesetz eingeschränkt.

§ 24 Übergangsregelung

[1]Der zum Zeitpunkt des Inkrafttretens dieses Gesetzes[1)] im Amt befindliche Sächsische Datenschutzbeauftragte gilt als nach § 16 Absatz 1 Satz 4 ernannt. [2]Das Amtsverhältnis gilt als nach § 16 Absatz 3 Satz 1 begonnen. [3]Die Amtszeit endet am 31. Dezember 2021. [4]Mit Inkrafttreten dieses Gesetzes sind die Beamten und Beschäftigten beim Sächsischen Datenschutzbeauftragten vom Landtag zum Sächsischen Datenschutzbeauftragten versetzt.

---

1)   In Kraft ab 25.5.2018.

Gemeindeordnung für den Freistaat Sachsen (Sächsische Gemeindeordnung – SächsGemO)

In der Fassung der Bekanntmachung vom 9. März 2018[1] (SächsGVBl. S. 62)
(BS Sachsen 230-1)

zuletzt geändert durch Art. 5 G zur Unterstützung der selbstbestimmten Teilhabe von Menschen mit Behinderungen im Freistaat Sachsen vom 2. Juli 2019 (SächsGVBl. S. 542)

Inhaltsübersicht

---

[1] Neubekanntmachung der SächsGemO v. 3.3.2014 (SächsGVBl. S. 146) in der ab 1.1.2018 geltenden Fassung.

Erster Teil
Rechtsstellung, Aufgaben und Gebiet der Gemeinde

Erster Abschnitt
Rechtsstellung und Aufgaben

§ 1 Wesen und Organe der Gemeinde

(1) Die Gemeinde ist Grundlage und Glied des demokratischen Rechtsstaates.

(2) Die Gemeinde erfüllt ihre Aufgaben in bürgerschaftlicher Selbstverwaltung zum gemeinsamen Wohl aller Einwohner durch ihre von den Bürgern gewählten Organe sowie im Rahmen der Gesetze durch die Einwohner und Bürger unmittelbar.

(3) Die Gemeinde ist rechtsfähige Gebietskörperschaft des öffentlichen Rechts.

(4) Organe der Gemeinde sind der Gemeinderat und der Bürgermeister.

§ 2 Aufgaben der Gemeinde

(1) Die Gemeinden erfüllen in ihrem Gebiet im Rahmen ihrer Leistungsfähigkeit alle öffentlichen Aufgaben in eigener Verantwortung und schaffen die für das soziale, kulturelle, sportliche und wirtschaftliche Wohl ihrer Einwohner erforderlichen öffentlichen Einrichtungen, soweit die Gesetze nichts anderes bestimmen.

(2) [1]Die Gemeinden können durch Gesetz zur Erfüllung bestimmter öffentlicher Aufgaben verpflichtet werden (Pflichtaufgaben). [2]Werden den Gemeinden neue Pflichtaufgaben auferlegt, sind Bestimmungen über die Deckung der Kosten zu treffen. [3]Führen diese Aufgaben zu einer Mehrbelastung der Gemeinden, ist ein entsprechender finanzieller Ausgleich zu schaffen.

(3) [1]Pflichtaufgaben können den Gemeinden zur Erfüllung nach Weisung auferlegt werden (Weisungsaufgaben). [2]Das Gesetz bestimmt den Umfang des Weisungsrechts. [3]Die Weisungen sollen sich auf allgemeine Anordnungen beschränken und in der Regel nicht in die Einzelausführung eingreifen.

(4) In die Rechte der Gemeinden darf nur durch Gesetz oder auf Grund eines Gesetzes eingegriffen werden.

§ 3 Gemeindearten

(1) [1]Gemeinden im Sinne dieses Gesetzes sind die kreisangehörigen Städte und Gemeinden sowie die Kreisfreien Städte. [2]Die Kreisfreiheit kann nur durch Gesetz verliehen oder aberkannt werden.

(2) [1]Die Großen Kreisstädte sind kreisangehörige Gemeinden. [2]Der Umfang der von ihnen zusätzlich wahrzunehmenden Aufgaben wird durch Gesetz oder auf Grund bundes- oder landesgesetzlicher Ermächtigung durch Rechtsverordnung bestimmt. [3]Ist eine Große Kreisstadt erfüllende Gemeinde einer Verwaltungsgemeinschaft, erstreckt sich die Zuständigkeit zur Erfüllung der Aufgaben nach Satz 2 auch auf die an der Verwaltungsgemeinschaft Beteiligten.

(3) [1]Gemeinden mit mehr als 17 500 Einwohnern werden auf Antrag der Gemeinde durch das Staatsministerium des Innern zu Großen Kreisstädten erklärt, wenn sie in drei aufeinanderfolgenden Jahren die erforderlichen Einwohnerzahlen überschreiten. [2]Die Änderung tritt mit Beginn des darauffolgenden Jahres ein. [3]Die Erklärung zur Großen Kreisstadt ist im Gesetz- und Verordnungsblatt bekanntzumachen. [4]Auf Antrag einer Großen Kreisstadt kann die Erklärung vom Staatsministerium des Innern widerrufen werden. [5]Der Widerruf ist im Gesetz- und Verordnungsblatt bekannt zu machen.

(4) Die Kreisfreien Städte sind, soweit nichts anderes bestimmt ist, untere Verwaltungsbehörden im Sinne bundes- und landesrechtlicher Vorschriften.

§ 4 Satzungen

(1) [1]Die Gemeinden können die weisungsfreien Angelegenheiten durch Satzung regeln, soweit Gesetze oder Rechtsverordnungen keine Vorschriften enthalten. [2]Satzungen werden vom Gemeinderat beschlossen. [3]Weisungsaufgaben können durch Satzung geregelt werden, wenn ein Gesetz hierzu ermächtigt.

(2) [1]Die Gemeinde hat eine Hauptsatzung zu erlassen. [2]Die Hauptsatzung und ihre Änderungen werden mit der Mehrheit der Stimmen aller Mitglieder des Gemeinderats beschlossen.

(3) [1]Satzungen sind durch den Bürgermeister auszufertigen und öffentlich bekanntzumachen. [2]Sie treten am Tage nach ihrer Bekanntmachung in Kraft, wenn sie keinen anderen Zeitpunkt bestimmen. [3]Satzungen sind der Rechtsaufsichtsbehörde unverzüglich nach ihrem Erlass in vollem Wortlaut anzuzeigen.

(4) [1]Satzungen, die unter Verletzung von Verfahrens- oder Formvorschriften zustande gekommen sind, gelten ein Jahr nach ihrer Bekanntmachung als von Anfang an gültig zustande gekommen. [2]Dies gilt nicht, wenn

1. die Ausfertigung der Satzung nicht oder fehlerhaft erfolgt ist,
2. Vorschriften über die Öffentlichkeit der Sitzungen, die Genehmigung oder die Bekanntmachung der Satzung verletzt worden sind,
3. der Bürgermeister dem Beschluss nach § 52 Absatz 2 wegen Gesetzwidrigkeit widersprochen hat,
4. vor Ablauf der in Satz 1 genannten Frist
    a) die Rechtsaufsichtsbehörde den Beschluss beanstandet hat oder
    b) die Verletzung der Verfahrens- oder Formvorschrift gegenüber der Gemeinde unter Bezeichnung des Sachverhalts, der die Verletzung begründen soll, schriftlich geltend gemacht worden ist.

[3]Ist eine Verletzung nach Satz 2 Nummer 3 oder 4 geltend gemacht worden, so kann auch nach Ablauf der in Satz 1 genannten Frist jedermann diese Verletzung geltend machen. [4]Sätze 1 bis 3 sind nur anzuwenden, wenn bei der Bekanntmachung der Satzung auf die Voraussetzungen für die Geltendmachung der Verletzung von Verfahrens- oder Formvorschriften und die Rechtsfolgen hingewiesen worden ist.

(5) Absatz 1 Satz 2, Absatz 3 Satz 1 und Absatz 4 gelten für anderes Ortsrecht und Flächennutzungspläne entsprechend.

§ 5 Name und Bezeichnung

(1) [1]Die Gemeinden führen ihre bisherigen Namen. [2]Die Bestimmung, Feststellung und Änderung des Namens der Gemeinde bedarf der Genehmigung der Rechtsaufsichtsbehörde im Einvernehmen mit der obersten Rechtsaufsichtsbehörde.

(2) [1]Die Bezeichnung „Stadt" führen die Gemeinden, denen diese Bezeichnung beim Inkrafttreten dieses Gesetzes zusteht. [2]Das Staatsministerium des Innern kann diese Bezeichnung auf Antrag an Gemeinden verleihen, die nach Einwohnerzahl, Siedlungsform und kulturellen und wirtschaftlichen Verhältnissen städtisches Gepräge tragen. [3]Wird eine Gemeinde mit der Bezeichnung „Stadt" in eine andere Gemeinde eingegliedert oder mit einer anderen Gemeinde zu einer neuen Gemeinde vereinigt, kann die aufnehmende oder neugebildete Gemeinde diese Bezeichnung weiterführen.

(3) [1]Die Gemeinden können auch sonstige überkommene Bezeichnungen weiterführen. [2]Das Staatsministerium des Innern kann auf Antrag an Gemeinden für diese selbst oder für einzelne bewohnte Gemeindeteile sonstige Bezeichnungen verleihen, die auf der Geschichte oder der heutigen Eigenart oder Bedeutung der Gemeinden oder Gemeindeteile beruhen. [3]Absatz 2 Satz 3 gilt für den betreffenden Gemeindeteil entsprechend.

(4) [1]Die Benennung der Gemeindeteile sowie der innerhalb der bebauten Gemeindeteile dem öffentlichen Verkehr dienenden Straßen, Wege, Plätze und Brücken ist Angelegenheit der Gemeinden. [2]Gleichlautende Benennungen innerhalb desselben Gemeindeteils sind unzulässig. [3]Für das sorbische Siedlungsgebiet wird auf § 10 Absatz 1 des Sächsischen Sorbengesetzes vom 31. März 1999 (SächsGVBl. S. 161), das zuletzt durch Artikel 59a des Gesetzes vom 27. Januar 2012 (SächsGVBl. S. 130) geändert worden ist, in der jeweils geltenden Fassung, verwiesen.

§ 6 Wappen, Flaggen und Dienstsiegel

(1) [1]Die Gemeinden können ihre bisherigen Wappen und Flaggen führen. [2]Die erstmalige Führung von Wappen und Flaggen sowie deren Änderung bedürfen der Genehmigung der Rechtsaufsichtsbehörde; die Genehmigung bedarf des Einvernehmens mit der obersten Rechtsaufsichtsbehörde.

(2) [1]Die Abbildung kommunaler Wappen und Flaggen zu künstlerischen und wissenschaftlichen Zwecken sowie zu Unterrichtszwecken ist jedermann erlaubt. [2]Jede weitere Verwendung bedarf der Genehmigung der wappenführenden Gemeinde.

(3) [1]Die Gemeinden führen Dienstsiegel. [2]Gemeinden mit eigenem Wappen führen dieses, die übrigen Gemeinden das Wappen des Freistaates Sachsen mit der Bezeichnung und dem Namen der Gemeinde als Umschrift in ihrem Dienstsiegel.

Zweiter Abschnitt
Gebiet der Gemeinde

§ 7 Gebietsbestand

(1) [1]Das Gebiet der Gemeinde bilden die Grundstücke, die nach geltendem Recht zu ihr gehören. [2]Über Grenzstreitigkeiten entscheidet die Rechtsaufsichtsbehörde.

(2) [1]Jedes Grundstück soll zu einer Gemeinde gehören. [2]Aus besonderen Gründen können Grundstücke außerhalb einer Gemeinde verbleiben (gemeindefreie Grundstücke).

§ 8 Änderungen des Gemeindegebiets

(1) [1]Das Gebiet von Gemeinden darf nur aus Gründen des Wohls der Allgemeinheit geändert werden
1. durch Gesetz oder
2. durch Vereinbarung mit Genehmigung der Rechtsaufsichtsbehörde; die Genehmigung bedarf des Einvernehmens mit der obersten Rechtsaufsichtsbehörde.

[2]Die Genehmigung und der Zeitpunkt der Gebietsänderung sind von der Rechtsaufsichtsbehörde im Sächsischen Amtsblatt bekannt zu machen. [3]Abweichend von Satz 1 Nummer 1 kann die Gebietsänderung durch Rechtsverordnung erfolgen, soweit nur Gebietsteile betroffen sind, durch deren Umgliederung der Bestand der beteiligten Gemeinden nicht gefährdet wird oder soweit bisher gemeindefreie Grundstücke zu Gemeinden zugeordnet werden.

(2) Eine Gebietsänderung kann insbesondere vorgenommen werden
1. als Eingliederung, indem eine oder mehrere Gemeinden in eine andere Gemeinde eingegliedert werden; die aufnehmende Gemeinde ist in diesem Falle Rechtsnachfolgerin der eingegliederten Gemeinden,
2. als Vereinigung, indem mehrere Gemeinden zu einer neuen Gemeinde vereinigt werden; die neue Gemeinde ist in diesem Falle Rechtsnachfolgerin der bisherigen Gemeinden,
3. als Umgliederung, indem Teile einer Gemeinde in eine andere Gemeinde eingegliedert werden,
4. als Ausgliederung, indem Teile einer Gemeinde zu einer neuen Gemeinde verselbständigt werden.

(3) [1]Wird eine Gebietsänderung durch Gesetz oder durch Rechtsverordnung vorgenommen, sind die betroffenen Gemeinden zuvor anzuhören. [2]Gegen den Willen einer beteiligten Gemeinde kann eine Gebietsänderung nur durch Gesetz erfolgen.

(4) Für Rechtshandlungen, die wegen einer Gebietsänderung erforderlich sind, werden Gebühren und Auslagen, die auf Landesrecht beruhen, nicht erhoben.

§ 8a Einwohneranhörung bei Änderungen des Gemeindegebiets

(1) [1]Vor einer Gebietsänderung sind die Einwohner in dem unmittelbar betroffenen Gebiet, die das 16. Lebensjahr vollendet haben, zu hören. [2]Hierzu ist der Entwurf der Vereinbarung für die Dauer eines Monats öffentlich auszulegen. [3]Die Auslegung ist zuvor öffentlich bekannt zu machen.

(2) Die Anhörungspflicht nach Absatz 1 entfällt, wenn in der Gemeinde, die in eine andere Gemeinde eingegliedert werden soll, oder in den Gemeinden, die sich zu einer neuen Gemeinde vereinigen wollen, über den Entwurf der Vereinbarung nach § 8 Absatz 1 Satz 1 Nummer 2 ein Bürgerentscheid durchgeführt wird.

(3) [1]Wird eine Gebietsänderung durch Gesetz oder Rechtsverordnung vorgenommen, so obliegt die Durchführung der Anhörung den Gemeinden als Pflichtaufgabe zur Erfüllung nach Weisung. [2]Das Weisungsrecht ist nicht beschränkt. [3]§ 2 Absatz 3 Satz 3 findet keine Anwendung.

§ 9 Vereinbarung über Änderungen des Gemeindegebiets

(1) Die Vereinbarung nach § 8 Absatz 1 Satz 1 Nummer 2 muss von den Gemeinderäten der beteiligten Gemeinden mit der Mehrheit der Stimmen aller Mitglieder beschlossen werden.

(2) In der Vereinbarung sind Bestimmungen über den Umfang der Gebietsänderung, den Tag der Rechtswirksamkeit und, soweit erforderlich, über die Auseinandersetzung und das in dem betroffenen Gebiet künftig geltende Ortsrecht zu treffen.

(3) ¹Wird eine Gemeinde in eine andere Gemeinde eingegliedert, muss die Vereinbarung auch Bestimmungen über die befristete Vertretung der eingegliederten Gemeinde bei Streitigkeiten über die Vereinbarung und über die Aufnahme des Bürgermeisters oder von Gemeinderäten der einzugliedernden Gemeinde in den Gemeinderat der aufnehmenden Gemeinde enthalten. ²Sollen nicht alle Gemeinderäte der einzugliedernden Gemeinde in den Gemeinderat der aufnehmenden Gemeinde übertreten, werden die übertretenden Gemeinderäte vom Gemeinderat der einzugliedernden Gemeinde in entsprechender Anwendung des § 42 Absatz 2 bestimmt; die dabei nicht berücksichtigten Bewerber sind in der Reihenfolge, in der sie vorgeschlagen wurden, als Ersatzleute festzustellen.

(4) ¹Vereinigen sich mehrere Gemeinden zu einer neuen Gemeinde, muss die Vereinbarung auch Bestimmungen über den Namen und die vorläufigen Organe der Gemeinde enthalten. ²Absatz 3 gilt entsprechend.

(5) ¹Wird auf Grund der Vereinbarung die Ortschaftsverfassung eingeführt, kann abweichend von § 66 Absatz 1 vereinbart werden, dass erstmals nach Einrichtung der Ortschaft die bisherigen Gemeinderäte der bisherigen oder eingegliederten Gemeinde die Ortschaftsräte sind. ²Abweichend von § 68 Absatz 1 Satz 1 kann vereinbart werden, dass dem bisherigen Bürgermeister bis zum Ablauf seiner Amtszeit das Amt des Ortsvorstehers übertragen wird; mit der Übertragung des Amtes ist er stimmberechtigtes Mitglied des Ortschaftsrats. ³Abweichend von § 68 Absatz 1 Satz 3 kann vereinbart werden, dass der Ortsvorsteher, wenn er als Bürgermeister bisher hauptamtlicher Beamter auf Zeit war, hauptamtlicher Beamter auf Zeit ist. ⁴Endet die Amtszeit nach Satz 2 während der Wahlperiode des Ortschaftsrats, so kann der Ortschaftsrat den Amtsinhaber für die verbleibende Wahlperiode als Ortsvorsteher wiederwählen. ⁵Die Wiederwahl findet frühestens zwei Monate vor Ablauf der Amtszeit, spätestens am Tage vor Ablauf der Amtszeit statt. ⁶In diesem Falle bleibt der Ortsvorsteher stimmberechtigtes Mitglied des Ortschaftsrats. ⁷Er ist zum Ehrenbeamten auf Zeit zu ernennen.

(6) ¹In der Vereinbarung kann bestimmt werden, dass Bürgermeister oder Beigeordnete der bisherigen Gemeinde zu Beigeordneten der neugebildeten oder der aufnehmenden Gemeinde bestellt werden. ²§ 55 Absatz 1 Satz 3 und § 56 Absatz 2 und 3 sind nicht anzuwenden.

Zweiter Teil
Einwohner und Bürger der Gemeinde

§ 10　Rechtsstellung der Einwohner
(1) Einwohner der Gemeinde ist jeder, der in der Gemeinde wohnt.

(2) Die Einwohner sind im Rahmen der bestehenden Vorschriften berechtigt, die öffentlichen Einrichtungen der Gemeinde nach gleichen Grundsätzen zu benutzen, und verpflichtet, die Gemeindelasten mitzutragen.

(3) Wer in der Gemeinde ein Grundstück besitzt oder ein Gewerbe betreibt, ohne Einwohner zu sein, ist im Rahmen der bestehenden Vorschriften berechtigt, die öffentlichen Einrichtungen der Gemeinde zu benutzen, die für Grundbesitzer und Gewerbetreibende bestehen, und verpflichtet, für seinen Grundbesitz oder Gewerbebetrieb zu den Gemeindelasten beizutragen.

(4) ¹Durch Satzung können die Gemeinden ihre Einwohner und die nach Absatz 3 gleichgestellten Personen für eine bestimmte Zeit zur Mitwirkung bei der Erfüllung vordringlicher Aufgaben in Notfällen verpflichten, wenn die eigenen Mittel der Gemeinde hierfür nicht ausreichen. ²Der Kreis der Verpflichteten, die Art, der Umfang und die Dauer der Mitwirkung sowie die etwa zu gewährende Vergütung oder die Zahlung einer Ablösung sind durch die Satzung zu bestimmen.

(5) Die Absätze 2 und 3 gelten entsprechend für juristische Personen und nicht rechtsfähige Personenvereinigungen.

§ 11　Unterrichtung und Beratung der Einwohner
(1) ¹Die Gemeinde informiert ihre Einwohner laufend über die allgemein bedeutsamen Angelegenheiten ihres Aufgabenbereiches. ²Sie soll sich dabei auch elektronischer Formen bedienen.

(2) Über Planungen und Vorhaben der Gemeinde, die für ihre Entwicklung bedeutsam sind oder die die sozialen, kulturellen, ökologischen oder wirtschaftlichen Belange ihrer Einwohner berühren, sind die Einwohner frühzeitig und umfassend zu informieren.

(3) Die Gemeinde soll im Rahmen ihrer rechtlichen und tatsächlichen Möglichkeiten die Einwohner in Angelegenheiten ihres Aufgabenbereiches beraten, sowie über Zuständigkeiten in Verwaltungsangelegenheiten Auskünfte erteilen.

§ 12 Petitionsrecht

(1) [1]Jede Person hat das Recht, sich einzeln oder in Gemeinschaft mit anderen in Gemeindeangelegenheiten mit Vorschlägen, Bitten und Beschwerden (Petitionen) an die Gemeinde zu wenden. [2]Dem Petenten ist innerhalb angemessener Frist, spätestens aber nach sechs Wochen, ein begründeter Bescheid zu erteilen. [3]Ist innerhalb von sechs Wochen ein begründeter Bescheid nicht möglich, ist ein Zwischenbescheid zu erteilen.

(2) Der Gemeinderat kann für die Behandlung von Petitionen, die in seine Zuständigkeit fallen, einen Petitionsausschuss bilden.

§ 13 Hilfe in Verwaltungsverfahren

(1) [1]Die Gemeinden sind im Rahmen ihrer Verwaltungskraft ihren Einwohnern bei der Einleitung von Verwaltungsverfahren behilflich, auch wenn für deren Durchführung das Landratsamt oder die Landesdirektion Sachsen zuständig ist. [2]Zur Rechtsberatung sind die Gemeinden nicht berechtigt.

(2) [1]Die Gemeinden sollen Anträge und Erklärungen, die beim Landratsamt oder bei der Landesdirektion Sachsen einzureichen sind, entgegennehmen und unverzüglich weiterleiten. [2]Die Einreichung bei der Gemeinde gilt hinsichtlich der Wahrung von Fristen als bei der zuständigen Behörde vorgenommen, soweit Bundesrecht nicht entgegensteht.

(3) Die Gemeinden haben häufig benötigte Formulare, die ihnen von anderen Behörden überlassen werden, für ihre Einwohner bereit zu halten, soweit möglich auch in elektronischer Form.

§ 14 Anschluss- und Benutzungszwang

(1) Die Gemeinde kann bei öffentlichem Bedürfnis durch Satzung für die Grundstücke ihres Gebietes den Anschluss an Anlagen zur Wasserversorgung, Ableitung und Reinigung von Abwasser, Fernwärmeversorgung und ähnliche dem öffentlichen Wohl, insbesondere dem Umweltschutz dienende Einrichtungen (Anschlusszwang) und die Benutzung dieser Einrichtungen, der Bestattungseinrichtungen, der Abfallbeseitigungseinrichtungen und der Schlachthöfe (Benutzungszwang) vorschreiben.

(2) [1]Die Satzung kann bestimmte Ausnahmen vom Anschluss- und Benutzungszwang zulassen. [2]Sie kann den Zwang auf bestimmte Teile des Gemeindegebietes oder auf bestimmte Gruppen von Grundstücken, Gewerbebetrieben oder Personen beschränken.

§ 15 Bürger der Gemeinde

(1) [1]Bürger der Gemeinde ist jeder Deutsche im Sinne des Artikels 116 des Grundgesetzes und jeder Staatsangehörige eines anderen Mitgliedsstaates der Europäischen Union, der das 18. Lebensjahr vollendet hat und seit mindestens drei Monaten in der Gemeinde wohnt. [2]Wer in mehreren Gemeinden wohnt, ist Bürger nur in der Gemeinde des Freistaates Sachsen, in der er seit mindestens drei Monaten seine Hauptwohnung hat. [3]War in der Gemeinde, in der sich die Hauptwohnung befindet, die bisherige einzige Wohnung, wird die bisherige Wohndauer in dieser Gemeinde angerechnet. [4]Bei der Berechnung der Dreimonatsfrist ist der Tag des Einzugs in die Frist einzubeziehen.

(2) Die verantwortliche Teilnahme an der bürgerschaftlichen Selbstverwaltung der Gemeinde ist Recht und Pflicht aller Bürger.

(3) Bei einer Gebietsänderung werden Bürger, die in dem betroffenen Gebiet wohnen, Bürger der aufnehmenden oder neugebildeten Gemeinde; im Übrigen wird bei der Berechnung der Frist nach Absatz 1 Satz 1 die Wohndauer in der bisherigen Gemeinde angerechnet.

(4) [1]Auf der Grundlage der Verfassung des Freistaates Sachsen gewährleisten die Gemeinden die Rechte der Bürger sorbischer Nationalität. [2]Die Gemeinden des sorbischen Siedlungsgebietes regeln die Förderung der sorbischen Kultur und Sprache durch Satzung. [3]Gleiches gilt für die zweisprachige Benennung der Gemeinden und Gemeindeteile sowie der öffentlichen Gebäude, Einrichtungen, Straßen, Wege, Plätze und Brücken.

§ 16 Wahlrecht

[1]Die Bürger der Gemeinde sind im Rahmen der Gesetze zu den Gemeindewahlen wahlberechtigt und haben das Stimmrecht in Gemeindeangelegenheiten. [2]Hiervon ausgeschlossen ist, wer infolge Richterspruchs das Wahlrecht und Stimmrecht nicht besitzt.

§ 17 Ehrenamtliche Tätigkeit

(1) [1]Die Bürger der Gemeinde sind zur Übernahme und Ausübung einer ehrenamtlichen Tätigkeit verpflichtet. [2]Anderen kann die Gemeinde eine ehrenamtliche Tätigkeit mit deren Einverständnis übertragen.

(2) [1]Soweit nichts anderes bestimmt ist, obliegt die Bestellung zu einer ehrenamtlichen Tätigkeit dem Gemeinderat. [2]Er kann die Bestellung jederzeit widerrufen.

§ 18 Ablehnung ehrenamtlicher Tätigkeit

(1) [1]Aus wichtigem Grund kann die Übernahme einer ehrenamtlichen Tätigkeit abgelehnt oder die Beendigung dieser Tätigkeit verlangt werden. [2]Ein wichtiger Grund liegt insbesondere vor, wenn die Person

1. älter als 65 Jahre ist,
2. anhaltend krank ist,
3. zehn Jahre dem Gemeinderat oder Ortschaftsrat angehört oder ein anderes Ehrenamt bekleidet hat,
4. durch die Ausübung der ehrenamtlichen Tätigkeit in seiner Berufs- oder Erwerbstätigkeit oder in der Fürsorge für seine Familie erheblich behindert wird,
5. ein öffentliches Amt ausübt und die oberste Dienstbehörde feststellt, dass die ehrenamtliche Tätigkeit hiermit nicht vereinbar ist.

(2) [1]Ob ein wichtiger Grund vorliegt, entscheidet der Gemeinderat. [2]Abweichend hiervon entscheidet bei Ortschaftsräten der Ortschaftsrat, bei ehrenamtlichen Bürgermeistern die zuständige Rechtsaufsichtsbehörde.

§ 19 Pflichten ehrenamtlich Tätiger

(1) Wer eine ehrenamtliche Tätigkeit ausübt, muss die ihm übertragenen Aufgaben uneigennützig und verantwortungsbewusst erfüllen.

(2) [1]Der ehrenamtlich Tätige ist zur Verschwiegenheit über alle Angelegenheiten verpflichtet, deren Geheimhaltung gesetzlich vorgeschrieben, besonders angeordnet oder ihrer Natur nach erforderlich ist. [2]Er darf die Kenntnis von geheimzuhaltenden Angelegenheiten nicht unbefugt verwerten. [3]Diese Verpflichtungen bestehen auch nach Beendigung der ehrenamtlichen Tätigkeit fort. [4]Die Geheimhaltung kann nur aus Gründen des öffentlichen Wohls oder zum Schutz berechtigter Interessen Einzelner angeordnet werden. [5]Die Anordnung ist aufzuheben, sobald sie nicht mehr gerechtfertigt ist.

(3) [1]Ehrenbeamte dürfen Ansprüche Dritter gegen die Gemeinde nicht geltend machen; hiervon ausgenommen sind Fälle der gesetzlichen Vertretung. [2]Das Gleiche gilt für andere ehrenamtlich Tätige, wenn diese Ansprüche mit ihrer ehrenamtlichen Tätigkeit im Zusammenhang stehen. [3]Ob die Voraussetzungen dieses Verbots vorliegen, entscheidet im Zweifelsfall der Gemeinderat.

(4) Der Gemeinderat kann einem ehrenamtlich Tätigen, der ohne wichtigen Grund eine ehrenamtliche Tätigkeit ablehnt oder aufgibt, seine Pflichten nach Absatz 1 gröblich verletzt, einer Verpflichtung nach Absatz 2 zuwiderhandelt oder eine Vertretung entgegen Absatz 3 ausübt, ein Ordnungsgeld bis zu 500 Euro auferlegen.

§ 20 Ausschluss wegen Befangenheit

(1) Der ehrenamtlich Tätige darf weder beratend noch entscheidend mitwirken, wenn er in der Angelegenheit bereits in anderer Eigenschaft tätig geworden ist oder wenn die Entscheidung ihm selbst oder folgenden Personen einen unmittelbaren Vorteil oder Nachteil bringen kann:

1. seinem Ehegatten, Verlobten oder Lebenspartner nach § 1 des Lebenspartnerschaftsgesetzes,
2. einem in gerader Linie oder in Seitenlinie bis zum dritten Grade Verwandten,
3. einem in gerader Linie oder in Seitenlinie bis zum zweiten Grade Verschwägerten oder als verschwägert Geltenden, solange die die Schwägerschaft begründende Ehe oder Lebenspartnerschaft nach § 1 des Lebenspartnerschaftsgesetzes besteht,
4. einer von ihm kraft Gesetzes oder Vollmacht vertretenen Person,
5. einer Person oder Gesellschaft, bei der er beschäftigt ist, sofern nicht nach den tatsächlichen Umständen der Beschäftigung anzunehmen ist, dass kein Interessenwiderstreit besteht,
6. einer Gesellschaft, bei der ihm, einer in Nummer 1 genannten Person oder einem Verwandten ersten Grades allein oder gemeinsam mindestens 10 Prozent der Anteile gehören,

7. einer juristischen Person des privaten Rechts, in deren Vorstand, Aufsichtsrat, Verwaltungsrat oder vergleichbarem Organ er tätig ist, oder einer juristischen Person des öffentlichen Rechts, ausgenommen einer Gebietskörperschaft, in deren Organ er tätig ist, sofern er diese Tätigkeit nicht als Vertreter der Gemeinde oder auf deren Vorschlag hin ausübt.

(2) Absatz 1 gilt nicht

1. für Wahlen zu einer ehrenamtlichen Tätigkeit,

2. wenn die Entscheidung nur die gemeinsamen Interessen einer Berufs- oder Bevölkerungsgruppe berührt.

(3) [1]Der ehrenamtlich Tätige, bei dem ein Tatbestand vorliegt, der Befangenheit zur Folge haben kann, hat dies vor Beginn der Beratung dieser Angelegenheit dem Vorsitzenden, sonst dem Bürgermeister mitzuteilen. [2]Ob ein Ausschließungsgrund vorliegt, entscheidet im Zweifelsfall in Abwesenheit des Betroffenen bei Gemeinderäten der Gemeinderat, bei Ortschaftsräten der Ortschaftsrat, bei Mitgliedern von Ausschüssen der Ausschuss, sonst der Bürgermeister.

(4) [1]Wer an der Beratung und Entscheidung wegen Befangenheit nicht mitwirken darf, muss die Sitzung verlassen. [2]Ist die Sitzung öffentlich, darf er als Zuhörer anwesend bleiben.

(5) [1]Ein Beschluss ist rechtswidrig, wenn bei der Beratung oder Beschlussfassung die Bestimmungen der Absätze 1 oder 4 verletzt worden sind oder wenn jemand ohne einen der Gründe des Absatzes 1 ausgeschlossen worden ist. [2]Der Beschluss gilt jedoch ein Jahr nach der Beschlussfassung oder, wenn eine öffentliche Bekanntmachung erforderlich ist, ein Jahr nach dieser als von Anfang an gültig zustande gekommen. [3]§ 4 Absatz 4 Satz 2 Nummer 3 und 4 und Satz 3 gilt entsprechend.

§ 21 Entschädigung für ehrenamtliche Tätigkeit

(1) [1]Ehrenamtlich Tätige haben Anspruch auf Ersatz ihrer notwendigen Auslagen und ihres Verdienstausfalls. [2]Durch Satzung können Höchstbeträge oder Durchschnittssätze festgesetzt werden. [3]Soweit kein Verdienstausfall entsteht, kann durch Satzung bestimmt werden, dass für den Zeitaufwand eine Entschädigung gewährt wird.

(2) Durch Satzung kann bestimmt werden, dass Gemeinderäten, Ortschaftsräten und sonstigen Mitgliedern der Ausschüsse und Beiräte des Gemeinderats und Ortschaftsrats eine Aufwandsentschädigung gewährt wird.

(3) Ehrenamtlich Tätigen wird Ersatz für Sachschäden in entsprechender Anwendung der für Beamte geltenden Bestimmungen gewährt.

(4) Ansprüche nach den Absätzen 1 bis 3 sind nicht übertragbar.

§ 22 Einwohnerversammlung

(1) [1]Allgemein bedeutsame Gemeindeangelegenheiten sollen mit den Einwohnern erörtert werden. [2]Zu diesem Zweck soll der Gemeinderat mindestens einmal im Jahr eine Einwohnerversammlung anberaumen. [3]Einwohnerversammlungen können auf Gemeindeteile beschränkt werden. [4]Die Einwohnerversammlung wird vom Bürgermeister spätestens eine Woche vor ihrer Durchführung unter ortsüblicher Bekanntgabe von Ort, Zeit und Tagesordnung einberufen. [5]Den Vorsitz führt der Bürgermeister oder ein von ihm beauftragter leitender Bediensteter, sofern der Gemeinderat nicht eines seiner Mitglieder damit beauftragt. [6]Gemeinderäte und Vertreter der Gemeindeverwaltung müssen den Einwohnern für Fragen zur Verfügung stehen.

(2) [1]Eine Einwohnerversammlung ist anzuberaumen, wenn dies von den Einwohnern beantragt wird. [2]Der Antrag muss unter Bezeichnung der zu erörternden Angelegenheiten schriftlich eingereicht werden; die elektronische Form ist ausgeschlossen. [3]Der Antrag muss von mindestens 10 Prozent der Einwohner, die das 16. Lebensjahr vollendet haben, unterzeichnet sein. [4]Die Hauptsatzung kann ein geringeres Quorum, jedoch nicht weniger als 5 Prozent festsetzen. [5]In dem Antrag sollen eine Vertrauensperson und eine stellvertretende Vertrauensperson benannt werden, die jede für sich zur Entgegennahme von Mitteilungen und Entscheidungen der Gemeinde und zur Abgabe von Erklärungen ermächtigt ist.

(3) [1]Die Einwohnerversammlung ist innerhalb von drei Monaten nach Eingang des Antrages durchzuführen. [2]Die Erörterung einer Angelegenheit in einer Einwohnerversammlung kann innerhalb eines Jahres erneut nur dann beantragt werden, wenn sich die Sach- oder Rechtslage wesentlich geändert hat.

(4) [1]Vorschläge und Anregungen der Einwohnerversammlung sind innerhalb von drei Monaten von dem zuständigen Organ der Gemeinde zu behandeln. [2]Das Ergebnis der Behandlung der Vorschläge und Anregungen ist in ortsüblicher Weise bekanntzugeben.

§ 23 Einwohnerantrag

[1]Der Gemeinderat muss Gemeindeangelegenheiten, für die er zuständig ist, innerhalb von drei Monaten behandeln, wenn dies von den Einwohnern beantragt wird (Einwohnerantrag). [2]§ 22 Absatz 2, 3 und 4 Satz 2 gilt entsprechend. [3]Die Vertrauenspersonen sind bei der Beratung im Gemeinderat zu hören.

§ 24 Bürgerentscheid

(1) In Gemeindeangelegenheiten können die Bürger an Stelle des Gemeinderats über einen zur Abstimmung gestellten Entscheidungsvorschlag entscheiden (Bürgerentscheid), wenn ein Bürgerbegehren Erfolg hat oder der Gemeinderat mit einer Mehrheit von zwei Dritteln seiner Mitglieder die Durchführung eines Bürgerentscheides beschließt.

(2) [1]Der Bürgerentscheid kann über alle Angelegenheiten durchgeführt werden, für die der Gemeinderat zuständig ist. [2]Ein Bürgerentscheid findet nicht statt über

1. Weisungsaufgaben,
2. Fragen der inneren Organisation der Gemeindeverwaltung,
3. Haushaltssatzungen und Wirtschaftspläne,
4. Gemeindeabgaben, Tarife und Entgelte,
5. Jahresabschlüsse und Gesamtabschlüsse sowie Jahresabschlüsse der Sondervermögen und Treuhandvermögen,
6. Rechtsverhältnisse der Gemeinderäte, des Bürgermeisters und der Gemeindebediensteten,
7. Entscheidungen in Rechtsmittelverfahren,
8. Anträge, die gesetzwidrige Ziele verfolgen.

(3) [1]Bei einem Bürgerentscheid ist der zur Abstimmung gestellte Entscheidungsvorschlag angenommen, wenn er die Mehrheit der gültigen Stimmen erhält und diese Mehrheit mindestens 25 Prozent der Stimmberechtigten beträgt. [2]Ist die nach Satz 1 erforderliche Mehrheit nicht erreicht worden, hat der Gemeinderat zu entscheiden.

(4) [1]Der Bürgerentscheid steht einem Beschluss des Gemeinderats gleich. [2]Er kann innerhalb von drei Jahren nur durch einen neuen Bürgerentscheid abgeändert werden.

(5) [1]Ein Bürgerentscheid entfällt, wenn der Gemeinderat die Durchführung der mit dem Bürgerbegehren verlangten Maßnahme beschließt. [2]Für einen solchen Beschluss gilt Absatz 4 Satz 2 entsprechend.

§ 25 Bürgerbegehren

(1) [1]Die Durchführung eines Bürgerentscheids kann schriftlich von Bürgern der Gemeinde beantragt werden (Bürgerbegehren); die elektronische Form ist ausgeschlossen. [2]Das Bürgerbegehren muss mindestens von 10 Prozent der Bürger der Gemeinde unterzeichnet sein; die Hauptsatzung kann ein geringeres Quorum, jedoch nicht weniger als 5 Prozent festsetzen. [3]Ein Bürgerbegehren darf nur Angelegenheiten zum Gegenstand haben, über die innerhalb der letzten drei Jahre nicht bereits ein Bürgerentscheid auf Grund eines Bürgerbegehrens durchgeführt worden ist.

(2) [1]Das Bürgerbegehren muss einen mit ja oder nein zu entscheidenden Entscheidungsvorschlag und eine Begründung enthalten sowie eine Vertrauensperson und eine stellvertretende Vertrauensperson bezeichnen, die jede für sich zur Entgegennahme von Mitteilungen und Entscheidungen der Gemeinde und zur Abgabe von Erklärungen ermächtigt ist. [2]Das Bürgerbegehren muss einen nach den gesetzlichen Bestimmungen durchführbaren Vorschlag zur Deckung der Kosten oder zum Ausgleich der Einnahmeausfälle der verlangten Maßnahme enthalten.

(3) [1]Das Bürgerbegehren muss vor Beginn der Unterschriftensammlung schriftlich bei der Gemeinde angezeigt werden. [2]Es ist spätestens ein Jahr nach Zugang der Anzeige mit den nach Absatz 1 Satz 2 erforderlichen Unterschriften bei der Gemeinde einzureichen. [3]Richtet es sich gegen einen Beschluss des Gemeinderats, muss es innerhalb von drei Monaten nach Bekanntgabe des Beschlusses in öffentlicher Sitzung bei der Gemeinde eingereicht werden.

(4) [1]Über die Zulässigkeit des Bürgerbegehrens entscheidet der Gemeinderat. [2]Die Entscheidung ist ortsüblich bekanntzugeben und ergeht kostenfrei. [3]Über den Widerspruch entscheidet die Rechtsaufsichtsbehörde. [4]Ist das Bürgerbegehren zulässig, so ist der Bürgerentscheid innerhalb von drei Monaten

durchzuführen. [5]Nach der Feststellung der Zulässigkeit des Bürgerbegehrens darf eine diesem widersprechende Entscheidung des Gemeinderats nicht mehr getroffen werden.

§ 26 Ehrenbürgerrecht

(1) Der Gemeinderat kann Personen, die sich in besonderem Maße um die Entwicklung der Gemeinde oder das Wohl ihrer Bürger verdient gemacht haben, das Ehrenbürgerrecht verleihen.

(2) Das Ehrenbürgerrecht kann aus wichtigem Grund durch Beschluss des Gemeinderats aberkannt werden.

Dritter Teil
Verfassung und Verwaltung der Gemeinde

Erster Abschnitt
Gemeinderat

§ 27 Rechtsstellung des Gemeinderats

(1) Der Gemeinderat ist die Vertretung der Bürger und das Hauptorgan der Gemeinde.

(2) In Städten führt der Gemeinderat die Bezeichnung Stadtrat.

§ 28 Aufgaben des Gemeinderats

(1) Der Gemeinderat legt die Grundsätze für die Verwaltung der Gemeinde fest und entscheidet über alle Angelegenheiten der Gemeinde, soweit nicht der Bürgermeister kraft Gesetzes zuständig ist oder ihm der Gemeinderat bestimmte Angelegenheiten überträgt.

(2) Die Entscheidung über folgende Angelegenheiten kann der Gemeinderat nicht übertragen:

1. die Festlegung von Grundsätzen für die Verwaltung der Gemeinde,
2. die Bestellung der Mitglieder von Ausschüssen des Gemeinderats, der Stellvertreter des Bürgermeisters, der Beigeordneten sowie Angelegenheiten nach Absatz 4 Satz 1 bei leitenden Bediensteten,
3. die Übernahme freiwilliger Aufgaben,
4. Satzungen, anderes Ortsrecht und Flächennutzungspläne,
5. die Änderung des Gemeindegebietes,
6. die Entscheidung über die Durchführung eines Bürgerentscheides oder die Zulässigkeit eines Bürgerbegehrens,
7. die Verleihung und Aberkennung des Ehrenbürgerrechts,
8. die Regelung der allgemeinen Rechtsverhältnisse der Gemeindebediensteten,
9. die Übertragung von Aufgaben auf den Bürgermeister,
10. die Erteilung des Einvernehmens zur Abgrenzung der Geschäftskreise der Beigeordneten,
11. die Übertragung von Aufgaben auf das Rechnungsprüfungsamt,
12. der Entzug der Leitung des Rechnungsprüfungsamtes nach § 103 Absatz 4,
13. die Entscheidung der Auswahl des örtlichen Prüfers nach § 103 Absatz 1 Satz 1 und 2,
14. die Verfügung über Gemeindevermögen, das für die Gemeinde von erheblicher wirtschaftlicher Bedeutung ist,
15. die Errichtung, Übernahme, wesentliche Veränderung, vollständige oder teilweise Veräußerung und die Auflösung von Unternehmen und öffentlichen Einrichtungen sowie die unmittelbare und mittelbare Beteiligung an solchen,
16. ein Haushaltsstrukturkonzept,
17. die Bestellung von Sicherheiten, die Übernahme von Bürgschaften und von Verpflichtungen aus Gewährverträgen und den Abschluss der ihnen wirtschaftlich gleichkommenden Rechtsgeschäfte, soweit sie für die Gemeinden von erheblicher wirtschaftlicher Bedeutung sind,
18. Jahresabschlüsse und Gesamtabschlüsse, Wirtschaftspläne und Jahresabschlüsse der Sondervermögen und Treuhandvermögen,
19. die allgemeine Festsetzung von Abgaben,
20. den Verzicht auf Ansprüche der Gemeinde und die Niederschlagung solcher Ansprüche, die Führung von Rechtsstreitigkeiten und den Abschluss von Vergleichen, soweit sie für die Gemeinde von erheblicher wirtschaftlicher Bedeutung sind,
21. den Beitritt zu Zweckverbänden und den Austritt aus diesen.

(3) Der Gemeinderat überwacht die Ausführung seiner Beschlüsse und sorgt beim Auftreten von Missständen in der Gemeindeverwaltung für deren Beseitigung durch den Bürgermeister.

(4) [1]Der Gemeinderat entscheidet im Einvernehmen mit dem Bürgermeister über die Ernennung, Einstellung, Höhergruppierung und Entlassung der Gemeindebediensteten sowie über die Festsetzung von Vergütungen, auf die kein Anspruch auf Grund eines Tarifvertrags besteht. [2]Kommt es zu keinem Einvernehmen, entscheidet der Gemeinderat mit einer Mehrheit von zwei Dritteln der anwesenden Stimmberechtigten. [3]Der Bürgermeister ist zuständig, soweit der Gemeinderat ihm die Entscheidung überträgt oder diese zur laufenden Verwaltung gehört.

(5) [1]Ein Fünftel der Gemeinderäte kann in allen Angelegenheiten der Gemeinde verlangen, dass der Bürgermeister den Gemeinderat informiert und diesem oder einem von ihm bestellten Ausschuss Akteneinsicht gewährt. [2]In dem Ausschuss müssen die Antragsteller vertreten sein. [3]Für den gemäß Satz 1 bestellten Ausschuss gilt § 43 entsprechend.

(6) [1]Jeder Gemeinderat kann an den Bürgermeister schriftliche oder in einer Sitzung des Gemeinderats mündliche Anfragen über einzelne Angelegenheiten der Gemeinde richten, die binnen angemessener Frist, die grundsätzlich vier Wochen beträgt, zu beantworten sind. [2]Das Nähere ist in der Geschäftsordnung zu regeln.

(7) Die Absätze 5 und 6 gelten nicht für die nach § 53 Absatz 3 Satz 3 geheimzuhaltenden Angelegenheiten.

§ 29 Zusammensetzung des Gemeinderats

(1) [1]Der Gemeinderat besteht aus den Gemeinderäten und dem Bürgermeister als Vorsitzendem. [2]In Städten führen die Gemeinderäte die Bezeichnung Stadträte.

(2) Die Zahl der Gemeinderäte beträgt in Gemeinden

bis zu	500 Einwohnern	8,
bis zu	1 000 Einwohnern	10,
bis zu	2 000 Einwohnern	12,
bis zu	3 000 Einwohnern	14,
bis zu	5 000 Einwohnern	16,
bis zu	10 000 Einwohnern	18,
bis zu	20 000 Einwohnern	22,
bis zu	30 000 Einwohnern	26,
bis zu	40 000 Einwohnern	30,
bis zu	50 000 Einwohnern	34,
bis zu	60 000 Einwohnern	38,
bis zu	80 000 Einwohnern	42,
bis zu	150 000 Einwohnern	48,
bis zu	400 000 Einwohnern	54,
mit mehr als	400 000 Einwohnern	60.

(3) Durch die Hauptsatzung kann bestimmt werden, dass die Zahl der Gemeinderäte sich nach der nächsthöheren oder der nächstniederen Größengruppe richtet; in der höchsten Größengruppe kann die Zahl um bis zu 10 erhöht werden.

(4) Änderungen der für die Zahl der Gemeinderäte maßgebenden Einwohnerzahl und Regelungen der Hauptsatzung nach Absatz 3 sind erst bei der nächsten regelmäßigen Wahl zu berücksichtigen.

§ 30 Wahlgrundsätze

(1) Die Gemeinderäte werden von den Bürgern in allgemeiner, unmittelbarer, freier, gleicher und geheimer Wahl gewählt.

(2) [1]Gewählt wird auf Grund von Wahlvorschlägen unter Berücksichtigung der Grundsätze der Verhältniswahl. [2]Die Verbindung von Wahlvorschlagen ist unzulässig. [3]Der Wahlberechtigte kann Bewerber aus anderen Wahlvorschlägen übernehmen und einem Bewerber bis zu drei Stimmen geben.

(3) [1]Wird nur ein gültiger oder kein Wahlvorschlag eingereicht, findet Mehrheitswahl ohne Bindung an die vorgeschlagenen Bewerber und ohne das Recht der Stimmenhäufung auf einen Bewerber statt.

[2]Dasselbe gilt, wenn mehrere Wahlvorschläge eingereicht werden, die zusammen weniger Bewerber als zwei Drittel der festgelegten Zahl der Mitglieder des Gemeinderates umfassen.

§ 31 Wählbarkeit

(1) [1]Wählbar in den Gemeinderat sind die Bürger der Gemeinde.

(2) Nicht wählbar ist, wer

1. vom Wahlrecht ausgeschlossen ist (§ 16 Satz 2),
2. infolge deutschen Richterspruchs die Wählbarkeit oder die Fähigkeit zur Bekleidung öffentlicher Ämter nicht besitzt oder
3. als Staatsangehöriger eines anderen Mitgliedstaates der Europäischen Union nach dem Recht dieses Mitgliedstaates infolge einer zivilrechtlichen Einzelfallentscheidung oder einer strafrechtlichen Entscheidung die Wählbarkeit verloren hat.

§ 32 Hinderungsgründe

(1) Gemeinderäte können nicht sein

1. der Bürgermeister, die Beigeordneten und die übrigen Beamten der Gemeinde, ausgenommen die Ehrenbeamten und Ruhestandsbeamten, sowie die Arbeitnehmer der Gemeinde,
2. die Beamten und leitenden Arbeitnehmer einer juristischen Person des öffentlichen oder privaten Rechts, in der die Gemeinde einen maßgeblichen Einfluss ausübt,
3. die Beamten und Arbeitnehmer eines Verwaltungsverbandes nach den §§ 5 und 23 des Sächsischen Gesetzes über kommunale Zusammenarbeit in der Fassung der Bekanntmachung vom 3. März 2014 (SächsGVBl. S. 196), das zuletzt durch Artikel 3 des Gesetzes vom 13. Dezember 2017 (SächsGVBl. S. 626) geändert worden ist, in der jeweils geltenden Fassung, dessen Mitglied die Gemeinde ist,
4. die Beamten und Arbeitnehmer der erfüllenden Gemeinde einer Verwaltungsgemeinschaft nach § 36 des Sächsischen Gesetzes über kommunale Zusammenarbeit, an der die Gemeinde beteiligt ist,
5. die leitenden Beamten und Arbeitnehmer sowie die mit Angelegenheiten der Rechtsaufsicht über die Gemeinde befassten Beamten und Arbeitnehmer der Rechtsaufsichtsbehörden,
6. die mit Angelegenheiten der überörtlichen Prüfung der Gemeinde befassten Beamten und Arbeitnehmer der staatlichen Rechnungsprüfungsämter und des Sächsischen Rechnungshofes.

(2) Absatz 1 gilt nicht für Arbeitnehmer, deren Wählbarkeit nicht nach Artikel 137 Absatz 1 des Grundgesetzes eingeschränkt werden kann.

(3) [1]Der Gemeinderat stellt fest, ob ein Hinderungsgrund nach Absatz 1 gegeben ist. [2]Bis zu dieser Feststellung bleibt die Rechtswirksamkeit der Tätigkeit des Gemeinderats in den Fällen des Absatzes 1 unberührt. [3]Die Feststellung eines Hinderungsgrundes ergeht durch Verwaltungsakt.

§ 33 Wahlperiode

(1) Die regelmäßigen Gemeinderatswahlen finden alle fünf Jahre statt.

(2) [1]Die Wahlperiode endet mit Ablauf des Monats, in dem die regelmäßigen Wahlen der Gemeinderäte stattfinden. [2]Wenn die Wahl von der Wahlprüfungsbehörde nicht beanstandet wurde, ist die erste Sitzung des Gemeinderats unverzüglich nach der Zustellung des Wahlprüfungsbescheides oder nach ungenutztem Ablauf der Wahlprüfungsfrist, sonst nach rechtskräftiger Erledigung der Beanstandung anzuberaumen. [3]Bis zum Zusammentreten des neugebildeten Gemeinderats führt der bisherige Gemeinderat die Geschäfte weiter.

(3) [1]Wird die Wahl des Gemeinderats nach seinem Zusammentreten rechtskräftig für ungültig erklärt, so führt er die Geschäfte bis zum Zusammentreten des neugewählten Gemeinderats weiter. [2]Wird nach dem Zusammentreten des Gemeinderats die Neufeststellung des Wahlergebnisses rechtskräftig angeordnet, so führt er die Geschäfte bis zum Ablauf des Tages weiter, an dem das berichtigte Wahlergebnis öffentlich bekanntgemacht wird. [3]Die Rechtswirksamkeit der Tätigkeit des Gemeinderats bleibt in den Fällen der Sätze 1 und 2 unberührt.

§ 34 Ausscheiden, Nachrücken, Ergänzungswahl

(1) [1]Aus dem Gemeinderat scheiden die Mitglieder aus, bei denen während der Wahlperiode der Verlust der Wählbarkeit (§ 31) oder ein Hinderungsgrund (§ 32) eintritt oder bekannt wird. [2]Der Gemeinderat ist verpflichtet, unverzüglich das Ausscheiden nach Satz 1 und den Absätzen 3 und 4 festzustellen. [3]Bis zu dieser Feststellung bleibt die Rechtswirksamkeit der Tätigkeit des Gemeinderats unberührt.

(2) Tritt ein Gewählter nicht in den Gemeinderat ein oder scheidet er im Laufe der Wahlperiode aus, rückt der als nächste Ersatzperson festgestellte Bewerber nach.

(3) [1]Wird eine Partei oder die Teilorganisation einer Partei durch das Bundesverfassungsgericht nach Artikel 21 Absatz 2 Satz 2 des Grundgesetzes für verfassungswidrig erklärt, verlieren die Gemeinderäte ihr Mandat, sofern sie dieser Partei oder Teilorganisation zu irgendeinem Zeitpunkt zwischen der Antragstellung (§ 43 des Bundesverfassungsgerichtsgesetzes in der Fassung der Bekanntmachung vom 11. August 1993 [BGBl. I S. 1473], das zuletzt durch Artikel 2 des Gesetzes vom 8. Oktober 2017 [BGBl. I S. 3546] geändert worden ist, in der jeweils geltenden Fassung) und der Verkündung der Entscheidung (§ 46 des Bundesverfassungsgerichtsgesetzes) angehört haben. [2]Satz 1 gilt entsprechend für die Feststellung, dass eine Partei oder ein Teil einer Partei eine verbotene Ersatzorganisation ist.

(4) Wird ein Verein oder Teilverein gemäß § 3 des Vereinsgesetzes verboten, weil sein Zweck oder seine Tätigkeit gegen die verfassungsmäßige Ordnung oder gegen den Gedanken der Völkerverständigung gerichtet ist, oder wird nach § 8 Absatz 2 des Vereinsgesetzes festgestellt, dass ein Verein oder Teilverein eine Ersatzorganisation eines aus diesen Gründen verbotenen Vereins oder Teilvereins ist, verlieren die Gemeinderäte ihr Mandat zum Zeitpunkt der Unanfechtbarkeit der Entscheidung, sofern sie diesem Verein oder Teilverein zu irgendeinem Zeitpunkt zwischen der Bekanntgabe des Verwaltungsakts und dem Eintritt der Unanfechtbarkeit angehört haben.

(5) Nach den Absätzen 3 und 4 freigewordene Sitze des Gemeinderats bleiben unbesetzt, soweit auch auf die Ersatzpersonen die Voraussetzungen der Absätze 3 und 4 zutreffen.

(6) [1]Eine Neuverteilung der verbleibenden Sitze findet nicht statt. [2]Absatz 7 bleibt unberührt.

(7) Ist die Zahl der Gemeinderäte während der Wahlperiode auf weniger als zwei Drittel der festgelegten Mitgliederzahl gesunken, ist eine Ergänzungswahl nach den für die Hauptwahl geltenden Vorschriften für den Rest der Wahlperiode durchzuführen, sofern dieser mindestens sechs Monate beträgt.

§ 35 Rechtsstellung der Gemeinderäte

(1) [1]Die Gemeinderäte üben ihr Mandat ehrenamtlich aus. [2]Der Bürgermeister verpflichtet die Gemeinderäte in der ersten Sitzung öffentlich auf die gewissenhafte Erfüllung ihrer Pflichten.

(2) [1]Niemand darf gehindert werden, sich um das Mandat eines Gemeinderats zu bewerben, es zu übernehmen und auszuüben. [2]Eine Kündigung oder Entlassung aus einem Dienst- oder Arbeitsverhältnis, eine Versetzung an einen anderen Beschäftigungsort sowie sonstige berufliche Benachteiligungen aus diesem Grunde sind unzulässig. [3]Steht der Gemeinderat in einem Dienst- oder Arbeitsverhältnis, ist ihm die für die Mandatsausübung erforderliche freie Zeit zu gewähren.

(3) [1]Die Gemeinderäte üben ihr Mandat nach dem Gesetz und ihrer freien, dem Gemeinwohl verpflichteten Überzeugung aus. [2]An Verpflichtungen und Aufträge, durch die diese Freiheit beschränkt wird, sind sie nicht gebunden.

(4) Die Gemeinderäte sind verpflichtet, an den Sitzungen teilzunehmen.

(5) Erleidet ein Gemeinderat einen Dienstunfall, hat er dieselben Rechte wie ein Ehrenbeamter.

(6) Auf Gemeinderäte, die als Vertreter der Gemeinde in Organen eines wirtschaftlichen Unternehmens (§ 94a) Vergütungen erhalten, finden die für den Bürgermeister der Gemeinde geltenden Vorschriften über die Ablieferungspflicht entsprechende Anwendung.

§ 35a Fraktionen

(1) [1]Gemeinderäte können sich zu Fraktionen zusammenschließen. *↗ mind. 2 Personen/5% Gemräte* [2]Diese sind Organteile des Gemeinderats. [3]Das Nähere über die Bildung, die Stärke der Fraktionen, ihre Rechte und Pflichten innerhalb des Gemeinderats regelt die Gemeinde durch Geschäftsordnung.

(2) Die Fraktionen wirken bei der Willensbildung und Entscheidungsfindung des Gemeinderats mit; sie können ihre Auffassungen öffentlich darstellen.

(3) [1]Die Gemeinde kann den Fraktionen Mittel aus ihrem Haushalt für die sächlichen und personellen Aufwendungen für die Geschäftsführung gewähren. [2]In Gemeinden ab 30 000 Einwohner sollen ihnen Mittel gewährt werden. [3]Diese Mittel sind in einer besonderen Anlage zum Haushaltsplan darzustellen. [4]Über ihre Verwendung ist ein Nachweis in einfacher Form zu führen.

(4) [1]Für Bedienstete der Fraktionen gilt § 19 Absatz 2 entsprechend. [2]Die Geschäftsordnung kann vorsehen, dass Arbeitnehmer der Fraktionen zu nichtöffentlichen Sitzungen des Gemeinderats und seiner Ausschüsse Zutritt haben.

§ 36 Vorsitz im Gemeinderat, Einberufung der Sitzungen

(1) Den Vorsitz im Gemeinderat führt der Bürgermeister.

(2) Der Gemeinderat beschließt über Ort und Zeit seiner regelmäßigen Sitzungen.

(3) [1]Der Bürgermeister beruft den Gemeinderat schriftlich oder in elektronischer Form mit angemessener Frist ein und teilt rechtzeitig die Verhandlungsgegenstände mit; dabei sind die für die Beratung erforderlichen Unterlagen beizufügen, soweit nicht das öffentliche Wohl oder berechtigte Interessen Einzelner entgegenstehen. [2]Das Nähere regelt die Geschäftsordnung. [3]Der Gemeinderat ist einzuberufen, wenn es die Geschäftslage erfordert. [4]Der Gemeinderat ist unverzüglich einzuberufen, wenn dies von einem Fünftel der Gemeinderäte unter Angabe des Verhandlungsgegenstandes beantragt wird und der Gemeinderat den gleichen Verhandlungsgegenstand nicht innerhalb der letzten sechs Monate bereits behandelt hat oder wenn sich seit der Behandlung die Sach- oder Rechtslage wesentlich geändert hat. [5]Der Verhandlungsgegenstand muss in die Zuständigkeit des Gemeinderates fallen. [6]In Eilfällen kann der Gemeinderat ohne Frist, formlos und nur unter Angabe der Verhandlungsgegenstände einberufen werden.

(4) [1]Zeit, Ort und Tagesordnung der öffentlichen Sitzungen sind rechtzeitig ortsüblich bekanntzugeben. [2]Dies gilt nicht bei der Einberufung des Gemeinderats in Eilfällen.

(5) [1]Auf Antrag von mindestens einem Fünftel der Gemeinderäte oder einer Fraktion ist ein Verhandlungsgegenstand auf die Tagesordnung spätestens der übernächsten Sitzung des Gemeinderats zu setzen; Absatz 3 Satz 4 und 5 gilt entsprechend. [2]Die Verhandlungsgegenstände müssen in die Zuständigkeit des Gemeinderats fallen.

§ 37 Öffentlichkeit der Sitzungen

(1) [1]Die Sitzungen des Gemeinderats sind öffentlich, sofern nicht das öffentliche Wohl oder berechtigte Interessen Einzelner eine nichtöffentliche Verhandlung erfordern. [2]Über Anträge aus der Mitte des Gemeinderats, einen Verhandlungsgegenstand entgegen der Tagesordnung in öffentlicher oder nichtöffentlicher Sitzung zu behandeln, wird in nichtöffentlicher Sitzung beraten und entschieden. [3]In nichtöffentlicher Sitzung gefasste Beschlüsse sind in öffentlicher Sitzung bekanntzugeben, sofern nicht das öffentliche Wohl oder berechtigte Interessen Einzelner entgegenstehen. [4]Beschließt der Gemeinderat, einen Verhandlungsgegenstand in öffentlicher Sitzung zu behandeln, so hat der Bürgermeister diesen auf die Tagesordnung der nächsten Sitzung des Gemeinderats zu setzen.

(2) Die Gemeinderäte und der Bürgermeister sind zur Verschwiegenheit über alle in nichtöffentlicher Sitzung behandelten Angelegenheiten so lange verpflichtet, bis der Gemeinderat im Einvernehmen mit dem Bürgermeister die Verschwiegenheitspflicht aufhebt; dies gilt nicht für Beschlüsse, die nach Absatz 1 Satz 3 bekanntgegeben worden sind.

§ 38 Verhandlungsleitung, Geschäftsgang

(1) [1]Der Bürgermeister eröffnet und schließt die Sitzungen und leitet die Verhandlung des Gemeinderats. [2]Er übt die Ordnungsgewalt und das Hausrecht aus. [3]Der Bürgermeister kann die Verhandlungsleitung an einen Gemeinderat abgeben.

(2) Der Gemeinderat regelt seine inneren Angelegenheiten, insbesondere den Gang seiner Verhandlungen, im Rahmen der gesetzlichen Vorschriften durch eine Geschäftsordnung.

(3) [1]Bei grobem Verstoß gegen die Ordnung kann ein Gemeinderat vom Vorsitzenden aus dem Beratungsraum verwiesen werden; damit ist der Verlust des Anspruchs auf die auf den Sitzungstag entfallende Entschädigung verbunden. [2]Bei wiederholten Verstößen nach Satz 1 kann der Gemeinderat ein Mitglied für mehrere, höchstens jedoch für drei Sitzungen ausschließen. [3]Die Sätze 1 und 2 gelten entsprechend für sachkundige Einwohner, die zu den Beratungen zugezogen sind.

§ 39 Beschlussfassung

(1) [1]Der Gemeinderat kann nur in einer ordnungsgemäß einberufenen und geleiteten Sitzung beraten und beschließen. [2]Über Gegenstände einfacher Art und geringer Bedeutung kann im schriftlichen oder elektronischen Verfahren beschlossen werden; ein hierbei gestellter Antrag ist angenommen, wenn kein Mitglied widerspricht.

(2) [1]Der Gemeinderat ist beschlussfähig, wenn mindestens die Hälfte aller Mitglieder anwesend und stimmberechtigt ist. [2]Bei Befangenheit von mehr als der Hälfte aller Mitglieder ist der Gemeinderat beschlussfähig, wenn mindestens ein Viertel aller Mitglieder anwesend und stimmberechtigt ist.

(3) ¹Ist der Gemeinderat nicht beschlussfähig, muss eine zweite Sitzung stattfinden, in der er be-schlussfähig ist, wenn mindestens drei Mitglieder anwesend und stimmberechtigt sind; bei der Ein-berufung der zweiten Sitzung ist hierauf hinzuweisen. ²Die zweite Sitzung entfällt, wenn weniger als drei Mitglieder stimmberechtigt sind.

(4) ¹Ist der Gemeinderat auch in der zweiten Sitzung wegen Befangenheit von Mitgliedern nicht be-schlussfähig, entscheidet der Bürgermeister an seiner Stelle nach Anhörung der nicht befangenen Ge-meinderäte. ²Sind auch der Bürgermeister und sein Stellvertreter befangen, gilt § 117 entsprechend, sofern nicht der Gemeinderat ein stimmberechtigtes Mitglied für die Entscheidung zum Stellvertreter des Bürgermeisters bestellt.

(5) ¹Der Gemeinderat beschließt durch Abstimmungen und Wahlen. ²Der Bürgermeister ist stimmbe-rechtigt.

(6) ¹Der Gemeinderat stimmt in der Regel offen ab; er kann aus wichtigem Grund geheime Abstim-mung beschließen. ²Die Beschlüsse werden mit Stimmenmehrheit gefasst. ³Bei Stimmengleichheit ist der Antrag abgelehnt. ⁴Stimmenthaltungen werden für die Ermittlung der Stimmenmehrheit nicht be-rücksichtigt.

(7) ¹Wahlen werden geheim mit Stimmzetteln vorgenommen; es kann offen gewählt werden, wenn kein Mitglied widerspricht. ²Gewählt ist, wer die Mehrheit der Stimmen der anwesenden Stimmbe-rechtigten erhalten hat. ³Wird eine solche Mehrheit bei der Wahl nicht erreicht, findet zwischen den beiden Bewerbern mit den meisten Stimmen Stichwahl statt, bei der die einfache Mehrheit der abge-gebenen Stimmen entscheidet; Absatz 6 Satz 4 gilt entsprechend. ⁴Bei Stimmengleichheit entscheidet das Los. ⁵Steht nur ein Bewerber zur Wahl, findet im Falle des Satzes 3 ein zweiter Wahlgang statt, bei dem die einfache Mehrheit der abgegebenen Stimmen ausreicht.

§ 40 Niederschrift

(1) ¹Über den wesentlichen Inhalt der Verhandlungen des Gemeinderats ist eine Niederschrift zu fer-tigen; die elektronische Form ist ausgeschlossen. ²Die Niederschrift muss insbesondere den Namen des Vorsitzenden, die Zahl der anwesenden und die Namen der abwesenden Gemeinderäte unter An-gabe des Grundes der Abwesenheit, die Gegenstände der Verhandlung, die Anträge, die Abstimmungs- und Wahlergebnisse und den Wortlaut der Beschlüsse enthalten. ³Der Vorsitzende und jedes Mitglied können verlangen, dass ihre Erklärung oder Abstimmung in der Niederschrift festgehalten wird.

(2) ¹Die Niederschrift ist vom Vorsitzenden, zwei Gemeinderäten, die an der Sitzung teilgenommen haben, und dem Schriftführer zu unterzeichnen. ²Sie ist innerhalb eines Monats, in der Regel jedoch spätestens zur nächsten Sitzung dem Gemeinderat zur Kenntnis zu bringen. ³Mehrfertigungen von Niederschriften über nichtöffentliche Sitzungen dürfen nicht ausgehändigt werden. ⁴Über die gegen die Niederschrift vorgebrachten Einwendungen entscheidet der Gemeinderat. ⁵Die Einsichtnahme in die Niederschriften über die öffentlichen Sitzungen ist den Einwohnern gestattet; darüber hinaus kann die Gemeinde auch die allgemeine Einsichtnahme in elektronischer Form ermöglichen.

(3) Das Nähere regelt die Geschäftsordnung.

§ 41 Beschließende Ausschüsse

(1) ¹Durch die Hauptsatzung kann der Gemeinderat beschließende Ausschüsse bilden und ihnen be-stimmte Aufgabengebiete zur dauernden Erledigung übertragen. ²Durch Beschluss kann der Gemein-derat einzelne Angelegenheiten auf bestehende beschließende Ausschüsse übertragen oder für ihre Erledigung beschließende Ausschüsse bilden.

(2) Auf beschließende Ausschüsse können die Aufgaben nicht übertragen werden, für die der Ge-meinderat nach § 28 Absatz 2 ausschließlich zuständig ist.

(3) ¹Im Rahmen ihrer Zuständigkeit entscheiden die beschließenden Ausschüsse an Stelle des Ge-meinderats. ²Ergibt sich, dass eine Angelegenheit für die Gemeinde von besonderer Bedeutung ist, können die beschließenden Ausschüsse die Angelegenheit dem Gemeinderat zur Beschlussfassung unterbreiten. ³Ein Fünftel aller Mitglieder eines beschließenden Ausschusses kann verlangen, dass eine Angelegenheit dem Gemeinderat zur Beschlussfassung unterbreitet wird, wenn sie für die Gemeinde von besonderer Bedeutung ist. ⁴Lehnt der Gemeinderat eine Behandlung ab, entscheidet der zuständige beschließende Ausschuss. ⁵Der Gemeinderat kann jede Angelegenheit an sich ziehen und Beschlüsse der beschließenden Ausschüsse, solange sie noch nicht vollzogen sind, ändern oder aufheben. ⁶Der Gemeinderat kann den beschließenden Ausschüssen allgemein oder im Einzelfall Weisungen erteilen.

(4) [1]Angelegenheiten, deren Entscheidung dem Gemeinderat vorbehalten ist, sollen den beschließenden Ausschüssen innerhalb ihres Aufgabengebiets zur Vorberatung zugewiesen werden. [2]Durch die Hauptsatzung kann bestimmt werden, dass Anträge, die nicht vorberaten worden sind, auf Antrag des Vorsitzenden oder eines Fünftels aller Mitglieder des Gemeinderats den zuständigen beschließenden Ausschüssen zur Vorberatung überwiesen werden müssen.

(5) [1]Für die beschließenden Ausschüsse gelten die §§ 36 bis 40 entsprechend. [2]Sitzungen, die der Vorberatung nach Absatz 4 dienen, sind in der Regel nichtöffentlich. [3]Ist ein beschließender Ausschuss wegen Befangenheit von Mitgliedern nicht beschlussfähig, entscheidet der Gemeinderat in den Fällen des Absatzes 3 an seiner Stelle, in den Fällen des Absatzes 4 ohne Vorberatung.

§ 42 Zusammensetzung der beschließenden Ausschüsse

(1) [1]Die beschließenden Ausschüsse bestehen aus dem Vorsitzenden und mindestens vier Mitgliedern. [2]Der Gemeinderat bestellt die Mitglieder und deren Stellvertreter in gleicher Zahl widerruflich aus seiner Mitte. [3]Abweichend von Satz 2 kann der Gemeinderat festlegen, dass je Ausschussmitglied bis zu drei Stellvertreter bestellt werden können; diese sind keinem Ausschussmitglied persönlich zugeordnet. [4]Nach jeder Wahl der Gemeinderäte sind die beschließenden Ausschüsse neu zu bilden.

(2) [1]Die Zusammensetzung der Ausschüsse soll der Mandatsverteilung im Gemeinderat entsprechen. [2]Kommt eine Einigung über die Zusammensetzung eines beschließenden Ausschusses nicht zustande, werden die Mitglieder von den Gemeinderäten auf Grund von Wahlvorschlägen nach den Grundsätzen der Verhältniswahl unter Bindung an die Wahlvorschläge gewählt. [3]Wird nur ein gültiger oder kein Wahlvorschlag eingereicht, findet Mehrheitswahl ohne Bindung an die vorgeschlagenen Bewerber statt. [4]Anstelle der Wahl der Ausschussmitglieder kann der Gemeinderat beschließen, dass sich alle oder einzelne Ausschüsse nach dem Stärkeverhältnis der Fraktionen zusammensetzen. [5]In diesem Fall werden die Ausschussmitglieder dem Bürgermeister von den Fraktionen schriftlich benannt; dieser gibt dem Gemeinderat die Zusammensetzung der Ausschüsse schriftlich bekannt. [6]Die von einer Fraktion benannten Ausschussmitglieder können von dieser abberufen werden; die Abberufung ist gegenüber dem Bürgermeister schriftlich zu erklären. [7]Nachträgliche Änderungen des Stärkeverhältnisses der Fraktionen, die sich auf die Zusammensetzung der Ausschüsse auswirken, sind zu berücksichtigen; Satz 5 gilt entsprechend.

(3) [1]Der Bürgermeister kann einen Beigeordneten oder, wenn die Gemeinde keinen Beigeordneten hat oder alle Beigeordneten verhindert sind, ein Mitglied des Ausschusses, das Gemeinderat ist, im Vorsitz des beschließenden Ausschusses mit seiner Vertretung beauftragen. [2]Den nach Satz 1 beauftragten Vertretern stehen die Rechte aus § 52 Absatz 2 und 3 zu.

(4) Gemeinderäte, die nicht Mitglied des Ausschusses sind, können an allen Sitzungen des Ausschusses als Zuhörer teilnehmen, auch wenn diese nichtöffentlich sind.

§ 43 Beratende Ausschüsse

(1) [1]Durch die Hauptsatzung kann der Gemeinderat zur Vorberatung auf bestimmten Gebieten beratende Ausschüsse bilden. [2]Durch Beschluss kann der Gemeinderat bestehende beratende Ausschüsse mit der Vorberatung einzelner Angelegenheiten beauftragen oder für ihre Vorberatung beratende Ausschüsse bilden. [3]Ist ein beratender Ausschuss wegen Befangenheit von Mitgliedern nicht beschlussfähig, entfällt die Vorberatung.

(2) Die Sitzungen der beratenden Ausschüsse sind nichtöffentlich.

(3) [1]Für die beratenden Ausschüsse gelten §§ 36, 37 Absatz 2 Halbsatz 1, §§ 38 bis 40 und 42 entsprechend. [2]Die Hauptsatzung kann bestimmen, dass der Ausschuss den Vorsitzenden aus seiner Mitte wählt, der insoweit die Aufgaben des Bürgermeisters wahrnimmt; der Bürgermeister hat das Recht, an den Sitzungen des Ausschusses teilzunehmen.

§ 44 Mitwirkung im Gemeinderat und in den Ausschüssen

(1) Der Gemeinderat und seine Ausschüsse können sachkundige Einwohner und Sachverständige zur Beratung einzelner Angelegenheiten hinzuziehen.

(2) [1]Der Gemeinderat kann sachkundige Einwohner widerruflich als beratende Mitglieder in beratende und beschließende Ausschüsse berufen. [2]Ihre Zahl darf die der Gemeinderäte in den einzelnen Ausschüssen nicht erreichen. [3]Sie sind ehrenamtlich tätig. [4]Mitglieder des Gemeinderats und Bedienstete der Gemeinde können nicht als sachkundige Einwohner berufen werden.

(3) Der Gemeinderat und seine Ausschüsse können bei öffentlichen Sitzungen Einwohnern und den ihnen nach § 10 Absatz 3 gleichgestellten Personen sowie Vertretern von Bürgerinitiativen die Möglichkeit einräumen, Fragen zu Gemeindeangelegenheiten zu stellen oder Anregungen und Vorschläge zu unterbreiten (Fragestunde); zu den Fragen nimmt der Vorsitzende oder ein von ihm Beauftragter Stellung.

(4) Bei der Vorbereitung wichtiger Entscheidungen können der Gemeinderat und seine Ausschüsse betroffenen Personen und Personengruppen Gelegenheit geben, ihre Auffassung vorzutragen (Anhörung), soweit die Anhörung nicht gesetzlich vorgeschrieben ist.

(5) Die Beigeordneten nehmen an den Sitzungen des Gemeinderats und der für ihren Geschäftskreis zuständigen Ausschüsse mit beratender Stimme teil.

(6) Der Vorsitzende kann den Vortrag in den Sitzungen des Gemeinderats und seiner Ausschüsse einem Bediensteten der Gemeinde übertragen; auf Verlangen des Gemeinderats muss er einen solchen zu sachverständigen Auskünften hinzuziehen.

(7) Das Nähere regelt die Geschäftsordnung.

§ 45 Ältestenrat

[1]Der Gemeinderat kann durch die Hauptsatzung einen Ältestenrat bilden, der den Bürgermeister in Fragen der Tagesordnung und des Gangs der Verhandlungen des Gemeinderats und seiner Ausschüsse berät. [2]Das Nähere über die Zusammensetzung und den Geschäftsgang regelt die Geschäftsordnung.

§ 46 Beirat für geheimzuhaltende Angelegenheiten

(1) Durch die Hauptsatzung kann ein Beirat gebildet werden, der den Bürgermeister in geheimzuhaltenden Angelegenheiten (§ 53 Absatz 3 Satz 2) berät.

(2) [1]Der Beirat besteht aus höchstens fünf Mitgliedern, die vom Gemeinderat aus seiner Mitte bestellt werden. [2]Dem Beirat können nur Mitglieder des Gemeinderats angehören, die auf die für die Behörden des Freistaates Sachsen geltenden Geheimhaltungsvorschriften verpflichtet sind.

(3) [1]Vorsitzender des Beirats ist der Bürgermeister. [2]Er beruft den Beirat ein, wenn es die Geschäftslage erfordert. [3]Fällt die Angelegenheit in den Geschäftskreis eines Beigeordneten, nimmt dieser an der Sitzung teil. [4]Die Sitzungen des Beirats sind nichtöffentlich. [5]Im Übrigen gelten für den Beirat die Vorschriften über beratende Ausschüsse entsprechend.

§ 47 Sonstige Beiräte

(1) [1]Durch die Hauptsatzung können sonstige Beiräte gebildet werden, denen Mitglieder des Gemeinderats und sachkundige Einwohner angehören. [2]Sonstige Beiräte im Sinne dieser Vorschrift können insbesondere Seniorenbeiräte und Naturschutzbeiräte sein.

(2) Diese Beiräte unterstützen den Gemeinderat und die Gemeindeverwaltung bei der Erfüllung ihrer Aufgaben.

§ 47a Beteiligung von Kindern und Jugendlichen

[1]Die Gemeinde soll bei Planungen und Vorhaben, die die Interessen von Kindern und Jugendlichen berühren, diese in angemessener Weise beteiligen. [2]Hierzu soll die Gemeinde geeignete Verfahren entwickeln und durchführen.

Zweiter Abschnitt
Bürgermeister

§ 48 Wahlgrundsätze

[1]Der Bürgermeister wird von den Bürgern in allgemeiner, unmittelbarer, freier, gleicher und geheimer Wahl gewählt. [2]Die Wahl ist nach den Grundsätzen der Mehrheitswahl durchzuführen. [3]Das Nähere bestimmt das Kommunalwahlgesetz.

§ 49 Wählbarkeit, Hinderungsgründe

(1) [1]Wählbar zum Bürgermeister sind Deutsche im Sinne des Artikel 116 des Grundgesetzes und Staatsangehörige anderer Mitgliedstaaten der Europäischen Union, die das 18. Lebensjahr vollendet haben und die allgemeinen persönlichen Voraussetzungen für die Berufung in das Beamtenverhältnis erfüllen. [2]Nicht wählbar für das Amt eines hauptamtlichen Bürgermeisters ist, wer das 65. Lebensjahr vollendet hat.

(2) [1]Nicht wählbar ist, wer von der Wählbarkeit in den Gemeinderat gemäß § 31 Absatz 2 ausgeschlossen ist. [2]Nicht wählbar ist ferner,

1. wer aus dem Beamtenverhältnis entfernt, wem das Ruhegehalt aberkannt oder gegen wen in einem dem Disziplinarverfahren entsprechenden Verfahren durch die Europäische Union, in einem anderen Mitgliedstaat der Europäischen Union oder in einem anderen Vertragsstaat des Abkommens über den Europäischen Wirtschaftsraum eine entsprechende Maßnahme verhängt worden ist oder

2. wer wegen einer vorsätzlichen Tat durch ein deutsches Gericht oder durch die Recht sprechende Gewalt eines anderen Mitgliedstaats der Europäischen Union oder eines anderen Vertragsstaats des Abkommens über den Europäischen Wirtschaftsraum zu einer Freiheitsstrafe verurteilt worden ist, die bei einem Beamten den Verlust der Beamtenrechte zur Folge hätte, in den auf die Unanfechtbarkeit der Maßnahme oder Entscheidung folgenden fünf Jahren.

(3) [1]Bedienstete der Rechtsaufsichtsbehörden können nicht gleichzeitig Bürgermeister sein. [2]Für ehrenamtliche Bürgermeister findet Satz 1 nur Anwendung, wenn sie unmittelbar mit der Ausübung der Rechtsaufsicht befasst sind.

(4) Der Bürgermeister kann nicht gleichzeitig sonstiger Bediensteter der Gemeinde oder Bürgermeister einer anderen Gemeinde sein.

§ 50 Zeitpunkt der Wahl

(1) [1]Wird die Wahl des Bürgermeisters wegen Ablaufs der Amtszeit oder wegen Eintritts in den Ruhestand oder Verabschiedung infolge Erreichens der Altersgrenze notwendig, ist sie frühestens drei Monate und spätestens einen Monat vor Freiwerden der Stelle, in anderen Fällen spätestens sechs Monate nach Freiwerden der Stelle durchzuführen. [2]Die Wahl kann mit Genehmigung der Rechtsaufsichtsbehörde bis zu einem Jahr nach Freiwerden der Stelle aufgeschoben werden, wenn die Auflösung der Gemeinde bevorsteht.

(2) Die Gemeinde kann den Bewerbern, deren Bewerbungen zugelassen worden sind, Gelegenheit geben, sich den Bürgern in öffentlichen Versammlungen vorzustellen.

§ 51 Rechtsstellung des Bürgermeisters

(1) [1]Der Bürgermeister ist Vorsitzender des Gemeinderats und Leiter der Gemeindeverwaltung. [2]Er vertritt die Gemeinde.

(2) [1]In Gemeinden ab 5 000 Einwohnern ist der Bürgermeister hauptamtlicher Beamter auf Zeit, in Gemeinden unter 5 000 Einwohnern ist der Bürgermeister Ehrenbeamter auf Zeit. [2]In Gemeinden ab 2 000 Einwohnern, die weder einem Verwaltungsverband noch einer Verwaltungsgemeinschaft angehören, kann die Hauptsatzung bestimmen, dass der Bürgermeister hauptamtlicher Beamter auf Zeit ist. [3]Der Bürgermeister der erfüllenden Gemeinde einer Verwaltungsgemeinschaft ist hauptamtlicher Beamter auf Zeit. [4]Der Bürgermeister einer Gemeinde, die Mitglied eines Verwaltungsverbandes oder, ohne erfüllende Gemeinde zu sein, einer Verwaltungsgemeinschaft ist, ist Ehrenbeamter auf Zeit. [5]Ein hauptamtlicher Bürgermeister behält seine Rechtsstellung bis zum Ende der laufenden Amtszeit.

(3) [1]Die Amtszeit des Bürgermeisters beträgt sieben Jahre. [2]Die Amtszeit beginnt mit dem Amtsantritt, der der Rechtsaufsichtsbehörde unverzüglich anzuzeigen ist. [3]Im Falle der Wiederwahl schließt sich die neue Amtszeit an das Ende der vorangegangenen an.

(4) In Kreisfreien Städten und Großen Kreisstädten führt der Bürgermeister die Amtsbezeichnung Oberbürgermeister.

(5) [1]Der Bürgermeister führt nach Freiwerden seiner Stelle die Geschäfte bis zum Amtsantritt des neugewählten Bürgermeisters unter Fortdauer seines Dienstverhältnisses weiter. [2]Satz 1 gilt nicht, wenn

1. der Bürgermeister
    a) der Gemeinde schriftlich mitteilt, dass er die Weiterführung der Geschäfte ablehne,
    b) des Dienstes vorläufig enthoben ist oder wenn gegen ihn Anklage wegen eines Verbrechens erhoben ist,
    c) sich um eine Wiederwahl beworben hat, aber ohne Rücksicht auf Wahlprüfung und Wahlanfechtung nach Feststellung des Gemeindewahlausschusses nicht wiedergewählt worden

ist; ist im ersten Wahlgang kein Bewerber gewählt worden, so ist das Ergebnis des zweiten Wahlgangs entscheidend,

d) gemäß Absatz 10 sein Amt verloren hat oder

2. der Gemeinderat einen Amtsverweser nach § 54 Absatz 5 bestellt.

(6) Ein vom Gemeinderat gewähltes Mitglied vereidigt und verpflichtet den Bürgermeister in öffentlicher Sitzung.

(7) [1]Der Bürgermeister kann von den Bürgern der Gemeinde vorzeitig abgewählt werden. [2]Er ist abgewählt, wenn sich für die Abwahl eine Mehrheit der gültigen Stimmen ergibt, sofern diese Mehrheit mindestens 50 Prozent der Bürger beträgt. [3]Für die Durchführung der Abwahl gelten die Bestimmungen zur Durchführung von Bürgerentscheiden entsprechend. [4]Der Bürgermeister scheidet mit dem Ablauf des Tages, an dem der Gemeindewahlausschuss die Abwahl feststellt, aus seinem Amt; er behält bis zum Ablauf seiner Amtszeit die Bezüge wie ein in den einstweiligen Ruhestand versetzter Beamter.

(8) [1]Zur Einleitung des Abwahlverfahrens nach Absatz 7 bedarf es eines Bürgerbegehrens. [2]Das Bürgerbegehren muss von mindestens einem Drittel der Bürger der Gemeinde unterzeichnet sein; in Gemeinden mit mehr als 100 000 Einwohnern kann die Hauptsatzung ein geringeres Quorum, jedoch nicht weniger als ein Fünftel, festsetzen. [3]§ 25 Absatz 2 Satz 1 und Absatz 3 findet Anwendung.

(9) [1]Das Abwahlverfahren nach Absatz 7 kann auch durch einen von mindestens drei Viertel der Stimmen aller Gemeinderäte zu fassenden Beschluss eingeleitet werden. [2]Eine Aussprache vor der Beschlussfassung findet nicht statt.

(10) § 34 Absatz 3 und 4 gilt entsprechend.

§ 52 Stellung des Bürgermeisters im Gemeinderat

(1) Der Bürgermeister bereitet die Sitzungen des Gemeinderats und der Ausschüsse vor und vollzieht die Beschlüsse.

(2) [1]Der Bürgermeister muss Beschlüssen des Gemeinderats widersprechen, wenn er der Auffassung ist, dass sie rechtswidrig sind; er kann ihnen widersprechen, wenn er der Auffassung ist, dass sie für die Gemeinde nachteilig sind. [2]Der Widerspruch muss unverzüglich, spätestens jedoch binnen einer Woche nach Beschlussfassung gegenüber den Gemeinderäten ausgesprochen werden. [3]Der Widerspruch hat aufschiebende Wirkung. [4]Gleichzeitig ist unter Angabe der Widerspruchsgründe eine Sitzung einzuberufen, in der erneut über die Angelegenheit zu beschließen ist; diese Sitzung hat spätestens vier Wochen nach der ersten Sitzung stattzufinden. [5]Ist nach Ansicht des Bürgermeisters auch der neue Beschluss rechtswidrig, muss er ihm erneut widersprechen und unverzüglich die Entscheidung der Rechtsaufsichtsbehörde über die Rechtmäßigkeit herbeiführen.

(3) [1]Absatz 2 gilt entsprechend für Beschlüsse, die durch beschließende Ausschüsse gefasst werden. [2]In diesen Fällen hat der Gemeinderat über den Widerspruch zu entscheiden.

(4) [1]In dringenden Angelegenheiten, deren Erledigung auch nicht bis zu einer ohne Frist und formlos einberufenen Gemeinderatssitzung (§ 36 Absatz 3 Satz 4) aufgeschoben werden kann, entscheidet der Bürgermeister anstelle des Gemeinderats. [2]Die Gründe für die Eilentscheidung und die Art der Erledigung sind dem Gemeinderat unverzüglich mitzuteilen. [3]Das Gleiche gilt für Angelegenheiten, für deren Entscheidung ein beschließender Ausschuss zuständig ist.

(5) [1]Der Bürgermeister hat den Gemeinderat über alle wichtigen, die Gemeinde und ihre Verwaltung betreffenden Angelegenheiten zu informieren; bei wichtigen Planungen und Vorhaben ist der Gemeinderat möglichst frühzeitig über die Absichten und Vorstellungen der Gemeindeverwaltung und laufend über den Stand und den Inhalt der Planungsarbeiten zu informieren. [2]Über Angelegenheiten, die nach § 53 Absatz 3 Satz 3 geheim zu halten sind, ist anstelle des Gemeinderats der nach § 46 gebildete Beirat zu informieren.

§ 53 Leitung der Gemeindeverwaltung

(1) Der Bürgermeister ist für die sachgemäße Erledigung der Aufgaben und den ordnungsmäßigen Gang der Gemeindeverwaltung verantwortlich und regelt die innere Organisation der Gemeindeverwaltung.

(2) [1]Der Bürgermeister erledigt in eigener Zuständigkeit die Geschäfte der laufenden Verwaltung und die ihm sonst durch Rechtsvorschrift oder vom Gemeinderat übertragenen Aufgaben. [2]Die dauernde Übertragung der Erledigung bestimmter Aufgaben auf den Bürgermeister ist durch die Hauptsatzung

zu regeln. [3]Der Gemeinderat kann die Erledigung von Angelegenheiten, für die er ausschließlich zuständig ist (§ 28 Absatz 2), auch nicht auf den Bürgermeister übertragen.

(3) [1]Weisungsaufgaben erledigt der Bürgermeister in eigener Zuständigkeit, soweit gesetzlich nichts anderes bestimmt ist; dies gilt nicht für den Erlass von Rechtsverordnungen und Satzungen. [2]Satz 1 gilt auch, wenn die Gemeinde in einer Angelegenheit angehört wird, die auf Grund einer Anordnung der zuständigen Behörde geheim zu halten ist. [3]Bei der Erledigung von Weisungsaufgaben, die auf Grund einer Anordnung der zuständigen Behörde geheim zu halten sind, sowie in den Fällen des Satzes 2 hat die Gemeinde die für die Behörden des Freistaates Sachsen geltenden Geheimhaltungsvorschriften zu beachten.

(4) Der Bürgermeister ist Vorgesetzter, Dienstvorgesetzter und oberste Dienstbehörde der Gemeindebediensteten.

§ 54 Stellvertretung des Bürgermeisters

(1) [1]In Gemeinden ohne Beigeordnete (§ 55) bestellt der Gemeinderat aus seiner Mitte einen oder mehrere Stellvertreter des Bürgermeisters. [2]Die Stellvertretung beschränkt sich auf die Fälle der Verhinderung. [3]Die Stellvertreter werden nach jeder Wahl des Gemeinderats neu bestellt. [4]Sie werden in der Reihenfolge der Stellvertretung je in einem besonderen Wahlgang gewählt. [5]Sind alle bestellten Stellvertreter vorzeitig ausgeschieden oder sind im Fall der Verhinderung des Bürgermeisters auch alle Stellvertreter verhindert, hat der Gemeinderat unverzüglich einen oder mehrere Stellvertreter neu oder auf die Dauer der Verhinderung zusätzlich zu bestellen. [6]Bis zu dieser Bestellung nimmt das an Lebensjahren älteste, nicht verhinderte Mitglied des Gemeinderats die Aufgaben des Stellvertreters des Bürgermeisters wahr.

(2) [1]Die Hauptsatzung kann bestimmen, dass sich die Stellvertretung nach Absatz 1 auf den Vorsitz im Gemeinderat und die Vorbereitung seiner Sitzungen (§ 36) und auf die Repräsentation der Gemeinde beschränkt. [2]In diesem Falle hat der Bürgermeister im Einvernehmen mit dem Gemeinderat einen oder mehrere geeignete Bedienstete zu bestellen, die ihn in den Fällen der Verhinderung im Übrigen vertreten; § 28 Absatz 4 Satz 2 gilt entsprechend. [3]Die Bestellung und die Bestimmung der Reihenfolge nimmt der Bürgermeister vor. [4]Die Bestellung kann widerrufen werden. [5]Im Übrigen gelten für die nach Satz 2 bestellten Vertreter § 44 Absatz 5, § 57 Absatz 2 und § 58 entsprechend.

(3) [1]Der Stellvertreter nach Absatz 1 Satz 1 kann vom Gemeinderat vorzeitig abgewählt werden. [2]Der Beschluss über die Abwahl bedarf der Mehrheit der Stimmen aller Mitglieder des Gemeinderats. [3]Zwischen dem Antrag und dem Beschluss muss eine Frist von mindestens zwei und höchstens vier Wochen liegen. [4]Die Stellvertretung endet mit Ablauf des Tages, an dem die Abwahl beschlossen wird.

(4) [1]Ist die Stelle des Bürgermeisters voraussichtlich längere Zeit unbesetzt oder ist der Bürgermeister voraussichtlich längere Zeit an der Ausübung seines Amtes verhindert, kann der Gemeinderat mit der Mehrheit der Stimmen aller Mitglieder einen Amtsverweser bestellen. [2]Der Amtsverweser muss zum Bürgermeister wählbar sein. [3]Der Amtsverweser ist in Gemeinden mit hauptamtlichem Bürgermeister zum Beamten auf Widerruf, in Gemeinden mit ehrenamtlichem Bürgermeister zum Ehrenbeamten auf Widerruf zu bestellen, sofern er nicht bereits Beamter der Gemeinde ist.

(5) [1]Ein zum Bürgermeister der Gemeinde gewählter Bewerber kann im Falle der Anfechtung der Wahl vor der rechtskräftigen Entscheidung über deren Gültigkeit vom Gemeinderat mit der Mehrheit der Stimmen aller Mitglieder zum Amtsverweser bestellt werden, wenn die Wahlprüfungsbehörde die Gültigkeit der Wahl festgestellt hat oder die Wahlprüfungsfrist ungenutzt verstrichen ist. [2]Der Amtsverweser ist in Gemeinden mit hauptamtlichem Bürgermeister als Beamter auf Zeit, in Gemeinden mit ehrenamtlichem Bürgermeister als Ehrenbeamter auf Zeit zu bestellen. [3]Seine Amtszeit beträgt zwei Jahre; Wiederbestellung ist zulässig. [4]Die Amtszeit endet vorzeitig mit der Rechtskraft der Entscheidung über die Gültigkeit der Wahl zum Bürgermeister. [5]Der Amtsverweser führt die Bezeichnung Bürgermeister; § 51 Absatz 4 gilt entsprechend. [6]Die Amtszeit als Bürgermeister verkürzt sich um die Amtszeit als Amtsverweser.

(6) Der gemäß Absatz 5 bestellte Amtsverweser hat Stimmrecht im Gemeinderat und seinen Ausschüssen.

§ 55 Beigeordnete

(1) [1]In Gemeinden mit mehr als 10 000 Einwohnern können, in Kreisfreien Städten müssen als Stellvertreter des Bürgermeisters ein hauptamtlicher Beigeordneter oder mehrere hauptamtliche Beigeord-

nete bestellt werden. [2]Die Zahl der Beigeordneten wird entsprechend den Erfordernissen der Gemeindeverwaltung durch die Hauptsatzung bestimmt. [3]Sie darf höchstens betragen in Gemeinden von

	Einwohner	Anzahl
bis zu		
mehr als	10 000 Einwohnern	
bis zu	30 000 Einwohnern	1,
bis zu	60 000 Einwohnern	2,
bis zu	100 000 Einwohnern	3,
bis zu	200 000 Einwohnern	4,
bis zu	400 000 Einwohnern	5,
mit mehr als	400 000 Einwohnern	7.

(2) Neben den Beigeordneten können Stellvertreter des Bürgermeisters nach § 54 Absatz 1 bestellt werden, die den Bürgermeister im Falle seiner Verhinderung vertreten, wenn auch alle Beigeordneten verhindert sind.

(3) [1]Die Beigeordneten vertreten den Bürgermeister neben dem Fall der Verhinderung nach § 54 Absatz 1 Satz 2 ständig in ihrem Geschäftskreis. [2]Die Geschäftskreise der Beigeordneten werden vom Bürgermeister im Einvernehmen mit dem Gemeinderat festgelegt. [3]Der Bürgermeister kann den Beigeordneten allgemein oder im Einzelfall Weisungen erteilen.

(4) [1]Der Gemeinderat bestimmt im Einvernehmen mit dem Bürgermeister, in welcher Reihenfolge die Beigeordneten den Bürgermeister im Falle seiner Verhinderung vertreten. [2]In Kreisfreien Städten und Großen Kreisstädten kann der Gemeinderat den Beigeordneten die Amtsbezeichnung Bürgermeister verleihen.

(5) Kommt es in den Fällen des Absatzes 3 Satz 2 oder des Absatzes 4 Satz 1 zu keinem Einvernehmen, entscheidet der Gemeinderat mit einer Mehrheit von zwei Dritteln der anwesenden Stimmberechtigten allein.

§ 56 Rechtsstellung und Bestellung der Beigeordneten

(1) [1]Die Beigeordneten sind als hauptamtliche Beamte auf Zeit zu bestellen. [2]Ihre Amtszeit beträgt sieben Jahre. [3]Sie müssen die für das Amt erforderlichen fachlichen Voraussetzungen erfüllen.

(2) [1]Die Beigeordneten werden vom Gemeinderat je in einem besonderen Wahlgang gewählt; § 28 Absatz 4 ist anzuwenden. [2]Sieht die Hauptsatzung mehrere Beigeordnete vor, sollen die Vorschläge der Parteien und Wählervereinigungen nach dem Verhältnis ihrer Sitze im Gemeinderat berücksichtigt werden.

(3) [1]Für den Zeitpunkt der Bestellung gilt § 50 Absatz 1 entsprechend. [2]Die Stellen der Beigeordneten sind spätestens zwei Monate vor der Besetzung öffentlich auszuschreiben.

(4) [1]Beigeordnete können vom Gemeinderat vorzeitig abgewählt werden. [2]Der Antrag auf vorzeitige Abwahl muss von der Mehrheit aller Mitglieder des Gemeinderats gestellt werden. [3]Der Beschluss über die Abwahl bedarf einer Mehrheit von zwei Dritteln der Stimmen aller Mitglieder des Gemeinderats. [4]Über die Abwahl ist zweimal zu beschließen. [5]Eine Aussprache vor der Beschlussfassung findet nicht statt. [6]Die zweite Beratung darf frühestens vier Wochen und muss spätestens acht Wochen nach der ersten erfolgen. [7]Der Beigeordnete scheidet mit dem Ablauf des Tages, an dem die Abwahl zum zweiten Mal beschlossen wird, aus seinem Amt. [8]Er erhält bis zum Ablauf seiner Amtszeit die Bezüge wie ein in den einstweiligen Ruhestand versetzter Beamter.

§ 57 Hinderungsgründe

(1) Für Beigeordnete gilt § 49 entsprechend.

(2) [1]Beigeordnete dürfen weder miteinander noch mit dem Bürgermeister oder dem Amtsverweser gemäß § 54 Absatz 5 in einem die Befangenheit begründenden Verhältnis nach § 20 Absatz 1 Nummer 1 bis 3 stehen. [2]Entsteht ein solches Verhältnis zwischen dem Bürgermeister oder dem Amtsverweser gemäß § 54 Absatz 5 und einem Beigeordneten, ist der Beigeordnete in den einstweiligen Ruhestand zu versetzen, entsteht ein solches Verhältnis zwischen Beigeordneten, ist der Beigeordnete mit der kürzeren Amtszeit in den einstweiligen Ruhestand zu versetzen.

§ 58 Besondere Dienstpflichten

Für den Bürgermeister, den Amtsverweser und die Beigeordneten gelten § 19 Absatz 1 bis 3 und § 20 entsprechend.

§ 59 Beauftragung, rechtsgeschäftliche Vollmacht

(1) [1]Der Bürgermeister kann Bedienstete der Gemeinde mit seiner Vertretung auf bestimmten Aufgabengebieten oder in einzelnen Angelegenheiten der Gemeindeverwaltung beauftragen. [2]Er kann diese Befugnis auf Beigeordnete für deren Geschäftskreis übertragen.

(2) [1]Der Bürgermeister kann in einzelnen Angelegenheiten rechtsgeschäftliche Vollmacht erteilen. [2]Absatz 1 Satz 2 gilt entsprechend.

§ 60 Verpflichtungserklärungen

(1) [1]Erklärungen, durch welche die Gemeinde verpflichtet werden soll, bedürfen der Schriftform. [2]Sie sind vom Bürgermeister handschriftlich zu unterzeichnen.

(2) Im Falle der Vertretung des Bürgermeisters müssen Erklärungen durch dessen Stellvertreter, den vertretungsberechtigten Beigeordneten oder durch zwei vertretungsberechtigte Bedienstete handschriftlich unterzeichnet werden.

(3) Den Unterschriften soll die Amtsbezeichnung und im Falle des Absatzes 2 ein das Vertretungsverhältnis kennzeichnender Zusatz beigefügt werden.

(4) Die Formvorschriften der Absätze 1 bis 3 gelten nicht für Erklärungen in Geschäften der laufenden Verwaltung oder aufgrund einer in der Form der Absätze 1 bis 3 ausgestellten Vollmacht.

Dritter Abschnitt
Bedienstete und Beauftragte der Gemeinde

§ 61 Einstellung, Aus- und Fortbildung

(1) [1]Die Gemeinde muss die fachlich geeigneten Bediensteten einstellen, die erforderlich sind, um die ordnungsgemäße Erfüllung ihrer Aufgaben zu gewährleisten. [2]Die Bediensteten müssen die für ihren Aufgabenbereich jeweils erforderlichen fachlichen Voraussetzungen erfüllen.

(2) Unbeschadet der Verpflichtung nach § 62 muss jede Gemeinde über mindestens einen Bediensteten mit der Befähigung für die Laufbahngruppe 2 der Fachrichtung Allgemeine Verwaltung mit dem fachlichen Schwerpunkt allgemeiner Verwaltungsdienst verfügen; dies gilt nicht, wenn der hauptamtliche Bürgermeister diese Befähigung besitzt oder die Gemeinde Mitglied eines Verwaltungsverbandes oder, ohne erfüllende Gemeinde zu sein, einer Verwaltungsgemeinschaft ist.

(3) Die Gemeinde fördert die Aus- und Fortbildung ihrer Bediensteten.

§ 62 Fachbediensteter für das Finanzwesen

(1) Die Aufstellung des Haushaltsplanes, des Finanzplanes und des Jahresabschlusses sowie des Gesamtabschlusses, die Haushaltsüberwachung sowie die Verwaltung des Vermögens und der Schulden der Gemeinde sind bei einem Bediensteten zusammenzufassen (Fachbediensteter für das Finanzwesen).

(2) Zum Fachbediensteten für das Finanzwesen darf nur bestellt werden, wer über

1. eine abgeschlossene wirtschafts- oder finanzwissenschaftliche Ausbildung oder die Laufbahnbefähigung für die Laufbahngruppe 2 der Fachrichtung Allgemeine Verwaltung mit dem fachlichen Schwerpunkt allgemeiner Verwaltungsdienst und

2. eine mindestens einjährige Berufserfahrung im öffentlichen Rechnungs- und Haushaltswesen oder in entsprechenden Funktionen eines Unternehmens in einer Rechtsform des privaten Rechts verfügt.

(3) Der Bürgermeister kann nicht zugleich Fachbediensteter für das Finanzwesen sein.

§ 63 Stellenplan

[1]Die Gemeinde bestimmt im Stellenplan die Stellen ihrer Bediensteten, die für die Erfüllung der Aufgaben im Haushaltsjahr erforderlich sind. [2]Für Sondervermögen, für die Sonderrechnungen geführt werden, sind besondere Stellenpläne aufzustellen. [3]Bedienstete in Einrichtungen solcher Sondervermögen sind auch im Stellenplan nach Satz 1 aufzuführen und dort besonders zu kennzeichnen.

§ 64 Beauftragte

(1) Die Gemeinden können für bestimmte Aufgabenbereiche besondere Beauftragte bestellen.

(2) [1]Zur Verwirklichung des Grundrechts der Gleichberechtigung von Frau und Mann haben die Gemeinden mit eigener Verwaltung Gleichstellungsbeauftragte zu bestellen. [2]In Gemeinden mit mehr als 20 000 Einwohnern soll diese Aufgabe hauptamtlich erfüllt werden. [3]Näheres regelt die Hauptsatzung.

(3) Die Kreisfreien Städte sollen zur Wahrung der Belange der in der Gemeinde lebenden Ausländer Beauftragte für Migration und Integration bestellen.

(4) Die Beauftragten sind in der Ausübung ihrer Tätigkeit unabhängig und können an den Sitzungen des Gemeinderats und der für ihren Aufgabenbereich zuständigen Ausschüsse mit beratender Stimme teilnehmen.

Vierter Abschnitt
Ortschaftsverfassung

§ 65 Einführung der Ortschaftsverfassung

(1) [1]Für nach dem 1. Mai 1993 im Rahmen einer Gebietsänderung entstandene Ortsteile einer Gemeinde kann durch die Hauptsatzung die Ortschaftsverfassung eingeführt werden. [2]Dabei können mehrere benachbarte Ortsteile zu einer Ortschaft zusammengefasst werden.

(2) [1]Bestehende Ortschaften einer Gemeinde können durch Beschluss des Gemeinderates und im Einvernehmen mit den Ortschaftsräten zu einer Ortschaft vereinigt werden. [2]Der Beschluss der Ortschaftsräte bedarf jeweils der Mehrheit der Stimmen aller Mitglieder.

(3) In den Ortschaften werden Ortschaftsräte gebildet und Ortsvorsteher bestellt.

(4) [1]In den Ortschaften können örtliche Verwaltungsstellen eingerichtet werden. [2]Diese können auch für mehrere benachbarte Ortschaften zuständig sein. [3]Auf den Leiter der örtlichen Verwaltung findet § 28 Absatz 2 Nummer 2 entsprechend Anwendung.

§ 66 Ortschaftsrat

(1) [1]Die Ortschaftsräte werden in der Ortschaft nach den für die Wahl des Gemeinderats geltenden Vorschriften gewählt. [2]Wird die Ortschaftsverfassung während der Wahlperiode des Gemeinderats eingeführt, werden die Ortschaftsräte für die restliche Wahlperiode, im Übrigen gleichzeitig mit dem Gemeinderat für dieselbe Wahlperiode gewählt. [3]Wahlgebiet ist die Ortschaft; wahlberechtigt und wählbar sind die seit drei Monaten in der Ortschaft wohnenden Bürger der Gemeinde.

(2) Die Zahl der Ortschaftsräte wird durch die Hauptsatzung bestimmt.

(3) Vorsitzender des Ortschaftsrats ist der Ortsvorsteher.

(4) [1]Nimmt der Bürgermeister an einer Sitzung des Ortschaftsrats teil, ist ihm vom Vorsitzenden auf Verlangen jederzeit das Wort zu erteilen. [2]Gemeinderäte, die in der Ortschaft wohnen und nicht Ortschaftsräte sind, können an allen Sitzungen des Ortschaftsrats mit beratender Stimme teilnehmen.

§ 67 Aufgaben des Ortschaftsrats

(1) [1]Soweit nicht nach den Vorschriften dieses Gesetzes der Gemeinderat ausschließlich zuständig ist und soweit es sich nicht um Aufgaben handelt, die dem Bürgermeister obliegen, entscheidet der Ortschaftsrat im Rahmen der ihm nach Absatz 3 zur Verfügung gestellten Haushaltsmittel in folgenden Angelegenheiten:

1. die Unterhaltung, Ausstattung und Benutzung der in der Ortschaft gelegenen öffentlichen Einrichtungen, deren Bedeutung über die Ortschaft nicht hinausgeht, mit Ausnahme von Schulen;
2. die Festlegung der Reihenfolge der Arbeiten zum Um- und Ausbau sowie zur Unterhaltung und Instandsetzung von Straßen, Wegen und Plätzen, deren Bedeutung über die Ortschaft nicht hinausgeht, einschließlich der Beleuchtungseinrichtungen;
3. die Pflege des Ortsbildes sowie die Unterhaltung und Ausgestaltung der öffentlichen Park- und Grünanlagen, deren Bedeutung nicht wesentlich über die Ortschaft hinausgeht;
4. die Förderung von Vereinen, Verbänden und sonstigen Vereinigungen in der Ortschaft;
5. die Förderung und Durchführung von Veranstaltungen der Heimatpflege und des Brauchtums in der Ortschaft;
6. die Pflege vorhandener Patenschaften und Partnerschaften;
7. die Information, Dokumentation und Repräsentation in Ortschaftsangelegenheiten.

[2]Der Gemeinderat kann allgemeine Richtlinien erlassen und im Benehmen mit dem Ortschaftsrat die Angelegenheiten im Einzelnen abgrenzen.

(2) Die Ernennung, Einstellung und Entlassung des Leiters der örtlichen Verwaltungsstelle erfolgt im Benehmen mit dem Ortschaftsrat.

(3) ¹Der Gemeinderat kann durch die Hauptsatzung dem Ortschaftsrat weitere Angelegenheiten, die die Ortschaft betreffen, zur dauernden Erledigung übertragen. ²Dies gilt nicht für die in § 41 Absatz 2 genannten Angelegenheiten. ³§ 41 Absatz 3 Satz 1 bis 5 gilt entsprechend.

(4) ¹Dem Ortschaftsrat werden zur Erfüllung der ihm zugewiesenen Aufgaben angemessene Haushaltsmittel zur Verfügung gestellt. ²Die ortschaftsbezogenen Haushaltsansätze werden im Rahmen der Gesamtausgaben der Gemeinde unter Berücksichtigung des Umfanges der in der Ortschaft vorhandenen Einrichtungen und der durch sie wahrgenommenen Aufgaben festgesetzt.

(5) Soweit die dauernde Übertragung der Aufgabenerledigung auf den Bürgermeister nach § 53 Absatz 2 Satz 2 an eine Wertgrenze gebunden ist, sollen die Belange der Ortschaften angemessen berücksichtigt werden.

(6) ¹Der Ortschaftsrat ist zu wichtigen Angelegenheiten der Gemeinde, die die Ortschaft betreffen oder von unmittelbarer Bedeutung für die Ortschaft sind, zu hören, insbesondere bei der Aufstellung der ortschaftsbezogenen Haushaltsansätze, der Wahrnehmung der gemeindlichen Planungshoheit und der Vermietung, Verpachtung oder Veräußerung der in der Ortschaft gelegenen öffentlichen Grundstücke. ²Er hat ein Vorschlagsrecht zu allen Angelegenheiten, die die Ortschaft betreffen.

(7) Auf Beschluss des Ortschaftsrats ist ein Verhandlungsgegenstand, der in die Zuständigkeit des Ortschaftsrats fällt, auf die Tagesordnung spätestens der übernächsten Sitzung des Gemeinderats zu setzen, wenn der Gemeinderat den gleichen Verhandlungsgegenstand nicht innerhalb der letzten sechs Monate bereits behandelt hat, oder wenn sich seit der Behandlung die Sach- oder Rechtslage wesentlich geändert hat.

§ 68 Ortsvorsteher

(1) ¹Die Ortschaftsräte wählen den Ortsvorsteher und einen oder mehrere Stellvertreter für die Wahlperiode des Ortschaftsrates. ²Ein Gemeinderat, der zum Stellvertreter des Bürgermeisters bestellt ist (§ 54 Absatz 1 und § 55 Absatz 2), sowie der Leiter des Rechnungsprüfungsamtes (§ 103 Absatz 3) können nicht gleichzeitig Ortsvorsteher sein. ³Der Ortsvorsteher ist zum Ehrenbeamten auf Zeit zu ernennen.

(2) ¹Der Ortsvorsteher vertritt den Bürgermeister, in Gemeinden mit Beigeordneten auch die Beigeordneten ständig bei dem Vollzug der Beschlüsse des Ortschaftsrats. ²Der Bürgermeister und die Beigeordneten können dem Ortsvorsteher allgemein oder im Einzelfall Weisungen erteilen, soweit er sie vertritt. ³Der Bürgermeister kann dem Ortsvorsteher ferner in den Fällen des § 52 Absatz 2 und 3 Weisungen erteilen.

(3) ¹Ortsvorsteher können an den Verhandlungen des Gemeinderats und seiner Ausschüsse mit beratender Stimme teilnehmen. ²Der Ortsvorsteher oder sein Stellvertreter kann durch ein von den Ortschaftsräten im Einvernehmen mit dem Ortsvorsteher bestimmtes Mitglied des Ortschaftsrates vertreten werden.

(4) ¹Die Amtszeit des Ortsvorstehers endet mit der Amtszeit der Ortschaftsräte. ²Der Ortsvorsteher führt nach Freiwerden seiner Stelle die Geschäfte in entsprechender Anwendung des § 51 Absatz 5 bis zur Ernennung des neugewählten Ortsvorstehers weiter. ³Für den Fall, dass er die Geschäfte nicht weiterführt, nimmt der an Lebensjahren älteste Ortschaftsrat die Aufgaben des Ortsvorstehers wahr.

(5) ¹Der Ortsvorsteher kann vom Ortschaftsrat vorzeitig abgewählt werden. ²Der Antrag auf vorzeitige Abwahl muss von der Mehrheit aller Ortschaftsräte gestellt werden. ³Der Beschluss über die Abwahl bedarf einer Mehrheit von zwei Dritteln der Stimmen aller Ortschaftsräte; eine vorherige Aussprache findet nicht statt. ⁴Zwischen dem Antrag und dem Beschluss über die Abwahl muss eine Frist von mindestens vier und höchstens acht Wochen liegen. ⁵Der Ortsvorsteher scheidet mit dem Ablauf des Tages, an dem die Abwahl beschlossen wird, aus seinem Amt.

§ 69 Anwendung von Rechtsvorschriften

(1) ¹Für den Ortschaftsrat gelten die Vorschriften über den Gemeinderat, für den Ortsvorsteher die Vorschriften über den Bürgermeister entsprechend, soweit sich aus den Vorschriften dieses Abschnitts nichts anderes ergibt. ²Über das Vorliegen der Voraussetzungen des § 19 Absatz 3 entscheidet der Gemeinderat auf Antrag des Ortschaftsrats. ³Abweichend von § 49 Absatz 3 können Bedienstete der Gemeinde zugleich Ortsvorsteher sein. ⁴Die Entscheidung nach § 52 Absatz 2 Satz 4 im Falle des Widerspruchs des Ortsvorstehers trifft der Gemeinderat.

(2) [1]Für die Durchführung von Einwohnerversammlungen zur Erörterung von Angelegenheiten, die die Ortschaft betreffen, gilt § 22 entsprechend. [2]Soweit Angelegenheiten dem Ortschaftsrat zur Entscheidung übertragen sind, gilt für Einwohneranträge § 23 entsprechend. [3]Die Hauptsatzung kann bestimmen, dass Bürgerentscheide und Bürgerbegehren in entsprechender Anwendung der §§ 24 und 25 in den Ortschaften durchgeführt werden können.

§ 69a Aufhebung der Ortschaftsverfassung

(1) Die Ortschaftsverfassung kann durch Änderung der Hauptsatzung zur nächsten regelmäßigen Wahl der Gemeinderäte aufgehoben werden, frühestens jedoch zur übernächsten Wahl nach ihrer Einführung.

(2) [1]Wird die Ortschaftsverfassung auf Grund einer Vereinbarung nach § 9 auf unbestimmte Zeit eingeführt, kann sie nur mit Zustimmung des Ortschaftsrats aufgehoben werden. [2]Der Beschluss des Ortschaftsrats bedarf der Mehrheit der Stimmen aller Mitglieder. [3]Ist die Zahl der Ortschaftsräte während der Wahlperiode auf weniger als die Hälfte der festgelegten Mitgliederzahl gesunken, tritt an Stelle des Beschlusses des Ortschaftsrats nach Satz 2 die Entscheidung des Gemeinderats.

(3) [1]Wird die Ortschaftsverfassung auf Grund einer Vereinbarung nach § 9 befristet eingeführt, kann die Aufhebung nach Ablauf der Frist zur nächsten Wahl des Gemeinderates erfolgen. [2]Findet die nächste Gemeinderatswahl weniger als ein Jahr nach Auslaufen der Vereinbarung statt, kann die Aufhebung erst zur übernächsten regelmäßigen Wahl nach Fristablauf erfolgen.

Fünfter Abschnitt
Stadtbezirksverfassung

§ 70 Stadtbezirksverfassung

(1) [1]Die Kreisfreien Städte können durch Hauptsatzung die Stadtbezirksverfassung einführen. [2]Bei der Einteilung der Stadtbezirke soll auf die Siedlungsstruktur, die Bevölkerungsverteilung und die Ziele der Stadtentwicklung Rücksicht genommen werden.

(2) In den Stadtbezirken werden Stadtbezirksbeiräte gebildet.

(3) [1]In den Stadtbezirken können örtliche Verwaltungsstellen eingerichtet werden. [2]Diese können auch für mehrere benachbarte Stadtbezirke zuständig sein. [3]Auf den Leiter der örtlichen Verwaltung findet § 28 Absatz 2 Nummer 2 entsprechend Anwendung.

§ 71 Stadtbezirksbeirat

(1) [1]Die Mitglieder des Stadtbezirksbeirats werden vom Gemeinderat aus dem Kreise der im Stadtbezirk wohnenden wählbaren Bürger nach jeder regelmäßigen Wahl der Gemeinderäte bestellt. [2]Die Hauptsatzung kann abweichend von Satz 1 festlegen, dass die Stadtbezirksbeiräte in den Stadtbezirken nach den für die Wahl des Ortschaftsrats geltenden Vorschriften gewählt werden. [3]Die Festlegung kann zur nächsten regelmäßigen Wahl der Gemeinderäte geändert werden, jedoch frühestens zur übernächstenWahl nach ihrer Einführung. [4]Die Zahl der Mitglieder des Stadtbezirksbeirats wird durch die Hauptsatzung bestimmt; sie darf höchstens halb so groß sein wie die Zahl der Gemeinderäte nach § 29 Absatz 2 in Gemeinden mit einer Einwohnerzahl, die der von der Kreisfreien Stadt zu ermittelnden Einwohnerzahl des Stadtbezirks entspricht. [5]Bei der Bestellung der Mitglieder des Stadtbezirksbeirats soll das von den im Gemeinderat vertretenen Parteien und Wählervereinigungen bei der letzten regelmäßigen Wahl der Gemeinderäte im Stadtbezirk erzielte Wahlergebnis berücksichtigt werden.

(2) [1]Der Stadtbezirksbeirat ist zu wichtigen Angelegenheiten, die den Stadtbezirk betreffen, zu hören. [2]Er hat die örtliche Verwaltungsstelle des Stadtbezirks in allen wichtigen Angelegenheiten zu beraten und wirkt mit dieser eng zusammen. [3]Durch Hauptsatzung können dem Stadtbezirksbeirat Aufgaben nach § 67 Absatz 1 Satz 1 Nummer 2 bis 5 und 7 übertragen werden. [4]Der Gemeinderat kann die Angelegenheiten im Einzelnen abgrenzen und allgemeine Richtlinien erlassen. [5]Der Stadtbezirksbeirat hat ein Vorschlagsrecht zu allen Angelegenheiten, die den Stadtbezirk betreffen.

(3) Dem Stadtbezirksbeirat werden zur Erfüllung der ihm zugewiesenen Aufgaben angemessene Haushaltsmittel zur Verfügung gestellt.

(4) [1]Vorsitzender des Stadtbezirksbeirats ist der Bürgermeister oder ein von ihm im Benehmen mit dem Stadtbezirksbeirat mit der regelmäßigen Aufgabenwahrnehmung Beauftragter. [2]Er lädt zu den Sitzungen, legt die Tagesordnung fest, leitet die Sitzungen und vertritt den Stadtbezirksbeirat nach außen.

(5) ¹Soweit der Bürgermeister nicht Vorsitzender des Stadtbezirksbeirates ist und an einer Sitzung des Stadtbezirksbeirates teilnimmt, ist ihm vom Vorsitzenden auf Verlangen jederzeit das Wort zu erteilen. ²Gemeinderäte können an allen Sitzungen des Stadtbezirksbeirates mit beratender Stimme teilnehmen.

(6) Der Stadtbezirksbeirat bildet keine Ausschüsse.

(7) ¹Sofern in den Sitzungen des Gemeinderats oder seiner Ausschüsse wichtige Angelegenheiten, die den Stadtbezirk betreffen, auf der Tagesordnung stehen, kann der Stadtbezirksbeirat eines seiner Mitglieder zu den Sitzungen entsenden. ²Das entsandte Mitglied nimmt an den Sitzungen mit beratender Stimme teil.

(8) Die Ernennung, Einstellung und Entlassung des Leiters der örtlichen Verwaltungsstelle erfolgt im Benehmen mit dem Stadtbezirksbeirat.

(9) Die Stadtbezirksverfassung kann durch Änderung der Hauptsatzung zur nächsten regelmäßigen Wahl der Gemeinderäte aufgehoben werden, frühestens jedoch zur übernächsten Wahl nach ihrer Einführung.

71a Anwendung von Rechtsvorschriften

(1) ¹Für den Stadtbezirksbeirat gelten die §§ 35 und 36 bis 40 entsprechend, soweit sich aus den Vorschriften dieses Abschnitts nichts anderes ergibt. ²Die Hauptsatzung kann Weiteres bestimmen.

(2) ¹Für die Durchführung von Einwohnerversammlungen zur Erörterung von Angelegenheiten, die den Stadtbezirk betreffen, gilt § 22 entsprechend. ²Soweit Angelegenheiten dem Stadtbezirk zur Entscheidung übertragen sind, gilt für Einwohneranträge § 23 entsprechend.

Vierter Teil
Gemeindewirtschaft

Erster Abschnitt
Haushaltswirtschaft

§ 72 Allgemeine Haushaltsgrundsätze

(1) ¹Die Gemeinde hat ihre Haushaltswirtschaft so zu planen und zu führen, dass eine stetige Erfüllung ihrer Aufgaben gesichert ist. ²Dabei ist den Erfordernissen des gesamtwirtschaftlichen Gleichgewichts grundsätzlich Rechnung zu tragen.

(2) ¹Die Haushaltswirtschaft ist sparsam und wirtschaftlich zu führen. ²Spekulative Finanzgeschäfte sind verboten. ³Die Gemeinde hat Bücher in der Form der doppelten Buchführung zu führen, in denen die Verwaltungsvorfälle und die Vermögens-, Ertrags- und Finanzlage nach den Grundsätzen ordnungsmäßiger Buchführung ersichtlich zu machen sind.

(3) ¹Der Ergebnishaushalt muss in jedem Jahr ausgeglichen sein. ²Er ist ausgeglichen, wenn der Gesamtbetrag der Erträge den Gesamtbetrag der Aufwendungen unter Berücksichtigung der Rücklagen aus Überschüssen des ordentlichen Ergebnisses und des Sonderergebnisses erreicht oder übersteigt. ³Die Verpflichtung des Satzes 1 ist auch erfüllt, wenn die Fehlbeträge, die im Haushaltsjahr aus den Abschreibungen auf das zum 31. Dezember 2017 festgestellte Anlagevermögen entstehen, durch Verrechnung mit dem Basiskapital ausgeglichen werden. ⁴Bei der Verrechnung nach Satz 3 darf ein Drittel des zum 31. Dezember 2017 festgestellten Basiskapitals nicht unterschritten werden. ⁵Wird der Ausgleich des Ergebnishaushalts nach den Sätzen 1 bis 4 nicht erreicht, ist ein Haushaltsstrukturkonzept aufzustellen, das den Ausgleich des Ergebnishaushalts bis zum vierten Folgejahr sicherstellt.

(4) ¹Für die Gesetzmäßigkeit des Haushalts ist es ferner erforderlich, dass im Finanzhaushalt des Haushaltsjahres ein Zahlungsmittelsaldo aus laufender Verwaltungstätigkeit gemäß § 74 Absatz 2 Satz 1 Nummer 1 Buchstabe b Doppelbuchstabe aa ausgewiesen ist, mit dem der Betrag der ordentlichen Kredittilgung und des Tilgungsanteils der Zahlungsverpflichtungen aus kreditähnlichen Rechtsgeschäften gedeckt werden kann. ²Verfügbare Mittel

1. im Zahlungsmittelsaldo aus Investitionstätigkeit gemäß § 74 Absatz 2 Satz 1 Nummer 1 Buchstabe b Doppelbuchstabe bb,
2. im Saldo aus den Einzahlungen und Auszahlungen für die Gewährung von Darlehen oder
3. im Bestand an liquiden Mitteln

können zur Deckung gemäß Satz 1 verwendet werden. ³Liegen die Voraussetzungen der Sätze 1 und 2 im laufenden Haushaltsjahr nicht vor, ist mit der Aufstellung eines Haushaltsstrukturkonzeptes sicherzustellen, dass diese im Finanzhaushalt bis zum vierten Folgejahr erfüllt werden. [4]In begründeten Einzelfällen kann die Rechtsaufsichtsbehörde Ausnahmen von der Pflicht zur Aufstellung eines Haushaltsstrukturkonzeptes zulassen.

(5) [1]Einen nicht durch die Kapitalposition gedeckten Fehlbetrag (Überschuldung) darf die Vermögensrechnung nicht ausweisen. [2]Ist die Überschuldung bereits eingetreten oder steht mit hinreichender Sicherheit fest, dass sie innerhalb des mittelfristigen Finanzplanungszeitraumes eintreten wird, ist ein Haushaltsstrukturkonzept aufzustellen, das die Überschuldung bis zum vierten Folgejahr beseitigt oder die Überschuldung abwendet.

(6) [1]Das Haushaltsstrukturkonzept bedarf der Genehmigung durch die Rechtsaufsichtsbehörde. [2]Im begründeten Einzelfall kann mit Genehmigung der Rechtsaufsichtsbehörde von den in Absatz 3 Satz 5, Absatz 4 Satz 3 und Absatz 5 Satz 2 genannten Konsolidierungszeiträumen abgewichen werden. [3]Die Genehmigung kann unter Bedingungen und Auflagen erteilt werden. [4]Das Haushaltsstrukturkonzept ist der Haushaltsentwicklung anzupassen.

(7) [1]Ergibt sich bei der Feststellung des Jahresabschlusses trotz eines ursprünglich ausgeglichenen Ergebnishaushalts ein Fehlbetrag oder ist der Fehlbetrag höher als der im Haushaltsstrukturkonzept ausgewiesene Fehlbetrag, hat die Gemeinde dies der Rechtsaufsichtsbehörde unverzüglich anzuzeigen. [2]Satz 1 gilt entsprechend, wenn sich bei der Feststellung des Jahresabschlusses ergibt, dass die dauerhafte Leistungsfähigkeit gemäß Absatz 4 in der Finanzrechnung nicht nachgewiesen oder mit den im Haushaltsstrukturkonzept beschlossenen Maßnahmen im Finanzhaushalt nicht erreicht wird.

(8) Über die Auswirkungen der Regelungen der Absätze 3 bis 7 berichtet das Staatsministerium des Innern dem Landtag im Jahr 2023.

§ 73 Grundsätze der Einnahmenbeschaffung

(1) Die Gemeinde erhebt Abgaben nach den gesetzlichen Vorschriften.

(2) Die Gemeinde hat die zur Erfüllung ihrer Aufgaben erforderlichen Einnahmen
1. soweit vertretbar und geboten, aus selbst zu bestimmenden Entgelten für die von ihr erbrachten Leistungen,
2. im Übrigen aus Steuern
zu beschaffen.

(3) Die Gemeinde hat bei der Einnahmenbeschaffung auf die wirtschaftlichen Kräfte ihrer Abgabepflichtigen Rücksicht zu nehmen.

(4) Die Gemeinde darf Kredite nur aufnehmen, wenn eine andere Finanzierung nicht möglich ist oder wirtschaftlich unzweckmäßig wäre.

(5) [1]Die Gemeinde darf zur Erfüllung ihrer Aufgaben nach § 1 Absatz 2 Spenden, Schenkungen und ähnliche Zuwendungen einwerben und annehmen oder an Dritte vermitteln, die sich an der Erfüllung von Aufgaben nach § 1 Absatz 2 beteiligen. [2]Die Einwerbung und die Entgegennahme des Angebots einer Zuwendung obliegen ausschließlich dem Bürgermeister den Beigeordneten oder den vom Bürgermeister damit beauftragten leitenden Bediensteten; die Entgegennahme des Angebots einer Zuwendung durch andere Bedienstete wird wirksam, wenn der Bürgermeister sie nachträglich genehmigt. [3]Über die Annahme oder Vermittlung entscheidet der Gemeinderat oder ein beschließender Ausschuss. [4]Für die Annahme oder Vermittlung von Spenden, Schenkungen und ähnlichen Zuwendungen zugunsten von Museen, Bibliotheken und Archiven, deren Träger die Gemeinde ist, sowie für die Annahme oder Vermittlung von Spenden, Schenkungen und ähnlichen Zuwendungen bis zu einem Wert von im Einzelfall 50 Euro kann die Hauptsatzung von Satz 3 abweichende Regelungen treffen. [5]Spenden, Schenkungen und ähnliche Zuwendungen bis zu einem Wert von im Einzelfall 1 000 Euro können listenmäßig erfasst werden, der Gemeinderat oder ein beschließender Ausschuss kann über deren Annahme oder Vermittlung in einer gemeinsamen Beschlussvorlage entscheiden.

§ 74 Haushaltssatzung

(1) [1]Die Gemeinde hat für jedes Haushaltsjahr eine Haushaltssatzung zu erlassen. [2]Die Haushaltssatzung kann für zwei Haushaltsjahre, nach Jahren getrennt, erlassen werden.

(2) [1]Die Haushaltssatzung enthält die Festsetzung
1. des Haushaltsplanes
   a) im Ergebnishaushalt unter Angabe des Gesamtbetrages

      aa) der ordentlichen Erträge und Aufwendungen sowie deren Saldo als veranschlagtes ordentliches Ergebnis,

      bb) der außerordentlichen Erträge und Aufwendungen und deren Saldo als veranschlagtes Sonderergebnis,

      cc) des ordentlichen Ergebnisses und des Sonderergebnisses als veranschlagtes Gesamtergebnis,

  b) im Finanzhaushalt unter Angabe des Gesamtbetrages

      aa) der Einzahlungen und Auszahlungen aus laufender Verwaltungstätigkeit und deren Saldo als Zahlungsmittelüberschuss oder -bedarf aus laufender Verwaltungstätigkeit,

      bb) der Einzahlungen und Auszahlungen aus Investitionstätigkeit und deren Saldo,

      cc) aus den Salden nach den Doppelbuchstaben aa und bb als Finanzierungsmittelüberschuss oder -fehlbetrag,

      dd) der Einzahlungen und Auszahlungen aus Finanzierungstätigkeit und deren Saldo,

  c) unter Angabe des Gesamtbetrages

      aa) der vorgesehenen Kreditaufnahmen für Investitionen und Investitionsförderungsmaßnahmen (Kreditermächtigung) und

      bb) der vorgesehenen Ermächtigungen zum Eingehen von Verpflichtungen, die künftige Haushaltsjahre mit Auszahlungen für Investitionen und Investitionsförderungsmaßnahmen belasten (Verpflichtungsermächtigungen),

2.   des Höchstbetrages der Kassenkredite,

3.   der Steuersätze, die für jedes Haushaltsjahr neu festzusetzen sind.

[2]Sie kann weitere Vorschriften enthalten, die sich auf die Erträge, Aufwendungen, Einzahlungen und Auszahlungen sowie den Stellenplan für das Haushaltsjahr beziehen.

(3) Haushaltsjahr ist das Kalenderjahr.

§ 75 Haushaltsplan

(1) [1]Der Haushaltsplan ist Teil der Haushaltssatzung. [2]Er enthält alle im Haushaltsjahr für die Erfüllung der Aufgaben der Gemeinden voraussichtlich

1.   anfallenden Erträge und entstehenden Aufwendungen,

2.   eingehenden ergebnis- und vermögenswirksamen Einzahlungen und zu leistenden ergebnis- und vermögenswirksamen Auszahlungen und

3.   notwendigen Verpflichtungsermächtigungen.

(2) Der Haushaltsplan enthält den Stellenplan für die Bediensteten der Gemeinde nach § 63.

(3) Der Haushaltsplan ist in einen Ergebnishaushalt und einen Finanzhaushalt zu gliedern, die sich ihrerseits aus Teilhaushalten zusammensetzen.

(4) [1]Der Haushaltsplan ist nach Maßgabe dieses Gesetzes und der auf Grund dieses Gesetzes erlassenen Vorschriften für die Führung der Haushaltswirtschaft verbindlich. [2]Ansprüche und Verbindlichkeiten werden durch ihn weder begründet noch aufgehoben.

(5) [1]Der Bürgermeister unterrichtet den Gemeinderat und die Rechtsaufsichtsbehörde zum Stand 30. Juni des Haushaltsjahres schriftlich über wesentliche Abweichungen vom Haushaltsplan, insbesondere bei der Entwicklung der Erträge und Aufwendungen, der Einzahlungen und Auszahlungen, der Inanspruchnahme der Kreditermächtigungen, dem Schuldenstand der Gemeinde und über die von der Gemeinde übernommenen Bürgschaften, Verpflichtungen aus Gewährverträgen und kreditähnlichen Rechtsgeschäften sowie über den Vollzug des Haushaltsstrukturkonzeptes. [2]§ 76 Absatz 1 Satz 2 gilt entsprechend.

§ 76 Erlass der Haushaltssatzung

(1) [1]Der Bürgermeister leitet den Entwurf der Haushaltssatzung dem Gemeinderat zu. [2]Der für das Finanzwesen verantwortliche Beigeordnete oder, falls ein solcher nicht bestellt ist, der Fachbedienstete für das Finanzwesen ist berechtigt, dem Gemeinderat eine schriftliche Stellungnahme zu dem Entwurf zuzuleiten. [3]Der Entwurf ist an sieben Arbeitstagen öffentlich auszulegen oder elektronisch zur Verfügung zu stellen; diese Frist ist ortsüblich bekannt zu geben. [4]Einwohner und Abgabepflichtige haben für die Dauer von 14 Arbeitstagen die Möglichkeit, Einwendungen zu erheben; diese Frist, auf die in der ortsüblichen Bekanntgabe hinzuweisen ist, beginnt mit dem ersten Tag, an dem der Entwurf öf-

fentlich ausliegt oder elektronisch zur Verfügung steht. [5]Über die fristgemäß erhobenen Einwendungen beschließt der Gemeinderat in öffentlicher Sitzung.

(2) [1]Die Haushaltssatzung ist vom Gemeinderat in öffentlicher Sitzung zu beraten und zu beschließen. [2]Die vom Gemeinderat beschlossene Haushaltssatzung ist der Rechtsaufsichtsbehörde vorzulegen; sie soll ihr spätestens einen Monat vor Beginn des Haushaltsjahres vorliegen.

(3) [1]Die Haushaltssatzung tritt abweichend von § 4 Absatz 3 Satz 2 mit Beginn des Haushaltsjahres in Kraft und gilt für das Haushaltsjahr. [2]Der Haushaltsplan ist mit der öffentlichen Bekanntmachung der Haushaltssatzung für die Dauer von mindestens einer Woche an einer bestimmten Verwaltungsstelle zur kostenlosen Einsicht durch jedermann während der Sprechzeiten auszulegen oder elektronisch zur Verfügung zu stellen; in der Bekanntmachung ist hierauf hinzuweisen. [3]Die Bekanntmachung ist mit Ablauf der Niederlegungsfrist vollzogen. [4]Enthält die Haushaltssatzung genehmigungspflichtige Teile, darf sie erst nach Erteilung der Genehmigung öffentlich bekanntgemacht werden.

§ 77 Nachtragssatzung

(1) [1]Die Haushaltssatzung kann nur bis zum Ablauf des Haushaltsjahres durch Nachtragssatzung geändert werden. [2]Für die Nachtragssatzung gelten die Vorschriften über die Haushaltssatzung entsprechend.

(2) Die Gemeinde hat unverzüglich eine Nachtragssatzung zu erlassen, wenn

1. sich zeigt, dass im Ergebnishaushalt beim Gesamtergebnis ein erheblicher Fehlbetrag entsteht oder ein veranschlagter Fehlbetrag sich erheblich vergrößert und sich dies nicht durch andere Maßnahmen vermeiden lässt,
2. im Finanzhaushalt zwischen dem Zahlungsmittelsaldo aus laufender Verwaltungstätigkeit gemäß § 74 Absatz 2 Satz 1 Nummer 1 Buchstabe Doppelbuchstabe aa und dem Betrag der ordentlichen Kredittilgung und des Tilgungsanteils der Zahlungsverpflichtungen aus kreditähnlichen Rechtsgeschäften eine wesentliche Differenz besteht, die auch nicht durch verfügbare Mittel gemäß § 72 Absatz 4 Satz 2 gedeckt werden kann,
3. bisher nicht veranschlagte oder zusätzliche Aufwendungen und Auszahlungen in einem im Verhältnis zu den Gesamtaufwendungen und -auszahlungen des Haushaltsplanes erheblichen Umfang geleistet werden müssen,
4. Auszahlungen im Finanzhaushalt für bisher nicht veranschlagte Investitionen oder Investitionsförderungsmaßnahmen geleistet werden sollen, ausgenommen sind Auszahlungen auf übertragene Haushaltsermächtigungen,
5. Bedienstete eingestellt, angestellt, befördert oder höhergruppiert werden sollen und der Stellenplan die entsprechenden Stellen nicht enthält.

(3) Absatz 2 Nummer 3 bis 5 findet keine Anwendung auf

1. geringfügige Investitionen und Investitionsförderungsmaßnahmen sowie unabweisbare Aufwendungen,
1a. die Verwendung im Finanzhaushalt bereits veranschlagter Auszahlungen für Investitionen oder Investitionsförderungsmaßnahmen für bisher nicht veranschlagte Investitionen oder Investitionsförderungsmaßnahmen, sofern der Gemeinderat dieser Verwendung zustimmt,
2. die Umschuldung von Krediten,
3. Abweichungen vom Stellenplan und die Leistung höherer Personalaufwendungen, die sich unmittelbar aus einer Änderung des Besoldungs- oder Tarifrechts ergeben,
4. eine Mehrung oder Hebung von Beamtenstellen der Besoldungsgruppen A 2 bis A 10 und für vergleichbare Beschäftigte, wenn dies im Verhältnis zur Gesamtzahl der Stellen unerheblich ist.

§ 78 Vorläufige Haushaltsführung

(1) Ist die Haushaltssatzung zu Beginn des Haushaltsjahres noch nicht erlassen, darf die Gemeinde

1. nur Aufwendungen und Auszahlungen leisten, zu deren Leistung sie rechtlich verpflichtet ist oder die für die Weiterführung notwendiger Aufgaben unaufschiebbar sind; sie darf insbesondere Bauten, Beschaffungen und sonstige Auszahlungen des Finanzhaushalts, für die im Haushaltsplan des Vorjahres Beträge vorgesehen waren, fortsetzen,
2. Abgaben vorläufig nach den Sätzen des Vorjahres erheben,
3. Kredite umschulden.

(2) [1]Reichen die Finanzierungsmittel für die Fortsetzung von Bauten, Beschaffungen und sonstigen Auszahlungen des Finanzhaushalts nach Absatz 1 Nummer 1 nicht aus, darf die Gemeinde mit Genehmigung der Rechtsaufsichtsbehörde Kredite für Investitionen und Investitionsförderungsmaßnahmen bis zu einem Viertel des durchschnittlichen Betrages der Kreditermächtigungen für die beiden Vorjahre aufnehmen. [2]§ 82 Absatz 2 Satz 2 und 3 gilt entsprechend.

(3) Der Stellenplan des Vorjahres gilt weiter, bis die Haushaltssatzung für das neue Jahr erlassen ist.

§ 79 Abweichungen vom Haushaltsplan

(1) [1]Überplanmäßige und außerplanmäßige Aufwendungen oder Auszahlungen sind nur zulässig, wenn

1. ein dringendes Bedürfnis besteht und sowohl die Finanzierung im Finanzhaushalt als auch die Deckung im Ergebnishaushalt gewährleistet ist oder

2. die Aufwendungen oder Auszahlungen unabweisbar sind und sowohl die Finanzierung im Finanzhaushalt gewährleistet ist als auch im Ergebnishaushalt kein erheblicher Fehlbetrag entsteht oder ein geplanter Fehlbetrag sich nur unerheblich erhöht.

[2]Sind die Aufwendungen oder Auszahlungen nach Umfang und Bedeutung erheblich, bedürfen sie der Zustimmung des Gemeinderats. [3]Nicht veranschlagte oder zusätzliche Aufwendungen, die erst bei der Aufstellung des Jahresabschlusses festgestellt werden können und nicht zu Auszahlungen führen, gelten nicht als überplanmäßige und außerplanmäßige Aufwendungen. [4]§ 77 Absatz 2 bleibt unberührt.

(2) Für Investitionen, die im folgenden Jahr fortgesetzt werden, sind überplanmäßige Auszahlungen auch dann zulässig, wenn ihre Finanzierung im folgenden Jahr gewährleistet ist; sie bedürfen der Zustimmung des Gemeinderats.

(3) Absätze 1 und 2 gelten entsprechend für Maßnahmen, durch die überplanmäßige oder außerplanmäßige Aufwendungen oder Auszahlungen entstehen können.

§ 80 Finanzplanung

(1) [1]Die Gemeinde hat ihrer Haushaltswirtschaft eine fünfjährige Finanzplanung zugrunde zu legen. [2]Das erste Planungsjahr der Finanzplanung ist das laufende Haushaltsjahr.

(2) In der Finanzplanung sind Umfang und Zusammensetzung der voraussichtlichen Aufwendungen und Auszahlungen und die Finanzierungsmöglichkeiten darzustellen.

(3) Als Grundlage für die Finanzplanung ist ein Investitionsprogramm aufzustellen.

(4) Der Finanzplan mit dem Investitionsprogramm ist dem Gemeinderat spätestens mit dem Entwurf der Haushaltssatzung vorzulegen.

(5) Der Finanzplan und das Investitionsprogramm sind mit Beschluss der Haushaltssatzung der Entwicklung anzupassen und fortzuführen.

(6) Die Gemeinde soll rechtzeitig geeignete Maßnahmen treffen, die nach der Finanzplanung erforderlich sind, um eine geordnete Haushaltsentwicklung unter Berücksichtigung ihrer voraussichtlichen Leistungsfähigkeit in den einzelnen Planungsjahren zu sichern.

§ 81 Verpflichtungsermächtigungen

(1) Verpflichtungen zur Leistung von Auszahlungen für Investitionen und Investitionsförderungsmaßnahmen in künftigen Jahren dürfen unbeschadet des Absatzes 5 nur eingegangen werden, wenn der Haushaltsplan hierzu ermächtigt.

(2) Die Verpflichtungsermächtigungen dürfen zu Lasten der dem Haushaltsjahr folgenden drei Jahre veranschlagt werden, erforderlichenfalls bis zum Abschluss einer Maßnahme; sie sind nur zulässig, wenn ihre Finanzierung in künftigen Haushalten möglich ist.

(3) Die Verpflichtungsermächtigungen gelten weiter, bis die Haushaltssatzung für das folgende Haushaltsjahr erlassen ist.

(4) [1]Der Gesamtbetrag der Verpflichtungsermächtigungen bedarf im Rahmen der Haushaltssatzung insoweit der Genehmigung der Rechtsaufsichtsbehörde, als in den Jahren, zu deren Lasten sie veranschlagt sind, Kreditaufnahmen vorgesehen sind. [2]§ 82 Absatz 2 Satz 2 und 3 gilt entsprechend.

(5) Verpflichtungen im Sinne des Absatzes 1 dürfen überplanmäßig oder außerplanmäßig eingegangen werden, wenn ein dringender Bedarf besteht und der in der Haushaltssatzung festgesetzte Gesamtbetrag der Verpflichtungsermächtigungen nicht überschritten wird.

§ 82 Kreditaufnahmen

(1) Kredite (§ 73 Absatz 4) dürfen nur im Finanzhaushalt und nur für Investitionen, Investitionsförderungsmaßnahmen und zur Umschuldung aufgenommen werden.

(2) [1]Der Gesamtbetrag der vorgesehenen Kreditaufnahmen für Investitionen und Investitionsförderungsmaßnahmen bedarf im Rahmen der Haushaltssatzung der Genehmigung der Rechtsaufsichtsbehörde (Gesamtgenehmigung). [2]Die Genehmigung soll unter dem Gesichtspunkt einer geordneten Haushaltswirtschaft erteilt oder versagt werden; sie kann unter Bedingungen erteilt oder mit Auflagen verbunden werden. [3]Sie ist in der Regel zu versagen, wenn die Kreditverpflichtungen die dauernde Leistungsfähigkeit der Gemeinde gefährden.

(3) Die Kreditermächtigung gilt weiter, bis die Haushaltssatzung für das übernächste Jahr erlassen ist.

(4) Die Aufnahme der einzelnen Kredite, deren Gesamtbetrag nach Absatz 2 genehmigt worden ist, bedarf der Genehmigung der Rechtsaufsichtsbehörde (Einzelgenehmigung), soweit kraft Gesetzes Kreditaufnahmen beschränkt sind.

(5) [1]Die Begründung einer Zahlungsverpflichtung, die wirtschaftlich einer Kreditaufnahme gleichkommt, bedarf der Genehmigung der Rechtsaufsichtsbehörde. [2]Absatz 2 Satz 2 und 3 gilt entsprechend. [3]Eine Genehmigung ist nicht erforderlich für die Begründung von Zahlungsverpflichtungen im Rahmen der laufenden Verwaltung.

(6) [1]Die Gemeinde darf zur Sicherung eines Kredits keine Sicherheiten bestellen. [2]Die Rechtsaufsichtsbehörde kann Ausnahmen zulassen, wenn die Bestellung von Sicherheiten der Verkehrsübung entspricht.

(7) Das Staatsministerium des Innern kann Ausnahmen nach Absatz 6 Satz 2 allgemein zulassen.

§ 83 Sicherheiten und Gewährleistung für Dritte

(1) [1]Die Gemeinde darf keine Sicherheiten zugunsten Dritter bestellen. [2]Die Rechtsaufsichtsbehörde kann Ausnahmen zulassen.

(2) [1]Die Gemeinde darf Bürgschaften und Verpflichtungen aus Gewährverträgen nur zur Erfüllung ihrer Aufgaben übernehmen. [2]Die Rechtsgeschäfte bedürfen der Genehmigung der Rechtsaufsichtsbehörde, wenn sie nicht im Rahmen der laufenden Verwaltung abgeschlossen werden. [3]§ 82 Absatz 2 Satz 2 und 3 gilt entsprechend.

(3) Absatz 2 gilt entsprechend für Rechtsgeschäfte, die den dort genannten Rechtsgeschäften wirtschaftlich gleichkommen, insbesondere für die Zustimmung zu Rechtsgeschäften Dritter, aus denen der Gemeinde in künftigen Haushaltsjahren Verpflichtungen zur Leistung von Aufwendungen und Auszahlungen erwachsen können.

(4) Das Staatsministerium des Innern kann Ausnahmen nach Absatz 1 allgemein zulassen.

§ 84 Kassenkredite

(1) Die Gemeinde hat die rechtzeitige Leistung der Auszahlungen sicherzustellen.

(2) [1]Zur rechtzeitigen Leistung der Auszahlungen kann die Gemeinde Kassenkredite bis zu dem in der Haushaltssatzung festgelegten Höchstbetrag aufnehmen, soweit für die Kasse keine anderen Mittel zur Verfügung stehen. [2]Die Ermächtigung gilt weiter, bis die Haushaltssatzung für das folgende Jahr erlassen ist.

(3) Der Höchstbetrag der Kassenkredite bedarf im Rahmen der Haushaltssatzung der Genehmigung der Rechtsaufsichtsbehörde, wenn er ein Fünftel der im Finanzhaushalt veranschlagten Auszahlungen für laufende Verwaltungstätigkeit übersteigt.

§ 85 Rücklagen

[1]Überschüsse der Ergebnisrechnung sind den Rücklagen zuzuführen. [2]Rücklagen können auch aus zweckgebundenen Erträgen gebildet werden.

§ 85a Rückstellungen

(1) Für ungewisse Verbindlichkeiten und für hinsichtlich ihrer Höhe oder des Zeitpunktes ihres Eintritts unbestimmte Aufwendungen sind Rückstellungen in angemessener Höhe zu bilden.

(2) Rückstellungen dürfen nur aufgelöst werden, soweit der Grund für ihre Bildung entfallen ist.

§ 86 Gemeindekasse

(1) ¹Die Gemeindekasse erledigt alle Kassengeschäfte der Gemeinde. ²Für Sondervermögen und Treuhandvermögen, für die Sonderrechnungen geführt werden, sollen Sonderkassen gebildet werden; sie sollen mit der Gemeindekasse verbunden werden.

(2) Die Gemeinde hat, wenn sie ihre Kassengeschäfte nicht durch eine Stelle außerhalb der Gemeindeverwaltung besorgen lässt, einen Kassenverwalter und einen Stellvertreter zu bestellen.

(3) Die anordnungsbefugten Bediensteten der Gemeinde, Leiter und Prüfer des Rechnungsprüfungsamtes sowie Rechnungsprüfer dürfen nicht gleichzeitig zum Kassenverwalter oder dessen Stellvertreter bestellt werden.

(4) ¹Der Kassenverwalter, sein Stellvertreter und andere Bedienstete der Gemeindekasse dürfen untereinander, zum Bürgermeister, zu einem Beigeordneten, einem Stellvertreter des Bürgermeisters, zum Fachbediensteten für das Finanzwesen oder einem anordnungsbefugten Bediensteten, zum Leiter und zu den Prüfern des Rechnungsprüfungsamtes sowie zu einem Rechnungsprüfer nicht in einem die Befangenheit begründenden Verhältnis nach § 20 Absatz 1 Nummer 1 bis 3 stehen. ²In Gemeinden mit nicht mehr als 1 000 Einwohnern kann der Gemeinderat bei Vorliegen besonderer Umstände Ausnahmen vom Verbot des Satzes 1 zulassen.

§ 87 Übertragung von Kassengeschäften, Automation

(1) ¹Die Gemeinde kann die Kassengeschäfte ganz oder zum Teil von einer Stelle außerhalb der Gemeindeverwaltung besorgen lassen, wenn die ordnungsgemäße Erledigung und die Prüfung nach den für die Gemeinde geltenden Vorschriften gewährleistet sind. ²Der Beschluss hierüber ist der Rechtsaufsichtsbehörde anzuzeigen.

(2) ¹Für die automatisierte Ausführung der Geschäfte der kommunalen Haushaltswirtschaft und der Kassengeschäfte dürfen nur Fachprogramme verwendet werden, die von der Sächsischen Anstalt für kommunale Datenverarbeitung zugelassen sind. ²Gleiches gilt für die Verwendung dieser Fachprogramme nach wesentlichen Programmänderungen. ³Die Gültigkeit der Zulassung soll befristet werden. ⁴Bei Programmen, die für mehrere Gemeinden Anwendung finden sollen, genügt eine Zulassung. ⁵Die technischen Standards, die erforderlich sind, um die gesetzlichen Voraussetzungen für die Programmzulassung zu erfüllen, werden von der Sächsischen Anstalt für kommunale Datenverarbeitung im Benehmen mit dem Sächsischen Rechnungshof in einer Verwaltungsvorschrift als Prüfhandbuch niedergelegt.

§ 88 Jahresabschluss

(1) ¹Die Gemeinde hat zum Schluss eines jeden Haushaltsjahres einen Jahresabschluss aufzustellen. ²Der Jahresabschluss muss klar und übersichtlich sein. ³Der Jahresabschluss hat sämtliche Vermögensgegenstände, Schulden, Rechnungsabgrenzungsposten, Erträge, Aufwendungen, Einzahlungen und Auszahlungen zu enthalten, soweit nichts anderes bestimmt ist. ⁴Er hat unter Beachtung der Grundsätze ordnungsmäßiger Buchführung ein den tatsächlichen Verhältnissen entsprechendes Bild der Vermögens-, Finanz- und Ertragslage der Gemeinde zu vermitteln.

(2) ¹Der Jahresabschluss besteht aus

1. der Ergebnisrechnung,
2. der Finanzrechnung und
3. der Vermögensrechnung.

²Der Jahresabschluss ist um einen Anhang zu erweitern, der mit den Rechnungen nach Satz 1 eine Einheit bildet, und durch einen Rechenschaftsbericht zu erläutern.

(3) Am Schluss des Rechenschaftsberichts sind für den Bürgermeister und den Fachbediensteten für das Finanzwesen sowie für die Ratsmitglieder, auch wenn die Personen im Haushaltsjahr ausgeschieden sind, anzugeben:

1. Familienname mit mindestens einem ausgeschriebenen Vornamen,
2. die Mitgliedschaft in Aufsichtsräten und anderen Kontrollgremien im Sinne des § 125 Absatz 1 Satz 5 des Aktiengesetzes vom 6. September 1965 (BGBl. I S. 1089), das zuletzt durch Artikel 9 des Gesetzes vom 17. Juli 2017 (BGBl. I S. 2446) geändert worden ist, in der jeweils geltenden Fassung,

3. die Mitgliedschaft in Organen von verselbstständigten Organisationseinheiten und Vermögensmassen, die mit der Gemeinde eine Rechtseinheit bilden, und in Organen von Unternehmen nach § 96, an denen die Gemeinde eine Beteiligung hält, ausgenommen die Hauptversammlung, und
4. die Mitgliedschaft in Organen sonstiger privatrechtlicher Unternehmen, ausgenommen die Hauptversammlung.

(4) Dem Anhang sind als Anlagen beizufügen:
1. die Anlagenübersicht,
2. die Verbindlichkeitenübersicht,
3. die Forderungsübersicht und
4. eine Übersicht über die in das folgende Jahr übertragenen Haushaltsermächtigungen.

(5) Die Gemeinden dürfen bei den Jahresabschlüssen der Haushaltsjahre bis einschließlich 2015 auf die Bestandteile gemäß Absatz 2 Satz 2 sowie Absatz 3 und 4 verzichten.

§ 88a Eröffnungsbilanz

(1) [1]Die Gemeinde hat zu Beginn des ersten Haushaltsjahres, in dem die Bücher in der Form der doppelten Buchführung geführt werden, eine Eröffnungsbilanz aufzustellen. [2]Auf die Eröffnungsbilanz sind die für den Jahresabschluss geltenden Vorschriften mit Ausnahme des § 88 Absatz 2 Satz 1 Nummer 1 und 2 entsprechend anzuwenden. [3]Die Pflicht zur Aufstellung einer Eröffnungsbilanz besteht auch bei einer Änderung des Gemeindegebiets gemäß § 8. [4]In diesen Fällen dürfen die jeweils im letzten Jahresabschluss der an der Gebietsänderung beteiligten Gemeinden ausgewiesenen Buchwerte übernommen werden. [5]Die Eröffnungsbilanz einschließlich des Anhangs mit allen Anlagen und des Rechenschaftsberichts unterliegt der örtlichen Prüfung gemäß den §§ 103 bis 106. [6]Die örtliche Prüfung ist abweichend von § 104 Absatz 2 innerhalb von vier Monaten nach Aufstellung der Eröffnungsbilanz durchzuführen.

(2) [1]Die Eröffnungsbilanz einschließlich des Anhangs mit allen Anlagen und des Rechenschaftsberichts unterliegt der überörtlichen Prüfung gemäß den §§ 108 und 109. [2]In den Fällen des Absatzes 1 Satz 1 soll die Eröffnungsbilanz abweichend von § 109 Absatz 3 innerhalb von sechs Monaten nach Feststellung überörtlich geprüft werden; zu diesem Zweck ist sie der überörtlichen Prüfungsbehörde unverzüglich nach Feststellung vorzulegen.

§ 88b Gesamtabschluss

(1) [1]Die Gemeinde kann einen Gesamtabschluss aufstellen. [2]Verzichtet sie hierauf, ist dies der Rechtsaufsichtsbehörde anzuzeigen. [3]Bei einem Gesamtabschluss sind mit dem Jahresabschluss der Gemeinde die Jahresabschlüsse
1. der verselbstständigten Organisationseinheiten und Vermögensmassen, die mit der Gemeinde eine Rechtseinheit bilden,
2. der Unternehmen nach § 96, an denen die Gemeinde eine Beteiligung hält, und
3. der Zweckverbände und Verwaltungsverbände
zu konsolidieren. [4]Für mittelbare Beteiligungen gilt § 290 Absatz 3 des Handelsgesetzbuches in der im Bundesgesetzblatt Teil III, Gliederungsnummer 4100-1, veröffentlichten bereinigten Fassung, das zuletzt durch Artikel 3 des Gesetzes vom 10. Juli 2018 (BGBl. I S. 1102) geändert worden ist, in der jeweils geltenden Fassung, entsprechend. [5]Der Gesamtabschluss muss unter Beachtung der Grundsätze ordnungsmäßiger Buchführung ein den tatsächlichen Verhältnissen entsprechendes Bild der Vermögens-, Ertrags- und Finanzlage der Gemeinde vermitteln. [6]Dies gilt auch für ihre ausgegliederten Aufgabenträger nach Satz 3. [7]Die Aufgabenträger müssen in den Gesamtabschluss nicht einbezogen werden, wenn sie für die Verpflichtung nach Satz 5 von untergeordneter Bedeutung sind. [8]Die Anwendung des Satzes 7 ist im Konsolidierungsbericht anzugeben und zu begründen. [9]Aufgabenträger nach Satz 3 mit dem Zweck der unmittelbaren oder nach Übertragung mittelbaren Trägerschaft an Sparkassen sind nicht im Gesamtabschluss zu konsolidieren.

(2) [1]Aufgabenträger nach Absatz 1, auf die die Gemeinde entsprechend § 290 Absatz 1 und 2 des Handelsgesetzbuches unmittelbar und mittelbar beherrschenden Einfluss ausüben kann, sind entsprechend den §§ 300 bis 309 des Handelsgesetzbuches zu konsolidieren. [2]Abweichend von § 301 Absatz 1 Satz 2 des Handelsgesetzbuches kann das Eigenkapital der Aufgabenträger mit dem Betrag angesetzt werden, der dem Buchwert der in den Gesamtabschluss aufzunehmenden Vermögensgegenstände, Schulden, Rechnungsabgrenzungsposten, Bilanzierungshilfen und Sonderposten entspricht. [3]Für die

Konsolidierung des Jahresabschlusses der Gemeinde und der Jahresabschlüsse der Aufgabenträger gilt § 308 des Handelsgesetzbuches mit der Maßgabe, dass eine einheitliche Bewertung nicht erforderlich ist. [4]Aufgabenträger nach Absatz 1, die entsprechend § 311 Absatz 1 des Handelsgesetzbuches unter maßgeblichem Einfluss der Gemeinde stehen, sind entsprechend § 312 des Handelsgesetzbuches zu konsolidieren. [5]Auf die Zuordnung des Unterschiedsbetrages gemäß § 312 Absatz 2 Satz 1 des Handelsgesetzbuches kann verzichtet werden.

(3) [1]Der Gesamtabschluss ist durch eine Kapitalflussrechnung zu ergänzen und durch einen Konsolidierungsbericht zu erläutern. [2]Dem Konsolidierungsbericht sind die Angaben aus dem Rechenschaftsbericht nach § 88 Absatz 3 und die Angaben zum nicht konsolidierten Beteiligungsbesitz nach § 99 Absatz 2 und 3 anzufügen. [3]Wird ein Gesamtabschluss nach den Sätzen 1 und 2 aufgestellt, kann der Beteiligungsbericht nach § 99 entfallen.

(4) [1]Die Gemeinde hat bei den nach Absatz 1 zu konsolidierenden Aufgabenträgern darauf hinzuwirken, dass ihr das Recht eingeräumt wird, von diesen alle Unterlagen und Auskünfte zu verlangen, die für die Aufstellung des Gesamtabschlusses erforderlich sind. [2]§ 96a Absatz 1 Nummer 10 bleibt unberührt.

§ 88c Aufstellung und ortsübliche Bekanntgabe des Abschlusses

(1) Jahresabschluss und Gesamtabschluss sind innerhalb von sechs Monaten nach Ende des Haushaltsjahres aufzustellen und vom Bürgermeister unter Angabe des Datums zu unterzeichnen.

(2) Der Gemeinderat stellt den Jahresabschluss und den Gesamtabschluss nach der örtlichen Prüfung durch das Rechnungsprüfungsamt spätestens bis 31. Dezember des dem Haushaltsjahr folgenden Jahres fest.

(3) [1]Der Beschluss über die Feststellung nach Absatz 2 ist der Rechtsaufsichtsbehörde unverzüglich anzuzeigen und ortsüblich bekannt zu geben. [2]Der Jahresabschluss mit Rechenschaftsbericht und Anhang sowie der Gesamtabschluss mit Konsolidierungsbericht sind mit der Bekanntgabe des Feststellungsbeschlusses öffentlich auszulegen oder elektronisch zur Verfügung zu stellen; in der Bekanntgabe ist darauf hinzuweisen.

Zweiter Abschnitt
Vermögen der Gemeinde

§ 89 Erwerb und Verwaltung von Vermögen, Wertansätze

(1) Das Vermögen der Gemeinde soll unter Berücksichtigung seiner Bedeutung für das Wohl der Allgemeinheit ungeschmälert erhalten bleiben.

(2) Die Gemeinde soll Vermögensgegenstände nur erwerben, wenn dies zur Erfüllung ihrer Aufgaben erforderlich ist.

(3) [1]Die Vermögensgegenstände sind pfleglich und wirtschaftlich zu verwalten und ordnungsgemäß nachzuweisen. [2]Bei Geldanlagen ist auf eine hinreichende Sicherheit zu achten; sie sollen einen angemessenen Ertrag bringen.

(4) Besondere Rechtsvorschriften für die Bewirtschaftung des Gemeindewaldes bleiben unberührt.

(5) [1]Vermögensgegenstände sind mit den Anschaffungs- oder Herstellungskosten, vermindert um Abschreibungen, anzusetzen. [2]Abweichend von Satz 1 dürfen Beteiligungen, Anteile an verbundenen Unternehmen und Zweckverbänden sowie Sondervermögen nach § 91 Absatz 1 Nummer 1 mit dem anteiligen Eigenkapital angesetzt werden. [3]Die an einem Unternehmen beteiligten Gemeinden und die Mitgliedsgemeinden eines Zweckverbandes haben das Bewertungswahlrecht gemäß Satz 2 einheitlich auszuüben und einen einheitlichen Aufteilungsmaßstab zu bestimmen. [4]Verbindlichkeiten und Rückstellungen sind mit dem Erfüllungsbetrag anzusetzen.

§ 90 Veräußerung von Vermögen

(1) [1]Die Gemeinde darf Vermögensgegenstände veräußern, wenn sie sie zur Erfüllung ihrer Aufgaben nicht braucht und Gründe des Wohls der Allgemeinheit nicht entgegenstehen. [2]Vermögensgegenstände dürfen in der Regel nur zu ihrem vollen Wert veräußert werden. [3]Ausnahmen sind im besonderen öffentlichen Interesse zulässig. [4]Dies gilt insbesondere für Veräußerungen zur Förderung von sozialen Einrichtungen, des sozialen Wohnungsbaus, des Denkmalschutzes und der Bildung privaten Eigentums unter sozialen Gesichtspunkten. [5]Ein besonderes öffentliches Interesse liegt auch dann vor, wenn hierdurch die Umsiedlung aus Überschwemmungsgebieten gefördert wird. [6]Vor dem Unterwertver-

kauf eines Grundstücks an Unternehmen ist die Vereinbarkeit der Vergünstigung mit dem Binnenmarkt sicherzustellen.

(2) Für die Überlassung der Nutzung von Vermögensgegenständen gilt Absatz 1 entsprechend.

(3) [1]Der Genehmigung der Rechtsaufsichtsbehörde bedürfen Rechtsgeschäfte, in denen sich die Gemeinde verpflichtet,

1. Grundstücke oder grundstücksgleiche Rechte sowie andere Vermögensgegenstände unentgeltlich oder unter ihrem vollen Wert zu veräußern, sofern sie nicht geringwertig sind,

2. Vermögensgegenstände mit besonderem wissenschaftlichen, geschichtlichen, künstlerischen oder denkmalpflegerischen Wert zu veräußern.

[2]Die Genehmigung nach Satz 1 gilt als erteilt, wenn die Rechtsaufsichtsbehörde nicht innerhalb von sechs Wochen nach dem vollständigen Eingang der Antragsunterlagen die Genehmigung ablehnt oder dem Antragsteller schriftlich mitteilt, welche Gründe einer abschließenden Entscheidung über den Antrag entgegenstehen. [3]Die Rechtsaufsichtsbehörde hat dem Antragsteller innerhalb von zwei Wochen nach Eingang des Antrags mitzuteilen, ob die Antragsunterlagen vollständig sind; nach Verstreichen der Frist ohne eine Mitteilung ist von der Vollständigkeit der Antragsunterlagen auszugehen.

(4) Ein Beschluss der Gemeinde zur Veräußerung von Unternehmen darf erst nach Ablauf von drei Monaten vollzogen werden.

§ 91 Sondervermögen

(1) Sondervermögen der Gemeinde sind

1. das Vermögen der Eigenbetriebe und der öffentlichen Einrichtungen, für die auf Grund gesetzlicher Vorschriften Sonderrechnungen geführt werden;

2. das Vermögen der rechtlich unselbstständigen örtlichen Stiftungen.

(2) [1]Sondervermögen nach Absatz 1 Nummer 2 unterliegen den Vorschriften über die Haushaltswirtschaft. [2]Sie sind im Haushalt der Gemeinde gesondert nachzuweisen.

§ 92 Treuhandvermögen

(1) Für rechtlich selbstständige örtliche Stiftungen sowie für Vermögen, die die Gemeinde nach besonderen Rechtsvorschriften treuhänderisch zu verwalten hat, sind besondere Haushaltspläne aufzustellen und Sonderrechnungen zu führen.

(2) Geringfügiges Treuhandvermögen kann im Haushalt der Gemeinde gesondert nachgewiesen werden; es unterliegt den Vorschriften über die Haushaltswirtschaft.

(3) Für rechtlich selbstständige örtliche Stiftungen bleiben Bestimmungen des Stifters, für andere Treuhandvermögen besondere gesetzliche Vorschriften unberührt.

§ 93 Freistellung von der Finanzplanung

Das Staatsministerium des Innern kann durch Rechtsverordnung Sondervermögen und Treuhandvermögen von den Verpflichtungen des § 80 freistellen, soweit die Finanzplanung weder für die Haushalts- oder Wirtschaftsführung noch für die Finanzstatistik benötigt wird.

§ 94 Örtliche Stiftungen

(1) Die Gemeinde verwaltet die örtlichen Stiftungen nach den Vorschriften dieses Gesetzes, soweit durch Gesetz oder Stiftung nichts anderes bestimmt ist.

(2) Bei nichtrechtsfähigen Stiftungen kann die Gemeinde unter den Voraussetzungen des § 87 Absatz 1 des Bürgerlichen Gesetzbuches den Stiftungszweck ändern, die Stiftung mit einer anderen nichtrechtsfähigen Stiftung zusammenlegen oder sie aufheben, wenn der Stifter nichts anderes bestimmt hat.

(3) [1]Enthält das Stiftungsgeschäft keine Bestimmung über den Vermögensanfall, fällt das Vermögen nichtrechtsfähiger Stiftungen an die Gemeinde. [2]Die Gemeinde hat bei der Verwendung des Vermögens den Stiftungszweck möglichst zu berücksichtigen.

(4) Gemeindevermögen darf nur im Rahmen der Aufgabenerfüllung der Gemeinde und nur dann in Stiftungsvermögen eingebracht werden, wenn der mit der Stiftung verfolgte Zweck auf andere Weise nicht erreicht werden kann.

Dritter Abschnitt
Unternehmen und Beteiligungen der Gemeinde

§ 94a Wirtschaftliche Unternehmen

(1) [1]Die Gemeinde darf zur Erfüllung ihrer Aufgaben ein wirtschaftliches Unternehmen ungeachtet der Rechtsform nur errichten, übernehmen, unterhalten, wesentlich verändern oder sich daran unmittelbar oder mittelbar beteiligen, wenn

1. der öffentliche Zweck dies rechtfertigt,
2. das Unternehmen nach Art und Umfang in einem angemessenen Verhältnis zur Leistungsfähigkeit der Gemeinde und zum voraussichtlichen Bedarf steht und
3. der Zweck nicht besser und wirtschaftlicher durch einen privaten Dritten erfüllt wird oder erfüllt werden kann.

[2]Vor einer Entscheidung ist den jeweiligen wirtschafts- und berufsständischen Kammern der betroffenen Wirtschaftskreise Gelegenheit zur Stellungnahme zu geben.

(2) Im Bereich der Wohnungswirtschaft hat die Gemeinde darüber hinaus darauf hinzuwirken, dass die zur angemessenen Bewirtschaftung des Wohnungsbestandes erforderliche Kredit- und Investitionsfähigkeit gesichert ist und der von ihr unmittelbar oder mittelbar gehaltene Wohnungsbestand keine marktbeherrschende Stellung einnimmt.

(3) Wirtschaftliche Unternehmen im Sinne dieses Gesetzes sind nicht

1. Unternehmen, die Aufgaben wahrnehmen, zu denen die Gemeinde verpflichtet ist,
2. Einrichtungen des Unterrichts-, Erziehungs- und Bildungswesens, der Kunstpflege, der körperlichen Ertüchtigung, der Gesundheits- und Wohlfahrtspflege und
3. Hilfsbetriebe, die ausschließlich zur Deckung des Eigenbedarfs der Gemeinde dienen.

(4) Wirtschaftliche Unternehmen der Gemeinde sind so zu führen, dass der öffentliche Zweck erfüllt wird; sie sollen einen Ertrag für den Haushalt der Gemeinde abwerfen, soweit dadurch die Erfüllung des öffentlichen Zwecks nicht beeinträchtigt wird.

(5) [1]Die Gemeinde darf keine Bankunternehmen betreiben oder Anteile an ihnen halten. [2]Für Sparkassen und eine Beteiligung an der Sachsen-Finanzgruppe gelten die Vorschriften des Gesetzes über die öffentlich-rechtlichen Kreditinstitute im Freistaat Sachsen und die Sachsen-Finanzgruppe vom 13. Dezember 2002 (SächsGVBl. S. 333), das zuletzt durch Artikel 16 des Gesetzes vom 18. Dezember 2013 (SächsGVBl. S. 970) geändert worden ist, in der jeweils geltenden Fassung. [3]Die §§ 94a bis 102 finden auf Sparkassen, eine Beteiligung an der Sachsen-Finanzgruppe und die sie tragenden Zweckverbände keine Anwendung.

§ 95 Unternehmensformen

(1) Unternehmen der Gemeinde können geführt werden:

1. nach den Vorschriften dieses Gesetzes über die Haushaltswirtschaft,
2. als Eigenbetriebe,
3. in einer Rechtsform des privaten Rechts.

(2) [1]Vor der Errichtung, Übernahme und wesentlichen Veränderung eines Unternehmens sowie der unmittelbaren oder mittelbaren Beteiligung an einem solchen ist der Gemeinderat umfassend über die Chancen und Risiken der beabsichtigten unternehmerischen Betätigung sowie über deren Auswirkungen auf die private Wirtschaft zu unterrichten. [2]Vor dem Beschluss über die Rechtsform des Unternehmens hat der Gemeinderat die Vor- und Nachteile der in Betracht kommenden öffentlich-rechtlichen und privatrechtlichen Organisationsformen im konkreten Einzelfall abzuwägen.

§ 95a Eigenbetriebe

(1) [1]Die Gemeinde kann Unternehmen ohne eigene Rechtspersönlichkeit als Eigenbetrieb führen, wenn Art und Umfang der Tätigkeit eine selbstständige Wirtschaftsführung rechtfertigen. [2]Eigenbetriebe werden finanzwirtschaftlich als Sondervermögen der Gemeinde verwaltet und nachgewiesen.

(2) [1]Für den Eigenbetrieb ist eine Betriebsleitung zu bilden, die vom Gemeinderat gewählt wird. [2]Die Betriebsleitung führt die laufenden Geschäfte des Eigenbetriebs. [3]Ihr können weitere Aufgaben übertragen werden. [4]Die Betriebsleitung vertritt die Gemeinde im Rahmen ihrer Aufgaben. [5]Betriebsleiter können in ein Beamtenverhältnis auf Zeit berufen werden.

(3) ¹Der Gemeinderat regelt die Rechtsverhältnisse des Eigenbetriebs in einer Betriebssatzung. ²Durch die Betriebssatzung soll ein beratender oder beschließender Ausschuss des Gemeinderats (Betriebsausschuss) für die Angelegenheiten des Eigenbetriebs gebildet werden.

(4) § 72 Absatz 1 und 2 Satz 1 und 2, §§ 73, 74 Absatz 1 Satz 2, § 76 Absatz 2 Satz 2, §§ 78, 80 bis 84, 86, 87 Absatz 1, § 89 Absatz 1 bis 4 und § 90 gelten entsprechend.

§ 96 Unternehmen in Privatrechtsform

(1) Die Gemeinde darf zur Erfüllung ihrer Aufgaben ein Unternehmen in einer Rechtsform des privaten Rechts nur errichten, übernehmen, unterhalten, wesentlich verändern oder sich daran unmittelbar oder mittelbar beteiligen, wenn

1. durch die Ausgestaltung des Gesellschaftsvertrages oder der Satzung die Erfüllung der Aufgaben der Gemeinde sichergestellt ist,
2. die Gemeinde einen angemessenen Einfluss, insbesondere im Aufsichtsrat oder in einem entsprechenden Überwachungsorgan des Unternehmens erhält und
3. die Haftung der Gemeinde auf einen ihrer Leistungsfähigkeit angemessenen Betrag begrenzt wird.

(2) Ein Unternehmen in der Rechtsform einer Aktiengesellschaft darf die Gemeinde nur errichten, übernehmen, wesentlich verändern oder sich daran unmittelbar oder mittelbar beteiligen, wenn der öffentliche Zweck des Unternehmens nicht ebenso gut in einer anderen Rechtsform erfüllt wird oder erfüllt werden kann.

§ 96a Inhalt des Gesellschaftsvertrages

(1) Steht der Gemeinde allein oder zusammen mit anderen kommunalen Trägern der Selbstverwaltung, die der Aufsicht des Freistaates Sachsen unterstehen, eine zur Änderung des Gesellschaftsvertrages berechtigende Mehrheit der Anteile zu, ist im Gesellschaftsvertrag festzulegen, dass

1. der Zustimmung der Gemeinde die Errichtung, Übernahme und Beteiligung an anderen Unternehmen bedürfen,
2. der Zustimmung der Gesellschafterversammlung bedürfen
   a) wesentliche Veränderungen des Unternehmens,
   b) Verfügungen über Vermögen und die Aufnahme von Krediten, soweit die Rechtsgeschäfte von erheblicher wirtschaftlicher Bedeutung für das Unternehmen sind, wobei die hiervon erfassten Rechtsgeschäfte durch Beschluss der Gesellschafterversammlung festgelegt werden sollen, und
   c) die Bestellung und Abberufung von Mitgliedern der Geschäftsführung, wobei die Gesellschafterversammlung ihre Zuständigkeit auf den Aufsichtsrat übertragen kann,
3. die Gemeinde auch bei Rechtsgeschäften ihr selbst gegenüber in der Gesellschafterversammlung stimmberechtigt ist,
4. die §§ 394 und 395 des Aktiengesetzes entsprechend angewendet werden, soweit sie nicht unmittelbar Anwendung finden,
5. in entsprechender Anwendung der Vorschriften der Sächsischen Eigenbetriebsverordnung ein Wirtschaftsplan für jedes Wirtschaftsjahr aufgestellt und der Wirtschaftsführung eine fünfjährige Finanzplanung zugrunde gelegt wird,
6. die Gemeinde über den Wirtschaftsplan und die Finanzplanung sowie wesentliche Abweichungen hiervon unverzüglich unterrichtet wird,
7. die Abschlussprüfung im Umfang des § 53 Absatz 1 des Haushaltsgrundsätzegesetzes vom 19. August 1969 (BGBl. I S. 1273), das zuletzt durch Artikel 1 des Gesetzes vom 15. Juli 2013 (BGBl. I S. 2398) geändert worden ist, in der jeweils geltenden Fassung, durchzuführen ist,
8. der Jahresabschluss und der Lagebericht in entsprechender Anwendung der Vorschriften für große Kapitalgesellschaften im Dritten Buch des Handelsgesetzbuchs aufgestellt und geprüft wird, sofern nicht weitergehende gesetzliche Vorschriften gelten,
9. der Jahresabschluss, der Lagebericht und der Prüfungsbericht des Abschlussprüfers an die Gemeinde und die Rechtsaufsichtsbehörde unverzüglich übersandt werden; diese Verpflichtung bezieht sich gegenüber der Gemeinde auch auf die Angaben, die nach § 99 Absatz 2 und 3 für die Erstellung des Beteiligungsberichtes notwendig sind,
10. der Gemeinde zu dem von ihr bestimmten Zeitpunkt die für die Aufstellung des Gesamtabschlusses (§ 88b) erforderlichen Unterlagen übersandt und Auskünfte erteilt werden,

11. der örtlichen Prüfungseinrichtung und der überörtlichen Prüfungsbehörde die Befugnis zur Prüfung der Haushalts- und Wirtschaftsführung des Unternehmens eingeräumt wird,

12. der örtlichen Prüfungseinrichtung gemäß § 103 und der überörtlichen Prüfungsbehörde gemäß § 108 die in § 54 des Haushaltsgrundsätzegesetzes vorgesehenen Befugnisse eingeräumt werden,

13. die Gesellschaft ein anderes Unternehmen nur unterhalten, übernehmen oder sich daran beteiligen darf, wenn den Nummern 1 und 2 sowie 4 bis 13 entsprechende Regelungen im Gesellschaftsvertrag dieses Unternehmens enthalten sind, sofern sie allein oder zusammen mit anderen Gesellschaftern, für die ebenfalls diese Verpflichtung besteht, eine zur Änderung des Gesellschaftsvertrages berechtigende Mehrheit der Anteile hat; bei Beteiligungen ab der dritten Beteiligungsstufe (Enkelgesellschaften der Unternehmen der Gemeinde) kann die örtliche Prüfungseinrichtung von den in den Nummern 11 und 12 vorgesehenen Befugnissen nur Gebrauch machen, wenn die Gemeinde nicht innerhalb von vier Wochen widerspricht.

(2) Bei einer geringeren Beteiligung hat die Gemeinde darauf hinzuwirken, dass die im Absatz 1 genannten Regelungen getroffen werden.

(3) Die Absätze 1 und 2 gelten entsprechend für Unternehmen in anderen Rechtsformen des privaten Rechts.

§ 97 Kommunale Versorgungsunternehmen

(1) Die Betätigung von kommunalen Unternehmen der Bereiche der Strom-, Gas-, Wärme- und Wasserversorgung sowie Telekommunikation (kommunale Versorgungsunternehmen) dient auch außerhalb des Gemeindegebiets in diesen Bereichen einem öffentlichen Zweck und ist zulässig, wenn sie nach Art und Umfang in einem angemessenen Verhältnis zur Leistungsfähigkeit der Gemeinde steht.

(2) [1]Für eine Gemeinde, die selbst ein kommunales Versorgungsunternehmen errichtet, unterhält oder sich unmittelbar an einem bestehenden Unternehmen beteiligt (unmittelbare Beteiligung), gelten die Vorschriften des dritten und vierten Abschnitts mit Ausnahme von § 96a Absatz 1 Nummer 1 und 13 und von weiteren Regelungen, soweit diese mittelbare Beteiligungen betreffen. [2]Satz 1 gilt auch, wenn eine Gemeinde, unabhängig davon, ob sie an dem Unternehmen bereits beteiligt ist, dieses ganz oder teilweise übernimmt, oder wenn sich ein solches Unternehmen, an dem die Gemeinde unmittelbar beteiligt ist, wesentlich verändert.

(3) Auf die Errichtung von, die Beteiligung an, die Übernahme von und die Unterhaltung von Unternehmen aus den Bereichen der Strom-, Gas-, Wärme- und Wasserversorgung sowie Telekommunikation durch bestehende kommunale Versorgungsunternehmen (mittelbare Beteiligung) finden die Vorschriften des dritten und vierten Abschnitts mit Ausnahme der §§ 98, 99 und 101 keine Anwendung.

(4) Eine Gemeinde, die selbst ein kommunales Versorgungsunternehmen errichtet, unterhält oder sich unmittelbar an einem bestehenden Unternehmen beteiligt, hat durch entsprechende gesellschaftsvertragliche Vereinbarungen sicherzustellen, dass

1. das jeweilige kommunale Versorgungsunternehmen die Absicht einer mittelbaren Beteiligung spätestens vier Wochen, bevor diese Entscheidung vollzogen werden soll, den an ihm mittelbar beteiligten Gemeinden unter Vorlage der konkreten gesellschaftsrechtlichen Vereinbarungen anzeigt und der Vollzug einer solchen Entscheidung zu einer mittelbaren Beteiligung nur unter der Bedingung erfolgen darf, dass gegenüber den beteiligten Gemeinden kein Genehmigungsvorbehalt der jeweils zuständigen Rechtsaufsichtsbehörde innerhalb dieser Frist geltend gemacht wird und

2. der Vollzug einer mittelbaren Beteiligung im Fall der Geltendmachung eines Genehmigungsvorbehaltes erst dann erfolgen darf, wenn den beteiligten Gemeinden die Genehmigung der Rechtsaufsichtsbehörde vorliegt.

(5) [1]Die Gemeinden, denen eine Anzeige nach Absatz 4 Nummer 1 vorliegt, haben diese unverzüglich der zuständigen Rechtsaufsichtsbehörde vorzulegen. [2]Die zuständige Rechtsaufsichtsbehörde hat einen Genehmigungsvorbehalt unverzüglich, in jedem Fall innerhalb der Frist nach Absatz 4 Nummer 1, gegenüber der Gemeinde geltend zu machen. [3]Die zuständige Rechtsaufsichtsbehörde kann in der Zeit zwischen Anzeige und beabsichtigtem Vollzugszeitpunkt bei wesentlichen Veränderungen eines kommunalen Versorgungsunternehmens gegenüber der Gemeinde anordnen, dass die beabsichtigte mittelbare Beteiligung der Genehmigung bedarf. [4]Sie soll sich in diesem Fall unverzüglich mit der Gemeinde ins Benehmen setzen.

(6) Die Absätze 2 bis 5 gelten nicht für eine Beteiligung an einem kommunalen Versorgungsunternehmen, das seinen Sitz außerhalb der Bundesrepublik Deutschland hat oder sich außerhalb der Bundesrepublik Deutschland betätigt.

§ 98 Vertretung der Gemeinde in Unternehmen in Privatrechtsform

(1) [1]Die Gemeinde wird in der Gesellschafterversammlung oder dem entsprechenden Organ eines Unternehmens in einer Rechtsform des privaten Rechts durch den Bürgermeister vertreten. [2]Kann die Gemeinde weitere Vertreter entsenden, so werden diese vom Gemeinderat widerruflich bestellt. [3]Ist mehr als ein weiterer Vertreter zu entsenden, gilt § 42 Absatz 2 entsprechend. [4]Ein durch den Bürgermeister mit seiner ständigen Vertretung beauftragter Vertreter sowie die durch den Gemeinderat zu bestellenden weiteren Vertreter der Gemeinde müssen über die für diese Aufgabe erforderliche betriebswirtschaftliche Erfahrung und Sachkunde verfügen. [5]In den in § 28 Absatz 2 Nummer 15 genannten Angelegenheiten üben die Vertreter der Gemeinde ihre Befugnisse aufgrund von Beschlüssen des Gemeinderats aus. [6]In anderen Angelegenheiten kann der Gemeinderat ihnen Weisungen erteilen. [7]Die Vertreter der Gemeinde haben den Gemeinderat oder einen beschließenden Ausschuss über alle Angelegenheiten des Unternehmens von besonderer Bedeutung frühzeitig zu unterrichten.

(2) [1]Hat die Gemeinde das Recht, Personen als Mitglied des Aufsichtsrates oder eines entsprechenden Überwachungsorgans zu entsenden oder der Gesellschafterversammlung zur Wahl vorzuschlagen, werden diese vom Gemeinderat bestimmt. [2]Ist mehr als ein Mitglied zu bestimmen, gilt § 42 Absatz 2 entsprechend. [3]Die Entsendung ist widerruflich. [4]Als Mitglieder nach Satz 1 dürfen nur Personen bestimmt werden, die über die für diese Aufgabe erforderliche betriebswirtschaftliche Erfahrung und Sachkunde verfügen. [5]Wenn diese Gemeinde mehr als ein Mitglied in den Aufsichtsrat entsenden oder der Gesellschafterversammlung zur Wahl vorschlagen kann, dann ist auch der Bürgermeister oder ein von ihm benannter Bediensteter der Verwaltung vom Gemeinderat zu bestimmen.

(3) Die von der Gemeinde entsandten oder zur Wahl vorgeschlagenen Mitglieder des Aufsichtsrates haben den Gemeinderat oder einen beschließenden Ausschuss und, sofern dieser nicht dem Organ angehört, auch den Bürgermeister frühzeitig über alle Angelegenheiten des Unternehmens von besonderer Bedeutung zu unterrichten.

(4) [1]Wird ein Vertreter der Gemeinde wegen seiner Tätigkeit im Organ eines Unternehmens haftbar gemacht, hat ihm die Gemeinde den Schaden zu ersetzen. [2]Dies gilt nicht, wenn der Vertreter vorsätzlich oder grob fahrlässig gehandelt hat; auch in diesem Fall ist der Schaden zu ersetzen, wenn er nach Weisung der Gemeinde gehandelt hat.

(5) [1]Die Gemeinde soll den von ihr in Organe eines Unternehmens nach Absatz 1 und 2 entsandten Personen Gelegenheit geben, regelmäßig an Fortbildungsveranstaltungen teilzunehmen, die der Wahrnehmung ihrer Aufgaben dienlich sind. [2]Die nach Satz 1 entsandten Personen haben sich regelmäßig zur Wahrnehmung ihrer Aufgaben fortzubilden.

§ 99 Beteiligungsverwaltung

(1) Die Gemeinde schafft die Voraussetzungen, um die Unternehmen, an denen sie unmittelbar oder mittelbar beteiligt ist, zu steuern und zu überwachen sowie die auf ihre Veranlassung in diesen Unternehmen tätigen Aufsichtsratsmitglieder bei der Wahrnehmung ihrer Aufgabe zu unterstützen.

(2) [1]Dem Gemeinderat ist jeweils bis zum 31. Dezember des dem Berichtsjahr folgenden Jahres ein Bericht über die Eigenbetriebe und die Unternehmen in einer Rechtsform des privaten Rechts vorzulegen, an denen die Gemeinde unmittelbar oder mittelbar beteiligt ist. [2]In dem Beteiligungsbericht müssen mindestens enthalten sein:

1. eine Beteiligungsübersicht unter Angabe der Rechtsform, des Unternehmensgegenstandes, des Unternehmenszwecks und des Stamm- oder Grundkapitals sowie des prozentualen Anteils der Gemeinde an diesem,

2. die Finanzbeziehungen zwischen der Gemeinde und den Unternehmen, insbesondere unter Angabe der Summe aller Gewinnabführungen an den Gemeindehaushalt, der Summe aller Verlustabdeckungen und sonstigen Zuschüsse aus dem Gemeindehaushalt, der Summe aller gewährten sonstigen Vergünstigungen sowie der Summe aller von der Gemeinde übernommenen Bürgschaften und sonstigen Gewährleistungen,

3. ein Lagebericht, der den Geschäftsverlauf und die Lage aller Unternehmen so darstellt, dass ein den tatsächlichen Verhältnissen entsprechendes Gesamtbild vermittelt wird; der Lagebericht soll

insbesondere auf Unternehmensvorgänge von besonderer Bedeutung, die während des letzten Geschäftsjahres eingetreten sind, und auf die voraussichtliche Entwicklung der Unternehmen im kommenden Geschäftsjahr eingehen.

[3]Dem Bericht sind als Anlage die Satz 2 entsprechenden Angaben für die Zweckverbände, deren Mitglied die Gemeinde ist, sowie deren Beteiligungsberichte beizufügen.

(3) Darüber hinaus soll der Bericht für jedes Unternehmen in einer Rechtsform des privaten Rechts, an dem die Gemeinde unmittelbar oder mittelbar mit mindestens 25 Prozent beteiligt ist, insbesondere Folgendes ausweisen:

1. die Organe des Unternehmens, die Zusammensetzung der Organe unter namentlicher Nennung von Geschäftsführung, Vorstands- und Aufsichtsratsmitgliedern, die Anzahl der Mitarbeiter sowie den Namen des bestellten Abschlussprüfers und, soweit möglich, die Namen und Beteiligungsanteile der anderen Anteilseigner,

2. die wichtigsten Bilanz und Leistungskennzahlen für das Berichtsjahr und die beiden dem Berichtsjahr vorangegangenen Jahre; für das Berichtsjahr sind die Planwerte den aktuellen Ist-Werten gegenüberzustellen; die Kennzahlen sollen eine Beurteilung der Vermögenssituation, der Kapitalstruktur, der Liquidität, der Rentabilität und des Geschäftserfolgs des Unternehmens zulassen,

3. wesentliche Sachverhalte aus dem Lagebericht der Geschäftsführung zum Berichtsjahr und dem darauffolgenden Geschäftsjahr einschließlich einer Bewertung der Kennzahlen.

(4) [1]Der Beteiligungsbericht ist der Rechtsaufsichtsbehörde zuzuleiten. [2]Die Angaben des Beteiligungsberichts nach Absatz 2 sind von der Gemeinde zur Einsichtnahme verfügbar zu halten. [3]Dies ist ortsüblich bekannt zu geben.

§ 100 (weggefallen)

§ 101 Konzessionsverträge

(1) [1]Die Gemeinde darf Konzessionsverträge, durch die sie einem Energieversorgungsunternehmen die Benutzung von Gemeindeeigentum einschließlich der öffentlichen Straßen, Wege und Plätze für Leitungen zur Versorgung der Einwohner gestattet, nur abschließen, wenn die Erfüllung der Aufgaben der Gemeinde nicht gefährdet wird und die berechtigten wirtschaftlichen Interessen der Gemeinde und ihrer Einwohner gewahrt sind. [2]Hierüber soll dem Gemeinderat vor der Beschlussfassung das Gutachten eines unabhängigen Sachverständigen vorgelegt werden.

(2) Dasselbe gilt für eine Verlängerung oder ihre Ablehnung sowie eine wichtige Änderung derartiger Verträge.

§ 102 Anzeige-, Vorlage- und Genehmigungspflichten

(1) [1]Rechtsgeschäfte nach § 96 Absatz 1 und Beschlüsse des Gemeinderats im Fall einer wesentlichen Veränderung und der mittelbaren Beteiligung bedürfen der Genehmigung durch die Rechtsaufsichtsbehörde. [2]Über die Genehmigung ist binnen acht Wochen nach Eingang des vollständigen Antrages zu entscheiden. [3]Der Eingang des Antrages ist der Gemeinde unverzüglich zu bestätigen; dabei ist auf fehlende Unterlagen hinzuweisen. [4]Die Genehmigungsfrist kann durch die nächsthöhere Rechtsaufsichtsbehörde verlängert werden.

(2) Beschlüsse der Gemeinde über Maßnahmen und Rechtsgeschäfte nach § 94a Absatz 1 und § 101 sind der Rechtsaufsichtsbehörde unter Nachweis der gesetzlichen Voraussetzungen vorzulegen.

(3) Änderungen des Gesellschaftsvertrages oder der Satzung, die nicht genehmigungspflichtig nach Absatz 1 sind, sowie Rechtsgeschäfte im Sinne von § 96a Absatz 1 Nummer 2 Buchstabe b sind der Rechtsaufsichtsbehörde anzuzeigen.

Vierter Abschnitt
Prüfungswesen

§ 103 Örtliche Prüfungseinrichtungen

(1) [1]Die Gemeinden haben ein Rechnungsprüfungsamt als besonderes Amt einzurichten, sofern sie sich nicht eines anderen kommunalen Rechnungsprüfungsamtes bedienen. [2]Gemeinden mit weniger als 20 000 Einwohnern können statt dessen einen geeigneten Bediensteten als Rechnungsprüfer bestellen oder sich eines anderen kommunalen Rechnungsprüfers, eines Wirtschaftsprüfers oder einer Wirtschaftsprüfungsgesellschaft bedienen. [3]Für den Rechnungsprüfer gelten die Absätze 2, 4 und 5

sowie die §§ 104 bis 106, für den Wirtschaftsprüfer und die Wirtschaftsprüfungsgesellschaft die Absätze 2 und 5 sowie die §§ 104 bis 106 mit Ausnahme des § 106 Absatz 2 Satz 1 entsprechend.

(2) [1]Das Rechnungsprüfungsamt ist bei der Erfüllung der ihm zugewiesenen Prüfungsaufgaben unabhängig und an Weisungen nicht gebunden. [2]Es untersteht im Übrigen dem Bürgermeister unmittelbar.

(3) [1]Der Leiter des Rechnungsprüfungsamtes muss hauptamtlicher Bediensteter der Gemeinde sein. [2]Er muss die für sein Amt erforderliche Vorbildung, Erfahrung und Eignung besitzen.

(4) [1]Die Leitung des Rechnungsprüfungsamtes kann einem Bediensteten nur durch Beschluss des Gemeinderats und nur dann entzogen werden, wenn die ordnungsgemäße Erfüllung seiner Aufgaben nicht mehr gewährleistet ist. [2]Der Beschluss muss mit einer Mehrheit von zwei Dritteln der Stimmen aller Mitglieder des Gemeinderates gefasst werden und ist der Rechtsaufsichtsbehörde anzuzeigen.

(5) [1]Der Leiter und die Prüfer des Rechnungsprüfungsamtes dürfen zum Bürgermeister, zu einem Beigeordneten, einem Stellvertreter des Bürgermeisters, zum Fachbediensteten für das Finanzwesen sowie zum Kassenverwalter, zu dessen Stellvertreter und zu anderen Bediensteten der Gemeindekasse nicht in einem die Befangenheit begründenden Verhältnis nach § 20 Absatz 1 Nummer 1 bis 3 stehen. [2]Sie dürfen andere Aufgaben in der Gemeindeverwaltung wahrnehmen, wenn dies mit der Unabhängigkeit und den Aufgaben des Rechnungsprüfungsamtes vereinbar ist. [3]Sie dürfen Zahlungen für die Gemeinde weder anordnen noch ausführen.

§ 104 Örtliche Prüfung des Jahresabschlusses und des Gesamtabschlusses

(1) [1]Das Rechnungsprüfungsamt hat den Jahresabschluss einschließlich des Anhangs mit allen Anlagen und des Rechenschaftsberichts vor der Feststellung durch den Gemeinderat daraufhin zu prüfen, ob

1. bei den Erträgen, Aufwendungen, Einzahlungen und Auszahlungen sowie bei der Vermögensverwaltung vorschriftsmäßig verfahren worden ist,
2. die einzelnen Rechnungsbeträge sachlich und rechnerisch vorschriftsmäßig begründet und belegt sind,
3. der Haushaltsplan eingehalten worden ist und
4. das Vermögen, die Kapitalposition, die Sonderposten, die Rechnungsabgrenzungsposten und die Schulden richtig nachgewiesen worden sind.

[2]Darüber hinaus hat es den Gesamtabschluss entsprechend Satz 1 Nummer 1 und 4 zu prüfen; vorhandene Ergebnisse der Prüfung nach § 105 und vorhandene Jahresabschlussprüfungen sind dabei zu berücksichtigen.

(2) [1]Das Rechnungsprüfungsamt hat die Prüfung innerhalb von drei Monaten nach Aufstellung des Jahresabschlusses und des Gesamtabschlusses durchzuführen. [2]Es legt dem Bürgermeister einen Bericht über das Prüfungsergebnis vor. [3]Dieser veranlasst die Aufklärung von Beanstandungen. [4]Das Rechnungsprüfungsamt fasst seine Bemerkungen in einem Schlussbericht zusammen, der dem Gemeinderat vorzulegen und auf dessen Verlangen vom Leiter des Rechnungsprüfungsamtes zu erläutern ist.

§ 105 Örtliche Prüfung der Eigenbetriebe

Zur Vorbereitung der Beschlussfassung des Gemeinderats über den Jahresabschluss nach der Sächsischen Eigenbetriebsverordnung hat das Rechnungsprüfungsamt auf Grund der Unterlagen der Gemeinde und der Betriebe zu prüfen, ob

1. die für die Verwaltung der Gemeinde geltenden gesetzlichen Vorschriften und die Beschlüsse des Gemeinderats sowie die Anordnungen des Bürgermeisters eingehalten worden sind,
2. die Vergütung der Leistungen, Lieferungen und Leihgelder der Gemeinde für die Betriebe, der Betriebe für die Gemeinde und der Betriebe untereinander angemessen ist und
3. das von der Gemeinde zur Verfügung gestellte Eigenkapital angemessen verzinst wird.

§ 106 Weitere Aufgaben der örtlichen Prüfung

(1) Weitere Aufgaben des Rechnungsprüfungsamtes sind

1. die laufende Prüfung der Kassenvorgänge bei der Gemeinde zur Vorbereitung der Prüfung des Jahresabschlusses,
2. die Kassenüberwachung, insbesondere die Vornahme der Kassenprüfungen bei der Gemeindekasse und den Sonderkassen,
3. die Prüfung des Nachweises der Vorräte und Vermögensbestände der Gemeinde und ihrer Sondervermögen.

(2) [1]Das Rechnungsprüfungsamt kann ferner folgende Aufgaben wahrnehmen:

1. die Prüfung der Organisation und Wirtschaftlichkeit der Verwaltung,
2. die Prüfung der Vergaben vor dem Abschluss von Lieferungs- und Leistungsverträgen,
3. die Prüfung der Wirtschaftsführung der Eigenbetriebe und anderer Einrichtungen der Gemeinde,
4. die laufende Prüfung der Kassenvorgänge bei den Sonderkassen,
5. die Prüfung der Betätigung der Gemeinde unmittelbar oder mittelbar in Unternehmen, an denen die Gemeinde beteiligt ist,
6. die Buch-, Betriebs- und Kassenprüfungen, die sich die Gemeinde bei einer Beteiligung, bei der Hergabe eines Darlehens oder sonst vorbehalten hat und
7. die Prüfung der Haushalts- und Wirtschaftsführung derjenigen Unternehmen, die ihm gemäß § 96a Absatz 1 Nummer 11 ein solches Prüfungsrecht eingeräumt haben.

[2]In Unternehmen, bei denen der Jahresabschluss und der Lagebericht in entsprechender Anwendung der Vorschriften für große Kapitalgesellschaften im Dritten Buch des Handelsgesetzbuches aufgestellt und geprüft werden, findet die Prüfung nach Satz 1 Nummer 7 nur statt, wenn der Gemeinderat nicht widersprochen hat. [3]Der Gemeinderat kann dem Rechnungsprüfungsamt weitere Aufgaben übertragen.

§ 107 (weggefallen)

§ 108 Überörtliche Prüfungsbehörde

Überörtliche Prüfungsbehörde ist der Sächsische Rechnungshof.

§ 109 Aufgaben und Gang der überörtlichen Prüfung

(1) [1]Die überörtliche Prüfung erstreckt sich darauf, ob

1. bei der Haushalts-, Kassen- und Rechnungsführung, der Wirtschaftsführung und dem Rechnungswesen, der Vermögensverwaltung der Gemeinde und ihrer Sonder- und Treuhandvermögen sowie der Betätigung der Gemeinde in Unternehmen, an denen die Gemeinde unmittelbar oder mittelbar beteiligt ist, die gesetzlichen Vorschriften eingehalten und
2. die staatlichen Zuwendungen bestimmungsgemäß verwendet worden sind.

[2]Die Prüfung schließt den Jahresabschluss, einschließlich des Anhangs mit allen Anlagen und des Rechnungsberichts, ein. [3]Bei der Prüfung sind vorhandene Ergebnisse der örtlichen Prüfung (§§ 104 bis 106) zu berücksichtigen.

(2) Die überörtliche Prüfung kann sich auch auf die Organisation und die Wirtschaftlichkeit der Verwaltung sowie auf die Haushalts- und Wirtschaftsführung derjenigen Unternehmen erstrecken, die der überörtlichen Prüfungsbehörde gemäß § 96a Absatz 1 Nummer 11 ein solches Prüfungsrecht eingeräumt haben.

(3) Die überörtliche Prüfung soll innerhalb von fünf Jahren nach Ende des Haushaltsjahres unter Einbeziehung sämtlicher vorliegender Jahresabschlüsse einschließlich der Anhänge mit allen Anlagen und der Rechenschaftsberichte und Gesamtabschlüsse sowie Jahresabschlüsse der Sondervermögen, Treuhandvermögen, Unternehmen und Beteiligungen vorgenommen werden.

(4) [1]Die Prüfungsbehörde teilt das Ergebnis der überörtlichen Prüfung in Form eines Prüfungsberichts der Gemeinde und der Rechtsaufsichtsbehörde mit. [2]Der Prüfungsbericht ist innerhalb von sechs Monaten nach Erhalt dem Gemeinderat vorzulegen.

(5) [1]Die Gemeinde hat zu den Feststellungen des Prüfungsberichts über wesentliche Beanstandungen gegenüber der Rechtsaufsichtsbehörde und gegenüber der Prüfungsbehörde innerhalb einer dafür bestimmten Frist Stellung zu nehmen; dabei ist mitzuteilen, ob den Feststellungen Rechnung getragen worden ist. [2]Hat die überörtliche Prüfung keine wesentlichen Beanstandungen ergeben oder sind diese erledigt, bestätigt die Rechtsaufsichtsbehörde der Gemeinde den Abschluss der Prüfung. [3]Soweit wesentliche Beanstandungen nicht erledigt sind, schränkt die Rechtsaufsichtsbehörde die Bestätigung entsprechend ein; ist eine Erledigung noch möglich, veranlasst sie gleichzeitig die Gemeinde, die erforderlichen Maßnahmen durchzuführen.

§ 110 (weggefallen)

Fünfter Teil
Aufsicht

§ 111 Wesen und Inhalt der Aufsicht

(1) Die Aufsicht beschränkt sich darauf, die Gesetzmäßigkeit der Verwaltung sicherzustellen (Rechtsaufsicht), soweit gesetzlich nichts anderes bestimmt ist.

(2) Die Aufsicht über die Erfüllung von Weisungsaufgaben erstreckt sich auf die Gesetzmäßigkeit und Zweckmäßigkeit der Verwaltung (Fachaufsicht), soweit gesetzlich nichts anderes bestimmt ist.

(3) Die Aufsicht ist so auszuüben, dass die Rechte der Gemeinden geschützt und die Erfüllung ihrer Pflichten gesichert sowie die Entschlusskraft und Verantwortungsbereitschaft gefördert werden.

§ 112 Rechtsaufsichtsbehörden

(1) [1]Rechtsaufsichtsbehörde für kreisangehörige Gemeinden ist das Landratsamt, für Kreisfreie Städte die Landesdirektion Sachsen. [2]Obere Rechtsaufsichtsbehörde ist für alle Gemeinden die Landesdirektion Sachsen. [3]Oberste Rechtsaufsichtsbehörde ist das Staatsministerium des Innern.

(2) [1]Die dem Landratsamt obliegenden Aufgaben sind Weisungsaufgaben. [2]Das Weisungsrecht ist nicht beschränkt. [3]Es wird durch die obere und die oberste Rechtsaufsichtsbehörde ausgeübt. [4]§ 2 Absatz 3 Satz 3 findet keine Anwendung.

(3) Leistet die Rechtsaufsichtsbehörde einer ihr erteilten Weisung keine Folge, so kann an ihrer Stelle die nächsthöhere Rechtsaufsichtsbehörde die erforderlichen Maßnahmen treffen.

(4) [1]Ist an einer Entscheidung des Landkreises dieser als Rechtsaufsichtsbehörde aufgrund eigener kreislicher Interessen beteiligt, entscheidet die obere Rechtsaufsichtsbehörde. [2]Diese entscheidet auch, ob die Voraussetzungen für ihre Zuständigkeit vorliegen.

§ 113 Informationsrecht

Soweit es zur Erfüllung ihrer Aufgaben erforderlich ist, können sich die in § 112 Absatz 1 genannten Rechtsaufsichtsbehörden über einzelne Angelegenheiten der Gemeinden in geeigneter Weise informieren.

§ 114 Beanstandungsrecht

(1) [1]Die Rechtsaufsichtsbehörde kann Beschlüsse und Anordnungen der Gemeinde, die das Gesetz verletzen, beanstanden und verlangen, dass sie von der Gemeinde binnen einer angemessenen Frist aufgehoben oder abgeändert werden. [2]Sie kann ferner verlangen, dass Maßnahmen, die auf Grund derartiger Beschlüsse oder Anordnungen getroffen wurden, rückgängig gemacht werden. [3]Die Beanstandung hat aufschiebende Wirkung.

(2) [1]Wenn Tatsachen die Annahme rechtfertigen, dass ein Beschluss oder eine Anordnung der Gemeinde das Gesetz verletzt, eine Entscheidung nach Absatz 1 Satz 1 aber noch nicht getroffen werden kann, kann die Rechtsaufsichtsbehörde die erforderlichen vorläufigen Maßnahmen treffen, insbesondere verlangen, dass der Vollzug vorläufig unterbleibt. [2]Maßnahmen nach Satz 1 treten spätestens nach einem Monat außer Kraft.

§ 115 Anordnungsrecht

Erfüllt die Gemeinde die ihr obliegenden Pflichten nicht, kann die Rechtsaufsichtsbehörde anordnen, dass die Gemeinde innerhalb einer angemessenen Frist die notwendigen Maßnahmen durchführt.

§ 116 Ersatzvornahme

(1) Kommt die Gemeinde einer Anordnung der Rechtsaufsichtsbehörde nach den §§ 113 bis 115 nicht innerhalb der bestimmten Frist nach, kann die Rechtsaufsichtsbehörde die Anordnung an Stelle und auf Kosten der Gemeinde selbst durchführen oder einen Dritten mit der Durchführung beauftragen.

(2) Die Rechtsaufsichtsbehörde kann von der Gemeinde die Vorauszahlung der voraussichtlichen Kosten der Ersatzvornahme verlangen.

§ 117 Bestellung eines Beauftragten

(1) Entspricht die Verwaltung der Gemeinde in erheblichem Umfang nicht den Erfordernissen einer gesetzmäßigen Verwaltung und reichen die Befugnisse der Rechtsaufsichtsbehörde nicht aus, die Gesetzmäßigkeit der Verwaltung der Gemeinde zu sichern, kann die Rechtsaufsichtsbehörde einen Beauftragten bestellen, der alle oder einzelne Aufgaben der Gemeinde auf deren Kosten wahrnimmt.

(2) Der gemäß Absatz 1 bestellte Beauftragte hat kein Stimmrecht im Gemeinderat und seinen Ausschüssen.

§ 118 Vorzeitige Beendigung der Amtszeit des Bürgermeisters

(1) Wird der Bürgermeister den Anforderungen seines Amtes nicht gerecht und treten dadurch so erhebliche Missstände in der Verwaltung der Gemeinde ein, dass eine Weiterführung des Amtes im öffentlichen Interesse nicht vertretbar ist, kann die Amtszeit des Bürgermeisters für beendet erklärt werden, wenn andere Maßnahmen nicht ausreichen.

(2) [1]Die Erklärung der vorzeitigen Beendigung der Amtszeit erfolgt in einem förmlichen Verfahren, das von der oberen Rechtsaufsichtsbehörde eingeleitet wird. [2]Auf dieses Verfahren finden die disziplinarrechtlichen Vorschriften entsprechende Anwendung. [3]Die dem Bürgermeister erwachsenen notwendigen Auslagen trägt die Gemeinde.

(3) Bei vorzeitiger Beendigung seiner Amtszeit wird der Bürgermeister besoldungs- und versorgungsrechtlich so gestellt, als wäre er abgewählt worden.

§ 119 Vorlage- und Genehmigungspflicht

(1) Ein Beschluss der Gemeinde, der nach gesetzlicher Vorschrift der Rechtsaufsichtsbehörde vorzulegen ist, darf erst vollzogen werden, wenn die Rechtsaufsichtsbehörde die Gesetzmäßigkeit bestätigt oder den Beschluss nicht innerhalb eines Monats beanstandet hat.

(2) Ein Beschluss der Gemeinde, der nach gesetzlicher Vorschrift der Genehmigung der Rechtsaufsichtsbehörde bedarf, darf erst vollzogen werden, wenn die Genehmigung erteilt ist.

§ 120 Unwirksame und nichtige Rechtsgeschäfte

(1) Rechtsgeschäfte sind bis zur Erteilung der nach gesetzlicher Vorschrift erforderlichen Genehmigung der Rechtsaufsichtsbehörde unwirksam; wird die Genehmigung unanfechtbar versagt, sind sie nichtig.

(2) Rechtsgeschäfte, die gegen das Verbot des § 72 Absatz 2 Satz 2, des § 82 Absatz 6 Satz 1 oder des § 83 Absatz 1 Satz 1 verstoßen, sind nichtig.

§ 121 Geltendmachung von Ansprüchen, Verträge mit der Gemeinde

(1) [1]Ansprüche der Gemeinde gegen Gemeinderäte oder gegen den Bürgermeister werden von der Rechtsaufsichtsbehörde geltend gemacht. [2]Die Kosten der Rechtsverfolgung trägt die Gemeinde.

(2) [1]Beschlüsse über Verträge der Gemeinde mit einem Gemeinderat, dem Bürgermeister oder einem Beigeordneten sowie Beschlüsse über Verträge der Gemeinde mit einer juristischen Person, die von einem Gemeinderat, dem Bürgermeister oder einem Beigeordneten geführt werden oder an denen solche Personen maßgeblichen Einfluss haben, sind der Rechtsaufsichtsbehörde vorzulegen. [2]Dies gilt nicht für Beschlüsse über Verträge, die nach einem feststehenden Tarif oder einem ortsüblichen Entgelt abgeschlossen werden oder die für die Gemeinde nur von geringer wirtschaftlicher Bedeutung sind.

§ 122 Zwangsvollstreckung

(1) Die Zwangsvollstreckung gegen die Gemeinde wegen einer Geldforderung bedarf der Zulassung durch die Rechtsaufsichtsbehörde, sofern es sich nicht um die Verfolgung dinglicher Rechte handelt.

(2) Die Zulassung hat zu erfolgen, soweit es sich nicht um Vermögensgegenstände handelt, die für die Erfüllung von Pflichtaufgaben der Gemeinde unentbehrlich sind oder deren Veräußerung ein überwiegendes öffentliches Interesse entgegensteht.

(3) In der Zulassungsverfügung sind der Zeitpunkt der Zwangsvollstreckung und die Vermögensgegenstände, in die vollstreckt werden darf, zu bestimmen.

§ 123 Fachaufsicht

(1) [1]Die Zuständigkeit zur Ausübung der Fachaufsicht bestimmt sich nach den hierfür geltenden besonderen Rechtsvorschriften. [2]Soweit solche Rechtsvorschriften nicht bestehen, obliegt die Ausübung der Fachaufsicht den für die Rechtsaufsicht zuständigen Behörden mit der Maßgabe, dass oberste Fachaufsichtsbehörde das fachlich zuständige Staatsministerium ist.

(2) [1]Den Fachaufsichtsbehörden steht im Rahmen ihrer Zuständigkeit ein Informationsrecht nach § 113 zu. [2]Für Aufsichtsmaßnahmen nach §§ 114 bis 118, die erforderlich sind, um die ordnungsgemäße Durchführung der Weisungsaufgaben sicherzustellen, ist nur die Rechtsaufsichtsbehörde zuständig, soweit gesetzlich nichts anderes bestimmt ist.

(3) Leistet die Gemeinde einer ihr erteilten Weisung keine Folge und ermächtigt ein Gesetz die Fachaufsichtsbehörde, an Stelle der Gemeinde zu handeln, ist § 116 Absatz 2 entsprechend anzuwenden.

(4) Soweit einzelne Gemeinden Aufgaben erfüllen, die sonst von den Landkreisen wahrgenommen werden, richten sich die Fachaufsicht und im Rahmen des Absatzes 2 Satz 2 die Zuständigkeit der Rechtsaufsichtsbehörden nach den für die Kreisfreien Städte geltenden Vorschriften.

(5) [1]Sind die zu beaufsichtigenden Gebietskörperschaften in Angelegenheiten zuständig, die der Freistaat Sachsen im Auftrage des Bundes (Artikel 85 des Grundgesetzes) ausführt, obliegt ihnen die Erfüllung der Aufgabe als Weisungsaufgabe. [2]Das Weisungsrecht ist nicht beschränkt. [3]In den Fällen des Artikels 84 Absatz 5 des Grundgesetzes können die Fachaufsichtsbehörden auch Weisungen erteilen, soweit dies zum Vollzug von Einzelweisungen der Bundesregierung erforderlich ist; insoweit findet § 2 Absatz 3 Satz 3 keine Anwendung.

(6) Werden den Gemeinden auf Grund eines Bundesgesetzes durch Rechtsverordnung neue Aufgaben als Pflichtaufgaben übertragen, können durch diese Rechtsverordnung ein Weisungsrecht vorbehalten, die Zuständigkeit zur Ausübung der Fachaufsicht und der Umfang des Weisungsrechts geregelt werden.

(7) Kosten, die den Gemeinden bei der Wahrnehmung von Weisungsaufgaben infolge fehlerhafter Weisungen einer Fachaufsichtsbehörde entstehen, werden vom Freistaat Sachsen erstattet.

(8) [1]Die obersten Fachaufsichtsbehörden können den Gemeinden für die Erhebung und Verarbeitung von Daten landesweit einheitliche Maßgaben vorgeben und sie dazu verpflichten, Daten in elektronischer Form zu erfassen, zu verarbeiten, zu empfangen und in einem vorgegebenen Format auf einem vorgeschriebenen Weg an eine bestimmte Stelle weiterzugeben. [2]Sie können auch bestimmen, dass zwischen den Behörden einheitliche Verfahren zum elektronischen Austausch von Dokumenten und Daten sowie für die gemeinsame Nutzung von Datenbeständen eingerichtet und weiterentwickelt sowie einheitliche oder zentrale Datenverarbeitungsverfahren angewandt werden. [3]Vorgaben nach den Sätzen 1 und 2 dürfen nur getroffen werden, soweit

1. der Freistaat Sachsen hierzu durch Rechtsvorschriften der Europäischen Gemeinschaft oder des Bundes verpflichtet ist,
2. Aufgaben im Auftrag des Bundes ausgeführt werden (Artikel 85 des Grundgesetzes) oder
3. dies erforderlich ist
   a) zur Abwehr von oder zur Vorbeugung gegen Gefahren, die dem Gemeinwohl drohen,
   b) zur Durchführung der auf Rechtsvorschriften der Europäischen Gemeinschaft beruhenden Förder- und Ausgleichsmaßnahmen, soweit sie der Finanzkontrolle unterliegen, oder zur Bearbeitung von sachlich und verfahrenstechnisch damit zusammenhängenden Förder- und Ausgleichsmaßnahmen nach Rechtsvorschriften des Bundes und des Freistaates Sachsen,
   c) zur Erfüllung von Berichts- und Überwachungspflichten, die durch Rechtsvorschriften der Europäischen Gemeinschaft oder bundesrechtlich vorgegeben sind, oder
   d) zur Vereinfachung von Verwaltungsverfahren mit dem Ziel der Verbesserung der Verwaltungsleistungen oder der Verminderung der Ausgaben des Freistaates Sachsen und der kommunalen Körperschaften.

Sechster Teil
Sonstige Vorschriften

§ 124 Ordnungswidrigkeiten

(1) Ordnungswidrig handelt, wer vorsätzlich oder fahrlässig einer auf Grund von

1. § 4 AbsatzAbsatz 1 erlassenen Satzung über die Benutzung einer öffentlichen Einrichtung,
2. § 10 Absatz 4 erlassenen Satzung über die Mitwirkung bei der Erfüllung vordringlicher Aufgaben in Notfällen,
3. § 14 erlassenen Satzung über den Anschluss- und Benutzungszwang

zuwiderhandelt, soweit die Satzung für einen bestimmten Tatbestand auf diese Bußgeldvorschrift verweist.

(2) [1]Ordnungswidrig handelt ferner, wer als Gemeinderat oder Ortschaftsrat gemäß § 19 Absatz 3 Satz 1 Ansprüche und Interessen eines Dritten gegen die Gemeinde geltend macht. [2]Satz 1 gilt nicht, soweit er als gesetzlicher Vertreter handelt.

(3) Die Ordnungswidrigkeit kann mit einer Geldbuße geahndet werden.

(4) Verwaltungsbehörden im Sinne des § 36 Absatz 1 Nummer 1 des Gesetzes über Ordnungswidrigkeiten in der Fassung der Bekanntmachung vom 19. Februar 1987 (BGBl. I S. 602), das zuletzt durch Artikel 5 des Gesetzes vom 27. August 2017 (BGBl. I S. 3295) geändert worden ist, in der jeweils geltenden Fassung, sind die Gemeinden.

§ 125 Maßgebende Einwohnerzahl

[1]Kommt nach einer gesetzlichen Vorschrift der Einwohnerzahl einer Gemeinde rechtliche Bedeutung zu, ist die vom Statistischen Landesamt zum 30. Juni des Vorjahres auf der Grundlage der jeweils letzten Volkszählung fortgeschriebene Einwohnerzahl maßgebend, soweit nichts anderes bestimmt ist. [2]Abweichend von Satz 1 sind Gebietsänderungen vom Tage der Rechtswirksamkeit an zu berücksichtigen.

§ 126 (weggefallen)

§ 127 Rechtsverordnungen

(1) Das Staatsministerium des Innern wird ermächtigt, durch Rechtsverordnung zu regeln:

1. die Übertragung von Aufgaben der Landkreise und Kreisfreien Städte auf die Großen Kreisstädte nach § 3 Absatz 2 Satz 2,
2. das Verfahren für die Anhörung der Einwohner bei Gebietsänderung, das Verfahren beim Antrag auf Anberaumung einer Einwohnerversammlung und bei einem Einwohnerantrag, das Verfahren bei einem Bürgerbegehren und die Durchführung eines Bürgerentscheids,
3. die Form und das Verfahren öffentlicher Bekanntmachungen,
4. das Verfahren für die Erteilung von Genehmigungen und die Freistellung von Genehmigungspflichten nach diesem Gesetz,
5. das Verfahren für die Verleihung von Bezeichnungen nach § 5 Absatz 2 und 3 und die Benennung der Gemeindeteile nach § 5 Absatz 4,
6. die Zuständigkeit der Rechtsaufsichtsbehörden bei Streitigkeiten nach § 7 Absatz 1 Satz 2 und bei Gebietsänderungen nach § 8,
7. die Verwaltung gemeindefreier Grundstücke,
8. Gebietsänderungen nach § 8 Absatz 1 Satz 2,
9. die Höchst- und Mindestbeträge für die Entschädigung für ehrenamtliche Tätigkeit nach § 21,
10. den Inhalt, Ausgleich und die Gestaltung des Haushaltsplanes, des Finanzplanes und des Investitionsprogramms, die Haushaltsführung und Haushaltsüberwachung, die näheren Voraussetzungen, den Inhalt und die Gestaltung des Haushaltsstrukturkonzepts sowie nähere Bestimmungen zu Gegenstand und Umfang haushaltswirtschaftlicher Beschränkungen bis zur Genehmigung eines Haushaltsstrukturkonzepts, insbesondere zu
    a) personalwirtschaftlichen Beschränkungen,
    b) Beschränkungen bei der Leistung von Aufwendungen und Auszahlungen,
    c) dem Erfordernis der Einzelgenehmigung und anderen Beschränkungen bei der Kreditaufnahme,
11. die Bestimmung eines vom Haushaltsjahr abweichenden Wirtschaftszeitraums,
12. die Bildung und Verwendung von Rücklagen, Rückstellungen und Sonderposten,
13. die Freistellung von der Vorlagepflicht nach § 102,
14. die Erfassung, den Nachweis, die Bewertung und die Abschreibung von Vermögensgegenständen sowie den Nachweis und die Bewertung von Verbindlichkeiten,
15. Geldanlagen nach § 89 Absatz 3 Satz 2 sowie die nähere Bestimmung des Begriffs des spekulativen Finanzgeschäfts gemäß § 72 Absatz 2 Satz 2,
16. die Gewährung von Nachlässen nach § 90 Absatz 1 Satz 3 und 4,
17. die Ausschreibung von Lieferungen und Leistungen sowie die Vergabe von Aufträgen einschließlich des Abschlusses von Verträgen,
18. das Prüfungswesen und die Befreiung von der Prüfungspflicht,
19. die Stundung, die Niederschlagung und den Erlass von Ansprüchen sowie die Behandlung von Kleinbeträgen,

20. Aufgaben, Organisation, Buchführung und Beaufsichtigung der Gemeindekasse und der Sonderkassen, die Abwicklung des Zahlungsverkehrs, die Einrichtung von Gebühren- und Portokassen und die Gewährung von Handvorschüssen,
21. Inhalt und Gestaltung des Jahresabschlusses, des Gesamtabschlusses und der Sonderrechnungen sowie die Abdeckung der Fehlbeträge,
22. die Organisation, die Wirtschaftsführung, das Rechnungswesen und die Prüfung der Eigenbetriebe.

(2) Rechtsverordnungen nach Absatz 1 Nummer 10 ergehen im Benehmen mit dem Staatsministerium der Finanzen.

§ 128 Muster für die Haushaltswirtschaft

[1]Soweit es für die Vergleichbarkeit der Haushalte erforderlich ist, gibt das Staatsministerium des Innern durch Verwaltungsvorschrift Muster insbesondere für
1. die Haushaltssatzung und ihre Bekanntmachung,
2. die Beschreibung und Gliederung der Produktbereiche und Produktgruppen sowie die Gestaltung des Haushaltsplanes und des Finanzplanes,
3. die Form des Haushaltsplans und seiner Anlagen, des Finanzplans und des Investitionsprogramms,
4. die Form der Anlagenübersicht, der Forderungsübersicht und der Verbindlichkeitenübersicht,
5. die Zahlungsanordnungen, Buchführung, den Kontenrahmen, den Jahresabschluss und den Gesamtabschluss und ihre Anlagen
im Sächsischen Amtsblatt bekannt. [2]Die Gemeinden sind verpflichtet, diese Muster zu verwenden. [3]Die Bekanntgabe von Mustern nach Satz 1 Nummer 2 und 3 erfolgt im Benehmen mit dem Staatsministerium der Finanzen.

§ 129 Sonstige Verwaltungsvorschriften

(1) [1]Das Staatsministerium des Innern kann sonstige Verwaltungsvorschriften zur Durchführung dieses Gesetzes erlassen. [2]§ 127 Absatz 2 gilt entsprechend.

(2) Das Staatsministerium des Innern kann im Fall von Naturkatastrophen oder außergewöhnlichen Notsituationen, die bei den betroffenen Gemeinden zu unabweisbaren Auszahlungen oder Aufwendungen führen, im Einvernehmen mit dem Staatsministerium der Finanzen durch Verwaltungsvorschrift Ausnahmen oder Befreiungen von den Vorschriften in § 72 Absatz 3 bis 7, § 77 Absatz 2, § 78 Absatz 2 Satz 1, § 79 Absatz 1 Satz 1 Nummer 2, §§ 81, 82 Absatz 1 und § 84 Absatz 3 zulassen.

§ 130 Übergangsbestimmungen zur Rechtsstellung von Bürgermeistern

Ein Bürgermeister, der nach § 51 Absatz 2 Satz 3 in der am 17. November 2012 geltenden Fassung hauptamtlicher Beamter auf Zeit ist, behält seine Rechtsstellung nach Inkrafttreten des Artikels 2 des Gesetzes zur Erleichterung freiwilliger Gebietsänderungen vom 18. Oktober 2012 (SächsGVBl. S. 562) bis zum Ende der laufenden Amtszeit.

§ 130a Übergangsbestimmungen aus Anlass des Gesetzes zur Fortentwicklung des Kommunalrechts

[1]Die Vorschriften der §§ 94a bis 109 in der ab dem 1. Januar 2014 geltenden Fassung sind für bestehende Unternehmen und Beteiligungen spätestens bis zum 31. Dezember 2017 umzusetzen. [2]§ 102 Absatz 1 und 3 gilt entsprechend.

130b Übergangsvorschrift aus Anlass des Zweiten Gesetzes zur Fortentwicklung des Kommunalrechts

(1) Abweichend von § 65 Absatz 1 kann in kreisangehörigen Gemeinden durch die Hauptsatzung auch für weitere Ortsteile die Ortschaftsverfassung eingeführt werden, sofern die erstmalige Ortschaftsratswahl vor dem 31. Dezember 2024 stattfindet.

(2) Abweichend von § 69a Absatz 1 kann die Ortschaftsverfassung, soweit sie vor dem 1. Januar 2018 auf unbestimmte Zeit eingeführt worden ist, zur nächsten regelmäßigen Wahl der Gemeinderäte 2019 aufgehoben werden.

(3) Abweichend von § 71 Absatz 9 kann die Stadtbezirksverfassung, soweit sie vor dem 1. Januar 2018 eingeführt worden ist, zur nächsten regelmäßigen Wahl der Gemeinderäte 2019 aufgehoben werden.

§ 131 Sonderregelung zur Erklärung zur Großen Kreisstadt

[1]Gemeinden, die nach dem 1. Januar 1994 als Folge der Neugliederung der Landkreise ihren Kreissitz verloren haben, können abweichend von den Voraussetzungen des § 3 Absatz 3 Satz 1 auf Antrag durch das Staatsministerium des Innern zur Großen Kreisstadt erklärt werden. [2]§ 3 Absatz 3 Satz 3 bis 5 gilt entsprechend.

§ 132 (Inkrafttreten)

Verordnung des Sächsischen Staatsministeriums des Innern zur Durchführung der Sächsischen Gemeindeordnung und der Sächsischen Landkreisordnung in Bezug auf das Kommunalverfassungsrecht (Sächsische Kommunalverfassungsrechtsdurchführungsverordnung – SächsKomVerfRDVO)

Vom 12. November 2018 (SächsGVBl. S. 682)
(BS Sachsen 230-1.10)
zuletzt geändert durch Art. 2 G zur Neuregelung des sächsischen Straßenverkehrsrechts
vom 3. Mai 2019 (SächsGVBl. S. 317)

Auf Grund des § 127 Absatz 1 Nummer 1, 2 und 4 bis 6 der Sächsischen Gemeindeordnung in der Fassung der Bekanntmachung vom 9. März 2018 (SächsGVBl. S. 62), des § 5 Absatz 3 Satz 1 des Sächsischen Gesetzes über kommunale Zusammenarbeit in der Fassung der Bekanntmachung vom 3. März 2014 (SächsGVBl. S. 196) in Verbindung mit § 127 Absatz 1 Nummer 4 der Sächsischen Gemeindeordnung und des § 68 Absatz 1 Nummer 1, 3 und 4 der Sächsischen Landkreisordnung in der Fassung der Bekanntmachung vom 9. März 2018 (SächsGVBl. S. 99) verordnet das Staatsministerium des Innern:

Inhaltsübersicht

Abschnitt 1
Aufgaben, Rechtsstellung und Gebiet

§ 1 Aufgaben der Großen Kreisstädte

Den Großen Kreisstädten werden folgende Aufgaben der Landkreise übertragen:

1. abweichend von § 2 der Verordnung der Sächsischen Staatsregierung zur Durchführung der Gewerbeordnung vom 28. Januar 1992 (SächsGVBl. S. 40), die zuletzt durch Artikel 2 der Verordnung vom 28. November 2012 (SächsGVBl. S. 751) geändert worden ist, in der jeweils geltenden Fassung, die Ausführung der §§ 33a und 33i der Gewerbeordnung in der Fassung der Bekanntmachung vom 22. Februar 1999 (BGBl. I S. 202), die zuletzt durch Artikel 1 des Gesetzes vom 17. Oktober 2017 (BGBl. I S. 3562) geändert worden ist, sowie des § 15 Absatz 2 der Gewerbeordnung, soweit sich diese Vorschrift auf Gewerbebetriebe bezieht, die den Vorschriften der §§ 33a und 33i der Gewerbeordnung unterliegen,

2.   abweichend von § 1 Nummer 2 des Sächsischen Straßenverkehrsrechtsgesetzes vom 3. Mai 2019
(SächsGVBl. S. 317), in der jeweils geltenden Fassung, der Vollzug der Straßenverkehrs-Ordnung
nach § 3 des Sächsischen Straßenverkehrsrechtsgesetzes.

§ 2 Name und Bezeichnung

(1) [1]Der Antrag der Gemeinde auf Bestimmung, Feststellung oder Änderung des Gemeindenamens
nach § 5 Absatz 1 Satz 2 der Sächsischen Gemeindeordnung ist zu begründen. [2]Die entsprechenden
Gemeinderatsbeschlüsse sind beizufügen. [3]Soll der Gemeindename erstmalig bestimmt oder soll er
geändert werden, muss er den Grundsätzen der Namenkunde (Anlage) entsprechen. [4]Die oberste
Rechtsaufsichtsbehörde holt zum Gemeindenamen, insbesondere zu historischen, geografischen und
sprachwissenschaftlichen Gesichtspunkten, gutachterliche Stellungnahmen ein.

(2) Vereinigen sich Gemeinden zu einer neuen Gemeinde und soll die neue Gemeinde den Gemeindenamen einer der bisherigen Gemeinden weiterführen, gilt das Einvernehmen der obersten Rechtsaufsichtsbehörde nach § 5 Absatz 1 Satz 2 der Sächsischen Gemeindeordnung als erteilt.

(3) Nach Herstellung des Einvernehmens mit der obersten Rechtsaufsichtsbehörde und nach Erteilung
der Genehmigung teilt die Rechtsaufsichtsbehörde die Bestimmung, Feststellung oder Änderung eines
Gemeindenamens der obersten Rechtsaufsichtsbehörde, der oberen Rechtsaufsichtsbehörde, den zu-
ständigen Justiz- und Finanzbehörden, dem Sächsischen Staatsarchiv, der Deutschen Post AG, dem
Staatsbetrieb Geobasisinformation und Vermessung Sachsen, dem Statistischen Landesamt sowie der
Deutschen Bahn AG mit und veranlasst eine Veröffentlichung im Sächsischen Amtsblatt.

(4) [1]Für die Änderung des Namens eines Landkreises nach § 4 Absatz 1 Satz 2 der Sächsischen Landkreisordnung gilt Absatz 1 entsprechend. [2]Nach Erteilung der Genehmigung teilt die oberste Rechtsaufsichtsbehörde die Änderung des Kreisnamens den zuständigen Justiz- und Finanzbehörden, dem
Sächsischen Staatsarchiv, der Deutschen Post AG, dem Staatsbetrieb Geobasisinformation und Vermessung Sachsen, dem Statistischen Landesamt sowie der Deutschen Bahn AG mit und veranlasst
eine Veröffentlichung im Sächsischen Amtsblatt.

(5) Die Verleihung der Bezeichnung „Stadt" und die Verleihung sonstiger Bezeichnungen nach § 5
Absatz 3 Satz 2 der Sächsischen Gemeindeordnung und § 4 Absatz 1 Satz 3 der Sächsischen Landkreisordnung werden vom Staatsministerium des Innern im Sächsischen Amtsblatt bekanntgegeben.

§ 3 Benennung von Gemeindeteilen

(1) Gemeindeteile können einen Namen führen, wenn sie
1.   aus einer oder mehreren früheren Gemeinden bestehen oder
2.   erkennbar vom übrigen bewohnten Gemeindegebiet getrennt sind und für ihre Benennung wegen
der Einwohnerzahl, der Art der Bebauung oder des Gebietsumfangs ein öffentliches Bedürfnis
besteht.

(2) [1]Die Gemeinde hat vor der Benennung oder Umbenennung eines Gemeindeteils das Sächsische
Staatsarchiv, das Statistische Landesamt, die Deutsche Post AG, den Staatsbetrieb Geobasisinformation und Vermessung Sachsen und, sofern die Gemeinde oder der Gemeindeteil an einer Linie der
Deutschen Bahn AG liegt, die Deutsche Bahn AG anzuhören. [2]Dies gilt nicht bei der Weiterführung
eines früheren Gemeindenamens.

(3) Die Benennung oder Umbenennung eines Gemeindeteils ist von der Gemeinde öffentlich bekanntzumachen, der Rechtsaufsichtsbehörde anzuzeigen und den nach Absatz 2 gehörten Stellen sowie den
zuständigen Justiz- und Finanzbehörden mitzuteilen.

§ 4 Genehmigung kommunaler Wappen und Flaggen

(1) Für den Antrag einer Gemeinde auf Wappengenehmigung nach § 6 Absatz 1 Satz 2 der Sächsischen
Gemeindeordnung gilt folgendes Verfahren:
1.   Einreichen des Wappenentwurfs zur Stellungnahme beim Sächsischen Staatsarchiv; einzureichen
sind die Blasonierung, eine farbige Reinzeichnung im Format DIN A4 oder eine entsprechende
druckfähige Bilddatei im Dateiformat PDF mit mindestens 300 dpi und eine schriftliche Begründung für die gewählten Motive, dieser Entwurf verbleibt zur Dokumentation im Sächsischen
Staatsarchiv;
2.   Beschlussfassung des Gemeinderats, der Beschlussvorlage ist die Stellungnahme des Sächsischen
Staatsarchivs beizufügen;

3. Einreichen des Antrags auf Wappengenehmigung bei der jeweils zuständigen Rechtsaufsichtsbehörde; beizufügen sind drei Exemplare der farbigen Reinzeichnung DIN A4 oder die entsprechende Bilddatei, die Blasonierung, die Stellungnahme des Sächsischen Staatsarchivs und der Gemeinderatsbeschluss über die Annahme des Wappens;

4. Einholung des Einvernehmens des Staatsministeriums des Innern als oberste Rechtsaufsichtsbehörde vor Erteilung der Genehmigung durch die Rechtsaufsichtsbehörde;

5. nach Herstellung des Einvernehmens mit der obersten Rechtsaufsichtsbehörde und Erteilung der Genehmigung Mitteilung über die erfolgte Genehmigung des Wappens an die oberste Rechtsaufsichtsbehörde und das Sächsischen Staatsarchiv zur Eintragung in die vom Sächsischen Staatsarchiv geführte kommunale Wappenrolle des Freistaates Sachsen.

(2) ¹Für die Gestaltung des Wappens sind die anerkannten Regeln der Heraldik maßgebend. ²Das Wappen soll Charakteristika der wappenführenden Körperschaft versinnbildlichen und muss sich von anderen Wappen hinreichend unterscheiden.

(3) ¹Vereinigen sich Gemeinden zu einer neuen Gemeinde und soll die neue Gemeinde das Gemeindewappen einer der bisherigen Gemeinden weiterführen, kann abweichend von Absatz 1 Satz 1 Nummer 1 auf die Einreichung eines Wappenentwurfs verzichtet werden; die Stellungnahme des Sächsischen Staatsarchivs ergeht auf der Grundlage des Eintrags in der kommunalen Wappenrolle des Freistaates Sachsen. ²Das Einvernehmen der obersten Rechtsaufsichtsbehörde nach § 6 Absatz 1 Satz 2 der Sächsischen Gemeindeordnung gilt als erteilt, wenn das Sächsische Staatsarchiv die Weiterführung in seiner Stellungnahme befürwortet. ³In diesem Fall hat die zuständige Rechtsaufsichtsbehörde die Genehmigung bei der obersten Rechtsaufsichtsbehörde unter Beifügung der Stellungnahme des Sächsischen Staatsarchivs anzuzeigen. ⁴Entsprechendes gilt, wenn bei der Umwandlung nach § 32 des Sächsischen Gesetzes über kommunale Zusammenarbeit in der Fassung der Bekanntmachung vom 3. März 2014 (SächsGVBl. S. 196), das zuletzt durch Artikel 3 des Gesetzes vom 13. Dezember 2017 (SächsGVBl. S. 626) geändert worden ist, in der jeweils geltenden Fassung, das Wappen des Verwaltungsverbandes von der neuen Gemeinde weitergeführt werden soll.

(4) Beantragt ein Verwaltungsverband nach § 6 Absatz 1 Satz 2 der Sächsischen Gemeindeordnung in Verbindung mit § 5 Absatz 3 Satz 1 des Sächsischen Gesetzes über kommunale Zusammenarbeit oder ein Landkreis nach § 5 Absatz 1 Satz 2 der Sächsischen Landkreisordnung eine Wappengenehmigung, gelten die Absätze 1 und 2 entsprechend.

(5) ¹Für die Genehmigung kommunaler Flaggen gilt das Verfahren nach den Absätzen 1 bis 4 entsprechend. ²Für die Gestaltung der Flaggen sind die Grundsätze der Vexillologie maßgebend.

§ 5 Zuständige Rechtsaufsichtsbehörde bei Gebietsangelegenheiten zwischen Gemeinden

(1) Bei Grenzstreitigkeiten zwischen Gemeinden, bei denen nicht für alle beteiligten Gemeinden nach § 112 Absatz 1 Satz 1 der Sächsischen Gemeindeordnung dieselbe Rechtsaufsichtsbehörde zuständig ist, ist zuständige Rechtsaufsichtsbehörde nach § 7 Absatz 1 Satz 2 der Sächsischen Gemeindeordnung die Landesdirektion Sachsen.

(2) Absatz 1 gilt entsprechend für Gebietsänderungen nach § 8 Absatz 1 Satz 1 Nummer 2 der Sächsischen Gemeindeordnung, bei denen nicht für alle beteiligten Gemeinden nach § 112 Absatz 1 Satz 1 der Sächsischen Gemeindeordnung dieselbe Rechtsaufsichtsbehörde zuständig ist.

Abschnitt 2
Bürgerbegehren und Bürgerentscheid

§ 6 Bürgerbegehren

(1) ¹Der Antrag auf Durchführung eines Bürgerentscheids in der Gemeinde nach § 25 der Sächsischen Gemeindeordnung (Bürgerbegehren) kann rechtswirksam nur von den Bürgern der Gemeinde, die nicht vom Stimmrecht in Gemeindeangelegenheiten ausgeschlossen sind, unterzeichnet werden. ²Maßgebender Zeitpunkt ist insoweit der Tag des Eingangs des Antrags. ³Jeder Unterzeichner soll neben seiner eigenhändigen Unterschrift Familiennamen, Vornamen, Geburtstag, Wohnung und Datum der Unterzeichnung lesbar angeben. ⁴Die Angaben dürfen nur zur Prüfung der Zulässigkeit des Antrags verwendet und Dritten nicht zugänglich gemacht werden.

(2) Für die Feststellung der Gültigkeit der Unterschriften dürfen die Daten des Melderegisters genutzt werden.

(3) [1]Hat der Gemeinderat bestandskräftig über die Zulässigkeit des Bürgerbegehrens entschieden, sind die Unterschriftenbögen unverzüglich zu vernichten. [2]Gleichzeitig sind die in diesem Zusammenhang in automatisierten Verfahren gespeicherten Daten zu löschen.

§ 7 Tag der Abstimmung
[1]Der Gemeinderat bestimmt den Abstimmungstag für den Bürgerentscheid. [2]Der Abstimmungstag muss ein Sonntag sein.

§ 8 Bekanntmachung der Abstimmung
Der Bürgermeister hat die Abstimmung und den zur Abstimmung gestellten Entscheidungsvorschlag einschließlich Begründung und Kostendeckungsvorschlag spätestens am 27. Tag vor dem Abstimmungstag öffentlich bekanntzumachen.

§ 9 Abstimmungsgebiet
(1) Abstimmungsgebiet ist das Gebiet der Gemeinde.
(2) [1]Für die Abstimmung bildet die Gemeinde einen oder mehrere Abstimmungsbezirke, die vom Bürgermeister bestimmt werden. [2]Kein Abstimmungsbezirk soll mehr als 4 000 Einwohner umfassen.

§ 10 Ausübung des Abstimmungsrechts und Wählerverzeichnis
[1]Abstimmen kann nur, wer in ein Wählerverzeichnis eingetragen ist oder einen Wahlschein hat. [2]Die §§ 3 bis 5 des Kommunalwahlgesetzes in der Fassung der Bekanntmachung vom 20. April 2018 (SächsGVBl. S. 298), in der jeweils geltenden Fassung, gelten entsprechend.

§ 11 Abstimmungsorgane
[1]Abstimmungsorgane sind der Gemeindewahlausschuss, der Vorsitzende des Gemeindewahlausschusses und die Wahlvorstände. [2]Die §§ 9 bis 11 des Kommunalwahlgesetzes gelten entsprechend.

§ 12 Besorgung der laufenden Geschäfte
Die laufenden Geschäfte der Abstimmung besorgt der Bürgermeister.

§ 13 Abstimmungsräume
Die Abstimmungsräume, ihre Ausstattung und das erforderliche Hilfspersonal stellt die Gemeinde.

§ 14 Stimmzettel
(1) [1]Die Stimmzettel werden amtlich hergestellt. [2]Sie müssen von einheitlichem Papier, gleicher Farbe und gleicher Größe sein.
(2) [1]Der Stimmzettel muss den zur Abstimmung gestellten Entscheidungsvorschlag enthalten. [2]Der Entscheidungsvorschlag muss so gefasst sein, dass über ihn mit „Ja" oder „Nein" entschieden werden kann.

§ 15 Abstimmungshandlung
(1) [1]Jeder Abstimmungsberechtigte hat eine Stimme. [2]Er gibt seine Stimme in der Weise ab, dass er auf dem Stimmzettel entweder das „Ja"-Feld oder das „Nein"-Feld durch Ankreuzen oder auf eine andere eindeutige Weise als gewählt kennzeichnet.
(2) Im Übrigen gelten für die Abstimmungshandlung die §§ 15 bis 17 des Kommunalwahlgesetzes entsprechend.

§ 16 Feststellung des Abstimmungsergebnisses
(1) [1]Die Feststellung des Abstimmungsergebnisses ist öffentlich. [2]Die §§ 18, 19 und 20 Absatz 2 des Kommunalwahlgesetzes gelten entsprechend.
(2) Das Abstimmungsergebnis ist vom Gemeindewahlausschuss unverzüglich festzustellen und vom Bürgermeister öffentlich bekanntzumachen.

§ 17 Kostentragung
Die Kosten für die Durchführung des Bürgerbegehrens und des Bürgerentscheids trägt die Gemeinde, soweit diese bei ihr anfallen.

§ 18 Anwendbarkeit von Rechtsvorschriften
Im Übrigen gelten für die Durchführung des Bürgerentscheids die Vorschriften der Kommunalwahlordnung vom 16. Mai 2018 (SächsGVBl. S. 313), in der jeweils geltenden Fassung, über die Bürgermeisterwahlen entsprechend, sofern sich aus den §§ 7 bis 17 oder aus der Natur der Abstimmung nichts Anderes ergibt.

§ 19 Bürgerbegehren und Bürgerentscheid auf Landkreisebene

(1) Für das Bürgerbegehren und den Bürgerentscheid auf Landkreisebene gelten die §§ 8 bis 18 entsprechend, soweit sich aus den Absätzen 2 bis 5 nichts Anderes ergibt.

(2) Die Meldebehörden ermitteln die Zahl der in der Gemeinde Unterzeichnungsberechtigten für das Bürgerbegehren und prüfen für die Feststellung der Gültigkeit der Unterschriften die Richtigkeit der Angaben auf den Unterschriftenlisten.

(3) Abstimmungsorgane für den Bürgerentscheid sind der Kreiswahlausschuss, der Vorsitzende des Kreiswahlausschusses und die Wahlvorstände.

(4) ¹Die laufenden Geschäfte der Abstimmung besorgt der Landrat. ²Die örtlichen Geschäfte der Abstimmung besorgt der Bürgermeister.

(5) Der Landkreis trägt die bei den Gemeinden anfallenden Kosten.

Abschnitt 3
Einwohnerversammlung und Einwohnerantrag

§ 20 Antrag auf Anberaumung einer Einwohnerversammlung in der Gemeinde

¹Der Antrag auf Anberaumung einer Einwohnerversammlung nach § 22 Absatz 2 der Sächsischen Gemeindeordnung kann rechtswirksam nur von den Einwohnern der Gemeinde unterzeichnet werden, die am Tag des Eingangs des Antrags das 16. Lebensjahr vollendet haben und nicht vom Stimmrecht in Gemeindeangelegenheiten ausgeschlossen sind. ²Im Übrigen gilt § 6 entsprechend.

§ 21 Einwohnerantrag

¹Für den Einwohnerantrag nach § 23 der Sächsischen Gemeindeordnung und § 20 der Sächsischen Landkreisordnung gilt § 20 entsprechend, bei einem Einwohnerantrag an den Kreistag jedoch mit der Maßgabe, dass der Antrag rechtswirksam nur von den Einwohnern des Landkreises unterzeichnet werden kann, die das 18. Lebensjahr vollendet haben. ²Bei einem Einwohnerantrag an den Kreistag prüfen die Meldebehörden für die Feststellung der Gültigkeit der Unterschriften die Richtigkeit der Angaben und ermitteln die Zahl der Unterzeichnungsberechtigten in der Gemeinde. ³Die den Meldebehörden dabei entstehenden Auslagen können gegenüber dem Landkreis erhoben werden.

Abschnitt 4
Schlussbestimmungen

§ 22 Inkrafttreten, Außerkrafttreten

(1) Diese Verordnung tritt am Tag nach der Verkündung¹⁾ in Kraft.

(2) Gleichzeitig treten

1. die Verordnung des Staatsministeriums des Innern zur Durchführung der Gemeindeordnung für den Freistaat Sachsen vom 8. Juni 1993 (SächsGVBl. S. 521), die zuletzt durch Artikel 7 der Verordnung vom 18. Oktober 2012 (SächsGVBl. S. 562) geändert worden ist,

2. die Verordnung des Sächsischen Staatsministeriums des Innern zur Durchführung der Landkreisordnung für den Freistaat Sachsen vom 17. Dezember 1993 (SächsGVBl. 1994 S. 99), die zuletzt durch Artikel 4 der Verordnung vom 1. März 2012 (SächsGVBl. S. 173) geändert worden ist,

3. die Verordnung des Sächsischen Staatsministeriums des Innern zur Durchführung von Bürgerentscheiden vom 19. Juni 1995 (SächsGVBl. S. 195),

4. die VwV Gemeindenamen vom 5. März 2014 (SächsABl. S. 523), zuletzt enthalten in der Verwaltungsvorschrift vom 4. Dezember 2017 (SächsABl. SDr. S S 352), außer Kraft.

Dresden, den 12. November 2018

Der Staatsminister des Innern

Prof. Dr. Roland Wöller

---

1) Verkündet am 30.11.2018.

Anlage
(zu § 2 Absatz 1)

Grundsätze der Namenkunde

1. Allgemeines

Namen sollen möglichst kurz und zutreffend sein und einen örtlichen Bezug herstellen. Es ist insbesondere auf Aussprache, Klang und Schreibweise sowie eine praktikable Verwendung im Schriftverkehr (Begrenzungen der Buchstabenanzahl in Adressfeldern bzw. Formularen) zu achten. Gemeindenamen müssen so gewählt werden, dass sie dauerhaft bestehen bleiben und keinen kurzfristigen Änderungen unterworfen sind. Bezüglich der Schreibweise von Gemeindenamen wird auf die vom Ständigen Ausschuss für geographische Namen beim Bundesamt für Kartographie und Geodäsie herausgegebenen Empfehlungen und Hinweise für die Schreibweise geographischer Namen für Herausgeber von Kartenwerken und anderen Veröffentlichungen, 6. Auflage, 2016 verwiesen.

2. Gemeindenamen

2.1
Als Namen eignen sich insbesondere:
a) Bisherige Gemeindenamen, um ein Stück Geschichte des Freistaates Sachsen aufrechtzuerhalten;
b) Namen, die durch Wegfall von Bestandteilen von Doppelnamen oder durch Wegfall oder Hinzufügen differenzierender Zusätze (Ober-, Unter-, Groß- usw.) entstehen;
c) Abwandlungen geläufiger Flur- und Landschaftsnamen, die auf topographische Gegebenheiten Bezug nehmen (zum Beispiel gewässer- und geländebezogene Gemeindenamen mit den Namensbestandteilen -tal, -aue, -stein); der Gemeindename muss als solcher erkennbar sein;
d) Namensbildungen, die im Einklang zur Landschaft des Standortes stehen (zum Beispiel Höhenlage, Himmelsrichtung, Lage am Wasser); für Ortsnamen im Tief- oder Flachland zum Beispiel mit den Namensbestandteilen -au(e), -bach, -feld, -tal, -hain; in bergigen Regionen mit -berg, -stein, -wald(e), -dorf, -leite(n);
e) Ist die Gemeinde Kirchort, so kann der Namensbestandteil Kirchvorangestellt oder angehängt werden;
f) Namen, die mit einem Fluss-, Flur-, Berg-, Waldnamen usw. gebildet werden;
g) Namen, die eine Verbindung mit historischen Ereignissen, vor allem der Besiedlung, erkennen lassen (zum Beispiel Gemeindenamen mit Bezug zum Ortsgründer).

2.2
Als Gemeindenamen sind zu vermeiden:
a) Gemeindenamen, die bereits andernorts vorhanden sind;
b) Namen und Namenszusätze mit werbendem Inhalt;
c) Namen, die offensichtlich Belange Dritter berühren, zum Beispiel Anlehnung des Gemeindenamens an ein topographisches oder historisches Objekt, das nicht im Gemeindegebiet oder auch auf dem Gebiet anderer Gemeinden liegt;
d) Veränderungen an ursprünglich sorbischen Namen in eingedeutschter Form; diese Namen können nur in der hergebrachten Form weitergeführt werden; die Namensbestandteile zum Beispiel -witz, -litz, -ritz und -schitz/schütz sind wegen ihrer etymologischen Bedeutung nicht an beliebige Erstglieder anfügbar;
e) Namensbestandteile und -wörter, die für den Freistaat Sachsen untypisch sind, zum Beispiel -be(c)k (niederdeutsch) statt -bach, -bühl (oberdeutsch) statt -hübel; regionstypische Zweitglieder bleiben auf den jeweiligen Raum beschränkt (zum Beispiel -grün nur für das Vogtland);
f) Namensbestandteile -statt und -stadt bei Gemeinden, die kein Stadtrecht besitzen;
g) der Gebrauch der Namensbestandteile -land, -grund und -gemeinde.
Dreifachnamen sind nicht genehmigungsfähig.

3. Zusätze zum Gemeindenamen

Zusätze zum Gemeindenamen sind Erläuterungen, die auf die geographischen und topographischen Besonderheiten oder die Geschichte einer Gemeinde hinweisen. Sie sind Teil des Gemeindenamens. Sie sollen nur dann gewählt werden, wenn sie zur Unterscheidung notwendig sind. Dies gilt immer dann, wenn ein Gemeindename mindestens zweimal in der Bundesrepublik Deutschland vorhanden ist. Erläuterungen werden durch eine Präposition, die auch in abgekürzter Form verwendet werden kann, angefügt. Zur Erläuterung eignen sich:
a) bei Bezug zum Freistaat Sachsen „in Sachsen" oder „in Sachs." (zum Beispiel Neustadt in Sachsen);
b) Landschaftsbezeichnungen wie Sächs. Schw. oder Sächs. Schweiz, O.L., Vogtl., Erzgeb. (zum Beispiel Krauschwitz i.d.O.L., Reichenbach im Vogtland);

c) bei Bezeichnungen zum Gelände, zu Gewässern oder Waldgebieten eine Ausschreibung des Gelände-, Fluss- oder Waldnamens (zum Beispiel Sohland a.d. Spree, Bernstadt a.d. Eigen).

4. Sorbisches Siedlungsgebiet

Im sorbischen Siedlungsgebiet ist bei der Bezeichnung der Gemeinden und Gemeindeteile die Zweisprachigkeit zu beachten. Die Grundsätze der Namenkunde finden auf die sorbischen Gemeinde- und Siedlungsnamen entsprechende Anwendung.

Landkreisordnung für den Freistaat Sachsen (Sächsische Landkreisordnung – SächsLKrO)

In der Fassung der Bekanntmachung vom 9. März 2018[1] (SächsGVBl. S. 99)
(BS Sachsen 231-2)

zuletzt geändert durch Art. 6 G zur Unterstützung der selbstbestimmten Teilhabe von Menschen mit Behinderungen im Freistaat Sachsen vom 2. Juli 2019 (SächsGVBl. S. 542)

Inhaltsübersicht

1)   Neubekanntmachung der Sächsischen Landkreisordnung vom 3.3.2014 (SächsGVBl. S. 180) in der ab 1.1.2018 geltenden Fassung.

Erster Teil
Rechtsstellung, Aufgaben und Gebiet des Landkreises

Erster Abschnitt
Rechtstellung und Aufgaben

§ 1 Wesen und Organe des Landkreises

(1) [1]Der Landkreis erfüllt seine Aufgaben in bürgerschaftlicher Selbstverwaltung zum gemeinsamen Wohl aller Einwohner. [2]Er unterstützt die kreisangehörigen Gemeinden in der Erfüllung ihrer Aufgaben und trägt zu einem gerechten Ausgleich ihrer Lasten bei.

(2) Der Landkreis ist rechtsfähige Gebietskörperschaft des öffentlichen Rechts.

(3) Organe des Landkreises sind der Kreistag und der Landrat.

(4) Behörde des Landkreises ist das Landratsamt.

§ 2 Aufgaben

(1) [1]Die Landkreise erfüllen, soweit die Gesetze nichts anderes bestimmen, alle überörtlichen und alle die Leistungsfähigkeit der einzelnen kreisangehörigen Gemeinde übersteigenden Aufgaben in eigener Verantwortung. [2]Zur Erfüllung dieser Aufgaben schaffen die Landkreise die für das soziale, kulturelle, sportliche und wirtschaftliche Wohl ihrer Einwohner erforderlichen öffentlichen Einrichtungen.

(2) [1]Die Landkreise können durch Gesetz zur Erfüllung bestimmter öffentlicher Aufgaben verpflichtet werden (Pflichtaufgaben). [2]Werden den Landkreisen neue Pflichtaufgaben auferlegt, sind Bestimmungen über die Deckung der Kosten zu treffen. [3]Führen diese Aufgaben zu einer Mehrbelastung der Landkreise, ist ein entsprechender finanzieller Ausgleich zu schaffen.

(3) [1]Pflichtaufgaben können den Landkreisen zur Erfüllung nach Weisung auferlegt werden (Weisungsaufgaben). [2]Das Gesetz bestimmt den Umfang des Weisungsrechts. [3]Die Weisungen sollen sich auf allgemeine Anordnungen beschränken und in der Regel nicht in die Einzelausführung eingreifen.

(4) In die Rechte der Landkreise darf nur durch Gesetz oder aufgrund eines Gesetzes eingegriffen werden.

(5) Die Landratsämter sind, soweit nichts anderes bestimmt ist, untere Verwaltungsbehörden im Sinne bundes- und landesrechtlicher Vorschriften.

§ 3 Satzungen

(1) [1]Die Landkreise können die weisungsfreien Angelegenheiten durch Satzung regeln, soweit Gesetze oder Rechtsverordnungen keine Vorschriften enthalten. [2]Satzungen werden vom Kreistag beschlossen. [3]Weisungsaufgaben können durch Satzung geregelt werden, wenn ein Gesetz hierzu ermächtigt.

(2) [1]Der Landkreis hat eine Hauptsatzung zu erlassen. [2]Die Hauptsatzung und ihre Änderung werden mit der Mehrheit der Stimmen aller Mitglieder des Kreistages beschlossen.

(3) [1]Auf der Grundlage der Verfassung des Freistaates Sachsen gewährleisten die Landkreise die Rechte der Bürger sorbischer Volkszugehörigkeit. [2]Die Landkreise des sorbischen Siedlungsgebietes regeln die Förderung der sorbischen Kultur und Sprache durch Satzung. [3]Gleiches gilt für die zweisprachige Benennung der Landkreise sowie der öffentlichen Gebäude, Einrichtungen, Straßen, Plätze und Brücken im sorbischen Siedlungsgebiet, soweit dies nicht Aufgabe der Gemeinden ist.

(4) [1]Satzungen sind durch den Landrat auszufertigen und öffentlich bekanntzumachen. [2]Sie treten am Tage nach ihrer Bekanntmachung in Kraft, wenn sie keinen anderen Zeitpunkt bestimmen. [3]Satzungen sind der Rechtsaufsichtsbehörde unverzüglich nach ihrem Erlass in vollem Wortlaut anzuzeigen.

(5) [1]Satzungen, die unter Verletzung von Verfahrens- und Formvorschriften zustande gekommen sind, gelten ein Jahr nach ihrer Bekanntmachung als von Anfang an gültig zustande gekommen. [2]Dies gilt nicht, wenn

1. die Ausfertigung der Satzung nicht oder fehlerhaft erfolgt ist,
2. Vorschriften über die Öffentlichkeit der Sitzungen, die Genehmigung oder die Bekanntmachung der Satzung verletzt worden sind,
3. der Landrat dem Beschluss nach § 48 Absatz 2 wegen Gesetzwidrigkeit widersprochen hat,
4. vor Ablauf der in Satz 1 genannten Frist
   a) die Rechtsaufsichtsbehörde den Beschluss beanstandet hat oder
   b) die Verletzung der Verfahrens- oder Formvorschrift gegenüber dem Landkreis unter Bezeichnung des Sachverhalts, der die Verletzung begründen soll, schriftlich geltend gemacht worden ist.

[3]Ist eine Verletzung nach Satz 2 Nummer 3 oder 4 geltend gemacht worden, so kann auch nach Ablauf der in Satz 1 genannten Frist jedermann diese Verletzung geltend machen. [4]Die Sätze 1 bis 3 sind nur anzuwenden, wenn bei der Bekanntmachung der Satzung auf die Voraussetzungen für die Geltendmachung der Verletzung von Verfahrens- oder Formvorschriften und die Rechtsfolgen hingewiesen worden ist.

(6) Absatz 4 Satz 1 und Absatz 5 gelten für andere Rechtsvorschriften des Landkreises entsprechend.

§ 4 Name, Bezeichnung und Sitz

(1) [1]Die Landkreise führen den gesetzlich bestimmten Namen. [2]Die Änderung des Namens eines Landkreises bedarf einer Mehrheit von zwei Dritteln aller Mitglieder des Kreistages und der Genehmigung der obersten Rechtsaufsichtsbehörde. [3]Sie kann einem Landkreis auf Antrag eine sonstige Bezeichnung verleihen, die auf der Geschichte oder der heutigen Eigenart oder Bedeutung des Landkreises beruht.

(2) [1]Der Sitz des Landratsamtes wird durch Gesetz bestimmt. [2]Der Landkreis kann Außenstellen des Landratsamtes einrichten.

§ 5 Wappen, Flaggen und Dienstsiegel

(1) [1]Die Landkreise können ihre bisherigen Wappen führen. [2]Die erstmalige Führung von Wappen und Flaggen sowie deren Änderung bedürfen der Genehmigung der Rechtsaufsichtsbehörde; die Genehmigung bedarf des Einvernehmens mit der obersten Rechtsaufsichtsbehörde.

(2) [1]Die Abbildung der Wappen und Flaggen der Landkreise zu künstlerischen und wissenschaftlichen Zwecken sowie zu Unterrichtszwecken ist jedermann erlaubt. [2]Jede weitere Verwendung bedarf der Erlaubnis des wappenführenden Landkreises.

(3) [1]Die Landkreise führen Dienstsiegel. [2]Landkreise mit eigenem Wappen führen dieses, die übrigen Landkreise das Wappen des Freistaates Sachsen mit der Bezeichnung und dem Namen des Landkreises als Umschrift in ihrem Dienstsiegel.

Zweiter Abschnitt
Gebiet des Landkreises

§ 6 Gebietsbestand

(1) [1]Das Gebiet des Landkreises besteht aus den nach geltendem Recht zum Landkreis gehörenden Gemeinden. [2]Über Grenzstreitigkeiten entscheidet die Rechtsaufsichtsbehörde.

(2) Das Gebiet des Landkreises soll so bemessen sein, dass die Verbundenheit der Gemeinden und der Einwohner des Landkreises gewahrt und die Leistungsfähigkeit des Landkreises zur Erfüllung seiner Aufgaben gesichert ist.

§ 7 Gebietsänderungen

(1) Das Gebiet von Landkreisen kann aus Gründen des Wohls der Allgemeinheit geändert werden.

(2) [1]Die Auflösung und Neubildung eines Landkreises sowie die Änderung der Grenzen eines Landkreises infolge Eingliederung oder Ausgliederung von Gemeinden bedürfen eines Gesetzes. [2]Dies gilt nicht für die Neubildung einer Gemeinde oder die Eingliederung einer Gemeinde in eine andere Gemeinde durch Vereinbarung mit Genehmigung der Rechtsaufsichtsbehörde und die Eingliederung eines Gemeindeteiles in eine andere Gemeinde, durch die das Gebiet von Landkreisen betroffen wird.

[3]Im Falle der Neubildung einer Gemeinde bestimmt die obere Rechtsaufsichtsbehörde, zu welchem Landkreis die neugebildete Gemeinde gehört; dabei ist den übereinstimmenden Voten der beteiligten Gemeinden zu entsprechen, es sei denn, schwerwiegende Gründe des Wohls der Allgemeinheit stehen entgegen.

(3) Vor der Grenzänderung sind die beteiligten Landkreise und Gemeinden zu hören.

(4) Für Rechtshandlungen, die wegen einer Änderung des Kreisgebiets erforderlich sind, werden öffentliche Abgaben, die auf Landesrecht beruhen, nicht erhoben; Auslagen werden nicht ersetzt.

§ 8 Auseinandersetzung

(1) [1]Im Fall des § 7 Absatz 2 Satz 2 und bei sonstigen Änderungen von Gemeindegrenzen durch Vereinbarung, durch die das Gebiet von Landkreisen betroffen wird, regeln die beteiligten Landkreise, soweit erforderlich, die Rechtsfolgen der Änderung ihrer Grenzen und die Auseinandersetzung durch Vereinbarung, die der Genehmigung der Rechtsaufsichtsbehörde bedarf. [2]Enthält diese Vereinbarung keine erschöpfende Regelung oder kann wegen einzelner Bestimmungen die Genehmigung nicht erteilt werden, ersucht die Rechtsaufsichtsbehörde die Landkreise, die Mängel binnen angemessener Frist zu beseitigen. [3]Kommen die Landkreise einem solchen Ersuchen nicht nach, trifft die Rechtsaufsichtsbehörde die im Interesse des öffentlichen Wohls erforderlichen Bestimmungen; dasselbe gilt, wenn die Vereinbarung nicht bis zu einem von der Rechtsaufsichtsbehörde bestimmten Zeitpunkt zustande kommt.

(2) [1]Die Regelung nach Absatz 1 begründet Rechte und Pflichten der Beteiligten und bewirkt den Übergang, die Beschränkung oder die Aufhebung von dinglichen Rechten. [2]Die Rechtsaufsichtsbehörde ersucht die zuständigen Behörden um die Berichtigung der öffentlichen Bücher.

Zweiter Teil
Einwohner und Bürger des Landkreises

§ 9 Rechtsstellung der Einwohner

(1) Einwohner des Landkreises ist jeder, der in einer Gemeinde des Landkreises wohnt.

(2) Die Einwohner sind im Rahmen der bestehenden Vorschriften berechtigt, die öffentlichen Einrichtungen des Landkreises nach gleichen Grundsätzen zu benutzen, und verpflichtet, die Kreislasten zu tragen.

(3) Wer im Landkreis ein Grundstück besitzt oder ein Gewerbe betreibt, ohne Einwohner zu sein, ist im Rahmen der bestehenden Vorschriften berechtigt, die öffentlichen Einrichtungen des Landkreises zu benutzen, die für Grundbesitzer und Gewerbetreibende bestehen, und verpflichtet, für seinen Grundbesitz oder Gewerbebetrieb zu den Lasten des Landkreises beizutragen.

§ 10 Unterrichtung und Beratung der Einwohner

(1) [1]Der Landkreis unterrichtet seine Einwohner laufend über die allgemein bedeutsamen Angelegenheiten seines Aufgabenbereichs. [2]Er soll sich dabei auch elektronischer Formen bedienen.

(2) Über Planungen und Vorhaben des Landkreises, die für seine Entwicklung bedeutsam sind oder die die sozialen, kulturellen, ökologischen oder wirtschaftlichen Belange seiner Einwohner berühren, sind die Einwohner frühzeitig und umfassend zu informieren.

(3) Der Landkreis soll im Rahmen seiner rechtlichen und tatsächlichen Möglichkeiten die Einwohner in Angelegenheiten seines Aufgabenbereiches beraten sowie über Zuständigkeiten in Verwaltungsangelegenheiten Auskünfte erteilen.

§ 11 Petitionsrecht

(1) [1]Jede Person hat das Recht, sich einzeln oder in Gemeinschaft mit anderen in Kreisangelegenheiten mit Vorschlägen, Bitten und Beschwerden (Petitionen) an den Landkreis zu wenden. [2]Innerhalb angemessener Frist, spätestens aber nach sechs Wochen, ist ein begründeter Bescheid zu erteilen. [3]Ist innerhalb von sechs Wochen ein begründeter Bescheid nicht möglich, ist ein Zwischenbescheid zu erteilen.

(2) Der Kreistag kann für die Behandlung von Petitionen, die in seine Zuständigkeit fallen, einen Petitionsausschuss bilden.

§ 12 Anschluss- und Benutzungszwang

(1) Der Landkreis kann im Rahmen seiner Zuständigkeit bei öffentlichem Bedürfnis durch Satzung für die Grundstücke seines Gebiets den Anschluss an Einrichtungen, die dem öffentlichen Wohl, insbesondere dem Umweltschutz dienen (Anschlusszwang), und die Benutzung solcher Einrichtungen (Benutzungszwang) vorschreiben.

(2) ¹Die Satzung kann bestimmte Ausnahmen vom Anschluss- und Benutzungszwang zulassen. ²Sie kann den Zwang auf bestimmte Teile des Kreisgebiets oder auf bestimmte Gruppen von Grundstücken, Gewerbebetrieben oder Personen beschränken.

§ 13 Bürger des Landkreises

(1) ¹Bürger des Landkreises ist jeder Deutsche im Sinne des Artikels 116 des Grundgesetzes und jeder Staatsangehörige eines anderen Mitgliedstaates der Europäischen Union, der das 18. Lebensjahr vollendet hat und seit mindestens drei Monaten im Landkreis wohnt. ²Wer in mehreren Landkreisen wohnt, ist Bürger nur in dem Landkreis des Freistaates Sachsen, in dem er seit mindestens drei Monaten seine Hauptwohnung hat. ³War in dem Landkreis, in dem sich seine Hauptwohnung befindet, die bisherige einzige Wohnung, wird die bisherige Wohndauer in diesem Landkreis angerechnet. ⁴Bei der Berechnung der Dreimonatsfrist ist der Tag des Einzugs in die Frist einzubeziehen.

(2) Die verantwortliche Teilnahme an der bürgerschaftlichen Selbstverwaltung des Landkreises ist Recht und Pflicht aller Bürger.

(3) Bei einer Gebietsänderung werden Bürger, die in dem betroffenen Gebiet wohnen, Bürger des aufnehmenden Landkreises; im Übrigen wird bei der Berechnung der Frist nach Absatz 1 Satz 1 die Wohndauer im bisherigen Landkreis angerechnet.

§ 14 Wahlrecht

¹Die Bürger des Landkreises sind im Rahmen der Gesetze zu den Kreiswahlen wahlberechtigt und haben das Stimmrecht in Kreisangelegenheiten. ²Hiervon ausgeschlossen ist, wer infolge Richterspruchs das Wahlrecht und Stimmrecht nicht besitzt.

§ 15 Ehrenamtliche Tätigkeit

(1) ¹Die Bürger des Landkreises sind zur Übernahme und Ausübung einer ehrenamtlichen Tätigkeit verpflichtet. ²Anderen kann der Landkreis eine ehrenamtliche Tätigkeit mit deren Einverständnis übertragen.

(2) ¹Soweit nichts anderes bestimmt ist, obliegt die Bestellung zu einer ehrenamtlichen Tätigkeit dem Kreistag. ²Er kann die Bestellung jederzeit widerrufen.

§ 16 Ablehnung ehrenamtlicher Tätigkeit

(1) ¹Aus wichtigem Grund kann die Übernahme einer ehrenamtlichen Tätigkeit abgelehnt oder die Beendigung dieser Tätigkeit verlangt werden. ²Ein wichtiger Grund liegt insbesondere vor, wenn die Person

1. älter als 65 Jahre ist,
2. anhaltend krank ist,
3. zehn Jahre dem Kreistag angehört oder ein anderes Ehrenamt bekleidet hat,
4. durch die Ausübung der ehrenamtlichen Tätigkeit in seiner Berufs- oder Erwerbstätigkeit oder in der Fürsorge für seine Familie erheblich behindert wird,
5. ein öffentliches Amt ausübt und die oberste Dienstbehörde feststellt, dass die ehrenamtliche Tätigkeit mit seinen Dienstpflichten nicht vereinbar ist.

(2) Ob ein wichtiger Grund vorliegt, entscheidet der Kreistag.

§ 17 Pflichten ehrenamtlich Tätiger

(1) Wer eine ehrenamtliche Tätigkeit ausübt, muss die ihm übertragenen Aufgaben uneigennützig und verantwortungsbewusst erfüllen.

(2) ¹Der ehrenamtlich Tätige ist zur Verschwiegenheit über alle Angelegenheiten verpflichtet, deren Geheimhaltung gesetzlich vorgeschrieben, besonders angeordnet oder ihrer Natur nach erforderlich ist. ²Er darf die Kenntnis von geheimzuhaltenden Angelegenheiten nicht unbefugt verwerten. ³Diese Verpflichtungen bestehen nach Beendigung der ehrenamtlichen Tätigkeit fort. ⁴Die Geheimhaltung kann nur aus Gründen des öffentlichen Wohls oder zum Schutz berechtigter Interessen einzelner angeordnet werden. ⁵Die Anordnung ist aufzuheben, sobald sie nicht mehr gerechtfertigt ist.

(3) ¹Kreisräte dürfen Ansprüche Dritter gegen den Landkreis nicht geltend machen; hiervon ausgenommen sind Fälle der gesetzlichen Vertretung. ²Das Gleiche gilt für andere ehrenamtlich Tätige, wenn diese Ansprüche mit ihrer ehrenamtlichen Tätigkeit im Zusammenhang stehen. ³Ob die Voraussetzungen dieses Verbots vorliegen, entscheidet im Zweifelsfall der Kreistag.

(4) Der Kreistag kann einem ehrenamtlich Tätigen, der ohne wichtigen Grund eine ehrenamtliche Tätigkeit ablehnt oder aus dieser ausscheidet, seine Pflichten nach Absatz 1 gröblich verletzt, einer Verpflichtung nach Absatz 2 zuwiderhandelt oder eine Vertretung entgegen Absatz 3 ausübt, ein Ordnungsgeld bis zu 500 Euro auferlegen.

§ 18 Ausschluss wegen Befangenheit

(1) Der ehrenamtlich Tätige darf weder beratend noch entscheidend mitwirken, wenn er in der Angelegenheit bereits in anderer Eigenschaft tätig geworden ist oder wenn die Entscheidung ihm selbst oder folgenden Personen einen unmittelbaren Vorteil oder Nachteil bringen kann:

1. seinem Ehegatten, Verlobten oder Lebenspartner nach § 1 des Lebenspartnerschaftsgesetzes,
2. einem in gerader Linie oder in Seitenlinie bis zum dritten Grade Verwandten,
3. einem in gerader Linie oder in Seitenlinie bis zum zweiten Grade Verschwägerten oder als verschwägert Geltenden, solange die die Schwägerschaft begründende Ehe oder Lebenspartnerschaft nach § 1 des Lebenspartnerschaftsgesetzes besteht,
4. einer von ihm kraft Gesetzes oder Vollmacht vertretenen Person,
5. einer Person oder Gesellschaft, bei der er beschäftigt ist, sofern nicht nach den tatsächlichen Umständen der Beschäftigung anzunehmen ist, dass kein Interessenwiderstreit besteht,
6. einer Gesellschaft, bei der ihm, einer in Nummer 1 genannten Person oder einem Verwandten ersten Grades allein oder gemeinsam mindestens 10 Prozent der Anteile gehören,
7. einer juristischen Person des privaten Rechts, in deren Vorstand, Aufsichtsrat, Verwaltungsrat oder vergleichbarem Organ er tätig ist, oder einer juristischen Person des öffentlichen Rechts, ausgenommen einer Gebietskörperschaft, in deren Organ er tätig ist, sofern er diese Tätigkeit nicht als Vertreter des Landkreises oder auf dessen Vorschlag ausübt.

(2) Absatz 1 gilt nicht
1. für Wahlen zu einer ehrenamtlichen Tätigkeit,
2. wenn die Entscheidung nur die gemeinsamen Interessen einer Berufs- oder Bevölkerungsgruppe berührt.

(3) ¹Der ehrenamtlich Tätige, bei dem ein Tatbestand vorliegt, der Befangenheit zur Folge haben kann, hat dies vor Beginn der Beratung über diesen Gegenstand dem Vorsitzenden, sonst dem Landrat mitzuteilen. ²Ob ein Ausschließungsgrund vorliegt, entscheidet im Zweifelsfall in Abwesenheit des Betroffenen bei Kreisräten der Kreistag, bei Mitgliedern von Ausschüssen der Ausschuss, sonst der Landrat.

(4) ¹Wer an der Beratung und Entscheidung wegen Befangenheit nicht mitwirken darf, muss die Sitzung verlassen. ²Ist die Sitzung öffentlich, darf er als Zuhörer anwesend bleiben.

(5) ¹Ein Beschluss ist rechtswidrig, wenn bei der Beratung oder Beschlussfassung die Bestimmungen des Absatzes 1 oder 4 verletzt worden sind oder wenn jemand, ohne dass einer der Gründe des Absatzes 1 vorgelegen hätte, ausgeschlossen worden ist. ²Der Beschluss gilt jedoch ein Jahr nach der Beschlussfassung oder, wenn eine öffentliche Bekanntmachung erforderlich ist, ein Jahr nach dieser als von Anfang an gültig zustande gekommen. ³§ 3 Absatz 5 Satz 2 Nummer 3 und 4 und Satz 3 gilt entsprechend.

§ 19 Entschädigung für ehrenamtliche Tätigkeit

(1) ¹Ehrenamtlich Tätige haben Anspruch auf Ersatz ihrer notwendigen Auslagen und ihres Verdienstausfalls. ²Durch Satzung können Höchstbeträge und Durchschnittssätze festgesetzt werden. ³Soweit kein Verdienstausfall entsteht, kann durch Satzung bestimmt werden, dass für den Zeitaufwand eine Entschädigung gewährt wird.

(2) Durch Satzung kann bestimmt werden, dass Kreisräten und sonstigen Mitgliedern der Ausschüsse und Beiräte des Kreistages eine Aufwandsentschädigung gewährt wird.

(3) Ehrenamtlich Tätigen wird Ersatz für Sachschäden in entsprechender Anwendung der für Beamte geltenden Bestimmungen gewährt.

(4) Ansprüche nach den Absätzen 1 bis 3 sind nicht übertragbar.

§ 20 Einwohnerantrag

(1) [1]Der Kreistag muss Kreisangelegenheiten, für die er zuständig ist, innerhalb von drei Monaten behandeln, wenn dies von den Einwohnern beantragt wird (Einwohnerantrag). [2]Der Antrag muss unter Bezeichnung der zu erörternden Angelegenheiten schriftlich eingereicht werden. [3]Der Antrag muss von mindestens 10 Prozent der Einwohner, die das 18. Lebensjahr vollendet haben, unterzeichnet sein.

(2) [1]In dem Einwohnerantrag sollen eine Vertrauensperson und eine stellvertretende Vertrauensperson benannt werden, die jede für sich zur Entgegennahme von Mitteilungen und Entscheidungen des Landratsamtes und zur Abgabe von Erklärungen ermächtigt ist. [2]Sie sind bei der Beratung im Kreistag zu hören.

(3) Das Ergebnis der Behandlung nach Absatz 1 Satz 1 ist in ortsüblicher Weise bekanntzugeben.

§ 21 Bürgerbegehren

(1) [1]Die Durchführung eines Bürgerentscheids kann schriftlich von Bürgern des Landkreises beantragt werden (Bürgerbegehren); die elektronische Form ist ausgeschlossen. [2]Das Bürgerbegehren muss mindestens von 10 Prozent der Bürger des Landkreises unterzeichnet sein. [3]Ein Bürgerbegehren darf nur Angelegenheiten zum Gegenstand haben, über die innerhalb der letzten drei Jahre nicht bereits ein Bürgerentscheid aufgrund eines Bürgerbegehrens durchgeführt worden ist.

(2) [1]Das Bürgerbegehren muss einen mit ja oder nein zu entscheidenden Entscheidungsvorschlag und eine Begründung enthalten sowie eine Vertrauensperson und eine stellvertretende Vertrauensperson bezeichnen, die jede für sich zur Entgegennahme von Mitteilungen und Entscheidungen des Landkreises ermächtigt ist. [2]Die Abgabe von Erklärungen ist nur gemeinsam möglich. [3]Das Bürgerbegehren muss einen nach den gesetzlichen Bestimmungen durchführbaren Vorschlag zur Deckung der Kosten oder der Einnahmeausfälle der verlangten Maßnahme enthalten.

(3) [1]Das Bürgerbegehren muss vor Beginn der Unterschriftensammlung schriftlich bei dem Landkreis angezeigt werden. [2]Es ist spätestens ein Jahr nach Zugang der Anzeige mit den nach Absatz 1 Satz 2 erforderlichen Unterschriften bei dem Landkreis einzureichen. [3]Richtet es sich gegen einen Beschluss des Kreistages, muss es innerhalb von drei Monaten nach Bekanntgabe des Beschlusses in öffentlicher Sitzung bei dem Landkreis eingereicht werden.

(4) [1]Über die Zulässigkeit des Bürgerbegehrens entscheidet der Kreistag. [2]Die Entscheidung ist ortsüblich bekanntzugeben und ergeht kostenfrei. [3]Über den Widerspruch entscheidet die Rechtsaufsichtsbehörde. [4]Ist das Bürgerbegehren zulässig, so ist der Bürgerentscheid innerhalb von drei Monaten durchzuführen. [5]Nach der Feststellung der Zulässigkeit des Bürgerbegehrens darf eine diesem widersprechende Entscheidung des Kreistages nicht mehr getroffen werden.

§ 22 Bürgerentscheid

(1) In Kreisangelegenheiten können die Bürger anstelle des Kreistags über einen zur Abstimmung gestellten Entscheidungsvorschlag entscheiden (Bürgerentscheid), wenn ein Bürgerbegehren Erfolg hat oder der Kreistag mit einer Mehrheit von zwei Dritteln seiner Mitglieder die Durchführung eines Bürgerentscheids beschließt.

(2) [1]Der Bürgerentscheid kann über alle Angelegenheiten durchgeführt werden, für die der Kreistag zuständig ist. [2]Ein Bürgerentscheid findet nicht statt über

1. Weisungsaufgaben,
2. Fragen der inneren Organisation der Kreisverwaltung,
3. Haushaltssatzungen und Wirtschaftspläne,
4. Kreisabgaben, Tarife und Entgelte,
5. Jahresabschlüsse und Gesamtabschlüsse sowie Jahresabschlüsse der Sondervermögen und Treuhandvermögen,
6. Rechtsverhältnisse der Kreisräte, des Landrats und der Kreisbediensteten,
7. Entscheidungen in Rechtsmittelverfahren,
8. Anträge, die gesetzwidrige Ziele verfolgen.

(3) [1]Bei einem Bürgerentscheid ist der zur Abstimmung gestellte Entscheidungsvorschlag angenommen, wenn er die Mehrheit der gültigen Stimmen erhält und diese Mehrheit mindestens 25 Prozent der Stimmberechtigten beträgt. [2]Ist die nach Satz 1 erforderliche Mehrheit nicht erreicht worden, hat der Kreistag zu entscheiden.

(4) ¹Der Bürgerentscheid steht einem Beschluss des Kreistages gleich. ²Er kann innerhalb von drei Jahren nur durch einen neuen Bürgerentscheid abgeändert werden.

(5) ¹Ein Bürgerentscheid entfällt, wenn der Kreistag die Durchführung der mit dem Bürgerbegehren verlangten Maßnahme beschließt. ²Für einen solchen Beschluss gilt Absatz 4 Satz 2 entsprechend.

Dritter Teil
Verfassung und Verwaltung des Landkreises

Erster Abschnitt
Kreistag

§ 23 Rechtsstellung des Kreistages
Der Kreistag ist die Vertretung der Bürger und das Hauptorgan des Landkreises.

§ 24 Aufgaben des Kreistages
(1) Der Kreistag legt die Grundsätze für die Verwaltung des Landkreises fest und entscheidet über alle Angelegenheiten des Landkreises, soweit nicht der Landrat kraft Gesetzes zuständig ist oder ihm der Kreistag bestimmte Angelegenheiten überträgt.

(2) Die Entscheidung über folgende Angelegenheiten kann der Kreistag nicht übertragen:

1. die Festlegung von Grundsätzen für die Verwaltung des Landkreises,
2. die Bestellung der Mitglieder von Ausschüssen des Kreistages, der Stellvertreter des Landrats, der Beigeordneten sowie Angelegenheiten nach Absatz 4 Satz 1 bei leitenden Bediensteten,
3. die Übernahme freiwilliger Aufgaben,
4. Satzungen und anderes Kreisrecht,
5. die Änderung des Kreisgebiets,
6. die Entscheidung über die Durchführung eines Bürgerentscheids oder die Zulässigkeit eines Bürgerbegehrens,
7. die Regelung der allgemeinen Rechtsverhältnisse der Kreisbediensteten,
8. die Übertragung von Aufgaben auf den Landrat,
9. die Erteilung des Einvernehmens zur Abgrenzung der Geschäftskreise der Beigeordneten,
10. die Übertragung von Aufgaben auf das Rechnungsprüfungsamt,
11. der Entzug der Leitung des Rechnungsprüfungsamts nach § 103 Absatz 4 der Sächsischen Gemeindeordnung in der Fassung der Bekanntmachung vom 3. März 2014 (SächsGVBl. S. 146), die zuletzt durch Artikel 1 des Gesetzes vom 13. Dezember 2017 (SächsGVBl. S. 626) geändert worden ist, in der jeweils geltenden Fassung,
12. die Entscheidung der Auswahl des örtlichen Prüfers nach § 103 Absatz 1 Satz 1 und 2 der Sächsischen Gemeindeordnung,
13. die Verfügung über Kreisvermögen, das für den Landkreis von erheblicher wirtschaftlicher Bedeutung ist,
14. die Errichtung, Übernahme, wesentliche Veränderung, vollständige oder teilweise Veräußerung und die Auflösung von Unternehmen und öffentlichen Einrichtungen sowie die unmittelbare und mittelbare Beteiligung an solchen,
15. ein Haushaltsstrukturkonzept,
16. die Bestellung von Sicherheiten, die Übernahme von Bürgschaften und von Verpflichtungen aus Gewährverträgen und den Abschluss der ihnen wirtschaftlich gleichkommenden Rechtsgeschäfte, soweit sie für den Landkreis von erheblicher wirtschaftlicher Bedeutung sind,
17. Jahresabschlüsse und Gesamtabschlüsse, Wirtschaftspläne und Jahresabschlüsse der Sondervermögen und Treuhandvermögen,
18. die allgemeine Festsetzung von Abgaben,
19. den Verzicht auf Ansprüche des Landkreises und die Niederschlagung solcher Ansprüche, die Führung von Rechtsstreitigkeiten und den Abschluss von Vergleichen, soweit sie für den Landkreis von erheblicher wirtschaftlicher Bedeutung sind,
20. den Beitritt zu Zweckverbänden und den Austritt aus diesen.

(3) Der Kreistag überwacht die Ausführung seiner Beschlüsse und sorgt beim Auftreten von Missständen in der Kreisverwaltung für deren Beseitigung durch den Landrat.

(4) ¹Der Kreistag entscheidet im Einvernehmen mit dem Landrat über die Ernennung, Einstellung, Höhergruppierung und Entlassung der Kreisbediensteten sowie über die Festsetzung von Vergütungen, auf die kein Anspruch aufgrund eines Tarifvertrags besteht. ²Kommt es zu keinem Einvernehmen, entscheidet der Kreistag mit einer Mehrheit von zwei Dritteln der anwesenden Stimmberechtigten. ³Der Landrat ist zuständig, soweit der Kreistag ihm die Entscheidung überträgt oder diese zur laufenden Verwaltung gehört.

(5) ¹Ein Fünftel der Kreisräte kann in allen Angelegenheiten des Landkreises verlangen, dass der Landrat den Kreistag unterrichtet und diesem oder einem von ihm bestellten Ausschuss Akteneinsicht gewährt. ²In dem Ausschuss müssen die Antragsteller vertreten sein. ³Für den gemäß Satz 1 bestellten Ausschuss gilt § 39 entsprechend.

(6) ¹Jeder Kreisrat kann an den Landrat schriftliche oder in einer Sitzung des Kreistages mündliche Anfragen über einzelne Angelegenheiten des Landkreises richten, die binnen angemessener Frist, die grundsätzlich vier Wochen beträgt, zu beantworten sind. ²Das Nähere ist in der Geschäftsordnung zu regeln.

(7) Die Absätze 5 und 6 gelten nicht für die nach § 49 Absatz 3 Satz 3 geheimzuhaltenden Angelegenheiten.

§ 25 Zusammensetzung des Kreistages

(1) Der Kreistag besteht aus den Kreisräten und dem Landrat als Vorsitzendem.

(2) Die Zahl der Kreisräte beträgt in Landkreisen mit

1.	bis zu	180 000 Einwohnern	74,
2.	bis zu	220 000 Einwohnern	80,
3.	bis zu	260 000 Einwohnern	86,
4.	bis zu	300 000 Einwohnern	92,
5.	mehr als	300 000 Einwohnern	98.

(3) Änderungen der für die Zahl der Kreisräte maßgebenden Einwohnerzahl sind erst bei der nächsten regelmäßigen Wahl zu berücksichtigen.

§ 26 Wahlgrundsätze, Wahlgebiet, Wahlverfahren

(1) Die Kreisräte werden von den Bürgern in allgemeiner, unmittelbarer, freier, gleicher und geheimer Wahl gewählt.

(2) Wahlgebiet ist der Landkreis.

(3) ¹Gewählt wird aufgrund von Wahlvorschlägen unter Berücksichtigung der Grundsätze der Verhältniswahl. ²Die Verbindung von Wahlvorschlägen ist unzulässig. ³Der Wahlberechtigte kann Bewerber aus anderen Wahlvorschlägen übernehmen und einem Bewerber bis zu drei Stimmen geben.

(4) Wird nur ein gültiger oder kein Wahlvorschlag eingereicht, findet Mehrheitswahl ohne Bindung an die vorgeschlagenen Bewerber und ohne das Recht der Stimmenhäufung auf einen Bewerber statt.

§ 27 Wählbarkeit

(1) Wählbar in den Kreisrat ist, wer gemäß § 14 Absatz 1 wahlberechtigt zum Kreisrat ist.

(2) Nicht wählbar ist,

1. wer vom Wahlrecht ausgeschlossen ist (§ 14 Satz 2),
2. wer infolge deutschen Richterspruchs die Wählbarkeit oder die Fähigkeit zur Bekleidung öffentlicher Ämter nicht besitzt oder
3. wer als Staatsangehöriger eines anderen Mitgliedstaates der Europäischen Union nach dem Recht dieses Mitgliedstaates infolge einer zivilrechtlichen Einzelfallentscheidung oder einer strafrechtlichen Entscheidung die Wählbarkeit verloren hat.

§ 28 Hinderungsgründe

(1) Kreisräte können nicht sein

1. der Landrat, die Beigeordneten und die übrigen Beamten des Landkreises, ausgenommen die Ehrenbeamten und Ruhestandsbeamten, sowie die Arbeitnehmer des Landkreises,
2. die Beamten und leitenden Arbeitnehmer einer juristischen Person des öffentlichen oder privaten Rechts, in der der Landkreis einen maßgeblichen Einfluss ausübt,
3. die leitenden Beamten und Arbeitnehmer sowie die mit Angelegenheiten der Rechtsaufsicht über den Landkreis befassten Beamten und Arbeitnehmer der Rechtsaufsichtsbehörden,

4. die mit Angelegenheiten der überörtlichen Prüfung des Landkreises befassten Beamten und Arbeitnehmer der staatlichen Rechnungsprüfungsämter und des Sächsischen Rechnungshofes.

(2) Absatz 1 gilt nicht für Arbeitnehmer, deren Wählbarkeit nicht nach Artikel 137 Absatz 1 des Grundgesetzes eingeschränkt werden kann.

(3) [1]Der Kreistag stellt fest, ob ein Hinderungsgrund nach Absatz 1 gegeben ist. [2]Bis zu dieser Feststellung bleibt die Rechtswirksamkeit der Tätigkeit des Kreisrates unberührt. [3]Die Feststellung eines Hinderungsgrundes ergeht durch Verwaltungsakt.

§ 29 Wahlperiode

(1) Die regelmäßigen Kreistagswahlen finden alle fünf Jahre statt.

(2) [1]Die Wahlperiode endet mit Ablauf des Monats, in dem die regelmäßigen Wahlen zum Kreistag stattfinden. [2]Wenn die Wahl von der Wahlprüfungsbehörde nicht beanstandet wurde, ist die erste Sitzung des Kreistages unverzüglich nach der Zustellung des Wahlprüfungsbescheides oder nach ungenutztem Ablauf der Wahlprüfungsfrist, sonst nach rechtskräftiger Erledigung der Beanstandung anzuberaumen. [3]Bis zum Zusammentreten des neugebildeten Kreistages führt der bisherige Kreistag die Geschäfte weiter.

(3) [1]Wird die Wahl des Kreistages nach seinem Zusammentreten rechtskräftig für ungültig erklärt, so führt er die Geschäfte bis zum Zusammentreten des neugewählten Kreistages weiter. [2]Wird nach dem Zusammentreten des Kreistages die Neufeststellung des Wahlergebnisses rechtskräftig angeordnet, so führt er die Geschäfte bis zum Ablauf des Tages weiter, an dem das berichtigte Wahlergebnis öffentlich bekanntgemacht wird. [3]Die Rechtswirksamkeit der Tätigkeit des Kreistages bleibt in den Fällen der Sätze 1 und 2 unberührt.

§ 30 Ausscheiden, Nachrücken, Ergänzungswahl

(1) [1]Aus dem Kreistag scheiden die Kreisräte aus, bei denen während der Wahlperiode der Verlust der Wählbarkeit (§ 27) oder ein Hinderungsgrund (§ 28) eintritt oder bekannt wird. [2]Der Kreistag ist verpflichtet, unverzüglich das Ausscheiden nach Satz 1 und den Absätzen 3 und 4 festzustellen. [3]Bis zu dieser Feststellung bleibt die Rechtswirksamkeit der Tätigkeit des Kreisrats unberührt.

(2) Tritt ein Gewählter nicht in den Kreistag ein oder scheidet er im Laufe der Wahlperiode aus, rückt der als nächste Ersatzperson festgestellte Bewerber nach.

(3) [1]Wird eine Partei oder die Teilorganisation einer Partei durch das Bundesverfassungsgericht nach Artikel 21 Absatz 2 Satz 2 des Grundgesetzes für verfassungswidrig erklärt, verlieren die Kreisräte ihr Mandat, sofern sie dieser Partei oder Teilorganisation zu irgendeinem Zeitpunkt zwischen der Antragstellung (§ 43 des Bundesverfassungsgerichtsgesetzes in der Fassung der Bekanntmachung vom 11. August 1993 [BGBl. I S. 1473], das zuletzt durch Artikel 2 des Gesetzes vom 8. Oktober 2017 [BGBl. I S. 3546] geändert worden ist, in der jeweils geltenden Fassung) und der Verkündung der Entscheidung (§ 46 des Bundesverfassungsgerichtsgesetzes) angehört haben. [2]Satz 1 gilt entsprechend für die Feststellung, dass eine Partei oder ein Teil einer Partei eine verbotene Ersatzorganisation ist.

(4) Wird ein Verein oder Teilverein gemäß § 3 des Vereinsgesetzes in der jeweils geltenden Fassung, verboten, weil sein Zweck oder seine Tätigkeit gegen die verfassungsmäßige Ordnung oder gegen den Gedanken der Völkerverständigung gerichtet ist, oder wird nach § 8 Absatz 2 des Vereinsgesetzes festgestellt, dass ein Verein oder Teilverein eine Ersatzorganisation eines aus diesen Gründen verbotenen Vereins oder Teilvereins ist, verlieren die Kreisräte ihr Mandat zum Zeitpunkt der Unanfechtbarkeit der Entscheidung, sofern sie diesem Verein oder Teilverein zu irgendeinem Zeitpunkt zwischen der Bekanntgabe des Verwaltungsakts und dem Eintritt der Unanfechtbarkeit angehört haben.

(5) Nach den Absätzen 3 und 4 freigewordene Sitze des Kreistages bleiben unbesetzt, soweit auch auf die Ersatzpersonen die Voraussetzungen der Absätze 3 und 4 zutreffen.

(6) [1]Eine Neuverteilung der verbleibenden Sitze findet nicht statt. [2]Absatz 7 bleibt unberührt.

(7) Ist die Zahl der Kreisräte während der Wahlperiode auf weniger als zwei Drittel der gesetzlichen Mitgliederzahl gesunken, ist eine Ergänzungswahl nach den für die Hauptwahl geltenden Vorschriften für den Rest der Wahlperiode durchzuführen, sofern dieser mindestens sechs Monate beträgt.

§ 31 Rechtsstellung der Kreisräte

(1) [1]Die Kreisräte üben ihr Mandat ehrenamtlich aus. [2]Der Landrat verpflichtet die Kreisräte in der ersten Sitzung öffentlich auf die gewissenhafte Erfüllung ihrer Pflichten.

(2) [1]Niemand darf gehindert werden, sich um das Mandat eines Kreisrates zu bewerben, es zu übernehmen und auszuüben. [2]Eine Kündigung oder Entlassung aus einem Dienst- oder Arbeitsverhältnis, eine Versetzung an einen anderen Beschäftigungsort sowie sonstige berufliche Benachteiligungen aus diesem Grunde sind unzulässig. [3]Steht der Kreisrat in einem Dienst- oder Arbeitverhältnis, ist ihm die für die Mandatsausübung erforderliche freie Zeit zu gewähren.

(3) [1]Die Kreisräte üben ihr Mandat nach dem Gesetz und ihrer freien, dem Gemeinwohl verpflichteten Überzeugung aus. [2]An Verpflichtungen und Aufträge, durch die diese Freiheit beschränkt wird, sind sie nicht gebunden.

(4) Die Kreisräte sind verpflichtet, an den Sitzungen teilzunehmen.

(5) Erleidet ein Kreisrat einen Dienstunfall, hat er dieselben Rechte wie ein Ehrenbeamter.

(6) Auf Kreisräte, die als Vertreter des Landkreises in Organen eines wirtschaftlichen Unternehmens (§ 94a der Sächsischen Gemeindeordnung) Vergütungen erhalten, finden die für Beamte geltenden Vorschriften über die Ablieferungspflicht entsprechende Anwendung.

§ 31a Fraktionen

(1) [1]Kreisräte können sich zu Fraktionen zusammenschließen. [2]Diese sind Organteile des Kreistages. [3]Das Nähere über die Bildung, die Stärke der Fraktionen, ihre Rechte und Pflichten innerhalb des Kreistages regelt der Landkreis durch Geschäftsordnung.

(2) Die Fraktionen wirken bei der Willensbildung und Entscheidungsfindung des Kreistages mit; sie können ihre Auffassungen öffentlich darstellen.

(3) [1]Der Landkreis soll den Fraktionen Mittel aus seinem Haushalt für die sächlichen und personellen Aufwendungen für die Geschäftsführung gewähren. [2]Diese Mittel sind in einer besonderen Anlage zum Haushaltsplan darzustellen. [3]Über ihre Verwendung ist ein Nachweis in einfacher Form zu führen.

(4) [1]Für Bedienstete der Fraktionen gilt § 17 Absatz 2 entsprechend. [2]Die Geschäftsordnung kann vorsehen, dass Arbeitnehmer der Fraktionen zu nichtöffentlichen Sitzungen des Kreistages und seiner Ausschüsse Zutritt haben.

§ 32 Vorsitz im Kreistag, Einberufung der Sitzungen

(1) Den Vorsitz im Kreistag führt der Landrat.

(2) Der Kreistag beschließt über Ort und Zeit seiner regelmäßigen Sitzungen.

(3) [1]Der Landrat beruft den Kreistag schriftlich oder in elektronischer Form mit angemessener Frist ein und teilt rechtzeitig die Verhandlungsgegenstände mit; dabei sind die für die Beratung erforderlichen Unterlagen beizufügen, soweit nicht das öffentliche Wohl oder berechtigte Interessen einzelner entgegenstehen. [2]Das Nähere regelt die Geschäftsordnung. [3]Der Kreistag ist einzuberufen, wenn es die Geschäftslage erfordert. [4]Der Kreistag ist unverzüglich einzuberufen, wenn dies von einem Fünftel der Kreisräte unter Angabe des Verhandlungsgegenstandes beantragt wird und der Kreistag den gleichen Verhandlungsgegenstand nicht innerhalb der letzten sechs Monate bereits behandelt hat oder wenn sich seit der Behandlung die Sach- oder Rechtslage wesentlich geändert hat. [5]Der Verhandlungsgegenstand muss in die Zuständigkeit des Kreistages fallen. [6]In Eilfällen kann der Kreistag ohne Frist, formlos und nur unter Angabe der Verhandlungsgegenstände einberufen werden.

(4) [1]Zeit, Ort und Tagesordnung der öffentlichen Sitzungen sind rechtzeitig ortsüblich bekanntzugeben. [2]Dies gilt nicht bei der Einberufung des Kreistages in Eilfällen.

(5) [1]Auf Antrag von mindestens einem Fünftel der Kreisräte oder einer Fraktion ist ein Verhandlungsgegenstand auf die Tagesordnung spätestens der übernächsten Sitzung des Kreistages zu setzen; Absatz 3 Satz 4 und 5 gilt entsprechend. [2]Die Verhandlungsgegenstände müssen in die Zuständigkeit des Kreistages fallen.

§ 33 Öffentlichkeit der Sitzungen

(1) [1]Die Sitzungen des Kreistages sind öffentlich, sofern nicht das öffentliche Wohl oder berechtigte Interessen einzelner eine nichtöffentliche Verhandlung erfordern. [2]Über Anträge aus der Mitte des Kreistages, einen Verhandlungsgegenstand entgegen der Tagesordnung in öffentlicher oder nichtöffentlicher Sitzung zu behandeln, wird in nichtöffentlicher Sitzung beraten und entschieden. [3]In nichtöffentlicher Sitzung gefasste Beschlüsse sind in öffentlicher Sitzung bekanntzugeben, sofern nicht das öffentliche Wohl oder berechtigte Interessen einzelner entgegenstehen. [4]Beschließt der Kreistag, einen Verhandlungsgegenstand in öffentlicher Sitzung zu behandeln, so hat der Vorsitzende diesen auf die Tagesordnung der nächsten Sitzung des Kreistages zu setzen.

(2) Die Kreisräte und der Landrat sind zur Verschwiegenheit über alle in nichtöffentlicher Sitzung behandelten Angelegenheiten so lange verpflichtet, bis der Kreistag sie im Einvernehmen mit dem Landrat von der Schweigepflicht entbindet; dies gilt nicht für Beschlüsse, die nach Absatz 1 Satz 3 bekanntgegeben worden sind.

§ 34 Verhandlungsleitung, Geschäftsgang

(1) [1]Der Vorsitzende eröffnet und schließt die Sitzung und leitet die Verhandlungen des Kreistages. [2]Er übt die Ordnungsgewalt und das Hausrecht aus. [3]Der Vorsitzende kann die Verhandlungsleitung an einen Kreisrat abgeben.

(2) Der Kreistag regelt seine inneren Angelegenheiten, insbesondere den Gang seiner Verhandlungen, im Rahmen der gesetzlichen Vorschriften durch eine Geschäftsordnung.

(3) [1]Bei grobem Verstoß gegen die Ordnung kann ein Kreisrat vom Vorsitzenden aus dem Beratungsraum verwiesen werden; damit ist der Verlust des Anspruchs auf die auf den Sitzungstag entfallende Entschädigung verbunden. [2]Bei wiederholten Ordnungswidrigkeiten nach Satz 1 kann der Kreistag ein Mitglied für mehrere, höchstens jedoch für drei Sitzungen ausschließen.

(4) Absatz 3 gilt entsprechend für sachkundige Einwohner, die zu den Beratungen zugezogen sind.

§ 35 Beschlussfassung

(1) [1]Der Kreistag kann nur in einer ordnungsgemäß einberufenen und geleiteten Sitzung beraten und beschließen. [2]Über Gegenstände einfacher Art und geringer Bedeutung kann im schriftlichen oder elektronischen Verfahren beschlossen werden; ein hierbei gestellter Antrag ist angenommen, wenn kein Mitglied widerspricht.

(2) [1]Der Kreistag ist beschlussfähig, wenn mindestens die Hälfte aller Mitglieder anwesend und stimmberechtigt ist. [2]Bei Befangenheit von mehr als der Hälfte aller Mitglieder ist der Kreistag beschlussfähig, wenn mindestens ein Viertel aller Mitglieder anwesend und stimmberechtigt ist.

(3) [1]Ist der Kreistag wegen Abwesenheit oder Befangenheit von Mitgliedern nicht beschlussfähig, muss eine zweite Sitzung stattfinden, in der er beschlussfähig ist, wenn mindestens drei Mitglieder anwesend und stimmberechtigt sind; bei der Einberufung der zweiten Sitzung ist hierauf hinzuweisen. [2]Die zweite Sitzung entfällt, wenn weniger als drei Mitglieder stimmberechtigt sind.

(4) [1]Ist der Kreistag auch in der zweiten Sitzung wegen Befangenheit von Mitgliedern nicht beschlussfähig, entscheidet der Landrat an seiner Stelle nach Anhörung der nicht befangenen Kreisräte. [2]Sind auch der Landrat und sein Stellvertreter befangen, gilt § 51 entsprechend, sofern nicht der Kreistag ein stimmberechtigtes Mitglied für die Entscheidung zum Stellvertreter des Landrats bestellt.

(5) Der Kreistag beschließt durch Abstimmungen und Wahlen.

(6) [1]Der Kreistag stimmt in der Regel offen ab; er kann aus wichtigem Grund geheime Abstimmung beschließen. [2]Die Beschlüsse werden mit Stimmenmehrheit gefasst, soweit gesetzlich nichts anderes bestimmt ist. [3]Stimmenthaltungen werden für die Ermittlung der Stimmenmehrheit nicht berücksichtigt. [4]Bei Stimmengleichheit ist der Antrag abgelehnt.

(7) [1]Wahlen werden geheim mit Stimmzetteln vorgenommen; es kann offen gewählt werden, wenn kein Mitglied widerspricht. [2]Gewählt ist, wer die Mehrheit der Stimmen der anwesenden Stimmberechtigten erhalten hat. [3]Wird eine solche Mehrheit bei der Wahl nicht erreicht, findet zwischen den beiden Bewerbern mit den meisten Stimmen Stichwahl statt, bei der die einfache Mehrheit der abgegebenen Stimmen entscheidet; Absatz 6 Satz 3 gilt entsprechend. [4]Bei Stimmengleichheit entscheidet das Los. [5]Steht nur ein Bewerber zur Wahl, findet im Falle des Satzes 3 ein zweiter Wahlgang statt, bei dem die einfache Mehrheit der abgegebenen Stimmen ausreicht.

§ 36 Niederschrift

(1) [1]Über den wesentlichen Inhalt der Verhandlungen des Kreistags ist eine Niederschrift zu fertigen; die elektronische Form ist ausgeschlossen. [2]Die Niederschrift muss insbesondere den Namen des Vorsitzenden, die Zahl der anwesenden und die Namen der abwesenden Kreisräte unter Angabe des Grundes der Abwesenheit, die Gegenstände der Verhandlung, die Anträge, die Abstimmungs- und Wahlergebnisse und den Wortlaut der Beschlüsse enthalten. [3]Der Vorsitzende und jedes Mitglied können verlangen, dass ihre Erklärung oder Abstimmung in der Niederschrift festgehalten wird.

(2) [1]Die Niederschrift ist vom Vorsitzenden, zwei Kreisräten, die an der Verhandlung teilgenommen haben, und dem Schriftführer zu unterzeichnen. [2]Innerhalb eines Monats, spätestens jedoch zur nächsten Sitzung, ist sie dem Kreistag zur Kenntnis zu bringen. [3]Mehrfertigungen von Niederschriften über

nichtöffentliche Sitzungen dürfen nicht ausgehändigt werden. [4]Über die gegen die Niederschrift vorgebrachten Einwendungen entscheidet der Kreistag. [5]Die Einsichtnahme in die Niederschriften über die öffentlichen Sitzungen ist den Einwohnern gestattet; darüber hinaus kann der Landkreis auch die allgemeine Einsichtnahme in elektronischer Form ermöglichen.

(3) Das Nähere regelt die Geschäftsordnung.

§ 37 Beschließende Ausschüsse

(1) [1]Durch die Hauptsatzung kann der Kreistag beschließende Ausschüsse bilden und ihnen bestimmte Aufgabengebiete zur dauernden Erledigung übertragen. [2]Durch Beschluss kann der Kreistag einzelne Angelegenheiten auf bestehende beschließende Ausschüsse übertragen oder für ihre Erledigung beschließende Ausschüsse bilden.

(2) Auf beschließende Ausschüsse können nicht die Aufgaben übertragen werden, für die der Kreistag nach § 24 Absatz 2 ausschließlich zuständig ist.

(3) [1]Im Rahmen ihrer Zuständigkeit entscheiden die beschließenden Ausschüsse an Stelle des Kreistages. [2]Ergibt sich, dass eine Angelegenheit für den Landkreis von besonderer Bedeutung ist, können die beschließenden Ausschüsse die Angelegenheit dem Kreistag zur Beschlußfassung unterbreiten. [3]Ein Fünftel aller Mitglieder eines beschließenden Ausschusses kann verlangen, daß eine Angelegenheit dem Kreistag zur Beschlussfassung unterbreitet wird, wenn sie für den Landkreis von besonderer Bedeutung ist. [4]Lehnt der Kreistag eine Behandlung ab, entscheidet der zuständige beschließende Ausschuss. [5]Der Kreistag kann jede Angelegenheit an sich ziehen und Beschlüsse der beschließenden Ausschüsse, solange sie noch nicht vollzogen sind, ändern oder aufheben. [6]Der Kreistag kann den beschließenden Ausschüssen allgemein oder im Einzelfall Weisungen erteilen.

(4) [1]Angelegenheiten, deren Entscheidung dem Kreistag vorbehalten ist, sollen den beschließenden Ausschüssen innerhalb ihres Aufgabengebiets zur Vorberatung zugewiesen werden. [2]Durch die Hauptsatzung kann bestimmt werden, dass Anträge, die nicht vorberaten worden sind, auf Antrag des Vorsitzenden oder eines Fünftels aller Mitglieder des Kreistages den zuständigen beschließenden Ausschüssen zur Vorberatung überwiesen werden müssen.

(5) [1]Für die beschließenden Ausschüsse gelten die §§ 32 bis 36 entsprechend. [2]Sitzungen, die der Vorberatung nach Absatz 4 dienen, sind in der Regel nichtöffentlich. [3]Ist ein beschließender Ausschuss wegen Befangenheit von Mitgliedern nicht beschlussfähig, entscheidet der Kreistag in den Fällen des Absatzes 3 an seiner Stelle, in den Fällen des Absatzes 4 ohne Vorberatung.

§ 38 Zusammensetzung der beschließenden Ausschüsse

(1) [1]Die beschließenden Ausschüsse bestehen aus dem Vorsitzenden und mindestens 10 Prozent der Mitglieder des Kreistages. [2]Der Kreistag bestellt die Mitglieder und deren Stellvertreter in gleicher Zahl widerruflich aus seiner Mitte. [3]Abweichend von Satz 2 kann der Kreistag festlegen, dass je Ausschussmitglied bis zu drei Stellvertreter bestellt werden können; diese sind keinem Ausschussmitglied persönlich zugeordnet. [4]Nach jeder Wahl der Kreisräte sind die beschließenden Ausschüsse neu zu bilden.

(2) [1]Die Zusammensetzung der Ausschüsse soll der Mandatsverteilung im Kreistag entsprechen. [2]Kommt eine Einigung über die Zusammensetzung eines beschließenden Ausschusses nicht zustande, werden die Mitglieder von den Kreisräten aufgrund von Wahlvorschlägen nach den Grundsätzen der Verhältniswahl unter Bindung an die Wahlvorschläge gewählt. [3]Wird nur ein gültiger oder kein Wahlvorschlag eingereicht, findet Mehrheitswahl ohne Bindung an die vorgeschlagenen Bewerber statt. [4]Anstelle der Wahl der Ausschussmitglieder kann der Kreistag beschließen, dass sich alle oder einzelne Ausschüsse nach dem Stärkeverhältnis der Fraktionen zusammensetzen. [5]In diesem Fall werden die Ausschussmitglieder dem Landrat von den Fraktionen schriftlich benannt; dieser gibt dem Kreistag die Zusammensetzung der Ausschüsse schriftlich bekannt. [6]Die von einer Fraktion benannten Ausschussmitglieder können von dieser abberufen werden; die Abberufung ist gegenüber dem Landrat schriftlich zu erklären. [7]Nachträgliche Änderungen des Stärkeverhältnisses der Fraktionen, die sich auf die Zusammensetzung der Ausschüsse auswirken, sind zu berücksichtigen; Satz 5 gilt entsprechend.

(3) [1]Der Landrat kann einen Beigeordneten oder, wenn alle Beigeordneten verhindert sind, ein Mitglied des Ausschusses, das Kreisrat ist, mit seiner Vertretung im Vorsitz des beschließenden Ausschusses beauftragen. [2]Den nach Satz 1 beauftragten Vertretern stehen die Rechte aus § 48 Absatz 2 und 3 zu.

(4) Kreisräte, die nicht Mitglied des Ausschusses sind, können an allen Sitzungen des Ausschusses als Zuhörer teilnehmen, auch wenn diese nichtöffentlich sind.

§ 39 Beratende Ausschüsse

(1) [1]Durch die Hauptsatzung kann der Kreistag zur Vorberatung auf bestimmten Gebieten beratende Ausschüsse bilden. [2]Durch Beschluss kann der Kreistag bestehende beratende Ausschüsse mit der Vorberatung einzelner Angelegenheiten beauftragen oder für ihre Vorberatung beratende Ausschüsse bilden. [3]Ist ein beratender Ausschuss wegen Befangenheit von Mitgliedern nicht beschlussfähig, entfällt die Vorberatung.

(2) Die Sitzungen der beratenden Ausschüsse sind nichtöffentlich.

(3) [1]Für die beratenden Ausschüsse gelten § 32, § 33 Absatz 2 Halbsatz 1, §§ 34 bis 36 und 38 entsprechend. [2]Die Hauptsatzung kann bestimmen, dass der Ausschuss den Vorsitzenden aus seiner Mitte wählt; der Landrat hat das Recht, an den Sitzungen des Ausschusses teilzunehmen.

§ 40 Mitwirkung im Kreistag und in den Ausschüssen

(1) Der Kreistag und seine Ausschüsse können sachkundige Einwohner und Sachverständige zur Beratung einzelner Angelegenheiten hinzuziehen.

(2) [1]Der Kreistag kann sachkundige Einwohner widerruflich als beratende Mitglieder in beratende und beschließende Ausschüsse berufen. [2]Ihre Zahl darf die der Kreisräte in den einzelnen Ausschüssen nicht erreichen. [3]Sie sind ehrenamtlich tätig. [4]Mitglieder des Kreistages und Bedienstete des Landkreises können nicht als sachkundige Einwohner berufen werden.

(3) Der Kreistag und seine Ausschüsse können bei öffentlichen Sitzungen Einwohnern und den ihnen nach § 9 Absatz 3 gleichgestellten Personen sowie Vertretern von Bürgerinitiativen die Möglichkeit einräumen, Fragen zu Kreisangelegenheiten zu stellen oder Anregungen und Vorschläge zu unterbreiten (Fragestunde); zu den Fragen nimmt der Vorsitzende oder ein von ihm Beauftragter Stellung.

(4) Bei der Vorbereitung wichtiger Entscheidungen können der Kreistag und seine Ausschüsse betroffenen Personen und Personengruppen Gelegenheit geben, ihre Auffassung vorzutragen (Anhörung), soweit die Anhörung nicht gesetzlich vorgeschrieben ist.

(5) Die Beigeordneten nehmen an den Sitzungen des Kreistages und der für ihren Geschäftskreis zuständigen Ausschüsse mit beratender Stimme teil.

(6) Der Vorsitzende kann den Vortrag in den Sitzungen des Kreistages und seiner Ausschüsse einem Bediensteten des Landkreises übertragen; auf Verlangen des Kreistages muss er einen solchen zu sachverständigen Auskünften hinzuziehen.

(7) Das Nähere regelt die Geschäftsordnung.

§ 41 Ältestenrat

[1]Der Kreistag kann durch Hauptsatzung einen Ältestenrat bilden, der den Landrat in Fragen der Tagesordnung und des Gangs der Verhandlungen des Kreistages und seiner Ausschüsse berät. [2]Das Nähere über die Zusammensetzung und den Geschäftsgang regelt die Geschäftsordnung.

§ 42 Beirat für geheimzuhaltende Angelegenheiten

(1) Durch die Hauptsatzung kann ein Beirat gebildet werden, der den Landrat in geheimzuhaltenden Angelegenheiten (§ 49 Absatz 3 Satz 2) berät.

(2) [1]Der Beirat besteht aus höchstens fünf Mitgliedern, die vom Kreistag aus seiner Mitte bestellt werden. [2]Dem Beirat können nur Mitglieder des Kreistages angehören, die auf die für die Behörden des Freistaates Sachsen geltenden Geheimhaltungsvorschriften verpflichtet sind.

(3) [1]Vorsitzender des Beirats ist der Landrat. [2]Er beruft den Beirat ein, wenn es die Geschäftslage erfordert. [3]Fällt die Angelegenheit in den Geschäftskreis eines Beigeordneten, nimmt dieser an der Sitzung teil. [4]Die Sitzungen des Beirats sind nichtöffentlich. [5]Im Übrigen gelten für den Beirat die Vorschriften über beratende Ausschüsse entsprechend.

§ 43 Sonstige Beiräte

(1) [1]Durch die Hauptsatzung können sonstige Beiräte gebildet werden, denen Mitglieder des Kreistages und sachkundige Einwohner angehören. [2]Sonstige Beiräte im Sinne dieser Vorschrift können insbesondere Seniorenbeiräte und Naturschutzbeiräte sein.

(2) Diese Beiräte unterstützen den Kreistag und die Kreisverwaltung bei der Erfüllung ihrer Aufgaben.

§ 43a Beteiligung von Kindern und Jugendlichen

[1]Der Landkreis soll bei Planungen und Vorhaben, die die Interessen von Kindern und Jugendlichen berühren, diese in angemessener Weise beteiligen. [2]Hierzu soll der Landkreis geeignete Verfahren entwickeln und durchführen.

Zweiter Abschnitt
Landrat

§ 44 Wahlgrundsätze

[1]Der Landrat wird von den Bürgern des Landkreises in allgemeiner, unmittelbarer, freier, gleicher und geheimer Wahl gewählt. [2]Die Wahl ist nach den Grundsätzen der Mehrheitswahl durchzuführen. [3]Das Nähere bestimmt das Kommunalwahlgesetz.

§ 45 Wählbarkeit, Hinderungsgründe

(1) Wählbar zum Landrat sind Deutsche im Sinne des Artikels 116 des Grundgesetzes und Staatsangehörige anderer Mitgliedstaaten der Europäischen Union, die das 27., aber noch nicht das 65. Lebensjahr vollendet haben und die allgemeinen persönlichen Voraussetzungen für die Berufung in das Beamtenverhältnis (§ 7 des Beamtenstatusgesetzes vom 17. Juni 2008 [BGBl. I S. 1010], das zuletzt durch Artikel 2 des Gesetzes vom 8. Juni 2017 [BGBl. I S. 1570] geändert worden ist, in der jeweils geltenden Fassung, und § 4 des Sächsischen Beamtengesetzes vom 18. Dezember 2013 [SächsGVBl. S. 970, 971], das durch das Gesetz vom 4. Juli 2017 [SächsGVBl. S. 347] geändert worden ist, in der jeweils geltenden Fassung) erfüllen.

(2) [1]Nicht wählbar ist, wer von der Wählbarkeit in den Kreistag gemäß § 27 Absatz 2 ausgeschlossen ist. [2]Nicht wählbar ist ferner,

1. wer aus dem Beamtenverhältnis entfernt, wem das Ruhegehalt aberkannt oder gegen wen in einem dem Disziplinarverfahren entsprechenden Verfahren durch die Europäische Union, in einem anderen Mitgliedstaat der Europäischen Union oder in einem anderen Vertragsstaat des Abkommens über den Europäischen Wirtschaftsraum eine entsprechende Maßnahme verhängt worden ist oder

2. wer wegen einer vorsätzlichen Tat durch ein deutsches Gericht oder durch die Recht sprechende Gewalt eines anderen Mitgliedstaats der Europäischen Union oder eines anderen Vertragsstaats des Abkommens über den Europäischen Wirtschaftsraum zu einer Freiheitsstrafe verurteilt worden ist, die bei einem Beamten den Verlust der Beamtenrechte zur Folge hätte, in den auf die Unanfechtbarkeit der Maßnahme oder Entscheidung folgenden fünf Jahren.

(3) Bedienstete des Landkreises sowie der oberen und obersten Rechtsaufsichtsbehörden können nicht Landrat sein.

§ 46 Zeitpunkt der Wahl

(1) Wird die Wahl des Landrats wegen Ablaufs der Amtszeit oder wegen Eintritts in den Ruhestand notwendig, ist sie frühestens drei Monate und spätestens einen Monat vor Freiwerden der Stelle, in anderen Fällen spätestens sechs Monate nach Freiwerden der Stelle durchzuführen.

(2) Der Landkreis kann den Bewerbern, deren Bewerbungen zugelassen worden sind, Gelegenheit geben, sich den Bürgern in öffentlichen Versammlungen vorzustellen.

§ 47 Rechtsstellung des Landrats

(1) [1]Der Landrat ist Vorsitzender des Kreistages und Leiter der Kreisverwaltung. [2]Er vertritt den Landkreis.

(2) Der Landrat ist hauptamtlicher Beamter auf Zeit.

(3) [1]Die Amtszeit des Landrats beträgt sieben Jahre. [2]Die Amtszeit beginnt mit dem Amtsantritt, der der Rechtsaufsichtsbehörde unverzüglich anzuzeigen ist. [3]Im Falle der Wiederwahl schließt sich die neue Amtszeit an das Ende der vorangegangenen an.

(4) [1]Der Landrat führt nach Freiwerden seiner Stelle die Geschäfte bis zum Amtsantritt des neugewählten Landrats unter Fortdauer seines Dienstverhältnisses weiter. [2]Satz 1 gilt nicht, wenn

1. der Landrat
   a) dem Landkreis schriftlich mitteilt, dass er die Weiterführung der Geschäfte ablehne,
   b) des Dienstes vorläufig enthoben ist oder gegen ihn Anklage wegen eines Verbrechens erhoben ist,

c) sich um seine Wiederwahl beworben hat, aber ohne Rücksicht auf Wahlprüfung und Wahlanfechtung nach Feststellung des Kreiswahlausschusses nicht wiedergewählt worden ist; ist im ersten Wahlgang kein Bewerber gewählt worden, so ist das Ergebnis des zweiten Wahlgangs entscheidend,

d) gemäß Absatz 9 sein Amt verloren hat oder

2. der Kreistag einen Amtsverweser nach § 51 Absatz 3 bestellt.

(5) Ein vom Kreistag gewähltes Mitglied vereidigt und verpflichtet den Landrat in öffentlicher Sitzung.

(6) [1]Der Landrat kann von den Bürgern des Landkreises vorzeitig abgewählt werden. [2]Er ist abgewählt, wenn sich für die Abwahl eine Mehrheit der gültigen Stimmen ergibt, sofern diese Mehrheit mindestens 50 Prozent der Bürger beträgt. [3]Für die Durchführung der Abwahl gelten die Bestimmungen zur Durchführung von Bürgerentscheiden entsprechend. [4]Der Landrat scheidet mit dem Ablauf des Tages, an dem der Kreiswahlausschuss die Abwahl feststellt, aus seinem Amt; er behält bis zum Ablauf seiner Amtszeit die Bezüge wie ein in den einstweiligen Ruhestand versetzter Beamter.

(7) [1]Zur Einleitung des Abwahlverfahrens nach Absatz 6 bedarf es eines Bürgerbegehrens. [2]Das Bürgerbegehren muss von mindestens einem Drittel der Bürger des Landkreises unterzeichnet sein. [3]§ 21 Absatz 1 Satz 1 und Absatz 3 findet Anwendung.

(8) [1]Das Abwahlverfahren nach Absatz 6 kann auch durch einen von mindestens drei Viertel der Stimmen aller Kreisräte zu fassenden Beschluß eingeleitet werden. [2]Eine Aussprache vor der Beschlussfassung findet nicht statt.

(9) § 30 Absatz 3 und 4 gilt entsprechend.

§ 48　Stellung des Landrats im Kreistag

(1) [1]Der Landrat ist stimmberechtigtes Mitglied des Kreistages. [2]Er bereitet die Sitzungen des Kreistages und der Ausschüsse vor und vollzieht die Beschlüsse.

(2) [1]Der Landrat muss Beschlüssen des Kreistages widersprechen, wenn er der Auffassung ist, dass sie rechtswidrig sind; er kann ihnen widersprechen, wenn er der Auffassung ist, dass sie für den Landkreis nachteilig sind. [2]Der Widerspruch muss unverzüglich, spätestens jedoch binnen einer Woche nach Beschlussfassung gegenüber den Kreisräten ausgesprochen werden. [3]Der Widerspruch hat aufschiebende Wirkung. [4]Gleichzeitig ist unter Angabe der Widerspruchsgründe eine Sitzung einzuberufen, in der erneut über die Angelegenheit zu beschließen ist; diese Sitzung hat spätestens vier Wochen nach der ersten Sitzung stattzufinden. [5]Ist nach Ansicht des Landrats auch der neue Beschluss rechtswidrig, muss er ihm erneut widersprechen und unverzüglich die Entscheidung der Rechtsaufsichtsbehörde über die Rechtmäßigkeit herbeizuführen[1].

(3) [1]Absatz 2 gilt entsprechend für Beschlüsse, die durch beschließende Ausschüsse gefasst werden. [2]In diesen Fällen hat der Kreistag über den Widerspruch zu entscheiden.

(4) [1]In dringenden Angelegenheiten, deren Erledigung auch nicht bis zu einer ohne Frist und formlos einberufenen Kreistagssitzung (§ 32 Absatz 3 Satz 4) aufgeschoben werden kann, entscheidet der Landrat anstelle des Kreistages. [2]Die Gründe für die Eilentscheidung und die Art der Erledigung sind dem Kreistag unverzüglich mitzuteilen. [3]Das Gleiche gilt für Angelegenheiten, für deren Entscheidung ein beschließender Ausschuss zuständig ist.

(5) [1]Der Landrat hat den Kreistag über alle wichtigen, den Landkreis und seine Verwaltung betreffenden Angelegenheiten zu unterrichten; bei wichtigen Planungen und Vorhaben ist der Kreistag möglichst frühzeitig über die Absichten und Vorstellungen der Kreisverwaltung und laufend über den Stand und den Inhalt der Planungsarbeiten zu unterrichten. [2]Über Angelegenheiten, die nach § 49 Absatz 3 Satz 3 geheimzuhalten sind, ist anstelle des Kreistages der nach § 42 gebildete Beirat zu unterrichten.

§ 49　Leitung der Kreisverwaltung

(1) Der Landrat ist für die sachgemäße Erledigung der Aufgaben und den ordnungsmäßigen Gang der Kreisverwaltung verantwortlich und regelt die innere Organisation der Kreisverwaltung.

(2) [1]Der Landrat erledigt in eigener Zuständigkeit die Geschäfte der laufenden Verwaltung und die ihm sonst durch Rechtsvorschrift oder vom Kreistag übertragenen Aufgaben. [2]Die dauernde Übertragung der Erledigung bestimmter Aufgaben auf den Landrat ist durch die Hauptsatzung zu regeln. [3]Der

---

1) Richtig wohl: „herbeiführen".

Kreistag kann die Erledigung von Angelegenheiten, für die er ausschließlich zuständig ist (§ 24 Absatz 2), nicht auf den Landrat übertragen.

(3) [1]Weisungsaufgaben erledigt der Landrat in eigener Zuständigkeit, soweit gesetzlich nichts anderes bestimmt ist; dies gilt nicht für den Erlass von Rechtsverordnungen und Satzungen. [2]Satz 1 gilt auch, wenn der Landkreis in einer Angelegenheit angehört wird, die aufgrund einer Anordnung der zuständigen Behörde geheim zu halten ist. [3]Bei der Erledigung von Weisungsaufgaben, die aufgrund einer Anordnung der zuständigen Behörde geheim zu halten sind, sowie in den Fällen des Satzes 2 hat der Landkreis die für die Behörden des Freistaates Sachsen geltenden Geheimhaltungsvorschriften zu beachten.

(4) Der Landrat ist Vorgesetzter, Dienstvorgesetzter und oberste Dienstbehörde der Kreisbediensteten.

§ 50[1] Beigeordnete

(1) [1]In jedem Landkreis ist als Stellvertreter des Landrats ein hauptamtlicher Beigeordneter zu bestellen. [2]Die Hauptsatzung kann bestimmen, dass ein weiterer Beigeordneter bestellt wird.

(2) [1]Die Beigeordneten vertreten den Landrat ständig in ihrem Geschäftskreis. [2]Die Geschäftskreise der Beigeordneten werden vom Landrat im Einvernehmen mit dem Kreistag festgelegt. [3]Der Landrat kann den Beigeordneten allgemein oder im Einzelfall Weisungen erteilen.

(3) Im Falle des Absatzes 1 Satz 2 bestimmt der Kreistag im Einvernehmen mit dem Landrat, in welcher Reihenfolge die Beigeordneten den Landrat im Falle seiner Verhinderung vertreten.

(4) Kommt es in den Fällen des Absatzes 2 Satz 2 oder des Absatzes 3 zu keinem Einvernehmen, entscheidet der Kreistag mit einer Mehrheit von zwei Dritteln der anwesenden Stimmberechtigten allein.

§ 51 Stellvertreter des Landrats, Amtsverweser

(1) [1]Neben den Beigeordneten können weitere Stellvertreter des Landrats bestellt werden, die den Landrat im Falle seiner Verhinderung vertreten, wenn auch alle Beigeordneten verhindert sind. [2]Die Stellvertretung beschränkt sich auf die Fälle der Verhinderung. [3]Die Stellvertreter werden nach jeder Wahl des Kreistages neu bestellt. [4]Sie werden in der Reihenfolge der Stellvertretung je in einem besonderen Wahlgang aus der Mitte des Kreistages gewählt. [5]Sind alle Stellvertreter des Landrats verhindert, nimmt das an Lebensjahren älteste, nicht verhinderte Mitglied des Kreistages die Aufgaben des Landrats wahr.

(2) [1]Ist die Stelle des Landrats voraussichtlich längere Zeit unbesetzt oder ist der Landrat voraussichtlich längere Zeit an der Ausübung seines Amtes verhindert, kann der Kreistag mit der Mehrheit der Stimmen aller Mitglieder einen Amtsverweser bestellen. [2]Der Amtsverweser muss zum Landrat wählbar sein. [3]Der Amtsverweser ist vom Landkreis zum Beamten auf Widerruf zu bestellen, sofern er nicht bereits Beamter des Landkreises ist.

(3) [1]Im Falle der Anfechtung einer Landratswahl kann vor der rechtskräftigen Entscheidung über deren Gültigkeit der zum Landrat gewählte Bewerber vom Kreistag mit der Mehrheit der Stimmen aller Mitglieder zum Amtsverweser bestellt werden, wenn die Wahlprüfungsbehörde die Gültigkeit der Wahl festgestellt hat oder die Wahlprüfungsfrist ungenutzt verstrichen ist. [2]Der Amtsverweser ist zum Beamten auf Zeit zu ernennen. [3]Seine Amtszeit beträgt zwei Jahre; Wiederbestellung ist zulässig. [4]Die Amtszeit endet vorzeitig mit der Rechtskraft der Entscheidung über die Gültigkeit der Wahl zum Landrat. [5]Der Amtsverweser führt die Bezeichnung Landrat. [6]Die Amtszeit als Landrat verkürzt sich um die Amtszeit als Amtsverweser.

(4) Der gemäß Absatz 3 bestellte Amtsverweser hat Stimmrecht im Kreistag und in seinen Ausschüssen.

§ 52 Rechtsstellung und Bestellung der Beigeordneten

(1) [1]Die Beigeordneten sind zu hauptamtlichen Beamten auf Zeit zu ernennen. [2]Ihre Amtszeit beträgt sieben Jahre. [3]Sie müssen die für das Amt erforderlichen fachlichen Voraussetzungen erfüllen.

(2) Die Beigeordneten werden vom Kreistag je in einem besonderen Wahlgang gewählt; § 24 Absatz 4 ist anzuwenden.

---

1) Die Rechtsverhältnisse der vor dem 1. Oktober 2015 gewählten Beigeordneten werden durch die sich aus Art. 4 G v. 29.1.2008 (SächsGVBl. S. 102) mWv 1.10.2015 ergebende Neufassung des § 50 für die in diesem Zusammenhang laufende Amtszeit nicht berührt, vgl. Art. 11 des genannten G.

(3) [1]Für den Zeitpunkt der Bestellung gilt § 46 Absatz 1 entsprechend. [2]Die Stellen der Beigeordneten sind spätestens zwei Monate vor der Besetzung öffentlich auszuschreiben.

(4) [1]Beigeordnete können vom Kreistag vorzeitig abberufen werden. [2]Der Antrag auf vorzeitige Abberufung muss von der Mehrheit aller Mitglieder des Kreistages gestellt werden. [3]Der Beschluss über die Abberufung bedarf einer Mehrheit von zwei Dritteln der Stimmen aller Mitglieder des Kreistages. [4]Über die Abberufung ist zweimal zu beschließen. [5]Eine Aussprache vor der Beschlussfassung findet nicht statt [6]Die zweite Beratung darf frühestens vier Wochen und muss spätestens acht Wochen nach der ersten erfolgen. [7]Der Beigeordnete scheidet mit dem Ablauf des Tages, an dem die Abberufung zum zweiten Mal beschlossen wird, aus seinem Amt. [8]Er erhält bis zum Ablauf seiner Amtszeit die Bezüge wie ein in den einstweiligen Ruhestand versetzter Beamter.

§ 53 Hinderungsgründe

(1) Für Beigeordnete gilt § 45 entsprechend.

(2) [1]Beigeordnete dürfen weder miteinander noch mit dem Landrat oder dem Amtsverweser gemäß § 51 Absatz 3 in einem die Befangenheit begründenden Verhältnis nach § 18 Absatz 1 Nummer 1 bis 3 stehen. [2]Entsteht ein solches Verhältnis zwischen dem Landrat oder dem Amtsverweser gemäß § 51 Absatz 3 und einem Beigeordneten, ist der Beigeordnete in den einstweiligen Ruhestand zu versetzen; entsteht ein solches Verhältnis zwischen Beigeordneten, ist der Beigeordnete mit der kürzeren Arbeitszeit in den einstweiligen Ruhestand zu versetzen.

§ 54 Besondere Dienstpflichten

Für den Landrat, den Amtsverweser und die Beigeordneten gelten § 16 Absatz 1 Nummer 1 bis 3 und § 18 entsprechend.

§ 55 Beauftragung, rechtsgeschäftliche Vollmacht

(1) [1]Der Landrat kann Bedienstete des Landkreises mit seiner Vertretung für bestimmte Aufgabengebiete oder in einzelnen Angelegenheiten der Kreisverwaltung beauftragen. [2]Er kann diese Befugnis auf Beigeordnete für deren Geschäftskreis übertragen.

(2) [1]Der Landrat kann in einzelnen Angelegenheiten rechtsgeschäftliche Vollmacht erteilen. [2]Absatz 1 Satz 2 gilt entsprechend.

§ 56 Verpflichtungserklärungen

(1) [1]Erklärungen, durch welche der Landkreis verpflichtet werden soll, bedürfen der Schriftform. [2]Sie sind vom Landrat handschriftlich zu unterzeichnen.

(2) Im Falle der Vertretung des Landrats müssen Erklärungen durch dessen Stellvertreter, den vertretungsberechtigten Beigeordneten oder durch zwei vertretungsberechtigte Bedienstete handschriftlich unterzeichnet werden.

(3) Den Unterschriften soll die Amtsbezeichnung und im Falle des Absatzes 2 ein das Vertretungsverhältnis kennzeichnender Zusatz beigefügt werden.

(4) Die Formvorschriften der Absätze 1 bis 3 gelten nicht für Erklärungen in Geschäften der laufenden Verwaltung oder aufgrund einer in der Form der Absätze 1 bis 3 ausgestellten Vollmacht.

Dritter Abschnitt
Bedienstete und Beauftragte des Landkreises

§ 57 Einstellung, Aus- und Fortbildung

(1) [1]Der Landkreis muss die fachlich geeigneten Bediensteten einstellen, die erforderlich sind, um die ordnungsgemäße Erfüllung seiner Aufgaben zu gewährleisten. [2]Die Bediensteten müssen die für ihren Aufgabenbereich jeweils erforderlichen fachlichen Voraussetzungen erfüllen.

(2) Unbeschadet der Verpflichtung nach § 58 muss jeder Landkreis über mindestens einen Bediensteten mit der Befähigung für die zweite Einstiegsebene der Laufbahngruppe 2 der Fachrichtung Allgemeine Verwaltung mit dem fachlichen Schwerpunkt allgemeiner Verwaltungsdienst verfügen; dies gilt nicht, wenn ein Beigeordneter diese Befähigung besitzt.

(3) Der Landkreis fördert die Aus- und Fortbildung seiner Bediensteten.

§ 58 Fachbediensteter für das Finanzwesen

(1) Die Aufstellung des Haushaltsplanes, des Finanzplanes und des Jahresabschlusses sowie des Gesamtabschlusses, die Haushaltsüberwachung sowie die Verwaltung des Vermögens und der Schulden

des Landkreises sind bei einem Bediensteten zusammenzufassen (Fachbediensteter für das Finanzwesen).

(2) Zum Fachbediensteten für das Finanzwesen darf nur bestellt werden, wer über

1. eine abgeschlossene wirtschafts- oder finanzwissenschaftliche Ausbildung oder die Befähigung für eine Laufbahn der Laufbahngruppe 2 der Fachrichtung Allgemeine Verwaltung mit dem fachlichen Schwerpunkt allgemeiner Verwaltungsdienst,
2. eine mindestens einjährige Berufserfahrung im öffentlichen Rechnungs- und Haushaltswesen oder in entsprechenden Funktionen eines Unternehmens in einer Rechtsform des privaten Rechts verfügt.

(3) Der Landrat kann nicht zugleich Fachbediensteter für das Finanzwesen sein.

§ 59 Stellenplan
[1]Der Landkreis bestimmt im Stellenplan die Stellen seiner Bediensteten, die für die Erfüllung der Aufgaben im Haushaltsjahr erforderlich sind. [2]Für Sondervermögen, für die Sonderrechnungen geführt werden, sind besondere Stellenpläne aufzustellen. [3]Bedienstete in Einrichtungen solcher Sondervermögen sind auch im Stellenplan nach Satz 1 aufzuführen und dort besonders zu kennzeichnen.

§ 60 Beauftragte
(1) Die Landkreise können für bestimmte Aufgabenbereiche besondere Beauftragte bestellen.

(2) [1]Zur Verwirklichung des Grundrechts der Gleichberechtigung von Frau und Mann haben die Landkreise Gleichstellungsbeauftragte zu bestellen. [2]Sie sollen hauptamtlich tätig sein. [3]Das Nähere regelt die Hauptsatzung.

(3) Zur Wahrung der Belange der im Landkreis lebenden Ausländer sollen die Landkreise Beauftragte für Migration und Integration bestellen.

(4) Die Beauftragten sind in der Ausübung ihrer Tätigkeit unabhängig und können an den Sitzungen des Kreistages und der für ihren Aufgabenbereich zuständigen Ausschüsse mit beratender Stimme teilnehmen.

Vierter Teil
Wirtschaft des Landkreises

§ 61 Haushaltswirtschaft
Für die Haushaltswirtschaft gelten die §§ 72 bis 88c der Sächsischen Gemeindeordnung entsprechend.

§ 62 Vermögen des Landkreises
Für das Vermögen des Landkreises gelten die §§ 89 bis 94 der Sächsischen Gemeindeordnung entsprechend.

§ 63 Unternehmen und Beteiligungen des Landkreises
Für Unternehmen und Beteiligungen des Landkreises gelten die §§ 94a bis 99, 102 und 130a Absatz 2 der Sächsischen Gemeindeordnung mit Ausnahme von § 94a Absatz 2 der Sächsischen Gemeindeordnung entsprechend.

§ 64 Prüfungswesen
[1]Der Landkreis hat ein Rechnungsprüfungsamt einzurichten. [2]Überörtliche Prüfungsbehörde ist der Sächsische Rechnungshof. [3]Im Übrigen gelten für das Prüfungswesen § 103 Absatz 2 bis 5, §§ 104 bis 106 und 109 der Sächsischen Gemeindeordnung entsprechend.

Fünfter Teil
Aufsicht

§ 65 Aufsicht, Rechtsaufsichtsbehörden
(1) [1]Rechtsaufsichtsbehörde und obere Rechtsaufsichtsbehörde ist die Landesdirektion Sachsen. [2]Oberste Rechtsaufsichtsbehörde ist das Staatsministerium des Innern.

(2) [1]Der Fünfte Teil der Sächsischen Gemeindeordnung über die Aufsicht findet auf den Landkreis entsprechende Anwendung. [2]§ 2 Absatz 3 Satz 3 findet keine Anwendung.

Sechster Teil
Sonstige Vorschriften

§ 66 Ordnungswidrigkeiten

(1) Ordnungswidrig handelt, wer vorsätzlich oder fahrlässig einer aufgrund von

1. § 3 Absatz 1 erlassenen Satzung über die Benutzung einer öffentlichen Einrichtung,
2. § 12 erlassenen Satzung über den Anschluss- und Benutzungszwang

zuwiderhandelt, soweit die Satzung für einen bestimmten Tatbestand auf diese Bußgeldvorschrift verweist.

(2) [1]Ordnungswidrig handelt ferner, wer als Kreisrat gemäß § 17 Absatz 3 Satz 1 Ansprüche und Interessen eines Dritten gegen den Landkreis geltend macht. [2]Satz 1 gilt nicht, soweit er als gesetzlicher Vertreter handelt.

(3) Die Ordnungswidrigkeit kann mit einer Geldbuße geahndet werden.

(4) Verwaltungsbehörden im Sinne des § 36 Absatz 1 Nummer 1 des Gesetzes über Ordnungswidrigkeiten in der Fassung der Bekanntmachung vom 19. Februar 1987 (BGBl. I S. 602), das zuletzt durch Artikel 5 des Gesetzes vom 27. August 2017 (BGBl. I S. 3295) geändert worden ist, in der jeweils geltenden Fassung, sind die Landkreise.

§ 67 Maßgebende Einwohnerzahl

[1]Kommt nach einer gesetzlichen Vorschrift der Einwohnerzahl eines Landkreises rechtliche Bedeutung zu, ist die vom Statistischen Landesamt zum 30. Juni des Vorjahres auf der Grundlage der jeweils letzten Volkszählung fortgeschriebene Einwohnerzahl maßgebend, soweit nichts anderes bestimmt ist. [2]Abweichend von Satz 1 sind Gebietsänderungen vom Tage der Rechtswirksamkeit an zu berücksichtigen.

§ 68 Rechtsverordnungen

(1) Das Staatsministerium des Innern wird ermächtigt, durch Rechtsverordnung zu regeln:

1. die Durchführung von Einwohneranträgen, Bürgerbegehren und Bürgerentscheiden,
2. die Form und das Verfahren öffentlicher Bekanntmachungen,
3. das Verfahren für die Erteilung von Genehmigungen und die Freistellung von Genehmigungspflichten nach diesem Gesetz,
4. das Verfahren für die Verleihung von Bezeichnungen nach § 4 Absatz 1,
5. die Zuständigkeit der Rechtsaufsichtsbehörden bei Streitigkeiten nach § 6 Absatz 1 Satz 2,
6. die Höchst- und Mindestbeträge für die Entschädigung für ehrenamtliche Tätigkeit nach § 19,
7. den Inhalt, Ausgleich und die Gestaltung des Haushaltsplans, des Finanzplans und des Investitionsprogramms, die Haushaltsführung und Haushaltsüberwachung, die näheren Voraussetzungen, den Inhalt und die Gestaltung des Haushaltsstrukturkonzepts sowie nähere Bestimmungen zu Gegenstand und Umfang haushaltswirtschaftlicher Beschränkungen bis zur Genehmigung eines Haushaltsstrukturkonzepts, insbesondere zu
   a) personalwirtschaftlichen Beschränkungen,
   b) Beschränkungen bei der Leistung von Aufwendungen und Auszahlungen,
   c) dem Erfordernis der Einzelgenehmigung und anderen Beschränkungen bei der Kreditaufnahme,
8. die Bestimmung eines vom Haushaltsjahr abweichenden Wirtschaftszeitraums,
9. die Bildung und Verwendung von Rücklagen, Rückstellungen und Sonderposten,
10. die Freistellung von der Vorlagepflicht nach § 63 dieses Gesetzes in Verbindung mit § 102 der Sächsischen Gemeindeordnung,
11. die Erfassung, den Nachweis, die Bewertung und die Abschreibung von Vermögensgegenständen sowie den Nachweis und die Bewertung von Verbindlichkeiten,
12. Bestimmungen über Geldanlagen nach § 62 dieses Gesetzes in Verbindung mit § 89 Absatz 3 Satz 2 der Sächsischen Gemeindeordnung sowie die nähere Bestimmung des Begriffs des spekulativen Finanzgeschäfts gemäß § 72 Absatz 2 Satz 2 der Sächsischen Gemeindeordnung,
13. die Gewährung von Nachlässen nach § 62 dieses Gesetzes in Verbindung mit § 90 Absatz 1 Satz 3 der Sächsischen Gemeindeordnung,
14. die Ausschreibung von Lieferungen und Leistungen sowie die Vergabe von Aufträgen einschließlich des Abschlusses von Verträgen,

15. das Prüfungswesen und die Befreiung von der Prüfungspflicht,
16. die Stundung, die Niederschlagung und den Erlass von Ansprüchen sowie die Behandlung von Kleinbeträgen,
17. Aufgaben, Organisation, Buchführung und Beaufsichtigung der Kasse des Landkreises und der Sonderkassen, die Abwicklung des Zahlungsverkehrs, die Einrichtung von Gebühren- und Portokassen und die Gewährung von Handvorschüssen,
18. Inhalt und Gestaltung des Jahresabschlusses, des Gesamtabschlusses und der Sonderrechnungen sowie die Abdeckung der Fehlbeträge,
19. die Organisation, die Wirtschaftsführung, das Rechnungswesen und die Prüfung der Eigenbetriebe.

(2) Rechtsverordnungen nach Absatz 1 Nummer 7 ergehen im Benehmen mit dem Staatsministerium der Finanzen.

§ 69 Muster für die Haushaltswirtschaft

[1]Soweit es für die Vergleichbarkeit der Haushalte erforderlich ist, gibt das Staatsministerium des Innern durch Verwaltungsvorschrift Muster insbesondere für
1. die Haushaltssatzung und ihre Bekanntmachung,
2. die Beschreibung und Gliederung der Produktbereiche und Produktgruppen sowie die Gestaltung des Haushaltsplans und des Finanzplans,
3. die Form des Haushaltsplans und seiner Anlagen, des Finanzplans und des Investitionsprogramms,
4. die Form der Anlagenübersicht, der Forderungsübersicht und der Verbindlichkeitenübersicht,
5. die Zahlungsanordnungen, Buchführung, den Kontenrahmen, den Jahresabschluss und den Gesamtabschluss und ihre Anlagen

im Sächsischen Amtsblatt bekannt. [2]Die Landkreise sind verpflichtet, diese Muster zu verwenden. [3]Die Bekanntgabe von Mustern nach Satz 1 Nummer 2 und 3 erfolgt im Benehmen mit dem Staatsministerium der Finanzen.

§ 70 Sonstige Verwaltungsvorschriften

(1) [1]Das Staatsministerium des Innern kann sonstige Verwaltungsvorschriften zur Durchführung dieses Gesetzes erlassen. [2]§ 68 Abs. 2 gilt entsprechend.

(2) Das Staatsministerium des Innern kann im Fall von Naturkatastrophen oder außergewöhnlichen Notsituationen, die bei den betroffenen Landkreisen zu unabweisbaren Auszahlungen oder Aufwendungen führen, im Einvernehmen mit dem Staatsministerium der Finanzen durch Verwaltungsvorschrift Ausnahmen oder Befreiungen von den Vorschriften in § 72 Absatz 3 bis 7, § 77 Absatz 2, § 78 Absatz 2 Satz 1, § 79 Absatz 1 Satz 1 Nummer 2, §§ 81, 82 Absatz 1 und § 84 Absatz 3 der Sächsischen Gemeindeordnung zulassen.

§ 71 (weggefallen)

§ 72 (weggefallen)

§ 73 Übergangsvorschriften

§ 3 Absatz 5 gilt auch für Satzungen und anderes Kreisrecht, die vor Inkrafttreten dieses Gesetzes zustande gekommen sind, wenn die zur Beschlussfassung zuständige Stelle innerhalb eines Jahres nach Inkrafttreten dieses Gesetzes auf die in der genannten Bestimmung bezeichneten Voraussetzungen für die Geltendmachung einer Verletzung von Verfahrens- oder Formvorschriften und die Rechtsfolgen sowie auf die dort bezeichnete Frist, die mit der Bekanntmachung beginnt, für die betreffende Satzung oder das andere Kreisrecht durch öffentliche Bekanntmachung hinweist.

§ 74 (Inkrafttreten)

Gesetz zur Neugliederung des Gebietes der Landkreise des Freistaates Sachsen
(Sächsisches Kreisgebietsneugliederungsgesetz – SächsKrGebNG)[1]

Vom 29. Januar 2008 (SächsGVBl. S. 102)
(BS Sachsen 2022-1)
zuletzt geändert durch Art. 7 Sächsisches Dienstrechtsneuordnungsgesetz vom 18. Dezember 2013 (SächsGVBl. S. 970)

– Auszug –

Abschnitt 1
Neugliederung des Gebietes der Landkreise und Einkreisung Kreisfreier Städte

§ 1 Kreisfreie Städte und Landkreise
Im Freistaat Sachsen bestehen die Kreisfreien Städte Chemnitz, Dresden und Leipzig sowie die Landkreise Bautzen, Erzgebirgskreis, Görlitz, Leipzig, Meißen, Mittelsachsen, Nordsachsen, Sächsische Schweiz-Osterzgebirge, Vogtlandkreis und Zwickau.

§ 2 Auflösung bisheriger Landkreise, Aufhebung der Kreisfreiheit
(1) Die bisherigen Landkreise werden aufgelöst.
(2) Die Kreisfreiheit der Städte Görlitz, Hoyerswerda, Plauen und Zwickau wird aufgehoben (Einkreisung).

§ 3 Neubildung von Landkreisen
Es werden neu gebildet:
1. der Landkreis Bautzen mit dem Sitz des Landratsamtes in Bautzen. Ihm gehören an:
   a) alle Gemeinden des bisherigen Landkreises Bautzen,
   b) alle Gemeinden des bisherigen Landkreises Kamenz und
   c) die bisherige Kreisfreie Stadt Hoyerswerda;
2. der Erzgebirgskreis mit dem Sitz des Landratsamtes in Annaberg-Buchholz. Ihm gehören an:
   a) alle Gemeinden des bisherigen Landkreises Annaberg,
   b) alle Gemeinden des bisherigen Landkreises Aue-Schwarzenberg,
   c) alle Gemeinden des bisherigen Mittleren Erzgebirgskreises und
   d) alle Gemeinden des bisherigen Landkreises Stollberg;
3. der Landkreis Görlitz mit dem Sitz des Landratsamtes in Görlitz. Ihm gehören an:
   a) alle Gemeinden des bisherigen Landkreises Löbau-Zittau,
   b) alle Gemeinden des bisherigen Niederschlesischen Oberlausitzkreises und
   c) die bisherige Kreisfreie Stadt Görlitz;
4. der Landkreis Leipzig mit dem Sitz des Landratsamtes in Borna. Ihm gehören an:
   a) alle Gemeinden des bisherigen Landkreises Leipziger Land und
   b) alle Gemeinden des bisherigen Muldentalkreises;
5. der Landkreis Meißen mit dem Sitz des Landratsamtes in Meißen. Ihm gehören an:
   a) alle Gemeinden des bisherigen Landkreises Meißen und
   b) alle Gemeinden des bisherigen Landkreises Riesa-Großenhain;
6. der Landkreis Mittelsachsen mit dem Sitz des Landratsamtes in Freiberg. Ihm gehören an:
   a) alle Gemeinden des bisherigen Landkreises Döbeln,
   b) alle Gemeinden des bisherigen Landkreises Freiberg und
   c) alle Gemeinden des bisherigen Landkreises Mittweida;
7. der Landkreis Nordsachsen mit dem Sitz des Landratsamtes in Torgau. Ihm gehören an:
   a) alle Gemeinden des bisherigen Landkreises Delitzsch und
   b) alle Gemeinden des bisherigen Landkreises Torgau-Oschatz;

---

1) Verkündet als Art. 1 G v. 29.1.2008 (SächsGVBl. S. 102); Inkrafttreten gem. Art. 12 dieses G am 1.8.2008.

8. der Landkreis Sächsische Schweiz-Osterzgebirge mit dem Sitz des Landratsamtes in Pirna. Ihm gehören an:
   a) alle Gemeinden des bisherigen Landkreises Sächsische Schweiz und
   b) alle Gemeinden des bisherigen Weißeritzkreises;
9. der Vogtlandkreis mit dem Sitz des Landratsamtes in Plauen. Ihm gehören an:
   a) alle Gemeinden des bisherigen Vogtlandkreises und
   b) die bisherige Kreisfreie Stadt Plauen;
10. der Landkreis Zwickau mit dem Sitz des Landratsamtes in Zwickau. Ihm gehören an:
    a) alle Gemeinden des bisherigen Landkreises Chemnitzer Land,
    b) alle Gemeinden des bisherigen Landkreises Zwickauer Land und
    c) die bisherige Kreisfreie Stadt Zwickau.

...

Verordnung des Sächsischen Staatsministeriums des Innern über die Form der kommunalen Bekanntmachungen (Kommunalbekanntmachungsverordnung – KomBekVO)

Vom 17. Dezember 2015 (SächsGVBl. S. 693)
(BS Sachsen)

Auf Grund
- des § 127 Absatz 1 Nummer 3 der Sächsischen Gemeindeordnung in der Fassung der Bekanntmachung vom 3. März 2014 (SächsGVBl. S. 146),
- des § 68 Absatz 1 Nummer 2 der Sächsischen Landkreisordnung in der Fassung der Bekanntmachung vom 3. März 2014 (SächsGVBl. S. 180),
- des § 5 Absatz 3 Satz 1 des Sächsischen Gesetzes über kommunale Zusammenarbeit in der Fassung der Bekanntmachung vom 3. März 2014 (SächsGVBl. S. 196) in Verbindung mit § 127 Absatz 1 Nummer 3 der Sächsischen Gemeindeordnung und
- des § 47 Absatz 2 Satz 1 und § 5 Absatz 3 Satz 1 des Sächsischen Gesetzes über kommunale Zusammenarbeit in Verbindung mit § 127 Absatz 1 Nummer 3 der Sächsischen Gemeindeordnung

verordnet das Staatsministerium des Innern:

§ 1 Geltungsbereich

¹Diese Verordnung regelt öffentliche Bekanntmachungen der Gemeinden, Verwaltungsverbände, Landkreise und Zweckverbände, soweit nicht besondere bundes- oder landesrechtliche Vorschriften anzuwenden sind. ²Öffentliche Bekanntmachungen im Sinne dieser Verordnung sind:
1. die Verkündung von Rechtsverordnungen,
2. die öffentliche Bekanntmachung von Satzungen und
3. sonstige durch Rechtsvorschrift vorgeschriebene öffentliche Bekanntmachungen und öffentliche Bekanntgaben.

§ 2 Öffentliche Bekanntmachungen der Gemeinden

Öffentliche Bekanntmachungen der Gemeinden sind in einer der nachfolgend genannten Formen durchzuführen:
1. durch Abdruck im Amtsblatt der Gemeinde oder des Landkreises, dem die Gemeinde angehört,
2. durch Abdruck in einer oder mehreren bestimmten, regelmäßig, mindestens einmal wöchentlich erscheinenden Zeitungen, deren Verbreitung sich mindestens auf das Gebiet der Gemeinde erstreckt,
3. sofern die Gemeinde weniger als 3 000 Einwohner hat, durch Aushang an der Bekanntmachungstafel und bei räumlich getrennten Ortsteilen an weiteren hierfür bestimmten Stellen während der Dauer von mindestens einer Woche; auf den Aushang und seine Dauer ist rechtzeitig im Amtsblatt der Gemeinde oder des Landkreises oder in einer Zeitung im Sinne der Nummer 2 hinzuweisen oder
4. durch eine elektronische Ausgabe nach § 4 des Sächsischen E-Government-Gesetzes vom 9. Juli 2014 (SächsGVBl. S. 398), das durch die Verordnung vom 4. April 2015 (SächsGVBl. S. 374) geändert worden ist, in der jeweils geltenden Fassung.

§ 3 Öffentliche Bekanntmachungen der Verwaltungsverbände

Öffentliche Bekanntmachungen der Verwaltungsverbände sind in einer der nachfolgend genannten Formen durchzuführen:
1. durch Abdruck im Amtsblatt des Verwaltungsverbandes oder des Landkreises, dem der Verwaltungsverband angehört,
2. durch öffentliche Bekanntmachung in sämtlichen Mitgliedsgemeinden in den von ihnen bestimmten Formen,
3. durch Abdruck in einer oder mehreren bestimmten, regelmäßig, mindestens einmal wöchentlich erscheinenden Zeitungen, deren Verbreitung sich mindestens auf das Gebiet des Verwaltungsverbandes erstreckt, oder
4. durch eine elektronische Ausgabe entsprechend § 4 des Sächsischen E-Government-Gesetzes.

§ 4 Öffentliche Bekanntmachungen der Landkreise
Öffentliche Bekanntmachungen der Landkreise sind in einer der nachfolgend genannten Formen durchzuführen:
1. durch Abdruck im Amtsblatt des Landkreises,
2. durch Abdruck in dem als Beilage zum Sächsischen Amtsblatt erscheinenden Amtlichen Anzeiger,
3. durch Abdruck in einer oder mehreren bestimmten, regelmäßig, mindestens einmal wöchentlich erscheinenden Zeitungen, deren Verbreitung sich mindestens auf das Gebiet des Landkreises erstreckt, oder
4. durch eine elektronische Ausgabe entsprechend § 4 des Sächsischen E-Government-Gesetzes.

§ 5 Öffentliche Bekanntmachungen der Zweckverbände
Öffentliche Bekanntmachungen der Zweckverbände sind in einer der nachfolgend genannten Formen durchzuführen:
1. durch Abdruck im Amtsblatt des Zweckverbandes,
2. durch Abdruck im Amtsblatt des Landkreises oder der Landkreise, auf die sich das Gebiet des Zweckverbandes erstreckt,
3. durch Abdruck in dem als Beilage zum Sächsischen Amtsblatt erscheinenden Amtlichen Anzeiger, sofern sich das Gebiet des Zweckverbandes über einen Landkreis hinaus erstreckt,
4. durch öffentliche Bekanntmachung durch sämtliche Verbandsmitglieder in den von ihnen bestimmten Formen, soweit es sich um kommunale Körperschaften handelt,
5. durch Abdruck in einer oder mehreren bestimmten, regelmäßig, mindestens einmal wöchentlich erscheinenden Zeitungen, deren Verbreitung sich mindestens auf das Gebiet des Zweckverbandes erstreckt, oder
6. durch eine elektronische Ausgabe entsprechend § 4 des Sächsischen E-Government-Gesetzes.

§ 6 Festlegung der Bekanntmachungsform
[1]Die Form der öffentlichen Bekanntmachung ist im Einzelnen durch Satzung zu regeln. [2]Dabei sind entsprechend der Form der öffentlichen Bekanntmachung auch die Amtsblätter, Zeitungen, Aufstellungsorte für Bekanntmachungstafeln und die Internetadresse genau zu bezeichnen.

§ 7 Inhalt der Bekanntmachung
[1]Öffentliche Bekanntmachungen haben mit vollem Wortlaut zu erfolgen. [2]Sofern eine Rechtsverordnung oder Satzung genehmigungspflichtig ist oder genehmigungspflichtige Teile enthält, muss auch die Tatsache der Genehmigung unter Angabe der Genehmigungsbehörde und des Datums der Genehmigung bekanntgemacht werden.

§ 8 Ersatzbekanntmachung
(1) Sind Pläne oder zeichnerische Darstellungen, insbesondere Karten, Bestandteile einer Rechtsverordnung oder Satzung, können sie dadurch öffentlich bekanntgemacht werden, dass
1. ihr wesentlicher Inhalt in der Rechtsverordnung oder Satzung umschrieben wird,
2. sie an einer bestimmten Verwaltungsstelle zur kostenlosen Einsicht durch jedermann während der Sprechzeiten, mindestens aber wöchentlich 20 Stunden, für die Dauer von mindestens zwei Wochen niedergelegt werden und
3. hierauf bei der Bekanntmachung der Rechtsverordnung oder Satzung hingewiesen wird.
(2) Absatz 1 gilt für sonstige öffentliche Bekanntmachungen entsprechend.

§ 9 Notbekanntmachung
[1]Erscheint eine rechtzeitige Bekanntmachung in der vorgeschriebenen Form nicht möglich, kann die öffentliche Bekanntmachung in anderer geeigneter Weise durchgeführt werden. [2]Die Bekanntmachung ist unverzüglich nach Wegfall des Hindernisses in der vorgeschriebenen Form zu wiederholen, wenn sie nicht durch Zeitablauf gegenstandslos geworden ist.

§ 10 Vollzug der Bekanntmachung
(1) [1]Die öffentliche Bekanntmachung ist mit Ablauf des Erscheinungstages des Amtsblattes oder der Zeitung vollzogen. [2]Im Fall der Bekanntmachung durch Aushang ist die Bekanntmachung mit Ablauf der Aushangfrist vollzogen. [3]Eine öffentliche Bekanntmachung durch eine elektronische Ausgabe ist mit Ablauf des Tages, an dem sie im Internet verfügbar ist, vollzogen. [4]Sind mehrere Bekanntmachungsformen bestimmt, ist die öffentliche Bekanntmachung mit Ablauf des Tages vollzogen, an dem

die letzte Bekanntmachung vollzogen ist. [5]Eine Ersatzbekanntmachung ist mit Ablauf der Niederlegungsfrist nach § 8 Absatz 1 Nummer 2 vollzogen. [6]Eine Notbekanntmachung ist mit ihrer Durchführung nach § 9 Satz 1 vollzogen.

(2) Der Vollzug der Bekanntmachung ist in den Akten nachzuweisen.

§ 11 Inkrafttreten, Außerkrafttreten

[1]Diese Verordnung tritt am Tag nach der Verkündung[1]) in Kraft. [2]Gleichzeitig tritt die Kommunalbekanntmachungsverordnung vom 19. Dezember 1997 (SächsGVBl. 1998 S. 19) außer Kraft.

---

1) Verkündet am 31.12.2015.

Verordnung des Sächsischen Staatsministeriums des Innern über kommunale Eigenbetriebe im Freistaat Sachsen (Sächsische Eigenbetriebsverordnung – SächsEigBVO)

In der Fassung der Bekanntmachung vom 10. Dezember 2018[1] (SächsGVBl. S. 816)

Inhaltsübersicht

Erster Abschnitt
Verfassung und Verwaltung

§ 1 Geltungsbereich, Rechtsgrundlagen

(1) Für gemeindliche Unternehmen ohne eigene Rechtspersönlichkeit, die als Eigenbetriebe geführt werden (§ 95a der Sächsischen Gemeindeordnung), gelten die Vorschriften dieser Verordnung und die ergänzenden Bestimmungen der Betriebssatzung des Eigenbetriebs.

(2) Die Bestimmungen dieser Verordnung gelten entsprechend für die Eigenbetriebe von Landkreisen, Verwaltungsverbänden und Zweckverbänden.

(3) Für Eigenbetriebe der Landkreise gelten die Vorschriften dieser Verordnung mit der Maßgabe, dass
1.   an die Stelle der Gemeinde der Landkreis tritt,
2.   an die Stelle des Gemeinderats der Kreistag tritt,
3.   an die Stelle des Bürgermeisters der Landrat tritt,
4.   bei Verweisungen auf Vorschriften der Sächsischen Gemeindeordnung an deren Stelle die entsprechenden Vorschriften der Sächsischen Landkreisordnung Anwendung finden.

(4) [1]Der Beschluss über die Betriebssatzung oder ihre Änderung bedarf der Mehrheit der Stimmen aller Mitglieder des Gemeinderats. [2]In ihr sind auch solche Angelegenheiten des Eigenbetriebs zu regeln, die nach der Sächsischen Gemeindeordnung der Hauptsatzung vorbehalten sind; dies gilt nicht für die Regelung von Zuständigkeiten in beamtenrechtlichen Angelegenheiten.

---

1)   Neubekanntmachung der SächsEigBVO v. 16.12.2013 in der ab 22.9.2018 geltenden Fassung

§ 2 Zusammenfassung von Unternehmen

Mehrere Unternehmen können zu einem Eigenbetrieb zusammengefasst werden; sie sollen zusammengefasst werden, wenn sie denselben oder ähnlichen Zwecken dienen.

§ 3 Betriebsleitung

(1) [1]Die Betriebsleitung besteht aus einem oder mehreren vom Gemeinderat gewählten Betriebsleitern (§ 95a Absatz 2 Satz 1 der Sächsischen Gemeindeordnung). [2]Wenn die Betriebsleitung aus mehreren Betriebsleitern besteht, soll der Gemeinderat einen Ersten Betriebsleiter bestellen. [3]§ 28 Absatz 4 Satz 1 und 2 der Sächsischen Gemeindeordnung ist bei der Beschlussfassung über die Wahl der Betriebsleitung und die Bestellung eines Ersten Betriebsleiters anzuwenden. [4]Betriebsleiter können in ein Beamtenverhältnis auf Zeit berufen werden.

(2) [1]Bei Meinungsverschiedenheiten innerhalb der Betriebsleitung entscheidet der Erste Betriebsleiter. [2]Ist kein Erster Betriebsleiter bestellt, bestimmt die Betriebssatzung, wie bei Meinungsverschiedenheiten zu verfahren ist. [3]Der Bürgermeister regelt die Geschäftsführung innerhalb der Betriebsleitung durch eine Geschäftsordnung, die der Zustimmung des Betriebsausschusses und, wenn kein Betriebsausschuss gebildet wurde, des Gemeinderats bedarf.

§ 4 Aufgaben der Betriebsleitung

(1) [1]Die Betriebsleitung leitet den Eigenbetrieb, soweit in dieser Verordnung nichts anderes bestimmt ist. [2]Ihr obliegt insbesondere die laufende Betriebsführung. [3]Im Rahmen ihrer Zuständigkeit ist die Betriebsleitung für die wirtschaftliche Führung des Eigenbetriebs verantwortlich.

(2) Die Betriebsleitung vollzieht die Beschlüsse des Gemeinderats, seiner Ausschüsse und die Entscheidungen des Bürgermeisters in Angelegenheiten des Eigenbetriebs.

(3) [1]Durch die Betriebssatzung können der Betriebsleitung weitere Aufgaben des Eigenbetriebs zur Erledigung übertragen werden. [2]Aufgaben, deren Erledigung nicht auf den beschließenden Betriebsausschuss übertragen werden kann (§ 7 Absatz 2 Satz 3), können auch nicht auf die Betriebsleitung übertragen werden.

(4) [1]Die Betriebsleitung hat den Bürgermeister über alle wichtigen Angelegenheiten des Eigenbetriebs rechtzeitig zu unterrichten. [2]Sie hat ferner dem Fachbediensteten für das Finanzwesen (§ 62 der Sächsischen Gemeindeordnung) alle Maßnahmen mitzuteilen, welche die Finanzwirtschaft der Gemeinde berühren. [3]Näheres kann durch die Betriebssatzung geregelt werden.

§ 5 Vertretungsberechtigung der Betriebsleitung

(1) [1]Die Betriebsleitung vertritt die Gemeinde im Rahmen ihrer Aufgaben (§ 95a Absatz 2 Satz 4 der Sächsischen Gemeindeordnung). [2]Besteht die Betriebsleitung aus mehreren Betriebsleitern, sind zwei von ihnen gemeinschaftlich vertretungsberechtigt, soweit die Betriebssatzung nichts anderes bestimmt. [3]Ist ein Erster Betriebsleiter bestellt (§ 3 Absatz 1 Satz 2), so ist dieser allein vertretungsberechtigt.

(2) [1]Die Betriebsleitung kann Bedienstete, die beim Eigenbetrieb beschäftigt sind, in bestimmtem Umfang mit ihrer Vertretung beauftragen; in einzelnen Angelegenheiten des Eigenbetriebs kann sie rechtsgeschäftliche Vollmacht erteilen. [2]Durch die Betriebssatzung kann bestimmt werden, dass die Beauftragung und die Erteilung rechtsgeschäftlicher Vollmacht der Zustimmung des Bürgermeisters bedürfen.

(3) [1]Die Vertretungsberechtigten zeichnen unter dem Namen des Eigenbetriebs. [2]Die Verpflichtungserklärungen (§ 60 der Sächsischen Gemeindeordnung) müssen handschriftlich unterzeichnet werden, sofern es sich nicht um ein Geschäft der laufenden Betriebsführung handelt.

(4) Sind in Angelegenheiten des Eigenbetriebs Erklärungen Dritter gegenüber der Gemeinde abzugeben, genügt die Abgabe gegenüber einem Betriebsleiter.

§ 6 Betriebsausschuss

[1]Die Betriebsleitung nimmt an den Sitzungen des Betriebsausschusses mit beratender Stimme teil. [2]Sie ist auf Verlangen verpflichtet, zu den Beratungsgegenständen Stellung zu nehmen und Auskünfte zu erteilen.

§ 7 Aufgaben des Betriebsausschusses

(1) Der beratende oder beschließende Betriebsausschuss berät alle Angelegenheiten des Eigenbetriebs vor, die der Entscheidung des Gemeinderats vorbehalten sind.

(2) ¹Dem beschließenden Betriebsausschuss sind durch die Betriebssatzung bestimmte Aufgabengebiete des Eigenbetriebs zur dauernden Erledigung zu übertragen. ²Durch Beschluss kann der Gemeinderat einzelne Angelegenheiten des Eigenbetriebs auf den beschließenden Betriebsausschuss übertragen. ³Eine Übertragung nach Satz 1 oder Satz 2 ist nicht möglich, soweit Aufgabengebiete oder Angelegenheiten des Eigenbetriebs dem Gemeinderat zur Beschlussfassung vorbehalten sind.

(3) Die Betriebssatzung kann bestimmen, dass der Betriebsausschuss in bestimmten Angelegenheiten andere Ausschüsse zu beteiligen hat.

(4) ¹Ist kein Betriebsausschuss gebildet, können Zuständigkeiten nach Maßgabe der Absätze 1 bis 3 auf andere Ausschüsse des Gemeinderats übertragen werden. ²§ 6 gilt entsprechend.

§ 8 Aufgaben des Gemeinderats

(1) Der Gemeinderat entscheidet über alle Angelegenheiten des Eigenbetriebs, soweit nicht der Bürgermeister, der beschließende Betriebsausschuss, ein anderer beschließender Ausschuss des Gemeinderats oder die Betriebsleitung zuständig ist.

(2) Seine Zuständigkeit für die Beschlussfassung über
1. die Gewährung von Darlehen der Gemeinde an den Eigenbetrieb oder des Eigenbetriebs an die Gemeinde,
2. die Entlastung der Betriebsleitung,
3. die Verwendung des Jahresgewinns oder die Behandlung des Jahresverlusts des Eigenbetriebs,
4. die Bestimmung eines Abschlussprüfers für den Jahresabschluss,
5. die Wahl der Betriebsleiter und die Bestellung eines Ersten Betriebsleiters

kann der Gemeinderat nicht übertragen.

§ 9 Stellung des Bürgermeisters

(1) Der Bürgermeister kann der Betriebsleitung Weisungen erteilen, um die ordnungsgemäße Führung des Eigenbetriebs sicherzustellen.

(2) ¹Durch die Betriebssatzung können dem Bürgermeister bestimmte Aufgaben des Eigenbetriebs zur Erledigung übertragen werden. ²§ 4 Absatz 3 Satz 2 gilt entsprechend.

§ 10 Bedienstete beim Eigenbetrieb

(1) Der Bürgermeister ist Dienstvorgesetzter und oberste Dienstbehörde der beim Eigenbetrieb beschäftigten Bediensteten.

(2) ¹Die Betriebsleitung ist vor der Ernennung, Einstellung, Versetzung, Abordnung, Umsetzung und Entlassung von Bediensteten, die beim Eigenbetrieb beschäftigt sind oder beschäftigt werden sollen, zu hören, soweit sie nicht selbst zuständig ist. ²§ 28 Absatz 4 Satz 1 und 2 der Sächsischen Gemeindeordnung ist anzuwenden.

(3) ¹Die Befugnis zur Einstellung, Anstellung, Ein- oder Höhergruppierung und Entlassung von beim Eigenbetrieb beschäftigten Bediensteten kann, mit Ausnahme der Betriebsleiter und der Beamten, durch die Betriebssatzung ganz oder teilweise auf die Betriebsleitung übertragen werden. ²§ 4 Absatz 1 bleibt unberührt.

Zweiter Abschnitt
Wirtschaftsführung

§ 11 Vermögen

(1) ¹Eigenbetriebe werden finanzwirtschaftlich als Sondervermögen der Gemeinde verwaltet und nachgewiesen (§ 95a Absatz 1 Satz 2 der Sächsischen Gemeindeordnung). ²Dabei sind die Belange der gesamten Gemeinde zu berücksichtigen. ³Der Eigenbetrieb führt seine Rechnungen nach den Regeln der doppelten Buchführung. ⁴Auf die Buchführung und das Inventar finden die §§ 238 bis 241 des Handelsgesetzbuchs in der im Bundesgesetzblatt Teil III, Gliederungsnummer 4100-1, veröffentlichten bereinigten Fassung, das zuletzt durch Artikel 3 des Gesetzes vom 10. Juli 2018 (BGBl. I S. 1102) geändert worden ist, in der jeweils geltenden Fassung, entsprechend Anwendung, soweit sich aus dieser Verordnung nichts anderes ergibt.

(2) ¹Der Eigenbetrieb kann mit Stammkapital ausgestattet werden. ²Wirtschaftsgüter der Gemeinde, die eine wesentliche Grundlage für die Arbeit des Eigenbetriebs bilden, sollen diesem auch wirtschaftlich zugeordnet werden.

(3) [1]Bei der Errichtung ist eine Eröffnungsbilanz zu erstellen und vom Gemeinderat zu beschließen. [2]Die Eröffnungsbilanz ist spätestens mit dem ersten darauf folgenden Jahresabschluss zu prüfen und der Rechtsaufsichtsbehörde anzuzeigen.

§ 12 Erhaltung des Vermögens

(1) [1]Für die technische und wirtschaftliche Fortentwicklung des Eigenbetriebs sollen rechtzeitig und in ausreichender Höhe Rücklagen gebildet werden. [2]Dies gilt auch, soweit die Abschreibungen für die Erneuerungen nicht ausreichen. [3]Instandhaltungsarbeiten sind rechtzeitig durchzuführen.

(2) [1]Eigenkapital darf dem Eigenbetrieb nur dann entnommen werden, wenn dadurch seine dauerhafte Aufgabenerfüllung nicht gefährdet wird. [2]Über die Entnahme von Eigenkapital entscheidet der Gemeinderat nach Anhörung der Betriebsleitung. [3]Der Gemeinderat kann in der Betriebssatzung eine Geringfügigkeitsschwelle festlegen, bis zu der der Bürgermeister mit Zustimmung der Betriebsleitung über die Entnahme von Eigenkapital entscheiden kann.

(3) [1]Ein im Jahresabschluss festgestellter Jahresverlust kann bis zu drei Jahre vorgetragen werden. [2]Gewinne sind während dieser Zeit vollständig zur Verlusttilgung zu verwenden. [3]Danach kann der Verlust mit Genehmigung der Rechtsaufsichtsbehörde noch um weitere Jahre vorgetragen werden, wenn zu erwarten ist, dass der Verlust durch Gewinne in den folgenden Jahren ausgeglichen wird.

(4) [1]Der nicht oder nicht weiter vorgetragene Verlust ist aus dem Eigenkapital auszugleichen, wenn dies die Eigenkapitalausstattung des Eigenbetriebs gemäß Absatz 2 Satz 1 zulässt. [2]Andernfalls ist der Ausgleich aus Haushaltsmitteln der Gemeinde vorzunehmen.

§ 13 Vergütung von Leistungen

(1) [1]Die Lieferungen, Leistungen und Kredite im Verhältnis des Eigenbetriebs zu der Gemeinde, einem anderen Eigenbetrieb der Gemeinde oder einer Gesellschaft, an der die Gemeinde beteiligt ist, sind angemessen zu vergüten. [2]Der Eigenbetrieb kann abweichend von Satz 1

1. Wasser für den Brandschutz, für die Reinigung von Straßen und Abwasseranlagen sowie für öffentliche Zier- und Straßenbrunnen unentgeltlich oder verbilligt liefern,
2. Anlagen für die Löschwasserversorgung unentgeltlich oder verbilligt zur Verfügung stellen,
3. auf die Tarifpreise für Leistungen von Elektrizität, Gas, Wasser und Wärme einen Preisnachlass gewähren, soweit dieser steuerrechtlich anerkannt ist.

(2) Die §§ 32 und 33 der Sächsischen Kommunalhaushaltsverordnung vom 10. Dezember 2013 (SächsGVBl. S. 910), die durch Artikel 1 der Verordnung vom 4. September 2017 (SächsGVBl. S. 504) geändert worden ist, in der jeweils geltenden Fassung, gelten entsprechend.

§ 14 Kassenwirtschaft

(1) [1]Für den Eigenbetrieb ist eine Sonderkasse einzurichten. [2]Sie soll mit der Gemeindekasse verbunden werden.

(2) [1]Vorübergehend nicht benötigte Geldmittel des Eigenbetriebs sollen in Abstimmung mit der Liquiditätsplanung der Gemeinde angelegt werden. [2]Werden die Mittel von der Gemeinde bewirtschaftet, ist sicherzustellen, dass sie dem Eigenbetrieb bei Bedarf zur Verfügung stehen.

§ 15 Wirtschaftsjahr

[1]Wirtschaftsjahr des Eigenbetriebs ist das Haushaltsjahr der Gemeinde. [2]Wenn die Art des Betriebs es erfordert, kann die Betriebssatzung ein hiervon abweichendes Wirtschaftsjahr bestimmen.

§ 16 Wirtschaftsplan

(1) [1]Für jedes Wirtschaftsjahr ist vor dessen Beginn ein Wirtschaftsplan aufzustellen und vom Gemeinderat zu beschließen. [2]Er besteht aus dem Erfolgsplan, dem Liquiditätsplan, der Finanzplanung und der Stellenübersicht und ist dem Haushaltsplan der Gemeinde als Anlage beizufügen.

(2) Der an den Haushalt der Gemeinde abzuführende Jahresgewinn oder der aus dem Haushalt der Gemeinde zu deckende Jahresverlust ist in den Haushaltsplan der Gemeinde aufzunehmen.

(3) Der Entwurf des Wirtschaftsplans ist von der Betriebsleitung im Benehmen mit dem Fachbediensteten für das Finanzwesen der Gemeinde rechtzeitig zu erstellen.

§ 17 Vorbericht

[1]Dem Wirtschaftsplan wird ein Vorbericht beigefügt. [2]Der Vorbericht legt den Stand und die voraussichtliche Entwicklung der Aufgaben, die durch den Eigenbetrieb wahrgenommen werden, und die zu

ihrer Erfüllung eingesetzten Mittel und Strategien dar. [3]Außerdem erläutert er die in den einzelnen Plänen (§§ 18 bis 21) dargestellte voraussichtliche Entwicklung.

§ 18 Erfolgsplan

(1) [1]Der Erfolgsplan muss alle voraussichtlichen Erträge und Aufwendungen des Wirtschaftsjahres enthalten. [2]Er ist entsprechend der Gewinn- und Verlustrechnung (§ 28 Absatz 1) zu gliedern.

(2) [1]Die veranschlagten wesentlichen Erträge und Aufwendungen sind zu begründen. [2]Zum Vergleich sind die Zahlen des Erfolgsplans für das laufende Jahr und die abgerundeten Zahlen der Gewinn- und Verlustrechnung des Vorjahres anzugeben. [3]Erhebliche Abweichungen gegenüber den Vorjahreszahlen sind zu erläutern.

(3) Wenn der Eigenbetrieb aus mehreren Betriebszweigen besteht, sind nachrichtlich die einzelnen Betriebszweige entsprechend der Erfolgsübersicht (§ 28 Absatz 3) in einer Anlage darzustellen.

§ 19 Liquiditätsplan

(1) [1]Im Liquiditätsplan ist der Mittelzu- und Mittelabfluss aus laufender Geschäftstätigkeit, aus Investitionstätigkeit und aus Finanzierungstätigkeit darzustellen. [2]Zum Vergleich sind die Zahlen des Liquiditätsplans für das laufende Jahr, gegebenenfalls in einer aktualisierten Form, und die abgerundeten Zahlen der Liquiditätsrechnung (§ 25) des Vorjahres anzugeben. [3]Erhebliche Abweichungen gegenüber den Vorjahreszahlen sind zu erläutern.

(2) [1]Die Liquidität ist so zu planen, dass der Finanzmittelbestand am Ende des Planungszeitraums nicht negativ und die Zahlungsfähigkeit jederzeit gesichert ist. [2]Im Liquiditätsplan darf über Ansätze für Auszahlungen nur verfügt werden, soweit Finanzierungsmittel rechtzeitig bereitgestellt werden können. [3]Dabei darf die Finanzierung anderer, bereits begonnener Maßnahmen nicht beeinträchtigt werden.

(3) Der Liquiditätsplan ist unter entsprechender Anwendung des Deutschen Rechnungslegungs Standards Nr. 21 (DRS 21) Kapitalflussrechnung vom 4. Februar 2014 (BAnz AT 8.4.2014 B2) zu gliedern.

§ 20 Finanzplanung

(1) [1]Die Finanzplanung besteht aus einer Übersicht über die voraussichtliche Entwicklung
1. der Erträge und Aufwendungen des Eigenbetriebs in der für den Erfolgsplan (§ 18) vorgeschriebenen Ordnung,
2. des Mittelzu- und Mittelabflusses in der für den Liquiditätsplan (§ 19) vorgeschriebenen Ordnung.

[2]Der Erfolgsplan und der Liquiditätsplan sollen dazu um Spalten für die drei folgenden Jahre ergänzt werden.

(2) Zur Finanzplanung gehört außerdem eine Darstellung
1. der Finanzbeziehungen zur Gemeinde unter Angabe der Gewinnabführungen, der Eigenkapitalzuführungen und -entnahmen, der Kredite und Kreditrückzahlungen sowie der Zuweisungen im Sinne von § 27,
2. der Verpflichtungsermächtigungen und der daraus fällig werdenden Zahlungen. Dabei ist den Zahlungen die für das Jahr vorgesehene Kreditaufnahme gegenüberzustellen. Sofern die Verpflichtungsermächtigungen für während des Finanzplanungszeitraums fällig werdende Zahlungen vor Beginn des Finanzplanungszeitraums begründet worden sind, ist die Darstellung um diese Jahre zu erweitern. Dies gilt auch, wenn Zahlungen aus Verpflichtungsermächtigungen, die während des Finanzplanungszeitraums eingegangen wurden oder werden sollen, erst nach dessen Ende fällig werden.

(3) [1]Der Finanzplanung ist ein Investitionsprogramm zugrunde zu legen. [2]Darin sind die im Planungszeitraum vorgesehenen Investitionen nach Jahresabschnitten aufzunehmen. [3]Jeder Jahresabschnitt soll die fortzuführenden und die neuen Maßnahmen mit den auf das betreffende Jahr entfallenden Teilbeträgen wiedergeben. [4]§ 12 Absatz 2 bis 5 der Sächsischen Kommunalhaushaltsverordnung gilt entsprechend.

(4) Die Finanzplanung ist jährlich der Entwicklung anzupassen.

§ 21 Stellenübersicht

(1) [1]Die Stellenübersicht muss die im Wirtschaftsjahr erforderlichen Stellen für Beschäftigte enthalten. [2]Beamte, die beim Eigenbetrieb beschäftigt werden, sind im Stellenplan der Gemeinde zu führen und in der Stellenübersicht nachrichtlich anzugeben.

(2) ¹Die Stellenübersicht soll nach Betriebszweigen gegliedert werden. ²Zum Vergleich sind die Zahlen der zum 30. Juni im laufenden Wirtschaftsjahr vorgesehenen und der tatsächlich besetzten Stellen anzugeben. ³Erhebliche Abweichungen von der Stellenübersicht des laufenden Wirtschaftsjahres sind zu begründen.

§ 22 Zwischenbericht

(1) Die Betriebsleitung hat den Bürgermeister und, wenn ein solcher gebildet wurde, auch den Betriebsausschuss in der Mitte des Wirtschaftsjahres über die Umsetzung des Erfolgs- und Liquiditätsplans schriftlich zu unterrichten (Zwischenbericht).

(2) ¹Der Zwischenbericht wird von der Gemeinde der Rechtsaufsichtsbehörde vorgelegt. ²Sofern Wirtschaftsjahr und Haushaltsjahr übereinstimmen, geschieht dies mit dem Haushaltsvollzugsbericht nach § 75 Absatz 5 der Sächsischen Gemeindeordnung.

§ 23 Änderung des Wirtschaftsplans, Risikofrüherkennung

(1) Der Wirtschaftsplan ist zu ändern, wenn sich im Laufe des Wirtschaftsjahres zeigt, dass trotz Ausnutzung von Sparmöglichkeiten

1. das Jahresergebnis sich gegenüber dem Erfolgsplan erheblich verschlechtern wird,
2. zum Ausgleich des Liquiditätsplans höhere Zuführungen der Gemeinde oder höhere Kredite erforderlich werden,
3. in der Finanzplanung weitere Verpflichtungsermächtigungen vorgesehen werden sollen oder
4. eine erhebliche Vermehrung oder Hebung der in der Stellenübersicht vorgesehenen Stellen erforderlich wird; dies gilt nicht für eine vorübergehende Einstellung von Aushilfskräften.

(2) ¹Erfolgsgefährdende Mehraufwendungen des Erfolgsplans sind nur zulässig, wenn ein dringendes Bedürfnis besteht; sie bedürfen der Zustimmung des Betriebsausschusses, sofern sie nicht unabweisbar sind. ²Das Gleiche gilt für Mehrauszahlungen des Liquiditätsplans, die für das einzelne Vorhaben erheblich sind.

(3) ¹Es ist ein angemessenes System zur Erkennung von Risiken einzurichten, das es ermöglicht, etwaige den Bestand gefährdende Entwicklungen frühzeitig zu erkennen. ²Zur Früherkennung gehören insbesondere die Identifikation, Bewertung, Dokumentation, Mitteilung und Überwachung von Risiken.

Dritter Abschnitt
Rechnungswesen

§ 24 Buchführung, Kosten- und Leistungsrechnung

(1) Auf die Buchführung und das Inventar finden die §§ 238 bis 241 des Handelsgesetzbuchs entsprechend Anwendung, soweit sie nicht unmittelbar gelten.

(2) ¹Der Eigenbetrieb hat zu seiner Steuerung und zur Beurteilung seiner Wirtschaftlichkeit und Leistungsfähigkeit eine den jeweiligen Bedürfnissen entsprechende Kosten- und Leistungsrechnung zu führen. ²Die Kosten sind aus der Buchführung nachvollziehbar herzuleiten.

§ 25 Liquiditätsrechnung

¹In einer Liquiditätsrechnung ist der Mittelzu- und Mittelabfluss aus laufender Geschäftstätigkeit, aus Investitionstätigkeit und aus Finanzierungstätigkeit im abgelaufenen Wirtschaftsjahr darzustellen. ²Die Liquiditätsrechnung ist wie der Liquiditätsplan zu gliedern (§ 19 Absatz 3).

§ 26 Bilanz

(1) ¹Die Bilanz ist entsprechend der §§ 266 bis 274 des Handelsgesetzbuchs aufzustellen. ²§ 268 Absatz 1 und § 270 Absatz 2 des Handelsgesetzbuchs finden keine Anwendung. ³Von der Gliederung nach § 266 des Handelsgesetzbuchs kann abgewichen werden, wenn der Gegenstand des Betriebs dies erfordert und die abweichende Gliederung gleichwertig ist.

(2) Das Stammkapital ist mit dem in der Betriebssatzung festgesetzten Betrag anzusetzen.

§ 27 Behandlung von Beiträgen und Zuweisungen

(1) ¹Beiträge, die nach den §§ 17 bis 25 des Sächsischen Kommunalabgabengesetzes in der Fassung der Bekanntmachung vom 9. März 2018 (SächsGVBl. S. 116), in der jeweils geltenden Fassung, erhoben werden, sind der Kapitalrücklage zuzuführen. ²Zuweisungen der Gemeinde und Zuweisungen der öffentlichen Hand, die die Gemeinde für den Eigenbetrieb erhält, sind der Kapitalrücklage zuzu-

führen, wenn sie zur Stärkung des Eigenkapitals bestimmt sind. [3]Dies gilt auch für Zuweisungen aus Haushaltsmitteln der Gemeinde, die zum Verlustausgleich nach § 12 Absatz 4 Satz 2 bestimmt sind. [4]Die Gemeinde kann dem Eigenbetrieb anstelle von Zuweisungen im Sinne von Absatz 3 unterjährig Liquiditätshilfen leisten; der Gemeinderat beschließt in diesem Fall bei der Feststellung des Jahresergebnisses, ob diese Liquiditätshilfen als Eigenkapitalzuführungen behandelt werden.

(2) [1]Zuweisungen für Investitionen und Investitionsförderungsmaßnahmen sowie Baukostenzuschüsse, die aufgrund von Satzungen und allgemeinen Lieferbedingungen erhoben werden, sind als Sonderposten auf der Passivseite zwischen Eigenkapital und Rückstellungen auszuweisen. [2]Für ihre ertragswirksame Auflösung gelten § 36 Absatz 6 und § 40 der Sächsischen Kommunalhaushaltsverordnung entsprechend.

(3) Zuweisungen der Gemeinde für die laufende Betriebsführung sind in der Gewinn- und Verlustrechnung als sonstige betriebliche Erträge auszuweisen.

§ 28 Gewinn- und Verlustrechnung

(1) Die Gewinn- und Verlustrechnung ist entsprechend der §§ 275, 277 und 278 des Handelsgesetzbuchs nach dem Gesamtkostenverfahren aufzustellen, sofern der Gegenstand des Betriebs keine abweichende gleichwertige Gliederung erfordert.

(2) Bei Ver- und Entsorgungsbetrieben muss der Ertrag aus Energie- und Wasserlieferungen sowie der Durchführung der Abwasserbeseitigung in jedem Wirtschaftsjahr 365, in Schaltjahren 366 Tage umfassen und auf den Bilanzstichtag abgegrenzt sein.

(3) [1]Eigenbetriebe mit mehr als einem Betriebszweig haben außerdem eine Erfolgsübersicht zu erstellen, in der die Gewinn- und Verlustrechnung gemäß Absatz 1 nach Betriebszweigen getrennt dargestellt wird. [2]Gemeinsame Aufwendungen und Erträge sind sachgerecht auf die Betriebszweige aufzuteilen, soweit Lieferungen und Leistungen nicht gesondert verrechnet werden. [3]Die Erfolgsübersicht ist in den Anhang (§ 29) aufzunehmen.

§ 29 Anhang, Anlagennachweis

(1) Für die Mitglieder der Betriebsleitung und des Betriebsausschusses gilt für die Darstellung im Anhang § 285 Nummer 9 und 10 des Handelsgesetzbuchs entsprechend; für sonstige in leitender Funktion tätige Personen gilt nur § 285 Nummer 9 des Handelsgesetzbuchs entsprechend.

(2) Die Entwicklung der einzelnen Posten des Anlagevermögens einschließlich der Finanzanlagen ist in einem Anlagennachweis als Bestandteil des Anhangs darzustellen.

§ 30 Lagebericht

[1]Für den Lagebericht gilt § 289 des Handelsgesetzbuchs entsprechend mit der Maßgabe, dass auf die dort in Absatz 2 genannten Sachverhalte einzugehen ist. [2]Im Lagebericht ist auch auf die Finanzbeziehungen zur Gemeinde, insbesondere unter Berücksichtigung der in § 20 Absatz 2 Nummer 1 genannten Vorgänge, einzugehen.

Vierter Abschnitt
Jahresabschluss

§ 31 Jahresabschluss und Lagebericht

(1) [1]Die Betriebsleitung hat für den Schluss eines jeden Wirtschaftsjahres einen Jahresabschluss, bestehend aus der Bilanz, der Gewinn- und Verlustrechnung und dem Anhang, sowie einen Lagebericht aufzustellen. [2]Auf den Jahresabschluss finden die §§ 242 bis 287 und 289 des Handelsgesetzbuchs sinngemäß Anwendung, soweit sich aus dieser Verordnung nichts anderes ergibt. [3]Im Lagebericht ist auch darzustellen, wie das Unternehmen die von ihm wahrzunehmende gemeindliche Aufgabe erfüllt hat.

(2) [1]Der Jahresabschluss und der Lagebericht sind innerhalb von vier Monaten nach Ende des Wirtschaftsjahres aufzustellen und dem Bürgermeister vorzulegen. [2]Der Bürgermeister leitet diese Unterlagen unverzüglich zur Jahresabschlussprüfung und zur örtlichen Prüfung (§ 105 der Sächsischen Gemeindeordnung) weiter.

(3) Der Bürgermeister hat den Jahresabschluss und den Lagebericht zusammen mit den Berichten über die Jahresabschlussprüfung und die örtliche Prüfung zunächst dem Betriebsausschuss zur Vorberatung, anschließend mit dem Ergebnis dieser Vorberatung dem Gemeinderat zur Feststellung zuzuleiten.

§ 32 Prüfung des Jahresabschlusses

(1) [1]Die Prüfung von Jahresabschluss und Lagebericht wird durch Wirtschaftsprüfer oder Wirtschaftsprüfungsgesellschaften durchgeführt, die von der Gemeinde bestellt werden. [2]Gemeinderäte und Beschäftigte der Gemeinde dürfen nicht Abschlussprüfer sein; im Übrigen gilt § 319 Absatz 2 und 3 des Handelsgesetzbuchs entsprechend. [3]Bei der Jahresabschlussprüfung ist das Ergebnis der örtlichen Prüfung (§§ 105 und 106 der Sächsischen Gemeindeordnung) zu berücksichtigen.

(2) [1]In die Prüfung des Jahresabschlusses ist die Buchführung einzubeziehen. [2]Die Prüfung des Jahresabschlusses erstreckt sich auf die Beachtung der gesetzlichen Vorschriften und die ergänzenden Bestimmungen der Betriebssatzung sowie auf die Ordnungsgemäßheit der Geschäftsführung. [3]Der Lagebericht ist darauf zu prüfen, ob er mit dem Jahresabschluss in Einklang steht und ob die sonstigen Angaben im Lagebericht nicht falsche Vorstellungen von der Lage des Unternehmens erwecken. [4]Im Prüfungsbericht sind die wirtschaftlich bedeutsamen Sachverhalte im Sinne von § 53 Absatz 1 Nummer 2 des Haushaltsgrundsätzegesetzes vom 19. August 1969 (BGBl. I S. 1273), das zuletzt durch Artikel 10 des Gesetzes vom 14. August 2017 (BGBl. I S. 3122) geändert worden ist, in der jeweils geltenden Fassung, darzustellen.

(3) Der Gemeinderat kann mit der Prüfung der Jahresabschlüsse von Eigenbetrieben, die bei entsprechender Anwendung von § 267 Absatz 1 des Handelsgesetzbuchs kleine Unternehmen sind, auch die örtliche Prüfungseinrichtung (§ 103 der Sächsischen Gemeindeordnung) beauftragen, wenn in der Gemeinde das neue Haushalts- und Rechnungswesen eingeführt worden ist.

§ 33 Prüfungsbericht und Bestätigungsvermerk

(1) [1]Der Abschlussprüfer hat über Art und Umfang sowie über das Ergebnis der Prüfung schriftlich zu berichten; das Ergebnis der Prüfung ist in einem Bestätigungsvermerk zusammenzufassen. [2]Die §§ 321 und 322 des Handelsgesetzbuchs sind dabei entsprechend anzuwenden. [3]Prüfungszeichen sind unverwechselbar anzubringen.

(2) [1]Werden der Jahresabschluss oder der Lagebericht nach Vorlage des Prüfungsberichts geändert, hat der Abschlussprüfer diese Unterlagen erneut zu prüfen, soweit es die Änderung erfordert. [2]Über das Ergebnis der Prüfung ist schriftlich zu berichten; der Bestätigungsvermerk ist entsprechend zu ergänzen.

§ 34 Feststellung des Jahresabschlusses

(1) Der Gemeinderat stellt den Jahresabschluss innerhalb von neun Monaten nach Ende des Wirtschaftsjahres auf der Grundlage des Berichts über die Jahresabschlussprüfung und der örtlichen Prüfung (§ 105 der Sächsischen Gemeindeordnung) fest und beschließt dabei über

1.   die Verwendung des Jahresgewinns oder die Behandlung des Jahresverlusts des Eigenbetriebs,

2.   die Entlastung der Betriebsleitung; versagt er die Entlastung, hat er dafür die Gründe anzugeben.

(2) [1]Der Feststellungsbeschluss des Jahresabschlusses ist ortsüblich bekannt zu geben. [2]In der ortsüblichen Bekanntgabe ist der Bestätigungsvermerk des Abschlussprüfers wiederzugeben; ferner ist die nach Absatz 1 Nummer 1 beschlossene Verwendung des Jahresgewinns oder die Behandlung des Jahresverlusts anzugeben. [3]Gleichzeitig sind der Jahresabschluss und der Lagebericht an sieben Arbeitstagen öffentlich auszulegen; in der Bekanntgabe nach Satz 1 ist auf die Auslegung hinzuweisen.

Fünfter Abschnitt
Schlussbestimmungen

§ 35 (Inkrafttreten, Außerkrafttreten)

§ 36 Übergangsbestimmung

[1]Eigenbetriebe, die die Voraussetzungen des § 95a Absatz 1 Satz 1 der Sächsischen Gemeindeordnung nicht erfüllen, sind nach den Vorschriften über die Haushaltswirtschaft der Gemeinde zu führen, es sei denn, die Gemeinde hat noch nicht das neue Haushalts- und Rechnungswesen eingeführt. [2]In diesem Fall sind diese Eigenbetriebe erst ab dem Zeitpunkt der Einführung des neuen Haushalts- und Rechnungswesens nach den Vorschriften über die Haushaltswirtschaft der Gemeinde zu führen.

Gesetz über die Kommunalwahlen im Freistaat Sachsen (Kommunalwahlgesetz – KomWG)

In der Fassung der Bekanntmachung vom 20. April 2018 (SächsGVBl. S. 298, 299)[1]

zuletzt geändert durch Art. 7 G zur Unterstützung der selbstbestimmten Teilhabe von Menschen mit Behinderungen im Freistaat Sachsen vom 2. Juli 2019 (SächsGVBl. S. 542)

Inhaltsübersicht

---

1) Neubekanntmachung des KomWG v. 3.3.2014 (SächsGVBl. S. 211) in der ab 1.1.2018 geltenden Fassung

Erster Teil
Gemeindewahlen

Erster Abschnitt
Gemeinderatswahlen

Erster Unterabschnitt
Wahlvorbereitung, Wahlorgane

§ 1 Wahltag, Bekanntmachung der Durchführung der Wahl
(1) ¹Die regelmäßigen Gemeinderatswahlen finden alle fünf Jahre in der Zeit zwischen dem 1. April und dem 30. Juni statt. ²Das Staatsministerium des Innern bestimmt den Wahltag.
(2) Bei Neuwahlen (§ 28), Wiederholungswahlen (§ 29), Nachwahlen (§ 31) und Ergänzungswahlen nach § 34 Absatz 7 der Sächsischen Gemeindeordnung in der Fassung der Bekanntmachung vom 3. März 2014 (SächsGVBl. S. 146), die zuletzt durch Artikel 1 des Gesetzes vom 13. Dezember 2017 (SächsGVBl. S. 626) geändert worden ist, in der jeweils geltenden Fassung, bestimmt der Gemeinderat den Wahltag.
(3) Der Wahltag muss ein Sonntag sein.
(4) Die Gemeinde hat die Durchführung der Wahl spätestens am 90. Tag vor dem Wahltag öffentlich bekannt zu machen.

§ 2 Wahlgebiet, Wahlkreise, Wahlbezirke
(1) ¹Wahlgebiet ist das Gebiet der Gemeinde. ²Die Wahl wird in Wahlkreisen durchgeführt.
(2) ¹Die Kreisfreien Städte werden in mehrere Wahlkreise unterteilt. ²Bei der Abgrenzung der Wahlkreise sollen die örtlichen Verhältnisse und der räumliche Zusammenhang berücksichtigt werden. ³Die Einwohnerzahl eines Wahlkreises darf von der durchschnittlichen Einwohnerzahl aller Wahlkreise der Kreisfreien Stadt um höchstens 25 Prozent abweichen. ⁴Der Gemeinderat beschließt über die Zahl und die Abgrenzung der Wahlkreise, sobald der Wahltag und die Zahl der zu wählenden Gemeinderäte feststehen. ⁵Es sind mindestens sechs und höchstens zwölf Wahlkreise zu bilden.
(3) ¹Kreisangehörige Gemeinden bilden jeweils einen Wahlkreis. ²Abweichend von Satz 1 kann bestimmt werden, dass die kreisangehörige Gemeinde nach Maßgabe des Absatzes 2 Satz 2 bis 4 in mehrere Wahlkreise unterteilt wird. ³Es sind mindestens zwei und höchstens sechs Wahlkreise zu bilden. ⁴Dabei darf die Zahl der Wahlkreise die Zahl der zu wählenden Gemeinderäte, geteilt durch drei, nicht überschreiten.
(4) ¹Für die Stimmabgabe bildet jede Gemeinde einen oder mehrere Wahlbezirke. ²Bei der Bildung von Wahlbezirken sind die Grenzen der Wahlkreise einzuhalten.

§ 3 Ausübung des Wahlrechts

(1) Wählen kann nur der Wahlberechtigte, der in ein Wählerverzeichnis eingetragen ist oder einen Wahlschein hat.

(2) Wer in ein Wählerverzeichnis eingetragen ist, kann durch persönliche Stimmabgabe in dem Wahlbezirk wählen, in dessen Wählerverzeichnis er eingetragen ist.

(3) Wer einen Wahlschein hat, kann

1. durch persönliche Stimmabgabe in jedem Wahlbezirk des Wahlkreises oder
2. durch Briefwahl

wählen.

(4) [1]Jeder Wahlberechtigte kann sein Wahlrecht nur einmal und nur persönlich ausüben. [2]Eine Ausübung des Wahlrechts durch einen Vertreter anstelle des Wahlberechtigten ist unzulässig.

(5) [1]Ein Wahlberechtigter, der des Lesens unkundig oder wegen einer körperlichen Beeinträchtigung oder einer Behinderung an der Abgabe seiner Stimme gehindert ist, kann sich hierzu der Hilfe einer anderen Person bedienen. [2]Die Hilfeleistung ist auf technische Hilfe bei der Kundgabe einer vom Wahlberechtigten selbst getroffenen und geäußerten Wahlentscheidung beschränkt. [3]Unzulässig ist eine Hilfeleistung, die unter missbräuchlicher Einflussnahme erfolgt, die selbstbestimmte Willensbildung oder Entscheidung des Wahlberechtigten ersetzt oder verändert oder wenn ein Interessenkonflikt der Hilfsperson besteht.

§ 4 Wählerverzeichnisse

(1) [1]Die Gemeinden führen für jeden Wahlbezirk ein Wählerverzeichnis. [2]In die Wählerverzeichnisse sind alle am Wahltag Wahlberechtigten einzutragen. [3]Für die Führung des Wählerverzeichnisses dürfen, soweit erforderlich, die Daten des Melderegisters genutzt werden.

(2) [1]Jeder Wahlberechtigte hat das Recht, an den Werktagen vom 20. bis zum 16. Tag vor der Wahl während der allgemeinen Öffnungszeiten Einsicht in das Wählerverzeichnis zu nehmen, um die Richtigkeit und Vollständigkeit der zu seiner Person eingetragenen Daten zu überprüfen. [2]Die Einsichtnahme kann sich auch auf die Eintragung anderer Personen erstrecken, wenn derjenige, der Einsicht nehmen möchte, Tatsachen glaubhaft gemacht hat, aus denen sich die Unrichtigkeit des Wählerverzeichnisses hinsichtlich dieser Personen ergeben kann. [3]Die Einsichtnahme in Daten anderer Personen ist ausgeschlossen, wenn für diese im Melderegister eine Auskunftssperre nach § 51 Absatz 1 des Bundesmeldegesetzes vom 3. Mai 2013 (BGBl. I S. 1084), das zuletzt durch Artikel 11 Absatz 4 des Gesetzes vom 18. Juli 2017 (BGBl. I S. 2745) geändert worden ist, in der jeweils geltenden Fassung, eingetragen ist.

(3) [1]Jeder Wahlberechtigte, der die Wählerverzeichnisse für unrichtig oder unvollständig hält, kann bis zum Ablauf der Frist des Absatzes 2 Satz 1 ihre Berichtigung bei der Gemeinde beantragen. [2]Soweit die in diesem Antrag behaupteten Tatsachen nicht offenkundig sind, sind ihm die erforderlichen Beweismittel beizufügen. [3]Will die Gemeinde einem Antrag gegen die Eintragung einer anderen Person stattgeben, hat sie dieser vor der Entscheidung Gelegenheit zur Äußerung zu geben. [4]Die Gemeinde hat ihre Entscheidung dem Antragsteller und dem Betroffenen spätestens am zehnten Tag vor der Wahl zuzustellen. [5]Einem auf Eintragung gerichteten Antrag gibt die Gemeinde in der Weise statt, dass sie dem Antragsteller die Wahlbenachrichtigung zugehen lässt.

(4) [1]Gegen die Entscheidung der Gemeinde kann binnen zwei Tagen nach Zustellung Beschwerde an die Rechtsaufsichtsbehörde eingelegt werden. [2]Die Beschwerde ist schriftlich oder zur Niederschrift bei der Gemeinde einzulegen. [3]Die Gemeinde legt die Beschwerde unverzüglich der Rechtsaufsichtsbehörde zur Entscheidung vor. [4]Die Rechtsaufsichtsbehörde hat spätestens am vierten Tag vor der Wahl über die Beschwerde zu entscheiden. [5]Ein Vorverfahren nach § 68 der Verwaltungsgerichtsordnung in der Fassung der Bekanntmachung vom 19. März 1991 (BGBl. I S. 686), die zuletzt durch Artikel 5 Absatz 2 des Gesetzes vom 8. Oktober 2017 (BGBl. I S. 3546) geändert worden ist, in der jeweils geltenden Fassung, vor Erhebung einer Klage gegen die Entscheidung der Rechtsaufsichtsbehörde entfällt. [6]Die Klage hat für die Durchführung der Wahl keine aufschiebende Wirkung.

§ 5 Wahlscheine

(1) [1]Ein Wahlberechtigter, der in das Wählerverzeichnis eingetragen ist, erhält auf Antrag einen Wahlschein. [2]Das Gleiche gilt für den Wahlberechtigten, der aus einem von ihm nicht zu vertretenden Grund nicht in das Wählerverzeichnis aufgenommen worden ist.

(2) [1]Gegen die Versagung eines Wahlscheins kann Beschwerde eingelegt werden. [2]§ 4 Absatz 4 gilt mit der Maßgabe, dass die Fristen nur gelten, wenn die Beschwerde vor dem 12. Tag vor der Wahl eingelegt worden ist.

§ 6 Einreichung von Wahlvorschlägen

(1) [1]Wahlvorschläge können von Parteien und von Wählervereinigungen eingereicht werden. [2]Jede Partei und jede Wählervereinigung kann für jeden Wahlkreis nur einen Wahlvorschlag einreichen.

(2) Wahlvorschläge können frühestens am Tag nach der Bekanntmachung der Wahl und müssen spätestens am 66. Tag vor der Wahl bis 18.00 Uhr beim Vorsitzenden des Gemeindewahlausschusses eingereicht werden.

§ 6a Inhalt und Form der Wahlvorschläge

(1) [1]Jeder Wahlvorschlag darf in Gemeinden mit einem Wahlkreis höchstens eineinhalbmal soviel Bewerber enthalten, wie Gemeinderäte zu wählen sind. [2]In den übrigen Gemeinden wird die höchstzulässige Zahl an Bewerbern jedes Wahlvorschlags in der Weise ermittelt, dass die Zahl der zu wählenden Gemeinderäte durch die Zahl der Wahlkreise geteilt und die sich hieraus ergebende Zahl mit der Zahl 1,5 multipliziert wird; Bruchteile der hiernach ermittelten Zahl werden aufgerundet.

(2) [1]Mit dem Wahlvorschlag ist eine Erklärung jedes Bewerbers einzureichen, dass er der Aufnahme in den Wahlvorschlag zugestimmt hat. [2]Die Zustimmung ist unwiderruflich. [3]Ein Bewerber darf sich nicht in mehrere Wahlvorschläge aufnehmen lassen.

(3) [1]Wer die Staatsangehörigkeit eines anderen Mitgliedstaates der Europäischen Union besitzt (Unionsbürger) und sich um einen Sitz im Gemeinderat bewirbt, hat bis zum Ende der Einreichungsfrist gegenüber dem Vorsitzenden des Gemeindewahlausschusses zusätzlich an Eides statt zu versichern, dass er im Herkunftsmitgliedstaat die Wählbarkeit nicht verloren hat. [2]Sofern er nach § 26 des Bundesmeldegesetzes von der Meldepflicht befreit ist, hat er ferner an Eides statt zu versichern, seit wann er in der Gemeinde eine Wohnung, bei mehreren Wohnungen in der Bundesrepublik Deutschland seine Hauptwohnung hat; bei mehreren Wohnungen in der Bundesrepublik Deutschland sind deren Anschriften anzugeben. [3]§ 6c Absatz 7 Satz 3 gilt entsprechend. [4]Bei Zweifeln an der Richtigkeit der Versicherung an Eides statt nach Satz 1 ist vom Bewerber die Vorlage einer Bescheinigung der zuständigen Verwaltungsbehörde seines Herkunftsmitgliedstaates zu verlangen, dass er in diesem Mitgliedstaat seine Wählbarkeit nicht verloren hat oder dass dieser Behörde ein solcher Verlust nicht bekannt ist.

(4) [1]Wahlvorschläge von Parteien und von mitgliedschaftlich organisierten Wählervereinigungen sind von dem für das Wahlgebiet zuständigen Vorstand oder sonst Vertretungsberechtigten eigenhändig zu unterzeichnen. [2]Besteht der Vorstand oder sonst Vertretungsberechtigte aus mehr als drei Mitgliedern, genügt die Unterschrift von drei Mitgliedern, darunter die des Vorsitzenden oder seines Stellvertreters. [3]Wahlvorschläge von nicht mitgliedschaftlich organisierten Wählervereinigungen sind von drei wahlberechtigten Angehörigen zu unterzeichnen, die an der Versammlung nach § 6c Absatz 2 teilgenommen haben. [4]Für die Einreichung des Wahlvorschlags einschließlich aller Anlagen ist die elektronische Form ausgeschlossen.

(5) [1]In jedem Wahlvorschlag sollen eine Vertrauensperson und eine stellvertretende Vertrauensperson bezeichnet werden. [2]Fehlt diese Bezeichnung, so gilt der erste Unterzeichner des Wahlvorschlags als Vertrauensperson und der zweite Unterzeichner als stellvertretende Vertrauensperson. [3]Soweit in diesem Gesetz und in der Kommunalwahlordnung nichts anderes bestimmt ist, sind nur die Vertrauenspersonen, jede für sich, berechtigt, verbindliche Erklärungen zum Wahlvorschlag abzugeben und Erklärungen von Wahlorganen entgegenzunehmen. [4]Vertrauenspersonen können durch Erklärung der Mehrheit der Unterzeichner des Wahlvorschlags an den Vorsitzenden des Gemeindewahlausschusses abberufen und durch andere ersetzt werden.

§ 6b Unterstützungsunterschriften

(1) [1]Jeder Wahlvorschlag muss in Gemeinden, die nur einen Wahlkreis bilden, bei
1. bis zu 2 000 Einwohnern von 20,
2. bis zu 5 000 Einwohnern von 40,
3. bis zu 10 000 Einwohnern von 60,
4. bis zu 20 000 Einwohnern von 80,
5. bis zu 50 000 Einwohnern von 100,

6. bis zu 100 000 Einwohnern von 160,
7. bis zu 300 000 Einwohnern von 200 und
8. mehr als 300 000 Einwohnern von 240

zum Zeitpunkt der Unterzeichnung des Wahlvorschlags Wahlberechtigten des Wahlkreises, die keine Bewerber des Wahlvorschlags sind, unterstützt werden (Unterstützungsunterschriften). [2]Die Wahlberechtigten haben ihre Unterstützungsunterschrift bei der Gemeindeverwaltung zu leisten. [3]Für die Leistung der Unterstützungsunterschrift ist die elektronische Form ausgeschlossen. [4]Wahlberechtigte, die infolge Krankheit oder wegen einer körperlichen Beeinträchtigung gehindert sind, die Gemeindeverwaltung aufzusuchen, können die Unterzeichnung durch Erklärung vor einem Beauftragten der Gemeindeverwaltung ersetzen.

(2) In Gemeinden mit mehreren Wahlkreisen wird die Anzahl der notwendigen Unterstützungsunterschriften pro Wahlvorschlag für jeden Wahlkreis in der Weise ermittelt, dass die Anzahl der Unterstützungsunterschriften nach Absatz 1 durch die Zahl der Wahlkreise geteilt wird; Bruchteile der hiernach ermittelten Zahl werden aufgerundet.

(3) [1]Der Wahlvorschlag einer Partei oder mitgliedschaftlich organisierten Wählervereinigung, die aufgrund eigenen Wahlvorschlags

1. im Sächsischen Landtag vertreten ist oder
2. seit der letzten Wahl im Gemeinderat der Gemeinde vertreten ist oder im Gemeinderat einer an einer Gemeindeeingliederung oder Gemeindevereinigung beteiligten früheren Gemeinde im Wahlgebiet zum Zeitpunkt des Erlöschens der Mandate vertreten war,

bedarf abweichend von Absatz 1 und 2 keiner Unterstützungsunterschriften. [2]Dies gilt entsprechend für den Wahlvorschlag einer nicht mitgliedschaftlich organisierten Wählervereinigung, wenn er von der Mehrheit der für die Wählervereinigung Gewählten, die dem Gemeinderat zum Zeitpunkt der Einreichung angehören oder zum Zeitpunkt der Gemeindeeingliederung oder Gemeindevereinigung angehört haben, unterschrieben ist.

(4) Ein Wahlberechtigter kann nicht mehrere Wahlvorschläge für dieselbe Wahl unterstützen.

§ 6c Aufstellung von Bewerbern

(1) [1]Als Bewerber einer Partei oder einer mitgliedschaftlich organisierten Wählervereinigung kann in einem Wahlvorschlag nur benannt werden, wer in einer Mitgliederversammlung oder in einer Vertreterversammlung hierzu gewählt worden ist. [2]Mitgliederversammlung ist eine Versammlung der im Zeitpunkt ihres Zusammentritts wahlberechtigten Mitglieder im Wahlgebiet. [3]Vertreterversammlung ist eine Versammlung der von einer derartigen Mitgliederversammlung aus ihrer Mitte gewählten Vertreter. [4]Reicht die Zahl der wahlberechtigten Mitglieder der Partei oder mitgliedschaftlichen Wählervereinigung in der Gemeinde nicht zur Durchführung einer Mitgliederversammlung aus, tritt an deren Stelle eine Versammlung der wahlberechtigten Mitglieder oder Vertreter im Landkreis.

(2) Als Bewerber in Wahlvorschlägen nicht mitgliedschaftlich organisierter Wählervereinigungen kann nur benannt werden, wer in einer Versammlung der im Zeitpunkt ihres Zusammentritts wahlberechtigten Angehörigen der Wählervereinigung von der Mehrheit der anwesenden Angehörigen hierzu gewählt worden ist.

(3) [1]In Gemeinden mit mehreren Wahlkreisen sind die Bewerber und ihre Reihenfolge für alle Wahlvorschläge einer Partei oder Wählervereinigung in einer Mitglieder- oder Vertreterversammlung im Wahlgebiet zu bestimmen. [2]Dabei sind für jeden Wahlkreis getrennte Wahlen durchzuführen.

(4) [1]Die Bewerber und die Vertreter für die Vertreterversammlung müssen geheim gewählt werden. [2]In gleicher Weise ist die Reihenfolge der Bewerber festzulegen. [3]Jeder stimmberechtigte Teilnehmer der Versammlung ist vorschlagsberechtigt; satzungsmäßige Vorschlagsrechte bleiben unberührt. [4]Den Bewerbern ist Gelegenheit zu geben, sich und ihr Programm der Versammlung vorzustellen.

(5) Die Wahl der Bewerber darf frühestens 12 Monate, die Wahl der Vertreter frühestens 15 Monate vor Ablauf des Zeitraums, in dem die Gemeinderatswahl durchzuführen ist, stattfinden.

(6) Das Nähere über die Wahl der Vertreter für die Vertreterversammlung, über die Einberufung und Beschlussfähigkeit der Mitglieder- oder Vertreterversammlung sowie über das Verfahren für die Wahl der Bewerber regeln die Parteien und Wählervereinigungen durch ihre Satzungen.

(7) [1]Mit dem Wahlvorschlag ist eine Niederschrift über die Wahl der Bewerber mit Angaben über Ort, Art und Zeit der Versammlung, Zahl der erschienenen Stimmberechtigten und dem Ergebnis der Wah-

len einzureichen. [2]Hierbei haben der Leiter der Versammlung und zwei stimmberechtigte Teilnehmer an Eides statt zu versichern, dass die Wahl der Bewerber in geheimer Wahl erfolgt ist und den Bewerbern die Gelegenheit gegeben wurde, sich und ihr Programm der Versammlung vorzustellen. [3]Der Vorsitzende des Gemeindewahlausschusses ist zur Abnahme einer solchen Versicherung an Eides statt zuständig; er gilt als Behörde im Sinne von § 156 des Strafgesetzbuches.

§ 6d Rücknahme und Änderung von Wahlvorschlägen
(1) [1]Ein eingereichter Wahlvorschlag kann nur durch gemeinsame schriftliche Erklärung der Vertrauenspersonen und nur bis zum Ende der Einreichungsfrist zurückgenommen oder inhaltlich geändert werden. [2]Für die Behebung von Mängeln, die den Inhalt des Wahlvorschlags nicht verändern, genügt die schriftliche Erklärung einer Vertrauensperson.

(2) [1]Nach Ablauf der Einreichungsfrist können nur noch Mängel an Wahlvorschlägen behoben werden, die den Inhalt des Wahlvorschlags nicht verändern. [2]Ausnahmsweise kann ein Wahlvorschlag auch nach Ablauf der Einreichungsfrist inhaltlich geändert werden, wenn ein Bewerber des Wahlvorschlags stirbt oder seine Wählbarkeit verliert. [3]Das Verfahren nach § 6c braucht in diesem Fall nicht eingehalten zu werden, erneute Unterstützungsunterschriften sind nicht erforderlich.

(3) Nach der Entscheidung über die Zulassung des Wahlvorschlags ist jede Änderung ausgeschlossen.

§ 6e Gemeinsame Wahlvorschläge
(1) Gemeinsame Wahlvorschläge mehrerer Parteien oder Wählervereinigungen erfordern jeweils drei Unterschriften nach § 6a Absatz 4 für jeden der beteiligten Wahlvorschlagsträger.

(2) Die Wahlvorschlagsträger eines gemeinsamen Wahlvorschlages haben unabhängig voneinander jeder ein Aufstellungsverfahren nach § 6c durchzuführen.

(3) Gemeinsame Wahlvorschläge bedürfen dann der Unterstützungsunterschriften, wenn dies für mindestens einen Wahlvorschlagsträger erforderlich ist.

(4) Für getrennte Wahlvorschläge bei den darauffolgenden Wahlen gilt der gemeinsame Wahlvorschlag nicht als eigener Wahlvorschlag im Sinne des § 6b Absatz 3 Satz 1 Nummer 2.

§ 7 Zulassung von Wahlvorschlägen
(1) [1]Der Gemeindewahlausschuss prüft die eingereichten Wahlvorschläge und beschließt über ihre Zulassung oder Zurückweisung spätestens am 58. Tag vor der Wahl. [2]Der Gemeindewahlausschuss hat Wahlvorschläge zurückzuweisen, die
1. verspätet eingereicht worden sind oder
2. den Vorschriften dieses Gesetzes, der Sächsischen Gemeindeordnung oder der Kommunalwahlordnung

nicht entsprechen; die Bewerbung eines Unionsbürgers ist ferner zurückzuweisen, wenn er die Versicherung an Eides statt nach § 6a Absatz 3 Satz 1 nicht abgegeben oder wenn er die verlangte Bescheinigung nach § 6a Absatz 3 Satz 4 nicht vorgelegt hat. [3]Beziehen sich die Beanstandungen nur auf einzelne Bewerber, so sind diese Bewerber aus dem Wahlvorschlag zu streichen. [4]Bewerber, die mit ihrer Zustimmung in mehrere Wahlvorschläge aufgenommen worden sind, sind in allen Wahlvorschlägen zu streichen. [5]Enthält ein Wahlvorschlag mehr Bewerber als zulässig, so sind die überzähligen Bewerber in der Reihenfolge von hinten zu streichen.

(2) [1]Gegen die Zulassung oder Zurückweisung eines Wahlvorschlags oder die Streichung eines Bewerbers können jeder Bewerber und jede Vertrauensperson eines Wahlvorschlags oder der Vorsitzende des Gemeindewahlausschusses binnen drei Tagen nach der Bekanntgabe der Entscheidung Beschwerde einlegen. [2]Die Rechtsaufsichtsbehörde hat unverzüglich über die Beschwerde zu entscheiden. [3]§ 4 Absatz 4 gilt entsprechend.

(3) [1]Zugelassene Wahlvorschläge sind von der Gemeinde spätestens am 30. Tag vor dem Wahltag öffentlich bekannt zu machen. [2]Ist nur ein Wahlvorschlag zugelassen worden oder sind mehrere Wahlvorschläge zugelassen worden, die zusammen weniger Bewerber als zwei Drittel der Zahl der zu besetzenden Sitze umfassen, sind die zugelassenen Wahlvorschläge in gleicher Weise öffentlich bekannt zu machen und es ist darauf hinzuweisen, dass eine Mehrheitswahl ohne Bindung an die Wahlvorschläge stattfindet. [3]Ist kein Wahlvorschlag zugelassen worden, ist diese Tatsache in gleicher Weise öffentlich bekannt zu machen und es ist darauf hinzuweisen, dass eine Mehrheitswahl stattfindet.

§ 8 Wahlorgane

Wahlorgane sind der Gemeindewahlausschuss, der Vorsitzende des Gemeindewahlausschusses und die Wahlvorstände.

§ 9 Gemeindewahlausschuss

(1) [1]Der Gemeindewahlausschuss besteht aus dem Vorsitzenden und zwei bis sechs Beisitzern. [2]Den Vorsitzenden und dessen Stellvertreter sowie die Beisitzer und Stellvertreter der Beisitzer in gleicher Zahl wählt der Gemeinderat aus den Wahlberechtigten und Gemeindebediensteten. [3]Bei der Wahl der Beisitzer und Stellvertreter der Beisitzer sollen nach Möglichkeit die in der Gemeinde vertretenen Parteien und Wählervereinigungen angemessen berücksichtigt werden.

(2) [1]Der Gemeindewahlausschuss ist beschlussfähig, wenn der Vorsitzende oder sein Stellvertreter und mindestens zwei Beisitzer oder Stellvertreter anwesend sind. [2]Bei Abstimmungen entscheidet Stimmenmehrheit; bei Stimmengleichheit gibt die Stimme des Vorsitzenden den Ausschlag. [3]Im Übrigen gelten für den Geschäftsgang und die Beschlussfassung die Vorschriften für den Gemeinderat entsprechend.

(3) Dem Gemeindewahlausschuss obliegt die Leitung der Wahl und die Feststellung des Wahlergebnisses.

(4) Der Vorsitzende des Gemeindewahlausschusses bestellt den Schriftführer und die erforderlichen Hilfskräfte.

§ 10 Wahlvorstände

(1) [1]Für jeden Wahlbezirk wird ein Wahlvorstand gebildet, der die Wahlhandlung leitet und das Wahlergebnis im Wahlbezirk feststellt. [2]Die Wahlvorstände bestehen jeweils aus dem Wahlvorsteher als Vorsitzendem, seinem Stellvertreter und drei bis sieben weiteren Beisitzern. [3]Die Mitglieder der Wahlvorstände und die erforderlichen Hilfskräfte werden durch die Gemeinde aus den Wahlberechtigten und Gemeindebediensteten bestellt; die Gemeinde soll bei der Bestellung nach Möglichkeit die in der Gemeinde vertretenen Parteien und Wählervereinigungen angemessen berücksichtigen. [4]Soweit sie nicht durch die Gemeinde bestellt sind, bestellen die Wahlvorsteher aus den Beisitzern die Schriftführer und deren Stellvertreter.

(2) [1]Auf Ersuchen der Gemeinde sind zur Sicherstellung der Wahldurchführung Körperschaften und sonstige juristische Personen des öffentlichen Rechts verpflichtet, aus dem Kreis ihrer Bediensteten unter Angabe von Name, Vorname, Geburtsdatum und Anschrift zum Zweck der Berufung als Mitglied eines Wahlvorstandes Personen zu benennen, die im Gebiet der ersuchenden Gemeinde wohnen und volljährig sind. [2]Die ersuchte Stelle hat den Betroffenen über die Datenübermittlung zu unterrichten.

(3) In Gemeinden mit mehreren Wahlbezirken bildet die Gemeinde einen oder mehrere Wahlvorstände für die Briefwahl (Briefwahlvorstand), wenn die zu erwartende Zahl von Wahlbriefen dies rechtfertigt, oder bestimmt, dass ein oder mehrere Wahlvorstände das Briefwahlergebnis zusammen mit dem Wahlergebnis im Wahlbezirk feststellen.

(4) In Gemeinden, die nur einen Wahlbezirk bilden, kann bestimmt werden, dass der Gemeindewahlausschuss zugleich die Aufgaben des Wahlvorstands wahrnimmt und auch das Briefwahlergebnis feststellt.

(5) [1]Ein Wahlvorstand oder Briefwahlvorstand ist beschlussfähig, wenn mindestens drei Mitglieder, darunter der Wahlvorsteher und der Schriftführer oder deren Stellvertreter, anwesend sind. [2]Fehlende Beisitzer sind vom Wahlvorsteher durch Wahlberechtigte oder Gemeindebedienstete zu ersetzen, wenn dies zur Herstellung der Beschlussfähigkeit erforderlich ist. [3]Bei Abstimmungen entscheidet Stimmenmehrheit; bei Stimmengleichheit gibt die Stimme des Vorsitzenden den Ausschlag. [4]Im Übrigen gelten für den Geschäftsgang und die Beschlussfassung der Wahlvorstände und Briefwahlvorstände die Vorschriften für den Gemeinderat entsprechend.

(6) [1]Die Gemeinden sind befugt, personenbezogene Daten von Wahlberechtigten zum Zweck ihrer Berufung als Mitglied eines Wahlvorstandes zu erheben und zu verarbeiten. [2]Zu diesem Zweck dürfen personenbezogene Daten von Wahlberechtigten, die zur Tätigkeit im Wahlvorstand geeignet sind, auch für künftige Wahlen verarbeitet werden, sofern der Betroffene der Verarbeitung nicht widersprochen hat. [3]Der Betroffene ist über das Widerspruchsrecht zu unterrichten. [4]Im Einzelnen dürfen folgende Daten erhoben und verarbeitet werden: Name, Vorname, akademischer Grad, Geburtsdatum, An-

schrift, Telefonnummern, E-Mail-Adressen, Zahl der Berufungen als Mitglied eines Wahlvorstandes und die dabei ausgeübte Funktion.

§ 11 Mitglieder des Gemeindewahlausschusses und der Wahlvorstände

[1]Die Mitglieder des Gemeindewahlausschusses, der Wahlvorstände und Briefwahlvorstände, die Stellvertreter der Mitglieder sowie die Schriftführer und die Hilfskräfte sind ehrenamtlich tätig; sie haben einen Anspruch auf Entschädigung nach § 21 Absatz 1 und 3 der Sächsischen Gemeindeordnung. [2]Niemand darf in mehr als einem Wahlorgan Mitglied sein; § 10 Absatz 4 bleibt unberührt. [3]Bewerber und Vertrauenspersonen für Wahlvorschläge dürfen keinem Wahlorgan angehören, das für dieselbe Wahl tätig wird.

§ 12 Besorgung der laufenden Wahlgeschäfte

Die laufenden Geschäfte der Wahl besorgen der Bürgermeister und die von ihm beauftragten Gemeindebediensteten.

§ 13 Wahlräume

[1]Die Wahlräume, ihre Ausstattung und das erforderliche Hilfspersonal stellt die Gemeinde. [2]Die Wahlräume sollen nach den örtlichen Gegebenheiten so ausgewählt und eingerichtet werden, dass allen Wahlberechtigten, insbesondere Menschen mit Behinderungen, die Teilnahme an der Wahl möglichst erleichtert wird. [3]Die Gemeinde teilt frühzeitig und in geeigneter Weise mit, welche Wahlräume barrierefrei sind.

§ 14 Stimmzettel

(1) [1]Die Stimmzettel werden amtlich hergestellt. [2]Sie müssen in jedem Wahlkreis von einheitlichem Papier, gleicher Farbe und gleicher Größe sein.

(2) [1]Findet Verhältniswahl statt, muss der Stimmzettel die zugelassenen Wahlvorschläge des Wahlkreises unter Angabe ihrer Bezeichnung und ihrer Bewerber enthalten. [2]Findet Mehrheitswahl statt, muss, sofern für den Wahlkreis ein gültiger Wahlvorschlag eingereicht worden ist, der Stimmzettel die Bezeichnung und die Bewerber dieses Wahlvorschlags sowie zusätzlich drei freie Zeilen enthalten; ist kein gültiger Wahlvorschlag eingereicht worden, muss der Stimmzettel drei freie Zeilen enthalten. [3]Sind mehrere gültige Wahlvorschläge eingereicht worden, die zusammen weniger Bewerber als zwei Drittel der Zahl der satzungsmäßigen Mitglieder des Gemeinderates umfassen, muss der Stimmzettel nach den Wahlvorschlägen in einer weiteren Spalte drei freie Zeilen enthalten.

(3) [1]Der Stimmzettel wird den Wahlberechtigten zur persönlichen Stimmabgabe im Wahlraum ausgehändigt. [2]Für die Stimmabgabe durch Briefwahl wird der Stimmzettel mit den weiteren Unterlagen auf Antrag ausgehändigt oder übersandt.

Zweiter Unterabschnitt
Wahlhandlung

§ 15 Stimmenzahl, Stimmabgabe

(1) Jeder Wahlberechtigte hat drei Stimmen.

(2) [1]Für die persönliche Stimmabgabe werden Stimmzettel, bei der Briefwahl ferner Stimmzettelumschläge und Wahlbriefumschläge verwendet. [2]Stimmzettel, Stimmzettelumschläge und Wahlbriefumschläge werden von der Gemeinde gestellt.

(3) [1]Es sind Vorkehrungen dafür zu treffen, dass der Wähler den Stimmzettel unbeobachtet kennzeichnen und zusammenfalten kann. [2]Für die Aufnahme der Stimmzettel sind Wahlurnen zu verwenden, die die Wahrung des Wahlgeheimnisses sicherstellen.

(4) [1]Die nach § 3 Absatz 5 zulässige Hilfe bei der Stimmabgabe bleibt unberührt. [2]Die Hilfsperson ist zur Geheimhaltung der Kenntnisse verpflichtet, die sie bei der Hilfeleistung von der Wahl einer anderen Person erlangt hat.

(5) [1]Findet Verhältniswahl statt, kann der Wähler seine Stimmen nur Bewerbern geben, deren Namen im Stimmzettel aufgeführt sind. [2]Er gibt seine Stimmen in der Weise ab, dass er auf dem Stimmzettel den oder die Bewerber, dem oder denen er seine Stimmen geben will, durch Ankreuzen oder auf eine andere eindeutige Weise als gewählt kennzeichnet. [3]Gibt der Wähler weniger als drei Stimmen ab, so wird die Gültigkeit der Stimmabgabe dadurch nicht berührt.

(6) [1]Findet Mehrheitswahl statt, kann der Wähler seine Stimmen Bewerbern, deren Namen im Stimmzettel aufgeführt sind, und anderen Personen geben. [2]Er gibt seine Stimmen in der Weise ab, dass er auf dem Stimmzettel

1. Bewerber durch Ankreuzen oder auf eine andere eindeutige Weise,
2. andere Personen durch eindeutige Benennung als gewählt kennzeichnet.

(7) [1]Bei Briefwahl hat der Wähler der Gemeinde im Wahlbrief den verschlossenen Stimmzettelumschlag, der den Stimmzettel enthält, sowie den Wahlschein so rechtzeitig zu übersenden, dass er dort spätestens am Wahltag bis zum Ende der Wahlzeit eingeht. [2]Auf dem Wahlschein ist durch die Unterschrift an Eides statt zu versichern, dass der Wähler den Stimmzettel persönlich oder nach Absatz 4 gekennzeichnet hat.

§ 16 Wahlzeit
Die Wahlzeit dauert von 8 Uhr bis 18 Uhr.

§ 17 Öffentlichkeit, unzulässige Wahlpropaganda und Unterschriftensammlung, unzulässige Veröffentlichung von Wählerbefragungen
(1) Die Wahlhandlung ist öffentlich.

(2) Während der Wahlzeit sind in und an dem Gebäude, in dem sich der Wahlraum befindet, sowie unmittelbar vor dem Zugang zu dem Gebäude jede Beeinflussung der Wähler durch Wort, Ton, Schrift oder Bild sowie jede Unterschriftensammlung verboten.

(3) Die Veröffentlichung von Ergebnissen von Wählerbefragungen nach der Stimmabgabe über den Inhalt der Wahlentscheidung ist vor Ablauf der Wahlzeit unzulässig.

Dritter Unterabschnitt
Feststellung des Wahlergebnisses

§ 18 Zurückweisung von Wahlbriefen
(1) [1]Bei der Briefwahl sind Wahlbriefe zurückzuweisen, wenn

1. der Wahlbrief nicht rechtzeitig eingegangen ist,
2. dem Wahlbriefumschlag kein oder kein gültiger Wahlschein beiliegt,
3. dem Wahlbriefumschlag kein Stimmzettelumschlag beiliegt,
4. weder der Wahlbriefumschlag noch der Stimmzettelumschlag verschlossen ist,
5. der Wahlbriefumschlag für dieselbe Wahl mehrere Stimmzettelumschläge, aber nicht die gleiche Anzahl gültiger und mit der vorgesehenen Versicherung an Eides statt versehener Wahlscheine enthält,
6. der Wähler oder die Person seines Vertrauens die vorgeschriebene Versicherung an Eides statt auf dem Wahlschein nicht unterschrieben hat,
7. kein amtlicher Stimmzettelumschlag oder ein für eine andere Wahl bestimmter Stimmzettelumschlag benutzt worden ist, oder
8. ein Stimmzettelumschlag benutzt worden ist, der offensichtlich in einer das Wahlgeheimnis gefährdenden Weise von den übrigen abweicht oder einen deutlich fühlbaren Gegenstand enthält.

[2]Die Einsender zurückgewiesener Wahlbriefe werden nicht als Wähler gezählt, ihre Stimmen gelten als nicht abgegeben.

(2) Die Stimmen eines Wählers, der an der Briefwahl teilgenommen hat, werden nicht dadurch ungültig, dass er vor dem oder am Wahltag stirbt, aus dem Wahlgebiet wegzieht oder sein Wahlrecht nach § 16 Absatz 2 der Sächsischen Gemeindeordnung oder § 14 Absatz 2 der Sächsischen Landkreisordnung in der Fassung der Bekanntmachung vom 3. März 2014 (SächsGVBl. S. 180), die zuletzt durch Artikel 2 des Gesetzes vom 13. Dezember 2017 (SächsGVBl. S. 626) geändert worden ist, in der jeweils geltenden Fassung, verliert.

§ 19 Ungültige Stimmzettel
(1) Ungültig ist ein Stimmzettel, der

1. ganz durchgestrichen oder durchgetrennt ist,
2. nicht amtlich hergestellt, für eine andere Wahl oder für einen anderen Wahlkreis gültig ist,
3. keine gültigen Stimmen enthält,
4. mehr gültige Stimmen enthält, als der Wähler hat, oder

5. einen beleidigenden oder auf die Person des Wählers hinweisenden Zusatz oder einen nicht nur gegen einzelne Bewerber gerichteten Vorbehalt enthält.

(2) ¹Bei der Briefwahl ist über Absatz 1 hinaus ein Stimmzettel ungültig, der

1. nicht in einem für diese Wahl bestimmten amtlichen Stimmzettelumschlag oder in einem Stimmzettelumschlag abgegeben worden ist, der offensichtlich in einer das Wahlgeheimnis gefährdenden Weise von den übrigen abweicht oder einen deutlich fühlbaren Gegenstand enthält, bei dem jedoch eine Zurückweisung gemäß § 18 Absatz 1 Satz 1 Nummer 7 oder Nummer 8 nicht erfolgt ist, oder

2. in einem Stimmzettelumschlag abgegeben worden ist, der einen beleidigenden oder auf die Person des Wählers hinweisenden Zusatz enthält.

²Ein Stimmzettelumschlag, der keinen Stimmzettel enthält, gilt als ein ungültiger Stimmzettel, wenn nicht bereits nach Satz 1 Nummer 1 ein ungültiger Stimmzettel vorliegt. ³Mehrere für denselben Wahlkreis geltende Stimmzettel in einem Stimmzettelumschlag gelten als ein Stimmzettel, wenn sie gleich lauten oder nur einer von ihnen gekennzeichnet ist; sonst gelten sie als ein ungültiger Stimmzettel.

§ 20 Ungültige Stimmen

(1) Bei Verhältniswahl sind Stimmen ungültig,

1. wenn der Wille des Wählers, einen Bewerber als gewählt zu kennzeichnen, nicht zweifelsfrei erkennbar ist, insbesondere gegenüber dem Gewählten ein Vorbehalt beigefügt ist,

2. soweit bei Stimmenhäufung die Zuwendung der Stimmen an einen bestimmten Bewerber nicht erkennbar ist,

3. soweit sie unter Überschreitung der zulässigen Häufung auf einen Bewerber abgegeben worden sind.

(2) Bei Mehrheitswahl ist eine Stimme ungültig, wenn

1. der Wille des Wählers, einen Bewerber oder eine Person als gewählt zu kennzeichnen, nicht zweifelsfrei erkennbar ist, insbesondere gegenüber dem Gewählten ein Vorbehalt beigefügt ist,

2. der Name des Gewählten auf dem Stimmzettel nicht lesbar oder die Person des Gewählten aus dem Stimmzettel nicht unzweifelhaft erkennbar ist.

§ 21 Verteilung der Sitze bei Verhältniswahl in Gemeinden mit einem Wahlkreis

(1) ¹Die Sitze werden vom Gemeindewahlausschuss nach den Sätzen 2 bis 5 auf die Wahlvorschläge verteilt (d'Hondtsches Höchstzahlverfahren). ²Die für jeden Bewerber eines Wahlvorschlags insgesamt abgegebenen Stimmen werden zusammengezählt und die Gesamtstimmenzahl eines jeden Wahlvorschlags nacheinander solange durch 1, 2, 3, 4 und so weiter geteilt, bis so viele Höchstzahlen ermittelt sind, als Sitze zu vergeben sind. ³Jedem Wahlvorschlag wird dabei der Reihe nach so oft ein Sitz zugeteilt, als er jeweils die höchste Teilungszahl aufweist. ⁴Ergeben sich für den letzten Sitz oder die letzten Sitze gleiche Höchstzahlen für eine größere Anzahl von Wahlvorschlägen, als Sitze zu vergeben sind, entscheidet das vom Vorsitzenden des Gemeindewahlausschusses zu ziehende Los. ⁵Erhält bei der Verteilung der Sitze nach den Sätzen 2 bis 4 ein Wahlvorschlag, auf dessen Bewerber insgesamt mehr als die Hälfte der Gesamtzahl aller abgegebenen gültigen Stimmen entfallen, nicht mehr als die Hälfte der zu vergebenden Sitze, wird ihm abweichend von Sätzen 2 bis 4 zunächst ein weiterer Sitz zugeteilt; danach noch zu vergebende Sitze werden wieder nach Sätzen 2 bis 4 zugeteilt.

(2) ¹Die auf die einzelnen Wahlvorschläge nach Absatz 1 entfallenen Sitze werden den in den Wahlvorschlägen aufgeführten Bewerbern in der Reihenfolge der von ihnen erreichten Stimmenzahlen zugeteilt. ²Die Bewerber, auf die danach kein Sitz entfällt, sind in der Reihenfolge der von ihnen erreichten Stimmenzahlen als Ersatzpersonen ihres Wahlvorschlags festzustellen. ³Bei Stimmengleichheit von Bewerbern nach Satz 1 oder 2 entscheidet jeweils die Reihenfolge der Benennung der Bewerber im Wahlvorschlag.

(3) Entfallen auf einen Wahlvorschlag mehr Sitze, als Bewerber vorhanden sind, bleiben die überschüssigen Sitze unbesetzt.

§ 22 Verteilung der Sitze bei Verhältniswahl in Gemeinden mit mehreren Wahlkreisen

(1) ¹Die Sitze werden vom Gemeindewahlausschuss nach den Sätzen 2 bis 4 auf die einzelnen Parteien und Wählervereinigungen verteilt (d'Hondtsches Höchstzahlverfahren). ²Zunächst wird die Gesamtstimmenzahl jeder Partei und jeder Wählervereinigung im Wahlgebiet ermittelt, indem die für die

Bewerber ihrer Wahlvorschläge in den einzelnen Wahlkreisen insgesamt abgegebenen Stimmen zusammengezählt werden. [3]Anschließend wird die ermittelte Gesamtstimmenzahl jeder Partei und jeder Wählervereinigung nacheinander solange durch 1, 2, 3, 4 und so weiter geteilt, bis so viele Höchstzahlen ermittelt sind, als Sitze zu vergeben sind. [4]Für das weitere Verfahren gilt § 21 Absatz 1 Satz 3 bis 5 entsprechend.

(2) Die einer Partei oder Wählervereinigung nach Absatz 1 im Wahlgebiet zugefallenen Sitze werden ihren Wahlvorschlägen in den einzelnen Wahlkreisen entsprechend dem Verfahren nach § 21 Absatz 1 Satz 1 bis 4 zugeteilt.

(3) [1]Die auf die einzelnen Wahlvorschläge nach Absatz 2 entfallenen Sitze werden den in den Wahlvorschlägen aufgeführten Bewerbern in der Reihenfolge der von ihnen erreichten Stimmenzahlen zugeteilt. [2]Entfallen auf einen Wahlvorschlag mehr Sitze, als Bewerber vorhanden sind, so werden die überschüssigen Sitze Bewerbern derselben Partei oder Wählervereinigung zugeteilt, denen in den anderen Wahlkreisen kein Sitz zugeteilt wird; die Sitze werden an diese Bewerber in der Reihenfolge der von ihnen erreichten Stimmenzahlen zugeteilt. [3]Bei Stimmengleichheit nach Satz 1 oder 2 entscheidet jeweils die Reihenfolge der Benennung der Bewerber im Wahlvorschlag; im Falle von Satz 2 entscheidet bei Nennung in den Wahlvorschlägen an gleicher Stelle das vom Vorsitzenden des Gemeindewahlausschusses zu ziehende Los.

(4) [1]Die Bewerber eines Wahlvorschlags, auf die nach Absatz 3 kein Sitz entfällt, sind in der Reihenfolge der von ihnen erreichten Stimmenzahlen als Ersatzpersonen ihres Wahlvorschlags festzustellen; bei Stimmengleichheit entscheidet die Reihenfolge der Benennung der Bewerber im Wahlvorschlag. [2]Sofern für einen Wahlvorschlag keine Ersatzperson zur Verfügung steht, rückt im Falle des § 34 Absatz 2 der Sächsischen Gemeindeordnung die Ersatzperson im Sinne von Satz 1 derselben Partei oder Wählervereinigung mit der höchsten Stimmenzahl in den Gemeinderat nach.

(5) Entfallen auf eine Partei oder Wählervereinigung im Wahlgebiet mehr Sitze, als Bewerber in allen Wahlvorschlägen vorhanden sind, bleiben die überschüssigen Sitze unbesetzt.

(6) [1]Findet in einem Wahlkreis Mehrheitswahl statt, so wird die Zahl der in diesem Wahlkreis zu vergebenden Sitze ermittelt, indem die Zahl der zu wählenden Gemeinderäte durch die Zahl der in der Gemeinde Wahlberechtigten geteilt und die sich hieraus ergebende Zahl mit der Zahl der im Wahlkreis Wahlberechtigten multipliziert wird; Bruchteile der hiernach ermittelten Zahl werden ab 0,5 aufgerundet. [2]Für die Verteilung der danach in diesem Wahlkreis zu vergebenden Sitze und die Feststellung der Ersatzpersonen gilt § 23 entsprechend. [3]Wer in mehreren Wahlkreisen der Gemeinde gewählt worden ist, erhält den Sitz in dem Wahlkreis zugeteilt, in dem er die meisten Stimmen erhalten hat; bei Stimmengleichheit entscheidet das vom Vorsitzenden des Gemeindewahlausschusses zu ziehende Los.

§ 23 Verteilung der Sitze bei Mehrheitswahl

[1]Findet Mehrheitswahl statt, sind die Bewerber und Personen mit den höchsten Stimmenzahlen in der Reihenfolge dieser Zahlen gewählt. [2]Die nicht gewählten Bewerber und Personen sind in der Reihenfolge der auf sie entfallenen Stimmenzahlen als Ersatzpersonen festzustellen. [3]Bei Stimmengleichheit nach Satz 1 oder 2 entscheidet das vom Vorsitzenden des Gemeindewahlausschusses zu ziehende Los.

§ 24 Wahlergebnis

(1) Die Feststellung des Wahlergebnisses ist öffentlich.

(2) [1]Das Wahlergebnis für das Wahlgebiet und die Wahlkreise ist vom Gemeindewahlausschuss unverzüglich festzustellen und von der Gemeinde danach unverzüglich öffentlich bekannt zu machen. [2]In der Bekanntmachung ist anzugeben, bei welcher Behörde und innerhalb welcher Frist gegen die Wahl Einspruch erhoben werden kann, in welchen Fällen dem Einspruch weitere Wahlberechtigte beitreten müssen und wie hoch die erforderliche Zahl ist.

(3) [1]Im Falle einer Nachwahl nur in einzelnen Wahlkreisen oder Wahlbezirken (§ 31 Satz 2) ist unverzüglich im Anschluss an die Hauptwahl auf der Grundlage der erfolgten Stimmabgaben ein vorläufiges Ergebnis zu ermitteln und durch den Gemeindewahlausschuss festzustellen. [2]Die öffentliche Bekanntmachung des Wahlergebnisses durch die Gemeinde erfolgt nach Feststellung des Wahlergebnisses der Nachwahl.

Vierter Unterabschnitt
Wahlanfechtung, Wahlprüfung

§ 25 Wahlanfechtung

(1) [1]Jeder Wahlberechtigte, jeder Bewerber und jede Person, auf die bei der Wahl Stimmen entfallen sind, kann innerhalb einer Woche nach der öffentlichen Bekanntmachung des Wahlergebnisses gegen die Wahl unter Angabe des Grundes Einspruch bei der Rechtsaufsichtsbehörde erheben. [2]Nach Ablauf der in Satz 1 genannten Frist können weitere Einspruchsgründe nicht mehr geltend gemacht werden. [3]Der Einspruch eines Einsprechenden, der nicht die Verletzung seiner Rechte geltend macht, ist nur zulässig, wenn ihm ein Prozent der Wahlberechtigten, mindestens jedoch fünf Wahlberechtigte, bei mehr als 10 000 Wahlberechtigten mindestens 100 Wahlberechtigte beitreten.

(2) [1]Soweit der Einspruch erfolgreich ist, hat die Gemeinde dem Einsprechenden die notwendigen Aufwendungen zu erstatten. [2]Dies gilt auch, wenn der Einspruch nur deshalb nicht erfolgreich ist, weil der geltend gemachte Mangel keinen Einfluss auf das Wahlergebnis hatte. [3]Über den Umfang der Erstattung entscheidet die Rechtsaufsichtsbehörde.

(3) Gegen die Entscheidung über den Einspruch können der Einsprechende und der durch die Entscheidung Betroffene unmittelbar Anfechtungs- oder Verpflichtungsklage erheben.

§ 26 Wahlprüfung

(1) [1]Die Gültigkeit der Wahl ist durch die Rechtsaufsichtsbehörde binnen einer Frist von einem Monat zu prüfen (Wahlprüfungsfrist). [2]Die Wahlprüfungsfrist beginnt am Tag nach der öffentlichen Bekanntmachung des Wahlergebnisses; im Falle der Wahlanfechtung beginnt die Wahlprüfungsfrist am Tag nach der Entscheidung der Rechtsaufsichtsbehörde über den letzten Einspruch.

(2) [1]Wird die Wahl von der Rechtsaufsichtsbehörde innerhalb der Wahlprüfungsfrist nicht beanstandet, ist sie als gültig anzusehen. [2]Ist ein Gewählter nicht wählbar, so ist die Zuteilung des Sitzes auch nach Ablauf der Wahlprüfungsfrist für ungültig zu erklären.

(3) Gegen die Entscheidung der Rechtsaufsichtsbehörde kann der von ihr Betroffene unmittelbar Anfechtungsklage erheben.

§ 27 Grundsätze für die Wahlprüfung, Amtsantritt

(1) Die Wahl ist für ungültig zu erklären, wenn ihr Ergebnis dadurch beeinflusst werden konnte, dass
1. wesentliche Vorschriften über die Wahlvorbereitung, die Wahlhandlung oder über die Ermittlung und Feststellung des Wahlergebnisses unbeachtet geblieben sind,
2. Bewerber oder Dritte bei der Wahl eine gegen ein Gesetz, insbesondere die §§ 107, 107a, 107b, 107c, 108, 108a, 108b, 108d Satz 2 oder § 240 des Strafgesetzbuches verstoßende Wahlbeeinflussung begangen haben.

(2) [1]Wenn Verstöße, durch die das Ergebnis der Wahl im Wahlgebiet beeinflusst werden konnte, nur in einzelnen Wahlkreisen oder Wahlbezirken vorgekommen sind, kann die Wahl auch nur in diesen Wahlkreisen oder Wahlbezirken für ungültig erklärt werden. [2]War das Wählerverzeichnis in einem Wahlbezirk unrichtig und konnte das Ergebnis der Wahl im Wahlgebiet dadurch beeinflusst werden, kann abweichend von Satz 1 nur die ganze Wahl, bei Gemeinden mit mehreren Wahlkreisen auch beschränkt auf die Wahl in dem Wahlkreis, dem der Wahlbezirk angehört, für ungültig erklärt werden.

(3) [1]Ist ein Gewählter nicht wählbar oder hätte er aus anderen Gründen nach § 7 Absatz 1 aus dem Wahlvorschlag gestrichen werden müssen, so ist die Zuteilung des Sitzes für ungültig zu erklären. [2]Das Gleiche gilt, wenn ein Gewählter zugunsten seiner eigenen Wahl eine gegen ein Gesetz, insbesondere die §§ 107, 107a, 107b, 107c, 108, 108a, 108b, 108d Satz 2 oder § 240 des Strafgesetzbuches, verstoßende Wahlbeeinflussung begangen hat, auch wenn dadurch das Wahlergebnis nicht beeinflusst werden konnte.

(4) Wird die Feststellung des Wahlergebnisses für unrichtig erachtet, ist sie aufzuheben und eine neue Feststellung des Wahlergebnisses anzuordnen.

(5) Die Gewählten treten ihr Amt erst nach Feststellung der Gültigkeit der Wahl durch die Rechtsaufsichtsbehörde oder nach ungenutztem Ablauf der Wahlprüfungsfrist an.

Fünfter Unterabschnitt
Neuwahl, Wiederholungswahl, Neufeststellung des Wahlergebnisses, Wahlabsage und Nachwahl

§ 28 Neuwahl

Der Gemeinderat hat unverzüglich eine Neuwahl im Wahlgebiet oder Wahlkreis anzuordnen, wenn

1. die Wahl wegen Unrichtigkeit der Wählerverzeichnisse oder Mängel der Wahlvorschläge für ungültig erklärt wird oder
2. eine Wiederholungswahl wegen Fristablaufs (§ 29 Absatz 1 Satz 3, Absatz 2 Satz 3) nicht mehr zulässig ist.

§ 29 Wiederholungswahl

(1) [1]Soweit die Wahl aus anderen als den in § 28 Nummer 1 genannten Gründen für ungültig erklärt wird, hat der Gemeinderat unverzüglich eine Wiederholungswahl anzuordnen. [2]Hierbei sind die Wahlvorbereitungen nur insoweit zu erneuern, als dies nach der rechtskräftigen Entscheidung erforderlich ist. [3]Eine Wiederholungswahl ist nur innerhalb der Frist von sechs Monaten vom Tag der für ungültig erklärten Wahl an zulässig.

(2) [1]Ist nur in einzelnen Wahlkreisen oder Wahlbezirken die Wahl für ungültig erklärt worden, findet nur in diesen Wahlkreisen oder Wahlbezirken eine Wiederholungswahl statt. [2]Das Wahlergebnis im Wahlgebiet und in den Wahlkreisen ist aufgrund der Ergebnisse der Wiederholungswahl neu festzustellen. [3]Ist eine Wiederholungswahl wegen des Ablaufs der Frist des Absatzes 1 Satz 3 nicht mehr zulässig, gilt die Wahl im gesamten Wahlgebiet als ungültig.

(3) In den für die ungültig erklärte Wahl erstellten Wählerverzeichnissen sind die Wahlberechtigten zu streichen, die im Zeitraum zwischen dem Tag dieser Wahl und dem Tag der Wiederholungswahl ihr Wahlrecht verlieren.

(4) Auf den Wahlvorschlägen sind die Bewerber zu streichen, die zwischen dem Tag der für ungültig erklärten Wahl und dem Tag der Wiederholungswahl die Wählbarkeit verlieren.

§ 30 Neufeststellung des Wahlergebnisses

[1]Ist die Feststellung des Wahlergebnisses rechtskräftig aufgehoben, hat der Gemeindewahlausschuss das Wahlergebnis der Entscheidung entsprechend unverzüglich neu festzustellen. [2]Auf die Bekanntmachung des berichtigten Wahlergebnisses findet § 24 Anwendung.

§ 31 Wahlabsage, Nachwahl

[1]Wird während der Vorbereitung der Wahl ein offenkundiger, vor der Wahl nicht mehr behebbarer Mangel festgestellt, wegen dem die Wahl im Falle ihrer Durchführung im Wahlprüfungsverfahren für ungültig erklärt werden müsste, oder kann die Wahl aufgrund höherer Gewalt oder aus sonstigem Grund nicht durchgeführt werden, hat die Rechtsaufsichtsbehörde die Wahl abzusagen und gleichzeitig eine Nachwahl anzuordnen. [2]Kann die Wahl nur in einzelnen Wahlkreisen oder Wahlbezirken nicht durchgeführt werden, findet nur in diesen Wahlkreisen oder Wahlbezirken eine Nachwahl statt. [3]Die Gemeinde hat die Wahlabsage unverzüglich öffentlich bekannt zu machen und hierbei darauf hinzuweisen, dass eine Nachwahl stattfinden wird. [4]Die Nachwahl hat unverzüglich nach dem für die abgesagte Wahl bestimmten Wahltag stattzufinden; die Gemeinde macht den Termin der Nachwahl öffentlich bekannt. [5]Die Fristen des § 1 Absatz 4 gelten nicht. [6]Im Übrigen finden die Vorschriften über Neuwahlen und Wiederholungswahlen entsprechende Anwendung.

Sechster Unterabschnitt
Wahlkosten

§ 32 [Wahlkosten]

Die Kosten für die Wahl trägt die Gemeinde, soweit diese bei ihr anfallen.

Zweiter Abschnitt
Wahlen zu den Ortschaftsräten und Stadtbezirksbeiräten

§ 33 Anwendbarkeit von Rechtsvorschriften
Die Vorschriften des Ersten Abschnitts gelten für Ortschaftsratswahlen entsprechend, soweit sich aus den Vorschriften dieses Abschnitts nicht etwas Anderes ergibt.

§ 34 Wahltag
(1) Die regelmäßigen Ortschaftsratswahlen finden gemeinsam mit den regelmäßigen Gemeinderatswahlen statt.

(2) Wird die Ortschaftsverfassung während der Wahlperiode des Gemeinderats eingeführt (§ 66 Absatz 1 Satz 2 der Sächsischen Gemeindeordnung), bestimmt der Gemeinderat den Wahltag.

§ 35 Wahlgebiet, Wahlkreise, Wahlberechtigung
(1) Wahlgebiet ist das Gebiet der Ortschaft.

(2) Jede Ortschaft bildet nur einen Wahlkreis.

(3) [1]Wahlberechtigt und wählbar ist jeder Bürger der Gemeinde, der seit mindestens drei Monaten in der Ortschaft wohnt. [2]§ 15 Absatz 1 der Sächsischen Gemeindeordnung gilt entsprechend.

§ 35a Inhalt der Wahlvorschläge und Unterstützungsunterschriften
(1) In den Ortschaften wird die höchstzulässige Zahl an Bewerbern jedes Wahlvorschlags in der Weise ermittelt, dass die Zahl der zu wählenden Ortschaftsräte mit der Zahl 1,5 multipliziert wird; Bruchteile der hiernach ermittelten Zahl werden aufgerundet.

(2) [1]Jeder Wahlvorschlag muss in Ortschaften mit
1. bis zu 500 Einwohnern von 10,
2. bis zu 2 000 Einwohnern von 20 und
3. mehr als 2 000 Einwohnern von 30

zum Zeitpunkt der Unterzeichnung des Wahlvorschlags Wahlberechtigten der Ortschaft, die keine Bewerber des Wahlvorschlags sind, unterstützt werden (Unterstützungsunterschriften). [2]Die Wahlberechtigten haben ihre Unterstützungsunterschrift bei der Gemeindeverwaltung zu deren allgemeinen Öffnungszeiten zu leisten. [3]§ 6b Absatz 1 Satz 4 und Absatz 3 gilt entsprechend. [4]Darüber hinaus bedarf auch ein Wahlvorschlag einer Partei oder Wählervereinigung, die aufgrund eigenen Wahlvorschlags seit der letzten regelmäßigen Wahl im Ortschaftsrat vertreten ist, keiner Unterstützungsunterschriften.

§ 36 Aufstellung von Bewerbern
[1]Reicht die Zahl der wahlberechtigten Mitglieder der Partei oder mitgliedschaftlich organisierten Wählervereinigung in der Ortschaft nicht zur Durchführung einer Mitgliederversammlung (§ 6c Absatz 1) aus, tritt an deren Stelle eine Versammlung der wahlberechtigten Mitglieder oder Vertreter der Partei oder mitgliedschaftlich organisierten Wählervereinigung in der Gemeinde. [2]Soweit auch die Anzahl der in der Gemeinde wahlberechtigten Mitglieder nicht für die Durchführung einer Mitgliederversammlung ausreicht, findet § 6c Absatz 1 Satz 4 Anwendung.

§ 37 Stimmzettel
Für jede Ortschaftsratswahl in einer Gemeinde sind besondere Stimmzettel zu verwenden.

§ 37a Stadtbezirksbeiratswahlen
Die Wahlen zu den Stadtbezirksbeiräten erfolgen entsprechend den Vorschriften für die Ortschaftsratswahlen (§§ 33 bis 37).

Dritter Abschnitt
Bürgermeisterwahlen

§ 38 Anwendbarkeit von Rechtsvorschriften
Die Vorschriften des Ersten Abschnitts mit Ausnahme des § 2 Absatz 2 und 3 Satz 2 bis 4 sowie der §§ 19 bis 23 gelten für Bürgermeisterwahlen entsprechend, soweit sich aus den Vorschriften dieses Abschnitts nicht etwas Anderes ergibt.

§ 39 Wahltag, Bekanntmachung der Durchführung der Wahl
(1) Der Gemeinderat bestimmt den Wahltag.

(2) [1]Die Gemeinde hat den Tag eines etwa notwendig werdenden zweiten Wahlgangs öffentlich bekannt zu machen. [2]Die öffentliche Bekanntmachung des Termins für den zweiten Wahlgang soll gleichzeitig mit der öffentlichen Bekanntmachung der Durchführung der Wahl erfolgen und kann bis zum 15. Tag vor der Wahl nachgeholt werden.

§ 40 Wählerverzeichnisse

Die für die erste Wahl erstellten Wählerverzeichnisse sind auch für einen etwa notwendig werdenden zweiten Wahlgang maßgebend; in den Wählerverzeichnissen sind die erst für den zweiten Wahlgang Wahlberechtigten gesondert aufzuführen.

§ 41 Wahlvorschläge

(1) [1]Wahlvorschläge können von Parteien, von Wählervereinigungen und von Einzelbewerbern eingereicht werden. [2]Jede Partei, jede Wählervereinigung und jeder Einzelbewerber kann nur einen Wahlvorschlag einreichen.

(2) [1]Jeder Wahlvorschlag darf nur einen Bewerber enthalten. [2]Über § 6b Absatz 3 hinaus bedarf auch ein Wahlvorschlag keiner Unterstützungsunterschriften, der als Bewerber den amtierenden Amtsinhaber enthält. [3]Satz 2 gilt auch für Amtsverweser nach § 54 Absatz 5 Satz 1 der Sächsischen Gemeindeordnung sowie bei der erstmaligen Bürgermeisterwahl in nach § 8 Absatz 1 Nummer 2 der Sächsischen Gemeindeordnung neugebildeten Gemeinden für die bis zum Zeitpunkt der Gebietsänderung amtierenden Bürgermeister der an der Gemeindevereinigung beteiligten bisherigen Gemeinden.

(3) [1]Als Anlage zum Wahlvorschlag ist eine schriftliche Erklärung des Bewerbers gegenüber dem Vorsitzenden des Gemeindewahlausschusses über das Vorliegen der allgemeinen persönlichen Voraussetzungen für die Berufung in das Beamtenverhältnis gemäß § 49 Absatz 1 Satz 1 der Sächsischen Gemeindeordnung abzugeben. [2]Die elektronische Form ist ausgeschlossen.

(4) Mit der Abgabe der schriftlichen Erklärung nach Absatz 3 gelten für die Prüfung und Beschlussfassung nach § 7 die allgemeinen persönlichen Voraussetzungen für die Berufung in das Beamtenverhältnis gemäß § 49 Absatz 1 Satz 1 der Sächsischen Gemeindeordnung als vorliegend.

§ 42 Stimmzettel

[1]Der Stimmzettel muss die Bezeichnungen und die Bewerber der zugelassenen Wahlvorschläge enthalten. [2]Ist nur ein Wahlvorschlag zugelassen worden, muss der Stimmzettel neben Bezeichnung und dem Bewerber dieses Wahlvorschlags eine freie Zeile enthalten. [3]Ist kein Wahlvorschlag zugelassen worden, muss der Stimmzettel eine freie Zeile enthalten.

§ 43 Stimmenzahl, Stimmabgabe

(1) Jeder Wahlberechtigte hat eine Stimme.

(2) [1]Sind mehrere Wahlvorschläge zugelassen worden, kann der Wähler seine Stimme nur einem der im Stimmzettel aufgeführten Bewerber geben. [2]Er gibt seine Stimme in der Weise ab, dass er auf dem Stimmzettel den Bewerber durch Ankreuzen oder auf eine andere eindeutige Weise als gewählt kennzeichnet.

(3) [1]Ist nur ein oder kein Wahlvorschlag zugelassen worden, kann der Wähler seine Stimme dem im Stimmzettel aufgeführten Bewerber oder einer anderen Person geben. [2]Er gibt seine Stimme in der Weise ab, dass er entweder den Bewerber durch Ankreuzen oder auf eine andere eindeutige Weise oder eine andere Person durch eindeutige Benennung als gewählt kennzeichnet.

§ 44 Ungültige Stimmen

[1]Ungültig ist eine Stimme, wenn der Stimmzettel
1. ganz durchgestrichen oder durchgetrennt ist,
2. nicht amtlich hergestellt oder für eine andere Wahl gültig ist,
3. unverändert abgegeben worden ist,
4. den Willen des Wählers nicht zweifelsfrei erkennen lässt oder
5. einen beleidigenden oder auf die Person des Wählers hinweisenden Zusatz oder einen nicht nur gegen einzelne Bewerber gerichteten Vorbehalt enthält.

[2]§ 19 Absatz 2 gilt entsprechend.

§ 44a Erforderliche Stimmenzahl, zweiter Wahlgang
(1) [1]Gewählt ist, wer mehr als die Hälfte der gültigen Stimmen erhalten hat. [2]Entfällt auf keinen Bewerber mehr als die Hälfte der gültigen Stimmen, findet frühestens am zweiten und spätestens am vierten Sonntag nach der ersten Wahl ein zweiter Wahlgang statt.
(2) Für den zweiten Wahlgang gelten die Vorschriften für die erste Wahl mit folgenden Maßgaben:
1. Wahlvorschläge, die zu der ersten Wahl zugelassen waren, können bis zum fünften Tag nach der Wahl, 18.00 Uhr, zurückgenommen werden.
2. Wahlvorschläge, die zu der ersten Wahl zugelassen waren, können nach Maßgabe des § 6d Absatz 2 bis zum fünften Tag nach der Wahl, 18.00 Uhr, geändert werden; über die Zulassung des geänderten Wahlvorschlags entscheidet der Wahlausschuss unverzüglich.
3. Die am zweiten Wahlgang teilnehmenden Wahlvorschläge sind bis zum achten Tag vor der Wahl öffentlich bekannt zu machen.
4. Im zweiten Wahlgang ist gewählt, wer die höchste Stimmenzahl auf sich vereint; bei Stimmengleichheit entscheidet das Los.
5. Wird der zweite Wahlgang abgesagt oder nicht nur teilweise für ungültig erklärt, hat der Gemeinderat stets eine Neuwahl nach den Vorschriften für die erste Wahl anzuordnen.

§ 45 Wahlprüfung
(1) Ist ein Gewählter nicht wählbar, so ist die Wahl auch nach Ablauf der Wahlprüfungsfrist für ungültig zu erklären.
(2) Stellt nach rechtskräftiger Aufhebung des Wahlergebnisses der Gemeindewahlausschuss gemäß § 30 Satz 1 und § 38 fest, dass auf keinen Bewerber mehr als die Hälfte der gültigen Stimmen entfällt, hat der Gemeinderat stets eine Neuwahl nach den Vorschriften für die erste Wahl anzuordnen.

§ 46 Amtsantritt
[1]Der Gewählte kann sein Amt erst antreten, wenn die Rechtsaufsichtsbehörde die Gültigkeit der Wahl festgestellt hat oder die Wahlprüfungsfrist ungenutzt verstrichen ist. [2]Im Falle der Anfechtung der Wahl kann der Gewählte abweichend von Satz 1 sein Amt erst nach der rechtskräftigen Entscheidung über die Gültigkeit der Wahl antreten.

§ 47 (weggefallen)

Zweiter Teil
Kreiswahlen

Erster Abschnitt
Kreistagswahlen

§ 48 Anwendbarkeit von Rechtsvorschriften
Die Vorschriften zu Gemeinderatswahlen (Erster Teil, Erster Abschnitt) gelten für Kreistagswahlen entsprechend, soweit sich aus den Vorschriften dieses Abschnitts nicht etwas Anderes ergibt.

§ 49 Wahltag
Die regelmäßigen Kreistagswahlen sollen gemeinsam mit den regelmäßigen Gemeinderatswahlen stattfinden.

§ 50 Wahlgebiet, Wahlkreise, Wahlbezirke
(1) Wahlgebiet ist das Gebiet des Landkreises.
(2) [1]Die Wahl wird in Wahlkreisen durchgeführt. [2]Der Landkreis wird hierzu in mehrere Wahlkreise unterteilt. [3]Bei der Abgrenzung der Wahlkreise sollen die örtlichen Verhältnisse und der räumliche Zusammenhang berücksichtigt und die Gemeindegrenzen eingehalten werden. [4]Die Einwohnerzahl eines Wahlkreises darf von der durchschnittlichen Einwohnerzahl aller Wahlkreise des Landkreises nicht um mehr als 25 Prozent abweichen. [5]Der Kreistag beschließt über die Zahl und die Abgrenzung der Wahlkreise, sobald der Wahltag feststeht. [6]Es sind mindestens acht und höchstens 20 Wahlkreise zu bilden.
(3) [1]Für die Stimmabgabe bildet jede Gemeinde des Wahlgebiets einen oder mehrere Wahlbezirke. [2]Bei der Bildung von Wahlbezirken sind die Grenzen der Wahlkreise einzuhalten.

§ 50a Unterstützungsunterschriften
[1]Die Wahlberechtigten haben ihre Unterstützungsunterschrift bei der zuständigen Gemeindeverwaltung zu leisten. [2]Im Übrigen gilt § 6b entsprechend.

§ 51 Wahlorgane
Wahlorgane sind der Kreiswahlausschuss, der Vorsitzende des Kreiswahlausschusses und die Wahlvorstände.

§ 52 (weggefallen)

§ 53 (weggefallen)

§ 54 Besorgung der laufenden Wahlgeschäfte
[1]Die laufenden Geschäfte der Wahl besorgen der Landrat und die von ihm beauftragten Bediensteten des Landratsamtes. [2]Die örtlichen Geschäfte der Wahl besorgen der Bürgermeister und die von ihm beauftragten Gemeindebediensteten.

§ 55 Wahlkosten
[1]Die Kosten für die Wahl trägt der Landkreis, soweit sie bei ihm anfallen. [2]Kosten, die bei den Gemeinden anfallen, werden von diesen getragen.

Zweiter Abschnitt
Landratswahlen

§ 56 [Landratswahlen]
[1]Die §§ 50 bis 55 mit Ausnahme der Regelungen zu Wahlkreisen finden bei Landratswahlen sinngemäß Anwendung. [2]Im Übrigen gelten die Vorschriften zu Bürgermeisterwahlen (Erster Teil, Dritter Abschnitt) für Landratswahlen entsprechend.

Dritter Teil
Gleichzeitige Durchführung mehrerer Wahlen

§ 57 Verbundene Wahlen
(1) [1]Finden mehrere Wahlen nach diesem Gesetz am gleichen Wahltag statt, werden sie als verbundene Wahlen durchgeführt. [2]Hierfür gilt Folgendes:
1. Für alle Wahlen sind einheitliche Wahlbezirke zu bilden und einheitliche Wählerverzeichnisse mit der Maßgabe zu erstellen, dass die nicht für alle Wahlen Wahlberechtigten gesondert aufgeführt werden;
2. in jedem Landkreis wird nur ein gemeinsamer Kreiswahlausschuss für die Kreistagswahl und die Landratswahl gewählt;
3. in jeder Gemeinde wird nur ein gemeinsamer Gemeindewahlausschuss für alle Wahlen gewählt;
4. die Wahlräume müssen für alle Wahlen dieselben sein;
5. für alle Wahlen sind gemeinsame Wahlscheine auszustellen;
6. die Stimmzettel der Wahlen müssen sich in ihrer Farbe voneinander unterscheiden;
7. bei Briefwahl ist nur ein Wahlbriefumschlag zu verwenden;
8. die Unterstützungsverzeichnisse werden an demselben Verwaltungsstandort ausgelegt.
(2) [1]Finden am gleichen Wahltag mit einer Wahl nach diesem Gesetz die Wahl zum Europäischen Parlament, dem Deutschen Bundestag oder dem Sächsischen Landtag statt, können diese in der Gemeinde organisatorisch miteinander verbunden werden. [2]In diesem Fall gilt Absatz 1 Satz 2 Nummer 1, 4 und 6 entsprechend. [3]Finden am gleichen Wahltag Volks- oder Bürgerentscheide statt, können diese ebenfalls entsprechend mit der Kommunalwahl verbunden werden.

Vierter Teil
Sonstige Vorschriften

§ 58 (weggefallen)

§ 59 (weggefallen)

§ 60 Fristen und Termine

(1) Die in diesem Gesetz und in der Kommunalwahlordnung bestimmten Fristen und Termine im Verfahren zur Vorbereitung einer Wahl verlängern oder ändern sich nicht dadurch, dass der letzte Tag der Frist oder ein Termin auf einen Sonnabend, Sonntag oder einen gesetzlichen Feiertag fällt.

(2) Eine Wiedereinsetzung in den vorigen Stand ist ausgeschlossen.

§ 61 Ordnungswidrigkeiten

(1) Ordnungswidrig handelt, wer entgegen § 17 Absatz 3 Ergebnisse von Wählerbefragungen nach der Stimmabgabe über den Inhalt der Wahlentscheidung vor Ablauf der Wahlzeit veröffentlicht.

(2) Die Ordnungswidrigkeit kann mit einer Geldbuße bis zu 50 000 Euro geahndet werden.

(3) Zuständige Verwaltungsbehörde im Sinne des § 36 Absatz 1 Nummer 1 des Gesetzes über Ordnungswidrigkeiten ist die obere Rechtsaufsichtsbehörde.

§ 62 Kommunalwahlordnung

^{1}Das Staatsministerium des Innern erlässt durch Rechtsverordnung (Kommunalwahlordnung) die zur Durchführung dieses Gesetzes erforderlichen Vorschriften. ^{2}In der Kommunalwahlordnung können insbesondere nähere Bestimmungen getroffen werden über

1. öffentliche Bekanntmachungen,
2. die Bildung von Wahlkreisen und Wahlbezirken und ihre öffentliche Bekanntmachung,
3. die Bildung von Sonderwahlbezirken, in denen nur mit Wahlschein gewählt werden darf, für Krankenhäuser, Heime und ähnliche Einrichtungen mit Wahlberechtigten, die keinen Wahlraum außerhalb der Einrichtung aufsuchen können,
4. den Nachweis des Wahlrechts, die Aufstellung, die Berichtigung und den Abschluss des Wählerverzeichnisses, die Einsichtnahme ins Wählerverzeichnis sowie die Benachrichtigung der Wahlberechtigten,
5. die Erteilung von Wahlscheinen und Briefwahlunterlagen sowie die Ausgabe von Wahlscheinen von Amts wegen in besonderen Fällen,
6. die Einreichung, den Inhalt und die Form der Wahlvorschläge sowie der mit ihnen einzureichenden Nachweise, die Leistung von Unterstützungsunterschriften für Wahlvorschläge, die Änderung und Rücknahme von Wahlvorschlägen, ihre Prüfung, die Beseitigung von Mängeln, die Zulassung und die öffentliche Bekanntmachung der Wahlvorschläge,
7. die Verlängerung der Frist zur Einreichung von Wahlvorschlägen zur Gemeinderatswahl, Ortschaftsratswahl oder Kreistagswahl, wenn ein oder kein zulassungsfähiger Wahlvorschlag eingereicht worden ist, oder wenn mehrere Wahlvorschläge eingereicht worden sind und diese zusammen weniger Bewerber als das Eineinhalbfache der Zahl der zu besetzenden Sitze enthalten,
8. die Bildung, die Tätigkeit und das Verfahren der Wahlorgane,
9. die Bereitstellung und Ausstattung der Wahlräume,
10. die Form und den Inhalt der Stimmzettel,
11. die Auswertung von Stimmzetteln,
12. die Form von Stimmzettelumschlägen und Wahlbriefumschlägen,
13. den Vorgang der Stimmabgabe und die Ausübung der Briefwahl,
14. die Ermittlung, Feststellung, öffentliche Bekanntmachung und statistische Auswertung der Wahlergebnisse sowie die Benachrichtigung der Gewählten,
15. die Wahlprüfung und Wahlanfechtung,
16. die Vorbereitung und Durchführung von Neuwahlen, Wiederholungswahlen und Nachwahlen,
17. die Wahlhandlung in Krankenhäusern, Heimen, Klöstern und Justizvollzugsanstalten,
18. das Verfahren bei der gleichzeitigen Durchführung mehrerer Kommunalwahlen,
19. das Verfahren bei gleichzeitiger Durchführung von Kommunalwahlen mit anderen Wahlen oder Abstimmungen; dabei kann, soweit dies für die ordnungsgemäße Vorbereitung und Durchführung der Wahlen oder Abstimmungen erforderlich ist, von den Vorschriften der §§ 4 und 10 Abweichendes geregelt werden,
20. die Besonderheiten bei der Durchführung von Kommunalwahlen in Verwaltungsgemeinschaften und Verwaltungsverbänden, dabei kann, soweit dies für die ordnungsgemäße Vorbereitung und Durchführung der Wahlen erforderlich ist, von den Vorschriften der §§ 9 und 10 Abweichendes geregelt werden,
21. die Festsetzung der Wahlzeit abweichend von § 16, sofern besondere Verhältnisse vorliegen.

§ 63 Verwaltungsvorschriften

Das Staatsministerium des Innern erlässt die zur Durchführung dieses Gesetzes erforderlichen Verwaltungsvorschriften.

§ 64 Einschränkung von Grundrechten

Das Recht auf informationelle Selbstbestimmung (Artikel 2 Absatz 1 in Verbindung mit Artikel 1 Absatz 1 des Grundgesetzes für die Bundesrepublik Deutschland, Artikel 33 der Verfassung des Freistaates Sachsen) wird durch dieses Gesetz eingeschränkt.

§ 65 Maßgebende Einwohnerzahl

[1]Für Wahlen nach diesem Gesetz sind die vom Statistischen Landesamt zum 31. Dezember des zweiten der Wahl vorhergehenden Jahres auf der Grundlage der jeweils letzten Volkszählung fortgeschriebenen Einwohnerzahlen der Gemeinden und Landkreise maßgebend. [2]Abweichend von Satz 1 sind Gebietsänderungen vom Tage der Rechtswirksamkeit an zu berücksichtigen.

§ 65a Übergangsbestimmung aus Anlass des Zweiten Gesetzes zur Fortentwicklung des Kommunalrechts

Für Wahlen, die bis zum 31. Dezember 2017 gemäß § 1 Absatz 4 öffentlich bekanntgemacht werden, ist das Kommunalwahlgesetz in der bis zum 31. Dezember 2017 geltenden Fassung anzuwenden.

§ 66 (Inkrafttreten)

Sächsisches Gesetz über kommunale Zusammenarbeit (SächsKomZG)

In der Fassung der Bekanntmachung vom 15. April 2019[1] (SächsGVBl. S. 271)
(BS Sachsen 234-2)

Inhaltsübersicht

---

1)   Neubekanntmachung des Sächsischen KomZG v. 3.3.2014 (SächsGVBl. S. 196) in der ab 1.1.2018 geltenden Fassung.

Erster Teil
Allgemeine Vorschriften

§ 1 Anwendungsbereich

Zur gemeinsamen Erfüllung ihrer Aufgaben können Gemeinden und Landkreise zusammenarbeiten, soweit gesetzlich nichts anderes bestimmt ist.

§ 2 Formen der kommunalen Zusammenarbeit

(1) Formen der gemeinsamen Erfüllung von Aufgaben sind:

1. Zweckverband, Zweckvereinbarung und kommunale Arbeitsgemeinschaft,
2. Verwaltungsverband und Verwaltungsgemeinschaft, sofern diese bis zum 17. November 2012 wirksam entstanden sind.

(2) Die Zulässigkeit der kommunalen Zusammenarbeit in hierfür geeigneten Rechtsformen des Privatrechts wird durch dieses Gesetz nicht berührt.

Zweiter Teil
Verwaltungsverband

Erster Abschnitt
Grundlagen des Verwaltungsverbandes

§ 3 Mitgliedsgemeinden
(1) Ein Verwaltungsverband besteht aus benachbarten Gemeinden desselben Landkreises, die sich hierzu zusammengeschlossen haben (Freiverband) oder zusammengeschlossen worden sind (Pflichtverband).
(2) Eine Gemeinde kann nur einem Verwaltungsverband angehören.
(3) [1]Der Verwaltungsverband dient der Stärkung der Leistungs- und Verwaltungskraft unter Aufrechterhaltung der rechtlichen Selbständigkeit der beteiligten Gemeinden. [2]Der Verwaltungsverband ist nach der Zahl der Gemeinden und ihrer Einwohner sowie nach der räumlichen Ausdehnung unter Berücksichtigung der örtlichen Verhältnisse so abzugrenzen, dass er seine Aufgaben zweckmäßig und wirtschaftlich erfüllen kann. [3]Eine sinnvolle strukturelle Entwicklung bei der Bildung größerer Verwaltungseinheiten soll berücksichtigt und gefördert werden. [4]Die Mitgliedsgemeinden sollen zusammen mindestens 5 000 Einwohner haben; in besonderen Fällen können Verwaltungsverbände weniger als 5 000 Einwohner haben.

§ 4 Bürgermeister der Mitgliedsgemeinden
Ein ehrenamtlicher Bürgermeister einer Mitgliedsgemeinde kann gleichzeitig Bediensteter des Verwaltungsverbandes sein.

§ 5 Rechtsnatur, Rechtsverhältnisse
(1) [1]Der Verwaltungsverband ist eine rechtsfähige Körperschaft des öffentlichen Rechts. [2]Er verwaltet seine Angelegenheiten im Rahmen der Gesetze unter eigener Verantwortung.
(2) Die Rechtsverhältnisse des Verwaltungsverbandes werden im Rahmen dieses Gesetzes durch die Verbandssatzung geregelt.
(3) [1]Soweit keine besonderen Rechtsvorschriften bestehen, finden auf den Verwaltungsverband die für Gemeinden geltenden Vorschriften entsprechende Anwendung. [2]Abweichende Regelungen kann die Verbandssatzung nur insoweit treffen, als dies ausdrücklich zugelassen ist.
(4) Auf Satzungen über die Benutzung öffentlicher Einrichtungen, über den Anschluss- und Benutzungszwang sowie über die Erhebung von Gebühren und Beiträgen finden die für die Gemeinden geltenden Vorschriften über das Recht der Einwohner, Grundbesitzer und Gewerbetreibenden zur Benutzung öffentlicher Einrichtungen der Gemeinde, über die Erhebung von Gebühren und Beiträgen sowie über die Verfolgung und Ahndung von Ordnungswidrigkeiten bei Zuwiderhandlungen gegen Satzungen entsprechende Anwendung.

§ 6 Erlass von Satzungen und Rechtsverordnungen
(1) Der Verwaltungsverband kann nach den für die Mitgliedsgemeinden geltenden Vorschriften für sein Aufgabengebiet Satzungen und Rechtsverordnungen erlassen.
(2) [1]Der Verwaltungsverband ist Verwaltungsbehörde im Sinne von § 36 Absatz 1 Nummer 1 des Gesetzes über Ordnungswidrigkeiten in der Fassung der Bekanntmachung vom 19. Februar 1987 (BGBl. I S. 602), das zuletzt durch Artikel 5 des Gesetzes vom 27. August 2017 (BGBl. I S. 3295) geändert worden ist, in der jeweils geltenden Fassung, bei Zuwiderhandlungen gegen seine Satzungen. [2]§ 124 Absatz 1 bis 3 der Sächsischen Gemeindeordnung in der Fassung der Bekanntmachung vom 3. März 2014 (SächsGVBl. S. 146), die zuletzt durch Artikel 1 des Gesetzes vom 13. Dezember 2017 (SächsGVBl. S. 626) geändert worden ist, in der jeweils geltenden Fassung, gilt entsprechend.

Zweiter Abschnitt
Aufgaben des Verwaltungsverbandes

§ 7 Übergang von Aufgaben
(1) Auf den Verwaltungsverband gehen folgende Aufgaben der Mitgliedsgemeinden über:
1. die Weisungsaufgaben einschließlich des Erlasses von dazu erforderlichen Satzungen und Rechtsverordnungen,
2. die Aufgaben der vorbereitenden Bauleitplanung.

(2) [1]Mitgliedsgemeinden können dem Verwaltungsverband weitere Aufgaben einschließlich des Erlasses von Satzungen und Rechtsverordnungen durch öffentlich-rechtlichen Vertrag übertragen. [2]Der öffentlich-rechtliche Vertrag wird erst mit der Änderung der Verbandssatzung wirksam. [3]Einzelne Aufgaben sind auf Antrag einer oder mehrerer übertragender Mitgliedsgemeinden rückzuübertragen, wenn sich die Verhältnisse, die der Übertragung zugrunde lagen, so wesentlich geändert haben, dass den Mitgliedsgemeinden ein Festhalten an der Übertragung nicht weiter zugemutet werden kann und wenn die Verbandsversammlung mit der Mehrheit aller Stimmen der Vertreter in der Verbandsversammlung der Rückübertragung zustimmt. [4]Der Beschluss der Verbandsversammlung bedarf der Genehmigung der Rechtsaufsichtsbehörde. [5]Verweigert die Verbandsversammlung die Zustimmung zur Rückübertragung, entscheidet die Rechtsaufsichtsbehörde über die Zustimmung. [6]§ 12 Absatz 1 Satz 2 und Absatz 2 sowie § 13 gelten entsprechend.

(3) Die Mitgliedsgemeinden sind über die sie betreffenden Vorgänge zu unterrichten.

§ 8 Erledigung von Aufgaben
(1) Der Verwaltungsverband erledigt folgende Aufgaben der Mitgliedsgemeinden nach deren Weisung:
1. Vorbereitung und Vollzug der Beschlüsse der Mitgliedsgemeinden,
2. Besorgung der Geschäfte, die für die Mitgliedsgemeinden keine grundsätzliche Bedeutung haben und keine erheblichen Verpflichtungen erwarten lassen (Geschäfte der laufenden Verwaltung),
3. Vertretung der Mitgliedsgemeinden in gerichtlichen Verfahren und förmlichen Verwaltungsverfahren, soweit der Verwaltungsverband nicht selbst Beteiligter ist.

(2) [1]Mitgliedsgemeinden können dem Verwaltungsverband durch öffentlich-rechtlichen Vertrag die Erledigung weiterer Aufgaben nach Weisung übertragen. [2]§ 7 Absatz 2 Satz 2 bis 6 gilt entsprechend.

(3) [1]Soweit Aufgaben nach § 7 auf den Verwaltungsverband übergehen, nach Absatz 1 von ihm erledigt werden oder ihm nach Absatz 2 übertragen sind, beschäftigen die Mitgliedsgemeinden kein eigenes Personal. [2]§ 61 Absatz 1 der Sächsischen Gemeindeordnung bleibt unberührt.

§ 9 Beratung und Unterstützung
Der Verwaltungsverband berät und unterstützt die Mitgliedsgemeinden bei der Erfüllung ihrer Aufgaben.

§ 10 Pflichten der Mitgliedsgemeinden
(1) Die Mitgliedsgemeinden sind verpflichtet, den Verwaltungsverband bei der Durchführung seiner Aufgaben zu unterstützen.

(2) In Angelegenheiten, die mehrere Mitgliedsgemeinden berühren, haben sich die Mitgliedsgemeinden untereinander und mit dem Verwaltungsverband abzustimmen.

Dritter Abschnitt
Bildung des Verwaltungsverbandes

§ 11 Verbandssatzung
(1) [1]Zur Bildung des Verwaltungsverbandes haben die Beteiligten eine Verbandssatzung vereinbart. [2]Die Verbandssatzung und deren Änderungen bedürfen der Schriftform.

(2) Die Verbandssatzung muss bestimmen:
1. die Mitgliedsgemeinden,
2. die Aufgaben des Verwaltungsverbandes,
3. den Namen und den Sitz,
4. die Verfassung und die Verwaltung des Verwaltungsverbandes, insbesondere die Zuständigkeit der Verbandsorgane und deren Geschäftsgang,

5. den Maßstab, nach dem die Mitgliedsgemeinden zur Deckung des Finanzbedarfs beizutragen haben,

6. die Form der öffentlichen Bekanntmachungen,

7. die Abwicklung im Falle der Auflösung des Verwaltungsverbandes.

(3) Die Verbandssatzung kann die sonstigen Rechtsverhältnisse des Verwaltungsverbandes im Rahmen dieses Gesetzes regeln.

§ 12 Genehmigung

(1) [1]Die Verbandssatzung bedarf der Genehmigung der Rechtsaufsichtsbehörde. [2]Sie entscheidet nach pflichtgemäßem Ermessen. [3]Über die Genehmigung ist binnen acht Wochen nach Eingang des Antrags zu entscheiden. [4]Die Genehmigungsfrist kann durch die nächsthöhere Rechtsaufsichtsbehörde verlängert werden.

(2) Will die Rechtsaufsichtsbehörde die Genehmigung versagen, sind die Beteiligten vorher zu hören.

(3) Die Genehmigung der Verbandssatzung ersetzt die Ausfertigung.

§ 13 Entstehung des Verwaltungsverbandes

(1) Die Genehmigung der Verbandssatzung ist mit der Verbandssatzung von der Rechtsaufsichtsbehörde im Sächsischen Amtsblatt bekanntzumachen.

(2) Der Verwaltungsverband entsteht durch die öffentliche Bekanntmachung der Genehmigung und der Verbandssatzung nach Absatz 1 am Tage nach dieser Bekanntmachung, sofern in der Verbandssatzung kein späterer Zeitpunkt bestimmt wird.

(3) [1]Ist die Bekanntmachung nach Absatz 1 ordnungsgemäß erfolgt, kann eine Verletzung von Rechtsvorschriften bei der Bildung des Verwaltungsverbandes nur mit Wirkung für die Zukunft geltend gemacht werden. [2]Die Geltendmachung kann nur binnen eines Jahres nach der Bekanntmachung erfolgen.

(4) [1]Ein Mangel, der eine Bestimmung des § 11 Absatz 2 über die Verbandssatzung betrifft, kann nach den Vorschriften dieses Gesetzes über Änderungen der Verbandssatzung (§ 26) geheilt werden. [2]Die Rechtsaufsichtsbehörde kann hierzu eine angemessene Frist setzen. [3]Ist die Änderung der Verbandssatzung bis zu diesem Zeitpunkt nicht beschlossen, verfügt die Rechtsaufsichtsbehörde die Änderung der Verbandssatzung. [4]Vor dieser Entscheidung sind die Beteiligten anzuhören. [5]Absätze 1 bis 3 gelten entsprechend.

§ 14 (weggefallen)

Vierter Abschnitt
Verfassung und Verwaltung des Verwaltungsverbandes

§ 15 Organe

Organe des Verwaltungsverbandes sind die Verbandsversammlung und der Verbandsvorsitzende.

§ 16 Zusammensetzung der Verbandsversammlung

(1) [1]Die Verbandsversammlung des Verwaltungsverbandes besteht aus dem Verbandsvorsitzenden, den Bürgermeistern der Mitgliedsgemeinden und den weiteren Vertretern nach Absatz 3. [2]Die Vertreter einer Mitgliedsgemeinde können in der Verbandsversammlung nur einheitlich abstimmen.

(2) Ist ein ehrenamtlicher Bürgermeister einer Mitgliedsgemeinde gleichzeitig Bediensteter des Verwaltungsverbandes, wird die Mitgliedsgemeinde in der Verbandsversammlung durch den Stellvertreter des Bürgermeisters vertreten.

(3) [1]Gemeinden mit mehr als 500 Einwohnern entsenden weitere Vertreter in die Verbandsversammlung. [2]Die Zahl der weiteren Vertreter beträgt in Gemeinden mit

bis zu	1 000 Einwohnern	1,
bis zu	2 000 Einwohnern	2,
bis zu	3 000 Einwohnern	3,
bis zu	5 000 Einwohnern	4,
mit mehr als	5 000 Einwohnern	5.

[3]Eine Mitgliedsgemeinde darf in einem Verwaltungsverband mit zwei Mitgliedsgemeinden nicht mehr als drei Fünftel der Vertreter in die Verbandsversammlung entsenden, in einem Verwaltungsverband mit mehr als zwei Mitgliedsgemeinden nicht mehr als zwei Fünftel.

(4) [1]Die weiteren Vertreter werden vom Gemeinderat für die Dauer seiner Wahlperiode aus seiner Mitte gewählt; nach Ablauf der Wahlperiode führen sie die Geschäfte bis zur Neuwahl der weiteren Vertreter fort. [2]Für jeden weiteren Vertreter ist ein Stellvertreter zu wählen, der diesen im Falle seiner Verhinderung vertritt; Satz 1 gilt entsprechend. [3]Sind mehrere weitere Vertreter oder Stellvertreter zu wählen, soll die Mandatsverteilung im Gemeinderat berücksichtigt werden. [4]Kommt eine Einigung nicht zustande, werden die weiteren Vertreter von den Gemeinderäten aufgrund von Wahlvorschlägen nach den Grundsätzen der Verhältniswahl unter Bindung an die Wahlvorschläge gewählt. [5]Wird nur ein gültiger oder kein Wahlvorschlag eingereicht, findet Mehrheitswahl ohne Bindung an die vorgeschlagenen Bewerber statt.

(5) Die Mitgliedsgemeinden können ihren Vertretern in der Verbandsversammlung Weisungen erteilen.

(6) [1]Die Vertreter der Mitgliedsgemeinden in der Verbandsversammlung sind ehrenamtlich tätig. [2]Für ihre Rechtsverhältnisse gelten die für Gemeinderäte maßgebenden Vorschriften entsprechend.

§ 17 Zuständigkeit der Verbandsversammlung

[1]Die Verbandsversammlung ist das Hauptorgan des Verwaltungsverbandes. [2]Sie nimmt die Aufgaben des Verwaltungsverbandes, insbesondere den Erlass von Satzungen und Rechtsverordnungen, wahr, soweit nicht der Verbandsvorsitzende zuständig ist.

§ 18 Ausschüsse

(1) [1]Durch die Verbandssatzung können beschließende Ausschüsse der Verbandsversammlung gebildet werden; ihnen können bestimmte Aufgaben zur dauernden Erledigung übertragen werden. [2]Durch Beschluss kann die Verbandsversammlung einzelne Angelegenheiten auf bestehende beschließende Ausschüsse übertragen oder für ihre Erledigung beschließende Ausschüsse bilden. [3]Jede Mitgliedsgemeinde muß im beschließenden Ausschuss vertreten sein. [4]Die für beschließende Ausschüsse des Gemeinderats geltenden Vorschriften finden entsprechende Anwendung.

(2) [1]Die Verbandsversammlung kann zur Vorberatung auf bestimmten Gebieten beratende Ausschüsse bilden. [2]Jede Mitgliedsgemeinde soll im beratenden Ausschuss vertreten sein. [3]Die für beratende Ausschüsse des Gemeinderats geltenden Vorschriften finden entsprechende Anwendung.

§ 19 Geschäftsgang

(1) [1]Die Sitzungen der Verbandsversammlung sind öffentlich, sofern nicht das öffentliche Wohl oder berechtigte Interessen einzelner eine nichtöffentliche Verhandlung erfordern. [2]Auf die Verbandsversammlung finden die Bestimmungen der Sächsischen Gemeindeordnung über den Gemeinderat entsprechende Anwendung, soweit dieses Gesetz keine Bestimmungen enthält.

(2) Die Verbandsversammlung wird, wenn noch kein Verbandsvorsitzender gewählt ist, durch den an Lebensjahren ältesten Bürgermeister der Mitgliedsgemeinden, sonst durch den Verbandsvorsitzenden schriftlich oder in elektronischer Form einberufen.

(3) [1]Die Beschlüsse der Verbandsversammlung werden mit Stimmenmehrheit gefaßt; die Verbandssatzung kann eine größere Mehrheit bestimmen. [2]Gegen Beschlüsse der Verbandsversammlung, die für eine Mitgliedsgemeinde von besonderer Wichtigkeit oder erheblicher wirtschaftlicher Bedeutung sind, kann diese binnen drei Wochen nach der Beschlussfassung Einspruch einlegen. [3]Der Einspruch hat aufschiebende Wirkung. [4]Auf den Einspruch hat die Verbandsversammlung erneut zu beschließen. [5]Der Einspruch gegen Beschlüsse der Verbandsversammlung zu Aufgaben des Verbandes nach § 7 Absatz 1 Nummer 2 ist zurückgewiesen, wenn der neue Beschluss mit einer Mehrheit von mindestens zwei Dritteln der Stimmen der anwesenden Stimmberechtigten gefasst wird. [6]Soweit der Verwaltungsverband eine Aufgabe nur für einzelne Verbandsmitglieder erfüllt, kann die Verbandssatzung bestimmen, dass der Einspruch in diesen Angelegenheiten zurückgewiesen ist, wenn der neue Beschluss mit einer Mehrheit von mindestens zwei Dritteln der Stimmen der anwesenden Stimmberechtigten gefasst wird. [7]In den übrigen Fällen ist der Einspruch zurückgewiesen, wenn der neue Beschluss mindestens mit der Mehrheit gefasst wird, die für den ursprünglichen Beschluss erforderlich war.

(4) Für den Geschäftsgang von beschließenden Ausschüssen der Verbandsversammlung finden die für die Verbandsversammlung geltenden Vorschriften entsprechende Anwendung.

(5) [1]Die Vertreter eines Verbandsmitglieds haben in allen Angelegenheiten des Verwaltungsverbandes Stimmrecht, auch wenn einzelne Aufgaben nicht von allen Verbandsmitgliedern auf den Verwaltungsverband übertragen worden sind. [2]Die Verbandssatzung kann Abweichendes bestimmen.

§ 20 Verbandsvorsitzender und Stellvertreter

(1) [1]Der Verbandsvorsitzende ist hauptamtlicher Beamter auf Zeit. [2]Seine Amtszeit beträgt sieben Jahre. [3]§ 49 sowie § 51 Absatz 3 Satz 2 und 3, Absatz 5 mit Ausnahme von Satz 2 Nummer 1 Buchst. c sowie Absatz 6 der Sächsischen Gemeindeordnung gelten entsprechend. [4]Der hauptamtliche Bürgermeister einer Mitgliedsgemeinde kann nicht gleichzeitig Verbandsvorsitzender sein.

(2) [1]Wird die Wahl des Verbandsvorsitzenden wegen des Ablaufs der Amtszeit oder wegen des Eintritts in den Ruhestand oder Verabschiedung infolge Erreichens der Altersgrenze notwendig, ist sie frühestens drei Monate und spätestens einen Monat vor Freiwerden der Stelle durchzuführen. [2]Von der Wahl kann abgesehen werden, wenn innerhalb eines Jahres nach Freiwerden der Stelle der Verwaltungsverband aufgelöst oder in eine kreisangehörige Gemeinde umgewandelt wird.

(3) [1]Die Verbandsversammlung wählt den Verbandsvorsitzenden. [2]Die Stelle ist spätestens zwei Monate vor dem Wahltag öffentlich auszuschreiben. [3]Die Wahl bedarf der Mehrheit aller Vertreter in der Verbandsversammlung. [4]Wird diese Mehrheit nicht erreicht, findet ein zweiter Wahlgang statt. [5]Erhält auch dabei niemand die erforderliche Mehrheit, findet eine Stichwahl zwischen den zwei Bewerbern statt, die im zweiten Wahlgang die meisten Stimmen erhalten haben; gewählt ist, wer die meisten Stimmen erhält. [6]Bei Stimmengleichheit entscheidet das Los.

(4) [1]Die Verbandsversammlung wählt aus ihrer Mitte einen Stellvertreter des Verbandsvorsitzenden. [2]Die Wahl erfolgt nach jeder regelmäßigen Gemeinderatswahl. [3]Die Verbandssatzung kann bestimmen, dass mehrere Stellvertreter zu wählen sind. [4]Absatz 3 Satz 3 bis 6 gilt entsprechend.

(5) Der Verbandsvorsitzende kann entsprechend den für die Abwahl der Beigeordneten geltenden Vorschriften der Sächsischen Gemeindeordnung (§ 56 Absatz 4)) vorzeitig abgewählt werden.

§ 21 Stellung des Verbandsvorsitzenden in der Verbandsversammlung

(1) [1]Der Verbandsvorsitzende ist Vorsitzender der Verbandsversammlung. [2]Er bereitet die Sitzungen der Verbandsversammlung und der Ausschüsse vor und vollzieht die Beschlüsse.

(2) [1]In dringenden Angelegenheiten, deren Erledigung auch nicht bis zu einer ohne Frist und formlos einberufenen Sitzung der Verbandsversammlung aufgeschoben werden kann, entscheidet der Verbandsvorsitzende an Stelle der Verbandsversammlung. [2]Die Gründe für die Eilentscheidung und die Art der Erledigung sind der Verbandsversammlung unverzüglich mitzuteilen.

(3) [1]Der Verbandsvorsitzende muss Beschlüssen der Verbandsversammlung widersprechen, wenn er der Auffassung ist, dass sie rechtswidrig sind; er kann ihnen widersprechen, wenn er der Auffassung ist, dass sie für den Verwaltungsverband nachteilig sind. [2]§ 52 Absatz 2 Satz 2 bis 5 der Sächsischen Gemeindeordnung gilt entsprechend.

(4) [1]Der Verbandsvorsitzende hat die Verbandsversammlung über alle wichtigen, den Verwaltungsverband und seine Verwaltung betreffenden Angelegenheiten zu informieren; bei wichtigen Planungen und Vorhaben ist die Verbandsversammlung möglichst frühzeitig über die Absichten und Vorstellungen der Verbandsverwaltung und laufend über den Stand und den Inhalt der Planungsarbeiten zu informieren. [2]§ 52 Absatz 5 Satz 2 der Sächsischen Gemeindeordnung gilt entsprechend.

§ 22 Leitung der Verbandsverwaltung

(1) Der Verbandsvorsitzende ist Leiter der Verbandsverwaltung und vertritt den Verwaltungsverband.

(2) Der Verbandsvorsitzende ist Vorgesetzter, Dienstvorgesetzter und oberste Dienstbehörde der Verbandsbediensteten.

(3) [1]Der Verbandsvorsitzende erledigt in eigener Zuständigkeit die Geschäfte der laufenden Verwaltung und die ihm sonst durch Rechtsvorschrift oder von der Verbandsversammlung übertragenen Aufgaben. [2]Die dauernde Übertragung der Erledigung bestimmter Aufgaben auf den Verbandsvorsitzenden ist in der Verbandssatzung zu regeln. [3]Die Verbandsversammlung kann die Erledigung von Angelegenheiten, die sie nicht auf beschließende Ausschüsse übertragen kann, auch nicht auf den Verbandsvorsitzenden übertragen.

(4) Weisungsaufgaben erledigt der Verbandsvorsitzende in eigener Zuständigkeit, soweit gesetzlich nichts anderes geregelt ist; dies gilt nicht für den Erlass von Rechtsverordnungen und Satzungen.

§ 23 Bedienstete

(1) [1]Der Verwaltungsverband ist verpflichtet, die zur Erfüllung seiner Aufgaben erforderlichen geeigneten Bediensteten einzustellen. [2]Er fördert die Aus- und Fortbildung seiner Bediensteten.

(2) Bei der personellen Ausstattung der Verbandsverwaltung sollen Bedienstete der Mitgliedsgemeinden vorrangig berücksichtigt werden, wenn sie über ausreichende Fachkenntnisse verfügen und bereit sind, an Fortbildungsveranstaltungen teilzunehmen.

(3) Der Verwaltungsverband kann Dienstherr von Beamten sein.

Fünfter Abschnitt
Wirtschafts- und Finanzverfassung

§ 24 Wirtschaftsführung

Für die Wirtschaftsführung des Verwaltungsverbandes gelten die Vorschriften über die Gemeindewirtschaft entsprechend.

§ 25 Deckung des Finanzbedarfs

(1) [1]Der Verwaltungsverband kann, soweit seine sonstigen Erträge zur Deckung seines Finanzbedarfs nicht ausreichen, von den Mitgliedsgemeinden nach Maßgabe der Verbandssatzung eine Umlage erheben. [2]Die Umlage soll nach dem Verhältnis der Einwohnerzahl der Mitgliedsgemeinden bemessen werden. [3]Die Höhe der Umlage ist in der Haushaltssatzung für jedes Haushaltsjahr festzusetzen; sie soll getrennt für den Ergebnishaushalt und den Finanzhaushalt festgesetzt werden. [4]Der Verwaltungsverband kann für rückständige Beträge Verzugszinsen in Höhe von zwei Prozent über dem jeweiligen Basiszinssatz nach § 247 des Bürgerlichen Gesetzbuches verlangen.

(2) Der Kostenersatz für die Wahrnehmung der von einzelnen Mitgliedsgemeinden auf den Verwaltungsverband übertragenen Aufgaben bleibt der besonderen Regelung in einem öffentlich-rechtlichen Vertrag vorbehalten.

(3) [1]Soweit Aufgaben auf den Verwaltungsverband übergehen (§ 7 Absatz 1) oder ihm übertragen werden (§ 7 Absatz 2), geht das Recht, Entgelte von den Benutzern einer Einrichtung zu erheben, auf den Verwaltungsverband über. [2]Das Recht zur Erhebung von eigenen Steuern steht dem Verwaltungsverband nicht zu.

Sechster Abschnitt
Änderungen der Verbandssatzung und Auflösung des Verwaltungsverbandes

§ 26 Änderungen der Verbandssatzung

(1) [1]Änderungen der Verbandssatzung werden von der Verbandsversammlung mit einer Mehrheit von mindestens zwei Dritteln der Stimmen aller Vertreter in der Verbandsversammlung beschlossen. [2]Die Verbandssatzung kann bestimmen, dass eine größere Mehrheit erforderlich ist oder dass der Beschluss der Verbandsversammlung der Zustimmung einzelner oder aller Mitgliedsgemeinden bedarf.

(2) Eine Änderung der Verbandssatzung, die die Aufnahme einer neuen Mitgliedsgemeinde zum Gegenstand hat, ist unzulässig.

(3) [1]Änderungen der Verbandssatzung bedürfen der Genehmigung der Rechtsaufsichtsbehörde. [2]§ 11 Absatz 2 und 3, § 12 Absatz 1 Satz 2 und Absatz 2 sowie § 13 gelten entsprechend. [3]Die Änderungssatzung wird durch den Verbandsvorsitzenden vor der Erteilung der Genehmigung ausgefertigt.

§ 27 Auflösung des Verwaltungsverbandes und Ausscheiden von Mitgliedsgemeinden

(1) [1]Der Verwaltungsverband kann aus Gründen des öffentlichen Wohls mit Genehmigung der Rechtsaufsichtsbehörde im Einvernehmen mit der obersten Rechtsaufsichtsbehörde aufgelöst werden, wenn feststeht, dass jede Mitgliedsgemeinde mit Wirksamwerden der Auflösung in eine andere Gemeinde eingegliedert wird, sich mit einer anderen Gemeinde zu einer neuen Gemeinde vereinigt oder noch den Anforderungen des § 3 Absatz 3 entspricht. [2]Die Rechtsaufsichtsbehörde entscheidet nach pflichtgemäßem Ermessen. [3]Der Beschluss über die Auflösung des Verwaltungsverbandes bedarf einer Mehrheit von mindestens drei Viertel der Stimmen aller Vertreter in der Verbandsversammlung. [4]§ 12 Absatz 2 und § 13 gelten entsprechend.

(2) Absatz 1 gilt für das Ausscheiden einzelner Mitgliedsgemeinden entsprechend, wenn der Verwaltungsverband mit den verbleibenden Mitgliedsgemeinden noch den Anforderungen des § 3 Absatz 3 entspricht.

(3) [1]Aus Gründen des öffentlichen Wohls kann die Rechtsaufsichtsbehörde im Einvernehmen mit der obersten Rechtsaufsichtsbehörde und nach Anhörung der Betroffenen den Ausschluss einzelner Mit-

gliedsgemeinden oder die Auflösung des Verwaltungsverbandes anordnen. [2]Absatz 1 Satz 1 und 2, Absatz 2 und § 13 gelten entsprechend.

(4) [1]Aus dringenden Gründen des öffentlichen Wohls kann die Rechtsaufsichtsbehörde im Einvernehmen mit der obersten Rechtsaufsichtsbehörde nach Anhörung der Betroffenen auch ansonsten die Auflösung des Verwaltungsverbandes anordnen. [2]§ 13 gilt entsprechend.

§ 28 (weggefallen)

§ 29 Abwicklung des Verwaltungsverbandes

(1) Der Verwaltungsverband gilt nach seiner Auflösung als fortbestehend, soweit der Zweck der Abwicklung es erfordert.

(2) Die Abwicklung ist Aufgabe des Verbandsvorsitzenden, wenn die Verbandsversammlung nicht etwas anderes beschließt.

(3) Das Verbandsvermögen ist nach dem Umlageschlüssel (§ 25 Absatz 1) im Zeitpunkt der Auflösung auf die Mitgliedsgemeinden zu verteilen, soweit die Mitgliedsgemeinden und der Verwaltungsverband nicht mit Genehmigung der Rechtsaufsichtsbehörde eine abweichende Vereinbarung treffen.

§ 30 Haftung

(1) [1]Scheidet eine Mitgliedsgemeinde aus dem Verwaltungsverband aus, haftet sie dem Verwaltungsverband gegenüber für alle Verbindlichkeiten des Verbandes, die vor ihrem Ausscheiden entstanden sind, nach Maßgabe des Umlageschlüssels (§ 25 Absatz 1) im Zeitpunkt des Ausscheidens. [2]Die Dauer der Haftung kann durch die Verbandssatzung beschränkt werden.

(2) Wird ein Verwaltungsverband aufgelöst, haften die Mitgliedsgemeinden für die Verbindlichkeiten des Verwaltungsverbandes als Gesamtschuldner.

§ 31 (weggefallen)

Siebter Abschnitt
Umwandlung eines Verwaltungsverbandes in eine kreisangehörige Gemeinde

§ 32 Umwandlung

(1) [1]Der Verwaltungsverband und die Mitgliedsgemeinden können vereinbaren, sich zu einer kreisangehörigen Gemeinde zu vereinigen (Umwandlung). [2]Die Umwandlung bedarf der Genehmigung der Rechtsaufsichtsbehörde. [3]Kommt eine Vereinbarung nicht zustande, kann die Umwandlung nur durch Gesetz erfolgen.

(2) [1]Der Beschluss der Verbandsversammlung über die Vereinbarung bedarf der Mehrheit von mindestens zwei Dritteln der Stimmen aller Vertreter in der Verbandsversammlung. [2]Die Beschlüsse der Gemeinderäte der Mitgliedsgemeinden über die Vereinbarung bedürfen jeweils mindestens der Mehrheit der Stimmen aller Mitglieder. [3]Vor der Beschlussfassung der Gemeinderäte sind die Einwohner der Mitgliedsgemeinden zu hören. [4]Dies gilt nicht, soweit über die Umwandlung ein Bürgerentscheid durchgeführt wird.

(3) Die Vereinbarung über die Umwandlung des Verwaltungsverbandes muss auch Bestimmungen über

1. den Namen der neuen Gemeinde,
2. das in dem künftigen Gemeindegebiet geltende Ortsrecht,
3. die vorläufigen Organe der neuen Gemeinde,
4. den Tag der Rechtswirksamkeit und
5. die befristete Vertretung der bisherigen Mitgliedsgemeinden bei Streitigkeiten über die Vereinbarung enthalten.

(4) [1]Wird auf Grund der Vereinbarung auf unbestimmte Zeit die Ortschaftsverfassung eingeführt, kann sie nur mit Zustimmung des Ortschaftsrats aufgehoben werden, frühestens jedoch zur übernächsten regelmäßigen Wahl der Gemeinderäte nach ihrer Einführung. [2]Der Beschluss des Ortschaftsrats bedarf der Mehrheit der Stimmen aller Mitglieder.

§ 33 Entstehung der neuen Gemeinde

(1) Die Genehmigung nach § 32 Absatz 1 Satz 2 ist von der Rechtsaufsichtsbehörde öffentlich bekanntzumachen.

(2) Die neue Gemeinde entsteht am Tage nach der öffentlichen Bekanntmachung der Genehmigung nach § 32 Absatz 1 Satz 2, sofern die Vereinbarung keinen späteren Zeitpunkt bestimmt.

§ 34 Rechtsnachfolge
Die neue Gemeinde ist Rechtsnachfolgerin des Verwaltungsverbandes und der Mitgliedsgemeinden.

§ 35 Abgabenfreiheit
[1]Für Rechtshandlungen, die wegen der Umwandlung des Verwaltungsverbandes und der Mitgliedsgemeinden notwendig werden, werden Abgaben nicht erhoben. [2]Dies gilt insbesondere für Kosten, die nach dem Gerichtskostengesetz, dem Gerichts- und Notarkostengesetz sowie dem Justizverwaltungskostengesetz erhoben werden. [3]Auslagen werden nicht erstattet.

Dritter Teil
Verwaltungsgemeinschaft

§ 36 Voraussetzungen einer Verwaltungsgemeinschaft
(1) In einer Verwaltungsgemeinschaft haben benachbarte Gemeinden desselben Landkreises die Vereinbarung geschlossen, dass eine Gemeinde (erfüllende Gemeinde) für die anderen beteiligten Gemeinden die Aufgaben eines Verwaltungsverbandes übernimmt.
(2) Eine Gemeinde kann nur einer Verwaltungsgemeinschaft angehören.
(3) [1]§ 3 Absatz 3, § 4 und §§ 7 bis 10 gelten entsprechend. [2]In den Fällen des § 7 wird die erfüllende Gemeinde im eigenen Namen, in den Fällen des § 8 im Namen der beteiligten Gemeinde tätig.

§ 37 Rechtsverhältnisse
[1]Die Rechtsverhältnisse der Verwaltungsgemeinschaft sind durch die beteiligten Gemeinden in einer Gemeinschaftsvereinbarung zu regeln. [2]Die Vereinbarung ist schriftlich abzuschließen.

§ 38 Genehmigung, Wirksamwerden der Gemeinschaftsvereinbarung
(1) [1]Die Gemeinschaftsvereinbarung sowie deren Änderung bedürfen der Genehmigung der Rechtsaufsichtsbehörde. [2]§ 12 Absatz 1 Satz 2 und Absatz 2 sowie § 13 gelten entsprechend.
(2) [1]Die Vereinbarung einer Verwaltungsgemeinschaft kann aus Gründen des öffentlichen Wohls auf Antrag aufgehoben werden. [2]§ 27 Absatz 1 Satz 1 und 2, § 12 Absatz 2 und § 13 gelten entsprechend.
(3) Absatz 2 gilt für das Ausscheiden einzelner beteiligter Gemeinden entsprechend, wenn die Verwaltungsgemeinschaft mit den verbleibenden beteiligten Gemeinden noch den Anforderungen des § 36 Absatz 3 Satz 1 in Verbindung mit § 3 Absatz 3 entspricht.
(4) § 27 Absatz 3 und 4 gilt entsprechend.

§ 39 Vollzug von Rechtsvorschriften
Die erfüllende Gemeinde kann im Geltungsbereich der vom Gemeinschaftsausschuss für die beteiligten Gemeinden und der von den beteiligten Gemeinden erlassenen Satzungen und Rechtsverordnungen alle zur Durchführung erforderlichen Maßnahmen wie im eigenen Gebiet treffen.

§ 40 Gemeinschaftsausschuss
(1) [1]Die beteiligten Gemeinden bilden einen Gemeinschaftsausschuss. [2]Die für die Verbandsversammlung des Verwaltungsverbandes geltenden Vorschriften finden entsprechende Anwendung.
(2) Den Vorsitz im Gemeinschaftsausschuß führt der Gemeinschaftsvorsitzende.
(3) [1]Gemeinschaftsvorsitzender ist der Bürgermeister der erfüllenden Gemeinde. [2]Stellvertretende Gemeinschaftsvorsitzende sollen Bürgermeister der beteiligten Gemeinden sein; das Nähere bestimmt die Gemeinschaftsvereinbarung.
(4) § 16 Absatz 2 gilt entsprechend.

§ 41 Zuständigkeit des Gemeinschaftsausschusses
(1) [1]Soweit die erfüllende Gemeinde Aufgaben im Rahmen der Verwaltungsgemeinschaft wahrnimmt, entscheidet anstelle des Gemeinderates der erfüllenden Gemeinde der Gemeinschaftsausschuss, es sei denn, dass der Bürgermeister der erfüllenden Gemeinde kraft Gesetzes zuständig ist oder dass ihm der Gemeinschaftsausschuss bestimmte Aufgaben übertragen hat. [2]Eine dauernde Übertragung ist in der Gemeinschaftsvereinbarung zu regeln. [3]§ 28 Absatz 2 der Sächsischen Gemeindeordnung gilt entsprechend.
(2) § 19 Absatz 3 gilt entsprechend.

§ 42 Deckung des Finanzbedarfs

[1]Die erfüllende Gemeinde kann zur Deckung des ihr durch die Wahrnehmung der Aufgaben gemäß § 7 Absatz 1 und § 8 Absatz 1 in Verbindung mit § 36 Absatz 3 Satz 1 entstehenden Finanzbedarfs von den anderen beteiligten Gemeinden eine Umlage erheben. [2]Die Gemeinschaftsvereinbarung kann Bestimmungen zur Ermittlung des Finanzbedarfs der Verwaltungsgemeinschaft und nach Maßgabe des § 25 Absatz 1 Satz 2 zum Maßstab enthalten, nach dem die beteiligten Gemeinden zur Deckung des Finanzbedarfs beizutragen haben. [3]Im Übrigen gilt § 25 entsprechend.

§ 43 (weggefallen)

Vierter Teil
Zweckverband

Erster Abschnitt
Grundlagen des Zweckverbandes

§ 44 Verbandsmitglieder

(1) [1]Gemeinden, Verwaltungsverbände, Landkreise und Zweckverbände können sich zu einem Zweckverband (Freiverband) zusammenschließen und ihm bestimmte Aufgaben, zu deren Erfüllung sie berechtigt oder verpflichtet sind, übertragen oder zur Erfüllung von Pflichtaufgaben zu einem Zweckverband zusammengeschlossen werden (Pflichtverband). [2]Der Zweckverband kann daneben auch Aufgaben für einzelne Verbandsmitglieder erfüllen. [3]Die Erfüllung der Aufgaben kann auf einen Teil des Verbandsgebiets eines Verbandsmitglieds beschränkt werden.

(2) [1]Neben einer der in Absatz 1 genannten Körperschaften können auch andere Körperschaften, Anstalten und Stiftungen des öffentlichen Rechts Mitglied eines Zweckverbandes sein, soweit nicht die für sie geltenden besonderen Vorschriften die Beteiligung ausschließen oder beschränken. [2]Natürliche Personen und juristische Personen des Privatrechts können Mitglied eines Zweckverbandes sein, wenn die Erfüllung der Verbandsaufgabe dadurch gefördert wird und Gründe des öffentlichen Wohls nicht entgegenstehen.

(3) Gemeinden, die demselben Verwaltungsverband angehören, können keinen Zweckverband bilden, wenn der Verwaltungsverband die zu übertragende Aufgabe ebenso gut wahrnehmen kann.

§ 45 Rechtsnatur

(1) [1]Der Zweckverband ist eine Körperschaft des öffentlichen Rechts. [2]Er verwaltet seine Angelegenheiten im Rahmen der Gesetze unter eigener Verantwortung.

(2) Der Zweckverband führt weder Flagge noch Wappen.

§ 46 Übergang von Aufgaben

Das Recht und die Pflicht der an einem Zweckverband beteiligten Gemeinden, Verwaltungsverbände, Landkreise und Zweckverbände, die diesem übertragenen Aufgaben wahrzunehmen und die dazu notwendigen Befugnisse auszuüben, gehen auf den Zweckverband über.

§ 47 Rechtsverhältnisse

(1) Die Rechtsverhältnisse des Zweckverbandes werden im Rahmen dieses Gesetzes durch die Verbandssatzung geregelt.

(2) [1]Soweit keine besonderen Rechtsvorschriften bestehen, finden auf den Zweckverband die für Verwaltungsverbände geltenden Vorschriften entsprechende Anwendung. [2]Abweichende Regelungen kann die Verbandssatzung nur insoweit treffen, als dies ausdrücklich zugelassen ist.

Zweiter Abschnitt
Bildung eines Zweckverbandes

§ 48 Verbandssatzung

(1) [1]Zur Bildung des Zweckverbandes vereinbaren die Beteiligten eine Verbandssatzung. [2]Die Vereinbarung bedarf der Schriftform. [3]§ 11 Absatz 2 gilt entsprechend.

(2) [1]Die Verbandssatzung kann die Mitgliedschaft einzelner Verbandsmitglieder nur für eine bestimmte Zeit vorsehen. [2]Für diesen Fall hat die Verbandssatzung auch die Grundlagen für eine Auseinandersetzung mit dem ausscheidenden Verbandsmitglied zu regeln.

§ 49 Genehmigung

(1) [1]Die Verbandssatzung bedarf der Genehmigung der Rechtsaufsichtsbehörde. [2]Die Genehmigung ist zu erteilen, wenn Gründe des öffentlichen Wohls nicht entgegenstehen, die Bildung des Zweckverbandes zulässig und die Verbandssatzung den gesetzlichen Vorschriften entsprechend vereinbart ist. [3]Soll der Zweckverband Weisungsaufgaben erfüllen oder ist für die Übernahme der Übertragung einer Aufgabe, für die der Zweckverband gebildet werden soll, eine besondere Genehmigung erforderlich, entscheidet die Rechtsaufsichtsbehörde im Einvernehmen mit der Fachaufsichtsbehörde über die Genehmigung nach pflichtgemäßem Ermessen. [4]§ 13 gilt entsprechend.

(2) Will die Rechtsaufsichtsbehörde die Genehmigung versagen, sind die Beteiligten vorher zu hören.

§ 50 Pflichtverband

(1) Besteht für die Bildung eines Zweckverbandes zur Erfüllung bestimmter Pflichtaufgaben ein dringendes öffentliches Bedürfnis, insbesondere weil eine Gebietskörperschaft eine Pflichtaufgabe nicht erfüllen kann, weil das ihre Wirtschafts- oder Verwaltungskraft übersteigt, aber mehrere Gebietskörperschaften im Weg eines Zweckverbandes diese Aufgaben erfüllen können, so kann die Rechtsaufsichtsbehörde den beteiligten Gemeinden, Verwaltungsverbänden und Landkreisen eine angemessene Frist zur Bildung eines Zweckverbandes setzen.

(2) [1]Wird der Zweckverband innerhalb der gesetzten Frist nicht gebildet, verfügt die Rechtsaufsichtsbehörde die Bildung eines Zweckverbandes und erlässt gleichzeitig die Verbandssatzung. [2]Vor dieser Entscheidung sind die Beteiligten zu hören.

(3) Die Absätze 1 und 2 gelten entsprechend für die Übertragung bestimmter Pflichtaufgaben auf einen bestehenden Zweckverband und für den Anschluss von Gemeinden, Verwaltungsverbänden und Landkreisen zur Erfüllung bestimmter Pflichtaufgaben an einen bestehenden Zweckverband.

(4) [1]Die Vorschriften über den Inhalt der Verbandssatzung gelten entsprechend. [2]Die Verbandssatzung muss, soweit erforderlich, die Ausstattung des Zweckverbandes mit Dienstkräften regeln.

(5) Im Übrigen gelten § 49 Absatz 1 Satz 3 und § 13 entsprechend.

Dritter Abschnitt
Verfassung und Verwaltung des Zweckverbandes

§ 51 Organe

(1) Organe des Zweckverbandes sind die Verbandsversammlung und der Verbandsvorsitzende.

(2) [1]Die Verbandssatzung kann als weiteres Organ einen Verwaltungsrat vorsehen. [2]Für die Mitglieder des Verwaltungsrats gilt § 16 Absatz 6 entsprechend.

§ 52 Zusammensetzung der Verbandsversammlung

(1) [1]Die Verbandsversammlung des Zweckverbandes besteht aus mindestens einem Vertreter eines jeden Verbandsmitgliedes. [2]Die Verbandssatzung kann bestimmen, dass einzelne oder alle Verbandsmitglieder mehrere Vertreter in die Verbandsversammlung entsenden. [3]Die Stimmenzahl eines Verbandsmitglieds kann unabhängig von der Zahl der von ihm entsandten Vertreter bestimmt werden. [4]Die Stimmen eines Verbandsmitglieds werden einheitlich durch dessen Vertreter nach Absatz 3 Satz 1 abgegeben.

(2) Die in § 44 Absatz 2 Satz 2 genannten Verbandsmitglieder dürfen zusammen nicht mehr als zwei Fünftel der satzungsmäßigen Stimmenzahl haben; dabei bleiben diejenigen Verbandsmitglieder außer Betracht, an denen ausschließlich Gemeinden oder Landkreise beteiligt sind.

(3) [1]Eine Gemeinde wird in der Verbandsversammlung durch den Bürgermeister, ein Landkreis durch den Landrat und ein Verwaltungs- oder Zweckverband durch den Verbandsvorsitzenden vertreten, sofern nicht auf dessen Vorschlag das Hauptorgan des Verbandsmitglieds einen anderen leitenden Bediensteten zum Vertreter wählt. [2]Sind mehrere Vertreter zu entsenden, werden diese vom Hauptorgan des Verbandsmitglieds gewählt. [3]§ 16 Absatz 4 gilt entsprechend.

(4) Die Verbandsmitglieder können ihren Vertretern Weisungen erteilen.

(5) § 39 Absatz 1 Satz 2 der Sächsischen Gemeindeordnung ist auf die Beschlussfassung der Verbandsversammlung entsprechend anzuwenden.

(6) [1]Die Vertreter der Verbandsmitglieder in der Verbandsversammlung sind ehrenamtlich tätig. [2]Für ihre Rechtsverhältnisse gelten die für Gemeinderäte maßgebenden Vorschriften entsprechend.

§ 53 Zuständigkeit der Verbandsversammlung
[1]Die Verbandsversammlung ist das Hauptorgan des Zweckverbandes. [2]Sie nimmt die Aufgaben des Zweckverbandes, insbesondere den Erlass von Satzungen und Rechtsverordnungen, wahr, soweit nicht der Verbandsvorsitzende oder ein beschließender Ausschuss zuständig ist.

§ 54 Ausschüsse
[1]Durch die Verbandssatzung können beschließende und beratende Ausschüsse gebildet werden. [2]§ 18 gilt entsprechend.

§ 55 Geschäftsgang des Verwaltungsrats
Für den Geschäftsgang des Verwaltungsrats finden die für die Verbandsversammlung geltenden Vorschriften entsprechende Anwendung, soweit die Verbandssatzung nicht anderes bestimmt.

§ 56 Verbandsvorsitzender und Stellvertreter
(1) [1]Der Verbandsvorsitzende und mindestens ein Stellvertreter werden von der Verbandsversammlung aus der Mitte ihrer gemäß § 52 Absatz 3 Satz 1 entsandten Vertreter gewählt. [2]Ist in der Verbandssatzung ein Verwaltungsrat vorgesehen, kann diese bestimmen, dass die Stellvertreter aus dessen Mitte gewählt werden; die Stellvertreter müssen dem Kreis der gemäß § 52 Absatz 3 Satz 1 entsandten Vertreter angehören.

(2) [1]Der Verbandsvorsitzende und seine Stellvertreter sind ehrenamtlich tätig. [2]Sie werden für die Dauer von fünf Jahren, sind sie Inhaber eines kommunalen Wahlamtes eines Verbandsmitgliedes, für die Dauer dieses Amtes gewählt. [3]Durch Satzung können angemessene Aufwandsentschädigungen festgesetzt werden. [4]Im Übrigen gelten für ihre Rechtsverhältnisse die für die Gemeinderäte maßgebenden Vorschriften entsprechend.

(3) [1]Der Verbandsvorsitzende ist Vorsitzender der Verbandsversammlung und des Verwaltungsrats sowie Leiter der Verbandsverwaltung. [2]§ 20 Absatz 1 Satz 3, §§ 21 und 22 gelten entsprechend.

§ 57 Bedienstete
(1) [1]Die Verbandssatzung bestimmt, ob der Zweckverband hauptamtliche Bedienstete hat. [2]§ 61 Absatz 2 und § 62 der Sächsischen Gemeindeordnung sind anzuwenden, soweit die Größe des Zweckverbandes es rechtfertigt.

(2) [1]Einem Zweckverband kann das Recht, Dienstherr von Beamten zu sein, von der obersten Rechtsaufsichtsbehörde verliehen werden. [2]Die Verleihung darf nur erfolgen, wenn dies wegen der Wahrnehmung hoheitsrechtlicher Aufgaben zwingend geboten ist und wenn dem Zweckverband nur juristische Personen des öffentlichen Rechts mit Dienstherrenfähigkeit angehören.

(3) [1]Gehen Aufgaben eines Zweckverbandes wegen Auflösung oder aus anderen Gründen ganz oder teilweise auf andere juristische Personen des öffentlichen Rechts mit Dienstherrenfähigkeit über, so gelten für die Übernahme und die Rechtsstellung der Beamten und Versorgungsempfänger des Zweckverbandes §§ 33 bis 37 des Sächsischen Beamtengesetzes vom 18. Dezember 2013 (SächsGVBl. S. 970, 971), das durch das Gesetz vom 4. Juli 2017 (SächsGVBl. S. 347) geändert worden ist, in der jeweils geltenden Fassung. [2]Die Verbandssatzung eines Zweckverbandes, der Dienstherr von Beamten werden soll, muss Bestimmungen darüber enthalten, wer die Beamten und Versorgungsempfänger zu übernehmen hat, wenn der Zweckverband aufgelöst wird, ohne dass seine bisherigen Aufgaben auf andere juristische Personen des öffentlichen Rechts mit Dienstherrenfähigkeit übergehen.

Vierter Abschnitt
Wirtschafts- und Finanzverfassung

§ 58 Wirtschaftsführung
(1) Für die Wirtschaftsführung des Zweckverbandes gelten die Vorschriften über die Gemeindewirtschaft entsprechend.

(2) [1]Die Verbandssatzung eines Zweckverbandes, dessen Hauptzweck der Betrieb eines Unternehmens im Sinne des § 95a der Sächsischen Gemeindeordnung ist, kann bestimmen, dass für die Wirtschaftsführung, das Rechnungswesen und die Jahresabschlussprüfung des Zweckverbandes die für die Wirtschaftsführung, das Rechnungswesen und die Jahresabschlussprüfung der Eigenbetriebe geltenden Vorschriften entsprechend Anwendung finden mit der Maßgabe, dass

1. an die Stelle der Gemeinde der Zweckverband, an die Stelle der Betriebssatzung die Verbandssatzung, an die Stelle des Gemeinderats die Verbandsversammlung, an die Stelle des Bürgermeisters und an die Stelle der Betriebsleitung der Verbandsvorsitzende tritt,
2. an die Stelle des Betriebsausschusses der Verwaltungsrat treten kann,
3. neben dem Betriebsausschuss weitere beratende oder beschließende Ausschüsse gebildet werden können.

[2]Gleiches gilt für die Wirtschaftsführung, das Rechnungswesen und die Jahresabschlussprüfung des Zweckverbandes, der einen Eigenbetrieb führt.

§ 58a Haushaltsstrukturkonzept

(1) [1]Zweckverbände, die gemäß § 58 Absatz 2 die für die Wirtschaftsführung, das Rechnungswesen und die Jahresabschlussprüfung der Eigenbetriebe geltenden Vorschriften entsprechend anwenden, sind zur Aufstellung eines Haushaltsstrukturkonzepts verpflichtet, wenn

1. ein im Jahresabschluss festgestellter Verlust um mehr als drei Jahre vorgetragen werden soll und die Eigenkapitalausstattung einen Ausgleich des Verlustes aus dem Eigenkapital nicht zulässt,
2. der Finanzmittelbestand am Ende des Planungszeitraumes negativ ist oder die Zahlungsfähigkeit in sonstiger Weise gefährdet ist oder
3. in der Bilanz ein nicht durch Eigenkapital gedeckter Fehlbetrag (Überschuldung) ausgewiesen wird.

[2]In begründeten Einzelfällen kann die Rechtsaufsichtsbehörde Ausnahmen von der Pflicht zur Aufstellung eines Haushaltsstrukturkonzepts zulassen.

(2) Das Haushaltsstrukturkonzept soll sicherstellen, dass

1. in den Fällen des Absatzes 1 Satz 1 Nummer 1 die Verlustvorträge bis zum dritten Folgejahr ausgeglichen werden,
2. in den Fällen des Absatzes 1 Satz 1 Nummer 2 der Finanzmittelbestand am Ende des Planungszeitraumes positiv ist und die Zahlungsfähigkeit jederzeit gewährleistet ist,
3. in den Fällen des Absatzes 1 Satz 1 Nummer 3 eine Überschuldung bis zum dritten Folgejahr beseitigt wird.

(3) [1]Das Haushaltsstrukturkonzept bedarf der Genehmigung durch die Rechtsaufsichtsbehörde. [2]Im begründeten Einzelfall kann mit Genehmigung der Rechtsaufsichtsbehörde von den in Absatz 2 genannten Konsolidierungszeiträumen abgewichen werden. [3]Die Genehmigung kann unter Bedingungen und Auflagen erteilt werden. [4]Das Haushaltsstrukturkonzept ist der Entwicklung der Vermögens-, Ertrags- und Finanzlage anzupassen.

§ 59 Prüfungswesen

(1) Die Verbandssatzung kann bestimmen, dass der Zweckverband

1. ein eigenes Rechnungsprüfungsamt einrichtet, wenn die Größe des Zweckverbandes dies rechtfertigt, oder
2. sich eines anderen kommunalen Rechnungsprüfungsamtes oder Rechnungsprüfers, eines Wirtschaftsprüfers oder einer Wirtschaftsprüfungsgesellschaft bedient.

(2) Trifft die Verbandssatzung keine Regelung nach Absatz 1, so ist ein geeigneter Bediensteter des Zweckverbandes oder eines Verbandsmitglieds im Sinne des § 44 Absatz 1 oder Absatz 2 Satz 1 zum Rechnungsprüfer zu bestellen.

(3) Im Übrigen gelten §§ 103 bis 109 der Sächsischen Gemeindeordnung entsprechend.

§ 60 Deckung des Finanzbedarfs

(1) [1]Der Zweckverband kann, soweit seine sonstigen Erträge zur Deckung seines Finanzbedarfs nicht ausreichen, von den Verbandsmitgliedern eine Umlage erheben. [2]Die Maßstäbe für die Umlagen für die einzelne Aufgabe sollen so bestimmt werden, dass der Aufwand entsprechend dem Nutzen aus der Aufgabenerfüllung auf die einzelnen Verbandsmitglieder verteilt wird. [3]Die Höhe der Umlage ist in der Haushaltssatzung für jedes Haushaltsjahr festzusetzen; sie soll getrennt für den Ergebnishaushalt und den Finanzhaushalt festgesetzt werden. [4]Der Zweckverband kann für rückständige Beträge Verzugszinsen in Höhe von zwei Prozent über dem jeweiligen Basiszinssatz nach § 247 des Bürgerlichen Gesetzbuches verlangen.

(2) Für die Kostentragung bei einzelnen Aufgaben kann eine andere Regelung vereinbart werden.

(3) [1]Soweit Aufgaben auf den Zweckverband übergehen, steht das Recht, Abgaben und für die Benutzung einer Einrichtung Entgelte zu erheben, dem Zweckverband zu; die Verbandssatzung kann jedoch bestimmen, dass dieses Recht bei den Verbandsmitgliedern verbleibt. [2]Das Recht zur Erhebung von eigenen Steuern steht dem Zweckverband nicht zu.

Fünfter Abschnitt
Änderungen der Verbandssatzung und Auflösung des Zweckverbandes

§ 61 Änderungen der Verbandssatzung
(1) Für Änderungen der Verbandssatzung gilt § 26 Absatz 1 und 3 mit der Maßgabe entsprechend, dass die Genehmigung zu erteilen ist, wenn Gründe des öffentlichen Wohls nicht entgegenstehen und die Änderung der Verbandssatzung den gesetzlichen Vorschriften entsprechend beschlossen worden ist.

(2) Für die Übertragung weiterer Aufgaben und die Rückübertragung einzelner Aufgaben gelten § 7 Absatz 2 und § 49 Absatz 1 Satz 3 entsprechend.

§ 62 Auflösung des Zweckverbandes
(1) [1]Der Zweckverband kann mit einer Mehrheit von mindestens drei Vierteln der satzungsmäßigen Stimmenzahl der Verbandsmitglieder seine Auflösung beschließen. [2]Der Beschluss über die Auflösung bedarf der Genehmigung der Rechtsaufsichtsbehörde. [3]Die Genehmigung darf nur erteilt werden, wenn Gründe des öffentlichen Wohls der Auflösung nicht entgegenstehen, insbesondere die weitere Erfüllung der Pflichtaufgaben gesichert ist, keine unvertretbaren haushaltswirtschaftlichen Auswirkungen zu erwarten sind und sich die Verbandsmitglieder über die Auseinandersetzung geeinigt haben. [4]§ 13 und § 49 Absatz 1 Satz 3 und Absatz 2 gelten entsprechend.

(2) [1]Absatz 1 gilt für den Ausschluss und das Ausscheiden einzelner Verbandsmitglieder entsprechend. [2]Für den Beschluss über das Ausscheiden einzelner Verbandsmitglieder kann die Verbandssatzung eine von Absatz 1 Satz 1 abweichende Mehrheit der satzungsmäßigen Stimmenzahl festsetzen.

(3) [1]Aus dringenden Gründen des öffentlichen Wohls kann die obere Rechtsaufsichtsbehörde nach Anhörung der Beteiligten die Auflösung des Zweckverbandes oder den Ausschluss einzelner Verbandsmitglieder anordnen. [2]§ 13 gilt entsprechend.

(4) [1]Der Zweckverband ist aufgelöst, wenn seine Aufgaben vollständig auf eine andere Körperschaft des öffentlichen Rechts übergehen oder wenn er nur noch aus einem Mitglied besteht. [2]Im letzteren Fall tritt das Mitglied an die Stelle des Zweckverbandes. [3]Die Rechtsaufsichtsbehörde hat die Auflösung und den Übergang der Aufgaben öffentlich bekanntzumachen.

(5) Hinsichtlich der Abwicklung und der Haftung gelten die §§ 29 und 30 entsprechend.

§ 63 Wegfall von Verbandsmitgliedern
(1) Fällt ein Verbandsmitglied weg, tritt dessen Rechtsnachfolger in die Rechtsstellung des weggefallenen Verbandsmitgliedes ein.

(2) [1]Wenn Gründe des öffentlichen Wohls nicht entgegenstehen, kann der Zweckverband binnen drei Monaten nach Wirksamwerden der Änderung den Ausschluss des Rechtsnachfolgers mit einer Mehrheit von zwei Dritteln der satzungsmäßigen Stimmenzahl beschließen; in gleicher Weise kann dieser sein Ausscheiden aus dem Zweckverband erklären. [2]Der Beschluss über den Ausschluss des Rechtsnachfolgers und die Erklärung über sein Ausscheiden bedürfen der Genehmigung der Rechtsaufsichtsbehörde. [3]Die Entscheidung ergeht nach pflichtgemäßem Ermessen. [4]§ 13 gilt entsprechend. [5]Falls der Rechtsnachfolger dem Ausschluss widerspricht oder der Zweckverband dessen Verlangen auf Ausscheiden nicht entspricht, entscheidet auf Antrag eines der Beteiligten die Rechtsaufsichtsbehörde. [6]In diesem Fall regelt die Rechtsaufsichtsbehörde auch die aus der Veränderung sich ergebenden Verhältnisse zwischen dem Zweckverband und dem ausscheidenden Mitglied.

§ 64 Besondere Bestimmungen für Pflichtverbände
[1]Ist eine der Voraussetzungen für die Bildung eines Pflichtverbandes entfallen, hat die Rechtsaufsichtsbehörde den Zweckverband auf Antrag eines Verbandsmitgliedes zu einem Freiverband zu erklären. [2]§ 13 gilt entsprechend.

Sechster Abschnitt
Vereinigung und Eingliederung von Zweckverbänden

§ 65 Voraussetzungen einer Vereinigung

(1) [1]Die Verbandsversammlungen zweier oder mehrerer Zweckverbände können vereinbaren, dass die Zweckverbände zu einem neuen Zweckverband vereinigt werden. [2]In den Beschlüssen ist festzulegen, wer die Rechte des Verbandsvorsitzenden des neuen Zweckverbandes bis zur erstmaligen, unverzüglich durchzuführenden Wahl eines Verbandsvorsitzenden durch die Verbandsversammlung wahrnimmt.

(2) [1]Die Vereinigung bedarf übereinstimmender Beschlüsse durch die Verbandsversammlung der betroffenen Zweckverbände. [2]Die Beschlüsse bedürfen jeweils der Mehrheit von mindestens zwei Dritteln der satzungsmäßigen Stimmenzahl.

(3) § 50 gilt entsprechend.

§ 66 Verbandssatzung

(1) [1]Zur Bildung des neuen Zweckverbandes muss von den Beteiligten eine Verbandssatzung vereinbart werden. [2]§ 11 Absatz 2 und 3 gilt entsprechend.

(2) [1]Die Verbandssatzung des neuen Zweckverbandes bedarf der Genehmigung der Rechtsaufsichtsbehörde. [2]§ 49 Absatz 1 Satz 2 und 3 und Absatz 2 sowie § 13 gelten entsprechend.

§ 67 Rechtsnachfolge

Der neue Zweckverband ist Rechtsnachfolger der bisherigen Zweckverbände.

§ 68 Abgabenfreiheit

[1]Für Rechtshandlungen, die wegen einer Vereinigung oder Eingliederung von Zweckverbänden notwendig werden, werden Abgaben nicht erhoben. [2]Dies gilt insbesondere für Kosten, die nach dem Gerichtskostengesetz, dem Gerichts- und Notarkostengesetz sowie dem Justizverwaltungskostengesetz erhoben werden. [3]Auslagen werden nicht erstattet.

§ 69 Ausscheiden eines Verbandsmitgliedes

[1]Aus wichtigem Grund kann ein Verbandsmitglied sein Ausscheiden aus dem neuen Zweckverband erklären. [2]§ 63 Absatz 2 Satz 2 bis 4 gilt entsprechend.

§ 70 Eingliederung von Zweckverbänden

Die §§ 65 bis 69 gelten für die Eingliederung eines Zweckverbandes in einen anderen entsprechend.

Fünfter Teil
Zweckvereinbarung

§ 71 Voraussetzungen und Formen einer Zweckvereinbarung

(1) [1]Gemeinden, Verwaltungsverbände, Landkreise und Zweckverbände können vereinbaren, dass eine der beteiligten Körperschaften (beauftragte Körperschaft) bestimmte Aufgaben, zu deren Erfüllung jede der beteiligten Körperschaften berechtigt oder verpflichtet ist, für alle wahrnimmt, insbesondere den übrigen Beteiligten die Mitbenutzung einer von ihr betriebenen Einrichtung gestattet (Zweckvereinbarung). [2]§ 44 Absatz 2 gilt entsprechend. [3]Das Recht und die Pflicht der übrigen Beteiligten zur Wahrnehmung der Aufgaben und die dazu notwendigen Befugnisse gehen auf die beauftragte Körperschaft über; § 60 Absatz 3 gilt entsprechend.

(2) [1]Durch eine Zweckvereinbarung können auch die Durchführung bestimmter Aufgaben durch eine der beteiligten Körperschaften im Namen und nach Weisung der übrigen Beteiligten oder der Betrieb einer gemeinsamen Dienststelle vereinbart werden. [2]Die Zuständigkeit der Beteiligten als Träger der Aufgabe bleibt unberührt. [3]In einer Zweckvereinbarung nach Satz 1 kann auch geregelt werden, dass eine Gebietskörperschaft den beteiligten anderen Gebietskörperschaften Dienstkräfte zur Erfüllung ihrer Aufgaben zeitanteilig zur Verfügung stellt.

(3) [1]Beim Betrieb einer gemeinsamen Dienststelle üben die Bediensteten ihre Tätigkeiten nach der fachlichen Weisung der im Einzelfall zuständigen Körperschaft aus. [2]Ihre dienstrechtliche Stellung im Übrigen bleibt unberührt. [3]Verletzt ein Bediensteter in Ausübung seiner Tätigkeit in der gemeinsamen Dienststelle die ihm einem Dritten gegenüber obliegende Amtspflicht, haftet der Beteiligte, der für die Amtshandlung sachlich und örtlich zuständig ist.

(4) Im Falle des Betriebs einer gemeinsamen Dienststelle hat jede beteiligte Körperschaft zu gewährleisten, dass bei ihr eine Stelle mit ausreichend qualifiziertem Personal besteht, die im Tätigkeitsbereich der gemeinsamen Dienststelle die erforderlichen Auskünfte erteilt und Anträge oder sonstige Erklärungen von den Bürgern entgegennimmt.

§ 72 Rechtsverhältnisse

(1) [1]Die Rechtsverhältnisse sind durch die Beteiligten in einer Zweckvereinbarung schriftlich zu regeln. [2]Die Zweckvereinbarung kann auf bestimmte oder unbestimmte Zeit geschlossen werden. [3]Die Zweckvereinbarung sowie deren Änderung bedürfen der Genehmigung der Rechtsaufsichtsbehörde, sofern sie einen Aufgabenübergang oder den Betrieb einer gemeinsamen Dienststelle zum Gegenstand hat. [4]§ 49 Absatz 1 Satz 2 bis 4 und Absatz 2 gilt entsprechend.

(2) [1]In der Zweckvereinbarung kann den übrigen Beteiligten ein Mitwirkungsrecht bei der Wahrnehmung der Aufgaben eingeräumt werden. [2]Es kann insbesondere vereinbart werden, dass die Beteiligten einen gemeinsamen Ausschuss bilden. [3]Für den gemeinsamen Ausschuss gelten die Vorschriften über die Verbandsversammlung des Zweckverbandes entsprechend, soweit in der Zweckvereinbarung nichts anderes bestimmt ist.

(3) [1]Die Zweckvereinbarung kann aus Gründen des öffentlichen Wohls mit Genehmigung der Rechtsaufsichtsbehörde aufgehoben werden. [2]§ 12 Absatz 2 und § 13 gelten entsprechend. [3]Sätze 1 und 2 gelten für das Ausscheiden einzelner Beteiligter entsprechend.

(4) [1]Aus dringenden Gründen des öffentlichen Wohls kann die obere Rechtsaufsichtsbehörde nach Anhörung der Beteiligten die Aufhebung der Zweckvereinbarung oder das Ausscheiden einzelner Beteiligter anordnen. [2]§ 13 gilt entsprechend.

§ 73 Pflichtvereinbarung

(1) Besteht für den Abschluss einer Zweckvereinbarung zur Erfüllung bestimmter Pflichtaufgaben ein dringendes öffentliches Bedürfnis, kann die Rechtsaufsichtsbehörde den beteiligten Gemeinden, Verwaltungsverbänden, Landkreisen und Zweckverbänden eine angemessene Frist zum Abschluss einer Zweckvereinbarung setzen.

(2) [1]Wird die Zweckvereinbarung innerhalb der gesetzten Frist nicht abgeschlossen, legt die Rechtsaufsichtsbehörde die Zweckvereinbarung fest. [2]Vor dieser Entscheidung sind die Beteiligten zu hören.

(3) [1]Ist eine der Voraussetzungen für die Pflichtvereinbarung weggefallen, hat die Rechtsaufsichtsbehörde die Pflichtvereinbarung auf Antrag eines Beteiligten aufzuheben. [2]§ 13 gilt entsprechend.

(4) Die Absätze 1 und 2 gelten entsprechend für die Einbeziehung von Gemeinden, Landkreisen, Verwaltungsverbänden und Zweckverbänden in eine bestehende Zweckvereinbarung.

Sechster Teil
Kommunale Arbeitsgemeinschaften

§ 73a Kommunale Arbeitsgemeinschaften

(1) [1]Gemeinden, Landkreise, Verwaltungsverbände und Zweckverbände können sich zu kommunalen Arbeitsgemeinschaften zusammenschließen. [2]In diese Arbeitsgemeinschaften können auch sonstige Körperschaften, Anstalten und Stiftungen des öffentlichen Rechts sowie natürliche Personen und juristische Personen des Privatrechts aufgenommen werden.

(2) Die Arbeitsgemeinschaften beraten entsprechend der getroffenen Vereinbarung ihre Mitglieder in den sie gemeinsam betreffenden Angelegenheiten, stimmen Planungen sowie Tätigkeiten von Einrichtungen ihrer Mitglieder aufeinander ab, um eine möglichst wirtschaftliche und zweckmäßige Erfüllung der Aufgaben in einem größeren nachbarlichen Gebiet sicherzustellen.

(3) [1]Die Arbeitsgemeinschaften fassen keine die Mitglieder bindenden Beschlüsse. [2]Die Zuständigkeit der Organe der einzelnen Mitglieder bleibt unberührt.

Siebter Teil
Aufsicht

§ 74 Rechtsaufsichtsbehörde

(1) [1]Rechtsaufsichtsbehörde ist

1. das Landratsamt, wenn nur Gemeinden oder Verwaltungsverbände beteiligt sind, die seiner Aufsicht unterstehen;

2. die Landesdirektion Sachsen, wenn ein Landkreis beteiligt ist, wenn Gemeinden oder Verwaltungsverbände mehrerer Landkreise beteiligt sind oder wenn ein Verwaltungsverband oder die erfüllende Gemeinde einer Verwaltungsgemeinschaft die Aufgaben der unteren Verwaltungsbehörde wahrnimmt;

3. das Staatsministerium des Innern, wenn sich der Kreis der beteiligten Gemeinden, Verwaltungsverbände oder Landkreise über den Freistaat Sachsen hinaus erstreckt oder wenn der Freistaat Sachsen oder der Bund beteiligt sind.

[2]Das Staatsministerium des Innern kann die Zuständigkeit nach Satz 1 Nummer 2 und 3 abweichend bestimmen.

(2) Obere Rechtsaufsichtsbehörde ist in den Fällen des Absatzes 1 Nummer 1 und 2 die Landesdirektion Sachsen, im Fall des Absatzes 1 Nummer 3 das Staatsministerium des Innern.

(3) Oberste Rechtsaufsichtsbehörde ist das Staatsministerium des Innern.

§ 75 Aufsicht über Verwaltungsverbände und Zweckverbände

[1]Verwaltungsverbände und Zweckverbände unterstehen der Rechtsaufsicht, bei Erfüllung von Weisungsaufgaben der Fachaufsicht. [2]Die §§ 111, 112 Absatz 2 bis 4 und §§ 113 bis 123 der Sächsischen Gemeindeordnung gelten entsprechend.

Achter Teil
Übergangs- und Schlussbestimmungen

§ 76 Planungsverbände

(1) Auf Planungsverbände nach § 205 Absatz 1 bis 5 des Baugesetzbuches sind die Vorschriften dieses Gesetzes über Zweckverbände entsprechend anwendbar, soweit sich aus dem Baugesetzbuch nichts anderes ergibt.

(2) Auf Wasser- und Bodenverbände sind die Vorschriften dieses Gesetzes über Zweckverbände entsprechend anwendbar, soweit sich aus dem Wasserverbandsgesetz nichts anderes ergibt.

§ 77 (weggefallen)

§ 78 Anwendung auf bestehende Zweckverbände, Verwaltungsgemeinschaften und gemeinsame Verwaltungsämter

(1) [1]Die zum Zeitpunkt des Inkrafttretens dieses Gesetzes bestehenden Verwaltungsgemeinschaften und gemeinsamen Verwaltungsämter haben spätestens bis zum 31. Dezember 1994 ihre Rechtsverhältnisse nach diesem Gesetz zu ordnen. [2]Insbesondere sind die Gemeinschaftsvereinbarungen den Vorschriften dieses Gesetzes anzupassen und zur Genehmigung nach Absatz 3 vorzulegen. [3]Bis dahin bleiben die Gemeinschaftsvereinbarungen in Kraft, auch soweit sie Vorschriften dieses Gesetzes widersprechen.

(2) Verbandssatzungen von Zweckverbänden sind bis zum 31. Dezember 1994 den Vorschriften dieses Gesetzes anzupassen.

(3) Verbandssatzungen, Gemeinschaftsvereinbarungen und Zweckvereinbarungen bedürfen nach Maßgabe dieses Gesetzes einer Genehmigung der zuständigen Rechtsaufsichtsbehörde, auch wenn und soweit eine Anpassung nicht erforderlich ist.

(4) Zweckverbände, die am 1. Februar 1998 die Dienstherrnfähigkeit besessen haben, bleiben dienstherrnfähig im Hinblick auf die zu diesem Zeitpunkt bestehenden Beamtenverhältnisse.

§ 78a Übergangsbestimmung aus Anlass des Gesetzes zur Erleichterung freiwilliger Gebietsänderungen

Nach § 52 Absatz 2 Satz 1 dieses Gesetzes in der Fassung vom 19. August 1993 (SächsGVBl. S. 827, 1103) bestehende satzungsmäßige Bestimmungen über Stimmrechtsbeschränkungen gelten fort.

§ 78b Übernahme der Angestellten, Arbeiter sowie der in einem Ausbildungsverhältnis stehenden Beschäftigten

[1]Die §§ 33 und 34 Absatz 2 bis 4 des Sächsischen Beamtengesetzes gelten bei der Bildung eines Verwaltungsverbandes oder einer Verwaltungsgemeinschaft für die Angestellten und Arbeiter sowie die in einem Ausbildungsverhältnis stehenden Beschäftigten entsprechend. [2]Treten diese danach in den Dienst des Verwaltungsverbandes oder der erfüllenden Gemeinde über, wird das Arbeitsverhältnis mit dem neuen Arbeitgeber fortgesetzt.

§ 78c Übergangsbestimmungen aus Anlass des Gesetzes zur Fortentwicklung des Kommunalrechts

(1) [1]Nach § 19 Absatz 3 Satz 5 dieses Gesetzes in der Fassung vom 19. August 1993 (SächsGVBl. S. 815, 1103) bestehende satzungsmäßige Bestimmungen sind an die Vorschriften dieses Gesetzes in der am 1. Januar 2014 geltenden Fassung bis zum 31. Dezember 2014 anzupassen und zur Genehmigung vorzulegen. [2]Bis dahin bleiben sie in Kraft, auch soweit sie den geänderten Vorschriften widersprechen.

(2) Geltende satzungsmäßige Bestimmungen zur Verteilung des Stimmrechts in der Verbandsversammlung gemäß den §§ 16 und 19 Absatz 3 Satz 1 dieses Gesetzes in der Fassung vom 19. August 1993 (SächsGVBl. S. 815, 1103) gelten fort.

(3) [1]Für am 1. Januar 2014 bestehende öffentlich-rechtliche Verträge nach § 1 des Gesetzes zur Übertragung von Aufgaben auf kreisangehörige Gemeinden vom 29. Januar 2008 (SächsGVBl. S. 138) gilt das Gesetz zur Übertragung von Aufgaben auf kreisangehörige Gemeinden in der bis zum 31. Dezember 2013 geltenden Fassung fort. [2]Eine Verlängerung der vertraglich vereinbarten Befristung ist ausgeschlossen.

§ 79 Rechtsverordnungen

[1]Das Staatsministerium des Innern wird ermächtigt, durch Rechtsverordnung zu regeln

1. das Verfahren bei der Bildung von Verbandsversammlungen, Ausschüssen und gemeinsamen Ausschüssen,

2. die Anwendung der Bestimmungen des Gemeindewirtschaftsrechts auf Zweckverbände.

[2]§ 5 Absatz 3 dieses Gesetzes in Verbindung mit § 127 der Sächsischen Gemeindeordnung bleibt unberührt.

§ 80 Verwaltungsvorschriften

Das Staatsministerium des Innern kann Verwaltungsvorschriften zur Durchführung dieses Gesetzes erlassen.

§ 81 Grenzüberschreitende Zweckverbände

[1]Die Mitgliedschaft einer Gemeinde, eines Verwaltungsverbandes, eines Landkreises, eines Zweckverbandes oder einer sonstigen der Aufsicht des Freistaates Sachsen unterstehenden Körperschaft, Anstalt oder Stiftung des öffentlichen Rechts in einem Zweckverband, der seinen Sitz außerhalb des Freistaates Sachsen hat, ist nur möglich, wenn ein Staatsvertrag dies zulässt. [2]Das gleiche gilt für die Mitgliedschaft einer Gemeinde, eines Landkreises oder einer sonstigen, nicht der Aufsicht des Freistaates Sachsen unterstehenden Körperschaft, Anstalt oder Stiftung des öffentlichen Rechts in einem Zweckverband, der seinen Sitz innerhalb des Freistaates Sachsen hat.

§§ 82 bis 85 (weggefallen)

§ 86 (Inkrafttreten)

Sächsisches Kommunalabgabengesetz (SächsKAG)

In der Fassung der Bekanntmachung vom 9. März 2018[1] (SächsGVBl. S. 116)
(BS Sachsen 51-1)

zuletzt geändert durch Art. 2 Abs. 17 Sächsisches VerwaltungskostenrechtsneuordnungsG
vom 5. April 2019 (SächsGVBl. S. 245)

Inhaltsübersicht

---

1) Neubekanntmachung des Sächsischen Kommunalabgabengesetzes v. 26.8.2004 (SächsGVBl. S. 418; ber. GVBl. 2005 S. 306) in der ab 1.1.2018 geltenden Fassung.

Abschnitt 1
Allgemeine Vorschriften

§ 1 Geltungsbereich
(1) Die Gemeinden und Landkreise sind berechtigt, nach diesem Gesetz Abgaben zu erheben, soweit nicht Bundesrecht oder Landesrecht etwas anderes bestimmen.
(2) Kommunalabgaben im Sinne dieses Gesetzes sind Steuern, Verwaltungsgebühren und Auslagen für Leistungen zur Erfüllung weisungsfreier Aufgaben, Benutzungsgebühren, Beiträge, Aufwandersatz, die Gästetaxe, die Tourismusabgabe, und abgabenrechtliche Nebenleistungen (Verspätungszuschläge, Zinsen und Säumniszuschläge).

§ 2 Rechtsgrundlage für Kommunalabgaben
(1) [1]Kommunalabgaben werden aufgrund einer Satzung erhoben. [2]Die Abgabensatzung muss die Abgabenschuldner, den die Abgabe begründenden Tatbestand, den Maßstab und den Satz der Abgabe sowie die Entstehung und die Fälligkeit der Abgabenschuld bestimmen. [3]Die Sätze 1 und 2 finden keine Anwendung auf abgabenrechtliche Nebenleistungen (§ 1 Absatz 2).
(2) [1]Die fehlerhafte oder fehlende Ermittlung des Betriebskapitals, eines Beitrags-, Gebühren-, Einheits- oder sonstigen Abgabensatzes führt nur dann zur Nichtigkeit seiner Festsetzung in der Abgabensatzung, wenn die nach diesem Gesetz zulässige Höchstgrenze des Beitrags-, Gebühren- oder Einheitssatzes überschritten ist. [2]§ 4 Absatz 4 der Sächsischen Gemeindeordnung bleibt unberührt.

§ 3 Verwaltungsverfahren
(1) Auf die Kommunalabgaben sind die folgenden Bestimmungen der Abgabenordnung sinngemäß anzuwenden, soweit sie sich nicht auf bestimmte Steuern beziehen und soweit nicht dieses Gesetz besondere Vorschriften enthält:
1. aus dem Ersten Teil – Einleitende Vorschriften –
   a) über den Anwendungsbereich § 2,
   b) über die steuerlichen Begriffsbestimmungen § 3 Absatz 1, Absatz 4 mit der Maßgabe, dass Zwangsgelder und Kosten nicht als Nebenleistungen anzusehen sind, Absatz 5 sowie §§ 4, 5 und 7 bis 15,
   c) über das Steuergeheimnis § 30 mit folgenden Maßgaben:
      aa) die Vorschrift gilt nur für kommunale Steuern und die Tourismusabgabe; die bei der Verwaltung dieser Abgaben bekannt gewordenen Verhältnisse dürfen auch offenbart und verwertet werden, soweit es der Durchführung eines anderen Abgabenverfahrens dient, das denselben Abgabenpflichtigen betrifft,
      bb) bei der Hundesteuer darf in Schadensfällen und bei Störung der öffentlichen Sicherheit und Ordnung, wenn ein überwiegendes öffentliches Interesse vorliegt, Auskunft über Namen und Anschrift des Hundehalters an Behörden und Schadensbeteiligte gegeben werden,
      cc) die Entscheidung nach Absatz 4 Nummer 5 Buchstabe c trifft das Hauptorgan der Körperschaft, der die Abgabe zusteht,
   d) über die Haftungsbeschränkung für Amtsträger § 32,
2. aus dem Zweiten Teil – Steuerschuldrecht –
   a) über die Steuerpflichtigen §§ 33 bis 36,
   b) über das Steuerschuldverhältnis §§ 37 bis 50,
   c) über steuerbegünstigte Zwecke §§ 51 bis 68,
   d) über die Haftung §§ 69, 70, § 71 mit der Maßgabe, dass die Vorschriften über die Steuerhehlerei keine Anwendung finden, § 72a Absatz 1, 2 und 4, §§ 73 bis 75 und 77,
3. aus dem Dritten Teil – Allgemeine Verfahrensvorschriften –
   a) über die Verfahrensgrundsätze die §§ 78 bis 80, 81, 82 Absatz 1 und 2, § 83 Absatz 1 mit der Maßgabe, dass in den Fällen des Satzes 2 die Anordnung von der obersten Dienstbehörde getroffen wird, §§ 85 und 86, 87 mit der Maßgabe, dass in den Fällen des Absatzes 2 Satz 2 die Vorlage einer von einem öffentlich bestellten und beeidigten Urkundenübersetzer angefertigten oder beglaubigten Übersetzung verlangt werden kann, §§ 87a, 87c bis 87e, 88 Absatz 1, 2 und 5, §§ 88a, 89 bis 92, 93 Absatz 1 bis 6, §§ 95, 96 Absatz 1 bis Absatz 7 Satz 1 und

2, §§ 97 bis 99, 101 Absatz 1, §§ 102 bis 108, 109 Absatz 1 und 3, §§ 110, 111 Absatz 1 bis 3 und 5, §§ 112 bis 115 und 117 Absatz 1, 2 und 4,

b) über die Verwaltungsakte §§ 118 bis 133 mit der Maßgabe, dass in § 122 Absatz 5 Teil 2 des Gesetzes zur Regelung des Verwaltungsverfahrens- und des Verwaltungszustellungsrechts für den Freistaat Sachsen vom 19. Mai 2010 (SächsGVBl. S. 142), das durch Artikel 3 des Gesetzes vom 12. Juli 2013 (SächsGVBl. S. 503) geändert worden ist, in der jeweils geltenden Fassung, Anwendung findet und dass in § 126 Absatz 2 und in § 132 an die Stelle des finanzgerichtlichen Verfahrens das verwaltungsgerichtliche Verfahren tritt,

4. aus dem Vierten Teil – Durchführung der Besteuerung –
   a) über das Erfassen der Steuerpflichtigen § 138 Absatz 1 und 3,
   b) über die Mitwirkungspflichten die §§ 140, 143, 145 bis 148, 149 Absatz 1 und 2, § 150 Absatz 1 Satz 1 und 2, Absatz 2 bis 5, 7 und 8, §§ 151, 152 Absatz 1, 2 Nummer 1 und 2, Absatz 3 Nummer 1 bis 3, Absatz 4 bis 6, 8 bis 12, § 153 Absatz 1 und 2,
   c) über die Festsetzungs- und Feststellungsverfahren die §§ 155, 156 Absatz 2 Satz 1, §§ 157 bis 162, 163 Absatz 1 Satz 1, Absatz 2 bis 4, §§ 164 bis 168, § 172 mit der Maßgabe, dass Absatz 1 Satz 3 Halbsatz 2 keine Anwendung findet und auch rechtswidrige, aber bestandskräftige Abgabenbescheide bei Vorliegen eines dauerhaften Vollstreckungshindernisses aufgehoben oder geändert werden können, die §§ 173 bis 177, 191 bis 194, § 195 Satz 1 und die §§ 196 bis 203,

5. aus dem Fünften Teil – Erhebungsverfahren –
   a) über die Verwirklichung, die Fälligkeit und das Erlöschen von Ansprüchen aus dem Steuerschuldverhältnis §§ 218, 219, § 220 Absatz 2, §§ 221, 222, 224 Absatz 2 und §§ 225 bis 232,
   b) über die Verzinsung und die Säumniszuschläge §§ 233, 234 Absatz 1 und 2, § 235 Absatz 1 bis 3, § 236 Absatz 1 bis 3 und 5 mit der Maßgabe, dass in Absatz 3 anstelle des § 137 Satz 1 der Finanzgerichtsordnung § 155 Absatz 4 der Verwaltungsgerichtsordnung Anwendung findet, § 237 Absatz 1 mit der Maßgabe, dass als außergerichtlicher Rechtsbehelf anstelle des abgabenrechtlichen Einspruchs (§ 348 der Abgabenordnung) der Widerspruch (§ 68 der Verwaltungsgerichtsordnung) gegeben ist, Absatz 2, Absatz 4 mit der Maßgabe, dass § 234 Absatz 3 keine Anwendung findet, Absatz 5 und §§ 238 bis 240,
   c) über die Sicherheitsleistung §§ 241 bis 248,

6. aus dem Sechsten Teil – Vollstreckung –
   a) über die allgemeinen Vorschriften § 251 Absatz 3,
   b) über die Niederschlagung § 261,

7. aus dem Siebenten Teil – Außergerichtliches Rechtsbehelfsverfahren–
   über die besonderen Verfahrensvorschriften § 367 Absatz 2 Satz 2 mit der Maßgabe, dass an die Stelle des abgabenrechtlichen Einspruchs (§ 348 der Abgabenordnung) der Widerspruch (§ 68 der Verwaltungsgerichtsordnung) tritt.

(2) Für Verspätungszuschläge, Zinsen und Säumniszuschläge (abgabenrechtliche Nebenleistungen) gelten die in Absatz 1 Nummer 4 Buchstabe c enthaltenen Vorschriften nur, soweit dies besonders bestimmt ist.

(3) [1]Abweichend von den Bestimmungen der §§ 222 und 234 der Abgabenordnung werden Beiträge im Sinne der § 17, § 19 Absatz 2 und § 26 für Grundstücke, die vom Eigentümer landwirtschaftlich im Sinne von § 135 Absatz 4 des Baugesetzbuches in der Fassung der Bekanntmachung vom 23. September 2004 (BGBl. I S. 2414), das zuletzt durch Artikel 6 des Gesetzes vom 20. Oktober 2015 (BGBl. I S. 1722) geändert worden ist, in der jeweils geltenden Fassung, genutzt werden, auf Antrag so lange zinslos und ohne besondere Sicherheitsleistung gestundet, wie das Grundstück zur Erhaltung der Wirtschaftlichkeit des Betriebs genutzt werden muss; dasselbe gilt für entsprechende Teilflächen eines Grundstücks, deren grundbuchmäßige Abschreibung nach baurechtlichen Vorschriften ohne Übernahme einer Baulast zulässig wäre. [2]Bei bebauten und bei tatsächlich angeschlossenen Grundstücken und Teilflächen eines Grundstücks im Sinne von Satz 1 Halbsatz 2 gilt dies unbeschadet des Satzes 3 nur, wenn

1. die Bebauung ausschließlich der landwirtschaftlichen Nutzung dient; bei der Abgrenzung nach Satz 1 Halbsatz 2 bleibt eine solche Bebauung unberücksichtigt, und

2. die öffentliche Einrichtung nicht in Anspruch genommen wird; eine Entsorgung von Niederschlagswasser in unbedeutender Menge bleibt unberücksichtigt.

³Wird die öffentliche Einrichtung ausschließlich zur Entsorgung von Niederschlagswasser über das in Satz 2 Nummer 2 Halbsatz 2 genannte Maß hinaus in Anspruch genommen, ist der Anspruch auf Stundung nach den Sätzen 1 und 2 auf die Hälfte des Beitrags beschränkt. ⁴Sätze 1 bis 3 gelten auch für die Fälle der Nutzungsüberlassung und Betriebsübergabe an Familienangehörige im Sinne des § 15 der Abgabenordnung. ⁵Auf Beiträge für Wirtschaftswege (§ 26 Absatz 1 Satz 2) finden ausschließlich die allgemeinen Stundungsbestimmungen der §§ 222 und 234 der Abgabenordnung Anwendung.

(4) Die in Absatz 1 genannten Vorschriften sind jeweils mit der Maßgabe anzuwenden, dass

1. anstelle der Finanzbehörde oder des Finanzamtes die Körperschaft tritt, der die Abgabe zusteht,
2. dem Begriff Steuer, allein oder im Wortzusammenhang, der Begriff Abgabe entspricht,
3. dem Wort „Besteuerung" die Worte „Heranziehung zu Abgaben" entsprechen.

§ 3a Festsetzungsverjährung

(1) ¹Die Festsetzung von Kommunalabgaben sowie die Aufhebung oder Änderung der Festsetzung sind nicht mehr zulässig, wenn die Festsetzungsfrist gemäß Absatz 2 oder 3 abgelaufen ist. ²Dies gilt auch für die Berichtigung wegen offenbarer Unrichtigkeit gemäß § 129 der Abgabenordnung. ³Die Frist ist gewahrt, wenn vor Ablauf der Festsetzungsfrist

1. der Abgabenbescheid oder im Fall des § 122a der Abgabenordnung die elektronische Benachrichtigung den Bereich der für die Abgabenfestsetzung zuständigen Behörde verlassen hat oder
2. bei öffentlicher Zustellung nach § 10 des Verwaltungszustellungsgesetzes vom 12. August 2005 (BGBl. I S. 2354), das zuletzt durch Artikel 11 Absatz 3 des Gesetzes vom 18. Juli 2017 (BGBl. I S. 2745) geändert worden ist, in Verbindung mit § 4 Absatz 1 des Gesetzes zur Regelung des Verwaltungsverfahrens- und des Verwaltungszustellungsrechts für den Freistaat Sachsen die Benachrichtigung bekannt gemacht oder veröffentlicht wird.

(2) ¹Die allgemeine Festsetzungsfrist beträgt vier Jahre und beginnt mit Ablauf des Kalenderjahrs, in dem der Abgabenanspruch entstanden ist. ²§ 169 Absatz 2 Satz 2 und 3, § 170 Absatz 2 und 3 sowie § 171 Absatz 1 und 2 der Abgabenordnung gelten entsprechend. ³§ 171 Absatz 3 und 3a der Abgabenordnung gelten mit der Maßgabe entsprechend, dass im Falle der Zurücknahme oder Aufhebung eines Verwaltungsakts wegen Unwirksamkeit einer Abgabensatzung die Festsetzungsfrist spätestens drei Jahre nach Zurücknahme oder Aufhebung des Verwaltungsakts endet und dass anstelle des § 100 Absatz 1 Satz 1, Absatz 2 Satz 2 und Absatz 3 Satz 1 sowie des § 101 der Finanzgerichtsordnung, § 113 Absatz 1 Satz 1, Absatz 2 Satz 2 und Absatz 3 Satz 1 sowie Absatz 5 der Verwaltungsgerichtsordnung Anwendung finden. ⁴§ 171 Absatz 4 und 6 bis 14 der Abgabenordnung gelten entsprechend.

(3) ¹Für Beiträge gemäß § 17 Absatz 1 in Verbindung mit § 22 Absatz 1 Satz 1 bis 3 und Satz 6 (Erstbeiträge), § 26 in Verbindung mit § 30 Absatz 1 und 2 sowie gemäß § 127 in Verbindung mit § 133 des Baugesetzbuches besteht eine besondere Festsetzungsfrist. ²Sie beträgt 20 Jahre und beginnt mit Ablauf des Kalenderjahres, in dem erstmals alle Voraussetzungen für das Entstehen der Beitragspflicht, mit Ausnahme des Erlasses der Beitragssatzung, erfüllt sind (Vorteilslage), frühestens jedoch mit Ablauf des Jahres 1999. ³Absatz 2 Satz 3 sowie § 171 Absatz 1 und 2 der Abgabenordnung gelten entsprechend.

§ 4 Verwaltungshelfer

¹Durch Satzung kann ein mit der Abgabenberechnung beauftragter privater Dritter (Verwaltungshelfer) ermächtigt werden, im Namen der Gemeinde oder des Landkreises in kommunalabgabenrechtlichen Verwaltungsverfahren einschließlich der Vollstreckung Verwaltungsakte gemäß § 3 Absatz 1 Nummer 3 Buchstabe b in Verbindung mit § 118 der Abgabenordnung zu erlassen. ²Die Ermächtigung darf nur erteilt werden, wenn die ordnungsgemäße Erledigung der Aufgabe gewährleistet ist ³Andernfalls ist sie aufzuheben. ⁴Die Gebietskörperschaft hat den Verwaltungshelfer vertraglich zu verpflichten, den örtlichen und überörtlichen Prüfungsbehörden (§§ 103, 108 der Sächsischen Gemeindeordnung) das Recht zur Prüfung der Erledigung der gemäß Satz 1 übertragenen Aufgaben einzuräumen.

§ 5 Abgabenhinterziehung

(1) ¹Mit Freiheitsstrafe bis zu zwei Jahren oder mit Geldstrafe wird bestraft, wer bei Kommunalabgaben

1. der Körperschaft, der die Abgabe zusteht, oder einer anderen Behörde über abgabenrechtlich erhebliche Tatsachen unrichtige oder unvollständige Angaben macht oder

2. die Körperschaft, der die Abgabe zusteht, pflichtwidrig über abgabenrechtliche Tatsachen in Unkenntnis lässt

und dadurch Abgaben verkürzt oder für sich oder einen anderen nicht gerechtfertigte Abgabenvorteile erlangt. ²§ 370 Absatz 4, §§ 371 und 376 der Abgabenordnung sind sinngemäß anzuwenden.

(2) Der Versuch ist strafbar.

(3) Für das Strafverfahren sind die §§ 385, 391, 393 bis 398 und 407 der Abgabenordnung sinngemäß anzuwenden.

§ 6 Leichtfertige Abgabenverkürzung und Abgabengefährdung

(1) ¹Ordnungswidrig handelt, wer als Abgabenpflichtiger oder bei der Wahrnehmung der Angelegenheiten eines Abgabenpflichtigen eine der in § 5 Absatz 1 bezeichneten Taten leichtfertig begeht (leichtfertige Abgabenverkürzung). ²§ 370 Absatz 4 und § 378 Absatz 3 der Abgabenordnung sind sinngemäß anzuwenden.

(2) ¹Ordnungswidrig handelt auch, wer vorsätzlich oder leichtfertig

1. Belege ausstellt, die in tatsächlicher Hinsicht unrichtig sind, oder

2. den Vorschriften einer Abgabensatzung zur Sicherung oder Erleichterung der Abgabenerhebung, insbesondere zur Anmeldung und Anzeige von Tatsachen, zur Führung von Aufzeichnungen oder Nachweisen, zur Kennzeichnung oder Vorlegung von Gegenständen oder zur Erhebung und Abführung von Abgaben zuwiderhandelt

und es dadurch ermöglicht, eine Kommunalabgabe zu verkürzen oder nicht gerechtfertigte Abgabenvorteile zu erlangen (Abgabengefährdung). ²Die Ordnungswidrigkeit nach Satz 1 Nummer 2 kann nur verfolgt werden, wenn die Satzung (§ 2) für einen bestimmten Tatbestand auf diese Bußgeldvorschrift verweist.

(3) Die Ordnungswidrigkeit kann mit einer Geldbuße bis 10 000 Euro geahndet werden.

(4) Für das Bußgeldverfahren sind die §§ 391, 393, 396, 397, 407 und 411 der Abgabenordnung sinngemäß anzuwenden.

(5) Verwaltungsbehörde im Sinne des § 36 Absatz 1 Nummer 1 des Gesetzes über Ordnungswidrigkeiten ist die Körperschaft, der die Abgabe zusteht.

Abschnitt 2
Steuern

§ 7 Gemeindesteuern

(1) Die Gemeinden erheben Steuern nach Maßgabe der Gesetze.

(2) Soweit solche Gesetze nicht bestehen, können die Gemeinden örtliche Verbrauch- und Aufwandsteuern erheben, solange und soweit sie nicht bundesgesetzlich geregelten Steuern gleichartig sind, jedoch nicht Steuern, die vom Land erhoben werden oder den Kreisfreien Städten und Landkreisen vorbehalten sind.

(3) Eine Steuer auf Übernachtungsleistungen darf nicht erhoben werden, wenn die Gemeinde Abgaben nach den §§ 34 oder 35 erhebt.

(4) ¹Die Festsetzung und die Erhebung der Realsteuern obliegt den Gemeinden. ²Die Bekanntgabe oder Zustellung der Realsteuermessbescheide wird den hebeberechtigten Gemeinden übertragen. ³Die Befugnis der Finanzämter, die Realsteuermessbescheide selbst bekannt zu geben oder zuzustellen, bleibt unberührt. ⁴Durch Rechtsverordnung des Staatsministeriums der Finanzen kann bestimmt werden, dass den Gemeinden die zur Fertigung der Realsteuermessbescheide erforderlichen Daten ganz oder teilweise auf maschinell verwertbaren Datenträgern oder durch Datenfernübertragung übermittelt werden; in diesem Falle obliegt den hebeberechtigten Gemeinden auch die Fertigung der Messbescheide.

§ 8 Kreissteuern

(1) Die Kreisfreien Städte und die Landkreise erheben Steuern nach Maßgabe der Gesetze.

(2) [1]Die Kreisfreien Städte und die Landkreise können eine Steuer auf die Ausübung des Jagdrechts (Jagdsteuer) erheben. [2]Der Steuersatz beträgt für Inländer höchstens 15 Prozent, für Personen, die ihren ständigen Wohnsitz oder gewöhnlichen Aufenthalt im Ausland haben, höchstens 60 Prozent des Jahreswertes der Jagd, soweit nicht Staatsverträge entgegenstehen.

Abschnitt 2a
Verwaltungsgebühren und Auslagen

§ 8a Erhebung von Verwaltungsgebühren und Auslagen für Leistungen zur Erfüllung weisungsfreier Aufgaben

(1) [1]Gemeinden und Landkreise können für ihre Amtshandlungen und sonstigen öffentlich-rechtlichen Leistungen in weisungsfreien Angelegenheiten Verwaltungsgebühren und Auslagen erheben, sofern nicht dafür andere Abgaben nach diesem Gesetz erhoben werden können. [2]Abweichend von § 2 Absatz 1 Satz 2 muss die Satzung die verwaltungsgebühren- und auslagenpflichtigen Tatbestände sowie die Höhe der Gebühren bestimmen.

(2) [1]Auf die Erhebung von Verwaltungsgebühren und Auslagen finden abweichend von den §§ 3 bis 4 dieses Gesetzes §§ 2, 3 Absatz 4 bis 6, § 4 Absatz 2, 3 und 5, §§ 6 bis 9, 11 bis 13, 15, 16, 17 Absatz 1 bis 3 und 5, §§ 18 bis 20, 22 und 23 des Sächsischen Verwaltungskostengesetzes vom 5. April 2019 (SächsGVBl. S. 245), in der jeweils geltenden Fassung, entsprechende Anwendung. [2]Für Stundung, Niederschlagung und Erlass von Forderungen aus dem Aufkommen an Verwaltungsgebühren und Auslagen gelten die Vorschriften des Gemeindehaushaltsrechts.

(3) Fehlerhafte Verwaltungskostenfestsetzungen können von der Verwaltungskostenfestsetzungsbehörde innerhalb der Festsetzungsfrist geändert werden; die Befugnisse der Rechtsaufsichtsbehörde bleiben unberührt.

Abschnitt 3
Benutzungsgebühren

§ 9 Erhebungsermächtigung, Einrichtungsbegriff

(1) Die Gemeinden und Landkreise können für die Benutzung ihrer öffentlichen Einrichtungen Benutzungsgebühren erheben.

(2) [1]Die Einrichtung umfasst alle Anlagen, die der Erfüllung einer öffentlichen Aufgabe (zum Beispiel der Wasserversorgung, der Abwasserbeseitigung, der Abfallwirtschaft) im Gebiet eines Aufgabenträgers dienen, auch wenn die Anlagen technisch voneinander unabhängig sind (aufgabenbezogene Einheitseinrichtung); dies gilt auch, wenn die Aufgabe auf unterschiedliche Weise oder gegenüber einem Teil der Benutzer nur teilweise erfüllt wird. [2]Durch Satzung kann davon abweichend bestimmt werden, dass einzelne oder mehrere technisch voneinander unabhängige Anlagen eine jeweils eigene Einrichtung bilden (anlagenbezogene Einrichtung); Satz 1 Halbsatz 2 gilt entsprechend. [3]Bei der Eingliederung oder dem Zusammenschluss von Gemeinden oder Zweckverbänden sowie dem Beitritt von Gemeinden zu einem bestehenden Zweckverband kann durch Satzung für längstens zehn Jahre bestimmt werden, dass die bisherigen Einrichtungen beibehalten werden, auch wenn die Voraussetzungen des Satzes 2 nicht vorliegen. [4]Zur Einrichtung gehören auch stillgelegte Anlagen, solange sie der Nachsorge bedürfen.

(3) [1]Die Gebühren werden innerhalb einer Einrichtung nach einheitlichen Sätzen erhoben. [2]Sind Leistungen einer Einrichtung nicht allen Benutzern in gleichem Umfang zugänglich, sind für die einzelnen Teilleistungen jeweils gesonderte Gebührensätze festzusetzen.

(4) [1]Werden Aufgaben aufgrund gesetzlicher Festlegung, Aufgabendelegation oder Vereinbarung in Teilbereichen von mehreren Körperschaften (Gemeinden, Landkreisen und Verbänden) erfüllt, so können die Beteiligten vereinbaren, dass anstelle der Erhebung jeweils eigener Benutzungsgebühren eine der beteiligten Körperschaften die Benutzungsgebühr für die gemeinschaftlich erbrachte Leistung erhebt. [2]Die übrigen Beteiligten stellen der erhebenden Körperschaft ihren Aufwand in Rechnung. [3]Für die Bemessung des Aufwands gelten die Bestimmungen der §§ 11 bis 13 sinngemäß. [4]Die Vereinbarung ist durch die Beteiligten öffentlich bekannt zu machen.

§ 10 Kostendeckungsgrundsatz, Kalkulationszeitraum

(1) [1]Die Gebühren dürfen höchstens so bemessen werden, dass die Gesamtkosten (§§ 11 bis 13) der Einrichtung gedeckt werden. [2]Wirtschaftliche Unternehmen im Sinne von § 94a der Sächsischen Gemeindeordnung können darüber hinaus angemessene Gewinne erwirtschaften.

(1a) [1]Im Falle der Ablagerung von Abfällen müssen die Gebühren alle Kosten für die Errichtung und den Betrieb der Deponie, einschließlich der Kosten einer vom Betreiber zu leistenden Sicherheit oder eines zu erbringenden Sicherungsmittels, sowie die geschätzten Kosten für die Stilllegung und die Nachsorge für einen Zeitraum von mindestens 30 Jahren abdecken. [2]Dies gilt entsprechend für immissionsschutzrechtlich genehmigungsbedürftige Anlagen, die vom Anwendungsbereich der Richtlinie 1999/31/EG des Rates vom 26. April 1999 über Abfalldeponien (ABl. EG Nummer L 182, S. 1) erfasst sind.

(2) [1]Bei der Gebührenbemessung können die Kosten in einem mehrjährigen Zeitraum berücksichtigt werden, der jedoch höchstens fünf Jahre umfassen soll. [2]Kostenüberdeckungen, die sich am Ende des Bemessungszeitraumes ergeben, sind innerhalb der folgenden fünf Jahre auszugleichen; Absatz 1 Satz 2 und § 94a Absatz 4 Halbsatz 2 der Sächsischen Gemeindeordnung bleiben unberührt. [3]Unerwartet oder auf Grund der nach § 73 Absatz 2 der Sächsischen Gemeindeordnung zu beachtenden Vertretbarkeitsgrenze entstandene Kostenunterdeckungen können im gleichen Zeitraum ausgeglichen werden. [4]Das Staatsministerium des Innern wird ermächtigt, im Einvernehmen mit dem Staatsministerium der Finanzen durch Rechtsverordnung die Rangfolge zwischen einzelnen Kostenkategorien zu bestimmen und die Grundsätze für die Feststellung und den Ausgleich von Kostenüber- oder Kostenunterdeckungen festzulegen und dabei auch vereinfachende Regelungen hinsichtlich der Anwendung des betriebswirtschaftlichen Kostenbegriffs (§ 11) und der Anforderungen an die Rechnungslegung zu treffen.

§ 11 Kosten

(1) Die Kosten sind nach betriebswirtschaftlichen Grundsätzen zu ermitteln.

(2) Zu den Kosten gehören auch

1. die angemessene Verzinsung des Anlagekapitals und der gemäß § 10 Absatz 2 Satz 3 zum Ausgleich vorgesehenen Kostenunterdeckungen sowie angemessene Abschreibungen; dabei sind auch der Wert der aus dem Vermögen der Gemeinde und des Landkreises bereitgestellten Sachen und Rechte und der vom Personal des Einrichtungsträgers erbrachten Werk- und Dienstleistungen sowie die Vorfinanzierungskosten bis zur Inbetriebnahme der Einrichtung zu berücksichtigen,

2. die Abwasserabgabe nach dem Abwasserabgabenrecht des Bundes und die landesrechtlich geregelte Wasserentnahmeabgabe,

3. alle Aufwendungen für von den entsorgungspflichtigen Körperschaften selbst oder in ihrem Auftrag wahrgenommenen abfallwirtschaftlichen Aufgaben einschließlich der Vermeidung und Verwertung, insbesondere auch die Kosten der Beratung der Abfallbesitzer und der getrennten Erfassung von Abfällen außerhalb der regelmäßigen Grundstücksentsorgung,

4. die anteiligen Barwerte des später anfallenden Nachsorge- und Rekultivierungsaufwands für Anlagen der Ver- und Entsorgung. Die daraus erwachsenden Gebührenerträge sind in einer Rückstellungen für die Rekultivierung und Nachsorge von Deponien anzusammeln, der bis zu ihrer Verwendung angemessene Zinsen aus allgemeinen Haushaltsmitteln zuzuführen sind. Soweit der Aufwand für die Nachsorge und die Rekultivierung nicht durch Rückstellungen gedeckt ist, kann er im Jahr des Anfalls in den gebührenfähigen Aufwand einbezogen werden; dies gilt auch für Anlagen, die bei Inkrafttreten dieses Gesetzes bereits stillgelegt sind (§ 9 Absatz 2 Satz 4). § 10 Absatz 2 Satz 3 ist entsprechend anzuwenden.

(3) Bei Einrichtungen der Abwasserbeseitigung bleibt der Teilaufwand, der auf den Anschluss von öffentlichen Straßen, Wegen und Plätzen entfällt (Straßenentwässerungskostenanteil), bei den Kosten außer Betracht; ein weitergehendes öffentliches Interesse (Hygiene, Sicherheit und Ordnung) ist weder bei der Abwasserbeseitigung noch bei der Abfallentsorgung und Wasserversorgung in Abzug zu bringen.

§ 12 Zinsen

(1) [1]Der Verzinsung des Anlagekapitals (§ 11 Absatz 2 Nummer 1) sind die um Beiträge (§§ 17 bis 25), Zuweisungen und Zuschüsse Dritter gekürzten Anschaffungs- und Herstellungskosten ab-

züglich der Abschreibungen aus Nominalwerten zugrunde zu legen (Restwertmethode). [2]Anstelle von nach der Restwertmethode berechneten Zinsen können diese während der Nutzungsdauer eines Wirtschaftsguts zur Verstetigung der Kosten mit gleichbleibenden Annuitätsraten angesetzt werden (Durchschnittswertmethode).

(2) Soweit von der Möglichkeit der Passivierung und Auflösung der Ertragszuschüsse nach § 13 Absatz 3 Gebrauch gemacht wird, werden bei der Ermittlung des zu verzinsenden Anlagekapitals vom Restbuchwert des Anlagevermögens jeweils die Restbuchwerte der Ertragszuschüsse abgesetzt.

(3) [1]Kostenmindernd sind angemessene Zinsen für ausgleichspflichtige Kostenüberdeckungen im Sinne von § 10 Absatz 2 Satz 2, für refinanzierte Kapitalzuschüsse im Sinne von § 13 Absatz 1 Satz 2 und Absatz 2 sowie für Sonderposten im Sinne von § 13 Absatz 4 zu berücksichtigen. [2]Entsprechendes gilt für abzugspflichtige Beträge im Sinne des Absatzes 1 Satz 1, soweit sie das Anlagekapital übersteigen.

(4) Bei Einrichtungen, die als Sondervermögen geführt werden, können anstelle eines kalkulatorischen Zinses die Zinsen für Kredite, abzüglich etwaiger Habenzinsen, und eine angemessene Verzinsung des von der Gemeinde oder dem Landkreis aufgewandten Eigenkapitals angesetzt werden.

§ 13 Abschreibungen

(1) [1]Den Abschreibungen (§ 11 Absatz 2 Nummer 1) können die Wiederbeschaffungszeitwerte oder die Anschaffungs- und Herstellungskosten des Anlagevermögens zugrunde gelegt werden. [2]Die Anlagewerte sind um Zuweisungen und Zuschüsse Dritter zu kürzen, soweit die Zuweisungen und Zuschüsse Dritter nicht zur Bildung von Eigenkapital gewährt worden sind (Kapitalzuschüsse).

(2) Beiträge nach §§ 17 bis 25 sind Kapitalzuschüsse.

(3) [1]Anstelle der Kürzung der Anlagewerte nach Absatz 1 Satz 2 können die Zuweisungen und Zuschüsse Dritter, soweit sie nicht als Kapitalzuschüsse gewährt worden sind, als Ertragszuschüsse passiviert und jährlich mit einem durchschnittlichen Abschreibungssatz ertragswirksam aufgelöst werden. [2]Soweit den Abschreibungen das Anlagevermögen zu Wiederbeschaffungszeitwerten zugrunde gelegt wird, sind bei der Ermittlung der Auflösungsraten aus den passivierten Ertragszuschüssen jeweils Werte zugrunde zu legen, die um einen Zuschlag erhöht sind, der sich aus einem amtlichen, einschlägigen oder vergleichbaren Baukostenindex ergibt.

(4) Werden den Abschreibungen Wiederbeschaffungszeitwerte zugrunde gelegt (Absatz 1), so sind die sich daraus gegenüber einer Kalkulation mit Anschaffungs- und Herstellungskosten ergebenden Mehrerträge einem Sonderposten für den Gebührenausgleich für Investitionen der Einrichtung zuzuführen und bei ihrer Verwendung wie ein Ertragszuschuss zu behandeln.

§ 14 Gebührenbemessung

(1) [1]Die Gebühren können nach dem Ausmaß der Benutzung (Leistung) oder den durch die Benutzung durchschnittlich verursachten Kosten bemessen werden. [2]Es können auch beide Kriterien miteinander verbunden werden. [3]Für die fixen Vorhaltekosten können unabhängig vom Umfang der tatsächlichen Inanspruchnahme angemessene Grundgebühren erhoben werden. [4]Die Erhebung von Grundgebühren kann auf Benutzer mit saisonal stark schwankender Beanspruchung der Einrichtung beschränkt werden.

(2) [1]Bei der Gebührenbemessung können umwelt- und rohstoffschonende Lenkungsziele abweichend von Absatz 1 Satz 1 und 2 ermäßigend oder erhöhend berücksichtigt werden; § 10 Absatz 1 Satz 1 bleibt unberührt. [2]Lenkungsbezogene Zuschläge sind nur innerhalb der Grenzen eines angemessenen Verhältnisses zwischen Leistung und Gegenleistung zulässig. [3]Sozial bedingte Gebührenermäßigungen dürfen nicht zu Lasten der übrigen Benutzer eingeräumt werden; § 10 Absatz 1 Satz 2 bleibt unberührt.

§ 15 Vorauszahlungen

Durch Satzung kann bestimmt werden, dass auf die Gebührenschuld im Rahmen eines Dauerbenutzungsverhältnisses angemessene Vorauszahlungen zu leisten sind.

§ 16 Eigenverbrauch

Soweit Gemeinden und Landkreise ihre öffentlichen Einrichtungen selbst benutzen, haben sie für deren Leistungen die üblichen Sätze zu verrechnen.

Beiträge für öffentliche Einrichtungen

§ 17 Erhebungsermächtigung, Grundsätze

(1) [1]Die Gemeinden und Landkreise können zur angemessenen Ausstattung öffentlicher Einrichtungen mit Betriebskapital Beiträge für Grundstücke erheben, denen durch die Möglichkeit des Anschlusses an die Einrichtung nicht nur vorübergehende Vorteile zuwachsen. [2]Bei der Abwasserbeseitigung gilt dies nicht für Grundstücke, für die eine leitungsgebundene Anschlussmöglichkeit an ein zentrales Klärwerk nicht besteht und deren Abwasser in einer Kleinkläranlage behandelt oder in einer geschlossenen Grube gesammelt und abgefahren wird (dezentrale Entsorgung). [3]Für die von der öffentlichen Einrichtung in diesen Fällen erbrachten Leistungen, einschließlich der Aufnahme des Überlaufwassers aus Kleinkläranlagen in öffentliche Kanäle, können ausschließlich Benutzungsgebühren erhoben werden.

(2) [1]Zur angemessenen Aufstockung des Betriebskapitals bis zu der nach Absatz 3 zulässigen Höhe oder infolge weiteren Kapitalbedarfs zum Ausbau oder zur Erneuerung einer Einrichtung können weitere Beiträge erhoben werden. [2]Das gilt auch für den Fall, dass sich die Investitionen gegenüber den in die ursprüngliche Globalberechnung eingestellten Summen erhöhen oder erwartete Zuweisungen und Zuschüsse nicht oder nicht in der erwarteten Höhe gewährt werden und die dadurch entstehenden Veränderungen mehr als 10 Prozent des bisher als zulässig betrachteten Höchstbetrags betragen.

(3) [1]Die Höhe des Betriebskapitals wird durch Satzung (§ 2) festgesetzt. [2]Es soll den Wiederbeschaffungszeitwert der insgesamt vorhandenen und zukünftig erforderlichen Anlagen, abzüglich der gewährten und noch zu erwartenden Zuweisungen und Zuschüsse Dritter, unabhängig davon, ob diese als Ertrags- oder Kapitalzuschüsse zu behandeln sind, sowie des Straßenentwässerungskostenanteils (§ 11 Absatz 3) bei der Abwasserbeseitigung, nicht überschreiten; § 11 Absatz 3 Halbsatz 2 gilt entsprechend. [3]Nutzen mehrere Aufgabenträger Anlagen im Sinne des § 9 Absatz 2 gemeinsam oder beteiligen sich Aufgabenträger an einem Zweckverband, der selbst keine Entgelte erhebt, ist der Wiederbeschaffungszeitwert dieser Anlagen in Anwendung des § 60 Absatz 1 Satz 2 des Sächsischen Gesetzes über kommunale Zusammenarbeit in der Fassung der Bekanntmachung vom 3. März 2014 (SächsGVBl. S. 196), das zuletzt durch Artikel 3 des Gesetzes vom 13. Dezember 2017 (SächsGVBl. S. 626) geändert worden ist, in der jeweils geltenden Fassung, auf die einzelnen Aufgabenträger aufzuteilen. [4]Maßgebend für den Wiederbeschaffungszeitwert sind die Preise zum Zeitpunkt der Aufstellung der Globalberechnung. [5]Für die Bewertung der abzusetzenden Zuweisungen und Zuschüsse gilt § 13 Absatz 3 Satz 2 entsprechend. [6]Das nach Satz 1 festgesetzte Betriebskapital ist außer in den Fällen des Absatzes 2 zu erhöhen, wenn eine Änderung der Globalberechnung (§ 18 Absatz 2 Satz 1) wegen zusätzlicher Bemessungseinheiten (§ 18 Absatz 2 Satz 3 Fall 1) erforderlich wird und die Anlagen deshalb gegenüber der bisherigen Planung vergrößert oder ausgedehnt werden müssen. [7]Maßgebend für den Ansatz des Wiederbeschaffungszeitwerts in der Berechnung der zulässigen Erhöhung in den Fällen des Absatzes 2 Satz 1 Fall 1 und des Absatzes 2 Satz 2 sind die der ursprünglichen Globalberechnung zugrundeliegenden Preisverhältnisse.

(4) [1]§ 9 Absatz 2 Satz 1 bis 3 und Absatz 3 gilt entsprechend. [2]Vermittelt eine Einrichtung den angeschlossenen und anschließbaren Grundstücken unterschiedliche Vorteile im Sinne des Absatzes 1 Satz 1, kann die Beitragserhebung durch Satzung ausschließlich auf den Teil der Einrichtung beschränkt werden, der von allen angeschlossenen oder anschließbaren Grundstücken in Anspruch genommen werden kann.

(5) Ist für Grundstücke, für die lediglich eine Entsorgung des Schmutzwassers angeboten wird, der volle Beitrag im Sinne von Absatz 1 Satz 1 erhoben worden, kann durch Satzung nachträglich entsprechend Absatz 4 Satz 2 bestimmt werden, dass die Beiträge nur als Teilbeiträge für die Schmutzwasserentsorgung zu behandeln sind, soweit der Beitragssatz durch das zulässige Betriebskapital (Absatz 3 Satz 2) der Schmutzwasseranlagen gerechtfertigt ist.

§ 18 Beitragsmaßstab, Beitragssatz

(1) Die Beiträge sind nach einem Maßstab zu bemessen, der die den Grundstücken gemäß ihrer baulichen oder sonstigen Nutzungsmöglichkeit durch die Einrichtung vermittelten unterschiedlichen Vorteile berücksichtigt.

(2) [1]Die höchstzulässigen Beitragssätze sind auf der Grundlage des Betriebskapitals (§ 17 Absatz 1), des Beitragsmaßstabs (Absatz 1) und der Summe aller Bemessungseinheiten der an die Einrichtung angeschlossenen und noch anzuschließenden Grundstücke zu ermitteln (Globalberechnung). [2]Angemessen im Sinne von § 17 Absatz 1 und 2 sind Beitragssätze, die im vom Aufgabenträger bestimmten Investitionszeitraum (Prognosezeitraum) zu einem Beitragsaufkommen führen, das den Finanzbedarf für Investitionen in diesem Zeitraum nicht wesentlich übersteigt. [3]Die Globalberechnung ist fortzuschreiben, wenn sich die Summe der Beitragsbemessungseinheiten gegenüber der letzten Globalberechnung um mehr als 5 Prozent verändert hat, weitere Beiträge im Sinne von § 17 Absatz 2 erhoben werden sollen oder der Beitragsmaßstab durch einen anderen ersetzt wird. [4]Im Falle der Erhebung weiterer Beiträge gemäß § 17 Absatz 2 setzt sich der Beitragssatz im Sinne des § 17 Absatz 1 für künftig erstmals beitragspflichtig werdende Grundstücke aus dem bisherigen Beitragssatz und dem Satz für den weiteren Beitrag zusammen.

§ 19 Abgrenzung von Teilflächen bei der Beitragsbemessung, weitere Beitragspflichten

(1) Ist nach der Satzung bei der Beitragsbemessung die Fläche des Grundstücks zu berücksichtigen, bleiben Teilflächen unberücksichtigt, die nicht baulich oder gewerblich genutzt werden können, soweit sie nicht tatsächlich angeschlossen, bebaut oder gewerblich genutzt sind und ihre grundbuchmäßige Abschreibung nach baurechtlichen Vorschriften ohne Übernahme einer Baulast zulässig wäre.

(2) [1]Fallen die Voraussetzungen des Absatzes 1 später weg, so entsteht insoweit eine Beitragspflicht. [2]Dies gilt auch, wenn ein Grundstück oder Grundstücksteile, für die eine Beitragspflicht bereits entstanden oder die beitragsfrei angeschlossen worden sind, mit Grundstücksflächen vereinigt werden, für die eine Beitragspflicht bisher nicht entstanden ist, oder wenn sich die bauliche Nutzbarkeit eines solchen Grundstücks erhöht.

§ 20 Zusätzliche Beiträge von Großverbrauchern

[1]Für Grundstücke, die die Einrichtung nachhaltig nicht nur unerheblich über das normale Maß hinaus in Anspruch nehmen, können zusätzliche Beiträge erhoben werden. [2]Das normale Maß bestimmt sich nach dem bei Wohnnutzung nach Art und Menge durchschnittlich anfallenden häuslichen Abwasser. [3]Das Nähere ist in der Satzung (§ 2) zu bestimmen. [4]Einzelheiten können durch Vertrag geregelt werden.

§ 21 Beitragsschuldner

(1) [1]Beitragsschuldner ist, wer im Zeitpunkt der Bekanntgabe des Beitragsbescheids Eigentümer des Grundstücks ist. [2]Die Satzung kann bestimmen, dass Beitragsschuldner ist, wer im Zeitpunkt des Entstehens der Beitragsschuld Eigentümer des Grundstücks ist.

(2) [1]Der Erbbauberechtigte oder sonst dinglich zur baulichen Nutzung Berechtigte ist anstelle des Eigentümers Beitragsschuldner. [2]Mehrere Beitragsschuldner haften als Gesamtschuldner; bei Wohnungs- und Teileigentum sind die einzelnen Wohnungs- und Teileigentümer nur entsprechend ihrem Miteigentumsanteil Beitragsschuldner.

§ 22 Entstehung der Beitragsschuld, Verrentung

(1) [1]Die Beitragsschuld entsteht bei Einrichtungen mit Anschluss- und Benutzungszwang, sobald das Grundstück an die Einrichtung angeschlossen werden kann, frühestens jedoch mit Inkrafttreten der Satzung. [2]Für andere Einrichtungen entsteht die Beitragsschuld mit dem Anschlussantrag. [3]Für bereits angeschlossene Grundstücke entsteht die Beitragsschuld mit dem Inkrafttreten der Satzung. [4]Beiträge im Sinne von § 17 Absatz 2 und § 20 entstehen zu dem in der Satzung zu bestimmenden Zeitpunkt. [5]Beiträge im Sinne von § 19 Absatz 2 entstehen mit dem Eintritt der Änderungen in den Grundstücksverhältnissen. [6]Teilbeiträge im Sinne von § 17 Absatz 4 Satz 1 in Verbindung mit § 9 Absatz 3 Satz 2 oder Beiträge im Sinne von § 17 Absatz 4 Satz 2 entstehen, sobald ein Grundstück an den Teil der Einrichtung angeschlossen werden kann, für den der Beitrag erhoben werden soll.

(2) Für Grundstücke, die im Eigentum des Beitragsberechtigten stehen, oder an denen dem Beitragsberechtigten ein Erbbaurecht oder ein anderes dingliches bauliches Nutzungsrecht zusteht, sind die satzungsgemäßen Beiträge zu verrechnen; § 21 Absatz 1 Satz 1 findet keine Anwendung.

(3) Durch Satzung kann bestimmt werden, dass die Beitragsschuld in mehreren Raten entsteht.

(4) [1]Bei mangelnder wirtschaftlicher Leistungskraft des Beitragsschuldners kann der Beitragsberechtigte zulassen, dass der Beitrag in Form einer Rente gezahlt wird. [2]Der Beitrag ist dabei durch Bescheid in eine Schuld umzuwandeln, die in höchstens zehn Jahresleistungen zu entrichten ist. [3]In dem Bescheid

sind Höhe und Fälligkeit der Jahresleistungen zu bestimmen. [4]Der Restbetrag soll jährlich mindestens mit dem jeweiligen Basiszinssatz nach § 247 des Bürgerlichen Gesetzbuches verzinst werden. [5]§ 135 Absatz 3 Satz 4 des Baugesetzbuches gilt entsprechend.

§ 23 Vorauszahlungen

(1) [1]Der Beitragsberechtigte kann angemessene Vorauszahlungen auf die Beitragsschuld verlangen, sobald er mit der Herstellung der Einrichtung beginnt. [2]Die Vorauszahlung ist mit der endgültigen Beitragsschuld zu verrechnen, auch wenn derjenige, der die Vorauszahlung geleistet hat, nicht beitragspflichtig ist.

(2) [1]Ist die Beitragsschuld sechs Jahre nach Bekanntgabe des Vorauszahlungsbescheids noch nicht entstanden, kann die Vorauszahlung vom Grundstückseigentümer oder Erbbauberechtigten oder sonst dinglich zur baulichen Nutzung Berechtigten zurückverlangt werden, wenn die Einrichtung bis zu diesem Zeitpunkt noch nicht benutzbar ist. [2]§ 133 Absatz 3 Satz 4 des Baugesetzbuches gilt entsprechend. [3]Satz 1 findet keine Anwendung, soweit Teilanlagen erst später errichtet werden und die darauf entfallenden Investitionen bei der Bemessung der Vorauszahlung nicht berücksichtigt worden sind.

§ 24 Öffentliche Last

Der Beitrag ruht als öffentliche Last auf dem Grundstück, im Falle des § 21 Absatz 2 Satz 1 auf dem dinglichen Nutzungsrecht, im Falle des § 21 Absatz 2 Satz 2 Halbsatz 2 auf dem Wohnungs- und Teileigentum.

§ 25 Ablösung, Erschließung durch Dritte

(1) [1]Der Beitragsberechtigte kann die Ablösung des Beitrags im Sinne von § 17 Absatz 1 vor der Entstehung der Beitragsschuld zulassen; die weiteren Beitragspflichten nach § 17 Absatz 2 und § 19 Absatz 2 sowie die zusätzliche Beitragspflicht nach § 20 bleiben unberührt. [2]Das Nähere ist durch Satzung (§ 2) zu bestimmen.

(2) [1]Wird die Erschließung gemäß § 11 Absatz 1 Satz 2 Nummer 1 des Baugesetzbuches oder einer anderen Rechtsgrundlage von einem Dritten auf seine Kosten durchgeführt, sind die für die erschlossenen Grundstücke nachgewiesenen beitragsfähigen Aufwendungen von der Beitragslast dieser Grundstücke abzusetzen. [2]Soweit Beiträge nicht erhoben werden oder die Aufwendungen den Beitrag übersteigen, werden die übersteigenden Beträge in der Gebührenkalkulation wie Kapitalzuschüsse behandelt (§ 12 Absatz 1 Satz 1 und § 13 Absatz 2).

Abschnitt 5
Beiträge für Verkehrsanlagen

§ 26 Erhebungsermächtigung für Beiträge zu Verkehrsanlagen, beitragsfähige Maßnahmen

(1) [1]Die Gemeinden können, soweit das Baugesetzbuch nicht anzuwenden ist, zur Deckung des Aufwands für die Anschaffung, Herstellung oder den Ausbau von Straßen, Wegen und Plätzen (Verkehrsanlagen) Beiträge für Grundstücke erheben, denen durch die Verkehrsanlage Vorteile zuwachsen. [2]Zu den Verkehrsanlagen im Sinne dieses Gesetzes gehören auch Wirtschaftswege und aus tatsächlichen oder rechtlichen Gründen mit Kraftfahrzeugen nicht befahrbare Wohnwege sowie Immissionsschutzanlagen in der Baulast des Beitragsberechtigten. [3]Für Lärmschutzanlagen können Beiträge nur für Grundstücke erhoben werden, die durch die Anlage eine Schallpegelminderung von mindestens 3 dB (A) erfahren. [4]Gemeindeverbindungsstraßen im Sinne von § 3 Absatz 1 Nummer 3 Buchstabe a des Sächsischen Straßengesetzes vom 21. Januar 1993 (SächsGVBl. S. 93), das zuletzt durch Artikel 1 des Gesetzes vom 24. Februar 2016 (SächsGVBl. S. 78) geändert worden ist, in der jeweils geltenden Fassung, können durch Satzung von der Beitragspflicht ausgenommen werden.

(2) Der Ausbau umfasst die Erweiterung, Verbesserung (ohne laufende Unterhaltung und Instandsetzung) und Erneuerung der Verkehrsanlagen.

§ 27 Beitragsfähiger Aufwand

(1) [1]Beitragsfähig ist insbesondere der Aufwand für die Anschaffung, die Herstellung und den Ausbau der Fahrbahnen, Gehwege, Radwege, unselbständigen Parkierungsflächen, unselbständigen Grünflächen mit Bepflanzung, Beleuchtung und Entwässerung sowie der Wert der vom Beitragsberechtigten aus seinem Vermögen bereitgestellten Sachen und Rechte im Zeitpunkt der Bereitstellung und der vom

Personal des Beitragsberechtigten erbrachten Werk- und Dienstleistungen. [2]Durch Satzung kann bestimmt werden, dass § 128 Absatz 3 Nummer 2 des Baugesetzbuches entsprechend gilt.

(2) Der Aufwand nach Absatz 1 kann auch nach Einheitssätzen ermittelt werden, wobei der dem Beitragsberechtigten für gleichartige Verkehrsanlagen durchschnittlich entstehende Aufwand zugrunde zu legen ist.

(3) Der Aufwand kann insgesamt für mehrere Verkehrsanlagen, die für die Erschließung der Grundstücke eine Einheit bilden, oder für bestimmte Abschnitte einer Verkehrsanlage ermittelt werden.

§ 28 Grundsätze der Beitragsbemessung, öffentliches Interesse

(1) [1]Die Beiträge sind nach den Vorteilen zu bemessen. [2]Soweit Verkehrsanlagen neben den Beitragspflichtigen auch der Allgemeinheit zugute kommen, hat der Beitragsberechtigte einen angemessenen, dem Vorteil der Allgemeinheit entsprechenden Anteil (öffentliches Interesse) des beitragsfähigen Aufwands selbst zu tragen. [3]§ 2 Absatz 1 Satz 2 findet mit der Maßgabe Anwendung, dass die Festsetzung eines Beitragssatzes entfällt.

(2) [1]Bei Verkehrsanlagen, die überwiegend dem Anliegerverkehr dienen, beträgt der Anteil des öffentlichen Interesses mindestens 25 Prozent, bei Verkehrsanlagen, die überwiegend dem innerörtlichen Durchgangsverkehr dienen, mindestens 50 Prozent und bei Verkehrsanlagen, die überwiegend dem überörtlichen Durchgangsverkehr dienen, mindestens 75 Prozent des beitragsfähigen Aufwands. [2]§ 135 Absatz 5 des Baugesetzbuches gilt entsprechend.

(3) Zuweisungen und Zuschüsse Dritter sind, sofern der Zuwendende nichts anderes bestimmt hat, zunächst zur Deckung des Anteils des öffentlichen Interesses und nur, soweit sie diesen übersteigen, zur Deckung des restlichen Aufwands nach § 27 zu verwenden.

§ 29 Maßstäbe für die Beitragsbemessung

(1) [1]Verteilungsmaßstäbe sind insbesondere die Art und das Maß der baulichen oder sonstigen Nutzung für sich allein oder in Verbindung mit der Grundstücksfläche oder der Grundstücksbreite an der Verkehrsanlage. [2]Für Wirtschaftswege können abweichend von Satz 1 die Grundstücksfläche oder die Grundstücksbreite an der Verkehrsanlage oder beide Maßstäbe in Verbindung miteinander gewählt werden.

(2) In Gebieten mit unterschiedlicher zulässiger baulicher oder sonstiger Nutzung hat der Verteilungsmaßstab diese Unterschiede nach Art und Maß zu berücksichtigen.

(3) § 19 Absatz 1 gilt, Wirtschaftswege ausgenommen, entsprechend.

§ 30 Entstehung der Beitragsschuld, Verrentung

(1) Die Beitragsschuld entsteht mit der Fertigstellung der Verkehrsanlage, frühestens jedoch mit Inkrafttreten der Satzung.

(2) Die Beiträge können für Teile einer Verkehrsanlage erhoben werden, wenn diese Teile nutzbar sind.

(3) § 22 Absatz 2 bis 4 gelten entsprechend.

§ 31 Beitragsschuldner, Vorauszahlungen, öffentliche Last, Ablösung

Die Bestimmungen der § 21, § 23 Absatz 1 und Absatz 2 Sätze 1 und 2, § 24 und des § 25 Absatz 1 gelten entsprechend.

§ 32 Besondere Wegebeiträge

(1) Müssen Straßen und Wege, die nicht dem öffentlichen Verkehr gewidmet sind, deshalb kostspieliger, als es ihrer gewöhnlichen Bestimmung gemäß notwendig wäre, gebaut oder ausgebaut werden, weil sie im Zusammenhang mit der Bewirtschaftung oder Ausbeutung von Grundstücken oder im Zusammenhang mit einem gewerblichen Betrieb außergewöhnlich beansprucht werden, so kann die Gemeinde zum Ersatz der Mehraufwendungen von den Eigentümern dieser Grundstücke oder von den Unternehmern der gewerblichen Betriebe besondere Wegebeiträge erheben.

(2) [1]Die Bestimmungen der § 21, § 22 Absatz 2 bis 4, § 23 Absatz 1 und Absatz 2 Sätze 1 und 2, § 24, § 25 Absatz 1, § 27 Absatz 1 Satz 1 und § 30 Absatz 1 und 2 sind entsprechend anzuwenden. [2]§ 2 Satz 2 findet mit der Maßgabe Anwendung, dass die Festsetzung eines Beitragssatzes entfällt und die Festlegung eines Beitragsmaßstabs sich auf die Fälle beschränkt, in denen die Mehraufwendungen auf mehrere Beitragsschuldner aufzuteilen sind.

Abschnitt 6
Aufwandsersatz und sonstige Abgaben

§ 33 Ersatz des Aufwands für Haus- und Grundstücksanschlüsse

(1) [1]Die Gemeinden können bestimmen, dass ihnen der Aufwand für die Herstellung, Erneuerung, Veränderung und Beseitigung sowie für die Unterhaltung der Haus- oder Grundstücksanschlüsse an Versorgungsleitungen und Abwasserbeseitigungsanlagen anstelle über Gebühren (§§ 9 bis 16) oder Beiträge (§§ 17 bis 25) gesondert zu ersetzen ist, soweit die Maßnahmen vom Anschlussnehmer zu vertreten sind oder ihm dadurch Vorteile zuwachsen. [2]Die Regelung kann auf Mehrfachanschlüsse beschränkt werden. [3]Der Aufwand kann in der tatsächlich entstandenen Höhe oder nach Einheitssätzen ermittelt werden; § 11 Absatz 2 Satz 1 Nummer 1 Halbsatz 2 gilt sinngemäß. [4]Den Einheitssätzen ist der üblicherweise erwachsende Aufwand zugrunde zu legen. [5]Die Satzung (§ 2) kann bestimmen, dass Versorgungs- und Abwasserleitungen, die nicht in der Straßenmitte verlaufen, als in der Straßenmitte verlaufend gelten.

(2) [1]Der Ersatzanspruch entsteht unter der Voraussetzung, dass die Maßnahmen nach In-Kraft-Treten der Satzung abgeschlossen worden sind, mit der betriebsfertigen Herstellung der Anschlussleitung, im Übrigen mit der Beendigung der Maßnahme. [2]§ 22 Absatz 2 gilt sinngemäß. [3]Durch Satzung kann die Durchführung der Maßnahme von der Entrichtung einer angemessenen Vorauszahlung abhängig gemacht werden; § 23 Absatz 1 Satz 2 und Absatz 2 Sätze 1 und 2 gelten sinngemäß.

§ 34 Gästetaxe

(1) [1]Gemeinden können zur Deckung ihrer besonderen Kosten, die ihnen

1. für die Herstellung, Anschaffung, Erweiterung und Unterhaltung der zu touristischen Zwecken bereitgestellten Einrichtungen und Anlagen,

2. für die zu touristischen Zwecken durchgeführten Veranstaltungen und

3. für die, gegebenenfalls auch im Rahmen eines überregionalen Verbunds, den Abgabepflichtigen eingeräumte Möglichkeit der kostenlosen oder ermäßigten Benutzung des öffentlichen Personennahverkehrs und anderer Angebote

entstehen, eine Gästetaxe erheben. [2]Zu den Kosten im Sinne des Satzes 1 zählen auch die Kosten, die einem Dritten entstehen, dessen sich die Gemeinde bedient, soweit sie dem Dritten von der Gemeinde geschuldet werden. [3]Die Erträge aus der Gästetaxe sind für die in den Sätzen 1 und 2 genannten Aufgaben zweckgebunden. [4]Kurorte und anerkannte Erholungsorte können die Abgabe nach Satz 1 auch weiterhin als Kurtaxe bezeichnen.

(2) [1]Die Gästetaxe wird als Gegenleistung dafür erhoben, dass den abgabepflichtigen Personen die Möglichkeit geboten wird, die Einrichtungen, Anlagen und Angebote im Sinne des Absatzes 1 Satz 1 Nummer 1 und 3 in Anspruch zu nehmen und an den Veranstaltungen im Sinne des Absatzes 1 Satz 1 Nummer 2 teilzunehmen. [2]Abgabepflichtig sind Personen, die in der Gemeinde Unterkunft nehmen, aber nicht Einwohner der Gemeinde sind oder, obwohl sie Einwohner sind, den Schwerpunkt der Lebensbeziehungen in einer anderen Gemeinde haben und nicht in der die Gästetaxe erhebenden Gemeinde arbeiten oder in Ausbildung stehen. [3]Die Gästetaxe kann auch von Personen erhoben werden, die in dazu geschaffenen Einrichtungen zu Heil- oder Kurzwecken betreut werden, ohne in der Gemeinde Unterkunft zu nehmen; die Gästetaxe kann in diesem Fall niedriger als für Abgabepflichtige nach Satz 2 festgesetzt werden. [4]Durch Satzung können, insbesondere aus sozialen oder tourismuspolitischen Gründen, Befreiungs- oder weitere Ermäßigungstatbestände bestimmt werden. [5]Die nach Tagessätzen bemessene Gästetaxe entsteht und wird fällig kraft Satzung. [6]§ 9 Absatz 1 bleibt unberührt.

(3) [1]Wer Personen gegen Entgelt beherbergt oder zu Heil- oder Kurzwecken betreut, einen Campingplatz oder eine Hafenanlage mit Schiffsliegeplatz betreibt, kann durch Satzung verpflichtet werden, die bei ihm verweilenden oder in Behandlung befindlichen ortsfremden Personen der Gemeinde zu melden sowie die Gästetaxe einzuziehen und an die Gemeinde abzuführen; er haftet insoweit für die Einziehung und Abführung der Gästetaxe. [2]Durch Satzung können die in Satz 1 genannten Pflichten Reiseunternehmen auferlegt werden, wenn die Gästetaxe in dem Entgelt enthalten ist, das die Reiseteilnehmer an die Reiseunternehmen zu entrichten haben.

(4) In den Gemeinden mit Staatsbädern kann anstelle der Erhebung einer eigenen Gästetaxe nach Absatz 1 die Gemeinde einvernehmlich am Aufkommen der Kurtaxe nach § 25 des Sächsischen Verwaltungskostengesetzes beteiligt werden, sofern die Voraussetzungen des Absatzes 1 erfüllt sind.

§ 35 Tourismusabgabe

(1) [1]Gemeinden können zur Deckung der Kosten, die ihnen aus der Erfüllung der in § 34 Absatz 1 genannten Aufgaben und für die Tourismuswerbung entstehen, von selbständig tätigen natürlichen und juristischen Personen, denen durch den Tourismus im Gemeindegebiet unmittelbar oder mittelbar besondere wirtschaftliche Vorteile erwachsen, eine Tourismusabgabe erheben. [2]Für nicht am Ort ansässige Personen oder Unternehmen besteht die Abgabepflicht, soweit eine Betriebsstätte im Sinne von § 12 der Abgabenordnung gegeben ist. [3]Die Erträge aus der Tourismusabgabe sind für die in Satz 1 genannten Aufgaben zweckgebunden.

(2) [1]Die Tourismusabgabe bemisst sich nach den besonderen wirtschaftlichen Vorteilen, die dem Abgabepflichtigen aus dem Tourismus erwachsen. [2]Das Nähere ist durch Satzung (§ 2) zu bestimmen. [3]Durch Satzung können auch, insbesondere aus tourismuspolitischen Gründen, Befreiungs- oder Ermäßigungstatbestände bestimmt werden.

§ 36 Sonstige öffentlich-rechtliche Abgaben und Umlagen

Die §§ 3, 3a Absatz 1 und 2 sowie die §§ 5 und 6 gelten entsprechend für sonstige öffentlich-rechtliche Abgaben und Umlagen, die von Gemeinden, Gemeindeverbänden, Landkreisen und sonstigen öffentlich-rechtlichen Körperschaften, Anstalten und Stiftungen mit Ausnahme des Kommunalen Sozialverbandes Sachsen erhoben werden, soweit nicht eine besondere gesetzliche Regelung besteht.

Abschnitt 7
Übergangs- und Schlussbestimmungen

§ 37 Übergangsbestimmungen

(1) Für eine Übergangszeit bis 31. Dezember 1996 können die Gemeinden und Landkreise

1. fehlende Kalkulationsgrundlagen bei der Festsetzung der Gebühren- und Beitragssätze (zum Beispiel Anschaffungs- und Herstellungskosten, Nachsorgeaufwand, Verbrauchs- oder Einleitungsmengen, Beitragsbemessungseinheiten) schätzen,

2. ohne eigene Kalkulation Benutzungsgebühren bis zu den Sätzen erheben, die gemäß Absatz 2 festgelegt worden sind oder

3. private Gesellschaften in der Rechtsnachfolge der ehemaligen Wasser- und Abwasserkombinate (WAB), auf die sie allein oder zusammen mit anderen Gemeinden oder Landkreisen einen bestimmenden Einfluss haben, ermächtigen, von den Benutzern im eigenen Namen und auf eigene Rechnung angemessene Vergütungen für ihre Leistungen im Sinne von § 9 Absatz 1 zu verlangen. Als angemessen gelten die gemäß Nummer 2 festgelegten Sätze. Höhere Sätze können erhoben werden, wenn ihre Angemessenheit durch eine Kalkulation nach diesem Gesetz nachgewiesen ist; die Erleichterungen nach Nummer 1 können in Anspruch genommen werden. Die Ermächtigung kann mit der Maßgabe verliehen werden, dass in mehreren beteiligten Gemeinden oder Landkreisen einheitliche Vergütungen auf der Grundlage einer zusammenfassenden Kalkulation erhoben werden. Für Streitigkeiten über Ansprüche nach dieser Bestimmung ist der ordentliche Rechtsweg gegeben.

(2) [1]Das Staatsministerium des Innern wird ermächtigt, im Einvernehmen mit dem Staatsministerium der Finanzen durch Rechtsverordnung für die Erhebung von Benutzungsgebühren Höchstsätze festzulegen, die von den Gemeinden und Landkreisen nach Absatz 1 Nummer 2 ohne eigene Kalkulation übernommen werden können. [2]Bei der Festlegung der Höchstsätze ist auf die Belastbarkeit der Benutzer (§ 73 Absatz 2 Nummer 1 der Sächsischen Gemeindeordnung) und auf die Kostensituation vergleichbarer Einrichtungen abzustellen. [3]Durch die Rechtsverordnung kann dabei bestimmt werden,

1. welcher Anteil an den Gebührensätzen als kalkulatorische Kosten im Sinne von § 11 Absatz 2 Nummer 1 zu betrachten sind,

2. das Kostenüberdeckungen für die Einrichtung zweckbestimmt sind und

3. dass § 10 Absatz 2 Satz 2 in diesem Falle keine Anwendung findet.

(3) [1]Für die Bewertung der vor dem 1. Juli 1990 angeschafften oder hergestellten Wirtschaftsgüter gilt § 46 der Gemeindehaushaltsverordnung[1)] entsprechend. [2]Absatz 1 Nummer 1 bleibt unberührt.

(4) [1]Entgelte für kommunale Leistungen können bis zum 31. Dezember 1993 nach dem bisherigen Recht weiter erhoben werden; für Beiträge nach dem Vierten Abschnitt gilt eine Übergangsfrist bis

---

1) Siehe nunmehr Kommunalhaushaltsverordnung

31. Dezember 1996. [2]Soweit nach § 5 des Vorschaltgesetzes zur Erhebung von Abgaben und Umlagen sowie zur Führung der Haushaltswirtschaft in den Kommunen (Vorschaltgesetz Kommunalfinanzen) vom 19. Dezember 1990 (SächsGVBl. S. 18)[1]), geändert durch das Gesetz zur Änderung des Vorschaltgesetzes Kommunalfinanzen vom 24. März 1992 (SächsGVBl. S. 105), Vorauszahlungen auf Benutzungsentgelte erhoben worden sind, können die nach § 2 zu erlassenden Satzungen rückwirkend zum 1. Januar 1991 in Kraft gesetzt werden. [3]Im Übrigen können Satzungen und Gebührenordnungen bis 31. Dezember 1993 rückwirkend bis zum Inkrafttreten dieses Gesetzes in Kraft gesetzt werden, auch wenn die Betroffenen auf diese Absicht nicht hingewiesen worden sind.

(5) Satzungen und Gebührenordnungen, die diesem Gesetz inhaltlich entsprechen, bleiben auch nach Inkrafttreten dieses Gesetzes in Kraft.

(6) [1]Ist eine Abgabenschuld nach bisherigem Recht entstanden, aber noch nicht festgesetzt worden, so sind die bisherigen Vorschriften anzuwenden. [2]Auf Grundstücke, für die entsprechend § 4 des Vorschaltgesetzes Kommunalfinanzen[1]) Beiträge für öffentliche Einrichtungen erhoben oder abgelöst worden sind, finden die Bestimmungen des Vierten Abschnitts mit der Maßgabe Anwendung, dass die Erhebung eines Beitrags im Sinne von § 17 Absatz 1 entfällt.

(7) Für Grundstücke und Gebäude, die im Grundbuch noch als Eigentum des Volkes eingetragen sind, tritt an die Stelle des Eigentümers der Verfügungsberechtigte im Sinne von § 8 Absatz 1 des Vermögenszuordnungsgesetzes in der Fassung der Bekanntmachung vom 29. März 1994 (BGBl. I S. 709), das zuletzt durch Artikel 3 des Gesetzes vom 3. Juli 2009 (BGBl. I S. 1688) geändert worden ist, in der jeweils geltenden Fassung.

§ 38 Einschränkung von Grundrechten
Durch Maßnahmen aufgrund dieses Gesetzes können die Grundrechte auf Freiheit der Person, der Unverletzlichkeit der Wohnung und des Eigentums (Artikel 2 Absatz 2, Artikel 13, Artikel 14 Absatz 1 des Grundgesetzes und Artikel 16 Absatz 1 Satz 2, Artikel 30 und Artikel 31 Absatz 1 der Verfassung des Freistaates Sachsen) eingeschränkt werden.

§ 39 *[nicht wiedergegebene Aufhebungsvorschriften]*

§ 39a Anpassung der Satzungen an die durch das Verwaltungsmodernisierungsgesetz geänderte Rechtslage
[1]Die örtlichen Satzungen gelten weiter und sind erforderlichenfalls bis zum 1. Januar 2006 anzupassen. [2]Die Änderungssatzungen können rückwirkend bis zum Zeitpunkt des Inkrafttreten des Artikels 38 des Gesetzes zur Modernisierung der Sächsischen Verwaltung und zur Vereinfachung von Verwaltungsgesetzen (Sächsisches Verwaltungsmodernisierungsgesetz – SächsVwModG) vom 5. Mai 2004 (SächsGVBl. S. 148, 160) in Kraft gesetzt werden. [3]§ 2 Absatz 2 gilt auch für Satzungen, die nach bisherigem Recht erlassen worden sind.

§ 39b Anpassung von Satzungen an die durch das Gesetz zur Änderung des Sächsischen Kommunalabgabengesetzes vom 26. Oktober 2016 geltende Rechtslage
[1]Örtliche Satzungen zur Erhebung der Kurtaxe oder Fremdenverkehrsabgabe, die aufgrund dieses Gesetzes in der bis zum 19. November 2016 geltenden Fassung erlassen worden sind, gelten weiter und sind erforderlichenfalls bis zum 31. Dezember 2018 anzupassen. [2]§ 2 Absatz 2 gilt auch für Satzungen, die nach den §§ 34 und 35 in der bis zum 19. November 2016 geltenden Fassung erlassen worden sind.

§ 40 Inkrafttreten
(1) (Inkrafttreten)

(2) Die Vorschriften des Fünften Abschnittes finden mit der Maßgabe Anwendung, dass solche Beiträge nur erhoben werden können, wenn die Anschaffung, Herstellung oder der Ausbau der Verkehrsanlagen sowie der Straßen und Wege nach dem Inkrafttreten dieses Gesetzes entgültig erfolgt ist.

---

1)   Aufgeh. durch G v. 6.6.2002 (SächsGVBl. S. 168).

Verordnung des Sächsischen Staatsministeriums des Innern über die kommunale Haushaltswirtschaft (Sächsische Kommunalhaushaltsverordnung – SächsKomHVO)[1]

Vom 10. Dezember 2013 (SächsGVBl. S. 910)

(BS Sachsen 521-5/2)

zuletzt geändert durch Art. 1 ÄndVO vom 30. Juli 2019 (SächsGVBl. S. 598)

Inhaltsübersicht

---

[1]   Verkündet als Art. 1 VO v. 10.12.2013 (SächsGVBl. S. 910); Inkrafttreten gem. Art. 3 Abs. 1 dieser VO am 31.12.2013.

Abschnitt 1
Haushaltsplan, Finanzplanung

§ 1   Bestandteile des Haushaltsplans, Gesamthaushalt, Anlagen

(1) Der Haushaltsplan besteht aus:
1.   dem Gesamthaushalt;
2.   den Teilhaushalten;
3.   dem Stellenplan.

(2) Der Gesamthaushalt besteht aus:
1.   dem Ergebnishaushalt;
2.   dem Finanzhaushalt;
3.   dem Haushaltsquerschnitt als je einer Übersicht über die Erträge, die Aufwendungen, die Veran-
     schlagung des ordentlichen Ergebnisses und den Nettoressourcenbedarf der Teilhaushalte des
     Ergebnishaushalts sowie über den Zahlungsmittelsaldo aus laufender Verwaltungstätigkeit, die
     Einzahlungen, die Auszahlungen, den Zahlungsmittelsaldo aus Investitionstätigkeit, den Finan-
     zierungsmittelüberschuss oder -fehlbetrag und die Verpflichtungsermächtigungen der Teilhaus-
     halte des Finanzhaushalts;
4.   einer zusammengefassten Übersicht, aufgegliedert nach Konten.

(3) Dem Haushaltsplan sind als Anlagen beizufügen:
1.   der Vorbericht;
2.   das Haushaltsstrukturkonzept, wenn ein solches erstellt wurde;
3.   eine Übersicht zu der Entwicklung des Basiskapitals, der Rücklagen und der vorgetragenen Fehl-
     beträge sowie in Fällen des § 72 Absatz 3 Satz 3 der Sächsischen Gemeindeordnung eine Übersicht
     zu der Ermittlung der Fehlbeträge aus Abschreibungen und deren Verrechnung mit dem Basis-
     kapital;
4.   eine Übersicht über die aus Verpflichtungsermächtigungen in den einzelnen Jahren voraussicht-
     lich fällig werdenden Auszahlungen; werden Auszahlungen in den Jahren fällig, auf die sich der
     Finanzplan noch nicht erstreckt, ist die voraussichtliche Deckung des Zahlungsmittelbedarfs die-
     ser Jahre gesondert darzustellen;
5.   eine Übersicht über den voraussichtlichen Stand der Verbindlichkeiten aus Krediten für Investi-
     tionen und der ihnen wirtschaftlich gleichkommenden Rechtsgeschäfte und der Verpflichtungen
     aus Bürgschaften, Gewährverträgen und der ihnen wirtschaftlich gleichkommenden Rechtsge-
     schäfte sowie eine Übersicht über den voraussichtlichen Stand der Rückstellungen und Rücklagen,
     jeweils bezogen auf den Beginn des Vorjahres sowie auf den Beginn und das Ende des Haus-
     haltsjahres;
6.   eine Übersicht über die im Ergebnishaushalt zu veranschlagenden Instandhaltungs- und Instand-
     setzungsmaßnahmen, soweit sie von erheblichem Umfang sind oder Zuwendungen dafür beantragt
     werden;
7.   die Wirtschaftspläne und neuesten Jahresabschlüsse der Sondervermögen, für die Sonderrech-
     nungen geführt werden;

8. die Wirtschaftspläne und neuesten geprüften Jahresabschlüsse der Unternehmen und Einrichtungen mit eigener Rechtspersönlichkeit, an denen die Gemeinde mit mehr als 20 Prozent beteiligt ist; an die Stelle der Wirtschaftspläne und Jahresabschlüsse kann eine kurz gefasste Übersicht über die Wirtschaftslage und die voraussichtliche Entwicklung der Unternehmen und Einrichtungen treten;

9. die Übersichten nach § 4 Absatz 5.

(4) [1]Den im Haushaltsplan für das Haushaltsjahr zu veranschlagenden Erträgen und Aufwendungen sowie Einzahlungen und Auszahlungen sind die Ergebnisse des Jahresabschlusses des Vorvorjahres und die Haushaltspositionen des Vorjahres voranzustellen. [2]Darüber hinaus sind die Positionen der Finanzplanung nach § 80 Absatz 1 der Sächsischen Gemeindeordnung für die dem Haushaltsjahr folgenden drei Jahre anzufügen. [3]Ergeben sich bei der Aufstellung des Haushaltsplans wesentliche Änderungen für die folgenden Jahre, ist der Finanzplan anzupassen.

(5) Die Frist gemäß § 119 Absatz 1 der Sächsischen Gemeindeordnung beginnt erst mit der Vorlage sämtlicher Bestandteile und Anlagen des Haushaltsplans.

§ 2 Ergebnishaushalt

(1) Der Ergebnishaushalt enthält in Form des vorgegebenen Musters nach § 128 Satz 1 Nummer 3 der Sächsischen Gemeindeordnung:

1. Steuern und ähnliche Abgaben nach Arten;
2. Zuweisungen und Umlagen nach Arten sowie aufgelöste Sonderposten;
3. sonstige Transfererträge;
4. öffentlich-rechtliche Leistungsentgelte;
5. privatrechtliche Leistungsentgelte;
6. Kostenerstattungen und Kostenumlagen;
7. Zinsen und sonstige Finanzerträge;
8. aktivierte Eigenleistungen und Bestandsveränderungen;
9. sonstige ordentliche Erträge;
10. die ordentlichen Erträge, die Summe aus den Nummern 1 bis 9;
11. Personalaufwendungen;
12. Versorgungsaufwendungen;
13. Aufwendungen für Sach- und Dienstleistungen;
14. Abschreibungen im ordentlichen Ergebnis;
15. Zinsen und sonstige Finanzaufwendungen;
16. Transferaufwendungen und Abschreibungen auf Sonderposten für geleistete Investitionsförderungsmaßnahmen;
17. sonstige ordentliche Aufwendungen;
18. die ordentlichen Aufwendungen, die Summe aus den Nummern 11 bis 17;
19. das ordentliche Ergebnis, den Saldo aus den Nummern 10 und 18;
20. realisierbare außerordentliche Erträge;
21. realisierbare außerordentliche Aufwendungen;
22. das Sonderergebnis, der Saldo aus den Nummern 20 und 21;
23. das Gesamtergebnis als Überschuss oder Fehlbetrag, die Summe aus den Nummern 19 und 22;
24. die veranschlagte Abdeckung von Fehlbeträgen des ordentlichen Ergebnisses aus Vorjahren;
25. die veranschlagte Abdeckung von Fehlbeträgen des Sonderergebnisses aus Vorjahren;
26. die Verrechnung eines Fehlbetrages im ordentlichen Ergebnis mit dem Basiskapital gemäß § 72 Absatz 3 Satz 3 der Sächsischen Gemeindeordnung;
27. die Verrechnung eines Fehlbetrages im Sonderergebnis mit dem Basiskapital gemäß § 72 Absatz 3 Satz 3 der Sächsischen Gemeindeordnung;
28. das veranschlagte Gesamtergebnis unter Berücksichtigung der Fehlbeträge aus Vorjahren und der Verrechnung gemäß § 72 Absatz 3 Satz 3 der Sächsischen Gemeindeordnung als Überschuss oder Fehlbetrag, die Summe aus den Nummern 23 bis 27;

als Fehlbetragsdeckung

29. die Entnahme aus der Rücklage aus Überschüssen des ordentlichen Ergebnisses;
30. die Entnahme aus der Rücklage aus Überschüssen des Sonderergebnisses;

31. den Vortrag eines Fehlbetrages des ordentlichen Ergebnisses auf Folgejahre;
32. den Vortrag eines Fehlbetrages des Sonderergebnisses auf Folgejahre.

(2) Unter den Positionen „außerordentliche Erträge" und „außerordentliche Aufwendungen" sind die außerhalb der gewöhnlichen Geschäfts- und Verwaltungstätigkeit anfallenden Erträge und Aufwendungen sowie Erträge und Aufwendungen aus Vermögensveräußerung und Vermögensübertragung auszuweisen.

§ 3 Finanzhaushalt

(1) Der Finanzhaushalt enthält in Form des vorgegebenen Musters nach § 128 Satz 1 Nummer 3 der Sächsischen Gemeindeordnung:

1. Steuern und ähnliche Abgaben;
2. Zuweisungen und Umlagen für laufende Verwaltungstätigkeit;
3. sonstige Transfereinzahlungen;
4. öffentlich-rechtliche Leistungsentgelte, ausgenommen Investitionsbeiträge;
5. privatrechtliche Leistungsentgelte;
6. Kostenerstattungen und Kostenumlagen;
7. Zinsen und sonstige Finanzeinzahlungen;
8. sonstige haushaltswirksame Einzahlungen aus laufender Verwaltungstätigkeit;
9. die Einzahlungen aus laufender Verwaltungstätigkeit, die Summe aus den Nummern 1 bis 8;
10. Personalauszahlungen;
11. Versorgungsauszahlungen;
12. Auszahlungen für Sach- und Dienstleistungen;
13. Zinsen und sonstige Finanzauszahlungen;
14. Transferauszahlungen aus laufender Verwaltungstätigkeit;
15. sonstige haushaltswirksame Auszahlungen aus laufender Verwaltungstätigkeit;
16. die Auszahlungen aus laufender Verwaltungstätigkeit, die Summe aus den Nummern 10 bis 15;
17. den Zahlungsmittelsaldo aus laufender Verwaltungstätigkeit als Zahlungsmittelüberschuss oder Zahlungsmittelbedarf, der Saldo aus den Nummern 9 und 16;
18. Einzahlungen aus Investitionszuwendungen;
19. Einzahlungen aus Investitionsbeiträgen und ähnlichen Entgelten für Investitionstätigkeit;
20. Einzahlungen aus der Veräußerung von immateriellen Vermögensgegenständen;
21. Einzahlungen aus der Veräußerung von Grundstücken, Gebäuden und sonstigen unbeweglichen Vermögensgegenständen;
22. Einzahlungen aus der Veräußerung von übrigem Sachanlagevermögen;
23. Einzahlungen aus der Veräußerung von Finanzanlagevermögen und von Wertpapieren des Umlaufvermögens;
24. Einzahlungen für sonstige Investitionstätigkeit;
25. Einzahlungen für Investitionstätigkeit, die Summe aus den Nummern 18 bis 24;
26. Auszahlungen für den Erwerb von immateriellen Vermögensgegenständen;
27. Auszahlungen für den Erwerb von Grundstücken, Gebäuden und sonstigen unbeweglichen Vermögensgegenständen;
28. Auszahlungen für Baumaßnahmen;
29. Auszahlungen für den Erwerb von übrigem Sachanlagevermögen;
30. Auszahlungen für den Erwerb von Finanzanlagevermögen und von Wertpapieren des Umlaufvermögens;
31. Auszahlungen für Investitionsförderungsmaßnahmen;
32. Auszahlungen für sonstige Investitionstätigkeit;
33. Auszahlungen für Investitionstätigkeit, die Summe aus den Nummern 26 bis 32;
34. den Zahlungsmittelsaldo aus Investitionstätigkeit, den Saldo aus den Nummern 25 und 33;
35. den veranschlagten Finanzierungsmittelüberschuss oder Finanzierungsmittelfehlbetrag, die Summe aus den Nummern 17 und 34;
36. Einzahlungen aus der Aufnahme von Krediten und diesen wirtschaftlich gleichkommenden Rechtsgeschäften für Investitionen;
37. Einzahlungen aus sonstiger Wertpapierverschuldung;

38. Auszahlungen für die Tilgung von Krediten und diesen wirtschaftlich gleichkommenden Rechtsgeschäften für Investitionen;
39. Auszahlungen für die Tilgung sonstiger Wertpapierverschuldung;
40. den Zahlungsmittelsaldo aus der Finanzierungstätigkeit, den Saldo aus der Summe der Nummern 36 und 37 und der Summe der Nummern 38 und 39;
41. die Änderung des Finanzmittelbestands im Haushaltsjahr, die Summe aus den Nummern 35 und 40;
42. Einzahlungen aus Darlehensrückflüssen;
43. Auszahlungen für die Gewährung von Darlehen;
44. (nicht belegt);
45. (nicht belegt);
46. (nicht belegt);
47. den Überschuss oder Bedarf an Zahlungsmitteln aus Veranschlagungen des Haushaltsjahres, der Saldo aus der Summe der Nummern 41 und 42 sowie der Nummer 43;
48. Einzahlungen aus übertragenen Ermächtigungen der Vorjahre;
49. Auszahlungen aus übertragenen Ermächtigungen der Vorjahre;
50. den Überschuss oder Bedarf an Zahlungsmitteln im Haushaltsjahr, der Saldo aus der Summe der Nummern 47 und 48 sowie der Nummer 49;
51. Einzahlungen aus der Aufnahme von Kassenkrediten;
52. Auszahlungen für die Tilgung von Kassenkrediten;
53. Veränderung des Bestandes an Zahlungsmitteln im Haushaltsjahr, der Saldo aus der Summe der Nummern 50 und 51 sowie der Nummer 52;
54. voraussichtlicher Bestand an liquiden Mitteln zu Beginn des Haushaltsjahres (ohne Kassenkredite und Kontokorrentverbindlichkeiten);
55. voraussichtlicher Bestand an liquiden Mitteln am Ende des Haushaltsjahres, die Summe aus den Nummern 53 und 54.

(2) Nachrichtlich sind anzugeben der Saldo aus den Einzahlungen und Auszahlungen sowie der Bestand aus fremden Finanzmitteln (§ 15), der Betrag der Einzahlungen aus der Aufnahme von Krediten für Investitionen, der sich auf übertragene Kreditermächtigungen bezieht, der Betrag der Auszahlungen für die ordentliche Kredittilgung und den Tilgungsanteil der Zahlungsverpflichtungen aus kreditähnlichen Rechtsgeschäften einschließlich der als Investitionsauszahlungen veranschlagten Tilgungsanteile der Zahlungsverpflichtungen aus kreditähnlichen Rechtsgeschäften, der Betrag der verfügbaren Mittel gemäß § 72 Absatz 4 Satz 2 der Sächsischen Gemeindeordnung sowie die voraussichtlichen Ein- und Auszahlungen aus Investitionstätigkeit aus übertragenen Ermächtigungen.

§ 4 Teilhaushalte, Budgets

(1) [1]Der Gesamthaushalt ist in Teilhaushalte zu gliedern. [2]Die Teilhaushalte sind produktorientiert zu bilden. [3]Sie können nach den vorgegebenen Produktbereichen oder nach der örtlichen Organisation gebildet werden. [4]Mehrere Produktbereiche können zu einem Teilhaushalt zusammengefasst werden. [5]Werden Teilhaushalte nach der örtlichen Organisation gebildet, können Produktbereiche nach vorgegebenen Produktgruppen oder Produkten auf mehrere Teilhaushalte aufgeteilt werden. [6]Die Teilhaushalte sind in einen Ergebnishaushalt und in einen Finanzhaushalt zu gliedern.

(2) [1]Jeder Teilhaushalt muss mindestens aus einer Bewirtschaftungseinheit (Budget) bestehen. [2]Für Aufgabenbereiche mit sachlichem Zusammenhang können durch Vermerk mehrere Teilhaushalte zu einem Budget verbunden werden oder Budgets über mehrere Teilhaushalte gebildet werden. [3]Die Budgets sind jeweils einem Verantwortungsbereich zuzuordnen. [4]In den Teilhaushalten sind die Produktgruppen zu benennen; zusätzlich soll mindestens ein Schlüsselprodukt mit den dazugehörigen Leistungszielen und Kennzahlen zur Messung der Zielerreichung dargestellt werden.

(3) [1]Der Teilergebnishaushalt enthält in Form des vorgegebenen Musters nach § 128 Satz 1 Nummer 3 der Sächsischen Gemeindeordnung:
1. die anteiligen ordentlichen Erträge nach § 2 Absatz 1 Nummer 1 bis 9, soweit diese nicht ausschließlich im Gesamthaushalt oder zentral in einem Teilhaushalt veranschlagt sind;
2. die Summe der ordentlichen Erträge aus der Nummer 1;
3. die anteiligen ordentlichen Aufwendungen nach § 2 Absatz 1 Nummer 11 bis 17, soweit diese nicht ausschließlich im Gesamthaushalt oder zentral in einem Teilhaushalt veranschlagt sind;

4. die Summe der ordentlichen Aufwendungen aus der Nummer 3;
5. das anteilige veranschlagte ordentliche Ergebnis, den Saldo aus den Nummern 2 und 4;
6. Erträge aus interner Leistungsverrechnung;
7. Aufwendungen für interne Leistungsverrechnung;
8. kalkulatorische Kosten;
9. das veranschlagte kalkulatorische Ergebnis, den Saldo aus der Nummer 6 und der Summe aus den Nummern 7 und 8;
10. den veranschlagten Nettoressourcenbedarf oder Nettoressourcenüberschuss, die Summe aus den Nummern 5 und 9.

(4) [1]Der Teilfinanzhaushalt enthält in Form des vorgegebenen Musters nach § 128 Satz 1 Nummer 3 der Sächsischen Gemeindeordnung:

1. die anteiligen Einzahlungen aus laufender Verwaltungstätigkeit nach § 3 Absatz 1 Nummer 1 bis 8, soweit diese nicht ausschließlich im Gesamthaushalt oder zentral in einem Teilhaushalt veranschlagt sind;
2. die Summe der Einzahlungen aus laufender Verwaltungstätigkeit aus der Nummer 1;
3. die anteiligen Auszahlungen aus laufender Verwaltungstätigkeit nach § 3 Absatz 1 Nummer 10 bis 15, soweit diese nicht ausschließlich im Gesamthaushalt oder zentral in einem Teilhaushalt veranschlagt sind;
4. die Summe der Auszahlungen aus laufender Verwaltungstätigkeit aus der Nummer 3;
5. den anteiligen Zahlungsmittelsaldo aus laufender Verwaltungstätigkeit als Zahlungsmittelüberschuss oder Zahlungsmittelbedarf, den Saldo aus den Nummern 2 und 4;
6. die anteiligen Einzahlungen für Investitionstätigkeit nach § 3 Absatz 1 Nummmer 18 bis 24;
7. die anteiligen Auszahlungen für Investitionstätigkeit nach § 3 Absatz 1 Nummer 26 bis 32;
8. den anteiligen veranschlagten Finanzierungsmittelüberschuss oder Finanzierungsmittelbedarf, die Summe aus der Nummer 5 und aus dem Saldo aus den Nummern 6 und 7.

[2]Abweichend von Satz 1 kann die Darstellung im Teilfinanzhaushalt auf Satz 1 Nummer 6 und 7 beschränkt werden. [3]Die Investitionen sind einzeln unter Angabe der Gesamtinvestitionssumme, der Einzahlungen und Auszahlungen sowie der Verpflichtungsermächtigungen für die Folgejahre entsprechend § 9 Absatz 2 darzustellen. [4]Maßnahmen von geringer finanzieller Bedeutung dürfen zusammengefasst werden.

(5) Dem Haushaltsplan sind je eine Übersicht über die Zuordnung der Produktbereiche und Produktgruppen zu den Teilhaushalten sowie Übersichten über die Zuordnung der Erträge und Aufwendungen des Ergebnishaushalts zu dem vorgegebenen Produktrahmen als Anlagen beizufügen.

§ 5 Stellenplan

(1) [1]Der Stellenplan hat die im Haushaltsjahr erforderlichen Stellen der Beamten und der nicht nur vorübergehend Beschäftigten sowie der davon in der Kernverwaltung Beschäftigten auszuweisen. [2]Soweit erforderlich, sind in ihm die Amtsbezeichnungen für Beamte festzusetzen. [3]Stellen in Einrichtungen von Sondervermögen, für die Sonderrechnungen geführt werden, sind gesondert auszuweisen.

(2) [1]Im Stellenplan ist ferner für jede Besoldungs- und Entgeltgruppe die Gesamtzahl der Stellen für das Vorjahr und der am 30. Juni des Vorjahres besetzten Stellen anzugeben. [2]Wesentliche Abweichungen vom Stellenplan des Vorjahres sind zu erläutern.

(3) Soweit ein dienstliches Bedürfnis besteht, dürfen im Stellenplan ausgewiesene

1. Planstellen vorübergehend mit Beamten einer niedrigeren Besoldungsgruppe derselben Laufbahn besetzt werden,
2. freigewordene Planstellen des Eingangsamtes einer Laufbahn der Laufbahngruppen 1 und 2 mit Beamten der nächstniedrigeren Laufbahn besetzt werden, deren Aufstieg in die nächsthöhere Laufbahn im folgenden Haushaltsjahr laufbahnrechtlich möglich und vom Dienstherrn beabsichtigt ist und
3. freigewordene Planstellen mit Beschäftigten einer vergleichbaren oder niedrigeren Entgeltgruppe besetzt werden, längstens jedoch bis zum Ende des Jahres, das auf das Jahr des Freiwerdens der Stelle folgt.

§ 6 Vorbericht

[1]Der Vorbericht gibt einen Überblick über die Entwicklung und den Stand der Haushaltswirtschaft unter dem Gesichtspunkt der stetigen Erfüllung der Aufgaben der Gemeinde. [2]Er soll eine durch Kennzahlen gestützte, wertende Analyse der Haushaltslage und ihrer voraussichtlichen Entwicklung enthalten. [3]Unter Einhaltung der folgenden Gliederung sollen insbesondere dargestellt werden:

1. welche wesentlichen Ziele und Strategien die Gemeinde verfolgt und welche Änderungen gegenüber dem Vorjahr eintreten werden;

2. wie sich die wichtigsten Erträge, Aufwendungen, Einzahlungen und Auszahlungen, das Vermögen, die Verbindlichkeiten ohne Kassenkredite und die Zinsbelastung sowie die Verpflichtungen aus Bürgschaften, Gewährverträgen und ihnen wirtschaftlich gleichkommenden Rechtsgeschäften in den beiden dem Haushaltsjahr vorangehenden Haushaltsjahren entwickelt haben und voraussichtlich im Finanzplanungszeitraum entwickeln werden; zusätzlich ist die durchschnittliche rechnerische Tilgungsdauer sowie die durchschnittliche Nutzungsdauer des gesamten abnutzbaren Anlagevermögens anzugeben;

3. wie sich das Gesamtergebnis, das Basiskapital, die Rücklagen und der zur Verrechnung mit dem Basiskapital veranschlagte Fehlbetrag gemäß § 72 Absatz 3 Satz 3 der Sächsischen Gemeindeordnung im Haushaltsjahr und in den dem Haushaltsjahr folgenden drei Jahren entwickeln werden und in welchem Verhältnis diese Entwicklung zum Deckungsbedarf des Finanzplans steht;

4. welche erheblichen Investitionen und Investitionsförderungsmaßnahmen im Haushaltsjahr geplant sind und welche Auswirkungen sich hieraus für die Haushalte der folgenden Jahre ergeben werden;

5. wie sich der Zahlungsmittelüberschuss oder Zahlungsmittelbedarf aus laufender Verwaltungstätigkeit, der Finanzierungsmittelüberschuss oder der Finanzierungsmittelfehlbetrag entwickeln werden; in welchem Umfang Kassenkredite in Anspruch genommen worden sind und in welchem Umfang liquide Mittel, welche für die Inanspruchnahme von langfristigen Rückstellungen notwendig sind, eingesetzt werden; ferner wie sich der Betrag der verfügbaren Mittel gemäß § 72 Absatz 4 Satz 2 der Sächsischen Gemeindeordnung im Haushaltsjahr und im Finanzplanungszeitraum entwickeln wird;

6. welcher Finanzierungsbedarf für die Inanspruchnahme von Rückstellungen entsteht und welche Auswirkungen auf die Haushalte sich daraus im Finanzplanungszeitraum ergeben werden;

7. wenn ein Haushaltsstrukturkonzept aufgestellt wurde, wie die für das Haushaltsjahr vorgesehenen Haushaltsstrukturmaßnahmen im Haushaltsplan verwirklicht werden und wie sich diese auf die künftige Entwicklung der Ertrags-, Finanz- und Vermögenslage auswirken;

8. welche Auswirkungen sich nach der Bevölkerungsstatistik auf die zu erwartende zukünftige Entwicklung der Gemeinde und ihrer Einrichtungen ergeben werden;

9. welche haushaltswirtschaftlichen Belastungen sich insbesondere aus der Eigenkapitalausstattung und der Verlustabdeckung für andere Organisationseinheiten und Vermögensmassen, aus Umlagen, Straßenentwässerungskostenanteilen, der Übernahme von Bürgschaften und anderen Sicherheiten sowie Gewährverträgen ergeben werden oder zu erwarten sind aus

    a) den Sondervermögen der Gemeinde, für die aufgrund gesetzlicher Vorschriften Sonderrechnungen geführt werden,

    b) den Formen kommunaler Zusammenarbeit, an denen die Gemeinde beteiligt ist, und

    c) den unmittelbaren und mittelbaren Beteiligungen der Gemeinde an Unternehmen in einer Rechtsform des öffentlichen und privaten Rechts.

§ 7 Haushaltsplan für zwei Jahre

[1]Wird eine Haushaltssatzung für zwei Jahre erlassen, sind im Haushaltsplan die Erträge und Aufwendungen, die Einzahlungen und Auszahlungen sowie die Verpflichtungsermächtigungen für jedes der beiden Haushaltsjahre getrennt zu veranschlagen. [2]Von Vorschriften über die äußere Form des Haushaltsplans kann abgewichen werden, soweit dies unumgänglich ist.

§ 8 Nachtragshaushaltsplan

(1) Der Nachtragshaushaltsplan muss alle erheblichen Änderungen der Erträge und Einzahlungen sowie Aufwendungen und Auszahlungen, die zum Zeitpunkt seiner Aufstellung übersehbar sind, einschließlich der bereits geleisteten oder angeordneten über- und außerplanmäßige Aufwendungen und

Auszahlungen, sowie die damit zusammenhängenden Änderungen der Ziele und Kennzahlen enthalten.

(2) Enthält der Nachtragshaushaltsplan neue Verpflichtungsermächtigungen, sind deren Auswirkungen auf den Finanzplan anzugeben; die Übersicht nach § 1 Absatz 3 Nummer 4 ist zu ergänzen.

§ 9 Finanzplan und Investitionsprogramm

(1) [1]Der Finanzplan besteht aus einer Übersicht über die Entwicklung der Erträge und Aufwendungen sowie des zu veranschlagenden Gesamtergebnisses des Ergebnishaushalts, ferner einer Übersicht über die Entwicklung der Einzahlungen und Auszahlungen des Finanzhaushalts. [2]Er ist nach der für den Ergebnishaushalt und den Finanzhaushalt geltenden Systematik und nach Jahren gegliedert aufzustellen sowie nach § 1 Absatz 4 Satz 2 in den Haushaltsplan einzubeziehen. [3]Für Investitionen und Investitionsförderungsmaßnahmen ist eine Gliederung nach Teilhaushalten vorzunehmen.

(2) [1]In das dem Finanzplan zugrunde zu legende Investitionsprogramm sind die im Planungszeitraum vorgesehenen Investitionen und Investitionsförderungsmaßnahmen nach Jahresabschnitten aufzunehmen. [2]Jeder Jahresabschnitt soll die fortzuführenden und die neuen Maßnahmen mit den auf das betreffende Jahr entfallenden Teilbeträgen wiedergeben.

(3) Bei der Aufstellung und Fortschreibung des Finanzplans nach § 80 Absatz 5 der Sächsischen Gemeindeordnung sollen die vom Staatsministerium der Finanzen bekannt gegebenen Orientierungsdaten berücksichtigt werden.

(4) [1]Der Finanzplan soll in den einzelnen Jahren im Gesamtergebnis nach § 2 Absatz 1 Nummer 23 unter Berücksichtigung der Rücklagen, der Verrechnung gemäß § 72 Absatz 3 Satz 3 der Sächsischen Gemeindeordnung und der Fehlbeträge aus Vorjahren ausgeglichen sein; das gilt entsprechend bei den Auszahlungen für die ordentliche Kredittilgung, den Tilgungsanteil der Zahlungsverpflichtungen aus kreditähnlichen Rechtsgeschäften und deren Deckungsmöglichkeiten. [2]Ferner soll der voraussichtliche Bestand an liquiden Mitteln gemäß § 3 Absatz 1 Nummer 55 in den einzelnen Jahren nicht negativ sein.

Abschnitt 2
Planungsgrundsätze

§ 10 Allgemeine Planungsgrundsätze

(1) Die Erträge und Aufwendungen sind in ihrer voraussichtlich dem Haushaltsjahr zuzurechnenden Höhe, die Einzahlungen und Auszahlungen in Höhe der im Haushaltsjahr voraussichtlich eingehenden oder zu leistenden Beträge zu veranschlagen; sie sind sorgfältig zu schätzen, soweit sie nicht errechenbar sind.

(2) Die Erträge, Aufwendungen, Einzahlungen und Auszahlungen sind in voller Höhe und getrennt voneinander zu veranschlagen, soweit in dieser Verordnung nichts anderes bestimmt ist.

(3) [1]Im Gesamthaushalt und in den Teilhaushalten sind Erträge und Einzahlungen, Aufwendungen und Auszahlungen nach Arten (§§ 2 und 3) zu veranschlagen. [2]In den Teilhaushalten ist im Ergebnishaushalt der anteilige Nettoressourcenbedarf untergliedert in anteiliges ordentliches Ergebnis und kalkulatorisches Ergebnis zu veranschlagen (§ 4 Absatz 3).

(4) [1]Für denselben Zweck sollen Aufwendungen und Auszahlungen nicht an verschiedenen Stellen im Haushaltsplan veranschlagt werden. [2]Wird ausnahmsweise anders verfahren, ist auf die Ansätze gegenseitig zu verweisen.

§ 11 Verpflichtungsermächtigungen

[1]Die Verpflichtungsermächtigungen sind in den Teilhaushalten maßnahmenbezogen zu veranschlagen. [2]Dabei ist anzugeben, wie sich die Belastungen voraussichtlich auf die künftigen Jahre verteilen werden.

§ 12 Investitionen sowie Instandsetzungs- und Instandhaltungsmaßnahmen

(1) [1]Bei Investitionen und Investitionsförderungsmaßnahmen, die sich über mehrere Jahre erstrecken, sind neben dem veranschlagten Jahresbedarf die voraussichtlichen Auszahlungen für die gesamte Maßnahme anzugeben. [2]Die in den folgenden Jahren noch erforderlichen Auszahlungen sind bei der Finanzplanung zu berücksichtigen.

(2) [1]Bevor Investitionen von erheblicher finanzieller Bedeutung beschlossen werden, soll unter mehreren in Betracht kommenden Möglichkeiten durch Vergleich der Anschaffungs- oder Herstellungs-

kosten und der Folgekosten die für die Gemeinde wirtschaftlichste Lösung ermittelt werden. [2]Dabei ist die künftige Bevölkerungsentwicklung zu berücksichtigen.

(3) [1]Auszahlungen und Verpflichtungsermächtigungen für Baumaßnahmen dürfen erst veranschlagt werden, wenn Pläne, Berechnungen und Erläuterungen vorliegen, aus denen die Art der Ausführung, die Kosten der Maßnahme sowie die voraussichtlichen Jahresraten unter Angabe der Kostenbeteiligung Dritter im Einzelnen ersichtlich sind. [2]Den Unterlagen sind eine Schätzung der jährlichen Auswirkungen auf den Haushalt nach Abschluss der Maßnahme und eine Übersicht, aus dem sich der zeitliche Ablauf der Maßnahme ergibt, beizufügen.

(4) [1]Ausnahmen von Absatz 3 sind bei Vorhaben von geringer finanzieller Bedeutung zulässig. [2]In diesen Fällen müssen aber mindestens eine nachvollziehbare Berechnung, aus der die Kosten der Maßnahme hervorgehen, und außerdem ein Bauzeitplan vorliegen.

(5) Die Absätze 2 bis 4 gelten für im Haushaltsjahr zu veranschlagende Instandhaltungs- und Instandsetzungsmaßnahmen entsprechend.

§ 13 Verfügungsmittel

[1]Im Haushalt können in angemessener Höhe Verfügungsmittel des Bürgermeisters veranschlagt werden. [2]Die veranschlagten Mittel dürfen nicht überschritten werden. [3]Sie sind nicht übertragbar und nicht deckungsfähig.

§ 14 Kosten- und Leistungsrechnungen

[1]Als Grundlage für die Verwaltungssteuerung sowie für die Beurteilung der Wirtschaftlichkeit und Leistungsfähigkeit der Verwaltung sind für alle Aufgabenbereiche nach den örtlichen Bedürfnissen Kosten- und Leistungsrechnungen zu führen. [2]Die Kosten sind aus der Buchführung nachprüfbar herzuleiten. [3]Die §§ 11 bis 16 des Sächsischen Kommunalabgabengesetzes in der Fassung der Bekanntmachung vom 9. März 2018 (SächsGVBl. S. 116), das durch Artikel 2 Absatz 17 des Gesetzes vom 5. April 2019 (SächsGVBl. S. 245) geändert worden ist, in der jeweils geltenden Fassung, bleiben unberührt.

§ 15 Fremde Finanzmittel

Im Haushaltsplan der Gemeinde werden nicht veranschlagt:

1. durchlaufende Gelder;
2. Beträge, die die Gemeinde auf Grund einer Rechtsvorschrift unmittelbar für den Haushalt eines anderen öffentlichen Aufgabenträgers einnimmt oder ausgibt, einschließlich der ihr zur Selbstbewirtschaftung zugewiesenen Mittel;
3. Beträge, die die Kasse des endgültigen Kostenträgers oder eine andere Kasse, die unmittelbar mit dem endgültigen Kostenträger abrechnet, anstelle der Gemeindekasse vereinnahmt oder ausgibt.

§ 16 Weitere Vorschriften für Erträge und Aufwendungen

(1) [1]Die Veranschlagung von Personalaufwendungen richtet sich nach den im Haushaltsjahr voraussichtlich besetzten Stellen. [2]Sie können abweichend von Satz 1 nach einem geeigneten Schlüssel auf die Teilhaushalte aufgeteilt werden. [3]Die Versorgungs- und Beihilfeaufwendungen sind nach geeignetem Schlüssel auf die Teilhaushalte aufzuteilen.

(2) [1]Interne Leistungen sind in der Regel in Höhe der Selbstkosten zwischen den Produkten zu verrechnen. [2]Dasselbe gilt für aktivierungsfähige interne Leistungen, die einzelnen Investitionsmaßnahmen zuzurechnen sind.

§ 17 Erläuterungen

[1]Die Ansätze sind soweit erforderlich zu erläutern. [2]Insbesondere sind zu erläutern:

1. Ansätze von Erträgen und Aufwendungen, soweit sie erheblich sind und von den bisherigen Ansätzen erheblich abweichen;
2. neue Investitionen; erstrecken sie sich über mehrere Jahre, ist bei jeder folgenden Veranschlagung die bisherige Abwicklung darzulegen;
3. Notwendigkeit und Höhe der Verpflichtungsermächtigungen;
4. Ansätze für Aufwendungen und Auszahlungen zur Erfüllung von Verträgen, die die Gemeinde über ein Jahr hinaus zu erheblichen Zahlungen verpflichten;
5. Sperrvermerke nach § 74 Absatz 2 Satz 2 der Sächsischen Gemeindeordnung, Zweckbindungen und andere besondere Bestimmungen im Haushaltsplan;

6. von den Bediensteten aus Nebentätigkeiten abzuführende Beträge;
7. Abschreibungen, soweit sie erheblich von den Abschreibungen im ordentlichen Ergebnis oder von den im Vorjahr angewandten Abschreibungssätzen abweichen;
8. Ausnahmen nach § 12 Absatz 4.

Abschnitt 3
Deckungsgrundsätze

§ 18 Grundsatz Gesamtdeckung

(1) Soweit in dieser Verordnung nichts anderes bestimmt ist, dienen
1. die Erträge des Ergebnishaushalts insgesamt zur Deckung der Aufwendungen des Ergebnishaushalts und
2. die Einzahlungen des Finanzhaushalts insgesamt zur Deckung der Auszahlungen des Finanzhaushalts.

(2) Die Inanspruchnahme von Deckungsfähigkeiten (§ 19 Absatz 2 und § 20) und die Übertragung (§ 21) sind nur zulässig, wenn das geplante Gesamtergebnis nicht gefährdet ist und die Vorschriften des § 82 der Sächsischen Gemeindeordnung beachtet werden.

§ 19 Zweckbindung und unechte Deckungsfähigkeit

(1) [1]Erträge sind auf die Verwendung für bestimmte Aufwendungen zu beschränken, soweit sich dies aus rechtlicher Verpflichtung ergibt. [2]Sie können auf die Verwendung für bestimmte Aufwendungen beschränkt werden, wenn
1. die Beschränkung sich aus der Herkunft oder Natur der Erträge ergibt oder
2. ein sachlicher Zusammenhang dies erfordert und durch die Zweckbindung die Bewirtschaftung der Mittel erleichtert wird.
[3]Zweckgebundene Mehrerträge dürfen für entsprechende Mehraufwendungen verwendet werden.

(2) [1]Innerhalb eines Budgets können Mehrerträge die Ansätze für Aufwendungen im Ergebnishaushalt erhöhen, soweit im Haushaltsplan nichts anderes bestimmt ist. [2]Im Haushaltsplan kann ferner bestimmt werden, dass Mehrerträge bestimmte Aufwendungsansätze des Ergebnishaushalts erhöhen oder Mindererträge bestimmte Aufwendungsansätze vermindern, wenn sie sachlich zusammenhängen. [3]Von den Regelungen in den Sätzen 1 und 2 ausgenommen sind Erträge aus Steuern, allgemeinen Zuweisungen und Umlagen.

(3) Mehraufwendungen nach den Absätzen 1 und 2 gelten nicht als überplanmäßige Aufwendungen.

(4) Die Absätze 1 bis 3 gelten für die Einzahlungen und die Auszahlungen des Finanzhaushalts entsprechend.

§ 20 Echte Deckungsfähigkeit

(1) [1]Aufwendungen im Ergebnishaushalt, die zu einem Budget gehören, sind gegenseitig deckungsfähig, wenn im Haushaltsplan nichts anderes bestimmt wird. [2]Zahlungsunwirksame Aufwendungen dürfen nicht zugunsten zahlungswirksamer Aufwendungen für deckungsfähig erklärt werden.

(2) Aufwendungen im Ergebnishaushalt, die nicht nach Absatz 1 deckungsfähig sind, können für gegenseitig oder einseitig deckungsfähig erklärt werden, wenn sie sachlich zusammenhängen.

(3) Die Absätze 1 und 2 gelten für Auszahlungen und Verpflichtungsermächtigungen für Investitionstätigkeit entsprechend.

(4) Zahlungswirksame Aufwendungen eines Budgets im Ergebnishaushalt können zu Gunsten von Auszahlungen eines Budgets im Finanzhaushalt für einseitig deckungsfähig erklärt werden.

(5) Bei Deckungsfähigkeit können die deckungsberechtigten Ansätze für Aufwendungen, Auszahlungen und Verpflichtungsermächtigungen zu Lasten der deckungspflichtigen Ansätze erhöht werden.

§ 21 Übertragbarkeit und Verfügbarkeit

(1) [1]Die Ansätze für Auszahlungen und Einzahlungen für Investitionen und Investitionsförderungsmaßnahmen bleiben bei Übertragung in Folgejahre bis zur Fälligkeit der letzten Zahlung für ihren Zweck verfügbar, bei Baumaßnahmen und Beschaffungen längstens jedoch zwei Jahre nach Schluss des Haushaltsjahres, in dem der Vermögensgegenstand in seinen wesentlichen Teilen in Benutzung genommen werden kann. [2]Ansätze für Investitionen, die für Auszahlungen von Sicherheitseinbehalten und von Honoraren für Grundleistungen von Architekten und Ingenieuren in Folgejahre übertragen

werden, bleiben längstens fünf Jahre nach Schluss des Haushaltsjahres, in dem der Vermögensgegenstand in seinen wesentlichen Teilen in Benutzung genommen werden kann, verfügbar.

(2) [1]Ansätze für Aufwendungen und Auszahlungen eines Budgets können ganz oder teilweise für übertragbar erklärt werden. [2]Sie bleiben zwei Jahre nach Schluss des Haushaltsjahres verfügbar; bei Baumaßnahmen bleiben sie bis zur Fälligkeit der letzten Zahlung, längstens jedoch zwei Jahre nach Schluss des Haushaltsjahres, in dem die Baumaßnahme in ihren wesentlichen Teilen abgeschlossen wurde, verfügbar. [3]Ansätze für Maßnahmen im Rahmen der laufenden Verwaltungstätigkeit, die für die Auszahlung von Sicherheitseinbehalten und von Honoraren für Grundleistungen von Architekten und Ingenieuren in Folgejahre übertragen werden, bleiben längstens fünf Jahre nach Schluss des Haushaltsjahres, in dem die Maßnahme in ihren wesentlichen Teilen abgeschlossen wurde, verfügbar.

(3) Sind Erträge oder Einzahlungen auf Grund rechtlicher Verpflichtungen zweckgebunden, bleiben die Ermächtigungen zur Leistung der entsprechenden Aufwendungen bis zur Erfüllung des Zwecks und die Ermächtigungen zur Leistung der entsprechenden Auszahlungen bis zur Fälligkeit der letzten Zahlung verfügbar.

(4) Die Absätze 1 bis 3 gelten entsprechend für überplanmäßige und außerplanmäßige Aufwendungen und Auszahlungen, wenn sie bis zum Ende des Haushaltsjahres in Anspruch genommen, jedoch noch nicht geleistet worden sind.

Abschnitt 4
Liquidität und Rücklagen

§ 22 Liquidität

(1) Die liquiden Mittel sind, soweit sie nicht zur rechtzeitigen Leistung von Auszahlungen benötigt werden, sicher und ertragbringend anzulegen; sie müssen für ihren Zweck rechtzeitig verfügbar sein.

(2) Die vorübergehende Verwendung liquider Mittel, welche für die Inanspruchnahme von langfristigen Rückstellungen benötigt werden, ist im Anhang zum Jahresabschluss darzustellen.

§ 23 Rücklagen

Die Überschüsse des ordentlichen und des Sonderergebnisses sind getrennten Rücklagen zuzuführen.

Abschnitt 5
Haushaltsausgleich und Haushaltsstrukturkonzept

§ 24 Haushaltsausgleich

(1) [1]Fehlbeträge im ordentlichen Ergebnis und im Sonderergebnis sind durch Überschüsse im ordentlichen Ergebnis und durch Überschüsse im Sonderergebnis zu decken. [2]Nach Satz 1 verbleibende Fehlbeträge sind durch Entnahme aus den Rücklagen aus Überschüssen des ordentlichen Ergebnisses und den Rücklagen aus Überschüssen des Sonderergebnisses zu decken.

(2) [1]Ein Fehlbetrag gemäß § 72 Absatz 3 Satz 3 der Sächsischen Gemeindeordnung ist ein negativer Saldo aus den Abschreibungen, den Zuschreibungen, den Erträgen und Aufwendungen aus der Veräußerung und dem Abgang des zum 31. Dezember 2017 festgestellten Anlagevermögens sowie den Erträgen und Aufwendungen aus den diesem zugeordneten passiven Sonderposten. [2]Der Fehlbetrag gemäß Satz 1 ist getrennt nach Fehlbeträgen des ordentlichen Ergebnisses und des Sonderergebnisses zu ermitteln. [3]Er darf unabhängig von einer Deckung gemäß Absatz 1 im Haushaltsjahr seiner Entstehung bis zum vollen Betrag mit dem Basiskapital verrechnet werden, sofern durch die Verrechnung nicht ein Drittel des zum 31. Dezember 2017 festgestellten Basiskapitals unterschritten wird.

(3) [1]Verrechnungsfähig gemäß § 72 Absatz 3 Satz 3 der Sächsischen Gemeindeordnung sind die Fehlbeträge aus Abschreibungen der Vermögensgegenstände des Anlagevermögens, die bis zum 31. Dezember 2017 zugegangen sind; mit Zugängen auf diese Vermögensgegenstände nach dem 31. Dezember 2017 entfällt die Verrechnungsmöglichkeit. [2]In Fällen des Satzes 1 Halbsatz 2 darf ein im Zeitpunkt des Zugangs bestehender Saldo aus dem Buchwert des Vermögensgegenstands und einem diesem zugeordneten passiven Sonderposten vom Basiskapital in die Rücklage aus Überschüssen des Sonderergebnisses übertragen werden, soweit dadurch nicht ein Drittel des zum 31. Dezember 2017 festgestellten Basiskapitals unterschritten wird. [3]Das laufende Jahresergebnis bleibt durch diese Übertragung unberührt.

(4) ¹Soweit ein Ausgleich des Ergebnishaushalts gemäß Absatz 1 und unter Berücksichtigung der Verrechnungsmöglichkeit gemäß den Absätzen 2 und 3 nicht erreichbar ist, sind Fehlbeträge des ordentlichen Ergebnisses und des Sonderergebnisses zu veranschlagen und zur Deckung in Folgejahren vorzutragen. ²Gleichzeitig ist ein Haushaltsstrukturkonzept aufzustellen, das den Ausgleich des Ergebnishaushalts unter Berücksichtigung der vorgetragenen Fehlbeträge bis zum vierten Folgejahr sicherstellt. ³§ 72 Absatz 6 Satz 2 der Sächsischen Gemeindeordnung bleibt unberührt.

(5) Verfügbare Mittel gemäß § 72 Absatz 4 Satz 2 der Sächsischen Gemeindeordnung sind

1. im Zahlungsmittelsaldo aus Investitionstätigkeit gemäß § 3 Absatz 1 Nummer 34,
2. im Saldo aus den Einzahlungen aus Darlehensrückflüssen gemäß § 3 Absatz 1 Nummer 42 und den Auszahlungen für die Gewährung von Darlehen gemäß § 3 Absatz 1 Nummer 43 oder
3. im voraussichtlichen Bestand an liquiden Mitteln zu Beginn des Haushaltsjahres gemäß § 3 Absatz 1 Nummer 54

veranschlagte Mittel, die nicht gesetzlich, vertraglich oder in sonstiger Weise gebunden sind und deren Auszahlung zulässig ist.

(6) Der im Haushaltsjahr veranschlagte Betrag der ordentlichen Kredittilgung und des Tilgungsanteils der Zahlungsverpflichtungen aus kreditähnlichen Rechtsgeschäften muss grundsätzlich sicherstellen, dass die durchschnittliche rechnerische Tilgungsdauer nicht höher ausfällt als die durchschnittliche Abschreibungsdauer des gesamten abnutzbaren Anlagevermögens, soweit aus Gründen der Wirtschaftlichkeit nichts anderes geboten ist.

(7) Im Finanzhaushalt sollen Mittel zur Deckung des Auszahlungsbedarfs künftiger Jahre angesammelt werden.

§ 25 *[aufgehoben]*

§ 26 Haushaltsstrukturkonzept

(1) ¹Das Haushaltsstrukturkonzept ist eine Darstellung von Maßnahmen zur Erhöhung von Erträgen und Einzahlungen sowie zur Reduzierung von Aufwendungen und Auszahlungen unter Angabe des jeweiligen Konsolidierungsbetrages und des Zeitpunktes der haushaltsmäßigen Wirksamkeit. ²Die Maßnahmen sind unter Berücksichtigung der Ausgangslage und der Ursachen der entstandenen Fehlentwicklung zu beschreiben und tabellarisch zusammenzufassen; ihre Auswirkungen auf die Ertrags- und Aufwendungspositionen sowie die Einzahlungs- und Auszahlungspositionen des Haushalts- und des Finanzplans sind nachzuweisen. ³Darüber hinaus ist die Gesamtwirkung der Maßnahmen durch Gegenüberstellung der Ansätze der Haushalts- und der Finanzplanung mit und ohne Maßnahmen in tabellarischer Form zusammengefasst darzustellen.

(2) Das Haushaltsstrukturkonzept ist für die Haushaltsplanung und den Haushaltsvollzug verbindlich.

(3) Die Gemeinde hat zusammen mit dem Haushaltsstrukturkonzept geeignete Instrumente zur Steuerung und Darstellung des jeweiligen Standes der Umsetzung der einzelnen Maßnahmen und deren Auswirkungen auf den laufenden Haushalt festzulegen.

(4) Hat die Gemeinde nach Bekanntmachung der Haushaltssatzung ein Haushaltsstrukturkonzept aufzustellen oder zu ändern, kann die Rechtsaufsichtsbehörde bestimmen, dass bis zur Genehmigung des Haushaltsstrukturkonzepts

1. die Leistung von anderen als den in § 78 Absatz 1 Nummer 1 der Sächsischen Gemeindeordnung genannten Aufwendungen und Auszahlungen in jeglicher oder ab einer bestimmten Höhe und
2. die Neueinstellung, Beförderung und Höhergruppierung von Beamten und Beschäftigten

nur mit Zustimmung vorgenommen werden dürfen.

Abschnitt 6
Weitere Vorschriften für die Haushaltswirtschaft

§ 27 Überwachung der Forderungen

¹Die der Gemeinde zustehenden Forderungen sind vollständig zu erfassen und rechtzeitig durchzusetzen. ²Der Zahlungseingang ist zu überwachen.

§ 28 Bewirtschaftung und Überwachung der Aufwendungen und Auszahlungen

(1) Die Haushaltsansätze sind so zu bewirtschaften, dass sie für die im Haushaltsjahr anfallenden Aufwendungen und Auszahlungen ausreichen; sie dürfen erst dann in Anspruch genommen werden, wenn die Erfüllung der Aufgaben es erfordert.

(2) ¹Im Finanzhaushalt darf über Ansätze für Auszahlungen nur verfügt werden, soweit Finanzierungsmittel rechtzeitig bereitgestellt werden können. ²Dabei darf die Finanzierung anderer, bereits begonnener Maßnahmen nicht beeinträchtigt werden.

(3) ¹Die Inanspruchnahme von Ansätzen für Aufwendungen und Auszahlungen sowie der bewilligten über- und außerplanmäßigen Aufwendungen und Auszahlungen ist zu überwachen. ²Die bei den einzelnen Teilhaushalten noch zur Verfügung stehenden Ansätze für Aufwendungen und Auszahlungen müssen stets erkennbar sein.

(4) Die Absätze 1 und 3 gelten für die Inanspruchnahme von Verpflichtungsermächtigungen entsprechend.

§ 29 Berichtspflicht

Der Gemeinderat ist unverzüglich zu unterrichten, wenn sich abzeichnet, dass
1. sich das Planergebnis des Ergebnishaushalts oder Finanzhaushalts wesentlich verschlechtert,
2. sich die Gesamtauszahlungen einer Maßnahme des Finanzhaushalts wesentlich erhöhen werden oder
3. eine haushaltswirtschaftliche Sperre nach § 30 ausgesprochen wird.

§ 30 Haushaltswirtschaftliche Sperre

¹Soweit und solange die Entwicklung der Erträge und Einzahlungen oder Aufwendungen und Auszahlungen es erfordert, ist die Inanspruchnahme von Ansätzen für Aufwendungen und Auszahlungen und Verpflichtungsermächtigungen durch den Fachbediensteten für das Finanzwesen zu sperren. ²Der Gemeinderat kann eine Sperre aufheben.

§ 31 Vorläufige Rechnungsvorgänge

(1) Eine Auszahlung, die sich auf den Haushalt auswirkt, darf vorläufig als durchlaufende Auszahlung nur behandelt werden, wenn die Verpflichtung zur Leistung feststeht, die Deckung gewährleistet ist und die Zuordnung zu haushaltswirksamen Konten nicht oder noch nicht möglich ist.

(2) Eine Einzahlung, die sich auf den Haushalt auswirkt, darf vorläufig als durchlaufende Einzahlung nur behandelt werden, wenn eine Zuordnung zu haushaltswirksamen Konten nicht oder noch nicht möglich ist.

§ 32 Stundung, Niederschlagung und Erlass

(1) ¹Ansprüche der Gemeinde dürfen ganz oder teilweise gestundet werden, wenn ihre Durchsetzung bei Fälligkeit eine erhebliche Härte für den Schuldner bedeuten würde und der Anspruch durch die Stundung nicht gefährdet erscheint. ²Gestundete Beträge sind in der Regel angemessen zu verzinsen.

(2) Ansprüche der Gemeinde dürfen niedergeschlagen werden, wenn
1. feststeht, dass die Durchsetzung keinen Erfolg haben wird oder
2. die Kosten der Durchsetzung außer Verhältnis zur Höhe des Anspruchs stehen.

(3) ¹Ansprüche der Gemeinde dürfen ganz oder zum Teil erlassen werden, wenn ihre Durchsetzung bei Fälligkeit nach Lage des einzelnen Falles für den Schuldner eine besondere Härte bedeuten würde. ²Sind Ansprüche der Gemeinde erlassen worden, dürfen die entsprechend geleisteten Beträge ganz oder teilweise zurückgezahlt oder auf Forderungen angerechnet werden.

(4) Ansprüche der Gemeinde, die diese als dauerhaft uneinbringlich einschätzt, und erlassene Ansprüche sind auszubuchen und dürfen nicht im Inventar geführt werden.

(5) Besondere gesetzliche Vorschriften über Stundung, Niederschlagung und Erlass von Ansprüchen der Gemeinde bleiben unberührt.

§ 33 Kleinbeträge

(1) Die Gemeinde kann davon absehen, Ansprüche von weniger als 10 Euro geltend zu machen, es sei denn, dass die Durchsetzung aus grundsätzlichen Erwägungen geboten ist; letzteres gilt insbesondere für Gebühren.

(2) Wenn nicht die Einziehung des vollen Betrags aus grundsätzlichen Erwägungen geboten ist, können Ansprüche auf volle Euro abgerundet werden.

(3) Mit juristischen Personen des öffentlichen Rechts kann auf der Grundlage der Gegenseitigkeit etwas anderes vereinbart werden.

Abschnitt 7
Inventar

§ 34 Inventar, Inventur

(1) [1]Die Gemeinde hat für den Stichtag der Eröffnungsbilanz gemäß § 88a der Sächsischen Gemeindeordnung und danach für den Schluss eines jeden Haushaltsjahres ihre Grundstücke und grundstücksgleichen Rechte, ihre Forderungen und Schulden, den Betrag des baren Geldes sowie ihre sonstigen Vermögensgegenstände genau zu verzeichnen und dabei den Wert der einzelnen Vermögensgegenstände und Schulden anzugeben (Inventar). [2]Körperliche Vermögensgegenstände sind durch eine körperliche Bestandsaufnahme zu erfassen, soweit in dieser Verordnung nichts anderes bestimmt ist. [3]Das Inventar ist innerhalb der einem ordnungsgemäßen Geschäftsgang entsprechenden Zeit aufzustellen.

(2) [1]Vermögensgegenstände des Sachanlagevermögens sowie Roh-, Hilfs- und Betriebsstoffe können, wenn sie regelmäßig ersetzt werden und ihr Gesamtwert für die Gemeinde von nachrangiger Bedeutung ist, mit einer gleich bleibenden Menge und einem gleich bleibenden Wert (Festwert) angesetzt werden, sofern ihr Bestand in seiner Größe, seinem Wert und seiner Zusammensetzung nur geringen Veränderungen unterliegt. [2]Jedoch ist in der Regel alle drei Jahre eine körperliche Bestandsaufnahme durchzuführen.

(3) Gleichartige Vermögensgegenstände des Vorratsvermögens sowie andere gleichartige oder annähernd gleichwertige bewegliche Vermögensgegenstände und Schulden können jeweils zu einer Gruppe zusammengefasst und mit dem gewogenen Durchschnittswert angesetzt werden.

§ 35 Inventurvereinfachungsverfahren

(1) [1]Bei der Aufstellung des Inventars darf der Bestand der Vermögensgegenstände nach Art, Menge und Wert auch mit Hilfe anerkannter mathematisch-statistischer Methoden auf Grund von Stichproben ermittelt werden. [2]Das Verfahren muss den Grundsätzen ordnungsmäßiger Buchführung entsprechen. [3]Der Aussagewert des auf diese Weise aufgestellten Inventars muss dem Aussagewert eines auf Grund einer körperlichen Bestandsaufnahme aufgestellten Inventars gleichkommen.

(2) [1]Bei der Aufstellung des Inventars für den Schluss eines Haushaltsjahres bedarf es einer körperlichen Bestandsaufnahme der Vermögensgegenstände für diesen Zeitpunkt nicht, soweit durch Anwendung eines den Grundsätzen ordnungsmäßiger Buchführung entsprechenden anderen Verfahrens gesichert ist, dass der Bestand der Vermögensgegenstände nach Art, Menge und Wert auch ohne die körperliche Bestandsaufnahme für diesen Zeitpunkt festgestellt werden kann. [2]Bei Anwendung des Buchinventurverfahrens soll das Intervall für die körperliche Bestandsaufnahme bei körperlichen beweglichen Vermögensgegenständen des Anlagevermögens fünf Jahre und bei körperlichen unbeweglichen Vermögensgegenständen des Anlagevermögens zehn Jahre nicht überschreiten. [3]Für Folgeinventuren von körperlichen Vermögensgegenständen, deren Nutzung nicht zeitlich begrenzt ist, darf auf eine körperliche Bestandsaufnahme verzichtet werden.

(3) In dem Inventar für den Schluss eines Haushaltsjahres brauchen Vermögensgegenstände nicht verzeichnet zu werden, wenn

1. die Gemeinde ihren Bestand auf Grund einer körperlichen Bestandsaufnahme oder auf Grund eines nach Absatz 2 zulässigen anderen Verfahrens nach Art, Menge und Wert in einem besonderen Inventar verzeichnet hat, das für einen Tag innerhalb der letzten drei Monate vor oder der ersten beiden Monate nach dem Schluss des Haushaltsjahres aufgestellt ist, und

2. auf Grund des besonderen Inventars durch Anwendung eines den Grundsätzen ordnungsmäßiger Buchführung entsprechenden Fortschreibungs- oder Rückrechnungsverfahrens gesichert ist, dass der am Schluss des Haushaltsjahres vorhandene Bestand der Vermögensgegenstände für diesen Zeitpunkt ordnungsgemäß bewertet werden kann.

(4) Der Bürgermeister kann für bewegliche Gegenstände des Sachanlagevermögens, deren Anschaffungs- oder Herstellungskosten, vermindert um einen darin enthaltenen abzugsfähigen Vorsteuerbetrag, im Einzelnen den Betrag von 800 Euro nicht überschreiten, Befreiungen von § 34 Absatz 1 Satz 1 und 3 vorsehen.

(5) Sofern Vorratsbestände von Roh-, Hilfs- und Betriebsstoffen, Waren sowie unfertige und fertige Erzeugnisse bereits dem Lager entnommen sind, gelten sie als verbraucht und dürfen nicht erfasst und bewertet werden.

Abschnitt 8
Ansatz und Bewertung des Vermögens und der Schulden

§ 36 Erfassungsgrundsätze, Verrechnungs- und Bilanzierungsverbote
(1) In der Vermögensrechnung sind unbeschadet § 90 Absatz 1 Satz 1 der Sächsischen Gemeindeordnung alle der Gemeinde wirtschaftlich zuzurechnenden Vermögensgegenstände und Schulden sowie das Basiskapital, die Sonderposten, Rücklagen, Rückstellungen und Rechnungsabgrenzungsposten vollständig auszuweisen.

(2) Posten der Aktivseite dürfen nicht mit Posten der Passivseite und Grundstücksrechte nicht mit Grundstückslasten verrechnet werden.

(3) [1]Vollständig abgeschriebene, aber noch genutzte Vermögensgegenstände des Anlagevermögens und diesen nach § 40 Absatz 2 zugeordnete Sonderposten sind weiterhin in der Buchhaltung nachzuweisen. [2]Ergibt sich aus dieser Verordnung kein anderer Wert, ist ein Erinnerungswert in Höhe von 1 Euro anzusetzen.

(4) [1]Treuhandvermögen, für das die Gemeinde Treuhänder ist, und die Sparkassen-Trägerschaft dürfen nicht aktiviert werden. [2]§ 92 Absatz 2 der Sächsischen Gemeindeordnung bleibt unberührt.

(5) Immaterielle Vermögensgegenstände des Anlagevermögens, die nicht entgeltlich erworben wurden, dürfen nicht aktiviert werden.

(6) [1]Empfangene Zuwendungen für Investitionen werden nicht vom damit finanzierten Vermögen abgesetzt. [2]Empfangene Zuwendungen, deren ertragswirksame Auflösung ausgeschlossen ist, sind als Rücklagen aus nicht ertragswirksam aufzulösenden Zuwendungen auszuweisen. [3]Die übrigen empfangenen Zuwendungen sind nach Maßgabe der Erfüllung der Verpflichtungen aus dem Zuwendungsverhältnis als Sonderposten zu passivieren und ertragswirksam entsprechend der Bilanzwertentwicklung des bezuschussten Vermögensgegenstands aufzulösen. [4]Die Sätze 1 bis 3 gelten entsprechend für Beiträge, Kostenerstattungen und ähnliche Entgelte, die aufgrund gesetzlicher oder satzungsrechtlicher Ermächtigung erhoben werden.

(7) [1]Kapitalzuschüsse im Sinne von § 13 Absatz 1 des Sächsischen Kommunalabgabengesetzes werden nicht ertragswirksam aufgelöst. [2]Kapitalzuschüsse nach § 13 Absatz 2 des Sächsischen Kommunalabgabengesetzes sind direkt dem Basiskapital zuzuführen. [3]Sonstige Kapitalzuschüsse sind der Rücklage aus nicht ertragswirksam aufzulösenden Zuwendungen zuzuführen. [4]Sie sind in das Basiskapital zu übertragen, wenn die zweckentsprechende Verwendung nachgewiesen wurde.

(8) [1]Für Zuwendungen und Umlagen sowie für Kostenerstattungen, Beiträge und ähnliche Entgelte, die die Gemeinde im Rahmen der Erfüllung ihrer Aufgaben oder aufgrund gesetzlicher oder satzungsrechtlicher Verpflichtungen an Dritte für Investitionen geleistet hat und die keine Anschaffungs- oder Herstellungskosten für immaterielles, Sachanlage- oder Finanzanlagevermögen bei der Gemeinde begründen, dürfen Sonderposten für geleistete Investitionszuwendungen aktiviert werden. [2]Die Sonderposten sind aufwandswirksam über die Zweckbindungsfrist des bezuschussten Vermögensgegenstandes oder über zehn Jahre linear vollständig abzuschreiben. [3]Sie werden im Jahr der Aktivierung in gleichen Monatsraten abgeschrieben. [4]Die Abschreibung beginnt mit dem Monat der Aktivierung.

(9) [1]Die auf den vorhergehenden Jahresabschluss angewandten Ansatzmethoden sind beizubehalten. [2]§ 37 Absatz 2 gilt entsprechend.

§ 37 Allgemeine Bewertungsgrundsätze
(1) [1]Die Bewertung des in der Vermögensrechnung auszuweisenden Vermögens, der Sonderposten, der Rückstellungen, der Verbindlichkeiten und der Rechnungsabgrenzungsposten richtet sich nach den Grundsätzen ordnungsmäßiger Buchführung. [2]Dabei gilt insbesondere:
1. Die Wertansätze der Anfangsbilanz des Haushaltsjahres müssen mit denen der Schlussbilanz des Vorjahres übereinstimmen.
2. Die Vermögensgegenstände, Sonderposten, Rückstellungen, Verbindlichkeiten und Rechnungsabgrenzungsposten sind zum Abschlussstichtag einzeln zu bewerten.

3. ¹Es ist wirklichkeitsgetreu zu bewerten. ²Vorhersehbare Risiken und Verluste, die bis zum Abschlussstichtag entstanden sind, sind zu berücksichtigen, selbst wenn diese erst zwischen dem Abschlussstichtag und dem Tag der Aufstellung des Jahresabschlusses bekannt geworden sind. ³Gewinne sind nur zu berücksichtigen, sofern sie am Abschlussstichtag realisiert sind.

4. Aufwendungen und Erträge des Haushaltsjahres sind unabhängig von den Zeitpunkten der entsprechenden Zahlungen im Jahresabschluss zu berücksichtigen.

5. Die auf den vorhergehenden Jahresabschluss angewandten Bewertungsmethoden sollen beibehalten werden.

(2) Von den Grundsätzen des Absatzes 1 darf nur in begründeten Ausnahmefällen abgewichen werden.

§ 38 Wertansätze für Vermögensgegenstände

(1) ¹Anschaffungskosten sind die Aufwendungen, die geleistet werden, um einen Vermögensgegenstand zu erwerben und ihn in einen betriebsbereiten Zustand zu versetzen, soweit sie dem Vermögensgegenstand einzeln zugeordnet werden können. ²Zu den Anschaffungskosten gehören auch die Nebenkosten und nachträgliche Anschaffungskosten. ³Minderungen des Anschaffungspreises sind abzusetzen.

(2) ¹Herstellungskosten sind die Aufwendungen, die durch den Verbrauch von Gütern und die Inanspruchnahme von Diensten für die Herstellung eines Vermögensgegenstands, seine Erweiterung oder für eine über seinen ursprünglichen Zustand hinausgehende wesentliche Verbesserung entstehen. ²Dazu gehören die Materialkosten, die Fertigungskosten und die Sonderkosten der Fertigung. ³Bei der Berechnung der Herstellungskosten dürfen auch angemessene Teile der notwendigen Materialgemeinkosten, der notwendigen Fertigungsgemeinkosten und des Wertverzehrs des Anlagevermögens, soweit er durch die Fertigung veranlasst ist, eingerechnet werden. ⁴Kosten der allgemeinen Verwaltung sowie Aufwendungen für soziale Einrichtungen der Verwaltung, für freiwillige soziale Leistungen und für betriebliche Altersversorgung brauchen nicht eingerechnet zu werden. ⁵Aufwendungen im Sinne der Sätze 3 und 4 dürfen nur insoweit berücksichtigt werden, als sie auf den Zeitraum der Herstellung entfallen.

(3) ¹Zinsen für Fremdkapital gehören nicht zu den Herstellungskosten. ²Zinsen für Fremdkapital, welches zur Finanzierung der Herstellung eines Vermögensgegenstands verwendet wird, dürfen als Herstellungskosten angesetzt werden, soweit sie auf den Zeitraum der Herstellung entfallen.

(4) ¹Forderungen sind mit dem Nominalbetrag anzusetzen. ²Soweit ein Ausfallrisiko besteht, ist der Nominalbetrag entweder durch Einzel- oder durch Pauschalwertberichtigung zu vermindern.

(5) Stehen mehrere Wertansätze zur Auswahl, ist am Abschlussstichtag der niedrigste Wert anzusetzen.

§ 39 Wertansätze für Rechnungsabgrenzungsposten

(1) Aktive Rechnungsabgrenzungsposten sind mit dem Nominalbetrag der vor dem Bilanzstichtag geleisteten Ausgaben, die einen Aufwand für einen bestimmten Zeitraum nach dem Bilanzstichtag betreffen, anzusetzen.

(2) Passive Rechnungsabgrenzungsposten sind mit dem Nominalbetrag der vor dem Bilanzstichtag erhaltenen Einnahmen, die einen Ertrag für einen bestimmten Zeitraum nach dem Bilanzstichtag betreffen, anzusetzen.

(3) ¹Ist der Erfüllungsbetrag einer Verbindlichkeit höher als der Auszahlungsbetrag, ist der Unterschiedsbetrag (Disagio) als aktiver Rechnungsabgrenzungsposten zu erfassen. ²Der Unterschiedsbetrag ist durch planmäßige jährliche Abschreibungen zu tilgen, die auf die gesamte Laufzeit der Verbindlichkeit verteilt werden können.

§ 40 Wertansätze für Sonderposten

(1) ¹Als Sonderposten sind insbesondere Zuwendungen, Zuweisungen nach § 15 des Sächsischen Finanzausgleichsgesetzes in der Fassung der Bekanntmachung vom 21. Januar 2013 (SächsGVBl. S. 95), das zuletzt durch Artikel 2 des Gesetzes vom 14. Dezember 2018 (SächsGVBl. S. 797) geändert worden ist, in der jeweils geltenden Fassung, Beiträge nach den §§ 26 bis 32 des Sächsischen Kommunalabgabengesetzes, Beiträge nach dem Baugesetzbuch in der Fassung der Bekanntmachung vom 3. November 2017 (BGBl. I S. 3634), in der jeweils geltenden Fassung, Kostenerstattungen und ähnliche Entgelte sowie zweckgebundene Geld- und Sachgeschenke für Investitionen auszuweisen. ²Ferner sind Sonderposten für erhaltene investive Umlagen und für unentgeltliche Vermögensübertragungen auszuweisen. ³Sonderposten sind mit den ursprünglichen Beträgen abzüglich der bis zum Bilanz-

stichtag vorzunehmenden Auflösungen anzusetzen. [4]Bei Zuwendungen für nicht abnutzbare Vermögensgegenstände unterbleibt eine Auflösung des Sonderpostens bis zum Abgang des Vermögensgegenstands. [5]Im Zusammenhang mit Vermögensveräußerungen oder außerhalb der gewöhnlichen Geschäfts- und Verwaltungstätigkeit anfallende Auflösungsbeträge sind im Sonderergebnis auszuweisen.

(2) [1]Sonderposten nach Absatz 1 sind den damit bezuschussten Vermögensgegenständen sachgerecht zuzuordnen. [2]Die Auflösung nach Absatz 1 Satz 3 bemisst sich nach der Bilanzwertentwicklung des bezuschussten Vermögensgegenstands. [3]Abweichend von Satz 1 und 2 dürfen für die empfangenen, für Investitionen verwendeten investiven Schlüsselzuweisungen eines Haushaltsjahres Sammel-Sonderposten gebildet werden, die beginnend mit dem Haushaltsjahr der Bildung in zwanzig gleichen Jahresraten aufzulösen sind.

(3) [1]Kostenüberdeckungen gemäß § 10 Absatz 2 Satz 2 des Sächsischen Kommunalabgabengesetzes sind spätestens am Ende des Bemessungszeitraums als Sonderposten für den Gebührenausgleich anzusetzen. [2]Dies gilt auch für gebührenersetzende privatrechtliche Entgelte.

§ 41 Wertansätze für Rückstellungen

(1) [1]Rückstellungen gemäß § 85a Absatz 1 der Sächsischen Gemeindeordnung sind zu bilden für:
1. Entgeltzahlungen für Zeiten der Freistellung von der Arbeit im Rahmen von Altersteilzeit;
2. die Rekultivierung und Nachsorge von Deponien;
3. die Sanierung von Altlasten und sonstige Umweltschutzmaßnahmen;
4. ungewisse Verbindlichkeiten aus der steuerkraftabhängigen Umlage gemäß § 25a des Sächsischen Finanzausgleichsgesetzes;
5. ungewisse Verbindlichkeiten aufgrund von Steuerschuldverhältnissen;
6. drohende Verpflichtungen aus anhängigen Gerichts- und Verwaltungsverfahren;
7. drohende Inanspruchnahme aus Bürgschaften, Gewährverträgen und wirtschaftlich gleichkommenden Rechtsgeschäften;
8. unterlassene Aufwendungen für Instandhaltung im Haushaltsjahr, wenn die Nachholung der Instandhaltung innerhalb des kommenden Haushaltsjahres konkret beabsichtigt ist; die Maßnahmen müssen am Bilanzstichtag einzeln bestimmt und wertmäßig beziffert sein;
9. sonstige vertragliche oder gesetzliche Verpflichtungen zur Gegenleistung gegenüber Dritten, die im laufenden Haushaltsjahr wirtschaftlich begründet wurden und die der Höhe nach noch nicht genau bekannt sind, sofern sie erheblich sind.
[2]Für weitere ungewisse Verbindlichkeiten können Rückstellungen gebildet werden.

(2) Für drohende Verluste aus schwebenden Geschäften und aus laufenden Verfahren sind Rückstellungen anzusetzen, sofern der voraussichtliche Verlust nicht geringfügig sein wird.

(3) [1]Rückstellungen sind in der Höhe des auf der Grundlage einer sachgerechten und nachvollziehbaren Schätzung ermittelten notwendigen Erfüllungsbetrages anzusetzen. [2]Sie können abgezinst werden, soweit die ihnen zugrunde liegenden Verbindlichkeiten einen Zinsanteil enthalten.

§ 42 Wertansätze für Verbindlichkeiten

(1) [1]Verbindlichkeiten sind zu ihrem Erfüllungsbetrag anzusetzen. [2]Rentenverpflichtungen, für die eine Gegenleistung nicht mehr zu erwarten ist, sind zu ihrem Barwert anzusetzen.

(2) [1]Die noch nicht zweckgerecht verwendeten Zuwendungen mit schwebender Rückzahlungsverpflichtung und bereits zurückgeforderten Zuwendungen sind als „sonstige Verbindlichkeiten" auszuweisen. [2]Satz 1 gilt entsprechend für Vorausleistungen nach den §§ 15 und 23 des Sächsischen Kommunalabgabengesetzes und nach § 133 Absatz 3 des Baugesetzbuchs sowie für ähnliche aufgrund gesetzlicher oder ortsrechtlicher Regelungen erhobene Vorleistungen.

(3) Zuwendungen, die an Dritte weiterzuleiten sind, sind als „sonstige Verbindlichkeiten" auszuweisen.

§ 43 Bewertungsvereinfachungsverfahren

[1]Soweit es den Grundsätzen ordnungsmäßiger Buchführung entspricht, kann für den Wertansatz gleichartiger Vermögensgegenstände des Vorratsvermögens unterstellt werden, dass die zuerst oder die zuletzt angeschafften oder hergestellten Vermögensgegenstände zuerst verbraucht oder veräußert worden sind. [2]§ 34 Absatz 2 und 3 ist auch auf den Jahresabschluss anwendbar.

§ 44 Abschreibungen

(1) [1]Bei Vermögensgegenständen des Anlagevermögens, deren Nutzung zeitlich begrenzt ist, sind die Anschaffungs- oder Herstellungskosten um planmäßige Abschreibungen zu vermindern. [2]Die plan-

mäßige Abschreibung erfolgt grundsätzlich in gleichen Jahresraten über die Dauer, in der der Vermögensgegenstand voraussichtlich genutzt werden kann (lineare Abschreibung). [3]Ausnahmsweise ist eine Abschreibung nach Maßgabe der Leistungsabgabe (Leistungsabschreibung) zulässig, wenn dies dem Nutzungsverlauf wesentlich besser entspricht. [4]Maßgeblich ist die wirtschaftliche Nutzungsdauer.

(2) [1]Wird durch nachträgliche Anschaffungs- oder Herstellungskosten eine Verlängerung der Nutzungsdauer erreicht, ist die Nutzungsdauer neu zu bestimmen. [2]Sind die nachträglichen Anschaffungs- oder Herstellungskosten so umfassend, dass dadurch ein neuer Vermögensgegenstand geschaffen wird, ist die voraussichtliche Nutzungsdauer des neuen Vermögensgegenstands maßgebend.

(3) [1]Für die Bestimmung der wirtschaftlichen Nutzungsdauer von abnutzbaren Vermögensgegenständen ist die in der Anlage zu dieser Verordnung enthaltene Abschreibungstabelle zugrunde zu legen. [2]Innerhalb des dort vorgegebenen Rahmens sind die tatsächlichen örtlichen Verhältnisse zu berücksichtigen. [3]Abweichungen sind nur in begründeten Ausnahmefällen möglich und im Vorbericht sowie im Anhang zu erläutern. [4]Die wirtschaftliche Nutzungsdauer von Vermögensgegenständen, die nicht in der Abschreibungstabelle entsprechend der Anlage enthalten sind, ist entweder durch Bildung sachgerechter Analogien oder durch andere, insbesondere in der Steuerverwaltung angewendete Tabellen zu bestimmen.

(4) [1]Vermögensgegenstände nach Absatz 1 werden im Jahr der Anschaffung oder Herstellung in gleichen Monatsraten abgeschrieben. [2]Die Abschreibung beginnt mit dem Monat der Anschaffung oder Herstellung. [3]Im Jahr ihrer Veräußerung kann für diese Vermögensgegenstände nur der Teil der auf ein Jahr anfallenden Abschreibungen angesetzt werden, der auf die vollen Monate im Zeitraum zwischen dem Anfang des Jahres und ihrer Veräußerung entfällt.

(5) Die Anschaffungs- oder Herstellungskosten von abnutzbaren beweglichen Vermögensgegenständen des Anlagevermögens, die selbstständig genutzt werden können und deren Anschaffungs- oder Herstellungskosten, vermindert um einen darin enthaltenen abzugsfähigen Vorsteuerbetrag, für den einzelnen Vermögensgegenstand 800 Euro nicht übersteigen, stellen im Zeitpunkt der Anschaffung oder Herstellung in voller Höhe Aufwand dar.

(6) [1]Ohne Rücksicht darauf, ob ihre Nutzung zeitlich begrenzt ist, sind bei Vermögensgegenständen des Anlagevermögens im Falle einer voraussichtlich dauernden Wertminderung außerplanmäßige Abschreibungen vorzunehmen, um die Vermögensgegenstände mit dem niedrigeren Wert anzusetzen, der ihnen am Abschlussstichtag beizulegen ist. [2]Stellt sich in einem späteren Jahr heraus, dass die Gründe für eine außerplanmäßige Abschreibung nicht mehr bestehen, ist der Betrag dieser Abschreibung im Umfang der Werterhöhung unter Berücksichtigung der Abschreibungen, die inzwischen vorzunehmen gewesen wären, zuzuschreiben.

(7) [1]Bei Vermögensgegenständen des Umlaufvermögens sind Abschreibungen vorzunehmen, um diese mit einem niedrigeren Wert anzusetzen, der sich aus einem Börsen- oder Marktpreis am Abschlussstichtag ergibt. [2]Ist ein Börsen- oder Marktpreis nicht festzustellen und übersteigen die Anschaffungs- oder Herstellungskosten den Wert, der den Vermögensgegenständen beizulegen ist, ist auf diesen Wert abzuschreiben. [3]Absatz 6 Satz 2 gilt entsprechend.

(8) Abnutzbare, unbewegliche Vermögensgegenstände des Sachanlagevermögens dürfen für Zwecke der Abschreibung in wesentliche, abgrenzbare Komponenten aufgeteilt werden.

§ 45 Währungsumrechnung
[1]Auf fremde Währung lautende Vermögensgegenstände und Verbindlichkeiten sind zum Devisenkassamittelkurs am Abschlussstichtag umzurechnen. [2]Bei einer Restlaufzeit von einem Jahr oder weniger ist § 37 Absatz 1 Satz 2 Nummer 3 Satz 3 nicht anzuwenden.

§ 46 Vorbelastungen künftiger Haushaltsjahre
[1]Unter der Vermögensrechnung sind, sofern sie nicht auf der Passivseite auszuweisen sind, die Vorbelastungen künftiger Haushaltsjahre zu vermerken, insbesondere Verpflichtungen aus kreditähnlichen Rechtsgeschäften, Bürgschaften, Gewährverträge und in Anspruch genommene Verpflichtungsermächtigungen sowie übertragene Ansätze für Auszahlungen und Aufwendungen nach § 21. [2]Jede Art der Vorbelastung darf in einem Betrag angegeben werden. [3]Haftungsverhältnisse sind auch anzugeben, wenn ihnen gleichwertige Rückgriffsforderungen gegenüberstehen.

Abschnitt 9
Jahresabschluss

§ 47 Allgemeine Grundsätze für die Gliederung

(1) ¹Die Form der Darstellung, insbesondere die Gliederung der aufeinander folgenden Ergebnis-, Vermögens- und Finanzrechnungen, ist beizubehalten, soweit nicht in Ausnahmefällen wegen besonderer Umstände Abweichungen erforderlich sind. ²Die Abweichungen sind im Anhang anzugeben und zu begründen. ³In der Ergebnis- und Finanzrechnung des Gesamthaushalts und der Teilhaushalte sind die Erträge und Einzahlungen nach ihrem Entstehungsgrund, die Aufwendungen und Auszahlungen nach Arten gegliedert auszuweisen.

(2) ¹In der Ergebnisrechnung, der Vermögensrechnung und der Finanzrechnung ist zu jedem Posten der entsprechende Betrag des vorhergehenden Haushaltsjahres anzugeben. ²Sind die Beträge nicht vergleichbar, ist dies im Anhang anzugeben und zu erläutern. ³Wird der Vorjahresbetrag angepasst, ist auch dies im Anhang anzugeben und zu erläutern.

(3) ¹Fällt ein Vermögensgegenstand oder eine Schuld unter mehrere Posten der Vermögensrechnung, ist die Mitzugehörigkeit zu anderen Posten bei dem Posten, unter dem der Ausweis erfolgt ist, zu vermerken oder im Anhang anzugeben, wenn dies zur Aufstellung eines klaren und übersichtlichen Jahresabschlusses erforderlich ist.

(4) ¹Eine weitere Untergliederung der Posten ist zulässig; dabei ist jedoch die vorgeschriebene Gliederung zu beachten. ²Neue Posten dürfen hinzugefügt werden, wenn ihr Inhalt nicht von einem vorgeschriebenen Posten gedeckt wird. ³Die Ergänzung ist im Anhang anzugeben und zu begründen.

(5) ¹Ein Posten der Ergebnisrechnung, Vermögensrechnung oder Finanzrechnung, der keinen Betrag ausweist, braucht nicht aufgeführt zu werden, es sei denn, dass im vorhergehenden Rechnungsjahr unter diesem Posten ein Betrag ausgewiesen wurde.

§ 48 Ergebnisrechnung

(1) Die Ergebnisrechnung ist in Staffelform und mindestens in der Gliederung nach § 2 Absatz 1 Nummer 1 bis 19 in der Form des vorgegebenen Musters nach § 128 Satz 1 Nummer 5 der Sächsischen Gemeindeordnung sowie mit folgenden zusätzlichen Positionen aufzustellen:

20. außerordentliche Erträge;
21. außerordentliche Aufwendungen;
22. das Sonderergebnis, der Saldo aus den Nummern 20 und 21;
23. das Gesamtergebnis als Überschuss oder Fehlbetrag, die Summe aus den Nummern 19 und 22;
24. die Abdeckung von Fehlbeträgen des ordentlichen Ergebnisses aus Vorjahren;
25. die Abdeckung von Fehlbeträgen des Sonderergebnisses aus Vorjahren;
26. die Verrechnung eines Fehlbetrages im ordentlichen Ergebnis mit dem Basiskapital gemäß § 72 Absatz 3 Satz 3 der Sächsischen Gemeindeordnung;
27. die Verrechnung eines Fehlbetrages im Sonderergebnis mit dem Basiskapital gemäß § 72 Absatz 3 Satz 3 der Sächsischen Gemeindeordnung;
28. das verbleibende Gesamtergebnis, der Saldo aus den Nummern 23 bis 27.

(2) ¹In der Ergebnisrechnung sind die dem Haushaltsjahr zuzurechnenden Erträge und Aufwendungen gegenüberzustellen. ²Aufwendungen und Erträge dürfen nicht miteinander verrechnet werden; § 29 der Sächsischen Kommunalen Kassen- und Buchführungsverordnung vom 26. Januar 2005 (Sächs-GVBl. S. 3), die zuletzt durch Artikel 2 der Verordnung vom 4. September 2017 (SächsGVBl. S. 504) geändert worden ist, in der jeweils geltenden Fassung, bleibt unberührt. ³§ 2 Absatz 2 gilt entsprechend.

(3) ¹Zur Ermittlung des Jahresergebnisses der Ergebnisrechnung sind die Gesamterträge und Gesamtaufwendungen gegenüberzustellen. ²Soweit das verbleibende Gesamtergebnis positiv ist, ist ein Überschuss beim ordentlichen Ergebnis der Rücklage aus Überschüssen des ordentlichen Ergebnisses, ein Überschuss beim Sonderergebnis der Rücklage aus Überschüssen des Sonderergebnisses zuzuführen.

(4) Außerordentliche Erträge und Aufwendungen sind hinsichtlich ihres Betrags und ihrer Art im Anhang zu erläutern, soweit sie für die Beurteilung der Ertragslage nicht von untergeordneter Bedeutung sind.

(5) ¹Unter der Ergebnisrechnung sind die vorgesehene Verwendung des Gesamtergebnisses und die Abdeckung von Fehlbeträgen in Form des vorgegebenen Musters nach § 128 Satz 1 Nummer 5 der Sächsischen Gemeindeordnung nachrichtlich wie folgt anzugeben:

1. Überschuss des ordentlichen Ergebnisses, der in die Rücklage aus Überschüssen des ordentlichen Ergebnisses eingestellt wird;
2. Überschuss des Sonderergebnisses, der in die Rücklage aus Überschüssen des Sonderergebnisses eingestellt wird;
3. Fehlbetrag des Gesamtergebnisses, der mit der Rücklage aus Überschüssen des ordentlichen Ergebnisses verrechnet wird;
4. Fehlbetrag des Gesamtergebnisses, der mit der Rücklage aus Überschüssen des Sonderergebnisses verrechnet wird;
5. Fehlbetrag des ordentlichen Ergebnisses, der auf die Folgejahre vorzutragen ist;
6. Fehlbetrag des Sonderergebnisses, der auf die Folgejahre vorzutragen ist.

[2]Rücklagenzuführungen aus Verrechnungen gemäß § 72 Absatz 3 Satz 3 der Sächsischen Gemeindeordnung sind nachrichtlich anzugeben.

(6) Soweit ein nicht durch Kapitalposition gedeckter Fehlbetrag besteht, sind Überschüsse des ordentlichen Ergebnisses und des Sonderergebnisses mit diesem Fehlbetrag bis zu dessen vollständigem Ausgleich zu verrechnen.

(7) Die Teilergebnisrechnung ist in der Gliederung nach § 4 Absatz 3 aufzustellen.

§ 49 Finanzrechnung

(1) Die Finanzrechnung ist in Staffelform in der Form des vorgegebenen Musters nach § 128 Satz 1 Nummer 5 der Sächsischen Gemeindeordnung aufzustellen.

(2) [1]In der Finanzrechnung sind die im Haushaltsjahr eingegangenen Einzahlungen und geleisteten Auszahlungen mindestens wie folgt auszuweisen:

1. Steuern und ähnliche Abgaben;
2. Zuweisungen und Umlagen für laufende Verwaltungstätigkeit;
3. sonstige Transfereinzahlungen;
4. öffentlich-rechtliche Leistungsentgelte, ausgenommen Investitionsbeiträge;
5. privatrechtliche Leistungsentgelte;
6. Kostenerstattungen und Kostenumlagen;
7. Zinsen und sonstige Finanzeinzahlungen;
8. sonstige haushaltswirksame Einzahlungen aus laufender Verwaltungstätigkeit;
9. die Einzahlungen aus laufender Verwaltungstätigkeit, die Summe aus den Nummern 1 bis 8;
10. Personalauszahlungen;
11. Versorgungsauszahlungen;
12. Auszahlungen für Sach- und Dienstleistungen;
13. Zinsen und sonstige Finanzauszahlungen;
14. Transferauszahlungen aus laufender Verwaltungstätigkeit;
15. sonstige haushaltswirksame Auszahlungen aus laufender Verwaltungstätigkeit;
16. die Auszahlungen aus laufender Verwaltungstätigkeit, die Summe aus den Nummern 10 bis 15;
17. der Zahlungsmittelsaldo aus laufender Verwaltungstätigkeit als Zahlungsmittelüberschuss oder Zahlungsmittelbedarf der Ergebnisrechnung, der Saldo aus den Nummern 9 und 16;
18. Einzahlungen aus Investitionszuwendungen;
19. Einzahlungen aus Investitionsbeiträgen und ähnlichen Entgelten für Investitionstätigkeit;
20. Einzahlungen aus der Veräußerung von immateriellen Vermögensgegenständen;
21. Einzahlungen aus der Veräußerung von Grundstücken, Gebäuden und sonstigen unbeweglichen Vermögensgegenständen;
22. Einzahlungen aus der Veräußerung von übrigem Sachanlagevermögen;
23. Einzahlungen aus der Veräußerung von Finanzanlagevermögen und von Wertpapieren des Umlaufvermögens;
24. Einzahlungen für sonstige Investitionstätigkeit;
25. Einzahlungen für Investitionstätigkeit, die Summe aus den Nummern 18 bis 24;
26. Auszahlungen für den Erwerb von immateriellen Vermögensgegenständen;
27. Auszahlungen für den Erwerb von Grundstücken, Gebäuden und sonstigen unbeweglichen Vermögensgegenständen;
28. Auszahlungen für Baumaßnahmen;
29. Auszahlungen für den Erwerb von übrigem Sachanlagevermögen;

30. Auszahlungen für den Erwerb von Finanzanlagevermögen und von Wertpapieren des Umlaufvermögens;
31. Auszahlungen für Investitionsförderungsmaßnahmen;
32. Auszahlungen für sonstige Investitionstätigkeit;
33. Auszahlungen für Investitionstätigkeit, die Summe aus den Nummern 26 bis 32;
34. der Zahlungsmittelsaldo aus Investitionstätigkeit, der Saldo aus den Nummern 25 und 33;
35. der Finanzierungsmittelüberschuss oder Finanzierungsmittelfehlbetrag, die Summe aus den Nummern 17 und 34;
36. Einzahlungen aus der Aufnahme von Krediten und diesen wirtschaftlich gleichkommenden Rechtsgeschäften für Investitionen;
37. Einzahlungen aus sonstiger Wertpapierverschuldung;
38. Auszahlungen für die Tilgung von Krediten und diesen wirtschaftlich gleichkommenden Rechtsgeschäften für Investitionen;
39. Auszahlungen für die Tilgung sonstiger Wertpapierverschuldung;
40. den Zahlungsmittelsaldo aus der Finanzierungstätigkeit, den Saldo aus der Summe der Nummern 36 und 38 und der Summe der Nummern 37 und 39;
41. die Änderung des Finanzmittelbestands im Haushaltsjahr, die Summe aus den Nummern 35 und 40;
42. Einzahlungen aus Darlehensrückflüssen;
43. Auszahlungen für die Gewährung von Darlehen;
44. Einzahlungen aus durchlaufenden Geldern;
45. Auszahlungen aus durchlaufenden Geldern;
46. die haushaltsunwirksamen Vorgänge, der Saldo aus der Summe aus den Nummern 42 und 44 sowie der Summe aus den Nummern 43 und 45;
47. den Überschuss oder Bedarf an Zahlungsmitteln im Haushaltsjahr, die Summe aus den Nummern 41 und 46;
48. (nicht belegt);
49. (nicht belegt);
50. (nicht belegt);
51. Einzahlungen aus der Aufnahme von Kassenkrediten;
52. Auszahlungen für die Tilgung von Kassenkrediten;
53. Veränderung des Bestandes an Zahlungsmitteln im Haushaltsjahr, der Saldo aus der Summe der Nummern 47 und 51 sowie der Nummer 52;
54. der Bestand an liquiden Mitteln zu Beginn des Haushaltsjahres (ohne Kassenkredite und Kontokorrentverbindlichkeiten);
55. der Bestand an liquiden Mitteln am Ende des Haushaltsjahres, die Summe aus den Nummern 53 und 54.

[2]Einzahlungen und Auszahlungen dürfen nicht miteinander verrechnet werden; § 29 der Sächsischen Kommunalen Kassen- und Buchführungsverordnung bleibt unberührt. [3]Der Betrag der Auszahlungen für die ordentliche Kredittilgung und den Tilgungsanteil der Zahlungsverpflichtungen aus kreditähnlichen Rechtsgeschäften sowie der Betrag der verfügbaren Mittel gemäß § 72 Absatz 4 Satz 2 der Sächsischen Gemeindeordnung sind nachrichtlich anzugeben.

(3) Die Teilfinanzrechnung ist in der Gliederung nach § 4 Absatz 4 aufzustellen.

§ 50 Planvergleich

(1) In der Ergebnis- und Finanzrechnung des Gesamthaushalts und der Teilhaushalte sind Erträge und Aufwendungen sowie Einzahlungen und Auszahlungen hinsichtlich der fortgeschriebenen Planansätze und des Ergebnisses gegenüberzustellen.

(2) In den Teilhaushalten sind Erträge und Aufwendungen gemäß § 4 Absatz 3 sowie Einzahlungen und Auszahlungen gemäß § 4 Absatz 4 hinsichtlich der fortgeschriebenen Planansätze und des Ergebnisses gegenüberzustellen.

§ 51 Vermögensrechnung

(1) Die Vermögensrechnung (Bilanz) ist in Kontoform aufzustellen und mindestens entsprechend der Absätze 2 und 3 zu gliedern.

(2) Aktivseite:

1. Anlagevermögen
   a) immaterielle Vermögensgegenstände;
   b) Sonderposten für geleistete Investitionszuwendungen;
   c) Sachanlagevermögen
      aa) unbebaute Grundstücke und grundstücksgleiche Rechte an solchen,
      bb) bebaute Grundstücke und grundstücksgleiche Rechte an solchen,
      cc) Infrastrukturvermögen,
      dd) Bauten auf fremdem Grund und Boden,
      ee) Kunstgegenstände und Kulturdenkmäler,
      ff) Maschinen, technische Anlagen und Fahrzeuge,
      gg) Betriebs- und Geschäftsausstattung, Tiere,
      hh) geleistete Anzahlungen und Anlagen im Bau;
   d) Finanzanlagevermögen
      aa) Anteile an verbundenen Unternehmen,
      bb) Beteiligungen,
      cc) Sondervermögen,
      dd) Ausleihungen,
      ee) Wertpapiere;
2. Umlaufvermögen
   a) Vorräte;
   b) öffentlich-rechtliche Forderungen und Forderungen aus Transferleistungen;
   c) privatrechtliche Forderungen, Wertpapiere des Umlaufvermögens;
   d) liquide Mittel;
3. aktive Rechnungsabgrenzungsposten;
4. nicht durch Kapitalposition gedeckter Fehlbetrag.

(3) [1]Passivseite:

1. Kapitalposition
   a) Basiskapital;
   b) Rücklagen
      aa) aus Überschüssen des ordentlichen Ergebnisses,
      bb) aus Überschüssen des Sonderergebnisses,
      cc) aus nicht ertragswirksam aufzulösenden Zuwendungen,
      dd) zweckgebundene und sonstige Rücklagen;
   c) Fehlbeträge
      aa) Jahresfehlbetrag des ordentlichen Ergebnisses und Vortrag von Fehlbeträgen des ordentlichen Ergebnisses aus den Vorjahren,
      bb) Jahresfehlbetrag des Sonderergebnisses und Vortrag von Fehlbeträgen des Sonderergebnisses aus den Vorjahren;
2. Sonderposten
   a) für empfangene Investitionszuwendungen;
   b) für Investitionsbeiträge;
   c) für den Gebührenausgleich;
   d) sonstige Sonderposten;
3. Rückstellungen
   a) für Entgeltzahlungen für Zeiten der Freistellung von der Arbeit im Rahmen von Altersteilzeit;
   b) für die Rekultivierung und Nachsorge von Deponien;
   c) für die Sanierung von Altlasten und sonstige Umweltschutzmaßnahmen;
   d) für ungewisse Verbindlichkeiten aus der steuerkraftabhängigen Umlage gemäß § 25a des Sächsischen Finanzausgleichsgesetzes;
   e) für ungewisse Verbindlichkeiten aufgrund von Steuerschuldverhältnissen;
   f) für drohende Verpflichtungen aus anhängigen Gerichts- und Verwaltungsverfahren sowie aus Bürgschaften, Gewährverträgen und wirtschaftlich gleichkommenden Rechtsgeschäften;
   g) für unterlassene Aufwendungen für Instandhaltung im Haushaltsjahr;

h) für sonstige vertragliche oder gesetzliche Verpflichtungen zur Gegenleistung gegenüber Dritten, die im laufenden Haushaltsjahr wirtschaftlich begründet wurden und die der Höhe nach noch nicht genau bekannt sind, sofern sie erheblich sind;

i) für drohende Verluste aus schwebenden Geschäften und aus laufenden Verfahren;

j) sonstige Rückstellungen;

4. Verbindlichkeiten

a) in Form von Anleihen;

b) aus Kreditaufnahmen;

c) aus Kreditaufnahmen wirtschaftlich gleichkommenden Rechtsgeschäften;

d) aus Lieferungen und Leistungen;

e) aus Transferleistungen;

f) sonstige Verbindlichkeiten;

5. passive Rechnungsabgrenzungsposten.

[2]Die Ergebnisrücklagen aus der Verrechnung gemäß § 72 Absatz 3 Satz 3 der Sächsischen Gemeindeordnung und der Betrag des Basiskapitals, der gemäß § 72 Absatz 3 Satz 4 der Sächsischen Gemeindeordnung nicht zur Verrechnung herangezogen werden darf, sind nachrichtlich anzugeben.

§ 52 Anhang

(1) [1]In den Anhang sind diejenigen Angaben aufzunehmen, die zu den einzelnen Posten der Ergebnisrechnung, der Finanzrechnung und der Vermögensrechnung vorgeschrieben sind. [2]Insbesondere sind das Basiskapital, die Rücklagen, die Fehlbeträge gemäß § 72 Absatz 3 Satz 3 der Sächsischen Gemeindeordnung und der Betrag der verfügbaren Mittel gemäß § 72 Absatz 4 Satz 2 der Sächsischen Gemeindeordnung zu erläutern.

(2) Ferner sind anzugeben:

1. die auf die Posten der Ergebnisrechnung und der Vermögensrechnung angewandten Bilanzierungs- und Bewertungsmethoden;

2. Abweichungen von Bilanzierungs- und Bewertungsmethoden samt Begründung; deren Einfluss auf die Vermögens-, Finanz- und Ertragslage ist gesondert darzustellen;

3. ausgeübte Wahlrechte in Bezug auf die Erfassung und Bewertung und ihre Auswirkungen auf die Vermögens-, Finanz- und Ertragslage, soweit diese wesentlich sind;

4. wesentliche, über die kommunalrechtlichen Regelungen hinausgehende dingliche, gesetzliche oder vertragliche Einschränkungen der Verfügbarkeit oder Verwertung des in der Vermögensrechnung ausgewiesenen Grund und Bodens sowie der Gebäude und anderer Bauten; ferner sind diesbezüglich künftige Aufwendungen oder Auszahlungen im Anhang darzustellen und zu erläutern;

5. die Anwendung der Leistungsabschreibung einschließlich Begründung;

6. Angaben über die Einbeziehung von Zinsen für Fremdkapital in die Herstellungskosten;

7. Erläuterung der unter der Vermögensrechnung aufzuführenden Vorbelastungen künftiger Haushaltsjahre und der übertragenen Ermächtigungen;

8. die Sparkassenträgerschaft unter Angabe des Eigenkapitals der Sparkasse und der Quote der Trägerschaft sowie Angaben zu übertragenen Sparkassenträgerschaften entsprechend;

9. die rechtlich selbstständigen örtlichen Stiftungen und sonstiges Treuhandvermögen;

10. bei Fremdwährungen der Kurs der Währungsumrechnung;

11. Verpflichtungen gegenüber organisatorisch oder rechtlich verselbständigten Einheiten nach § 88b Absatz 1 Satz 3 der Sächsischen Gemeindeordnung;

12. sonstige Sachverhalte, aus denen sich finanzielle Verpflichtungen ergeben können, sofern diese Angaben für die Beurteilung der Vermögens-, Finanz- und Ertragslage von Bedeutung sind.

§ 53 Rechenschaftsbericht

(1) [1]Im Rechenschaftsbericht sind der Verlauf der Haushaltswirtschaft und die Lage der Gemeinde unter dem Gesichtspunkt der Sicherung der stetigen Erfüllung der Aufgaben so darzustellen, dass ein den tatsächlichen Verhältnissen entsprechendes Bild vermittelt wird. [2]Dabei sind die wichtigsten Ergebnisse des Jahresabschlusses und erhebliche Abweichungen der Jahresergebnisse von den Haushaltsansätzen zu erläutern und eine Bewertung der Abschlussrechnungen vorzunehmen.

(2) Der Rechenschaftsbericht soll auch darstellen:
1. die Erreichung der wesentlichen Ziele;
2. Angaben über den Stand der kommunalen Aufgabenerfüllung;
3. Vorgänge von besonderer Bedeutung, die nach dem Schluss des Haushaltsjahres eingetreten sind;
4. zu erwartende positive Entwicklungen und mögliche Risiken von besonderer Bedeutung;
5. die Ausführung eines Haushaltsstrukturkonzepts;
6. die Auswertung der für die Schlüsselprodukte gesetzten Leistungsziele anhand der zur Messung der Zielerreichung gebildeten Kennzahlen.

§ 54 Anlagenübersicht, Forderungsübersicht, Verbindlichkeitenübersicht

(1) In der Anlagenübersicht sind ausgehend von den gesamten Anschaffungs- oder Herstellungskosten der Stand des Anlagevermögens zu Beginn und zum Ende des Haushaltsjahres, die Zu- und Abgänge, die Umbuchungen sowie die Zuschreibungen und Abschreibungen des Haushaltsjahres sowie die gesamten Abschreibungen anzugeben.

(2) [1]In der Forderungsübersicht sind die Forderungen der Gemeinde anzugeben. [2]Anzugeben sind der Gesamtbetrag zu Beginn und zum Ende des Haushaltsjahres unterteilt nach der Restlaufzeit der Forderungen bis zu einem Jahr, von mehr als einem bis zu fünf Jahren und von mehr als fünf Jahren.

(3) [1]In der Verbindlichkeitenübersicht sind die Verbindlichkeiten der Gemeinde anzugeben. [2]Anzugeben sind der Gesamtbetrag zu Beginn und zum Ende des Haushaltsjahres und die Restlaufzeit unterteilt in Laufzeiten bis zu einem Jahr, von mehr als einem bis zu fünf Jahren und von mehr als fünf Jahren.

(4) Die Gliederung der Übersichten der Absätze 1 bis 3 richtet sich nach dem jeweiligen vorgegebenen Muster gemäß § 128 Satz 1 Nummer 4 der Sächsischen Gemeindeordnung.

Abschnitt 10
Gesamtabschluss

§ 55 Gesamtabschluss

Der Gesamtabschluss besteht aus der konsolidierten Ergebnisrechnung und der konsolidierten Vermögensrechnung; die Vorschriften über die Aufstellung der Ergebnis- und Vermögensrechnung der Gemeinde sind entsprechend anzuwenden.

§ 56 Kapitalflussrechnung

Auf die Kapitalflussrechnung findet der Deutsche Rechnungslegungs Standard Nr. 21 (DRS 21) Kapitalflussrechnung vom 4. Februar 2014 (BAnz AT 08.04.2014 B2), in der jeweils geltenden Fassung, entsprechende Anwendung.

§ 57 Konsolidierungsbericht und Angaben zum nicht konsolidierten Beteiligungsbesitz

Im Konsolidierungsbericht sind darzustellen:
1. ein Gesamtüberblick, bestehend aus
    a) einer Darstellung der wirtschaftlichen und finanziellen Lage der Gemeinde,
    b) Angaben zu Name und Sitz der gemäß § 88b Absatz 1 Satz 3 der Sächsischen Gemeindeordnung konsolidierten Organisationseinheiten und Vermögensmassen, zur Höhe der Beteiligung der Gemeinde an privatrechtlichen juristischen Personen sowie zur Vertretungsquote in den Verbandsorganen und zu den Umlagepflichten bei Verwaltungs- und Zweckverbänden,
    c) Angaben über den Stand der Erfüllung des öffentlichen Zwecks der gemäß § 88b Absatz 1 Satz 3 der Sächsischen Gemeindeordnung konsolidierten Organisationseinheiten und Vermögensmassen,
    d) einer Bewertung des Gesamtabschlusses unter dem Gesichtspunkt der dauernden Leistungsfähigkeit und
    e) den in § 99 Absatz 2 Satz 2 Nummer 1 und 2 sowie Absatz 3 der Sächsischen Gemeindeordnung für den Beteiligungsbericht beschriebenen Angaben der gemäß § 88b Absatz 1 Satz 3 der Sächsischen Gemeindeordnung konsolidierten Organisationseinheiten und Vermögensmassen;

2. Erläuterungen des Gesamtabschlusses, bestehend aus
   a) Angaben zur Abgrenzung der in die Konsolidierung einzubeziehenden Organisationseinheiten und Vermögensmassen und zu den angewandten Konsolidierungsmethoden und
   b) Erläuterungen zu den einzelnen Positionen des Gesamtabschlusses;
3. ein Ausblick auf die künftige Entwicklung der Gemeinde und der gemäß § 88b Absatz 1 Satz 3 der Sächsischen Gemeindeordnung konsolidierten Organisationseinheiten und Vermögensmassen, insbesondere bestehend aus
   a) Angaben über Vorgänge von besonderer Bedeutung, die nach dem Schluss der Konsolidierungsperiode eingetreten sind,
   b) Angaben über die erwartete Entwicklung wesentlicher Rahmenbedingungen, insbesondere über die finanziellen und wirtschaftlichen Perspektiven und Risiken, sowie
   c) Angaben über die wesentlichen Ziele und Strategien.

Abschnitt 11
Sondervermögen, Treuhandvermögen, Begriffsbestimmungen

§ 58 Sondervermögen, Treuhandvermögen
(1) Soweit auf Sondervermögen und Treuhandvermögen der Gemeinde die Vorschriften der Sächsischen Gemeindeordnung über die Haushaltswirtschaft Anwendung finden, gilt diese Verordnung sinngemäß.

(2) Sondervermögen und Treuhandvermögen nach Absatz 1 werden von der Pflicht zur Finanzplanung (§ 80 der Sächsischen Gemeindeordnung) freigestellt.

§ 59 Begriffsbestimmungen
Bei der Anwendung dieser Verordnung sind die folgenden Begriffe zugrunde zu legen:
1. Abschreibungen: Aufwand, der durch die Wertminderung bei Vermögensgegenständen verursacht wird;
2. Aktivierung: wertmäßige Erfassung eines Vermögensgegenstands in der Vermögensrechnung;
3. Anlagevermögen: Vermögensgegenstände, die zur dauerhaften Nutzung bestimmt sind;
4. Anlagenabnutzungsgrad: Verhältnis der in der Anlagenübersicht für das gesamte abnutzbare Anlagevermögen ausgewiesenen kumulierten Abschreibungen zu den Anschaffungs- oder Herstellungskosten des Sachanlagevermögens;
5. Anschaffungskosten: alle Vermögensänderungen, die erforderlich sind, um einen Vermögensgegenstand zu erwerben und betriebsbereit zu machen;
6. anteiliges Eigenkapital: wird nach der Eigenkapitalspiegelmethode für Beteiligungen, Sondervermögen mit Sonderrechnung oder verbundene Unternehmen wie folgt ermittelt:
   Gezeichnetes Kapital (Grundkapital)/Kapitalanteile/Einlagen;
   plus Kapitalrücklagen;
   plus Gewinnrücklagen;
   plus oder minus Gewinnvortrag/Verlustvortrag;
   plus oder minus Jahresüberschuss/Jahresfehlbetrag;
7. Aufwand oder Aufwendungen: wertmäßiger, zahlungs- und nichtzahlungswirksamer Verbrauch von Gütern und Dienstleistungen als Ressourcenverbrauch des Haushaltsjahres;
8. Ausgaben: Verringerung des Geldvermögens durch Auszahlungen, den Abgang von Forderungen oder den Zugang von Verbindlichkeiten;
9. Auszahlungen: Abfluss liquider Mittel in Form von Barzahlungen und bargeldlosen Zahlungen;
10. außerplanmäßige Aufwendungen und Auszahlungen: Aufwendungen und Auszahlungen, für die im Haushaltsplan keine Ermächtigungen veranschlagt und keine aus den Vorjahren übertragenen Ansätze verfügbar sind;
11. Devisenkassamittelkurs: Nominaler Einheitskurs bei Währungsumrechnung;
12. durchlaufende Gelder: haushaltsunwirksame Beträge, die für einen Dritten lediglich eingenommen und ausgegeben werden;
13. Einnahmen: Erhöhung des Geldvermögens durch Einzahlungen, den Zugang von Forderungen oder den Abgang von Verbindlichkeiten;
14. Einzahlungen: Zufluss liquider Mittel in Form von Barzahlungen und bargeldlosen Zahlungen;

15. Erlass: Verzicht auf einen Anspruch;
16. Ertrag oder Erträge: zahlungswirksamer und nichtzahlungswirksamer Wertzuwachs als Ressourcenaufkommen des Haushaltsjahres;
17. Fehlbetrag: Unterschiedsbetrag, um den die Summe der ordentlichen und außerordentlichen Aufwendungen im Ergebnishaushalt oder in der Ergebnisrechnung höher ist als die Summe der ordentlichen und außerordentlichen Erträge;
18. fortgeschriebener Planansatz: fortgeschriebene Planansätze umfassen den Ansatz im Haushaltsplan, bei Erlass eines Nachtragshaushaltsplanes dessen Ansätze, die übertragenen Ermächtigungen, die Ansätze für über- und außerplanmäßige Erträge und Einzahlungen und bewilligte über- und außerplanmäßige Aufwendungen und Auszahlungen sowie Ansatzveränderungen aufgrund der Inanspruchnahme von Deckungsfähigkeiten nach den §§ 19 und 20;
19. immaterielle Vermögensgegenstände: nicht körperlich fassbare Vermögensgegenstände des Anlagevermögens;
20. Infrastrukturvermögen: die in der Abschreibungstabelle (Anlage) unter der laufenden Nummer 03 aufgeführten Gegenstände des Sachanlagevermögens;
21. interne Leistungsverrechnung: zwischen einzelnen Produkten erbrachte und abgerechnete Leistungen;
22. Inventur: Bestandsaufnahme aller Vermögensgegenstände und Schulden;
23. Investitionen: Auszahlungen für die Mehrung des Anlagevermögens gemäß § 51 Absatz 2;
24. Investitionsförderungsmaßnahmen: Zuweisungen, Zuschüsse und Darlehen für Investitionen Dritter und für Investitionen der Sondervermögen mit Sonderrechnung;
25. Kapitalflussrechnung: Bewegungsrechnung, in der für ein Haushaltsjahr Herkunft und Verwendung aller liquiditätswirksamen Mittel dargestellt werden;
26. Kassenkredite, auch Liquiditätskredite genannt: Kredite mit kurzen Laufzeiten zur Überbrückung des verzögerten oder späteren Eingangs von Deckungsmitteln, soweit keine anderen liquiden Mittel eingesetzt werden können;
27. Kernhaushalt: zum Kernhaushalt gehören alle im Stellenplan zum Haushaltsplan brutto geführten Ämter und Einrichtungen der Produktbereiche 11 bis 57 der durch das Staatsministerium des Innern im Produktrahmen verbindlich vorgegebenen Produktbereiche, für die Erträge und Aufwendungen veranschlagt werden, so genannter Beschäftigungsbereich 21;
28. Kernverwaltung: Zur Kernverwaltung gehören nur folgende Produktbereiche:

a)	11	Innere Verwaltung;
b)	12	Sicherheit und Ordnung außer Produktgruppen 126 und 127;
c)	21 bis 24	Schulträgeraufgaben, soweit es sich um allgemeine Schulverwaltungsangelegenheiten und die Schulnetzplanung handelt;
d)	25 bis 29	Kultur und Wissenschaft, soweit es sich um die Verwaltung von kulturellen Angelegenheiten handelt;
e)	31 bis 35	Soziale Hilfen, soweit es sich um die allgemeine Sozialverwaltung, die Wahrnehmung von Aufgaben der Betreuungsbehörden, die Verwaltung der Grundsicherung für Arbeitsuchende und die Durchführung des Asylbewerberleistungsgesetzes handelt;
f)	36	Kinder-, Jugend- und Familienhilfe, soweit es sich um die allgemeine Verwaltung der Jugendhilfe handelt;
g)	41	Gesundheitsdienste, soweit es sich um die Verwaltungsaufgaben des Gesundheitsschutzes, der Gesundheitspflege, der Gesundheitserziehung und der Gesundheitsberatung handelt;
h)	51	Räumliche Planung und Entwicklung;
i)	52	Bau- und Grundstücksordnung, Produktgruppe 523 nur insoweit, als es sich um Aufgaben der unteren Denkmalschutzbehörden handelt;
j)	55	Naturschutz und Landschaftspflege, soweit es sich um die Verwaltungsaufgaben des Naturschutzes und der Landschaftspflege handelt;

k) 56 Umweltschutz, soweit es sich um Verwaltungsaufgaben des Umweltschutzes einschließlich des Immissionsschutzes und Aufgaben der unteren Abfallbehörde handelt;

l) 57 Wirtschaft und Tourismus, soweit es sich um Verwaltungsaufgaben der Wirtschaftsförderung und des Tourismus handelt.

Darüber hinaus sind der Kernverwaltung die Stellen der Bauverwaltung (Allgemeine Verwaltung der eigenen Hoch- und Tiefbauten und der Bauten im Auftrag Dritter) zuzuordnen. Die Stelle des Bürgermeisters bleibt bei der Ermittlung der Anzahl der Beschäftigten in der Kernverwaltung der Gemeinde unberücksichtigt. Nicht zur Kernverwaltung gehören die den einzelnen Produktbereichen zugeordneten Einrichtungen wie zum Beispiel einzelne Schulen, Krankenhäuser, Jugendeinrichtungen und die Hilfsbetriebe der Verwaltung wie Baubetriebshöfe, Kantinen, Betriebskindergärten;

29. Konsolidierung: Zusammenfassung der Jahresabschlüsse der Gemeinde und der in § 88b der Sächsischen Gemeindeordnung genannten Aufgabenträger zu einem Gesamtabschluss;

30. Konsolidierungsbetrag: der im Rahmen eines Haushaltsstrukturkonzepts aus der Erhöhung der Erträge und Einzahlungen sowie der Verringerung der Aufwendungen und Auszahlungen zu erwirtschaftende Beitrag zur Haushaltssanierung;

31. Kosten: zahlungs- und nichtzahlungswirksamer bewertbarer Verzehr von Gütern und Dienstleistungen durch die Leistungserbringung der Gemeinde;

32. Kredite: unter der Verpflichtung zur Rückzahlung von Dritten oder von Sondervermögen mit Sonderrechnung aufgenommene Finanzierungsmittel mit Ausnahme der Kassenkredite;

33. Leistung: Wert aller im Rahmen der Verwaltungstätigkeit erbrachten Leistungen zur Aufgabenerfüllung im Haushaltsjahr;

34. Leistungsziele: angestrebter Stand an Leistungen am Ende eines bestimmten Zeitraums, der durch quantitative und qualitative Größen messbar beschrieben wird;

35. nicht durch Kapitalposition gedeckter Fehlbetrag: positive Differenz zwischen den Schulden und dem Gesamtbetrag der Aktivseite (= Vermögen) zum Ausgleich der Bilanz, wenn die Schulden das Vermögen überwiegen;

36. Niederschlagung: befristete oder unbefristete Zurückstellung der Weiterverfolgung eines fälligen Anspruchs der Gemeinde ohne Verzicht auf den Anspruch selbst;

37. Passivierung: wertmäßige Erfassung der Schulden, Sonderposten, Rückstellungen und Rechnungsabgrenzungsposten in der Bilanz auf der Passivseite;

38. Produkt: Leistung oder Gruppe von Leistungen, die für Stellen innerhalb oder außerhalb einer Verwaltungseinheit erbracht werden;

39. Produktbereich: Zusammenfassung von inhaltlich zusammengehörenden Produktgruppen innerhalb der Produkthierarchie;

40. Produktgruppe: Zusammenfassung von inhaltlich zusammengehörenden Produkten innerhalb der Produkthierarchie;

41. Rechnungsabgrenzungsposten: aktiver oder passiver Bilanzposten für streng zeitraumbezogene Einnahmen und Ausgaben, die vor dem Abschlussstichtag für einen genau bestimmten Zeitraum nach dem Abschlussstichtag geleistet oder empfangen wurden;

42. Rücklagen: variabler Teil der Kapitalposition, der aufgrund von gesetzlichen oder satzungsmäßigen Bestimmungen oder freiwillig gebildet wird;

43. Rückstellungen: Verbindlichkeiten oder Aufwendungen, die im Haushaltsjahr wirtschaftlich verursacht wurden und der Fälligkeit oder der Höhe nach ungewiss sind;

44. Schlüsselprodukte: Produkte, die örtlich von finanzieller oder kommunalpolitischer Bedeutung sind;

45. Sonderposten: gesondert auszuweisender Passivposten für Ertragszuschüsse, Kostenüberdeckungen bei der Gebührenkalkulation, Beiträge und Ähnliches sowie Aktivposten für Investitionsförderungsmaßnahmen;

46. Tilgung von Krediten:

a) ordentliche Tilgung: Leistung des im Haushaltsjahr zurückzuzahlenden Betrags bis zu der in den Rückzahlungsbedingungen festgelegten Mindesthöhe;

b) außerordentliche Tilgung: über die ordentliche Tilgung hinausgehende Rückzahlung;

47. Transfererträge und -aufwendungen: Erträge und Aufwendungen ohne unmittelbar damit zusammenhängende Gegenleistung;

48. überplanmäßige Aufwendungen und Auszahlungen: Aufwendungen oder Auszahlungen, die die im Haushaltsplan veranschlagten Beträge und die aus den Vorjahren übertragenen Ansätze für Aufwendungen und Auszahlungen übersteigen;

49. Überschuss: Unterschiedsbetrag, um den die Summe der ordentlichen und außerordentlichen Erträge im Ergebnishaushalt oder in der Ergebnisrechnung die Summe der ordentlichen und außerordentlichen Aufwendungen übersteigt;

50. Umlage, investive: Teil des gesamten Umlagebetrages, der ausschließlich im Finanzhaushalt zu veranschlagen ist;

51. Umlaufvermögen: Vermögensgegenstände, die nur zu einer vorübergehenden Nutzung bestimmt sind und keine Posten der Rechnungsabgrenzung darstellen;

52. Umschuldung: Tilgung eines Kredits mit gleichzeitiger Aufnahme eines neuen Kredits ohne Veränderung der Höhe der Verbindlichkeiten;

53. Verbindlichkeiten: Leistungsverpflichtungen der Kommune, die rechtlich erzwingbar sind und eine wirtschaftliche Belastung für sie darstellen;

54. Verbundene Unternehmen: Unternehmen, die der Kommune als Tochterunternehmen gegenüberstehen;

55. Verfügungsmittel: Beträge, die dem Bürgermeister für dienstliche Zwecke, für die keine Aufwendungen veranschlagt wurden, zur Verfügung stehen;

56. Vermögen: alle wirtschaftlichen Werte mit zukünftigem Nutzen, die selbstständig bewertbar und selbstständig verkehrsfähig, das heißt einzeln veräußerbar sind;

57. Vermögensübertragung: Transfer von Vermögensgegenständen zum Beispiel durch Schenkungen oder Umwidmung, ohne dass eine Gegenleistung erbracht wird oder bei der die Gegenleistung nicht dem vollen Wert des übertragenen Vermögensgegenstandes entspricht; die Übertragung kann zum Beispiel vom Land auf die kommunale Ebene oder von einer Kommune auf eine andere Kommune erfolgen; die bilanzielle Zusammenführung von Vermögensgegenständen im Rahmen von Änderungen des Gemeindegebiets gemäß § 8 der Sächsischen Gemeindeordnung stellt keine Vermögensübertragung im Sinne dieser Vorschrift dar;

58. Vorjahr: das dem Haushaltsjahr vorangehende Jahr;

59. wirtschaftliche Nutzungsdauer: in der Abschreibungstabelle angegebener Zeitraum, während dessen ein Gegenstand wirtschaftlich nutzbar ist; sie dient der Bemessung der Abschreibungsdauer.

§ 60 Ersetzung von Begriffen

[1]Bei der Anwendung dieser Verordnung auf die Landkreise treten der Landkreis an die Stelle der Gemeinde, der Kreistag an die Stelle des Gemeinderats, der Landrat an die Stelle des Bürgermeisters und die Kreiskasse an die Stelle der Gemeindekasse. [2]Entsprechendes gilt für juristische Personen des öffentlichen Rechts, auf die die Vorschriften dieser Verordnung Anwendung finden.

Abschnitt 12
Sonstige Vorschriften, Übergangs- und Schlussvorschriften

§ 61 Erstmalige Bewertung und weitere Angaben zur Eröffnungsbilanz

(1) [1]Für die Eröffnungsbilanz sind die für den Jahresabschluss geltenden Regelungen entsprechend anzuwenden mit Ausnahme von § 22 Absatz 2 und § 51 Absatz 3 Nummer 3 Buchstabe g. [2]Die Ausnahmen gemäß Satz 1 gelten nicht für Eröffnungsbilanzen bei Änderungen des Gemeindegebiets gemäß § 8 der Sächsischen Gemeindeordnung.

(2) [1]In der Eröffnungsbilanz sind die zum Stichtag der Aufstellung vorhandenen Vermögensgegenstände mit den Anschaffungs- oder Herstellungskosten, vermindert um Abschreibungen nach § 44 zwischen dem Zeitpunkt der Anschaffung oder Herstellung und dem Eröffnungsbilanzstichtag, anzusetzen. [2]Für bewegliche Vermögensgegenstände des Sachanlagevermögens, deren Anschaffungs- oder Herstellungskosten, vermindert um einen darin enthaltenen abzugsfähigen Vorsteuerbetrag, für den einzelnen Vermögensgegenstand 1 000 Euro nicht übersteigen, und diesen gemäß § 40 Absatz 2 zugeordnete Sonderposten ist die Anwendung der §§ 34 und 36 Absatz 3 freigestellt.

(3) [1]Für Vermögensgegenstände, deren Anschaffungs- oder Herstellungskosten nicht ermittelt werden können, sind als Ersatzwerte aktuelle Anschaffungs- oder Herstellungskosten rückgerechnet auf das Jahr der Anschaffung oder Herstellung des Vermögensgegenstands vermindert um Abschreibungen nach § 44 anzusetzen, soweit nichts anderes geregelt ist. [2]Bei der Ermittlung der aktuellen Anschaffungs- oder Herstellungskosten für Zwecke der Ersatzbewertung dürfen Umsatzsteuerbeträge unberücksichtigt bleiben.

(4) Für Rückrechnungen nach Absatz 3 sind bei Gebäuden und sonstigen Bauten der entsprechende Baupreisindex, bei den übrigen Vermögensgegenständen ein geeigneter Preisindex des Statistischen Bundesamts anzuwenden.

(5) [1]Sofern für Betriebe gewerblicher Art oder kostenrechnende Einrichtungen Bestandsverzeichnisse geführt werden und die Bewertung des darin verzeichneten Vermögens handels- und steuerrechtlichen Grundsätzen entspricht, können diese Wertansätze für die Eröffnungsbilanz herangezogen werden. [2]Bereits bestehende Bewertungen von Vermögensgegenständen nach Wiederbeschaffungszeitwerten aus Gebührenbedarfsberechnungen und die noch bestehenden Restnutzungsdauern dürfen nicht unverändert in die Eröffnungsbilanz übernommen werden. [3]Der Wiederbeschaffungszeitwert kann übernommen werden, soweit fortgeführte Anschaffungs- oder Herstellungskosten gesondert ermittelt werden und der Wiederbeschaffungszeitwert durch Sonderabschreibungen oder -zuschreibungen angepasst wird.

(6) [1]Beteiligungen und Anteile an verbundenen Unternehmen und Zweckverbänden sowie Sondervermögen gemäß § 91 Absatz 1 Nummer 1 der Sächsischen Gemeindeordnung werden mit den Anschaffungskosten oder dem anteiligen Eigenkapital angesetzt. [2]Sollen die Anschaffungskosten angesetzt werden und sind diese nicht ermittelbar, darf der zum Zeitpunkt der Bewertung ermittelte Wert des anteiligen Eigenkapitals als Ersatzwert angesetzt werden. [3]Ist das anteilige Eigenkapital zum Zeitpunkt der Erstellung der Eröffnungsbilanz oder des Jahresabschlusses der Gemeinde verloren, muss ein Erinnerungswert in Höhe von 1 Euro angesetzt werden.

(7) Für Grund und Boden, Gebäude, Waldflächen, Verkehrsflächen und sonstige Bauten des Infrastrukturvermögens gilt für die erstmalige Bewertung mit Hilfe von Ersatzwerten nach Absatz 3 Folgendes:

1. [1]Für Grund und Boden ist der aktuelle Bodenrichtwert anzusetzen; hilfsweise kann der niedrigste Bodenrichtwert umliegender Grundstücke herangezogen werden. [2]Nutzungs-, Verfügungs- und Verwertungsbeschränkungen, die den Wert nach allgemeiner Verkehrsauffassung wesentlich mindern, sind zu berücksichtigen.

2. [1]Gebäude werden nach dem in den §§ 21 bis 23 der Immobilienwertermittlungsverordnung vom 19. Mai 2010 (BGBl. I S. 693), in der jeweils geltenden Fassung, normierten Sachwertverfahren auf der Grundlage von Normalherstellungskosten bewertet. [2]Der so ermittelte Herstellungswert ist unter Berücksichtigung von Absatz 4 auf den Zeitpunkt der Anschaffung oder Herstellung zurückzurechnen und sodann um Abschreibungen gemäß § 44 zu vermindern. [3]Soweit in Einzelfällen die Anwendung des Sachwertverfahrens unter kaufmännischen Gesichtspunkten nicht sachdienlich ist, kann das in den §§ 17 bis 20 der Immobilienwertermittlungsverordnung normierte Verfahren angewendet werden.

3. [1]Bewirtschaftete Waldflächen werden nach Grund und Boden sowie Aufwuchs getrennt erfasst, mit der Maßgabe, dass
    a) für Grund und Boden zwischen 0,10 Euro und 0,50 Euro pro Quadratmeter und
    b) für den Aufwuchs gestaffelte Werte nach Baumbestand und Bestandsalter in entsprechender Anwendung der Waldwertermittlungsrichtlinie (WaldwertR 2000) für den Freistaat Sachsen, zu beziehen über Staatsbetrieb Sachsenforst, Bonnewitzer Straße 34, 01796 Pirna OT Graupa anzusetzen sind. Führt die Anwendung der Waldwertermittlungsrichtlinie zu einem unverhältnismäßig hohen Aufwand, so kann vereinfachend der Wert für den Aufwuchs zwischen 0,20 Euro und 0,30 Euro pro Quadratmeter angesetzt werden.
    [2]Unbewirtschaftete Waldflächen werden mit 0,10 Euro bis 0,50 Euro pro Quadratmeter für Grund und Boden sowie Aufwuchs bewertet.

4. Verkehrsflächen werden nach Grund und Boden und Verkehrsflächenkörper getrennt erfasst mit der Maßgabe, dass

a) für Grund und Boden Werte nach § 5 Absatz 1 des Verkehrsflächenbereinigungsgesetzes vom 26. Oktober 2001 (BGBl. I S. 2716), das zuletzt durch Artikel 22 des Gesetzes vom 23. Juli 2013 (BGBl. I S. 2586, 2705) geändert worden ist, in der jeweils geltenden Fassung, und

b) für den Verkehrsflächenkörper durchschnittliche Herstellungskosten pro Quadratmeter je nach Bauklasse nach der Richtlinie für die Standardisierung des Oberbaues von Verkehrsflächen, Ausgabe 2012 (RStO 12) in der Bekanntmachung mit Allgemeinem Rundschreiben Straßenbau Nr. 30/2012 vom 20. Dezember 2012 des Bundesministeriums für Verkehr, Bau- und Stadtentwicklung, beziehbar beim Verkehrsblatt-Verlag, Schleefstraße 14, 44287 Dortmund, Bestellnummer B 5060, in der jeweils geltenden Fassung, zu ermitteln sind; der ermittelte Wert ist um die auf der Grundlage einer Zustandsbestimmung errechneten Abschreibungen zu mindern.

5. [1]Bei sonstigen Bauten des Infrastrukturvermögens sind aktuelle Anschaffungs- oder Herstellungskosten von Objekten gleicher Art und Güte heranzuziehen. [2]Der ermittelte Wert ist auf den tatsächlichen Zeitpunkt der Anschaffung oder Herstellung zu indizieren und sodann um Abschreibungen gemäß § 44 zu vermindern.

6. Sind die Anschaffungs- oder Herstellungskosten von Betriebsvorrichtungen und Anlagen, die selbstständige Bestandteile eines Vermögensgegenstandes darstellen, nicht oder nur mit einem verhältnismäßig großen Aufwand ermittelbar, dürfen sie beim Vermögensgegenstand angesetzt werden.

(8) Für alle übrigen Vermögensgegenstände, die vor dem 1. Juli 1990 angeschafft wurden, sind als Ersatzwerte aktuelle Anschaffungs- oder Herstellungskosten rückgerechnet auf den Zeitpunkt der Anschaffung oder Herstellung oder hilfsweise auf das Jahr 1990 vermindert um Abschreibungen nach § 44 anzusetzen.

(9) [1]Empfange Zuwendungen für die Beseitigung von Hochwasserschäden des Augusthochwassers 2002 gelten als Kapitalzuschüsse und sind dem Basiskapital zuzuordnen, soweit die jeweils erhaltene Zuwendung in ihrer Höhe die nach den Fachförderprogrammen im Jahr 2002 üblicherweise vorgesehenen Zuwendungen übersteigt. [2]Sind Zuwendungen für Anlagevermögen nicht oder nur mit unvertretbarem Aufwand einem Fachförderprogramm zuordenbar, sind pauschal 40 Prozent als Kapitalzuschuss zu behandeln. [3]Zweckgebundene Geld- und Sachgeschenke für Investitionen sind wie Zuwendungen zu behandeln. [4]Für unentgeltliche Vermögensübertragungen zwischen Gemeinden, Sondervermögen gemäß § 91 der Sächsischen Gemeindeordnung, Zweckverbänden oder anderen Körperschaften des öffentlichen Rechts, auf die die Vorschriften der Sächsischen Gemeindeordnung über die Haushaltswirtschaft Anwendung finden, sind in der Eröffnungsbilanz keine Sonderposten im Sinne des § 40 anzusetzen, sofern die übertragende Körperschaft zum Zeitpunkt der Übertragung die Bestimmungen des Vierten Teils der Sächsischen Gemeindeordnung in der seit 25. November 2007 jeweils geltenden Fassung noch nicht angewandt hat. [5]Für empfangene investive Schlüsselzuweisungen, die nicht gemäß § 40 Absatz 2 zuzuordnen werden, ist ein pauschal um einen anhand des Anlagenabnutzungsgrades ermittelten Betrag geminderter Sammel-Sonderposten zu bilden, der pauschal in gleichen Jahresraten nach der zum Stichtag des ersten Jahresabschlusses ermittelten durchschnittlichen Restnutzungsdauer des gesamten abnutzbaren Anlagevermögens aufzulösen ist.

(10) [1]Die in der Eröffnungsbilanz nach den Absätzen 2 bis 9 angesetzten Werte für die Vermögensgegenstände sind für die künftigen Haushaltsjahre fortzuführen. [2]Für Vermögensgegenstände, die nach dem Eröffnungsbilanzstichtag unentgeltlich erworben werden oder deren Anschaffungs- oder Herstellungskosten nicht ermittelt werden können, gelten die Bewertungsgrundsätze der Absätze 3 bis 9 entsprechend.

(11) In der Anlagenübersicht ist die Entwicklung des Anlagevermögens bis zum Eröffnungsbilanzstichtag unter Angabe historischer Anschaffungs- oder Herstellungskosten oder hilfsweise deren Ersatzwerte, der kumulierten Abschreibungen und der Buchwerte zum Eröffnungsbilanzstichtag darzustellen.

(12) [1]Fehlbeträge aus Vorjahren sind um die Haushaltsreste zu bereinigen und in einem Betrag mit negativem Vorzeichen als kamerale Fehlbeträge aus Vorjahren auf der Passivseite der Eröffnungsbilanz unter der Position gemäß § 51 Absatz 3 Nummer 1 Buchstabe c Doppelbuchstabe aa auszuweisen.

[2]Die Position „Basiskapital" ist um diesen Betrag zu erhöhen. [3]Haushaltsausgabereste aus Vorjahren sind unter der Eröffnungsbilanz auszuweisen.

(13) Der Eröffnungsbilanz sind die Namen der Bürgermeister, der Mitglieder des Gemeinderats und der Beigeordneten, auch wenn diese im vergangenen Haushaltsjahr bis zum Zeitpunkt des Eröffnungsbilanzstichtags ausgeschieden sind, mit dem Familiennamen und mindestens einem ausgeschriebenen Vornamen beizufügen.

§ 62 Berichtigung der Eröffnungsbilanz, des Jahresabschlusses und des Gesamtabschlusses

(1) Ergibt sich bei der Aufstellung des Jahresabschlusses für ein späteres Haushaltsjahr, dass in der Eröffnungsbilanz Vermögensgegenstände, zweckgebundene und sonstige Rücklagen, Sonderposten, Rückstellungen, Verbindlichkeiten oder Rechnungsabgrenzungsposten

1. mit einem zu niedrigen Wert,
2. mit einem zu hohen Wert,
3. zu Unrecht oder
4. nicht angesetzt worden sind,

ist in dem letzten noch nicht festgestellten Jahresabschluss der Wertansatz zu berichtigen oder der unterlassene Wertansatz nachzuholen, wenn es sich um einen wesentlichen Betrag handelt.

(2) Maßgeblich für die Beurteilung der Fehlerhaftigkeit sind die zum Bilanzstichtag bestehenden objektiven Verhältnisse.

(3) [1]Die Berichtigung ist im Anhang des betroffenen Jahresabschlusses zu erläutern. [2]Auf Grund einer nachträglichen Ausübung von Wahlrechten oder Ermessensspielräumen ist eine Berichtigung nicht zulässig.

(4) [1]Die sich aus Berichtigungen ergebenden Wertveränderungen sind erstmals im letzten noch nicht festgestellten Jahresabschluss darzustellen. [2]Wertansätze in der Kapitalposition, die aus Vorjahren vorgetragen werden, bleiben durch die Berichtigungen unberührt.

(5) Die Absätze 1 bis 4 gelten für Jahresabschlüsse und Gesamtabschlüsse entsprechend.

§ 63 Anwendungsbereich, Übergangsvorschriften

(1) Die Vorschriften dieser Verordnung gelten für die Gemeinden, die Landkreise, die Verwaltungsverbände und die Zweckverbände mit einer Wirtschaftsführung nach den Vorschriften über die Gemeindewirtschaft.

(2) Im ersten Jahresabschluss und Gesamtabschluss müssen Vorjahreszahlen nur angegeben werden, soweit sie mit vertretbarem Aufwand ermittelbar sind.

(3) Für das erste Haushaltsjahr, in dem die Gemeinde diese Verordnung anwendet und für das erste Haushaltsjahr nach einer Gebietsänderung gemäß § 8 der Sächsischen Gemeindeordnung, sind der Rechtsaufsichtsbehörde mit dem Haushaltsplan der der Haushaltsplanung zugrunde liegende Entwurf der Eröffnungsbilanz oder andere geeignete Nachweise für die Haushaltsansätze vorzulegen.

(4) [1]Der Rechtsaufsichtsbehörde sind die Eröffnungsbilanz einschließlich des Anhangs mit allen Anlagen und des Rechenschaftsberichts sowie die ersten beiden Jahresabschlüsse einschließlich der Anhänge mit allen Anlagen und der Rechenschaftsberichte jeweils unverzüglich nach der Feststellung durch den Gemeinderat vorzulegen. [2]In Fällen des § 88a Absatz 1 Satz 1 der Sächsischen Gemeindeordnung ist der überörtlichen Prüfungsbehörde die Eröffnungsbilanz einschließlich des Anhangs mit allen Anlagen und des Rechenschaftsberichts unverzüglich nach Feststellung durch den Gemeinderat vorzulegen.

(5) Wertansätze für Gebäude, welche nach den §§ 13 bis 25 der Wertermittlungsverordnung vom 6. Dezember 1988 (BGBl. I S. 2209), die durch Artikel 3 des Gesetzes vom 18. August 1997 (BGBl. I S. 2081, 2110) geändert worden ist, ermittelt worden sind und Wertansätze für Verkehrsflächenkörper, welche nach der Richtlinie für die Standardisierung des Oberbaues von Verkehrsflächen, Ausgabe 2001 (RStO 01) in der Bekanntmachung mit Allgemeinem Rundschreiben Straßenbau Nr. 34/2001 vom 25. September 2001 des Bundesministeriums für Verkehr, Bau- und Wohnungswesen ermittelt worden sind, dürfen beibehalten werden.

(6) Änderungen in Wertansätzen, die sich aus der Änderung dieser Verordnung ergeben, berühren das Jahresergebnis nicht und sind mit dem Basiskapital zu verrechnen.

(7) Gemeinden, die die Bestimmungen des Vierten Teils der Sächsischen Gemeindeordnung in der seit dem 25. November 2007 jeweils geltenden Fassung erstmals für die Haushaltswirtschaft des Jahres

2013 anwenden, können für Zwecke der Eröffnungsbilanz die Regelung des § 41 Absatz 3 Satz 2 der Sächsischen Kommunalhaushaltsverordnung-Doppik in der am 30. Dezember 2013 geltenden Fassung unberücksichtigt lassen.

(8) [1]§ 40 Absatz 2 Satz 3 und § 61 Absatz 6 Satz 2 dürfen beginnend mit dem letzten noch nicht festgestellten Jahresabschluss angewendet werden. [2]Ersatzwert im Sinne von § 61 Absatz 6 Satz 2 ist der zum Stichtag des Jahresabschlusses der erstmaligen Anwendung ermittelte Wert des anteiligen Eigenkapitals.

Anlage
(zu § 44 Abs. 3)

Abschreibungstabelle

Laufende Nummer	Bezeichnung	Unterteilung		Zuordnungsbeispiele	Nutzungsdauer von – bis in Jahren
00	Immaterielle Vermögensgegenstände	a)	EDV-Software	Software, insbesondere Spezialsoftware, Softwarelizenzen	3–5
		b)	Konzessionen, Lizenzen, Rechte	mit Laufzeit	je nach Laufzeit
01	Bauliche und sonstige Anlagen	a)	Geländer, Treppen		20–40
		b)	Außenanlagen	auch Hof- und Wegebefestigungen, Umzäunungen, Fahrradständer	8–40
		aa)	Einfriedungen aus Mauerwerk und Beton		30–40
		bb)	Einfriedungen aus Eisen mit Sockel		20–30
		cc)	Einfriedungen aus Draht		10–15
		dd)	Einfriedungen aus Holz		8–10
		ee)	Abfallkörbe		10–15
		ff)	Bänke aus Stein und Mauerwerk		30–40
		gg)	Bänke aus Metall und Kunststoff		20–30
		hh)	Bänke aus Holz		8–10
		ii)	Fahrradständer offen		10–15
		jj)	Fahrradständer geschlossen		15–20
02	Gebäude[1]	a)	Wohngebäude	auch Hotels	60–80
		b)	Kulturgebäude	Theater, Kinos, Bibliotheken, Veranstaltungszentren, Museen	60–80
		c)	Verwaltungsgebäude	Bürogebäude, Verwaltungsgebäude	50–80
		d)	Handelsgebäude	Dienstleistungsgebäude, Banken, sonstige Gewerbe	30–60
		e)	Altenheime	Senioren-, Alten- und Pflegeheime	40–80
		f)	Krankenhäuser	Krankenhäuser einschließlich Nebengebäuden	40–60

---

1) **Amtl. Anm.:** Innerhalb der angegebenen Nutzungsdauer ist sachgerecht eine der Bauweise entsprechende Nutzungsdauer für einzelne Gebäude zu wählen.

Laufen-de Nummer	Bezeichnung		Unterteilung	Zuordnungsbeispiele	Nutzungs-dauer von – bis in Jahren
		g)	Kindergärten und Kindertagesstätten[1]	Kindergärten, -horte, sonstige Kinderbetreuungseinrichtungen	50–70
		h)	Vereins- und Jugendheime[1]	Jugendhäuser, -clubs, sonstige Jugendeinrichtungen	40–80
		i)	Schulgebäude[1]	Schulen, Berufsschulen, Hochschulen	50–80
		j)	Turn- und Sporthallen[1]	Stadien, Turnhallen, Schulturnhallen, Funktionsgebäude für Sportanlagen	30–50
		k)	Hallenbäder	Schwimmhallen, Spaßbäder, Thermen, Saunen, auch Becken von Freibädern	40–70
		l)	Betriebsgebäude	Industriegebäude, Werkstätten, Lagergebäude	40–60
		m)	Gebäude der Entsorgung	Gebäude zur Entsorgung von Abwasser und Abfall	30–40
		n)	Gebäude der Versorgung	Gebäude, die der Versorgung, insbesondere der Gewinnung, Speicherung, Verteilung von Strom, Öl, Gas, Wasser sowie dem Funk- und Fernmeldebetrieb dienen	30–40
		o)	Sonstige Gebäude	Sonderobjekte, Trauerhallen, Rettungswachen, Feuerwehrgerätehäuser, Parkhäuser, Scheunen, Ställe	30–60
		p)	Gebäude in Leichtbauweise (Hallen, Schuppen, Baracken, Garagen)	Gebäude in Teilmassivbauweise, Holzkonstruktionen	20–30
03	Infrastrukturvermögen	a)	Sportplätze		20–25
		b)	Spielplätze		10–15
		c)	Straßen		20–40
		d)	Wege, Plätze		15–40
		e)	Schächte	Wasserschächte	20–40
		f)	Wertstoffstandplätze	Wertstoffstandplätze, Unterflurstandplätze	20–40
		g)	Ingenieurtechnische Anlagen, Brücken, Tunnel, Durchlässe	Holzkonstruktionen	20–40
				Stahl-, Mauer-, Betonkonstruktionen	60–100
		h)	Verkehrseinrichtung und -lenkungsanlagen	Orientierungssysteme, Parkleitsysteme	5–15

1) **Amtl. Anm.:** Typen-Bauten aus der DDR-Zeit wie Kindergärten, Schulen und ähnliche Gebäude, die in Einheitsbauweise erstellt wurden, sind mit einer Nutzungsdauer von 30 Jahren errichtet worden. Wenn an diesen Gebäuden keine umfassenden Sanierungsmaßnahmen vollzogen wurden, sind diese in der Regel heute abgeschrieben.

Laufen-de Nummer	Bezeichnung	Unterteilung	Zuordnungsbeispiele	Nutzungs-dauer von – bis in Jahren
			Ampel- und Signalanlagen	15–30
			Lärmschutzwände	30–50
		i) Stützmauern	Betonmauern, Natursteinmauern, Winkelstützmauern, Bohrpfahlmauern	30–80
		j) Verrohrungen	nur solche, die nicht Teil von Abwasseranlagen sind, zum Beispiel Betonrohre, Steindecker, Gewölbe	40–100
		k) Talsperren und Hochwasserrückhaltebecken		60–100
		l) Entwässerungs- und Abwasserbeseitigungsanlagen (auch für Bäder und Saunen)	Abwasserhebeanlagen (maschineller Teil, sonstige Pumpen)	8–10
			Abwasserreinigungsanlagen (mechanische Stufe, maschineller Teil des Sandfangs)	8–10
			Maschinelle Einrichtungen der kommunalen Entwässerung, sonstige Pumpen	8–12
			Abwasserreinigungsanlagen (mechanische Stufe, maschineller Teil der Rechenanlage)	10–12
			Abwasserreinigungsanlagen (biologische Stufe, maschineller Teil der Belebungsanlage mit Oberflächenbelüfter)	10–15
			Abwasserreinigungsanlagen (Schaltwerte, elektrischer Teil)	10–15
			Schlammbehandlung (Faulräume, maschineller Teil)	10–15
			Schlammbehandlung (maschinelle Schlammentwässerung)	10–15
			Abwasserreinigungsanlagen (biologische Stufe, maschineller Teil des Nachklärbeckens)	12–15
			Abwasserreinigungsanlagen (mechanische Stufe, maschineller Teil des Absetzbeckens)	12–15

Laufende Nummer	Bezeichnung	Unterteilung		Zuordnungsbeispiele	Nutzungsdauer von – bis in Jahren
				Schlammbehandlung (Eindicker, maschineller Teil)	12–15
				Abwasserreinigungsanlagen (biologische Stufe, maschineller Teil der Belebungsanlage mit Druckbelüfter)	12–16
				Abwasserhebeanlagen (maschineller Teil, Schneckenpumpen)	15–20
				Druckrohrleitungen für Sickerwasser	15–20
				Maschinelle Einrichtungen der kommunalen Entwässerung, Dauer- und Schneckenpumpen	15–20
				Abwasserreinigungsanlagen (biologische Stufe, maschineller Teil der Tropfkörperanlage)	20–25
				Schlammbehandlung (Gasspeicherung und -verwertung, Gasmaschinenanlagen)	20–25
				Druckrohrleitungen für Abwässer	30–40
				Schlammbehandlung (natürliche Schlammentwässerung)	30–40
				Abwasserkanäle	40–60
		m)	Grün-, Sport- und Erholungsflächen	Grünanlagen, Kleingartenanlagen, Wochenendgrundstücke, Campingplätze, Wildgehege, Parks	15–30
04	Bauten auf fremdem Grund und Boden	a)	Gebäude auf fremden Grundstücken		entsprechend der lfd. Nr. 02
05	Kunstgegenstände, Kulturdenkmäler, Musikinstrumente, künstlerische Gestaltungen[1]	a)	Tasteninstrumente		16–20
		b)	Streichinstrumente		12–14
		c)	Zupfinstrumente		12–14
		d)	Blasinstrumente		10–12
		e)	Schlagwerke		12–14
		f)	Sonstige Musikinstrumente (zum Beispiel Glockenspiel, Tamburin)		14–16

[1] **Amtl. Anm.:** Hinweis zu Kunst- und Kulturgegenständen: Kunst- und Kulturgegenstände sowie Kulturgüter, Mahn- und Denkmäler werden in der Regel nicht abgeschrieben, sofern es sich nicht um ein Gebäude handelt oder die Kunst- und Kulturgegenstände regelmäßig einer Abnutzung unterliegen. Bei den unter der laufenden Nummer 05 genannten Kunst- und Kulturgegenständen handelt es sich um Schmuckelemente und Ähnliches.

Laufende Nummer	Bezeichnung		Unterteilung	Zuordnungsbeispiele	Nutzungsdauer von – bis in Jahren
		g)	Musikinstrumentenzubehör	Instrumentenkisten, -transportkoffer	14–16
		h)	Bilder (inklusive Bilderrahmen), Plastiken		14–16
		i)	Wissenschaftliche Sammlungen, Bücher		5–10
		j)	Schmuckgegenstände		1–10
		k)	Künstlerische Gestaltungen	Figuren, Pyramiden	14–16
06	a) Maschinen und technische Anlagen	aa)	Motoren und Kraftmaschinen	E-Motoren, Dieselmotoren, Kompressoren, Winden, Lastenaufzüge, Flaschen- und Seilzüge, Aufzugsvorrichtungen für Werbeträger	8–12
		bb)	Bohrmaschinen	Tisch-, Ständer-, Hand-, Schlagbohrmaschinen	
		cc)	Drehmaschinen		
		dd)	Schleifmaschinen	Flächenschleifmaschinen, Schleifblöcke	
		ee)	Tischlereimaschinen	Abricht-, Dickenhobelmaschine, Fräsmaschinen	
		ff)	Sonstige Maschinen	Ausputzmaschinen, Häcksler, Hubsteiger	
		gg)	Sägen	Bügel-, Handkreis-, Tischkreis-, Motorketten-, Stich-, Bandsägen	
		hh)	Pumpen	Niederdruck-, Fass- und Tauschpumpen, Tragkraftspritzen	
		ii)	Druck- und Buchbindemaschinen	Kupferdruckpressen, Prägepressen, Buchdruckpressen, Schneidemaschinen, Heft-, Perforiermaschinen	
		jj)	Sonstige Elektrogeräte	Benzin-Elektroaggregate, Ladegeräte, Notstromaggregate, Schaltschränke	
	b) Fahrzeuge und Transportmittel	aa)	Lkw		8–10
		bb)	Anhänger, Lkw-Wechselaufbauten	Container, Anhänger, Bootsanhänger, Abrollbehälter	8–12
		cc)	Baufahrzeuge, Zugmaschinen, Kipper	diverse Baufahrzeuge, Kleintraktoren	8–10
		dd)	Kran- und Bergefahrzeuge	Wechsellader	8–10
		ee)	Rettungsdienstfahrzeuge	Feuerwehrfahrzeuge, Feuerlöschfahrzeuge	15

Laufende Nummer	Bezeichnung	Unterteilung	Zuordnungsbeispiele	Nutzungsdauer von – bis in Jahren
			Rettungs-, Notarzt-, Krankentransportwagen, Notarzteinsatzfahrzeuge	6–10
		ff) Kleintransporter	Einsatzleitwagen	12–14
		gg) Kfz zur Personenbeförderung	Kleinbus, Reisebus, Mannschaftstransportwagen	8–10
		hh) Pkw	Pkw, Pkw als Einsatzfahrzeuge	6–8
		ii) Zweiradfahrzeuge	Motorräder, Motorroller, Fahrräder	6–8
		jj) Transportmittel mit Antrieb	Eisbearbeitungsfahrzeuge, Gabel-, Hydraulikstapler, Elektrokarren	8–12
		kk) Transportmittel mit Körperkraft (manuell)	Transportkarren, Palettenwagen, Sackkarre, Postwagen, Reinigungswagen, Schubkarre, Paketroller	8–12
		ll) Wasserfahrzeuge	Fähren	15–25
			Fahrgastschiffe	20–30
			Schiffsanleger, Pontons	25–35
c)	Betriebsvorrichtungen	aa) Krafterzeugungsanlagen	Elektroturbinen, Transformatoren, Solaranlage, elektrische Anlagen	15–25
		bb) Verteilungsanlagen	Anlagen: Heizungsanlagen und Ähnliches	15–20
			Leitungen, Kanäle: Heizkanäle, Kabelleitungen, Gasleitungen, Kabelnetz für Telekommunikationsanlagen, Wasserleitungen	30–50
		cc) Mess- und Steuerungsanlagen	Lichtsignalanlagen, Feuermeldeanlagen, sicherheitstechnische Anlagen, Datennetz (Kupfer und Glasfaserkabel)	10–20
		dd) Beleuchtungsanlagen	Außenbeleuchtungen, Flutlichter, Straßenbeleuchtungen	15–25
		ee) Bühnentechnik und -anlagen	Aufzüge für Kulisse und Vorhang, Eiserne Vorhänge, Bühnenbeleuchtungen, Bühnen-Tonanlagen	10–20
		ff) Funk- und Fernsprechanlagen	SAT-Anlagen, Rufanlagen, Funkanlagen, Fernsprechzentralen, Telekommunikationsanlagen	8–12

Laufende Nummer	Bezeichnung	Unterteilung	Zuordnungsbeispiele	Nutzungsdauer von – bis in Jahren
		gg) Sonstige technische Anlagen	Belüftungs- und Klimaanlagen, Beregnungsanlagen, Aufzugsanlagen	15–20
07	a) Büro- und Geschäftsausstattung	aa) Büroschränke	Akten-, Kleider-, Bücher-, Kartei-, Grafik-, Restaurant-, Kantinen-, Spind-, Umkleideschränke, Vitrinen, Hängeregistraturen, Postverteiler-, Registraturschränke	14–20
		bb) Bürotische	Schreibtische, Zeichentische, Konferenztische, Computertische, Druckertische, Restaurant- und Kantinentische	14–20
		cc) Stühle	Bürodrehstühle, Besucherstühle, Konferenzstühle, Bürosessel, Restaurant- und Kantinenstühle, Bänke	14–20
		dd) Kleinmöbel und Zubehör	Hängeschränke, Container, Aufsätze, Unterschränke, Regale, Leitern, Ordnerkarussellschränke, Schreibpulte, Computermöbel, Beistelltische, Kartenständer	14–20
		ee) Sicherheitsschränke	Stahlblech-, Panzerschränke, Dokumentenschränke, Schließfachboxen	14–20
		ff) Büromaschinen und -geräte	Schreibmaschinen, Diktiergeräte, Taschenrechner, Aktenvernichter, Registrierkassen, Tischrechner, Wiedergabegeräte	6–10
		gg) Vervielfältigungsgeräte	Kopiergeräte, Lichtpausmaschinen	
		hh) Telefon- und Faxgeräte (keine Anlagen!)	Telefone, Anrufbeantworter, Faxgeräte, Funktelefone, Handfunksprechgeräte	
		ii) Sonstige Bürogeräte	Frankiermaschinen, Kuvertiermaschinen, Falzmaschinen, Druckmaschinen, Schneidemaschinen	
		jj) Liegen, Polstermöbel, Betten	Kinderliegen, Kinderbetten, Couch, Betten	8–12
		kk) Raumausstattungen	Dekorationselemente, Teppiche, Bilder (keine Kunstgegenstände!), Pinnwände, Garderobenständer, Leinwände,	8–14

Laufende Nummer	Bezeichnung	Unterteilung		Zuordnungsbeispiele	Nutzungsdauer von – bis in Jahren
				Stellwände, Ausstellungsvitrinen	
		ll)	Kücheneinrichtungen	Geschirrschränke, Spülen, Küchenschränke	14–20
		mm)	Großküchengeräte	Gefrier- und Kühlzellen, Blockherde, Wärmeschränke	8–14
		nn)	Werkstattausstattungen	Werkbänke, Werkzeugschränke, Werkzeugkästen, Gerätetische, Werkstattstühle, Schriftregale, Stapeltrockner, Laboreinrichtungen	12–16
		oo)	Einrichtungen für Museen und Theater	Ausstattungen Museen und Theater, Notenschränke, Dirigentenpulte	14–20
		pp)	Sonstige Ausstattungen	Wahlurnen, Wahlkabinen, Theken, Regalanlagen, Kassenhäuser, Regalsysteme, Prospektständer, transportable Absperrungen	12–16
	b) IT-Technik	aa)	Computer	PC (inklusive OEM-Software), Bildschirme, Tastaturen, Laptops, Notebooks	3–5
		bb)	Mittlere Rechentechnik	Steuereinheiten, Terminals, PC-Arbeitsstationen, externe Datenspeichergeräte	
		cc)	Großrechner, Zentralrechner, Peripherie	Steuereinheiten, Terminals, externe Datenspeichergeräte, Server	5–9
		dd)	Datenausgabegeräte	Drucker, Plotter, Drucker für Großrechner	3–5
		ee)	Computer-Zubehör	Scanner, Mouse, Modems, externe Laufwerke, Weichen	
		ff)	Netztechnik	Arbeitsstationen, aktive Netzkomponenten	
	c) Betriebsgeräte, Werkzeuge, Zubehör	aa)	Werkzeuge	Schneid- und Trennwerkzeuge, Elektrowerkzeuge, Hebewerkzeuge, Schraubstöcke, Schweiß- und Lötgeräte, Prägeapparate, Heiztische	8–12
		bb)	Mess- und Kontrollgeräte	Thermometer, Waagen, Vermessungstechnik, Luftmessgeräte, Erfassungsgeräte für Baumkataster, Prüfkoffer für Geräteprüfungen, Gasmessgeräte, Prüfgeräte	8–12

Laufende Nummer	Bezeichnung	Unterteilung	Zuordnungsbeispiele	Nutzungsdauer von – bis in Jahren
		cc) Bauhilfsgeräte	Rüttelplatten, Nivelliergeräte, Betonmischer	6–10
		dd) Rasenbearbeitungsgeräte	Mähtechnik, Rasenkantenschneider, Freischneider, Motorsensen	6–10
		ee) Bodenbearbeitungsgeräte	Laubblasegeräte, Heuwender, Häcksler, Vertikutierer, Abflammgeräte, Motorhacken	6–10
		ff) Pflege- und Reinigungsgeräte	Heckenscheren, Schneeräumtechnik, Spezialreinigungsgeräte, Kehrmaschinen, Hochdruckreiniger, Bohnergeräte, Dampfreiniger, Nass- und Trockenreiniger	6–10
		gg) Geräte und Hilfsmittel für Brand- und Katastrophenschutz	Wasserentnahmegeräte und -einrichtungen, Schläuche, Körbe, Auswurfeinrichtungen, Feuerlöscher, Gefahrengutaufnahmegeräte, Schutzkleidungen, Zelte, Dekontaminationsgeräte	6–10
		hh) Bergungsgeräte	Boote, Hebekissen, Tragen, Schwimmwesten, Sprungpolster, Leitern, Schlauch-, Motorschlauchboote	6–10
		ii) Lichttechnik, Stromverteiler	Scheinwerfer, Halogenstrahler, Leitungstrommeln, Stromverteiler, diverse Beleuchtungen, Farbprüfleuchten, Lichtmischpulte	8–12
		jj) Sicherheitstechnik	Schließanlagen, Atemschutzgeräte, Auffanggurte, Dreibäume	8–12
		kk) Geräte zur künstlerischen Gestaltung	Keramikbrennofen, Töpferscheiben, Spinnräder, Staffeleien, Webstühle	8–12
		ll) Reprografiegeräte, Fotolaborgeräte	Filmschneidegeräte, Entwicklungswaschanlagen, Entwicklerautomaten, Entwicklertische, -becken, Lichttische, Vergrößerungsautomaten, Reprokameras, Fotolaborgeräte	6–10
		mm) Tontechnikgeräte	Professionelle Beschallungs- und Tontechnik inklusive Zubehör, Tonanlagen, Verstärker, Mischpulte	6–10

Laufende Nummer	Bezeichnung		Unterteilung	Zuordnungsbeispiele	Nutzungsdauer von – bis in Jahren
		nn)	Marktzubehör	Masten, Eingangstore, Aufsteller, diverse Platten, Ständer, Hütten, Wasserhäuser, Marktschirme	6–10
		oo)	Sonstiges Zubehör	Behälter, Container, Stahlflaschen, Stative, Lederwalzen, Anbaugeräte, Kleidertransportkoffer, Winterdienstsilos	8–12
		pp)	Sonstige Laborgeräte	Laborgeräte Restaurierungswerkstätten	8–12
	d) Elektrische Geräte	aa)	Haushaltsgeräte	Kühlschränke, E-Herde, Gasherde, Geschirrspüler, Gefrierschränke, Mikrowellen, Kaffeemaschinen, Waschmaschinen, Staubsauger, Nähmaschinen, Küchenwaagen	8–10
		bb)	Geräte der Raumausstattung	Klimaschränke, Ölradiatoren, Durchlauferhitzer, Ventilatoren, Klimatruhen	8–10
		cc)	Großgeräte	Industriewaschmaschinen, -trockner, Trockenschränke	8–10
		dd)	Mediengeräte	Fernseher, Plattenspieler, Radios, CD- und DVD-Player, Videorecorder, Präsenter	6–8
		ee)	Optische Geräte	Fotoapparate, Kameras, Teleobjektive	6–8
		ff)	Visualisierungsgeräte	Diaprojektoren, Flipcharts, Beamer, Overheadprojektoren, Filmvorführgeräte	6–8
		gg)	Kassierungs- und Zähltechnik	Datenstationen, Steuereinrichtungen, Drehkreuze, Kassenschubladen	6–8
		hh)	Spezielle Technik Theater	Bühneneffektgeräte, Theaterbaukästen	8–10
	e) Medizinische Einrichtungs- und Gebrauchsgegenstände	aa)	Medizinische Ausstattung	Instrumentenschränke, Arzneimittelschränke, Untersuchungsliegen, Krankentragen, Instrumententische, Krankenrollstühle, sonstige Ausstattungen	8–12
		bb)	Chirurgische Gegenstände	Narkosegeräte, Beatmungsgeräte, Infusionsgeräte, OP-Leuchten, OP-Tische, Endoskopiegeräte	
		cc)	Röntgengeräte		

Laufende Nummer	Bezeichnung		Unterteilung	Zuordnungsbeispiele	Nutzungsdauer von – bis in Jahren
		dd)	Untersuchungs- und Behandlungsgeräte	für Augenheilkunde, Dermatologie, Notfallkoffer, Anästhesie- und Kreislaufgeräte (EKG, Blutdruck- und Pulsmessgeräte, Defibrillatoren)	
		ee)	Laborgeräte und -gegenstände	Laborreinigungsgeräte, Kälteschränke, Mikroskope	
		ff)	Physiotherapeutische Geräte und Gegenstände	Kurzwellen-, Ultraschall-, Reizstrom-, Inhalations-, Bestrahlungsgeräte	
		gg)	Sonstige Geräte und Gegenstände	Behindertenlifte, Hörgeräte	
f)	Rettungsdienstgeräte		Untersuchungs- und Behandlungsgeräte Rettungsdienst	Defibrillatoren, EKG, Beatmungsgeräte, Infusionspumpen, Handpulsoximeter, Sekretabsaugpumpen, Zubehör	6–8
g)	Schulen und Kindertagesstätten	aa)	Tische für Schulen und Kindertagesstätten	Schüler-, Erziehertische, Experimentiertische, Restaurant-, Kantinentische, Werkbänke und -tische	14–18
		bb)	Stühle und Bänke für Schulen und Kindertagesstätten	Lehrer-, Schülerstühle, Werkstattstühle, Schemel, Restaurant-, Kantinenstühle, Frisierstühle	10–14
		cc)	Schränke für Schulen und Kindertagesstätten	Chemikalienschränke, Lehrmittelschränke, Vitrinen, Restaurant-, Kantinenschränke, Umkleideschränke	14–18
		dd)	Sonstiges Schul- und Kindertagesstättenmobiliar	Wandtafeln, Projektionstafeln, Kartenständer, Regale, Garderoben, Gartenmöbel, Bautruhen (Kindertagesstätten), Wickelkommoden	12–18
h)	Schulbedarf, Spiel- und Sportgeräte, Spielzeug	aa)	Lehr- und Lernmittel	naturwissenschaftlicher Schulbedarf, Mittel für Fremdsprachen, Technik, Musik, Wirtschaft, Hauswirtschaft, Medienträger, Modelle	3–5
		bb)	Spiel- und Sportgeräte inklusive Zubehör	Leichtathletikgeräte, Turngeräte, Kraftsportgeräte, Fitnessgeräte, Eissportgeräte, Ballspielgeräte, Fangnetze, Schwimmleinen, Begrenzungen, Wagen für Sportzubehör, Tore, Bälle	8–14

Laufen-de Nummer	Bezeichnung	Unterteilung		Zuordnungsbeispiele	Nutzungs-dauer von – bis in Jahren
		cc)	Spielzeug	Puppen, Plüschtiere, Spiele, Puppenwagen, Dreiräder	6–10
		dd)	Maschinen und Werkzeuge für Ausbildung	Messgeräte, Werkzeuge, Laborgeräte, Maschinen für Ausbildungszwecke	8–14

Gesetz über die Aufgaben, Befugnisse, Datenverarbeitung und Organisation des Polizeivollzugsdienstes im Freistaat Sachsen (Sächsisches Polizeivollzugsdienstgesetz – SächsPVDG)[1)2)]

Vom 11. Mai 2019 (SächsGVBl. S. 358)

Inhaltsübersicht

---

1) **Amtl. Anm.:** Dieses Gesetz dient der Umsetzung der Richtlinie (EU) 2016/680 des Europäischen Parlaments und des Rates vom 27. April 2016 zum Schutz natürlicher Personen bei der Verarbeitung personenbezogener Daten durch die zuständigen Behörden zum Zwecke der Verhütung, Ermittlung, Aufdeckung oder Verfolgung von Straftaten oder der Strafvollstreckung sowie zum freien Datenverkehr und zur Aufhebung des Rahmenbeschlusses 2008/977/JI des Rates (ABl. L 119 vom 4.5.2016, S. 89, L 127 vom 23.5.2018, S. 9).
2) Verkündet als Art. 1 G v. 11.5.2019 (SächsGVBl. S. 358); Inkrafttreten gem. Art. 26 Abs. 1 dieses G am 1. 1. 2020

Teil 1
Allgemeines

§ 1 Anwendungsbereich

[1]Die Vorschriften dieses Gesetzes finden Anwendung für die Erfüllung von Aufgaben des Polizeivollzugsdienstes nach § 2 im Freistaat Sachsen. [2]Polizei im Sinne dieses Gesetzes ist der Polizeivollzugsdienst mit den Bediensteten, die Aufgaben des Polizeivollzugs wahrnehmen.

§ 2 Aufgaben der Polizei

(1) [1]Die Polizei hat die Aufgabe, Gefahren für die öffentliche Sicherheit oder Ordnung abzuwehren (Gefahrenabwehr). [2]Sie schützt die freiheitliche demokratische Grundordnung und gewährleistet die ungehinderte Ausübung der Grundrechte und der staatsbürgerlichen Rechte. [3]Die Polizei hat im Rahmen dieser Aufgabe auch zu erwartende Straftaten zu verhindern und vorbeugend zu bekämpfen. [4]Die Polizei hat ferner Vorbereitungen zu treffen, um künftige Gefahren abwehren zu können.

(2) Der Schutz privater Rechte obliegt der Polizei nach diesem Gesetz nur auf Antrag des Berechtigten, wenn gerichtlicher Schutz nicht rechtzeitig zu erlangen ist und ohne polizeiliche Hilfe die Verwirklichung des Rechts vereitelt oder wesentlich erschwert würde.

(3) Die Polizei wird in Erfüllung der Aufgabe der Gefahrenabwehr außer in den Fällen des Absatzes 1 Satz 3 nur tätig, soweit die Gefahrenabwehr durch die Polizeibehörden gemäß § 1 Absatz 1 des Sächsischen Polizeibehördengesetzes vom 11. Mai 2019 (SächsGVBl. S. 358, 389), in der jeweils geltenden Fassung, nicht oder nicht rechtzeitig möglich erscheint.

(4) Die Polizei leistet anderen Behörden und Gerichten Vollzugshilfe.

(5) Die Polizei hat ferner die ihr durch andere Rechtsvorschriften zugewiesenen Aufgaben zu erfüllen.

§ 3 Tätigwerden für andere Stellen

[1]Ist zur Wahrnehmung einer polizeilichen Aufgabe im Sinne des § 2 Absatz 1 nach gesetzlicher Vorschrift eine andere Stelle zuständig und erscheint deren rechtzeitiges Tätigwerden bei Gefahr im Verzug nicht erreichbar, hat die Polizei die notwendigen vorläufigen Maßnahmen zu treffen. [2]Die zuständige Stelle ist unverzüglich zu unterrichten.

§ 4 Begriffsbestimmungen

Im Sinne der nachfolgenden Vorschriften bedeutet:

1. öffentliche Sicherheit: die Unverletzlichkeit der Rechtsordnung, der subjektiven Rechte und Rechtsgüter des Einzelnen sowie des Bestandes, der Einrichtungen und Veranstaltungen des Staates oder sonstiger Träger der Hoheitsgewalt;

2. öffentliche Ordnung: die Gesamtheit der im Rahmen der verfassungsmäßigen Ordnung liegenden ungeschriebenen Regeln für das Verhalten des Einzelnen in der Öffentlichkeit, deren Beachtung nach den jeweils herrschenden Anschauungen als unerlässliche Voraussetzung eines geordneten Zusammenlebens betrachtet wird;

3. a) Gefahr: eine Sachlage, bei der im Einzelfall die hinreichende Wahrscheinlichkeit besteht, dass in absehbarer Zeit ein Schaden für die öffentliche Sicherheit oder Ordnung eintreten wird;

   b) gegenwärtige Gefahr: eine Sachlage, bei der das schädigende Ereignis bereits begonnen hat oder unmittelbar oder in allernächster Zeit mit einer an Sicherheit grenzenden Wahrscheinlichkeit bevorsteht;

   c) erhebliche Gefahr: eine Sachlage, bei der im Einzelfall die hinreichende Wahrscheinlichkeit besteht, dass in absehbarer Zeit ein Schaden für ein bedeutsames Rechtsgut, wie Bestand oder

Sicherheit des Bundes oder eines Landes, Leben, Gesundheit, Freiheit einer Person oder bedeutende Sach- und Vermögenswerte, eintritt;

d)   dringende Gefahr: eine im Hinblick auf das Ausmaß des zu erwartenden Schadens und die Wahrscheinlichkeit des Schadenseintritts erhöhte Gefahr;

e)   Gefahr für die Gesundheit: eine Sachlage, bei der die Herbeiführung beziehungsweise die Steigerung eines pathologischen Zustandes droht;

f)   Gefahr für Leib oder Leben: eine Sachlage, bei der eine nicht nur leichte Körperverletzung oder der Tod einzutreten droht;

g)   Gefahr einer schwerwiegenden Verletzung der körperlichen Unversehrtheit: eine Sachlage, bei der im Einzelfall die hinreichende Wahrscheinlichkeit besteht, dass in absehbarer Zeit eine schwere Körperverletzung (§ 226 des Strafgesetzbuches) einzutreten droht;

h)   abstrakte Gefahr: eine Sachlage, bei der nach allgemeiner Lebenserfahrung oder den Erkenntnissen fachkundiger Stellen mit hinreichender Wahrscheinlichkeit typischerweise Gefahren für ein polizeiliches Schutzgut entstehen;

i)   Abwehr einer Gefahr: auch die Beseitigung einer Störung, wenn der Eintritt weiterer Schadens für ein polizeiliches Schutzgut droht;

4.   Straftat von erheblicher Bedeutung:

a)   Verbrechen und

b)   Vergehen, die im Einzelfall nach Art und Schwere geeignet sind, den Rechtsfrieden besonders zu stören, soweit sie

   aa)   sich gegen Leib, Leben oder Freiheit einer Person richten,

   bb)   auf den Gebieten des unerlaubten Waffen- oder Betäubungsmittelverkehrs, der Geld- und Wertzeichenfälschung (§§ 146 bis 152b des Strafgesetzbuches), der Vorteilsannahme oder Vorteilsgewährung und der Bestechlichkeit oder Bestechung (§§ 331 bis 335 des Strafgesetzbuches) oder des Staatsschutzes (§§ 74a und 120 des Gerichtsverfassungsgesetzes in der Fassung der Bekanntmachung vom 9. Mai 1975 [BGBl. I S. 1077], das zuletzt durch Artikel 1 des Gesetzes vom 12. Juli 2018 [BGBl. I S. 1151] geändert worden ist, in der jeweils geltenden Fassung) begangen werden oder

   cc)   gewerbs-, gewohnheits-, serien- oder bandenmäßig oder sonst organisiert begangen werden;

5.   terroristische Straftat:

a)   eine Straftat nach § 129a des Strafgesetzbuches,

b)   eine Straftat nach § 129b des Strafgesetzbuches, soweit sich dieser auf § 129a des Strafgesetzbuches bezieht, und

c)   die in § 129a Absatz 1 und 2 Nummer 2 bis 5 des Strafgesetzbuches bezeichneten Straftaten, sofern die Begehung der Straftat dazu bestimmt ist,

   aa)   die Bevölkerung auf erhebliche Weise einzuschüchtern,

   bb)   eine Behörde oder eine internationale Organisation rechtswidrig mit Gewalt oder durch Drohung mit Gewalt zu nötigen oder

   cc)   die politischen, verfassungsrechtlichen, wirtschaftlichen oder sozialen Grundstrukturen eines Staates, eines Landes oder einer internationalen Organisation zu beseitigen oder erheblich zu beeinträchtigen;

   die Straftat muss durch die Art ihrer Begehung oder durch ihre Auswirkungen einen Staat, ein Land oder eine internationale Organisation erheblich schädigen können;

6.   Ordnungswidrigkeiten von erheblicher Bedeutung: Ordnungswidrigkeiten, bei deren Begehung ein Schaden für ein bedeutsames Rechtsgut, wie Bestand oder Sicherheit des Bundes oder eines Landes, Leben, Gesundheit, Freiheit einer Person oder bedeutende Sach- und Vermögenswerte, zu befürchten ist oder wenn die Vorschrift ein sonst bedeutsames Interesse der Allgemeinheit schützt;

7.   Informationssystem: ein Verarbeitungssystem, in dem die Polizei zur Erfüllung von Aufgaben personenbezogene Daten ganz oder teilweise automatisiert verarbeitet oder nichtautomatisiert verarbeitet, soweit die Daten in einem Dateisystem gespeichert sind;

8. Kontakt- und Begleitperson: eine Person, die mit einer anderen Person, bei der Tatsachen die Annahme rechtfertigen, dass sie Straftaten von erheblicher Bedeutung begehen wird, nicht nur flüchtig oder in zufälligem Kontakt steht und Tatsachen die Annahme rechtfertigen, dass
   a) sie von der Vorbereitung einer solchen Straftat Kenntnis hat,
   b) sie aus der Tat Vorteile zieht oder
   c) die andere Person sich ihrer zur Begehung der Straftat bedienen könnte.

§ 5 Grundsatz der Verhältnismäßigkeit

(1) [1]Die zu treffende Maßnahme muss geeignet sein. [2]Die Maßnahme ist geeignet, wenn anzunehmen ist, dass sie den erstrebten Erfolg herbeiführt oder zumindest fördert.

(2) Von mehreren möglichen und geeigneten Maßnahmen hat die Polizei diejenige zu treffen, die die einzelne Person und die Allgemeinheit voraussichtlich am wenigsten beeinträchtigt.

(3) [1]Die Maßnahme muss angemessen sein. [2]Sie darf nicht zu einem Nachteil führen, der zu dem angestrebten Erfolg erkennbar außer Verhältnis steht.

(4) Die Maßnahme ist nur solange zulässig, bis ihr Zweck erreicht ist oder sich zeigt, dass er nicht erreicht werden kann.

(5) Soweit das Erfordernis besteht, mehrere Maßnahmen gegen eine Person zu treffen, müssen die Maßnahmen auch in ihrer Gesamtwirkung verhältnismäßig im Sinne der Absätze 1 bis 4 sein.

§ 6 Verantwortlichkeit für eigenes oder fremdes Verhalten

(1) Verursacht eine Person eine Gefahr, sind die Maßnahmen gegen sie zu richten.

(2) [1]Ist die Person noch nicht 14 Jahre alt, können Maßnahmen auch gegen die aufsichtspflichtige Person gerichtet werden. [2]Ist für eine Person ein Betreuer bestellt, kann die Polizei ihre Maßnahme auch gegenüber dem Betreuer im Rahmen seines Aufgabenkreises treffen.

(3) Verursacht eine Person, die zu einer Verrichtung bestellt ist, die Gefahr in Ausführung der Verrichtung, können Maßnahmen auch gegen die Person gerichtet werden, die zu der Verrichtung bestellt hat.

§ 7 Verantwortlichkeit für Tiere und den Zustand von Sachen

(1) [1]Geht von einem Tier oder einer Sache eine Gefahr aus, sind die Maßnahmen gegen den Inhaber der tatsächlichen Gewalt zu richten. [2]Die nachfolgenden für Sachen geltenden Vorschriften sind auch auf Tiere anzuwenden.

(2) [1]Maßnahmen können auch gegen den Eigentümer oder einen anderen Berechtigten gerichtet werden. [2]Dies gilt nicht, wenn der Inhaber der tatsächlichen Gewalt diese ohne den Willen des Eigentümers oder Berechtigten ausübt.

(3) Geht die Gefahr von einer herrenlosen Sache aus, können Maßnahmen gegen denjenigen gerichtet werden, der das Eigentum an der Sache aufgegeben hat.

§ 8 Unmittelbare Ausführung einer Maßnahme

(1) [1]Die Polizei kann eine Maßnahme selbst oder durch einen beauftragten Dritten unmittelbar ausführen, wenn der Zweck der Maßnahme durch Inanspruchnahme der Verantwortlichen nach § 6 oder § 7 nicht oder nicht rechtzeitig erreicht werden kann. [2]Der von der Maßnahme Betroffene ist unverzüglich zu unterrichten.

(2) Für die unmittelbare Ausführung einer Maßnahme nach Absatz 1 erhebt die Polizei von den Verantwortlichen nach den §§ 6 und 7 Kosten (Gebühren und Auslagen).

§ 9 Inanspruchnahme nicht verantwortlicher Personen

(1) Die Polizei kann Maßnahmen gegen andere Personen als die Verantwortlichen nach § 6 oder § 7 richten, wenn
1. eine gegenwärtige Gefahr abzuwehren ist,
2. Maßnahmen gegen die Verantwortlichen nach § 6 oder § 7 nicht oder nicht rechtzeitig möglich sind oder keinen Erfolg versprechen,
3. die Polizei die Gefahr nicht oder nicht rechtzeitig selbst oder durch beauftragte Dritte abwehren kann und
4. die Personen ohne erhebliche eigene Gefährdung und ohne Verletzung höherwertiger Pflichten in Anspruch genommen werden können.

(2) Die Maßnahmen dürfen nur aufrechterhalten werden, solange die Voraussetzungen des Absatzes 1 vorliegen.

§ 10 Einschränkung von Grundrechten

Auf Grund dieses Gesetzes können die Grundrechte auf

1. Leben und körperliche Unversehrtheit (Artikel 2 Absatz 2 Satz 1 des Grundgesetzes für die Bundesrepublik Deutschland, Artikel 16 Absatz 1 Satz 1 der Verfassung des Freistaates Sachsen),
2. Freiheit der Person (Artikel 2 Absatz 2 Satz 2 des Grundgesetzes für die Bundesrepublik Deutschland, Artikel 16 Absatz 1 Satz 2 der Verfassung des Freistaates Sachsen),
3. Wahrung des Brief-, Post- und Fernmeldegeheimnisses (Artikel 10 Absatz 1 des Grundgesetzes für die Bundesrepublik Deutschland, Artikel 27 Absatz 1 der Verfassung des Freistaates Sachsen),
4. Freizügigkeit (Artikel 11 Absatz 1 des Grundgesetzes für die Bundesrepublik Deutschland),
5. Versammlungsfreiheit (Artikel 8 Absatz 1 des Grundgesetzes für die Bundesrepublik Deutschland, Artikel 23 Absatz 1 der Verfassung des Freistaates Sachsen),
6. Unverletzlichkeit der Wohnung (Artikel 13 Absatz 1 des Grundgesetzes für die Bundesrepublik Deutschland, Artikel 30 Absatz 1 der Verfassung des Freistaates Sachsen) und
7. informationelle Selbstbestimmung (Artikel 33 der Verfassung des Freistaates Sachsen)

eingeschränkt werden.

§ 11 Ausweispflicht

[1]Auf Verlangen des Betroffenen haben sich Polizeibedienstete bei der Ausübung ihrer Tätigkeit auszuweisen. [2]Dies gilt nicht, wenn die Umstände es nicht zulassen oder dadurch der Zweck der Maßnahme gefährdet wird.

Teil 2
Allgemeine Befugnisse, Entschädigung

Abschnitt 1
Maßnahmen

§ 12 Allgemeine Befugnisse

(1) Die Polizei kann die notwendigen Maßnahmen treffen, um eine Gefahr für die öffentliche Sicherheit oder Ordnung abzuwehren, soweit die Befugnisse nicht besonders geregelt sind.

(2) [1]Zur Erfüllung von nach anderen Rechtsvorschriften zugewiesenen Aufgaben hat die Polizei die dort vorgesehenen Befugnisse. [2]Soweit diese Rechtsvorschriften keine Befugnisse regeln oder keine abschließenden Regelungen der Befugnisse enthalten, trifft die Polizei die notwendigen Maßnahmen zur Gefahrenabwehr nach diesem Gesetz.

§ 13 Befragung, Auskunftspflicht

(1) [1]Die Polizei kann eine Person befragen, wenn Tatsachen die Annahme rechtfertigen, dass die Person sachdienliche Angaben, die zur Erfüllung einer bestimmten polizeilichen Aufgabe erforderlich sind, machen kann. [2]Für die Dauer der Befragung kann die Person angehalten werden.

(2) Eine Person, deren Befragung nach Absatz 1 Satz 1 zulässig ist, ist verpflichtet, auf Verlangen ihren Namen, Vornamen, Tag und Ort der Geburt, Wohnanschrift und Staatsangehörigkeit anzugeben.

(3) [1]Eine über Absatz 2 hinausgehende Auskunftspflicht besteht, soweit dies zur Abwehr einer erheblichen Gefahr erforderlich ist. [2]In entsprechender Anwendung der §§ 52 bis 53a und 55 Absatz 1 der Strafprozessordnung ist die betroffene Person zur Verweigerung der Auskunft mit Ausnahme der Angaben nach Absatz 2 berechtigt. [3]Dies gilt nicht, soweit die Auskunft zur Abwehr einer Gefahr für Leben oder Freiheit einer Person oder einer erheblichen Gesundheitsgefahr zwingend erforderlich ist. [4]Ein Geistlicher ist auch in diesem Fall nicht verpflichtet, Auskunft über Tatsachen zu geben, die ihm in seiner Eigenschaft als Seelsorger anvertraut wurden oder bekannt geworden sind. [5]Die weitere Verarbeitung von nach Satz 3 erhobenen Daten ist nur zu dem Zweck zulässig, zu dem die Daten erhoben wurden. [6]Die betroffene Person ist vor der Befragung über ihr Recht zur Verweigerung der Auskunft zu belehren.

(4) [1]Soweit eine Auskunftspflicht besteht, dürfen zur Herbeiführung einer Aussage nur die Zwangsmittel Zwangsgeld und Zwangshaft angewendet werden. [2]Die §§ 68a und 136a der Strafprozessordnung gelten entsprechend.

§ 14 Vorladung

(1) [1]Die Polizei kann eine Person schriftlich oder mündlich vorladen, wenn dies für ihre Befragung oder zur Durchführung erkennungsdienstlicher Maßnahmen erforderlich ist. [2]Bei der Vorladung ist deren Grund anzugeben. [3]Bei der Festsetzung des Zeitpunktes soll auf die beruflichen Verpflichtungen und die sonstigen Lebensverhältnisse des Betroffenen Rücksicht genommen werden.

(2) Leistet ein Betroffener der Vorladung ohne hinreichenden Grund keine Folge, kann sie zwangsweise durchgesetzt werden, wenn

1. die Angaben zur Abwehr einer erheblichen Gefahr erforderlich sind oder
2. dies zur Durchführung erkennungsdienstlicher Maßnahmen erforderlich ist.

(3) Für die Entschädigung und Vergütung von Personen, die als Zeugen oder als Sachverständige herangezogen werden, gilt das Justizvergütungs- und -entschädigungsgesetz vom 5. Mai 2004 (BGBl. I S. 718, 776), das zuletzt durch Artikel 5 Absatz 2 des Gesetzes vom 11. Oktober 2016 (BGBl. I S. 2222) geändert worden ist, in der jeweils geltenden Fassung, entsprechend.

§ 15 Identitätsfeststellung, Prüfung von Berechtigungsscheinen

(1) Die Polizei kann die Identität einer Person feststellen:

1. zur Abwehr einer Gefahr,
2. wenn sie sich an einem Ort aufhält, von dem auf Grund von Tatsachen anzunehmen ist, dass dort regelmäßig Personen Straftaten verabreden, vorbereiten oder verüben, sich unter Verstoß gegen Aufenthaltsanordnungen oder Kontaktverbote treffen oder sich dort Straftäter verbergen; dies gilt auch für Orte, an denen Personen der Prostitution nachgehen und durch gegen sie gerichtete Straftaten gefährdet sind,
3. wenn sie sich in einer Verkehrs- oder Versorgungsanlage oder einrichtung, einem öffentlichen Verkehrsmittel, einem Amtsgebäude oder einem besonders gefährdeten Objekt oder in unmittelbarer Nähe hiervon aufhält und Tatsachen die Annahme rechtfertigen, dass in oder an Objekten dieser Art Straftaten begangen werden sollen,
4. stichprobenhaft zum Zweck der vorbeugenden Bekämpfung der grenzüberschreitenden Kriminalität im Grenzgebiet zur Republik Polen und zur Tschechischen Republik bis zu einer Tiefe von 30 Kilometern, darüber hinaus in öffentlichen Anlagen, Einrichtungen oder Verkehrsmitteln des internationalen Verkehrs oder in unmittelbarer Nähe hiervon, auf Bundesfernstraßen und auf anderen Straßen, soweit deren erhebliche Bedeutung für die grenzüberschreitende Kriminalität durch die Polizei vor der Durchführung der Maßnahme durch dokumentierte Erkenntnisse dargelegt und die Umsetzung in einem dienststellenübergreifenden Kontrollkonzept geregelt ist,
5. wenn sie an einer Kontrollstelle angetroffen wird, die von der Polizei eingerichtet worden ist, um Straftaten von erheblicher Bedeutung oder gemäß § 28 des Sächsischen Versammlungsgesetzes vom 25. Januar 2012 (Sächs-GVBl. S. 54), das zuletzt durch Artikel 7 des Gesetzes vom 11. Mai 2019 (SächsGVBl. S. 358) geändert worden ist, in der jeweils geltenden Fassung, zu verhindern,
6. wenn sie sich innerhalb eines Kontrollbereichs aufhält, der von der Polizei bestimmt worden ist, um Straftaten im Sinne des § 100a der Strafprozessordnung oder nach § 28 des Sächsischen Versammlungsgesetzes zu verhindern, da Tatsachen die Annahme rechtfertigen, dass dann dort Straftaten dieser Art bevorstehen; die Bestimmung eines Kontrollbereichs darf längstens für sieben Tage erfolgen, bedarf der Zustimmung des Staatsministeriums des Innern und der öffentlichen Bekanntgabe durch die anordnende Dienststelle; die öffentliche Bekanntgabe kann unterbleiben, wenn der Kontrollbereich nicht für länger als 48 Stunden bestimmt wird, sonst die Wahrnehmung der polizeilichen Aufgabe gefährdet wäre und besondere gebietsbezogene Maßnahmen zu dessen Abgrenzung vorgenommen werden,
7. wenn sie sich an Orten aufhält, für die durch Rechtsverordnung nach § 42 des Waffengesetzes vom 11. Oktober 2002 (BGBl. I S. 3970, 4592; 2003 I S. 1957), das zuletzt durch Artikel 1 des Gesetzes vom 30. Juni 2017 (BGBl. I S. 2133) geändert worden ist, in der jeweils geltenden Fassung, das Führen von Waffen im Sinne des § 1 Absatz 2 des Waffengesetzes verboten oder beschränkt worden ist oder
8. zum Schutz privater Rechte.

(2) [1]Zur Feststellung der Identität kann die Polizei die erforderlichen Maßnahmen treffen. [2]Sie kann

1. den Betroffenen anhalten,
2. den Betroffenen nach seinen Personalien befragen,

3. verlangen, dass der Betroffene mitgeführte Ausweispapiere zur Prüfung aushändigt,

4. den Betroffenen und von ihm mitgeführte Sachen nach Gegenständen durchsuchen, die zur Identitätsfeststellung dienen können,

5. den Betroffenen festhalten,

6. den Betroffenen zur Dienststelle bringen und

7. unter den Voraussetzungen des § 16 Absatz 2 Nummer 1 erkennungsdienstliche Maßnahmen durchführen.

[3]Maßnahmen nach Satz 2 Nummer 4 bis 6 dürfen nur getroffen werden, wenn die Identität auf andere Weise nicht oder nur unter erheblichen Schwierigkeiten festgestellt werden kann oder wenn tatsächliche Anhaltspunkte dafür bestehen, dass Angaben unrichtig sind.

(3) Die Polizei kann verlangen, dass ein Berechtigungsschein vorgezeigt und zur Prüfung ausgehändigt wird, wenn der Betroffene auf Grund einer Rechtsvorschrift verpflichtet ist, diesen Berechtigungsschein mitzuführen.

§ 16 Erkennungsdienstliche Maßnahmen

(1) Erkennungsdienstliche Maßnahmen sind insbesondere

1. die Abnahme von Finger- und Handflächenabdrücken,

2. die Aufnahme von Lichtbildern,

3. die Feststellung äußerlicher körperlicher Merkmale sowie

4. Messungen und ähnliche Maßnahmen.

(2) Die Polizei kann erkennungsdienstliche Maßnahmen ohne Einwilligung des Betroffenen vornehmen, wenn

1. eine nach § 15 Absatz 1 zulässige Identitätsfeststellung auf andere Weise nicht oder nur unter erheblichen Schwierigkeiten zuverlässig durchgeführt werden kann oder

2. dies zur vorbeugenden Bekämpfung von Straftaten erforderlich ist, weil der Betroffene verdächtig ist, eine Tat begangen zu haben, die mit Strafe bedroht ist und wegen der Art und Ausführung der Tat die Gefahr der Wiederholung besteht.

(3) [1]Ist die Identität festgestellt oder der Verdacht entfallen und ist die weitere Aufbewahrung der erkennungsdienstlichen Unterlagen nicht nach anderen Rechtsvorschriften zulässig, sind diese zu vernichten. [2]Sind die Unterlagen an andere Stellen übermittelt worden, sind diese über die erfolgte Vernichtung zu unterrichten.

§ 17 Medizinische und molekulargenetische Untersuchungen

(1) [1]Zur Feststellung der Identität von unbekannten Toten oder von Personen, deren körperliche oder geistige Verfassung nicht nur vorübergehend beeinträchtigt ist und die deshalb nicht identifiziert werden können (unbekannte hilflose Personen), können

1. unbekannten Toten oder unbekannten hilflosen Personen Körperzellen entnommen werden und

2. Proben von Spurenmaterial von vermissten Personen genommen werden und

zum Zweck des Abgleichs molekulargenetische Untersuchungen erfolgen, soweit die Identitätsfeststellung auf andere Weise nicht möglich ist. [2]§ 81f Absatz 2 der Strafprozessordnung gilt entsprechend.

(2) [1]Die molekulargenetischen Untersuchungen sind auf die Feststellung des DNA-Identifizierungsmusters und des Geschlechts zu beschränken. [2]Entnommene Körperzellen sind unverzüglich zu vernichten, wenn sie für die Untersuchung nicht mehr benötigt werden. [3]Die DNA-Identifizierungsmuster können zum Zweck des Abgleichs gespeichert werden. [4]Sie sind unverzüglich zu löschen, wenn sie zur Identitätsfeststellung nicht mehr benötigt werden.

(3) Medizinische und molekulargenetische Untersuchungen bedürfen einer richterlichen Anordnung auf Antrag der Polizei.

§ 18 Platzverweisung

[1]Die Polizei kann zur Abwehr einer Gefahr für die öffentliche Sicherheit eine Person vorübergehend von einem Ort verweisen oder ihr vorübergehend das Betreten eines Ortes verbieten (Platzverweisung). [2]Dies gilt insbesondere für Personen, die den Einsatz der Feuerwehr oder der Hilfs- und Rettungsdienste behindern.

§ 19 Wohnungsverweisung und Kontaktverbot

(1) Die Polizei kann eine Person für die Dauer von höchstens 14 Tagen aus ihrer Wohnung, einschließlich dem unmittelbar angrenzenden Bereich, verweisen (Wohnungsverweisung), ihr die Rückkehr in diesen Bereich untersagen und ein Kontaktverbot zur gefährdeten Person erteilen, wenn dies zur Abwehr einer von der zu verweisenden Person ausgehenden gegenwärtigen Gefahr für Leben, Gesundheit oder Freiheit für eine in derselben Wohnung lebende Person erforderlich ist.

(2) Die Polizei unterrichtet die gefährdete Person unverzüglich über die Dauer und den Umfang einer Maßnahme nach Absatz 1 sowie über Beratungsangebote und die Möglichkeit, Schutz nach dem Gewaltschutzgesetz vom 11. Dezember 2001 (BGBl. I S. 3513), das durch Artikel 4 des Gesetzes vom 1. März 2017 (BGBl. I S. 386) geändert worden ist, in der jeweils geltenden Fassung, zu beantragen.

(3) [1]Stellt die gefährdete Person während der Dauer der Maßnahme nach Absatz 1 einen Antrag nach dem Gewaltschutzgesetz, verlängert die Polizei auf Mitteilung der gefährdeten Person die Dauer der Maßnahme nach Absatz 1 um zehn Tage. [2]Absatz 2 gilt entsprechend. [3]Die Anordnung nach Absatz 1 wird mit dem Zeitpunkt der gerichtlichen Entscheidung oder des gerichtlichen Vergleichs unwirksam.

§ 20 Meldeauflage

(1) [1]Die Polizei kann gegenüber einer Person zum Zweck der Verhütung von Straftaten anordnen, sich an bestimmten Tagen zu bestimmten Zeiten bei näher zu bestimmenden Dienststellen zu melden (Meldeauflage), wenn Tatsachen die Annahme rechtfertigen, dass sie im Zusammenhang mit einem zeitlich oder örtlich begrenzten Geschehen innerhalb absehbarer Zeit eine ihrer Art nach konkretisierte Straftat begehen wird. [2]Soweit nicht die Erfüllung der polizeilichen Aufgabe erheblich erschwert oder gefährdet wird, sind die schutzwürdigen Belange Dritter und der betroffenen Person bei der Anordnung der Meldeauflage zu berücksichtigen.

(2) [1]Die Meldeauflage ist auf höchstens einen Monat zu befristen. [2]Eine Verlängerung um jeweils nicht mehr als einen Monat ist zulässig, soweit die Anordnungsvoraussetzungen fortbestehen. [3]Die Verlängerung darf nur durch das Amtsgericht angeordnet werden. [4]Die Anordnung sowie deren Verlängerung sind sofort vollziehbar.

§ 21 Aufenthaltsanordnung und Kontaktverbot

(1) Die Polizei kann zum Zweck der Verhütung von Straftaten einer Person für höchstens drei Monate den Aufenthalt in einem Gemeindegebiet oder -gebietsteil untersagen, wenn Tatsachen die Annahme rechtfertigen, dass die Person dort innerhalb absehbarer Zeit eine ihrer Art nach konkretisierte Straftat von erheblicher Bedeutung begehen wird.

(2) Für die Dauer von höchstens zwei Monaten kann einer Person zum Zweck der Verhütung von Straftaten untersagt werden, sich ohne Erlaubnis der zuständigen Polizeidienststelle von ihrem Wohn- oder Aufenthaltsort oder aus einem bestimmten Bereich zu entfernen (Aufenthaltsgebot) oder sich in bestimmten Bereichen aufzuhalten (Aufenthaltsverbot), wenn

1. Tatsachen die Annahme rechtfertigen, dass die betroffene Person innerhalb absehbarer Zeit eine ihrer Art nach konkretisierte Straftat gegen den Bestand oder die Sicherheit des Bundes oder eines Landes, Leben, Gesundheit oder Freiheit einer Person oder Sachen von bedeutendem Wert, deren Erhaltung im öffentlichen Interesse geboten ist, begehen wird, oder

2. das Verhalten der betroffenen Person die konkrete Wahrscheinlichkeit begründet, dass sie in überschaubarer Zukunft eine terroristische Straftat begehen wird.

(3) Unter den Voraussetzungen des Absatzes 2 Nummer 1 oder Nummer 2 kann zum Zweck der Verhütung von Straftaten einer Person für höchstens zwei Monate auch der Kontakt mit bestimmten Personen oder Personen einer bestimmten Gruppe untersagt werden, bei denen Tatsachen die Annahme rechtfertigen, dass diese von der Vorbereitung der drohenden Straftat Kenntnis haben, aus der Tat Vorteile ziehen werden oder die Person sich ihrer zur Begehung bedienen wird (Kontaktverbot).

(4) [1]Maßnahmen nach den Absätzen 2 und 3 bedürfen der Anordnung durch das Amtsgericht. [2]Die Anordnung ist sofort vollziehbar. [3]Bei Gefahr im Verzug kann die Anordnung durch den Präsidenten des Landeskriminalamtes oder einer Polizeidirektion oder durch einen von diesen hierzu beauftragten Bediensteten getroffen werden. [4]In diesem Fall ist die gerichtliche Entscheidung unverzüglich nachzuholen. [5]Soweit die Anordnung nicht binnen drei Tagen durch das Gericht bestätigt wird, tritt sie außer Kraft. [6]Die Maßnahme ist zu beenden, wenn die Bestätigung durch den Richter abgelehnt wird.

(5) Im Antrag nach Absatz 4 Satz 1 sind anzugeben:

1. die Person, gegen die sich die Maßnahme richtet, mit Name und Anschrift,
2. Art, Umfang und Dauer der Maßnahme, einschließlich
   a) im Fall des Aufenthaltsgebots nach Absatz 2 eine Bezeichnung der Bereiche, von denen sich die Person ohne Erlaubnis der zuständigen Polizeidienststelle nicht entfernen, oder im Fall des Aufenthaltsverbots nach Absatz 2 eine Bezeichnung der Bereiche, an denen sich die Person ohne Erlaubnis der zuständigen Polizeidienststelle nicht aufhalten darf, und
   b) im Fall des Kontaktverbots nach Absatz 3 eine Bezeichnung der Personen oder der Gruppe, mit denen oder mit der der betroffenen Person der Kontakt untersagt ist, soweit möglich mit Name und Anschrift,
3. der Sachverhalt und
4. die Begründung.

(6) [1]Die Anordnung ergeht schriftlich. [2]In ihr sind anzugeben:

1. die Person, gegen die sich die Maßnahme richtet, mit Name und Anschrift,
2. Art, Umfang und Dauer der Maßnahme, einschließlich
   a) im Fall des Aufenthaltsgebots nach Absatz 2 eine Bezeichnung der Bereiche, von denen sich die Person ohne Erlaubnis der zuständigen Polizeidienststelle nicht entfernen, oder im Fall des Aufenthaltsverbots nach Absatz 2 eine Bezeichnung der Bereiche, an denen sich die Person ohne Erlaubnis der zuständigen Polizeidienststelle nicht aufhalten darf, und
   b) im Fall des Kontaktverbots nach Absatz 3 eine Bezeichnung der Personen oder der Gruppe, mit denen oder mit der der betroffenen Person der Kontakt untersagt ist, soweit möglich mit Name und Anschrift sowie
3. die wesentlichen Gründe.

(7) [1]Maßnahmen nach den Absätzen 1 bis 3 sind auf den zur Verhütung der Straftaten erforderlichen Umfang zu beschränken. [2]Sie dürfen nicht den freien Zu- oder Abgang zur oder von der Wohnung der betroffenen Person oder die Wahrnehmung anderer berechtigter Interessen beschränken. [3]Die Vorschriften des Versammlungsrechts bleiben unberührt. [4]Die Maßnahmen sind zu befristen. [5]Eine Verlängerung um jeweils nicht mehr als drei Monate ist möglich, soweit die Voraussetzungen fortbestehen. [6]Liegen die Voraussetzungen nicht mehr vor, ist die Maßnahme unverzüglich zu beenden.

(8) [1]Die Erforderlichkeit, die praktische Anwendung und die Auswirkungen der Maßnahmen nach den Absätzen 2 und 3 werden nach einem Erfahrungszeitraum von drei Jahren, spätestens jedoch zum 31. Dezember 2024, durch die Staatsregierung geprüft. [2]Die Staatsregierung berichtet dem Landtag über das Ergebnis der Evaluierung.

§ 22 Gewahrsam

(1) Die Polizei kann eine Person in Gewahrsam nehmen, wenn

1. dies zum Schutz der Person gegen eine Gefahr für Leib oder Leben erforderlich ist, insbesondere weil die Person sich erkennbar in einem die freie Willensbestimmung ausschließenden Zustand oder sonst in hilfloser Lage befindet oder eine Selbsttötung droht,
2. dies unerlässlich ist, um die unmittelbar bevorstehende Begehung oder Fortsetzung einer Straftat oder einer Ordnungswidrigkeit von erheblicher Bedeutung zu verhindern,
3. dies unerlässlich ist, um vollziehbare Platzverweisungen, Aufenthaltsanordnungen, Kontaktverbote oder Wohnungsverweisungen durchzusetzen, oder
4. dies unerlässlich ist, um Maßnahmen der Identitätsfeststellung durchzuführen.

(2) [1]Die Polizei kann Minderjährige, die sich der Obhut der Sorgeberechtigten entzogen haben, in Gewahrsam nehmen, um sie den Sorgeberechtigten oder dem Jugendamt zuzuführen. [2]Gewahrsamsräume sind hierfür nicht zu nutzen.

(3) Die Polizei kann eine Person, die aus dem Vollzug von Gewahrsam, Festnahmen, angeordneter Haft, Freiheitsstrafe oder freiheitsentziehenden Maßregeln der Besserung und Sicherung entwichen ist oder sich sonst ohne Erlaubnis außerhalb einer Vollzugsanstalt befindet, vorläufig in Gewahrsam nehmen.

§ 23 Richterliche Entscheidung zum Gewahrsam

(1) [1]Nimmt die Polizei eine Person nach § 22 Absatz 1 oder Absatz 2 in Gewahrsam, hat sie unverzüglich eine richterliche Entscheidung über die Zulässigkeit und Fortdauer des Gewahrsams herbei-

zuführen. ²Der Herbeiführung der richterlichen Entscheidung bedarf es nicht, wenn anzunehmen ist, dass die Entscheidung erst nach Wegfall des Grundes des Gewahrsams ergehen würde.

(2) ¹Für die Entscheidung ist das Amtsgericht zuständig, in dessen Bezirk die Person in Gewahrsam gehalten wird. ²Für das Verfahren gelten die Vorschriften der Bücher 1 und 7 des Gesetzes über das Verfahren in Familiensachen und in den Angelegenheiten der freiwilligen Gerichtsbarkeit vom 17. Dezember 2008 (BGBl. I S. 2586, 2587), das zuletzt durch Artikel 13 des Gesetzes vom 18. Dezember 2018 (BGBl. I S. 2639) geändert worden ist, in der jeweils geltenden Fassung, entsprechend.

§ 24 Behandlung festgehaltener oder in Gewahrsam genommener Personen

(1) Wird eine Person gemäß § 14 Absatz 2 oder § 15 Absatz 2 Satz 2 Nummer 5, 6 oder 7 festgehalten oder nach § 22 in Gewahrsam genommen, sind ihr unverzüglich der Grund der Maßnahme und im Fall der Gewahrsamnahme der zulässige Rechtsbehelf bekanntzugeben sowie Gelegenheit zur Beiziehung eines Bevollmächtigten zu geben.

(2) ¹Der in Gewahrsam genommenen Person ist unverzüglich Gelegenheit zu geben, einen Angehörigen oder eine Person ihres Vertrauens zu benachrichtigen, soweit dadurch der Zweck des Gewahrsams nicht gefährdet wird. ²Die Polizei hat die Benachrichtigung zu übernehmen, wenn die in Gewahrsam genommene Person hierzu nicht in der Lage ist und die Benachrichtigung ihrem mutmaßlichen Willen nicht widerspricht. ³Ist die in Gewahrsam genommene Person minderjährig oder ist für sie ein Betreuer bestellt, ist in jedem Fall unverzüglich der Sorgeberechtigte oder der Betreuer zu benachrichtigen, es sei denn, der Aufgabenkreis des Betreuers wird durch die Ingewahrsamnahme nicht berührt. ⁴Ein ausländischer Staatsangehöriger ist darüber zu belehren, dass er die Unterrichtung der konsularischen Vertretung seines Heimatstaates verlangen und dieser Mitteilungen zukommen lassen kann.

(3) ¹Der in Gewahrsam genommenen Person dürfen nur solche Beschränkungen auferlegt werden, die der Zweck des Gewahrsams oder die Sicherheit oder Ordnung im Gewahrsam erfordern. ²Sie ist getrennt von anderen in Gewahrsam genommenen Personen, insbesondere von Untersuchungs- und Strafgefangenen, unterzubringen, sofern die Umstände dies zulassen. ³Gibt ihr Gesundheitszustand Anlass zu Besorgnis, ist eine ärztliche Untersuchung zu veranlassen.

§ 25 Datenerhebung durch den Einsatz technischer Mittel in polizeilichem Gewahrsam

(1) ¹Die Polizei kann in ihren Gewahrsamseinrichtungen durch den offenen Einsatz technischer Mittel Bilder übertragen, soweit Tatsachen die Annahme rechtfertigen, dass dies zum Schutz der in Gewahrsam genommenen Personen oder des zur Durchführung des Gewahrsams eingesetzten Personals oder zur Verhütung von Straftaten in polizeilich genutzten Einrichtungen erforderlich ist. ²Aus Gewahrsamszellen ist im Einzelfall die Bildübertragung zulässig, soweit Tatsachen die Annahme rechtfertigen, dass dies zur Abwehr einer gegenwärtigen erheblichen Selbst- oder Fremdgefährdung erforderlich ist.

(2) ¹Der Schutz der Intimsphäre der in Gewahrsam genommenen Person ist zu wahren. ²Bei der Bildübertragung aus Gewahrsamszellen soll die Überwachung nur durch Personen gleichen Geschlechts erfolgen; Abweichungen sind insbesondere zulässig, wenn die sofortige Überwachung nach den Umständen zum Schutz gegen eine Gefahr für Leib oder Leben erforderlich erscheint. ³Die Datenerhebung ist durch ein optisches oder akustisches Signal anzuzeigen. ⁴Die für den Einsatz der Bildübertragung maßgeblichen Gründe sind zu dokumentieren.

§ 26 Beendigung der Freiheitsentziehung

Die in Gewahrsam genommene Person ist zu entlassen:

1. sobald der Grund für die Maßnahme der Polizei entfallen ist,
2. wenn die Fortdauer der Freiheitsentziehung durch richterliche Entscheidung für unzulässig erklärt wird oder
3. spätestens bis zum Ende des Tages nach dem Ergreifen, wenn nicht vorher die Fortdauer der Freiheitsentziehung durch richterliche Entscheidung angeordnet wurde; in der richterlichen Entscheidung ist die höchstzulässige Dauer der Freiheitsentziehung zu bestimmen; sie darf im Fall von § 22 Absatz 1 Nummer 2 nicht mehr als 14 Tage und in den übrigen Fällen nicht mehr als drei Tage betragen.

§ 27 Durchsuchung und Untersuchung von Personen

(1) Die Polizei kann eine Person durchsuchen, wenn

1. sie nach diesem Gesetz oder anderen Rechtsvorschriften festgehalten oder in Gewahrsam genommen werden kann,

2. Tatsachen die Annahme rechtfertigen, dass sie Tiere oder Sachen mit sich führt, die nach § 31 sichergestellt werden dürfen,

3. sie sich erkennbar in einem die freie Willensbildung ausschließendem Zustand oder sonst in hilfloser Lage befindet und dies zur Feststellung und zur Abwehr einer sie betreffenden Gefahr erforderlich ist,

4. sie sich an einem Ort im Sinne des § 15 Absatz 1 Nummer 2 aufhält,

5. sie sich in einem Objekt im Sinne des § 15 Absatz 1 Nummer 3 oder in dessen unmittelbarer Nähe aufhält und Tatsachen die Annahme rechtfertigen, dass in oder an Objekten dieser Art Straftaten begangen werden sollen, oder

6. sie zur gezielten Kontrolle ausgeschrieben ist und die Maßnahme zur Verhütung der Straftat erforderlich ist.

(2) Die Polizei kann eine Person, deren Identität nach diesem Gesetz oder anderen Rechtsvorschriften festgestellt werden soll, nach Waffen, Sprengmitteln und anderen gefährlichen Werkzeugen durchsuchen, wenn dies nach den Umständen zur Sicherung eines Polizeibediensteten oder zum Schutz eines Dritten gegen eine Gefahr für Leben oder Gesundheit erforderlich erscheint.

(3) Personen dürfen nur von Personen gleichen Geschlechts oder Ärzten durchsucht werden; dies gilt nicht, wenn die sofortige Durchsuchung nach den Umständen zum Schutz gegen eine Gefahr für Leib oder Leben erforderlich erscheint.

(4) ¹Die Polizei kann eine Person körperlich untersuchen lassen, wenn Tatsachen die Annahme rechtfertigen, dass von ihr eine Gefahr für Leib oder Leben einer anderen Person ausgegangen ist, weil es zu einer Übertragung besonders gefährlicher Krankheitserreger gekommen sein kann und die Kenntnis des Untersuchungsergebnisses zur Abwehr der Gefahr erforderlich ist. ²Zu diesem Zweck sind Entnahmen von Blutproben oder andere, von der Intensität her vergleichbare körperliche Eingriffe, die von einem Arzt nach den Regeln der ärztlichen Kunst zu Untersuchungszwecken vorgenommen werden, ohne Einwilligung des Betroffenen zulässig, wenn kein Nachteil für die Gesundheit des Betroffenen zu befürchten ist. ³Besonders gefährliche Krankheitserreger sind insbesondere der Hepatitis B-, C- oder D-Virus, der Humane Immundefizienz-Virus (HIV), der Rabiesvirus (Tollwut), der Marburg-Virus, der Ebola-Virus oder der SARS-Erreger.

(5) ¹Die körperliche Untersuchung bedarf der Anordnung durch das Amtsgericht. ²Die Anordnung ist sofort vollziehbar. ³Bei Gefahr im Verzug kann die Anordnung durch den Präsidenten des Landeskriminalamtes oder einer Polizeidirektion oder durch einen von diesen hierzu beauftragten Bediensteten getroffen werden. ⁴In diesem Fall ist die gerichtliche Entscheidung unverzüglich nachzuholen. ⁵Die bei der Untersuchung gewonnenen Daten dürfen zu einem anderen Zweck nur zur Abwehr von schwerwiegenden Gesundheitsgefährdungen verwendet werden. ⁶Sind die durch die Maßnahme erlangten personenbezogenen Daten nicht mehr erforderlich, sind sie unverzüglich zu löschen.

§ 28 Durchsuchung von Sachen

Die Polizei kann eine Sache durchsuchen, wenn

1. sie von einer Person mitgeführt wird, die nach § 27 durchsucht oder untersucht werden darf,

2. Tatsachen die Annahme rechtfertigen, dass sich in der Sache eine Person befindet, die
   a) in Gewahrsam genommen werden darf,
   b) widerrechtlich festgehalten wird oder
   c) sich in einem die freie Willensbildung ausschließenden Zustand oder sonst in hilfloser Lage befindet und für die dadurch eine Gefahr für Leib oder Leben besteht,

3. Tatsachen die Annahme rechtfertigen, dass sich in ihr Sachen oder Tiere befinden, die nach § 31 sichergestellt werden dürfen,

4. sie sich an einem Ort im Sinne des § 15 Absatz 1 Nummer 2 befindet,

5. sie sich in einem Objekt im Sinne des § 15 Absatz 1 Nummer 3 oder in dessen unmittelbarer Nähe befindet und Tatsachen die Annahme rechtfertigen, dass in oder an Objekten dieser Art Straftaten begangen werden sollen,

6. es sich um ein Land-, Wasser- oder Luftfahrzeug handelt, in dem sich eine Person befindet, deren Identität nach § 15 Absatz 1 Nummer 4, 5 oder Nummer 6 festgestellt werden darf oder die zur gezielten Kontrolle ausgeschrieben ist; die Durchsuchung kann sich auch auf die in diesem Fahrzeug enthaltenen oder mit dem Fahrzeug verbundenen Sachen erstrecken, oder

7. sie von einer Person mitgeführt wird, deren Identität nach § 15 Absatz 1 Nummer 4, 5 oder Nummer 6 festgestellt werden darf.

§ 29 Betreten und Durchsuchung von Wohnungen

(1) ¹Die Polizei kann eine Wohnung ohne Einwilligung des Inhabers betreten und durchsuchen,

1. wenn Tatsachen die Annahme rechtfertigen, dass sich in ihr eine Person befindet, die nach § 14 Absatz 2 vorgeführt oder nach § 22 in Gewahrsam genommen werden darf,

2. wenn dies zur Abwehr einer gegenwärtigen Gefahr für Leib, Leben oder Freiheit einer Person oder für bedeutende Sach- oder Vermögenswerte erforderlich ist,

3. um eine mutmaßlich widerrechtlich festgehaltene Person aufzufinden, wenn ein Wohnungsinhaber wegen einer Straftat gegen Leib oder Leben, die Freiheit oder die sexuelle Selbstbestimmung verurteilt wurde, soweit wegen der Straftat noch eine Eintragung im Bundeszentralregister vorhanden ist, und wenn Tatsachen die Annahme rechtfertigen, dass ein über die räumliche Nähe zum Wohnort hinausgehender Bezug zwischen der Verurteilung des Wohnungsinhabers und dem Verschwinden der betreffenden Person besteht; das Gleiche gilt, wenn der Wohnungsinhaber wegen einer solchen Straftat nur deshalb nicht verurteilt worden ist, weil seine Schuldunfähigkeit erwiesen oder nicht auszuschließen war, oder

4. wenn Tatsachen die Annahme rechtfertigen, dass sich in ihr Sachen oder Tiere befinden, die nach § 31 sichergestellt werden dürfen.

²Die Wohnung umfasst die Wohn- und Nebenräume, Arbeits-, Betriebs- und Geschäftsräume, auch während der Geschäftszeiten, sowie anderes umfriedetes Besitztum.

(2) ¹Rechtfertigen Tatsachen die Annahme, dass sich in einem Gebäude oder einer Gebäudegruppe eine Person befindet, die widerrechtlich festgehalten wird oder hilflos ist und für die dadurch eine Gefahr für Leib oder Leben besteht, kann die Polizei Wohnungen in diesem Gebäude oder dieser Gebäudegruppe ohne Einwilligung der Inhaber betreten und durchsuchen, wenn die Gefahr auf andere Weise nicht beseitigt werden kann. ²Durchsuchungen während der Nachtzeit sind nur zulässig, wenn sie zur Abwehr der Gefahren nach Satz 1 unumgänglich notwendig sind.

(3) ¹Während der Nachtzeit darf eine Wohnung nur in den Fällen des Absatzes 1 Satz 1 Nummer 2 und Absatz 4 betreten und durchsucht werden. ²Diese Einschränkung gilt nicht, wenn von der Wohnung eine erhebliche, die Gesundheit Dritter beeinträchtigende Störung ausgeht. ³Die Nachtzeit umfasst in dem Zeitraum vom 1. April bis 30. September die Stunden von 21.00 Uhr bis 4.00 Uhr und in dem Zeitraum vom 1. Oktober bis 31. März die Stunden von 21.00 Uhr bis 6.00 Uhr.

(4) ¹Wohnungen dürfen zur Abwehr von dringenden Gefahren für den Bestand oder die Sicherheit des Bundes oder eines Landes, für Leib, Leben oder Freiheit einer Person oder für bedeutende Sach- und Vermögenswerte jederzeit betreten werden, wenn auf Grund von Tatsachen anzunehmen ist, dass

1. dort Personen Straftaten von erheblicher Bedeutung verabreden, vorbereiten oder verüben oder

2. sich dort Straftäter verbergen

und die Abwehr der Gefahr nur dadurch ermöglicht wird.

(5) Arbeits-, Betriebs- und Geschäftsräume sowie andere Räume und Grundstücke, die der Öffentlichkeit zugänglich sind oder zugänglich waren und den Anwesenden zum weiteren Aufenthalt zur Verfügung stehen, dürfen zur Abwehr von Gefahren für die öffentliche Sicherheit oder Ordnung während der Arbeits-, Geschäfts- oder Aufenthaltszeit und im Übrigen nach Maßgabe der Absätze 1 und 3 betreten werden.

§ 30 Verfahren bei der Durchsuchung von Wohnungen

(1) ¹Wohnungen dürfen außer bei Gefahr im Verzug nur auf Grund richterlicher Anordnung des Amtsgerichts durchsucht werden, in dessen Bezirk die Wohnung liegt. ²Für das Verfahren gelten die Vorschriften des Buches 1 des Gesetzes über das Verfahren in Familiensachen und in den Angelegenheiten der freiwilligen Gerichtsbarkeit entsprechend. ³Die gerichtliche Entscheidung kann ohne vorherige Anhörung des Betroffenen ergehen und bedarf zu ihrer Wirksamkeit nicht der Bekanntgabe an ihn.

[4]Gegen die gerichtliche Entscheidung findet die Beschwerde statt. [5]Die Beschwerde ist binnen einer Frist von zwei Wochen einzulegen; die Beschwerde hat keine aufschiebende Wirkung.

(2) [1]Der Wohnungsinhaber hat das Recht bei der Durchsuchung der Wohnung anwesend zu sein. [2]Ist er abwesend, ist, soweit möglich und soweit hierdurch keine schutzwürdigen Belange des Wohnungsinhabers verletzt werden, ein Vertreter oder ein Zeuge hinzuzuziehen.

(3) Dem Wohnungsinhaber oder seinem Vertreter sind der Grund der Durchsuchung und der zulässige Rechtsbehelf unverzüglich bekannt zu geben.

(4) [1]Über die Durchsuchung ist eine Niederschrift zu fertigen. [2]Sie muss die verantwortliche Polizeidienststelle, den Grund, die Zeit, den Ort und das Ergebnis der Durchsuchung enthalten. [3]Die Niederschrift ist von einem durchsuchenden Bediensteten und dem Wohnungsinhaber oder der hinzugezogenen Person zu unterzeichnen. [4]Wird die Unterschrift verweigert, ist hierüber ein Vermerk aufzunehmen. [5]Dem Wohnungsinhaber oder seinem Vertreter ist auf Verlangen eine Durchschrift der Niederschrift auszuhändigen.

(5) Ist die Anfertigung der Niederschrift oder die Aushändigung einer Durchschrift nach den besonderen Umständen des Falles nicht möglich oder würde sie den Zweck der Durchsuchung gefährden, sind dem Wohnungsinhaber oder seinem Vertreter lediglich die Durchsuchung unter Angabe der verantwortlichen Polizeidienststelle sowie Zeit und Ort der Durchsuchung schriftlich zu bestätigen.

§ 31 Sicherstellung

(1) Die Polizei kann eine Sache sicherstellen,
1. um eine gegenwärtige Gefahr abzuwehren,
2. um den Eigentümer oder rechtmäßigen Inhaber der tatsächlichen Gewalt vor Verlust oder Beschädigung der Sache zu schützen oder
3. wenn sie von einer Person mitgeführt wird, die nach diesem Gesetz oder anderen Rechtsvorschriften festgehalten wird, und die Sache verwendet werden kann, um
    a) sich zu töten oder zu verletzen,
    b) Leben oder Gesundheit anderer zu schädigen,
    c) fremde Sachen zu beschädigen,
    d) fremdes Eigentum zu entwenden oder
    e) sich oder anderen die Flucht zu ermöglichen oder zu erleichtern.

(2) Für Tiere gilt Absatz 1 entsprechend.

§ 32 Verwahrung

(1) [1]Sichergestellte Sachen sind in Verwahrung zu nehmen. [2]Lässt die Beschaffenheit der Sache das nicht zu oder erscheint die Verwahrung bei der Polizei unzweckmäßig, ist die Sache auf andere geeignete Weise aufzubewahren oder zu sichern. [3]In diesem Fall kann die Verwahrung auch einem Dritten übertragen werden. [4]Wird eine sichergestellte Sache verwahrt, hat die Polizei nach Möglichkeit Wertminderungen vorzubeugen.

(2) [1]Dem Betroffenen ist eine Bescheinigung auszustellen, die den Grund der Sicherstellung erkennen lässt und die sichergestellte Sache bezeichnet. [2]Kann nach den Umständen des Falles eine Bescheinigung nicht ausgestellt werden, ist über die Sicherstellung eine Niederschrift aufzunehmen, die auch erkennen lässt, warum eine Bescheinigung nicht ausgestellt worden ist. [3]Der Eigentümer oder ein anderer Berechtigter ist unverzüglich zu unterrichten.

(3) Für Tiere gelten die Absätze 1 bis 2 entsprechend.

§ 33 Verwertung, Unbrauchbarmachung und Vernichtung

(1) Die Verwertung einer sichergestellten Sache ist zulässig, wenn
1. ihr Verderb oder eine wesentliche Minderung ihres Wertes droht,
2. ihre Verwahrung, Pflege oder Erhaltung mit unverhältnismäßig hohen Kosten oder Schwierigkeiten verbunden ist,
3. sie infolge ihrer Beschaffenheit nicht so verwahrt werden kann, dass weitere Gefahren für die öffentliche Sicherheit oder Ordnung ausgeschlossen sind,
4. sie nach einer Frist von einem Jahr nicht an den Eigentümer oder einen Berechtigten herausgegeben werden könnte, ohne dass die Voraussetzungen der Sicherstellung erneut eintreten würden, oder

5. der Betroffene, der Eigentümer oder der Berechtigte sie nicht innerhalb einer angemessenen Frist abholt, obwohl ihm eine Mitteilung über die Frist mit dem Hinweis zugestellt worden ist, dass die Sache verwertet wird, wenn sie nicht innerhalb der Frist abgeholt wird.

(2) Ist der Betroffene, der Eigentümer oder der Berechtigte bekannt und erreichbar, soll er vor der Verwertung gehört werden.

(3) ¹Die Sache wird durch öffentliche Versteigerung (§ 383 Absatz 3 des Bürgerlichen Gesetzbuches) verwertet. ²Bleibt die Versteigerung erfolglos, erscheint sie von vornherein aussichtslos oder würden die Kosten der Versteigerung voraussichtlich den zu erwartenden Erlös übersteigen, kann die Sache freihändig verkauft werden. ³Der Erlös tritt an die Stelle der verwerteten Sache. ⁴Kann die Sache innerhalb angemessener Frist nicht verwertet werden, darf sie einem gemeinnützigen Zweck zugeführt werden.

(4) ¹Sichergestellte Sachen können unbrauchbar gemacht oder vernichtet werden, wenn
1. im Fall einer Verwertung die Gründe, die zu ihrer Sicherstellung berechtigen, fortbestehen oder Sicherstellungsgründe erneut entstehen würden, oder
2. die Verwertung aus anderen Gründen nicht möglich ist.
²Absatz 2 gilt entsprechend.

(5) Für Tiere gelten die Absätze 1 bis 4 entsprechend.

§ 34 Herausgabe sichergestellter Sachen oder des Erlöses, Kosten

(1) ¹Sobald die Voraussetzungen für die Sicherstellung weggefallen sind, ist die Sache an denjenigen herauszugeben, bei dem sie sichergestellt worden ist. ²Ist die Herausgabe an ihn nicht möglich, kann sie an einen anderen herausgegeben werden, der seine Berechtigung glaubhaft macht. ³Die Herausgabe ist ausgeschlossen, wenn dadurch erneut die Voraussetzungen für eine Sicherstellung eintreten würden. ⁴Im Fall des § 31 Absatz 1 Nummer 2 ist die Sache herauszugeben, wenn der Eigentümer oder der rechtmäßige Inhaber der tatsächlichen Gewalt dies verlangt oder wenn ein Schutz nicht mehr erforderlich ist, spätestens jedoch nach zwei Wochen. ⁵Soweit durch Rechtsvorschriften nichts anderes bestimmt wird, darf die Sicherstellung von leerstehendem Wohnraum zur Beseitigung oder Verhinderung von Obdachlosigkeit nicht länger als zwölf Monate aufrechterhalten werden. ⁶Für andere Sachen darf die Sicherstellung nicht länger als sechs Monate aufrechterhalten werden, es sei denn, es liegen die Voraussetzungen von Satz 3 vor.

(2) ¹Ist die Sache verwertet worden, ist der Erlös herauszugeben. ²Ist ein Berechtigter nicht vorhanden oder nicht zu ermitteln, ist der Erlös nach den Vorschriften des Bürgerlichen Gesetzbuches zu hinterlegen. ³Der Anspruch auf Herausgabe des Erlöses erlischt drei Jahre nach Ablauf des Jahres, in dem die Sache verwertet worden ist.

(3) ¹Für die Sicherstellung, Verwahrung, Verwertung, Unbrauchbarmachung oder Vernichtung werden Kosten (Gebühren und Auslagen) erhoben, zu deren Ersatz der Eigentümer oder der rechtmäßige Inhaber der tatsächlichen Gewalt verpflichtet ist. ²Ist eine Sache verwertet worden, können die Kosten aus dem Erlös gedeckt werden.

(4) § 983 des Bürgerlichen Gesetzbuches bleibt unberührt.

§ 35 Zurückbehaltungsbefugnis, Ermächtigung Dritter zum Empfang von Zahlungen

(1) Die Polizei kann die Herausgabe von Sachen, deren Besitz sie auf Grund einer polizeilichen Maßnahme nach § 8 Absatz 1 Satz 1, § 31 oder § 39 Absatz 2 in Verbindung mit § 24 Absatz 1 Satz 1 des Verwaltungsvollstreckungsgesetzes für den Freistaat Sachsen in der Fassung der Bekanntmachung vom 10. September 2003 (SächsGVBl. S. 614, 913), das zuletzt durch das Gesetz vom 6. Oktober 2013 (SächsGVBl. S. 802) geändert worden ist, in der jeweils geltenden Fassung, erlangt hat, von der Zahlung der entstandenen Kosten abhängig machen.

(2) ¹Wurde die Verwahrung einem Dritten übertragen, kann die Polizei ihn schriftlich ermächtigen, Zahlungen auf die ihm entstandenen Kosten in Empfang zu nehmen. ²Dieser hat die Zahlungen der Polizei unverzüglich mitzuteilen.

§ 36 Tarnpapiere

Zur Abwehr von Gefahren für Leib, Leben oder Freiheit eines Zeugen, bei dem Maßnahmen nach dem Zeugenschutz-Harmonisierungsgesetz vom 11. Dezember 2001 (BGBl. I S. 3510), das durch Artikel 2 Absatz 12 des Gesetzes vom 19. Februar 2007 (BGBl. I S. 122) geändert worden ist, in der jeweils geltenden Fassung, beendet wurden oder bei dem nach rechtskräftigem Verfahrensabschluss Schutzmaßnahmen erforderlich werden, oder eines Angehörigen eines Zeugen können geeignete Tarnpapiere verwendet werden.

Abschnitt 2
Vollzugshilfe

§ 37 Vollzugshilfe

(1) Die Polizei leistet anderen Behörden und Gerichten auf Ersuchen Vollzugshilfe, wenn unmittelbarer Zwang anzuwenden ist und die ersuchende Stelle nicht über die hierzu erforderlichen Dienstkräfte verfügt oder ihre Maßnahmen nicht auf andere Weise durchsetzen kann.

(2) Vollzugshilfeersuchen der Polizeibehörden gehen Vollzugshilfeersuchen anderer Behörden grundsätzlich vor.

(3) [1]Die Polizei ist nur für die Art und Weise der Durchführung verantwortlich. [2]Im Übrigen gelten die Grundsätze der Amtshilfe entsprechend.

(4) Die Verpflichtung zur Amtshilfe bleibt unberührt.

(5) [1]Vollzugshilfeersuchen sind schriftlich zu stellen; Grund und Rechtsgrundlage der Maßnahme sind anzugeben. [2]In Eilfällen kann das Ersuchen formlos gestellt werden; es ist auf Verlangen unverzüglich schriftlich zu bestätigen. [3]Die ersuchende Behörde ist von der Ausführung des Ersuchens zu unterrichten.

§ 38 Vollzugshilfe bei Freiheitsentziehung

(1) Hat das Vollzugshilfeersuchen eine Freiheitsentziehung zum Inhalt, ist auch die richterliche Entscheidung über die Freiheitsentziehung vorzulegen oder in dem Ersuchen zu bezeichnen.

(2) Ist eine vorherige richterliche Entscheidung nicht ergangen, hat die Polizei die festgehaltene Person zu entlassen, wenn die ersuchende Stelle diese nicht übernimmt oder die richterliche Entscheidung nicht unverzüglich nachträglich beantragt.

(3) Die §§ 24 und 26 Nummer 3 gelten entsprechend.

Abschnitt 3
Zwang

§ 39 Allgemeines

(1) Die Polizei wendet unmittelbaren Zwang nach den Vorschriften dieses Gesetzes und die Zwangsmittel Zwangsgeld, Zwangshaft sowie Ersatzvornahme nach den Vorschriften des Verwaltungsvollstreckungsgesetzes für den Freistaat Sachsen an.

(2) Für die Anwendung unmittelbaren Zwangs zur Vollstreckung von Verwaltungsakten gelten im Übrigen die Vorschriften des Verwaltungsvollstreckungsgesetzes für den Freistaat Sachsen.

(3) Gesetzliche Notwehr- und Notstandsrechte bleiben unberührt.

§ 40 Begriff und Mittel des unmittelbaren Zwangs

(1) Unmittelbarer Zwang ist die Einwirkung auf Personen oder Sachen durch körperliche Gewalt, Hilfsmittel der körperlichen Gewalt oder Waffengebrauch.

(2) Körperliche Gewalt ist jede unmittelbare körperliche Einwirkung auf Personen oder Sachen.

(3) [1]Als Hilfsmittel der körperlichen Gewalt können insbesondere Fesseln, Wasserwerfer, technische Sperren, Diensthunde, Dienstpferde, Dienstfahrzeuge, Reizstoffe und zum Sprengen von Sachen bestimmte explosive Stoffe (Sprengmittel) eingesetzt werden. [2]Das Staatsministerium des Innern kann den Einsatz weiterer Hilfsmittel der körperlichen Gewalt zulassen.

(4) [1]Als Waffen sind Schlagstock, Pistole, Revolver, Gewehr und Maschinenpistole zugelassen. [2]Als Waffen von Spezialeinheiten können durch das Staatsministerium des Innern Vorrichtungen für den Abschuss besonderer Formen von Projektilen zugelassen werden, die darauf ausgerichtet sind, den Betroffenen zu überwältigen, ohne ihn dabei tödlich zu verletzen. [3]Für die Verwendung durch Spezialeinheiten sind Maschinengewehre und Handgranaten als besondere Waffen zugelassen.

§ 41 Voraussetzungen des unmittelbaren Zwangs, Androhung

(1) [1]Unmittelbarer Zwang darf nur angewendet werden, wenn der polizeiliche Zweck auf andere Weise nicht erreichbar erscheint. [2]Gegen Personen darf unmittelbarer Zwang nur angewendet werden, wenn der polizeiliche Zweck durch unmittelbaren Zwang gegen Sachen nicht erreichbar erscheint. [3]Das

angewendete Mittel muss insbesondere nach Art und Maß dem Verhalten, dem Alter und dem Zustand des Betroffenen angemessen sein. [4]Gegenüber einer Menschenmenge darf unmittelbarer Zwang nur angewendet werden, wenn seine Anwendung gegen einzelne Personen in der Menschenmenge offensichtlich keinen Erfolg verspricht.

(2) [1]Unmittelbarer Zwang ist vor seiner Anwendung anzudrohen. [2]Von der Androhung kann abgesehen werden, wenn die Umstände sie nicht zulassen, insbesondere wenn die sofortige Anwendung des Zwangsmittels zur Abwehr einer gegenwärtigen Gefahr notwendig ist. [3]Als Androhung des Schusswaffengebrauchs gilt auch die Abgabe eines Warnschusses.

(3) Schusswaffen dürfen nur dann ohne Androhung gebraucht werden, wenn das zur Abwehr einer gegenwärtigen Gefahr für Leib oder Leben erforderlich ist.

(4) [1]Gegenüber einer Menschenmenge ist die Anwendung unmittelbaren Zwangs möglichst so rechtzeitig anzudrohen, dass sich Unbeteiligte noch entfernen können. [2]Der Gebrauch der Schusswaffe gegen Personen in einer Menschenmenge ist stets anzudrohen. [3]Die Androhung ist vor dem Gebrauch zu wiederholen.

(5) Bei Gebrauch von technischen Sperren und Dienstpferden kann von der Androhung abgesehen werden.

§ 42 Fesselung von Personen
Eine Person, die nach diesem Gesetz oder anderen Rechtsvorschriften festgehalten wird, darf gefesselt werden, wenn Tatsachen die Annahme rechtfertigen, dass sie
1. Polizeibedienstete oder Dritte angreift,
2. Widerstand leisten oder Sachen beschädigen wird, fliehen wird oder befreit werden soll oder
3. sich töten oder verletzen wird.

§ 43 Allgemeine Bestimmungen zum Schusswaffengebrauch
(1) [1]Schusswaffen dürfen nur gebraucht werden, wenn andere Maßnahmen des unmittelbaren Zwangs erfolglos angewendet wurden oder offensichtlich keinen Erfolg versprechen. [2]Gegen Personen ist ihr Gebrauch nur zulässig, wenn der Zweck nicht durch Schusswaffengebrauch gegen Sachen erreicht werden kann.

(2) [1]Schusswaffen dürfen gegen Personen nur gebraucht werden, um diese angriffs- oder fluchtunfähig zu machen. [2]Ein Schuss, der mit an Sicherheit grenzender Wahrscheinlichkeit tödlich wirken wird, ist nur zulässig, wenn er das einzige Mittel zur Abwehr einer gegenwärtigen Gefahr für das Leben oder eine schwerwiegende Verletzung der körperlichen Unversehrtheit ist.

(3) [1]Gegen Personen, die dem äußeren Eindruck oder der Kenntnis nach noch nicht 14 Jahre alt sind, dürfen Schusswaffen nicht gebraucht werden. [2]Dies gilt nicht, wenn der Schusswaffengebrauch das einzige Mittel zur Abwehr einer gegenwärtigen Gefahr für Leib oder Leben ist.

(4) [1]Der Schusswaffengebrauch ist unzulässig, wenn für den Polizeibediensteten erkennbar Unbeteiligte mit hoher Wahrscheinlichkeit gefährdet werden. [2]Dies gilt nicht, wenn der Waffengebrauch das einzige Mittel zur Abwehr einer gegenwärtigen Gefahr für das Leben ist.

§ 44 Schusswaffengebrauch gegen Personen
(1) Schusswaffen dürfen gegen Personen nur gebraucht werden,
1. um eine gegenwärtige Gefahr für Leib oder Leben abzuwehren,
2. um die unmittelbar bevorstehende Begehung oder Fortsetzung einer rechtswidrigen Tat zu verhindern, die sich den Umständen nach als ein Verbrechen oder als ein Vergehen unter Anwendung oder Mitführung von Schusswaffen oder Explosivmitteln darstellt,
3. um eine Person anzuhalten, die sich der Festnahme oder Identitätsfeststellung durch Flucht zu entziehen versucht, wenn sie
   a) eines Verbrechens dringend verdächtig ist oder
   b) eines Vergehens dringend verdächtig ist und Tatsachen die Annahme rechtfertigen, dass sie Schusswaffen oder Explosivmittel mit sich führt,
4. um die Flucht einer Person zu vereiteln oder um die Ergreifung einer Person zu bewirken, wenn diese in amtlichem Gewahrsam zu halten oder amtlichem Gewahrsam zuzuführen ist:

a) wegen eines Verbrechens oder auf Grund des dringenden Verdachts eines Verbrechens oder

b) wegen eines Vergehens oder auf Grund des dringenden Verdachts eines Vergehens, sofern Tatsachen die Annahme rechtfertigen, dass sie Schusswaffen oder Explosivmittel mit sich führt, oder

5. um die gewaltsame Befreiung einer Person aus amtlichem Gewahrsam zu verhindern.

(2) Schusswaffen dürfen nach Absatz 1 Nummer 4 nicht gebraucht werden, wenn es sich um den Vollzug eines Jugendarrestes oder eines Strafarrestes handelt oder wenn die Flucht aus einer offenen Anstalt verhindert werden soll.

(3) Das Recht zum Gebrauch von Schusswaffen auf Grund anderer gesetzlicher Vorschriften bleibt unberührt.

§ 45 Schusswaffengebrauch gegen Personen in einer Menschenmenge

(1) [1]Der Schusswaffengebrauch gegen Personen in einer Menschenmenge ist unzulässig, wenn für den Polizeibediensteten erkennbar ist, dass Unbeteiligte mit hoher Wahrscheinlichkeit gefährdet werden. [2]Dies gilt nicht, wenn der Schusswaffengebrauch das einzige Mittel zur Abwehr einer gegenwärtigen Gefahr für das Leben ist.

(2) Unbeteiligte sind nicht Personen in einer Menschenmenge, die Gewalttaten begehen oder durch Handlungen erkennbar billigen oder unterstützen, wenn diese Personen sich aus der Menschenmenge trotz wiederholter Androhung nach § 41 Absatz 4 nicht entfernen.

§ 46 Besondere Waffen

(1) Besondere Waffen dürfen gegen Personen nur in den Fällen des § 44 Absatz 1 Nummer 1, 2 und 5 und nur nach Freigabe des Landespolizeipräsidenten oder seines Vertreters im Amt gebraucht werden, wenn

1. der Einsatz dieser Waffen erforderlich ist, um eine von den Personen ausgehende Gefahr für das Leben der eingesetzten Polizeibediensteten oder unbeteiligter Dritter abzuwehren oder

2. diese Personen von Schusswaffen oder Explosivmitteln Gebrauch gemacht haben und der vorherige Gebrauch anderer Schusswaffen erfolglos geblieben ist oder ungeeignet erscheint.

(2) [1]Besondere Waffen dürfen nur gebraucht werden, um einen Angriff abzuwehren. [2]Sie dürfen gegen Personen in einer Menschenmenge nicht angewendet werden.

(3) Die Vorschriften über Schusswaffen gelten auch für Maschinengewehre direkt und für Handgranaten entsprechend.

Abschnitt 4
Entschädigung

§ 47 Zur Entschädigung verpflichtende Maßnahmen

(1) Ein Schaden, den jemand durch Maßnahmen der Polizei erleidet, ist zu ersetzen, wenn er

1. in Folge einer rechtmäßigen Inanspruchnahme nach § 9 oder

2. durch rechtswidrige Maßnahmen

entstanden ist.

(2) Der Ausgleich ist auch Personen zu gewähren, die mit Zustimmung der Polizei bei der Erfüllung der polizeilichen Aufgabe mitgewirkt oder Sachen zur Verfügung gestellt haben und dadurch einen Schaden erlitten haben.

(3) Im Fall des Absatzes 1 Nummer 1 besteht kein Ersatzanspruch, soweit die erforderliche Maßnahme zum Schutz der Person oder des Vermögens des Geschädigten getroffen worden ist.

(4) Soweit die Entschädigungspflicht wegen rechtmäßiger Maßnahmen der Polizei in anderen gesetzlichen Vorschriften geregelt ist, finden diese Anwendung.

§ 48 Art, Inhalt und Umfang der Entschädigungsleistung

(1) [1]Die Entschädigung nach § 47 wird grundsätzlich nur für Vermögensschäden gewährt. [2]Für entgangenen Gewinn, der über den Ausfall des gewöhnlichen Verdienstes oder Nutzungsentgeltes hinausgeht, und Nachteile, die nicht in unmittelbarem Zusammenhang mit der polizeilichen Maßnahme stehen, ist Entschädigung nur zu gewähren, wenn und soweit dies zur Abwendung einer unbilligen Härte geboten erscheint.

(2) Bei einer Verletzung des Körpers oder der Gesundheit oder bei einer Freiheitsentziehung ist auch der Schaden, der nicht Vermögensschaden ist, angemessen auszugleichen; dieser Anspruch ist nicht übertragbar und nicht vererblich, es sei denn, dass er rechtshängig geworden oder durch Vertrag anerkannt worden ist.

(3) ¹Die Entschädigung wird in Geld gewährt. ²Hat die zur Entschädigung verpflichtende Maßnahme die Aufhebung oder Minderung der Erwerbstätigkeit oder eine Vermehrung der Bedürfnisse oder den Verlust oder die Beeinträchtigung eines Rechts auf Unterhalt zur Folge, ist die Entschädigung durch Entrichtung einer Rente zu gewähren. ³§ 760 des Bürgerlichen Gesetzbuches ist anzuwenden. ⁴Statt der Rente kann eine Kapitalabfindung verlangt werden, wenn ein wichtiger Grund vorliegt. ⁵Der Anspruch wird nicht dadurch ausgeschlossen, dass ein anderer dem Geschädigten Unterhalt zu gewähren hat.

(4) Stehen dem Geschädigten Ansprüche gegen Dritte zu, ist, soweit diese Ansprüche nach Inhalt und Umfang dem Entschädigungsanspruch entsprechen, die Entschädigung nur gegen Abtretung dieser Ansprüche zu gewähren.

(5) ¹Bei der Bemessung der Entschädigung sind alle Umstände zu berücksichtigen, insbesondere Art und Vorhersehbarkeit des Schadens und ob der Geschädigte oder sein Vermögen durch die Maßnahme der Polizei geschützt worden ist. ²Haben Umstände, die der Geschädigte zu vertreten hat, zur Entstehung oder Vergrößerung des Schadens beigetragen, hängen die Verpflichtung zur Entschädigung und der Umfang der Entschädigung insbesondere davon ab, inwieweit der Schaden vorwiegend durch die Polizei oder den Geschädigten verursacht worden ist.

§ 49 Ansprüche mittelbar Geschädigter
(1) ¹Im Fall der Tötung sind die Kosten der Bestattung demjenigen zu ersetzen, dem die Verpflichtung obliegt, diese Kosten zu tragen. ²§ 48 Absatz 5 gilt entsprechend.

(2) ¹Stand der Getötete zu einem Dritten in einem Verhältnis, auf Grund dessen er diesem gegenüber kraft Gesetzes unterhaltspflichtig war oder unterhaltspflichtig werden konnte, und ist dem Dritten infolge der Tötung das Recht auf den Unterhalt entzogen, kann der Dritte insoweit eine angemessene Entschädigung verlangen, als der Getötete während der mutmaßlichen Dauer seines Lebens zur Gewährung des Unterhaltes verpflichtet gewesen wäre. ²§ 48 Absatz 3 Satz 3 bis 5 und Absatz 5 ist entsprechend anzuwenden. ³Die Entschädigung kann auch dann verlangt werden, wenn der Dritte zur Zeit der Verletzung gezeugt, aber noch nicht geboren war.

§ 50 Entschädigungspflichtiger
Entschädigungspflichtiger ist der Freistaat Sachsen.

§ 51 Rückgriff gegen den Verantwortlichen
(1) Der Freistaat Sachsen kann von den Verantwortlichen nach § 6 oder § 7 Ersatz der Aufwendungen verlangen, wenn er auf Grund des § 47 eine Entschädigung gewährt hat.

(2) Sind mehrere Personen nebeneinander verantwortlich, haften sie als Gesamtschuldner.

§ 52 Rechtsweg für Entschädigungsansprüche
Für die Ansprüche nach den §§ 47 bis 51 ist der ordentliche Rechtsweg gegeben.

Teil 3
Befugnisse zur Datenverarbeitung

Abschnitt 1
Allgemeine Grundsätze

§ 53 Anwendbare Vorschriften
(1) Soweit die Polizei personenbezogene Daten zur Erfüllung von Aufgaben verarbeitet, die in den Anwendungsbereich von § 1 des Sächsischen Datenschutz-Umsetzungsgesetzes vom 11. Mai 2019 (SächsGVBl. S. 358, 398), in der jeweils geltenden Fassung, fallen, gilt das Sächsische Datenschutz-Umsetzungsgesetz, soweit dieses Gesetz keine abschließenden Regelungen enthält.

(2) Soweit die Polizei im Übrigen personenbezogene Daten zur Erfüllung ihrer Aufgaben verarbeitet, gelten die Verordnung (EU) 2016/679 des Europäischen Parlaments und des Rates vom 27. April 2016 zum Schutz natürlicher Personen bei der Verarbeitung personenbezogener Daten, zum freien Datenverkehr und zur Aufhebung der Richtlinie 95/46/EG (ABl. L 119 vom 4.5.2016, S. 1, L 314 vom

22.11.2016, S. 72, L 127 vom 23.5.2018, S. 2), das Sächsische Datenschutzdurchführungsgesetz vom 26. April 2018 (SächsGVBl. S. 198, 199), in der jeweils geltenden Fassung, sowie die §§ 95 und 96.

§ 54 Grundsätze der Datenverarbeitung

(1) ¹Die Verarbeitung besonderer Kategorien personenbezogener Daten (§ 2 Nummer 15 des Sächsischen Datenschutz-Umsetzungsgesetzes) ist zulässig, soweit dies zur Erfüllung von Aufgaben unbedingt erforderlich ist. ²Im Übrigen gilt § 4 Absatz 2 des Sächsischen DatenschutzUmsetzungsgesetzes.

(2) ¹Bei der Verarbeitung personenbezogener Daten ist soweit möglich zu unterscheiden:

1. nach den in § 28 des Sächsischen Datenschutz-Umsetzungsgesetzes genannten Kategorien betroffener Personen und
2. danach, ob die personenbezogenen Daten auf Tatsachen oder auf persönlicher Einschätzung beruhen; im Übrigen gilt § 29 des Sächsischen Datenschutz-Umsetzungsgesetzes.

²Für die Verarbeitung personenbezogener Daten gelten im Übrigen die allgemeinen Grundsätze nach § 3 Absatz 2 des Sächsischen Datenschutz-Umsetzungsgesetzes.

Abschnitt 2
Allgemeine und besondere Befugnisse zur Datenerhebung

Unterabschnitt 1
Allgemeine Befugnisse zur Datenerhebung

§ 55 Grundsätze der Datenerhebung

(1) Die Polizei darf personenbezogene Daten nur erheben, soweit dies durch dieses Gesetz oder andere Rechtsvorschriften zugelassen wird.

(2) ¹Personenbezogene Daten sind grundsätzlich bei der betroffenen Person mit ihrer Kenntnis oder aus allgemein zugänglichen Quellen zu erheben. ²Bei Dritten können personenbezogene Daten nur erhoben werden, wenn

1. eine Rechtsvorschrift dies vorsieht oder zwingend voraussetzt,
2. der Betroffene seine Zustimmung erteilt hat,
3. offensichtlich ist, dass dies im Interesse des Betroffenen liegt, dieser nicht erreichbar ist und kein Grund zu der Annahme besteht, dass er seine Zustimmung hierzu verweigern würde,
4. der Betroffene einer durch Rechtsvorschrift festgelegten Auskunftspflicht nicht nachgekommen ist und über die beabsichtigte Erhebung bei Dritten unterrichtet worden ist,
5. Angaben des Betroffenen überprüft werden müssen, weil tatsächliche Anhaltspunkte für deren Unrichtigkeit bestehen,
6. es zur Abwehr einer schwerwiegenden Beeinträchtigung der Rechte einer anderen Person erforderlich ist,
7. die Erhebung beim Betroffenen einen unverhältnismäßigen Aufwand erfordern würde und keine Anhaltspunkte vorliegen, dass überwiegende schutzwürdige Interessen des Betroffenen entgegenstehen, oder
8. die Erhebung beim Betroffenen die Erfüllung polizeilicher Aufgaben gefährden würde.

(3) ¹Personenbezogene Daten sind grundsätzlich offen zu erheben. ²Die betroffene Person oder bei einer Datenerhebung außerhalb des öffentlichen Bereichs der Dritte ist auf die Rechtsgrundlage der Datenerhebung und auf eine im Einzelfall bestehende gesetzliche Auskunftspflicht oder auf die Freiwilligkeit der Auskunft hinzuweisen. ³Der Hinweis nach Satz 2 kann im Einzelfall zunächst unterbleiben, wenn hierdurch die Erfüllung polizeilicher Aufgaben oder schutzwürdige Interessen Dritter beeinträchtigt werden würden. ⁴Der Hinweis nach Satz 2 kann im Fall der Datenerhebung außerhalb des öffentlichen Bereichs darüber hinaus unterbleiben, wenn dies schutzwürdige Interessen des Betroffenen beeinträchtigen würde. ⁵Über die Folgen der Verweigerung von Angaben ist der Betroffene oder der Dritte aufzuklären.

(4) ¹Eine Datenerhebung, die nicht als polizeiliche Maßnahme erkennbar sein soll (verdeckte Datenerhebung), ist nur in den durch dieses Gesetz bestimmten Fällen zulässig oder wenn sonst die Wahrnehmung polizeilicher Aufgaben gefährdet oder nur mit unverhältnismäßig hohem Aufwand möglich wäre oder wenn anzunehmen ist, dass dies den überwiegenden Interessen des Betroffenen entspricht. ²Sind die Voraussetzungen für eine verdeckte Datenerhebung nach Satz 1 entfallen, ist die betroffene

Person nach Maßgabe von § 12 des Sächsischen Datenschutz-Umsetzungsgesetzes zu benachrichtigen. [3]Die Benachrichtigungspflichten nach § 74 bleiben hiervon unberührt.

(5) [1]Die verdeckte Datenerhebung ist unzulässig, soweit eine Auskunftspflicht nach § 13 Absatz 3 Satz 4 nicht besteht. [2]Ein Eingriff in andere geschützte Vertrauensverhältnisse ist nur zulässig, wenn dies zur Abwehr einer gegenwärtigen Gefahr für Leben oder Freiheit einer Person oder einer gegenwärtigen erheblichen Gesundheitsgefahr zwingend erforderlich ist. [3]Die allgemeine Verpflichtung zur Amtsverschwiegenheit im öffentlichen Dienst begründet kein geschütztes Vertrauensverhältnis.

§ 56 Befugnis zur Datenerhebung

Die Polizei kann personenbezogene Daten über die in den §§ 6, 7 und 9 genannten Personen und über andere Personen erheben, wenn dies erforderlich ist:

1. zur Gefahrenabwehr, insbesondere zur vorbeugenden Bekämpfung von Straftaten (§ 2 Absatz 1),
2. zum Schutz privater Rechte (§ 2 Absatz 2),
3. zur Vollzugshilfe (§ 2 Absatz 4) oder
4. zur Erfüllung von ihr durch andere Rechtsvorschriften zugewiesenen Aufgaben (§ 2 Absatz 5) und dieses Gesetz oder andere Rechtsvorschriften die Befugnisse zur Datenerhebung nicht besonders regeln.

§ 57 Offener Einsatz technischer Mittel zur Bild- und Tonaufnahme und -aufzeichnung

(1) [1]Die Polizei kann bei abstrakten Gefahren im Zusammenhang mit öffentlichen Veranstaltungen oder Ansammlungen unter freiem Himmel, die nicht dem Sächsischen Versammlungsgesetz unterliegen, offen Übersichtsbildübertragungen anfertigen, wenn und soweit dies wegen der Größe der Veranstaltung oder Ansammlung oder der Unübersichtlichkeit der Lage zur Lenkung und Leitung eines Polizeieinsatzes im Einzelfall erforderlich ist. [2]Eine Identifikation von Personen oder Aufzeichnung der Übertragung findet hierbei nicht statt.

(2) Die Polizei kann bei oder im Zusammenhang mit öffentlichen Veranstaltungen oder Ansammlungen unter freiem Himmel, die nicht dem Sächsischen Versammlungsgesetz unterliegen, personenbezogene Daten durch den offenen Einsatz technischer Mittel zur Anfertigung von Bild- und Tonaufnahmen oder aufzeichnungen von Personen erheben, bei denen Tatsachen die Annahme rechtfertigen, dass sie innerhalb absehbarer Zeit eine ihrer Art nach konkretisierte Straftat begehen werden, durch die Personen, Sach- oder Vermögenswerte gefährdet werden, oder dass von ihnen sonstige erhebliche Gefahren für die öffentliche Sicherheit ausgehen.

(3) Die Polizei kann

1. an oder in den Objekten im Sinne des § 15 Absatz 1 Nummer 3 oder in deren unmittelbarer Nähe und
2. auf öffentlichen Straßen, Wegen oder Plätzen, wenn nach polizeilich dokumentierten Tatsachen die Kriminalitätsbelastung dort gegenüber der des Gemeindegebiets deutlich erhöht ist (Kriminalitätsschwerpunkte),

personenbezogene Daten durch den offenen Einsatz technischer Mittel zur Anfertigung von Bild- und Tonaufnahmen oder -aufzeichnungen von Personen erheben, soweit Tatsachen die Annahme rechtfertigen, dass dort künftig Straftaten begangen werden, durch die Personen, Sach- oder Vermögenswerte gefährdet werden.

(4) [1]Die Polizei kann in öffentlich zugänglichen Bereichen personenbezogene Daten durch den offenen Einsatz technischer Mittel zur Anfertigung von Bild- und Tonaufzeichnungen erheben und kurzzeitig in einem Zwischenspeicher für 60 Sekunden erfassen, soweit und solange mit hinreichender Wahrscheinlichkeit zu erwarten ist, dass dies zur Eigensicherung gegen eine Gefahr für Leib oder Leben oder zum Schutz Dritter gegen eine Gefahr für Leib oder Leben erforderlich ist. [2]Diese Daten sind automatisiert nach höchstens 60 Sekunden spurlos zu löschen, es sei denn, die Voraussetzungen für eine Aufzeichnung nach Absatz 5 liegen vor.

(5) Die Polizei kann, soweit dies zur Eigensicherung gegen eine Gefahr für Leib oder Leben oder zum Schutz Dritter gegen eine Gefahr für Leib oder Leben erforderlich ist, nach Absatz 4 erhobene Daten aufzeichnen.

(6) [1]Der Einsatz des technischen Mittels nach den Absätzen 4 und 5 ist in geeigneter Weise besonders erkennbar zu machen und der Beginn der Aufzeichnung nach Absatz 5 der betroffenen Person mitzuteilen. [2]Bei Gefahr im Verzug kann die Mitteilung unterbleiben. [3]Der Einsatz des technischen Mittels

und die Aufzeichnungen sind zum Zwecke einer nachträglichen Überprüfung der Rechtmäßigkeit zu dokumentieren.

(7) [1]Aufzeichnungen nach den Absätzen 4 und 5 durch körpernah getragene Geräte werden verschlüsselt sowie manipulationsgesichert gefertigt und aufbewahrt. [2]Sie sind unzulässig in Bereichen, die der Ausübung von Tätigkeiten von Berufsgeheimnisträgern nach den §§ 53 und 53a der Strafprozessordnung dienen. [3]Die angefertigten Bild- und Tonaufzeichnungen sind nach Ablauf von 30 Tagen zu löschen sowie daraus gefertigte Unterlagen zu vernichten, soweit sie nicht für Zwecke der Strafverfolgung oder für die Überprüfung der Rechtmäßigkeit einer aufgezeichneten Maßnahme oder der Aufzeichnung selbst benötigt werden. [4]Auf Antrag erhalten betroffene Personen Einsicht in die Aufzeichnung. [5]Näheres zum Verfahren regelt das Staatsministerium des Innern durch Verwaltungsvorschrift.

(8) Die Maßnahmen nach den Absätzen 2 bis 5 dürfen auch durchgeführt werden, wenn Dritte unvermeidbar betroffen werden.

(9) [1]Die Maßnahmen nach den Absätzen 4 und 5, die praktische Anwendung und die Auswirkungen dieser Vorschrift werden nach einem Erfahrungszeitraum von drei Jahren, spätestens jedoch zum 31. Dezember 2024, durch die Staatsregierung geprüft. [2]Die Staatsregierung berichtet dem Landtag über das Ergebnis der Evaluierung.

(10) Nach den Absätzen 2 und 3 erhobene Daten und daraus gefertigte Unterlagen sind spätestens nach einem Monat zu löschen oder zu vernichten, soweit sie nicht zur Verfolgung von Straftaten oder Ordnungswidrigkeiten, zur Geltendmachung von öffentlich-rechtlichen Ansprüchen oder nach Maßgabe des § 2 Absatz 2 zum Schutz privater Rechte, insbesondere zur Behebung einer bestehenden Beweisnot, erforderlich sind.

Unterabschnitt 2
Besondere Befugnisse zur Datenerhebung und besondere Maßnahmen

§ 58 Anlassbezogene automatisierte Kennzeichenerkennung

(1) Die Polizei kann durch den Einsatz technischer Mittel zur automatisierten Kennzeichenerkennung Kraftfahrzeugkennzeichen sowie Informationen über Ort, Zeit und Fahrtrichtung erfassen und die Kraftfahrzeugkennzeichen sofort und unmittelbar mit polizeilichen Datenbeständen aus folgenden Anlässen automatisiert abgleichen:

1. zur Abwehr einer erheblichen Gefahr, soweit dokumentierte Erkenntnisse eine solche Gefahr begründen,
2. zur Stichprobenkontrolle mit dem Ziel der Sicherstellung gestohlener oder sonst abhanden gekommener Kraftfahrzeuge oder Kraftfahrzeugkennzeichen,
3. zur Stichprobenkontrolle mit dem Ziel der Verhinderung der Weiterfahrt von Kraftfahrzeugen ohne ausreichenden Pflichtversicherungsschutz,
4. zur vorbeugenden Bekämpfung der grenzüberschreitenden Kriminalität in den Räumen und unter den Voraussetzungen des § 15 Absatz 1 Nummer 4 oder
5. zur Verhinderung von Straftaten an Kriminalitätsschwerpunkten im Sinne des § 57 Absatz 3 Satz 1 Nummer 2.

(2) [1]Der Einsatz technischer Mittel im Sinne des Absatzes 1 ist zeitlich und örtlich zu begrenzen. [2]Durch technischorganisatorische Maßnahmen ist sicherzustellen, dass der Einsatz solcher Mittel weder einzeln noch in der Kombination flächendeckend oder im Dauerbetrieb erfolgt. [3]Die automatisierte Kennzeichenerkennung erfolgt offen, auf die Datenerhebung ist in geeigneter Weise hinzuweisen. [4]In den Fällen des Absatzes 1 Nummer 1 darf ein Abgleich nur mit den zu diesen Zwecken gespeicherten personenbezogenen Daten erfolgen. [5]In den Fällen des Absatzes 1 Nummer 2 bis 5 darf der Abgleich auch mit zu Zwecken der Sachfahndung im Informationssystem der Polizei und im Nationalen Schengener Informationssystem gespeicherten personenbezogenen Daten erfolgen, wobei die einzubeziehenden Fahndungsbestände auf solche beschränkt werden, die für den jeweiligen Zweck der Kennzeichenkontrolle Bedeutung haben können. [6]In den Fällen des Absatzes 1 Nummer 2 und 3 muss der Datenbestand auf Kennzeichendaten von Kraftfahrzeugen beschränkt werden, die zu den Zwecken nach Absatz 1 Nummer 2 und 3 gespeichert wurden. [7]Liegt für das vollständig erfasste Kraftfahrzeugkennzeichen keine Datenübereinstimmung vor, sind die erfassten Daten sofort, technisch spurenlos und automatisiert zu löschen.

(3) [1]Bei Datenübereinstimmung können das betreffende Kraftfahrzeug angehalten und die Identität der Insassen festgestellt werden. [2]§ 15 Absatz 2 und 3 gilt entsprechend. [3]Maßnahmen nach § 60 sind unzulässig. [4]Die Zusammenführung von Daten zu Bewegungsbildern ist unzulässig. [5]Sofern sie nicht bereits nach Absatz 2 gelöscht sind, sind Daten unverzüglich zu löschen, wenn sie nicht mehr für die Zweckerreichung im Sinne des Absatzes 1 oder zur Verfolgung von Straftaten von erheblicher Bedeutung erforderlich sind.

(4) [1]Maßnahmen nach Absatz 1 dürfen nur durch den Präsidenten des Landeskriminalamtes oder einer Polizeidirektion oder durch einen von diesen hierzu beauftragten Bediensteten angeordnet werden. [2]Die Erkenntnisse, die der Maßnahme zugrunde liegen und die Fahndungsbestände, die zum Abgleich einbezogen werden, sind in der Anordnung zu dokumentieren.

(5) [1]Die Erforderlichkeit, die praktische Anwendung und die Auswirkungen des stationären Technikeinsatzes werden nach einem Erfahrungszeitraum von drei Jahren, spätestens jedoch zum 31. Dezember 2024, durch die Staatsregierung geprüft. [2]Die Staatsregierung berichtet dem Landtag über das Ergebnis der Evaluierung.

§ 59 Einsatz technischer Mittel zur Verhütung schwerer grenzüberschreitender Kriminalität

(1) [1]Die Polizei kann zur Verhütung grenzüberschreitender Kriminalität durch die Begehung von Straftaten im Sinne des § 100a Absatz 2 Nummer 1 Buchstabe j, l und n, Nummer 2 Buchstabe b, Nummer 7 Buchstabe a und b der Strafprozessordnung sowie durch die Begehung von Straftaten nach den §§ 232, 232a und 249 des Strafgesetzbuches personenbezogene Daten durch den offenen Einsatz technischer Mittel zur Anfertigung von Bildaufzeichnungen des Verkehrs auf öffentlichen Straßen erheben sowie Informationen über Ort, Zeit und Verkehrsrichtung der Nutzung erfassen, um diese automatisiert mit anderen personenbezogenen Daten abzugleichen. [2]Dies gilt an Straßenabschnitten im Grenzgebiet zur Republik Polen und zur Tschechischen Republik bis zu einer Tiefe von 30 Kilometern, soweit Tatsachen die Annahme rechtfertigen, dass der betreffende Straßenabschnitt von herausgehobener Bedeutung für die grenzüberschreitende Kriminalität ist, weil er regelmäßig als Begehungsort der Straftaten im Sinne des Satzes 1 oder für die Verbringung von Sach- oder Vermögenswerten aus diesen Straftaten genutzt wird. [3]Die herausgehobene Bedeutung für die grenzüberschreitende Kriminalität muss sich aus polizeilich dokumentierten Tatsachen erschließen. [4]Durch technisch-organisatorische Maßnahmen ist sicherzustellen, dass der Einsatz solcher Mittel weder einzeln noch in der Kombination flächendeckend oder im Dauerbetrieb erfolgt.

(2) [1]Personenbezogene Daten nach Absatz 1 dürfen nur dahingehend weiterverarbeitet werden, dass sie mit personenbezogenen Daten konkret bestimmter Personen automatisiert abgeglichen werden, die zur Verhütung von Straftaten im Sinne des Absatzes 1 Satz 1 zur polizeilichen Beobachtung ausgeschrieben sind. [2]Die erhobenen Daten sind spätestens nach 96 Stunden automatisiert zu löschen, soweit sich nicht bei dem automatisierten Abgleich eine Übereinstimmung ergab und die Daten zur Verhütung oder Verfolgung von Straftaten im Sinne des Absatzes 1 Satz 1 erforderlich sind.

(3) [1]Maßnahmen nach Absatz 1 einschließlich der Bestimmung jener Personen, deren zur Identifizierung unbedingt erforderliche Daten zum automatisierten Abgleich heranzuziehen sind, dürfen nur durch den Präsidenten des Landeskriminalamtes oder einer Polizeidirektion oder durch einen von diesen hierzu beauftragten Bediensteten angeordnet werden. [2]Spätestens nach Ablauf von jeweils sechs Monaten hat die anordnende Polizeidienststelle zu prüfen, ob die Voraussetzungen für die Anordnung noch bestehen. [3]Das Ergebnis der Prüfung ist zu dokumentieren. [4]Die Entscheidungsgrundlagen einschließlich der Lageerkenntnisse nach Absatz 1 Satz 3, die zu dem jeweiligen Einsatz geführt haben, sind für jede Maßnahme zu dokumentieren.

(4) [1]Die Erforderlichkeit, die praktische Anwendung und die Auswirkungen der Regelungen der Absätze 1 bis 3 sind durch die Staatsregierung zu prüfen. [2]Die Staatsregierung berichtet dem Landtag drei Jahre nach Inkrafttreten dieses Gesetzes über das Ergebnis der Evaluierung.

§ 60 Ausschreibung zur polizeilichen Beobachtung und zur gezielten Kontrolle

(1) Die Polizei kann Personalien einer Person, das amtliche Kennzeichen eines von ihr benutzten oder eingesetzten Kraftfahrzeugs oder die Identifizierungsnummer oder äußere Kennzeichnung eines von ihr eingesetzten Wasserfahrzeugs, Luftfahrzeugs oder Containers in Fahndungssystemen zur polizeilichen Beobachtung oder gezielten Kontrolle ausschreiben, damit die Polizei, die Polizei des Bundes oder der anderen Länder und, soweit sie Aufgaben der Grenzkontrolle wahrnehmen, die Zollbehörden

das Antreffen der Person oder des Fahrzeugs melden können, wenn dies bei Gelegenheit einer Überprüfung aus anderem Anlass festgestellt wird.

(2) Eine Ausschreibung zur polizeilichen Beobachtung darf erfolgen bei:

1. einer Person, bei der Tatsachen die Annahme rechtfertigen, dass sie in absehbarer Zeit eine zumindest der Art nach konkretisierte Straftat von erheblicher Bedeutung begehen wird,
2. einer Person, bei der das Verhalten die konkrete Wahrscheinlichkeit begründet, dass sie in überschaubarer Zukunft eine terroristische Straftat begehen wird, oder
3. einer Kontakt- und Begleitperson der Person nach den Nummern 1 und 2

und soweit die Maßnahme zur Verhütung der Straftat erforderlich ist.

(3) Die Ausschreibung zur gezielten Kontrolle darf erfolgen bei:

1. einer Person, bei der Tatsachen die Annahme rechtfertigen, dass sie in absehbarer Zeit eine zumindest der Art nach konkretisierte Straftat nach § 100a Absatz 2 der Strafprozessordnung begehen wird,
2. einer Person, bei der das Verhalten die konkrete Wahrscheinlichkeit begründet, dass sie in überschaubarer Zukunft eine terroristische Straftat begehen wird, oder
3. einer Kontakt- und Begleitperson einer Person nach den Nummern 1 und 2

und soweit die Maßnahme zur Verhütung der Straftat erforderlich ist.

(4) [1]Beim Antreffen einer zur polizeilichen Beobachtung ausgeschriebenen Person oder der ausgeschriebenen Sache können erlangte Erkenntnisse über Ort und Zeit des Antreffens der Person, Anlass der Überprüfung, Reiseweg und Reiseziel, gemeinsam mit der ausgeschriebenen Person angetroffene Personen oder Insassen des Fahrzeugs und mitgeführte Sachen an die ausschreibende Polizeidienststelle übermittelt werden. [2]Beim Antreffen einer zur gezielten Kontrolle ausgeschriebenen Person können zusätzlich zu den Erkenntnissen aus Satz 1 solche aus Maßnahmen nach den §§ 27 und 28 an die ausschreibende Polizeidienststelle übermittelt werden.

(5) [1]Die Ausschreibung darf für höchstens ein Jahr angeordnet werden. [2]Eine Verlängerung um nicht mehr als jeweils ein Jahr ist zulässig, soweit die Voraussetzungen weiterhin vorliegen. [3]Spätestens nach Ablauf von jeweils sechs Monaten hat die ausschreibende Polizeidienststelle zu prüfen, ob die Voraussetzungen für die Ausschreibung noch vorliegen. [4]Das Ergebnis der Prüfung ist zu dokumentieren. [5]Liegen die Voraussetzungen für die Ausschreibung nicht mehr vor, ist der Zweck der Ausschreibung erreicht oder kann er nicht erreicht werden, ist die Ausschreibung unverzüglich zu löschen.

(6) [1]Maßnahmen nach Absatz 1 dürfen nur durch den Präsidenten des Landeskriminalamtes oder einer Polizeidirektion oder durch einen von diesen hierzu beauftragten Bediensteten angeordnet werden. [2]In der schriftlichen Anordnung sind anzugeben:

1. Angaben zur Person, gegen die sich die Maßnahme richtet, soweit möglich mit Name und Anschrift,
2. Art, Umfang und Dauer der Maßnahme,
3. der Sachverhalt und
4. die Begründung.

§ 61 Elektronische Aufenthaltsüberwachung

(1) Die Polizei kann eine Person dazu verpflichten, ein technisches Mittel, mit dem der Aufenthaltsort dieser Person elektronisch überwacht werden kann, ständig in betriebsbereitem Zustand am Körper bei sich zu führen und dessen Funktionsfähigkeit nicht zu beeinträchtigen, wenn das Verhalten dieser Person die konkrete Wahrscheinlichkeit begründet, dass sie in überschaubarer Zukunft eine terroristische Straftat begehen wird, um diese Person durch die Überwachung und die Datenverwendung von der Begehung dieser Straftat abzuhalten.

(2) Die Verpflichtung kann auch erfolgen, wenn gegen die Person eine Maßnahme nach § 21 Absatz 2 oder Absatz 3 angeordnet wird und Tatsachen die Annahme begründen, dass die elektronische Aufenthaltsüberwachung erforderlich ist, um diese Person durch die Überwachung und die Datenverwendung von der Begehung der anlassgebenden Straftaten abzuhalten und Verstöße gegen Aufenthaltsanordnungen nach § 21 Absatz 2 oder Kontaktverbote zu verhüten.

(3) [1]Die Polizei kann mit Hilfe des von der Person mitgeführten technischen Mittels automatisiert Daten über deren Aufenthaltsort sowie über etwaige Beeinträchtigungen der Datenerhebung erheben und speichern. [2]Soweit dies zur Erfüllung des Überwachungszwecks nach Absatz 1 erforderlich ist,

dürfen die erhobenen Daten zu einem Bewegungsbild verbunden werden. [3]Es ist, soweit dies technisch möglich ist, sicherzustellen, dass innerhalb der Wohnung der betroffenen Person keine über den Umstand ihrer Anwesenheit hinausgehenden Aufenthaltsdaten erhoben werden; dennoch erhobene Daten dürfen nicht verwendet werden und sind unverzüglich zu löschen. [4]Die Tatsache ihrer Löschung ist zu dokumentieren. [5]Die Dokumentation darf ausschließlich zum Zweck der Datenschutzkontrolle verwendet werden. [6]Sie ist nach Abschluss der Datenschutzkontrolle nach § 94 zu löschen. [7]Daten nach den Sätzen 1 und 2 dürfen nur verarbeitet werden, wenn dies zu folgenden Zwecken erforderlich ist:

1. zur Verhütung oder zur Verfolgung von terroristischen Straftaten sowie von Straftaten gegen Rechtsgüter im Sinne des § 21 Absatz 2 Nummer 1,
2. zur Feststellung von Verstößen gegen Aufenthaltsanordnungen nach § 21 Absatz 2 und Kontaktverbote nach § 21 Absatz 3,
3. zur Verfolgung einer Straftat nach § 106,
4. zur Abwehr einer gegenwärtigen Gefahr für Leib, Leben oder Freiheit einer Person oder
5. zur Aufrechterhaltung der Funktionsfähigkeit des technischen Mittels.

[8]Zur Einhaltung der Zweckbindung nach Satz 7 hat die Verarbeitung der Standortdaten automatisiert zu erfolgen. [9]Die Daten sind gegen unbefugte Kenntnisnahme und Verarbeitung besonders zu sichern. [10]Die in Satz 1 genannten Daten sind spätestens zwei Monate nach Beendigung der Maßnahme zu löschen, soweit sie nicht zu Zwecken nach Satz 7 weiterverarbeitet werden. [11]Jeder Abruf der Daten ist gemäß § 32 des Sächsischen Datenschutz-Umsetzungsgesetzes zu protokollieren. [12]Die Protokolldaten sind nach Abschluss der Datenschutzkontrolle nach § 94 zu löschen.

(4) Bei Durchführung der Maßnahme hat die zuständige Polizeidienststelle

1. Daten des Aufenthaltsortes der betroffenen Person an die zuständigen Polizeidienststellen oder die Strafverfolgungsbehörden weiterzugeben, wenn dies zur Verhütung oder zur Verfolgung einer Straftat im Sinne des Absatzes 3 Satz 7 Nummer 1 erforderlich ist,
2. Daten des Aufenthaltsortes der betroffenen Person an andere Polizeidienststellen weiterzugeben, sofern dies zur Durchsetzung von Maßnahmen nach § 21 Absatz 2 und 3 erforderlich ist,
3. Daten des Aufenthaltsortes der betroffenen Person an die zuständige Strafverfolgungsbehörde zur Verfolgung einer Straftat nach § 106 weiterzugeben,
4. Daten des Aufenthaltsortes der betroffenen Person an andere Polizeidienststellen weiterzugeben, sofern dies zur Abwehr einer gegenwärtigen Gefahr im Sinne des Absatzes 3 Satz 7 Nummer 4 erforderlich ist,
5. eingehende Systemmeldungen über Verstöße nach Absatz 3 Satz 7 Nummer 2 entgegenzunehmen und zu bewerten,
6. die Ursache einer Meldung zu ermitteln; hierzu kann die zuständige Polizeidienststelle Kontakt mit der betroffenen Person aufnehmen, sie befragen, sie auf den Verstoß hinweisen und ihr mitteilen, wie sie dessen Beendigung bewirken kann,
7. eine Überprüfung der bei der Person vorhandenen technischen Geräte auf ihre Funktionsfähigkeit oder Manipulation und die zur Behebung einer Funktionsbeeinträchtigung erforderlichen Maßnahmen, insbesondere den Austausch der technischen Mittel oder von Teilen davon, vorzunehmen oder einzuleiten und
8. Anfragen der betroffenen Person zum Umgang mit den technischen Mitteln zu beantworten.

(5) [1]Maßnahmen nach den Absätzen 1 und 2 bedürfen einer richterlichen Anordnung auf Antrag der Polizei. [2]Bei Gefahr im Verzug kann die Anordnung durch den Präsidenten des Landeskriminalamtes oder einer Polizeidirektion oder durch einen von diesen hierzu beauftragten Bediensteten getroffen werden. [3]In diesem Fall ist eine gerichtliche Entscheidung unverzüglich nachzuholen. [4]Soweit die Anordnung nicht innerhalb von drei Tagen durch das Gericht bestätigt wird, tritt sie außer Kraft. [5]Die Maßnahme ist zu beenden, wenn sie durch den Richter abgelehnt wird.

(6) In dem Antrag sind anzugeben:

1. die Person, gegen die sich die Maßnahme richtet, mit Name und Anschrift,
2. Art, Umfang und Dauer der Maßnahme, die Angabe, ob gegenüber der Person, gegen die sich die Maßnahme richtet, eine Aufenthaltsanordnung oder ein Kontaktverbot besteht,
3. der Sachverhalt und
4. die Begründung.

(7) [1]Die Anordnung ergeht schriftlich. [2]In ihr sind anzugeben:
1. die Person, gegen die sich die Maßnahme richtet, mit Name und Anschrift,
2. Art, Umfang und Dauer der Maßnahme sowie
3. die wesentlichen Gründe.

[3]Die Erstellung eines Bewegungsbildes ist nur zulässig, wenn dies richterlich in der Anordnung besonders gestattet wird.

(8) [1]Die Anordnung ist sofort vollziehbar. [2]Sie ist auf höchstens zwei Monate zu befristen; eine Verlängerung um jeweils nicht mehr als zwei Monate ist zulässig, sofern die Voraussetzungen für die Anordnung noch vorliegen. [3]Die Maßnahme ist unverzüglich zu beenden, wenn die Voraussetzungen nicht mehr vorliegen.

(9) [1]Die Erforderlichkeit, die praktische Anwendung und die Auswirkungen dieser Vorschrift werden nach einem Erfahrungszeitraum von drei Jahren, spätestens jedoch zum 31. Dezember 2024, durch die Staatsregierung geprüft. [2]Die Staatsregierung berichtet dem Landtag über das Ergebnis der Evaluierung.

§ 62 Rasterfahndung

(1) Die Polizei kann von öffentlichen und nicht-öffentlichen Stellen die Übermittlung von personenbezogenen Daten bestimmter Personengruppen zum Zweck des automatisierten Abgleichs mit anderen Datenbeständen verlangen, soweit dies zur Abwehr einer Gefahr für den Bestand oder die Sicherheit des Bundes oder eines Landes oder für Leib, Leben oder Freiheit einer Person erforderlich ist; eine solche Gefahr liegt in der Regel auch dann vor, wenn konkrete Vorbereitungshandlungen für sich oder zusammen mit weiteren Tatsachen die Annahme rechtfertigen, dass eine terroristische Straftat begangen werden soll.

(2) Maßnahmen nach Absatz 1 bedürfen einer richterlichen Anordnung auf Antrag der Polizei.

(3) [1]Das Übermittlungsersuchen ist auf Namen, Anschrift, Tag und Ort der Geburt sowie auf andere im Einzelfall festzulegende Merkmale zu beschränken; es darf sich nicht auf personenbezogene Daten erstrecken, die einem Berufs- oder besonderen Amtsgeheimnis unterliegen. [2]Von Übermittlungsersuchen nicht erfasste personenbezogene Daten dürfen übermittelt werden, wenn wegen erheblicher technischer Schwierigkeiten oder wegen eines unangemessenen Zeit- oder Kostenaufwands eine Beschränkung auf die angeforderten Daten nicht möglich ist; diese Daten dürfen nicht verwendet werden.

§ 63 Längerfristige Observation und Einsatz besonderer technischer Mittel

(1) Die Polizei kann personenbezogene Daten erheben durch:
1. eine voraussichtlich innerhalb eines Monats länger als 24 Stunden dauernde oder über den Zeitraum eines Monats hinaus stattfindende Observation (längerfristige Observation),
2. den verdeckten Einsatz technischer Mittel zur Anfertigung von Bildaufnahmen oder -aufzeichnungen außerhalb von Wohnungen und zum Abhören oder Aufzeichnen des außerhalb von Wohnungen nichtöffentlich gesprochenen Wortes und
3. sonstige für Observationen bestimmte besondere technische Mittel, um Rückschlüsse auf den Aufenthaltsort oder die Bewegung einer Person nach Absatz 2 zu erlangen.

(2) [1]Personenbezogene Daten dürfen durch Maßnahmen nach Absatz 1 nur erhoben werden über:
1. die für eine Gefahr Verantwortlichen nach § 6 oder § 7 oder unter den Voraussetzungen des § 9 über Personen, die für die Gefahr nicht verantwortlich sind, wenn dies zur Abwehr einer Gefahr für den Bestand oder die Sicherheit des Bundes oder eines Landes, für Leben, Gesundheit oder Freiheit einer Person oder für Sachen von bedeutendem Wert, deren Erhaltung im öffentlichen Interesse geboten ist, erforderlich ist,
2. Personen, bei denen Tatsachen die Annahme rechtfertigen, dass sie in absehbarer Zeit eine zumindest ihrer Art nach konkretisierte Straftat von erheblicher Bedeutung begehen werden,
3. Personen, bei denen das Verhalten die konkrete Wahrscheinlichkeit begründet, dass sie in überschaubarer Zukunft eine terroristische Straftat begehen werden, oder
4. Kontakt- und Begleitpersonen der Personen nach den Nummern 2 und 3.

[2]Die Maßnahmen dürfen auch durchgeführt werden, wenn Dritte unvermeidbar betroffen werden.

(3) [1]Maßnahmen nach Absatz 1 Nummer 1 und 2 sowie Maßnahmen nach Absatz 1 Nummer 3, bei denen die dort genannten, zu Observationszwecken bestimmten technischen Mittel durchgehend länger

als 24 Stunden oder an mehr als zwei Tagen zum Einsatz kommen, bedürfen einer richterlichen Anordnung auf Antrag der Polizei. [2]Im Antrag sind anzugeben:

1. Angaben zur Person, gegen die sich die Maßnahme richtet, soweit möglich mit Name und Anschrift,
2. Art, Umfang und Dauer der Maßnahme,
3. der Sachverhalt und
4. die Begründung.

(4) Maßnahmen nach Absatz 1 Nummer 3, die keiner richterlichen Anordnung nach Absatz 3 bedürfen, sind durch den Präsidenten des Landeskriminalamtes oder einer Polizeidirektion oder durch einen von diesen hierzu beauftragten Bediensteten anzuordnen.

(5) [1]Werden technische Mittel nach Absatz 1 Nummer 2 ausschließlich zum Schutz der bei einem Einsatz tätigen Personen eingesetzt, kann die Maßnahme durch den Präsidenten des Landeskriminalamtes oder einer Polizeidirektion oder durch einen von diesen hierzu beauftragten Bediensteten angeordnet werden. [2]Eine Verwertung der hierbei erlangten Erkenntnisse zu anderen Zwecken ist unter den Voraussetzungen des § 79 Absatz 2 zulässig, wenn zuvor die Rechtmäßigkeit der Maßnahme richterlich festgestellt wurde; bei Gefahr im Verzug ist die richterliche Entscheidung unverzüglich nachzuholen. [3]Andernfalls sind die Daten nach Beendigung des Einsatzes unverzüglich zu löschen. [4]Die Löschungen sind zu dokumentieren.

(6) [1]Soweit der Einsatz technischer Mittel nach Absatz 1 Nummer 2 richterlich angeordnet wurde, können Gegenstände, insbesondere Fahrzeuge, zur Durchführung der Maßnahme vorübergehend in polizeiliche Obhut genommen, verändert oder an einen anderen Ort verbracht werden. [2]§ 32 Absatz 1 gilt entsprechend.

§ 64 Einsatz Verdeckter Ermittler und V-Personen

(1) Die Polizei kann unter den Voraussetzungen des § 63 Absatz 2 Satz 1 personenbezogene Daten erheben durch den Einsatz:

1. eines Polizeibediensteten, der unter einer ihm verliehenen, auf Dauer angelegten, veränderten Identität (Legende) ermittelt (Verdeckter Ermittler), oder
2. einer Person, deren Zusammenarbeit mit der Polizei Dritten nicht bekannt ist (V-Person).

(2) [1]Soweit es für den Aufbau und zur Aufrechterhaltung der Legende eines Verdeckten Ermittlers unerlässlich ist, dürfen entsprechende Urkunden hergestellt, verändert und gebraucht werden. [2]Ein Verdeckter Ermittler darf unter der Legende zur Erfüllung seines Auftrages am Rechtsverkehr teilnehmen.

(3) [1]Ein Verdeckter Ermittler darf unter Verwendung seiner Legende eine Wohnung mit dem Einverständnis des Berechtigten betreten. [2]Das Einverständnis darf nicht durch ein über die Benutzung der Legende hinausgehendes Vortäuschen eines Zutrittsrechts herbeigeführt werden. [3]Im Übrigen richten sich die Befugnisse eines Verdeckten Ermittlers nach diesem Gesetz.

(4) Ergeben sich bei der Durchführung einer Maßnahme nach Absatz 1 tatsächliche Anhaltspunkte dafür, dass der Kernbereich privater Lebensgestaltung betroffen ist, gilt § 76 mit der Maßgabe, dass die Maßnahme zu unterbrechen ist, sobald dies ohne Gefährdung der eingesetzten Person möglich ist.

(5) Als V-Person darf nicht eingesetzt werden, wer

1. minderjährig ist oder unter Betreuung steht (§ 1896 des Bürgerlichen Gesetzbuches) oder
2. nach § 53 oder § 53a der Strafprozessordnung zur Verweigerung des Zeugnisses berechtigt ist, soweit Sachverhalte betroffen sind, auf die sich das Zeugnisverweigerungsrecht bezieht.

(6) Die Zusammenarbeit mit einer V-Person ist zu beenden, wenn

1. der Einsatz nicht mehr erforderlich ist,
2. die Person sich als ungeeignet erweist,
3. die Person eine Straftat von erheblicher Bedeutung begeht oder
4. nachträglich ein Ausschlussgrund im Sinne des Absatzes 5 Nummer 2 eintritt.

(7) [1]Maßnahmen nach Absatz 1 bedürfen einer richterlichen Anordnung auf Antrag der Polizei. [2]Im Antrag sind anzugeben:

1. Angaben zur Person, gegen die sich die Maßnahme richtet, soweit möglich mit Name und Anschrift,
2. Art, Umfang und Dauer der Maßnahme,

3.   der Sachverhalt und

4.   die Begründung.

[3]Die Anordnung ist auf höchstens sechs Monate zu befristen.

§ 65 Einsatz technischer Mittel zur Datenerhebung in oder aus Wohnungen

(1) [1]Die Polizei kann zur Abwehr einer dringenden Gefahr für den Bestand oder die Sicherheit des Bundes oder eines Landes, für Leib, Leben oder Freiheit einer Person oder für solche Güter der Allgemeinheit, deren Bedrohung die Existenz der Menschen berührt, und wenn die Abwehr der Gefahr auf andere Weise aussichtslos oder wesentlich erschwert wäre, durch den verdeckten Einsatz technischer Mittel in oder aus Wohnungen das nichtöffentlich gesprochene Wort einer Person abhören und aufzeichnen sowie Lichtbilder und Bildaufzeichnungen über eine Person herstellen, die nach § 6 oder § 7 für die Gefahr verantwortlich ist. [2]Die Maßnahme darf auch durchgeführt werden, wenn Dritte unvermeidbar betroffen werden.

(2) [1]Die Maßnahme darf in der Wohnung der Personen nach Absatz 1 Satz 1 durchgeführt werden. [2]In Wohnungen anderer Personen ist die Maßnahme nur zulässig, wenn auf Grund von Tatsachen anzunehmen ist, dass

1.   sich eine Person nach Absatz 1 Satz 1 dort aufhält,

2.   sie dort für die Erforschung des Sachverhaltes relevante Gespräche führt und

3.   die Maßnahme in der Wohnung der Person nach Nummer 1 allein nicht zur Gefahrenabwehr geeignet ist.

[3]Sofern erforderlich, dürfen Wohnungen betreten werden, um die technischen Voraussetzungen für die Durchführung der Maßnahme zu schaffen.

(3) [1]Werden technische Mittel nach Absatz 1 ausschließlich zum Schutz der bei einem polizeilichen Einsatz in Wohnungen tätigen Personen eingesetzt, kann die Maßnahme durch den Präsidenten des Landeskriminalamtes oder einer Polizeidirektion angeordnet werden. [2]Eine Verwertung der hierbei erlangten Erkenntnisse zu anderen Zwecken ist unter den Voraussetzungen des § 79 Absatz 2 und 3 Satz 1 und nur dann zulässig, wenn zuvor die Rechtmäßigkeit der Maßnahme richterlich festgestellt wurde; bei Gefahr im Verzug ist die richterliche Entscheidung unverzüglich nachzuholen. [3]Andernfalls sind die Daten nach Beendigung des Einsatzes unverzüglich zu löschen. [4]Die Löschungen sind zu dokumentieren.

(4) [1]Maßnahmen nach Absatz 1 bedürfen einer richterlichen Anordnung auf Antrag der Polizei. [2]Im Antrag sind anzugeben:

1.   Angaben zur Person, gegen die sich die Maßnahme richtet, soweit möglich mit Name und Anschrift,

2.   die zu überwachende Wohnung oder die zu überwachenden Wohnräume,

3.   Art, Umfang und Dauer der Maßnahme,

4.   der Sachverhalt und

5.   die Begründung.

[3]Die Anordnung ist auf höchstens einen Monat zu befristen. [4]Eine Verlängerung um jeweils nicht mehr als einen Monat ist zulässig, soweit die in den Absätzen 1 und 2 bezeichneten Voraussetzungen unter Berücksichtigung der gewonnenen Erkenntnisse fortbestehen. [5]Liegen die Voraussetzungen der Anordnung nicht mehr vor, sind die auf Grund der Anordnung ergriffenen Maßnahmen unverzüglich zu beenden.

§ 66 Überwachung der Telekommunikation

(1) [1]Die Polizei kann ohne Wissen der betroffenen Person deren Telekommunikation überwachen und aufzeichnen sowie deren noch innerhalb des Telekommunikationsnetzes in Datenspeichern abgelegten Inhalte erheben. [2]Die Maßnahme kann sich richten gegen eine Person:

1.   die nach § 6 oder § 7 verantwortlich ist und wenn die Maßnahme zur Abwehr einer Gefahr für den Bestand oder die Sicherheit des Bundes oder eines Landes, für Leib, Leben oder Freiheit einer Person oder für Sachen von bedeutendem Wert, deren Erhaltung im öffentlichen Interesse geboten ist, erforderlich ist,

2.   bei der Tatsachen die Annahme rechtfertigen, dass sie in absehbarer Zeit eine zumindest ihrer Art nach konkretisierte Straftat im Sinne des § 100a Absatz 2 der Strafprozessordnung, die sich gegen die Rechtsgüter nach Nummer 1 richtet, begehen wird,

3. deren Verhalten die konkrete Wahrscheinlichkeit begründet, dass sie in überschaubarer Zukunft eine terroristische Straftat begehen wird,
4. bei der Tatsachen die Annahme rechtfertigen, dass eine Person nach den Nummern 1 bis 3 deren Telekommunikationsanschluss oder Endgerät benutzt, oder
5. bei der Tatsachen die Annahme rechtfertigen, dass sie für eine Person nach den Nummern 1 bis 3 bestimmte oder von dieser herrührende Mitteilungen entgegennimmt oder weitergibt.

[3]Die Datenerhebung ist nur zulässig, wenn die Abwehr der Gefahr oder die Verhütung der Straftat auf andere Weise aussichtslos oder wesentlich erschwert wäre. [4]Die Maßnahme darf auch durchgeführt werden, wenn Dritte unvermeidbar betroffen werden.

(2) [1]Maßnahmen nach Absatz 1 bedürfen einer richterlichen Anordnung auf Antrag der Polizei. [2]Im Antrag sind anzugeben:
1. Angaben zur Person, gegen die sich die Maßnahme richtet, soweit möglich mit Name und Anschrift,
2. die Rufnummer oder eine andere spezifische Kennung des zu überwachenden Telekommunikationsanschlusses oder des Endgerätes, sofern sich nicht aus Tatsachen ergibt, dass diese zugleich einem anderen Endgerät zuzuordnen ist,
3. Art, Umfang und Dauer der Maßnahme,
4. der Sachverhalt und
5. die Begründung.

§ 67 Erhebung von Verkehrs- und Nutzungsdaten

(1) [1]Die Polizei kann unter den Voraussetzungen des § 66 Absatz 1 Satz 2 ohne Wissen der betroffenen Person Verkehrsdaten (§ 96 des Telekommunikationsgesetzes vom 22. Juni 2004 [BGBl. I S. 1190], das zuletzt durch Artikel 1 des Gesetzes vom 29. November 2018 [BGBl. I S. 2230] geändert worden ist, in der jeweils geltenden Fassung) erheben. [2]Die Erhebung von Verkehrsdaten kann auch auf Zeiträume vor deren Anordnung und auf künftig entstehende Verkehrsdaten erstreckt werden. [3]Sofern andernfalls die Erreichung des Zwecks der Maßnahme aussichtslos oder wesentlich erschwert wäre, genügt eine räumlich und zeitlich hinreichende Bezeichnung der Telekommunikation.

(2) [1]Unter denselben Voraussetzungen kann die Polizei ohne Wissen des Betroffenen Nutzungsdaten (§ 15 Absatz 1 des Telemediengesetzes vom 26. Februar 2007 [BGBl. I S. 179], das zuletzt durch Artikel 1 des Gesetzes vom 28. September 2017 [BGBl. I S. 3530] geändert worden ist, in der jeweils geltenden Fassung) erheben. [2]Die Datenerhebung kann auch auf künftig entstehende Nutzungsdaten erstreckt werden. [3]Der Diensteanbieter hat die Daten der Polizei unverzüglich auf dem von der Polizei bestimmten Weg zu übermitteln.

(3) Die Maßnahme darf auch durchgeführt werden, wenn unbeteiligte Dritte unvermeidbar betroffen werden.

(4) [1]Die Maßnahmen nach den Absätzen 1 und 2 bedürfen einer richterlichen Anordnung auf Antrag der Polizei. [2]Im Antrag sind anzugeben:
1. Angaben zur Person, gegen die sich die Maßnahme richtet, soweit möglich mit Name und Anschrift,
2. die Rufnummer oder eine andere spezifische Kennung des zu ermittelnden Telekommunikationsanschlusses oder des Endgerätes; im Fall des Absatzes 1 Satz 2 genügt eine räumlich und zeitlich hinreichende Bezeichnung der Telekommunikation,
3. Art, Umfang und Dauer der Maßnahme,
4. der Sachverhalt und
5. die Begründung.

§ 68 Identifizierung und Lokalisierung von Telekommunikationsendgeräten

(1) Die Polizei kann unter den Voraussetzungen des § 66 Absatz 1 Satz 2 durch den verdeckten Einsatz technischer Mittel
1. spezifische Kennungen, insbesondere die Geräte- und Kartennummer von zur Telekommunikation nutzbaren Endgeräten oder
2. den Standort eines zur Telekommunikation nutzbaren Endgerätes
ermitteln.

(2) [1]Personenbezogene Daten Dritter dürfen anlässlich einer Maßnahme nach Absatz 1 nur erhoben werden, wenn dies aus technischen Gründen unvermeidbar ist. [2]Über den Datenabgleich zur Ermittlung der spezifischen Kennung oder des Standorts des zur Telekommunikation nutzbaren Endgerätes hinaus dürfen sie nicht verwendet werden. [3]Nach Beendigung der Maßnahme sind diese unverzüglich zu löschen.

(3) [1]Die Maßnahmen nach Absatz 1 bedürfen einer richterlichen Anordnung auf Antrag der Polizei. [2]Im Antrag sind anzugeben:

1. Angaben zur Person, gegen die sich die Maßnahme richtet, soweit möglich mit Name und Anschrift,

2. soweit bekannt, die Rufnummer oder eine andere Kennung des zu ermittelnden Anschlusses oder des Endgerätes,

3. Art, Umfang und Dauer der Maßnahme,

4. der Sachverhalt und

5. die Begründung.

§ 69 Unterbrechung oder Verhinderung der Telekommunikation

(1) Die Polizei kann unter den Voraussetzungen des § 66 Absatz 1 Satz 2 Telekommunikationsverbindungen der dort genannten Personen durch den Einsatz technischer Mittel unterbrechen oder verhindern, sofern dies zur Erreichung des Zwecks der Maßnahme erforderlich ist und die Gefahr durch andere Mittel nicht abgewehrt werden kann.

(2) [1]Unter den Voraussetzungen des Absatzes 1 kann die Polizei von jedem Diensteanbieter verlangen, Telekommunikationsverbindungen zu unterbrechen oder zu verhindern. [2]Die Unterbrechung oder Verhinderung der Telekommunikation ist unverzüglich herbeizuführen und für die Dauer der Anordnung aufrechtzuerhalten.

(3) Telekommunikationsverbindungen Dritter dürfen nur unterbrochen oder verhindert werden, wenn dies aus technischen Gründen zur Durchführung der Maßnahme unvermeidbar ist und zum Zweck der Maßnahme nicht außer Verhältnis steht.

(4) Zur Abwehr einer unmittelbar bevorstehenden erheblichen Gefahr für Leib oder Leben einer Person oder für solche Güter der Allgemeinheit, deren Bedrohung die Grundlagen oder den Bestand des Staates oder die Grundlagen der Existenz der Menschen berührt, kann die Telekommunikationsverbindung auch ohne Kenntnis der Rufnummer oder einer anderen Kennung des betreffenden Anschlusses oder des Endgeräts unterbrochen oder verhindert werden, indem ein bestimmter räumlicher Bereich technisch blockiert wird.

(5) Über Maßnahmen nach den Absätzen 1 und 4 sind die betroffenen Diensteanbieter zu informieren.

(6) [1]Maßnahmen nach dieser Vorschrift bedürfen einer richterlichen Anordnung auf Antrag der Polizei. [2]Im Antrag sind anzugeben:

1. Angaben zur Person, gegen die sich die Maßnahme richtet, soweit möglich mit Name und Anschrift,

2. soweit bekannt, die Rufnummer oder eine andere Kennung des zu blockierenden Anschlusses oder des Endgerätes,

3. im Fall des Absatzes 4 die Bezeichnung der Funkzelle oder des räumlichen Bereichs, in dem sich das zu blockierende Endgerät befinden soll,

4. Art, Umfang und Dauer der Maßnahme,

5. der Sachverhalt und

6. die Begründung.

[3]Die Anordnung ist auf höchstens drei Tage zu befristen.

§ 70 Erhebung von Bestandsdaten

(1) [1]Die Polizei kann von einem Diensteanbieter im Sinne des § 3 Nummer 6 des Telekommunikationsgesetzes oder § 2 Satz 1 Nummer 1 des Telemediengesetzes Auskunft über Daten gemäß

1. den §§ 95 und 111 des Telekommunikationsgesetzes sowie

2. § 14 des Telemediengesetzes

verlangen, sofern dies zur Abwehr einer Gefahr erforderlich ist. [2]Bezieht sich das Auskunftsverlangen nach Satz 1 auf Daten, mittels derer der Zugriff auf Endgeräte oder Speichereinrichtungen, die in diesen Endgeräten oder hiervon räumlich getrennt eingesetzt werden, geschützt wird, darf die Auskunft nur verlangt werden, wenn die gesetzlichen Voraussetzungen zur Datenerhebung für die anschließende Nutzung dieser Daten vorliegen.

(2) Die Auskunft nach Absatz 1 darf im Fall einer Gefahr für die öffentliche Sicherheit auch anhand einer zu einem bestimmten Zeitpunkt zugewiesenen Internetprotokoll-Adresse verlangt werden (§ 113 Absatz 1 Satz 3 des Telekommunikationsgesetzes).

(3) ¹Maßnahmen nach Absatz 1 Satz 2 und Absatz 2 bedürfen einer richterlichen Anordnung auf Antrag der Polizei. ²Einer richterlichen Anordnung bedarf es nicht, soweit der Betroffene von dem Auskunftsverlangen bereits Kenntnis hat oder haben muss und im Fall des Absatzes 1 Satz 2 die Nutzung der Daten bereits durch eine richterliche Anordnung gestattet wird oder ohne richterliche Anordnung erfolgen kann; das Vorliegen der Voraussetzungen hierfür ist zu dokumentieren.

§ 71 Standortermittlung von gefährdeten Personen

(1) Die Polizei kann zur Abwehr einer gegenwärtigen Gefahr für Leib oder Leben einer vermissten, hilflosen oder suizidgefährdeten Person oder einer Person, die einen Notruf auslöst (gefährdete Person) technische Mittel zur Standortermittlung eines ihr zuzuordnenden Endgerätes einsetzen, wenn die Ermittlung des Aufenthaltsortes auf andere Weise aussichtslos oder wesentlich erschwert wäre.

(2) Unter den Voraussetzungen des Absatzes 1 kann die Polizei von jedem Diensteanbieter jederzeit Auskunft über die für die Ermittlung des Standortes des Endgerätes erforderlichen Daten sowie dessen netzseitige Teilnehmerkennung und Gerätenummer verlangen.

(3) ¹Personenbezogene Daten Dritter dürfen anlässlich einer Maßnahme nach Absatz 1 nur erhoben werden, wenn dies aus technischen Gründen unvermeidbar ist. ²Über den Datenabgleich zur Ermittlung des Standorts des Endgerätes hinaus dürfen sie nicht verwendet werden. ³Nach Beendigung der Maßnahme sind diese unverzüglich zu löschen.

(4) ¹Maßnahmen nach den Absätzen 1 und 2 ordnet der Präsident des Landeskriminalamtes oder einer Polizeidirektion oder ein von diesen hierzu beauftragter Bediensteter an. ²Die Maßnahme ist schriftlich anzuordnen und zu begründen. ³In der Anordnung sind insbesondere, soweit möglich, die Identifizierung der gefährdeten Person und die Rufnummer oder eine andere spezifische Kennung des zu ortenden Endgerätes anzugeben.

Unterabschnitt 3
Besondere Bestimmungen

§ 72 Verpflichtung der Diensteanbieter

(1) Auf Grund einer Anordnung gemäß § 66 hat jeder, der ganz oder teilweise geschäftsmäßig Telekommunikationsdienste erbringt oder daran mitwirkt (Diensteanbieter), der Polizei unverzüglich die Überwachung und Aufzeichnung der Telekommunikation nach Maßgabe der Regelungen des Telekommunikationsgesetzes und der Telekommunikations-Überwachungsverordnung in der Fassung der Bekanntmachung vom 11. Juli 2017 (BGBl. I S. 2316), die zuletzt durch Artikel 16 des Gesetzes vom 17. August 2017 (BGBl. I S. 3202) geändert worden ist, in der jeweils geltenden Fassung, zu ermöglichen und die erforderlichen Auskünfte zu erteilen.

(2) ¹Auf Grund einer Anordnung gemäß den §§ 67, 70 und 71 hat jeder Diensteanbieter der Polizei im angeordneten Umfang Auskunft über

1. Verkehrsdaten nach § 96 des Telekommunikationsgesetzes,

2. Nutzungsdaten nach § 15 Absatz 1 des Telemediengesetzes,

3. Bestandsdaten nach den §§ 95 und 111 des Telekommunikationsgesetzes und § 14 des Telemediengesetzes sowie

4. die spezifischen Kennungen, insbesondere die netzseitige Teilnehmerkennung und Gerätenummer, und den Standort eines Endgerätes

zu erteilen. ²Die Diensteanbieter haben die nach Satz 1 angeforderten Daten unverzüglich und vollständig zu übermitteln.

(3) Auf Grund einer Anordnung nach § 69 Absatz 2 oder Absatz 4 ist jeder Diensteanbieter verpflichtet, unverzüglich

1. bestehende Telekommunikationsverbindungen bekannter, zur Telekommunikation nutzbarer Endgeräte zu unterbrechen oder diese von Beginn an zu verhindern oder

2. jede Telekommunikationsverbindung in einem bestimmten räumlichen Bereich technisch zu blockieren.

(4) Für die Entschädigung der Diensteanbieter in den Fällen der §§ 66, 67, 69 bis 71 ist § 23 des Justizvergütungs- und -entschädigungsgesetzes entsprechend anzuwenden, soweit nicht eine Entschädigung auf Grund des Telekommunikationsgesetzes oder des Telemediengesetzes zu gewähren ist.

§ 73 Anordnung, gerichtliche Zuständigkeit

(1) Für gerichtliche Entscheidungen nach diesem Gesetz gilt, soweit nichts anderes bestimmt ist:

1. Zuständig ist das Amtsgericht, in dessen Bezirk die zuständige Polizeidienststelle ihren Sitz hat. Für das Verfahren gelten die Vorschriften des Buches 1 des Gesetzes über das Verfahren in Familiensachen und in den Angelegenheiten der freiwilligen Gerichtsbarkeit entsprechend.

2. Anordnungen zu den Befugnissen nach den §§ 62 bis 69 ergehen schriftlich und müssen den zugrunde liegenden Sachverhalt und die wesentlichen Gründe enthalten. Sie haben die von der Maßnahme betroffenen Personen oder Gegenstände sowie Art, Dauer und Umfang der Maßnahme zu bestimmen. Die Maßnahmen sind auf höchstens drei Monate zu befristen; eine Verlängerung durch das zuständige Gericht um jeweils nicht mehr als den Anordnungszeitraum ist zulässig, sofern die Voraussetzungen für die Maßnahme noch vorliegen.

(2) [1]Anordnungen nach Absatz 1 Nummer 2 können bei Gefahr im Verzug durch den Präsidenten des Landeskriminalamtes oder einer Polizeidirektion getroffen werden; mit Ausnahme der Befugnis nach § 65 Absatz 4 auch durch einen von diesen hierzu beauftragten Bediensteten. [2]Im Fall einer solchen Anordnung ist die richterliche Bestätigung unverzüglich nachzuholen. [3]Die Maßnahme ist zu beenden, wenn die Bestätigung durch den Richter abgelehnt wird oder nicht innerhalb von drei Tagen erfolgt.

(3) Für polizeiliche Anordnungen nach den §§ 62 bis 69 gilt Absatz 1 Nummer 2 entsprechend.

§ 74 Benachrichtigungspflichten

(1) [1]Über eine Maßnahme sind nach deren Abschluss unverzüglich zu benachrichtigen:

1. im Fall des § 58 die Personen, deren Daten im Rahmen der anlassbezogenen automatisierten Kennzeichenerkennung gemäß § 58 Absatz 3 Satz 5 verarbeitet wurden,

2. im Fall des § 59 die Personen, deren Daten zum Abgleich herangezogen wurden,

3. im Fall des § 60
   a) die zur polizeilichen Beobachtung und zur gezielten Kontrolle ausgeschriebenen Personen und
   b) die Personen, deren personenbezogene Daten infolge einer auf der Ausschreibung beruhenden Maßnahme gemeldet wurden,

4. im Fall des § 62 die Personen, gegen die nach Auswertung der durch die Rasterfahndung erlangten Daten weitere Maßnahmen getroffen wurden,

5. im Fall des § 63
   a) die Zielperson und
   b) die erheblich mitbetroffenen Personen,

6. im Fall des § 64
   a) die Zielperson,
   b) die erheblich mitbetroffenen Personen und
   c) die Personen, deren nicht allgemein zugängliche Wohnung der Verdeckte Ermittler oder die V-Person betreten hat,

7. im Fall des § 65
   a) die Zielperson,
   b) die erheblich mitbetroffenen Personen und
   c) die Inhaber und Bewohner der überwachten Wohnung,

8. im Fall des § 66 die Beteiligten der überwachten Telekommunikation,

9. im Fall des § 67 Absatz 1 die Beteiligten der betroffenen Telekommunikation,

10. im Fall des § 67 Absatz 2 der Nutzer,

11.   im Fall des § 68 die Zielperson,

12.   im Fall des § 69 die Zielperson,

13.   im Fall des § 70 die Zielperson in den Fällen einer richterlichen Anordnung der Bestandsdatenerhebung nach § 70 Absatz 3 und

14.   im Fall des § 71 die Zielperson, soweit sie nicht von der Maßnahme Kenntnis erlangt hat. [2]Die Benachrichtigung hat die Angaben nach § 12 Absatz 1 des Sächsischen Datenschutz-Umsetzungsgesetzes zu enthalten.

(2) [1]Die Benachrichtigung einer Person nach Absatz 1 Satz 1 Nummer 8 oder Nummer 9, gegen die sich die Maßnahme nicht gerichtet hat, unterbleibt, wenn diese von der Maßnahme nur unerheblich betroffen ist und anzunehmen ist, dass sie kein Interesse an einer Benachrichtigung hat. [2]Eine Benachrichtigung unterbleibt, wenn die Feststellung der Identität aus den Gründen des § 75 Absatz 3 Satz 1 unterblieben ist.

(3) [1]Die Benachrichtigung wird zurückgestellt, sofern

1.   ihr eine Gefahr für den Bestand oder die Sicherheit des Bundes oder eines Landes, für Leib, Leben oder Freiheit einer Person oder für Sachen von bedeutendem Wert, deren Erhaltung im öffentlichen Interesse geboten ist, entgegensteht,

2.   der Zweck der Maßnahme durch sie gefährdet wird oder

3.   dadurch die Möglichkeit einer konkret absehbaren weiteren Verwendung des Verdeckten Ermittlers oder der V-Person gewahrt bleibt.

[2]Nach Wegfall des Hinderungsgrundes ist die Benachrichtigung nachzuholen. [3]Wurde wegen desselben Sachverhalts ein strafrechtliches Ermittlungsverfahren gegen die betroffene Person eingeleitet, entscheidet die Strafverfolgungsbehörde entsprechend den Vorschriften der Strafprozessordnung, ob die Benachrichtigung zurückgestellt wird. [4]Die Entscheidung hierüber und über die Zurückstellung gemäß Satz 1 ist mit Begründung zu dokumentieren.

(4) [1]Erfolgt die nach Absatz 3 zurückgestellte Benachrichtigung nicht innerhalb von sechs Monaten nach Beendigung der Maßnahme, bedarf die weitere Zurückstellung der gerichtlichen Zustimmung. [2]Über die Zurückstellung und ihre Dauer entscheidet das Gericht, das für die Anordnung der Maßnahme zuständig gewesen ist oder wäre, in den übrigen Fällen das Gericht am Sitz der zuständigen Polizeidienststelle. [3]Im Falle des § 65 darf die Dauer der Zurückstellung sechs Monate nicht überschreiten.

(5) Eine Benachrichtigung des Betroffenen kann mit richterlicher Zustimmung für eine längere Dauer zurückgestellt werden oder endgültig unterbleiben, wenn die Maßnahme

1.   für diesen keine weiteren Folgen hatte, insbesondere weil keine personenbezogenen Daten aufgezeichnet wurden und die Unterrichtung den Grundrechtseingriff weiter vertiefen würde,

2.   den Betroffenen nur unerheblich betroffen hat und anzunehmen ist, dass dieser kein Interesse an einer Benachrichtigung hat, oder

3.   sich gegen den Betroffenen nicht gerichtet hat und
     a)   überwiegende Interessen eines anderen Betroffenen entgegenstehen oder
     b)   dessen Identität oder Aufenthaltsort nicht oder nur mit unverhältnismäßigem Aufwand ermittelt werden kann.

§ 75 Besondere Protokollierungspflichten

(1) Bei der Erhebung von Daten nach den §§ 58 bis 60, 62 bis 69, 70 Absatz 1 Satz 2 und Absatz 2 sowie § 71 sind zu protokollieren:

1.   der Zeitpunkt des Einsatzes (Beginn und Ende sowie Zeiten der Unterbrechung),

2.   die Bezeichnung des zur Datenerhebung eingesetzten Mittels,

3.   die Angaben, die die Feststellung der erhobenen Daten ermöglichen, und

4.   die Organisationseinheit, welche die Maßnahme durchführt.

(2) Zu protokollieren sind auch:

1.   bei Maßnahmen des § 58 die Personen, deren Daten im Rahmen der anlassbezogenen automatisierten Kennzeichenerkennung gemäß § 58 Absatz 3 Satz 5 verarbeitet wurden,

2.   bei Maßnahmen des § 59 die Personen, deren Daten zum Abgleich herangezogen wurden,

3.   bei Maßnahmen nach § 60 die ausgeschriebenen Personen und die Personen, deren personenbezogene Daten infolge einer auf der Ausschreibung beruhenden Maßnahme gemeldet wurden,

4.   bei Maßnahmen nach § 62
   a)   die im Übermittlungsersuchen nach § 62 Absatz 3 enthaltenen Merkmale und
   b)   die Personen, gegen die nach Auswertung der durch die Rasterfahndung erlangten Daten weitere Maßnahmen getroffen wurden,

5.   bei Maßnahmen nach § 63
   a)   die Zielpersonen und
   b)   die erheblich mitbetroffenen Personen,

6.   bei Maßnahmen nach § 64
   a)   die Zielperson,
   b)   die erheblich mitbetroffenen Personen und
   c)   die Personen, deren nicht allgemein zugängliche Wohnung die V-Person oder der Verdeckte Ermittler betreten hat,

7.   bei Maßnahmen nach § 65
   a)   die Zielperson,
   b)   sonstige erheblich mitbetroffene Personen,
   c)   Personen, die die überwachte Wohnung zur Zeit der Durchführung der Maßnahme innehatten oder bewohnten, und
   d)   die Bezeichnung der überwachten Wohnung,

8.   bei Maßnahmen nach § 66 die Beteiligten der überwachten Telekommunikation,

9.   bei Maßnahmen nach § 67 Absatz 1 die Beteiligten der betroffenen Telekommunikation,

10.   bei Maßnahmen nach § 67 Absatz 2 der Nutzer,

11.   bei Maßnahmen nach § 68 die Zielperson,

12.   bei Maßnahmen nach § 69 die Zielperson,

13.   bei Maßnahmen nach § 69 Absatz 4 die Zielperson und der räumliche Umfang der Maßnahme,

14.   bei Maßnahmen nach § 70 Absatz 1 Satz 2 und Absatz 2 die Zielperson und

15.   bei Maßnahmen nach § 71 die Zielperson.

(3) [1]Nachforschungen zur Feststellung der Identität einer Person nach Absatz 2 sind nur vorzunehmen, wenn dies unter Berücksichtigung der Eingriffsintensität der Maßnahme gegenüber dieser Person, des Aufwands für die Feststellung ihrer Identität und der daraus für diese oder andere Personen folgenden Beeinträchtigungen geboten ist. [2]Die Zahl der Personen, deren Dokumentation unterblieben ist, ist im Protokoll anzugeben.

(4) [1]Die Protokolldaten dürfen nur verwendet werden, um die betroffene Person nach § 74 Absatz 1 zu benachrichtigen und ihr oder einer dazu befugten öffentlichen Stelle die Prüfung zu ermöglichen, ob die Maßnahmen rechtmäßig durchgeführt worden sind. [2]Sie sind sechs Monate nach der Benachrichtigung nach § 74 oder sechs Monate nach Erteilung der gerichtlichen Zustimmung über das endgültige Absehen von der Benachrichtigung zu löschen. [3]Ist die Datenschutzkontrolle nach § 94 noch nicht beendet, ist die Dokumentation bis zu ihrem Abschluss aufzubewahren.

§ 76   Schutz des Kernbereichs privater Lebensgestaltung

(1) [1]Die Erhebung personenbezogener Daten, die allein dem Kernbereich privater Lebensgestaltung zuzurechnen sind, ist unzulässig. [2]Soweit technisch möglich, ist sicherzustellen, dass solche Daten nicht erhoben werden.

(2) [1]Ergeben sich bei Durchführung einer Maßnahme tatsächliche Anhaltspunkte dafür, dass Daten, die dem Kernbereich privater Lebensgestaltung zuzurechnen sind, erfasst wurden, ist die Erhebung unverzüglich zu unterbrechen. [2]Die Erhebung darf fortgesetzt werden, sofern die Gründe, die zur Unterbrechung geführt haben, nicht mehr vorliegen. [3]§ 61 Absatz 3 Satz 3 bis 6 und § 64 Absatz 4 bleiben unberührt.

(3) Bestehen Zweifel, ob bei der Durchführung der Maßnahmen nach § 63 Absatz 1 Nummer 2, § 65 oder § 66 die Daten innerhalb einer höchstpersönlichen Vertrauensbeziehung erhoben wurden oder liegen tatsächliche Anhaltspunkte dafür vor, dass neben höchstpersönlichen Inhalten auch Inhalte mit einem unmittelbaren Bezug zur anlassgebenden Gefahr Gegenstand sind, darf nur eine automatisierte Aufzeichnung fortgesetzt werden, bis die Gründe nicht mehr vorliegen.

(4) [1]Automatisierte Aufzeichnungen nach Absatz 3 und im Fall von Maßnahmen der Wohnraumüberwachung nach § 65 Absatz 1 sämtliche durch eine solche Maßnahme erlangten Erkenntnisse sind unverzüglich und vollständig dem anordnenden Gericht zur Prüfung vorzulegen. [2]Das Gericht ent-

scheidet unverzüglich über die weitere Verwendung oder Löschung der Daten. ³Bei Gefahr im Verzug entscheidet der Präsident der Polizeidienststelle, in dessen Zuständigkeit die zugrundeliegende Maßnahme erfolgt, anstelle des Gerichts über die weitere Verwendung der Daten; die gerichtliche Entscheidung ist unverzüglich nachzuholen.

(5) ¹Wurden Daten erfasst, die dem Kernbereich privater Lebensgestaltung zuzurechnen sind, dürfen diese nicht weiter verarbeitet werden. ²Aufzeichnungen hierüber sind unverzüglich zu löschen und unterliegen nicht der Anbietungspflicht nach § 5 Absatz 1 des Archivgesetzes für den Freistaat Sachsen vom 17. Mai 1993 (SächsGVBl. S. 449), das zuletzt durch Artikel 25 des Gesetzes vom 26. April 2018 (SächsGVBl. S. 198) geändert worden ist, in der jeweils geltenden Fassung. ³Die Tatsache der Erlangung, die Aufzeichnung und die Löschung der Daten sind zu dokumentieren. ⁴Die Dokumentation darf ausschließlich zum Zweck der Datenschutzkontrolle nach § 94 oder des Rechtsschutzes verwendet werden. ⁵Sie ist sechs Monate nach der Benachrichtigung nach § 74 oder sechs Monate nach Erteilung der Zustimmung über das endgültige Absehen von der Benachrichtigung zu löschen. ⁶Ist die Datenschutzkontrolle nach § 94 noch nicht beendet, ist die Dokumentation bis zu ihrem Abschluss aufzuheben.

§ 77 Schutz von zeugnisverweigerungsberechtigten Personen

(1) ¹Maßnahmen zur Erhebung personenbezogener Daten, die sich gegen eine in § 53 Absatz 1 Satz 1 Nummer 1, 2 oder Nummer 4 der Strafprozessordnung genannte Person oder gegen einen Rechtsanwalt oder Kammerrechtsbeistand gemäß § 53 Absatz 1 Satz 1 Nummer 3 der Strafprozessordnung richten und voraussichtlich Erkenntnisse erbringen würden, über die der Berufsgeheimnisträger das Zeugnis verweigern dürfte, sind unzulässig. ²Dennoch erlangte Daten dürfen nicht verwendet werden und sind unverzüglich zu löschen. ³Die Tatsache der Datenerhebung und der Löschung ist zu dokumentieren. ⁴§ 76 Absatz 5 Satz 4 bis 6 gilt entsprechend. ⁵Sofern durch eine Maßnahme, die sich nicht gegen eine in Satz 1 genannte Person richtet, von dieser Person Erkenntnisse erlangt werden, über die diese das Zeugnis verweigern dürfte, gelten die Sätze 2 bis 4 entsprechend.

(2) ¹Soweit durch eine Maßnahme ein Berufsgeheimnisträger gemäß § 53 Absatz 1 Satz 1 Nummer 3, 3a und 3b oder Nummer 5 der Strafprozessordnung mit Ausnahme der Rechtsanwälte oder Kammerbeistände betroffen wäre und voraussichtlich Erkenntnisse erlangt würden, über die diese Person das Zeugnis verweigern dürfte, ist dies im Rahmen der Prüfung der Verhältnismäßigkeit unter Würdigung des öffentlichen Interesses an den von dieser Person wahrgenommenen Aufgaben und des Interesses an der Geheimhaltung der dieser Person anvertrauten oder bekannt gewordenen Tatsachen besonders zu berücksichtigen. ²Von einem Überwiegen des Interesses an der Datenerhebung ist in der Regel nicht auszugehen, wenn die Maßnahme nicht der Abwehr einer erheblichen Gefahr dient. ³Soweit hiernach geboten, ist die Maßnahme zu unterlassen oder, soweit dies nach der Art der Maßnahme möglich ist, zu beschränken.

(3) Die Absätze 1 und 2 gelten entsprechend, soweit die in § 53a der Strafprozessordnung genannten Personen das Zeugnis verweigern dürften.

(4) Die Absätze 1 bis 3 gelten nicht, sofern Tatsachen die Annahme rechtfertigen, dass die zeugnisverweigerungsberechtigte Person für die Gefahr verantwortlich ist.

§ 78 Löschung von durch besondere Maßnahmen erlangten personenbezogenen Daten

(1) ¹Sind die nach den §§ 59, 62 bis 71 erlangten personenbezogenen Daten, die nicht dem Kernbereich privater Lebensgestaltung zuzuordnen sind, zur Erfüllung des der Maßnahme zugrundeliegenden Zwecks und für eine etwaige gerichtliche Überprüfung der Maßnahme nicht mehr erforderlich, sind sie unverzüglich zu löschen, soweit keine Weiterverarbeitung der Daten nach den Vorschriften des Abschnitts 3 erfolgt. ²Die Tatsache der Löschung ist zu dokumentieren. ³Unterlagen, deren Offenbarung gegen das Grundrecht auf Unverletzlichkeit der Wohnung oder gegen das Brief-, Post- oder Fernmeldegeheimnis verstoßen würde, unterliegen nicht der Anbietungspflicht nach § 5 Absatz 1 des Archivgesetzes für den Freistaat Sachsen. ⁴Im Übrigen bleibt § 5 Absatz 1 und 2 des Archivgesetzes für den Freistaat Sachsen unberührt.

(2) ¹Die Dokumentation nach Absatz 1 Satz 2 darf ausschließlich zum Zweck der Datenschutzkontrolle verwendet werden. ²Sie ist sechs Monate nach der Benachrichtigung nach § 74 oder sechs Monate nach Erteilung der gerichtlichen Zustimmung über das endgültige Absehen von der Benachrichtigung zu

löschen. ³Ist die Datenschutzkontrolle nach § 94 noch nicht beendet, ist die Dokumentation bis zu ihrem Abschluss aufzubewahren.

(3) Die Absätze 1 und 2 gelten entsprechend für personenbezogene Daten, die

1. der Polizei übermittelt worden sind und

2. durch Maßnahmen erlangt wurden, die den Maßnahmen nach den §§ 62 bis 71 entsprechen.

Abschnitt 3
Befugnisse und Pflichten bei der weiteren Datenverarbeitung

Unterabschnitt 1
Befugnisse zur weiteren Datenverarbeitung, Kennzeichnung

§ 79 Zweckbindung, Zweckänderung, Grundsatz der hypothetischen Datenneuerhebung

(1) ¹Die Polizei kann personenbezogene Daten, die sie erhoben hat,

1. zur Erfüllung derselben Aufgabe und

2. zum Schutz derselben Rechtsgüter oder zur Verhütung oder Verfolgung derselben Straftaten

weiterverarbeiten. ²Satz 1 gilt entsprechend für personenbezogene Daten, denen keine Erhebung vorausgegangen ist, mit der Maßgabe, dass für die Weiterverarbeitung der Zweck der Speicherung zu berücksichtigen ist. ³Für die weitere Verarbeitung von personenbezogenen Daten, die aus Maßnahmen nach § 65 Absatz 1 und 2 erlangt wurden, muss im Einzelfall eine Gefahrenlage im Sinne des § 65 Absatz 1 Satz 1 oder Absatz 2 Satz 2 vorliegen.

(2) ¹Die Polizei kann zur Erfüllung ihrer Aufgaben personenbezogene Daten zu anderen Zwecken, als denjenigen, zu denen sie erhoben worden sind, weiterverarbeiten, wenn unter Berücksichtigung der jeweiligen Datenerhebungsvorschrift

1. mindestens

    a) vergleichbar schwer wiegende Straftaten oder Ordnungswidrigkeiten verhütet oder verfolgt werden sollen oder

    b) vergleichbar bedeutsame Rechtsgüter geschützt werden sollen und

2. sich im Einzelfall konkrete Ermittlungsansätze

    a) zur Verhütung oder Verfolgung solcher Straftaten oder Ordnungswidrigkeiten ergeben oder

    b) zur Abwehr von in absehbarer Zeit drohenden Gefahren für mindestens vergleichbar bedeutsame Rechtsgüter erkennen lassen.

²§ 80 Absatz 6 und 7 bleibt unberührt.

(3) ¹Für die Weiterverarbeitung von personenbezogenen Daten, die durch eine Maßnahme nach § 65 Absatz 1 und 2 erlangt wurden, gilt Absatz 2 Satz 1 Nummer 2 Buchstabe b mit der Maßgabe, dass im Einzelfall eine Gefahrenlage im Sinne des § 65 Absatz 1 Satz 1 oder Absatz 2 Satz 2 vorliegen muss. ²Personenbezogene Daten, die durch Herstellung von Lichtbildern oder Bildaufzeichnungen über eine Person im Wege eines verdeckten Einsatzes technischer Mittel in oder aus Wohnungen erlangt wurden, dürfen nicht zu Strafverfolgungszwecken weiterverarbeitet werden. ³Für die weitere Verarbeitung erlangter personenbezogener Daten, die durch einen Eingriff in informationstechnische Systeme durch die Polizei eines anderen Landes oder des Bundes erhoben wurden, muss im Einzelfall eine Gefahrenlage im Sinne des § 49 Absatz 1 des Bundeskriminalamtgesetzes vom 1. Juni 2017 (BGBl. I S. 1354; 2019 I S. 400), in der jeweils geltenden Fassung, vorliegen.

(4) Abweichend von Absatz 2 kann die Polizei die der Identifizierung einer Person dienenden Daten wie insbesondere Namen, Geschlecht, Geburtsdatum, Geburtsort, Staatsangehörigkeit und Anschrift (Grunddaten) auch weiterverarbeiten, um diese Person zu identifizieren.

(5) Bei der Weiterverarbeitung von personenbezogenen Daten ist durch organisatorische und technische Vorkehrungen sicherzustellen, dass die Bestimmungen der Absätze 1 bis 3 beachtet werden.

§ 80 Befugnis zur Datenweiterverarbeitung

(1) Die Polizei kann personenbezogene Daten nach Maßgabe des § 79 in polizeilichen Informationssystemen weiterverarbeiten, soweit dies zur Erfüllung ihrer Aufgaben erforderlich ist und dieses Gesetz oder andere Rechtsvorschriften keine zusätzlichen besonderen Voraussetzungen vorsehen.

(2) Die Polizei kann im Rahmen der Verfolgung von Straftaten gewonnene personenbezogene Daten zum Zweck der Gefahrenabwehr weiterverarbeiten von:

1. Verurteilten,
2. Beschuldigten,
3. Personen, die einer Straftat verdächtig sind, sofern die Weiterverarbeitung der Daten erforderlich ist, weil wegen der Art oder Ausführung der Tat, der Persönlichkeit der betroffenen Person oder sonstiger Erkenntnisse Grund zu der Annahme besteht, dass zukünftig Strafverfahren gegen sie zu führen sind, und
4. Personen, bei denen Anlass zur Weiterverarbeitung besteht, weil tatsächliche Anhaltspunkte die Annahme rechtfertigen, dass sie in naher Zukunft Straftaten von erheblicher Bedeutung begehen werden.

(3) [1]Soweit dies zur Verhütung oder zur Vorsorge für die künftige Verfolgung einer Straftat mit erheblicher Bedeutung erforderlich ist, kann die Polizei personenbezogene Daten von Personen weiterverarbeiten, bei denen tatsächliche Anhaltspunkte vorliegen, dass

1. sie bei einer künftigen Strafverfolgung als Zeugen in Betracht kommen,
2. sie als Opfer einer künftigen Straftat in Betracht kommen,
3. es sich um Hinweisgeber und sonstige Auskunftspersonen handelt oder
4. es sich um Kontakt- und Begleitpersonen der Personen nach Absatz 2 Nummern 1 bis 3 handelt.

[2]Personenbezogene Daten über Personen nach Satz 1 Nummern 1 bis 3 dürfen nur mit Einwilligung der betroffenen Person gespeichert werden. [3]Die Einwilligung ist nicht erforderlich, wenn das Bekanntwerden der Speicherungsabsicht den mit der Speicherung verfolgten Zweck gefährden würde.

(4) Wird ein Beschuldigter rechtskräftig freigesprochen, die Eröffnung des Hauptverfahrens gegen ihn unanfechtbar abgelehnt oder das Verfahren nicht nur vorläufig eingestellt, ist die Weiterverarbeitung unzulässig, wenn sich aus den Gründen der Entscheidung ergibt, dass die betroffene Person die Tat nicht oder nicht rechtswidrig begangen hat.

(5) [1]Die Polizei kann personenbezogene Daten gemäß § 32 Absatz 1 des Sächsischen Datenschutz-Umsetzungsgesetzes nach Anordnung des Leiters des Landeskriminalamtes oder durch einen von diesem hierzu beauftragten Bediensteten auch zum Zweck der Abwehr von Gefahren für Leben, Gesundheit oder Freiheit einer Person oder für bedeutende Sach- oder Vermögenswerte sowie zur Verhütung von Straftaten von erheblicher Bedeutung verwenden. [2]Der Sächsische Datenschutzbeauftragte ist unverzüglich zu unterrichten.

(6) Die Polizei und die Hochschule der Sächsischen Polizei (FH) können gespeicherte personenbezogene Daten zur polizeilichen Aus- und Fortbildung oder zu statistischen Zwecken weiterverarbeiten, soweit eine Weiterverarbeitung anonymisierter Daten zu diesem Zweck nicht möglich ist und jeweils die berechtigten Interessen des Betroffenen an der Geheimhaltung der Daten nicht überwiegen.

(7) Die Polizei kann personenbezogene Daten zur Vorgangsverwaltung oder zur zeitlich befristeten Dokumentation behördlichen Handelns speichern und ausschließlich zu diesem Zweck weiterverarbeiten.

§ 81 Kennzeichnung

(1) [1]Bei der Speicherung in polizeilichen Informationssystemen sind personenbezogene Daten wie folgt zu kennzeichnen:

1. Angabe des Mittels der Erhebung der Daten einschließlich der Angabe, ob die Daten offen oder verdeckt erhoben wurden,
2. Angabe der Kategorie betroffener Personen, in Bezug auf solche Personen, zu denen Grunddaten angelegt wurden,
3. Angabe der
    a) Rechtsgüter, deren Schutz die Erhebung dient, oder
    b) Straftaten oder Ordnungswidrigkeiten, deren Verhütung die Erhebung dient, und
4. Angabe der Stelle, die die Daten erhoben hat.

[2]Die Kennzeichnung nach Satz 1 Nummer 1 kann auch durch Angabe der Rechtsgrundlage des jeweiligen Mittels der Datenerhebung ergänzt werden. [3]Personenbezogene Daten, denen keine Erhebung vorausgegangen ist, sind, soweit möglich, nach Satz 1 zu kennzeichnen; darüber hinaus ist die Stelle anzugeben, die die Daten als erste verarbeitet hat und, soweit möglich, die Stelle, von der die Daten erlangt wurden.

(2) Personenbezogene Daten, die nicht entsprechend den Anforderungen des Absatzes 1 gekennzeichnet sind, dürfen solange nicht weiterverarbeitet und übermittelt werden, bis eine Kennzeichnung entsprechend den Anforderungen des Absatzes 1 erfolgt ist.

(3) Nach einer Übermittlung an eine andere Stelle ist die Kennzeichnung nach Absatz 1 durch diese Stelle aufrechtzuerhalten.

(4) ¹Die Absätze 1 bis 3 gelten nicht, soweit eine Kennzeichnung nicht möglich ist. ²Die Absätze 1 bis 3 gelten ebenfalls nicht, solange eine Kennzeichnung technisch nicht möglich ist oder einen unverhältnismäßigen Aufwand erfordern würde.

Unterabschnitt 2
Datenübermittlung, sonstige Datenverarbeitung

§ 82 Allgemeine Regelungen der Datenübermittlung

(1) ¹Die übermittelnde Polizeidienststelle hat die Zulässigkeit der Datenübermittlung zu prüfen. ²Erfolgt die Datenübermittlung auf Grund eines Ersuchens der empfangenden Stelle, hat die übermittelnde Polizeidienststelle zu prüfen, ob das Übermittlungsersuchen im Rahmen der Aufgaben der empfangenden Stelle liegt. ³Die Zulässigkeit der Übermittlung im Übrigen ist nur zu prüfen, wenn besonderer Anlass besteht. ⁴Bei der Übermittlung personenbezogener Daten ist ein Nachweis zu führen, aus dem die empfangende Stelle, der Tag und der wesentliche Inhalt der Übermittlung hervorgehen. ⁵Dies gilt nicht für die Datenübermittlung durch automatisierten Abruf (§ 85).

(2) ¹Die empfangende Stelle darf die übermittelten personenbezogenen Daten, soweit gesetzlich nicht etwas anderes bestimmt ist, nur zu dem Zweck verarbeiten, zu dem sie übermittelt worden sind. ²Bei Übermittlungen nach § 84 Absatz 3 und § 90 hat die übermittelnde Polizeidienststelle die empfangende Stelle bei der Datenübermittlung darauf hinzuweisen.

§ 83 Übermittlungsverbote und Verweigerungsgründe

(1) Übermittlungen nach den Vorschriften dieses Gesetzes haben zu unterbleiben, wenn
1. für die übermittelnde Stelle erkennbar ist, dass unter Berücksichtigung der Art der Daten und ihrer Erhebung die schutzwürdigen Interessen der betroffenen Person das Allgemeininteresse an der Übermittlung überwiegen, oder
2. besondere Verwendungsregelungen entgegenstehen; die Verpflichtung zur Wahrung gesetzlicher Geheimhaltungspflichten oder von Berufs- oder besonderen Amtsgeheimnissen, die nicht auf gesetzlichen Vorschriften beruhen, bleibt unberührt.

(2) Die Datenübermittlung nach den §§ 89 und 90 unterbleibt darüber hinaus,
1. wenn hierdurch wesentliche Sicherheitsinteressen des Bundes oder der Länder beeinträchtigt würden,
2. wenn hierdurch der Erfolg laufender Ermittlungen oder Leib, Leben oder Freiheit einer Person gefährdet würde,
3. soweit Grund zu der Annahme besteht, dass durch sie gegen den Zweck eines deutschen Gesetzes verstoßen würde, oder
4. wenn tatsächliche Anhaltspunkte dafür vorliegen, dass die Übermittlung der Daten zu den in der Charta der Grundrechte der Europäischen Union enthaltenen Grundsätzen, insbesondere dadurch, dass durch die Nutzung der übermittelten Daten im Empfängerstaat Verletzungen von elementaren rechtsstaatlichen Grundsätzen oder Menschenrechtsverletzungen drohen, in Widerspruch stehen; die verantwortliche Polizeidienststelle hat die Entscheidung auf der Grundlage der vom Bundeskriminalamt gemäß § 28 Absatz 3 des Bundeskriminalamtgesetzes zu führenden Aufstellung über die Einhaltung der elementaren rechtsstaatlichen Grundsätze und Menschenrechtsstandards sowie das Datenschutzniveau in Drittstaaten zu treffen.

§ 84 Datenübermittlung im innerstaatlichen Bereich

(1) Die Polizei kann unter Beachtung des § 79 Absatz 2 bis 4 an die Polizeidienststellen anderer Länder oder des Bundes personenbezogene Daten übermitteln, soweit dies zur Erfüllung ihrer Aufgaben oder zur Erfüllung der Aufgaben des Empfängers erforderlich ist.

(2) Die Polizei kann an andere als die Behörden nach Absatz 1 und sonstige öffentliche Stellen personenbezogene Daten, die sie in Erfüllung ihrer Aufgaben erlangt hat, übermitteln, soweit dies

1. in anderen Rechtsvorschriften vorgesehen ist oder
2. unter Beachtung des § 79 Absatz 2 bis 4 zulässig und erforderlich ist:
   a) zur Erfüllung ihrer Aufgaben,
   b) zur Verfolgung von Straftaten oder Ordnungswidrigkeiten, zur Strafvollstreckung oder zum Strafvollzug,
   c) zum Zweck der Gefahrenabwehr an für die Gefahrenabwehr zuständige öffentliche Stellen oder
   d) zur Abwehr einer schwerwiegenden Beeinträchtigung der Rechte Einzelner.

(3) Die Polizei kann von sich aus personenbezogene Daten an nichtöffentliche Stellen übermitteln, soweit dies unter Beachtung des § 79 Absatz 2 bis 4 erforderlich ist zur:
1. Erfüllung ihrer Aufgaben,
2. Verhütung oder Beseitigung erheblicher Nachteile für das Gemeinwohl oder
3. Wahrung schutzwürdiger Interessen einzelner, soweit kein Grund zu der Annahme besteht, dass der Betroffene ein schutzwürdiges Interesse an dem Ausschluss der Übermittlung hat.

(4) Auf Ersuchen einer nichtöffentlichen Stelle können personenbezogene Daten übermittelt werden, soweit diese
1. ein rechtliches Interesse an der Kenntnisnahme der zu übermittelnden Daten glaubhaft macht und kein Grund zu der Annahme besteht, dass schutzwürdige Interessen des Betroffenen überwiegen, oder
2. ein berechtigtes Interesse geltend macht und offensichtlich ist, dass die Datenübermittlung im Interesse des Betroffenen liegt und er in Kenntnis der Sachlage seine Einwilligung hierzu erteilen würde.

(5) [1]Der Empfänger darf die übermittelten Daten nur zu dem Zweck verarbeiten, zu dessen Erfüllung sie ihm übermittelt worden sind. [2]Bei Übermittlungen an nichtöffentliche Stellen hat die Polizei die empfangende Stelle darauf hinzuweisen. [3]In den Fällen der Absätze 1 und 2 ist eine Verarbeitung zu anderen Zwecken unter Beachtung des § 79 Absatz 2 bis 4 zulässig. [4]In den Fällen der Absätze 3 und 4 ist eine Verarbeitung zu anderen Zwecken nur zulässig, soweit eine Übermittlung nach Absatz 3 oder Absatz 4 zulässig gewesen wäre und nur, soweit die Polizeidienststelle zugestimmt hat.

(6) [1]Die Verantwortung für die Zulässigkeit der Übermittlung trägt die übermittelnde Stelle. [2]Erfolgt die Übermittlung in den Fällen der Absätze 1 und 2 Nummer 2 auf Ersuchen des Empfängers, trägt dieser die Verantwortung.

§ 85 Automatisiertes Abrufverfahren

(1) [1]Die Einrichtung eines automatisierten Verfahrens, das die automatisierte Übermittlung von personenbezogenen Daten durch Abruf ermöglicht, ist zulässig, soweit dies zur Erfüllung von Aufgaben erforderlich und unter Berücksichtigung der schutzwürdigen Interessen der betroffenen Personen angemessen ist. [2]Zum Abruf können zugelassen werden:
1. Polizeidienststellen und
2. Polizeibehörden und ☐dienststellen des Bundes und anderer Länder.
[3]Für die Protokollierung der Verarbeitungsvorgänge gilt § 32 des Sächsischen Datenschutz-Umsetzungsgesetzes.

(2) Die Einrichtung eines automatisierten Abrufverfahrens bedarf der Zustimmung des Staatsministeriums des Innern.

§ 86 Aufzeichnung von Notrufen und Anrufen

[1]Die Polizei zeichnet Notrufe über die nationale Notrufnummer auf. [2]Im Übrigen kann eine Audioaufzeichnung sonstiger Anrufe erfolgen, die über öffentlich bekanntgegebene Rufnummern eingehen, welche der Entgegennahme sachdienlicher Hinweise im Zusammenhang mit der Erfüllung der Aufgaben dienen; auf diese Aufzeichnung soll hingewiesen werden, soweit dadurch die Aufgabenerfüllung nicht gefährdet wird. [3]Die Audioaufzeichnungen sind spätestens nach drei Monaten zu löschen, wenn sie nicht zur Abwehr einer Gefahr oder zur Verfolgung einer Straftat erforderlich sind.

§ 87 Datenabgleich

(1) [1]Die Polizei kann personenbezogene Daten von Personen nach den §§ 6 und 7 mit dem Inhalt polizeilicher Dateien abgleichen. [2]Personenbezogene Daten anderer Personen kann die Polizei nur abgleichen, wenn Tatsachen die Annahme rechtfertigen, dass dies zur Wahrnehmung einer bestimmten

polizeilichen Aufgabe erforderlich ist. [3]Die Polizei kann ferner die im Rahmen ihrer Aufgabenerfüllung erlangten personenbezogenen Daten mit dem Fahndungsbestand abgleichen. [4]Die betroffene Person kann für die Dauer des Datenabgleichs angehalten werden.

(2) Besondere Vorschriften über den Datenabgleich bleiben unberührt.

§ 88 Datenübermittlung zum Zweck einer Zuverlässigkeitsüberprüfung zum Schutz besonders gefährdeter Veranstaltungen

(1) [1]Die Polizei kann zum Zweck der Gefahrenabwehr bei besonders gefährdeten Veranstaltungen personenbezogene Daten an öffentliche und nichtöffentliche Stellen übermitteln, wenn die Übermittlung

1. zu dem Zweck einer Zuverlässigkeitsüberprüfung erforderlich ist,
2. mit schriftlicher Einwilligung des Betroffenen erfolgt und
3. im Hinblick auf den Anlass dieser Überprüfung, insbesondere den Zugang des Betroffenen zu der Veranstaltung, mit Rücksicht auf ein berechtigtes Sicherheitsinteresse des Empfängers sowie wegen der Art und des Umfangs der Erkenntnisse über den Betroffenen angemessen ist.

[2]Die Übermittlung an eine nichtöffentliche Stelle beschränkt sich auf die Auskunft zum Vorliegen der Zuverlässigkeitsbedenken. [3]Der Betroffene ist über den Inhalt der Übermittlung zu informieren, soweit dies nicht bereits auf andere Weise sichergestellt ist.

(2) [1]Der Empfänger darf die übermittelten Daten nur zu dem Zweck der Zuverlässigkeitsüberprüfung verarbeiten. [2]Die Polizei hat den Empfänger schriftlich zu verpflichten, diese Zweckbestimmung einzuhalten.

(3) Der Sächsische Datenschutzbeauftragte ist zu unterrichten, wenn eine Datenübermittlung wegen einer besonders gefährdeten Veranstaltung beabsichtigt ist.

§ 89 Datenübermittlung an Mitgliedstaaten der Europäischen Union

(1) [1]Für die Übermittlung von personenbezogenen Daten an

1. öffentliche und nichtöffentliche Stellen in Mitgliedstaaten der Europäischen Union und
2. zwischen- und überstaatliche Stellen der Europäischen Union oder deren Mitgliedstaaten, die mit Aufgaben der Verhütung und Verfolgung von Straftaten befasst sind,

gilt § 84 entsprechend. [2]Die Verantwortung für die Zulässigkeit der Datenübermittlung trägt die übermittelnde Stelle.

(2) [1]Absatz 1 findet auch Anwendung auf die Übermittlung von personenbezogenen Daten an Polizeibehörden oder sonstige für die Verhütung und Verfolgung von Straftaten zuständige öffentliche Stellen von Staaten, welche die Vorschriften des Schengen-Besitzstandes auf Grund eines Assoziierungsübereinkommens mit der Europäischen Union über die Umsetzung, Anwendung und Entwicklung des Schengen-Besitzstandes anwenden. [2]Die Zulässigkeit der Übermittlung personenbezogener Daten durch die Polizei an eine Polizeibehörde oder eine sonstige für die Verhütung und Verfolgung von Straftaten zuständige öffentliche Stelle eines Mitgliedstaates der Europäischen Union auf der Grundlage besonderer völkerrechtlicher Vereinbarungen bleibt unberührt.

§ 90 Datenübermittlung im internationalen Bereich

(1) Die Polizei kann unter Beachtung des § 79 Absatz 2 bis 4 und unter Beachtung der §§ 42 bis 45 des Sächsischen Datenschutz-Umsetzungsgesetzes an Polizeibehörden, an sonstige für die Verhütung von Straftaten zuständige öffentliche Stellen in anderen als den in § 89 Absatz 1 genannten Staaten und an andere als die in § 89 Absatz 1 genannten zwischen- und überstaatlichen Stellen, die mit Aufgaben der Verhütung von Straftaten befasst sind, personenbezogene Daten übermitteln, soweit dies erforderlich ist:

1. zur Erfüllung der Aufgaben oder
2. zur Abwehr einer im Einzelfall bestehenden erheblichen Gefahr für die öffentliche Sicherheit.

(2) [1]Die Verantwortung für die Zulässigkeit der Übermittlung trägt die Polizei. [2]Die Polizei hat die Übermittlung und ihren Anlass zu dokumentieren. [3]Die empfangende Stelle ist darauf hinzuweisen, dass die personenbezogenen Daten nur zu dem Zweck genutzt werden dürfen, zu dem sie übermittelt worden sind. [4]Der empfangenden Stelle ist ferner der vorgesehene Zeitpunkt der Löschung der Daten mitzuteilen.

(3) [1]Die Polizei kann unter den Voraussetzungen des § 45 des Sächsischen Datenschutz-Umsetzungsgesetzes und unter Beachtung des § 79 Absatz 2 bis 4 Daten an die Stellen nach § 45 des Sächsischen

Datenschutz-Umsetzungsgesetzes übermitteln. [2]Zusätzlich kann sie unter den Voraussetzungen des Satzes 1 an andere als die in Absatz 1 genannten zwischen- und überstaatlichen Stellen personenbezogene Daten übermitteln, soweit dies erforderlich ist:

1. zur Erfüllung einer ihr obliegenden Aufgabe oder
2. zur Abwehr einer im Einzelfall bestehenden erheblichen Gefahr für die öffentliche Sicherheit.

Unterabschnitt 3
Datenschutzpflichten des Verantwortlichen, Kontrolle

§ 91 Berichtigung, Löschung und Einschränkung der Verarbeitung

(1) Personenbezogene Daten sind nach Maßgabe der §§ 14 und 31 des Sächsischen Datenschutz-Umsetzungsgesetzes zu berichtigen, zu löschen oder in der Verarbeitung einzuschränken, soweit durch Vorschriften dieses Gesetzes keine abweichenden Regelungen getroffen werden.

(2) Unbeschadet von sonstigen durch dieses Gesetz bestimmten Höchstspeicher- oder Löschfristen oder Löschungsverpflichtungen hat der Verantwortliche personenbezogene Daten unverzüglich zu löschen, wenn er aus Anlass einer Einzelfallbearbeitung oder bei einer nach festgesetzten Fristen vorzunehmenden Prüfung feststellt, dass die Kenntnis der Daten zur Erfüllung der Aufgaben nicht mehr erforderlich ist.

(3) [1]Die Dauer der Speicherung ist auf das erforderliche Maß zu beschränken. [2]Es sind Fristen festzulegen, zu denen spätestens zu prüfen ist, ob die Speicherung personenbezogener Daten für die Erfüllung der Aufgaben noch erforderlich ist (Aussonderungsprüffristen). [3]Die Beachtung der Aussonderungsprüffristen ist durch geeignete technische oder organisatorische Vorkehrungen sicherzustellen. [4]Die Aussonderungsprüffristen dürfen in den Fällen des § 80 Absatz 2 bei Erwachsenen zehn Jahre, bei Jugendlichen fünf Jahre und bei Kindern zwei Jahre nicht überschreiten, wobei nach Zweck der Speicherung sowie Art und Schwere des Sachverhalts zu unterscheiden ist. [5]In den Fällen des § 80 Absatz 3 Satz 1 Nummer 1, 2 und 4 dürfen die Aussonderungsprüffristen bei Erwachsenen fünf Jahre und bei Jugendlichen drei Jahre nicht überschreiten. [6]Personenbezogene Daten der Personen nach § 80 Absatz 3 Satz 1 können ohne Zustimmung der betroffenen Person nur für die Dauer eines Jahres gespeichert werden. [7]Die Speicherung für jeweils ein weiteres Jahr ist zulässig, soweit die Voraussetzungen von § 80 Absatz 3 Satz 1 weiterhin vorliegen. [8]Die maßgeblichen Gründe für die Aufrechterhaltung der Speicherung nach Satz 6 sind aktenkundig zu machen. [9]Die Speicherung nach Satz 6 darf jedoch insgesamt drei Jahre nicht überschreiten. [10]Die Fristen beginnen an dem Tag, an dem das letzte Ereignis eingetreten ist, das zu der Speicherung der Daten geführt hat, jedoch nicht vor Entlassung des Betroffenen aus einer Justizvollzugsanstalt oder der Beendigung einer mit der Freiheitsentziehung verbundenen Maßregel der Besserung und Sicherung.

(4) [1]Sind personenbezogene Daten in Akten gespeichert und wird deren Unrichtigkeit festgestellt, ist die Berichtigungspflicht nach § 31 Absatz 1 des Sächsischen Datenschutz-Umsetzungsgesetzes dadurch zu erfüllen, dass dies in der Akte vermerkt wird. [2]Bestreitet die betroffene Person die Richtigkeit sie betreffender personenbezogener Daten und lässt sich weder die Richtigkeit noch die Unrichtigkeit feststellen, sind die Daten zu kennzeichnen, um eine Einschränkung der Verarbeitung gemäß § 14 Absatz 1 Satz 3 des Sächsischen Datenschutz-Umsetzungsgesetzes zu ermöglichen. [3]Die Verarbeitung personenbezogener Daten in Akten ist einzuschränken, wenn Daten

1. nach Absatz 2,
2. auf Grund von sonstigen durch dieses Gesetz bestimmten Löschungsverpflichtungen oder
3. nach § 14 Absatz 2 des Sächsischen Datenschutz-Umsetzungsgesetzes

zu löschen sind. [4]Die Unterlagen sind mit einem entsprechenden Einschränkungsvermerk zu versehen. [5]Die gesamte Akte ist zu vernichten, wenn sie insgesamt zur Erfüllung der Aufgaben nicht mehr erforderlich ist.

(5) § 5 Absatz 1 und 2 des Archivgesetzes für den Freistaat Sachsen bleibt unberührt.

§ 92 Allgemeine Information zu Datenverarbeitungen, Auskunft

(1) Für die Pflicht der Polizei, betroffenen Personen allgemeine Informationen zu Datenverarbeitungen zur Verfügung zu stellen, gilt § 11 des Sächsischen Datenschutz-Umsetzungsgesetzes.

(2) Für die Pflicht der Polizei, betroffenen Personen auf Antrag Auskunft über die sie betreffende Verarbeitung personenbezogener Daten zu erteilen, gilt § 13 des Sächsischen Datenschutz-Umsetzungsgesetzes.

§ 93 Errichtungsanordnung

(1) Für den erstmaligen Einsatz von automatisierten Verfahren, mit denen personenbezogene Daten verarbeitet werden, ist in einer Errichtungsanordnung, die der Zustimmung des Staatsministeriums des Innern bedarf, festzulegen:

1. die Bezeichnung und die Anschrift der datenverarbeitenden Stelle,
2. die Bezeichnung und der Zweck der Datei,
3. die Aufgabe, zu deren Erfüllung personenbezogene Daten verarbeitet werden, und die Rechtsgrundlage der Verarbeitung,
4. die Art der zu verarbeitenden Daten,
5. der betroffene Personenkreis,
6. die Art der zu übermittelnden Daten und die Empfänger der Daten,
7. die Aussonderungsprüffristen und die Regelfristen für die Löschung der Daten,
8. die Eingabe- und Zugangsberechtigungen,
9. Protokollierungen von Verarbeitungsvorgängen nach § 32 Absatz 1 des Sächsischen Datenschutz-Umsetzungsgesetzes,
10. die personellen, technischen und organisatorischen Maßnahmen gemäß § 27 des Sächsischen Datenschutz-Umsetzungsgesetzes,
11. Maßnahmen, die sicherstellen, dass die Anforderungen des § 79 eingehalten werden, und
12. Angaben gemäß § 23 Absatz 4 des Sächsischen Datenschutz-Umsetzungsgesetzes.

(2) Vor dem erstmaligen Einsatz von automatisierten Verfahren ist der Sächsische Datenschutzbeauftragte zu unterrichten.

§ 94 Kontrolle durch den Sächsischen Datenschutzbeauftragten

Der Sächsische Datenschutzbeauftragte führt neben den Aufgaben nach § 39 des Sächsischen Datenschutz-Umsetzungsgesetzes mindestens alle zwei Jahre Kontrollen in Bezug auf

1. die Datenverarbeitung bei Maßnahmen nach den §§ 59 bis 69 auch im Hinblick auf die Datenverarbeitung in polizeilichen Informationssystemen und
2. die Übermittlungen nach § 90

durch.

Abschnitt 4

Datenverarbeitung zur Erfüllung von Aufgaben, die der Verordnung (EU) 2016/679 unterfallen

§ 95 Befugnis zur Verarbeitung besonderer Kategorien personenbezogener Daten

[1]Die Polizei kann zur Erfüllung einer Aufgabe, die nicht dem Anwendungsbereich von § 1 des Sächsischen Datenschutz-Umsetzungsgesetzes unterfällt, besondere Kategorien personenbezogener Daten im Sinne des Artikels 9 Absatz 1 der Verordnung (EU) 2016/679 verarbeiten, wenn dies zur Abwehr erheblicher Nachteile für das Gemeinwohl oder zur Abwehr einer erheblichen Gefahr für die öffentliche Sicherheit erforderlich ist. [2]Bei der Verarbeitung von Daten im Sinne des Artikels 9 Absatz 1 der Verordnung (EU) 2016/679 sind angemessene und spezifische Maßnahmen zur Wahrung der Interessen der betroffenen Person vorzusehen.

§ 96 Beschränkung der Informationspflicht bei der Erhebung personenbezogener Daten bei der betroffenen Person

Bei der Erhebung personenbezogener Daten kann die Polizei von einer Information der betroffenen Person nach Artikel 13 Absatz 1 und 2 der Verordnung (EU) 2016/679 soweit und solange absehen, wie andernfalls die Erteilung der Information die Voraussetzungen des § 8 Absatz 1 des Sächsischen Datenschutzdurchführungsgesetzes erfüllen würde.

Teil 4
Organisation der Polizei

§ 97 Polizeidienststellen und Einrichtungen für den Polizeivollzugsdienst

(1) Der Freistaat Sachsen unterhält für den Polizeivollzugsdienst folgende Polizeidienststellen:

1. das Landespolizeipräsidium im Staatsministerium des Innern,
2. das Landeskriminalamt,
3. das Polizeiverwaltungsamt,
4. das Präsidium der Bereitschaftspolizei und
5. die Polizeidirektionen.

(2) Der Freistaat Sachsen unterhält für den Polizeivollzugsdienst die erforderlichen Ausbildungs- und Fortbildungseinrichtungen.

§ 98 Unabhängige Vertrauens- und Beschwerdestelle

(1) [1]Der Freistaat Sachsen unterhält in der Staatskanzlei eine unabhängige, zentrale Vertrauens- und Beschwerdestelle für die Polizei. [2]Die Stelle hat die Aufgabe, das partnerschaftliche Verhältnis zwischen Bürger und Polizei zu stärken. [3]Sie unterstützt die Bürger im Dialog mit der Polizei und wirkt darauf hin, dass begründeten Beschwerden abgeholfen wird. [4]Ihr obliegt auch die Befassung mit Vorgängen aus dem innerpolizeilichen Bereich.

(2) [1]Der Stelle ist die für die Erfüllung ihrer Aufgaben notwendige Personal- und Sachausstattung zur Verfügung zu stellen. [2]Die Staatsregierung trifft die Festlegung über die Anzahl sowie Besoldung und Eingruppierung der Bediensteten der Stelle. [3]Sie werden durch die Staatsregierung zeitlich befristet berufen.

(3) [1]Die Stelle ist in der Ausübung ihrer Tätigkeit unabhängig, weisungsfrei und nur dem Gesetz unterworfen. [2]Sie gibt sich eine Geschäftsordnung. [3]Die Bediensteten dürfen wegen ihrer Tätigkeit dienstlich nicht gemaßregelt, nicht benachteiligt und nicht bevorzugt werden. [4]Die Dienstaufsicht über die Bediensteten obliegt während ihrer Tätigkeit in der Stelle weiterhin der bisherigen obersten Dienstbehörde. [5]Auf sie finden Regelungen zum Verbot der Führung von Dienstgeschäften keine Anwendung.

(4) [1]Die Stelle prüft und bearbeitet Mitteilungen von Bürgern sowie Polizeibediensteten mit Vorgängen aus dem innerpolizeilichen Bereich, auch soweit es sich um Beschwerden handelt. [2]Polizeibedienstete sind befugt, sich ohne Einhaltung des Dienstwegs an die Stelle zu wenden. [3]Wegen der Wahrnehmung des Beschwerderechts darf für Beschwerdeführer kein dienstlich veranlasster Nachteil entstehen.

(5) [1]Die Stelle ist befugt, personenbezogene Daten zu verarbeiten, soweit dies zur Erfüllung ihrer Aufgaben erforderlich ist. [2]Ihre Bediensteten sind zur Verschwiegenheit verpflichtet. [3]Die erhobenen und verarbeiteten Daten dürfen nicht zu anderen Zwecken weiterverarbeitet werden.

(6) [1]Die Stelle kann Stellungnahmen vom Staatsministerium des Innern, dessen nachgeordneten Polizeidienststellen und den beschwerdebetroffenen Polizeibediensteten sowie Unterlagen und Sachakten, die im Sachzusammenhang stehen, anfordern und einsehen. [2]Sie kann Polizeibedienstete anhören, soweit dies für die Prüfung darüber hinaus erforderlich ist. [3]Die Stelle kann Personalakten der Bediensteten ohne deren Einwilligung anfordern und einsehen, wenn die Stelle für die Erfüllung ihrer Aufgaben erforderliche Kenntnis nicht durch Auskunft aus der Personalakte gewinnen kann. [4]Jede Einsichtnahme nach Satz 3 ist aktenkundig zu machen. [5]Die Stelle kann Empfehlungen an das Staatsministerium des Innern und dessen nachgeordnete Polizeidienststellen aussprechen.

(7) [1]Die Stelle legt jährlich einen Bericht über ihre Arbeit und die Prüfergebnisse vor. [2]Dieser wird veröffentlicht.

§ 99 Aufgaben des Staatsministeriums des Innern

(1) Das Staatsministerium des Innern ist oberste Dienstbehörde und Führungsstelle der Polizei.

(2) Das Staatsministerium des Innern kann sich oder einer anderen Polizeidienststelle nachgeordnete Polizeidienststellen vorübergehend unmittelbar unterstellen, wenn die Erfüllung der polizeilichen Aufgaben dies erfordert.

(3) [1]Ist bei Gefahr im Verzug ein rechtzeitiges Tätigwerden des Staatsministeriums des Innern nicht zu erreichen, kann das Landeskriminalamt Maßnahmen nach Absatz 2 treffen. [2]Das Staatsministerium des Innern ist unverzüglich zu unterrichten.

§ 100 Ermächtigung zur Regelung von Aufgaben und Gliederung der Polizeidienststellen
Die Gliederung der Polizei in Polizeidienststellen und die Verteilung der Aufgaben auf die Polizeidienststellen wird durch das Staatsministerium des Innern durch Rechtsverordnung bestimmt.

§ 101 Dienst- und Fachaufsicht
(1) Die Dienst- und Fachaufsicht über das Landeskriminalamt, das Präsidium der Bereitschaftspolizei, das Polizeiverwaltungsamt und die Polizeidirektionen übt das Staatsministerium des Innern aus.
(2) Die Fachaufsicht über die kriminalpolizeiliche Tätigkeit der Polizeidienststellen wird, unbeschadet der Regelung in Absatz 1, vom Landeskriminalamt ausgeübt.
(3) Im Übrigen kann das Staatsministerium des Innern durch Rechtsverordnung weitere Regelungen über die Dienst- und Fachaufsicht über die nachgeordneten Polizeidienststellen sowie die Ausbildungs- und Fortbildungseinrichtungen für die Polizei treffen.
(4) [1]Die zur Dienstaufsicht oder zur Fachaufsicht zuständigen Stellen können den Polizeidienststellen im Rahmen ihrer Zuständigkeit Weisungen erteilen. [2]Die Polizeidienststellen haben diesen Weisungen Folge zu leisten. [3]Sie sind verpflichtet, die weisungsbefugten Stellen von allen sachdienlichen Wahrnehmungen zu unterrichten.

§ 102 Zusammenarbeit mit den Polizeibehörden
[1]Die Polizeidienststellen haben mit den Polizeibehörden im Sinne von § 1 des Sächsischen Polizeibehördengesetzes zusammenzuarbeiten und diese unverzüglich über alle Vorgänge zu unterrichten, die für die Erfüllung ihrer polizeibehördlichen Aufgaben erforderlich sind. [2]Unbeschadet der Zuständigkeit der Polizei zur vorbeugenden Bekämpfung von Straftaten sollen die Polizei und die Polizeibehörden im Rahmen der Gefahrenabwehr zusammenwirken und zur Vermeidung strafbarer Verhaltensweisen (Kriminalprävention) beitragen.

§ 103 Örtliche Zuständigkeit
Die Polizeidienststellen sind im ganzen Landesgebiet zuständig; sie sollen in der Regel jedoch nur in ihrem Dienstbezirk tätig werden.

§ 104 Amtshandlungen anderer Länder, des Bundes und anderer Staaten im Freistaat Sachsen
(1) [1]Polizeibedienstete eines anderen Landes können im Freistaat Sachsen Amtshandlungen vornehmen:
1. auf Anforderung oder mit Zustimmung des Staatsministeriums des Innern,
2. in den Fällen des Artikels 35 Absatz 2 und 3 sowie Artikel 91 Absatz 1 des Grundgesetzes für die Bundesrepublik Deutschland,
3. zur Abwehr einer gegenwärtigen erheblichen Gefahr, zur Verfolgung von Straftaten auf frischer Tat sowie zur Verfolgung und Wiederergreifung Entwichener, wenn die zuständige Stelle die erforderlichen Maßnahmen nicht treffen kann,
4. zur Erfüllung polizeilicher Aufgaben im Zusammenhang mit Transporten von Personen oder Sachen oder
5. zur Verfolgung von Straftaten oder Ordnungswidrigkeiten und zur Gefahrenabwehr in den durch Verwaltungsabkommen mit anderen Ländern geregelten Fällen.
[2]In den Fällen des Satzes 1 Nummer 3 und 4 ist die zuständige Polizeidienststelle unverzüglich zu unterrichten.
(2) [1]Werden Polizeibedienstete eines anderen Landes nach Absatz 1 tätig, haben sie die gleichen Befugnisse wie die Polizeibediensteten des Freistaates Sachsen. [2]Ihre Maßnahmen gelten als Maßnahmen derjenigen Polizeidienststellen, in deren örtlichem und sachlichem Zuständigkeitsbereich sie tätig geworden sind. [3]Sie unterliegen insoweit deren Weisungen.
(3) [1]Absatz 1 gilt entsprechend für
1. Polizeibedienstete des Bundes und
2. Vollzugsbedienstete der Zollverwaltung, denen der Gebrauch von Schusswaffen bei Anwendung unmittelbaren Zwangs nach dem Gesetz über den unmittelbaren Zwang bei Ausübung öffentlicher Gewalt durch Vollzugsbeamte des Bundes in der im Bundesgesetzblatt Teil III, Gliederungsnummer 201-5, veröffentlichten bereinigten Fassung, das zuletzt durch Artikel 4 des Gesetzes vom 24. Mai 2016 (BGBl. I S. 1217) geändert worden ist, in der jeweils geltenden Fassung, gestattet ist.

Teil 4
Organisation der Polizei

§ 97 Polizeidienststellen und Einrichtungen für den Polizeivollzugsdienst
(1) Der Freistaat Sachsen unterhält für den Polizeivollzugsdienst folgende Polizeidienststellen:
1. das Landespolizeipräsidium im Staatsministerium des Innern,
2. das Landeskriminalamt,
3. das Polizeiverwaltungsamt,
4. das Präsidium der Bereitschaftspolizei und
5. die Polizeidirektionen.

(2) Der Freistaat Sachsen unterhält für den Polizeivollzugsdienst die erforderlichen Ausbildungs- und Fortbildungseinrichtungen.

§ 98 Unabhängige Vertrauens- und Beschwerdestelle
(1) [1]Der Freistaat Sachsen unterhält in der Staatskanzlei eine unabhängige, zentrale Vertrauens- und Beschwerdestelle für die Polizei. [2]Die Stelle hat die Aufgabe, das partnerschaftliche Verhältnis zwischen Bürger und Polizei zu stärken. [3]Sie unterstützt die Bürger im Dialog mit der Polizei und wirkt darauf hin, dass begründeten Beschwerden abgeholfen wird. [4]Ihr obliegt auch die Befassung mit Vorgängen aus dem innerpolizeilichen Bereich.

(2) [1]Der Stelle ist die für die Erfüllung ihrer Aufgaben notwendige Personal- und Sachausstattung zur Verfügung zu stellen. [2]Die Staatsregierung trifft die Festlegung über die Anzahl sowie Besoldung und Eingruppierung der Bediensteten der Stelle. [3]Sie werden durch die Staatsregierung zeitlich befristet berufen.

(3) [1]Die Stelle ist in der Ausübung ihrer Tätigkeit unabhängig, weisungsfrei und nur dem Gesetz unterworfen. [2]Sie gibt sich eine Geschäftsordnung. [3]Die Bediensteten dürfen wegen ihrer Tätigkeit dienstlich nicht gemaßregelt, nicht benachteiligt und nicht bevorzugt werden. [4]Die Dienstaufsicht über die Bediensteten obliegt während ihrer Tätigkeit in der Stelle weiterhin der bisherigen obersten Dienstbehörde. [5]Auf sie finden Regelungen zum Verbot der Führung von Dienstgeschäften keine Anwendung.

(4) [1]Die Stelle prüft und bearbeitet Mitteilungen von Bürgern sowie Polizeibediensteten mit Vorgängen aus dem innerpolizeilichen Bereich, auch soweit es sich um Beschwerden handelt. [2]Polizeibedienstete sind befugt, sich ohne Einhaltung des Dienstwegs an die Stelle zu wenden. [3]Wegen der Wahrnehmung des Beschwerderechts darf für Beschwerdeführer kein dienstlich veranlasster Nachteil entstehen.

(5) [1]Die Stelle ist befugt, personenbezogene Daten zu verarbeiten, soweit dies zur Erfüllung ihrer Aufgaben erforderlich ist. [2]Ihre Bediensteten sind zur Verschwiegenheit verpflichtet. [3]Die erhobenen und verarbeiteten Daten dürfen nicht zu anderen Zwecken weiterverarbeitet werden.

(6) [1]Die Stelle kann Stellungnahmen vom Staatsministerium des Innern, dessen nachgeordneten Polizeidienststellen und den beschwerdebetroffenen Polizeibediensteten sowie Unterlagen und Sachakten, die im Sachzusammenhang stehen, anfordern und einsehen. [2]Sie kann Polizeibedienstete anhören, soweit dies für die Prüfung darüber hinaus erforderlich ist. [3]Die Stelle kann Personalakten der Bediensteten ohne deren Einwilligung anfordern und einsehen, wenn die Stelle die zur Erfüllung ihrer Aufgaben erforderliche Kenntnis nicht durch Auskunft aus der Personalakte gewinnen kann. [4]Jede Einsichtnahme nach Satz 3 ist aktenkundig zu machen. [5]Die Stelle kann Empfehlungen an das Staatsministerium des Innern und dessen nachgeordnete Polizeidienststellen aussprechen.

(7) [1]Die Stelle legt jährlich einen Bericht über ihre Arbeit und die Prüfergebnisse vor. [2]Dieser wird veröffentlicht.

§ 99 Aufgaben des Staatsministeriums des Innern
(1) Das Staatsministerium des Innern ist oberste Dienstbehörde und Führungsstelle der Polizei.

(2) Das Staatsministerium des Innern kann sich oder einer anderen Polizeidienststelle nachgeordnete Polizeidienststellen vorübergehend unmittelbar unterstellen, wenn die Erfüllung der polizeilichen Aufgaben dies erfordert.

(3) [1]Ist bei Gefahr im Verzug ein rechtzeitiges Tätigwerden des Staatsministeriums des Innern nicht zu erreichen, kann das Landeskriminalamt Maßnahmen nach Absatz 2 treffen. [2]Das Staatsministerium des Innern ist unverzüglich zu unterrichten.

§ 100 Ermächtigung zur Regelung von Aufgaben und Gliederung der Polizeidienststellen
Die Gliederung der Polizei in Polizeidienststellen und die Verteilung der Aufgaben auf die Polizeidienststellen wird durch das Staatsministerium des Innern durch Rechtsverordnung bestimmt.

§ 101 Dienst- und Fachaufsicht
(1) Die Dienst- und Fachaufsicht über das Landeskriminalamt, das Präsidium der Bereitschaftspolizei, das Polizeiverwaltungsamt und die Polizeidirektionen übt das Staatsministerium des Innern aus.
(2) Die Fachaufsicht über die kriminalpolizeiliche Tätigkeit der Polizeidienststellen wird, unbeschadet der Regelung in Absatz 1, vom Landeskriminalamt ausgeübt.
(3) Im Übrigen kann das Staatsministerium des Innern durch Rechtsverordnung weitere Regelungen über die Dienst- und Fachaufsicht über die nachgeordneten Polizeidienststellen sowie die Ausbildungs- und Fortbildungseinrichtungen für die Polizei treffen.
(4) [1]Die zur Dienstaufsicht oder zur Fachaufsicht zuständigen Stellen können den Polizeidienststellen im Rahmen ihrer Zuständigkeit Weisungen erteilen. [2]Die Polizeidienststellen haben diesen Weisungen Folge zu leisten. [3]Sie sind verpflichtet, die weisungsbefugten Stellen von allen sachdienlichen Wahrnehmungen zu unterrichten.

§ 102 Zusammenarbeit mit den Polizeibehörden
[1]Die Polizeidienststellen haben mit den Polizeibehörden im Sinne von § 1 des Sächsischen Polizeibehördengesetzes zusammenzuarbeiten und diese unverzüglich über alle Vorgänge zu unterrichten, die für die Erfüllung ihrer polizeibehördlichen Aufgaben erforderlich sind. [2]Unbeschadet der Zuständigkeit der Polizei zur vorbeugenden Bekämpfung von Straftaten sollen die Polizei und die Polizeibehörden im Rahmen der Gefahrenabwehr zusammenwirken und zur Vermeidung strafbarer Verhaltensweisen (Kriminalprävention) beitragen.

§ 103 Örtliche Zuständigkeit
Die Polizeidienststellen sind im ganzen Landesgebiet zuständig; sie sollen in der Regel jedoch nur in ihrem Dienstbezirk tätig werden.

§ 104 Amtshandlungen anderer Länder, des Bundes und anderer Staaten im Freistaat Sachsen
(1) [1]Polizeibedienstete eines anderen Landes können im Freistaat Sachsen Amtshandlungen vornehmen:
1. auf Anforderung oder mit Zustimmung des Staatsministeriums des Innern,
2. in den Fällen des Artikels 35 Absatz 2 und 3 sowie Artikel 91 Absatz 1 des Grundgesetzes für die Bundesrepublik Deutschland,
3. zur Abwehr einer gegenwärtigen erheblichen Gefahr, zur Verfolgung von Straftaten auf frischer Tat sowie zur Verfolgung und Wiederergreifung Entwichener, wenn die zuständige Stelle die erforderlichen Maßnahmen nicht treffen kann,
4. zur Erfüllung polizeilicher Aufgaben im Zusammenhang mit Transporten von Personen oder Sachen oder
5. zur Verfolgung von Straftaten oder Ordnungswidrigkeiten und zur Gefahrenabwehr in den durch Verwaltungsabkommen mit anderen Ländern geregelten Fällen.
[2]In den Fällen des Satzes 1 Nummer 3 und 4 ist die zuständige Polizeidienststelle unverzüglich zu unterrichten.
(2) [1]Werden Polizeibedienstete eines anderen Landes nach Absatz 1 tätig, haben sie die gleichen Befugnisse wie die Polizeibediensteten des Freistaates Sachsen. [2]Ihre Maßnahmen gelten als Maßnahmen derjenigen Polizeidienststellen, in deren örtlichem und sachlichem Zuständigkeitsbereich sie tätig geworden sind. [3]Sie unterliegen insoweit deren Weisungen.
(3) [1]Absatz 1 gilt entsprechend für
1. Polizeibedienstete des Bundes und
2. Vollzugsbedienstete der Zollverwaltung, denen der Gebrauch von Schusswaffen bei Anwendung unmittelbaren Zwangs nach dem Gesetz über den unmittelbaren Zwang bei Ausübung öffentlicher Gewalt durch Vollzugsbeamte des Bundes in der im Bundesgesetzblatt Teil III, Gliederungsnummer 201-5, veröffentlichten bereinigten Fassung, das zuletzt durch Artikel 4 des Gesetzes vom 24. Mai 2016 (BGBl. I S. 1217) geändert worden ist, in der jeweils geltenden Fassung, gestattet ist.

²Absatz 2 gilt für Vollzugsbedienstete der Zollverwaltung entsprechend. ³Für Polizeibedienstete des Bundes gilt das Gesetz über den unmittelbaren Zwang bei Ausübung öffentlicher Gewalt durch Vollzugsbeamte des Bundes uneingeschränkt.

(4) Vollzugsbedienstete anderer Staaten mit polizeilichen Aufgaben können im Freistaat Sachsen polizeiliche Amtshandlungen vornehmen, soweit dies völkerrechtliche Vereinbarungen vorsehen oder das Staatsministerium des Innern Amtshandlungen ausländischer Polizeidienststellen allgemein oder im Einzelfall zustimmt.

§ 105 Amtshandlungen von Polizeibediensteten des Freistaates Sachsen außerhalb des Zuständigkeitsbereichs

(1) ¹Die Polizeibediensteten des Freistaates Sachsen dürfen im Zuständigkeitsbereich des Bundes oder in einem anderen Land nur dann tätig werden, wenn dies durch Bundesrecht oder das jeweilige Landesrecht vorgesehen ist. ²Außerhalb der Bundesrepublik Deutschland dürfen die Polizeibediensteten nur tätig werden, soweit dies durch völkerrechtliche Vereinbarungen geregelt ist.

(2) Einer Anforderung von Polizeikräften durch den Bund oder ein anderes Land soll entsprochen werden, soweit nicht die Verwendung der Polizeikräfte im Freistaat Sachsen dringender ist, als die Unterstützung des Bundes oder des anderen Landes.

Teil 5
Sonstige Bestimmungen

§ 106 Strafvorschriften

(1) Mit Freiheitsstrafe bis zu zwei Jahren oder mit Geldstrafe wird bestraft, wer

1. einer vollstreckbaren gerichtlichen Anordnung nach § 21 Absatz 4 Satz 1 oder einer vollziehbaren Anordnung nach § 21 Absatz 4 Satz 2 zuwiderhandelt und dadurch den Zweck der Anordnung gefährdet oder

2. einer vollstreckbaren gerichtlichen Anordnung nach § 61 Absatz 5 Satz 1 oder einer vollziehbaren Anordnung nach § 61 Absatz 5 Satz 2 zuwiderhandelt und dadurch die kontinuierliche Feststellung seines Aufenthaltsortes durch die Polizei verhindert.

(2) Die Tat wird nur auf Antrag der Polizeidienststelle verfolgt, die die Maßnahme angeordnet oder beantragt hat.

§ 107 Berichtspflichten gegenüber dem Landtag

¹Das Staatsministerium des Innern unterrichtet die Öffentlichkeit, den Landtag und seine Abgeordneten jährlich in Form eines Berichtes über abgeschlossene Maßnahmen nach § 21 Absatz 2 und 3, § 57 Absatz 4 und 5, §§ 58 bis 69 und über Übermittlungen nach § 90. ²Der Bericht hat statistische Angaben über Anlass, Zweck, Dauer und Ergebnis solcher Maßnahmen sowie über die Benachrichtigung der Betroffenen und die Löschung der personenbezogenen Daten zu enthalten. ³Die Staatsregierung unterrichtet in Berichtsform weiter über die Anzahl rechtskräftig abgeschlossener Verfahren nach § 106.

§ 108 Außerkrafttreten

(1) § 59 tritt am 31. Dezember 2023 außer Kraft.

(2) § 81 Absatz 4 Satz 2 tritt am 31. Dezember 2025 außer Kraft.

Gesetz über die Aufgaben, Organisation, Befugnisse und Datenverarbeitung der Polizeibehörden im Freistaat Sachsen (Sächsisches Polizeibehördengesetz – SächsPBG)[1]

Vom 11. Mai 2019 (SächsGVBl. S. 358, 389)

Inhaltsübersicht

---

1) Verkündet als Art. 2 G v. 11.5.2019 (SächsGVBl. S. 358); Inkrafttreten gem. Art. 26 dieses G am 1.1.2020.

Abschnitt 1
Aufgaben und allgemeine Bestimmungen

§ 1 Begriff der Polizeibehörden
(1) Allgemeine Polizeibehörden sind
1. die zuständigen Staatsministerien als oberste Landespolizeibehörden,
2. die Landesdirektion Sachsen als Landespolizeibehörde,
3. die Landratsämter und die Kreisfreien Städte als Kreispolizeibehörden sowie
4. die Gemeinden als Ortspolizeibehörden.

(2) Die Aufgaben der Kreis- und der Ortspolizeibehörden sind Weisungsaufgaben; das Weisungsrecht ist im Rahmen der gesetzlichen Vorschriften unbeschränkt.

(3) [1]Besondere Polizeibehörden sind Behörden, die nicht allgemeine Polizeibehörden sind und denen in bestimmten Sachgebieten Aufgaben der Gefahrenabwehr übertragen worden sind. [2]Ihr Aufbau wird durch dieses Gesetz nicht berührt.

§ 2 Aufgaben der Polizeibehörden
(1) [1]Die Polizeibehörden haben die Aufgabe, Gefahren für die öffentliche Sicherheit oder Ordnung abzuwehren. [2]Sie haben im Rahmen dieser Aufgabe auch Vorbereitungen zu treffen, um künftige Gefahren abwehren zu können.

(2) Der Schutz privater Rechte obliegt den Polizeibehörden nach diesem Gesetz nur auf Antrag des Berechtigten und nur dann, wenn gerichtlicher Schutz nicht rechtzeitig zu erlangen ist und wenn ohne polizeibehördliche Hilfe die Verwirklichung des Rechts vereitelt oder wesentlich erschwert werden würde.

(3) Die Polizeibehörden haben ferner die ihnen durch andere Rechtsvorschriften zugewiesenen Aufgaben zu erfüllen.

§ 3 Begriffsbestimmungen
Die Begriffsbestimmungen des § 4 des Sächsischen Polizeivollzugsdienstgesetzes vom 11. Mai 2019 (SächsGVBl. S. 358), in der jeweils geltenden Fassung, gelten entsprechend.

§ 4 Zusammenarbeit mit dem Polizeivollzugsdienst
(1) [1]Die Polizeibehörden haben mit dem Polizeivollzugsdienst bei der Gefahrenabwehr zusammenzuarbeiten und die zuständigen Polizeidienststellen unverzüglich über Vorgänge zu unterrichten, deren Kenntnis für die Aufgabenerfüllung des Polizeivollzugsdienstes bedeutsam erscheint. [2]Unbeschadet der Zuständigkeit der Polizei zur vorbeugenden Bekämpfung von Straftaten sollen die Polizei und die Polizeibehörden im Rahmen der Gefahrenabwehr zusammenwirken und zur Vermeidung strafbarer Verhaltensweisen (Kriminalprävention) beitragen.

(2) Der Polizeivollzugsdienst leistet den Polizeibehörden Vollzugshilfe nach Maßgabe der §§ 37 und 38 des Sächsischen Polizeivollzugsdienstgesetzes.

§ 5 Örtliche Zuständigkeit
(1) Die örtliche Zuständigkeit der Polizeibehörden beschränkt sich auf ihren Dienstbezirk.

(2) [1]Örtlich zuständig ist die Polizeibehörde, in deren Dienstbezirk eine polizeibehördliche Aufgabe wahrzunehmen ist. [2]Das fachlich zuständige Staatsministerium kann im Einvernehmen mit dem Staatsministerium des Innern durch Rechtsverordnung zum Zweck der Verwaltungsvereinfachung hiervon abweichende örtliche Zuständigkeiten festlegen.

(3) [1]Erscheint bei Gefahr im Verzug ein rechtzeitiges Tätigwerden der örtlich zuständigen Polizeibehörde nicht erreichbar, kann auch die für einen benachbarten Dienstbezirk zuständige Polizeibehörde die erforderlichen Maßnahmen treffen. [2]Die örtlich zuständige Polizeibehörde ist von den getroffenen Maßnahmen unverzüglich zu unterrichten.

(4) [1]Kann eine polizeibehördliche Aufgabe in mehreren Dienstbezirken zweckmäßig nur einheitlich wahrgenommen werden, wird die örtliche Zuständigkeit von der Behörde geregelt, welche die Fachaufsicht über die beteiligten Polizeibehörden führt. [2]Die Regelung kann auch von der Landespolizeibehörde oder der obersten Landespolizeibehörde getroffen werden.

§ 6 Sachliche Zuständigkeit
(1) Soweit nichts anderes bestimmt ist, sind die Ortspolizeibehörden sachlich zuständig.

(2) Das fachlich zuständige Staatsministerium kann im Einvernehmen mit dem Staatsministerium des Innern durch Rechtsverordnung die sachliche Zuständigkeit abweichend von Absatz 1 festlegen, soweit keine gesetzliche Regelung getroffen ist.

§ 7 Besondere sachliche Zuständigkeit

(1) Erscheint bei Gefahr im Verzug ein rechtzeitiges Tätigwerden der sachlich zuständigen Polizeibehörde nicht erreichbar, können deren Aufgaben von den zur Fachaufsicht zuständigen Behörden wahrgenommen werden.

(2) Unter den Voraussetzungen des Absatzes 1 kann jede Polizeibehörde innerhalb ihres Dienstbezirkes die Aufgaben einer übergeordneten Polizeibehörde wahrnehmen.

(3) Die sachlich zuständige Polizeibehörde ist von den getroffenen Maßnahmen unverzüglich zu unterrichten.

(4) Die Absätze 1 bis 3 gelten nicht für den Erlass von Polizeiverordnungen.

§ 8 Fachaufsicht

(1) Es führen die Fachaufsicht über
1. die Landespolizeibehörde: die zuständigen Staatsministerien,
2. die Kreispolizeibehörden: die Landesdirektion Sachsen und
3. die Ortspolizeibehörden
    a) in den Kreisfreien Städten: die Landesdirektion Sachsen und
    b) im Übrigen: die Landratsämter.

(2) Das Staatsministerium des Innern führt die Dienstaufsicht über die Landesdirektion Sachsen im Benehmen mit dem fachlich zuständigen Staatsministerium.

(3) Leistet eine allgemeine Polizeibehörde einer ihr erteilten Weisung keine Folge, kann an Stelle dieser Behörde die zur Fachaufsicht zuständige Behörde die erforderlichen Maßnahmen treffen.

(4) Die allgemeinen Polizeibehörden sind verpflichtet, die weisungsbefugten Behörden von allen sachdienlichen Wahrnehmungen zu unterrichten.

§ 9 Gemeindliche Vollzugsbedienstete

(1) ¹Die Ortspolizeibehörden können für den Vollzug bestimmter auf den Gemeindebereich beschränkter polizeibehördlicher Aufgaben gemeindliche Vollzugsbedienstete bestellen. ²Die gemeindlichen Vollzugsbediensteten haben bei der Erfüllung ihrer polizeibehördlichen Aufgaben die Stellung von Polizeibediensteten im Sinne des Sächsischen Polizeivollzugsdienstgesetzes. ³Die Zuständigkeit des Polizeivollzugsdienstes bleibt unberührt.

(2) Das Staatsministerium des Innern hat durch Rechtsverordnung zu bestimmen:
1. für welche polizeibehördlichen Aufgaben gemeindliche Vollzugsbedienstete bestellt werden können,
2. welche Bekanntgabe- und Unterrichtungspflichten bei der Bestellung von gemeindlichen Vollzugsbediensteten gelten und
3. welche Mittel des unmittelbaren Zwangs (§ 40 des Sächsischen Polizeivollzugsdienstgesetzes) die gemeindlichen Vollzugsbediensteten anwenden dürfen; die Anwendung von Waffen (§ 40 Absatz 4 des Sächsischen Polizeivollzugsdienstgesetzes), mit Ausnahme des Schlagstocks, ist ausgeschlossen.

§ 10 Einschränkung von Grundrechten

Auf Grund dieses Gesetzes können die Grundrechte auf
1. Leben und körperliche Unversehrtheit (Artikel 2 Absatz 2 Satz 1 des Grundgesetzes für die Bundesrepublik Deutschland, Artikel 16 Absatz 1 Satz 1 der Verfassung des Freistaates Sachsen),
2. Freiheit der Person (Artikel 2 Absatz 2 Satz 2 des Grundgesetzes für die Bundesrepublik Deutschland, Artikel 16 Absatz 1 Satz 2 der Verfassung des Freistaates Sachsen),
3. Wahrung des Brief-, Post- und Fernmeldegeheimnisses (Artikel 10 Absatz 1 des Grundgesetzes für die Bundesrepublik Deutschland, Artikel 27 Absatz 1 der Verfassung des Freistaates Sachsen),
4. Unverletzlichkeit der Wohnung (Artikel 13 Absatz 1 des Grundgesetzes für die Bundesrepublik Deutschland, Artikel 30 Absatz 1 der Verfassung des Freistaates Sachsen) und
5. informationelle Selbstbestimmung (Artikel 33 der Verfassung des Freistaates Sachsen)
eingeschränkt werden.

§ 11 Ausweispflicht

[1]Auf Verlangen des Betroffenen haben sich die Bediensteten der Polizeibehörden bei der Ausübung ihrer Tätigkeit auszuweisen. [2]Dies gilt nicht, wenn die Umstände es nicht zulassen oder dadurch der Zweck der Maßnahme gefährdet wird.

Abschnitt 2
Maßnahmen

Unterabschnitt 1
Allgemeine Bestimmungen

§ 12 Allgemeine Befugnisse

(1) Die Polizeibehörden können die notwendigen Maßnahmen treffen, um eine Gefahr für die öffentliche Sicherheit oder Ordnung abzuwehren, soweit die Befugnisse nicht besonders geregelt sind.

(2) [1]Zur Erfüllung von nach anderen Rechtsvorschriften zugewiesenen Aufgaben haben sie die dort vorgesehenen Befugnisse. [2]Soweit diese Rechtsvorschriften keine Befugnisse regeln oder keine abschließenden Regelungen enthalten, treffen die Polizeibehörden die notwendigen Maßnahmen zur Gefahrenabwehr nach diesem Gesetz.

§ 13 Grundsatz der Verhältnismäßigkeit

(1) [1]Die zu treffende Maßnahme muss geeignet sein. [2]Die Maßnahme ist geeignet, wenn anzunehmen ist, dass sie den erstrebten Erfolg herbeiführt oder zumindest fördert.

(2) Von mehreren möglichen und geeigneten Maßnahmen haben die Polizeibehörden diejenige zu treffen, die die einzelne Person und die Allgemeinheit voraussichtlich am wenigsten beeinträchtigt.

(3) [1]Die Maßnahme muss angemessen sein. [2]Sie darf nicht zu einem Nachteil führen, der zu dem angestrebten Erfolg erkennbar außer Verhältnis steht.

(4) Die Maßnahme ist nur solange zulässig, bis ihr Zweck erreicht ist oder sich zeigt, dass er nicht erreicht werden kann.

(5) Soweit das Erfordernis besteht, mehrere Maßnahmen gegen eine Person zu treffen, müssen die Maßnahmen auch in ihrer Gesamtwirkung verhältnismäßig im Sinne der Absätze 1 bis 4 sein.

§ 14 Verantwortlichkeit für eigenes oder fremdes Verhalten

(1) Verursacht eine Person eine Gefahr, sind die Maßnahmen gegen sie zu richten.

(2) [1]Ist die Person noch nicht 14 Jahre alt, können Maßnahmen auch gegen die aufsichtspflichtige Person gerichtet werden. [2]Ist für eine Person ein Betreuer bestellt, kann die Polizeibehörde ihre Maßnahme auch gegenüber dem Betreuer im Rahmen seines Aufgabenkreises treffen.

(3) Verursacht eine Person, die zu einer Verrichtung bestellt ist, die Gefahr in Ausführung der Verrichtung, können Maßnahmen auch gegen die Person gerichtet werden, die zu der Verrichtung bestellt hat.

§ 15 Verantwortlichkeit für Tiere und den Zustand von Sachen

(1) [1]Geht von einem Tier oder einer Sache eine Gefahr aus, sind die Maßnahmen gegen den Inhaber der tatsächlichen Gewalt zu richten. [2]Die nachfolgenden für Sachen geltenden Vorschriften sind auch auf Tiere anzuwenden.

(2) [1]Maßnahmen können auch gegen den Eigentümer oder einen anderen Berechtigten gerichtet werden. [2]Dies gilt nicht, wenn der Inhaber der tatsächlichen Gewalt diese ohne den Willen des Eigentümers oder Berechtigten ausübt.

(3) Geht die Gefahr von einer herrenlosen Sache aus, können Maßnahmen gegen denjenigen gerichtet werden, der das Eigentum an der Sache aufgegeben hat.

§ 16 Unmittelbare Ausführung einer Maßnahme

(1) [1]Die Polizeibehörden können eine Maßnahme selbst oder durch einen beauftragten Dritten unmittelbar ausführen, wenn der Zweck der Maßnahme durch Inanspruchnahme der Verantwortlichen nach § 14 oder § 15 nicht oder nicht rechtzeitig erreicht werden kann. [2]Der von der Maßnahme Betroffene ist unverzüglich zu unterrichten.

(2) Für die unmittelbare Ausführung einer Maßnahme nach Absatz 1 erheben die Polizeibehörden von den Verantwortlichen nach den §§ 14 und 15 Kosten (Gebühren und Auslagen).

§ 17 Inanspruchnahme nicht verantwortlicher Personen

(1) Die Polizeibehörden können Maßnahmen gegen andere Personen als die Verantwortlichen nach § 14 oder § 15 richten, wenn

1. eine gegenwärtige Gefahr abzuwehren ist,
2. Maßnahmen gegen die Verantwortlichen nach § 14 oder § 15 nicht oder nicht rechtzeitig möglich sind oder keinen Erfolg versprechen,
3. die Polizeibehörde die Gefahr nicht oder nicht rechtzeitig selbst oder durch beauftragte Dritte abwehren kann und
4. die Personen ohne erhebliche eigene Gefährdung und ohne Verletzung höherwertiger Pflichten in Anspruch genommen werden können.

(2) Die Maßnahmen dürfen nur aufrechterhalten werden, solange die Voraussetzungen des Absatzes 1 vorliegen.

Unterabschnitt 2
Einzelmaßnahmen, Videoüberwachung

§ 18 Identitätsfeststellung, Prüfung von Berechtigungsscheinen

(1) Die Polizeibehörden können die Identität einer Person feststellen, soweit dies

1. zur Abwehr einer Gefahr oder
2. zum Schutz privater Rechte

erforderlich ist.

(2) [1]Die Polizeibehörden können die zur Feststellung der Identität erforderlichen Maßnahmen treffen. [2]Sie können

1. den Betroffenen anhalten,
2. den Betroffenen nach seinen Personalien befragen,
3. verlangen, dass der Betroffene mitgeführte Ausweispapiere zur Prüfung aushändigt,
4. den Betroffenen und von ihm mitgeführte Sachen nach Gegenständen durchsuchen, die zur Identitätsfeststellung dienen können, oder
5. den Betroffenen festhalten.

[3]Maßnahmen nach Satz 2 Nummer 4 und 5 dürfen nur getroffen werden, wenn die Identität auf andere Weise nicht oder nur unter erheblichen Schwierigkeiten festgestellt werden kann oder wenn tatsächliche Anhaltspunkte dafür bestehen, dass Angaben unrichtig sind.

(3) Die Polizeibehörden können verlangen, dass ein Berechtigungsschein vorgezeigt und zur Prüfung ausgehändigt wird, wenn der Betroffene auf Grund einer Rechtsvorschrift verpflichtet ist, diesen Berechtigungsschein mitzuführen.

§ 19 Befragung, Auskunftspflicht und Vorladung

(1) [1]Die Polizeibehörden können eine Person befragen, wenn Tatsachen die Annahme rechtfertigen, dass die Person sachdienliche Angaben, die zur Erfüllung einer bestimmten polizeibehördlichen Aufgabe erforderlich sind, machen kann. [2]Für die Dauer der Befragung kann die Person angehalten werden.

(2) Eine Person, deren Befragung nach Absatz 1 Satz 1 zulässig ist, ist verpflichtet, auf Verlangen ihren Namen, Vornamen, Tag und Ort der Geburt, Wohnanschrift und Staatsangehörigkeit anzugeben.

(3) [1]Eine über Absatz 2 hinausgehende Auskunftspflicht besteht, soweit dies zur Abwehr einer erheblichen Gefahr erforderlich ist. [2]In entsprechender Anwendung der §§ 52 bis 53a und 55 Absatz 1 der Strafprozessordnung ist die betroffene Person zur Verweigerung der Auskunft mit Ausnahme der Angaben nach Absatz 2 berechtigt. [3]Dies gilt nicht, soweit die Auskunft zur Abwehr einer Gefahr für Leben oder Freiheit einer Person oder einer erheblichen Gesundheitsgefahr zwingend erforderlich ist. [4]Ein Geistlicher ist auch in diesem Fall nicht verpflichtet, Auskunft über Tatsachen zu geben, die ihm in seiner Eigenschaft als Seelsorger anvertraut wurden oder bekannt geworden sind. [5]Die weitere Verarbeitung von nach Satz 3 erhobenen Daten ist nur zu dem Zweck zulässig, zu dem die Daten erhoben wurden. [6]Die betroffene Person ist vor der Befragung über ihr Recht zur Verweigerung der Auskunft zu belehren.

(4) [1]Soweit eine Auskunftspflicht besteht, dürfen zur Herbeiführung einer Aussage nur die Zwangsmittel Zwangsgeld und Zwangshaft angewendet werden. [2]Die §§ 68a und 136a der Strafprozessordnung gelten entsprechend.

(5) ¹Die Polizeibehörden können unter den Voraussetzungen des Absatzes 1 Satz 1 eine Person schriftlich oder mündlich vorladen. ²Bei der Vorladung ist deren Grund anzugeben. ³Bei der Festsetzung des Zeitpunktes soll auf die beruflichen Verpflichtungen und die sonstigen Lebensverhältnisse des Betroffenen Rücksicht genommen werden.

(6) Leistet ein Betroffener der Vorladung ohne hinreichenden Grund keine Folge, kann sie zwangsweise durchgesetzt werden, wenn die Angaben zur Abwehr einer Gefahr für Leib, Leben oder Freiheit einer Person oder für bedeutende fremde Sach- oder Vermögenswerte erforderlich sind.

(7) Für die Entschädigung und Vergütung von Personen, die als Zeugen oder als Sachverständige herangezogen werden, gilt das Justizvergütungs- und □entschädigungsgesetz vom 5. Mai 2004 (BGBl. I S. 718, 776), das zuletzt durch Artikel 5 Absatz 2 des Gesetzes vom 11. Oktober 2016 (BGBl. I S. 2222) geändert worden ist, in der jeweils geltenden Fassung, entsprechend.

§ 20 Platzverweisung
¹Die Polizeibehörden können zur Abwehr einer Gefahr für die öffentliche Sicherheit eine Person vorübergehend von einem Ort verweisen oder ihr vorübergehend das Betreten eines Ortes verbieten (Platzverweisung). ²Dies gilt insbesondere für Personen, die den Einsatz der Feuerwehr oder der Hilfs- und Rettungsdienste behindern.

§ 21 Durchsuchung von Personen
(1) Die Polizeibehörden können eine Person durchsuchen, wenn
1. sie nach diesem Gesetz oder anderen Rechtsvorschriften festgehalten werden darf,
2. Tatsachen die Annahme rechtfertigen, dass sie Tiere oder Sachen mit sich führt, die nach § 25 sichergestellt werden dürfen, oder
3. sie sich erkennbar in einem die freie Willensbildung ausschließenden Zustand oder sonst in hilfloser Lage befindet und dies zur Feststellung und Abwehr einer sie betreffenden Gefahr erforderlich ist.

(2) Personen dürfen nur von Personen gleichen Geschlechts oder Ärzten durchsucht werden; dies gilt nicht, wenn die sofortige Durchsuchung nach den Umständen zum Schutz gegen eine Gefahr für Leib oder Leben erforderlich erscheint.

§ 22 Durchsuchung von Sachen
Die Polizeibehörden können eine Sache durchsuchen, wenn
1. sie von einer Person mitgeführt wird, die nach § 21 durchsucht werden darf,
2. Tatsachen die Annahme rechtfertigen, dass sich in ihr Sachen oder Tiere befinden, die nach § 25 sichergestellt werden dürfen, oder
3. Tatsachen die Annahme rechtfertigen, dass sich in der Sache eine Person befindet, die sich in einem die freie Willensbildung ausschließenden Zustand oder sonst in hilfloser Lage befindet und für die dadurch eine Gefahr für Leib oder Leben besteht.

§ 23 Betreten und Durchsuchung von Wohnungen
(1) ¹Die Polizeibehörden können eine Wohnung ohne Einwilligung des Inhabers betreten und durchsuchen, wenn
1. dies zur Abwehr einer gegenwärtigen Gefahr für Leib, Leben oder Freiheit einer Person oder für bedeutende Sach- oder Vermögenswerte erforderlich ist oder
2. Tatsachen die Annahme rechtfertigen, dass sich in ihr Sachen oder Tiere befinden, die nach § 25 sichergestellt werden dürfen.
²Die Wohnung umfasst die Wohn- und Nebenräume, Arbeits-, Betriebs- und Geschäftsräume, auch während der Geschäftszeiten, sowie anderes umfriedetes Besitztum.

(2) ¹Während der Nachtzeit darf das Betreten und Durchsuchen einer Wohnung nur zur Abwehr einer gegenwärtigen Gefahr für Leib, Leben oder Freiheit einer Person oder für bedeutende Sach- oder Vermögenswerte erfolgen. ²Die Nachtzeit umfasst in dem Zeitraum vom 1. April bis 30. September die Stunden von 21.00 Uhr bis 4.00 Uhr und in dem Zeitraum vom 1. Oktober bis 31. März die Stunden von 21.00 Uhr bis 6.00 Uhr.

(3) Arbeits-, Betriebs- und Geschäftsräume sowie andere Räume und Grundstücke, die der Öffentlichkeit zugänglich sind oder zugänglich waren und den Anwesenden zum weiteren Aufenthalt zur Verfügung stehen, dürfen zum Zweck der Abwehr von Gefahren für die öffentliche Sicherheit oder

Ordnung während der Arbeits-, Geschäfts- oder Aufenthaltszeit und nach Maßgabe der Absätze 1 und 2 betreten werden.

§ 24 Verfahren bei der Durchsuchung von Wohnungen

(1) [1]Wohnungen dürfen außer bei Gefahr im Verzug nur auf Grund einer richterlichen Anordnung des Amtsgerichts durchsucht werden, in dessen Bezirk die Wohnung liegt. [2]Für das Verfahren gelten die Vorschriften des Buches 1 des Gesetzes über das Verfahren in Familiensachen und in den Angelegenheiten der freiwilligen Gerichtsbarkeit vom 17. Dezember 2008 (BGBl. I S. 2586, 2587), das zuletzt durch Artikel 13 des Gesetzes vom 18. Dezember 2018 (BGBl. I S. 2639) geändert worden ist, in der jeweils geltenden Fassung, entsprechend. [3]Die gerichtliche Entscheidung kann ohne vorherige Anhörung des Betroffenen ergehen und bedarf zu ihrer Wirksamkeit nicht der Bekanntgabe an ihn. [4]Gegen die gerichtliche Entscheidung findet die Beschwerde statt. [5]Die Beschwerde ist binnen einer Frist von zwei Wochen einzulegen; die Beschwerde hat keine aufschiebende Wirkung.

(2) [1]Der Wohnungsinhaber hat das Recht bei der Durchsuchung der Wohnung anwesend zu sein. [2]Ist er abwesend, ist, soweit möglich und soweit hierdurch keine schutzwürdigen Interessen des Wohnungsinhabers verletzt werden, ein Vertreter oder ein Zeuge beizuziehen.

(3) Dem Wohnungsinhaber oder seinem Vertreter sind der Grund der Durchsuchung und der zulässige Rechtsbehelf unverzüglich bekannt zu geben.

(4) [1]Über die Durchsuchung ist eine Niederschrift zu fertigen. [2]Sie muss die verantwortliche Polizeibehörde, den Grund, die Zeit, den Ort und das Ergebnis der Durchsuchung enthalten. [3]Die Niederschrift ist von einem Vertreter der Polizeibehörde und dem Wohnungsinhaber oder der hinzugezogenen Person zu unterzeichnen. [4]Wird die Unterschrift verweigert, ist hierüber ein Vermerk aufzunehmen. [5]Dem Wohnungsinhaber oder seinem Vertreter ist auf Verlangen eine Durchschrift der Niederschrift auszuhändigen.

(5) Ist die Anfertigung der Niederschrift oder die Aushändigung einer Durchschrift nach den besonderen Umständen des Falles nicht möglich oder würde sie den Zweck der Durchsuchung gefährden, sind dem Wohnungsinhaber oder seinem Vertreter lediglich die Durchsuchung unter Angabe der verantwortlichen Polizeibehörde sowie Zeit und Ort der Durchsuchung schriftlich zu bestätigen.

§ 25 Sicherstellung

(1) Die Polizeibehörden können eine Sache sicherstellen,

1. um eine gegenwärtige Gefahr abzuwehren,
2. um den Eigentümer oder rechtmäßigen Inhaber der tatsächlichen Gewalt vor Verlust oder Beschädigung der Sache zu schützen oder
3. wenn sie von einer Person mitgeführt wird, die nach diesem Gesetz oder anderen Rechtsvorschriften festgehalten wird, und die Sache verwendet werden kann, um
   a) sich zu töten oder zu verletzen,
   b) Leben oder Gesundheit anderer zu schädigen,
   c) fremde Sachen zu beschädigen oder
   d) sich oder anderen die Flucht zu ermöglichen oder zu erleichtern.

(2) Für Tiere gilt Absatz 1 entsprechend.

§ 26 Verwahrung

(1) [1]Sichergestellte Sachen sind in Verwahrung zu nehmen. [2]Lässt die Beschaffenheit der Sache das nicht zu oder erscheint die Verwahrung bei der Polizeibehörde unzweckmäßig, ist die Sache auf andere geeignete Weise aufzubewahren oder zu sichern. [3]In diesem Fall kann die Verwahrung auch einem Dritten übertragen werden. [4]Wird eine sichergestellte Sache verwahrt, hat die Polizeibehörde nach Möglichkeit Wertminderungen vorzubeugen.

(2) [1]Dem Betroffenen ist eine Bescheinigung auszustellen, die den Grund der Sicherstellung erkennen lässt und die sichergestellte Sache bezeichnet. [2]Kann nach den Umständen des Falles eine Bescheinigung nicht ausgestellt werden, ist über die Sicherstellung eine Niederschrift aufzunehmen, die auch erkennen lässt, warum eine Bescheinigung nicht ausgestellt worden ist. [3]Der Eigentümer oder ein anderer Berechtigter ist unverzüglich zu unterrichten.

(3) Für Tiere gelten die Absätze 1 und 2 entsprechend.

§ 27 Verwertung, Unbrauchbarmachung und Vernichtung

(1) Die Verwertung einer sichergestellten Sache ist zulässig, wenn

1. ihr Verderb oder eine wesentliche Minderung ihres Wertes droht,
2. ihre Verwahrung, Pflege oder Erhaltung mit unverhältnismäßig hohen Kosten oder Schwierigkeiten verbunden ist,
3. sie infolge ihrer Beschaffenheit nicht so verwahrt werden kann, dass weitere Gefahren für die öffentliche Sicherheit oder Ordnung ausgeschlossen sind,
4. sie nach einer Frist von einem Jahr nicht an den Eigentümer oder einen Berechtigten herausgegeben werden könnte, ohne dass die Voraussetzungen der Sicherstellung erneut eintreten würden, oder
5. der Betroffene, der Eigentümer oder der Berechtigte sie nicht innerhalb einer angemessenen Frist abholt, obwohl ihm eine Mitteilung über die Frist mit dem Hinweis zugestellt worden ist, dass die Sache verwertet wird, wenn sie nicht innerhalb der Frist abgeholt wird.

(2) Ist der Betroffene, der Eigentümer oder der Berechtigte bekannt und erreichbar, soll er vor der Verwertung gehört werden.

(3) ¹Die Sache wird durch öffentliche Versteigerung (§ 383 Absatz 3 des Bürgerlichen Gesetzbuches) verwertet. ²Bleibt die Versteigerung erfolglos, erscheint sie von vornherein aussichtslos oder würden die Kosten der Versteigerung voraussichtlich den zu erwartenden Erlös übersteigen, kann die Sache freihändig verkauft werden. ³Der Erlös tritt an die Stelle der verwerteten Sache. ⁴Kann die Sache innerhalb angemessener Frist nicht verwertet werden, darf sie einem gemeinnützigen Zweck zugeführt werden.

(4) ¹Sichergestellte Sachen können unbrauchbar gemacht oder vernichtet werden, wenn

1. im Fall einer Verwertung die Gründe, die zu ihrer Sicherstellung berechtigen, fortbestehen oder Sicherstellungsgründe erneut entstehen würden oder
2. die Verwertung aus anderen Gründen nicht möglich ist.

²Absatz 2 gilt entsprechend.

(5) Für Tiere gelten die Absätze 1 bis 4 entsprechend.

§ 28 Herausgabe sichergestellter Sachen oder des Erlöses, Kosten

(1) ¹Sobald die Voraussetzungen für die Sicherstellung weggefallen sind, ist die Sache an denjenigen herauszugeben, bei dem sie sichergestellt worden ist. ²Ist die Herausgabe an ihn nicht möglich, kann sie an einen anderen herausgegeben werden, der seine Berechtigung glaubhaft macht. ³Die Herausgabe ist ausgeschlossen, wenn dadurch erneut die Voraussetzungen für eine Sicherstellung eintreten würden. ⁴Im Fall von § 25 Absatz 1 Nummer 2 ist die Sache herauszugeben, wenn der Eigentümer oder der rechtmäßige Inhaber der tatsächlichen Gewalt dies verlangt oder wenn ein Schutz nicht mehr erforderlich ist, spätestens jedoch nach zwei Wochen. ⁵Soweit durch Rechtsvorschriften nichts anderes bestimmt wird, darf die Sicherstellung von leerstehendem Wohnraum zur Beseitigung oder Verhinderung von Obdachlosigkeit nicht länger als zwölf Monate aufrechterhalten werden. ⁶Für andere Sachen darf die Sicherstellung nicht länger als sechs Monate aufrechterhalten werden, es sei denn, es liegen die Voraussetzungen des Satzes 3 vor.

(2) ¹Ist die Sache verwertet worden, ist der Erlös herauszugeben. ²Ist ein Berechtigter nicht vorhanden oder nicht zu ermitteln, ist der Erlös nach den Vorschriften des Bürgerlichen Gesetzbuches zu hinterlegen. ³Der Anspruch auf Herausgabe des Erlöses erlischt drei Jahre nach Ablauf des Jahres, in dem die Sache verwertet worden ist.

(3) ¹Für die Sicherstellung, Verwahrung, Verwertung, Unbrauchbarmachung oder Vernichtung werden Kosten (Gebühren und Auslagen) erhoben, zu deren Ersatz der Eigentümer oder der rechtmäßige Inhaber der tatsächlichen Gewalt verpflichtet ist. ²Ist eine Sache verwertet worden, können die Kosten aus dem Erlös gedeckt werden.

(4) § 983 des Bürgerlichen Gesetzbuches bleibt unberührt.

§ 29 Zurückbehaltungsbefugnis, Ermächtigung Dritter zum Empfang von Zahlungen

(1) Die Polizeibehörden können die Herausgabe von Sachen, deren Besitz sie auf Grund einer polizeibehördlichen Maßnahme nach § 16 oder § 25 oder im Rahmen der Ersatzvornahme nach § 24 des Verwaltungsvollstreckungsgesetzes für den Freistaat Sachsen in der Fassung der Bekanntmachung vom 10. September 2003 (SächsGVBl. S. 614, 913), das zuletzt durch das Gesetz vom 6. Oktober 2013

(SächsGVBl. S. 802) geändert worden ist, in der jeweils geltenden Fassung, erlangt haben, von der Zahlung der entstandenen Kosten abhängig machen.

(2) ¹Wurde die Verwahrung einem Dritten übertragen, kann die Polizei ihn schriftlich ermächtigen, Zahlungen auf die ihm durch die Verwahrung entstandenen Kosten in Empfang zu nehmen. ²Dieser hat die Zahlungen der Polizei unverzüglich mitzuteilen.

§ 30 Datenerhebung durch den Einsatz technischer Mittel zur Bildaufnahme und -aufzeichnung

(1) Die Polizeibehörden können personenbezogene Daten in öffentlich zugänglichen Räumen durch den offenen Einsatz technischer Mittel zur Bildaufnahme und □aufzeichnung erheben, soweit

1. Tatsachen die Annahme rechtfertigen, dass dort künftig erhebliche Gefahren für die öffentliche Sicherheit entstehen, oder
2. dies insbesondere zum Schutz gefährdeter öffentlicher Anlagen oder Einrichtungen erforderlich ist.

(2) Angefertigte Bildaufzeichnungen und daraus gefertigte Unterlagen sind unverzüglich, spätestens aber nach einem Monat zu löschen oder zu vernichten, soweit diese nicht zur Verfolgung von Straftaten oder Ordnungswidrigkeiten, zur Gefahrenabwehr, insbesondere zur vorbeugenden Bekämpfung von Straftaten, zur Geltendmachung von öffentlich-rechtlichen Ansprüchen oder nach Maßgabe des § 2 Absatz 2 zum Schutz privater Rechte, insbesondere zur Behebung einer bestehenden Beweisnot, erforderlich sind.

(3) Im Übrigen gilt § 13 Absatz 3 des Sächsischen Datenschutzdurchführungsgesetzes vom 26. April 2018 (SächsGVBl. S. 198, 199), in der jeweils geltenden Fassung.

§ 31 Zuwiderhandeln gegen Einzelanordnungen

(1) Ordnungswidrig handelt, wer vorsätzlich oder fahrlässig einer vollziehbaren Platzverweisung zuwiderhandelt.

(2) Ordnungswidrigkeiten nach Absatz 1 können mit einer Geldbuße bis zu fünftausend Euro geahndet werden.

(3) Zuständige Verwaltungsbehörde im Sinne des § 36 Absatz 1 Nummer 1 des Gesetzes über Ordnungswidrigkeiten sind die Ortspolizeibehörden.

Abschnitt 3
Polizeiverordnungen

§ 32 Verordnungsrecht

(1) Die allgemeinen Polizeibehörden können zur Wahrnehmung ihrer Aufgaben nach diesem Gesetz polizeiliche Gebote oder Verbote, die für eine unbestimmte Zahl von Fällen an eine unbestimmte Zahl von Personen gerichtet sind (Polizeiverordnung), erlassen.

(2) Die Vorschriften dieses Gesetzes finden auch Anwendung, wenn andere Gesetze zum Erlass von Polizeiverordnungen ermächtigen.

§ 33 Ermächtigung zum Erlass örtlich und zeitlich begrenzter Alkoholkonsumverbote

(1) ¹Die Ortspolizeibehörden können zum Zweck des Kinder- und Jugendschutzes durch Polizeiverordnung auf öffentlichen Flächen, die sich in räumlicher Nähe von Einrichtungen, die ihrer Art nach oder tatsächlich vorwiegend von Kindern und Jugendlichen aufgesucht werden, den Konsum und das Mitführen von alkoholischen Getränken zum Zweck des Konsums innerhalb dieser Flächen verbieten, soweit dort auf Grund der örtlichen Verhältnisse eine abstrakte Gefahr der Begehung alkoholbedingter Straftaten oder Ordnungswidrigkeiten vorliegt. ²Das Verbot darf sich örtlich höchstens auf einen Bereich von 100 Metern um die Einrichtung erstrecken und darf nicht genehmigte Außenbewirtschaftungsflächen betreffen. ³Es soll zeitlich an den üblichen Benutzungszeiten der Einrichtung orientieren. ⁴Maßgebliche Bezugspunkte für die Berechnung des räumlichen Bereiches, in dem das Alkoholkonsumverbot gilt, sind die Grundstücksecken der Grundstücke, auf denen die Einrichtung gelegen ist.

(2) ¹Die Ortspolizeibehörden können durch Polizeiverordnung auf sonstigen öffentlichen Flächen außerhalb von genehmigten Außenbewirtschaftungsflächen den Konsum und das Mitführen von alkoholischen Getränken zum Zweck des Konsums innerhalb dieser Flächen verbieten, wenn

1. Tatsachen die Annahme rechtfertigen, dass sich dort das Ausmaß oder die Häufigkeit alkoholbedingter Straftaten oder alkoholbedingter Ordnungswidrigkeiten von erheblicher Bedeutung von der des übrigen Gemeindegebiets deutlich abhebt und

2. Tatsachen die Annahme rechtfertigen, dass dort auch zukünftig alkoholbedingte Straftaten oder alkoholbedingte Ordnungswidrigkeiten von erheblicher Bedeutung begangen werden.

[2]Das Verbot soll auf bestimmte Tage innerhalb einer Woche und an diesen zeitlich befristet erlassen werden. [3]Die Geltungsdauer der Polizeiverordnung ist auf höchstens zwei Jahre zu begrenzen.

(3) Die zuständige Behörde kann in besonderen Fällen Ausnahmen von den Verboten zulassen.

§ 34 Zuständigkeit

Polizeiverordnungen werden von den zuständigen Staatsministerien oder den sonstigen allgemeinen Polizeibehörden für ihren Dienstbezirk oder Teile ihres Dienstbezirkes erlassen.

§ 35 Polizeiverordnungen der Orts- und Kreispolizeibehörden

(1) [1]Polizeiverordnungen der Ortspolizeibehörden werden, wenn sie nicht länger als einen Monat gelten sollen, vom Bürgermeister und im Übrigen vom Gemeinderat erlassen. [2]Sie werden in der für die öffentliche Bekanntmachung von Satzungen der Gemeinde bestimmten Form verkündet.

(2) [1]Für Polizeiverordnungen der Kreispolizeibehörden gilt Absatz 1 Satz 1 entsprechend. [2]Sie werden in der für die öffentliche Bekanntmachung von Satzungen des Landkreises und bei Kreisfreien Städten in der für die öffentliche Bekanntmachung von Satzungen der Gemeinde bestimmten Form verkündet.

§ 36 Vorrang höherrangiger Rechtsvorschriften

Polizeiverordnungen dürfen nicht gegen höherrangiges Recht verstoßen.

§ 37 Formerfordernisse, Geltungsdauer

(1) Polizeiverordnungen müssen

1. im Eingang auf die gesetzliche Vorschrift Bezug nehmen, die zu ihrem Erlass ermächtigt,

2. die Polizeibehörde bezeichnen, die die Polizeiverordnung erlassen hat, und

3. den örtlichen Geltungsbereich angeben.

(2) Polizeiverordnungen sollen

1. eine Überschrift tragen, die ihren Inhalt kennzeichnet,

2. in der Überschrift als „Polizeiverordnung" bezeichnet sein und

3. das Datum bezeichnen, an dem die Polizeiverordnung in Kraft tritt.

(3) Die Geltungsdauer von Polizeiverordnungen darf zehn Jahre nicht überschreiten.

§ 38 Vorlagepflicht

(1) [1]Polizeiverordnungen der Kreispolizeibehörden und der Ortspolizeibehörden, die länger als einen Monat gelten sollen, sind der jeweiligen Fachaufsichtsbehörde vor deren Erlass im Entwurf zur Genehmigung vorzulegen. [2]Die Fachaufsichtsbehörde hat das Datum des Eingangs zu bestätigen. [3]Die Genehmigung gilt als erteilt, wenn die Fachaufsichtsbehörde nicht innerhalb von drei Monaten nach Eingang des Entwurfes der vorlegenden Kreispolizeibehörde oder Ortspolizeibehörde schriftlich rechtliche Bedenken gegen ihn mitteilt. [4]Widerspricht eine Polizeiverordnung höherrangigem Recht, ist ihre Nichtigkeit festzustellen.

(2) Abweichend von Absatz 1 sind Polizeiverordnungen nach § 35 der jeweiligen Fachaufsichtsbehörde unverzüglich nach deren Erlass zur Prüfung vorzulegen.

§ 39 Zuwiderhandeln gegen Polizeiverordnungen

(1) Ordnungswidrig handelt, wer vorsätzlich oder fahrlässig den Geboten oder Verboten einer auf Grund dieses Gesetzes erlassenen Polizeiverordnung zuwiderhandelt, soweit diese für einen bestimmten Tatbestand auf diese Bußgeldvorschrift verweist.

(2) Die Ordnungswidrigkeit kann mit einer Geldbuße bis zu fünftausend Euro geahndet werden.

(3) Gegenstände, auf die sich die Ordnungswidrigkeit bezieht oder die zu ihrer Vorbereitung oder Begehung verwendet worden sind, können eingezogen werden, soweit eine Polizeiverordnung für einen bestimmten Tatbestand auf diese Bestimmung verweist.

(4) Zuständige Verwaltungsbehörde nach § 36 Absatz 1 Nummer 1 des Gesetzes über Ordnungswidrigkeiten sind die Ortspolizeibehörden.

(5) Das fachlich zuständige Staatsministerium kann die Zuständigkeiten nach Absatz 4 durch Rechtsverordnung auf andere Behörden übertragen.

Abschnitt 4
Datenverarbeitung

§ 40 Anwendbare Vorschriften

(1) Soweit die Polizeibehörden personenbezogene Daten zur Erfüllung ihrer Aufgaben verarbeiten, die in den Anwendungsbereich von § 1 des Sächsischen Datenschutz-Umsetzungsgesetzes vom 11. Mai 2019 (SächsGVBl. S. 398), in der jeweils geltenden Fassung, fallen, gelten die §§ 54 bis 56, 79, 80 Absatz 1 und 7, § 81 Absatz 3, §§ 82 bis 84, 89 und 91 bis 93 des Sächsischen Polizeivollzugs-dienstgesetzes entsprechend und ergänzend die Vorschriften des Sächsischen Datenschutz-Umsetzungsgesetzes.

(2) Soweit die Polizeibehörden im Übrigen personenbezogene Daten zur Erfüllung ihrer Aufgaben verarbeiten, gelten die Verordnung (EU) 2016/679 des Europäischen Parlaments und des Rates vom 27. April 2016 zum Schutz natürlicher Personen bei der Verarbeitung personenbezogener Daten, zum freien Datenverkehr und zur Aufhebung der Richtlinie 95/46/EG (ABl. L 119 vom 4.5.2016, S. 1, L 314 vom 22.11.2016, S. 72, L 127 vom 23.5.2018, S. 2), die §§ 95 und 96 des Sächsischen Polizei-vollzugsdienstgesetzes sowie das Sächsische Datenschutzdurchführungsgesetz.

Abschnitt 5
Entschädigung

§ 41 Zur Entschädigung verpflichtende Maßnahmen

(1) Ein Schaden, den jemand durch Maßnahmen der Polizeibehörden erleidet, ist zu ersetzen, wenn er
1. in Folge einer rechtmäßigen Inanspruchnahme nach § 17 oder
2. durch rechtswidrige Maßnahmen
entstanden ist.

(2) Der Ausgleich ist auch Personen zu gewähren, die mit Zustimmung der Polizeibehörde bei der Erfüllung der polizeibehördlichen Aufgabe mitgewirkt oder Sachen zur Verfügung gestellt haben und dadurch einen Schaden erlitten haben.

(3) Im Falle des Absatzes 1 Nummer 1 besteht kein Ersatzanspruch, soweit die erforderliche Maßnahme zum Schutz der Person oder des Vermögens des Geschädigten getroffen worden ist.

(4) Soweit die Entschädigungspflicht wegen rechtmäßiger Maßnahmen der Polizeibehörden in anderen gesetzlichen Vorschriften geregelt ist, finden diese Anwendung.

§ 42 Art, Inhalt und Umfang der Entschädigungsleistung

(1) [1]Die Entschädigung nach § 41 wird grundsätzlich nur für Vermögensschaden gewährt. [2]Für entgangenen Gewinn, der über den Ausfall des gewöhnlichen Verdienstes oder Nutzungsentgeltes hinausgeht, und für Nachteile, die nicht in unmittelbarem Zusammenhang mit der polizeibehördlichen Maßnahme stehen, ist Entschädigung nur zu gewähren, wenn und soweit dies zur Abwendung einer unbilligen Härte geboten erscheint.

(2) Bei einer Verletzung des Körpers oder der Gesundheit oder bei einer Freiheitsentziehung ist auch der Schaden, der nicht Vermögensschaden ist, angemessen auszugleichen; dieser Anspruch ist nicht übertragbar und nicht vererblich, es sei denn, dass er rechtshängig geworden oder durch Vertrag anerkannt worden ist.

(3) [1]Die Entschädigung wird in Geld gewährt. [2]Hat die zur Entschädigung verpflichtende Maßnahme die Aufhebung oder Minderung der Erwerbstätigkeit oder eine Vermehrung der Bedürfnisse oder den Verlust oder die Beeinträchtigung eines Rechts auf Unterhalt zur Folge, ist die Entschädigung durch Entrichtung einer Rente zu gewähren. [3]§ 760 des Bürgerlichen Gesetzbuches ist anzuwenden. [4]Statt der Rente kann eine Kapitalabfindung verlangt werden, wenn ein wichtiger Grund vorliegt. [5]Der Anspruch wird nicht dadurch ausgeschlossen, dass ein anderer dem Geschädigten Unterhalt zu gewähren hat.

(4) Stehen dem Geschädigten Ansprüche gegen Dritte zu, ist, soweit diese Ansprüche nach Inhalt und Umfang dem Entschädigungsanspruch entsprechen, die Entschädigung nur gegen Abtretung dieser Ansprüche zu gewähren.

(5) [1]Bei der Bemessung der Entschädigung sind alle Umstände zu berücksichtigen, insbesondere Art und Vorhersehbarkeit des Schadens und ob der Geschädigte oder sein Vermögen durch die Maßnahme

der Polizeibehörden geschützt worden ist. [2]Haben Umstände, die der Geschädigte zu vertreten hat, zur Entstehung oder Vergrößerung des Schadens beigetragen, hängen die Verpflichtung zur Entschädigung und der Umfang der Entschädigung insbesondere davon ab, inwieweit der Schaden vorwiegend durch die Polizeibehörden oder den Geschädigten verursacht worden ist.

§ 43 Ansprüche mittelbar Geschädigter

(1) [1]Im Fall der Tötung sind die Kosten der Bestattung demjenigen zu ersetzen, dem die Verpflichtung obliegt, diese Kosten zu tragen. [2]§ 42 Absatz 5 gilt entsprechend.

(2) [1]Stand der Getötete zu einem Dritten in einem Verhältnis, auf Grund dessen er diesem gegenüber kraft Gesetzes unterhaltspflichtig war oder unterhaltspflichtig werden konnte, und ist dem Dritten infolge der Tötung das Recht auf den Unterhalt entzogen, kann der Dritte insoweit eine angemessene Entschädigung verlangen, als der Getötete während der mutmaßlichen Dauer seines Lebens zur Gewährung des Unterhaltes verpflichtet gewesen wäre. [2]§ 42 Absatz 3 Satz 3 bis 5 und Absatz 5 ist entsprechend anzuwenden. [3]Die Entschädigung kann auch dann verlangt werden, wenn der Dritte zur Zeit der Verletzung gezeugt, aber noch nicht geboren war.

§ 44 Entschädigungspflichtiger

Entschädigungspflichtiger ist die Körperschaft, deren Bediensteter die Maßnahme getroffen hat.

§ 45 Rückgriff gegen den Verantwortlichen

(1) Die nach § 44 entschädigungspflichtige Körperschaft kann von den Verantwortlichen nach § 14 oder § 15 Ersatz ihrer Aufwendungen verlangen, wenn sie auf Grund des § 41 eine Entschädigung gewährt hat.

(2) Sind mehrere Personen nebeneinander verantwortlich, haften sie als Gesamtschuldner.

§ 46 Rechtsweg für Entschädigungsansprüche

Für die Ansprüche nach den §§ 41 bis 45 ist der ordentliche Rechtsweg gegeben.

Verordnung des Sächsischen Staatsministeriums des Innern über die Wahrnehmung polizeilicher Vollzugsaufgaben durch gemeindliche Vollzugsbedienstete

Vom 19. September 1991 (SächsGVBl. S. 355)
(BS Sachsen 22-1.1)
zuletzt geändert durch Art. 1 ÄndVO vom 23. August 2001 (SächsGVBl. S. 577)

Auf Grund von § 63 des Polizeigesetzes des Freistaates Sachsen (SächsPolG) vom 30. Juli 1991 (SächsGVBl. S. 291) wird verordnet:

§ 1 Übertragbare Aufgaben

[1]Die Ortspolizeibehörden können gemeindlichen Vollzugsbediensteten polizeiliche Vollzugsaufgaben auf folgenden Gebieten übertragen:

1. Überwachung des ruhenden Straßenverkehrs,
2. Vollzug von Satzungen, Orts- und Kreispolizeiverordnungen,
3. Vollzug der Vorschriften über die Beseitigung von Abfällen,
4. Vollzug der Vorschriften über das Sammlungswesen,
5. Schutz öffentlicher Grünanlagen, Erholungseinrichtungen, Kinderspielplätze und anderer dem öffentlichen Nutzen dienender Anlagen und Einrichtungen gegen Beschädigung, Verunreinigung und mißbräuchliche Benutzung,
6. Vollzug der Vorschriften über das Reisegewerbe und das Marktwesen,
7. Vollzug der Vorschriften über die Sperrzeit und den Ladenschluß,
8. Vollzug der Vorschriften über Sondernutzungen an öffentlichen Straßen oder
9. Vollzug der Vorschriften zum Schutze der Bevölkerung vor gefährlichen Hunden.

[2]Die Zuständigkeit des Polizeivollzugsdienstes bleibt unberührt.

§ 2 Öffentliche Bekanntmachung

Die Ortspolizeibehörden machen öffentlich bekannt, welche polizeilichen Vollzugsaufgaben im Sinne des § 1 auf gemeindliche Vollzugsbedienstete übertragen sind.

§ 3 Inkrafttreten

Diese Verordnung tritt am Tage nach ihrer Verkündung[1] in Kraft.

---

1) Verkündet am 24.9.1991.

Verordnung des Sächsischen Staatsministeriums des Innern über die Gliederung und die Aufgaben der Polizeidienststellen im Freistaat Sachsen (Sächsische Polizeiorganisationsverordnung – SächsPolOrgVO)

Vom 16. Dezember 2004 (SächsGVBl. S. 586)
(BS Sachsen 22-1.4/2)

zuletzt geändert durch Art. 1 Dritte ÄndVO vom 13. August 2013 (SächsGVBl. S. 730)

Aufgrund von § 73 des Polizeigesetzes des Freistaates Sachsen (SächsPolG) in der Fassung der Bekanntmachung vom 13. August 1999 (SächsGVBl. S. 466), das zuletzt durch Artikel 45 des Gesetzes vom 5. Mai 2004 (SächsGVBl. S. 148, 171) geändert worden ist, wird verordnet:

§ 1 Dienstbezirke

(1) Dienstbezirk des Landeskriminalamtes, des Polizeiverwaltungsamtes sowie des Präsidiums der Bereitschaftspolizei ist das Gebiet des Freistaates Sachsen.

(2) Die Dienstbezirke der Polizeidirektionen werden, soweit sich aus den Absätzen 3 und 4 nichts anderes ergibt, wie folgt festgelegt:

1. Polizeidirektion Chemnitz: Erzgebirgskreis, Landkreis Mittelsachsen, Stadt Chemnitz,
2. Polizeidirektion Dresden: Landeshauptstadt Dresden, Landkreise Meißen und Sächsische Schweiz-Osterzgebirge,
3. Polizeidirektion Görlitz: Landkreise Bautzen und Görlitz,
4. Polizeidirektion Leipzig: Landkreise Leipzig und Nordsachsen, Stadt Leipzig,
5. Polizeidirektion Zwickau: Vogtlandkreis und Landkreis Zwickau.

(3) Die Dienstbezirke der Polizeidirektionen werden für die autobahnpolizeilichen Aufgaben wie folgt festgelegt:

1. Polizeidirektion Chemnitz:
   a) Bundesautobahn A 4 von der Landesgrenze (km 114,1) bis zur Anschlussstelle Berbersdorf,
   b) Bundesautobahn A 72 von der Anschlussstelle Stollberg-Nord bis zur Anschlussstelle Borna-Süd in der für den Verkehr freigegebenen Ausbaustufe,
2. Polizeidirektion Dresden:
   a) Bundesautobahn A 4 von der Anschlussstelle Berbersdorf bis zur Anschlussstelle Hermsdorf,
   b) Bundesautobahn A 13 vom Dreieck Dresden-Nord bis zur Landesgrenze (km 124,7),
   c) Bundesautobahn A 14 vom Dreieck Nossen bis zur Anschlussstelle Nossen-Ost,
   d) Bundesautobahn A 17 vom Dreieck Dresden-West bis zur Bundesgrenze,
3. Polizeidirektion Görlitz: Bundesautobahn A 4 von der Anschlussstelle Hermsdorf bis zur Bundesgrenze,
4. Polizeidirektion Leipzig:
   a) Bundesautobahn A 9 von der Landesgrenze (km 133,9) bis zur Landesgrenze (km 105,3), soweit sie sich auf dem Gebiet des Freistaates Sachsen befindet,
   b) Bundesautobahn A 14 von der Anschlussstelle Nossen-Ost bis zur Landesgrenze (km 99,5), soweit sie sich auf dem Gebiet des Freistaates Sachsen befindet,
   c) Bundesautobahn A 38 von der Landesgrenze (km 189,6) bis zum Dreieck Parthenaue,
   d) Bundesautobahn A 72 von der Anschlussstelle Borna-Süd bis zum Kreuz Bundesautobahn A 38/Bundesautobahn A 72 in der für den Verkehr freigegebenen Ausbaustufe,
5. Polizeidirektion Zwickau: Bundesautobahn A 72 von der Landesgrenze (km 15,7) bis zur Anschlussstelle Stollberg-Nord.

(4) Der Dienstbezirk der Polizeidirektion Leipzig für die Aufgaben nach § 6 Abs. 2 bis 4 ist das Gebiet des Freistaates Sachsen.

§ 2 Aufgaben

[1]Die Polizeidienststellen haben die vollzugspolizeilichen Aufgaben zu erfüllen, die ihnen durch Gesetz oder Rechtsverordnung übertragen sind. [2]Sie sind insbesondere zuständig flur die Gefahrenabwehr nach dem Polizeigesetz des Freistaates Sachsen sowie für die Erforschung und Verfolgung von Straftaten und Ordnungswidrigkeiten. [3]Darüber hinaus nehmen sie Aufgaben der Kriminal- und Verkehrsprävention wahr.

§ 3 Landeskriminalamt

(1) Das Landeskriminalamt ist Zentralstelle für kriminalpolizeiliche Aufgaben und vollzugspolizeiliche Prävention; daneben nimmt es Ermittlungszuständigkeiten nach den Absätzen 3 bis 5 wahr.

(2) Das Landeskriminalamt hat insbesondere

1. Informationen für die vorbeugende Bekämpfung von Straftaten und die Strafverfolgung zu sammeln und auszuwerten,

2. Maßnahmen der Verkehrs- und Kriminalprävention zu initiieren, zu unterstützen und selbst durchzuführen, die vollzugspolizeiliche Prävention zu koordinieren sowie bei der kommunalen Prävention vollzugspolizeiliche Aspekte einzubringen,

3. kriminalwissenschaftliche, kriminaltechnische und erkennungsdienstliche Untersuchungen durchzuführen sowie auf Ersuchen einer anderen Polizeidienststelle, einer Staatsanwaltschaft oder eines Gerichts entsprechende Untersuchungen durchzuführen und Gutachten zu erstellen,

4. den Rechts- und Amtshilfeverkehr mit dem Ausland und den polizeilichen Informationsaustausch mit den Dienststellen des Bundes und der Länder für die Polizeidienststellen im Freistaat Sachsen durchzuführen, soweit nicht der unmittelbare Geschäftsweg zugelassen ist,

5. Anzeigen nach dem Gesetz über das Aufspüren von Gewinnen aus schweren Straftaten (Geldwäschegesetz – GwG) vom 13. August 2008 (BGBl. I S. 1690), zuletzt geändert durch Artikel 4 des Gesetzes vom 27. Juni 2013 (BGBl. I S. 1862), in der jeweils geltenden Fassung, zu sammeln, auszuwerten und Finanzermittlungen bis zur Feststellung der zuständigen Behörde durchzuführen,

6. die vollzugspolizeiliche Fahndung zu koordinieren,

7. Spezialkräfte zur Einsatz- und Ermittlungsunterstützung vorzuhalten,

8. zentrale Aufgaben im Bereich der Führung und des Einsatzes von Vertrauenspersonen wahrzunehmen,

9. Maßnahmen zur Überwachung des Telekommunikationsverkehrs in technischer Hinsicht zu gewährleisten und Maßnahmen der elektronischen Aufklärung durchzuführen,

10. Aufgaben des Personenschutzes für als gefährdet eingestufte Personen wahrzunehmen,

11. Maßnahmen nach dem Gesetz zur Harmonisierung des Schutzes gefährdeter Zeugen (Zeugenschutz-Harmonisierungsgesetz – ZSHG) vom 11. Dezember 2001 (BGBl. I S. 3510), geändert durch Artikel 2 Abs. 12 des Gesetzes vom 19. Februar 2007 (BGBl. I S. 122, 140), in der jeweils geltenden Fassung, durchzuführen und andere Zeugenschutzmaßnahmen zu koordinieren,

12. die Entschärfung unkonventioneller Spreng- und Brandvorrichtungen durchzuführen.

(3) Das Landeskriminalamt ist zuständig für die vollzugspolizeilichen Aufgaben auf dem Gebiet der Strafverfolgung in Fällen

1. der Bekämpfung der Organisierten Kriminalität,

2. der Bildung terroristischer Vereinigungen (§§ 129a und 129b des Strafgesetzbuches [StGB]) und der damit zusammenhängenden, in § 129a Abs. 1 und 2 StGB genannten Straftaten mit Ausnahme der Fälle Politisch motivierter Kriminalität -rechts- (PMK -rechts-) und Politisch motivierter Kriminalität -links- (PMK -links-),

3. des Friedensverrats, des Hochverrats, der Gefährdung des demokratischen Rechtsstaates, des Landesverrats und der Gefährdung der äußeren Sicherheit, mit Ausnahme der Fälle der §§ 86 und 86a StGB sowie der PMK -rechts- und PMK -links-,

4. der Wirtschaftskriminalität bei den in § 74c Abs. 1 des Gerichtsverfassungsgesetzes (GVG) in der Fassung der Bekanntmachung vom 9. Mai 1975 (BGBl. I S. 1077), das zuletzt durch Artikel 1 des Gesetzes vom 2. Juli 2013 (BGBl. I S. 1938) geändert worden ist, in der jeweils geltenden Fassung, genannten Straftaten, wenn diese überwiegend länderübergreifende oder internationale Bezüge aufweisen,

5. der Geld- und Wertzeichenfälschung, beim Inverkehrbringen von Falschgeld jedoch nur, wenn es überörtlich in Verkehr gebracht wird,

6. des unerlaubten Handels mit Kriegswaffen oder, sofern es sich um Fälle von herausragender Bedeutung handelt, mit explosionsgefährlichen Stoffen,

7. gemeingefährlicher Straftaten nach §§ 307, 309, 310 Abs. 1 Nr. 1, §§ 311 und 312 StGB,

8. von Straftaten gegen die Umwelt im Zusammenhang mit radioaktiven Stoffen und ionisierenden Strahlen.

(4) Bei anderen Straftaten nimmt das Landeskriminalamt die vollzugspolizeilichen Aufgaben auf dem Gebiet der Strafverfolgung wahr, wenn

1. dies im Einzelfall vom Staatsministerium des Innern angeordnet wird,
2. das Bundeskriminalamt gemäß § 18 des Gesetzes über das Bundeskriminalamt und die Zusammenarbeit des Bundes und der Länder in kriminalpolizeilichen Angelegenheiten (Bundeskriminalamtgesetz – BKAG) vom 7. Juli 1997 (BGBl. I S. 1650), das zuletzt durch Artikel 3 des Gesetzes vom 20. Juni 2013 (BGBl. I S. 1602) geändert worden ist, in der jeweils geltenden Fassung, dem Freistaat Sachsen die polizeilichen Aufgaben auf dem Gebiet der Strafverfolgung zuweist und das Staatsministerium des Innern keine andere Polizeidienststelle für zuständig erklärt, oder
3. die Staatsanwaltschaft darum ersucht.

(5) ¹Das Landeskriminalamt kann die vollzugspolizeiliche Ermittlungstätigkeit bei Straftaten übernehmen, wenn

1. die Durchführung direktionsübergreifender Ermittlungen erforderlich ist und die einheitliche Verfolgung zweckmäßig erscheint,
2. sie im Zusammenhang mit seiner Verfolgungszuständigkeit stehen oder
3. eine andere Polizeidienststelle wegen des Umfangs, der Überörtlichkeit oder der hohen Öffentlichkeitswirksamkeit darum ersucht.

²Das Landeskriminalamt unterrichtet unverzüglich die zuständige Polizeidienststelle über die getroffene Entscheidung. ³Bei Ordnungswidrigkeiten kann das Landeskriminalamt die Ermittlungstätigkeit übernehmen, wenn sie im Zusammenhang mit seiner Verfolgungszuständigkeit stehen.

(6) ¹Im Einzelfall kann das Landeskriminalamt seine Zuständigkeit nach Absatz 3 einer anderen Polizeidienststelle übertragen, wenn eine wirksame Strafverfolgung sichergestellt ist. ²Hat das Landeskriminalamt die Verfolgung einer Straftat nach Absatz 4 Nr. 3 übernommen, kann es die Verfolgung dieser Tat nur mit Zustimmung der Staatsanwaltschaft einer anderen Polizeidienststelle übertragen.

§ 4 Polizeiverwaltungsamt

(1) Dem Polizeiverwaltungsamt obliegen Informations- und Kommunikations-, Technik- und Verwaltungsaufgaben von landesweiter Bedeutung.

(2) Das Polizeiverwaltungsamt unterstützt die anderen Polizeidienststellen bei der Bewältigung von Einsatzlagen mit Einsatzkräften sowie Führungs- und Einsatzmitteln in den Bereichen Information und Kommunikation sowie Kampfmittelbeseitigung.

(3) Das Polizeiverwaltungsamt nimmt für den Freistaat Sachsen die Aufgaben nach § 18 Abs. 1 Satz 4 des Gesetzes zur Überführung der Ansprüche und Anwartschaften aus Zusatz- und Sonderversorgungssystemen des Beitrittgebiets (Anspruchs- und Anwartschaftsüberführungsgesetz – AAÜG) vom 25. Juli 1991 (BGBl. I S. 1606, 1677), das zuletzt durch Artikel 13 des Gesetzes vom 19. Dezember 2007 (BGBl. I S. 3024, 3034) geändert worden ist, in der jeweils geltenden Fassung, wahr, soweit der Freistaat Sachsen nach § 8 Abs. 4 AAÜG Versorgungsträger ist.

§ 5 Präsidium der Bereitschaftspolizei

(1) ¹Das Präsidium der Bereitschaftspolizei unterstützt die Polizeidienststellen bei der Bewältigung von Einsatzlagen mit Einsatzkräften sowie Führungs- und Einsatzmitteln der Einsatzeinheiten, der Technischen Dienste sowie der Fachdienste Polizeihubschrauberstaffel, Polizeireiterstaffel und Wasserschutzpolizei. ²Es plant und koordiniert den Einsatz eigener Kräfte und Mittel sowie der Einsatzzüge der Polizeidirektionen.

(2) ¹Dem Präsidium der Bereitschaftspolizei obliegen, soweit es sich nicht um kriminalpolizeiliche Aufgaben handelt, die vollzugspolizeilichen Aufgaben

1. auf Gewässern im Freistaat Sachsen sowie in den dazugehörenden Häfen und Umschlagstellen nach § 1 Abs. 1 der Verordnung des Sächsischen Staatsministeriums für Wirtschaft und Arbeit zur Regelung des Schiffsverkehrs auf Gewässern im Freistaat Sachsen (Sächsische Schifffahrtsverordnung – SächsSchiffVO) vom 12. März 2004 (SächsGVBl. S. 123), die zuletzt durch Artikel 10 der Verordnung vom 2. März 2012 (SächsGVBl. S. 163, 166) geändert worden ist, in der jeweils geltenden Fassung, und
2. auf der Bundeswasserstraße Elbe sowie in den Häfen, den Neben-, Ufer- und Werftanlagen an der Elbe, bis zur nächsten öffentlichen Straße.

(3) Das Präsidium der Bereitschaftspolizei unterhält insbesondere für Zwecke der Unterstützung der Polizeidienststellen bei der Präventions- und Öffentlichkeitsarbeit ein Polizeiorchester.

§ 6 Polizeidirektionen

(1) Den Polizeidirektionen obliegen alle Aufgaben des Polizeivollzugsdienstes, soweit nicht eine andere Polizeidienststelle zuständig ist.

(2) Die Polizeidirektion Leipzig ist mit dem Operativen Abwehrzentrum (Zentrale Auswertung, Zentraler Ermittlungsabschnitt und Mobiles Einsatzkommando-Staatsschutz jeweils mit Dienstort Dresden und den Regionalen Ermittlungsabschnitten) darüber hinaus zuständig für die Sammlung und Auswertung von Informationen für die vorbeugende Bekämpfung von Straftaten und die Strafverfolgung im Bereich der PMK -rechts- und PMK -links- sowie für die vollzugspolizeilichen Aufgaben auf dem Gebiet der Strafverfolgung

1. in Fällen der Bildung terroristischer Vereinigungen (§§ 129a und 129b StGB und der damit zusammenhängenden, in § 129a Abs. 1 und 2 StGB genannten Straftaten im Bereich PMK -rechts- und PMK -links-,

2. in Fällen des Friedensverrats, des Hochverrats, der Gefährdung des demokratischen Rechtsstaates, des Landesverrats und der Gefährdung der äußeren Sicherheit im Bereich PMK -rechts- und PMK -links-, mit Ausnahme der Fälle der §§ 86 und 86a StGB,

3. wenn dies im Einzelfall vom Staatsministerium des Innern angeordnet wird oder

4. wenn die Staatsanwaltschaft darum ersucht.

(3) [1]Die Polizeidirektion Leipzig kann die vollzugspolizeiliche Ermittlungstätigkeit bei Straftaten der PMK -rechts- und PMK -links- übernehmen, wenn

1. die Durchführung direktionsübergreifender Ermittlungen erforderlich ist und die einheitliche Verfolgung zweckmäßig erscheint,

2. sie im Zusammenhang mit ihrer Verfolgungszuständigkeit stehen oder

3. eine andere Polizeidirektion wegen des Umfangs, der Überörtlichkeit oder der hohen Öffentlichkeitswirksamkeit darum ersucht.

[2]Die Polizeidirektion Leipzig unterrichtet unverzüglich die zuständige Polizeidirektion über die getroffene Entscheidung. [3]Bei Ordnungswidrigkeiten kann die Polizeidirektion Leipzig die Ermittlungstätigkeit übernehmen, wenn sie im Zusammenhang mit ihrer Verfolgungszuständigkeit stehen.

(4) [1]Im Einzelfall kann die Polizeidirektion Leipzig ihre Zuständigkeit nach Absatz 2 Nr. 1 und 2 einer anderen Polizeidirektion übertragen, wenn eine wirksame Strafverfolgung sichergestellt ist. [2]Hat die Polizeidirektion Leipzig die Verfolgung einer Straftat nach Absatz 2 Nr. 4 übernommen, kann sie die Verfolgung dieser Tat nur mit Zustimmung der Staatsanwaltschaft einer anderen Polizeidirektion übertragen.

§ 7 Zusammenarbeit

(1) [1]Die Polizeidienststellen sind untereinander und mit anderen Behörden, denen die Abwehr von Gefahren für die öffentliche Sicherheit oder Ordnung obliegt, zur Zusammenarbeit verpflichtet. [2]Die Polizeidienststellen haben sich gegenseitig zu unterstützen und von allen sachdienlichen Hinweisen und Wahrnehmungen zu unterrichten.

(2) [1]Ist bei Gefahr im Verzug ein rechtzeitiges Tätigwerden der sachlich zuständigen Polizeidienststelle nicht zu erreichen, kann jede andere Polizeidienststelle die erforderlichen Maßnahmen treffen. [2]Die zuständige Polizeidienststelle ist unverzüglich zu unterrichten.

§ 8 Inkrafttreten und Außerkrafttreten

[1]Diese Verordnung tritt am 1. Januar 2005 in Kraft. [2]Gleichzeitig tritt die Verordnung des Sächsischen Staatsministeriums des Innern über die Gliederung und Aufgaben der Polizeidienststellen im Freistaat Sachsen (Sächsische Polizeiorganisationsverordnung – SächsPolOrgVO) vom 23. August 2001 (SächsGVBl. S. 574, 2002 S. 115), geändert durch Verordnung vom 24. Juni 2003 (SächsGVBl. S. 178), außer Kraft.

Sächsisches Ordnungswidrigkeitengesetz (SächsOWiG)

Vom 20. Januar 1994 (SächsGVBl. S. 174)
(BS Sachsen 34-4)
zuletzt geändert durch Art. 3 G zur Ausführung des Bundesmeldegesetzes und zur Änd. weiterer Gesetze vom 9. Juli 2014 (SächsGVBl. S. 376, geänd. 2015 S. 290)

Inhaltsübersicht

Der Sächsische Landtag hat am 16. Dezember 1993 das folgende Gesetz beschlossen:

Erster Teil
Allgemeine Vorschriften

§ 1 Geltungsbereich

Die Vorschriften dieses Teils gelten für Ordnungswidrigkeiten nach Bundesrecht und nach Landesrecht, soweit Behörden, Organe oder Stellen des Freistaates Sachsen oder einer der Aufsicht des Freistaates Sachsen unterstehenden juristischen Person des öffentlichen Rechts Bußgeldverfahren durchführen.

§ 2 Verbleib der Geldbußen und Verwarnungsgelder

(1) [1]Geldbußen, die durch rechtskräftige Bescheide einer juristischen Person des öffentlichen Rechts festgesetzt worden sind, fließen in deren Kassen. [2]Satz 1 gilt für Verwarnungsgelder, die nach § 56 und § 57 Abs. 2 des Gesetzes über Ordnungswidrigkeiten (OWiG) in der Fassung der Bekanntmachung vom 19. Februar 1987 (BGBl. I S. 602), zuletzt geändert durch Gesetz vom 15. Juli 1992 (BGBl. I S. 1302), erhoben werden, und für Nebenfolgen, die zu einer Geldzahlung verpflichten, entsprechend.

(2) Verwarnungsgelder, die von Beamten des Polizeivollzugsdienstes festgesetzt werden und deren Einzug den Bußgeldbehörden überlassen wird, fließen in die Kassen dieser Behörden.

§ 3 Wirkung der Einziehung

Wird ein Gegenstand eingezogen, so geht das Eigentum an der Sache oder das eingezogene Recht mit der Rechtskraft der Entscheidung auf die juristische Person des öffentlichen Rechts über, deren Behörde, Organ oder Stelle die Einziehung angeordnet hat.

§ 4 Notwendige Auslagen

[1]Notwendige Auslagen nach § 105 Abs. 2 OWiG trägt die juristische Person des öffentlichen Rechts, deren Behörde, Organ oder Stelle das Bußgeldverfahren durchgeführt hat. [2]Die Auslagen sind den in Satz 1 genannten juristischen Personen unmittelbar aufzuerlegen.

§ 5 Erstattung von Auslagen

Die Geldbeträge, die eine der am Bußgeldverfahren beteiligten Stellen nach § 107 Abs. 3 Nr. 10 und 11 OWiG oder nach Nummern 1911 und 1912 des Kostenverzeichnisses der Anlage 1 des Gerichtskostengesetzes als Auslagen erhebt, werden zwischen dem Freistaat Sachsen und der juristischen

Person des öffentlichen Rechts, deren Behörde, Organ oder Stelle das Bußgeldverfahren durchführt, nicht erstattet.

§ 6 Ersatzpflicht für Verfolgungsmaßnahmen
Ersatzpflichtig im Sinne von § 110 Abs. 4 OWiG ist die juristische Person des öffentlichen Rechts, deren Behörde, Organ oder Stelle das Bußgeldverfahren durchgeführt hat.

Zweiter Teil
Einzelne Ordnungswidrigkeiten, Zuständigkeiten

§§ 7–9 *[aufgehoben]*

§ 10 Schutz von Wappen und Flaggen
(1) Ordnungswidrig handelt, wer unbefugt
1. das Wappen oder die Dienstflagge einer Gemeinde oder
2. das Wappen eines Landkreises
benutzt.
(2) Den in Absatz 1 genannten Wappen und Dienstflaggen stehen solche gleich, die ihnen zum Verwechseln ähnlich sind.
(3) Die Ordnungswidrigkeit kann mit einer Geldbuße geahndet werden.

§ 11 Zuständigkeit nach § 112 OWiG
Verwaltungsbehörde im Sinne des § 36 Abs. 1 Nr. 1 OWiG ist bei Ordnungswidrigkeiten nach § 112 OWiG, soweit es sich um Verstöße gegen Anordnungen des Landtages oder seines Präsidenten handelt, der Präsident des Landtages.

§ 12 Sonstige sachliche Zuständigkeit der Verwaltungsbehörden
Verwaltungsbehörden im Sinne von § 36 Abs. 1 Nr. 1 OWiG sind in den Fällen der §§ 7 bis 10 die Ortspolizeibehörden.

§ 13 *[aufgehoben]*

Dritter Teil
Schlußvorschriften

§ 14 *[nicht wiedergegebene Aufhebungsvorschrift]*

§ 15 Inkrafttreten
§ 13 tritt mit Wirkung vom 1. Januar 1994 in Kraft; im übrigen tritt dieses Gesetz am Tage nach seiner Verkündung[1] in Kraft.

---

1) Verkündet am 17.2.1994.

Sächsisches Gesetz über den Brandschutz, Rettungsdienst und Katastrophenschutz (SächsBRKG)[1)]

Vom 24. Juni 2004 (SächsGVBl. S. 245, ber. S. 647)
(BS Sachsen 281-8)

zuletzt geändert durch Art. 1 Drittes ÄndG vom 25. Juni 2019 (SächsGVBl. S. 521)

Inhaltsübersicht

---

1)   Verkündet als Art. 1 G v. 24.6.2004 (SächsGVBl. S. 245); Inkrafttreten gem. Art. 6 dieses G am 1.1.2005, mit Ausnahme der § 24 Abs. 1 und § 26 Abs. 1 Satz 6, die am **1.1.2011** in Kraft treten, sowie des § 31 Abs. 1–5, der am 1.1.2008 in Kraft tritt.

Abschnitt 1
Aufgaben und Träger

§ 1 Ziel und Anwendungsbereich

(1) Ziel dieses Gesetzes ist es, durch Regelungen zum Brandschutz, Rettungsdienst und Katastrophenschutz einen wirksamen Schutz der Bevölkerung vor Bränden, Unglücksfällen, öffentlichen Notständen und Katastrophen zu gewährleisten.

(2) Dieses Gesetz gilt nicht für

1. den Rettungsdienst
   a) des Polizeivollzugsdienstes und des Justizvollzugsdienstes,
   b) der Gruben- und Gasschutzwehren der Bergbaubetriebe innerhalb des Betriebsgeländes sowie
   c) mit Flugzeugen,
2. die Beförderung von kranken Personen, die keiner Beförderung in einem Rettungsmittel oder während der Beförderung keiner medizinisch-fachlichen Betreuung bedürfen (Krankenfahrten),
3. Fahrten mit eigenen Fahrzeugen der Krankenhäuser innerhalb der Krankenhausbereiche,
4. den Brandschutz in Anlagen und Einrichtungen der Bundeswehr, der Wasser- und Schifffahrtsverwaltung des Bundes, der Bundespolizei sowie der Bergaufsicht, soweit in anderen Rechtsvorschriften etwas anderes bestimmt ist.

(3) Die in diesem Gesetz bestimmten Aufgaben begründen keine Rechtsansprüche einzelner Personen.

(4) Dienst-, Amts- und Funktionsbezeichnungen aufgrund dieses Gesetzes werden in weiblicher und männlicher Form geführt.

§ 2 Begriffsbestimmungen

(1) [1]Brandschutz umfasst den vorbeugenden Brandschutz und die Brandbekämpfung als abwehrenden Brandschutz sowie die technische Hilfe. [2]Technische Hilfe ist die Hilfeleistung für Menschen, Tiere, Sachwerte und die Umwelt bei Schäden und öffentlichen Notständen durch Naturereignisse und Unglücksfälle unter Einsatz von Kräften und Mitteln der Feuerwehr. [3]Öffentlicher Notstand ist ein Ereignis, bei dem gegenwärtige oder unmittelbar bevorstehende Gefahren für Leib und Leben von Menschen oder bedeutende Sachwerte oder in erheblichem Maß für die Umwelt drohen, die nicht allein durch polizeiliche Maßnahmen beseitigt oder verhindert werden können. [4]Unglücksfall im Sinne dieses Gesetzes ist ein plötzlich eintretendes Ereignis, das erhebliche Gefahren für Menschen, Sachen oder die Umwelt verursacht und den Einsatz von Kräften und Mitteln der Feuerwehr erforderlich macht.

(2) [1]Rettungsdienst umfasst Notfallrettung und Krankentransport als öffentliche Aufgabe. [2]Notfallrettung ist die in der Regel unter Einbeziehung von Notärzten erfolgende Durchführung von lebensrettenden Maßnahmen bei Notfallpatienten, die Herstellung ihrer Transportfähigkeit und ihre unter fachgerechter Betreuung erfolgende Beförderung in das für die weitere Versorgung nächstgelegene geeignete Krankenhaus oder die nächstgelegene geeignete Behandlungseinrichtung. [3]Notfallpatienten sind Kranke oder Verletzte, die sich in Lebensgefahr befinden oder bei denen schwere gesundheitliche Schäden zu befürchten sind, wenn sie nicht umgehend medizinische Hilfe erhalten. [4]Krankentransport ist die anderen Kranken, Verletzten oder sonst Hilfebedürftigen nötigenfalls geleistete Hilfe und ihre unter fachgerechter Betreuung erfolgende Beförderung. [5]Die Bergwacht und die Wasserrettungsdienste sind Bestandteile des Rettungsdienstes, soweit sie Aufgaben gemäß Satz 2 wahrnehmen. [6]Die Bewältigung eines Ereignisses mit einer großen Anzahl von Verletzten oder Erkrankten unterhalb der Katastrophenschwelle (Großschadensereignis) ist Bestandteil des Rettungsdienstes. [7]Die Rettungswache ist die Einrichtung, in der sich das Personal für Einsätze bereithält und in der die erforderlichen Rettungsmittel bereitstehen.

(3) [1]Katastrophenschutz umfasst die Vorbereitung der Bekämpfung von Katastrophen, die Bekämpfung von Katastrophen und die Mitwirkung bei der dringlichen vorläufigen Beseitigung von Katastrophenschäden. [2]Katastrophe im Sinne dieses Gesetzes ist ein Geschehen, welches das Leben, die Gesundheit, die Versorgung zahlreicher Menschen mit lebensnotwendigen Gütern und Leistungen, die Umwelt oder erhebliche Sachwerte in so außergewöhnlichem Maße gefährdet oder schädigt, dass Hilfe und Schutz wirksam nur gewährt werden können, wenn die zuständigen Behörden und Dienststellen, Organisationen und eingesetzten Kräfte unter der einheitlichen Leitung einer Katastrophenschutzbehörde zusammenwirken.

(4) [1]Die Leitstelle ist eine ständig einsatzbereite und erreichbare, örtlich und räumlich zusammengefasste, in der Regel bereichsübergreifende Einrichtung, die die Einsätze des Rettungsdienstes veranlasst und lenkt, die Feuerwehren alarmiert und deren Einsätze unterstützt und die Katastrophenschutzeinheiten alarmiert. [2]Sie ist nach einheitlichen Organisationsregeln für Personal und Technik zu betreiben.

§ 3 Aufgabenträger und Aufgaben

Aufgabenträger
1. sind die Gemeinden für den örtlichen Brandschutz,
2. sind die Landkreise für den überörtlichen Brandschutz,
3. sind die Rettungszweckverbände und die Landkreise und Kreisfreien Städte, die sich nicht zu einem Rettungszweckverband zusammengeschlossen haben, für den bodengebundenen Rettungsdienst,
4. sind die Landkreise und Kreisfreien Städte für den Katastrophenschutz,
5. ist der Freistaat Sachsen für die zentralen Aufgaben des Brandschutzes, des Katastrophenschutzes und des bodengebundenen Rettungsdienstes,
6. ist der Freistaat Sachsen für den Luftrettungsdienst.

§ 4 Behördenaufbau

(1) Brandschutz-, Rettungsdienst- und Katastrophenschutzbehörden sind
1. das Staatsministerium des Innern als oberste Brandschutz-, Rettungsdienst- und Katastrophenschutzbehörde,
2. die Landesdirektion Sachsen als obere Brandschutz-, Rettungsdienst- und Katastrophenschutzbehörde,
3. die Landkreise und Kreisfreien Städte als untere Brandschutz-, Rettungsdienst- und Katastrophenschutzbehörden.

(2) Örtliche Brandschutzbehörden sind die Gemeinden.

§ 5 Aufsicht

(1) [1]Die Aufgaben der Gemeinden und Landkreise auf dem Gebiet des Brandschutzes sind weisungsfreie Pflichtaufgaben. [2]Die Aufgaben der Landkreise und Kreisfreien Städte nach diesem Gesetz auf dem Gebiet des Katastrophenschutzes sind Pflichtaufgaben zur Erfüllung nach Weisung; das Weisungsrecht ist unbeschränkt. [3]Auf dem Gebiet des Rettungsdienstes ist das Weisungsrecht auf das Verfahren nach § 31 beschränkt.

(2) ¹Aufsichtsbehörden sind

1. das Staatsministerium des Innern als oberste Brandschutz-, Rettungsdienst- und Katastrophenschutzbehörde,

2. die Landesdirektion Sachsen als obere Brandschutz-, Rettungsdienst- und Katastrophenschutzbehörde,

3. die Landkreise als untere Brandschutz-, Rettungsdienst- und Katastrophenschutzbehörden.
²Die Rechtsaufsicht über den Brandschutz üben die Aufsichtsbehörden aus.

(3) Es führen die Aufsicht über

1. die obere Brandschutz-, Rettungsdienst- und Katastrophenschutzbehörde die oberste Brandschutz-, Rettungsdienst- und Katastrophenschutzbehörde,

2. die unteren Brandschutz-, Rettungsdienst- und Katastrophenschutzbehörden die obere und die oberste Brandschutz-, Rettungsdienst- und Katastrophenschutzbehörde,

3. die kreisangehörigen örtlichen Brandschutzbehörden die unteren Brandschutz-, Rettungsdienst- und Katastrophenschutzbehörden sowie die obere und die oberste Brandschutz-, Rettungsdienst- und Katastrophenschutzbehörde.

§ 6 Sachliche Zuständigkeit der örtlichen Brandschutzbehörden

(1) Die örtlichen Brandschutzbehörden sind sachlich zuständig für die

1. Aufstellung, Ausrüstung, Unterhaltung und den Einsatz einer den örtlichen Verhältnissen entsprechenden leistungsfähigen öffentlichen Feuerwehr nach dem Brandschutzbedarfsplan und die Ausstattung mit den erforderlichen baulichen Anlagen, Einrichtungen und Ausrüstungen,

2. Aus- und Fortbildung der Angehörigen der öffentlichen Feuerwehren,

3. Sicherstellung der Alarmierung der öffentlichen Feuerwehr,

4. Sicherstellung einer den örtlichen Verhältnissen entsprechenden ausreichenden Löschwasserversorgung,

5. Aufstellung, Fortschreibung und, soweit erforderlich, Abstimmung von Alarm- und Ausrückordnungen sowie Einsatzplänen,

6. rechtzeitige Erteilung notwendiger Auskünfte und Übergabe der notwendigen Einsatzunterlagen an die Leitstellen,

7. Förderung der Brandschutzerziehung,

8. Durchführung von Brandverhütungsschauen nach Maßgabe des § 22,

9. zusammenfassenden Einsatzberichte ihrer öffentlichen Feuerwehr,

10. Erhebung statistischer Daten zur personellen und technischen Ausstattung sowie zum Einsatzgeschehen.

(2) Für Kreisfreie Städte gilt § 7 entsprechend.

§ 7 Sachliche Zuständigkeit der unteren Brandschutz-, Rettungsdienst- und Katastrophenschutzbehörden und der Rettungszweckverbände

(1) Die unteren Brandschutz-, Rettungsdienst- und Katastrophenschutzbehörden sind sachlich zuständig für die

1. Beratung und Unterstützung der kreisangehörigen Gemeinden bei der Erfüllung ihrer Aufgaben im örtlichen Brandschutz,

2. Einrichtung und Unterhaltung von gemeindeübergreifenden Alarmierung- und Nachrichtenübermittlungssystemen,

3. Durchführung von Ausbildungsmaßnahmen, die das gemeindeübergreifende Zusammenwirken der öffentlichen Feuerwehren zum Gegenstand haben,

4. Festlegung der überörtlichen Einsatzbereiche der öffentlichen Feuerwehren der kreisangehörigen Gemeinden im Einvernehmen mit den Gemeinden,

5. Aufstellung und Fortschreibung gemeindeübergreifender Alarm- und Ausrückordnungen sowie Einsatzpläne,

6. Ermittlung gemeindeübergreifender Gefahrenpotenziale,

7. Festlegung der notwendigen Beschaffung von auch gemeindeübergreifend einzusetzenden Ausrüstungen gemeinsam mit den Gemeinden,

8. Planung und Durchführung gemeindeübergreifender Brandschutzübungen sowie Übungen nach Maßgabe des § 13,

9. Unterstützung der oberen Brandschutz-, Rettungsdienst- und Katastrophenschutzbehörde bei der Durchführung der Aufsicht über die Werkfeuerwehren nach § 21,
10. Unterstützung der Durchführung von Brandverhütungsschauen nach Maßgabe des § 22,
11. Bildung besonderer Führungseinrichtungen in der Behörde und für den Einsatzort,
12. Erstellung und Fortschreibung von Katastrophenschutzplänen,
13. Vorbereitung der Bekämpfung von Katastrophen, die Leitung der Bekämpfung von Katastrophen und die dringliche vorläufige Beseitigung von Katastrophenschäden,
14. Aufstellung von Schnell-Einsatz-Gruppen nach Maßgabe des § 12,
15. Information der Bevölkerung im Katastrophenfall.

(2) Auf Antrag kreisangehöriger Städte mit Berufsfeuerwehr überträgt die untere Brandschutz-, Rettungsdienst- und Katastrophenschutzbehörde diesen auf dem Gebiet des Brandschutzes durch Rechtsverordnung die sachliche Zuständigkeit für einzelne Aufgaben nach Absatz 1.

(3) Die Rettungszweckverbände und die Landkreise und Kreisfreien Städte, die sich nicht zu einem Rettungszweckverband zusammengeschlossen haben, sind sachlich zuständig für die

1. Sicherstellung einer bedarfsgerechten Versorgung der Bevölkerung mit Leistungen der Notfallrettung und des Krankentransportes, mit Ausnahme des Sicherstellungsauftrages nach § 28 Abs. 2 Satz 1,
2. Bestellung eines Bereichsbeirates für jeden Rettungsdienstbereich,
3. Vorbereitung auf und Bewältigung von Großschadensereignissen nach Maßgabe des § 35,
4. Aufstellung von Schnell-Einsatz-Gruppen nach Maßgabe des § 12.

(4) ¹Die Landkreise sollen in Abstimmung mit den örtlichen Brandschutzbehörden Feuerwehrtechnische Zentren zur Unterbringung, Pflege und Prüfung von Fahrzeugen, Ausrüstung sowie zur Ausbildung einrichten. ²Landkreise und Kreisfreie Städte können die gegenseitige Aufgabenerfüllung oder die Bildung gemeinsamer Feuerwehrtechnischer Zentren vereinbaren. ³Die Zentren können auch für Aufgaben des Katastrophenschutzes genutzt werden. ⁴Für die Benutzung können die Landkreise Ersatz der entstandenen Kosten verlangen. ⁵§ 12 des Sächsischen Verwaltungskostengesetzes vom 5. April 2019 (SächsGVBl. S. 245), in der jeweils geltenden Fassung, findet keine Anwendung.

§ 8 Sachliche Zuständigkeit der obersten und der oberen Brandschutz-, Rettungsdienst- und Katastrophenschutzbehörden

(1) Die oberste Brandschutz-, Rettungsdienst- und Katastrophenschutzbehörde ist sachlich zuständig für die

1. Bestellung des gemeinsamen Landesbeirates für Brandschutz, Rettungsdienst und Katastrophenschutz,
2. Einrichtung und Unterhaltung einer Aus- und Fortbildungseinrichtung,
3. Unterstützung der Gemeinden, Landkreise und Kreisfreien Städte bei der Durchführung der ihnen nach diesem Gesetz obliegenden Aufgaben des Brandschutzes durch die Gewährung von Zuschüssen mindestens in Höhe des Feuerschutzsteueraufkommens,
4. Unterstützung der Gemeinden mit Waldgebieten der Waldbrandgefahrenklasse A bei der Errichtung von Löschwasserentnahmestellen nach Maßgabe des Staatshaushaltsplanes,
5. Förderung der Brandschutzforschung und -normung,
6. Gewährung von Unterstützungsleistungen und zusätzlichen Leistungen an Angehörige der Feuerwehren und ihnen gleichgestellte Personen sowie an nach § 54 Absatz 1 zur Hilfeleistung verpflichtete Personen oder nach § 54 Absatz 4 freiwillig mit Zustimmung der Einsatzleitung tätige Personen
   a) bei Unfällen, die sie im Dienst einschließlich der Aus- und Fortbildung erlitten haben,
   b) bei Krankheiten, die sie sich im Dienst einschließlich der Aus- und Fortbildung zugezogen haben sowie
   c) gesundheitlichen Beeinträchtigung im Dienst einschließlich der Aus- und Fortbildung,
7. Aufstellung und Fortschreibung eines Landesrettungsdienstplanes,
8. Sicherstellung einer bedarfsgerechten Versorgung der Bevölkerung mit Leistungen der Luftrettung,
9. Erarbeitung und Fortschreibung einer landesweiten Analyse von Katastrophengefahren,
10. Bereitstellung eines Informationsprogramms für das Katastrophenmanagement,

11. Beschaffung von Fahrzeugen, Geräten und Spezialausrüstung nach Maßgabe des Staatshaushaltsplanes im Rahmen eines jährlich fortzuschreibenden Ausstattungsprogramms, ihre Bereitstellung für Zwecke des Katastrophenschutzes sowie die angemessene Unterstützung ihrer Unterbringung und Unterhaltung,

12. Bildung einer besonderen Führungseinrichtung in der Behörde sowie

13. Festlegung einheitlicher Alarmierungs- und Warnsignale.

(2) Die obere Brandschutz-, Rettungsdienst- und Katastrophenschutzbehörde ist sachlich zuständig für die

1. Anerkennung und Anordnung von Werkfeuerwehren,

2. Aufsicht über die Werkfeuerwehren nach § 21 mit Unterstützung der unteren Brandschutz-, Rettungsdienst- und Katastrophenschutzbehörden. Absatz 1 Nr. 9, 11 und 12 gilt entsprechend.

(3) Bei Katastrophen kann die obere Brandschutz-, Rettungsdienst- und Katastrophenschutzbehörde oder die oberste Brandschutz-, Rettungsdienst- und Katastrophenschutzbehörde die Leitung selbst übernehmen oder einer anderen Brandschutz-, Rettungsdienst- und Katastrophenschutzbehörde übertragen, wenn die untere Brandschutz-, Rettungsdienst- und Katastrophenschutzbehörde einer ihr erteilten Weisung innerhalb der ihr gesetzten Frist nicht nachkommt oder die Übernahme der Leitung zur Bekämpfung der Katastrophe erforderlich ist.

(4) Die oberste Brandschutz-, Rettungsdienst- und Katastrophenschutzbehörde wird ermächtigt, durch Rechtsverordnung

1. Aufgaben von unteren Brandschutz-, Rettungsdienst- und Katastrophenschutzbehörden der oberen Brandschutz-, Rettungsdienst- und Katastrophenschutzbehörde oder einzelnen Brandschutz-, Rettungsdienst- und Katastrophenschutzbehörden auch für das Gebiet anderer Brandschutz-, Rettungsdienst- und Katastrophenschutzbehörden zuzuweisen,

2. Aufgaben des Freistaates Sachsen der oberen Brandschutz-, Rettungsdienst- und Katastrophenschutzbehörde für das Gebiet des gesamten Freistaates Sachsen zuzuweisen,

3. Aufgaben der Fördermittelverwaltung der oberen und den unteren Brandschutz-, Rettungsdienst- und Katastrophenschutzbehörden zuzuweisen,

wenn dies zur Vereinfachung des Verwaltungsverfahrens, zur Verbesserung oder Wirtschaftlichkeit der Verwaltungsdienstleistung, zur Verringerung des Koordinierungsbedarfs oder zur bürgernahen Aufgabenerfüllung erforderlich ist.

(5) Die oberste Brandschutz-, Rettungsdienst- und Katastrophenschutzbehörde wird ermächtigt, durch Rechtsverordnung landeseinheitliche Alamierungs- und Warnsignale festzulegen und Regelungen zur Erhebung, Vorlage und Verarbeitung statistischer Daten der örtlichen Brandschutzbehörden, der unteren Brandschutz-, Rettungsdienst- und Katastrophenschutzbehörden und der Rettungszweckverbände zum Leistungsstand, der Einsatzbereitschaft sowie zur Einsatzdokumentation der Feuerwehren und des Rettungsdienstes zu treffen.

(6) [1]Die oberste Brandschutz-, Rettungsdienst- und Katastrophenschutzbehörde kann die Gewährung von Unterstützungsleistungen und zusätzlichen Leistungen nach Absatz 1 Nummer 6 durch Rechtsverordnung der Unfallkasse Sachsen übertragen. [2]Der Unfallkasse Sachsen sind alle durch die Aufgabenwahrnehmung entstehenden erforderlichen Kosten zu erstatten. [3]Die Kostenerstattung wird durch Verwaltungsvereinbarung zwischen der Unfallkasse Sachsen und der obersten Brandschutz-, Rettungsdienst- und Katastrophenschutzbehörde geregelt. [4]Das Nähere zu Inhalt, Voraussetzungen und Höhe der zu gewährenden Leistungen wird durch Verwaltungsvorschrift der obersten Brandschutz-, Rettungsdienst- und Katastrophenschutzbehörde bestimmt.

Abschnitt 2
Zusammenarbeit

§ 9 Gemeinsamer Landesbeirat

(1) [1]Zur Beratung in Fragen des Brandschutzes, des Rettungsdienstes und des Katastrophenschutzes bestellt die oberste Brandschutz-, Rettungsdienst- und Katastrophenschutzbehörde einen gemeinsamen Landesbeirat für Brandschutz, Rettungsdienst und Katastrophenschutz, der in grundsätzlichen Angelegenheiten und vor Erlass von Rechtsverordnungen zu hören ist. [2]Ihm gehören insbesondere an Vertreter

1. des Staatsministeriums des Innern,
2. des Staatsministeriums für Soziales,
3. des Staatsministeriums für Umwelt und Landwirtschaft,
4. des Sächsischen Landkreistages und des Sächsischen Städte- und Gemeindetages,
5. der Landesverbände der privaten Hilfsorganisationen,
6. des Landesfeuerwehrverbandes Sachsen,
7. der Landesverbände der Krankenkassen und der Verbände der Ersatzkassen,
8. des Landesverbandes der Berufsgenossenschaften,
9. der Sächsischen Landesärztekammer,
10. der Krankenhausgesellschaft Sachsen,
11. der Arbeitsgemeinschaft der Leiter der Berufsfeuerwehren Sachsen sowie
12. der Arbeitsgemeinschaft Sächsischer Notärzte,
13. des Sächsischen Landtages,
14. der Arbeitsgemeinschaft der sächsischen Kreisbrandmeister.

[3]Für die Fachbereiche des Brandschutzes, Rettungsdienstes und Katastrophenschutzes können jeweils Fachbeiräte gebildet werden.

(2) [1]Zu den Beratungen können Sachverständige und sonstige Personen, die mit Brandschutz, Rettungsdienst oder Katastrophenschutz befasst sind, hinzugezogen werden. [2]Die Reisekosten der Beiratsmitglieder sowie die Kosten für Sachverständige trägt der Freistaat Sachsen. [3]Die oberste Brandschutz-, Rettungsdienst- und Katastrophenschutzbehörde erlässt eine Geschäftsordnung, die auch die Zusammensetzung der Beiräte sowie das Berufungsverfahren und das Vorschlagsrecht regelt.

§ 10 Landesfeuerwehr- und Katastrophenschutzschule

(1) [1]Der Freistaat Sachsen unterhält eine Landesfeuerwehr- und Katastrophenschutzschule als Aus- und Fortbildungseinrichtung für den Brand- und Katastrophenschutz. [2]Ihr obliegt die Aus- und Fortbildung der Angehörigen der Feuerwehren, der privaten Hilfsorganisationen sowie der Bediensteten der Aufgabenträger, die mit Brandschutz-, Rettungsdienst- oder Katastrophenschutzaufgaben betraut sind. [3]Die Landesfeuerwehr- und Katastrophenschutzschule untersteht dem Staatsministerium des Innern.

(2) [1]Für den Besuch der Landesfeuerwehr- und Katastrophenschutzschule durch Angehörige der öffentlichen Feuerwehren, der privaten Hilfsorganisationen sowie der Bediensteten der Aufgabenträger, die mit Brandschutz-, Rettungsdienst- oder Katastrophenschutzaufgaben betraut sind, werden keine Benutzungsgebühren und Auslagen erhoben. [2]Das Gleiche gilt für die Abnahme staatlicher Prüfungen durch diese Einrichtung.

(3) Der Landesfeuerwehr- und Katastrophenschutzschule können weitere Ausbildungsaufgaben, insbesondere der Aus- und Fortbildung im Rettungsdienst, übertragen werden, wenn die Aufgabe nicht besser und wirtschaftlicher durch einen privaten Dritten erfüllt werden kann und tatsächlich auch erfüllt wird.

(4) [1]Das Staatsministerium des Innern wird ermächtigt, im Einvernehmen mit dem Staatsministerium der Finanzen eine Rechtsverordnung über die Erhebung von Gebühren und Auslagen für die Inanspruchnahme der Landesfeuerwehr- und Katastrophenschutzschule zu erlassen. [2]In der Rechtsverordnung können der Gebührenschuldner, über Absatz 2 hinausgehende persönliche Gebührenfreiheit sowie der Zeitpunkt der Entstehung und Fälligkeit des Gebührenanspruchs abweichend vom Sächsischen Verwaltungskostengesetz bestimmt werden.

(5) [1]Die Landesfeuerwehr- und Katastrophenschutzschule kann einen Einsatzdienst zur Hilfeleistung bei der Bekämpfung von Bränden, Katastrophen, öffentlichen Notständen und Unglücksfällen einrichten. [2]Die Einrichtung des Einsatzdienstes begründet keinen Rechtsanspruch auf die Hilfeleistung.

§ 11 Leitstellen

(1) [1]Die oberste Brandschutz-, Rettungsdienst- und Katastrophenschutzbehörde wird ermächtigt, durch Rechtsverordnung Regelungen zu Leitstellen zu treffen, insbesondere über die

1. innere Organisation, den Betrieb und die Aufgaben,
2. einzusetzende Leitstellen- und Funktechnik,

3. Mindestbesetzung sowie die fachliche Qualifikation und die Aus- und Fortbildung des einzusetzenden Personals und

4. Zusammenarbeit mit den unteren Brandschutz-, Rettungsdienst- und Katastrophenschutzbehörden.

[2]Die Träger des bodengebundenen Rettungsdienstes sowie die Landkreise und Kreisfreien Städte im Rahmen ihrer Zuständigkeit für den Brandschutz sind verpflichtet, nach Maßgabe der Rechtsverordnung Leitstellen zu errichten und zu unterhalten. [3]Landkreise, Kreisfreie Städte und Rettungszweckverbände können zur Errichtung und zum Betrieb von Leitstellen eine Zweckvereinbarung schließen.

(2) [1]Die Leitstelle arbeitet mit den für den ärztlichen Notfalldienst zuständigen Stellen, der Polizei, den Krankenhäusern, den Behandlungseinrichtungen und den auf dem Gebiet der Notfallrettung und des Krankentransportes tätigen Leistungserbringern zusammen. [2]Sie soll auch den kassenärztlichen Notfalldienst vermitteln. [3]Der Träger des Rettungsdienstes und die Kassenärztliche Vereinigung Sachsen treffen über die Vermittlung Vereinbarungen, in denen auch die Kostenerstattung zu regeln ist.

(3) [1]Die Leitstelle führt einen Nachweis über die Dienstbereitschaft der Behandlungseinrichtungen, über die Aufnahme- und Dienstbereitschaft der Krankenhäuser sowie deren Erweiterungsfähigkeit bei einem Großschadensereignis. [2]Die Krankenhäuser und Behandlungseinrichtungen sind verpflichtet, die hierfür notwendigen Auskünfte zu erteilen.

(4) Benachbarte Leitstellen haben sich gegenseitig zu unterstützen, soweit dadurch die Wahrnehmung eigener Aufgaben nicht gefährdet wird.

§ 12 Schnell-Einsatz-Gruppen

[1]Die Aufgabenträger nach § 3 Nr. 2 bis 4 sollen zur Bewältigung von

1. Unglücksfällen oder öffentlichen Notständen,

2. Großschadensereignissen, bei denen die Kräfte und Mittel des Rettungsdienstes nicht ausreichen, oder

3. Katastrophen mit einer gegenwärtigen oder unmittelbar drohenden großen Anzahl von Verletzten oder Erkrankten

Schnell-Einsatz-Gruppen aufstellen. [2]Die Schnell-Einsatz- Gruppen werden aus Personal, Fahrzeugen, Geräten und Material des Katastrophenschutzes gebildet. [3]Die oberste Brandschutz-, Rettungsdienst- und Katastrophenschutzbehörde wird ermächtigt, das Nähere zur Aufstellung, Ausbildung und Ausrüstung durch Rechtsverordnung zu regeln.

§ 13 Übungen

(1) Die Brandschutz-, Rettungsdienst- und Katastrophenschutzbehörden sollen regelmäßig gemeinsame Übungen unter Einbeziehung insbesondere der Feuerwehren, der Leistungserbringer nach § 31 Abs. 1 sowie der Einheiten und Einrichtungen des Katastrophenschutzes durchführen.

(2) Bei den Übungen können insbesondere auch Einsatzkräfte anderer Länder, der Nachbarstaaten, der Bundeswehr, der Bundespolizei und der Bundesanstalt Technisches Hilfswerk sowie der Europäischen Union beteiligt werden.

(3) Die oberste Brandschutz-, Rettungsdienst- und Katastrophenschutzbehörde wird ermächtigt, das Nähere zur Durchführung regelmäßiger Übungen, insbesondere zu den zeitlichen Abständen zwischen den Übungen und den einzubeziehenden Teilnehmern, durch Rechtsverordnung zu regeln.

§ 14 Überörtliche und auswärtige Einsätze

(1) [1]Gemeinden haben mit ihrer Feuerwehr auf Anforderung Hilfe zu leisten, soweit ihr Einsatz nicht im eigenen Zuständigkeitsbereich dringend erforderlich ist. [2]Die Gemeinden sind mit ihrer Feuerwehr auch verpflichtet, auf Anforderung in Betrieben und Einrichtungen mit Werkfeuerwehr Hilfe zu leisten.

(2) [1]Die unteren Brandschutz-, Rettungsdienst- und Katastrophenschutzbehörden haben auf Anforderung einer benachbarten unteren Brandschutz-, Rettungsdienst- und Katastrophenschutzbehörde, die Katastrophenalarm ausgelöst hat, den Einsatz von erforderlichen Kräften und Mitteln der nach § 39 und § 40 im Katastrophenschutz Mitwirkenden im Zuständigkeitsbereich der benachbarten Brandschutz-, Rettungsdienst- und Katastrophenschutzbehörde anzuordnen, soweit ihr Einsatz nicht im eigenen Zuständigkeitsbereich dringend erforderlich ist. [2]Für die obere Brandschutz-, Rettungsdienst- und Katastrophenschutzbehörde gilt Satz 1 entsprechend. [3]Die Kräfte unterstehen danach der Leitung der anfordernden unteren Brandschutz-, Rettungsdienst und Katastrophenschutzbehörde.

(3) ¹Die obere Brandschutz-, Rettungsdienst- und Katastrophenschutzbehörde kann den Einsatz von Kräften und Mitteln der nach § 39 und § 40 im Katastrophenschutz Mitwirkenden außerhalb der Landkreise und Kreisfreien Städte anordnen, in denen sie ihren Standort haben. ²Sie bestimmt dabei zugleich, wem sie unterstellt werden.

(4) Einsätze von Kräften und Mitteln des Katastrophenschutzes außerhalb des Freistaates Sachsen bedürfen der unverzüglichen Anzeige bei der obersten Brandschutz-, Rettungsdienst- und Katastrophenschutzbehörde.

(5) ¹Einsätze im Ausland bedürfen der Zustimmung der obersten Brandschutz-, Rettungsdienst- und Katastrophenschutzbehörde, sofern der Einsatz nicht in Erfüllung einer Vereinbarung zur Hilfeleistung im benachbarten Ausland durchzuführen ist. ²Dem Einsatz im benachbarten ausländischen Grenzgebiet kann die untere Brandschutz-, Rettungsdienst- und Katastrophenschutzbehörde vorläufig zustimmen, wenn die sofortige Hilfeleistung angefordert wurde und erforderlich erscheint. ³Bei Einsätzen im Ausland bestimmt die den Einsatz anordnende Brandschutz-, Rettungsdienst und Katastrophenschutzbehörde, welcher deutschen Stelle die eingesetzten Kräfte unterstehen

(6) Die oberste Brandschutz-, Rettungsdienst- und Katastrophenschutzbehörde kann Einsätze im Ausland anordnen.

Abschnitt 3
Brandschutz

§ 15 Arten der Feuerwehren

(1) ¹Freiwillige Feuerwehren, Berufsfeuerwehren und Pflichtfeuerwehren sind als Einrichtungen der Gemeinde öffentliche Feuerwehren ohne eigene Rechtspersönlichkeit. ²Werkfeuerwehren und Betriebsfeuerwehren (betriebliche Feuerwehren) sind privatrechtlich organisierte Feuerwehren, die dem Schutz der Betriebe und Einrichtungen dienen.

(2) ¹In jeder Gemeinde ist eine Freiwillige Feuerwehr (Gemeindefeuerwehr) aufzustellen. ²Die Möglichkeit der Großen Kreisstädte, die aufgrund von § 2 Absatz 2 des Sächsischen Kreisgebietsneugliederungsgesetzes vom 29. Januar 2008 (SächsGVBl. S. 102) die Kreisfreiheit verloren haben, eine Berufsfeuerwehr zu unterhalten, bleibt unberührt. ³Gemeinden mit mehr als 80 000 Einwohnern haben eine Berufsfeuerwehr aufzustellen. ⁴In Gemeinden mit Berufsfeuerwehr bildet diese gemeinsam mit der Freiwilligen Feuerwehr die Gemeindefeuerwehr.

(3) ¹In Gemeinden mit Ortsteilen bilden Ortsfeuerwehren die Gemeindefeuerwehr. ²Die Ortsfeuerwehren führen den Namen der Gemeinde. ³Sie können daneben den Ortsteilnamen führen.

(4) Die Rechte und Pflichten der Angehörigen der Feuerwehr der Gemeinde sind, soweit sie sich nicht aus diesem Gesetz ergeben, durch Satzung zu regeln.

§ 16 Pflichten der Feuerwehren

(1) ¹Die öffentlichen Feuerwehren wirken bei der Erfüllung der Aufgaben der Gemeinden nach § 6 mit und leisten bei der Bekämpfung von Katastrophen, im Rahmen des Rettungsdienstes und bei der Beseitigung von Umweltgefahren technische Hilfe. ²Rechtsvorschriften, nach denen ihnen weitere Aufgaben übertragen werden, bleiben unberührt.

(2) ¹Die Feuerwehren haben bei der Brandbekämpfung und bei der technischen Hilfe die erforderlichen Maßnahmen zur Gefahrenabwehr insoweit zu treffen, als es zur Bekämpfung der Gefahr oder Verhinderung weiterer unmittelbar drohender Gefahren notwendig ist. ²Andere Aufgaben dürfen die Feuerwehren nur ausführen, wenn ihre Einsatzbereitschaft dadurch nicht beeinträchtigt wird.

(3) Die oberste Brandschutz-, Rettungsdienst- und Katastrophenschutzbehörde wird ermächtigt, im Einvernehmen mit dem Staatsministerium der Finanzen durch Rechtsverordnung zu regeln

1. die Mindeststärke und Ausrüstung der Feuerwehren unter Berücksichtigung von Fläche, Einwohnerzahl und Gefährdungspotenzialen der Gemeinde,

2. die Organisation, die Aus- und Fortbildung, Dienstgrade, Dienstgrad- und Funktionsabzeichen sowie Schutz- und Dienstkleidung der Feuerwehren,

3. die Alarmierung der Feuerwehren.

(4) ¹Die Brandschutz-, Rettungsdienst- und Katastrophenschutzbehörden haben die für ihren Bereich gebildeten Feuerwehrverbände vor allgemeinen Regelungen, welche die Feuerwehren berühren, zu hören. ²Gemeinden, Betriebe oder Einrichtungen, deren Feuerwehren Mitglieder eines Feuerwehrver-

bandes sind, tragen die Beiträge, wenn der Feuerwehrverband dem Landesfeuerwehrverband angehört.
[3]Der Freistaat Sachsen und die Landkreise stellen den Feuerwehrverbänden finanzielle Mittel nach Maßgabe des Haushaltsplanes zur Verfügung.

§ 17 Gemeindewehrleiter

(1) [1]Der Gemeindewehrleiter leitet die Gemeindefeuerwehr. [2]Ortsfeuerwehren werden von einem Ortswehrleiter geleitet. [3]Sie unterliegen den Weisungen des Gemeindewehrleiters.

(2) Der Gemeindewehrleiter ist für die Leistungsfähigkeit und die ordnungsgemäße Dienstdurchführung der Gemeindefeuerwehr verantwortlich und soll in allen feuerwehr- und brandschutztechnischen Angelegenheiten beraten.

(3) [1]Das Nähere zur Bestellung und Abberufung der Gemeindewehrleiter und der Ortswehrleiter sowie ihrer Stellvertreter regelt die Gemeinde durch Satzung. [2]Ehrenamtliche Gemeindewehrleiter und Ortswehrleiter sowie die Stellvertreter der Gemeindewehrleiter und Ortswehrleiter werden gewählt und für die Dauer von fünf Jahren berufen.

§ 18 Freiwillige Feuerwehren

(1) [1]Angehörige der Freiwilligen Feuerwehr sind in der Regel ehrenamtlich tätig. [2]Hauptamtliche Angehörige der Freiwilligen Feuerwehr sind nach den Grundsätzen für die Berufsfeuerwehren einzustellen und auszubilden. [3]Die aktiven Angehörigen der Freiwilligen Feuerwehr sind verpflichtet, am Dienst und an Aus- und Fortbildungsmaßnahmen teilzunehmen.

(2) [1]In den aktiven Feuerwehrdienst können nur Personen aufgenommen werden, die das 16. Lebensjahr vollendet haben, den gesundheitlichen Anforderungen des Feuerwehrdienstes entsprechen und die charakterliche Eignung besitzen. [2]Aktiven Feuerwehrdienst können alle geeigneten Personen in den Gemeinden leisten, in denen sie wohnen oder einer regelmäßigen Beschäftigung oder Ausbildung nachgehen oder in sonstiger Weise regelmäßig für Einsätze zur Verfügung stehen. [3]Dabei sollen Feuerwehrangehörige die in § 17 Absatz 1 und 3 Satz 1 genannten Führungs- und Stellvertretungsfunktionen ausschließlich bei der Gemeindefeuerwehr ihres ersten Wohnsitzes übernehmen. [4]Feuerwehrdienst kann in bis zu zwei Feuerwehren geleistet werden. [5]Die Belange der Feuerwehr der Gemeinde, in der eine der Feuerwehr angehörende Person wohnt oder überwiegend wohnt, sind vorrangig zu berücksichtigen.

(3) [1]Aufnahmegesuche sind schriftlich an den Ortswehrleiter zu richten. [2]Über die Aufnahme entscheidet der Gemeindewehrleiter. [3]Ein Rechtsanspruch auf Aufnahme besteht nicht. [4]Eine Ablehnung ist dem Antragsteller durch schriftlichen Verwaltungsakt mitzuteilen.

(4) [1]Ungeeignet zum aktiven Feuerwehrdienst sind Personen, die
1. den gesundheitlichen Anforderungen des aktiven Feuerwehrdienstes nicht mehr entsprechen,
2. infolge Richterspruchs die Fähigkeit zur Bekleidung öffentlicher Ämter nicht besitzen,
3. Maßregeln der Besserung und Sicherung gemäß § 61 des Strafgesetzbuches mit Ausnahme der Nummer 5 (Entziehung der Fahrerlaubnis) unterworfen sind oder
4. unter Betreuung oder unter vorläufige Vormundschaft gestellt sind, soweit nicht der Betreuer oder Vormund und der Gemeindewehrleiter zustimmen.

[2]Ist die Eignung nicht mehr gegeben, endet der aktive Feuerwehrdienst eines Angehörigen der Freiwilligen Feuerwehr.

(5) Der aktive Feuerwehrdienst eines Angehörigen der Freiwilligen Feuerwehr kann auf seinen Antrag beendet werden, wenn der Dienst für ihn aus persönlichen oder beruflichen Gründen eine besondere Härte bedeutet.

(6) [1]Der aktive Feuerwehrdienst eines Angehörigen der Freiwilligen Feuerwehr kann aus wichtigem Grund beendet werden. [2]Dies gilt insbesondere
1. bei fortgesetzter Nachlässigkeit im Dienst,
2. bei schweren Verstößen gegen die Dienstpflicht,
3. bei erheblicher schuldhafter Schädigung des Ansehens der Feuerwehr oder
4. bei einem Verhalten, das eine erhebliche und andauernde Störung des Zusammenlebens in der Gemeindefeuerwehr verursacht hat oder befürchten lässt.

(7) Zur Vorbereitung der Entscheidung nach Absatz 6 kann der Angehörige der Freiwilligen Feuerwehr vorläufig des Dienstes enthoben werden, wenn andernfalls der Dienstbetrieb oder die Sachverhaltsaufklärung beeinträchtigt würden.

(8) [1]Entscheidungen nach den Absätzen 5 bis 7 sind durch schriftlichen Verwaltungsakt zu treffen. [2]Der Betroffene ist vor den Entscheidungen nach Satz 1 anzuhören. [3]Widerspruch und Klage gegen die Entscheidungen nach Satz 1 haben keine aufschiebende Wirkung.

(9) Die Gemeinde kann das Nähere zur Aufnahme und Beendigung des Feuerwehrdienstes durch Satzung regeln.

(10) [1]In den Freiwilligen Feuerwehren können Jugendfeuerwehren, Alters- und Ehrenabteilungen sowie andere Abteilungen gebildet werden. [2]Mitglied der Jugendfeuerwehr kann in der Regel sein, wer das 8. Lebensjahr vollendet hat. [3]Die Absätze 4 bis 9 gelten entsprechend.

§ 19 Berufsfeuerwehren

[1]In Gemeinden mit Berufsfeuerwehr nimmt der Leiter der Berufsfeuerwehr die Aufgaben des Gemeindewehrleiters wahr. [2]Er ist für die Leistungsfähigkeit sämtlicher öffentlicher Feuerwehren im Gemeindegebiet verantwortlich.

§ 20 Pflichtfeuerwehren

(1) [1]Die Gemeinde hat eine Pflichtfeuerwehr aufzustellen, wenn eine Freiwillige Feuerwehr nicht zustande kommt. [2]Zur Sicherstellung der Mindeststärke einer Freiwilligen Feuerwehr können auch einzelne Einwohner und Gemeindebedienstete zum Dienst verpflichtet werden, soweit sie feuerwehrdienstpflichtig sind.

(2) [1]Feuerwehrdienstpflichtig sind alle Einwohner einer Gemeinde zwischen dem vollendeten 18. und 65. Lebensjahr. [2]Wer in mehreren Gemeinden in der Bundesrepublik Deutschland wohnt, ist feuerwehrdienstpflichtig nur in der Gemeinde, in der er seine Hauptwohnung hat. [3]Nicht feuerwehrdienstpflichtig ist, wer den gesundheitlichen Anforderungen des Feuerwehrdienstes nicht entspricht oder einen wichtigen Grund im Sinne von § 18 Absatz 1 Satz 1 und 2 Nummer 3 bis 5 der Sächsischen Gemeindeordnung in der Fassung der Bekanntmachung vom 9. März 2018 (SächsGVBl. S. 62), in der jeweils geltenden Fassung, vorbringen kann.

(3) Die Gemeinde zieht die Feuerwehrdienstpflichtigen durch einen Verpflichtungsbescheid zur Dienstleistung heran.

(4) Für die Pflichtfeuerwehren gelten die Vorschriften über die Freiwilligen Feuerwehren entsprechend.

§ 21 Betriebliche Feuerwehren

(1) [1]Betriebliche Feuerwehren sind Feuerwehren zum Schutz von Betrieben und Einrichtungen. [2]Die Verpflichtung der Gemeinde zur Hilfeleistung durch ihre Gemeindefeuerwehr bleibt hiervon unberührt.

(2) [1]Betriebsfeuerwehren können auf Antrag ihres Trägers nach Prüfung durch die obere Brandschutz-, Rettungsdienst- und Katastrophenschutzbehörde als Werkfeuerwehr anerkannt werden, wenn Leistungsstand und Ausrüstung den Anforderungen entsprechen. [2]Die Kosten der Aufstellung, Ausrüstung und Unterhaltung hat der Träger des Betriebes oder der Einrichtung zu tragen. [3]Die obere Brandschutz-, Rettungsdienst- und Katastrophenschutzbehörde kann jederzeit den Leistungsstand und die Ausrüstung der Werkfeuerwehren überprüfen und die Vorlage von Einsatzberichten verlangen. [4]Erfüllt eine Werkfeuerwehr die Voraussetzungen für ihre Anerkennung nicht mehr, ist die Anerkennung zu widerrufen.

(3) [1]Betriebe und Einrichtungen mit Werkfeuerwehr sind für den abwehrenden Brandschutz im eigenen Bereich zuständig. [2]Wenn die Gefahr nicht mit eigenen Kräften oder Mitteln beseitigt werden kann, ist die Gemeinde unverzüglich zu benachrichtigen. [3]Gemeinden sind bei Anforderung durch den Träger der Werkfeuerwehr zur Hilfeleistung verpflichtet.

(4) [1]Besonders brand- oder explosionsgefährdete Betriebe oder Einrichtungen können durch die obere Brandschutz-, Rettungsdienst- und Katastrophenschutzbehörde verpflichtet werden, eine Werkfeuerwehr aufzustellen, auszurüsten und zu unterhalten. [2]Gleiches gilt, wenn durch andere besondere Gefahren im Schadensfall eine größere Anzahl von Personen gefährdet ist und durch das Bestehen einer Werkfeuerwehr die Gefährdung gemindert wird.

(5) [1]Auf Ersuchen einer Gemeinde ist eine Werkfeuerwehr auch außerhalb des Betriebes oder der Einrichtung zur Brandbekämpfung und technischen Hilfe verpflichtet, wenn nicht die Wahrnehmung eigener Aufgaben vorrangig ist. [2]Auf Antrag sind dem Träger der Werkfeuerwehr die Aufwendungen von der Gemeinde, in deren Gebiet Hilfe geleistet wurde, zu erstatten.

(6) Die oberste Brandschutz-, Rettungsdienst- und Katastrophenschutzbehörde wird ermächtigt, das Nähere zur Anerkennung von Werkfeuerwehren, Mindestanforderungen an Personal, Ausrüstung und Unterhaltung sowie ihre Dienstgrad- und Funktionsabzeichen durch Rechtsverordnung zu regeln.

§ 22 Brandverhütungsschau

(1) [1]Grundstücke, Gebäude, Betriebe, Einrichtungen und Anlagen mit einer erhöhten Brand- und Explosionsgefahr sowie Waldflächen unterliegen einer regelmäßigen Brandverhütungsschau. [2]Das gilt auch dann, wenn bei Ausbruch eines Brandes eine größere Anzahl von Personen oder unwiederbringliches Kulturgut gefährdet sind. [3]Die Vorschriften über die Feuerstättenschau bleiben unberührt.

(2) [1]Brandverhütungsschauen werden in Gemeinden mit Berufsfeuerwehren durch Angehörige der Berufsfeuerwehr, in Gemeinden mit hauptamtlichen Angehörigen der Feuerwehr von diesen und in den übrigen Gemeinden durch geeignete Angehörige der Freiwilligen Feuerwehr durchgeführt. [2]Gemeinden ohne geeignete Angehörige der Freiwilligen Feuerwehr stellt der Landkreis sein geeignetes Personal zur Durchführung der Brandverhütungsschauen zur Verfügung. [3]Er kann Ersatz der entstandenen Kosten verlangen. [4]§ 12 des Sächsischen Verwaltungskostengesetzes findet keine Anwendung.

(3) In Betrieben und Einrichtungen mit Werkfeuerwehr kann die Brandverhütungsschau im Einvernehmen mit der örtlichen Brandschutzbehörde durch Angehörige der Werkfeuerwehr durchgeführt werden.

(4) Brandverhütungsschauen sind durch die Eigentümer und Besitzer von Grundstücken, Gebäuden, Betrieben, Einrichtungen, Anlagen oder Waldflächen zu dulden.

(5) Die Brandverhütungsschau hat unter Beteiligung der zuständigen Fachbehörden zu erfolgen.

(6) Die oberste Brandschutz-, Rettungsdienst- und Katastrophenschutzbehörde wird ermächtigt, das Nähere zu den fachlichen Voraussetzungen der Angehörigen der Feuerwehr, die Brandverhütungsschauen durchführen, zur Mitwirkung anderer Behörden und zur Kostenerstattung durch Rechtsverordnung zu regeln.

§ 23 Brandsicherheitswachen

(1) [1]Veranstaltungen und Arbeiten, bei denen ein erhöhtes Brandrisiko besteht oder bei denen bei Ausbruch eines Brandes eine größere Anzahl von Personen gefährdet würde, dürfen nur in Anwesenheit einer Brandsicherheitswache stattfinden. [2]Andere gesetzliche Regelungen bleiben unberührt.

(2) [1]Veranstaltungen nach Absatz 1 sind der Gemeinde rechtzeitig anzuzeigen. [2]Wird die Brandsicherheitswache nicht von der Gemeinde gestellt, ist der Veranstalter zur Stellung verpflichtet.

(3) Brandsicherheitswachen sind durch Angehörige der Feuerwehren oder durch andere Personen, die über die erforderlichen Fachkenntnisse verfügen, zu besetzen.

(4) Die Brandsicherheitswache darf Anordnungen und Maßnahmen zur Bekämpfung und Verhütung von Bränden sowie zur Sicherung der Rettungs- und Angriffswege der Feuerwehr treffen.

§ 24 Landesbranddirektor, Bezirks- und Kreisbrandmeister

(1) [1]Der Landkreis bestellt einen hauptamtlichen Kreisbrandmeister. [2]Dieser muss für den gehobenen feuerwehrtechnischen Dienst befähigt sein oder eine entsprechend geeignete hauptberufliche Tätigkeit ausüben. [3]Der Kreisfeuerwehrverband ist vor der Bestellung zu hören.

(2) [1]Der Kreisbrandmeister überprüft Aufstellung, Ausrüstung, Leistungsstand und Einsatzbereitschaft der Feuerwehren. [2]Er unterstützt die überörtliche Zusammenarbeit. [3]Ihm können auch Aufgaben des Katastrophenschutzes übertragen werden.

(3) [1]Der Landkreis kann einen oder mehrere Stellvertreter des Kreisbrandmeisters für die Dauer von sechs Jahren bestellen. [2]Die Aufgabe kann ehrenamtlich wahrgenommen werden. [3]Vor der Bestellung ist der Kreisfeuerwehrverband zu hören. [4]Der Beschluss über die Bestellung ist der Rechtsaufsichtsbehörde anzuzeigen. [5]Den Stellvertretern können Aufgaben des Kreisbrandmeisters für einen Teilbereich des Landkreises übertragen werden.

(4) [1]Die obere Brandschutz-, Rettungsdienst- und Katastrophenschutzbehörde bestellt einen hauptamtlichen Bediensteten mit feuerwehrtechnischer Ausbildung zum Bezirksbrandmeister. [2]Der Landesfeuerwehrverband ist vor der Bestellung zu hören

(5) [1]Die oberste Brandschutz-, Rettungsdienst- und Katastrophenschutzbehörde bestellt einen hauptamtlichen Bediensteten mit der Befähigung zum höheren feuerwehrtechnischen Dienst zum Landesbranddirektor. [2]Der Landesfeuerwehrverband ist vor der Bestellung zu hören.

Abschnitt 4
Rettungsdienst

§ 25 Rettungszweckverbände, Bereichsbeirat für den Rettungsdienst

(1) [1]Die oberste Brandschutz-, Rettungsdienst- und Katastrophenschutzbehörde setzt im Benehmen mit den betroffenen Landkreisen, Kreisfreien Städten und Rettungszweckverbänden sowie den Kostenträgern durch Rechtsverordnung Rettungsdienstbereiche fest. [2]Ein Rettungsdienstbereich kann mehrere Landkreise und Kreisfreie Städte umfassen.

(2) [1]Die Landkreise und Kreisfreien Städte, die zu einem Rettungsdienstbereich gehören, bilden einen Zweckverband (Rettungszweckverband). [2]Kommt innerhalb einer von der Aufsichtsbehörde gesetzten angemessenen Frist der Rettungszweckverband nicht zustande, verfügt die Aufsichtsbehörde die Bildung des Rettungszweckverbandes und erlässt die Rettungszweckverbandssatzung.

(3) [1]Zur Beratung und Unterstützung in Fragen des Rettungsdienstes bestellt der Träger des Rettungsdienstes für jeden Rettungsdienstbereich einen Bereichsbeirat für den Rettungsdienst, der in grundsätzlichen Angelegenheiten zu hören ist. [2]Dem Bereichsbeirat gehören insbesondere an

1. ein Vertreter der Aufsichtsbehörde,
2. jeweils ein Vertreter der Leistungserbringer, denen im Rettungsdienstbereich die Durchführung von Notfallrettung und Krankentransport übertragen worden ist,
3. jeweils ein Vertreter der Verbände oder örtlichen Gliederungen der Kostenträger,
4. jeweils ein Vertreter der örtlichen Krankenhäuser, die im Rettungsdienst mitwirken,
5. ein Vertreter der Sächsischen Landesärztekammer,
6. ein Vertreter der Kassenärztlichen Vereinigung Sachsen und
7. ein Vertreter der Arbeitsgemeinschaft Sächsischer Notärzte oder ein im Rettungsdienstbereich tätiger Leitender Notarzt.

(4) [1]Der Träger des Rettungsdienstes erlässt eine Geschäftsordnung, beruft den Bereichsbeirat für den Rettungsdienst bei Bedarf oder auf Verlangen eines Viertels der Mitglieder ein und leitet die Sitzungen. [2]Zu den Sitzungen können Vertreter von Behörden und fachkundige Personen hinzugezogen werden. [3]Die Kosten des Bereichsbeirates für den Rettungsdienst trägt der Träger des Rettungsdienstes.

§ 26 Rettungsdienstplanung

(1) [1]Die oberste Brandschutz-, Rettungsdienst- und Katastrophenschutzbehörde stellt im Benehmen mit den Trägern des bodengebundenen Rettungsdienstes und den Kostenträgern einen Landesrettungsdienstplan auf und passt ihn der Entwicklung an. [2]Die Erfordernisse der Raumordnung sind zu beachten. [3]Im Landesrettungsdienstplan werden die Grundzüge einer bedarfsgerechten und wirtschaftlichen Versorgung der Bevölkerung mit leistungsfähigen Einrichtungen des Rettungsdienstes festgelegt. [4]Der Landesrettungsdienstplan wird als Rahmenplan erstellt und durch die oberste Brandschutz-, Rettungsdienst- und Katastrophenschutzbehörde als Rechtsverordnung erlassen. [5]Auf das Einvernehmen mit den Kostenträgern ist hinzuwirken. [6]Der Landesrettungsdienstplan enthält auch Festlegungen zu den Bereichen und Standorten der Leitstellen.

(2) [1]Der Träger des Rettungsdienstes stellt auf der Grundlage des Landesrettungsdienstplans nach Anhörung des Bereichsbeirats für den Rettungsdienst im Benehmen mit den Kostenträgern für jeden Rettungsdienstbereich einen Bereichsplan auf. [2]Dieser bedarf der Genehmigung der Aufsichtsbehörde. [3]Vor Erteilung der Genehmigung hört die Aufsichtsbehörde die Kostenträger und die Träger des Rettungsdienstes. [4]Im Bereichsplan sind insbesondere die Anzahl der Rettungswachen, deren Standorte und Einsatzbereiche, geeignete Behandlungseinrichtungen sowie die Anzahl und Vorhaltedauer der Krankenkraftwagen und der Notarzt-Einsatzfahrzeuge festzulegen. [5]Die Rettungswachen sollen zu funktionell und wirtschaftlich tragfähigen Rettungswachenbereichen zusammengefasst werden. [6]Die Bereiche und Standorte der Leitstellen sind zu übernehmen. [7]Zur Notfallrettung soll der Einsatzort mit bodengebundenen Rettungsmitteln innerhalb einer Fahrzeit von zehn Minuten erreichbar sein; dies gilt nicht für Bergwacht und Wasserrettungsdienst. [8]Die oberste Brandschutz-, Rettungsdienst- und Katastrophenschutzbehörde wird ermächtigt, Näheres zum Inhalt des Bereichsplans und zur Einhaltung einer Hilfsfrist im Landesrettungsdienstplan zu regeln.

§ 27 Rettungsmittel

Die Rettungsmittel sollen den jeweils anerkannten Regeln der Technik und dem Stand der Notfallmedizin angepasst werden.

§ 28 Notärztliche Versorgung

(1) [1]Im Rettungsdienst wirken geeignete Ärzte mit. [2]Die Eignungsvoraussetzungen werden im Einvernehmen mit dem Staatsministerium für Soziales und Verbraucherschutz durch Satzung der Sächsischen Landesärztekammer festgelegt. [3]Der Indikationskatalog für den Notarzteinsatz und Bestimmungen zur Art der Dokumentation der Notarzteinsätze werden im Landesrettungsdienstplan festgelegt.

(2) [1]Die Krankenkassen und ihre Verbände sowie die Verbände der Ersatzkassen stellen einheitlich und gemeinsam die notärztliche Versorgung im Rettungsdienst sicher. [2]Dies schließt die Erstellung des Dienstplanes für den Notarztdienst ein. [3]Bei der Erfüllung des Sicherstellungsauftrages wirken die Krankenkassen und ihre Verbände sowie die Verbände der Ersatzkassen mit niedergelassenen Ärzten, Krankenhäusern, der Arbeitsgemeinschaft Sächsischer Notärzte, der Kassenärztlichen Vereinigung Sachsen, der Sächsischen Landesärztekammer und den Trägern des Rettungsdienstes koordiniered zusammen. [4]Die durch die Sicherstellung der notärztlichen Versorgung entstehenden Kosten sind Kosten des Rettungsdienstes; eine Kostenerstattung durch die oberste Brandschutz-, Rettungsdienst- und Katastrophenschutzbehörde oder die Träger des Rettungsdienstes ist ausgeschlossen. [5]Die Kosten der Krankenhäuser für den Einsatz von Krankenhausärzten im Rettungsdienst sind gesondert zu erfassen und getrennt von der Vergütung der übrigen Krankenhausleistungen zu vereinbaren.

(3) [1]Die Krankenhäuser stellen Ärzte für den Rettungsdienst zur Verfügung. [2]Die niedergelassenen Ärzte haben im Rettungsdienst mitzuwirken. [3]Die in Absatz 2 Satz 1 Genannten schließen einheitlich und gemeinsam die zur Sicherstellung der notärztlichen Versorgung erforderlichen Verträge.

(4) [1]Die Kassenärztliche Vereinigung Sachsen und die Sächsische Landesärztekammer sind verpflichtet, die in Absatz 2 Satz 1 Genannten bei der Sicherstellung der notärztlichen Versorgung zu unterstützen. [2]Die in Satz 1 und Absatz 2 Satz 1 Genannten sowie die Krankenhausgesellschaft Sachsen können zur Sicherstellung der notärztlichen Versorgung Rahmenvereinbarungen schließen.

(5) [1]Bei Krankentransporten zur Verlegung zwischen Krankenhäusern hat das abgebende Krankenhaus bei Bedarf die ärztliche Betreuung sicherzustellen. [2]Krankenhaus und Kostenträger treffen Vereinbarungen über die Erstattung der hierfür erforderlichen Kosten.

(6) [1]Der Träger des bodengebundenen Rettungsdienstes bestellt zur Erfüllung seiner Aufgaben einen Ärztlichen Leiter Rettungsdienst, dem insbesondere die Sicherung der Qualität der rettungsdienstlichen Versorgung obliegt. [2]Näheres wird im Landesrettungsdienstplan geregelt. [3]Die Kosten des Ärztlichen Leiters Rettungsdienst sind Kosten des Rettungsdienstes.

§ 29 Personal, Fahrzeuge, Ausstattung und Ausrüstung

(1) [1]Bei Notfallrettungs- und Krankentransporteinsätzen haben mindestens zwei fachlich geeignete Personen mitzuwirken. [2]Näheres wird im Landesrettungsdienstplan geregelt.

(2) [1]Für die Notfallrettung und den Krankentransport sind geeignete Krankenkraftwagen einzusetzen. [2]Näheres wird im Landesrettungsdienstplan geregelt.

(3) [1]Die Beschaffung der zur Durchführung von Notfallrettung und Krankentransport benötigten Fahrzeuge und der Ausstattungs- und Ausrüstungsgegenstände erfolgt durch den Leistungserbringer oder den Träger des bodengebundenen Rettungsdienstes. [2]Der Träger des bodengebundenen Rettungsdienstes entscheidet im Benehmen mit den Kostenträgern nach Bedarf und wirtschaftlichen Gesichtspunkten.

(4) [1]Für den Betrieb, die Ausrüstung und Beschaffenheit sowie die Untersuchung der Fahrzeuge gelten die §§ 2 bis 8, 11, 16 bis 19, 30 und 41 bis 43 der Verordnung über den Betrieb von Kraftfahrunternehmen im Personenverkehr vom 21. Juni 1975 (BGBl. I S. 1573), die zuletzt durch Artikel 483 der Verordnung vom 31. August 2015 (BGBl. I S. 1474) geändert worden ist, in der jeweils geltenden Fassung, entsprechend. [2]§ 9 der Verordnung über den Betrieb von Kraftfahrunternehmen im Personenverkehr gilt mit der Maßgabe, dass auf Krankenkraftwagen eingesetzte Personen auch dann ihre Tätigkeit nicht ausüben dürfen, wenn sie oder Angehörige ihrer häuslichen Gemeinschaft krankheitsverdächtig, ansteckungsverdächtig, Ausscheider oder ausscheidungsverdächtig im Sinne von § 2 des Infektionsschutzgesetzes vom 20. Juli 2000 (BGBl. I S. 1045), das zuletzt durch Artikel 14a der Verordnung vom 6. Mai 2019 (BGBl. I S. 646) geändert worden ist, in der jeweils geltenden Fassung, sind.

§ 30 Luftrettungsdienst

(1) [1]Der Luftrettungsdienst ergänzt und unterstützt den bodengebundenen Rettungsdienst. [2]Im Landesrettungsdienstplan sind die Art der Einsätze, die Anzahl der zur Durchführung von Notfallrettung und Verlegung von Notfallpatienten verwendeten Luftfahrzeuge, ihre Standorte und Einsatzbereiche sowie die Qualifikation des einzusetzenden Personals festzulegen.

(2) [1]Die Leitstelle, die für den Standort des Luftfahrzeugs zuständig ist, veranlasst und lenkt Einsätze im Rahmen des Luftrettungsdienstes ungeachtet der Grenzen der Rettungsdienstbereiche. [2]Die oberste Brandschutz-, Rettungsdienst- und Katastrophenschutzbehörde darf die örtliche Zuständigkeit von Leitstellen im Landesrettungsdienstplan abweichend von Satz 1 regeln. [3]Die Leitstelle führt einen Kosten- und Leistungsnachweis nach betriebswirtschaftlichen Grundsätzen und erhebt auf dieser Grundlage eine Vermittlungspauschale für die Einsatzvermittlung und die Koordination von den jeweiligen Leistungserbringern.

(3) [1]Der Träger des Luftrettungsdienstes richtet eine Zentrale Koordinierungsstelle ein, die die Verlegung von Notfallpatienten mit Luftfahrzeugen steuert. [2]Das Nähere regelt der Landesrettungsdienstplan.

(4) [1]Die Kosten der Zentralen Koordinierungsstelle sind Kosten des Rettungsdienstes. [2]Absatz 2 Satz 3 gilt entsprechend.

§ 31 Mitwirkung im Rettungsdienst

(1) [1]Notfallrettung und Krankentransport dürfen nur auf der Grundlage eines öffentlich-rechtlichen Vertrages durchgeführt werden. [2]Der Träger des Rettungsdienstes überträgt die Durchführung der Notfallrettung und des Krankentransportes nach einem Vergabeverfahren durch öffentlichrechtlichen Vertrag auf private Hilfsorganisationen oder andere Unternehmer (Leistungserbringer). [3]Für den bodengebundenen Rettungsdienst sind die Verfahren nach dem Gesetz gegen Wettbewerbsbeschränkungen in der Fassung der Bekanntmachung vom 26. Juni 2013 (BGBl. I S. 1750, 3245), das zuletzt durch Artikel 10 des Gesetzes vom 12. Juli 2018 (BGBl. I S. 1151) geändert worden ist, in der jeweils geltenden Fassung, durchzuführen.

(2) Vor Einleitung einer beabsichtigten Auftragsvergabe zur Durchführung von Notfallrettung und Krankentransport ist mit den Kostenträgern auf das Einvernehmen zu den kostenrelevanten Unterlagen hinzuwirken.

(3) [1]Die Lose sollen den im Bereichsplan nach § 26 Abs. 2 Satz 1 festgelegten Rettungswachenbereichen entsprechen. [2]Die Leistung ist auf Grundlage des genehmigten Bereichsplans eindeutig und umfassend zu beschreiben.

(4) Zum Nachweis der Eignung hat sich der Träger des Rettungsdienstes zu vergewissern, dass

1. die Sicherheit und Leistungsfähigkeit des Betriebes gewährleistet sind und
2. der Leistungserbringer oder die zur Führung der Geschäfte bestellte Person fachlich geeignet ist.

(5) [1]Der Zuschlag ist auf das wirtschaftlichste Angebot zu erteilen. [2]Als Zuschlagskriterien sollen insbesondere der Angebotspreis, ein Umsetzungskonzept und die Mitwirkung im Katastrophenschutz berücksichtigt werden.

(6) [1]Der Vertrag soll auf die Dauer von sieben Jahren befristet werden. [2]Er enthält insbesondere Bestimmungen zu:

1. den geltenden Rechtsvorschriften,
2. dem Leistungsumfang,
3. der Qualifikation und Fortbildung des Personals,
4. der Höhe der Vergütung, einschließlich der Kosten der Ausbildung und Ergänzungsausbildung inklusive Kosten der staatlichen Prüfung und Ergänzungsprüfung nach dem Notfallsanitätergesetz vom 22. Mai 2013 (BGBl. I S. 1348), das zuletzt durch Artikel 1h des Gesetzes vom 4. April 2017 (BGBl. I S. 778) geändert worden ist, in der jeweils geltenden Fassung, mit Öffnungsklausel für notwendige Anpassungen,
5. der Haftung und dem Versicherungsschutz,
6. der Absicherung des Trägers im Insolvenzfall des Leistungserbringers,
7. den Weisungs-, Prüfungs- und Kontrollrechten des Trägers des Rettungsdienstes,
8. den Dokumentationspflichten sowie
9. der Beendigung des Vertrages.

[3]Das Vergabeverfahren soll ein Jahr vor Vertragsablauf durchgeführt werden.

(7) [1]In Städten, die eine Berufsfeuerwehr eingerichtet haben, kann der Träger des Rettungsdienstes von der Übertragung von höchstens einem Viertel der im Bereichsplan für die Stadt festgelegten Einsatzbereiche absehen. [2]Bei den Großen Kreisstädten, die aufgrund von § 2 Absatz 2 des Sächsischen Kreisgebietsneugliederungsgesetzes die Kreisfreiheit verloren und eine Berufsfeuerwehr eingerichtet haben, wird auf Antrag beim Träger des Rettungsdienstes von der Übertragung von höchstens einem Viertel der im Bereichsplan für diese Stadt festgelegten Einsatzbereiche abgesehen.

(8) Soweit die bedarfsgerechte Versorgung mit Leistungen des Rettungsdienstes nicht nach den Absätzen 1 und 7 sichergestellt ist, führt der Träger des Rettungsdienstes diese selbst durch.

(9) Die oberste Brandschutz-, Rettungsdienst- und Katastrophenschutzbehörde wird ermächtigt, Näheres zu den rettungsdienstlichen Anforderungen im Vergabeverfahren im Landesrettungsdienstplan zu regeln.

§ 32 Benutzungsentgelte

(1) [1]Der Träger des Rettungsdienstes vereinbart mit den Kostenträgern einheitliche, leistungsgerechte Entgelte für den Rettungsdienst. [2]Die Entgelte sind so zu bemessen, dass auf der Grundlage einer sparsamen und wirtschaftlichen Betriebsführung ein bedarfsgerechter, leistungsfähiger und wirtschaftlicher Rettungsdienst gewährleistet ist. [3]Die Entgelte umfassen insbesondere die nach § 31 Abs. 6 Satz 2 Nr. 4 vereinbarten Vergütungen, die Kosten der Ausbildung und Ergänzungsausbildung inklusive Kosten der staatlichen Prüfung und Ergänzungsprüfung nach dem Notfallsanitätergesetz, wenn Träger der Ausbildung ein Durchführender des Rettungsdienstes ist, die Kosten der Errichtung und Unterhaltung rettungsdienstlicher Einrichtungen nach § 34 einschließlich Abschreibungen, Miet- und Pachtzinsen sowie die Verwaltungskosten der Träger des Rettungsdienstes. [4]Fehleinsätze und uneinbringliche Forderungen sind grundsätzlich in die Entgeltbemessung einzubeziehen.

(2) [1]Der Träger des Rettungsdienstes führt einen Kosten- und Leistungsnachweis nach betriebswirtschaftlichen Grundsätzen, der es ermöglicht, die Wirtschaftlichkeit der Leistungserbringung zu beurteilen. [2]Die Kostenträger haben einen Anspruch auf Offenlegung aller Daten, die der Berechnung leistungsgerechter Entgelte zu Grunde liegen.

(3) Kommt eine Vereinbarung über die Höhe der Entgelte innerhalb von drei Monaten nicht zustande, hat die Schiedsstelle für den Rettungsdienst auf Antrag einer der Beteiligten zu entscheiden.

(4) [1]Für die Leistungen der Luftrettung vereinbaren die Leistungserbringer mit den Kostenträgern leistungsgerechte Benutzungsentgelte. [2]Kommt eine Vereinbarung über ein Benutzungsentgelt innerhalb einer angemessenen Frist nicht zustande, entscheidet die Schiedsstelle für den Rettungsdienst.

(5) [1]Die vereinbarten oder festgesetzten Benutzungsentgelte sind für alle in der gesetzlichen Krankenversicherung versicherten Benutzer des Rettungsdienstes verbindlich. [2]Für andere Benutzer können Gebühren durch Satzung festgelegt werden.

§ 33 Schiedsstelle für den Rettungsdienst

(1) Die Schiedsstelle für den Rettungsdienst besteht bei Anrufung nach § 32 Abs. 3 aus

1. einem Vorsitzenden, den die oberste Brandschutz-, Rettungsdienst- und Katastrophenschutzbehörde im Einvernehmen mit dem Staatsministerium für Soziales und Verbraucherschutz benennt,
2. drei Mitgliedern auf Vorschlag der Kostenträger,
3. zwei Mitgliedern auf Vorschlag des Sächsischen Landkreistages und
4. einem Mitglied auf Vorschlag des Sächsischen Städte- und Gemeindetages.

(2) Bei Anrufung nach § 32 Abs. 4 Satz 2 besteht sie aus

1. dem Vorsitzenden gemäß Absatz 1 Nr. 1,
2. drei Mitgliedern auf Vorschlag der Kostenträger,
3. zwei Mitgliedern auf Vorschlag der Luftrettungsunternehmen und
4. einem Mitglied benannt durch die oberste Brandschutz-, Rettungsdienst- und Katastrophenschutzbehörde.

(3) [1]Für jedes Mitglied ist auch ein Vertreter vorzuschlagen. [2]Die Mitglieder der Schiedsstelle und deren Vertreter werden durch die Brandschutz-, Rettungsdienst- und Katastrophenschutzbehörde für die Dauer von fünf Jahren bestellt. [3]Scheidet ein Mitglied vorzeitig aus, wird ein neues Mitglied für den Rest der Amtszeit des Ausscheidenden vorgeschlagen und bestellt.

(4) [1]Die Schiedsstelle entscheidet nach mündlicher Erörterung mit den Beteiligten binnen drei Monaten nach ihrer Anrufung. [2]Gegen die Entscheidung der Schiedsstelle ist der Verwaltungsrechtsweg gegeben. [3]Ein Vorverfahren findet nicht statt. [4]Die Klage gegen die Entscheidung der Schiedsstelle hat keine aufschiebende Wirkung.

(5) [1]Die Mitglieder der Schiedsstelle sind ehrenamtlich tätig. [2]Sie sind an Weisungen nicht gebunden. [3]Jedes Mitglied hat eine Stimme. [4]Die Entscheidungen werden mit der Mehrheit der Stimmen der Mitglieder getroffen.

(6) [1]Bei Anrufung nach § 32 Abs. 3 tragen die Kostenträger und der Träger des Rettungsdienstes die Kosten der Schiedsstelle zu gleichen Teilen. [2]Bei Anrufung nach § 32 Abs. 4 Satz 2 tragen die Kostenträger, das Luftrettungsunternehmen und der Freistaat Sachsen die Kosten zu gleichen Teilen. [3]Die Kosten der Schiedsstelle sind nicht Kosten des Rettungsdienstes.

(7) [1]Die Schiedsstelle gibt sich eine Schiedsordnung, die der Genehmigung des Staatsministeriums für Soziales und Verbraucherschutz bedarf. [2]Die Geschäftsstelle der Schiedsstelle wird beim Staatsministerium für Soziales und Verbraucherschutz eingerichtet. [3]Die entsendenden Stellen nach Absatz 1 Nr. 2 bis 4 können der obersten Brandschutz-, Rettungsdienst- und Katastrophenschutzbehörde Vorschläge für die Benennung des Vorsitzenden machen.

§ 34 Einrichtungen des Trägers des bodengebundenen Rettungsdienstes

(1) [1]Dem Träger des bodengebundenen Rettungsdienstes sowie den Landkreisen und Kreisfreien Städten im Rahmen ihrer Zuständigkeit für den Brandschutz obliegen die betriebsnotwendige Unterhaltung der Leitstellen nach § 11 Abs. 1 und § 76 Abs. 2. [2]Für die dem Rettungsdienst zuordenbaren Kosten gilt § 32.

(2) [1]Dem Träger des bodengebundenen Rettungsdienstes sowie den Landkreisen und Kreisfreien Städten im Rahmen ihrer Zuständigkeit für den Brandschutz obliegen der Umbau, die Erweiterung oder der Neubau (Errichtung) von Leitstellen nach § 11 Abs. 1. [2]Die entstehenden Kosten sind zur Hälfte Kosten des Rettungsdienstes.

(3) [1]Dem Träger des bodengebundenen Rettungsdienstes obliegt der Umbau, die Erweiterung oder der Neubau (Errichtung) und die Unterhaltung von Rettungswachen und sonstigen für die Durchführung der Notfallrettung oder des Krankentransportes benötigten baulichen Anlagen. [2]Die hierfür erforderlichen Kosten sind Kosten des Rettungsdienstes, soweit diese Einrichtungen der Durchführung von Notfallrettung und Krankentransport dienen.

§ 35 Großschadensereignis

(1) [1]Die Träger des Rettungsdienstes stellen die rettungsdienstliche Versorgung bei einem Großschadensereignis sicher. [2]§ 37 Abs. 2 gilt entsprechend. [3]Nähere Bestimmungen zu den organisatorischen und planerischen Vorsorgemaßnahmen sowie zu den Aufgaben der Träger werden im Landesrettungsdienstplan geregelt.

(2) [1]Die ärztliche Versorgung soll durch einen Leitenden Notarzt koordiniert werden. [2]Er wird bei taktischen und organisatorischen Aufgaben durch einen Organisatorischen Leiter Rettungsdienst unterstützt. [3]Sie sind ehrenamtlich tätig und werden vom Träger des Rettungsdienstes bestellt. [4]Die durch ihren Einsatz entstehenden Kosten sind Kosten des Rettungsdienstes.

Abschnitt 5
Katastrophenschutz

§ 36 Vorbereitende Aufgaben

(1) Die unteren Brandschutz-, Rettungsdienst- und Katastrophenschutzbehörden haben zur Vorbereitung auf den Eintritt von Katastrophen nach pflichtgemäßem Ermessen insbesondere

1. besondere Führungseinrichtungen in der Behörde und für den Einsatzort zu bilden,
2. zu untersuchen, welche Katastrophengefahren drohen,
3. auf die Aufstellung, angemessene Ausbildung, Ausstattung, Unterbringung und Einsatzfähigkeit der Kräfte und Mittel für die Katastrophenbekämpfung entsprechend dem vorhandenen Gefahrenpotenzial hinzuwirken und dies zu überwachen,
4. die für die Katastrophenbekämpfung vorhandenen Kräfte und Mittel zu erfassen und sich regelmäßig über deren Einsatzfähigkeit zu informieren,

5. allgemeine Katastrophenschutzpläne und, soweit erforderlich, besondere Alarm- und Einsatzpläne sowie externe Notfallpläne zu erstellen und fortzuschreiben,

6. die jederzeitige Entgegennahme und Auswertung von Meldungen und die unverzügliche Übernahme der Leitung der Katastrophenbekämpfung zu gewährleisten,

7. die schnelle Alarmierung der an der Katastrophenbekämpfung Beteiligten jederzeit sicherzustellen und die für die Leitung der Katastrophenbekämpfung notwendige Ausstattung bereitzuhalten,

8. die zur Warnung der Bevölkerung erforderlichen Warnmittel vorzuhalten,

9. regelmäßig Katastrophenschutzübungen unter Beteiligung von nach § 39 Abs. 1 und § 40 im Katastrophenschutz Mitwirkenden, der Betreiber von Anlagen mit besonderem Gefahrenpotenzial (§ 57) und der Angehörigen der Berufe des Gesundheitswesens (§ 56 Abs. 2) durchzuführen sowie

10. für die Durchführung einer Analyse von Katastrophengefahren unter Nutzung eines durch die oberste Brandschutz-, Rettungsdienst- und Katastrophenschutzbehörde bereitzustellenden Informationsprogramms für das Katastrophenmanagement zu sorgen.

(2) Die oberste Brandschutz-, Rettungsdienst- und Katastrophenschutzbehörde wird ermächtigt, das Nähere zur Durchführung einer landesweiten Analyse von Katastrophengefahren und Anwendung eines Informationsprogramms für das Katastrophenmanagement durch Rechtsverordnung zu regeln.

§ 37 Aufgaben bei Katastrophen

(1) [1]Nach dem Auslösen des Katastrophenalarms leitet die untere Brandschutz-, Rettungsdienst und Katastrophenschutzbehörde die Katastrophenbekämpfung. [2]Sie hat dazu alle Maßnahmen zu treffen, die nach pflichtgemäßem Ermessen erforderlich sind, insbesondere

1. die Arbeitsfähigkeit ihrer besonderen Führungseinrichtung und der Technischen Einsatzleitung zu gewährleisten,

2. auf den Schutz gefährdeter Rechtsgüter im Sinne von § 2 Abs. 3 vor den Einwirkungen des Katastrophengeschehens hinzuwirken,

3. den Einsatz von Kräften, die zur Bekämpfung des Katastrophengeschehens und zur Minderung seiner Auswirkungen geeignet sind, anzuordnen,

4. erforderliche Hilfeleistungen anzufordern,

5. Auskunftsstellen zur Erfassung von Personen zum Zwecke der Vermisstensuche und der Familieneinzusammenführung einzurichten,

6. die Sammlung und Auswertung von Schadensmitteilungen zu veranlassen.

(2) [1]Die unteren Brandschutz-, Rettungsdienst- und Katastrophenschutzbehörden dürfen bis zur Aufhebung des Katastrophenalarmes personenbezogene Daten bei Dritten erheben, soweit dies zur Erfüllung ihrer Aufgaben nach Absatz 1 Nr. 1 bis 5 erforderlich ist. [2]Diese haben die personenbezogenen Daten zu übermitteln. [3]Die unteren Brandschutz-, Rettungsdienst- und Katastrophenschutzbehörden sollen das Errichten und Betreiben von Auskunftsstellen nach Absatz 1 Nr. 5 dem Deutschen Roten Kreuz (Suchdienst) übertragen. [4]Die in den Auskunftsstellen gesammelten personenbezogenen Daten dürfen nur zum Zwecke der Vermisstensuche und der Familienzusammenführung verarbeitet werden. [5]Sie sind zu löschen, wenn sie für diese Zwecke nicht mehr benötigt werden.

§ 38 Einheiten und Einrichtungen des Katastrophenschutzes

(1) Einheiten und Einrichtungen des Katastrophenschutzes sind gegliederte Zusammenfassungen von Kräften und Mitteln, die unter einheitlicher Führung stehen und zu deren Aufgaben die Hilfeleistung im Katastrophenschutz gehört, insbesondere in den Bereichen

1. Abwehr von Gefahren durch Freisetzung atomarer, biologischer oder chemischer Stoffe (ABC-Gefahrenabwehr),

2. Brandschutz,

3. Sanitätswesen,

4. Betreuung,

5. Wasserrettung,

6. Bergwacht,

7. Rettungshundestaffel.

(2) [1]Träger der Einheiten und Einrichtungen des Brandschutzes und der ABC-Gefahrenabwehr- Einheiten sind die Landkreise und Kreisfreien Städte. [2]Träger der Einheiten und Einrichtungen des Sanitätswesens, der Betreuung und der Wasserrettung sind die nach § 40 im Katastrophenschutz Mitwirkenden.

(3) Die oberste Brandschutz-, Rettungsdienst- und Katastrophenschutzbehörde wir d ermächtigt, das Nähere zur Anzahl, Stärke und Gliederung der Einheiten und Einrichtungen durch Rechtsverordnung zu regeln.

§ 39 Mitwirkung von anderen Behörden und sonstigen Dritten

(1) [1]Zur Mitwirkung im Katastrophenschutz sind verpflichtet

1. alle Behör den des Freistaates Sachsen,
2. die Landkreise,
3. die Gemeinden,
4. die kommunalen Zweckverbände und
5. die sonstigen Körperschaften, Anstalten und Stiftungen des öffentlichen Rechts, die der Aufsicht des Freistaates Sachsen unterstehen und im Gebiet der Brandschutz-, Rettungsdienst- und Katastrophenschutzbehörde eigene Zuständigkeiten besitzen.

[2]Die Verpflichtung besteht nur, soweit die Erfüllung dringender eigener Aufgaben dadurch nicht ernstlich gefährdet wird.

(2) Die Pflicht zur Mitwirkung erstreckt sich insbesondere darauf,

1. die zuständigen Brandschutz-, Rettungsdienst- und Katastrophenschutzbehörden bei der Aufstellung von allgemeinen Katastrophenschutzplänen, besonderen Alarm- und Einsatzplänen und externen Notfallplänen zu unterstützen,
2. Mitglieder für die besondere Führungseinrichtung in der Behörde zu benennen und auszubilden,
3. die unverzügliche Abgabe von Meldungen über Katastrophen und schwere Schadensereignisse, bei denen nicht auszuschließen ist, dass sie das Ausmaß einer Katastrophe haben oder annehmen können, an die zuständige Brandschutz-, Rettungsdienst- und Katastrophenschutzbehörde sicherzustellen,
4. Alarm- und Einsatzpläne für notwendig werdende eigene Maßnahmen in Abstimmung mit den Alarm- und Einsatzplänen der zuständigen Brandschutz-, Rettungsdienst- und Katastrophenschutzbehörden auszuarbeiten und fortzuschreiben,
5. an gemeinsamen Katastrophenschutzübungen unter Leitung der zuständigen Brandschutz-, Rettungsdienst- und Katastrophenschutzbehörden teilzunehmen sowie
6. an der Bekämpfung von Katastrophen und der dringlichen vorläufigen Beseitigung von Katastrophenschäden mitzuwirken.

(3) Die nach Absatz 1 Verpflichteten unterrichten die zuständige Brandschutz-, Rettungsdienst und Katastrophenschutzbehörde über personelle Stärke, Gliederung, Ausbildung und Ausstattung der zur Bekämpfung von Katastrophen verfügbaren Kräfte und teilen wesentliche Veränderungen unverzüglich mit.

(4) Die zuständigen Brandschutz-, Rettungsdienst- und Katastrophenschutzbehörden können die Bundesanstalt Technisches Hilfswerk im Rahmen der dieser obliegenden Aufgaben nach dem THW-Gesetz vom 22. Januar 1990 (BGBl. I S. 118), das zuletzt durch Artikel 5 des Gesetzes vom 11. Juni 2013 (BGBl. I S. 1514) geändert worden ist, in der jeweils geltenden Fassung, zur Hilfeleistung anfordern.

(5) [1]Den Kirchen und Religionsgemeinschaften soll die seelsorgerische Betreuung der Opfer und der Einsatzkräfte ermöglicht werden. [2]Das Gleiche gilt für andere Helfer der psychosozialen Notfallversorgung. [3]Deren Tätigkeit wird durch eine durch die oberste Brandschutz-, Rettungsdienst- und Katastrophenschutzbehörde bestimmte zentrale Stelle unterstützt.

§ 40 Mitwirkung von Leistungserbringern und privaten Hilfsorganisationen im Katastrophenschutz

(1) [1]Leistungserbringer nach § 31 Abs. 1 Satz 2 und private Hilfsorganisationen wirken nach Maßgabe ihrer Bereitschaftserklärung mit ihren zur Katastrophenbekämpfung allgemein geeigneten Kräften und Mitteln im Katastrophenschutz mit, wenn und soweit sie von der obersten Brandschutz-, Rettungsdienst- und Katastrophenschutzbehörde anerkannt worden sind. [2]Die oberste Brandschutz-, Rettungsdienst- und Katastrophenschutzbehörde erkennt die in Satz 1 Genannten, die ihre Bereitschaft zur

Mitwirkung im Katastrophenschutz erklärt haben, nach ihrer allgemeinen Eignung sowie der Art, dem Ort und dem Umfang des Bedarfs an. [3]Die unteren Brandschutz-, Rettungsdienst- und Katastrophenschutzbehörden entscheiden gegenüber dem Träger über die Eignung der zur Mitwirkung angebotenen Einheiten und Einrichtungen im Einzelnen. [4]Die oberste Brandschutz-, Rettungsdienst- und Katastrophenschutzbehörde wird ermächtigt, das Nähere zu den Voraussetzungen der Anerkennung durch Rechtsverordnung zu regeln.

(2) Die Mitwirkung umfasst die Pflicht, nach Maßgabe der Bereitschaftserklärung einsatzbereite Katastrophenschutzeinheiten aufzustellen, auszubilden, auszurüsten, zu unterhalten, entsprechende Einrichtungen nach § 38 Abs. 1 Nr. 3 bis 5 zu errichten und zu unterhalten sowie insbesondere auf Anordnung der zuständigen Brandschutz-, Rettungsdienst- und Katastrophenschutzbehörde Einsätze durchzuführen.

§ 41 Helfer im Katastrophenschutz

(1) Helfer im Katastrophenschutz sind Frauen und Männer, die sich gegenüber den Trägern der Katastrophenschutzeinheiten freiwillig für eine bestimmte oder unbestimmte Zeit zum ehrenamtlichen Dienst im Katastrophenschutz verpflichtet haben.

(2) Wehrpflichtige Helfer oder Helfer, die als Kriegsdienstverweigerer anerkannt sind, werden Helfern nach Absatz 1 gleichgestellt, soweit gesetzlich nichts anderes bestimmt ist.

§ 42 Übermittlung von Daten

[1]Die nach § 39 Abs. 1 Satz 1 Nr. 1 und 2 Verpflichteten sowie die Kreisfreien Städte, insbesondere die Bauaufsichtsbehörden, die Bergbehörden, die Wasserbehörden und ihre technischen Fachbehörden sowie die für die Ausführung des Bundes-Immissionsschutzgesetzes in der Fassung der Bekanntmachung vom 17. Mai 2013 (BGBl. I S. 1274), das zuletzt durch Artikel 1 des Gesetzes vom 8. April 2019 (BGBl. I S. 432) geändert worden ist, in der jeweils geltenden Fassung, des Atom- und Strahlenschutzrechts sowie des Gentechnikgesetzes in der Fassung der Bekanntmachung vom 16. Dezember 1993 (BGBl. I S. 2066), das zuletzt durch Artikel 3 des Gesetzes vom 17. Juli 2017 (BGBl. I S. 2421) geändert worden ist, in der jeweils geltenden Fassung, zuständigen Behörden übermitteln den zuständigen Brandschutz-, Rettungsdienst- und Katastrophenschutzbehörden die zur Erfüllung der Aufgaben nach §§ 36, 37 Abs. 1, §§ 51 und 57 erforderlichen Daten, insbesondere

1. für bauliche Anlagen und andere Anlagen zur Gewinnung, Lagerung oder Verarbeitung von Stoffen oder gentechnisch veränderten Organismen, von deren Beschaffenheit oder Handhabung Gefahren für die Umgebung ausgehen können,
   a) den Ort und die Lage,
   b) die Namen und Anschriften der Betreiber,
   c) die Entstehung, Lagerung, Art, Beschaffenheit und Menge vorhandener oder möglicherweise entstehender Stoffe, die Gefahren für die Umgebung verursachen können,
   d) das Ausbreitungs- und Wirkungsverhalten der vorhandenen oder möglicherweise entstehenden Stoffe,
   e) die Bewertung der Gefahren für die Umgebung der Anlage und
   f) die vorhandenen und möglichen Vorkehrungen zum Schutz gegen Gefahren sowie die möglichen Maßnahmen zur Bekämpfung von Schäden,
2. für Grundstücke, aus denen sich Gefahren aus der natürlichen Beschaffenheit oder aus anderen Umständen ergeben können,
   a) den Ort und die Lage,
   b) die Namen und Anschriften der Eigentümer und der Besitzer,
   c) die Bewertung der Gefahren für die Umgebung der Grundstücke und
   d) die vorhandenen und möglichen Vorkehrungen zum Schutz gegen Gefahren sowie die möglichen Maßnahmen zur Bekämpfung von Schäden.

[2]Die Pflicht zur Übermittlung beschränkt sich auf die Daten, die von den zuständigen Behörden nach den gesetzlichen Bestimmungen zu erheben sind. [3]Die oberste Brandschutz-, Rettungsdienst und Katastrophenschutzbehörde wird in den Fällen der Nummer 2 ermächtigt, das Nähere zu den Gefahren durch Rechtsverordnung zu regeln.

§ 43 Externe Notfallpläne für schwere Unfälle mit gefährlichen Stoffen

(1) Die untere Brandschutz-, Rettungsdienst- und Katastrophenschutzbehörde hat externe Notfallpläne unter Beteiligung des Betreibers und unter Berücksichtigung des internen Notfallplanes für alle Betriebe zu erstellen, für die gemäß § 9 der Störfall-Verordnung in der Fassung der Bekanntmachung vom 15. März 2017 (BGBl. I S. 483), die zuletzt durch Artikel 1a der Verordnung vom 8. Dezember 2017 (BGBl. I S. 3882) geändert worden ist, in der jeweils geltenden Fassung, vom Betreiber ein Sicherheitsbericht zu erstellen ist.

(2) Die externen Notfallpläne werden erstellt, um

1. Schadensfälle einzudämmen und unter Kontrolle zu bringen, sodass die Auswirkungen möglichst gering gehalten und Schädigungen der menschlichen Gesundheit, der Umwelt und von Sachwerten begrenzt werden können,

2. die erforderlichen Maßnahmen zum Schutz der menschlichen Gesundheit und der Umwelt vor den Auswirkungen schwerer Unfälle einzuleiten,

3. notwendige Informationen an die Öffentlichkeit und betroffene Behörden oder Dienststellen in dem betreffenden Gebiet weiterzugeben,

4. Aufräumarbeiten und Maßnahmen zur Wiederherstellung der Umwelt nach einem schweren Unfall einzuleiten.

(3) Externe Notfallpläne müssen Angaben enthalten über

1. Namen oder Stellung der Personen, die zur Einleitung von Notfallmaßnahmen sowie zur Durchführung und Koordinierung von Maßnahmen außerhalb des Betriebsgeländes ermächtigt sind,

2. Vorkehrungen zur Entgegennahme von Frühwarnungen sowie zur Alarmauslösung und zur Benachrichtigung der Einsatzkräfte,

3. Vorkehrungen zur Koordinierung der zur Umsetzung des externen Notfallplanes notwendigen Einsatzmittel,

4. Vorkehrungen zur Unterstützung von Abhilfemaßnahmen auf dem Betriebsgelände,

5. Vorkehrungen für Abhilfemaßnahmen außerhalb des Betriebsgeländes, einschließlich Reaktionsmaßnahmen auf Szenarien schwerer Unfälle, wie im Sicherheitsbericht beschrieben, und Berücksichtigung möglicher Dominoeffekte einschließlich solcher, die Auswirkungen auf die Umwelt haben,

6. Vorkehrungen zur Unterrichtung der Öffentlichkeit und aller benachbarten Betriebe und Betriebsstätten, die nicht in den Geltungsbereich der Richtlinie 2012/18/EU des Europäischen Parlaments und des Rates vom 4. Juli 2012 zur Beherrschung der Gefahren schwerer Unfälle mit gefährlichen Stoffen, zur Änderung und anschließenden Aufhebung der Richtlinie 96/82/EG des Rates (ABl. L 197 vom 24.7.2012, S. 1) fallen, über den Unfall sowie über das richtige Verhalten,

7. Vorkehrungen zur Unterrichtung der Einsatzkräfte anderer Staaten, anderer Bundesländer und benachbarter Brandschutz-, Rettungsdienst- und Katastrophenschutzbehörden bei einem schweren Unfall mit möglichen gebiets-, länder- oder grenzüberschreitenden Folgen.

(4) [1]Die untere Brandschutz-, Rettungsdienst- und Katastrophenschutzbehörde kann im Benehmen mit der für die Prüfung des Sicherheitsberichts gemäß § 13 der Störfall-Verordnung zuständigen Behörde aufgrund der Informationen in dem Sicherheitsbericht entscheiden, dass sich die Erstellung eines externen Notfallplanes erübrigt. [2]Die Entscheidung ist zu begründen und der oberen Brandschutz-, Rettungsdienst- und Katastrophenschutzbehörde zur Genehmigung vorzulegen.

(5) [1]Besteht die Möglichkeit, dass das Gebiet eines anderen Staates von den grenzüberschreitenden Wirkungen eines Störfalls in einem Betrieb im Sinne von Absatz 1 betroffen sein könnte, machen die unteren Brandschutz-, Rettungsdienst- und Katastrophenschutzbehörden den von dem anderen Staat benannten Behörden ausreichende Informationen zugänglich, damit diese gegebenenfalls die Bestimmungen der Artikel 12 bis 14 der Richtlinie 2012/18/EU anwenden können. [2]Bei einem nahe am Hoheitsgebiet eines anderen Staates gelegenen Betrieb unterrichten die unteren Brandschutz-, Rettungsdienst- und Katastrophenschutzbehörden die von dem anderen Staat benannten Behörden über die Entscheidung gemäß Absatz 4. [3]Wenn der andere Staat die zu beteiligenden Behörden nicht benannt hat, ist jeweils die oberste für den Katastrophenschutz zuständige Behörde des anderen Staates zu unterrichten.

(6) Soweit das Gebiet einer anderen unteren Brandschutz-, Rettungsdienst- und Katastrophenschutzbehörde oder eines benachbarten Bundeslandes von den Wirkungen eines Störfalls betroffen sein kann, ist die dort zuständige Behörde zu informieren und in die Planung einzubeziehen.

§ 44 Öffentliche Auslegung der externen Notfallpläne

(1) [1]Die Entwürfe der externen Notfallpläne und wesentlicher Planänderungen sind zur Anhörung der Öffentlichkeit für die Dauer eines Monats öffentlich auszulegen. [2]Wenn durch die öffentliche Auslegung bestimmte Informationen eines externen Notfallplanes eine erhebliche Gefahr für die öffentliche Sicherheit verursachen könnten, sind die entsprechenden Abschnitte von der Auslegung auszunehmen und in allgemeiner Form wiederzugeben. [3]Ort und Dauer der Auslegung sind vorher öffentlich bekannt zu machen mit dem Hinweis, dass Einwendungen während der Auslegungsfrist schriftlich oder zur Niederschrift vorgebracht werden können. [4]Die fristgemäß vorgebrachten Einwendungen sind zu prüfen. [5]Das Ergebnis der Prüfung der einzelnen Einwendungen ist dem jeweils die Einwendung Erhebenden mitzuteilen. [6]Haben mehr als 50 Personen Einwendungen mit im Wesentlichen gleichem Inhalt vorgebracht, kann die Mitteilung des Ergebnisses der Prüfung dadurch ersetzt werden, dass diesen Personen die Einsicht in das Ergebnis ermöglicht wird. [7]Die Stelle, bei der das Ergebnis der Prüfung während der Dienststunden eingesehen werden kann, ist öffentlich bekannt zu machen.

(2) [1]Wird der Entwurf des externen Notfallplanes oder einer wesentlichen Planänderung nach der Auslegung geändert oder ergänzt, ist er erneut öffentlich entsprechend Absatz 1 Satz 1 und 3 auszulegen. [2]Bei der erneuten Auslegung kann bestimmt werden, dass Einwendungen nur zu den geänderten oder ergänzten Teilen vorgebracht werden können. [3]Werden durch die Änderung oder Ergänzung des Entwurfs die Grundzüge der Planung nicht berührt oder sind Änderungen oder Ergänzungen im Umfang geringfügig oder von geringer Bedeutung, kann die untere Brandschutz-, Rettungsdienst- und Katastrophenschutzbehörde von einer erneuten öffentlichen Auslegung absehen.

(3) Datenschutzrechtliche Regelungen zum Schutze des Betreibers bleiben von den vorstehenden Verpflichtungen zur öffentlichen Auslegung unberührt.

§ 45 Überprüfung der externen Notfallpläne

[1]Die untere Brandschutz-, Rettungsdienst- und Katastrophenschutzbehörde hat die von ihr erstellten externen Notfallpläne in angemessenen Abständen von höchstens drei Jahren seit dem Tag der letzten öffentlichen Auslegung unter Beteiligung des Betreibers und unter Berücksichtigung des internen Alarm- und Gefahrenabwehrplanes zu überprüfen, zu erproben und fortzuschreiben. [2]Bei dieser Überprüfung sind Veränderungen in den Betriebsbereichen und den Notdiensten, neue technische Erkenntnisse und Erkenntnisse darüber, wie bei schweren Unfällen zu handeln ist, zu berücksichtigen. [3]Wird der Entwurf des externen Notfallplanes nach der Überprüfung nach Satz 1 geändert oder ergänzt, ist er erneut auszulegen. [4]Die Regelungen des Öffentliche Auslegung der externen Notfallpläne gelten entsprechend.

§ 46 Katastrophenvoralarm

(1) Bei Bekanntwerden eines Schadensereignisses, bei dem tatsächliche Umstände die Annahme rechtfertigen, dass eine Katastrophe eintreten wird, und bei dem ein Tätigwerden der unteren Brandschutz-, Rettungsdienst- und Katastrophenschutzbehörde zweckmäßig erscheint, kann diese Katastrophenvoralarm auslösen.

(2) [1]Die untere Brandschutz-, Rettungsdienst- und Katastrophenschutzbehörde bestimmt den Zeitpunkt für das Wirksamwerden des Katastrophenvoralarmes und das Gebiet, in dem der Katastrophenvoralarm gilt. [2]§ 47 Abs. 3 gilt entsprechend.

(3) [1]Nach dem Auslösen des Katastrophenvoralarmes ordnet die untere Brandschutz-, Rettungsdienst- und Katastrophenschutzbehörde die zur Abwendung der Katastrophe oder zur Vorbereitung auf ihren Eintritt erforderlichen Maßnahmen an. [2]§§ 37 und 51 gelten entsprechend.

(4) Liegen die Voraussetzungen nach Absatz 1 nicht mehr vor, hat die untere Brandschutz-, Rettungsdienst- und Katastrophenschutzbehörde dies festzustellen und den Katastrophenvoralarm aufzuheben.

(5) Während der Dauer eines Katastrophenvoralarmes kann die untere Brandschutz-, Rettungsdienst- und Katastrophenschutzbehörde allen an der Katastrophenbekämpfung beteiligten Einsatzkräften und Behörden die notwendigen Weisungen erteilen.

(6) [1]Durch Rechtsverordnung der obersten Brandschutz-, Rettungsdienst- und Katastrophenschutzbehörde sind im Einvernehmen mit dem Staatsministerium für Umwelt und Landwirtschaft die Voraus-

setzungen der Auslösung von Katastrophenvoralarm im Falle eines Hochwasserereignisses durch Verknüpfung mit der Bekanntgabe der Alarmstufen nach der Verordnung des Sächsischen Staatsministeriums für Umwelt und Landwirtschaft über den Hochwassernachrichten- und Alarmdienst im Freistaat Sachsen vom 29. September 2015 (SächsGVBl. S. 615), in der jeweils geltenden Fassung, zu regeln. [2]Die oberste Brandschutz-, Rettungsdienst- und Katastrophenschutzbehörde wird ermächtigt, die Verknüpfung mit weiteren bestehenden Alarm- und Meldesystemen durch Rechtsverordnung zu regeln.

§ 47 Katastrophenalarm

(1) [1]Die untere Brandschutz-, Rettungsdienst- und Katastrophenschutzbehörde stellt den Eintritt einer Katastrophe im Sinne des § 2 Abs. 3 fest, bestimmt das Katastrophengebiet und löst Katastrophenalarm aus. [2]§ 46 Abs. 5 gilt entsprechend.

(2) Liegen die Voraussetzungen einer Katastrophe im Sinne des § 2 Abs. 3 nicht mehr vor, hat die untere Brandschutz-, Rettungsdienst- und Katastrophenschutzbehörde dies festzustellen und den Katastrophenalarm aufzuheben.

(3) Die Auslösung und Aufhebung des Katastrophenalarmes, ihr Zeitpunkt und das Katastrophengebiet sind von der unteren Brandschutz-, Rettungsdienst- und Katastrophenschutzbehörde zu dokumentieren und den übergeordneten Brandschutz-, Rettungsdienst- und Katastrophenschutzbehörden und allen zur Mitwirkung im Katastrophenschutz Verpflichteten in geeigneter Weise umgehend mitzuteilen.

§ 48 Datenverarbeitung zum Zwecke der Gewährung von Zuwendungen

(1) [1]Öffentliche Stellen dürfen die zur Gewährung von Zuwendungen zur Beseitigung von Katastrophenfolgen erforderlichen personenbezogenen Daten verarbeiten. [2]Die Betroffenen sind über die Verarbeitung schriftlich zu benachrichtigen.

(2) Stellen nach Absatz 1 dürfen personenbezogene Daten von Betroffenen bei Dritten erheben und an Dritte übermitteln, soweit dies zur Erfüllung ihrer Aufgaben erforderlich ist.

(3) Stellen nach Absatz 1 dürfen personenbezogene Daten von Betroffenen sich oder einer Fördermittel verwaltenden Stelle oder der Landeseinheitlichen Fördermitteldatenbank übermitteln und in einer gemeinsamen Datenbank speichern, soweit dies zur Erfüllung ihrer Aufgaben erforderlich ist.

(4) Die Staatsregierung regelt das Nähre durch Rechtsverordnung.

Abschnitt 6
Führungsorganisation

§ 49 Einsatzleitung

(1) [1]Bei Bränden, öffentlichen Notständen und Unglücksfällen führt die Einsatzleitung den Einsatz vor Ort. [2]Der Einsatzleitung obliegt am Einsatzort die

1. Führung der Einsatzkräfte,
2. Auswahl und Anordnung der Einsatzmaßnahmen,
3. Anforderung von Einsatzkräften und -mitteln.

[3]Ihr sind alle in ihrem Zuständigkeitsbereich eingesetzten Einsatzkräfte unterstellt.

(2) [1]Die Einsatzleitung übernimmt die Gemeindefeuerwehr des Schadensortes, bis zu ihrem Eintreffen die zuerst am Einsatzort eintreffende Feuerwehr. [2]Beim gemeinsamen Einsatz von Berufs- und Freiwilliger Feuerwehr im eigenen Gemeindegebiet übernimmt die Berufsfeuerwehr die Einsatzleitung. [3]Wenn die Gemeindefeuerwehr in einem Betrieb oder einer Einrichtung mit Werkfeuerwehr eingesetzt wird, übernimmt die Werkfeuerwehr die Einsatzleitung. [4]Die Einsatzleitung kann einem Kreisbrandmeister nach § 24 Abs. 1 oder nach § 24 Abs. 3 übertragen werden.

(3) Überwiegen die technischen Einsatzmittel einer Feuerwehr im erheblichen Maß die der anderen Feuerwehren am Einsatzort, kann diese Feuerwehr abweichend von Absatz 2 die Einsatzleitung übernehmen.

(4) Die Einsatzleitung soll zu ihrer Unterstützung fachlich geeignete Personen hinzuziehen.

(5) [1]Bei Unglücksfällen oder Notständen mit einer großen Anzahl von Verletzten und bei Großschadensereignissen veranlassen die Träger des Rettungsdienstes die Bildung einer Rettungsdiensteinsatzleitung am Einsatzort. [2]Sie besteht aus dem Leitenden Notarzt, dem Organisatorischen Leiter Rettungsdienst und dem erforderlichen Hilfspersonal. [3]Der Organisatorische Leiter Rettungsdienst un-

terstützt den Leitenden Notarzt. [4]Der Leitende Notarzt untersteht, außer in medizinischen Fragen, der Einsatzleitung.

§ 50 Technische Einsatzleitung

[1]In Katastrophenfällen führt die Technische Einsatzleitung den Einsatz am Einsatzort. [2]Sie wird durch die zuständige Brandschutz-, Rettungsdienst- und Katastrophenschutzbehörde bestimmt und nimmt die Befugnisse und Aufgaben der Brandschutz-, Rettungsdienst- und Katastrophenschutzbehörde am Einsatzort wahr. [3]Die zuständige Brandschutz-, Rettungsdienst- und Katastrophenschutzbehörde kann der Technischen Einsatzleitung Weisungen erteilen. [4]§ 49 Abs. 1 Nr. 1 und 2, Abs. 4 und 5 gilt entsprechend. [5]Die Anforderung von Kräften und Mitteln erfolgt über die besondere Führungseinrichtung in der zuständigen Brandschutz-, Rettungsdienst- und Katastrophenschutzbehörde.

§ 51 Besondere Führungseinrichtung in der Behörde

[1]Zur Bewältigung von Katastrophen hat die Brandschutz-, Rettungsdienst- und Katastrophenschutzbehörde zur Erfüllung ihrer Aufgaben eine besondere Führungseinrichtung in der Behörde zu bilden. [2]In ihr wirken Vertreter der Fachbehörden, der Feuerwehren, des Rettungsdienstes, der privaten Hilfsorganisationen, der Bundeswehr, der Bundespolizei, der Bundesanstalt Technisches Hilfswerk, der Polizei, der Versorgungsunternehmen sowie weitere fachlich geeignete Personen in der erforderlichen Weise mit. [3]Sie wird von einem Beschäftigten der Brandschutz-, Rettungsdienst- und Katastrophenschutzbehörde geleitet und unterstützt diese bei der Bewältigung von Katastrophen. [4]Die oberste Brandschutz-, Rettungsdienst- und Katastrophenschutzbehörde wird ermächtigt, das Nähere zum Aufbau und zu den Aufgaben der besonderen Führungseinrichtung in der Behörde und der Technischen Einsatzleitung, einschließlich deren personeller Besetzung, sowie zu den Führungsgrundsätzen im Katastrophenschutz durch Rechtsverordnung zu regeln.

Abschnitt 7
Aufklärung, Mitwirkungspflichten und Entschädigung

§ 52 Aufklärung und Selbsthilfe der Bevölkerung

[1]Die Aufgabenträger nach § 3 Nr. 2 bis 5 sollen die Bevölkerung zur Vorbereitung der Bekämpfung von Katastrophen durch geeignete Maßnahmen insbesondere über potenzielle Gefahren durch Brände, Explosionen, Schadstofffreisetzungen, Naturereignisse und Maßnahmen zur Verhinderung, Begrenzung und Bekämpfung dieser Gefahren aufklären und die Bevölkerung über Möglichkeiten zur Selbsthilfe informieren. [2]Hierzu können insbesondere in Schulen und Ausbildungsstätten Schriften verbreitet sowie Beratungen und Veranstaltungen durchgeführt werden.

§ 53 Gefahrenmeldepflicht

(1) Wer einen Brand oder einen Unglücksfall, durch den Menschen, die Umwelt oder erhebliche Sachwerte gefährdet sind, bemerkt, ist verpflichtet, dies unverzüglich über den Notruf zu melden.

(2) Wer zur Übermittlung einer Gefahrenmeldung ersucht wird, ist im Rahmen der ihm gegebenen Möglichkeiten hierzu verpflichtet, wenn der Ersuchende zur Gefahrenmeldung nicht selbst imstande ist.

§ 54 Hilfeleistungspflicht

(1) Bei Katastrophen, Bränden oder Unglücksfällen sind natürliche und juristische Personen zur Hilfeleistung verpflichtet, wenn dies

1. zur Abwehr einer gegenwärtigen Gefahr für die Allgemeinheit oder einen Einzelnen,
2. zur Katastrophenbekämpfung oder
3. zur dringlichen vorläufigen Beseitigung von Katastrophenschäden

erforderlich ist und sie von der zuständigen Brandschutz-, Rettungsdienst- und Katastrophenschutzbehörde, der Technischen Einsatzleitung oder einer von ihr beauftragten Person dazu herangezogen werden.

(2) [1]Zur Hilfeleistung dürfen nur Personen herangezogen werden, die das 16. Lebensjahr vollendet haben. [2]Personen, die noch nicht das 18. Lebensjahr vollendet haben, dürfen zur Hilfeleistung nur außerhalb der Gefahrenzone herangezogen werden. [3]Die Hilfeleistung darf nur verweigert werden, wenn sie zu einer erheblichen eigenen Gefährdung oder zur Verletzung anderer wichtiger Pflichten der heranzuziehenden Person führen würde.

(3) [1]Bei Waldbränden sind alle in der Nähe befindlichen geeigneten Personen unaufgefordert zur Hilfeleistung verpflichtet. [2]Absatz 2 gilt entsprechend. [3]Die Besitzer von Werkzeugen, die sich zur Bekämpfung von Waldbränden eignen, haben diese auf Anordnung unentgeltlich zur Verfügung zu stellen. [4]Die Gemeinde kann bei Gefahr einer größeren Ausdehnung eines Waldbrandes die gesamte arbeitsfähige Bevölkerung durch öffentliche Aufforderung heranziehen.

(4) Personen, die zur Hilfeleistung verpflichtet werden oder freiwillig mit Zustimmung der Einsatzleitung bei der Gefahrenbekämpfung Hilfe leisten, werden für die Dauer ihrer Hilfeleistung im Auftrag der Gemeinde tätig, in deren Gebiet sie Hilfe leisten.

§ 55 Pflichten von Eigentümern und Besitzern

(1) [1]Die zuständige Brandschutz-, Rettungsdienst- und Katastrophenschutzbehörde, die Einsatzleitung, die Technische Einsatzleitung oder ihre Beauftragten dürfen Sachen unmittelbar in Anspruch nehmen, Grundstücke, Gebäude, Anlagen und Schiffe betreten, benutzen, verändern oder beseitigen, soweit dies für die Bekämpfung von Bränden, öffentlichen Notständen oder Katastrophen oder für die dringliche vorläufige Beseitigung von Katastrophenschäden erforderlich ist. [2]Eigentümer, Besitzer oder sonstige Nutzungsberechtigte haben diese Maßnahmen zu dulden.

(2) Die Eigentümer und Besitzer von Grundstücken und Gebäuden haben die Anbringung von Feuermelde- und Alarmeinrichtungen sowie von Hinweisschildern für Zwecke der Brand- und Katastrophenbekämpfung ohne Entschädigung zu dulden.

(3) Die Eigentümer und Besitzer von Grundstücken, Gebäuden, Betrieben, Einrichtungen und Anlagen mit erhöhter Brand- und Explosionsgefahr sowie von Anlagen, in denen gefährliche Stoffe im Sinne der Störfall-Verordnung in der jeweils geltenden Fassung vorhanden sind, können von der Gemeinde verpflichtet werden,

1. die für die Bekämpfung dieser Gefahren erforderlichen Geräte, Anlagen und Schutzausrüstungen zu beschaffen und zu unterhalten,
2. ausreichend Sonderlöschmittel und sonstige Einsatzmittel auf eigene Kosten zu beschaffen, bereitzuhalten und sie der öffentlichen Feuerwehr für Ausbildungs- und Einsatzzwecke im Zusammenhang mit diesen Betrieben, Einrichtungen und Anlagen zur Verfügung zu stellen,
3. sofern die örtlichen Gegebenheiten es erfordern, einen Gefahrenabwehrplan aufzustellen und den öffentlichen Feuerwehren auf Anforderung zur Verfügung zu stellen sowie
4. bei abgelegener Lage eine ausreichende Löschwasserversorgung auf eigene Kosten sicherzustellen.

(4) Die Eigentümer und Besitzer von baulichen Anlagen mit einer erhöhten Brand- und Explosionsgefahr oder von baulichen Anlagen, bei denen bei Ausbruch eines Brandes, einer Explosion oder eines sonstigen gefahrbringenden Ereignisses eine größere Anzahl von Personen oder Tieren, erhebliche Sachwerte oder die Umwelt gefährdet werden können, können von der Gemeinde verpflichtet werden, für wirksame Lösch- und Rettungsarbeiten eine den örtlichen Erfordernissen entsprechende Objektfunkanlage einzurichten, zu unterhalten und auf einem den Funkanlagen nach § 7 Absatz 1 Nummer 2 entsprechenden Stand der Technik zu halten.

(5) Wenn es für die Bekämpfung von Waldbränden erforderlich ist, kann die Gemeinde einen Grundstückseigentümer verpflichten, die Errichtung und Unterhaltung einer Löschwasserentnahmestelle auf seinem Grundstück zu dulden.

(6) Die Gemeinde kann Eigentümer und Besitzer ehemaliger Tagebauflächen, insbesondere von Braunkohlehalden, zur Sicherstellung einer ausreichenden Löschwasserversorgung auf deren Kosten verpflichten, wenn dies zur Bekämpfung von Bränden auf diesen Flächen erforderlich ist und sie dazu mit dem üblichen Aufwand nicht in der Lage ist.

§ 56 Gesundheitswesen

(1) [1]Hochschulkrankenhäuser und -kliniken sowie die Träger der Krankenhäuser, die in den Krankenhausplan des Freistaates Sachsen aufgenommen worden sind, haben Alarm- und Einsatzpläne aufzustellen und fortzuschreiben sowie mit der zuständigen Brandschutz-, Rettungsdienst- und Katastrophenschutzbehörde und der Leitstelle abzustimmen. [2]Sie haben der zuständigen Brandschutz-, Rettungsdienst- und Katastrophenschutzbehörde und der Leitstelle die Pläne zur Verfügung zu stellen. [3]Die zuständige Brandschutz-, Rettungsdienst- und Katastrophenschutzbehörde kann von der Verpflichtung nach Satz 1 Ausnahmen zulassen. [4]In die Alarm- und Einsatzpläne sind insbesondere or-

ganisatorische Maßnahmen zur Erweiterung der Aufnahme und Behandlungskapazität aufzunehmen. [5]Dabei sind die Unterstützungsmöglichkeiten durch benachbarte Krankenhäuser, durch niedergelassene Ärzte und Zahnärzte, öffentliche Apotheken, pharmazeutische Großhandlungen, Betriebe der Arzneimittel- und Verbandstoffindustrie sowie durch Angehörige nichtakademischer Berufe des Gesundheitswesens zu berücksichtigen.

(2) [1]Die niedergelassenen Ärzte bilden sich im Rahmen ihrer Fortbildungspflicht nach dem Sächsischen Heilberufekammergesetz vom 24. Mai 1994 (SächsGVBl. S. 935), das zuletzt durch Artikel 19 des Gesetzes vom 26. April 2018 (SächsGVBl. S. 198) geändert worden ist, in der jeweils geltenden Fassung, auch für die besonderen Anforderungen einer Hilfeleistung bei der Bekämpfung von Katastrophen und der unmittelbar anschließenden vorläufigen Beseitigung erheblicher Katastrophenschäden fort. [2]Sie können verpflichtet werden, an den von der zuständigen Brandschutz-, Rettungsdienst- und Katastrophenschutzbehörde angeordneten Übungen teilzunehmen; die Auswahl der Ärzte erfolgt im Benehmen mit der Sächsischen Landesärztekammer.

(3) [1]Die Sächsische Landesärztekammer und die Sächsische Landesapothekerkammer übermitteln der zuständigen unteren Brandschutz-, Rettungsdienst- und Katastrophenschutzbehörde auf deren Anforderung folgende Daten der niedergelassenen Kammermitglieder:

1. Familienname,
2. Vornamen, unter Bezeichnung des Rufnamens,
3. gegenwärtige Anschrift,
4. gegenwärtige Anschrift der Praxis, Apotheke oder Arbeitsstätte,
5. Geburtsjahr,
6. Berufsbezeichnung.

[2]Niedergelassene Ärzte, Zahnärzte und die Träger der Krankenhäuser übermitteln der zuständigen unteren Brandschutz-, Rettungsdienst- und Katastrophenschutzbehörde auf deren Anforderung Daten gemäß Satz 1 des bei ihnen tätigen Krankenpflege-, Röntgen- oder medizinisch-technischen Laborpersonals. [3]Die nach Satz 1 und 2 zur Übermittlung der Daten Verpflichteten unterrichten die betroffenen Personen von der Datenüberübermittlung und teilen der zuständigen unteren Brandschutz-, Rettungsdienst- und Katastrophenschutzbehörde mindestens jährlich ihnen bekannt gewordene Änderungen und Ergänzungen der Daten mit. [4]Die unteren Brandschutz-, Rettungsdienst- und Katastrophenschutzbehörden dürfen die nach Satz 1 und 2 übermittelten Daten zu den in Absatz 1 Satz 1 und Abs. 2, § 36 Abs. 1 Nr. 3 und 4 sowie § 39 Abs. 2 Nr. 2 und 4 bis 6 genannten Zwecken verarbeiten. [5]Die Daten sind zu löschen, wenn sie für diese Zwecke nicht mehr benötigt werden.

(4) Die Sächsische Landesärztekammer übermittelt den mit der Sicherstellung der notärztlichen Versorgung Beauftragten die Daten nach Absatz 3 Satz 1 Nr. 1 bis 4 der nach § 28 Abs. 1 Satz 1 und 2 geeigneten Ärzte, die im Freistaat Sachsen ihren Beruf ausüben, oder, falls sie ihren Beruf nicht ausüben, ihre Hauptwohnung dort haben.

§ 57 Pflichten bei besonderem Gefahrenpotenzial

(1) [1]Eigentümer und Besitzer von Grundstücken, Gebäuden, Betrieben, Einrichtungen und Anlagen mit besonderem Gefahrenpotenzial sowie deren Betreiber sind verpflichtet, der zuständigen Brandschutz-, Rettungsdienst- und Katastrophenschutzbehörde auf Verlangen geeignete Angaben zur Beurteilung der Auswirkungen einer Gefahrenpotenzialfreisetzung einschließlich der Abgrenzung des Gefährdungsbereiches zu machen. [2]Die zuständige Brandschutz-, Rettungsdienst- und Katastrophenschutzbehörde kann die erhaltenen Angaben nach Anhörung des Betreibers auf dessen Kosten unter Wahrung der Betriebs- und Geschäftsgeheimnisse begutachten lassen. [3]Sofern Tatsachen die Annahme rechtfertigen, dass die Angaben nicht, nicht vollständig oder unrichtig erteilt worden sind, ist das Betreten zu dulden.

(2) [1]Betreiber von Anlagen im Sinne von Absatz 1 mit einem Gefahrenpotenzial, das nach pflichtgemäßer Beurteilung durch die zuständige Brandschutz-, Rettungsdienst- und Katastrophenschutzbehörde zu schwerwiegenden Gesundheitsbeeinträchtigungen oder zum Tod einer großen Anzahl von Menschen außerhalb der Anlage führen kann, sind verpflichtet, die zuständige Brandschutz-, Rettungsdienst- und Katastrophenschutzbehörde im vorbereitenden Katastrophenschutz und bei der Katastrophenbekämpfung zu unterstützen. [2]Sie haben insbesondere

1. die zuständige Brandschutz-, Rettungsdienst- und Katastrophenschutzbehörde über die zweckmäßigen Bekämpfungsmaßnahmen zu beraten,

2. die unverzügliche Meldung von Störereignissen in der Anlage, die ohne das Wirksamwerden aktiver Sicherheitseinrichtungen zur Freisetzung des Gefahrenpotenzials oder eines Teils davon führen können oder bei denen eine Beurteilung des Anlagenzustandes oder des Emissionsverhaltens nicht möglich ist, an die zuständige Brandschutz-, Rettungsdienst- und Katastrophenschutzbehörde sicherzustellen. Von der Meldung kann nur abgesehen werden, wenn unter Anlegung strenger Maßstäbe bei den Annahmen über den weiteren Verlauf abzusehen ist, dass das Ereignis beherrscht wird und eine Gefährdung von Menschen oder eine Schädigung der Umwelt oder von Sachen Dritter nicht zu besorgen ist,

3. gegen Missbrauch geschützte Verbindungen einzurichten und zu unterhalten, die die Kommunikation zwischen der zuständigen Brandschutz-, Rettungsdienst- und Katastrophenschutzbehörde einschließlich ihrer Meldestelle und Personen oder Einrichtungen, die für die Meldungen im Sinne von Nummer 2 oder für die Leitung der betrieblichen Bekämpfungsmaßnahmen eingesetzt werden, auch bei Ausfall des öffentlichen Fernmeldenetzes sicherstellen,

4. auf Anforderung sich an Übungen im Sinne von § 36 Abs. 1 Nr. 9 in dem von der zuständigen Brandschutz-, Rettungsdienst- und Katastrophenschutzbehörde festgelegten Umfang zu beteiligen.

§ 58 Platzverweis und Räumung
(1) Die zuständige Brandschutz-, Rettungsdienst- und Katastrophenschutzbehörde, die Einsatzleitung, die Technische Einsatzleitung und ihre Beauftragten können das Betreten des Katastrophen- oder Einsatzgebietes verbieten, Personen von dort verweisen und das Katastrophen- oder Einsatzgebiet sperren und räumen lassen, soweit dies für die Bekämpfung von Bränden, Unglücksfällen, öffentlichen Notständen, Katastrophen oder die dringliche vorläufige Beseitigung von Katastrophenschäden einschließlich der Vermeidung weiterer Einsätze am selben Einsatzort erforderlich ist.

(2) Alle im Katastrophen- oder Einsatzgebiet anwesenden Personen haben die Anordnungen nach Absatz 1 unverzüglich zu befolgen.

§ 59 Wegfall der aufschiebenden Wirkung von Rechtsbehelfen
Widerspruch und Anfechtungsklage gegen die aufgrund von § 54 Abs. 1 und 3, §§ 55 und 58 erlassenen Anordnungen haben keine aufschiebende Wirkung.

§ 60 Entschädigung
(1) Einschränkungen der Eigentümerbefugnisse, die sich aus diesem Gesetz oder durch Maßnahmen aufgrund dieses Gesetzes ergeben, sind im Rahmen der Sozialbindung des Eigentums (Artikel 14 Abs. 2 des Grundgesetzes für die Bundesrepublik Deutschland) entschädigungslos zu dulden.

(2) [1]Überschreiten die Einschränkungen das in Absatz 1 angeführte Maß und wird hierdurch die wirtschaftliche Nutzbarkeit eines Grundstückes oder einer Sache unvermeidlich und erheblich beeinträchtigt, hat der Betroffene Anspruch auf eine Entschädigung, sofern und soweit die Beeinträchtigung nicht durch anderweitige Maßnahmen vollständig oder teilweise ausgeglichen werden kann. [2]Die Entschädigung muss die entstandenen Vermögensnachteile angemessen ausgleichen.

(3) [1]Zur Entschädigung ist derjenige Aufgabenträger verpflichtet, in dessen Zuständigkeitsbereich die eigentumsbeschränkende Maßnahme getroffen wurde. [2]Die Entschädigung wird durch die zuständige Behörde auf Antrag festgesetzt.

(4) [1]Die Entschädigung ist grundsätzlich in Geld zu leisten. [2]Sie kann ausnahmsweise auch in wiederkehrenden Leistungen oder in der Bereitstellung von Ersatzflächen bestehen.

(5) [1]Für Lohnfortzahlung, Verdienstausfall und Entschädigung für Sachschäden von herangezogenen Personen gelten §§ 62 und 63 Abs. 2 entsprechend. [2]Ein Ersatzanspruch besteht nicht für entgangenen Gewinn und soweit die Maßnahme zum Schutz der Gesundheit oder des Eigentums der herangezogenen Person, ihrer Haushalts- oder Betriebsangehörigen ergriffen wurde. [3]Die Erstattung von Leistungen privater Arbeitgeber erfolgt von demjenigen Aufgabenträger, der die Maßnahme angeordnet hat.

(6) Für Personen, die auf Anforderung der Brandschutz-, Rettungsdienst- und Katastrophenschutzbehörde an Übungen des Katastrophenschutzes teilnehmen, ohne Helfer des Katastrophenschutzes zu sein, gilt Absatz 5 entsprechend.

Abschnitt 8
Ehrenamtlich tätige Angehörige der Freiwilligen Feuerwehren und Helfer im Katastrophenschutz

§ 61 Freistellung

(1) [1]Die ehrenamtlich tätigen Angehörigen der Freiwilligen Feuerwehren und Helfer im Katastrophenschutz sind verpflichtet, an Einsätzen, Übungen sowie Aus- und Fortbildungen der Freiwilligen Feuerwehr oder des Trägers der Katastrophenschutzeinheit, der sie angehören, teilzunehmen. [2]Sie können von diesen aufgrund ihrer Verpflichtung hierzu herangezogen werden. [3]Die Freiwillige Feuerwehr oder der Träger der Katastrophenschutzeinheit hat sie rechtzeitig zur Teilnahme an geplanten Übungen und Aus- und Fortbildungen aufzufordern. [4]Die Aus- und Fortbildungen sollen in der Regel außerhalb der üblichen Arbeitszeit stattfinden und 40 Stunden jährlich nicht unterschreiten.

(2) [1]Den ehrenamtlich tätigen Angehörigen der Freiwilligen Feuerwehren und Helfern im Katastrophenschutz dürfen aus dem Dienst in der Freiwilligen Feuerwehr oder im Katastrophenschutz keine Nachteile im Arbeits- oder Dienstverhältnis erwachsen. [2]Insbesondere ist eine Kündigung oder Entlassung aus einem Dienst- oder Arbeitsverhältnis sowie jede sonstige berufliche Benachteiligung aus Anlass ihrer Tätigkeit in der Freiwilligen Feuerwehr oder im Katastrophenschutz unzulässig.

(3) [1]Nehmen aktive Angehörige der Freiwilligen Feuerwehren und Helfer im Katastrophenschutz während der Arbeits- oder Dienstzeit an Einsätzen, Übungen sowie Aus- und Fortbildungen teil, sind sie für die Dauer der Teilnahme, bei Einsätzen auch für einen notwendigen Zeitraum danach, von der Arbeits- oder Dienstleistung freizustellen; für Angehörige des öffentlichen Dienstes gilt dies jedoch nur, sofern nicht übergeordnete öffentliche Interessen einer Freistellung entgegenstehen. [2]Ihre Teilnahme an Aus- und Fortbildungslehrgängen haben sie dem Arbeitgeber oder Dienstherren rechtzeitig mitzuteilen.

§ 62 Lohnfortzahlung, Verdienstausfall

(1) [1]Der Arbeitgeber oder Dienstherr ist verpflichtet, den Angehörigen der Freiwilligen Feuerwehren und Helfern im Katastrophenschutz für Zeiten im Sinne von § 61 Abs. 3 Arbeitsentgelt oder Besoldung einschließlich Nebenleistungen und Zulagen fortzuzahlen, die sie ohne Teilnahme am Feuerwehrdienst oder Katastrophenschutz erhalten hätten. [2]Hierzu zählen auch Lohnfortzahlungskosten, die nach den gesetzlichen Vorschriften bei einer aufgrund des Feuerwehrdienstes oder Katastrophenschutzes bedingten Arbeitsunfähigkeit weitergewährt werden. [3]Dem privaten Arbeitgeber wird der Betrag auf Antrag erstattet von den

1. Gemeinden für die ehrenamtlich tätigen Angehörigen der Freiwilligen Feuerwehren,
2. Trägern der Katastrophenschutzeinheiten für die Helfer im Katastrophenschutz.

[4]Bei behördlich angeordneten Einsätzen, Übungen sowie Aus- und Fortbildungsmaßnahmen hat die anordnende Behörde die Lohnersatzkosten zu tragen.

(2) [1]Einem ehrenamtlich tätigen Angehörigen der Freiwilligen Feuerwehr oder einem Helfer im Katastrophenschutz, der nicht Arbeitnehmer ist, wird der Verdienstausfall bei Teilnahme an Einsätzen, Übungen sowie Aus- und Fortbildungsmaßnahmen auf Antrag von den in Absatz 1 Satz 3 genannten Trägern ersetzt. [2]Die oberste Brandschutz-, Rettungsdienst- und Katastrophenschutzbehörde wird ermächtigt, Höchstgrenzen durch Rechtsverordnung festzulegen.

§ 63 Auslagenersatz, Aufwandsentschädigung und Ersatz von Sachschäden

(1) [1]Die ehrenamtlich tätigen Angehörigen der Freiwilligen Feuerwehren und Helfer im Katastrophenschutz erhalten auf Antrag die durch die Ausübung des Dienstes einschließlich der Teilnahme an der Aus- und Fortbildung entstehenden notwendigen Auslagen von den in § 62 Abs. 1 Satz 3 genannten Trägern ersetzt. [2]Die Leiter von Freiwilligen Feuerwehren, deren Stellvertreter und andere Feuerwehrdienstleistende, die regelmäßig über das übliche Maß hinaus ehrenamtlich Feuerwehrdienst leisten, erhalten eine Aufwandsentschädigung; andere Angehörige von Freiwilligen Feuerwehren können eine Aufwandsentschädigung erhalten. [3]§ 21 Absatz 2 und 4 der Sächsischen Gemeindeordnung ist entsprechend anzuwenden. [4]Die oberste Brandschutz-, Rettungsdienst- und Katastrophenschutzbehörde wird ermächtigt, durch Rechtsverordnung Höchstsätze für die Aufwandsentschädigung von Angehörigen der Freiwilligen Feuerwehren und Voraussetzungen und Höhe für die Gewährung von Zuwendungen aus Anlass von Dienstjubiläen an ehrenamtlich Tätige in den Freiwilligen Feuerwehren, den Rettungsdiensten und den Einheiten des Katastrophenschutzes im Freistaat Sachsen zu erlassen.

(2) [1]Sachschäden, die den ehrenamtlich tätigen Angehörigen der Freiwilligen Feuerwehren und Helfern im Katastrophenschutz bei Ausübung oder infolge ihres Dienstes einschließlich der Aus- und Fortbildung entstehen, sind auf Antrag von den in § 62 Abs. 1 Satz 3 genannten Trägern zu ersetzen, sofern der Betroffene den Schaden nicht vorsätzlich oder grob fahrlässig verursacht hat und ein anderweitiger Ersatzanspruch nicht besteht. [2]Satz 1 gilt entsprechend für die vermögenswerten Versicherungsnachteile, die ehrenamtlich tätige Angehörige der Freiwilligen Feuerwehr als Eigentümer oder Halter eines eingesetzten Kraftfahrzeugs erleiden. [3]Die Höhe der zu ersetzenden vermögenswerten Versicherungsnachteile bemisst sich nach den Verhältnissen zum Zeitpunkt der Entscheidung über den Antrag. [4]Schadensersatzansprüche des Betroffenen gegen Dritte gehen auf die in § 62 Abs. 1 Satz 3 genannten Träger in Höhe des von ihnen geleisteten Ersatzes über.

(3) [1]Sofern ehrenamtlich tätige Angehörige der Freiwilligen Feuerwehr Kraftfahrzeuge anderer Personen benutzen, gilt Absatz 2 entsprechend. [2]Die in § 62 Abs. 1 Satz 3 genannten Träger haben die Feuerwehrangehörigen insoweit von Schadensersatzansprüchen der Eigentümer oder Halter der Kraftfahrzeuge freizustellen.

(4) Ehrenamtlich tätigen Angehörigen der Freiwilligen Feuerwehren und Helfern im Katastrophenschutz, die während eines Einsatzes einer besonderen psychischen Belastung ausgesetzt waren, soll eine psychologische Nachbetreuung angeboten werden.

Abschnitt 9
Kostentragung

§ 64 Kostentragung
[1]Die Aufgabenträger tragen die Kosten, die durch die Erfüllung ihrer Aufgaben nach diesem Gesetz entstehen, soweit gesetzlich nichts anderes bestimmt ist. [2]Gleiches gilt für die nach § 39 zur Mitwirkung im Katastrophenschutz Verpflichteten.

§ 65 Kostentragung durch die Landkreise und Kreisfreien Städte bei Katastrophenalarm und Katastrophenvoralarm
Die Landkreise und Kreisfreien Städte tragen die Kosten, die während eines Katastrophenvoralarmes oder eines Katastrophenalarmes bei der Bekämpfung von Katastrophen in ihrem Gebiet und der Mitwirkung bei der unmittelbar anschließenden vorläufigen Beseitigung erheblicher Katastrophenschäden entstehen durch
1. Leistungen zur Entschädigung an Dritte nach § 60 Abs. 2 und 3,
2. vertragliche Heranziehung Dritter,
3. den überörtlichen Einsatz von Feuerwehren nach § 14 Abs. 1,
4. den Einsatz der nach § 40 im Katastrophenschutz Mitwirkenden, soweit dieser auf Anforderung der zuständigen Brandschutz-, Rettungsdienst- und Katastrophenschutzbehörde erfolgte,
5. Unterstützung durch andere Länder und durch den Bund.

§ 66 Kostentragung durch den Freistaat Sachsen
(1) [1]Der Freistaat Sachsen trägt die Kosten für die
1. Einrichtung und Unterhaltung der Landesfeuerwehr- und Katastrophenschutzschule sowie die Unterkunft und Verpflegung der Lehrgangsteilnehmer,
2. von der obersten Brandschutz-, Rettungsdienst- und Katastrophenschutzbehörde anerkannten Ausbildungsmaßnahmen im Katastrophenschutz,
3. von der obersten Brandschutz-, Rettungsdienst- und Katastrophenschutzbehörde angeordneten Auslandseinsätze,
4. Erstellung und Überprüfung der externen Notfallpläne nach § 43 nach Maßgabe des Absatzes 2.
[2]Nach Maßgabe des Staatshaushaltsplanes beteiligt er sich durch Zuschüsse in angemessenem Umfang an den Kosten für die Durchführung der den Gemeinden, Landkreisen und Kreisfreien Städten nach diesem Gesetz obliegenden Aufgaben des Brandschutzes und des Katastrophenschutzes. [3]Der Freistaat Sachsen kann den Landesverbänden der privaten Hilfsorganisationen, deren Orts- und Kreisverbänden oder Ortsgruppen, die sich im Wasserrettungsdienst oder in der Bergwacht engagieren, finanzielle Mittel nach Maßgabe des Haushaltsplanes für die Nachwuchsarbeit zur Verfügung stellen.

(2) [1]Über den Antrag der unteren Brandschutz-, Rettungsdienst- und Katastrophenschutzbehörde auf Erstattung der Aufwendungen nach Absatz 1 Satz 1 Nr. 4 entscheidet die obere Brandschutz-, Ret-

tungsdienst- und Katastrophenschutzbehörde. [2]Für die erstmalige Erstellung eines externen Notfallplans können die tatsächlich entstandenen Kosten, höchstens jedoch 7 500 Euro, erstattet werden.

§ 67 Kostentragung durch Leistungserbringer und private Hilfsorganisationen

Die nach § 40 im Katastrophenschutz Mitwirkenden tragen die Kosten, die durch die Erfüllung ihrer Aufgaben entstehen, sofern gesetzlich nichts anderes bestimmt ist.

§ 68 Kostentragung durch Betreiber von Anlagen mit besonderem Gefahrenpotenzial

Die Betreiber von Anlagen mit besonderem Gefahrenpotenzial tragen die ihnen nach § 57 entstehenden Kosten und sind, soweit sie den Bestimmungen des § 57 Abs. 2 unterliegen, verpflichtet,

1. den Landkreisen und Kreisfreien Städten die nach § 65 entstandenen Kosten zu erstatten, die durch Bekämpfung gefahrbringender Freisetzungen aus ihrer Anlage sowie die dringliche vorläufige Beseitigung der dadurch verursachten Schäden entstanden sind,
2. der zuständigen Brandschutz-, Rettungsdienst- und Katastrophenschutzbehörde die Mittel bereitzustellen, die benötigt werden für Beschaffung, Installation, Erprobung der Betriebsbereitschaft, Unterhaltung und Ersatz von technischen Geräten sowie von Ausstattungs- und Ausrüstungsgegenständen, die in besonderer Weise vor den Auswirkungen gefahrbringender Freisetzungen aus ihrer Anlage schützen sollen,
3. dem Freistaat Sachsen die Kosten von Übungen zur Vermeidung oder Bekämpfung von Unglücksfällen in ihrer Anlage zu erstatten.

§ 69 Kostenersatz bei Einsatz der Feuerwehr

(1) Die Einsätze der Gemeindefeuerwehr zur Brandbekämpfung und zur technischen Hilfe sind unentgeltlich, soweit die Absätze 2 und 3 nichts anderes bestimmen.

(2) Zum Ersatz der Kosten, die der Gemeinde durch einen Einsatz der Feuerwehr entstehen, ist verpflichtet

1. der Verursacher, wenn er die Gefahr oder den Schaden vorsätzlich oder grob fahrlässig herbeigeführt hat,
2. der Fahrzeughalter, wenn die Gefahr oder der Schaden beim Betrieb eines Kraftfahrzeuges, Schienen-, Luft- oder Wasserfahrzeuges entstanden ist,
3. der Eigentümer, Besitzer oder Betreiber, wenn der Einsatz auf einem Grundstück oder durch eine Anlage mit besonderem Gefahrenpotenzial erforderlich geworden ist,
4. der Betreiber einer automatischen Brandmeldeanlage, wenn durch die Anlage ein Fehlalarm ausgelöst wird,
5. derjenige, der wider besseres Wissen oder infolge grob fahrlässiger Unkenntnis der Tatsachen die Feuerwehr alarmiert,
6. derjenige, in dessen Interesse eine Brandsicherheitswache gestellt wird,
7. die Gemeinde, der im Rahmen eines gemeindeübergreifenden Einsatzes nach § 14 Abs. 1 Hilfe geleistet worden ist, sofern keine anderen Vereinbarungen bestehen oder getroffen werden.

(3) Die Gemeinde kann durch Satzung bestimmen, dass zum Ersatz der Kosten, die durch einen Einsatz der Feuerwehr außerhalb der Brandbekämpfung entstehen, über Absatz 2 hinaus auch verpflichtet ist:

1. derjenige, dessen Verhalten den Einsatz erforderlich gemacht hat, und die in § 6 Absatz 2 Satz 1 und Absatz 3 des Sächsischen Polizeivollzugsdienstgesetzes vom 11. Mai 2019 (SächsGVBl. S. 358), in der jeweils geltenden Fassung, genannten Personen,
2. der Eigentümer der Sache, deren Zustand den Einsatz erforderlich gemacht hat, oder derjenige, der die tatsächliche Gewalt über die Sache ausübt,
3. derjenige, in dessen Interesse der Einsatz erfolgt ist.

(4) [1]Die Gemeinde kann durch Satzung Pauschalsätze für die Bemessung des Kostenersatzes nach den Absätzen 2 und 3 festlegen. [2]Der Kostenersatz darf höchstens so bemessen sein, dass die nach betriebswirtschaftlichen Grundsätzen insgesamt ansatzfähigen Kosten gedeckt werden. [3]Zu den Kosten gehören auch die anteilige Verzinsung des Anlagekapitals und die anteiligen Abschreibungen sowie Verwaltungskosten einschließlich anteiliger Gemeinkosten. [4]Eine die Vorteile für die Allgemeinheit angemessen berücksichtigende Eigenbeteiligung der Gemeinde an den zur Erfüllung der Pflichtaufgaben nach § 16 Absatz 2 Satz 1 entstehenden Vorhaltekosten ist vorzusehen. [5]§ 2 des Sächsischen Kommunalabgabengesetzes in der Fassung der Bekanntmachung vom 9. März 2018 (SächsGVBl. S. 116), das durch Artikel 2 Absatz 17 des Gesetzes vom 5. April 2019 (SächsGVBl. S. 245) geändert

worden ist, in der jeweils geltenden Fassung, gilt entsprechend. [6]Kosten, die durch den Einsatz von Hilfe leistenden Gemeinde- oder Werkfeuerwehren oder anderen Hilfe leistenden Einrichtungen und Organisationen entstanden sind, sind nicht Teil der Pauschalsätze sondern werden gesondert abgerechnet. [7]Im Regelfall ist davon auszugehen, dass mit einem Eigenanteil der Gemeinden in Höhe von 20 Prozent an den Vorhaltekosten die Vorteile für die Allgemeinheit angemessen berücksichtigt sind. [8]Die Vorhaltekosten für Feuerwehrgeräte und Feuerwehrfahrzeuge sind auf der Grundlage der Jahreseinsatzstunden zu berechnen.

(5) [1]Die Kosten werden durch Verwaltungsakt festgesetzt. [2]§ 3 Absatz 1 Nummer 5 des Sächsischen Kommunalabgabengesetzes gilt entsprechend. [3]Für die Festsetzungsverjährung sind die §§ 169 bis 171 der Abgabenordnung in der Fassung der Bekanntmachung vom 1. Oktober 2002 (BGBl. I S. 3866; 2003 I S. 61), die zuletzt durch Artikel 15 des Gesetzes vom 18. Dezember 2018 (BGBl. I S. 2639) geändert worden ist, in der jeweils geltenden Fassung, mit den für Kommunalabgaben nach § 3a Absatz 1 und 2 des Sächsischen Kommunalabgabengesetzes geltenden Maßgaben entsprechend anwendbar. [4]Mehrere zum Kostenersatz Verpflichtete haften als Gesamtschuldner. [5]§ 7 Absatz 4 und § 19 des Sächsischen Verwaltungskostengesetzes gelten entsprechend.

(6) Ersatz von Kosten soll nicht verlangt oder er soll angemessen reduziert werden, soweit ihre Erhebung unbillig wäre.

§ 70 Kostenerstattung und Zuwendungen im Katastrophenschutz

(1) [1]Der Freistaat Sachsen gewährt den Landkreisen und Kreisfreien Städten Zuweisungen für die nach § 65 entstandenen Kosten. [2]Das Staatsministerium des Innern regelt im Einvernehmen mit dem Staatsministerium der Finanzen nach Anhörung der kommunalen Spitzenverbände das Nähere zur Höhe der Erstattungen und zur Selbstbeteiligung der Landkreise und Kreisfreien Städte durch Rechtsverordnung.

(2) [1]Der Freistaat Sachsen erstattet den nach §§ 39 und 40 im Katastrophenschutz Mitwirkenden die Kosten, die diesen bei einem nach § 14 Abs. 3 angeordneten Katastropheneinsatz außerhalb des Freistaates Sachsen entstehen und die nicht von anderer Seite übernommen werden. [2]Verwaltungskosten werden nicht erstattet.

(3) [1]Der Freistaat Sachsen gewährt den nach § 40 im Katastrophenschutz Mitwirkenden nach Maßgabe des Staatshaushaltsplanes Zuwendungen zu ihren Aufwendungen nach § 67, für den Einsatz ihrer Kräfte jedoch nur, soweit er auf Anforderung der zuständigen Brandschutz-, Rettungsdienst und Katastrophenschutzbehörde erfolgte. [2]Die Förderung der nach § 40 im Katastrophenschutz Mitwirkenden durch die Landkreise und Kreisfreien Städte bleibt unberührt.

§ 71 Aufwendungsersatz für Katastropheneinsätze

(1) [1]Die nach § 65 zur Kostentragung Verpflichteten können Ersatz der notwendigen Aufwendungen, die ihnen durch Einsätze bei Katastrophen entstanden sind, von den in Absatz 2 Verpflichteten verlangen. [2]Ansprüche aufgrund anderer gesetzlicher Regelungen, insbesondere des bürgerlichen Rechts, bleiben hiervon unberührt.

(2) [1]Zum Aufwendungsersatz sind verpflichtet

1. die Verursacher der Katastrophengefahr,
2. die Inhaber der tatsächlichen Gewalt oder die Eigentümer einer die Katastrophengefahr auslösenden Sache oder eines die Katastrophengefahr auslösenden Tieres.

[2]Die §§ 6 bis 8 des Sächsischen Polizeivollzugsdienstgesetzes sind entsprechend anzuwenden. [3]Mehrere Verpflichtete haften als Gesamtschuldner.

(3) [1]Auf Aufwendungsersatz aufgrund von Absatz 1 Satz 1 kann ganz oder teilweise verzichtet werden, soweit eine Inanspruchnahme der Billigkeit widerspricht. [2]Auf Aufwendungsersatz soll verzichtet werden, soweit eine Inanspruchnahme unter Berücksichtigung des Verursacherbeitrages des Pflichtigen unverhältnismäßig wäre. [3]Ob und inwieweit eine Inanspruchnahme der Billigkeit widerspricht oder unverhältnismäßig ist, entscheidet die zuständige Brandschutz-, Rettungsdienst und Katastrophenschutzbehörde.

Abschnitt 10
Ergänzende Bestimmungen

§ 72 Datenschutz

(1) Die für die Durchführung dieses Gesetzes zuständigen Aufgabenträger, Feuerwehren, Leitstellen, Leistungserbringer nach § 31 Abs. 1 Satz 2 sowie die Landesfeuerwehr- und Katastrophenschutz- schule dürfen personenbezogene Daten, sofern die Datenverarbeitung nicht schon durch besondere Vorschrift nach diesem Gesetz vorgesehen ist, nur verarbeiten, soweit dies erforderlich ist

1. für die Aufstellung und Unterhaltung von Feuerwehren, Einheiten und Einrichtungen des Kata- strophenschutzes,

2. für die Erstellung von Einsatzunterlagen, allgemeinen Katastrophenschutzplänen, besonderen Alarm- und Einsatzplänen oder externen Notfallplänen,

3. für die Durchführung eines Einsatzes des Rettungsdienstes und den Nachweis der ordnungsge- mäßen Durchführung eines Einsatzes,

4. für die unmittelbar anschließende Versorgung von Notfallpatienten, evakuierten Personen und anderen Betroffenen,

5. im Rahmen der Brandverhütungsschau oder von Brandsicherheitswachen,

6. für die Abwicklung eines Beförderungsauftrages des Rettungsdienstes, insbesondere die Abrech- nung der erbrachten Leistungen,

7. für die Aus- und Fortbildung im Brand- und Katastrophenschutz sowie im Rettungsdienst,

8. für Auswertungen zur Qualitätssicherung des Rettungsdienstes, soweit dieser Zweck nicht mit anonymisierten Daten erreicht werden kann und nicht überwiegende schutzwürdige Interessen des Betroffenen beeinträchtigt werden.

(2) [1]Die nach Absatz 1 Befugten dürfen personenbezogene Daten sowie Betriebs- und Geschäftsge- heimnisse, die ihnen bei ihrer Tätigkeit bekannt geworden sind, nicht unbefugt offenbaren. [2]Sie sind zur Offenbarung befugt, wenn dies für die in Absatz 1 genannten Zwecke zwingend erforderlich ist.

(3) [1]Die nach Absatz 1 Befugten sowie der Polizeivollzugsdienst sind berechtigt, Angehörigen und anderen Bezugspersonen des Betroffenen dessen Aufenthaltsort mitzuteilen, sofern nicht im Einzelfall schutzwürdige Interessen des Betroffenen entgegenstehen. [2]Dies gilt nicht, soweit der Betroffene aus- drücklich einer Auskunftserteilung widersprochen hat.

(4) [1]Die von den Leitstellen gespeicherten personenbezogenen Daten und Aufzeichnungen sind spä- testens nach fünf Jahren zu löschen. [2]Die Leitstellen können personenbezogene Daten zu statistischen Zwecken nutzen; die Daten sind zum frühestmöglichen Zeitpunkt zu anonymisieren.

§ 73 Ordnungswidrigkeiten

(1) Ordnungswidrig handelt, wer vorsätzlich oder fahrlässig

1. eine ihm nach den §§ 53, 54 Abs. 1 oder § 55 Absatz 3 oder Absatz 4 obliegende Pflicht nicht erfüllt,

2. einer Anordnung nach § 54 Abs. 3, § 56 Abs. 3 Satz 2 oder § 58 Abs. 1 zuwiderhandelt,

3. einer ihm nach § 55 Absatz 1, 2 oder Absatz 5 obliegenden Duldungspflicht zuwiderhandelt,

4. als Betreiber einer Anlage im Sinne von § 57 seine Verpflichtungen trotz einer vollziehbaren Anordnung nicht erfüllt,

5. eine Brandverhütungsschau nach § 22 ver- oder behindert.

(2) Die Ordnungswidrigkeit kann mit einer Geldbuße geahndet werden, in den Fällen des Absatzes 1 Nr. 1 bis 3 mit einer Geldbuße bis zu 5 000 Euro, in den Fällen des Absatzes 1 Nr. 4 mit einer Geldbuße bis zu 25 000 Euro.

(3) Verwaltungsbehörden im Sinne des § 36 Abs. 1 Nr. 1 des Gesetzes über Ordnungswidrigkeiten in der Fassung der Bekanntmachung vom 19. Februar 1987 (BGBl. I S. 602), das zuletzt durch Artikel 3 des Gesetzes vom 17. Dezember 2018 (BGBl. I S. 2571) geändert worden ist, in der jeweils geltenden Fassung, sind

1. in den Fällen des Absatzes 1 Nr. 1 bis 3 und 5 die örtliche Brandschutzbehörde, sofern die Zu- widerhandlung im Zusammenhang mit Bränden, Unglücksfällen oder öffentlichen Notständen steht,

2. in den Fällen des Absatzes 1 Nr. 1 bis 3 die untere Brandschutz-, Rettungsdienst- und Katastrophenschutzbehörde, sofern die Zuwiderhandlung im Zusammenhang mit einer Katastrophe steht,

3. in den Fällen des Absatzes 1 Nr. 4 die untere Brandschutz-, Rettungsdienst- und Katastrophenschutzbehörde.

§ 74 Einschränkungen von Grundrechten

Aufgrund dieses Gesetzes können eingeschränkt werden

1. das Recht auf informationelle Selbstbestimmung (Artikel 2 Abs. 1 in Verbindung mit Artikel 1 Abs. 1 des Grundgesetzes für die Bundesrepublik Deutschland, Artikel 33 der Verfassung des Freistaates Sachsen),

2. das Recht auf körperliche Unversehrtheit (Artikel 2 Abs. 2 Satz 1 des Grundgesetzes, Artikel 16 Abs. 1 Satz 1 der Verfassung des Freistaates Sachsen),

3. die Freiheit der Person (Artikel 2 Abs. 2 Satz 2 des Grundgesetzes, Artikel 16 Abs. 1 Satz 2 der Verfassung des Freistaates Sachsen),

4. die Versammlungsfreiheit (Artikel 8 des Grundgesetzes, Artikel 23 der Verfassung des Freistaates Sachsen),

5. das Recht auf Freizügigkeit (Artikel 11 Abs. 1 des Grundgesetzes),

6. die Unverletzlichkeit der Wohnung (Artikel 13 des Grundgesetzes, Artikel 30 der Verfassung des Freistaates Sachsen).

§ 75 (aufgehoben)

§ 76 Übergangsvorschriften

(1) § 6 des Gesetzes über den Brandschutz und die Hilfeleistung der Feuerwehren bei Unglücksfällen und Notständen im Freistaat Sachsen (Sächsisches Brandschutzgesetz – SächsBrandschG) in der Fassung der Bekanntmachung vom 28. Januar 1998 (SächsGVBl. S. 54), das zuletzt durch Artikel 3 des Gesetzes vom 14. Dezember 2000 (SächsGVBl. S. 513, 514) geändert worden ist, findet weiterhin mit der Maßgabe Anwendung, dass die Kreisbrandmeister sowie deren Stellvertreter nur für eine Amtszeit bis zum 31. Dezember 2010 bestellt werden.

(2) Bis zur Inbetriebnahme der Leitstellen nach § 11 nehmen die bestehenden Leitstellen deren Aufgaben wahr.

(3) [1]Für Leistungserbringer, denen vor dem 1. Januar 2005 die Durchführung von Notfallrettung und Krankentransport genehmigt wurde, finden die §§ 14 bis 23 und 29 des Gesetzes über Rettungsdienst, Notfallrettung und Krankentransport für den Freistaat Sachsen (Sächsisches Rettungsdienstgesetz – SächsRettDG) vom 7. Januar 1993 (SächsGVBl. S. 9), das durch Artikel 11 des Gesetzes vom 4. Juli 1994 (SächsGVBl. S. 1261, 1279) geändert worden ist[1]), bis zum Ablauf der Genehmigungsfrist weiterhin mit der Maßgabe Anwendung, dass die Genehmigungen unter den Voraussetzungen der §§ 14 bis 20 SächsRettDG bis zum 31. Dezember 2008 zu verlängern sind. [2]Bis zu einer Vereinbarung oder Festsetzung von Benutzungsentgelten gelten Satzungen zur Festsetzung von Gebühren für die Durchführung von Notfallrettung und Krankentransport nach § 26 Abs. 1 SächsRettDG fort, längstens jedoch bis zum 30. September 2005.

(4) Von § 24 Abs. 4 darf längstens bis zum Ablauf des 31. Dezember 2007 abgewichen werden.

(5) Die Stelle des Landesbranddirektors darf abweichend von § 24 längstens bis zum Ablauf des 31. Dezember 2007 mit einem Beamten des gehobenen feuerwehrtechnischen Dienstes besetzt werden.

(6) Die Träger des überörtlichen Brandschutzes erhalten vom Freistaat Sachsen für die Errichtung von Leitstellen nach § 11 Abs. 1 Zuwendungen in Höhe von 75 vom Hundert des ihnen entstehenden Kostenanteils nach § 34 Abs. 2.

---

1) Aufgeh. durch Art. 6 G v. 24.6.2004 (SächsGVBl. S. 245).

Gesetz über Versammlungen und Aufzüge im Freistaat Sachsen (Sächsisches Versammlungsgesetz – SächsVersG)[1)]

Vom 25. Januar 2012 (SächsGVBl. S. 54)
(BS Sachsen 75-4)

zuletzt geändert durch Art. 7 G zur Neustrukturierung des Polizeirechtes des Freistaates Sachsen vom 11. Mai 2019 (SächsGVBl. S. 358)

Nichtamtliche Inhaltsübersicht

Abschnitt 1
Allgemeine Regelungen

§ 1 [Versammlungsrecht]

(1) Jedermann hat das Recht, öffentliche Versammlungen und Aufzüge zu veranstalten und an solchen Veranstaltungen teilzunehmen.

---

1) Verkündet als Art. 1 G v. 25.1.2012 (SächsGVBl. S. 54); Inkrafttreten gem. Art 3 dieses G am 2.2.2012.

(2) Dieses Recht hat nicht,
1. wer das Grundrecht auf Versammlungsfreiheit gemäß Artikel 18 des Grundgesetzes verwirkt hat,
2. wer mit der Durchführung oder Teilnahme an einer solchen Veranstaltung die Ziele einer nach Artikel 21 Abs. 2 des Grundgesetzes durch das Bundesverfassungsgericht für verfassungswidrig erklärten Partei oder Teil- oder Ersatzorganisation einer Partei fördern will,
3. eine Partei, die nach Artikel 21 Abs. 2 des Grundgesetzes durch das Bundesverfassungsgericht für verfassungswidrig erklärt worden ist, oder
4. eine Vereinigung, die nach Artikel 9 Abs. 2 des Grundgesetzes verboten ist.

(3) ¹Versammlung im Sinne dieses Gesetzes ist eine örtliche Zusammenkunft von mindestens zwei Personen zur gemeinschaftlichen, überwiegend auf die Teilhabe an der öffentlichen Meinungsbildung gerichteten Erörterung oder Kundgebung. ²Aufzug ist eine sich fortbewegende Versammlung.

(4) Eine Versammlung ist öffentlich, wenn die Teilnahme nicht auf einen individuell bestimmten Personenkreis beschränkt ist.

§ 2 [Namensangabe des Veranstalters, Störungs- und Waffentragungsverbot]

(1) Wer zu einer öffentlichen Versammlung oder zu einem Aufzug öffentlich einlädt, muss als Veranstalter in der Einladung seinen Namen angeben.

(2) Bei öffentlichen Versammlungen und Aufzügen hat jedermann Störungen zu unterlassen, die bezwecken, die ordnungsgemäße Durchführung zu verhindern.

(3) ¹Niemand darf bei öffentlichen Versammlungen oder Aufzügen Waffen oder sonstige Gegenstände, die ihrer Art nach zur Verletzung von Personen oder zur Beschädigung von Sachen geeignet und bestimmt sind, mit sich führen, ohne dazu behördlich ermächtigt zu sein. ²Ebenso ist es verboten, ohne behördliche Ermächtigung Waffen oder die in Satz 1 genannten Gegenstände auf dem Weg zu öffentlichen Versammlungen oder Aufzügen mit sich zu führen, zu derartigen Veranstaltungen hinzuschaffen oder sie zur Verwendung bei derartigen Veranstaltungen bereitzuhalten oder zu verteilen.

§ 3 [Uniformverbot]

Es ist verboten, öffentlich oder in einer Versammlung Uniformen, Uniformteile oder gleichartige Kleidungsstücke als Ausdruck einer gemeinsamen politischen Gesinnung zu tragen, wenn infolge des äußeren Erscheinungsbildes oder durch die Ausgestaltung der Versammlung Gewaltbereitschaft vermittelt und dadurch auf andere Versammlungsteilnehmer oder Außenstehende einschüchternd eingewirkt wird.

Abschnitt 2
Öffentliche Versammlungen in geschlossenen Räumen

§ 4 [Verbot von Versammlungen in geschlossenen Räumen]

Eine Versammlung kann nur im Einzelfall und nur dann verboten werden, wenn
1. der Veranstalter unter die Vorschriften des § 1 Abs. 2 Nr. 1 bis 4 fällt, und im Falle der Nummer 4 das Verbot durch die zuständige Verwaltungsbehörde festgestellt worden ist,
2. der Veranstalter oder Leiter der Versammlung Teilnehmern Zutritt gewährt, die Waffen oder sonstige Gegenstände im Sinne von § 2 Abs. 3 mit sich führen,
3. Tatsachen festgestellt sind, aus denen sich ergibt, dass der Veranstalter oder sein Anhang einen gewalttätigen oder aufrührerischen Verlauf der Versammlung anstreben,
4. Tatsachen festgestellt sind, aus denen sich ergibt, dass der Veranstalter oder sein Anhang Ansichten vertreten oder Äußerungen dulden werden, die ein Verbrechen oder ein von Amts wegen zu verfolgendes Vergehen zum Gegenstand haben.

§ 5 [Ausschluss bestimmter Personen]

(1) Bestimmte Personen oder Personenkreise können in der Einladung von der Teilnahme an einer Versammlung ausgeschlossen werden.

(2) Pressevertreter können nicht ausgeschlossen werden; sie haben sich dem Leiter der Versammlung gegenüber durch ihren Presseausweis ordnungsgemäß auszuweisen.

§ 6 [Versammlungsleiter]

(1) Jede öffentliche Versammlung muss einen Leiter haben.

(2) [1]Leiter der Versammlung ist der Veranstalter. [2]Wird die Versammlung von einer Vereinigung veranstaltet, so ist ihr Vorsitzender der Leiter.

(3) Der Veranstalter kann die Leitung einer anderen Person übertragen.

(4) Der Leiter übt das Hausrecht aus.

§ 7 [Aufgaben des Versammlungsleiters]
[1]Der Leiter bestimmt den Ablauf der Versammlung. [2]Er hat während der Versammlung für Ordnung zu sorgen. [3]Er kann die Versammlung jederzeit unterbrechen oder schließen. [4]Er bestimmt, wann eine unterbrochene Versammlung fortgesetzt wird.

§ 8 [Ordner]
(1) [1]Der Leiter kann sich bei der Durchführung seiner Rechte aus § 7 der Hilfe einer angemessenen Zahl ehrenamtlicher Ordner bedienen. [2]Diese dürfen keine Waffen oder sonstigen Gegenstände im Sinne vom § 2 Abs. 3 mit sich führen, müssen volljährig und ausschließlich durch weiße Armbinden, die nur die Bezeichnung „Ordner" tragen dürfen, kenntlich sein.

(2) [1]Der Leiter ist verpflichtet, die Zahl der von ihm bestellten Ordner der Polizei auf Anforderung mitzuteilen. [2]Die Polizei kann die Zahl der Ordner angemessen beschränken.

§ 9 [Folgepflicht der Versammlungsteilnehmer]
Alle Versammlungsteilnehmer sind verpflichtet, die zur Aufrechterhaltung der Ordnung getroffenen Anweisungen des Leiters oder der von ihm bestellten Ordner zu befolgen.

§ 10 [Ausschluss von Störern]
(1) Der Leiter kann Teilnehmer, welche die Ordnung grob stören, von der Versammlung ausschließen.

(2) Wer aus der Versammlung ausgeschlossen wird, hat sie sofort zu verlassen.

§ 11 [Polizeibeamte]
(1) Polizeibeamte können in eine öffentliche Versammlung entsandt werden, wenn eine Gefahr für die öffentliche Sicherheit besteht oder eine solche Gefahr zu befürchten ist.

(2) [1]Werden Polizeibeamte in eine öffentliche Versammlung entsandt, so haben sie sich dem Leiter zu erkennen zu geben. [2]Es muss ihnen ein angemessener Platz eingeräumt werden.

§ 12 [Bild- und Tonaufnahmen durch die Polizei]
(1) [1]Die Polizei darf Bild- und Tonaufnahmen von Teilnehmern bei oder im Zusammenhang mit öffentlichen Versammlungen nur offen und nur dann anfertigen, wenn tatsächliche Anhaltspunkte die Annahme rechtfertigen, dass von ihnen erhebliche Gefahren für die öffentliche Sicherheit oder Ordnung ausgehen. [2]Die Maßnahmen dürfen auch durchgeführt werden, wenn Dritte unvermeidbar betroffen werden.

(2) Die Unterlagen sind nach Beendigung der öffentlichen Versammlung oder zeitlich und sachlich damit unmittelbar im Zusammenhang stehender Ereignisse unverzüglich zu vernichten, soweit sie nicht für die Verfolgung von Straftaten oder Teilnehmern benötigt werden.

(3) Die Befugnisse zur Erhebung personenbezogener Informationen nach Maßgabe der Strafprozessordnung und des Gesetzes über Ordnungswidrigkeiten bleiben unberührt.

§ 13 [Polizeiliche Auflösung von Versammlungen]
(1) [1]Die Polizei kann die Versammlung nur dann und unter Angabe des Grundes auflösen, wenn
1. der Veranstalter unter die Vorschriften des § 1 Abs. 2 Nr. 1 bis 4 fällt, und im Falle der Nummer 4 das Verbot durch die zuständige Verwaltungsbehörde festgestellt worden ist,
2. die Versammlung einen gewalttätigen oder aufrührerischen Verlauf nimmt oder unmittelbare Gefahr für Leben und Gesundheit der Teilnehmer besteht,
3. der Leiter Personen, die Waffen oder sonstige Gegenstände im Sinne von § 2 Abs. 3 mit sich führen, nicht sofort ausschließt und für die Durchführung des Ausschlusses sorgt,
4. durch den Verlauf der Versammlung gegen Strafgesetze verstoßen wird, die ein Verbrechen oder von Amts wegen zu verfolgendes Vergehen zum Gegenstand haben, oder wenn in der Versammlung zu solchen Straftaten aufgefordert oder angereizt wird und der Leiter dies nicht unverzüglich unterbindet.

[2]In den Fällen der Nummern 2 bis 4 ist die Auflösung nur zulässig, wenn andere polizeiliche Maßnahmen, insbesondere eine Unterbrechung, nicht ausreichen.

(2) Sobald eine Versammlung für aufgelöst erklärt ist, haben alle Teilnehmer sich sofort zu entfernen.

Abschnitt 3
Öffentliche Versammlungen unter freiem Himmel und Aufzüge

§ 14 [Anzeigepflicht]

(1) Wer die Absicht hat, eine öffentliche Versammlung unter freiem Himmel oder einen Aufzug zu veranstalten, hat dies spätestens 48 Stunden vor der Bekanntgabe der zuständigen Behörde unter Angabe des Gegenstandes der Versammlung oder des Aufzuges anzuzeigen.

(2) In der Anzeige ist anzugeben, welche Person für die Leitung der Versammlung oder des Aufzuges verantwortlich sein soll.

(3) ¹Die in Absatz 1 genannte Frist gilt nicht, wenn bei ihrer Einhaltung der mit der Versammlung verfolgte Zweck gefährdet würde (Eilversammlung). ²In diesem Fall ist die Versammlung unverzüglich anzuzeigen.

(4) Fällt die Bekanntgabe der Versammlung mit deren Beginn zusammen (Spontanversammlung), entfällt die Anzeigepflicht.

(5) ¹Soweit es nach Art und Umfang der Versammlung erforderlich ist, bietet die zuständige Behörde der Person, die eine öffentliche Versammlung veranstaltet oder der die Leitung übertragen worden ist, rechtzeitig ein Kooperationsgespräch an, um die Gefahrenlage und sonstige Umstände zu erörtern, die für die ordnungsgemäße Durchführung der Versammlung wesentlich sind. ²Im Rahmen der Kooperation informiert die zuständige Behörde die Person, die eine öffentliche Versammlung veranstaltet oder der die Leitung übertragen worden ist, vor und während der Versammlung über erhebliche Änderungen der Gefahrenlage, soweit dieses nach Art und Umfang der Versammlung erforderlich ist.

§ 15 [Verbot von Versammlungen im Freien, Auflagen, Auflösung]

(1) Die zuständige Behörde kann die Versammlung oder den Aufzug verbieten oder von bestimmten Beschränkungen abhängig machen, wenn nach den zur Zeit des Erlasses der Verfügung erkennbaren Umständen die öffentliche Sicherheit oder Ordnung bei Durchführung der Versammlung oder des Aufzuges unmittelbar gefährdet ist.

(2) ¹Eine Versammlung oder ein Aufzug kann insbesondere verboten oder von bestimmten Beschränkungen abhängig gemacht werden, wenn

1. die Versammlung oder der Aufzug an einem Ort von historisch herausragender Bedeutung stattfindet, der an
   a) Menschen, die unter der nationalsozialistischen oder der kommunistischen Gewaltherrschaft Opfer menschenunwürdiger Behandlung waren,
   b) Menschen, die Widerstand gegen die nationalsozialistische oder kommunistische Gewaltherrschaft geleistet haben, oder
   c) die Opfer eines Krieges
   erinnert und
2. nach den zur Zeit des Erlasses der Verfügung konkret feststellbaren Umständen zu besorgen ist, dass durch die Versammlung oder den Aufzug die Würde von Personen im Sinne der Nummer 1 beeinträchtigt wird. Dies ist insbesondere der Fall, wenn die Versammlung oder der Aufzug
   a) die Gewaltherrschaft, das durch sie begangene Unrecht oder die Verantwortung des nationalsozialistischen Regimes für den Zweiten Weltkrieg und dessen Folgen leugnet, verharmlost oder gegen die Verantwortung anderer aufrechnet,
   b) Organe oder Vertreter der nationalsozialistischen oder kommunistischen Gewaltherrschaft als vorbildlich oder ehrenhaft darstellt oder
   c) gegen Aussöhnung oder Verständigung zwischen den Völkern auftritt.

²Das Völkerschlachtdenkmal in Leipzig, die Frauenkirche mit dem Neumarkt in Dresden sowie am 13. und 14. Februar darüber hinaus auch die nördliche Altstadt und die südliche innere Neustadt in Dresden sind Orte nach Satz 1 Nr. 1. ³Ihre Abgrenzung ergibt sich aus der Anlage zu diesem Gesetz.

(3) Die zuständige Behörde kann eine Versammlung oder einen Aufzug auflösen, wenn

1. eine anzeigepflichtige Versammlung oder ein anzeigepflichtiger Aufzug nicht angezeigt wurde, wenn von den Angaben der Anzeige abgewichen oder den Beschränkungen zuwidergehandelt wird und eine Fortsetzung der Versammlung oder des Aufzuges zu einer konkreten Gefahr für die öffentliche Sicherheit führen würde oder
2. die Voraussetzungen für ein Verbot nach Absatz 1 oder 2 vorliegen.

(4) Verbotene Versammlungen und Aufzüge sind aufzulösen.

§ 16 [Ausnahmen für religiöse Feiern, Volksfeste]

Die §§ 14 und 15 gelten nicht für Gottesdienste unter freiem Himmel, kirchliche Prozessionen, Bittgänge und Wallfahrten, gewöhnliche Leichenbegängnisse, Züge von Hochzeitsgesellschaften und hergebrachte Volksfeste.

§ 17 [Schutzwaffenverbot, Vermummungsverbot]

(1) Es ist verboten, bei öffentlichen Versammlungen unter freiem Himmel, Aufzügen oder sonstigen öffentlichen Veranstaltungen unter freiem Himmel oder auf dem Weg dorthin Schutzwaffen oder Gegenstände, die als Schutzwaffen geeignet und den Umständen nach dazu bestimmt sind, Vollstreckungsmaßnahmen eines Trägers von Hoheitsbefugnissen abzuwehren, mit sich zu führen.

(2) Es ist auch verboten,

1. an derartigen Veranstaltungen in einer Aufmachung, die geeignet und den Umständen nach darauf gerichtet ist, die Feststellung der Identität zu verhindern, teilzunehmen oder den Weg zu derartigen Veranstaltungen in einer solchen Aufmachung zurückzulegen,

2. bei derartigen Veranstaltungen oder auf dem Weg dorthin Gegenstände mit sich zu führen, die geeignet und den Umständen nach dazu bestimmt sind, die Feststellung der Identität zu verhindern.

(3) [1]Die Absätze 1 und 2 gelten nicht, wenn es sich um Veranstaltungen im Sinne des § 16 handelt. [2]Die zuständige Behörde kann weitere Ausnahmen von den Verboten der Absätze 1 und 2 zulassen, wenn eine Gefährdung der öffentlichen Sicherheit oder Ordnung nicht zu besorgen ist.

(4) [1]Die zuständige Polizeidienststelle kann zur Durchsetzung der Verbote der Absätze 1 und 2 Anordnungen treffen. [2]Sie kann insbesondere Personen, die diesen Verboten zuwiderhandeln, von der Veranstaltung ausschließen.

§ 18 [Besondere Vorschriften für Versammlungen unter freiem Himmel]

(1) Für Versammlungen unter freiem Himmel sind § 6 Abs. 1, §§ 7, 8 Abs. 1, §§ 9, 10 Abs. 2, §§ 11 und 13 Abs. 2 entsprechend anzuwenden.

(2) [1]Die Verwendung von Ordnern bedarf polizeibehördlicher Genehmigung. [2]Sie ist bei der Anzeige zu beantragen.

(3) Die Polizei kann Teilnehmer, welche die Ordnung grob stören, von der Versammlung ausschließen.

§ 19 [Besondere Vorschriften für Aufzüge]

(1) [1]Der Leiter des Aufzuges hat für den ordnungsmäßigen Ablauf zu sorgen. [2]Er kann sich der Hilfe ehrenamtlicher Ordner bedienen, für welche § 8 Abs. 1 und § 18 gelten.

(2) Die Teilnehmer sind verpflichtet, die zur Aufrechterhaltung der Ordnung getroffenen Anordnungen des Leiters oder der von ihm bestellten Ordner zu befolgen.

(3) Vermag der Leiter sich nicht durchzusetzen, so ist er verpflichtet, den Aufzug für beendet zu erklären.

(4) Die Polizei kann Teilnehmer, welche die Ordnung grob stören, von dem Aufzug ausschließen.

§ 20 [Bild- und Tonaufnahmen durch die Polizei]

(1) [1]Die Polizei darf von Personen bei oder im Zusammenhang mit einer öffentlichen Versammlung unter freiem Himmel oder einem Aufzug Bild- und Tonaufnahmen nur offen und nur dann anfertigen, wenn tatsächliche Anhaltspunkte die Annahme rechtfertigen, dass von diesen Personen eine erhebliche Gefahr für die öffentliche Sicherheit und Ordnung bei oder im Zusammenhang mit der Versammlung ausgeht. [2]Die Maßnahmen dürfen auch durchgeführt werden, wenn Dritte unvermeidbar betroffen werden.

(2) [1]Die Polizei darf Übersichtsbildübertragungen von öffentlichen Versammlungen unter freiem Himmel und Aufzügen sowie ihrem Umfeld nur offen und nur dann anfertigen, wenn und soweit dies wegen der Größe der Versammlung oder Unübersichtlichkeit der Versammlungslage zur Lenkung und Leitung eines Polizeieinsatzes im Einzelfall erforderlich ist. [2]Eine Identifikation von Personen oder Aufzeichnung der Übertragung findet hierbei nicht statt.

(3) § 12 Abs. 2 und 3 gilt entsprechend.

§ 21 [Einschränkung des Grundrechts auf Versammlungsfreiheit]

Das Grundrecht auf Versammlungsfreiheit (Artikel 8 Abs. 1 des Grundgesetzes und Artikel 23 Abs. 1 der Verfassung des Freistaates Sachsen), das Grundrecht auf informationelle Selbstbestimmung

(Artikel 2 Abs. 1 in Verbindung mit Artikel 1 Abs. 1 des Grundgesetzes) sowie das Grundrecht auf Datenschutz (Artikel 33 der Verfassung des Freistaates Sachsen) werden durch dieses Gesetz eingeschränkt.

Abschnitt 4
Straf- und Bußgeldvorschriften

§ 22 [Störung von Versammlungen und Aufzügen]
Wer in der Absicht, nicht verbotene Versammlungen oder Aufzüge zu verhindern oder zu sprengen oder sonst ihre Durchführung zu vereiteln, Gewalttätigkeiten vornimmt oder androht oder grobe Störungen verursacht, wird mit Freiheitsstrafe bis zu zwei Jahren oder mit Geldstrafe bestraft.

§ 23 [Beeinträchtigung oder Bedrohung von Versammlungsleitung und Ordnern]
Wer bei einer öffentlichen Versammlung oder einem Aufzug dem Leiter oder einem Ordner in der rechtmäßigen Ausübung seiner Ordnungsbefugnisse mit Gewalt oder Drohung mit Gewalt Widerstand leistet oder ihn während der rechtmäßigen Ausübung seiner Ordnungsbefugnisse tätlich angreift, wird mit Freiheitsstrafe bis zu einem Jahr oder mit Geldstrafe bestraft.

§ 24 [Öffentliche Aufforderung zur Teilnahme an verbotenen Versammlungen]
Wer öffentlich, in einer Versammlung oder durch Verbreiten von Schriften, Ton- oder Bildträgern, Abbildungen oder anderen Darstellungen zur Teilnahme an einer öffentlichen Versammlung oder einem Aufzug auffordert, nachdem die Durchführung durch ein vollziehbares Verbot untersagt oder die Auflösung angeordnet worden ist, wird mit Freiheitsstrafe bis zu einem Jahr oder mit Geldstrafe bestraft.

§ 25 [Verwendung bewaffneter Ordner]
Wer als Leiter einer öffentlichen Versammlung oder eines Aufzuges Ordner verwendet, die Waffen oder sonstige Gegenstände, die ihrer Art nach zur Verletzung von Personen oder Beschädigung von Sachen geeignet und bestimmt sind, mit sich führen, wird mit Freiheitsstrafe bis zu einem Jahr oder mit Geldstrafe bestraft.

§ 26 [Abweichende Durchführung von Versammlungen und Aufzügen]
Wer als Leiter einer öffentlichen Versammlung unter freiem Himmel oder eines Aufzuges
1. die Versammlung oder den Aufzug wesentlich anders durchführt, als der Veranstalter bei der Anzeige angegeben hat, oder
2. Beschränkungen nach § 15 Abs. 1 oder 2 nicht nachkommt,
wird mit Freiheitsstrafe bis zu sechs Monaten oder mit Geldstrafe bis zu einhundertachtzig Tagessätzen bestraft.

§ 27 [Abhaltung verbotener oder nicht angemeldeter Versammlungen]
Wer als Veranstalter oder Leiter
1. eine öffentliche Versammlung oder einen Aufzug trotz vollziehbaren Verbots durchführt oder trotz Auflösung oder Unterbrechung durch die Polizei fortsetzt oder
2. eine öffentliche Versammlung unter freiem Himmel oder einen Aufzug ohne eine nach § 14 erforderliche Anzeige durchführt,
wird mit Freiheitsstrafe bis zu einem Jahr oder mit Geldstrafe bestraft.

§ 28 [Führen von Waffen]
(1) ¹Wer bei öffentlichen Versammlungen oder Aufzügen Waffen oder sonstige Gegenstände, die ihrer Art nach zur Verletzung von Personen oder Beschädigung von Sachen geeignet und bestimmt sind, mit sich führt, ohne dazu behördlich ermächtigt zu sein, wird mit Freiheitsstrafe bis zu einem Jahr oder mit Geldstrafe bestraft. ²Ebenso wird bestraft, wer ohne behördliche Ermächtigung Waffen oder sonstige Gegenstände im Sinne des Satzes 1 auf dem Weg zu öffentlichen Versammlungen oder Aufzügen mit sich führt, zu derartigen Veranstaltungen hinschafft oder sie zur Verwendung bei derartigen Veranstaltungen bereithält oder verteilt.
(2) Wer
1. entgegen § 17 Abs. 1 bei öffentlichen Versammlungen unter freiem Himmel, Aufzügen oder sonstigen öffentlichen Veranstaltungen unter freiem Himmel oder auf dem Weg dorthin Schutzwaffen oder Gegenstände, die als Schutzwaffen geeignet und den Umständen nach dazu bestimmt

sind, Vollstreckungsmaßnahmen eines Trägers von Hoheitsbefugnissen abzuwehren, mit sich führt,

2. entgegen § 17 Abs. 2 Nr. 1 an derartigen Veranstaltungen in einer Aufmachung, die geeignet und den Umständen nach darauf gerichtet ist, die Feststellung der Identität zu verhindern, teilnimmt oder den Weg zu derartigen Veranstaltungen in einer solchen Aufmachung zurücklegt oder

3. sich im Anschluss an oder sonst im Zusammenhang mit derartigen Veranstaltungen mit anderen zusammenrottet und dabei
   a) Waffen oder sonstige Gegenstände, die ihrer Art nach zur Verletzung von Personen oder Beschädigung von Sachen geeignet und bestimmt sind, mit sich führt,
   b) Schutzwaffen oder sonstige in Nummer 1 bezeichnete Gegenstände mit sich führt oder
   c) in der in Nummer 2 bezeichneten Weise aufgemacht ist,

wird mit Freiheitsstrafe bis zu einem Jahr oder mit Geldstrafe bestraft.

§ 29 [Verstöße gegen das Uniformverbot]

Wer der Vorschrift des § 3 zuwider handelt, wird mit Freiheitsstrafe bis zu zwei Jahren oder mit Geldstrafe bestraft.

§ 30 [Ordnungswidrigkeiten]

(1) Ordnungswidrig handelt, wer

1. an einer öffentlichen Versammlung oder einem Aufzug teilnimmt, deren Durchführung durch vollziehbares Verbot untersagt ist,

2. entgegen § 17 Abs. 2 Nr. 2 bei einer öffentlichen Versammlung unter freiem Himmel, einem Aufzug oder einer sonstigen öffentlichen Veranstaltung unter freiem Himmel oder auf dem Weg dorthin Gegenstände, die geeignet und den Umständen nach dazu bestimmt sind, die Feststellung der Identität zu verhindern, mit sich führt,

3. sich trotz Auflösung einer öffentlichen Versammlung oder eines Aufzuges durch die zuständige Behörde nicht unverzüglich entfernt,

4. als Teilnehmer einer öffentlichen Versammlung unter freiem Himmel oder eines Aufzuges einer vollziehbaren Beschränkung nach § 15 Abs. 1 oder 2 nicht nachkommt,

5. trotz wiederholter Zurechtweisung durch den Leiter oder einen Ordner fortfährt, den Ablauf einer öffentlichen Versammlung oder eines Aufzuges zu stören,

6. sich nicht unverzüglich nach seiner Ausschließung aus einer öffentlichen Versammlung oder einem Aufzug entfernt,

7. der Aufforderung der Polizei, die Zahl der von ihm bestellten Ordner mitzuteilen, nicht nachkommt oder eine unrichtige Zahl mitteilt (§ 8 Abs. 2),

8. als Leiter oder Veranstalter einer öffentlichen Versammlung oder eines Aufzuges eine größere Zahl von Ordnern verwendet, als die Polizei zugelassen oder genehmigt hat (§ 8 Abs. 2, § 18 Abs. 2), oder Ordner verwendet, die anders gekennzeichnet sind, als es nach § 8 Abs. 1 zulässig ist, oder

9. als Leiter den in eine öffentliche Versammlung entsandten Polizeibeamten die Anwesenheit verweigert oder ihnen keinen angemessenen Platz einräumt.

(2) Die Ordnungswidrigkeit kann in den Fällen des Absatzes 1 Nr. 1 bis 6 mit einer Geldbuße bis 500 EUR und in den Fällen des Absatzes 1 Nr. 7 bis 9 mit einer Geldbuße bis zu 2 500 EUR geahndet werden.

§ 31 [Einziehung]

[1]Gegenstände, auf die sich eine Straftat nach § 28 oder § 29 oder eine Ordnungswidrigkeit nach § 30 Abs. 1 Nr. 2 oder 4 bezieht, können eingezogen werden. [2]§ 74a des Strafgesetzbuches und § 23 des Gesetzes über Ordnungswidrigkeiten sind anzuwenden.

Abschnitt 5
Zuständigkeiten

§ 32 [Sachliche Zuständigkeit]

(1) Die Kreispolizeibehörden sind sachlich zuständig für die Durchführung dieses Gesetzes, soweit in Absatz 2 nichts anderes bestimmt ist; sie sind insbesondere zuständig für

1. die Erteilung der Ermächtigung zum Tragen von Waffen und ähnlichen Gegenständen nach § 2 Abs. 3,
2. das Verbot von Versammlungen in geschlossenen Räumen nach § 4,
3. die Entgegennahme der Anzeige von öffentlichen Versammlungen unter freiem Himmel und von Aufzügen nach § 14 Abs. 1,
4. das Verbot und die Auflösung von Versammlungen oder Aufzügen sowie die Erteilung von Beschränkungen nach § 15,
5. die Zulassung von Ausnahmen von Schutzwaffen- und Vermummungsverbot nach § 17 Abs. 3 Satz 2,
6. die Genehmigung der Verwendung von Ordnern nach § 18 Abs. 2 und § 19 Abs. 1 Satz 2,
7. Maßnahmen auf Grund des Sächsischen Polizeibehördengesetzes vom 11. Mai 2019 (SächsGVBl. S. 358, 389), in der jeweils geltenden Fassung, die der Durchsetzung versammlungsrechtlicher Vorschriften oder Anordnungen dienen.

(2) Der Polizeivollzugsdienst ist sachlich zuständig für
1. die Geltendmachung des Auskunftsrechts über die Zahl der Ordner und die angemessene Beschränkung der Zahl der Ordner nach § 8 Abs. 2,
2. Bild- und Tonaufnahmen nach § 12,
3. die Auflösung von Versammlungen und Aufzügen nach § 13 Abs. 1 und § 15 Abs. 3 und 4,
4. die Anordnungen zur Durchsetzung des Schutzwaffen- und Vermummungsverbots nach § 17 Abs. 4,
5. den Ausschluss von Personen und Teilnehmern nach § 18 Abs. 3 und § 19 Abs. 4,
6. die Fertigung von Bild- und Tonaufnahmen nach § 20 Absatz 1 und von Übersichtsbildübertragungen nach § 20 Absatz 2.

(3) Die sachliche Zuständigkeit des Polizeivollzugsdienstes nach § 2 Absatz 3 des Sächsischen Polizeivollzugsdienstgesetzes vom 11. Mai 2019 (SächsGVBl. S. 358), in der jeweils geltenden Fassung, für die in Absatz 1 genannten Maßnahmen bleibt unberührt.

§ 33 [Örtliche Zuständigkeit]

(1) Örtlich zuständig ist die Kreispolizeibehörde, in deren Bezirk die Versammlung oder der Aufzug stattfindet.

(2) Berührt ein Aufzug die Bezirke mehrerer Kreispolizeibehörden, so ist die Kreispolizeibehörde örtlich zuständig, in deren Bezirk der Aufzug beginnt.

(3) Haben mehrere, in Bezirken verschiedener Kreispolizeibehörden beginnende Aufzüge einen gemeinsamen Endpunkt, so ist die Kreispolizeibehörde örtlich zuständig, in deren Bezirk der Endpunkt liegt.

(4) In den Fällen der Absätze 2 und 3 entscheidet die zuständige Kreispolizeibehörde im Benehmen mit den übrigen betroffenen Kreispolizeibehörden.

Abschnitt 6
Befugnisse zur Datenverarbeitung

§ 34 [Verarbeitung personenbezogener Daten]

[1]Für die Verarbeitung personenbezogener Daten durch die Versammlungsbehörden gilt § 40 des Sächsischen Polizeibehördengesetzes. [2]Für die Verarbeitung personenbezogener Daten durch den Polizeivollzugsdienst zur Erfüllung von Aufgaben nach diesem Gesetz gilt § 53 des Sächsischen Polizeivollzugsdienstgesetzes.

Anlage
(zu § 15 Abs. 2 Satz 4[1])

[Orte von historisch herausragender Bedeutung]

1. Das Völkerschlachtdenkmal in Leipzig umfasst in nordöstlicher Richtung die Prager Straße, in süd-
   östlicher und südwestlicher Richtung jeweils die Grenze zum Südfriedhof und in nordwestlicher
   Richtung das östliche Teilstück des Friedhofsweges und das östliche Teilstück der Straße An der
   Tabaksmühle sowie das von diesen umschlossene Gebiet.
2. Die Frauenkirche mit dem Neumarkt in Dresden umfasst die Plätze An der Frauenkirche und Neumarkt sowie die Straße An der Frauenkirche.
3. Die nördliche Altstadt und die südliche innere Neustadt in Dresden umfassen den Theaterplatz, den
   Schloßplatz, die Augustusbrücke, den Neustädter Markt, die Köpckestraße, den Carolaplatz, die
   Carolabrücke, die St. Petersburger Straße zwischen Carolabrücke und Pirnaischem Platz, den Ra-
   thenauplatz, den Pirnaischen Platz, die westliche Seite der Ringstraße bis zum Rathausplatz, die
   unmittelbar am Rathaus verlaufende Stichstraße nördlich des Dr.-Külz-Ringes, die Pfarrgasse und
   den sich anschließenden Teil der Straße An der Kreuzkirche bis zum Altmarkt, den Altmarkt, die
   Wilsdruffer Straße, den Postplatz, die Sophienstraße und das von diesen umschlossene Gebiet.

---

1) Richtig wohl: „2".

Gesetz über die Kreislaufwirtschaft und den Bodenschutz im Freistaat Sachsen (Sächsisches Kreislaufwirtschafts- und Bodenschutzgesetz – SächsKrWBodSchG)[1)]

Vom 22. Februar 2019 (SächsGVBl. S. 187)

Inhaltsübersicht

Teil 1
Kreislaufwirtschaft

§ 1 Ende der Abfalleigenschaft (zu § 5 des Kreislaufwirtschaftsgesetzes)

[1]Das Durchlaufen eines Verwertungsverfahrens nach § 5 Absatz 1 des Kreislaufwirtschaftsgesetzes vom 24. Februar 2012 (BGBl. I S. 212), das zuletzt durch Artikel 2 Absatz 9 des Gesetzes vom 20. Juli 2017 (BGBl. I S. 2808) geändert worden ist, in der jeweils geltenden Fassung, ist für gefährliche Abfälle nachvollziehbar zu dokumentieren. [2]Soweit Abfall einer behördlichen Überwachung unterliegt und entweder von einem in einem Entsorgungsnachweis vorgesehenen Entsorgungsweg oder Verwertungsverfahren abgewichen werden soll oder Abfall Gegenstand sonstiger abfallbehördlicher Einzelentscheidungen ist, kann ein Verwertungsverfahren, das nur in der bloßen Sichtung eines Abfalls besteht, nicht ohne Beteiligung der zuständigen Abfallbehörde abgeschlossen werden.

§ 2 Öffentlich-rechtliche Entsorgungsträger (zu § 17 des Kreislaufwirtschaftsgesetzes)

(1) Öffentlich-rechtliche Entsorgungsträger im Sinne von § 17 Absatz 1 Satz 1 des Kreislaufwirtschaftsgesetzes sind die Landkreise und Kreisfreien Städte sowie die nach § 3 Absatz 1 gebildeten Abfallverbände jeweils im Rahmen ihrer Aufgaben.

(2) [1]Die öffentlich-rechtlichen Entsorgungsträger regeln durch Satzung, wie Abfälle bereitzustellen sind. [2]In der Satzung ist festzulegen, welche verwertbaren Abfälle den öffentlich-rechtlichen Entsor-

---

1) Verkündet als Art. 1 G v. 22.2.2019 (SächsGVBl. S. 187); Inkrafttreten gem. Art. 3 dieses G am 22.3.2019.

gungsträgern getrennt von anderen Abfällen zu überlassen sind. [3]Dies gilt auch für Abfälle, die wegen ihrer Gefährlichkeit oder ihrer sonstigen Eigenschaften einer getrennten Erfassung bedürfen.

(3) [1]Die öffentlich-rechtlichen Entsorgungsträger können durch Vereinbarung Gemeinden auf deren Antrag die Einsammlung und Beförderung von Abfällen sowie die Kompostierung von Garten- und Parkabfällen übertragen. [2]Mit Zustimmung der oberen Abfallbehörde können auch andere Aufgaben durch Vereinbarung übertragen werden.

§ 3 Abfallverbände

(1) [1]Landkreise und Kreisfreie Städte als öffentlich-rechtliche Entsorgungsträger können sich zur Erfüllung ihrer Aufgaben mit Zustimmung der obersten Abfallbehörde zu Zweckverbänden im Sinne des Sächsischen Gesetzes über kommunale Zusammenarbeit in der Fassung der Bekanntmachung vom 3. März 2014 (SächsGVBl. S. 196), das zuletzt durch Artikel 3 des Gesetzes vom 13. Dezember 2017 (SächsGVBl. S. 626) geändert worden ist, in der jeweils geltenden Fassung, als Körperschaften des öffentlichen Rechts zusammenschließen (Abfallverbände). [2]Sie sind hierzu verpflichtet, wenn die oberste Abfallbehörde ein dringendes öffentliches Bedürfnis hierfür feststellt. [3]Ein dringendes öffentliches Bedürfnis besteht insbesondere dann, wenn

1. dadurch die Erfüllung der Entsorgungspflicht erst ermöglicht wird,
2. dies zur Sicherstellung der Entsorgung für einzelne oder mehrere Körperschaften erforderlich ist oder
3. insgesamt die Entsorgung umweltschonender oder wesentlich wirtschaftlicher gestaltet werden kann.

[4]Die Genehmigung der oberen Rechtsaufsichtsbehörde zur Auflösung eines Abfallverbandes, zum Ausschluss und zum Ausscheiden einzelner Verbandsmitglieder ergeht nach Zustimmung der obersten Abfallbehörde. [5]Die oberste Abfallbehörde darf die Zustimmung nur verweigern, wenn der Genehmigung ein dringendes öffentliches Bedürfnis entgegensteht.

(2) [1]Die Abfallverbände haben die Aufgabe, die Abfallentsorgungsanlagen einschließlich der Anlagen zum Umschlagen von Abfällen zu errichten und zu betreiben. [2]Unbeschadet von Satz 1 können die Landkreise und Kreisfreien Städte als öffentlich-rechtliche Entsorgungsträger den Abfallverbänden durch Vereinbarung weitere abfallwirtschaftliche Aufgaben übertragen.

(3) Die Abfallverbände können mit Zustimmung aller Verbandsmitglieder und der oberen Abfallbehörde Aufgaben nach Absatz 2 Satz 1 durch Vereinbarung auf Landkreise und Gemeinden übertragen.

(4) [1]Abfallverbandsangehörige Landkreise und Kreisfreie Städte haben die eingesammelten Abfälle dem Abfallverband zu überlassen, soweit nicht nach Absatz 3 eine Aufgabenübertragung erfolgt ist. [2]Der Abfallverband bestimmt den Ort der Überlassung.

§ 4 Anzeigeverfahren für Sammlungen (zu § 18 des Kreislaufwirtschaftsgesetzes)

(1) Für die Durchführung von Anzeigeverfahren nach § 18 Absatz 1 des Kreislaufwirtschaftsgesetzes werden für gewerbliche Sammlungen Verwaltungskosten auch dann erhoben, wenn keine Entscheidungen nach § 18 Absatz 5 und 6 des Kreislaufwirtschaftsgesetzes getroffen werden.

(2) [1]Der Träger der gewerblichen oder gemeinnützigen Sammlung berichtet der zuständigen Behörde bis zum 31. März des Folgejahres jeweils für das vorhergehende Jahr über die Art und Menge der eingesammelten Abfälle je Landkreis und Kreisfreier Stadt. [2]Die zuständige Behörde informiert die öffentlich-rechtlichen Entsorgungsträger über die eingesammelten Mengen je Abfallart im Entsorgungsgebiet.

§ 5 Illegal abgelagerte Abfälle (zu § 20 des Kreislaufwirtschaftsgesetzes)

(1) [1]Die Pflichten nach § 20 Absatz 1 des Kreislaufwirtschaftsgesetzes gelten auch für diejenigen Abfälle, die auf tatsächlich und rechtlich frei zugänglichen Flächen illegal abgelagert wurden und an denen kein Besitz im Sinne des § 3 Absatz 9 des Kreislaufwirtschaftsgesetzes besteht, soweit Maßnahmen gegen den Erzeuger nicht möglich sind und nach sonstigem Recht auch kein Dritter verantwortlich ist. [2]In diesen Fällen können die öffentlich-rechtlichen Entsorgungsträger von dem Verursacher Ersatz der entstandenen Kosten, einschließlich derjenigen für die weitere Entsorgung, verlangen.

(2) Gesetzliche oder auf Grund eines Gesetzes oder einer anderen Rechtsvorschrift begründete Unterhaltungs-, Verkehrssicherungs- und Reinigungspflichten bleiben unberührt.

§ 6 Abfallwirtschaftskonzepte und Abfallbilanzen (zu § 21 des Kreislaufwirtschaftsgesetzes)
(1) [1]Die öffentlich-rechtlichen Entsorgungsträger erstellen als Grundlage für die abfallwirtschaftliche Tätigkeit für ihren Bereich ein Abfallwirtschaftskonzept und schreiben es bei wesentlichen Änderungen oder spätestens alle fünf Jahre fort. [2]Sie legen das Abfallwirtschaftskonzept der oberen Abfallbehörde vor. [3]Darin sind von den öffentlich-rechtlichen Entsorgungsträgern im Rahmen ihrer Aufgaben insbesondere darzustellen:

1. Ziele der Abfallvermeidung und Abfallverwertung, insbesondere der Vorbereitung zur Wiederverwendung und des Recyclings sowie der Abfallbeseitigung,
2. die bestehenden und geplanten Abfallvermeidungsmaßnahmen des öffentlich-rechtlichen Entsorgungsträgers, einschließlich einer Bewertung der Zweckmäßigkeit der Maßnahmen,
3. die bestehende Situation der Abfallbewirtschaftung, insbesondere
    a) Art, Menge und Verbleib der den öffentlich-rechtlichen Entsorgungsträgern überlassenen Abfälle,
    b) Angebote zur flächendeckenden Erfassung von Bioabfällen,
    c) Angebote zur Getrenntsammlung von Papier-, Metall-, Kunststoff- und Glasabfällen,
    d) Darstellung der Abfallsammelsysteme sowie der Aufteilung der Verantwortlichkeiten zwischen öffentlichen und privaten Akteuren durch den öffentlich-rechtlichen Entsorgungsträger sowie
    e) Angaben zur Zusammenarbeit mit anderen öffentlich-rechtlichen Entsorgungsträgern,
4. die erforderlichen Maßnahmen zur Verbesserung der Abfallverwertung, insbesondere erforderliche Maßnahmen zur Umsetzung von § 11 Absatz 1 und § 14 Absatz 1 des Kreislaufwirtschaftsgesetzes, und der Abfallbeseitigung einschließlich der Bewertung ihrer Eignung zur Zielerreichung,
5. eine Abschätzung der künftig anfallenden und dem öffentlich-rechtlichen Entsorgungsträger zu überlassenden Abfallmengen je Abfallart für einen Zeitraum von mindestens zehn Jahren,
6. Strategien für Abfälle, die besondere Bewirtschaftungsprobleme aufwerfen,
7. die durch den öffentlich-rechtlichen Entsorgungsträger nach § 20 Absatz 2 des Kreislaufwirtschaftsgesetzes ausgeschlossenen Abfälle,
8. Strategien zum Umgang mit illegal abgelagerten Abfällen,
9. als geeignet identifizierte Vorhalteflächen für situationsbedingt anfallende Abfälle (zum Beispiel bei Hochwasser und Großschadensereignissen),
10. Ausweisung von Flächen, die für Deponien geeignet sind entsprechend § 30 Absatz 3 des Kreislaufwirtschaftsgesetzes.

[4]Sofern ein Abfallverband gebildet wurde, stimmen die öffentlich-rechtlichen Entsorgungsträger ihre Abfallwirtschaftskonzepte miteinander ab.
(2) Die öffentlich-rechtlichen Entsorgungsträger erstellen jährlich zum 1. April jeweils für das vorhergehende Jahr Abfallbilanzen über Art, Menge, Herkunft und Verbleib der Abfälle sowie über die Ergebnisse der eigenen Abfallvermeidungsmaßnahmen.
(3) [1]Abfallwirtschaftskonzept und Abfallbilanz sind in geeigneter Weise der Öffentlichkeit zugänglich zu machen. [2]Jeder Bürger hat das Recht, in das Abfallwirtschaftskonzept und in die Abfallbilanz Einsicht zu nehmen.

§ 7 Abfallwirtschaftsplan und Abfallvermeidungsprogramm (zu den §§ 30 bis 33 des Kreislaufwirtschaftsgesetzes)
(1) [1]Der Abfallwirtschaftsplan des Freistaates Sachsen nach § 30 des Kreislaufwirtschaftsgesetzes wird von der obersten Abfallbehörde aufgestellt und von der Staatsregierung beschlossen. [2]Die Staatsministerien, deren Aufgaben berührt werden, sind zu beteiligen.
(2) Im Aufstellungsverfahren sind insbesondere zu beteiligen:
1. die öffentlich-rechtlichen Entsorgungsträger,
2. die durch für verbindlich erklärte Flächenausweisungen nach § 30 Absatz 1 Satz 3 Nummer 2 des Kreislaufwirtschaftsgesetzes betroffenen Gemeinden,
3. die kommunalen Landesverbände,
4. die Regionalen Planungsverbände,

5. die im Sinne von § 32 des Sächsischen Naturschutzgesetzes vom 6. Juni 2013 (SächsGVBl. S. 451), das zuletzt durch Artikel 8 des Gesetzes vom 14. Dezember 2018 (SächsGVBl. S. 782) geändert worden ist, in der jeweils geltenden Fassung, anerkannten Naturschutzvereinigungen.

(3) Der Abfallwirtschaftsplan kann in mehrere räumliche oder sachliche Teile untergliedert werden, soweit gewährleistet ist, dass sich die Teile in den gesamten Plan einfügen.

(4) [1]Ausweisungen nach § 30 Absatz 4 des Kreislaufwirtschaftsgesetzes können durch Rechtsverordnung der Staatsregierung für verbindlich erklärt werden. [2]Der Entwurf der Rechtsverordnung ist dem Landtag frühzeitig zuzuleiten, um ihm Gelegenheit zur Stellungnahme zu geben. [3]Die oberste Abfallbehörde kann nach Anhörung der betroffenen Entsorgungsträger und Gemeinden sowie der Verbände im Sinne von Absatz 2 im Einzelfall Abweichungen von den verbindlichen Festlegungen zulassen, wenn dies wegen Änderung der ihnen zugrunde liegenden Sachlage oder Erkenntnisse erforderlich ist oder die Abweichung den Zielen der Abfallwirtschaft insgesamt besser entspricht.

(5) Der Abfallwirtschaftsplan enthält als selbständigen Teil das Abfallvermeidungsprogramm des Freistaates Sachsen (§ 33 Absatz 2 des Kreislaufwirtschaftsgesetzes) oder den Beitrag des Freistaates Sachsen zum Abfallvermeidungsprogramm des Bundes (§ 33 Absatz 1 Satz 2 des Kreislaufwirtschaftsgesetzes).

§ 8 Standortvorsorge (zu § 30 des Kreislaufwirtschaftsgesetzes)

(1) [1]Sobald ein für verbindlich erklärter Abfallwirtschaftsplan vorliegt, kann die zuständige Behörde zur Sicherung der Planung neuer oder der geplanten Erweiterung bestehender öffentlich zugänglicher Abfallbeseitigungsanlagen auf Antrag des Trägers des Vorhabens Planungsgebiete festlegen. [2]Vorgesehene Planungsgebiete sind vor ihrer Festlegung in den Gemeinden, deren Gebiet betroffen ist, durch die zuständige Behörde auf ortsübliche Weise bekannt zu machen. [3]Anregungen und Bedenken können innerhalb eines Monats nach Bekanntmachung vorgebracht werden. [4]Die zuständige Behörde prüft vor Festlegung der Planungsgebiete die fristgemäß eingegangenen Anregungen und Bedenken. [5]Festgelegte Planungsgebiete sind in den Gemeinden, deren Gebiet betroffen wird, auf ortsübliche Weise bekannt zu machen. [6]Mit der Bekanntmachung tritt die Festlegung in Kraft.

(2) [1]Auf den von der geplanten öffentlich zugänglichen Abfallbeseitigungsanlage betroffenen Flächen innerhalb des Planungsgebietes dürfen bis zum Abschluss des Verfahrens wertsteigernde oder die Errichtung der geplanten Abfallbeseitigungsanlage erheblich erschwerende Veränderungen nicht vorgenommen werden (Veränderungssperre). [2]Dies gilt ab Festlegung des Planungsgebietes bis zur Aufhebung der Veränderungssperre durch die zuständige Behörde.

(3) Die zuständige Behörde kann im Einzelfall Ausnahmen von der Veränderungssperre nach Absatz 2 zulassen, wenn keine überwiegenden öffentlichen Belange entgegenstehen und die Einhaltung der Veränderungssperre zu einer offenbar nicht beabsichtigten Härte führen würde.

(4) [1]Dauert die Veränderungssperre länger als vier Jahre, können die Eigentümer und die Nutzungsberechtigten für die dadurch entstandenen Vermögensnachteile vom Träger des Vorhabens eine angemessene Entschädigung in Geld verlangen. [2]Die Eigentümer können ferner die Übernahme der von dem Plan betroffenen Flächen vom Träger des Vorhabens verlangen, wenn es ihnen mit Rücksicht auf die Veränderungssperre wirtschaftlich nicht zuzumuten ist, die Grundstücksflächen in der bisherigen oder in einer anderen zulässigen Art zu nutzen. [3]Kommt eine Einigung über die Übernahme nicht zustande, können die Eigentümer das Enteignungsverfahren beantragen.

§ 9 Abfallgebühren (zu § 44 des Kreislaufwirtschaftsgesetzes)

(1) [1]Die öffentlich-rechtlichen Entsorgungsträger haben für die Benutzung ihrer Entsorgungseinrichtungen Gebühren zu erheben, soweit nicht ein privatrechtliches Entgelt gefordert wird. [2]Für die Gebührenerhebung gelten die Vorschriften des Sächsischen Kommunalabgabengesetzes in der Fassung der Bekanntmachung vom 9. März 2018 (SächsGVBl. S. 116) in der jeweils geltenden Fassung, soweit dieses Gesetz nichts anderes bestimmt. [3]§ 11 Absatz 2 Nummer 3 des Sächsischen Kommunalabgabengesetzes findet auch auf die Kosten der Entsorgung nach § 20 Absatz 3 des Kreislaufwirtschaftsgesetzes und nach § 5 Absatz 1 Anwendung, soweit die Kostenlast bei dem öffentlich-rechtlichen Entsorgungsträger liegt.

(2) [1]Zur Bemessung der Abfallgebühren haben die öffentlich-rechtlichen Entsorgungsträger eine Gebührenkalkulation zu erstellen. [2]Entsprechendes gilt für die Bemessung privatrechtlicher Entgelte. [3]Der Satzungsanzeige gemäß § 4 Absatz 3 Satz 3 der Sächsischen Gemeindeordnung in der Fassung

der Bekanntmachung vom 9. März 2018 (SächsGVBl. S. 62) in der jeweils geltenden Fassung, und gemäß § 3 Absatz 4 Satz 3 der Sächsischen Landkreisordnung in der Fassung der Bekanntmachung vom 9. März 2018 (SächsGVBl. S. 99) in der jeweils geltenden Fassung, sind die Satzung und die ihr zugrunde liegende Gebührenkalkulation beizufügen. [4]Die Entgeltkalkulation ist der zuständigen Aufsichtsbehörde vorzulegen.

(3) [1]Durch die Gestaltung der Gebühren und sonstiger Entgelte sind effektive Anreize zur Vermeidung, Verwertung und umweltverträglichen Beseitigung von Abfällen zu schaffen. [2]Satz 1 findet auf fixe Vorhaltekosten im Sinne von § 14 Absatz 1 Satz 3 des Sächsischen Kommunalabgabengesetzes keine Anwendung.

(4) [1]Die Landkreise, Kreisfreien Städte und Gemeinden übermitteln den öffentlich-rechtlichen Entsorgungsträgern die für die Heranziehung des Gebührenschuldners erforderlichen Daten. [2]§ 38 der Sächsischen Meldeverordnung vom 9. Oktober 2015 (SächsGVBl. S. 515) bleibt unberührt.

§ 10 Pflichten der öffentlichen Hand (zu § 45 des Kreislaufwirtschaftsgesetzes)

[1]Der Freistaat Sachsen, die Landkreise, Kreisfreien Städte und Gemeinden sowie sonstige juristische Personen des öffentlichen Rechts haben vorbildhaft zur Erreichung der Ziele der Kreislaufwirtschaft beizutragen. [2]Diese Ziele sind insbesondere bei Planungen und Baumaßnahmen sowie im Beschaffungswesen zu beachten. [3]Dazu sind finanzielle Mehrbelastungen und Minderungen unwesentlicher Gebrauchseigenschaften in angemessenem Umfang hinzunehmen. [4]Ein Ausschluss von Recyclingmaterial oder -produkten kommt nur ausnahmsweise in Betracht und ist nachvollziehbar zu begründen. [5]Die in Satz 1 genannten juristischen Personen verpflichten Dritte vertraglich zu einer entsprechenden Handhabung, wenn sie Einrichtungen oder Grundstücke zur Verfügung stellen. [6]Sie haben auf die juristischen Personen des Privatrechts einzuwirken, an denen eine Beteiligung besteht, damit diese im Sinne von Satz 1 verfahren. [7]Im Übrigen gilt § 45 Absatz 1 Satz 2 des Kreislaufwirtschaftsgesetzes für die Behörden des Freistaates Sachsen, die Landkreise, Kreisfreien Städte und Gemeinden sowie sonstige juristische Personen des öffentlichen Rechts entsprechend.

§ 11 Abfallberatung (zu § 46 des Kreislaufwirtschaftsgesetzes)

Zur Abfallberatung nach § 46 des Kreislaufwirtschaftsgesetzes bestellen die öffentlich-rechtlichen Entsorgungsträger geeignete Fachkräfte.

Teil 2
Bodenschutz

§ 12 Freistellung (zu § 4 des Bundes-Bodenschutzgesetzes und Artikel 1 § 4 des Umweltrahmengesetzes)

[1]Das Erfordernis des Einvernehmens nach Artikel 1 § 4 Absatz 3 Satz 1 des Umweltrahmengesetzes vom 29. Juni 1990 (GBl. DDR 1990 I S. 649), das durch Artikel 12 des Gesetzes vom 22. März 1991 (BGBl. I S. 766, 1928) geändert worden ist, in der jeweils geltenden Fassung, gilt entsprechend auch bei wesentlichen Entscheidungen im Vollzug der Altlastenfreistellung nach Artikel 1 § 4 Absatz 3 des Umweltrahmengesetzes. [2]Näheres wird durch Verwaltungsvorschrift der obersten Abfall- und Bodenschutzbehörde geregelt.

§ 13 Betretungsrechte und Mitteilungspflichten (zu den §§ 9 und 10 des Bundes-Bodenschutzgesetzes)

(1) [1]Die Verpflichteten nach dem Bundes-Bodenschutzgesetz vom 17. März 1998 (BGBl. I S. 502), das zuletzt durch Artikel 3 Absatz 3 der Verordnung vom 27. September 2017 (BGBl. I S. 3465) geändert worden ist, in der jeweils geltenden Fassung, und nach diesem Gesetz sowie Eigentümer und sonstige Nutzungsberechtigte anderer Grundstücke, insbesondere im möglichen Einwirkungsbereich einer schädlichen Bodenveränderung oder Altlast, haben Bediensteten und Beauftragten der zuständigen Behörde zur Wahrnehmung ihrer Aufgaben das Betreten von Grundstücken zu gestatten und die Durchführung von Untersuchungen und sonstigen erforderlichen Maßnahmen zu dulden. [2]Für diese Pflichten gilt § 47 Absatz 3 bis 5 des Kreislaufwirtschaftsgesetzes entsprechend. [3]Das Grundrecht auf Unverletzlichkeit der Wohnung (Artikel 13 Absatz 1 des Grundgesetzes für die Bundesrepublik Deutschland, Artikel 30 Absatz 1 der Verfassung des Freistaates Sachsen) wird insoweit eingeschränkt. [4]Entstehen durch Maßnahmen nach Satz 1 Schäden, hat der Geschädigte Anspruch auf Entschädigung.

[5]Kommt eine Einigung über die Höhe der Entschädigung nicht zustande, entscheidet die zuständige Behörde.

(2) [1]Die Eigentümer und sonstigen Nutzungsberechtigten von Grundstücken sowie die Betroffenen nach § 12 des Bundes-Bodenschutzgesetzes haben auf Anordnung der zuständigen Behörde dem Verpflichteten nach dem Bundes-Bodenschutzgesetz und nach diesem Gesetz und den von ihm Beauftragten das Betreten und Befahren ihrer Grundstücke nach vorheriger Ankündigung zu gestatten und die Durchführung von jeweils in der Anordnung benannten Untersuchungen und sonstigen erforderlichen Maßnahmen zu dulden. [2]Entstehen durch Maßnahmen nach Satz 1 Schäden, hat der Geschädigte gegen die Berechtigten nach Satz 1 einen Anspruch auf Schadensersatz. [3]Absatz 1 Satz 2 und 3 gilt entsprechend.

(3) [1]Die Verpflichteten nach dem Bundes-Bodenschutzgesetz und nach diesem Gesetz haben die ihnen bekannt gewordenen oder von ihnen verursachten schädlichen Bodenveränderungen oder Altlasten unverzüglich der zuständigen Behörde mitzuteilen. [2]Sie haben der zuständigen Behörde auf Verlangen alle Auskünfte zu erteilen und die Unterlagen vorzulegen, die diese zur Erfüllung der Aufgaben nach dem Bundes-Bodenschutzgesetz und nach diesem Gesetz benötigt. [3]§ 47 Absatz 5 des Kreislaufwirtschaftsgesetzes gilt entsprechend.

§ 14 Bodenplanungsgebiete (zu § 21 des Bundes-Bodenschutzgesetzes)

[1]Die zuständige Behörde kann Bodenplanungsgebiete zum Schutz oder zur Sanierung des Bodens, aus Gründen der Vorsorge für die menschliche Gesundheit oder zur Vorsorge gegen erhebliche Beeinträchtigungen des Naturhaushaltes durch Rechtsverordnung für Gebiete festlegen, in denen flächenhaft schädliche Bodenveränderungen auftreten oder zu erwarten sind. [2]In der Rechtsverordnung sind der räumliche Bereich festzulegen und die erforderlichen Verbote, Beschränkungen und Schutzmaßnahmen sowie weitere Regelungen über gebietsbezogene Maßnahmen zu bestimmen. [3]§ 8 Absatz 1 Satz 2 bis 4 gilt entsprechend. [4]Zur Durchführung der Rechtsverordnung soll die zuständige Behörde prüfen, ob der Schutzzweck auch durch vertragliche Vereinbarungen erreicht werden kann. [5]Das Verfahren nach Satz 3 wird nicht angewandt, wenn eine Rechtsverordnung nach Satz 1 geändert oder neu erlassen wird, ohne dass das Gebiet räumlich erweitert wird oder Verbote, Beschränkungen oder Maßnahmen nach Satz 2 erheblich geändert oder erweitert werden.

Teil 3
Sonstige Vorschriften

§ 15 Geowissenschaftliche Landesaufnahme

[1]Zum Zwecke der geowissenschaftlichen Landesaufnahme gelten die Regelungen des § 13 entsprechend. [2]Die Behörden des Freistaates Sachsen, die Landkreise, Kreisfreien Städte und Gemeinden sowie sonstige juristische Personen des öffentlichen Rechts sind verpflichtet, vorhandene Daten über den Zustand der Erdkruste (geowissenschaftliche Daten) der zuständigen Behörde anzuzeigen, Auskünfte zu erteilen und Unterlagen vorzulegen. [3]Die zuständige Behörde ist befugt, den zur Erfüllung ihrer Aufgaben notwendigen Umfang der Anzeige und die Einzelheiten des Verfahrens festzulegen.

§ 16 Überwachung und Gefahrenabwehr (zu den §§ 47, 62 des Kreislaufwirtschaftsgesetzes und den §§ 4, 15 des Bundes-Bodenschutzgesetzes)

(1) [1]Die zuständige Behörde hat
1. darüber zu wachen, dass die abfall- und bodenschutz-rechtlichen Vorschriften eingehalten und auferlegte Pflichten erfüllt werden (Überwachung),
2. von dem Einzelnen und dem Gemeinwesen Gefahren abzuwehren, die von Abfällen, Altlasten und schädlichen Bodenveränderungen ausgehen und durch die die öffentliche Sicherheit oder Ordnung bedroht wird (Gefahrenabwehr),
3. von Abfällen, Altlasten und schädlichen Bodenveränderungen ausgehende Störungen der öffentlichen Sicherheit oder Ordnung zu beseitigen, soweit es im öffentlichen Interesse geboten ist (Ordnungsmaßnahmen).

[2]Die Aufgaben anderer Behörden zur Ermittlung und Abwehr von Gefahren bleiben unberührt. [3]Bei Kontrollen im öffentlichen Straßenverkehr oder des Schiffsverkehrs auf Wasserstraßen ist auch der Polizeivollzugsdienst für die Überwachung zuständig.

(2) ¹Die zuständige Behörde kann zur Durchführung dieses Gesetzes die nach pflichtgemäßem Ermessen erforderlichen Maßnahmen ergreifen. ²Die zuständige Behörde entscheidet nach pflichtgemäßem Ermessen, welcher der Verpflichteten heranzuziehen ist.

(3) ¹Können die nach dem Kreislaufwirtschaftsgesetz, dem Bundes-Bodenschutzgesetz und diesem Gesetz Verpflichteten nicht oder nicht rechtzeitig herangezogen werden, kann die zuständige Behörde die erforderlichen Maßnahmen, insbesondere Untersuchungsmaßnahmen, selbst durchführen. ²Sie kann hierzu auch Dritte beauftragen. ³Der von der Maßnahme Betroffene ist unverzüglich zu unterrichten.

§ 17 Kosten (zu § 24 des Bundes-Bodenschutzgesetzes und den §§ 47, 62 des Kreislaufwirtschaftsgesetzes)

(1) ¹Die Kosten von Überwachungsmaßnahmen können demjenigen auferlegt werden, der sie verursacht, indem er unbefugt handelt oder Auflagen nicht erfüllt. ²Die Kosten für Maßnahmen nach § 16 Absatz 2 und 3 trägt der Verpflichtete. ³Sofern bundesrechtlich nichts anderes bestimmt ist, gehören zu den Kosten auch die Kosten für die Gefahren- und Schadensermittlung sowie die Ermittlung der Verpflichteten. ⁴Mehrere Verpflichtete haften als Gesamtschuldner.

(2) Kosten für Maßnahmen, die im Wege der Ersatzvornahme durchgeführt werden, und Kosten für Maßnahmen nach § 16 Absatz 3 ruhen als öffentliche Last auf dem Grundstück, wenn der Eigentümer als Verpflichteter herangezogen wird.

§ 18 Datenverarbeitung

(1) Zum Zwecke der Erfüllung der ihnen durch das Kreislaufwirtschaftsgesetz, das Abfallverbringungsgesetz vom 19. Juli 2007 (BGBl. I S. 1462), das zuletzt durch Artikel 1 des Gesetzes vom 1. November 2016 (BGBl. I S. 2452) geändert worden ist, das Umweltrahmengesetz, das Bundes-Bodenschutzgesetz, dieses Gesetz sowie der dazu ergangenen Rechtsverordnung zugewiesenen Aufgaben dürfen die zuständigen Behörden und die öffentlich-rechtlichen Entsorgungsträger bei
1. natürlichen und juristischen Personen sowie Vereinigungen des Privatrechts,
2. Behörden und sonstigen öffentlichen Stellen des Freistaates Sachsen,
3. Landkreisen, Kreisfreien Städten und Gemeinden,
4. sonstigen juristischen Personen des öffentlichen Rechts
die erforderlichen Daten erheben und erhobene Daten weiterverarbeiten.

(2) Das Landesamt für Umwelt, Landwirtschaft und Geologie ist befugt
1. zum Zwecke der Erfüllung der in Absatz 1 genannten Aufgaben sowie der Umweltüberwachung, -dokumentation und -berichterstattung nach § 15 Absatz 2 Satz 2 Nummer 1 des Sächsischen Verwaltungsorganisationsgesetzes vom 25. November 2003 (SächsGVBl. S. 899), das zuletzt durch Artikel 16 des Gesetzes vom 14. Dezember 2018 (SächsGVBl. S. 782) geändert worden ist, im Rahmen des Umweltinformationssystems die Fachinformationssysteme Abfall, Altlasten, schädliche Bodenveränderungen und Geowissenschaften zu errichten und zu betreiben, die dazugehörigen Datenbanken, insbesondere die Kataster der Abfallentsorgungsanlagen und der Altlasten sowie die geowissenschaftliche Probenbank, zu führen und die im Rahmen der Fachinformationssysteme gespeicherten Daten zentral zu verarbeiten,
2. die geowissenschaftliche Landesaufnahme gemäß § 15 durchzuführen und die hierfür erforderlichen Daten zu verarbeiten.

(3) Die zuständigen Behörden und die öffentlich-rechtlichen Entsorgungsträger dürfen personenbezogene Daten an öffentliche Stellen gemäß § 2 Absatz 1 des Sächsischen Datenschutzgesetzes vom 25. August 2003 (SächsGVBl. S. 330), das zuletzt durch Artikel 46 des Gesetzes vom 26. April 2018 (SächsGVBl. S. 198) geändert worden ist, in der jeweils geltenden Fassung, übermitteln, soweit diese Aufgaben des Umweltschutzes, insbesondere solche der Information, der Vorsorge, der Überwachung, der Gefahrenabwehr, der Schadensbeseitigung oder der Forschung, wahrnehmen und die Daten zur Erfüllung dieser Aufgaben erforderlich sind.

(4) Durch Maßnahmen auf Grund dieser Regelung kann im Rahmen des Grundgesetzes für die Bundesrepublik Deutschland und der Verfassung des Freistaates Sachsen in das Recht auf informationelle Selbstbestimmung (Artikel 2 Absatz 1 in Verbindung mit Artikel 1 Absatz 1 des Grundgesetzes für die Bundesrepublik Deutschland, Artikel 33 der Verfassung des Freistaates Sachsen) eingegriffen werden.

§ 19 Abfall- und Bodenschutzbehörden

(1) Allgemeine Abfall- und Bodenschutzbehörden sind

1. das Staatsministerium für Umwelt und Landwirtschaft als oberste Abfall- und Bodenschutzbehörde,
2. die Landesdirektion Sachsen als obere Abfall- und Bodenschutzbehörde,
3. die Landkreise und die Kreisfreien Städte als untere Abfall- und Bodenschutzbehörden.

(2) Das Landesamt für Umwelt, Landwirtschaft und Geologie ist besondere Abfall- und Bodenschutzbehörde, auch als technische Fachbehörde zur fachlichen Beratung und Unterstützung der obersten Abfall- und Bodenschutzbehörde.

§ 20 Zuständigkeit, Aufsicht und Befugnisse

(1) Der Vollzug abfall- und bodenschutzrechtlicher Vorschriften, insbesondere des Kreislaufwirtschaftsgesetzes, des Abfallverbringungsgesetzes, des Umweltrahmengesetzes, des Bundes-Bodenschutzgesetzes, dieses Gesetzes und der auf Grund dieser Gesetze erlassenen Rechtsverordnungen, obliegt den unteren Abfall- und Bodenschutzbehörden, soweit nichts anderes bestimmt ist.

(2) [1]Durch Rechtsverordnung der obersten Abfall- und Bodenschutzbehörde kann die Zuständigkeit für den Vollzug der Aufgaben nach Absatz 1 anderen Behörden übertragen werden. [2]Dabei soll sie Aufgaben nur dann der oberen Abfall- und Bodenschutzbehörde übertragen, wenn sie nicht von den unteren Abfall- und Bodenschutzbehörden zuverlässig und zweckmäßig erfüllt werden können oder wenn die unteren Abfall- und Bodenschutzbehörden oder ein Zweckverband, dem sie angehören, beteiligt sind. [3]Die oberste Abfall- und Bodenschutzbehörde kann unter den Voraussetzungen des Satzes 2 im Einzelfall zur Verhütung einer dringenden Gefahr für die öffentliche Sicherheit und Ordnung eine Aufgabe auf eine andere nachgeordnete Behörde übertragen, wenn eine rechtzeitige oder zweckmäßige Aufgabenerfüllung durch die zuständige Abfall- und Bodenschutzbehörde nicht möglich ist.

(3) [1]Die den Landkreisen und Kreisfreien Städten nach Absatz 1 übertragenen Aufgaben sind Weisungsaufgaben. [2]Das Weisungsrecht ist unbeschränkt. [3]Die Befugnis, sich unterrichten zu lassen, erstreckt sich auf alle Informationen, die zur Erfüllung der Aufgaben der oberen Abfall- und Bodenschutzbehörde erforderlich sind, insbesondere auch zur Erstellung von Fachplanungen, Berichten und Verwaltungsstatistiken.

(4) [1]Die mit dem Vollzug dieses Gesetzes beauftragten Personen sind berechtigt, in Ausübung ihres Amtes Grundstücke und Anlagen zu betreten. [2]Wohnungen dürfen nur zur Abwehr einer gemeinen Gefahr oder einer Lebensgefahr für einzelne Personen oder zur Verhütung dringender Gefahren für die öffentliche Sicherheit und Ordnung betreten werden. [3]Das Grundrecht auf Unverletzlichkeit der Wohnung (Artikel 13 Absatz 1 des Grundgesetzes für die Bundesrepublik Deutschland, Artikel 30 Absatz 1 der Verfassung des Freistaates Sachsen) wird insoweit eingeschränkt.

(5) Die Rechte und Pflichten auf Grund abfall- und bodenschutzrechtlicher Entscheidungen gehen mit der Anlage oder, wenn sie sich auf ein Grundstück beziehen, mit diesem auf den Rechtsnachfolger des Grundstücks über, soweit in der Entscheidung nichts anderes bestimmt ist.

§ 21 Rechtsverordnungen

Die oberste Abfall- und Bodenschutzbehörde wird ermächtigt, durch Rechtsverordnung

1. nähere Anforderungen an Form und Inhalt der von den öffentlich-rechtlichen Entsorgungsträgern zu erstellenden Abfallwirtschaftskonzepte und Abfallbilanzen zu regeln,
2. die Einzelheiten zu Sachverständigen und Untersuchungsstellen nach § 18 des Bundes-Bodenschutzgesetzes zu regeln,
3. die Übertragung von Aufgaben der Überwachung nach Teil 6 des Kreislaufwirtschaftsgesetzes in Verbindung mit den hierzu erlassenen Rechtsverordnungen auf Dritte vorzunehmen,
4. ergänzende Verfahrensregelungen gemäß § 21 Absatz 1 des Bundes-Bodenschutzgesetzes zu erlassen,
5. Anforderungen nach § 21 Absatz 2 des Bundes-Bodenschutzgesetzes zu bestimmen,
6. Maßgaben über den Ausgleich des verbliebenen wirtschaftlichen Nachteils nach § 10 Absatz 2 des Bundes-Bodenschutzgesetzes zu treffen; dabei kann die Rechtsverordnung auch Ausgleichsregelungen auf Grund eines öffentlich-rechtlichen Vertrages nach § 54 des Verwaltungsverfahrensgesetzes in der Fassung der Bekanntmachung vom 23. Januar 2003 (BGBl. I S. 102), das

zuletzt durch Artikel 7 des Gesetzes vom 18. Dezember 2018 (BGBl. I S. 2639) geändert worden ist, in der jeweils geltenden Fassung, vorsehen.

§ 22 Ordnungswidrigkeiten

(1) Ordnungswidrig handelt, wer vorsätzlich oder fahrlässig

1. einer auf Grund von § 2 Absatz 2 erlassenen Satzung oder einer Satzung, die einen Anschluss- oder Benutzungszwang für öffentliche Einrichtungen zur Abfallentsorgung vorsieht, zuwiderhandelt, soweit sie für einen bestimmten Tatbestand auf diese Bußgeldvorschrift verweist,

2. entgegen § 8 Absatz 2 Veränderungen vornimmt,

3. entgegen § 13 Absatz 1 Satz 1 das Betreten von Grundstücken nicht gestattet oder die Durchführung von Untersuchungen oder von sonstigen erforderlichen Maßnahmen nicht duldet,

4. entgegen § 13 Absatz 3 der Anzeigepflicht nicht nachkommt, Auskünfte nicht erteilt oder Unterlagen nicht vorlegt,

5. einer vollziehbaren Anordnung auf Grund von § 16 Absatz 2 nicht rechtzeitig oder nicht vollständig nachkommt,

6. einer auf Grund von § 14 oder § 21 erlassenen Rechtsverordnung zuwiderhandelt, soweit für einen bestimmten Tatbestand auf diese Bußgeldvorschrift oder auf § 17 Absatz 1 Nummer 8 des Sächsischen Abfallwirtschafts- und Bodenschutzgesetzes in der Fassung der Bekanntmachung vom 31. Mai 1999 (SächsGVBl. S. 261), das zuletzt durch Artikel 31 des Gesetzes vom 26. April 2018 (SächsGVBl. S. 198) geändert worden ist, verwiesen wird.

(2) Die Ordnungswidrigkeit kann mit einer Geldbuße bis zu fünfzigtausend Euro geahndet werden.

(3) Verwaltungsbehörde im Sinne von § 36 Absatz 1 Nummer 1 des Gesetzes über Ordnungswidrigkeiten in der Fassung der Bekanntmachung vom 19. Februar 1987 (BGBl. I S. 602), das zuletzt durch Artikel 3 des Gesetzes vom 17. Dezember 2018 (BGBl. I S. 2571) geändert worden ist, in der jeweils geltenden Fassung, ist für die Verfolgung und Ahndung von Ordnungswidrigkeiten nach dem Kreislaufwirtschaftsgesetz, dem Abfallverbringungsgesetz, dem Bundes-Bodenschutzgesetz und diesem Gesetz sowie nach den Rechtsverordnungen auf Grund dieser Gesetze die Behörde, die für den Vollzug der verletzten Vorschrift zuständig ist.

Ausführungsgesetz zum Bundes-Immissionsschutzgesetz und zum Benzinbleigesetz
(AGImSchG)

Vom 4. Juli 1994 (SächsGVBl. S. 1281)
(BS Sachsen 661-2)
zuletzt geändert durch Art. 1 1. G zur Änd. des Ausführungsgesetzes zum BImSchG und zum
BenzinbleiG vom 11. Mai 2018 (SächsGVBl. S. 286)

Der Sächsische Landtag hat am 26. Mai 1994 das folgende Gesetz beschlossen:

§ 1 Immissionsschutzbehörden
Immissionsschutzbehörden sind
1. das Staatsministerium für Umwelt und Landwirtschaft als oberste Immissionsschutzbehörde,
2. die Landesdirektion Sachsen als obere Immissionsschutzbehörde,
3. die Landkreise und Kreisfreien Städte als untere Immissionsschutzbehörden,
4. das Sächsische Oberbergamt in Angelegenheiten, die der Bergaufsicht unterliegen,
5. das Landesamt für Umwelt, Landwirtschaft und Geologie als besondere Immissionsschutzbehörde.

§ 2 Sachliche Zuständigkeit
(1) [1]Den unteren Immissionsschutzbehörden obliegt die Ausführung des Bundes-Immissionsschutzgesetzes in der Fassung der Bekanntmachung vom 17. Mai 2013 (BGBl. I S. 1274), das zuletzt durch Artikel 3 des Gesetzes vom 18. Juli 2017 (BGBl. I S. 2771) geändert worden ist, in der jeweils geltenden Fassung, und des Benzinbleigesetzes vom 5. August 1971 (BGBl. I S. 1234), das zuletzt durch Artikel 73 der Verordnung vom 31. August 2015 (BGBl. I S. 1474) geändert worden ist, in der jeweils geltenden Fassung, sowie der aufgrund dieser Gesetze ergangenen Verordnungen, soweit nichts anderes bestimmt ist. [2]Die Zuständigkeit der Gemeinden nach § 47e Absatz 1 des Bundes-Immissionsschutzgesetzes bleibt unberührt. [3]In Angelegenheiten, die der Bergaufsicht unterliegen, nimmt das Sächsische Oberbergamt die Aufgaben der oberen und unteren Immissionsschutzbehörde wahr. [4]Ändert sich im Laufe des Verwaltungsverfahrens die Zuständigkeit, kann die bisher zuständige Behörde im Benehmen mit der nunmehr zuständigen Behörde unter Wahrung der Interessen der Beteiligten das Verfahren zu Ende führen, wenn dies der einfachen und zweckmäßigen Verfahrensführung dient.

(2) [1]Das Staatsministerium für Umwelt und Landwirtschaft kann durch Rechtsverordnung die Zuständigkeiten für den Vollzug der Aufgaben abweichend von Absatz 1 Satz 1 und 3 bestimmen. [2]Dabei soll es Aufgaben nur dann auf sich selbst, die Landesdirektion Sachsen oder das Landesamt für Umwelt, Landwirtschaft und Geologie übertragen, wenn sie nicht von den Landkreisen und Kreisfreien Städten sowie vom Sächsischen Oberbergamt zuverlässig und zweckmäßig erfüllt werden können, insbesondere wenn die Aufgaben von landesweiter oder überregionaler Bedeutung sind.

(3) [1]Abweichend von Absatz 1 Satz 1 und Absatz 2 kann das Staatsministerium für Umwelt und Landwirtschaft die Zuständigkeit für einzelne Aufgaben durch gesonderte Entscheidung bestimmen. [2]Aufgaben im Sinne von Satz 1 sind solche,
1. die sich aus Änderungen immissionsschutzrechtlicher Vorschriften oder aus Neuregelungen ergeben oder
2. die in Betriebsstätten wahrzunehmen sind, die anteilig unter Bergaufsicht stehen.
[3]Eine Entscheidung nach Satz 1 kommt insbesondere in Betracht, wenn sie die Verwaltungsleistung verbessert, vereinfacht, wirtschaftlicher oder bürgernäher gestaltet. [4]Im Falle des Satzes 2 Nummer 1 können die Aufgaben der obersten oder oberen Immissionsschutzbehörde oder dem Landesamt für Umwelt, Landwirtschaft und Geologie übertragen werden; diese Übertragung gilt bis zu einer Regelung der Zuständigkeit durch Rechtsverordnung, längstens jedoch für einen Zeitraum von neun Monaten. [5]Im Falle des Satzes 2 Nummer 2 kann bestimmt werden, dass die Aufgaben dem Sächsischen Oberbergamt für die gesamte Betriebsstätte obliegen.

(4) Soweit durch Rechtsverordnung des Staatsministeriums für Umwelt und Landwirtschaft Zuständigkeiten des Sächsischen Oberbergamtes berührt sind, ist diese im Einvernehmen mit dem Staatsministerium für Wirtschaft, Arbeit und Verkehr zu erlassen.

(5) [1]Die den Landkreisen und Kreisfreien Städten übertragenen Aufgaben sind Weisungsaufgaben. [2]Das Weisungsrecht ist unbeschränkt. [3]Die Befugnis, sich unterrichten zu lassen, erstreckt sich auf alle Informationen, die zur Erfüllung der Aufgaben der Fachaufsichtsbehörde erforderlich sind, insbesondere auch zur Erstellung von Fachplanungen, Berichten und Verwaltungsstatistiken.

§ 3 Verwaltungsvorschriften
[1]Das Staatsministerium für Umwelt und Landwirtschaft erläßt die zur Ausführung des Bundes-Immissionsschutzgesetzes, des Benzinbleigesetzes und der aufgrund dieser Gesetze ergangenen Verordnungen erforderlichen Verwaltungsvorschriften. [2]Soweit hierdurch in Angelegenheiten, die der Bergaufsicht unterliegen, Verfahrensfragen berührt sind, sind die Verwaltungsvorschriften im Einvernehmen mit dem Staatsministerium für Wirtschaft, Arbeit und Verkehr zu erlassen.

§ 4 Anwendung des Bundes-Immissionsschutzgesetzes und der Störfall-Verordnung auf nicht gewerbliche Betriebsbereiche
(1) Für eine Anlage, die Betriebsbereich oder Bestandteil eines Betriebsbereichs nach § 3 Absatz 5a des Bundes-Immissionsschutzgesetzes ist, die nicht gewerblichen Zwecken dient und die nicht im Rahmen wirtschaftlicher Unternehmungen Verwendung findet, gelten
1. § 15 Absatz 2a, §§ 16a, 17 Absatz 1 und 4 Satz 2, § 19 Absatz 4, § 20 Absatz 1a, §§ 23a bis 25a, 29a, 30, 31 Absatz 2a, § 52 Absatz 1 Satz 1 bis 4, Absatz 2, 4 Satz 1 und 3, Absatz 5 bis 7 sowie § 62 Absatz 1 Nummer 2, 4a bis 7, Absatz 2 Nummer 1b und 4 sowie Absatz 3 des Bundes-Immissionsschutzgesetzes und
2. die Vorschriften der Störfall-Verordnung in der Fassung der Bekanntmachung vom 15. März 2017 (BGBl. I S. 483), die zuletzt durch Artikel 1a der Verordnung vom 8. Dezember 2017 (BGBl. I S. 3882) geändert worden ist, in der jeweils geltenden Fassung,
entsprechend.
(2) [1]Zuständig für die Wahrnehmung von Aufgaben nach Absatz 1 sind die nach den Vorschriften dieses Gesetzes sowie der auf dessen Grundlage erlassenen Verordnungen zuständigen Behörden. [2]Die Zuständigkeitsregelungen zu den in Absatz 1 für anwendbar erklärten Vorschriften gelten entsprechend.

§ 5 Inkrafttreten
Dieses Gesetz tritt am Tage nach seiner Verkündung[1] in Kraft.

---

1) Verkündet am 28.7.1994.

Sächsisches Wassergesetz (SächsWG)[1)2)]

Vom 12. Juli 2013 (SächsGVBl. S. 503)

zuletzt geändert durch Art. 2 ÄndG vom 8. Juli 2016 (SächsGVBl. S. 287)

Inhaltsübersicht

---

1) Zur Fortgeltung der §§ 52 Abs. 2 bis 4, der §§ 53, 55 und 135 Abs. 1 Nr. 10 bis 12 in Verbindung mit § 1 Abs. 1 des SächsWG v. 18.10.2004 (SächsGVBl. S. 482) siehe Art. 16 Abs. 1 und 2 Gesetz zur Änderung wasserrechtlicher Vorschriften.

2) Das Gesetz weicht in einzelnen Punkten vom Wasserhaushaltsgesetz ab; vgl. Hinweis v. 19.2.2014 (BGBl. I S. 112).

Teil 1
Allgemeine Bestimmungen

§ 1 Anwendungs- und Geltungsbereich (zu § 2 WHG)

(1) Dieses Gesetz gilt für die in § 2 Abs. 1 des Gesetzes zur Ordnung des Wasserhaushalts (Wasserhaushaltsgesetz –WHG) vom 31. Juli 2009 (BGBl. I S. 2585), das zuletzt durch Artikel 2 des Gesetzes vom 8. April 2013 (BGBl. I S. 734, 741) geändert worden ist, in der jeweils geltenden Fassung, bezeichneten Gewässer und für das nicht aus Quellen wild abfließende Wasser.

(2) [1]Die für Gewässer geltenden Bestimmungen des Wasserhaushaltsgesetzes und dieses Gesetzes sind nicht anzuwenden auf

1. Gräben, die ausschließlich ein Grundstück eines einzigen Eigentümers bewässern oder entwässern,

2. Straßenseitengräben und Entwässerungsanlagen als Bestandteile von Straßen sowie Entwässerungsanlagen von sonstigen Verkehrsbauwerken,

3. Grundstücke, die zur Fischzucht oder Fischhaltung oder zu anderen nicht wasserwirtschaftlichen Zwecken mit Wasser bespannt werden und mit einem Gewässer nicht oder nur künstlich verbunden sind, und

4. kleine Fließgewässer bis zu einer Länge von 500 m von der Quelle bis zur Mündung.

[2]Das gilt nur für Gewässer von wasserwirtschaftlich untergeordneter Bedeutung. [3]Die §§ 89 und 90 WHG bleiben unberührt.

(3) Die Vorschriften dieses Gesetzes gelten in Ergänzung oder Abweichung des Wasserhaushaltsgesetzes in der jeweils maßgebenden Fassung.

§ 2 Begriffsbestimmungen (zu § 3 WHG)

(1) [1]Fließende Gewässer sind natürliche Gewässer, wenn sie in natürlichen Betten fließen. [2]Sie sind künstliche Gewässer, wenn sie in künstlichen Betten fließen. [3]Ein natürliches Gewässer verliert diese Eigenschaft nicht durch eine künstliche Veränderung.

(2) Wild abfließendes Wasser ist das auf einem Grundstück entspringende oder sich natürlich sammelnde Wasser, das außerhalb eines Bettes dem natürlichen Gefälle folgend abfließt.

(3) [1]Stehende Gewässer sind oberirdische Wasseransammlungen, in denen sich das Wasser, das oberirdisch oder unterirdisch zufließt, angesammelt hat und keine Fließbewegung erkennen lässt. [2]Zu den stehenden Gewässern gehören auch Tagebaurestgewässer.

(4) Quelle ist der natürliche, an einer bestimmten, örtlich begrenzten Stelle nicht nur vorübergehend erfolgende Austritt von Grundwasser.

§ 3 Gewässereigentum, Eigentumsgrenzen und Duldungspflichten (zu § 4 WHG)

(1) Eigentum an oberirdischen Gewässern, das bei Inkrafttreten dieses Gesetzes bestand, bleibt aufrechterhalten.

(2) [1]Das Eigentum an einem oberirdischen Gewässer beschränkt sich auf das Gewässerbett. [2]Das Gewässerbett wird zum Ufer durch die Uferlinie im Sinne von § 23 abgegrenzt. [3]Absperrbauwerke von Anlagen im Sinne des § 67 Abs. 1 gehören zum Gewässerbett.

(3) [1]Die Eigentumsgrenzen an einem oberirdischen Gewässer bestimmen sich nach dem Liegenschaftskataster. [2]Veränderungen des oberirdischen Gewässers haben keine Auswirkungen auf das Eigentum.

(4) [1]Für die erstmalige Feststellung der Eigentumsgrenzen im Verlauf eines oberirdischen Gewässers oder seiner Ufer, für das bisher kein selbstständiges Grundstück gebildet wurde, sind die tatsächlichen Verhältnisse am 26. Juni 1998 maßgeblich. [2]Die Eigentumsgrenzen am Gewässerbett bestimmen sich wie folgt:

1. für gegenüberliegende Grundstücke durch eine Linie, die in der Mitte des oberirdischen Gewässers bei Mittelwasserstand verläuft,
2. für nebeneinanderliegende Grundstücke durch eine vom Schnittpunkt ihrer Grenze mit der Uferlinie senkrecht auf die vorbezeichnete Mittellinie zu ziehende Linie,
3. für auf der anderen Seite des oberirdischen Gewässers sich fortsetzende Grundstücke eines Eigentümers durch die Verbindungslinie der beiderseitigen Grundstücksgrenzen,
4. für Gewässergrundstücke durch die Uferlinie.

[3]Lassen sich die tatsächlichen Eigentumsverhältnisse am 26. Juni 1998 nicht feststellen, so sind die Regelungen des § 16 Abs. 4 des Gesetzes über das amtliche Vermessungswesen und das Liegenschaftskataster im Freistaat Sachsen (Sächsisches Vermessungs- und Katastergesetz – SächsVermKatG) vom 29. Januar 2008 (SächsGVBl. S. 138, 148), das durch Artikel 2 des Gesetzes vom 19. Mai 2010 (SächsGVBl. S. 134, 140) geändert worden ist, in der jeweils geltenden Fassung, entsprechend anzuwenden. [4]§ 124 bleibt unberührt.

(5) [1]Die Feststellung nach Absatz 4 erfolgt von Amts wegen oder auf Antrag des Eigentümers eines Ufergrundstücks. [2]Im Übrigen sind für das Verfahren und die Zuständigkeit die Regelungen des Sächsischen Vermessungs- und Katastergesetzes über die Grenzbestimmung entsprechend anzuwenden.

(6) Die Duldung gemäß § 4 Abs. 4 Satz 1 WHG erfolgt unentgeltlich.

(7) Es ist der freie Zugang zu oberirdischen Gewässern sowie Quellen zur Erholung zu ermöglichen, soweit nicht durch das Wasserhaushaltsgesetz, durch dieses Gesetz oder aufgrund dieser Gesetze Beschränkungen des Zuganges geregelt sind.

(8) Über die Benutzungen der oberirdischen Gewässer durch den Eigentümer oder den Nutzungsberechtigten entscheidet im Streitfall die zuständige Wasserbehörde.

Teil 2
Bewirtschaftung von Gewässern

Abschnitt 1
Gemeinsame Bestimmungen

§ 4 Bewirtschaftung der Gewässer nach Flussgebietseinheiten (zu § 7 WHG)
[1]Für die Bewirtschaftung der Gewässer nach Flussgebietseinheiten nach § 7 WHG werden
1. der Flussgebietseinheit Elbe die im Einzugsgebiet der Elbe liegenden oberirdischen Gewässer im Freistaat Sachsen sowie das Grundwasser zugeordnet und
2. der Flussgebietseinheit Oder die im Einzugsgebiet der Oder liegenden oberirdischen Gewässer im Freistaat Sachsen sowie das Grundwasser zugeordnet.
[2]Die im Freistaat Sachsen liegenden Teile der Flussgebietseinheiten sind in der Anlage 1 in Kartenform dargestellt.

§ 5 Benutzungen und Nutzungen (zu den §§ 8 und 9 WHG)
(1) Die Bestimmungen des Wasserhaushaltsgesetzes und dieses Gesetzes über die Benutzungen der Gewässer gelten auch für
1. das Errichten und Betreiben von Häfen, Lade- und Löschplätzen und
2. das Errichten und Betreiben von Fähren.
(2) Für Gewässerbenutzungen, die zu Industrieanlagen im Sinne von § 1 Abs. 3 der Verordnung zur Regelung des Verfahrens bei Zulassung und Überwachung industrieller Abwasserbehandlungsanlagen und Gewässerbenutzungen (Industriekläranlagen-Zulassungs- und Überwachungsverordnung – IZÜV) vom 2. Mai 2013 (BGBl. I S. 937, 1011), in der jeweils geltenden Fassung, gehören, gelten zusätzlich die Regelungen der Industriekläranlagen-Zulassungs- und Überwachungsverordnung.
(3) [1]Nutzungen, die keine Benutzungen nach § 9 Abs. 1 und 2 WHG sind und für die nach dem Wasserhaushaltsgesetz oder diesem Gesetz keine Zulassungsfreiheit vorgesehen ist, bedürfen einer Gestattung durch die zuständige Wasserbehörde. [2]Für die Erteilung der Gestattung gilt § 26 Abs. 2 bis 6 entsprechend. [3]Die Sätze 1 und 2 gelten auch für die wesentliche Änderung einer Nutzung.

§ 6 Erlaubnis und Bewilligung (zu den §§ 11, 14 und 15 WHG)
(1) [1]Abweichend von § 14 WHG darf eine Bewilligung nur erteilt werden, wenn die Gewässerbenutzung eine Benutzung im Sinne des § 9 Abs. 1 Nr. 3 oder Abs. 2 Nr 1 WHG ist und im Übrigen die Voraussetzungen des § 14 WHG vorliegen. [2]Abweichend von § 15 WHG darf eine gehobene Erlaubnis nur erteilt werden, wenn die Gewässerbenutzung eine Benutzung im Sinne des § 9 Abs. 1 Nr. 3 und 4 oder Abs. 2 Nr. 1 WHG ist und im Übrigen die Voraussetzungen des § 15 WHG vorliegen.
(2) [1]Für das Verfahren zur Erteilung einer gehobenen Erlaubnis oder Bewilligung sind der § 63 Abs. 1 und die §§ 65, 66, 69, 70 und 71a bis 71e des Verwaltungsverfahrensgesetzes (VwVfG) in der Fassung der Bekanntmachung vom 23. Januar 2003 (BGBl. I S. 102), das zuletzt durch Artikel 1 des Gesetzes vom 31. Mai 2013 (BGBl. I S. 1388) geändert worden ist, in der jeweils geltenden Fassung, über das förmliche Verwaltungsverfahren anzuwenden; § 73 VwVfG gilt entsprechend mit der Maßgabe, dass an die Stelle der Anhörungsbehörde und Planfeststellungsbehörde die zuständige Wasserbehörde tritt. [2]§ 73 Abs. 5 VwVfG gilt mit der Maßgabe, dass in der Bekanntmachung zusätzlich darauf hinzuweisen ist, dass
1. nach Ablauf der für Einwendungen bestimmten Frist wegen nachteiliger Wirkungen der gestatteten Benutzung Inhalts- und Nebenbestimmungen nur verlangt werden können, wenn der Betroffene die nachteiligen Wirkungen während des Verfahrens nicht voraussehen konnte,
2. nach Ablauf der für Einwendungen bestimmten Frist eingehende Anträge auf Erteilung einer gehobenen Erlaubnis oder Bewilligung in demselben Verfahren nicht berücksichtigt werden und
3. wegen nachteiliger Wirkungen einer gestatteten Benutzung gegen den Inhaber der gehobenen Erlaubnis oder Bewilligung nur privatrechtliche Ansprüche aus Verträgen oder letztwilligen Verfügungen und Ansprüche aus dinglichen Rechten am Grundstück, auf dem die Gewässerbenutzung stattfindet, geltend gemacht werden können.
(3) Absatz 2 gilt entsprechend für die Erteilung einer Erlaubnis, wenn
1. die Benutzung mit einem Vorhaben verbunden ist, für das nach dem Gesetz über die Umweltverträglichkeitsprüfung (UVPG) in der Fassung der Bekanntmachung vom 24. Februar 2010

(BGBl. I S. 94), zuletzt geändert durch Artikel 6 des Gesetzes vom 8. April 2013 (BGBl. I S. 734, 745), oder dem Gesetz über die Umweltverträglichkeitsprüfung im Freistaat Sachsen (SächsUVPG) in der Fassung der Bekanntmachung vom 9. Juli 2007 (SächsGVBl. S. 349), zuletzt geändert durch Artikel 2 Abs. 6 des Gesetzes vom 19. Mai 2010 (SächsGVBl. S. 142, 143), in den jeweils geltenden Fassungen, eine Umweltverträglichkeitsprüfung durchzuführen ist, oder

2. die zuständige Wasserbehörde ein förmliches Verfahren für geboten hält, weil das Vorhaben wasserwirtschaftlich bedeutsam ist und Einwendungen zu erwarten sind.

(4) Die zuständige Wasserbehörde hat die erteilten Erlaubnisse und Bewilligungen nach Maßgabe der Maßnahmenprogramme regelmäßig zu überprüfen und erforderlichenfalls innerhalb angemessener Fristen anzupassen.

§ 7 Anpassungspflichten (zu § 34 Abs. 2, § 35 Abs. 2, § 57 Abs. 5, § 58 Abs. 3 und § 60 Abs. 2 WHG)

[1]Vorhandene Gewässerbenutzungen und Anlagen, die den Anforderungen dieses Gesetzes, des Wasserhaushaltsgesetzes oder aufgrund dieser Gesetze erlassener Verordnungen nicht entsprechen, sind durch den Gewässerbenutzer oder Eigentümer der Anlage innerhalb von sechs Jahren anzupassen oder außer Betrieb zu nehmen, wenn das Wasserhaushaltsgesetz, dieses Gesetz oder aufgrund dieser Gesetze erlassene Verordnungen konkrete Anforderungen enthalten, und im Übrigen innerhalb angemessener Fristen, soweit nicht durch Rechtsvorschrift oder Verwaltungsakt etwas anderes bestimmt ist. [2]Die zuständige Wasserbehörde kann entsprechende Anordnungen treffen und Fristen bestimmen. [3]Die oberste Wasserbehörde kann durch Rechtsverordnung Fristen bestimmen, innerhalb derer die Anpassungsmaßnahmen zur Gewährleistung der Mindestanforderungen nach § 57 Abs. 1 WHG und § 55 Abs. 1 abgeschlossen sein müssen.

§ 8 Rechte- und Pflichtenübergang (zu § 8 Abs. 4 WHG)

(1) Die Rechte und Pflichten aufgrund wasserrechtlicher Entscheidungen gehen mit der wasserwirtschaftlichen Anlage oder, wenn sie sich auf ein Grundstück beziehen, mit diesem auf den Rechtsnachfolger über, soweit bei der Entscheidung nichts anderes bestimmt ist.

(2) Geht die Erlaubnis oder Bewilligung für die Gewässerbenutzung mit den Wasserbenutzungsanlagen oder dem Grundstück auf einen Rechtsnachfolger über, hat dieser den Übergang der zuständigen Wasserbehörde innerhalb von drei Monaten anzuzeigen, soweit bei der Erteilung nichts anderes bestimmt wurde.

§ 9 Zusammentreffen mehrerer Erlaubnis- und Bewilligungsanträge (zu den § 8 und 12 WHG)

[1]Treffen Anträge auf Erteilung einer Erlaubnis oder einer Bewilligung für Benutzungen zusammen, die sich auch dann nicht nebeneinander ausüben lassen, wenn den Anträgen nur teilweise oder unter Bedingungen oder Auflagen stattgegeben wird, so hat das Vorhaben den Vorrang, das den größten Nutzen für das Wohl der Allgemeinheit erwarten lässt. [2]Stehen hiernach mehrere Vorhaben einander gleich, so hat die schon vorhandene Benutzung den Vorrang; im Übrigen sind die stärkere Gebundenheit einer Benutzung an einen bestimmten Ort, die geringere Belästigung anderer sowie die größere Sicherheit, welche die persönlichen und wirtschaftlichen Verhältnisse des Antragstellers für die Ausführung und den Fortbestand der Benutzung bieten, maßgebend.

§ 10 Erlöschen der wasserrechtlichen Erlaubnis für Einleitungen aus Kleinkläranlagen (zu § 57 WHG)

[1]Eine wasserrechtliche Erlaubnis für Einleitungen aus einer Kleinkläranlage im Sinne des § 52 Abs. 1, die nicht den Anforderungen nach Anhang 1 Teil C Absatz 1 der Verordnung über Anforderungen an das Einleiten von Abwasser in Gewässer (Abwasserverordnung – AbwV) in der Fassung der Bekanntmachung vom 17. Juni 2004 (BGBl. I S. 1108), die zuletzt durch Artikel 5 Abs. 8 des Gesetzes vom 24. Februar 2012 (BGBl. I S. 212, 249) geändert worden ist, entspricht, erlischt mit Ablauf des 31. Dezember 2015. [2]Befristete Erlaubnisse nach § 2 Abs. 2 der Verordnung des Sächsischen Staatsministeriums für Umwelt und Landwirtschaft zu den Anforderungen an Kleinkläranlagen und abflusslose Gruben, über deren Eigenkontrolle und Wartung sowie deren Überwachung (Kleinkläranlagenverordnung) vom 19. Juni 2007 (SächsGVBl. S. 281), die durch Artikel 7 des Gesetzes vom 12. Juli 2013 (SächsGVBl. S. 503, 554) geändert worden ist, in der jeweils geltenden Fassung, bleiben unberührt.

§ 11 Verzicht (zu § 8 WHG)
¹Auf eine Erlaubnis, eine Bewilligung, eine Gestattung nach § 5 Abs. 3, ein altes Recht oder eine alte Befugnis kann der Nutzungsberechtigte schriftlich oder zur Niederschrift bei der zuständigen Wasserbehörde verzichten. ²Mit Zugang des Verzichts bei der zuständigen Wasserbehörde erlöschen die Erlaubnis, die Bewilligung, das alte Recht oder die alte Befugnis.

§ 12 Maßnahmen beim Erlöschen einer Erlaubnis oder einer Bewilligung (zu § 8 WHG)
(1) Ist eine Erlaubnis oder eine Bewilligung ganz oder teilweise erloschen und ist eine erneute Erteilung nicht möglich, kann die zuständige Wasserbehörde aus Gründen des Allgemeinwohls den bisherigen Rechtsinhaber verpflichten,
1. die Anlagen für die Benutzung des Gewässers ganz oder teilweise
   a) bestehen zu lassen oder
   b) auf seine Kosten zu beseitigen und den früheren Zustand im Rahmen der wasserwirtschaftlichen Ordnung wiederherzustellen oder
2. auf seine Kosten andere Vorkehrungen zu treffen, die geeignet sind, nachteiligen Folgen des Erlöschens der Erlaubnis oder Bewilligung vorzubeugen.
(2) Anstelle einer Anordnung nach Absatz 1 kann die zuständige Wasserbehörde die Anlage ganz oder teilweise zugunsten einer Körperschaft des öffentlichen Rechts enteignen.
(3) In den Fällen des Absatzes 1 Nr. 1 Buchst. a gilt § 27 entsprechend.

§ 13 Vorübergehende Beschränkungen von Benutzungen
¹Bei höherer Gewalt oder bei Störfällen, die zur Beeinträchtigung der Gewässer und ihrer Benutzungen führen können, kann die zuständige Wasserbehörde im Interesse des Wohls der Allgemeinheit Benutzungen vorübergehend beschränken oder untersagen oder Benutzungsbedingungen vorübergehend ändern. ²Entschädigungsansprüche sind ausgeschlossen.

§ 14 Alte wasserrechtliche Entscheidungen (zu den §§ 20 und 21 WHG)
(1) § 20 Abs. 1 Satz 2 WHG gilt mit der Maßgabe, dass am 1. Juli 1990 rechtmäßige und funktionsfähige Anlagen vorhanden waren.
(2) Die Vorschriften über Erlaubnisse und Bewilligungen gelten entsprechend für alte Rechte und alte Befugnisse im Sinne von § 20 WHG, soweit diese nicht nach § 16 Abs. 2 Satz 2 und 3 des Gesetzes zur Ordnung des Wasserhaushalts (Wasserhaushaltsgesetz – WHG) in der Fassung der Bekanntmachung vom 19. August 2002 (BGBl. I S. 3245), das zuletzt durch Artikel 8 des Gesetzes vom 22. Dezember 2008 (BGBl. I S. 2986, 2999) geändert worden ist, erloschen sind.
(3) ¹Wasserrechtliche Entscheidungen, die nach dem Wassergesetz (WG) vom 2. Juli 1982 (GBl. DDR I S. 467) und den dazu erlassenen Durchführungsverordnungen und Durchführungsbestimmungen getroffen wurden oder aufgrund der genannten Regelung fortbestehen, behalten ihre Gültigkeit. ²Für Anlagen, die nach § 24 Abs. 1 des Wassergesetzes vom 12. März 1909 (GVBl. für das Königreich Sachsen vom 1. April 1909, S. 32) nicht erlaubnispflichtig waren und die damit verbundenen Gewässerbenutzungen, bedarf es keiner erneuten Erlaubnis oder Bewilligung. ³§ 10 bleibt unberührt.

§ 15 Umsetzung durch Rechtsverordnung (zu § 23 WHG)
¹Die oberste Wasserbehörde wird ermächtigt, im Umfang der Ermächtigungen der Bundesregierung zum Erlass von Rechtsverordnungen gemäß § 23 WHG, auch in Verbindung mit § 48 Abs. 1 Satz 2 und Abs. 2 Satz 3 sowie § 57 Abs. 2, § 58 Abs. 1 Satz 2, § 61 Abs. 3, § 62 Abs. 4 und § 63 Abs. 2 Satz 2 WHG Rechtsverordnungen zu erlassen. ²Anstelle der Anhörung beteiligter Kreise im Sinne des § 23 Abs. 2 WHG ist eine auf den Freistaat Sachsen beschränkte Anhörung vor Verordnungserlass durchzuführen. ³Beteiligte Kreise in diesem Sinne sind ein jeweils auszuwählender Kreis von Vertretern der Wissenschaft, der beteiligten Wirtschaft, der kommunalen Spitzenverbände, der Umweltvereinigungen und der sonstigen Betroffenen.

Abschnitt 2
Bewirtschaftung oberirdischer Gewässer

§ 16 Gemeingebrauch (zu § 25 WHG)
(1) ¹Der Gemeingebrauch nach § 25 Satz 1 WHG an natürlichen Gewässern erstreckt sich auf das Baden, Tränken, Schöpfen mit Handgefäßen, den Eissport und das Befahren mit kleinen Wasserfahr-

zeugen ohne maschinellen Antrieb sowie das Einleiten von nicht verunreinigtem Quell- und Grundwasser, soweit dies wasserwirtschaftlich unbedenklich ist, insbesondere eine Beeinträchtigung des Gewässers und seiner Ufer sowie der Tier- und Pflanzenwelt nicht zu erwarten ist. [2]Der Gemeingebrauch nach § 25 Satz 1 WHG erstreckt sich auch auf das schadlose Einleiten von Niederschlagswasser, das nicht aus gemeinsamen Anlagen eingeleitet oder von gewerblich genutzten Flächen abgeleitet wird, sowie nach Maßgabe des Fischereigesetzes für den Freistaat Sachsen (Sächsisches Fischereigesetz – SächsFischG) vom 9. Juli 2007 (SächsGVBl. S. 310), zuletzt geändert durch Gesetz vom 29. April 2012 (SächsGVBl. S. 254), in der jeweils geltenden Fassung, auf das Einbringen von Stoffen wie Fischereigeräten und Fischnahrung in oberirdische Gewässer zu Zwecken der Fischerei, der Fischzucht und der Fischhaltung, soweit dadurch keine signifikanten nachteiligen Auswirkungen auf den Gewässerzustand und seine Nutzungsmöglichkeiten zu erwarten sind und der Wasserabfluss nicht nachteilig beeinflusst wird.

(2) Absatz 1 gilt nicht für Gewässer, die in Hofräumen, Betriebsgrundstücken, Gärten und Parkanlagen liegen, sowie für Gewässer- und Gewässerteile, die aufgrund eines besonderen Rechts angelegt worden sind.

(3) Die zuständige Wasserbehörde kann an künstlichen Gewässern den Gemeingebrauch zulassen, soweit nicht Rechte Dritter entgegenstehen.

(4) [1]Die zuständige Wasserbehörde kann den Gemeingebrauch nach den Absätzen 1 und 3 in seinem Umfang regeln und im Einzelfall ganz ausschließen und ihn zum Wohl der Allgemeinheit, insbesondere zur Wasserversorgung, zum Hochwasserschutz, der Sicherstellung der Erholung, des Schutzes der Natur, der Erreichung der Bewirtschaftungsziele oder der Abwehr von Gefahren für die öffentliche Sicherheit und Ordnung einschränken oder untersagen. [2]Sie kann die Zulassung des Gemeingebrauchs von der Herstellung, Unterhaltung und Überwachung erforderlicher Einrichtungen und Anlagen abhängig machen.

§ 17 Schifffahrt

(1) Schiffbare Gewässer dürfen im Rahmen des Schifffahrtsrechts von jedermann mit Wasserfahrzeugen befahren werden.

(2) [1]Schiffbar sind außer den Binnenwasserstraßen des Bundes, die dem allgemeinen Verkehr dienen, die in der Anlage 2 Nr. 1 bezeichneten Gewässer. [2]Ein Gewässer nach der Anlage 2 Nr. 2 ist schiffbar, sobald die zuständige Wasserbehörde festgestellt hat, dass das Gewässer für die Nutzung fertiggestellt ist; dabei ist anzuordnen, ob und welche Gewässerteile dauerhaft von der Nutzung mit Wasserfahrzeugen ausgeschlossen sind, im Übrigen können von der Anlage 2 Nr. 2 Spalte 4 im Einzelfall abweichende Regelungen getroffen werden. [3]Die zuständige Wasserbehörde kann im Einvernehmen mit dem Staatsministerium des Innern und dem Staatsministerium für Wirtschaft, Arbeit und Verkehr weitere Gewässer für schiffbar erklären oder die Schiffbarkeit auf bestimmte Wasserfahrzeuge beschränken. [4]Entscheidungen nach den Sätzen 2 und 3 sind öffentlich bekannt zu machen.

(3) Das Staatsministerium für Wirtschaft, Arbeit und Verkehr kann im Einvernehmen mit der obersten Wasserbehörde und dem Staatsministerium des Innern

1. das Befahren der Gewässer, die nicht Bundeswasserstraßen sind, mit Wasserfahrzeugen,
2. die Benutzung von Häfen, Landestellen, Lade- und Löschplätzen sowie das Verhalten in diesen Bereichen

durch Rechtsverordnung regeln oder beschränken, soweit das Wohl der Allgemeinheit, die Verhütung von Gefahren für Leben, Gesundheit und Eigentum, die Sicherheit und Leichtigkeit des Verkehrs, die Ordnung des Wasserhaushalts, der Schutz der Natur, der Schutz der Fischerei und die Sicherstellung der Erholung es erfordern.

(4) [1]Das Staatsministerium für Wirtschaft, Arbeit und Verkehr wird ermächtigt, durch Rechtsverordnung Aufgaben der Hafenbehörde, die sich aus einer Verordnung nach Absatz 3 Nr. 2 ergeben, einer juristischen Person des Privatrechts zu übertragen. [2]Die Übertragung kann auch durch Verwaltungsakt der zuständigen Behörde erfolgen. [3]Die juristische Person untersteht der Aufsicht der zuständigen Behörde.

§ 18 Besondere Pflichten im Interesse der Schifffahrt

(1) [1]An schiffbaren Gewässern haben Anlieger das Landen und Befestigen von Wasserfahrzeugen zu dulden, jedoch nicht auf den Strecken, die die zuständige Wasserbehörde ausgenommen hat. [2]An pri-

vaten Ein- und Ausladestellen besteht diese Verpflichtung nur in Notfällen. [3]Die Anlieger haben in Notfällen auch das zeitweilige Aussetzen der Ladung eines Wasserfahrzeuges zu dulden. [4]Die besonderen Pflichten der Anlieger und Hinterlieger an Bundeswasserstraßen nach § 11 des Bundeswasserstraßengesetzes (WaStrG) in der Fassung der Bekanntmachung vom 23. Mai 2007 (BGBl. I S. 962, 2008 I S. 1980), das zuletzt durch Artikel 11 des Gesetzes vom 31. Mai 2013 (BGBl. I S. 1388, 1392) geändert worden ist, in der jeweils geltenden Fassung, bleiben unberührt.

(2) [1]Die Eigentümer und sonstigen Nutzungsberechtigten von Grundstücken und Anlagen an schiffbaren Gewässern haben das Setzen und Betreiben von Schifffahrtszeichen sowie das dafür erforderliche Betreten ihrer Grundstücke oder Anlagen zu dulden. [2]Sie können eine Entschädigung verlangen, wenn ihnen durch eine Maßnahme nach Satz 1 ein unmittelbarer Vermögensschaden entsteht.

(3) Die Eigentümer und Nutzer von Wasserfahrzeugen, schwimmenden Anlagen und schwimmendem Gerät haben nach Maßgabe von aufgrund § 17 Abs. 3 erlassenen Rechtsverordnungen das Betreten der Fahrzeuge und Anlagen durch Bedienstete der Schifffahrts- oder Hafenbehörde, deren Beauftragte, des Polizeivollzugsdienstes und der Wasserschutzpolizei zu dulden.

§ 19 Stauanlagen und Staumarken

(1) Jede Stauanlage mit festgesetzten Stauhöhen muss mit mindestens einer Staumarke versehen werden, an der die einzuhaltende Stauhöhe deutlich angegeben ist.

(2) [1]Die Höhenpunkte sind durch Bezugnahme auf die Höhenfeststellung der Grundlagenvermessung zu sichern. [2]Die Staumarken werden von der zuständigen Wasserbehörde gesetzt, die darüber eine Urkunde aufnimmt. [3]Dem Inhaber des Staurechts und dem Betreiber der Stauanlage ist Gelegenheit zur Teilnahme zu geben.

(3) [1]Der Eigentümer und der Betreiber der Stauanlage haben für Erhaltung, Sichtbarkeit und Zugänglichkeit der Staumarken zu sorgen und jede Beschädigung und Veränderung der zuständigen Wasserbehörde anzuzeigen. [2]Sie tragen die Kosten für das Setzen, Unterhalten, Erneuern und Ändern der Staumarken.

§ 20 Außerbetriebsetzen einer Stauanlage

[1]Eine Stauanlage darf nur mit wasserrechtlicher Genehmigung auf Dauer außer Betrieb gesetzt oder beseitigt werden. [2]Im Übrigen gilt § 12 entsprechend.

§ 21 Mindestwasserführung, Durchgängigkeit und Wasserkraftnutzung (zu den §§ 33 bis 35 WHG)

(1) [1]Die Mindestwasserführung nach § 33 WHG wird unter Berücksichtigung der örtlichen Verhältnisse durch die zuständige Wasserbehörde in der Zulassungsentscheidung unter Beachtung des Wohls der Allgemeinheit, insbesondere der Grundsätze der Gewässerbewirtschaftung nach § 6 Abs. 1 WHG und der Bewirtschaftungsziele nach den §§ 27 bis 31 WHG, festgesetzt; die Interessen des Gewässerbenutzers sind angemessen zu berücksichtigen. [2]Die Durchgängigkeit oberirdischer Gewässer im Sinne des § 34 Abs. 1 WHG setzt eine ausreichende Mindestwasserführung voraus.

(2) [1]Bei in Betrieb befindlichen Anlagen, für die bisher behördlich keine Mindestwasserführung im Sinne des § 33 WHG bestandskräftig festgesetzt ist, ist durch den Anlagenbetreiber die Mindestwasserführung nach § 33 WHG sicherzustellen und durch die zuständige Wasserbehörde zu überwachen. [2]Die zuständige Wasserbehörde setzt bei Anlagen nach Satz 1 unverzüglich von Amts wegen die Mindestwasserführung nach § 33 WHG fest; hierfür kann sie gegenüber dem Anlagenbetreiber unter Fristsetzung die Vorlage eines Mindestwassergutachtens verlangen. [3]Widerspruch und Anfechtungsklage gegen die Festsetzung der Mindestwasserführung oder gegen die Anordnung zur Vorlage des Mindestwassergutachtens haben keine aufschiebende Wirkung. [4]Bei wiederholten, nachgewiesenen Verstößen gegen die festgesetzte Mindestwasserführung oder bei nicht rechtzeitiger Vorlage des angeordneten Mindestwassergutachtens trotz Nachfristsetzung trifft die zuständige Wasserbehörde in Abhängigkeit von der Schwere der Verstöße die notwendigen weitergehenden Anordnungen bis hin zur zeitweiligen, teilweisen oder vollständigen Stilllegung der Anlage.

(3) [1]Zur Überwachung der Mindestwasserführung nach § 33 WHG sowie Absatz 1 und 2 kann die zuständige Wasserbehörde die Einrichtung und den Betrieb von aufzeichnenden Messgeräten und die Übermittlung der Messergebnisse durch den Betreiber der Anlage anordnen. [2]Die Art und Weise der Messung, Aufzeichnung und Übermittlung wird durch die zuständige Wasserbehörde festgelegt. [3]Die zuständige Wasserbehörde ist verpflichtet, die Überwachung anzuordnen, wenn der Anlagenbetreiber

wiederholt die Mindestwasserführung nicht gewährleistet hat. [4]Absatz 2 Satz 4 gilt entsprechend. [5]Die Kosten trägt der Betreiber der Anlage.

(4) § 34 WHG gilt für sonstige Anlagen, die Einfluss auf die Durchgängigkeit des Gewässers haben, entsprechend.

(5) Der Beginn der Instandsetzung oder die Inbetriebnahme von Wasserkraftanlagen, die länger als sechs Monate außer Betrieb gesetzt waren, ist der zuständigen Wasserbehörde anzuzeigen.

(6) [1]Ist eine rechtmäßig errichtete Wasserkraftanlage infolge außergewöhnlicher Ereignisse, insbesondere Naturkatastrophen, zerstört oder wesentlich beschädigt worden, bedarf die alsbaldige und gleichartige Wiedererrichtung oder wesentliche Instandsetzung der wasserrechtlichen Genehmigung nach § 26 auch dann, wenn sie sich im Rahmen der für die zerstörten oder beschädigten Anlagen erteilten Genehmigungen, sonstigen Zulassungen und Anordnungen hält und an gleicher Stelle erfolgt. [2]Die Genehmigung ist innerhalb von sechs Monaten zu erteilen, wenn die Anlage

1. bei Errichtung und im Betrieb den Stand der Technik einhält,
2. mit funktionsfähigen Anlagen oder Wegen zum Fischwechsel,
3. mit geeigneten Vorrichtungen gegen das Eindringen von Fischen ausgestattet wird,
4. die Mindestwasserführung und Durchgängigkeit nach Absatz 1, 2 und 4 gewährleistet sowie
5. aufgrund eingetretener Schäden am Gewässer und an seinem Ufer keine neuen, bisher nicht vorliegenden Gefahren für die Umwelt hervorruft und den Hochwasserschutz oder Rechte Dritter nicht beeinträchtigt und die für die Gewässerbenutzung notwendige Erlaubnis, Bewilligung oder sonstige wasserrechtliche Entscheidungen nicht widerrufen oder zurückgenommen werden.

(7) Die Bestimmungen des Sächsischen Fischereigesetzes bleiben unberührt.

§ 22 Ablassen von Wasser

[1]Aufgestautes Wasser darf, sofern die zuständige Wasserbehörde nichts anderes bestimmt hat, nur so abgelassen werden, dass für andere keine Gefahren oder Nachteile entstehen können, die Ausübung von Wasserbenutzungsrechten und -befugnissen und die ökologischen Funktionen des Gewässers nicht mehr als unvermeidbar beeinträchtigt sowie die Unterhaltung des Gewässers nicht erschwert werden. [2]Der zum Ablassen eines Gewässers Berechtigte hat der zuständigen Wasserbehörde Beginn und voraussichtliche Dauer des Ablassens mindestens zehn Tage vorher schriftlich oder elektronisch mitzuteilen. [3]Die Frist des Satzes 2 gilt nicht für Notfälle; in diesen Fällen hat die Anzeige unverzüglich zu erfolgen. [4]Das Sächsische Fischereigesetz bleibt unberührt.

§ 23 Uferlinie

(1) Die Uferlinie bildet die Grenze zwischen dem Bett eines Gewässers und den Ufergrundstücken und wird durch die Linie des Mittelwasserstands, bei gestauten Gewässern durch die Linie des Stauziels, unter besonderer Berücksichtigung der Ufergestaltung bestimmt.

(2) Die Uferlinie wird, falls erforderlich, auf Kosten des Antragstellers durch die zuständige Wasserbehörde festgesetzt.

(3) [1]Als Mittelwasserstand gilt das arithmetische Mittel der Wasserstände der letzten 20 Jahre. [2]Stehen für diesen Zeitraum keine vollständigen Pegelbeobachtungen zur Verfügung, so bezeichnet die zuständige Wasserbehörde die Beobachtungen, die zu verwenden sind. [3]Bei künstlicher Veränderung des Wasserstands bleiben die Wasserstände vor der Veränderung außer Betracht; fehlen Pegelbeobachtungen, so bestimmt sich der Mittelwasserstand im Zweifel nach der Grenze des Pflanzenwuchses.

§ 24 Ufer und Gewässerrandstreifen (zu § 38 WHG)

(1) [1]Die Ufer der Gewässer einschließlich ihres Bewuchses sind zu schützen. [2]Als Ufer gilt die zwischen der Uferlinie und der Böschungsoberkante liegende Landfläche. [3]Fehlt eine Böschungsoberkante, tritt an ihre Stelle die Linie des mittleren Hochwasserstandes. [4]Als mittlerer Hochwasserstand gilt das arithmetische Mittel der Höchstwerte der Wasserstände der letzten 20 Jahre, bei gestauten Gewässern die Linie des höchsten Stauziels. [5]Stehen für diesen Zeitraum keine vollständigen Pegelbeobachtungen zur Verfügung, bezeichnet die zuständige Wasserbehörde die Beobachtungen, die zu verwenden sind.

(2) [1]An das Ufer schließt sich abweichend von § 38 Abs. 2 Satz 1 und 2 WHG landwärts ein zehn Meter, innerhalb von im Zusammenhang bebauten Ortsteilen fünf Meter breiter Gewässerrandstreifen an. [2]Die Gewässerrandstreifen sollen vom Eigentümer oder Besitzer standortgerecht im Hinblick auf ihre Funktionen nach § 38 Abs. 1 WHG bewirtschaftet oder gepflegt werden.

(3) [1]§ 38 Abs. 4 WHG ist mit der Maßgabe anzuwenden, dass im Gewässerrandstreifen weiterhin

1. in einer Breite von fünf Metern die Verwendung von Dünge- und Pflanzenschutzmitteln, ausgenommen Wundverschlussmittel zur Baumpflege sowie Wildverbissschutzmittel,

2. die Errichtung von baulichen und sonstigen Anlagen, soweit sie nicht standortgebunden oder wasserwirtschaftlich erforderlich sind, und

3. abweichend von § 38 Abs. 4 Satz 2 Nr. 4 WHG auch die nur zeitweise Ablagerung von Gegenständen, die den Wasserabfluss behindern können oder die fortgeschwemmt werden können, verboten ist.

[2]§ 38 Abs. 5 WHG findet bei Verboten nach Satz 1 Nr. 1 und 2 sowie bei Verboten in Folge von Rechtsverordnungen oder Entscheidungen nach Absatz 4 Nr. 3 entsprechende Anwendung.

(4) Die zuständige Wasserbehörde kann

1. durch Rechtsverordnung im Einvernehmen mit der oberen Landwirtschaftsbehörde für einzelne Gewässer oder für bestimmte Abschnitte breitere Gewässerrandstreifen festsetzen, soweit dies zur Sicherung des Wasserabflusses oder zur Erhaltung und Verbesserung der ökologischen Funktion der Gewässer erforderlich ist,

2. durch Rechtsverordnung schmalere Gewässerrandstreifen festsetzen, soweit dies im Einzelfall aus überwiegenden öffentlichen Interessen oder wegen unzumutbarer Härte für den betroffenen Grundeigentümer erforderlich ist und die Sicherung des Wasserabflusses und die Erreichung der Bewirtschaftungsziele dadurch nicht gefährdet sind,

3. im Benehmen mit der oberen Landwirtschaftsbehörde durch Rechtsverordnung oder im Einzelfall weitergehende Regelungen zu Gewässerrandstreifen treffen, soweit es zum Schutz der Gewässer vor Schadstoffeinträgen erforderlich ist.

(5) Führen Verbote nach Absatz 3 Satz 1 sowie Verbote in Folge von Rechtsverordnungen oder Entscheidungen nach Absatz 4 Nr. 1 und 3 zu einer über die Sozialpflichtigkeit des Eigentums hinausgehenden Einschränkung und kann keine Befreiung erteilt werden, ist der Betroffene zu entschädigen.

(6) Für die Einschränkung bisher zulässiger Nutzungen nach Absatz 3 Satz 1 Nr. 1 ist vom Freistaat Sachsen ein angemessener finanzieller Ausgleich entsprechend § 46 Abs. 4 und 5 zu leisten, sofern keine Befreiung erteilt werden kann.

§ 25 Neues Gewässerbett

(1) [1]Hat sich ein Gewässer infolge natürlicher Ereignisse dauerhaft ein neues Bett geschaffen oder hat sich das Gewässerbett wesentlich aufgeweitet, so ist es in diesem Zustand zu erhalten. [2]Der Eigentümer des neuen Gewässerbetts oder der Gewässerbettaufweitung kann vom Unterhaltungspflichtigen des Gewässers verlangen, dass dieser das neue Gewässerbett oder die Gewässerbettaufweitung erwirbt. [3]Das Verlangen kann auf Flächen zwischen dem alten und dem neuen Gewässerbett erstreckt werden, wenn dem Eigentümer das Behalten dieser Flächen nicht zuzumuten ist.

(2) [1]Die zuständige Wasserbehörde kann auf Antrag oder von Amts wegen vom Unterhaltungspflichtigen des Gewässers die Wiederherstellung des ursprünglichen Zustands verlangen, wenn das Wohl der Allgemeinheit oder das Interesse der Eigentümer oder Pächter der betroffenen Grundstücke dies gebietet. [2]Im letzteren Fall soll die zuständige Wasserbehörde die Wiederherstellung verlangen, wenn die Beibehaltung des neuen Gewässerzustands für den Eigentümer oder Pächter einen entschädigungspflichtigen Eingriff in das Eigentum oder den eingerichteten und ausgeübten Gewerbebetrieb darstellen würde; anderenfalls ist zu entschädigen.

(3) [1]Die Befugnisse der zuständigen Wasserbehörde nach Absatz 2 und die Ansprüche des Eigentümers nach Absatz 1 erlöschen, wenn sie nicht innerhalb von drei Jahren geltend gemacht werden. [2]Die Frist beginnt mit Ablauf des Jahres, in dem die Veränderung eingetreten ist. [3]Die §§ 203, 205, 206 und 209 des Bürgerlichen Gesetzbuches (BGB) gelten entsprechend.

§ 26 Wasserrechtliche Genehmigung (zu § 36 WHG)

(1) [1]Die Errichtung oder Beseitigung von Anlagen in, an, unter und über oberirdischen Gewässern und im Uferbereich bedürfen der wasserrechtlichen Genehmigung. [2]Dies gilt auch für die wesentliche Änderung einer Anlage im Sinne des Satzes 1.

(2) [1]Die wasserrechtliche Genehmigung muss sich an den Bewirtschaftungszielen nach den §§ 27 bis 31 und 47 WHG ausrichten und darf der fristgemäßen Erreichung dieser Ziele nicht entgegenste-

hen. [2]Sie muss den im jeweiligen Maßnahmenprogramm nach § 84 WHG gestellten Anforderungen entsprechen.

(3) Auflagen zur wasserrechtlichen Genehmigung sind auch zulässig, um nachteilige Wirkungen für andere zu verhüten oder auszugleichen.

(4) [1]Die wasserrechtliche Genehmigung ist zu versagen, wenn von dem beabsichtigten Unternehmen eine Beeinträchtigung des Wohls der Allgemeinheit oder erhebliche Nachteile, Gefahren oder Belästigungen für andere Grundstücke, Bauten oder sonstige Anlagen zu erwarten sind, die durch Bedingungen oder Auflagen weder verhütet noch ausgeglichen werden können. [2]Die wasserrechtliche Genehmigung kann versagt werden, wenn die Zustimmung des Eigentümers des Gewässers oder des Ufergrundstücks nicht vorliegt. [3]Die zuständige Wasserbehörde hat dem Antragsteller innerhalb von sechs Monaten ab Vollständigkeit der Antragsunterlagen die Versagung mitzuteilen.

(5) Der Widerruf und nachträgliche Auflagen können ohne Entschädigung vorbehalten werden, wenn sich zum Zeitpunkt der Entscheidung nicht mit genügender Sicherheit feststellen lässt, ob und inwieweit nachteilige Wirkungen eintreten können.

(6) [1]Nach Ablauf einer festgesetzten Frist und im Falle des Widerrufs ohne Entschädigung soll die zuständige Wasserbehörde dem Eigentümer der Anlage aufgeben, auf seine Kosten den früheren Zustand ganz oder teilweise wiederherzustellen oder andere zur Abwendung nachteiliger Folgen geeignete Vorkehrungen zu treffen. [2]Die Änderung oder Beseitigung von Anlagen, die ohne Vorbehalt nach Absatz 5 genehmigt wurden, kann vor Ablauf der festgesetzten Frist nur aus Gründen des Wohls der Allgemeinheit und gegen Entschädigung angeordnet werden. [3]Die §§ 12 und 34 Abs. 2 WHG bleiben unberührt.

(7) Für Anlagen, die beim Inkrafttreten dieses Gesetzes bestehen, gilt Absatz 6 entsprechend.

(8) Für die Errichtung, die wesentliche Änderung oder Beseitigung der Anlage gelten § 55 Abs. 8 und die Vorschriften von Teil 3 Abschnitt 4 entsprechend.

(9) Wenn die Anlage einer erlaubnis- oder bewilligungsbedürftigen Gewässerbenutzung dient und das Erlaubnis- oder Bewilligungsverfahren eingeleitet ist, kann die Errichtung der Anlage entsprechend § 17 WHG auch vor Erteilung der Genehmigung zugelassen werden.

(10) Einer Genehmigung bedarf es nicht, wenn die Anlage oder die Benutzung im Einvernehmen mit der zuständigen Wasserbehörde in einem bergrechtlichen Betriebsplan zugelassen ist.

(11) [1]Die Genehmigungspflicht nach Absatz 1 sowie die Bauüberwachung und Bauabnahme nach § 106 Abs. 2 und 3 entfallen für Vorhaben, bei denen der Bund, der Freistaat Sachsen oder eine Anstalt des öffentlichen Rechts, bei der der Bund, der Freistaat Sachsen oder beide gemeinsam Gewährträger sind, Träger ist, wenn

1. der Bauherr die Leitung der Entwurfsarbeiten und die Bauüberwachung der Wasserbaudienststelle des Freistaates Sachsen übertragen hat und

2. die Wasserbaudienststelle mit ingenieurtechnischen Mitarbeitern besetzt ist, die über die erforderlichen Kenntnisse der Bautechnik, der Baugestaltung, des Wasserbaus und des öffentlichen Bau- und Wasserrechts verfügen.

[2]Das gilt nicht, wenn für das Vorhaben nach bundes- oder landesrechtlichen Vorschriften eine Umweltverträglichkeitsprüfung durchzuführen ist. [3]Vorhaben, die nach dem Gesetz über die Umweltverträglichkeitsprüfung oder dem Gesetz über die Umweltverträglichkeitsprüfung im Freistaat Sachsen einer Vorprüfung des Einzelfalls bedürfen, sind der nach § 5 SächsUVPG zuständigen Wasserbehörde anzuzeigen. [4]Der Anzeige sind die erforderlichen Unterlagen beizufügen. [5]Die Wasserbaudienststelle trägt die Verantwortung dafür, dass der Entwurf, die Errichtung, die wesentliche Änderung oder die Beseitigung der Anlage den wasserrechtlichen Genehmigungsvoraussetzungen entspricht. [6]Das Ergebnis ist zu dokumentieren und der zuständigen Wasserbehörde zur Eintragung in das Wasserbuch anzuzeigen. [7]Die Wasserbaudienststelle kann Sachverständige in entsprechender Anwendung des § 54 Abs. 2 der Sächsischen Bauordnung (SächsBO) vom 28. Mai 2004 (SächsGVBl. S. 200), die zuletzt durch Artikel 23 des Gesetzes vom 27. Januar 2012 (SächsGVBl. S. 130, 142) geändert worden ist, heranziehen. [8]Die Verantwortung des Unternehmers nach § 55 SächsBO und § 58 Abs. 2 sowie die Eingriffsmöglichkeiten der zuständigen Wasserbehörde nach § 100 Abs. 1 Satz 2 WHG und § 106 Abs. 1 bleiben unberührt. [9]Die zuständige Wasserbehörde ist rechtzeitig vor Baubeginn von dem Vorhaben zu informieren.

(12) [1]Ist eine rechtmäßig errichtete Anlage infolge außergewöhnlicher Ereignisse, insbesondere Naturkatastrophen, zerstört oder wesentlich beschädigt worden, so bedarf die alsbaldige und gleichartige Wiedererrichtung oder wesentliche Instandsetzung der wasserrechtlichen Genehmigung auch dann, wenn sie sich im Rahmen der für die zerstörten oder beschädigten Anlagen erteilten Genehmigungen, sonstigen Zulassungen und Anordnungen hält und an gleicher Stelle erfolgt. [2]Die Genehmigung ist zu erteilen, wenn das Vorhaben bei Errichtung und im Betrieb den Stand der Technik einhält und aufgrund eingetretener Schäden am Gewässer und an seinem Ufer keine neuen, bisher nicht vorliegenden Gefahren für die Umwelt hervorruft und den Hochwasserschutz oder Rechte Dritter nicht beeinträchtigt.

(13) § 64 gilt entsprechend.

§ 27 Unterhaltung von Anlagen (zu § 36 WHG)

(1) [1]Wasserbenutzungsanlagen und sonstige Anlagen in, an, unter und über oberirdischen Gewässern sind von ihren Eigentümern und Betreibern so zu betreiben, zu unterhalten und zu sichern, dass der Zustand und die Unterhaltung des Gewässers sowie der Hochwasserschutz nicht beeinträchtigt werden und die Erreichung der Bewirtschaftungsziele nach den §§ 27 bis 31 WHG nicht gefährdet wird. [2]Die Anlagen sind insbesondere von Treibgut und Eis freizuhalten.

(2) Den Baulastträgern von Anlagen im Sinne von Absatz 1 obliegt auch die Unterhaltung der dem Schutz dieser Anlagen dienenden technischen Einrichtungen.

(3) [1]Der zur Unterhaltung oder Sicherung nach Absatz 1 Verpflichtete kann von demjenigen, der durch die Unterhaltung oder Sicherung einen unmittelbaren Vorteil hat, eine angemessene Beteiligung an den Kosten der Unterhaltungs- oder Sicherungsmaßnahmen verlangen mit Ausnahme der Aufwendungen aus Gründen des Wohls der Allgemeinheit. [2]Die Kostenbeteiligung richtet sich nach dem Maß des Vorteils. [3]Soweit sich der Vorteil aus einer rechtlich gesicherten Möglichkeit der Inanspruchnahme der Anlage ergibt, erfolgt die Vorteilsbemessung nach dem Umfang der möglichen Inanspruchnahme, nicht nach der tatsächlichen Nutzung. [4]Ist für die Unterhaltung von Anlagen nach Absatz 1 eine Körperschaft des öffentlichen Rechts zuständig, können die nach Satz 1 umzulegenden Aufwendungen durch Leistungsbescheid festgesetzt werden.

(4) Die Eigentümer oder Betreiber der Anlagen nach Absatz 1 haben dem Träger der Unterhaltungslast für das jeweilige Gewässer entstehende zusätzliche Aufwendungen zu erstatten.

(5) [1]Wird die Sicherungs- oder Unterhaltungspflicht nicht oder nicht ordnungsgemäß erfüllt, kann der Unterhaltungslastträger für das jeweilige Gewässer die notwendigen Arbeiten auf Kosten des Trägers der Unterhaltungslast nach Absatz 1 ausführen. [2]Dies gilt nicht, soweit für die Anlage eine Körperschaft des öffentlichen Rechts Träger der Unterhaltungslast nach Absatz 1 ist. [3]Ist der Unterhaltungslastträger nach Absatz 1 nicht feststellbar, hat der Gewässerunterhaltungspflichtige die notwendigen Arbeiten auf seine Kosten durchzuführen. [4]Die Pflicht zur Ersatzvornahme begründet keinen Rechtsanspruch Dritter gegen den zur Ersatzvornahme Verpflichteten. [5]Ist der Gewässerunterhaltungspflichtige eine Körperschaft des öffentlichen Rechts, können die nach Satz 1 entstandenen Aufwendungen durch Leistungsbescheid festgesetzt werden.

§ 28 Ufermauern (zu den §§ 36, 39 und 40 WHG)

(1) Für bauliche Anlagen, die ganz oder teilweise das Ufer ersetzen (Ufermauern), gelten § 36 WHG und die §§ 26, 27, 33 bis 35, 36 Satz 1 und 2 sowie § 38 entsprechend, soweit sie keinen Gewässerausbau nach § 67 WHG darstellen oder nach den Absätzen 2 bis 5 etwas anderes bestimmt ist.

(2) [1]Sofern nicht überwiegende Gründe des Wohls der Allgemeinheit oder eines Einzelnen entgegenstehen, soll der Verpflichtete nach Absatz 3

1. Ufermauern zurückbauen oder im Falle der Zerstörung durch natürliche Ereignisse nicht wieder aufbauen und

2. das Ufer wieder in einen naturnahen Zustand zurückführen.

[2]Kommt der Verpflichtete seiner Verpflichtung nach Satz 1 nicht nach, kann die zuständige Wasserbehörde den Rückbau fordern oder im Falle der Zerstörung den Wiederaufbau untersagen, wenn dies aus überwiegenden Gründen des Wohls der Allgemeinheit geboten ist und erhebliche Belange des Einzelnen dem nicht entgegenstehen.

(3) [1]Ufermauern sind von dem, der sie errichtet oder in dessen Auftrag oder Interesse sie errichtet wurden, zu unterhalten. [2]Mehrere Bevorteilte sind gesamtschuldnerisch zur Unterhaltung verpflichtet; die Ausgleichung nach § 426 Abs. 1 BGB erfolgt, sofern nichts anderes vereinbart ist, entsprechend

dem jeweiligen Vorteil. [3]Ist nicht zu ermitteln, wer die Ufermauer errichtet hat oder in wessen Auftrag oder Interesse sie errichtet wurde, ist sie vom Grundstückseigentümer zu unterhalten. [4]Ist einer der Bevorteilten nach Satz 2 eine Körperschaft des öffentlichen Rechts, kann er die Kosten für Unterhaltungsmaßnahmen, die er auch im Interesse eines anderen Bevorteilten durchführt, gegenüber diesem entsprechend dessen Vorteil durch Leistungsbescheid festsetzen.

(4) [1]Die Zuständigkeiten für die Unterhaltung von Ufermauern, die gleichzeitig Stützmauern für öffentliche Verkehrswege sind, bleiben unberührt. [2]Für diese gilt das einschlägige Fachrecht.

(5) Handelt es sich um eine Ufermauer, die gleichzeitig Stützmauer für einen öffentlichen Verkehrsweg ist, so entscheidet die zuständige Wasserbehörde bei einer Entscheidung über die Aufteilung der Unterhaltung nach § 34 im Einvernehmen mit der Aufsichtsbehörde des Baulastträgers für den Verkehrsweg.

§ 29 Regelungen für den Wasserabfluss (zu § 37 WHG)

Die Eigentümer oder Nutzungsberechtigten von Bodenflächen und Grundstücken haben gegen die bodenabtragende Wirkung des wild abfließenden Wassers geeignete Maßnahmen zu treffen.

§ 30 Einteilung der oberirdischen Gewässer

(1) Die oberirdischen Gewässer werden, soweit sie nicht künstliche Gewässer im Sinne von § 3 Nr. 4 WHG oder Bundeswasserstraßen sind, eingeteilt in

1. Gewässer erster Ordnung; dies betrifft die in Anlage 3 aufgeführten Gewässer, und
2. Gewässer zweiter Ordnung; dies betrifft alle übrigen Gewässer.

(2) Altarme, Nebenarme und ähnliche Verzweigungen eines Gewässers gehören zu der Ordnung des Gewässers, mit dem sie in Verbindung stehen oder ursprünglich in Verbindung standen.

(3) Künstliche Gewässer im Sinne von § 3 Nr. 4 WHG gehören keiner Ordnung nach Absatz 1 an, soweit sie nicht in Anlage 3 einer Gewässerordnung zugeordnet sind.

(4) [1]Im amtlichen Geschäftsverkehr sind die in dem vom Landesamt für Umwelt, Landwirtschaft und Geologie geführten Gewässerverzeichnis aufgenommenen Bezeichnungen der Gewässer zu verwenden. [2]Soweit ein Gewässername für ein natürliches Gewässer nicht festgestellt werden kann, entscheidet das Landesamt für Umwelt, Landwirtschaft und Geologie über die Vergabe des Gewässernamens nach Anhörung des zuständigen Unterhaltungspflichtigen, der zuständigen Wasserbehörde und des Staatsbetriebes Geobasisinformation und Vermessung Sachsen durch Aufnahme des Namens in das Gewässerverzeichnis.

§ 31 Umfang der Unterhaltung (zu den §§ 39, 40 Abs. 4 und § 42 WHG)

(1) Die Unterhaltung der Gewässer umfasst neben den Pflichten des § 39 Abs. 1 WHG insbesondere auch die Verpflichtung,

1. die Ufer in naturnaher Bauweise zu sichern; die Gewässerrandstreifen zu diesem und den in § 39 Abs. 1 Satz 1 Nr. 2 WHG genannten Zwecken natürlich zu gestalten und zu pflegen, soweit dies nicht nach § 24 Abs. 2 Satz 2 erfolgt,
2. die landeskulturelle Funktion der Gewässer zu erhalten oder wiederherzustellen,
3. die Belange der Fischerei zu berücksichtigen,
4. feste Stoffe aus dem Gewässer oder von seinen Ufern zu entfernen, soweit es im öffentlichen Interesse erforderlich ist, um den Gemeingebrauch zu erhalten,
5. Wühltiere, die die Standsicherheit von Uferböschungen, Deichen und Dämmen beeinträchtigen, zu bekämpfen; die Regelungen des Artenschutzes und zur Bekämpfung des Bisams bleiben unberührt, und
6. bei ausgebauten Gewässerstrecken den Ausbauzustand zu erhalten, sofern nicht etwas anderes bestimmt ist; die zuständige Wasserbehörde soll den Umfang der Unterhaltung einschränken, wenn sie die Erhaltung des durch den Ausbau geschaffenen Zustands nicht mehr für notwendig hält.

(2) [1]Die Unterhaltungsmaßnahmen sind auf das wasserwirtschaftlich Erforderliche zu beschränken. [2]Maßnahmen der nachholenden Unterhaltung sind der zuständigen Wasserbehörde einen Monat vor Beginn der Maßnahmen anzuzeigen.

(3) Die zuständige Wasserbehörde kann ergänzend zu § 42 WHG die nach § 39 Abs. 1 WHG und Absatz 1 erforderlichen Unterhaltungsmaßnahmen anordnen und die hierfür einzuhaltenden Fristen bestimmen.

(4) [1]Wird die Unterhaltungspflicht nicht oder nicht ordnungsgemäß erfüllt, haben die Gemeinden die notwendigen Arbeiten auf Kosten des Trägers der Unterhaltungslast auszuführen; dies gilt nicht, soweit eine Körperschaft des öffentlichen Rechts Träger der Unterhaltungslast ist. [2]Die Pflicht zur Ersatzvornahme begründet keinen Rechtsanspruch Dritter gegen den zur Ersatzvornahme Verpflichteten. [3]Die nach Satz 1 zu erstattenden Aufwendungen können durch Leistungsbescheid festgesetzt werden.

§ 32 Träger der Unterhaltungslast (zu § 40 Abs. 1 WHG)

(1) [1]Die Unterhaltung der Gewässer obliegt
1. bei Gewässern erster Ordnung dem Freistaat Sachsen,
2. bei Gewässern zweiter Ordnung den Gemeinden, soweit sie nicht zu den satzungsgemäßen Aufgaben eines Gewässerunterhaltungsverbandes oder eines Wasser- und Bodenverbandes im Sinne des Gesetzes über Wasser- und Bodenverbände (Wasserverbandsgesetz – WVG) vom 12. Februar 1991 (BGBl. I S. 405), geändert durch Gesetz vom 15. Mai 2002 (BGBl. I S. 1578), in der jeweils geltenden Fassung, gehört,
3. bei Gewässern zweiter Ordnung, im Bereich, in dem sie die Staatsgrenze der Bundesrepublik Deutschland bilden oder kreuzen (Grenzgewässer), dem Freistaat Sachsen,
4. abweichend von § 40 Abs. 1 Satz 1 WHG bei Hafengewässern dem Betreiber des Hafens,
5. abweichend von § 40 Abs. 1 Satz 1 WHG bei künstlichen Gewässern oder Gewässerteilen im Sinne von § 3 Nr. 4 WHG und künstlich angelegten Abzweigungen wie Talsperren, Tagebaurestseen und Mühlgräben demjenigen, der dieses Gewässer angelegt hat. § 8 gilt entsprechend.

[2]Die Aufgaben des Freistaates Sachsen nach Satz 1 Nr. 1 und 3 werden durch den Staatsbetrieb Landestalsperrenverwaltung wahrgenommen.

(2) Gemeinden können sich zur Erfüllung ihrer Aufgaben nach § 39 WHG und § 31 zu Zweckverbänden im Sinne des Sächsischen Gesetzes über kommunale Zusammenarbeit (SächsKomZG) vom 19. August 1993 (SächsGVBl. S. 815, 1103), zuletzt geändert durch Artikel 1 des Gesetzes vom 18. Oktober 2012 (SächsGVBl. S. 562) geändert worden ist, in der jeweils geltenden Fassung, als Körperschaften des öffentlichen Rechts zusammenschließen (Gewässerunterhaltungsverbände).

(3) Die Pflicht zur Unterhaltung oberirdischer Gewässer begründet keinen Rechtsanspruch Dritter gegen den Träger der Unterhaltungslast.

(4) [1]Der Träger der Unterhaltungslast eines natürlichen Gewässers, von dem ein künstliches Gewässer abzweigt, kann dieses durch Verwaltungsakt in seine Unterhaltungslast übernehmen. [2]Darüber hinaus können Gemeinden die in ihrem Gemeindegebiet gelegenen künstlichen Gewässer durch Verwaltungsakt in ihre Unterhaltungslast übernehmen. [3]Satz 2 gilt nur, wenn der Freistaat Sachsen von seinem Recht nach Satz 1 keinen Gebrauch macht oder machen will.

§ 33 Übertragung der Unterhaltungslast (zu § 40 Abs. 2 WHG)

(1) Ist der Freistaat Sachsen Träger der Unterhaltungslast, gilt abweichend von § 40 Abs. 2 WHG das Zustimmungserfordernis nicht.

(2) Die Zustimmung kann widerrufen werden, wenn der Dritte die ihm übertragenen Verpflichtungen nicht ordnungsgemäß erfüllt.

(3) Die zuständige Wasserbehörde kann auf Antrag oder von Amts wegen die Unterhaltungslast ganz oder teilweise auf die in § 40 Abs. 1 WHG genannten Beteiligten übertragen, wenn und soweit die Unterhaltung deren Interessen dient oder der Aufwand für die Unterhaltung durch die Beteiligten verursacht wird.

§ 34 Aufteilung der Unterhaltung (zu den §§ 39 und 40 Abs. 1 WHG)

Obliegt die Unterhaltung der gleichen Gewässerstrecke mehreren Unterhaltungspflichtigen, so kann die zuständige Wasserbehörde entweder den Unterhaltungspflichtigen jeweils eine angemessene Strecke des Gewässers zur vollständigen Unterhaltung zuweisen oder die Unterhaltungsarbeiten zwischen den Unterhaltungspflichtigen angemessen aufteilen oder bestimmen, dass einzelne Unterhaltungspflichtige anstelle der Unterhaltung einen Kostenbeitrag an den oder die verbleibenden Unterhaltungspflichtigen leisten.

§ 35 Behördliche Entscheidungen zur Gewässerunterhaltung (zu § 40 Abs. 3 und 42 Abs. 2 WHG)

Ist der Träger der Unterhaltungslast eine Körperschaft des öffentlichen Rechts, können die nach § 40 Abs. 3 WHG zu erstattenden Aufwendungen durch Leistungsbescheid festgesetzt werden.

§ 36 Entscheidung in Streitfällen (zu den §§ 39, 40 Abs. 1 und § 42 WHG)

[1]Ist strittig, wem die Unterhaltung oder eine besondere Pflicht im Interesse der Unterhaltung obliegt, so entscheidet die zuständige Wasserbehörde. [2]Sie bestimmt Art und Umfang der Unterhaltung und der besonderen Pflichten im Interesse der Unterhaltung. [3]Kann die zuständige Wasserbehörde den Unterhaltungspflichtigen nach § 32 Abs. 1 Nr. 5 nicht oder nicht mit vertretbarem Aufwand ermitteln, so kann sie die Vornahme der notwendigen Arbeiten durch die Gemeinde nach § 31 Abs. 4 anordnen. [4]§ 31 Abs. 4 Satz 3 gilt entsprechend.

§ 37 Beteiligung am Unterhaltungsaufwand (zu den §§ 39 und 40 Abs. 1 WHG)

(1) Die Gemeinden und Gewässerunterhaltungsverbände können durch Satzung bestimmen, dass Anlieger, Hinterlieger, Eigentümer und Besitzer von Grundstücken, Inhaber von Wasserbenutzungsrechten und von wasserwirtschaftlichen Anlagen, denen durch die Unterhaltung des Gewässers und der Ufer ein Vorteil entsteht, für den der Gemeinde oder dem Gewässerunterhaltungsverband entstehenden Unterhaltungsaufwand nach dem Verhältnis des Vorteils eine Gewässerunterhaltungsabgabe zu leisten haben.

(2) [1]Der private Eigentümer eines Gewässerbettes hat zu den Aufwendungen des Freistaates Sachsen oder der Gemeinde für die Unterhaltung des ihm gehörenden Teils des Gewässers einen Beitrag nach Maß des Vorteils dieser Aufwendungen zu leisten, wenn diese mit einem konkret nachweisbaren höheren Vorteil verbunden sind. [2]Vor der Berechnung des Beitrags sind Beiträge Dritter abzusetzen.

§ 38 Besondere Pflichten bei der Gewässerunterhaltung (zu § 41 WHG)

(1) [1]Die Gewässereigentümer, die Anlieger und die Hinterlieger haben die zur Unterhaltung der Gewässer erforderlichen Maßnahmen auf den Ufergrundstücken und Gewässerrandstreifen sowie das Einbauen von Festpunkten, das Aufstellen von Flusseinteilungszeichen und das Anbringen von Hochwassermarken durch die Berechtigten zu dulden. [2]Für die Anlieger und Hinterlieger gilt im Übrigen § 41 Abs. 1 Satz 1 Nr. 1 WHG entsprechend.

(2) [1]Soweit es zur ordnungsgemäßen Unterhaltung eines Gewässers notwendig ist, haben die Inhaber von Wasserbenutzungsrechten oder Befugnissen zu dulden, dass ihre Wasserbenutzungsanlagen vorübergehend mitbenutzt oder stillgelegt werden. [2]Dies gilt auch für die Ausübung der Fischerei durch die Fischereiausübungsberechtigten.

(3) [1]Die Anlieger und die Hinterlieger haben das vorübergehende Aufbringen und das Einebnen von Aushub auf ihren Grundstücken zu dulden, soweit dadurch die Nutzung nicht wesentlich beeinträchtigt wird. [2]Die abfallrechtlichen und bodenschutzrechtlichen Vorschriften bleiben unberührt.

(4) Entstehen durch Handlungen nach Absatz 1 oder 3 Schäden, so hat der Geschädigte Anspruch auf Schadensersatz.

Abschnitt 3
Bewirtschaftung des Grundwassers

§ 39 Grundsätze (zu den §§ 47und 48 WHG)

(1) Die Grundwasserneubildung darf durch Versiegelung des Bodens und andere Beeinträchtigungen der Versickerung nicht über das notwendige Maß hinaus behindert werden.

(2) [1]Grundwasserentnahmen sind auf das unbedingt erforderliche Maß zu beschränken. [2]Bei Grundwasserentnahmen genießt die öffentliche Wasserversorgung Vorrang vor allen anderen Nutzungen des Grundwassers.

(3) Die zuständige Wasserbehörde kann von einem Benutzer des Grundwassers fordern, das entnommene Grundwasser nach der Benutzung wieder dem Untergrund zuzuführen, wenn es das Wohl der Allgemeinheit erfordert.

(4) Vor der Benutzung des Grundwassers kann vom Antragsteller ein Gutachten über die Auswirkungen der Grundwasserbenutzung auf den Wasser- und Naturhaushalt und bestehende Versorgungssysteme gefordert werden.

§ 40 Erweiterung und Beschränkung der erlaubnisfreien Benutzung (zu § 46 WHG)

(1) Soweit es die Ordnung des Wasserhaushalts erfordert, kann die oberste Wasserbehörde durch Rechtsverordnung allgemein oder für einzelne Gebiete bestimmen, dass bei erlaubnis- oder bewilli-

gungsfreien Benutzungen im Sinne von § 46 Abs. 1 und 2 WHG eine Erlaubnis oder Bewilligung erforderlich ist.

(2) Soweit die Ordnung des Wasserhaushalts es zulässt, soll die oberste Wasserbehörde durch Rechtsverordnung allgemein oder für einzelne Gebiete bestimmen, dass über die in § 46 Abs. 1 und 2 WHG bezeichneten Zwecke hinaus für das Entnehmen, Zutagefördern, Zutageleiten oder Ableiten von Grundwasser in geringen Mengen für die Landwirtschaft, die Forstwirtschaft oder den Gartenbau sowie für das Ableiten von Niederschlagswasser in das Grundwasser, soweit dessen Beeinträchtigung nicht zu besorgen ist, eine Erlaubnis nicht erforderlich ist.

§ 41 Erdaufschlüsse (zu § 49 WHG)

(1) [1]Der Anzeige nach § 49 Abs. 1 Satz 1 WHG sind die zur Überwachung des Vorhabens erforderlichen Unterlagen beizufügen. [2]Bei erlaubnispflichtigen Gewässerbenutzungen gilt der Antrag auf Erlaubnis als Anzeige nach § 49 Abs. 1 Satz 1 WHG; in diesen Fällen kommt Satz 3 nicht zur Anwendung. [3]Ist seit der Anzeige nach § 49 Abs. 1 Satz 1 WHG ein Monat vergangen, ohne dass eine Einstellungs- oder Beseitigungsanordnung nach § 49 Abs. 3 WHG ergangen ist, können die Arbeiten begonnen und so lange durchgeführt werden, bis auf das Grundwasser eingewirkt wird.

(2) Die Arbeiten, die gemäß § 49 Abs. 2 WHG zur Erschließung geführt haben, sind, bis die Gewässerbenutzung oder der Gewässerausbau vorzeitig zugelassen oder die erforderliche Erlaubnis oder der Plan festgestellt oder genehmigt ist, einzustellen.

(3) [1]Unterstehen Erdarbeiten der Aufsicht der Bergbehörde, bedarf es keiner Anzeige nach § 49 Abs. 1 Satz 1 WHG; die Anzeige nach § 49 Abs. 2 WHG ist an die Bergbehörde zu richten. [2]Die zuständige Bergbehörde trifft anstelle der Wasserbehörde die nach § 49 Abs. 3 WHG erforderlichen Anordnungen im Einvernehmen mit der zuständigen Wasserbehörde.

(4) Die Kosten der Überwachung fallen dem Unternehmer zur Last.

Teil 3
Besondere wasserwirtschaftliche Bestimmungen

Abschnitt 1
Öffentliche Wasserversorgung, Wasserschutzgebiete, Heilquellenschutz

§ 42 Grundsätze der öffentlichen Wasserversorgung (zu § 50 WHG)

(1) [1]Die Träger der öffentlichen Wasserversorgung haben unter Berücksichtigung der demografischen und klimatischen Entwicklungen sowie unter Beachtung des wirtschaftlichen Betriebs der Wasserversorgungsanlagen die Wasserversorgung mit Trinkwasser einschließlich der Versorgung in Not- und Krisensituationen langfristig sicherzustellen. [2]Die Versorgungssicherheit ist insbesondere in den Zentren von Siedlung und Wirtschaft durch Systemverbünde verschiedener Rohwasserquellen herzustellen und zu sichern. [3]Die Träger der öffentlichen Wasserversorgung sollen nach den Grundsätzen der Verhältnismäßigkeit solche Rohwässer verwenden, die mit einfachen und naturnahen Verfahren zu Trinkwasser aufbereitet werden können.

(2) [1]Die oberste Wasserbehörde kann im Benehmen mit der obersten Landesgesundheitsbehörde Grundsätze für die Entwicklung der öffentlichen Wasserversorgung nach überörtlichen und regionalen Gesichtspunkten festlegen. [2]Für die Anpassung an die allgemein anerkannten Regeln der Technik oder die Stilllegung von Wasserversorgungsanlagen können Fristen festgelegt werden.

§ 43 Öffentliche Wasserversorgung (zu § 50 WHG)

(1) [1]Die Gemeinden haben im Rahmen ihrer Leistungsfähigkeit die Pflicht, in ihrem Gebiet die Bevölkerung und die gewerblichen und sonstigen Einrichtungen ausreichend mit Trinkwasser zu versorgen, soweit diese Verpflichtung nicht auf andere Körperschaften des öffentlichen Rechts übertragen wurde (Träger der öffentlichen Wasserversorgung). [2]Die Versorgungspflicht besteht nicht für:

1. Grundstücke außerhalb der im Zusammenhang bebauten Ortsteile, für die ein wirtschaftlich vertretbarer Anschluss nicht möglich ist,
2. Betriebswasser, wenn es dem Verbraucher zumutbar ist, diesen Bedarf einzuschränken oder anderweitig zu decken.

[3]Die Träger der öffentlichen Wasserversorgung haben auf Verlangen ihr Wasserversorgungskonzept der zuständigen Wasserbehörde vorzulegen.

(2) Die Pflicht zur öffentlichen Wasserversorgung soll öffentlich-rechtlichen Verbänden übertragen werden, insbesondere wenn

1. die Erfüllung der Aufgaben der öffentlichen Wasserversorgung zu vertretbaren Bedingungen dadurch erst ermöglicht wird,
2. die durch den Betrieb von öffentlichen Wasserversorgungsanlagen ausgehenden Beeinträchtigungen vermieden oder erheblich verringert werden können,
3. die öffentliche Wasserversorgung technisch oder wegen des unverhältnismäßig hohen Aufwands für eine Gemeinde nicht möglich oder die Aufgabenwahrnehmung überörtlich nicht gewährleistet ist.

(3) Die Träger der öffentlichen Wasserversorgung im Sinne von Absatz 1 können sich zur Erfüllung der Aufgaben Dritter bedienen.

(4) Eine Erlaubnis zur Entnahme von Wasser, das unmittelbar oder nach entsprechender Aufbereitung der öffentlichen Wasserversorgung dienen soll, darf nur erteilt werden, wenn das Wasser den jeweils geltenden hygienischen und chemischen Anforderungen entspricht und die Entnahme nicht gegen verbindliche zwischenstaatliche Vereinbarungen oder Richtlinien der Europäischen Gemeinschaften verstößt.

(5) [1]Entspricht eine bereits zugelassene Wasserentnahme den Anforderungen nach Absatz 4 nicht und kann sie diesen Anforderungen nicht angepasst werden, darf das entnommene Wasser nicht zur öffentlichen Wasserversorgung verwendet werden. [2]Die zuständige Wasserbehörde hat sicherzustellen, dass die Wasserentnahme für die öffentliche Wasserversorgung aus diesem Dargebot eingestellt wird.

§ 44 Nutzung der Wasservorkommen, Fernwasser (zu § 50 Abs. 2 WHG)

(1) Überwiegende Gründe des Wohls der Allgemeinheit im Sinne des § 50 Abs. 2 WHG für die Deckung des Wasserbedarfs aus ortsfernen Wasservorkommen (Fernwasser) liegen insbesondere auch vor, wenn

1. aufgrund natürlicher Gegebenheiten, der gegenwärtigen Flächennutzung oder verbindlicher Bauleitpläne eine Nutzung ortsnaher Wasservorkommen in der Zukunft nicht mehr vertretbar ist oder ihre Nutzung den Natur- oder Wasserhaushalt über das vertretbare Maß beeinträchtigen könnte,
2. die Fernwasserversorgung Teil eines gebietsübergreifenden Verbundes ist oder werden soll, welcher eine sichere und wirtschaftliche öffentliche Wasserversorgung gewährleistet, ohne die ökologische Ausgeglichenheit zu beeinträchtigen.

(2) [1]Die Deckung des Wasserbedarfs aus ortsfernen Wasservorkommen nach § 50 Abs. 2 Satz 2 WHG bedarf der vorherigen Zustimmung der oberen Wasserbehörde. [2]Antragsteller ist der Träger der öffentlichen Wasserversorgung nach § 43 Abs. 1 Satz 1 oder der Träger eines zu diesem Zweck gebildeten Verbundes. [3]Die Sätze 1 und 2 gelten entsprechend für wesentliche Änderungen.

(3) Die Zustimmung nach Absatz 2 ist zu versagen, wenn

1. die Voraussetzungen von § 50 Abs. 2 Satz 2 WHG oder Absatz 1 nicht vorliegen,
2. von dem beabsichtigten Bezug aus ortsfernen Wasservorkommen eine Beeinträchtigung des Wohls der Allgemeinheit, insbesondere eine Gefährdung

   a) der öffentlichen Sicherheit und Ordnung wie der öffentlichen Wasserversorgung, einschließlich der Versorgungssicherheit, und des Schutzes der Gesundheit,

   b) des Umweltschutzes,

zu erwarten ist, die nicht durch Auflagen vermieden oder ausgeglichen werden kann.

§ 45 Schutz der Wasservorkommen, Eigenkontrolle (zu § 50 WHG)

(1) [1]Der Träger der öffentlichen Wasserversorgung hat seine Anlagen zu überwachen sowie für ein zugehöriges Wasserschutzgebiet übertragene Aufgaben im Sinne von § 100 Abs. 1 Satz 1 WHG wahrzunehmen. [2]Er hat Gefahren unverzüglich der zuständigen Wasserbehörde mitzuteilen und auf eine Begrenzung des Schadens hinzuwirken. [3]Solange ein Wasserschutzgebiet noch nicht festgesetzt ist, gilt die Verpflichtung nach Satz 1 und 2 für das Wassereinzugsgebiet der Wassergewinnungsanlage. [4]§ 107 Abs. 2 gilt entsprechend.

(2) [1]Die Ermächtigung zum Erlass von Rechtsverordnungen nach § 50 Abs. 5 WHG wird auf die oberste Wasserbehörde übertragen. [2]In der Rechtsverordnung nach § 50 Abs. 5 WHG können auch Regelungen über Art, Umfang und Häufigkeit der Maßnahmen zur Überwachung der Grundwasserverhältnisse und des Rohwassers, insbesondere der Probenahme und -untersuchung, sowie über den

Zeitpunkt, die Form und den Empfänger der Untersuchungsergebnisse und der zu ihrer Beurteilung erforderlichen Angaben zu den Probenahmestellen getroffen werden.

§ 46 Wasserschutzgebiete (zu den §§ 51 und 52 WHG)

(1) [1]Die Ermächtigung zum Erlass von Rechtsverordnungen zur Festsetzung von Wasserschutzgebieten nach § 51 Abs. 1 WHG wird auf die unteren Wasserbehörden übertragen. [2]Die unteren Wasserbehörden können Regelungen zur Kennzeichnung und Sicherung des Wasserschutzgebiets und zu seiner Überwachung durch den Träger der öffentlichen Wasserversorgung oder den Betreiber der Wasserversorgungsanlagen treffen. [3]In der Verordnung sollen die Voraussetzungen für eine Befreiung von den Verboten, Nutzungsbeschränkungen, Duldungs- und Handlungspflichten für den Fall geregelt werden, dass im Einzelfall überwiegende Gründe des Allgemeinwohls eine Abweichung erfordern oder der mit der Festsetzung bezweckte Schutz eine Abweichung zulässt.

(2) [1]Die Wasserschutzgebiete sollen in Zonen mit verschiedenen Schutzbestimmungen eingeteilt werden. [2]Die für Festsetzung eines Wasserschutzgebietes erforderlichen Unterlagen, insbesondere Karten, Pläne und Gutachten, sind von dem durch die Festsetzung unmittelbar Begünstigten vorzulegen und, soweit sie Trinkwasserschutzgebiete betreffen, durch die zuständige Wasserbehörde zu prüfen und zu bestätigen. [3]Kommt der durch die Festsetzung unmittelbar Begünstigte seiner Verpflichtung nicht nach, so hat er der zuständigen Wasserbehörde die für die Erstellung der Unterlagen entstehenden Kosten zu erstatten. [4]Die Beibringungs- und Kostentragungspflicht des Begünstigten nach den Sätzen 2 und 3 gilt nur, soweit die Festsetzung durch ihn zumindest mitveranlasst ist.

(3) Die oberste Wasserbehörde wird ermächtigt, durch Rechtsverordnung Schutzbestimmungen im Sinne von § 52 Abs. 1 Satz 1 WHG, unbeschadet § 52 Abs. 5 WHG, allgemein oder für einzelne Wasserschutzgebiete zu erlassen.

(4) [1]Der Ausgleich nach § 52 Abs. 5 WHG ist, sofern die Beteiligten nichts anderes vereinbaren, durch einen jährlichen zum 15. Januar fällig werdenden Geldbetrag für das vergangene Jahr zu leisten. [2]Der Ausgleich wird nicht geleistet, wenn

1. die wirtschaftlichen Nachteile 50 EUR im Jahr unterschreiten,
2. die wirtschaftlichen Nachteile durch andere Leistungen aus öffentlichen Haushalten oder von Dritten ausgeglichen werden.

[3]Bei Verstößen gegen eine Schutzbestimmung, eine Anordnung oder Auflage, die sich auf die Bewirtschaftung und den Gewässerschutz bezieht, kann die Ausgleichszahlung ganz oder teilweise versagt oder auch mit Wirkung für die Vergangenheit zurückgefordert werden.

(5) Die oberste Wasserbehörde legt in einer Rechtsverordnung die für den Ausgleich erforderlichen allgemeinen Regelungen fest, wobei insbesondere Bestimmungen über

1. die Grundsätze und Voraussetzungen, unter denen der Ausgleich gewährt wird, einschließlich der Kriterien zur Berechnung des Ausgleichs,
2. die Ausgleichsberechtigten,
3. die ausgleichspflichtigen Tatbestände, insbesondere für Handlungspflichten nach § 52 Abs. 1 WHG, soweit durch sie die ordnungsgemäße land- und forstwirtschaftliche Nutzung des Grundstücks beschränkt wird,
4. das Ausgleichsverfahren,
5. die Grundsätze der Ermittlung der Ausgleichshöhe, die sich bemisst nach den Ertragseinbußen und Mehraufwendungen gemessen an den Erträgen und Aufwendungen einer ordnungsgemäßen land- und forstwirtschaftlichen Nutzung,

getroffen werden können.

§ 47 Heilquellenschutz (zu § 53 WHG)

(1) Abweichend von § 53 Abs. 1 WHG sind Heilquellen natürlich zutage tretende oder künstlich erschlossene Wasservorkommen, die aufgrund ihrer chemischen Zusammensetzung, ihrer physikalischen Eigenschaften oder nach der Erfahrung geeignet sind, Heilzwecken zu dienen.

(2) [1]Heilquellen, deren Erschließung aus Gründen des Wohls der Allgemeinheit geboten ist, können staatlich anerkannt werden; § 53 Abs. 2 Satz 2 WHG gilt entsprechend. [2]Über die Anerkennung nach Satz 1 und § 53 Abs. 2 Satz 1 WHG entscheidet die zuständige Gesundheitsbehörde im Einvernehmen mit der zuständigen Wasserbehörde.

(3) [1]Die Ermächtigung zum Erlass von Rechtsverordnungen zum Schutz staatlich anerkannter Heilquellen nach § 53 Abs. 4 WHG wird auf die unteren Wasserbehörden übertragen; die Rechtsverordnung wird im Einvernehmen mit der zuständigen Gesundheitsbehörde erlassen. [2]§ 46 gilt entsprechend.

(4) [1]Das Staatsministerium für Soziales und Verbraucherschutz wird ermächtigt, durch Rechtsverordnung die nach den Absätzen 2 und 3 zuständige Gesundheitsbehörde zu bestimmen und das Verfahren zur staatlichen Anerkennung einer Heilquelle zu regeln. [2]In der Rechtsverordnung kann auch geregelt werden, welche Unterlagen zum Nachweis der Wirksamkeit, der Unbedenklichkeit und der Qualität des Heilwassers sowie der Eigentumsverhältnisse und Nutzungsrechte an der Heilquelle verlangt werden können.

Abschnitt 2
Abwasserbeseitigung

§ 48 Abwasserbeseitigung (zu § 54 WHG)
[1]Die Abwasserbeseitigung umfasst auch das Stabilisieren von Klärschlamm. [2]Zur Abwasserbeseitigung bei abflusslosen Gruben, die zur Sammlung häuslicher Abwässer und Fäkalien dienen, gehört auch das Entleeren, Transportieren und Behandeln des Grubeninhalts. [3]Die Abwasserbeseitigung umfasst bei Kleinkläranlagen und bei abflusslosen Gruben auch die Überwachung der Selbstüberwachung und der Wartung dieser Anlagen. [4]Die Kosten dieser Überwachung sind Kosten im Sinne von § 11 Abs. 2 des Sächsischen Kommunalabgabengesetzes (SächsKAG) in der Fassung der Bekanntmachung vom 26. August 2004 (SächsGVBl. S. 418, 2005 S. 306), das zuletzt durch Artikel 6 des Gesetzes vom 18. Oktober 2012 (SächsGVBl. S. 562, 566) geändert worden ist, in der jeweils geltenden Fassung.

§ 49 Grundsätze der Abwasserbeseitigung (zu § 55 WHG)
(1) [1]Stoffe, die nicht Abwasser im Sinne des § 54 Abs. 1 WHG sind, dürfen nicht in Abwasseranlagen eingebracht werden. [2]Das gilt nicht
1. für Stoffe, die zum Zwecke der Behandlung im Rahmen der für die Abwasseranlage geltenden Bestimmungen eingebracht werden,
2. bei einer Beseitigung nach § 55 Abs. 3 WHG.

[3]Wasser aus der Grundwasserhaltung von Baugruben darf mit Zustimmung des Abwasserbeseitigungspflichtigen und des Betreibers der Abwasserbeseitigungsanlage eingebracht werden.

(2) [1]Die oberste Wasserbehörde kann durch Verwaltungsvorschrift weitere Grundsätze für die Abwasserbeseitigung nach überörtlichen Gesichtspunkten sowie Termine für die Errichtung und Inbetriebnahme der Abwasseranlagen festlegen. [2]Die Verwaltungsvorschrift nach Satz 1 wird im Sächsischen Amtsblatt veröffentlicht.

§ 50 Pflicht zur Abwasserbeseitigung (zu den §§ 8 und 56 WHG)
(1) Die Abwasserbeseitigungspflicht obliegt den Gemeinden oder der Körperschaft des öffentlichen Rechts, soweit die Aufgaben auf diese übertragen werden (Abwasserbeseitigungspflichtige).

(2) [1]Abwasser, der Schlamm aus Kleinkläranlagen und der Inhalt abflussloser Gruben sind dem Abwasserbeseitigungspflichtigen oder seinem Beauftragten von demjenigen, bei dem sie anfallen (Überlassungspflichtige), zu überlassen. [2]Die Abwasserbeseitigungspflichtigen können bestimmen, wie ihnen das angefallene Abwasser zu überlassen ist. [3]Sie können insbesondere vorschreiben, dass das Abwasser vor der Überlassung behandelt werden muss. [4]Die Eigentümer und Besitzer der Grundstücke, auf denen das Abwasser, der Schlamm aus Kleinkläranlagen oder der Inhalt abflussloser Gruben anfällt, haben das Betreten der Grundstücke durch die Bediensteten oder Beauftragten des Abwasserbeseitigungspflichtigen zum Zwecke der Erfüllung der Abwasserbeseitigungspflicht sowie der Prüfung der Einhaltung von Satzungsbestimmungen des Abwasserbeseitigungspflichtigen zu dulden.

(3) Die Pflichten zur Beseitigung und zur Überlassung von Abwasser nach den Absätzen 1 und 2 entfallen
1. für Niederschlagswasser, das von öffentlichen Verkehrsflächen abfließt,
2. für Niederschlagswasser, das auf dem Grundstück, auf dem es anfällt, verwertet oder versickert werden kann,
3. für Abwasser, das bei der Mineralgewinnung anfällt,
4. für Abwasser, dessen Einleitung in ein Gewässer wasserrechtlich erlaubt ist, im Umfang der Erlaubnis und

5. für verunreinigtes Wasser, das im Rahmen einer Grundwassersanierung mit Zustimmung der zuständigen Wasserbehörde entnommen und nach einer Behandlung wieder versickert oder in ein Oberflächengewässer eingeleitet wird.

(4) Auf Antrag des Abwasserbeseitigungspflichtigen oder des Überlassungspflichtigen sollen durch Entscheidung der zuständigen Wasserbehörde nach Maßgabe des § 51 Abs. 3 ganz oder teilweise die Pflichten zur Beseitigung und Überlassung nach den Absätzen 1 und 2 Satz 1 für Niederschlagswasser, das in rechtlich zulässiger Weise außerhalb des Grundstücks, auf dem es anfällt, verwertet oder versickert werden kann, entfallen.

(5) Auf Antrag des Abwasserbeseitigungspflichtigen oder des Überlassungspflichtigen können durch Entscheidung der zuständigen Wasserbehörde nach Maßgabe des § 51 Abs. 3 ganz oder teilweise die Pflichten zur Beseitigung und Überlassung nach den Absätzen 1 und 2 Satz 1 entfallen

1. für Schlamm aus Kleinkläranlagen, der unter Beachtung der dünge-, abfall- und bodenschutzrechtlichen Bestimmungen weiter verwendet werden soll, oder

2. wenn eine anderweitige Beseitigung des Abwassers, des Schlamms aus Kleinkläranlagen oder des Inhalts abflussloser Gruben aus Gründen des Gewässerschutzes oder wegen eines ansonsten unvertretbar hohen Aufwands zweckmäßig ist.

(6) [1]Zur Beseitigung des Abwassers, des Schlamms aus Kleinkläranlagen oder des Inhalts abflussloser Gruben, für die nach den Absätzen 3 bis 5 keine Abwasserbeseitigungspflicht nach Absatz 1 besteht, ist derjenige verpflichtet, bei dem sie anfallen. [2]Die Pflichten nach § 48 Satz 3 verbleiben bei dem ursprünglich Abwasserbeseitigungspflichtigen nach Absatz 1. [3]Den Trägern der Straßenbaulast obliegt die Entwässerung ihrer Anlagen.

(7) [1]Der Anschluss- und Benutzungszwang gemäß § 14 der Gemeindeordnung für den Freistaat Sachsen (SächsGemO) in der Fassung der Bekanntmachung vom 18. März 2003 (SächsGVBl. S. 55, 159), die zuletzt durch Artikel 1 des Gesetzes vom 28. März 2013 (SächsGVBl. S. 158) geändert worden ist, in der jeweils geltenden Fassung, darf nur in den Fällen des Absatzes 3 Nr. 4 ausgeübt werden, wenn das Abwasserbeseitigungskonzept den Anschluss an eine öffentliche Abwasseranlage spätestens innerhalb von fünf Jahren vorsieht. [2]Wenn das Abwasserbeseitigungskonzept den Anschluss an eine öffentliche Abwasseranlage nicht innerhalb von fünf Jahren vorsieht, darf in den Fällen des Absatzes 3 Nr. 4 der Verpflichtete nach Absatz 6 Satz 1 im Umfang der Befreiung von der Abwasserüberlassungspflicht nicht vor Ablauf von 15 Jahren, beginnend mit der Errichtung oder der Errichtung vergleichbaren substanziellen Anpassung der Anlage an den Stand der Technik, zum Anschluss an die öffentliche Abwasseranlage oder zu deren Benutzung verpflichtet werden.

§ 51 Abwasserbeseitigungskonzept (zu den §§ 8, 12, 55, 56 und 57 WHG)

(1) [1]Die Abwasserbeseitigungspflichtigen stellen für das gesamte Entsorgungsgebiet ein Abwasserbeseitigungskonzept auf. [2]Dabei sind die Grundsätze nach § 49 Abs. 2, der Bewirtschaftungsplan nach § 83 WHG und das Maßnahmenprogramm nach § 82 WHG, sonstige Planungsunterlagen, der Gewässerschutz, die demografische Entwicklung und die Begrenzung der Kosten für die Abwassererzeuger insgesamt zu berücksichtigen. [3]Es enthält mindestens folgende Angaben:

1. wesentliche vorhandene und geplante Anlagen der öffentlichen Abwasserbeseitigung,

2. die Bezeichnung der Teile des Entsorgungsgebiets, die über öffentliche Anlagen entsorgt werden sollen,

3. die Bezeichnung der Teile des Entsorgungsgebiets, die über nicht-öffentliche Anlagen, Kleinkläranlagen und abflusslose Gruben entsorgt werden sollen, insoweit sind auch die Einrichtungen zur Aufnahme und Behandlung des Inhalts von Kleinkläranlagen und abflusslosen Gruben zu bezeichnen,

4. Angaben zur Beseitigung des Niederschlagswassers,

5. den Umfang des angeordneten oder geplanten Anschluss- und Benutzungszwangs,

6. den Zeitraum, in dem wesentliche Anlagen der öffentlichen Abwasserbeseitigung verwirklicht oder an die Anforderungen nach den §§ 57 und 60 WHG angepasst werden sollen, und

7. den Zeitraum, in dem nicht-öffentliche Anlagen an die Anforderungen nach den §§ 57 und 60 WHG angepasst werden sollen, soweit diese Anpassung nicht bereits durch Gesetz oder die zuständige Wasserbehörde angeordnet worden ist.

(2) [1]Das Abwasserbeseitigungskonzept ist der zuständigen Wasserbehörde vorzulegen. [2]Entspricht das Abwasserbeseitigungskonzept nicht den Anforderungen nach Absatz 1 Satz 2 und 3, ist es innerhalb

von vier Monaten zu beanstanden. [3]Das beanstandete Abwasserbeseitigungskonzept ist unverzüglich zu überarbeiten und, soweit keine andere Frist gesetzt ist, innerhalb von spätestens sechs Monaten erneut vorzulegen. [4]Bei geplanten Änderungen im Entsorgungsgebiet, die wesentliche Auswirkungen für die Abwasserbeseitigung haben können, ist das Abwasserbeseitigungskonzept fortzuschreiben und der zuständigen Wasserbehörde erneut vorzulegen.

(3) [1]Die zuständige Wasserbehörde hat bei der Erteilung von Erlaubnissen nach den §§ 8 und 57 WHG oder bei einer Entscheidung nach § 50 Abs. 4 oder 5 die durch den Abwasserbeseitigungspflichtigen im Abwasserbeseitigungskonzept festgelegten Daten zum Anschluss an eine öffentliche Abwasseranlage durch Befristungen zu berücksichtigen. [2]Eine Erlaubnis nach den §§ 8 und 57 WHG darf nicht erteilt oder eine Entscheidung nach § 50 Abs. 4 oder 5 darf nicht getroffen werden, wenn diese im Widerspruch zu dem Abwasserbeseitigungskonzept nach Absatz 1 stehen, es sei denn, der Abwasserbeseitigungspflichtige hat eine Befreiung vom Anschluss- und Benutzungszwang erteilt.

§ 52 Kleinkläranlagen (zu § 8 WHG)

(1) Kleinkläranlagen sind Anlagen zur Behandlung häuslicher Abwässer, die für eine Belastung von weniger als 3 kg biochemischer Sauerstoffbedarf (BSB_5) oder 8 m³ täglich bemesen sind.

(2) [1]Für das Einleiten von Abwasser aus Kleinkläranlagen, die den Stand der Technik entsprechen und eine allgemeine bauaufsichtliche Zulassung nach § 18 SächsBO besitzen, in ein oberirdisches Gewässer gilt nach Zugang des vollständigen Antrages bei der zuständigen Wasserbehörde die Erlaubnis nach § 8 Abs. 1, § 57 Abs. 1 WHG für 15 Jahre als erteilt, wenn die zuständige Wasserbehörde dem Antragsteller nicht innerhalb von drei Monaten nach Eingang der vollständigen Unterlagen schriftlich etwas Abweichendes mitteilt (Erlaubnisfiktion). [2]Für die Vollständigkeit des Antrags sind folgende Unterlagen einzureichen:

1. Nachweis der allgemeinen bauaufsichtlichen Zulassung der Kleinkläranlage und Angabe der anzuschließenden Einwohner,
2. der Wartungsvertrag,
3. amtlicher Lageplan, auf dem die bauliche Anordnung der Kleinkläranlage und der Einleitstelle in das Gewässer eingezeichnet ist, und
4. Bescheinigung der nach § 50 Abs. 1 abwasserbeseitigungspflichtigen Körperschaft zur Übereinstimmung mit dem Abwasserbeseitigungskonzept.

(3) [1]Die Erlaubnis nach Absatz 2 gilt unter der auflösenden Bedingung, dass der zuständigen Wasserbehörde spätestens vor dem Ablauf von sechs Monaten nach der Fertigstellung der Kleinkläranlage eine Bescheinigung über die Bauabnahme der nach § 50 Abs. 1 abwasserbeseitigungspflichtigen Körperschaft vorgelegt wird. [2]Für die Bauabnahme nach Satz 1 gilt § 106 Abs. 2 Satz 2 und Abs. 3 Satz 1 entsprechend.

§ 53 Einleiten von Abwasser in öffentliche Abwasseranlagen (zu § 58 WHG)

[1]Die Genehmigung nach § 58 Abs. 1 Satz 1 in Verbindung mit Satz 3 WHG gilt widerruflich als erteilt, wenn

1. durch die Behandlung in der öffentlichen Abwasserbehandlungsanlage die Schadstofffracht des Abwassers so vermindert wird, dass die Anforderungen der Rechtsverordnung nach § 23 Abs. 1 Nr. 3 WHG in Verbindung mit § 57 Abs. 2 WHG an das Abwasser vor Vermischung in gleichem Maße wie in einer Abwasserbehandlungsanlage beim Abwassereinleiter eingehalten werden oder
2. zur Verminderung der Schadstofffracht nach § 57 Abs. 1 Nr. 1 WHG eine abwassertechnische Einrichtung eingebaut, betrieben sowie regelmäßig gewartet und überprüft wird, für die eine allgemeine bauaufsichtliche Zulassung oder eine europäische technische Zulassung nach den Vorschriften des Gesetzes über das Inverkehrbringen von und den freien Warenverkehr mit Bauprodukten zur Umsetzung der Richtlinie 89/106/EWG des Rates vom 21. Dezember 1988 zur Angleichung der Rechts- und Verwaltungsvorschriften der Mitgliedstaaten über Bauprodukte und anderer Rechtsakte der Europäischen Gemeinschaften (Bauproduktengesetz – BauPG) in der Fassung der Bekanntmachung vom 28. April 1998 (BGBl. I S. 812), zuletzt geändert durch Artikel 2 des Gesetzes vom 8. November 2011 (BGBl. I S. 2178, 2197), in der jeweils geltenden Fassung, oder sonstige Bauartzulassung nach § 55 Abs. 4 vorliegt, die die wasserrechtlichen Anforderungen berücksichtigt,

und dies der zuständigen Wasserbehörde spätestens einen Monat vor der Einleitung angezeigt wird. [2]Der Anzeige sind die erforderlichen Unterlagen beizufügen.

§ 54 Selbstüberwachung (zu § 61 WHG)

(1) [1]Abwasser, für dessen Einleitung eine Genehmigung nach § 58 Abs. 1 WHG erforderlich ist, ist vom Einleiter auf seine Kosten monatlich mindestens einmal zu untersuchen. [2]Die Probenahmestelle und die zu untersuchenden Parameter sind in der Genehmigung zu bestimmen. [3]Die Abwasseruntersuchungen sind nach den aufgrund der Rechtsverordnung nach § 23 Abs. 1 Nr. 3 WHG in Verbindung mit § 57 Abs. 2 WHG oder der Abwasserverordnung in der am 7. August 2013 geltenden Fassung zulässigen Analyse- und Messverfahren durchzuführen. [4]Ergebnisse dieser Kontrolluntersuchungen können von der zuständigen Wasserbehörde der behördlichen Überwachung zugrunde gelegt werden.

(2) Bei Abwasser von geringer Schädlichkeit kann die zuständige Behörde längere Untersuchungszeiträume und andere geeignete Kontroll-, Analyse- und Messverfahren, wie zum Beispiel Schnellanalyseverfahren oder Betriebsverfahren, als die nach Absatz 1 bestimmten Verfahren vorschreiben.

(3) Weitergehende Vorschriften über die Inanspruchnahme kommunaler Abwasseranlagen aufgrund Satzungsrechts bleiben unberührt.

Abschnitt 3
Wasserversorgungs- und Abwasseranlagen

§ 55 Wasserversorgungs- und Abwasseranlagen und wasserrechtliche Genehmigung (zu den §§ 50 und 60 Abs. 3 und 4 WHG)

(1) Für Wasserversorgungsanlagen gilt § 50 Abs. 4 WHG entsprechend.

(2) Die Errichtung und der Betrieb von Abwasseranlagen und überörtlich bedeutsamen Wasserversorgungsanlagen, einschließlich der überörtlichen Ver- und Entsorgungsleitungen, sowie die wesentliche Veränderung oder Beseitigung derselben oder ihres Betriebs bedürfen der wasserrechtlichen Genehmigung.

(3) [1]Die wasserrechtliche Genehmigungspflicht nach Absatz 2 entfällt für folgende Anlagen:
1. Wasserversorgungsanlagen mit einer Kapazität von weniger als 300 m³ täglich oder Rohrleitungen mit weniger als 200 mm Nennweite,
2. Anschlusskanäle für häusliches Abwasser bis zum Anschluss an die öffentliche Abwasseranlage oder zur Vereinigung mit anderen Anschlusskanälen,
3. Abwasserkanäle für nicht häusliches Abwasser, das nicht mit gefährlichen Stoffen belastet ist und keiner öffentlichen Abwasserbehandlungsanlage zugeführt wird, wenn sie das Grundstück nicht verlassen,
4. Kleinkläranlagen,
5. abflusslose Gruben,
6. Anlagen zur Versickerung von Niederschlagswasser,
7. Abwasseranlagen, die in einem bergrechtlichen Betriebsplan im Einvernehmen mit der zuständigen Wasserbehörde zugelassen werden,
8. Anlagen, Anlagenteile oder technische Schutzvorkehrungen, die nach den Vorschriften des Bauproduktengesetzes oder anderer Rechtsvorschriften zur Umsetzung von Richtlinien der Europäischen Gemeinschaften, deren Regelungen über die Brauchbarkeit auch Anforderungen zum Schutz der Gewässer umfassen, in den Verkehr gebracht werden dürfen und das Zeichen der Europäischen Gemeinschaften (CE-Kennzeichen) tragen, das nach diesen Vorschriften zulässige und von den Ländern zu bestimmende Klassen und Leistungsstufen aufweist,
9. Anlagen, Anlagenteile oder technische Schutzvorkehrungen, bei denen nach den bauordnungsrechtlichen Vorschriften über die Verwendung von Bauprodukten auch die Einhaltung der wasserrechtlichen Anforderungen sichergestellt ist,
10. Anlagen, Anlagenteile oder technische Schutzvorkehrungen, die nach immissionsschutz- oder arbeitsschutzrechtlichen Vorschriften der Bauart nach zugelassen sind oder einer Bauartzulassung bedürfen, wobei bei der Bauartzulassung die wasserrechtlichen Anforderungen zu berücksichtigen sind,
11. Anlagen, Anlagenteile oder technische Schutzvorkehrungen, die gemäß Absatz 4 der Bauart nach zugelassen worden sind,

12. Abwasserkanäle, die der Anzeigepflicht nach Absatz 5 unterliegen, und
13. Anlagen, die der Anzeigepflicht nach Absatz 6 unterliegen.
[2]Die Nummern 1 bis 12 gelten nicht für Anlagen in Wasser- oder Heilquellenschutzgebieten.

(4) Auf Antrag kann eine Bauartzulassung, die von der zuständigen Stelle eines anderen Landes erteilt worden ist, auch für den Freistaat Sachsen für gültig erklärt werden.

(5) [1]Errichtung oder Stilllegung innerörtlicher Abwasserkanäle sind spätestens einen Monat vor Beginn der Maßnahme bei der zuständigen Wasserbehörde anzuzeigen. [2]Der Anzeige sind Angaben zur Nennweite, Materialart, zum Trassen- und Gradientenverlauf und zur bemessenen Abwassermenge beizufügen. [3]Mit der Ausführung des Vorhabens darf frühestens einen Monat nach dem von der zuständigen Wasserbehörde bestätigten Eingangsdatum begonnen werden, es sei denn, die zuständige Wasserbehörde untersagt den Baubeginn innerhalb dieser Frist. [4]Der Eingang der vollständigen Anzeige gilt 14 Tage nach Zugang bei der zuständigen Wasserbehörde als bestätigt.

(6) [1]Die alsbaldige Neuerrichtung einer zulässigerweise errichteten, durch außergewöhnliche Ereignisse, insbesondere Naturkatastrophen, zerstörten gleichartigen Anlage an gleicher Stelle ist der zuständigen Wasserbehörde vor Beginn der Baumaßnahme anzuzeigen. [2]Der Anzeige sind die Planungsunterlagen und, soweit möglich, die ursprüngliche Genehmigung oder Planfeststellung beizufügen. [3]Die zuständige Wasserbehörde hat dem Bauherrn innerhalb von fünf Werktagen das Eingangsdatum der Anzeige zu bestätigen. [4]Mit der Ausführung des Vorhabens darf drei Wochen nach dem von der zuständigen Wasserbehörde bestätigten Eingangsdatum begonnen werden, es sei denn, die zuständige Wasserbehörde untersagt den Baubeginn innerhalb der Frist.

(7) Die wasserrechtliche Genehmigung darf nur versagt oder mit Bedingungen und Auflagen erteilt werden, wenn die Anlage
1. den Vorschriften des Wasserhaushaltsgesetzes, dieses Gesetzes oder sonstigen öffentlich-rechtlichen Vorschriften, insbesondere den Zielen und Grundsätzen der Raumordnung, widerspricht,
2. den jeweils in Betracht kommenden Regeln der Technik nicht entspricht,
3. einem Bewirtschaftungsplan, einem Maßnahmenprogramm, den Grundsätzen nach § 42 oder § 49 Abs. 2, einem Abwasserbeseitigungskonzept des Abwasserbeseitigungspflichtigen oder einer anderen wasserwirtschaftlichen Planung widerspricht,
4. den Anforderungen nicht entspricht, die in einer Erlaubnis oder Bewilligung festgelegt sind oder werden.

(8) [1]Neben der wasserrechtlichen Genehmigung bedarf es für die Errichtung der Anlage keiner Entscheidung der Baugenehmigungsbehörden. [2]Die Vorschriften des Bauplanungs- und Bauordnungsrechts einschließlich der nach den Bestimmungen der Sächsischen Bauordnung eingeführten Technischen Baubestimmungen sind zu beachten.

Abschnitt 4
Die am Bau Beteiligten

§ 56 Grundsatz
Bei Planung, Errichtung, Änderung, Beseitigung, Instandsetzung und Unterhaltung einer wasserwirtschaftlichen Anlage, an die im Wasserhaushaltsgesetz, in diesem Gesetz oder in Vorschriften aufgrund des Wasserhaushaltsgesetzes oder dieses Gesetzes Anforderungen gestellt werden, sind der Bauherr und im Rahmen ihres Wirkungskreises die anderen am Bau Beteiligten dafür verantwortlich, dass die öffentlich-rechtlichen Vorschriften eingehalten werden.

§ 57 Bauherr
(1) [1]Der Bauherr hat zur Vorbereitung, Überwachung und Ausführung eines genehmigungsbedürftigen Bauvorhabens einen Entwurfsverfasser, einen Unternehmer und einen Bauleiter zu bestellen. [2]Dem Bauherrn obliegen die nach den öffentlich-rechtlichen Vorschriften erforderlichen Anzeigen und Nachweise an die zuständige Wasserbehörde. [3]Der Bestellung von Baubeteiligten nach Satz 1 bedarf es nicht, wenn das Bauvorhaben einer Körperschaft des öffentlichen Rechts von einem Beschäftigten des höheren oder gehobenen technischen Verwaltungsdienstes geplant und überwacht wird.

(2) Bei geringfügigen oder bei technisch einfachen wasserbaulichen Anlagen kann die zuständige Wasserbehörde darauf verzichten, dass ein Entwurfsverfasser und ein Bauleiter nach Absatz 1 bestellt werden.

(3) ¹Sind die vom Bauherrn bestellten Personen für ihre Aufgabe nach Sachkunde und Erfahrung nicht geeignet, so kann die zuständige Wasserbehörde vor und während der Bauausführung verlangen, dass ungeeignete Beauftragte durch geeignete ersetzt oder geeignete Sachverständige herangezogen werden. ²Die zuständige Wasserbehörde kann die Bauarbeiten einstellen lassen, bis geeignete Beauftragte oder Sachverständige bestellt sind.

(4) Wechselt der Bauherr, so hat der neue Bauherr dies der zuständigen Wasserbehörde unverzüglich schriftlich mitzuteilen.

§ 58 Entwurfsverfasser, Unternehmer und Bauleiter

(1) Die Vorschriften der §§ 54 bis 56 SächsBO gelten entsprechend.

(2) ¹Ergänzend zu Absatz 1 darf der Unternehmer unbeschadet der Vorschriften des § 106 Abs. 2 Arbeiten erst ausführen oder ausführen lassen, wenn die dafür notwendigen Unterlagen und Anweisungen an der Baustelle vorliegen. ²Hat der Unternehmer für einzelne Arbeiten nicht die erforderliche Sachkunde und Erfahrung, so muss er geeignete Fachunternehmer und Fachleute heranziehen. ³Diese sind für ihre Arbeiten verantwortlich.

Abschnitt 5
Vorbeugender Gewässerschutz und Gewässerschutzbeauftragter

§ 59 Vorbeugender Gewässerschutz

Feste Stoffe, Flüssigkeiten und Gase, insbesondere wassergefährdende Stoffe, sind so zu lagern, abzufüllen, umzuschlagen, herzustellen, zu behandeln, zu verwenden, zu befördern, abzusetzen und zu entsorgen, dass eine nachteilige Beeinflussung der Gewässer sowie der öffentlichen Wasserversorgungsanlagen und öffentlichen Abwasseranlagen nicht zu besorgen ist.

§ 60 Gewässerschutzbeauftragter (zu § 64 Abs. 1 und § 65 WHG)

¹Einen Gewässerschutzbeauftragten haben über den § 64 Abs. 1 WHG hinaus auch Wasserversorgungsverbände und Abwasserverbände zu bestellen. ²Für die Bestellung, die Aufgaben und die Rechtsstellung des Gewässerschutzbeauftragten gelten die §§ 65 bis 66 WHG entsprechend.

Abschnitt 6
Ausbau und Renaturierung

§ 61 Grundsatz (zu § 6 Abs. 2 und 67 WHG)

(1) Soweit wesentliche Interessen des Wohls der Allgemeinheit nichts anderes erfordern, soll ein Gewässer nur so ausgebaut werden, dass der vorhandene ökologische Zustand oder das ökologische Potenzial verbessert wird, mindestens aber in seinem bisherigen Umfang erhalten bleibt.

(2) Die zuständige Wasserbehörde kann für nicht naturnah ausgebaute Gewässer Fristen bestimmen, innerhalb derer ein naturnaher Gewässerzustand herbeizuführen ist.

(3) ¹Die Verrohrung von oberirdischen Gewässern ist nicht zulässig. ²Befreiungen sind beim Vorliegen zwingender Gründe möglich.

(4) Für Vorbereitung und Durchführung baulicher Maßnahmen gelten die §§ 56 bis 58 entsprechend.

§ 62 Ausbaulast, Ausbaupflicht

(1) ¹Der Träger der Unterhaltungslast im Sinne von § 40 WHG und § 32 hat, soweit dies für den Wasserabfluss notwendig ist oder ein Maßnahmenprogramm bestimmte Ausbaumaßnahmen verbindlich vorschreibt, die Aufgabe, das Gewässer und seine Ufer im Sinne von § 61 auszubauen oder zu renaturieren. ²Die Ausbaulast ist eine öffentlich-rechtliche Verpflichtung. ³Sie begründet keinen Rechtsanspruch Dritter gegen den Träger der Ausbaulast.

(2) Sind die für den Ausbau erforderlichen Aufwendungen im Vergleich zu dem Nutzen, der dem Träger der Ausbaulast aus dem Ausbau oder der Renaturierung erwächst, oder zu seiner Leistungsfähigkeit unverhältnismäßig hoch, so kann er nur dann zum Ausbau angehalten werden, wenn er durch Kostenbeiträge ausreichend entlastet wird.

§ 63 Planfeststellung und Plangenehmigung (zu den §§ 67 bis 71 WHG)
(1) Die Entschädigungspflicht gemäß § 70 Abs. 1 WHG in Verbindung mit § 14 Abs. 3 Satz 3 WHG entfällt, wenn der Ausbau

1. die Ausübung von Wasserbenutzungsrechten oder Befugnissen beeinträchtigt oder unmöglich macht, die ohne Entschädigung beschränkt oder aufgehoben werden können,
2. Bauten oder sonstige Anlagen beeinträchtigt, deren Beseitigung ohne Entschädigung angeordnet werden kann.

(2) [1]Die Herstellung, wesentliche Änderung oder Beseitigung eines Flutungspolders bedarf der Planfeststellung oder Plangenehmigung. [2]Die §§ 68 bis 71 WHG und die Vorschriften des Teils 5 Abschnitt 3 gelten entsprechend. [3]Mit der Planfeststellung für Flutungspolder sind für Maßnahmen, die die Sozialbindung des Eigentums überschreiten, Regelungen für den Ausgleich gemäß § 78 Abs. 5 Satz 2 WHG in Verbindung mit § 52 Abs. 5 WHG im Falle der gezielten Flutung zu treffen.

(3) § 16 Abs. 2 und 3 WHG gilt entsprechend für alle Planfeststellungs- und Plangenehmigungsverfahren gemäß § 68 WHG und Absatz 2 Satz 1.

§ 64 Besondere Pflichten im Interesse des Ausbaus
(1) [1]Die Gewässereigentümer, die Anlieger und die Hinterlieger haben zu dulden, dass der Ausbauunternehmer oder seine Beauftragten die Grundstücke nach vorheriger Ankündigung vorübergehend benutzen, wenn es zur Vorbereitung und Durchführung eines dem Wohl der Allgemeinheit dienenden Ausbaus erforderlich ist. [2]Dabei haben die Gewässereigentümer, die Anlieger und die Hinterlieger das vorübergehende Aufbringen und das Einebnen von Aushub auf ihren Grundstücken zu dulden, soweit dadurch die Nutzung nicht wesentlich beeinträchtigt wird; die abfallrechtlichen und bodenschutzrechtlichen Vorschriften bleiben unberührt.

(2) Unter den gleichen Voraussetzungen haben die Inhaber von Wasserbenutzungsrechten und Befugnissen zu dulden, dass die Benutzung vorübergehend behindert oder unterbrochen wird oder dass Wasserbenutzungsanlagen vorübergehend mitbenutzt werden.

(3) Entstehen durch Handlungen nach Absatz 1 oder 2 Schäden, so hat der Geschädigte Anspruch auf Schadensersatz.

(4) Die Absätze 1 bis 3 gelten auch für die Ausübung der Fischerei durch die Fischereiausübungsberechtigten.

§ 65 Vorteilsausgleich
[1]Bringt ein aus Gründen des Wohls der Allgemeinheit unternommener Ausbau einem anderen Vorteile, so kann dieser nach seinem Vorteil zu dem Kostenaufwand des Ausbaus herangezogen werden. [2]Beiträge, die eine Gemeinde oder ein Dritter nach Satz 1 zum Ausbauaufwand des Freistaates Sachsen zu leisten hat, setzt die Wasserbehörde fest, die über den Ausbau entscheidet. [3]Geringfügige Vorteile bleiben außer Betracht. [4]Die oberste Wasserbehörde kann Näheres durch Rechtsverordnung regeln, insbesondere können Bestimmungen über die Ausgleichshöhe getroffen werden, einschließlich der flächen- und nutzungsbezogenen Festsetzung von pauschalierten Ausgleichsbeträgen.

§ 66 Aufwendungsersatz
[1]Soweit Maßnahmen im Zuge des Ausbaus eines Gewässers erster Ordnung auch den besonderen Zwecken einer Gemeinde dienen, hat diese die hierfür entstehenden Aufwendungen zu tragen. [2]§ 65 Satz 1 gilt entsprechend.

Abschnitt 7
Talsperren, Wasserspeicher und Hochwasserrückhaltebecken

§ 67 Begriffsbestimmung
(1) [1]Talsperren, Wasserspeicher und Hochwasserrückhaltebecken im Sinne dieses Gesetzes sind die Anlagen zum zeitweiligen oder ständigen Anstau eines Gewässers und zum Speichern von Wasser, bei denen die Höhe des Absperrbauwerks vom tiefsten luftseitigen Geländepunkt am Absperrbauwerk bis zur Krone mehr als 5 m beträgt und der höchstzulässige Nutzraum ein Volumen von mehr als 100 000 m[3] umfasst. [2]Sie bestehen aus Absperrbauwerken und den dazugehörigen Staubecken.

(2) ¹Die Anlagen nach Absatz 1 sind nach den Vorschriften des § 68 zu planen, zu errichten, zu betreiben und zu unterhalten. ²Die Vorschriften über oberirdische Gewässer bleiben im Übrigen unberührt.

(3) Absatz 2 gilt auch für andere als die in Absatz 1 genannten Anlagen, wenn die oberste Wasserbehörde dies bestimmt.

§ 68 Planung, Errichtung, Betrieb und Unterhaltung

(1) ¹Planung, Errichtung, Betrieb und Unterhaltung von Talsperren, Wasserspeichern und Hochwasserrückhaltebecken obliegen ihren Eigentümern oder Betreibern; die §§ 56 bis 58 sind für Vorbereitung und Durchführung von Baumaßnahmen entsprechend anzuwenden. ²Für Talsperren und Wasserspeicher, die überwiegend der Trinkwasserversorgung oder der Niedrigwasseraufhöhung aus Gründen des Wohls der Allgemeinheit dienen und überörtliche Bedeutung haben, obliegen diese Aufgaben dem Freistaat Sachsen. ³Für die Talsperren, Wasserspeicher und Hochwasserrückhaltebecken mit überörtlicher Bedeutung für den Hochwasserschutz gilt § 80 Abs. 2 Nr. 2 und 3. ⁴Die Aufgaben nach Satz 2 sind eine öffentlich-rechtliche Verpflichtung, sie begründen keinen Rechtsanspruch Dritter.

(2) ¹Die oberste Wasserbehörde wird ermächtigt, die Aufgaben nach Absatz 1 sowie die Befugnisse zur Umlage der Aufwendungen gemäß § 69 Abs. 2 und 3 durch Rechtsverordnung auf andere öffentlich-rechtliche Körperschaften oder Private zu übertragen. ²In der Verordnung ist der Umfang der Übertragung der hoheitlichen Aufgaben zu bestimmen.

(3) ¹Anlagen nach § 67 sind mindestens nach den allgemein anerkannten Regeln der Technik zu planen, zu errichten, zu unterhalten und zu betreiben. ²Sie dürfen nur nach einem Plan angelegt oder geändert werden; dieser muss Angaben über den Betrieb enthalten und Einrichtungen vorsehen, die Nachteile und Gefahren für andere verhüten oder ausgleichen.

(4) Entsprechen vorhandene Anlagen nach § 67 nicht den Anforderungen des Absatzes 3, hat sie der Eigentümer innerhalb einer angemessenen Frist diesen Anforderungen anzupassen.

(5) Der Betreiber einer Talsperre, eines Wasserspeichers oder eines Hochwasserrückhaltebeckens im Sinne des § 67 kann von der zuständigen Wasserbehörde verpflichtet werden, die Anlage oder Teile von ihr zu überprüfen oder auf seine Kosten durch einen im Einvernehmen mit der Wasserbehörde beauftragten Gutachter überprüfen zu lassen.

§ 69 Bau- und Unterhaltungslast

(1) Die Aufgaben des Freistaates Sachsen nach § 68 Abs. 1 werden durch den Staatsbetrieb Landestalsperrenverwaltung wahrgenommen.

(2) ¹Die Aufwendungen für Planung, Errichtung, Betrieb und Unterhaltung der in § 68 Abs. 1 bezeichneten Anlagen können mit Ausnahme der Aufwendungen für den Hochwasserschutz und die Niedrigwasseraufhöhung aus Gründen des Wohls der Allgemeinheit durch den Staatsbetrieb Landestalsperrenverwaltung auf die unmittelbar Bevorteilten entsprechend ihrer Vorteile umgelegt werden. ²Soweit sich der Vorteil aus einer rechtlich gesicherten Möglichkeit der Inanspruchnahme der Anlagen ergibt, erfolgt die Vorteilsbemessung nach dem Umfang der möglichen Inanspruchnahme, nicht nach der tatsächlichen Nutzung. ³Wenn mehrere Anlagen im Wesentlichen gleichförmig genutzt werden, können die Aufwendungen insoweit auch für nicht miteinander verbundene Anlagen zusammengefasst und nach demselben Maßstab auf die Bevorteilten umgelegt werden.

(3) ¹Aufwendungen für die Niedrigwasseraufhöhung aus Gründen des Wohls der Allgemeinheit können ausnahmsweise umgelegt werden, soweit sie bestimmten Personen oder Körperschaften in besonderem Maße zugute kommen. ²Für die Aufwendungen für den Hochwasserschutz gelten § 62 Abs. 2 und § 65 entsprechend.

Abschnitt 8
Hochwasserschutz

§ 70 Hochwasservorsorge

¹Im Interesse des Hochwasserschutzes sind durch die zuständigen Behörden bei Planungen und bei der Ausführung bestimmter Vorhaben Möglichkeiten zur Erhaltung, Verbesserung und Wiederherstellung des natürlichen Rückhaltevermögens zu berücksichtigen. ²Hierzu gehören insbesondere die Gewährleistung und Verbesserung der Leistungsfähigkeit von Retentionsflächen und Überschwemmungsgebieten, die Vermeidung oder der Rückbau von Bodenversiegelungen oder Bodenverdichtun-

gen, die Versickerung von Niederschlagswasser, die Renaturierung von Gewässern und sonstige Maßnahmen, die geeignet sind, den Abfluss des Niederschlagswassers zu vermindern.

§ 71 Hochwasserschutzkonzepte und Risikomanagementpläne (zu den §§ 73 bis 75 und 79 Abs. 1 WHG)

(1) [1]Hochwasserschutzkonzepte, die nach § 99b des Sächsischen Wassergesetzes (SächsWG) in der Fassung der Bekanntmachung vom 18. Oktober 2004 (SächsGVBl. S. 482), zuletzt geändert durch Artikel 13 des Gesetzes vom 13. August 2009 (SächsGVBl. S. 438, 442), oder nach § 99b Abs. 3 SächsWG in der Fassung der Bekanntmachung vom 18. Oktober 2004, zuletzt geändert durch Artikel 6 des Gesetzes vom 6. Juni 2013 (SächsGVBl. S. 451, 468), aufgestellt worden sind, gelten fort und sind bei Bedarf fortzuschreiben. [2]§ 99b SächsWG in der Fassung der Bekanntmachung vom 18. Oktober 2004, zuletzt geändert durch Artikel 13 des Gesetzes vom 13. August 2009, ist auf diese Hochwasserschutzkonzepte weiterhin anzuwenden.

(2) Soweit erforderlich, sind die Hochwasserschutzkonzepte nach Absatz 1 innerhalb der in § 73 Abs. 6 Satz 1, § 74 Abs. 6 Satz 3 und § 75 Abs. 6 Satz 3 WHG genannten Fristen an die in den §§ 73 bis 75 WHG genannten Anforderungen anzupassen.

(3) [1]Die Bewertung der Hochwasserrisiken gemäß § 73 WHG, die Erstellung der Gefahrenkarten und Risikokarten nach § 74 WHG und die Aufstellung der Risikomanagementpläne nach § 75 WHG, einschließlich der Information und Beteiligung nach § 79 Abs. 1 WHG, obliegen für das jeweilige Teileinzugsgebiet den Trägern der Unterhaltungslast nach § 32 Abs. 1. [2]Diese haben die Behörden und sonstigen Träger öffentlicher Belange, deren Aufgabenbereich davon berührt wird, zu beteiligen. [3]Die Risikomanagementpläne für die Teileinzugsgebiete werden von der obersten Wasserbehörde entsprechend § 75 Abs. 5 WHG koordiniert.

(4) [1]Zur Information und Anhörung der Öffentlichkeit wird der Entwurf des Risikomanagementplans nach § 75 Abs. 1 WHG für die Dauer von mindestens einem Monat bei den zuständigen Wasserbehörden, auf deren Gebiet er sich bezieht, sowie bei der Behörde, die ihn erstellt, öffentlich ausgelegt. [2]Ort und Dauer der Auslegung werden von der Behörde, die den Entwurf erstellt, öffentlich bekannt gegeben. [3]Bis zwei Wochen nach Ablauf der Auslegungsfrist kann bei der zuständigen Wasserbehörde und der Behörde, die den Entwurf erstellt, zu dem Entwurf schriftlich Stellung genommen werden. [4]Die Vorschriften zur Durchführung der Strategischen Umweltprüfung nach dem Gesetz über die Umweltverträglichkeitsprüfung bleiben unberührt.

(5) Die Absätze 3 und 4 gelten entsprechend für die Überprüfung und Aktualisierung der Dokumente gemäß § 73 Abs. 6 Satz 1, § 74 Abs. 6 Satz 3 und § 75 Abs. 6 Satz 3 WHG.

§ 72 Überschwemmungsgebiete (zu den §§ 76 bis 78 WHG)

(1) [1]Die Ermächtigung zum Erlass von Rechtsverordnungen zur Festsetzung von Überschwemmungsgebieten nach § 76 Abs. 2 Satz 1 WHG wird auf die unteren Wasserbehörden übertragen. [2]In der Rechtsverordnung kann auch bestimmt werden, dass Hindernisse beseitigt, die Nutzung von Grundstücken geändert und Maßnahmen zur Verhütung von Auflandungen und Abschwemmungen getroffen werden.

(2) Als Überschwemmungsgebiete gelten kraft Gesetzes auch

1. die Gelände zwischen Ufern und Deichen, die Hochwasserrückhalteräume von Talsperren und Hochwasserrückhaltebecken sowie Flutungspolder,

2. Gebiete, die bis zu einem Hochwasserereignis, wie es statistisch einmal in 100 Jahren zu erwarten ist, überschwemmt werden, soweit diese Gebiete in Karten der Wasserbehörden dargestellt sind, und

3. bis zum 31. Dezember 2015 die bis zum 12. März 1993 beschlossenen Hochwassergebiete.

(3) [1]Bei Überschwemmungsgebieten nach Absatz 2 Nr. 2 sind die Karten von der zuständigen Wasserbehörde für die Dauer von zwei Wochen zur kostenlosen Einsicht durch jedermann während der Sprechzeiten öffentlich auszulegen. [2]Auf die Auslegung ist durch öffentliche Bekanntmachung hinzuweisen. [3]Die Karten sind nach Ablauf der Auslegungsfrist unbeschadet des § 77 bei der zuständigen Wasserbehörde aufzubewahren.

(4) [1]Die Überschwemmungsgebiete nach Absatz 2 stehen den durch Rechtsverordnung festgesetzten Überschwemmungsgebieten gleich. [2]Durch Rechtsverordnung der zuständigen Wasserbehörde kön-

nen in diesen Gebieten Maßnahmen oder Vorschriften entsprechend § 78 Abs. 3 Satz 2, Abs. 4 Satz 3 und Abs. 5 WHG sowie Abs. 1 Satz 2 erlassen werden.

(5) [1]Die Zulassung nach § 78 Abs. 4 WHG wird durch eine nach anderen Vorschriften erforderliche Genehmigung oder sonstige Zulassung ersetzt; diese ist im Benehmen mit der Wasserbehörde der gleichen Verwaltungsebene zu erteilen und darf nur erteilt werden, wenn die Voraussetzungen des § 78 Abs. 4 WHG vorliegen. [2]In allen anderen Fällen wird die Zulassung nach § 78 Abs. 4 WHG durch die zuständige Wasserbehörde erteilt.

§ 73 Zusätzliche Anforderungen in Überschwemmungsgebieten (zu den §§ 77 und 78 WHG)

(1) [1]Überschwemmungsgebiete im Sinne von § 76 Abs. 1 WHG sind, auch wenn sie nicht als Überschwemmungsgebiet festgesetzt oder vorläufig gesichert sind, für den schadlosen Abfluss des Hochwassers und die dafür erforderliche Wasserrückhaltung freizuhalten. [2]Die natürliche Wasserrückhaltung ist zu sichern sowie erforderlichenfalls wiederherzustellen und zu verbessern.

(2) In festgesetzten oder vorläufig gesicherten Überschwemmungsgebieten sind bei der Sanierung und Beseitigung baulicher Anlagen sowie bei der Errichtung, Umrüstung und Beseitigung technischer Einrichtungen geeignete, insbesondere bautechnische Maßnahmen vorzunehmen, um den Eintrag wassergefährdender Stoffe bei Überschwemmungen zu verhindern.

§ 74 Besondere Vorschriften für bauliche Anlagen in Überschwemmungsgebieten (zu § 78 Abs. 3 WHG)

(1) Bei Vorhaben nach § 78 Abs. 3 Satz 1 WHG, für die nach anderen Rechtsvorschriften ein Genehmigungs- oder sonstiges Zulassungsverfahren vorgeschrieben ist, hat die hierfür zuständige Behörde im Rahmen dieses Zulassungsverfahrens über die Zulassungsvoraussetzungen nach § 78 Abs. 3 Satz 1 WHG im Benehmen mit der Wasserbehörde der gleichen Verwaltungsebene zu entscheiden.

(2) [1]Vorhaben in Überschwemmungsgebieten, die nach der Sächsischen Bauordnung verfahrensfrei (§ 61 SächsBO) oder genehmigungsfrei gestellt (§ 62 SächsBO) sind, sind, wenn kein Fall des Absatzes 1 vorliegt, bei der zuständigen Wasserbehörde zu beantragen. [2]Sie gelten als nach § 78 Abs. 3 Satz 1 WHG genehmigt, wenn die zuständige Wasserbehörde dem Bauherrn nicht innerhalb von drei Monaten nach Eingang der vollständigen Unterlagen schriftlich etwas Abweichendes mitteilt. [3]Der Bauherr hat der zuständigen Wasserbehörde zum Nachweis der Voraussetzungen des § 78 Abs. 3 Satz 1 Nr. 1 bis 4 WHG geeignete Unterlagen vorzulegen. [4]Die zuständige Wasserbehörde hat dem Bauherrn den Eingang des Antrags und der Unterlagen unverzüglich schriftlich zu bestätigen und ihm, falls die Unterlagen nicht zum Nachweis der Voraussetzungen ausreichen, spätestens einen Monat nach Eingang des Antrags mitzuteilen, welche Unterlagen zu ergänzen sind.

(3) [1]Soweit in einer Rechtsverordnung, durch die das Überschwemmungsgebiet festgesetzt oder die gemäß § 72 Abs. 4 Satz 2 zu dem Überschwemmungsgebiet erlassen wurde, nichts anderes geregelt ist, ist die Errichtung oder Erweiterung baulicher Anlagen abweichend von § 78 Abs. 3 Satz 2 Nr. 1 WHG wasserrechtlich allgemein zulässig, wenn sie

1. in gemäß § 78 Abs. 2 WHG neu ausgewiesenen Gebieten nach § 30 des Baugesetzbuches (BauGB) in der Fassung der Bekanntmachung vom 23. September 2004 (BGBl. I S. 2414), das zuletzt durch Artikel 1 des Gesetzes vom 11. Juni 2013 (BGBl. I S. 1548) geändert worden ist, in der jeweils geltenden Fassung, oder

2. im Geltungsbereich eines bestehenden Bebauungsplans, welcher durch Änderung oder Ergänzung in einem Bauleitplanverfahren an die Anforderungen des § 78 Abs. 2 WHG angepasst worden ist,

den Vorgaben des Bebauungsplans entsprechen. [2]Das Vorhaben ist in diesen Fällen anzuzeigen.

(4) [1]Bei Vorhaben, für die nach anderen Rechtsvorschriften ein Genehmigungs- oder sonstiges Zulassungsverfahren vorgeschrieben ist, ist die Anzeige nach § 78 Abs. 3 Satz 3 WHG oder Absatz 3 Satz 2 dem Antrag auf Genehmigung oder Zulassung beizufügen. [2]In allen anderen Fällen ist die Anzeige der zuständigen Wasserbehörde vorzulegen.

(5) Der Bauherr kann sich in den Fällen des § 78 Abs. 3 WHG und des Absatzes 3 von der zuständigen Wasserbehörde beraten lassen.

(6) Die für die Planung der Vorhaben zur Erfüllung der Anforderungen nach § 78 Abs. 3 Satz 1 WHG erforderlichen Daten werden dem Bauherrn oder einem von ihm Beauftragten auf Verlangen von den Wasserbehörden, bei denen solche Daten vorhanden sind, in dem Umfang und in der Qualität zur Verfügung gestellt, in der sie bei den Wasserbehörden verfügbar sind.

§ 75 Überschwemmungsgefährdete Gebiete (zu § 76 Abs. 1 WHG)

(1) Überschwemmungsgefährdete Gebiete sind Gebiete, die

1. erst bei Überschreiten eines Hochwasserereignisses, wie es statistisch einmal in 100 Jahren zu erwarten ist, oder

2. bei Versagen von Hochwasserschutzanlagen, die vor einem Hochwasserereignis schützen sollen, wie es statistisch einmal in 100 oder mehr Jahren zu erwarten ist,

überschwemmt werden.

(2) [1]Für die Abgrenzung der Gebiete nach Absatz 1 Nr. 1 ist ein Hochwasserereignis mit niedriger Wahrscheinlichkeit oder ein Extremereignis nach § 74 Abs. 2 Nr. 1 WHG zugrunde zu legen. [2]Bis zur Erstellung der Gefahrenkarten nach § 74 Abs. 2 Satz 1 Nr. 1 WHG sind die Extremereignisse zugrunde zu legen, die in den Gefahrenkarten der Hochwasserschutzkonzepte ausgewiesen sind, welche nach § 99b Abs. 1 und 2 des Sächsischen Wassergesetzes (SächsWG) in der Fassung der Bekanntmachung vom 18. Oktober 2004 (SächsGVBl. S. 482), zuletzt geändert durch Artikel 13 des Gesetzes vom 13. August 2009 (SächsGVBl. S. 438, 442), oder nach § 99b Abs. 3 SächsWG in der Fassung der Bekanntmachung vom 18. Oktober 2004, zuletzt geändert durch Artikel 6 des Gesetzes vom 6. Juni 2013 (SächsGVBl. S. 451, 468), erstellt worden sind. [3]Die Abgrenzung kann im Falle des Absatzes 1 Nr. 2 mithilfe vereinfachender Berechnungsansätze durchgeführt werden, es sei denn, es ist offensichtlich, dass damit das überschwemmte Gebiet völlig unzutreffend dargestellt würde.

(3) Nach § 76 Abs. 2 WHG oder § 100 Abs. 1 des Sächsischen Wassergesetzes (SächsWG) in der Fassung der Bekanntmachung vom 18. Oktober 2004 (SächsGVBl. S. 482), zuletzt geändert durch Artikel 13 des Gesetzes vom 13. August 2009 (SächsGVBl. S. 438, 442), festgesetzte oder nach § 76 Abs. 3 WHG vorläufig gesicherte Überschwemmungsgebiete, die mit Blick auf einen verbesserten Hochwasserschutz durch öffentliche Hochwasserschutzanlagen aufgehoben werden, gelten kraft Gesetzes in ihrem bisherigen räumlichen Umfang als überschwemmungsgefährdete Gebiete.

(4) [1]Überschwemmungsgefährdete Gebiete nach Absatz 1, in denen durch Überschwemmungen erhebliche Beeinträchtigungen des Wohls der Allgemeinheit oder der öffentlichen Sicherheit und Ordnung entstehen können, sind durch die zuständige Wasserbehörde zu ermitteln, in Kartenform darzustellen und öffentlich bekannt zu machen. [2]§ 72 Abs. 3 gilt entsprechend.

(5) [1]In überschwemmungsgefährdeten Gebieten nach Absatz 1 Nr. 1, die nach Absatz 4 öffentlich bekannt gemacht worden sind, sind dem Risiko angepasste planerische und bautechnische Maßnahmen zu ergreifen, um Schäden durch eindringendes Wasser soweit wie möglich zu verhindern. [2]Insbesondere sind bautechnische Maßnahmen vorzunehmen, um den Eintrag wassergefährdender Stoffe bei Überschwemmungen zu verhindern.

(6) In überschwemmungsgefährdeten Gebieten nach Absatz 1 Nr. 2, die nach Absatz 4 öffentlich bekannt gemacht worden sind, und in überschwemmungsgefährdeten Gebieten nach Absatz 3 dürfen zum Schutz vor einem Hochwasserereignis, wie es statistisch einmal in 100 Jahren zu erwarten ist,

1. neue Baugebiete in Bauleitplänen oder sonstigen Satzungen nach dem Baugesetzbuch, ausgenommen Bauleitpläne für Häfen und Werften, nur zur Abrundung bestehender Baugebiete oder unter den Voraussetzungen des § 78 Abs. 2 WHG ausgewiesen werden und

2. bauliche Anlagen, die zum Aufenthalt von Menschen bestimmt sind, nur errichtet oder erweitert werden, wenn sie entsprechend § 78 Abs. 3 Satz 1 Nr. 4 WHG hochwasserangepasst ausgeführt werden.

§ 76 Hochwasserentstehungsgebiete

(1) [1]Hochwasserentstehungsgebiete sind Gebiete, insbesondere in den Mittelgebirgs- und Hügellandschaften, in denen bei Starkniederschlägen oder bei Schneeschmelze in kurzer Zeit starke oberirdische Abflüsse eintreten können, die zu einer Hochwassergefahr in den Fließgewässern und damit zu einer erheblichen Gefahr für die öffentliche Sicherheit und Ordnung führen können. [2]Die obere Wasserbehörde setzt die Hochwasserentstehungsgebiete durch Rechtsverordnung fest.

(2) [1]In Hochwasserentstehungsgebieten ist das natürliche Wasserversickerungs- und Wasserrückhaltevermögen zu erhalten und zu verbessern. [2]Insbesondere sollen in Hochwasserentstehungsgebieten die Böden so weit wie möglich entsiegelt und geeignete Gebiete aufgeforstet werden.

(3) [1]Im Hochwasserentstehungsgebiet bedürfen folgende Vorhaben der Genehmigung durch die zuständige Wasserbehörde:

1. die Errichtung oder wesentliche Änderung baulicher Anlagen einschließlich Nebenanlagen und sonstiger zu versiegelnder Flächen nach § 35 BauGB ab einer zu versiegelnden Gesamtfläche von 1 000 m²,
2. der Bau neuer Straßen,
3. die Umwandlung von Wald und
4. die Umwandlung von Grün- in Ackerland.

[2]Die Genehmigung nach Satz 1 gilt als erteilt, wenn die zuständige Wasserbehörde den Antrag nicht innerhalb von sechs Monaten nach Eingang der vollständigen Antragsunterlagen ablehnt. [3]Die zuständige Wasserbehörde kann die Frist aus wichtigem Grund um bis zu zwei Monate verlängern. [4]Ist für das Vorhaben nach anderen Rechtsvorschriften ein Genehmigungs- oder sonstiges Zulassungsverfahren vorgeschrieben, so hat, abweichend von Satz 1, die hierfür zuständige Behörde im Rahmen dieses Zulassungsverfahrens über die Genehmigungsvoraussetzungen des Absatzes 4 im Benehmen mit der Wasserbehörde der gleichen Verwaltungsebene zu entscheiden. [5]Satz 2 und 3 gelten für die Herstellung des Benehmens nach Satz 4 entsprechend.

(4) Die Genehmigung oder sonstige Zulassung nach Absatz 3 Satz 1 oder 4 darf nur erteilt werden, wenn nachgewiesen wird, dass das Wasserversickerungs- oder das Wasserrückhaltevermögen durch das Vorhaben nicht beeinträchtigt oder die Beeinträchtigung im Zuge des Vorhabens durch Maßnahmen wie das Anlegen von Wald oder der Errichtung technischer Rückhalteeinrichtungen im von dem Vorhaben betroffenen Hochwasserentstehungsgebiet angemessen ausgeglichen wird.

(5) In Hochwasserentstehungsgebieten ist die Ausweisung neuer Baugebiete nur zulässig, wenn nachgewiesen wird, dass das Wasserversickerungs- oder das Wasserrückhaltevermögen durch das Vorhaben nicht wesentlich beeinträchtigt oder die Beeinträchtigung im Zuge des Vorhabens durch Maßnahmen wie das Anlegen von Wald oder der Errichtung technischer Rückhalteeinrichtungen im von dem Vorhaben betroffenen Hochwasserentstehungsgebiet angemessen ausgeglichen wird.

§ 77 Informations- und Dokumentationspflichten (zu § 76 WHG)

(1) [1]Die zuständigen Wasserbehörden führen über alle festgesetzten und vorläufig gesicherten Überschwemmungsgebiete, die überschwemmungsgefährdeten Gebiete nach § 75 sowie die Hochwasserentstehungsgebiete nach § 76 Verzeichnisse und Karten, in die jedermann während der Sprechzeiten kostenlos Einsicht nehmen kann. [2]Die Verzeichnisse und Karten sind flurstücksgenau zu führen. [3]Hinsichtlich der Hochwasserentstehungsgebiete stellt die obere Wasserbehörde den zuständigen Wasserbehörden die hierfür erforderlichen Daten zur Verfügung.

(2) [1]Festgesetzte und vorläufig gesicherte Überschwemmungsgebiete, überschwemmungsgefährdete Gebiete und Hochwasserentstehungsgebiete sind in Raumordnungs- und Bauleitplänen nachrichtlich zu übernehmen. [2]Die hierfür erforderlichen Daten sind den Planungsträgern von den zuständigen und, im Falle der Hochwasserentstehungsgebiete, von der oberen Wasserbehörde von Amts wegen zur Verfügung zu stellen.

(3) [1]Präsentationsausgaben aus der Liegenschaftskarte sind mit einer Darstellung der Überschwemmungsgebiete zu verbinden. [2]Die hierfür erforderlichen Daten sind den Vermessungsbehörden von den zuständigen Wasserbehörden von Amts wegen in einem von der oberen Vermessungsbehörde festgelegten Datenformat zur Verfügung zu stellen.

§ 78 Öffentliche Hochwasserschutzanlagen

(1) [1]Öffentliche Hochwasserschutzanlagen sind Deiche, Hochwasserschutzmauern, Hochwasserrückhaltebecken und sonstige Anlagen, die dem Schutz der Allgemeinheit vor Hochwasser zu dienen bestimmt sind. [2]Hierzu gehören auch dem Hochwasserschutz dienende Nebeneinrichtungen wie Schöpfwerke, Deichsiele und die unter dem öffentlichen oder landwirtschaftlichen Verkehr gewidmeten Deichunterhaltungs- und -verteidigungswege. [3]Die Vorschriften des Wasserhaushaltsgesetzes für Deiche gelten unbeschadet der Regelung des § 26 Abs. 11 entsprechend für andere öffentliche Hochwasserschutzanlagen.

(2) Die Aufgabenträger nach § 80 führen ein Verzeichnis aller öffentlichen Hochwasserschutzanlagen und ihrer Bestandteile.

(3) Soweit die zuständige Wasserbehörde dies bestimmt, gelten die Bestimmungen dieses Gesetzes für öffentliche Hochwasserschutzanlagen auch für sonstige Anlagen, die dem Hochwasserschutz zu dienen bestimmt sind und die nicht nur die Grundstücke und Anlagen eines Eigentümers schützen.

§ 79 Bau- und Unterhaltungslast

(1) [1]Öffentliche Hochwasserschutzanlagen sind so zu planen, zu errichten, zu betreiben und zu unterhalten, wie dies zum Schutz der Allgemeinheit vor Hochwasser erforderlich ist. [2]Es handelt sich hierbei um eine öffentlich-rechtliche Verpflichtung, die keinen Rechtsanspruch Dritter begründet. [3]Öffentliche Hochwasserschutzanlagen, für deren Bau nach § 80 Abs. 1 und 2 der Freistaat Sachsen zuständig ist, dürfen zur Erreichung eines bestimmten Schutzzieles nur dann durch mobile Elemente ergänzt oder ersetzt werden, wenn die Gemeinde, deren Gemeindegebiet durch die Anlage geschützt werden soll, diejenigen Kosten übernimmt, welche über die Kosten hinausgehen, die zur Erreichung desselben Schutzziels ohne die mobilen Elemente entstehen würden, und sich zum Betrieb und der Unterhaltung der mobilen Elemente entsprechend § 84 Abs. 1 Satz 3 verpflichtet.

(2) Die Errichtung einer öffentlichen Hochwasserschutzanlage schließt ihre Erhöhung, Verstärkung oder Umgestaltung für Zwecke des Hochwasserschutzes ein.

(3) [1]Die Unterhaltung einer öffentlichen Hochwasserschutzanlage umfasst die Erhaltung und Wiederherstellung des Zustands, in den die Anlage zur Erreichung ihres Zwecks versetzt worden ist, insbesondere die zum Schutz gegen Angriffe des Wassers notwendigen Maßnahmen und die Beseitigung von Schäden. [2]Hierzu gehört auch die Beseitigung langjährig stehender Bäume, Sträucher und Wurzelstöcke, die die öffentliche Hochwasserschutzanlage gefährden oder beeinträchtigen können.

(4) [1]Öffentliche Hochwasserschutzanlagen sind von den Aufgabenträgern nach § 80 regelmäßig auf ihre Standsicherheit und Funktionstüchtigkeit zu überprüfen. [2]Festgestellte Mängel sind unverzüglich zu beseitigen. [3]Die Untersuchungen, die dabei festgestellten Mängel und die zur Beseitigung der Mängel veranlassten Maßnahmen sind zu dokumentieren.

(5) Für die Vorbereitung und Durchführung baulicher Maßnahmen gelten die §§ 56 bis 58 entsprechend.

§ 80 Träger der Bau- und Unterhaltungslast

(1) Die Aufgaben nach § 79 obliegen dem Träger der Unterhaltungslast nach § 32, soweit nicht in den Absätzen 2 bis 5 etwas anderes bestimmt ist.

(2) Die Aufgaben nach § 79 obliegen dem Freistaat Sachsen
1. an der Bundeswasserstraße Elbe,
2. für die Talsperren, Wasserspeicher, Hochwasserrückhaltebecken und Flutungspolder mit überörtlicher Bedeutung für den Hochwasserschutz an Gewässern erster Ordnung und an der Bundeswasserstraße Elbe sowie
3. für die in Anlage 4 aufgeführten Anlagen an Gewässern zweiter Ordnung;
sie werden durch den Staatsbetrieb Landestalsperrenverwaltung wahrgenommen.

(3) Die Aufgaben nach § 79 obliegen einem Gewässerunterhaltungsverband oder einem Wasser- und Bodenverband nach dem Wasserverbandsgesetz, soweit seine Satzung dies bestimmt.

(4) [1]Ist strittig, wem die Aufgaben nach § 79 obliegen, so entscheidet die zuständige Wasserbehörde. [2]Sie bestimmt auch Art und Umfang der Aufgabenerfüllung. [3]Bis zur Entscheidung der zuständigen Wasserbehörde obliegen die Aufgaben der Gemeinde. [4]Der nach Satz 1 festgestellte Aufgabenträger hat der Gemeinde die notwendigen Aufwendungen zu erstatten.

(5) [1]Erfüllt der Aufgabenträger die ihm obliegende Bau- und Unterhaltungslast nicht oder nicht ordnungsgemäß, so hat die Gemeinde die notwendigen Arbeiten auf Kosten des Aufgabenträgers auszuführen; dies gilt nicht, soweit eine Körperschaft öffentlichen Rechts Träger der Bau- und Unterhaltungslast ist. [2]Die Pflicht zur Ersatzvornahme begründet keinen Rechtsanspruch Dritter gegen den zur Ersatzvornahme Verpflichteten. [3]Die nach Satz 1 zu erstattenden Aufwendungen können durch Leistungsbescheid festgesetzt werden.

(6) § 62 Abs. 2 und die §§ 65 und 66 gelten entsprechend.

§ 81 Schutz der öffentlichen Hochwasserschutzanlagen

(1) [1]Die Anlieger, Eigentümer und Besitzer öffentlicher Hochwasserschutzanlagen haben alles zu unterlassen, was die Unterhaltung oder Sicherheit dieser Anlagen beeinträchtigen kann. [2]§ 38 gilt entsprechend.

(2) Deiche werden beidseitig von Schutzstreifen von je fünf Metern Breite, gemessen vom Deichfuß, begrenzt; diese sind Bestandteil des Deiches.

(3) [1]Auf Deichen sind untersagt:

1. das Pflanzen von Bäumen und Sträuchern,
2. das Schädigen und Entfernen der Grasnarbe,
3. die Errichtung von baulichen Anlagen und Einfriedungen,
4. das Setzen von Masten und sonstigen Merkzeichen,
5. Abgrabungen und Eintiefungen,
6. das Verlegen von Leitungen im Boden,
7. das Halten von Geflügel,
8. das Weiden und Treiben von Huftieren, ausgenommen das flächenbezogen verträgliche Weiden von Schafen,
9. das Lagern von Stoffen und Gegenständen sowie
10. das Befahren mit Kraftfahrzeugen und das Reiten außerhalb der dem öffentlichen Verkehr gewidmeten Flächen.

[2]Die Verbote des Satzes 1 gelten nicht für den Aufgabenträger nach § 80 oder einen von ihm Beauftragten, soweit sie im Rahmen der Deichunterhaltung tätig werden.

(4) [1]Soweit es die Belange des Hochwasserschutzes erfordern, kann die zuständige Wasserbehörde von Amts wegen oder auf Antrag des Aufgabenträgers nach § 80

1. einen breiteren Schutzstreifen festlegen,
2. für andere öffentliche Hochwasserschutzanlagen einen Schutzstreifen festlegen,
3. weitere Verbote an Deichen und sonstigen öffentlichen Hochwasserschutzanlagen festlegen,
4. Ausnahmen von den Verboten nach Absatz 3 und Nummer 3 zulassen.

[2]Soweit Belange des Hochwasserschutzes nicht entgegenstehen, kann die zuständige Wasserbehörde von Amts wegen oder auf Antrag mit Zustimmung des Aufgabenträgers nach § 80

1. eine geringere Breite des Schutzstreifens festlegen,
2. Ausnahmen von den Verboten des Absatzes 3 sowie des Satzes 1 Nr. 3 zulassen, wenn sie im besonderen öffentlichen oder privaten Interesse geboten sind.

[3]In den Fällen des Satzes 2 sind die für die Erhaltung der Sicherheit der öffentlichen Hochwasserschutzanlage erforderlichen Maßnahmen anzuordnen.

(5) Die Pflege der Deiche soll grundsätzlich durch das flächenbezogen verträgliche Weiden von Schafen erfolgen.

§ 82 Besondere Duldungspflichtungen

[1]Die Eigentümer von Grundstücken und die zur Nutzung dieser Grundstücke Berechtigten haben zu dulden, dass der Aufgabenträger nach § 80 oder seine Beauftragten auf diesen Grundstücken nach vorheriger Ankündigung Vermessungsarbeiten und Baugrunduntersuchungen durchführen, wenn dies zur Vorbereitung der Errichtung einer öffentlichen Hochwasserschutzanlage erforderlich ist. [2]§ 41 Abs. 1 Satz 2 und Abs. 4 WHG gilt entsprechend.

§ 83 Besondere Verfahrensvorschriften (zu § 70 WHG)

(1) Bei Planfeststellungsverfahren für öffentliche Hochwasserschutzanlagen gelten folgende besondere Vorschriften:

1. die Frist für die Aufforderung zur Abgabe einer Stellungnahme und für die Veranlassung der Auslegung des Plans nach § 73 Abs. 2 VwVfG beträgt zwei Wochen,
2. die Gemeinde hat den Plan innerhalb von zwei Wochen nach Zugang für die Dauer von einem Monat zur Einsicht gemäß § 73 Abs. 3 VwVfG auszulegen,
3. die zu setzende Frist zur Abgabe einer Stellungnahme nach § 73 Abs. 3a Satz 1 VwVfG soll zwei Monate nicht überschreiten,
4. für anerkannte Vereinigungen gilt § 73 Abs. 4 VwVfG entsprechend; § 73 Abs. 6 VwVfG gilt entsprechend, wenn die Vereinigungen fristgerecht Stellung genommen haben; sie sind von dem Erörterungstermin zu benachrichtigen,
5. ein Erörterungstermin nach § 73 Abs. 6 VwVfG kann entfallen oder auf die Erörterung bestimmter entscheidungserheblicher Einwendungen sowie Stellungnahmen und Gutachten von Behörden und Sachverständigen beschränkt werden; soweit eine Erörterung nur mit bestimmten

Einwendern und Behörden erfolgen soll, werden nur diese unter Mitteilung der Beschränkung schriftlich benachrichtigt,

6. ergänzend zu § 75 Abs. 1a VwVfG führt auch eine Verletzung von Verfahrens- oder Formvorschriften nur dann zur Aufhebung des Planfeststellungsbeschlusses oder der Plangenehmigung, wenn sie nicht durch Planergänzung oder durch ein ergänzendes Verfahren behoben werden können; die §§ 45 und 46 VwVfG bleiben unberührt,

7. der Planfeststellungsbeschluss ist zu erteilen, wenn der Errichtung und dem Betrieb der öffentlichen Hochwasserschutzanlage keine öffentlich-rechtlichen Vorschriften entgegenstehen,

8. ergänzend zu § 74 Abs. 3 Halbsatz 1 VwVfG kann die Entscheidung über einzelne Fragen vorbehalten werden, soweit sie für den Plan von unwesentlicher Bedeutung sind,

9. bei Planänderungen von unwesentlicher Bedeutung bedarf es abweichend von § 76 Abs. 2 VwVfG keines neuen Planfeststellungsverfahrens; auf Antrag des Aufgabenträgers nach § 80 ist ein vereinfachtes Planfeststellungsverfahren nach § 76 Abs. 3 VwVfG durchzuführen,

10. ergänzend zu § 75 Abs. 4 VwVfG kann die Geltungsdauer eines Planfeststellungsbeschlusses von der Planfeststellungsbehörde auf Antrag des Aufgabenträgers nach § 80 um bis zu fünf Jahre verlängert werden.

(2) ¹Ergänzend zu § 74 Abs. 6 VwVfG ist die Erteilung einer Plangenehmigung für eine öffentliche Hochwasserschutzanlage auch zulässig, wenn Rechte anderer nicht wesentlich beeinträchtigt werden und keine Verpflichtung zur Durchführung einer Umweltverträglichkeitsprüfung besteht. ²Bedarf die Plangenehmigung des Einvernehmens einer anderen Behörde, ist über das Einvernehmen innerhalb von einem Monat nach Übermittlung des Bescheidentwurfs zu entscheiden. ³Nach fruchtlosem Verstreichen der Frist gilt das Einvernehmen als erteilt.

(3) ¹Eine Planfeststellung oder eine Plangenehmigung ist nicht erforderlich, soweit es sich um die Wiederherstellung eines Deiches auf der vorhandenen Trasse in einen den allgemein anerkannten Regeln der Technik entsprechenden Zustand handelt. ²Ein Fall der vorhandenen Trasse liegt auch dann vor, wenn aufgrund technischer Bestimmungen wie DIN-Vorschriften die Aufstandsfläche oder Kubatur des Deiches oder Dammes größer wird, da zum Beispiel Deichverteidigungswege vorzusehen sind, soweit die Linienführung als solche nicht geändert wird. ³Auf Antrag des Aufgabenträgers nach § 80 ist ein Planfeststellungsverfahren oder ein Plangenehmigungsverfahren durchzuführen.

(4) Die Anfechtungsklage gegen einen Planfeststellungsbeschluss oder eine Plangenehmigung für eine öffentliche Hochwasserschutzanlage hat keine aufschiebende Wirkung.

§ 84 Wasser- und Eisgefahr, Deichverteidigung

(1) ¹Die Gemeinden sind verpflichtet, von ihrem Gemeindegebiet Gefahren durch Hochwasser und Eisgang abzuwehren, soweit dies im öffentlichen Interesse geboten ist. ²Sie haben dazu entsprechend den örtlichen Verhältnissen die erforderlichen personellen, sachlichen und organisatorischen Maßnahmen zu treffen, insbesondere Einsatzkräfte und technische Mittel bereitzuhalten. ³Die Gefahrenabwehr erstreckt sich auch auf die im Gemeindegebiet liegenden öffentlichen Hochwasserschutzanlagen und, soweit nicht im Einzelfall mit dem Aufgabenträger nach § 80 etwas anderes vereinbart ist, auch auf den Betrieb und die Unterhaltung mobiler Hochwasserschutzelemente, einschließlich ihrer Lagerung und der Schaffung geeigneter Lagermöglichkeiten. ⁴§ 2 Abs. 1 Satz 1 der Landkreisordnung für den Freistaat Sachsen (SächsLKrO) vom 19. Juli 1993 (SächsGVBl. S. 577), die zuletzt durch Artikel 2 des Gesetzes vom 28. März 2013 (SächsGVBl. S. 158, 159) geändert worden ist, in der jeweils geltenden Fassung, bleibt unberührt.

(2) ¹Auf Anordnung der zuständigen Wasserbehörde sind die Gemeinden verpflichtet, auch in benachbarten Gemeindegebieten die zur Abwendung einer unmittelbar bevorstehenden Wasser- oder Eisgefahr erforderliche Hilfe zu leisten. ²Die Gemeinde, in deren Interesse Hilfe geleistet wird, hat auf Verlangen der hilfeleistenden Gemeinde die entstandenen notwendigen Kosten zu erstatten.

(3) ¹Die Aufgaben der Gemeinden nach den Absätzen 1 und 2 sowie nach § 85 sind Weisungsaufgaben. ²Das Weisungsrecht ist unbeschränkt. ³Fachaufsichtsbehörden sind die Wasserbehörden.

§ 85 Wasserwehr

(1) ¹Gemeinden haben einen Wasserwehrdienst einzurichten und hierzu Gefahrenabwehrpläne aufzustellen, wenn sie erfahrungsgemäß durch Überschwemmungen gefährdet werden. ²Das Nähere ist in den Gemeinden durch gemeindliche Satzungen zu regeln.

(2) [1]Die zuständige Wasserbehörde kann gegenüber den Gemeinden die erforderlichen Abwehrmaßnahmen oder Überwachungsmaßnahmen anordnen. [2]Die zuständige Wasserbehörde und der Staatsbetrieb Landestalsperrenverwaltung unterstützen die Gemeinden im Rahmen ihrer Möglichkeiten bei der Beobachtung und Sicherung der öffentlichen Hochwasserschutzanlagen und beraten sie bei der Abwehr von Wasser- und Eisgefahren. [3]Soweit den Gemeinden personelle Hilfe geleistet wird, unterstehen die Hilfskräfte für die Dauer und im Rahmen ihres Einsatzes der Weisungsbefugnis des Bürgermeisters der betroffenen Gemeinde oder der von diesem beauftragten Person.

(3) Die für die Wasserwehr Zuständigen sind verpflichtet, sich regelmäßig über aktuelle Entwicklungen auf dem Gebiet der Gefahrenabwehr zu informieren.

§ 86 Warn- und Alarmordnungen

(1) Die oberste Wasserbehörde wird ermächtigt, im Einvernehmen mit dem Staatsministerium des Innern durch Rechtsverordnung Warn- und Alarmordnungen zum Schutz der Gewässer vor Verunreinigungen sowie zum Schutz vor Hochwasser und Eisgefahren zu erlassen.

(2) [1]Die oberste Wasserbehörde wird ermächtigt, durch Rechtsverordnung die Organisation des Hochwassernachrichtendienstes, einschließlich der notwendigen Informationsflüsse zu regeln. [2]Die Verordnung soll auch die Hochwassermeldeordnung sowie die Verpflichtung der Teilnehmer am Hochwassernachrichtendienst enthalten.

(3) Warn- und Alarmpläne für länderübergreifende oberirdische Gewässer sind mit den angrenzenden Ländern, für die Elbe als Wasserstraße mit dem Bund, abzustimmen.

(4) Aus der Einrichtung der Warn- und Alarmdienste können Dritte keine Ansprüche ableiten.

Abschnitt 9
Wasserwirtschaftliche Planung und Dokumentation

§ 87 Maßnahmenprogramme und Bewirtschaftungspläne (zu den §§ 82 bis 85 WHG)

(1) Für die Teile einer Flussgebietseinheit, die sich im Freistaat Sachsen befinden, erstellt die zuständige Wasserbehörde unter Beteiligung der betroffenen Behörden Beiträge zum Maßnahmenprogramm und Bewirtschaftungsplan für die Flussgebietseinheit und stimmt diese mit den zuständigen Behörden der benachbarten in der Flussgebietseinheit liegenden Länder ab.

(2) [1]Die oberste Wasserbehörde legt die Grundsätze für die Beiträge fest, koordiniert die Zusammenarbeit nach Absatz 1 und führt die Abstimmung des Bewirtschaftungsplans und des Maßnahmenprogramms mit den an der Flussgebietseinheit beteiligten Ländern und Staaten herbei. [2]Das erfolgt, soweit diese betroffen sind, im Benehmen mit den zuständigen Bundesbehörden und, soweit auch Verwaltungskompetenzen des Bundes oder gesamtstaatliche Belange bei der Pflege der Beziehungen zu auswärtigen Staaten berührt sind, im Einvernehmen mit diesen. [3]Die oberste Wasserbehörde wird ermächtigt, durch Verwaltungsabkommen mit den übrigen in der Flussgebietseinheit liegenden Ländern und, mit Zustimmung der Bundesregierung nach Artikel 32 Abs. 3 des Grundgesetzes, mit den beteiligten Staaten die Einzelheiten des Aufstellungsverfahrens für die Maßnahmenprogramme sowie die Bewirtschaftungspläne und die Koordinierung der Zusammenarbeit zu regeln.

(3) [1]Der von den betroffenen Ländern und Staaten beschlossene Bewirtschaftungsplan und das Maßnahmenprogramm werden, soweit sie sich auf die im Freistaat Sachsen liegenden Gebiete der Flussgebietseinheit beziehen, von der obersten Wasserbehörde veröffentlicht. [2]Sie sind mit der Veröffentlichung für die Behörden verbindlich.

§ 88 Wasserbuch (zu § 87 WHG)

(1) Die Wasserbücher im Freistaat Sachsen werden elektronisch geführt.

(2) Über § 87 Abs. 2 WHG hinaus sind folgende Rechtsverhältnisse einzutragen, soweit sie nicht von untergeordneter Bedeutung oder für einen Zeitraum bis zu einem Jahr befristet sind:

1. Heilquellenschutzgebiete nach § 53 Abs. 4 WHG,
2. Festsetzungen von Gewässerrandstreifen nach § 38 Abs. 3 WHG und § 24 Abs. 4,
3. Überschwemmungsgebiete gemäß § 72 Abs. 2, überschwemmungsgefährdete Gebiete gemäß § 75 und festgesetzte Hochwasserentstehungsgebiete nach § 76,
4. Entscheidungen oder Vereinbarungen über Ausbau, Unterhaltung, Benutzung und Betrieb von Gewässern, Hochwasserschutzanlagen, Abwasseranlagen und Wasserversorgungsanlagen sowie Anlagen im Sinne von § 26 Abs. 1,

5. Genehmigungen von Rohrleitungsanlagen im Sinne von § 20 UVPG und
6. Entscheidungen über Anlagen zum Umgang mit wassergefährdenden Stoffen.

(3) [1]Die Eintragungen in das Wasserbuch werden von Amts wegen vorgenommen. [2]Die Behörde, die eine wasserrechtliche Entscheidung getroffen hat, übersendet der zuständigen Wasserbehörde eine Ausfertigung oder eine beglaubigte Abschrift der Entscheidung. [3]Beruht die wasserrechtliche Entscheidung oder das Recht auf einem Verwaltungsakt, ist eine Bescheinigung über den Eintritt der Unanfechtbarkeit oder die Vollziehbarkeit beizufügen. [4]Dem Inhaber eines Rechts oder einer Befugnis ist die Eintragung, Änderung oder Löschung seines Rechts oder seiner Befugnis bekanntzugeben.

(4) [1]Die Einsicht in das Wasserbuch sowie die Einsicht in die Urkunden, auf die die Eintragung Bezug nimmt, ist jedem gestattet, der ein berechtigtes Interesse darlegt, entgegenstehende schutzwürdige Interessen Betroffener sind zu berücksichtigen. [2]Dabei darf die Einsichtnahme in solche Urkunden, die der Berechtigte gegenüber der für Entscheidungen über das Rechtsverhältnis zuständigen Behörde oder gegenüber der für die Führung des Wasserbuchs zuständigen Behörde als geheim zu halten bezeichnet hat, nur mit Zustimmung des Berechtigten gewährt werden. [3]Soweit Einsicht genommen werden darf, sind auf Antrag kostenpflichtig Auszüge zu erteilen.

(5) [1]Die in den Wasserbüchern enthaltenen Informationen werden landeseinheitlich zum Abruf im Internet bereitgestellt. [2]Dabei ist die Möglichkeit einer Suche nach personenbezogenen Daten auszuschließen.

§ 89 Gewässerkundliches Messnetz

Die zuständige Wasserbehörde ermittelt, sammelt und bereitet gewässerkundliche und wasserwirtschaftliche Daten auf, soweit diese für die Erfassung des natürlichen oder menschlich beeinflussten Wasserdargebots oder für die wasserwirtschaftlichen oder sich auf den Wasserhaushalt auswirkenden Planungen, Entscheidungen und sonstigen Maßnahmen sowie für Zwecke der Wirtschaft, Wissenschaft oder Rechtspflege erforderlich sind.

§ 90 Erfassung und Schutz personen- und betriebsbezogener Daten, Datenaustausch (zu § 88 WHG)

(1) Die zu einem in § 88 Abs. 1 und 2 WHG genannten Zweck erhobenen oder weiterverarbeiteten Daten dürfen zu jedem anderen in § 88 Abs. 1 und 2 WHG genannten Zweck weiterverarbeitet werden.

(2) Körperschaften des öffentlichen Rechts und andere Träger von Hochwasserschutzmaßnahmen, der Abwasserbeseitigungspflicht und der öffentlichen Trinkwasserversorgung dürfen zur Erfüllung der nach dem Wasserhaushaltsgesetz, nach diesem Gesetz oder aufgrund dieser Gesetze erlassenen Verordnungen übertragenen Aufgaben des Hochwasserschutzes, der Abwasserbeseitigung und der Trinkwasserversorgung vom Betroffenen die notwendigen personen- und betriebsbezogenen Daten erheben, verarbeiten und nutzen sowie Auskünfte und Aufzeichnungen verlangen, insbesondere zur Erstellung von Hochwasserschutzkonzepten, Abwasserbeseitigungskonzepten und Trinkwasserversorgungskonzepten.

(3) Körperschaften des öffentlichen Rechts und andere Träger wasserwirtschaftlicher Maßnahmen sind verpflichtet, der nach § 88 Abs. 1 und 2 WHG zuständigen Wasserbehörde auf Verlangen die notwendigen wasserwirtschaftlichen Daten in der von der Wasserbehörde vorgegebenen elektronischen Form zu übermitteln, soweit dies zur Erfüllung der Aufgaben nach § 88 Abs. 1 und 2 WHG, einschließlich der Berichterstattung aufgrund von Rechtsakten der Europäischen Gemeinschaften oder der Europäischen Union, erforderlich ist.

(4) [1]Von den Trägern der öffentlichen Wasserversorgung können nach Maßgabe des Absatzes 3 insbesondere Angaben über

1. Menge und Qualität des im Versorgungsgebiet abgegebenen Wassers,
2. Umfang und Struktur des Wasserverbrauchs,
3. Maßnahmen zum sorgsamen Umgang mit Wasser im Versorgungsgebiet im Sinne von § 50 Abs. 3 WHG,
4. Anlagenbestandsdaten,
5. Art und Weise der genutzten Rohwasserquellen, insbesondere beabsichtigte Änderungen,
6. Angaben zur Versorgungssicherheit

verlangt werden. [2]Von den Abwasserbeseitigungspflichtigen können nach Maßgabe des Absatzes 3 insbesondere Angaben über

1. Trägerschaft, Art, Dimensionierung und Anzahl der Anlagen,
2. Art der Einleitung des gereinigten Abwassers,
3. Zeitpunkt der gegebenenfalls erforderlichen Anpassung an den Stand der Technik

verlangt werden. [3]Bei Dritten erhobene personenbezogene Daten dürfen nicht für Maßnahmen der Gewässeraufsicht verwendet werden.

(5) Die Bestimmungen des Bundesdatenschutzgesetzes und des Sächsischen Datenschutzgesetzes bleiben im Übrigen unberührt.

Teil 4
Vorschriften zur Wasserentnahmeabgabe

§ 91 Abgabe für Wasserentnahme

(1) Für die Benutzung eines Gewässers durch

1. Entnehmen oder Ableiten von Wasser aus oberirdischen Gewässern,
2. Entnehmen, Zutagefördern, Zutageleiten oder Ableiten von Grundwasser

wird vom Freistaat Sachsen eine Abgabe erhoben.

(2) [1]Das Aufkommen aus der Abgabe für die Wasserentnahme ist für Maßnahmen, die der Erhaltung und der Verbesserung der Gewässerbeschaffenheit und des gewässerökologischen Zustandes, dem Hochwasserschutz unter ökologischen Gesichtspunkten und dem sparsamen Umgang mit Wasser dienen, zweckgebunden zu verwenden. [2]Der durch den Vollzug der Absätze 1 bis 6 und 8 bis 11 sowie der aufgrund von Absatz 7 erlassenen Rechtsverordnung entstehende Verwaltungsaufwand wird aus dem Aufkommen der Abgabe für die Wasserentnahme gedeckt.

(3) Tagebaurestgewässer und Baggerseen gelten für die Erhebung der Abgabe als oberirdische Gewässer.

(4) Eine Abgabe wird nicht erhoben für

1. erlaubnisfreie Gewässerbenutzungen im Sinne von § 8 Abs. 2 und 3, §§ 25, 26 und 46 WHG,
2. Wasserentnahme, Zutagefördern, Zutageleiten und Ableiten von Wasser aus staatlich anerkannten Heilquellen, soweit das Wasser nicht für die gewerbliche Getränkeherstellung verwendet wird,
3. Wasserentnahme und Ableitung von Wasser aus oberirdischen Gewässern zur unmittelbaren Wasserkraftnutzung und Wärmegewinnung,
4. das Entnehmen, Zutagefördern, Zutageleiten und Ableiten von Grundwasser zur unmittelbaren Wärmegewinnung,
5. das Entnehmen, Zutagefördern, Zutageleiten und Ableiten von Wasser für Zwecke der Fischerei, der Fischzucht und der Fischhaltung,
6. das Entnehmen, Zutagefördern, Zutageleiten und Ableiten von Grundwasser zur Freimachung und Freihaltung von Braunkohletagebauen, soweit das Wasser ohne vorherige Verwendung in Gewässer eingeleitet wird,
7. Benutzungen, bei denen die Wasserentnahmemenge insgesamt weniger als 2 000 m^3 im Kalenderjahr beträgt und
8. Entnahme und Ableitung von Wasser aus oberirdischen Gewässern sowie das Entnehmen, Zutagefördern, Zutageleiten und Ableiten von Grundwasser, soweit die Gewässerbenutzung von der zuständigen Behörde zur Gefahrenabwehr oder zur Ordnung des Wasserhaushaltes angeordnet oder zugelassen wurde und der Gewässerbenutzer die Notwendigkeit der Entnahme nicht verursacht hat.

(5) [1]Die Abgabe bemisst sich nach Herkunft, Menge und Verwendungszweck des Wassers. [2]Maßgebend für die Höhe der Abgabe ist das als Anlage 5 angefügte Verzeichnis. [3]Die festzusetzende Abgabe ist auf den nächstliegenden Cent auf- oder abzurunden.

(6) [1]Die Abgabe wird jährlich durch Bescheid festgesetzt. [2]Die Festsetzung der Abgabe erfolgt durch die zuständige Wasserbehörde. [3]Auf Antrag kann die Zahlung in Raten bewilligt werden, wenn die Wasserentnahmeabgabe für ein Veranlagungsjahr 10 000 EUR überschreitet. [4]Die Ratenzahlung soll mit der Abgabe der Erklärung beantragt werden.

(7) Die oberste Wasserbehörde wird ermächtigt, durch Rechtsverordnung die Erklärungspflicht, die Zahlungspflicht und das Erhebungsverfahren sowie die Berechnung und Ermittlung des Verwaltungsaufwandes im Sinne von Absatz 2 Satz 2 zu regeln; der Verwaltungsaufwand darf auch pauschal und unter Zugrundelegung von Stichtagen ermittelt werden.

(8) Für die Durchführung des Festsetzungsverfahrens gelten die Vorschriften der Abgabenordnung (AO) in der Fassung der Bekanntmachung vom 1. Oktober 2002 (BGBl. I S. 3866, 2003 S. 61), zuletzt geändert durch Artikel 11 des Gesetzes vom 26. Juni 2013 (BGBl. I S. 1809, 1834), in der jeweils geltenden Fassung, entsprechend.

(9) [1]Werden Anlagen zur Kreislaufnutzung oder Wiederverwendung von Wasser errichtet oder erweitert, deren Betrieb eine Minderung der Entnahmemenge um mindestens 10 Prozent erwarten lässt, können die für die Errichtung oder Erweiterung entstandenen Aufwendungen mit der Wasserentnahmeabgabe verrechnet werden, die in drei Kalenderjahren vor dem geplanten Termin der Inbetriebnahme der Anlagen geschuldet ist. [2]Ist die Wasserentnahmeabgabe bereits entrichtet worden, entsteht ein entsprechender Rückzahlungsanspruch; dieser Anspruch wird nicht verzinst. [3]Die Wasserentnahmeabgabe ist nachzuerheben, wenn die Anlage nicht in Betrieb genommen wird oder die Minderung der Entnahmemenge um 10 Prozent, bezogen auf die betrieblichen Verhältnisse zum Zeitpunkt des Antrags, nicht erreicht wird. [4]Die nacherhobene Wasserentnahmeabgabe ist rückwirkend vom Zeitpunkt der Fälligkeit an entsprechend § 238 AO zu verzinsen. [5]Bei gleichzeitiger Verrechnung von Aufwendungen mit der Abwasserabgabe nach § 10 Abs. 3 des Gesetzes über Abgaben für das Einleiten von Abwasser in Gewässer (Abwasserabgabengesetz – AbwAG) in der Fassung der Bekanntmachung vom 18. Januar 2005 (BGBl. I S. 114), das zuletzt durch Artikel 1 des Gesetzes vom 11. August 2010 (BGBl. I S. 1163) geändert worden ist, in der jeweils geltenden Fassung, darf die Summe der zu verrechnenden Abgaben die Summe der Aufwendungen nicht überschreiten.

(10) [1]Ergreift der Abgabepflichtige Maßnahmen zur Verbesserung der Gewässerbeschaffenheit und des gewässerökologischen Zustandes, zu deren Durchführung er nicht durch gesetzliche Regelungen oder behördliche Anordnung verpflichtet ist, können die hierfür entstandenen Aufwendungen mit der Wasserentnahmeabgabe verrechnet werden,

1. die für die drei Jahre vor dem geplanten Abschluss der Maßnahme geschuldet ist, wenn es sich um einmalige Aufwendungen handelt, oder

2. die jeweils für ein Veranlagungsjahr geschuldet ist, wenn laufende Aufwendungen im Veranlagungsjahr gezahlt werden.

[2]Im Falle der Erfüllung der Wasserversorgungspflicht nach § 43 Abs. 3 durch einen Dritten kann der Abgabepflichtige auch Aufwendungen des Dritten mit dessen Einwilligung für Maßnahmen im Sinne des Satzes 1 verrechnen, soweit der Dritte diese Aufwendungen nicht selbst verrechnen kann. [3]Die Wasserentnahmeabgabe ist nachzuerheben, wenn die Gewässerbeschaffenheit sich nach Abschluss der Maßnahme oder in angemessener Zeit nach Beginn der Maßnahme nicht nachweisbar verbessert hat. [4]Absatz 9 Satz 2, 4 und 5 gilt entsprechend.

(11) [1]Die zuständige Wasserbehörde hat unbeschadet der Möglichkeit zur niedrigeren Festsetzung nach Absatz 8 in Verbindung mit § 163 AO die Wasserentnahmeabgabe für den Veranlagungszeitraum auf Antrag um 75 Prozent zu ermäßigen, wenn bei Anwendung des Standes der Technik eine Verringerung der Wasserentnahme nicht erreicht werden kann. [2]Satz 1 gilt nicht für die Wassermengen, die zur öffentlichen Wasserversorgung oder für gewerbliche Zwecke an Dritte weiterveräußert werden. [3]Die Ermäßigung darf bei Grundwasserentnahme nur gewährt werden, wenn die Verwendung von Oberflächenwasser unzumutbar ist. [4]In gleicher Weise kann die Wasserentnahmeabgabe ermäßigt werden, wenn ohne Ermäßigung wasserwirtschaftliche, ökologische oder sonstige öffentliche Belange gefährdet wären.

(12) [1]Widerspruch und Anfechtungsklage gegen den Festsetzungs- und Erhebungsbescheid haben keine aufschiebende Wirkung. [2]§ 80 Abs. 4 bis 8 der Verwaltungsgerichtsordnung (VwGO) in der Fassung der Bekanntmachung vom 19. März 1991 (BGBl. I S. 686), die zuletzt durch Artikel 6 des Gesetzes vom 21. Juli 2012 (BGBl. I S. 1577, 1580) geändert worden ist, in der jeweils geltenden Fassung, gilt entsprechend.

(13) Eine Verzinsung der Erstattungsbeiträge der Abgabe zum Zwecke der unmittelbaren Wasserkraftnutzung zur Stromerzeugung infolge der rückwirkenden Wiedereinführung des Befreiungstatbestandes zum 8. August 2013 ist ausgeschlossen.

Teil 5
Gefahrenabwehr, Duldungs- und Gestattungsverpflichtungen, Enteignung

Abschnitt 1
Gefahrenabwehr

§ 92 Gewässerverunreinigung (zu § 90 Abs. 3 WHG)

(1) [1]Die für die Verunreinigung der Gewässer Verantwortlichen haben über § 90 WHG hinaus die erforderlichen Maßnahmen zur Ermittlung, Begrenzung und zur Sanierung von Verunreinigungen auf ihre Kosten durchzuführen oder durchführen zu lassen. [2]Mit der Sanierung ist sicherzustellen, dass dauerhaft Gefahren beseitigt werden.

(2) Bei Verunreinigungen von Gewässern kann die zuständige Wasserbehörde verlangen, dass vor Beginn der Sanierungsmaßnahmen nach Absatz 1 ein Sanierungsplan zu erstellen und der zuständigen Wasserbehörde vorzulegen ist.

§ 93 Gewässerschau

(1) [1]Die oberirdischen Gewässer und die Heilquellen- und Wasserschutzgebiete sind regelmäßig durch die zuständigen Wasserbehörden zu schauen. [2]Beim Schauen der oberirdischen Gewässer ist auch der Zustand der Überschwemmungs- und Hochwasserentstehungsgebiete sowie der Gewässerrandstreifen mit einzubeziehen und der ordnungsgemäße Zustand von Benutzungsanlagen und Anlagen im Sinne von § 26 Abs. 1 und, unbeschadet des § 79 Abs. 4, von Hochwasserschutzanlagen zu kontrollieren.

(2) [1]Die zuständigen Wasserbehörden beteiligen an der Gewässerschau den Gewässerunterhaltungspflichtigen, die untere Naturschutzbehörde, die obere Landwirtschaftsbehörde, die untere Forstbehörde und die Fischereibehörde. [2]Den Eigentümern und Anliegern des Gewässers, den zur Benutzung des Gewässers Berechtigten, den Fischereiausübungsberechtigten, der Katastrophenschutzbehörde und den nach § 32 des Gesetzes über Naturschutz und Landschaftspflege im Freistaat Sachsen (Sächsisches Naturschutzgesetz – SächsNatSchG) vom 6. Juni 2013 (SächsGVBl. S. 451), in der jeweils geltenden Fassung, anerkannten Verbänden ist Gelegenheit zur Teilnahme an der Schau zu geben. [3]§ 107 gilt entsprechend.

(3) [1]Die Schautermine sind mindestens zwei Wochen vorher unter Angabe der zu schauenden Gewässer, des Beginns der Schau und des Treffpunkts ortsüblich bekannt zu machen. [2]Über das Ergebnis der Schau, die wesentlichen Beanstandungen und die getroffenen Anordnungen ist eine Niederschrift von der zuständigen Wasserbehörde anzufertigen.

§ 94 Messnetzbeobachter

(1) [1]Die zuständige Wasserbehörde oder die von ihr beauftragte Stelle kann geeignete Personen als ehrenamtliche Messnetzbeobachter auf unbestimmte Zeit bestellen. [2]Bereits abgeschlossene Vereinbarungen behalten ihre Gültigkeit und stehen einer Bestellung nach Satz 1 gleich. [3]Die Abberufung ist jederzeit möglich.

(2) Die Messnetzbeobachter stehen unter der Aufsicht der zuständigen Wasserbehörde oder der beauftragten Stelle, die sie bestellt hat.

(3) Die Messnetzbeobachter haben die Aufgabe, die zuständige Wasserbehörde oder eine von ihr beauftragte Stelle bei der Beobachtung der Gewässer nach § 89 zu unterstützen, insbesondere die Gewässerpegel zu bestimmten Zeiten abzulesen.

(4) Zur Abgeltung für ihre Tätigkeit erhalten die Messnetzbeobachter eine ihren Aufwand und ihre Fahrtkosten berücksichtigende pauschale jährliche Entschädigung.

Abschnitt 2
Duldungs- und Gestattungsverpflichtungen

§ 95 Durchleiten von Wasser und Abwasser (zu § 93 WHG)

Die nach bisherigem Recht auf fremden Grundstücken bereits errichteten und genutzten Anlagen nach § 93 Satz 1 WHG sind weiterhin zu dulden.

§ 96 Mitbenutzung von Anlagen(zu § 94 WHG)

§ 94 WHG ist entsprechend auf sonstige wasserwirtschaftliche Anlagen anzuwenden.

§ 97 Duldung vorbereitender Maßnahmen(zu den §§ 91 bis 94 WHG)

Soweit es die Vorbereitung von wasserwirtschaftlichen Vorhaben erfordert, haben die Eigentümer und Nutzungsberechtigten der betreffenden Grundstücke auf Anordnung der zuständigen Wasserbehörde zu dulden, dass der Unternehmer oder dessen Beauftragter nach vorheriger rechtzeitiger Ankündigung Grundstücke betreten und die erforderlichen Arbeiten durchführen kann.

§ 98 Frist bei Inanspruchnahme (zu den §§ 91 bis 94 WHG)

(1) ¹Wird eine Inanspruchnahme von Grundstücken nach den §§ 91 bis 94 WHG oder den §§ 95 und 96 dieses Gesetzes angeordnet, so ist gegenüber dem Berechtigten durch die zuständige Wasserbehörde eine Frist zu bestimmen, bis zu der die Maßnahmen für die Inanspruchnahme von Grundstücken und von Anlagen durchzuführen sind. ²Wird die Frist nicht eingehalten, so erlischt die Anordnung über die Inanspruchnahme. ³Auf Antrag des Berechtigten kann die zuständige Wasserbehörde die Frist verlängern.

(2) Der zur Duldung Verpflichtete kann für den Fall, dass der Berechtigte von den erworbenen Zwangsrechten keinen Gebrauch macht, von diesem Entschädigung für etwa entstandene Nachteile verlangen.

§ 99 Vorzeitige Besitzeinweisung bei Duldungs- und Gestattungsverpflichtungen (zu den §§ 91 bis 94 WHG)

(1) Ist die sofortige Ausführung zulässig und aus Gründen des Wohls der Allgemeinheit geboten, so kann die zuständige Wasserbehörde den Unternehmer auf Antrag in die von den Zwangsrechten betroffenen Grundstücke und Anlagen vorzeitig einweisen.

(2) ¹Die Besitzeinweisung wird mit dem im Besitzeinweisungsbeschluss angegebenen Termin wirksam. ²Sie kann von der Leistung einer Sicherheit abhängig gemacht werden.

Abschnitt 3
Veränderungssperre, Enteignung, Entschädigung und Ausgleich

§ 100 Veränderungssperre zur Sicherung von Planungen (zu § 86 WHG)

Die Ermächtigung zum Erlass einer Rechtsverordnung nach § 86 Abs. 1 Satz 1 WHG zur Festlegung von Planungsgebieten, auf deren Flächen wesentlich wertsteigernde oder die Durchführung des geplanten Vorhabens erheblich erschwerende Veränderungen nicht vorgenommen werden dürfen, wird auf die obere Wasserbehörde übertragen.

§ 101 Enteignung (zu § 71 WHG)

(1) ¹Im Interesse einer geordneten Wasserwirtschaft, der Unterhaltung und des Ausbaus der Gewässer, der Schifffahrt, zur Förderung der Fischerei, zur Ermöglichung und Erleichterung der Gewässerbenutzung, der Aussiedlung aus Überschwemmungs- und Wasserschutzgebieten, zur Errichtung, zum Betrieb und zur Unterhaltung von Anlagen für Häfen, für die Gewässerbenutzung, die Wasserversorgung, die Abwasserbeseitigung, den Hochwasserschutz, die Wasserspeicherung und die Be- und Entwässerung und zur Mitbenutzung solcher Anlagen durch Dritte können Grundstücke und grundstücksgleiche Rechte enteignet werden. ²Die Enteignung ist zulässig, soweit sie zur Ausführung eines festgestellten oder genehmigten Vorhabens notwendig ist; abweichend von § 71 Satz 1 WHG bedarf es einer gesonderten Festsetzung nicht.

(2) Soweit nach diesem Gesetz eine Enteignung zulässig ist, ist der Betroffene in entsprechender Anwendung des § 4 des Sächsischen Enteignungs- und Entschädigungsgesetzes (SächsEntEG) vom 18. Juli 2001 (SächsGVBl. S. 453), das zuletzt durch Artikel 19 des Gesetzes vom 27. Januar 2012 (SächsGVBl. S. 130, 141) geändert worden ist, in der jeweils geltenden Fassung, zu entschädigen.

(3) Ist Gegenstand der Enteignung ein Grundstück, ein Recht an einem Grundstück oder ein Recht, das zum Erwerb, zum Besitz oder zur Nutzung eines Grundstücks berechtigt oder das den Verpflichteten in der Benutzung von Grundstücken beschränkt, sind die Vorschriften des Sächsischen Enteignungs- und Entschädigungsgesetzes anzuwenden, soweit in diesem Gesetz nichts anderes bestimmt ist.

(4) Ist Gegenstand der Enteignung eine bewegliche Sache, ein Recht an einer beweglichen Sache oder ein Recht, das zum Erwerb, zum Besitz oder zur Nutzung der beweglichen Sache berechtigt oder den Verpflichteten in der Nutzung der beweglichen Sache beschränkt, gelten für das Enteignungsverfahren § 107 Abs. 1 Satz 1 bis 3, § 108 Abs. 1 und 2, §§ 110, 111 und 112 Abs. 1 und 3 Nr. 1 bis 3 BauGB

und für den Enteignungsbeschluss § 113 Abs. 1 Satz 1, Abs. 2 Nr. 1 bis 4 Buchst. c und Nr. 5 bis 7 BauGB.

§ 101a Vorzeitige Besitzeinweisung bei Maßnahmen des öffentlichen Hochwasserschutzes

(1) [1]Ist der sofortige Beginn von Bauarbeiten geboten und weigert sich der Eigentümer oder Besitzer, den Besitz eines für eine Maßnahme des öffentlichen Hochwasserschutzes benötigten Grundstücks durch Vereinbarung unter Vorbehalt aller Entschädigungsansprüche zu überlassen, hat die Enteignungsbehörde den Träger der Hochwasserschutzmaßnahme auf Antrag nach Feststellung des Plans oder Erteilung der Plangenehmigung in den Besitz einzuweisen. [2]Weiterer Voraussetzungen bedarf es nicht.

(2) [1]Die Enteignungsbehörde hat spätestens sechs Wochen nach Eingang des Antrags auf Besitzeinweisung mit den Beteiligten mündlich zu verhandeln. [2]Hierzu sind der Träger der Hochwasserschutzmaßnahme und die Betroffenen zu laden. [3]Dabei ist den Betroffenen der Antrag auf Besitzeinweisung mitzuteilen. [4]Die Ladungsfrist beträgt drei Wochen. [5]Mit der Ladung sind die Betroffenen aufzufordern, etwaige Einwendungen gegen den Antrag möglichst vor der mündlichen Verhandlung bei der Enteignungsbehörde einzureichen. [6]Sie sind außerdem darauf hinzuweisen, dass auch bei Nichterscheinen über den Antrag auf Besitzeinweisung und andere im Verfahren zu erledigende Anträge entschieden werden kann.

(3) [1]Soweit der Zustand des Grundstücks von Bedeutung ist, hat die Enteignungsbehörde diesen bis zum Beginn der mündlichen Verhandlung in einer Niederschrift festzustellen oder durch einen Sachverständigen ermitteln zu lassen. [2]Den Beteiligten ist eine Abschrift der Niederschrift oder des Ermittlungsergebnisses zu übersenden.

(4) [1]Der Beschluss über die Besitzeinweisung ist dem Antragsteller und den Betroffenen spätestens zwei Wochen nach der mündlichen Verhandlung zuzustellen. [2]Die Besitzeinweisung wird in dem von der Enteignungsbehörde bezeichneten Zeitpunkt wirksam. [3]Dieser Zeitpunkt ist auf höchstens zwei Wochen nach Zustellung der Anordnung über die vorzeitige Besitzeinweisung an den unmittelbaren Besitzer festzusetzen. [4]Durch die Besitzeinweisung wird dem Besitzer der Besitz entzogen. [5]Der Träger der Hochwasserschutzmaßnahme darf auf dem Grundstück das im Antrag auf Besitzeinweisung bezeichnete Bauvorhaben ausführen und die dafür erforderlichen Maßnahmen treffen.

(5) [1]Der Träger der Hochwasserschutzmaßnahme hat für die durch die vorzeitige Besitzeinweisung entstehenden Vermögensnachteile Entschädigung zu leisten, soweit diese Nachteile nicht durch die Verzinsung der Geldentschädigung für die Entziehung oder Beschränkung des Eigentums oder eines anderen Rechts ausgeglichen werden. [2]Art und Höhe der Entschädigung sind von der Enteignungsbehörde in einem Beschluss festzusetzen.

(6) [1]Wird der festgestellte oder genehmigte Plan aufgehoben, ist auch die vorzeitige Besitzeinweisung aufzuheben und der vorherige Besitzer wieder in den Besitz einzuweisen. [2]Der Träger der Hochwasserschutzmaßnahme hat für alle durch die vorzeitige Besitzeinweisung entstandenen besonderen Nachteile Entschädigung zu leisten. [3]Absatz 5 Satz 2 gilt entsprechend.

§ 101b Vertreter des Eigentümers

[1]Sind die Eigentumsverhältnisse an einem Grundstück ungeklärt, so hat die Rechtsaufsichtsbehörde der Gemeinde, in der das Grundstück liegt, in den Fällen, in denen ein Plangenehmigungsverfahren für eine öffentliche Hochwasserschutzanlage durchgeführt werden soll, auf Antrag der Planfeststellungsbehörde, in den Fällen, in denen eine vorzeitige Besitzeinweisung angeordnet werden soll, auf Antrag der Enteignungsbehörde und in den Fällen, in denen Vorarbeiten durchgeführt werden sollen, auf Antrag des Aufgabenträgers nach § 80 innerhalb von zwei Wochen nach Antragstellung einen Vertreter des Eigentümers zu bestellen. [2]§ 16 Abs. 3 und 4 VwVfG findet entsprechende Anwendung.

§ 102 Entschädigung (zu § 96 WHG)

(1) Einschränkungen der Eigentümerbefugnisse, die sich aus dem Wasserhaushaltsgesetz, diesem Gesetz, aufgrund dieser Gesetze erlassenen Verordnungen oder durch Maßnahmen aufgrund dieser Vorschriften ergeben, sind im Rahmen der Sozialbindung des Eigentums (Artikel 14 Abs. 2 des Grundgesetzes) grundsätzlich entschädigungslos zu dulden.

(2) [1]Überschreiten die Einschränkungen ausnahmsweise das in Absatz 1 angeführte Maß und wird hierdurch die wirtschaftliche Nutzbarkeit des Grundstücks unvermeidlich und erheblich beeinträchtigt

und ist keine Befreiung im Einzelfall möglich, hat der Betroffene Anspruch auf Entschädigung. [2]Diese muss die entstandenen Vermögensnachteile angemessen ausgleichen.

(3) Eine Entschädigung ist nach Maßgabe von Absatz 2 insbesondere dann zu gewähren, wenn und soweit aufgrund der Gebots- und Verbotsbestimmungen

1. bisher rechtmäßige Grundstücksnutzungen aufgegeben oder erheblich eingeschränkt werden müssen,

2. Aufwendungen erheblich an Wert verlieren, die für beabsichtigte, bisher rechtmäßige Grundstücksnutzungen in schutzwürdigem Vertrauen darauf gemacht wurden, dass sie rechtmäßig bleiben, oder

3. die Lasten und Bewirtschaftungskosten von Grundstücken auch in überschaubarer Zukunft nicht durch deren Erträge und sonstige Vorteile ausgeglichen werden können

und hierdurch die Betriebe oder sonstigen wirtschaftlichen Einheiten, zu denen die Grundstücke gehören, unvermeidlich und erheblich beeinträchtigt werden.

(4) Für die nach diesem Gesetz zu leistenden Entschädigungen gelten die §§ 96 bis 98 WHG entsprechend, soweit sich aus diesem Gesetz nichts anderes ergibt.

(5) [1]Die Entschädigung kann auch in wiederkehrenden Leistungen oder in der Bereitstellung von Ersatzflächen bestehen. [2]Wenn die Lasten und Bewirtschaftungskosten von Grundstücken auch in überschaubarer Zukunft nicht durch deren Erträge und sonstige Vorteile ausgeglichen werden können, soll die Entschädigung als Darlehen gewährt werden, soweit damit zu rechnen ist, dass die Fehlbeträge durch spätere Überschüsse ausgeglichen werden.

§ 103 Entschädigungsverfahren (zu § 98 WHG)

(1) [1]Über Ansprüche auf Entschädigung außerhalb eines Enteignungsverfahrens entscheidet die Behörde, welche die dem Anspruch zugrundeliegende Verfügung trifft. [2]Über Ansprüche auf Entschädigung, die sich unmittelbar aus wasserrechtlichen Vorschriften ergeben, entscheidet die zuständige Wasserbehörde.

(2) [1]Kommt eine Einigung entsprechend § 98 Abs. 2 Satz 1 WHG zustande, so hat die zuständige Wasserbehörde diese zu beurkunden und den Beteiligten eine Ausfertigung der Urkunde zuzustellen. [2]Die Urkunde ist nach Zustellung an die Beteiligten vollstreckbar.

(3) Der Bescheid nach § 98 Abs. 2 Satz 2 WHG ist den Beteiligten zuzustellen, er ist den Beteiligten gegenüber vollstreckbar, wenn er für diese unanfechtbar geworden ist oder das Gericht ihn für vorläufig vollstreckbar erklärt hat.

(4) Die Kosten des Verfahrens nach den Absätzen 1 bis 3 trägt der Entschädigungsverpflichtete.

§ 104 Ausgleich (zu § 99 WHG)

[1]Für die nach diesem Gesetz zu leistenden Ausgleichszahlungen gelten, soweit in diesem Gesetz nichts anderes bestimmt ist, § 99 WHG und § 103 entsprechend. [2]Die Kosten des Ausgleichsverfahrens fallen den Begünstigten nach dem Verhältnis ihres Vorteils zur Last.

§ 105 Vollstreckung

(1) Die Zwangsvollstreckung nach den Bestimmungen der §§ 704 bis 945 der Zivilprozessordnung (ZPO) in der Fassung der Bekanntmachung vom 5. Dezember 2005 (BGBl. I S. 3202, 2006 I S. 431 und 2007 I S. 1781), die zuletzt durch Artikel 2 des Gesetzes vom 25. April 2013 (BGBl. I S. 935) geändert worden ist, in der jeweils geltenden Fassung, findet statt

1. aus der Niederschrift über die beurkundete Einigung, wenn die vollstreckbare Ausfertigung mindestens eine Woche vorher zugestellt wird, oder

2. aus dem Festsetzungsbescheid, wenn die vollstreckbare Ausfertigung bereits zugestellt ist oder gleichzeitig zugestellt wird.

(2) [1]Die vollstreckbare Ausfertigung wird von dem Urkundsbeamten der Geschäftsstelle des Amtsgerichts erteilt, in dessen Bezirk die mit dem Festsetzungsverfahren befasste Behörde ihren Sitz hat. [2]In den Fällen der §§ 731, 767 bis 770, 785 und 786 der Zivilprozessordnung entscheidet das in Satz 1 bezeichnete Gericht.

(3) Die vollstreckbare Ausfertigung des Festsetzungsbescheids wird nur erteilt, wenn und soweit er für die Beteiligten unanfechtbar ist, ein gegen ihn gerichteter Rechtsbehelf kraft Gesetzes keine aufschiebende Wirkung hat oder seine sofortige Vollziehung angeordnet ist.

Teil 6
Gewässeraufsicht

§ 106 Gewässeraufsicht, Bauüberwachung und Bauabnahme (zu § 100 Abs. 1 WHG)

(1) [1]Anordnungen nach § 100 Abs. 1 Satz 2 WHG können auch bereits bei dem Verdacht einer Gewässergefährdung oder der Gefährdung einer öffentlichen Hochwasserschutzanlage erlassen werden. [2]Die sich aus den wasserrechtlichen Anforderungen ergebenden Verpflichtungen gehen, soweit im Einzelfall nichts anderes bestimmt wird, auf den Rechtsnachfolger über.

(2) [1]Die zuständige Wasserbehörde hat die ordnungsgemäße Ausführung der Bauten und sonstigen Anlagen, die nach dem Wasserhaushaltsgesetz oder diesem Gesetz einer Planfeststellung oder wasserrechtlichen Genehmigung bedürfen, zu überwachen. [2]Zu diesem Zweck hat der Anlagenbetreiber oder der Unternehmer den Beginn der Ausführung und die Fertigstellung der Anlage der zuständigen Wasserbehörde rechtzeitig anzuzeigen sowie die Abnahme zu beantragen.

(3) [1]Ist die Anlage nach den genehmigten Plänen und Beschreibungen sowie den festgesetzten Bedingungen und Auflagen ausgeführt worden, so erteilt die zuständige Wasserbehörde einen Abnahmeschein. [2]Die zuständige Wasserbehörde kann auf die Abnahme ganz oder teilweise verzichten, wenn nach Größe und Art der Anlage oder nach den besonderen Umständen des Einzelfalls eine Verletzung der öffentlichen Sicherheit oder Ordnung nicht zu erwarten ist.

(4) Die zuständige Wasserbehörde kann für die Bauüberwachung und Bauabnahme besondere Sachverständige hinzuziehen.

(5) Zur Gewässeraufsicht gehören auch die Bauüberwachung und die Bauabnahme der Anlagen, bei deren Genehmigung nach den Vorschriften dieses Gesetzes auch die Einhaltung baurechtlicher Vorschriften zu prüfen ist.

§ 107 Pflichten und Befugnisse der Gewässeraufsicht (zu § 101 WHG)

(1) [1]Die Bediensteten und die Beauftragten der Wasserbehörden sind befugt, zur Durchführung ihrer Aufgaben Grundstücke zu betreten. [2]Die Eigentümer und Nutzungsberechtigten haben die nach diesem Gesetz erlaubnis- oder bewilligungsbedürftigen oder anzeigepflichtigen Anlagen und die damit zusammenhängenden Einrichtungen zugänglich zu machen.

(2) Beim Betreten von Grundstücken oder von Anlagen ist der Eigentümer oder der Nutzungsberechtigte zu benachrichtigen.

(3) Eigentümer und Nutzungsberechtigte haben Probenahmen zu dulden.

(4) Soweit Gefahren für die Gewässer zu besorgen oder Schäden festzustellen sind, kann insbesondere die Errichtung und der Betrieb von Mess- und Kontrollstellen sowie die Untersuchung von Wasser- und Bodenproben auf Kosten des Verursachers angeordnet werden.

§ 108 Kosten der Gewässeraufsicht

(1) Werden Maßnahmen der Gewässeraufsicht dadurch veranlasst, dass jemand ein Gewässer unbefugt, insbesondere in Abweichung von festgesetzten Auflagen oder Bedingungen benutzt oder Pflichten aus dem Wasserhaushaltsgesetz, diesem Gesetz oder zu diesen Gesetzen ergangenen Vorschriften verletzt, so trägt der Benutzer oder Verpflichtete die Kosten dieser Maßnahmen.

(2) Zu den Kosten nach Absatz 1 gehören auch die Kosten der Durchführung, Auswertung und Bewertung von einzelnen technischen Prüfungen, Messungen und Proben, die Kosten der Ermittlung von Verantwortlichen sowie die Kosten von Maßnahmen, die außerhalb des Betriebs oder der Grundstücke des Betroffenen erforderlich sind, um Gefahren für den Wasserhaushalt oder andere Belange des Wohls der Allgemeinheit abzuwehren.

(3) [1]Für Abwasseruntersuchungen, die im Rahmen der Gewässeraufsicht regelmäßig durchzuführen sind und für Abwasseruntersuchungen, die in Folge eines hinreichenden Verdachts, dass ein Verstoß gegen die Festsetzung der die Abwassereinleitung zulassenden wasserrechtlichen Entscheidung vorliegt, durchgeführt werden, trägt der Abwassereinleiter die Kosten. [2]Bei darüber hinausgehenden Abwasseruntersuchungen besteht eine Verpflichtung zur Kostentragung des Abwassereinleiters, wenn ein Verstoß gegen die Festsetzung der die Abwassereinleitung zulassenden wasserrechtlichen Entscheidung festgestellt wird.

Teil 7
Zuständigkeit und Verfahren

Abschnitt 1
Zuständigkeit

§ 109 Wasserbehörden
(1) Allgemeine Wasserbehörden sind
1. das Staatsministerium für Umwelt und Landwirtschaft als oberste Wasserbehörde,
2. die Landesdirektion Sachsen als obere Wasserbehörde und
3. die Landkreise und die Kreisfreien Städte als untere Wasserbehörden.
(2) Besondere Wasserbehörden sind
1. das Landesamt für Umwelt, Landwirtschaft und Geologie, auch als technische Fachbehörde zur fachlichen Beratung und Unterstützung der obersten Wasserbehörde, und
2. der Staatsbetrieb Landestalsperrenverwaltung, auch als Wasserbaudienststelle im Sinne dieses Gesetzes.
(3) [1]Die Wasserbehörden sind zur Durchführung ihrer Aufgaben ausreichend mit geeignetem Personal zu besetzen und mit den erforderlichen Arbeitsmitteln auszustatten. [2]Den Wasserbehörden müssen insbesondere Personen, welche die Befähigung zum höheren bautechnischen Dienst in der Wasserwirtschaft und die erforderlichen Kenntnisse der Wassertechnik und des öffentlichen Wasserrechts haben, und Personen, welche die Befähigung zum Richteramt oder zum höheren allgemeinen Verwaltungsdienst haben, angehören. [3]Die oberste Wasserbehörde kann Ausnahmen zulassen.

§ 110 Zuständigkeit, Aufsicht und Befugnisse
(1) Der Vollzug wasserrechtlicher Vorschriften, insbesondere des Wasserhaushaltsgesetzes, dieses Gesetzes und der aufgrund dieser Gesetze erlassenen Verordnungen obliegt den unteren Wasserbehörden, soweit nichts anderes bestimmt ist.
(2) [1]Die oberste Wasserbehörde bestimmt durch Rechtsverordnung die Zuständigkeiten für den Vollzug der Aufgaben nach Absatz 1. [2]Dabei soll sie Aufgaben nur dann der oberen Wasserbehörde übertragen, wenn sie nicht von den unteren Wasserbehörden zuverlässig und zweckmäßig erfüllt werden können, insbesondere wenn die Aufgaben von landesweiter oder überregionaler Bedeutung sind oder die Wahrnehmung von Aufgaben an Gewässern erster Ordnung oder Grenzgewässern betreffen. [3]Die oberste Wasserbehörde kann unter den Voraussetzungen des Satzes 2 im Einzelfall zur Verhütung einer dringenden Gefahr für die öffentliche Sicherheit und Ordnung eine Aufgabe auf eine andere nachgeordnete Wasserbehörde übertragen, wenn eine rechtzeitige oder zweckmäßige Aufgabenerfüllung durch die zuständige Wasserbehörde nicht möglich ist.
(3) [1]Die den Landkreisen und Kreisfreien Städten als unteren Wasserbehörden übertragenen Aufgaben sind Weisungsaufgaben. [2]Das Weisungsrecht ist unbeschränkt. [3]Die Befugnis, sich unterrichten zu lassen, erstreckt sich auf alle Informationen, die zur Erfüllung der Aufgaben der Fachaufsichtsbehörde erforderlich sind, insbesondere auch zur Erstellung von Fachplanungen, Berichten und Verwaltungsstatistiken.
(4) [1]Die mit dem Vollzug dieses Gesetzes beauftragten Personen sind berechtigt, in Ausübung ihres Amtes Grundstücke und Anlagen zu betreten. [2]Wohnungen dürfen nur zur Abwehr einer gemeinen Gefahr oder einer Lebensgefahr für einzelne Personen oder zur Verhütung dringender Gefahren für die öffentliche Sicherheit und Ordnung betreten werden.

§ 111 Sachverständige
(1) [1]Die Wasserbehörden können zur Prüfung von Anträgen und anzeigepflichtigen Vorhaben und Vorfällen sachverständige Personen oder Stellen heranziehen. [2]Die Kosten der Hinzuziehung sachverständiger Personen oder Stellen sind durch den Antragsteller zu tragen. [3]Prüflabore sollen zu Untersuchungen, die für die Prüfung oder Überwachung erforderlich sind, von den Wasserbehörden herangezogen werden, wenn sie die erforderliche Fachkunde in einem Verfahren nach § 112 nachgewiesen haben.
(2) Die oberste Wasserbehörde kann durch Rechtsverordnung
1. bestimmte Aufgaben, insbesondere zur Prüfung und Überwachung von Anlagen auf anerkannte Sachverständige oder sachverständige Stellen übertragen,

2. regeln, dass die Erfüllung von Maßnahmen durch eine Bescheinigung eines anerkannten Sachverständigen oder einer sachverständigen Stelle nachzuweisen ist.

§ 112 Anerkennung von Sachverständigen und Prüflaboren

(1) [1]Die oberste Wasserbehörde regelt durch Rechtsverordnung das Verfahren, die Anforderungen und die zuständigen Stellen für die Anerkennung von Sachverständigen oder sachverständigen Stellen, die nach § 111 Prüfungen durchführen oder Überwachungen vornehmen, und von Prüflaboren. [2]In der Verordnung nach Satz 1 kann geregelt werden, dass

1. die Anerkennung befristet erteilt werden kann,
2. der Sachverständige oder das Prüflabor verpflichtet ist, nach der Anerkennung in bestimmten Abständen an wiederkehrenden Maßnahmen zur analytischen Qualitätssicherung, insbesondere Vergleichsuntersuchungen, Ringversuchen oder Laborkontrollen, teilzunehmen.

(2) [1]Anerkennungen, die am 28. Dezember 2009 bestehen, gelten bis zum Ablauf ihrer Befristung fort. [2]Neue Anerkennungen von Prüflaboren erfolgen bis zum Erlass der Rechtsverordnung nach Absatz 1 auf Antrag durch die zuständige Wasserbehörde, wenn das Prüflabor erfolgreich an den Ringversuchen der zuständigen Wasserbehörde, die nach den allgemein anerkannten Regeln der Technik durchzuführen sind und den Nachweis der Geeignetheit hinsichtlich des Laborpersonals, der Laborausstattung, der angewandten Analytik sowie der Qualitätssicherung einschließen, teilgenommen hat. [3]Die oberste Wasserbehörde führt die allgemein anerkannten Regeln der Technik nach Satz 2 durch öffentliche Bekanntmachung ein. [4]Die Anerkennungen nach Satz 2 sind auf drei Jahre zu befristen. [5]Die Anerkennung nach den Sätzen 1 oder 2 verlängert sich automatisch um drei Jahre bei erfolgreicher Wiederholung der Teilnahme an dem Ringversuch nach Satz 2. [6]Im Übrigen gilt für die erstmalige Antragstellung § 42a VwVfG mit der Maßgabe, dass die Frist nach § 42a Abs. 2 Satz 1 VwVfG sechs Monate beträgt. [7]Das Verfahren zur Anerkennung kann über die einheitliche Stelle nach § 1 Satz 1 in Verbindung mit Satz 2 des Gesetzes über den einheitlichen Ansprechpartner im Freistaat Sachsen (SächsEAG) vom 13. August 2009 (SächsGVBl. S. 446), das zuletzt durch Artikel 40 des Gesetzes vom 27. Januar 2012 (SächsGVBl. S. 130, 146) geändert worden ist, in der jeweils geltenden Fassung, in Verbindung mit den §§ 71a bis 71e VwVfG abgewickelt werden.

(3) [1]Die Anerkennung durch andere Länder der Bundesrepublik Deutschland, andere Mitgliedstaaten der Europäischen Union oder einen Vertragsstaat des Abkommens über den Europäischen Wirtschaftsraum ersetzt die Anerkennung nach dieser Vorschrift, sofern die Voraussetzungen für die Anerkennung gleichwertig sind. [2]Zum Nachweis der Gleichwertigkeit ist von dem Antragsteller der zuständigen Wasserbehörde oder der einheitlichen Stelle ein Zeugnis, eine Bescheinigung oder ein sonstiges Dokument vorzulegen, das eine gleichwertige Funktion wie die Anerkennung nach Absatz 1 oder 2 hat oder aus dem hervorgeht, dass die Anforderungen nach den Absätzen 1 und 2 erfüllt sind. [3]Das Dokument ist im Original oder in beglaubigter Kopie und, sofern es nicht in Deutsch abgefasst ist, in beglaubigter Übersetzung ins Deutsche vorzulegen.

Abschnitt 2
Verfahren

§ 113 Nachträgliche Antragstellung

Werden Benutzungen ohne die erforderlichen Erlaubnisse oder Bewilligungen ausgeübt, Gewässer oder Anlagen ohne erforderliche Planfeststellung, Genehmigung oder Bauartzulassung ausgebaut, errichtet, eingebaut, verwendet oder geändert, so kann die für das Verfahren zuständige Wasserbehörde verlangen, dass ein entsprechender Antrag gestellt wird.

§ 114 Einwendungen aufgrund von Privatrechtsverhältnissen

(1) [1]Werden Einwendungen aufgrund von Privatrechtsverhältnissen erhoben, so kann das Verwaltungsverfahren ausgesetzt werden, um den Beteiligten Gelegenheit zu geben, eine gerichtliche Entscheidung herbeizuführen. [2]Es muss ausgesetzt werden, wenn der Antrag bei Bestehen des Rechts abzuweisen wäre. [3]Bei Aussetzung des Verfahrens ist zu bestimmen, bis wann die Klage erhoben sein muss. [4]Wird die Prozessführung verzögert, so kann das Verfahren fortgesetzt werden.

(2) [1]Wird im Falle nach Absatz 1 einem Antrag stattgegeben, bevor über das Bestehen des Rechts rechtskräftig entschieden worden ist, so bleibt die Entscheidung über das Bestehen des Rechts festzu-

setzenden Auflagen und Entschädigungen vorbehalten. [2]Über die sonstigen nichterledigten Einwendungen wird entschieden.

(3) Die Entscheidung ist dem Antragsteller zuzustellen.

§ 115 Wasserrechtliche Entscheidungen

(1) [1]Entscheidungen nach dem Wasserhaushaltsgesetz und diesem Gesetz oder aufgrund dieser Gesetze erlassener Verordnungen bedürfen der Schriftform, es sei denn, dass sie nur eine vorläufige Regelung treffen oder wegen Gefahr im Verzug erlassen werden. [2]Den Verfahrensbeteiligten, die nicht Antragsteller sind, kann die Entscheidung ohne die zugehörigen Planunterlagen bekannt gegeben werden.

(2) Sind mehr als 50 Benachrichtigungen vorzunehmen, so können sie durch öffentliche Bekanntmachung ersetzt werden.

(3) Soweit eine wasserrechtliche Entscheidung andere öffentlich-rechtliche Entscheidungen einschließt oder selbst von einer anderen öffentlich-rechtlichen Entscheidung ersetzt wird, sind die eingeschlossenen und ersetzten Entscheidungen ausdrücklich zu bezeichnen.

§ 116 Sicherheitsleistung

(1) [1]Die zuständige Wasserbehörde kann die Leistung einer Sicherheit verlangen, soweit sie erforderlich ist, um die Erfüllung von Bedingungen, Auflagen und sonstigen Verpflichtungen zu sichern oder finanzielle Risiken abzudecken, die bei Unfällen oder Betriebsstörungen entstehen können. [2]Der Freistaat Sachsen und sonstige Körperschaften des öffentlichen Rechts sind von der Sicherheitsleistung frei. [3]Auf Sicherheitsleistungen sind die §§ 232 bis 240 BGB anzuwenden.

(2) [1]Ist der Grund für die Sicherheit weggefallen, so ist dem Begünstigten eine Frist zu setzen, binnen derer er die Einwilligung in die Rückgabe der Sicherheit zu erklären hat. [2]Nach Ablauf der Frist ist die Rückgabe der Sicherheit anzuordnen, wenn nicht inzwischen die Erhebung der Klage nachgewiesen ist.

§ 117 Vorläufige Anordnungen und Beweissicherung

(1) [1]Ist ein Verfahren nach dem Wasserhaushaltsgesetz oder diesem Gesetz eingeleitet, so kann die zuständige Wasserbehörde zur Sicherung der in Aussicht genommenen Maßnahmen vorläufige Anordnungen treffen, wenn das Wohl der Allgemeinheit dies erfordert. [2]Die Anordnungen sind zu befristen.

(2) Zur Feststellung von Tatsachen, die für eine nach dem Wasserhaushaltsgesetz oder diesem Gesetz zu treffende Entscheidung von Bedeutung sein können, insbesondere zur Feststellung des Zustands einer Sache, kann die zuständige Wasserbehörde die erforderlichen Maßnahmen anordnen, wenn sonst die Feststellung unmöglich oder wesentlich erschwert würde.

§ 118 Verfahrenskosten

[1]Die Verfahrenskosten fallen dem Antragsteller oder dem Begünstigten zur Last. [2]Kosten, die infolge unzulässiger oder unbegründeter Antragstellung oder Einwendungen oder im Falle eines Entschädigungsverfahrens durch wesentlich überhöhte Entschädigungsforderungen entstanden sind, sind demjenigen aufzuerlegen, der diese Einwendungen oder diese Entschädigungsforderung erhoben hat. [3]Kosten für Ausgleichsverfahren regeln sich nach § 104 Satz 2.

§ 119 Verfahren für die Planfeststellung

Für Planfeststellungsverfahren nach dem Wasserhaushaltsgesetz und diesem Gesetz gelten die folgenden besonderen Bestimmungen:

1. Anhörungsbehörde und Planfeststellungsbehörde ist die zuständige Wasserbehörde; § 68 Abs. 5 bleibt unberührt,

2. ein Vorhaben wirkt sich im Gebiet einer Gemeinde aus, wenn dort Rechte oder rechtlich geschützte Interessen betroffen werden, und

3. in der Bekanntmachung über die Auslegung des Plans ist auch darauf hinzuweisen, dass zur Vermeidung des Ausschlusses Einwendungen innerhalb einer bestimmten Frist zu erheben sind und verspätet eingereichte Anträge nicht mehr berücksichtigt zu werden brauchen, sowie dass Einwendungen wegen nachteiliger Wirkungen der Benutzung später nur nach § 14 Abs. 6 WHG geltend gemacht werden können.

§ 120 Einhaltung baurechtlicher Vorschriften

[1]Die oberste Wasserbehörde erlässt im Benehmen mit dem Staatsministerium des Innern durch Rechtsverordnung Regelungen zur bautechnischen Prüfung bestimmter Anlagen, die einer Erlaubnis, Bewilligung, wasserrechtlichen Genehmigung oder Planfeststellung nach dem Wasserhaushaltsgesetz oder diesem Gesetz bedürfen, hinsichtlich Prüfungsgegenstand, -maßstab, -verfahren und -fristen. [2]Die Prüfung der zuständigen Wasserbehörde erstreckt sich hierauf.

§ 121 Verfahren zur Festsetzung von Schutzgebieten

(1) [1]Vor Erlass einer Rechtsverordnung zur Festsetzung von Gewässerrandstreifen, Heilquellenschutzgebieten, Wasserschutzgebieten, Überschwemmungsgebieten und von Hochwasserentstehungsgebieten sowie einer Rechtsverordnung zur Festsetzung der Schutzbestimmungen für diese Flächen im Sinne von § 24 Abs. 4, § 46 Abs. 1 und § 47 Abs. 3 dieses Gesetzes sowie § 76 Abs. 2 WHG in Verbindung mit § 72 Abs. 1 ist der Verordnungsentwurf mit einer Übersichtskarte den Trägern öffentlicher Belange, deren Aufgaben oder Interessen berührt werden können, zur Stellungnahme zuzuleiten. [2]Entsprechendes gilt für Rechtsverordnungen nach § 72 Abs. 4 Satz 2 und für die Aufhebung oder wesentliche Änderung einer Rechtsverordnung. [3]Den Trägern öffentlicher Belange soll für die Abgabe ihrer Stellungnahme eine angemessene Frist gesetzt werden; äußern sie sich nicht fristgemäß, kann davon ausgegangen werden, dass die wahrzunehmenden Belange durch die Rechtsverordnung nicht berührt sein können.

(2) [1]Gleichzeitig oder im Anschluss an das Verfahren nach Absatz 1 hat die zuständige Wasserbehörde den Verordnungsentwurf mit den dazugehörigen Karten einen Monat öffentlich auszulegen. [2]Die Auslegung erfolgt bei der für das von der Rechtsverordnung betroffene Gebiet zuständigen unteren Wasserbehörde; davon abweichend erfolgt bei den Hochwasserentstehungsgebieten die Auslegung bei der oberen Wasserbehörde. [3]Die öffentliche Auslegung ist vorher ortsüblich mit dem Hinweis bekannt zu geben, dass innerhalb von zwei Wochen nach Ablauf der Auslegungsfrist schriftlich oder zur Niederschrift bei der zuständigen Wasserbehörde Einwendungen gegen die Festsetzung des Schutzgebiets sowie Anregungen zu dem Entwurf vorgebracht werden können.

(3) [1]Das Verfahren nach Absatz 2 kann durch die Anhörung der betroffenen Eigentümer und, soweit sie ohne größeren Aufwand feststellbar sind, der sonstigen Berechtigten ersetzt werden, wenn diesen Gelegenheit zur Einsichtnahme und zur Äußerung gegeben wird. [2]Absatz 1 Satz 3 gilt entsprechend. [3]Betrifft der Verordnungsentwurf eine Änderung, und wird der räumliche oder sachliche Geltungsbereich nur unwesentlich erweitert oder soll eine Rechtsverordnung aufgehoben werden, entfällt das Verfahren nach Absatz 2.

(4) Die für den Erlass der Rechtsverordnung zuständige Wasserbehörde prüft die fristgemäß vorgebrachten Bedenken und Anregungen.

(5) Wird der Entwurf der Rechtsverordnung während des laufenden Verfahrens räumlich oder sachlich erheblich erweitert, ist das Verfahren nach den Absätzen 1 bis 4 bezüglich der Änderungen zu wiederholen.

(6) [1]Die Abgrenzung eines Schutzgebiets ist
1. in der Rechtsverordnung genau zu beschreiben und
2. in Karten darzustellen, die Bestandteil der Verordnung sind.

[2]Die Rechtsverordnung muss mit hinreichender Klarheit erkennen lassen, welche Grundstücke zum Schutzgebiet gehören. Im Zweifelsfall gelten Grundstücke als nicht betroffen.

(7) [1]Enthalten Rechtsverordnungen Pläne, Karten oder andere zeichnerische Darstellungen, so kann die Verkündung dieser Teile dadurch ersetzt werden, dass sie für die Dauer von mindestens zwei Wochen nach Verkündung der Verordnung im Übrigen zur kostenlosen Einsicht durch jedermann während der Sprechzeiten öffentlich ausgelegt werden. [2]Die Auslegung erfolgt bei der Stelle, die die Rechtsverordnung erlässt, und bei den Verwaltungen der Landkreise und Kreisfreien Städte, auf deren Gebiet sich der Geltungsbereich der Rechtsverordnung erstreckt. [3]In der Rechtsverordnung ist der wesentliche Inhalt der zeichnerischen Darstellung zu umschreiben und auf die Möglichkeit und den Ort der Einsichtnahme hinzuweisen. [4]Während ihrer Geltung ist die Rechtsverordnung einschließlich der nach Satz 1 verkündeten Bestandteile bei der erlassenden Behörde zur kostenlosen Einsicht während der Sprechzeiten niederzulegen. [5]In der Rechtsverordnung ist auf die Möglichkeit der Einsichtnahme hinzuweisen.

(8) [1]Erstreckt sich ein schutzwürdiges Gebiet oder ein schutzwürdiges Gewässer im Sinne des Absatzes 1 auf den örtlichen Zuständigkeitsbereich mehrerer Wasserbehörden, ist diejenige Wasserbehörde für den Erlass der Rechtsverordnung zuständig, auf deren Gebiet der größte Teil des schutzwürdigen Gebiets oder Gewässers liegt. [2]Abweichend von Satz 1 ist im Falle von Trinkwasserschutzgebieten oder Heilquellenschutzgebieten die Wasserbehörde zuständig, in deren Zuständigkeitsbereich die Wasserfassungsanlage liegt oder liegen soll. [3]Der Erlass der Rechtsverordnung erfolgt im Benehmen mit den anderen betroffenen Wasserbehörden.

(9) [1]Die Rechtsverordnungen werden von der sie erlassenden Stelle ausgefertigt und sind in der für die Verkündung von Rechtsverordnungen der zuständigen Wasserbehörden bestimmten Form zu verkünden. [2]Abweichend von Satz 1 werden Rechtsverordnungen im Falle des Absatzes 8 im Sächsischen Amtsblatt verkündet.

(10) Eine Verletzung von Verfahrens- oder Formvorschriften ist unbeachtlich, wenn sie nicht innerhalb eines Jahres nach Verkündung der Rechtsverordnung schriftlich unter Angabe der Tatsachen, die die Verletzung begründen sollen, bei der für den Erlass zuständigen Wasserbehörde geltend gemacht wird.

(11) Die Absätze 1 bis 10 gelten nicht für Verordnungen der obersten Wasserbehörde nach § 46 Abs. 3, durch die Schutzbestimmungen allgemein erlassen werden.

(12) Soweit für den Erlass einer Rechtsverordnung im Sinne von Absatz 1 die unteren Wasserbehörden zuständig sind, sind § 49 Abs. 3 Satz 1 Halbsatz 2 SächsLKrO und § 53 Abs. 3 Satz 1 Halbsatz 2 SächsGemO nicht anzuwenden.

Teil 8
Bußgeld- und Überleitungsbestimmungen

§ 122 Bußgeldvorschriften (zu § 103 WHG)

(1) Ordnungswidrig handelt, wer vorsätzlich oder fahrlässig

1. Benutzungen im Sinne des § 5 Abs. 1 unbefugt oder unter Nichtbefolgen einer Inhalts- und Nebenbestimmung nach § 13 WHG ausübt oder entgegen § 5 Abs. 3 ein Gewässer ohne die erforderliche Gestattung nutzt oder einer Nebenbestimmung einer solchen Gestattung zuwiderhandelt,

2. entgegen einer Anpassungspflicht nach § 7 Benutzungen ausübt oder Anlagen betreibt,

3. den Übergang einer Erlaubnis oder Bewilligung im Sinne des § 8 Abs. 2 nicht oder nicht rechtzeitig anzeigt,

4. den Duldungspflichten nach § 18 zuwiderhandelt,

5. Staumarken im Sinne von § 19 ohne Zustimmung entfernt,

6. eine Stauanlage ohne wasserrechtliche Genehmigung entgegen § 20 dauernd außer Betrieb setzt oder beseitigt,

7. entgegen § 33 WHG in Verbindung mit § 21 Abs. 1 oder 2 oberirdische Gewässer ohne Erlaubnis benutzt oder bei der erlaubten Benutzung eine festgesetzte Mindestwasserführung unterschreitet oder einer Anordnung zur Vorlage eines Mindestwassergutachtens nach § 21 Abs. 2 Satz 2 nicht, nicht vollständig oder nicht rechtzeitig nachkommt,

8. entgegen § 34 WHG in Verbindung mit § 21 Abs. 4 die Durchgängigkeit nicht herstellt oder gewährleistet oder das Eindringen von Fischen nicht verhindert,

9. entgegen § 21 Abs. 5 den Beginn der Instandsetzung oder die Wiederinbetriebnahme einer Wasserkraftanlage nicht anzeigt,

10. den Vorschriften des § 22 über das Ablassen aufgestauten Wassers zuwiderhandelt,

11. den Vorschriften des § 24 Abs. 3 zuwiderhandelt,

12. entgegen § 26 Abs. 1 eine bauliche Anlage ohne die erforderliche Genehmigung errichtet, wesentlich verändert oder beseitigt,

13. entgegen § 41 Abs. 2 die Arbeiten nicht einstellt,

14. entgegen § 45 Abs. 1 die Wassergewinnungsanlagen nicht überwacht, bestehende Gefahren der zuständigen Wasserbehörde nicht oder nicht rechtzeitig mitteilt oder nicht auf die Begrenzung des Schadens hinwirkt oder einer vollziehbaren Anordnung nach § 39 Abs. 3 und 4 nicht nachkommt,

15. eine der in § 55 Abs. 2 bezeichneten Anlagen ohne wasserrechtliche Genehmigung errichtet oder betreibt oder einer Nebenbestimmung einer Genehmigung zuwiderhandelt oder entgegen § 55 Abs. 5 oder 6 die Errichtung oder die Stilllegung einer Anlage nicht anzeigt,

16. als Bauherr entgegen § 57 Abs. 4 einen Bauherrnwechsel nicht anzeigt, als Entwurfsverfasser entgegen § 58 Abs. 1 in Verbindung mit § 54 Abs. 1 Satz 3 SächsBO nicht dafür Sorge trägt, dass die für die Ausführung notwendigen Einzelzeichnungen, Einzelberechnungen und Anweisungen geliefert werden und dem genehmigten Entwurf und den öffentlich-rechtlichen Vorschriften entsprechen, als Unternehmer entgegen § 58 Abs. 1 in Verbindung mit § 55 Abs. 1 Satz 2 SächsBO die erforderlichen Nachweise nicht auf der Baustelle bereithält oder entgegen § 58 Abs. 2 Satz 1 Arbeiten ausführt oder ausführen lässt oder als Bauleiter entgegen § 58 Abs. 1 in Verbindung mit § 56 Abs. 1 Satz 2 SächsBO den sicheren bautechnischen Betrieb nicht gewährleistet,

17. entgegen § 59 das Wasser in seiner Beschaffenheit in öffentlichen Wasserversorgungsanlagen, öffentlichen Abwasseranlagen und Gewässern gefährdet,

18. entgegen § 72 Abs. 4 Satz 1 in Verbindung mit § 78 Abs. 1 Satz 1 Nr. 2 bis 9 WHG oder entgegen einer Rechtsverordnung nach § 72 Abs. 4 Satz 2 in Verbindung mit § 78 Abs. 5 WHG oder § 72 Abs. 1 Satz 2 eine untersagte Handlung ohne die dafür erforderliche Genehmigung oder sonstige Zulassung vornimmt,

19. entgegen § 76 Abs. 3 ein Vorhaben ohne die dafür erforderliche Genehmigung durchführt,

20. entgegen § 81 unbefugt Handlungen an Deichen vornimmt,

21. *[aufgehoben]*

22. der Verpflichtung zum Betrieb von Mess- oder Kontrollstellen nach § 107 Abs. 4 oder § 21 Abs. 3, der Pflicht zur Anzeige von Erdarbeiten nach § 49 Abs. 1 Satz 1 WHG und einer Auflage der zuständigen Wasserbehörde zur Einstellung von Erdarbeiten nach § 49 Abs. 3 WHG nicht nachkommt,

23. einem Verbot oder einer Beschränkung in einem Trinkwasserschutzgebiet nach § 123 zuwiderhandelt,

24. einer aufgrund dieses Gesetzes ergangenen oder fortgeltenden Rechtsverordnung oder Satzung zuwiderhandelt, soweit die Rechtsverordnung oder Satzung für einen bestimmten Tatbestand auf diese Bußgeldvorschrift oder auf § 135 Abs. 1 Nr. 22 des Sächsischen Wassergesetzes in der Fassung der Bekanntmachung vom 18. Oktober 2004, zuletzt geändert durch Artikel 6 des Gesetzes vom 6. Juni 2013 (SächsGVBl. S. 451, 468), verweist.

(2) Die Ordnungswidrigkeit kann mit einer Geldbuße bis zu 50 000 EUR geahndet werden.

(3) [1]Verwaltungsbehörde im Sinne des § 36 Abs. 1 Nr. 1 des Gesetzes über Ordnungswidrigkeiten (OWiG) in der Fassung der Bekanntmachung vom 19. Februar 1987 (BGBl. I S. 602), das zuletzt durch Artikel 4 Abs. 11 des Gesetzes vom 29. Juli 2009 (BGBl. I S. 2258, 2270) geändert worden ist, in der jeweils geltenden Fassung, ist die für den Vollzug der verletzten Vorschrift zuständige Wasserbehörde, für den Vollzug von § 17 Abs. 3 die zuständige Schifffahrts- und Hafenbehörde; dies gilt auch für die Verfolgung und Ahndung von Ordnungswidrigkeiten nach § 103 WHG. [2]In den Verordnungen oder Satzungen nach Absatz 1 Nr. 24 kann bestimmt werden, dass zuständige Verwaltungsbehörde abweichend von Satz 1 die Gemeinde ist.

§ 123 Schutzgebiete und Planungsgebiete

Die auf der Grundlage des Gesetzes über den Schutz, die Nutzung und die Instandhaltung der Gewässer und den Schutz vor Hochwassergefahren – Wassergesetz – vom 17. April 1963 (GBl. DDR I S. 77) und des Wassergesetzes vom 2. Juli 1982 (GBl. DDR I S. 467) getroffenen oder aufrecht erhaltenen Beschlüsse über Trinkwasserschutzgebiete nach § 29 des Wassergesetzes vom 2. Juli 1982 für die öffentliche Trinkwasserversorgung und Hochwassergebiete nach § 36 des Wassergesetzes vom 2. Juli 1982 gelten bis zum Erlass neuer Rechtsverordnungen auf der Grundlage dieses Gesetzes weiter, soweit das Wasserhaushaltsgesetz und dieses Gesetz nicht entgegenstehen.

§ 124 Landwirtschaftliche Brauchwasserspeicher

Für den Erwerb des Eigentums an Grundstücken, die von landwirtschaftlichen oder gärtnerischen Produktionsgenossenschaften oder deren Zusammenschlüssen durch Meliorationsanlagen im Sinne von § 2 des Gesetzes zur Regelung der Rechtsverhältnisse an Meliorationsanlagen (Meliorationsanlagengesetz – MeAnlG) vom 21. September 1994 (BGBl. I S. 2538, 2550), das zuletzt durch Gesetz vom 17. Dezember 1999 (BGBl. I S. 2450) geändert worden ist, in der jeweils geltenden Fassung, in Anspruch genommen wurden, gilt § 15 MeAnlG.

§ 125 Übergangsregelung aus Anlass des Gesetzes

Genehmigungen, die nach § 46a des Sächsischen Wassergesetzes in der am 7. August 2013 geltenden Fassung erteilt worden sind, gelten als Gestattungen nach § 5 Abs. 3 fort.

§ 126 Einschränkung von Grundrechten

Durch dieses Gesetz werden das Grundrecht auf Unverletzlichkeit der Wohnung (Artikel 13 des Grundgesetzes, Artikel 30 der Verfassung des Freistaates Sachsen) und das Grundrecht auf informationelle Selbstbestimmung (Artikel 2 Abs. 1 in Verbindung mit Artikel 1 Abs. 1 des Grundgesetzes, Artikel 33 der Verfassung des Freistaates Sachsen) eingeschränkt.

Anlagen (hier nicht abgedruckt)

**Gemeinsame Verordnung des Sächsischen Staatsministeriums für Umwelt
und Landwirtschaft und des Sächsischen Staatsministeriums für Soziales
und Verbraucherschutz über Zuständigkeiten auf dem Gebiet des
Wasserrechts und der Wasserwirtschaft
(Sächsische Wasserzuständigkeitsverordnung – SächsWasserZuVO)[1)]**

Vom 12. Juni 2014 (SächsGVBl. S. 363)
(BS Sachsen 612-3.28)

zuletzt geändert durch Art. 1 Zweite VO zur Änd. der Sächsischen WasserzuständigkeitsVO
vom 10. Dezember 2019 (SächsGVBl. S. 782)

§ 1 Zuständigkeit der obersten Wasserbehörde

Die oberste Wasserbehörde ist zuständig für

1. die Einstufung nach § 28 des Gesetzes zur Ordnung des Wasserhaushalts (Wasserhaushaltsgesetz
    – WHG) vom 31. Juli 2009 (BGBl. I S. 2585), das zuletzt durch Artikel 4 Abs. 76 des Gesetzes
    vom 7. August 2013 (BGBl. I S. 3154, 3200) geändert worden ist, die Verlängerung von Fristen
    nach § 29 Abs. 2 Satz 1 und § 47 Abs. 2 Satz 2 WHG und die Festlegung abweichender Bewirt-
    schaftungsziele nach § 30 Satz 1 und § 47 Abs. 3 Satz 2 WHG,
2. die Zuordnung einzelner Einzugsgebiete und Teileinzugsgebiete zu einer anderen Bewirtschaf-
    tungseinheit nach § 73 Abs. 3 Satz 2 WHG,
3. den Informationsaustausch nach § 73 Abs. 4 Satz 1 und § 74 Abs. 5 Satz 1 WHG sowie die Ko-
    ordinierung nach § 73 Abs. 4 Satz 2 in Verbindung mit § 7 Abs. 2 und 3, § 74 Abs. 5 Satz 2 in
    Verbindung mit § 7 Abs. 3 Nr. 2 und § 75 Abs. 5 Satz 2 in Verbindung mit § 7 Abs. 3 WHG,
4. die Festlegung von Teileinzugsgebieten, bestimmten Sektoren und Aspekten der Gewässerbe-
    wirtschaftung sowie Gewässertypen, für die nach § 83 Abs. 3 Satz 1 WHG Teilbewirtschaftungs-
    pläne ergänzend zu den Bewirtschaftungsplänen aufzustellen sind,
5. die abschließende Überprüfung und Aktualisierung der Bewirtschaftungspläne und Maßnahmen-
    programme nach § 84 Abs. 1 WHG, die Erstellung und Abstimmung von Beiträgen nach § 87
    Abs. 1 des Sächsischen Wassergesetzes (SächsWG) vom 12. Juli 2013 (SächsGVBl. S. 503), das
    durch Artikel 1 des Gesetzes vom 2. April 2014 (SächsGVBl. S. 234) geändert worden ist, sowie
    die Veröffentlichung nach § 83 Abs. 4 Satz 1 WHG.

§ 2 Zuständigkeit der oberen Wasserbehörde

[1)]Die obere Wasserbehörde ist zuständig für

1. die Erteilung von Bewilligungen nach § 8 Abs. 1 WHG und damit in Zusammenhang stehende
    Entscheidungen und Aufgaben, insbesondere die Zulassung des vorzeitigen Baubeginns und
    deren Widerruf nach § 17 WHG, der Widerruf der Bewilligung nach § 18 Abs. 2 WHG, die
    Entgegennahme der Anzeige nach § 8 Abs. 2 SächsWG und des Verzichts nach § 11 Satz 1
    SächsWG sowie die Anordnung von Maßnahmen und Beschränkungen nach § 12 Abs. 1 und 2
    sowie § 13 Satz 1 SächsWG,
2. die Erteilung von wasserrechtlichen Erlaubnissen nach § 8 Abs. 1 WHG für das Einbringen und
    Einleiten radioaktiver Stoffe im Sinne des § 2 des Gesetzes über die friedliche Verwendung der
    Kernenergie und den Schutz gegen ihre Gefahren (Atomgesetz) in der Fassung der Bekanntma-
    chung vom 15. Juli 1985 (BGBl. I S. 1565), das zuletzt durch Artikel 5 des Gesetzes vom
    28. August 2013 (BGBl. I S. 3313, 3324) geändert worden ist, in der jeweils geltenden Fassung,
    in Gewässer und damit in Zusammenhang stehende Entscheidungen und Aufgaben, insbesondere
    die Zulassung des vorzeitigen Baubeginns und deren Widerruf nach § 17 WHG, der Widerruf
    der Erlaubnis nach § 18 Abs. 1 WHG, die Entgegennahme der Anzeige nach § 8 Abs. 2 SächsWG
    und des Verzichts nach § 11 Satz 1 SächsWG sowie die Anordnung von Maßnahmen und Be-
    schränkungen nach § 12 Abs. 1 und 2 sowie § 13 Satz 1 SächsWG,
3. die Erteilung des Einvernehmens nach § 19 Abs. 3 WHG und die Antragstellung nach § 19
    Abs. 4 WHG bei bergrechtlichen Betriebsplänen des Braunkohlebergbaus, soweit Benutzungs-

---

1) Verkündet als Art. 1 VO v. 12.6.2014 (SächsGVBl. S. 363, ber. S. 484); Inkrafttreten gem. Art. 9 dieser VO am 13.7.2014.

tatbestände Gegenstand sind, für die in Planfeststellungsverfahren nach Nummer 7 die obere Wasserbehörde zuständig wäre,

4. Anordnungen nach § 34 Abs. 2 WHG, soweit die obere Wasserbehörde für die Zulassung der Anlage zuständig ist,

5. Entscheidungen nach § 42 WHG und § 31 Abs. 1 Nr. 6 Halbsatz 2 SächsWG, Anordnungen nach § 40 Abs. 3 Satz 1 WHG oder § 31 Abs. 3 SächsWG, wenn es sich um ein Gewässer in der Unterhaltungslast des Freistaates Sachsen handelt, die Unterhaltungslast nach § 33 Abs. 3 SächsWG auf den Freistaat Sachsen übertragen oder eine Entscheidung nach § 36 SächsWG zulasten des Freistaates Sachsen getroffen werden soll,

6. Genehmigungen nach § 60 Abs. 3 Satz 1 WHG einschließlich deren Änderungen,

7. a) die Planfeststellung eines Gewässerausbaus oder von Deich- und Dammbauten, die den Hochwasserabfluss beeinflussen, nach § 68 Abs. 1 WHG,

   b) die Entscheidung nach § 68 Abs. 2 Satz 1 WHG, die Planfeststellung durch die Plangenehmigung zu ersetzen,

   c) die abschnittsweise Zulassung nach § 69 Abs. 1 WHG und die Zulassung des vorzeitigen Beginns nach § 69 Abs. 2 in Verbindung mit § 17 WHG,

   d) die Planfeststellung eines Flutungspolders einschließlich der Ausgleichsregelungen nach § 63 Abs. 2 SächsWG und

   e) die Entscheidung über die Ausbaupflicht nach § 62 Abs. 2 SächsWG, wenn es sich um ein Gewässer in der Unterhaltungslast des Freistaates Sachsen handelt; die obere Wasserbehörde ist Planfeststellungs- und Anhörungsbehörde,

8. die Plangenehmigung eines Gewässerausbaus nach § 68 Abs. 2 WHG im Zusammenhang mit der Errichtung, wesentlichen Umgestaltung oder Beseitigung von Anlagen nach § 67 Abs. 1 und 3 SächsWG,

9. die Plangenehmigung nach § 68 Abs. 2 Satz 1 WHG

   a) eines Gewässerausbaus, der der Beeinflussung des Hochwasserabflusses dient, an Gewässern in der Unterhaltungslast des Freistaates Sachsen oder

   b) von Deich- und Dammbauten, die den Hochwasserabfluss beeinflussen, an der Bundeswasserstraße Elbe oder Gewässern in der Unterhaltungslast des Freistaates Sachsen,

   wenn die Maßnahmen zur Schadensbeseitigung oder nachhaltigen Sicherung der Schadensbeseitigung nach extremen, großräumigen Hochwasserereignissen notwendig sind und die Angelegenheit daher zur einheitlichen Bearbeitung durch Erlass der obersten Wasserbehörde übertragen wird,

10. die Aufstellung von Teilbewirtschaftungsplänen nach § 83 Abs. 3 Satz 1 WHG,

11. die Zulassung von Ausnahmen von der Veränderungssperre nach § 86 Abs. 4 WHG,

12. die Duldungsanordnungen nach § 91 Satz 1 WHG und § 97 SächsWG und die vorzeitige Besitzeinweisung nach § 99 Abs. 1 SächsWG, soweit die Datenermittlung der Erfüllung der Aufgaben nach § 89 SächsWG oder der Durchführung der Überwachungsprogramme nach § 9 der Verordnung zum Schutz der Oberflächengewässer (Oberflächengewässerverordnung – OGewV) vom 20. Juli 2011 (BGBl. I S. 1429), in der jeweils geltenden Fassung, und § 9 der Verordnung zum Schutz des Grundwassers (Grundwasserverordnung – GrwV) vom 9. November 2010 (BGBl. I S. 1513), in der jeweils geltenden Fassung, dienen,

13. Anordnungen nach § 92 Satz 1, § 93 Satz 1 und § 94 Abs. 1 und 2 Satz 1 WHG und nach den §§ 95 bis 97, § 98 Abs. 1 Satz 1 und 3 und § 99 Abs. 1 SächsWG, soweit die obere Wasserbehörde für die Zulassung der betreffenden Anlagen oder Handlungen zuständig ist,

14. die Aufgaben nach § 100 WHG in Verbindung mit § 106 SächsWG hinsichtlich der Errichtung, des Betriebs und der Unterhaltung von Anlagen nach § 67 Abs. 1 und 3 SächsWG und der damit verbundenen Gewässerbenutzung sowie die Anordnung der Überprüfung von Anlagen oder Anlagenteilen nach § 68 Abs. 5 SächsWG,

15. die Aufgaben nach § 100 Abs. 1 Satz 1 WHG sowie die Anordnung von Maßnahmen zur Gefahrenabwehr nach § 100 Abs. 1 Satz 2 WHG und § 106 Abs. 1 Satz 1 SächsWG,

   a) soweit die obere Wasserbehörde für die Zulassung der Anlagen oder von Handlungen zuständig ist, von denen oder von deren Fehlen die Gefahr ausgeht,

b) bezüglich aller Abwassereinleitungen für die Probenentnahme, die Probenanalyse und die Erfassung von Messwerten für die staatliche Überwachung der Abwassereinleitungen nach § 6 der Verordnung über Anforderungen an das Einleiten von Abwasser in Gewässer (Abwasserverordnung – AbwV) in der Fassung der Bekanntmachung vom 17. Juni 2004 (BGBl. I S. 1108, 2625), die zuletzt durch Artikel 6 der Verordnung vom 2. Mai 2013 (BGBl. I S. 973, 1017) geändert worden ist, in der jeweils geltenden Fassung, oder nach einer Rechtsverordnung nach § 23 Abs. 1 Nr. 8 WHG und nach § 4 Abs. 4 Satz 1 des Gesetzes über Abgaben für das Einleiten von Abwasser in Gewässer (Abwasserabgabengesetz – AbwAG) in der Fassung der Bekanntmachung vom 18. Januar 2005 (BGBl. I S. 114), das zuletzt durch Artikel 1 des Gesetzes vom 11. August 2010 (BGBl. I S. 1163) geändert worden ist, in der jeweils geltenden Fassung,

16. die Aufgaben nach der Verordnung zur Regelung des Verfahrens bei Zulassung und Überwachung industrieller Abwasserbehandlungsanlagen und Gewässerbenutzungen (Industriekläranlagen-Zulassungs- und Überwachungsverordnung – IZÜV) vom 2. Mai 2013 (BGBl. I S. 973, 1011, 3756), in der jeweils geltenden Fassung, und die Genehmigung nach den §§ 58 und 59 WHG und die Entgegennahme der Anzeige nach § 53 Satz 1 SächsWG von Indirekteinleitungen, die aus Anlagen nach § 3 der Vierten Verordnung zur Durchführung des Bundes-Immissionsschutzgesetzes (Verordnung über genehmigungsbedürftige Anlagen – 4. BImSchV) vom 2. Mai 2013 (BGBl. I S. 973, 3756), in der jeweils geltenden Fassung, stammen, soweit für die Genehmigung dieser Anlagen die Landesdirektion Sachsen nach der Verordnung des Sächsischen Staatsministeriums für Umwelt und Landwirtschaft über Zuständigkeiten zur Ausführung des Bundes-Immissionsschutzgesetzes, des Benzinbleigesetzes und der aufgrund dieser Gesetze ergangenen Verordnungen (Sächsische Immissionsschutz-Zuständigkeitsverordnung – SächsImSchZuVO) vom 26. Juni 2008 (SächsGVBl. S. 444), geändert durch Artikel 21 der Verordnung vom 11. Dezember 2012 (SächsGVBl. S. 753, 760), in der jeweils geltenden Fassung, und nach dem Gesetz zum Schutz vor schädlichen Umwelteinwirkungen durch Luftverunreinigungen, Geräusche, Erschütterungen und ähnliche Vorgänge (Bundes-Immissionsschutzgesetz – BImSchG) in der Fassung der Bekanntmachung vom 17. Mai 2013 (BGBl. I S. 1274), geändert durch Gesetz vom 2. Juli 2013 (BGBl. I S. 1943), in der jeweils geltenden Fassung, zuständig ist,

17. die Entscheidung nach § 3 Abs. 8 SächsWG, wenn es sich um die Bundeswasserstraße Elbe oder ein Gewässer in der Unterhaltungslast des Freistaates Sachsen handelt,

18. die Anordnung von Maßnahmen und die Bestimmung von Fristen zur Anpassung vorhandener Gewässerbenutzungen und Anlagen nach § 7 Satz 2 SächsWG, soweit die obere Wasserbehörde für die Zulassung der Benutzung oder der Anlagen zuständig ist,

19. die Aufgaben im Zusammenhang mit der Erklärung oder Beschränkung der Schiffbarkeit nach § 17 Abs. 2 Satz 2 bis 4 SächsWG,

20. die Entscheidung über die von der Duldungspflicht bezüglich des Landens und Befestigens von Schiffen und Flößen auszunehmenden Strecken an schiffbaren Gewässern nach § 18 Abs. 1 Satz 1 SächsWG,

21. die Genehmigung der Außerbetriebsetzung einer Stauanlage nach § 20 Satz 1 SächsWG und die Anordnung von Maßnahmen nach § 20 Satz 2 in Verbindung mit § 12 Abs. 1 SächsWG sowie die Aufgaben im Zusammenhang mit dem Ablassen einer Stauanlage nach § 22 Satz 1 und 2 SächsWG, soweit es sich um eine Anlage nach § 68 Abs. 1 Satz 2 oder § 80 Abs. 2 Nr. 2 und 3 SächsWG handelt,

22. Anordnungen nach § 21 Abs. 2 und 3 und § 107 Abs. 4 SächsWG, soweit die obere Wasserbehörde für die Zulassung der Anlagen oder Handlungen zuständig ist, zu deren Überwachung die Anordnung dient,

23. Entscheidungen über Anlagen nach § 26 SächsWG, sofern diese einer Gewässerbenutzung dienen oder Teil einer Anlage nach § 67 Abs. 1 und 3 SächsWG sind, für deren Zulassung die obere Wasserbehörde zuständig ist, ausgenommen der nach § 26 Abs. 11 Satz 1 SächsWG übertragenen Vorhaben,

24. die Entscheidung über die Übertragung der Unterhaltungslast nach § 33 Abs. 3 SächsWG, die Zuweisung oder Aufteilung der Unterhaltung sowie die Bestimmung von Kostenbeiträgen nach § 34 SächsWG und die Entscheidung in Streitfällen nach § 36 SächsWG, jeweils in Verbindung

mit § 28 Abs. 1 SächsWG, wenn es sich um eine Ufermauer an einem Gewässer in der Unterhaltungslast des Freistaates Sachsen handelt,

25. die Entscheidung über die Übertragung der Unterhaltungslast nach § 33 Abs. 3 SächsWG, die Zuweisung oder Aufteilung der Unterhaltung sowie die Bestimmung von Kostenbeiträgen nach § 34 SächsWG und die Entscheidung in Streitfällen nach § 36 SächsWG, wenn es sich um ein Gewässer in der Unterhaltungslast des Freistaates Sachsen handelt,

26. die Erteilung des Einvernehmens über die Anerkennung von Heilquellen nach § 47 Abs. 2 Satz 2 SächsWG und für das Einvernehmen über den Widerruf der Anerkennung,

27. Genehmigungen nach § 55 Abs. 2 SächsWG, die Aufgaben nach § 55 Abs. 6, § 57 Abs. 1 Satz 2, Abs. 3 und 4 sowie § 58 Abs. 1 SächsWG in Verbindung mit § 55 Abs. 2 der Sächsischen Bauordnung (SächsBO) vom 28. Mai 2004 (SächsGVBl. S. 200), die zuletzt durch Artikel 4 des Gesetzes vom 2. April 2014 (SächsGVBl. S. 238, 258, S. 322) geändert worden ist, in der jeweils geltenden Fassung,

    a) wenn der Ent- oder Versorgungsbereich der Anlage über den örtlichen Zuständigkeitsbereich einer unteren Wasserbehörde hinausreicht oder

    b) wenn die Anlage einer Gewässerbenutzung dient, für deren Zulassung die obere Wasserbehörde zuständig ist,

28. die Entgegennahme von Anzeigen, Nachweisen und Mitteilungen nach § 57 Abs. 1 Satz 2 und Abs. 4 sowie Entscheidungen nach § 57 Abs. 2 und 3 SächsWG für Anlagen nach § 68 Abs. 1 Satz 1 oder Anlagen nach § 79 Abs. 5 in Verbindung mit § 79 Abs. 1 SächsWG, soweit Planung, Bau, Betrieb und Unterhaltung der Anlage dem Freistaat Sachsen obliegen,

29. die Genehmigung von Vorhaben nach § 76 Abs. 3 Satz 1 SächsWG in Hochwasserentstehungsgebieten,

30. die Bestimmung nach § 78 Abs. 3 SächsWG, dass die Vorschriften für öffentliche Hochwasserschutzanlagen für eine sonstige Anlage gelten,

31. Entscheidungen nach § 80 Abs. 4 SächsWG, wenn es sich um die Bundeswasserstraße Elbe oder ein Gewässer in der Unterhaltungslast des Freistaates Sachsen handelt,

32. Entscheidungen nach § 81 Abs. 4 SächsWG, wenn es sich um die Bundeswasserstraße Elbe oder ein Gewässer in der Unterhaltungslast des Freistaates Sachsen handelt,

33. die Fachaufsicht nach § 84 Abs. 3 SächsWG und Anordnungen nach § 85 Abs. 2 Satz 1 SächsWG, wenn jeweils gleichartige Maßnahmen und Anordnungen über den örtlichen Aufgabenbereich einer unteren Wasserbehörde hinaus zweckmäßig sind,

34. die Mitwirkung im Rahmen der Beteiligung bei der Erarbeitung der Beiträge für die Entwürfe der Bewirtschaftungspläne und der Maßnahmenprogramme nach § 87 Abs. 1 SächsWG, soweit ihre Aufgaben betroffen sind,

35. den Vollzug der Regelung über die Abgabe für Wasserentnahme nach § 91 SächsWG und der Verordnung des Sächsischen Staatsministeriums für Umwelt und Landwirtschaft über die Wasserentnahmeabgabe nach § 91 des Sächsischen Wassergesetzes (WEAVO) vom 10. Juli 1994 (SächsGVBl. S. 1444), zuletzt geändert durch Artikel 12 des Gesetzes vom 12. Juli 2013 (SächsGVBl. S. 503, 557),

36. die Aufgaben nach § 106 Abs. 2 bis 4 SächsWG, soweit obere Wasserbehörde für die Zulassung der Anlage zuständig ist,

37. Angelegenheiten, die in die sachliche Zuständigkeit einer unteren und der oberen Wasserbehörde fallen, soweit die Angelegenheit nicht im Einzelfall der unteren Wasserbehörde übertragen wird.

²In Angelegenheiten, die in die örtliche Zuständigkeit mehrerer unterer Wasserbehörden fallen, erklärt die obere Wasserbehörde eine dieser Behörden für zuständig. ³Die Entscheidungen der für zuständig erklärten unteren Wasserbehörde erfolgen im Benehmen mit den anderen Wasserbehörden. ⁴Abweichend von Satz 2 kann die obere Wasserbehörde im Einzelfall die Angelegenheit selbst übernehmen.

§ 3 Zuständigkeit des Landesamtes für Umwelt, Landwirtschaft und Geologie

¹Das Landesamt für Umwelt, Landwirtschaft und Geologie ist zuständig für

1. die Aufgaben nach § 45k WHG und damit im Zusammenhang stehende Aufgaben,

2. die Erarbeitung und Bereitstellung der fachlichen Grundlagen für

a) die Bewertung des Hochwasserrisikos und die Bestimmung der Gebiete mit signifikantem Hochwasserrisiko nach § 73 WHG,

b) die Erstellung von Gefahrenkarten und Risikokarten nach § 74 WHG,

c) die Aufstellung von Risikomanagementplänen nach § 75 WHG und

d) die Überprüfung und Aktualisierung dieser Dokumente nach § 73 Abs. 6, § 74 Abs. 6 und § 75 Abs. 6 WHG

sowie die fachliche Koordinierung dieser Dokumente innerhalb der jeweiligen Bewirtschaftungseinheit und mit den Maßnahmenprogrammen nach § 82 WHG sowie den Bewirtschaftungsplänen nach § 83 WHG,

3. die Auswertung der Stellungnahmen nach § 83 Abs. 4 Satz 2 WHG,

4. die fachliche Überprüfung der Bewirtschaftungspläne und Maßnahmenprogramme nach § 84 Abs. 1 WHG und § 87 Abs. 1 SächsWG, soweit diese sich auf das Gebiet des Freistaates Sachsen beziehen, sowie die Erarbeitung der Beiträge für die Entwürfe der Bewirtschaftungspläne und Maßnahmenprogramme und die Abstimmung der Beiträge mit den zuständigen Behörden der benachbarten in der Flussgebietseinheit liegenden Länder bei der Aktualisierung nach § 84 Abs. 1 WHG und § 87 Abs. 1 SächsWG,

5. die Anordnung von Sofortmaßnahmen zur Gefahrenabwehr nach § 100 Abs. 1 Satz 2 WHG und § 106 Abs. 1 Satz 1 SächsWG, wenn bei Wahrnehmung seiner Aufgaben Gefährdungen oder Störungen der öffentlichen Sicherheit und Ordnung festgestellt werden und ein rechtzeitiges Tätigwerden der zuständigen Behörden nicht erreichbar ist,

6. die Überwachungsmaßnahmen nach § 13 Abs. 1 des Gesetzes über die Umweltverträglichkeit von Wasch- und Reinigungsmitteln (Wasch- und Reinigungsmittelgesetz – WRMG) in der Fassung der Bekanntmachung vom 17. Juli 2013 (BGBl. I S. 2538), das zuletzt durch Artikel 4 Abs. 74 des Gesetzes vom 7. August 2013 (BGBl. I S. 3154, 3200) geändert worden ist, in der jeweils geltenden Fassung; es kann im Einzelfall Dritte mit der Durchführung von Überwachungsmaßnahmen beauftragen,

7. die Aufgaben nach der Oberflächengewässerverordnung unter Mitwirkung der jeweils zuständigen Wasserbehörde und sonstigen Behörden, soweit deren Zuständigkeiten berührt sind, wenn nicht nach § 4 Nr. 4 der Staatsbetrieb Landestalsperrenverwaltung zuständig ist,

8. die Aufgaben nach der Grundwasserverordnung unter Mitwirkung der jeweils zuständigen Wasserbehörde und sonstigen Behörden, soweit deren Zuständigkeiten berührt sind, mit Ausnahme der Aufgaben nach § 11 Abs. 1 Satz 2 und § 13 Abs. 1 Satz 2 und 4 GrwV,

9. die Prüfung und Bestätigung von hydrogeologischen Gutachten für die Festsetzung von Trinkwasser- und Heilquellenschutzgebieten nach § 46 Abs. 2 Satz 2 auch in Verbindung mit § 47 Abs. 3 Satz 2 SächsWG,

10. die Gültigerklärung nach § 55 Abs. 4 SächsWG,

11. die landesweite Identifizierung potenzieller Hochwasserentstehungsgebiete und ihre Visualisierung in Karten als Grundlage für deren Festsetzung durch Rechtsverordnung nach § 76 Abs. 1 Satz 2 SächsWG,

12. die Bereitstellung der in den Wasserbüchern enthaltenen Informationen nach § 88 Abs. 5 SächsWG,

13. die Ermittlung, Sammlung und Aufbereitung von gewässerkundlichen und wasserwirtschaftlichen Daten nach § 89 SächsWG,

14. die Bestellung von und die Aufsicht über ehrenamtliche Messnetzbeobachter nach § 94 Abs. 1 Satz 1 und Abs. 2 SächsWG,

15. die Aufsicht über Sachverständige und sachverständige Stellen, auf die Aufgaben nach § 111 Abs. 2 Nr. 1 SächsWG übertragen wurden,

16. die Anerkennung von Prüflaboren nach § 112 Abs. 2 Satz 2 SächsWG und die Feststellung der Gleichwertigkeit nach § 112 Abs. 3 Satz 2 SächsWG,

17. die Anerkennung nach § 20 Abs. 2 und 4 der Verordnung des Sächsischen Staatsministeriums für Umwelt und Landwirtschaft über Anlagen zum Umgang mit wassergefährdenden Stoffen (Sächsische Anlagenverordnung – SächsVAwS) vom 18. April 2000 (SächsGVBl. S. 223), die zuletzt durch Artikel 13 des Gesetzes vom 12. Juli 2013 (SächsGVBl. S. 503, 557) geändert

worden ist, in der jeweils geltenden Fassung, und die Entgegennahme des Jahresberichts nach § 20 Abs. 6 SächsVAwS,

18. die Entgegennahme der Auskünfte und Unterlagen nach § 8 der Verordnung des Sächsischen Staatsministeriums für Umwelt und Landesentwicklung zur Umsetzung der Richtlinie 91/271/EWG über die Behandlung von kommunalem Abwasser (Sächsische Kommunalabwasserverordnung – SächsKomAbwVO) vom 3. Mai 1996 (SächsGVBl. S. 180), die zuletzt durch Artikel 19 der Verordnung vom 11. Dezember 2012 (SächsGVBl. S. 753, 760) geändert worden ist, in der jeweils geltenden Fassung,

19. die fachliche Unterstützung der obersten Wasserbehörde bei den Aufgaben nach § 1.

§ 4 Zuständigkeit des Staatsbetriebes Landestalsperrenverwaltung

Der Staatsbetrieb Landestalsperrenverwaltung ist zuständig für

1. die Erfüllung folgender Aufgaben, soweit dem Freistaat Sachsen nach § 32 Abs. 1 Nr. 1 und 3 SächsWG die Unterhaltungslast obliegt oder er diese nach § 32 Abs. 4 Satz 1 SächsWG übernommen hat:

    a) die Erfüllung der Unterhaltungslast nach § 39 Abs. 1 und 2 WHG und die Aufgaben nach § 31 Abs. 1 und 2 SächsWG,

    b) der Abschluss von Verträgen über die Übertragung der Unterhaltungslast einschließlich der Zustimmung nach § 40 Abs. 2 WHG,

    c) die Festsetzung der Aufwendungen durch Leistungsbescheid nach § 42 Abs. 2 WHG und § 35 SächsWG,

    d) die Geltendmachung des Beitrages zum Unterhaltungsaufwand des Freistaates Sachsen nach § 37 Abs. 2 SächsWG,

    e) die Erfüllung der Ausbaulast an Gewässern nach § 62 Abs. 1 SächsWG,

2. die Fortschreibung und Anpassung der Hochwasserschutzkonzepte nach § 71 Abs. 1 und 2 SächsWG, die Bewertung des Hochwasserrisikos und die Bestimmung der Gebiete mit signifikantem Hochwasserrisiko nach § 73 Abs. 1 Satz 1 WHG, die Erstellung von Gefahrenkarten und Risikokarten nach § 74 Abs. 1 WHG, die Aufstellung von Risikomanagementplänen nach § 75 Abs. 1 Satz 1 WHG sowie die Überprüfung und Aktualisierung nach § 73 Abs. 6 Satz 1, § 74 Abs. 6 Satz 3 und § 75 Abs. 6 Satz 3 WHG für den im Freistaat Sachsen liegenden Teil der Bundeswasserstraße Elbe und Gewässer in der Unterhaltungslast des Freistaates Sachsen,

3. die Anordnung von Sofortmaßnahmen zur Gefahrenabwehr nach § 100 Abs. 1 Satz 2 WHG und § 106 Abs. 1 Satz 1 SächsWG, wenn bei Wahrnehmung seiner Aufgaben Gefährdungen oder Störungen der öffentlichen Sicherheit und Ordnung festgestellt werden und ein rechtzeitiges Tätigwerden der zuständigen Behörden nicht erreichbar ist,

4. die Aufstellung und Durchführung der Überwachungsprogramme nach § 9 OGewV sowie die Einstufung nach den §§ 5 und 6 OGewV für Oberflächenwasserkörper, die Standgewässer im Zuständigkeitsbereich des Staatsbetriebes Landestalsperrenverwaltung sind, im Einvernehmen mit dem Landesamt für Umwelt, Landwirtschaft und Geologie,

5. die Umlegung der Aufwendungen für Planung, Bau, Betrieb und Unterhaltung nach § 69 Abs. 3 SächsWG, soweit es sich um Anlagen nach § 68 Abs. 1 Satz 2 SächsWG handelt,

6. die Mitwirkung im Rahmen der Beteiligung bei der Erarbeitung der Beiträge für die Entwürfe der Bewirtschaftungspläne und der Maßnahmenprogramme nach § 87 Abs. 1 SächsWG, soweit seine Aufgaben betroffen sind,

7. das Ersuchen zur Ausübung des Vorkaufsrechts des Freistaates Sachsen nach § 99a des Wasserhaushaltsgesetzes gegenüber dem Staatsbetrieb Sächsisches Immobilien- und Baumanagement für Grundstücke, die für Hochwasserschutzmaßnahmen des Freistaates Sachsen benötigt werden.

§ 4a Zuständigkeit des Staatsbetriebes Zentrales Flächenmanagement Sachsen

Der Staatsbetrieb Sächsisches Immobilien- und Baumanagement ist zuständig für die Ausübung des dem Freistaat Sachsen nach § 99a des Wasserhaushaltsgesetzes zustehenden Vorkaufsrechts.

§ 5 Zuständigkeit der Behörden des öffentlichen Gesundheitsdienstes

Die obere Behörde des öffentlichen Gesundheitsdienstes ist zuständig für die Erteilung des Einvernehmens bei der Festsetzung eines Heilquellenschutzgebietes nach § 47 Abs. 3 Satz 1 SächsWG.

§ 6 Zuständigkeit aufgrund engen Sachzusammenhanges

Die nach den §§ 1 bis 5 oder nach dem Wasserhaushaltsgesetz, dem Sächsischen Wassergesetz oder aufgrund dieser Gesetze erlassenen Rechtsverordnungen zuständigen Behörden sind, soweit nichts anderes bestimmt ist, auch zuständige Wasserbehörde, Verwaltungsbehörde, Behörde oder Stelle für solche Aufgaben, die im engen sachlichen Zusammenhang mit den vorgenannten Aufgaben stehen.

Sächsisches Ausführungsgesetz zum Abwasserabgabengesetz (SächsAbwAG)[1)]

Vom 5. Mai 2004 (SächsGVBl. S. 148, 167)
(BS Sachsen 612-7)
zuletzt geändert durch Art. 2 G zur Änd. wasserrechtlicher Vorschriften vom 12. Juli 2013
(SächsGVBl. S. 503)

Abschnitt 1
Bewertungsgrundlagen und Ermittlung der Schädlichkeit

§ 1 Inhalt des Zulassungsbescheids (zu § 4 Abs. 1 AbwAG)

(1) [1]Die Behörde, die für den Erlass des die Abwassereinleitung zulassenden Bescheids (Zulassungsbescheid) zuständig ist, hat von Amts wegen festzusetzen:

1. die Überwachungswerte und
2. die Jahresschmutzwassermenge.

[2]Die festgesetzte Jahresschmutzwassermenge soll mindestens einmal in fünf Jahren überprüft und erforderlichenfalls neu festgesetzt werden. [3]Satz 1 findet keine Anwendung:

1. bei ausschließlicher Einleitung von Niederschlagswasser,
2. bei Einleitungen im Sinne von § 9 Abs. 2 Satz 2 des Gesetzes über Abgaben für das Einleiten von Abwasser in Gewässer (Abwasserabgabengesetz – AbwAG) in der Fassung der Bekanntmachung vom 18. Januar 2005 (BGBl. I S. 114), das zuletzt durch Artikel 1 des Gesetzes vom 11. August 2010 (BGBl. I S. 1163) geändert worden ist, in der jeweils geltenden Fassung, (Kleineinleitungen),
3. bei der Einleitung von Abwasser, das eine Überschreitung der Schwellenwerte, die in der Anlage zu § 3 AbwAG genannt sind, nicht erwarten lässt, oder
4. wenn die Einleitung nicht abgabepflichtig ist.

[4]Die Verpflichtung zu entsprechenden Festsetzungen aufgrund anderer Vorschriften bleibt unberührt.

(2) Soweit der Zulassungsbescheid die nach Absatz 1 erforderlichen Festsetzungen nicht enthält, ist er zu ergänzen.

(3) [1]Der Einleiter hat nach Aufforderung unverzüglich die für die Festsetzungen erforderlichen Daten und die Ergebnisse der von ihm zur Ermittlung der Jahresschmutzwassermenge durchzuführenden Messungen vorzulegen. [2]Er hat darüber hinaus die erforderlichen Ermittlungen zu dulden.

(4) Der Zulassungsbescheid soll die tatsächlichen Grundlagen der Festsetzungen nach Absatz 1 erkennen lassen.

§ 2 Bewertungsgrundlage bei Nachklärteichen (zu § 3 Abs. 3 AbwAG)

(1) Nachklärteiche im Sinne des Absatzes 2 sind Gewässer oder Gewässerteile, die zur Minderung der Schädlichkeit des Abwassers ausgebaut, aufgestaut, unterhalten und betrieben werden.

(2) [1]Ist einer Abwasserbehandlungsanlage ein Nachklärteich klärtechnisch unmittelbar zugeordnet, bleibt gemäß § 3 Abs. 3 AbwAG auf Antrag des Abgabepflichtigen bei der Berechnung der Abgabe die Zahl der Schadeinheiten außer Ansatz, um die die Schädlichkeit des Abwassers durch den Nachklärteich vermindert wird. [2]Die Verminderung der Schädlichkeit durch den Nachklärteich kann geschätzt werden. [3]Wenn durch eine Schätzung die Wirkung des Nachklärteiches nicht mit hinreichender Wahrscheinlichkeit ermittelt werden kann, ist diese durch Messungen nachzuweisen. [4]Der Effekt des Nachklärteiches ist frühestens für den der Antragstellung folgenden Veranlagungszeitraum zu berücksichtigen. [5]Der Antrag ist mindestens zwei Wochen vor dem beantragten Zeitraum der Berücksichtigung des Nachklärteiches zu stellen. [6]Der Antrag hat die Daten zu enthalten, die zur Berechnung oder Schätzung der Verminderung der Schädlichkeit erforderlich sind.

§ 3 Bewertung von Stickstoff

Ist nach § 57 Abs. 1 Nr. 1 und Abs. 2 Satz 1 des Gesetzes zur Ordnung des Wasserhaushalts (Wasserhaushaltsgesetz – WHG) vom 31. Juli 2009 (BGBl. I S. 2585), das zuletzt durch Artikel 2 des Gesetzes vom 8. April 2013 (BGBl. I S. 734, 741) geändert worden ist, in der jeweils geltenden Fassung, Stick-

---

1) Verkündet als Art. 42 Sächs. VerwaltungsmodernisierungsG v. 5.5.2004 (SächsGVBl. S. 148); Inkrafttreten gem. Art. 48 Abs. 3 dieses G am 1.1.2004.

stoff durch einen Überwachungswert zu begrenzen, der nur bei einer Abwassertemperatur von 12 °C und größer im Ablauf des biologischen Reaktors der Abwasseranlage oder in der Zeit vom 1. Mai bis 31. Oktober einzuhalten ist, wird dieser Wert auch der Bewertung der Schädlichkeit von Abwassereinleitungen bei niedrigeren Temperaturen oder während der übrigen Zeit des Veranlagungszeitraums zugrunde gelegt.

§ 4 Berücksichtigung der Vorbelastung (zu § 4 Abs. 3 AbwAG)

[1]Die Vorbelastung nach § 4 Abs. 3 AbwAG ist auf Antrag erst ab dem Veranlagungszeitraum zu berücksichtigen, der der Antragstellung unmittelbar vorangegangen ist. [2]Der Antrag ist bis zum 31. März des auf die Einleitung folgenden Veranlagungszeitraums zu stellen.

§ 5 Erklärung niedrigerer Werte, Messprogramm (zu § 4 Abs. 5 AbwAG)

(1) [1]Erklärt der Einleiter, einen niedrigeren Überwachungswert oder eine geringere Jahresschmutzwassermenge als im Zulassungsbescheid festgelegt oder nach § 6 Abs. 1 AbwAG von ihm erklärt einzuhalten, hat er die Einhaltung niedrigerer Überwachungswerte durch Messungen zu belegen und zum Nachweis der geringeren Jahresschmutzwassermenge eine nachprüfbare Berechnung vorzulegen. [2]Das durch den Einleiter geplante Messprogramm ist zusammen mit der Erklärung nach § 4 Abs. 5 AbwAG der zuständigen Behörde anzuzeigen. [3]Wenn die Behörde das geplante Messprogramm nicht innerhalb eines Monats nach Eingang der Anzeige zurückweist, gilt das Messprogramm als behördlich zugelassen. [4]Die Schädlichkeit des Abwassers ist entsprechend §§ 2 und 3 der Verordnung des Sächsischen Staatsministeriums für Umwelt und Landesentwicklung über Art und Häufigkeit der Eigenkontrolle von Abwasseranlagen und Abwassereinleitungen (EigenkontrollVO) vom 7. Oktober 1994 (SächsGVBl. S. 1592), die zuletzt durch Artikel 9 des Gesetzes vom 12. Juli 2013 (SächsGVBl. S. 503, 555) geändert worden ist, in der jeweils geltenden Fassung, zu ermitteln.

(2) Die Messungen sind mindestens monatlich durchzuführen.

(3) Die ausgewerteten Ergebnisse des Messprogramms und der Nachweis der Jahresschmutzwassermenge sind der zuständigen Behörde bis zum 31. März des folgenden Veranlagungszeitraums vorzulegen.

§ 6 Abgabe für die Einleitung von Niederschlagswasser (zu § 7 AbwAG)

(1) [1]Die Einleitung von Niederschlagswasser bleibt auf Antrag abgabefrei

1. für in einer Kanalisation abfließendes Wasser, das durch häuslichen, gewerblichen, landwirtschaftlichen oder sonstigen Gebrauch nur in einem unvermeidbaren Maße in seinen Eigenschaften verändert ist (Trennsystem) oder

2. für aus einer Kanalisation im Mischsystem abfließendes Wasser, wenn das zurückgehaltene Mischwasser mindestens gemäß § 57 Abs. 1 WHG behandelt wird,

sofern die Abwasseranlagen entsprechend § 60 Abs. 1 WHG errichtet und betrieben werden und die Anforderungen des Zulassungsbescheids erfüllt sind. [2]Der Antrag ist bis zum 31. März des auf die Einleitung folgenden Veranlagungszeitraums zu stellen.

(2) Entsprechen nach siedlungswasserwirtschaftlichen Maßstäben abgegrenzte Teileinzugsgebiete eines Kanalnetzes den Anforderungen des Absatzes 1, so bleibt die Einleitung von Niederschlagswasser entsprechend dem Anteil der angeschlossenen Einwohner in diesem Teileinzugsgebiet abgabefrei.

(3) Bei der Berechnung der Zahl der Schadeinheiten ist von den Verhältnissen am 30. Juni des Veranlagungszeitraumes auszugehen.

§ 7 Abgabe für Kleineinleitungen (zu § 8 AbwAG)

(1) Kleineinleitungen bleiben abgabefrei, wenn

1. der Bau der Abwasserbehandlungsanlage mindestens den allgemein anerkannten Regeln der Technik entspricht und

2. der Schlamm einer dafür geeigneten Abwasserbehandlungsanlage zugeführt oder nach Abfallrecht entsorgt wird.

(2) Bei der Berechnung oder Schätzung der Zahl der nicht an die Kanalisation angeschlossenen Einwohner bleiben die Einwohner unberücksichtigt, deren Abwasser anderweitig rechtmäßig einer Abwasserbehandlungsanlage zugeführt oder rechtmäßig auf landwirtschaftlich, forstwirtschaftlich oder gärtnerisch genutzten Böden aufgebracht wird.

(3) § 6 Abs. 3 gilt entsprechend.

Abschnitt 2
Abgabepflicht

§ 8 Abgabepflicht für Dritte

(1) [1]Die öffentlich-rechtliche Körperschaft, der die Aufgabe der Abwasserbeseitigung obliegt oder gemäß § 50 Abs. 2 des Sächsischen Wassergesetzes (SächsWG) vom 12. Juli 2013 (SächsGVBl. S. 503), in der jeweils geltenden Fassung, übertragen ist, ist an Stelle von Kleineinleitern abgabepflichtig. [2]Wird die Aufgabe der Abwasserbeseitigung teilweise auf eine Körperschaft des öffentlichen Rechts übertragen, bleibt die übertragende Körperschaft abgabepflichtig, wenn nicht in der Verbandssatzung oder dem öffentlich-rechtlichen Vertrag, durch den die Übertragung der Teilaufgabe erfolgt, geregelt ist, dass die aufgabenübernehmende Körperschaft abgabepflichtig ist.

(2) [1]Öffentlich-rechtliche Körperschaften, die nach Absatz 1 abgabepflichtig sind, sollen zur Deckung ihrer Aufwendungen eine Abgabe von den Einleitern oder von den Eigentümern oder an deren Stelle von den dinglich Nutzungsberechtigten des Grundstücks, auf dem das Abwasser anfällt, erheben. [2]§§ 2 bis 6 des Sächsischen Kommunalabgabengesetzes (SächsKAG) vom 16. Juni 1993 (SächsGVBl. S. 502), das zuletzt durch Artikel 6 des Gesetzes vom 18. Oktober 2012 (SächsGVBl. S. 562, 566) geändert worden ist, in der jeweils geltenden Fassung, gelten entsprechend. [3]Zu den Aufwendungen im Sinne des Satzes 1 rechnet auch der Verwaltungsaufwand, der durch die Erhebung der Abgabe nach Satz 1 und bei der Erfüllung der Abgabepflicht nach Absatz 1 entsteht. [4]Bei der Abgabeerhebung sind die Grundsätze der Gleichbehandlung und der Verhältnismäßigkeit zu beachten. [5]Kostenüberdeckungen und Kostenunterdeckungen sind innerhalb von fünf Kalenderjahren auszugleichen.

§ 9 Verrechnung (zu § 10 Abs. 3 bis 5 AbwAG)

(1) [1]Der Abgabepflichtige kann die Verrechnung erklären, sobald ihm Aufwendungen entsprechend § 10 Abs. 3 AbwAG entstanden sind, spätestens jedoch bis zum Ablauf von vier Jahren nach der Inbetriebnahme der Abwasserbehandlungsanlage. [2]Sind Aufwendungen, die nach § 10 Abs. 3 AbwAG verrechnet werden können, Gegenstand eines rechtshängigen Anspruches, hat die Behörde die Frist auf Antrag zu verlängern.

(2) Der Abgabepflichtige kann auch Aufwendungen verrechnen, die er an Dritte zur Errichtung oder Erweiterung einer Abwasserbehandlungsanlage leistet, sofern der Dritte unwiderruflich bestätigt, dass er diese Mittel für diese Aufwendungen verwendet, sie in dieser Höhe nicht selbst verrechnet und hierfür keine weiteren Bestätigungen ausstellt.

(3) [1]Die Verrechnung nach § 10 Abs. 3 AbwAG ist schriftlich gegenüber der zuständigen Behörde zu erklären. [2]Der Abgabepflichtige, im Fall des Absatzes 2 auch der Aussteller der Bestätigung, hat die zur Nachprüfung erforderlichen Angaben zu machen, insbesondere den vorgesehenen Termin der Inbetriebnahme anzugeben, und die dazugehörigen Unterlagen vorzulegen. [3]Er hat die tatsächliche Inbetriebnahme oder den endgültigen Verzicht auf die Inbetriebnahme der zuständigen Behörde unverzüglich schriftlich anzuzeigen. [4]Die zuständige Behörde kann für die Nachprüfung vom Abgabepflichtigen die Vorlage von Sachverständigengutachten und von Bestätigungen durch einen Wirtschaftsprüfer anfordern. [5]Das Ergebnis der Prüfung ist gegenüber dem Abgabepflichtigen durch Bescheid festzustellen.

(4) Für die Verrechnung von Aufwendungen für Anlagen nach § 10 Abs. 4 und 5 AbwAG gelten die Absätze 1 bis 3 entsprechend.

§ 9a

(1) Werden Abwasseranlagen errichtet oder erweitert, deren Aufwendungen nach § 10 Abs. 3 oder 4 AbwAG verrechnungsfähig sind, so können Aufwendungen hierzu nach Maßgabe der Absätze 3 und 4 des § 10 AbwAG auch mit Abwasserabgaben für Kleineinleitungen verrechnet werden, die der Abgabepflichtige bis zum Veranlagungsjahr 2009 schuldet.

(2) § 9 Abs. 1 bis 3 gilt entsprechend.

Abschnitt 3
Zuständigkeit, Festsetzung, Erhebung und Vollstreckung der Abwasserabgabe

§ 10 Erklärungspflicht (zu § 11 AbwAG)

(1) [1]Der Abgabepflichtige hat der zuständigen Behörde in Schriftform die Angaben zu machen, die zur Ermittlung der Zahl der Schadeinheiten nach §§ 4, 6 Abs. 1, §§ 7 und 8 AbwAG erforderlich sind, und sie zusammen mit den dazugehörenden Unterlagen, insbesondere einem Nachweis der Jahresschmutzwassermenge, (Abgabeerklärung) der zuständigen Behörde bis zum 31. März des auf die Abwassereinleitung folgenden Jahres vorzulegen. [2]Zum Nachweis der Jahresschmutzwassermenge kann die nach § 11 zuständige Behörde die Eigenkontrollergebnisse anfordern.

(2) Für Anträge, Erklärungen und Anzeigen nach dem Abwasserabgabengesetz oder nach diesem Gesetz sind amtliche Vordrucke zu verwenden, die von der obersten Wasserbehörde im Sächsischen Amtsblatt bekannt gegeben werden.

§ 11 Zuständigkeit

Der Vollzug des Abwasserabgabengesetzes und dieses Gesetzes sowie der zu diesen Gesetzen ergangenen Verordnungen obliegt der oberen Wasserbehörde.

§ 12 Jährlichkeitsprinzip, Festsetzungsfrist und Fälligkeit

(1) [1]Die Abwasserabgabe wird jährlich durch Bescheid festgesetzt (Festsetzungsbescheid). [2]Ist die Abwasserabgabe aufgrund des Zulassungsbescheides zu ermitteln, können unter dem Vorbehalt der Nachprüfung gemäß § 164 Abgabenordnung (AO 1977) in der Fassung der Bekanntmachung vom 1. Oktober 2002 (BGBl. I S. 3866, 2003 I S. 61), die zuletzt durch Artikel 9 des Gesetzes vom 21. Juli 2012 (BGBl. I S. 1566, 1575) geändert worden ist, in der jeweils geltenden Fassung, auf die einzelnen Kalenderjahre entfallenden Abwasserabgaben im Voraus für die Geltungsdauer des Zulassungsbescheides, längstens aber für einen Zeitraum von bis zu fünf Jahren, festgesetzt werden. [3]Der Festsetzungsbescheid bedarf der Schriftform und ist zuzustellen.

(2) [1]Die Festsetzungsfrist beträgt vier Jahre nach Ablauf des Veranlagungszeitraums. [2]Bei Überschreitung der Frist für die Abgabe der Erklärung nach § 10 Abs. 1 Satz 1 oder bei Vorliegen unvollständiger Erklärungen nach § 10 Abs. 1 beträgt die Frist vier Jahre nach Ablauf des Jahres, in dem die Erklärung vollständig vorgelegt wurde, jedoch höchstens sechs Jahre nach Ablauf des Veranlagungszeitraums. [3]Wird eine Abgabe hinterzogen, leichtfertig gekürzt oder wird eine Abgabeerklärung nicht abgegeben, kann die Festsetzung bis zu zehn Jahre nach Ablauf des Veranlagungszeitraums erfolgen. [4]Im Fall der Verrechnung nach § 10 Abs. 3 und 4 AbwAG beginnt die Frist für die Festsetzung der im Zeitraum von drei Jahren davor geschuldeten Abgaben mit Ablauf des Jahres, in dem die Inbetriebnahme der Abwasserbehandlungsanlage oder ihre Erweiterung vorgesehen war.

(3) [1]Kann bis zum 1. Dezember eines Jahres für den vorausgegangenen Veranlagungszeitraum kein Festsetzungsbescheid erlassen werden, soll eine Vorauszahlung von bis zu 75 Prozent der zuletzt veranschlagten oder zu erwartenden Höhe der Abwasserabgabe durch Bescheid verlangt werden. [2]Die Vorauszahlung wird bei der späteren Festsetzung angerechnet.

(4) [1]Die Abwasserabgabe ist einen Monat nach Zustellung des Festsetzungsbescheides fällig. [2]Erfolgt die Festsetzung der Abwasserabgabe gemäß § 12 Abs. 1 Satz 2, ist die für das jeweilige Veranlagungsjahr zu zahlende Abwasserabgabe bis zum 1. September des auf die Einleitung folgenden Jahres fällig. [3]Plant der Abgabepflichtige die Errichtung oder Erweiterung einer Abwasserbehandlungsanlage oder einer Anlage gemäß § 10 Abs. 4 AbwAG und sind ihm hierfür bereits Aufwendungen entstanden, wird die Abwasserabgabe nur insoweit fällig, als sie der geplanten Aufwendungen übersteigt oder einen gemäß § 10 Abs. 3 Satz 2 AbwAG erhöhten nicht verrechenbaren Anteil enthält. [4]Im Übrigen wird die Abwasserabgabe erst einen Monat nach Zustellung des Bescheides gemäß § 9 Abs. 3 Satz 5 in Höhe des nach der Verrechnung noch zu entrichtenden Betrages fällig. [5]Die Voraussetzungen nach Satz 3 sind der Behörde vom Abwasserbeseitigungspflichtigen nachzuweisen, außerdem ist der vorgesehene Tag der Inbetriebnahme der Abwasserbehandlungsanlage oder der Anlage gemäß § 10 Abs. 4 AbwAG anzuzeigen. [6]Nimmt der Abwasserabgabenpflichtige die Abwasserbehandlungsanlage oder die Anlage nach § 10 Abs. 4 AbwAG nicht spätestens bis zum Ablauf des Kalenderjahres in Betrieb, das dem Jahr der vorgesehenen Inbetriebnahme nachfolgt, wird die Abgabe sofort fällig. [7]Gleiches gilt, wenn der Abwasserabgabepflichtige die Verrechnung nicht bis zum Ablauf von einem Jahr nach der Inbetriebnahme der Anlage erklärt. [8]Auf die Sätze 6 und 7 ist § 9 Abs. 1 Satz 2 mit der Maßgabe entsprechend

anzuwenden, dass die Behörde auf Antrag bestimmen kann, dass die Fälligkeit erst nach Rechtskraft des Urteils eintritt.

(5) [1]Überschreitet die Abwasserabgabe den Betrag von 25 000 EUR im Veranlagungszeitraum, kann die zuständige Behörde auf Antrag die Zahlung in Raten bewilligen. [2]Für die Vorauszahlung nach Absatz 3 gelten Satz 1 und Absatz 4 entsprechend.

§ 13 Festsetzungsverfahren, Erhebungsverfahren und Vollstreckungsverfahren

(1) [1]Soweit dieses Gesetz keine anderweitigen Festlegungen trifft, ist für das Festsetzungs- und das Erhebungsverfahren die Abgabenordnung entsprechend anzuwenden. [2]Aus dem Siebenten Teil der AO 1977 – Außergerichtliches Rechtsbehelfsverfahren – über die Verfahrensvorschriften findet ausschließlich § 367 Abs. 2 AO 1977 mit der Maßgabe Anwendung, dass die an die Stelle des abgabenrechtlichen Einspruchs (§ 348 AO 1977) der Widerspruch (§ 68 der Verwaltungsgerichtsordnung) tritt.

(2) Für das Vollstreckungsverfahren sind das Verwaltungsvollstreckungsgesetz für den Freistaat Sachsen (SächsVwVG) vom 17. Juli 1992, das zuletzt durch Artikel 25 des Gesetzes vom 29. Januar 2008 (SächsGVBl. S. 138, 160) geändert worden ist, in der jeweils geltenden Fassung, sowie § 251 Abs. 3 und § 261 AO 1977 entsprechend anzuwenden.

§ 14 Einschränkung von Grundrechten

Durch Maßnahmen aufgrund der §§ 8 und 13 in Verbindung mit den entsprechend anzuwendenden Vorschriften der Abgabenordnung oder des Sächsischen Kommunalabgabengesetzes können die Grundrechte des Brief-, Post- und Fernmeldegeheimnisses (Artikel 10 Abs. 1 des Grundgesetzes, Artikel 27 Abs. 1 der Sächsischen Verfassung), auf Unverletzlichkeit der Wohnung (Artikel 13 Abs. 1 des Grundgesetzes, Artikel 30 Abs. 1 der Sächsischen Verfassung) und auf informationelle Selbstbestimmung (Artikel 2 Abs. 1 in Verbindung mit Artikel 1 Abs. 1 des Grundgesetzes, Artikel 33 Satz 1 der Sächsischen Verfassung) eingeschränkt werden.

Abschnitt 4
Aufkommensverwendung und Verwaltungskosten

§ 15 Aufkommensverwendung

(1) Die Zweckbindung nach § 13 Abs. 1 Satz 1 und Abs. 2 AbwAG erstreckt sich auch auf Zinsen und Säumniszuschläge sowie auf die Rückzahlung von aus dem Abgabenaufkommen gewährten Darlehen.

(2) Aus dem Aufkommen der Abwasserabgabe wird vorweg der Verwaltungsaufwand staatlicher Behörden gedeckt, der aus dem Vollzug des Abwasserabgabengesetzes und dieses Gesetzes sowie der zu diesen Gesetzen ergangenen Verordnungen zusätzlich entsteht und nicht durch den Vollzug anderer wasserrechtlicher Vorschriften bedingt ist.

§ 16 Verwaltungskosten

Für Amtshandlungen zum Vollzug der in § 11 genannten Vorschriften werden keine Kosten erhoben.

Abschnitt 5
Ordnungswidrigkeiten, Übergangs- und Schlussbestimmungen

§ 17 Ordnungswidrigkeiten

(1) Ordnungswidrig handelt, wer vorsätzlich oder fahrlässig

1. entgegen § 1 Abs. 3 Satz 1 Daten nicht, nicht vollständig, nicht richtig oder nicht rechtzeitig vorlegt,

2. entgegen der nach § 9 Abs. 2 ausgestellten Bestätigung Mittel nicht für die angegebenen Aufwendungen verwendet oder selbst verrechnet oder weitere Bestätigungen für die angegebenen Aufwendungen ausstellt oder

3. entgegen § 10 Abs. 1 Angaben nicht, nicht vollständig, nicht richtig oder nicht rechtzeitig macht oder Unterlagen nicht, nicht vollständig oder nicht rechtzeitig vorlegt.

(2) Die Ordnungswidrigkeit kann mit einer Geldbuße bis zu 2 500 EUR geahndet werden.

(3) Verwaltungsbehörde im Sinne des § 36 Abs. 1 Nr. 1 des Gesetzes über Ordnungswidrigkeiten (OWiG) in der Fassung der Bekanntmachung vom 19. Februar 1987 (BGBl. I S. 602), das zuletzt durch Artikel 4 Abs. 11 des Gesetzes vom 29. Juli 2009 (BGBl. I S. 2258, 2270) geändert worden ist, in der

jeweils geltenden Fassung, ist die Behörde, die für den Vollzug der verletzten Vorschriften zuständig ist.

§ 18 Übergangsbestimmungen

(1) Abgabentatbestände, die nach dem Abwasserabgabengesetz in Verbindung mit dem *Abwasserabgabengesetz des Freistaates Sachsen (SAbwaG) vom 19. Juni 1991 (SächsGVBl. S. 156), geändert durch Artikel 4 des Gesetzes vom 23. Juli 1998 (SächsGVBl. S. 373, 391)*[1], vor dem 31. Dezember 2004 erfüllt wurden, werden ab dem 1. Januar 2005 nach den Vorschriften dieses Gesetzes festgesetzt, erhoben und vollstreckt, soweit nichts anderes bestimmt ist.

(2) Abweichend von Absatz 1 werden die folgenden Vorschriften erst bei der Festsetzung von Abgaben, die ab dem Veranlagungszeitraum 2005 zu entrichten sind, angewandt:

1. der Ausschluss der Berücksichtigung der Vorbelastung für Veranlagungszeiträume nach § 4 Satz 1, die vor der Antragstellung abgelaufen sind, und

2. das Antragserfordernis für die Abgabenfreiheit für die Einleitung von Niederschlagswasser nach § 6 Abs. 1.

(3) [1]Die Ausschlussfrist für die Verrechnungserklärung nach § 9 Abs. 1 Satz 1 gilt für Anlagen nach § 10 Abs. 3 und 4 AbwAG, die nach dem In-Kraft-Treten dieses Gesetzes in Betrieb genommen werden. [2]Die Festsetzungsfrist nach § 12 Abs. 2 gilt nicht für Abgaben, die vor dem Veranlagungszeitraum 2004 entstanden sind, statt dessen ist *§ 10 Abs. 2 SAbwaG* anzuwenden.

(4) Abweichend von Absatz 1 gilt das Antragserfordernis nach § 2 Abs. 2 Satz 1 ab dem 1. Januar 2006.

(5) Auf bereits anhängige Verfahren zur Festsetzung, Erhebung und Vollstreckung von Abwasserabgaben finden an Stelle des *§ 13 die §§ 11 und 12 SAbwaG* Anwendung.

(6) [1]Auf Aufwendungen, die für Kleineinleitungen der Veranlagungszeiträume 2004 und 2005 bei den nach § 8 Abs. 1 Abgabepflichtigen entstehen, ist *§ 6 Abs. 3 SAbwaG* anzuwenden. [2]Auf Aufwendungen, die für Kleineinleitungen der Veranlagungszeiträume ab 2006 bei den nach § 8 Abs. 1 Abgabepflichtigen entstehen, ist § 8 Abs. 2 anzuwenden.

---

1) Aufgeh. durch G v. 5.5.2004 (SächsGVBl. S. 148).

Gesetz über Naturschutz und Landschaftspflege im Freistaat Sachsen (Sächsisches Naturschutzgesetz – SächsNatSchG)[1])

Vom 6. Juni 2013 (SächsGVBl. S. 451)

(BS Sachsen 653-2/2)

zuletzt geändert durch Art. 8 HaushaltsbegleitG 2019/2020 vom 14. Dezember 2018 (SächsGVBl. S. 782)

Inhaltsübersicht

---

1) Verkündet als Art. 1 G v. 6.6.2013 (SaGVBl. S 451); Inkrafttreten gem. Art. 9 Abs. 1 am 22.7.2013. Abweichend hiervon treten die §§ 46 Abs. 2 Satz 2 und 48 Abs. 3 Satz 1 gem. Art. 9 Abs. 2 dieses G bereits mWv 6.7.2013 in Kraft.

Teil 1
Allgemeine Vorschriften

§ 1 Verwirklichung der Ziele (zu § 2 BNatSchG)

(1) [1]Über § 2 Abs. 2 des Gesetzes über Naturschutz und Landschaftspflege (Bundesnaturschutzgesetz – BNatSchG) vom 29. Juli 2009 (BGBl. I S. 2542), das zuletzt durch Artikel 5 des Gesetzes vom 6. Februar 2012 (BGBl. I S. 148, 181) geändert worden ist, in der jeweils geltenden Fassung, hinaus berücksichtigen die Landkreise, Gemeinden sowie sonstigen juristischen Personen des öffentlichen Rechts im Rahmen ihrer Zuständigkeiten die Grundsätze und Ziele des Naturschutzes, der Landschaftspflege und der Erholungsfürsorge und arbeiten mit den Naturschutzbehörden wirksam zusammen. [2]Insbesondere sollen die Gebietskörperschaften die Ziele des Biotopverbundes im Rahmen ihrer Flächennutzungspolitik unterstützen und geeignete Maßnahmen zur Errichtung des Biotopverbundes im Sinne von § 21 BNatSchG ergreifen.

(2) [1]Über § 2 Abs. 4 BNatSchG hinaus sollen für Naturschutz und Landschaftspflege besonders wertvolle Flächen im Eigentum oder Besitz der öffentlichen Hand vorrangig für Zwecke des Naturschutzes und der Landschaftspflege zur Verfügung gestellt oder, soweit angemessen, in ihrer ökologischen Funktion nicht nachteilig verändert werden. [2]Nach Maßgabe der zur Verfügung stehenden Mittel sollen der Freistaat Sachsen sowie die in Absatz 1 Satz 1 genannten Körperschaften für den Erwerb solcher Flächen, die im Privateigentum stehen, Finanzierungen bereitstellen.

§ 2 Aufgaben und Befugnisse der Naturschutzbehörden (zu § 3 Abs. 2 BNatSchG)

[1]§ 3 Abs. 2 BNatSchG gilt entsprechend für Vorschriften dieses Gesetzes und der aufgrund dieses Gesetzes erlassenen Vorschriften und für Maßnahmen zur Abwehr von sonstigen Gefahren für Natur und Landschaft. [2]Die Naturschutzbehörde kann Maßnahmen nach § 3 Abs. 2 BNatSchG und Satz 1 auch selbst durchführen oder Dritte mit ihrer Durchführung beauftragen; dies hat der Grundstückseigentümer zu dulden. [3]Eine Anordnung, die ein Grundstück betrifft und sich an den Eigentümer oder den Nutzungsberechtigten richtet, ist auch für dessen Rechtsnachfolger verbindlich.

§ 3 Vertragsnaturschutz (zu § 3 Abs. 3 BNatSchG)

[1]Abweichend von § 3 Abs. 3 BNatSchG hat die Naturschutzbehörde bei der Durchführung der Maßnahmen dieses Gesetzes, des Bundesnaturschutzgesetzes und der aufgrund dieser Gesetze erlassenen Rechtsvorschriften zu prüfen, ob der Schutzzweck in gleicher Weise auch durch vertragliche Vereinbarungen oder die Teilnahme an einem öffentlichen Programm zur Bewirtschaftungsbeschränkung oder zur naturschutzgerechten Bewirtschaftung (Bewirtschaftungsprogramm) erreicht werden kann.

---

1) Richtig wohl: „Unterstützung und Beauftragung von Naturschutzvereinigungen".

²Nach Maßgabe der zur Verfügung stehenden Haushaltsmittel sind vertragliche Vereinbarungen und Bewirtschaftungsprogramme Verwaltungsakten dann vorzuziehen, wenn sie bei angemessenem Aufwand dem Schutzzweck in gleicher Weise dienen und nicht zu einer Verzögerung der Maßnahme führen.

§ 4 Begriffsbestimmungen (zu § 7 BNatSchG)

Über § 7 BNatSchG hinaus gelten für dieses Gesetz folgende Begriffsbestimmungen:

1. Großvorhaben

   Vorhaben, für die eine Planfeststellung oder Plangenehmigung notwendig ist, oder immissionsschutzrechtlich genehmigungspflichtige Anlagen, für die eine Umweltverträglichkeitsprüfung nach § 3 des Gesetzes über die Umweltverträglichkeitsprüfung (UVPG) in der Fassung der Bekanntmachung vom 24. Februar 2010 (BGBl. I S. 94), das zuletzt durch Artikel 6 des Gesetzes vom 8. April 2013 (BGBl. I S. 734, 745) geändert worden ist, in der jeweils geltenden Fassung, erforderlich ist,

2. Dauergrünland

   Flächen mit mindestens fünf Jahre alter Vegetationsform (Wiese oder Weide) und weitgehend geschlossener Grasnarbe, die von einer Pflanzengemeinschaft aus Gräsern und Kräutern gebildet wird,

3. Flächennaturdenkmal

   Naturdenkmal gemäß § 28 BNatSchG und § 18 mit einer flächenhaften Ausdehnung bis zu fünf Hektar,

4. Landschaftsstrukturelemente

   kleinräumige flächenhafte, punkt- oder linienförmig verteilte Elemente, die sich auf landwirtschaftlich genutzten Flächen befinden, von diesen eingeschlossen sind oder diese randlich abgrenzen und die als Lebensstätte oder der Ausbreitung oder Wanderung von Arten der Agrarlandschaft dienen wie beispielsweise Saumstrukturen, Trittsteinbiotope, insbesondere Hecken, Feldgehölze, Feldgebüsche, Feldraine, Hochraine, Ackerrandstreifen, Tümpel, Gräben und Steinrücken.

§ 5 Land-, Forst- und Fischereiwirtschaft (zu § 5 Abs. 2 Nr. 5, Abs. 3 und 4 BNatSchG)

(1) Abweichend von § 5 Abs. 2 Nr. 5 BNatSchG ist auf erosionsgefährdeten Hängen, in Überschwemmungsgebieten, auf Standorten mit hohem Grundwasserstand sowie auf Moorstandorten ein Umbruch von Dauergrünland zu unterlassen.

(2) ¹Abweichend von § 5 Abs. 3 und 4 BNatSchG wird die gute fachliche Praxis in der Forst- und Fischereiwirtschaft durch die Vorschriften des Waldgesetzes für den Freistaat Sachsen (SächsWaldG) vom 10. April 1992 (SächsGVBl. S. 137), zuletzt geändert durch Artikel 2 des Gesetzes vom 8. Juni 2012 (SächsGVBl. S. 308, 318), in der jeweils geltenden Fassung, und des Fischereigesetzes für den Freistaat Sachsen (Sächsisches Fischereigesetz – SächsFischG) vom 9. Juli 2007 (SächsGVBl. S. 310), geändert durch Gesetz vom 29. April 2012 (SächsGVBl. S. 254), in der jeweils geltenden Fassung, geregelt.

Teil 2
Landschaftsplanung

§ 6 Landschaftsprogramm und Landschaftsrahmenpläne (zu § 10 BNatSchG)

(1) ¹Die Grundlagen und die Inhalte der Landschaftsplanung (§ 9 Abs. 3 Satz 1 BNatSchG) sind für das Gebiet des Freistaates Sachsen und für das Gebiet jeder Planungsregion nach § 9 Abs. 1 des Gesetzes zur Raumordnung und Landesplanung des Freistaates Sachsen (Landesplanungsgesetz – SächsLPlG) vom 11. Juni 2010 (SächsGVBl. S. 174), das zuletzt durch Artikel 28 des Gesetzes vom 27. Januar 2012 (SächsGVBl. S. 130, 144) geändert worden ist, in der jeweils geltenden Fassung, als Fachbeitrag zusammenhängend darzustellen. ²Der Fachbeitrag zum Landschaftsrahmenplan ist aus dem Fachbeitrag zum Landschaftsprogramm zu entwickeln.

(2) ¹Die Inhalte der Landschaftsplanung nach Absatz 1 werden nach Abstimmung mit anderen raumbedeutsamen Planungen und Maßnahmen in die Raumordnungspläne nach § 2 SächsLPlG aufgenommen, soweit sie zur Koordinierung von Raumansprüchen erforderlich und geeignet sind und durch

Ziele oder Grundsätze der Raumordnung gesichert werden können. [2]Im Übrigen werden sie den Raumordnungsplänen als Anlage beigefügt.

(3) [1]Die den Raumordnungsplänen nach Absatz 2 Satz 2 beigefügten Inhalte der Landschaftsplanung sind in Verwaltungsverfahren sowie in den Planungen und Maßnahmen von öffentlichen Stellen, die sich auf Natur und Landschaft auswirken können, zu berücksichtigen. [2]Kann den Inhalten der Landschaftsplanung nach Satz 1 nicht Rechnung getragen werden, ist dies zu begründen.

(4) [1]Der Landesentwicklungsplan gemäß § 3 SächsLPlG übernimmt zugleich die Funktion des Landschaftsprogramms im Sinne von § 10 Abs. 1 Satz 1 BNatSchG. [2]Die Regionalpläne gemäß § 4 SächsLPlG übernehmen zugleich die Funktion der Landschaftsrahmenpläne im Sinne von § 10 Abs. 1 Satz 1 BNatSchG.

§ 7 Landschaftspläne und Grünordnungspläne (zu § 11 Abs. 3 BNatSchG)

[1]Über § 11 Abs. 3 BNatSchG hinaus sind, soweit geeignet, die Grundlagen und Inhalte der Landschaftsplanung nach § 9 Abs. 3 BNatSchG als Darstellung in den Flächennutzungsplan oder als Festsetzung in den Bebauungsplan aufzunehmen. [2]Abweichungen sind zu begründen.

§ 8 Zuständigkeiten

(1) Für das Gebiet des Freistaates Sachsen obliegen die Aufgaben nach § 6 Abs. 1 der obersten Naturschutzbehörde und die Aufgaben nach § 6 Abs. 2 der obersten Raumordnungs- und Landesplanungsbehörde als nach § 3 SächsLPlG für die Aufstellung des Landesentwicklungsplanes zuständigem Planungsträger.

(2) [1]Für das Gebiet jeder Planungsregion obliegen die Aufgaben nach § 6 Abs. 1 und 2 den Regionalen Planungsverbänden als nach § 4 SächsLPlG für die Aufstellung der Regionalpläne zuständigen Planungsträgern. [2]Dabei sind die Aufgaben nach § 9 Abs. 1 BNatSchG in Abstimmung mit der Naturschutzbehörde zu erfüllen. [3]Die Darstellung nach § 6 Abs. 1 bedarf des Einvernehmens mit der oberen Naturschutzbehörde. [4]Das Einvernehmen gilt als erteilt, wenn es nicht binnen zwei Monaten nach Eingang des Ersuchens des Regionalen Planungsverbandes verweigert wird.

(3) Die Aufstellung von Landschaftsplänen und Grünordnungsplänen obliegt den Gemeinden.

(4) [1]Die den Regionalen Planungsverbänden übertragenen Aufgaben nach § 6 Abs. 1 sind Weisungsaufgaben und unterliegen der Aufsicht der obersten Naturschutzbehörde. [2]Das Weisungsrecht ist beschränkt auf Vorgaben zum inhaltlichen Rahmen und zur Methodik der Landschaftsplanung.

Teil 3
Allgemeiner Schutz von Natur und Landschaft

§ 9 Eingriffe in Natur und Landschaft (zu § 14 BNatSchG)

(1) Eingriffe im Sinne von § 14 Abs. 1 BNatSchG sind insbesondere:

1. die oberirdische Gewinnung von Bodenschätzen oder anderen Bodenbestandteilen,
2. die Errichtung oder wesentliche Änderung baulicher Anlagen im Sinne der baurechtlichen Vorschriften im Außenbereich (§ 35 Abs. 1 Baugesetzbuch [BauGB] in der Fassung der Bekanntmachung vom 23. September 2004 [BGBl. I S. 2414], das zuletzt durch Artikel 1 des Gesetzes vom 22. Juli 2011 [BGBl. I S. 1509] geändert worden ist, in der jeweils geltenden Fassung),
3. selbständige Aufschüttungen, Abgrabungen, Auffüllungen von Bodenvertiefungen oder ähnliche Veränderungen der Bodengestalt im Außenbereich, wenn die betroffene Grundfläche größer als 300 m[2] ist und die Höhe oder die Tiefe mehr als 2 m beträgt,
4. im Außenbereich die Errichtung oder wesentliche Änderung von Verkehrs- und Betriebswegen, Flugplätzen, Sport- und Freizeiteinrichtungen, Lagerplätzen, Abfallentsorgungsanlagen, Friedhöfen, oberirdischen Ver- und Entsorgungsleitungen einschließlich deren Masten und Unterstützungen (Stromleitungen nur, soweit sie für Spannungen von 20 kV oder mehr ausgelegt sind), Wasserkraftanlagen,
5. der Ausbau und die wesentliche Änderung von oberirdischen Gewässern einschließlich Verrohrungen sowie nachteilige Veränderung der Ufervegetation,
6. das Aufstauen, Absenken oder Umleiten von Grundwasser einschließlich der dafür vorgesehenen Anlagen und Einrichtungen,
7. Maßnahmen, die zu einer Entwässerung von Feuchtgebieten führen können,
8. die Umwandlung von Wald,

9. der Umbruch von Dauergrünland auf erosionsgefährdeten Hängen, in Überschwemmungsgebieten, auf Standorten mit hohem Grundwasserspiegel, auf Moorstandorten oder auf einer Grundfläche von mehr als 5 000 m²,

10. die Beseitigung von landschaftsprägenden Hecken, Baumreihen, Alleen, Feldrainen und sonstigen Flurgehölzen.

(2) Über § 14 Abs. 2 und 3 BNatSchG hinaus gelten Unterhaltungsmaßnahmen an Deichen, Deichschutzstreifen, Talsperren, Wasserspeichern, Rückhaltebecken und sonstigen Hochwasserschutzanlagen sowie an Gewässern, Energieleitungstrassen des Übertragungs- und Verteilungsnetzes und an Straßen in der Regel nicht als Eingriff.

§ 10 Zulässigkeit und Kompensation von Eingriffen (zu § 15 BNatSchG)

(1) Über § 15 Abs. 2 Satz 3 BNatSchG hinaus sind Suchraum für Ersatzmaßnahmen bei Großvorhaben auch die Planungsregionen im Sinne von § 9 Abs. 1 SächsLPlG und die sächsischen Teile der Flussgebietseinheiten, in denen der Eingriff stattfindet.

(2) [1]Bei Durchführung von Ausgleichs- und Ersatzmaßnahmen (Kompensationsmaßnahmen) durch einen Dritten, muss dieser der Anrechnung der Maßnahme auf den Eingriff zugestimmt haben. [2]Der Anspruch auf Anrechnung ist übertragbar. [3]Ein Dritter kann die Verpflichtung des Verursachers eines Eingriffes zur Leistung von Kompensationsmaßnahmen mit befreiender Wirkung gegen Entgelt dahingehend übernehmen, dass allein er nach erfolgter Zulassungsentscheidung die Durchführung, Sicherung oder Unterhaltung der Kompensation gewährleistet. [4]Voraussetzung ist, dass der Dritte nach § 7 Abs. 2 der Verordnung des Sächsischen Staatsministeriums für Umwelt und Landwirtschaft über das Ökokonto und das Kompensationsflächenkataster (Sächsische Ökokonto-Verordnung – SächsÖKoVO) vom 2. Juli 2008 (SächsGVBl. S. 498), in der jeweils geltenden Fassung, von der obersten Naturschutzbehörde beauftragt ist. [5]Die Übertragung der Kompensationsverpflichtung auf den Dritten hat ohne Bedingungen zu erfolgen, sie kann nicht widerrufen werden und ist in die jeweilige Zulassungsentscheidung aufzunehmen oder durch die zuständige Behörde zu genehmigen. [6]Die Regelungen dieses Absatzes finden auch Anwendung auf Verpflichtungen für Maßnahmen nach § 30 Abs. 3, § 34 Abs. 5 und § 44 Abs. 5 Satz 3 BNatSchG.

(3) Der Freistaat Sachsen, eine Gemeinde oder ein Landkreis als Träger eines Vorhabens, das mit Eingriffen in Natur und Landschaft verbunden und für das eine Planfeststellung oder Plangenehmigung erforderlich ist, hat nachzuweisen, dass Ökokontomaßnahmen im Sinne[1]) § 11 Abs. 1 oder von den nach § 7 Abs. 2 SächsÖKoVO Beauftragten durchgeführte Maßnahmen des Naturschutzes und der Landschaftspflege, die geeignet und wirtschaftlich angemessen sind, für den erforderlichen Ausgleich oder Ersatz nicht verfügbar sind, soweit dies im Rahmen der für den Vorhabensträger geltenden Vorschriften möglich ist.

(4) [1]Abweichend von § 15 Abs. 6 Satz 2 und 3 BNatSchG ist die Ersatzzahlung nach Dauer und Schwere des Eingriffs, dem Wert oder dem Vorteil für den Verursacher sowie nach der wirtschaftlichen Zumutbarkeit zu bemessen. [2]Sie ist an den Naturschutzfonds (§ 45) zu leisten. [3]Das Nähere zur Bemessung und Verwendung der Ersatzzahlung sowie zum Verfahren ihrer Erhebung bestimmt das Staatsministerium für Umwelt und Landwirtschaft im Einvernehmen mit dem Staatsministerium der Finanzen und dem Staatsministerium für Wirtschaft, Arbeit und Verkehr durch Rechtsverordnung. [4]In diese Verordnung sind auch allgemeine Regeln über Inhalt, Art und Umfang von Ausgleichs- und Ersatzmaßnahmen aufzunehmen.

§ 11 Ökokonto und Kompensationsflächenkataster (zu den §§ 16 und 17 Abs. 6 und 11 BNatSchG)

(1) [1]Abweichend von § 16 Abs. 1 BNatSchG steht es im Ermessen der Naturschutzbehörde, Maßnahmen, die die Voraussetzungen des § 16 Abs. 1 BNatSchG erfüllen, ganz oder teilweise als Kompensationsmaßnahmen anzuerkennen (Ökokonto). [2]Sie sind anzuerkennen, wenn die untere Naturschutzbehörde der Maßnahme vor ihrem Beginn zugestimmt hat, die günstigen Wirkungen mit Natur und Landschaft zum Zeitpunkt der Zulassung des Eingriffs von der Naturschutzbehörde festgestellt werden und die Fläche für die Kompensationsmaßnahme dauerhaft gesichert ist. [3]§ 10 Abs. 1 bleibt unberührt. [4]Soweit die Kompensationsmaßnahme aus öffentlichen Fördermitteln finanziert wird, kann die Anerkennung in dem Maße des Eigenanteils erfolgen.

---

1) Richtig wohl: „von".

(2) ¹Das Kompensationsverzeichnis nach § 17 Abs. 6 Satz 1 BNatSchG (Kompensationsflächenkataster) kann auch Angaben über die Flächeneigentümer und -nutzer, über die für die Durchführung der Kompensationsmaßnahmen verantwortlichen Unternehmer, über den Rechtsgrund für die Kompensationsmaßnahme und über die Art der Sicherung der Kompensationsmaßnahme enthalten. ²In das Kataster können auch Flächen aufgenommen werden, die für die Durchführung von Kompensationsmaßnahmen geeignet sind; bei Privatflächen ist hierfür die Zustimmung des Eigentümers erforderlich.

(3) Das Staatsministerium für Umwelt und Landwirtschaft regelt durch Rechtsverordnung das Nähere

1. zum Ökokonto, insbesondere die Eignung von Flächen und Maßnahmen für das Ökokonto, zu den Anerkennungsvoraussetzungen, das Anerkennungs- und Abrechnungsverfahren und das Führen von Ökokonten, die Zuständigkeit zum Führen der Ökokonten, die Sicherung von anerkannten Maßnahmen, den Handel mit Ansprüchen auf Anrechnung und den zeitlichen Bezug zum Eingriff,

2. zum Kompensationsflächenkataster, die Zuständigkeit für das Führen des Katasters, die Ausgestaltung und Dauer von Nachweispflichten über den Erfolg von Kompensationsmaßnahmen sowie die Erteilung von Auskünften aus dem Kataster.

§ 12 Allgemeines Verfahren bei Eingriffen (zu § 17 BNatSchG)

(1) ¹Über § 17 Abs. 1 BNatSchG hinaus sind die zur Durchführung von § 15 BNatSchG erforderlichen Entscheidungen und Maßnahmen im Einvernehmen mit der Naturschutzbehörde zu treffen. ²Entscheidungen in mit dem Hochwasserschutz zusammenhängenden wasserrechtlichen Verfahren ergehen im Einvernehmen mit der Naturschutzbehörde der gleichen Verwaltungsebene. ³Sofern durch ein Vorhaben der Gewinnung von Bodenschätzen, das nach den Vorschriften des Bundesberggesetzes (BBergG) vom 13. August 1980 (BGBl. I S. 1310), zuletzt geändert durch Artikel 4 Abs. 71 des Gesetzes vom 7. August 2013 (BGBl. I S. 3154, 3200), in der jeweils geltenden Fassung, eines zugelassenen Betriebsplanes bedarf, Belange des Naturschutzes oder der Landschaftspflege berührt sein können, ist das Benehmen mit der Naturschutzbehörde herzustellen.

(2) Die Naturschutzbehörde der gleichen Verwaltungsebene ist in den mit dem Hochwasserschutz zusammenhängenden Verfahren auch zuständig für die Prüfung und Entscheidung nach § 44 Abs. 5 BNatSchG sowie für die Erteilung von Ausnahmen nach § 45 Abs. 7 BNatSchG.

(3) Bei Eingriffen, die ausschließlich nach anderen Vorschriften dieses Gesetzes, des Bundesnaturschutzgesetzes oder aufgrund dieser Gesetze erlassenen Vorschriften einer behördlichen Entscheidung oder Anzeige bedürfen, trifft die hierfür zuständige Naturschutzbehörde innerhalb der für dieses Verfahren geltenden Fristen auch die Entscheidungen nach § 17 Abs. 1 BNatSchG.

(4) Bei Eingriffen, die aufgrund eines nach öffentlichem Recht vorgesehenen Fachplanes durchgeführt werden sollen, findet § 17 Abs. 1 BNatSchG für die Planaufstellung entsprechende Anwendung.

(5) ¹Bei größeren oder lang andauernden Eingriffen sind die Kompensationsmaßnahmen in räumlichen und zeitlichen Abschnitten durchzuführen; dazu sind entsprechende, auch die Rekultivierung oder die Wiedernutzbarmachung in Abschnitten berücksichtigende Unterlagen, beispielsweise Nutzungs- und Abbau- sowie Gestaltungs- und Rekultivierungspläne, erforderlich. ²Die Inanspruchnahme eines neuen Flächenabschnittes kann von der Rekultivierung oder Wiedernutzbarmachung des vorangegangenen Abschnittes abhängig gemacht werden.

(6) ¹Werden die in der Entscheidung enthaltenen Fristen nicht eingehalten oder Nebenbestimmungen trotz Aufforderung und angemessener Fristsetzung nicht erfüllt, kann die zuständige Behörde, insbesondere bei Aufforderung durch die Naturschutzbehörde, die Einstellung der Arbeiten und die Wiederherstellung des früheren Zustandes verlangen, wenn nicht auf andere Weise rechtmäßige Zustände hergestellt werden können. ²Ist der frühere Zustand nicht oder nur mit unverhältnismäßigem Aufwand wiederherstellbar, sind zum Ausgleich der Beeinträchtigungen von Naturhaushalt oder Landschaftsbild Kompensationsmaßnahmen anzuordnen. ³§ 15 Abs. 6 BNatSchG ist entsprechend anzuwenden.

(7) ¹Die behördlichen Entscheidungen und Anordnungen verpflichten bei Wechsel des Eigentümers oder des Nutzungsberechtigten auch den Rechtsnachfolger. ²Dieser hat begonnene Maßnahmen fortzuführen und von der Behörde durchzuführende Maßnahmen zu dulden sowie gegebenenfalls Kostenersatz zu leisten.

Teil 4
Geschützte Teile von Natur und Landschaft; Biotopverbund

§ 13 Erklärung zum geschützten Teil von Natur und Landschaft (zu § 22 BNatSchG)

(1) Die Erklärung nach § 22 Abs. 1 BNatSchG von Teilen von Natur und Landschaft als Naturschutzgebiet, Nationalpark, Nationales Naturmonument, Biosphärenreservat, Landschaftsschutzgebiet oder Naturpark erfolgt durch Rechtsverordnung.

(2) [1]Für Nationalparke, einschließlich der Nationalparkregion Sächsische Schweiz, Biosphärenreservate und Naturparke können beratende Einrichtungen geschaffen werden, die mit den Verwaltungen oder Trägern der Schutzgebiete Planungen, Vorhaben und Maßnahmen mit Auswirkungen in diesen Gebieten erörtern. [2]Die Leitung der beratenden Einrichtung kann den Verwaltungen oder Trägern der Schutzgebiete übertragen werden. [3]Den Einrichtungen nach Satz 1 können Vertreter kommunaler Gebietskörperschaften, von Behörden, deren Aufgabenbereich berührt ist, von vor Ort aktiven Vereinen und Verbänden und Sachverständige angehören. [4]Das Nähere regelt die Erklärung zur Unterschutzstellung.

(3) [1]Naturschutzgebiete, Nationalparke, Biosphärenreservate, Landschaftsschutzgebiete und Naturdenkmale sind zu kennzeichnen. [2]Die Bezeichnungen und ihre Kennzeichen dürfen nur für die geschützten Gebiete und Gegenstände verwendet werden. [3]Der Bezeichnungsschutz gilt auch für Naturparke. [4]Die Kennzeichen und die näheren Einzelheiten bestimmt das Staatsministerium für Umwelt und Landwirtschaft durch Rechtsverordnung. [5]Mit der Erklärung nach § 22 Abs. 1 BNatSchG kann Gemeinden, deren Gebiet sich teilweise in einem Nationalpark, der Nationalparkregion, einem Biosphärenreservat oder einem Naturpark befindet, das Führen eines entsprechenden Hinweises als nichtamtlicher Namensbestandteil gestattet werden. [6]Dabei können auch die Voraussetzungen für eine Aberkennung des Hinweises geregelt werden.

(4) [1]Schutzgebiete im Sinne von Absatz 1 sind in Verzeichnisse einzutragen, die beim Landesamt für Umwelt, Landwirtschaft und Geologie geführt und bei Bedarf fortgeschrieben werden. [2]Die unteren Naturschutzbehörden dokumentieren die Schutzgebiete, für deren Ausweisung sie zuständig sind, sowie geschützte Landschaftsbestandteile. [3]Die Verzeichnisse können von jedermann während der Dienststunden eingesehen werden und werden in regelmäßigen Abständen veröffentlicht.

(5) [1]Eigentümer und Nutzungsberechtigte haben die in der Pflege- und Entwicklungsplanung enthaltenen Maßnahmen zu dulden, wenn hierdurch die Nutzung der Grundstücke nicht unzumutbar beeinträchtigt wird. [2]Auf Antrag kann ihnen die Durchführung der Maßnahmen übertragen werden. [3]Auf die Möglichkeit einer Antragstellung nach Satz 2 sind sie durch die zuständige Behörde hinzuweisen. [4]Bei mehr als fünf Betroffenen kann der Hinweis durch ortsübliche Bekanntmachung erfolgen.

(6) [1]Die Naturschutzbehörde kann die Einstellung von Maßnahmen anordnen, die

1. unter Verstoß gegen einschlägige Bestimmungen in Schutzgebietserklärungen ohne die danach erforderliche behördliche Entscheidung oder Anzeige oder

2. in Gebieten, die zum Europäischen ökologischen Netz „Natura 2000" gehören, ohne die nach § 34 BNatSchG erforderlichen Prüfungen oder unter Verstoß gegen § 33 Abs. 1 Satz 1 BNatSchG durchgeführt werden.

[2]Sie kann die Wiederherstellung des ursprünglichen Zustandes verlangen, wenn nicht auf andere Weise rechtmäßige Zustände hergestellt werden können. [3]Soweit eine Wiederherstellung nicht oder nur mit unverhältnismäßigem Aufwand möglich ist, gilt § 15 Abs. 2 und 6 BNatSchG entsprechend. [4]Im Falle von Satz 1 Nr. 2 sollen Maßnahmen gemäß § 34 Abs. 5 BNatSchG vorgesehen werden.

§ 14 Naturschutzgebiete (zu § 23 BNatSchG)

(1) Die Erklärung zum Naturschutzgebiet kann auch Regelungen enthalten über notwendige Beschränkungen wie

1. der wirtschaftlichen Nutzung, einschließlich gesetzlicher Hege- und Bewirtschaftungspflichten,

2. des Gemeingebrauchs an oberirdischen Gewässern,

3. der Befugnis zum Betreten des Gebietes oder einzelner Teile davon.

(2) [1]Für die Verwaltung und Betreuung eines Naturschutzgebietes kann eine Schutzgebietsverwaltung eingerichtet werden. [2]Der Staatsbetrieb Sachsenforst nimmt als Amt für Großschutzgebiete die Aufgaben der Verwaltung für die Naturschutzgebiete „Königsbrücker Heide" und „Gohrischheide und Elbniederterrasse Zeithain" wahr.

§ 15 Nationalparke, Nationale Naturmonumente (zu § 24 BNatSchG)

(1) [1]§ 14 Abs. 1 ist entsprechend auf Nationalparke und Nationale Naturmonumente anwendbar. [2]Daneben sind in der Erklärung, soweit erforderlich, Regelungen über Lenkungsmaßnahmen einschließlich der Jagdausübung und des Wildbestandes zu treffen.

(2) [1]Für die Verwaltung und Betreuung des Nationalparks ist eine Nationalparkverwaltung einzurichten. [2]Der Staatsbetrieb Sachsenforst ist als Amt für Großschutzgebiete für die Nationalparkregion Sächsische Schweiz (Nationalpark- und Landschaftsschutzgebiet Sächsische Schweiz) zuständig.

§ 16 Biosphärenreservate (zu § 25 BNatSchG)

(1) Über § 25 Abs. 1 BNatSchG hinaus sollen Gebiete, die als Biosphärenreservat festgesetzt werden, geeignet sein, nach dem Programm „Der Mensch und die Biosphäre" der Resolution 2.313 der UNESCO vom 23. Oktober 1970 (UNESCO 1982 S. 3) als charakteristische Ökosysteme der Erde anerkannt zu werden.

(2) [1]Für die Verwaltung und Betreuung eines Biosphärenreservats ist eine Reservatsverwaltung einzurichten. [2]Der Staatsbetrieb Sachsenforst nimmt als Amt für Großschutzgebiete die Aufgaben der Verwaltung des Biosphärenreservates Oberlausitzer Heide- und Teichlandschaft wahr.

§ 17 Naturparke (zu § 27 BNatSchG)

In der Erklärung zum Naturpark ist der Träger des Naturparks zu benennen und die Verwaltung in den Grundzügen zu regeln.

§ 18 Naturdenkmäler (zu § 28 BNatSchG)

[1]Die Erklärung nach § 22 Abs. 1 BNatSchG von Teilen von Natur und Landschaft als Naturdenkmal erfolgt durch Rechtsverordnung oder Einzelanordnung. [2]Über § 28 Abs. 1 BNatSchG hinaus können Naturdenkmäler zur Sicherung von Lebensgemeinschaften oder Lebensstätten von im Bestand gefährdeten oder streng geschützten Arten festgesetzt werden.

§ 19 Geschützte Landschaftsbestandteile (zu § 29BNatSchG)

(1) [1]Die Erklärung zum geschützten Landschaftsbestandteil erfolgt durch Satzung. [2]Über § 29 Abs. 1 BNatSchG hinaus können geschützte Landschaftsbestandteile zur Erhaltung oder Verbesserung des Kleinklimas sowie zur Schaffung, Erhaltung oder Entwicklung von Biotopverbundsystemen festgesetzt werden.

(2) [1]Abweichend von § 29 Abs. 1 Satz 2 BNatSchG gehören zu den geschützten Landschaftsbestandteilen nicht:

1. Bäume und Sträucher auf Deichen, Deichschutzstreifen, an Talsperren, Wasserspeichern und Hochwasserrückhaltebecken sowie Bäume im Wald,
2. Bäume, Sträucher und Hecken im Sinne von § 1 Abs. 1 des Bundeskleingartengesetzes (BKleingG) vom 28. Februar 1983 (BGBl. I S. 210), das zuletzt durch Artikel 11 des Gesetzes vom 19. September 2006 (BGBl. I S. 2146, 2147) geändert worden ist, in der jeweils geltenden Fassung,
3. Bäume mit einem Stammumfang von bis zu einem Meter, gemessen in einer Stammhöhe von einem Meter, sowie Obstbäume, Nadelgehölze, Pappeln (Populus spec.), Birken (Betula spec.), Baumweiden (Salix spec.) und abgestorbene Bäume auf mit Gebäuden bebauten Grundstücken, vorbehaltlich der Regelung in § 21.

[2]In der Satzung können weitere Ausnahmen oder Ausnahmegenehmigungstatbestände geregelt werden.

(3) [1]Über den Antrag auf Beseitigung oder Veränderung eines geschützten Landschaftsbestandteiles entscheidet die Behörde innerhalb von drei Wochen nach Eingang des Antrages. [2]Die Genehmigung gilt als erteilt, wenn sie nicht innerhalb der Frist unter Angabe von Gründen abgelehnt wird. [3]Das Genehmigungsverfahren ist kostenfrei. [4]Die Regelungen dieses Absatzes gelten nicht für eine gleichzeitig erforderliche Befreiung nach § 67 BNatSchG und § 39 von artenschutzrechtlichen Vorschriften.

(4) [1]Ist für ein Vorhaben, zu dessen Verwirklichung eine Genehmigung nach Absatz 3 erforderlich ist, eine andere Gestattung notwendig, ersetzt diese Gestattung die Genehmigung nach Absatz 3. [2]Die Gestattung darf nur erteilt werden, wenn die Voraussetzungen nach der Satzung vorliegen und die für den Vollzug der Satzung zuständige Behörde ihr Einvernehmen erteilt hat. [3]Die Frist nach Absatz 3 Satz 1 gilt in diesen Fällen nicht.

§ 20 Verfahren bei Unterschutzstellung (zu § 22 Abs. 2 und 3 BNatSchG)

(1) [1]Vor Erlass einer Rechtsverordnung nach § 13 Abs. 1 und § 18 Abs. 1 ist der Verordnungsentwurf mit einer Übersichtskarte den Behörden, öffentlichen Planungsträgern, berufsständigen Interessenvertretungen der Land-, Forst- und Fischereiwirtschaft, die landesweit tätig und strukturiert sind, und Gemeinden, deren Belange berührt werden können, sowie den anerkannten Naturschutzvereinigungen zur Stellungnahme zuzuleiten. [2]Entsprechendes gilt für die Aufhebung oder wesentliche Änderung einer Rechtsverordnung. [3]Den Beteiligten soll für die Abgabe ihrer Stellungnahme eine angemessene Frist gesetzt werden; diese beträgt in der Regel sechs Wochen. [4]Äußern sie sich nicht fristgemäß, kann davon ausgegangen werden, dass die wahrzunehmenden Belange durch die Rechtsverordnung nicht berührt werden.

(2) [1]Gleichzeitig oder im Anschluss an das Verfahren nach Absatz 1 hat die zuständige Naturschutzbehörde den Verordnungsentwurf mit den dazugehörigen Karten einen Monat lang öffentlich auszulegen. [2]Die Auslegung erfolgt bei den für das von der Rechtsverordnung betroffene Gebiet zuständigen unteren Naturschutzbehörden während deren Sprechzeiten zur Einsichtnahme für jedermann. [3]Ort und Dauer der Auslegung sind mindestens eine Woche vorher ortsüblich mit dem Hinweis bekannt zu machen, dass Bedenken und Anregungen während der Auslegungsfrist schriftlich oder zur Niederschrift bei der unteren Naturschutzbehörde vorgebracht werden können. [4]Grundstückseigentümern und, soweit bekannt, sonstigen Nutzungsberechtigten ist der Hinweis nach Satz 3 schriftlich zu erteilen. [5]Von dem schriftlichen Hinweis nach Satz 4 kann abgesehen werden, wenn es sich um mehr als 5 Betroffene handelt.

(3) [1]Das Verfahren nach Absatz 2 kann bei Rechtsverordnungen nach § 28 BNatSchG in Verbindung mit § 18 durch die Anhörung der betroffenen Eigentümer und, soweit sie ohne größeren Aufwand feststellbar sind, der sonstigen Berechtigten ersetzt werden, wenn diesen Gelegenheit zur Einsichtnahme und zur Äußerung gegeben wird. [2]Absatz 1 Satz 3 gilt entsprechend. [3]Betrifft der Verordnungsentwurf eine Änderung und wird der räumliche oder sachliche Geltungsbereich nur unwesentlich erweitert oder soll eine Rechtsverordnung aufgehoben werden, entfällt das Verfahren nach Absatz 2. [4]Wird eine Verordnung zur Rechtsbereinigung neu gefasst, ohne dass ihr materieller Regelungsgehalt geändert wird, entfällt das Verfahren nach den Absätzen 1 und 2.

(4) [1]Bei der Änderung einer Rechtsverordnung nach § 26 BNatSchG in Verbindung mit § 13 Abs. 1 durch Ausgliederung von Flächen aus dem Schutzgebiet (Ausgliederungsverfahren) entfällt die Anhörung nach Absatz 1 Satz 1, soweit diese durch die Gemeinde im Rahmen der Aufstellung von städtebaulichen Satzungen (Satzungen nach den §§ 30, 34 Abs. 4 Satz 1 Nr. 1 bis 3 BauGB) erfolgt ist. [2]Die der Gemeinde dabei zugegangenen Stellungnahmen sind an die zuständige Naturschutzbehörde zu übergeben. [3]Die Gemeinde hat vor Einleitung des Anhörungsverfahrens bei der zuständigen Naturschutzbehörde einen Ausgliederungsantrag zu stellen und diesen gleichzeitig durch Vorlage, insbesondere des Aufstellungsbeschlusses der Satzung sowie weiterer beurteilungsfähiger Unterlagen zu begründen.

(5) Die für den Erlass der Rechtsverordnung zuständige Naturschutzbehörde prüft die fristgemäß vorgebrachten Bedenken und Anregungen und teilt den Betroffenen das Ergebnis mit.

(6) Wird der Entwurf der Rechtsverordnung während des laufenden Verfahrens räumlich oder sachlich nicht unerheblich erweitert, so ist das Verfahren nach den Absätzen 1 bis 4 zu wiederholen.

(7) [1]Die Rechtsverordnung muss mit hinreichender Klarheit erkennen lassen, welche Grundstücke zum Schutzgebiet gehören. [2]Im Zweifelsfall gelten Grundstücke als nicht betroffen. [3]Die Abgrenzung eines Schutzgebietes ist

1. entweder in der Rechtsverordnung genau zu beschreiben oder

2. grob zu beschreiben und in Karten darzustellen, die Bestandteil der Verordnung sind.

(8) Die Rechtsverordnung wird im Sächsischen Gesetz- und Verordnungsblatt verkündet.

(9) [1]Können Karten oder zeichnerische Darstellungen, die Bestandteil der Verordnung sind, aus technischen Gründen nicht verkündet werden, wird ihre Verkündung dadurch ersetzt, dass sie auf die Dauer von mindestens zwei Wochen, beginnend am Tag nach Verkündung der Verordnung, im Übrigen bei der erlassenden Behörde zur kostenlosen Einsicht durch jedermann während der Sprechzeiten öffentlich ausgelegt werden. [2]In der Rechtsverordnung ist auf die Ersatzverkündung hinzuweisen. [3]Während ihrer Geltung ist die Rechtsverordnung einschließlich der nach Satz 1 verkündeten Bestandteile bei

der erlassenden Behörde zur kostenlosen Einsicht während der Sprechzeiten niederzulegen. [4]In der Rechtsverordnung ist auf die Möglichkeit der Einsichtnahme hinzuweisen.

(10) Eine Verletzung der Vorschriften der Absätze 1 bis 6 und 9 ist unbeachtlich, wenn sie nicht innerhalb eines Jahres nach Verkündung der Rechtsverordnung schriftlich unter Angabe der Tatsachen, die die Verletzung begründen sollen, bei der für den Erlass zuständigen Naturschutzbehörde geltend gemacht wird.

(11) [1]Die einstweilige Sicherstellung nach § 22 Abs. 3 BNatSchG erfolgt durch Einzelanordnung oder durch Rechtsverordnung ohne das in den Absätzen 1 bis 7 geregelte Verfahren. [2]Die betroffenen Gemeinden und, soweit die Gefährdung dem nicht entgegensteht, die sonstigen Betroffenen sollen vorher gehört werden.

(12) [1]Die Absätze 1 bis 10 gelten für Satzungen im Sinne von § 19 entsprechend. [2]Satzungen werden ortsüblich bekannt gemacht.

§ 21 Gesetzlich geschützte Biotope (zu § 30 BNatSchG)

(1) Weitere gesetzlich geschützte Biotope im Sinne von § 30 Abs. 2 Satz 2 BNatSchG sind:
1. magere Frisch- und Bergwiesen,
2. höhlenreiche Altholzinseln und höhlenreiche Einzelbäume,
3. Serpentinitfelsfluren,
4. Streuobstwiesen, Stollen früherer Bergwerke sowie in der freien Landschaft befindliche Steinrücken, Hohlwege und Trockenmauern.

(2) [1]Abweichend von § 30 Abs. 2 und 3 BNatSchG bleibt die Zulässigkeit des Felskletterns an Klettergipfeln im Sächsischen Elbsandsteingebirge, im Zittauer Gebirge, im Erzgebirge und im Steinicht in biotopschonender Art und Weise sowie im bisherigen Umfang unberührt. [2]Dies gilt nicht für das Klettern an Massivwänden und soweit gesetzliche Vorschriften oder Festsetzungen in Rechtsvorschriften entgegenstehen. [3]Als Klettergipfel gelten freistehende Felsen von mindestens 10 m Höhe, die nur durch Kletterei, Überfall oder Sprung von benachbarten Felsgebilden zu besteigen sind.

(3) Abweichend von § 30 Abs. 2 BNatSchG gelten die Verbote des § 30 Abs. 2 BNatSchG vorbehaltlich der Regelung in § 34 BNatSchG nicht für den Fall, dass auf technischen Anlagen der öffentlichen Wasserwirtschaft, Energieleitungstrassen des Übertragungs- und Verteilungsnetzes, Deponien oder auf durch den öffentlichen Verkehr zulässigerweise genutzten Anlagen ein besonders geschütztes Biotop entstanden ist.

(4) [1]Werden Handlungen im Sinne von § 30 Abs. 2 BNatSchG ohne die erforderliche Zulassung einer Ausnahme begonnen oder durchgeführt, kann die Einstellung angeordnet werden. [2]Die Wiederherstellung des ursprünglichen Zustands kann verlangt werden, wenn nicht auf andere Weise rechtmäßige Zustände hergestellt werden können. [3]Soweit eine Wiederherstellung nicht oder nur mit unverhältnismäßigem Aufwand möglich ist, sind Kompensationsmaßnahmen im Sinne von § 15 Abs. 2 BNatSchG anzuordnen.

(5) [1]Abweichend von § 30 Abs. 6 BNatSchG gilt bei gesetzlich geschützten Biotopen, die auf Flächen entstanden sind, bei denen eine zulässige Gewinnung von Bodenschätzen eingeschränkt oder unterbrochen wurde, § 30 Abs. 2 BNatSchG nicht für die Wiederaufnahme der Gewinnung innerhalb von zehn Jahren. [2]Diese Frist kann bei Zulassung der bergbaulichen Maßnahme auf maximal 20 Jahre verlängert werden, wenn die Art des Abbauvorhabens längere Unterbrechungen erforderlich machen kann.

(6) [1]Die Ausnahme nach § 30 Abs. 3 BNatSchG wird durch eine nach anderen Vorschriften gleichzeitig erforderliche Gestattung ersetzt. [2]Die Gestattung darf nur erteilt werden, wenn die Voraussetzungen des § 30 Abs. 3 BNatSchG vorliegen und die sonst zuständige Naturschutzbehörde ihr Einvernehmen erteilt hat. [3]Entscheidungen in mit dem Hochwasserschutz zusammenhängenden wasserrechtlichen Verfahren ergehen im Einvernehmen mit der Naturschutzbehörde der gleichen Verwaltungsebene. [4]Das Einvernehmen der Naturschutzbehörde gilt als erteilt, wenn es nicht binnen zwei Monaten nach Eingang des Ersuchens der Genehmigungsbehörde verweigert wird. [5]Dient der Eingriff der unverzüglichen Beseitigung von Schäden, die durch außergewöhnliche Ereignisse, insbesondere Naturkatastrophen hervorgerufen wurden, kann die für die Entscheidung nach § 17 Abs. 1 BNatSchG zuständige Behörde die Naturschutzbehörde auffordern, innerhalb von zwei Wochen das Einvernehmen zu erklären; in diesen Fällen gilt das Einvernehmen als erteilt, wenn es nicht innerhalb von zwei Wochen verweigert wird.

(7) [1]Die Naturschutzbehörden führen Verzeichnisse der ihnen bekannten besonders geschützten Biotope. [2]Über Eintragungen werden die Gemeinden, die Grundstückseigentümer und, soweit bekannt, die sonstigen Nutzungsberechtigten unter Hinweis auf die Verbote des § 30 Abs. 2 BNatSchG schriftlich informiert. [3]Bei mehr als fünf Betroffenen kann in der Gemeinde eine öffentliche Bekanntmachung erfolgen. [4]§ 13 Abs. 4 Satz 3 gilt entsprechend.

§ 21a Biotopvernetzung (zu § 21 Abs. 6 BNatSchG)

[1]Bei der Erhaltung und Schaffung der nach § 21 Abs. 6 BNatSchG zur Vernetzung von Biotopen erforderlichen Landschaftsstrukturelemente soll eine räumlich ausgewogene Verteilung angestrebt und vorhandene Biotopvernetzungsstrukturen, insbesondere Wald, Waldsäume, Alleen, Fließgewässer, soweit möglich, berücksichtigt werden. [2]Die erforderlichen Landschaftsstrukturelemente werden, soweit maßstäblich und inhaltlich geeignet, in der Landschaftsplanung dargestellt. [3]Insbesondere dann, wenn Landschaftsstrukturelemente für die Vernetzungsfunktion nicht in ausreichendem Maße vorhanden sind, sind als geeignete Maßnahmen langfristige Vereinbarungen, landschaftspflegerische Maßnahmen, planungsrechtliche Vorgaben und andere geeignete Instrumente zur Mehrung der Fläche, die von Landschaftsstrukturelementen im Sinne von Satz 1 eingenommen wird, zu ergreifen.

Teil 5
Netz „Natura 2000"

§ 22 Schutz des Europäischen ökologischen Netzes „Natura 2000" (zu § 32 Abs. 4 BNatSchG)

[1]Die Gebiete von gemeinschaftlicher Bedeutung und die ausgewählten Europäischen Vogelschutzgebiete können durch Rechtsverordnung von der oberen Naturschutzbehörde unter Angabe der Erhaltungsziele und der betroffenen Landkreise und Kreisfreien Städte sowie Gemeinden bestimmt werden. [2]Die Verordnung kann den Erhaltungszielen dienende Maßnahmen enthalten. [3]Rechtsverordnungen im Sinne von Satz 1 sind im Sächsischen Gesetz- und Verordnungsblatt zu verkünden. [4]§ 48 Abs. 3 Satz 2 und § 20 Abs. 7 und 9 gelten entsprechend. [5]Im Falle der Ersatzverkündung im Sinne von § 20 Abs. 9 sind Karten oder zeichnerische Darstellungen auch bei den unteren Naturschutzbehörden öffentlich auszulegen. [6]Mit der Verkündung der Rechtsverordnung sind die ausgewählten Gebiete besondere Schutzgebiete nach Artikel 1 Buchst. l der Richtlinie 92/43/EWG des Rates vom 21. Mai 1992 zur Erhaltung der natürlichen Lebensräume sowie der wildlebenden Tiere und Pflanzen (ABl. L 206 vom 22. Juli 1992, S. 7), die zuletzt durch die Richtlinie 2006/105/EG (ABl. L 363 vom 20. Dezember 2006, S. 368) geändert worden ist, oder europäische Vogelschutzgebiete im Sinne von Artikel 4 Abs. 1 Satz 4 der Richtlinie 2009/147/EG des Europäischen Parlamentes und Rates vom 30. November 2009 über die Erhaltung der wildlebenden Vogelarten (ABl. L 20 vom 26. Januar 2010, S. 7). [7]Zweck der Unterschutzstellung ist die Erhaltung und Wiederherstellung eines günstigen Erhaltungszustandes der in den Erhaltungszielen genannten natürlichen Lebensraumtypen der Tier- und Pflanzenarten in den Gebieten von gemeinschaftlicher Bedeutung sowie der Vogelarten und ihrer Lebensräume in den Europäischen Vogelschutzgebieten. [8]Die Naturschutzbehörde kann die zur Durchsetzung des Schutzzweckes erforderlichen Anordnungen treffen, wenn die Umsetzung der Maßnahmen nach Satz 2 auf andere Weise nicht sichergestellt werden kann.

§ 23 Verträglichkeit und Unzulässigkeit von Projekten und Plänen (zu den §§ 34 bis 36 BNatSchG)

(1) [1]Ist für die Zulassung eines Projektes im Sinne von § 34 Abs. 1 BNatSchG nach anderen Rechtsvorschriften ein Zulassungsverfahren, einschließlich eines Anzeigeverfahrens, vorgesehen, oder wird es von einer Behörde durchgeführt, ist diese Behörde auch für die Prüfung nach § 34 Abs. 1 bis 5 BNatSchG zuständig. [2]Sie entscheidet im Einvernehmen mit der Naturschutzbehörde. [3]§ 17 Abs. 4 BNatSchG, § 12 Abs. 6 und 7 und § 21 Abs. 6 Satz 3 bis 5 gelten entsprechend. [4]Satz 1 gilt nicht für Verfahren nach § 15 des Gesetzes zum Schutz vor schädlichen Umwelteinwirkungen durch Luftverunreinigungen, Geräusche, Erschütterungen und ähnliche Vorgänge (Bundes-Immissionsschutzgesetz – BImSchG) in der Fassung der Bekanntmachung vom 26. September 2002 (BGBl. I S. 3830), das zuletzt durch Artikel 1 des Gesetzes vom 8. April 2013 (BGBl. I S. 734) geändert worden ist, in der jeweils geltenden Fassung.

(2) [1]Zuständig für die Verträglichkeitsprüfung für Pläne im Sinne von § 36 BNatSchG ist die Stelle, die den Plan aufstellt. [2]§ 17 Abs. 4 BNatSchG und Absatz 1 Satz 2 gelten entsprechend.

(3) Über § 35 Nr. 2 BNatSchG hinaus ist § 34 Abs. 1 und 2 BNatSchG auch für Handlungen nach § 35 Nr. 2 BNatSchG anwendbar, wenn sie auf einer benachbarten Fläche zu einem Natura-2000-Gebiet stattfinden und dadurch geeignet sind, das Gebiet erheblich zu beeinträchtigen.

(4) ¹Bei Auswirkungen von Plänen und Projekten im Sinne der § 34 Abs. 1 und § 36 BNatSchG in einem anderen Bundesland werden die dort zuständigen Behörden möglichst frühzeitig beteiligt. ²Die Festlegung von Ausgleichsmaßnahmen erfolgt im Benehmen mit den zuständigen Behörden des beteiligten Bundeslandes. ³Für die Abgabe von Stellungnahmen und Erklärungen kann eine angemessene Frist gesetzt werden.

(5) Bei Auswirkungen in einem anderen Mitgliedstaat der Europäischen Union sind für das Beteiligungsverfahren die Regelungen des § 8 UVPG entsprechend anzuwenden.

Teil 6
Schutz der wild lebenden Tier- und Pflanzenarten, ihrer Lebensstätten und Biotope

§ 24 Ermächtigungen (zu § 45 Abs. 7 Satz 4 und § 54 Abs. 7 BNatSchG)

(1) Die durch § 45 Abs. 7 Satz 4 BNatSchG erteilte Ermächtigung wird auf das Staatsministerium für Umwelt und Landwirtschaft übertragen.

(2) ¹Die untere Naturschutzbehörde kann durch Rechtsverordnung oder Einzelanordnung für die Lebensstätten von im Bestand gefährdeten Arten oder streng geschützten Arten, insbesondere ihre Standorte, Brut- und Wohnstätten, zeitlich befristet besondere Schutzmaßnahmen festlegen. ²Der Geltungsbereich, die Geltungsdauer, der Schutzgegenstand, der Schutzzweck und die erforderlichen Ge- und Verbote sind anzuführen. ³In den Schutz der Wohnstätten dieser Arten kann die Umgebung bis zu 500 m Entfernung einbezogen werden, um die Wohnstätten von Beunruhigungen und Störungen freizuhalten. ⁴Dabei können, soweit erforderlich, unterschiedliche Verbote für die Zeit der Brut und Aufzucht und die übrige Zeit festgelegt werden. ⁵Schutzmaßnahmen für Lebensstätten von im Bestand gefährdeten oder streng geschützten Arten innerhalb von baulichen Anlagen sind insoweit zulässig, als sie für den Eigentümer zumutbar sind.

(3) ¹Vor Erlass einer Rechtsverordnung oder Anordnung nach Absatz 2 sind die Grundstückseigentümer und, soweit bekannt, die sonstigen Nutzungsberechtigten rechtzeitig über die geplanten Regelungen schriftlich zu informieren. ²Bei mehr als 5 Betroffenen kann die Information durch öffentliche Bekanntmachung erfolgen.

§ 25 Zoogenehmigung (zu § 42 Abs. 5 BNatSchG)

¹Die Genehmigung nach § 42 Abs. 2 Satz 1 BNatSchG schließt die Erlaubnis nach § 11 Abs. 1 Satz 1 Nr. 2a des Tierschutzgesetzes in der Fassung der Bekanntmachung vom 18. Mai 2006 (BGBl. I S. 1206, 1313), das zuletzt durch Artikel 20 des Gesetzes vom 9. Dezember 2011 (BGBl. I S. 1934, 1940) geändert worden ist, in der jeweils geltenden Fassung, mit ein, soweit die Genehmigung im Einvernehmen mit der zuständigen Tierschutzbehörde erteilt wird. ²Die Genehmigung nach Satz 1 gilt als erteilt, wenn die Genehmigungsbehörde den vollständigen Antrag nicht binnen 6 Monaten nach Eingang zurück weist. ³Die Genehmigungsbehörde kann die Frist aus wichtigem Grund um bis zu 2 Monate verlängern.

§ 26 Tiergehege (zu § 43 Abs. 4 und 5 BNatSchG)

(1) Über § 43 Abs. 2 BNatSchG hinaus sind Tiergehege so zu errichten und zu betreiben, dass die Jagdausübung nicht wesentlich beeinträchtigt wird.

(2) Das Staatsministerium für Umwelt und Landwirtschaft wird ermächtigt, durch Rechtsverordnung zu bestimmen, dass die Anforderungen nach § 43 Abs. 2 BNatSchG sowie des Absatzes 1 nicht gelten für Gehege,

1. die unter staatlicher Aufsicht stehen,
2. die nur für kurze Zeit aufgestellt werden oder eine geringe Fläche beanspruchen oder
3. in denen nur eine geringe Anzahl von Tieren oder Tiere mit geringen Anforderungen an ihre Haltung gehalten werden.

Teil 7
Erholung in Natur und Landschaft

§ 27 Betreten der freien Landschaft (zu § 59 BNatSchG)
(1) [1]Die freie Landschaft darf von allen zum Zwecke der Erholung unentgeltlich betreten werden. [2]Landwirtschaftlich genutzte Flächen dürfen während der Nutzzeit nicht betreten werden; als Nutzzeit gilt die Zeit zwischen Aussaat oder Bestellung und Ernte, bei Grünland die Zeit des Aufwuchses und der Beweidung. [3]Sonderkulturen, insbesondere Flächen, die dem Garten-, Obst- und Weinbau dienen, dürfen ganzjährig nur auf Wegen betreten werden.
(2) Zum Betreten gehören auch
1. das Ski- und Schlittenfahren (ohne Motorkraft), das Spielen und ähnliche Betätigungen in der freien Landschaft,
2. auf dafür geeigneten Wegen das Radfahren und das Fahren mit Krankenstühlen; Fußgänger dürfen weder belästigt noch behindert werden.
(3) Vorschriften über das Betreten des Waldes, über den Gemeingebrauch an Gewässern und an öffentlichen Straßen sowie straßenverkehrsrechtliche, fischerei- und jagdrechtliche Regelungen bleiben unberührt.

§ 28 Schranken des Betretungsrechts (zu § 59 BNatSchG)
(1) Das Betretungsrecht umfasst nicht das Befahren mit Kraftfahrzeugen, das Zelten sowie das Aufstellen und Abstellen von Fahrzeugen.
(2) [1]Das Reiten und das Fahren mit bespannten Fahrzeugen ist nur auf geeigneten Wegen und besonders ausgewiesenen Flächen gestattet. [2]Gekennzeichnete Wanderwege, Sport- und Lehrpfade sowie für die Erholung der Bevölkerung ausgewiesene Spielplätze und Liegewiesen dürfen nicht benutzt werden, soweit dies durch entsprechende Beschilderung oder Kennzeichnung nicht ausdrücklich gestattet ist. [3]Die Gemeinden sollen im Einvernehmen mit der unteren Naturschutzbehörde, im Gebiet der Nationalparkregion Sächsische Schweiz oder eines Biosphärenreservats unter besonderer Berücksichtigung des Schutzzweckes mit der in § 15 Abs. 2 oder § 16 Abs. 2 genannten Verwaltung sowie in Naturparken mit der Naturparkverwaltung nach § 17 geeignete Wege und Flächen ausweisen (Reitroutennetz); die Ausweisung bedarf bei Privatgrundstücken der Zustimmung des Grundstückseigentümers.
(3) [1]Organisierte Veranstaltungen wie Volkswanderungen sind nur auf öffentlichen Wegen gestattet. [2]Motorsportveranstaltungen können gestattet werden, wenn keine Belange des Naturschutzes und der Landschaftspflege oder sonstige öffentliche oder private Belange entgegenstehen.
(4) [1]Die untere Naturschutzbehörde kann durch Rechtsverordnung oder Einzelanordnung das Betretungsrecht aus Gründen des Naturschutzes, des Feldschutzes, zur Durchführung von Pflegearbeiten, zur Regelung des Erholungsverkehrs oder aus sonstigen zwingenden Gründen beschränken oder aufheben. [2]Eine Einzelanordnung kann durch Sperren im Sinne von § 29 Abs. 2 kundgetan werden.

§ 29 Zulässigkeit von Sperren in der freien Landschaft (zu § 59 BNatSchG)
(1) Der Grundstückseigentümer oder der sonst Nutzungsberechtigte darf der Allgemeinheit das Betreten von Grundstücken in der freien Landschaft durch Sperren nach Absatz 2 nur verwehren, wenn und soweit
1. es sich bei einem mit einem Wohngebäude bebauten Grundstück um den Wohnbereich und die damit in räumlichem und sachlichem Zusammenhang stehenden bebauten oder nicht bebauten Grundstücksteile handelt; Entsprechendes gilt für gewerblich genutzte Grundstücke,
2. die Beschädigung des Grundstückes oder dessen Verunreinigung oder Schäden an landwirtschaftlichen Kulturen in nicht unerheblichem Maß zu befürchten sind oder
3. Maßnahmen der Land-, Forst- und Fischereiwirtschaft, der Jagdausübung oder zulässiger sportlicher Veranstaltungen sowie sonstige zwingende Gründe eine Sperre erfordern.
(2) Die Sperrung hat durch Einfriedungen, durch andere deutlich erkennbare Hindernisse oder durch Schilder zu erfolgen.
(3) [1]Bedarf die Einrichtung einer Sperre in der freien Landschaft einer behördlichen Gestattung nach anderen Rechtsvorschriften, so ergeht diese im Einvernehmen mit der Naturschutzbehörde, soweit Bundesrecht nicht entgegensteht. [2]Im Übrigen bedarf die Sperre in der freien Landschaft einer Genehmigung der Naturschutzbehörde. [3]Ausgenommen hiervon sind Sperren von intensiv genutzten Flächen landwirtschaftlicher Betriebe, von Weide- und von Wildzäunen. [4]Das Einvernehmen nach

Satz 1 oder die Genehmigung nach Satz 2 gelten als erteilt, wenn sie nicht binnen zwei Monaten nach Eingang des Ersuchens der Genehmigungsbehörde oder des Antrages verweigert werden.

(4) Die Naturschutzbehörde kann die Beseitigung widerrechtlich errichteter Sperren anordnen, soweit dafür nicht die Behörde im Sinne von Absatz 3 Satz 1 zuständig ist.

§ 30 Durchgänge (zu § 59 BNatSchG)

Die Naturschutzbehörde kann auf einem Grundstück, das nach den vorstehenden Vorschriften nicht frei betreten werden darf, für die Allgemeinheit einen Durchgang anordnen, wenn andere Teile der freien Landschaft, insbesondere Erholungsflächen, Naturschönheiten, Wald oder Gewässer in anderer zumutbarer Weise nicht zu erreichen sind und wenn der Eigentümer oder sonst Nutzungsberechtigte dadurch in seinen Rechten nur unwesentlich beeinträchtigt wird.

§ 31 Pflichten der öffentlichen Hand (zu § 62 BNatSchG)

[1]Über die Verpflichtung nach § 62 BNatSchG hinaus kann die Naturschutzbehörde im Einvernehmen mit der zuständigen Wasserbehörde die Freigabe von Uferstreifen öffentlicher Gewässer für Erholungszwecke und die Beseitigung tatsächlicher Hindernisse für das freie Betreten anordnen. [2]Wird dabei das Nutzungsrecht oder das Eigentum in einem Maße beeinträchtigt, das über die Sozialbindung des Eigentums hinausgeht, so hat der Berechtigte Anspruch auf Entschädigung nach Maßgabe von § 40.

Teil 8
Mitwirkung der anerkannten Naturschutzvereinigungen

§ 32 Anerkannte Naturschutzvereinigungen (zu § 63 Abs. 2 BNatSchG)

(1) Abweichend von § 63 Abs. 2 BNatSchG ist anerkannte Naturschutzvereinigung im Sinne dieses Gesetzes sowie im Sinne von § 63 Abs. 2 BNatSchG eine vom Freistaat Sachsen nach § 3 des Gesetzes über ergänzende Vorschriften zu Rechtsbehelfen in Umweltangelegenheiten nach der EG-Richtlinie 2003/35/EG (Umwelt-Rechtsbehelfsgesetz – UmwRG) in der Fassung der Bekanntmachung vom 8. April 2013 (BGBl. I S. 753) geändert worden ist, in der jeweils geltenden Fassung, anerkannte Vereinigung, die nach ihrem satzungsgemäßen Aufgabenbereich im Schwerpunkt die Ziele des Naturschutzes und der Landschaftspflege fördert sowie zur Wahrnehmung dieses Aufgabenbereiches landesweit tätig und strukturiert ist.

(2) Die Anerkennung sowie die Rücknahme und der Widerruf der Anerkennung werden durch die oberste Naturschutzbehörde ausgesprochen und im Sächsischen Amtsblatt bekanntgemacht.

§ 33 Mitwirkungsrechte (zu § 63 BNatSchG)

(1) Gemäß § 63 Abs. 2 Nr. 8 BNatSchG bestehen Mitwirkungsrechte der anerkannten Naturschutzvereinigungen auch vor der Erteilung von Befreiungen von Geboten und Verboten zum Schutz von Landschaftsschutzgebieten und Flächennaturdenkmalen.

(2) [1]Die Vereinigung ist von der zuständigen Behörde über Vorhaben, Planungen und Verwaltungsverfahren im Sinne von § 63 Abs. 2 BNatSchG sowie Absatz 1 rechtzeitig schriftlich zu benachrichtigen, wobei eine angemessene Frist für die Stellungnahme einzuräumen ist. [2]Bei Verfahren mit Öffentlichkeitsbeteiligung reicht die Unterrichtung der Naturschutzvereinigung über die öffentliche Auslegung aus. [3]Hat sich die Naturschutzvereinigung oder die Landesarbeitsgemeinschaft Naturschutz fristgemäß geäußert, werden ihr die wesentlichen Gründe mitgeteilt, soweit ihrem Anliegen nicht entsprochen wurde.

§ 34 Rechtsbehelfe (zu § 64 BNatSchG)

Anerkannte Naturschutzvereinigungen können auch gegen Befreiungen von Verboten und Geboten zum Schutz von Flächennaturdenkmalen unter den in § 64 BNatSchG genannten Voraussetzungen Rechtsbehelfe einlegen.

§ 35 Unterstützung und Beauftragung von Naturschutzvereinigungen und Landschaftspflegeverbänden

(1) [1]Der Freistaat Sachsen kann anerkannten Naturschutzvereinigungen nach Maßgabe der zur Verfügung stehenden Haushaltmittel Zuschüsse oder Aufwendungsersatz für Leistungen gewähren, die im öffentlichen Interesse des Naturschutzes und der Landschaftspflege liegen. [2]Dies gilt insbesondere für

1. den Erwerb von Grundstücken,
2. die Vorarbeiten zur Ausweisung neuer Schutzgebiete, sofern ein Auftrag der zuständigen Naturschutzbehörde vorliegt,
3. Untersuchungen und Veröffentlichungen von wissenschaftlichem Interesse oder zur Aufklärung der Allgemeinheit über die Belange von Naturschutz und Landschaftspflege,
4. die Betreuung von geschützten Gebieten oder Gegenständen.

(2) [1]Im Einverständnis mit den Naturschutzvereinigungen kann diesen auch ohne Kostenerstattung die Durchführung von Pflege- und Entwicklungsmaßnahmen von der zuständigen Naturschutzbehörde widerruflich übertragen werden. [2]Dabei sind die Befugnisse der Behörde, der Naturschutzbeauftragten und der Naturschutzwarte gegen die der Vereinigung abzugrenzen. [3]Hoheitliche Befugnisse können nicht übertragen werden. [4]Entsprechendes gilt für die Durchführung bestimmter Aufgaben des Artenschutzes, wenn ein für dieses Fachgebiet ausreichend vorgebildetes Mitglied der Naturschutzvereinigung betraut wird.

(3) Die ein Schutzgebiet oder einen Schutzgegenstand betreuende Naturschutzvereinigung ist unbeschadet des § 36 Abs. 1 Satz 2 vor einer Änderung oder Aufhebung der Schutzverordnung sowie vor Erteilung von Ausnahmen oder Erlaubnissen anzuhören.

(4) Die Absätze 1 und 2 können, insbesondere nach Maßgabe von Förderrichtlinien, auch auf andere geeignete juristische Personen angewendet werden, soweit sie im Einzelfall Gewähr für eine ordnungsgemäße Aufgabenerfüllung bieten.

(5) [1]Für die qualifizierte Wahrnehmung der Mitwirkungsrechte nach § 63 des Bundesnaturschutzgesetzes und § 33 insbesondere durch Erstellung von Stellungnahmen erhalten die anerkannten Naturschutzvereinigungen zur Vorhaltung entsprechender personeller Ressourcen nach Maßgabe der zur Verfügung stehenden Haushaltsmittel eine finanzielle Unterstützung. [2]Die zur Verfügung stehenden Haushaltsmittel werden jährlich zu gleichen Teilen auf die anerkannten Naturschutzvereinigungen aufgeteilt.

(6) Der Freistaat Sachsen gewährt dem Landesverband der Landschaftspflegeverbände Sachsens nach Maßgabe der zur Verfügung stehenden Haushaltsmittel auf Grundlage einer Kooperationsvereinbarung eine pauschalierte finanzielle Unterstützung für das Vorhalten flächendeckender Strukturen zur Erfüllung insbesondere folgender Aufgaben:
1. Initiierung von Maßnahmen zur Umsetzung regionaler und landesweiter Artenschutzkonzepte,
2. Initiierung von Maßnahmen zur kreisüberschreitenden Umsetzung des landesweiten Biotopverbundes,
3. Initiierung von Maßnahmen zur Sicherung der Kohärenz des europäischen Schutzgebietssystems Natura 2000, einschließlich der Erarbeitung kreislicher und regionaler Umsetzungskonzepte.

§ 36 Landesarbeitsgemeinschaft Naturschutz
(1) Die anerkannten Naturschutzvereinigungen können in einer Landesarbeitsgemeinschaft Naturschutz zusammenwirken.

(2) Die anerkannten Naturschutzvereinigungen sind von den Naturschutzbehörden aufzufordern, Vorschläge für die Berufung von Mitgliedern für die Naturschutzbeiräte nach § 42 und für die Betreuung geschützter Gebiete zu unterbreiten.

(3) Der Freistaat Sachsen beteiligt sich nach Maßgabe der zur Verfügung stehenden Haushaltsmittel an den Kosten, die für die Unterhaltung und den Betrieb des Virtuellen Büros der anerkannten Naturschutzvereinigungen anfallen.

Teil 9
Eigentumsbindung, Befreiungen

§ 37 Auskunftspflicht und Betretungsbefugnis (zu § 65 Abs. 3 BNatSchG)
(1) [1]Die Naturschutzbehörden und der Polizeivollzugsdienst können zur Vorbereitung und Durchführung von Maßnahmen nach diesem Gesetz von natürlichen und juristischen Personen, auch des öffentlichen Rechts, die erforderlichen Auskünfte verlangen. [2]Die zur Auskunft verpflichtete Person kann die Auskunft auf solche Fragen verweigern, deren Beantwortung sie oder einen ihrer in § 383 Abs. 1 Nr. 1 bis 3 der Zivilprozessordnung in der Fassung der Bekanntmachung vom 5. Dezember 2005 (BGBl. I S. 3203, 2006 I S. 431, 2007 I S. 1781), die zuletzt durch Artikel 4 des Gesetzes vom

11. März 2013 (BGBl. I S. 434, 438) geändert worden ist, in der jeweils geltenden Fassung, bezeichneten Angehörigen der Gefahr strafrechtlicher Verfolgung oder eines Verfahrens nach dem Gesetz über Ordnungswidrigkeiten in der Fassung der Bekanntmachung vom 19. Februar 1987 (BGBl. I S. 602), zuletzt geändert durch Artikel 2 des Gesetzes vom 29. Juli 2009 (BGBl. I S. 2353, 2354), in der jeweils geltenden Fassung, aussetzen würde.

(2) ¹Bedienstete und Beauftragte der Naturschutzbehörden, der Fachbehörden, der Gemeinden sowie des Polizeivollzugsdienstes sind befugt, zur Vorbereitung und Durchführung von Maßnahmen des Naturschutzes und der Landschaftspflege während der Tageszeit Grundstücke zu betreten oder auf geeigneten Wegen zu befahren. ²Ihnen ist es im Rahmen von Satz 1 auch gestattet, dort Erhebungen, naturschutzfachliche Beobachtungen, Vermessungen und Bodenuntersuchungen sowie ähnliche Dienstgeschäfte vorzunehmen. ³Als Tageszeit gilt die Zeit von 6.00 Uhr bis 22.00 Uhr. ⁴Grundstücke in der freien Landschaft oder im Wald können für naturschutzfachliche Beobachtungen von dem in Satz 1 genannten Personenkreis auch während der Nachtzeit betreten werden, wobei Störungen der Jagdausübung zu vermeiden sind. ⁵Das Grundrecht auf Unverletzlichkeit der Wohnung (Artikel 13 des Grundgesetzes und Artikel 30 der Verfassung des Freistaates Sachsen) wird durch die Sätze 1 bis 3 insoweit eingeschränkt. ⁶Die Eigentümer oder die sonst Berechtigten sind rechtzeitig vor der Durchführung von Vermessungen, Bodenuntersuchungen sowie ähnlichen Dienstgeschäften in geeigneter Weise zu benachrichtigen; die Benachrichtigung kann auch durch öffentliche Bekanntmachung erfolgen, wenn die Maßnahme wegen ihrer Besonderheit auf eine Vielzahl von Grundstücken erstreckt werden muss. ⁷Bei Gefahr im Verzug kann die Benachrichtigung unterbleiben. ⁸Nach Abschluss des Dienstgeschäftes ist, soweit möglich, der ursprüngliche Zustand wiederherzustellen.

(3) Der einem Bediensteten oder Beauftragten ausgestellte Dienstausweis oder sonstige Nachweis der Beauftragung ist auf Verlangen vorzuzeigen.

(4) Entstehen dem Eigentümer oder dem sonst Nutzungsberechtigten durch eine nach Absatz 2 zulässige Maßnahme unmittelbare Vermögensnachteile, ist dafür nach Maßgabe von § 68 Abs. 1 BNatSchG und § 40 Abs. 1 eine angemessene Entschädigung in Geld zu leisten.

§ 38 Vorkaufsrecht (zu § 66 BNatSchG)
§ 66 BNatSchG findet keine Anwendung.

§ 39 Befreiungen (zu § 67 BNatSchG)
¹Die Befreiung wird durch eine nach anderen Vorschriften gleichzeitig erforderliche Gestattung ersetzt, soweit nicht Bundesrecht entgegensteht. ²Die Gestattung darf nur erteilt werden, wenn die Voraussetzungen des § 67 Abs. 1 BNatSchG vorliegen und die sonst zuständige Naturschutzbehörde oder Gemeinde ihr Einvernehmen erklärt hat. ³§ 21 Abs. 6 Satz 4 und 5 findet entsprechende Anwendung. ⁴Entscheidungen in mit dem Hochwasserschutz zusammenhängenden wasserrechtlichen Verfahren ergehen im Einvernehmen mit der Naturschutzbehörde der gleichen Verwaltungsebene.

§ 40 Entschädigung und Härtefallausgleich (zu § 68 BNatSchG)
(1) Eine Entschädigung ist nach Maßgabe von § 68 Abs. 1 BNatSchG insbesondere zu gewähren, wenn und soweit aufgrund der Ge- und Verbotsbestimmungen durch Unterschutzstellung (§§ 23 bis 29 BNatSchG, §§ 13 bis 19, 22) oder zum Schutz bestimmter Biotope (§ 30 BNatSchG, § 21)
1. bisher rechtmäßige Grundstücksnutzungen aufgegeben oder erheblich eingeschränkt werden müssen,
2. Aufwendungen an Wert verlieren, die für beabsichtigte, bisher rechtmäßige Grundstücksnutzungen in schutzwürdigem Vertrauen darauf gemacht wurden, dass sie rechtmäßig bleiben,
3. die Lasten und Bewirtschaftungskosten von Grundstücken auch in überschaubarer Zukunft nicht durch deren Erträge und sonstige Vorteile ausgeglichen werden können und hierdurch die Betriebe oder die sonstigen wirtschaftlichen Einheiten, zu denen die Grundstücke gehören, unvermeidlich und erheblich beeinträchtigt werden.

(2) ¹Zur Entschädigung ist der Freistaat Sachsen verpflichtet. ²Hat eine Satzung Auswirkungen im Sinne von § 68 Abs. 1 BNatSchG oder Absatz 1, ist die Gemeinde zur Entschädigung verpflichtet.

(3) ¹Soweit der Freistaat Sachsen zur Entschädigung verpflichtet ist, ist für die Leistung und Festsetzung der Entschädigung die obere Naturschutzbehörde zuständig. ²Über den Entschädigungsanspruch entscheidet die zuständige Behörde dem Grunde nach, wenn die Beschränkung der Eigentümerbefugnisse auf einem Verwaltungsakt beruht. ³Die Entscheidung ergeht zusammen mit der Entscheidung

über die nutzungsbeschränkende Maßnahme. [4]Eine nutzungsbeschränkende Maßnahme ist auch die Ablehnung eines Antrages auf Ausnahme oder Befreiung von Anforderungen dieses Gesetzes, des Bundesnaturschutzgesetzes oder aufgrund dieser Gesetze erlassener Vorschriften. [5]Im Fall des Satzes 2 ergeht die Entscheidung zur Frage der Gewährung von Entschädigung im Einvernehmen mit der oberen Naturschutzbehörde, soweit sich aus anderen Rechtsvorschriften nichts Abweichendes ergibt.

(4) [1]Über § 68 Abs. 2 BNatSchG hinaus kann die Entschädigung auch in der Bereitstellung von Ersatzflächen bestehen; in den Fällen des Absatzes 1 Nr. 3 soll die Entschädigung als Darlehen gewährt werden, soweit damit zu rechnen ist, dass die Fehlbeträge durch spätere Überschüsse ausgeglichen werden. [2]Ist einem Eigentümer mit Rücksicht auf die entstandenen Nutzungseinschränkungen nicht mehr zuzumuten ein Grundstück zu behalten, kann er die teilweise oder vollständige Übernahme des Grundstückes verlangen. [3]Der Freistaat Sachsen, im Falle des Absatzes 2 Satz 2 die Gemeinde, kann die Übernahme des Grundstückes einer anderen Körperschaft des öffentlichen Rechts überlassen.

(5) [1]Wird durch dieses Gesetz oder durch Maßnahmen aufgrund des Bundesnaturschutzgesetzes, dieses Gesetzes oder von Vorschriften, die aufgrund dieses Gesetzes erlassen worden sind, die land-, forst- oder fischereiwirtschaftliche Nutzung eines Grundstückes für den Eigentümer oder den Nutzungsberechtigten wesentlich erschwert und führt dies zu einer besonderen Härte, ohne dass das Ausmaß des § 68 Abs. 1 BNatSchG erreicht wird, so kann dem Betroffenen nach Maßgabe der zur Verfügung stehenden Haushaltsmittel ein angemessener Ausgleich in Geld gewährt werden (Härtefallausgleich). [2]Absatz 2 gilt entsprechend. [3]Abweichend von § 68 Abs. 4 BNatSchG kann der Ausgleich auch in wiederkehrenden Leistungen oder in der Bereitstellung von Ersatzflächen bestehen. [4]Das Nähere, insbesondere die Grundsätze des Härtefallausgleiches, die zuständige Behörde und das Verfahren, wird durch Rechtsverordnung des Staatsministeriums für Umwelt und Landwirtschaft im Einvernehmen mit dem Staatsministerium der Finanzen geregelt.

(6) [1]Werden durch wild lebende Tiere der in Anhang IV Buchst. a der Richtlinie 92/43/EWG aufgeführten Arten Wolf (Canis lupus), Bär (Ursus arctos) oder Luchs (Lynx Lynx) Sachschäden verursacht, so kann dem Betroffenen abweichend von § 68 Abs. 4 BNatSchG und nach Maßgabe der zur Verfügung stehenden Haushaltsmittel ein Schadensausgleich gezahlt werden. [2]Die Zahlung erfolgt nur, wenn der Betroffene alle zumutbaren Vorkehrungen gegen Schadenseintritt getroffen hat. [3]Der Ausgleich wird durch die obere Naturschutzbehörde auf Antrag gewährt.

§ 41 Enteignung (zu § 68 Abs. 3 BNatSchG)

(1) Die Enteignung von Grundstücken und grundstücksgleichen Rechten, die

1. in nicht nur einstweilig sichergestellten Naturschutzgebieten, Nationalparken oder Biosphärenreservaten liegen oder auf denen sich Naturdenkmale befinden,
2. zur Durchführung von Maßnahmen des Naturschutzes und der Landschaftspflege, die zur Einhaltung von europäischen oder bundesrechtlichen Bestimmungen zwingend erforderlich sind, benötigt werden,
3. an oberirdische Gewässer angrenzen und im Schutzstreifen (§ 61 BNatSchG) liegen,

ist zulässig, wenn und soweit dies aus Gründen des Naturschutzes, der Landschaftspflege oder der Erholungsvorsorge erforderlich und der Zweck auf andere zumutbare Weise nicht erreichbar ist, insbesondere ein freihändiger Erwerb zu angemessenen Bedingungen gescheitert ist.

(2) [1]Enteignungsbegünstigte können der Freistaat Sachsen, Landkreise, Gemeinden oder die nach § 32 Abs. 1 anerkannten Naturschutzvereinigungen sein. [2]Zuständigkeiten und Verfahren richten sich nach dem Sächsischen Enteignungs- und Entschädigungsgesetz (SächsEntEG) vom 18. Juli 2001 (SächsGVBl. S. 453), geändert durch Artikel 19 des Gesetzes vom 27. Januar 2012 (SächsGVBl. S. 130, 141), in der jeweils geltenden Fassung.

(3) [1]Der Betroffene hat Anspruch auf eine angemessene Entschädigung in Geld. [2]Für die Bemessung der Entschädigung gilt § 4 Abs. 1 SächsEntEG.

Teil 10
Naturschutzbeirat, Naturschutzdienst, Aus- und Fortbildung

§ 42 Naturschutzbeiräte

(1) [1]Zur wissenschaftlichen und fachlichen Beratung wird bei der obersten Naturschutzbehörde ein Beirat aus ehrenamtlich tätigen sachverständigen Personen gebildet, die unabhängig und keinen Wei-

sungen unterworfen sind. ²Bei der oberen und den unteren Naturschutzbehörden können Beiräte gebildet werden. ³Der Leiter der Naturschutzbehörde oder der von ihm bestimmte Vertreter führt den Vorsitz im Beirat. ⁴Die Geschäftsführung obliegt der Naturschutzbehörde, die den Beirat beruft und auch die Kosten zu tragen hat.

(2) Die Naturschutzbehörde hat den Beirat über alle grundsätzlichen und wesentlichen Planungen und Maßnahmen, die Belange von Naturschutz und Landschaftspflege berühren, zu unterrichten.

(3) Das Nähere, insbesondere die Zahl der Mitglieder, ihre Berufung und Abberufung, die Zusammensetzung der Beiräte sowie den Ersatz von Aufwendungen der Mitglieder regelt das Staatsministerium für Umwelt und Landwirtschaft durch Rechtsverordnung.

§ 43 Naturschutzdienst

(1) ¹Die unteren Naturschutzbehörden sollen geeignete Personen als ehrenamtliche Kreisnaturschutzbeauftragte und Naturschutzhelfer auf die Dauer von fünf Jahren bestellen. ²Die obere Naturschutzbehörde kann Landesnaturschutzbeauftragte bestellen. ³Eine Wiederbestellung ist möglich. ⁴Die Beiratsmitglieder, die Fachbehörden und die anerkannten Naturschutzvereinigungen haben ein Vorschlagsrecht; sie sind vor jeder Abberufung von Personen, die sie vorgeschlagen haben, zu hören.

(2) ¹Die Naturschutzhelfer stehen unter der Aufsicht der Naturschutzbehörde, die sie bestellt hat. ²Sie werden von Kreisnaturschutzbeauftragten fachlich betreut und angeleitet. ³Absatz 8 bleibt unberührt.

(3) ¹Die Naturschutzbeauftragten und die Naturschutzhelfer haben die Aufgabe,
1. geschützte Teile von Natur und Landschaft zu überwachen sowie festgesetzte Pflege- und Entwicklungsmaßnahmen durchzuführen oder zu überwachen,
2. Natur und Landschaft zu beobachten und Schäden und Gefährdungen abzuwenden oder, wo dies nicht möglich oder zulässig ist, die zuständige Naturschutzbehörde zu informieren,
3. Beiträge zur Dokumentation innerhalb ihres Zuständigkeitsbereiches zu liefern.
²Naturschutzhelfer und Naturschutzbeauftragte tragen Dienstabzeichen.

(4) ¹Für ihre Tätigkeit erhalten die Naturschutzbeauftragten eine pauschale Aufwandsentschädigung und Ersatz der entstandenen Reisekosten. ²Den Naturschutzhelfern werden Reisekosten ersetzt, wenn ein Einzelauftrag der Naturschutzbehörde vorliegt. ³Ihnen können ferner auf Antrag die im Rahmen ihrer Tätigkeit entstandenen Kosten erstattet werden.

(5) ¹Für besondere Aufgaben oder bestimmte Gebiete können geeignete Personen als hauptamtliche Naturschutzwarte bestellt werden. ²Sie haben innerhalb ihres Wirkungsbereiches die Aufgabe,
1. Besucher der freien Landschaft über die Vorschriften zum Schutz von Natur und Landschaft zu informieren,
2. die Einhaltung und Durchsetzung der in Nummer 1 genannten Vorschriften zu überwachen,
3. Zuwiderhandlungen gegen mit Strafe oder Geldbuße bedrohte Rechtsvorschriften zu unterbinden und bei der Verfolgung von Verstößen mitzuwirken.

(6) ¹Zur Erfüllung der in den Absätzen 3 und 5 bezeichneten Aufgaben haben die Naturschutzbeauftragten und die Naturschutzwarte die Befugnis,
1. Naturschutzgebiete und sonstige geschützte Flächen und Objekte auch außerhalb von Wegen zu betreten,
2. eine Person zur Feststellung ihrer Personalien anzuhalten, wenn sie bei Rechtsverstößen angetroffen wird oder solcher Verstöße verdächtig ist,
3. eine angehaltene Person zu einer Polizeidienststelle zu bringen, wenn die Feststellung der Personalien an Ort und Stelle nicht vorgenommen werden kann oder wenn der Verdacht besteht, dass ihre Angaben unrichtig sind,
4. eine Person vorübergehend von einem Ort zu verweisen oder ihr vorübergehend das Betreten eines Ortes zu verbieten,
5. besonders geschützte Tiere oder Pflanzen oder Teile davon, die unbefugt entnommen wurden, sicherzustellen.
²Satz 1 Nr. 1, 2, 4 und 5 gilt auch für die nach Absatz 1 bestellten Naturschutzhelfer in dem ihnen übertragenen Aufgabenkreis. ³Die Naturschutzbeauftragten, die Naturschutzwarte und die Naturschutzhelfer können von dieser Befugnis nur Gebrauch machen, wenn sie einen Nachweis über ihre Bestellung mit sich führen. ⁴Sie sind verpflichtet, diesen vorzuzeigen.

(7) [1]Die Naturschutzwarte werden durch die obere Naturschutzbehörde bestellt. [2]Sie dürfen Amtshandlungen nur in dem zugewiesenen sachlichen oder örtlichen Zuständigkeitsbereich vornehmen. [3]Bei der Ausübung ihrer Tätigkeit müssen sie ein Dienstabzeichen tragen und einen Dienstausweis mit sich führen, der bei Vornahme einer Amtshandlung auf Verlangen vorzuzeigen ist.

(8) [1]Den Naturschutzwarten können zur Erfüllung ihrer Aufgaben nach Absatz 5 ehrenamtliche Helfer beigeordnet werden. [2]Diesen stehen die Befugnisse nach Absatz 6 Satz 1 Nr. 1, 2, 4 und 5 zu. [3]Die Verantwortung trägt der Naturschutzwart. [4]Absatz 7 Satz 2 gilt entsprechend.

(9) Das Staatsministerium für Umwelt und Landwirtschaft regelt durch Rechtsverordnung die nähere Ausgestaltung der Dienst- und Fachaufsicht über die Naturschutzwarte sowie der Dienst- und Rechtsverhältnisse der im Naturschutzdienst tätigen Personen und die Gestaltung von Dienstabzeichen und Dienstausweisen.

§ 44 Aus- und Fortbildungseinrichtung für Naturschutz und Landschaftspflege

(1) Der Freistaat Sachsen kann eine Aus- und Fortbildungseinrichtung für Naturschutz und Landschaftspflege errichten und fördern.

(2) Aufgabe der Einrichtung ist es insbesondere,
1. in Lehrgängen und Fortbildungskursen der Öffentlichkeit und speziellen Fachkreisen die neuesten wissenschaftlichen Erkenntnisse des Fachgebietes sowie den aktuellen Stand des Umweltrechts und der Verwaltungspraxis zu vermitteln,
2. die Öffentlichkeit in geeigneter Weise über Probleme von Naturschutz und Landschaftspflege zu unterrichten, das Verständnis für die Verantwortung des Menschen im Sinne von § 2 Abs. 1 BNatSchG zu fördern sowie die Aufklärungsarbeit anderer Stellen anzuregen und zu unterstützen.

(3) Die Einrichtung arbeitet mit wissenschaftlichen Instituten, insbesondere Hochschulen, mit dem Landesamt für Umwelt, Landwirtschaft und Geologie sowie mit örtlichen Naturschutzstationen in der Trägerschaft von Landkreisen, kommunalen Zweckverbänden, Landschaftspflegeverbänden oder Naturschutzvereinigungen eng zusammen.

§ 45 Naturschutzfonds

(1) [1]Der durch § 3 Abs. 2 des Gesetzes über die Errichtung der Sächsischen Landesstiftung Natur und Umwelt vom 16. Oktober 1992 (SächsGVBl. S. 465), das zuletzt durch Artikel 9 des Gesetzes vom 12. Dezember 2012 (SächsGVBl. S. 725, 732) geändert worden ist, in der jeweils geltenden Fassung, errichtete Naturschutzfonds fördert die Bestrebungen und Maßnahmen zum Schutz, zur Erhaltung und zur Pflege von Natur und Landschaft als den natürlichen Grundlagen allen Lebens sowie das allgemeine Verständnis für die Belange des Naturschutzes in Wissenschaft, Bildung und Öffentlichkeit. [2]Hierunter fallen insbesondere folgende Aufgaben:
1. die Forschung anzuregen und modellhafte Untersuchungen auf speziellen Gebieten des Naturschutzes und der Landschaftspflege zu fördern,
2. Maßnahmen zur Aufklärung, Aus- und Fortbildung zu unterstützen und zu fördern,
3. die Pacht, den Erwerb und die sonstige zivilrechtliche Sicherstellung von Grundstücken für Zwecke des Naturschutzes und der Landschaftspflege entweder selbst zu betreiben oder durch Gebietskörperschaften oder anerkannte Naturschutzvereinigungen zu fördern,
4. Pflege- und Entwicklungsmaßnahmen in Schutzgebieten oder anderen, nicht förmlich unter Schutz gestellten Gebieten anzuregen und zu fördern,
5. wissenschaftliche und sonstige allgemein interessierende Untersuchungen und Veröffentlichungen zu fördern.

(2) In den Naturschutzfonds fließen insbesondere Zuwendungen Dritter, Erträgnisse von Sammlungen und Veranstaltungen, das Aufkommen der Ersatzzahlungen (§ 15 Abs. 6 BNatSchG) und andere zweckgebundene Zuwendungen.

§ 46[1)] Naturschutzbehörden

(1) Naturschutzbehörden sind

1. das Staatsministerium für Umwelt und Landwirtschaft als oberste Naturschutzbehörde,
2. die Landesdirektion Sachsen als obere Naturschutzbehörde,
3. die Landratsämter und die Kreisfreien Städte als untere Naturschutzbehörden.

(2) [1]Naturschutzfachbehörden sind

1. das Landesamt für Umwelt, Landwirtschaft und Geologie,
2. der Staatsbetrieb Sachsenforst als Amt für Großschutzgebiete in den Nationalparken, der Nationalparkregion Sächsische Schweiz und den Naturschutzgebieten „Königsbrücker Heide" und „Gohrischheide und Elbniederterrasse Zeithain" sowie in den Biosphärenreservaten,
3. der Staatsbetrieb Staatliche Betriebsgesellschaft für Umwelt und Landwirtschaft.

[2]Die Aufgaben der Naturschutzfachbehörden bestimmt die oberste Naturschutzbehörde durch Rechtsverordnung.

§ 47 Allgemeine Zuständigkeit

(1) Soweit nichts anderes bestimmt ist, ist die untere Naturschutzbehörde zuständig.

(2) Die obere Naturschutzbehörde kann sich für zuständig erklären, wenn

1. eine untere Naturschutzbehörde einer gegebenen Weisung zuwiderhandelt oder sie nicht fristgemäß befolgt,
2. Gefahr im Verzug ist und die untere Naturschutzbehörde nicht rechtzeitig einzugreifen vermag.

(3) [1]Fällt eine Angelegenheit in die örtliche Zuständigkeit mehrerer Naturschutzbehörden, ist die Behörde zuständig, in deren Zuständigkeitsbereich der Schwerpunkt der Angelegenheit fällt. [2]In Zweifelsfällen entscheidet die gemeinsame übergeordnete Naturschutzbehörde, die sich auch selbst für zuständig erklären kann.

(4) [1]Die den Landkreisen und Kreisfreien Städten übertragenen Aufgaben sind Weisungsaufgaben. [2]Das Weisungsrecht ist unbeschränkt.

§ 48[2)] Zuständigkeit bei Unterschutzstellungen

(1) [1]Zuständig für Unterschutzstellungen gemäß § 13 Abs. 1, § 18 Satz 1 und § 19 Abs. 1 Satz 1 sind

1. für Nationalparke, Nationale Naturmonumente und Biosphärenreservate die oberste Naturschutzbehörde,
2. für Naturschutzgebiete, Landschaftsschutzgebiete, Naturdenkmäler und Naturparke die unteren Naturschutzbehörden,
3. für geschützte Landschaftsbestandteile die Gemeinden.

[2]Wenn die Unterschutzstellung als Naturschutzgebiet auch dem Schutz von Natura-2000-Gebieten dient, bedürfen die Ausweisung und die Änderung der Naturschutzgebietsverordnung des Einvernehmens der oberen Naturschutzbehörde.

(2) [1]Absatz 1 gilt entsprechend für die Erteilung von Befreiungen nach § 67 BNatSchG sowie die Erklärung des Einvernehmens im Sinne von § 39, soweit die Rechtsverordnung oder Satzung nichts anderes vorschreibt. [2]Abweichend hiervon ist

1. die nach § 12 Abs. 1 Satz 1 oder 2 für die Erteilung des Einvernehmens zuständige Naturschutzbehörde auch für die Erteilung des Einvernehmens nach § 39 zuständig, soweit ein Eingriff nach § 14 BNatSchG und § 9 die Beseitigung, Zerstörung, Beschädigung oder Veränderung eines geschützten Landschaftsbestandteiles im Sinne von § 29 Abs. 2 BNatSchG umfasst,
2. die obere Naturschutzbehörde zuständig für Entscheidungen nach diesem Gesetz, dem Bundesnaturschutzgesetz sowie aufgrund dieser Gesetze erlassenen Rechtsvorschriften im Geltungsbereich der Rechtsverordnungen über Nationalparke, die Nationalparkregion Sächsische Schweiz und über Biosphärenreservate.

(3) [1]Das Staatsministerium für Umwelt und Landwirtschaft kann abweichend von Absatz 1 durch Rechtsverordnung andere Zuständigkeiten bestimmen, wenn dies im Interesse einer zügigen Durch-

---

1) § 46 Abs. 2 Satz 2 tritt mWv 6.7.2013 in Kraft; vgl. Fußnote am Titel.
2) § 48 Abs. 3 Satz 1 tritt mWv 6.7.2013 in Kraft; vgl. Fußnote am Titel.

führung der Verfahren erforderlich ist. [2]Bei Unterschutzstellungen nach Absatz 1 Satz 1 Nr. 2, die in die örtliche Zuständigkeit mehrerer unterer Naturschutzbehörden fallen, kann die obere Naturschutzbehörde eine dieser unteren Naturschutzbehörden für zuständig erklären.

(4) Ist für den Erlass einer Rechtsverordnung die untere Naturschutzbehörde zuständig, finden § 49 Abs. 3 Satz 1 Halbsatz 2 der Landkreisordnung für den Freistaat Sachsen (SächsLKrO) vom 19. Juli 1993 (SächsGVBl. S. 577), die zuletzt durch Artikel 2 des Gesetzes vom 28. März 2013 (SächsGVBl. S. 158, 159) geändert worden ist, in der jeweils geltenden Fassung, und § 53 Abs. 3 Satz 1 Halbsatz 2 der Gemeindeordnung für den Freistaat Sachsen (SächsGemO) in der Fassung der Bekanntmachung vom 18. März 2003 (SächsGVBl. S. 55, 159), die zuletzt durch Artikel 1 des Gesetzes vom 28. März 2013 (SächsGVBl. S. 158) geändert worden ist, in der jeweils geltenden Fassung, keine Anwendung.

Teil 12
Ahndung von Ordnungswidrigkeiten

§ 49 Bußgeldvorschriften (zu § 69 BNatSchG)
(1) Ordnungswidrig handelt, wer vorsätzlich oder fahrlässig
1. einer zum Schutz von Nationalparken, Nationalen Naturmonumenten, Naturschutzgebieten, Biosphärenreservaten, Landschaftsschutzgebieten, Naturparken, Naturdenkmalen, geschützten Landschaftsbestandteilen sowie aufgrund von § 25 Abs. 5 des Sächsischen Gesetzes über Naturschutz und Landschaftspflege (Sächsisches Naturschutzgesetz – SächsNatSchG) in der Fassung der Bekanntmachung vom 3. Juli 2007 (SächsGVBl. S. 321), das zuletzt durch Artikel 57 des Gesetzes vom 27. Januar 2012 (SächsGVBl. S. 130, 148) geändert worden ist, in der am 21. Juli 2013 geltenden Fassung oder aufgrund von § 24 Abs. 2 erlassenen Rechtsverordnung, Satzung oder Einzelanordnung zuwiderhandelt, soweit sie für bestimmte Tatbestände auf diese Bußgeldvorschrift oder § 61 Abs. 1 Nr. 1 SächsNatSchG in der am 21. Juli 2013 geltenden Fassung verweist,
2. einer sonstigen aufgrund dieses Gesetzes erlassenen Rechtsverordnung oder einer Rechtsverordnung oder Einzelanordnung zur einstweiligen Sicherstellung eines Schutzgebietes zuwiderhandelt, soweit sie für bestimmte Tatbestände auf diese Bußgeldvorschrift oder § 61 Abs. 1 Nr. 2 SächsNatSchG in der am 21. Juli 2013 geltenden Fassung verweist,
3. entgegen § 13 Abs. 3 Bezeichnungen oder Kennzeichen verwendet oder Kennzeichen beschädigt, entfernt oder zerstört,
4. einer vollziehbaren Entscheidung nach § 13 Abs. 6 Satz 1 und 2 zuwiderhandelt, soweit diese Handlung nicht bereits nach einer anderen Vorschrift dieses Gesetzes als Ordnungswidrigkeit geahndet werden kann,
5. entgegen § 28 Abs. 1 mit Kraftfahrzeugen fährt, zeltet oder Fahrzeuge aufstellt oder abstellt,
6. entgegen § 28 Abs. 2 Satz 2 gekennzeichnete Wanderwege, Sport- und Lehrpfade sowie für die Erholung der Bevölkerung ausgewiesene Spielplätze und Liegewiesen benutzt,
7. entgegen § 28 Abs. 3 Satz 2 Motorsportveranstaltungen ohne die erforderliche Gestattung durchführt,
8. Sperren der in § 29 Abs. 2 genannten Art ohne die nach § 29 Abs. 3 erforderliche Genehmigung errichtet,
9. den in § 37 Abs. 1 geregelten Auskunftspflichten zuwiderhandelt oder entgegen § 37 Abs. 2 das Betreten durch Bedienstete oder Beauftragte der Naturschutz- oder der Fachbehörden oder des Polizeivollzugsdienstes ohne rechtfertigenden Grund nicht gestattet.
(2) [1]Die Ordnungswidrigkeit nach Absatz 1 kann mit einer Geldbuße geahndet werden
1. im Falle des Absatzes 1 Nr. 1 und 4 bis zu 50 000 EUR,
2. in den übrigen Fällen bis zu 15 000 EUR.
[2]Das Höchstmaß verringert sich bei Fahrlässigkeit auf die Hälfte.
(3) Verwaltungsbehörde im Sinne von § 36 Abs. 1 Nr. 1 OWiG und § 70 Nr. 3 BNatSchG ist
1. die obere Naturschutzbehörde, wenn sie eine vollziehbare Anordnung erlassen hat oder soweit Vorschriften über Nationalparke, die Nationalparkregion Sächsische Schweiz oder über Biosphärenreservate betroffen sind,

2. die Gemeinde, wenn sie nach § 29 BNatSchG in Verbindung mit § 19 oder nach § 22 Sächs-NatSchG in der am 22. Juli 2013 geltenden Fassung eine Satzung erlassen hat und diese für bestimmte Tatbestände auf § 61 Abs. 1 Nr. 1 SächsNatSchG in der am 22. Juli 2013 geltenden Fassung oder auf § 50 Abs. 1 Nr. 1 verweist,

3. im Übrigen die untere Naturschutzbehörde.

§ 50 Einziehung (zu § 72 BNatSchG)

[1]Ist eine Ordnungswidrigkeit nach diesem Gesetz begangen worden, so können Gegenstände, auf die sich die Ordnungswidrigkeit bezieht, und Gegenstände, die zu ihrer Begehung oder Vorbereitung gebraucht oder bestimmt gewesen sind, eingezogen werden. [2]§ 23 OWiG ist anzuwenden.

Teil 13
Übergangs- und Schlussbestimmungen

§ 51 Überleitungen bestehender Schutzvorschriften

(1) Die nach Artikel 6 § 8 des Umweltrahmengesetzes vom 29. Juni 1990 (GBl. DDR I S. 649) übergeleiteten, die nach Artikel 6 § 6 des Umweltrahmengesetzes in Verbindung mit den §§ 12 bis 18 des Gesetzes über Naturschutz und Landschaftspflege (Bundesnaturschutzgesetz – BNatSchG) vom 20. Dezember 1976 (BGBl. I S. 3574), zuletzt geändert durch Artikel 205 des Gesetzes vom 29. Oktober 2001 (BGBl. 2001 S. 2785, 2828, BGBl. I 2002 S. 2972), in der am 3. April 2002 geltenden Fassung, sowie die aufgrund von §§ 4 und 6 des Ersten Gesetzes zur Durchführung des Bundesnaturschutzgesetzes vom 11. Juli 1991 (SächsGVBl. S. 241) erlassenen Schutzvorschriften bleiben vorbehaltlich der nachfolgenden Absätze bis zu einer Neuregelung in Kraft.

(2) [1]Anstelle der Ordnungsstrafen nach § 35 der Ersten Durchführungsverordnung zum Landeskulturgesetz – Schutz und Pflege der Pflanzen- und Tierwelt und der landschaftlichen Schönheiten (Naturschutzverordnung – NaturschutzVO) vom 18. Mai 1989 (GBl. DDR I S. 159) können bei Zuwiderhandlungen gegen die übergeleiteten Schutzvorschriften Geldbußen nach Maßgabe von § 49 Abs. 1 Nr. 1 und 2, Abs. 2 verhängt werden. [2]§ 72 BNatSchG und § 49 Abs. 3 gelten entsprechend.

(3) [1]Für die übergeleiteten Schutzvorschriften tritt die Befreiung nach § 67 BNatSchG an die Stelle von Regelungen über die Erteilung von Genehmigungen, Erlaubnissen oder Zustimmungen. [2]Die Voraussetzungen für eine Befreiung im Sinne von § 67 BNatSchG gelten als erfüllt, wenn die beantragte Handlung die Zielsetzung der übergeleiteten Schutzvorschriften oder, wenn eine konkrete Zielsetzung nicht abzuleiten ist, die allgemeinen Zielsetzungen der jeweiligen Schutzkategorie gemäß den Vorschriften des Vierten Abschnitts nicht gefährdet.

(4) Soweit Rechtsvorschriften im Sinne von Absatz 1 und 2 Pflege- und Entwicklungsmaßnahmen vorsehen oder Duldungspflichten vorschreiben, sind die nach diesem Gesetz zuständigen Stellen oder Personen zur Durchführung oder Duldung verpflichtet.

(5) [1]Gebiete innerhalb des räumlichen Geltungsbereiches eines Bebauungsplanes und innerhalb der im Zusammenhang bebauten Ortsteile (§§ 30 und 34 BauGB) sind nicht mehr Bestandteil bestehender Landschaftsschutzgebiete. [2]Die Befugnis der Naturschutzbehörde, unter den Voraussetzungen des § 26 BNatSchG ein Landschaftsschutzgebiet neu abzugrenzen, bleibt unberührt.

(6) Werden anlässlich eines Verfahrens zur Anpassung übergeleiteter Schutzvorschriften an das geltende Recht der räumliche oder sachliche Geltungsbereich nur unwesentlich geändert, kann entsprechend § 20 Abs. 3 Satz 3 verfahren werden.

§ 52 Übergangsvorschriften, sonstige Vorschriften

(1) Ein Verein, der nach § 29 BNatSchG in der am 3. April 2002 geltenden Fassung in Verbindung mit § 56 SächsNatSchG in der am 23. April 2007 geltenden Fassung anerkannt war, gilt als anerkannte Naturschutzvereinigung im Sinne von § 32.

(2) Für die Verwaltung der Naturparke nach § 17 in Verbindung mit § 3 der Naturparkverordnung Erzgebirge/Vogtland vom 9. Mai 1996 (SächsGVBl. S. 202, 380), die zuletzt durch die Verordnung vom 30. April 2008 (SächsGVBl. S. 308) geändert worden ist, in Verbindung mit § 5 der Naturparkverordnung Dübener Heide vom 1. Dezember 2000 (SächsGVBl. S. 542), die zuletzt durch Artikel 12 der Verordnung vom 15. August 2006 (SächsGVBl. S. 439) geändert worden ist, und in Verbindung mit § 5 der Naturparkverordnung Zittauer Gebirge vom 4. Dezember 2007 (SächsGVBl. S. 621), die zuletzt durch die Verordnung vom 20. März 2008 (SächsGVBl. S. 291) geändert worden ist, werden

dem Zweckverband „Naturpark Erzgebirge/Vogtland" jährlich 255 800 EUR, dem Landkreis Nordsachsen jährlich 105 700 EUR und dem Landkreis Görlitz jährlich 44 000 EUR gewährt.

(3) § 48 Abs. 2 findet auch in den Fällen Anwendung, in denen bis zum 1. August 2008 erlassene Verordnungen zum Schutz von Naturschutzgebieten und Landschaftsschutzgebieten abweichende Zuständigkeiten vorsehen.

Gesetz über die Umweltverträglichkeitsprüfung im Freistaat Sachsen (SächsUVPG)[1])

Vom 25. Juni 2019 (SächsGVBl. S. 525)

(REVOSax 660-7/2)

geändert durch Art. 2 G zur Änd. des Sächsischen StraßenG vom 20. August 2019 (SächsGVBl. S. 762)

Der Sächsische Landtag hat am 23. Mai 2019 das folgende Gesetz beschlossen:

§ 1 Zweck des Gesetzes, Anwendungsbereich, Verordnungsermächtigungen

(1) [1]Dieses Gesetz findet Anwendung auf die Durchführung von Umweltprüfungen im Freistaat Sachsen. [2]Umweltprüfungen umfassen die Ermittlung, Beschreibung und Bewertung der erheblichen Auswirkungen eines Vorhabens, eines Plans oder eines Programms auf die Schutzgüter. [3]Sie dienen einer wirksamen Umweltvorsorge nach Maßgabe der geltenden Gesetze und werden nach einheitlichen Grundsätzen sowie unter Beteiligung der Öffentlichkeit durchgeführt.

(2) [1]Dieses Gesetz gilt für Vorhaben, die

1. in der Anlage 1 des Gesetzes über die Umweltverträglichkeitsprüfung oder
2. in der Anlage 1 zu diesem Gesetz

aufgeführt sind.

(3) Dieses Gesetz gilt für Pläne und Programme,

1. für die nach dem Gesetz über die Umweltverträglichkeitsprüfung eine SUP-Pflicht besteht oder
2. die in der Anlage 2 zu diesem Gesetz aufgeführt sind.

(4) Die Staatsregierung wird ermächtigt, durch Rechtsverordnung

1. weitere Vorhaben, Pläne und Programme in die Anlagen 1 und 2 aufzunehmen, die auf Grund von bindenden Rechtsakten der Europäischen Union einer Umweltverträglichkeitsprüfung oder Strategischen Umweltprüfung zu unterziehen sind,
2. die Festlegungen zu den in den Anlagen 1 und 2 aufgeführten Vorhaben, Plänen und Programmen an Vorgaben des Bundes oder der Europäischen Union anzupassen sowie
3. Vorhaben, Pläne und Programme unter Beachtung von Rechtsakten der Europäischen Union aus den Anlagen 1 und 2 herauszunehmen.

§ 2 Begriffsbestimmungen

(1) Die Umweltverträglichkeitsprüfung ist unselbständiger Teil verwaltungsbehördlicher Verfahren, die Zulassungsentscheidungen dienen.

(2) Die Strategische Umweltprüfung ist unselbständiger Teil behördlicher Verfahren zur Aufstellung oder Änderung von Plänen und Programmen.

(3) [1]Pläne und Programme im Sinne dieses Gesetzes sind nur solche landesrechtlichen, bundesrechtlichen oder durch Rechtsakte der Europäischen Union vorgesehenen Pläne und Programme, die von

1. einer Behörde oder der Staatsregierung ausgearbeitet oder angenommen werden,
2. einer Behörde zur Annahme durch eine Regierung oder im Wege eines Gesetzgebungsverfahrens ausgearbeitet werden oder
3. einem Dritten zur Annahme durch eine Behörde ausgearbeitet werden.

[2]Ausgenommen sind Pläne und Programme, die ausschließlich der Bewältigung von Katastrophenfällen dienen sowie Finanz- und Haushaltspläne und -programme. [3]Dies gilt nicht für Programme im Sinne der Verordnung (EU) Nr. 1303/2013 des Europäischen Parlaments und des Rates vom 17. Dezember 2013 mit gemeinsamen Bestimmungen über den Europäischen Fonds für regionale Entwicklung, den Europäischen Sozialfonds, den Kohäsionsfonds, den Europäischen Landwirtschaftsfonds für die Entwicklung des ländlichen Raums und den Europäischen Meeres- und Fischereifonds sowie mit allgemeinen Bestimmungen über den Europäischen Fonds für regionale Entwicklung, den Europäischen Sozialfonds, den Kohäsionsfonds und den Europäischen Meeres- und Fischereifonds und zur

---

1) **Amtl. Anm.:** Dieses Gesetz dient der Umsetzung der Richtlinie 2011/92/EU des Europäischen Parlaments und des Rates vom 13. Dezember 2011 über die Umweltverträglichkeitsprüfung bei bestimmten öffentlichen und privaten Projekten (ABl. L 26 vom 28.1.2012, S. 1), die durch die Richtlinie 2014/52/EU (ABl. L 124 vom 25.4.2014, S. 1) geändert worden ist, sowie der Umsetzung der Richtlinie 2001/42/EG des Europäischen Parlaments und des Rates vom 27. Juni 2001 über die Prüfung der Umweltauswirkungen bestimmter Pläne und Programme (ABl. L 197 vom 21.7.2001, S. 30).

Aufhebung der Verordnung (EG) Nr. 1083/2006 des Rates (ABl. L 347 vom 20.12.2013, S. 320, L 200 vom 26.7.2016, S. 140), die zuletzt durch die Verordnung (EU, Euratom) 2018/1046 (ABl. L 193 vom 30.7.2018, S. 1) geändert worden ist, in der jeweils geltenden Fassung.

(4) Im Übrigen gelten die Begriffsbestimmungen des Gesetzes über die Umweltverträglichkeitsprüfung entsprechend.

§ 3 Feststellung der UVP-Pflicht und Durchführung der Umweltverträglichkeitsprüfung

(1) Für Vorhaben, die in der Anlage 1 Spalte „UVP-Festlegung" mit dem Buchstaben „X" gekennzeichnet sind, ist eine Umweltverträglichkeitsprüfung durchzuführen.

(2) [1]Für Vorhaben, die in der Anlage 1 Spalte „UVP-Festlegung" mit dem Buchstaben „A" gekennzeichnet sind, hat die zuständige Behörde eine allgemeine Vorprüfung zur Feststellung der UVP-Pflicht durchzuführen. [2]Für Vorhaben, die in der Anlage 1 Spalte „UVP-Festlegung" mit dem Buchstaben „S" gekennzeichnet sind, hat die zuständige Behörde eine standortbezogene Vorprüfung zur Feststellung der UVP-Pflicht durchzuführen.

(3) [1]Im Übrigen richten sich die Feststellung der UVP-Pflicht, die Durchführung der Umweltverträglichkeitsprüfung und das Verfahren der grenzüberschreitenden Umweltverträglichkeitsprüfung nach dem Gesetz über die Umweltverträglichkeitsprüfung. [2]§ 10 Absatz 5 des Gesetzes über die Umweltverträglichkeitsprüfung findet auf die in Anlage 1 Nummer 2 genannten Vorhaben entsprechende Anwendung.

(4) Bei Vorhaben oder Teilen von Vorhaben der Anlage 1, die ausschließlich der Bewältigung von Katastrophenfällen dienen, kann die zuständige Behörde unter Einhaltung der Voraussetzungen von § 1 Absatz 3 des Gesetzes über die Umweltverträglichkeitsprüfung im Einzelfall entscheiden, dieses Gesetz ganz oder teilweise nicht anzuwenden.

(5) Wird das Verfahren nach § 15 des Gesetzes über die Umweltverträglichkeitsprüfung gemäß § 5 Absatz 3 ganz oder teilweise von einem Sachverständigen durchgeführt, ist die Behörde, die die Zulassungsentscheidung trifft, am Verfahren zu beteiligen.

(6) Erfolgt eine grenzüberschreitende Behörden- oder Öffentlichkeitsbeteiligung nach den §§ 55 und 56 oder den §§ 58 und 59 des Gesetzes über die Umweltverträglichkeitsprüfung, setzt die zuständige Behörde das Staatsministerium für Umwelt und Landwirtschaft über die einzelnen vorgenommenen Verfahrensschritte jeweils unverzüglich in Kenntnis.

§ 4 Feststellung der SUP-Pflicht und Durchführung der Strategischen Umweltprüfung

(1) Bei Plänen und Programmen, die in der Anlage 2 Nummer 1 aufgeführt sind, ist eine Strategische Umweltprüfung durchzuführen.

(2) Bei Plänen und Programmen, die in der Anlage 2 Nummer 2 aufgeführt sind, ist eine Strategische Umweltprüfung durchzuführen, wenn sie für Entscheidungen über die Zulässigkeit von Vorhaben, für die eine UVP-Pflicht besteht, einen Rahmen setzen.

(3) Bei nicht unter die Absätze 1 und 2 fallenden Plänen und Programmen ist eine Strategische Umweltprüfung nur dann durchzuführen, wenn sie für die Entscheidung über die Zulässigkeit von in der Anlage 1 aufgeführten oder anderen Vorhaben einen Rahmen setzen und nach einer Vorprüfung im Einzelfall im Sinne von § 35 Absatz 4 des Gesetzes über die Umweltverträglichkeitsprüfung voraussichtlich erhebliche Umweltauswirkungen haben.

(4) Im Übrigen richten sich die Feststellung der Pflicht, eine Strategische Umweltprüfung durchzuführen, die Ausnahmen von der SUP-Pflicht, die Durchführung der Strategischen Umweltprüfung, die Überwachung der erheblichen Umweltauswirkungen und das Verfahren der grenzüberschreitenden Strategischen Umweltprüfung nach dem Gesetz über die Umweltverträglichkeitsprüfung.

§ 5 Zuständigkeiten

(1) [1]Zuständige Behörde für die Feststellung der UVP-Pflicht und die Durchführung der Umweltverträglichkeitsprüfung einschließlich der grenzüberschreitenden Umweltverträglichkeitsprüfung nach dem Gesetz über die Umweltverträglichkeitsprüfung ist die Behörde, die die Zulassungsentscheidung trifft. [2]Steht die zuständige Behörde für die Zulassungsentscheidung zum Zeitpunkt der Prüfung der UVP-Pflicht noch nicht fest, ist für diese Entscheidung die Behörde zuständig, die die Zulassungsentscheidung zu treffen hätte, wenn ein Verfahren mit Umweltverträglichkeitsprüfung durchzuführen wäre. [3]Bedarf ein Vorhaben der Zulassung durch mehrere Behörden, ist diejenige Behörde zuständig, die das Verfahren, das den Schwerpunkt für die Zulassung des Vorhabens bildet, durchzuführen hat

(federführende Behörde). [4]In Zweifelsfällen entscheidet die zuständige oberste Landesbehörde. [5]Soweit die Geschäftsbereiche mehrerer oberster Landesbehörden betroffen sind, bestimmen die betroffenen obersten Landesbehörden einvernehmlich die federführende Behörde. [6]Bedürfte ein ausländisches Vorhaben in Deutschland der Zulassung durch mehrere Behörden, ist diejenige Behörde abweichend von § 58 Absatz 5 Satz 2 des Gesetzes über die Umweltverträglichkeitsprüfung zuständig, die für die Zulassung in Deutschland federführende Behörde wäre. [7]Die Sätze 4 und 5 gelten entsprechend.

(2) [1]Für den Aufbau und Betrieb des zentralen Internetportals des Freistaates Sachsen nach § 20 Absatz 1 Satz 1 des Gesetzes über die Umweltverträglichkeitsprüfung ist das Landesamt für Umwelt, Landwirtschaft und Geologie zuständig. [2]Die nach Absatz 1 zuständige Behörde veröffentlicht die nach dem Gesetz über die Umweltverträglichkeitsprüfung zugänglich zu machenden Informationen und Unterlagen auf dem zentralen Internetportal des Freistaates Sachsen.

(3) [1]Die zuständige Behörde kann im Einvernehmen mit dem Vorhabenträger die Durchführung von Aufgaben nach den §§ 15 bis 19, 20 Absatz 2 und §§ 21 bis 25 Absatz 1 des Gesetzes über die Umweltverträglichkeitsprüfung einem nach § 6 beliehenen Sachverständigen übertragen. [2]Satz 1 gilt entsprechend für die Durchführung dieser Aufgaben, soweit sie sich nach den §§ 2a, 10, 11, 20 Absatz 1a und 1b Satz 1 bis 3 der Verordnung über das Genehmigungsverfahren in der Fassung der Bekanntmachung vom 29. Mai 1992 (BGBl. I S. 1001), die zuletzt durch Artikel 1 der Verordnung vom 8. Dezember 2017 (BGBl. I S. 3882) geändert worden ist, in der jeweils geltenden Fassung, bestimmen. [3]Die Entscheidung über die Zulassung liegt allein bei der zuständigen Behörde. [4]Eine Übertragung soll nicht erfolgen, wenn Art, Umfang oder Bedeutung des Vorhabens oder der festgestellten oder erwarteten Umweltauswirkungen dem entgegenstehen. [5]Die Entscheidung über die Aufgabenübertragung wird erst wirksam, wenn der Vorhabenträger und der Sachverständige der zuständigen Behörde den Abschluss eines entsprechenden Geschäftsbesorgungsvertrages nachweisen, der den Maßgaben des § 7 entspricht. [6]Der Nachweis ist innerhalb einer von der zuständigen Behörde zu setzenden Frist beizubringen.

(4) [1]Ist für die Durchführung der Aufgaben nach Absatz 3 Satz 1 oder Satz 2 mehr als ein Sachverständiger nach § 6 beliehen, kann der Vorhabenträger gegenüber der für die Zulassungsentscheidung zuständigen Behörde einen Sachverständigen vorschlagen. [2]Die Zulassungsbehörde ist an den Vorschlag nicht gebunden. [3]Sie kann den vorgeschlagenen Sachverständigen insbesondere dann ablehnen, wenn aufgrund von Umständen des Einzelfalls begründete Zweifel bestehen, ob er zu einer sachgerechten Durchführung der Aufgaben nach Absatz 3 Satz 1 oder Satz 2 für das betreffende Vorhaben in der Lage ist. [4]Schlägt der Vorhabenträger keinen Sachverständigen vor, bestimmt die Behörde den zuständigen Sachverständigen nach billigem Ermessen nach der Eignung für die Durchführung der Aufgaben nach Absatz 3 Satz 1 oder Satz 2 bei dem Vorhaben.

(5) [1]Zuständige Behörde für die Durchführung der Aufgaben nach den §§ 34 bis 46 und §§ 60 bis 63 des Gesetzes über die Umweltverträglichkeitsprüfung ist die Behörde, welche den Plan oder das Programm aufstellt oder ändert. [2]Bei ausländischen Plänen und Programmen gilt Absatz 1 Satz 6 und 7 entsprechend.

(6) Die Staatsregierung wird ermächtigt, durch Rechtsverordnung die Zuständigkeit zur Ausführung der Vorschriften für bestimmte Leitungsanlagen nach Teil 6 des Gesetzes über die Umweltverträglichkeitsprüfung zu regeln.

§ 6 Beliehene Sachverständige

(1) [1]Zuständig für die Beleihung von Sachverständigen im Sinne von § 5 Absatz 3 ist das Landesamt für Umwelt, Landwirtschaft und Geologie. [2]Antragsberechtigt sind natürliche und juristische Personen. [3]Die Beleihung erfolgt, wenn der Antragsteller die für die selbstständige Wahrnehmung der Aufgaben nach § 5 Absatz 3 Satz 1 oder Satz 2 erforderliche Fachkunde, Unabhängigkeit und Zuverlässigkeit besitzt. [4]Diese Voraussetzung erfüllt, wer als Umweltgutachter oder Umweltgutachterorganisation nach § 9 oder § 10 des Umweltauditgesetzes in der Fassung der Bekanntmachung vom 4. September 2002 (BGBl. I S. 3490), das zuletzt durch Artikel 13 des Gesetzes vom 27. Juni 2017 (BGBl. I S. 1966) geändert worden ist, in der jeweils geltenden Fassung, zugelassen oder als Sachverständiger in Genehmigungsverfahren im Umweltbereich nach § 36 der Gewerbeordnung in der Fassung der Bekanntmachung vom 22. Februar 1999 (BGBl. I S. 202), die zuletzt durch Artikel 1 des Gesetzes vom 29. November 2018 (BGBl. I S. 2666) geändert worden ist, in der jeweils geltenden Fassung, öffentlich bestellt ist. [5]Die Beleihung darf nur deutschen Staatsangehörigen, sonstigen Unionsbürgern oder An-

gehörigen eines anderen Vertragsstaates des Abkommens über den Europäischen Wirtschaftsraum erteilt werden. [6]Sachverständigenorganisationen müssen ihren Sitz in einem dieser Staaten haben.

(2) [1]Die Beliehenen werden bei dem Landesamt für Umwelt, Landwirtschaft und Geologie in einer öffentlich zugänglichen Liste geführt. [2]In die Liste werden der Name, die Anschrift, das Datum der Beleihung und die Bezeichnung der Vorhaben oder Vorhabenarten, auf die die Beleihung gemäß Absatz 3 beschränkt ist, eingetragen. [3]In der Liste wird ein laufendes Verfahren zur Rücknahme oder zum Widerruf der Beleihung vermerkt.

(3) Die Beleihung kann auf die Wahrnehmung der Aufgaben nach § 5 Absatz 3 Satz 1 oder Satz 2 bei bestimmten Vorhaben oder Vorhabenarten im Sinne von Anlage 1 des Gesetzes über die Umweltverträglichkeitsprüfung und von Anlage 1 zu diesem Gesetz beschränkt werden.

(4) Der Antrag auf Beleihung muss Angaben dazu enthalten,

1. für welche Vorhaben, die der Umweltverträglichkeitsprüfung unterliegen, die Beleihung zur Wahrnehmung der Aufgaben nach § 5 Absatz 3 Satz 1 oder Satz 2 begehrt wird und

2. für welche Vorhaben und Umweltauswirkungen die antragstellende Person selbst über die erforderliche Fachkunde verfügt und für welche Bereiche sie fachkundige Personen angestellt hat.

(5) [1]Dem Antrag sind in den Fällen des Absatzes 1 Satz 4 beglaubigte Abschriften der Zulassung nach § 9 oder § 10 des Umweltauditgesetzes oder der Bestellung nach § 36 der Gewerbeordnung und der in diesen Verfahren vorgelegten Nachweise beizufügen. [2]Das Landesamt für Umwelt, Landwirtschaft und Geologie kann bei den für die Zulassung oder Bestellung nach dem Umweltauditgesetz und der Gewerbeordnung zuständigen Stellen jederzeit Auskünfte über den Bestand und Umfang der Zulassung oder Bestellung einholen. [3]Das Antragsverfahren kann über eine einheitliche Stelle nach § 1 Satz 1 des Gesetzes zur Regelung des Verwaltungsverfahrens- und des Verwaltungszustellungsrechts für den Freistaat Sachsen vom 19. Mai 2010 (SächsGVBl. S. 142), das durch Artikel 3 des Gesetzes vom 12. Juli 2013 (SächsGVBl. S. 503) geändert worden ist, in der jeweils geltenden Fassung, in Verbindung mit den §§ 71a bis 71e des Verwaltungsverfahrensgesetzes in der Fassung der Bekanntmachung vom 23. Januar 2003 (BGBl. I S. 102), das zuletzt durch Artikel 7 des Gesetzes vom 18. Dezember 2018 (BGBl. I S. 2639) geändert worden ist, in der jeweils geltenden Fassung, abgewickelt werden.

(6) [1]Für die Rücknahme und den Widerruf der Beleihung gilt § 17 des Umweltauditgesetzes entsprechend. [2]Der Beliehene ist verpflichtet, Änderungen der Zulassung oder Bestellung nach Absatz 1 dem Landesamt für Umwelt, Landwirtschaft und Geologie unverzüglich mitzuteilen.

§ 7 Vergütung des Sachverständigen

[1]Die vom Vorhabenträger an den Sachverständigen zu entrichtende Vergütung für die nach § 5 Absatz 3 übertragenen Aufgaben unterliegt der Vereinbarung mit dem Vorhabenträger. [2]Sie muss nach den gesamten Umständen, namentlich dem Umfang, der Schwierigkeit und der Dauer der Bearbeitung, angemessen sein. [3]Die Vorschriften der Honorarordnung für Architekten und Ingenieure vom 10. Juli 2013 (BGBl. I S. 2276), in der jeweils geltenden Fassung, bleiben unberührt. [4]Die an den Sachverständigen entrichtete Vergütung wird auf diejenigen Verwaltungsgebühren angerechnet, die die Zulassungsbehörde für Amtshandlungen im Rahmen der Umweltverträglichkeitsprüfung erhebt; die Erhebung von Auslagen bleibt unberührt.

§ 8 Elektronische Datenübermittlung

[1]Die zuständige Behörde soll zulassen, dass die Unterrichtung über den Untersuchungsrahmen nach § 15 des Gesetzes über die Umweltverträglichkeitsprüfung und die Beteiligung anderer Behörden nach den §§ 17, 41, 55, 58, 60 und 62 des Gesetzes über die Umweltverträglichkeitsprüfung im Wege der elektronischen Datenübermittlung erfolgt, sofern sichergestellt ist, dass die Vertraulichkeit der Daten gewahrt ist. [2]Soweit die Schriftform vorgeschrieben ist, sind die übermittelten Daten mit einer qualifizierten elektronischen Signatur des Absenders zu versehen und zu verschlüsseln.

§ 9 Verhältnis zu naturschutzrechtlichen Bestimmungen

(1) Die Notwendigkeit zur Durchführung von Prüfungen nach den §§ 14 bis 17, 30, 34 und 67 des Bundesnaturschutzgesetzes vom 29. Juli 2009 (BGBl. I S. 2542), das zuletzt durch Artikel 1 des Gesetzes vom 15. September 2017 (BGBl. I S. 3434) geändert worden ist, in der jeweils geltenden Fassung, in Verbindung mit den §§ 9 bis 12 und 21 des Sächsischen Naturschutzgesetzes vom 6. Juni 2013 (SächsGVBl. S. 451), das zuletzt durch Artikel 8 des Gesetzes vom 14. Dezember 2018 (SächsGVBl. S. 782) geändert worden ist, in der jeweils geltenden Fassung, bleibt unberührt.

(2) [1]Ist für ein Vorhaben neben der Umweltverträglichkeitsprüfung eine Prüfung im Sinne der in Absatz 1 genannten Vorschriften erforderlich, können die Verfahren gemeinsam durchgeführt und die notwendigen Verfahrensschritte miteinander verbunden werden. [2]Die Ergebnisse der Verfahren nach Absatz 1 sind gesondert darzustellen. [3]§ 32 des Gesetzes über die Umweltverträglichkeitsprüfung bleibt unberührt.

(3) [1]Bei der Aufstellung oder Änderung von Landschaftsplänen und Grünordnungsplänen nach § 11 des Bundesnaturschutzgesetzes sind die Darstellungen nach § 9 Absatz 2 des Bundesnaturschutzgesetzes um

1. die in § 2 Absatz 1 des Gesetzes über die Umweltverträglichkeitsprüfung genannten Schutzgüter,
2. eine Darstellung der Gründe für die Wahl der geprüften Alternativen sowie eine Beschreibung, wie diese Prüfung durchgeführt wurde, und
3. eine Darstellung der geplanten Überwachungsmaßnahmen

zu erweitern, um den Anforderungen des § 40 des Gesetzes über die Umweltverträglichkeitsprüfung zu entsprechen. [2]Die Strategische Umweltprüfung für diese Pläne soll mit der Umweltprüfung für diejenigen räumlich entsprechenden Pläne nach § 5 oder § 8 des Baugesetzbuches in der Fassung der Bekanntmachung vom 3. November 2017 (BGBl. I S. 3634), in der jeweils geltenden Fassung, verbunden werden, die im zeitlichen Zusammenhang mit einem Landschafts- oder Grünordnungsplan aufgestellt werden. [3]Das Verfahren zur Durchführung der Strategischen Umweltprüfung bei der Aufstellung von landschaftsplanerischen Fachbeiträgen nach § 6 des Sächsischen Naturschutzgesetzes richtet sich nach den Vorschriften des Landesplanungsgesetzes vom 11. Dezember 2018 (SächsGVBl. S. 706), in der jeweils geltenden Fassung.

§ 10 Ordnungswidrigkeiten

(1) Ordnungswidrig handelt, wer vorsätzlich oder fahrlässig bei der Antragstellung nach § 6 Absatz 4 und 5 falsche Angaben macht oder als Beliehener oder für eine beliehene juristische Person vertretungsbefugte Person Änderungen im Sinne von § 6 Absatz 6 Satz 2 nicht unverzüglich mitteilt.

(2) Die Ordnungswidrigkeit nach Absatz 1 kann mit einer Geldbuße bis zu zehntausend Euro geahndet werden.

(3) Verwaltungsbehörde im Sinne von § 36 des Gesetzes über Ordnungswidrigkeiten in der Fassung der Bekanntmachung vom 19. Februar 1987 (BGBl. I S. 602), das zuletzt durch Artikel 3 des Gesetzes vom 17. Dezember 2018 (BGBl. I S. 2571) geändert worden ist, in der jeweils geltenden Fassung, ist das Landesamt für Umwelt, Landwirtschaft und Geologie.

§ 11 Übergangsvorschrift

(1) Für vorprüfungspflichtige Vorhaben der Anlage 1, für die das Verfahren zur Feststellung der UVP-Pflicht im Einzelfall vor dem 16. Mai 2017 eingeleitet wurde, gilt § 74 Absatz 1 des Gesetzes über die Umweltverträglichkeitsprüfung entsprechend.

(2) [1]Verfahren nach § 2 Absatz 1 sind für Vorhaben der Anlage 1, für die eine UVP-Pflicht besteht, nach dem Gesetz über die Umweltverträglichkeitsprüfung im Freistaat Sachsen in der Fassung der Bekanntmachung vom 9. Juli 2007 (SächsGVBl. S. 349), das zuletzt durch Artikel 2 Absatz 24 des Gesetzes vom 5. April 2019 (SächsGVBl. S. 245) geändert worden ist, zu Ende zu führen, wenn die Voraussetzungen des § 74 Absatz 2 des Gesetzes über die Umweltverträglichkeitsprüfung vorliegen. [2]Im Übrigen gilt § 74 Absatz 2 des Gesetzes über die Umweltverträglichkeitsprüfung entsprechend.

(3) [1]Verfahren nach § 2 Absatz 2 sind für Pläne und Programme der Anlage 2 nach dem Gesetz über die Umweltverträglichkeitsprüfung im Freistaat Sachsen in der bis zum 12. Juli 2019 geltenden Fassung zu Ende zu führen, wenn die Voraussetzung des § 74 Absatz 3 des Gesetzes über die Umweltverträglichkeitsprüfung vorliegt. [2]Im Übrigen gilt § 74 Absatz 3 des Gesetzes über die Umweltverträglichkeitsprüfung entsprechend.

§ 12 Inkrafttreten, Außerkrafttreten

[1]Dieses Gesetz tritt am Tag nach der Verkündung[1]) in Kraft. [2]Gleichzeitig tritt das Gesetz über die Umweltverträglichkeitsprüfung im Freistaat Sachsen in der Fassung der Bekanntmachung vom 9. Juli 2007 (SächsGVBl. S. 349), das zuletzt durch Artikel 2 Absatz 24 des Gesetzes vom 5. April 2019 (SächsGVBl. S. 245) geändert worden ist, außer Kraft.

---

1) Verkündet am 12.7.2019.

Anlage 1
(zu § 1 Absatz 2 Nummer 2)

Liste UVP-pflichtiger Vorhaben

Nachstehende Vorhaben fallen gemäß § 1 Absatz 2 Nummer 2 in den Anwendungsbereich dieses Gesetzes. Soweit eine allgemeine oder standortbezogene Vorprüfung des Einzelfalls vorgesehen ist, wird auf § 3 Absatz 1 dieses Gesetzes in Verbindung mit § 7 des Gesetzes über die Umweltverträglichkeitsprüfung Bezug genommen.

In der Spalte „UVP-Festlegung" stehen:

-    „X" für UVP-Pflicht
-    „A" für allgemeine Vorprüfung des Einzelfalls
-    „S" für standortbezogene Vorprüfung des Einzelfalls

Nr.	Vorhaben	UVP-Festlegung
1.	Neu- und Ausbau eines schiffbaren Fließgewässers,	
	a) das für Schiffe mit mehr als 1 350 t zugänglich ist	X
	b) im Übrigen;	A
2.	Bau, Ausbau und Verlegung von Straßen im Sinne von § 3 Absatz 1 Nummer 1 bis 3, Absatz 3 SächsStrG,	
	a) wenn die neue Straße eine Schnellstraße im Sinne der Begriffsbestimmung des Europäischen Übereinkommens über die Hauptstraßen des internationalen Verkehrs vom 15. November 1975 (BGBl. 1983 II S. 246) ist,	X
	b) wenn die neue Straße oder der ausgebaute oder verlegte Straßenabschnitt mindestens vier Streifen und eine durchgehende Länge von mindestens 10 km aufweist,	X
	c) wenn die neue, ausgebaute oder verlegte Straße durch einen Nationalpark im Sinne von § 24 BNatSchG, durch ein Naturschutzgebiet im Sinne von § 23 BNatSchG oder durch Gebiete führt, die durch die Richtlinie 2009/147/EG oder durch die Richtlinie 92/43/EWG unter besonderem Schutz stehen oder solche Gebiete berührt,	X
	d) wenn die neue, ausgebaute oder verlegte Straße auf einer Länge von mehr als 2,5 km durch ein Biosphärenreservat im Sinne von § 25 BNatSchG oder ein Landschaftsschutzgebiet im Sinne von § 26 BNatSchG führt,	X
	e) wenn die neue, ausgebaute oder verlegte Straße auf einer Länge von mehr als 5 km durch einen Naturpark im Sinne von § 27 BNatSchG führt,	X
	f) wenn die neue, ausgebaute oder verlegte Straße auf einer Länge von mehr als 1 km durch geschlossene Ortslagen mit überwiegender Wohnbebauung führt und auf der Grundlage der aktuellen Verkehrsprognose eine durchschnittliche tägliche Verkehrsstärke (DTV) von mindestens 15 000 Kraftfahrzeugen innerhalb von 24 Stunden in einem Prognosezeitraum von mindestens zehn Jahren zu erwarten ist,	X
	g) wenn die neue, ausgebaute oder verlegte Straße auf einer Länge von mehr als 500 m durch Naturdenkmäler nach § 28 BNatSchG in Verbindung mit § 18 SächsNatSchG, Biotope nach § 30 BNatSchG in Verbindung mit § 21 SächsNatSchG oder Gebiete führt, die auf Grund ihrer historischen, kulturellen oder archäologischen Bedeutung unter Schutz gestellt sind;	X
3.	Bau, Ausbau und Verlegung von sonstigen öffentlichen Straßen im Sinne von § 3 Absatz 1 Nummer 4 Buchstabe b SächsStrG, in Gebieten nach Nummer 2 Buchstabe c stets, in Gebieten nach Nummer 2 Buchstabe d bis g bei doppelter Länge;	A
4.	Vorhaben der Nummer 2 Buchstabe d bis g, das zwar keine Größen- und Leistungswerte erfüllt, aber mindestens zwei dieser Werte zu über 75 Prozent erreicht;	X
5.	selbständige Abgrabungen, die nicht dem Bergrecht unterliegen,	
	a) von mehr als 10 ha Abbaufläche einschließlich der unmittelbar betriebsbedingten Aufschüttungen,	X

Nr.	Vorhaben	UVP-Festle-gung
	b) mit mehr als 1 ha ihrer Abbaufläche einschließlich der unmittelbar betriebs-bedingten Aufschüttungen in einem gemäß der Richtlinie 92/43/EWG oder der Richtlinie 2009/147/EG ausgewiesenen Schutzgebiet, in einem Natur-schutzgebiet im Sinne von § 23 BNatSchG, in einem Nationalpark im Sinne von § 24 BNatSchG, in einem Naturdenkmal nach § 28 BNatSchG in Verbin-dung mit § 18 SächsNatSchG oder in einem Biotop im Sinne von § 30 BNatSchG in Verbindung mit § 21 SächsNatSchG;	X
6.	Errichtung und Betrieb von Seilbahnen oder Schleppaufzügen, wenn	
	a) die Personenbeförderungskapazität 1 000 Personen pro Stunde und Rich-tung bei Schleppaufzügen oder 1 000 Personen pro Stunde und Richtung bei den übrigen Seilbahnen überschreitet,	X
	b) die Luftlinienlänge zwischen der Tal- und der Bergstation über 750 m bei Schleppaufzügen oder 1 000 m bei den übrigen Seilbahnen beträgt oder	X
	c) die Hälfte der in Buchstabe a oder b genannten Größen- und Leistungswerte erreicht ist und das Vorhaben in einem gemäß der Richtlinie 92/43/EWG oder der Richtlinie 2009/147/EG ausgewiesenen Schutzgebiet, in einem National-park im Sinne von § 24 BNatSchG, in einem Naturschutzgebiet im Sinne von § 23 BNatSchG, in einem Naturdenkmal nach § 28 BNatSchG in Verbindung mit § 18 SächsNatSchG oder in einem Biotop im Sinne von § 30 BNatSchG in Verbindung mit § 21 SächsNatSchG realisiert werden soll oder ein solches berührt;	X
7.	Errichtung und Betrieb von Skipisten und zugehörigen Einrichtungen (Zusam-menrechnung der einzelnen Flächen bei der Ermittlung der Flächengröße, wenn Anfangs- und Endpunkt des erschlossenen Geländes durch dieselbe Aufstiegs-hilfe verbunden sind)	
	a) auf einer Fläche von mehr als 5 ha,	X
	b) auf einer Fläche von mehr als 2 ha in einem Schutzgebiet im Sinne der Richt-linie 92/43/EWG oder der Richtlinie 2009/147/EG, in einem Nationalpark im Sinne von § 24 BNatSchG, in einem Naturschutzgebiet im Sinne von § 23 BNatSchG, in einem Naturdenkmal nach § 28 BNatSchG in Verbindung mit § 18 SächsNatSchG oder in einem Biotop im Sinne von § 30 BNatSchG in Verbindung mit § 21 SächsNatSchG;	X
8.	Verwendung von Ödland oder naturnahen Flächen zur intensiven landwirtschaft-lichen Nutzung, wenn das Vorhaben mindestens 3 ha der Fläche eines gemäß der Richtlinie 92/43/EWG oder der Richtlinie 2009/147/EG ausgewiesenen Schutzgebiets, eines Naturschutzgebiets im Sinne von § 23 BNatSchG, eines Nationalparks im Sinne von § 24 BNatSchG, eines Biosphärenreservats im Sinne von § 25 BNatSchG, eines Naturdenkmals im Sinne von § 28 BNatSchG in Ver-bindung mit § 18 SächsNatSchG oder eines Biotops im Sinne von § 30 BNatSchG in Verbindung mit § 21 SächsNatSchG erfasst (Zusammenrechnung der Flächen bei Betroffenheit mehrerer geschützter Gebiete der genannten Art; ausgenommen Flächen, die Teil eines öffentlichen Programms oder einer Vereinbarung im Sinne von § 3 SächsNatSchG zur Bewirtschaftungsbeschränkung sind oder im Zeitraum von fünf Jahren vor der beabsichtigten Verwendung waren);	X
9.	Bau der gemeinschaftlichen und öffentlichen Anlagen im Sinne des Flurbereini-gungsgesetzes (soweit diese nicht zugleich Nummer 1 bis 4 unterfallen);	A
10.	Errichtung und Betrieb einer Anlage zur intensiven Fischzucht in oberirdischen Gewässern oder verbunden mit dem Einbringen oder Einleiten von Stoffen in oberirdische Gewässer mit einem Fischertrag je Jahr von 1 000 t oder mehr	X

Anlage 2
(zu § 1 Absatz 3 Nummer 2)

Liste SUP-pflichtiger Pläne und Programme

Nr.	Plan oder Programm
1	**Obligatorische Strategische Umweltprüfung**
a)	Verkehrswegeplanung auf Landesebene (Landesverkehrsplan)
b)	Nahverkehrsplan nach § 5 ÖPNVG
c)	Hochwasserschutzkonzept oder Risikomanagementplan nach § 75 WHG in Verbindung mit § 71 SächsWG
d)	Landschaftsplanung nach den §§ 10 und 11 BNatSchG
2	**Strategische Umweltprüfung bei Rahmensetzung im Sinne von § 4 Absatz 2**
a)	Abwasserbeseitigungskonzept nach § 51 Abs. 1 SächsWG
b)	Programme im Sinne der Verordnung (EU) Nr. 1303/2013 nach § 2 Absatz 3 Satz 3

Sächsische Bauordnung (SächsBO)[1)2)]

In der Fassung der Bekanntmachung vom 11. Mai 2016 (GVBl. S. 186)
(BS Sachsen 2130–5)
zuletzt geändert durch Art. 2 G zur Änd. planungsrechtlicher Vorschriften vom 11. Dezember 2018
(SächsGVBl. S. 706)

Inhaltsübersicht

---

1) Neubekanntmachung der Sächsischen Bauordnung vom 28. Mai 2004 (GVBl. S. 200) in der ab 1.1.2016 geltenden Fassung.
2) **Amtl. Anm.:** Dieses Gesetz dient der Umsetzung der Richtlinie 2006/123/EG des Europäischen Parlaments und des Rates vom 12. Dezember 2006 über die Dienstleistungen im Binnenmarkt (ABl. L 376 vom 27.12.2006, S. 36) und der Richtlinie 2012/18/EU des europäischen Parlaments und des Rates vom 4. Juli 2012 zur Beherrschung der Gefahren schwerer Unfälle mit gefährlichen Stoffen, zur Änderung und anschließenden Aufhebung der Richtlinie 96/82/EG des Rates (ABl. L 197 vom 24.7.2012, S. 1).

Teil 1
Allgemeine Vorschriften

§ 1 Anwendungsbereich

(1) [1]Dieses Gesetz gilt für bauliche Anlagen und Bauprodukte. [2]Es gilt auch für Grundstücke sowie für andere Anlagen und Einrichtungen, an die in diesem Gesetz oder in Vorschriften aufgrund dieses Gesetzes Anforderungen gestellt werden.

(2) Die Vorschriften der Teile 1 bis 5 und des Teils 7 dieses Gesetzes gelten nicht für

1.   Anlagen des öffentlichen Verkehrs einschließlich Zubehör, Nebenanlagen und Nebenbetriebe, ausgenommen Gebäude;

2.   Anlagen, die der Bergaufsicht unterliegen, ausgenommen Gebäude;

3. Leitungen, die der öffentlichen Versorgung mit Wasser, Gas, Elektrizität, Wärme, der öffentlichen Abwasserentsorgung oder der Telekommunikation dienen;
4. Rohrleitungen, die dem Ferntransport von Stoffen dienen;
5. Kräne und Krananlagen;
6. Messestände in Messe- und Ausstellungsgebäuden sowie
7. Regale und Regalanlagen in Gebäuden, die nicht Teil der Gebäudekonstruktion sind oder keine Erschließungsfunktion haben.

§ 2 Begriffe

(1) [1]Bauliche Anlagen sind mit dem Erdboden verbundene, aus Bauprodukten hergestellte Anlagen. [2]Eine Verbindung mit dem Boden besteht auch dann, wenn die Anlage durch eigene Schwere auf dem Boden ruht oder auf ortsfesten Bahnen begrenzt beweglich ist oder wenn die Anlage nach ihrem Verwendungszweck dazu bestimmt ist, überwiegend ortsfest benutzt zu werden. [3]Bauliche Anlagen sind auch

1. Aufschüttungen und Abgrabungen;
2. Lagerplätze, Abstellplätze und Ausstellungsplätze;
3. Sport- und Spielflächen;
4. Campingplätze, Wochenendplätze und Zeltplätze;
5. Freizeit- und Vergnügungsparks;
6. Stellplätze für Kraftfahrzeuge;
7. Gerüste sowie
8. Hilfseinrichtungen zur statischen Sicherung von Bauzuständen.

[4]Anlagen sind bauliche Anlagen und andere Anlagen und Einrichtungen im Sinne des § 1 Abs. 1 Satz 2.

(2) Gebäude sind selbstständig benutzbare, überdeckte bauliche Anlagen, die von Menschen betreten werden können und geeignet oder bestimmt sind, dem Schutz von Menschen, Tieren oder Sachen zu dienen.

(3) [1]Gebäude werden in folgende Gebäudeklassen eingeteilt:

1. Gebäudeklasse 1:
   a) freistehende Gebäude mit einer Höhe bis zu 7 m und nicht mehr als zwei Nutzungseinheiten von insgesamt nicht mehr als 400 m^2 und
   b) freistehende land- oder forstwirtschaftlich genutzte Gebäude;
2. Gebäudeklasse 2:
   Gebäude mit einer Höhe bis zu 7 m und nicht mehr als zwei Nutzungseinheiten von insgesamt nicht mehr als 400 m^2;
3. Gebäudeklasse 3:
   sonstige Gebäude mit einer Höhe bis zu 7 m;
4. Gebäudeklasse 4:
   Gebäude mit einer Höhe bis zu 13 m und Nutzungseinheiten mit jeweils nicht mehr als 400 m^2;
5. Gebäudeklasse 5:
   sonstige Gebäude einschließlich unterirdischer Gebäude.

[2]Höhe im Sinne des Satzes 1 ist das Maß der Fußbodenoberkante des höchstgelegenen Geschosses, in dem ein Aufenthaltsraum möglich ist, über der Geländeoberfläche im Mittel. [3]Die Grundflächen der Nutzungseinheiten im Sinne dieses Gesetzes sind die Brutto-Grundflächen. [4]Bei der Berechnung der Brutto-Grundflächen nach Satz 1 bleiben Flächen in Kellergeschossen außer Betracht.

(4) Sonderbauten sind Anlagen besonderer Art oder Nutzung, die einen der nachfolgenden Tatbestände erfüllen:

1. Hochhäuser (Gebäude mit einer Höhe nach Absatz 3 Satz 2 von mehr als 22 m);
2. bauliche Anlagen mit einer Höhe von mehr als 30 m;
3. Gebäude mit mehr als 1 600 m^2 Grundfläche des Geschosses mit der größten Ausdehnung, ausgenommen Wohngebäude und Garagen sowie land- oder forstwirtschaftliche Gebäude mit nicht mehr als 10 000 m^3 Brutto-Rauminhalt;
4. Verkaufsstätten, deren Verkaufsräume und Ladenstraßen eine Grundfläche von insgesamt mehr als 800 m^2 haben;
5. Gebäude mit Räumen, die einer Büro- oder Verwaltungsnutzung dienen und einzeln eine Grundfläche von mehr als 400 m^2 haben;

6. Gebäude mit Räumen, die einzeln für die Nutzung durch mehr als 100 Personen bestimmt sind;
7. Versammlungsstätten
   a) mit Versammlungsräumen, die insgesamt mehr als 200 Besucher fassen, wenn diese Versammlungsräume gemeinsame Rettungswege haben,
   b) im Freien mit Szenenflächen und Freisportanlagen jeweils mit Tribünen, die keine Fliegenden Bauten sind und insgesamt mehr als 1 000 Besucher fassen;
8. Schank- und Speisegaststätten mit mehr als 40 Gastplätzen in Gebäuden oder mehr als 1 000 Gastplätzen im Freien, Beherbergungsstätten mit mehr als 12 Betten und Spielhallen mit mehr als 150 m² Grundfläche;
9. Gebäude mit Nutzungseinheiten zum Zwecke der Pflege oder Betreuung von Personen mit Pflegebedürftigkeit oder Behinderung, deren Selbstrettungsfähigkeit eingeschränkt ist, wenn die Nutzungseinheiten
   a) einzeln für mehr als sechs Personen mit Pflegebedürftigkeit oder Behinderung bestimmt sind oder
   b) für Personen mit Intensivpflegebedarf bestimmt sind oder
   c) einen gemeinsamen Rettungsweg haben und für insgesamt mehr als sechs Personen mit Pflegebedürftigkeit oder Behinderung bestimmt sind;
10. Krankenhäuser;
11. sonstige Einrichtungen zur Unterbringung von Personen und Wohnheime;
12. Tageseinrichtungen für Menschen mit Behinderung, alte Menschen und Kinder, ausgenommen Tageseinrichtungen für nicht mehr als zehn Kinder und Kindertagespflege;
13. Schulen, Hochschulen und ähnliche Einrichtungen;
14. Justizvollzugsanstalten und bauliche Anlagen für den Maßregelvollzug;
15. Camping- und Wochenendplätze;
16. Freizeit- und Vergnügungsparks;
17. Fliegende Bauten, soweit sie einer Ausführungsgenehmigung bedürfen, und Fahrgeschäfte, die keine Fliegenden Bauten sind, ausgenommen solche mit einer Höhe bis 5 m, die für Kinder betrieben werden und eine Geschwindigkeit von höchstens 1 m/s haben;
18. Regallager mit einer Oberkante Lagerguthöhe von mehr als 7,50 m;
19. bauliche Anlagen, deren Nutzung durch Umgang oder Lagerung von Stoffen mit Explosions- oder erhöhter Brandgefahr verbunden ist, oder
20. Anlagen, die in den Nummern 1 bis 19 nicht aufgeführt und deren Art oder Nutzung mit vergleichbaren Gefahren verbunden sind.

(5) Aufenthaltsräume sind Räume, die zum nicht nur vorübergehenden Aufenthalt von Menschen bestimmt oder geeignet sind.

(6) ¹Geschosse sind oberirdische Geschosse, wenn ihre Deckenoberkanten im Mittel mehr als 1,40 m über die Geländeoberfläche hinausragen. ²Im Übrigen sind sie Kellergeschosse. ³Hohlräume zwischen der obersten Decke und der Bedachung, in denen Aufenthaltsräume nicht möglich sind, sind keine Geschosse.

(7) ¹Stellplätze sind Flächen, die dem Abstellen von Kraftfahrzeugen außerhalb der öffentlichen Verkehrsflächen dienen. ²Garagen sind Gebäude oder Gebäudeteile zum Abstellen von Kraftfahrzeugen. ³Ausstellungs-, Verkaufs-, Werk- und Lagerräume für Kraftfahrzeuge sind keine Stellplätze oder Garagen.

(8) Feuerstätten sind in oder an Gebäuden ortsfest benutzte Anlagen oder Einrichtungen, die dazu bestimmt sind, durch Verbrennung Wärme zu erzeugen.

(9) Barrierefrei sind bauliche Anlagen, soweit sie für Menschen mit Behinderung in der allgemein üblichen Weise, ohne besondere Erschwernis und grundsätzlich ohne fremde Hilfe zugänglich und nutzbar sind.

(10) Bauprodukte sind
1. Produkte, Baustoffe, Bauteile und Anlagen sowie Bausätze gemäß Artikel 2 Nummer 2 der Verordnung (EU) Nr. 305/2011 des Europäischen Parlaments und des Rates vom 9. März 2011 zur Festlegung harmonisierter Bedingungen für die Vermarktung von Bauprodukten und zur Aufhebung der Richtlinie 89/106/EWG des Rates (ABl. L 88 vom 4.4.2011, S. 5, L 103 vom 12.4.2013, S. 10), die zuletzt durch die delegierte Verordnung (EU) Nr. 574/2014 (ABl. L 159 vom

28.5.2014, S. 41) geändert worden ist, die hergestellt werden, um dauerhaft in bauliche Anlagen eingebaut zu werden, und

2. aus Produkten, Baustoffen, Bauteilen und Bausätzen gemäß Artikel 2 Nummer 2 der Verordnung (EU) Nr. 305/2011 vorgefertigte Anlagen, die hergestellt werden, um mit dem Erdboden verbunden zu werden,

und deren Verwendung sich auf die Anforderungen nach § 3 Satz 1 auswirken kann.

(11) Bauart ist das Zusammenfügen von Bauprodukten zu baulichen Anlagen oder Teilen von baulichen Anlagen.

(12) Eine rechtliche Sicherung liegt vor, wenn das zu sichernde Recht oder die rechtliche Verpflichtung als Grunddienstbarkeit (§ 1018 des Bürgerlichen Gesetzbuches) und als beschränkt persönliche Dienstbarkeit (§ 1090 des Bürgerlichen Gesetzbuches) zugunsten der Bauaufsichtsbehörde im Grundbuch eingetragen ist oder wenn dafür eine Baulast übernommen worden ist.

§ 3 Allgemeine Anforderungen

[1]Anlagen sind so anzuordnen, zu errichten, zu ändern und instand zu halten, dass die öffentliche Sicherheit und Ordnung, insbesondere Leben, Gesundheit und die natürlichen Lebensgrundlagen, nicht gefährdet werden; dabei sind die Grundanforderungen an Bauwerke gemäß Anhang I der Verordnung (EU) Nr. 305/2011 zu berücksichtigen. [2]Dies gilt auch für die Beseitigung von Anlagen und bei der Änderung ihrer Nutzung.

Teil 2
Das Grundstück und seine Bebauung

§ 4 Bebauung der Grundstücke mit Gebäuden

(1) Gebäude dürfen nur errichtet werden, wenn das Grundstück in angemessener Breite an einer befahrbaren öffentlichen Verkehrsfläche liegt oder wenn das Grundstück eine befahrbare, rechtlich gesicherte Zufahrt zu einer befahrbaren öffentlichen Verkehrsfläche hat.

(2) Ein Gebäude auf mehreren Grundstücken ist nur zulässig, wenn rechtlich gesichert ist, dass dadurch keine Verhältnisse eintreten können, die Vorschriften dieses Gesetzes oder aufgrund dieses Gesetzes widersprechen.

§ 5 Zugänge und Zufahrten auf den Grundstücken

(1) [1]Von öffentlichen Verkehrsflächen ist insbesondere für die Feuerwehr ein geradliniger Zu- oder Durchgang zu rückwärtigen Gebäuden zu schaffen. [2]Zu anderen Gebäuden ist er zu schaffen, wenn der zweite Rettungsweg dieser Gebäude über Rettungsgeräte der Feuerwehr führt. [3]Zu Gebäuden, bei denen die Oberkante der Brüstung von zum Anleitern bestimmten Fenstern oder Stellen mehr als 8 m über Gelände liegt, ist in den Fällen des Satzes 1 anstelle eines Zu- oder Durchgangs eine Zu- oder Durchfahrt zu schaffen. [4]Ist für die Personenrettung der Einsatz von Hubrettungsfahrzeugen erforderlich, sind die dafür erforderlichen Aufstell- und Bewegungsflächen vorzusehen. [5]Bei Gebäuden, die ganz oder mit Teilen mehr als 50 m von einer öffentlichen Verkehrsfläche entfernt sind, sind Zufahrten oder Durchfahrten nach Satz 3 zu den vor und hinter den Gebäuden gelegenen Grundstücksteilen und Bewegungsflächen herzustellen, wenn sie aus Gründen des Feuerwehreinsatzes erforderlich sind.

(2) [1]Zu- und Durchfahrten, Aufstellflächen und Bewegungsflächen müssen für Feuerwehrfahrzeuge ausreichend befestigt und tragfähig sein. [2]Sie sind als solche zu kennzeichnen und ständig freizuhalten. [3]Die Kennzeichnung von Zufahrten muss von der öffentlichen Verkehrsfläche aus sichtbar sein. [4]Fahrzeuge dürfen auf den Flächen nach Satz 1 nicht abgestellt werden.

§ 6 Abstandsflächen, Abstände

(1) [1]Vor den Außenwänden von Gebäuden sind Abstandsflächen von oberirdischen Gebäuden freizuhalten. [2]Satz 1 gilt entsprechend für andere Anlagen, von denen Wirkungen wie von Gebäuden ausgehen, gegenüber Gebäuden und Grundstücksgrenzen. [3]Eine Abstandsfläche ist nicht erforderlich vor Außenwänden, die an Grundstücksgrenzen errichtet werden, wenn nach planungsrechtlichen Vorschriften an die Grenze gebaut werden muss oder gebaut werden darf.

(2) [1]Abstandsflächen sowie Abstände nach § 30 Absatz 2 Nummer 1 und § 32 Absatz 2 müssen auf dem Grundstück selbst liegen. [2]Sie dürfen auch auf öffentlichen Verkehrs-, Grün- und Wasserflächen liegen, jedoch nur bis zu deren Mitte. [3]Abstandsflächen sowie Abstände im Sinne des Satzes 1 dürfen sich ganz oder teilweise auf andere Grundstücke erstrecken, wenn rechtlich gesichert ist, dass sie nicht

überbaut werden. [4]Abstandsflächen dürfen auf die auf diesen Grundstücken erforderlichen Abstandsflächen nicht angerechnet werden.

(3) [1]Die Abstandsflächen dürfen sich nicht überdecken. [2]Dies gilt nicht für
1. Außenwände, die in einem Winkel von mehr als 75 Grad zueinander stehen;
2. Außenwände zu einem fremder Sicht entzogenen Gartenhof bei Wohngebäuden der Gebäudeklassen 1 und 2 oder
3. Gebäude und andere bauliche Anlagen, die in den Abstandsflächen zulässig sind.

(4) [1]Die Tiefe der Abstandsfläche bemisst sich nach der Wandhöhe. [2]Sie wird senkrecht zur Wand gemessen. [3]Wandhöhe ist das Maß von der Geländeoberfläche bis zum Schnittpunkt der Wand mit der Dachhaut oder bis zum oberen Abschluss der Wand. [4]Die Höhe von Dächern mit einer Neigung von weniger als 70 Grad wird zu einem Drittel der Wandhöhe hinzugerechnet. [5]Andernfalls wird die Höhe des Daches voll hinzugerechnet. [6]Die Sätze 1 bis 4 gelten für Dachaufbauten entsprechend. [7]Das sich ergebende Maß ist H.

(5) [1]Die Tiefe der Abstandsflächen beträgt 0,4 H, mindestens 3 m. [2]In Gewerbe- und Industriegebieten genügt eine Tiefe von 0,2 H, mindestens 3 m. [3]Vor den Außenwänden von Wohngebäuden der Gebäudeklassen 1 und 2 mit nicht mehr als drei oberirdischen Geschossen genügt als Tiefe der Abstandsfläche 3 m. [4]Werden von einer städtebaulichen Satzung oder einer Satzung nach § 89 von den Sätzen 1 bis 3 abweichende Abstandsflächen vorgeschrieben, sind diese maßgeblich.

(6) Bei der Bemessung der Abstandsflächen bleiben außer Betracht
1. vor die Außenwand vortretende Bauteile wie Gesimse und Dachüberstände;
2. Vorbauten, wenn sie
   a) insgesamt nicht mehr als ein Drittel der Breite der jeweiligen Außenwand in Anspruch nehmen,
   b) nicht mehr als 1,50 m vor diese Außenwand vortreten und
   c) mindestens 2 m von der gegenüberliegenden Nachbargrenze entfernt bleiben, und
3. bei Gebäuden an der Grundstücksgrenze die Seitenwände von Vorbauten und Dachaufbauten, auch wenn sie nicht an der Grundstücksgrenze errichtet werden.

(7) Bei der Bemessung der Abstandsflächen bleiben Maßnahmen zum Zwecke der Energieeinsparung und Solaranlagen an bestehenden Gebäuden unabhängig davon, ob diese den Anforderungen der Absätze 2 bis 6 entsprechen, außer Betracht, wenn sie
1. eine Stärke von nicht mehr als 0,25 m aufweisen und
2. mindestens 2,50 m von der Nachbargrenze zurückbleiben.

(8) [1]In den Abstandsflächen eines Gebäudes sowie ohne eigene Abstandsflächen sind, auch wenn sie nicht an die Grundstücksgrenze oder an das Gebäude angebaut werden, zulässig
1. Garagen einschließlich Abstellraum und Gebäude ohne Aufenthaltsräume und Feuerstätten mit einer mittleren Wandhöhe bis zu 3 m und einer Gesamtlänge je Grundstücksgrenze von 9 m;
2. gebäudeunabhängige Solaranlagen mit einer Höhe bis zu 3 m und einer Gesamtlänge je Grundstücksgrenze von 9 m sowie
3. Stützmauern und geschlossene Einfriedungen in Gewerbe- und Industriegebieten, außerhalb dieser Baugebiete mit einer Höhe bis zu 2 m.
[2]Die Länge der die Abstandsflächentiefe gegenüber den Grundstücksgrenzen nicht einhaltenden Bebauung nach Nummer 1 und 2 darf auf einem Grundstück insgesamt 15 m nicht überschreiten.

§ 7 Teilung von Grundstücken
[1]Durch die Teilung eines Grundstücks, das bebaut oder dessen Bebauung genehmigt ist, dürfen keine Verhältnisse geschaffen werden, die Vorschriften dieses Gesetzes oder aufgrund dieses Gesetzes widersprechen. [2]§ 67 ist entsprechend anzuwenden.

§ 8 Nicht überbaute Flächen der bebauten Grundstücke, Kinderspielplätze
(1) [1]Die nicht mit Gebäuden oder vergleichbaren baulichen Anlagen überbauten Flächen der bebauten Grundstücke sind
1. wasseraufnahmefähig zu belassen oder herzustellen und
2. zu begrünen oder zu bepflanzen,

soweit dem nicht die Erfordernisse einer anderen zulässigen Verwendung der Flächen entgegenstehen. [2]Satz 1 findet keine Anwendung, soweit Bebauungspläne oder andere Satzungen Festsetzungen zu den nicht überbauten Flächen treffen.

(2) [1]Bei der Errichtung von Gebäuden mit mehr als drei Wohnungen ist auf dem Baugrundstück oder in unmittelbarer Nähe auf einem anderen geeigneten Grundstück, dessen dauerhafte Nutzung für diesen Zweck rechtlich gesichert sein muss, ein ausreichend großer Spielplatz für Kleinkinder anzulegen. [2]Dies gilt nicht, wenn in unmittelbarer Nähe eine Gemeinschaftsanlage oder ein sonstiger für die Kinder nutzbarer Spielplatz geschaffen wird oder vorhanden oder ein solcher Spielplatz wegen der Art und der Lage der Wohnung nicht erforderlich ist. [3]Bei bestehenden Gebäuden nach Satz 1 kann die Herstellung von Spielplätzen für Kleinkinder verlangt werden, wenn dies die Gesundheit und der Schutz der Kinder erfordern.

Teil 3
Bauliche Anlagen

Abschnitt 1
Gestaltung

§ 9 Gestaltung

[1]Bauliche Anlagen müssen nach Form, Maßstab, Verhältnis der Baumassen und Bauteile zueinander, Werkstoff und Farbe so gestaltet sein, dass sie nicht verunstaltet wirken. [2]Bauliche Anlagen dürfen das Straßen-, Orts- und Landschaftsbild nicht verunstalten.

§ 10 Anlagen der Außenwerbung, Warenautomaten

(1) [1]Anlagen der Außenwerbung (Werbeanlagen) sind alle ortsfesten Einrichtungen, die der Ankündigung oder Anpreisung oder als Hinweis auf Gewerbe oder Beruf dienen und vom öffentlichen Verkehrsraum aus sichtbar sind. [2]Hierzu zählen insbesondere Schilder, Beschriftungen, Bemalungen, Lichtwerbungen, Schaukästen sowie für Zettelanschläge und Bogenanschläge oder Lichtwerbung bestimmte Säulen, Tafeln und Flächen.

(2) [1]Für Werbeanlagen, die bauliche Anlagen sind, gelten die in diesem Gesetz an bauliche Anlagen gestellten Anforderungen. [2]Werbeanlagen, die keine baulichen Anlagen sind, dürfen weder bauliche Anlagen noch das Straßen-, Orts- und Landschaftsbild verunstalten oder die Sicherheit und Leichtigkeit des Verkehrs gefährden. [3]Die störende Häufung von Werbeanlagen ist unzulässig.

(3) [1]Außerhalb der im Zusammenhang bebauten Ortsteile sind Werbeanlagen unzulässig. [2]Ausgenommen sind, soweit in anderen Vorschriften nichts anderes bestimmt ist:

1. Werbeanlagen an der Stätte der Leistung;
2. einzelne Hinweiszeichen an Verkehrsstraßen und Wegabzweigungen, die im Interesse des Verkehrs auf außerhalb der Ortsdurchfahrten liegende Betriebe oder versteckt liegende Stätten aufmerksam machen;
3. Schilder, die Inhaber und Art gewerblicher Betriebe kennzeichnen (Hinweisschilder), wenn sie vor Ortsdurchfahrten auf einer Tafel zusammengefasst sind;
4. Werbeanlagen an und auf Flugplätzen, Sportanlagen und Versammlungsstätten, soweit sie nicht in die freie Landschaft wirken, und
5. Werbeanlagen auf Ausstellungs- und Messegeländen.

(4) [1]In Kleinsiedlungsgebieten, Dorfgebieten, reinen und allgemeinen Wohngebieten sind nur Werbeanlagen an der Stätte der Leistung, einzelne Hinweiszeichen zu abseits liegenden Stätten der Leistung sowie Anlagen für amtliche Mitteilungen und zur Unterrichtung der Bevölkerung über kirchliche, kulturelle, politische, sportliche und ähnliche Veranstaltungen zulässig. [2]Die jeweils freie Fläche dieser Anlagen darf auch für andere Werbung verwendet werden. [3]Auf öffentlichen Verkehrsflächen sind auch andere Werbeanlagen in Verbindung mit baulichen Anlagen, die dem öffentlichen Personennahverkehr dienen, zulässig, soweit dieser die Eigenart des Gebietes und das Ortsbild nicht beeinträchtigen.

(5) Die Absätze 1 bis 3 gelten für Warenautomaten entsprechend.

(6) Die Vorschriften dieses Gesetzes sind nicht anzuwenden auf

1. Anschläge und Lichtwerbung an dafür genehmigten Säulen, Tafeln und Flächen;
2. Werbemittel an Zeitungs- und Zeitschriftenverkaufsstellen;

3. Auslagen und Dekorationen in Fenstern und Schaukästen sowie
4. Wahlwerbung für die Dauer eines Wahlkampfs.

Abschnitt 2
Allgemeine Anforderungen an die Bauausführung

§ 11 Baustelle

(1) Baustellen sind so einzurichten, dass bauliche Anlagen ordnungsgemäß errichtet, geändert oder beseitigt werden können und Gefahren oder vermeidbare Belästigungen nicht entstehen.

(2) [1]Bei Bauarbeiten, durch die unbeteiligte Personen gefährdet werden können, ist die Gefahrenzone abzugrenzen oder durch Warnzeichen zu kennzeichnen. [2]Soweit erforderlich, sind Baustellen mit einem Bauzaun abzugrenzen, mit Schutzvorrichtungen gegen herabfallende Gegenstände zu versehen und zu beleuchten.

(3) Bei der Ausführung nicht verfahrensfreier Bauvorhaben hat der Bauherr an der Baustelle ein Schild, das die Bezeichnung des Bauvorhabens sowie die Namen und Anschriften des Entwurfsverfassers, des Bauleiters und der Unternehmer für den Rohbau enthalten muss, dauerhaft und von der öffentlichen Verkehrsfläche aus sichtbar anzubringen.

(4) Bäume, Hecken und sonstige Bepflanzungen, die aufgrund anderer Rechtsvorschriften zu erhalten sind, müssen während der Bauausführung geschützt werden.

§ 12 Standsicherheit

(1) [1]Jede bauliche Anlage muss im Ganzen und in ihren einzelnen Teilen für sich allein standsicher sein. [2]Die Standsicherheit anderer baulicher Anlagen und die Tragfähigkeit des Baugrundes der Nachbargrundstücke dürfen nicht gefährdet werden.

(2) Die Verwendung gemeinsamer Bauteile für mehrere bauliche Anlagen ist zulässig, wenn rechtlich gesichert ist, dass die gemeinsamen Bauteile bei der Beseitigung einer der baulichen Anlagen bestehen bleiben können.

§ 13 Schutz gegen schädliche Einflüsse

(1) [1]Bauliche Anlagen müssen so angeordnet, beschaffen und gebrauchstauglich sein, dass durch Wasser, Feuchtigkeit, pflanzliche und tierische Schädlinge sowie andere chemische, physikalische oder biologische Einflüsse Gefahren oder unzumutbare Belästigungen nicht entstehen. [2]Baugrundstücke müssen für bauliche Anlagen geeignet sein.

(2) Werden in Gebäuden Bauteile aus Holz oder anderen organischen Stoffen vom Hausbock oder vom echten Hausschwamm befallen, haben die für den ordnungsgemäßen Zustand des Gebäudes verantwortlichen Personen unverzüglich ein Fachunternehmen mit der Bekämpfung und Schadensbeseitigung auf Grundlage einer Sachverständigeneinschätzung zu beauftragen und der Bauaufsichtsbehörde die Beauftragung sowie den Abschluss der Arbeiten schriftlich anzuzeigen.

§ 14 Brandschutz

Bauliche Anlagen sind so anzuordnen, zu errichten, zu ändern und instand zu halten, dass der Entstehung eines Brandes und der Ausbreitung von Feuer und Rauch vorgebeugt wird und bei einem Brand die Rettung von Menschen und Tieren sowie wirksame Löscharbeiten möglich sind.

§ 15 Wärme-, Schall-, Erschütterungsschutz

(1) Gebäude müssen einen ihrer Nutzung und den klimatischen Verhältnissen entsprechenden Wärmeschutz haben.

(2) [1]Gebäude müssen einen ihrer Nutzung entsprechenden Schallschutz haben. [2]Geräusche, die von ortsfesten Einrichtungen in baulichen Anlagen oder auf Baugrundstücken ausgehen, sind so zu dämmen, dass Gefahren oder unzumutbare Belästigungen nicht entstehen.

(3) Erschütterungen oder Schwingungen, die von ortsfesten Einrichtungen in baulichen Anlagen oder auf Baugrundstücken ausgehen, sind so zu dämmen, dass Gefahren oder unzumutbare Belästigungen nicht entstehen.

§ 16 Verkehrssicherheit

(1) Bauliche Anlagen und die dem Verkehr dienenden nicht überbauten Flächen von bebauten Grundstücken müssen verkehrssicher sein.

(2) Die Sicherheit und Leichtigkeit des öffentlichen Verkehrs darf durch bauliche Anlagen oder deren Nutzung nicht gefährdet werden.

§ 16a Bauarten

(1) Bauarten dürfen nur angewendet werden, wenn bei ihrer Anwendung die baulichen Anlagen bei ordnungsgemäßer Instandhaltung während einer dem Zweck entsprechenden angemessenen Zeitdauer die Anforderungen dieses Gesetzes oder aufgrund dieses Gesetzes erfüllen und für ihren Anwendungszweck tauglich sind.

(2) [1]Bauarten, die von Technischen Baubestimmungen nach § 88a Absatz 2 Nummer 2 oder Nummer 3 Buchstabe a wesentlich abweichen oder für die es allgemein anerkannte Regeln der Technik nicht gibt, dürfen bei der Errichtung, Änderung und Instandhaltung baulicher Anlagen nur angewendet werden, wenn für sie

1. eine allgemeine Bauartgenehmigung durch das Deutsche Institut für Bautechnik oder
2. eine vorhabenbezogene Bauartgenehmigung durch die oberste Bauaufsichtsbehörde

erteilt worden ist. [2]§ 18 Absatz 2 bis 7 gilt entsprechend.

(3) [1]Anstelle einer allgemeinen Bauartgenehmigung genügt ein allgemeines bauaufsichtliches Prüfzeugnis für Bauarten, wenn die Bauart nach allgemein anerkannten Prüfverfahren beurteilt werden kann. [2]In den Technischen Baubestimmungen nach § 88a werden diese Bauarten mit der Angabe der maßgebenden technischen Regeln bekannt gemacht. [3]§ 19 Absatz 2 gilt entsprechend.

(4) Wenn Gefahren im Sinne des § 3 Satz 1 nicht zu erwarten sind, kann die oberste Bauaufsichtsbehörde im Einzelfall oder für genau begrenzte Fälle allgemein festlegen, dass eine Bauartgenehmigung nicht erforderlich ist.

(5) [1]Bauarten bedürfen einer Bestätigung ihrer Übereinstimmung mit den Technischen Baubestimmungen nach § 88a Absatz 2, den allgemeinen Bauartgenehmigungen, den allgemeinen bauaufsichtlichen Prüfzeugnissen für Bauarten oder den vorhabenbezogenen Bauartgenehmigungen. [2]Als Übereinstimmung gilt auch eine Abweichung, die nicht wesentlich ist. [3]§ 21 Absatz 2 gilt für den Anwender der Bauart entsprechend.

(6) [1]Bei Bauarten, deren Anwendung in außergewöhnlichem Maß von der Sachkunde und Erfahrung der damit betrauten Personen oder von einer Ausstattung mit besonderen Vorrichtungen abhängt, kann in der Bauartgenehmigung oder durch Rechtsverordnung der obersten Bauaufsichtsbehörde vorgeschrieben werden, dass der Anwender über solche Fachkräfte und Vorrichtungen verfügt und den Nachweis hierüber gegenüber einer Prüfstelle nach § 24 Satz 1 Nummer 6 zu erbringen hat. [2]In der Rechtsverordnung können Mindestanforderungen an die Ausbildung, die durch Prüfung nachzuweisende Befähigung und die Ausbildungsstätten einschließlich der Anerkennungsvoraussetzungen gestellt werden.

(7) Für Bauarten, die einer außergewöhnlichen Sorgfalt bei Ausführung oder Instandhaltung bedürfen, kann in der Bauartgenehmigung oder durch Rechtsverordnung der obersten Bauaufsichtsbehörde die Überwachung dieser Tätigkeiten durch eine Überwachungsstelle nach § 24 Satz 1 Nummer 5 vorgeschrieben werden.

Abschnitt 3
Bauprodukte

§ 16b Allgemeine Anforderungen für die Verwendung von Bauprodukten

(1) Bauprodukte dürfen nur verwendet werden, wenn bei ihrer Verwendung die baulichen Anlagen bei ordnungsgemäßer Instandhaltung während einer dem Zweck entsprechenden angemessenen Zeitdauer die Anforderungen dieses Gesetzes oder aufgrund dieses Gesetzes erfüllen und gebrauchstauglich sind.

(2) Bauprodukte, die in Vorschriften anderer Vertragsstaaten des Abkommens über den Europäischen Wirtschaftsraum genannten technischen Anforderungen entsprechen, dürfen verwendet werden, wenn das geforderte Schutzniveau gemäß § 3 Satz 1 gleichermaßen dauerhaft erreicht wird.

§ 16c Anforderungen für die Verwendung von CE-gekennzeichneten Bauprodukten

[1]Ein Bauprodukt, das die CE-Kennzeichnung trägt, darf verwendet werden, wenn die erklärten Leistungen den in diesem Gesetz oder aufgrund dieses Gesetzes festgelegten Anforderungen für diese Verwendung entsprechen. [2]Die §§ 17 bis 25 Absatz 1 gelten nicht für Bauprodukte, die die CE-Kennzeichnung aufgrund der Verordnung (EU) Nr. 305/2011 tragen.

§ 17 Verwendbarkeitsnachweise

(1) Ein Verwendbarkeitsnachweis (§§ 18 bis 20) ist für ein Bauprodukt erforderlich, wenn
es keine Technische Baubestimmung und keine allgemein anerkannte Regel der Technik gibt,
das Bauprodukt von einer Technischen Baubestimmung nach § 88a Absatz 2 Nummer 3 wesentlich abweicht oder
eine Verordnung nach § 88 Absatz 4a dies vorsieht.

(2) Ein Verwendbarkeitsnachweis ist nicht erforderlich für ein Bauprodukt,
1. das von einer allgemein anerkannten Regel der Technik abweicht oder
2. das für die Erfüllung der Anforderungen dieses Gesetzes oder aufgrund dieses Gesetzes nur eine untergeordnete Bedeutung hat.

(3) Die Technischen Baubestimmungen nach § 88a enthalten eine nicht abschließende Liste von Bauprodukten, die keines Verwendbarkeitsnachweises nach Absatz 1 bedürfen.

§ 18 Allgemeine bauaufsichtliche Zulassung

(1) Das Deutsche Institut für Bautechnik erteilt unter den Voraussetzungen des § 17 Absatz 1 eine allgemeine bauaufsichtliche Zulassung für Bauprodukte, wenn deren Verwendbarkeit im Sinne des § 16b Absatz 1 nachgewiesen ist.

(2) [1]Die zur Begründung des Antrags erforderlichen Unterlagen sind beizufügen. [2]Soweit erforderlich, sind Probestücke vom Antragsteller zur Verfügung zu stellen oder durch Sachverständige, die das Deutsche Institut für Bautechnik bestimmen kann, zu entnehmen oder Probeausführungen unter Aufsicht der Sachverständigen herzustellen. [3]§ 69 Absatz 2 gilt entsprechend.

(3) Das Deutsche Institut für Bautechnik kann für die Durchführung der Prüfung die sachverständige Stelle und für Probeausführungen die Ausführungsstelle und Ausführungszeit vorschreiben.

(4) [1]Die allgemeine bauaufsichtliche Zulassung wird widerruflich und für eine bestimmte Frist erteilt, die in der Regel fünf Jahre beträgt. [2]Die Zulassung kann mit Nebenbestimmungen erteilt werden. [3]Sie kann auf schriftlichen Antrag in der Regel um fünf Jahre verlängert werden. [4]§ 73 Absatz 2 Satz 2 gilt entsprechend.

(5) Die Zulassung wird unbeschadet der privaten Rechte Dritter erteilt.

(6) Das Deutsche Institut für Bautechnik macht die von ihm erteilten allgemeinen bauaufsichtlichen Zulassungen nach Gegenstand und wesentlichem Inhalt öffentlich bekannt.

(7) Allgemeine bauaufsichtliche Zulassungen nach dem Recht anderer Länder gelten auch im Freistaat Sachsen.

§ 19 Allgemeines bauaufsichtliches Prüfzeugnis

(1) [1]Bauprodukte, die nach allgemein anerkannten Prüfverfahren beurteilt werden, bedürfen anstelle einer allgemeinen bauaufsichtlichen Zulassung nur eines allgemeinen bauaufsichtlichen Prüfzeugnisses. [2]Dies wird mit der Angabe der maßgebenden technischen Regeln in den Technischen Baubestimmungen nach § 88a bekannt gemacht.

(2) [1]Ein allgemeines bauaufsichtliches Prüfzeugnis wird von einer Prüfstelle nach § 24 Satz 1 Nummer 1 für Bauprodukte nach Absatz 1 erteilt, wenn deren Verwendbarkeit im Sinne des § 16b Absatz 1 nachgewiesen ist. [2]§ 18 Absatz 2, 4 bis 7 gilt entsprechend. [3]Die für die Anerkennung der Prüfstellen zuständige Behörde kann an Stelle der jeweiligen Prüfstelle allgemeine bauaufsichtliche Prüfzeugnisse zurücknehmen oder widerrufen; die §§ 48 und 49 des Verwaltungsverfahrensgesetzes in der Fassung der Bekanntmachung vom 23. Januar 2003 (BGBl. I S. 102), das zuletzt durch Artikel 11 Absatz 2 des Gesetzes vom 18. Juli 2017 (BGBl. I S. 2745) geändert worden ist, in der jeweils geltenden Fassung, finden entsprechende Anwendung.

§ 20 Nachweis der Verwendbarkeit von Bauprodukten im Einzelfall

[1]Mit Zustimmung der obersten Bauaufsichtsbehörde dürfen unter den Voraussetzungen des § 17 Absatz 1 im Einzelfall Bauprodukte verwendet werden, wenn ihre Verwendbarkeit im Sinne des § 16b Absatz 1 nachgewiesen ist. [2]Wenn Gefahren im Sinne des § 3 Satz 1 nicht zu erwarten sind, kann die oberste Bauaufsichtsbehörde im Einzelfall erklären, dass ihre Zustimmung nicht erforderlich ist.

§ 21 Übereinstimmungsbestätigung

(1) [1]Bauprodukte bedürfen einer Bestätigung ihrer Übereinstimmung mit den Technischen Baubestimmungen nach § 88a Absatz 2, den allgemeinen bauaufsichtlichen Zulassungen, den allgemeinen

bauaufsichtlichen Prüfzeugnissen oder den Zustimmungen im Einzelfall. ²Als Übereinstimmung gilt auch eine Abweichung, die nicht wesentlich ist.

(2) Die Bestätigung der Übereinstimmung erfolgt durch Übereinstimmungserklärung des Herstellers (§ 22).

(3) Die Übereinstimmungserklärung hat der Hersteller durch Kennzeichnung der Bauprodukte mit dem Übereinstimmungszeichen (Ü-Zeichen) unter Hinweis auf den Verwendungszweck abzugeben.

(4) Das Ü-Zeichen ist auf dem Bauprodukt, auf einem Beipackzettel oder auf seiner Verpackung oder, wenn dies Schwierigkeiten bereitet, auf dem Lieferschein oder auf einer Anlage zum Lieferschein anzubringen.

(5) Ü-Zeichen aus anderen Ländern und aus anderen Staaten gelten auch im Freistaat Sachsen.

§ 22 Übereinstimmungserklärung des Herstellers

(1) Der Hersteller darf eine Übereinstimmungserklärung nur abgeben, wenn er durch werkseigene Produktionskontrolle sichergestellt hat, dass das von ihm hergestellte Bauprodukt den maßgebenden technischen Regeln, der allgemeinen bauaufsichtlichen Zulassung, dem allgemeinen bauaufsichtlichen Prüfzeugnis oder der Zustimmung im Einzelfall entspricht.

(2) ¹In den Technischen Baubestimmungen nach § 88a Absatz 2, in den allgemeinen bauaufsichtlichen Zulassungen, in den allgemeinen bauaufsichtlichen Prüfzeugnissen oder in den Zustimmungen im Einzelfall kann eine Prüfung der Bauprodukte durch eine Prüfstelle vor Abgabe der Übereinstimmungserklärung vorgeschrieben werden, wenn dies zur Sicherung einer ordnungsgemäßen Herstellung erforderlich ist. ²In diesen Fällen hat die Prüfstelle das Bauprodukt daraufhin zu überprüfen, ob es den maßgebenden technischen Regeln, der allgemeinen bauaufsichtlichen Zulassung, dem allgemeinen bauaufsichtlichen Prüfzeugnis oder der Zustimmung im Einzelfall entspricht.

(3) ¹In den Technischen Baubestimmungen nach § 88a, in den allgemeinen bauaufsichtlichen Zulassungen oder in den Zustimmungen im Einzelfall kann eine Zertifizierung vor Abgabe der Übereinstimmungserklärung vorgeschrieben werden, wenn dies zum Nachweis einer ordnungsgemäßen Herstellung eines Bauproduktes erforderlich ist. ²Die oberste Bauaufsichtsbehörde kann im Einzelfall die Verwendung von Bauprodukten ohne Zertifizierung gestatten, wenn nachgewiesen ist, dass diese Bauprodukte den technischen Regeln, Zulassungen, Prüfzeugnissen oder Zustimmungen nach Absatz 1 entsprechen.

(4) Bauprodukte, die nicht in Serie hergestellt werden, bedürfen nur einer Übereinstimmungserklärung nach Absatz 1, sofern nichts anderes bestimmt ist.

§ 23 Zertifizierung

(1) Dem Hersteller ist ein Übereinstimmungszertifikat von einer Zertifizierungsstelle nach § 24 zu erteilen, wenn das Bauprodukt

1. den Technischen Baubestimmungen nach § 88a Absatz 2, der allgemeinen bauaufsichtlichen Zulassung, dem allgemeinen bauaufsichtlichen Prüfzeugnis oder der Zustimmung im Einzelfall entspricht und

2. einer werkseigenen Produktionskontrolle sowie einer Fremdüberwachung nach Maßgabe des Absatzes 2 unterliegt.

(2) ¹Die Fremdüberwachung ist von Überwachungsstellen nach § 24 durchzuführen. ²Die Fremdüberwachung hat regelmäßig zu überprüfen, ob das Bauprodukt den Technischen Baubestimmungen nach § 88a Absatz 2, der allgemeinen bauaufsichtlichen Zulassung, dem allgemeinen bauaufsichtlichen Prüfzeugnis oder der Zustimmung im Einzelfall entspricht.

§ 24 Prüf-, Zertifizierungs-, Überwachungsstellen

¹Die oberste Bauaufsichtsbehörde kann eine natürliche oder juristische Person als

1. Prüfstelle für die Erteilung allgemeiner bauaufsichtlicher Prüfzeugnisse (§ 19 Absatz 2),

2. Prüfstelle für die Überprüfung von Bauprodukten vor Bestätigung der Übereinstimmung (§ 22 Absatz 2),

3. Zertifizierungsstelle (§ 23 Absatz 1),

4. Überwachungsstelle für die Fremdüberwachung (§ 23 Absatz 2),

5. Überwachungsstelle für die Überwachung nach § 16a Absatz 7 und § 25 Absatz 2 oder

6. Prüfstelle für die Überprüfung nach § 16a Absatz 6 und § 25 Absatz 1

anerkennen, wenn sie oder die bei ihr Beschäftigten nach ihrer Ausbildung, Fachkenntnis, persönlichen Zuverlässigkeit, ihrer Unparteilichkeit und ihren Leistungen die Gewähr dafür bieten, dass diese Aufgaben den öffentlich-rechtlichen Vorschriften entsprechend wahrgenommen werden, und wenn sie über die erforderlichen Vorrichtungen verfügen. [2]Satz 1 ist entsprechend auf Behörden anzuwenden, wenn sie ausreichend mit geeigneten Fachkräften besetzt und mit den erforderlichen Vorrichtungen ausgestattet sind. [3]Die Anerkennung von Prüf-, Zertifizierungs- und Überwachungsstellen anderer Länder gilt auch im Freistaat Sachsen.

§ 25 Besondere Sachkunde- und Sorgfaltsanforderungen

(1) [1]Bei Bauprodukten, deren Herstellung in außergewöhnlichem Maß von der Sachkunde und Erfahrung der damit betrauten Personen oder von einer Ausstattung mit besonderen Vorrichtungen abhängt, kann in der allgemeinen bauaufsichtlichen Zulassung, in der Zustimmung im Einzelfall oder durch Rechtsverordnung der obersten Bauaufsichtsbehörde vorgeschrieben werden, dass der Hersteller über solche Fachkräfte und Vorrichtungen verfügt und den Nachweis hierüber gegenüber einer Prüfstelle nach § 24 Satz 1 Nummer 6 zu erbringen hat. [2]In der Rechtsverordnung können Mindestanforderungen an die Ausbildung, die durch Prüfung nachzuweisende Befähigung und die Ausbildungsstätten einschließlich der Anerkennungsvoraussetzungen gestellt werden.

(2) Für Bauprodukte, die wegen ihrer besonderen Eigenschaften oder ihres besonderen Verwendungszwecks einer außergewöhnlichen Sorgfalt bei Einbau, Transport, Instandhaltung oder Reinigung bedürfen, kann in der allgemeinen bauaufsichtlichen Zulassung, in der Zustimmung im Einzelfall oder durch Rechtsverordnung der obersten Bauaufsichtsbehörde die Überwachung dieser Tätigkeiten durch eine Überwachungsstelle nach § 24 Satz 1 Nummer 5 vorgeschrieben werden, soweit diese Tätigkeiten nicht bereits durch die Verordnung (EU) Nr. 305/2011 erfasst sind.

Abschnitt 4
Brandverhalten von Baustoffen und Bauteilen; Wände, Decken, Dächer

§ 26 Allgemeine Anforderungen an das Brandverhalten von Baustoffen und Bauteilen

(1) [1]Baustoffe werden nach den Anforderungen an ihr Brandverhalten unterschieden in
1. nichtbrennbare,
2. schwerentflammbare und
3. normalentflammbare.

[2]Baustoffe, die nicht mindestens normalentflammbar sind (leichtentflammbare Baustoffe) dürfen nicht verwendet werden. [3]Dies gilt nicht, wenn sie in Verbindung mit anderen Baustoffen nicht leichtentflammbar sind.

(2) [1]Bauteile werden nach den Anforderungen an ihre Feuerwiderstandsfähigkeit unterschieden in
1. feuerbeständige,
2. hochfeuerhemmende und
3. feuerhemmende.

[2]Die Feuerwiderstandsfähigkeit bezieht sich bei tragenden und aussteifenden Bauteilen auf deren Standsicherheit im Brandfall und bei raumabschließenden Bauteilen auf deren Widerstand gegen die Brandausbreitung. [3]Bauteile werden zusätzlich nach dem Brandverhalten ihrer Baustoffe unterschieden in
1. Bauteile aus nichtbrennbaren Baustoffen;
2. Bauteile, deren tragende und aussteifende Teile aus nichtbrennbaren Baustoffen bestehen und die bei raumabschließenden Bauteilen zusätzlich eine in Bauteilebene durchgehende Schicht aus nichtbrennbaren Baustoffen haben;
3. Bauteile, deren tragende und aussteifende Teile aus brennbaren Baustoffen bestehen und die allseitig eine brandschutztechnisch wirksame Bekleidung aus nichtbrennbaren Baustoffen (Brandschutzbekleidung) und Dämmstoffe aus nichtbrennbaren Baustoffen haben, sowie
4. Bauteile aus brennbaren Baustoffen.

[4]Soweit in diesem Gesetz oder in Vorschriften aufgrund dieses Gesetzes nichts anderes bestimmt ist, müssen

1. Bauteile, die feuerbeständig sein müssen, mindestens den Anforderungen des Satzes 3 Nummer 2 und
2. Bauteile, die hochfeuerhemmend sein müssen, mindestens den Anforderungen des Satzes 3 Nummer 3

entsprechen.

§ 27 Tragende Wände, Stützen

(1) [1]Tragende und aussteifende Wände und Stützen müssen im Brandfall ausreichend lang standsicher sein. [2]Sie müssen

1. in Gebäuden der Gebäudeklasse 5 feuerbeständig,
2. in Gebäuden der Gebäudeklasse 4 hochfeuerhemmend und
3. in Gebäuden der Gebäudeklassen 2 und 3 feuerhemmend

sein. [3]Satz 2 gilt

1. für Geschosse im Dachraum nur, wenn darüber noch Aufenthaltsräume möglich sind; § 29 Absatz 4 bleibt unberührt;
2. nicht für Balkone, ausgenommen offene Gänge, die als notwendige Flure dienen.

(2) Im Kellergeschoss müssen tragende und aussteifende Wände und Stützen

1. in Gebäuden der Gebäudeklassen 3 bis 5 feuerbeständig und
2. in Gebäuden der Gebäudeklassen 1 und 2 feuerhemmend

sein.

§ 28 Außenwände

(1) Außenwände und Außenwandteile wie Brüstungen und Schürzen sind so auszubilden, dass eine Brandausbreitung auf und in diesen Bauteilen ausreichend lang begrenzt ist.

(2) [1]Nichttragende Außenwände und nichttragende Teile tragender Außenwände müssen aus nichtbrennbaren Baustoffen bestehen. [2]Sie sind aus brennbaren Baustoffen zulässig, wenn sie als raumabschließende Bauteile feuerhemmend sind. [3]Satz 1 gilt nicht für

1. Türen und Fenster,
2. Fugendichtungen und
3. brennbare Dämmstoffe in nichtbrennbaren geschlossenen Profilen der Außenwandkonstruktion.

(3) [1]Oberflächen von Außenwänden sowie Außenwandbekleidungen müssen einschließlich der Dämmstoffe und Unterkonstruktionen schwerentflammbar sein. [2]Unterkonstruktionen aus normalentflammbaren Baustoffen sind zulässig, wenn die Anforderungen nach Absatz 1 erfüllt sind. [3]Balkonbekleidungen, die über die erforderliche Umwehrungshöhe hinaus hochgeführt werden, und mehr als zwei Geschosse überbrückende Solaranlagen an Außenwänden müssen schwerentflammbar sein. [4]Baustoffe, die schwerentflammbar sein müssen, dürfen in Bauteilen nach den Sätzen 1 und 3 nicht brennend abfallen oder abtropfen.

(4) Bei Außenwandkonstruktionen mit geschossübergreifenden Hohl- oder Lufträumen wie Doppelfassaden und hinterlüfteten Außenwandbekleidungen sind gegen die Brandausbreitung besondere Vorkehrungen zu treffen.

(5) Die Absätze 2 und 3 gelten nicht für Gebäude der Gebäudeklassen 1 bis 3, Absatz 4 gilt nicht für Gebäude der Gebäudeklassen 1 und 2.

§ 29 Trennwände

(1) Trennwände nach Absatz 2 müssen als raumabschließende Bauteile von Räumen oder Nutzungseinheiten innerhalb von Geschossen ausreichend lang widerstandsfähig gegen die Brandausbreitung sein.

(2) Trennwände sind erforderlich

1. zwischen Nutzungseinheiten sowie zwischen Nutzungseinheiten und anders genutzten Räumen, ausgenommen notwendigen Fluren;
2. zum Abschluss von Räumen mit Explosions- oder erhöhter Brandgefahr und
3. zwischen Aufenthaltsräumen und anders genutzten Räumen im Kellergeschoss.

(3) ¹Trennwände nach Absatz 2 Nummer 1 und 3 müssen die Feuerwiderstandsfähigkeit der tragenden und aussteifenden Bauteile des Geschosses haben, jedoch mindestens feuerhemmend sein. ²Trennwände nach Absatz 2 Nummer 2 müssen feuerbeständig sein.

(4) ¹Die Trennwände nach Absatz 2 sind bis zur Rohdecke, im Dachraum bis unter die Dachhaut zu führen. ²Werden in Dachräumen Trennwände nur bis zur Rohdecke geführt, ist diese Decke als raumabschließendes Bauteil einschließlich der sie tragenden und aussteifenden Bauteile feuerhemmend herzustellen.

(5) ¹Öffnungen in Trennwänden nach Absatz 2 sind nur zulässig, wenn sie auf die für die Nutzung erforderliche Zahl und Größe beschränkt sind. ²Sie müssen feuerhemmende, dicht- und selbstschließende Abschlüsse haben.

(6) Die Absätze 1 bis 5 gelten nicht für Wohngebäude der Gebäudeklassen 1 und 2.

§ 30 Brandwände

(1) Brandwände müssen als raumabschließende Bauteile zum Abschluss von Gebäuden (Gebäudeabschlusswand) oder zur Unterteilung von Gebäuden in Brandabschnitte (innere Brandwand) ausreichend lang die Brandausbreitung auf andere Gebäude oder Brandabschnitte verhindern.

(2) Brandwände sind erforderlich

1. als Gebäudeabschlusswand, ausgenommen von Gebäuden ohne Aufenthaltsräume und ohne Feuerstätten mit nicht mehr als 50 m³ Brutto-Rauminhalt, wenn diese Abschlusswände an oder mit einem Abstand von weniger als 2,50 m gegenüber der Grundstücksgrenze errichtet werden, es sei denn, dass ein Abstand von mindestens 5 m zu bestehenden oder nach den baurechtlichen Vorschriften zulässigen künftigen Gebäuden gesichert ist;

2. als innere Brandwand zur Unterteilung ausgedehnter Gebäude in Abständen von nicht mehr als 40 m;

3. als innere Brandwand zur Unterteilung landwirtschaftlich genutzter Gebäude in Brandabschnitte von nicht mehr als 10 000 m³ Brutto-Rauminhalt und

4. als Gebäudeabschlusswand zwischen Wohngebäuden und angebauten landwirtschaftlich genutzten Gebäuden sowie als innere Brandwand zwischen dem Wohnteil und dem landwirtschaftlich genutzten Teil eines Gebäudes.

(3) ¹Brandwände müssen auch unter zusätzlicher mechanischer Beanspruchung feuerbeständig sein und aus nichtbrennbaren Baustoffen bestehen. ²Anstelle von Brandwänden sind in den Fällen des Absatzes 2 Nummer 1 bis 3 zulässig

1. für Gebäude der Gebäudeklasse 4 Wände, die auch unter zusätzlicher mechanischer Beanspruchung hochfeuerhemmend sind;

2. für Gebäude der Gebäudeklassen 1 bis 3 hochfeuerhemmende Wände und

3. für Gebäude der Gebäudeklassen 1 bis 3 Gebäudeabschlusswände, die jeweils von innen nach außen die Feuerwiderstandsfähigkeit der tragenden und aussteifenden Teile des Gebäudes, mindestens jedoch feuerhemmende Bauteile, und von außen nach innen die Feuerwiderstandsfähigkeit feuerbeständiger Bauteile haben.

³In den Fällen des Absatzes 2 Nummer 4 sind anstelle von Brandwänden feuerbeständige Wände zulässig, wenn der Brutto-Rauminhalt des landwirtschaftlich genutzten Gebäudes oder Gebäudeteils nicht größer als 2 000 m³ ist.

(4) ¹Brandwände müssen bis zur Bedachung durchgehen und in allen Geschossen übereinander angeordnet sein. ²Abweichend davon dürfen anstelle innerer Brandwände Wände geschossweise versetzt angeordnet werden, wenn

1. die Wände im Übrigen Absatz 3 Satz 1 entsprechen;

2. die Decken, soweit sie in Verbindung mit diesen Wänden stehen, feuerbeständig sind, aus nichtbrennbaren Baustoffen bestehen und keine Öffnungen haben;

3. die Bauteile, die diese Wände und Decken unterstützen, feuerbeständig sind und aus nichtbrennbaren Baustoffen bestehen;

4. die Außenwände im Bereich des Versatzes in dem Geschoss oberhalb oder unterhalb des Versatzes feuerbeständig sind und

5. Öffnungen in den Außenwänden im Bereich des Versatzes so angeordnet oder andere Vorkehrungen so getroffen sind, dass eine Brandausbreitung in andere Brandabschnitte nicht zu befürchten ist.

(5) ¹Brandwände sind 0,30 m über die Bedachung zu führen oder in Höhe der Dachhaut mit einer beiderseits 0,50 m auskragenden feuerbeständigen Platte aus nichtbrennbaren Baustoffen abzuschließen. ²Darüber dürfen brennbare Teile des Daches nicht hinweggeführt werden. ³Bei Gebäuden der Gebäudeklassen 1 bis 3 sind Brandwände mindestens bis unter die Dachhaut zu führen. ⁴Verbleibende Hohlräume sind vollständig mit nichtbrennbaren Baustoffen auszufüllen.

(6) ¹Müssen Gebäude oder Gebäudeteile, die über Eck zusammenstoßen, durch eine Brandwand getrennt werden, muss der Abstand dieser Wand von der inneren Ecke mindestens 5 m betragen. ²Das gilt nicht, wenn der Winkel der inneren Ecke mehr als 120 Grad beträgt oder mindestens eine Außenwand auf 5 m Länge als öffnungslose feuerbeständige Wand aus nichtbrennbaren Baustoffen, bei Gebäuden der Gebäudeklassen 1 bis 4 als öffnungslose hochfeuerhemmende Wand, ausgebildet ist.

(7) ¹Bauteile mit brennbaren Baustoffen dürfen über Brandwände nicht hinweggeführt werden. ²Bei Außenwandkonstruktionen, die eine seitliche Brandausbreitung begünstigen können, wie hinterlüftete Außenwandbekleidungen oder Doppelfassaden, sind gegen die Brandausbreitung im Bereich der Brandwände besondere Vorkehrungen zu treffen. ³Außenwandbekleidungen von Brandwänden müssen einschließlich der Dämmstoffe und Unterkonstruktionen aus nichtbrennbaren Baustoffen bestehen. ⁴Bauteile dürfen in Brandwände nur soweit eingreifen, dass deren Feuerwiderstandsfähigkeit nicht beeinträchtigt wird; für Leitungen, Leitungsschlitze und Schornsteine gilt dies entsprechend.

(8) ¹Öffnungen in Brandwänden sind unzulässig. ²Sie sind in inneren Brandwänden nur zulässig, wenn sie auf die für die Nutzung erforderliche Zahl und Größe beschränkt sind. ³Die Öffnungen müssen feuerbeständige, dicht- und selbstschließende Abschlüsse haben.

(9) In inneren Brandwänden sind feuerbeständige Verglasungen nur zulässig, wenn sie auf die für die Nutzung erforderliche Zahl und Größe beschränkt sind.

(10) Absatz 2 Nummer 1 gilt nicht für seitliche Wände von Vorbauten im Sinne des § 6 Absatz 6, wenn sie von dem Nachbargebäude oder der Nachbargrenze einen Abstand einhalten, der ihrer eigenen Ausladung entspricht, mindestens jedoch 1 m beträgt.

(11) Die Absätze 4 bis 10 gelten entsprechend auch für Wände, die nach Absatz 3 Satz 2 und 3 anstelle von Brandwänden zulässig sind.

§ 31 Decken

(1) ¹Decken müssen als tragende und raumabschließende Bauteile zwischen Geschossen im Brandfall ausreichend lang standsicher und widerstandsfähig gegen die Brandausbreitung sein. ²Sie müssen
1. in Gebäuden der Gebäudeklasse 5 feuerbeständig,
2. in Gebäuden der Gebäudeklasse 4 hochfeuerhemmend und
3. in Gebäuden der Gebäudeklassen 2 und 3 feuerhemmend

sein. ³Satz 2 gilt
1. für Geschosse im Dachraum nur, wenn darüber Aufenthaltsräume möglich sind; § 29 Absatz 4 bleibt unberührt,
2. nicht für Balkone, ausgenommen offene Gänge, die als notwendige Flure dienen.

(2) ¹Im Kellergeschoss müssen Decken
1. in Gebäuden der Gebäudeklassen 3 bis 5 feuerbeständig und
2. in Gebäuden der Gebäudeklassen 1 und 2 feuerhemmend

sein. ²Decken müssen feuerbeständig sein
1. unter und über Räumen mit Explosions- oder erhöhter Brandgefahr, ausgenommen in Wohngebäuden der Gebäudeklassen 1 und 2, und
2. zwischen dem landwirtschaftlich genutzten Teil und dem Wohnteil eines Gebäudes.

(3) Der Anschluss der Decken an die Außenwand ist so herzustellen, dass er den Anforderungen aus Absatz 1 Satz 1 genügt.

(4) Öffnungen in Decken, für die eine Feuerwiderstandsfähigkeit vorgeschrieben ist, sind nur zulässig
1. in Gebäuden der Gebäudeklassen 1 und 2,
2. innerhalb derselben Nutzungseinheit mit nicht mehr als insgesamt 400 m² in nicht mehr als zwei Geschossen und
3. im Übrigen, wenn sie auf die für die Nutzung erforderliche Zahl und Größe beschränkt sind und Abschlüsse mit der Feuerwiderstandsfähigkeit der Decke haben.

§ 32 Dächer

(1) Bedachungen müssen gegen eine Brandbeanspruchung von außen durch Flugfeuer und strahlende Wärme ausreichend lang widerstandsfähig sein (harte Bedachung).

(2) [1]Bedachungen, die die Anforderungen nach Absatz 1 nicht erfüllen, sind zulässig bei Gebäuden der Gebäudeklassen 1 bis 3, wenn die Gebäude

1. einen Abstand von der Grundstücksgrenze von mindestens 12 m,
2. von Gebäuden auf demselben Grundstück mit harter Bedachung einen Abstand von mindestens 15 m,
3. von Gebäuden auf demselben Grundstück mit Bedachungen, die die Anforderungen nach Absatz 1 nicht erfüllen, einen Abstand von mindestens 24 m,
4. von Gebäuden auf demselben Grundstück ohne Aufenthaltsräume und ohne Feuerstätten mit nicht mehr als 50 m³ Brutto-Rauminhalt einen Abstand von mindestens 5 m

einhalten. [2]Soweit Gebäude nach Satz 1 Abstand halten müssen, genügt bei Wohngebäuden der Gebäudeklassen 1 und 2 in den Fällen

1. der Nummer 1 ein Abstand von mindestens 6 m,
2. der Nummer 2 ein Abstand von mindestens 9 m,
3. der Nummer 3 ein Abstand von mindestens 12 m.

(3) Die Absätze 1 und 2 gelten nicht für

1. Gebäude ohne Aufenthaltsräume und ohne Feuerstätten mit nicht mehr als 50 m³ Brutto-Rauminhalt,
2. lichtdurchlässige Bedachungen aus nichtbrennbaren Baustoffen; brennbare Fugendichtungen und brennbare Dämmstoffe in nichtbrennbaren Profilen sind zulässig,
3. Dachflächenfenster, Oberlichte und Lichtkuppeln von Wohngebäuden,
4. Eingangsüberdachungen und Vordächer aus nichtbrennbaren Baustoffen und
5. Eingangsüberdachungen aus brennbaren Baustoffen, wenn die Eingänge nur zu Wohnungen führen.

(4) Abweichend von den Absätzen 1 und 2 sind

1. lichtdurchlässige Teilflächen aus brennbaren Baustoffen in Bedachungen nach Absatz 1 und
2. begrünte Bedachungen

zulässig, wenn eine Brandentstehung bei einer Brandbeanspruchung von außen durch Flugfeuer und strahlende Wärme nicht zu befürchten ist oder Vorkehrungen hiergegen getroffen werden.

(5) [1]Dachüberstände, Dachgesimse und Dachaufbauten, lichtdurchlässige Bedachungen, Dachflächenfenster, Lichtkuppeln, Oberlichte und Solaranlagen sind so anzuordnen und herzustellen, dass Feuer nicht auf andere Gebäudeteile und Nachbargrundstücke übertragen werden kann. [2]Von Brandwänden und von Wänden, die anstelle von Brandwänden zulässig sind, müssen mindestens 1,25 m entfernt sein

1. Dachflächenfenster, Oberlichte, Lichtkuppeln und Öffnungen in der Bedachung, wenn diese Wände nicht mindestens 0,30 m über die Bedachung geführt sind, und
2. Solaranlagen, Dachgauben und ähnliche Dachaufbauten aus brennbaren Baustoffen, wenn sie nicht durch diese Wände gegen Brandübertragung geschützt sind.

(6) [1]Dächer von traufseitig aneinander gebauten Gebäuden müssen als raumabschließende Bauteile für eine Brandbeanspruchung von innen nach außen einschließlich der sie tragenden und aussteifenden Bauteile feuerhemmend sein. [2]Öffnungen in diesen Dachflächen müssen waagerecht gemessen mindestens 2 m von der Brandwand oder der Wand, die anstelle der Brandwand zulässig ist, entfernt sein.

(7) [1]Dächer von Anbauten, die an Außenwände mit Öffnungen oder ohne Feuerwiderstandsfähigkeit anschließen, müssen innerhalb eines Abstands von 5 m von diesen Wänden als raumabschließende Bauteile für eine Brandbeanspruchung von innen nach außen einschließlich der sie tragenden und aussteifenden Bauteile die Feuerwiderstandsfähigkeit der Decken des Gebäudeteils haben, an den sie angebaut werden. [2]Dies gilt nicht für Anbauten an Wohngebäude der Gebäudeklassen 1 bis 3.

(8) Dächer an Verkehrsflächen und über Eingängen müssen Vorrichtungen zum Schutz gegen das Herabfallen von Schnee und Eis haben, wenn dies die Verkehrssicherheit erfordert.

(9) Für vom Dach aus vorzunehmende Arbeiten sind sicher benutzbare Vorrichtungen anzubringen.

Abschnitt 5
Rettungswege, Öffnungen, Umwehrungen

§ 33 Erster und zweiter Rettungsweg

(1) [1]Für Nutzungseinheiten mit mindestens einem Aufenthaltsraum wie Wohnungen, Praxen, selbstständige Betriebsstätten müssen in jedem Geschoss mindestens zwei voneinander unabhängige Rettungswege ins Freie vorhanden sein. [2]Beide Rettungswege dürfen jedoch innerhalb des Geschosses über denselben notwendigen Flur führen.

(2) [1]Für Nutzungseinheiten nach Absatz 1, die nicht zu ebener Erde liegen, muss der erste Rettungsweg über eine notwendige Treppe führen. [2]Der zweite Rettungsweg kann eine weitere notwendige Treppe oder eine mit Rettungsgeräten der Feuerwehr erreichbare Stelle der Nutzungseinheit sein. [3]Ein zweiter Rettungsweg ist nicht erforderlich, wenn die Rettung über einen sicher erreichbaren Treppenraum möglich ist, in den Feuer und Rauch nicht eindringen können (Sicherheitstreppenraum).

(3) [1]Gebäude, deren zweiter Rettungsweg über Rettungsgeräte der Feuerwehr führt und bei denen die Oberkante der Brüstung von zum Anleitern bestimmten Fenstern oder Stellen mehr als 8 m über der Geländeoberfläche liegt, dürfen nur errichtet werden, wenn die Feuerwehr über die erforderlichen Rettungsgeräte wie Hubrettungsfahrzeuge verfügt. [2]Der zweite Rettungsweg über Rettungsgeräte der Feuerwehr ist nur zulässig, wenn keine Bedenken wegen der Personenrettung bestehen.

§ 34 Treppen

(1) [1]Jedes nicht zu ebener Erde liegende Geschoss und der benutzbare Dachraum eines Gebäudes müssen über mindestens eine Treppe zugänglich sein (notwendige Treppe). [2]Statt notwendiger Treppen sind Rampen mit flacher Neigung zulässig.

(2) [1]Einschiebbare Treppen und Rolltreppen sind als notwendige Treppen unzulässig. [2]In Gebäuden der Gebäudeklassen 1 und 2 sind einschiebbare Treppen und Leitern als Zugang zu einem Dachraum ohne Aufenthaltsraum zulässig.

(3) [1]Notwendige Treppen sind in einem Zuge zu allen angeschlossenen Geschossen zu führen. [2]Sie müssen mit den Treppen zum Dachraum unmittelbar verbunden sein. [3]Dies gilt nicht für Treppen
1. in Gebäuden der Gebäudeklassen 1 bis 3,
2. nach § 35 Absatz 1 Satz 3 Nummer 2.

(4) [1]Die tragenden Teile notwendiger Treppen müssen
1. in Gebäuden der Gebäudeklasse 5 feuerhemmend und aus nichtbrennbaren Baustoffen,
2. in Gebäuden der Gebäudeklasse 4 aus nichtbrennbaren Baustoffen und
3. in Gebäuden der Gebäudeklasse 3 aus nichtbrennbaren Baustoffen oder feuerhemmend

sein. [2]Tragende Teile von Außentreppen nach § 35 Absatz 1 Satz 3 Nummer 3 für Gebäude der Gebäudeklassen 3 bis 5 müssen aus nichtbrennbaren Baustoffen bestehen.

(5) Die nutzbare Breite der Treppenläufe und Treppenabsätze notwendiger Treppen muss für den größten zu erwartenden Verkehr ausreichen.

(6) [1]Treppen müssen einen festen und griffsicheren Handlauf haben. [2]Für Treppen sind Handläufe auf beiden Seiten und Zwischenhandläufe vorzusehen, soweit die Verkehrssicherheit dies erfordert.

(7) [1]Eine Treppe darf nicht unmittelbar hinter einer Tür beginnen, die in Richtung der Treppe aufschlägt. [2]Zwischen Treppe und Tür ist ein ausreichender Treppenabsatz anzuordnen.

§ 35 Notwendige Treppenräume, Ausgänge

(1) [1]Jede notwendige Treppe muss zur Sicherstellung der Rettungswege aus den Geschossen ins Freie in einem eigenen, durchgehenden Treppenraum liegen (notwendiger Treppenraum). [2]Notwendige Treppenräume müssen so angeordnet und ausgebildet sein, dass die Nutzung der notwendigen Treppen im Brandfall ausreichend lang möglich ist. [3]Notwendige Treppen sind ohne eigenen Treppenraum zulässig
1. in Gebäuden der Gebäudeklassen 1 und 2,
2. für die Verbindung von höchstens zwei Geschossen innerhalb derselben Nutzungseinheit von insgesamt nicht mehr als 200 m², wenn in jedem Geschoss ein anderer Rettungsweg erreicht werden kann und
3. als Außentreppe, wenn ihre Nutzung ausreichend sicher ist und im Brandfall nicht gefährdet werden kann.

(2) [1]Von jeder Stelle eines Aufenthaltsraumes sowie eines Kellergeschosses muss mindestens ein Ausgang in einen notwendigen Treppenraum oder ins Freie in höchstens 35 m Entfernung erreichbar sein. [2]Übereinander liegende Kellergeschosse müssen jeweils mindestens zwei Ausgänge in notwendige Treppenräume oder ins Freie haben. [3]Sind mehrere notwendige Treppenräume erforderlich, müssen sie so verteilt sein, dass sie möglichst entgegengesetzt liegen und dass die Rettungswege möglichst kurz sind.

(3) [1]Grundsätzlich muss jeder notwendige Treppenraum einen unmittelbaren Ausgang ins Freie haben. [2]Hat ein notwendiger Treppenraum keinen unmittelbaren Ausgang ins Freie, muss der Raum zwischen dem notwendigen Treppenraum und dem Ausgang ins Freie

1. mindestens so breit sein wie die dazugehörigen Treppenläufe
2. Wände haben, die die Anforderungen an die Wände des Treppenraumes erfüllen,
3. rauchdichte und selbstschließende Abschlüsse zu notwendigen Fluren haben und
4. ohne Öffnungen zu anderen Räumen, ausgenommen zu notwendigen Fluren, sein.

(4) [1]Die Wände notwendiger Treppenräume müssen als raumabschließende Bauteile

1. in Gebäuden der Gebäudeklasse 5 die Bauart von Brandwänden haben,
2. in Gebäuden der Gebäudeklasse 4 auch unter zusätzlicher mechanischer Beanspruchung hochfeuerhemmend und
3. in Gebäuden der Gebäudeklasse 3 feuerhemmend

sein. [2]Dies ist nicht erforderlich für Außenwände von Treppenräumen, die aus nichtbrennbaren Baustoffen bestehen und durch andere an diese Außenwände anschließende Gebäudeteile im Brandfall nicht gefährdet werden können. [3]Der obere Abschluss notwendiger Treppenräume muss als raumabschließendes Bauteil die Feuerwiderstandsfähigkeit der Decken des Gebäudes haben. [4]Dies gilt nicht, wenn der obere Abschluss das Dach ist und die Treppenraumwände bis unter die Dachhaut reichen.

(5) In notwendigen Treppenräumen und in Räumen nach Absatz 3 Satz 2 müssen

1. Bekleidungen, Putze, Dämmstoffe, Unterdecken und Einbauten aus nichtbrennbaren Baustoffen bestehen,
2. Wände und Decken aus brennbaren Baustoffen eine Bekleidung aus nichtbrennbaren Baustoffen in ausreichender Dicke haben und
3. Bodenbeläge, ausgenommen Gleitschutzprofile, aus mindestens schwerentflammbaren Baustoffen bestehen

(6) [1]In notwendigen Treppenräumen müssen Öffnungen

1. zu Kellergeschossen, zu nicht ausgebauten Dachräumen, Werkstätten, Läden, Lager- und ähnlichen Räumen sowie zu sonstigen Räumen und Nutzungseinheiten mit einer Fläche von mehr als 200 m^2, ausgenommen Wohnungen, mindestens feuerhemmende, rauchdichte und selbstschließende Abschlüsse,
2. zu notwendigen Fluren rauchdichte und selbstschließende Abschlüsse und
3. zu sonstigen Räumen und Nutzungseinheiten mindestens dicht- und selbstschließende Abschlüsse

haben. [2]Die Feuerschutz- und Rauchschutzabschlüsse dürfen lichtdurchlässige Seitenteile und Oberlichte enthalten, wenn der Abschluss insgesamt nicht breiter als 2,50 m ist.

(7) [1]Notwendige Treppenräume müssen zu beleuchten sein. [2]Notwendige Treppenräume ohne Fenster müssen in Gebäuden mit einer Höhe nach § 2 Absatz 3 Satz 2 von mehr als 13 m eine Sicherheitsbeleuchtung haben.

(8) [1]Notwendige Treppenräume müssen belüftet und zur Unterstützung wirksamer Löscharbeiten entraucht werden können. [2]Sie müssen

1. in jedem oberirdischen Geschoss unmittelbar ins Freie führende Fenster mit einem freien Querschnitt von mindestens 0,50 m^2 haben, die geöffnet werden können, oder
2. an der obersten Stelle eine Öffnung zur Rauchableitung haben.

[3]In den Fällen des Satzes 2 Nummer 1 ist in Gebäuden der Gebäudeklasse 5 zudem an der obersten Stelle eine Öffnung zur Rauchableitung erforderlich; in den Fällen des Satzes 2 Nummer 2 sind in Gebäuden der Gebäudeklassen 4 und 5, soweit dies zur Erfüllung der Anforderungen nach Satz 1 erforderlich ist, besondere Vorkehrungen zu treffen. [4]Öffnungen zur Rauchableitung nach den Sätzen 2 und 3 müssen in jedem Treppenraum einen freien Querschnitt von mindestens 1 m^2 und Vorrichtungen zum Öffnen ihrer Abschlüsse haben, die vom Erdgeschoss und vom obersten Treppenabsatz aus bedient werden können.

§ 36 Notwendige Flure, offene Gänge

(1) [1]Flure, über die Rettungswege aus Aufenthaltsräumen oder aus Nutzungseinheiten mit Aufenthaltsräumen zu Ausgängen in notwendige Treppenräume oder ins Freie führen (notwendige Flure), müssen so angeordnet und ausgebildet sein, dass die Nutzung im Brandfall ausreichend lang möglich ist. [2]Notwendige Flure sind nicht erforderlich

1. in Wohngebäuden der Gebäudeklassen 1 und 2;
2. in sonstigen Gebäuden der Gebäudeklassen 1 und 2, ausgenommen in Kellergeschossen;
3. innerhalb von Nutzungseinheiten mit nicht mehr als 200 m² und innerhalb von Wohnungen sowie
4. innerhalb von Nutzungseinheiten, die einer Büro- oder Verwaltungsnutzung dienen, mit nicht mehr als 400 m²; das gilt auch für Teile größerer Nutzungseinheiten, wenn diese Teile nicht größer als 400 m² sind, Trennwände nach § 29 Absatz 2 Nummer 1 haben und jeder Teil unabhängig von anderen Teilen Rettungswege nach § 33 Absatz 1 hat.

(2) [1]Notwendige Flure müssen so breit sein, dass sie für den größten zu erwartenden Verkehr ausreichen. [2]In den Fluren ist eine Folge von weniger als drei Stufen unzulässig.

(3) [1]Notwendige Flure sind durch nichtabschließbare, rauchdichte und selbstschließende Abschlüsse in Rauchabschnitte zu unterteilen. [2]Die Rauchabschnitte sollen nicht länger als 30 m sein. [3]Die Abschlüsse sind bis an die Rohdecke zu führen. [4]Sie dürfen bis an die Unterdecke der Flure geführt werden, wenn die Unterdecke feuerhemmend ist. [5]Notwendige Flure mit nur einer Fluchtrichtung, die zu einem Sicherheitstreppenraum führen, dürfen nicht länger als 15 m sein. [6]Die Sätze 1 bis 4 gelten nicht für offene Gänge nach Absatz 5.

(4) [1]Die Wände notwendiger Flure müssen als raumabschließende Bauteile feuerhemmend, in Kellergeschossen, deren tragende und aussteifende Bauteile feuerbeständig sein müssen, feuerbeständig sein. [2]Die Wände sind bis an die Rohdecke zu führen. [3]Sie dürfen bis an die Unterdecke der Flure geführt werden, wenn die Unterdecke feuerhemmend und ein demjenigen nach Satz 1 vergleichbarer Raumabschluss sichergestellt ist. [4]Türen in diesen Wänden müssen dicht schließen. [5]Öffnungen zu Lagerbereichen im Kellergeschoss müssen feuerhemmende, dicht- und selbstschließende Abschlüsse haben.

(5) [1]Für Wände und Brüstungen notwendiger Flure mit nur einer Fluchtrichtung, die als offene Gänge vor den Außenwänden angeordnet sind, gilt Absatz 4 entsprechend. [2]Fenster sind in diesen Außenwänden ab einer Brüstungshöhe von 0,90 m zulässig.

(6) In notwendigen Fluren sowie in offenen Gängen nach Absatz 5 müssen

1. Bekleidungen, Putze, Unterdecken und Dämmstoffe aus nichtbrennbaren Baustoffen bestehen und
2. Wände und Decken aus brennbaren Baustoffen eine Bekleidung aus nichtbrennbaren Baustoffen in ausreichender Dicke haben.

§ 37 Fenster, Türen, sonstige Öffnungen

(1) [1]Glastüren und andere Glasflächen, die bis zum Fußboden allgemein zugänglicher Verkehrsflächen herabreichen, sind so zu kennzeichnen, dass sie leicht erkannt werden können. [2]Weitere Schutzmaßnahmen sind für größere Glasflächen vorzusehen, wenn dies die Verkehrssicherheit erfordert.

(2) Eingangstüren von Wohnungen, die über Aufzüge erreichbar sein müssen, müssen eine lichte Durchgangsbreite von mindestens 0,90 m haben.

(3) [1]Jedes Kellergeschoss ohne Fenster muss mindestens eine Öffnung ins Freie haben, um eine Rauchableitung zu ermöglichen. [2]Gemeinsame Kellerlichtschächte für übereinander liegende Kellergeschosse sind unzulässig.

(4) [1]Fenster, die als Rettungswege nach § 33 Absatz 2 Satz 2 dienen, müssen im Lichten mindestens 0,90 m mal 1,20 m groß und nicht höher als 1,20 m über der Fußbodenoberkante angeordnet sein. [2]Liegen diese Fenster in Dachschrägen oder Dachaufbauten, darf ihre Unterkante oder ein davor liegender Austritt von der Traufkante horizontal gemessen nicht mehr als 1 m entfernt sein.

§ 38 Umwehrungen

(1) In, an und auf baulichen Anlagen sind zu umwehren oder mit Brüstungen zu versehen:

1. Flächen, die im Allgemeinen zum Begehen bestimmt sind und unmittelbar an mehr als 1 m tiefer liegende Flächen angrenzen; dies gilt nicht, wenn die Umwehrung dem Zweck der Flächen widerspricht;

2. nicht begehbare Oberlichte und Glasabdeckungen in Flächen, die im Allgemeinen zum Begehen bestimmt sind, wenn sie weniger als 0,50 m aus diesen Flächen herausragen;
3. Dächer oder Dachteile, die zum auch nur zeitweiligen Aufenthalt von Menschen bestimmt sind;
4. Öffnungen in begehbaren Decken sowie in Dächern oder Dachteilen nach Nummer 3, wenn sie nicht sicher abgedeckt sind;
5. nicht begehbare Glasflächen in Decken sowie in Dächern oder Dachteilen nach Nummer 3;
6. die freien Seiten von Treppenläufen, Treppenabsätzen und Treppenöffnungen (Treppenaugen);
7. Kellerlichtschächte und Betriebsschächte, die an Verkehrsflächen liegen, wenn sie nicht verkehrssicher abgedeckt sind.

(2) [1]In Verkehrsflächen liegende Kellerlichtschächte und Betriebsschächte sind in Höhe der Verkehrsfläche verkehrssicher abzudecken. [2]An und in Verkehrsflächen liegende Abdeckungen müssen gegen unbefugtes Abheben gesichert sein. [3]Fenster, die unmittelbar an Treppen liegen und deren Brüstungen unter der notwendigen Umwehrungshöhe liegen, sind zu sichern.

(3) [1]Fensterbrüstungen von Flächen mit einer Absturzhöhe bis zu 12 m müssen mindestens 0,80 m, von Flächen mit mehr als 12 m Absturzhöhe mindestens 0,90 m hoch sein. [2]Geringere Brüstungshöhen sind zulässig, wenn durch andere Vorrichtungen wie Geländer die nach Absatz 4 vorgeschriebenen Mindesthöhen eingehalten werden.

(4) Andere notwendige Umwehrungen müssen folgende Mindesthöhen haben:
1. Umwehrungen zur Sicherung von Öffnungen in begehbaren Decken und Dächern sowie Umwehrungen von Flächen mit 1 m bis zu 12 m Absturzhöhe 0,90 m;
2. Umwehrungen von Flächen mit mehr als 12 m Absturzhöhe 1,10 m.

Abschnitt 6
Technische Gebäudeausrüstung

§ 39 Aufzüge

(1) [1]Aufzüge im Innern von Gebäuden müssen eigene Fahrschächte haben, um eine Brandausbreitung in andere Geschosse ausreichend lang zu verhindern. [2]In einem Fahrschacht dürfen bis zu drei Aufzüge liegen. [3]Aufzüge ohne eigene Fahrschächte sind zulässig
1. innerhalb eines notwendigen Treppenraumes, ausgenommen in Hochhäusern,
2. innerhalb von Räumen, die Geschosse überbrücken,
3. zur Verbindung von Geschossen, die offen miteinander in Verbindung stehen dürfen, und
4. in Gebäuden der Gebäudeklassen 1 und 2.
[4]Sie müssen sicher umkleidet sein.

(2) [1]Die Fahrschachtwände müssen als raumabschließende Bauteile
1. in Gebäuden der Gebäudeklasse 5 feuerbeständig und aus nichtbrennbaren Baustoffen,
2. in Gebäuden der Gebäudeklasse 4 hochfeuerhemmend und
3. in Gebäuden der Gebäudeklasse 3 feuerhemmend
sein. [2]Fahrschachtwände aus brennbaren Baustoffen müssen schachtseitig eine Bekleidung aus nichtbrennbaren Baustoffen in ausreichender Dicke haben. [3]Fahrschachttüren und andere Öffnungen in Fahrschachtwänden mit erforderlicher Feuerwiderstandsfähigkeit sind so herzustellen, dass die Anforderungen nach Absatz 1 Satz 1 nicht beeinträchtigt werden.

(3) [1]Fahrschächte müssen zu lüften sein und eine Öffnung zur Rauchableitung mit einem freien Querschnitt von mindestens 2,5 Prozent der Fahrschachtgrundfläche, mindestens jedoch 0,10 m^2 haben. [2]Diese Öffnung darf einen Abschluss haben, der im Brandfall selbsttätig öffnet und von mindestens einer geeigneten Stelle aus bedient werden kann. [3]Die Lage der Rauchaustrittsöffnungen muss so gewählt werden, dass der Rauchaustritt durch Windeinfluss nicht beeinträchtigt wird.

(4) [1]Gebäude mit einer Höhe nach § 2 Absatz 3 Satz 2 von mehr als 13 m müssen Aufzüge in ausreichender Zahl haben. [2]Von diesen Aufzügen muss mindestens ein Aufzug Kinderwagen, Rollstühle, Krankentragen und Lasten aufnehmen können und Haltestellen in allen Geschossen haben. [3]Dieser Aufzug muss von der öffentlichen Verkehrsfläche und von allen Wohnungen in dem Gebäude aus stufenlos erreichbar sein. [4]Haltestellen im obersten Geschoss, im Erdgeschoss und in den Kellergeschossen sind nicht erforderlich, wenn sie nur unter besonderen Schwierigkeiten hergestellt werden können.

(5) [1]Fahrkörbe zur Aufnahme einer Krankentrage müssen eine nutzbare Grundfläche von mindestens 1,10 m mal 2,10 m, zur Aufnahme eines Rollstuhls von mindestens 1,10 m mal 1,40 m haben. [2]Türen müssen eine lichte Durchgangsbreite von mindestens 0,90 m haben. [3]In einem Aufzug für Rollstühle und Krankentragen darf der für Rollstühle nicht erforderliche Teil der Fahrkorbgrundfläche durch eine verschließbare Tür abgesperrt werden. [4]Vor den Aufzügen muss eine ausreichende Bewegungsfläche vorhanden sein.

§ 40 Leitungsanlagen, Installationsschächte und -kanäle

(1) [1]Leitungen dürfen durch raumabschließende Bauteile, für die eine Feuerwiderstandsfähigkeit vorgeschrieben ist, nur hindurchgeführt werden, wenn eine Brandausbreitung ausreichend lang nicht zu befürchten ist oder Vorkehrungen hiergegen getroffen sind. [2]Dies gilt nicht

1. für Gebäude der Gebäudeklassen 1 und 2,
2. innerhalb von Wohnungen und
3. innerhalb derselben Nutzungseinheit mit nicht mehr als insgesamt 400 m² in nicht mehr als zwei Geschossen.

(2) In notwendigen Treppenräumen, in Räumen nach § 35 Absatz 3 Satz 2 und in notwendigen Fluren sind Leitungsanlagen nur zulässig, wenn eine Nutzung als Rettungsweg im Brandfall ausreichend lang möglich ist.

(3) Für Installationsschächte und -kanäle gelten Absatz 1 sowie § 41 Absatz 2 Satz 1 und Absatz 3 entsprechend.

§ 41 Lüftungsanlagen

(1) [1]Lüftungsanlagen müssen betriebssicher und brandsicher sein. [2]Sie dürfen den ordnungsgemäßen Betrieb von Feuerungsanlagen nicht beeinträchtigen.

(2) [1]Lüftungsleitungen sowie deren Bekleidungen und Dämmstoffe müssen aus nichtbrennbaren Baustoffen bestehen. [2]Brennbare Baustoffe sind zulässig, wenn ein Beitrag der Lüftungsleitung zur Brandentstehung und Brandweiterleitung nicht zu befürchten ist. [3]Lüftungsleitungen dürfen raumabschließende Bauteile, für die eine Feuerwiderstandsfähigkeit vorgeschrieben ist, nur überbrücken, wenn eine Brandausbreitung ausreichend lang nicht zu befürchten ist oder wenn Vorkehrungen hiergegen getroffen sind.

(3) Lüftungsanlagen sind so herzustellen, dass sie Gerüche und Staub nicht in andere Räume übertragen.

(4) [1]Lüftungsanlagen dürfen nicht in Abgasanlagen eingeführt werden. [2]Die gemeinsame Nutzung von Lüftungsleitungen zur Lüftung und zur Ableitung der Abgase von Gasfeuerstätten ist zulässig, wenn keine Bedenken wegen der Betriebssicherheit und des Brandschutzes bestehen. [3]Die Abluft ist ins Freie zu führen. [4]Nicht zur Lüftungsanlage gehörende Einrichtungen sind in Lüftungsleitungen unzulässig.

(5) Die Absätze 2 und 3 gelten nicht

1. für Gebäude der Gebäudeklassen 1 und 2;
2. innerhalb von Wohnungen und
3. innerhalb derselben Nutzungseinheit mit nicht mehr als 400 m² in nicht mehr als zwei Geschossen.

(6) Für raumlufttechnische Anlagen und Warmluftheizungen gelten die Absätze 1 bis 5 entsprechend.

§ 42 Feuerungsanlagen, sonstige Anlagen zur Wärmeerzeugung, Brennstoffversorgung

(1) Feuerstätten und Abgasanlagen (Feuerungsanlagen) müssen betriebssicher und brandsicher sein.

(2) Feuerstätten dürfen in Räumen nur aufgestellt werden, wenn nach der Art der Feuerstätte und nach Lage, Größe, baulicher Beschaffenheit und Nutzung der Räume Gefahren nicht entstehen.

(3) [1]Abgase von Feuerstätten sind durch Abgasleitungen, Schornsteine und Verbindungsstücke (Abgasanlagen) so abzuführen, dass keine Gefahren oder unzumutbaren Belästigungen entstehen. [2]Abgasanlagen sind in solcher Zahl und Lage und so herzustellen, dass die Feuerstätten des Gebäudes ordnungsgemäß angeschlossen werden können. [3]Sie müssen leicht gereinigt werden können.

(4) [1]Behälter und Rohrleitungen für brennbare Gase und Flüssigkeiten müssen betriebssicher und brandsicher sein. [2]Diese Behälter sowie feste Brennstoffe sind so aufzustellen oder zu lagern, dass keine Gefahren oder unzumutbaren Belästigungen entstehen.

(5) Für die Aufstellung von ortsfesten Verbrennungsmotoren, Blockheizkraftwerken, Brennstoffzellen und Verdichtern sowie die Ableitung ihrer Verbrennungsgase gelten die Absätze 1 bis 3 entsprechend.

§ 43 Sanitäre Anlagen, Wasserzähler

(1) Fensterlose Bäder und Toiletten sind nur zulässig, wenn eine wirksame Lüftung gewährleistet ist.

(2) [1]Jede Wohnung muss einen eigenen Wasserzähler haben. [2]Dies gilt nicht bei Nutzungsänderungen, wenn die Anforderung nach Satz 1 nur mit unverhältnismäßigem Mehraufwand erfüllt werden kann.

(3) Wasserversorgungsanlagen sowie Anlagen für Schmutz- und Niederschlagswasser (Abwasser) sind so herzustellen und zu unterhalten, dass sie betriebssicher sind und Gefahren oder unzumutbare Belästigungen nicht entstehen können.

§ 44 Kleinkläranlagen, Gruben

[1]Kleinkläranlagen und Gruben müssen wasserdicht und ausreichend groß sein. [2]Sie müssen eine dichte und sichere Abdeckung sowie Reinigungs- und Entleerungsöffnungen haben. [3]Diese Öffnungen dürfen nur vom Freien aus zugänglich sein. [4]Die Anlagen sind so zu entlüften, dass Gesundheitsschäden oder unzumutbare Belästigungen nicht entstehen. [5]Die Zuleitungen zu Abwasserentsorgungsanlagen müssen geschlossen, dicht, und, soweit erforderlich, zum Reinigen eingerichtet sein.

§ 45 Aufbewahrung fester Abfallstoffe

Feste Abfallstoffe dürfen innerhalb von Gebäuden vorübergehend aufbewahrt werden, in Gebäuden der Gebäudeklassen 3 bis 5 jedoch nur, wenn die dafür bestimmten Räume

1. . Trennwände und Decken als raumabschließende Bauteile mit der Feuerwiderstandsfähigkeit der tragenden Wände,
2. Öffnungen vom Gebäudeinnern zum Aufstellraum mit feuerhemmenden, dicht- und selbstschließenden Abschlüssen haben,
3. unmittelbar vom Freien entleert werden können und
4. eine ständig wirksame Lüftung haben.

§ 46 Blitzschutzanlagen

Bauliche Anlagen, bei denen nach Lage, Bauart oder Nutzung Blitzschlag leicht eintreten oder zu schweren Folgen führen kann, sind mit dauernd wirksamen Blitzschutzanlagen zu versehen.

Abschnitt 7
Nutzungsbedingte Anforderungen

§ 47 Aufenthaltsräume

(1) [1]Aufenthaltsräume müssen eine lichte Raumhöhe von mindestens 2,40 m haben. [2]Aufenthaltsräume im Dachraum müssen eine lichte Raumhöhe von mindestens 2,30 m über mindestens der Hälfte ihrer Grundfläche haben; Raumteile mit einer lichten Höhe bis 1,50 m bleiben außer Betracht.

(2) [1]Aufenthaltsräume müssen ausreichend belüftet und mit Tageslicht belichtet werden können. [2]Sie müssen Fenster mit einem Rohbaumaß der Fensteröffnungen von mindestens einem Achtel der Netto-Grundfläche des Raumes einschließlich der Netto-Grundfläche verglaster Vorbauten und Loggien haben.

(3) Aufenthaltsräume, deren Nutzung eine Belichtung mit Tageslicht verbietet, sowie Verkaufsräume, Schank- und Speisegaststätten, ärztliche Behandlungs-, Sport-, Spiel-, Werk- und ähnliche Räume sind ohne Fenster zulässig.

(4) [1]Aufenthaltsräume, in denen bestimmungsgemäß Personen schlafen, und Flure, die zu diesen Aufenthaltsräumen führen, sind jeweils mit mindestens einem Rauchwarnmelder auszustatten, soweit nicht für solche Räume eine automatische Rauchdetektion und angemessene Alarmierung sichergestellt ist. [2]Die Rauchwarnmelder müssen so eingebaut oder angebracht und betrieben werden, dass Brandrauch frühzeitig erkannt und gemeldet wird. [3]Die Sicherstellung der Betriebsbereitschaft obliegt den unmittelbaren Besitzern, es sei denn, der Eigentümer übernimmt diese Verpflichtung selbst.

§ 48 Wohnungen

(1) [1]Jede Wohnung muss eine Küche oder Kochnische haben. [2]Fensterlose Küchen oder Kochnischen sind zulässig, wenn eine wirksame Lüftung gewährleistet ist.

(2) In Wohngebäuden der Gebäudeklassen 3 bis 5 sind leicht erreichbare und gut zugängliche Abstellräume für Kinderwagen und Fahrräder sowie für jede Wohnung ein ausreichend großer Abstellraum herzustellen.

(3) Jede Wohnung muss ein Bad mit Badewanne oder Dusche und eine Toilette haben.

§ 49 Stellplätze, Garagen und Abstellplätze für Fahrräder

(1) [1]Soweit nicht in örtlichen Bauvorschriften nach § 89 Absatz 1 Nummer 4 geregelt, sind für Anlagen, bei denen ein Zu- und Abgangsverkehr mit Kraftfahrzeugen oder Fahrrädern zu erwarten ist, Stellplätze und Garagen sowie Abstellplätze für Fahrräder in dem erforderlichen Umfang auf dem Baugrundstück oder in zumutbarer Entfernung davon auf einem geeigneten Grundstück herzustellen, dessen Benutzung für diesen Zweck rechtlich gesichert ist (notwendige Stellplätze und Garagen sowie Abstellplätze für Fahrräder). [2]Die Zahl, Größe und Beschaffenheit der notwendigen Stellplätze und Garagen sowie Abstellplätze für Fahrräder einschließlich des Mehrbedarfs bei Änderungen und Nutzungsänderungen der Anlagen ist zu bestimmen unter Berücksichtigung der Sicherheit und Leichtigkeit des Verkehrs, der Bedürfnisse des ruhenden Verkehrs sowie der Erschließung durch Einrichtungen des öffentlichen Personennahverkehrs.

(2) Erhebt die Gemeinde Ablösungsbeträge gemäß § 89 Absatz 1 Nummer 4, hat sie diese zu verwenden für

1. die Herstellung zusätzlicher oder die Instandhaltung oder Modernisierung bestehender Parkeinrichtungen oder

2. sonstige Maßnahmen zur Entlastung der Straßen vom ruhenden Verkehr einschließlich investiver Maßnahmen des öffentlichen Personennahverkehrs und der Förderung von öffentlichen Fahrradabstellplätzen.

(3) Die Höhe der Ablösungsbeträge richtet sich nach Art der Nutzung und Lage der Anlage und darf 60 Prozent der durchschnittlichen Kosten eines Stellplatzes in diesem Gebiet nicht übersteigen.

§ 50 Barrierefreies Bauen

(1) [1]In Gebäuden mit mehr als zwei Wohnungen müssen die Wohnungen eines Geschosses barrierefrei erreichbar sein; diese Verpflichtung kann auch durch barrierefrei erreichbare Wohnungen in mehreren Geschossen erfüllt werden. [2]In diesen Wohnungen müssen die Wohn- und Schlafräume, eine Toilette, ein Bad sowie die Küche oder die Kochnische barrierefrei sein. [3]§ 39 Absatz 4 bleibt unberührt.

(2) [1]Bauliche Anlagen, die öffentlich zugänglich sind, müssen in den dem allgemeinen Besucher- und Benutzerverkehr dienenden Teilen barrierefrei sein. [2]Dies gilt insbesondere für

1. Einrichtungen der Kultur und des Bildungswesens;

2. Sport- und Freizeitstätten;

3. Einrichtungen des Gesundheitswesens;

4. Büro-, Verwaltungs- und Gerichtsgebäude;

5. Verkaufsstätten, Gast- und Beherbergungsstätten sowie

6. Stellplätze, Garagen und Toilettenanlagen.

[3]Für die der zweckentsprechenden Nutzung dienenden Räume und Anlagen genügt es, wenn sie in dem erforderlichen Umfang barrierefrei sind. [4]Toilettenräume und notwendige Stellplätze für Besucher und Benutzer müssen in der erforderlichen Anzahl barrierefrei sein.

(3) Abweichungen von den Absätzen 1 und 2 können nach § 67 nur dann zugelassen werden, soweit die Anforderungen wegen schwieriger Geländeverhältnisse, wegen des Einbaus eines sonst nicht erforderlichen Aufzugs, wegen ungünstiger vorhandener Bebauung oder im Hinblick auf die Sicherheit der Menschen mit Behinderungen oder alten Menschen nur mit einem unverhältnismäßigen Mehraufwand erfüllt werden können.

§ 51 Sonderbauten

[1]An Sonderbauten können im Einzelfall zur Verwirklichung der allgemeinen Anforderungen nach § 3 Satz 1 besondere Anforderungen gestellt werden. [2]Erleichterungen können gestattet werden, soweit es der Einhaltung von Vorschriften wegen der besonderen Art oder Nutzung baulicher Anlagen oder wegen besonderer Anforderungen nicht bedarf. [3]Die Anforderungen und Erleichterungen nach den Sätzen 1 und 2 können sich insbesondere erstrecken auf

1. die Anordnung der baulichen Anlagen auf dem Grundstück;

2. die Abstände von Nachbargrenzen, von anderen baulichen Anlagen auf dem Grundstück und von öffentlichen Verkehrsflächen sowie auf die Größe der freizuhaltenden Flächen der Grundstücke;

3. die Öffnungen nach öffentlichen Verkehrsflächen und nach angrenzenden Grundstücken;

4. die Anlage von Zu- und Abfahrten;

5. die Anlage von Grünstreifen, Baumpflanzungen und anderen Pflanzungen sowie die Begrünung oder Beseitigung von Halden und Gruben;
6. die Bauart und Anordnung aller für die Stand- und Verkehrssicherheit, den Brand-, Wärme-, Schall- oder Gesundheitsschutz wesentlichen Bauteile und die Verwendung von Baustoffen;
7. Brandschutzanlagen, -einrichtungen und -vorkehrungen;
8. die Löschwasserrückhaltung;
9. die Anordnung und Herstellung von Aufzügen, Treppen, Treppenräumen, Fluren, Ausgängen und sonstigen Rettungswegen;
10. die Beleuchtung und Energieversorgung;
11. die Lüftung und Rauchableitung;
12. die Feuerungsanlagen und Heizräume;
13. die Wasserversorgung;
14. die Aufbewahrung und Entsorgung von Abwasser und festen Abfallstoffen;
15. die Stellplätze und Garagen;
16. die barrierefreie Nutzbarkeit;
17. die zulässige Zahl der Benutzer, Anordnung und Zahl der zulässigen Sitz- und Stehplätze bei Versammlungsstätten, Tribünen und Fliegenden Bauten;
18. die Zahl der Toiletten für Besucher;
19. Umfang, Inhalt und Zahl besonderer Bauvorlagen, insbesondere eines Brandschutzkonzepts;
20. weitere zu erbringende Bescheinigungen;
21. die Bestellung und Qualifikation des Bauleiters und der Fachbauleiter,
22. den Betrieb und die Nutzung einschließlich der Bestellung und der Qualifikation eines Brandschutzbeauftragten sowie
23. Erst-, Wiederholungs- und Nachprüfungen und die Bescheinigungen, die hierüber zu erbringen sind.

Teil 4
Die am Bau Beteiligten

§ 52 Grundpflichten

Bei der Errichtung, Änderung, Nutzungsänderung und der Beseitigung von Anlagen sind der Bauherr und im Rahmen ihres Wirkungskreises die anderen am Bau Beteiligten dafür verantwortlich, dass die öffentlich-rechtlichen Vorschriften eingehalten werden.

§ 53 Bauherr

(1) [1]Der Bauherr hat zur Vorbereitung, Überwachung und Ausführung eines nicht verfahrensfreien Bauvorhabens sowie der Beseitigung von Anlagen geeignete Beteiligte nach Maßgabe der §§ 54 bis 56 zu bestellen, soweit er nicht selbst zur Erfüllung der Verpflichtungen nach diesen Vorschriften geeignet ist. [2]Dem Bauherrn obliegen außerdem die nach den öffentlich-rechtlichen Vorschriften erforderlichen Anträge, Anzeigen und Nachweise. [3]Er hat die zur Erfüllung der Anforderungen dieses Gesetzes oder aufgrund dieses Gesetzes erforderlichen Nachweise und Unterlagen zu den verwendeten Bauprodukten und den angewandten Bauarten bereitzuhalten. [4]Werden Bauprodukte verwendet, die die CE-Kennzeichnung nach der Verordnung (EU) Nr. 305/2011 tragen, ist die Leistungserklärung bereitzuhalten. [5]Der Bauherr hat vor Baubeginn den Namen des Bauleiters und während der Bauausführung einen Wechsel dieser Person unverzüglich der Bauaufsichtsbehörde schriftlich mitzuteilen. [6]Wechselt der Bauherr, hat der neue Bauherr dies der Bauaufsichtsbehörde unverzüglich schriftlich mitzuteilen.

(2) [1]Treten bei einem Bauvorhaben mehrere Personen als Bauherr auf, so kann die Bauaufsichtsbehörde verlangen, dass ihr gegenüber ein Vertreter bestellt wird, der die dem Bauherrn nach den öffentlich-rechtlichen Vorschriften obliegenden Verpflichtungen zu erfüllen hat. [2]Im Übrigen findet § 18 Absatz 1 Satz 2 und 3, Absatz 2 des Verwaltungsverfahrensgesetzes entsprechende Anwendung.

§ 54 Entwurfsverfasser

(1) [1]Der Entwurfsverfasser muss nach Sachkunde und Erfahrung zur Vorbereitung des jeweiligen Bauvorhabens geeignet sein. [2]Er ist für die Vollständigkeit und Brauchbarkeit seines Entwurfs verantwortlich. [3]Der Entwurfsverfasser hat dafür zu sorgen, dass die für die Ausführung notwendigen

Einzelzeichnungen, Einzelberechnungen und Anweisungen den öffentlich-rechtlichen Vorschriften entsprechen.

(2) [1]Hat der Entwurfsverfasser auf einzelnen Fachgebieten nicht die erforderliche Sachkunde und Erfahrung, sind geeignete Fachplaner heranzuziehen. [2]Diese sind für die von ihnen gefertigten Unterlagen, die sie zu unterzeichnen haben, verantwortlich. [3]Für das ordnungsgemäße Ineinandergreifen aller Fachplanungen bleibt der Entwurfsverfasser verantwortlich.

§ 55 Unternehmer

(1) [1]Jeder Unternehmer ist für die mit den öffentlich-rechtlichen Anforderungen übereinstimmende Ausführung der von ihm übernommenen Arbeiten und insoweit für die ordnungsgemäße Einrichtung und den sicheren Betrieb der Baustelle verantwortlich. [2]Er hat die zur Erfüllung der Anforderungen dieses Gesetzes oder aufgrund dieses Gesetzes erforderlichen Nachweise und Unterlagen zu den verwendeten Bauprodukten und den angewandten Bauarten zu erbringen und auf der Baustelle bereitzuhalten. [3]Bei Bauprodukten, die die CE-Kennzeichnung nach der Verordnung (EU) Nr. 305/2011 tragen, ist die Leistungserklärung bereitzuhalten.

(2) Jeder Unternehmer hat auf Verlangen der Bauaufsichtsbehörde für Arbeiten, bei denen die Sicherheit der Anlage in außergewöhnlichem Maße von der besonderen Sachkenntnis und Erfahrung des Unternehmers oder von einer Ausstattung des Unternehmens mit besonderen Vorrichtungen abhängt, nachzuweisen, dass er für diese Arbeiten geeignet ist und über die erforderlichen Vorrichtungen verfügt.

§ 56 Bauleiter

(1) [1]Der Bauleiter hat darüber zu wachen, dass die Baumaßnahme entsprechend den öffentlich-rechtlichen Anforderungen durchgeführt wird und die dafür erforderlichen Weisungen zu erteilen. [2]Er hat im Rahmen dieser Aufgabe auf den sicheren bautechnischen Betrieb der Baustelle, insbesondere auf das gefahrlose Ineinandergreifen der Arbeiten der Unternehmer, zu achten. [3]Die Verantwortlichkeit der Unternehmer bleibt unberührt.

(2) [1]Der Bauleiter muss über die für seine Aufgabe erforderliche Sachkunde und Erfahrung verfügen. [2]Verfügt er auf einzelnen Teilgebieten nicht über die erforderliche Sachkunde, sind geeignete Fachbauleiter heranzuziehen. [3]Diese treten insoweit an die Stelle des Bauleiters. [4]Der Bauleiter hat die Tätigkeit der Fachbauleiter und seine Tätigkeit aufeinander abzustimmen.

Teil 5
Bauaufsichtsbehörden, Verfahren

Abschnitt 1
Bauaufsichtsbehörden

§ 57 Aufbau und Zuständigkeit der Bauaufsichtsbehörden

(1) [1]Bauaufsichtsbehörden sind
1. die Landkreise und Kreisfreien Städte als untere Bauaufsichtsbehörden,
2. die Landesdirektion Sachsen als obere Bauaufsichtsbehörde und
3. das Staatsministerium des Innern als oberste Bauaufsichtsbehörde.

[2]Für den Vollzug dieses Gesetzes sowie anderer öffentlich-rechtlicher Vorschriften für die Errichtung, Änderung, Nutzungsänderung und Beseitigung sowie die Nutzung und die Instandhaltung von Anlagen ist die untere Bauaufsichtsbehörde zuständig, soweit nichts anderes bestimmt ist.

(2) [1]Untere Bauaufsichtsbehörden sind auch die nach § 2 Absatz 2 des Sächsischen Kreisgebietsneugliederungsgesetzes vom 29. Januar 2008 (SächsGVBl. S. 102), das durch Artikel 7 des Gesetzes vom 18. Dezember 2013 (SächsGVBl. S. 970) geändert worden ist, eingekreisten Städte sowie Gemeinden, Verwaltungsverbände und erfüllende Gemeinden von Verwaltungsgemeinschaften, die dies bis zum 1. Oktober 2003 geworden sind. [2]Die Zuständigkeit in dem Fall des Satzes 1 erlischt durch Erklärung der Gemeinde, des Verwaltungsverbands oder der erfüllenden Gemeinde einer Verwaltungsgemeinschaft gegenüber der obersten Bauaufsichtsbehörde. [3]Die Erklärung einer erfüllenden Gemeinde bedarf der Zustimmung des Gemeinschaftsausschusses. [4]Sie erlischt ferner, wenn die in Absatz 3 genannten Voraussetzungen nicht mehr erfüllt sind und die oberste Bauaufsichtsbehörde dies feststellt.

[5]Das Erlöschen ist im Sächsischen Gesetz- und Verordnungsblatt bekannt zu machen. [6]Es wird mit Ablauf des auf die Bekanntmachung folgenden Monats wirksam.

(3) [1]Die Bauaufsichtsbehörden sind zur Durchführung ihrer Aufgaben ausreichend mit geeigneten Fachkräften zu besetzen und mit den erforderlichen Vorrichtungen auszustatten. [2]Den Bauaufsichtsbehörden müssen insbesondere Personen, die die Befähigung zum höheren bautechnischen Verwaltungsdienst und die erforderlichen Kenntnisse der Bautechnik, der Baugestaltung und des öffentlichen Baurechts haben, und Personen, die die Befähigung zum Richteramt oder zum höheren Verwaltungsdienst haben, angehören. [3]Die unteren Bauaufsichtsbehörden nach Absatz 2 können anstelle von Personen mit der Befähigung zum höheren bautechnischen Verwaltungsdienst auch Personen beschäftigen, die mindestens einen Fachhochschulabschluss der Fachrichtung Bauingenieurwesen oder Architektur erworben haben. [4]Ausnahmen können hinsichtlich der unteren Bauaufsichtsbehörde von der oberen, im Übrigen von der obersten Bauaufsichtsbehörde gestattet werden.

§ 58 Aufgaben und Befugnisse der Bauaufsichtsbehörden

(1) [1]Die Aufgaben der unteren Bauaufsichtsbehörden sind Weisungsaufgaben. [2]Das Weisungsrecht ist nicht beschränkt.

(2) [1]Die Bauaufsichtsbehörden haben bei der Errichtung, Änderung, Nutzungsänderung und Beseitigung sowie bei der Nutzung und Instandhaltung von Anlagen darüber zu wachen, dass die öffentlich-rechtlichen Vorschriften eingehalten werden, soweit nicht andere Behörden zuständig sind. [2]Sie können in Wahrnehmung dieser Aufgaben die erforderlichen Maßnahmen treffen.

(3) Bauaufsichtliche Genehmigungen und sonstige Maßnahmen gelten auch für und gegen Rechtsnachfolger.

(4) [1]Die mit dem Vollzug dieses Gesetzes beauftragten Personen sind berechtigt, in Ausübung ihres Amtes Grundstücke und Anlagen einschließlich der Wohnungen zu betreten. [2]Das Grundrecht auf Unverletzlichkeit der Wohnung (Artikel 13 des Grundgesetzes für die Bundesrepublik Deutschland, Artikel 30 Absatz 1 der Verfassung des Freistaates Sachsen) wird insoweit eingeschränkt.

(5) [1]Kommt eine Bauaufsichtsbehörde einer schriftlichen Weisung der Aufsichtsbehörde nicht fristgerecht nach, kann diese anstelle der angewiesenen Behörde handeln (Selbsteintritt). [2]Die oberste Bauaufsichtsbehörde muss den Selbsteintritt für erforderlich halten und dies gegenüber der Aufsichtsbehörde erklären.

Abschnitt 2
Genehmigungspflicht, Genehmigungsfreiheit

§ 59 Grundsatz

(1) Die Errichtung, Änderung und Nutzungsänderung von Anlagen bedürfen der Baugenehmigung, soweit in den §§ 60 bis 62, 76 und 77 nichts anderes bestimmt ist.

(2) Die Genehmigungsfreiheit nach den §§ 60 bis 62, 76 und 77 Absatz 1 Satz 3 sowie die Beschränkung der bauaufsichtlichen Prüfung nach §§ 63, 64, 66 Absatz 4 und § 77 Absatz 3 entbinden nicht von der Verpflichtung zur Einhaltung der Anforderungen, die durch öffentlich-rechtliche Vorschriften an Anlagen gestellt werden, und lassen die bauaufsichtlichen Eingriffsbefugnisse unberührt.

§ 60 Vorrang anderer Gestattungsverfahren

[1]Keiner Baugenehmigung, Abweichung, Genehmigungsfreistellung, Zustimmung und Bauüberwachung nach diesem Gesetz bedürfen

1. nach anderen Rechtsvorschriften zulassungsbedürftige Anlagen in oder an oberirdischen Gewässern und Anlagen, die dem Ausbau, der Unterhaltung oder der Nutzung eines Gewässers dienen oder als solche gelten, ausgenommen Gebäude, die Sonderbauten sind;

2. nach anderen Rechtsvorschriften zulassungsbedürftige Anlagen für die öffentliche Versorgung mit Elektrizität, Gas, Wärme, Wasser und für die öffentliche Verwertung oder Entsorgung von Abwässern, ausgenommen Gebäude, die Sonderbauten sind;

3. Werbeanlagen, soweit sie einer Ausnahmegenehmigung nach Straßenverkehrsrecht oder Zulassung nach Straßenrecht oder Eisenbahnrecht bedürfen;

4. Anlagen, die nach dem Kreislaufwirtschaftsgesetz vom 24. Februar 2012 (BGBl. I S. 212), das zuletzt durch Artikel 2 Absatz 9 des Gesetzes vom 20. Juli 2017 (BGBl. I S. 2808) geändert worden ist, in der jeweils geltenden Fassung, einer Genehmigung bedürfen;

5. Anlagen, die nach Produktsicherheitsrecht einer Genehmigung oder Erlaubnis bedürfen, und
6. Anlagen, die einer Errichtungsgenehmigung nach dem Atomgesetz in der Fassung der Bekanntmachung vom 15. Juli 1985 (BGBl. I S. 1565), das zuletzt durch Artikel 2 Absatz 2 des Gesetzes vom 20. Juli 2017 (BGBl. I S. 2808) geändert worden ist, in der jeweils geltenden Fassung, bedürfen.

[2]Für Anlagen, bei denen ein anderes Gestattungsverfahren die Baugenehmigung, die Abweichung oder die Zustimmung einschließt oder die nach Satz 1 keiner Baugenehmigung oder Zustimmung bedürfen, nimmt die für den Vollzug der entsprechenden Rechtsvorschriften zuständige Behörde die Aufgaben und Befugnisse der Bauaufsichtsbehörde im Außenverhältnis wahr.

§ 61 Verfahrensfreie Bauvorhaben, Beseitigung von Anlagen

(1) Verfahrensfrei sind
1. folgende Gebäude:
   a) eingeschossige Gebäude mit einer Brutto-Grundfläche bis zu 10 m², außer im Außenbereich,
   b) Garagen einschließlich überdachter Stellplätze mit einer mittleren Wandhöhe bis zu 3 m und einer Brutto-Grundfläche bis zu 50 m² je Grundstück, außer im Außenbereich,
   c) Gebäude ohne Feuerungsanlagen mit einer traufseitigen Wandhöhe bis zu 5 m, die einem land-, oder forstwirtschaftlichen Betrieb im Sinne der § 35 Absatz 1 Nummer 1 und 2, § 201 des Baugesetzbuches in der Fassung der Bekanntmachung vom 3. November 2017 (BGBl. I S. 3634), in der jeweils geltenden Fassung, dienen, höchstens 100 m² Brutto-Grundfläche haben und nur zur Unterbringung von Sachen oder zum vorübergehenden Schutz von Tieren bestimmt sind,
   d) Gewächshäuser mit einer Firsthöhe bis zu 5 m, die einem landwirtschaftlichen Betrieb im Sinne der § 35 Absatz 1 Nummer 1 und 2, § 201 des Baugesetzbuches dienen und höchstens 100 m² Brutto-Grundfläche haben,
   e) Fahrgastunterstände, die dem öffentlichen Personenverkehr oder der Schülerbeförderung dienen,
   f) Schutzhütten für Wanderer, die jedermann zugänglich sind und keine Aufenthaltsräume haben,
   g) Terrassenüberdachungen mit einer Fläche bis zu 30 m² und einer Tiefe bis zu 3 m,
   h) Gartenlauben in Kleingartenanlagen im Sinne des § 1 Absatz 1 des Bundeskleingartengesetzes vom 28. Februar 1983 (BGBl. I S. 210), das zuletzt durch Artikel 11 des Gesetzes vom 19. September 2006 (BGBl. I S. 2146) geändert worden ist, in der jeweils geltenden Fassung,
   i) Wochenendhäuser auf Wochenendplätzen,
2. Anlagen der technischen Gebäudeausrüstung, ausgenommen freistehende Abgasanlagen mit einer Höhe von mehr als 10 m,
3. folgende Anlagen zur Nutzung erneuerbarer Energien:
   a) Solaranlagen in, an und auf Dach- und Außenwandflächen, ausgenommen bei Hochhäusern, sowie die damit verbundene Änderung der Nutzung oder der äußeren Gestalt des Gebäudes,
   b) gebäudeunabhängige Solaranlagen mit einer Höhe bis zu 3 m und einer Gesamtlänge bis zu 9 m,
   c) Windenergieanlagen bis zu 10 m Höhe, gemessen von der Geländeoberfläche bis zum höchsten Punkt der vom Rotor bestrichenen Fläche, und einem Rotordurchmesser bis 3 m, außer in reinenWohngebieten,
4. folgende Anlagen der Ver- und Entsorgung:
   a) Brunnen,
   b) Anlagen, die der Telekommunikation, der öffentlichen Versorgung mit Elektrizität, Gas, Öl oder Wärme dienen, mit einer Höhe bis zu 5 m und einer Brutto-Grundfläche bis zu 10 m²,
5. folgende Masten, Antennen und ähnliche Anlagen:
   a) unbeschadet der Nummer 4 Buchstabe b Antennen einschließlich der Masten mit einer Höhe bis zu 10 m und zugehöriger Versorgungseinheiten mit einem Brutto-Rauminhalt bis zu 10 m³ sowie, soweit sie in, auf oder an einer bestehenden baulichen Anlage errichtet werden, die damit verbundene Änderung der Nutzung oder der äußeren Gestalt der Anlage,

b) Masten und Unterstützungen für Fernsprechleitungen, für Leitungen zur Versorgung mit Elektrizität, für Seilbahnen und für Leitungen sonstiger Verkehrsmittel, für Sirenen und für Fahnen,

c) Masten, die aus Gründen des Brauchtums errichtet werden,

d) Signalhochbauten für die Landesvermessung,

e) Flutlichtmasten mit einer Höhe bis zu 10 m,

6. folgende Behälter:

a) ortsfeste Behälter für Flüssiggas mit einem Fassungsvermögen von weniger als 3 t, für nicht verflüssigte Gase mit einem Brutto-Rauminhalt bis zu 6 m³,

b) ortsfeste Behälter für brennbare oder wassergefährdende Flüssigkeiten mit einem Brutto-Rauminhalt bis zu 10 m³,

c) ortsfeste Behälter sonstiger Art mit einem Brutto-Rauminhalt bis zu 50 m³ und einer Höhe bis zu 3 m,

d) Gärfutterbehälter, für die ein Prüfbericht zur Typenprüfung vorliegt, mit einer Höhe bis zu 10 m und Schnitzelgruben,

e) Fahrsilos, Kompost- und ähnliche Anlagen,

f) Wasserbecken mit einem Beckeninhalt bis zu 100 m³,

7. folgende Mauern und Einfriedungen:

a) Mauern einschließlich Stützmauern und Einfriedungen mit einer Höhe bis zu 2 m, außer im Außenbereich,

b) offene, sockellose Einfriedungen für Grundstücke, die einem land- oder forstwirtschaftlichen Betrieb im Sinne der § 35 Absatz 1 Nummer 1 und 2, § 201 des Baugesetzbuches dienen,

8. private Verkehrsanlagen einschließlich Brücken und Durchlässen mit einer lichten Weite bis zu 5 m und Untertunnelungen mit einem Durchmesser bis zu 3 m,

9. Aufschüttungen und Abgrabungen mit einer Höhe oder Tiefe bis zu 2 m und einer Grundfläche bis zu 30 m², im Außenbereich bis zu 300 m²,

10. folgende Anlagen in Gärten und zur Freizeitgestaltung:

a) Schwimmbecken mit einem Beckeninhalt bis zu 100 m³ einschließlich dazugehöriger luftgetragener Überdachungen, außer im Außenbereich,

b) Sprungschanzen, Sprungtürme und Rutschbahnen mit einer Höhe bis zu 10 m,

c) Anlagen, die der zweckentsprechenden Einrichtung von Spiel-, Abenteuerspiel-, Bolz- und Sportplätzen, Reit- und Wanderwegen, Trimm- und Lehrpfaden dienen, ausgenommen Gebäude und Tribünen,

d) Wohnwagen, Zelte und bauliche Anlagen, die keine Gebäude sind, auf Camping-, Zelt- und Wochenendplätzen,

e) Anlagen, die der Gartennutzung, der Gartengestaltung oder der zweckentsprechenden Einrichtung von Gärten dienen, ausgenommen Gebäude und Einfriedungen,

11. folgende tragende und nichttragende Bauteile:

a) nichttragende und nichtaussteifende Bauteile in baulichen Anlagen,

b) die Änderung tragender oder aussteifender Bauteile innerhalb von Wohngebäuden der Gebäudeklassen 1 und 2,

c) Fenster und Türen sowie die dafür bestimmten Öffnungen,

d) Außenwandbekleidungen einschließlich Maßnahmen der Wärmedämmung, ausgenommen bei Hochhäusern, Verblendungen und Verputz baulicher Anlagen,

e) Bedachung einschließlich Maßnahmen der Wärmedämmung, ausgenommen bei Hochhäusern,

f) der Dach- und Kellergeschossausbau in vorhandenen Wohngebäuden zu Wohnungen, ausgenommen bei Hochhäusern, sofern ein Prüfingenieur oder ein Prüfamt nach § 88 Absatz 2 bestätigt hat, dass Bedenken wegen der Standsicherheit sowie brandschutztechnischer Belange nicht bestehen,

12. folgende Werbeanlagen:

a) Werbeanlagen mit einer Ansichtsfläche bis zu 1 m²,

b) Warenautomaten,

c) Werbeanlagen, die nach ihrem erkennbaren Zweck nur vorübergehend für höchstens zwei Monate angebracht werden, außer im Außenbereich,

d) Hinweisschilder (§ 10 Absatz 3 Nummer 3), wenn sie vor Ortsdurchfahrten auf einer Tafel zusammengefasst sind,

e) Werbeanlagen in durch Bebauungsplan festgesetzten Gewerbe-, Industrie- und vergleichbaren Sondergebieten an der Stätte der Leistung mit einer Höhe bis zu 10 m

sowie, soweit sie in, auf oder an einer bestehenden Anlage errichtet werden, die damit verbundene Änderung der Nutzung oder der äußeren Gestalt der Anlage,

13. folgende vorübergehend aufgestellte oder benutzbare Anlagen:

a) Baustelleneinrichtungen einschließlich der Lagerhallen, Schutzhallen und Unterkünfte,

b) Gerüste,

c) Toilettenwagen,

d) Behelfsbauten, die der Landesverteidigung, dem Katastrophenschutz oder der Unfallhilfe dienen,

e) bauliche Anlagen, die für höchstens drei Monate auf genehmigtem Messe- und Ausstellungsgelände errichtet werden, ausgenommen Fliegende Bauten,

f) Verkaufsstände und andere bauliche Anlagen auf Straßenfesten, Volksfesten und Märkten, ausgenommen Fliegende Bauten,

14. folgende Plätze:

a) unbefestigte sowie vorübergehend befestigte Lager- und Abstellplätze, die einem land- oder forstwirtschaftlichen Betrieb im Sinne der § 35 Absatz 1 Nummer 1 und 2, § 201 des Baugesetzbuches dienen,

b) nicht überdachte Stellplätze mit einer Fläche bis zu 50 m² je Grundstück und deren Zufahrten,

c) Kinderspielplätze im Sinne des § 8 Absatz 2 Satz 1,

15. folgende sonstige Anlagen:

a) Fahrradabstellanlagen mit einer Fläche bis zu 30 m²,

b) Zapfsäulen und Tankautomaten genehmigter Tankstellen,

c) Regale mit einer Höhe bis zu 7,50 m Oberkante Lagergut,

d) Grabdenkmäler auf Friedhöfen, Feldkreuze, Denkmäler und sonstige Kunstwerke jeweils mit einer Höhe bis zu 4 m,

e) andere unbedeutende Anlagen oder unbedeutende Teile von Anlagen wie Hauseingangsüberdachungen, Markisen, Rollläden, Terrassen, Maschinenfundamente, Straßenfahrzeugwaagen, Pergolen, Jägerstände, Wildfütterungen, Bienenfreistände, Taubenhäuser, Hofeinfahrten und Teppichstangen,

f) Gaststättenerweiterungen um eine Außenbewirtschaftung, wenn die für die Erweiterung in Anspruch genommene Grundfläche 100 m² nicht überschreitet.

(2) ¹Verfahrensfrei ist die Änderung der Nutzung von Anlagen, wenn

1. für die neue Nutzung keine anderen öffentlich-rechtlichen Anforderungen nach § 64 in Verbindung mit § 66 als für die bisherige Nutzung in Betracht kommen oder

2. die Errichtung oder Änderung der Anlagen nach Absatz 1 verfahrensfrei wäre.

(3) Verfahrensfrei ist die Beseitigung von

1. Anlagen nach Absatz 1,

2. freistehenden Gebäuden der Gebäudeklassen 1 und 3 und

3. sonstigen Anlagen, die keine Gebäude sind, mit einer Höhe bis zu 10 m.

²Im Übrigen ist die beabsichtigte Beseitigung von Anlagen mindestens einen Monat zuvor der Bauaufsichtsbehörde anzuzeigen. ³Bei nicht freistehenden Gebäuden muss die Standsicherheit des Gebäudes oder der Gebäude, an die das zu beseitigende Gebäude angebaut ist, durch einen qualifizierten Tragwerksplaner im Sinne des § 66 Absatz 2 beurteilt und im erforderlichen Umfang nachgewiesen werden; die Beseitigung ist, soweit notwendig, durch einen qualifizierten Tragwerksplaner zu überwachen. ⁴Satz 3 gilt nicht, soweit an verfahrensfreie Gebäude angebaut ist. ⁵§ 72 Absatz 6 Nummer 3, Absatz 8 gilt entsprechend.

(4) Verfahrensfrei sind Instandhaltungsarbeiten.

§ 62 Genehmigungsfreistellung

(1) [1]Keiner Genehmigung bedarf unter den Voraussetzungen des Absatzes 2 die Errichtung, Änderung und Nutzungsänderung baulicher Anlagen. [2]Satz 1 gilt nicht für die Errichtung, Änderung oder Nutzungsänderung

1. von Sonderbauten,

2. von Anlagen, für die nach dem Gesetz über die Umweltverträglichkeitsprüfung in der Fassung der Bekanntmachung vom 24. Februar 2010 (BGBl. I S. 94), das zuletzt durch Artikel 2 des Gesetzes vom 8. September 2017 (BGBl. I S. 3370) geändert worden ist, oder dem Gesetz über die Umweltverträglichkeitsprüfung im Freistaat Sachsen in der Fassung der Bekanntmachung vom 9. Juli 2007 (SächsGVBl. S. 349), das zuletzt durch Artikel 5 des Gesetzes vom 12. Juli 2013 (SächsGVBl. S. 503) geändert worden ist, in den jeweils geltenden Fassungen, eine Umweltverträglichkeitsprüfung durchzuführen ist,

3. a) eines oder mehrerer Gebäude, wenn dadurch dem Wohnen dienende Nutzungseinheiten mit einer Größe von insgesamt mehr als 5 000 m² Brutto-Grundfläche geschaffen werden, und
    b) baulicher Anlagen, die öffentlich zugänglich sind, wenn dadurch die gleichzeitige Nutzung durch mehr als 100 zusätzliche Besucher ermöglicht wird,
    die innerhalb eines Achtungsabstandes eines Betriebsbereichs nach § 3 Absatz 5a des Bundes-Immissionsschutzgesetzes in der Fassung der Bekanntmachung vom 17. Mai 2013 (BGBl. I S. 1274), das zuletzt durch Artikel 3 des Gesetzes vom 18. Juli 2017 (BGBl. I S. 2771) geändert worden ist, in der jeweils geltenden Fassung, liegen. Die Bauaufsichtsbehörde ist berechtigt, den Baubeginn in der Frist des Absatzes 3 Satz 3 zu untersagen und dem Bauherrn mitzuteilen, dass ein Genehmigungsverfahren durchgeführt werden soll, wenn in einem Wohngebiet im Sinne von Artikel 13 Absatz 1 Satz 2 Buchstabe c der Richtlinie 2012/18/EU des Europäischen Parlaments und des Rates vom 4. Juli 2012 zur Beherrschung der Gefahren schwerer Unfälle mit gefährlichen Stoffen, zur Änderung und anschließenden Aufhebung der Richtlinie 96/82/EG des Rates (ABl. L 197 vom 24.7.2012, S. 1) innerhalb des Achtungsabstandes nach Satz 2 Nummer 3 ein Gebäude, das dem Wohnen dient, errichtet werden soll.

(2) Nach Absatz 1 ist ein Bauvorhaben genehmigungsfrei gestellt, wenn

1. es im Geltungsbereich eines Bebauungsplans im Sinne von § 30 Absatz 1 oder §§ 12, 30 Absatz 2 des Baugesetzbuches liegt;

2. es den Festsetzungen des Bebauungsplans nicht widerspricht;

3. die Erschließung im Sinne des Baugesetzbuches gesichert ist und

4. die Gemeinde nicht innerhalb der Frist nach Absatz 3 Satz 3 erklärt, dass das vereinfachte Baugenehmigungsverfahren durchgeführt werden soll oder eine vorläufige Untersagung nach § 15 Absatz 1 Satz 2 des Baugesetzbuches beantragt.

(3) [1]Der Bauherr hat die erforderlichen Unterlagen vor Baubeginn jeweils einfach bei der unteren Bauaufsichtsbehörde und der Gemeinde, wenn diese nicht Bauaufsichtsbehörde ist, einzureichen. [2]Die Bauaufsichtsbehörde hat dem Bauherrn innerhalb von fünf Werktagen das Eingangsdatum der vollständigen Unterlagen zu bestätigen oder fehlende Unterlagen einmal nachzufordern. [3]Mit dem Bauvorhaben darf drei Wochen nach dem von der Bauaufsichtsbehörde bestätigten Eingangsdatum begonnen werden, es sei denn die Bauaufsichtsbehörde untersagt den Baubeginn innerhalb dieser Frist. [4]Sind Abweichungen nach § 67 Absatz 1 Satz 1 beantragt worden, darf mit der Bauausführung der davon betroffenen Teile des Bauvorhabens erst begonnen werden, wenn dem Antrag entsprochen wurde. [5]Der Baubeginn ist zu untersagen, wenn die Gemeinde dem Bauherrn und der Bauaufsichtsbehörde vor Ablauf der Frist mitteilt, dass ein Genehmigungsverfahren durchgeführt werden soll oder sie eine Untersagung nach § 15 Absatz 1 Satz des Baugesetzbuches beantragen wird, sowie wenn die Voraussetzungen der Absätze 1 und 2 nicht vorliegen. [6]Will der Bauherr mit der Ausführung des Bauvorhabens mehr als drei Jahre, nachdem die Bauausführung nach Satz 3 zulässig geworden ist, beginnen, gelten die Sätze 1 bis 4 entsprechend.

(4) [1]Die Erklärung der Gemeinde nach Absatz 2 Nummer 4 erste Alternative kann insbesondere deshalb erfolgen, weil sie eine Überprüfung der sonstigen Voraussetzungen des Absatzes 2 oder des Bauvorhabens aus anderen Gründen für erforderlich hält. [2]Darauf, dass die Gemeinde von ihrer Erklärungsmöglichkeit keinen Gebrauch macht, besteht kein Rechtsanspruch.

(5) [1]§ 66 bleibt unberührt. [2]§ 68 Absatz 2 Satz 1, Absatz 4 Satz 1 und 2, § 72 Absatz 6 Nummer 2, Absatz 7 und 8 sind entsprechend anzuwenden.

Abschnitt 3
Genehmigungsverfahren

§ 63 Vereinfachtes Baugenehmigungsverfahren

[1]Außer bei baulichen Anlagen nach § 62 Absatz 1 Satz 2 Nummer 1 und 2 prüft die Bauaufsichtsbehörde

1. die Übereinstimmung mit den Vorschriften über die Zulässigkeit der baulichen Anlagen nach den §§ 29 bis 38 des Baugesetzbuches;
2. beantragte Abweichungen im Sinne des § 67 Absatz 1 und 2 Satz 2 sowie
3. andere öffentlich-rechtliche Anforderungen, soweit wegen der Baugenehmigung eine Entscheidung nach anderen öffentlich-rechtlichen Vorschriften entfällt oder ersetzt wird.

[2]§ 66 bleibt unberührt.

§ 64 Baugenehmigungsverfahren

[1]Bei genehmigungsbedürftigen baulichen Anlagen, die nicht unter § 63 fallen, prüft die Bauaufsichtsbehörde

1. die Übereinstimmung mit den Vorschriften über die Zulässigkeit der baulichen Anlagen nach den §§ 29 bis 38 des Baugesetzbuches;
2. Anforderungen nach den Vorschriften dieses Gesetzes und aufgrund dieses Gesetzes sowie
3. andere öffentlich-rechtliche Anforderungen, soweit wegen der Baugenehmigung eine Entscheidung nach anderen öffentlich-rechtlichen Vorschriften entfällt oder ersetzt wird.

[2]Die durch eine Umweltverträglichkeitsprüfung ermittelten, beschriebenen und bewerteten Umweltauswirkungen sind nach Maßgabe des Gesetzes über die Umweltverträglichkeitsprüfung und des Gesetzes über die Umweltverträglichkeitsprüfung im Freistaat Sachsen in den jeweils geltenden Fassungen zu berücksichtigen. [3]§ 66 bleibt unberührt.

§ 65 Bauvorlageberechtigung

(1) [1]Bauvorlagen für die nicht verfahrensfreie Errichtung und Änderung von Gebäuden müssen von einem Entwurfsverfasser unterschrieben sein, der bauvorlageberechtigt ist. [2]Dies gilt nicht für

1. Bauvorlagen, die üblicherweise von Fachkräften mit anderer Ausbildung als nach Absatz 2 verfasst werden, und
2. geringfügige oder technisch einfache Bauvorhaben.

(2) Bauvorlageberechtigt ist, wer

1. die Berufsbezeichnung „Architekt" führen darf oder als auswärtiger Architekt nach § 35 Absatz 1 des Sächsischen Architektengesetzes in der Fassung der Bekanntmachung vom 7. März 2017 (SächsGVBl. S. 102, 237), das durch Artikel 29 des Gesetzes vom 26. April 2018 (SächsGVBl. S. 198) geändert worden ist, in der jeweils geltenden Fassung, tätig wird; ein auswärtiger Architekt nach § 35 Absatz 1 des Sächsischen Architektengesetzes ist nur im Umfang der Bauvorlageberechtigung seines Niederlassungsmitgliedstaates bauvorlageberechtigt,
2. in die von der Ingenieurkammer Sachsen geführte Liste der Bauvorlageberechtigten eingetragen ist; Eintragungen anderer Länder gelten auch im Freistaat Sachsen,
3. die Berufsbezeichnung „Innenarchitekt" führen darf oder als auswärtiger Innenarchitekt nach § 35 Absatz 1 des Sächsischen Architektengesetzes tätig wird für die mit der Berufsaufgabe des Innenarchitekten verbundenen baulichen Änderungen von Gebäuden; ein auswärtiger Innenarchitekt nach § 35 Absatz 1 des Sächsischen Architektengesetzes ist nur im Umfang der Bauvorlageberechtigung seines Niederlassungsmitgliedstaates bauvorlageberechtigt, oder
4. einen berufsqualifizierenden Hochschulabschluss eines Studiums der Fachrichtung Architektur, Hochbau oder des Bauingenieurwesens nachweist, danach mindestens zwei Jahre auf dem Gebiet der Entwurfsplanung von Gebäuden praktisch tätig gewesen ist und Bediensteter einer juristischen Person des öffentlichen Rechts ist, für die dienstliche Tätigkeit.

(3) [1]In die Liste der Bauvorlageberechtigten ist auf Antrag von der Ingenieurkammer Sachsen einzutragen, wer

1. einen berufsqualifizierenden Hochschulabschluss eines Studiums der Fachrichtung Hochbau oder des Bauingenieurwesens nachweist und

2. danach mindestens zwei Jahre auf dem Gebiet der Entwurfsplanung von Gebäuden praktisch tätig gewesen ist.

[2]Dem Antrag sind die zur Beurteilung erforderlichen Unterlagen beizufügen. [3]Das Eintragungsverfahren kann auch über die einheitliche Stelle nach § 1 des Gesetzes zur Regelung des Verwaltungsverfahrens- und des Verwaltungszustellungsrechts für den Freistaat Sachsen vom 19. Mai 2010 (SächsGVBl. S. 142), das durch Artikel 3 des Gesetzes vom 12. Juli 2013 (SächsGVBl. S. 503) geändert worden ist, in der jeweils geltenden Fassung, in Verbindung mit den §§ 71a bis 71e des Verwaltungsverfahrensgesetzes abgewickelt werden. [4]§ 42a des Verwaltungsverfahrensgesetzes findet Anwendung.

(4) [1]Personen, die in einem anderen Mitgliedstaat der Europäischen Union, einem anderen Vertragsstaat des Abkommens über den Europäischen Wirtschaftsraum oder der Schweiz als Bauvorlageberechtigte niedergelassen sind, sind ohne Eintragung in die Liste nach Absatz 2 Nummer 2 bauvorlageberechtigt, wenn sie

1. eine vergleichbare Berechtigung besitzen und

2. dafür dem Absatz 3 Satz 1 Nummer 1 und 2 vergleichbare Anforderungen erfüllen mussten.

[2]Sie haben das erstmalige Tätigwerden als Bauvorlageberechtigter vorher der Ingenieurkammer Sachsen anzuzeigen und dabei

1. eine Bescheinigung darüber, dass sie in einem Mitgliedstaat der Europäischen Union, einem anderen Vertragsstaat des Abkommens über den Europäischen Wirtschaftsraum oder der Schweiz rechtmäßig als Bauvorlageberechtigter niedergelassen sind und ihnen die Ausübung dieser Tätigkeiten zum Zeitpunkt der Vorlage der Bescheinigung nicht, auch nicht vorübergehend, untersagt ist, und

2. einen Nachweis darüber, dass sie im Staat ihrer Niederlassung für die Tätigkeit als Bauvorlageberechtigter mindestens die Voraussetzungen des Absatzes 3 Satz 1 Nummer 1 und 2 erfüllen mussten,

vorzulegen; sie sind in einem Verzeichnis zu führen. [3]Die Ingenieurkammer Sachsen hat auf Antrag zu bestätigen, dass die Anzeige nach Satz 2 erfolgt ist; sie kann das Tätigwerden als Bauvorlageberechtigter untersagen und die Eintragung in das Verzeichnis nach Satz 2 löschen, wenn die Voraussetzungen des Satzes 1 nicht erfüllt sind. [4]§ 71a des Verwaltungsverfahrensgesetzes findet Anwendung.

(5) [1]Personen, die in einem anderen Mitgliedstaat der Europäischen Union, einem anderen Vertragsstaat des Abkommens über den Europäischen Wirtschaftsraum oder der Schweiz als Bauvorlageberechtigte niedergelassen sind, ohne im Sinne des Absatzes 4 Satz 1 Nummer 2 vergleichbar zu sein, sind bauvorlageberechtigt, wenn ihnen die Ingenieurkammer Sachsen bescheinigt hat, dass sie die Anforderungen des Absatzes 3 Satz 1 Nummer 1 und 2 erfüllen; sie sind in einem Verzeichnis zu führen. [2]Die Bescheinigung wird auf Antrag erteilt. [3]Absatz 3 ist entsprechend anzuwenden.

(6) Anzeigen und Bescheinigungen nach den Absätzen 4 und 5 sind nicht erforderlich, wenn bereits in einem anderen Land eine Anzeige erfolgt ist oder eine Bescheinigung erteilt wurde; eine weitere Eintragung in die von der Ingenieurkammer Sachsen geführten Verzeichnisse erfolgt nicht.

§ 66 Bautechnische Nachweise

(1) [1]Die Einhaltung der Anforderungen an die Standsicherheit, den Brand-, Schall- und Erschütterungsschutz ist nach näherer Maßgabe der Verordnung aufgrund § 88 Absatz 3 nachzuweisen (bautechnische Nachweise). [2]Dies gilt nicht für verfahrensfreie Bauvorhaben, einschließlich der Beseitigung von Anlagen, soweit nicht in diesem Gesetz oder in der Rechtsverordnung aufgrund § 88 Absatz 3 anderes bestimmt ist. [3]Die Bauvorlageberechtigung nach § 65 Absatz 2 Nummer 1, 2 und 4 schließt die Berechtigung zur Erstellung der bautechnischen Nachweise ein, soweit nicht nachfolgend Abweichendes bestimmt ist.

(2) [1]Bei

1. Gebäuden der Gebäudeklasse 1 bis 3 und

2. sonstigen baulichen Anlagen, die keine Gebäude sind,

muss der Standsicherheitsnachweis von einer Person mit einem berufsqualifizierenden Hochschulabschluss eines Studiums der Fachrichtung Architektur, Hochbau oder des Bauingenieurwesens mit einer mindestens dreijährigen Berufserfahrung in der Tragwerksplanung erstellt sein, die in einer von der Ingenieurkammer Sachsen zu führenden Liste der qualifizierten Tragwerks-planer eingetragen ist. [2]Eintragungen anderer Länder gelten auch im Freistaat Sachsen. [3]Auch bei anderen Bauvorhaben darf der Standsicherheitsnachweis von einem Tragwerksplaner nach Satz 1 oder 2 erstellt werden. [4]Bei Bauvorhaben der Gebäudeklasse 4, ausgenommen Sonderbauten sowie Mittel- und Großgaragen im Sinne der Verordnung nach § 88 Absatz 1 Nummer 3, muss der Brandschutznachweis erstellt sein von

1. einem für das Bauvorhaben Bauvorlageberechtigten, der die erforderlichen Kenntnisse des Brandschutzes nachgewiesen hat,

2. a) einem Angehörigen der Fachrichtungen Architektur, Hochbau, Bauingenieurwesen oder eines Studiengangs mit Schwerpunkt Brandschutz, der ein Studium an einer deutschen Hochschule oder ein gleichwertiges Studium an einer ausländischen Hochschule erfolgreich abgeschlossen hat, oder

    b) einem Absolventen einer Ausbildung für mindestens den gehobenen feuerwehrtechnischen Dienst,

der nach Abschluss der Ausbildung mindestens zwei Jahre auf dem Gebiet der brandschutztechnischen Planung und Ausführung von Gebäuden oder deren Prüfung praktisch tätig gewesen ist und die erforderlichen Kenntnisse des Brandschutzes nachgewiesen hat,

und der in einer von der Architektenkammer Sachsen oder der Ingenieurkammer Sachsen zu führenden Liste der qualifizierten Brandschutzplaner eingetragen ist. [5]Eintragungen anderer Länder gelten auch im Freistaat Sachsen. [6]Auch bei anderen Bauvorhaben darf der Brandschutznachweis von einem Brandschutzplaner nach Satz 4 erstellt werden. [7]Die Anerkennung als Prüfingenieur im Sinne der Verordnung nach § 88 Absatz 2 schließt die Berechtigung zur Erstellung der bautechnischen Nachweise in seinem jeweiligen Fachbereich ein. [8]Für Personen, die in einem anderen Mitgliedstaat der Europäischen Union, einem anderen Vertragsstaat des Abkommens über den Europäischen Wirtschaftsraum oder der Schweiz zur Erstellung von Standsicherheits- oder Brandschutznachweisen niedergelassen sind, gilt § 65 Absatz 4 bis 6 mit der Maßgabe entsprechend, dass die Anzeige oder der Antrag auf Erteilung einer Bescheinigung bei der zuständigen Stelle einzureichen ist. [9]Zuständige Stelle für Personen nach Satz 1 ist die Ingenieurkammer Sachsen, für Personen nach Satz 4 die Ingenieurkammer Sachsen oder die Architektenkammer Sachsen und für Personen nach Satz 7 die oberste Bauaufsichtsbehörde.

(3) [1]Bei Gebäuden der Gebäudeklassen 4 und 5 muss der Standsicherheitsnachweis bauaufsichtlich geprüft sein. [2]Dies gilt auch bei

1. Gebäuden der Gebäudeklassen 1 bis 3,

2. Behältern, Brücken, Stützmauern, Tribünen und

3. sonstigen baulichen Anlagen, die keine Gebäude sind, mit einer Höhe von mehr als 10 m,

wenn dies nach Maßgabe eines in der Rechtsverordnung nach § 88 Absatz 3 geregelten Kriterienkatalogs erforderlich ist. [3]Bei

1. Sonderbauten,

2. Mittel- und Großgaragen im Sinne der Verordnung nach § 88 Absatz 1 Nummer 3 und

3. Gebäuden der Gebäudeklasse 5,

muss der Brandschutznachweis bauaufsichtlich geprüft sein.

(4) [1]Außer in den Fällen des Absatzes 3 werden bautechnische Nachweise nicht geprüft. [2]§ 67 bleibt unberührt. [3]Einer bauaufsichtlichen Prüfung bedarf es ferner nicht, soweit für das Bauvorhaben Standsicherheitsnachweise vorliegen, die von einem Prüfamt allgemein geprüft sind (Typenprüfung). [4]Typenprüfungen anderer Länder gelten auch im Freistaat Sachsen.

§ 67 Abweichungen

(1) [1]Die Bauaufsichtsbehörde kann Abweichungen von Anforderungen dieses Gesetzes und aufgrund dieses Gesetzes erlassener Vorschriften zulassen, wenn sie unter Berücksichtigung des Zwecks der jeweiligen Anforderung und unter Würdigung der öffentlich-rechtlich geschützten nachbarlichen Belange mit den öffentlichen Belangen, insbesondere den Anforderungen des § 3 Satz 1 vereinbar sind. [2]§ 88a Absatz 1 Satz 3 bleibt unberührt. [3]Der Zulassung einer Abweichung bedarf es auch nicht, wenn bautechnische Nachweise bauaufsichtlich geprüft werden.

(2) ¹Die Zulassung von Abweichungen nach Absatz 1, von Ausnahmen und Befreiungen von den Festsetzungen eines Bebauungsplans oder einer sonstigen städtebaulichen Satzung oder von Regelungen der Baunutzungsverordnung in der Fassung der Bekanntmachung vom 21. November 2017 (BGBl. I S. 3786), in der jeweils geltenden Fassung, ist gesondert schriftlich zu beantragen; der Antrag ist zu begründen. ²Für Anlagen, die keiner Genehmigung bedürfen, sowie für Abweichungen von Vorschriften, die im Genehmigungsverfahren nicht geprüft werden, gilt Satz 1 entsprechend.

(3) Über Abweichungen nach Absatz 1 Satz 1 von örtlichen Bauvorschriften sowie über Ausnahmen und Befreiungen nach Absatz 2 Satz 1 entscheidet bei verfahrensfreien Bauvorhaben die Gemeinde nach Maßgabe der Absätze 1 und 2.

§ 68 Bauantrag, Bauvorlagen

(1) Der Bauantrag ist schriftlich bei der unteren Bauaufsichtsbehörde einzureichen.

(2) ¹Mit dem Bauantrag sind alle für die Beurteilung des Bauvorhabens und die Bearbeitung des Bauantrags erforderlichen Bauvorlagen einzureichen. ²Näheres regelt die Rechtsverordnung nach § 88 Absatz 3.

(3) In besonderen Fällen kann zur Beurteilung der Einwirkung des Bauvorhabens auf die Umgebung verlangt werden, dass es in geeigneter Weise auf dem Baugrundstück dargestellt wird.

(4) ¹Der Bauherr und der Entwurfsverfasser haben den Bauantrag, der Entwurfsverfasser die Bauvorlagen zu unterschreiben. ²Die von Fachplanern nach § 54 Absatz 2 bearbeiteten Unterlagen müssen auch von diesen unterschrieben sein. ³Ist der Bauherr nicht Grundstückseigentümer, kann die Zustimmung des Grundstückseigentümers zu dem Bauvorhaben gefordert werden.

§ 69 Behandlung des Bauantrags

(1) ¹Die Bauaufsichtsbehörde hört zum Bauantrag die Gemeinde und diejenigen Stellen,

1. deren Beteiligung oder Anhörung für die Entscheidung über den Bauantrag durch Rechtsvorschrift vorgeschrieben ist, oder

2. ohne deren Stellungnahme die Genehmigungsfähigkeit des Bauantrags nicht beurteilt werden kann.

²Die Beteiligung oder Anhörung entfällt, wenn die Gemeinde oder die jeweilige Stelle dem Bauantrag bereits vor Einleitung des Baugenehmigungsverfahrens zugestimmt hat. ³Bedarf die Erteilung der Baugenehmigung der Zustimmung oder des Einvernehmens einer anderen Körperschaft, Behörde oder sonstigen Stelle, gilt diese als erteilt, wenn sie nicht einen Monat nach Eingang des Ersuchens verweigert wird. ⁴Von der Frist nach Satz 3 abweichende Regelungen durch Rechtsvorschrift bleiben unberührt. ⁵Stellungnahmen bleiben unberücksichtigt, wenn sie nicht innerhalb eines Monats nach Aufforderung zur Stellungnahme bei der Bauaufsichtsbehörde eingehen, es sei denn, die verspätete Stellungnahme ist für die Rechtmäßigkeit der Entscheidung über den Bauantrag von Bedeutung.

(2) ¹Sobald der Bauantrag und die Bauvorlagen vollständig sind, bestätigt die Bauaufsichtsbehörde unverzüglich dem Bauherrn die Vollständigkeit von Bauantrag und Bauvorlagen und den nach Absatz 4 ermittelten Zeitpunkt der Entscheidung. ²Sind der Bauantrag oder die Bauvorlagen unvollständig oder weisen sie sonstige erhebliche Mängel auf, fordert die Bauaufsichtsbehörde unverzüglich den Bauherrn zur Behebung der Mängel innerhalb einer angemessenen Frist auf. ³Werden die Mängel innerhalb der Frist nicht behoben, gilt der Antrag als zurückgenommen.

(3) Die Bauaufsichtsbehörde hat möglichst frühzeitig auf das Erfordernis der Erteilung anderer öffentlich-rechtlicher Genehmigungen oder Erlaubnisse vor Baubeginn hinzuweisen.

(4) ¹Die Bauaufsichtsbehörde entscheidet innerhalb von drei Monaten über den Bauantrag. ²Die Frist nach Satz 1 beginnt mit dem bestätigten Eingangsdatum nach Absatz 2 Satz 1. ³Erklärt die Gemeinde, dass das vereinfachte Baugenehmigungsverfahren durchgeführt werden soll, beginnt die Frist nicht vor Eingang der Erklärung der Gemeinde bei der Bauaufsichtsbehörde. ⁴Sie kann bei Vorliegen eines wichtigen Grundes um höchstens zwei Monate verlängert werden. ⁵Wird die Frist verlängert, ist dies dem Bauherrn unter Nennung der Gründe und unter Angabe des voraussichtlichen Zeitpunkts der Entscheidung mitzuteilen.

(5) ¹Im vereinfachten Verfahren nach § 63, ausgenommen bei baulichen Anlagen nach § 62 Absatz 1 Satz 2 Nummer 3, gilt die Genehmigung als erteilt, wenn die Bauaufsichtsbehörde nicht innerhalb der Frist des Absatzes 4 über den Bauantrag entschieden hat. ²Die Bauaufsichtsbehörde hat auf Antrag

des Bauherrn darüber ein Zeugnis auszustellen. [3]Das Zeugnis steht der Genehmigung gleich. [4]§ 66 bleibt unberührt.

§ 70 Beteiligung der Nachbarn und der Öffentlichkeit

(1) [1]Die Bauaufsichtsbehörde muss die Eigentümer benachbarter Grundstücke (Nachbarn) vor Erteilung von Abweichungen und Befreiungen benachrichtigen, wenn zu erwarten ist, dass öffentlich-rechtlich geschützte nachbarliche Belange berührt werden. [2]Einwendungen sind innerhalb von zwei Wochen nach Zugang der Benachrichtigung bei der Bauaufsichtsbehörde schriftlich oder zur Niederschrift vorzubringen.

(2) Die Benachrichtigung entfällt, wenn die zu benachrichtigenden Nachbarn die Lagepläne und Bauzeichnungen unterschrieben oder der Erteilung von Abweichungen und Befreiungen schriftlich zugestimmt haben.

(3) [1]Haben die Nachbarn dem Bauvorhaben nicht zugestimmt, ist ihnen die Baugenehmigung zuzustellen. [2]Bei Bauvorhaben, die keiner Genehmigung bedürfen, ist ihnen die Entscheidung über die Erteilung von Abweichungen und Befreiungen zuzustellen. [3]Bei mehr als 20 Nachbarn kann die Zustellung nach den Sätzen 1 oder 2 durch öffentliche Bekanntmachung ersetzt werden; die Bekanntmachung hat den verfügenden Teil der Baugenehmigung oder die Entscheidung über Abweichungen oder Befreiungen, die Rechtsbehelfsbelehrung und einen Hinweis darauf zu enthalten, wo die Akten eingesehen werden können. [4]Sie ist im amtlichen Veröffentlichungsblatt der Bauaufsichtsbehörde bekannt zu machen. [5]Die Zustellung gilt mit dem Tag der Bekanntmachung als bewirkt.

(4) [1]Bei baulichen Anlagen, die aufgrund ihrer Beschaffenheit oder ihres Betriebs geeignet sind, die Allgemeinheit oder die Nachbarschaft zu gefährden, zu benachteiligen oder zu belästigen, kann die Bauaufsichtsbehörde auf Antrag des Bauherrn das Bauvorhaben in ihrem amtlichen Veröffentlichungsblatt und außerdem in örtlichen Tageszeitungen, die im Bereich des Standorts der Anlage verbreitet sind, öffentlich bekannt machen; verfährt die Bauaufsichtsbehörde nach Halbsatz 1, finden die Absätze 1 und 2 keine Anwendung. [2]In der Bekanntmachung nach Satz 1 Halbsatz 1 ist darauf hinzuweisen,

1. wo und wann die Akten des Verfahrens eingesehen werden können,
2. wo und wann Einwendungen gegen das Bauvorhaben vorgebracht werden können,
3. welche Rechtsfolgen mit Ablauf der Frist des Satzes 3 eintreten und
4. dass die Zustellung der Entscheidung nach Absatz 3 Satz 1 oder Satz 2 durch öffentliche Bekanntmachung ersetzt werden kann.

[3]Mit Ablauf einer Frist von einem Monat nach der Bekanntmachung des Bauvorhabens nach Satz 1 Halbsatz 1 sind alle öffentlich-rechtlichen Einwendungen gegen das Bauvorhaben ausgeschlossen. [4]Die Zustellung der Entscheidung nach Absatz 3 Satz 1 oder Satz 2 kann durch öffentliche Bekanntmachung ersetzt werden; Satz 1 Halbsatz 1 und Absatz 3 Satz 3 Halbsatz 2 und Satz 5 gelten entsprechend.

(5) [1]Bei der Errichtung, Änderung oder Nutzungsänderung

1. eines oder mehrerer Gebäude, wenn dadurch dem Wohnen dienende Nutzungseinheiten mit einer Größe von insgesamt mehr als 5 000 m[2] Bruttogrundfläche geschaffen werden,
2. baulicher Anlagen, die öffentlich zugänglich sind, wenn dadurch die gleichzeitige Nutzung durch mehr als 100 zusätzliche Besucher ermöglicht wird, und
3. baulicher Anlagen, die nach Durchführung des Bauvorhabens Sonderbauten nach § 2 Absatz 4 Nummer 9 Buchstabe c, Nummer 10 bis 13, 15 und 16 sind,

ist eine Öffentlichkeitsbeteiligung nach Artikel 15 der Richtlinie 2012/18/EU in Verbindung mit § 10 Absatz 3 Satz 1 bis 5, Absatz 4 Nummer 1, 2 und 4, Absatz 5 und 7 Satz 1 des Bundes-Immissionsschutzgesetzes durchzuführen, wenn sie innerhalb eines Achtungsabstandes eines Betriebsbereiches im Sinne des § 3 Absatz 5a des Bundes-Immissionsschutzgesetzes liegen. [2]Haben mehr als 20 Personen Einwendungen erhoben, kann die Zustellung durch die öffentliche Bekanntmachung ersetzt werden, § 10 Absatz 8 des Bundes-Immissionsschutzgesetzes gilt entsprechend. [3]Besteht für das Vorhaben eine Pflicht zur Durchführung einer Umweltverträglichkeitsprüfung, muss die Bekanntmachung des Vorhabens darüber hinaus den Anforderungen des § 19 Absatz 1 des Gesetzes über die Umweltverträglichkeitsprüfung entsprechen.

§ 71 Ersetzung des gemeindlichen Einvernehmens

(1) Hat eine Gemeinde ihr nach § 14 Absatz 2 Satz 2, § 22 Absatz 5 Satz 1, § 36 Absatz 1 Satz 1 und 2 des Baugesetzbuches erforderliches Einvernehmen rechtswidrig versagt, ist das fehlende Einvernehmen nach Maßgabe der Absätze 2 bis 4 zu ersetzen.

(2) [1]§ 114 der Sächsischen Gemeindeordnung in der Fassung der Bekanntmachung vom 3. März 2014 (SächsGVBl. S. 146), die zuletzt durch Artikel 2 des Gesetzes vom 13. Dezember 2016 (SächsGVBl. S. 652) geändert worden ist, in der jeweils geltenden Fassung, findet keine Anwendung. [2]§§ 115 und 116 der Sächsischen Gemeindeordnung finden nach Maßgabe der Absätze 1, 3 und 4 Anwendung.

(3) [1]Entscheidungen der Bauaufsichtsbehörde in Fällen des Absatzes 1 gelten im Hinblick auf das versagte Einvernehmen der Gemeinde zugleich als Ersatzvornahme im Sinne des § 116 der Sächsischen Gemeindeordnung. [2]Sie sind insoweit zu begründen. [3]Widerspruch und Anfechtungsklage haben auch insoweit keine aufschiebende Wirkung, als die Genehmigung als Ersatzvornahme gilt.

(4) [1]Die Gemeinde ist vor Erlass der Genehmigung anzuhören. [2]Dabei ist ihr Gelegenheit zu geben, binnen angemessener Frist erneut über das gemeindliche Einvernehmen zu entscheiden.

§ 72 Baugenehmigung, Baubeginn

(1) Die Baugenehmigung ist zu erteilen, wenn dem Bauvorhaben keine öffentlich-rechtlichen Vorschriften entgegenstehen, die im bauaufsichtlichen Genehmigungsverfahren zu prüfen sind.

(2) [1]Die Baugenehmigung bedarf der Schriftform. [2]Sie ist nur insoweit zu begründen, als Abweichungen oder Befreiungen von nachbarschützenden Vorschriften zugelassen werden und der Nachbar nicht nach § 70 Absatz 2 zugestimmt hat.

(3) Die Baugenehmigung kann unter Auflagen, Bedingungen und dem Vorbehalt der nachträglichen Aufnahme, Änderung oder Ergänzung einer Auflage sowie befristet erteilt werden.

(4) Die Baugenehmigung wird unbeschadet der Rechte Dritter erteilt.

(5) [1]Die Gemeinde ist, wenn sie nicht Bauaufsichtsbehörde ist, von der Erteilung, Verlängerung, Ablehnung, Rücknahme und dem Widerruf einer Baugenehmigung, Teilbaugenehmigung, eines Vorbescheids, einer Zustimmung, einer Abweichung, einer Ausnahme oder einer Befreiung zu unterrichten. [2]Eine Ausfertigung des Bescheids ist beizufügen.

(6) Mit der Bauausführung oder mit der Ausführung des jeweiligen Bauabschnitts darf erst begonnen werden, wenn

1. die Baugenehmigung dem Bauherrn zugegangen ist und
2. die bautechnischen Nachweise nach § 66 sowie
3. die Baubeginnsanzeige

der Bauaufsichtsbehörde vorliegen.

(7) [1]Vor Baubeginn eines Gebäudes müssen die Grundrissfläche abgesteckt und seine Höhenlage festgelegt sein. [2]Baugenehmigungen und Bauvorlagen müssen an der Baustelle von Baubeginn an vorliegen.

(8) Der Bauherr hat den Ausführungsbeginn genehmigungsbedürftiger Vorhaben und die Wiederaufnahme der Bauarbeiten nach einer Unterbrechung von mehr als drei Monaten mindestens eine Woche vorher der Bauaufsichtsbehörde schriftlich mitzuteilen (Baubeginnsanzeige).

§ 73 Geltungsdauer der Genehmigung

(1) Die Baugenehmigung und die Teilbaugenehmigung erlöschen, wenn innerhalb von drei Jahren nach ihrer Erteilung mit der Ausführung des Bauvorhabens nicht begonnen oder die Bauausführung länger als zwei Jahre unterbrochen worden ist; die Einlegung eines Rechtsbehelfs eines Dritten hemmt den Lauf der Frist bis zur Unanfechtbarkeit der Genehmigung.

(2) [1]Die Frist nach Absatz 1 kann auf schriftlichen Antrag jeweils um bis zu zwei Jahre verlängert werden. [2]Sie kann auch rückwirkend verlängert werden, wenn der Antrag vor Fristablauf bei der Bauaufsichtsbehörde eingegangen ist.

§ 74 Teilbaugenehmigung

[1]Ist ein Bauantrag eingereicht, kann der Beginn der Bauarbeiten für die Baugrube und für einzelne Bauteile oder Bauabschnitte auf schriftlichen Antrag schon vor Erteilung der Baugenehmigung gestattet werden (Teilbaugenehmigung). [2]§ 72 gilt entsprechend.

§ 75 Vorbescheid

[1]Vor Einreichung des Bauantrags ist auf Antrag des Bauherrn zu einzelnen Fragen des Bauvorhabens ein Vorbescheid zu erteilen. [2]Der Vorbescheid gilt drei Jahre; die Einlegung eines Rechtsbehelfs eines Dritten hemmt den Lauf der Frist bis zur Unanfechtbarkeit des Vorbescheids. [3]Die Frist kann auf schriftlichen Antrag jeweils bis zu einem Jahr verlängert werden. [4]§§ 68, 69 Absatz 1 bis 3, §§ 70, 72 Absatz 1 bis 4 und § 73 Absatz 2 Satz 2 gelten entsprechend.

§ 76 Genehmigung Fliegender Bauten

(1) [1]Fliegende Bauten sind bauliche Anlagen, die geeignet und bestimmt sind, an verschiedenen Orten wiederholt aufgestellt und zerlegt zu werden. [2]Baustelleneinrichtungen und Baugerüste sind keine Fliegenden Bauten.

(2) [1]Fliegende Bauten bedürfen, bevor sie erstmals aufgestellt und in Gebrauch genommen werden, einer Ausführungsgenehmigung. [2]Dies gilt nicht für

1. Fliegende Bauten mit einer Höhe bis zu 5 m, die nicht dazu bestimmt sind, von Besuchern betreten zu werden;

2. Fliegende Bauten mit einer Höhe bis zu 5 m, die für Kinder betrieben werden und eine Geschwindigkeit von höchstens 1 m/s haben;

3. Bühnen, die Fliegende Bauten sind, einschließlich Überdachungen und sonstigen Aufbauten mit einer Höhe bis zu 5 m, einer Grundfläche bis zu 100 m² und einer Fußbodenhöhe bis zu 1,50 m;

4. erdgeschossige Zelte und betretbare Verkaufsstände, die Fliegende Bauten sind, jeweils mit einer Grundfläche bis zu 75 m² und

5. aufblasbare Spielgeräte mit einer Höhe des betretbaren Bereichs von bis zu 5 m oder mit überdachten betretbaren Bereichen, bei denen die Entfernung zum Ausgang nicht mehr als 3 m, sofern ein Absinken der Überdachung konstruktiv verhindert wird nicht mehr als 10 m, beträgt.

(3) [1]Die Ausführungsgenehmigung wird auf Antrag durch eine von der obersten Bauaufsichtsbehörde in der aufgrund von § 88 Absatz 4 Nummer 6 erlassenen Rechtsverordnung bestimmten Stelle erteilt, wenn der Antragsteller seine Hauptwohnung oder seine gewerbliche Niederlassung im Freistaat Sachsen hat. [2]Hat der Antragsteller seine Hauptwohnung oder seine gewerbliche Niederlassung außerhalb der Bundesrepublik Deutschland, ist die nach Satz 1 bestimmte Stelle zuständig, wenn der Fliegende Bau zum ersten Mal im Bereich des Freistaates Sachsen aufgestellt oder in Gebrauch genommen werden soll, Absatz 4 Satz 5 gilt entsprechend.

(4) [1]Die Ausführungsgenehmigung wird für eine bestimmte Frist erteilt, die höchstens fünf Jahre betragen soll. [2]Sie kann auf schriftlichen Antrag von der für die Erteilung der Ausführungsgenehmigung zuständigen Stelle jeweils bis zu fünf Jahren verlängert werden. [3]§ 73 Absatz 2 Satz 2 gilt entsprechend. [4]Die Ausführungsgenehmigungen werden in ein Prüfbuch eingetragen, dem eine Ausfertigung der mit einem Genehmigungsvermerk zu versehenden Bauvorlagen beizufügen ist. [5]Ausführungsgenehmigungen anderer Länder gelten auch im Freistaat Sachsen.

(5) [1]Der Inhaber der Ausführungsgenehmigung hat den Wechsel seines Wohnsitzes oder seiner gewerblichen Niederlassung oder die Übertragung eines Fliegenden Baus an Dritte der Stelle anzuzeigen, die die Ausführungsgenehmigung erteilt hat. [2]Die Stelle hat die Änderungen in das Prüfbuch einzutragen und sie, wenn mit den Änderungen ein Wechsel der Zuständigkeit verbunden ist, der nunmehr zuständigen Stelle mitzuteilen.

(6) [1]Fliegende Bauten, die nach Absatz 2 Satz 1 einer Ausführungsgenehmigung bedürfen, dürfen unbeschadet anderer Vorschriften nur in Gebrauch genommen werden, wenn ihre Aufstellung der Bauaufsichtsbehörde des Aufstellungsortes unter Vorlage des Prüfbuches angezeigt ist. [2]Die Bauaufsichtsbehörde kann die Inbetriebnahme dieser Fliegenden Bauten von einer Gebrauchsabnahme abhängig machen. [3]Das Ergebnis der Abnahme ist in das Prüfbuch einzutragen. [4]In der Ausführungsgenehmigung kann bestimmt werden, dass Anzeigen nach Satz 1 nicht erforderlich sind, wenn eine Gefährdung im Sinne des § 3 Satz 1 nicht zu erwarten ist.

(7) [1]Die für die Erteilung der Gebrauchsabnahme zuständige Bauaufsichtsbehörde kann Auflagen machen oder die Aufstellung oder den Gebrauch Fliegender Bauten untersagen, soweit dies nach den örtlichen Verhältnissen oder zur Abwehr von Gefahren erforderlich ist, insbesondere weil die Betriebssicherheit oder Standsicherheit nicht oder nicht mehr gewährleistet ist oder weil von der Ausführungsgenehmigung abgewichen wird. [2]Wird die Aufstellung oder der Gebrauch untersagt, ist dies in das Prüfbuch einzutragen. [3]Die ausstellende Stelle ist zu benachrichtigen, das Prüfbuch ist einzu-

ziehen und der ausstellenden Stelle zuzuleiten, wenn die Herstellung ordnungsgemäßer Zustände innerhalb angemessener Frist nicht zu erwarten ist.

(8) [1]Bei Fliegenden Bauten, die von Besuchern betreten und längere Zeit an einem Aufstellungsort betrieben werden, kann die für die Gebrauchsabnahme zuständige Bauaufsichtsbehörde aus Gründen der Sicherheit Nachabnahmen durchführen. [2]Das Ergebnis der Nachabnahme ist in das Prüfbuch einzutragen.

(9) § 68 Absatz 1, 2 und 4, § 81 Absatz 1 und 4 gelten entsprechend.

§ 77 Bauaufsichtliche Zustimmung

(1) [1]Nicht verfahrensfreie Bauvorhaben bedürfen keiner Genehmigung, Genehmigungsfreistellung und Bauüberwachung, wenn

1. die Leitung der Entwurfsarbeiten und die Bauüberwachung einer Baudienststelle des Bundes oder eines Landes übertragen ist und
2. die Baudienststelle mindestens mit einem Bediensteten mit der Befähigung zum höheren bautechnischen Verwaltungsdienst und mit sonstigen geeigneten Fachkräften ausreichend besetzt ist.

[2]Solche baulichen Anlagen bedürfen jedoch der Zustimmung der oberen Bauaufsichtsbehörde. [3]Die Zustimmung entfällt, wenn die Gemeinde nicht widerspricht und, soweit ihre öffentlich-rechtlich geschützten Belange von Abweichungen, Ausnahmen und Befreiungen berührt sein können, die Nachbarn dem Bauvorhaben zustimmen. [4]Keiner Genehmigung, Genehmigungsfreistellung oder Zustimmung bedürfen unter den Voraussetzungen des Satzes 1 Baumaßnahmen in oder an bestehenden Gebäuden, soweit sie nicht zu einer Erweiterung des Bauvolumens oder zu einer nicht verfahrensfreien Nutzungsänderung führen, sowie die Beseitigung baulicher Anlagen. [5]Satz 3 gilt nicht für bauliche Anlagen, für die nach § 70 Absatz 5 eine Öffentlichkeitsbeteiligung durchzuführen ist.

(2) Der Antrag auf Zustimmung ist bei der oberen Bauaufsichtsbehörde einzureichen.

(3) [1]Die obere Bauaufsichtsbehörde prüft

1. die Übereinstimmung mit den Vorschriften über die Zulässigkeit der baulichen Anlagen nach den §§ 29 bis 38 des Baugesetzbuches und
2. andere öffentlich-rechtliche Anforderungen, soweit wegen der Zustimmung eine Entscheidung nach anderen öffentlich-rechtlichen Vorschriften entfällt oder ersetzt wird.

[2]Sie führt bei den in Absatz 1 Satz 5 genannten Anlagen die Öffentlichkeitsbeteiligung nach § 70 Absatz 5 durch. [3]Die obere Bauaufsichtsbehörde entscheidet über Ausnahmen, Befreiungen und Abweichungen von den nach Satz 1 zu prüfenden sowie von anderen Vorschriften, soweit sie nachbarschützend sind und die Nachbarn nicht zugestimmt haben. [4]Im Übrigen bedarf die Zulässigkeit von Ausnahmen, Befreiungen und Abweichungen keiner bauaufsichtlichen Entscheidung. [5]Die Baudienststelle trägt die Verantwortung dafür, dass die Unterhaltung der Anlagen in ihrem Zuständigkeitsbereich den öffentlich-rechtlichen Vorschriften entspricht; die Eingriffsmöglichkeit der unteren Bauaufsichtsbehörde nach § 58 Absatz 2 bleibt unberührt.

(4) [1]Die Gemeinde ist vor Erteilung der Zustimmung zu hören. [2]§ 36 Absatz 2 Satz 2 Halbsatz 1 des Baugesetzbuches gilt entsprechend. [3]Im Übrigen sind die Vorschriften über das Baugenehmigungsverfahren entsprechend anzuwenden.

(5) [1]Anlagen, die der Landesverteidigung, dienstlichen Zwecken der Bundespolizei oder dem zivilen Bevölkerungsschutz dienen, sind abweichend von den Absätzen 1 bis 4 der oberen Bauaufsichtsbehörde vor Baubeginn in geeigneter Weise zur Kenntnis zu bringen; das Kenntnisgabeverfahren entfällt, wenn die Gemeinde dem Bauvorhaben nicht widerspricht. [2]Im Übrigen wirken die Bauaufsichtsbehörden nicht mit. [3]§ 76 Absatz 2 bis 9 findet auf Fliegende Bauten, die der Landesverteidigung, dienstlichen Zwecken der Bundespolizei oder dem zivilen Bevölkerungsschutz dienen, keine Anwendung.

Abschnitt 4
Bauaufsichtliche Maßnahmen

§ 78 Verbot unrechtmäßig gekennzeichneter Bauprodukte

Sind Bauprodukte entgegen § 21 mit dem Ü-Zeichen gekennzeichnet, kann die Bauaufsichtsbehörde die Verwendung dieser Bauprodukte untersagen und deren Kennzeichnung entwerten oder beseitigen lassen.

§ 79 Einstellung von Arbeiten

(1) ¹Werden Anlagen im Widerspruch zu öffentlich-rechtlichen Vorschriften errichtet, geändert oder beseitigt, kann die Bauaufsichtsbehörde die Einstellung der Arbeiten anordnen. ²Dies gilt auch dann, wenn

1. die Ausführung eines Vorhabens entgegen den Vorschriften des § 72 Absatz 6 und 8 begonnen wurde, oder

2. bei der Ausführung

    a) eines genehmigungsbedürftigen Bauvorhabens von den genehmigten Bauvorlagen,

    b) eines genehmigungsfreigestellten Bauvorhabens von den eingereichten Unterlagen abgewichen wird,

3. Bauprodukte verwendet werden, die entgegen der Verordnung (EU) Nr. 305/2011 keine CE-Kennzeichnung oder entgegen § 21 Absatz 3 kein Ü-Zeichen tragen, und

4. Bauprodukte verwendet werden, die unberechtigt mit der CE-Kennzeichnung oder dem Ü-Zeichen (§ 21 Absatz 3) gekennzeichnet sind.

(2) Werden unzulässige Arbeiten trotz einer schriftlich oder mündlich verfügten Einstellung fortgesetzt, kann die Bauaufsichtsbehörde die Baustelle versiegeln oder die an der Baustelle vorhandenen Bauprodukte, Geräte, Maschinen und Bauhilfsmittel in amtlichen Gewahrsam bringen.

§ 80 Beseitigung von Anlagen, Nutzungsuntersagung

¹Werden Anlagen im Widerspruch zu öffentlich-rechtlichen Vorschriften errichtet oder geändert, kann die Bauaufsichtsbehörde die teilweise oder vollständige Beseitigung der Anlagen anordnen, wenn nicht auf andere Weise rechtmäßige Zustände hergestellt werden können. ²Werden Anlagen im Widerspruch zu öffentlich-rechtlichen Vorschriften genutzt, kann diese Nutzung untersagt werden.

Abschnitt 5
Bauüberwachung

§ 81 Bauüberwachung

(1) Die Bauaufsichtsbehörde kann die Einhaltung der öffentlich-rechtlichen Vorschriften und Anforderungen und die ordnungsgemäße Erfüllung der Pflichten der am Bau Beteiligten überprüfen.

(2) ¹Die Bauaufsichtsbehörde überwacht nach näherer Maßgabe der Rechtsverordnung nach § 88 Absatz 2 die Bauausführung bei baulichen Anlagen

1. nach § 66 Absatz 3 Satz 1 und 2 hinsichtlich des von ihr bauaufsichtlich geprüften Standsicherheitsnachweises und

2. nach § 66 Absatz 3 Satz 3 hinsichtlich des von ihr bauaufsichtlich geprüften Brandschutznachweises.

²Bei Gebäuden der Gebäudeklasse 4, ausgenommen Sonderbauten sowie Mittel- und Großgaragen im Sinne der Verordnung nach § 88 Absatz 1 Nummer 3, ist die mit dem Brandschutznachweis übereinstimmende Bauausführung vom Nachweisersteller oder einem anderen Nachweisberechtigten im Sinne des § 66 Absatz 2 Satz 4 oder von einer als Prüfingenieur für Brandschutz anerkannten Person zu bestätigen.

(3) Im Rahmen der Bauüberwachung können Proben von Bauprodukten, soweit erforderlich, auch aus fertigen Bauteilen zu Prüfzwecken entnommen werden.

(4) Im Rahmen der Bauüberwachung ist jederzeit Einblick in die Genehmigungen, Zulassungen, Prüfzeugnisse, Übereinstimmungszertifikate, Zeugnisse und Aufzeichnungen über die Prüfungen von Bauprodukten, in die CE-Kennzeichnungen und Leistungserklärungen nach der Verordnung (EU) Nr. 305/2011 sowie in die Bautagebücher und andere vorgeschriebene Aufzeichnungen zu gewähren.

(5) Die Bauaufsichtsbehörde soll, soweit sie im Rahmen der Bauüberwachung Erkenntnisse über systematische Rechtsverstöße gegen die Verordnung (EU) Nr. 305/2011 erlangt, diese der für die Marktüberwachung zuständigen Stelle mitteilen.

§ 82 Bauzustandsanzeigen, Aufnahme der Nutzung

(1) ¹Die Bauaufsichtsbehörde kann verlangen, dass ihr Beginn und Beendigung bestimmter Bauarbeiten angezeigt werden. ²Die Bauarbeiten dürfen erst fortgesetzt werden, wenn die Bauaufsichtsbehörde der Fortführung der Bauarbeiten zugestimmt hat.

(2) Der Bauherr hat die beabsichtigte Aufnahme der Nutzung einer nicht verfahrensfreien baulichen Anlage mindestens zwei Wochen vorher der Bauaufsichtsbehörde anzuzeigen.

(3) [1]Eine bauliche Anlage darf erst benutzt werden, wenn sie selbst, Zufahrtswege, Wasserversorgungs- und Abwasserentsorgungs- sowie Gemeinschaftsanlagen in dem erforderlichen Umfang sicher benutzbar sind, nicht jedoch vor dem in Absatz 2 bezeichneten Zeitpunkt. [2]Feuerstätten dürfen erst in Betrieb genommen werden, wenn der bevollmächtigte Bezirksschornsteinfeger die Tauglichkeit und die sichere Benutzbarkeit der Abgasanlagen bescheinigt hat. [3]Verbrennungsmotoren und Blockheizkraftwerke dürfen erst dann in Betrieb genommen werden, wenn er die Tauglichkeit und sichere Benutzbarkeit der Leitungen zur Abführung von Verbrennungsgasen bescheinigt hat.

Abschnitt 6
Baulasten

§ 83 Baulasten, Baulastenverzeichnis

(1) [1]Durch Erklärung gegenüber der Bauaufsichtsbehörde können Grundstückseigentümer öffentlich-rechtliche Verpflichtungen zu einem ihre Grundstücke betreffenden Tun, Dulden oder Unterlassen übernehmen, die sich nicht schon aus öffentlich-rechtlichen Vorschriften ergeben. [2]Baulasten werden unbeschadet der Rechte Dritter mit der Eintragung in das Baulastenverzeichnis wirksam und wirken auch gegenüber Rechtsnachfolgern.

(2) [1]Die Erklärung nach Absatz 1 bedarf der Schriftform. [2]Die Unterschrift muss öffentlich beglaubigt oder vor der Bauaufsichtsbehörde geleistet oder von ihr anerkannt werden.

(3) [1]Die Baulast geht durch schriftlichen Verzicht der Bauaufsichtsbehörde unter. [2]Der Verzicht ist zu erklären, wenn ein öffentliches Interesse an der Baulast nicht mehr besteht. [3]Vor dem Verzicht sollen der Verpflichtete und die durch die Baulast Begünstigten angehört werden. [4]Der Verzicht wird mit der Löschung der Baulast im Baulastenverzeichnis wirksam.

(4) [1]Das Baulastenverzeichnis wird von der Bauaufsichtsbehörde geführt. [2]In das Baulastenverzeichnis können auch eingetragen werden

1. andere baurechtliche Verpflichtungen des Grundstückseigentümers zu einem sein Grundstück betreffendes Tun, Dulden oder Unterlassen und

2. Auflagen, Bedingungen, Befristungen und Widerrufsvorbehalte.

(5) Wer ein berechtigtes Interesse darlegt, kann in das Baulastenverzeichnis Einsicht nehmen oder sich Abschriften erteilen lassen.

Teil 6
Ausführungsbestimmungen zum Baugesetzbuch

§ 84 Nutzung land- und forstwirtschaftlicher Gebäude

§ 35 Absatz 4 Satz 1 Nummer 1 Buchstabe c des Baugesetzbuches ist nicht anzuwenden.

§ 85 Zuständigkeitsregelungen für Aufgaben nach dem Baugesetzbuch

(1) [1]Die Aufgaben der höheren Verwaltungsbehörden nach § 10 Absatz 2, § 17 Absatz 2 und 3, § 34 Absatz 5 und § 35 Absatz 6 des Baugesetzbuches werden für das Gebiet der Gemeinden, die der Rechtsaufsicht des Landratsamtes unterstehen, dem Landkreis übertragen. [2]Dies gilt nicht, soweit anstelle der Gemeinde eine Körperschaft des öffentlichen Rechts, die der Rechtsaufsicht der Landesdirektion Sachsen untersteht, die Bebauungspläne aufstellt oder Satzungen erlässt.

(2) [1]Die Aufgaben der höheren Verwaltungsbehörde nach § 6 Absatz 1 und 3 des Baugesetzbuches werden für Flächennutzungspläne von Gemeinden, die der Rechtsaufsicht des Landratsamtes unterstehen, dem Landkreis übertragen. [2]Dasselbe gilt für Flächennutzungspläne von Verwaltungsverbänden und anderen Körperschaften des öffentlichen Rechts, die der Rechtsaufsicht des Landratsamtes unterstehen. [3]Unterliegen die Planungsbereiche gemeinsamer Flächennutzungspläne (§ 204 des Baugesetzbuches) oder Flächennutzungspläne und Satzungen eines Planungsverbandes (§ 205 des Baugesetzbuches) der Zuständigkeit verschiedener Landkreise, ist die Landesdirektion Sachsen für die Entscheidung im Genehmigungs- und Zustimmungsverfahren zuständig.

(3) Zuständige Behörde für die Erteilung der Zustimmung zur Beschränkung der Geltungsdauer der Kosten- und Finanzierungsübersicht gemäß § 149 Absatz 4 des Baugesetzbuches ist die Landesdirektion Sachsen.

(4) Für die Aufgaben nach den Absätzen 1 und 2 findet § 58 Absatz 1 und 5 entsprechende Anwendung.

(5) Der Freistaat Sachsen gewährt den Landkreisen für die nach den Absätzen 1 und 2 übertragenen Aufgaben einen Mehrbelastungsausgleich von 0,53 Euro jährlich je Einwohner.

§ 86 Bildung eines Oberen Gutachterausschusses, Aufsicht über die Gutachterausschüsse und den Oberen Gutachterausschuss

(1) Für den Bereich des Freistaates Sachsen wird gemäß § 198 Absatz 1 des Baugesetzbuches ein Oberer Gutachterausschuss gebildet.

(2) Die Aufsicht (Rechtsaufsicht) über die Gutachterausschüsse führen

1. der Staatsbetrieb Geobasisinformation und Vermessung Sachsen als obere Rechtsaufsichtsbehörde und

2. das Staatsministerium des Innern als oberste Rechtsaufsichtsbehörde.

(3) Die Rechtsaufsicht über den Oberen Gutachterausschuss führt das Sächsische Staatsministerium des Innern.

(4) [1]Die Aufsichtsbehörden prüfen die Einhaltung der Rechtsvorschriften bei der Aufgabenwahrnehmung der Gutachterausschüsse und des Oberen Gutachterausschusses, die Einhaltung der den Gutachtern auferlegten Pflichten sowie die Geschäftsführung der Gutachterausschüsse und des Oberen Gutachterausschusses und ihrer Geschäftsstellen. [2]Die §§ 111 und 113 bis 116 der Sächsischen Gemeindeordnung gelten entsprechend.

(5) Vor Erhebung einer verwaltungsgerichtlichen Klage gegen die Entscheidung des Gutachterausschusses oder des Oberen Gutachterausschusses bedarf es keiner Nachprüfung in einem Vorverfahren.

Teil 7
Ordnungswidrigkeiten, Rechtsvorschriften, Übergangsvorschriften

§ 87 Ordnungswidrigkeiten

(1) [1]Ordnungswidrig handelt, wer vorsätzlich oder fahrlässig

1. einer nach § 88 Absatz 1 bis 3 erlassenen Rechtsverordnung oder einer nach § 89 Absatz 1 und 2 erlassenen Satzung zuwiderhandelt, sofern die Rechtsverordnung oder die Satzung für einen bestimmten Tatbestand auf diese Bußgeldvorschrift verweist;

2. einer vollziehbaren schriftlichen Anordnung der Bauaufsichtsbehörde zuwiderhandelt, die aufgrund dieses Gesetzes oder aufgrund einer nach diesem Gesetz zulässigen Rechtsverordnung oder Satzung erlassen worden ist, sofern die Anordnung auf die Bußgeldvorschrift verweist;

3. ohne die erforderliche Baugenehmigung (§ 59 Absatz 1), Teilbaugenehmigung (§ 74) oder Abweichung (§ 67) oder abweichend davon bauliche Anlagen errichtet, ändert, benutzt oder entgegen § 61 Absatz 3 Satz 2 bis 4 beseitigt;

4. entgegen der Vorschrift des § 62 Absatz 3 Satz 3 und 4 mit der Ausführung eines Bauvorhabens beginnt;

5. Fliegende Bauten ohne Ausführungsgenehmigung (§ 76 Absatz 2) oder ohne Anzeige und Abnahme (§ 76 Absatz 6) in Gebrauch nimmt;

6. entgegen der Vorschrift des § 72 Absatz 6 mit den Bauarbeiten beginnt, entgegen der Vorschrift des § 61 Absatz 3 Satz 5 mit der Beseitigung einer Anlage beginnt, entgegen der Vorschrift des § 82 Absatz 1 Bauarbeiten fortsetzt oder entgegen der Vorschrift des § 82 Absatz 2 bauliche Anlagen nutzt;

7. die Baubeginnanzeige (§ 72 Absatz 8) nicht oder nicht fristgerecht erstattet;

8. Bauprodukte mit dem Ü-Zeichen kennzeichnet, ohne dass dafür die Voraussetzungen nach § 21 Absatz 3 vorliegen;

9. Bauprodukte entgegen § 21 Absatz 3 ohne das Ü-Zeichen verwendet;

10. Bauarten entgegen § 16a ohne Bauartgenehmigung oder allgemeines bauaufsichtliches Prüfzeugnis für Bauarten anwendet;

11. als Bauherr, Entwurfsverfasser, Unternehmer, Bauleiter oder als deren Vertreter den Vorschriften der § 53 Absatz 1 Satz 1 bis 3, 5 und 6, § 54 Absatz 1 Satz 3, § 55 Absatz 1 Satz 1 und 2 oder § 56 Absatz 1 zuwiderhandelt oder

12. ohne dazu berechtigt zu sein, als Entwurfsverfasser den Bauantrag und die Bauvorlagen unterschreibt oder bautechnische Nachweise im Sinne des § 66 Absatz 1 Satz 1 erstellt.

[2]Ist eine Ordnungswidrigkeit nach Satz 1 Nummer 8 bis 10 begangen worden, können Gegenstände, auf die sich die Ordnungswidrigkeit bezieht, eingezogen werden. [3]§ 22 des Gesetzes über Ordnungswidrigkeiten in der Fassung der Bekanntmachung vom 19. Februar 1987 (BGBl. I S. 602), das zuletzt durch Artikel 5 des Gesetzes vom 27. August 2017 (BGBl. I S. 3295) geändert worden ist, in der jeweils geltenden Fassung, ist anzuwenden.

(2) Ordnungswidrig handelt auch, wer wider besseres Wissen

1. unrichtige Angaben macht oder unrichtige Pläne oder Unterlagen vorlegt, um einen nach diesem Gesetz vorgesehenen Verwaltungsakt zu erwirken oder zu verhindern,

2. als Prüfingenieur unrichtige Prüfberichte erstellt oder

3. als Tragwerksplaner unrichtige Angaben zur Prüfpflicht nach § 66 Absatz 3 Satz 2 macht.

(3) Die Ordnungswidrigkeit kann mit einer Geldbuße bis zu 500 000 Euro geahndet werden.

(4) Verwaltungsbehörde im Sinne des § 36 Absatz 1 Nummer 1 des Gesetzes über Ordnungswidrigkeiten ist in den Fällen des Absatzes 1 Satz 1 Nummer 8 bis 10 die oberste Bauaufsichtsbehörde, in den übrigen Fällen die untere Bauaufsichtsbehörde.

§ 88 Rechtsvorschriften

(1) Zur Verwirklichung der in § 3 Satz 1, § 16a Absatz 1 und § 16b Absatz 1 bezeichneten Anforderungen wird die oberste Bauaufsichtsbehörde ermächtigt, durch Rechtsverordnung Vorschriften zu erlassen über

1. die nähere Bestimmung allgemeiner Anforderungen der §§ 4 bis 48;

2. Anforderungen an Feuerungsanlagen (§ 42) sowie Abweichungen von § 42 Absatz 3 Satz 1 für Gasfeuerstätten;

3. Anforderungen an Garagen (§ 49);

4. besondere Anforderungen oder Erleichterungen, die sich aus der besonderen Art oder Nutzung der baulichen Anlagen für Errichtung, Änderung, Unterhaltung, Betrieb und Nutzung ergeben (§ 51), sowie über die Anwendung solcher Anforderungen auf bestehende bauliche Anlagen dieser Art;

5. Erst-, Wiederholungs- und Nachprüfung von Anlagen, die zur Verhütung erheblicher Gefahren oder Nachteile ständig ordnungsgemäß unterhalten werden müssen, und die Erstreckung dieser Nachprüfungspflicht auf bestehende Anlagen sowie

6. die Anwesenheit fachkundiger Personen beim Betrieb technisch schwieriger baulicher Anlagen und Einrichtungen wie Bühnenbetriebe und technisch schwierige Fliegende Bauten einschließlich des Nachweises der Befähigung dieser Personen.

(2) [1]Die oberste Bauaufsichtsbehörde wird ermächtigt, durch Rechtsverordnung Vorschriften zu erlassen über

1. Prüfingenieure und Prüfämter, denen bauaufsichtliche Prüfaufgaben einschließlich der Bauüberwachung und der Bauzustandsbesichtigung übertragen werden, sowie

2. Prüfsachverständige, die im Auftrag des Bauherrn oder des sonstigen nach Bauordnungsrecht Verantwortlichen die Einhaltung bauordnungsrechtlicher Anforderungen prüfen und bescheinigen.

[2]Die Rechtsverordnung nach Satz 1 regelt, soweit erforderlich,

1. die Fachbereiche und die Fachrichtungen, in denen Prüfingenieure, Prüfämter und Prüfsachverständige tätig werden;

2. die Anerkennungsvoraussetzungen und das Anerkennungsverfahren;

3. Erlöschen, Rücknahme und Widerruf der Anerkennung einschließlich der Festlegung einer Altersgrenze;

4. die Aufgabenerledigung und

5. die Vergütung.

(3) [1]Die oberste Bauaufsichtsbehörde wird ermächtigt, durch Rechtsverordnung Vorschriften zu erlassen über

1. Umfang, Inhalt und Zahl der erforderlichen Unterlagen einschließlich der Vorlagen bei der Anzeige der beabsichtigten Beseitigung von Anlagen nach § 61 Absatz 3 Satz 2 und bei der Genehmigungsfreistellung nach § 62;
2. die erforderlichen Anträge, Anzeigen, Nachweise, Bescheinigungen und Bestätigungen, auch bei verfahrensfreien Bauvorhaben, sowie
3. das Verfahren im Einzelnen.

[2]Sie kann dabei für verschiedene Arten von Bauvorhaben unterschiedliche Anforderungen und Verfahren festlegen.

(4) Die oberste Bauaufsichtsbehörde wird ermächtigt, durch Rechtsverordnung

1. die Zuständigkeit für die vorhabenbezogene Bauartgenehmigung nach § 16a Absatz 2 Satz 1 Nummer 2 und den Verzicht darauf im Einzelfall nach § 16a Absatz 4 sowie für die Zustimmung und den Verzicht auf Zustimmung im Einzelfall (§ 20) auf unmittelbar der obersten Bauaufsichtsbehörde nachgeordnete Behörden zu übertragen;
2. die Zuständigkeit für die Anerkennung von Prüf-, Zertifizierungs- und Überwachungsstellen (§ 24) auf andere Behörden zu übertragen; die Zuständigkeit kann auch auf eine Behörde eines anderen Landes übertragen werden, die der Aufsicht einer obersten Bauaufsichtsbehörde untersteht oder an deren Willensbildung die oberste Bauaufsichtsbehörde mitwirkt;
3. das Ü-Zeichen festzulegen und zu diesem Zeichen zusätzliche Angaben zu verlangen;
4. das Anerkennungsverfahren nach § 24, die Voraussetzungen für die Anerkennung, ihre Rücknahme, ihren Widerruf und ihr Erlöschen zu regeln, insbesondere auch Altersgrenzen festzulegen, sowie eine ausreichende Haftpflichtversicherung zu fordern;
5. die Zuständigkeit nach § 7 Absatz 1 der Verordnung über das Inverkehrbringen von Heizkesseln und Geräten nach dem Bauproduktengesetz vom 28. April 1998 (BGBl. I S. 796), die zuletzt durch Artikel 5 des Gesetzes vom 5. Dezember 2012 (BGBl. I S. 2449) geändert worden ist, in der jeweils geltenden Fassung, ganz oder teilweise auf andere Stellen auch außerhalb des Freistaates Sachsen zu übertragen;
6. die Erteilung von Ausführungsgenehmigungen für Fliegende Bauten nach § 76 auf bestimmte Stellen zu übertragen und
7. die Zuständigkeit zur Erteilung von Befähigungszeugnissen für fachkundige Personen nach Absatz 1 Nummer 6 auf unmittelbar der obersten Bauaufsichtsbehörde nachgeordnete Behörden, der Aufsicht des Freistaates Sachsen unterstehende Körperschaften des öffentlichen Rechts oder fachlich geeignete Privatpersonen zu übertragen.

(4a) Die oberste Bauaufsichtsbehörde kann durch Rechtsverordnung vorschreiben, dass für bestimmte Bauprodukte und Bauarten, auch soweit sie Anforderungen nach anderen Rechtsvorschriften unterliegen, hinsichtlich dieser Anforderungen § 16a Absatz 2, §§ 17 bis 25 ganz oder teilweise anwendbar sind, wenn die anderen Rechtsvorschriften dies verlangen oder zulassen.

(5) [1]Die oberste Bauaufsichtsbehörde wird ermächtigt, durch Rechtsverordnung zu bestimmen, dass die Anforderungen der aufgrund des § 34 des Produktsicherheitsgesetzes vom 8. November 2011 (BGBl. I S. 2178, 2179; 2012 I S. 131), das durch Artikel 435 der Verordnung vom 31. August 2015 (BGBl. I S. 1474) geändert worden ist, in der jeweils geltenden Fassung, und des § 49 Absatz 4 des Energiewirtschaftsgesetzes vom 7. Juli 2005 (BGBl. I S. 1970, 3621), das zuletzt durch Artikel 2 Absatz 6 des Gesetzes vom 20. Juli 2017 (BGBl. I S. 2808, 3343) geändert worden ist, in der jeweils geltenden Fassung, erlassenen Rechtsverordnungen entsprechend für Anlagen gelten, die weder gewerblichen noch wirtschaftlichen Zwecken dienen und in deren Gefahrenbereich auch keine Arbeitnehmer beschäftigt werden. [2]Sie kann auch die Verfahrensvorschriften dieser Verordnungen für anwendbar erklären oder selbst das Verfahren bestimmen sowie Zuständigkeiten und Gebühren regeln. [3]Dabei kann sie auch vorschreiben, dass danach zu erteilende Erlaubnisse die Baugenehmigung oder die Zustimmung nach § 77 einschließlich der zugehörigen Abweichungen einschließen sowie dass § 35 Absatz 2 des Produktsicherheitsgesetzes insoweit Anwendung findet.

(6) [1]Die Architektenkammer Sachsen und die Ingenieurkammer Sachsen werden ermächtigt, durch Satzungen Regelungen über die Eintragung in die gemäß § 66 Absatz 2 Satz 4 zu führenden Listen der qualifizierten Brandschutzplaner zu treffen, insbesondere

1. die Festlegung allgemeiner Verfahrensregelungen, insbesondere
   a) Anforderungen an die Antragstellung und an die vorzulegenden Nachweise,
   b) die Festlegung der Zuständigkeiten des gemeinsamen Prüfungsausschusses und des gemeinsamen Ausschusses nach § 28 Absatz 1 des Sächsischen Ingenieurgesetzes vom 10. Februar 2017 (SächsGVBl. S. 50), in der jeweils geltenden Fassung, und § 28 Absatz 1 des Sächsischen Architektengesetzes,
   c) Folgen von Versäumnis, Rücktritt und Täuschungshandlungen sowie
   d) Dokumentationspflichten und Aktenführung;
2. die Möglichkeiten, den Nachweis der erforderlichen Kenntnisse des Brandschutzes auf folgende Weise erbringen zu können:
   a) erfolgreiche Absolvierung einer zweistufigen Prüfung bei der Architektenkammer Sachsen oder der Ingenieurkammer Sachsen, bestehend aus der Vorlage von geeigneten, selbst erstellten Brandschutzkonzepten oder Brandschutznachweisen und einer mündlichen Prüfung oder
   b) Nachweis eines erfolgreichen Abschlusses von Prüfungen oder Belegarbeiten im Bereich des Brandschutzes bei einem externen Weiterbildungsträger, wenn die Abschlüsse als gleichwertig anerkannt werden; die Gleichwertigkeit dieser Abschlüsse kann auch nur für einen Teil des erforderlichen Kenntnisnachweises anerkannt werden;
3. das Prüfungsverfahren nach Nummer 2 Buchstabe a, insbesondere
   a) die Arbeitsweise des Prüfungsausschusses,
   b) die Teilnahme von Vertretern der Aufsichtsbehörde,
   c) den Inhalt und Umfang der zweistufigen Prüfung,
   d) die Festlegung von Bewertungskriterien,
   e) die Möglichkeit eines Nachteilsausgleichs für Menschen mit Behinderung und
   f) Wiederholungsmöglichkeiten;
   die mündliche Prüfung gilt als bestanden, wenn die Fragen zu Teilgebieten des Brandschutzes zu insgesamt mindestens 80 Prozent fehlerfrei oder vertretbar begründet beantwortet wurden;
4. die Festlegung von Kriterien für die Prüfung der Gleichwertigkeit externer Prüfungsnachweise.
²Die Satzungen nach Satz 1 bedürfen der Genehmigung der Aufsichtsbehörde.

§ 88a Technische Baubestimmungen

(1) ¹Die Anforderungen nach § 3 können durch Technische Baubestimmungen konkretisiert werden. ²Die Technischen Baubestimmungen sind zu beachten. ³Von den in den Technischen Baubestimmungen enthaltenen Planungs-, Bemessungs- und Ausführungsregelungen kann abgewichen werden, wenn mit einer anderen Lösung in gleichem Maße die Anforderungen erfüllt werden und die Technischen Baubestimmungen eine Abweichung nicht ausdrücklich ausschließen. ⁴§ 16a Absatz 2, § 17 Absatz 1 und § 67 Absatz 1 bleiben unberührt.

(2) Die Konkretisierungen können durch Bezugnahmen auf technische Regeln und deren Fundstellen oder auf andere Weise erfolgen, insbesondere in Bezug auf
1. bestimmte bauliche Anlagen oder ihre Teile,
2. die Planung, Bemessung und Ausführung baulicher Anlagen und ihrer Teile,
3. die Leistung von Bauprodukten in bestimmten baulichen Anlagen oder ihren Teilen, insbesondere
   a) Planung, Bemessung und Ausführung baulicher Anlagen bei Einbau eines Bauproduktes,
   b) Merkmale von Bauprodukten, die sich für einen Verwendungszweck auf die Erfüllung der Anforderungen nach § 3 Satz 1 auswirken,
   c) Verfahren für die Feststellung der Leistung eines Bauproduktes im Hinblick auf Merkmale, die sich für einen Verwendungszweck auf die Erfüllung der Anforderungen nach § 3 Satz 1 auswirken,
   d) zulässige oder unzulässige besondere Verwendungszwecke,
   e) die Festlegung von Klassen und Stufen in Bezug auf bestimmte Verwendungszwecke sowie
   f) die für einen bestimmten Verwendungszweck anzugebende oder erforderliche und anzugebende Leistung in Bezug auf ein Merkmal, das sich für einen Verwendungszweck auf die Erfüllung der Anforderungen nach § 3 Satz 1 auswirkt, soweit vorgesehen in Klassen und Stufen,

4. die Bauarten und die Bauprodukte, die nur eines allgemeinen bauaufsichtlichen Prüfzeugnisses nach § 16a Absatz 3 oder § 19 Absatz 1 bedürfen,

5. die Voraussetzungen zur Abgabe der Übereinstimmungserklärung für ein Bauprodukt nach § 22 und

6. die Art, den Inhalt und die Form technischer Dokumentation.

(3) Die Technischen Baubestimmungen sollen nach den Grundanforderungen gemäß Anhang I der Verordnung (EU) Nr. 305/2011 gegliedert sein.

(4) Die Technischen Baubestimmungen enthalten die in § 17 Absatz 3 genannte Liste.

(5) [1]Das Deutsche Institut für Bautechnik macht nach Anhörung der beteiligten Kreise im Einvernehmen mit der obersten Bauaufsichtsbehörde zur Durchführung dieses Gesetzes und der aufgrund dieses Gesetzes erlassenen Rechtsverordnungen die Technischen Baubestimmungen nach Absatz 1 bekannt. [2]Die Bekanntmachung nach Satz 1 gilt als Verwaltungsvorschrift der obersten Bauaufsichtsbehörde, soweit diese keine abweichende Verwaltungsvorschrift erlässt. [3]Die §§ 3 und 4 des Sächsischen Verwaltungsvorschriftengesetzes in der Fassung der Bekanntmachung vom 10. Februar 2006 (SächsGVBl. S. 25), in der jeweils geltenden Fassung, gelten nicht für die Bekanntmachung nach Satz 1.

§ 89 Örtliche Bauvorschriften

(1) Die Gemeinden können durch Satzung örtliche Bauvorschriften erlassen über

1. besondere Anforderungen an die äußere Gestaltung baulicher Anlagen sowie von Werbeanlagen und Warenautomaten zur Erhaltung und Gestaltung von Ortsbildern;

2. das Verbot von Werbeanlagen und Warenautomaten aus ortsgestalterischen Gründen;

3. die Lage, Größe, Beschaffenheit, Ausstattung und Unterhaltung von Kinderspielplätzen (§ 8 Absatz 2);

4. die Zahl, Größe und Beschaffenheit der Stellplätze und Garagen sowie Abstellplätze für Fahrräder (§ 49 Absatz 1), die unter Berücksichtigung der Sicherheit und Leichtigkeit des Verkehrs, der Bedürfnisse des ruhenden Verkehrs und der Erschließung durch Einrichtungen des öffentlichen Personennahverkehrs für Anlagen erforderlich sind, bei denen ein Zu- und Abgangsverkehr mit Kraftfahrzeugen oder Fahrrädern zu erwarten ist (notwendige Stellplätze und Garagen sowie Abstellplätze für Fahrräder), einschließlich des Mehrbedarfs bei Änderungen und Nutzungsänderungen der Anlagen sowie die Ablösung der Herstellungspflicht, deren Voraussetzung und die Höhe der Ablösungsbeträge, die nach Art der Nutzung und Lage der Anlage unterschiedlich geregelt werden kann;

5. die Gestaltung der Plätze für bewegliche Abfallbehälter und der unbebauten Flächen der bebauten Grundstücke sowie über die Notwendigkeit, Art, Gestaltung und Höhe von Einfriedungen; dabei kann bestimmt werden, dass Vorgärten nicht als Arbeitsflächen oder Lagerflächen benutzt werden dürfen;

6. von § 6 abweichende Maße der Abstandsflächentiefe, soweit dies zur Gestaltung des Ortsbildes oder zur Verwirklichung der Festsetzungen einer städtebaulichen Satzung erforderlich ist und eine ausreichende Belichtung sowie der Brandschutz gewährleistet sind, sowie

7. die Begrünung baulicher Anlagen.

(2) [1]Örtliche Bauvorschriften können auch durch Bebauungsplan oder, soweit das Baugesetzbuch dies vorsieht, durch andere Satzungen nach den Vorschriften des Baugesetzbuches erlassen werden. [2]Werden die örtlichen Bauvorschriften durch Bebauungsplan oder durch eine sonstige städtebauliche Satzung nach dem Baugesetzbuch erlassen, sind die §§ 1 bis 4c, 8 bis 10, 13 bis 18, 30, 31, 33, 36 und 214 bis 215 des Baugesetzbuches entsprechend anzuwenden.

(3) [1]Anforderungen nach den Absätzen 1 und 2 können innerhalb der örtlichen Bauvorschrift auch in Form zeichnerischer Darstellungen gestellt werden. [2]Ihre Bekanntgabe kann dadurch ersetzt werden, dass dieser Teil der örtlichen Bauvorschrift bei der Gemeinde zur Einsicht ausgelegt wird. [3]Hierauf ist in den örtlichen Bauvorschriften hinzuweisen.

§ 90 Übergangsvorschriften

(1) [1]Vor In-Kraft-Treten dieses Gesetzes eingeleitete Verfahren sind nach dem bisherigen Verfahrensvorschriften weiterzuführen. [2]Hiervon ausgenommen sind Bauvorhaben, die keinem Verfahren mehr unterliegen. [3]Die materiellen Vorschriften, die durch dieses Gesetz geändert werden und den

Bauherrn begünstigen, sind auch auf die vor In-Kraft-Treten dieses Gesetzes eingeleiteten Verfahren anzuwenden.

(2) Solange § 20 Absatz 1 der Baunutzungsverordnung zur Begriffsbestimmung des Vollgeschosses auf Landesrecht verweist, gelten Geschosse, deren Deckenoberfläche im Mittel mehr als 1,40 m über die Geländeoberfläche hinausragt und die über mindestens zwei Drittel ihrer Grundfläche eine lichte Höhe von mindestens 2,30 m haben, als Vollgeschosse.

(3) [1]Abweichend von § 66 Absatz 2 Satz 4 genügt bis zum 1. April 2017 die Bauvorlageberechtigung nach § 65 Absatz 2 Nummer 1, 2 und 4. [2]Abweichend von § 66 Absatz 3 Satz 3 Nummer 3 muss bis zum 1. April 2017 der Brandschutznachweis auch bei Gebäuden der Gebäudeklasse 4 bauaufsichtlich geprüft sein.

(4) [1]Die Verwendung des Ü-Zeichens auf Bauprodukten, die die CE-Kennzeichnung aufgrund der Verordnung (EU) Nr. 305/2011 tragen, ist ab dem 25. November 2017 nicht mehr zulässig. [2]Sind bereits in Verkehr gebrachte Bauprodukte, die die CE-Kennzeichnung aufgrund der Verordnung (EU) Nr. 305/2011 tragen, mit dem Ü-Zeichen gekennzeichnet, verliert das Ü-Zeichen ab dem 25. November 2017 seine Gültigkeit.

(5) Bis zum 24. November 2017 für Bauarten erteilte allgemeine bauaufsichtliche Zulassungen und Zustimmungen im Einzelfall gelten als Bauartgenehmigung fort.

(6) [1]Bestehende Anerkennungen als Prüf-, Überwachungs- und Zertifizierungsstellen bleiben in dem bis zum 24. November 2017 geregelten Umfang wirksam. [2]Vor dem 25. November 2017 gestellte Anträge gelten als Anträge nach diesem Gesetz.

Verordnung des Sächsischen Staatsministeriums des Innern zur Durchführung der Sächsischen Bauordnung (Durchführungsverordnung zur SächsBO – DVOSächsBO)[1]

Vom 2. September 2004 (SächsGVBl. S. 427)

(BS Sachsen 421-1.14/2)

zuletzt geändert durch Art. 2 Sächsisches Verwaltungskostenrechtsneuordnungsgesetz vom 5. April 2019 (SächsGVBl. S. 245)

Inhaltsübersicht

---

1) Verkündet als Art. 1 G v. 2 . 9. 2004 (SächsGVBl. S. 427); Inkrafttreten gem. Art. 5 dieses G am 1.10.2004 mit Ausnahme des § 41 der am 1.1.2005 in Kraft tritt.

Teil 1
Bauvorlagen

§ 1 Baugenehmigungsverfahren

(1) [1]Nach § 68 Absatz 2 Satz 1 der Sächsischen Bauordnung in der Fassung der Bekanntmachung vom 11. Mai 2016 (SächsGVBl. S. 186), die zuletzt durch das Gesetz vom 27. Oktober 2017 (SächsGVBl. S. 588) geändert worden ist, in der jeweils geltenden Fassung, vorzulegende Bauvorlagen sind:

1. der Lageplan und ein Auszug aus der Liegenschaftskarte (§ 9);
2. die Bauzeichnungen (§ 10);
3. die Baubeschreibung (§ 11);
4. der Standsicherheitsnachweis, der Brandschutznachweis und andere bautechnische Nachweise (§ 12);
5. bei Vorhaben nach § 66 Absatz 3 Satz 2 Nummer 1 bis 3 der Sächsischen Bauordnung eine Erklärung des Tragwerksplaners zur Erforderlichkeit einer Prüfung des Standsicherheitsnachweises gemäß § 12 Abs. 3;
6. die erforderlichen Angaben über die Wasserversorgungs- und Abwasserentsorgungsanlagen einschließlich eines Leitungsplans der Wasser- und Abwasserleitungen auf dem Grundstück;
7. die erforderlichen Angaben zur Energieversorgung;
8. bei Vorhaben im Geltungsbereich eines Bebauungsplans einen Auszug aus dem Bebauungsplan mit Eintragung des Grundstücks und eine prüffähige Berechnung über die zulässige, die vorhandene und die geplante Grundfläche und Grundflächenzahl, Geschossfläche und Geschossflächenzahl und, soweit erforderlich, Baumasse und Baumassenzahl auf dem Baugrundstück;
9. der Erhebungsbogen des Statistischen Landesamtes für die Erhebungseinheiten gemäß § 2 Absatz 1 des Hochbaustatistikgesetzes vom 5. Mai 1998 (BGBl. I S. 869), das zuletzt durch Artikel 2 des Gesetzes vom 26. Juli 2016 (BGBl. I S. 1839) geändert worden ist, in der jeweils geltenden Fassung.

[2]Die Bauvorlagen sind mit dem Bauantrag vorzulegen, wenn § 7 Absatz 3 und 4 nichts anderes bestimmt.

(2) Im vereinfachten Baugenehmigungsverfahren muss in den Fällen des § 66 Absatz 3 Satz 1 und 2 der Sächsischen Bauordnung ein geprüfter Standsicherheitsnachweis, in den Fällen des § 66 Absatz 3 Satz 3 Nummer 2 und 3 der Sächsischen Bauordnung ein geprüfter Brandschutznachweis vorgelegt werden.

§ 2 Genehmigungsfreistellung

(1) Für die Genehmigungsfreistellung sind die in § 1 Abs. 1 Nr. 1 bis 9 genannten sowie folgende Bauvorlagen einzureichen:

1. eine Bestätigung der Gemeinde, dass der Anschluss des Grundstücks an eine befahrbare öffentliche Verkehrsfläche, die Trinkwasserversorgung, die Abwasserbeseitigung sowie eine den örtlichen Verhältnissen entsprechende ausreichende Löschwasserversorgung spätestens bei Nutzungsbeginn gesichert ist;
2. eine Erklärung des Entwurfsverfassers, dass
   a) die öffentlich-rechtlichen Vorschriften eingehalten werden,
   b) die Bauvorlagen vollständig erstellt sind,

c) Ausnahmen und Befreiungen nach § 31 des Baugesetzbuches in der Fassung der Bekanntmachung vom 3. November 2017 (BGBl. I S. 3634), in der jeweils geltenden Fassung, nicht
erforderlich sind und

d) Abweichungen nach § 67 der Sächsischen Bauordnung gesondert beantragt werden;

3. eine Erklärung des Bauherrn, in der er für den Fall des § 62 Absatz 2 Nummer 4 der Sächsischen
Bauordnung bestimmt, ob die Einreichung seiner Unterlagen als Bauantrag zu behandeln ist, wenn
die Gemeinde die Durchführung eines vereinfachten Genehmigungsverfahrens fordert.

(2) In den Fällen des § 66 Absatz 3 Satz 1 und 2 der Sächsischen Bauordnung muss ein geprüfter
Standsicherheitsnachweis, in den Fällen des § 66 Absatz 3 Satz 3 Nummer 2 und 3 der Sächsischen
Bauordnung ein geprüfter Brandschutznachweis vorgelegt werden.

§ 3 Beseitigung von Anlagen

[1]Der Anzeige auf Beseitigung von Anlagen gemäß § 61 Absatz 3 Satz 2 der Sächsischen Bauordnung
ist ein Lageplan, der die Lage der zu beseitigenden Anlagen darstellt, unter Bezeichnung des Grundstücks nach Straße und Hausnummer und der Erhebungsbogen des Statistischen Landesamtes für
Bauabgang gemäß § 2 Absatz 2 des Hochbaustatistikgesetzes beizufügen. [2]In den Fällen des § 61 Absatz 3 Satz 3 Halbsatz 1 der Sächsischen Bauordnung ist die Bestätigung des Tragwerksplaners vorzulegen.

§ 4 Genehmigung von Werbeanlagen

(1) Dem Antrag auf Erteilung einer Genehmigung für die Errichtung, Anbringung und Änderung von
Werbeanlagen sind die in § 1 Nr. 1 bis 3 genannten Bauvorlagen und, soweit erforderlich, der Standsicherheitsnachweis beizufügen.

(2) Der Lageplan muss insbesondere enthalten:

1. die Angaben nach § 9 Abs. 4 Nr. 1, 2 und 4;
2. die Festsetzungen im Bebauungsplan über die Art des Baugebiets;
3. festgesetzte Baulinien, Baugrenzen oder sonstige Begrenzungslinien;
4. vorhandene bauliche Anlagen auf dem Grundstück;
5. den Aufstellungs- oder Anbringungsort der geplanten Werbeanlage;
6. die Abstände der geplanten Werbeanlage zu öffentlichen Verkehrs- und Grünflächen unter Angabe der Straßenklasse.

(3) Die Bauzeichnungen, für die ein Maßstab nicht kleiner als 1 : 50 zu verwenden ist, müssen insbesondere enthalten:

1. die Ausführung der geplanten Werbeanlage;
2. die Darstellung der geplanten Werbeanlage in Verbindung mit der baulichen Anlage, vor der oder
in deren Nähe sie aufgestellt, errichtet oder an der sie angebracht werden soll; dabei kann in
Einzelfällen die farbgetreue Wiedergabe aller sichtbaren Teile der geplanten Werbeanlage verlangt werden.

(4) In der Baubeschreibung sind, soweit dies nach § 11 Abs. 1 erforderlich ist, insbesondere anzugeben:

1. der Aufstellungs- oder Anbringungsort;
2. Art und Größe der geplanten Anlage;
3. Werkstoffe und Farben der geplanten Anlage;
4. die Art des Baugebiets;
5. benachbarte Signalanlagen und Verkehrszeichen.

§ 5 Ausführungsgenehmigung Fliegender Bauten

[1]Dem Antrag auf Erteilung der Ausführungsgenehmigung Fliegender Bauten nach § 76 der Sächsischen Bauordnung sind die in § 1 Nr. 2 bis 4 genannten Bauvorlagen beizufügen. [2]Der Standsicherheitsnachweis ist durch das Prüfamt gemäß § 31 Abs. 1 Satz 2 Nr. 2 zu prüfen. [3]Die Baubeschreibung
muss ausreichende Angaben über die Konstruktion, den Aufbau und den Betrieb Fliegender Bauten
enthalten. [4]Die Bauvorlagen sind in zweifacher Ausfertigung einzureichen.

§ 6 Vorbescheid

Dem Antrag auf Erteilung eines Vorbescheides nach § 75 der Sächsischen Bauordnung sind nur die
nach § 1 erforderlichen Bauvorlagen beizufügen, die zur Beurteilung der durch den Vorbescheid zu
entscheidenden Fragen des Bauvorhabens erforderlich sind.

§ 7 Sonstige Bauvorlagen, Verzicht auf Bauvorlagen und Nachreichung von Bauvorlagen
(1) Die Bauaufsichtsbehörde kann weitere Bauvorlagen fordern, wenn diese zur Beurteilung des Bauvorhabens erforderlich sind.
(2) Die Bauaufsichtsbehörde soll auf Bauvorlagen verzichten, wenn diese zur Beurteilung des Bauvorhabens nicht erforderlich sind.
(3) Die Bauaufsichtsbehörde kann gestatten, dass einzelne Bauvorlagen nachgereicht werden.
(4) [1]Die Bauaufsichtsbehörde kann gestatten, dass der Brandschutznachweis spätestens bei Baubeginn vorgelegt wird. [2]Der Standsicherheitsnachweis sowie die sonstigen bautechnischen Nachweise können der Bauaufsichtsbehörde spätestens bei Baubeginn vorgelegt werden.

§ 8 Zahl und Beschaffenheit der Bauvorlagen
(1) [1]Die Bauvorlagen sind bei der unteren Bauaufsichtsbehörde grundsätzlich in dreifacher Ausfertigung einzureichen. [2]§ 62 Absatz 3 Satz 1 der Sächsischen Bauordnung bleibt unberührt. [3]Sind andere Stellen am Genehmigungsverfahren zu beteiligen, ist für jede zu beteiligende Stelle eine weitere Mehrfertigung einzureichen, soweit in dieser Verordnung nichts anderes bestimmt ist. [4]Die Nachweise nach § 1 Absatz 1 Nr. 4 sind jeweils in zweifacher Ausfertigung einzureichen.
(2) [1]Die Bauvorlagen müssen aus alterungsbeständigem Papier oder gleichwertigem Material lichtbeständig hergestellt sein und dem Format DIN A 4 entsprechen oder auf diese Größe gefaltet sein. [2]§ 1 des Gesetzes zur Regelung des Verwaltungsverfahrens- und des Verwaltungszustellungsrechts für den Freistaat Sachsen vom 19. Mai 2010 (SächsGVBl. S. 142), das durch Artikel 3 des Gesetzes vom 12. Juli 2013 (SächsGVBl. S. 503) geändert worden ist, in der jeweils geltenden Fassung, in Verbindung mit § 3a des Verwaltungsverfahrensgesetzes in der Fassung der Bekanntmachung vom 23. Januar 2003 (BGBl. I S. 102), das zuletzt durch Artikel 11 Absatz 2 des Gesetzes vom 18. Juli 2017 (BGBl. I S. 2745) geändert worden ist, in der jeweils geltenden Fassung, bleibt unberührt.
(3) Hat das Staatsministerium des Innern Vordrucke öffentlich bekannt gemacht, sind diese zu verwenden.

§ 9 Auszug aus der Liegenschaftskarte, Lageplan
(1) [1]Der Auszug aus der Liegenschaftskarte soll bei Antragstellung nicht älter als ein halbes Jahr sein. [2]Er muss das Grundstück und die benachbarten Grundstücke im Umkreis von mindestens 50 m um das Grundstück darstellen. [3]Das Grundstück ist farblich zu kennzeichnen. [4]Der Auszug ist mit dem Namen des Bauherrn, des Bauvorhabens und dem Datum der Einreichung der Vorlage in der Genehmigungsfreistellung zu beschriften.
(2) [1]Der Lageplan ist auf der Grundlage der Daten des Liegenschaftskatasters zu erstellen. [2]Dabei soll ein Maßstab nicht kleiner als 1 : 500 verwendet werden. [3]Die Bauaufsichtsbehörde kann einen größeren Maßstab fordern, wenn es für die Beurteilung des Vorhabens erforderlich ist. [4]Der Lageplan ist durch einen Sachverständigen zu erstellen, wenn für die Grundstücksgrenze ein Katasternachweis nach § 12 Abs. 2 der Durchführungsverordnung zum Sächsischen Vermessungs- und Katastergesetz vom 6. Juli 2011 (SächsGVBl. S. 271), in der jeweils geltenden Fassung, nicht vorliegt und wenn
1. Gebäude an der Grundstücksgrenze oder so errichtet werden sollen, dass nur die in § 6 Absatz 5 der Sächsischen Bauordnung vorgeschriebenen Tiefen der Abstandsflächen eingehalten werden;
2. die vorgeschriebenen Tiefen der Abstandsflächen verringert werden sollen oder
3. die Flächen für Abstände ganz oder teilweise auf Nachbargrundstücken liegen.
(3) Sachverständige im Sinne des Absatzes 2 Satz 4 sind die zu Katastervermessungen nach dem Sächsischen Vermessungs- und Katastergesetz vom 29. Januar 2008 (SächsGVBl. S. 138), zuletzt geändert durch Gesetz vom 19. Juni 2013 (SächsGVBl. S. 482), in der jeweils geltenden Fassung, befugten Behörden und die Öffentlich bestellten Vermessungsingenieure.
(4) Der Lageplan muss, soweit dies zur Beurteilung des Vorhabens erforderlich ist, enthalten:
1. seinen Maßstab und die Lage des Grundstücks zur Nordrichtung;
2. die im Liegenschaftskataster geführten Flächengrößen, Flurstücksnummern und die Flurstücksgrenzen des Grundstücks;
3. die im Liegenschaftskataster geführten Flurstücksnummern und die Flurstücksgrenzen der im Lageplan dargestellten benachbarten Grundstücke;
4. die im Grundbuch geführte Bezeichnung des Grundstücks und der im Lageplan dargestellten benachbarten Grundstücke mit den jeweiligen Eigentümerangaben;

5.   die Höhenlage der Eckpunkte des Grundstücks und der Eckpunkte der geplanten baulichen Anlage mit Bezug auf das jeweilige Höhenbezugssystem;

6.   die Breite und die Höhenlage vorhandener oder in Bebauungsplänen enthaltener Verkehrsflächen mit Bezug auf das jeweilige Höhenbezugssystem unter Angabe der Straßenklasse sowie die in Planfeststellungsbeschlüssen ausgewiesenen Verkehrsflächen im Bereich des Vorhabens;

7.   die Lage des öffentlichen Entwässerungskanals, die Höhe seiner Sohle sowie die Rückstauebene;

8.   die Lage der Entwässerungsgrundleitung bis zum öffentlichen Kanal einschließlich des Anschlusskanals und deren Nennweiten, die Lage der Reinigungsöffnungen und -schächte oder die Lage der Abwasserbehandlungsanlagen mit der Abwassereinleitung;

9.   die Festsetzungen im Bebauungsplan über die Art und das Maß der baulichen Nutzung und über die überbaubare Grundstücksfläche (Baulinien und Baugrenzen);

10.   die vorhandenen baulichen Anlagen auf dem Grundstück und auf den benachbarten Grundstücken mit Angabe ihrer Nutzung, Geschosszahl, Hauptgesims- oder Außenwandhöhe, Dachform und der Bauart der Außenwände und der Bedachung;

11.   Kulturdenkmale im Sinne des § 2 des Sächsischen Denkmalschutzgesetzes vom 3. März 1993 (SächsGVBl. S. 229), das zuletzt durch Artikel 12 des Gesetzes vom 15. Dezember 2016 (SächsGVBl. S. 630) geändert worden ist, in der jeweils geltenden Fassung, und geschützte Baumbestände auf dem Baugrundstück und auf den Nachbargrundstücken;

12.   die geplanten baulichen Anlagen unter Angabe der Außenmaße, der Dachform, der Höhenlage des Erdgeschossfußbodens zur Straße, der Grenzabstände, der Abstände zu anderen baulichen Anlagen auf dem Grundstück und den benachbarten Grundstücken, der Lage und Breite der Zu- und Abfahrten, der Tiefe und Breite der Abstandsflächen (Abstandsflächenplan)

13.   die Abstände der geplanten baulichen Anlage zu öffentlichen Verkehrs- und Grünflächen, Friedhöfen, Wasserflächen und Wäldern;

14.   die Aufteilung der nicht überbauten Flächen unter Angabe der Lage, Anzahl und Größe der Stellplätze für Kraftfahrzeuge, der Zufahrten und Bewegungsflächen für die Feuerwehr, der Kinderspielplätze, der Plätze für Abfallbehälter und der Flächen, die begrünt werden oder mit Bäumen bepflanzt werden sollen;

15.   Flächen, die von Baulasten, Grunddienstbarkeiten oder Abstandsflächenübernahmeerklärungen betroffen sind;

16.   Brunnen, Abfallgruben, Dungstätten, Jauchebehälter, Flüssigmistbehälter und Gärfutterbehälter sowie deren Abstände zu baulichen Anlagen;

17.   Hochspannungsleitungen und unterirdische Leitungen für das Fernmeldewesen oder für die Versorgung mit Elektrizität, Gas, Wärme und Wasser sowie deren Abstände zu baulichen Anlagen;

18.   ortsfeste Behälter für Gase, Öle oder wassergefährdende oder brennbare Flüssigkeiten sowie deren Abstände zu baulichen Anlagen;

19.   Hydranten und andere Wasserentnahmestellen für Feuerlöschzwecke.

(5) Der Inhalt des Lageplans nach Absatz 4 Nr. 14 bis 19 und die Abstandsflächen sind auf besonderen Blättern darzustellen, wenn der Lageplan sonst unübersichtlich würde.

(6) [1]Für die Darstellung im Lageplan sind die Zeichen oder Farben der Nummern 1 und 3 der Anlage 1 zu verwenden. [2]Die sonstigen Darstellungen sind, soweit erforderlich, durch Beschriftung zu kennzeichnen.

(7) Bei Änderungen baulicher Anlagen, bei denen Außenwände und Dächer sowie die Nutzung nicht verändert werden, ist der Lageplan nicht erforderlich.

§ 10 Bauzeichnungen

(1) [1]Für die Bauzeichnungen soll ein Maßstab nicht kleiner als 1 : 100 verwendet werden, soweit nichts anderes bestimmt ist. [2]Die Bauaufsichtsbehörde kann einen anderen Maßstab verlangen oder zulassen, wenn ein solcher zur Darstellung der erforderlichen Eintragung notwendig oder ausreichend ist.

(2) In den Bauzeichnungen sind insbesondere darzustellen:

1.   die Gründung der geplanten baulichen Anlage und, soweit erforderlich, die Gründungen benachbarter baulicher Anlagen;

2.   die Grundrisse aller Geschosse mit Angabe der vorgesehenen Nutzung der Räume und mit Einzeichnung der

a) Treppen,
b) lichten Öffnungsmaße sowie Art und Anordnung der Türen an und in Rettungswegen,
c) Schornsteine, Abgasleitungen und Verbindungsstücke,
d) Räume für die Aufstellung von Feuerstätten und die Brennstofflagerung unter Angabe der dafür vorgesehenen Nennwärmeleistung und Lagermenge,
e) ortsfesten Behälter für wassergefährdende oder brennbare Flüssigkeiten oder für verflüssigte oder nicht verflüssigte Gase,
f) Aufzugsschächte und nutzbaren Grundflächen der Fahrkörbe von Personenaufzügen,
g) Lüftungsleitungen, Installationsschächte und Abfallschächte,
h) Räume für die Aufstellung von Lüftungsanlagen,
i) Bäder und Toilettenräume, Entwässerungsgrundleitungen sowie Entwässerungseinrichtungen unterhalb der Rückstauebene,
j) Feuermelde- und Feuerlöscheinrichtungen mit Angabe ihrer Art;
3. die Schnitte, aus denen ersichtlich sind
   a) die Höhenlage des Erdgeschossfußbodens mit Bezug auf das jeweilige Höhenbezugssystem,
   b) die Höhe des Fußbodens des höchstgelegenen Aufenthaltsraumes über der Geländeoberfläche,
   c) die Geschosshöhen und die lichten Raumhöhen,
   d) der Verlauf der Treppen und Rampen mit ihrem Steigungsverhältnis,
   e) der Anschnitt der vorhandenen und der geplanten Geländeoberfläche,
   f) das Maß der Wandhöhe H je Außenwand in dem zur Bestimmung der Abstandsflächen erforderlichen Umfang (§ 6 Abs. 4 der Sächsischen Bauordnung), soweit dieses nicht im Lageplan oder in den Ansichten angegeben ist,
   g) Dachhöhen und Dachneigungen;
4. die Ansichten der geplanten baulichen Anlage mit dem Anschluss an Nachbargebäude unter Angabe von Baustoffen und Farben sowie der Geländeoberfläche und des Straßengefälles.
(3) In den Bauzeichnungen sind anzugeben:
1. der Maßstab;
2. die Maße und die wesentlichen Baustoffe und Bauarten;
3. das Brandverhalten der Baustoffe und die Feuerwiderstandsdauer der Bauteile, soweit aus Gründen des Brandschutzes Forderungen gestellt werden;
4. die Rohbaumaße der Fensteröffnungen in Aufenthaltsräumen;
5. die Lage des Raumes für die Hauptanschlüsse der Versorgungsleitungen und
6. bei Änderung baulicher Anlagen die zu beseitigenden und die neuen Bauteile.
(4) [1]Für die Darstellung in den Bauzeichnungen sind die Zeichen oder Farben der Nummer 2 der Anlage 1 zu verwenden. [2]Im Übrigen soll für die Darstellung in den Bauzeichnungen die DIN 1356 Teil 1, Ausgabe Februar 1995, erschienen im Beuth-Verlag GmbH, Berlin und Köln, und archivmäßig gesichert hinterlegt beim Deutschen Patent- und Markenamt, verwendet werden.

§ 11 Baubeschreibung
(1) In der Baubeschreibung sind das Vorhaben und seine Nutzung zu erläutern, soweit dies zur Beurteilung erforderlich ist und die notwendigen Angaben nicht in den Lageplan und die Bauzeichnungen aufgenommen werden können.
(2) Wird das Vorhaben nicht an eine Sammelkanalisation angeschlossen, ist die ordnungsgemäße Abwasserbeseitigung nachzuweisen (§ 44 der Sächsischen Bauordnung).
(3) Für gewerbliche Anlagen, die einer gewerberechtlichen Erlaubnis nicht bedürfen, muss die Baubeschreibung zusätzliche Angaben enthalten über
1. die Art der gewerblichen Tätigkeiten unter Angabe der Betriebszeiten, der Art, der Zahl und des Aufstellungsortes der Maschinen oder Apparate, der Art und Menge der Rohstoffe, der Betriebsmittel und der herzustellenden Erzeugnisse und der Art ihrer Lagerung, soweit sie feuer-, explosions-, gesundheitsgefährlich oder wassergefährdend sind;
2. die Art, die Menge und den Verbleib der Abfälle und des besonders zu behandelnden Abwassers und
3. die Zahl der Beschäftigten.

(4) Für landwirtschaftliche Betriebe muss die Baubeschreibung zusätzliche Angaben enthalten über

1. die Größe der Betriebsflächen, die Nutzungsarten und die Eigentumsverhältnisse;
2. Art und Umfang der Viehhaltung;
3. Lagerung und Verbleib tierischer Ausscheidungen.

(5) In der Baubeschreibung sind ferner die für die Gebührenberechnung erforderlichen Kennwerte anzugeben.

§ 12 Standsicherheitsnachweis, Brandschutznachweis und andere bautechnische Nachweise

(1) Für den Nachweis der Standsicherheit sind eine Darstellung des gesamten statischen Systems, die erforderlichen Konstruktionszeichnungen und die erforderlichen Berechnungen vorzulegen.

(2) [1]Die statischen Berechnungen müssen die Standsicherheit der baulichen Anlagen und ihrer Teile nachweisen. [2]Die Beschaffenheit des Baugrundes und seine Tragfähigkeit sind anzugeben. [3]Die Standsicherheit kann auf andere Weise als durch statische Berechnungen nachgewiesen werden, wenn hierdurch die Anforderungen an einen Standsicherheitsnachweis in gleichem Maße erfüllt werden. [4]Auf die Vorlage eines besonderen Standsicherheitsnachweises kann verzichtet werden, wenn die baulichen Anlagen oder ihre Teile nach Bauart, statischem System, baulicher Durchbildung und Abmessungen sowie hinsichtlich ihrer Beanspruchung einer bewährten, insbesondere durch Technische Baubestimmungen nach § 88a Absatz 1 der Sächsischen Bauordnung im Einzelnen festgelegten Ausführung entsprechen.

(3) Bei Vorhaben nach § 66 Absatz 3 Satz 2 der Sächsischen Bauordnung ist dem Standsicherheitsnachweis eine Erklärung des Tragwerksplaners zur Prüfpflicht nach Maßgabe des Kriterienkataloges der Anlage 2 beizufügen.

(4) [1]Zum Brandschutznachweis ist im Lageplan, den Bauzeichnungen und in der Baubeschreibung das Brandschutzkonzept darzulegen. [2]Insbesondere sind anzugeben:

1. die Art der Nutzung mit Angaben zu der Anzahl der Personen, die die bauliche Anlage nutzen, die Brandlasten und Brandgefahren;
2. das Brandverhalten der Baustoffe und der Bauteile entsprechend den Benennungen nach § 26 der Sächsischen Bauordnung in Verbindung mit Kapitel A 2 der Anlage zur Verwaltungsvorschrift des Sächsischen Staatsministeriums des Innern zur Einführung Technischer Baubestimmungen vom 15. Dezember 2017 (SächsABl. 2018 S. 52) in der jeweils geltenden Fassung;
3. die Bauteile und Einrichtungen, die dem Brandschutz dienen, wie Brandwände, Trennwände, Unterdecken, Feuerschutzabschlüsse, Rauchschutztüren, Entrauchungsanlagen;
4. die brandschutztechnischen Abstände;
5. der erste und zweite Rettungsweg nach § 33 der Sächsischen Bauordnung;
6. die Zugänge, Zufahrten und Bewegungsflächen für die Feuerwehr sowie die Aufstellflächen für Hubrettungsfahrzeuge und
7. die ausreichende Löschwasserversorgung.

[3]Die Angaben sind mit zusätzlichen Bauzeichnungen und Beschreibungen zu erläutern, wenn die Vorkehrungen des Brandschutzes andernfalls nicht hinreichend deutlich erkennbar sind. [4]Soweit Abweichungen nach § 88a Absatz 1 und § 67 Absatz 1 der Sächsischen Bauordnung vorliegen, sind diese zu benennen. [5]In diesen Fällen ist der Nachweis zu führen, dass mit der Abweichung oder mit einer anderen Lösung dennoch den allgemeinen Anforderungen nach § 3 Satz 1 der Sächsischen Bauordnung entsprochen wird. [6]Für Gebäude, die Sonderbauten sind, und bei Abweichungen sind, soweit für die Beurteilung erforderlich, zusätzlich anzugeben:

1. Rettungswegbreiten und -längen;
2. Sicherheitsbeleuchtung und Kennzeichnung der Rettungswege;
3. technische Anlagen zur Branderkennung, Brandmeldung, Alarmierung, Personenrettung, Brandbekämpfung, Rauch- und Wärmeabführung;
4. die Löschwasserrückhaltung und
5. betriebliche und organisatorische Vorkehrungen zum Brandschutz.

[7]Für Gebäude, die Sonderbauten sind, ist ein gesondertes Brandschutzkonzept vorzulegen.

(5) Zum Nachweis des Schall- und Erschütterungsschutzes sind, soweit erforderlich, Einzelnachweise durch Zeichnung, Beschreibung, Berechnung, Prüfzeugnisse oder Gutachten vorzulegen.

(6) Finden Bauprodukte Verwendung oder Bauarten Anwendung, für die gemäß § 17 Absatz 1 der Sächsischen Bauordnung Verwendbarkeitsnachweise, gemäß § 16a Absatz 2 der Sächsischen Bau-

ordnung Bauartgenehmigungen oder gemäß § 16a Absatz 3 der Sächsischen Bauordnung allgemeine bauaufsichtliche Prüfzeugnisse für Bauarten erforderlich sind, sind diese den Nachweisführungen nach den Absätzen 2, 4 und 5 beizufügen.

Teil 2
Bautechnische Prüfung von Bauvorhaben, Prüfung von technischen Anlagen, Ausführungsgenehmigung Fliegender Bauten

Abschnitt 1
Allgemeine Vorschriften zu Prüfingenieuren und Prüfsachverständigen

§ 13 Fachbereiche und Fachrichtungen

(1) [1]Prüfingenieure werden anerkannt in den Fachbereichen
1. Standsicherheit und
2. Brandschutz.
[2]Prüfsachverständige werden anerkannt in den Fachbereichen
1. technische Anlagen und
2. Erd- und Grundbau.

(2) [1]Prüfingenieure für Standsicherheit werden anerkannt in den Fachrichtungen Massivbau, Metallbau und Holzbau. [2]Die Anerkennung kann für eine oder mehrere Fachrichtungen ausgesprochen werden.

§ 14 Prüfingenieure und Prüfsachverständige

(1) [1]Prüfingenieure nehmen in ihrem jeweiligen Fachbereich bauaufsichtliche Prüfaufgaben aufgrund der Sächsischen Bauordnung oder von Vorschriften aufgrund der Sächsischen Bauordnung im Auftrag der Bauaufsichtsbehörde oder des Bauherrn wahr. [2]Sie unterstehen der Fachaufsicht der obersten Bauaufsichtsbehörde oder der von ihr bestimmten Behörde.

(2) [1]Prüfsachverständige prüfen und bescheinigen in ihrem jeweiligen Fachbereich im Auftrag des Bauherrn oder des sonstigen nach Bauordnungsrecht Verantwortlichen die Einhaltung bauordnungsrechtlicher Anforderungen, soweit dies in der Sächsischen Bauordnung oder in Vorschriften aufgrund der Sächsischen Bauordnung vorgesehen ist. [2]Sie nehmen keine hoheitlichen bauaufsichtlichen Prüfaufgaben wahr. [3]Die Prüfsachverständigen sind im Rahmen der ihnen obliegenden Pflichten unabhängig und an Weisungen des Auftraggebers nicht gebunden.

§ 15 Übertragung von Prüfaufgaben und Erteilung von Prüfaufträgen

(1) [1]Bei Sonderbauten, bei denen die bauaufsichtliche Prüfung des Standsicherheitsnachweises oder des Brandschutznachweises gemäß § 66 Abs. 3 der Sächsischen Bauordnung erforderlich ist, kann die Bauaufsichtsbehörde die bauaufsichtliche Prüfung an einen Prüfingenieur für den jeweiligen Fachbereich und der jeweiligen Fachrichtung oder an ein Prüfamt übertragen. [2]In diesem Fall wird der Prüfauftrag von der Bauaufsichtsbehörde erteilt.

(2) Soweit in anderen Fällen nach der Sächsischen Bauordnung eine bauaufsichtliche Prüfung des Standsicherheitsnachweises oder des Brandschutznachweises erforderlich ist, wird der Prüfauftrag vom Bauherrn erteilt.

(3) [1]Die Beauftragung mit der bauaufsichtlichen Prüfung nach den Absätzen 1 und 2 schließt die Überwachung der Bauausführung hinsichtlich des geprüften bautechnischen Nachweises mit ein. [2]Die Prüfberichte über die Bauüberwachung sind der Bauaufsichtsbehörde spätestens mit der Anzeige nach § 82 Abs. 2 der Sächsischen Bauordnung vorzulegen.

(4) [1]Ein Wechsel des beauftragten Prüfingenieurs darf nur aus einem wichtigen, in der Person des Prüfingenieurs liegenden Grund erfolgen. [2]Ein wichtiger Grund liegt insbesondere vor, wenn der Prüfingenieur verstorben oder auf unbestimmte Zeit erkrankt ist.

§ 16 Voraussetzungen der Anerkennung

(1) Soweit nachfolgend nichts anderes geregelt ist, werden als Prüfingenieure und Prüfsachverständige nur Personen anerkannt, welche die allgemeinen Voraussetzungen des § 17 sowie die besonderen Voraussetzungen ihres jeweiligen Fachbereichs und, soweit erforderlich, ihrer jeweiligen Fachrichtung nachgewiesen haben.

(2) [1]Die Anerkennung kann bei Bewerbern, die nicht Deutsche im Sinne des Artikel 116 Abs. 1 des Grundgesetzes sind, versagt werden, wenn die Gegenseitigkeit nicht gewahrt ist. [2]Dies gilt nicht für

Bewerber, welche die Staatsangehörigkeit eines Mitgliedstaates der Europäischen Union, eines anderen Vertragsstaates des Abkommens über den Europäischen Wirtschaftsraum oder der Schweiz haben.

§ 17 Allgemeine Voraussetzungen

[1]Prüfingenieure und Prüfsachverständige können nur Personen sein, die

1. nach ihrer Persönlichkeit Gewähr dafür bieten, dass sie ihre Aufgaben ordnungsgemäß im Sinne des § 18 erfüllen;
2. die Fähigkeit besitzen, öffentliche Ämter zu bekleiden;
3. eigenverantwortlich und unabhängig tätig sind;
4. den Geschäftssitz im Freistaat Sachsen haben und
5. die deutsche Sprache in Wort und Schrift beherrschen.

[2]Eigenverantwortlich tätig im Sinne des Satzes 1 Nr. 3 ist, wer

1. seine berufliche Tätigkeit als einziger Inhaber eines Büros selbstständig auf eigene Rechnung und Verantwortung ausübt,
2. a) sich mit anderen Prüfingenieuren, Prüfsachverständigen, Ingenieuren oder Architekten zusammengeschlossen hat,
   b) innerhalb dieses Zusammenschlusses Vorstand, Geschäftsführer oder persönlich haftender Gesellschafter mit einer rechtlich gesicherten leitenden Stellung ist und
   c) kraft Satzung, Statut oder Gesellschaftsvertrag dieses Zusammenschlusses seine Aufgaben als Prüfingenieur und Prüfsachverständiger selbstständig auf eigene Rechnung und Verantwortung und frei von Weisungen ausüben kann oder
3. als Hochschullehrer im Rahmen einer Nebentätigkeit in selbstständiger Beratung tätig ist.

[3]Unabhängig tätig im Sinne des Satzes 1 Nr. 3 ist, wer bei Ausübung seiner Tätigkeit weder eigene Produktions-, Handels- oder Lieferinteressen hat noch fremde Interessen dieser Art vertritt, die unmittelbar oder mittelbar im Zusammenhang mit seiner Tätigkeit stehen.

§ 18 Allgemeine Pflichten

(1) [1]Prüfingenieure und Prüfsachverständige haben ihre Tätigkeit unparteiisch, gewissenhaft und gemäß den bauordnungsrechtlichen Vorschriften zu erfüllen. [2]Sie müssen sich darüber und über die Entwicklungen in ihrem Fachbereich stets auf dem Laufenden halten und über die für ihre Aufgabenerfüllung erforderlichen Geräte und Hilfsmittel verfügen. [3]Die Prüfung der bautechnischen Nachweise muss am Geschäftssitz des Prüfingenieurs, für den die Anerkennung als Prüfingenieur ausgesprochen worden ist, erfolgen. [4]Unbeschadet weitergehender Vorschriften dürfen sich Prüfingenieure und Prüfsachverständige bei ihrer Tätigkeit der Mitwirkung befähigter und zuverlässiger an ihrem Geschäftssitz angestellter Mitarbeiter nur in einem solchen Umfang bedienen, dass sie deren Tätigkeit jederzeit voll überwachen können. [5]Prüfingenieure und Prüfsachverständige müssen mit einer Haftungssumme von mindestens je 500 000 EUR für Personen- sowie für Sach- und Vermögensschäden je Schadensfall, die mindestens zweimal im Versicherungsjahr zur Verfügung stehen, haftpflichtversichert sein. [6]Die Anerkennungsbehörde (§ 19 Abs. 1 Satz 1) ist die zuständige Stelle im Sinne des § 117 Absatz 2 des Versicherungsvertragsgesetzes vom 23. November 2007 (BGBl. I S. 2631), das zuletzt durch Artikel 15 des Gesetzes vom 17. August 2017 (BGBl. I S. 3214) geändert worden ist, in der jeweils geltenden Fassung.

(2) Ergeben sich Änderungen der Verhältnisse der Prüfingenieure und Prüfsachverständigen nach § 19 Abs. 2 Satz 2 Nr. 4 und 5, sind sie verpflichtet, dies der obersten Bauaufsichtsbehörde unverzüglich anzuzeigen.

(3) Prüfingenieure und Prüfsachverständige dürfen nicht tätig werden, wenn sie, ihre Mitarbeiter oder Angehörige des Zusammenschlusses nach § 17 Satz 2 Nr. 2 bereits, insbesondere als Entwurfsverfasser, Nachweisersteller, Bauleiter oder Unternehmer, mit dem Gegenstand der Prüfung oder der Bescheinigung befasst waren oder wenn ein sonstiger Befangenheitsgrund im Sinne des § 21 des Verwaltungsverfahrensgesetzes vorliegt.

(4) [1]Der Prüfingenieur oder Prüfsachverständige, der aus wichtigem Grund einen Auftrag nicht annehmen kann, muss die Ablehnung unverzüglich erklären. [2]Er hat den Schaden zu ersetzen, der aus einer schuldhaften Verzögerung dieser Erklärung entsteht.

(5) Ergibt sich bei der Tätigkeit der Prüfingenieure und Prüfsachverständigen, dass der Auftrag teilweise einem anderen Fachbereich oder einer anderen Fachrichtung zuzuordnen ist, sind sie verpflichtet, den Auftraggeber zu unterrichten.

§ 19 Anerkennungsverfahren

(1) Als Anerkennungsbehörde entscheidet die oberste Bauaufsichtsbehörde über den Antrag auf Anerkennung als Prüfingenieur, der Eintragungsausschuss der Ingenieurkammer Sachsen über den Antrag auf Anerkennung als Prüfsachverständiger.

(2) [1]Im Antrag auf Anerkennung muss angegeben sein,

1. für welche Fachbereiche und, soweit vorgesehen, für welche Fachrichtungen die Anerkennung beantragt wird und
2. ob und wie oft der Antragsteller sich bereits erfolglos auch in einem anderen Land einem Anerkennungsverfahren in diesen Fachbereichen und, soweit vorgesehen, Fachrichtungen unterzogen hat.

[2]Dem Antrag sind die für die Anerkennung erforderlichen Nachweise beizugeben, insbesondere

1. ein Lebenslauf mit lückenloser Angabe des fachlichen Werdegangs bis zum Zeitpunkt der Antragstellung;
2. je eine Kopie der Abschluss- und Beschäftigungszeugnisse;
3. der Nachweis über den Antrag auf Erteilung eines Führungszeugnisses zur Vorlage bei einer Behörde nach § 30 Absatz 5 des Bundeszentralregistergesetzes in der Fassung der Bekanntmachung vom 21. September 1984 (BGBl. I S. 1229, 1985 I S. 195), das zuletzt durch Artikel 1 des Gesetzes vom 18. Juli 2017 (BGBl. I S. 2732) geändert worden ist, in der jeweils geltenden Fassung, der nicht älter als drei Monate sein soll, oder ein gleichwertiges Dokument eines Mitgliedstaates der Europäischen Union, eines anderen Vertragsstaates des Abkommens über den Europäischen Wirtschaftsraum oder der Schweiz;
4. Angaben über etwaige sonstige Niederlassungen;
5. Angaben über eine etwaige Beteiligung an einer Gesellschaft, deren Zweck die Planung oder Durchführung von Bauvorhaben ist und
6. die Nachweise über die Erfüllung der besonderen Voraussetzungen für die Anerkennung in den jeweiligen Fachbereichen und, soweit vorgesehen, Fachrichtungen.

[3]Die Anerkennungsbehörde kann, soweit erforderlich, weitere Unterlagen anfordern.

(2a) [1]Das Verfahren kann auch über den einheitlichen Ansprechpartner nach dem Gesetz über den einheitlichen Ansprechpartner im Freistaat Sachsen vom 13. August 2009 (SächsGVBl. S. 446), das zuletzt durch Artikel 3 des Gesetzes vom 24. Februar 2016 (SächsGVBl. S. 86) geändert worden ist, in der jeweils geltenden Fassung, in Verbindung mit § 1 des Gesetzes zur Regelung des Verwaltungsverfahrens- und des Verwaltungszustellungsrechts für den Freistaat Sachsen und den §§ 71a bis 71e des Verwaltungsverfahrensgesetzes abgewickelt werden. [2]§ 42a des Verwaltungsverfahrensgesetzes findet Anwendung.

(3) Die Anerkennungsbehörde führt nach Fachbereichen und Fachrichtungen gesonderte Listen der Prüfingenieure und Prüfsachverständigen, die auf ihrer Internetseite bekannt gemacht werden.

(4) [1]Verlegt der Prüfingenieur oder der Prüfsachverständige seinen Geschäftssitz, für den die Anerkennung als Prüfingenieur oder als Prüfsachverständiger ausgesprochen worden ist, in ein anderes Land, hat er dies der Anerkennungsbehörde anzuzeigen. [2]Die Anerkennungsbehörde übersendet die über den Prüfingenieur oder Prüfsachverständigen vorhandenen Akten der Anerkennungsbehörde des Landes, in dem der Prüfingenieur oder Prüfsachverständige seinen neuen Geschäftssitz gründen will. [3]Mit der Eintragung in die Liste des anderen Landes erlischt die Eintragung in die Liste nach Absatz 3. [4]Verlegt der Prüfingenieur oder der Prüfsachverständige seinen Geschäftssitz in den Freistaat Sachsen, findet für die Eintragung in die Liste nach Absatz 3 ein neues Anerkennungsverfahren nicht statt.

§ 19a Weitere Niederlassungen

[1]Die Errichtung einer weiteren Niederlassung als Prüfingenieur oder Prüfsachverständiger in der Bundesrepublik Deutschland bedarf der Genehmigung durch die Anerkennungsbehörde. [2]Dem Antrag sind die für die Genehmigung erforderlichen Nachweise beizugeben, insbesondere sind Angaben zur Eigenverantwortlichkeit der Tätigkeit in der weiteren Niederlassung, zu den Mitarbeitern, die bei der

Prüftätigkeit mitwirken sollen, sowie zur Sicherstellung der Überwachung der ordnungsgemäßen Bauausführung zu machen. [3]Die Genehmigung ist zu versagen, wenn wegen der Zahl der Mitarbeiter, die bei der Prüftätigkeit mitwirken sollen, der Entfernung zwischen den Niederlassungen oder aus anderen Gründen Bedenken gegen die ordnungsgemäße Aufgabenerledigung bestehen. [4]Liegt die weitere Niederlassung in einem anderen Land, entscheidet die Anerkennungsbehörde im Einvernehmen mit der Anerkennungsbehörde des anderen Landes. [5]Für die Prüftätigkeit an der weiteren Niederlassung gelten § 18 Abs. 1 Satz 3 und 4 sowie § 26 Abs. 2 Satz 2 entsprechend.

§ 20 Erlöschen, Widerruf und Rücknahme der Anerkennung

(1) Die Anerkennung erlischt, wenn

1. der Prüfingenieur oder der Prüfsachverständige gegenüber der Anerkennungsbehörde schriftlich darauf verzichtet;
2. der Prüfingenieur oder der Prüfsachverständige das 68. Lebensjahr vollendet hat;
3. der Prüfingenieur oder der Prüfsachverständige die Fähigkeit zur Bekleidung öffentlicher Ämter verliert oder
4. der erforderliche Versicherungsschutz (§ 18 Abs. 1 Satz 5) nicht mehr besteht.

(2) Unbeschadet des § 1 des Gesetzes zur Regelung des Verwaltungsverfahrens- und des Verwaltungszustellungsrechts für den Freistaat Sachsen in Verbindung mit § 49 des Verwaltungsverfahrensgesetzes kann die Anerkennung widerrufen werden, wenn der Prüfingenieur oder der Prüfsachverständige

1. in Folge geistiger und körperlicher Gebrechen nicht mehr in der Lage ist, seine Tätigkeit ordnungsgemäß auszuüben;
2. gegen die ihm obliegenden Pflichten schwerwiegend, wiederholt oder mindestens grob fahrlässig verstoßen hat;
3. seine Tätigkeit in einem Umfang ausübt, die eine ordnungsgemäße Erfüllung seiner Pflichten nicht erwarten lässt, oder
4. in der Bundesrepublik Deutschland außerhalb des Geschäftssitzes, für den die Anerkennung als Prüfingenieur oder Prüfsachverständiger ausgesprochen worden ist, ohne die erforderliche Genehmigung nach § 19a weitere Niederlassungen als Prüfingenieur oder Prüfsachverständiger errichtet.

(3) § 1 des Gesetzes zur Regelung des Verwaltungsverfahrens- und des Verwaltungszustellungsrechts für den Freistaat Sachsen bleibt unberührt.

(4) Die Anerkennungsbehörde kann in Abständen von mindestens fünf Jahren nachprüfen, ob die Anerkennungsvoraussetzungen noch vorliegen.

§ 21 Führung der Bezeichnung Prüfingenieur oder Prüfsachverständiger

Wer nicht als Prüfingenieur oder Prüfsachverständiger in einem bestimmten Fachbereich und, soweit vorgesehen, in einer bestimmten Fachrichtung nach dieser Verordnung anerkannt ist, darf die Bezeichnung Prüfingenieur oder Prüfsachverständiger für diesen Fachbereich und für diese Fachrichtung nicht führen.

§ 22 Gleichwertigkeit, gegenseitige Anerkennung

(1) [1]Anerkennungen anderer Länder gelten auch im Freistaat Sachsen, wenn hinsichtlich der Anerkennungsvoraussetzungen und des Tätigkeitsbereiches eine Gleichwertigkeit gegeben ist. [2]Anerkennungen anderer Länder gelten nur, solange der Prüfingenieur oder der Prüfsachverständige das 68. Lebensjahr noch nicht vollendet hat. [3]Dabei sind die Anerkennung als Prüfingenieur und die Anerkennung als Prüfsachverständiger für den jeweiligen Fachbereich und, soweit vorgesehen, für die jeweilige Fachrichtung gleichwertig. [4]Eine weitere Eintragung in die von der Anerkennungsbehörde nach § 19 Abs. 3 geführte Liste erfolgt nicht.

(2) [1]Personen, die in einem anderen Mitgliedstaat der Europäischen Union, einem anderen Vertragsstaat des Abkommens über den Europäischen Wirtschaftsraum oder der Schweiz zur Wahrnehmung von Aufgaben im Sinne dieser Verordnung niedergelassen sind, sind berechtigt, als Prüfingenieur oder Prüfsachverständiger Aufgaben nach dieser Verordnung auszuführen, wenn sie

1. hinsichtlich des Tätigkeitsbereiches eine vergleichbare Berechtigung besitzen,
2. dafür hinsichtlich der Anerkennungsvoraussetzungen und des Nachweises von Kenntnissen vergleichbare Anforderungen erfüllen mussten und
3. die deutsche Sprache in Wort und Schrift beherrschen.

²Sie haben das erstmalige Tätigwerden vorher der Anerkennungsbehörde anzuzeigen und dabei
1. eine Bescheinigung darüber, dass sie in einem Mitgliedstaat der Europäischen Union, einem anderen Vertragsstaat des Abkommens über den Europäischen Wirtschaftsraum oder der Schweiz rechtmäßig zur Wahrnehmung von Aufgaben im Sinne dieser Verordnung niedergelassen sind und ihnen die Ausübung dieser Tätigkeiten zum Zeitpunkt der Vorlage der Bescheinigung nicht, auch nicht vorübergehend, untersagt ist und
2. einen Nachweis darüber, dass sie im Staat ihrer Niederlassung dafür die Voraussetzungen des Satzes 1 Nr. 2 erfüllen mussten, vorzulegen.

³Die Anerkennungsbehörde hat auf Antrag zu bestätigen, dass die Anzeige nach Satz 2 erfolgt ist; sie soll das Tätigwerden untersagen, wenn die Voraussetzungen des Satzes 1 nicht erfüllt sind.

(3) ¹Personen, die in einem anderen Mitgliedstaat der EuropäischenUnion, einem anderen Vertragsstaat des Abkommens über den Europäischen Wirtschaftsraum oder der Schweiz zur Wahrnehmung von Aufgaben im Sinne dieser Verordnung niedergelassen sind, ohne im Sinne des Absatzes 2 Satz 1 Nr. 2 vergleichbar zu sein, sind berechtigt, als Prüfingenieur oder Prüfsachverständiger Aufgaben nach dieser Verordnung auszuführen, wenn ihnen die Anerkennungsbehörde bescheinigt hat, dass sie die Anforderungen hinsichtlich Anerkennungsvoraussetzungen, des Nachweises von Kenntnissen und des Tätigkeitsbereiches nach dieser Verordnung erfüllen. ²Die Bescheinigung wird auf Antrag erteilt, dem die zur Beurteilung erforderlichen Unterlagen beizufügen sind.

(4) ¹Anzeigen und Bescheinigungen nach den Absätzen 2 und 3 sind nicht erforderlich, wenn bereits in einem anderen Land eine Anzeige erfolgt ist oder eine Bescheinigung erteilt wurde. ²Verfahren nach den Absätzen 2 und 3 können über den einheitlichen Ansprechpartner nach dem Gesetz über den einheitlichen Ansprechpartner im Freistaat Sachsen in Verbindung mit § 1 des Gesetzes zur Regelung des Verwaltungsverfahrens- und des Verwaltungszustellungsrechts für den Freistaat Sachsen und den §§ 71a bis 71e des Verwaltungsverfahrensgesetzes abgewickelt werden. ³§ 42a des Verwaltungsverfahrensgesetzes findet Anwendung.

Abschnitt 2
Prüfingenieure, Prüfämter, Typenprüfung, Fliegende Bauten

Unterabschnitt 1
Prüfingenieure für Standsicherheit

§ 23 Besondere Voraussetzungen
¹Als Prüfingenieure für Standsicherheit in den Fachrichtungen Massivbau, Metallbau und Holzbau werden nur Personen anerkannt, die
1. das Studium des Bauingenieurwesens an einer deutschen Hochschule oder ein gleichwertiges Studium an einer ausländischen Hochschule abgeschlossen haben;
2. nach Abschluss des Studiums mindestens zehn Jahre mit der Aufstellung von Standsicherheitsnachweisen, der technischen Bauleitung oder mit vergleichbaren Tätigkeiten betraut gewesen sind, wovon sie mindestens fünf Jahre lang Standsicherheitsnachweise aufgestellt haben und mindestens ein Jahr lang mit der technischen Bauleitung betraut gewesen sein müssen; die Zeit einer technischen Bauleitung darf jedoch nur bis zu höchstens drei Jahren angerechnet werden;
3. durch ihre Leistungen als Ingenieure, insbesondere durch die Aufstellung von Standsicherheitsnachweisen für statisch und konstruktiv schwierige Vorhaben, überdurchschnittliche Fähigkeiten bewiesen haben;
4. die für einen Prüfingenieur erforderlichen Fachkenntnisse und Erfahrungen besitzen und
5. über die erforderlichen Kenntnisse der einschlägigen bauordnungsrechtlichen Vorschriften verfügen.

²Das Vorliegen der Anerkennungsvoraussetzungen nach Satz 1 Nummer 2 bis 5 ist durch eine Bescheinigung des Prüfungsausschusses nachzuweisen.

§ 24 Prüfungsausschuss

(1) [1]Die oberste Bauaufsichtsbehörde bildet einen Prüfungsausschuss. [2]Sie kann auch bestimmen, dass die Prüfung bei einem Prüfungsausschuss abzulegen ist, der in einem anderen Land besteht oder gemeinsam mit anderen Ländern gebildet worden ist.

(2) [1]Der Prüfungsausschuss besteht aus mindestens sechs Mitgliedern. [2]Die oberste Bauaufsichtsbehörde beruft die Mitglieder des Prüfungsausschusses; sie kann stellvertretende Mitglieder für den Verhinderungsfall berufen. [3]Dem Prüfungsausschuss sollen mindestens angehören:

1.   ein Hochschulprofessor für jede Fachrichtung;

2.   ein Mitglied aus dem Bereich der Bauwirtschaft oder ein von der Ingenieurkammer Sachsen vorgeschlagenes Mitglied;

3.   ein von der Vereinigung der Prüfingenieure für Bautechnik in Sachsen e.V. vorgeschlagenes Mitglied und

4.   ein Mitglied aus dem Geschäftsbereich einer obersten Bauaufsichtsbehörde.

[4]Die Berufung erfolgt für fünf Jahre. [5]Wiederberufungen sind zulässig. [6]Abweichend von Satz 4 endet die Mitgliedschaft im Prüfungssausschuss

1.   wenn die Voraussetzungen für die Berufung nach Satz 3 nicht mehr vorliegen oder

2.   mit der Vollendung des 68. Lebensjahrs.

[7]Der Abschluss eines eingeleiteten Prüfungsverfahrens bleibt unberührt. [8]Unbeschadet des Satzes 3 Nr. 4 ist die oberste Bauaufsichtsbehörde berechtigt, an den Sitzungen und Beratungen des Prüfungsausschusses ohne Stimmrecht teilzunehmen.

(3) [1]Die Mitglieder des Prüfungsausschusses sind unabhängig und an Weisungen nicht gebunden. [2]Sie sind zur Unparteilichkeit und Verschwiegenheit verpflichtet. [3]Sie sind ehrenamtlich tätig und haben Anspruch auf eine angemessene Vergütung sowie auf Ersatz der notwendigen Auslagen einschließlich der Reisekosten. [4]Als Vergütung erhalten die Mitglieder des Prüfungsausschusses

1.   für die Bewertung des fachlichen Werdegangs und der Referenzobjekte je Bewerber 75 EUR;

2.   für die Vorbereitung der Aufgaben für die schriftliche Prüfung nach § 25 Abs. 2 Satz 1 je Stunde (maximal 50 Stunden je schriftliche Prüfung) 50 EUR;

3.   für die Auswertung je Prüfungsarbeit 150 EUR.

(4) [1]Die oberste Bauaufsichtsbehörde bestimmt aus der Mitte des Prüfungsausschusses den Vorsitzenden und seinen Stellvertreter. [2]Der Prüfungsausschuss gibt sich eine Geschäftsordnung.

§ 25 Prüfungsverfahren

(1) [1]Die Anerkennungsbehörde leitet die Antragsunterlagen nach § 19 Abs. 2 Satz 2 Nr. 1, 2 und 6 dem Prüfungsausschuss zu. [2]Der Prüfungsausschuss bescheinigt gegenüber der Anerkennungsbehörde das Vorliegen der Anerkennungsvoraussetzungen nach § 23 Satz 1 Nummer 2 bis 5. [3]Die Entscheidung ist zu begründen, soweit der Prüfungsausschuss das Vorliegen von Anerkennungsvoraussetzungen verneint, im Übrigen auf Verlangen der Anerkennungsbehörde.

(2) Das Prüfungsverfahren besteht aus

1.   der Überprüfung des fachlichen Werdegangs (§ 25a) und

2.   der schriftlichen Prüfung (§ 25b).

(3) [1]Ein Bewerber, der die schriftliche Prüfung nach Absatz 2 Nummer 2 nicht bestanden hat, kann sie nur zweimal wiederholen. [2]Dies gilt auch, soweit eine entsprechende schriftliche oder mündliche Prüfung in einem anderen Land nicht bestanden worden ist.

§ 25a Überprüfung des fachlichen Werdegangs

(1) [1]Die Überprüfung des fachlichen Werdegangs dient der Feststellung, ob der Bewerber die besonderen Voraussetzungen des § 23 Satz 1 Nummer 2 und 3 erfüllt. [2]Maßgeblich ist der Zeitpunkt der Entscheidung des Prüfungsausschusses über die Zulassung zur schriftlichen Prüfung. [3]Ein Bewerber, der die Voraussetzungen nicht erfüllt, wird nicht zur schriftlichen Prüfung zugelassen.

(2) [1]Der Bewerber hat ein Verzeichnis der von ihm bearbeiteten statisch und konstruktiv schwierigen Vorhaben mit Angabe von Ort, Zeitraum, Bauherr, etwaigen statischen und konstruktiven Besonderheiten, Schwierigkeitsgrad (Bauwerksklasse) sowie der Art der von dem Bewerber persönlich geleisteten Arbeiten und der Stellen oder Personen vorzulegen, die die von dem Bewerber erstellten Standsicherheitsnachweise geprüft haben. [2]Daraus muss erkennbar sein, dass der Bewerber eine mindestens fünfjährige Erfahrung im Aufstellen von Standsicherheitsnachweisen auch für überdurchschnittlich

schwierige Konstruktionen besitzt. [3]Er muss innerhalb der beantragten Fachrichtung ein breites Spektrum unterschiedlicher Tragwerke bearbeitet haben.

(3) [1]Das Verzeichnis nach Absatz 2 wird durch mindestens zwei Mitglieder des Prüfungsausschusses im Hinblick auf die sich daraus ergebende Eignung des Bewerbers beurteilt. [2]Kommt ein einvernehmlicher Vorschlag nicht zustande, entscheidet der Prüfungsausschuss. [3]Wiederholt der Bewerber die schriftliche Prüfung, ist eine erneute Überprüfung des fachlichen Werdegangs nur erforderlich, wenn seit der letzten Überprüfung mehr als fünf Jahre vergangen sind.

§ 25b Schriftliche Prüfung

(1) Die schriftliche Prüfung dient der Feststellung, ob der Bewerber die für einen Prüfingenieur erforderlichen Fachkenntnisse und Erfahrungen sowie die erforderlichen Kenntnisse der einschlägigen bauordnungsrechtlichen Vorschriften besitzt und anwenden kann.

(2) [1]Kenntnisse sind insbesondere auf folgenden Gebieten nachzuweisen:
1. Statik, Bemessung, Konstruktion und Ausführung von Tragwerken:
   a) Einwirkungen auf Tragwerke,
   b) Standsicherheit von Tragwerken,
   c) Bemessung und konstruktive Durchbildung der Tragwerke,
   d) Zusammenwirken von Tragwerk und Baugrund,
   e) Baugrubensicherung,
   f) Feuerwiderstandsfähigkeit der tragenden und raumabschließenden Bauteile,
   g) Technische Baubestimmungen einschließlich der ihnen zugrunde liegenden Sicherheitskonzepte,
2. bauordnungsrechtliche Vorschriften, insbesondere die Regelungen zur Prüfung von Standsicherheitsnachweisen und Überwachung der Bauausführung, zu Bauprodukten und Bauarten.

[2]Die schriftliche Prüfung kann sich auf Bauteile und Tragwerke in allen Fachrichtungen bis zur Bauwerksklasse 3, in der beantragten Fachrichtung bis zur Bauwerksklasse 5 erstrecken. [3]Gegenstand der schriftlichen Prüfung können auch Grundbau und Bauphysik sein.

(3) [1]Der Vorsitzende des Prüfungsausschusses lädt die Bewerber schriftlich zur schriftlichen Prüfung ein und teilt ihnen die zugelassenen Hilfsmittel mit. [2]Zwischen der Aufgabe der Ladung zur Post und dem Tag der schriftlichen Prüfung soll mindestens ein Monat liegen.

(4) [1]Den Bewerbern werden vom Prüfungsausschuss ausgewählte Aufgaben gestellt. [2]Die schriftliche Prüfung besteht aus einem Prüfungsteil „Allgemeine Fachkenntnisse" und einem Prüfungsteil „Besondere Fachkenntnisse". [3]Die Gesamtbearbeitungszeit der gestellten Aufgaben beträgt zweimal 180 Minuten mit einer Pause von mindestens 30 Minuten. [4]Die Prüfungsteile können an zwei unmittelbar aufeinanderfolgenden Tagen stattfinden. [5]Die Aufsicht führt ein Mitglied des Prüfungsausschusses. [6]Bei Störungen des Prüfungsablaufs kann die Bearbeitungszeit durch das aufsichtführende Mitglied des Prüfungsausschusses angemessen verlängert werden.

(5) Vor Prüfungsbeginn haben sich die Bewerber durch Lichtbildausweis auszuweisen.

(6) [1]Die schriftlichen Arbeiten werden anstelle des Namens mit einer Kennziffer versehen. [2]Es wird eine Liste über die Kennziffern gefertigt, die geheim zu halten ist.

(7) [1]Die Prüfungsarbeiten werden von zwei Mitgliedern des Prüfungsausschusses unabhängig voneinander bewertet. [2]Weichen die Bewertungen um nicht mehr als 15 Prozent der vom Prüfungsausschuss festgelegten höchstmöglichen Punkte voneinander ab, errechnet sich die Bewertung aus der durchschnittlichen Punktzahl. [3]Bei größeren Abweichungen gilt § 25a Absatz 3 Satz 2 entsprechend. [4]Die schriftliche Prüfung ist bestanden, wenn insgesamt mindestens 60 Prozent der möglichen Punkte erreicht werden.

(8) Das Ergebnis der schriftlichen Prüfung lautet
1. „Der Bewerber hat die für einen Prüfingenieur erforderlichen Fachkenntnisse und Erfahrungen sowie die erforderlichen Kenntnisse der einschlägigen bauordnungsrechtlichen Vorschriften nachgewiesen." oder
2. „Der Bewerber hat die für einen Prüfingenieur erforderlichen Fachkenntnisse und Erfahrungen sowie die erforderlichen Kenntnisse der einschlägigen bauordnungsrechtlichen Vorschriften nicht nachgewiesen."

§ 25c Täuschungsversuch, Ordnungsverstöße

(1) Versucht ein Bewerber bei der schriftlichen Prüfung zu täuschen, einem anderen Bewerber zu helfen oder ist er nach Beginn der schriftlichen Prüfung im Besitz nicht zugelassener Hilfsmittel, wird die schriftliche Prüfung als nicht bestanden bewertet.

(2) [1]Bei einer erheblichen Störung des Prüfungsablaufs kann der Bewerber von der weiteren Teilnahme ausgeschlossen werden. [2]Absatz 1 gilt entsprechend.

(3) Die Entscheidungen nach den Absätzen 1 und 2 trifft der Aufsichtsführende.

§ 25d Rücktritt

[1]Die schriftliche Prüfung gilt als nicht abgelegt, wenn der Bewerber nach erfolgter Zulassung

1. vor Beginn der schriftlichen Prüfung oder

2. nach Beginn der schriftlichen Prüfung aus von ihm nicht zu vertretenden Gründen

von der Teilnahme an der schriftlichen Prüfung zurücktritt; der Grund nach Nummer 2 ist gegenüber dem Prüfungsausschuss glaubhaft zu machen, im Krankheitsfall durch Vorlage einer ärztlichen Bestätigung. [2]Im Übrigen gilt die schriftliche Prüfung als nicht bestanden.

§ 26 Aufgabenerledigung

(1) [1]Prüfingenieure für Standsicherheit dürfen bauaufsichtliche Prüfaufgaben nur wahrnehmen, für deren Fachrichtung sie anerkannt sind. [2]Sie sind auch berechtigt, einzelne Bauteile mit höchstens durchschnittlichem Schwierigkeitsgrad der anderen Fachrichtungen zu prüfen. [3]Gehören wichtige Teile einer baulichen Anlage mit überdurchschnittlichem oder sehr hohem Schwierigkeitsgrad zu Fachrichtungen, für die der Prüfingenieur für Standsicherheit nicht anerkannt ist, hat er unter seiner Federführung weitere, für diese Fachrichtungen anerkannte Prüfingenieure für Standsicherheit hinzuziehen, deren Ergebnisse der Überprüfung in den Prüfbericht aufzunehmen sind. [4]Der Auftraggeber ist darüber zu unterrichten.

(1a) Prüfingenieure dürfen Prüfaufträge nur annehmen, wenn sie unter Berücksichtigung des Umfangs ihrer Prüftätigkeit und der Zeit, die sie benötigen, um auf der Baustelle anwesend zu sein, die Überwachung der ordnungsgemäßen Bauausführung nach § 81 Abs. 2 der Sächsischen Bauordnung sicherstellen können.

(2) [1]Prüfingenieure für Standsicherheit können sich als Hochschullehrer vorbehaltlich der dienstrechtlichen Regelungen auch hauptberuflicher Mitarbeiter aus dem ihnen zugeordneten wissenschaftlichen Personal bedienen. [2]Angehörige des Zusammenschlusses nach § 17 Satz 2 Nr. 2 stehen angestellten Mitarbeitern nach § 18 Absatz 1 Satz 4 gleich, sofern der Prüfingenieur für Standsicherheit hinsichtlich ihrer Mitwirkung bei der Prüftätigkeit ein Weisungsrecht hat und die Prüfung der Standsicherheitsnachweise am Geschäftssitz des Prüfingenieurs, für den die Anerkennung als Prüfingenieur ausgesprochen worden ist, erfolgt.

(3) [1]Prüfingenieure für Standsicherheit prüfen die Vollständigkeit und Richtigkeit der Standsicherheitsnachweise. [2]Die oberste Bauaufsichtsbehörde kann für den Prüfbericht des Prüfingenieurs ein Muster einführen und dessen Verwendung vorschreiben. [3]Verfügt der Prüfingenieur für Standsicherheit nicht über die zur Beurteilung der Gründung erforderliche Sachkunde oder hat er Zweifel hinsichtlich der verwendeten Annahmen oder der bodenmechanischen Kenngrößen, sind von ihm im Einvernehmen mit dem Auftraggeber Prüfsachverständige für den Erd- und Grundbau einzuschalten.

(4) [1]Prüfingenieure für Standsicherheit überwachen die ordnungsgemäße Bauausführung hinsichtlich der von ihnen geprüften Standsicherheitsnachweise. [2]Die Überwachung der ordnungsgemäßen Bauausführung kann sich auf Stichproben beschränken; sie ist jedoch in einem Umfang und einer Häufigkeit vorzunehmen, dass ein ausreichender Einblick in die Bauausführung gewährleistet ist.

(5) Liegen die Voraussetzungen für die Erteilung der Prüfberichte nach den Absätzen 3 und 4 nicht vor, unterrichtet der Prüfingenieur die Bauaufsichtsbehörde.

(6) [1]Die Prüfingenieure für Standsicherheit haben ein Verzeichnis über die von ihnen ausgeführten Prüfaufträge nach einem von der obersten Bauaufsichtsbehörde festgelegten Muster zu führen. [2]Das Verzeichnis ist jeweils für ein Kalenderjahr, spätestens am 31. Januar des folgenden Jahres, der Anerkennungsbehörde vorzulegen.

Unterabschnitt 2
Prüfingenieure für Brandschutz

§ 27 Besondere Voraussetzungen

[1]Als Prüfingenieure für Brandschutz werden nur Personen anerkannt, die

1. als Angehörige der Fachrichtung Architektur, Hochbau, Bauingenieurwesen oder eines Studiengangs mit Schwerpunkt Brandschutz ein Studium an einer deutschen Hochschule, ein gleichwertiges Studium an einer ausländischen Hochschule oder die Ausbildung für mindestens die Laufbahn der ersten Einstiegsebene der Laufbahngruppe 2 der Fachrichtung Feuerwehr abgeschlossen haben,

2. danach mindestens fünf Jahre Erfahrung in der brandschutztechnischen Planung und Ausführung oder in der Prüfung von Gebäuden, insbesondere von Sonderbauten unterschiedlicher Art mit höherem brandschutztechnischen Schwierigkeitsgrad, gesammelt haben,

3. bei der brandschutztechnischen Planung und Ausführung von Sonderbauten nach Nummer 2 oder deren Prüfung überdurchschnittliche Fähigkeiten bewiesen haben,

4. die erforderlichen Kenntnisse im Bereich des abwehrenden Brandschutzes besitzen,

5. die erforderlichen Kenntnisse des Brandverhaltens von Bauprodukten und Bauarten besitzen,

6. die erforderlichen Kenntnisse im Bereich des anlagentechnischen Brandschutzes besitzen und

7. die erforderlichen Kenntnisse der einschlägigen bauordnungsrechtlichen Vorschriften besitzen.

[2]Das Vorliegen der Anerkennungsvoraussetzungen nach Satz 1 Nummer 2 bis 7 ist durch eine Bescheinigung des Prüfungsausschusses nachzuweisen.

§ 28 Prüfungsausschuss

(1) [1]Der Prüfungsausschuss besteht aus mindestens sechs Mitgliedern. [2]Dem Prüfungsausschuss sollen mindestens angehören:

1. ein von der Architektenkammer Sachsen vorgeschlagenes Mitglied;

2. ein von der Ingenieurkammer Sachsen vorgeschlagenes Mitglied;

3. ein Mitglied aus dem Geschäftsbereich einer obersten Bauaufsichtsbehörde;

4. ein Mitglied aus dem Bereich der Feuerwehr oder einer für den Brandschutz zuständigen Behörde;

5. ein Mitglied aus dem Bereich der Sachversicherer und

6. ein Mitglied aus dem Bereich der Forschung und Prüfung auf dem Gebiet des Brandverhaltens von Bauprodukten und Bauarten.

(2) § 24 Abs. 1 und 2 Satz 2, 4 bis 8, Abs. 3 Satz 1 bis 3 und Abs. 4 gilt entsprechend.

(3) Als Vergütung erhalten die Mitglieder des Prüfungsausschusses

1. für die Prüfung der Projektunterlagen nach § 19 Abs. 2 Satz 2 Nr. 6 je Projekt 150 EUR;

2. für die Vorbereitung der Aufgaben für die schriftliche Prüfung nach § 25 Abs. 2 Satz 1 je Stunde (maximal 50 Stunden 50 EUR; je schriftliche Prüfung)

3. für die Auswertung je Prüfungsarbeit 150 EUR;

4. für den Beisitz bei der mündlichen Prüfung je Bewerber 75 EUR.

§ 29 Prüfungsverfahren

(1) [1]Die Anerkennungsbehörde leitet die Antragsunterlagen nach §.19 Abs. 2 Satz 2 Nr. 1, 2 und 6 dem Prüfungsausschuss zu. [2]Der Prüfungsausschuss bescheinigt gegenüber der Anerkennungsbehörde das Vorliegen der Anerkennungsvoraussetzungen nach § 27 Satz 1 Nummer 2 bis 7.

(2) [1]Das Prüfungsverfahren besteht aus

1. der Überprüfung des fachlichen Werdegangs (§ 29a) und

2. der schriftlichen (§ 29b) und der mündlichen Prüfung (§ 29c).

[2]§ 25 Absatz 1 Satz 3 gilt entsprechend. [3]Ein Bewerber, der die Prüfung nach Satz 1 Nummer 2 nicht bestanden hat, kann sie insgesamt nur zweimal wiederholen. [4]Dies gilt auch, wenn eine entsprechende schriftliche oder mündliche Prüfung in einem anderen Land nicht bestanden worden ist. [5]Die Prüfung nach Satz 1 Nummer 2 ist im gesamten Umfang zu wiederholen.

§ 29a Überprüfung des fachlichen Werdegangs

(1) [1]Die Überprüfung des fachlichen Werdegangs dient der Feststellung, ob der Bewerber die besonderen Voraussetzungen des § 27 Satz 1 Nummer 2 und 3 erfüllt. [2]Maßgeblich ist der Zeitpunkt der

Entscheidung des Prüfungsausschusses über die Zulassung zur Prüfung. [3]Ein Bewerber, der die Voraussetzungen nicht erfüllt, wird nicht zur Prüfung zugelassen.

(2) [1]Der Bewerber hat eine Darstellung seines fachlichen Werdegangs und eine Referenzobjektliste von Brandschutznachweisen für mindestens zehn Sonderbauvorhaben unterschiedlicher Art mit höherem brandschutztechnischen Schwierigkeitsgrad (Brandschutznachweise für Sonderbauten oder deren Prüfung) vorzulegen. [2]Bei den Vorhaben muss der Bewerber die brandschutztechnische Planung oder deren Prüfung selbst durchgeführt haben und dies erklären. [3]Die Auswahl der Vorhaben hat vom Bewerber so zu erfolgen, dass ein Zeitraum seiner Tätigkeit von mindestens fünf Jahren widergespiegelt wird. [4]Die Vorhaben sollen nicht älter als zehn Jahre sein; der Bewerber muss über die Unterlagen der Vorhaben und gegebenenfalls Prüfberichte verfügen.

(3) [1]Der Prüfungsausschuss wählt aus der Referenzobjektliste nach Absatz 2 Satz 1 mindestens drei Brandschutznachweise oder Prüfberichte aus. [2]Diese Brandschutznachweise oder Prüfberichte sind vom Prüfungsausschuss zu prüfen und zu bewerten, um die überdurchschnittlichen Fähigkeiten nach § 27 Satz 1 Nummer 3 festzustellen. [3]§ 25a Absatz 3 gilt entsprechend.

§ 29b Schriftliche Prüfung

(1) [1]Kenntnisse sind insbesondere auf folgenden Gebieten nachzuweisen:

1. abwehrender Brandschutz,
2. Brandverhalten von Bauprodukten und Bauarten,
3. anlagentechnischer Brandschutz,
4. einschlägige bauordnungsrechtliche Vorschriften.

[2]Der Schwierigkeitsgrad der Prüfungsaufgaben ist auf das Niveau von Sonderbauten unterschiedlicher Art mit höherem brandschutztechnischen Schwierigkeitsgrad abzustellen.

(2) [1]Den Bewerbern werden vom Prüfungsausschuss ausgewählte Aufgaben gestellt. [2]Die Gesamtbearbeitungszeit der gestellten Aufgaben beträgt zweimal 180 Minuten mit einer Pause von mindestens 30 Minuten.

(3) [1]Die Prüfungsarbeiten werden von zwei Mitgliedern des Prüfungsausschusses unabhängig voneinander bewertet. [2]Die Bewertung erfolgt mit ganzen Punkten. [3]Weichen die Bewertungen um nicht mehr als 15 Prozent der möglichen Punktzahl für jede Aufgabe voneinander ab, gilt der Durchschnitt. [4]Bei größeren Abweichungen gilt § 25a Absatz 3 Satz 2 entsprechend. [5]Die schriftliche Prüfung gilt als bestanden, wenn in den Prüfungsgebieten nach Absatz 1 Satz 1 Nummer 1 bis 4 jeweils mehr als die Hälfte der möglichen Punkte erreicht werden.

(4) § 25b Absatz 1, 3, 4 Satz 5 und 6 sowie Absatz 5 und 6 gilt entsprechend.

(5) Ein Bewerber, der die schriftliche Prüfung nicht bestanden hat, wird zur mündlichen Prüfung nicht zugelassen.

§ 29c Mündliche Prüfung

(1) [1]Die mündliche Prüfung erstreckt sich auf die Gebiete nach § 29b Absatz 1 Satz 1 Nummer 1 bis 4. [2]Sie ist vorrangig Verständnisprüfung.

(2) [1]Die mündliche Prüfung soll spätestens zwei Monate nach der Bekanntgabe des Ergebnisses der schriftlichen Prüfung stattfinden. [2]§ 25b Absatz 3 gilt entsprechend.

(3) [1]Die mündliche Prüfung wird von mindestens sechs Mitgliedern des Prüfungsausschusses (Prüfungskommission) abgenommen. [2]Neben dem Vorsitzenden des Prüfungsausschusses muss mindestens ein Mitglied aus dem Geschäftsbereich einer obersten Bauaufsichtsbehörde der Prüfungskommission angehören; der Vorsitzende des Prüfungsausschusses bestellt die Prüfungskommission. [3]Weitere Vertreter der obersten Bauaufsichtsbehörden dürfen anwesend sein; an den Beratungen der Prüfungskommission dürfen sie ohne Rede- und Stimmrecht teilnehmen.

(4) Die Dauer der mündlichen Prüfung soll mindestens 20 Minuten und höchstens 30 Minuten betragen.

(5) [1]Über den Verlauf und das Ergebnis der mündlichen Prüfung wird eine Niederschrift angefertigt, die vom Vorsitzenden des Prüfungsausschusses zu unterschreiben ist. [2]Die Niederschrift muss

1. die Besetzung der Prüfungskommission,
2. die Namen der Bewerber,
3. Beginn und Ende der mündlichen Prüfung,
4. Besonderheiten des Prüfungsablaufs,

5. die Gegenstände der mündlichen Prüfung und

6. die Entscheidungen der Prüfungskommission über die Eignung der Bewerber

enthalten.

(6) [1]Über die Bewertung der mündlichen Prüfung entscheidet die Prüfungskommission. [2]Dem Bewerber wird das Ergebnis unverzüglich mitgeteilt.

(7) Das Ergebnis der Prüfung lautet

1. „Der Bewerber hat die für einen Prüfingenieur erforderlichen Fachkenntnisse und Erfahrungen sowie die erforderlichen Kenntnisse der einschlägigen bauordnungsrechtlichen Vorschriften nachgewiesen." oder

2. „Der Bewerber hat die für einen Prüfingenieur erforderlichen Fachkenntnisse und Erfahrungen sowie die erforderlichen Kenntnisse der einschlägigen bauordnungsrechtlichen Vorschriften nicht nachgewiesen."

(8) [1]Der Bewerber kann verlangen, dass ihm die Prüfungskommission die Gründe für die vorgenommene Bewertung unmittelbar im Anschluss an die Eröffnung des Ergebnisses mündlich darlegt. [2]Einwendungen gegen die Bewertung der Prüfungsleistungen sind innerhalb von zwei Wochen nach Bekanntgabe der Bewertung gegenüber der Anerkennungsbehörde schriftlich darzulegen. [3]Sie werden der Prüfungskommission zur Überprüfung ihrer Bewertung zugeleitet. [4]§ 74 Absatz 1 Satz 2 und Absatz 2 der Verwaltungsgerichtsordnung in der Fassung der Bekanntmachung vom 19. März 1991 (BGBl. I S. 686), die zuletzt durch Artikel 5 Absatz 2 des Gesetzes vom 8. Oktober 2017 (BGBl. I S. 3546) geändert worden ist, in der jeweils geltenden Fassung, bleibt unberührt.

§ 29d Täuschungsversuch, Ordnungsverstöße, Rücktritt

[1]Die §§ 25c und 25d gelten entsprechend. [2]Abweichend von § 25c Absatz 3 trifft die Entscheidungen nach § 25c Absatz 1 und 2 in der mündlichen Prüfung die Prüfungskommission.

§ 30 Aufgabenerledigung

(1) [1]Prüfingenieure für Brandschutz prüfen die Vollständigkeit und Richtigkeit der Brandschutznachweise unter Beachtung der Leistungsfähigkeit der örtlichen Feuerwehr. [2]Sie haben die für den Brandschutz zuständige Behörde zu beteiligen und deren Anforderungen bezüglich der Brandschutznachweise zu würdigen. [3]Prüfingenieure für Brandschutz überwachen die ordnungsgemäße Bauausführung hinsichtlich der von ihnen geprüften Brandschutznachweise.

(2) § 26 Abs. 1a, 2 und 3 Satz 2, Abs. 4 Satz 2, Abs. 5 und 6 gilt entsprechend.

Unterabschnitt 3
Prüfämter, Typenprüfung, Fliegende Bauten

§ 31 Prüfämter

(1) [1]Prüfämter nehmen bauaufsichtliche Prüfaufgaben wahr. [2]Als Prüfämter von der obersten Bauaufsichtsbehörde anerkannt sind

1. die Landesdirektion Sachsen – Landesstelle für Bautechnik – für die Bereiche Standsicherheit und Brandschutz und

2. die TÜV SÜD Industrie Service GmbH für die Prüfung der Standsicherheit Fliegender Bauten; Sitz des Prüfamtes ist Dresden.

[3]Die TÜV SÜD Industrie Service GmbH der Prüfung der Standsicherheit Fliegender Bauten der Fachaufsicht der Landesdirektion Sachsen – Landesstelle für Bautechnik –.

(2) [1]Die Prüfämter müssen mit geeigneten Ingenieuren besetzt sein. [2]Sie müssen von einem im Bauingenieurwesen besonders vorgebildeten und erfahrenen Beamten des höheren bautechnischen Verwaltungsdienstes oder einem vergleichbaren Angestellten geleitet werden. [3]Für die TÜV SÜD Industrie Service GmbH kann die oberste Bauaufsichtsbehörde Ausnahmen von den Anforderungen des Satzes 2 zulassen.

(3) Die TÜV SÜD Industrie Service GmbH nach Absatz 1 Satz 2 Nr. 2 mit einer Haftungssumme von mindestens 3 000 000 EUR pauschal für Personen-, Sach- und Vermögensschäden je Schadensfall versichert sein.

(4) Anerkennungen anderer Länder gelten auch im Freistaat Sachsen.

§ 32 Typenprüfung, Prüfung der Standsicherheit Fliegender Bauten

(1) Sollen prüfpflichtige bauliche Anlagen oder Teile von baulichen Anlagen (§ 66 Abs. 3 der Sächsischen Bauordnung) in gleicher Ausführung an mehreren Stellen errichtet oder verwendet werden, ohne dass deren Standsicherheit bauaufsichtlich geprüft ist, müssen die Standsicherheitsnachweise von der Landesdirektion Sachsen – Landesstelle für Bautechnik – geprüft sein (Typenprüfung).

(2) [1]Die Geltungsdauer der Typenprüfung ist zu befristen. [2]Sie soll nicht mehr als fünf Jahre betragen. Sie kann auf schriftlichen Antrag um jeweils höchstens fünf Jahre verlängert werden.

(3) Die Nachweise der Standsicherheit Fliegender Bauten müssen vom Prüfamt gemäß § 31 Abs. 1 Satz 2 Nr. 2 geprüft werden.

§ 33 Ausführungsgenehmigung Fliegender Bauten

(1) [1]Zuständig für die Erteilung der Ausführungsgenehmigung Fliegender Bauten nach § 76 Abs. 3 Satz 1 der Sächsischen Bauordnung für Antragsteller mit Hauptwohnung oder gewerblicher Niederlassung im Freistaat Sachsen ist die TÜV SÜD Industrie Service GmbH. [2]Sitz der Stelle zur Erteilung der Ausführungsgenehmigung ist Dresden. [3]Für die Aufgaben des Vollzugs von § 76 der Sächsischen Bauordnung untersteht die TÜV SÜD Industrie Service GmbH der Fachaufsicht der Landesdirektion Sachsen – Landesstelle für Bautechnik –.

(2) Die TÜV SÜD Industrie Service GmbH, muss für die Tätigkeit nach Absatz 1 mit einer Haftungssumme von mindestens 3 000 000 EUR pauschal für Personen-, Sach- und Vermögensschäden je Schadensfall versichert sein.

Abschnitt 3
Prüfsachverständige für die Prüfung technischer Anlagen

§ 34 Besondere Voraussetzungen

(1) [1]Als Prüfsachverständige für die Prüfung technischer Anlagen im Sinne von §§ 1 und 2 Absatz 1 der Sächsischen Technischen Prüfverordnung vom 7. Februar 2000 (SächsGVBl. S. 127), die zuletzt durch Artikel 3 der Verordnung vom 8. Oktober 2014 (SächsGVBl. S. 647) geändert worden ist, in der jeweils geltenden Fassung, werden nur Personen anerkannt, die

1. ein Ingenieurstudium an einer deutschen Hochschule oder ein gleichwertiges Studium an einer ausländischen Hochschule abgeschlossen haben;

2. den Nachweis ihrer besonderen Sachkunde in der Fachrichtung im Sinne von § 35, auf die sich ihre Prüftätigkeit beziehen soll, durch ein Fachgutachten einer von der obersten Bauaufsichtsbehörde bestimmten Stelle erbracht haben und

3. als Ingenieure mindestens fünf Jahre in der Fachrichtung, in der die Prüftätigkeit ausgeübt werden soll, praktisch tätig gewesen sind und dabei mindestens zwei Jahre bei Prüfungen mitgewirkt haben.

[2]Die Anmeldung bei der in Satz 1 Nummer 2 genannten Stelle erfolgt durch die Anerkennungsbehörde.

(2) Abweichend von § 17 Satz 1 Nr. 3 müssen Prüfsachverständige für die Prüfung technischer Anlagen nicht eigenverantwortlich tätig sein, wenn sie Beschäftigte eines Unternehmens oder einer Organisation sind, deren Zweck in der Durchführung vergleichbarer Prüfungen besteht und deren Beschäftigte für die Prüftätigkeit nach Absatz 1 keiner fachlichen Weisung unterliegen.

(3) [1]Bedienstete einer öffentlichen Verwaltung mit den für die Ausübung der Tätigkeit als Prüfsachverständige erforderlichen Kenntnissen und Erfahrungen für technische Anlagen gelten im Zuständigkeitsbereich dieser Verwaltung als Prüfsachverständige nach Absatz 1. [2]Sie werden in der Liste nach § 19 Abs. 3 nicht geführt.

§ 35 Fachrichtungen

Prüfsachverständige für die Prüfung technischer Anlagen können für folgende Fachrichtungen anerkannt werden

1. Lüftungsanlagen;
2. CO-Warnanlagen;
3. Rauchabzugsanlagen;
4. Druckbelüftungsanlagen;
5. Feuerlöschanlagen;

6. Brandmelde- und Alarmierungsanlagen;
7. Sicherheitsstromversorgungen.

§ 35a Fachgutachten

(1) [1]Das Fachgutachten dient der Feststellung, ob der Bewerber die für einen Prüfsachverständigen erforderliche besondere Sachkunde in der beantragten Fachrichtung besitzt und anwenden kann. [2]Der Nachweis der besonderen Sachkunde besteht aus einem schriftlichen und einem mündlich-praktischen Teil.

(2) [1]Nachzuweisen sind

1. umfassende Kenntnisse auf dem Gebiet der beantragten Fachrichtung hinsichtlich
   a) Anlagentechnik (Messtechnik, Planung, Berechnung und Konstruktion),
   b) Technischer Baubestimmungen und allgemein anerkannter Regeln der Technik,
2. die erforderlichen Kenntnisse der bauordnungsrechtlichen Vorschriften, insbesondere der Regelungen zur Prüfung technischer Anlagen, zum Brandschutz, zu Bauprodukten und Bauarten.

[2]Gegenstand des mündlich-praktischen Teils ist auch die Erfahrung beim Prüfen von Anlagen der beantragten Fachrichtung (Prüfpraxis, Beurteilungsvermögen, Handhabung der Messgeräte).

(3) [1]Zum mündlich-praktischen Teil wird nur zugelassen, wer den schriftlichen Teil erfolgreich abgelegt hat. [2]§ 29 Absatz 2 Satz 3 und 4 sowie §§ 25c und 25d gelten entsprechend.

§ 36 Aufgabenerledigung

[1]Die Prüfsachverständigen für die Prüfung technischer Anlagen bescheinigen die Übereinstimmung der technischen Anlagen und Einrichtungen mit den öffentlich-rechtlichen Anforderungen im Sinne von §§ 1 und 2 Absatz 1 der Sächsischen Technischen Prüfverordnung. [2]Werden festgestellte Mängel nicht in der von den Prüfsachverständigen festgelegten Frist beseitigt, haben sie die Bauaufsichtsbehörde über diese Mängel zu unterrichten.

Abschnitt 4
Prüfsachverständige für den Erd- und Grundbau

§ 37 Besondere Voraussetzungen

(1) [1]Als Prüfsachverständige für den Erd- und Grundbau werden nur Personen anerkannt, die

1. als Angehörige der Fachrichtung Bauingenieurwesen, der Geotechnik oder eines Studiengangs mit Schwerpunkt Ingenieurgeologie ein Studium an einer deutschen Hochschule oder ein gleichwertiges Studium an einer ausländischen Hochschule abgeschlossen haben;
2. neun Jahre im Bauwesen tätig, davon mindestens drei Jahre im Erd- und Grundbau mit der Anfertigung oder Beurteilung von Standsicherheitsnachweisen betraut gewesen sind;
3. über vertiefte Kenntnisse und Erfahrungen im Erd- und Grundbau verfügen;
4. weder selbst noch ihre Mitarbeiter noch Angehörige des Zusammenschlusses nach § 17 Satz 2 Nr. 2 an einem Unternehmen der Bauwirtschaft oder an einem Bohrunternehmen beteiligt sind.

[2]Der Nachweis der Anerkennungsvoraussetzungen nach Satz 1 Nummer 3 ist durch ein Fachgutachten eines Beirates, der bei einer von der obersten Bauaufsichtsbehörde bestimmten Stelle gebildet ist, zu erbringen. [3]Über das Vorliegen der Anerkennungsvoraussetzung nach Satz 1 Nr. 4 hat der Bewerber eine besondere Erklärung abzugeben.

(2) Abweichend von § 17 Satz 1 Nr. 3 müssen Prüfsachverständige für den Erd- und Grundbau nicht eigenverantwortlich tätig sein, wenn sie in fachlicher Hinsicht für ihre Tätigkeit allein verantwortlich sind und Weisungen nicht unterliegen.

§ 38 Fachgutachten

Das Fachgutachten beruht auf

1. der Beurteilung von Baugrundgutachten (§ 38a),
2. dem schriftlichen Kenntnisnachweis (§ 38b).

§ 38a Beurteilung von Baugrundgutachten

(1) [1]Der Bewerber hat dem Beirat (§ 37 Absatz 1 Satz 2) ein Verzeichnis aller innerhalb eines Zeitraums von zwei Jahren vor Antragstellung erstellten Baugrundgutachten vorzulegen. [2]Aus dem Verzeichnis müssen mindestens zehn Gutachten die Bewältigung überdurchschnittlicher Aufgaben darlegen; zwei

von diesen zehn Gutachten sind gesondert vorzulegen. [3]Die Gutachten nach Satz 2 Halbsatz 1 müssen folgende erd- und grundbauspezifischen Themen behandeln:

1. Baugrundverformungen und ihre Wirkung auf bauliche Anlagen (Boden-Bauwerk-Wechselwirkung),
2. Sicherheit der Gründung der baulichen Anlage,
3. boden- und felsmechanische Annahmen zum Tragverhalten und zum Berechnungsmodell,
4. boden- und felsmechanische Kenngrößen.

[4]Die Gutachten nach Satz 2 Halbsatz 1 sollen im Falle von Gründungsvorschlägen die Einsatzbereiche mit den erforderlichen Randbedingungen festlegen.

(2) [1]Der Beirat beurteilt das Verzeichnis und die beiden vorgelegten Gutachten nach Absatz 1 im Hinblick auf die Eignung des Bewerbers. [2]Ein Bewerber, der bereits danach die Anforderungen des § 37 Absatz 1 Satz 1 Nummer 3 nicht erfüllt, wird nicht zum schriftlichen Kenntnisnachweis zugelassen.

(3) Wiederholt der Bewerber den schriftlichen Kenntnisnachweis, ist eine erneute Vorlage des Verzeichnisses und der Gutachten nach Absatz 1 und der Beurteilung nach Absatz 2 nur erforderlich, wenn seit der letzten Beurteilung mehr als fünf Jahre vergangen sind.

§ 38b Schriftlicher Kenntnisnachweis

(1) Der Bewerber hat schriftlich vertiefte Kenntnisse nachzuweisen bei der

1. Bewältigung überdurchschnittlich schwieriger geotechnischer Aufgaben, insbesondere bei Baumaßnahmen der Geotechnischen Kategorie 3,
2. Erfassung der Wechselwirkung von Baugrund und baulicher Anlage durch geeignete Berechnungsverfahren,
3. Ableitung und Beurteilung von Angaben zur Sicherheit der Gründung baulicher Anlagen,
4. Bildung von Berechnungs- oder Erkenntnismodellen als Grundlage der Beurteilung des Tragverhaltens des Baugrunds,
5. Ermittlung und Beurteilung von bodenmechanischen Kenngrößen, auch im Hinblick auf die Untersuchungsmethoden.

(2) § 25 Absatz 3, §§ 25c und 25d gelten entsprechend.

§ 39 Aufgabenerledigung

[1]Prüfsachverständige für Erd- und Grundbau bescheinigen die Vollständigkeit und Richtigkeit der Angaben über den Baugrund hinsichtlich Stoffbestand, Struktur und geologischer Einflüsse, dessen Tragfähigkeit und die getroffenen Annahmen zur Gründung oder Einbettung der baulichen Anlage. [2]§ 26 Abs. 2 gilt entsprechend.

Abschnitt 5
Vergütung

§ 40 Vergütung der Prüfingenieure und der Prüfämter

(1) [1]Die Prüfingenieure und Prüfämter erhalten für ihre Tätigkeit in Angelegenheiten der Bauaufsicht, für die sie einen Prüfauftrag erhalten haben, eine Vergütung. [2]Dies gilt auch für die Prüfung der Standsicherheit Fliegender Bauten.

(2) [1]Die Vergütung besteht aus Gebühren und Auslagen. [2]Die Höhe der Vergütung bemisst sich nach dem Sächsischen Verwaltungskostengesetz vom 5. April 2019 (SächsGVBl. S. 245), in der jeweils geltenden Fassung, und dem aufgrund dieses Gesetzes erlassenen Kostenverzeichnis, in der jeweils geltenden Fassung. [3]Neben den Gebühren können für notwendige Reisen Auslagen entsprechend dem Sächsischen Reisekostengesetz vom 12. Dezember 2008 (SächsGVBl. S. 866, 876), zuletzt geändert durch Artikel 13 des Gesetzes vom 18. Dezember 2013 (SächsGVBl. S. 970), in der jeweils geltenden Fassung, erstattet werden. [4]Fahr- und Wegezeiten werden nach dem tatsächlichen Zeitaufwand gemäß den Regelungen des aufgrund des Sächsischen Verwaltungskostengesetzes erlassenen Kostenverzeichnisses, in der jeweils geltenden Fassung, vergütet. [5]Sonstige Auslagen werden nur erstattet, wenn dies bei Auftragserteilung schriftlich vereinbart worden ist.

(3) [1]Mit dem Prüfauftrag ist die Rohbausumme oder die Herstellungssumme und die für die Gebührenberechnung anzuwendende Bauwerksklasse mitzuteilen. [2]Die Rohbausumme ist gemäß den Rege-

lungen des aufgrund des Sächsischen Verwaltungskostengesetzes erlassenen Kostenverzeichnisses, in der jeweils geltenden Fassung, zu berechnen.

(4) [1]Die Vergütung der Prüfingenieure und Prüfämter schuldet der Auftraggeber. [2]Wird der Auftrag von der Bauaufsichtsbehörde erteilt, kann diese gestatten, dass der Bauherr die Vergütung unmittelbar an den Prüfingenieur oder an das Prüfamt zahlt.

(5) [1]Mit der Vergütung ist die Umsatzsteuer, soweit sie anfällt, abgegolten. [2]Ein Nachlass auf die Vergütung ist unzulässig.

§ 41 Vergütung der Prüfsachverständigen

(1) [1]Die Prüfsachverständigen für die Prüfung technischer Anlagen und die Prüfsachverständigen für Erd- und Grundbau erhalten für ihre Tätigkeit ein Honorar und die notwendigen Auslagen. [2]Das Honorar wird nach dem Zeitaufwand abgerechnet. § 40 Abs. 5 gilt entsprechend.

(2) [1]Fahrtkosten für notwendige Reisen, die über den Umkreis von 15 km vom Geschäftssitz des Prüfsachverständigen hinausgehen, können in Höhe der steuerlich zulässigen Pauschalsätze in Ansatz gebracht werden. [2]Fahrt- und Wartezeiten sind nach dem Zeitaufwand zu ersetzen. [3]Bei der Berechnung des Honorars ist die Zeit anzusetzen, die üblicherweise von einer entsprechend ausgebildeten Fachkraft benötigt wird. [4]Für jede Arbeitsstunde wird ein Betrag von 1,5 Prozent des Monatsgrundgehalts eines Landesbeamten in der Endstufe Besoldungsgruppe A 15 berechnet. [5]Der Betrag ist auf volle EUR aufzurunden. [6]Die oberste Bauaufsichtsbehörde gibt einmal jährlich den jeweils der Honorarberechnung zugrunde zu legenden Stundensatz im Sächsischen Amtsblatt bekannt. [7]In dem Stundensatz ist die Umsatzsteuer enthalten. [8]§ 40 Abs. 2 Satz 5 gilt entsprechend.

(3) Als Mindesthonorar für eine Prüfung wird der zweifache Stundensatz nach Absatz 2 Satz 4 vergütet.

(4) Honorar und notwendige Auslagen werden mit Eingang der Rechnung fällig.

Teil 3
Ordnungswidrigkeiten, Übergangs- und Schlussvorschriften

§ 42 Ordnungswidrigkeiten

Ordnungswidrig nach § 87 Absatz 1 Satz 1 Nummer 1 der Sächsischen Bauordnung handelt, wer

1. entgegen § 21 die Bezeichnung Prüfingenieur oder Prüfsachverständiger führt,
2. entgegen § 26 Absatz 1 Prüfaufgaben wahrnimmt,
3. ohne Prüfsachverständiger zu sein, Bescheinigungen ausstellt, die nach den Vorschriften der Sächsischen Bauordnung oder aufgrund der Sächsischen Bauordnung nur von einem Prüfsachverständigen ausgestellt werden dürfen, oder
4. entgegen § 40 Absatz 5 Satz 2 einen Nachlass auf die Vergütung gewährt.

§ 43 Übergangsvorschriften

(1) [1]Vor dem 11. November 2014 erteilte oder verlängerte Anerkennungen als Prüfingenieur gelten unbefristet fort. [2]§ 20 bleibt unberührt.

(2) Die vor dem In-Kraft-Treten dieser Verordnung von der obersten Bauaufsichtsbehörde anerkannten Sachverständigen nach § 1 der Sachverständigenverordnung vom 30. Oktober 1991 (SächsGVBl. S. 389) gelten als Prüfsachverständige nach § 13 Abs. 1 Satz 2 Nr. 1.

(3) Die vor dem In-Kraft-Treten dieser Verordnung von der obersten Bauaufsichtsbehörde nach § 29 der Durchführungsverordnung zur SächsBO vom 15. September 1999 (SächsGVBl. S. 553), das zuletzt durch Verordnung vom 15. Januar 2002 (SächsGVBl. S. 50) geändert worden ist, anerkannten Sachverständigen für Erd- und Grundbau nach Bauordnungsrecht gelten als Prüfsachverständige nach § 13 Abs. 1 Satz 2 Nr. 2.

(4) Die Berufung der Mitglieder und stellvertretenden Mitglieder der bisherigen Prüfungsausschüsse bleibt vom Inkrafttreten dieser Verordnung unberührt.

(5) Die vor dem 11. November 2014 anerkannten Prüfsachverständigen der Fachrichtung Anlagen zur Rauchableitung oder Rauchfreihaltung gelten als anerkannte Prüfsachverständige der Fachrichtung Rauchabzugsanlagen.

(6) Die §§ 27, 29 und 29a in der ab dem 24. März 2018 geltenden Fassung gelten auch für vor diesem Zeitpunkt begonnene Anerkennungsverfahren für Prüfingenieure für Brandschutz.

Anlage 1
(zu § 9 Abs. 6 Satz 1 und § 10 Abs. 4 Satz 1)

Zeichen und Farben für Bauvorlagen

		Zeichen	Farbe
1.	Lageplan		
a)	Vorhandene öffentliche Verkehrsflächen		Goldocker
b)	Festgesetzte, aber noch nicht vorhandene Verkehrsflächen		Bandierung Goldocker
c)	Vorhandene bauliche Anlagen		Grau
d)	Geplante bauliche Anlagen		Rot
e)	Zu beseitigende bauliche Anlagen		Gelb
f)	Öffentliche Grünflächen		Grün mittel

Zweckbestimmung der jeweiligen Grünfläche

	Parkanlage	Dauerkleingarten	

	Camping- und Wochenendplatz	Sportplatz	

	Badeplatz	Spielplätze	

	Friedhof		

g)   Grenzen des Grundstücks   – – – – –   Violett

h)   Flächen, die von Baulasten betroffen sind   Braun

2.   Bauzeichnungen

a)   Vorhandene Bauteile   Grau

b)   Vorgesehene Bauteile   Rot

c)   Zu beseitigende Bauteile   Gelb

3.   Grundstücksentwässerung

a)   Vorhandene Anlagen   Grau

                                         Schmutzwasserleitung

                                         Niederschlagswasserlei-
tung

                                         Mischwasserleitung

b)   Geplante Anlagen   Rot

                                         Schmutzwasserleitung

                                         Niederschlagswasserlei-
tung

                                       Mischwasserleitung

c)   Zu beseitigende Anlagen   Gelb

                                         Schmutzwasserleitung

                                         Niederschlagswasserlei-
tung

                                         Mischwasserleitung

Anlage 2
(zu § 12 Abs. 3)

Kriterienkatalog nach § 12 Abs. 3 DVOSächsBO

Sind die nachfolgenden Kriterien ausnahmslos erfüllt, ist eine Prüfung des Standsicherheitsnachweises nicht erforderlich:

1. Die Baugrundverhältnisse sind eindeutig und erlauben eine übliche Flachgründung entsprechend DIN 1054. Ausgenommen sind Gründungen auf setzungsempfindlichem Baugrund.
2. Bei erddruckbelasteten Gebäuden beträgt die Höhendifferenz zwischen Gründungssohle und Erdoberfläche maximal 4 m. Einwirkungen aus Wasserdruck müssen rechnerisch nicht berücksichtigt werden.
3. Angrenzende bauliche Anlagen oder öffentliche Verkehrsflächen werden nicht beeinträchtigt. Nachzuweisende Unterfangungen oder Baugrubensicherungen sind nicht erforderlich.
4. Die tragenden und aussteifenden Bauteile gehen im Wesentlichen bis zu den Fundamenten unversetzt durch. Ein rechnerischer Nachweis der Gebäudeaussteifung, auch für Teilbereiche, ist nicht erforderlich.
5. Die Geschossdecken sind linienförmig gelagert und dürfen für gleichmäßig verteilte Lasten (kN/m^2) und Linienlasten aus nichttragenden Wänden (kN/m) bemessen werden. Geschossdecken ohne ausreichende Querverteilung erhalten keine Einzellasten.
6. Die Bauteile der baulichen Anlage oder die bauliche Anlage selbst können mit einfachen Verfahren der Baustatik berechnet oder konstruktiv festgelegt werden. Räumliche Tragstrukturen müssen rechnerisch nicht nachgewiesen werden. Besondere Stabilitäts-, Verformungs- und Schwingungsuntersuchungen sind nicht erforderlich.
7. Außergewöhnliche sowie dynamische Einwirkungen sind nicht vorhanden. Beanspruchungen aus Erdbeben müssen rechnerisch nicht verfolgt werden.
8. Besondere Bauarten wie Spannbetonbau, Verbundbau, Leimholzbau und geschweißte Aluminiumkonstruktionen werden nicht angewendet.
9. Allgemeine Rechenverfahren zur Bemessung von Bauteilen und Tragwerken unter Brandeinwirkung werden nicht angewendet.

Sächsisches Enteignungs- und Entschädigungsgesetz (SächsEntEG)

Vom 18. Juli 2001 (SächsGVBl. S. 453)

(BS Sachsen 421-4)

zuletzt geändert durch Art. 19 Sächsisches Standortegesetz vom 27. Januar 2012 (SächsGVBl. S. 130)

Der Sächsische Landtag hat am 21. Juni 2001 das folgende Gesetz beschlossen:

§ 1 Anwendungsbereich

Dieses Gesetz gilt für alle förmlichen Enteignungen, durch die das Eigentum oder sonstige dingliche oder obligatorische Rechte an Grundstücken entzogen oder belastet werden, soweit nicht Bundesrecht oder spezielles Landesrecht anzuwenden ist.

§ 2 Enteignungszweck

Nach diesem Gesetz darf nur enteignet werden, um

1. Vorhaben zu verwirklichen, die

    a) Einrichtungen für Sport, für das Gesundheitswesen und andere soziale Zwecke,

    b) Einrichtungen des Bestattungs- und Friedhofswesens,

    c) Schulen, Hochschulen und Einrichtungen für andere Zwecke von Kultur, Wissenschaft und Forschung,

    d) Einrichtungen für die Versorgung oder Entsorgung,

    e) Einrichtungen, die dem Schutz der Umwelt dienen,

    f) Einrichtungen zur Aufrechterhaltung der öffentlichen Sicherheit,

    g) Einrichtungen des öffentlichen und nichtöffentlichen Verkehrs und

    h) Rohrleitungen zum Transport von Rohstoffen oder Produkten in großen Mengen oder mit gefährlichen Eigenschaften

    schaffen oder ändern, sofern diese dem Wohl der Allgemeinheit dienen,

2. Grundstücke für die Entschädigung in Land zu beschaffen,

3. durch Enteignung entzogene Rechte durch neue Rechte zu ersetzen.

§ 3 Gegenstand und Zulässigkeit der Enteignung

Die Enteignung ist nur nach Maßgabe der §§ 86, 87 Abs. 1 und 2 sowie §§ 90 bis 92 des Baugesetzbuches (BauGB) zulässig.

§ 4 Entschädigung und Rückenteignung

(1) Für die Enteignung ist eine Entschädigung nach den §§ 93, 94, 95 Abs. 1, Abs. 2 Nr. 1 bis 6, Abs. 3 und 4 sowie §§ 96 bis 101, 194 BauGB zu leisten.

(2) [1]Für den Anspruch des enteigneten früheren Eigentümers auf Rückenteignung gelten § 102 Abs. 1 Nr. 1, Abs. 2 bis 5 und § 103 BauGB. [2]Das Rückenteignungsverfahren richtet sich nach § 5.

§ 5 Enteignungsverfahren

(1) [1]Enteignungsbehörde im Sinne dieses Gesetzes und anderer bundes- und landesrechtlicher Vorschriften ist die Landesdirektion Sachsen. [2]Die Zuständigkeiten für Grundabtretungen nach dem Bundesberggesetz vom 13. August 1980 (BGBl. I S. 1310), zuletzt geändert durch Artikel 4 des Gesetzes vom 26. Januar 1998 (BGBl. I S. 164, 187) und die hierzu ergangene Verordnung über bergrechtliche Zuständigkeiten bleiben unberührt.

(2) [1]Der Enteignungsantrag ist schriftlich bei der Enteignungsbehörde zu stellen. [2]Der Antragsteller hat mit dem Antrag die für die Beurteilung des Vorhabens und der Enteignungsvoraussetzungen erforderlichen Unterlagen einzureichen und nachzuweisen, dass die Finanzierung des Vorhabens gesichert ist. [3]Er muss die zu enteignenden Gegenstände, soweit erforderlich unter Vorlage von Grundbuch- oder Katasterauszügen und Lageplänen, bezeichnen und die Beteiligten mit Namen und Anschriften benennen.

(3) Auf das Enteignungsverfahren finden die § 106 Abs. 1 Nr. 1 bis 5, Abs. 2 bis 4, § 107 Abs. 1 und 2, §§ 108 bis 122, 200 Abs. 1 und §§ 207 bis 210 BauGB sowie die §§ 65, 66 Abs. 2, § 67 Abs. 2 Nr. 2 bis 4 und § 68 des Verwaltungsverfahrensgesetzes (VwVfG) in der Fassung der Bekanntmachung vom 21. September 1998 (BGBl. I S. 3050) in seiner jeweils gültigen Fassung Anwendung.

(4) ¹Verwaltungsakte der Enteignungsbehörde können nur durch Antrag auf gerichtliche Entscheidung angefochten werden. ²Mit dem Antrag kann auch die Verurteilung zum Erlass eines Verwaltungsaktes oder zu einer sonstigen Leistung sowie eine Feststellung begehrt werden. ³Über den Antrag entscheidet das Landgericht, Kammer für Baulandsachen. ⁴Für das gerichtliche Verfahren gelten § 217 Abs. 2 bis 4 und §§ 218 bis 231 BauGB.

§ 6 Anwendung des Baugesetzbuches
Soweit nach diesem Gesetz das Baugesetzbuch Anwendung findet, ist es in der am 1. Januar 1998 geltenden Fassung (BGBl. 1997 I S. 2141, 1998 I S. 137) anzuwenden.

§ 7 Ordnungswidrigkeiten
(1) Ordnungswidrig handelt, wer
1. gegenüber der Enteignungsbehörde wider besseres Wissen unrichtige Angaben macht oder unrichtige Unterlagen vorlegt, um eine begünstigende Entscheidung zu erwirken oder
2. Pfähle, Pflöcke oder sonstige Markierungen, die Vorarbeiten dienen, entfernt, verändert, unkenntlich macht oder unrichtig setzt.

(2) Die Ordnungswidrigkeit kann in den Fällen des Absatzes 1 Nr. 1 mit einer Geldbuße bis zu 50 000 EUR, in den Fällen des Absatzes 1 Nr. 2 mit einer Geldbuße bis zu 5 000 EUR geahndet werden.

(3) Verwaltungsbehörde im Sinne von § 36 Abs. 1 Nr. 1 des Gesetzes über Ordnungswidrigkeiten (OWiG) ist die Enteignungsbehörde.

§§ 8 , 9 *[nicht wiedergegebene Änderungsvorschriften]*

§ 10 Übergangsbestimmungen
(1) ¹Bei In-Kraft-Treten dieses Gesetzes anhängige Enteignungsverfahren sind nach den bisherigen Vorschriften weiterzuführen. ²Gab es für ein anhängiges Verfahren bisher keine Verfahrensvorschriften, ist das Verfahren nach den Vorschriften dieses Gesetzes durchzuführen.

(2) Abweichend von § 7 Abs. 1 kann bis zum 31. Dezember 2001 in den Fällen des § 7 Abs. 1 Nr. 1 eine Geldbuße bis zu 100 000 DM und in den Fällen des § 7 Abs. 1 Nr. 2 eine Geldbuße bis zu 10 000 DM festgesetzt werden.

§ 11 In-Kraft-Treten
Dieses Gesetz tritt am Tage nach seiner Verkündung¹⁾ in Kraft.

---

1) Verkündet am 17.8.2001.

Gesetz zur Raumordnung und Landesplanung des Freistaates Sachsen (Landesplanungsgesetz – SächsLPlG)[1]

Vom 11. Dezember 2018 (SächsGVBl. S. 706)

Abschnitt 1
Allgemeines

§ 1 Raumordnung im Freistaat Sachsen, Grundsatz der Raumordnung zum Hochwasserschutz

(1) Dieses Gesetz regelt Ergänzungen zum und Abweichungen vom Raumordnungsgesetz vom 22. Dezember 2008 (BGBl. I S. 2986), das zuletzt durch Artikel 2 Absatz 15 des Gesetzes vom 20. Juli 2017 (BGBl. I S. 2808) geändert worden ist, in der jeweils geltenden Fassung, für die Raumordnung im Freistaat Sachsen.

(2) Der Gesamtraum des Freistaates Sachsen und seine Teilräume einschließlich des Untergrunds sind im Sinne der Leitvorstellung einer nachhaltigen Raumentwicklung nach § 1 Absatz 2 des Raumordnungsgesetzes durch zusammenfassende, überörtliche und fachübergreifende Raumordnungspläne einschließlich ihrer Verwirklichung sowie durch Abstimmung raumbedeutsamer Planungen und Maßnahmen zu entwickeln, zu ordnen und zu sichern.

(3) Bei raumbedeutsamen Planungen und Maßnahmen sind Belange des vorbeugenden Hochwasserschutzes zu berücksichtigen.

Abschnitt 2
Raumordnungspläne

§ 2 Allgemeine Vorschriften über Raumordnungspläne

(1) Die Festlegung von Eignungsgebieten darf nur in Verbindung mit der Festlegung von Vorranggebieten zugunsten der betreffenden Nutzung erfolgen.

(2) Die Umweltprüfung umfasst auch die Prüfung der Verträglichkeit mit den Erhaltungszielen eines Gebiets von gemeinschaftlicher Bedeutung oder eines Europäischen Vogelschutzgebietes nach § 36 des Bundesnaturschutzgesetzes vom 29. Juli 2009 (BGBl. I S. 2542), das zuletzt durch Artikel 1 des Gesetzes vom 15. September 2017 (BGBl. I S. 3434) geändert worden ist, in der jeweils geltenden Fassung.

§ 3 Landesentwicklungsplan

(1) [1]Die oberste Raumordnungs- und Landesplanungsbehörde stellt den Landesentwicklungsplan auf. [2]Im Landesentwicklungsplan sind die Ziele und Grundsätze der Raumordnung für die räumliche Ordnung, Entwicklung und Sicherung des Gesamtraums des Freistaates Sachsen auf der Grundlage einer Bewertung des Zustands von Natur und Landschaft sowie der Raumentwicklung festzulegen.

(2) [1]Der Landesentwicklungsplan enthält die landesweit bedeutsamen Festlegungen zur Raumstruktur, soweit sie für die räumliche Ordnung, Entwicklung und Sicherung erforderlich sind. [2]Er weist insbesondere die ober- und mittelzentralen Orte und Verbünde, die Verdichtungsräume, den ländlichen Raum mit seinen Verdichtungsbereichen und die Räume mit besonderen Sanierungs-, Entwicklungs- und Förderaufgaben aus und bestimmt die Merkmale zentraler Orte und Verbünde der unteren Stufe (Grundzentren).

§ 4 Regionalpläne

(1) [1]Jeder Regionale Planungsverband hat für seine Planungsregion einen Regionalplan aufzustellen. [2]In den Regionalplänen sind die Ziele und Grundsätze übergeordneter Planungsebenen auf der Grundlage einer Bewertung des Zustands von Natur und Landschaft, des regionalen Leitbildes sowie der Raumentwicklung räumlich und sachlich auszuformen. [3]Die Regionalpläne müssen sich in die angestrebte Entwicklung des Landes einfügen, wie sie sich aus dem Landesentwicklungsplan sowie aus den für die Raumordnung und Landesentwicklung bedeutsamen Entscheidungen des Landtages ergibt. [4]Bei der Aufstellung der Regionalpläne sind die für die Raumordnung und Landesentwicklung bedeutsamen Entscheidungen der Staatsregierung und der obersten Raumordnungs- und Landesplanungsbehörde zu berücksichtigen.

---

[1] Verkündet als Art. 1 des G v. 11.12.2018 (SächsGVBl. S. 706); das Gesetz tritt lt. Art. 3 am 21.12.2018 in Kraft.

(2) Die Regionalpläne enthalten hinsichtlich der anzustrebenden Siedlungsstruktur insbesondere die folgenden Festlegungen zur Raumstruktur der Planungsregion, soweit es für die räumliche Ordnung, Entwicklung und Sicherung erforderlich ist:
1. zentrale Orte und Verbünde der unteren Stufe (Grundzentren),
2. Versorgungs- und Siedlungskerne,
3. Schwerpunktbereiche für Siedlungsentwicklungen,
4. regional bedeutsame Verbindungs- und Entwicklungsachsen sowie
5. regionale Grünzüge und Grünzäsuren.

(3) [1]Die Regionalpläne enthalten eine Raumnutzungskarte im Maßstab 1: 100 000 und eine Raumstrukturkarte. [2]Diese Karten und die weiteren Festlegungskarten sollen auf Grundlage amtlicher Geobasisdaten erstellt werden. [3]Näheres über die in den Regionalplänen zu verwendenden Planzeichen regelt die oberste Raumordnungs- und Landesplanungsbehörde durch Rechtsverordnung.

§ 5 Braunkohlenpläne

(1) [1]Für jeden Braunkohletagebau ist auf der Grundlage langfristiger energiepolitischer Vorstellungen der Staatsregierung ein Braunkohlenplan als Teilregionalplan aufzustellen; bei stillgelegten Braunkohletagebauen ist dieser als Sanierungsrahmenplan aufzustellen. [2]Braunkohlenpläne enthalten, soweit es für die räumliche Entwicklung, Ordnung und Sicherung erforderlich ist, Festlegungen zu
1. den Abbaugrenzen und Sicherheitslinien des Abbaus, den Grenzen der Grundwasserbeeinflussung, den Haldenflächen und deren Sicherheitslinien,
2. den fachlichen, räumlichen und zeitlichen Vorgaben,
3. den Räumen, in denen Änderungen an Verkehrswegen, Vorflutern und Leitungen aller Art vorzunehmen sind,
4. den durch die Inanspruchnahme von Gebieten erforderlichen Umsiedlungen und
5. den Grundzügen der Wiedernutzbarmachung der Oberfläche und zu der anzustrebenden Landschaftsentwicklung im Rahmen der Wiedernutzbarmachung.

(2) Die Einholung der für die Erarbeitung der Braunkohlenpläne nach Absatz 1 erforderlichen Unterlagen zur Beurteilung der sozialen und ökologischen Verträglichkeit des Abbau- oder des Sanierungsvorhabens erfolgt auf Kosten des Bergbauunternehmens oder des Trägers der Sanierungsmaßnahme.

§ 6 Aufstellung der Raumordnungspläne

(1) Im Verfahren nach § 9 des Raumordnungsgesetzes zu beteiligen sind insbesondere
1. die staatlichen Behörden, deren Aufgabenbereich durch die Planung berührt wird,
2. die Gebietskörperschaften im Geltungsbereich des Plans, ihre Zusammenschlüsse und die Spitzenverbände auf Landesebene,
3. im sorbischen Siedlungsgebiet die Interessenvertretung der Sorben gemäß § 5 des Sächsischen Sorbengesetzes vom 31. März 1999 (SächsGVBl. S. 161), das zuletzt durch Artikel 59a des Gesetzes vom 27. Januar 2012 (SächsGVBl. S. 130) geändert worden ist, in der jeweils geltenden Fassung,
4. die nach § 32 des Sächsischen Naturschutzgesetzes vom 6. Juni 2013 (SächsGVBl. S. 451), das zuletzt durch Artikel 25 des Gesetzes vom 29. April 2015 (SächsGVBl. S. 349) geändert worden ist, in der jeweils geltenden Fassung, anerkannten Naturschutzvereinigungen und
5. die benachbarten deutschen Länder und ausländischen Staaten, soweit sie berührt sein können, nach den Grundsätzen der Gegenseitigkeit und Gleichwertigkeit.

(2) [1]Die öffentliche Auslegung nach § 9 Absatz 2 Satz 2 des Raumordnungsgesetzes erfolgt bei der Raumordnungsbehörde, den Landkreisen, den Kreisfreien Städten und den Regionalen Planungsverbänden im Planungsgebiet. [2]Der Entwurf des Landesentwicklungsplans mit Begründung und Umweltbericht ist dem Landtag frühzeitig zur Stellungnahme zuzuleiten.

(3) Die Bestimmungen zum Verfahren der Aufstellung und zur Bekanntmachung von Raumordnungsplänen gelten für die den Raumordnungsplänen nach § 6 Absatz 2 Satz 2 des Sächsischen Naturschutzgesetzes beigefügten Inhalte der Landschaftsplanung entsprechend.

(4) Der Umweltbericht ist nach Durchführung der Beteiligung nach § 9 Absatz 2 des Raumordnungsgesetzes dauerhaft in das Internet zur Einsichtnahme durch die Öffentlichkeit einzustellen.

§ 7 Erlass der Raumordnungspläne, Genehmigung der Regionalpläne, Bekanntmachung

(1) Der Landesentwicklungsplan wird von der Staatsregierung als Rechtsverordnung erlassen.

(2) [1]Regionalpläne werden von der Verbandsversammlung als Satzung erlassen und bedürfen der Genehmigung der obersten Raumordnungs- und Landesplanungsbehörde. [2]Die Genehmigung ist zu erteilen, soweit der Regionalplan nicht gegen höherrangiges Recht verstößt.

(3) [1]Über die Genehmigung nach Absatz 2 ist binnen sechs Monaten nach Antragstellung im Benehmen mit den sachlich betroffenen Staatsministerien zu entscheiden. [2]Aus wichtigen Gründen kann die Frist um bis zu sechs Monate verlängert werden. [3]Hierüber ist der Regionale Planungsverband unter Angabe der Gründe in Kenntnis zu setzen. [4]Die Genehmigung gilt als erteilt, wenn sie nicht innerhalb der Frist unter Angabe von Gründen versagt wird. [5]Die Erteilung der Genehmigung ist im Veröffentlichungsorgan des Regionalen Planungsverbandes bekannt zu machen.

(4) [1]Der Raumordnungsplan ist mit Begründung und der zusammenfassenden Erklärung nach § 10 Absatz 3 des Raumordnungsgesetzes in das Internet einzustellen. [2]Wurden bei der Aufstellung des Raumordnungsplans ausländische Staaten beteiligt, ist diesen eine Ausfertigung des Raumordnungsplans mit Begründung und der zusammenfassenden Erklärung nach § 10 Absatz 3 des Raumordnungsgesetzes zu überlassen.

§ 8 Planerhaltung

[1]Zuständige Stelle im Sinne des § 11 Absatz 5 Satz 1 des Raumordnungsgesetzes ist der für die Aufstellung des Raumordnungsplans zuständige Planungsträger. [2]Die Verletzung von Verfahrens- und Formvorschriften ist schriftlich geltend zu machen.

Abschnitt 3
Regionale Planungsverbände

§ 9 Planungsregionen, Regionale Planungsverbände

(1) Im Freistaat Sachsen bestehen
1. der Regionale Planungsverband Leipzig-Westsachsen aus der Kreisfreien Stadt Leipzig sowie den Landkreisen Leipzig und Nordsachsen,
2. der Planungsverband Region Chemnitz aus der Kreisfreien Stadt Chemnitz sowie dem Landkreis Mittelsachsen, dem Erzgebirgskreis, dem Vogtlandkreis und dem Landkreis Zwickau,
3. der Regionale Planungsverband Oberes Elbtal/Osterzgebirge aus der Kreisfreien Stadt Dresden sowie den Landkreisen Meißen und Sächsische Schweiz-Osterzgebirge sowie
4. der Regionale Planungsverband Oberlausitz-Niederschlesien aus den Landkreisen Görlitz und Bautzen.

(2) [1]Die Regionalen Planungsverbände sind Körperschaften des öffentlichen Rechts. [2]Ihre Organe sind die Verbandsversammlung und der Verbandsvorsitzende.

(3) [1]Die Regionalen Planungsverbände regeln ihre Rechtsverhältnisse im Rahmen dieses Gesetzes durch die Verbandssatzung. [2]Die Verbandssatzung ist von der Verbandsversammlung nach § 10 mit der Mehrheit der Stimmen aller Mitglieder zu beschließen. [3]Die Verbandssatzung muss den Sitz des Regionalen Planungsverbands, dessen Verfassung und Verwaltung, insbesondere die Zuständigkeit der Verbandsorgane, die Befugnisse des Verbandsvorsitzenden und den Geschäftsgang, die Form der öffentlichen Bekanntmachung, die Bildung, die Zusammensetzung und die Aufgaben ständiger Ausschüsse sowie die Amtszeit des Verbandsvorsitzenden und seiner Stellvertreter regeln.

§ 10 Verbandsversammlung

(1) [1]Die Verbandsversammlung ist das Hauptorgan des Regionalen Planungsverbandes. [2]Sie besteht aus den Landräten und den Oberbürgermeistern der Kreisfreien Städte der Planungsregion sowie aus weiteren Verbandsräten. [3]Diese werden von den Kreistagen und von den Stadträten der Kreisfreien Städte unverzüglich nach jeder Kreistags- und Stadtratswahl für die Dauer der Wahlperiode bestimmt. [4]Nach Ablauf der Wahlperiode führen sie die Geschäfte bis zur Wahl der neuen Verbandsräte weiter.

(2) [1]Jede Mitgliedskörperschaft hat je begonnene 75 000 Einwohner einen Verbandsrat zu bestimmen. [2]Die Anzahl der Verbandsräte darf pro Mitgliedskörperschaft sechs nicht übersteigen. [3]Maßgebend sind die Einwohnerzahlen vom 30. Juni des der Kreistags- und Stadtratswahl vorausgehenden Jahres. [4]Für jeden Verbandsrat nach Satz 1 ist ein Stellvertreter zu bestimmen.

(3) [1]Zum Verbandsrat kann bestimmt werden, wer am Wahltag in den Landtag wählbar ist und seit mindestens sechs Monaten seinen Hauptwohnsitz in der Planungsregion hat. [2]Nicht bestimmt werden kann, wer Bediensteter einer Raumordnungsbehörde oder eines Regionalen Planungsverbandes ist.

(4) ¹Die Verbandsräte sind ehrenamtlich als Vertreter der Planungsregion tätig und an Aufträge oder Weisungen nicht gebunden. ²Für ihre Rechtsstellung und den Ausschluss wegen Befangenheit gelten die §§ 20 und 35 der Sächsischen Gemeindeordnung in der Fassung der Bekanntmachung vom 9. März 2018 (SächsGVBl. S. 62), in der jeweils geltenden Fassung, entsprechend.

(5) ¹Die Verbandsversammlung soll beratende Mitglieder berufen. ²Zu beratenden Mitgliedern sollen insbesondere Vertreter der im Verbandsgebiet tätigen Organisationen der Wirtschaft, der Land- und Forstwirtschaft, der Arbeitgeber und Gewerkschaften, des Umweltschutzes, der Kirchen sowie für den Regionalen Planungsverband Oberlausitz-Niederschlesien der Interessenvertretung der Sorben gemäß § 5 des Sächsischen Sorbengesetzes berufen werden. ³Die Verbandsversammlung kann durch Beschluss zeitweilige beratende oder beschließende Ausschüsse bilden.

§ 11 Verbandsvorsitzender

(1) Die Verbandsversammlung wählt aus ihrer Mitte einen ehrenamtlichen Verbandsvorsitzenden und einen oder mehrere Stellvertreter.

(2) ¹Der Verbandsvorsitzende ist Vorsitzender der Verbandsversammlung. ²Er vertritt den Verband und erledigt die Geschäfte der laufenden Verwaltung. ³Er bereitet die Sitzungen der Verbandsversammlung und der Ausschüsse vor und vollzieht deren Beschlüsse.

§ 12 Aufsicht, Finanzierung

(1) ¹Die Rechtsaufsicht über die Regionalen Planungsverbände führt die oberste Raumordnungs- und Landesplanungsbehörde. ²§ 111 Absatz 3 und §§ 113 bis 122 der Sächsischen Gemeindeordnung gelten entsprechend.

(2) ¹Zur Erfüllung der ihnen übertragenen Pflichtaufgaben gewährt der Freistaat Sachsen jährlich

1. dem Regionalen Planungsverband Leipzig-Westsachsen 1 015 000 Euro,
2. dem Planungsverband Region Chemnitz 1 316 800 Euro,
3. dem Regionalen Planungsverband Oberes Elbtal/Osterzgebirge 715 500 Euro und
4. dem Regionalen Planungsverband Oberlausitz-Niederschlesien 905 000 Euro.

²Die Auszahlung erfolgt vierteljährlich am 15. des zweiten Monats zu je einem Viertel des Jahresbetrags. ³Die Kosten, die den Regionalen Planungsverbänden aus verwaltungsgerichtlichen Verfahren zur Überprüfung der Gültigkeit von Braunkohlenplänen mit Ausnahme von Sanierungsrahmenplänen entstehen, trägt der Freistaat Sachsen. ⁴Die Regionalen Planungsverbände sind von der Zahlung von Kosten für die Übermittlung und Nutzung von Informationen aus den Datenbeständen des amtlichen Vermessungswesens in digitaler Form sowie für die Nutzung von Geodiensten der oberen Vermessungsbehörde zur Erfüllung ihrer Aufgaben befreit. ⁵Die Regionalen Planungsverbände können, soweit ihre sonstigen Erträge zur Deckung ihres Finanzbedarfs nicht ausreichen, durch Beschluss der Verbandsversammlung von ihren Mitgliedern eine Umlage erheben. ⁶Es kann die Anrechnung von Dienst- und Sachleistungen auf die Umlage zugelassen werden.

(3) ¹Mit Ausnahme des § 72 Absatz 3 Satz 3 und 4 der Sächsischen Gemeindeordnung gelten für die Wirtschaftsführung der Verbände die §§ 72 bis 88, 88c, 89 und 103 bis 109 der Sächsischen Gemeindeordnung entsprechend. ²Die Verpflichtung des § 72 Absatz 3 Satz 1 der Sächsischen Gemeindeordnung ist auch dann erfüllt, wenn die Fehlbeträge, die im Haushaltsjahr entstehen, durch Verrechnung mit dem Basiskapital ausgeglichen werden. ³Bei der Verrechnung nach Satz 2 darf das Basiskapital der einzelnen Planungsverbände einen Bestand von 5 vom Hundert der in Absatz 2 Satz 1 Nummer 1 bis 4 jeweilig genannten Beträge nicht unterschreiten.

(4) Die oberste Raumordnungs- und Landesplanungsbehörde überprüft bis zum 31. Dezember 2019 und danach im Abstand von jeweils fünf Jahren die Aufgabenerfüllung nach diesem Gesetz im Hinblick auf die Organisation und Finanzierung der Regionalen Planungsverbände.

Abschnitt 4
Umsetzung der Raumordnungspläne

§ 13 Raumordnerische Zusammenarbeit, Abstimmung raumbedeutsamer Planungen und Maßnahmen

(1) ¹Die Regionalen Planungsverbände gestalten im Interesse der Regionalentwicklung die raumordnerische Zusammenarbeit in den Planungsregionen. ²Bei Handlungsfeldern mit hohem Koordinati-

onsaufwand obliegt ihnen die konzeptionelle Vorbereitung und die Umsetzungsbegleitung. [3]Dabei gestalten sie die raumordnerische Zusammenarbeit insbesondere durch

1. die kontinuierliche Erfassung und Bereitstellung raumbezogener Daten,
2. die Initiierung und Koordination von regionalen und interkommunalen Netzwerken,
3. Kooperationsstrukturen,
4. regionale Foren und Aktionsprogramme zu aktuellen Handlungsanforderungen sowie
5. Mitwirkung im Verfahren zur Förderung der Regionalentwicklung durch den Freistaat Sachsen gemäß der Richtlinie des Sächsischen Staatsministeriums des Innern zur Förderung der Regionalentwicklung vom 25. April 2013 (SächsABl. S. 475), zuletzt enthalten in der Verwaltungsvorschrift vom 4. Dezember 2017 (SächsABl. SDr. S. S 352), in der jeweils geltenden Fassung.

(2) [1]Die öffentlichen Stellen und Personen des Privatrechts nach § 4 Absatz 1 des Raumordnungsgesetzes haben ihre raumbedeutsamen Planungen und Maßnahmen aufeinander und untereinander abzustimmen. [2]Raumbedeutsame Planungen und Maßnahmen, die erhebliche Auswirkungen auf Nachbarstaaten haben können, sind nach den Grundsätzen der Gegenseitigkeit und Gleichwertigkeit mit diesen abzustimmen.

(3) Die Kreisfreien Städte, die Landkreise und die Raumordnungsbehörden wirken auf die Verwirklichung der Raumordnungspläne hin.

§ 14 Untersagung raumbedeutsamer Planungen und Maßnahmen

Bei Entscheidungen nach § 4 Absatz 1 Satz 1 Nummer 2 und 3 sowie Absatz 2 des Raumordnungsgesetzes ist die öffentliche Stelle berechtigt, das Verfahren für die Geltungsdauer einer befristeten raumordnerischen Untersagung auszusetzen.

§ 15 Raumordnungsverfahren

(1) [1]Die Raumordnungsbehörde berät den Träger der Planung oder Maßnahme über Art und Umfang der gemäß § 15 Absatz 2 des Raumordnungsgesetzes vorzulegenden Unterlagen. [2]Sie kann die Vorlage von Gutachten verlangen oder Gutachten einholen.

(2) [1]Die Frist nach § 15 Absatz 4 Satz 2 des Raumordnungsgesetzes kann um weitere sechs Monate verlängert werden, wenn dies auf Grund der Beteiligung ausländischer Staaten geboten ist. [2]Bei raumbedeutsamen Planungen und Maßnahmen des vorbeugenden Hochwasserschutzes ist das Raumordnungsverfahren nach den Bestimmungen des § 16 Absatz 1 des Raumordnungsgesetzes durchzuführen.

(3) [1]Von der Durchführung eines Raumordnungsverfahrens soll abgesehen werden, wenn die Beurteilung der Raumverträglichkeit der Planung oder Maßnahme bereits auf anderer raumordnerischer Grundlage hinreichend gewährleistet ist; dies gilt insbesondere, wenn offensichtlich ist, dass die Planung oder Maßnahme

1. Zielen der Raumordnung entspricht oder widerspricht oder
2. den Darstellungen oder Festsetzungen eines den Zielen der Raumordnung angepassten Flächennutzungsplans oder Bebauungsplans entspricht oder widerspricht und sich die Zulässigkeit dieser Planung oder Maßnahme nicht nach einem Planfeststellungsverfahren oder einem sonstigen Verfahren mit den Rechtswirkungen der Planfeststellung bestimmt.

[2]§ 16 Absatz 2 des Raumordnungsgesetzes bleibt unberührt.

(4) § 49 Absatz 1 des Gesetzes über die Umweltverträglichkeitsprüfung in der Fassung der Bekanntmachung vom 24. Februar 2010 (BGBl. I S. 94), das zuletzt durch Artikel 2 des Gesetzes vom 8. September 2017 (BGBl. I S. 3370) geändert worden ist, in der jeweils geltenden Fassung, findet keine Anwendung.

(5) Auf Antrag des Planungs- oder Maßnahmeträgers führt die Raumordnungsbehörde ein Raumordnungsverfahren entsprechend § 15 des Raumordnungsgesetzes und den Absätzen 1 bis 4 für ein raumbedeutsames Vorhaben durch, für das kein Raumordnungsverfahren nach § 15 Absatz 1 Satz 1 des Raumordnungsgesetzes in Verbindung mit § 1 der Raumordnungsverordnung vom 13. Dezember 1990 (BGBl. I S. 2766), die zuletzt durch Artikel 5 Absatz 35 des Gesetzes vom 24. Februar 2012 (BGBl. I S. 212) geändert worden ist, in der jeweils geltenden Fassung, vorgeschrieben ist.

§ 16 Zielabweichungsverfahren

[1]Die Abweichung von Zielen der Raumordnung im Einzelfall nach § 6 Absatz 2 des Raumordnungsgesetzes bedarf der Zulassung durch die Raumordnungsbehörde in einem besonderen Verfahren (Zielabweichungsverfahren). [2]Vor der Zulassung ist den in ihrem Aufgabenbereich berührten Trägern öf-

fentlicher Belange Gelegenheit zur Stellungnahme zu geben. [3]Das Zielabweichungsverfahren kann mit einem Raumordnungsverfahren verbunden werden. [4]Sofern raumbedeutsame Maßnahmen des vorbeugenden Hochwasserschutzes der Planfeststellung und eines Zielabweichungsverfahrens bedürfen, sollen beide Verfahren zeitlich parallel und in enger Abstimmung durchgeführt werden; in diesen Fällen ist über das Zielabweichungsverfahren innerhalb von drei Monaten zu entscheiden. [5]Bei der Entscheidung über das Zielabweichungsverfahren sind die Belange des vorbeugenden Hochwasserschutzes zu berücksichtigen.

§ 17 Raumbeobachtung, Raumordnungsbericht, Raumordnungskataster

(1) [1]Der obersten Raumordnungs- und Landesplanungsbehörde obliegt die landesweite Raumbeobachtung. [2]Die landesweite Raumbeobachtung erfasst und analysiert fortlaufend die raumbedeutsamen Entwicklungen. [3]Raumbedeutsame Entwicklungen sind insbesondere Planungen und Maßnahmen mit Bedeutung für die Verwirklichung der Ziele und Grundsätze des Landesentwicklungsplans. [4]Hierüber erstellt die oberste Raumordnungs- und Landesplanungsbehörde zur Unterrichtung des Landtags regelmäßig, mindestens einmal in jeder Legislaturperiode, einen Bericht (Raumordnungsbericht). [5]Hiervon unberührt bleibt die von den Regionalen Planungsverbänden im Rahmen ihrer Aufgabenerfüllung durchzuführende Raumbeobachtung.

(2) [1]Die Raumordnungsbehörde führt ein Raumordnungskataster, in dem Informationen zu raumbedeutsamen Planungen und Maßnahmen verfügbar sein müssen. [2]Näheres zum Inhalt des Raumordnungskatasters bestimmt die oberste Raumordnungs- und Landesplanungsbehörde durch Rechtsverordnung.

(3) Die Daten der landesweiten Raumbeobachtung und das Raumordnungskataster werden integriert und aufeinander abgestimmt als zentrales Geoinformationssystem (Fachinformationssystem Raumordnung) geführt.

(4) [1]Jeder kann Auszüge und Auskünfte aus dem Raumordnungskataster erhalten sowie Einsicht nehmen, soweit öffentliche Belange dem nicht entgegenstehen. [2]Die oberste Raumordnungs- und Landesplanungsbehörde wird ermächtigt, Einzelheiten zum Verfahren zur Gewährung der Einsichtnahme und der Erteilung von Auskünften durch die Raumordnungsbehörde durch Rechtsverordnung zu regeln.

§ 18 Mitteilungs- und Auskunftspflicht

(1) [1]Die öffentlichen Stellen und die Personen des Privatrechts nach § 4 Absatz 1 Satz 2 des Raumordnungsgesetzes sind verpflichtet, der Raumordnungsbehörde unaufgefordert die von ihnen beabsichtigten raumbedeutsamen Planungen und Maßnahmen unverzüglich zur Führung des Raumordnungskatasters mitzuteilen sowie unverzüglich über wesentliche Änderungen zu informieren. [2]Die Gemeinden informieren die Raumordnungsbehörde bei Wirksamwerden der Flächennutzungspläne und bei Inkrafttreten der Bebauungspläne über deren Inhalt und deren räumlichen Geltungsbereich. [3]Behörden sind darüber hinaus verpflichtet, der Raumordnungsbehörde die im Rahmen ihrer Zuständigkeit zu ihrer Kenntnis gelangten raumbedeutsamen Planungen und Maßnahmen unverzüglich mitzuteilen.

(2) [1]Private Vorhabensträger sind verpflichtet, der Raumordnungsbehörde auf Verlangen Auskunft über Planungen und Maßnahmen zu erteilen, soweit diese für die Raumordnung und Landesplanung von Bedeutung sein können. [2]Die Auskünfte sind bei berechtigtem Interesse vertraulich zu behandeln.

(3) [1]Die Mitteilungen und Auskünfte sind in digitaler Form als Geodaten gemäß § 2 Absatz 1 des Sächsischen Geodateninfrastrukturgesetzes vom 19. Mai 2010 (SächsGVBl. S. 134), das durch Artikel 2 des Gesetzes vom 26. Oktober 2016 (SächsGVBl. S. 507) geändert worden ist, in der jeweils geltenden Fassung, zu übermitteln, wenn sie in dieser Form für den Mitteilungs- oder Auskunftspflichtigen verfügbar sind.

(4) Die Raumordnungsbehörde unterrichtet die Regionalen Planungsverbände über raumbedeutsame Planungen und Maßnahmen in der jeweiligen Planungsregion.

Abschnitt 5
Raumordnungsbehörden, Schlussbestimmungen

§ 19 Raumordnungsbehörden, sachliche Zuständigkeit

(1) Oberste Raumordnungs- und Landesplanungsbehörde ist das Staatsministerium des Innern.

(2) Raumordnungsbehörde ist die Landesdirektion Sachsen.

(3) Zuständig ist die Raumordnungsbehörde, soweit nichts anderes bestimmt ist.

§ 20 Übergangsregelungen

(1) Am 1. August 2008 geltende Regionalpläne der Planungsregionen Westsachsen, Chemnitz-Erzgebirge und Südwestsachsen gelten in den Gebieten, für die sie erstellt wurden, bis zum Inkrafttreten neuer Regionalpläne fort.

(2) Bis zum Inkrafttreten der Rechtsverordnung nach § 17 Absatz 2 Satz 2 gilt für die notwendigen Inhalte des Raumordnungskatasters die Anlage zum Landesplanungsgesetz vom 11. Juni 2010 (Sächs-GVBl. S. 174), das zuletzt durch Artikel 3 Absatz 4 des Gesetzes vom 13. Dezember 2016 (SächsGVBl. S. 652) geändert worden ist.

Gesetz über die Justiz im Freistaat Sachsen (Sächsisches Justizgesetz – SächsJG)

Vom 24. November 2000 (SächsGVBl. S. 482, ber. 2001 S. 704)
(BS Sachsen 300-14)

zuletzt geändert durch Art. 15 G zur Neustrukturierung des Polizeirechtes des Freistaates Sachsen vom 11. Mai 2019 (SächsGVBl. S. 358)

Inhaltsübersicht

Der Sächsische Landtag hat am 16. November 2000 das folgende Gesetz beschlossen:

Teil 1
Örtliche Zuständigkeit und Sitz der Gerichte und Staatsanwaltschaften

§ 1 Oberlandesgericht, Land- und Amtsgerichte
(1) Das Oberlandesgericht für den Freistaat Sachsen hat seinen Sitz in Dresden.
(2) Die Landgerichte haben ihren Sitz
1. in Chemnitz mit Zuständigkeit für die Amtsgerichtsbezirke Aue-Bad Schlema, Chemnitz, Döbeln, Freiberg und Marienberg;
2. in Dresden mit Zuständigkeit für die Amtsgerichtsbezirke Dippoldiswalde, Dresden, Meißen, Pirna und Riesa;

3. in Görlitz mit Zuständigkeit für die Amtsgerichtsbezirke Bautzen, Görlitz, Hoyerswerda, Kamenz, Weißwasser und Zittau;
4. in Leipzig mit Zuständigkeit für die Amtsgerichtsbezirke Borna, Eilenburg, Grimma, Leipzig und Torgau;
5. in Zwickau mit Zuständigkeit für die Amtsgerichtsbezirke Auerbach, Hohenstein-Ernstthal, Plauen und Zwickau.

(3) Die Amtsgerichte haben ihren Sitz in Aue-Bad Schlema, Auerbach/Vogtl., Bautzen, Borna, Chemnitz, Dippoldiswalde, Döbeln, Dresden, Eilenburg, Freiberg, Görlitz, Grimma, Hohenstein-Ernstthal, Hoyerswerda, Kamenz, Leipzig, Marienberg, Meißen, Pirna, Plauen, Riesa, Torgau, Weißwasser/O.L., Zittau und Zwickau.

(4) Die Bezirke der Amtsgerichte umfassen Landkreise, Kreisfreie Städte und Gemeinden nach Maßgabe der Anlage zu diesem Gesetz.

(5) Das Staatsministerium der Justiz kann durch Rechtsverordnung Zweigstellen eines Amtsgerichts errichten und auflösen sowie den Zweigstellen bestimmte sachliche und örtliche Zuständigkeiten übertragen, wenn dies nach den örtlichen Verhältnissen geboten ist.

(6) [1]In Bautzen bestehen eine auswärtige Kammer für Handelssachen, eine auswärtige Strafvollstreckungskammer sowie auswärtige Zivil- und Strafkammern des Landgerichts Görlitz. [2]Diese sind zuständig für die Amtsgerichtsbezirke Bautzen, Hoyerswerda und Kamenz, soweit nicht einzelne Geschäfte durch die Geschäftsverteilung an dem Stammgericht oder den auswärtigen Kammern konzentriert sind oder gesetzliche Vorschriften andere Zuständigkeiten vorsehen. [3]Für die Anzahl der auswärtigen Kammern gilt § 9 entsprechend.

§ 2 Oberverwaltungsgericht und Verwaltungsgerichte

(1) [1]Das Oberverwaltungsgericht hat seinen Sitz in Bautzen. [2]Es führt die Bezeichnung „Sächsisches Oberverwaltungsgericht".

(2) Die Verwaltungsgerichte haben ihren Sitz
1. in Chemnitz
   mit Zuständigkeit für die Kreisfreie Stadt Chemnitz, den Landkreis Mittelsachsen, den Erzgebirgskreis, den Vogtlandkreis und den Landkreis Zwickau;
2. in Dresden
   mit Zuständigkeit für die Kreisfreie Stadt Dresden, den Landkreis Görlitz, den Landkreis Bautzen, den Landkreis Meißen und den Landkreis Sächsische Schweiz-Osterzgebirge;
3. in Leipzig
   mit Zuständigkeit für die Kreisfreie Stadt Leipzig, den Landkreis Leipzig und den Landkreis Nordsachsen.

§ 3 Landesarbeitsgericht und Arbeitsgerichte

(1) [1]Das Landesarbeitsgericht hat seinen Sitz in Chemnitz. [2]Es führt die Bezeichnung „Sächsisches Landesarbeitsgericht".

(2) Die Arbeitsgerichte haben ihren Sitz
1. in Bautzen mit Zuständigkeit für den Landkreis Görlitz und den Landkreis Bautzen;
2. in Chemnitz mit Zuständigkeit für die Kreisfreie Stadt Chemnitz, den Landkreis Mittelsachsen und den Erzgebirgskreis;
3. in Dresden mit Zuständigkeit für die Kreisfreie Stadt Dresden, den Landkreis Meißen und den Landkreis Sächsische Schweiz-Osterzgebirge;
4. in Leipzig mit Zuständigkeit für die Kreisfreie Stadt Leipzig, den Landkreis Leipzig und den Landkreis Nordsachsen;
5. in Zwickau mit Zuständigkeit für den Vogtlandkreis und den Landkreis Zwickau.

§ 4 Landessozialgericht und Sozialgerichte

(1) [1]Das Landessozialgericht hat seinen Sitz in Chemnitz. [2]Es führt die Bezeichnung „Sächsisches Landessozialgericht".

(2) Die Sozialgerichte haben ihren Sitz
1. in Chemnitz
   mit Zuständigkeit für die Kreisfreie Stadt Chemnitz, den Landkreis Mittelsachsen, den Erzgebirgskreis, den Vogtlandkreis und den Landkreis Zwickau;

2. in Dresden
   mit Zuständigkeit für die Kreisfreie Stadt Dresden, den Landkreis Görlitz, den Landkreis Bautzen, den Landkreis Meißen und den Landkreis Sächsische Schweiz-Osterzgebirge;
3. in Leipzig
   mit Zuständigkeit für die Kreisfreie Stadt Leipzig, den Landkreis Leipzig und den Landkreis Nordsachsen.

(3) Das Staatsministerium der Justiz kann durch Rechtsverordnung die Zuständigkeit von Fachkammern eines Sozialgerichts auf Bezirke anderer Sozialgerichte erstrecken.

§ 5 Finanzgericht
[1]Das Finanzgericht hat seinen Sitz in Leipzig. [2]Es führt die Bezeichnung „Sächsisches Finanzgericht".

§ 6 Staatsanwaltschaften
(1) [1]Staatsanwaltschaften bestehen am Sitz des Oberlandesgerichts sowie am Sitz der Landgerichte. [2]Die Staatsanwaltschaft bei dem Oberlandesgericht führt die Bezeichnung „Generalstaatsanwaltschaft Dresden".

(2) Die Staatsanwaltschaften bei den Landgerichten nehmen auch die staatsanwaltschaftlichen Geschäfte bei den Amtsgerichten ihres Bezirkes wahr.

(3) Das Staatsministerium der Justiz kann am Sitz eines Amtsgerichts Zweigstellen einer Staatsanwaltschaft errichten und auflösen.

§ 7 Bezeichnung der Gerichte und Staatsanwaltschaften
Die Gerichte und Staatsanwaltschaften werden nach ihrem Sitz bezeichnet, soweit nichts anderes bestimmt ist.

§ 8 Änderungen von Gemeinde- und Landkreisgrenzen
[1]Das Staatsministerium der Justiz bestimmt durch Rechtsverordnung das zuständige Gericht, wenn
1. Gemeinden, die verschiedenen Gerichtsbezirken angehören, zu einer neuen Gemeinde vereinigt werden oder
2. eine Gemeinde in einen anderen Landkreis, eine Kreisfreie Stadt oder eine andere kreisangehörige Gemeinde eingegliedert wird und die Eingliederung verschiedene Gerichtsbezirke berührt.

[2]Es kann durch Rechtsverordnung das zuständige Gericht bestimmen, wenn Gemeinden, die verschiedenen Gerichtsbezirken angehören, einen Verwaltungsverband bilden oder einem Verwaltungsverband beitreten.

Teil 2
Organisations- und Verfahrenrecht

Abschnitt 1
Allgemeine Vorschriften

§ 9 Zahl der Spruchkörper
[1]Die Zahl der Senate bei dem Oberlandesgericht, dem Sächsischen Oberverwaltungsgericht, dem Sächsischen Landessozialgericht und dem Sächsischen Finanzgericht sowie die Zahl der Kammern bei den Landgerichten, den Verwaltungsgerichten und den Sozialgerichten bestimmt das Staatsministerium der Justiz. [2]Diese Befugnis kann auf die Präsidenten der Gerichte übertragen werden.

§ 10 Mitgliedschaft im Richterwahlausschuss
Der Staatsminister der Justiz ist im Richterwahlausschuss Mitglied kraft Amtes für das Verfahren nach § 1 Absatz 3 des Richterwahlgesetzes in der im Bundesgesetzblatt Teil III, Gliederungsnummer 301-2, veröffentlichten bereinigten Fassung, das zuletzt durch Artikel 133 der Verordnung vom 31. August 2015 (BGBl. I S. 1474) geändert worden ist, in der jeweils geltenden Fassung.

§ 11 Urkundsbeamter der Geschäftsstelle
(1) Durch die Präsidenten und Direktoren der Gerichte und die Leiter der Staatsanwaltschaften kann mit den Aufgaben eines Urkundsbeamten der Geschäftsstelle neben den in § 153 Absatz 2 und 3 des Gerichtsverfassungsgesetzes Genannten auch betraut werden, wer auf dem Sachgebiet, das ihm übertragen werden soll, einen Wissens- und Leistungsstand aufweist, der dem durch die Ausbildung nach § 153 Absatz 2 des Gerichtsverfassungsgesetzes vermittelten Stand mindestens gleichwertig ist.

(2) Die Betrauung nach Absatz 1 sowie deren Änderung oder Aufhebung sollen schriftlich erfolgen.

§ 12 Zuständigkeit zur Betrauung von Bereichsrechtspflegern
(1) [1]In den Fällen des § 34 Absatz 3 des Rechtspflegergesetzes in der Fassung der Bekanntmachung vom 14. April 2013 (BGBl. I S. 778; 2014 I S. 46), das zuletzt durch Artikel 9 des Gesetzes vom 4. April 2016 (BGBl. I S. 558) geändert worden ist, in der jeweils geltenden Fassung, übertragen die Präsidenten und Direktoren der Gerichte und die Leiter der Staatsanwaltschaften die Rechtspflegeraufgaben. [2]Die Übertragung hat schriftlich zu erfolgen.
(2) [1]Die Übertragung nach Absatz 1 Satz 1 kann jederzeit aufgehoben oder geändert werden. [2]Absatz 1 Satz 2 gilt entsprechend.
(3) Die Präsidenten und Direktoren der Gerichte sowie die Leiter der Staatsanwaltschaften sind zuständig für die Aufhebung der Betrauung nach § 34 Absatz 2 des Rechtspflegergesetzes.

§ 12a Wahrnehmung amtsanwaltlicher Aufgaben
(1) Beamten, welche die Ausbildung für den Amtsanwaltsdienst ableisten oder die Amtsanwaltsprüfung bestanden haben, kann die Wahrnehmung von Aufgaben eines Amtsanwalts übertragen werden.
(2) [1]Beamte, welche die Prüfung bestanden haben, sind möglichst im Amtsanwaltsdienst zu verwenden. [2]Sie führen während der Zeit, in der sie als Amtsanwalt tätig, aber noch nicht zum Amtsanwalt ernannt worden sind, neben ihren bisherigen Amtsbezeichnungen die Bezeichnung „beauftragter Amtsanwalt". [3]Die Ernennung zum Amtsanwalt soll regelmäßig erst erfolgen, wenn der Beamte nach der Prüfung mindestens ein Jahr als beauftragter Amtsanwalt selbständig tätig gewesen ist.

§ 13 Gerichtsverwaltung
Die Präsidenten und Direktoren der Gerichte des Freistaates Sachsen erledigen nach näherer Anordnung des Staatsministeriums der Justiz die ihnen zugewiesenen Aufgaben der Verwaltung.

§ 13a Informationsrecht der Presse
[1]Vertreter der Presse und des Rundfunks, die sich als solche ausweisen, können fortlaufende Informationen darüber verlangen, welche öffentlichen mündlichen Verhandlungen in der jeweiligen Folgewoche an dem Gericht stattfinden. [2]Zur Erfüllung dieser Pflicht können Gerichte Terminslisten, die zum Zweck der Herstellung der Öffentlichkeit im Sinne von § 169 Absatz 1 Satz 1 des Gerichtsverfassungsgesetzes, auch in Verbindung mit § 55 der Verwaltungsgerichtsordnung, § 61 Absatz 1 des Sozialgerichtsgesetzes oder § 52 Absatz 1 der Finanzgerichtsordnung, oder im Sinne von § 52 Satz 1 des Arbeitsgerichtsgesetzes erstellt wurden, übersenden. [3]Übersandte Terminslisten dürfen nur zur Berichterstattung über die darauf verzeichneten mündlichen Verhandlungen verwendet werden; ihre vollständige oder teilweise Weitergabe an Dritte oder Veröffentlichung ist nicht zulässig. [4]Sie sind spätestens eine Woche nach Ende des letzten darauf verzeichneten Verhandlungstermins zu vernichten. [5]Bestehen Anhaltspunkte für einen Verstoß gegen Satz 3 oder Satz 4, kann das Gericht die Erfüllung des Anspruchs nach Satz 1 verweigern.

§ 13b Aufbewahrung von Schriftgut
Das Staatsministerium der Justiz bestimmt durch Rechtsverordnung das Nähere über das aufzubewahrende Schriftgut der Gerichte, Staatsanwaltschaften, Justizvollzugsbehörden sowie der Justizverwaltung und die hierbei zu beachtenden Aufbewahrungsfristen.

Abschnitt 2
Ausführung von die ordentliche Gerichtsbarkeit betreffenden verfahrensrechtlichen Vorschriften

§ 14 Ernennung der Handelsrichter
[1]Die Handelsrichter werden von den Präsidenten der Landgerichte ernannt. [2]Sie erhalten eine Ernennungsurkunde.

§ 15 Dienstaufsicht
(1) Die Dienstaufsicht üben aus:
1. der Präsident oder der Direktor des Amtsgerichts über die bei dem Amtsgericht beschäftigten Beamten, Angestellten und Arbeiter; der Präsident des Amtsgerichts übt auch die Dienstaufsicht über die bei dem Amtsgericht beschäftigten Richter aus;

2. der Präsident des Landgerichts über die bei dem Landgericht und bei den Amtsgerichten seines Bezirkes mit Ausnahme der mit einem Präsidenten besetzten Amtsgerichte beschäftigten Richter, Beamten, Angestellten und Arbeiter;
3. der Präsident des Oberlandesgerichts über die bei dem Oberlandesgericht und bei den Land- und Amtsgerichten beschäftigten Richter, Beamten, Angestellten und Arbeiter;
4. der Leiter der Staatsanwaltschaft über die bei der Staatsanwaltschaft beschäftigten Staatsanwälte, Beamten, Angestellten und Arbeiter;
5. der Generalstaatsanwalt über die bei der Generalstaatsanwaltschaft und den Staatsanwaltschaften beschäftigten Staatsanwälte, Beamten, Angestellten und Arbeiter;
6. das Staatsministerium der Justiz als oberste Dienstaufsichtsbehörde über die Richter, Beamten, Angestellten und Arbeiter der Gerichte der ordentlichen Gerichtsbarkeit sowie über die Staatsanwälte, Beamten, Angestellten und Arbeiter der Generalstaatsanwaltschaft und der Staatsanwaltschaften.

(2) In der Ausübung der Dienstaufsicht werden vertreten:
1. der Präsident oder der Direktor des Amtsgerichts durch seinen ständigen Vertreter oder, falls ein solcher nicht bestellt oder verhindert ist, durch den ranghöchsten, bei gleichem Rang durch den dienstältesten, bei gleichem Dienstalter durch den lebensältesten Richter;
2. der Präsident des Oberlandesgerichts und der Präsident des Landgerichts durch seinen ständigen Vertreter oder, falls ein solcher nicht bestellt oder verhindert ist, durch den dienstältesten, bei gleichem Dienstalter durch den lebensältesten Vorsitzenden Richter;
3. der Leiter der Staatsanwaltschaft bei dem Landgericht durch seinen ständigen Vertreter oder, falls ein solcher nicht bestellt oder verhindert ist, durch den ranghöchsten, bei gleichem Rang durch den dienstältesten, bei gleichem Dienstalter durch den lebensältesten Staatsanwalt;
4. der Generalstaatsanwalt durch seinen ständigen Vertreter oder, falls ein solcher nicht bestellt oder verhindert ist, durch den ranghöchsten, bei gleichem Rang durch den dienstältesten, bei gleichem Dienstalter durch den lebensältesten Staatsanwalt.

(3) Das Staatsministerium der Justiz kann für den Fall der Nichtbestellung oder Verhinderung des ständigen Vertreters eine abweichende Regelung treffen.

§ 16 Ausschließliche Zuständigkeit der Landgerichte
Für Ansprüche gegen den Staat oder eine Körperschaft des öffentlichen Rechts sind die Landgerichte in den Fällen des § 71 Absatz 3 des Gerichtsverfassungsgesetzes ohne Rücksicht auf den Wert des Streitgegenstandes ausschließlich zuständig.

§ 17 Zuständigkeiten der Gerichtsvollzieher
(1) Die Gerichtsvollzieher sind auch zuständig,
1. Wechsel- und Scheckproteste aufzunehmen,
2. Siegelungen und Entsiegelungen im Auftrag des Gerichts vorzunehmen,
3. Vermögensverzeichnisse und Inventare im Auftrag des Gerichts aufzunehmen,
4. freiwillige Versteigerungen von beweglichen Sachen und von Früchten, die vom Boden nicht getrennt sind, durchzuführen,
5. das tatsächliche Angebot einer Leistung zu beurkunden oder die geschuldete Leistung tatsächlich anzubieten.

(2) Gerichtsvollzieher können Aufträge zur freiwilligen Versteigerung nach ihrem Ermessen ablehnen.
(3) § 155 des Gerichtsverfassungsgesetzes gilt entsprechend.

§ 18 Legalisation
[1]Der Präsident des Landgerichts ist für die Beglaubigung amtlicher Unterschriften in gerichtlichen und notariellen Urkunden zum Zweck der Legalisation zuständig. [2]Die amtlichen Unterschriften in anderen Urkunden kann der Präsident zum Zweck der Legalisation beglaubigen, wenn die Vertretung eines ausländischen Staates eine Beglaubigung durch ein Gericht verlangt.

§ 19 Insolvenzverfahren über das Vermögen juristischer Personen des öffentlichen Rechts
[1]Verfahren nach der Insolvenzordnung vom 5. Oktober 1994 (BGBl. I S. 2866), die zuletzt durch Artikel 16 des Gesetzes vom 20. November 2015 (BGBl. I S. 2010) geändert worden ist, in der jeweils geltenden Fassung, über das Vermögen juristischer Personen des öffentlichen Rechts, die der Aufsicht

des Freistaates Sachsen unterstehen, findet nicht statt. [2]Abweichend von Satz 1 sind insolvenzfähig die Sparkassen und die Sachsen-Finanzgruppe.

§ 20 Strafrechtliche Zuständigkeitskonzentration

(1) Soweit das Amtsgericht als Gericht des ersten Rechtszuges zuständig ist, ist für Strafsachen nach § 266a des Strafgesetzbuches in der Fassung der Bekanntmachung vom 13. November 1998 (BGBl. I S. 3322), das zuletzt durch Artikel 1 des Gesetzes vom 4. November 2016 (BGBl. I S. 2460) geändert worden ist, in der jeweils geltenden Fassung, für deren Beurteilung keine besonderen Kenntnisse des Wirtschaftslebens erforderlich sind, zuständig:

1. das Amtsgericht Chemnitz für die Bezirke der Landgerichte Chemnitz und Zwickau;
2. das Amtsgericht Dresden für den Bezirk des Landgerichts Dresden;
3. das Amtsgericht Görlitz für den Bezirk des Landgerichts Görlitz;
4. das Amtsgericht Leipzig für den Bezirk des Landgerichts Leipzig.

(2) Soweit das Landgericht als Gericht des ersten Rechtszuges zuständig ist, ist für Strafsachen nach Absatz 1 das Landgericht Chemnitz für die Bezirke der Landgerichte Chemnitz und Zwickau zuständig.

§ 21 (aufgehoben)

Abschnitt 3
Ausführung der Verwaltungsgerichtsordnung

§ 22 Vertrauensleute

(1) [1]Die Vertrauensleute im Sinne des § 26 Absatz 2 der Verwaltungsgerichtsordnung und ihre Vertreter werden auf die Dauer von fünf Jahren gewählt. [2]Eine Ersatzwahl gilt nur für den Rest der Wahlperiode der bereits gewählten Vertrauensleute.

(2) Für die Entbindung der Vertrauensleute und ihrer Vertreter von ihrem Amt gilt § 24 der Verwaltungsgerichtsordnung entsprechend.

§ 23 Dienstaufsicht

(1) Die Dienstaufsicht üben aus:

1. der Präsident des Verwaltungsgerichts über die beim Verwaltungsgericht beschäftigten Richter, Beamten, Angestellten und Arbeiter;
2. der Präsident des Sächsischen Oberverwaltungsgerichts über die beim Sächsischen Oberverwaltungsgericht und bei den Verwaltungsgerichten beschäftigten Richter, Beamten, Angestellten und Arbeiter;
3. das Staatsministerium der Justiz als oberste Dienstaufsichtsbehörde über die Richter, Beamten, Angestellten und Arbeiter der Gerichte der Verwaltungsgerichtsbarkeit.

(2) In der Ausübung der Dienstaufsicht werden vertreten:

1. der Präsident des Verwaltungsgerichts durch seinen ständigen Vertreter oder, falls ein solcher nicht bestellt oder verhindert ist, durch den dienstältesten, bei gleichem Dienstalter durch den lebensältesten Vorsitzenden Richter;
2. der Präsident des Sächsischen Oberverwaltungsgerichts durch seinen ständigen Vertreter oder, falls ein solcher nicht bestellt oder verhindert ist, durch den dienstältesten, bei gleichem Dienstalter durch den lebensältesten Vorsitzenden Richter.

(3) Das Staatsministerium der Justiz kann für den Fall der Nichtbestellung oder Verhinderung des ständigen Vertreters eine abweichende Regelung treffen.

§ 24 Normenkontrollverfahren

(1) Das Sächsische Oberverwaltungsgericht entscheidet im Rahmen seiner Gerichtsbarkeit auf Antrag über die Gültigkeit von Rechtsvorschriften, die im Rang unter dem Landesgesetz stehen.

(2) In Normenkontrollverfahren entscheidet das Sächsische Oberverwaltungsgericht in der Besetzung mit fünf Berufsrichtern.

§ 25 Zuständigkeit des Sächsischen Oberverwaltungsgerichts im ersten Rechtszug

In den Fällen des § 48 Absatz 1 Satz 1 der Verwaltungsgerichtsordnung entscheidet das Sächsische Oberverwaltungsgericht im ersten Rechtszug auch über Streitigkeiten, die vorzeitige Besitzeinweisungen betreffen.

§ 25a Verwaltungsgerichtliche Zuständigkeitskonzentration

Das Verwaltungsgericht Dresden ist in folgenden Angelegenheiten für die Bezirke der Verwaltungsgerichte Chemnitz, Dresden und Leipzig zuständig:

1. in Personalvertretungsangelegenheiten und für Rechtsstreitigkeiten aus der Bildung und Tätigkeit der Richtervertretungen sowie

2. für öffentlich-rechtliche Streitigkeiten über vermögensrechtliche Ansprüche betreffend Vermögenswerte nach § 2 Absatz 2 Satz 2 Alternative 3 des Vermögensgesetzes in der Fassung der Bekanntmachung vom 9. Februar 2005 (BGBl. I S. 205), das zuletzt durch Artikel 587 der Verordnung vom 31. August 2015 (BGBl. I S. 1474) geändert worden ist,

   a) nach dem Vermögensgesetz,

   b) nach dem Entschädigungsgesetz in der Fassung der Bekanntmachung vom 13. Juli 2004 (BGBl. I S. 1658), zuletzt geändert durch Artikel 1 des Gesetzes vom 23. Mai 2011 (BGBl. I S. 920),

   c) nach dem Ausgleichsleistungsgesetz in der Fassung der Bekanntmachung vom 13. Juli 2004 (BGBl. I S. 1665), zuletzt geändert durch Artikel 1 des Gesetzes vom 21. März 2011 (BGBl. I S. 450),

   d) nach dem DDR-Entschädigungserfüllungsgesetz vom 10. Dezember 2003 (BGBl. I S. 2471, 2473; 2004 I S. 1654), und

   e) nach dem NS-Verfolgtenentschädigungsgesetz in der Fassung der Bekanntmachung vom 13. Juli 2004 (BGBl. I S. 1671), das zuletzt durch Artikel 4 Absatz 42 des Gesetzes vom 22. September 2005 (BGBl. I S. 2809) geändert worden ist,

   in den jeweils geltenden Fassungen.

§ 25b (aufgehoben)

§ 26 Widerspruchsbehörde bei Verwaltungsakten einer Polizeidienststelle

[1]Nächsthöhere Behörde im Sinne des § 73 Absatz 1 Satz 2 Nummer 1 der Verwaltungsgerichtsordnung ist bei Verwaltungsakten des Polizeivollzugsdienstes auf Grundlage von § 2 Absatz 3 des Sächsischen Polizeivollzugsdienstgesetzes vom 11. Mai 2019 (SächsGVBl. S. 358), in der jeweils geltenden Fassung, die Landesdirektion. [2]Im Übrigen entscheidet über den Widerspruch gegen einen Verwaltungsakt einer Polizeidirektion diese selbst.

§ 27 Widerspruchsbehörde bei Verwaltungsakten in Selbstverwaltungsangelegenheiten sowie im Vermessungs-, sozialen Entschädigungs- und Umweltrecht

(1) [1]Den Bescheid über den Widerspruch gegen den Verwaltungsakt einer Gemeinde mit bis zu 5 000 Einwohnern erlässt in Selbstverwaltungsangelegenheiten das Landratsamt als Rechtsaufsichtsbehörde. [2]Die Nachprüfung des Verwaltungsaktes unter dem Gesichtspunkt der Zweckmäßigkeit bleibt der Gemeinde vorbehalten.

(2) [1]Einer Gemeinde ist auf Antrag die Zuständigkeit nach Absatz 1 durch das Landratsamt als Rechtsaufsichtsbehörde zu übertragen. [2]Die Übertragung der Zuständigkeit ist durch die Rechtsaufsichtsbehörde öffentlich bekannt zu machen und wird am Tage nach der Bekanntmachung wirksam.

(3) Die obere Vermessungsbehörde ist Widerspruchsbehörde für Widersprüche gegen Verwaltungsakte der unteren Vermessungsbehörden, der nach § 2 Absatz 5 des Sächsischen Vermessungs- und Katastergesetzes vom 29. Januar 2008 (SächsGVBl. S. 138, 148), das zuletzt durch das Gesetz vom 19. Juni 2013 (SächsGVBl. S. 482) geändert worden ist, in der jeweils geltenden Fassung, zuständigen Stellen und der Öffentlich bestellten Vermessungsingenieure.

(4) [1]Die Hauptfürsorgestelle des Kommunalen Sozialverbands im Sinne von § 1 Absatz 2 des Gesetzes zur Durchführung des Bundesversorgungsgesetzes und weiterer sozialer Entschädigungsgesetze vom 29. Januar 2008 (SächsGVBl. S. 138, 176), das durch das Gesetz vom 11. Juni 2009 (SächsGVBl. S. 265) geändert worden ist, in der jeweils geltenden Fassung, ist Widerspruchsbehörde für Widersprüche gegen Verwaltungsakte der Fürsorgestelle und der Hauptfürsorgestelle. [2]Auf Wunsch des Antragstellers ist der Beirat für Kriegsopferfürsorge zu hören.

(5) Den Bescheid über den Widerspruch gegen den Verwaltungsakt eines Landkreises oder einer Kreisfreien Stadt im Vollzug immissionsschutzrechtlicher, wasserrechtlicher, abfallrechtlicher, bodenschutzrechtlicher, naturschutzrechtlicher, jagdrechtlicher und forstrechtlicher Vorschriften erlässt die Behörde, die den Verwaltungsakt erlassen hat.

(6) [1]Den Bescheid über den Widerspruch gegen einen Verwaltungsakt eines Landkreises oder einer Kreisfreien Stadt in Selbstverwaltungsangelegenheiten nach § 15a Absatz 1 Satz 1 und 2 des Sächsischen Gesetzes zur Ausführung des Sozialgesetzbuches vom 6. Juni 2002 (SächsGVBl. S. 168, 169), das zuletzt durch das Gesetz vom 2. April 2014 (SächsGVBl. S. 230) geändert worden ist, in der jeweils geltenden Fassung, und nach dem Landesblindengeldgesetz vom 14. Dezember 2001 (SächsGVBl. S. 714), das zuletzt durch Artikel 7 des Gesetzes vom 15. Dezember 2010 (SächsGVBl. S. 387) geändert worden ist, in der jeweils geltenden Fassung, erlässt der Kommunale Sozialverband Sachsen. [2]Die Nachprüfung des Verwaltungsaktes unter dem Gesichtspunkt der Zweckmäßigkeit bleibt den Landkreisen und Kreisfreien Städten vorbehalten.

(7) Den Bescheid über den Widerspruch gegen einen Verwaltungsakt eines Landkreises oder einer Kreisfreien Stadt nach § 12 Absatz 1 des Bundeselterngeld- und Elternzeitgesetzes in der Fassung der Bekanntmachung vom 27. Januar 2015 (BGBl. I S. 33), in der jeweils geltenden Fassung, und nach dem Sächsischen Landeserziehungsgeldgesetz in der Fassung der Bekanntmachung vom 7. Januar 2008 (SächsGVBl. S. 60), das zuletzt durch Artikel 10 des Gesetzes vom 29. April 2015 (SächsGVBl. S. 349) geändert worden ist, in der jeweils geltenden Fassung, erlässt der Kommunale Sozialverband Sachsen.

§ 27a Vorverfahren bei der Notarkammer Sachsen und der Rechtsanwaltskammer Sachsen

(1) Vor Erhebung der Anfechtungsklage gegen von der Notarkammer Sachsen oder der Rechtsanwaltskammer Sachsen erlassene Verwaltungsakte bedarf es abweichend von § 68 Absatz 1 Satz 1 der Verwaltungsgerichtsordnung keiner Nachprüfung in einem Vorverfahren.

(2) Für die Verpflichtungsklage gilt Absatz 1 entsprechend.

Abschnitt 4
Ausführung des Arbeitsgerichtsgesetzes

§ 28 Oberste Landesbehörde

Zuständige oberste Landesbehörde im Sinne des Arbeitsgerichtsgesetzes ist das Staatsministerium der Justiz.

§ 29 Dienstaufsicht

(1) Die Dienstaufsicht üben aus:
1. der Präsident oder der Direktor des Arbeitsgerichts über die beim Arbeitsgericht beschäftigten Beamten, Angestellten und Arbeiter. Der Präsident des Arbeitsgerichts übt auch die Dienstaufsicht über die beim Arbeitsgericht beschäftigten Richter aus;
2. der Präsident des Sächsischen Landesarbeitsgerichts über die beim Sächsischen Landesarbeitsgericht und bei den Arbeitsgerichten beschäftigten Richter, Beamten, Angestellten und Arbeiter;
3. das Staatsministerium der Justiz als oberste Dienstaufsichtsbehörde über die Richter, Beamten, Angestellten und Arbeiter der Gerichte der Arbeitsgerichtsbarkeit.

(2) In der Ausübung der Dienstaufsicht werden vertreten:
1. der Präsident oder der Direktor des Arbeitsgerichts durch seinen ständigen Vertreter oder, falls ein solcher nicht bestellt oder verhindert ist, durch den ranghöchsten, bei gleichem Rang durch den dienstältesten, bei gleichem Dienstalter durch den lebensältesten Richter;
2. der Präsident des Sächsischen Landesarbeitsgerichts durch seinen ständigen Vertreter oder, falls ein solcher nicht bestellt oder verhindert ist, durch den dienstältesten, bei gleichem Dienstalter durch den lebensältesten Vorsitzenden Richter.

(3) Das Staatsministerium der Justiz kann für den Fall der Nichtbestellung oder Verhinderung des ständigen Vertreters eine abweichende Regelung treffen.

§ 30 Berufung ehrenamtlicher Richter

(1) Die ehrenamtlichen Richter werden vom Präsidenten des Sächsischen Landesarbeitsgerichts in ihr Amt berufen.

(2) Die Zahl der ehrenamtlichen Richter an den Arbeitsgerichten und am Sächsischen Landesarbeitsgericht wird vom Präsidenten des Sächsischen Landesarbeitsgerichtes bestimmt.

Abschnitt 5
Ausführung des Sozialgerichtsgesetzes

§ 31 Vollstreckung zugunsten der öffentlichen Hand
Zur Bestimmung der zuständigen Vollstreckungsbehörde im Sinne des § 200 Absatz 2 Satz 2 des Sozialgerichtsgesetzes ist § 4 des Verwaltungsvollstreckungsgesetzes für den Freistaat Sachsen in der Fassung der Bekanntmachung vom 10. September 2003 (SächsGVBl. S. 614, 913), das zuletzt durch das Gesetz vom 6. Oktober 2013 (SächsGVBl. S. 802) geändert worden ist, in der jeweils geltenden Fassung, entsprechend anzuwenden.

§ 32 Dienstaufsicht
(1) Die Dienstaufsicht üben aus:
1. der Präsident oder der Direktor des Sozialgerichts über die beim Sozialgericht beschäftigten Beamten, Angestellten und Arbeiter. Der Präsident des Sozialgerichts übt auch die Dienstaufsicht über die bei dem Sozialgericht beschäftigten Richter aus;
2. der Präsident des Sächsischen Landessozialgerichts über die beim Sächsischen Landessozialgericht und bei den Sozialgerichten beschäftigten Richter, Beamten, Angestellten und Arbeiter;
3. das Staatsministerium der Justiz als oberste Dienstaufsichtsbehörde über die Richter, Beamten, Angestellten und Arbeiter der Gerichte der Sozialgerichtsbarkeit.

(2) In der Ausübung der Dienstaufsicht werden vertreten:
1. der Präsident oder der Direktor des Sozialgerichts durch seinen ständigen Vertreter und, falls ein solcher nicht bestellt oder verhindert ist, durch den ranghöchsten, bei gleichem Rang durch den dienstältesten, bei gleichem Dienstalter durch den lebensältesten Richter;
2. der Präsident des Sächsischen Landessozialgerichts durch seinen ständigen Vertreter und, falls ein solcher nicht bestellt oder verhindert ist, durch den dienstältesten, bei gleichem Dienstalter durch den lebensältesten Vorsitzenden Richter.

(3) Das Staatsministerium der Justiz kann für den Fall der Nichtbestellung oder Verhinderung des ständigen Vertreters eine abweichende Regelung treffen.

§ 33 Berufung der ehrenamtlichen Richter
(1) Die ehrenamtlichen Richter werden vom Präsidenten des Sächsischen Landessozialgerichts in ihr Amt berufen.

(2) Die Zahl der ehrenamtlichen Richter an den Sozialgerichten und am Sächsischen Landessozialgericht wird vom Präsidenten des Sächsischen Landessozialgerichts bestimmt.

§ 33a (aufgehoben)

Abschnitt 6
Ausführung der Finanzgerichtsordnung

§ 34 Vertrauensleute
(1) Eine Ersatzwahl der Vertrauensleute im Sinne des § 23 der Finanzgerichtsordnung und ihrer Stellvertreter gilt nur für den Rest der Wahlperiode der bereits gewählten Vertrauensleute.

(2) Für die Entbindung der Vertrauensleute und ihrer Stellvertreter von ihrem Amt gilt § 21 der Finanzgerichtsordnung entsprechend.

§ 35 Dienstaufsicht
(1) Die Dienstaufsicht üben aus:
1. der Präsident des Sächsischen Finanzgerichts über die bei dem Sächsischen Finanzgericht beschäftigten Richter, Beamten, Angestellten und Arbeiter;
2. das Staatsministerium der Justiz als oberste Dienstaufsichtsbehörde über die Richter, Beamten, Angestellten und Arbeiter des Sächsischen Finanzgerichts.

(2) Der Präsident des Sächsischen Finanzgerichts wird in der Ausübung der Dienstaufsicht durch seinen ständigen Vertreter oder, falls ein solcher nicht bestellt oder verhindert ist, durch den dienstältesten, bei gleichem Dienstalter durch den lebensältesten Vorsitzenden Richter vertreten.

(3) Das Staatsministerium der Justiz kann für den Fall der Nichtbestellung oder Verhinderung des ständigen Vertreters eine abweichende Regelung treffen.

§ 36 Finanzrechtsweg
Der Finanzrechtsweg ist auch gegeben für öffentlich-rechtliche Streitigkeiten
1. über Abgabenangelegenheiten, soweit diese Abgaben der Gesetzgebung des Bundes nicht unterliegen und durch Landesfinanzbehörden nach den Vorschriften der Abgabenordnung verwaltet werden,
2. über landesrechtlich geregelte Kosten (Gebühren und Auslagen), soweit der Finanzrechtsweg für die Hauptsache eröffnet ist und
3. über Abgabenangelegenheiten der Kirchen und Religionsgemeinschaften, insbesondere über Kirchensteuern und Kirchgeld.

§ 37 Beiladung der Kirchen und Religionsgemeinschaften
Das Sächsische Finanzgericht lädt in Abgabenangelegenheiten die Kirchen und die Religionsgemeinschaften bei, sofern deren rechtliche Interessen als Abgabenberechtigte durch die Entscheidung unmittelbar berührt werden.

§ 37a (aufgehoben)

Abschnitt 7
Ausführung des Gesetzes über das gerichtliche Verfahren in Landwirtschaftssachen

§ 38 Vorschlagslisten
Die Vorschlagslisten für die ehrenamtlichen Richter nach § 4 des Gesetzes über das gerichtliche Verfahren in Landwirtschaftssachen in der im Bundesgesetzblatt Teil III, Gliederungsnummer 317-1, veröffentlichten bereinigten Fassung, das zuletzt durch Artikel 2 des Gesetzes vom 10. Oktober 1994 (BGBl. I S. 2954, 2955) geändert worden ist, in der jeweils geltenden Fassung, werden für die Amtsgerichte und für das Oberlandesgericht jeweils in getrennten Listen vom Staatsministerium für Umwelt und Landwirtschaft nach Anhörung der land- und forstwirtschaftlichen Berufsverbände aufgestellt.

§ 39 Vorschlag der ehrenamtlichen Richter
(1) Unter den als ehrenamtliche Richter Vorgeschlagenen sollen sich in angemessener Zahl Pächter und Nebenerwerbslandwirte befinden.
(2) Die ehrenamtlichen Richter sollen jeweils nur für ein Gericht vorgeschlagen werden.

§ 40 Persönliche Angaben
Für jeden Vorgeschlagenen sind anzugeben:
1. Name und Vorname,
2. Anschrift,
3. Geburtsdatum und Geburtsort,
4. Stellung im Beruf, insbesondere ob und wieviel Land er als selbstbewirtschaftender Eigentümer, als Verpächter oder als Pächter besitzt oder zuletzt besessen hat,
5. ob und für welches Gericht er bereits früher als ehrenamtlicher Richter im Sinne des Gesetzes über das gerichtliche Verfahren in Landwirtschaftssachen berufen oder vorgeschlagen war und
6. ob er erklärt hat, nicht für das frühere Ministerium für Staatssicherheit/Amt für Nationale Sicherheit tätig gewesen zu sein.

§ 41 Ergänzungsliste
[1]Lässt sich für ein Gericht aus den vorgeschlagenen Personen die erforderliche Anzahl von ehrenamtlichen Richtern nicht berufen, fordert der Präsident des Oberlandesgerichts eine Ergänzungsliste an. [2]Er bestimmt dabei, wie viele Personen vorzuschlagen und wie viele von ihnen einer der in § 39 Abs. 1 genannten Personengruppe angehören sollen. [3]Im Übrigen gelten die §§ 38 bis 40 entsprechend.

Teil 3
Informations- und Kommunikationstechnik

§ 41a Leitstelle für Informationstechnologie der sächsischen Justiz
(1) Dem Staatsministerium der Justiz unmittelbar nachgeordnet ist die Leitstelle für Informationstechnologie der sächsischen Justiz (LIT).

(2) ¹Die LIT hat ihren Sitz in Dresden. ²Sie kann, insbesondere für die Betreuung der Gerichte und Staatsanwaltschaften, Außenstellen unterhalten.

§ 41b Aufgaben

(1) Die LIT erbringt Leistungen auf dem Gebiet der Informations- und Kommunikationstechnik im Auftrag des Staatsministeriums der Justiz, der Gerichte, Staatsanwaltschaften und sonstigen Behörden seines Geschäftsbereichs sowie des Verfassungsgerichtshofs des Freistaates Sachsen.

(2) Zu den Aufgaben gehören insbesondere die Verarbeitung von Daten, die Entwicklung, Einführung und Betreuung von IT-Verfahren einschließlich des elektronischen Rechtsverkehrs und der elektronischen Aktenführung, die Anwenderbetreuung sowie die Ausstattung der Dienststellen mit Hard- und Software.

(3) ¹Die LIT kann sich im Rahmen der gesetzlichen Vorschriften zur Erfüllung ihrer Aufgaben Dritter bedienen. ²Die LIT verpflichtet den Dritten zur vertraulichen Behandlung von Informationen, zur Wahrung der Informationssicherheit und der Vorschriften über den Datenschutz sowie erforderlichenfalls zur Wahrung des Steuergeheimnisses. ³Der Dritte muss die Gewähr dafür bieten, dass er in der Lage ist, die zur Wahrung der Vorschriften über den Datenschutz erforderlichen technischen und organisatorischen Maßnahmen zu treffen. ⁴Die LIT und der Dritte schließen bei Verarbeitung personenbezogener Daten im Auftrag eine schriftliche Vereinbarung hierüber ab.

(4) ¹Auf die LIT gehen zum 1. Januar 2019 die Aufgaben und Befugnisse der bis dahin dem Staatsministerium der Justiz angegliederten Leitstelle für Informationstechnologie der sächsischen Justiz über. ²Die nach Ablauf des 31. Dezember 2018 bei der Leitstelle für Informationstechnologie der sächsischen Justiz tätigen und dem Staatsministerium der Justiz angehörenden Beamten, Tarifbeschäftigten und Auszubildenden sind mit Wirkung zum 1. Januar 2019 an die LIT versetzt.

§ 41c IT-Kontrollkommission

(1) Zum Schutz vor rechtswidrigen Zugriffen auf die von der LIT verarbeiteten Daten, insbesondere solchen, die dem richterlichen, staatsanwaltschaftlichen oder rechtspflegerischen Arbeitsprozess zuzurechnen sind, finden regelmäßig Kontrollen durch das Staatsministerium der Justiz statt.

(2) ¹An den Kontrollen wirkt eine beim Staatsministerium der Justiz einzurichtende IT-Kontrollkommission beratend mit. ²Diese besteht aus je einem Vertreter

1. des Staatsministeriums der Justiz,
2. aus jeder Gerichtsbarkeit, der jeweils vom Landesrichterrat zu benennen ist,
3. der Staatsanwälte, der vom Landesstaatsanwaltsrat zu benennen ist, und
4. der Rechtspfleger, der vom Hauptpersonalrat beim Staatsministerium der Justiz zu benennen ist.

(3) ¹Die IT-Kontrollkommission gibt sich eine Geschäftsordnung. ²Den Vorsitz führt der Vertreter des Staatsministeriums der Justiz.

(4) ¹Bestehen konkrete Anhaltspunkte für einen rechtswidrigen Zugriff nach Absatz 1, kann die IT-Kontrollkommission durch mehrheitlichen Beschluss eine Kontrolle durch das Staatsministerium der Justiz verlangen. ²Im Rahmen der Beteiligung an den Kontrollen kann die IT-Kontrollkommission Einsicht in Protokolldaten sowie in Datenverarbeitungsprogramme und deren Anwendungsvorschriften nehmen.

(5) Die Mitglieder der IT-Kontrollkommission sind in ihrer Tätigkeit weisungsfrei.

Teil 4
Befugnisse des Justizwachtmeisterdienstes und der Gerichtsvollzieher

§ 42 Befugnisse der Justizwachtmeister

(1) Bedienstete des Justizwachtmeisterdienstes haben zur Erfüllung ihrer Aufgaben im Sitzungs- oder Vorführdienst, bei der Bewachung Gefangener, bei der Aufrechterhaltung der Sicherheit oder Ordnung in Justizgebäuden und deren unmittelbarem räumlichen Umfeld sowie bei der Vollziehung richterlicher oder staatsanwaltschaftlicher Anordnungen

1. die Befugnisse zur Anwendung unmittelbaren Zwangs gegen Gefangene nach §§ 88, 94 bis 98 und § 178 Absatz 2 des Strafvollzugsgesetzes vom 16. März 1976 (BGBl. I S. 581, 2088), das zuletzt durch Artikel 152 der Verordnung vom 31. August 2015 (BGBl. I S. 1474) geändert worden ist sowie

2. die Befugnisse der Polizeibediensteten nach dem Sächsischen Polizeivollzugsdienstgesetz gegen sonstige Personen einschließlich der dort vorgesehenen Befugnisse zur Anwendung unmittelbaren Zwangs, mit Ausnahme des Schusswaffengebrauchs.

(2) [1]Die Bediensteten des Justizwachtmeisterdienstes können im Zusammenhang mit der Erfüllung der Aufgaben nach Absatz 1 wahrgenommene Störungen der öffentlichen Sicherheit durch Gegenstände, deren Besitz gesetzlich verboten ist, beseitigen. [2]Hierzu stehen ihnen die Befugnisse nach Absatz 1 Nummer 2 zu.

(3) Gefangener im Sinne des Absatzes 1 ist, wer sich auf Anordnung eines Richters oder eines dafür zuständigen Beamten in Gewahrsam einer Behörde befindet.

(4) Das Recht zur Ausübung unmittelbaren Zwangs aufgrund anderer Regelungen bleibt unberührt.

(5) Die Aufgaben und Befugnisse der Polizei und des Justizvollzugsdienstes bleiben unberührt.

§ 42a Befugnisse der Gerichtsvollzieher

(1) [1]Der Gerichtsvollzieher kann zur Abwehr von Gefahren für Leib und Leben bei Vollstreckungsmaßnahmen, die zu einem schwerwiegenden Eingriff bei dem Schuldner führen, vor deren Durchführung bei der für den Wohnort des Schuldners zuständigen Polizeidienststelle anfragen, ob personengebundene Hinweise über eine Gefährlichkeit oder Gewaltbereitschaft des Schuldners vorliegen. [2]Dies gilt nicht, soweit nach den Umständen des Einzelfalles kein Widerstand des Schuldners gegen die vollstreckenden Personen zu erwarten ist. [3]In der Anfrage kann der Gerichtsvollzieher Name, Anschrift, Geburtsname, Geburtsdatum und Geburtsort des Schuldners übermitteln.

(2) Vollstreckungsmaßnahmen, die zu einem schwerwiegenden Eingriff bei dem Schuldner führen, sind insbesondere Verhaftungen, Wohnungsräumungen, Wohnungsdurchsuchungen aufgrund richterlicher Anordnung, der Vollzug einer Anordnung nach dem Gewaltschutzgesetz und der Vollzug von Entscheidungen auf Herausgabe einer Person.

(3) [1]Die auf die Anfrage nach Absatz 1 erteilte Auskunft darf nur verwendet werden, um die Sicherheit des Gerichtsvollziehers im Rahmen seiner Vollstreckungsmaßnahmen zu gewährleisten. [2]Sie ist in einem verschlossenen Umschlag im Aktendeckel aufzubewahren und zwei Jahre nach Abschluss der letzten Vollstreckungsmaßnahme nach Absatz 1 Satz 1 gegen den Schuldner zu vernichten.

Teil 5
Ausführung der Grundbuchordnung

Abschnitt 1
Allgemeine Vorschriften im Grundbuchverkehr

§ 43 Bedienstete des Grundbuchamtes und ihre Zuständigkeit

(1) Die Aufgaben des Urkundsbeamten der Geschäftsstelle im Grundbuchverfahren werden, soweit nicht Urkundsbeamte der Geschäftsstellen bestellt oder andere Bedienstete mit der Wahrnehmung der Aufgaben des Urkundsbeamten der Geschäftsstelle betraut sind, durch den zuständigen Rechtspfleger oder den nach § 12 mit Rechtspflegeraufgaben betrauten Bediensteten wahrgenommen.

(2) Für die Unterzeichnung der Hypotheken-, Grundschuld- und Rentenschuldbriefe und der nachträglich auf diese Briefe gesetzten Vermerke ist der Bedienstete, der die Führung des Grundbuchs wahrnimmt, allein zuständig; der Unterschrift eines weiteren Bediensteten bedarf es nicht.

§ 44 Berggrundbuch

(1) [1]Für die grundbuchmäßige Behandlung des Bergwerkseigentums gelten die sich auf Grundstücke beziehenden Vorschriften entsprechend. [2]Das Staatsministerium der Justiz wird ermächtigt, durch Rechtsverordnung die näheren Vorschriften über die Einrichtung und Führung des Grundbuchs für das Bergwerkseigentum (Berggrundbuch) zu erlassen.

(2) Das Staatsministerium der Justiz kann durch Rechtsverordnung bestimmen, dass das Berggrundbuch für den Bezirk mehrerer Amtsgerichte bei einem Amtsgericht geführt wird.

§ 45 (aufgehoben)

Abschnitt 2
Erteilung von Unschädlichkeitszeugnissen

§ 46 Unschädlichkeitszeugnis
(1) Wird ein Teil eines Grundstücks (Trennstück) veräußert, wird das Trennstück von den Belastungen des Grundstücks frei, wenn durch ein Zeugnis festgestellt wird, dass die Rechtsänderung für die Berechtigten unschädlich ist (Unschädlichkeitszeugnis).

(2) Unter der gleichen Voraussetzung kann

1. im Fall der Teilung eines mit einer Reallast belasteten Grundstücks die Reallast auf die einzelnen Teile des Grundstücks verteilt werden oder

2. der Eigentümer eines Grundstücks ohne die Zustimmung desjenigen, zu dessen Gunsten sein Grundstück belastet ist, ein Recht, das ihm an einem anderen Grundstück zusteht, aufgeben.

(3) [1]Ein Miteigentumsanteil an einem Grundstück gilt als ein Grundstück im Sinne dieses Abschnitts. [2]Besteht ein Recht an mehreren Grundstücken desselben Eigentümers (Gesamtbelastung), gelten diese als ein Grundstück im Sinne dieses Abschnitts.

(4) [1]Auf im Grundbuch nicht eingetragene Belastungen erstreckt sich das Unschädlichkeitszeugnis nur, soweit sie in dem Zeugnis angegeben sind. [2]Es erstreckt sich nicht auf öffentliche Lasten.

(5) Berechtigter im Sinne dieses Unterabschnitts ist der Inhaber eines im Grundbuch eingetragenen oder durch Eintragung gesicherten Rechts an dem Grundstück oder eines das Grundstück belastenden Rechts.

(6) [1]Das Unschädlichkeitszeugnis kann auf einzelne Belastungen beschränkt werden. [2]Seine Erteilung kann von Bedingungen oder der Erfüllung von Auflagen abhängig gemacht werden.

§ 47 Zuständigkeit
(1) Für die Erteilung des Unschädlichkeitszeugnisses ist das Amtsgericht zuständig, in dessen Bezirk das Grundstück belegen ist.

(2) [1]Das Verfahren wird dem Rechtspfleger übertragen. [2]Die §§ 4 bis 12 und 28 des Rechtspflegergesetzes sind anzuwenden.

§ 48 Voraussetzungen
(1) Ein Unschädlichkeitszeugnis wird erteilt in den Fällen des

1. § 46 Abs. 1, wenn
   a) die durch die Veräußerung des Trennstücks eintretende Minderung des Umfangs und des Wertes des Grundstücks gering und ein Nachteil für die Berechtigten nicht zu besorgen ist oder
   b) das Grundstück ausschließlich mit Hypotheken, Grundschulden oder Rentenschulden (Grundpfandrechten) belastet ist und der Wert des verbleibenden Teils des Grundstücks (Reststück) den Wert der Grundpfandrechte und ihrer vorrangigen Belastungen offensichtlich um mehr als das Vierfache übersteigt;

2. § 46 Abs. 2 Nr. 1, wenn für den aus der Reallast Berechtigten ein Nachteil nicht zu besorgen ist, insbesondere seine Sicherheit nicht beeinträchtigt wird;

3. § 46 Abs. 2 Nr. 2, wenn für diejenigen, zu deren Gunsten das Grundstück des berechtigten Eigentümers belastet ist, ein Nachteil nicht zu besorgen ist, insbesondere ihre Rechte nur unerheblich betroffen werden.

(2) Ein Nachteil ist insbesondere nicht zu besorgen, wenn

1. das Gericht den Berechtigten die beabsichtigte Erteilung des Zeugnisses mitgeteilt hat, diese der Erteilung nicht binnen einer angemessenen Frist widersprechen und besondere Umstände, aus denen sich ein Nachteil ergibt, nicht ersichtlich sind; in der Mitteilung sind das Grundstück, das betroffene Recht, die Rechtsänderung, für die das Zeugnis erteilt werden soll, und die Frist, nach deren Ablauf das Zeugnis erteilt werden wird, anzugeben;

2. in den Fällen des § 46 Abs. 1 das Grundstück ausschließlich mit Grundpfandrechten belastet ist und
   a) die Veräußerung öffentlichen Zwecken dient, deren Verwirklichung den Wert des Reststücks erhöht, und mit der Ausführung der werterhöhenden Maßnahme begonnen worden ist oder

b) die Wertminderung in Geld oder durch ein anderes Grundstück ausgeglichen wird. Soweit die Ausgleichung der Wertminderung in Geld erfolgt, muss der erforderliche Betrag zur Verteilung unter den Berechtigten bei der Hinterlegungsstelle des Gerichtsbezirks hinterlegt werden. Die Hinterlegung hat mit der Bestimmung zu geschehen, dass zur Rücknahme die Ermächtigung des Amtsgerichts erforderlich ist. Soweit die Ausgleichung durch ein anderes Grundstück erfolgt, müssen die Rechte der Berechtigten auf dieses erstreckt werden.

(3) Übersteigt der Wert des Trennstücks 2 500 EUR nicht, ist die Minderung des Wertes des Grundstücks in der Regel als gering anzusehen.

§ 49 Wohnungseigentum

§ 46 Abs. 1 und 4 sowie § 48 Abs. 1 Nr. 1, Abs. 2 und 3 gelten entsprechend, wenn an Räumen eines Gebäudes Wohnungs- oder Teileigentum begründet ist und

1. ein Teil des gemeinschaftlichen Eigentums in Sondereigentum oder ein Teil des Sondereigentums in gemeinschaftliches Eigentum überführt wird,
2. ein Teil des Sondereigentums an einen anderen Eigentümer veräußert wird oder
3. eine im Grundbuch eingetragene Vereinbarung über das Verhältnis der Eigentümer untereinander, durch die einem Eigentümer das Recht zu einer über den Mitgebrauch nach § 13 Absatz 2 des Wohnungseigentumsgesetzes in der im Bundesgesetzblatt Teil III, Gliederungsnummer 403-1, veröffentlichten bereinigten Fassung, das zuletzt durch Artikel 4 des Gesetzes vom 5. Dezember 2014 (BGBl. I S. 1962) geändert worden ist, in der jeweils geltenden Fassung, hinausgehenden Nutzung von Teilen des Gemeinschaftseigentums eingeräumt wird (Sondernutzungsrecht), begründet, geändert oder aufgehoben wird.

§ 50 Rangstelle des Erbbaurechts

Bei der Bestellung eines Erbbaurechts kann von dem Erfordernis der ersten Rangstelle abgewichen werden, wenn durch ein Unschädlichkeitszeugnis festgestellt wird, dass die Abweichung für die vorhergehenden Berechtigten und den Bestand des Erbbaurechts unschädlich ist.

§ 51 Verfahren

(1) Soweit sich aus den Vorschriften dieses Gesetzes nichts anderes ergibt, gelten für das Verfahren die Vorschriften des Buches 1 des Gesetzes über das Verfahren in Familiensachen und in den Angelegenheiten der freiwilligen Gerichtsbarkeit vom 17. Dezember 2008 (BGBl. I S. 2586, 2587), das zuletzt durch Artikel 2 des Gesetzes vom 11. Oktober 2016 (BGBl. I S. 2222) geändert worden ist, in der jeweils geltenden Fassung.

(2) [1]Ein Unschädlichkeitszeugnis wird nur auf Antrag erteilt. [2]Antragsberechtigt ist jeder, der an der Feststellung der Unschädlichkeit ein rechtliches Interesse hat. [3]Das Amtsgericht kann von dem Antragsteller Angaben und Nachweise, insbesondere zu den Berechtigten sowie zum Wert des Grundstücks, Trennstücks oder Reststücks verlangen. [4]Wird die Erstreckung des Zeugnisses auf eine im Grundbuch nicht eingetragene Belastung beantragt, hat der Antragsteller diese Belastung und die hieraus Berechtigten anzugeben.

(3) Vor der Erteilung des Unschädlichkeitszeugnisses sind, soweit dies ohne unverhältnismäßige Verzögerung und ohne unverhältnismäßigen Aufwand möglich ist, die Berechtigten zu hören.

(4) [1]Die Entscheidung ist dem Antragsteller, den angehörten Berechtigten und, sofern die Unschädlichkeit festgestellt wird, auch dem Eigentümer und den betroffenen Berechtigten bekannt zu machen. [2]Die Vorschriften der §§ 6 und 7 des Gesetzes über die Zwangsversteigerung und die Zwangsverwaltung in der im Bundesgesetzblatt Teil III, Gliederungsnummer 310-14, veröffentlichten bereinigten Fassung, das zuletzt durch Artikel 9 des Gesetzes vom 24. Mai 2016 (BGBl. I S. 1217) geändert worden ist, in der jeweils geltenden Fassung, sind entsprechend anzuwenden.

§ 52 Rechtsbehelfe

(1) Gegen die Entscheidung des Amtsgerichts, das die Unschädlichkeit feststellt, findet die Beschwerde statt.

(2) Richtet sich die Beschwerde gegen eine die Unschädlichkeit feststellende Entscheidung, sind am Beschwerdeverfahren der Antragsteller, der Eigentümer und die Berechtigten, deren Rechte zu der Beschwerde Anlass gegeben haben, zu beteiligen.

(3) Die Entscheidung des Beschwerdegerichts ist unanfechtbar.

§ 53 Wirksamkeit, Grundbuchvollzug

(1) [1]Das Unschädlichkeitszeugnis wird wirksam, wenn es unanfechtbar geworden ist. [2]Es kann nicht mehr geändert werden, wenn die Rechtsänderung in das Grundbuch eingetragen worden ist.

(2) [1]Das Unschädlichkeitszeugnis ersetzt die Bewilligung nach § 19 der Grundbuchordnung. [2]Die Vorschriften der §§ 41 bis 43 der Grundbuchordnung sind auf Eintragungen, die bei einem Grundpfandrecht aufgrund eines Unschädlichkeitszeugnisses zu bewirken sind, nicht anzuwenden. [3]Wird der Grundpfandrechtsbrief vorgelegt, hat das Grundbuchamt die Eintragung auf dem Brief zu vermerken.

Abschnitt 3

§ 54 (aufgehoben)

Teil 6
Ausführung des Vereinsrechts des Bürgerlichen Gesetzbuchs

§ 55 Landesrechtliche Zuständigkeiten

(1) Für die Verleihung der Rechtsfähigkeit nach § 22 des Bürgerlichen Gesetzbuchs an einen Verein, dessen Zweck auf einen wirtschaftlichen Geschäftsbetrieb gerichtet ist, sowie für die Genehmigung von Satzungsänderungen und die Entziehung der Rechtsfähigkeit bei allen Vereinen, deren Rechtsfähigkeit auf Verleihung beruht (§§ 22, 33 Absatz 2 und § 43 des Bürgerlichen Gesetzbuchs), ist die Landesdirektion Sachsen zuständig, soweit nichts anderes bestimmt ist.

(2) Die Befugnisse der für die Verleihung der Rechtsfähigkeit nach § 22 des Bürgerlichen Gesetzbuchs an forstwirtschaftliche Zusammenschlüsse zuständigen Behörde bleiben unberührt (§ 19 und § 38 Absatz 3 des Bundeswaldgesetzes vom 2. Mai 1975 (BGBl. I S. 1037), das zuletzt durch Artikel 413 der Verordnung vom 31. August 2015 [BGBl. I S. 1474] geändert worden ist, in der jeweils geltenden Fassung).

§ 56 Bekanntmachung

Die Verleihung der Rechtsfähigkeit an einen Verein und die Entziehung der Rechtsfähigkeit sind im Sächsischen Amtsblatt bekannt zu machen.

§ 57 Anfall an den Fiskus

Fällt das Vermögen des Vereins gemäß § 45 Absatz 3 und § 46 des Bürgerlichen Gesetzbuchs an den Fiskus, steht die Entscheidung darüber, wie das Vermögen in einer den Zwecken des Vereins entsprechenden Weise zu verwenden ist, dem Staatsministerium der Finanzen zu.

Teil 7
Vertretung des Freistaates Sachsen in gerichtlichen Verfahren

§ 58 Verordnungsermächtigung

(1) Die Staatsregierung wird ermächtigt, durch Rechtsverordnung die Vertretung des Freistaates und seiner Behörden zu regeln

1. in den gerichtlichen Verfahren, einschließlich der Verfahren zur Zwangsvollstreckung und
2. für die vom Freistaat als Drittschuldner vorzunehmenden Rechtshandlungen.

(2) Die Ermächtigung nach Absatz 1 gilt nicht, soweit die Vertretung des Freistaates durch Landesgesetz bestimmt wird.

§ 59 Empfangszuständigkeit für Klagezustellungen

[1]Soll in Rechtsstreitigkeiten gegen den Freistaat Sachsen vor den ordentlichen Gerichten oder den Arbeitsgerichten eine Frist gewahrt oder die Verjährung gehemmt werden, tritt die Wirkung auch mit der Zustellung der Klage an das Landesamt für Steuern und Finanzen ein, wenn eine andere Behörde für die Vertretung des Freistaates Sachsen vor dem Gericht zuständig ist. [2]In den Fällen des Satzes 1 ist die Klageschrift unter Anzeige an das Gericht unverzüglich an die für die Vertretung des Freistaates Sachsen zuständige Stelle abzugeben.

Teil 8
Ausführung des Einführungsgesetzes zum Bürgerlichen Gesetzbuch

§ 60 Landesrechtliche Zuständigkeiten
Zuständige Behörden im Sinne von Artikel 252 Absatz 5 sowie Artikel 253 §§ 2 und 3 des Einführungsgesetzes zum Bürgerlichen Gesetzbuche in der Fassung der Bekanntmachung vom 21. September 1994 (BGBl. I S. 2494; 1997 I S. 1061), das zuletzt durch Artikel 2 des Gesetzes vom 18. Dezember 2018 (BGBl. I S. 2648) geändert worden ist, in der jeweils geltenden Fassung, sind die Landkreise und Kreisfreien Städte.

Teil 9
Justizkosten

Abschnitt 1
Justizverwaltungskosten

§ 61 Allgemeine Regelungen
(1) [1]In Justizverwaltungsangelegenheiten erheben die Justizbehörden des Freistaates Sachsen Kosten (Gebühren und Auslagen) nach dem Justizverwaltungskostengesetz vom 23. Juli 2013 (BGBl. I S. 2586, 2655), das zuletzt durch Artikel 123 Absatz 4 des Gesetzes vom 8. Juli 2016 (BGBl. I S. 1594) geändert worden ist, in der jeweils geltenden Fassung. [2]Hiervon ist Nummer 2001 der Anlage des Justizverwaltungskostengesetzes ausgenommen.
(2) Ergänzend gelten die §§ 62 bis 69 und das aufgrund des § 70 erlassene Gebührenverzeichnis.

§ 62 Kostenbeitreibung
Die Justizbeitreibungsordnung in der im Bundesgesetzblatt Teil III, Gliederungsnummer 365-1, veröffentlichten bereinigten Fassung, zuletzt geändert durch Artikel 3 des Gesetzes vom 25. Juni 1998 (BGBl. I S. 1580, 1587), in der jeweils geltenden Fassung, gilt für die Einziehung der dort in § 1 Abs. 1 genannten Ansprüche auch insoweit, als diese Ansprüche nicht auf Bundesrecht beruhen.

§ 63 Verwaltungsvollstreckungsverfahren
Soweit Vollstreckungsbeamte der Justizverwaltung in Verwaltungsvollstreckungsverfahren für andere als Justizbehörden tätig werden, sind, vorbehaltlich besonderer Vorschriften, die Vorschriften des Gerichtsvollzieherkostengesetzes vom 19. April 2001 (BGBl. I S. 623), das zuletzt durch Artikel 6 des Gesetzes vom 23. Juli 2013 (BGBl. I S. 2586) geändert worden ist, in der jeweils geltenden Fassung, anzuwenden.

Abschnitt 2
Kosten in Hinterlegungssachen und für Unschädlichkeitszeugnisse

§ 64 Zuständigkeit für die Festsetzung der Gebühren in Hinterlegungssachen
In Hinterlegungssachen setzt bei den Rahmengebühren des Gebührenverzeichnisses für die Hinterlegung von Wertpapieren, sonstigen Urkunden, Kostbarkeiten und von unverändert aufzubewahrenden Zahlungsmitteln die Hinterlegungsstelle, bei den Rahmengebühren des Gebührenverzeichnisses für Zurückweisung und Zurücknahme der Beschwerde die Stelle, die über die Beschwerde zu entscheiden hat, die Höhe der Gebühr fest.

§ 65 Auslagen in Hinterlegungssachen
In Hinterlegungssachen werden als Auslagen erhoben:
1. die Auslagen nach den Nummern 2000 und 2002 der Anlage des Justizverwaltungskostengesetzes und den Nummern 31001 bis 31006, 31008 bis 31009 und 31012 bis 31014 der Anlage 1 des Gerichts- und Notarkostengesetzes vom 23. Juli 2013 (BGBl. I S. 2586), das zuletzt durch Artikel 4 Absatz 46 des Gesetzes vom 18. Juli 2016 (BGBl. I S. 1666) geändert worden ist, in der jeweils geltenden Fassung,
2. die Beträge, die bei der Umwechslung von Geld nach § 11 Absatz 2 des Sächsischen Hinterlegungsgesetzes vom 11. Juni 2010 (SächsGVBl. S. 154), in der jeweils geltenden Fassung, oder bei der Besorgung von Geschäften nach § 14 des Sächsischen Hinterlegungsgesetzes an Banken oder an andere Stellen zu zahlen sind,

3. die Dokumentenpauschale für Kopien und Ausdrucke, die anzufertigen sind, weil ein Antrag auf Annahme nicht in der erforderlichen Zahl von Stücken vorgelegt worden ist,

4. die Dokumentenpauschale und Postgebühren für die Anzeige nach § 15 Absatz 1 Satz 2 des Sächsischen Hinterlegungsgesetzes.

§ 66 Besonderheiten für Kosten in Hinterlegungssachen

(1) Die Kosten in Hinterlegungssachen werden bei der Hinterlegungsstelle angesetzt.

(2) [1]Zuständig für die Entscheidungen nach § 22 Absatz 1 des Justizverwaltungskostengesetzes ist das Amtsgericht, bei dem die Hinterlegungsstelle eingerichtet ist. [2]Das Gleiche gilt für Einwendungen gegen Maßnahmen nach Absatz 3 Nr. 2 und 3.

(3) Für die Kosten in Hinterlegungssachen gelten folgende Besonderheiten:

1. Zur Zahlung der Kosten sind auch Empfangsberechtigte, an die oder für deren Rechnung die Herausgabe verfügt wurde, sowie diejenigen Personen verpflichtet, in deren Interesse eine Behörde um die Hinterlegung ersucht hat.

2. Die Kosten können der Masse entnommen werden, soweit es sich um Geld handelt, das in das Eigentum des Freistaates Sachsen übergegangen ist.

3. Die Herausgabe hinterlegter Sachen kann von der Zahlung der Kosten abhängig gemacht werden.

4. Die Nummern 1 bis 3 sind auf Kosten, die für das Verfahren über Beschwerden erhoben worden sind, nur anzuwenden, soweit diejenige Person, der die Kosten dieses Verfahrens auferlegt worden sind, empfangsberechtigt ist.

5. Kosten sind nicht zu erheben oder sind, falls sie erhoben wurden, zu erstatten, wenn die Hinterlegung aufgrund des § 116 Absatz 1 Nummer 4 und des § 116a der Strafprozeßordnung in der Fassung der Bekanntmachung vom 7. April 1987 (BGBl. I S. 1074, 1319), die zuletzt durch Artikel 2 Absatz 5 des Gesetzes vom 4. November 2016 (BGBl. I S. 2460) geändert worden ist, in der jeweils geltenden Fassung, erfolgte, um den Beschuldigten von der Untersuchungshaft zu verschonen, und der Beschuldigte rechtskräftig außer Verfolgung gesetzt oder freigesprochen oder das Verfahren gegen ihn eingestellt wird; ist der Verfall der Sicherheit rechtskräftig ausgesprochen worden, werden bereits erhobene Kosten nicht erstattet.

6. Ist bei Vormundschaften, Betreuungen, Pflegschaften für Minderjährige und in den Fällen des § 1667 des Bürgerlichen Gesetzbuchs aufgrund gesetzlicher Verpflichtung oder Anordnung des Betreuungs- oder Familiengerichts hinterlegt, gilt § 3 Absatz 1 des Gesetzes über Gerichtskosten in Familiensachen vom 17. Dezember 2008 (BGBl. I S. 2586, 2666), das zuletzt durch Artikel 4 Absatz 45 des Gesetzes vom 18. Juli 2016 (BGBl. I S. 1666) geändert worden ist, in der jeweils geltenden Fassung, in Verbindung mit Absatz 1 der Anmerkung zu Nummer 1311 des Kostenverzeichnisses des Gesetzes über Gerichtskosten in Familiensachen entsprechend.

7. Die Verjährung des Anspruchs auf Zahlung der Kosten hindert den Freistaat Sachsen nicht, nach den Nummern 2 und 3 zu verfahren.

8. § 4 Absatz 3 des Justizverwaltungskostengesetzes findet keine Anwendung.

§ 67 Kosten für Unschädlichkeitszeugnisse

(1) [1]Für das Verfahren vor dem Amtsgericht zur Erteilung eines Unschädlichkeitszeugnisses nach §§ 46 ff. wird das Doppelte der Gebühr der Tabelle B des § 34 Absatz 2 des Gerichts- und Notarkostengesetzes erhoben, mindestens 120 EUR. [2]Wird der Antrag zurückgenommen, bevor es zu einer Entscheidung gekommen ist, ermäßigt sich die Gebühr auf ein Viertel des Betrages nach Satz 1.

(2) Maßgebend ist der Wert der betroffenen Belastungen oder, sofern er geringer ist, der Wert des Trennstücks oder des aufgehobenen Rechts.

(3) Für das Beschwerdeverfahren werden die gleichen Gebühren wie im ersten Rechtszug erhoben.

Abschnitt 3
Stundung und Erlass von Kosten, Befreiungsvorschriften

§ 68 Stundung und Erlass von Kosten

(1) Ansprüche nach § 1 Absatz 1 Nummer 4 bis 10 der Justizbeitreibungsordnung und Ansprüche, die nach § 59 Absatz 1 und 3 des Rechtsanwaltsvergütungsgesetzes vom 5. Mai 2004 (BGBl. I. S. 718, 788), das zuletzt durch Artikel 5 Absatz 3 des Gesetzes vom 11. Oktober 2016 (BGBl. I S. 2222) geändert worden ist, in der jeweils geltenden Fassung, auf die Landeskasse übergegangen sind, können

gestundet werden, wenn ihre sofortige Einziehung mit besonderen Härten für den Zahlungspflichtigen verbunden wäre und der Anspruch durch die Stundung nicht gefährdet wird.

(2) Ansprüche der in Absatz 1 genannten Art können ganz oder zum Teil erlassen werden,

1. wenn es zur Förderung öffentlicher Zwecke geboten erscheint;
2. wenn die Einziehung mit besonderen Härten für den Zahlungspflichtigen verbunden wäre;
3. wenn es sonst aus besonderen Gründen der Billigkeit entspricht.

(3) [1]Die Entscheidungen nach den Absätzen 1 und 2 trifft das zuständige Staatsministerium. [2]Es kann diese Befugnis ganz oder teilweise oder für bestimmte Arten von Fällen auf nachgeordnete Behörden übertragen.

§ 69 Befreiungsvorschriften

(1) [1]Von der Zahlung der Gebühren nach den Nummern 13100 und 13101 der Anlage 1 des Gerichts- und Notarkostengesetzes sind Vereine befreit, die ausschließlich und unmittelbar gemeinnützige oder mildtätige Zwecke im Sinne der Abgabenordnung verfolgen, soweit die Angelegenheit nicht einen steuerpflichtigen wirtschaftlichen Geschäftsbetrieb betrifft. [2]Die steuerrechtliche Behandlung als gemeinnützig oder mildtätig ist durch einen Bescheid des Finanzamts nachzuweisen.

(2) Sonstige landesrechtliche Vorschriften im Bereich der Justizverwaltung, die Kosten- oder Gebührenfreiheit gewähren, bleiben unberührt.

Abschnitt 4
Gebührenverzeichnis

§ 70 Gebührenverzeichnis

(1) [1]Das Staatsministerium der Justiz wird ermächtigt, durch Rechtsverordnung ergänzend zu § 61 Abs. 1 ein Gebührenverzeichnis über Gebühren in Justizverwaltungsangelegenheiten zu erlassen. [2]Die Höhe der Gebühren ist nach dem Verwaltungsaufwand der an der Amtshandlung beteiligten Behörden und Gerichte, nach der Bedeutung der Angelegenheit für die Beteiligten und nach deren allgemeinen wirtschaftlichen Verhältnissen zu bemessen. [3]Die Mindestgebühr beträgt grundsätzlich 10 EUR, die Höchstgebühr beträgt 25 000 EUR.

(2) Insbesondere sind für folgende Gegenstände Gebühren festzusetzen:

1. Feststellungserklärungen nach § 1059a Absatz 1 Nummer 2, §§ 1059e, 1092 Absatz 2 und § 1098 Absatz 3 des Bürgerlichen Gesetzbuchs;
2. Hinterlegung von Wertpapieren, sonstigen Urkunden, Kostbarkeiten und von unverändert aufzubewahrendem Geld in jeder Angelegenheit, in der eine besondere Annahmeverfügung ergeht;
3. Zurückweisung der Beschwerde;
4. Zurücknahme der Beschwerde;
5. allgemeine Beeidigung von Dolmetschern, Übersetzern oder Gebärdensprachdolmetschern.

Teil 10
Schlussvorschriften

§ 71 Übergangsvorschriften

(1) [1]Wird ein Gericht aufgehoben und sein gesamter Bezirk dem Bezirk eines anderen Gerichts (aufnehmendes Gericht) zugelegt, so tritt dieses Gericht an die Stelle des aufgehobenen Gerichts. [2]Ist in dem Zeitpunkt der Aufhebung eines Gerichts die Hauptverhandlung in einer Strafsache noch nicht beendet, so kann sie vor dem nach Satz 1 zuständigen Gericht fortgesetzt werden, wenn dieselben Richter weiterhin an ihr teilnehmen. [3]Ehrenamtliche Richter eines aufgehobenen Gerichts werden unter Fortsetzung ihrer Amtszeit ehrenamtliche Richter des aufnehmenden Gerichts. [4]Die bei dem aufgehobenen Gericht vorhandenen Schöffen werden dabei Schöffen des aufnehmenden Gerichts; [5]Die Hilfsschöffen des aufgehobenen Gerichts werden Hilfsschöffen des aufnehmenden Gerichts; für die Bestimmung ihrer Reihenfolge gilt § 52 Abs. 6 Satz 3 des Gerichtsverfassungsgesetzes entsprechend. [6]Schöffen, die bei Aufhebung ihres Gerichts in der Hauptverhandlung einer Strafsache mitwirken, bleiben für diese Hauptverhandlung Schöffen.

(2) [1]Die Vorschriften des Teils 8 gelten nicht für Kosten, die bis einschließlich 20. November 1992 erhoben worden sind oder bis dahin fällig waren; insoweit verbleibt es bei der bis dahin maßgeblichen

Rechtslage. [2]Abweichend hiervon findet § 68 auf die in dessen Absatz 1 genannten Ansprüche auch insoweit Anwendung, als diese noch nicht beigetrieben worden sind.

(3) Bis einschließlich zum 31. Dezember 2001 gilt

1. in § 48 Abs. 3 an Stelle des Betrages in Höhe von 2 500 EUR ein Betrag in Höhe von 5 000 DM,
2. in § 67 Abs. 1 Satz 1 an Stelle des Betrages in Höhe von 120 EUR ein Betrag in Höhe von 200 DM,
3. in § 70 Abs. 1 Satz 3 an Stelle des Betrages in Höhe von 10 EUR ein Betrag in Höhe von 20 DM und an Stelle des Betrages in Höhe von 25 000 EUR ein Betrag in Höhe von 50 000 DM.

(4) Auf das Verfahren zur Erteilung eines Unschädlichkeitszeugnisses sind die §§ 51 und 52 in der am 30. Juni 2010 geltenden Fassung anzuwenden, wenn der Antrag nach § 51 Abs. 2 vor dem 1. September 2009 bei Gericht eingegangen ist.

§ 72 Einschränkung von Grundrechten

[1]Durch sicherheits- und ordnungsrechtliche Maßnahmen aufgrund dieses Gesetzes können das Recht auf körperliche Unversehrtheit und die Freiheit der Person eingeschränkt werden (Artikel 2 Abs. 2 Satz 1 und 2 des Grundgesetzes, Artikel 16 Abs. 1 Satz 1 und 2 der Verfassung des Freistaates Sachsen). [2]Dieses Gesetz schränkt das Recht auf Datenschutz (Artikel 2 Abs. 1 in Verbindung mit Artikel 1 Abs. 1 des Grundgesetzes für die Bundesrepublik Deutschland, Artikel 33 der Verfassung des Freistaates Sachsen) ein.

§ 73 Änderung anderer Rechtsvorschriften

[hier nicht wiedergegeben]

§ 74 In-Kraft-Treten, Außer-Kraft-Treten

(1) [1]§ 71 Abs. 2 tritt am Tage nach der Verkündung[1]) in Kraft. [2]Im Übrigen tritt dieses Gesetz am 1. Januar 2001 in Kraft.

(2) Folgende Gesetze und Verordnungen treten am 1. Januar 2001 außer Kraft: *[hier nicht wiedergegeben]*

---

1) Verkündet am 8.12.2000.

Anlage
(zu § 1 Abs. 4)

Amtsgericht	Zuständigkeit für die Landkreise, Kreisfreien Städte und Gemeinden
1. Aue-Bad Schlema	die Gemeinden Aue-Bad Schlema, Auerbach, Bockau, Breitenbrunn/Erzgeb., Burkhardtsdorf, Eibenstock, Gornsdorf, Grünhain-Beierfeld, Hohndorf, Jahnsdorf/Erzgeb., Johanngeorgenstadt, Lauter-Bernsbach, Lößnitz, Lugau/Erzgeb., Neukirchen/Erzgeb., Niederdorf, Niederwürschnitz, Oelsnitz/Erzgeb., Raschau-Markersbach, Schneeberg, Schönheide, Schwarzenberg/Erzgeb., Stollberg/Erzgeb., Stützengrün, Thalheim/Erzgeb., Zschorlau und Zwönitz
2. Auerbach	die Gemeinden Auerbach/Vogtl., Ellefeld, Falkenstein/Vogtl., Grünbach, Heinsdorfergrund, Klingenthal, Lengenfeld, Limbach, Muldenhammer, Netzschkau, Neuensalz, Neumark, Neustadt/Vogtl., Reichenbach im Vogtland, Rodewisch, Steinberg und Treuen
3. Bautzen	die Gemeinden Bautzen/Budyšin, Bischofswerda, Burkau, Cunewalde, Demitz-Thumitz, Doberschau-Gaußig/Dobruša-Huska, Frankenthal, Göda/Hodźij, Großdubrau/Wulka Dubrawa, Großharthau, Großpostwitz/O.L./Budestecy, Hochkirch/Bukecy, Königswartha/Rakecy, Kubschütz/Kubšicy, Malschwitz/Malešecy, Neschwitz/Njeswačidło, Neukirch/Lausitz, Obergurig/Hornja Hórka, Puschwitz/Bóšicy, Radibor/Radwor, Rammenau, Schirgiswalde-Kirschau, Schmölln-Putzkau, Sohland a.d. Spree, Steinigtwolmsdorf, Weißenberg/Wóspork und Wilthen
4. Borna	die Gemeinden Böhlen, Borna, Elstertrebnitz, Espenhain, Frohburg, Geithain, Groitzsch, Großpösna, Kitzscher, Markkleeberg, Markranstädt, Neukieritzsch, Pegau, Regis-Breitingen, Rötha und Zwenkau
5. Chemnitz	die Kreisfreie Stadt Chemnitz
6. Dippoldiswalde	die Gemeinden Altenberg, Bannewitz, Dippoldiswalde, Dorfhain, Freital, Glashütte, Hartmannsdorf-Reichenau, Hermsdorf/Erzgeb., Klingenberg, Kreischa, Rabenau, Tharandt und Wilsdruff
7. Döbeln	die Gemeinden Altmittweida, Burgstädt, Claußnitz, Döbeln, Erlau, Frankenberg/Sa., Geringswalde, Großweitzschen, Hainichen, Hartha, Hartmannsdorf, Königsfeld, Königshain-Wiederau, Kriebstein, Leisnig, Lichtenau, Lunzenau, Mittweida, Mühlau, Ostrau, Penig, Rochlitz, Rossau, Roßwein, Seelitz, Striegistal, Taura, Waldheim, Wechselburg, Zettlitz und Zschaitz-Ottewig
8. Dresden	die Kreisfreie Stadt Dresden
9. Eilenburg	die Gemeinden Bad Düben, Delitzsch, Doberschütz, Eilenburg, Jesewitz, Krostitz, Laußig, Löbnitz, Rackwitz, Schkeuditz, Schönwölkau, Taucha, Wiedemar und Zschepplin
10. Freiberg	die Gemeinden Augustusburg, Bobritzsch-Hilbersdorf, Brand-Erbisdorf, Dorfchemnitz, Eppendorf, Flöha, Frauenstein, Freiberg, Großhartmannsdorf, Großschirma, Halsbrücke, Leubsdorf, Lichtenberg/Erzgeb., Mulda/Sa., Neuhausen/Erzgeb., Niederwiesa, Oberschöna, Oederan, Rechenberg-Bienenmühle, Reinsberg, Sayda und Weißenborn/Erzgeb.
11. Görlitz	die Gemeinden Görlitz, Horka, Kodersdorf, Königshain, Markersdorf, Neißeaue, Reichenbach/O.L., Schöpstal und Vierkirchen
12. Grimma	die Gemeinden Bad Lausick, Belgershain, Bennewitz, Borsdorf, Brandis, Colditz, Grimma, Lossatal, Machern, Naunhof, Otterwisch, Parthenstein, Thallwitz, Trebsen/Mulde und Wurzen
13. Hohenstein-Ernstthal	die Gemeinden Bernsdorf, Callenberg, Gersdorf, Glauchau, Hohenstein-Ernstthal, Lichtenstein/Sa., Limbach-Oberfrohna, Meerane, Niederfrohna, Oberlungwitz, Oberwiera, Remse, Schönberg, St. Egidien und Waldenburg
14. Hoyerswerda	die Gemeinden Bernsdorf, Elsterheide/Halštrowska Hola, Hoyerswerda/Wojerecy, Lauta, Lohsa/Laz, Spreetal/Sprjewiny Dol und Wittichenau/Kulow
15. Kamenz	die Gemeinden Arnsdorf, Crostwitz/Chrósćicy, Elstra, Großnaundorf, Großröhrsdorf, Haselbachtal, Kamenz/Kamjenc, Königsbrück, Laußnitz, Lichtenberg, Nebelschütz/Njebjelčicy, Neukirch, Ohorn, Oßling, Ottendorf-Okrilla, Panschwitz-Kuckau/Pančicy-Kukow, Pulsnitz, Räckelwitz/Worklecy, Radeberg, Ralbitz-Rosenthal/Ralbicy-Róžant, Schwepnitz, Steina und Wachau

16.	Leipzig	die Kreisfreie Stadt Leipzig
17.	Marienberg	die Gemeinden Amtsberg, Annaberg-Buchholz, Bärenstein, Börnichen/Erzgeb., Crottendorf, Deutschneudorf, Drebach, Ehrenfriedersdorf, Elterlein, Gelenau/Erzgeb., Geyer, Gornau/Erzgeb., Großolbersdorf, Großrückerswalde, Grünhainichen, Heidersdorf, Jöhstadt, Königswalde, Marienberg, Mildenau, Oberwiesenthal, Olbernhau, Pockau-Lengefeld, Scheibenberg, Schlettau, Sehmatal, Seiffen/Erzgeb., Tannenberg, Thermalbad Wiesenbad, Thum, Wolkenstein und Zschopau
18.	Meißen	die Gemeinden Coswig, Diera-Zehren, Käbschütztal, Klipphausen, Lommatzsch, Meißen, Moritzburg, Niederau, Nossen, Radebeul, Radeburg und Weinböhla
19.	Pirna	die Gemeinden Bad Gottleuba-Berggießhübel, Bad Schandau, Bahretal, Dohma, Dohna, Dürrröhrsdorf-Dittersbach, Gohrisch, Heidenau, Hohnstein, Königstein/Sächs. Schw., Liebstadt, Lohmen, Müglitztal, Neustadt in Sachsen, Pirna, Rathen, Rathmannsdorf, Reinhardtsdorf-Schöna, Rosenthal-Bielatal, Sebnitz, Stadt Wehlen, Stolpen und Struppen
20.	Plauen	die Gemeinden Adorf/Vogtl., Bad Brambach, Bad Elster, Bergen, Bösenbrunn, Eichigt, Elsterberg, Markneukirchen, Mühlental, Oelsnitz/Vogtl., Pausa-Mühltroff, Plauen, Pöhl, Rosenbach/Vogtl., Schöneck/Vogtl., Theuma, Tirpersdorf, Triebel/Vogtl., Weischlitz und Werda
21.	Riesa	die Gemeinden Ebersbach, Glaubitz, Gröditz, Großenhain, Hirschstein, Lampertswalde, Nünchritz, Priestewitz, Riesa, Röderaue, Schönfeld, Stauchitz, Strehla, Thiendorf, Wülknitz und Zeithain
22.	Torgau	die Gemeinden Arzberg, Beilrode, Belgern-Schildau, Cavertitz, Dahlen, Dommitzsch, Dreiheide, Elsnig, Liebschützberg, Mockrehna, Mügeln, Naundorf, Oschatz, Torgau, Trossin und Wermsdorf
23.	Weißwasser/O.L.	die Gemeinden Bad Muskau/Mužakow, Boxberg/O.L./Hamor, Gablenz/Jabłońc, Groß Düben/Dźěwin, Hähnichen, Hohendubrau/Wysoka Dubrawa, Krauschwitz i.d. O.L./Krušwica, Kreba-Neudorf/Chrjebja-Nowa Wjes, Mücka/Mikow, Niesky, Quitzdorf am See, Rietschen/Rěčicy, Rothenburg/O.L., Schleife/Slepo, Trebendorf/Trjebin, Waldhufen, Weißkeißel/Wuskidź und Weißwasser/O.L./Běla Woda
24.	Zittau	die Gemeinden Beiersdorf, Bernstadt a.d. Eigen, Bertsdorf-Hörnitz, Dürrhennersdorf, Ebersbach-Neugersdorf, Großschönau, Großschweidnitz, Hainewalde, Herrnhut, Jonsdorf, Kottmar, Lawalde, Leutersdorf, Löbau, Mittelherwigsdorf, Neusalza-Spremberg, Oderwitz, Olbersdorf, Oppach, Ostritz, Oybin, Rosenbach, Schönau-Berzdorf a.d. Eigen, Schönbach, Seifhennersdorf und Zittau
25.	Zwickau	die Gemeinden Crimmitschau, Crinitzberg, Dennheritz, Fraureuth, Hartenstein, Hartmannsdorf b. Kirchberg, Hirschfeld, Kirchberg, Langenbernsdorf, Langenweißbach, Lichtentanne, Mülsen, Neukirchen/Pleiße, Reinsdorf, Werdau, Wildenfels, Wilkau-Haßlau und Zwickau.

Sächsisches Nachbarrechtsgesetz (SächsNRG)

Vom 11. November 1997 (SächsGVBl. S. 582)
(BS Sachsen 33-2)
zuletzt geändert durch Art. 3 G zur Anpassung landesrechtl. Verjährungsvorschriften vom 8. Dezember 2008 (SächsGVBl. S. 940)

Inhaltsübersicht

Der Sächsische Landtag hat am 16. Oktober 1997 das folgende Gesetz beschlossen:

Erster Abschnitt
Allgemeine Bestimmungen

§ 1 Nachbar und Eigentümer

(1) [1]Nachbar im Sinne dieses Gesetzes ist der Eigentümer eines Grundstücks, das zu dem Grundstück des verpflichteten Eigentümers in einem engen örtlichen Zusammenhang steht. [2]Eigentümer im Sinne der folgenden Vorschriften ist der verpflichtete Eigentümer eines Grundstücks.

(2) An die Stelle des Eigentümers oder Nachbarn treten

1. der Erbbauberechtigte im Fall der Belastung des Grundstücks mit einem Erbbaurecht und

2. der Nutzer aufgrund eines in die Sachenrechtsbereinigung nach dem Gesetz zur Änderung sachenrechtlicher Bestimmungen (Sachenrechtsänderungsgesetz – SachenRÄndG) vom 21. September 1994 (BGBl. I S. 2457) einbezogenen Rechtsverhältnisses.

§ 2 Nachbarliche Rücksicht

[1]Rechte aus diesem Gesetz dürfen nur unter Rücksichtnahme auf die berechtigten Interessen des Eigentümers oder Nachbarn ausgeübt werden. [2]Sie dürfen nicht zur Unzeit geltend gemacht werden.

§ 3 Verhältnis zu anderen Vorschriften

[1]Die §§ 4 bis 30 gelten nur, soweit der Eigentümer und der Nachbar keine von diesen Bestimmungen abweichenden Vereinbarungen treffen und öffentlich-rechtliche Vorschriften nicht entgegenstehen. [2]Vereinbarungen binden den Rechtsnachfolger nur im Falle der Gesamtrechtsnachfolge oder soweit die sich aus ihnen ergebenden Rechte im Grundbuch eingetragen sind.

Zweiter Abschnitt
Einfriedungen

§ 4 Einfriedungsrecht

[1]Jeder Nachbar darf sein Grundstück einfrieden. [2]Ortsübliche Einfriedungen dürfen auch auf der Grenze errichtet werden. [3]Eine Einfriedung darf bei Grundstücksgrenzen zu dem Gemeingebrauch dienenden Flächen nicht auf der Grenze vorgenommen werden. [4]Die Vorschriften des Dritten Abschnittes bleiben unberührt.

§ 5 Kosten

(1) Wer eine Einfriedigung errichtet, trägt die Herstellungs- und Unterhaltungskosten.

(2) [1]Die Kosten für die Unterhaltung einer ortsüblichen Einfriedung auf der Grenze tragen der Eigentümer und der Nachbar zu gleichen Teilen. [2]Die Kosten der Unterhaltung vorhandener Einfriedungen zu dem Gemeingebrauch dienenden Flächen trägt jeder Nachbar selbst. [3]Die Eigentümer von landwirtschaftlich (§ 201 Baugesetzbuch) genutzten Grundstücken und Waldflächen sind nicht zur Tragung von Kosten der Unterhaltung von Einfriedungen verpflichtet.

§ 6 Kostentragungspflicht des Störers

Reicht eine ortsübliche Einfriedung nicht aus, um angemessenen Schutz vor unzumutbaren Beeinträchtigungen durch eine nicht ortsübliche Benutzung des anderen Grundstücks zu bieten, so kann der Nachbar von dem Eigentümer die Erstattung der Mehrkosten der Herstellung und Unterhaltung der Einfriedung verlangen, die für die Verhinderung oder Verminderung der Beeinträchtigungen erforderlich sind.

§ 7 Abstand von der Grenze

(1) [1]Eine Einfriedung muß von der Grenze eines landwirtschaftlich genutzten Grundstücks des Nachbarn 0,6 m zurückbleiben, wenn beide Grundstücke außerhalb eines im Zusammenhang bebauten Ortsteils liegen und nicht in einem Bebauungsplan als Baugebiet ausgewiesen sind. [2]Der Geländestreifen vor der Einfriedung darf bei der Bewirtschaftung des Grundstücks des Nachbarn betreten und befahren werden.

(2) Die Verpflichtung nach Absatz 1 erlischt, wenn eines der beiden Grundstücke Teil eines im Zusammenhang bebauten Ortsteils oder in einem Bebauungsplan als Bauland ausgewiesen wird.

§ 8 (aufgehoben)

Dritter Abschnitt
Grenzabstände für Pflanzen

§ 9 Grenzabstände für Bäume und Sträucher

(1) Der Nachbar kann vom Eigentümer verlangen, daß Bäume, Sträucher oder Hecken innerhalb eines im Zusammenhang bebauten Ortsteils mindestens 0,5 m oder, falls sie über 2 m hoch sind, mindestens 2 m von der Grundstücksgrenze des Nachbarn entfernt sind.

(2) Außerhalb eines im Zusammenhang bebauten Ortsteils genügt ein Grenzabstand von im für alle Anpflanzungen.

(3) § 25 des Waldgesetzes für den Freistaat Sachsen (SächsWaldG) vom 10. April 1992 (SächsGVBl. S. 137) bleibt unberührt.

§ 10 Grenzabstand zu landwirtschaftlichen Grundstücken

Ist das Grundstück des Nachbarn landwirtschaftlich genutzt, ist zu diesem mindestens ein Abstand von 0,75 m oder, falls die Bäume, Sträucher oder Hecken über 2 m hoch sind, ein Abstand von mindestens 3 m einzuhalten, wenn der Schattenwurf die wirtschaftliche Bestimmung des Grundstücks erheblich beeinträchtigen würde.

§ 11 Grenzabstände im Weinbau

(1) Der Nachbar kann vom Eigentümer eines dem Weinbau dienenden Grundstücks bei der Anpflanzung von Rebstöcken die Beachtung folgender Abstände von der Grenze seines Grundstücks verlangen:

1. gegenüber den parallel zu den Rebzeilen verlaufenden Grenzen die Hälfte des geringsten Zeilenabstandes, gemessen zwischen den Mittellinien der Rebzeilen, mindestens aber 0,75 m,

2. gegenüber den sonstigen Grenzen, gerechnet vom äußersten Rebstock oder der äußersten Verankerung der Erziehungsvorrichtung an, mindestens 1 m.

(2) Absatz 1 gilt nicht für die Anpflanzung von Rebstöcken an Grundstücksgrenzen, die durch Stützmauern gebildet werden.

§ 12 Ausnahmen

Die §§ 9 bis 11 gelten nicht für

1. Anpflanzungen an den Grenzen zu dem Gemeingebrauch dienenden Flächen,

2. Anpflanzungen im öffentlichen Straßenraum und an Uferböschungen,

3. Anpflanzungen hinter einer Wand oder einer undurchsichtigen Einfriedung, wenn sie diese nicht überragen.

§ 13 Bestimmung des Abstandes

Abstand nach diesem Abschnitt ist die kürzeste waagerechte Entfernung zwischen der Grenze und der Mitte des Baumstammes, des Strauches oder der Hecke an der Stelle, an der die Pflanze aus dem Boden austritt.

§ 14 Anspruch auf Beseitigung

(1) Der Nachbar kann verlangen, daß Bäume, Sträucher oder Hecken, die über die nach §§ 9 oder 10 zulässigen Höhen hinauswachsen, nach Wahl des Eigentümers zurückgeschnitten oder beseitigt werden.

(2) Der Eigentümer braucht das Zurückschneiden und die Beseitigung von Pflanzen nicht in der Zeit vom 1. März bis zum 30. September vorzunehmen.

§ 15 (aufgehoben)

§ 16 Bestandsschutz

[1]Die Rechtmäßigkeit des Grenzabstandes von Bäumen, Sträuchern, Hecken und Rebstöcken wird durch nachträgliche Grundstücksteilungen, rechtmäßige Änderungen der Grundstücksgrenze oder Grenzfeststellungen nicht berührt. [2]Sie richtet sich bei nachträglichen Grenzfeststellungen nach dem bisher angenommenen Grenzverlauf.

Vierter Abschnitt
Bodenerhöhungen und Aufschichtungen

§ 17 Bodenerhöhungen

Der Nachbar kann verlangen, daß der Eigentümer eines Grundstücks, dessen Oberfläche künstlich erhöht wurde, geeignete Vorkehrungen trifft, die eine durch diese Erhöhung verursachte Gefährdung des Grundstücks des Nachbarn ausschließen.

§ 18 Grenzabstand von Aufschichtungen

(1) [1]Der Nachbar kann verlangen, daß Aufschichtungen von Holz, Steinen, Heu, Stroh, Kompost und ähnlichen Stoffen mindestens 0,5 m von der Grenze entfernt sind. [2]Sind die Aufschichtungen höher als 2 m, so muß der Abstand um soviel über 0,5 m betragen, als ihre Höhe 2 m übersteigt; in Wohngebieten darf eine Aufschichtung nicht höher sein als 2 m.

(2) Als Abstand gemäß Absatz 1 gilt die kürzeste Entfernung von der Grenze zur Aufschichtung.

(3) Diese Vorschriften gelten nicht für Grundstücksgrenzen zu dem Gemeingebrauch dienenden Flächen.

Fünfter Abschnitt
Duldung von Leitungen

§ 19 Duldungspflicht
(1) Der Nachbar darf Wasserversorgungs- oder Abwasserleitungen zu seinem Grundstück durch das Grundstück des Eigentümers führen, wenn
1. der Anschluß an das Wasserversorgungs- oder Entwässerungsnetz anders nicht oder nur mit unverhältnismäßig hohen Kosten durchgeführt werden kann und
2. die damit verbundene Beeinträchtigung des Eigentümers zumutbar ist.

(2) ¹Der Eigentümer ist berechtigt, sein Grundstück an die verlegten Leitungen anzuschließen, wenn diese ausreichen, um die Wasserversorgung oder die Entwässerung beider Grundstücke sicherzustellen. ²Der Eigentümer kann verlangen, daß die Leitungen so verlegt werden, daß sein Grundstück ebenfalls angeschlossen werden kann; dadurch entstehende Mehrkosten hat er dem Nachbarn zu erstatten.

§ 20 Unterhaltung der Leitungen
¹Der Nachbar hat die nach § 19 Abs. 1 verlegten Leitungen, der Eigentümer die nach § 19 Abs. 2 verlegten Anschlußleitungen jeweils auf eigene Kosten zu unterhalten. ²Zu den Unterhaltungskosten der Teile der Leitungen, die vom Eigentümer nach § 19 Abs. 2 mitbenutzt werden, hat dieser einen angemessenen Beitrag zu leisten.

§ 21 Betretungsrecht
Der Eigentümer hat zu dulden, daß der Nachbar das Grundstück des Eigentümers zur Verlegung, Änderung, Unterhaltung oder Beseitigung einer Wasserversorgungs- oder Abwasserleitung betritt, die zu den Arbeiten erforderlichen Gegenstände über dieses transportiert und Erdaushub vorübergehend dort lagert, wenn und soweit
1. das Vorhaben anders nicht oder nur mit unverhältnismäßig hohen Kosten durchgeführt werden kann und
2. die mit der Duldung verbundenen Nachteile und Belästigungen des Eigentümers nicht außer Verhältnis zu dem vom Nachbarn erstrebten Vorteil stehen.

§ 22 Nachträgliche erhebliche Beeinträchtigungen
¹Führen die nach § 19 Abs. 1 verlegten Leitungen nachträglich zu einer erheblichen Beeinträchtigung, so kann der Eigentümer verlangen, daß der Nachbar die Beeinträchtigung beseitigt. ²Führt die gemeinschaftliche Nutzung der Leitungen nach § 19 Abs. 2 zu einer erheblichen Beeinträchtigung, so kann der Eigentümer verlangen, daß der Nachbar die Beseitigung der Beeinträchtigung duldet.

§ 23 Anschluß an andere Leitungen
Die Bestimmungen dieses Abschnitts gelten entsprechend für
1. Gas- und Elektrizitätsleitungen,
2. Fernmeldelinien und
3. Einrichtungen zur Versorgung mit Fernwärme, sofern derjenige, der sein Grundstück anschließen will, einem Anschlußzwang unterliegt.

Sechster Abschnitt
Sonstige Nachbarschaftsrechte

§ 24 Hammerschlags-, Leiter- und Schaufelschlagrecht
(1) Der Eigentümer hat zu dulden, daß der Nachbar zur Errichtung, Veränderung, Reinigung, Unterhaltung oder Beseitigung einer baulichen Anlage auf seinem Grundstück das Grundstück des Eigentümers vorübergehend betritt, darauf oder darüber Leitern oder Gerüste aufstellt sowie die zu den Bauarbeiten erforderlichen Gegenstände über das Grundstück des Eigentümers transportiert, wenn und soweit die Voraussetzungen des § 21 vorliegen.

(2) ¹Der Eigentümer hat zu dulden, daß der Nachbar für die Dauer der nach Absatz 1 durchzuführenden Arbeiten Sand, Schlamm oder anderen Erdaushub auf dem Grundstück des Eigentümers lagert, wenn

und soweit die Voraussetzungen des § 21 vorliegen. [2]Nach Abschluß der Arbeiten ist dieser von dem Nachbarn unverzüglich zu entfernen.

§ 25 Ableitung des Niederschlagswassers
(1) Die baulichen Anlagen eines Grundstücks müssen so eingerichtet sein, daß abgeleitetes Niederschlagswasser nicht auf das Grundstück des Nachbarn übertritt.
(2) Absatz 1 findet keine Anwendung auf freistehende Mauern an dem Gemeingebrauch dienenden Flächen.

§ 26 Hochführen von Schornsteinen, Lüftungsschächten und Antennen
(1) Grenzt ein Gebäude unmittelbar an ein höheres, so hat der Eigentümer des höheren Gebäudes zu dulden, daß der Nachbar Schornsteine, Lüftungsschächte und Antennenanlagen befestigt, wenn dies für deren Betriebsfähigkeit erforderlich ist und der Eigentümer nicht unverhältnismäßig beeinträchtigt wird.
(2) Der Eigentümer hat ferner zu dulden, daß
1. die höhergeführten Schornsteine, Lüftungsschächte und Antennenanlagen von seinem Grundstück aus unterhalten oder gereinigt werden oder
2. die hierfür erforderlichen Einrichtungen auf seinem Grundstück angebracht werden,
wenn diese Maßnahmen anders nicht oder nur mit unverhältnismäßig hohen Kosten getroffen werden können.
(3) Die Absätze 1 und 2 gelten nicht, soweit der Eigentümer dem Nachbarn die Mitbenutzung einer eigenen geeigneten Anlage gestattet.

Siebenter Abschnitt
Gemeinsame Bestimmungen

§ 27 Anzeigepflicht
(1) [1]Die Ausübung der Rechte aus § 21, § 24 oder § 26 Abs. 2 ist dem Eigentümer spätestens einen Monat, die Ausübung der Rechte aus § 4, § 19 Abs. 1 und § 26 Abs. 1 ist dem Eigentümer spätestens zwei Monate vor Durchführung der geplanten Maßnahme anzuzeigen. [2]Die Ausübung des Rechts aus § 19 Abs. 2 ist dem Nachbarn spätestens einen Monat vor Durchführung der Arbeiten anzuzeigen. [3]Die vorgeschriebenen Tätigkeiten des Bezirksschornsteinfegermeisters, notwendige Besichtigungen zu duldender Anlagen sowie kleinere Arbeiten, die den Eigentümer nicht belästigen, bedürfen keiner Anzeige nach Satz 1.
(2) Die Anzeige muß schriftlich erfolgen und detaillierte Angaben zu Art und Umfang der geplanten Rechtsausübung enthalten.
(3) [1]Etwaige Einwendungen gegen die beabsichtigte Rechtsausübung sollen unverzüglich erhoben werden. [2]Sie sind schriftlich geltend zu machen.
(4) Ist der Aufenthalt des Eigentümers und seines Vertreters nicht bekannt oder sind diese nur mit unverhältnismäßig hohem Aufwand alsbald erreichbar, so genügt die Anzeige an den unmittelbaren Besitzer oder in den Fällen des § 1 Abs. 2 an denjenigen, der im Grundbuch als Eigentümer eingetragen ist.
(5) § 904 des Bürgerlichen Gesetzbuches (BGB) bleibt unberührt.

§ 28 Schadensersatz
(1) [1]Ein Schaden, der dem Eigentümer durch Ausübung der Rechte des Nachbarn nach § 4, § 7 Abs. 1 Satz 2, § 19 Abs. 1, § 21, 24 oder § 26 Abs. 1 oder 2 oder aufgrund Geltendmachung seines eigenen Anspruchs nach § 22 entsteht, ist von dem Nachbarn zu ersetzen. [2]Hat der Eigentümer den Schaden mitverursacht, so hängt die Ersatzpflicht sowie der Umfang der Ersatzleistung von den Umständen ab, insbesondere davon, inwieweit die Schäden vorwiegend von dem einen oder anderen Teil verursacht worden ist; in dem Fall des § 22 gilt die Geltendmachung des Anspruches durch den Eigentümer nicht als Mitverschulden.
(2) Absatz 1 gilt entsprechend für einen Schaden, der dem Nachbarn durch Ausübung des Rechts aus § 19 Abs. 2 entsteht.

§ 29 Entschädigung

[1]Für die Duldung der Rechtsausübung nach § 7 Abs. 1 Satz 2, § 19 Abs. 1, §§ 21, 24 oder § 26 Abs. 1 und 2 hat der Nachbar den Eigentümer nach Billigkeit zu entschädigen. [2]Dabei sind die dem Nachbarn durch die Ausübung des Rechts zugute kommenden Einsparungen und der Umfang der Belästigung des Eigentümers angemessen zu berücksichtigen. [3]Bei dauernder Duldungspflicht ist eine Rente jährlich im voraus zu entrichten.

§ 30 (aufgehoben)

§ 31 Verjährung

(1) Ansprüche auf Schadensersatz und andere Ansprüche nach diesem Gesetz, die auf Zahlung von Geld gerichtet sind, sowie Ansprüche aus § 14 Abs. 1 verjähren in drei Jahren.

(2) [1]Absatz 1 gilt auch für Ansprüche auf Beseitigung einer Einfriedung, die einen geringeren als den in § 7 Abs. 1 vorgeschriebenen Grenzabstand hat. [2]Wird die in Satz 1 genannte Einfriedung durch eine andere ersetzt, beginnt die Verjährung des Beseitigungsanspruchs erneut.

(3) Die Vorschriften des Bürgerlichen Gesetzbuches hinsichtlich Beginn, Hemmung, Ablaufhemmung und Neubeginn der Verjährung gelten entsprechend.

Achter Abschnitt
Schlußbestimmungen

§ 32 Übergangsbestimmungen

(1) Einrichtungen und Pflanzen, die bei Inkrafttreten dieses Gesetzes dem bisherigen Recht entsprechen, sind nach Maßgabe des bisherigen Rechts weiter zu dulden.

(2) Nach diesem Gesetz können Ansprüche im Hinblick auf Einrichtungen und Pflanzen, die bei Inkrafttreten dieses Gesetzes dem bisherigen Recht nicht entsprochen haben, aber bis zum 2. Oktober 1990 von staatlichen Stellen geduldet wurden, nicht vor Ablauf von zwei Jahren ab Inkrafttreten geltend gemacht werden, es sei denn, dem Eigentümer war im Zeitpunkt der Errichtung die Rechtslage bekannt.

§ 32a Überleitungsvorschrift

Artikel 229 § 6 des Einführungsgesetzes zum Bürgerlichen Gesetzbuche in der Fassung der Bekanntmachung vom 21. September 1994 (BGBl. I S. 2494, 1997 I S. 1061), das zuletzt durch Artikel 2 des Gesetzes vom 23. Oktober 2008 (BGBl. I S. 2022) geändert worden ist, ist in der jeweils geltenden Fassung mit der Maßgabe entsprechend anzuwenden, dass an die Stelle des 1. Januar 2002 der 1. Januar 2009 und an die Stelle des 31. Dezember 2001 der 31. Dezember 2008 tritt.

§ 33 Außerkrafttreten von Bestimmungen

Soweit privates Nachbarrecht über den 2. Oktober 1990 hinaus als Landesrecht fortgegolten hat, wird dieses hiermit aufgehoben.

§ 34 Inkrafttreten

Dieses Gesetz tritt am 1. Januar 1998 in Kraft.

Gesetz über die Juristenausbildung im Freistaat Sachsen (Sächsisches Juristenausbildungsgesetz – SächsJAG)

Vom 27. Juni 1991 (SächsGVBl. S. 224)

(BS Sachsen 305-1)

zuletzt geändert durch Art. 3 G zur Änd. von Gesetzen mit Bezug zur Justiz vom 15. November 2017 (SächsGVBl. S. 598)

Der Sächsische Landtag hat am 21. Juni 1991 das folgende Gesetz beschlossen, das hiermit verkündet wird:

§ 1 Landesjustizprüfungsamt

[1]Für die Durchführung der in § 5 Absatz 1 des Deutschen Richtergesetzes vorgeschriebenen staatlichen Pflichtfachprüfung und zweiten Juristischen Staatsprüfung wird bei dem Staatsministerium der Justiz das Landesjustizprüfungsamt errichtet. [2]Der Präsident des Landesjustizprüfungsamtes und seine Stellvertreter müssen die Befähigung zum Richteramt besitzen. [3]Der Staatsminister der Justiz kann einen Richter, Staatsanwalt oder Beamten mit den Aufgaben des Präsidenten des Landesjustizprüfungsamtes betrauen.

§ 2 Erste Juristische Prüfung

[1]Die Erste Juristische Prüfung ist Hochschulabschlußprüfung und Einstellungsprüfung für den juristischen Vorbereitungsdienst im Freistaat Sachsen. [2]Sie hat Wettbewerbscharakter und soll feststellen, ob der Bewerber das Ziel des rechtswissenschaftlichen Studiums erreicht hat und für den Vorbereitungsdienst als Rechtsreferendar fachlich geeignet ist. [3]In der staatlichen Pflichtfachprüfung soll der Bewerber zeigen, daß er das Recht mit Verständnis erfassen und anwenden kann und über die hierzu erforderlichen Kenntnisse in den Prüfungsfächern mit ihren geschichtlichen, gesellschaftlichen, wirtschaftlichen, politischen und rechtsphilosophischen Grundlagen verfügt.

§ 3 Zweite Juristische Staatsprüfung

(1) Die Zweite Juristische Staatsprüfung ist Abschlußprüfung und Laufbahnprüfung im Sinn des Sächsischen Beamtengesetzes vom 18. Dezember 2013 (SächsGVBl. S. 970, 971), in der jeweils geltenden Fassung.

(2) Die Zweite Juristische Staatsprüfung hat Wettbewerbscharakter und soll feststellen, ob der Rechtsreferendar das Ziel der Ausbildung erreicht hat und ihm deshalb nach seinen Kenntnissen, seinem praktischen Geschick und dem Gesamtbild seiner Persönlichkeit die Befähigung zum Richteramt (§ 5 Absatz 1 des Deutschen Richtergesetzes) und zum höheren allgemeinen Verwaltungsdienst zuzusprechen ist.

§ 3a Widerspruchsverfahren

[1]Gegen die Entscheidung über das Ergebnis der staatlichen Pflichtfachprüfung und Zweiten Juristischen Staatsprüfung findet das Widerspruchsverfahren statt. [2]Über den Widerspruch entscheidet der Präsident des Landesjustizprüfungsamtes.

§ 4 Prüfungsorte und Prüfungsorgane der Ersten Juristischen Prüfung

(1) [1]Die staatliche Pflichtfachprüfung wird am Sitz der Juristischen Fakultäten im Freistaat Sachsen abgehalten. [2]Der Präsident des Landesjustizprüfungsamtes kann bestimmen, dass die staatliche Pflichtfachprüfung ausschließlich am Sitz einer juristischen Fakultät abgehalten wird.

(2) Prüfungsorgane sind der Prüfungsausschuß für die staatliche Pflichtfachprüfung, der Präsident des Landesjustizprüfungsamtes sowie die weiteren Prüfer.

(3) Zu Mitgliedern des Prüfungsausschusses und Prüfern können bestellt werden:

1. Hochschullehrer des Rechts;
2. Richter, Staatsanwälte und Notare;
3. Rechtsanwälte und sonstige Juristen mit der Befähigung zum Richteramt nach dem Deutschen Richtergesetz.

§ 5 Prüfungsorte und Prüfungsorgane der Zweiten Juristischen Prüfung

(1) [1]Die Zweite Juristische Staatsprüfung wird in Dresden abgehalten. [2]Die schriftliche Prüfung kann auch an anderen Orten abgenommen werden.

(2) Prüfungsorgane sind der Prüfungsausschuß für die Zweite Juristische Staatsprüfung, der Präsident des Landesjustizprüfungsamtes sowie die weiteren Prüfer.

(3) Zu Mitgliedern des Prüfungsausschusses und Prüfern können bestellt werden:

1. Hochschullehrer des Rechts;
2. Richter, Staatsanwälte und Notare;
3. Rechtsanwälte und sonstige Juristen mit der Befähigung zum Richteramt nach dem Deutschen Richtergesetz.

§ 6 Stellung der Prüfungsorgane

(1) Der Präsident des Landesjustizprüfungsamtes, die Mitglieder der Prüfungsausschüsse sowie die Prüfer sind in Prüfungsangelegenheiten an keine Weisungen gebunden.

(2) [1]Der Staatsminister der Justiz ernennt den Präsidenten des Landesjustizprüfungsamtes sowie seine Stellvertreter und bestellt die Mitglieder der Prüfungsausschüsse. [2]Die Prüfungsausschüsse bestellen die jeweiligen Prüfer. [3]Die Bestellung der Mitglieder der Prüfungsausschüsse, die nicht im Geschäftsbereich des Staatsministeriums der Justiz beschäftigt sind, und der Prüfer erfolgt im Einvernehmen mit dem Dekan der zuständigen Juristischen Fakultät, der zuständigen Standesvertretung oder der zuständigen obersten Dienstbehörde. [4]Die Mitglieder der Prüfungsausschüsse und die Prüfer werden auf 5 Jahre bestellt. [5]Wiederbestellungen sind möglich.

§ 7 Vorbereitungsdienst

(1) Der Zweiten Juristischen Staatsprüfung geht ein einheitlicher Vorbereitungsdienst voraus.

(2) [1]Wer die Erste Juristische Prüfung bestanden hat, wird nach Maßgabe einer Rechtsverordnung gemäß § 8 Satz 2 Nummer 10 auf Antrag zum Vorbereitungsdienst zugelassen. [2]Es kann ein Wahlrecht zwischen dem Vorbereitungsdienst im Beamtenverhältnis auf Widerruf und dem in einem öffentlich-rechtlichen Ausbildungsverhältnis vorgesehen werden.

(3) Der Vorbereitungsdienst endet ohne besonderen Widerruf mit Ablauf des Tages, an welchem dem Rechtsreferendar eröffnet wird, daß er die Zweite Juristische Staatsprüfung mit Erfolg abgelegt oder bei der ersten Wiederholung nicht bestanden hat.

§ 8 Verordnungsermächtigung

[1]Das Staatsministerium der Justiz wird ermächtigt, im Einvernehmen mit den Staatsministerien des Innern, der Finanzen und für Wissenschaft und Kunst zur Durchführung dieses Gesetzes durch Rechtsverordnung nähere Vorschriften zu erlassen. [2]Hierzu können insbesondere Bestimmungen getroffen werden über

1. die Berufung und die Amtszeit der Prüfungsorgane;
2. die Aufgaben und Zuständigkeiten der Prüfungsorgane;
3. die Organisation, Aufgaben und Zuständigkeiten des Landesjustizprüfungsamtes;
4. die Bestellung von Örtlichen Prüfungsleitern als Außenstellen des Landesjustizprüfungsamtes;
5. die Frist für die Meldung zur staatlichen Pflichtfachprüfung, die Voraussetzung für die Zulassung zur staatlichen Pflichtfachprüfung, insbesondere über den Nachweis eines ordnungsgemäßen Rechtsstudiums, über das Erfordernis, für die zwei der staatlichen Pflichtfachprüfung unmittelbar vorausgehenden Fachsemester an der Universität des Prüfungsortes eingeschrieben gewesen zu sein, sowie über die Vorlage von Zeugnissen über die erforderliche Teilnahme an der Zwischenprüfung und an Lehrveranstaltungen sowie den Verlust des Anspruchs auf Zulassung zur staatlichen Pflichtfachprüfung;
5a. den Inhalt und den Umfang der Schwerpunktbereiche sowie die Anforderungen in der Schwerpunktbereichsprüfung;
6. die Voraussetzungen für die Zulassung zur Zweiten Juristischen Staatsprüfung und den Verlust des Anspruchs auf Zulassung zur Zweiten Juristischen Staatsprüfung;
7. den Prüfungsstoff, das Prüfungsverfahren, insbesondere Art und Zahl der Prüfungsleistungen im schriftlichen und mündlichen Teil der Prüfungen, die Bewertung der Prüfungsleistungen, die Erteilung von Zeugnissen, den Rücktritt von den Prüfungen und die Wiederholung der Prüfungen sowie die Erhebung einer angemessenen Prüfungsgebühr für die Wiederholung zur Notenverbesserung, die Verhinderung von Prüfungsteilnehmern und die Prüfungsmängel sowie über die jeweilige Geltendmachung und die Festlegung besonderer Bedingungen für behinderte Prüfungsteilnehmer;

8. Kontrollen zur Aufdeckung von Verstößen gegen Prüfungsbestimmungen auch unter Einsatz technischer Hilfsmittel, die Mitwirkungspflichten der Prüfungsteilnehmer an Kontrollen und die Folgen von Verstößen gegen Prüfungsbestimmungen;

9. das Wahlrecht nach § 7 Absatz 2 Satz 2 und die Ausgestaltung des öffentlich-rechtlichen Ausbildungsverhältnisses;

10. die weiteren Voraussetzungen für die Zulassung zum Vorbereitungsdienst in Ergänzung des § 7 Absatz 2 einschließlich der Zulassungsbeschränkung wegen Erschöpfung der Ausbildungskapazitäten, insbesondere die Ermittlung der Zahl der vorhandenen Ausbildungsplätze, das durchzuführende Auswahlverfahren und die Bestimmung der Einstellungsanteile nach Maßgabe des Ergebnisses der Ersten Juristischen Prüfung, der Wartezeit sowie besonderer Härtefälle; die Ablehnung der Zulassung, die Voraussetzungen für die Entlassung aus dem Vorbereitungsdienst, die Pflichten und Rechte des Rechtsreferendars, den Urlaub, die Beurlaubung und Nebentätigkeiten, die Gliederung und inhaltliche Gestaltung des Vorbereitungsdienstes, insbesondere die Fertigung von Vorlagearbeiten, die Teilnahme an Arbeitsgemeinschaften und Lehrgängen und die Erteilung von Zeugnissen, die Verlängerung des Vorbereitungsdienstes im Einzelfall sowie die Zuständigkeit für Entscheidungen im Zusammenhang mit dem Vorbereitungsdienst;

11. die Anrechnung von Studienzeiten und von Ausbildungszeiten anderer Ausbildungsgänge auf die Juristenausbildung.

§ 9 Übergangsbestimmungen
Für Rechtsreferendare, die vor dem In-Kraft-Treten des Dritten Gesetzes zur Änderung des Sächsischen Juristenausbildungsgesetzes vom 16. Februar 2006 (SächsGVBl. S. 57) den Vorbereitungsdienst angetreten haben, findet dieses Gesetz in der bis zum 15. März 2006 geltenden Fassung Anwendung.

§ 10 Inkrafttreten
Dieses Gesetz tritt am Tage nach seiner Verkündung[1] in Kraft.

---

1) Verkündet am 9.7.1991

Ausbildungs- und Prüfungsordnung für Juristen des Freistaates Sachsen (SächsJAPO)

In der Fassung vom 7. April 2006[1] (SächsGVBl. S. 105)
(BS Sachsen 305-1.1/2)
zuletzt geändert durch Art. 1 7. ÄndVO vom 7. November 2018 (SächsGVBl. S. 687)

Inhaltsübersicht

1)   Neubekanntmachung der SächsJAPO v. 9.9.2003 (SächsGVBl. S. 501) in der ab 31.3.2006 geltenden Fassung.

Teil 1
Gliederung der Ausbildung

§ 1 Ausbildungsabschnitte und Prüfungen
[1]Die Ausbildung gliedert sich in ein Universitätsstudium und einen anschließenden zweijährigen Vorbereitungsdienst. [2]Die Erste Juristische Prüfung wird im Anschluss an das Universitätsstudium abgelegt. [3]Sie besteht aus einer staatlichen Pflichtfachprüfung und einer universitären Schwerpunktbereichsprüfung. [4]Die Zweite Juristische Staatsprüfung schließt den Vorbereitungsdienst ab. [5]Mit dem Bestehen der Zweiten Juristischen Staatsprüfung wird die Befähigung zum Richteramt gemäß § 5 Absatz 1 des Deutschen Richtergesetzes und für die zweite Einstiegsebene der Laufbahngruppe 2 der Fachrichtung Allgemeine Verwaltung mit dem fachlichen Schwerpunkt allgemeiner Verwaltungsdienst erworben.

Teil 2
Allgemeine Vorschriften

Abschnitt 1
Prüfungsbehörde und Prüfungsorgane

§ 2 Aufgaben und Zuständigkeiten
(1) [1]Die staatliche Pflichtfachprüfung und die Zweite Juristische Staatsprüfung werden vom Landesjustizprüfungsamt durchgeführt. [2]Zur Unterstützung bei der Durchführung der Prüfungen kann der Präsident des Landesjustizprüfungsamtes an allen Prüfungsorten Örtliche Prüfungsleiter und Stellvertreter der Örtlichen Prüfungsleiter als Außenstellen des Landesjustizprüfungsamtes bestellen. [3]Zu Örtlichen Prüfungsleitern können Richter, Staatsanwälte oder Juristen in der öffentlichen Verwaltung bestellt werden.

(2) [1]Soweit nach dieser Verordnung nicht die Zuständigkeit eines anderen Prüfungsorgans begründet ist, entscheidet der Präsident des Landesjustizprüfungsamtes; soweit nichts anderes bestimmt ist, gibt er die Beschlüsse der anderen Prüfungsorgane bekannt, entscheidet über die Anordnung der sofortigen Vollziehung und trifft an Stelle der Prüfungsausschüsse unaufschiebbare Entscheidungen. [2]Der Präsident des Landesjustizprüfungsamtes kann seine Befugnisse nach Satz 1 auf die Mitarbeiter des Landesjustizprüfungsamtes sowie auf die Örtlichen Prüfungsleiter übertragen.

(3) Die Prüfer haben folgende Aufgaben:
1. Bewertung der Prüfungsarbeiten,
2. Abnahme der mündlichen Prüfung,
3. Entwerfen von Prüfungsaufgaben.

(4) Der Präsident des Landesjustizprüfungsamtes und die Mitglieder der Prüfungsausschüsse sowie ihre Stellvertreter können zusätzlich Aufgaben der Prüfer wahrnehmen.

§ 3 Weisungsunabhängigkeit
Die Örtlichen Prüfungsleiter und die Mitarbeiter des Landesjustizprüfungsamtes unterliegen in dieser Eigenschaft in Prüfungsangelegenheiten nur den Weisungen des Präsidenten des Landesjustizprüfungsamtes.

§ 4 Zusammensetzung und Rechtsstellung der Prüfungsorgane

(1) Der Prüfungsausschuss für die staatliche Pflichtfachprüfung besteht aus dem Präsidenten des Landesjustizprüfungsamtes als Vorsitzenden, zwei Universitätsprofessoren einer juristischen Fakultät im Freistaat Sachsen, die auf die staatliche Pflichtfachprüfung vorbereitet, mit Ausnahme von Professoren im Sinne der §§ 62, 64 und 65 des Sächsischen Hochschulfreiheitsgesetzes in der Fassung der Bekanntmachung vom 15. Januar 2013 (SächsGVBl. S. 3), das zuletzt durch Artikel 44 des Gesetzes vom 26. April 2018 (SächsGVBl. S. 198) geändert worden ist, in der jeweils geltenden Fassung, und einem weiteren Mitglied.

(2) [1]Der Prüfungsausschuss für die Zweite Juristische Staatsprüfung besteht aus dem Präsidenten des Landesjustizprüfungsamtes als Vorsitzenden und vier weiteren Mitgliedern. [2]Mindestens eines der Mitglieder muss zugelassener Rechtsanwalt oder Notar sein.

(3) [1]Die Mitgliedschaft in den Prüfungsausschüssen endet mit Ablauf des Bestellungszeitraumes nach § 6 Absatz 2 Satz 4 des Sächsischen Juristenausbildungsgesetzes oder mit dem Ausscheiden aus dem Hauptamt, spätestens jedoch mit der Vollendung des 68. Lebensjahres. [2]Die Prüfereigenschaft endet mit Ablauf des Bestellungszeitraumes nach § 6 Absatz 2 Satz 4 des Sächsischen Juristenausbildungsgesetzes, spätestens jedoch mit der Vollendung des 68. Lebensjahres. [3]Ist zu diesem Zeitpunkt ein Prüfungstermin, an dem der Prüfer mitwirkt, noch nicht abgeschlossen, endet die Prüfereigenschaft mit Abschluss dieses Termins. [4]Bei besonderem Bedarf kann der Präsident des Landesjustizprüfungsamtes mit Zustimmung des Prüfungsausschusses im Einzelfall die Prüferbestellung über das 68. Lebensjahr hinaus einmalig um weitere fünf Jahre verlängern.

(3a) [1]Mit Zustimmung des Mitglieds des Prüfungsausschusses oder des Prüfers kann der Präsident des Landesjustizprüfungsamtes die Bestellung jederzeit aufheben. [2]Der Staatsminister der Justiz kann die Bestellung eines Mitglieds des Prüfungsausschusses bei Vorliegen eines wichtigen Grundes ohne Zustimmung des Mitglieds aufheben. [3]Der Präsident des Landesjustizprüfungsamtes kann die Bestellung eines Prüfers bei Vorliegen eines wichtigen Grundes mit Zustimmung des Prüfungsausschusses aufheben.

(4) Für die Mitglieder der Prüfungsausschüsse sind für den Verhinderungsfall Stellvertreter zu bestellen.

(5) [1]Wiederbestellungen der Mitglieder der Prüfungsausschüsse und ihrer Stellvertreter erfolgen durch den Staatsminister der Justiz. [2]Die weiteren Prüfer werden durch den Präsidenten des Landesjustizprüfungsamtes wiederbestellt.

(6) [1]Für die Mitwirkung an den juristischen Prüfungen wird eine Vergütung gewährt. [2]Die Höhe der Vergütung bestimmt sich nach der Anlage zu dieser Verordnung.

§ 5 Beschlussfassung der Prüfungsausschüsse

(1) [1]Die Prüfungsausschüsse entscheiden mit Stimmenmehrheit. [2]Bei Stimmengleichheit entscheidet die Stimme des Vorsitzenden.

(2) Auf Anordnung des Vorsitzenden kann der Prüfungsausschuss im Sternverfahren fernmündlich oder in Textform beschließen, wenn kein Mitglied dem widerspricht.

Abschnitt 2

Gemeinsame Vorschriften für das Prüfungsverfahren in der staatlichen Pflichtfachprüfung und der Zweiten Juristischen Staatsprüfung

§ 6 Ausschluss von der Teilnahme an der Prüfung

(1) Wird gegen einen Prüfungsteilnehmer zur Zeit des Prüfungsverfahrens eine Freiheitsentziehung vollzogen, ist er von der Teilnahme an der Prüfung für die Dauer der Freiheitsentziehung ausgeschlossen.

(2) [1]Von der Teilnahme an der Prüfung kann ein Prüfungsteilnehmer ganz oder teilweise ausgeschlossen werden, der

1. den ordnungsgemäßen Ablauf der Prüfung stört oder zu stören versucht oder
2. an einer Krankheit leidet, die die Gesundheit anderer ernstlich gefährdet oder den ordnungsgemäßen Ablauf der Prüfung ernstlich beeinträchtigen würde.

[2]In Eilfällen kann der Örtliche Prüfungsleiter den Ausschluss und seine sofortige Vollziehung anordnen.

§ 7 Prüfungsverhinderung

(1) Kann ein Prüfungsteilnehmer nach der Zulassung aus Gründen, die er nicht zu vertreten hat, die schriftliche oder die mündliche Prüfung nicht oder nicht vollständig ablegen oder ist er aus Gründen, die er nicht zu vertreten hat, gemäß § 6 ausgeschlossen (Prüfungsverhinderung), gilt Folgendes:

1. Hat der Prüfungsteilnehmer nicht die Mehrzahl der Prüfungsaufgaben bearbeitet, gilt die Prüfung als nicht abgelegt;
2. Hat der Prüfungsteilnehmer die Mehrzahl der Prüfungsaufgaben bearbeitet, hat er an Stelle der nicht bearbeiteten Prüfungsaufgaben innerhalb einer vom Präsidenten des Landesjustizprüfungsamtes zu bestimmenden Zeit, in der Regel im nächsten Prüfungstermin, entsprechende Prüfungsaufgaben zu bearbeiten;
3. Eine nicht oder nicht vollständig abgelegte mündliche Prüfung ist in vollem Umfang an einem vom Präsidenten des Landesjustizprüfungsamtes zu bestimmenden Termin nachzuholen.

(2) ¹Eine Prüfungsverhinderung ist unverzüglich gegenüber dem Landesjustizprüfungsamt geltend zu machen und nachzuweisen, im Fall einer Krankheit grundsätzlich durch ein amtsärztliches Zeugnis, das in der Regel nicht später als am Prüfungstag ausgestellt sein darf. ²In offensichtlichen Fällen kann auf die Vorlage eines Zeugnisses verzichtet werden. ³Gibt der Prüfungsteilnehmer eine Prüfungsarbeit oder sonstige Aufzeichnungen ab, hat er eine Prüfungsverhinderung unverzüglich im Anschluss hieran beim Landesjustizprüfungsamt geltend zu machen. ⁴Die Geltendmachung darf keine Bedingungen enthalten und kann nicht zurückgenommen werden.

(3) ¹Die Geltendmachung einer Prüfungsverhinderung bei der schriftlichen Prüfung ist ausgeschlossen, wenn nach Abschluss des bereits abgelegten Teils der Prüfung ein Monat verstrichen ist. ²Bei einer Prüfungsverhinderung in der mündlichen Prüfung ist die Geltendmachung nach Bekanntgabe des Ergebnisses ausgeschlossen.

(4) Das Landesjustizprüfungsamt entscheidet, ob eine Prüfungsverhinderung ordnungsgemäß geltend gemacht und nachgewiesen wurde.

(5) Im Falle einer nachträglich festgestellten Prüfungsunfähigkeit gelten die Absätze 1, 2 Satz 1, 2 und 4 sowie Absatz 4 entsprechend mit der Maßgabe, dass die Prüfungsverhinderung unverzüglich geltend gemacht werden muss, nachdem der Prüfungsteilnehmer sie erkannt hat oder bei Anwendung der Sorgfalt in eigenen Angelegenheiten hätte erkennen können.

§ 8 Bewertung

Für die Bewertung der Prüfungsleistungen gelten § 5d Abs. 4 Satz 1 und 2 des Deutschen Richtergesetzes sowie die Verordnung über eine Noten- und Punkteskala für die erste und zweite juristische Prüfung vom 3. Dezember 1981 (BGBl. I S. 1243), zuletzt geändert durch Artikel 209 des Gesetzes vom 19. April 2006 (BGBl. I S. 866, 892), in der jeweils geltenden Fassung.

§ 9 Nichterbringung von Prüfungsleistungen

Soweit ein Prüfungsteilnehmer eine Prüfungsleistung nicht erbringt, ohne dass die Gründe des § 7 Absatz 1 vorliegen, wird diese mit der Note „ungenügend?"¹⁾ (0 Punkte) bewertet.

§ 10 Mängel im Prüfungsverfahren

(1) Erweist sich, dass das Prüfungsverfahren mit Mängeln behaftet war, die die Chancengleichheit erheblich verletzt haben, kann der Prüfungsausschuss auf Antrag eines Prüfungsteilnehmers oder von Amts wegen anordnen, dass von einem bestimmten Prüfungsteilnehmer oder von allen Prüfungsteilnehmern die Prüfung ganz oder teilweise zu wiederholen ist.

(2) ¹Ein Antrag nach Absatz 1 ist unverzüglich schriftlich beim Landesjustizprüfungsamt zu stellen. ²Er darf keine Bedingungen enthalten und kann nicht zurückgenommen werden. ³Die Geltendmachung ist ausgeschlossen, wenn seit dem Abschluss des Teils des Prüfungsverfahrens, der mit dem Mangel behaftet war, ein Monat verstrichen ist.

(3) Sechs Monate nach Abschluss der Prüfung darf der Prüfungsausschuss von Amts wegen Anordnungen nach Absatz 1 nicht mehr treffen.

---

1) Zeichensetzung amtlich.

§ 11 Hilfsmittel

[1]Der jeweilige Prüfungsausschuss lässt die Hilfsmittel für die schriftliche und die mündliche Prüfung der staatlichen Pflichtfachprüfung und der Zweiten Juristischen Staatsprüfung zu. [2]Die Prüfungsteilnehmer haben die Hilfsmittel selbst zu beschaffen.

§ 12 Unlauteres Verhalten im Prüfungsverfahren

(1) [1]Unternimmt es ein Prüfungsteilnehmer, das Ergebnis einer Prüfungsleistung durch Täuschung, Benutzung nicht zugelassener Hilfsmittel oder unzulässige Hilfe anderer Prüfungsteilnehmer oder Dritter zu beeinflussen, soll diese Prüfungsleistung mit der Note „ungenügend" (0 Punkte) bewertet werden. [2]Der Besitz nicht zugelassener Hilfsmittel unmittelbar vor, während oder nach Ausgabe der Prüfungsaufgaben oder unmittelbar vor, während oder nach Beginn der mündlichen Prüfung steht der Benutzung nicht zugelassener Hilfsmittel gleich, sofern der Prüfungsteilnehmer nicht nachweist, dass der Besitz weder auf Vorsatz noch auf Fahrlässigkeit beruht. [3]In besonders schweren Fällen ist die gesamte Prüfung mit der Endnote „ungenügend" (0 Punkte) zu bewerten.

(2) [1]Unternimmt es ein Prüfungsteilnehmer, das Ergebnis einer Prüfungsleistung durch Einwirken auf Prüfungsorgane oder auf mit der Wahrnehmung von Prüfungsangelegenheiten beauftragte Personen zu beeinflussen, ist in der Regel die gesamte Prüfung mit der Endnote „ungenügend" (0 Punkte) zu bewerten. [2]In weniger schweren Fällen ist nur die betroffene Prüfungsleistung mit der Note „ungenügend" (0 Punkte) zu bewerten.

(3) [1]Der Präsident des Landesjustizprüfungsamtes und die von ihm beauftragten Mitarbeiter des Landesjustizprüfungsamtes, die Örtlichen Prüfungsleiter und die von diesen Beauftragten, die Aufsichtführenden sowie der Vorsitzende der Prüfungskommission sind befugt, den Arbeitsplatz des Prüfungsteilnehmers unmittelbar vor, während oder nach der Ausgabe der Prüfungsaufgaben oder unmittelbar vor, während oder nach Beginn der mündlichen Prüfung auch ohne konkreten Verdacht auf nicht zugelassene Hilfsmittel zu kontrollieren. [2]Dazu können technische Hilfsmittel eingesetzt werden. [3]Die Kontrolle von Prüfungsteilnehmern mittels Sichtkontrolle und Scangeräten ist zulässig.

(4) [1]Besteht der Verdacht des Besitzes nicht zugelassener Hilfsmittel, sind die in Absatz 3 Satz 1 genannten Personen befugt, diese Hilfsmittel sofort sicherzustellen. [2]Hilfsmittel, die wegen einer Veränderung beanstandet werden, sind dem Prüfungsteilnehmer bis zum Abschluss der betreffenden Prüfungsleistung zu belassen. [3]Verhindert der Prüfungsteilnehmer eine Überprüfung oder eine Sicherstellung oder nimmt er nach Beanstandung gemäß Satz 2 eine Veränderung in den Hilfsmitteln vor, wird die betreffende Prüfungsleistung mit der Note „ungenügend" (0 Punkte) bewertet. [4]In besonders schweren Fällen gilt Absatz 1 Satz 3 entsprechend.

(5) [1]Entscheidungen nach den Absätzen 1, 2 und 4 Satz 3 und 4 trifft der Prüfungsausschuss binnen eines Jahres, nachdem das Landesjustizprüfungsamt oder ein Prüfungsorgan von dem unlauteren Verhalten Kenntnis erlangt hat. [2]Ist im Zeitpunkt der Entscheidung des Prüfungsausschusses die Prüfung bereits durch Bekanntgabe des Prüfungsergebnisses beendet, ist nachträglich das Prüfungsergebnis entsprechend zu ändern oder die Prüfung für nicht bestanden zu erklären. [3]Ein bereits erteiltes Prüfungszeugnis ist einzuziehen und zu vernichten.

§ 13 Schwerbehinderte Prüfungsteilnehmer und diesen gleichgestellte behinderte Prüfungsteilnehmer

(1) [1]Schwerbehinderten Prüfungsteilnehmern und diesen gleichgestellten behinderten Prüfungsteilnehmern (§ 2 Absatz 2 und 3 des Neunten Buches Sozialgesetzbuch vom 23. Dezember 2016 [BGBl. I S. 3234], das zuletzt durch Artikel 23 des Gesetzes vom 17. Juli 2017 [BGBl. I S. 2541] geändert worden ist, in der jeweils geltenden Fassung) kann auf Antrag entsprechend der Schwere der nachgewiesenen Prüfungsbehinderung in der schriftlichen Prüfung eine Arbeitszeitverlängerung bis zu einem Viertel der normalen Arbeitszeit gewährt werden. [2]In Fällen besonders weitgehender Prüfungsbehinderung kann auf Antrag des schwerbehinderten oder des diesem gleichgestellten behinderten Prüfungsteilnehmers die Arbeitszeit bis zur Hälfte der normalen Arbeitszeit verlängert werden. [3]Schwerbehinderten Prüfungsteilnehmern oder diesen gleichgestellten behinderten Prüfungsteilnehmern können neben oder an Stelle einer Arbeitszeitverlängerung andere angemessene Nachteilsausgleiche gewährt werden, soweit diese den Wettbewerb nicht beeinträchtigen.

(2) Für die mündliche Prüfung können auf Antrag des schwerbehinderten oder des diesem gleichgestellten behinderten Prüfungsteilnehmers angemessene Nachteilsausgleiche gewährt werden.

(3) [1]Die Absätze 1 und 2 gelten auch für Prüfungsteilnehmer, die nicht schwerbehinderte oder diesen gleichgestellte behinderte Prüfungsteilnehmer sind, aber wegen einer festgestellten, nicht nur vorübergehenden körperlichen Behinderung bei der Fertigung der Prüfungsarbeiten erheblich beeinträchtigt sind. [2]Bei vorübergehenden körperlichen Behinderungen können Maßnahmen nach Absatz 1 oder Absatz 2 in Ausnahmefällen getroffen werden, soweit dies den Wettbewerb nicht beeinträchtigt.

(4) [1]Anträge auf Nachteilsausgleiche sind spätestens vier Wochen vor Beginn der schriftlichen oder der mündlichen Prüfung einzureichen. [2]Liegen die Voraussetzungen für die Gewährung eines Nachteilsausgleichs erst zu einem späteren Zeitpunkt vor, ist der Antrag unverzüglich zu stellen. [3]Im Falle des Satzes 2 hat der Prüfungsteilnehmer die Unverzüglichkeit der Antragstellung darzulegen und nachzuweisen. [4]Der Nachweis der Prüfungsbehinderung ist durch ein amtsärztliches Zeugnis zu führen. [5]Aus dem amtsärztlichen Zeugnis müssen die für die Beurteilung der Prüfungsbehinderung notwendigen medizinischen Befundtatsachen hervorgehen. [6]Die Begutachtung durch einen weiteren Arzt kann angeordnet werden.

Teil 3
Erste Juristische Prüfung

Abschnitt 1
Gemeinsame Bestimmungen für die staatliche Pflichtfachprüfung und die Schwerpunktbereichsprüfung

§ 14 Prüfungsgebiete

(1) [1]Die staatliche Pflichtfachprüfung erstreckt sich auf die Pflichtfächer, jeweils mit ihren geschichtlichen, gesellschaftlichen, wirtschaftlichen, politischen und rechtsphilosophischen Grundlagen sowie auf die Schlüsselqualifikationen wie Verhandlungsmanagement, Gesprächsführung, Rhetorik, Streitschlichtung, Mediation, Vernehmungslehre und Kommunikationsfähigkeit. [2]Schwerpunkt von Aufgabenstellung und Leistungsbewertung soll das juristische Verständnis und die Fähigkeit zum methodischen Arbeiten sein.

(2) [1]Die universitäre Schwerpunktbereichsprüfung erstreckt sich auf einen vom Bewerber zu bestimmenden Schwerpunktbereich. [2]Inhalt und Ausgestaltung der Schwerpunktbereiche regeln die Universitäten in eigener Verantwortung.

(3) Pflichtfächer im Sinne des Absatzes 1 sind

1. aus dem Bürgerlichen Recht
    a) Allgemeiner Teil (Buch 1 des Bürgerlichen Gesetzbuches) ohne die Vorschriften über Stiftungen,
    b) Schuldrecht Allgemeiner Teil (Buch 2 Abschnitt 1 bis 7 des Bürgerlichen Gesetzbuches) ohne die Vorschriften über die Draufgabe,
    c) aus dem Schuldrecht Besonderer Teil (Buch 2 Abschnitt 8 des Bürgerlichen Gesetzbuches)
        aa) Titel 1 (Kauf, Tausch),
        bb) Titel 3 Untertitel 1 (Darlehensvertrag), Untertitel 5 (Unabdingbarkeit, Anwendung auf Existenzgründer) und Untertitel 6 (Unentgeltliche Darlehensverträge und unentgeltliche Finanzierungshilfen zwischen einem Unternehmer und einem Verbraucher); die Untertitel 5 und 6 nur, soweit sie sich auf Verbraucherdarlehensverträge beziehen,
        cc) Titel 4 (Schenkung),
        dd) Titel 5 (Mietvertrag, Pachtvertrag) ohne Untertitel 5 (Landpachtvertrag),
        ee) Titel 6 (Leihe),
        ff) Titel 8 Untertitel 1 (Dienstvertrag),
        gg) Titel 9 Untertitel 1 (Werkvertrag),
        hh) Titel 10 (Mäklervertrag),
        ii) Titel 12 Untertitel 1 (Auftrag) und Untertitel 2 (Geschäftsbesorgungsvertrag),
        jj) Titel 13 (Geschäftsführung ohne Auftrag),
        kk) Titel 14 (Verwahrung),
        ll) Titel 16 (Gesellschaft),
        mm) Titel 17 (Gemeinschaft),
        nn) Titel 20 (Bürgschaft),

oo) Titel 21 (Vergleich),

pp) Titel 22 (Schuldversprechen, Schuldanerkenntnis),

qq) Titel 23 (Anweisung),

rr) Titel 24 (Schuldverschreibung auf den Inhaber),

ss) Titel 26 (Ungerechtfertigte Bereicherung),

tt) Titel 27 (Unerlaubte Handlungen),

d) Sachenrecht (Buch 3 des Bürgerlichen Gesetzbuches) ohne Abschnitt 5 (Vorkaufsrecht), Abschnitt 6 (Reallasten), Abschnitt 7 Titel 2 Untertitel 2 (Rentenschuld) und Abschnitt 8 Titel 2 (Pfandrecht an Rechten),

e) aus dem Familienrecht (Buch 4 des Bürgerlichen Gesetzbuches) in Grundzügen

    aa) Abschnitt 1 Titel 5 (Wirkungen der Ehe im Allgemeinen) ohne die Vorschriften über das Getrenntleben,

    bb) aus dem Abschnitt 1 Titel 6: gesetzliches Güterrecht, allgemeine Vorschriften über die Gütertrennung und Gütergemeinschaft,

    cc) Abschnitt 2 Titel 1 (Verwandtschaft, Allgemeine Vorschriften),

    dd) aus dem Abschnitt 2 Titel 5: Vertretung des Kindes, beschränkte Haftung der Eltern,

f) aus dem Erbrecht (Buch 5 des Bürgerlichen Gesetzbuches) in Grundzügen

    aa) Abschnitt 1 (Erbfolge),

    bb) aus dem Abschnitt 2 Titel 1: Annahme und Ausschlagung der Erbschaft,

    cc) Abschnitt 2 Titel 2 Untertitel 1 (Nachlassverbindlichkeiten),

    dd) Abschnitt 2 Titel 3 (Erbschaftsanspruch),

    ee) Abschnitt 2 Titel 4 (Mehrheit von Erben) ohne die §§ 2061 bis 2063,

    ff) Abschnitt 3 (Testament) ohne Titel 6 (Testamentsvollstrecker),

    gg) Abschnitt 4 (Erbvertrag),

    hh) Abschnitt 5 (Pflichtteil),

    ii) aus dem Abschnitt 8: Wirkung des Erbscheins,

2. aus dem Straßenverkehrsgesetz: Abschnitt II (Haftpflicht),

3. das Produkthaftungsgesetz in Grundzügen,

4. aus dem Handelsrecht (Handelsgesetzbuch) in Grundzügen

a) Erstes Buch Erster Abschnitt (Kaufleute),

b) aus dem Ersten Buch Zweiter Abschnitt: Publizität des Handelsregisters,

c) Erstes Buch Dritter Abschnitt (Handelsfirma) ohne die §§ 29 bis 37a (Registerverfahren),

d) Erstes Buch Fünfter Abschnitt (Prokura und Handlungsvollmacht),

e) Viertes Buch Erster Abschnitt (Handelsgeschäfte, Allgemeine Vorschriften) ohne die §§ 355 bis 357 (Kontokorrent) und die §§ 363 bis 365 (kaufmännische Orderpapiere),

f) Viertes Buch Zweiter Abschnitt (Handelskauf),

5. aus dem Gesellschaftsrecht in Grundzügen

a) offene Handelsgesellschaft, Kommanditgesellschaft, Partnerschaftsgesellschaft,

b) aus dem Recht der Gesellschaft mit beschränkter Haftung: Errichtung der Gesellschaft, Vertretung und Geschäftsführung,

6. aus dem Arbeitsrecht in Grundzügen (ohne kollektives Arbeitsrecht): Begründung und Beendigung des Arbeitsverhältnisses, Inhalt des Arbeitsverhältnisses, Leistungsstörungen und Haftung im Arbeitsverhältnis, arbeitsrechtliche Bezüge des Allgemeinen Gleichbehandlungsgesetzes,

7. aus dem Strafrecht

a) aus dem Allgemeinen Teil des Strafgesetzbuches

    aa) Erster und Zweiter Abschnitt,

    bb) aus dem Dritten Abschnitt

        aaa) Freiheitsstrafe, Geldstrafe, Nebenstrafe (§§ 38 bis 44),

        bbb) Strafbemessung bei mehreren Gesetzesverletzungen (§§ 52 bis 55),

        ccc) Entziehung der Fahrerlaubnis (§§ 69 bis 69b),

    cc) Vierter Abschnitt,

    dd) aus dem Fünften Abschnitt: Verfolgungsverjährung (§§ 78 bis 78c),

b) aus dem Besonderen Teil des Strafgesetzbuches

aa) aus dem Sechsten Abschnitt: Widerstand gegen und tätlicher Angriff auf Vollstreckungsbeamte und Personen, die Vollstreckungsbeamten gleichstehen (§§ 113 bis 115),

bb) aus dem Siebenten Abschnitt: Hausfriedensbruch, unerlaubtes Entfernen vom Unfallort, Vortäuschen einer Straftat (§§ 123, 142, 145d),

cc) Neunter Abschnitt,

dd) aus dem Zehnten Abschnitt: falsche Verdächtigung (§ 164),

ee) Vierzehnter Abschnitt,

ff) aus dem Sechzehnten Abschnitt: Tötungsdelikte, Aussetzung (§§ 211 bis 216, 221, 222),

gg) Siebzehnter Abschnitt,

hh) aus dem Achtzehnten Abschnitt: Freiheitsberaubung, erpresserischer Menschenraub, Geiselnahme, Nötigung, Bedrohung (§§ 239 bis 239b, 240, 241),

ii) Neunzehnter und Zwanzigster Abschnitt,

jj) aus dem Einundzwanzigsten Abschnitt: Begünstigung, Strafvereitelung, Strafvereitelung im Amt, Hehlerei (§§ 257 bis 259),

kk) aus dem Zweiundzwanzigsten Abschnitt: Betrug, Computerbetrug, Versicherungsmissbrauch, Erschleichen von Leistungen, Untreue, Missbrauch von Scheck- und Kreditkarten (§§ 263, 263a, 265, 265a, 266, 266b),

ll) aus dem Dreiundzwanzigsten Abschnitt: Urkundenfälschung, Fälschung technischer Aufzeichnungen, Fälschung beweiserheblicher Daten, Täuschung im Rechtsverkehr bei Datenverarbeitung, mittelbare Falschbeurkundung, Urkundenunterdrückung, Veränderung einer Grenzbezeichnung (§§ 267 bis 271, 274),

mm) aus dem Siebenundzwanzigsten Abschnitt: Sachbeschädigung, gemeinschädliche Sachbeschädigung (§§ 303, 303c, 304),

nn) aus dem Achtundzwanzigsten Abschnitt: Brandstiftungsdelikte, gefährliche Eingriffe in den Straßenverkehr, Gefährdung des Straßenverkehrs, verbotene Kraftfahrzeugrennen, Trunkenheit im Verkehr, räuberischer Angriff auf Kraftfahrer, Vollrausch, unterlassene Hilfeleistung, Behinderung von hilfeleistenden Personen (§§ 306 bis 306e, 315b bis 315d, 316, 316a, 323a, 323c),

oo) aus dem Dreißigsten Abschnitt: Bestechungsdelikte, Körperverletzung im Amt, Falschbeurkundung im Amt (§§ 331 bis 334, 336, 340, 348),

8. aus dem Öffentlichen Recht

a) Staats- und Verfassungsrecht ohne Finanzverfassung (Artikel 104a bis 115 des Grundgesetzes für die Bundesrepublik Deutschland), Verteidigungsfall (Artikel 115a bis 115l des Grundgesetzes für die Bundesrepublik Deutschland) sowie weitere Regelungen zum Notstand,

b) Allgemeines Verwaltungsrecht, Verwaltungsverfahrensrecht einschließlich des Rechts der Verwaltungszustellung ohne besondere Verfahrensarten (§§ 63 ff. des Verwaltungsverfahrensgesetzes), Recht der öffentlichen Ersatzleistungen in Grundzügen, Verwaltungsvollstreckungsrecht in Grundzügen,

c) aus dem Besonderen Verwaltungsrecht

aa) Polizeirecht einschließlich der Grundzüge des Versammlungsrechts,

bb) aus dem Baurecht in Grundzügen

aaa) Bauordnungsrecht (Sächsische Bauordnung ohne § 16a und Teil 3 Abschnitt 3 bis 6),

bbb) aus dem Bauplanungsrecht (Baugesetzbuch): Bauleitplanung (§§ 1 bis 13a), Veränderungssperre und Zurückstellung von Baugesuchen (§§ 14 bis 18), Zulässigkeit von Vorhaben (§§ 29 bis 38) einschließlich Baunutzungsverordnung, Planerhaltung (§§ 214 bis 216),

cc) Kommunalrecht ohne Kommunalwahlrecht, Kommunalabgabenrecht und Haushaltsrecht,

d) aus dem Europarecht in Grundzügen: Entwicklung, Organe, Kompetenzen und Handlungsformen der Europäischen Union, Rechtsquellen des Unionsrechts, Verhältnis des Unionsrechts zum nationalen Recht, Umsetzung des Unionsrechts in den Mitgliedstaaten, Grundfreiheiten, Grundrechte und rechtsstaatliche Verfahrensgarantien, Vorabentscheidungsverfahren, Vertragsverletzungsverfahren,

9. aus dem Verfahrensrecht in Grundzügen
    a) aus dem Zivilprozessrecht und Zwangsvollstreckungsrecht
        aa) gerichtsverfassungsrechtliche Grundlagen einschließlich Instanzenzug, Verfahrens-
             grundsätze, erstinstanzliches Verfahren, insbesondere Prozessvoraussetzungen, Arten
             und Wirkungen von Klagen sowie gerichtlichen Entscheidungen, einstweiliger Rechts-
             schutz,
        bb) aus dem Vollstreckungsverfahren: allgemeine Vollstreckungsvoraussetzungen, Arten
             der Zwangsvollstreckung, Vollstreckungsabwehrklage, Drittwiderspruchsklage
             (§§ 767, 771 der Zivilprozessordnung),
    b) aus dem Strafprozessrecht
        aa) gerichtsverfassungsrechtliche Grundlagen einschließlich Instanzenzug, Verfahrens-
             grundsätze, Gang des Ermittlungs- und Strafverfahrens, Rechtsstellung und Aufgaben
             der Verfahrensbeteiligten,
        bb) von den Zwangsmaßnahmen: Untersuchungshaft, vorläufige Festnahme, körperliche
             Untersuchung nach § 81a der Strafprozessordnung, Sicherstellung, Beschlagnahme und
             Durchsuchung (§§ 94 bis 98, 102 bis 110 der Strafprozessordnung),
        cc) Aufklärungspflicht, Beweisaufnahme, Arten der Beweismittel, Beweisverbote,
    c) aus dem Verwaltungsprozessrecht: Verfahrensgrundsätze, Zulässigkeit des Verwaltungs-
        rechtswegs, Prozessvoraussetzungen, Vorverfahren, Arten und Wirkungen von Klagen sowie
        gerichtlichen Entscheidungen, Instanzenzug und Arten der Rechtsmittel, vorläufiger Rechts-
        schutz,
    d) aus dem Verfassungsprozessrecht: Verfassungsbeschwerde, abstrakte und konkrete Normen-
        kontrolle, Organstreitverfahren, Bund-Länder-Streitigkeit, einstweiliger Rechtsschutz.
(4) Die Pflichtfächer nach Absatz 3 umfassen jeweils ihre Bezüge zum Europarecht und zur Europäischen Menschenrechtskonvention.
(5) Die Grundzüge umfassen die gesetzliche Systematik sowie die wesentlichen Normen und Rechts-
institute ohne vertiefte Kenntnisse von Rechtsprechung und Literatur.
(6) [1]Fragen aus anderen als den in Absatz 3 genannten Rechtsgebieten dürfen im Zusammenhang mit
den Pflichtfächern geprüft werden, wenn sie typischerweise in diesem Zusammenhang auftreten.
[2]Darüber hinaus kann die Prüfung auch auf andere Rechtsgebiete erstreckt werden, soweit lediglich
Verständnis und Arbeitsmethode festgestellt werden sollen und Einzelwissen nicht vorausgesetzt wird.

§ 15 Prüfungszeugnis

(1) [1]Wer die staatliche Pflichtfachprüfung bestanden hat, erhält ein Zeugnis, aus dem die Endpunktzahl
und die Endnote ersichtlich sind. [2]Prüfungsteilnehmern, die die Pflichtfachprüfung nicht bestanden
haben, wird dies schriftlich bekannt gegeben.
(2) [1]Das Ergebnis der staatlichen Pflichtfachprüfung bildet zusammen mit dem Ergebnis der Schwerpunktbereichsprüfung das Ergebnis der Ersten Juristischen Prüfung. [2]Bei der Ermittlung des Ergebnisses gemäß § 5d Absatz 2 Satz 4 des Deutschen Richtergesetzes wird die Punktzahl auf zwei Dezimalstellen ohne Auf- oder Abrundung festgesetzt. [3]Das Zeugnis der Ersten Juristischen Prüfung weist
neben der Gesamtnote und Gesamtpunktzahl die in den beiden Prüfungsteilen erreichten Endpunkt-
zahlen und Endnoten gesondert aus.
(3) [1]Auf Antrag wird einem Prüfungsteilnehmer, der die Erste Juristische Prüfung bestanden hat, eine
Bescheinigung über die von ihm erreichte Platznummer erteilt. [2]Bei der Festsetzung der Platznummern
sind die Prüfungsteilnehmer zu berücksichtigen, denen innerhalb desselben Kalenderjahres das Zeugnis der Ersten Juristischen Prüfung erteilt wurde. [3]Die Platznummer ergibt sich aus der Rangfolge der
Prüfungsteilnehmer entsprechend der erzielten Gesamtpunktzahlen und Gesamtnoten. [4]Bei gleicher
Gesamtpunktzahl und Gesamtnote wird dieselbe Platznummer festgesetzt. [5]In diesem Fall erhält der
nächstfolgende Prüfungsteilnehmer die Platznummer, die sich ergibt, wenn die Platznummern fortlaufend weitergezählt würden.

§ 16 Dauer des Studiums

[1]Die Dauer des Studiums bestimmt sich nach § 5a Abs. 1 des Deutschen Richtergesetzes und die Regelstudienzeit bestimmt sich nach § 5d Absatz 2 Satz 1 des Deutschen Richtergesetzes. [2]Die beiden

der Prüfung unmittelbar vorausgehenden Semester sind an der Universität des Prüfungsortes abzuleisten.

§ 17 Ordnungsgemäßes Studium

[1]Der Bewerber hat in jedem Semester eine angemessene Zahl von Lehrveranstaltungen über die Pflichtfächer und vor der Zulassung zur staatlichen Pflichtfachprüfung eine angemessene Zahl von Lehrveranstaltungen zu den Schlüsselqualifikationen zu besuchen. [2]Das Studium im Schwerpunktbereich muss mindestens 16 Semesterwochenstunden umfassen.

§ 18 Leistungsnachweise

(1) Der Bewerber muss nach Erfüllung der von einer juristischen Fakultät im Freistaat Sachsen, die auf die staatliche Pflichtfachprüfung vorbereitet, hierfür bestimmten Voraussetzungen an je einer Übung für Fortgeschrittene im Bürgerlichen Recht, im Strafrecht und im Öffentlichen Recht teilnehmen und den vorgeschriebenen Leistungsnachweis erbringen.

(2) [1]Der Bewerber muss fachspezifische Kenntnisse in einer Fremdsprache seiner Wahl nachweisen. [2]Der Nachweis wird durch die Teilnahme an einer fremdsprachigen rechtswissenschaftlichen Lehrveranstaltung oder an einem rechtswissenschaftlich ausgerichteten Sprachkurs jeweils mit erfolgreicher Prüfung erbracht.

(3) Der Bewerber muss die erfolgreiche Teilnahme an einer Lehrveranstaltung zu den Schlüsselqualifikationen nachweisen.

(4) Das Landesjustizprüfungsamt kann den erfolgreichen Abschluss eines mindestens dreijährigen rechtswissenschaftlichen Studiums im Ausland und Leistungsnachweise einer ausländischen oder inländischen Universität über ausländisches Recht, über eine ausländische Rechtssprache oder über die erfolgreiche Teilnahme an einer Lehrveranstaltung zu den Schlüsselqualifikationen als Leistungsnachweise gemäß den Absätzen 1 bis 3 anerkennen, wenn sie gleichwertig sind.

(5) Die Universitäten regeln die Verpflichtung, Leistungsnachweise im Schwerpunktbereichsstudium zu erbringen.

§ 19 Praktische Studienzeit

(1) [1]Der Bewerber muss die Teilnahme an praktischen Studienzeiten von insgesamt drei Monaten (90 Tagen) in der vorlesungsfreien Zeit nachweisen. [2]Die praktische Studienzeit kann bei einer Stelle stattfinden.

(2) [1]Die praktische Studienzeit kann im In- und Ausland bei der Justiz, bei der Verwaltung, bei einem Rechtsanwalt, bei einem Notar oder bei einer sonstigen geeigneten Stelle abgeleistet werden. [2]Das Landesjustizprüfungsamt bestimmt die Anforderungen, denen die Stellen, bei denen die praktische Studienzeit abgeleistet wird, genügen müssen.

(3) Die praktische Studienzeit kann erst nach Vorlesungsschluss des zweiten Semesters abgeleistet werden.

(4) Soweit während der praktischen Studienzeit begleitende Kurse angeboten werden, muss der Bewerber diese besuchen.

(5) [1]Die praktische Studienzeit kann auf Antrag ganz oder teilweise erlassen werden, wenn der Bewerber eine Ausbildung für die erste Einstiegsebene der Laufbahngruppe 2 der Fachrichtung Justiz mit dem fachlichen Schwerpunkt Justizdienst oder für die erste Einstiegsebene der Laufbahngruppe 2 der Fachrichtung Allgemeine Verwaltung mit dem fachlichen Schwerpunkt allgemeiner Verwaltungsdienst erfolgreich abgeschlossen hat. [2]Dies gilt auch bei erfolgreichem Abschluss einer Ausbildung in einem sonstigen juristischen Berufszweig, wenn die erworbenen Kenntnisse denjenigen vergleichbar sind, die während der praktischen Studienzeit in den jeweiligen Rechtsgebieten vermittelt werden. [3]Über den Antrag entscheidet das Landesjustizprüfungsamt.

Abschnitt 2
Die staatliche Pflichtfachprüfung

§ 20 Zulassungsantrag

[1]Die Zulassung zur staatlichen Pflichtfachprüfung ist beim Landesjustizprüfungsamt elektronisch unter Verwendung des vom Landesjustizprüfungsamt zur Verfügung gestellten elektronischen Formulars zu beantragen. [2]Die unverzüglich nach Antragstellung nachzureichenden Unterlagen werden vom

Landesjustizprüfungsamt bestimmt. ³Die Frist für die Meldung zur Prüfung endet am 15. Mai und 15. Dezember für den auf den Vorlesungsabschluss des jeweiligen Semesters unmittelbar folgenden Prüfungstermin. ⁴Die Prüfungstermine und die Reihenfolge der Prüfungsaufgaben werden im Sächsischen Justizministerialblatt veröffentlicht.

§ 21 Zulassung zur Prüfung

(1) Die Zulassung zur staatlichen Pflichtfachprüfung ist zu versagen, wenn:

1. der Bewerber eine der in den §§ 16, 17 Satz 1, §§ 18 und 19 vorgeschriebenen Voraussetzungen nicht erfüllt oder die Vorschrift des § 20 nicht beachtet ist; wenn die Voraussetzungen der §§ 18 bis 20 nicht vorliegen, können in besonderen Härtefällen Ausnahmen bewilligt werden;
2. abzusehen ist, dass gegen den Bewerber zur Zeit der schriftlichen oder mündlichen Prüfung eine Freiheitsentziehung vollzogen werden wird;
3. Gründe nach § 18 Absatz 2 Nummer 1, Absatz 3 Nummer 2, 4 oder Nummer 6 des Sächsischen Hochschulfreiheitsgesetzes vorliegen, nach denen die Immatrikulation an der Universität des Prüfungsortes zu versagen wäre oder versagt werden könnte.

(2) Die Entscheidung über die Zulassung ist dem Bewerber schriftlich bekanntzugeben.

§ 22 Form der Prüfung

Die staatliche Pflichtfachprüfung besteht aus einer schriftlichen und einer mündlichen Prüfung.

§ 23 Schriftliche Prüfung

(1) ¹In der schriftlichen Prüfung hat der Prüfungsteilnehmer an sechs Tagen je eine Prüfungsarbeit unter Aufsicht zu fertigen. ²Die Prüfungsaufgaben werden vom Prüfungsausschuss ausgewählt. ³Die Arbeitszeit beträgt fünf Stunden.

(2) Der Prüfungsteilnehmer hat zu bearbeiten:

1. drei Prüfungsaufgaben aus dem Gebiet des Zivilrechts einschließlich des Verfahrensrechts (§ 14 Absatz 3 Nummer 1 bis 6 und 9 Buchstabe a in Verbindung mit § 14 Absatz 4 bis 6),
2. eine Prüfungsaufgabe aus dem Gebiet des Strafrechts einschließlich des Verfahrensrechts (§ 14 Absatz 3 Nummer 7 und 9 Buchstabe b in Verbindung mit § 14 Abs. 4 bis 6),
3. zwei Prüfungsaufgaben aus dem Gebiet des Öffentlichen Rechts einschließlich des Verfahrensrechts (§ 14 Absatz 3 Nummer 8 und 9 Buchstabe c und d in Verbindung mit § 14 Abs. 4 bis 6).

(3) Die Prüfungsaufgaben werden an allen Prüfungsorten einheitlich gestellt; sie sind an allen Prüfungsorten am selben Tag zu bearbeiten.

(4) ¹Die Prüfungsteilnehmer geben anstelle ihres Namens auf den Prüfungsarbeiten nur die Nummer ihres vor der schriftlichen Prüfung ausgelosten Arbeitsplatzes an. ²Prüfern darf keine Einsicht in das Verzeichnis mit den Nummern der Arbeitsplätze gewährt werden.

§ 24 Bewertung der Prüfungsarbeiten

(1) Die Prüfungsarbeit wird von zwei Prüfern bewertet.

(2) ¹Weichen die Bewertungen der beiden Prüfer um nicht mehr als drei Punkte voneinander ab, errechnet sich die Note aus der durchschnittlichen Punktzahl. ²Bei größeren Abweichungen setzt der Präsident des Landesjustizprüfungsamtes oder ein von ihm bestimmter dritter Prüfer die Note mit einer der von den Prüfern erteilten Punktzahlen oder einer dazwischenliegenden Punktzahl fest, sofern sich die Prüfer nicht einigen oder auf bis zu drei Punkte annähern können.

(3) Die mit der Prüfungsaufsicht beauftragten Personen dürfen nicht zur Bewertung der Prüfungsarbeiten herangezogen werden, bei deren Anfertigung sie Aufsicht geführt haben.

(4) ¹Ist ein für die Bewertung von Prüfungsarbeiten bestimmter Prüfer aus wichtigem Grund, insbesondere wegen Krankheit, nicht mehr in der Lage, die Bewertung der ihm zugeteilten Prüfungsarbeiten durchzuführen, wird er durch einen anderen Prüfer ersetzt. ²Hat der Prüfer weniger als ein Drittel der ihm zur Erstbewertung zugeteilten Prüfungsarbeiten bewertet, ist die Bewertung durch den anderen Prüfer zu wiederholen.

§ 25 Ergebnis der schriftlichen Prüfung; Zulassung zur mündlichen Prüfung

(1) Für die schriftliche Prüfung wird eine auf zwei Dezimalstellen ohne Auf- oder Abrundung zu errechnende Durchschnittspunktzahl gebildet.

(2) ¹Wer in der schriftlichen Prüfung eine Durchschnittspunktzahl von mindestens 3,60 Punkten erreicht und in wenigstens drei Prüfungsarbeiten mindestens eine Einzelpunktzahl von 4,00 erhalten hat,

ist zur mündlichen Prüfung zugelassen. [2]Wer nach Satz 1 zur mündlichen Prüfung nicht zugelassen ist, hat die Prüfung nicht bestanden; dies ist schriftlich bekannt zu geben.

(3) Die Einzelpunktzahlen und die Durchschnittspunktzahl der schriftlichen Prüfung werden den Prüfungsteilnehmern spätestens mit der Ladung zur mündlichen Prüfung schriftlich bekannt gegeben.

§ 26 Mündliche Prüfung

(1) Die mündliche Prüfung erstreckt sich auf die Prüfungsgebiete gemäß § 14 Absatz 1 und 3 in Verbindung mit § 14 Absatz 4 bis 6 und ist vorwiegend Verständnisprüfung.

(2) [1]Die mündliche Prüfung unterteilt sich in einen zivilrechtlichen, einen strafrechtlichen und einen öffentlich-rechtlichen Teil. [2]Für jeden Prüfungsteilnehmer ist eine Gesamtprüfungsdauer von 36 Minuten vorzusehen. [3]Mehr als fünf Prüfungsteilnehmer dürfen nicht gemeinsam geprüft werden.

(3) [1]Die Abnahme der mündlichen Prüfung erfolgt durch eine vom Landesjustizprüfungsamt zu bestimmende Prüfungskommission, die aus einem Vorsitzenden und zwei weiteren Prüfern besteht. [2]Einer der Prüfer muss aus dem Bereich der Universität kommen, ein weiterer soll nach Möglichkeit ein zugelassener Rechtsanwalt oder ein Notar sein.

(4) [1]Der Vorsitzende leitet die mündliche Prüfung. [2]Er sorgt für die Einhaltung der Prüfungsbestimmungen und für die Aufrechterhaltung der Ordnung. [3]Die zur Prüfung zugelassenen Bewerber können bei der mündlichen Prüfung zuhören. [4]Der Vorsitzende kann auch Studenten der Rechtswissenschaften und in Ausnahmefällen auch sonstige Personen zulassen. [5]Zuhörer, die seinen Anordnungen keine Folge leisten, kann er aus dem Prüfungsraum verweisen. [6]Das Prüfungsergebnis wird den Prüfungsteilnehmern unter Ausschluss der Zuhörer bekannt gegeben.

§ 27 Bewertung der mündlichen Prüfung und Feststellung der Endnote

(1) Über die Bewertung der Prüfungsleistungen in der mündlichen Prüfung und über die Endpunktzahl entscheidet die Prüfungskommission nach gemeinsamer Beratung mit Stimmenmehrheit.

(2) Für die drei in § 26 Absatz 2 Satz 1 genannten Prüfungsteile ist jeweils eine Einzelpunktzahl festzusetzen.

(3) [1]Zur Berechnung der Endpunktzahl werden die Einzelpunktzahlen der sechs Prüfungsarbeiten und der drei Prüfungsteile der mündlichen Prüfung addiert. [2]Das Ergebnis wird durch neun geteilt. [3]Die Durchschnittspunktzahl wird auf zwei Dezimalstellen ohne Auf- oder Abrundung festgesetzt. [4]Aufgrund der Durchschnittspunktzahl setzt die Prüfungskommission unter Beachtung des § 5d Abs. 4 Satz 1 und 2 des Deutschen Richtergesetzes die Endpunktzahl fest. [5]Die Endnote ergibt sich aus § 2 Absatz 2 der Verordnung über eine Noten- und Punkteskala für die erste und zweite juristische Prüfung.

(4) Der Vorsitzende gibt die Einzelpunktzahlen der mündlichen Prüfung sowie die Endpunktzahl und die Endnote am Schluss der mündlichen Prüfung bekannt.

(5) Die Prüfung ist nicht bestanden, wenn die Endnote schlechter ist als „ausreichend" (4,00).

§ 28 Begründung; Einsichtnahme

(1) [1]Die Gründe für die Bewertung der mündlichen Prüfung sind dem Prüfungsteilnehmer auf Antrag durch den Vorsitzenden oder einen von diesem bestimmten Prüfer mitzuteilen. [2]Der Antrag ist unmittelbar im Anschluss an die mündliche Prüfung bei der Prüfungskommission, spätestens jedoch binnen einer Woche nach dem Tag der mündlichen Prüfung bei dem Landesjustizprüfungsamt zu stellen.

(2) [1]Der Prüfungsteilnehmer kann nach der Mitteilung gemäß § 25 Absatz 2 Satz 2 oder nach Abschluss der mündlichen Prüfung in seine Prüfungsarbeiten einschließlich der Gutachten der Prüfer Einsicht nehmen. [2]Die Einsicht erfolgt in den Räumen des Landesjustizprüfungsamtes.

§ 29 Freiversuch

(1) [1]Legt ein Prüfungsteilnehmer nach ununterbrochenem Studium die staatliche Pflichtfachprüfung spätestens in dem auf den Vorlesungsschluss des achten Semesters unmittelbar folgenden Prüfungstermin erstmals ab und besteht sie nicht, gilt die Prüfung als nicht abgelegt. [2]Dies gilt nicht, wenn dem Prüfungsteilnehmer gemäß § 12 Absatz 1 Satz 3 oder § 12 Absatz 2 Satz 1 die Endnote „ungenügend" (0 Punkte) erteilt wird oder die Prüfung gemäß § 12 Absatz 5 Satz 2 nachträglich für nicht bestanden erklärt wird. [3]Folgende Zeiten werden nicht auf die Studienzeit nach Satz 1 angerechnet und gelten nicht als Unterbrechung:

1. Zeiten des Mutterschutzes und Elternzeiten in entsprechender Anwendung der Bestimmungen des Mutterschutzgesetzes vom 23. Mai 2017 (BGBl. I S. 1228), in der jeweils geltenden Fassung, und des Bundeselterngeld- und Elternzeitgesetzes in der Fassung der Bekanntmachung vom 27. Januar

2015 (BGBl. I S. 33), das zuletzt durch Artikel 6 Absatz 9 des Gesetzes vom 23. Mai 2017 (BGBl. I S. 1228) geändert worden ist, in der jeweils geltenden Fassung,

2. Zeiten des aufgrund der Wehrpflicht zu leistenden Wehrdienstes und des Zivildienstes,

3. Zeiten des Studiums ausländischen oder internationalen Rechts im Ausland bis zu zwei Semestern, sofern der Prüfungsteilnehmer hierüber Leistungsnachweise vorlegt,

4. Zeiten, in denen der Prüfungsteilnehmer als Mitglied in einem gesetzlich vorgesehenen Organ der Universität oder der Studentenschaft oder als Vertreter der Studentenschaft im Verwaltungsrat des Studentenwerks mitgewirkt hat, und zwar bei mindestens einer Amtsperiode ein Semester, bei mehrjähriger Mitwirkung zwei Semester,

5. Zeiten, in denen der Prüfungsteilnehmer wegen längerer schwerer Krankheit oder aus einem anderen zwingenden Grund am Studium gehindert war,

6. Zeiten, in denen der Prüfungsteilnehmer an einer internationalen, fremdsprachlichen Verfahrenssimulation teilgenommen hat, bis zu einem Semester, sofern der Prüfungsteilnehmer während dieser Zeit von einer inländischen oder ausländischen Hochschule betreut wird, hierfür einen Leistungsnachweis erworben hat und sich aus dem Leistungsnachweis ergibt, dass die Verfahrenssimulation den deutlich überwiegenden Teil des Studienaufwandes des Prüfungsteilnehmers dargestellt hat; der Leistungsnachweis wird von einer juristischen Fakultät im Freistaat Sachsen, die auf die staatliche Pflichtfachprüfung vorbereitet, ausgestellt,

7. Zeiten zum angemessenen Ausgleich für unvermeidbare und erhebliche Verzögerungen im Studienfortschritt aufgrund einer Schwerbehinderung (§ 2 Absatz 2 des Neunten Buches Sozialgesetzbuch) oder einer Schwerbehinderung gleichgestellten Behinderung (§ 2 Absatz 3 des Neunten Buches Sozialgesetzbuch) bis zu zwei Semester; der hierfür erforderliche Nachweis ist durch die Vorlage des Ausweises nach § 152 Absatz 5 des Neunten Buches Sozialgesetzbuch oder eines Gleichstellungsbescheides der Bundesagentur für Arbeit nach § 151 Absatz 2 Satz 1 des Neunten Buches Sozialgesetzbuch und eines aktuellen amtsärztlichen Zeugnisses zu führen; aus dem amtsärztlichen Zeugnis müssen Tatsachen hervorgehen, die die durch die Behinderung bedingte erhebliche Verzögerung im Studienfortschritt und deren Unvermeidbarkeit belegen.

[4]Zeiten nach Satz 3 Nr. 1, 2 und 5 gelten nur dann nicht als Unterbrechung, wenn der Prüfungsteilnehmer beurlaubt oder exmatrikuliert war. [5]Insgesamt können bei den Zeiten nach Satz 3 Nr. 2, 4 bis 6 höchstens vier Semester nicht auf die Studienzeit angerechnet werden.

(2) [1]Gilt der Freiversuch im Falle des § 7 Abs. 1 Nr. 1 als nicht abgelegt und meldet sich der Prüfungsteilnehmer erneut zur Prüfung an, gilt der erneute Prüfungsversuch nicht als Freiversuch im Sinne des Absatzes 1. [2]Gleiches gilt, wenn ein Prüfungsteilnehmer, der den Freiversuch gemäß § 7 Abs. 1 Nr. 2 nicht vollständig abgelegt hat, den Prüfungsversuch im nächst möglichen Termin fortsetzt. [3]In diesem Fall kann der Prüfungsteilnehmer binnen einer Frist von einem Monat nach Abschluss des bereits abgelegten Teils der Prüfung schriftlich gegenüber dem Landesjustizprüfungsamt erklären, dass er auf eine Fortsetzung des Prüfungsverfahrens mit den Folgen des § 7 Abs. 1 Nr. 1 verzichtet.

§ 30 Wiederholung der Prüfung

(1) [1]Ein Prüfungsteilnehmer, der die staatliche Pflichtfachprüfung nicht bestanden hat, kann die Prüfung einmal wiederholen. [2]Eine weitere Wiederholung ist auch nach einem erneuten Studium nicht möglich.

(2) Die Prüfung ist im gesamten Umfang zu wiederholen.

(3) Der Prüfungsteilnehmer kann erst nach Ableistung eines weiteren Semesters nach Bekanntgabe des Prüfungsergebnisses wieder zur Prüfung zugelassen werden.

(4) [1]Die Prüfung muss am selben Prüfungsort wiederholt werden. [2]Bei Vorliegen eines hinreichenden Grundes kann die Ablegung der Prüfung an einem anderen Prüfungsort oder bei einem anderen Prüfungsamt gestattet werden.

(5) [1]Wer die Prüfung in einem anderen Bundesland einmal nicht bestanden hat, kann zur Wiederholung im Freistaat Sachsen nur zugelassen werden, wenn die Ablegung der Prüfung in dem anderen Bundesland eine unzumutbare Härte bedeuten würde, das Prüfungsrecht des anderen Bundeslandes eine Wiederholung zulässt und die Prüfungsbehörde des anderen Bundeslandes dem Wechsel des Prüfungsortes zustimmt. [2]Wer die Prüfung in einem anderen Bundesland endgültig nicht bestanden hat, kann nicht mehr zu einer Wiederholungsprüfung zugelassen werden.

§ 31 Wiederholung der Prüfung zur Notenverbesserung

(1) [1]Ein Prüfungsteilnehmer, der im Freistaat Sachsen die staatliche Pflichtfachprüfung bei erstmaliger Ablegung im Freiversuch bestanden hat, kann die Prüfung zur Verbesserung der Prüfungsnote einmal wiederholen, sofern zu Beginn der schriftlichen Prüfung der Vorbereitungsdienst noch nicht aufgenommen wurde. [2]Die Möglichkeit der Wiederholung besteht nur bei dem nach Abschluss des laufenden Prüfungstermins beginnenden nächsten oder übernächsten Prüfungstermin. [3]Der Antrag auf Zulassung ist spätestens zwei Monate vor Beginn der Prüfung zu stellen. [4]Wenn zwischen der Ablegung der mündlichen Prüfung und dem nächsten Termin nur ein kürzerer Zeitraum verbleibt, ist der Antrag unverzüglich nach Ablegung der mündlichen Prüfung zu stellen.

(2) § 30 Abs. 2 gilt entsprechend.

(3) Wer zur Verbesserung der Note zur Prüfung zugelassen ist, kann bis zum Beginn der mündlichen Prüfung auf die Fortsetzung des Prüfungsverfahrens verzichten.

(4) [1]Der Prüfungsteilnehmer entscheidet, welches Prüfungsergebnis er gelten lassen will. [2]Wird binnen einer Woche nach dem Tag der mündlichen Prüfung keine Wahl getroffen, gilt das bessere, bei gleichen Prüfungsergebnissen das frühere Prüfungsergebnis als gewählt.

Teil 4
Vorbereitungsdienst

§ 32 Zuständigkeiten für den Vorbereitungsdienst

(1) [1]Der Präsident des Oberlandesgerichts entscheidet über die Aufnahme in den Vorbereitungsdienst. [2]Er leitet den gesamten Vorbereitungsdienst und trifft die nach Maßgabe dieser Verordnung erforderlichen Entscheidungen, soweit nicht die Zuständigkeit anderer Stellen vorgesehen ist; er kann mit Zustimmung des Staatsministeriums der Justiz den Präsidenten der Land- und der Amtsgerichte die Leitung des Vorbereitungsdienstes für die ihnen zugewiesenen Rechtsreferendare ganz oder teilweise übertragen.

(2) [1]Die Zuweisung innerhalb der Verwaltungsstation und der Wahlstation, soweit diese in der Verwaltung abgeleistet wird (§ 35 Abs. 1 Nr. 2 und 4, § 36 Abs. 1 Nr. 2), sowie die Durchführung dieser Ausbildung obliegt dem Präsidenten der Landesdirektion Sachsen. [2]Soweit eine der genannten Stationen neben einer anderen berührt ist, ergeht die Entscheidung nach Absatz 1 im Einvernehmen mit dem Präsidenten der Landesdirektion Sachsen. [3]Das Staatsministerium des Innern kann die Leitung der Ausbildung auf den Leiter einer anderen Staatsbehörde ganz oder teilweise übertragen.

(3) [1]Der Präsident des Oberlandesgerichts bestellt bei diesem und bei den Ausbildungsgerichten mit Zustimmung des Staatsministeriums der Justiz einen Ausbildungsleiter. [2]Dieser betreut die Rechtsreferendare und erteilt Unterricht. [3]Während der Stationen nach Absatz 2 werden Ausbildungsleiter durch den Präsidenten der Landesdirektion Sachsen mit Zustimmung des Staatsministeriums des Innern bestellt.

§ 33 Ziel des Vorbereitungsdienstes

(1) [1]Der Vorbereitungsdienst hat das Ziel, den Rechtsreferendar mit den Aufgaben der Rechtsprechung, der Verwaltung, der Rechtsberatung, der Rechtsgestaltung und der Prozessführung vertraut zu machen. [2]Am Ende der Ausbildung soll der Rechtsreferendar in der Lage sein, in der Rechtspraxis, soweit erforderlich nach einer Einarbeitung, eigenverantwortlich zu arbeiten.

(2) [1]Der Rechtsreferendar soll möglichst selbstständig tätig sein. [2]Der Ausbildungszweck bestimmt Art und Umfang der ihm zu übertragenden Arbeiten.

§ 34 Aufnahme in den Vorbereitungsdienst

(1) [1]Einstellungen in den juristischen Vorbereitungsdienst erfolgen am 1. Mai und am 1. November eines jeden Jahres. [2]Der Antrag auf Aufnahme in den Vorbereitungsdienst ist an den Präsidenten des Oberlandesgerichts zu richten.

(2) Deutsche im Sinne des Artikel 116 des Grundgesetzes für die Bundesrepublik Deutschland und Staatsangehörige eines Mitgliedstaates der Europäischen Union, die die Erste Juristische Prüfung bestanden haben, werden auf Antrag als Rechtsreferendare in den Vorbereitungsdienst aufgenommen.

(3) [1]Andere ausländische Bewerber, welche die Erste Juristische Prüfung bestanden haben, kann der Präsident des Oberlandesgerichts mit Zustimmung des Staatsministeriums der Justiz auf Antrag zum Vorbereitungsdienst zulassen. [2]Die Zulassung kann jederzeit widerrufen werden. [3]Aufgaben eines

Richters, Rechtspflegers oder Amtsanwalts können diesen Rechtsreferendaren nicht übertragen werden. [4]Ihre Verwendung als Urkundsbeamter der Geschäftsstelle ist zulässig. [5]Sie können im Rahmen des § 193 des Gerichtsverfassungsgesetzes in der Fassung der Bekanntmachung vom 9. Mai 1975 (BGBl. I S. 1077), das zuletzt durch Artikel 1 des Gesetzes vom 12. Juli 2018 (BGBl. I S. 1151) geändert worden ist, in der jeweils geltenden Fassung, an den Beratungen des Gerichts teilnehmen.

(4) [1]Die Aufnahme in den Vorbereitungsdienst ist zu versagen, solange gegen den Bewerber eine Freiheitsentziehung vollzogen wird. [2]Sie ist in der Regel zu versagen, wenn der Bewerber wegen einer vorsätzlich begangenen Tat zu einer Freiheitsstrafe von mindestens einem Jahr rechtskräftig verurteilt und die Strafe noch nicht getilgt worden ist.

(5) Die Aufnahme in den Vorbereitungsdienst kann versagt werden:

1.   solange ein Ermittlungsverfahren oder ein Strafverfahren wegen des Verdachts einer vorsätzlich begangenen Tat anhängig ist, das zu einer Entscheidung nach Absatz 4 Satz 2 führen kann,

2.   wenn Tatsachen vorliegen, die den Bewerber für den Vorbereitungsdienst als ungeeignet erscheinen lassen, insbesondere wenn:

    a)   Tatsachen in der Person des Bewerbers die Gefahr einer Störung des Dienstbetriebs begründen,

    b)   Tatsachen in der Person des Bewerbers die Gefahr begründen, dass durch die Aufnahme des Bewerbers wichtige öffentliche Belange ernstlich beeinträchtigt werden,

    c)   der Bewerber an einer Krankheit leidet, die die Gesundheit anderer ernstlich gefährden oder die ordnungsgemäße Ausbildung ernstlich beeinträchtigen würde,

3.   wenn für den Bewerber ein Betreuer bestellt ist,

4.   wenn der Bewerber aus einem früher begonnenen Vorbereitungsdienst vorzeitig entlassen wurde,

5.   wenn die Übernahme aus dem Vorbereitungsdienst eines anderen Bundeslandes beantragt wird.

(6) [1]Für die Begründung des öffentlich-rechtlichen Ausbildungsverhältnisses, für seine Beendigung sowie für die Rechte und Pflichten der Rechtsreferendare sind die für Beamte auf Widerruf geltenden Bestimmungen mit Ausnahme der §§ 40, 63, 75, 77, 80 und 86 des Sächsischen Beamtengesetzes vom 18. Dezember 2013 (SächsGVBl. S. 970, 971), das zuletzt durch Artikel 4 des Gesetzes vom 28. Juni 2018 (SächsGVBl. S. 458) und durch Artikel 1 des Gesetzes vom 28. Juni 2018 (SächsGVBl. S. 430) geändert worden ist, in der jeweils geltenden Fassung, sowie die §§ 2 und 3 Abs. 2 der Verordnung des Sächsischen Staatsministeriums des Innern zur Ausgestaltung des öffentlich-rechtlichen Ausbildungsverhältnisses vom 18. Mai 2002 (SächsGVBl. S. 175), die zuletzt durch Artikel 2 der Verordnung vom 18. Juli 2017 (SächsGVBl. S. 411) geändert worden ist, in der jeweils geltenden Fassung, entsprechend anzuwenden, soweit diese Verordnung nichts anderes bestimmt. [2]Trennungsgeld nach § 15 des Sächsischen Reisekostengesetzes vom 12. Dezember 2008 (SächsGVBl. S. 866, 876), das zuletzt durch Artikel 13 des Gesetzes vom 18. Dezember 2013 (SächsGVBl. S. 970) geändert worden ist, in der jeweils geltenden Fassung, wird nicht gewährt.

(7) Die in den Vorbereitungsdienst aufgenommenen Bewerber führen die Bezeichnung „Rechtsreferendar" oder „Rechtsreferendarin".

§ 34a Ausbildungsbezüge

(1) [1]Die Rechtsreferendare erhalten Ausbildungsbezüge, die am letzten Tag eines jeden Monats für den laufenden Monat gezahlt werden. [2]Die Ausbildungsbezüge setzen sich aus einem Grundbetrag und einem Familienzuschlag zusammen.

(2) Der Grundbetrag und der Familienzuschlag werden in entsprechender Anwendung der für den Anwärtergrundbetrag und den Familienzuschlag der Beamten auf Widerruf geltenden Vorschriften einschließlich der entsprechenden Anlagen des Sächsischen Besoldungsgesetzes vom 18. Dezember 2013 (SächsGVBl. S. 970, 1005), das zuletzt durch Artikel 5 des Gesetzes vom 28. Juni 2018 (SächsGVBl. S. 458) und durch Artikel 3 des Gesetzes vom 28. Juni 2018 (SächsGVBl. S. 430) geändert worden ist, in der jeweils geltenden Fassung, gewährt.

(3) [1]Rechtsreferendare erhalten vermögenswirksame Leistungen in entsprechender Anwendung der Vorschriften, die für Beamte auf Widerruf gelten. [2]Eine jährliche Sonderzahlung wird nicht gewährt.

(4) Die Ausbildungsbezüge unterliegen der Beitragspflicht zur gesetzlichen Sozialversicherung.

§ 35 Gliederung des Vorbereitungsdienstes

(1) [1]Der Rechtsreferendar wird bei folgenden Stationen ausgebildet:

1. bei der Justiz
   a) fünf Monate bei einem Zivilgericht (Zivilstation),
   b) drei Monate bei einem Strafgericht oder einer Staatsanwaltschaft (Strafstation);
2. vier Monate bei der öffentlichen Verwaltung, einem Verwaltungsgericht, einem Sozialgericht oder einem Finanzgericht (Verwaltungsstation);
3. neun Monate bei einem Rechtsanwalt (Rechtsanwaltsstation);
4. drei Monate nach Wahl des Rechtsreferendars bei einer der nach § 36 zugelassenen Ausbildungsstellen (Wahlstation).

[2]Die Station nach Satz 1 Nummer 3 kann bis zu einer Dauer von drei Monaten bei einem Notar, einem Unternehmen, einem Verband oder einer sonstigen Ausbildungsstelle abgeleistet werden, bei der eine sachgerechte rechtsberatende Ausbildung gewährleistet ist.

(2) Hat der Rechtsreferendar sämtliche Ausbildungsstellen nach Absatz 1 absolviert, wird er bis zu seinem Ausscheiden aus dem Vorbereitungsdienst mit Dienstgeschäften betraut.

(3) Der Präsident des Oberlandesgerichts kann die Reihenfolge der Stationen nach Absatz 1 Satz 1 Nummer 1 bis 3 ändern.

(4) Auf Antrag kann der Rechtsreferendar die Ausbildung in der Verwaltungs- und Rechtsanwaltsstation bis zu drei Monate durch ein Studium an der Deutschen Universität für Verwaltungswissenschaften Speyer ableisten.

(5) [1]Auf Antrag kann der Rechtsreferendar die Ausbildung in der Rechtsanwaltsstation bis zu einer Dauer von drei Monaten und in der Wahlstation insgesamt bei einer überstaatlichen, zwischenstaatlichen oder ausländischen Ausbildungsstelle ableisten, sofern eine sachgerechte Ausbildung gewährleistet ist. [2]Im Rahmen der Ausbildung nach Absatz 1 Satz 1 Nummer 3 und 4 kann der Auslandsaufenthalt so gewählt werden, dass er bereits im letzten Monat der Ausbildung bei einem Rechtsanwalt beginnt.

(6) [1]Eine erfolgreich abgeschlossene Ausbildung für die erste Einstiegsebene der Laufbahngruppe 2 der Fachrichtung Justiz mit dem fachlichen Schwerpunkt Justizdienst oder für die erste Einstiegsebene der Laufbahngruppe 2 der Fachrichtung Allgemeine Verwaltung mit dem fachlichen Schwerpunkt allgemeiner Verwaltungsdienst kann auf Antrag bis zu einer Dauer von sechs Monaten auf den Vorbereitungsdienst angerechnet werden. [2]Über den Antrag entscheidet der Präsident des Oberlandesgerichts im Einvernehmen mit dem Staatsministerium des Innern. [3]Mit der Anrechnung ist zu bestimmen, welche Stationen nach Absatz 1 wegfallen oder gekürzt werden.

§ 36 Wahlstation

(1) Wahlstationen gemäß § 35 Absatz Satz 1 Nummer 4 sind:

1. Justiz,
2. Verwaltung,
3. Rechtsanwaltschaft,
4. Notariat und freie Wirtschaft.

(2) Der Präsident des Oberlandesgerichts lässt die Ausbildungsstellen in der Wahlstation allgemein oder für den Einzelfall zu, wenn eine sachgerechte Ausbildung durch einen geeigneten Ausbilder gesichert und ein tauglicher Arbeitsplatz vorhanden ist.

(3) [1]Auf Antrag kann der Rechtsreferendar die Wahlstation ganz oder teilweise durch ein Studium an einer Universität oder anderen staatlich anerkannten Ausbildungsstätte der Aus- und Weiterbildung ableisten. [2]Dies setzt voraus, dass der Rechtsreferendar einen Ausbildungsplan vorlegt, der eine Förderung der Ausbildung erwarten lässt und dass der Rechtsreferendar nicht von der Möglichkeit des § 35 Absatz 4 Satz 1 Gebrauch gemacht hat.

(4) [1]Die Zuweisung erfolgt im Einvernehmen mit der Ausbildungsstelle. [2]Der Rechtsreferendar hat spätestens drei Monate vor Beendigung der Ausbildung im letzten Ausbildungsabschnitt vor der Wahlstation gegenüber dem Präsidenten des Oberlandesgerichts schriftlich zu erklären, bei welcher Ausbildungsstelle er die Wahlstation ableisten will. [3]Gibt er keine Erklärung ab, bestimmt der Präsident des Oberlandesgerichts die Stelle für die Wahlstation.

§ 37 Einführungslehrgänge, Arbeitsgemeinschaften und sonstige Lehrgänge

(1) [1]Der Rechtsreferendar hat zu Beginn des Vorbereitungsdienstes bei der Justiz, bei der Verwaltung und bei dem Rechtsanwalt je an einem Einführungslehrgang teilzunehmen. [2]Der Einführungslehrgang bei der Justiz kann geteilt werden.

(2) Der Einführungslehrgang bei der Justiz wird anteilig auf die Ausbildung bei einem Zivilgericht und auf die Ausbildung bei einem Strafgericht oder einer Staatsanwaltschaft angerechnet.

(3) [1]Der Rechtsreferendar hat während der Ausbildung an den angeordneten Arbeitsgemeinschaften teilzunehmen sowie angeordnete Aufsichts- und Übungsarbeiten anzufertigen und abzuliefern. [2]Während der Wahlstation kann die Teilnahme an den Arbeitsgemeinschaften erlassen werden.

(4) [1]Die Pflicht zur Teilnahme an einer Arbeitsgemeinschaft endet, wenn der Rechtsreferendar nach Beendigung des Vorbereitungsdienstes die schriftliche Prüfung nicht oder nicht vollständig abgelegt hat. [2]Der Präsident des Oberlandesgerichts kann jedoch den Rechtsreferendar einer Arbeitsgemeinschaft zuweisen. [3]In diesem Fall ist der Rechtsreferendar zur Teilnahme verpflichtet.

(5) [1]Während seiner Ausbildung hat der Rechtsreferendar an einem Lehrgang über Arbeitsrecht teilzunehmen. [2]Die Teilnahme an weiteren Lehrgängen kann angeordnet werden.

(6) [1]Den Rechtsreferendaren sollen weitere geeignete Lehrangebote aus dem Bereich der Kommunikation gemacht werden, insbesondere zu Verhandlungsleitung, Vernehmungstechnik und Glaubwürdigkeitsbeurteilung, Rhetorik und Argumentationstechnik. [2]Außerdem soll den Rechtsreferendaren während der Ausbildung die Vermittlung von Grundzügen des Steuerrechts angeboten werden.

(7) Der Umfang der Lehrgänge und Arbeitsgemeinschaften soll so bemessen sein, dass den Rechtsreferendaren genügend Zeit für die Ausbildung in der Praxis zur Verfügung steht.

§ 37a Gastreferendar

(1) Rechtsreferendare können mit Genehmigung des Präsidenten des Oberlandesgerichts und Zustimmung der zuständigen Behörde des anderen Bundeslandes einzelne Ausbildungsabschnitte als Gastreferendar in einem anderen Bundesland ableisten.

(2) [1]Wer in einem anderen Bundesland in den Vorbereitungsdienst aufgenommen worden ist, kann mit Zustimmung der dort zuständigen Behörde einzelne Ausbildungsabschnitte als Gastreferendar im Freistaat Sachsen ableisten, sofern die erforderlichen Ausbildungsplätze zur Verfügung stehen. [2]Über die Zulassung als Gastreferendar entscheidet der Präsident des Oberlandesgerichts.

§ 38 Dienstvorgesetzter, Vorgesetzter

(1) [1]Dienstvorgesetzter ist der Präsident des Landgerichts, bei dem der Rechtsreferendar den Vorbereitungsdienst antritt. [2]Soweit der Präsident der Landesdirektion Sachsen zu den Ausbildungsstellen zuweist, ist er Dienstvorgesetzter. [3]Der Präsident des Oberlandesgerichts kann im Einzelfall eine andere Bestimmung treffen.

(2) Vorgesetzte des Rechtsreferendars sind der Leiter der Ausbildungsstelle, der Ausbilder sowie die Lehrgangs-, Arbeitsgemeinschafts- und Ausbildungsleiter, denen der Rechtsreferendar zur Ausbildung zugewiesen ist.

§ 39 Entlassung aus dem Vorbereitungsdienst

(1) Aus dem Vorbereitungsdienst ist zu entlassen, wer die Entlassung beantragt.

(2) [1]Der Rechtsreferendar kann entlassen werden, wenn ein wichtiger Grund vorliegt. [2]Ein wichtiger Grund liegt insbesondere vor, wenn

1. während des Vorbereitungsdienstes ein Umstand eintritt oder nachträglich bekannt wird, der die Versagung der Aufnahme in den Vorbereitungsdienst nach § 34 Abs. 4 und 5 rechtfertigen würde,
2. der Rechtsreferendar in seiner Ausbildung nicht hinreichend fortschreitet, insbesondere wenn er in zwei Ausbildungsabschnitten keine ausreichenden Leistungen erzielt oder seine Ausbildungspflichten gröblich verletzt hat,
3. der Rechtsreferendar an der Zweiten Juristischen Staatsprüfung teilgenommen und diese nicht bestanden hat, sofern eine erfolgreiche Ablegung der Prüfung auch nach weiterer Ausbildung nicht zu erwarten ist; hiervon ist regelmäßig bei einer erzielten Durchschnittspunktzahl von weniger als 2,50 Punkten auszugehen,
4. der Rechtsreferendar länger als sechs Monate dienstunfähig ist und nicht zu erwarten ist, dass er binnen drei Monaten wieder dienstfähig wird,

5. die Zweite Juristische Staatsprüfung zum zweiten Mal nach der erstmaligen Zulassung aus den Gründen des § 7 nicht abgelegt werden kann.

(3) Über die Entlassung entscheidet der Präsident des Oberlandesgerichts.

§ 40 Urlaub, Anrechnung von Urlaubs- und Krankheitszeiten auf den Vorbereitungsdienst

(1) [1]Der Rechtsreferendar erhält Urlaub in entsprechender Anwendung der Bestimmungen für Beamte auf Widerruf im Vorbereitungsdienst. [2]Erholungsurlaub kann auch bereits während der ersten sechs Monate nach der Einstellung bewilligt werden. [3]Die Dauer des Urlaubs in jedem Ausbildungsabschnitt darf in der Regel ein Drittel des Abschnitts nicht überschreiten. [4]Während der Einführungslehrgänge und der Aufsichtsarbeiten soll kein Erholungsurlaub bewilligt werden.

(2) [1]Erholungsurlaub und Urlaub aus verschiedenen Anlässen im Sinne des § 12 der Sächsischen Urlaubs-, Mutterschutz- und Elternzeitverordnung in der Fassung der Bekanntmachung vom 23. Juli 2018 (SächsGVBl. S. 496), in der jeweils geltenden Fassung, werden auf den Vorbereitungsdienst angerechnet. [2]Krankheitszeiten werden in der Regel bis zu drei Monaten je Ausbildungsjahr auf den Vorbereitungsdienst angerechnet. [3]Mutterschutzzeiten und Elternzeit werden in der Regel nicht auf den Vorbereitungsdienst angerechnet.

(3) Erholungsurlaub und Urlaub aus verschiedenen Anlässen werden vom Dienstvorgesetzten bewilligt.

(4) [1]In Ausnahmefällen kann dem Rechtsreferendar Urlaub aus sonstigen Gründen im Sinne des § 14 der Sächsischen Urlaubs-, Mutterschutz- und Elternzeitverordnung ohne Ausbildungsbezüge und ohne Anrechnung auf den Vorbereitungsdienst bewilligt werden. [2]Die Dauer des Urlaubs aus sonstigen Gründen beträgt in der Regel bis zu sechs Monate, insgesamt jedoch höchstens bis zu einem Jahr. [3]Der Urlaub aus sonstigen Gründen soll spätestens am Ende der Strafstation angetreten werden und so bemessen sein, dass die Wiederaufnahme des Vorbereitungsdienstes im nächsten oder übernächsten Einstellungstermin erfolgt.

(5) Verlängert sich der Vorbereitungsdienst wegen Krankheit oder aus einem sonstigen zwingenden Grund, wird der Rechtsreferendar während der Zeit, in der eine Zuweisung an eine Ausbildungsstelle nicht erfolgt, mit Dienstgeschäften betraut.

§ 41 Ausbildungszeugnisse

(1) [1]Über die praktische Ausbildung in den Stationen erstellen die Ausbilder ein Zeugnis, in dem die Fähigkeiten und Leistungen des Rechtsreferendars mit einer Note und Punktzahl entsprechend der Verordnung über eine Noten- und Punkteskala für die erste und zweite juristische Prüfung bewertet werden. [2]Wurde ein Rechtsreferendar in einer Station von mehreren Ausbildern ausgebildet, erstellt das Zeugnis für die gesamte Station der letzte Ausbilder; die früheren Ausbilder fertigen hierzu Beiträge. [3]Der jeweilige Ausbildungsleiter kann die Zeugniserteilung auf sich übertragen.

(2) [1]Auch die Arbeitsgemeinschaftsleiter haben für jeden ihnen zugewiesenen Rechtsreferendar ein Zeugnis zu erstellen. [2]Absatz 1 gilt entsprechend.

(3) [1]Das Zeugnis ist spätestens einen Monat nach Beendigung der jeweiligen Ausbildung dem Oberlandesgericht vorzulegen. [2]Es ist dem Rechtsreferendar bekannt zu geben und auf Verlangen mit ihm zu besprechen.

(4) Soweit eine Ausbildung an einer Station nach § 36 Abs. 3 oder an der Deutschen Universität für Verwaltungswissenschaften Speyer erfolgte, ist an Stelle eines Zeugnisses ein Leistungsnachweis vorzulegen.

Teil 5
Zweite Juristische Staatsprüfung

§ 42 Grundsatz

(1) Schwerpunkt von Aufgabenstellung und Leistungsbewertung soll das juristische Verständnis und die Fähigkeit zum methodischen Arbeiten unter Berücksichtigung der in der praktischen Ausbildung vermittelten Fertigkeiten sein.

(2) [1]Die Zweite Juristische Staatsprüfung wird zweimal jährlich abgenommen. [2]§ 20 Abs. 1 Satz 3 gilt entsprechend.

§ 43 Prüfungsgebiete

(1) Die Zweite Juristische Staatsprüfung erstreckt sich auf die Pflichtfächer und das vom Rechtsreferendar zu bestimmende Wahlfach, jeweils mit ihren gesellschaftlichen, wirtschaftlichen und politischen Grundlagen.

(2) [1]Pflichtfächer sind die Pflichtfächer der staatlichen Pflichtfachprüfung der Ersten Juristischen Prüfung unter Berücksichtigung der in der praktischen Ausbildung angestrebten Ergänzung und Vertiefung. [2]Darüber hinaus sind Pflichtfächer

1. aus dem Zivilprozessrecht
   a) Zivilverfahrens- und Zwangsvollstreckungsrecht (Buch 1 bis 8 der Zivilprozessordnung) einschließlich der gerichtsverfassungsrechtlichen Bezüge,
   b) die Grundzüge des arbeitsgerichtlichen Verfahrens (nur Urteilsverfahren),
2. aus dem Strafrecht und dem Strafprozessrecht
   a) der Allgemeine Teil des Strafgesetzbuches,
   b) das Strafprozessrecht (Strafprozessordnung) einschließlich der gerichtsverfassungsrechtlichen Bezüge ohne die Vorschriften über die Wiederaufnahme eines durch rechtskräftiges Urteil abgeschlossenen Verfahrens, über die Strafvollstreckung und Kosten des Verfahrens sowie über die Erteilung von Auskünften und Akteneinsicht,
3. aus dem Öffentlichen Recht
   a) die Zulässigkeit von Bauvorhaben nach den §§ 29 bis 38 des Baugesetzbuches einschließlich des Ersten Abschnitts der Baunutzungsverordnung,
   b) der Zweite, Dritte und Fünfte Abschnitt der Baunutzungsverordnung in Grundzügen,
   c) Grundzüge des Gewerberechts einschließlich des Gaststättenrechts,
   d) Grundzüge des Straßenrechts,
   e) das Planfeststellungsverfahren (§§ 72 ff. des Verwaltungsverfahrensgesetzes),
   f) Verwaltungsprozessrecht,
4. aus dem anwaltlichen Berufsrecht
   a) rechtsberatende Praxis in den Pflichtfächern,
   b) die Grundzüge der Grundpflichten und Berufsregeln nach der Bundesrechtsanwaltsordnung und der Berufsordnung für Rechtsanwälte,
   c) Grundzüge des Gebührenrechts.

(3) Der Rechtsreferendar kann unter folgenden Wahlfächern auswählen:

1. Familien- und Erbrecht, Verfahren in Familiensachen und in den Angelegenheiten der freiwilligen Gerichtsbarkeit,
2. Arbeitsrecht: Individual- und Kollektivarbeitsrecht, arbeitsgerichtliches Verfahren,
3. Sozialrecht: Grundzüge des Sozialversicherungsrechts und des Rechts der Grundsicherung für Arbeitsuchende, sozialgerichtliches Verfahren,
4. Strafrecht: Jugendstrafrecht einschließlich Verfahrensrecht; Strafvollzugs- und Maßregelvollzugsrecht (ohne Jugendstrafvollzugsrecht),
5. Verwaltungsrecht: Wirtschaftsverwaltungsrecht und Beamtenrecht,
6. Insolvenzrecht,
7. Steuerrecht: Einkommens- und Umsatzsteuerrecht, Körperschaftssteuer- und Gewerbesteuerrecht, Abgabenordnung, Finanzgerichtsordnung,
8. Internationales Recht: Internationales Privatrecht, Einheitskaufrecht, Grundzüge des internationalen Verfahrensrechts,
9. Europa- und Völkerrecht: Recht der Europäischen Union, Grundzüge des Völkerrechts.

(4) § 14 Absatz 4 bis 6 gilt entsprechend.

§ 44 Prüfungsorte

Die schriftliche Prüfung wird an den vom Landesjustizprüfungsamt bestimmten Prüfungsorten und die mündliche Prüfung wird in der Regel in Dresden abgehalten.

§ 45 Zulassung zur schriftlichen Prüfung

(1) [1]Der Rechtsreferendar hat an der gegen oder nach Ende der Ausbildung in der letzten Pflichtstation beginnenden Zweiten Juristischen Staatsprüfung teilzunehmen. [2]Die Pflicht zur Teilnahme wird nicht dadurch aufgehoben, dass der Rechtsreferendar aus dem Vorbereitungsdienst ausscheidet.

(2) Spätestens drei Monate vor Beginn der Prüfung stellt der Präsident des Oberlandesgerichts den Rechtsreferendar für die Prüfung vor.

(3) § 21 Abs. 1 Nr. 2 und Abs. 2 gilt entsprechend.

(4) [1]Mit der Erklärung nach § 36 Abs. 4 Satz 2 hat der Rechtsreferendar gegenüber dem Präsidenten des Oberlandesgerichts schriftlich zu bestimmen, welches Wahlfach und welches Gebiet des Aktenvortrags er wählt; diese Erklärungen sind unwiderruflich und gelten auch bei etwaigen Wiederholungen der Prüfung. [2]Unterlässt er eine solche Wahl, bestimmt der Präsident des Landesjustizprüfungsamtes das Wahlfach unter Berücksichtigung der Wahlstation und das Gebiet des Aktenvortrags.

(5) Die Zulassung zur Prüfung ist zu widerrufen, wenn der Prüfungsteilnehmer nach dem Ausscheiden aus dem Vorbereitungsdienst prüfungsunfähig ist und nicht zu erwarten ist, dass er in absehbarer Zeit wieder prüfungsfähig wird.

§ 46 Form der Prüfung
Die Zweite Juristische Staatsprüfung besteht aus einer schriftlichen und einer mündlichen Prüfung.

§ 47 Schriftliche Prüfung
(1) [1]In der schriftlichen Prüfung hat der Prüfungsteilnehmer an acht Tagen je eine Prüfungsarbeit unter Aufsicht zu fertigen. [2]Die Prüfungsaufgaben werden vom Prüfungsausschuss ausgewählt. [3]Die Arbeitszeit beträgt fünf Stunden.

(2) Die Prüfungsaufgaben sollen vor allem praktische Fälle aus dem Rechtsleben zum Inhalt haben.

(3) [1]Der Prüfungsteilnehmer hat zu bearbeiten:
1. vier Prüfungsaufgaben mit dem Schwerpunkt aus dem Zivilrecht einschließlich des Verfahrensrechts (§ 43 Absatz 2 Satz 1 und 2 Nummer 1 in Verbindung mit § 14 Absatz 4 bis 6);
2. zwei Prüfungsaufgaben mit dem Schwerpunkt aus dem Strafrecht einschließlich des Verfahrensrechts (§ 43 Absatz 2 Satz 1 und 2 Nummer 2 in Verbindung mit § 14 Absatz 4 bis 6);
3. zwei Prüfungsaufgaben mit dem Schwerpunkt aus dem Öffentlichen Recht einschließlich des Verfahrensrechts (§ 43 Absatz 2 Satz 1 und 2 Nummer 3 in Verbindung mit § 14 Absatz 4 bis 6).

[2]Die Prüfungsaufgaben können ergänzend Fragen des anwaltlichen Berufsrechts (§ 43 Absatz 2 Satz 2 Nummer 4) zum Gegenstand haben.

(4) § 23 Absatz 3 und 4 gilt entsprechend.

§ 48 Bewertung der Prüfungsarbeiten; Ergebnis der schriftlichen Prüfung; Zulassung zur mündlichen Prüfung
[1]Für die Bewertung der Prüfungsarbeiten gilt § 24 entsprechend. [2]Für das Ergebnis der schriftlichen Prüfung und die Zulassung zur mündlichen Prüfung gilt § 25 mit der Maßgabe, dass in wenigstens vier Prüfungsarbeiten mindestens eine Einzelpunktzahl von 4,00 Punkten erreicht werden muss, entsprechend. [3]Die Zulassung zur mündlichen Prüfung erfolgt nur, wenn abzusehen ist, dass der Rechtsreferendar den Vorbereitungsdienst vollständig ableisten wird.

§ 49 Mündliche Prüfung
(1) Die mündliche Prüfung besteht aus einem frei zu haltenden Aktenvortrag und einem Prüfungsgespräch.

(2) [1]Die Abnahme der mündlichen Prüfung erfolgt durch eine vom Landesjustizprüfungsamt zu bestimmende Prüfungskommission, die aus einem Vorsitzenden und mindestens zwei weiteren Prüfern besteht. [2]Einer der Prüfer soll nach Möglichkeit ein zugelassener Rechtsanwalt oder Notar sein.

(3) [1]Der Prüfungsteilnehmer kann den Aktenvortrag aus dem Gebiet des Zivilrechts, des Strafrechts oder des Öffentlichen Rechts wählen. [2]Die Vorbereitungszeit beträgt eine Stunde. [3]Die Dauer des Aktenvortrags soll zehn Minuten nicht überschreiten.

(4) [1]Das Prüfungsgespräch unterteilt sich in einen zivilrechtlichen, einen strafrechtlichen und einen öffentlich-rechtlichen Teil sowie die Prüfung des Wahlfaches. [2]Für jeden Prüfungsteilnehmer ist hierfür eine Prüfungsdauer von 48 Minuten vorzusehen. [3]Mehr als vier Prüfungsteilnehmer dürfen nicht gemeinsam geprüft werden.

(5) [1]Die mündliche Prüfung erstreckt sich auf die Prüfungsgebiete gemäß § 43. [2]Die Prüfung ist vorwiegend Verständnisprüfung.

(6) [1]Für die mündliche Prüfung gilt § 26 Abs. 4 Satz 1, 2 und 5 entsprechend. [2]Für das Prüfungsgespräch gilt § 26 Abs. 4 Satz 3 und 4 mit der Maßgabe, dass an Stelle von Studenten der Rechtswissenschaften Rechtsreferendare zugelassen werden können.

§ 50 Bewertung der mündlichen Prüfung

(1) [1]Über die Bewertung der Prüfungsleistungen in der mündlichen Prüfung und über die Gesamtpunktzahl entscheidet die Prüfungskommission nach gemeinsamer Beratung mit Stimmenmehrheit. [2]Bei Stimmengleichheit entscheidet die Stimme des Vorsitzenden.

(2) [1]Für den Aktenvortrag und für die vier in § 49 Absatz 4 Satz 1 genannten Prüfungsteile ist jeweils eine Einzelpunktzahl festzusetzen. [2]Die Einzelpunktzahlen sind zu addieren und anschließend durch fünf zu teilen. [3]Die sich daraus ergebende Durchschnittspunktzahl der mündlichen Prüfung ist auf zwei Dezimalstellen ohne Auf- oder Abrundung festzusetzen.

§ 51 Gesamtnote

(1) [1]Nach der mündlichen Prüfung stellt die Prüfungskommission auf der Grundlage der Einzelleistungen in der schriftlichen und mündlichen Prüfung die Gesamtpunktzahl fest. [2]Zur Ermittlung der Gesamtpunktzahl wird die Durchschnittspunktzahl der schriftlichen Prüfung verdoppelt und anschließend mit der Durchschnittspunktzahl der mündlichen Prüfung addiert; das Ergebnis wird durch drei geteilt. [3]Die sich daraus ergebende Gesamtdurchschnittspunktzahl ist auf zwei Dezimalstellen ohne Auf- oder Abrundung festzusetzen. [4]Aufgrund dieser Gesamtdurchschnittspunktzahl setzt die Prüfungskommission unter Beachtung des § 5d Abs. 4 Satz 1 und 2 des Deutschen Richtergesetzes die Gesamtpunktzahl fest. [5]Die Gesamtnote ergibt sich aus § 2 Absatz 2 der Verordnung über eine Noten- und Punkteskala für die erste und zweite juristische Prüfung.

(2) [1]Der Vorsitzende gibt die Einzelpunktzahlen der mündlichen Prüfung, die Gesamtpunktzahl und die Gesamtnote am Schluss der mündlichen Prüfung bekannt. [2]Damit ist die Prüfung abgelegt.

(3) Die Prüfung ist nicht bestanden, wenn die Gesamtnote schlechter ist als „ausreichend" (4,00).

(4) § 28 gilt entsprechend.

§ 52 Prüfungszeugnis

(1) [1]Wer die Prüfung bestanden hat, erhält ein Zeugnis, aus dem die Gesamtpunktzahl und die Gesamtnote ersichtlich sind. [2]Den Prüfungsteilnehmern, die die Prüfung nicht bestanden haben, wird dies schriftlich bekannt gegeben.

(2) Wer die Prüfung bestanden hat, ist berechtigt, die Bezeichnung „Assessor" oder „Assessorin" zu führen.

§ 53 Festsetzung der Platznummern

(1) [1]Für jeden Prüfungsteilnehmer, der die Prüfung bestanden hat, ist eine Platznummer festzusetzen. [2]Bei der Festsetzung der Platznummern sind die Prüfungsteilnehmer zu berücksichtigen, die im Laufe des Prüfungsverfahrens die Prüfung bestehen. [3]Die Platznummer ergibt sich aus der Rangfolge der Prüfungsteilnehmer entsprechend der erzielten Gesamtpunktzahlen und Gesamtnoten. [4]Bei gleicher Gesamtpunktzahl und Gesamtnote erhält der Prüfungsteilnehmer mit dem besseren Ergebnis in der schriftlichen Prüfung die niedrigere Platznummer, bei gleichen Ergebnissen in der schriftlichen und mündlichen Prüfung wird dieselbe Platznummer festgesetzt. [5]In diesem Fall erhält der nächstfolgende Prüfungsteilnehmer die Platznummer, die sich ergibt, wenn die Platznummern fortlaufend weitergezählt würden.

(2) Der Prüfungsteilnehmer erhält eine Bescheinigung über die Platznummer.

(3) [1]In der Bescheinigung über die erteilte Platznummer ist anzugeben, wie viele Prüfungsteilnehmer sich der Prüfung unterzogen haben und wie viele die Prüfung bestanden haben. [2]Wird dieselbe Platznummer für mehrere Prüfungsteilnehmer festgesetzt, ist auch deren Zahl anzugeben.

§ 54 Wiederholung der Prüfung

(1) Ein Prüfungsteilnehmer, der die Prüfung nicht bestanden hat, kann die Prüfung nach Maßgabe des § 56 einmal wiederholen.

(2) [1]Einem Prüfungsteilnehmer, der die Prüfung bei Wiederholung nach Absatz 1 nicht bestanden hat, wird auf Antrag zu einem vom Präsidenten des Landesjustizprüfungsamtes zu bestimmenden Termin gestattet, die Prüfung ein zweites Mal zu wiederholen, wenn die erfolglosen Prüfungen beim Landesjustizprüfungsamt abgelegt worden sind und der Prüfungsteilnehmer in einem der beiden früheren

Prüfungsverfahren mindestens eine Durchschnittspunktzahl von 3,30 Punkten in der schriftlichen Prüfung erreicht hat. [2]Der Antrag ist innerhalb eines Monats nach Bekanntgabe des Ergebnisses des zweiten Prüfungsverfahrens zu stellen.

(3) § 30 Abs. 2 und 4 gilt entsprechend.

(4) Eine weitere Wiederholung ist auch nach Ableistung eines erneuten Vorbereitungsdienstes nicht möglich.

§ 55 Wiederholung der Prüfung zur Notenverbesserung

(1) Ein Prüfungsteilnehmer, der die Prüfung im Freistaat Sachsen bestanden hat, kann die Prüfung zur Verbesserung der Prüfungsnote gegen Entrichtung einer Prüfungsgebühr in Höhe von 450 Euro einmal wiederholen.

(2) [1]§ 31 Abs. 1 Satz 2 und 3 sowie Abs. 2 bis 4 gilt entsprechend. [2]Liegen zwischen der Ablegung der mündlichen Prüfung und dem Beginn eines neuen Prüfungstermins weniger als zwei Monate, gilt der auf den neuen Prüfungstermin folgende Prüfungstermin als nächster Prüfungstermin im Sinne von § 31 Abs. 1 Satz 2.

§ 56 Ergänzungsvorbereitungsdienst

(1) Ein Prüfungsteilnehmer, der die Zweite Juristische Staatsprüfung erstmalig nicht bestanden hat, leistet einen weiteren Vorbereitungsdienst von sechs Monaten und nimmt an der darauffolgenden Prüfung teil.

(2) Der Ergänzungsvorbereitungsdienst kann vom Präsidenten des Landesjustizprüfungsamtes in besonderen Fällen auf Antrag verkürzt oder ganz erlassen werden, wenn zu erwarten ist, dass der Rechtsreferendar die Prüfung trotzdem bestehen wird.

(3) Der Präsident des Oberlandesgerichts bestimmt, wo und mit welchen Auflagen der Ergänzungsvorbereitungsdienst zu leisten ist.

Teil 6
Beschränkung der Aufnahme in den juristischen Vorbereitungsdienst

§ 57 Anwendung

(1) Die Zulassung zum juristischen Vorbereitungsdienst richtet sich nach den Bestimmungen dieses Teils, wenn

1. die im Haushaltsplan zum jeweiligen Einstellungstermin zur Verfügung stehenden Stellen und Mittel für die Zulassung aller Bewerber nicht ausreichen oder
2. die Ausbildungskapazitäten nicht ausreichen, um eine sachgerechte Durchführung des Vorbereitungsdienstes für alle Bewerber zu gewährleisten.

(2) Über die Zulassung entscheidet der Präsident des Oberlandesgerichts im Rahmen eines Auswahlverfahrens.

§ 58 Auswahlverfahren

(1) Am Auswahlverfahren kann nur teilnehmen, wer

1. die Erste Juristische Prüfung bestanden hat und die sonstigen Voraussetzungen für die Zulassung zum juristischen Vorbereitungsdienst erfüllt und
2. die vollständigen Bewerbungsunterlagen spätestens zum 20. Februar eines Jahres für den Einstellungstermin 1. Mai und zum 31. Juli eines Jahres für den Einstellungstermin 1. November bei dem Präsidenten des Oberlandesgerichts vorgelegt oder sie innerhalb einer im Einzelfall gesetzten Nachfrist vervollständigt hat.

(2) Im Auswahlverfahren werden nur solche Umstände berücksichtigt, die mit der Bewerbung oder den nachgereichten Unterlagen schriftlich dargelegt und nachgewiesen worden sind.

§ 59 Ausbildungskapazität

(1) [1]Die Ausbildungskapazität bestimmt sich nach der Zahl der bei den Amts- und Landgerichten in Zivilsachen tätigen Richter. [2]Als Zivilsachen gelten nicht Familiensachen und Angelegenheiten der Freiwilligen Gerichtsbarkeit.

(2) [1]Bei der Berechnung der Ausbildungskapazität wird die Zahl der Richter im Eingangsamt mit dem Faktor 1,5 multipliziert. [2]Mit dem Faktor 0,75 wird multipliziert die Zahl der

1. Direktoren von Amtsgerichten,
2. Vorsitzenden von Zivilkammern,
3. Richter, deren Arbeitskraftanteil in Zivilsachen weniger als 75 Prozent, mindestens aber 50 Prozent beträgt,
4. Richter auf Probe oder kraft Auftrags mit einer Dienstzeit von mindestens einem Jahr,
5. Richter mit Schwerbehinderung.

(3) Bei der Berechnung der Ausbildungskapazität finden keine Berücksichtigung:

1. Richter auf Probe und Richter kraft Auftrags mit einer richterlichen Dienstzeit von weniger als einem Jahr,
2. Richter mit Arbeitskraftanteilen in Zivilsachen von weniger als 50 Prozent.

(4) [1]Maßgeblich sind die Verhältnisse am 1. Januar und 1. Juli eines Jahres für den jeweils folgenden Einstellungstermin. [2]Der Präsident des Oberlandesgerichts teilt dem Staatsministerium der Justiz unmittelbar im Anschluss an die Kapazitätsermittlung, spätestens jedoch drei Monate vor jedem Einstellungstermin eines Kalenderjahres die Zahl der zur Verfügung stehenden Ausbildungsplätze mit. [3]Die Zahl der zur Verfügung stehenden Ausbildungsplätze entspricht der als Ausbildungskapazität ermittelten Zahl.

§ 60 Zuteilungskriterien

(1) Von den zur Verfügung stehenden Ausbildungsplätzen werden vergeben

1. 60 Prozent nach dem Ergebnis der Ersten Juristischen Prüfung,
2. 30 Prozent nach der Dauer der Wartezeit,
3. die restlichen Plätze an Bewerber, für die die Versagung der Zulassung eine besondere Härte bedeuten würde.

(2) Bewerber, die sich länger als 24 Monate erfolglos um die Zulassung zum Vorbereitungsdienst im Freistaat Sachsen beworben haben, sind vor der Vergabe der Ausbildungsplätze nach Absatz 1 zu berücksichtigen.

(3) [1]Soweit die Zahl der Ausbildungsplätze nach Absatz 1 Nr. 3 nicht voll in Anspruch genommen wird, werden die verbleibenden Ausbildungsplätze nach Absatz 1 Nr. 2 vergeben. [2]Darüber hinaus freibleibende Ausbildungsplätze werden nach Absatz 1 Nr. 1 zugeteilt.

§ 61 Prüfungsergebnis

(1) Die Reihenfolge der Auswahl nach dem Prüfungsergebnis richtet sich nach der Gesamtnote der Ersten Juristischen Prüfung.

(2) Bei gleicher Leistung entscheidet die längere Wartezeit, bei gleicher Wartezeit das Los.

§ 62 Wartezeit

(1) Die Wartezeit beginnt mit dem auf den Eingang des ordnungsgemäß gestellten Antrags folgenden Einstellungstermin.

(2) Bei gleicher Wartezeit entscheidet das bessere Prüfungsergebnis, bei gleichem Prüfungsergebnis das Los.

§ 63 Härtefälle

(1) Eine besondere Härte ist dann gegeben, wenn die Ablehnung des Antrags auf Aufnahme in den juristischen Vorbereitungsdienst für den Bewerber mit Nachteilen verbunden wäre, die über das Maß der mit einer Ablehnung regelmäßig verbundenen Nachteile erheblich hinausgehen.

(2) Eine zu berücksichtigende Härte kann im Einzelfall insbesondere dann vorliegen, wenn der Bewerber

1. ein schwerbehinderter oder diesem gleichgestellter behinderter Mensch ist oder
2. aufgrund gesetzlicher oder sittlicher Verpflichtung einer minderjährigen oder nicht erwerbsfähigen Person Unterhalt zu leisten hat und zur Erfüllung dieser Verpflichtung der Anwärterbezüge bedarf.

(3) [1]Übersteigt die Zahl der berücksichtigungsfähigen Härtefälle die Zahl der zur Verfügung stehenden Ausbildungsplätze innerhalb der Härtefallquote, richtet sich die Reihenfolge der Aufnahme nach dem besseren Prüfungsergebnis. [2]Bei gleicher Leistung entscheidet die längere Wartezeit, bei gleicher Wartezeit das Los.

§ 64 Rangverbesserung

(1) Bewerber, die

1. eine Dienstpflicht nach Artikel 12a Abs. 1 oder Abs. 2 des Grundgesetzes für die Bundesrepublik Deutschland erfüllt haben,
2. mindestens ein Jahr als Entwicklungshelfer im Sinne des Entwicklungshelfer-Gesetzes vom 18. Juni 1969 (BGBl. I S. 549), das zuletzt durch Artikel 6 Absatz 13 des Gesetzes vom 23. Mai 2017 (BGBl. I S. 1228) geändert worden ist, in der jeweils geltenden Fassung, tätig waren,
3. das freiwillige soziale oder das freiwillige ökologische Jahr nach dem Jugendfreiwilligendienstegesetz vom 16. Mai 2008 (BGBl. I S. 842), das durch Artikel 30 des Gesetzes vom 20. Dezember 2011 (BGBl. I S. 2854) geändert worden ist, in der jeweils geltenden Fassung, geleistet haben oder
4. nach dem Bundesfreiwilligendienstgesetz vom 28. April 2011 (BGBl. I S. 687), das zuletzt durch Artikel 15 Absatz 5 des Gesetzes vom 20. Oktober 2015 (BGBl. I S. 1722) geändert worden ist, in der jeweils geltenden Fassung, einen mindestens einjährigen freiwilligen Dienst vergleichbar einer Vollzeitbeschäftigung geleistet haben,

sind, soweit sich dadurch ihre Stellung in der Rangfolge der Bewerber verbessert, nach den Absätzen 2 und 3 mit dem sich daraus ergebenden Rang zu berücksichtigen.

(2) Bei der Auswahl nach dem Prüfungsergebnis sind sie so zu berücksichtigen, als wenn sie sich zu einem früheren, höchstens um die Dauer des Dienstes zurückverlegten Zeitpunkt beworben hätten.

(3) Bei der Auswahl nach der Wartezeit haben sie nur diejenige Wartezeit zu verbringen, die bei einer Bewerbung zu einem früheren, höchstens um die Dauer des Dienstes zurückverlegten Zeitpunkt bestanden hätte.

§ 65 Frist zur Annahme des Ausbildungsplatzes

[1]Innerhalb von zehn Tagen nach Bekanntgabe seiner Zulassung zum juristischen Vorbereitungsdienst hat der Bewerber dem Präsidenten des Oberlandesgerichts mitzuteilen, ob er den zugeteilten Ausbildungsplatz in Anspruch nimmt. [2]Soweit die Annahmeerklärung unterbleibt, wird der nicht in Anspruch genommene Ausbildungsplatz im Nachrückverfahren entsprechend der Rangfolge vergeben.

§ 66 Zurückstellung

[1]Kann eine Bewerbung aufgrund der Rangfolge nicht berücksichtigt werden, merkt der Präsident des Oberlandesgerichts die Bewerbung für das nächstfolgende Auswahlverfahren vor. [2]Eine erneute Bewerbung ist nicht erforderlich. [3]Bis spätestens zwei Wochen vor Ablauf der Antragsfrist nach § 58 Absatz 1 Nummer 2 hat der Bewerber schriftlich mitzuteilen, ob er an der Bewerbung festhält; andernfalls wird der Bewerber nicht mehr berücksichtigt. [4]Darauf ist der Bewerber mit der Mitteilung der Ablehnung in Textform hinzuweisen.

Teil 7
Schlussvorschriften

§ 67 Übergangsbestimmungen

(1) § 7 Abs. 5 gilt nicht für Prüfungsleistungen, die ein Prüfungsteilnehmer bis zum 31. Juli 2013 erbracht hat.

(2) § 24 Absatz 2 und § 26 Absatz 2 in der ab dem 1. Dezember 2018 geltenden Fassung finden erstmals auf den Termin der staatlichen Pflichtfachprüfung 2019/1 Anwendung.

(3) § 14 Absatz 3 bis 6, § 23 Absatz 2 und § 26 Absatz 1 in der ab dem 1. Dezember 2018 geltenden Fassung finden erstmals auf den Termin der staatlichen Pflichtfachprüfung 2019/2 Anwendung.

(4) § 48 in der ab dem 1. Dezember 2018 geltenden Fassung in Verbindung mit § 24 Absatz 2 in der ab dem 1. Dezember 2018 geltenden Fassung und § 54 Absatz 2 in der ab dem 1. Dezember 2018 geltenden Fassung finden erstmals auf den Termin der Zweiten Juristischen Staatsprüfung 2019/1 Anwendung.

(5) § 43 Absatz 2 bis 4 in der ab dem 1. Dezember 2018 geltenden Fassung in Verbindung mit § 14 Absatz 3 und 4 in der ab dem 1. Dezember 2018 geltenden Fassung und § 47 Absatz 3 sowie § 49 Absatz 5 Satz 1 in der ab dem 1. Dezember 2018 geltenden Fassung finden erstmals auf den Termin der Zweiten Juristischen Staatsprüfung 2021/1 Anwendung.

§ 68 (Inkrafttreten und Außerkrafttreten)

Anlage
(zu § 4 Absatz 6)

Vergütung für die Mitwirkung an den juristischen Prüfungen

1. Begriffsbestimmung

   Begutachtung ist die Überprüfung der Aufgabenentwürfe und Lösungshinweise auf inhaltliche und sachliche Schlüssigkeit und Vollständigkeit sowie die Erarbeitung einer Empfehlung mit Hinweisen zur Klausurauswahl für das Landesjustizprüfungsamt oder den Prüfungsausschuss.

2. Staatliche Pflichtfachprüfung

   Die Vergütung der Mitwirkung an der staatlichen Pflichtfachprüfung beträgt für die

   a) Erstellung einer Prüfungsaufgabe mit Lösungshinweis 329 Euro,

   b) Begutachtung einer Prüfungsaufgabe 82,50 Euro,

   c) inhaltliche und redaktionelle Überarbeitung einer Prüfungsaufgabe einschließlich des Lösungshinweises bis zu 50 Prozent der Vergütungssätze nach Buchstabe a,

   d) Bewertung von Prüfungsarbeiten als Erst- oder Zweitkorrektor oder im Stichentscheid 14 Euro,

   e) Abnahme von mündlichen Prüfungen je Prüfungsteilnehmer 23,50 Euro,

   f) Stellungnahmen in Widerspruchs- und Klageverfahren 14 Euro.

3. Zweite Juristische Staatsprüfung

   Die Vergütung der Mitwirkung an der Zweiten Juristischen Staatsprüfung beträgt für die

   a) Erstellung einer Prüfungsaufgabe mit Lösungshinweis 419 Euro,

   b) Erstellung eines Aktenvortrages mit Lösungshinweis 85 Euro,

   c) Begutachtung einer Prüfungsaufgabe 165 Euro,

   d) inhaltliche und redaktionelle Überarbeitung einer Prüfungsaufgabe oder eines Aktenvortrages einschließlich des Lösungshinweises bis zu 50 Prozent der Vergütungssätze nach Buchstabe a für eine Prüfungsaufgabe und nach Buchstabe b für einen Aktenvortrag,

   e) Bewertung von Prüfungsarbeiten als Erst- oder Zweitkorrektor oder im Stichentscheid 16,50 Euro,

   f) Abnahme von mündlichen Prüfungen je Prüfungsteilnehmer 33 Euro,

   g) Stellungnahmen in Widerspruchs- und Klageverfahren 16,50 Euro.

4. Hilfstätigkeiten

   Die Vergütung von Hilfstätigkeiten bei den juristischen Prüfungen beträgt für die

   a) Prüfungsaufsicht je Zeitstunde 5,50 Euro,

   b) Prüfungsaushilfen je Prüfungstag 10 Euro.

5. Sonstige Bestimmungen

   a) Durch die Vergütungen werden alle mit der Tätigkeit verbundenen allgemeinen Aufwendungen abgegolten.

   b) Die zur Wahrnehmung der Tätigkeiten notwendigen Reisen werden als Dienstreisen in entsprechender Anwendung der Vorschriften des Sächsischen Reisekostengesetzes entschädigt.

Schulgesetz für den Freistaat Sachsen (Sächsisches Schulgesetz – SächsSchulG)

In der Fassung vom 27. September 2018[1] (SächsGVBl. S. 648, 649)
(BS Sachsen 710-1)

zuletzt geändert durch Art. 14 Haushaltsbegleitgesetz 2019/2020 vom 14. Dezember 2018
(SächsGVBl. S. 782)

Inhaltsübersicht

---

1)   Neubekanntmachung des SchulG v. 16.7.2004 (SächsGVBl. S. 298) in der ab 1.8.2018 geltenden Fassung.

1. Teil
Allgemeine Vorschriften

1. Abschnitt
Erziehungs- und Bildungsauftrag, Geltungsbereich

§ 1 Erziehungs- und Bildungsauftrag der Schule

(1) [1]Die Schule unterrichtet und erzieht junge Menschen auf der Grundlage des Grundgesetzes der Bundesrepublik Deutschland und der Verfassung des Freistaates Sachsen. [2]Eltern und Schule wirken bei der Verwirklichung des Erziehungs- und Bildungsauftrags partnerschaftlich zusammen.

(2) Der Erziehungs- und Bildungsauftrag der Schule wird bestimmt durch das Recht eines jeden jungen Menschen auf eine seinen Fähigkeiten und Neigungen entsprechende Erziehung und Bildung ohne Rücksicht auf Herkunft oder wirtschaftliche Lage.

(3) [1]Die schulische Bildung soll zur Entfaltung der Persönlichkeit der Schüler in der Gemeinschaft beitragen. [2]Diesen Auftrag erfüllt die Schule, indem sie den Schülern insbesondere anknüpfend an die christliche Tradition im europäischen Kulturkreis Werte wie Ehrfurcht vor allem Lebendigen, Nächstenliebe, Frieden und Erhaltung der Umwelt, Heimatliebe, sittliches und politisches Verantwortungsbewusstsein, Gerechtigkeit und Achtung vor der Überzeugung des anderen, berufliches Können, soziales Handeln und freiheitliche demokratische Haltung vermittelt, die zur Lebensorientierung und Persönlichkeitsentwicklung sinnstiftend beitragen.

(4) [1]Die Schule fördert die Lernfreude der Schüler. [2]Mit der Vermittlung von Alltags- und Lebenskompetenz und durch Berufs- und Studienorientierung bereitet sie die Schüler auf ein selbstbestimmtes Leben vor. [3]Für alle Schularten und Schulstufen sollen in angemessenem Umfang Ressourcen der Schulsozialarbeit im Rahmen der Kinder- und Jugendhilfe nach dem Achten Buch Sozialgesetzbuch – Kinder- und Jugendhilfe – in der Fassung der Bekanntmachung vom 11. September 2012 (BGBl. I S. 2022), das durch Artikel 9 des Gesetzes vom 23. Dezember 2016 (BGBl. I S. 3234) geändert worden ist, in der jeweils geltenden Fassung, zur Verfügung stehen. [4]Der Freistaat Sachsen und die örtlichen Träger der öffentlichen Jugendhilfe arbeiten gemeinsam an der Finanzierung und Umsetzung dieser Aufgabe und wirken hierbei mit den Schulträgern zusammen.

(5) Die Schüler sollen insbesondere lernen,

1. selbstständig, eigenverantwortlich und in sozialer Gemeinschaft zu handeln,
2. für sich und gemeinsam mit anderen zu lernen und Leistungen zu erbringen,
3. eigene Meinungen zu entwickeln und Entscheidungen zu treffen, diese zu vertreten und den Meinungen und Entscheidungen anderer Verständnis und Achtung entgegenzubringen,

4. allen Menschen vorurteilsfrei zu begegnen, unabhängig von ihrer ethnischen und kulturellen Herkunft, äußeren Erscheinung, ihren religiösen und weltanschaulichen Ansichten und ihrer sexuellen Orientierung sowie für ein diskriminierungsfreies Miteinander einzutreten,

5. Freude an der Bewegung und am gemeinsamen Sport und Spiel zu entwickeln, sich verantwortungsvoll im Straßenverkehr zu verhalten, sich gesund zu ernähren und gesund zu leben,

6. die eigene Wahrnehmungs-, Empfindungs- und Ausdrucksfähigkeit zu entfalten, kommunikative Kompetenz und Konfliktfähigkeit zu erwerben, musisch-künstlerische Fähigkeiten zu entwickeln,

7. angemessen, selbstbestimmt, kompetent und sozial verantwortlich in einer durch Medien geprägten Welt zu handeln sowie Medien entsprechend für Kommunikation und Information einzusetzen, zu gestalten, für das kreative Lösen von Problemen und das selbstbestimmte Lernen zu nutzen sowie sich mit Medien kritisch auseinander zu setzen und

8. Ursachen und Gefahren der Ideologie des Nationalsozialismus sowie anderer totalitärer und autoritärer Regime zu erkennen und ihnen entgegenzuwirken.

(6) Die Schule ermutigt die Schüler, sich mit Fragen des gesellschaftlichen Zusammenlebens, mit Politik, Wirtschaft, Umwelt und Kultur auseinanderzusetzen, befähigt sie zu zukunftsfähigem Denken und weckt ihre Bereitschaft zu sozialem und nachhaltigem Handeln.

(7) [1]Die Schule fördert die vorurteilsfreie Begegnung von Menschen mit und ohne Behinderungen. [2]Inklusion ist ein Ziel der Schulentwicklung aller Schulen.

(8) [1]Die Schule fördert Schüler, deren Muttersprache nicht Deutsch ist, durch zusätzliche Angebote zum Erwerb der deutschen Sprache. [2]Sie sollen gemeinsam mit allen anderen Schülern unterrichtet werden und aktiv am gemeinsamen Schulalltag teilnehmen.

(9) Bei der Gestaltung der Lernprozesse werden die unterschiedliche Lern- und Leistungsfähigkeit der Schüler inhaltlich und didaktisch-methodisch berücksichtigt sowie geschlechterspezifische Unter-. schiede beachtet.

(10) In Erfüllung des Erziehungs- und Bildungsauftrags pflegt die Schule eine gute Zusammenarbeit mit anderen öffentlichen Institutionen und gesellschaftlichen Partnern.

§ 2 Sorbische Kultur und Sprache an der Schule

(1) Im sorbischen Siedlungsgebiet ist allen Kindern und Jugendlichen, deren Eltern es wünschen, die Möglichkeit zu geben, die sorbische Sprache zu erlernen und in festzulegenden Fächern und Klassen- und Jahrgangsstufen in sorbischer Sprache unterrichtet zu werden.

(2) Die oberste Schulaufsichtsbehörde wird ermächtigt, durch Rechtsverordnung die erforderlichen besonderen Bestimmungen zur Arbeit an sorbischen und anderen Schulen im sorbischen Siedlungsgebiet, insbesondere hinsichtlich

1. der Organisation,

2. des Status der sorbischen Sprache als Unterrichtssprache (Muttersprache und Zweitsprache) und Unterrichtsgegenstand,

3. der gemäß Absatz 1 festzulegenden Fächer und Klassen- und Jahrgangsstufen

zu treffen.

(3) Darüber hinaus sind an allen Schulen im Freistaat Sachsen Grundkenntnisse aus der Geschichte und Kultur der Sorben zu vermitteln.

(4) Bei grundsätzlichen Entscheidungen und Belangen, die die sorbischen Schulen und Schulen mit sorbischsprachigem Angebot betreffen, sollen die Interessenvertretung der Sorben gemäß § 5 des Sächsischen Sorbengesetzes vom 31. März 1999 (SächsGVBl. S. 161), das zuletzt durch Artikel 59a des Gesetzes vom 27. Januar 2012 (SächsGVBl. S. 130) geändert worden ist, in der jeweils geltenden Fassung, und der Sorbische Schulverein e. V. gehört werden.

§ 3 Geltungsbereich

(1) [1]Dieses Gesetz gilt für die Schulen in öffentlicher Trägerschaft im Freistaat Sachsen. [2]Neben öffentlichen Schulen wirken Schulen in freier Trägerschaft bei der Erfüllung der allgemeinen öffentlichen Bildungsaufgaben eigenverantwortlich mit und sind gleichermaßen Adressaten des Bildungsauftrags der Verfassung des Freistaates Sachsen, ohne dass ein Vorrang der einen oder anderen besteht. [3]Auf Schulen in freier Trägerschaft findet das Gesetz nur Anwendung, soweit dies ausdrücklich bestimmt ist. [4]Im Übrigen gilt für sie das Sächsische Gesetz über Schulen in freier Trägerschaft vom 8. Juli 2015

(SächsGVBl. S. 434), das durch Artikel 4 des Gesetzes vom 26. April 2017 (SächsGVBl. S. 242) geändert worden ist, in der jeweils geltenden Fassung.

(2) [1]Schulen in öffentlicher Trägerschaft sind Schulen, die in Trägerschaft

1. einer Gemeinde, eines Landkreises, eines kommunalen Zweckverbandes oder
2. des Freistaates Sachsen

stehen. [2]Schulen in öffentlicher Trägerschaft sind auch medizinische Berufsfachschulen, die einem Krankenhaus angegliedert sind, welches in Trägerschaft

1. einer kommunalen Gebietskörperschaft geführt wird oder
2. von einer juristischen Person oder Personengesellschaft betrieben wird, auf die eine kommunale Gebietskörperschaft unmittelbar oder mittelbar, allein oder zusammen mit anderen kommunalen Gebietskörperschaften beherrschenden Einfluss ausübt.

[3]Auf die medizinischen Berufsfachschulen finden die Regelungen der §§ 3b, 4a bis 8, 22, 23 Absatz 1, §§ 23a bis 25, 26a bis 28 Absatz 1, 4 und 5, § 35a Absatz 3 und 4, §§ 35b, 38a, 40 Absatz 1 Satz 1 und 2 Nummer 2 bis 4, § 41 Absatz 1 Nummer 1 und 3 sowie §§ 45 bis 49, 54, 55 und 59 Absatz 4 keine Anwendung. [4]§ 28 Absatz 3 gilt für Ausbildungsverhältnisse in den Gesundheitsfachberufen entsprechend. [5]§ 58 Absatz 2 Satz 1 findet keine Anwendung, soweit er die Dienstaufsicht über die Schulleiter, Lehrer und das weitere Personal nach § 40 Absatz 1 Satz 1 sowie die Aufsicht über die Erfüllung der dem Schulträger obliegenden Aufgaben betrifft.

(3) [1]Der Freistaat Sachsen erstattet die Kosten für Lehrer an Schulen nach Absatz 2 Nr. 2 nur, wenn im Einzelfall eine Erstattung nach den Vorschriften des Gesetzes zur wirtschaftlichen Sicherung der Krankenhäuser und zur Regelung der Krankenhauspflegesätze (Krankenhausfinanzierungsgesetz – KHG) in der Fassung der Bekanntmachung vom 10. April 1991 (BGBl. I S. 886), zuletzt geändert durch Artikel 2 des Gesetzes vom 16. Juli 2003 (BGBl. I S. 1442, 1448), in der jeweils geltenden Fassung, nicht vorgesehen ist und an der Ausbildung ein besonderes öffentliches Interesse besteht. [2]Das Staatsministerium für Kultus wird ermächtigt, das Nähere durch Rechtsverordnung im Einvernehmen mit dem Staatsministerium der Finanzen und dem Staatsministerium für Soziales zu regeln, insbesondere je Bildungsgang

1. die Anzahl der Ausbildungsplätze je Schulträger, für die ein besonderes öffentliches Interesse besteht,
2. die Ausbildung der Lehrer und
3. die Anzahl der rechnerisch auf einen Lehrer entfallenden Ausbildungsplätze.[1]

§ 3a Qualitätssicherung

(1) [1]In Verwirklichung ihres Erziehungs- und Bildungsauftrages entwickelt jede Schule ihr eigenes pädagogisches Konzept. [2]Sie plant und gestaltet den Unterricht sowie andere schulische Veranstaltungen auf der Grundlage der Lehrpläne in eigener Verantwortung. [3]Die pädagogischen, didaktischen und schulorganisatorischen Grundsätze zur Erfüllung des Erziehungs- und Bildungsauftrages im Rahmen der zur Verfügung stehenden Ressourcen legt die Schule in einem Schulprogramm fest.

(2) [1]Die Schulen und die Schulaufsichtsbehörden haben die gemeinsame Aufgabe, die Qualität schulischer Arbeit zu sichern und zu verbessern. [2]Sie sind dazu verpflichtet, die Schulqualität mittels interner und externer Evaluationen, Untersuchungen zu Schülerleistungen und weiterer Maßnahmen regelmäßig zu überprüfen und an dem Ziel der Umsetzung des Erziehungs- und Bildungsauftrags auszurichten.

(3) Wesentliche Bezugspunkte zur Überprüfung der pädagogischen Arbeit sind das Schulprogramm der Schule, die Lehrpläne und die ländergemeinsamen Bildungsstandards.

(4) Die Schule informiert die Öffentlichkeit über das Schulprogramm und die pädagogische Arbeit an der Schule.

(5) Die oberste Schulaufsichtsbehörde kann externe Evaluationen und Untersuchungen zu Schülerleistungen anordnen sowie die Auswahl der teilnehmenden Schulen auf die Schulaufsichtsbehörde übertragen.

---

1) **Amtl. Anm.:** Gemäß Artikel 8 Absatz 5 in Verbindung mit Artikel 1 Nummer 6 Buchstabe d des Gesetzes vom 26. April 2017 (SächsGVBl. S. 242) wird § 3 Absatz 3 am 1. August 2021 aufgehoben.

§ 3b Eigenverantwortung

(1) [1]Der Schulträger soll dem Schulleiter die zur Deckung des laufenden Lehr- und Lernmittelbedarfs erforderlichen Mittel zur selbstständigen Bewirtschaftung überlassen. [2]Im Einvernehmen mit dem Schulleiter kann er diesem nach Maßgabe der für den Schulträger jeweils geltenden haushalts- und kassenrechtlichen Bestimmungen weitergehende Befugnisse zur Mittelbewirtschaftung einräumen. [3]Der Schulträger kann den Schulleiter ermächtigen, im Rahmen der von diesem zu bewirtschaftenden Haushaltsmittel Rechtsgeschäfte mit Wirkung für den Schulträger abzuschließen und für ihn Verpflichtungen einzugehen.

(2) [1]Der Freistaat Sachsen kann den öffentlichen und freien Schulträgern Haushaltsmittel aus dem Staatshaushalt als pauschalisierte zweckgebundene Zuweisungen gewähren. [2]Absatz 1 gilt entsprechend. [3]Die oberste Schulaufsichtsbehörde wird ermächtigt, im Einvernehmen mit dem Staatsministerium der Finanzen durch Rechtsverordnung nähere Bestimmungen zu erlassen, insbesondere über

1. die Zweckbestimmung,
2. die Berechnung der Zuweisungen,
3. das Verfahren,
4. die Auszahlung und den Verwendungszeitraum der Mittel; dabei können Abschlagszahlungen und Auszahlungstermine geregelt werden, und
5. die Erbringung und Prüfung des Nachweises der zweckentsprechenden Verwendung der Zuweisungen; dabei können geregelt werden:
   a) Fristen für die Vorlage des Nachweises,
   b) ein Zurückbehaltungsrecht für weitere Zuweisungen bei nicht fristgerechter Vorlage,
   c) Pflichten des Zuweisungsempfängers zur Aufbewahrung von Unterlagen und Dateien,
   d) die Beschränkung des Nachweises auf eine schriftliche Versicherung des Zuweisungsempfängers, dass die Mittel zweckentsprechend eingesetzt wurden, und
   e) für den Fall, dass die zweckentsprechende Verwendung nicht nachgewiesen wird, die Aufhebung der Bewilligung der Zuweisung, ihre Erstattung und die Verrechnung mit weiteren Zuweisungen.

(3) [1]Die Schule darf im Namen des Freistaates Sachsen ein Schulkonto für Zahlungsverkehr in schulischen Angelegenheiten einrichten und führen. [2]Mit der Kontoführung kann der Schulleiter auch das im Dienst des Schulträgers stehende Verwaltungspersonal beauftragen.

(4) Die Schulaufsichtsbehörde kann den Schulen nach Maßgabe der haushaltsrechtlichen Vorschriften im Staatshaushalt veranschlagte Mittel zur eigenverantwortlichen Bewirtschaftung übertragen.

(5) [1]Die Beruflichen Schulzentren können sich zu regionalen Kompetenzzentren weiterentwickeln und im Einvernehmen mit dem Schulträger über die schulischen Bildungsgänge hinaus Aufgaben der Ausbildung, Umschulung, Fortbildung und Weiterbildung (erweiterte Bildungsangebote) wahrnehmen. [2]§ 38 Absatz 1 findet auf die erweiterten Bildungsangebote keine Anwendung. [3]Auch im Zusammenhang mit den erweiterten Bildungsangeboten vertritt der Schulleiter die Schule nach außen.

(6) [1]Die Schulaufsichtsbehörde soll den Schulen auf Antrag des Schulleiters und nach einem Beschluss der Schulkonferenz in einem pauschalisierten Verfahren Lehrerarbeitsvermögen zur Verfügung stellen. [2]Den Schulen, die an dem Verfahren nach Satz 1 teilnehmen, können zusätzliche Haushaltsmittel für unterrichtsergänzende und unterrichtsunterstützende Maßnahmen zur Verfügung gestellt werden. [3]Absatz 4 gilt entsprechend.

2. Abschnitt
Gliederung des Schulwesens

§ 4 Schularten und Schulstufen

(1) Das Schulwesen gliedert sich in folgende Schularten:

1. Allgemeinbildende Schulen
   a) die Grundschule,
   b) die Förderschule,
   c) die Oberschule,
   d) das Gymnasium;

2. Berufsbildende Schulen
   a) die Berufsschule,
   b) die Berufsfachschule,
   c) die Fachschule,
   d) die Fachoberschule,
   e) das Berufliche Gymnasium;
3. Schulen des zweiten Bildungsweges
   a) die Abendoberschule und das Abendgymnasium,
   b) das Kolleg.

(2) Schulstufen sind:
1. die Primarstufe, sie umfasst die Klassenstufen 1 bis 4;
2. die Sekundarstufe I, sie umfasst die Klassenstufen 5 bis 10 der allgemeinbildenden Schulen sowie die Abendoberschule;
3. die Sekundarstufe II; sie umfasst die Jahrgangsstufen 11 und 12 der allgemeinbildenden Schulen sowie die berufsbildenden Schulen, das Abendgymnasium und das Kolleg.

(3) [1]An der Oberschule und am Gymnasium haben die Klassenstufen 5 und 6 orientierende Funktion. [2]Die nach der Grundschule getroffene Entscheidung für die Schullaufbahn kann durch eine neue Entscheidung ersetzt werden.

§ 4a Mindestschülerzahl, Klassenobergrenze, Zügigkeit

(1) [1]Die Mindestschülerzahl an Grundschulen, Oberschulen, Gymnasien und berufsbildenden Schulen beträgt:
1. an Grundschulen für die erste einzurichtende Klasse je Klassenstufe 15 Schüler und für jede weitere einzurichtende Klasse 14 Schüler,
2. an Oberschulen 20 Schüler je Klasse
3. an Gymnasien 20 Schüler je Klasse,
4. an Berufsschulen, Berufsfachschulen, Fachschulen und Fachoberschulen jeweils 16 Schüler je Klasse,
5. an Beruflichen Gymnasien 20 Schüler je Klasse in der Klassenstufe 11 und
6. 550 Schüler insgesamt je Beruflichem Schulzentrum.

[2]Die oberste Schulaufsichtsbehörde wird ermächtigt, durch Rechtsverordnung Mindestschülerzahlen für Förderschulen und Schulen des zweiten Bildungsweges sowie von Satz 1 Nummer 4 abweichende Mindestschülerzahlen an Berufsschulen für besondere Klassen, in denen ausschließlich Schüler mit sonderpädagogischem Förderbedarf unterrichtet werden, festzulegen.

(2) [1]In allen Schularten werden je Klasse nicht mehr als 28 Schüler unterrichtet. [2]Überschreitungen dieser Klassenobergrenze bedürfen der Beschlussfassung durch die Schulkonferenz. [3]Die oberste Schulaufsichtsbehörde wird ermächtigt, durch Rechtsverordnung für bestimmte Schularten und Förderschultypen in einzelnen Unterrichtsfächern oder Organisationsformen sowie für die inklusive Unterrichtung geringere Klassenobergrenzen festzulegen. [4]Bei einer Unterrichtung in Gruppen und Kursen gelten die Sätze 1 bis 3 entsprechend.

(3) Oberschulen werden mindestens zweizügig, Gymnasien mindestens dreizügig geführt.

(4) [1]Die Anzahl der schuljährlich zu bildenden Klassen, Gruppen und Kurse je Klassen- oder Jahrgangsstufe und Schule wird nach Anhörung des Schulträgers durch die Schulaufsichtsbehörde festgelegt. [2]Ein Anspruch auf Aufnahme in eine bestimmte Schule besteht nicht, solange bei Erschöpfung der Aufnahmekapazität der Besuch einer anderen Schule derselben Schulart möglich und dem Schüler zumutbar ist. [3]Satz 1 gilt nicht für Schulen, denen die Schulaufsichtsbehörde in einem pauschalierten Verfahren gemäß § 3b Absatz 6 Lehrerarbeitsvermögen zur Verfügung stellt. [4]Einmal gebildete Klassen, Kurse und Gruppen sollen bis zum Abschluss des Bildungsgangs beibehalten werden, soweit sie bereits
1. im Hauptschulbildungsgang der Oberschule in der Klassenstufe 8,
2. im Realschulbildungsgang der Oberschule in der Klassenstufe 9 und
3. im Gymnasium in der Jahrgangsstufe 11
bestanden. [5]Satz 4 gilt nicht, wenn die Schülerzahl in der Klasse, dem Kurs oder der Gruppe die ansonsten jeweils vorgegebene Mindestschülerzahl um mehr als zwei unterschreitet.

(5) [1]In begründeten Ausnahmefällen sind Abweichungen von den Absätzen 1, 3 und 4 Satz 5 zulässig. [2]Dies gilt insbesondere

1. aus landes- und regionalplanerischen Gründen,
2. bei überregionaler Bedeutung der Schule oder des Ausbildungsberufes,
3. aus besonderen pädagogischen Gründen,
4. zum Schutz und zur Wahrung der Rechte des sorbischen Volkes gemäß Artikel 6 der Verfassung des Freistaates Sachsen oder gemäß Artikel 8 Buchstabe b, c und d der Europäischen Charta der Regional- oder Minderheitensprachen,
5. aus baulichen Besonderheiten des Schulgebäudes oder
6. bei unzumutbaren Schulwegbedingungen oder Schulwegentfernungen.

§ 4b Schulstandorte im ländlichen Raum

(1) Abweichend von § 4a Absatz 1 Satz 1 Nummer 1 können im ländlichen Raum außerhalb von Mittel- und Oberzentren bestehende Grundschulen fortgeführt werden:

1. mit einer Gesamtschülerzahl von mindestens 60 Schülern, wobei jede Klassenstufe mindestens zwölf Schüler aufweisen muss, oder
2. als Grundschulstandorte mit jahrgangsübergreifendem Unterricht gemäß § 5 Absatz 2 Satz 3; die Mindestschülerzahl beträgt 15 Schüler für jede jahrgangsübergreifende Klasse.

(2) Abweichend von § 4a Absatz 3 können im ländlichen Raum außerhalb von Oberzentren bestehende Oberschulen einzügig fortgeführt werden.

(3) [1]Abweichend von § 4a Absatz 3 kann an Gymnasien im ländlichen Raum außerhalb von Mittel- und Oberzentren die Eingangsklassenstufe zweizügig eingerichtet und in den nachfolgenden Klassen- und Jahrgangsstufen fortgeführt werden. [2]Von einem Abweichen im Sinne des Satzes 1 soll nicht in zwei aufeinanderfolgenden Schuljahren Gebrauch gemacht werden.

(4) Die Einführung und Beendigung von jahrgangsübergreifendem Unterricht gemäß Absatz 1 Nummer 2, die Fortführung als einzügige Oberschule gemäß Absatz 2 sowie die Rückkehr zur mindestens zweizügigen Oberschule und die befristete Fortführung als zweizügiges Gymnasium gemäß Absatz 3 bedürfen jeweils eines Beschlusses des Schulträgers und der Schulkonferenz der Schule sowie der Zustimmung der obersten Schulaufsichtsbehörde.

(5) § 4a Absatz 5 gilt entsprechend.

§ 4c Sonderpädagogischer Förderbedarf

(1) Schüler, die in ihren Bildungs-, Entwicklungs- oder Lernmöglichkeiten derart beeinträchtigt sind, dass bei ihnen Anhaltspunkte für einen sonderpädagogischen Förderbedarf vorliegen, haben nach Maßgabe der Absätze 2 bis 6 Anspruch auf sonderpädagogische Förderung.

(2) Sonderpädagogischer Förderbedarf kann in folgenden Förderschwerpunkten bestehen:

1. Sehen,
2. Hören,
3. geistige Entwicklung,
4. körperliche und motorische Entwicklung,
5. Lernen,
6. Sprache sowie
7. emotionale und soziale Entwicklung.

(3) [1]Auf Antrag einer Grundschule im Rahmen des Aufnahmeverfahrens, auf Antrag der Schule, die der Schüler besucht, oder auf Antrag der Eltern leitet die Schulaufsichtsbehörde ein Verfahren zur Feststellung von sonderpädagogischem Förderbedarf ein. [2]Auf Verlangen der Schule oder der Schulaufsichtsbehörde haben sich Kinder und Jugendliche an einer pädagogisch-psychologischen Prüfung zu beteiligen und amtsärztlich untersuchen zu lassen. [3]In das Feststellungsverfahren werden die bisherigen pädagogischen, therapeutischen und sonstigen Fördermaßnahmen einbezogen. [4]An Grundschulen soll ein Feststellungsverfahren für die Förderschwerpunkte Lernen sowie emotionale und soziale Entwicklung grundsätzlich frühestens im Verlauf der zweiten Klasse eingeleitet werden. [5]Zur personellen Unterstützung in der Schuleingangsphase sollen öffentliche und freie Träger von Grundschulen pauschalisierte zweckgebundene Zuweisungen erhalten. [6]Die Feststellung des sonderpädagogischen Förderbedarfs nach Satz 4 soll spätestens nach jeweils zwei Schuljahren überprüft werden.

(4) [1]Den Anspruch auf sonderpädagogische Förderung erfüllen

1. die Grund- und Oberschulen, die Gymnasien und die berufsbildenden Schulen nach Maßgabe der Absätze 5 bis 10 sowie

2. die Förderschulen nach Maßgabe der Absätze 6 bis 9 und des § 13.

[2]Die Grund- und Oberschulen, die Gymnasien und die berufsbildenden Schulen sowie die Förderschulen arbeiten in der Umsetzung der sonderpädagogischen Förderung, insbesondere beim gemeinsamen Lernen von Schülern mit und ohne sonderpädagogischen Förderbedarf, in Kooperationsverbünden gemäß Absatz 7 zusammen.

(5) [1]Schüler mit sonderpädagogischem Förderbedarf werden auf Wunsch der Eltern, volljährige Schüler auf eigenen Wunsch, in allen Schularten gemeinsam mit Schülern ohne sonderpädagogischen Förderbedarf inklusiv unterrichtet, soweit

1. dies unter Berücksichtigung der organisatorischen, personellen und sächlichen Voraussetzungen dem individuellen Förderbedarf des Schülers entspricht,

2. die Funktionsfähigkeit des Unterrichts nicht erheblich beeinträchtigt wird und

3. keine akute Selbst- oder Fremdgefährdung festgestellt wird.

[2]Schüler mit sonderpädagogischem Förderbedarf können nach Maßgabe der Schul- und Prüfungsordnungen auch dann an Schulen gemäß den §§ 6 und 14 Absatz 1 beschult werden, wenn sie andere als deren Abschlüsse anstreben (lernzieldifferente Beschulung). [3]Bei inklusiver Unterrichtung soll unter Berücksichtigung der Spezifika der einzelnen Förderschwerpunkte hinsichtlich der Schüler mit sonderpädagogischem Förderbedarf

1. eine ausgewogene Klassenbildung erfolgen und

2. durch die Schulaufsichtsbehörde zusätzliches Lehrerarbeitsvermögen unterstützend zur Verfügung gestellt werden.

(6) [1]Die Schulaufsichtsbehörde berät die Eltern oder den volljährigen Schüler, in welcher Schulart und in welcher Schule dem individuellen sonderpädagogischen Förderbedarf des Schülers entsprochen werden kann. [2]Über die Aufnahme des Schülers an eine bestimmte Schule entscheidet der Schulleiter. [3]Dabei berücksichtigt er bei einer inklusiven Unterrichtung die Abstimmungen im Kooperationsverbund nach Absatz 7.

(7) [1]Allgemeinbildende und berufsbildende Schulen bilden zur Sicherung und Ausgestaltung der sonderpädagogischen Förderung und des inklusiven Unterrichts nach Absatz 5 Kooperationsverbünde. [2]Jede öffentliche Schule gehört mindestens einem Kooperationsverbund an. [3]Schulen in freier Trägerschaft können sich an einem Kooperationsverbund beteiligen. [4]Die Kooperationsverbünde sollen so gebildet werden, dass sie die Möglichkeit einer inklusiven Unterrichtung in allen Förderschwerpunkten nach Absatz 2 mit zumutbaren Schulwegen vorhalten. [5]Förderschulen können als Förderzentren nach § 13 Absatz 2 Satz 4 auch außerhalb des Gebietes liegen und mit mehreren Kooperationsverbünden zusammenarbeiten. [6]Die Kooperationsverbünde erfüllen ihre Aufgaben, indem sie die Qualität der sonderpädagogischen Förderung und des inklusiven Unterrichts durch Koordination und gegebenenfalls gemeinsame Nutzung ihrer personellen und sächlichen Ressourcen sicherstellen.

(8) [1]Die Kooperationsverbünde und die in einem Kooperationsverbund jeweils mitwirkenden Schulen werden durch den Träger der Schulnetzplanung im Schulnetzplan ausgewiesen. [2]Soweit der Träger der Schulnetzplanung nicht selbst Schulträger der mitwirkenden Schulen ist, bedarf die Ausweisung dieser Schulen des Einvernehmens des jeweiligen Schulträgers.

(9) Die oberste Schulaufsichtsbehörde wird ermächtigt, durch Rechtsverordnung insbesondere zu regeln:

1. die zeitlichen und verfahrensrechtlichen Vorgaben zum Feststellungsverfahren;

2. das Nähere, um die Schulen bei inklusiver Unterrichtung durch zusätzliches Lehrerarbeitsvermögen zu unterstützen;

3. das Nähere für die Erteilung von Prüfungszeugnissen und die damit verbundenen Berechtigungen in Fällen von Absatz 5 Satz 2;

4. hinsichtlich der Kooperationsverbünde

   a) das Verfahren zur Bildung der Kooperationsverbünde, einschließlich der Bestimmung von Fristen und Terminen,

   b) die Anzahl der Kooperationsverbünde, deren Verteilung auf die Landkreise und Kreisfreien Städte und die Festlegung von Einzugsbereichen,

c) das Nähere zu den Zielen und Aufgaben der Kooperationsverbünde,

d) die Anzahl der Schulen innerhalb der Kooperationsverbünde, Art und Umfang der Zusammenarbeit dieser Schulen innerhalb des Kooperationsverbundes und mit außerschulischen Partnern,

e) die Mindestvoraussetzungen für die personelle und sächliche Ausstattung sowie das Verfahren zur Zuweisung von zusätzlichen Ressourcen.

(10) Die oberste Schulaufsichtsbehörde wird ermächtigt, im Einvernehmen mit dem Staatsministerium der Finanzen durch Rechtsverordnung nähere Bestimmungen zu den Zuweisungen nach Absatz 3 Satz 5 zu erlassen, insbesondere über

1. die Zweckbestimmung

2. die Berechnung der Zuweisungen;

3. das Verfahren;

4. die Auszahlung der Mittel, dabei können Abschlagszahlungen und Auszahlungstermine geregelt werden, und

5. die Erbringung und Prüfung des Nachweises der zweckentsprechenden Verwendung der Zuweisungen, dabei können geregelt werden:

    a) Fristen für die Vorlage des Nachweises,

    b) ein Zurückbehaltungsrecht für weitere Zuweisungen bei nicht fristgerechter Vorlage,

    c) Pflichten des Zuweisungsempfängers zur Aufbewahrung von Unterlagen und Dateien,

    d) die Beschränkung des Nachweises auf eine schriftliche Versicherung des Zuweisungsempfängers, dass die Mittel zweckentsprechend eingesetzt wurden, und

    e) für den Fall, dass die zweckentsprechende Verwendung nicht nachgewiesen wird, die Aufhebung der Bewilligung der Zuweisung, ihre Erstattung und die Verrechnung mit weiteren Zuweisungen.

§ 5 Grundschule

(1) ^{1}Die Grundschule hat die Aufgabe, alle Schüler in einem gemeinsamen Bildungsgang ausgehend von den individuellen Lern- und Entwicklungsvoraussetzungen unter Einbeziehung von Elementen des spielerischen und kreativen Lernens zu weiterführenden Bildungsgängen zu führen. ^{2}Damit schafft sie die Voraussetzungen für die Entwicklung sicherer Grundlagen für selbstständiges Denken, Lernen und Arbeiten und die Beherrschung des Lesens, Schreibens und Rechnens (Kulturtechniken). ^{3}Sie setzt dabei auch die in den Kindertageseinrichtungen in Umsetzung des Sächsischen Bildungsplans eingeleiteten Bildungs- und Erziehungsprozesse fort.

(2) ^{1}Die Grundschule umfasst die Klassenstufen 1 bis 4. ^{2}Der Unterricht wird in der Regel getrennt nach Klassenstufen erteilt. ^{3}Jahrgangsübergreifender Unterricht ist nur zulässig, wenn ein entsprechendes pädagogisches Konzept und entsprechend qualifiziertes Lehrpersonal vorhanden sind.

(3) Spätestens ab der Klassenstufe 3 wird eine Fremdsprache unterrichtet.

(4) Die Grundschulen arbeiten mit Kindergärten zumindest ihres Schulbezirks sowie mit Horten und Förderschulen zusammen.

(5) ^{1}Kindertageseinrichtung, Grundschule und Förderschule unter Einbeziehung der Betreuungsangebote gemäß § 16 Absatz 2 Satz 1 sind verpflichtet, sich gegenseitig bei der Förderung insbesondere der kognitiven, sprachlichen, emotionalen und sozialen sowie körperlich-motorischen Entwicklung der Kinder zu unterstützen. ^{2}Mit schriftlicher Einwilligung der Eltern gemäß Artikel 6 Absatz 1 Buchstabe a, Artikel 7 und 9 der Verordnung (EU) 2016/679 des Europäischen Parlaments und des Rates vom 27. April 2016 zum Schutz natürlicher Personen bei der Verarbeitung personenbezogener Daten, zum freien Datenverkehr und zur Aufhebung der Richtlinie 95/46/EG (ABl. L 119 vom 4.5.2016, S. 1, L 314 vom 22.11.2016, S. 72), in der jeweils geltenden Fassung, und dem Sächsischen Datenschutzdurchführungsgesetz vom 26. April 2018 (SächsGVBl. S. 198), in der jeweils geltenden Fassung, können die Lehrer der Grund- und Förderschulen

1. Einsicht in die Entwicklungsdokumentation eines Kindes nehmen,

2. den aktuellen Entwicklungsstand des Kindes in der Kindertageseinrichtung erheben und mit den pädagogischen Fachkräften der Kindertageseinrichtung oder den Kindertagespflegepersonen beraten sowie

3. aus Nummer 2 abzuleitende Fördermaßnahmen für das Kind entsprechend Satz 1 gemeinsam mit den Eltern und den pädagogischen Fachkräften der Kindertageseinrichtung oder den Kindertagespflegepersonen abstimmen.

[3]Der öffentliche Gesundheitsdienst kann hierbei mit schriftlicher Einwilligung der Eltern gemäß Artikel 6 Absatz 1 Buchstabe a, Artikel 7 und 9 der Verordnung (EU) 2016/679 und den ergänzenden Vorschriften des Sächsischen Datenschutzdurchführungsgesetzes einbezogen werden.

§ 6 Oberschule

(1) [1]Die Oberschule vermittelt eine allgemeine und berufsvorbereitende Bildung. [2]Sie schafft die Voraussetzungen für eine berufliche Qualifizierung und bereitet Schüler mit entsprechenden Leistungen, Begabungen und Bildungsabsichten auf den Übergang an andere weiterführende Schulen vor. [3]Die Oberschule gliedert sich in einen Hauptschulbildungsgang und einen Realschulbildungsgang. [4]Die Schüler erwerben mit dem erfolgreichen Besuch der Klassenstufe 9 und der Teilnahme an der Abschlussprüfung den Hauptschulabschluss. [5]Erfüllen die Schüler darüber hinaus besondere Leistungsvoraussetzungen, erwerben sie den qualifizierenden Hauptschulabschluss. [6]Der qualifizierende Hauptschulabschluss berechtigt zum Wechsel in den Realschulbildungsgang. [7]Mit der Versetzung in die Klassenstufe 10 des Realschulbildungsganges wird ein dem Hauptschulabschluss gleichgestellter Schulabschluss erworben. [8]Mit erfolgreichem Besuch der Klassenstufe 10 und bestandener Abschlussprüfung erwerben die Schüler im Realschulbildungsgang den Realschulabschluss. [9]Für inklusiv unterrichtete Schüler mit dem Förderschwerpunkt Lernen gilt § 13 Absatz 2 Satz 3 entsprechend.

(2) [1]Die Oberschule umfasst die Klassenstufen 5 bis 10. [2]Der Unterricht wird in der Regel getrennt nach Klassenstufen erteilt. [3]Abweichend davon ist klassenstufenübergreifender Unterricht zulässig, wenn die Mindestschülerzahl für den Unterricht in Gruppen nicht erreicht wird sowie ein entsprechendes pädagogisches Konzept und entsprechend qualifiziertes Lehrpersonal vorhanden sind. [4]Das von der Schulkonferenz zu beschließende Konzept gemäß Satz 3 bedarf der Zustimmung der Schulaufsichtsbehörde. [5]Satz 3 gilt nicht für die Fächer Deutsch, Mathematik und erste Fremdsprache.

(3) [1]Ab Klassenstufe 7 beginnt eine auf Leistungsentwicklung und Abschlüsse bezogene Differenzierung. [2]Im Rahmen eines erweiterten pädagogischen Konzeptes können Oberschulen sowohl von der Differenzierung abweichen als auch ergänzende Bildungsinhalte zur Erleichterung des Übergangs an ein Gymnasium anbieten. [3]Das von der Schulkonferenz zu beschließende Konzept gemäß Satz 2 ist der Schulaufsichtsbehörde anzuzeigen.

(4) An der Oberschule wird ein Wahlbereich eingerichtet.

(5) [1]Die Oberschule arbeitet insbesondere zur Verbesserung der Berufs- und Studienorientierung sowie der Berufsvorbereitung und zur Erleichterung des Übergangs in berufs- oder studienqualifizierende Bildungsgänge mit der Berufsberatung der Agenturen für Arbeit, den berufsbildenden Schulen, anderen Partnern der Berufsausbildung, den Gymnasien sowie den Hochschulen und der Berufsakademie zusammen. [2]Oberschulen können Kooperationsvereinbarungen mit Gymnasien und berufsbildenden Schulen abschließen. [3]An Oberschulen soll Schulsozialarbeit gemäß § 1 Absatz 4 Satz 3 und 4 vorgehalten werden.

§ 7 Gymnasium

(1) Das Gymnasium vermittelt Schülern mit entsprechenden Leistungen, Begabungen und Bildungsabsichten eine vertiefte allgemeine Bildung, die für ein Studium an Hochschulen und der Berufsakademie vorausgesetzt wird; es schafft auch Voraussetzungen für eine berufliche Ausbildung außerhalb der Hochschule.

(2) [1]Das Gymnasium umfasst die Klassenstufen 5 bis 10 sowie die Jahrgangsstufen 11 und 12, schließt mit der Abiturprüfung ab und verleiht die allgemeine Hochschulreife. [2]Darüber hinaus ist der Erwerb international anerkannter Abschlüsse an Gymnasien mit entsprechendem Angebot möglich. [3]Der Unterricht wird in der Regel getrennt nach Klassen- oder Jahrgangsstufen erteilt. [4]Abweichend davon ist klassenstufenübergreifender Unterricht in den Klassenstufen 5 bis 10 zulässig, wenn die Mindestschülerzahl für den Unterricht in Gruppen nicht erreicht wird sowie ein entsprechendes pädagogisches Konzept und entsprechend qualifiziertes Lehrpersonal vorhanden sind. [5]Das von der Schulkonferenz zu beschließende Konzept gemäß Satz 4 bedarf der Zustimmung der Schulaufsichtsbehörde. [6]Satz 4 gilt nicht für die Fächer Deutsch, Mathematik und erste Fremdsprache.

(3) Am Gymnasium werden besondere Profile eingerichtet.

(4) Zur Förderung besonders begabter Schüler werden an ausgewählten Gymnasien besondere Bildungswege angeboten.

(5) [1]Die Klassenstufe 10 des Gymnasiums bildet den Abschluss der Sekundarstufe I und gilt zugleich als Einführungsphase in die gymnasiale Oberstufe. [2]Die gymnasiale Oberstufe umfasst die Jahrgangsstufen 11 und 12. [3]Für diese gelten folgende Regelungen:

1. unterrichtet wird in halbjährigen Grund- und Leistungskursen;
2. die herkömmliche Leistungsbewertung durch Noten wird in ein Punktesystem umgesetzt;
3. die allgemeine Hochschulreife wird durch eine Gesamtqualifikation erworben. Diese setzt sich zusammen aus den Leistungen
   a) in der Abiturprüfung,
   b) in den Leistungskursen,
   c) in bestimmten anrechenbaren Grundkursen.

(6) [1]Die oberste Schulaufsichtsbehörde wird ermächtigt, das Nähere zur Ausführung von Absatz 5 durch Rechtsverordnung zu regeln, insbesondere das Fächerangebot und seine Zusammenfassung zu Aufgabenfeldern einschließlich der Wahlmöglichkeiten und Belegungsgrundsätze, die Voraussetzungen für die Einrichtung von Kursen, die Leistungsermittlung und -bewertung, die Voraussetzungen der Zulassung zur Abiturprüfung, die Bildung der Gesamtqualifikation und die Voraussetzungen für die Zuerkennung der allgemeinen Hochschulreife. [2]Dabei kann auch die Einrichtung fächerverbindender Grundkurse geregelt werden, deren Genehmigung durch die Schulaufsichtsbehörde erfolgen kann.

(7) [1]Mit der Versetzung in die Klassenstufe 10 wird ein dem Hauptschulabschluss gleichgestellter Schulabschluss erworben. [2]Mit der Versetzung in die Jahrgangsstufe 11 wird ein dem Realschulabschluss gleichgestellter mittlerer Schulabschluss erworben; in die Versetzungsentscheidung geht das Ergebnis einer besonderen Leistungsfeststellung ein.

(8) Das Gymnasium arbeitet insbesondere zur Verbesserung der Berufs- und Studienorientierung mit der Berufsberatung der Agenturen für Arbeit, den berufsbildenden Schulen, anderen Partnern der Berufsausbildung sowie den Hochschulen und der Berufsakademie zusammen.

§ 8 Berufsschule

(1) [1]Die Berufsschule hat die Aufgabe, im Rahmen der Berufsvorbereitung, der Berufsausbildung oder Berufsausübung vor allem berufsbezogene Kenntnisse, Fähigkeiten und Fertigkeiten zu vermitteln und die allgemeine Bildung zu vertiefen und zu erweitern. [2]Sie führt als gleichberechtigter Partner gemeinsam mit den Ausbildungsbetrieben und anderen an der Berufsausbildung Beteiligten zu berufsqualifizierenden Abschlüssen.

(2) Der Unterricht an der Berufsschule findet in der Regel in Form von Teilzeitunterricht an einzelnen Unterrichtstagen oder in zusammenhängenden Abschnitten (Blockunterricht) statt.

(3) Das erste Jahr der Berufsausbildung kann, auch als einjährige Vollzeitschule, gemeinsam für die einem Berufsbereich oder einer Berufsgruppe zugeordneten anerkannten Ausbildungsberufe (berufliche Grundbildung) geführt werden.

(4) [1]Die Berufsschule kann für Jugendliche, die zu Beginn der Berufsschulpflicht ein Berufsausbildungsverhältnis nicht nachweisen, als einjährige Vollzeitschule (Berufsvorbereitungsjahr) geführt werden. [2]Das Berufsvorbereitungsjahr kann für Jugendliche, die es aufgrund ihres Entwicklungsstands voraussichtlich nicht innerhalb eines Schuljahres mit Erfolg abschließen können, auch als zweijähriger Bildungsgang angeboten werden. [3]Schüler im Berufsvorbereitungsjahr gemäß den Sätzen 1 und 2 sind sozialpädagogisch zu betreuen.

§ 9 Berufsfachschule

(1) [1]In der Berufsfachschule werden die Schüler in einen oder mehrere Berufe eingeführt oder für einen Beruf ausgebildet. [2]Außerdem wird die allgemeine Bildung gefördert.

(2) Die Berufsfachschule ist in der Regel Vollzeitschule und dauert mindestens ein Jahr.

§ 10 Fachschule

(1) Die Fachschule hat die Aufgabe, nach abgeschlossener Berufsausbildung und in der Regel praktischer Bewährung oder einer ausreichenden einschlägigen beruflichen Tätigkeit eine berufliche Weiterbildung mit entsprechendem berufsqualifizierendem Abschluss zu vermitteln.

(2) Die Fachschule dauert bei Vollzeitunterricht mindestens ein Jahr, bei Teilzeitunterricht entsprechend länger.

§ 11 Fachoberschule

(1) Die Fachoberschule vermittelt eine allgemeine, fachtheoretische und fachpraktische Bildung.

(2) Die Fachoberschule baut auf einem mittleren Schulabschluss auf, dauert zwei Schuljahre und verleiht nach bestandener Abschlussprüfung die Fachhochschulreife.

(3) [1]Bewerber mit einer einschlägigen abgeschlossenen Berufsausbildung oder entsprechender beruflicher Tätigkeit können in eine einjährige Fachoberschule aufgenommen werden. [2]Bei Teilzeitunterricht dauert die Ausbildung entsprechend länger.

§ 12 Berufliches Gymnasium

(1) Das Berufliche Gymnasium vermittelt durch allgemeinbildende und berufsbezogene Unterrichtsinhalte eine Bildung, die zur Aufnahme eines Hochschulstudiums oder einer qualifizierten Berufsausbildung befähigt.

(2) [1]Das Berufliche Gymnasium baut auf einem mittleren Schulabschluss auf, dauert drei Schuljahre und verleiht die allgemeine Hochschulreife. [2]Es umfasst eine Einführungsphase und die Jahrgangsstufen 12 und 13. [3]Für die Jahrgangsstufen 12 und 13 gilt § 7 Abs. 5 Satz 3 und Abs. 6 entsprechend.

(3) [1]Für Schüler, die während der Klassenstufe 11 auf der Grundlage eines Berufsausbildungsvertrages eine Ausbildung in einem anerkannten Ausbildungsberuf beginnen und in Kooperation mit einem Ausbildungsbetrieb und der entsprechenden Berufsschule zusätzlich zur allgemeinen Hochschulreife den Erwerb eines berufsqualifizierenden Abschlusses in diesem Ausbildungsberuf anstreben, beträgt die Ausbildungsdauer insgesamt vier Schuljahre. [2]Absatz 2 Satz 3 gilt entsprechend, wobei die Jahrgangsstufen 12 und 13 auf drei Schuljahre gedehnt werden.

§ 13 Förderschulen

(1) [1]Schüler mit sonderpädagogischem Förderbedarf, die nicht aufgrund einer Entscheidung nach § 4c Absatz 5 Satz 1 eine andere Schule besuchen, werden in den Förderschulen unterrichtet. [2]Schüler ohne sonderpädagogischen Förderbedarf können auf Wunsch der Eltern, volljährige Schüler auf eigenen Wunsch, in Förderschulen gemeinsam mit Schülern mit sonderpädagogischem Förderbedarf unterrichtet werden, soweit

1. dies unter Berücksichtigung der organisatorischen, personellen und sächlichen Voraussetzungen den individuellen Lern- und Entwicklungsvoraussetzungen des Schülers entspricht,
2. die Funktionsfähigkeit des Unterrichts nicht erheblich beeinträchtigt wird und
3. keine akute Selbst- oder Fremdgefährdung festgestellt wird.

(2) [1]Die Förderschultypen ergeben sich aus den Förderschwerpunkten nach § 4c Absatz 2. [2]Ferner existieren Klinik- und Krankenhausschulen für den Unterricht kranker Schüler. [3]Förderschulen können mehrere Förderschwerpunkte in sich vereinen. [4]Auf der Grundlage ihres pädagogischen Konzepts und in Zusammenarbeit mit Schulen auch anderer Schularten können sich Förderschulen zu Förderzentren entwickeln. [5]Förderschulen und Förderzentren stellen anderen Schulen ihre sonderpädagogische Kompetenz in Form von Beratungs- und Diagnoseleistungen sowie für die inklusive Unterrichtung zur Verfügung. [6]Während der Schuleingangsphase arbeitet die Förderschule mit Grundschulen, mit Kindertageseinrichtungen und mit Einrichtungen, die heilpädagogische Leistungen erbringen, mit Frühförder- und Frühberatungsstellen, mit Sozialpädiatrischen Zentren sowie mit dem öffentlichen Gesundheitsdienst zusammen. [7]Schwerpunkte der Zusammenarbeit sind die Prävention von Lern-, Verhaltens- und Sprachschwierigkeiten sowie die individuelle Förderung. [8]§ 5 Absatz 5 Satz 2 bleibt unberührt. [9]Nach Maßgabe der Schul- und Prüfungsordnungen können an den Förderschulen Abschlüsse sämtlicher allgemeinbildender Schularten erworben werden. [10]An Schulen mit dem Förderschwerpunkt Lernen kann auch ein dem Hauptschulabschluss gleichgestellter Abschluss ohne Teilnahme an einer Abschlussprüfung erworben werden.

(3) [1]Wenn die besondere Aufgabe der Förderschule die Heimunterbringung der Schüler gebietet oder die Erfüllung der Schulpflicht sonst nicht gesichert ist, hat der Schulträger dafür Sorge zu tragen, dass bei der Schule ein Heim eingerichtet wird, in dem die Schüler Unterkunft, Verpflegung, familiengemäße Betreuung und eine ihrem Förderbedarf entsprechende Förderung erhalten. [2]Das Heim ist nicht Bestandteil der Förderschule. [3]Die Heimunterbringung bedarf der Zustimmung der Eltern.

(4) [1]Soweit in Heimen nach Absatz 3 Kinder betreut werden, die dafür keinen Anspruch auf Eingliederungshilfe nach dem Zwölften Buch Sozialgesetzbuch – Sozialhilfe – (Artikel 1 des Gesetzes vom 27. Dezember 2003, BGBl. I S. 3022, 3023), das zuletzt durch Artikel 1 des Gesetzes vom 21. Dezember 2015 (BGBl. I S. 2557) geändert worden ist, in der jeweils geltenden Fassung, oder auf Eingliederungshilfe nach § 35a des Achten Buches Sozialgesetzbuch haben, erfolgt eine anteilige Finanzierung im Sinne des Gesetzes über Kindertageseinrichtungen in der Fassung der Bekanntmachung vom 15. Mai 2009 (SächsGVBl. S. 225), das zuletzt durch Artikel 7 des Gesetzes vom 29. April 2015 (SächsGVBl. S. 349) geändert worden ist, in der jeweils geltenden Fassung. [2]Das Nähere zu den Aufgaben und den Zielen pädagogischer Arbeit, zu den Anforderungen an das pädagogische Fachpersonal, zur Mitwirkung von Eltern und Kindern, zum Betrieb und zur Finanzierung der Heime regelt eine Rechtsverordnung der obersten Schulaufsichtsbehörde.

(5) Die Träger von Förderschulen nach Absatz 1, von Heimen nach Absatz 3 sowie von Betreuungsangeboten nach § 16 Absatz 2 sind verpflichtet, eine ganzheitliche Betreuung der Schüler zu gewährleisten.

(6) [1]Bei den Förderschulen gibt es Beratungsstellen, die für die Früherfassung, Früherkennung und Frühförderung behinderter oder von Behinderung bedrohter Kinder zuständig sind. [2]Sie arbeiten mit Frühförder- und Frühberatungsstellen, Kindertageseinrichtungen, Sozialpädiatrischen Zentren und dem öffentlichen Gesundheitsdienst zusammen. [3]Ihnen obliegt die förderspezifische Beratung von Eltern, Lehrern und Erziehern.

(7) [1]Die für die Erfüllung der besonderen Aufgabe der Förderschulen notwendige Betreuung der Schüler erfolgt unbeschadet der Verpflichtung Dritter zur Tragung von Kosten. [2]Gleiches gilt für die Betreuung von Kindern nach Absatz 3 und § 16 Absatz 2.

(8) Die Förderschule arbeitet insbesondere zur Verbesserung der Berufs- und Studienorientierung sowie der Berufsvorbereitung und zur Erleichterung des Übergangs in berufs- oder studienqualifizierende Bildungsgänge mit der Berufsberatung der Agenturen für Arbeit, den berufsbildenden Schulen und anderen Partnern der Berufsausbildung zusammen.

§ 14 Schulen des zweiten Bildungsweges

(1) Die Abendoberschule ist eine Schulart, an der Jugendliche und Erwachsene, die die Vollzeitschulpflicht erfüllt haben, überwiegend in Form von Abendunterricht den Hauptschulabschluss, den qualifizierenden Hauptschulabschluss oder den Realschulabschluss erwerben können.

(2) Das Abendgymnasium ist eine Schulart, an der nicht mehr schulpflichtige Jugendliche und Erwachsene überwiegend in Form von Abendunterricht die allgemeine Hochschulreife erwerben können.

(3) Das Kolleg ist ein Gymnasium besonderer Art, an dem Erwachsene, die bereits im Berufsleben gestanden haben, in Vollzeitunterricht die allgemeine Hochschulreife erwerben können.

(4) Für den letzten Ausbildungsabschnitt des Abendgymnasiums und des Kollegs gilt § 7 Abs. 5 und 6 entsprechend.

§ 15 Schulversuche

(1) [1]Zur Weiterentwicklung des Schulwesens oder zur Erprobung neuer pädagogischer oder organisatorischer Konzeptionen können Schulversuche durchgeführt werden. [2]Schulversuche bedürfen der Genehmigung der obersten Schulaufsichtsbehörde. [3]Voraussetzung für die Genehmigung ist eine von der Schulkonferenz beschlossene und im Einvernehmen mit dem Schulträger entwickelte Konzeption. [4]Schulversuche sollen wissenschaftlich begleitet werden, die Ergebnisse sind zu veröffentlichen. [5]Von bestehenden Rechts- und Verwaltungsvorschriften, insbesondere zur inhaltlichen Ausgestaltung des Unterrichts, zur Unterrichtsorganisation, zum sonstigen Prüfungswesen sowie zur Personal- und Sachmittelverwaltung einschließlich Stellenbewirtschaftung, kann abgewichen werden.

(2) [1]Schulversuche können auch als wissenschaftliche Forschungsvorhaben in Kooperation mit einer Hochschule durchgeführt werden. [2]Soweit dafür die Verarbeitung personenbezogener Daten erforderlich ist, bedarf dies der schriftlichen Einwilligung aller am Schulversuch Beteiligten, bei minderjährigen Schülern auch der schriftlichen Einwilligung der Eltern, gemäß Artikel 6 Absatz 1 Buchstabe a, Artikel 7 und 9 der Verordnung (EU) 2016/679 und den ergänzenden Vorschriften des Sächsischen Datenschutzdurchführungsgesetzes. [3]Der Sächsische Datenschutzbeauftragte ist vor Beginn eines solchen Schulversuchs anzuhören.

§ 16 Betreuungsangebote

(1) Der Schulträger kann von der fünften bis zur zehnten Klassenstufe an Oberschulen und Gymnasien außerunterrichtliche Betreuungsangebote vorhalten.

(2) [1]Soweit die Schüler nicht in einem Heim nach § 13 Absatz 3 Satz 1 betreut werden, hält der Schulträger

1. für Schüler der Primarstufe der Schule mit dem Förderschwerpunkt Lernen,
2. für Schüler aller Klassenstufen der übrigen Förderschulen und
3. für inklusiv unterrichtete Schüler mit sonderpädagogischem Förderbedarf im Förderschwerpunkt geistige Entwicklung

Betreuungsangebote vor. [2]In die Betreuungsangebote nach Satz 1 Nummer 1 können auch Schüler der übrigen Klassenstufen einbezogen werden. [3]Für Schüler der Klassenstufen 1 bis 6 gilt § 13 Absatz 4 entsprechend.

§ 16a Ganztagsangebote

(1) [1]Allgemeinbildende Schulen sollen Ganztagsangebote einrichten und dabei mit außerschulischen Einrichtungen zusammenarbeiten. [2]Grundschulen müssen sich bei diesen Angeboten mit den Horten abstimmen.

(2) [1]Der Freistaat Sachsen unterstützt die Ganztagsangebote öffentlicher und freier Träger allgemeinbildender Schulen mit finanziellen Mitteln nach den Maßgaben des Haushaltsplanes. [2]Zur Stärkung der Eigenverantwortung an Schulen sollen sie die im Haushaltsplan des Freistaates Sachsen für die Förderung von Ganztagsangeboten für Schüler vorgesehenen Mittel als pauschalisierte zweckgebundene Zuweisungen erhalten. [3]§ 3b Absatz 1 findet entsprechende Anwendung.

(3) [1]Die oberste Schulaufsichtsbehörde wird ermächtigt, durch Rechtsverordnung nähere Bestimmungen zu erlassen, insbesondere über

1. die inhaltlichen Mindestanforderungen an die pädagogisch-fachliche Ausgestaltung von Ganztagsangeboten,
2. die Abgrenzung und Abstimmung der Ganztagsangebote mit dem Hort,
3. die Berechnung der Zuweisungen,
4. die Einbeziehung von Schulfördervereinen allgemeinbildender Schulen in den Kreis der Zuweisungsempfänger,
5. das Antragsverfahren,
6. die Auszahlung der Mittel; dabei können Abschlagszahlungen und Auszahlungstermine geregelt werden, und
7. die Erbringung und Prüfung des Nachweises der zweckentsprechenden Verwendung der Zuweisungen; dabei können geregelt werden:
   a) Fristen für die Vorlage des Nachweises,
   b) ein Zurückbehaltungsrecht für weitere Zuweisungen bei nicht fristgerechter Vorlage,
   c) Pflichten des Zuweisungsempfängers zur Aufbewahrung von Unterlagen und Dateien,
   d) die Beschränkung des Nachweises auf eine schriftliche Versicherung des Zuweisungsempfängers, dass die Mittel zweckentsprechend eingesetzt wurden, und
   e) für den Fall, dass die zweckentsprechende Verwendung nicht nachgewiesen wird, die Aufhebung der Bewilligung der Zuweisung, ihre Erstattung und die Verrechnung mit weiteren Zuweisungen.

[2]Für die Nummern 3 und 5 bis 7 ist das Einvernehmen mit dem Staatsministerium der Finanzen herzustellen.

§ 17 Bildungsberatung

(1) Jede Schule und jeder Lehrer haben die Aufgabe, die Eltern und die Schüler in Fragen der Schullaufbahn zu beraten und sie bei der Wahl der Bildungsmöglichkeiten entsprechend den Fähigkeiten und Neigungen des Einzelnen zu unterstützen.

(2) Zur Unterstützung der Erziehung und Hilfe bei der Lebensbewältigung der Schüler durch die Eltern und Lehrer wird eine schulpsychologische Beratung ermöglicht, die schulartübergreifend durch Schulpsychologen mit Hilfe von Beratungslehrern oder Betreuungslehrern erfolgt und die Schulsozialarbeit einbezieht.

3. Abschnitt
Religionsunterricht, Ethik

§ 18 Religionsunterricht

(1) [1]Der Religionsunterricht ist ordentliches Lehrfach. [2]Unbeschadet des staatlichen Aufsichtsrechts wird der Religionsunterricht nach Bekenntnissen getrennt in Übereinstimmung mit den Grundsätzen der betreffenden Religionsgemeinschaft erteilt.

(2) [1]Die Lehrer bedürfen zur Erteilung von Religionsunterricht der Bevollmächtigung der betreffenden Religionsgemeinschaft. [2]Kein Lehrer darf gegen seinen Willen gezwungen werden, Religionsunterricht zu erteilen.

(3) [1]Der Religionsunterricht kann von Bediensteten der betreffenden Religionsgemeinschaften erteilt werden. [2]Die Religionsgemeinschaft erhält einen angemessenen finanziellen Ersatz.

§ 19 Ethik

(1) Schüler, die nicht am Religionsunterricht teilnehmen, besuchen den Unterricht in dem Fach Ethik.

(2) Im Fach Ethik werden den Schülern religionskundliches Wissen, Verständnis für gesellschaftliche Wertvorstellungen und Normen, Zugang zu philosophischen und religiösen Fragen sowie Fragen der globalen Gerechtigkeit und Nachhaltigkeit vermittelt.

§ 20 Teilnahme

[1]Die Eltern bestimmen, ob ihre Kinder am Religionsunterricht oder am Ethikunterricht teilnehmen. [2]Nach Vollendung des 14. Lebensjahres steht dieses Recht dem Schüler zu.

2. Teil
Schulträgerschaft

§ 21 Grundsätze

(1) Der Schulträger hat die sächlichen Kosten der Schule zu tragen.

(2) Die Schulträger sind berechtigt und verpflichtet, Schulen in öffentlicher Trägerschaft einzurichten und fortzuführen, wenn ein öffentliches Bedürfnis hierfür besteht.

(3) Ein öffentliches Bedürfnis besteht, wenn entweder die Mindestschülerzahlen nach § 4a Absatz 1 einschließlich der auf seiner Grundlage erlassenen Rechtsverordnungen und Mindestzügigkeiten nach § 4a Absatz 3 für den Schulstandort zum Unterrichtsbeginn erreicht werden oder ein Ausnahmetatbestand nach § 4a Absatz 5 beziehungsweise nach § 4b gegeben ist.

(4) Bei der Einrichtung, Änderung, Aufhebung und bei der Unterhaltung der Schulen nach § 3 Absatz 2 Satz 1 Nummer 1 und Satz 2 wirken der Schulträger und der Freistaat Sachsen nach den Vorschriften dieses Gesetzes zusammen.

§ 22 Schulträger

(1) [1]Die Gemeinden sind Schulträger der allgemeinbildenden Schulen und der Schulen des zweiten Bildungsweges. [2]Die Landkreise können Schulträger dieser Schulen sein. [3]Die Landkreise und Kreisfreien Städte sind Schulträger der berufsbildenden Schulen.

(2) Der Freistaat Sachsen kann Schulträger von Förderschulen mit Heim sowie von Schulen besonderer pädagogischer Prägung oder besonderer Bedeutung sein.

(3) [1]Der Schulträger soll berufsbildende Schulen in Beruflichen Schulzentren zusammenfassen. [2]Der Schulträger kann Schulen des zweiten Bildungsweges als Teil einer allgemeinbildenden Schule führen. [3]Im Übrigen können selbstständige Schulen, die der Schulträger in Schulzentren räumlich zusammenfasst, pädagogisch und organisatorisch zusammenarbeiten. [4]Diese Zusammenarbeit erleichtert den schulartübergreifenden Lehrereinsatz sowie die gemeinsame Nutzung von schulischen Einrichtungen. [5]§ 21 Absatz 4 gilt entsprechend.

(4) [1]Die Schulträger sind verpflichtet, zur Erfüllung der ihnen nach diesem Gesetz obliegenden Aufgaben zusammenzuarbeiten. [2]Dies betrifft insbesondere die Einigung über die Bildung von Schulzweckverbänden und Schulbezirken. [3]Für den Abschluss einer Zweckvereinbarung ist das Einvernehmen der Schulaufsichtsbehörde erforderlich. [4]Die Vorschriften über die kommunale Zusammenarbeit bleiben unberührt.

§ 23 Aufgaben des Schulträgers, Schülerbeförderung

(1) Die Gemeinden und Landkreise verwalten die ihnen als Schulträger obliegenden Angelegenheiten als Pflichtaufgaben.

(2) [1]Der Schulträger errichtet die Schulgebäude und Schulräume, stattet sie mit den notwendigen Lehr- und Lernmitteln aus und stellt die sonstigen erforderlichen Einrichtungen zur Verfügung. [2]Er unterhält sie in einem ordnungsgemäßen Zustand. [3]Er bestellt in Abstimmung mit dem Schulleiter die Mitarbeiter, die nicht im Dienst des Freistaates Sachsen stehen.

(3) [1]Träger der notwendigen Beförderung der Schüler auf dem Schulweg bei Schulen in öffentlicher Trägerschaft und Ersatzschulen ist der Landkreis oder die Kreisfreie Stadt, in dessen oder in deren Gebiet sich die Schule befindet. [2]Er regelt Einzelheiten durch Satzung, insbesondere hinsichtlich

1. Umfang und Abgrenzung der notwendigen Beförderungskosten einschließlich der Festsetzung von Mindestentfernungen,
2. Höhe und Verfahren der Erhebung eines Eigenanteils des Schülers oder der Eltern,
3. Pauschalen oder Höchstbeiträge für die Kostenerstattung sowie Ausschlussfristen für die Geltendmachung von Erstattungsansprüchen,
4. Verfahren der Kostenerstattung zwischen den Schülern beziehungsweise Eltern und Schulträgern sowie zwischen verschiedenen Schulträgern.

(4) Die oberste Schulaufsichtsbehörde wird ermächtigt, Mindestanforderungen für die Ausstattung der Schulen mit Verwaltungskräften und Lehrmitteln durch Rechtsverordnung zu regeln.

§ 23a Schulnetzplanung

(1) [1]Die Schulnetzplanung soll die planerische Grundlage für ein alle Bildungsgänge umfassendes, regional ausgeglichenes und unter zumutbaren Bedingungen erreichbares Bildungsangebot schaffen und durch Abstimmung mit der Jugendhilfeplanung gemäß § 79 Absatz 1 und § 80 des Achten Buches Sozialgesetzbuch eine regionale Bildungsplanung sichern. [2]Dabei sind vorhandene Schulen in freier Trägerschaft sowie bei den berufsbildenden Schulen die Möglichkeit der betrieblichen Aus- und Weiterbildung zu berücksichtigen. [3]Die Ziele der Raumordnung und der Landesplanung sind zu beachten.

(2) [1]In den Plänen werden der mittelfristige und langfristige Schulbedarf sowie die Schulstandorte ausgewiesen. [2]Für jeden Schulstandort ist anzugeben, welche Bildungsangebote dort vorhanden sind und für welche räumlichen Bereiche (Einzugsbereiche) sie gelten sollen. [3]Es sind auch die Bildungsbedürfnisse zu berücksichtigen, die durch Schulen für das Gebiet nur eines Schulträgers nicht sinnvoll befriedigt werden können. [4]In diesen Fällen ist darzustellen, welche Form der Zusammenarbeit der Schulträger besteht oder durch welchen Schulträger die Bildungsbedürfnisse befriedigt werden. [5]Schulnetzpläne müssen die langfristige Zielplanung und die Ausführungsmaßnahmen unter Angabe der Rangfolge ihrer Verwirklichung enthalten.

(3) [1]Die Landkreise und Kreisfreien Städte stellen die Teilschulnetzpläne für die allgemeinbildenden Schulen und die Schulen des zweiten Bildungsweges in ihrem Gebiet auf. [2]Dabei ist die Schulnetzplanung für die berufsbildenden Schulen nach Absatz 7 Satz 1 und 3 zu berücksichtigen.

(4) [1]Die Teilschulnetzpläne nach Absatz 3 sind, soweit der Träger der Schulnetzplanung nicht selbst Schulträger ist, im Einvernehmen mit den öffentlichen Schulträgern, im Übrigen im Benehmen mit den sonstigen Trägern der Schulen des Gebietes aufzustellen. [2]Die Pläne sind mit benachbarten Trägern der Schulnetzplanung abzustimmen. [3]Die Pläne bedürfen der Genehmigung der obersten Schulaufsichtsbehörde. [4]Die Schulnetzplanung der sorbischen Schulen und Schulen mit sorbischsprachigem Angebot ist im Benehmen mit der Interessenvertretung nach § 5 des Sächsischen Sorbengesetzes aufzustellen.

(5) [1]Der Schulträger darf sein Einvernehmen zu den planerischen Festlegungen gemäß Absatz 4 Satz 1 nur dann versagen, wenn diese den Anforderungen des § 4a Absatz 1 einschließlich der auf seiner Grundlage erlassenen Rechtsverordnungen, des § 4a Absatz 3 oder Absatz 5, des § 4b Absatz 1 bis 3 oder Absatz 4, des § 21 Absatz 2 oder des § 23a Absatz 2 widersprechen. [2]Wird das Einvernehmen rechtswidrig versagt, entscheidet die oberste Schulaufsichtsbehörde über die Ersetzung des Einvernehmens im Rahmen der Genehmigung nach Absatz 4 Satz 3.

(6) [1]Die oberste Schulaufsichtsbehörde überprüft bei der Genehmigung nach Absatz 4 Satz 3 die Rechtmäßigkeit und Vereinbarkeit der Pläne mit den schulgesetzlichen und schulfachlichen sowie den sich aus dem Staatshaushaltsplan ergebenden Maßnahmen, insbesondere um zu gewährleisten, dass die personelle Ausstattung der Schulen im Rahmen der Bedarfs- und Finanzplanung des Freistaates

Sachsen möglich ist. [2]Über die Genehmigung ist binnen sechs Monaten zu entscheiden. [3]Die Frist nach Satz 2 beginnt mit Eingang des Planes, der den Anforderungen der nach Absatz 10 zu erlassenden Rechtsverordnung entsprechen muss, und der den Plan begründenden sowie vollständigen Unterlagen bei der obersten Schulaufsichtsbehörde; die Vollständigkeit der Unterlagen ist zu bestätigen. [4]Die Frist kann bei Vorliegen eines wichtigen Grundes um höchstens drei Monate verlängert werden. [5]Die Fristverlängerung ist zu begründen und rechtzeitig mitzuteilen. [6]Die Genehmigung gilt mit Ablauf der Frist als erteilt. [7]Die Genehmigung ist zu versagen, wenn die Schulnetzplanung mit den in den Absätzen 1, 2, 3 Satz 2 und Absatz 4 Satz 1 und 2 genannten Anforderungen nicht übereinstimmt oder einer den Maßgaben des Freistaates Sachsen entsprechenden ordnungsgemäßen Gestaltung des Unterrichts entgegensteht.

(7) [1]Die oberste Schulaufsichtsbehörde stellt den Teilschulnetzplan für die berufsbildenden Schulen unter Berücksichtigung der Fachklassenstandorte mit Einzugsbereichen im Einvernehmen mit den Landkreisen und Kreisfreien Städten auf. [2]Die Planaufstellung erfolgt im Benehmen mit dem Landesausschuss für Berufsbildung. [3]Dabei ist für ein regional ausgeglichenes Bildungsangebot im Sinne von Absatz 1 Satz 1 in besonderem Maße auf ein ausgewogenes Verhältnis des Angebots in ländlich und städtisch geprägten Räumen zu achten sowie die Schulnetzplanung für die allgemeinbildenden Schulen und die Schulen des zweiten Bildungsweges nach Absatz 3 Satz 1 zu berücksichtigen. [4]Soweit die Fachschulen in den Berufen der Land-, Forst- und Hauswirtschaft sowie des Garten- und Landschaftsbaus (landwirtschaftliche Fachschulen) betroffen sind, ist das Einvernehmen des Staatsministeriums für Umwelt und Landwirtschaft einzuholen.

(8) [1]Der Schulträger darf sein Einvernehmen zu den planerischen Festlegungen gemäß Absatz 7 Satz 1 nur dann versagen, wenn diese den Anforderungen des § 4a Absatz 1 Satz 1 Nummer 4 bis 6 einschließlich der aufgrund von § 4a Absatz 1 Satz 2 erlassenen Rechtsverordnungen, des § 4a Absatz 5, des § 21 Absatz 2 oder des § 23a Absatz 2 widersprechen. [2]Wird das Einvernehmen rechtswidrig versagt oder widerspricht die Versagung den Zielen von Absatz 7 Satz 3, entscheidet die oberste Schulaufsichtsbehörde über die Ersetzung des Einvernehmens mit Abschluss des Planaufstellungsverfahrens.

(9) Beschlüsse des Schulträgers und Entscheidungen der obersten Schulaufsichtsbehörde nach § 24 erfolgen auf der Grundlage eines genehmigten Teilschulnetzplans nach Absatz 3 und 4 sowie auf der Grundlage eines nach Absatz 7 abgestimmten Teilschulnetzplans.

(10) [1]Die oberste Schulaufsichtsbehörde wird ermächtigt, das Nähere zur Aufstellung, Fortschreibung und Genehmigung der Schulnetzpläne sowie zur Festlegung von Fachklassenstandorten mit Einzugsbereichen durch Rechtsverordnung im Einvernehmen mit dem Staatsministerium des Innern zu regeln. [2]Die Rechtsverordnung kann auch vorsehen:

1. die Verpflichtung der Landkreise und Kreisfreien Städte, zum Zwecke der Schulnetzplanung und der Überwachung der Schulpflicht Statistiken für bestimmte oder alle Schulen in öffentlicher und freier Trägerschaft ihres Gebiets durchzuführen, insbesondere mit folgenden Merkmalen:
    a) Träger der Schule;
    b) Schulart und Bildungsgänge;
    c) Zahl der Schüler je Bildungsgang;
    d) Wohnorte der Schüler;
    e) Art, Anzahl, Größe, sächliche Ausstattung, Nutzung und Nutzungseignung von Gebäuden, Räumen und Außenanlagen;
    f) Mehrfachnutzung von Gebäuden, Räumen und Außenanlagen;
    g Angaben gemäß den Buchstaben a bis d für alle durch die Schule genutzten Gebäude;
2. zu den Statistiken und Merkmalen gemäß Nummer 1:
    a) Auskunftpflichten für öffentliche und freie Schulträger;
    b) eine Erfassung und Verarbeitung nach einheitlichen Vorgaben;
    c) eine regelmäßige oder fortlaufende Aktualisierung;
    d) eine Verpflichtung der Landkreise und Kreisfreien Städte zur Übermittlung, auch im elektronischen Datenverkehr, an Behörden des Freistaates Sachsen einschließlich der Sächsischen Aufbaubank zum Zwecke der Genehmigung von Schulnetzplänen, der Wahrnehmung der Schulaufsicht oder der Durchführung von Förderprogrammen.

(11) Die Schulaufsichtsbehörde ist befugt, von den Landkreisen und Kreisfreien Städten die Anzahl der in den kommenden Schuljahren einzuschulenden Schüler schulbezirksgenau für die Grundschulen in öffentlicher Trägerschaft bis zum 31. August eines jeden Jahres und die darüber hinaus zur Erstellung der Schülerzahlfortschreibung erforderlichen Daten für Schulen in freier Trägerschaft bis zum 30. Oktober eines jeden Jahres abzufordern.

§ 24 Einrichtung, Änderung und Aufhebung von Schulen

(1) Der Beschluss eines Schulträgers über die Einrichtung einer Schule in öffentlicher Trägerschaft bedarf der Zustimmung der obersten Schulaufsichtsbehörde.

(2) Stellt die oberste Schulaufsichtsbehörde fest, dass ein öffentliches Bedürfnis für die Einrichtung einer Schule in öffentlicher Trägerschaft besteht und erfüllt der Schulträger die ihm nach § 21 Absatz 2 obliegende Verpflichtung nicht, trifft die Rechtsaufsichtsbehörde die notwendigen Maßnahmen; der Schulträger ist vorher zu hören.

(3) ¹Absatz 1 gilt entsprechend für die Aufhebung einer Schule in öffentlicher Trägerschaft. ²Stellt die oberste Schulaufsichtsbehörde fest, dass das öffentliche Bedürfnis für die Fortführung der Schule oder eines Teils derselben nicht mehr besteht, kann sie die Mitwirkung des Freistaates an der Unterhaltung der Schule widerrufen; der Schulträger ist vorher zu hören.

(4) Die Vorschriften über die Einrichtung und Aufhebung einer Schule in öffentlicher Trägerschaft gelten entsprechend für die Änderung einer Schule in öffentlicher Trägerschaft.

§ 25 Schulbezirk und Einzugsbereich

(1) Jede Grundschule hat einen Schulbezirk.

(2) ¹Schulbezirk ist das Gebiet des Schulträgers. ²Schulbezirk ist auch das Gebiet oder Teilgebiet mehrerer Schulträger, soweit der Schulbezirk auf der Grundlage einer Vereinbarung zwischen den beteiligten Schulträgern über das Gebiet eines Schulträgers hinausgeht.

(3) ¹Bestehen im Gebiet eines Schulträgers mehrere Grundschulen, kann der Schulträger Einzelschulbezirke oder gemeinsame Schulbezirke bestimmen. ²Die Schulbezirkszuordnung muss für jeden Wohnort eindeutig die zuständigen Grundschulen bestimmen.

(4) Die oberste Schulaufsichtsbehörde kann nach Anhörung der betroffenen Schulträger für die Bildungsgänge der Berufsschule Einzugsbereiche festlegen.

(5) ¹Soweit ein Schulbezirk oder Einzugsbereich besteht, hat der Schüler die Schule zu besuchen, in deren Schulbezirk oder Einzugsbereich er seinen Hauptwohnsitz hat. ²Dies gilt nicht für Schüler, die eine Schule in freier Trägerschaft besuchen. ³Auf Antrag der Eltern oder des volljährigen Schülers soll der Schulleiter der aufnehmenden Schule bei Vorliegen wichtiger Gründe, insbesondere wenn

1. pädagogische Gründe dafür sprechen,
2. besondere soziale Umstände vorliegen,
3. die Verkehrsverhältnisse es erfordern oder
4. die Berufsausbildung wesentlich erleichtert wird,

Ausnahmen von Satz 1 zulassen. ⁴Vor der Genehmigung einer Ausnahme von der Pflicht zum Besuch der Schule des Schulbezirks oder des Einzugsbereichs ist die Zustimmung der Schulaufsichtsbehörde einzuholen.

(6) Zur Förderung der Integration kann die Schulaufsichtsbehörde nach Anhörung der Eltern im Benehmen mit den betroffenen Schulträgern und Trägern der Schülerbeförderung den Ort der schulischen Integration für Schüler festlegen, deren Herkunftssprache nicht oder nicht ausschließlich Deutsch ist.

3. Teil
Schulpflicht

§ 26 Allgemeines

(1) Schulpflicht besteht für alle Kinder und Jugendlichen, die im Freistaat Sachsen ihren Wohnsitz oder gewöhnlichen Aufenthalt haben.

(2) ¹Die Schulpflicht erstreckt sich auf den regelmäßigen Besuch des Unterrichts und der übrigen verbindlichen Veranstaltungen der Schule einschließlich der Teilnahme an Evaluationsverfahren und Untersuchungen zu Schülerleistungen im Sinne des § 3a Absatz 5. ²Dasselbe gilt für Schüler, die nicht schulpflichtig sind.

(3) ¹Die Schulpflicht wird grundsätzlich durch den Besuch einer Schule in öffentlicher Trägerschaft oder einer genehmigten Ersatzschule erfüllt. ²Die Schulaufsichtsbehörde kann Ausnahmen zulassen, insbesondere zur zeitweisen Alternativbeschulung im Rahmen jugendhilflicher Angebote auf der Basis eines Hilfeplans gemäß § 36 des Achten Buches Sozialgesetzbuch.

(4) Schulpflichtigen Kindern und Jugendlichen, die infolge einer längerfristigen Erkrankung die Schule nicht besuchen können, soll Unterricht zu Hause oder im Krankenhaus im angemessenen Umfang unter Berücksichtigung der organisatorischen, personellen und sächlichen Voraussetzungen angeboten werden.

(5) Völkerrechtliche Abkommen und zwischenstaatliche Vereinbarungen bleiben unberührt.

§ 26a Schulgesundheitspflege

(1) ¹Ziel der Schulgesundheitspflege ist es, Gesundheits- und Entwicklungsstörungen mit besonderer Bedeutung für einen erfolgreichen Schulbesuch frühzeitig zu erkennen und die Schüler und Eltern hinsichtlich notwendiger medizinischer und therapeutischer, die Schule hinsichtlich schulischer Fördermaßnahmen zu beraten; dazu gehören auch Maßnahmen zur Erkennung und Verhütung von Zahnerkrankungen. ²Die Schulgesundheitspflege wird von den Behörden des öffentlichen Gesundheitsdienstes in Zusammenarbeit mit dem Schulleiter, den Lehrern, den Schülern und den Eltern wahrgenommen.

(2) Untersucht werden:
1. der physische Entwicklungsstatus;
2. die für das Erlernen der Kulturtechniken notwendigen Wahrnehmungsleistungen;
3. die Konzentrationsfähigkeit und die Belastbarkeit;
4. die Fein- und Grobmotorik;
5. das Niveau der Sprachentwicklung;
6. der Ernährungszustand;
7. der Haltungs- und Bewegungsapparat und
8. Hinweise auf psychosoziale Auffälligkeiten und auf ansteckende oder chronische Krankheiten.

(3) Untersuchungen sind
1. die Schulaufnahmeuntersuchung für alle schulpflichtigen und die von den Eltern gemäß § 27 Absatz 2 angemeldeten Kinder,
2. die allgemeine Schuluntersuchung in der Klassenstufe 6,
3. zusätzliche allgemeine Schuluntersuchungen an den Förderschulen,
4. die Vorstellung beim Kinder- und Jugendärztlichen Dienst für minderjährige Schüler in allen Klassen- und Jahrgangsstufen auf Wunsch der Eltern oder auf Veranlassung der Schule mit Einwilligung der Eltern und
5. die Wiedervorstellung, die vom öffentlichen Gesundheitsdienst nach ärztlichem Ermessen angeboten werden kann.

(4) ¹Die Kinder und Jugendlichen sind verpflichtet, sich den Untersuchungen nach Absatz 3 Nummer 1 bis 3 zu unterziehen. ²Die Eltern können anwesend sein. ³Bei der Schulaufnahmeuntersuchung ist die Anwesenheit eines Elternteils erforderlich. ⁴Den Eltern obliegt es, die erforderlichen Auskünfte zu geben. ⁵Das Ergebnis der Untersuchungen ist nur den Eltern mitzuteilen. ⁶Die Behörden des öffentlichen Gesundheitsdienstes informieren den Schulleiter über die notwendigen schulischen Maßnahmen und geben die erforderlichen allgemeinen Hinweise, soweit aus den Ergebnissen der Untersuchungen Folgerungen für die Schule zu ziehen sind.

(5) ¹Die Eltern können die Untersuchungen gemäß Absatz 3 Nummer 2 bis 5 durch einen Kinder- oder Hausarzt durchführen lassen. ²Die Untersuchung muss den Vorgaben für die Untersuchungen durch den öffentlichen Gesundheitsdienst entsprechen. ³Die Eltern legen dem Schulleiter eine ärztliche Bescheinigung über die Durchführung der Untersuchungen vor.

(6) Die Eltern sind verpflichtet, gesundheitliche Beeinträchtigungen des Schülers, die sich im Schulbetrieb auswirken können, der Schule mitzuteilen.

(7) Die oberste Schulaufsichtsbehörde wird ermächtigt, im Einvernehmen mit dem Staatsministerium für Soziales und Verbraucherschutz durch Rechtsverordnung Inhalt, Umfang, Verfahren, Zuständigkeit und Durchführung der Schulgesundheitspflege zu regeln.

(8) ¹Die Absätze 1, 2, 3 Nummer 1 sowie Absätze 4, 6 und 7 gelten für Schulen in freier Trägerschaft und ihre Schüler entsprechend. ²Die Behörden des öffentlichen Gesundheitsdienstes können Untersu-

chungen gemäß Absatz 3 Nummer 2 bis 5 für Schüler an Schulen in freier Trägerschaft anbieten; Absatz 4 Satz 1 gilt für diese Untersuchungen nicht.

(9) Angehörige des sorbischen Volkes haben das Recht, die Untersuchung in sorbischer Sprache wahrzunehmen.

§ 27 Beginn der Schulpflicht

(1) [1]Mit dem Beginn des Schuljahres werden alle Kinder, die bis zum 30. Juni des laufenden Kalenderjahres das sechste Lebensjahr vollendet haben, schulpflichtig. [2]Als schulpflichtig gelten auch Kinder, die bis zum 30. September des laufenden Kalenderjahres das sechste Lebensjahr vollendet haben und von den Eltern in der Schule angemeldet wurden.

(2) Kinder, die noch nicht schulpflichtig sind, können auf Antrag der Eltern zum Anfang des Schuljahres in die Grundschule aufgenommen werden, wenn sie den für den Schulbesuch erforderlichen geistigen und körperlichen Entwicklungsstand besitzen.

(3) [1]Im Ausnahmefall können Kinder, die bei Beginn der Schulpflicht geistig oder körperlich nicht genügend entwickelt sind, um mit Erfolg am Unterricht teilzunehmen, um ein Jahr vom Schulbesuch zurückgestellt werden. [2]Zur Feststellung des Entwicklungsstandes des Kindes können pädagogisch-psychologische Testverfahren herangezogen werden. [3]Zusätzlich können mit Zustimmung der Eltern bereits vorhandene Gutachten einbezogen werden.

(4) [1]Die erforderlichen Entscheidungen trifft der Schulleiter. [2]Staatlich anerkannte Schulen in freier Trägerschaft sind berechtigt, die erforderlichen Entscheidungen nach den Absätzen 2 und 3 zu treffen.

§ 28 Dauer und Ende der Schulpflicht

(1) Die Schulpflicht gliedert sich in
1. die Pflicht zum Besuch der Grundschule oder der Klassenstufen 1 bis 4 der Förderschule und einer weiterführenden allgemeinbildenden Schule (Vollzeitschulpflicht) und
2. die Pflicht zum Besuch der Berufsschule (Berufsschulpflicht).

(2) Die Vollzeitschulpflicht dauert neun Schuljahre; die Berufsschulpflicht dauert in der Regel drei Schuljahre.

(3) Die Berufsschulpflicht eines Auszubildenden endet mit dem Ende des Berufsausbildungsverhältnisses.

(4) [1]Auszubildende, die vor Beendigung der Berufsschulpflicht ein Berufsausbildungsverhältnis beginnen, sind bis zum Ende des Berufsausbildungsverhältnisses berufsschulpflichtig. [2]Auszubildende, die nach Beendigung der Berufsschulpflicht ein Berufsausbildungsverhältnis beginnen, können die Berufsschule bis zum Ende des Berufsausbildungsverhältnisses besuchen.

(5) [1]Die Berufsschulpflicht wird vorzeitig für beendet erklärt, wenn der Jugendliche einen mindestens einjährigen vollzeitschulischen Bildungsgang an einer berufsbildenden Schule regelmäßig besucht hat oder die Schulaufsichtsbehörde feststellt, dass er anderweitig hinreichend ausgebildet ist. [2]Sie lebt wieder auf, wenn der Jugendliche ein Berufsausbildungsverhältnis beginnt.

§ 29 Ruhen der Schulpflicht

(1) Über das Ruhen der Schulpflicht aus gesundheitlichen Gründen im Einzelfall entscheiden die Landkreise und Kreisfreien Städte für ihre schulpflichtigen Einwohner auf der Grundlage medizinischer und psychologischer Gutachten.

(2) [1]Die Schulpflicht ruht auf Antrag für eine Schülerin im Zeitraum vor und nach der Entbindung in entsprechender Anwendung des Mutterschutzgesetzes in der Fassung der Bekanntmachung vom 20. Juni 2002 (BGBl. I S. 2318), das zuletzt durch Artikel 6 des Gesetzes vom 23. Oktober 2012 (BGBl. I S. 2246) geändert worden ist, in der jeweils geltenden Fassung. [2]Die Schulpflicht ruht ferner auf Antrag, wenn bei Erfüllung der Schulpflicht die Betreuung eines Kindes der oder des Schulpflichtigen gefährdet wäre. [3]Die Entscheidungen trifft der Schulleiter.

(3) Die Berufsschulpflicht ruht
1. während des Besuchs einer allgemeinbildenden oder berufsbildenden Schule in öffentlicher Trägerschaft in Vollzeitform oder einer entsprechenden Ersatzschule oder einer Ergänzungsschule bei Aufnahme einer förderungsfähigen Ausbildung nach dem Bundesausbildungsförderungsgesetz in der Fassung der Bekanntmachung vom 7. Dezember 2010 (BGBl. I S. 1952; 2012 I S. 197), das zuletzt durch Artikel 6 des Gesetzes vom 27. Juli 2015 (BGBl. I S. 1386) geändert worden ist, in der jeweils geltenden Fassung;

2. während des Besuchs einer Hochschule oder Fachhochschule;
3. während des Wehr- oder Bundesfreiwilligendienstes;
4. während eines öffentlich-rechtlichen Ausbildungsverhältnisses, wenn der Dienstherr einen der Berufsschule gleichwertigen Unterricht erteilt;
5. während eines freiwilligen sozialen oder ökologischen Jahres;
6. in weiteren, durch Rechtsverordnung der obersten Schulaufsichtsbehörde geregelten Fällen, in denen eine anderweitige Ausbildung oder Betreuung gesichert erscheint.

(4) Das Ruhen der Schulpflicht wird auf die Dauer der Schulpflicht angerechnet.

§ 30 (weggefallen)

§ 31 Verantwortung für die Erfüllung der Schulpflicht

(1) [1]Die Eltern haben den Schulpflichtigen anzumelden und dafür zu sorgen, dass der Schüler an Veranstaltungen nach § 26 Absatz 2 teilnimmt. [2]Sie sind verpflichtet, den Schüler für die Teilnahme an den Schulveranstaltungen zweckentsprechend auszustatten und den zur Durchführung der Schulgesundheitspflege erlassenen Anordnungen nachzukommen.

(2) Die Ausbildenden oder Arbeitgeber haben den Berufsschulpflichtigen bei der Berufsschule anzumelden und ihm die zum Besuch der Berufsschule erforderliche Zeit zu gewähren.

(3) [1]Schulen in öffentlicher und freier Trägerschaft sind verpflichtet, dem Landkreis oder der Kreisfreien Stadt, dessen Einwohner der Schulpflichtige ist, zum Zweck der Schulpflichtüberwachung die erforderlichen personenbezogenen Daten der angemeldeten Schüler in einem standardisierten Datenaustauschformat über eine durch die oberste Schulaufsichtsbehörde bereitgestellte Schnittstelle zu übermitteln und Verstöße gegen die Schulpflicht anzuzeigen. [2]Folgende Daten sind zu übermitteln und bei Änderungen unverzüglich zu aktualisieren:

1. Vorname, Namenszusatz, Nachname, Geschlecht des Schülers;
2. Geburtsdatum, Geburtsort des Schülers;
3. Wohnanschrift (Straße, Hausnummer, Postleitzahl, Ort, Ortsteil) des Schülers;
4. erster Personensorgeberechtigter (Name, Vorname);
5. zweiter Personensorgeberechtigter (Name, Vorname);
6. Dienststellenschlüssel, Schulname;
7. Angaben zur Schulanmeldung (Anmeldeart, Status der Schulaufnahme) für Schüler der aktuellen und zukünftigen Klassenstufe 1;
8. Angaben zur Schulabmeldung;
9. Angaben zum Ausbildungsberuf, Ausbildungsschwerpunkt, beruflichen Bildungsgang und der Berufsschulpflicht sowie Name und Anschrift des Berufsausbildungsbetriebes und Datum des Eintritts und des Austritts aus dem Betrieb für schulpflichtige Schüler an berufsbildenden Schulen.

[3]Die bei den Landkreisen oder Kreisfreien Städten gespeicherten Daten werden ein Jahr nach Beendigung der Schulpflicht im Freistaat Sachsen gelöscht.

(4) [1]Werden die Anmeldepflichten gemäß Absatz 1 Satz 1 oder Absatz 2 nicht erfüllt, treffen die Landkreise und Kreisfreien Städte, deren Einwohner die Schulpflichtigen sind, die erforderlichen Maßnahmen. [2]Sie sind befugt, zur Erfüllung dieser Aufgabe auch bei Meldebehörden, Schulaufsichtsbehörden sowie Schulen in öffentlicher und freier Trägerschaft die erforderlichen personenbezogenen Daten ihrer Einwohner, die gemäß den §§ 27 und 28 schulpflichtig sein können, und der Anmeldepflichtigen zu erheben und diese Daten weiter zu verarbeiten.

4. Teil
Schulverhältnis

§ 32 Rechtsstellung der Schule

(1) [1]Schulen sind nichtrechtsfähige öffentliche Anstalten. [2]Sie erfüllen ihre Aufgaben im Rahmen eines öffentlich-rechtlichen Rechtsverhältnisses (Schulverhältnis).

(2) [1]Die Schule ist im Rahmen der Vorschriften dieses Gesetzes berechtigt, die zur Aufrechterhaltung der Ordnung des Schulbetriebs und zur Erfüllung der ihr übertragenen unterrichtlichen und erzieherischen Aufgaben erforderlichen Maßnahmen zu treffen und Hausordnungen, allgemeine Anordnungen und Einzelanordnungen zu erlassen. [2]Inhalt und Umfang der Regelungen ergeben sich aus Zweck und Aufgabe der Schule.

§ 33 Schuljahr, Ferien

(1) Das Schuljahr beginnt am 1. August und endet am 31. Juli des folgenden Kalenderjahres.

(2) Die oberste Schulaufsichtsbehörde legt Beginn und Ende der Ferien fest.

§ 34 Wahl des Bildungsweges

(1) [1]Über den Wechsel von der Grundschule auf eine weiterführende allgemeinbildende Schule entscheiden die Eltern auf Empfehlung der Schule. [2]Die Grundschule berät die Eltern über die für den Schüler geeignete Schulart und gibt in der Klassenstufe 4 eine schriftliche Bildungsempfehlung. [3]Die Bildungsempfehlung für das Gymnasium wird erteilt, wenn

1. der Durchschnitt der Noten in den Fächern Deutsch, Mathematik und Sachunterricht in der Halbjahresinformation oder am Ende des Schuljahres 2,0 oder besser ist und keines dieser Fächer mit der Note „ausreichend" oder schlechter benotet wurde und

2. die Grundschule aufgrund des Lern- und Arbeitsverhaltens des Schülers, der Art und Ausprägung seiner schulischen Leistungen und seiner Entwicklung pädagogisch einschätzt, dass er den Anforderungen des Gymnasiums voraussichtlich entsprechen wird.

[4]In allen anderen Fällen wird die Bildungsempfehlung für die Oberschule erteilt.

(2) [1]Eltern melden ihr Kind mit der Bildungsempfehlung an einer Oberschule oder einem Gymnasium ihrer Wahl an. [2]Sofern Eltern ihr Kind mit einer Bildungsempfehlung für die Oberschule an einem Gymnasium anmelden, wird durch das Gymnasium ein Beratungsgespräch vereinbart und bei der Einladung zu dem Gespräch auf die Folgen des Nichterscheinens hingewiesen. [3]Grundlagen für das Beratungsgespräch sind

1. die Bildungsempfehlung,

2. das zuletzt erstellte Jahreszeugnis und die zuletzt erteilte Halbjahresinformation sowie

3. das Ergebnis einer vom Schüler zu erbringenden schriftlichen Leistungserhebung ohne Benotung, die die Fächer Deutsch, Mathematik und Sachunterricht zu gleichen Teilen berücksichtigt, mit von der obersten Schulaufsichtsbehörde bestimmten Aufgaben.

[4]Erscheint ohne wichtigen Grund kein Elternteil zum vereinbarten Beratungsgespräch, gilt die Anmeldung als zurückgenommen. [5]Eine erneute Anmeldung an einem Gymnasium zum bevorstehenden Schuljahr ist ausgeschlossen. [6]Dasselbe gilt, wenn das Gymnasium im Beratungsgespräch eine Anmeldung an der Oberschule empfohlen hat und die Eltern nicht innerhalb von drei Wochen schriftlich mitteilen, dass sie entgegen den Empfehlungen der Grundschule und des Gymnasiums an der Anmeldung festhalten.

(3) Die oberste Schulaufsichtsbehörde wird ermächtigt, durch Rechtsverordnung

1. die näheren Einzelheiten zur Beratung der Eltern,

2. das Verfahren und die Inhalte der Leistungserhebung nach Absatz 2 Satz 3 Nummer 3,

3. das Ersetzen des Fachs Deutsch durch das Fach Sorbisch an sorbischen Schulen sowie

4. die Anerkennung der im Herkunftsland erbrachten Leistungen und das Ersetzen des Fachs Deutsch durch die jeweilige Herkunftssprache für Schüler, deren Herkunftssprache nicht oder nicht ausschließlich Deutsch ist,

zu regeln.

(4) [1]Der Wechsel von der Oberschule an das Gymnasium ist nach jeder Klassenstufe möglich, wenn der Schüler im vorangegangenen Schuljahr die dafür erforderliche Begabung und Leistung, insbesondere in den Fächern Deutsch, Mathematik und Englisch, gezeigt hat. [2]Der Verbleib am Gymnasium ist nicht möglich, wenn der Schüler

1. zweimal in derselben Klassenstufe,

2. in zwei aufeinanderfolgenden Klassenstufen oder

3. insgesamt dreimal

nicht versetzt worden ist. [3]Die oberste Schulaufsichtsbehörde wird ermächtigt, die näheren Voraussetzungen zu den Sätzen 1 und 2 durch Rechtsverordnung zu regeln; sie kann dabei insbesondere die maßgeblichen Fächer und Schülerleistungen festlegen.

(5) [1]Über die Ausbildung an einer berufsbildenden Schule oder einer Schule des zweiten Bildungsweges entscheiden die Eltern oder der volljährige Schüler. [2]Die Schule lehnt die Aufnahme ab, wenn der Schüler für die Schulart oder den jeweiligen Bildungsgang nach Begabung oder Leistung nicht geeignet ist. [3]Die oberste Schulaufsichtsbehörde wird ermächtigt, die näheren Voraussetzungen durch

Rechtsverordnung zu regeln; sie kann dabei insbesondere die maßgeblichen Fächer und Schülerleistungen sowie Schulabschlüsse, Berufserfahrungen und Aufnahmeprüfungen festlegen.

(6) Über die Aufnahme an eine bestimmte Schule entscheidet nach Maßgabe der Absätze 1 bis 5 der Schulleiter im Rahmen der verfügbaren Ausbildungsplätze.

§ 35 Bildungsstandards, Lehrpläne, Stundentafeln, landeseinheitliche Prüfungsaufgaben

(1) [1]Grundlage für Unterricht und Erziehung sind die ländergemeinsamen Bildungsstandards, Lehrpläne und Stundentafeln. [2]Sie werden von der obersten Schulaufsichtsbehörde festgelegt. [3]Die Schule kann auf der Basis der im Schulprogramm festgelegten pädagogischen und didaktischen Grundsätze eigenverantwortlich die Erfüllung der Lehrpläne gestalten; hierbei müssen innerhalb des Schuljahres die Zeitanteile jeden Faches gemäß Stundentafel gewahrt bleiben.

(2) Die ländergemeinsamen Bildungsstandards bestimmen, über welches verbindliche Wissen und welche Kompetenzen Schüler zu einem bestimmten Zeitpunkt verfügen müssen.

(3) [1]Zur Sicherung der Gleichwertigkeit der jeweiligen Abschlüsse sollen die Prüfungsaufgaben für die schriftlichen Abschlussprüfungen

1. der allgemeinbildenden Schulen mit Ausnahme der Grundschule,
2. der Fachoberschule,
3. des Beruflichen Gymnasiums und
4. der Schulen des zweiten Bildungsweges

landeseinheitlich erstellt werden. [2]Für andere Schularten können die Prüfungsaufgaben für die schriftlichen Abschlussprüfungen landeseinheitlich erstellt werden.

§ 35a Individuelle Förderung der Schüler

(1) [1]Die Ausgestaltung des Unterrichts und anderer schulischer Veranstaltungen orientiert sich an den individuellen Lern- und Entwicklungsvoraussetzungen der Schüler. [2]Dabei ist insbesondere Teilleistungsschwächen Rechnung zu tragen.

(2) Zur Förderung des Schülers und zur Ausgestaltung des Erziehungs- und Bildungsauftrages können zwischen dem Schüler, den Eltern und der Schule Bildungsvereinbarungen geschlossen werden.

(3) Zur Förderung individueller besonderer Begabungen können schul- und schulartübergreifende Kooperationen sowie Kooperationen mit Hochschulen, Berufsakademie, Forschungseinrichtungen, Vereinen oder Verbänden durchgeführt werden.

(4) Der Freistaat Sachsen hält spezielle Beratungsangebote zur individuellen Förderung begabter Schüler vor.

§ 35b Zusammenarbeit

(1) Die Schulen arbeiten mit den Trägern der öffentlichen und der freien Jugendhilfe sowie mit den im Auftrag dieser Träger tätigen sozialpädagogischen Fachkräften und mit anderen Schulen zusammen.

(2) [1]Darüber hinaus arbeiten die Schulen mit außerschulischen Einrichtungen, insbesondere Unternehmen, Vereinen, Kirchen, Einrichtungen der kulturellen und politischen Bildung, mit Einrichtungen der Weiterbildung sowie mit Partnern im In- und Ausland zusammen. [2]Die Schulen im sorbischen Siedlungsgebiet arbeiten darüber hinaus mit den Vertretern der Interessenvertretung der Sorben nach § 5 des Sächsischen Sorbengesetzes zusammen. [3]Grundschulen kooperieren mit Horten ihres Schulbezirks.

§ 36 Familien- und Sexualerziehung

(1) [1]Unbeschadet des natürlichen Erziehungsrechts der Eltern gehört Familien- und Sexualerziehung zur Aufgabe der Schule. [2]Sie wird fächerübergreifend vermittelt. [3]Ziel der Familien- und Sexualerziehung ist es, die Schüler altersgemäß mit den biologischen, ethischen, kulturellen und sozialen Tatsachen und Bezügen der Geschlechtlichkeit des Menschen vertraut zu machen und auf das Leben in Partnerschaft und Familie vorzubereiten. [4]Die Sexualerziehung soll für die unterschiedlichen Wertvorstellungen auf diesem Gebiet offen sein. [5]Dabei ist insbesondere die Bedeutung von Ehe, eingetragenen Lebenspartnerschaften und Familie für Staat und Gesellschaft zu vermitteln. [6]Die Familien- und Sexualerziehung soll das Bewusstsein für eine persönliche Intimsphäre in Ehe und Familie sowie in persönlichen Beziehungen entwickeln und fördern. [7]Eine Zusammenarbeit mit Angeboten der Familienbildung und Erziehung ist im Rahmen des Unterrichts oder von Ganztagsangeboten anzustreben.

(2) Ziel, Inhalt und Form der Familien- und Sexualerziehung sind den Eltern rechtzeitig mitzuteilen und mit ihnen zu besprechen.

§ 37 (weggefallen)

§ 38 Schulgeld- und Lernmittelfreiheit

(1) Der Unterricht ist unentgeltlich.

(2) [1]Lernmittel sind von Schülern zum Lernen verwendete Gegenstände und Materialien, die für den Unterricht auf der Grundlage der ländergemeinsamen Bildungsstandards und der Lehrpläne erforderlich und zur Nutzung durch den einzelnen Schüler bestimmt sind. [2]Die an den Schulen eingeführten Lernmittel werden den Schülern durch den Schulträger leihweise überlassen. [3]Sie werden ausnahmsweise dauerhaft überlassen, wenn Art und Zweckbestimmung des Lernmittels eine Leihe ausschließen. [4]Der Schulträger kann nach Beschlussfassung durch die Schulkonferenz Kostenbeiträge erheben, wenn Gegenstände und Materialien im Unterricht verarbeitet und danach von den Schülern verbraucht werden oder bei ihnen verbleiben.

(3) Lernmittel im Sinne von Artikel 102 Absatz 4 Satz 1 der Verfassung des Freistaates Sachsen sind nicht

1. die zweckentsprechende persönliche Ausstattung des Schülers gemäß § 31 Absatz 1 Satz 2 und
2. Gegenstände, die auch außerhalb des Unterrichts gebräuchlich sind oder auch der betrieblichen Ausbildung oder der Berufsausübung dienen.

(4) [1]Die oberste Schulaufsichtsbehörde regelt die Einzelheiten der Ausgestaltung der Lernmittelfreiheit durch Rechtsverordnung. [2]In der Rechtsverordnung kann insbesondere näher bestimmt werden:

1. welche Lernmittel unter die Lernmittelfreiheit fallen,
2. welche Gegenstände nach Absatz 3 nicht von der Lernmittelfreiheit umfasst sind und
3. die technischen Anforderungen an einzelne Lernmittel.

§ 38a Unterstützungsangebote bei außerhäuslicher Unterbringung

(1) [1]Die Landkreise und Kreisfreien Städte gewähren finanzielle Unterstützungen für ihre Einwohner mit Hauptwohnsitz, denen wegen ihrer notwendigen außerhäuslichen Unterbringung als Schüler erhöhte Aufwendungen für Unterkunft und Verpflegung entstehen, die nicht durch andere öffentliche Mittel ersetzt werden. [2]Die außerhäusliche Unterbringung wegen des Besuchs einer allgemeinbildenden Schule außerhalb des Freistaates Sachsen wird nicht finanziell unterstützt. [3]Schüler in einem Berufsausbildungsverhältnis erhalten eine finanzielle Unterstützung wegen notwendiger außerhäuslicher Unterbringung, wenn die oberste Schulaufsichtsbehörde den Besuch einer bestimmten Berufsschulklasse festgelegt hat, auch wenn sich diese außerhalb des Freistaates Sachsen befindet.

(2) [1]Zur Erfüllung der Aufgaben nach Absatz 1 werden den Landkreisen und Kreisfreien Städten vom Freistaat Sachsen für diesen Zweck veranschlagte Haushaltsmittel aus dem Staatshaushalt zur Bewirtschaftung übertragen. [2]Die Bereitstellung der Haushaltsmittel erfolgt nach Maßgabe der Durchführungsbestimmungen zum Haushaltsplan des Freistaates Sachsen.

(3) [1]Die oberste Schulaufsichtsbehörde wird ermächtigt, das Nähere durch Rechtsverordnung zu regeln. [2]Die Rechtsverordnung kann auch festlegen, unter welchen Voraussetzungen die außerhäusliche Unterbringung notwendig ist, und eine Mindesthöhe der anteiligen finanziellen Unterstützung je Schüler vorsehen.

§ 38b E-Learning

[1]An allen Schularten können Schüler bei Vorlage eines von der Schulkonferenz beschlossenen pädagogischen Konzeptes innerhalb der Schule und außerhalb der Schule zeitweilig über elektronische Medien und mittels Lern- und Kommunikationsplattformen unterrichtet werden (E-Learning). [2]E-Learning kann insbesondere zur Unterrichtung längerfristig erkrankter Schüler, von Schülern, die selbst oder mit ihren Eltern beruflich reisen, zur Förderung individueller besonderer Begabungen und zur Förderung von Schülern mit sonderpädagogischem Förderbedarf genutzt werden.

§ 39 Erziehungs- und Ordnungsmaßnahmen

(1) [1]Zur Sicherung des Erziehungs- und Bildungsauftrags oder zum Schutz von Personen und Sachen können nach dem Grundsatz der Verhältnismäßigkeit Ordnungsmaßnahmen gegenüber Schülern getroffen werden, soweit andere Erziehungsmaßnahmen nicht ausreichen. [2]Erziehungsmaßnahme ist auch die zeitweilige Inbesitznahme störender Gegenstände.

(2) [1]Ordnungsmaßnahmen sind:

1. schriftlicher Verweis;
2. Überweisung in eine andere Klasse gleicher Klassenstufe oder einen anderen Kurs der gleichen Jahrgangsstufe;
3. Androhung des Ausschlusses aus der Schule;
4. Ausschluss vom Unterricht und anderen schulischen Veranstaltungen bis zu vier Wochen;
5. Ausschluss aus der Schule.

[2]Die körperliche Züchtigung ist verboten.

(3) Ordnungsmaßnahmen nach

1. Absatz 2 Satz 1 Nr. 1 werden in der Primarstufe und der Sekundarstufe I vom Klassenlehrer oder Schulleiter, in der Sekundarstufe II vom Schulleiter,
2. Absatz 2 Satz 1 Nr. 2 bis 5 werden vom Schulleiter

getroffen.

(4) Die Ordnungsmaßnahmen nach Absatz 2 Satz 1 Nummer 4 und 5 sind nur bei schwerem oder wiederholtem Fehlverhalten zulässig. [2]Wird eine Ordnungsmaßnahme nach Absatz 2 Satz 1 Nummer 5 getroffen, unterrichtet der Schulleiter die Schulaufsichtsbehörde. [3]Diese berät den Schüler, bei minderjährigen Schülern auch die Eltern, darüber, welche andere Schule der Schüler nach Wirksamwerden der Ordnungsmaßnahme besuchen kann. [4]Die Schulpflicht bleibt unberührt.

(5) [1]Vor der Entscheidung über Ordnungsmaßnahmen sind der betroffene Schüler, bei minderjährigen Schülern auch die Eltern, zu hören. [2]Der Schulleiter hört vor einer Entscheidung über Ordnungsmaßnahmen nach Absatz 2 Satz 1 Nummer 2 bis 5 die Klassenkonferenz oder Jahrgangsstufenkonferenz an. [3]Auf Antrag des Schülers, gegen den eine Ordnungsmaßnahme nach Absatz 2 Satz 1 Nummer 3 bis 5 getroffen werden soll, hört der Schulleiter den Klassensprecher oder, sofern der Unterricht nicht im Klassenverband erteilt wird, einen Jahrgangsstufensprecher an. [4]Sofern an der Schule sozialpädagogische Unterstützung durch einen Träger der Jugendhilfe erbracht wird, hört der Schulleiter auf Wunsch des Schülers, gegen den eine Ordnungsmaßnahme nach Absatz 2 Satz 1 Nummer 5 getroffen werden soll, auch Vertreter an, die diese Unterstützungsmaßnahmen durchführen.

(6) In dringenden Fällen kann der Schulleiter bis zur endgültigen Entscheidung einen Schüler vorläufig vom Unterricht und anderen schulischen Veranstaltungen ausschließen.

(7) Widerspruch und Klage gegen Ordnungsmaßnahmen nach Absatz 2 Satz 1 Nummer 3 bis 5 sowie Absatz 6 haben keine aufschiebende Wirkung.

5. Teil
Lehrer, Schulleiter

§ 40 Personalhoheit, Lehrer

(1) [4]Im Dienst des Freistaates Sachsen stehen:

1. die Lehrer an Schulen in öffentlicher Trägerschaft gemäß § 3 Absatz 2 Satz 1;
2. die sonstigen pädagogischen Fachkräfte im Unterricht an Schulen in öffentlicher Trägerschaft gemäß § 3 Absatz 2 Satz 1;
3. das Personal an Heimen gemäß § 22 Absatz 2;
4. das sonstige Personal an Schulen gemäß § 3 Absatz 2 Satz 1 Nummer 2.

[2]Im Dienst des Schulträgers stehen:

1. die Lehrer an den medizinischen Berufsfachschulen gemäß § 3 Absatz 2 Satz 2;
2. die Lehrer an den Fachschulen in den Berufen der Land- und Hauswirtschaft am Standort Freiberg;
3. das Personal an Heimen gemäß § 13 Absatz 3, wenn diese vom Schulträger betrieben werden;
4. das Personal für Betreuungsangebote gemäß § 16 Absatz 2;
5. das medizinisch-therapeutische Personal an Förderschulen;
6. das sonstige Personal an Schulen gemäß § 3 Absatz 2 Satz 1 Nummer 1 und Satz 2.

(2) [1]Der Lehrer trägt die unmittelbare pädagogische Verantwortung für die Erziehung und Bildung der Schüler im Rahmen der im Grundgesetz für die Bundesrepublik Deutschland in der jeweils geltenden Fassung, in der Verfassung des Freistaates Sachsen in der jeweils geltenden Fassung und der in diesem Gesetz niedergelegten Erziehungs- und Bildungsziele, ländergemeinsamen Bildungsstandards, Lehrpläne sowie der übrigen für ihn geltenden Vorschriften und Anordnungen. [2]Er ist verpflichtet, sich

regelmäßig, insbesondere in der unterrichtsfreien Zeit, in angemessenem Umfang fortzubilden. [3]Diese Verpflichtung umfasst neben der fachlichen und pädagogischen Fortbildung auch die Erweiterung der diagnostischen Fähigkeiten und der entwicklungspsychologischen Kenntnisse. [4]Das Nähere, insbesondere zum Umfang der Fortbildung, regelt die oberste Schulaufsichtsbehörde durch Rechtsverordnung.

(3) [1]Die oberste Schulaufsichtsbehörde wird ermächtigt, durch Rechtsverordnung Regelungen über die Ausbildung, Weiterbildung und Prüfung der Lehrer zu erlassen. [2]Die Rechtsverordnung kann insbesondere regeln:

1. den Zugang und die Zulassung zum Vorbereitungsdienst, Dauer und Ausgestaltung des Vorbereitungsdienstes,
2. den Erwerb weiterer Lehrbefähigungen und
3. die Durchführung und Höhe der Zuschussgewährung an Träger von Schulen in freier Trägerschaft, die Aufgaben der Ausbildung der Studierenden im Rahmen von schulpraktischen Studien oder von Lehramtsanwärtern oder Studienreferendaren im Vorbereitungsdienst wahrnehmen.

[3]Als Zugangsvoraussetzungen zum Vorbereitungsdienst können insbesondere geregelt werden:

1. die Mindestdauer des Studiums und
2. inhaltliche Anforderungen an das Studium, wie
   a) der Mindestumfang der nachzuweisenden fachwissenschaftlichen und bildungswissenschaftlichen Leistungen,
   b) die für die einzelnen Lehrämter zugelassenen Fächer, Fachrichtungen und Förderschwerpunkte,
   c) Mindestanforderungen an die Praxisphasen,
   d) erforderliche Sprachkenntnisse und
   e) die Anrechnung von in anderen Studiengängen oder an anderen Hochschulen erbrachten Studienzeiten sowie Studien- und Prüfungsleistungen.

[4]Für den Vorbereitungsdienst können Zulassungsbeschränkungen wegen Erschöpfung der tatsächlichen Ausbildungskapazitäten oder für den Fall geregelt werden, dass die bei der Bewirtschaftung der Personalausgaben des Haushaltsplans der obersten Schulaufsichtsbehörde zur Verfügung stehenden Stellen und Mittel nicht ausreichen. [5]Dabei können insbesondere geregelt werden:

1. die Kriterien für die Ermittlung der Zahl der vorhandenen Ausbildungsplätze,
2. die Kriterien für die Ermittlung der Höchstzahl der je Lehramt zuzulassenden Bewerber,
3. das Zulassungsverfahren einschließlich der Festsetzung von Ausschlussfristen und
4. die Zulassungsquoten nach Maßgabe
   a) der Eignung und Leistung der Bewerber
   b) der Fächer, Fächerkombinationen, Fachrichtungen und Förderschwerpunkte mit besonderem öffentlichen Bedarf,
   c) der Wartezeit und
   d) besonderer Härtefälle.

(4) [1]Für die Zulassung zur Prüfung können in der Rechtsverordnung insbesondere die in Absatz 3 Satz 3 genannten Voraussetzungen geregelt werden. [2]Im Übrigen gilt für Prüfungen § 62 Absatz 3 entsprechend.

(5) Die oberste Schulaufsichtsbehörde wird ermächtigt, durch Rechtsverordnung die Anzahl der wöchentlichen Pflichtstunden der verbeamteten Lehrer zu regeln.

§ 41 Schulleiter, stellvertretender Schulleiter

(1) [1]Für jede Schule wird ein Schulleiter und, wenn ein Amt im Sächsischen Besoldungsgesetz vom 18. Dezember 2013 (SächsGVBl. S. 970, 1005), das zuletzt durch Artikel 2 des Gesetzes vom 26. Juni 2015 (SächsGVBl. S. 390) geändert worden ist, in der jeweils geltenden Fassung, ausgebracht ist, ein stellvertretender Schulleiter bestimmt. [2]Sie sind zugleich Lehrer an der Schule. [3]Für Schulleiter und stellvertretende Schulleiter, die nicht Beamte sind, erfolgt die Bestimmung durch arbeitsvertragliche Regelung. [4]Zuständig für die Bestimmung ist

1. für die landwirtschaftlichen Fachschulen das Staatsministerium für Umwelt und Landwirtschaft,
2. für die Fachschulen gemäß § 40 Absatz 1 Satz 2 Nummer 2 der Schulträger im Einvernehmen mit dem Staatsministerium für Umwelt und Landwirtschaft,

3. für medizinische Berufsfachschulen gemäß § 3 Absatz 2 Satz 2 der Schulträger und

4. im Übrigen die oberste Schulaufsichtsbehörde.

(2) ¹Der Schulleiter und der stellvertretende Schulleiter werden nach Anhörung der Schulkonferenz im Benehmen mit dem Schulträger bestimmt. ²An sorbischen Schulen sind auch der Sorbische Schulverein e. V. und die Interessenvertretung der Sorben gemäß § 5 des Sächsischen Sorbengesetzes zu hören.

(3) ¹Vor der Bestimmung des Schulleiters wird außer in den Fällen des Absatzes 1 Satz 4 Nummer 3 der Schulträger über alle eingegangenen Bewerbungen unterrichtet. ²Der Schulträger ist berechtigt, innerhalb von vier Wochen eigene Besetzungsvorschläge zu machen. ³Bei gleicher Eignung, Befähigung und fachlicher Leistung soll dem Bewerber der Vorzug gegeben werden, der der Schule nicht angehört. ⁴Kommt eine Einigung innerhalb von sechs Wochen nicht zustande, entscheidet die Schulaufsichtsbehörde. ⁵Auf Verlangen der obersten Schulaufsichtsbehörde oder des Schulträgers findet zuvor eine mündliche Anhörung statt.

§ 42 Aufgaben des Schulleiters

(1) ¹Der Schulleiter vertritt die Schule nach außen und ist Vorsitzender der Gesamtlehrerkonferenz. ²Er leitet und verwaltet die Schule und sorgt im Rahmen der gesetzlichen Vorschriften, unterstützt durch die Gesamtlehrerkonferenz, den stellvertretenden Schulleiter und die sonstigen Funktionsträger, für einen geregelten und ordnungsgemäßen Schulablauf. ³Ihm obliegt insbesondere die Verteilung der Lehraufträge sowie die Aufstellung der Stundenpläne und die Sorge für die Einhaltung der Rechts- und Verwaltungsvorschriften, der Hausordnung und der Konferenzbeschlüsse. ⁴Er entscheidet im Rahmen des schulischen Erziehungs- und Bildungsauftrages und der ihm frei zur Verfügung stehenden Mittel über das zusätzliche pädagogische Angebot der Schule. ⁵Außerdem obliegen ihm die Aufsicht über die vom Schulträger zur Verfügung gestellten Anlagen, Gebäude, Einrichtungen und Gegenstände und die Ausübung des Hausrechts. ⁶Er trägt die Verantwortung für die kontinuierliche Qualitätssicherung und -entwicklung an seiner Schule sowie das Personalentwicklungs- und Fortbildungskonzept für die Lehrer seiner Schule.

(2) ¹Der Schulleiter ist in Erfüllung seiner Aufgaben weisungsberechtigt gegenüber den Lehrern seiner Schule. ²Er ist verantwortlich für die Einhaltung der Lehrpläne und der für die Notengebung allgemein geltenden Grundsätze sowie ermächtigt und verpflichtet, Unterrichtsbesuche vorzunehmen und dienstliche Beurteilungen über die Lehrer der Schule für die Schulaufsichtsbehörde abzugeben. ³Er wird bei Personalentscheidungen für die Schule beteiligt.

(3) Für den Schulträger führt der Schulleiter die unmittelbare Aufsicht über die an der Schule tätigen, nicht im Dienst des Freistaates stehenden Mitarbeiter; er hat ihnen gegenüber die aus der Verantwortung für einen geordneten Schulbetrieb sich ergebende Weisungsbefugnis.

6. Teil
Schulverfassung

1. Abschnitt
Konferenzen

§ 43 Schulkonferenz

(1) ¹Die Schulkonferenz ist das gemeinsame Organ der Schule. ²Aufgabe der Schulkonferenz ist es, das Zusammenwirken von Schulleitung, Schulträger, Lehrern, Eltern und Schülern zu fördern, gemeinsame Angelegenheiten des Lebens an der Schule zu beraten und dazu Vorschläge zu unterbreiten. ³Die Schulkonferenz kann sich eine Geschäftsordnung geben.

(2) ¹Beschlüsse der Lehrerkonferenzen in folgenden Angelegenheiten bedürfen des Einverständnisses der Schulkonferenz:

1. wichtige Maßnahmen für die Erziehungs- und Unterrichtsarbeit der Schule, insbesondere das Schulprogramm;

2. Maßnahmen der Qualitätssicherung, insbesondere zur internen Evaluation;

3. Erlass der Hausordnung;

4. schulinterne Grundsätze zur Aufteilung der der Schule zur eigenen Bewirtschaftung zugewiesenen Haushaltmittel sowie ein schulinterner Haushaltsplan;

5. Stellungnahme zu Beschwerden von Schülern, Eltern, Auszubildenden, Ausbildenden oder Arbeitgebern, sofern der Vorgang eine über den Einzelfall hinausgehende Bedeutung hat;

6. das Angebot der nicht verbindlichen Unterrichts- und Schulveranstaltungen;

7. schulinterne Grundsätze für außerunterrichtliche Veranstaltungen (zum Beispiel Klassenfahrten, Wandertage);

8. Ausnahmen zur Überschreitung der Klassenobergrenze;

9. Beschlüsse zur einheitlichen Durchführung der Rechts- und Verwaltungsvorschriften;

10. Schulpartnerschaften;

11. Kooperationen mit anderen Schulen sowie außerschulischen Partnern wie Hochschulen, der Berufsakademie, Forschungseinrichtungen, Vereinen oder Verbänden;

12. Stellungnahmen der Schule zur
    a) Änderung der Schulart sowie der Teilung, Zusammenlegung oder Erweiterung der Schule;
    b) Aufnahme jahrgangsübergreifenden Unterrichts;
    c) Durchführung von Schulversuchen;
    d) Namensgebung der Schule;
    e) Durchführung wissenschaftlicher Forschungsvorhaben an der Schule;
    f) Anforderung von Haushaltmitteln;
    g) Anwendung der pauschalisierten Zuweisung von Lehrerarbeitsvermögen gemäß § 3b Absatz 6;

13. Erhebung von Kostenbeiträgen gemäß § 38 Absatz 2 Satz 4 und gegebenenfalls deren Höhe. ²Verweigert die Schulkonferenz ihr Einverständnis und hält die Lehrerkonferenz an ihrem Beschluss fest, ist die Schulkonferenz erneut zu befassen. ³Hält die Schulkonferenz ihren Beschluss aufrecht, kann der Schulleiter die Entscheidung der Schulaufsichtsbehörde einholen. ⁴Darüber hinaus ist die Schulkonferenz vor der Bestellung der Schulleitung anzuhören.

(3) ¹Der Schulkonferenz gehören in der Regel an:

1. der Schulleiter als Vorsitzender ohne Stimmrecht;

2. vier Vertreter der Lehrer;

3. ein Vertreter der Eltern als stellvertretender Vorsitzender, in der Regel der Vorsitzende des Elternrats, und drei weitere Vertreter der Eltern;

4. vier Vertreter der Schüler, in der Regel der Schülersprecher und drei weitere Vertreter der Schüler, die mindestens der Klassenstufe 7 angehören müssen;

5. bis zu vier Vertreter des Schulträgers.

²Die Vertreter des Schulträgers haben Stimmrecht bei Angelegenheiten gemäß Absatz 2 Satz 1 Nummer 3, 6, 8 und 10 bis 13 sowie bei Angelegenheiten, welche die sächlichen Kosten der Schule betreffen; im Übrigen haben sie eine beratende Stimme. ³Mit beratender Stimme können außerdem ein Schulsozialarbeiter, je ein Vertreter des Schulfördervereins oder der Schulfördervereine, bei Grundschulen je ein Vertreter des Horts oder der Horte, mit dem oder mit denen die Schule zusammenarbeitet, bei berufsbildenden Schulen je zwei Vertreter der Arbeitgeber- und Arbeitnehmerorganisationen sowie an Sorbischen Schulen und an Schulen mit sorbischsprachigem Angebot je ein Vertreter der Interessenvertretung der Sorben nach § 5 des Sächsischen Sorbengesetzes an den Sitzungen teilnehmen.

(4) ¹Bei Schulen ohne Elternrat treten an die Stelle der Elternvertreter weitere Schülervertreter; bei Schulen ohne Schülerrat treten an die Stelle der Schülervertreter weitere Elternvertreter. ²Die Zahl der Vertreter gemäß Absatz 3 Satz 1 Nummer 2 und 3 oder 4 erhöht sich in der Regel auf jeweils sechs. ³Die Zahl der Vertreter gemäß Absatz 3 Satz 1 Nummer 5 erhöht sich in der Regel auf bis zu sechs.

(5) Die Gesamtlehrerkonferenz, der Elternrat und der Schülerrat wählen jeweils ihre Vertreter und deren Stellvertreter.

(6) Die Schulkonferenz wird vom Vorsitzenden einberufen und tritt mindestens einmal im Schulhalbjahr zusammen. ²Eine Sitzung ist unverzüglich einzuberufen, wenn dies mindestens ein Fünftel der Mitglieder nach Absatz 3 Satz 1 unter Angabe der Verhandlungsgegenstände beantragt.

(7) Die oberste Schulaufsichtsbehörde regelt, soweit erforderlich, durch Rechtsverordnung Einzelheiten der Schulkonferenz, insbesondere

1. die Zahl der Mitglieder der Schulkonferenz bei kleineren Schulen, wobei das Verhältnis der einzelnen Gruppen zueinander Absatz 3 Satz 1 entsprechen muss;

2. die Wahl der Mitglieder und ihrer Stellvertreter, die Dauer der Amtszeit und die Geschäftsordnung;

3. eine Anpassung der Schulkonferenzen an die besonderen Verhältnisse der Förderschulen;

4. die Übertragung des Stimmrechts nach Absatz 3 Satz 2 auf einen oder mehrere Vertreter des Schulträgers, insbesondere Form und Nachweis der Übertragung sowie Verfahren der Stimmabgabe.

§ 44 Lehrerkonferenzen

(1) [1]Lehrerkonferenzen sind die Gesamtlehrerkonferenz und die Teilkonferenzen, insbesondere die Fachkonferenz und die Klassenkonferenz. [2]Die Lehrerkonferenzen beraten und beschließen alle wichtigen Maßnahmen, die für die Unterrichts- und Erziehungsarbeit der Schule notwendig sind. [3]Dabei beachten sie den durch Rechtsvorschriften und Verwaltungsanordnungen gesetzten Rahmen sowie die pädagogische Verantwortung des einzelnen Lehrers.

(2) Ist der Schulleiter der Auffassung, dass ein Konferenzbeschluss gegen eine Rechtsvorschrift oder eine Verwaltungsanordnung verstößt, trifft er die Entscheidung.

(3) [1]Die oberste Schulaufsichtsbehörde wird ermächtigt, durch Rechtsverordnung das Nähere über Bildung von Teilkonferenzen, Aufgaben, Zusammensetzung einschließlich Vorsitz, Mitgliedschaft sowie Teilnahmerecht und -pflicht, Stimmrecht, Bildung von Ausschüssen sowie Verfahren der Lehrerkonferenzen zu regeln. [2]Dabei wird auch geregelt, welche Teilkonferenz an die Stelle der Klassenkonferenz tritt, wenn in Jahrgangsstufen unterrichtet wird.

2. Abschnitt
Mitwirkung der Eltern

§ 45 Elternvertretung

(1) [1]Die Eltern haben das Recht und die Aufgabe, an der schulischen Erziehung und Bildung mitzuwirken. [2]Die gemeinsame Verantwortung von Eltern und Schule für die Erziehung und Bildung der Schüler erfordert ihre vertrauensvolle Zusammenarbeit. [3]Schule und Eltern unterstützen sich bei der Erziehung und Bildung.

(2) [1]Das Recht und die Aufgabe, die Erziehungs- und Bildungsarbeit der Schule zu fördern und mitzugestalten, nehmen die Eltern

1. in der Klassenelternversammlung, durch den Klassenelternsprecher, die Elternräte und die Vorsitzenden der Elternräte (Elternvertretung);

2. in der Schulkonferenz und

3. im Landesbildungsrat

wahr. [2]Dazu werden Fortbildungen für Elternvertreter angeboten.

(3) Für Klassen und Jahrgangsstufen, in denen zum Schuljahresbeginn mehr als die Hälfte der Schüler volljährig ist, wird keine Elternvertretung gebildet.

(4) Angelegenheiten einzelner Schüler kann die Elternvertretung nur mit Zustimmung der Eltern dieser Schüler behandeln.

(5) Eltern im Sinne dieses Gesetzes sind die Personensorgeberechtigten.

§ 46 Klassenelternversammlung, Klassenelternsprecher

(1) [1]Die Eltern der Klasse oder Jahrgangsstufe bilden die Klassenelternversammlung. [2]Die Lehrer der Klasse oder Jahrgangsstufe sind zur Teilnahme an Sitzungen der Klassenelternversammlung verpflichtet, falls dies erforderlich ist.

(2) [1]Die Klassenelternversammlung dient der Information und dem Meinungsaustausch über alle schulischen Angelegenheiten, insbesondere über die Unterrichts- und Erziehungsarbeit in der Klasse oder Jahrgangsstufe. [2]Sie hat auch die Aufgabe, bei Meinungsverschiedenheiten zwischen Eltern und Lehrern zu vermitteln.

(3) Die Klassenelternversammlung hat unverzüglich nach Beginn des Schuljahres den Klassenelternsprecher und dessen Stellvertreter aus ihrer Mitte zu wählen.

(4) [1]Vorsitzender der Klassenelternversammlung ist der Klassenelternsprecher. [2]Die Klassenelternversammlung tritt mindestens einmal im Schulhalbjahr zusammen.

§ 47 Elternrat

(1) Die Klassenelternsprecher bilden den Elternrat der Schule.

(2) [1]Dem Elternrat obliegt die Vertretung der Interessen der Eltern gegenüber der Schule, dem Schulträger und den Schulaufsichtsbehörden. [2]Er hat gegenüber der Schulleitung ein Auskunfts- und Beschwerderecht. [3]Vor Beschlüssen der Lehrerkonferenzen, die von grundsätzlicher Bedeutung für die Erziehungs- und Unterrichtsarbeit der Schule sind, ist ihm Gelegenheit zur Stellungnahme zu geben.

(3) Der Elternrat wählt aus seiner Mitte einen Vorsitzenden und dessen Stellvertreter.

§ 48 Kreiselternrat

(1) [1]Die Vorsitzenden der Elternräte aller Schulen in öffentlicher und freier Trägerschaft im Gebiet eines Landkreises oder einer Kreisfreien Stadt bilden den Kreiselternrat. [2]Jeder Vorsitzende eines Elternrates kann sich im Kreiselternrat durch ein anderes Mitglied, das aus der Mitte des Elternrates gewählt wird, vertreten lassen. [3]Besteht an einer Schule in freier Trägerschaft kein Elternrat, kann die Schule einen von den Eltern aus ihrer Mitte gewählten Elternvertreter entsenden.

(2) [1]Der Kreiselternrat vertritt die schulischen Interessen der Eltern aller Schulen in öffentlicher und freier Trägerschaft seines Bereichs. [2]Ferner hat er die Aufgabe der Koordination und Unterstützung der Arbeit der Elternräte der Schulen.

(3) Der Kreiselternrat wählt aus seiner Mitte einen Vorsitzenden und dessen Stellvertreter.

§ 49 Landeselternrat

(1) [1]Der Landeselternrat besteht aus gewählten Vertretern der Kreiselternräte. [2]Hinzu kommt ein von den Eltern aus ihrer Mitte gewählter Vertreter der Schulen im sorbischen Siedlungsgebiet.

(2) Der Landeselternrat vertritt die schulischen Interessen der Eltern aller Schulen in öffentlicher und freier Trägerschaft und berät die oberste Schulaufsichtsbehörde in allgemeinen Fragen des Erziehungs- und des Unterrichtswesens; er kann Vorschläge und Anregungen unterbreiten.

(3) Der Landeselternrat wählt aus seiner Mitte einen Vorsitzenden und dessen Stellvertreter und schlägt Vertreter für den Landesbildungsrat vor.

§ 50 Ausführungsvorschriften

[1]Die oberste Schulaufsichtsbehörde wird ermächtigt, durch Rechtsverordnung die Einzelheiten der Elternmitwirkung zu regeln, insbesondere die Zusammensetzung, Mitgliedschaft, Zuständigkeit, Wahl, Dauer der Amtszeit und Geschäftsordnung der Elternvertretungen sowie die Finanzierung der Tätigkeit der Elternvertretungen. [2]Dabei wird auch geregelt, welches Gremium an die Stelle der Klassenelternversammlung tritt, wenn in Jahrgangsstufen unterrichtet wird.

§ 50a Kinder- und Jugendschutz, Informationsbefugnis

(1) Werden Lehrern an Schulen in öffentlicher und freier Trägerschaft in Ausübung ihrer beruflichen Tätigkeit gewichtige Anhaltspunkte für die Gefährdung des Wohls eines Kindes oder eines Jugendlichen bekannt, soll die Schule die erforderlichen Maßnahmen nach dem Gesetz zur Kooperation und Information im Kinderschutz vom 22. Dezember 2011 (BGBl. I S. 2975), in der jeweils geltenden Fassung, einleiten.

(2) [1]Die Schule kann Eltern eines volljährigen Schülers, der das 21. Lebensjahr noch nicht vollendet hat, über den Sachverhalt informieren, wenn der Schüler

1. nicht versetzt wurde,

2. zu einer Abschlussprüfung nicht zugelassen wurde oder sie nicht bestanden hat,

3. das Schulverhältnis beendet oder

4. wegen der Absicht, eine Ordnungsmaßnahme nach § 39 Absatz 2 Satz 1 Nummer 3, 4 oder 5 gegen ihn zu treffen, angehört wird oder dies aus den in § 1 des Gesetzes zur Regelung des Verwaltungsverfahrens- und des Verwaltungszustellungsrechts für den Freistaat Sachsen vom 19. Mai 2010 (SächsGVBl. S. 142), das durch Artikel 3 des Gesetzes vom 12. Juli 2013 (SächsGVBl. S. 503) geändert worden ist, in der jeweils geltenden Fassung, in Verbindung mit § 28 Absatz 2 oder Absatz 3 des Verwaltungsverfahrensgesetzes in der Fassung der Bekanntmachung vom 23. Januar 2003 (BGBl. I S. 102), das zuletzt durch Artikel 1 des Gesetzes vom 20. November 2015 (BGBl. I S. 2010) geändert worden ist, in der jeweils geltenden Fassung, genannten Gründen unterbleibt.

[2]Der Schüler ist vor einer Information nach Satz 1 anzuhören; § 1 des Gesetzes zur Regelung des Verwaltungsverfahrens- und des Verwaltungszustellungsrechts für den Freistaat Sachsen in Verbin-

dung mit § 28 des Verwaltungsverfahrensgesetzes gilt entsprechend. [3]Eltern im Sinne dieser Bestimmung sind die im Zeitpunkt der Vollendung des 18. Lebensjahres des Schülers Personensorgeberechtigten.

3. Abschnitt
Mitwirkung der Schüler

§ 51 Schülermitwirkung, Schülervertretung

(1) [1]Im Rahmen der Schülermitwirkung wird den Schülern die Möglichkeit gegeben, Leben und Unterricht ihrer Schule mitzugestalten. [2]Die Schüler werden dabei vom Schulleiter, von den Lehrern und den Eltern unterstützt. [3]Zu den Aufgaben der Schülermitwirkung gehören insbesondere die Wahrnehmung schulischer Interessen der Schüler, die Mithilfe bei der Lösung von Konfliktfällen und die Durchführung gemeinsamer Veranstaltungen. [4]Zu den Rechten der Schülermitwirkung gehört es,

1. in allen sie betreffenden Angelegenheiten durch die Schule informiert zu werden (Informationsrecht);
2. Wünsche und Anregungen der Schüler an Lehrer, den Schulleiter und den Elternrat zu übermitteln (Anhörungs- und Vorschlagsrecht);
3. auf Antrag des betroffenen Schülers ihre Hilfe und Vermittlung einzusetzen, wenn dieser glaubt, es sei ihm Unrecht geschehen (Vermittlungsrecht);
4. Beschwerden allgemeiner Art bei Lehrern, beim Schulleiter und in der Schulkonferenz vorzubringen (Beschwerderecht).

(2) [1]Die Aufgaben der Schülermitwirkung werden insbesondere durch die Klassensprecher, den Schülersprecher der Schule und die Schülerräte (Schülervertretungen) wahrgenommen. [2]Dazu werden Fortbildungen für Schülervertreter angeboten.

(3) [1]In der Primarstufe sollen Schüler auf die Rechte und Aufgaben der Schülermitwirkung dadurch vorbereitet werden, dass ihre Selbstständigkeit möglichst früh im Unterricht und durch Übertragung ihnen angemessener Aufgaben entwickelt und gefördert wird. [2]Dazu können Schüler jeder Klasse nach Schuljahresbeginn aus ihrer Mitte einen Klassensprecher und dessen Stellvertreter wählen.

(4) Der Schülerrat kann einen an der Schule unterrichtenden Lehrer mit dessen Einverständnis zum Vertrauenslehrer wählen.

§ 52 Klassensprecher

(1) Von Klassenstufe 5 an wählen die Schüler jeder Klasse unverzüglich nach Schuljahresbeginn aus ihrer Mitte einen Klassenschülersprecher und dessen Stellvertreter.

(2) Die Klassensprecher vertreten die Interessen der Schüler ihrer Klasse in allen sie betreffenden Fragen der Schule und des Unterrichts.

§ 53 Schülerrat, Schülersprecher

(1) Die gemäß § 52 Absatz 1 gewählten Klassensprecher bilden den Schülerrat der Schule.

(2) [1]Dem Schülerrat obliegt die Vertretung der Interessen der Schüler gegenüber der Schule und den Schulaufsichtsbehörden. [2]Er hat gegenüber dem Schulleiter ein Auskunfts- und Beschwerderecht. [3]Vor Beschlüssen der Konferenzen, die von grundsätzlicher Bedeutung für die Erziehungs- und Unterrichtsarbeit der Schule sind, ist ihm Gelegenheit zur Stellungnahme zu geben.

(3) Der Schülerrat wählt aus der gesamten Schülerschaft einen Vorsitzenden (Schülersprecher) und dessen Stellvertreter.

§ 54 Kreisschülerrat

(1) [1]Die Schülersprecher aller Schulen in öffentlicher und freier Trägerschaft im Gebiet eines Landkreises oder einer Kreisfreien Stadt bilden den Kreisschülerrat. [2]Jeder Vorsitzende eines Schülerrates kann sich im Kreisschülerrat durch ein anderes Mitglied, das aus der Mitte des Schülerrates gewählt wird, vertreten lassen. [3]Gibt es an einer Schule in freier Trägerschaft keinen Schülersprecher, kann die Schule einen von den Schülern aus ihrer Mitte gewählten Schülervertreter entsenden.

(2) [1]Der Kreisschülerrat vertritt die schulischen Interessen der Schüler aller Schulen in öffentlicher und freier Trägerschaft seines Bereichs. [2]Ferner hat er die Aufgabe der Koordination und Unterstützung der Arbeit der Schülerräte der Schulen.

(3) Der Kreisschülerrat wählt aus seiner Mitte einen Vorsitzenden und dessen Stellvertreter.

§ 55 Landesschülerrat

(1) [1]Der Landesschülerrat besteht aus gewählten Vertretern der Kreisschülerräte. [2]Hinzu kommt ein von den Schülern aus ihrer Mitte gewählter Vertreter der Schulen im sorbischen Siedlungsgebiet.

(2) [1]Der Landesschülerrat vertritt die schulischen Interessen der Schüler aller Schulen in öffentlicher und freier Trägerschaft und berät die oberste Schulaufsichtsbehörde in allgemeinen Fragen des Erziehungs- und des Unterrichtswesens; er kann Vorschläge und Anregungen unterbreiten. [2]Der Landesschülerrat wählt aus seiner Mitte einen Vorsitzenden und dessen Stellvertreter und schlägt Vertreter für den Landesbildungsrat vor.

§ 56 Ausführungsvorschriften

[1]Die oberste Schulaufsichtsbehörde wird ermächtigt, durch Rechtsverordnung die Einzelheiten der Schülermitwirkung zu regeln, insbesondere die Zusammensetzung, Mitgliedschaft, Zuständigkeit, Wahl, Dauer der Amtszeit und Geschäftsordnung der Schülervertretungen, die Finanzierung der Tätigkeit der Schülervertretungen und die Wahl des Vertrauenslehrers. [2]Dabei kann auch geregelt werden, welcher Schülervertreter an die Stelle des Klassensprechers tritt, wenn in Jahrgangsstufen unterrichtet wird. [3]Die Rechtsverordnung kann abweichend von § 51 Absatz 3 Satz 2 und § 52 die Bildung eines Klassenrates sowie abweichend von § 53 Absatz 3 eine Übertragung der Wahl des Schülersprechers vom Schülerrat auf die gesamte Schülerschaft ermöglichen.

§ 57 Schülerzeitungen

(1) Schülerzeitungen sind Veröffentlichungen, die von Schülern einer oder mehrerer Schulen für die Schüler dieser Schulen herausgegeben werden.

(2) [1]Schülerzeitungen dürfen auf dem Schulgrundstück vertrieben werden. [2]Der Schulleiter kann den Vertrieb auf dem Schulgrundstück einschränken oder verbieten, wenn es die Erfüllung des Erziehungs- und Bildungsauftrages der Schule erfordert.

7. Teil
Schulaufsicht

§ 58 Inhalt der Schulaufsicht

(1) [1]Die staatliche Schulaufsicht umfasst die Gesamtheit der staatlichen Aufgaben zur inhaltlichen, organisatorischen und planerischen Gestaltung des Schulwesens, Beratung, Förderung sowie Beaufsichtigung der Schulen. [2]Den Schwerpunkt der Schulaufsicht bildet die Beratung und Unterstützung der Schulen bei der eigenverantwortlichen Wahrnehmung ihrer Aufgaben.

(2) [1]Die Schulaufsicht über die Schulen in öffentlicher Trägerschaft umfasst insbesondere die Fachaufsicht über Unterricht und Erziehung in den Schulen, die Dienstaufsicht über die Schulleiter, Lehrer und das weitere Personal nach § 40 Absatz 1 Satz 1 sowie die Aufsicht über die Erfüllung der dem Schulträger obliegenden Aufgaben. [2]Als Aufsicht über die Erfüllung der dem Schulträger obliegenden Aufgaben gilt auch die Aufsicht über die Erfüllung der den Landkreisen und Kreisfreien Städten gemäß § 23 Absatz 3, § 29 Absatz 1 und § 31 Absatz 4 obliegenden Aufgaben.

(3) Für die Aufsicht über die dem Schulträger obliegenden Aufgaben gelten §§ 113 bis 116 der Sächsischen Gemeindeordnung in der Fassung der Bekanntmachung vom 3. März 2014 (SächsGVBl. S. 146), die zuletzt durch Artikel 18 des Gesetzes vom 29. April 2015 (SächsGVBl. S. 349) geändert worden ist, in der jeweils geltenden Fassung, entsprechend.

§ 59 Schulaufsichtsbehörden

(1) [1]Schulaufsichtsbehörde im Sinne dieses Gesetzes ist das Landesamt für Schule und Bildung. [2]Oberste Schulaufsichtsbehörde ist das Staatsministerium für Kultus.

(2) Die Schulaufsichtsbehörde führt über alle Schulen

1. die Fachaufsicht;
2. die Dienstaufsicht über die Schulleiter, Lehrer und das weitere Personal nach § 40 Absatz 1 Satz 1;
3. die Aufsicht über die Erfüllung der dem Schulträger obliegenden Aufgaben.

(3) Die oberste Schulaufsichtsbehörde ist zuständig für alle Angelegenheiten der Schulaufsicht im Freistaat Sachsen, die nicht durch Gesetz einer anderen Behörde zugewiesen sind und führt die Dienst- und Fachaufsicht über die Schulaufsichtsbehörde.

(4) ¹Die staatliche Schulaufsicht über die landwirtschaftlichen Fachschulen obliegt dem Staatsministerium für Umwelt und Landwirtschaft. ²Sie wird im Einvernehmen mit der obersten Schulaufsichtsbehörde ausgeübt. ³Das Staatsministerium für Umwelt und Landwirtschaft wird ermächtigt, seine Zuständigkeit nach Satz 1 durch Rechtsverordnung im Einvernehmen mit der obersten Schulaufsichtsbehörde ganz oder teilweise auf nachgeordnete Behörden zu übertragen. ⁴Es kann an Fachschulen nach § 40 Absatz 1 Satz 2 Nummer 2 dem Schulträger die Verwendung von Schulleitern, stellvertretenden Schulleitern und Lehrern untersagen, die ein Verhalten zeigen, das bei entsprechendem Personal im Dienst des Freistaates Sachsen eine Kündigung rechtfertigen würde, oder wenn Tatsachen vorliegen, die sie für die Ausübung einer solchen Tätigkeit ungeeignet erscheinen lassen. ⁵Die Dienstaufsicht im Übrigen wird an diesen Schulen vom Schulträger ausgeübt.

§ 60 Zulassung von Lehr- und Lernmitteln

(1) Die oberste Schulaufsichtsbehörde kann durch Rechtsverordnung die Verwendung von Lehr- und Lernmitteln von einer Zulassung abhängig machen und das Zulassungsverfahren regeln.

(2) Zulassungsvoraussetzungen sind insbesondere:

1. Übereinstimmung mit den Rechtsvorschriften;
2. Übereinstimmung mit den Zielen und Inhalten des entsprechenden Lehrplans sowie angemessene didaktische Aufbereitung der Stoffe;
3. Vereinbarkeit mit einer wirtschaftlichen Haushaltsführung.

§ 61 Ordnungswidrigkeiten

(1) Ordnungswidrig handelt, wer vorsätzlich oder fahrlässig

1. als Personensorgeberechtigter, Ausbildender oder Arbeitgeber seine Verpflichtungen aus § 31 Abs. 1 und 2 nicht erfüllt oder
2. als Schulpflichtiger am Unterricht oder an den übrigen als verbindlich erklärten schulischen Veranstaltungen nicht teilnimmt.

(2) Die Ordnungswidrigkeit kann mit einer Geldbuße bis zu 1 250 EUR geahndet werden.

(3) Verwaltungsbehörde im Sinne des § 36 Absatz 1 Nummer 1 des Gesetzes über Ordnungswidrigkeiten ist der Landkreis oder die Kreisfreie Stadt.

§ 62 Schul- und Prüfungsordnungen

(1) Die oberste Schulaufsichtsbehörde wird ermächtigt, durch Rechtsverordnung Schulordnungen über Einzelheiten des Schulverhältnisses und Prüfungsordnungen zu erlassen.

(2) In den Schulordnungen können insbesondere geregelt werden:

1. das Verfahren zur Einschulung, einschließlich vorzeitiger Aufnahme und Zurückstellung; dabei können auch
   a) Eltern, die ihre Kinder an einer Schule in freier Trägerschaft angemeldet haben, verpflichtet werden, dies unter Angabe der Schule in einer bestimmten Form und innerhalb einer Frist der Grundschule in öffentlicher Trägerschaft des Schulbezirks zu statistischen Zwecken mitzuteilen;
   b) Schulen in freier Trägerschaft verpflichtet werden, Entscheidungen zur Aufnahme von Schülern in einer bestimmten Form und innerhalb einer Frist der Schulaufsichtsbehörde zu statistischen Zwecken mitzuteilen;
2. das Verfahren zur Feststellung des sonderpädagogischen Förderbedarfs und Bestimmungen zur inklusiven Unterrichtung;
3. die vorzeitige Beendigung der Berufsschulpflicht;
4. das Verfahren über die Aufnahme in eine weiterführende Schule einschließlich des Wechsels des Bildungsganges; dabei kann die Aufnahme
   a) von der Aufgabenstellung der Schule entsprechenden Anforderungen und einer Prüfung abhängig gemacht werden;
   b) im notwendigen Umfang beschränkt werden, wenn mehr Bewerber als Ausbildungsplätze vorhanden sind; das Auswahlverfahren kann insbesondere nach Gesichtspunkten der Eignung, Leistung und Wartezeit sowie unter Berücksichtigung von Härtefällen und der individuellen Förderung der Schüler gestaltet werden;
   c) an Berufsfachschulen und Fachschulen beschränkt oder ausgeschlossen werden, wenn der Bewerber aus persönlichen Gründen für den angestrebten Beruf nicht geeignet erscheint;

d) an Schulen in Trägerschaft des Freistaates Sachsen und an Schulen, die aufgrund der Schulordnungen der Förderung des Sports dienen, mit der Verpflichtung zum Wohnen in einem der Schule zugeordneten Heim verbunden werden;

Eltern, die ihre Kinder an einer weiterführenden Schule in freier Trägerschaft angemeldet haben, können verpflichtet werden, dies unter Angabe der Schule in einer bestimmten Form und innerhalb einer Frist der Schulaufsichtsbehörde zu statistischen Zwecken mitzuteilen; Schulen in freier Trägerschaft können verpflichtet werden, Entscheidungen zur Aufnahme und Ablehnung von Schülern in einer bestimmten Form und innerhalb einer Frist der Schulaufsichtsbehörde zu statistischen Zwecken mitzuteilen;

5. das Verfahren für Schulwechsel und Beendigung des Schulverhältnisses;

6. besondere Bildungswege an ausgewählten Schulen für Schüler, die

   a) besondere Begabungen haben; der Verbleib auf diesen Bildungswegen kann von der Aufgabenstellung des jeweiligen Bildungsweges entsprechenden Anforderungen oder einer Prüfung abhängig gemacht werden, oder

   b) zum Erwerb des Hauptschulabschlusses oder eines dem Hauptschulabschluss gleichgestellten Abschlusses an einer Oberschule oder Förderschule einer zusätzlichen Förderung bedürfen; die zusätzliche Förderung kann auch dadurch stattfinden, dass die Schüler in begrenztem Umfang am Unterricht der Berufsschule teilnehmen;

7. der Umfang der Pflicht zur Teilnahme am Unterricht und an den sonstigen schulischen Veranstaltungen einschließlich der Befreiung von der Teilnahme, Beurlaubung und Schulversäumnisse;

8. das Aufsteigen in der Schule, insbesondere Versetzung, Wiederholung und Überspringen einer Klassenstufe; dabei ist das Verfahren zu regeln; die für die Entscheidung maßgeblichen Fächer und Schülerleistungen sowie die hierfür geltenden Bewertungsmaßstäbe sind festzulegen;

9. das Ausscheiden aus der Schule infolge Nichtversetzung; dabei kann bestimmt werden, dass ein Schüler aus der Schule und der Schulart ausscheidet, wenn er nach der Wiederholung einer Klassen- oder Jahrgangsstufe aus dieser oder aus der nachfolgenden Klassen- oder Jahrgangsstufe wiederum nicht versetzt wird; für das Gymnasium kann bestimmt werden, dass insgesamt nur zwei Wiederholungen wegen Nichtversetzung zulässig sind;

10. die während des Schulbesuchs und, soweit keine besonderen Prüfungen stattfinden, bei dessen Abschluss zu erteilenden Zeugnisse einschließlich der zu bewertenden Fächer, der Bewertungsmaßstäbe und der mit einem erfolgreichen Abschluss verbundenen Berechtigungen; es kann vorgesehen werden, dass eine Bewertung auch in Form einer verbalen Einschätzung erfolgt;

11. die Anerkennung außerhalb des Freistaates Sachsen erworbener schulischer Abschlüsse und Berechtigungen.

(3) In den Prüfungsordnungen für Schüler und Schulfremde können insbesondere geregelt werden:

1. der Zweck der Prüfung und die Prüfungsgebiete;

2. das Prüfungsverfahren einschließlich der Zusammensetzung des Prüfungsausschusses und die Zulassungsvoraussetzungen, die Bewertungsmaßstäbe sowie die Voraussetzungen für das Bestehen der Prüfung;

3. Maßnahmen zum Nachteilsausgleich bei einer Behinderung oder einer im Zeitpunkt der Prüfung vorhandenen körperlichen Beeinträchtigung;

4. die Erteilung von Prüfungszeugnissen und die damit verbundenen Berechtigungen;

5. die Folgen des Nichtbestehens der Prüfung; dabei kann bestimmt werden, dass eine nicht bestandene Prüfung nur einmal wiederholt werden kann.

(4) [1]In den Schul- und Prüfungsordnungen kann für die Berufsschule, die Berufsfachschule und die Fachschule bestimmt werden, dass in einzelnen oder allen Bildungsgängen der Erwerb des Hauptschulabschlusses, des mittleren Schulabschlusses oder der Fachhochschulreife möglich ist. [2]Für das Abendgymnasium und das Kolleg kann bestimmt werden, dass der Erwerb des mittleren Schulabschlusses möglich ist. [3]Für Schüler, die besondere Bildungswege gemäß Absatz 2 Nummer 6 Buchstabe b nutzen, kann bestimmt werden, dass der Erwerb eines dem Hauptschulabschluss gleichgestellten Abschlusses möglich ist.

(5) Die Schul- und Prüfungsordnungen für die landwirtschaftlichen Fachschulen erlässt das Staatsministerium für Umwelt und Landwirtschaft im Einvernehmen mit der obersten Schulaufsichtsbehörde.

(6) Die oberste Schulaufsichtsbehörde wird ermächtigt, für die Berufe Erzieher, Heilerziehungspfleger und Heilpädagoge durch Rechtsverordnung Näheres zu bestimmen zu

1. den Voraussetzungen und dem Verfahren der Anerkennung von im Ausland erworbenen Befähigungsnachweisen zum Zwecke der Niederlassung oder den Voraussetzungen und dem Verfahren zum Zwecke der gelegentlichen und vorübergehenden Dienstleistungserbringung von Personen aus den Mitgliedstaaten der Europäischen Union, einem Vertragsstaat des Abkommens über den Europäischen Wirtschaftsraum oder einem durch Abkommen gleichgestellten Staat,

2. den Voraussetzungen für den partiellen Zugang zur Berufstätigkeit gemäß Artikel 4 Absatz 3 und Artikel 4f Absatz 1 bis 6 der Richtlinie 2005/36/EG des Europäischen Parlaments und des Rates vom 7. September 2005 über die Anerkennung von Berufsqualifikationen (ABl. L 255 vom 30.9.2005, S. 22, L 271 vom 16.10.2007, S. 18, L 93 vom 4.4.2008, S. 28, L 33 vom 3.2.2009, S. 49, L 305 vom 24.10.2014, S. 115), die zuletzt durch die Richtlinie 2013/55/EU (ABl. L 354 vom 28.12.2013, S. 132) geändert worden ist,

3. den Inhalten und den verfahrensrechtlichen Vorgaben für die Durchführung einer Eignungsprüfung oder eines Anpassungslehrganges gemäß § 11 des Sächsischen Berufsqualifikationsfeststellungsgesetzes vom 17. Dezember 2013 (SächsGVBl. S. 874), das durch Artikel 1 des Gesetzes vom 24. Februar 2016 (SächsGVBl. S. 86) geändert worden ist, in der jeweils geltenden Fassung, und

4. den verfahrensrechtlichen Voraussetzungen für die Zusammenarbeit zuständiger Stellen in den Mitgliedstaaten der Europäischen Union, einem Vertragsstaat des Abkommens über den Europäischen Wirtschaftsraum oder einem durch Abkommen gleichgestellten Staat zu berufsrechtlichen Sachverhalten.

8. Teil
Landesbildungsrat

§ 63 Landesbildungsrat
(1) Bei der obersten Schulaufsichtsbehörde wird ein Landesbildungsrat gebildet.
(2) [1]Der Landesbildungsrat berät die oberste Schulaufsichtsbehörde bei Angelegenheiten von grundlegender Bedeutung für die Gestaltung des Bildungswesens. [2]Der Landesbildungsrat ist vor Erlass von Rechtsverordnungen der obersten Schulaufsichtsbehörde und zu Gesetzentwürfen der Staatsregierung, welche die Schule betreffen, anzuhören.
(3) Dem Landesbildungsrat gehören an:

1. je ein Vertreter der Lehrer aus dem Bereich der Grundschulen, Oberschulen, Gymnasien, Berufsschulen, berufsbildenden Vollzeitschulen und Förderschulen;

2. je ein Vertreter der Eltern aus dem Bereich der Grundschulen, Oberschulen, Gymnasien, Berufsschulen, berufsbildenden Vollzeitschulen und Förderschulen;

3. je ein Vertreter der Schüler aus dem Bereich der Oberschulen, Gymnasien, Berufsschulen, berufsbildenden Vollzeitschulen und Förderschulen;

4. je ein Vertreter der Hochschullehrer aus dem Bereich der Universitäten und Fachhochschulen;

5. je ein Vertreter der Industrie- und Handelskammern, Handwerkskammern sowie ein weiterer Vertreter der übrigen für die Berufsausbildung zuständigen Stellen;

6. je ein Vertreter des Deutschen Gewerkschaftsbundes, des Deutschen Beamtenbundes und der Vereinten Dienstleistungsgewerkschaft;

7. je ein Vertreter der evangelischen Landeskirchen, der katholischen Kirche, des Landesverbandes Sachsen der jüdischen Gemeinden und ein Vertreter der Arbeitsgemeinschaft Christlicher Kirchen im Freistaat Sachsen;

8. ein Vertreter der Liga der Verbände der freien Wohlfahrtspflege in Sachsen;

9. je ein Vertreter der kommunalen Landesverbände;

10. ein Vertreter der Sorben im Freistaat Sachsen;

11. ein Vertreter der Schulen in freier Trägerschaft;

12. ein Vertreter der Kindertageseinrichtungen in freier Trägerschaft;

13. ein Vertreter des Staatsministeriums für Soziales und Verbraucherschutz.

(4) Die Mitglieder werden von der obersten Schulaufsichtsbehörde auf Vorschlag der entsprechenden Einrichtungen und Organisationen berufen.

(5) Die oberste Schulaufsichtsbehörde wird ermächtigt, das Nähere zu Mitgliedschaft, Zuständigkeit und Geschäftsordnung durch Rechtsverordnung zu regeln.

9. Teil
Schlussbestimmungen

§ 63a Schuldatenschutz

(1) [1]Der Datenschutz an Schulen in öffentlicher Trägerschaft richtet sich, soweit sich aus diesem Gesetz nichts anderes ergibt, nach der Verordnung (EU) 2016/679 und den ergänzenden Vorschriften des Sächsischen Datenschutzdurchführungsgesetzes. [2]Die oberste Schulaufsichtsbehörde wird ermächtigt, Einzelheiten der Datenverarbeitung durch Rechtsverordnung zu regeln.

(2) [1]Die Schule, mit Ausnahme der Grundschule, darf die Kontaktdaten von Schülern, welche die letzte Klassen- oder Jahrgangsstufe besuchen, verarbeiten, um eine Beratung durch die Agenturen für Arbeit, die Jobcenter und die örtlichen Träger der öffentlichen Jugendhilfe zu unterstützen. [2]Hierfür darf sie mit Einwilligung des Betroffenen und bei minderjährigen Schülern auch mit Einwilligung der Eltern gemäß Artikel 6 Absatz 1 Buchstabe a, Artikel 7 und 9 der Verordnung (EU) 2016/679 und den ergänzenden Vorschriften des Sächsischen Datenschutzdurchführungsgesetzes den Namen und die Anschrift des Schülers vor dem Verlassen der Schule den Agenturen für Arbeit, den Jobcentern und den örtlichen Trägern der öffentlichen Jugendhilfe übermitteln, damit diese über Angebote der beruflichen Bildung informieren und beraten können.

§ 63b Statistik

(1) [1]An Schulen in öffentlicher und freier Trägerschaft können jährlich statistische Erhebungen durchgeführt werden. [2]Sie dienen folgenden Zwecken:
1. der Schulaufsicht und der Bildungsplanung,
2. der Erfüllung der Schulpflicht,
3. dem Vollzug des Sächsischen Finanzausgleichsgesetzes in der Fassung der Bekanntmachung vom 21. Januar 2013 (SächsGVBl. S. 95), das zuletzt durch Artikel 2 des Gesetzes vom 15. Dezember 2016 (SächsGVBl. S. 639) geändert worden ist, in der jeweils geltenden Fassung,
4. dem Vollzug des Sächsischen Gesetzes über Schulen in freier Trägerschaft.

(2) Erhoben werden schul- und abschlussbezogene Schülerdaten, Klassen- und Absolventenzahlen, Lehrerdaten sowie schul- und unterrichtsorganisatorische Daten.

(3) Auskunftpflichtig sind die Schulleiter der Schulen in öffentlicher Trägerschaft sowie die Träger der Schulen in freier Trägerschaft.

(4) Die Einzelheiten über Art, Durchführung und Form der statistischen Erhebung, Erhebungsmerkmale, Art und Umfang der Auskunftspflicht, Berichtszeitraum oder Berichtszeitpunkt und Häufigkeit regelt die oberste Schulaufsichtsbehörde im Einvernehmen mit dem Staatsministerium des Innern durch Rechtsverordnung.

(5) [1]Das Statistische Landesamt erstellt im Auftrag des obersten Schulaufsichtsbehörde in den Jahren 2018, 2020 sowie 2021 und danach alle zwei Jahre eine regionalisierte Schüler- und Absolventenprognose. [2]Diese dient dem Zweck der Bildungsplanung und der bundesweiten Vorausberechnung der Schüler- und Absolventenzahlen. [3]Die Einzelheiten regelt das Staatsministerium für Kultus im Einvernehmen mit dem Staatsministerium des Innern durch Rechtsverordnung. [4]Diese bestimmt insbesondere die zu verwendenden Erhebungsmerkmale, die regionale Aufgliederung der Darstellung in Schularten und Klassenstufen, den Prognosezeitraum und die Veröffentlichung.

§ 63c Einschränkung von Grundrechten

Durch Maßnahmen aufgrund von § 4c Absatz 3 Satz 2 und § 26a Absatz 3 kann das Recht auf körperliche Unversehrtheit (Artikel 2 Absatz 2 Satz 1 des Grundgesetzes, Artikel 16 Absatz 1 Satz 1 der Verfassung des Freistaates Sachsen) und durch Maßnahmen aufgrund von § 3a Absatz 5, §§ 26a, 31, 50a, 62 Absatz 2 Nummer 1 und 4 sowie § 63a kann das Recht auf informationelle Selbstbestimmung (Artikel 2 Absatz 1 in Verbindung mit Artikel 1 Absatz 1 des Grundgesetzes, Artikel 33 der Verfassung des Freistaates Sachsen) eingeschränkt werden.

§ 63d Schulen besonderer Art

(1) [1]Die Schulen „Nachbarschaftsschule Leipzig" und „Chemnitzer Schulmodell" können nach dem 26. April 2017 gemäß der am 15. Mai 2017 bestehenden und von der obersten Schulaufsichtsbehörde

genehmigten pädagogischen Konzeption abweichend von den Bestimmungen dieses Gesetzes fortge-führt werden. [2]Insbesondere können, soweit in der bisherigen Konzeption vorgesehen, die Schularten Grund- und Oberschule organisatorisch zusammengefasst, von einer Benotung bis einschließlich Klassenstufe 7 abgesehen und Schüler unabhängig von einem Schulbezirk aufgenommen werden.

(2) [1]Sobald eine Schule nach Absatz 1 für länger als ein Schuljahr nicht mehr nach der besonderen pädagogischen Konzeption fortgeführt wird, kann sie sich danach nicht erneut auf Absatz 1 berufen. [2]Im Übrigen bleibt § 24 unberührt.

§ 64 Übergangsvorschrift

(1) [1]Die Sächsische Bildungsagentur und das Sächsische Bildungsinstitut nehmen ihre bis zum 31. Juli 2017 bestehenden Zuständigkeiten bis zum 31. Dezember 2017 weiterhin wahr. [2]Alle am 1. Januar 2018 noch nicht abgeschlossenen Verwaltungs-, Widerspruchs-, Gerichts- und sonstigen Verfahren der Sächsischen Bildungsagentur oder des Sächsischen Bildungsinstituts werden durch das Landesamt für Schule und Bildung weitergeführt. [3]Zuständigkeiten, die der Sächsischen Bildungsagentur oder dem Sächsischen Bildungsinstitut durch Gesetz oder Rechtsverordnung bisher übertragen sind, gehen am 1. Januar 2018 auf das Landesamt für Schule und Bildung über.

(2) [1]Regelungen für die Mittelschule gemäß § 6 in der bis zum 31. Juli 2017 geltenden Fassung in Rechts- und Verwaltungsvorschriften gelten für die Oberschule fort, sofern nichts Abweichendes be-stimmt wird. [2]Zustimmungen gemäß § 24 Absatz 1, Genehmigungen gemäß § 4 des Sächsischen Ge-setzes über Schulen in freier Trägerschaft und Anerkennungen gemäß § 8 des Sächsischen Gesetzes über Schulen in freier Trägerschaft, die für die Mittelschule erteilt sind, gelten als für die Oberschule erteilt und fortbestehend. [3]Verwaltungsakte und Vereinbarungen einer Mittelschule gelten für die ent-sprechende Oberschule fort. [4]Verwaltungs- und sonstige Verfahren einer Mittelschule werden durch die entsprechende Oberschule weitergeführt.

(3) [1]Regelungen für einen Förderschultyp gemäß § 13 Absatz 1 Satz 2 in der bis zum 31. Juli 2018 geltenden Fassung in Rechts- und Verwaltungsvorschriften gelten für den in § 13 Absatz 2 Satz 1 und 2 jeweils an seine Stelle getretenen Förderschultyp fort, sofern nichts Abweichendes bestimmt wird. [2]Zustimmungen gemäß § 24 Absatz 1, Genehmigungen gemäß § 4 des Sächsischen Gesetzes über Schulen in freier Trägerschaft und Anerkennungen gemäß § 8 des Sächsischen Gesetzes über Schulen in freier Trägerschaft, die für einen Förderschultyp gemäß § 13 Absatz 1 Satz 2 in der bis zum 31. Juli 2018 geltenden Fassung erteilt sind, gelten als für den in § 13 Absatz 2 Satz 1 und 2 jeweils an seine Stelle getretenen Förderschultyp erteilt und fortbestehend. [3]Absatz 2 Satz 3 und 4 gilt entsprechend.

(4) [1]Regelungen für die Abendmittelschule gemäß § 14 Absatz 1 in der bis zum 31. Juli 2017 geltenden Fassung in Rechts- und Verwaltungsvorschriften gelten für die Abendoberschule fort, sofern nichts Abweichendes bestimmt wird. [2]Zustimmungen gemäß § 24 Absatz 1, Genehmigungen gemäß § 4 des Sächsischen Gesetzes über Schulen in freier Trägerschaft und Anerkennungen gemäß § 8 des Sächsi-schen Gesetzes über Schulen in freier Trägerschaft, die für die Abendmittelschule erteilt sind, gelten als für die Abendoberschule erteilt und fortbestehend. [3]Absatz 2 Satz 3 und 4 gilt entsprechend.

(5) [1]Regelungen für berufsbildende Förderschulen gemäß § 13a in der bis zum 31. Juli 2018 geltenden Fassung in Rechts- und Verwaltungsvorschriften gelten für berufsbildende Schulen gemäß § 4 Absatz 1 Nummer 2 fort, soweit besondere Klassen für Schüler mit sonderpädagogischem Förderbedarf ge-bildet werden und sofern nichts Abweichendes bestimmt wird. [2]Absatz 2 Satz 3 und 4 gilt entsprechend.

(6) [1]Zustimmungen gemäß § 24 Absatz 1, Genehmigungen gemäß § 4 des Sächsischen Gesetzes über Schulen in freier Trägerschaft und Anerkennungen gemäß § 8 des Sächsischen Gesetzes über Schulen in freier Trägerschaft, die für eine berufsbildende Förderschule gemäß § 13a in der bis zum 31. Juli 2018 geltenden Fassung erteilt worden sind, gelten als für die entsprechende berufsbildende Schule gemäß § 4 Absatz 1 Nummer 2 erteilt und fortbestehend. [2]Berufsbildende Förderschulen in freier Trä-gerschaft können fortgeführt werden. [3]Die Regelungen des Sächsischen Gesetzes über Schulen in freier Trägerschaft bleiben unberührt.

(7) Das Staatsministerium für Kultus wird ermächtigt, durch Rechtsverordnung in Gesetzen die Be-zeichnungen „Sächsische Bildungsagentur" und „Sächsisches Bildungsinstitut" durch die Bezeich-nung „Landesamt für Schule und Bildung" zu ersetzen sowie dadurch veranlasste Anpassungen des Wortlauts der Vorschriften vorzunehmen.

(8) § 4c Absatz 3 Satz 4 und 5 gilt bis 31. Juli 2023 nur für ausgewählte Grundschulen, die sich im Rahmen einer Pilotphase aufgrund eines von der Schulkonferenz beschlossenen Konzeptes mit Zu-

stimmung der Schulaufsichtsbehörde bereit erklärt haben, auch Schüler mit möglichem sonderpäd-agogischen Förderbedarf in den Förderschwerpunkten Lernen sowie emotionale und soziale Entwick-lung zu unterrichten und die Entwicklung des Schülers in der Klassenstufe 1 in das Feststellungsver-fahren für diese Förderschwerpunkte einzubeziehen.

(9) [1]Weist der Schulnetzplanungsträger einen Kooperationsverbund nicht gemäß § 4c Absatz 9 Satz 1 oder 2 bis zum 31. Juli 2021 aus, legt die oberste Schulaufsichtsbehörde einen Kooperationsverbund fest. [2]Vor der Festlegung sind der Träger der Schulnetzplanung und die Schulträger der mitwirkenden Schulen anzuhören.

(10) [1]Die oberste Schulaufsichtsbehörde berichtet dem Landtag bis zum 30. September 2021 über die Umsetzung der Inklusion. [2]Dies betrifft insbesondere

1. die im Anwendungszeitraum von Absatz 8 gewonnenen Erfahrungen sowie die vorbereitenden und unterstützenden Maßnahmen im Hinblick auf § 4c Absatz 3 Satz 4 und 5 sowie

2. den Stand des Aufbaus der Kooperationsverbünde nach § 4c Absatz 7.

[3]Auf der Grundlage dieses Berichts entscheidet der Landtag bis zum 30. Juni 2022, ob der Anwen-dungszeitraum von Absatz 8 verlängert wird.

§ 65 In-Kraft-Treten

(1) Dieses Gesetz tritt am 1. August 1991 mit der Maßgabe in Kraft, dass vom Tage nach der Ver-kündung an Maßnahmen zur Gliederung des Schulwesens getroffen und die im Gesetz vorgesehenen Rechtsverordnungen erlassen werden können.

(2) Zum gleichen Zeitpunkt tritt entgegenstehendes oder entsprechendes Recht für den Freistaat Sach-sen außer Kraft, insbesondere

1. das Gesetz über das einheitliche sozialistische Bildungswesen vom 25. Februar 1965 (GBl. I Nr. 6 S. 83), zuletzt geändert durch Gesetz vom 9. Juli 1990 (GBl. I Nr. 50 S. 907), mit der Maß-gabe, dass die organisationsrechtlichen Bestimmungen nach sachgerechten Erfordernissen von der obersten Schulaufsichtsbehörde auslaufend auf solche Schulen angewendet werden, die noch nicht in Schulen einer Schulart nach diesem Gesetz umgestaltet wurden;

2. die Verordnung über die Bildung von vorläufigen Schulaufsichtsbehörden vom 30. Mai 1990 (GBl. I Nr. 52 S. 1036);

3. die Verordnung über Mitwirkungsgremien und Leitungsstrukturen im Schulwesen vom 30. Mai 1990 (GBl. I Nr. 32 S. 294) mit der ersten Durchführungsbestimmung vom 17. August 1990 (GBl. I Nr. 60 S. 1471);

4. die vorläufige Schulordnung vom 18. September 1990 (GBl. I Nr. 63 S. 1579);

5. das Gesetz über Berufsschulen vom 19. Juli 1990 (GBl. I Nr. 50 S. 919).

Gesetz über die Freiheit der Hochschulen im Freistaat Sachsen (Sächsisches Hochschulfreiheitsgesetz – SächsHSFG)

In der Fassung der Bekanntmachung vom 15. Januar 2013[1] (SächsGVBl. S. 3)

(BS Sachsen 711-8/3)

zuletzt geändert durch Art. 2 Abs. 27 Sächsisches VerwaltungskostenrechtsneuordnungsG vom 5. April 2019 (SächsGVBl. S. 245)

Inhaltsübersicht

---

[1] Neubekanntmachung des SächsHSFG v. 10.12.2008 (SächsGVBl. S. 900) in der ab 1.1.2013 geltenden Fassung.

Teil 1
Allgemeine Bestimmungen

§ 1 Geltungsbereich

(1) Dieses Gesetz gilt für folgende Hochschulen im Freistaat Sachsen (Hochschulen):

1. die Universitäten:
   a) Technische Universität Chemnitz,
   b) Technische Universität Dresden,
   c) Technische Universität Bergakademie Freiberg,
   d) Universität Leipzig,

2. die Kunsthochschulen:
   a) Hochschule für Bildende Künste Dresden,
   b) Hochschule für Musik Carl Maria von Weber Dresden,
   c) Palucca Hochschule für Tanz Dresden,
   d) Hochschule für Grafik und Buchkunst Leipzig,
   e) Hochschule für Musik und Theater „Felix Mendelssohn Bartholdy" Leipzig,
3. die Fachhochschulen – Hochschulen für angewandte Wissenschaften:
   a) Hochschule für Technik und Wirtschaft Dresden – Hochschule für angewandte Wissenschaften,
   b) Hochschule für Technik, Wirtschaft und Kultur Leipzig – Hochschule für angewandte Wissenschaften,
   c) Hochschule Mittweida – Hochschule für angewandte Wissenschaften,
   d) Hochschule Zittau/Görlitz – Hochschule für angewandte Wissenschaften,
   e) Westsächsische Hochschule Zwickau – Hochschule für angewandte Wissenschaften.
(2) Die §§ 106 bis 108 bleiben unberührt.

§ 2 Rechtsnatur und Gliederung der Hochschulen
(1) Die Hochschulen sind rechtsfähige Körperschaften des öffentlichen Rechts.
(2) [1]Die organisatorische Grundeinheit der Hochschule ist die Fakultät. [2]Die Grundordnung kann die Bildung anderer organisatorischer Grundeinheiten vorsehen. [3]Die Regelungen dieses Gesetzes über die Fakultäten und deren Organe gelten für solche Grundeinheiten entsprechend.

§ 3 Bezeichnungen
(1) Die Bezeichnung „Universität" wird einer Hochschule durch Gesetz verliehen.
(2) Fachhochschulen tragen die Bezeichnung „Fachhochschule – Hochschule für angewandte Wissenschaften".
(3) [1]Der Name einer Hochschule kann durch die Grundordnung erweitert oder verändert werden. [2]Namensbestandteil ist stets der Ort des Sitzes der Hochschule. [3]Einer Teileinrichtung einer Hochschule mit besonderem Profil oder besonderer Tradition kann durch die Grundordnung ein eigener Name zuerkannt werden.
(4) Frauen können die Amts- und Funktionsbezeichnungen dieses Gesetzes sowie Hochschulgrade, akademische Bezeichnungen und Titel in femininer Form führen.

§ 4 Freiheit von Kunst und Wissenschaft, Forschung, Lehre und Studium
[1]Der Freistaat Sachsen und die Hochschulen gewährleisten im Rahmen ihrer Aufgaben, dass die Freiheit von Kunst und Wissenschaft sowie von Forschung und Lehre nach Artikel 5 Abs. 3 Satz 1 des Grundgesetzes und Artikel 21 Satz 1 der Verfassung des Freistaates Sachsen sowie die Freiheit des Studiums für die Mitglieder und Angehörigen der Hochschule gewahrt wird. [2]Die Freiheit der Forschung umfasst insbesondere die Fragestellung, die Grundsätze der Methodik sowie die Verbreitung und Bewertung der Forschungsergebnisse. [3]Die Freiheit der Lehre umfasst im Rahmen der Lehraufgaben insbesondere die Abhaltung von Lehrveranstaltungen und deren inhaltliche und methodische Gestaltung sowie das Recht auf Äußerung von wissenschaftlichen und künstlerischen Lehrmeinungen. [4]Die Freiheit des Studiums umfasst, unbeschadet der Studien- und Prüfungsordnungen, insbesondere die freie Wahl von Lehrveranstaltungen, das Recht, innerhalb eines Studienganges Schwerpunkte nach eigener Wahl zu bestimmen, sowie die Erarbeitung und Äußerung wissenschaftlicher und künstlerischer Meinungen.

§ 5 Aufgaben
(1) [1]Die Hochschulen pflegen ihrem fachlichen Profil entsprechend Wissenschaft, Kunst und Bildung durch Forschung, Lehre und Studienangebote. [2]Fachhochschulen dienen den angewandten Wissenschaften und der angewandten Kunst und nehmen überwiegend praxisorientierte Lehr- und Forschungsaufgaben wahr.
(2) Die Hochschulen haben insbesondere folgende Aufgaben: Sie
1. bereiten ihrem fachlichen Profil entsprechend mit Studienangeboten auf berufliche Tätigkeiten im In- und Ausland vor und bieten berufsbegleitende und allgemeine wissenschaftliche Weiterbildung an,
2. fördern den wissenschaftlichen und künstlerischen Nachwuchs,

3. fördern Forschungs- und Entwicklungsvorhaben ihrer Mitglieder und Angehörigen,
4. fördern die Zusammenarbeit mit anderen Hochschulen, Forschungseinrichtungen, Forschungs-fördereinrichtungen, kulturellen Einrichtungen und der Wirtschaft,
5. unterstützen die Weiterbildung ihrer Mitglieder und Angehörigen,
6. beraten Studieninteressenten und Studenten über Studienangebote, Inhalt, Aufbau und Anforderungen eines Studiums,
7. beraten die Studenten in fachlichen und studienorganisatorischen Fragen,
8. fördern die studentische Selbsthilfe,
9. fördern den Wissens- und Technologietransfer,
10. fördern die internationale, insbesondere die europäische Zusammenarbeit im Hochschulbereich,
11. berücksichtigen bei ihren Entscheidungen soziale Belange der Mitglieder und Angehörigen, fördern die kulturelle und sportliche Betätigung der Studenten, unterstützen Studenten mit Kindern, fördern die Integration ausländischer Studenten insbesondere durch sprachliche und fachliche Betreuung,
12. tragen dafür Sorge, dass Studenten mit Behinderung oder chronischer Krankheit in ihrem Studium nicht benachteiligt werden und die Angebote der Hochschule möglichst ohne fremde Hilfe in Anspruch nehmen können,
13. nehmen die bibliothekarische Versorgung der Hochschule und darüber hinausgehende bibliothekarische Aufgaben wahr.

(3) Die Hochschulen wirken auf die Durchsetzung der Gleichstellung von Frauen und Männern unter Beachtung geschlechtsspezifischer Auswirkungen ihrer Entscheidungen hin.

(4) Weitere Aufgaben dürfen den Hochschulen nur übertragen werden, wenn sie mit den in Absatz 1 genannten zusammenhängen.

(5) ¹Die Hochschulen können zur Erfüllung ihrer Aufgaben zusammenarbeiten. ²Die Zusammenarbeit wird durch öffentlich-rechtliche Vereinbarung geregelt.

§ 6 Selbstverwaltung und Auftragsverwaltung

(1) ¹Die Hochschulen haben das Recht der Selbstverwaltung im Rahmen der Gesetze. ²Sie unterliegen, soweit in diesem Gesetz nichts anderes bestimmt ist, bei der Wahrnehmung ihrer Selbstverwaltungsaufgaben der Rechtsaufsicht des Staatsministeriums für Wissenschaft und Kunst.

(2) ¹Weisungsaufgaben der Hochschulen sind die
1. Durchführung von Bundesgesetzen, die der Freistaat Sachsen im Auftrag des Bundes ausführt,
2. Mitwirkung bei der Durchführung staatlicher Prüfungen,
3. Rechtsaufsicht über die Studentenschaft nach § 24 Abs. 2,
4. Krankenversorgung sowie die sonstigen human-, zahn- und tiermedizinischen Aufgaben auf dem Gebiet des öffentlichen Gesundheitswesens,
5. Personalverwaltung und
6. Durchführung der einheitlichen Wirtschaftsführung und Rechnungslegung nach § 11.

²Die Fachaufsicht führt das Staatsministerium für Wissenschaft und Kunst; § 2 Abs. 1 Satz 1 und 2 des Gesetzes über das Universitätsklinikum Leipzig an der Universität Leipzig und das Universitätsklinikum Carl Gustav Carus Dresden an der Technischen Universität Dresden (Universitätsklinika-Gesetz – UKG) vom 6. Mai 1999 (SächsGVBl. S. 207), das zuletzt durch Artikel 22 des Gesetzes vom 15. Dezember 2010 (SächsGVBl. S. 387, 401) geändert worden ist, in der jeweils geltenden Fassung, bleibt unberührt.

(3) ¹Die Hochschule kann zur Erfüllung ihrer Aufgaben nach § 5 Abs. 2 Unternehmen gründen, übernehmen oder sich an solchen beteiligen. ²Entscheidungen und Maßnahmen nach Satz 1 bedürfen der Einwilligung des Hochschulrates und des Staatsministeriums für Wissenschaft und Kunst. ³Die Haftung der Hochschule ist auf die Einlage oder den Wert des Gesellschaftsanteils zu beschränken. ⁴Die Prüfungsrechte des Rechnungshofes sind zu gewährleisten.

§ 7 Maßnahmen der Aufsicht

(1) Zur Wahrnehmung der Rechtsaufsicht unterrichtet die Hochschule das Staatsministerium für Wissenschaft und Kunst auf Verlangen umfassend über alle Angelegenheiten.

(2) ¹Das Staatsministerium für Wissenschaft und Kunst kann rechtswidrige Beschlüsse und Maßnahmen beanstanden. ²Die Beanstandung hat aufschiebende Wirkung. ³Das Staatsministerium für Wis-

senschaft und Kunst kann anordnen, dass die zur Herstellung rechtmäßiger Zustände erforderlichen Beschlüsse gefasst und erforderlichen Maßnahmen getroffen werden. [4]Kommt die Hochschule einer Beanstandung oder Anordnung nicht fristgemäß nach oder erfüllt sie die ihr sonst obliegenden Pflichten nicht innerhalb der gesetzlich vorgeschriebenen oder vom Staatsministerium für Wissenschaft und Kunst gesetzten Frist, kann dieses die erforderlichen Maßnahmen an ihrer Stelle treffen und die erforderlichen Ordnungen für die Hochschule erlassen. [5]Einer Fristsetzung bedarf es nicht, wenn die Hochschule die Abhilfe einer Beanstandung oder die angeordnete Erfüllung der ihr obliegenden Pflicht verweigert oder ein Organ der Hochschule dauerhaft beschlussunfähig ist.

(3) Ist in der Hochschule oder einer ihrer Fakultäten oder Einrichtungen die Erfüllung von Aufgaben nach § 5 Abs. 2 Satz 2 schwerwiegend gefährdet und reichen die Aufsichtsmittel nach Absatz 2 nicht aus, um die Gefährdung zu beseitigen, kann das Staatsministerium für Wissenschaft und Kunst Beauftragte bestellen oder durch das Rektorat bestellen lassen, welche die erforderlichen Aufgaben in erforderlichem Umfang wahrnehmen.

(4) Für Weisungsaufgaben gelten die Absätze 2 und 3 entsprechend.

§ 8 Landesrektorenkonferenz

(1) [1]Die Landesrektorenkonferenz sichert das Zusammenwirken der Hochschulen bei der Erfüllung ihrer Aufgaben. [2]Ihr gehören die Rektoren der Hochschulen nach § 1 Abs. 1 an. [3]Die Kanzler dieser Hochschulen und die Rektoren der staatlich anerkannten Hochschulen können mit beratender Stimme an den Sitzungen teilnehmen.

(2) Die Landesrektorenkonferenz gibt sich eine Geschäftsordnung.

(3) [1]Das Staatsministerium für Wissenschaft und Kunst ist berechtigt und auf Antrag der Landesrektorenkonferenz verpflichtet, an ihren Sitzungen teilzunehmen und Stellungnahmen vorzulegen. [2]Die Landesrektorenkonferenz ist zu allen Gesetzen und Rechtsverordnungen, die den Regelungsbereich dieses Gesetzes berühren, zu hören.

§ 9 Qualitätssicherung

(1) [1]Die Leistungen der Hochschulen in Forschung, Lehre und Weiterbildung, bei der Förderung des wissenschaftlichen Nachwuchses sowie bei der Erfüllung des Gleichstellungsauftrages sind regelmäßig zu bewerten. [2]Die Hochschule richtet ein System zur Sicherung der Qualität ihrer Arbeit ein, das sie intern, in angemessenen Zeitabständen auch extern, evaluieren lässt. [3]Die Ergebnisse der Bewertungen werden veröffentlicht.

(2) [1]Die Qualität der Lehre ist in regelmäßigen Zeitabständen zu überprüfen, dabei sind auch die Studiengänge zu evaluieren. [2]Das Verfahren ist mit dem Studentenrat abzustimmen. [3]Neu eingerichtete oder wesentlich veränderte Studiengänge werden unter Einbeziehung unabhängiger Gutachter bewertet.

(3) [1]Der Dekan bewertet unter Mitwirkung des Fakultätsrates mindestens alle 2 Jahre die Erfüllung aller Lehraufgaben der Fakultät und erstellt einen Lehrbericht, der dem Rektor vorgelegt wird. [2]Sofern die Ordnung nach § 27 Abs. 2 die Bildung von Fachschaftsräten vorsieht, wirkt der zuständige Fachschaftsrat bei der Erstellung des Lehrberichtes mit. [3]Andernfalls können Studenten der Fakultät mitwirken, die der Studentenrat benennt. [4]Der Lehrbericht enthält insbesondere die zur Beurteilung der Lehr- und Studiensituation maßgeblichen Daten. [5]Er beschreibt gegebenenfalls getroffene oder beabsichtigte Maßnahmen zur Verbesserung der Qualität von Lehre und Studium. [6]Bei der Bewertung der Qualität der Lehre sind die Studenten zu beteiligen. [7]Auch hierzu sollen mindestens alle 2 Jahre Studentenbefragungen durchgeführt werden.

(4) Die Qualität der Forschung wird intern und extern in angemessenen Zeitabständen evaluiert.

(5) Das Nähere, insbesondere zur Unterrichtung der betroffenen Personen über Zweck und Inhalt von Befragungen und Evaluationen sowie die Verfahren zur Bewertung der Lehre nach Absatz 2 Satz 1 und Absatz 3 Satz 1 und das Verfahren zur Evaluierung der Forschung nach Absatz 4, regelt der Senat im Benehmen mit dem Rektorat, den Fakultätsräten und dem Studentenrat durch Ordnung.

(6) Die Evaluierung soll einen Leistungsvergleich mit anderen Hochschulen ermöglichen.

§ 10 Hochschulplanung und -steuerung

(1) [1]Das Staatsministerium für Wissenschaft und Kunst ist zuständig für die staatliche Hochschulentwicklungsplanung. [2]Es wirkt dabei mit den Hochschulen zusammen. [3]Die staatliche Hochschulentwicklungsplanung dient der Sicherung eines landesweit abgestimmten Fächerangebotes. [4]Zu ihrer

Umsetzung soll die Staatsregierung in Vereinbarungen mit den Hochschulen die insgesamt auf den Hochschulbereich entfallende Höhe der Zuschüsse nach § 11 Abs. 6 jeweils für mehrere Jahre festlegen.

(2) [1]Zur Umsetzung der staatlichen Hochschulentwicklungsplanung schließen das Staatsministerium für Wissenschaft und Kunst und die einzelnen Hochschulen als Bestandteil eines umfassenden Controllings regelmäßig Zielvereinbarungen ab. [2]Hierbei sind insbesondere zu vereinbaren:

1. die Profilbildung durch Schwerpunktsetzung; dies umfasst in der Regel auch profilbildende[1]) Studiengänge,
2. die Immatrikulations- und Absolventenzahlen,
3. die Leitlinien der inhaltlichen und organisatorischen Hochschulstruktur einschließlich deren personeller, sachlicher und finanzieller Ausstattung,
4. die Qualitätssicherung,
5. die Durchsetzung des Gleichstellungsauftrages,
6. die Vereinbarung hochschulspezifischer Ziele und
7. die Folgen bei Verfehlung der gemeinsam vereinbarten Ziele.

[3]Der Grad der Zielerreichung beeinflusst maßgeblich die Zuweisung staatlicher Mittel nach § 11 Abs. 7 und ist Grundlage für die anschließende Zielvereinbarung.

(3) [1]Wenn eine Zielvereinbarung mit einer Hochschule nicht zu Stande kommt, findet Absatz 2 Satz 3 entsprechende Anwendung. [2]Kommt eine Zielvereinbarung nicht zu Stande, soll darüber hinaus bis zum Vorliegen einer Zielvereinbarung das Staatsministerium für Wissenschaft und Kunst die Ziele gemäß Absatz 2 bestimmen.

(4) [1]Das Nähere zur Steuerung, zum Abschluss von Zielvereinbarungen nach Absatz 2 und zum Verfahren zur Feststellung nach § 11 Abs. 2 Satz 6 und 7 regelt das Staatsministerium für Wissenschaft und Kunst im Einvernehmen mit dem Staatsministerium der Finanzen durch Rechtsverordnung. [2]Vor Erlass der Rechtsverordnung ist diese den für Finanzen und Wissenschaft zuständigen Ausschüssen des Landtages zur Kenntnis zu geben.

(5) Die Hochschule schreibt ihren Entwicklungsplan auf der Grundlage der staatlichen Hochschulentwicklungsplanung und der Zielvereinbarung fort.

(6) [1]Die Hochschulen richten ein Informationssystem ein, das die wesentlichen Daten der Ressourcenausstattung und -nutzung für die Erfüllung der Aufgaben gemäß § 5 enthält. [2]Zu diesen Daten gehören insbesondere solche zur fachlichen, strukturellen, personellen und finanziellen Entwicklung und die Ergebnisse der Leistungsprozesse in Lehre und Forschung. [3]In regelmäßigen Abständen und auf Anforderung des Staatsministeriums für Wissenschaft und Kunst berichten die Hochschulen über die Erfüllung ihrer Aufgaben und ihre Vermögens-, Finanz- und Ertragslage. [4]Der Bericht gibt insbesondere Auskunft über die den Einrichtungen der Hochschule zugewiesenen Stellen und Mittel, deren Verwendung sowie über die in Erfüllung der Zielvereinbarung erbrachten Leistungen. [5]Er ist in hochschulüblicher Form zu veröffentlichen.

(7) [1]Das Staatsministerium für Wissenschaft und Kunst kann die Daten nach Absatz 6 verarbeiten, soweit dies nach diesem Gesetz oder nach dem Haushaltsgesetz in der jeweils geltenden Fassung und den dazu erlassenen Ordnungen für den Abschluss der Zielvereinbarungen nach Absatz 2 und die Feststellung der Zielerreichung oder die Erfüllung seiner Berichtspflicht gegenüber dem Landtag erforderlich ist. [2]Das Nähere, insbesondere Vorgaben über die Bestimmung der Lehrkapazität sowie die inhaltlichen und die für eine elektronische Übermittlung und vergleichende Auswertung der Daten erforderlichen strukturellen und technischen Anforderungen, kann es durch Rechtsverordnung festlegen.

§ 11 Wirtschaftsführung, Rechnungslegung, Finanzierung

(1) [1]Wirtschaftsführung und Rechnungswesen richten sich nach kaufmännischen Grundsätzen. [2]Die Vorschriften über die Verwaltung von Drittmitteln bleiben unberührt. [3]Hochschulen nach § 1 Abs. 1 Nr. 2 können sich abweichend von Satz 1 für eine kamerale Wirtschaftsführung entscheiden.

(2) [1]Wirtschaftsjahr ist das Kalenderjahr. [2]Für jedes Wirtschaftsjahr ist vor dessen Beginn ein Wirtschaftsplan aufzustellen. [3]Dieser besteht aus dem Erfolgs-, Finanz-, Investitions- und Stellenplan. [4]Das Nähere regelt die Rechtsverordnung nach Absatz 4. [5]Der Wirtschaftsplan ist im Laufe des Wirt-

---

1) Richtig wohl: „profilprägende".

schaftsjahres bei wesentlicher Änderung der zugrunde gelegten Annahmen anzupassen. [6]Die Hochschulen wirtschaften auf der Grundlage des umfassenden Controllings nach § 10 Abs. 2 Satz 1, das für die jeweiligen Hochschularten eine nach einheitlichen Grundsätzen gestaltete Kosten- und Leistungsrechnung, eine Kennzahlensteuerung sowie ein externes und ein produktorientiertes internes Berichtswesen nach § 10 Abs. 6 umfasst. [7]Diese Instrumente müssen die Steuerung und Kontrolle des Einsatzes öffentlicher Mittel sowie die Einhaltung des Wirtschaftsplanes gewährleisten.

(3) [1]Der Jahresabschluss und der Lagebericht werden in entsprechender Anwendung der Vorschriften des Dritten Buches des Handelsgesetzbuches in der im Bundesgesetzblatt Teil III, Gliederungsnummer 4100-1, veröffentlichten bereinigten Fassung, das zuletzt durch Artikel 2 Abs. 39 des Gesetzes vom 22. Dezember 2011 (BGBl. I S. 3044, 3046) geändert worden ist, in der jeweils geltenden Fassung, zum Schluss eines jeden Wirtschaftsjahres aufgestellt und von einem öffentlich bestellten Abschlussprüfer geprüft. [2]§ 246 Abs. 1 Handelsgesetzbuch ist mit der Maßgabe anzuwenden, dass im Jahresabschluss der Hochschulen bei unbeweglichem Anlagevermögen ausschließlich solche Vermögensgegenstände auszuweisen sind, die auch in ihrem zivilrechtlichen Eigentum stehen. [3]Die Prüfung erfolgt auch nach den geltenden besonderen Prüfungsbestimmungen des § 53 des Gesetzes über die Grundsätze des Haushaltsrechts des Bundes und der Länder (Haushaltsgrundsätzegesetz – HGrG) vom 19. August 1969 (BGBl. I S. 1273), das zuletzt durch Artikel 1 des Gesetzes vom 27. Mai 2010 (BGBl. I S. 671) geändert worden ist, in der jeweils geltenden Fassung.

(4) [1]Die Sächsische Haushaltsordnung in der Fassung der Bekanntmachung vom 10. April 2001 (SächsGVBl. S. 153), die zuletzt durch Artikel 1 des Gesetzes vom 29. April 2015 (SächsGVBl. S. 349) geändert worden ist, in der jeweils geltenden Fassung, findet mit Ausnahme der §§ 1 bis 47, 49 bis 54, 56 bis 64, 65 Absatz 2 bis 5, §§ 66 bis 87 sowie 106 bis 109 der Sächsischen Haushaltsordnung Anwendung. [2]Die Hochschule beachtet bei ihrer Wirtschaftsführung den Grundsatz der wirtschaftlichen und sparsamen Mittelverwendung. [3]Das Staatsministerium der Finanzen regelt durch Rechtsverordnung und ergänzende Verwaltungsvorschriften im Einvernehmen mit dem Staatsministerium für Wissenschaft und Kunst das Nähere zur Wirtschaftsführung, zum Kassenwesen und Zahlungsverkehr, zur Rechnungslegung, zum Jahresabschluss, zur Vermögensrechnung, zum Nachweis der sachgerechten Verwendung der Mittel sowie zur Buchführung; dabei ist ein Höchstmaß an Eigenverantwortung der Hochschulen in finanziellen und personellen Angelegenheiten anzustreben.

(5) [1]Solange die Hochschule die Anforderungen nach Absatz 1 Satz 1 und Absatz 2 Satz 6 und 7 nicht erfüllt, gilt abweichend von Absatz 4 Satz 1 ausnahmslos die Sächsische Haushaltsordnung. [2]Sofern die Hochschule die Anforderungen nach Absatz 2 Satz 6 und 7 erfüllt, kann das Staatsministerium für Wissenschaft und Kunst auf Antrag zulassen, dass sie abweichend von Absatz 1 Satz 1 für einen Übergangszeitraum von bis zu 2 Jahren ab Bewilligung nach Einnahmen und Ausgaben wirtschaftet. [3]Solange die Hochschule übergangsweise entsprechend der Zulassung des Staatsministeriums für Wissenschaft und Kunst nach Einnahmen und Ausgaben wirtschaftet, finden abweichend von Absatz 4 Satz 1 auch die §§ 1 bis 34 SäHO, mit Ausnahme von § 7a SäHO, und die §§ 70 bis 87 SäHO Anwendung.

(6) [1]Die staatliche Finanzierung gewährleistet die Freiheit von Wissenschaft und Kunst, Lehre und Forschung sowie die Erfüllung der weiteren der Hochschule übertragenen Aufgaben und wird nach Maßgabe des Staatshaushaltsplanes bereitgestellt. [2]Die nach Maßgabe des Staatshaushaltsplanes bereitgestellten Mittel werden der Hochschule als Zuschüsse für den laufenden Betrieb und für Investitionen als Globalbudget zur Verfügung gestellt. [3]Nicht verbrauchte Zuschüsse sollen einer Rücklage zugeführt werden und stehen der Hochschule zur Erfüllung ihrer Aufgaben zusätzlich zur Verfügung.

(7) [1]Die Mittelzuweisung nach Absatz 6, die aus einem Grundbudget, einem Leistungsbudget und einem Innovationsbudget besteht, erfolgt unter Berücksichtigung der in Hochschulvereinbarungen nach § 10 Abs. 1 Satz 3 sowie der Zielvereinbarung gemäß § 10 Abs. 2 getroffenen Regelungen. [2]Für die Zuweisung der Mittel sind insbesondere der Grad der Zielerreichung, die wirksame Verwendung der Haushaltsmittel, die Belebung des hochschulinternen Wettbewerbes und des Wettbewerbes zwischen den Hochschulen sowie Fortschritte bei der Durchsetzung der Chancengleichheit von Frauen und Männern zu berücksichtigen. [3]Bei der Verteilung der Mittel innerhalb der Hochschule ist Satz 2 zu beachten. [4]Art und Umfang der von den Grundeinheiten der Hochschule zu erbringenden Leistungen sowie die Verwendung der zugewiesenen Mittel sind regelmäßig in Zielvereinbarungen zwischen dem Rektorat und der Leitung der jeweiligen Grundeinheit nach § 2 Abs. 2 festzulegen und zu überprüfen.

(8) [1]Die Hochschulen können zur Sicherung ihrer Liquidität zinslose Kredite bei der Hauptkasse des Freistaates Sachsen aufnehmen (Kassenverstärkungskredite). [2]Diese müssen jeweils zum Jahresende ausgeglichen werden. [3]Im Übrigen sind die Aufnahme von Krediten, die Gewährung von Darlehen und die Übernahme von Bürgschaften, Garantien und sonstigen Gewährleistungen ausgeschlossen. [4]Dies gilt nicht für Rechtsgeschäfte, die die Hochschule mit Einwilligung des Staatsministeriums der Finanzen und des Staatsministeriums für Wissenschaft und Kunst für Rechnung eines nicht rechtsfähigen Sondervermögens der Hochschule eingeht. [5]Die Haftung der Hochschule ist in diesem Fall gegenständlich auf das Sondervermögen zu beschränken; darauf muss die Hochschule den Vertragspartner vor Abschluss des Rechtsgeschäfts hinweisen. [6]Die Einwilligung darf nur erteilt werden, wenn das jeweilige Rechtsgeschäft nach Art und Umfang der sachgerechten Erfüllung von Aufgaben des Sondervermögens dient. [7]Sie kann unter Bedingungen oder Auflagen erteilt werden.

(9) [1]Der Freistaat Sachsen stellt der Hochschule zur Erfüllung ihrer Aufgaben unentgeltlich Liegenschaften zur Verfügung. [2]Die Liegenschaften verbleiben im Eigentum des Freistaates Sachsen. [3]Baumaßnahmen auf diesen Liegenschaften werden in der Regel nach der Bekanntmachung des Sächsischen Staatsministerium der Finanzen über die Neufassung der Richtlinien für die Durchführung von Bauaufgaben und Bedarfsdeckungsmaßnahmen des Freistaates Sachsen im Zuständigkeitsbereich der Staatlichen Vermögens- und Hochbauverwaltung (RLBau Sachsen) Ausgabe 2003 vom 14. Februar 2004 (SächsABl. SDr. S. S 70), geändert durch Verwaltungsvorschrift vom 18. Juli 2008 (Sächs-ABl. SDr. S. S 502), zuletzt enthalten in der Verwaltungsvorschrift vom 19. Dezember 2011 (Sächs-ABl. SDr. S. S 1702), in der jeweils geltenden Fassung, geplant und veranschlagt. [4]Auf Antrag der Hochschule soll ihr das Staatsministerium der Finanzen jährlich Mittel für kleinere Baumaßnahmen zur Bewirtschaftung übertragen.

(10) [1]Drittmittel sind im Jahresabschluss nachzuweisen. [2]Dies gilt auch, wenn die Mittel für diese Zwecke einem Mitglied der Hochschule mit der Maßgabe, persönlich über ihre Verwendung zu bestimmen, zur Verfügung gestellt werden.

(11) [1]Die Einwerbung, Annahme und Verwaltung von Drittmitteln können die Hochschulen in eigenen Ordnungen regeln. [2]Die Verwaltungsvorschrift des Sächsischen Staatsministeriums für Wissenschaft und Kunst zur Einwerbung, Verwaltung und Verwendung von Mitteln Dritter an den staatlichen Hochschulen im Freistaat Sachsen (VwV Drittmittel) vom 4. April 2005 (SächsABl. S. 343), zuletzt enthalten in der Verwaltungsvorschrift vom 10. Dezember 2011 (SächsABl. SDr. S. S 1790), in der jeweils geltenden Fassung, ist zu beachten.

§ 12 Gebühren und Entgelte

(1) Für das Studium bis zu einem ersten berufsqualifizierenden Hochschulabschluss oder einem ersten Hochschulabschluss mit staatlicher oder kirchlicher Abschlussprüfung sowie für das Graduierten- und das Meisterschülerstudium nach § 42 werden keine Gebühren erhoben, soweit sich aus den nachfolgenden Absätzen nichts Abweichendes ergibt.

(2) [1]Sofern die in der Prüfungsordnung festgelegte Regelstudienzeit in einem Studiengang, der zu einem ersten berufsqualifizierenden Hochschulabschluss oder zu einem ersten Hochschulabschluss mit staatlicher oder kirchlicher Abschlussprüfung führt oder ein Masterstudiengang auf der Grundlage eines Bachelorabschlusses ist, um mehr als 4 Semester überschritten wird, wird für jedes weitere Semester eine Gebühr von 500 EUR bei der Rückmeldung erhoben. [2]Die Gebühr entsteht mit der Rückmeldung. [3]Die §§ 8, 17 Absatz 5, §§ 18, 21 und 23 des Sächsischen Verwaltungskostengesetzes vom 5. April 2019 (SächsGVBl. S. 245), in der jeweils geltenden Fassung, finden entsprechende Anwendung. [4]Die Einnahmen kommen der jeweiligen Hochschule zugute und sind für Maßnahmen zur Verbesserung der Lehre zu verwenden.

(3) Für Studenten, die nicht Staatsangehörige eines Mitgliedstaates der Europäischen Union sind, können die Hochschulen in den in Absatz 2 genannten Studiengängen Gebühren erheben, wenn sie für diesen Personenkreis ein Stipendienprogramm anbieten.

(4) [1]Für ein Studium, das zu einem weiteren berufsqualifizierenden Hochschulabschluss führt und kein Masterstudiengang auf der Grundlage eines Bachelorabschlusses ist, können von einem Studenten Gebühren erhoben werden, wenn dieser bereits über einen Master-, Diplom- oder Magistergrad oder den Abschluss in einem Studiengang mit staatlicher oder kirchlicher Abschlussprüfung verfügt (bisheriges Studium). [2]In diesem Falle soll die Gebühr erhoben werden, soweit die Gesamtdauer seines Studiums die Regelstudienzeit seines bisherigen Studiums nach Satz 1 um 6 Semester überschreitet.

(5) [1]Für das Studium sind Gebühren zu erheben, wenn der Studiengang nach Maßgabe eines Programmes der Europäischen Union, das die Gebührenerhebung vorsieht, gefördert werden soll. [2]Entscheidet die Europäische Union, dass der Studiengang nicht gefördert oder die Förderung eingestellt wird, werden mit Beginn des auf die Entscheidung folgenden Studienjahres keine Studiengebühren mehr erhoben.

(6) Die Hochschule soll Gebühren erheben

1. für die Teilnahme am weiterbildenden Studium und am Fernstudium sowie von Gasthörern,

2. für die Prüfung nach § 37 Abs. 2 von Kenntnissen, die extern erworben wurden,

3. für Leistungen des Studienkollegs nach § 23,

4. für die Unterrichtung besonders begabter Kinder in Nachwuchsförderklassen der Kunsthochschulen, soweit die Kinder nicht Schüler einer der Kunsthochschule zugeordneten Schule sind, und für die Betreuung minderjähriger Studenten und Schüler im Internat der Palucca Hochschule für Tanz Dresden.

(7) [1]Die Hochschule soll Gebühren oder privatrechtliche Entgelte für Sonderleistungen, die Nutzung ihrer Einrichtungen sowie bestimmte Leistungen der Hochschulbibliotheken und Hochschularchive, insbesondere die Fernleihe, Recherchen durch das Bibliothekspersonal und das Anfertigen von Reproduktionen, erheben. [2]Die Absätze 1 bis 4 bleiben unberührt.

(8) [1]Die Hochschule bestimmt die gebühren- oder entgeltpflichtigen Tatbestände und die Höhe der Gebühren und Entgelte nach den Absätzen 3 bis 7 sowie die Voraussetzungen für Erlass, Ratenzahlung oder Stundung der Gebühren oder des Entgeltes in einer Hochschulgebühren- und Entgeltordnung. [2]Sie setzt die Gebühren fest und regelt die Entgelte. [3]Die Gebühren und Entgelte sind so zu bemessen, dass der Aufwand der Hochschule sowie der Nutzen, der wirtschaftliche Wert oder die sonstige Bedeutung der Leistung für den Leistungsempfänger angemessen berücksichtigt werden. [4]Auslagen sind der Hochschule zu erstatten. [5]Die Regelungen der § 7 Absatz 4, §§ 8, 9, 11, 13, 15, 16, 17 Absatz 1 und 3 bis 5, §§ 18, 19, 21 bis 23 des Sächsischen Verwaltungskostengesetzes gelten entsprechend, soweit dieses Gesetz keine abweichende Regelung trifft.

(9) [1]Die Absätze 7 und 8 gelten für die Sächsische Landesbibliothek – Staats- und Universitätsbibliothek Dresden entsprechend. [2]Die Gebühren- und Entgeltordnung erlässt der Generaldirektor der Sächsischen Landesbibliothek – Staats- und Universitätsbibliothek Dresden.

§ 13 Grundordnung, Ordnungen

(1) [1]Die Hochschule gibt sich eine Grundordnung nach Maßgabe dieses Gesetzes. [2]Die Grundordnung bestimmt die Grundsätze, nach denen die innere Struktur der Hochschule unterhalb der zentralen Ebene nach Teil 7 und die innere Organisation ausgestaltet sind.

(2) [1]Die Grundordnung wird vom Erweiterten Senat im Einvernehmen mit dem Rektorat beschlossen und geändert. [2]Sie ist dem Staatsministerium für Wissenschaft und Kunst unverzüglich vorzulegen. [3]Sie tritt in Kraft, wenn das Staatsministerium für Wissenschaft und Kunst nicht innerhalb von 4 Monaten aus Rechtsgründen eine Änderung fordert.

(3) [1]Ordnungen, die akademische Angelegenheiten von fakultätsübergreifender Bedeutung regeln, erlässt der Senat im Benehmen mit dem Rektorat. [2]Hierzu gehören insbesondere Hochschulordnungen über die Auswahl der Studienbewerber, die Eignungsfeststellung, Zulassung und Immatrikulation von Studienbewerbern, die Beurlaubung und Exmatrikulation von Studenten sowie den Studienjahresablauf.

(4) [1]Ordnungen, die Angelegenheiten nur einer Fakultät regeln, insbesondere Studien-, Prüfungs-, Promotions- und Habilitationsordnungen, erlässt der Fakultätsrat. [2]Die Ordnungen bedürfen der Genehmigung des Rektorates.

(5) [1]Andere Ordnungen erlässt das Rektorat. [2]Die Hochschulgebühren- und -entgeltordnung erlässt es im Benehmen, die Ordnung über Wahlen an der Hochschule im Einvernehmen mit dem Senat.

(6) Ordnungen der Hochschule sind öffentlich bekannt zu machen; die Art der Bekanntmachung regelt die Hochschule in der Grundordnung.

§ 14 Verarbeitung personenbezogener Daten

(1) [1]Die Hochschule darf personenbezogene Daten ihrer Mitglieder und Angehörigen, ihrer Studienbewerber, Prüfungskandidaten, Gasthörer und ehemaligen Mitglieder verarbeiten, soweit dies für

1. den Zugang zum Studium und die Durchführung des Studiums,
2. die Zulassung zu Prüfungen, zur Promotion oder Habilitation,
3. die Evaluation von Forschung und Lehre nach § 9,
4. die Feststellung der Leistung ihrer Mitglieder und Angehörigen,
5. die Erfüllung von Weisungsaufgaben oder Aufgaben der akademischen Selbstverwaltung,
6. die Entwicklungsplanung,
7. Leistungsbewertungen für die hochschulinterne Mittelvergabe und Steuerung,
8. den Abschluss von Zielvereinbarungen,
9. die Kontaktpflege mit ehemaligen Mitgliedern oder
10. die Umsetzung des Gleichstellungszieles

erforderlich ist. [2]Die Hochschule darf personenbezogene Daten ehemaliger Absolventen verarbeiten, soweit dies für die Kontaktpflege erforderlich ist. [3]Eine Verarbeitung durch die Hochschule für Zwecke der Kontaktpflege ehemaliger Absolventen untereinander oder mit Dritten ist nur zulässig, soweit die betroffenen Personen hierin eingewilligt haben. [4]Die Hochschule darf personenbezogene Daten ehemaliger Absolventen verarbeiten, soweit dies für die Einholung einer Einwilligung nach Satz 2 erforderlich ist. [5]Behörden, die staatliche Prüfungen nach § 35 Abs. 1 abnehmen, sind verpflichtet, der Hochschule die zur Erfüllung ihrer Aufgaben erforderlichen personenbezogenen Daten zu übermitteln. [6]Die Hochschule darf Daten, die ihr aus den unter Satz 1 Nr. 1 bis 4 und 10 genannten Gründen übermittelt werden, verarbeiten, soweit das zum Erreichen des Zweckes der Übermittlung erforderlich ist.

(2) [1]Mitglieder und Angehörige der Hochschule sind verpflichtet, ihre personenbezogenen Daten anzugeben, soweit dies zur Erfüllung der Aufgaben nach Absatz 1 erforderlich ist. [2]Die Befragung von Studenten nach § 9 Abs. 3 Satz 7 hat so zu erfolgen, dass Antworten und Auswertungen keine Rückschlüsse auf die Identität der befragten Person zulassen.

(3) [1]Das Staatsministerium für Wissenschaft und Kunst bestimmt durch Rechtsverordnung, welche Daten verarbeitet werden dürfen. [2]Der Senat regelt nach Anhörung des Rektorates und der Fakultäten Art und Gewichtung der zu verarbeitenden Daten nach Satz 1, welche Organe, Gremien, Kommissionen und Amtsträger der Hochschule welche Daten nach Satz 1 verarbeiten sowie das Verfahren der Verarbeitung dieser Daten durch Ordnung. [3]Soweit dies für Zwecke der Förderung von Wirtschaft, Kunst oder Kultur erforderlich ist, ist eine Übermittlung der Daten nach Absatz 1 Satz 1 Nr. 9 an andere Stellen zulässig.

(4) [1]Die Studentenschaft darf personenbezogene Daten ihrer Mitglieder verarbeiten, soweit dies zur Erfüllung ihrer Aufgaben nach § 24 Abs. 3 erforderlich ist. [2]Entsprechendes gilt für die Studentenwerke.

(5) Die Grundrechte auf Datenschutz aus Artikel 33 Satz 1 und 2 der Verfassung des Freistaates Sachsen werden insoweit eingeschränkt.

Teil 2
Studium und Lehre

Abschnitt 1
Studium

§ 15 Studienziel

(1) [1]Studium und Lehre sollen die Studenten auf ein berufliches Tätigkeitsfeld vorbereiten und ihnen die erforderlichen fachlichen Kenntnisse, Fähigkeiten und Methoden so vermitteln, dass sie zu wissenschaftlicher oder künstlerischer Arbeit, zu selbständigem Denken und zu verantwortlichem Handeln in einem freiheitlichen, demokratischen und sozialen Rechtsstaat befähigt werden. [2]Sie sollen die Grundlage für berufliche Entwicklungsmöglichkeiten schaffen und zu eigenständiger Weiterbildung befähigen.

(2) Weiterbildende Studien dienen der Erneuerung, Erweiterung oder Vertiefung des Wissens und Könnens.

§ 16 Lehrangebot

(1) [1]Jede Hochschule sichert ihr Lehrangebot auf der Grundlage einer Studienplanung. [2]Die Möglichkeiten des Selbststudiums sind zu fördern. [3]Den Studenten ist die Mitwirkung an der Organisation der Lehre zu ermöglichen.

(2) ¹Die Fakultäten übertragen ihren in der Lehre tätigen Mitgliedern und Angehörigen unter Beachtung der für deren Dienstverhältnisse geltenden Bestimmungen die zur Verwirklichung des Lehrangebotes erforderlichen Aufgaben. ²Dabei sind der nach Art und Umfang der übertragenen Lehrverpflichtungen erforderliche Aufwand und die Beanspruchung durch sonstige dienstliche Aufgaben zu beachten.

(3) ¹Zur Erprobung von Reformmodellen können besondere Studien- und Prüfungsordnungen erlassen werden, die neben bestehende Ordnungen treten. ²In besonders gelagerten Fällen kann von den §§ 34 und 36 abgewichen werden. ³Die Erprobung von Reformmodellen soll nach einer festgelegten Frist begutachtet werden. ⁴Prüfungs- und Studienordnungen können in einer Ordnung erlassen werden.

§ 17 Hochschulzugang

(1) ¹Jeder Deutsche im Sinne des Artikels 116 des Grundgesetzes ist zu dem von ihm gewählten Hochschulstudium berechtigt, wenn er die für das Studium erforderliche Qualifikation nachweist und kein Versagungsgrund nach § 18 Abs. 2 und 3 vorliegt. ²Ein Staatsangehöriger eines anderen Mitgliedstaates der Europäischen Union ist Deutschen gleichgestellt, wenn er die für das Studium erforderlichen Sprachkenntnisse nachweist. ³Rechtsvorschriften, die weitere Personen Deutschen gleichstellen, bleiben unberührt. ⁴Studienbewerbern, die nicht Staatsangehörige eines Mitgliedstaates der Europäischen Union sind, kann der Zugang zum Studium gewährt werden, sofern sie eine vergleichbare Qualifikation nachweisen. ⁵Die Prüfung der Vergleichbarkeit obliegt nach Absatz 12 der Hochschule.

(2) ¹Die für den Zugang zu einem Studium, das zu einem ersten berufsqualifizierenden Abschluss führt, erforderliche Qualifikation wird nachgewiesen durch

1. die allgemeine Hochschulreife,
2. die fachgebundene Hochschulreife oder
3. die Fachhochschulreife.

²Der Nachweis nach Satz 1 Nr. 1 berechtigt zum Studium an allen Hochschulen, der Nachweis nach Satz 1 Nr. 2 zum Studium an allen Hochschulen in der entsprechenden Fachrichtung, der Nachweis nach Satz 1 Nr. 3 zum Studium an Fachhochschulen.

(3) Die Inhaber der nachfolgend genannten Abschlüsse der beruflichen Aufstiegsfortbildung verfügen nach einem Beratungsgespräch an der Hochschule, an der ein Studium begonnen werden soll, über den Hochschulzugang nach Absatz 2 Satz 1 Nr. 1:

1. Meisterprüfung aufgrund einer Rechtsverordnung nach den §§ 45, 51a und 122 des Gesetzes zur Ordnung des Handwerks (Handwerksordnung) in der Fassung der Bekanntmachung vom 24. September 1998 (BGBl. I S. 3074; 2006 I S. 2095), das zuletzt durch Artikel 33 des Gesetzes vom 20. Dezember 2011 (BGBl. I S. 2854, 2924) geändert worden ist, in der jeweils geltenden Fassung,
2. Fortbildungsabschluss auf der Grundlage einer Fortbildungsordnung nach § 53 des Berufsbildungsgesetzes (BBiG) vom 23. März 2005 (BGBl. I S. 931), das zuletzt durch Artikel 24 des Gesetzes vom 20. Dezember 2011 (BGBl. I S. 2854, 2923) geändert worden ist, in der jeweils geltenden Fassung, oder nach § 42 Handwerksordnung oder von Fortbildungsprüfungsregelungen nach § 54 BBiG oder § 42a Handwerksordnung, sofern der Lehrgang mindestens 400 Unterrichtsstunden umfasst,
3. staatliches Befähigungszeugnis für den nautischen oder technischen Schiffsdienst nach der Verordnung über die Ausbildung und Befähigung von Kapitänen und Schiffsoffizieren des nautischen und technischen Schiffsdienstes (Schiffsoffizier-Ausbildungsverordnung – SchOffzAusbV) in der Fassung der Bekanntmachung vom 15. Januar 1992 (BGBl. I S. 22, 227), die zuletzt durch Artikel 1 der Verordnung vom 2. Mai 2011 (BGBl. I S. 746) geändert worden ist, in der jeweils geltenden Fassung,
4. Abschluss von Fachschulen entsprechend der Rahmenvereinbarung über Fachschulen (Beschluss der Kultusministerkonferenz vom 7. November 2002 in der Fassung vom 3. März 2010, Sammlung der Beschlüsse der Ständigen Konferenz der Kultusminister der Länder in der Bundesrepublik Deutschland, 3. Auflage, Neuwied, Luchterhand, 1982 – Loseblattsammlung), in der jeweils aktuellen Fassung,
5. Abschluss aufgrund einer vergleichbaren landesrechtlichen Fortbildungsregelung für Berufe im Gesundheitswesen sowie im Bereich der sozialpflegerischen und sozialpädagogischen Berufe.

(4) ¹Die für den Zugang zu einem Studium erforderliche Qualifikation nach Absatz 2 Satz 1 Nr. 1 kann auch durch andere berufliche Fortbildungsabschlüsse als die in Absatz 3 genannten nachgewiesen werden, wenn sie durch die Hochschule als gleichwertig anerkannt sind. ²Die Anerkennung setzt vor-

aus, dass die berufliche Fortbildung auf einer mindestens zweijährigen Berufsausbildung aufbaut, eine Aufstiegsfortbildung beinhaltet, mindestens 400 Unterrichtsstunden umfasst und in Inhalt und Ausbildungstiefe einer Meisterprüfung entspricht. [3]Gleiches gilt für Fortbildungen, die an staatlichen Verwaltungs- und Wirtschaftsakademien angeboten werden und in Inhalt und Ausbildungstiefe einer Meisterprüfung entsprechen.

(5) Beruflich Qualifizierte, die eine mindestens zweijährige staatlich geregelte Berufsausbildung abgeschlossen haben und über eine dreijährige Berufserfahrung im erlernten Beruf verfügen sowie ein Beratungsgespräch an der Hochschule, an der ein Studium begonnen werden soll, wahrgenommen haben, verfügen über die fachgebundene Hochschulzugangsberechtigung, sofern sie die entsprechende Hochschulzugangsprüfung dieser Hochschule bestanden haben.

(6) [1]Die Anforderungen an die Hochschulzugangsprüfung sind so zu gestalten, dass deren Bestehen die grundsätzliche Befähigung des Bewerbers nachweist, das Studium nach Maßgabe der Studien- und Prüfungsordnung innerhalb der Regelstudienzeit erfolgreich abzuschließen. [2]Sie besteht aus einem mündlichen und schriftlichen Teil. [3]Das Nähere, insbesondere Form, Inhalt und Umfang der zu erbringenden Prüfungsleistungen, die Bewertungskriterien, die Zusammensetzung der Prüfungskommission, das Verfahren bei Unregelmäßigkeiten während der Prüfung und die Wiederholbarkeit der Prüfung regeln die Hochschulen durch Ordnung.

(7) Beruflich Qualifizierte ohne allgemeine Hochschulzugangsberechtigung verfügen nach einem Studium von 2 Semestern an einer staatlichen oder staatlich anerkannten Hochschule, in dem sie die geforderten Leistungsnachweise erbracht haben, über die Hochschulzugangsberechtigung zum Zwecke des Weiterstudiums im gleichen oder entsprechenden Fach an allen Hochschulen nach § 1 Abs. 1.

(8) Für den Zugang zum Studium kann zusätzlich auch der Nachweis einer berufspraktischen Ausbildung oder Tätigkeit verlangt werden, wenn der Studiengang dies erfordert.

(9) Soweit für einen künstlerischen Studiengang praktische Fähigkeiten erforderlich sind, können Hochschulen zusätzlich zur Hochschulzugangsberechtigung nach Absatz 2 bis 5 und 7 den Nachweis einer entsprechenden Ausbildung oder Tätigkeit verlangen.

(10) [1]Für den Zugang zu einem Masterstudiengang ist ein erster berufsqualifizierender Hochschulabschluss oder ein Abschluss einer staatlichen oder staatlich anerkannten Berufsakademie nachzuweisen. [2]Das gilt nicht für Masterstudiengänge an Kunsthochschulen, die nicht dem Erwerb eines wissenschaftlichen Abschlusses dienen, sofern die erforderliche Qualifikation auf andere Weise nachgewiesen wird. [3]Die Hochschule kann in der Studienordnung fachspezifische Zulassungsvoraussetzungen festlegen.

(11) [1]Für den Zugang zu einem künstlerischen Studiengang kann bei besonderer künstlerischer Eignung auf den Nachweis der erforderlichen Qualifikation nach Absatz 2 verzichtet werden. [2]Für die Zulassung zu einem künstlerischen, sportwissenschaftlichen oder sprachwissenschaftlichen Studiengang soll die Hochschule zum Nachweis der erforderlichen Qualifikation eigene Leistungserhebungen durchführen. [3]Die Immatrikulation in einen künstlerischen Studiengang kann auf Probe vorgenommen werden.

(12) [1]Über die Anerkennung ausländischer Bildungsnachweise als Hochschulzugangsberechtigung entscheiden die Hochschulen im Rahmen des Zulassungsverfahrens. [2]Die Hochschulen können vom Studienbewerber die Vorlage einer gutachtlichen Stellungnahme einer vom Staatsministerium für Wissenschaft und Kunst anerkannten Gutachterstelle für ausländische Bildungsnachweise verlangen.

§ 18 Immatrikulation

(1) [1]Mit der Immatrikulation wird der Studienbewerber Mitglied der Hochschule. [2]Die Immatrikulation erfolgt in der Regel nur für einen Studiengang. [3]Das Nähere regelt die Hochschule durch Ordnung.

(2) Einem Studienbewerber ist die Immatrikulation in einen Studiengang zu versagen, wenn

1. er keine Zugangsvoraussetzung zum Studium nach § 17 erfüllt,
2. der Studiengang zulassungsbeschränkt und der Studienbewerber nicht zugelassen ist,
3. er nicht nachweist, dass er krankenversichert oder von der Krankenversicherungspflicht befreit ist,
4. er die Erfüllung der im Zusammenhang mit der Immatrikulation entstehenden gesetzlichen Verpflichtungen zur Zahlung von Gebühren oder Beiträgen nicht nachweist,
5. er bereits an einer deutschen Hochschule immatrikuliert ist und ein Parallelstudium für das Studienziel nicht zweckmäßig ist,

6. er eine für den Abschluss des gewählten Studienganges erforderliche Prüfung endgültig nicht bestanden hat,

7. er im gewählten Studiengang oder einem Studiengang mit gleicher fachlicher Ausrichtung an einer deutschen Hochschule innerhalb von 4 Fachsemestern keinen in der Prüfungsordnung vorgesehenen Leistungsnachweis erbracht hat,

8. er die Abschlussprüfung des Studienganges bereits bestanden hat.

(3) Einem Studienbewerber kann die Immatrikulation insbesondere versagt werden, wenn er

1. die für die Immatrikulation geltenden Verfahrensvorschriften nicht einhält,

2. nach den Regelungen des Bürgerlichen Gesetzbuches unter Betreuung steht,

3. für bestimmte Fachsemester nicht eingeschrieben werden kann,

4. nicht die erforderlichen Sprachkenntnisse nachweist,

5. an einer Krankheit leidet, die die Gesundheit anderer Studenten ernstlich gefährden könnte oder den Studienbetrieb beeinträchtigt; zur Überprüfung kann die Vorlage eines amtsärztlichen Zeugnisses verlangt werden,

6. wegen einer vorsätzlich begangenen Straftat zu einer Freiheitsstrafe von mindestens einem Jahr rechtskräftig verurteilt worden ist, die Verurteilung noch der unbeschränkten Auskunft unterliegt und nach Art der Straftat eine Gefährdung oder Störung des Studienbetriebes zu befürchten ist.

§ 19 Gasthörer, Frühstudierende

(1) Die Hochschule kann Gasthörer zu einzelnen Lehrveranstaltungen zulassen, auch wenn diese die Hochschulzugangsberechtigung nach § 17 nicht nachweisen.

(2) ¹Ein Schüler, der nach dem einvernehmlichen Urteil von Schule und Hochschule eine besondere Begabung aufweist, kann als Frühstudierender zu Lehrveranstaltungen und Prüfungen zugelassen werden. ²Vor seiner Zulassung ist er als Frühstudierender zu immatrikulieren. ³§ 18 findet keine Anwendung; der Frühstudierende hat kein Wahlrecht an der Hochschule. ⁴An Kunsthochschulen können Nachwuchsförderklassen für Schüler eingerichtet werden. ⁵Erzielte Studien- und Prüfungsleistungen sind auf Antrag in einem späteren Studium anzuerkennen, wenn sie dortigen Erfordernissen gleichwertig sind.

§ 20 Rückmeldung, Beurlaubung, Fristenberechnung

(1) Die Studenten haben sich zu jedem Semester form- und fristgerecht zum Weiterstudium anzumelden (Rückmeldung).

(2) ¹Auf Antrag können Studenten aus wichtigem Grund vom Studium beurlaubt werden. ²Eine Beurlaubung soll die Zeit von insgesamt 2 Semestern nicht überschreiten; dies gilt nicht für die Beurlaubung zum Zwecke eines Studienaufenthalts im Ausland. ³Für eine Beurlaubung wegen Inanspruchnahme von Mutterschaftsurlaub und Elternzeit gelten die Bestimmungen des Gesetzes zum Schutz der erwerbstätigen Mutter (Mutterschutzgesetz – MuSchG) in der Fassung der Bekanntmachung vom 20. Juni 2002 (BGBl. I S. 2318), zuletzt geändert durch Artikel 34 des Gesetzes vom 20. Dezember 2011 (BGBl. I S. 2854, 2924), in der jeweils geltenden Fassung, und des Gesetzes zum Elterngeld und zur Elternzeit (Bundeselterngeld- und Elternzeitgesetz – BEEG) vom 5. Dezember 2006 (BGBl. I S. 2748), zuletzt geändert durch Artikel 10 des Gesetzes vom 23. November 2011 (BGBl. I S. 2298, 2301), in der jeweils geltenden Fassung, entsprechend. ⁴Die Zeiten der Beurlaubung werden nicht auf die Regelstudienzeit angerechnet. ⁵Ein Student kann zur Betreuung eigener Kinder bis zu 4 Semester beurlaubt werden, wenn er nicht bereits nach Satz 3 beurlaubt ist. ⁶Das Nähere können die Hochschulen durch Ordnung regeln.

(3) Beurlaubten Studenten soll ermöglicht werden, an der Hochschule, von der die Beurlaubung ausgesprochen wurde, Studien- und Prüfungsleistungen zu erbringen.

(4) ¹Bei Studenten, die mindestens eine Wahlperiode in den Organen der Hochschule, der Studentenschaft, des Studentenwerkes oder der Studienkommission nach diesem Gesetz mitgewirkt haben, wird die Studienzeit von einem Semester nicht auf die Regelstudienzeit angerechnet. ²Bei einer mehrjährigen Mitwirkung wird eine Studienzeit von 3 Semestern nicht auf die Regelstudienzeit angerechnet.

(5) ¹Eine Fristüberschreitung, die der Student nicht zu vertreten hat, ist bei der Berechnung der Zeiten für Beurlaubungen und der Fristen im Prüfungsverfahren nicht einzubeziehen. ²Die Studienzeit, die durch eine Fristüberschreitung nach Satz 1 entsteht, wird nicht auf die Regelstudienzeit angerechnet.

§ 21 Exmatrikulation

(1) [1]Die Exmatrikulation wird in der Regel zum Ende des Semesters wirksam, in dem sie ausgesprochen wird. [2]Mit der Exmatrikulation endet die Mitgliedschaft des Studenten in der Hochschule.

(2) Ein Student ist zu exmatrikulieren, wenn

1. er dies beantragt,
2. er die Abschlussprüfung bestanden hat und nicht in einem anderen Studiengang immatrikuliert ist,
3. er ein weiterbildendes Studium, das keine Abschlussprüfung vorsieht, beendet hat,
4. er die Immatrikulation durch Zwang, arglistige Täuschung oder Bestechung herbeigeführt hat,
5. er in einem zulassungsbeschränkten Studiengang immatrikuliert und seine Zulassung durch einen unanfechtbaren oder sofort vollziehbaren Bescheid zurückgenommen oder widerrufen worden ist,
6. ihm die Rückmeldung bestandskräftig versagt worden ist,
7. er die Abschlussprüfung oder einen in der Prüfungsordnung vorgesehenen Leistungsnachweis, der für das Bestehen der Abschlussprüfung erforderlich ist, endgültig nicht bestanden hat und nicht in einem anderen Studiengang immatrikuliert ist,
8. er nach § 18 Abs. 2 nicht immatrikuliert werden dürfte.

(3) [1]Ein Student kann exmatrikuliert werden, wenn

1. ihn betreffende Tatsachen bekannt werden, die zur Versagung der Immatrikulation führen können,
2. er sich nicht nach § 20 Abs. 1 zurückgemeldet hat oder
3. er das Studium in einem Studiengang trotz schriftlicher Aufforderung und Androhung der Exmatrikulation nicht unverzüglich aufgenommen hat.

[2]Das Nähere regeln die Hochschulen durch Ordnung.

§ 22 Rechte und Pflichten der Studenten

(1) Jeder Student hat das Recht,

1. die Einrichtungen der Hochschule nach den geltenden Vorschriften zu nutzen,
2. die Einhaltung der Studien- und Prüfungsordnung vom Dekan und vom Rektorat einzufordern,
3. den zuständigen Studiendekan auf die Nichteinhaltung von Pflichten durch Angehörige des Lehrkörpers hinzuweisen und die Abstellung der Mängel sowie die Erörterung der Beschwerde in der zuständigen Studienkommission zu verlangen,
4. sich am wissenschaftlichen, kulturellen und sportlichen Leben der Hochschule zu beteiligen.

(2) Jeder Student hat die Pflicht,

1. die Ordnungen der Hochschule einzuhalten,
2. sein Studium anhand der Studien- und Prüfungsordnungen so zu organisieren, dass er seine Prüfungen in den vorgesehenen Zeiten ablegt.

§ 23 Studienkolleg

[1]Die Hochschule kann ein Studienkolleg als Zentrale Einrichtung gemäß § 92 Abs. 1 und 3 oder außerhalb der Hochschule errichten. [2]Das Studienkolleg vermittelt Studienbewerbern mit einem ausländischen Bildungsnachweis, der den Zugangsvoraussetzungen nach § 17 nicht gleichwertig ist, die für das Studium an einer Hochschule oder Staatlichen Studienakademie der Berufsakademie Sachsen erforderliche Qualifikation einschließlich der notwendigen Sprachkenntnisse. [3]Das Staatsministerium für Wissenschaft und Kunst regelt den Lehrstoff, die Prüfungsanforderungen und das Prüfungsverfahren durch Rechtsverordnung.

§ 24 Rechtsstellung, Aufgaben und Mitwirkung der Studentenschaft

(1) [1]Die Studentenschaft besteht aus den Studenten der Hochschule. [2]Sie ist eine rechtsfähige Teilkörperschaft der Hochschule und hat das Recht der Selbstverwaltung im Rahmen der Gesetze. [3]Studenten können ihren Austritt aus der verfassten Studentenschaft erstmals nach Ablauf eines Semesters erklären. [4]Ein Wiedereintritt ist möglich. [5]Der Austritt aus der Studentenschaft und der Wiedereintritt sind schriftlich mit der Rückmeldung zu erklären.

(2) [1]Die Studentenschaft wirkt an der Selbstverwaltung der Hochschule nach Maßgabe dieses Gesetzes und der Grundordnung der Hochschule mit. [2]Sie untersteht der Rechtsaufsicht der Hochschule. [3]Für Maßnahmen der Aufsicht gilt § 7 Abs. 1 bis 3 entsprechend.

(3) Die Aufgaben der Studentenschaft sind die

1. Wahrnehmung der hochschulinternen, hochschulpolitischen, sozialen und kulturellen Belange der Studenten,
2. Mitwirkung an Evaluations- und Bewertungsverfahren gemäß § 9 Abs. 2 und 3,
3. Unterstützung der wirtschaftlichen und sozialen Selbsthilfe der Studenten,
4. Unterstützung der Studenten im Studium,
5. Förderung des Studentensports unbeschadet der Zuständigkeit der Hochschule,
6. Pflege der regionalen, überregionalen und internationalen Studentenbeziehungen und die Förderung der studentischen Mobilität,
7. Förderung der politischen Bildung und des staatsbürgerlichen Verantwortungsbewusstseins der Studenten.

§ 25 Organe der Studentenschaft

(1) Organe der Studentenschaft sind der Studentenrat und, sofern die Ordnung nach § 27 Abs. 2 dies vorsieht, die Fachschaftsräte.

(2) [1]Der Studentenrat vertritt die Studentenschaft im Rahmen der Aufgaben nach § 24 Abs. 3. [2]Der Fachschaftsrat vertritt die Fachschaft im Rahmen der Aufgaben nach § 24 Abs. 3.

(3) Soweit dem Senat kein Mitglied des Studentenrates angehört, kann der Studentenrat einen Vertreter mit beratender Stimme in den Senat entsenden.

§ 26 Wahlen der Studentenschaft

(1) Die Organe der Studentenschaft werden in freier, geheimer und gleicher Wahl nach der Wahlordnung der Studentenschaft gewählt.

(2) [1]Ist die Studentenschaft in Fachschaften gegliedert, wählen deren Studenten den Fachschaftsrat. [2]Jeder Fachschaftsrat wählt Vertreter in den Studentenrat. [3]Die Wahlordnung kann vorsehen, dass in den Studentenrat weitere Mitglieder direkt gewählt werden können. [4]Die von den Fachschaftsräten gewählten Mitglieder müssen über die Mehrheit verfügen.

(3) Ist die Studentenschaft nicht in Fachschaften gegliedert, wählen alle Studenten den Studentenrat.

§ 27 Ordnung der Studentenschaft

(1) [1]Die Studentenschaft regelt ihre Angelegenheiten durch Ordnung. [2]Die Ordnung bestimmt insbesondere

1. die Zusammensetzung, die Befugnisse und das Verfahren der Organe nach § 25,
2. die Dauer der Amtszeit der Mitglieder der Organe und die Voraussetzungen für den Verlust der Mitgliedschaft in den Organen,
3. die Art der Bekanntgabe ihrer Beschlüsse,
4. die Aufstellung und Ausführung des Haushaltsplanes,
5. wie die Interessen der ausländischen Studenten im Studentenrat wahrgenommen werden.

(2) Die Ordnung kann die Gliederung der Studentenschaft in Fachschaften bestimmen.

§ 28 Zusammenarbeit der Studentenräte

[1]Die Studentenräte bilden die Konferenz der Sächsischen Studentenräte. [2]Zur Vertretung ihrer Angelegenheiten wählt sie einen Landessprecherrat. [3]Das Nähere regelt eine Geschäftsordnung, die der Zustimmung von zwei Dritteln der Studentenräte der Hochschulen nach § 1 Abs. 1 bedarf. [4]Die Konferenz der Sächsischen Studentenräte ist zu allen Gesetzen und Rechtsverordnungen, die den Regelungsbereich dieses Gesetzes berühren, zu hören.

§ 29 Finanzwesen der Studentenschaft

(1) [1]Die Studenten, die Mitglied in der verfassten Studentenschaft sind, sind verpflichtet, für die Erfüllung der Aufgaben der Studentenschaft und der Fachschaften Beiträge zu entrichten. [2]Diese sind für alle Studenten einer Hochschule in gleicher Höhe festzusetzen. [3]Zweckgebundene Beitragsanteile können standortbezogen zusätzlich erhoben werden. [4]Die Beiträge sind auf das Maß zu beschränken, das nach den Grundsätzen einer sparsamen Haushaltsführung zur Erfüllung der Aufgaben nach § 24 Abs. 3 erforderlich ist und die sozialen Verhältnisse der Studenten angemessen berücksichtigt. [5]Die Beiträge werden bei der Immatrikulation oder Rückmeldung fällig. [6]Die für die Hochschule zuständige Kasse zieht die Beiträge entgeltfrei ein. [7]Das Nähere regelt der Studentenrat durch Ordnung, die der Genehmigung des Rektorates bedarf.

(2) ¹Die Hochschule unterstützt den Studentenrat bei der Wahrnehmung seiner Aufgaben. ²Sie stellt angemessene Verwaltungsräume unentgeltlich zur Verfügung. ³Die Sachaufwendungen trägt der Studentenrat selbst. ⁴Auf Anforderung ordnet die Hochschule einen Verwaltungsmitarbeiter zur Erledigung der Verwaltungsaufgaben an den Studentenrat ab. ⁵Die Personalkosten sind der Hochschule von der Studentenschaft zu erstatten.

(3) ¹Der Studentenrat stellt jährlich einen Haushaltsplan auf, der die für die Erfüllung der Aufgaben nach § 24 Abs. 3 zu erwartenden Einnahmen und Ausgaben enthält. ²Die Bewirtschaftung der Mittel regelt er durch Ordnung. ³Der Studentenrat hat den Fachschaftsräten die zur Erfüllung ihrer Aufgaben nach § 25 Abs. 2 Satz 2 in Verbindung mit § 24 Abs. 3 notwendigen Mittel zuzuweisen. ⁴Er bestimmt einen Verantwortlichen für die Aufstellung und Ausführung des Haushaltsplanes. ⁵Die Entlastung des Verantwortlichen erfolgt durch den Studentenrat aufgrund des Berichtes der Innenrevision der Hochschule. ⁶Der Haushaltsplan wird dem Rektorat vor Beginn des Haushaltsjahres vorgelegt.

(4) ¹Die Jahresrechnung der Studentenschaft ist durch die Innenrevision der Hochschule zu prüfen. ²Das Nähere regelt die Hochschule durch Ordnung.

(5) ¹Verstößt die Studentenschaft in ihrer Haushaltsführung schwerwiegend gegen die Ordnung nach Absatz 4 Satz 2 oder die Sächsische Haushaltsordnung, erlässt das Rektorat eine Verfügungssperre über die finanziellen Mittel der Studentenschaft. ²In begründeten Fällen kann es auf Antrag die jeweils erforderlichen Mittel zur Erfüllung gesetzlicher Aufgaben freigeben. ³Die Verfügungssperre tritt mit dem Ende der Amtszeit des Studentenrates außer Kraft.

§ 30 Haftung
Für Verbindlichkeiten der Studentenschaft haftet diese nur mit ihrem eigenen Vermögen.

Abschnitt 2
Lehre

§ 31 Studienjahr
¹Das Studienjahr besteht in der Regel aus 2 Semestern. ²Über Beginn und Ende des Semesters entscheidet die Landesrektorenkonferenz nach Anhörung der Konferenz der Sächsischen Studentenräte.

§ 32 Studiengänge
(1) ¹Ein Studiengang ist ein durch eine Studienordnung und eine Prüfungsordnung geregeltes Lehrangebot, das in der Regel zu einem berufsqualifizierenden Abschluss führt. ²Als berufsqualifizierend im Sinne dieses Gesetzes gilt auch der Abschluss eines Studienganges, der die fachliche Eignung für eine berufliche Einführung vermittelt.

(2) ¹Sind aufgrund der maßgebenden Prüfungs- und Studienordnung aus einer größeren Zahl zulässiger Fächer für das Studium Fächer auszuwählen, ist jedes dieser Fächer ein Teilstudiengang. ²Für den Teilstudiengang gelten die Bestimmungen über den Studiengang entsprechend.

(3) Soweit das jeweilige Studienziel eine berufspraktische Tätigkeit voraussetzt, ist dieser Teil der Ausbildung mit den übrigen Teilen des Studiums inhaltlich und zeitlich abzustimmen und in den Studiengang einzuordnen.

(4) ¹Studiengänge werden von der Hochschule eingerichtet, geändert oder aufgehoben. ²Ist die Einrichtung, Änderung oder Aufhebung eines Studienganges Bestandteil der Entwicklungsplanung der Hochschule nach § 10 Abs. 3 oder einer Zielvereinbarung der Hochschule mit dem Staatsministerium für Wissenschaft und Kunst, ist die Maßnahme dem Staatsministerium für Wissenschaft und Kunst zuvor anzuzeigen. ³Bei Studiengängen, die mit einer staatlichen Prüfung abschließen, ist vom Staatsministerium für Wissenschaft und Kunst das Einvernehmen mit dem für die Durchführung der Prüfung zuständigen Staatsministerium herzustellen. ⁴Die Änderung oder Aufhebung eines Studienganges ist nur zulässig, wenn gewährleistet ist, dass die in diesem Studiengang immatrikulierten Studenten ihr Studium während der Regelstudienzeit an dieser Hochschule und nach Ablauf der Regelstudienzeit an einer Hochschule des Freistaates Sachsen abschließen können.

(5) ¹Studiengänge, die nicht mit einer staatlichen oder kirchlichen Prüfung abschließen, sind nach § 36 Abs. 3 zu modularisieren. ²Studiengänge, die mit einer staatlichen oder kirchlichen Prüfung abschließen, können modularisiert werden.

(6) In einem neu eingerichteten Studiengang darf der Lehrbetrieb erst aufgenommen werden, wenn die Studien- und die Prüfungsordnung für diesen Studiengang in Kraft getreten sind.

(7) ¹Soweit ein Studiengang nach der Studienordnung in Teilzeit studiert werden kann, soll bei seiner Organisation den besonderen Bedürfnissen von Teilzeitstudenten Rechnung getragen werden. ²Im Teilzeitstudium verlängern sich die Fristen nach den §§ 33 und 35 Abs. 3 bis 5 entsprechend.

(8) ¹Die Hochschulen können hochschulübergreifende Studiengänge einrichten. ²Die Studien- und Prüfungsordnungen dieser Studiengänge sind von den Hochschulen gemeinsam zu erlassen. ³Das Nähere regeln die Hochschulen durch Vereinbarung.

§ 33 Regelstudienzeit

(1) ¹Regelstudienzeit ist die Studienzeit, innerhalb der ein Studiengang abgeschlossen werden kann. ²Sie schließt Zeiten einer in den Studiengang eingeordneten berufspraktischen Tätigkeit, praktische Studiensemester und Prüfungszeiten ein. ³Sie ist maßgebend für die Gestaltung der Studiengänge durch die Hochschule, die Gestaltung des Prüfungsverfahrens sowie für die Ermittlung und Feststellung der Ausbildungskapazitäten und die Berechnung von Studentenzahlen für die Hochschulplanung.

(2) ¹Die Regelstudienzeit beträgt für Fachhochschulstudiengänge, die zu einem Diplomgrad führen, höchstens 8, für andere Studiengänge, die zu einem Diplom- oder Magistergrad führen, höchstens 9, in Ausnahmefällen 10 Semester. ²Ein Ausnahmefall setzt voraus, dass ein anerkanntes Berufsbild dies erfordert. ³Für Studiengänge, die zu einem Bachelorgrad führen, beträgt die Regelstudienzeit mindestens 6 und höchstens 8 Semester. ⁴Für Studiengänge, die zu einem Mastergrad führen, beträgt die Regelstudienzeit mindestens 2 und höchstens 4 Semester. ⁵Für konsekutive Studiengänge, die zu einem Mastergrad führen, beträgt die Gesamtregelstudienzeit höchstens 10 Semester. ⁶Längere Regelstudienzeiten dürfen in besonders begründeten Fällen im Einvernehmen mit dem Staatsministerium für Wissenschaft und Kunst festgesetzt werden. ⁷In Fachhochschulstudiengängen ist eine integrierte Praxisphase von bis zu einem Jahr Teil des Studiums und wird auf die Regelstudienzeit angerechnet.

§ 34 Prüfungsordnungen

(1) ¹Die Hochschule erlässt für jeden Studiengang eine Prüfungsordnung, die insbesondere das Prüfungsverfahren und die Prüfungsgegenstände regelt. ²Prüfungsordnungen müssen insbesondere regeln:

1. die allgemeinen Zulassungsvoraussetzungen sowie die Fristen für das Ablegen der Zwischen- und Abschlussprüfung,
2. die Regelstudienzeit,
3. den in Semesterwochenstunden ausgedrückten Höchstumfang der insgesamt erforderlichen Lehrveranstaltungen in den einzelnen Studienabschnitten, soweit diese nicht modularisiert sind, sowie den Studien- und Prüfungsaufbau,
4. die Dauer einer dem Studium dienenden berufspraktischen Tätigkeit sowie die Dauer im Ausland zu erbringender Studienleistungen,
5. welche Leistungsnachweise für die Zulassung zu einer Prüfung erforderlich sind und die Anzahl der Wiederholungsmöglichkeiten für diese Leistungsnachweise,
6. die Anzahl sowie Art, Gegenstand, Aufbau und Ausgestaltung der Fach- und Modulprüfungen und der Zwischen- und Abschlussprüfung,
7. Anzahl, Art, Gegenstand und Ausgestaltung von Prüfungsleistungen sowie die Bearbeitungszeiten für die Anfertigung der Abschlussarbeit,
8. die Fristen, die Voraussetzungen und das Verfahren für die Meldung und Zulassung zu den Fach- oder Modulprüfungen und deren Wiederholung sowie die Modalitäten zur Bekanntmachung der Prüfungstermine und -ergebnisse,
9. die Anrechnung von Studienzeiten sowie Studien- und Prüfungsleistungen, die in anderen Studiengängen erbracht wurden,
10. die Anrechnung von außerhalb des Studiums erworbenen Qualifikationen, soweit diese Teilen des Studiums nach Inhalt und Anforderung gleichwertig sind und diese damit ersetzen können,
11. die Form und das Verfahren der Fach- oder Modulprüfung sowie die Folgen von Versäumnissen, Rücktritt, Täuschung und Verstößen gegen Prüfungsvorschriften,
12. die Grundsätze der Bewertung und Benotung der einzelnen Prüfungsleistungen, die Ermittlung des Prüfungsgesamtergebnisses und das Bestehen von Fach- oder Modulprüfungen,
13. die Fristen für die Bewertung schriftlicher Prüfungsleistungen durch die Prüfer,
14. die Zusammensetzung, Aufgaben und Zuständigkeiten der Prüfungsorgane,
15. den aufgrund der bestandenen Hochschulprüfung zu verleihenden Hochschulgrad,

16. den Inhalt und die Gestaltung der Zeugnisse und der Urkunde über die Verleihung des Hochschulgrades sowie die Ausstellung des Diploma Supplements,

17. das Recht zur Einsicht in die Prüfungsunterlagen,

18. das Widerspruchsverfahren in der Hochschule.

(2) Prüfungsordnungen können vorsehen, dass Studien- und Prüfungsleistungen auch in einer anderen Sprache als Deutsch zu erbringen sind oder erbracht werden können.

(3) Prüfungsordnungen müssen die Inanspruchnahme des Mutterschaftsurlaubes und der Elternzeit zulassen sowie der Chancengleichheit für behinderte und chronisch kranke Studenten dienende Regelungen treffen.

(4) ¹Prüfungsordnungen von Studiengängen, die mit einer staatlichen Prüfung abschließen, sind dem Staatsministerium für Wissenschaft und Kunst anzuzeigen, welches das Einvernehmen mit dem für die Durchführung der Prüfung zuständigen Staatsministerium herstellt. ²Die Prüfungsordnung tritt in Kraft, wenn das Staatsministerium für Wissenschaft und Kunst eine Änderung nicht innerhalb von 4 Monaten nach Eingang der Anzeige verlangt. ³§ 105 bleibt unberührt.

§ 35 Prüfungen

(1) ¹Studiengänge werden durch eine Hochschulprüfung, eine staatliche oder eine kirchliche Prüfung abgeschlossen. ²Hochschulprüfungen werden auf der Grundlage von Prüfungsordnungen der Hochschule abgelegt.

(2) ¹Hochschulprüfungen dienen der Feststellung, ob der Student bei Beurteilung seiner individuellen Leistung das Ziel des Studienabschnittes oder des Studienganges erreicht hat. ²Sie können in Abschnitte geteilt werden.

(3) ¹In nicht modularisierten Studiengängen mit einer Regelstudienzeit von mindestens 8 Semestern findet eine Zwischenprüfung statt, soweit in Studiengängen, die mit einer staatlichen oder kirchlichen Prüfung abgeschlossen werden, nichts anderes bestimmt ist. ²Diese ist spätestens bis zum Beginn des fünften Semesters abzulegen. ³Wer sie nicht innerhalb der Frist nach Satz 2 besteht, muss im fünften Semester an einer Studienberatung teilnehmen. ⁴Die Zwischenprüfung kann innerhalb eines Jahres nach Abschluss des ersten Prüfungsversuches einmal wiederholt werden. ⁵Nach Ablauf dieser Frist gilt sie als nicht bestanden; die Zulassung zu einer zweiten Wiederholungsprüfung ist nur auf Antrag zum nächstmöglichen Prüfungstermin möglich. ⁶Eine weitere Wiederholungsprüfung ist nicht zulässig.

(4) ¹Eine Abschlussprüfung, die nicht innerhalb von 4 Semestern nach Abschluss der Regelstudienzeit abgelegt worden ist, gilt als nicht bestanden. ²Eine nicht bestandene Abschlussprüfung kann innerhalb eines Jahres einmal wiederholt werden. ³Nach Ablauf dieser Frist gilt sie als nicht bestanden; die Zulassung zu einer zweiten Wiederholungsprüfung ist nur auf Antrag zum nächstmöglichen Prüfungstermin möglich. ⁴Eine weitere Wiederholungsprüfung ist nicht zulässig.

(5) ¹Bei Vorliegen der Zulassungsvoraussetzungen können Hochschulabschlussprüfungen in nicht modularisierten Studiengängen vor Ablauf der in den Prüfungsordnungen festgelegten Prüfungsfristen abgelegt werden. ²Dies gilt auch für andere Hochschulprüfungen, sofern die Prüfungsordnung dies vorsieht. ³In beiden Fällen gilt eine nicht bestandene Prüfung als nicht durchgeführt (Freiversuch). ⁴Die Prüfungsordnung regelt, in welchem Umfang bestandene Prüfungsteile in einem neuen Prüfungsverfahren angerechnet werden können. ⁵Auf Antrag des Kandidaten können im Freiversuch bestandene Prüfungen oder Prüfungsteile zur Verbesserung der Note zum nächsten regulären Prüfungstermin wiederholt werden. ⁶In diesen Fällen zählt die bessere Note.

(6) ¹Zu Prüfern in Hochschulprüfungen sollen nur Mitglieder und Angehörige der Hochschule oder anderer Hochschulen bestellt werden, die in dem betreffenden Prüfungsfach zur selbständigen Lehre berechtigt sind. ²Soweit dies nach dem Gegenstand der Prüfung sachgerecht ist, kann zum Prüfer auch bestellt werden, wer die Befugnis zur selbständigen Lehre nur für ein Teilgebiet des Prüfungsfaches besitzt. ³In besonderen Ausnahmefällen können auch Lehrkräfte für besondere Aufgaben sowie in der beruflichen Praxis und Ausbildung erfahrene Personen zum Prüfer bestellt werden, sofern dies nach der Eigenart der Hochschulprüfung sachgerecht ist. ⁴Prüfer müssen mindestens über die durch die Prüfung festzustellende oder eine gleichwertige Qualifikation verfügen.

(7) ¹Prüfungsleistungen in Hochschulabschlussprüfungen und in Prüfungen, deren Bestehen Voraussetzung für die Fortsetzung des Studiums ist, werden in der Regel von 2 Prüfern bewertet. ²Mündliche

Prüfungen sind von mehreren Prüfern oder von einem Prüfer in Gegenwart eines sachkundigen Beisitzers abzunehmen.

(8) Die Hochschule stellt Studenten, die ihr Studium nicht abschließen, auf Antrag ein Zeugnis über die erbrachten Studienleistungen aus.

(9) [1]Studien- und Prüfungsleistungen, die an einer Hochschule erbracht worden sind, werden auf Antrag angerechnet, es sei denn, es bestehen wesentliche Unterschiede hinsichtlich der erworbenen Kompetenzen. [2]An Kunsthochschulen werden abweichend von Satz 1 Studien- und Prüfungsleistungen auf Antrag anerkannt, wenn ihre Gleichwertigkeit festgestellt worden ist. [3]Die Nichtanrechnung ist schriftlich zu begründen. [4]Über die Anrechnung und die Feststellung der Gleichwertigkeit entscheidet die in den Prüfungs- oder Promotionsordnungen oder sonstigen Rechtsvorschriften vorgesehene Stelle.

§ 36 Studienordnungen

(1) Die Hochschule erlässt für jeden Studiengang auf der Grundlage der Prüfungsordnung eine Studienordnung.

(2) [1]Die Studienordnung regelt die Zulassungsvoraussetzungen für den Studiengang, Inhalt und Aufbau des Studiums sowie in den Studiengang eingeordnete berufspraktische Tätigkeiten. [2]Sie sieht Schwerpunkte vor, die der Student nach eigener Wahl bestimmen kann; sie soll zulassen, dass Studienleistungen in unterschiedlicher Art erbracht werden. [3]Sie soll ein Tutorienangebot zur Unterstützung der Studenten vorsehen.

(3) [1]Die Studienordnung sieht vor, dass in einem fachlichen oder thematischen Zusammenhang stehende, abgrenzbare Stoffgebiete zu in sich abgeschlossenen Modulen zusammengefasst werden. [2]Diese umfassen fachlich aufeinander abgestimmte Lehrveranstaltungen unterschiedlicher Art und schließen mit Modulprüfungen ab. [3]Nach bestandener Prüfung werden Leistungspunkte nach dem European Credit Transfer System (ECTS) vergeben. [4]Diese Modulprüfungen führen zum Hochschulabschluss; das Nähere regelt die Prüfungsordnung. [5]Für modularisierte Studiengänge sind Modulbeschreibungen zu erstellen und der Studienordnung als Anlage beizufügen. [6]§ 32 Abs. 5 Satz 2 bleibt unberührt.

(4) [1]Lehrstoff und Lehrangebote sind so festzulegen, dass das Studium in der Regelstudienzeit abgeschlossen werden kann. [2]Die Studienordnung bestimmt Gegenstand, Art und Umfang der Lehrveranstaltungen und Studienleistungen, die für den erfolgreichen Abschluss des Studiums erforderlich sind. [3]Der Gesamtumfang der nach Satz 2 erforderlichen Lehrveranstaltungen ist so zu bemessen, dass den Studenten Gelegenheit zur selbständigen Vorbereitung und Vertiefung des Stoffes und zur Teilnahme an zusätzlichen Lehrveranstaltungen nach eigener Wahl verbleibt. [4]Die Studienordnung kann vorsehen, dass Lehrveranstaltungen in einer Fremdsprache abgehalten werden.

(5) [1]Die Studienordnung soll als Empfehlung an die Studenten für den Verlauf des Studiums einen Studienablaufplan mit Angaben über Lehrveranstaltungen und Studienleistungen enthalten, bei dessen Beachtung der Hochschulabschluss innerhalb der Regelstudienzeit erreicht werden kann. [2]Die Hochschulen sollen ermöglichen, dass Studenten Prüfungen vorfristig ablegen.

(6) [1]Die Studienordnung soll vorsehen, dass mindestens ein Leistungsnachweis bis zum Beginn des dritten Fachsemesters erbracht wird. [2]Studenten ohne diesen Leistungsnachweis sollen im dritten Fachsemester an einer Studienberatung teilnehmen.

(7) [1]Studienordnungen von Studiengängen, die mit einer staatlichen Prüfung abschließen, sind dem Staatsministerium für Wissenschaft und Kunst anzuzeigen, welches das Einvernehmen mit dem für die Durchführung der Prüfung zuständigen Staatsministerium herstellt. [2]Die Studienordnung tritt in Kraft, wenn das Staatsministerium für Wissenschaft und Kunst eine Änderung nicht innerhalb von 4 Monaten nach Eingang der Anzeige verlangt. [3]§ 105 bleibt unberührt.

(8) Die Studienordnung eines Masterstudienganges legt fest, ob es sich um einen konsekutiven oder weiterbildenden Studiengang handelt.

§ 37 Einstufungsprüfungen, Hochschulprüfungen Externer

(1) Studienbewerber mit Hochschulzugangsberechtigung sind in ein höheres Fachsemester einzustufen, wenn sie durch eine besondere Hochschulprüfung (Einstufungsprüfung) die erforderlichen Kenntnisse und Fähigkeiten nachgewiesen haben.

(2) [1]Wer sich das in der Studien- und Prüfungsordnung geforderte Wissen und Können angeeignet hat, kann den Hochschulabschluss als Externer in einer Hochschulprüfung erwerben. [2]Über den Antrag auf

Zulassung zur Prüfung sowie über das Prüfungsverfahren und über die zu erbringenden Leistungsnachweise, die den Anforderungen der Prüfungsordnung entsprechen müssen, entscheidet die zuständige Fakultät der Hochschule.

§ 38 Weiterbildende Studien

(1) [1]Die Hochschulen bieten weiterbildende Studien an. [2]Diese sollen Fachkenntnisse erweitern oder wissenschaftliche oder künstlerische Fähigkeiten und Fertigkeiten entwickeln. [3]Die Hochschulen können festlegen, welche Voraussetzungen für die Teilnahme nachgewiesen werden müssen.

(2) [1]Weiterbildende Studiengänge setzen einen ersten berufsqualifizierenden Hochschulabschluss voraus und führen nach Maßgabe verbindlicher Studien- und Prüfungsordnungen zu einem weiteren berufsqualifizierenden Abschluss. [2]Weiterbildende Masterstudiengänge setzen eine berufspraktische Erfahrung von in der Regel nicht unter einem Jahr voraus. [3]Weiterbildende Studiengänge können auch als Fernstudiengänge angeboten werden.

(3) Das Nähere regelt die Hochschule durch Ordnung.

Teil 3
Hochschulgrade und Stipendien

§ 39 Hochschulgrade

(1) [1]Aufgrund der bestandenen Hochschulprüfung, mit der ein berufsqualifizierender Abschluss erworben wird, verleiht die Hochschule den Bachelorgrad, den Mastergrad, den Diplomgrad mit Angabe der Fachrichtung oder Berufsbezeichnung, die Universitäten auch den Magistergrad. [2]Soweit in Fachhochschulstudiengängen der Diplomgrad verliehen wird, ist er um den Zusatz „Fachhochschule" oder „FH" zu ergänzen. [3]Die Hochschule kann einen Grad nach Satz 1 auch aufgrund einer bestandenen staatlichen oder kirchlichen Prüfung verleihen.

(2) [1]Der Urkunde über die Verleihung des Grades ist eine englischsprachige Übersetzung der Urkunde beizufügen. [2]Sorben können den Grad zusätzlich in sorbischer Sprache führen und erhalten auf Wunsch eine sorbischsprachige Fassung der Verleihungsurkunde und des Zeugnisses.

(3) Titel, Grade, Diplome und Berufsbezeichnungen dürfen nur so vergeben und geführt werden, dass eine Verwechslung mit Hochschulgraden ausgeschlossen ist.

(4) [1]Ein aufgrund dieses Gesetzes verliehener Grad kann entzogen werden, wenn
1. er durch Täuschung erworben wurde oder
2. nach seiner Verleihung Tatsachen bekannt werden, die seine Verleihung ausgeschlossen hätten.
[2]Ist der Inhaber eines Ehrengrades nach § 40 Abs. 9 wegen eines Vergehens rechtskräftig verurteilt, kann der Grad entzogen werden. [3]Ist er wegen eines Verbrechens rechtskräftig verurteilt, muss der Grad entzogen werden. [4]Über den Entzug entscheidet das Organ, das den Grad verliehen hat. [5]Besteht dieses Organ nicht mehr, bestimmt das Staatsministerium für Wissenschaft und Kunst die zuständige Stelle.

§ 40 Promotion

(1) [1]Die Universitäten haben das Recht zur Promotion. [2]Die Kunsthochschulen haben das Recht zur Promotion in Fachgebieten mit wissenschaftlicher Ausrichtung.

(2) [1]Zur Promotion kann zugelassen werden, wer einen Diplom-, Master- oder Magistergrad an einer Hochschule oder das Staatsexamen erworben hat. [2]Bei der Zulassung sind Absolventen von Universitäten und Fachhochschulen gleich zu behandeln.

(3) Inhaber eines Bachelorgrades einer Hochschule können auch ohne Erwerb eines weiteren Grades im Wege eines Eignungsfeststellungsverfahrens zur Promotion zugelassen werden.

(4) Universitäten und Fachhochschulen wirken zur Promotion von Fachhochschulabsolventen in kooperativen Promotionsverfahren zusammen.

(5) [1]Das Nähere, insbesondere
1. die Zulassung zur Promotion,
2. das Eignungsfeststellungsverfahren einschließlich der Kriterien für die Festlegung zusätzlich zu erbringender Studienleistungen,
3. das Zusammenwirken mit Fachhochschulen einschließlich der Mitwirkung von Hochschullehrern an Fachhochschulen im kooperativen Promotionsverfahren als Betreuer, Gutachter oder Prüfer,
4. ob ein Rigorosum durchzuführen ist,

regelt eine Promotionsordnung. [2]§ 105 bleibt unberührt.

(6) [1]Zur Promotion ist eine selbständig erstellte, schriftliche wissenschaftliche Arbeit, die das Wissenschaftsgebiet weiterentwickelt (Dissertation), vorzulegen. [2]Sie ist auch in elektronischer Form einzureichen. [3]Der Doktorgrad wird aufgrund der Dissertation, die öffentlich verteidigt wird, verliehen. [4]Die Dissertation ist zu veröffentlichen. [5]Sie wird von mindestens zwei Gutachtern bewertet. [6]Ein Gutachter muss ein nach § 60 oder § 62 berufener Professor an einer Universität sein. [7]Weitere Gutachter können Fachhochschul- oder Juniorprofessoren sein oder sie müssen mindestens habilitationsadäquate Leistungen nachweisen. [8]In Promotionsverfahren nach § 40 Abs. 1 Satz 2 darf ein Gutachter abweichend von Satz 6 berufener Professor einer Kunsthochschule sein.

(7) [1]Die Promotion kann auch ohne abgeschlossenes Hochschulstudium den berufsqualifizierenden Abschluss und den Hochschulgrad nach § 39 Abs. 1 Satz 1 vermitteln. [2]Die Voraussetzungen hierfür sowie den zu vermittelnden Grad regelt die Hochschule durch Ordnung.

(8) Der Doktorgrad wird mit einem das Wissenschaftsgebiet kennzeichnenden Zusatz verliehen.

(9) [1]Hochschulen, die den Doktorgrad verleihen, steht auch das Recht zur Verleihung des Doktors ehrenhalber (doctor honoris causa) zu. [2]Mit der Verleihung des Grades Doktor ehrenhalber werden Personen gewürdigt, die sich besondere Verdienste um Wissenschaft, Technik, Kultur oder Kunst erworben haben.

(10) [1]Universitäten können Promotionsstudiengänge einrichten, die den Abschluss „Doctor of Philosophy (Ph. D.)" ermöglichen. [2]In diesen Promotionsstudiengängen darf nur der Abschluss „Doctor of Philosophy (Ph. D.)" verliehen werden.

§ 41 Habilitation

(1) [1]Hochschulen mit Promotionsrecht haben das Recht zur Habilitation. [2]Die Habilitation ist ein Nachweis der besonderen Befähigung zur Forschung und zur eigenständigen Lehre in einem Fachgebiet. [3]Die Zulassung zur Habilitation setzt die Promotion und in der Regel eine mehrjährige wissenschaftliche Tätigkeit voraus. [4]Akademische Assistenten nach § 72 in wissenschaftlichen Fächern sind mit ihrer Einstellung zur Habilitation zugelassen.

(2) [1]Eine Habilitationskommission, der Habilitierte oder Professoren angehören, führt das Habilitationsverfahren durch. [2]In die Habilitationskommission können auch Habilitierte und Professoren anderer Hochschulen berufen werden.

(3) Mit der Habilitation wird die Lehrbefugnis zuerkannt und die Befugnis eingeräumt, den Zusatz „habil." zum Doktorgrad zu führen.

(4) [1]Auf Antrag verleiht der Fakultätsrat einem Habilitierten die Bezeichnung „Privatdozent", wenn er sich zur Übernahme von Lehrverpflichtungen in seinem Fachgebiet von mindestens 2 Semesterwochenstunden verpflichtet. [2]Das Nähere regelt die Hochschule in einer Ordnung nach § 13 Abs. 3 Satz 1.

(5) Das Nähere zur Habilitation regelt eine Habilitationsordnung.

§ 42 Graduiertenstudium, Meisterschülerstudium

(1) Das Graduiertenstudium an den Universitäten und den Kunsthochschulen vertieft die Kenntnisse und fördert die Fähigkeiten des wissenschaftlichen Nachwuchses und das Promotionsvorhaben.

(2) [1]Die Vergabe von Stipendien aus Mitteln des Freistaates Sachsen und das Nähere über Zugang, Zulassung zum Graduiertenstudium und in diesem zu erbringende Leistungsnachweise regelt die Hochschule durch Ordnung. [2]Erbringt ein Student erforderliche Leistungsnachweise nicht, kann er exmatrikuliert werden.

(3) [1]Die Regelstudienzeit für das Graduiertenstudium beträgt mindestens 4 und höchstens 6 Semester. [2]Das Nähere regeln Studien- und Promotionsordnung.

(4) [1]Der Student im Graduiertenstudium hat die Möglichkeit und nach Ablauf des zweiten Semesters grundsätzlich die Pflicht, in Ergänzung zu seinem Studium befristete Dienstleistungen in der Lehre von bis zu 2 Semesterwochenstunden zu erbringen. [2]Sächsische Landesstipendiaten erhalten dafür keine Vergütung. [3]Bei der Auswahl der Themen des Tutoriums soll die eigene wissenschaftliche Arbeit des Studenten berücksichtigt und der Zusammenhang mit dem Promotionsvorhaben gewährleistet werden.

(5) [1]Kunsthochschulen können das Meisterschülerstudium einrichten. [2]Das Nähere regelt die Studienordnung. [3]Für Meisterschüler gelten die Absätze 2 und 3 Satz 1 sowie Absatz 4 Satz 1 und 2 ent-

sprechend mit der Maßgabe, dass befristete Dienstleistungen in der Lehre von 4 bis 5 Semesterwochenstunden zu erbringen sind. [4]Das Studium wird mit öffentlichen Präsentationen der künstlerischen Fähigkeiten oder einer künstlerischen Arbeit abgeschlossen.

§ 43 Landesstipendien

[1]Der Freistaat Sachsen vergibt an besonders qualifizierte Bewerber Landesstipendien nach Maßgabe des Haushaltsplanes. [2]Das Staatsministerium für Wissenschaft und Kunst wird ermächtigt, im Einvernehmen mit dem Staatsministerium der Finanzen

1. die Dauer und Höhe des Grundstipendiums und des Kinderzuschlages,
2. die Voraussetzungen für den Bezug und die Höhe des Kinderzuschlages,
3. die Gewährung von besonderen Zuwendungen für Sach- und Reisekosten sowie für die Kosten eines Auslandsaufenthaltes,
4. die Herausgabe von mit besonderen Zuwendungen beschafften Arbeitsmitteln und
5. das Antrags- und Vergabeverfahren

durch Rechtsverordnung zu regeln.

§ 44 Ausländische Grade, Titel und Tätigkeitsbezeichnungen

(1) [1]Ein ausländischer Hochschulgrad kann in der verliehenen Form unter Angabe der verleihenden Hochschule geführt werden, wenn er aufgrund eines nach dem Recht des Herkunftslandes anerkannten Hochschulabschlusses nach einem ordnungsgemäß durch Prüfung abgeschlossenen Studium verliehen worden ist. [2]Dabei kann die verliehene Form in lateinische Schrift übertragen, die im Herkunftsland zugelassene oder allgemein übliche Abkürzung geführt und eine wörtliche Übersetzung in Klammern hinzugefügt werden. [3]Gleiches gilt für staatliche und kirchliche Grade. [4]Eine Umwandlung in einen entsprechenden deutschen Grad findet nur für Berechtigte nach dem Gesetz über die Angelegenheiten der Vertriebenen und Flüchtlinge (Bundesvertriebenengesetz – BVFG) in der Fassung der Bekanntmachung vom 10. August 2007 (BGBl. I S. 1902), geändert durch Artikel 19 Abs. 1 des Gesetzes vom 12. Dezember 2007 (BGBl. I S. 2840, 2859), in der jeweils geltenden Fassung, statt. [5]Das Staatsministerium für Wissenschaft und Kunst kann durch Rechtsverordnung das Verfahren für die Umwandlung von ausländischen Graden der nach dem Bundesvertriebenengesetz Berechtigten regeln, insbesondere die Zuständigkeiten und Voraussetzungen.

(2) [1]Ein ausländischer Ehrengrad, der von einer nach dem Recht des Herkunftslandes zur Verleihung berechtigten Hochschule oder anderen Stelle verliehen wurde, kann nach Maßgabe der für die Verleihung geltenden Rechtsvorschriften in der verliehenen Form unter Angabe der verleihenden Stelle geführt werden. [2]Absatz 1 Satz 1, 2, 4 und 5 gilt entsprechend.

(3) Soweit abweichend von den Absätzen 1 und 2 Vereinbarungen und Abkommen der Bundesrepublik Deutschland oder ihrer Bundesländer mit anderen Staaten die Inhaber ausländischer Grade begünstigen, gehen diese Regelungen vor.

(4) Wer einen Hochschulgrad führt, hat auf Verlangen des Staatsministeriums für Wissenschaft und Kunst die Berechtigung hierzu urkundlich nachzuweisen.

(5) [1]Für das Führen von ausländischen Hochschultiteln und Hochschultätigkeitsbezeichnungen gelten die Absätze 1 bis 4 entsprechend. [2]Nach dem Ausscheiden aus dem Dienstverhältnis der ausländischen Hochschule ist das Führen eines ausländischen Hochschultitels gestattet, wenn dies auch nach dem Recht des Herkunftslandes zulässig ist.

Teil 4
Forschung und Entwicklung

§ 45 Wissenschaft und Forschung

[1]Die Forschung an den Hochschulen dient der Gewinnung wissenschaftlicher Erkenntnisse nach Maßgabe ihrer Aufgaben nach § 5 Abs. 1 sowie der Weiterentwicklung von Lehre und Studium. [2]Gegenstand der Forschung an den Hochschulen können alle wissenschaftlichen Bereiche sowie die Anwendung wissenschaftlicher Erkenntnisse in der Praxis einschließlich der Folgen sein, die sich aus der Anwendung wissenschaftlicher Erkenntnisse ergeben können.

§ 46 Drittmittelfinanzierte Forschung

(1) [1]Die in der Forschung tätigen Hochschulmitglieder sind berechtigt, Forschungsarbeiten, die aus Drittmitteln finanziert werden, an der Hochschule durchzuführen, soweit dadurch entstehende Folge-

lasten angemessen berücksichtigt werden. ²Der Rektor kann im Einvernehmen mit dem zuständigen Dekan gestatten, dass ein im Ruhestand befindlicher Professor, dem der Status eines Angehörigen nach § 49 Abs. 2 Satz 2 zuerkannt worden ist, eine Forschungsarbeit nach Satz 1 an der Hochschule durchführt. ³Drittmittel werden durch die Hochschule verwaltet. ⁴Sie sind unter Beachtung der Zweckbestimmung des Mittelgebers einzusetzen.

(2) ¹Die Absicht, Drittmittel anzunehmen, ist dem Rektorat rechtzeitig vor der Annahme anzuzeigen. ²Die Annahme von Drittmitteln und die Inanspruchnahme von Personal, Sachmitteln und Einrichtungen der Hochschule dürfen vom Rektorat nur untersagt oder durch Auflagen beschränkt werden, soweit die Voraussetzungen des Absatzes 1 Satz 1 dies erfordern.

(3) Auf Antrag des Mitgliedes der Hochschule, das Forschungsarbeiten nach Absatz 1 durchführt (Projektleiter), kann von der Verwaltung der Mittel durch die Hochschule abgesehen werden, sofern dies mit den Bestimmungen des Mittelgebers vereinbar ist.

(4) ¹Personal, das überwiegend für die Durchführung eines aus Drittmitteln finanzierten Forschungsvorhabens der Hochschule eingestellt wird, ist befristet zu beschäftigen. ²Die Bestimmungen des Tarifrechts sind anzuwenden. ³Absatz 5 bleibt unberührt.

(5) ¹In begründeten Fällen kann der Projektleiter mit Zustimmung der Hochschule, sofern Bestimmungen des Mittelgebers nicht entgegenstehen, befristete privatrechtliche Arbeitsverträge abschließen. ²In diesen Fällen sollen die tarifrechtlichen Bestimmungen des Freistaates Sachsen entsprechend beachtet werden.

§ 47 Veröffentlichung von Forschungsergebnissen
¹Die Hochschule unterrichtet die Öffentlichkeit regelmäßig über ihre Forschungstätigkeit und die Forschungsergebnisse. ²Die Forschungsergebnisse sind in geeigneter Weise, insbesondere durch wissenschaftliche Veranstaltungen und Publikationen, zu veröffentlichen. ³Vor der Veröffentlichung sollen die Forschungsergebnisse auf eine mögliche wirtschaftliche Verwertbarkeit geprüft und gegebenenfalls durch Patente gewerblich geschützt werden. ⁴In Publikationen der Forschungsergebnisse sind Personen, die einen eigenen wissenschaftlichen oder wesentlichen sonstigen Beitrag geleistet haben, als Mitautoren zu nennen, wenn sie zugestimmt haben; soweit möglich ist ihr Beitrag zu kennzeichnen.

§ 48 Entwicklungsvorhaben und künstlerische Vorhaben
Die Vorschriften dieses Teils gelten für Entwicklungsvorhaben im Rahmen angewandter Forschung und für künstlerische Vorhaben entsprechend.

Teil 5
Mitgliedschaft und Mitwirkung

§ 49 Mitglieder und Angehörige der Hochschulen
(1) ¹Mitglieder der Hochschule sind die in der Hochschule mindestens zu einem Viertel der regelmäßigen Arbeitszeit Beschäftigten, einschließlich der am Universitätsklinikum tätigen Hochschullehrer und akademischen Mitarbeiter, sowie die Studenten. ²Beschäftigten des Universitätsklinikums oder der medizinischen Einrichtungen nach § 100, die Leistungen in Forschung oder Lehre oder wissenschaftliche Dienstleistungen für Forschung oder Lehre erbringen, kann die Mitgliedschaft mit Zustimmung des Universitätsklinikums oder der medizinischen Einrichtungen nach § 100 durch den Dekan verliehen werden.

(2) ¹Angehörige der Hochschule sind die sonstigen Beschäftigten der Hochschule. ²Die Hochschule kann im Ruhestand befindlichen Professoren und wissenschaftlichen und künstlerischen Mitarbeitern, die unbefristet beschäftigt waren, den Status eines Angehörigen verleihen.

(3) ¹Die Grundordnung kann bestimmen, dass weiteren Personen, die Aufgaben an der Hochschule wahrnehmen, die Rechte als Mitglied oder Angehöriger der Hochschule zuerkannt werden können. ²Sie kann bestimmen, dass Doktoranden, die keine Mitglieder der Hochschule sind, die Rechte als Angehöriger zuerkannt werden.

(4) Die Mitglieder und Angehörigen der Hochschule sind unbeschadet weitergehender Verpflichtungen aus einem Dienst- oder Arbeitsverhältnis verpflichtet, sich so zu verhalten, dass die Hochschule und ihre Organe ihre Aufgaben erfüllen können und niemand daran gehindert wird, seine Rechte und Pflichten an der Hochschule wahrzunehmen.

§ 50 Mitgliedergruppen

(1) [1]Für die Wahl ihrer Vertreter in den Organen bilden je eine Gruppe:

1. die Professoren, Juniorprofessoren (Hochschullehrer),
2. die wissenschaftlichen oder künstlerischen Mitarbeiter einschließlich der Akademischen Assistenten, die Lehrkräfte für besondere Aufgaben, die wissenschaftlichen oder künstlerischen Hilfskräfte (akademische Mitarbeiter),
3. die Studenten sowie
4. die sonstigen Mitarbeiter nach § 57 Abs. 2.

[2]Die Grundordnung kann vorsehen, dass Doktoranden, die als Studenten immatrikuliert sind, der Gruppe der akademischen Mitarbeiter zugeordnet werden. [3]Sie kann auch vorsehen, dass die akademischen Mitarbeiter mit den sonstigen Mitarbeitern eine gemeinsame Gruppe bilden, wenn wegen der geringen Mitgliederzahl die Bildung eigener Gruppen nicht angezeigt ist. [4]In diesem Falle stehen der gemeinsamen Gruppe die Sitze beider Gruppen zu.

(2) Das Rektorat kann Laboringenieuren Mitwirkungsrechte der akademischen Mitarbeiter verleihen, wenn sie anteilig entsprechende Aufgaben wahrnehmen.

(3) Die Hochschule regelt die Zuordnung von Mitgliedern nach § 49 Abs. 3 zu diesen Gruppen nach deren Qualifikation, Funktion, Verantwortung und Betroffenheit durch Ordnung.

(4) [1]Jede Mitgliedergruppe wählt aus ihrer Mitte ihre Vertreter in die nach Mitgliedergruppen zusammengesetzten Organe der Hochschule. [2]Ein Organ ist auch dann ordnungsgemäß zusammengesetzt, wenn eine oder mehrere Gruppen keine oder nicht alle ihrer Vertreter gewählt haben, die Gruppe der Hochschullehrer aber über die Mehrheit der Stimmberechtigten verfügt.

§ 51 Wahlen

(1) Die Mitglieder von Organen der Selbstverwaltung werden in freier, geheimer und gleicher Wahl gewählt.

(2) Das Nähere zum Wahlverfahren regelt die Hochschule durch Wahlordnung, insbesondere die Form und Zusammenstellung der Wahlvorschläge, die Stimmabgabe einschließlich der Briefwahl, die Ermittlung des Wahlergebnisses, die Verteilung der Sitze auf die Mitgliedergruppen nach § 50 Abs. 1 sowie die Wahlprüfung.

(3) [1]Nach näherer Regelung in der Wahlordnung können Wahlkreise gebildet werden. [2]Bei dem Zuschnitt der Wahlkreise ist auf ein angemessenes Verhältnis der Zahl der Hochschulmitglieder in den Wahlkreisen und die Bedeutung des Wahlkreises für das wissenschaftliche Profil der Hochschule zu achten.

(4) Die Grundordnung kann bestimmen, dass die Wahl der studentischen Vertreter in den Senat und den Erweiterten Senat durch mittelbare Wahl erfolgt.

(5) Jedes Mitglied der Hochschule kann sein aktives und passives Wahlrecht nur in jeweils einer Mitgliedergruppe ausüben.

§ 52 Wahlperioden und Amtszeiten

(1) [1]Die Mitglieder des Fakultätsrates, des Senates und des Erweiterten Senates werden für die Dauer der Wahlperiode gewählt. [2]Die studentischen Vertreter in diesen Organen und die Organe der Studentenschaft werden jährlich gewählt. [3]Die Wahlperiode des Fakultätsrates, des Senates und des Erweiterten Senates beträgt 5 Jahre. [4]Sie endet mit dem Zusammentritt des neu gewählten Organs. [5]Der Rektor, die Prorektoren, die Dekane, die Prodekane, die Studiendekane und die Gleichstellungsbeauftragten werden für 5 Jahre gewählt. [6]Die Grundordnung kann vorsehen, dass die Vertreter der Gruppen nach § 50 Abs. 1 Satz 1 Nr. 1, 2 und 4 in den Fakultätsräten, Dekane, Prodekane und Studiendekane sowie Gleichstellungsbeauftragte für eine kürzere, mindestens aber dreijährige Amtszeit gewählt werden. [7]Wurde der Gleichstellungsbeauftragte aus der Gruppe der Studenten gewählt, so beträgt seine Amtszeit ein Jahr.

(2) [1]Der Kanzler wird für 8 Jahre bestellt. [2]Die Mitglieder des Hochschulrates werden für 5 Jahre bestellt.

(3) [1]Rektor, Prorektor oder Dekan führen nach Ablauf ihrer Amtszeit die Geschäfte bis zum Amtsantritt ihres jeweiligen Amtsnachfolgers unter Fortdauer ihres Dienstverhältnisses weiter. [2]Dies gilt nicht im Falle ihrer Abwahl. [3]Satz 1 gilt für verbeamtete Amtsträger nicht, wenn für sie ein Beendigungsgrund nach § 21 des Gesetzes zur Regelung des Statusrechts der Beamtinnen und Beamten in den Ländern

(Beamtenstatusgesetz – BeamtStG) vom 17. Juni 2008 (BGBl. I S. 1010), das durch Artikel 15 Abs. 16 des Gesetzes vom 5. Februar 2009 (BGBl. I S. 160, 263) geändert worden ist, in der jeweils geltenden Fassung, vorliegt.

§ 53 Mitwirkung

(1) Die Mitwirkung in der Selbstverwaltung nach Maßgabe dieses Gesetzes und der Grundordnung der Hochschule ist Recht und Pflicht aller Mitglieder.

(2) In Kommissionen der Organe sollen die Mitgliedergruppen nach Maßgabe der Aufgaben der Kommission vertreten sein.

(3) Die Mitglieder der Organe oder ihrer Kommissionen sind an Weisungen nicht gebunden.

(4) [1]Niemand darf wegen seiner Mitwirkung in der Selbstverwaltung benachteiligt werden. [2]Wer einem Organ mit beratender Stimme angehört, hat mit Ausnahme des Stimmrechtes alle Rechte eines Mitgliedes. [3]Die Übernahme einer Funktion in der Selbstverwaltung kann nur aus wichtigem Grund abgelehnt oder aufgegeben werden. [4]Näheres kann die Hochschule durch Ordnung regeln.

§ 54 Beschlüsse

(1) [1]Organe sind beschlussfähig, wenn die Sitzung ordnungsgemäß einberufen wurde und mehr als die Hälfte der stimmberechtigten Mitglieder anwesend ist. [2]Ist das Organ danach nicht beschlussfähig, wird unter angemessener Ladungsfrist eine neue Sitzung mit demselben Gegenstand einberufen. [3]In dieser Sitzung ist das Organ beschlussfähig; hierauf ist mit der Einberufung hinzuweisen. [4]Die Grundordnung kann vorsehen, dass Fakultätsräte abweichend von Satz 2 den Beschluss in anderen als Berufungsangelegenheiten im Umlaufverfahren fassen können.

(2) [1]Beschlüsse werden mit der Mehrheit der Stimmen der Anwesenden gefasst, soweit dieses Gesetz nichts anderes bestimmt. [2]Stimmrechtsübertragungen sind unzulässig.

(3) [1]Beschlüsse des Senates und des Fakultätsrates in Angelegenheiten der Forschung, künstlerischer Entwicklungsvorhaben und der Berufung von Hochschullehrern bedürfen der Mehrheit der Stimmen der dem Organ angehörenden Hochschullehrer. [2]In Angelegenheiten der Lehre, Forschung und künstlerischer Entwicklungsvorhaben regelt die Hochschule das Stimmrecht der sonstigen Mitarbeiter durch Ordnung. [3]Abweichend von Absatz 2 können Beschlüsse des Hochschulrates, die nicht unter § 86 Abs. 1 Satz 3 Nr. 1 bis 3 fallen, auch im Umlaufverfahren gefasst werden, wenn alle Mitglieder dem Umlaufverfahren zustimmen. [4]Die Zustimmung muss dabei für jeden Beschluss gesondert erteilt werden.

§ 55 Gleichstellungsbeauftragte

(1) [1]Für die Hochschule und jede Fakultät werden jeweils ein Gleichstellungsbeauftragter und mindestens ein Stellvertreter gewählt. [2]An einer Zentralen Einrichtung nach § 92 kann ein Gleichstellungsbeauftragter gewählt werden.

(2) [1]Der Gleichstellungsbeauftragte wirkt in seinem Zuständigkeitsbereich auf die Herstellung der Chancengleichheit für Frauen und Männer und auf die Vermeidung von Nachteilen für Mitglieder und Angehörige der Hochschule hin. [2]Er unterbreitet Vorschläge und nimmt Stellung zu allen die Belange der Gleichstellung berührenden Angelegenheiten, insbesondere in Berufungsverfahren und bei der Einstellung des wissenschaftlichen und künstlerischen Personals. [3]Er hat das Recht auf Einsichtnahme in Bewerbungsunterlagen. [4]Der Gleichstellungsbeauftragte der Fakultät ist berechtigt, an Sitzungen der Berufungskommissionen mit Rede- und Antragsrecht teilzunehmen.

(3) [1]Der Gleichstellungsbeauftragte der Fakultät und mindestens ein Stellvertreter werden von den Mitgliedern der Fakultät gewählt. [2]Wählbar sind Vertreter aller Mitgliedergruppen nach § 50 Abs. 1 Satz 1 Nr. 1 bis 4. [3]Der Gleichstellungsbeauftragte der Hochschule und seine Stellvertreter werden von den Gleichstellungsbeauftragten der Fakultäten und der Zentralen Einrichtungen nach § 92 gewählt.

(4) [1]Das Rektorat sorgt für angemessene Arbeitsbedingungen der Gleichstellungsbeauftragten und unterrichtet sie rechtzeitig über alles für die Erfüllung ihrer Aufgaben Erforderliche. [2]Die Gleichstellungsbeauftragten sind zur Ausübung ihres Amtes von ihren sonstigen Dienstaufgaben angemessen zu entlasten. [3]Die Entlastung kann auch nach Ablauf der Amtszeit als Freistellung für bis zu 2 Semester gewährt werden.

(5) Die Gleichstellungsbeauftragten der Hochschulen können eine Landeskonferenz bilden.

§ 56 Öffentlichkeit, Verschwiegenheit

(1) [1]Der Senat und der Erweiterte Senat tagen hochschulöffentlich, der Fakultätsrat fakultätsöffentlich. [2]Die Öffentlichkeit kann ausgeschlossen werden. [3]Die anderen Organe tagen in der Regel nichtöffentlich. [4]Das Nähere regelt die Grundordnung.

(2) [1]Personal- und Prüfungsangelegenheiten werden nichtöffentlich behandelt. [2]In Personalangelegenheiten ist geheim abzustimmen.

(3) Die Beteiligten sind zur Verschwiegenheit über die Gegenstände nichtöffentlicher Sitzungen verpflichtet.

Teil 6
Personal

§ 57 Allgemeine Bestimmungen

(1) Das wissenschaftliche und künstlerische Personal der Hochschulen besteht aus den Hochschullehrern, den akademischen Mitarbeitern und den studentischen Hilfskräften.

(2) Die sonstigen Mitarbeiter sind die in der Hochschulverwaltung, den Fakultäten oder den Zentralen Einrichtungen Beschäftigten, denen andere als wissenschaftliche oder künstlerische Dienstleistungen übertragen sind.

(3) [1]Als wissenschaftliche oder künstlerische Hilfskräfte können nur Personen mit einem abgeschlossenen Hochschulstudium eingestellt werden. [2]Als studentische Hilfskräfte können Studenten einer Hochschule eingestellt werden. [3]Wissenschaftliche, künstlerische und studentische Hilfskräfte erbringen befristet Dienstleistungen in Forschung, Lehre oder künstlerischer Praxis.

§ 58 Berufungsvoraussetzungen für Professoren

(1) Berufungsvoraussetzungen für Professoren sind neben den allgemeinen dienstrechtlichen Voraussetzungen

1. ein abgeschlossenes Hochschulstudium,
2. pädagogische Eignung und hochschuldidaktische Kenntnisse,
3. besondere Befähigung zu wissenschaftlicher Arbeit, die in der Regel durch die Qualität einer Promotion nachgewiesen wird, oder besondere Befähigungen zur künstlerischen Arbeit und
4. je nach den Anforderungen der Stelle
   a) zusätzliche wissenschaftliche Leistungen,
   b) zusätzliche künstlerische Leistungen oder
   c) besondere Leistungen bei der Anwendung oder Entwicklung wissenschaftlicher Erkenntnisse und Methoden in einer in der Regel fünfjährigen beruflichen Praxis, von der mindestens 3 Jahre außerhalb des Hochschulbereiches ausgeübt worden sein müssen.

(2) Die zusätzlichen wissenschaftlichen Leistungen nach Absatz 1 Nr. 4 Buchst. a werden durch eine Juniorprofessur, durch eine Habilitation oder durch eine gleichwertige wissenschaftliche Tätigkeit nachgewiesen.

(3) Auf eine Stelle, deren Funktionsbeschreibung die Wahrnehmung erziehungswissenschaftlicher oder fachdidaktischer Aufgaben in der Lehrerbildung vorsieht, soll nur berufen werden, wer eine dreijährige Lehrpraxis an einer Schule nachweist.

(4) [1]Professoren an Fachhochschulen und Professoren für Fachhochschulstudiengänge an anderen Hochschulen müssen die Einstellungsvoraussetzungen nach Absatz 1 Nr. 1 bis 3 und 4 Buchst. c erfüllen; in besonders begründeten Ausnahmefällen können auch Bewerber zum Professor berufen werden, die die Einstellungsvoraussetzungen nach Absatz 1 Nr. 4 Buchst. a oder b erfüllen. [2]Ein Ausnahmefall liegt insbesondere vor, wenn die Professorenstelle nach ihrer Funktionsbeschreibung abweichend von § 5 Abs. 1 Satz 2 nicht überwiegend der Wahrnehmung praxisorientierter Lehr- und Forschungsaufgaben gewidmet ist.

(5) Soweit es der Eigenart des Faches und den Anforderungen der Stelle entspricht, kann abweichend von den Absätzen 1 bis 4 als Professor auch berufen werden, wer pädagogische Eignung und hervorragende fachbezogene Leistungen in der Praxis nachweist.

(6) Professoren mit ärztlichen, zahnärztlichen oder tierärztlichen Aufgaben müssen zusätzlich die Anerkennung als Facharzt, Fachzahnarzt oder Fachtierarzt nachweisen, soweit für das betreffende Fachgebiet eine entsprechende Weiterbildung vorgesehen ist.

§ 59 Ausschreibung

(1) [1]Das Rektorat legt die Stellen für Hochschullehrer im Benehmen mit dem Fakultätsrat durch Funktionsbeschreibungen inhaltlich fest. [2]Sind mit der Stelle Aufgaben der Krankenversorgung verbunden, ist das Einvernehmen mit dem Universitätsklinikum herzustellen. [3]Die Funktionsbeschreibung kann vorsehen, dass Aufgaben verstärkt, befristet bis 31. Dezember 2017 auch ausschließlich, in der Lehre oder überwiegend in der Forschung wahrzunehmen sind. [4]Das Rektorat legt unter Beachtung der Entwicklungsplanung fest, ob eine freiwerdende Stelle nicht wieder besetzt oder welcher Fakultät sie zugeordnet wird. [5]Der Fakultätsrat, dem insoweit ein Vorschlagsrecht zusteht, ist vor der Entscheidung zu hören. [6]Die Entscheidung ist dem Staatsministerium für Wissenschaft und Kunst anzuzeigen. [7]Soweit eine Professorenstelle aufgrund des Eintritts eines Professors in den Ruhestand wegen Erreichens der Altersgrenze nach § 69 Abs. 6 frei wird, ist die Entscheidung nach Satz 4 zum frühestmöglichen Zeitpunkt, spätestens 2 Jahre vor Freiwerden der Stelle, zu treffen. [8]Besteht ein besonderes Interesse der Hochschule, kann gemäß § 47 Satz 1 des Sächsischen Beamtengesetzes (SächsBG) vom 18. Dezember 2013 (SächsGVBl. S. 970, 971), in der jeweils geltenden Fassung, der Eintritt in den Ruhestand nach § 69 Abs. 6 für eine bestimmte Frist, die jeweils ein Jahr und insgesamt 3 Jahre nicht übersteigen darf, hinausgeschoben werden. [9]Ein solches besonderes Interesse ist insbesondere anzunehmen, wenn ein mit Dritten langfristig vertraglich vereinbartes wissenschaftliches Projekt ansonsten nicht weiter bearbeitet oder erfolgreich beendet werden kann.

(2) [1]Die Stellen für Hochschullehrer sind unter Angabe von Art und Umfang der zu erfüllenden Aufgaben, der geforderten Berufungsvoraussetzungen und des Zeitpunktes der Besetzung frühestmöglich öffentlich und in der Regel international auszuschreiben. [2]Von der Ausschreibung kann im Ausnahmefall abgesehen werden, wenn

1. ein Professor im Beamtenverhältnis auf Zeit oder im befristeten Arbeitnehmerverhältnis auf dieselbe Professur im Beamtenverhältnis auf Lebenszeit oder im unbefristeten Arbeitnehmerverhältnis berufen werden soll und diese Möglichkeit in der Erstausschreibung der Professur vorgesehen war oder

2. ein Juniorprofessor auf eine Professorenstelle in derselben Hochschule berufen werden soll und diese Möglichkeit in der Ausschreibung der Juniorprofessur vorgesehen war oder mit Einwilligung des Staatsministeriums für Wissenschaft und Kunst auf der Grundlage eines Qualitätssicherungskonzepts gemäß Absatz 3 Satz 2 durch die Berufung auf eine Professorenstelle der Ruf an eine andere Hochschule abgewehrt werden kann und dadurch eine herausragende Persönlichkeit, an deren Verbleib die Hochschule ein besonderes Interesse nachweisen kann, der Hochschule erhalten bleibt.

[3]Die Entscheidung über die Berufung eines Juniorprofessors auf eine Professorenstelle in derselben Hochschule wird frühestens nach 4 und spätestens nach 5 Jahren der Juniorprofessur getroffen, sofern im Ergebnis der Zwischenevaluierung gemäß § 70 Satz 3 dessen herausragende Befähigung in Lehre und Forschung festgestellt worden ist. [4]In diesem Falle sind in die Zwischenevaluierung 3 Gutachten von auf dem Berufungsgebiet anerkannten Wissenschaftlern einzubeziehen. [5]Mindestens 2 Gutachter gehören nicht der Hochschule an. [6]§ 60 Abs. 4 Satz 2 und 3 gilt entsprechend.

(3) [1]Von einer Ausschreibung kann mit Einwilligung des Staatsministeriums für Wissenschaft und Kunst ebenfalls abgesehen werden, wenn

1. die Berufung auf eine höherwertige Professur bereits in der Ausschreibung in Aussicht gestellt wurde,

2. durch die Berufung auf eine höherwertige Professur der Ruf an eine andere Hochschule abgewehrt werden kann und dadurch eine herausragende Persönlichkeit, an deren Verbleib die Hochschule ein besonderes Interesse nachweisen kann, der Hochschule erhalten bleibt,

3. für die Besetzung einer Professur ein in besonderer Weise qualifizierter Bewerber zur Verfügung steht, der bereits ein dem Berufungsverfahren gleichwertiges Auswahlverfahren erfolgreich absolviert hat und an dessen Gewinnung die Hochschule ein besonderes Interesse nachweisen kann.

[2]Grundlage für die Einwilligung ist ein mit dem Staatsministerium für Wissenschaft und Kunst abgestimmtes Qualitätssicherungskonzept der Hochschule.

(4) Das Nähere regelt die Hochschule durch Ordnung.

(5) § 105 bleibt unberührt.

§ 60 Berufung von Professoren

(1) [1]Die Professoren werden vom Rektor berufen. [2]Die Zuständigkeit für die beamtenrechtliche Ernennung bleibt davon unberührt. [3]§ 105 bleibt unberührt.

(2) [1]Zur Vorbereitung des Berufungsvorschlages setzt der Fakultätsrat nach Anhörung des Rektorates eine Berufungskommission ein. [2]Der Berufungskommission muss mindestens ein externer Sachverständiger angehören. [3]In der Berufungskommission verfügen die Professoren über die Mehrheit von einem Sitz, die Mitgliedergruppen nach § 50 Abs. 1 Satz 1 Nr. 2 bis 4 sind angemessen vertreten. [4]Der Vorsitzende der Berufungskommission wird vom Rektor im Einvernehmen mit dem Fakultätsrat bestimmt. [5]Kommt das Einvernehmen innerhalb einer Frist von einem Monat nach Ablauf der Bewerbungsfrist nicht zustande, entscheidet der Rektor über den Vorsitz.

(3) [1]Die Berufungskommission erstellt innerhalb von 9 Monaten nach Ablauf der Bewerbungsfrist auf der Grundlage externer Gutachten und einer vergleichenden Würdigung einen begründeten Berufungsvorschlag, der 3 Namen enthalten soll, und gibt ihn dem Rektor zur Kenntnis. [2]Bei Nichteinhaltung der Frist entscheidet der Rektor über die Einstellung des Berufungsverfahrens. [3]Der Berufungsvorschlag kann auch Namen von Personen enthalten, die sich nicht beworben haben. [4]An der Hochschule Beschäftigte können nur in begründeten Ausnahmefällen vorgeschlagen werden. [5]Ein Ausnahmefall liegt insbesondere vor, wenn der Vorgeschlagene sich in seiner Befähigung deutlich von anderen Bewerbern abhebt oder bereits einen Ruf an eine andere Hochschule oder eine Forschungseinrichtung erhalten hat. [6]Diese Einschränkung gilt nicht

1. für die Berufung eines Professors an einer Fachhochschule in ein zweites Professorenamt,
2. für Juniorprofessoren, die an einer anderen Hochschule promoviert haben oder vor ihrer Einstellung mindestens 2 Jahre außerhalb der Hochschule wissenschaftlich tätig waren, und
3. für einen Vertreter der Professur, wenn dessen Beschäftigungsverhältnis mit der Hochschule nur für die Dauer der Vertretung besteht.

[7]Die Begründung des Berufungsvorschlages muss die Bewertung der Lehrleistung und der Forschungsleistung oder künstlerischen Leistung sowie der Lehrevaluationen enthalten. [8]Der Rektor entscheidet über den Fortgang des Berufungsverfahrens.

(4) [1]Der Fakultätsrat beschließt über den Berufungsvorschlag der Berufungskommission und leitet den Beschluss innerhalb eines Monats nach der Entscheidung des Rektors nach Absatz 3 Satz 8 an diesen weiter. [2]Vor dem Beschluss über die Berufung von Professoren, die Aufgaben der Krankenversorgung im Universitätsklinikum wahrnehmen sollen, ist das Einvernehmen des Vorstandes des Universitätsklinikums einzuholen. [3]Das Einvernehmen ist zu erteilen, wenn keine begründeten Zweifel an der Eignung des Vorgeschlagenen für die im Universitätsklinikum zu erfüllende Aufgabe bestehen. [4]Der Rektor ist an den Beschluss des Fakultätsrates nicht gebunden. [5]Will er vom Beschluss des Fakultätsrates abweichen, ist dies vor der Entscheidung mit dem Dekan zu erörtern. [6]Beabsichtigt der Rektor, einen der Vorgeschlagenen zu berufen, führt er oder ein von ihm beauftragtes Mitglied des Rektorates die Berufungsverhandlungen. [7]Er kann eine Frist für die Rufannahme bestimmen. [8]Beruft der Rektor keinen der Vorgeschlagenen oder lehnen die Vorgeschlagenen eine Berufung ab, ist die Berufungskommission zu einem neuen Berufungsvorschlag aufzufordern. [9]Anderenfalls stellt der Rektor das Berufungsverfahren im Einvernehmen mit dem Senat ein.

(5) Einzelheiten des Berufungsverfahrens regelt die Hochschule durch Ordnung.

(6) Für die übergangsweise Wahrnehmung der Aufgaben einer Professorenstelle gelten die Absätze 1 bis 5 nicht.

(7) [1]Die personelle und sächliche Ausstattung der Aufgabenbereiche von Professoren wird befristet für bis zu 5 Jahre festgelegt. [2]Berufungszusagen stehen unter dem Vorbehalt der Mittelbewilligung durch den Landtag sowie staatlicher Maßgaben zur Verteilung von Stellen und Mitteln. [3]In der Vergangenheit unbefristet erteilte Berufungszusagen sind zu überprüfen und nach Satz 1 zu befristen.

§ 61 Außerordentliche Berufung von Professoren

(1) Abweichend von den §§ 59 und 60 Abs. 2 bis 4, 7 Satz 1 kann der Rektor nach Anhörung des Senates und des Fakultätsrates mit Zustimmung des Hochschulrates die außerordentliche Berufung eines Wissenschaftlers, der sein Fachgebiet nachweislich geprägt hat, einleiten, um einen profilbildenden Bereich der Hochschule aufzubauen, zu erneuern oder nachhaltig zu stärken.

(2) [1]Zur Vorbereitung des Berufungsvorschlages setzt der Rektor eine Findungskommission ein. [2]Ihr gehören mindestens 4 externe, auf dem Fachgebiet anerkannte Wissenschaftler mit Stimmrecht und der Gleichstellungsbeauftragte der Hochschule mit beratender Stimme an.

(3) [1]Die Findungskommission benennt dem Rektor Wissenschaftler, die den mit der zu besetzenden Professorenstelle verbundenen Qualitätsstandards in Forschung und Lehre in überdurchschnittlicher Weise gerecht werden und aufgrund ihrer Erfahrung und bisherigen Leistungen erwarten lassen, dass sie das Profil von Fakultät und Hochschule sowie die Qualität von Forschung und Lehre stärken. [2]Der Vorschlag ist umfassend zu begründen. [3]Stimmt der Rektor dem Fortgang des Verfahrens zu, beauftragt die Findungskommission in der Regel mindestens 6 externe anerkannte Wissenschaftler, Gutachten über die von ihr vorgeschlagenen Wissenschaftler zu erstellen. [4]Auf der Grundlage dieser Gutachten und eines wertenden Vergleiches mit internationalen Qualitätsstandards unterbreitet die Findungskommission einen Berufungsvorschlag. [5]Der Rektor kann nach Anhörung des Fakultätsrates einen Wissenschaftler berufen, wenn nach dem Ergebnis der Gutachten und der vergleichenden Würdigung durch die Findungskommission dessen Leistungen in Forschung und Lehre mindestens den Leistungen der anderen von der Findungskommission benannten Wissenschaftler entsprechen.

§ 62 Gemeinsame Berufungen

(1) [1]Die Hochschule und eine Forschungseinrichtung außerhalb der Hochschule können Professoren zum Zwecke der Förderung und Intensivierung ihrer personellen und fachlichen Zusammenarbeit in Forschung und Lehre gemeinsam berufen. [2]Das Berufungsverfahren regeln Hochschule und Forschungseinrichtung durch eine Vereinbarung. [3]Diese kann insbesondere regeln, dass das Ausschreibungsverfahren von § 59 und die Zusammensetzung der Berufungskommission von § 60 abweichen. [4]Die Mitwirkung des Aufsichtsorganes der Forschungseinrichtung ist zu gewährleisten. [5]Der Berufungskommission müssen auch Vertreter der Forschungseinrichtung angehören. [6]Dabei muss gewährleistet sein, dass die Professoren der Hochschule und die Vertreter der Forschungseinrichtung, die diesen nach Funktion und Qualifikation gleichstehen, gemeinsam über die Mehrheit von einem Sitz verfügen.

(2) [1]Ein Professor kann in Abweichung von § 69 Abs. 1 ohne Begründung eines Beamtenverhältnisses oder eines Arbeitnehmerverhältnisses gemeinsam berufen werden. [2]Wer nach Satz 1 berufen ist und die Berufungsvoraussetzungen nach § 58 erfüllt, hat das Recht, den Titel „Professor" zu führen. [3]§ 69 Abs. 5 gilt entsprechend.

(3) [1]Abweichend von § 60 Abs. 1 werden die Professoren vom Staatsministerium für Wissenschaft und Kunst berufen. [2]Das Staatsministerium für Wissenschaft und Kunst führt die Berufungsverhandlungen in Abstimmung mit der Hochschule und der Forschungseinrichtung.

§ 63 Einstellungs- und Ernennungsvoraussetzungen für Juniorprofessoren

(1) Voraussetzungen für die Einstellung oder Ernennung von Juniorprofessoren sind neben den allgemeinen dienstrechtlichen Voraussetzungen

1. ein abgeschlossenes Hochschulstudium,
2. pädagogische Eignung und
3. besondere Befähigung zu wissenschaftlicher Arbeit, die in der Regel durch die herausragende Qualität einer Promotion nachgewiesen wird.

(2) [1]Juniorprofessoren mit ärztlichen, zahnärztlichen oder tierärztlichen Aufgaben sollen zusätzlich die Anerkennung als Facharzt oder, soweit diese in dem jeweiligen Fachgebiet nicht vorgesehen ist, eine ärztliche Tätigkeit von mindestens 5 Jahren nach Erhalt der Approbation oder Erlaubnis der Berufsausübung nachweisen. [2]Auf eine Stelle, deren Funktionsbeschreibung die Wahrnehmung von erziehungswissenschaftlichen oder fachdidaktischen Aufgaben in der Lehrerbildung vorsieht, soll nur berufen werden, wer eine dreijährige Lehrpraxis an einer Schule nachweist.

(3) [1]Sofern vor oder nach der Promotion eine Beschäftigung als wissenschaftlicher Mitarbeiter oder als wissenschaftliche Hilfskraft erfolgt ist, sollen Promotions- und Beschäftigungsphase zusammen nicht mehr als 6 Jahre, im Bereich der Medizin nicht mehr als 9 Jahre betragen haben. [2]Hiervon bleiben Verlängerungen nach dem Gesetz über befristete Arbeitsverträge in der Wissenschaft (Wissenschaftszeitvertragsgesetz – WissZeitVG) vom 12. April 2007 (BGBl. I S. 506), in der jeweils geltenden Fassung, unberührt.

§ 64 Einstellung oder Ernennung von Juniorprofessoren

(1) Juniorprofessoren werden vom Rektor eingestellt oder ernannt.

(2) Die Vorschriften des § 60 Abs. 2, 3 Satz 1 bis 5, 7 und 8, Abs. 4, 5 und 7 gelten entsprechend.

§ 65 Außerplanmäßige Professoren, Honorarprofessoren

(1) [1]Ein Mitglied oder Angehöriger der Hochschule kann vom Rektor auf Vorschlag des Fakultätsrates zum Außerplanmäßigen Professor bestellt werden, wenn er mindestens 4 Jahre lang in seinem Fachgebiet selbständig gelehrt hat. [2]Für die Bestellung gelten die Voraussetzungen nach § 58 Abs. 1 Nr. 1 bis 3 und 4 Buchst. a entsprechend. [3]Mitgliedern der Hochschule können mit Zustimmung des Senates die mitgliedschaftlichen Rechte eines Hochschullehrers übertragen werden.

(2) [1]Wer an der Hochschule Lehraufgaben wahrnimmt oder mit der Hochschule in einer engen wissenschaftlichen oder künstlerischen Arbeitsbeziehung steht, kann vom Rektor auf Vorschlag des Fakultätsrates zum Honorarprofessor bestellt werden. [2]Für die Bestellung gelten die Voraussetzungen nach § 58 Abs. 1 Nr. 1 bis 3 entsprechend. [3]Hauptberuflich an der Hochschule Beschäftigte können nicht bestellt werden. [4]Honorarprofessoren können die Berechtigung erhalten, sich an der Forschung zu beteiligen. [5]Sie sollen in der Regel Lehrverpflichtungen im Umfang von 2 Semesterwochenstunden in ihrem Fachgebiet übernehmen und können verpflichtet werden, Prüfungen abzunehmen.

(3) [1]Außerplanmäßige Professoren und Honorarprofessoren sind für die Dauer ihrer Bestellung zum Führen des akademischen Titels „Professor" berechtigt. [2]§ 69 Abs. 5 gilt entsprechend.

§ 66 Lehrbeauftragte

[1]Zur Ergänzung des Lehrangebotes, an Kunsthochschulen auch zur Erbringung des Lehrangebotes, können Lehraufträge erteilt werden. [2]Die Lehrbeauftragten nehmen die ihnen übertragenen Lehraufgaben selbständig wahr. [3]Mit der Erteilung eines Lehrauftrages wird kein Dienstverhältnis begründet. [4]Ein Lehrbeauftragter hat Anspruch auf eine angemessene Vergütung; dies gilt nicht, wenn die durch den Lehrauftrag entstehende Belastung bei der Bemessung der Dienstaufgaben eines im öffentlichen Dienst Tätigen entsprechend berücksichtigt wird.

§ 67 Dienstaufgaben der Hochschullehrer

(1) Den Hochschullehrern obliegt die selbständige Wahrnehmung der Aufgaben in Wissenschaft, Kunst, Forschung, Lehre und Weiterbildung.

(2) [1]Hochschullehrer haben Lehrveranstaltungen ihrer Fächer in Studiengängen und in der Weiterbildung unter Beachtung der für ihr Dienstverhältnis geltenden Bestimmungen abzuhalten. [2]Sie haben auch Lehrveranstaltungen in Gebieten zu übernehmen, die ihrem Berufungsgebiet verwandt sind. [3]Zu den Lehrverpflichtungen gehört auch die Mitwirkung in der berufspraktischen Ausbildung, soweit sie in den Studiengang eingeordnet ist.

(3) [1]Zu den Aufgaben der Hochschullehrer gehören insbesondere:

1. Mitwirkung in der Selbstverwaltung der Hochschule,
2. Mitwirkung bei der Abnahme von Prüfungen einschließlich staatlicher und kirchlicher Prüfungen,
3. Mitwirkung in Promotionsverfahren,
4. Studienfachberatung und Förderung der Studenten,
5. Betreuung des wissenschaftlichen und künstlerischen Nachwuchses sowie die Förderung der fachlichen und didaktischen Qualifizierung der ihnen zugeordneten Mitarbeiter,
6. Mitwirkung bei der Studienreform und in Qualitätssicherungsverfahren.

[2]Die Aufgaben in der Lehre einschließlich der Prüfungsverpflichtungen sind vorrangig zu erfüllen. [3]Professoren sind darüber hinaus verpflichtet, in Habilitations- und in Berufungsverfahren mitzuwirken.

(4) Die Wahrnehmung von Aufgaben in Einrichtungen der Wissenschaftsförderung, die überwiegend aus staatlichen Mitteln finanziert werden, sowie der hochschulübergreifenden Zusammenarbeit sollen auf Antrag eines Hochschullehrers zur dienstlichen Aufgabe erklärt werden, wenn dies mit der Erfüllung seiner Aufgaben nach Absatz 3 zu vereinbaren ist.

(5) [1]Art und Umfang der von einem Hochschullehrer wahrzunehmenden Aufgaben richten sich unter Beachtung der Absätze 1 bis 4 nach der Ausgestaltung seines Dienstverhältnisses und der Funktionsbeschreibung seiner Stelle. [2]Sie stehen unter dem Vorbehalt der Überprüfung und Änderung in angemessenen Zeitabständen.

(6) Die Aufgaben der Juniorprofessoren sind so festzulegen, dass ihnen ausreichend Zeit zur Erbringung ihrer zusätzlichen wissenschaftlichen und künstlerischen Leistungen nach § 58 Abs. 1 Nr. 4 Buchst. a und b bleibt.

(7) Soweit Aufgaben des Staatsministeriums für Wissenschaft und Kunst oder der Hochschule berührt sind, sind Hochschullehrer verpflichtet, ohne gesonderte Vergütung Gutachten zu erstellen oder als Sachverständige tätig zu werden, sofern dies die Erfüllung ihrer Dienstaufgaben nicht gefährdet.

§ 68 Freistellung der Professoren von Dienstaufgaben

(1) [1]Der Rektor kann einen Professor auf dessen Antrag im Einvernehmen mit dem Dekan unter Fortzahlung seiner Dienstbezüge ganz oder teilweise für Forschungs-, Forschungsförderungs- oder künstlerische Entwicklungsvorhaben sowie für Aufgaben im Wissens- und Technologietransfer von seinen Dienstaufgaben freistellen. [2]Die Ergebnisse von Evaluationen in Forschung und Lehre sind zu berücksichtigen. [3]In dem Antrag ist das Vorhaben näher zu beschreiben. [4]Die Freistellung setzt voraus, dass während der Freistellungszeit die ordnungsgemäße Vertretung des Faches und die Erfüllung der sonstigen Verpflichtungen der Fakultät sichergestellt sind. [5]Bei Professoren, die Aufgaben in der Krankenversorgung wahrzunehmen haben, ist die Zustimmung des Vorstandes des Universitätsklinikums erforderlich. [6]Die Freistellung kann für ein Semester, in besonderen Fällen für 2 Semester und frühestens 4 Jahre nach Ablauf der letzten Freistellungszeit ausgesprochen werden.

(2) [1]Abweichend von Absatz 1 Satz 6 kann in besonders begründeten Ausnahmefällen einem Professor für Forschungsvorhaben eine Freistellung von Dienstaufgaben unter Fortzahlung seiner Dienstbezüge für einen längeren Zeitraum, längstens jedoch für 5 Jahre, gewährt werden. [2]Ein begründeter Ausnahmefall liegt insbesondere vor, wenn die Entwicklungsplanung der Hochschule nach § 10 Abs. 3 die Errichtung einer wissenschaftlichen Einrichtung oder die Stärkung eines wissenschaftlichen Profils vorsieht und die Umsetzung dieser Planung die Freistellung erfordert. [3]Die Entscheidung trifft das Rektorat. [4]Eine solche Regelung kann bereits in der Berufungsvereinbarung getroffen werden; hierbei ist sicherzustellen, dass nach Ablauf der befristeten Freistellung die Dienstaufgaben nach den allgemeinen Regelungen wahrgenommen werden.

(3) Der Professor hat spätestens 3 Monate nach Beendigung seiner Freistellung dem Rektor und dem Dekan schriftlich über die während der Freistellung erbrachten Leistungen zu berichten.

§ 69 Dienstrechtliche Stellung der Professoren

(1) Professoren können zu Beamten auf Zeit oder auf Lebenszeit ernannt oder in einem befristeten oder unbefristeten Arbeitnehmerverhältnis eingestellt werden.

(2) [1]Mit Ausnahme von Juniorprofessoren und Akademischen Assistenten, die an ihrer Hochschule zum Professor berufen werden, können erstmals Berufene für die Dauer von bis zu 2 Jahren auf Probe eingestellt werden. [2]Die Entscheidung über eine weitere Beschäftigung als Arbeitnehmer oder Beamter trifft der Rektor spätestens 4 Monate vor Ablauf des Dienstverhältnisses auf Vorschlag des Dekans, dem eine Stellungnahme des Fakultätsrates beizufügen ist. [3]Soweit Aufgaben in der Krankenversorgung wahrgenommen werden, ist das Einvernehmen mit dem Vorstand des Universitätsklinikums herzustellen. [4]Das Nähere regelt die Berufungsordnung.

(3) [1]Professoren können auf Zeit ernannt oder eingestellt werden, wenn die Aufgabe befristet übertragen werden soll insbesondere

1. bei vollständiger oder überwiegender Deckung der Kosten aus Mitteln Dritter, wenn die Finanzierung für eine bestimmte Aufgabe oder Zeitdauer bewilligt ist und der Professor überwiegend der Zweckbestimmung dieser Mittel entsprechend beschäftigt wird,

2. für eine leitende Tätigkeit in einer außeruniversitären Forschungseinrichtung im Rahmen einer gemeinsamen Berufung,

3. zur Förderung besonders qualifizierten wissenschaftlichen Nachwuchses im Rahmen einer Tenure-Track-Professur.

[2]Die Beschäftigung in einem Professorenamt auf Zeit erfolgt für die Dauer von bis zu 6 Jahren. [3]Eine erneute Berufung in ein Beamtenverhältnis auf Zeit oder der Abschluss eines weiteren befristeten Dienstvertrages ist nur zulässig, wenn die Gesamtdauer der Beamtenverhältnisse auf Zeit oder der befristeten Dienstverträge 6 Jahre nicht übersteigt. [4]§ 77 Abs. 4 bis 7 bleibt unberührt. [5]In den Fällen des Satzes 1 Nummer 3 wird bei Geburt oder Adoption eines Kindes auf Antrag die Befristung um ein Jahr je Kind, insgesamt um maximal 2 Jahre, verlängert. [6]Soll das Dienstverhältnis nach Fristablauf

innerhalb der Frist nach Satz 2 fortgesetzt werden, bedarf es nicht der erneuten Durchführung eines Berufungsverfahrens; die Entscheidung darüber trifft der Rektor auf Vorschlag des Dekans, dem eine Stellungnahme des Fakultätsrates beizufügen ist. [7]In den Fällen des Satzes 1 Nummer 3 sind die hierfür besonderen Verfahrens- und Evaluierungsregelungen der Hochschule maßgebend. [8]Der Eintritt in den Ruhestand mit Ablauf der Amtszeit ist ausgeschlossen.

(4) [1]Ist es bei Professorenstellen erforderlich, die Verbindung zur Praxis aufrechtzuerhalten, kann eine Teilzeitprofessorenstelle eingerichtet werden. [2]Die Tätigkeit als Professor muss mindestens die Hälfte, in Kunsthochschulen mindestens ein Viertel der Aufgaben einer vollen Professorenstelle umfassen. [3]Die Beschäftigung erfolgt im Arbeitnehmerverhältnis.

(5) [1]Ein Professor darf den Titel „Professor" nach Ausscheiden aus dem Dienstverhältnis führen, wenn seine Dienstzeit mindestens 5 Jahre betrug. [2]Die Berechtigung zur Titelführung soll entzogen werden, wenn er sich ihrer als nicht würdig erweist.

(6) Der Eintritt in den Ruhestand wegen Erreichens der Altersgrenze wird abweichend von § 46 SächsBG zum Ende des Semesters wirksam, in dem ein Professor, der Beamter auf Lebenszeit ist, die Altersgrenze erreicht.

(7) [1]Den Professoren stehen nach Eintritt in den Ruhestand die mit der Lehrbefugnis verbundenen Rechte zur Abhaltung von Lehrveranstaltungen, zur Betreuung des wissenschaftlichen Nachwuchses und zur Mitwirkung an Prüfungen weiter zu. [2]Das Rektorat kann auf Antrag des nach § 89 Abs. 1 Satz 2 zuständigen Dekans einem im Ruhestand befindlichen Professor, dem der Status eines Angehörigen nach § 49 Abs. 2 Satz 2 zuerkannt worden ist, Ressourcen für eigene Forschungsarbeiten zur Verfügung stellen.

§ 70 Dienstrechtliche Stellung der Juniorprofessoren

[1]Juniorprofessoren werden für die Dauer von bis zu 4 Jahren zu Beamten auf Zeit ernannt oder in einem Arbeitnehmerverhältnis beschäftigt. [2]Sie führen den Titel „Juniorprofessor". [3]Hat sich der Juniorprofessor nach dem Ergebnis einer Evaluation seiner Leistungen in Forschung und Lehre unter Einbeziehung einer externen Begutachtung als Hochschullehrer bewährt, soll das Dienstverhältnis spätestens 4 Monate vor seinem Ablauf auf Vorschlag des Fakultätsrates mit Zustimmung des Juniorprofessors auf insgesamt 6 Jahre verlängert werden. [4]Sofern die Voraussetzungen nach Satz 3 und § 65 Abs. 2 Satz 2 erfüllt sind, kann der Rektor den Juniorprofessor auf Vorschlag des Fakultätsrates zum Außerplanmäßigen Professor bestellen und ihm das Recht zur Mitwirkung in Berufungskommissionen nach § 60 Abs. 2 übertragen. [5]Das Nähere zum Verfahren der Evaluation regelt die Hochschule durch Ordnung. [6]Wird das Dienstverhältnis im Ergebnis der Evaluation nach Satz 3 nicht auf insgesamt 6 Jahre verlängert, kann es bis zu einem Jahr verlängert werden. [7]Eine weitere Verlängerung ist nicht zulässig; § 77 Abs. 4 bis 7 bleibt unberührt. [8]Eine erneute Einstellung als Juniorprofessor ist ausgeschlossen.

§ 71 Wissenschaftliche und künstlerische Mitarbeiter

(1) [1]Wissenschaftliche und künstlerische Mitarbeiter sind einer Fakultät, Zentralen Einrichtung oder dem Aufgabengebiet eines Hochschullehrers zugeordnete Beschäftigte, die wissenschaftliche oder künstlerische Dienstleistungen in Wissenschaft, Kunst, Forschung, Lehre und Weiterbildung, in den medizinischen Fächern zusätzlich in der Krankenversorgung erbringen. [2]Wissenschaftliche und künstlerische Mitarbeiter sind an die Weisungen des jeweiligen Leiters ihres Aufgabengebietes gebunden und erbringen ihre Dienstleistungen unter dessen fachlicher Verantwortung. [3]Ihnen kann vom jeweiligen Leiter ihres Aufgabengebietes nach Maßgabe ihrer Fähigkeiten und Leistungen die selbständige Wahrnehmung von Aufgaben in Forschung, Kunst und Lehre übertragen werden.

(2) [1]Zu den wissenschaftlichen und künstlerischen Dienstleistungen gehört, Studenten Fachwissen und praktische Fertigkeiten zu vermitteln und sie in der Anwendung wissenschaftlicher und künstlerischer Methoden zu unterweisen, soweit dies das Lehrangebot nach § 16 erfordert. [2]Befristet beschäftigten wissenschaftlichen Mitarbeitern sind auch Aufgaben zu übertragen, die die Vorbereitung einer Promotion oder die Erbringung zusätzlicher wissenschaftlicher Leistungen nach § 58 Abs. 1 Nr. 4 Buchst. a und b fördern. [3]Mindestens ein Drittel der Arbeitszeit ist ihnen zu eigener wissenschaftlicher Arbeit im Rahmen ihrer Dienstaufgaben zu belassen. [4]Die Sätze 2 und 3 gelten für befristet beschäftigte künstlerische Mitarbeiter entsprechend.

(3) Einstellungsvoraussetzung für wissenschaftliche und künstlerische Mitarbeiter ist neben den allgemeinen dienstrechtlichen Voraussetzungen in der Regel ein abgeschlossenes Hochschulstudium.

(4) Wissenschaftliche und künstlerische Mitarbeiter können in einem befristeten oder unbefristeten Arbeitnehmerverhältnis eingestellt werden.

(5) Wissenschaftliche und künstlerische Mitarbeiter können zur Weiterqualifizierung als Akademische Assistenten nach § 72 beschäftigt werden.

§ 72 Akademische Assistenten

(1) [1]Akademische Assistenten erbringen wissenschaftliche oder künstlerische Dienstleistungen in Forschung und Lehre, die auch dem Erwerb einer zusätzlichen wissenschaftlichen oder künstlerischen Qualifikation nach § 58 Abs. 1 Nr. 4 Buchst. a oder b dienen. [2]Mindestens ein Drittel der Arbeitszeit ist ihnen zur wissenschaftlichen oder künstlerischen Qualifikation zu belassen. [3]Zu ihren Dienstleistungen gehört, Studenten Fachwissen und praktische Fertigkeiten zu vermitteln und sie in der Anwendung wissenschaftlicher oder künstlerischer Methoden zu unterweisen. [4]In den medizinischen Fächern gehört auch die Tätigkeit in der Krankenversorgung zu den wissenschaftlichen Tätigkeiten. [5]Die Akademischen Assistenten sind mit den weiteren Dienstaufgaben eines Hochschullehrers vertraut zu machen.

(2) [1]Akademische Assistenten sind einem Professor oder einer Fakultät zugeordnet und werden bei ihrer wissenschaftlichen oder künstlerischen Arbeit betreut. [2]Nach Maßgabe ihrer Fähigkeiten und Leistungen soll ihnen die selbständige Wahrnehmung von Aufgaben in Forschung und Lehre übertragen werden.

(3) [1]Voraussetzung für die Einstellung als Akademischer Assistent ist neben den allgemeinen dienstrechtlichen Voraussetzungen und pädagogischer Eignung in der Regel die herausragende Qualität einer Promotion. [2]Abweichend vom Erfordernis einer Promotion ist in künstlerischen Fachgebieten ein überdurchschnittlicher Studienabschluss erforderlich. [3]Soweit in den medizinischen Fächern heilkundliche Tätigkeiten ausgeübt werden, ist auch die Approbation oder eine Erlaubnis zu vorübergehender Ausübung des Berufes erforderlich.

§ 73 Dienstrechtliche Stellung der Akademischen Assistenten

[1]Akademische Assistenten werden für die Dauer von bis zu 4 Jahren zu Beamten auf Zeit ernannt oder in einem Arbeitnehmerverhältnis beschäftigt. [2]Das Beschäftigungsverhältnis soll mit Zustimmung des Akademischen Assistenten spätestens 4 Monate vor Ablauf auf insgesamt 6 Jahre verlängert werden, wenn er die zusätzliche wissenschaftliche oder künstlerische Qualifikation nach § 58 Abs. 1 Nr. 4 Buchst. a oder b erworben hat oder zu erwarten ist, dass er sie innerhalb dieser Zeitspanne erworben wird. [3]Die Entscheidung trifft der Rektor auf Vorschlag des Fakultätsrates. [4]Soweit Aufgaben in der Krankenversorgung wahrgenommen werden, ist das Einvernehmen des medizinischen Vorstandes des Universitätsklinikums erforderlich. [5]Eine weitere Verlängerung ist nicht zulässig; § 77 Abs. 4 bis 7 bleibt unberührt. [6]Eine erneute Einstellung als Akademischer Assistent ist ausgeschlossen.

§ 74 Lehrkräfte für besondere Aufgaben

[1]Die Vermittlung praktischer Fertigkeiten und Kenntnisse, die nicht die Qualifikation eines Hochschullehrers erfordert, kann Lehrkräften für besondere Aufgaben übertragen werden. [2]Diese sollen über einen Hochschulabschluss und pädagogische Eignung verfügen. [3]Sie werden im Arbeitnehmerverhältnis, das befristet werden kann, beschäftigt.

§ 75 Regelung der Dienstaufgaben

(1) Das Staatsministerium für Wissenschaft und Kunst regelt Art und Umfang der dienstlichen Aufgaben des wissenschaftlichen und künstlerischen Personals durch Rechtsverordnung, insbesondere

1. den Umfang der dienstlichen Lehrverpflichtung; hierbei ist der jeweilige Zeitaufwand für die Lehrveranstaltungen zu beachten,

2. die Präsenzzeiten sowie

3. die Voraussetzungen für die vom Dekan zu erteilende Einwilligung in die Befreiung von Präsenzpflichten, wenn Verpflichtungen zur Lehre, Abnahme von Prüfungen oder Betreuung von Studenten bestehen.

(2) [1]Sofern die in der Rechtsverordnung nach Absatz 1 festgelegte Lehrverpflichtung erfüllt ist, können Lehraufgaben in der Weiterbildung in Nebentätigkeit wahrgenommen werden. [2]Auf Antrag kann der Dekan genehmigen, dass die Lehrverpflichtung teilweise in der Weiterbildung erbracht wird.

§ 76 Nebentätigkeit

Das Staatsministerium für Wissenschaft und Kunst regelt für das beamtete wissenschaftliche und künstlerische Personal durch Rechtsverordnung

1. welche Nebentätigkeit anzeigepflichtig ist,
2. welche Nebentätigkeit zu untersagen ist,
3. das Anzeigeverfahren der Nebentätigkeit,
4. die Voraussetzungen und den Umfang der Inanspruchnahme von Einrichtungen, Personal und Material der Dienstbehörde sowie Kriterien für die Festsetzung des dafür zu entrichtenden Nutzungsentgeltes,
5. den Freibetrag für die Abführung der Vergütung für eine Nebentätigkeit im öffentlichen Dienst sowie Ausnahmen von der Ablieferungspflicht,
6. für Hochschullehrer der Medizin die Voraussetzungen für die Erteilung des Rechtes zur Privatliquidation.

§ 77 Dienstrechtliche Sonderregelung für das wissenschaftliche und künstlerische Personal

(1) Die Vorschriften des Sächsischen Beamtengesetzes über die Laufbahnen sind auf beamtete Hochschullehrer und Akademische Assistenten im Beamtenverhältnis auf Zeit, die Vorschriften des Sächsischen Beamtengesetzes über die Arbeitszeit mit Ausnahme der §§ 97 bis 100 SächsBG auf Hochschullehrer nicht anzuwenden.

(2) [1]Ein beamteter Hochschullehrer kann nur mit seiner Zustimmung abgeordnet oder versetzt werden. [2]Abordnung und Versetzung in ein gleichwertiges Amt an einer anderen Hochschule sind auch ohne Zustimmung zulässig, wenn die Hochschule oder Grundeinheit nach § 2 Abs. 2, an der er tätig ist, aufgelöst oder mit einer anderen Hochschule oder Grundeinheit zusammengeführt wird, oder das Studienangebot, in dem er tätig ist, ganz oder teilweise eingestellt oder an eine andere Hochschule verlagert wird. [3]In diesen Fällen sind die beteiligten Hochschulen oder Grundeinheiten anzuhören. [4]Soweit die Sicherung des Lehrangebotes dies erfordert, sind für einen Zeitraum von bis zu 5 Jahren Dienstaufgaben an einer anderen Hochschule oder an einer Staatlichen Studienakademie zu erbringen.

(3) Aus dem Status eines Hochschullehrers im Beamtenverhältnis auf Zeit oder eines Akademischen Assistenten im Beamtenverhältnis auf Zeit ist der Eintritt in den Ruhestand mit Ablauf der Dienstzeit ausgeschlossen.

(4) Sofern dienstliche Belange nicht entgegenstehen, ist das Dienstverhältnis eines Hochschullehrers im Beamtenverhältnis auf Zeit oder eines Akademischen Assistenten im Beamtenverhältnis auf Zeit auf seinen Antrag aus folgenden Gründen zu verlängern:

1. Beurlaubung nach den §§ 98 und 99 SächsBG,
2. Beurlaubung nach einem Landesgesetz zur Ausübung eines mit dem Dienstverhältnis als Beamter zu vereinbarenden Mandats,
3. Beurlaubung für eine wissenschaftliche oder künstlerische Tätigkeit oder eine außerhalb der Hochschule durchgeführte wissenschaftliche, künstlerische oder berufliche Aus- oder Weiterbildung,
4. Grundwehr- und Zivildienst oder
5. Beurlaubung nach der Verordnung der Sächsischen Staatsregierung über die Elternzeit der Beamten und Richter im Freistaat Sachsen (Sächsische Elternzeitverordnung – SächsEltZVO) in der Fassung der Bekanntmachung vom 13. Dezember 2005 (SächsGVBl. S. 322), zuletzt geändert durch Artikel 5 der Verordnung vom 23. Juni 2009 (SächsGVBl. S. 402, 408), in der jeweils geltenden Fassung, und Zeiten des Erziehungsurlaubes oder eines Beschäftigungsverbotes aus Gründen des Mutterschutzes, soweit eine Beschäftigung, unbeschadet einer zulässigen Teilzeitbeschäftigung, nicht erfolgt ist.

(5) Absatz 4 gilt entsprechend im Falle der

1. Teilzeitbeschäftigung,
2. Ermäßigung der Arbeitszeit nach einem Landesgesetz zur Ausübung eines mit dem Dienstverhältnis als Beamter zu vereinbarenden Mandates oder
3. Freistellung zur Wahrnehmung von Aufgaben in einer Personal- oder Schwerbehindertenvertretung oder von Aufgaben nach § 5 Abs. 2 Nr. 9,

wenn die Ermäßigung mindestens ein Fünftel der regelmäßigen Arbeitszeit beträgt.

(6) ¹Die Verlängerung der Dienstzeit nach den Absätzen 4 und 5 darf die Dauer der Beurlaubung oder den Umfang der Ermäßigung der Arbeitszeit in den Fällen des Absatz 4 Nr. 1 bis 3 und in den Fällen des Absatz 5 Satz 1 die Dauer von jeweils 2 Jahren nicht überschreiten. ²Mehrere Verlängerungen nach Absatz 4 Nr. 1 bis 4 und Absatz 5 Satz 1 dürfen die Gesamtdauer von 3 Jahren, Verlängerungen nach Absatz 4 Nr. 5, auch wenn sie mit anderen Verlängerungen zusammentreffen, insgesamt 4 Jahre nicht überschreiten.

(7) ¹Für Hochschullehrer im befristeten Arbeitnehmerverhältnis gelten die Absätze 1, 2, 4 bis 6 entsprechend. ²Für die Versetzung und Abordnung von Hochschullehrern ist abweichend von § 78 Abs. 2 das Staatsministerium für Wissenschaft und Kunst zuständig.

(8) Für die befristet eingestellten akademischen Mitarbeiter gilt das Wissenschaftszeitvertragsgesetz in der jeweils geltenden Fassung.

(9) Das wissenschaftliche und künstlerische Personal hat den Erholungsurlaub grundsätzlich in der vorlesungsfreien Zeit zu nehmen; Lehr- und Prüfungsverpflichtungen dürfen dem Erholungsurlaub nicht entgegenstehen.

§ 78　Gemeinsame Bestimmungen für das Hochschulpersonal

(1) ¹Die Beschäftigten der Hochschulen stehen im Dienst des Freistaates Sachsen. ²Beschäftigte im Sinne des Gesetzes sind Beamte, Arbeitnehmer und Auszubildende.

(2) ¹Oberste Dienstbehörde ist das Staatsministerium für Wissenschaft und Kunst. ²Dienstvorgesetzter der Mitglieder des Rektorates ist das Staatsministerium für Wissenschaft und Kunst. ³Es kann einzelne Befugnisse durch Verwaltungsvorschrift auf die Hochschule übertragen. ⁴Dienstvorgesetzter des wissenschaftlichen und künstlerischen Personals ist der Rektor. ⁵Dienstvorgesetzter des sonstigen Personals ist der Kanzler.

§ 79　Wissenschaftliche Redlichkeit

¹Wissenschaftlich Tätige sind zur wissenschaftlichen Redlichkeit verpflichtet. ²Die allgemein anerkannten Grundsätze guter wissenschaftlicher Praxis sind einzuhalten. ³Das Nähere kann die Hochschule durch Ordnung regeln.

Teil 7
Aufbau und Organisation der Hochschule

Abschnitt 1
Zentrale Organe

§ 80　Zentrale Organe der Hochschule

Zentrale Organe der Hochschule sind der Senat, der Erweiterte Senat, das Rektorat und der Hochschulrat; sie geben sich eine Geschäftsordnung.

§ 81　Senat

(1) ¹Der Senat ist zuständig für
1. die Beschlussfassung über Ordnungen der Hochschule nach § 13 Abs. 3,
2. die Beantragung der Abwahl des Rektors beim Erweiterten Senat,
3. die Wahl und Abwahl der Prorektoren,
4. die Stellungnahmen zu Vorschlägen des Rektors für die Bestellung des Kanzlers,
5. die Vorschläge für die Berufung von Mitgliedern des Hochschulrates,
6. die Stellungnahme zum Wirtschaftsplanentwurf,
7. die Stellungnahme zu allen wissenschaftlichen und künstlerischen Angelegenheiten, die nicht nur eine Fakultät betreffen,
8. Entscheidungen von grundsätzlicher Bedeutung in Angelegenheiten der Förderung des wissenschaftlichen und künstlerischen Nachwuchses,
9. Entscheidungen von grundsätzlicher Bedeutung in Angelegenheiten der Lehre, Forschung oder Kunst, soweit diese nicht nur eine Fakultät betreffen,
10. die Festlegung der von der Hochschule zu vergebenden Hochschulgrade nach § 39,
11. die Aufstellung von Grundsätzen für die Evaluation der Lehre,
12. die Wahl und Bestellung von Beauftragten der Hochschule; § 83 Abs. 3 Satz 2 und 3 sowie § 88 Abs. 4 Satz 5 bleiben unberührt,

13. die Formulierung von Grundsätzen der Organisation des Lehr- und Studienbetriebes,
14. die Stellungnahme zur Festlegung des Fächer- und Studienangebotes durch das Rektorat,
15. die Stellungnahme zur Stellenausstattung der Fakultäten,
16. die Beschlussfassung über die Entwicklungsplanung der Hochschule,
17. die Stellungnahme zum Tätigkeitsbericht des Gleichstellungsbeauftragten,
18. die Stellungnahme zum Jahresbericht des Studentenwerkes.

[2]Näheres zu den Nummern 8 und 9 kann die Grundordnung regeln.

(2) [1]Der Senat hat bis zu 21 stimmberechtigte Mitglieder (Senatoren). [2]Sie sind gewählte Vertreter jeder Mitgliedergruppe nach § 50 Abs. 1. [3]Die Zahl und die Verteilung der Sitze auf die Mitgliedergruppen bestimmt die Grundordnung. [4]Für die Hochschullehrer sind so viele Sitze vorzusehen, dass sie über die Mehrheit von einem Sitz verfügen. [5]Juniorprofessoren sollen angemessen vertreten sein. [6]Die Prorektoren, der Kanzler, die Dekane und der Gleichstellungsbeauftragte der Hochschule gehören dem Senat nur mit beratender Stimme an. [7]Auch der Rektor gehört dem Senat nur mit beratender Stimme an, er entscheidet jedoch bei Stimmengleichheit. [8]Ein stimmberechtigtes Mitglied des Senates kann nicht auch zum Dekan, Rektor oder Prorektor gewählt oder zum Kanzler bestellt werden.

(3) [1]Der Rektor bereitet die Sitzungen des Senates und seiner Kommissionen vor und führt den Vorsitz im Senat. [2]Der Senat kann zur Vorbereitung seiner Entscheidungen Kommissionen und Beauftragte einsetzen.

(4) Beschlüsse in Angelegenheiten der Studienorganisation bedürfen der Zustimmung der Mehrheit der anwesenden stimmberechtigten Studentenvertreter, andernfalls der Zustimmung von zwei Dritteln der stimmberechtigten Mitglieder.

(5) Das Rektorat und der Hochschulrat haben dem Senat auf Anforderung in schriftlicher Form über alle Angelegenheiten der Hochschule zu berichten.

§ 81a Erweiterter Senat

(1) [1]Der Erweiterte Senat setzt sich aus den stimmberechtigten Mitgliedern des Senates nach § 81 Abs. 2 Satz 1 und 3 zusammen; hinzu kommt mindestens eine gleiche Anzahl von gewählten Vertretern der Gruppen nach § 50 Abs. 1 Satz 1. [2]Die Anzahl und Verteilung der Sitze nach Satz 1 Halbsatz 2 auf die Mitgliedergruppen bestimmt die Grundordnung. [3]Für die Hochschullehrer sind so viele Sitze vorzusehen, dass sie über die Mehrheit von einem Sitz verfügen. [4]Juniorprofessoren sollen angemessen vertreten sein. [5]Der Rektor, die Prorektoren, der Kanzler, die Dekane und der Gleichstellungsbeauftragte der Hochschule gehören dem Erweiterten Senat nur mit beratender Stimme an.

(2) Der Erweiterte Senat ist zuständig für die Wahl und die Abwahl des Rektors sowie für die Beschlussfassung über die Grundordnung und ihre Änderung.

(3) Der Rektor bereitet die Sitzungen des Erweiterten Senates vor und führt den Vorsitz.

§ 82 Rektor

(1) [1]Der Rektor leitet die Hochschule. [2]Er ist Vorsitzender des Rektorates und bestimmt dessen Richtlinien. [3]Er vertritt die Hochschule nach außen. [4]Der Rektor vollzieht die Beschlüsse der zentralen Organe nach § 80. [5]§ 85 Abs. 1 Satz 2 und Abs. 2 bleibt unberührt. [6]Er bestimmt einen Prorektor zu seinem Vertreter.

(2) [1]Der Rektor wahrt die Ordnung in der Hochschule und übt das Hausrecht aus. [2]Die Zuständigkeit für das Hausrecht und für Eilentscheidungen kann er delegieren.

(3) Zum Rektor kann bestellt werden, wer einer Hochschule als Professor angehört oder eine abgeschlossene Hochschulausbildung besitzt und aufgrund einer mehrjährigen leitenden beruflichen Tätigkeit, insbesondere in Wissenschaft, Kunst, Wirtschaft, Verwaltung oder Rechtspflege, erwarten lässt, dass er den Aufgaben des Amtes gewachsen ist.

(4) [1]Der Rektor ist für die Dauer seiner Amtszeit auf Zeit zu verbeamten oder einzustellen. [2]Der hauptberufliche Rektor ist für die Dauer der Amtszeit aus einem bisherigen Beschäftigungsverhältnis mit dem Freistaat Sachsen ohne Bezüge beurlaubt. [3]Ein bisheriges Beamtenverhältnis bleibt bestehen. [4]Ist er Beamter auf Zeit, findet § 5 Abs. 2 und 3 SächsBG keine Anwendung. [5]Der Eintritt in den Ruhestand aus dem Rektoramt mit Ablauf der Dienstzeit ist ausgeschlossen. [6]Sofern die Größe der Hochschule eine hauptberufliche Leitung nicht erfordert, soll das Rektoramt nebenberuflich ausgeübt werden. [7]Die Grundordnung bestimmt, ob der Rektor hauptberuflich oder nebenberuflich tätig ist.

(5) [1]War der Rektor einer Hochschule vor seiner Bestellung Professor in einem Beamtenverhältnis auf Lebenszeit oder in einem unbefristeten Arbeitnehmerverhältnis an einer Hochschule außerhalb des Geltungsbereiches dieses Gesetzes, so kann er auf seinen Antrag, wenn die Berufungsvoraussetzungen nach § 58 erfüllt sind, ohne Berufungsverfahren in ein gleichwertiges Professorenamt an die Hochschule versetzt werden, an der er zum Rektor bestellt wurde oder in ein unbefristetes Arbeitnehmerverhältnis an dieser Hochschule übernommen werden. [2]In diesem Fall gilt Absatz 4 Satz 2 und 3 entsprechend.

(6) [1]Die Stelle des Rektors ist öffentlich auszuschreiben. [2]Eine Auswahlkommission aus 4 Mitgliedern, davon 2 externe Mitglieder des Hochschulrates und 2 Mitglieder des Senates, sowie ein Vertreter des Staatsministeriums für Wissenschaft und Kunst mit beratender Stimme fertigt eine Vorschlagsliste für den Hochschulrat. [3]Der Hochschulrat erstellt im Benehmen mit dem Senat einen Wahlvorschlag, der bis zu 3 Kandidaten enthält. [4]Ein Kandidat soll nicht Mitglied der Hochschule sein. [5]Der Wahlvorschlag wird von dem Vorsitzenden des Hochschulrates dem Erweiterten Senat unterbreitet. [6]Vom Erweiterten Senat gewählt ist, wer die Mehrheit der Stimmen der Mitglieder erhält. [7]Kommt eine Wahl auch im zweiten Wahlgang nicht zustande und enthält der Wahlvorschlag mehr als einen Kandidaten, findet zwischen den Kandidaten, die im zweiten Wahlgang die meisten Stimmen erhalten haben, ein dritter Wahlgang statt. [8]In diesem ist gewählt, wer die Mehrheit der Stimmen erhält. [9]Das Staatsministerium für Wissenschaft und Kunst bestellt den Rektor. [10]Kommt eine Wahl auch im zweiten Wahlgang nicht zustande und enthält der Wahlvorschlag nur einen Kandidaten, stellt die Auswahlkommission eine neue Vorschlagsliste auf.

(7) Die Wiederwahl für eine zweite Amtszeit ist zulässig.

(8) [1]Der Erweiterte Senat kann den Rektor mit einer Mehrheit von zwei Dritteln seiner Mitglieder abwählen. [2]Die Abwahl bedarf der Bestätigung durch die Mehrheit der Mitglieder des Hochschulrates, sofern nicht dieser nach § 86 Abs. 1 Satz 3 Nr. 2 die Abwahl beim Erweiterten Senat beantragt hat. [3]Mit seiner Abwahl ist der Rektor aus dem Beamtenverhältnis auf Zeit entlassen.

(9) Der Rektor kann nach Ablauf seiner Amtszeit auf Antrag für 2 Semester von seinen Verpflichtungen in Lehre und Verwaltung freigestellt werden.

§ 83 Rektorat

(1) [1]Das Rektorat besteht aus dem Rektor als Vorsitzendem, bis zu 3 Prorektoren und dem Kanzler. [2]Die Grundordnung bestimmt die Anzahl der Prorektoren und regelt, ob diese haupt- oder nebenberuflich tätig sind. [3]Bei Stimmengleichheit entscheidet der Vorsitzende.

(2) [1]Das Rektorat ist für alle Angelegenheiten der Hochschule zuständig, soweit dieses Gesetz keine andere Zuständigkeit bestimmt. [2]Es bereitet Entscheidungen des Senates und des Hochschulrates vor.

(3) [1]Das Rektorat ist insbesondere zuständig für:

1. die Erstellung und Umsetzung des Entwicklungsplanes der Hochschule unter Berücksichtigung der Entwicklungspläne der Fakultäten,

2. Zielvereinbarungen mit dem Staatsministerium für Wissenschaft und Kunst sowie mit den Fakultäten,

3. die Einrichtung, Aufhebung oder wesentliche Änderung von Studiengängen im Benehmen mit dem Senat,

4. die Errichtung, Aufhebung oder wesentliche Änderung einer Zentralen Einrichtung im Benehmen mit dem Senat,

5. die Errichtung, Auflösung und Zusammenlegung von Fakultäten und Grundeinheiten nach § 2 Abs. 2 im Benehmen mit dem Senat; diese Entscheidung ist dem Staatsministerium für Wissenschaft und Kunst anzuzeigen,

6. die Planung des Bedarfes an baulicher Entwicklung,

7. die Entscheidung über die Ausstattungspläne,

8. die Entscheidung über den dem Hochschulrat vorzulegenden Entwurf des Wirtschaftsplanes,

9. die Festsetzung von Leistungsbezügen der Professoren nach der Verordnung des Sächsischen Staatsministeriums für Wissenschaft und Kunst über die Gewährung von Leistungsbezügen sowie Forschungs- und Lehrzulagen an Professoren sowie hauptberufliche Leiter und Mitglieder von Leitungsgremien an Hochschulen (Sächsische Hochschulleistungsbezügeverordnung – SächsHLeistBezVO) vom 10. Januar 2006 (SächsGVBl. S. 21), geändert durch Ver-

ordnung vom 1. September 2010 (SächsGVBl. S. 239), in der jeweils geltenden Fassung, und von Forschungs- und Lehrzulagen der Professoren,

10. die Aufteilung der vom Haushaltsgesetzgeber zugewiesenen Stellen und Mittel auf die Einrichtungen der Hochschule; die Rechte und Pflichten des Kanzlers bleiben unberührt,

10a. Erstellung des Jahresabschlusses,

11. den Abschluss von Vereinbarungen über die Zusammenarbeit mit anderen Hochschulen,

12. die Maßnahmen zur Sicherung der Qualität in Forschung und Lehre.

²Das Rektorat kann zur Vorbereitung seiner Entscheidungen Kommissionen und Beauftragte einsetzen. ³Es setzt Berufungsbeauftragte ein, die in den Berufungsverfahren ohne Stimmrecht mitwirken.

(4) ¹Das Rektorat hat unbeschadet der Zuständigkeit nach § 85 Abs. 4 rechtswidrige Beschlüsse und Maßnahmen zu beanstanden. ²Die Beanstandung hat aufschiebende Wirkung. ³Das Rektorat kann anordnen, dass erforderliche Beschlüsse gefasst und Maßnahmen getroffen werden. ⁴Beseitigt das Organ oder Mitglied der Hochschule den rechtswidrigen Zustand nicht, trifft das Rektorat die erforderlichen Maßnahmen.

(5) Das Rektorat unterrichtet den Senat und den Hochschulrat über alle Angelegenheiten der Hochschule und über die Ausführung ihrer Beschlüsse.

(6) ¹Die Mitglieder des Rektorates können an den Sitzungen aller Organe mit Rederecht teilnehmen. ²Auf Anforderung des Rektorates beraten die Organe über Angelegenheiten ihrer Zuständigkeit in angemessener Frist. ³Die Organe berichten dem Rektorat auf Anforderung unverzüglich über jede Angelegenheit ihrer Zuständigkeit. ⁴Die Sätze 1 bis 3 gelten nicht für den Hochschulrat.

§ 84 Prorektoren

(1) ¹Der Senat wählt die Prorektoren auf Vorschlag des Rektors aus dem Kreis der Mitglieder der Hochschule. ²Ihre Amtszeit endet spätestens mit dem Ende der Amtszeit des Rektors.

(2) Prorektoren können vom Senat mit der Mehrheit von zwei Dritteln seiner Mitglieder abgewählt werden.

(3) § 82 Abs. 4, 7 und 9 gilt entsprechend.

(4) Nebenberuflich tätige Prorektoren sind von ihren Lehrverpflichtungen angemessen zu entlasten.

§ 85 Kanzler

(1) ¹Der Kanzler leitet die Hochschulverwaltung nach den Richtlinien des Rektorates. ²Er vollzieht die Beschlüsse des Rektorates und des Senates in seinem Zuständigkeitsbereich. ³Er kann die Verwaltung mehrerer Hochschulen leiten.

(2) ¹Der Kanzler bewirtschaftet die vom Haushaltsgesetzgeber zugewiesenen Mittel. ²Unbeschadet seiner Verantwortung kann er die Bewirtschaftung auf die Grundeinheiten der Hochschule nach § 2 Abs. 2 übertragen. ³Er kann in Angelegenheiten der Wirtschaftsführung Entscheidungen des Rektorates widersprechen, wenn diese nicht den Grundsätzen der Wirtschaftlichkeit und Sparsamkeit entsprechen. ⁴Der Widerspruch hat aufschiebende Wirkung. ⁵Kommt keine Einigung zustande, berichtet das Rektorat dem Hochschulrat, der eine Entscheidung herbeiführt.

(3) Im Falle der Bewirtschaftung nach § 11 Abs. 5 Satz 1 ist der Kanzler Beauftragter für den Haushalt.

(4) ¹Hält der Kanzler in Angelegenheiten seiner Zuständigkeit den Beschluss eines Organes der Hochschule unterhalb der zentralen Ebene nach Teil 7 Abschnitt 1 für rechtswidrig, beanstandet er ihn binnen 2 Wochen nach Kenntniserlangung. ²Für die Kanzler der Kunsthochschulen entfällt die Begrenzung des Beanstandungsrechts nach Satz 1 auf Beschlüsse eines Organs unterhalb der zentralen Ebene nach Teil 7 Abschnitt 1. ³Die Beanstandung ist schriftlich zu begründen. ⁴Sie hat aufschiebende Wirkung. ⁵Die anderen Mitglieder des Rektorates sind unverzüglich zu unterrichten. ⁶Verbleibt das Organ nach erneuter Befassung bei seinem Beschluss, hat der Kanzler die Beanstandung unverzüglich dem Staatsministerium für Wissenschaft und Kunst vorzulegen.

(5) ¹Die Stelle ist öffentlich auszuschreiben. ²Der Kanzler soll eine in der Verwaltung und in Wissenschaft oder Wirtschaft erfahrene Persönlichkeit sein, die mit dem Hochschulwesen vertraut ist.

(6) ¹Der Kanzler wird vom Staatsministerium für Wissenschaft und Kunst auf Vorschlag des Rektors nach Anhörung des Senates und im Einvernehmen mit dem Hochschulrat zum Beamten auf Zeit ernannt oder in einem befristeten Arbeitnehmerverhältnis beschäftigt. ²Weitere Amtszeiten sind zulässig.

(7) ¹War der Kanzler vor seiner Bestellung im öffentlichen Dienst beschäftigt, ist er nach Ablauf seiner Amtszeit auf eigenen Antrag in den allgemeinen Landesdienst zu übernehmen. ²Das neue Amt oder

die neue Dienststellung muss mindestens dem Amt oder der Dienststellung vergleichbar sein, die er vor seiner Ernennung oder Bestellung zum Kanzler innehatte.

(8) [1]Die Bestellung zum Kanzler kann aus wichtigem Grund nach Anhörung von Senat und Hochschulrat vom Staatsministerium für Wissenschaft und Kunst vorzeitig zurückgenommen und seine Ernennung widerrufen oder sein Dienstverhältnis gekündigt werden. [2]In diesem Falle ist er für den verbleibenden Teil der Amtszeit in ein Amt mit mindestens demselben Endgrundgehalt zu versetzen oder als Arbeitnehmer in eine vergleichbare Dienststellung in den allgemeinen Landesdienst zu übernehmen. [3]Maßnahmen nach dem Sächsischen Disziplinargesetz (SächsDG) vom 10. April 2007 (SächsGVBl. S. 54), das zuletzt durch Artikel 2 Abs. 3 des Gesetzes vom 19. Mai 2010 (SächsGVBl. S. 142, 143) geändert worden ist, in der jeweils geltenden Fassung, oder das Recht zur Kündigung des Dienstverhältnisses aus wichtigem Grund bleiben unberührt.

§ 86 Hochschulrat

(1) [1]Der Hochschulrat gibt Empfehlungen zur Profilbildung und Verbesserung der Leistungs- und Wettbewerbsfähigkeit der Hochschule. [2]Er berücksichtigt die Hochschulentwicklungsplanung des Freistaates Sachsen nach § 10 Abs. 1 und die Zielvereinbarungen nach § 10 Abs. 2. [3]Er ist zuständig für die

1. Erstellung eines Vorschlages für die Wahl des Rektors,
2. Beantragung der Abwahl des Rektors beim Erweiterten Senat,
3. Bestätigung der Abwahl des Rektors durch den Erweiterten Senat,
4. Erteilung des Einvernehmens zum Vorschlag des Rektors für die Bestellung des Kanzlers,
5. Genehmigung der Entwicklungsplanung der Hochschule,
6. Genehmigung des Wirtschaftsplanentwurfes,
7. Formulierung von Grundsätzen für die Verwendung der Stellen und Mittel nach § 11 Abs. 6 Satz 2 und die Verwendung von Rücklagen nach § 11 Abs. 6 Satz 3,
8. Genehmigung des Jahresabschlusses,
9. Entlastung des Rektorates,
10. Stellungnahme zum Jahresbericht des Rektorates nach § 10 Abs 4 Satz 4,
11. Stellungnahme vor dem Abschluss von Zielvereinbarungen.

[4]Er kann zur Einrichtung, wesentlichen Änderung und Aufhebung von Studiengängen Stellung nehmen. [5]In Angelegenheiten des Satzes 3 Nr. 5, 6 und 11 ist das Universitätsklinikum anzuhören, soweit seine Angelegenheiten berührt sind.

(2) [1]Der Hochschulrat besteht aus 5, 7, 9 oder 11 Mitgliedern. [2]Die Anzahl regelt die Grundordnung. [3]Bis zu einem Viertel dieser Anzahl, mindestens jedoch 2 Mitglieder des Hochschulrates, können Mitglieder oder Angehörige der Hochschule sein. [4]Die Mitglieder sind Persönlichkeiten aus Wissenschaft, Kultur, Wirtschaft oder beruflicher Praxis, die mit dem Hochschulwesen vertraut sind. [5]Die Vertreter der Hochschule gehören weder dem Senat noch dem Rektorat an. [6]Die Mitglieder des Hochschulrates sind in ihrer Tätigkeit im Hochschulrat unabhängig und an Weisungen nicht gebunden.

(3) [1]Der Senat benennt weniger als die Hälfte der in der Grundordnung festgesetzten Anzahl der Mitglieder, insbesondere alle Mitglieder oder Angehörigen der Hochschule nach Absatz 2 Satz 3. [2]Die übrigen Mitglieder werden vom Staatsministerium für Wissenschaft und Kunst benannt. [3]Die studentischen Senatoren können dem Senat einen Vorschlag für die Benennung unterbreiten.

(4) [1]Im Fall der Bewirtschaftung nach § 11 Abs. 5 Satz 1 besteht der Hochschulrat abweichend von Absatz 2 Satz 1 aus 5, 7 oder 9 Mitgliedern. [2]Der Senat benennt abweichend von Absatz 3 Satz 1 und 2 ein Mitglied des Hochschulrates mehr als die Hälfte der in der Grundordnung festgesetzten Anzahl der Mitglieder, insbesondere alle Mitglieder oder Angehörige der Hochschule nach Absatz 2 Satz 3. [3]Die übrigen Mitglieder werden vom Staatsministerium für Wissenschaft und Kunst benannt.

(5) [1]Führt die Hochschule während der Amtszeit des Hochschulrates eine Wirtschaftsführung nach Maßgabe des § 11 Abs. 1 Satz 1 und Abs. 2 Satz 6 und 7 ein, so bleiben die Mitglieder des Hochschulrates bis zum Ende ihrer Amtszeit im Amt. [2]Sieht die Grundordnung der Hochschule für diesen Fall eine höhere Zahl von Mitgliedern des Hochschulrates vor, so benennt das Staatsministerium für Wissenschaft und Kunst diese zusätzlichen Mitglieder.

(6) [1]Das Staatsministerium für Wissenschaft und Kunst beruft die Mitglieder; es kann ein Mitglied aus wichtigem Grund abberufen. [2]Die erneute Berufung ist möglich.

(7) [1]Der Hochschulrat wählt ein externes Mitglied zum Vorsitzenden. [2]Die Hochschule richtet eine Geschäftsstelle für den Hochschulrat ein. [3]Der Hochschulrat tagt mindestens zweimal im Semester und bei Bedarf. [4]Das Rektorat hat ein Initiativrecht zur Einberufung von Sitzungen. [5]Mindestens einmal im Jahr tagt der Hochschulrat gemeinsam mit den gewählten Senatoren nach § 81 Abs. 2. [6]Das Rektorat stellt seine Vorlagen im Hochschulrat vor; die Mitglieder des Rektorates sind verpflichtet, auf Anforderung an seinen Sitzungen teilzunehmen. [7]Alle Hochschulorgane sind verpflichtet, ihm auf Anforderung Auskünfte zu erteilen und Unterlagen vorzulegen. [8]Ergeben sich Beanstandungen, wirkt er auf eine hochschulinterne Klärung hin. [9]Bei schwerwiegenden Beanstandungen unterrichtet er das Staatsministerium für Wissenschaft und Kunst.

(8) Das Rektorat berichtet dem Hochschulrat mindestens einmal im Semester und auf Anforderung schriftlich über die Entwicklung der Haushalts- und Wirtschaftslage und über finanzielle Auswirkungen von Berufungsvereinbarungen.

(9) Vertreter des Staatsministeriums für Wissenschaft und Kunst können an den Sitzungen des Hochschulrates mit Rederecht teilnehmen.

(10) [1]Mitglieder des Hochschulrates, die vorsätzlich oder grob fahrlässig die ihnen obliegenden Pflichten verletzen, haben der Hochschule den daraus entstehenden Schaden zu ersetzen. [2]Haben mehrere Mitglieder des Hochschulrates gemeinsam den Schaden verursacht, haften sie als Gesamtschuldner.

(11) [1]Die externen Mitglieder des Hochschulrates erhalten eine angemessene Reisekostenentschädigung, die die Hochschule mit der Einwilligung des Staatsministeriums für Wissenschaft und Kunst und des Staatsministeriums der Finanzen in einer Ordnung regelt. [2]Solange keine Regelung nach Satz 1 besteht, werden die Reisekosten in Anwendung des Sächsischen Gesetzes über die Reisekostenvergütung der Beamten und Richter (Sächsisches Reisekostengesetz – SächsRKG) vom 12. Dezember 2008 (SächsGVBl. S. 866, 876) in der jeweils geltenden Fassung, erstattet.

Abschnitt 2
Organisationseinheiten unterhalb der zentralen Ebene

§ 87 Fakultät

(1) [1]Verwandte Fachgebiete sollen in Fakultäten zusammengefasst werden. [2]Die Fakultät erfüllt unbeschadet der Gesamtverantwortung und der Zuständigkeiten der zentralen Organe nach § 80 in ihrem Bereich die Aufgaben der Hochschule in Lehre, Forschung, Kunst und Weiterbildung.

(2) Mitglieder der Fakultät sind
1. das Personal nach § 57, das in der Fakultät oder in einer der Fakultät zugeordneten Hochschuleinrichtung überwiegend tätig ist,
2. die Studenten, die in einem Studiengang immatrikuliert sind, dessen Durchführung der Fakultät obliegt.

(3) [1]In Zweifelsfällen entscheidet das Rektorat über die Zugehörigkeit zu einer Fakultät. [2]Hochschullehrer können in weiteren Fakultäten durch Zuwahl durch den Fakultätsrat Mitglied werden. [3]Ein nach Satz 2 zugewähltes Mitglied kann nicht zum Dekan gewählt werden.

(4) Organe der Fakultät sind der Fakultätsrat, der Dekan und ein Dekanat nach § 90 Abs 1.

§ 88 Fakultätsrat

(1) Der Fakultätsrat ist zuständig für alle Angelegenheiten der Fakultät von grundsätzlicher Bedeutung, insbesondere für
1. den Erlass der Studien- und Prüfungsordnungen,
2. den Erlass der Promotions- und der Habilitationsordnung,
3. Vorschläge für die Einrichtung, Aufhebung und Änderung von Studiengängen,
4. die Koordinierung der Forschungsvorhaben,
5. Vorschläge für Zielvereinbarungen der Fakultät mit dem Rektorat,
6. Stellungnahmen der Fakultät zu Zielvereinbarungen der Hochschule mit dem Staatsministerium für Wissenschaft und Kunst,
7. die Sicherung ihres Lehrangebotes und die Planung des Studienangebotes nach dem Entwicklungsplan der Fakultät,
8. Evaluationsverfahren nach § 9,
9. Vorschläge für die Aufstellung von Struktur- und Entwicklungsplänen der Fakultät,

10. die Mitwirkung am Entwurf des Wirtschaftsplanes der Hochschule,
11. die Stellungnahme zur Verwendung der der Fakultät zugewiesenen Stellen und Mittel,
12. die Durchführung der Studienfachberatung,
13. die Besetzung der Berufungskommissionen und Vorschläge für die Funktionsbeschreibung von Hochschullehrerstellen.

(2) [1]Bei Beschlüssen des Fakultätsrates über die Promotions- und die Habilitationsordnung, über Promotions- und Habilitationsverfahren sowie über Berufungsvorschläge dürfen Hochschullehrer der Fakultät, die nicht dem Fakultätsrat angehören, stimmberechtigt mitwirken. [2]Die Möglichkeit der Mitwirkung sowie Zeit und Ort der Sitzung sind ihnen unter Angabe der Tagesordnung in der Regel eine Woche vor der Sitzung mitzuteilen.

(3) [1]Das Rektorat legt im Benehmen mit dem Senat die Zahl der Mitglieder des Fakultätsrates nach Maßgabe der Größe der jeweiligen Fakultät fest. [2]Das Nähere regelt die Grundordnung.

(4) [1]Dem Fakultätsrat gehören die gewählten Vertreter der Mitgliedergruppen nach § 50 Abs. 1 sowie der Gleichstellungsbeauftragte stimmberechtigt an. [2]Die Mitgliedergruppen nach § 50 Abs. 1 sind angemessen vertreten; für die Hochschullehrer sind so viele Sitze vorzusehen, dass sie über die Mehrheit von mindestens einem Sitz verfügen. [3]Der Dekan, die Prodekane sowie die Studiendekane gehören dem Fakultätsrat mit beratender Stimme an, soweit sie nicht Mitglied nach Satz 1 sind. [4]Das Nähere regelt die Grundordnung. [5]Der Fakultätsrat kann zur Vorbereitung seiner Entscheidungen Kommissionen und Beauftragte einsetzen.

(5) Beschlüsse in Angelegenheiten der Studienorganisation bedürfen der Zustimmung der Mehrheit der anwesenden Studentenvertreter, andernfalls der Zustimmung von zwei Dritteln der Mitglieder.

§ 89 Dekan

(1) [1]Der Dekan leitet die Fakultät, führt den Vorsitz im Fakultätsrat, vollzieht dessen Beschlüsse und ist ihm verantwortlich. [2]Er entscheidet über die Zuweisung der Stellen und Mittel im Benehmen mit dem Fakultätsrat. [3]Er ist zuständig für alle Angelegenheiten der Fakultät, soweit gesetzlich oder in der Grundordnung nichts anderes bestimmt ist. [4]Er ist verantwortlich dafür, dass die Hochschullehrer und die sonstigen zur Lehre verpflichteten Personen ihre Lehr- und Prüfungsverpflichtungen und Aufgaben in der Betreuung der Studenten ordnungsgemäß erfüllen. [5]Ihm steht insoweit ein Aufsichts- und Weisungsrecht zu. [6]Er schließt Zielvereinbarungen der Fakultät mit dem Rektorat ab. [7]Werden an der Fakultät zur Durchführung von Aufgaben auf dem Gebiet der Lehre und Forschung oder zur Erbringung von Dienstleistungen wissenschaftliche Einrichtungen oder Betriebseinheiten eingerichtet, bestellt der Dekan den Leiter auf Vorschlag des Fakultätsrates.

(2) [1]Der Dekan wird auf Vorschlag des Rektorates vom Fakultätsrat in der Regel aus dem Kreis der dem Fakultätsrat angehörenden Professoren gewählt. [2]Das Nähere regelt die Grundordnung.

(3) [1]Hält der Dekan einen Beschluss des Fakultätsrates für rechtswidrig, hat er ihn zu beanstanden und auf Abhilfe hinzuwirken. [2]Die Beanstandung ist schriftlich zu begründen. [3]Sie hat aufschiebende Wirkung. [4]Bleibt der Fakultätsrat bei seinem Beschluss, unterrichtet der Dekan das Rektorat, das abschließend entscheidet und das Staatsministerium für Wissenschaft und Kunst über den Sachverhalt in Kenntnis setzt.

(4) [1]Die Grundordnung regelt, in welchem Umfang der Dekan von seinen Aufgaben als Hochschullehrer freigestellt wird. [2]§ 82 Abs. 9 gilt entsprechend.

§ 90 Dekanat

(1) [1]Die Grundordnung kann bestimmen, dass ein Dekanat mit bis zu 2 Prodekanen gebildet wird, wenn die Größe der Fakultät dies erfordert. [2]In diesem Fall entscheidet bei Stimmengleichheit der Dekan.

(2) [1]Prodekane werden vom Fakultätsrat auf Vorschlag des Dekans aus den der Fakultät angehörenden Professoren gewählt. [2]Der Dekan bestimmt einen Prodekan zu seinem Stellvertreter. [3]Seine Amtszeit endet mit der Amtszeit des Dekans.

§ 91 Studiendekan und Studienkommission

(1) [1]Der Fakultätsrat wählt auf Vorschlag des Dekans für einen oder mehrere Studiengänge einen der Fakultät angehörenden Professor zum Studiendekan. [2]Der Wahlvorschlag wird im Benehmen mit dem zuständigen Fachschaftsrat oder den zuständigen Fachschaftsräten nach § 25 Abs. 1 erstellt; besteht kein Fachschaftsrat, wird der Wahlvorschlag im Benehmen mit dem Studentenrat erstellt. [3]Gewählt

ist, wer die Mehrheit von zwei Dritteln der stimmberechtigten Mitglieder des Fakultätsrates erhält. [4]Der Studiendekan ist der Beauftragte des Dekans für alle Studienangelegenheiten. [5]Er ist kraft Amtes Mitglied der Studienkommission und führt deren Vorsitz. [6]Seine Wiederwahl ist möglich.

(2) [1]Der Fakultätsrat bestellt für jeden Studiengang im Benehmen mit dem zuständigen Fachschaftsrat eine Studienkommission, der eigenständig Lehrende, in Kunsthochschulen auch weitere Lehrende und Studenten paritätisch angehören. [2]Das Nähere regelt die Hochschule durch Ordnung. [3]Für fakultätsübergreifende Studiengänge bestimmt das Rektorat, an welcher Fakultät die Studienkommission eingerichtet wird. [4]Ihr gehören Mitglieder der beteiligten Fakultäten an.

(3) [1]Die Studienkommission berät den Dekan bei der Organisation des Lehr- und Studienbetriebes. [2]Sie ist vor der Erstellung und Änderung der Studien- und der Prüfungsordnung anzuhören. [3]Sie muss zusammentreten, wenn ein Drittel ihrer Mitglieder dies verlangt. [4]Sie besitzt bezüglich ihrer Aufgaben ein Initiativrecht im Fakultätsrat. [5]Ihre Beschlüsse zur Organisation des Lehr- und Studienbetriebes sind bindend, sofern der Fakultätsrat nicht mit einer Mehrheit von zwei Dritteln seiner Mitglieder etwas anderes beschließt.

(4) Die Studienkommission führt die Befragungen der Studenten nach § 9 Abs. 3 Satz 7 im Zusammenwirken mit der Fachschaft durch.

(5) Besteht in der Fakultät kein Fachschaftsrat, können Studenten mitwirken, die der Studentenrat benennt.

(6) An Kunsthochschulen kann die Grundordnung vorsehen, dass die Aufgaben der Studienkommission von einer Senatskommission wahrgenommen werden, der Lehrende, darunter die Studiendekane, und Studenten paritätisch angehören.

Abschnitt 3
Zentrale Einrichtungen, An-Institute, Forschungszentren an Fachhochschulen

§ 92 Zentrale Einrichtungen

(1) [1]Das Rektorat kann im Benehmen mit dem Senat und dem Hochschulrat interdisziplinäre Einrichtungen, wissenschaftliche Einrichtungen oder Betriebseinheiten für Forschungs-, Weiterbildungs-, Dienstleistungs- und Versorgungsaufgaben als Zentrale Einrichtungen errichten und aufheben, sofern dies zweckmäßig ist. [2]Sie unterstehen dem Rektorat.

(2) [1]Zentrale Einrichtungen können zur fakultätsübergreifenden Kooperation in Lehre und Forschung errichtet werden. [2]In diesem Fall sind ihnen im Benehmen mit dem Senat die benötigten Zuständigkeiten nach § 88 Abs. 1 zu übertragen. [3]§ 16 Abs. 2 gilt entsprechend. [4]Ihre Arbeitsfähigkeit ist durch die Zuordnung eigener Ressourcen abzusichern. [5]Mehrere Hochschulen können gemeinsam Zentrale Einrichtungen errichten und diese einer Hochschule zuordnen. [6]Die Zusammenarbeit zwischen mehreren Hochschulen wird durch öffentlich-rechtliche Vereinbarung geregelt. [7]Eine Universität, die Lehramtsstudiengänge anbietet, bildet zu deren Koordinierung eine Zentrale Einrichtung.

(3) [1]Struktur, Betrieb und Nutzung Zentraler Einrichtungen richten sich nach Ordnungen, die das Rektorat nach Anhörung der Beteiligten und Stellungnahme des Senates erlässt. [2]Hierbei sind die §§ 23 und 93 sowie die den Zentralen Einrichtungen nach § 5 obliegenden Aufgaben in Forschung und Lehre zu beachten.

(4) Soweit Zentrale Einrichtungen Ausbildungsaufgaben wahrnehmen, gilt § 91 entsprechend.

§ 93 Hochschulbibliothek

(1) [1]Die Hochschulbibliothek ist eine Zentrale Einrichtung, die alle bibliothekarischen Einrichtungen der Hochschule umfasst. [2]Zweigbibliotheken sollen nur im Ausnahmefall gebildet werden. [3]Die Hochschulbibliothek beschafft, erschließt und verwaltet die für Lehre, Forschung und Studium erforderlichen Medien und macht sie im Rahmen der Bibliotheksordnung öffentlich zugänglich. [4]Sie ist zuständig für die Koordinierung des Informationsangebotes an der Hochschule und arbeitet mit der Sächsischen Landesbibliothek – Staats- und Universitätsbibliothek Dresden in einem kooperativen Leistungsverbund im Wege der gegenseitigen Amtshilfe oder durch öffentlich-rechtliche Vereinbarung zusammen.

(2) [1]Die Leitung der Hochschulbibliothek soll hauptberuflich wahrgenommen werden. [2]Der Bibliotheksleiter ist Vorgesetzter der Mitarbeiter der Hochschulbibliothek. [3]Er ist von den Hochschulorganen

und deren Kommissionen in allen Bibliotheksangelegenheiten zu beteiligen. ⁴Der Leiter der Hochschulbibliothek wird vom Rektor im Einvernehmen mit dem Senat bestellt.

§ 94 Forschungszentren an Fachhochschulen

¹Zur Wahrnehmung von Aufgaben in den angewandten Wissenschaften sowie für den Wissens- und Technologietransfer nach § 5 Abs. 2 Nr. 9 können die Fachhochschulen Forschungszentren als rechtlich selbständige Einrichtungen errichten. ²Forschungszentren sollen überwiegend aus Drittmitteln finanziert werden. ³In den Leitungsgremien verfügen die Vertreter der Hochschule über die Mehrheit.

§ 95 An-Institute

(1) Eine rechtlich selbständige Einrichtung kann von der Hochschule als An-Institut anerkannt werden, wenn sie gemeinsam mit der Hochschule Aufgaben wahrnimmt und diese von der Hochschule oder einem Forschungszentrum allein nicht angemessen erfüllt werden können.

(2) ¹Die Anerkennung nach Absatz 1 ist zeitlich zu befristen. ²Sie kann nach Überprüfung verlängert werden.

(3) Verträge der Hochschule über eine nicht nur kurzfristige Zusammenarbeit mit Instituten im Sinne des Absatzes 1 sind dem Staatsministerium für Wissenschaft und Kunst anzuzeigen.

Teil 8
Sonderregelungen für einzelne Fakultäten und Hochschulen

§ 96 Medizinische Fakultäten

¹Soweit dieses Gesetz nichts anderes bestimmt, gelten für die Medizinische Fakultät die Vorschriften über die Fakultät (§§ 87 bis 91). ²Die Medizinische Fakultät erfüllt die der Hochschule auf dem Gebiet des öffentlichen Gesundheitswesens und der Krankenversorgung übertragenen Aufgaben.

§ 97 Zusammenarbeit der Medizinischen Fakultät mit dem Universitätsklinikum

¹Die Medizinische Fakultät der Technischen Universität Dresden erfüllt ihre Aufgaben in Zusammenarbeit mit dem Universitätsklinikum Carl Gustav Carus an der Technischen Universität Dresden, die Medizinische Fakultät der Universität Leipzig mit dem Universitätsklinikum Leipzig an der Universität Leipzig gemäß § 7 des Universitätsklinika-Gesetzes. ²§ 5 Absatz 2 des Universitätsklinika-Gesetzes bleibt unberührt. ³Die Universität trifft Entscheidungen, die sich auf die Aufgaben des Universitätsklinikums auswirken, im Benehmen mit diesem. ⁴Das Nähere regelt die Grundordnung.

§ 98 Dekanat der Medizinischen Fakultät

(1) ¹Die Medizinische Fakultät hat ein Dekanat. ²Ihm gehören an

1. der Dekan,
2. die Prodekane,
3. der für das Studium der Humanmedizin zuständige Studiendekan,
4. der für das Studium der Zahnmedizin zuständige Studiendekan.

³Auf Vorschlag des Dekans kann ein Professor als weiteres Mitglied vom Fakultätsrat bestellt werden. ⁴Mindestens ein Mitglied des Dekanates muss einem nichtklinischen Fach angehören.

(2) Der Sprecher des Vorstandes des Universitätsklinikums kann an den Sitzungen des Dekanates mit beratender Stimme teilnehmen.

(3) ¹Das Dekanat ist für alle Angelegenheiten der Medizinischen Fakultät zuständig, soweit in diesem Gesetz nichts anderes bestimmt ist. ²Es kann für seine Mitglieder Geschäftsbereiche festlegen, in denen sie die laufenden Geschäfte in eigener Zuständigkeit erledigen. ³Das Dekanat ist insbesondere für folgende Aufgaben zuständig:

1. die Aufstellung und Beschlussfassung des Entwurfs des Haushaltsvoranschlages,
2. die Aufstellung und Beschlussfassung über den Wirtschaftsplan,
3. die Aufstellung und Beschlussfassung über den Jahresabschluss und den Lagebericht, der über die den einzelnen Einrichtungen zugewiesenen Stellen und Mittel, ihre Verwendung und die Leistungen in Forschung und Lehre Auskunft geben muss,
4. den Vorschlag über die Grundsätze der Verwendung der vom Haushaltsgesetzgeber zugewiesenen Mittel für die Grundausstattung sowie für den Lehr- und Forschungsfonds,
5. die Entscheidungen über die Verwendung und Zuweisung der Stellen und Mittel,
6. die innere Struktur und die Verwaltung der Fakultät,

7. den Vorschlag für die Aufstellung des Struktur- und Entwicklungsplanes der Fakultät nach § 88 Abs. 1 Nr. 9,

8. die Mitwirkung beim Abschluss von Vereinbarungen mit dem Universitätsklinikum nach § 5 Abs. 2 UKG.

⁴§ 85 Abs. 2 bis 4 und die Regelungen des Universitätsklinika-Gesetzes bleiben unberührt.

§ 99 Fakultätsrat der Medizinischen Fakultät

(1) ¹Dem Fakultätsrat gehören insbesondere Hochschullehrer der operativen, konservativen, klinisch-theoretischen und nichtklinischen Fächer sowie der Zahnmedizin, an. ²Mindestens die Hälfte der Hochschullehrer müssen Klinikdirektoren oder Abteilungsleiter sein. ³Die Mitglieder des Dekanates, die nicht dem Fakultätsrat angehören, nehmen an seinen Sitzungen mit beratender Stimme teil.

(2) Der Fakultätsrat beschließt insbesondere über

1. die Grundsätze für die Verwendung der vom Haushaltsgesetzgeber zugewiesenen Mittel für die Grundausstattung sowie für die Lehre und Forschung,

2. die Errichtung und Schließung von Einrichtungen der Medizinischen Fakultät.

§ 100 Medizinische Einrichtungen außerhalb der Universität

(1) ¹Die Universität kann mit dem Träger einer anderen medizinischen Einrichtung eine öffentlich-rechtliche Vereinbarung über deren Nutzung für Zwecke der Forschung, Lehre und der Krankenversorgung schließen. ²Diese bedarf der Genehmigung durch das Staatsministerium für Wissenschaft und Kunst, das im Einvernehmen mit dem Staatsministerium für Soziales entscheidet. ³Die Universität kann einer Einrichtung nach Satz 1 gestatten, sich als Universitätseinrichtung zu bezeichnen.

(2) ¹Nimmt eine Einrichtung nach Absatz 1 Satz 1 Aufgaben der praktischen Ausbildung nach der Approbationsordnung für Ärzte vom 27. Juni 2002 (BGBl. I S. 2405), zuletzt geändert durch Artikel 5 des Gesetzes vom 2. Dezember 2007 (BGBl. I S. 2686, 2695), in der jeweils geltenden Fassung wahr, kann ihr die Universität die Bezeichnung „Akademisches Lehrkrankenhaus" oder „Akademische Lehrpraxis" verleihen. ²Diese Entscheidung ist dem Staatsministerium für Wissenschaft und Kunst und öffentlichen Stellen, deren Belange berührt sind, anzuzeigen.

§ 101 Veterinärmedizinische Fakultät der Universität Leipzig

(1) ¹Die der Universität auf dem Gebiet des öffentlichen Gesundheitswesens übertragenen tiermedizinischen Aufgaben erfüllt die Veterinärmedizinische Fakultät der Universität Leipzig. ²Soweit dieses Gesetz nichts anderes bestimmt, gelten für die Veterinärmedizinische Fakultät die Vorschriften über die Fakultät (§§ 87 bis 91).

(2) ¹Die Direktoren der veterinärmedizinischen Kliniken und klinischen Institute bilden zur Koordinierung der klinik- oder institutsübergreifenden Angelegenheiten eine Kommission. ²Diese wählt aus ihrer Mitte einen Vorsitzenden. ³Seine Wiederwahl ist zulässig. ⁴Der Vorsitzende ist nicht Dekan der Veterinärmedizinischen Fakultät.

(3) Dem Fakultätsrat der Veterinärmedizinischen Fakultät gehört neben den Mitgliedern nach § 88 Abs. 4 der Vorsitzende der nach Absatz 2 gebildeten Kommission mit beratender Stimme an, sofern er nicht gewähltes Mitglied des Fakultätsrates ist.

(4) Das Nähere regelt die Universität Leipzig durch Ordnung.

§ 102 Palucca Hochschule für Tanz Dresden

(1) ¹In geeigneten Studiengängen kann die Palucca Hochschule für Tanz Dresden den Studienbetrieb parallel zur Schulausbildung einrichten. ²In diesen Fällen ist § 33 nicht anzuwenden; abweichend von den §§ 34 und 36 werden die Prüfungsordnung vom Staatsministerium für Wissenschaft und Kunst genehmigt und die Studienordnung dem Staatsministerium für Wissenschaft und Kunst angezeigt.

(2) ¹Es wird kein Hochschulrat gebildet. ²Die Aufgaben des Hochschulrates nach § 86 Abs. 1 Satz 3 Nr. 8, 10 und 11 sowie des Erweiterten Senates nimmt der Senat wahr.

(3) ¹An der Hochschule wird im Benehmen mit dem Senat ein Beirat eingesetzt. ²Er besteht aus bis zu 6 unabhängigen Persönlichkeiten, die über langjährige Erfahrungen in Wissenschaft, Wirtschaft, Kultur oder Verwaltung verfügen und mit dem Hochschulwesen vertraut sind. ³Sie dürfen nicht Mitglieder der Hochschule oder Angehörige der Staatsministerien sein. ⁴Die Mitglieder des Beirates werden auf Vorschlag des Rektorates im Benehmen mit dem Senat vom Staatsministerium für Wissenschaft und Kunst für 5 Jahre berufen. ⁵Die Wiederberufung ist zulässig. ⁶Der Beirat nimmt zu allen für die Hoch-

schulentwicklung bedeutsamen Planungen, zu grundsätzlichen organisatorischen Entscheidungen und zu wesentlichen Investitionen Stellung. [7]§ 86 Abs. 11 gilt entsprechend.

(4) [1]Der Rektor wird vom Staatsministerium für Wissenschaft und Kunst auf Vorschlag einer vom Staatsministerium für Wissenschaft und Kunst einberufenen Findungskommission nach Anhörung des Senates bestellt. [2]Abweichend von § 82 Abs. 7 ist eine mehrmalige Wiederwahl möglich. [3]Der Rektor bestimmt das künstlerische Profil der Hochschule. [4]Er führt während seiner Amtszeit zusätzlich den Titel „Professor".

(5) [1]Die Hochschule wird nicht in Fakultäten gegliedert. [2]Die Grundordnung regelt, wer die nach diesem Gesetz der Fakultät, dem Fakultätsrat, dem Dekan, Studiendekan oder der Studienkommission zugewiesenen Aufgaben wahrnimmt.

(6) Der Leiter der Mittelschule gehört dem Senat mit beratender Stimme an.

§ 103 Erweiterung der Autonomie, Stärkung der Flexibilisierung

(1) [1]Die Grundordnung kann zur Erprobung neuer Organisationsformen in Studium und Lehre sowie von den §§ 59 bis 61 und 87 bis 91 abweichende Regelungen treffen, sofern die Mitwirkungsgrundsätze der Gruppenhochschule nach Artikel 5 Abs. 3 des Grundgesetzes gewährleistet sind. [2]Die Grundordnung einer Kunsthochschule kann auch die Zuständigkeiten des Fakultätsrates ganz oder teilweise dem Senat zuweisen. [3]Das Staatsministerium für Wissenschaft und Kunst kann in den Fällen der Sätze 1 und 2 die Genehmigung auch aus fachlichen Gründen versagen. [4]Die Erprobung ist zu befristen und soll nach 3 Jahren evaluiert werden.

(2) [1]Das Rektorat kann im Einvernehmen mit dem Hochschulrat die Übernahme der Bewirtschaftung der selbst genutzten Liegenschaften beschließen. [2]Die Umsetzung dieser Entscheidung erfolgt nach Abschluss einer Zielvereinbarung gemäß § 10 Abs. 2 Satz 1 und 2 Nr. 1 bis 7 und frühestens nach Ablauf des Haushaltsjahres, in welchem das Staatsministerium für Wissenschaft und Kunst bestandskräftig festgestellt hat, dass die Hochschule die Anforderungen nach § 11 Abs. 1 Satz 1 und Abs. 2 Satz 6 und 7 erfüllt. [3]Die Umsetzung der Entscheidung nach Satz 1 ist in der Zielvereinbarung nach Satz 2 zu regeln.

(3) [1]Das Rektorat kann im Einvernehmen mit dem Hochschulrat beschließen, dass die Hochschule für ihr nicht beamtetes Personal nicht mehr an den Stellenplan gebunden ist. [2]Absatz 2 Satz 2 gilt entsprechend. [3]Der Hochschule werden die Mittel für ihr Personal als Globalbudget nach Maßgabe des Staatshaushaltsplans zur Verfügung gestellt.

§ 104 Technische Universität Dresden

(1) [1]Der Senat kann frühestens ein Jahr nach Inkrafttreten dieses Gesetzes beschließen, dass die Universität abweichend von § 78 Arbeitgeber für ihre, als Arbeitnehmer eingestellten akademischen und sonstigen Mitarbeiter nach § 50 Abs. 1 Satz 1 Nr. 2 und 4, die unter den Tarifvertrag für den öffentlichen Dienst der Länder (TV-L) fallen, sowie für ihre Auszubildenden und ihre wissenschaftlichen, künstlerischen und studentischen Hilfskräfte wird. [2]Der Beschluss bedarf der Mehrheit von zwei Dritteln der Mitglieder des Senates und der Zustimmung des Hochschulrates.

(2) Zum Ersten des übernächsten Monats nach Vorliegen des Beschlusses des Senates und der Zustimmung des Hochschulrates nach Absatz 1 Satz 2 tritt die Universität in die Rechte und Pflichten der zu diesem Zeitpunkt bestehenden Arbeits- und Ausbildungsverhältnisse zwischen dem Freistaat Sachsen und den Beschäftigten nach Absatz 1 Satz 1 ein und nimmt deren Personalverwaltung abweichend von § 6 Abs. 2 als Selbstverwaltungsaufgabe wahr.

(3) [1]Für die akademischen und sonstigen Mitarbeiter nach Absatz 1 Satz 1, mit Ausnahme der wissenschaftlichen und künstlerischen Hilfskräfte, sowie für die Auszubildenden gelten die einschlägigen Tarifverträge für die Beschäftigten des Freistaates Sachsen in der jeweils geltenden Fassung, entsprechend. [2]Absatz 6 bleibt unberührt. [3]Abweichend von Satz 1 kann die Universität außertarifliche Zulagen gewähren.

(4) [1]Die beim Freistaat Sachsen oder einer Hochschule nach § 1 Abs. 1 in einem Beschäftigten- oder Ausbildungsverhältnis zurückgelegten Zeiten werden bei einer Einstellung an der Universität so angerechnet, als ob sie bei der Universität zurückgelegt worden wären. [2]Die an der Universität in einem Arbeits- oder Ausbildungsverhältnis zurückgelegten Zeiten werden bei einer Einstellung in den Landesdienst so angerechnet, als ob sie beim Freistaat Sachsen zurückgelegt worden wären.

(5) [1]Betriebsbedingte Kündigungen von Beschäftigten wegen der Übernahme der Arbeitgebereigenschaft sind ausgeschlossen. [2]Das Recht zur Kündigung aus anderen Gründen bleibt unberührt.

(6) [1]Frühestens nach Ablauf eines Jahres seit Eintritt in die Arbeits- und Ausbildungsverhältnisse nach Absatz 2 Satz 1 kann der Senat mit der Mehrheit von zwei Dritteln seiner Mitglieder den Rektor ermächtigen, für die Universität einen Tarifvertrag abzuschließen. [2]Dabei ist die dauerhafte finanzielle Leistungsfähigkeit der Universität zu beachten. [3]Der Beschluss bedarf der Zustimmung des Hochschulrates.

(7) [1]Die Universität schafft unverzüglich nach dem Beschluss nach Absatz 1 Satz 1 die Voraussetzungen für den Abschluss einer Beteiligungsvereinbarung mit der Versorgungsanstalt des Bundes und der Länder (VBL). [2]Kommt die Beteiligungsvereinbarung nicht zustande, stellt die Universität die rechtlichen Ansprüche der Beschäftigten nach Absatz 1 Satz 1 auf eine Zusatzversorgung sicher.

(8) [1]Das Staatsministerium der Finanzen regelt im Einvernehmen mit dem Staatsministerium für Wissenschaft und Kunst durch Rechtsverordnung insbesondere das Verfahren und die technische Abwicklung der Entgeltzahlung sowie sonstiger Personalaufwendungen für die Beschäftigten nach Absatz 1 Satz 1 und Angelegenheiten des Kassenwesens. [2]Bis zum Inkrafttreten dieser Verordnung gelten die diesbezüglich bestehenden Regelungen so weiter, als ob die Beschäftigten nach Absatz 1 Satz 1 weiterhin Beschäftigte des Freistaates Sachsen wären. [3]Die Inanspruchnahme des Landesamtes für Steuern und Finanzen und anderer zuständiger Stellen des Freistaates durch die Universität erfolgt entsprechend § 61 SäHO.

(9) [1]Bis zum Ablauf von 3 Jahren seit Eintritt in die Arbeits- und Ausbildungsverhältnisse nach Absatz 2 Satz 1 legt das Staatsministerium für Wissenschaft und Kunst der Staatsregierung einen Evaluationsbericht über die Ergebnisse der Wahrnehmung der Arbeitgebereigenschaft durch die Universität im Hinblick auf die Erfüllung ihrer Aufgaben nach § 5 Abs. 2 und 3 vor. [2]Spätestens 2 Jahre nach Vorlage des Evaluationsberichtes bringt die Staatsregierung einen Gesetzentwurf zur Fortführung oder Beendigung der Arbeitgebereigenschaft der Universität in den Landtag ein. [3]Sofern die Arbeitgebereigenschaft der Universität fortgeführt wird und die Universität keinen eigenen Tarifvertrag abgeschlossen hat, endet die Bindung an die Tarifverträge für die Beschäftigten des Freistaates Sachsen nach Absatz 3 Satz 1. [4]Sofern die Arbeitgebereigenschaft der Universität nicht fortgeführt wird, gelten wieder die Tarifverträge für die Beschäftigten des Freistaates.

§ 105 Staatliche Ausbildung in Theologie

(1) Verträge mit den Kirchen und Religionsgemeinschaften bleiben unberührt.

(2) [1]Für die wissenschaftlich-theologischen Ausbildungsgänge bleibt die Theologische Fakultät der Universität Leipzig erhalten. [2]Vor der Neugründung oder Verlegung einer evangelischen Theologischen Fakultät holt das Staatsministerium für Wissenschaft und Kunst eine gutachtliche Stellungnahme der Evangelischen Landeskirchen im Freistaat Sachsen ein. [3]An der Technischen Universität Dresden bleibt das Fach katholische Religion in Lehramtsstudiengängen und das Fach katholische Theologie erhalten.

(3) [1]Die Einführung, wesentliche Änderung und Aufhebung von Studiengängen in evangelischer oder katholischer Theologie sowie in evangelischer oder katholischer Religionspädagogik sowie von Studiengängen, die zur Berechtigung zum Erteilen des evangelischen oder katholischen Religionsunterrichts führen, bedürfen der Zustimmung des Staatsministeriums für Wissenschaft und Kunst. [2]Die Ausbildung in den Fächern evangelische und katholische Religion im Lehramt sowie in evangelischer und katholischer Theologie entspricht der Lehre und den Grundsätzen der jeweiligen Kirche.

(4) Prüfungsordnungen nach § 34 Abs. 1 Satz 1, Studienordnungen nach § 36 Abs 1, Promotionsordnungen nach § 40 Abs. 5 sowie Habilitationsordnungen nach § 41 Abs. 5 bedürfen der Zustimmung des Staatsministeriums für Wissenschaft und Kunst, soweit sie evangelische oder katholische Theologie oder evangelische oder katholische Religionspädagogik betreffen.

(5) [1]Vor der Berufung von Professoren, der Einstellung von Juniorprofessoren und der Bestellung von Außerplanmäßigen Professoren und Honorarprofessoren für evangelische oder katholische Theologie sowie für evangelische oder katholische Religionspädagogik ist das Einvernehmen mit dem Staatsministerium für Wissenschaft und Kunst herzustellen. [2]Dies gilt entsprechend für Entscheidungen nach § 59 Abs. 1 Satz 1 und 4, § 60 Abs. 3 Satz 2 und 8, Abs. 4 Satz 8 und 9.

(6) Wird entsprechend den Kirchenverträgen bestandskräftig festgestellt, dass ein Hochschullehrer die Voraussetzungen für seine Lehrtätigkeit nicht mehr erfüllt, so hat die Hochschule nach Aufforderung

des Staatsministeriums für Wissenschaft und Kunst seine Lehrtätigkeit in Fachgebieten der evangelischen oder katholischen Theologie und der evangelischen oder katholischen Religionspädagogik zu unterbinden.

(7) In den Fällen der Absätze 2 bis 6 stellt das Staatsministerium für Wissenschaft und Kunst das Einvernehmen mit der jeweiligen Kirche her.

Teil 9
Anerkennung von Hochschulen

§ 106 Voraussetzungen für die Anerkennung von Hochschulen
(1) Einrichtungen des Bildungswesens, die keine Hochschulen nach § 1 Abs. 1 sind, können auf schriftlichen Antrag vom Staatsministerium für Wissenschaft und Kunst als Hochschulen staatlich anerkannt werden, wenn die Einrichtung einschließlich ihres Studienangebotes auf ihren Antrag von einer vom Staatsministerium für Wissenschaft und Kunst bestimmten Stelle akkreditiert worden ist und nachgewiesen wird, dass

1. Aufgaben nach § 5 wahrgenommen werden,
2. das Studium die Studenten auf ein berufliches Tätigkeitsfeld vorbereitet und ihnen die dafür erforderlichen fachlichen Kenntnisse, Fähigkeiten und Methoden dem jeweiligen Studiengang entsprechend so vermittelt, dass sie zu wissenschaftlicher oder künstlerischer Arbeit und zu verantwortlichem Handeln in einem freiheitlichen, demokratischen und sozialen Rechtsstaat befähigt werden,
3. eine Mehrzahl von nebeneinander bestehenden und aufeinander folgenden Studiengängen an der Einrichtung allein oder im Verbund mit anderen Einrichtungen des Bildungswesens vorhanden oder im Rahmen einer Ausbauplanung vorgesehen ist; dies gilt nicht, wenn die wissenschaftliche Entwicklung oder das entsprechende berufliche Tätigkeitsfeld mehrere Studiengänge nicht erfordert,
4. Studienbewerber nur immatrikuliert werden, wenn sie die Voraussetzungen für die Aufnahme in eine Hochschule nach § 1 Abs. 1 erfüllen,
5. die hauptberuflich Lehrenden die Einstellungsvoraussetzungen erfüllen, die für eine entsprechende Tätigkeit an staatlichen Hochschulen gefordert werden,
6. die an der Einrichtung Beschäftigten und Studenten an der Gestaltung des Studiums in sinngemäßer Anwendung der für staatliche Hochschulen geltenden Grundsätze mitwirken und
7. die finanziellen Verhältnisse des Trägers den Bestand der Einrichtung auf Dauer erwarten lassen.

(2) Für kirchliche Einrichtungen des Bildungswesens können Ausnahmen von der in Absatz 1 Nr. 3 genannten Voraussetzung zugelassen werden, wenn gewährleistet ist, dass das Studium in anderer Weise dem Studium an einer staatlichen Hochschule gleichwertig ist.

(3) In dem Anerkennungsbescheid sind insbesondere die

1. Bezeichnung der Hochschule,
2. angebotenen Studiengänge,
3. abzunehmenden Prüfungen und
4. zu verleihenden Grade

festzulegen.

(4) Die Anerkennung kann befristet erteilt und mit Auflagen versehen werden, die der Erfüllung der Voraussetzungen nach Absatz 1 dienen.

(5) [1]Niederlassungen aus anderen Bundesländern oder Mitgliedstaaten der Europäischen Union dürfen betrieben werden, soweit sie ihre in einem anderen Bundesland oder im Herkunftsstaat anerkannte Ausbildung im Geltungsbereich dieses Gesetzes anbieten und ihre im Herkunftsstaat anerkannten Grade verleihen. [2]Die Hochschule legt die hierzu erforderlichen Nachweise vor. [3]Die Aufnahme des Betriebes der Niederlassung bedarf der Genehmigung des Staatsministeriums für Wissenschaft und Kunst.

(6) [1]Private Bildungseinrichtungen, die von den in § 1 Abs. 1 Nr. 1 genannten Hochschulen als An-Institut anerkannt sind, können als Hochschule staatlich anerkannt werden, ohne dass sie von einer vom Staatsministerium für Wissenschaft und Kunst bestimmten Stelle akkreditiert worden sind. [2]Die Voraussetzungen von Absatz 1 Nr. 1, 5 und 6 müssen nicht vorliegen. [3]Die überwiegende Anzahl der

Lehrenden muss die Einstellungsvoraussetzungen erfüllen, die für eine entsprechende Tätigkeit an staatlichen Hochschulen gefordert werden. [4]Die Studiengänge sind vor der staatlichen Anerkennung als Hochschule von einer vom Staatsministerium für Wissenschaft und Kunst bestimmten Stelle zu akkreditieren.

§ 107 Folgen der Anerkennung

(1) [1]Das an einer staatlich anerkannten Hochschule abgeschlossene Studium ist ein abgeschlossenes Studium im Sinne dieses Gesetzes. [2]Die Hochschulprüfungen und Hochschulgrade verleihen die gleichen Rechte wie die Hochschulprüfungen und Hochschulgrade an Hochschulen nach § 1 Abs. 1.

(2) Die Einstellung von Lehrenden und wesentliche Änderungen der mit ihnen abgeschlossenen Verträge sind dem Staatsministerium für Wissenschaft und Kunst anzuzeigen.

(3) [1]Das Staatsministerium für Wissenschaft und Kunst kann dem Träger der staatlich anerkannten Hochschule gestatten, hauptberuflich Lehrenden bei Vorliegen der Voraussetzungen, die für entsprechende Tätigkeiten an staatlichen Hochschulen gefordert werden, für die Dauer ihrer Tätigkeit an der Hochschule die Bezeichnung „Professor" zu verleihen. [2]Mit Genehmigung des Staatsministeriums für Wissenschaft und Kunst kann diese Bezeichnung auch nach dem Ausscheiden aus der Hochschule weitergeführt werden. [3]Die Befugnis zur Führung der Bezeichnungen soll widerrufen werden, wenn sich das frühere Mitglied des Lehrkörpers ihrer als nicht würdig erweist.

(4) [1]Das Staatsministerium für Wissenschaft und Kunst kann dem Träger einer staatlich anerkannten Hochschule, die über das Promotionsrecht verfügt, gestatten, den nebenberuflich Lehrenden für die Dauer ihrer nebenberuflichen Lehrtätigkeit die Bezeichnung „Professor" zu verleihen. [2]§ 65 Abs. 2 und 3 gilt entsprechend.

(5) Das Staatsministerium für Wissenschaft und Kunst ist befugt, den Fortbestand der Anerkennungsvoraussetzungen regelmäßig zu überprüfen sowie Beauftragte zu den Hochschulprüfungen zu entsenden.

(6) Auf Antrag ist eine staatlich anerkannte Hochschule in die zentrale Vergabe von Studienplätzen einzubeziehen.

(7) [1]Anerkannte Hochschulen unterstehen der Rechtsaufsicht des Staatsministeriums für Wissenschaft und Kunst. [2]Ihre Träger und Leitungen sind verpflichtet, dem Staatsministerium für Wissenschaft und Kunst alle Auskünfte zu erteilen und alle Unterlagen vorzulegen, die zur Durchführung der Aufsicht erforderlich sind. [3]Wesentliche Änderungen der Studiengänge sind dem Staatsministerium für Wissenschaft und Kunst unverzüglich anzuzeigen und bedürfen der Genehmigung des Staatsministeriums für Wissenschaft und Kunst.

(8) Anerkannte Hochschulen haben nach Maßgabe der Anerkennung das Recht, Hochschulprüfungen abzunehmen, Hochschulgrade zu verleihen sowie Promotionen und Habilitationen durchzuführen.

§ 108 Verlust der Anerkennung

(1) [1]Die staatliche Anerkennung erlischt, wenn die Hochschule
1. nicht innerhalb eines Jahres seit Bekanntgabe des Anerkennungsbescheides den Studienbetrieb aufnimmt,
2. ohne Zustimmung des Staatsministeriums für Wissenschaft und Kunst länger als ein Jahr nicht betrieben worden ist oder
3. den Studienbetrieb endgültig eingestellt hat.

[2]Die Fristen gemäß Satz 1 können vom Staatsministerium für Wissenschaft und Kunst angemessen verlängert werden.

(2) Das Staatsministerium für Wissenschaft und Kunst hebt die Anerkennung auf, wenn die Voraussetzungen zur Anerkennung der Hochschule nicht gegeben waren, später wegfallen oder Auflagen zur Erfüllung der Anerkennungsvoraussetzungen nach § 106 Abs. 4 nicht erfüllt wurden und einem Mangel trotz Beanstandung innerhalb einer bestimmten Frist nicht abgeholfen wurde.

(3) Im Falle des Erlöschens, der Rücknahme oder des Widerrufes der staatlichen Anerkennung ist der Träger verpflichtet, den Studenten die Möglichkeit zum Abschluss ihres Studiums einzuräumen.

Teil 10
Studentenwerke

§ 109 Errichtung, Rechtsstellung, Aufgaben und Zuordnung

(1) Es bestehen folgende Studentenwerke:

1. das Studentenwerk Chemnitz-Zwickau mit Sitz in Chemnitz,
2. das Studentenwerk Dresden mit Sitz in Dresden,
3. das Studentenwerk Freiberg mit Sitz in Freiberg,
4. das Studentenwerk Leipzig mit Sitz in Leipzig.

(2) [1]Die Studentenwerke sind rechtsfähige Anstalten des öffentlichen Rechts mit dem Recht der Selbstverwaltung im Rahmen der Gesetze. [2]Sie sind gemeinnützig tätig und unterstehen in Selbstverwaltungsangelegenheiten der Rechtsaufsicht, in staatlichen Angelegenheiten der Fachaufsicht des Staatsministeriums für Wissenschaft und Kunst. [3]Für die Wahrnehmung der Aufsicht gilt § 7 entsprechend.

(3) [1]Das Staatsministerium für Wissenschaft und Kunst regelt die Zuordnung der Hochschulen und Staatlichen Studienakademien zu den Studentenwerken durch Rechtsverordnung. [2]Ein Studentenwerk kann durch öffentlich-rechtliche Vereinbarung mit einer Einrichtung, die Aufgaben nach dem Sächsischen Schulgesetz in der Fassung der Bekanntmachung vom 27. September 2018 (SächsGVBl. S. 648), das zuletzt durch Artikel 14 des Gesetzes vom 14. Dezember 2018 (SächsGVBl. S. 782) geändert worden ist, in der jeweils geltenden Fassung, wahrnimmt, Aufgaben übernehmen. [3]Die Vereinbarung bestimmt die gegenseitigen Rechte und Pflichten; sie bedarf der Genehmigung des Staatsministeriums für Wissenschaft und Kunst.

(4) [1]Aufgabe der Studentenwerke ist die soziale, wirtschaftliche, gesundheitliche und kulturelle Betreuung und Förderung der Studenten insbesondere durch den Betrieb von Studentenwohnheimen und Verpflegungseinrichtungen. [2]Die Studentenwerke berücksichtigen im Rahmen ihrer finanziellen Leistungsfähigkeit die besonderen Bedürfnisse von Studenten mit Kindern, behinderten Studenten und ausländischen Studenten und fördern die Vereinbarkeit von Studium und Familie.

(5) [1]Den Studentenwerken obliegt die staatliche Ausbildungsförderung. [2]Das Staatsministerium für Wissenschaft und Kunst kann ihnen den Vollzug der Bewilligung von Stipendien aus Mitteln des Freistaates Sachsen als staatliche Aufgabe übertragen.

(6) [1]Zur Erfüllung der Aufgaben nach den Absätzen 4 und 5 übermitteln die Hochschulen den jeweils örtlich zuständigen Studentenwerken auf Anforderung Namen und Matrikel-Nummer der Studenten und erteilen Auskunft, ob diese immatrikuliert, exmatrikuliert, rückgemeldet oder beurlaubt sind. [2]Die Studentenwerke dürfen die übermittelten Daten zur Erfüllung ihrer Aufgaben nach den Absätzen 4 und 5 verarbeiten.

(7) Die Studentenwerke können mit Genehmigung des Staatsministeriums für Wissenschaft und Kunst weitere Aufgaben, wie die Kantinenversorgung von Landesbediensteten und Schülern sowie den Betrieb von Kindertagesstätten für die Hochschulen, übernehmen, soweit dies wirtschaftlich zweckmäßig und die Finanzierung gesichert ist.

(8) [1]Die Studentenwerke können zur Erfüllung ihrer Aufgaben zusammenarbeiten. [2]Die Zusammenarbeit wird durch öffentlich-rechtliche Vereinbarung geregelt.

§ 110 Ordnungen

(1) [1]Das Studentenwerk regelt seine inneren Angelegenheiten durch Ordnung, insbesondere Näheres zu seinen Aufgaben und seiner Organisation, zur Bestellung des Verwaltungsrates nach § 111 Abs. 2 sowie zur Bekanntgabe der Beschlüsse seiner Organe. [2]Die Ordnung bedarf der Genehmigung des Staatsministeriums für Wissenschaft und Kunst, die nur aus Rechtsgründen versagt werden darf. [3]Sie ist bekannt zu geben.

(2) [1]Das Studentenwerk erhebt von den Studenten der ihm zugeordneten Hochschulen und Staatlichen Studienakademien einen Beitrag für die Möglichkeit der Inanspruchnahme seiner Dienstleistungen nach Maßgabe einer Beitragsordnung. [2]Diese bestimmt dessen Höhe und Zweckbindung. [3]Sie kann bestimmen, dass für Dienstleistungen, die nicht allen Studenten zur Verfügung stehen, von den Studenten einzelner Einrichtungen oder einzelner Standorte zusätzlich ein zweckgebundener Beitrag erhoben wird und dessen Höhe festlegen. [4]Studenten, die gleichzeitig eine allgemein bildende Schule besuchen, können nach Maßgabe der Beitragsordnung ganz oder teilweise von der Beitragspflicht

befreit werden. [5]Beurlaubte Studenten, Fern- oder Weiterbildungsstudenten können von der Beitragspflicht ganz oder teilweise befreit werden, soweit sie keine Dienstleistungen in Anspruch nehmen können. [6]Der Beitrag ist für jedes Semester vor der Immatrikulation oder der Rückmeldung zu entrichten; er wird von der Hochschule, der Staatlichen Studienakademie, der Einrichtung nach § 109 Abs. 3 Satz 2 oder der sonst zuständigen Kasse unentgeltlich eingezogen.

(3) Das Studentenwerk kann weitere Ordnungen, insbesondere für die Nutzung seiner Einrichtungen erlassen.

§ 111 Organe

(1) Organe des Studentenwerkes sind der Verwaltungsrat und der Geschäftsführer.

(2) [1]Der Verwaltungsrat besteht aus bis zu 12 Mitgliedern, von denen höchstens 2 keiner Einrichtung nach § 109 Abs. 3 Satz 1 angehören. [2]Mindestens die Hälfte der Mitglieder gehört der Gruppe der Studenten an, bis zu 2 Mitglieder sollen Vertreter der Kommunalverwaltung oder Vertreter von Wirtschaftsunternehmen in den Kommunen sein, in denen eine Einrichtung nach § 109 Abs. 3 Satz 1 ihren Sitz hat. [3]Mindestens ein Kanzler der zugeordneten Hochschulen, ein Vertreter des Staatsministeriums für Wissenschaft und Kunst sowie der Geschäftsführer und ein Vertreter der Beschäftigten des Studentenwerkes gehören dem Verwaltungsrat mit beratender Stimme an. [4]Näheres bestimmt die Ordnung nach § 110 Abs. 1. [5]Sie kann bestimmen, dass dem Verwaltungsrat weitere Mitglieder mit beratender Stimme angehören.

(3) [1]Der Verwaltungsrat hat insbesondere folgende Aufgaben:
1. Beschlussfassung über die Ordnungen,
2. Erlass der Ordnungen über die Benutzung der vom Studentenwerk betriebenen Einrichtungen,
3. Feststellung und Änderung des Wirtschaftsplanes,
4. Zustimmung zu Gründung, Erwerb und zur Veräußerung von Unternehmen oder zur Beteiligung an Unternehmen analog § 65 Abs. 1 SäHO,
5. Zustimmung zu Erwerb, Veräußerung und Belastung von Grundstücken und grundstücksgleichen Rechten sowie zur Aufnahme von Krediten für Investitionen, zur Gewährung von Darlehen und zur Übernahme von Bürgschaften,
6. Beschluss über die Verwendung des Jahresergebnisses,
7. Entlastung des Geschäftsführers,
8. Wahl eines Vorsitzenden,
9. Erörterung des Jahresberichtes des Geschäftsführers.

[2]Die Beschlüsse nach Satz 1 Nr. 4 und 5 bedürfen der Genehmigung des Staatsministeriums der Finanzen und des Staatsministeriums für Wissenschaft und Kunst. [3]Die Beschlüsse nach Satz 1 Nr. 3, 6 und 7 bedürfen der Genehmigung des Staatsministeriums für Wissenschaft und Kunst.

(4) Der Beschluss über die Ordnung nach § 110 Abs. 1 bedarf der Mehrheit von zwei Dritteln der stimmberechtigten Mitglieder.

(5) [1]Der Verwaltungsrat beschließt über die Bestellung und die Entlassung des Geschäftsführers. [2]Der Beschluss bedarf der Mehrheit der stimmberechtigten Mitglieder. [3]Seine Bestellung und Entlassung durch den Vorsitzenden und sein Dienstvertrag bedürfen der Genehmigung des Staatsministeriums für Wissenschaft und Kunst. [4]Für die Regelung des Beschäftigungsverhältnisses ist die Einwilligung des Staatsministeriums für Wissenschaft und Kunst und des Staatsministeriums der Finanzen erforderlich. [5]Die Verhandlungen über den Dienstvertrag führt ein Kanzler als Mitglied des Verwaltungsrates nach Absatz 2 Satz 3. [6]Der Geschäftsführer vertritt das Studentenwerk gerichtlich und außergerichtlich und führt seine Geschäfte.

§ 112 Wirtschaftsführung

(1) [1]Wirtschaftsführung und Rechnungswesen der Studentenwerke richten sich nach kaufmännischen Grundsätzen. [2]Für die Buchführung und das Rechnungswesen gelten die Vorschriften des Handelsgesetzbuches entsprechend. [3]Das Nähere regelt das Staatsministerium für Wissenschaft und Kunst im Einvernehmen mit dem Staatsministerium der Finanzen durch Rechtsverordnung. [4]Diese bestimmt Näheres über die Gewährung von Zuweisungen nach Maßgabe des Staatshaushaltsplanes, die Aufstellung von Wirtschaftsplänen und Jahresabschlüssen sowie das Rechnungswesen.

(2) [1]Innerhalb von 6 Monaten nach Schluss des Geschäftsjahres legt das Studentenwerk dem Staatsministerium für Wissenschaft und Kunst den von einem öffentlich bestellten Wirtschaftsprüfer ge-

prüften Jahresabschluss vor. [2]Der genehmigte Wirtschaftsplan und der Jahresabschluss mit Prüfbericht werden dem Staatsministerium der Finanzen zur Kenntnis gegeben.

(3) Es gelten die Bestimmungen für Arbeitnehmer des Freistaates Sachsen, sofern die Studentenwerke nicht mit Zustimmung des Staatsministeriums für Wissenschaft und Kunst und des Staatsministeriums der Finanzen vom Tarifrecht des Freistaates Sachsen abweichende Vereinbarungen mit ihren Bediensteten treffen.

(4) Die Studentenwerke dürfen zur Finanzierung ihrer laufenden Ausgaben Kassenverstärkungskredite aufnehmen, die 10 Prozent der im Wirtschaftsplan ausgewiesenen Erträge nicht überschreiten dürfen und jeweils zum Jahresende ausgeglichen werden müssen.

Teil 11
Schlussbestimmungen

§ 113 Namensschutz, Ordnungswidrigkeiten

(1) [1]Die Bezeichnung „Hochschule", „Universität", „Kunsthochschule", „Fachhochschule" allein oder in einer Wortverbindung sowie ihre entsprechende Übersetzung darf nur von Bildungseinrichtungen geführt werden, die nach dem Recht des Herkunftslandes als Hochschule, Universität, Kunsthochschule oder Fachhochschule einschließlich ihrer Studiengänge anerkannt sind. [2]Eine auf eine Hochschule, Universität, Kunsthochschule oder Fachhochschule hinweisende Bezeichnung darf nur mit Zustimmung dieser Hochschule, Universität, Kunsthochschule oder Fachhochschule geführt werden.

(2) [1]Ordnungswidrig handelt, wer
1. eine nach Absatz 1 unzulässige Bezeichnung führt,
2. eine Hochschule ohne staatliche Anerkennung nach § 106 Abs. 1 betreibt,
3. einen Studiengang ohne seine Anerkennung nach § 106 Abs. 3 Nr. 2 oder Genehmigung nach § 107 Abs. 7 Satz 2 ändert oder anbietet,
4. Hochschulprüfungen ohne ihre Anerkennung nach § 106 Abs. 3 Nr. 3 abnimmt,
5. entgegen § 106 Abs. 5 eine Hochschule betreibt, die nach dem Recht des Herkunftslandes nicht als Universität, Kunsthochschule, Hochschule oder Fachhochschule anerkannt ist oder Studiengänge anbietet, auf die sich die staatliche Genehmigung nicht erstreckt,
6. entgegen den §§ 39 und 44 deutsch- oder fremdsprachige Grade oder diesen zum Verwechseln ähnliche Grade führt, solche Grade verleiht oder anbietet, den Erwerb solcher Grade zu vermitteln.

[2]Die Ordnungswidrigkeit kann mit einer Geldbuße bis zu 125 000 EUR geahndet werden.

§ 114 Übergangsbestimmungen

(1) [1]Wissenschaftler, denen gemäß § 53 Abs. 4 des Sächsischen Hochschulerneuerungsgesetzes vom 25. Juli 1991 (SächsGVBl. S. 261), das zuletzt durch § 162 Abs. 1 des Gesetzes vom 4. August 1993 (SächsGVBl. S. 691, 722) geändert worden ist, der Titel eines Außerplanmäßigen Professors oder Außerplanmäßigen Hochschuldozenten verliehen worden ist, gelten, sofern sie Mitglieder der Hochschule sind, hinsichtlich ihrer mitgliedschaftsrechtlichen Stellung als Hochschullehrer nach § 50 Abs. 1 Satz 1 Nr. 1. [2]Ihre dienstrechtliche Stellung nach Teil 6 dieses Gesetzes bleibt unberührt.

(2) [1]Wissenschaftliche und künstlerische Mitarbeiter, wissenschaftliche und künstlerische Assistenten, Oberassistenten, Oberingenieure sowie Hochschuldozenten, die sich bei Inkrafttreten dieses Gesetzes in einem unbefristeten und ungekündigten Beschäftigungsverhältnis befinden, verbleiben in ihren bisherigen Beschäftigungsverhältnissen. [2]Ihre mitgliedschaftsrechtliche Stellung bleibt unberührt. [3]Für die Hochschuldozenten gilt § 67 Abs. 1 und 2 Satz 1 und 2 entsprechend. [4]Der Grad „Doktor der Wissenschaften" (Dr. sc.) kann, sofern er nicht umgewandelt wurde, weiterhin geführt werden. [5]Er entspricht den Berufungsvoraussetzungen des § 58 Abs. 2 dieses Gesetzes.

(3) Für vor dem Inkrafttreten dieses Gesetzes eingeleitete Disziplinarverfahren gegen Professoren verbleiben die Befugnisse als Dienstvorgesetzter beim Staatsministerium für Wissenschaft und Kunst.

(4) Kuratorium und Konzil sind mit Inkrafttreten dieses Gesetzes aufgelöst.

(5) [1]Bis zum Ablauf des dritten Monats nach Inkrafttreten dieses Gesetzes wird ein Vorläufiger Senat gebildet. [2]Er besteht aus den gewählten Gruppenvertretern des bisherigen Senates und für Mitglieder kraft Amtes des bisherigen Senates nachgewählten Mitgliedern. [3]Die Dekane haben aktives und passives Wahlrecht. [4]Das Staatsministerium für Wissenschaft und Kunst wird ermächtigt, durch Rechtsverordnung die Anzahl der Mitglieder festzulegen und das Verfahren für die Wahl der nachzuwäh-

lenden Mitglieder zu regeln. [5]Mit der Konstituierung des Vorläufigen Senates ist der bisherige Senat aufgelöst und die Mitgliedschaft seiner Mitglieder endet. [6]Ein gewählter Gruppenvertreter des bisherigen Senates, dessen Mitgliedschaft nach Inkrafttreten dieses Gesetzes endet, führt die Geschäfte bis zur Konstituierung des Vorläufigen Senates weiter, sofern er Mitglied der Hochschule ist. [7]Endet seine Mitgliedschaft in der Hochschule und gibt es keinen Ersatzvertreter, wählt die Gruppe, der er angehört, einen Nachfolger nach Maßgabe der Förmlichkeiten der zum Zeitpunkt des Inkrafttretens dieses Gesetzes geltenden Wahlordnung der Hochschule. [8]Satz 7 gilt bis zur Konstituierung des Senates für die Mitglieder des Vorläufigen Senates entsprechend.

(6) [1]Das Internationale Hochschulinstitut Zittau wird zum 1. Januar 2013 in die Technische Universität Dresden eingegliedert. [2]Es verliert damit seinen Status als rechtsfähige Körperschaft des öffentlichen Rechts. [3]Die Technische Universität Dresden tritt in alle Rechte und Pflichten des Internationalen Hochschulinstituts Zittau ein. [4]Mit der Eingliederung sind die Organe des Internationalen Hochschulinstituts Zittau aufgelöst sowie die Amtszeit des Rektors, der Prorektoren und der Beauftragten beendet. [5]Die am Internationalen Hochschulinstitut Zittau geltenden Studien- und Prüfungsordnungen gelten bis zu ihrer Aufhebung oder bis zum Inkrafttreten neuer Bestimmungen in ihrem bisherigen Anwendungsbereich entsprechend fort. [6]Für diejenigen, die am 31. Dezember 2012 im Doktorandenstudium des Internationalen Hochschulinstitutes Zittau immatrikuliert sind und ihren Promotionsantrag bis zum 31. Dezember 2016 ordnungsgemäß gestellt haben, gilt die Promotionsordnung des Internationalen Hochschulinstitutes Zittau noch entsprechend. [7]Für diejenigen, die ihre Habilitation bis zum 31. Dezember 2012 beim Internationalen Hochschulinstitut Zittau ordnungsgemäß angezeigt haben, gilt die Habilitationsordnung des Internationalen Hochschulinstitutes Zittau bis 31. Dezember 2016 entsprechend. [8]Die Hochschulgebühren- und Entgeltordnung gilt für den Standort Zittau fort, bis das Rektorat der Technischen Universität Dresden diese aufhebt. [9]Die Hochschule Zittau/Görlitz stellt den Mitgliedern und Angehörigen der Außenstelle der Technischen Universität Dresden in Zittau ihre Zentralen Einrichtungen im gleichen Umfang zur Verfügung wie ihren Mitgliedern. [10]Bis zum 31. Dezember 2012 gilt § 103 des Sächsischen Hochschulgesetzes vom 10. Dezember 2008 (SächsGVBl. S. 900) in der am 1. Januar 2012 geltenden Fassung fort.

(7) [1]Für die bei Inkrafttreten dieses Gesetzes im Amt befindlichen Rektoren, Prorektoren und Kanzler gelten ihre bisherigen Amtszeiten. [2]Endet diese für Rektoren und Prorektoren vor der Konstituierung des Hochschulrates nach Absatz 9, führen sie ihre Dienstgeschäfte bis zur Wahl ihrer Amtsnachfolger weiter.

(8) [1]Der Vorläufige Senat erlässt spätestens 7 Monate nach Inkrafttreten dieses Gesetzes im Einvernehmen mit dem Rektorat eine Vorläufige Grundordnung und Wahlordnung der Hochschule. [2]Die Vorläufige Grundordnung ist dem Staatsministerium für Wissenschaft und Kunst unverzüglich anzuzeigen. [3]Sie tritt in Kraft, wenn das Staatsministerium für Wissenschaft und Kunst nicht innerhalb von 2 Monaten aus Rechtsgründen eine Änderung fordert. [4]Die Grundordnung nach § 13 Abs. 2 ist spätestens 18 Monate nach Inkrafttreten dieses Gesetzes dem Staatsministerium für Wissenschaft und Kunst anzuzeigen.

(9) [1]Der Vorläufige Senat nach Absatz 5 legt im Einvernehmen mit dem Rektor die Anzahl der Mitglieder des Hochschulrates fest. [2]Die Berufung des Hochschulrates erfolgt entsprechend den Regelungen des § 86; der Vorläufige Senat übernimmt die Aufgaben des Senates. [3]Er benennt einen Teil der Mitglieder. [4]Der Vorläufige Senat und im Falle von § 86 Abs. 3 auch die Staatsregierung teilen dem Staatsministerium für Wissenschaft und Kunst ihre Vorschläge für die Besetzung des Hochschulrates bis spätestens 10 Monate nach Inkrafttreten dieses Gesetzes mit. [5]Die Mitglieder des Erweiterten Senates werden bis spätestens 12 Monate nach Inkrafttreten dieses Gesetzes gewählt. [6]Das Staatsministerium für Wissenschaft und Kunst kann bis zur Berufung des Hochschulrates Aufgaben nach § 86 Abs. 1 Satz 3 Nr. 5 bis 9 übernehmen.

(10) [1]Der Senat und die Fakultätsräte werden spätestens 3 Monate, die Dekane, Prodekane und Studiendekane spätestens 4 Monate nach Erlass der Wahlordnung gewählt. [2]Der Vorläufige Senat ist mit der Konstituierung des Senates aufgelöst. [3]Für den vor Inkrafttreten dieses Gesetzes gebildeten Fakultätsrat gilt Absatz 5 Satz 5 bis 7 entsprechend. [4]Das Amt der Dekane, Prodekane und Studiendekane endet mit der Wahl ihrer Amtsnachfolger.

(11) [1]Der Ordnungsausschuss ist mit Inkrafttreten dieses Gesetzes, andere Ausschüsse und Kommissionen des Senates, des Institutsrates oder eines Fakultätsrates mit der Konstituierung des Senates, des Institutsrates oder des jeweiligen Fakultätsrates aufgelöst. [2]Dies gilt nicht für Berufungskommissionen.

(12) [1]Der Studentenrat erlässt bis zum Ablauf des fünften Monats nach Inkrafttreten dieses Gesetzes eine Wahlordnung. [2]Er wird spätestens 6 Monate nach Erlass der Wahlordnung neu gewählt.

(13) Jedes Studentenwerk erlässt bis zum Ablauf des sechsten Monats nach Inkrafttreten dieses Gesetzes eine Ordnung nach § 110 Abs. 1 Satz 1.

(14) In Magisterstudiengänge kann nur noch bis zum Wintersemester 2008/2009 immatrikuliert werden.

(15) Studiengänge, die nicht mit einer staatlichen oder kirchlichen Prüfung abschließen, sind spätestens bis zum Ablauf des Jahres 2009 zu modularisieren.

(16) Die Hochschulprüfungs- und Studienordnungen sind bis zum Ablauf des Jahres 2009 an die Bestimmungen dieses Gesetzes anzupassen.

(17) [1]Ordnungen nach § 12 Abs. 5 und 6 sind bis zum Ablauf von 2 Jahren nach Inkrafttreten dieses Gesetzes zu erlassen. [2]Bis zum Erlass der Ordnungen nach § 12 Abs. 7 und 8 sind Gebühren nach der Verordnung des Sächsischen Staatsministeriums für Wissenschaft und Kunst über die Erhebung von Benutzungsgebühren und Auslagen an den staatlichen Hochschulen des Freistaates Sachsen (Sächsische Hochschulgebührenverordnung – SächsHGebVO) vom 13. Dezember 2004 (SächsGVBl. S. 603) und der Verordnung des Sächsischen Staatsministeriums für Wissenschaft und Kunst zur Erhebung von Benutzungsgebühren und Auslagen durch die wissenschaftlichen Bibliotheken der staatlichen Hochschulen und des Freistaates Sachsen (Sächsische Bibliotheksgebührenverordnung – SächsBibGebVO) vom 29. November 2004 (SächsGVBl. S. 600) zu erheben.

(18) Die zum Zeitpunkt des Inkrafttretens der §§ 10 und 11 dem Aufgabenbereich der Hochschule nach § 1 Abs. 1 zuzurechnenden Rechte und Pflichten des Freistaates Sachsen gehen mit Inkrafttreten der §§ 10 und 11 im Wege der Gesamtrechtsnachfolge auf die Hochschule über.

(19) [1]Für den Haushaltsvollzug der Technischen Universität Dresden gelten bis zur Feststellung des Vorliegens

1. eines Controllings nach § 10 Abs. 2 Satz 1 nach Maßgabe der Rechtsverordnung nach § 10 Abs. 2 Satz 5,

2. einer kaufmännischen Wirtschaftsführung und eines kaufmännischen Rechnungswesens,

längstens jedoch bis zum 31. Dezember 2009, die für das Kapitel 1209 im Staatshaushaltsplan für die Jahre 2007/2008 ausgebrachten Haushaltsvermerke fort. [2]Bis zur Feststellung nach Satz 1 Nr. 1 und 2 gilt bei der Besetzung des Stellenplans der Technischen Universität Dresden § 11 Abs. 6 Satz 4 mit der Maßgabe, dass der Stellenplan unter Einhaltung der Kostenneutralität im Umfang von bis zu 5 Prozent des Gesamtsolls überschritten und von der ausgewiesenen Wertigkeit der Stellen abgewichen werden kann.

(20) [1]Die zum 31. Dezember 2008 in einem befristeten privatrechtlichen Dienstverhältnis oder als Beamte auf Zeit beschäftigten wissenschaftlichen und künstlerischen Assistenten, Oberassistenten, Oberingenieure sowie Hochschuldozenten verbleiben in ihren Dienstverhältnissen bis zum Ablauf ihrer jeweiligen Dienstverhältnisse nach den §§ 45, 47 und 48 des Gesetzes über die Hochschulen im Freistaat Sachsen (Sächsisches Hochschulgesetz – SächsHG) vom 11. Juni 1999 (SächsGVBl. S. 294) in der bis zum 31. Dezember 2006 geltenden Fassung. [2]Ihre mitgliedschaftsrechtliche Stellung bleibt unverändert. [3]§ 77 Abs. 4 bis 6 ist entsprechend anwendbar.

(21) § 12 Abs. 2 gilt für alle Studenten, die ab dem Wintersemester 2012/2013 immatrikuliert werden.

(22) Für Hochschulen, denen das Staatsministerium für Wissenschaft und Kunst bis zum Inkrafttreten des Gesetzes zur Änderung hochschulrechtlicher Bestimmungen bestandskräftig bestätigt hat, dass sie die Anforderungen nach § 11 Abs. 1 Satz 1 und Abs. 2 Satz 6 und 7 des Sächsischen Hochschulgesetzes vom 10. Dezember 2008 (SächsGVBl. S. 900) in der am 1. Januar 2012 geltenden Fassung erfüllen, gilt § 11 Abs. 6 Satz 4 des Sächsischen Hochschulgesetzes vom 10. Dezember 2008 (SächsGVBl. S. 900) in der am 1. Januar 2012 geltenden Fassung weiter, bis die Hochschulen von der Möglichkeit des § 103 Abs. 3 Gebrauch gemacht haben.

(23) [1]Akademische Räte, die sich am 1. April 2014 in einem Beamtenverhältnis auf Zeit befinden, verbleiben in ihren Dienstverhältnissen bis zum Ablauf der jeweiligen Dienstverhältnisse nach § 73. [2]Ihre mitgliedschaftliche Stellung wird von den Regelungen der Artikel 1 bis 3 des Gesetzes zur Neu-

ordnung des Dienst-, Besoldungs- und Versorgungsrechts im Freistaat Sachsen (Sächsisches Dienstrechtsneuordnungsgesetz) vom 18. Dezember 2013 (SächsGVBl. S. 970) nicht berührt. [3]Bei einer Verlängerung des Dienstverhältnisses nach § 73 ist § 82 Abs. 2 Satz 2 und 3 Sächsisches Besoldungsgesetz (SächsBesG) vom 18. Dezember 2013 (SächsGVBl. S. 970, 1005), in der jeweils geltenden Fassung, zu berücksichtigen.

§ 115 (Inkrafttreten und Außerkrafttreten)

Gesetz zum Schutz und zur Pflege der Kulturdenkmale im Freistaat Sachsen (Sächsisches Denkmalschutzgesetz – SächsDSchG)

Vom 3. März 1993 (SächsGVBl. S. 229)

(BS Sachsen 46-1)

zuletzt geändert durch Art. 2 G über Zuständigkeiten im Schornsteinfeger- und Denkmalschutzrecht vom 2. August 2019 (SächsGVBl. S. 644)

Der Sächsische Landtag hat am 22. Januar 1993 das folgende Gesetz beschlossen:

Inhaltsübersicht

I. Abschnitt
Aufgabe und Gegenstand von Denkmalschutz und Denkmalpflege

§ 1 Aufgabe

(1) Denkmalschutz und Denkmalpflege haben die Aufgabe, die Kulturdenkmale zu schützen und zu pflegen, insbesondere deren Zustand zu überwachen, auf die Abwendung von Gefährdungen und die Bergung von Kulturdenkmalen hinzuwirken und diese zu erfassen und wissenschaftlich zu erforschen. (2) ¹Diese Aufgabe wird vom Freistaat Sachsen und im Rahmen ihrer Leistungsfähigkeit von den Gemeinden und den Landkreisen erfüllt. ²Sie wirken dabei mit Eigentümern und Besitzern von Kulturdenkmalen zusammen.

(3) Die Belange des Denkmalschutzes und der Denkmalpflege sind bei allen öffentlichen Planungen und Maßnahmen angemessen zu berücksichtigen.

(4) Die Belange von Menschen mit Behinderungen oder mit Mobilitätsbeeinträchtigungen sind zu berücksichtigen.

§ 2 Gegenstand des Denkmalschutzes

(1) Kulturdenkmale im Sinne dieses Gesetzes sind von Menschen geschaffene Sachen, Sachgesamtheiten, Teile und Spuren von Sachen einschließlich ihrer natürlichen Grundlagen, deren Erhaltung wegen ihrer geschichtlichen, künstlerischen, wissenschaftlichen, städtebaulichen oder landschaftsgestaltenden Bedeutung im öffentlichen Interesse liegt.

(2) Zu einem Kulturdenkmal gehören auch Zubehör und Nebenanlagen, soweit sie mit der Hauptsache eine Einheit von Denkmalwert bilden.

(3) Gegenstand des Denkmalschutzes sind auch

1. die Umgebung eines Kulturdenkmals, soweit sie für dessen Bestand oder Erscheinungsbild von erheblicher Bedeutung ist,
2. Denkmalschutzgebiete (§ 21), Grabungsschutzgebiete (§ 22) und archäologische Reservate (§ 23),
3. Reste von Menschen und von anderen Lebewesen, die sich in historischen Gräbern und Siedlungen befinden.

(4) Gegenstand des Denkmalschutzes können auch Orte zu geschichtlichen Ereignissen sein.

(5) Kulturdenkmale im Sinne dieses Gesetzes können insbesondere sein

a) Bauwerke,
b) Siedlungen und Ortsteile, Straßen- oder Platzbilder oder Ortsansichten von besonderer städtebaulicher oder volkskundlicher Bedeutung,
c) Werke der Garten- und Landschaftsgestaltung, historische Landschaftsformen wie Dorffluren, Haldenlandschaften,
d) Werke der Produktions- und Verkehrsgeschichte,
e) Orte und Gegenstände zu wissenschaftlichen Anlagen oder Systemen,
f) Steinmale,
g) unbewegliche und bewegliche archäologische Sachzeugen wie Reste von Siedlungs- und Befestigungsanlagen, Grabanlagen, Höhlen, Wüstungen, Kult- und Versammlungsstätten und andere Reste von Gegenständen und Bauwerken,
h) Werke der bildenden Kunst und des Kunsthandwerks,
i) Sammlungen.

II. Abschnitt
Organisation des Denkmalschutzes

§ 3 Denkmalschutzbehörden

(1) Denkmalschutzbehörden sind

1. das Staatsministerium des Innern als oberste Denkmalschutzbehörde,
2. die Landesdirektion Sachsen als obere Denkmalschutzbehörde,
3. die Landkreise und Kreisfreien Städte und die in Absatz 2 genannten Gemeinden als untere Denkmalschutzbehörden.

(2) [1]Städten, die aufgrund von § 2 Abs. 2 des Gesetzes zur Neugliederung des Gebietes der Landkreise des Freistaates Sachsen (Sächsisches Kreisgebietsneugliederungsgesetz – SächsKrGebNG) vom 29. Januar 2008 (SächsGVBl. S. 102) die Kreisfreiheit verloren haben, ist auf Antrag die Aufgabe der unteren Denkmalschutzbehörde zu übertragen. [2]Gemeinden mit überdurchschnittlich großem Bestand an Kulturdenkmalen, denen die Aufgaben der unteren Bauaufsichtsbehörden übertragen sind und die für die Aufgaben des Denkmalschutzes ausreichend über geeignete Fachkräfte verfügen, können auf ihren Antrag durch die oberste Denkmalschutzbehörde zu unteren Denkmalschutzbehörden erklärt werden. [3]Die Erklärung kann widerrufen werden, wenn die Gemeinde dies beantragt, wenn ihre Zuständigkeit als untere Bauaufsichtsbehörde endet oder wenn die untere Denkmalschutzbehörde dauernd nicht ausreichend mit geeigneten Fachkräften besetzt ist. [4]Die Erklärungen über die Zuständigkeit sind im Sächsischen Gesetz- und Verordnungsblatt bekanntzumachen.

(3) [1]Die den Landkreisen, Kreisfreien Städten und den Gemeinden, die nach Absatz 2 zur unteren Denkmalschutzbehörde erklärt wurden, übertragenen Aufgaben der unteren Denkmalschutzbehörde sind Weisungsaufgaben. [2]Das Weisungsrecht ist nicht beschränkt. [3]Weisungsfrei sind

1. die Erteilung von Bescheinigungen für die Erlangung von Steuervergünstigungen nach § 4 Abs. 4 und

2. die Bewilligung von Zuwendungen zur Erhaltung und Pflege von Kulturdenkmalen nach § 8 Abs. 2.

[4]Fachaufsichtsbehörden sind die in Absatz 1 Nr. 1 und 2 genannten Behörden.

§ 3a Denkmalfachbehörden

(1) Fachbehörden für alle Fragen des Denkmalschutzes und der Denkmalpflege sind das Landesamt für Denkmalpflege und das Landesamt für Archäologie.

(2) Das Landesamt für Denkmalpflege ist die zuständige Fachbehörde für alle Aufgaben, die nicht dem Landesamt für Archäologie zugewiesen sind, insbesondere für Bau- und Kunstdenkmale, Anlagen der Garten- und Landschaftsgestaltung, Werke der Produktions- und Verkehrsgeschichte, Sammlungen.

(3) Das Landesamt für Archäologie ist zuständige Fachbehörde für

1. unbewegliche archäologische Sachzeugen

   a) unterhalb der Erdoberfläche außerhalb von Gebäuden, insbesondere Fundamente von Vorgängerbauten, Grablegen, sonstige archäologische Funde,

   b) unter der Bodenfläche im Innern von baulichen Anlagen, zum Beispiel Gebäuden und Gebäuderuinen,

   c) unter der Wasseroberfläche im Bereich des Gewässerbettes,

2. bewegliche archäologische Sachzeugen und Sammlungen solcher Sachzeugen.

§ 4 Zuständigkeit der Denkmalschutzbehörden

(1) Soweit nicht etwas Abweichendes bestimmt ist, ist die untere Denkmalschutzbehörde zuständig.

(2) [1]Die untere Denkmalschutzbehörde entscheidet im Einvernehmen mit der zuständigen Fachbehörde. [2]Kommt kein Einvernehmen zustande, so entscheidet die obere Denkmalschutzbehörde. [3]Die obere und die oberste Denkmalschutzbehörde entscheiden im Benehmen mit der zuständigen Fachbehörde.

(3) [1]Erscheint bei Gefahr im Verzug ein rechtzeitiges Tätigwerden der zuständigen Denkmalschutzbehörde nicht erreichbar, so können die Fachbehörden oder, falls auch die zuständige Fachbehörde nicht rechtzeitig tätig werden kann, die Polizei die erforderlichen vorläufigen Maßnahmen treffen. [2]Die zuständige Behörde ist unverzüglich zu unterrichten.

(4) [1]Bescheinigungen für die Erlangung von Steuervergünstigungen werden von den unteren Denkmalschutzbehörden erteilt. [2]Das Staatsministerium des Innern kann Gegenstand, Voraussetzungen und Verfahren, Empfängerkreis sowie Art, Umfang und Nachweis der zu bescheinigenden Aufwendungen durch Rechtsverordnung regeln; davon ausgenommen sind Anerkennungen nach § 32 Abs. 2 des Grundsteuergesetzes (GrStG) vom 7. August 1973 (BGBl. I S. 965), das zuletzt durch Artikel 6 des Gesetzes vom 1. September 2005 (BGBl. I S. 2676, 2681) geändert worden ist, in der jeweils geltenden Fassung.

§ 5 (aufgehoben)

§ 6 Denkmalrat

(1) [1]Bei der obersten Denkmalschutzbehörde wird ein Denkmalrat gebildet. [2]Der Denkmalrat soll von der obersten Denkmalschutzbehörde in allen Fragen von grundsätzlicher Bedeutung gehört werden. [3]Für die Verwendung von staatlichen Denkmalpflegefördermitteln kann die oberste Denkmalschutzbehörde vom Denkmalrat Vorschläge einholen.

(2) Sind bei der Behandlung von Fragen des Denkmalschutzes und der Denkmalpflege ethnische oder konfessionelle Gruppen oder besondere Denkmalarten betroffen, hat der Denkmalrat einen Vertreter der betroffenen Gruppen mit beratender Stimme beizuziehen.

(3) [1]Der Denkmalrat besteht aus dreizehn von der obersten Denkmalschutzbehörde auf die Dauer von fünf Jahren berufenen, ehrenamtlich tätigen Mitgliedern. [2]Er entscheidet unabhängig und ist nicht weisungs- und entscheidungsgebunden.

(4) [1]In den Sitzungen führt der Staatsminister des Innern oder ein von ihm Beauftragter den Vorsitz. [2]Die oberste Denkmalschutzbehörde erläßt eine Geschäftsordnung für den Denkmalrat, die auch das

Berufungsverfahren und das Vorschlagsrecht regelt. [3]Die Geschäftsordnung kann bestimmen, daß der Denkmalrat Fachausschüsse bildet, an die Aufgaben delegiert werden können.

§ 7 Ehrenamtliche Beauftragte für Denkmalpflege

(1) Die unteren Denkmalschutzbehörden und die Fachbehörden stützen sich in ihrer Tätigkeit auf die fachliche Mitarbeit von ehrenamtlichen Beauftragten für Denkmalpflege.

(2) [1]Die ehrenamtlichen Beauftragten beraten und unterstützen die in Absatz 1 genannten Behörden. [2]Die oberste Denkmalschutzbehörde regelt die Berufung und die Aufgaben der ehrenamtlichen Beauftragten durch Verwaltungsvorschrift.

(3) [1]Die ehrenamtlichen Beauftragten für Denkmalpflege werden von der unteren Denkmalschutzbehörde im Einvernehmen mit den Fachbehörden auf die Dauer von fünf Jahren berufen. [2]Die Berufung kann wiederholt werden.

(4) [1]Die oberste Denkmalschutzbehörde kann mit Zustimmung des Staatsministeriums für Finanzen durch Rechtsverordnung die Entschädigung und den Reisekostenersatz für die ehrenamtlichen Beauftragten für Denkmalpflege regeln. [2]Dabei können Durchschnittssätze festgelegt werden.

III. Abschnitt
Schutzvorschriften

§ 8 Erhaltungspflicht

(1) Eigentümer und Besitzer von Kulturdenkmalen haben diese pfleglich zu behandeln, im Rahmen des Zumutbaren denkmalgerecht zu erhalten und vor Gefährdung zu schützen.

(2) [1]Der Freistaat Sachsen trägt hierzu durch Zuwendungen nach Maßgabe der dafür zur Verfügung stehenden Haushaltmittel bei. [2]Das Staatsministerium des Innern regelt Gegenstand, Voraussetzungen und Verfahren, Empfängerkreis sowie Art, Umfang und Höhe der Zuwendungen durch Verwaltungsvorschrift. [3]Bewilligungsbehörden sind die unteren Denkmalschutzbehörden, soweit nicht durch die Förderzuständigkeitsverordnung SMI vom 8. Februar 2012 (SächsGVBl. S. 150), die zuletzt durch die Verordnung vom 22. Februar 2016 (SächsGVBl. S. 102) geändert worden ist, in der jeweils geltenden Fassung, etwas anderes geregelt ist. [4]Für Zuwendungen an Städte, Landkreise und Gemeinden, die untere Denkmalschutzbehörde sind, ist die Landesdirektion Sachsen Bewilligungsbehörde. [5]Die notwendigen Haushaltmittel werden den Bewilligungsbehörden zur Bewirtschaftung zugewiesen.

§ 9 Nutzung, Zugang

(1) Werden Kulturdenkmale nicht mehr entsprechend ihrer ursprünglichen Zweckbestimmung genutzt, sollen Eigentümer und Besitzer eine Nutzung anstreben, die eine möglichst weitgehende Erhaltung der Substanz auf die Dauer gewährleistet.

(2) Kulturdenkmale oder Teile derselben sollen der Öffentlichkeit im Rahmen des Zumutbaren zugänglich gemacht werden.

§ 10 Verzeichnis der Kulturdenkmale

(1) [1]Die Kulturdenkmale sollen nachrichtlich in öffentliche Verzeichnisse (Kulturdenkmallisten) aufgenommen werden. [2]Der Denkmalschutz nach diesem Gesetz ist nicht von der Aufnahme eines Kulturdenkmals in ein Verzeichnis abhängig.

(2) [1]Die Eintragung erfolgt von Amts wegen durch die Fachbehörden im Benehmen mit der Gemeinde, in der das Kulturdenkmal gelegen ist. [2]Der Eigentümer oder die Gemeinde können die Eintragung anregen.

(3) [1]Der Eigentümer ist von der Eintragung zu unterrichten. [2]Auf Antrag des Eigentümers hat die Denkmalschutzbehörde durch Verwaltungsakt über die Eigenschaft als Kulturdenkmal zu entscheiden. [3]Die Einsicht in die Kulturdenkmallisten ist jedermann gestattet. [4]Eintragungen über bewegliche Kulturdenkmale und über Zubehör (§ 2 Abs. 2) dürfen nur die Eigentümer und die sonstigen dinglich Berechtigten sowie die von ihnen ermächtigten Personen einsehen.

(4) Den Gemeinden, den unteren und der oberen Denkmalschutzbehörde werden Auszüge der Kulturdenkmallisten übermittelt.

(5) Die oberste Denkmalschutzbehörde regelt das Nähere durch Verwaltungsvorschrift.

§ 11 Maßnahmen der Denkmalschutzbehörden

(1) Die Denkmalschutzbehörden haben zur Wahrnehmung ihrer Aufgaben diejenigen Maßnahmen zu treffen, die ihnen nach pflichtgemäßem Ermessen erforderlich erscheinen.

(2) Die Denkmalschutzbehörden können insbesondere anordnen, daß bei widerrechtlicher Beeinträchtigung, Beschädigung oder Zerstörung eines Kulturdenkmales der vorherige Zustand nach ihrer Anweisung wiederherzustellen ist.

(3) Die Vorschriften der §§ 14, 15 und 17 des Sächsischen Polizeibehördengesetzes vom 11. Mai 2019 (SächsGVBl. S. 358, 389), in der jeweils geltenden Fassung, finden sinngemäß Anwendung.

§ 12 Genehmigungspflichtige und anzeigepflichtige Vorhaben an Kulturdenkmalen

(1) ¹Ein Kulturdenkmal darf nur mit Genehmigung der Denkmalschutzbehörde

1. wiederhergestellt oder instand gesetzt werden,
2. in seinem Erscheinungsbild oder seiner Substanz verändert oder beeinträchtigt werden,
3. mit An- und Aufbauten, Aufschriften oder Werbeeinrichtungen versehen werden,
4. aus einer Umgebung entfernt werden,
5. zerstört oder beseitigt werden.

²Abweichend von Satz 1 Nr. 1 und 2 sind der Denkmalschutzbehörde die Wiederherstellung oder Instandsetzung von Kulturdenkmalen, die aufgrund außergewöhnlicher Ereignisse mit überörtlicher Wirkung, insbesondere Naturkatastrophen, zerstört oder beschädigt wurden, sowie geringfügige Vorhaben schriftlich anzuzeigen. ³Ausgenommen von Satz 2 sind Kulturdenkmale im Sinne des § 2 Abs. 5 Buchst. g. ⁴Ein geringfügiges Vorhaben an einem Kulturdenkmal ist die Beseitigung von Schäden und Mängeln an einzelnen Teilen des Kulturdenkmales zur Herstellung eines denkmalverträglichen Zustandes; es umfasst insbesondere die Ausbesserung von Bauteilen nach Schädigung oder üblicher Abnutzung. ⁵Die Denkmalschutzbehörde hat den Eingang der Anzeige unverzüglich schriftlich zu bestätigen. ⁶Mit der Durchführung der Maßnahme nach Satz 2 kann begonnen werden, wenn die Denkmalschutzbehörde nicht innerhalb von drei Wochen nach Eingang der Anzeige bei der Denkmalschutzbehörde schriftlich gegenüber dem Anzeigenden erklärt, dass ein Genehmigungsverfahren durchzuführen ist. ⁷Die Entscheidung, ob die Anzeige genügt oder ein Genehmigungsverfahren durchzuführen ist, obliegt der Denkmalschutzbehörde.

(2) ¹Bauliche oder garten- und landschaftsgestalterische Anlagen in der Umgebung eines Kulturdenkmals, soweit sie für dessen Erscheinungsbild von erheblicher Bedeutung sind, dürfen nur mit Genehmigung der Denkmalschutzbehörde errichtet, verändert oder beseitigt werden. ²Andere Vorhaben in der Umgebung eines Kulturdenkmals bedürfen dieser Genehmigung, wenn sich die bisherige Grundstücksnutzung ändern würde. ³Die Genehmigung ist zu erteilen, wenn das Vorhaben das Erscheinungsbild des Kulturdenkmals nur unerheblich oder nur vorübergehend beeinträchtigen würde oder wenn überwiegende Gründe des Gemeinwohls Berücksichtigung verlangen.

(2a) Die Genehmigung nach Absatz 1 Satz 1 oder Absatz 2 Satz 1 und 2 soll erteilt werden, wenn es sich um eine Maßnahme des öffentlichen Hochwasserschutzes handelt, für die überwiegende Gründe des Gemeinwohls vorliegen, und die Erhaltung von für das kulturelle Erbe bedeutenden Kulturdenkmalen nicht gefährdet wird.

(3) Bedarf ein Vorhaben der Baugenehmigung oder bauordnungsrechtlichen Zustimmung, tritt an die Stelle der Genehmigung nach diesem Gesetz die Zustimmung der Denkmalschutzbehörde gegenüber der Bauaufsichtsbehörde.

§ 13 Genehmigungsverfahren

(1) ¹Der Genehmigungsantrag ist schriftlich bei der zuständigen Denkmalschutzbehörde (§ 4) einzureichen. ²Bei Vorhaben nach § 12 Abs. 3 gilt der Genehmigungsantrag als mit dem Antrag auf Baugenehmigung oder bauordnungsrechtliche Zustimmung gestellt.

(2) ¹Mit dem Genehmigungsantrag sind alle für die Beurteilung des Vorhabens und der Bearbeitung des Antrags erforderlichen Unterlagen, insbesondere Pläne, Dokumentationen, Fotografien, Gutachten, Kosten- und Wirtschaftlichkeitsberechnungen, einzureichen. ²Die Denkmalschutzbehörde kann im Einzelfall die erforderlichen Unterlagen anfordern und verlangen, daß der Genehmigungsantrag durch vorbereitende Untersuchungen ergänzt wird.

(3) Bei Kulturdenkmalen im Sinne von § 2 Abs. 5 Buchst. a bis c, f und g, soweit es sich um unbewegliche Kulturdenkmale handelt, ist insbesondere die zuständige Naturschutzbehörde rechtzeitig zu beteiligen.

(4) [1]Entscheidet die zuständige Denkmalschutzbehörde nicht innerhalb von zwei Monaten nach Eingang des Antrags über die Genehmigung, so gilt diese als erteilt, wenn nicht die zuständige Behörde die Entscheidung über einen Genehmigungsantrag unter Berücksichtigung der berechtigten Interessen des Antragsstellers aussetzt. [2]Eine Aussetzung kann höchstens auf zwei Jahre festgesetzt werden, soweit dies zur Klärung der Belange des Denkmalschutzes, insbesondere für vorbereitende Untersuchungen erforderlich ist.

(5) [1]Die Genehmigung erlischt, wenn nicht innerhalb von drei Jahren nach ihrer Erteilung mit der Ausführung begonnen oder die Ausführung länger als zwei Jahre unterbrochen worden ist. [2]Die Fristen nach Satz 1 können auf schriftlichen Antrag jeweils um bis zu zwei Jahre verlängert werden.

§ 14 Genehmigungspflicht für Bodeneingriffe, Nutzungsänderungen und Nachforschungen; Kostenerstattungspflicht

(1) [1]Der Genehmigung der Denkmalschutzbehörde bedarf, wer

1. Erdarbeiten, Bauarbeiten oder Gewässerbaumaßnahmen an einer Stelle, von der bekannt oder den Umständen nach zu vermuten ist, daß sich dort Kulturdenkmale befinden, ausführen will,
2. die bisherige Bodennutzung von Grundstücken, von denen bekannt ist, daß sie im Boden Kulturdenkmale bergen, ändern will.

[2]§ 12 Abs. 3 und § 13 gelten entsprechend.

(2) [1]Nachforschungen, insbesondere Grabungen, mit dem Ziel, Kulturdenkmale zu entdecken, bedürfen der Genehmigung der zuständigen Fachbehörde. [2]§ 13 Abs. 1 Satz 1 und Abs. 2 bis 5 gilt entsprechend.

(3) [1]Die Träger größerer öffentlicher oder privater Bauvorhaben oder Erschließungsvorhaben oder Vorhaben zum Abbau von Rohstoffen oder Bodenschätzen als Veranlasser können im Rahmen des Zumutbaren zur Erstattung der Kosten archäologischer Ausgrabungen, der konservatorischen Sicherung der Funde und der Dokumentation der Befunde verpflichtet werden. [2]Die Höhe des Erstattungsbetrages kann durch öffentlich-rechtlichen Vertrag mit der zuständigen Fachbehörde geregelt werden. [3]Kommt kein Vertrag zustande, erfolgt die Festsetzung durch die obere Denkmalschutzbehörde.

§ 15 Auskunfts- und Duldungspflichten

(1) Eigentümer und Besitzer von Kulturdenkmalen sind verpflichtet, Auskünfte zu erteilen, die zur Erfüllung der Aufgaben des Denkmalschutzes erforderlich sind.

(2) [1]Die Denkmalschutzbehörden und ihre Beauftragten sind berechtigt, nach vorheriger Benachrichtigung der Eigentümer und Besitzer

1. Grundstücke zu betreten,
2. Kulturdenkmale zu besichtigen,
3. wissenschaftliche Erfassungsmaßnahmen durchzuführen, insbesondere Einsicht in Archive und Sammlungen zu nehmen,

soweit dies zur Erfüllung der Aufgaben des Denkmalschutzes erforderlich ist. [2]Wohnungen dürfen gegen den Willen des Eigentümers oder Besitzers nur zur Abwendung dringender Gefahren für Kulturdenkmale betreten werden. [3]Die Unverletzlichkeit der Wohnung nach Artikel 13 des Grundgesetzes und Artikel 30 der Verfassung des Freistaates Sachsen wird insoweit eingeschränkt.

§ 16 Anzeigepflichten

(1) Eigentümer und Besitzer haben

1. Änderungen der bisherigen Nutzung von Kulturdenkmalen,
2. Schäden und Mängel, die an Kulturdenkmalen auftreten und die ihre Erhaltung gefährden können,

unverzüglich einer Denkmalschutzbehörde anzuzeigen.

(2) Wird ein Kulturdenkmal veräußert, so haben der Veräußerer und der Erwerber den Eigentumswechsel innerhalb eines Monats einer Denkmalschutzbehörde anzuzeigen.

(3) Die Anzeigen nach Absätzen 1 und 2 sind unverzüglich an die zuständige Fachbehörde weiterzuleiten.

§ 17 Vorkaufsrecht

(1) [1]Wird ein Grundstück, auf dem sich ein unbewegliches Kulturdenkmal befindet, verkauft, steht der Gemeinde, bei überörtlicher Bedeutung des Kulturdenkmals auch dem Freistaat Sachsen ein Vorkaufsrecht zu. [2]Der Staatsbetrieb Zentrales Flächenmanagement Sachsen ist für die Ausübung des Vorkaufsrechts für den Freistaat Sachsen zuständig. [3]Es geht dem Vorkaufsrecht der Gemeinde im Range vor.

(2) [1]Das Vorkaufsrecht darf nur ausgeübt werden, wenn dadurch die Erhaltung eines Kulturdenkmals ermöglicht werden soll. [2]Das Vorkaufsrecht ist ausgeschlossen, wenn der Eigentümer das Grundstück an seinen Ehegatten, an seinen Partner einer eingetragenen Lebenspartnerschaft oder an eine andere Person verkauft, die mit ihm in gerader Linie verwandt oder verschwägert oder in einer Seitenlinie bis zum dritten Grad verwandt ist.

(3) [1]Der durch das Vorkaufsrecht Verpflichtete hat der Gemeinde den Inhalt des mit dem Dritten abgeschlossenen Vertrages unverzüglich mitzuteilen; die Mitteilung des Verpflichteten wird durch die Mitteilung des Dritten ersetzt. [2]Bei Kulturdenkmalen mit überörtlicher Bedeutung leitet die Gemeinde die Mitteilung unverzüglich an die zuständige Behörde des Freistaates weiter; der Verpflichtete kann die Mitteilung an die Landesbehörde selbst vornehmen. [3]Die Frist nach Absatz 4 Satz 1 beginnt in diesem Fall mit dem Zugang der Mitteilung bei der Landesbehörde.

(4) [1]Das Vorkaufsrecht kann nur binnen zwei Monaten nach Mitteilung des Kaufvertrages ausgeübt werden. [2]Die §§ 463 bis 469 Abs. 1 und § 471 des Bürgerlichen Gesetzbuches (BGB) sind anzuwenden. [3]Das Vorkaufsrecht ist nicht übertragbar. [4]Bei einem Eigentumserwerb aufgrund der Ausübung des Vorkaufsrechts erlöschen rechtsgeschäftliche Vorkaufsrechte.

§ 18 Kulturdenkmale, die der Religionsausübung dienen

(1) Die Denkmalschutzbehörden haben bei Kulturdenkmalen, die der Religionsausübung dienen, die gottesdienstlichen Belange, die von der oberen Kirchenbehörde oder der entsprechenden Stelle der betroffenen Religionsgemeinschaft festzustellen sind, vorrangig zu beachten.

(2) Entscheidungen und Maßnahmen der Denkmalschutzbehörden bei Kulturdenkmalen, die in kirchlichem Eigentum stehen, ergehen im Benehmen mit der oberen Kirchenbehörde oder der entsprechenden Stelle der betroffenen Religionsgemeinschaft.

(3) [1]§§ 11 und 12 finden keine Anwendung auf Kulturdenkmale, die in kirchlichem Eigentum stehen und dem Gottesdienst dienen, soweit die Kirchen im Einvernehmen mit der obersten Denkmalschutzbehörde eigene Vorschriften zum Schutz dieser Kulturdenkmale erlassen. [2]Vor der Durchführung von Vorhaben im Sinne des § 12 Abs. 1 ist mit der zuständigen Fachbehörde Einvernehmen herzustellen. [3]Ergibt sich weder mit ihr noch mit der oberen Denkmalschutzbehörde eine Einigung, so entscheidet die oberste Denkmalschutzbehörde im Benehmen mit der obersten Kirchenbehörde.

(4) Die §§ 27 bis 34 sind auf kircheneigene Kulturdenkmale und sonstige Kulturdenkmale, die der Religionsausübung dienen, nicht anwendbar.

§ 19 Sammlungen

[1]Von den Genehmigungspflichten nach diesem Gesetz sind Kulturdenkmale ausgenommen, die von einer staatlichen Sammlung verwaltet werden. [2]Die oberste Denkmalschutzbehörde kann andere Sammlungen von den Genehmigungspflichten widerruflich ausnehmen, soweit sie fachlich betreut werden.

§ 20 Funde

(1) [1]Wer Sachen, Sachgegenstände, Teile oder Spuren von Sachen entdeckt, von denen anzunehmen ist, daß es sich um Kulturdenkmale handelt, hat dies unverzüglich einer Denkmalschutzbehörde anzuzeigen. [2]Der Fund und die Fundstelle sind bis zum Ablauf des vierten Tages nach der Anzeige in unverändertem Zustand zu erhalten und zu sichern, sofern nicht die zuständige Fachbehörde mit einer Verkürzung der Frist einverstanden ist.

(2) [1]Anzeigepflichtig sind der Entdecker, der Eigentümer und der Besitzer des Grundstückes sowie der Leiter der Arbeiten, bei denen die Sache entdeckt wurde. [2]Nimmt der Finder an den Arbeiten, die zu einem Fund geführt haben, aufgrund eines Arbeitsverhältnisses teil, so wird er durch die Anzeige an den Leiter oder Unternehmer der Arbeiten befreit.

(3) Die Gemeinden sind verpflichtet, die ihnen bekannt werdenden Funde unverzüglich der zuständigen Fachbehörde mitzuteilen.

(4) Die zuständige Fachbehörde oder ihre Beauftragten sind berechtigt, die Funde zu bergen, auszuwerten und zur wissenschaftlichen Bearbeitung in Besitz zu nehmen.

§ 21 Denkmalschutzgebiete

(1) [1]Die Gemeinden können im Benehmen mit den Fachbehörden oder auf deren Vorschlag Gebiete, insbesondere Straßen-, Platz- oder Ortsbilder, Ortsgrundrisse, Siedlungen, Ortsteile, Gebäudegruppen, Produktionsanlagen, an deren Erhaltung aus geschichtlichen, künstlerischen, wissenschaftlichen, städtebaulichen oder landschaftsgestalterischen Gründen ein besonderes öffentliches Interesse besteht, sowie deren Umgebung, soweit sie für deren Erscheinungsbild bedeutend ist, durch Satzung unter Schutz stellen (Denkmalschutzgebiete). [2]Die Satzung bedarf der Genehmigung der nach § 112 Abs. 1 der Gemeindeordnung für den Freistaat Sachsen (SächsGemO) in der Fassung der Bekanntmachung vom 18. März 2003 (SächsGVBl. S. 55, 159), in der jeweils geltenden Fassung, zuständigen Rechtsaufsichtsbehörde. [3]Für die übertragene Aufgabe gewährt der Freistaat Sachsen den Landkreisen 0,01 EUR jährlich je Einwohner.

(2) [1]Die bisherige land- und forstwirtschaftliche Nutzung im Denkmalschutzgebiet bleibt unberührt. [2]Veränderungen an dem geschützten Bild des Denkmalschutzgebietes bedürfen der Genehmigung der Denkmalschutzbehörde. [3]Die Genehmigung ist zu erteilen, wenn die Veränderung das Bild des Denkmalschutzgebietes nur unerheblich oder nur vorübergehend beeinträchtigen würde. [4]Die Denkmalschutzbehörde hat vor ihrer Entscheidung die Gemeinde zu hören. [5]§ 13 gilt entsprechend.

(3) [1]In der Satzung oder in einem der Satzung als Bestandteil beigefügten Plan ist das Gebiet zu bezeichnen, in dem Vorhaben gemäß Absatz 2 genehmigungspflichtig sind. [2]Der Satzung ist eine Begründung der geschichtlichen, künstlerischen, wissenschaftlichen, städtebaulichen und landschaftsgestalterischen Merkmale beizufügen, die den Erlaß der Satzung rechtfertigt. [3]Dabei sollen alle Pläne sowie zeichnerische, photographische und photogrammetrische Darstellungen verwendet werden.

(4) [1]Erläßt die Gemeinde auf einen Vorschlag der zuständigen Fachbehörde innerhalb eines Jahres keine entsprechende Satzung, so fordert die obere Denkmalschutzbehörde sie auf, die Satzung innerhalb von drei Monaten vorzulegen. [2]Nach Ablauf der Frist kann die obere Denkmalschutzbehörde Denkmalschutzgebiete durch Rechtsverordnung unter Schutz stellen. [3]Die Verordnung ist aufzuheben, sobald eine rechtsverbindliche Satzung vorliegt.

§ 22 Grabungsschutzgebiete

(1) [1]Die untere Denkmalschutzbehörde wird ermächtigt, Gebiete, die begründeter Vermutung nach Kulturdenkmale von besonderer Bedeutung bergen, durch Rechtsverordnung zu Grabungsschutzgebieten zu erklären. [2]§ 21 Abs. 3 findet entsprechende Anwendung.

(2) [1]In Grabungsschutzgebieten dürfen Nachforschungen und Arbeiten, durch die verborgene Kulturdenkmale zutage gefördert oder gefährdet werden können, nur mit Genehmigung der Denkmalschutzbehörde vorgenommen werden. [2]§ 13 Abs. 1 Satz 1 und Abs. 2 bis 5 und § 21 Abs. 2 Satz 1 gelten entsprechend.

§ 23 Archäologische Reservate

(1) [1]Die oberste Denkmalschutzbehörde wird ermächtigt, Gebiete, die begründeter Vermutung nach Kulturdenkmale von besonderer Bedeutung bergen, an denen ein besonderes übergreifendes wissenschaftliches Interesse besteht, durch Rechtsverordnung zu archäologischen Reservaten zu erklären. [2]§ 21 Abs. 3 findet entsprechende Anwendung.

(2) [1]In archäologischen Reservaten sind Nachforschungen und Arbeiten, durch die verborgene Kulturdenkmale zutage gefördert oder gefährdet werden können, verboten. [2]Die Denkmalschutzbehörde kann Befreiung erteilen, wenn die Befreiung auch unter Würdigung der Belange des Eigentümers oder Besitzers mit den Denkmalschutzbelangen vereinbar ist und

1. Gründe des Wohls der Allgemeinheit die Befreiung erfordern oder
2. das Verbot zu einer offenbar nicht beabsichtigten Härte führen würde.

(3) [1]In archäologischen Reservaten bedürfen Änderungen der bisherigen Grundstücksnutzung der Genehmigung der Denkmalschutzbehörde. [2]§ 13 Abs. 1 Satz 1, Abs. 2 bis 5 und § 21 Abs. 2 Satz 1 gelten entsprechend.

§ 24 Schutz bei Katastrophen

(1) [1]Die oberste Denkmalschutzbehörde wird ermächtigt, durch Rechtsverordnung die zum Schutz der Kulturdenkmale für den Fall von Katastrophen erforderlichen Vorschriften zu erlassen. [2]Dabei können insbesondere die Eigentümer und Besitzer verpflichtet werden,

1. den Aufbewahrungsort von Kulturdenkmalen zu melden,
2. Kulturdenkmale mit den in internationalen Verträgen vorgesehenen Kennzeichen versehen zu lassen,
3. Kulturdenkmale zu bergen, besonders zu sichern oder sie zum Zwecke der vorübergehenden Verwahrung an Bergungsorten auf Anordnung der Denkmalschutzbehörde abzuliefern,
4. die wissenschaftliche Erfassung von Kulturdenkmalen oder sonstige zu ihrer Dokumentierung, Sicherung oder Wiederherstellung von der Denkmalschutzbehörde angeordnete Maßnahmen zu dulden.

[3]Soweit in der Rechtsverordnung eine Ablieferungsfrist vorgesehen wird, ist anzuordnen, daß die abgelieferten Sachen unverzüglich den Berechtigten zurückzugeben sind, sobald die weitere Verwahrung an einem Bergungsort zum Schutz der Kulturdenkmale nicht mehr erforderlich ist.

(2) Die Ermächtigung nach Absatz 1 kann von der obersten Denkmalschutzbehörde durch Rechtsverordnung auf die nachgeordneten Denkmalschutzbehörden übertragen werden.

IV. Abschnitt
Schatzregal, Entschädigung, Enteignung

§ 25 Schatzregal

(1) Bewegliche Kulturdenkmale, die herrenlos oder so lange verborgen gewesen sind, daß ihr Eigentümer nicht mehr zu ermitteln ist, werden mit der Entdeckung Eigentum des Freistaates Sachsen und sind unverzüglich an die zuständige Fachbehörde zu melden und zu übergeben.

(2) [1]Der Finder hat Anspruch auf eine angemessene Belohnung. [2]Über die Höhe entscheidet die Fachbehörde im Einvernehmen mit der obersten Denkmalschutzbehörde.

§ 26 Entschädigung

(1) [1]Soweit Maßnahmen aufgrund dieses Gesetzes enteignende Wirkung haben, ist eine angemessene Entschädigung zu leisten. [2]Die Vorschriften über die Entschädigung bei förmlicher Enteignung (§§ 29 bis 31) sind entsprechend anzuwenden.

(2) Kommt eine Einigung über die Entschädigung nicht zustande, so entscheidet die obere Denkmalschutzbehörde.

§ 27 Voraussetzungen der Enteignung

(1) Die Enteignung ist zulässig, soweit die Erhaltung eines Kulturdenkmals oder seines Erscheinungsbildes, die Erhaltung eines Denkmalsschutzgebietes oder die Erhaltung eines Kulturdenkmals in einem geschützten archäologischen Reservat auf andere zumutbare Weise nicht gesichert werden kann.

(2) Die Enteignung ist außerdem zulässig

a) bei Funden, soweit auf andere Weise nicht sicherzustellen ist, daß ein Kulturdenkmal wissenschaftlich ausgewertet werden kann oder allgemein zugänglich ist,

b) bei Kulturdenkmalen, wenn die nachrichtliche Erfassung nach § 10 auf andere Weise nicht möglich ist oder den Auskunfts- und Duldungspflichten nach § 15 nicht nachgekommen wird.

(3) Zum Zwecke von planmäßigen Nachforschungen ist die Enteignung zulässig, wenn eine begründete Vermutung dafür besteht, daß durch die Nachforschung Kulturdenkmale entdeckt werden.

(4) § 92 des Baugesetzbuches gilt entsprechend.

§ 28 Gegenstand der Enteignung

Durch die Enteignung können

a) das Eigentum oder andere Rechte an Grundstücken oder beweglichen Sachen entzogen oder belastet werden,

b) Rechte entzogen werden, die zum Erwerb, zum Besitz oder zur Nutzung von Grundstücken oder beweglichen Sachen berechtigen, oder die den Verpflichteten in der Benutzung von Grundstücken oder beweglichen Sachen beschränken,

c) Rechtsverhältnisse begründet werden, die Rechte der in Buchstabe b bezeichneten Art gewähren.

§ 29 Entschädigungsgrundsätze

(1) Für die Enteignung ist eine angemessene Entschädigung in Geld zu leisten.

(2) Die Entschädigung wird gewährt

a) für den durch die Enteignung eintretenden Rechtsverlust,

b) für andere durch die Enteignung eintretende Vermögensnachteile.

(3) [1]Vermögensvorteile, die dem Entschädigungsberechtigten (§ 30) infolge der Enteignung entstehen, sind bei der Festsetzung der Entschädigung zu berücksichtigen. [2]Hat bei der Entstehung eines Vermögensnachteils ein Verschulden des Entschädigungsberechtigten mitgewirkt, so gilt § 254 BGB entsprechend.

(4) Für die Bemessung der Entschädigung ist der Zeitpunkt maßgebend, in dem die Enteignungsbehörde über die Enteignung entscheidet.

(5) Dinglich Berechtigte, die durch die Enteignung in ihren Rechten betroffen werden, sind, soweit sie nicht unmittelbar entschädigt werden, nach Maßgabe der Artikel 52 und 53 des Einführungsgesetzes zum Bürgerlichen Gesetzbuch auf die Entschädigung des Eigentümers angewiesen.

§ 30 Entschädigungsberechtigter und Entschädigungsverpflichteter

(1) Entschädigung kann erlangen, wer in seinem Recht durch Enteignung beeinträchtigt wird und dadurch einen Vermögensnachteil erleidet.

(2) [1]Zur Leistung der Entschädigung ist der Enteignungsbegünstigte verpflichtet. [2]Die Ansprüche des Berechtigten sind gegen den Freistaat zu richten. [3]Die Entschädigung wird je zur Hälfte vom Freistaat und von den kommunalen Aufgabenträgern nach § 1 Abs. 2 getragen. [4]Die Entschädigungslast der kommunalen Aufgabenträger wird bei der Verwendung der Mittel des Ausgleichstocks im Rahmen des kommunalen Finanzausgleichs als außergewöhnliche Belastung anerkannt.

§ 31 Bemessung der Entschädigung

(1) Die Entschädigung ist unter gerechter Abwägung der Interessen der Allgemeinheit und der Beteiligten zu bemessen.

(2) [1]Bei der Entschädigung für den Rechtsverlust ist der Verkehrswert zu berücksichtigen. [2]Ein Preis, der mit Rücksicht auf ungewöhnliche oder persönliche Verhältnisse zu erzielen wäre, bleibt außer Betracht.

(3) Für Vermögensnachteile, die nicht schon durch die Entschädigung nach Absatz 2 abgegolten sind, ist eine angemessene Entschädigung zu leisten, die nicht über den Betrag hinausgehen darf, der erforderlich ist, um die infolge der Enteignung eintretenden Vermögensnachteile abwenden zu können.

§ 32 Enteignungsbehörde und Enteignungsantrag

[1]Die Enteignung wird von der oberen Denkmalschutzbehörde (Enteignungsbehörde) durchgeführt. [2]Bei ihr ist der Enteignungsantrag zu stellen.

§ 33 Verfahren bei der Enteignung von Grundstücken

Ist Gegenstand der Enteignung ein Grundstück, ein Recht an einem Grundstück oder ein Recht, das zum Erwerb, zum Besitz oder zur Nutzung eines Grundstückes berechtigt oder das den Verpflichteten in der Benutzung von Grundstücken beschränkt, gelten für das Verfahren die §§ 106 bis 122 des Baugesetzbuches entsprechend, soweit in diesem Gesetz nichts Abweichendes bestimmt ist.

§ 34 Verfahren bei der Enteignung beweglicher Sachen

(1) Ist Gegenstand der Enteignung eine bewegliche Sache, ein Recht an einer beweglichen Sache oder ein Recht, das zum Erwerb, zum Besitz oder zur Nutzung der beweglichen Sache berechtigt oder den Verpflichteten in der Nutzung der beweglichen Sache beschränkt, so gelten die nachfolgenden Bestimmungen.

(2) Für das Enteignungsverfahren gelten § 107 Abs. 1 Satz 1 bis 3, § 108 Abs. 1 und Abs. 2, §§ 110, 111 und 112 Abs. 1 und Abs. 3 Nr. 1 bis 3 des Baugesetzbuches entsprechend.

(3) [1]Für den Enteignungsbeschluß gelten § 113 Abs. 1 Satz 1, Abs. 2 Nr. 1 bis 4c und 5 bis 7 des Baugesetzbuches entsprechend. [2]Der Enteignungsbeschluß muß außerdem den zur Herausgabe nach dem Eintritt der Rechtsänderung Verpflichteten und die Höhe der Entschädigungen mit der Angabe, von wem und an wen sie zu leisten sind, bezeichnen.

(4) ¹Der im Enteignungsbeschluß geregelte neue Rechtszustand tritt anstelle des bisherigen Rechtszustandes, sobald der Enteignungsbeschluß unanfechtbar geworden ist. ²Der neue Rechtszustand tritt auch ein, wenn noch über die Höhe der Entschädigung gestritten wird.

(5) Soll nach dem Inhalt des Enteignungsbeschlusses der Enteignungsbegünstigte den Besitz an der Sache erhalten, so haben die Eigentümer und Besitzer ihm mit Eintritt der Rechtsänderung die Sache herauszugeben.

(6) ¹Ist zur Erhaltung, wissenschaftlichen Erfassung oder Auswertung eines Kulturdenkmals die sofortige Herausgabe an den Antragsteller dringend geboten, kann die Enteignungsbehörde durch Beschluß den Eigentümer oder Besitzer verpflichten, die Sache an den Antragsteller herauszugeben. ²Die Anordnung ist nur zulässig, wenn über sie in einer mündlichen Verhandlung verhandelt worden ist. ³§ 116 Abs. 1 Satz 3 bis 5, Abs. 2 und Absätze 4 bis 6 des Baugesetzbuches gelten entsprechend.

V. Abschnitt
Straftaten und Ordnungswidrigkeiten

§ 35 Straftaten

(1) Wer

1. ohne die nach § 12 Abs. 1 Nr. 5 erforderliche Genehmigung ein Kulturdenkmal oder einen wesentlichen Teil eines Kulturdenkmals zerstört, oder

2. ohne die nach § 14 Abs. 2 erforderliche Genehmigung Grabungen mit dem Ziel, Kulturdenkmale zu entdecken, durchführt,

wird mit Freiheitsstrafe bis zu zwei Jahren oder Geldstrafen bestraft.

(2) Die fahrlässige Begehung einer Tat nach Absatz 1 wird mit Freiheitsstrafe bis zu einem Jahr oder Geldstrafe bestraft.

(3) Reste eines Kulturdenkmals, das durch eine Tat nach Absatz 1 zerstört worden ist, können eingezogen werden.

§ 36 Ordnungswidrigkeiten

(1) Ordnungswidrig handelt, wer vorsätzlich oder fahrlässig

1. ohne Genehmigung der Denkmalschutzbehörde die in § 12 Abs. 1 Nr. 1 bis 4, Abs. 1 Nr. 5, zweite Alternative und Abs. 2 Sätze 1 und 2, § 14 Abs. 1, § 14 Abs. 2 (soweit die Tat nicht nach § 35 mit Strafe bedroht ist), § 21 Abs. 2 Satz 2, § 22 Abs. 2 Satz 1, § 23 Abs. 3 Satz 1 bezeichneten Handlungen vornimmt oder den in Genehmigungen enthaltenen vollziehbaren Auflagen zuwiderhandelt,

2. den ihn nach §§ 16, 20 Abs. 1 und 2 treffenden Pflichten zuwiderhandelt,

3. den Maßnahmen der Denkmalschutzbehörden nach § 4 Abs. 3, § 11 Abs. 1 und 2 zuwiderhandelt, sofern die Behörde auf diese Bußgeldvorschrift verweist,

4. den Vorschriften einer nach § 21 Abs. 4 Satz 2, § 22 Abs. 1 Satz 1, § 23 Abs. 1 Satz 1, § 24 Abs. 1 Satz 1 erlassenen Rechtsverordnung zuwiderhandelt, soweit die Rechtsverordnung auf diese Bußgeldvorschrift verweist,

5. den Vorschriften einer nach § 21 Abs. 1 erlassenen Satzung zuwiderhandelt, soweit die Satzung für einen bestimmten Tatbestand auf diese Bußgeldvorschrift verweist,

6. die in § 23 Abs. 2 Satz 1 bezeichneten Handlungen ohne Befreiung vornimmt.

(2) Die Ordnungswidrigkeit kann mit einer Geldbuße bis zu 125 000 EUR, in besonders schweren Fällen bis zu 500 000 EUR geahndet werden.

(3) Gegenstände, auf die sich eine Ordnungswidrigkeit nach Absatz 1 Nr. 1 und 3 bis 6 bezieht, können eingezogen werden.

(4) Die Verfolgung der Ordnungswidrigkeit verjährt in fünf Jahren.

(5) Verwaltungsbehörde im Sinne von § 36 Abs. 1 Nr. 1 des Gesetzes über Ordnungswidrigkeiten ist die untere Denkmalschutzbehörde.

VI. Abschnitt
Schlußbestimmungen

§ 37 (aufgehoben)

§ 38 Übergangsvorschriften

(1) Die zentrale Denkmalliste, die Bezirksdenkmallisten und die Kreisdenkmallisten einschließlich der Nachträge und der vorläufigen Unterschutzstellungen nach §§ 7 Abs. 2, 8 Abs. 2, 9 Abs. 2 und 13 Satz 2 des Denkmalpflegegesetzes der DDR vom 19. Juni 1975 (GBl. I Nr. 26 S. 458) sowie die Liste der Bodenaltertümer einschließlich der Nachträge nach § 6 Abs. 1 der Verordnung der DDR zum Schutze und zur Erhaltung der ur- und frühgeschichtlichen Bodenaltertümer vom 28. Mai 1954 (GBl. I Nr. 54 S. 547) gelten, soweit diese Listen das Gebiet des Freistaates Sachsen betreffen, als vorläufiges Verzeichnis der Kulturdenkmale (§ 10) für das jeweilige Gemeindegebiet solange weiter, bis das Verzeichnis nach § 10 für das Gemeindegebiet erstellt ist.

(2) Die Denkmalschutzbehörde kann einzelne Objekte in den in Absatz 1 genannten Denkmallisten löschen, wenn bei ihnen die Voraussetzungen nach § 2 nicht vorliegen.

§ 39 Aufhebung von Vorschriften

§ 40 Inkrafttreten

Dieses Gesetz tritt am Tag nach seiner Verkündung[1] in Kraft.

---

1) Verkündet am 16.3.1993.

Gesetz über die Gaststätten im Freistaat Sachsen (Sächsisches Gaststättengesetz– SächsGastG)[1)]

Vom 3. Juli 2011 (SächsGVBl. S. 198)
(BS Sachsen 601-13)
zuletzt geändert durch Art. 27 G zur Anpassung landesrechtlicher Vorschriften an die DSGVO vom 26. April 2018 (SächsGVBl. S. 198)

§ 1 Gaststättengewerbe

(1) [1]Ein Gaststättengewerbe betreibt, wer gewerbsmäßig Getränke, zubereitete Speisen oder beides zum Verzehr an Ort und Stelle anbietet, wenn der Betrieb jedermann oder bestimmten Personenkreisen zugänglich ist. [2]Die Ausübung eines Gaststättengewerbes als Reisegewerbe im Sinne des § 55 Abs. 1 Nr. 1 der Gewerbeordnung in der Fassung der Bekanntmachung vom 22. Februar 1999 (BGBl. I S. 202), die zuletzt durch Artikel 1 des Gesetzes vom 17. Oktober 2017 (BGBl. I S. 3562) geändert worden ist, in der jeweils geltenden Fassung, richtet sich nach den Vorschriften des Titels III der Gewerbeordnung.

(2) Die Vorschriften dieses Gesetzes über den Ausschank alkoholischer Getränke gelten entsprechend für Vereine und Gesellschaften, die kein Gaststättengewerbe im Sinne des Absatzes 1 betreiben; dies gilt nicht für den Ausschank an Beschäftigte dieser Vereine oder Gesellschaften.

(3) [1]Die Vorschriften dieses Gesetzes finden keine Anwendung auf Kantinen für Betriebsangehörige sowie auf Betreuungseinrichtungen der Bundeswehr, der Bundespolizei, des Zolls oder der in Gemeinschaftsunterkünften untergebrachten Polizei. [2]Gleiches gilt für Luftfahrzeuge, Personenwagen von Eisenbahnunternehmen und anderen Schienenbahnen, Schiffe und Reisebusse, in denen anlässlich der Beförderung von Personen gastgewerbliche Leistungen erbracht werden.

§ 2 Anzeigeverfahren

(1) [1]Wer ein stehendes Gaststättengewerbe betreiben will, hat dies der für den Ort der jeweiligen Betriebsstätte zuständigen Gemeinde spätestens vier Wochen vor Beginn des Betriebes entsprechend § 14 Abs. 1 der Gewerbeordnung anzuzeigen. [2]In der Anzeige ist anzugeben, ob beabsichtigt ist, alkoholische Getränke, zubereitete Speisen oder beides anzubieten. [3]Die Anzeigepflicht gilt entsprechend für den Betrieb von Zweigniederlassungen, einer unselbstständigen Zweigstelle, die Verlegung der Betriebsstätte und die Ausdehnung des Angebotes auf alkoholische Getränke, zubereitete Speisen oder beides. [4]Vereine und Gesellschaften, für die § 1 Abs. 2 gilt, haben den Ausschank alkoholischer Getränke unter Angabe der Anschrift und des Namens des Vereines oder der Gesellschaft formlos anzuzeigen. [5]Die Gemeinde bescheinigt den Empfang der Anzeige.

(2) [1]Wer aus besonderem Anlass nur vorübergehend ein Gaststättengewerbe betreiben will, hat dies der Gemeinde rechtzeitig, mindestens jedoch zwei Wochen vor Betriebsbeginn, unter Angabe seines Namens, Vornamens, seiner Anschrift, des Ortes und der Betriebszeit sowie des besonderen Anlasses anzuzeigen. [2]Absatz 1 Satz 2, 4 und 5 gilt entsprechend. [3]Ein besonderer Anlass im Sinne von Satz 1 liegt vor, wenn die gastronomische Tätigkeit an ein kurzfristiges, nicht häufig auftretendes Ereignis anknüpft, das außerhalb der gastronomischen Tätigkeit selbst liegt. [4]Nicht anzeigepflichtig nach Satz 1 ist, wer für das anzuzeigende Gaststättengewerbe eine Reisegewerbekarte besitzt.

(3) Wird bei juristischen Personen oder nichtrechtsfähigen Vereinen eine andere Person als in der Anzeige angegeben zur Vertretung berufen, so ist dies unverzüglich der Gemeinde mitzuteilen.

(4) Die Gemeinde kann im begründeten Einzelfall von der Einhaltung der Frist nach den Absätzen 1 und 2 absehen.

(5) Die Gemeinde kann den Betrieb untersagen, wenn die Anzeigen nach den Absätzen 1 und 2 nicht, nicht richtig, nicht vollständig oder nicht rechtzeitig erstattet werden.

(6) [1]Die Gemeinde hat die Daten der Anzeigen nach den Absätzen 1 bis 3 unverzüglich zu übermitteln an die zuständigen Behörden

---

1) Verkündet als Art. 1 G zur Neuordnung des Gaststättenrechts v. 3.7.2011 (GVBl. S. 198); Inkrafttreten gem. Art. 3 dieses G am 15.7.2011.

1. für die Bauaufsicht zur Durchführung der bauordnungs- und bauplanungsrechtlichen Vorschriften,
2. für die Lebensmittelüberwachung zur Durchführung lebensmittelrechtlicher Vorschriften,
3. für den Immissionsschutz zur Durchführung immissionsschutzrechtlicher Vorschriften,
4. für den Gesundheitsschutz zur Durchführung arbeitssicherheits- und gesundheitsschutzrechtlicher Vorschriften,
5. für den Jugendschutz zur Durchführung jugendschutzrechtlicher Vorschriften.

[2]Im Falle vorübergehender Veranstaltungen nach Absatz 2 hat die Gemeinde die Daten der Anzeigen zusätzlich unverzüglich zu übermitteln an die zuständigen Behörden

1. für Finanzen zur Durchführung der steuerrechtlichen Vorschriften,
2. der Zollverwaltung zur Wahrnehmung der im Schwarzarbeitsbekämpfungsgesetz vom 23. Juli 2004 (BGBl. I S. 1842), das zuletzt durch Artikel 2 Absatz 1 des Gesetzes vom 18. Juli 2017 (BGBl. I S. 2739) geändert worden ist, in der jeweils geltenden Fassung, genannten Aufgaben.

§ 3 Straußwirtschaften

(1) [1]Wer eine Straußwirtschaft betreiben will, hat dies der Gemeinde zwei Wochen vor Beginn des Betriebes anzuzeigen. [2]Straußwirtschaft ist der Ausschank selbst erzeugten Weins oder Apfelweins am Ort des Weinbaubetriebes für die Dauer von höchstens vier zusammenhängenden Monaten oder in zwei zusammenhängenden Zeitabschnitten von insgesamt höchstens vier Monaten im Jahr. [3]Der Gemeinde ist mit der Anzeige der Zeitraum des beabsichtigten Ausschanks sowie der Ort und die Lage, aus denen die zur Herstellung des Weins verwendeten Trauben stammen, ebenso der Ort, an dem die Trauben gekeltert worden sind und der Wein ausgebaut worden ist, mitzuteilen.

(2) Speisen dürfen nur angeboten werden, wenn es sich um kalte oder einfach zubereitete warme Speisen handelt.

§ 4 Überwachung

(1) [1]Wenn der Ausschank alkoholischer Getränke beabsichtigt ist, hat die Gemeinde unverzüglich nach der gemäß § 2 Absatz 1 oder Absatz 3 erstatteten Anzeige die Zuverlässigkeit des Gewerbetreibenden zu überprüfen. [2]Zu diesem Zweck sind zeitgleich mit der Anzeige nach § 2 folgende Unterlagen vorzulegen:

1. ein Nachweis über das beantragte Führungszeugnis nach § 30 Abs. 5 des Bundeszentralregistergesetzes in der Fassung der Bekanntmachung vom 21. September 1984 (BGBl. I S. 1229, 1985 I S. 195), das zuletzt durch Artikel 1 des Gesetzes vom 18. Juli 2017 (BGBl. I S. 2732) geändert worden ist, in der jeweils geltenden Fassung,
2. ein Nachweis über die beantragte Auskunft aus dem Gewerbezentralregister zur Vorlage bei der Behörde nach § 150 Abs. 5 der Gewerbeordnung,
3. ein Nachweis über die beantragte Auskunft aus dem vom Insolvenzgericht nach § 26 Abs. 2 Satz 1 der Insolvenzordnung vom 5. Oktober 1994 (BGBl. I S. 2866), die zuletzt durch Artikel 24 Absatz 3 des Gesetzes vom 23. Juni 2017 (BGBl. I S. 1693) geändert worden ist, in der jeweils geltenden Fassung, und vom Vollstreckungsgericht nach § 882b der Zivilprozessordnung in der Fassung der Bekanntmachung vom 5. Dezember 2005 (BGBl. I S. 3202; 2006 I S. 431; 2007 I S. 1781), die zuletzt durch Artikel 11 Absatz 15 des Gesetzes vom 18. Juli 2017 (BGBl. I S. 2745) geändert worden ist, in der jeweils geltenden Fassung, zu führenden Verzeichnis,
4. eine Bescheinigung in Steuersachen.

[3]Die Gemeinde kann von der Vorlage und Einholung im Einzelfall absehen. [4]Auf Verlangen bescheinigt die Gemeinde die Ergebnisse aus der Überprüfung. [5]Die Überprüfung gemäß Satz 1 soll nicht durchgeführt werden, wenn mit der Anzeige eine behördliche Bescheinigung über eine gewerberechtliche Zuverlässigkeit vorgelegt wird, die jünger als ein Jahr sein sollte. [6]§ 35 der Gewerbeordnung findet für die Untersagung auch vor Beginn des Betriebes eines Gaststättengewerbes entsprechende Anwendung.

(2) Die Überprüfung gemäß Absatz 1 erfolgt nicht beim Angebot alkoholischer Getränke

1. in kleinen Mengen als unentgeltliche Nebenleistung oder Kostprobe,
2. an Hausgäste in Verbindung mit einem Beherbergungsbetrieb.

(3) Unzuverlässig im Sinne des § 35 Abs. 1 der Gewerbeordnung ist insbesondere derjenige Gewerbetreibende im Sinne des § 1, bei dem Tatsachen die Annahme rechtfertigen, dass er Alkohol miss-

braucht oder dem Alkoholmissbrauch oder der Begehung von Straftaten oder Ordnungswidrigkeiten Vorschub leistet.

(2) [1]Die Gemeinde kann den Ausschank von Alkohol nach Absatz 1 befristet untersagen, wenn die Unterlagen nach Absatz 1 Satz 2 Nr. 1 bis 4 nicht, nicht rechtzeitig oder nicht vollständig vorgelegt werden oder die einzureichenden Unterlagen nach Absatz 1 Satz 2 Nr. 1 bis 4 nicht rechtzeitig vor Beginn des Ausschanks vorliegen. [2]Widerspruch und Anfechtungsklage gegen diese Untersagung haben keine aufschiebende Wirkung.

§ 5 Anordnungen

(1) [1]Die Gemeinde kann jederzeit Anordnungen erlassen, soweit dies zum Schutz der Gäste gegen Ausbeutung oder gegen Gefahren für Leben und Gesundheit erforderlich ist. [2]Pflichten des Gewerbetreibenden nach anderen Rechtsvorschriften, insbesondere zum Schutz der Jugend, der Beschäftigten, der Nachbarschaft oder der Umwelt, bleiben unberührt.

(2) Die Beschäftigung einer Person im Gaststättengewerbe kann dem Gewerbetreibenden untersagt werden, wenn Tatsachen die Annahme rechtfertigen, dass diese Person die für ihre Tätigkeit erforderliche Zuverlässigkeit nicht besitzt.

§ 6 Auskunft und Nachschau

(1) Gewerbetreibende im Sinne des § 1, ihre Stellvertreter und die mit der Leitung des Gaststättenbetriebes beauftragten Personen haben der Gemeinde die für die Durchführung dieses Gesetzes und der auf Grund dieses Gesetzes erlassenen Rechtsverordnungen erforderlichen Auskünfte zu erteilen.

(2) [1]Die von der Gemeinde mit der Überwachung des Gaststättenbetriebes beauftragten Personen sind befugt, Grundstücke und Geschäftsräume des Auskunftspflichtigen zu betreten, dort Prüfungen und Besichtigungen vorzunehmen und in die geschäftlichen Unterlagen des Auskunftspflichtigen Einsicht zu nehmen. [2]Der Auskunftspflichtige hat die Maßnahmen nach Satz 1 zu dulden. [3]Das Grundrecht der Unverletzlichkeit der Wohnung (Artikel 13 des Grundgesetzes für die Bundesrepublik Deutschland, Artikel 30 der Verfassung des Freistaates Sachsen) wird insoweit eingeschränkt.

(3) Der zur Erteilung einer Auskunft Verpflichtete kann die Auskunft auf solche Fragen verweigern, deren Beantwortung ihn selbst oder einen der in § 383 Abs. 1 Nr. 1 bis 3 der Zivilprozessordnung bezeichneten Angehörigen der Gefahr strafgerichtlicher Verfolgung oder eines Verfahrens nach dem Gesetz über Ordnungswidrigkeiten in der Fassung der Bekanntmachung vom 19. Februar 1987 (BGBl. I S. 602), das zuletzt durch Artikel 5 des Gesetzes vom 27. August 2017 (BGBl. I S. 3295) geändert worden ist, in der jeweils geltenden Fassung, aussetzen würde.

§ 7 Nebenleistungen

(1) Im Gaststättengewerbe dürfen der Gewerbetreibende oder Dritte auch außerhalb der Ladenöffnungszeiten Zubehörwaren an Gäste abgeben und ihnen Zubehörleistungen erbringen.

(2) Der Gewerbetreibende darf außerhalb der Sperrzeit zum alsbaldigen Verzehr oder Verbrauch
1. Getränke und zubereitete Speisen, die er in seinem Betrieb anbietet,
2. Flaschenbier, alkoholfreie Getränke, Tabak- und Süßwaren
an jedermann über die Straße abgeben.

§ 8 Verbote und Gebote

(1) Im Gaststättengewerbe ist es verboten,
1. Spirituosen oder überwiegend spirituosehaltige Lebensmittel aus Automaten zu verkaufen,
2. alkoholische Getränke erkennbar betrunkenen Personen anzubieten und auszuschenken,
3. alkoholische Getränke in einer Art und Weise anzubieten, die darauf gerichtet ist, zu übermäßigem Alkoholkonsum zu verleiten,
4. das Angebot von Speisen von der Bestellung von Getränken abhängig zu machen oder bei der Nichtbestellung von Getränken die Preise zu erhöhen,
5. das Angebot von alkoholfreien Getränken von der Bestellung alkoholischer Getränke abhängig zu machen oder bei der Nichtbestellung alkoholischer Getränke die Preise zu erhöhen.

(2) [1]Bei Ausschank alkoholischer Getränke sind auch alkoholfreie Getränke zum Verzehr an Ort und Stelle anzubieten. [2]Davon ist mindestens ein alkoholfreies Erfrischungsgetränk nicht teurer anzubieten als das preiswerteste alkoholische Getränk. [3]Der Preisvergleich erfolgt hierbei auch auf der Grundlage des hochgerechneten Preises für einen Liter der betreffenden Getränke. [4]Die Gemeinde kann für den Ausschank aus Automaten Ausnahmen zulassen.

§ 9 Sperrzeit

(1) [1]Die Sperrzeit für Gaststätten sowie für öffentliche Vergnügungsstätten beginnt um 5 Uhr und endet um 6 Uhr. [2]Für Spielhallen und öffentliche Vergnügungsstätten auf Jahrmärkten und Rummelplätzen sowie für sonstige öffentliche Vergnügungsstätten, in denen Veranstaltungen nach § 60a der Gewerbeordnung stattfinden, beginnt die Sperrzeit um 23 Uhr und endet um 6 Uhr. [3]In der Nacht zum 1. Januar, zum 1. Mai und zum 2. Mai ist die Sperrzeit aufgehoben.

(2) [1]Bei Vorliegen eines öffentlichen Bedürfnisses oder besonderer örtlicher Verhältnisse wird die Gemeinde ermächtigt, die Sperrzeit

1. allgemein durch Rechtsverordnung zu verlängern, zu verkürzen oder aufzuheben,

2. für einzelne Betriebe durch Verwaltungsakt den Beginn der Sperrzeit bis frühestens 20 Uhr vorzuverlegen und das Ende der Sperrzeit bis 7 Uhr hinauszuschieben oder die Sperrzeit zu befristen und widerruflich zu verkürzen oder aufzuheben. In den Fällen der Verkürzung oder Aufhebung der Sperrzeit können jederzeit Auflagen erteilt werden.

[2]Sperrzeiten für Spielhallen dürfen drei Stunden nicht unterschreiten.

(3) Die Aufsicht über die Einhaltung der Sperrzeiten obliegt den Gemeinden.

§ 10 Anerkennung, grenzüberschreitende Dienstleistung und einheitlicher Ansprechpartner

(1) Gaststättengewerbetreibende anderer Bundesländer dürfen im Freistaat Sachsen abweichend von dem nach § 4 vorgesehenen Verfahren alkoholische Getränke im Gaststättengewerbe ausschenken, wenn sie den Nachweis einer abgeschlossenen behördlichen Zuverlässigkeitsprüfung erbringen, die nicht länger als ein Jahr zurückliegt.

(2) [1]Wer ein Gaststättengewerbe von einer Niederlassung in einem anderen Mitgliedstaat der Europäischen Union oder einem anderen Vertragsstaat des Abkommens über den Europäischen Wirtschaftsraum aus im Freistaat Sachsen vorübergehend selbstständig ausübt, ist nicht anzeigepflichtig im Sinne der §§ 2 und 4. [2]Dies gilt nicht, wenn die gaststättengewerbliche Tätigkeit aus dem anderen Mitgliedstaat der Europäischen Union oder dem anderen Vertragsstaat des Abkommens über den Europäischen Wirtschaftsraum heraus zur Umgehung der genannten Vorschriften erbracht wird. [3]Eine Umgehung liegt insbesondere dann vor, wenn ein Gewerbetreibender, um sich den Vorschriften der §§ 2 und 4 zu entziehen, von einem anderen Mitgliedstaat der Europäischen Union oder einem anderen Vertragsstaat des Abkommens über den Europäischen Wirtschaftsraum aus ganz oder vorwiegend im Freistaat Sachsen tätig wird.

(3) Verwaltungsverfahren nach diesem Gesetz können gemäß § 1 des Gesetzes über den einheitlichen Ansprechpartner im Freistaat Sachsen vom 13. August 2009 (SächsGVBl. S. 446), das zuletzt durch Artikel 3 des Gesetzes vom 24. Februar 2016 (SächsGVBl. S. 86) geändert worden ist, in der jeweils geltenden Fassung, über den einheitlichen Ansprechpartner abgewickelt werden.

§ 11 Aufsicht

(1) [1]Die den Gemeinden übertragenen Aufgaben sind Pflichtaufgaben nach Weisung. [2]Das Weisungsrecht ist nicht beschränkt.

(2) [1]Fachaufsichtsbehörden für die kreisangehörigen Gemeinden sind die Landkreise. [2]Fachaufsichtsbehörden für die Landkreise und Kreisfreien Städte sind die Landesdirektionen. [3]Obere Fachaufsichtsbehörde für alle Gemeinden sind die Landesdirektionen. [4]Oberste Fachaufsichtsbehörde ist das Staatsministerium für Wirtschaft, Arbeit und Verkehr.

(3) Die Überwachungsbefugnisse nach § 6 in Zusammenhang mit der Sperrzeit stehen auch dem Polizeivollzugsdienst zu.

§ 12 Ordnungswidrigkeiten

(1) Ordnungswidrig handelt, wer vorsätzlich oder fahrlässig

1. entgegen § 2 Absatz 1 oder Absatz 2 eine Anzeige nicht, nicht richtig, nicht vollständig oder nicht rechtzeitig erstattet,

2. die erforderliche Mitteilung nach § 2 Abs. 3 nicht oder nicht unverzüglich vornimmt,

3. die erforderliche Anzeige nach § 3 Abs. 1 nicht oder nicht rechtzeitig erstattet,

4. einer Anordnung oder Untersagung nach § 5 nicht, nicht vollständig oder nicht rechtzeitig nachkommt,

5. entgegen § 6 eine Auskunft nicht, nicht richtig, nicht vollständig oder nicht rechtzeitig erteilt, den Zutritt zu den für den Gaststättenbetrieb benutzten Grundstücken und Räumen nicht gestattet oder die Einsicht in geschäftliche Unterlagen nicht gewährt,

6. den Vorschriften des § 7 zuwiderhandelt,

7. einem der in § 8 aufgezählten Verbote oder Gebote zuwiderhandelt,

8. als Betreiber eines Gaststättengewerbes oder einer öffentlichen Vergnügungsstätte duldet, dass ein Gast nach Beginn der Sperrzeit in den Betriebsräumen verweilt.

(2) Ordnungswidrig handelt auch, wer als Gast in den Räumen einer Gaststätte oder einer öffentlichen Vergnügungsstätte über den Beginn der Sperrzeit hinaus verweilt, obwohl der Gewerbetreibende, ein in seinem Betrieb Beschäftigter oder ein Beauftragter der Gemeinde ihn ausdrücklich aufgefordert hat, sich zu entfernen.

(3) Die Ordnungswidrigkeit kann mit einer Geldbuße bis zu fünftausend Euro geahndet werden.

(4) Verwaltungsbehörden im Sinne von § 36 Absatz 1 Nummer 1 des Gesetzes über Ordnungswidrigkeiten sind die Gemeinden.

§ 13 Anwendung der Gewerbeordnung und Übergangsvorschriften

(1) Auf die den Vorschriften dieses Gesetzes unterliegenden Gewerbetreibenden finden die Gewerbeordnung einschließlich der auf der Grundlage der Gewerbeordnung erlassenen Rechtsverordnungen Anwendung, soweit in diesem Gesetz nichts Abweichendes bestimmt ist.

(2) ¹Eine vor Inkrafttreten dieses Gesetzes erteilte Erlaubnis oder Gestattung gilt im bisherigen Umfang als Anzeige im Sinne dieses Gesetzes fort. ²Auflagen und Anordnungen auf der Grundlage von § 5 des Gaststättengesetzes in der Fassung der Bekanntmachung vom 20. November 1998 (BGBl. I S. 3418), das zuletzt durch Artikel 10 des Gesetzes vom 7. September 2007 (BGBl. I S. 2246, 2257) geändert worden ist, gelten fort.

§ 14 Ersetzen von Bundesrecht

Dieses Gesetz ersetzt das Gaststättengesetz.

Verordnung der Sächsischen Staatsregierung zur Durchführung der Gewerbeordnung (SächsGewODVO)

Vom 28. Januar 1992 (SächsGVBl. S. 40)

(BS Sachsen 600-3)

zuletzt geändert durch Art. 2 ÄndVO vom 28. November 2012 (SächsGVBl. S. 751)

Aufgrund von § 36 Abs. 1 und 2, § 38 Satz 2, § 60a Abs. 4, § 67 Abs. 2 Satz 2, § 142 Abs. 2 Satz 2 und § 155 Abs. 2 der Gewerbeordnung in der Fassung der Bekanntmachung vom 1. Januar 1987 (BGBl. I S. 425), zuletzt geändert durch Artikel 18 des Gesetzes vom 28. Juni 1990 (BGBl. I S. 1221) wird verordnet:

§ 1 Ermächtigung zum Erlaß von Rechtsverordnungen

Es werden übertragen:

1. auf das Staatsministerium für Wirtschaft, Arbeit und Verkehr die Ermächtigung, durch Rechtsverordnung Vorschriften nach § 38 der Gewerbeordnung zu erlassen und die für die Ausführung zuständige Stelle zu bestimmen,

2. auf das Staatsministerium des Innern die Ermächtigung, durch Rechtsverordnung das Verfahren bei Erteilung von Unbedenklichkeitsbescheinigungen durch das Landeskriminalamt nach § 60a Abs. 4 der Gewerbeordnung zu regeln,

3. auf das Staatsministerium für Wirtschaft, Arbeit und Verkehr die Ermächtigung, durch Rechtsverordnung nach § 67 Abs. 2 der Gewerbeordnung zu bestimmen, daß bestimmte Waren des täglichen Bedarfs zu den Gegenständen des Wochenmarktes gehören. Das Staatsministerium kann die Ermächtigung durch Rechtsverordnung auf andere Behörden weiter übertragen.

§ 2 Zuständigkeit der Landkreise und Kreisfreien Städte

Die Landkreise und Kreisfreien Städte sind zuständige Behörden im Sinne von Titel II Abschnitt II und Abschnitt III sowie § 156 Abs. 2 Satz 2 der Gewerbeordnung und der auf ihrer Grundlage ergangenen Rechtsverordnungen, soweit in dieser Verordnung oder durch andere Rechtsvorschriften nichts anderes bestimmt ist.

§ 3 Zuständigkeit der Landesdirektion Sachsen

Die Landesdirektion Sachsen ist zuständige Behörde im Sinne von

1. § 30 Abs. 1,
2. § 34b Abs. 5 und
3. § 56 Abs. 2 Satz 3 der Gewerbeordnung.

§ 4 Zuständigkeit der Gemeinde

Die Gemeinde ist zuständige Behörde im Sinne von

1. Titel II Abschnitt I, § 33c Abs. 3, Titel III und IV der Gewerbeordnung, ausgenommen § 15 Abs. 2 und § 56 Abs. 2 Satz 3 der Gewerbeordnung,

2. § 150 Abs. 2 Satz 1 der Gewerbeordnung. Örtlich zuständig ist die Gemeinde, bei der der Antragsteller mit einer Haupt- oder Nebenwohnung gemeldet ist, bei Befreiung von der Meldepflicht die Gemeinde, in der er sich gewöhnlich aufhält.

§ 5 Zuständigkeit der Industrie- und Handelskammer

Die Industrie- und Handelskammer ist zuständige Stelle im Sinne von § 36 Abs. 1 der Gewerbeordnung.

§ 5a (aufgehoben)

§ 6 Zuständigkeit des Polizeivollzugsdienstes

Der Polizeivollzugsdienst ist zuständige Behörde im Sinne von

1. § 60c der Gewerbeordnung neben den Gemeinden und

2. § 11 Abs. 3 der Verordnung über das Bewachungsgewerbe (Bewachungsverordnung – BewachV) in der Fassung der Bekanntmachung vom 10. Juli 2003 (BGBl. I S. 1378), die zuletzt durch Artikel

9 Abs. 10 des Gesetzes vom 23. November 2007 (BGBl. I S. 2631, 2671) geändert worden ist, jeweils neben den Landkreisen und Kreisfreien Städten.

§ 7 Zuständigkeit im Sinne von § 15 Abs. 2 der Gewerbeordnung

(1) Die Behörde, die für die Erteilung einer nach der Gewerbeordnung oder nach anderen gewerberechtlichen Vorschriften erforderlichen Zulassung zuständig ist, ist auch zuständige Behörde im Sinne von § 15 Abs. 2 der Gewerbeordnung.

(2) Abweichend von Absatz 1 sind die Landkreise und Kreisfreien Städte zuständig für die Ausführung des § 15 Abs. 2 der Gewerbeordnung, soweit sich diese Bestimmung auf Gewerbetreibende bezieht, die den Vorschriften der §§ 34d und 34e der Gewerbeordnung unterliegen.

§ 8 Zuständigkeit im Sinne von § 46 Abs. 3 der Gewerbeordnung

Zuständige Behörde für die Gestattung der Fortführung des Gewerbebetriebes nach § 46 Abs. 3 der Gewerbeordnung ist die Behörde, die die Befähigung des Stellvertreters im Sinne von § 45 der Gewerbeordnung zu prüfen hat.

§ 9 Verfahren über eine einheitliche Stelle

Verwaltungsverfahren nach der Gewerbeordnung oder nach einer aufgrund der Gewerbeordnung erlassenen Rechtsverordnung, die nicht unter den Anwendungsbereich der Richtlinie 2006/123/EG des Europäischen Parlaments und des Rates vom 12. Dezember 2006 über Dienstleistungen im Binnenmarkt (ABl. L 376 vom 27. Dezember 2006, S. 36) fallen, werden von der Abwicklung über eine einheitliche Stelle im Sinne der §§ 71a bis 71e des Verwaltungsverfahrensgesetzes (VwVfG) in der Fassung der Bekanntmachung vom 23. Januar 2003 (BGBl. I S. 102), das zuletzt durch Artikel 2 Abs. 1 des Gesetzes vom 14. August 2009 (BGBl. I S. 2827, 2839) geändert worden ist, in der jeweils geltenden Fassung, in Verbindung mit § 1 des Gesetzes über den einheitlichen Ansprechpartner im Freistaat Sachsen (SächsEAG) vom 13. August 2009 (SächsGVBl. S. 446), das durch Artikel 2 Abs. 7 des Gesetzes vom 19. Mai 2010 (SächsGVBl. S. 142, 143) geändert worden ist, in der jeweils geltenden Fassung, ausgeschlossen.

§ 10 Aufsicht

(1) [1]Die den Gemeinden, Landkreisen und Kreisfreien Städten übertragenen Aufgaben sind Pflichtaufgaben nach Weisung. [2]Das Weisungsrecht ist nicht beschränkt.

(2) [1]Fachaufsichtsbehörden für die kreisangehörigen Gemeinden sind die Landkreise. [2]Fachaufsichtsbehörde für die Landkreise und Kreisfreien Städte ist die Landesdirektion Sachsen. [3]Obere Fachaufsichtsbehörde für alle Gemeinden ist die Landesdirektion Sachsen. [4]Oberste Fachaufsichtsbehörde ist das Staatsministerium für Wirtschaft, Arbeit und Verkehr.

§ 11 Inkrafttreten

[1]Diese Verordnung tritt mit Ausnahme von § 4 am Tage nach ihrer Verkündung[1]) in Kraft. [2]§ 4 tritt am 1. Januar 1993 in Kraft.

---

1) Verkündet am 12.2.1992.

Gesetz über die Ladenöffnungszeiten im Freistaat Sachsen (Sächsisches Ladenöffnungsgesetz – SächsLadÖffG)[1]

Vom 1. Dezember 2010 (SächsGVBl. S. 338)
(BS Sachsen 601-10/2)
zuletzt geändert durch Art. 3 G zur Änd. des Sächsischen IHK-AusführungsG sowie weiterer Wirtschaftsgesetze vom 5. Dezember 2017 (SächsGVBl. S. 658)

§ 1 Geltungsbereich

(1) Dieses Gesetz regelt die Öffnungszeiten von Verkaufsstellen und die Zeiten des gewerblichen Anbietens von Waren außerhalb von Verkaufsstellen.

(2) Dieses Gesetz findet keine Anwendung auf den Verkauf von Zubehörartikeln, der in engem Zusammenhang mit einer nach anderen Rechtsvorschriften erlaubten nichtgewerblichen oder gewerblichen Tätigkeit oder Veranstaltung steht, insbesondere bei Kultur- und Sportveranstaltungen, in Freizeit-, Erholungs- und Vergnügungseinrichtungen, in Bewirtungs- und Beherbergungseinrichtungen sowie in Museen.

§ 2 Begriffsbestimmungen

(1) Verkaufsstellen im Sinne dieses Gesetzes sind Einrichtungen, bei denen von einer festen Stelle aus regelmäßig Waren zum Verkauf an jedermann gewerblich angeboten werden.

(2) Dem gewerblichen Anbieten steht das Zeigen von Mustern, Proben und Ähnlichem gleich, wenn Warenbestellungen in diesen Einrichtungen oder in eigens für diesen Zweck bereitgestellten Räumen entgegengenommen werden.

(3) Feiertage im Sinne dieses Gesetzes sind die gesetzlichen Feiertage.

(4) Reisebedarf im Sinne dieses Gesetzes sind Zeitungen, Zeitschriften, Straßenkarten, Stadtpläne, Reiselektüre, Schreibmaterialien, Tabakwaren, Blumen, Reisetoilettenartikel, Bild- und Tonträger aller Art, Bedarf für Reiseapotheken, Reiseandenken, Geschenkartikel und Spielzeug geringeren Wertes, Lebens- und Genussmittel in kleineren Mengen sowie ausländische Geldsorten.

§ 3 Öffnungszeiten

(1) [1]Montags bis sonnabends dürfen Verkaufsstellen von 6 bis 22 Uhr öffnen. [2]Am 24. Dezember dürfen Verkaufsstellen, sofern dieser Tag auf einen Werktag fällt, von 6 bis 14 Uhr öffnen.

(2) Außerhalb der in Absatz 1 genannten Zeiten und an Sonn- und Feiertagen sind die Öffnung von Verkaufsstellen und das gewerbliche Anbieten von Waren außerhalb von Verkaufsstellen zum Verkauf an jedermann verboten, soweit nicht durch dieses Gesetz oder aufgrund dieses Gesetzes etwas anderes bestimmt wird (allgemeine Ladenschlusszeiten).

(3) Abweichend von Absatz 2 darf der Verkauf von Backwaren an Werktagen ab 5 Uhr beginnen, Tageszeitungen dürfen außerhalb von Verkaufsstellen während des ganzen Tages angeboten werden.

(4) [1]Abweichend von Absatz 2 können Verkaufsstellen zur Durchführung von Einkaufsveranstaltungen an bis zu fünf Werktagen im Jahr bis spätestens 6 Uhr des folgenden Tages geöffnet sein, an Sonnabenden und an Werktagen vor Feiertagen jedoch nur bis spätestens 24 Uhr. [2]Die Tage und der Zeitraum werden von den Verkaufsstelleninhabern festgelegt und sind der Gemeinde spätestens vier Wochen im Voraus anzuzeigen. [3]Widerspricht die Gemeinde nicht spätestens zwei Wochen nach dem Eingang der Anzeige, so darf die Veranstaltung durchgeführt werden. [4]Satz 1 findet keine Anwendung auf Gründonnerstag, Ostersonnabend, den Tag vor Christi Himmelfahrt, Pfingstsonnabend, den 30. Oktober, den Tag vor Buß- und Bettag sowie auf Silvester.

(5) Die bei Ladenschluss anwesenden Kunden dürfen noch bedient werden.

§ 4 Apotheken

[1]Apotheken dürfen abweichend von § 3 Abs. 2 an allen Tagen ganztägig geöffnet sein. [2]Die Apothekerkammer hat für Gemeinden oder für benachbarte Gemeinden mit mehreren Apotheken unter Berücksichtigung der apothekenrechtlichen Bestimmungen über die Dienstbereitschaft zu regeln, dass abwechselnd ein Teil der Apotheken geschlossen sein muss. [3]Dienstbereitschaft der Apotheken steht der Offenhaltung gleich.

---

1) Verkündet als Art. 1 G v. 1.12.2010 (GVBl. S. 338); Inkrafttreten gem. Art. 3 Abs. 1 dieses G am 1.1.2011.

§ 5 Tankstellen

(1) Tankstellen dürfen abweichend von § 3 Abs. 2 an allen Tagen ganztägig geöffnet sein.

(2) Tankstellen ist während der allgemeinen Ladenschlusszeiten nur die Abgabe von Ersatzteilen für Kraftfahrzeuge, soweit dies für die Erhaltung oder Wiederherstellung der Fahrbereitschaft notwendig ist, sowie die Abgabe von Betriebsstoffen und von Reisebedarf gestattet.

§ 6 Verkaufsstellen an Personenbahnhöfen und Flughäfen

(1) Verkaufsstellen auf Verkehrsflughäfen, Verkehrslandeplätzen und Personenbahnhöfen des Schienenverkehrs dürfen für den Verkauf von Reisebedarf abweichend von § 3 Abs. 2 an allen Tagen ganztägig geöffnet sein, am 24. Dezember jedoch nur bis 17 Uhr.

(2) Verkaufsstellen auf den internationalen Flughäfen „Flughafen Dresden" und „Flughafen Leipzig/Halle" dürfen für den Verkauf von Waren des täglichen Ge- und Verbrauchs abweichend von § 3 Abs. 2 an allen Tagen ganztägig geöffnet sein.

§ 7 Verkauf bestimmter Waren an Sonn- und Feiertagen

(1) [1]An Sonn- und Feiertagen dürfen Verkaufsstellen, die eine oder mehrere der nachfolgend genannten Waren ausschließlich oder in erheblichem Umfang führen, abweichend von § 3 Abs. 2 zum Verkauf von Zeitungen und Zeitschriften, Blumen, Bäcker- und Konditoreiwaren, frischer Milch und Milcherzeugnissen in der Zeit von 7 bis 18 Uhr für die Dauer von insgesamt sechs, auch aufteilbaren Stunden geöffnet sein. [2]Dabei sollen die Hauptgottesdienstzeiten berücksichtigt werden. [3]Am Karfreitag, Ostermontag, Pfingstmontag, Reformationsfest sowie am 1. und 2. Weihnachtstag müssen die Verkaufsstellen geschlossen bleiben.

(2) An Sonn- und Feiertagen dürfen Verkaufsstellen

1. in staatlich anerkannten Kur- und Erholungsorten,
2. in kirchlich anerkannten Wallfahrtsorten,
3. in einzeln zu bestimmenden Ausflugsorten,

die eine oder mehrere der nachfolgend genannten Waren ausschließlich oder in erheblichem Umfang führen, abweichend von § 3 Abs. 2 zum Verkauf von Reisebedarf, Sportartikeln, Badegegenständen, Devotionalien sowie Waren, die für diese Orte kennzeichnend sind, in der Zeit von 11 bis 20 Uhr für die Dauer von acht Stunden geöffnet sein.

(3) [1]Auf Antrag der Gemeinde wird diese als Ausflugsort nach Absatz 2 Nr. 3 anerkannt, wenn insbesondere das Kriterium des besonderen Besucheraufkommens erfüllt ist. [2]Über die Anerkennung entscheidet die Landesdirektion Sachsen. [3]Jeweils nach Ablauf von zehn Jahren oder wenn Umstände auf das Fehlen einer Anerkennungsvoraussetzung hindeuten, kann die Landesdirektion Sachsen die Anerkennung überprüfen. [4]Die Anerkennung als Ausflugsort sowie die Aberkennung werden im Sächsischen Amtsblatt bekannt gemacht. [5]Die bis zum Inkrafttreten dieses Gesetzes anerkannten Ausflugsorte werden im Sächsischen Amtsblatt veröffentlicht.

(4) Fällt der 24. Dezember auf einen Sonntag, dürfen

1. alle Verkaufstellen für die Abgabe von Weihnachtsbäumen,
2. Verkaufsstellen, die überwiegend Lebens- und Genussmittel anbieten,
3. Verkaufsstellen nach Absatz 1

während höchstens drei Stunden von 7 Uhr bis 14 Uhr geöffnet sein.

(5) Der Inhaber hat an der Verkaufsstelle gut sichtbar auf die Öffnungszeiten an Sonn- und Feiertagen hinzuweisen.

§ 8 Verkaufsoffene Sonntage

(1) [1]Die Gemeinden werden ermächtigt, abweichend von § 3 Abs. 2, die Öffnung von Verkaufsstellen im Gemeindegebiet aus besonderem Anlass an jährlich bis zu vier Sonntagen zwischen 12 und 18 Uhr durch Rechtsverordnung zu gestatten. [2]Einem verkaufsoffenen Sonntag nach Satz 1 kann maximal ein weiterer verkaufsoffener Sonntag unmittelbar folgen. [3]Werden zwei aufeinanderfolgende Sonntage für die Öffnung von Verkaufsstellen freigegeben, ist die Öffnung von Verkaufsstellen an den diesen Sonntagen vorangehenden und nachfolgenden zwei aufeinanderfolgenden Sonntagen unzulässig. [4]Die Freigabe kann auf bestimmte Ortsteile und Handelszweige beschränkt werden. [5]Wird die Öffnung von Verkaufsstellen derart beschränkt, ist diese Möglichkeit der Sonntagsöffnung für das gesamte Gemeindegebiet verbraucht.

(2) [1]Über Absatz 1 hinaus werden die Gemeinden ermächtigt, die Öffnung von Verkaufsstellen abweichend von § 3 Abs. 2 aus Anlass besonderer regionaler Ereignisse, insbesondere von traditionellen Straßenfesten, Weihnachtsmärkten und örtlich bedeutenden Jubiläen, an einem weiteren Sonntag je Kalenderjahr zwischen 12 und 18 Uhr zu gestatten, soweit die Verkaufsstellen von dem Ereignis betroffen sind. [2]Die Gestattung erfolgt durch Rechtsverordnung, in der das von dem Ereignis betroffene Gebiet zu bezeichnen ist; damit ist die Möglichkeit dieser Sonntagsöffnung für das betroffene Gebiet verbraucht. [3]Die Öffnung von Verkaufsstellen aus Anlass besonderer regionaler Ereignisse ist innerhalb einer Gemeinde nur an bis zu acht Sonntagen je Kalenderjahr zulässig.

(3) [1]Der Ostersonntag, der Pfingstsonntag, der Volkstrauertag und der Totensonntag sind von der Freigabe nach den Absätzen 1 und 2 ausgeschlossen. [2]Gleiches gilt für Sonntage, auf die der 24. Dezember oder ein gesetzlicher Feiertag nach dem Gesetz über Sonn- und Feiertage im Freistaat Sachsen vom 10. November 1992 (SächsGVBl. S. 536), das zuletzt durch das Gesetz vom 30. Januar 2013 (SächsGVBl. S. 2) geändert worden ist, in der jeweils geltenden Fassung, fällt.

§ 9 Aufsicht und Auskunft

(1) Die Aufsicht über die Einhaltung der Bestimmungen dieses Gesetzes und der aufgrund dieses Gesetzes erlassenen Vorschriften, mit Ausnahme des § 10, obliegt den Gemeinden.

(2) Die Gemeinde kann die erforderlichen Maßnahmen anordnen, die Inhaber von Verkaufsstellen sowie Gewerbetreibende und verantwortliche Personen, die Waren innerhalb oder außerhalb von Verkaufsstellen gewerblich anbieten, zur Erfüllung der sich aus diesem Gesetz ergebenden Pflichten zu treffen haben.

(3) Die Inhaber von Verkaufsstellen sowie Gewerbetreibende und verantwortliche Personen, die Waren innerhalb oder außerhalb von Verkaufsstellen gewerblich anbieten, sind verpflichtet, den Aufsichtsbehörden auf Verlangen die zur Erfüllung der Aufgaben dieser Behörden erforderlichen Angaben wahrheitsgemäß und vollständig zu machen.

(4) [1]Die Beauftragten der Aufsichtsbehörden sind berechtigt, die Verkaufsstellen während der Öffnungszeiten zu betreten, soweit es für die Überwachung der Einhaltung der Bestimmungen dieses Gesetzes oder der aufgrund dieses Gesetzes erlassenen Vorschriften erforderlich ist. [2]Das Grundrecht auf Unverletzlichkeit der Wohnung (Artikel 13 des Grundgesetzes für die Bundesrepublik Deutschland, Artikel 30 der Verfassung des Freistaates Sachsen) wird insoweit eingeschränkt. [3]Inhaber von Verkaufsstellen sowie Gewerbetreibende haben das Betreten der Verkaufsstellen zu gestatten.

§ 10 Besonderer Arbeitnehmerschutz und Aufsicht

(1) In Verkaufsstellen dürfen Arbeitnehmer an Sonn- und Feiertagen nur während der ausnahmsweise zugelassenen Öffnungszeiten und, falls dies zur Erledigung von Vorbereitungs- und Abschlussarbeiten unerlässlich ist, während insgesamt weiterer 30 Minuten beschäftigt werden.

(2) Im Übrigen gelten für die Beschäftigung von Arbeitnehmern in Verkaufsstellen die Vorschriften des § 17 Absatz 2 bis 5 und 9 des Gesetzes über den Ladenschluss in der Fassung der Bekanntmachung vom 2. Juni 2003 (BGBl. I S. 744), das zuletzt durch Artikel 430 der Verordnung vom 31. August 2015 BGBl. I S. 1474) geändert worden ist, in der jeweils geltenden Fassung.

(3) [1]Die Aufsicht über die Ausführung der Vorschriften im Sinne der Absätze 1 und 2 übt die Landesdirektion Sachsen aus. [2]Diese nimmt auch die Befugnisse gemäß § 17 Absatz 8 des Gesetzes über den Ladenschluss wahr.

§ 11 Ordnungswidrigkeiten

(1) Ordnungswidrig handelt, wer als Inhaber einer Verkaufsstelle, als Gewerbetreibender oder als verantwortliche Person im Sinne dieses Gesetzes vorsätzlich oder fahrlässig

1. entgegen einer Bestimmung der §§ 3 bis 8 Verkaufsstellen öffnet, Waren gewerblich anbietet oder Waren außerhalb der genannten Warengruppen anbietet,
2. entgegen § 3 Abs. 4 die rechtzeitige Anzeige bei der zuständigen Behörde unterlässt oder entgegen der Anzeige die Verkaufsstelle öffnet,
3. entgegen § 7 Abs. 5 nicht auf die jeweiligen Öffnungszeiten hinweist,
4. einer vollziehbaren Anordnung nach § 9 Abs. 2 zuwiderhandelt,
5. entgegen § 9 Abs. 3 Angaben nicht, nicht wahrheitsgemäß oder nicht vollständig macht,

6. entgegen § 9 Abs. 4 den Beauftragten der Aufsichtsbehörden das Betreten der Verkaufsstellen nicht gestattet,

7. den Bestimmungen des § 10 Abs. 1 über die Arbeitszeit an Sonn- und Feiertagen zuwiderhandelt.

(2) Die Ordnungswidrigkeiten nach Absatz 1 Nr. 1 bis 6 können mit einer Geldbuße bis zu fünftausend Euro, die Ordnungswidrigkeiten nach Absatz 1 Nr. 7 können mit einer Geldbuße bis zu fünfzehntausend Euro geahndet werden.

(3) [1]Verwaltungsbehörden im Sinne von § 36 Abs. 1 Nr. 1 des Gesetzes über Ordnungswidrigkeiten in der Fassung der Bekanntmachung vom 19. Februar 1987 (BGBl. I S. 602), das zuletzt durch Artikel 5 des Gesetzes vom 27. August 2017 (BGBl. I S. 3295) geändert worden ist, in der jeweils geltenden Fassung, sind die Gemeinden, soweit nichts anderes bestimmt ist. [2]Für Ordnungswidrigkeiten nach Absatz 1 Nr. 7 ist die Landesdirektion Sachsen zuständig.

Gesetz zum Schutz von Nichtrauchern im Freistaat Sachsen (Sächsisches Nichtraucherschutzgesetz – SächsNSG)

Vom 26. Oktober 2007 (SächsGVBl. S. 495)

(2128-6)

zuletzt geändert durch Art. 3 Gesetz über den Vollzug der Abschiebungshaft und des Ausreisegewahrsams im Freistaat Sachsen vom 28. Juni 2018 (SächsGVBl. S. 458, 467)

Der Sächsische Landtag hat am 26. September 2007 das folgende Gesetz beschlossen:

§ 1 Zweckbestimmung

[1]Zweck des Gesetzes ist der Schutz der menschlichen Gesundheit vor den Gefahren des Passivrauchens. [2]Darüber hinaus zielt das Gesetz darauf, den Tabakkonsum bei Kindern und Jugendlichen zu verringern.

§ 2 Allgemeines Rauchverbot

(1) Das Rauchen ist in folgenden Einrichtungen untersagt:

1. den Behörden und Organisationseinheiten der Verwaltung im Sinne von Artikel 82 Abs. 1 Satz 1 der Verfassung des Freistaates Sachsen,
2. dem Sächsischen Landtag,
3. den Gerichten des Freistaates Sachsen,
4. der Deutschen Rentenversicherung Mitteldeutschland und
5. dem Mitteldeutschen Rundfunk.

(2) Soweit nicht von Absatz 1 erfasst, gilt das Rauchverbot auch in folgenden Einrichtungen:

1. Einrichtungen, die der gesundheitlichen Versorgung der Bevölkerung dienen:
   a) Krankenhäuser sowie Vorsorge- und Rehabilitationseinrichtungen nach § 107 des Fünften Buches Sozialgesetzbuch (SGB V) – Gesetzliche Krankenversicherung – (Artikel 1 des Gesetzes vom 20. Dezember 1988, BGBl. I S. 2477, 2482), das zuletzt durch Artikel 1 des Gesetzes vom 30. Juli 2009 (BGBl. I S. 2495) geändert worden ist, in der jeweils geltenden Fassung,
   b) Arztpraxen, Ärztehäuser, Blutspendestellen,
   c) medizinische Labore und Werkstätten,
   d) Apotheken;
2. Erziehungs- und Bildungseinrichtungen:
   a) Schulen im Sinne des Schulgesetzes für den Freistaat Sachsen (SchulG) in der Fassung der Bekanntmachung vom 16. Juli 2004 (SächsGVBl. S. 298), zuletzt geändert durch Artikel 8 des Gesetzes vom 12. Dezember 2008 (SächsGVBl. S. 866, 874), und Schulen im Sinne des Gesetzes über Schulen in Freier Trägerschaft (SächsFrTrSchulG) vom 4. Februar 1992 (SächsGVBl. S. 37), zuletzt geändert durch Artikel 19 des Gesetzes vom 12. Dezember 2008 (SächsGVBl. S. 866, 885), einschließlich der Schullandheime und der Einrichtungen der beruflichen Rehabilitation,
   b) Einrichtungen der Kinder- und Jugendhilfe nach dem Achten Buch Sozialgesetzbuch (SGB VIII) – Kinder- und Jugendhilfe – in der Fassung der Bekanntmachung vom 14. Dezember 2006 (BGBl. I S. 3134), zuletzt geändert durch Artikel 12 des Gesetzes vom 6. Juli 2009 (BGBl. I S. 1696, 1701),
   c) private Hochschulen,
   d) Staatliche Studienakademien,
   e) Einrichtungen der über- und außerbetrieblichen Ausbildung;
3. Heime im Sinne des Heimgesetzes (HeimG) in der Fassung der Bekanntmachung vom 5. November 2001 (BGBl. I S. 2970), zuletzt geändert durch Artikel 3 Satz 2 des Gesetzes vom 29. Juli 2009 (BGBl. I S. 2319, 2325);
4. Einrichtungen der Behindertenhilfe;
5. Jugendherbergen;

6. öffentlich zugängliche Einrichtungen, die der Bewahrung, Vermittlung, Aufführung, Vorführung oder Ausstellung künstlerischer, unterhaltender, wissenschaftlicher oder historischer Inhalte, Werke oder Objekte dienen;
7. Sportstätten;
8. Gaststätten im Sinne des § 1 des Gesetzes über die Gaststätten im Freistaat Sachsen (Sächsisches Gaststättengesetz – SächsGastG) vom 3. Juli 2011 (SächsGVBl. S. 198), das durch Artikel 5 des Gesetzes vom 14. Juni 2012 (SächsGVBl. S. 270, 273) geändert worden ist, in der jeweils geltenden Fassung, sowie Einrichtungen, die den Vorschriften des Sächsischen Gaststättengesetzes unterliegen;
9. Spielbanken im Sinne des Gesetzes über Spielbanken im Freistaat Sachsen (Sächsisches Spielbankengesetz – SpielbG) vom 26. Juni 2009 (SächsGVBl. S. 318), geändert durch Artikel 4 des Gesetzes vom 14. Juni 2012 (SächsGVBl. S. 270, 272), in der jeweils geltenden Fassung,
10. Spielhallen im Sinne von § 33i Gewerbeordnung in der Fassung der Bekanntmachung vom 22. Februar 1999 (BGBl. I S. 202), die zuletzt durch Artikel 4 Abs. 14 des Gesetzes vom 29. Juli 2009 (BGBl. I S. 2258, 2270) geändert worden ist, in der jeweils geltenden Fassung.

(3) ¹Das Rauchverbot erstreckt sich auf vollständig umschlossene Räume in Gebäuden einschließlich der dazugehörigen Nebeneinrichtungen wie Cafeterien, Werkstätten und Lagerräume. ²Bei Erziehungs- und Bildungseinrichtungen im Sinne von Absatz 2 Nr. 2 Buchst. a, b und e erstreckt es sich auch auf den umfriedeten Außenbereich. ³Abweichend davon kann die Gesamtlehrerkonferenz mit Zustimmung der Schulkonferenz für volljährige Schüler der beruflichen Schulen sowie für die dort tätigen Lehrkräfte Raucherzonen außerhalb von Schulgebäuden im Außenbereich des Schulgeländes jeweils für ein Schuljahr zulassen, wenn und soweit die Belange des Nichtraucherschutzes dadurch nicht beeinträchtigt werden.

(4) Rauchverbote in anderen Vorschriften oder aufgrund von Befugnissen, die mit dem Eigentum oder dem Besitz an einer Sache verbunden sind, bleiben unberührt.

§ 3 Ausnahmen

Das allgemeine Rauchverbot gilt nicht in
1. Räumen, die Personen ausschließlich zur Nutzung als Wohnung oder Unterkunft überlassen sind;
2. Arbeitsräumen, die Personen zur alleinigen Nutzung zugewiesen sind und die nicht von anderen Personen betreten werden;
3. a) abgetrennten Nebenräumen von Gaststätten, die als Raucherräume gekennzeichnet sind, zu denen Minderjährige keinen Zutritt erhalten,
   b) Einraumgaststätten mit weniger als 75 m² Gastfläche, die im Eingangsbereich als Rauchergaststätten gekennzeichnet sind, zu denen Minderjährige keinen Zutritt erhalten,
   c) in Gaststätten und abgetrennten Nebenräumen von Gaststätten, wenn ausschließlich individuell bestimmte Personen aufgrund einer personengebundenen Einladung des Veranstalters bewirtet werden, anderen Personen der Zutritt nicht gestattet ist und die Veranstaltung nicht gewerblichen Zwecken dient (geschlossene Gesellschaft),
   d) abgetrennten, als Raucherräume gekennzeichneten Nebenräumen ohne Tanzfläche von solchen Diskotheken, zu denen Minderjährige keinen Zutritt erhalten,
   e) abgetrennten, als Raucherräume gekennzeichneten Nebenräumen von Spielbanken und Spielhallen,
   f) Einraumspielhallen mit weniger als 75 m² Gastfläche, die im Eingangsbereich als Raucherspielhallen gekennzeichnet sind.
4. abgetrennten Räumen in Einrichtungen
   a) im Sinne von § 2 Abs. 2 Nr. 1 Buchst. a, in denen der behandelnde Arzt dem Patienten im Einzelfall das Rauchen erlaubt, weil ein Rauchverbot die Erreichung des Therapiezieles gefährdet oder der Patient das Gebäude nicht verlassen kann,
   b) die sich im Bereich der Palliativmedizin befinden,
   c) des Maßregelvollzuges, in denen die Leitung der Einrichtung dies zulässt,
   d) im Sinne von § 2 Abs. 2 Nr. 3 und 4, in denen die Leitung der Einrichtung dies zulässt, und
5. Justizvollzugs- und Jugendstrafvollzugsanstalten sowie Abschiebungshaft- und Ausreisegewahrsamseinrichtungen,

6. ausgewiesenen Räumen der Polizeibehörden und der Staatsanwaltschaften, soweit dort Vernehmungen durchgeführt werden und der vernommenen Person das Rauchen von der Leiterin oder dem Leiter der Vernehmung im Einzelfall gestattet wird; Entsprechendes gilt in ausgewiesenen Räumen der Gerichte für Vernehmungen durch die Ermittlungsrichterin oder den Ermittlungsrichter sowie in Räumen zur Verwahrung.

§ 4 Umsetzung des Rauchverbotes

(1) Verantwortlich für die Einhaltung des Rauchverbotes sind der Inhaber des Hausrechts, der Betreiber einer gewerblichen Einrichtung und deren Beauftragte.

(2) Auf das Rauchverbot ist deutlich sichtbar hinzuweisen.

(3) Bei Verstößen gegen das Rauchverbot hat der Verantwortliche das Rauchen zu unterbinden.

§ 5 Ordnungswidrigkeiten

(1) Ordnungswidrig handelt, wer vorsätzlich oder fahrlässig in einer rauchfreien Einrichtung raucht oder als Verantwortlicher seinen Pflichten nach § 4 Abs. 2 oder 3 nicht nachkommt.

(2) Die Ordnungswidrigkeit kann mit einer Geldbuße bis zu 5 000 EUR geahndet werden.

(3) [1]Zuständige Verwaltungsbehörden im Sinne des § 36 Abs. 2 des Gesetzes über Ordnungswidrigkeiten (OWiG) in der Fassung der Bekanntmachung vom 19. Februar 1987 (BGBl. I S. 602), das zuletzt durch Artikel 2 des Gesetzes vom 29. Juli 2009 (BGBl. I S. 2353, 2354) geändert worden ist, in der jeweils geltenden Fassung, sind die Ortspolizeibehörden. [2]Für den Sächsischen Landtag ist die zuständige Verwaltungsbehörde der Landtagspräsident gemäß Artikel 47 Abs. 3 Satz 1 der Verfassung des Freistaates Sachsen vom 27. Mai 1992 (SächsGVBl. S. 243) in Verbindung mit § 4 Abs. 1 Satz 3 der Geschäftsordnung des Sächsischen Landtages, in der jeweils geltenden Fassung.

§ 6 Inkrafttreten

Dieses Gesetz tritt am 1. Februar 2008 in Kraft.

Straßengesetz für den Freistaat Sachsen (Sächsisches Straßengesetz – SächsStrG)

Vom 21. Januar 1993 (SächsGVBl. S. 93)

(BS Sachsen 471-4)

zuletzt geändert durch Art. 1 G zur Änd. des Sächsischen StraßenG vom 20. August 2019 (SächsGVBl. S. 762, ber. 2020 S. 29)

Inhaltsübersicht

Der Sächsische Landtag hat am 17. Dezember 1992 das folgende Gesetz beschlossen:

Erster Teil
Allgemeine Bestimmungen

1. Abschnitt
Grundvorschriften

§ 1 Geltungsbereich
[1]Dieses Gesetz regelt die Rechtsverhältnisse der öffentlichen Straßen. [2]Für die Bundesfernstraßen gilt es nur, soweit es diese Straßen ausdrücklich erwähnt.

§ 2 Öffentliche Straßen
(1) Öffentliche Straßen sind diejenigen Straßen, Wege und Plätze, die dem öffentlichen Verkehr gewidmet sind.

(2) Zu den öffentlichen Straßen gehören
1. der Straßenkörper; das sind insbesondere
   a) der Straßengrund, der Straßenunterbau, der Straßenoberbau, die Brücken, Tunnel, Durchlässe, Dämme, Gräben, Entwässerungsanlagen, Böschungen, Stützmauern und Lärmschutzanlagen;
   b) die Fahrbahn, Haltestellenbuchten, Wendeschleifen, Wendeplätze, öffentliche Parkplätze, Trenn-, Seiten-, Rand- und Sicherheitsstreifen, die Materialbuchten sowie Rad- und Gehwege, auch wenn sie ohne unmittelbaren räumlichen Zusammenhang im Wesentlichen mit der für den Kraftfahrzeugverkehr bestimmten Fahrbahn gleichlaufen (unselbständige Rad- und Gehwege);
2. der Luftraum über dem Straßenkörper;
3. das Zubehör; das sind die Verkehrszeichen und -einrichtungen sowie Anlagen aller Art, die der Sicherheit oder Leichtigkeit des Straßenverkehrs oder dem Schutz der Straßenanlieger dienen, und die Bepflanzung;
4. die Nebenanlagen; das sind solche Anlagen, die überwiegend den Aufgaben der Straßenbauverwaltung dienen, z.B. Straßenmeistereien, Gerätehöfe, Lagerhöfe, Lager, Lagerplätze, Ablagerungs- und Entnahmestellen, Hilfsbetriebe und -einrichtungen.

(3) Bei öffentlichen Straßen auf Staudämmen und Staumauern gehören zum Straßenkörper lediglich der Straßenoberbau, die Fahrbahnen, die Trennstreifen, die befestigten Seitenstreifen und die unselbständigen Rad- und Gehwege.

§ 3 Einteilung der öffentlichen Straßen
(1) Die öffentlichen Straßen werden nach ihrer Verkehrsbedeutung in folgende Straßenklassen eingeteilt:
1. Staatsstraßen; das sind Straßen, die innerhalb des Freistaates Sachsen untereinander oder zusammen mit Bundesfernstraßen ein Verkehrsnetz bilden und dem Durchgangsverkehr dienen oder zu dienen bestimmt sind;
2. Kreisstraßen; das sind Straßen, die dem Verkehr zwischen benachbarten Landkreisen und Kreisfreien Städten, dem überörtlichen Verkehr innerhalb eines Landkreises oder einer Kreisfreien Stadt oder dem unentbehrlichen Anschluß von Gemeinden oder räumlich getrennten Ortsteilen mit nicht nur untergeordneter Bedeutung an überörtliche Verkehrswege dienen oder zu dienen

bestimmt sind; sie sollen mindestens an einem Ende an eine Bundesfernstraße, Staatsstraße oder andere Kreisstraße anschließen;

3. Gemeindestraßen:

    a) Gemeindeverbindungsstraßen; das sind Straßen außerhalb der geschlossenen Ortslage, die dem nachbarlichen Verkehr zwischen Gemeinden oder Gemeindeteilen bzw. deren Anschluß an das weiterführende Straßennetz dienen oder zu dienen bestimmt sind oder

    b) Ortsstraßen; das sind Straßen, die dem Verkehr innerhalb der geschlossenen Ortslage einer Gemeinde dienen oder zu dienen bestimmt sind;

4. sonstige öffentliche Straßen:

    a) die öffentlichen Feld- und Waldwege; das sind Straßen, die überwiegend der Bewirtschaftung von Feld- und Waldgrundstücken dienen;

    b) die beschränkt-öffentlichen Wege und Plätze; das sind Straßen, die einem beschränkten öffentlichen Verkehr dienen und eine besondere Zweckbestimmung haben können. Hierzu zählen die Fußgängerbereiche sowie die Friedhofs-, Kirchen- und Schulwege, die Wanderwege, die Parkplätze, die Geh- und Radwege, soweit diese nicht Bestandteil anderer Straßen sind (selbständige Parkplätze, Geh- und Radwege);

    c) die Eigentümerwege; das sind Straßen, die von den Grundstückseigentümern in unwiderruflicher Weise einem beschränkten oder unbeschränkten öffentlichen Verkehr zur Verfügung gestellt werden und keiner anderen Straßenklasse angehören.

(2) Die Zweckbestimmung steht im Ermessen des Trägers der Straßenbaulast.

(3) ¹Radschnellverbindungen des Freistaates Sachsen sind Wege, Straßen oder Teile von diesen, die dem Fahrradverkehr mit eigenständiger regionaler oder überregionaler Verkehrsbedeutung zu dienen bestimmt sind. ²Sie sollen untereinander oder mit anderen Radverkehrsverbindungen ein zusammenhängendes Netz bilden. ³Die Bestimmung von Wegen, Straßen oder Teilen von diesen zur Radschnellverbindung nimmt das Staatsministerium für Wirtschaft, Arbeit und Verkehr im Einvernehmen mit den jeweils als Träger der Straßenbaulast betroffenen Kreisen, Kreisfreien Städten und Gemeinden vor. ⁴§ 5 Absatz 1 bis 3 und 5, § 44 Absatz 2 bis 5, § 47 Absatz 2 Nummer 1 sowie § 48 Absatz 1 Satz 1 gelten entsprechend.

§ 4 Straßenverzeichnisse und Straßennummern

¹Für die Staatsstraßen, Kreisstraßen und Radschnellverbindungen werden Straßenverzeichnisse geführt. ²Das Landesamt für Straßenbau und Verkehr bestimmt die Nummerierung der Staatsstraßen, Kreisstraßen und Radschnellverbindungen. ³Für Gemeindestraßen und sonstige öffentliche Straßen werden die Verzeichnisse in vereinfachter Form (Bestandsverzeichnisse) geführt. ⁴Die Straßenverzeichnisse für die Bundesfernstraßen, Staatsstraßen, Kreisstraßen und Radschnellverbindungen werden vom Landesamt für Straßenbau und Verkehr, die Bestandsverzeichnisse von den Gemeinden als Straßenbaubehörden geführt. ⁵Das Nähere über Zuständigkeit der Behörden, Einrichtung und Inhalt der Verzeichnisse und die Einsichtnahme in diese wird durch Rechtsverordnung des Staatsministeriums für Wirtschaft, Arbeit und Verkehr geregelt. ⁶§ 42 Satz 1 des Verwaltungsverfahrensgesetzes in der Fassung der Bekanntmachung vom 23. Januar 2003 (BGBl. I S. 102), das zuletzt durch Artikel 7 des Gesetzes vom 18. Dezember 2018 (BGBl. I S. 2639) geändert worden ist, in der jeweils geltenden Fassung, ist entsprechend anzuwenden. ⁷Die Verzeichnisse sind fortlaufend aktuell und vollständig zu halten.

§ 5 Ortsdurchfahrten

(1) ¹Eine Ortsdurchfahrt ist der Teil einer Staatsstraße oder Kreisstraße, der innerhalb der geschlossenen Ortslage liegt und auch zur Erschließung der anliegenden Grundstücke bestimmt ist oder der mehrfachen Verknüpfung des Ortsstraßennetzes dient. ²Geschlossene Ortslage ist der Teil des Gemeindegebietes, der in geschlossener oder offener Bauweise zusammenhängend bebaut ist. ³Einzelne unbebaute Grundstücke, zur Bebauung ungeeignetes oder ihr entzogenes Gelände oder einseitige Bebauung unterbrechen den Zusammenhang nicht.

(2) ¹Beginn und Ende einer Ortsdurchfahrt sind nach Anhörung der Straßenbaubehörde und der Gemeinde festzusetzen. ²Zuständig für die Festsetzung der Ortsdurchfahrt ist das Landesamt für Straßenbau und Verkehr.

(3) Im Einvernehmen mit der Straßenbaubehörde kann die Grenze der Ortsdurchfahrt abweichend von der Regel des Absatzes 1 festgesetzt werden, wenn die Länge der Ortsdurchfahrt wegen der Art der Bebauung in einem offensichtlichen Mißverhältnis zur Einwohnerzahl der Gemeinde steht oder wenn die Verknüpfung mit dem Ortsstraßennetz oder sonstige wesentliche Gesichtspunkte eine Abweichung rechtfertigen.

(4) Kommt in den Fällen des Absatzes 3 ein Einvernehmen nicht zustande, so entscheidet die oberste Straßenbaubehörde.

(5) Reicht die Ortsdurchfahrt für den Durchgangsverkehr nicht aus, so kann eine Straße, die nach ihrem Ausbauzustand für die Aufnahme des Durchgangsverkehrs geeignet ist und an die Staatsstraße oder Kreisstraße nach beiden Seiten anschließt, durch Umstufung (§ 7) als zusätzliche Ortsdurchfahrt festgesetzt werden.

§ 6 Widmung

(1) [1]Widmung ist die Allgemeinverfügung, durch die Straßen, Wege und Plätze die Eigenschaft einer öffentlichen Straße erhalten sowie Benutzungsart und Benutzungszweck festgelegt werden. [2]Widmungserweiterung ist die Allgemeinverfügung, durch die die Widmung einer Straße nachträglich um bestimmte Benutzungsarten oder Benutzungszwecke erweitert wird. [3]Die Vorschriften über die Widmung gelten für die Widmungserweiterung entsprechend. [4]Widmung und Widmungserweiterung sind mit Rechtsbehelfsbelehrung öffentlich bekanntzumachen und werden frühestens im Zeitpunkt der öffentlichen Bekanntmachung wirksam.

(2) [1]Die Widmung einer Straße für den öffentlichen Verkehr verfügt
1. für die Staatsstraßen das Landesamt für Straßenbau und Verkehr,
2. für die Kreisstraßen die obere Straßenaufsichtsbehörde,
3. für die Gemeindeverbindungsstraßen die untere Straßenaufsichtsbehörde,
4. für Ortsstraßen und sonstige öffentliche Straßen die Gemeinde.

[2]Ist die für die Widmung zuständige Behörde nicht Behörde des Trägers der Straßenbaulast, so ist zur Widmung dessen schriftliche Zustimmung erforderlich. [3]Bei Widmungen, die gemäß Absatz 4 in einem Planfeststellungs- oder Flurbereinigungsverfahren verfügt werden, gilt die Zustimmung als erteilt, sofern der Träger der Straßenbaulast der Widmung nicht innerhalb der Anhörungsfrist gemäß § 39 Absatz 3 in Verbindung mit § 73 Absatz 3a des Verwaltungsverfahrensgesetzes oder als Beteiligter des Flurbereinigungsverfahrens spätestens in dem Anhörungstermin gemäß § 41 Absatz 2 des Flurbereinigungsgesetzes in der Fassung der Bekanntmachung vom 16. März 1976 (BGBl. I S. 546), das zuletzt durch Artikel 17 des Gesetzes vom 19. Dezember 2008 (BGBl. I S. 2794) geändert worden ist, in der jeweils geltenden Fassung, widersprochen hat. [4]Beschränkungen der Widmung auf bestimmte Benutzungszwecke oder Benutzungsarten sind in der Verfügung festzulegen. [5]Mit der Widmung ist festzustellen, welcher Straßenklasse nach § 3 Abs. 1 die Straße angehört (Einteilung).

(3) Voraussetzung für die Widmung ist, daß der Träger der Straßenbaulast Eigentümer des der Straße dienenden Grundstücks ist oder der Eigentümer und ein sonst zur Nutzung dinglich Berechtigter der Widmung zugestimmt haben oder der Träger der Straßenbaulast den Besitz durch Vertrag, durch Einweisung oder in einem sonstigen gesetzlich geregelten Verfahren erlangt hat.

(4) [1]Bei Straßen, deren Bau in einem Planfeststellungs- oder Flurbereinigungsverfahren geregelt wird, kann die Widmung in diesem Verfahren mit der Maßgabe verfügt werden, daß sie mit der Verkehrsübergabe wirksam wird, wenn die Voraussetzungen des Absatzes 3 in diesem Zeitpunkt vorliegen. [2]Der Träger der Straßenbaulast hat den Zeitpunkt der Verkehrsübergabe, die Straßenklasse sowie Beschränkungen der Widmung der das Straßen- oder Bestandsverzeichnis führenden Behörde unverzüglich anzuzeigen. [3]Der Träger der Straßenbaulast hat die öffentliche Bekanntmachung zu veranlassen. [4]Eine Bekanntmachung ist entbehrlich, wenn die zur Widmung vorgesehenen Straßen in den im Planfeststellungs- bzw. Flurbereinigungsverfahren ausgelegten Plänen als solche kenntlich gemacht worden sind.

(5) [1]Wird eine Straße verbreitert, begradigt, unerheblich verlegt oder ergänzt, so gilt der neue Straßenteil durch die Verkehrsübergabe als gewidmet, sofern die Voraussetzungen des Absatzes 3 vorliegen. [2]Einer öffentlichen Bekanntmachung nach Absatz 1 bedarf es nicht.

(6) Durch bürgerlich-rechtliche Verfügungen oder durch Verfügungen im Wege der Zwangsvollstreckung oder der Enteignung über die der Straße dienenden Grundstücke oder Rechte an ihnen wird die Widmung nicht berührt.

§ 6a Widmung bei außergewöhnlichen Ereignissen

(1) [1]Ist aufgrund außergewöhnlicher Ereignisse, insbesondere Naturkatastrophen, eine öffentliche Straße nicht nutzbar, kann die für die Widmung nach § 6 Abs. 2 Satz 1 zuständige Behörde befristet nicht öffentliche Straßen, insbesondere Feld- und Waldwege und öffentliche Straßen, die einer Widmungsbeschränkung unterliegen, dem öffentlichen Verkehr widmen, soweit dies aus dringenden Gründen des Wohls der Allgemeinheit erforderlich ist. [2]Einer öffentlichen Bekanntmachung nach § 6 Abs. 1 bedarf es nicht. [3]Die Allgemeinverfügung ist mit Rechtsbehelfsbelehrung dem Eigentümer des der Straße dienenden Grundstücks oder dem sonst zur Nutzung dinglich Berechtigten sowie den Gemeinden, in deren Gemarkung die Straße liegt, und dem Träger der Straßenbaulast zuzustellen. [4]Widerspruch und Anfechtungsklage gegen die Allgemeinverfügung haben keine aufschiebende Wirkung. [5]Der Eigentümer des der Straße dienenden Grundstücks oder der sonst zur Nutzung dinglich Berechtigte sind zur Duldung verpflichtet. [6]Durch Maßnahmen aufgrund dieser Vorschrift kann das Grundrecht auf Eigentum (Artikel 14 Abs. 1 des Grundgesetzes für die Bundesrepublik Deutschland, Artikel 31 Abs. 1 der Verfassung des Freistaates Sachsen) eingeschränkt werden.

(2) [1]Träger der Straßenbaulast für die gemäß Absatz 1 gewidmete Straße ist der Träger der Straßenbaulast der nicht nutzbaren öffentlichen Straße, mit Ausnahme der Bundesfernstraßen. [2]Ist die nicht nutzbare Straße eine Bundesfernstraße, ist der Freistaat Sachsen Träger der Straßenbaulast der gemäß Absatz 1 gewidmeten Straße.

(3) [1]Ist der Träger der Straßenbaulast nicht Eigentümer des der Straße dienenden Grundstücks, sind dem Eigentümer die Kosten der für die Herstellung des ursprünglichen Zustands erforderlichen Instandhaltungs- und Erneuerungsmaßnahmen zu erstatten, die in Folge der Straßennutzung durch den öffentlichen Verkehr entstehen. [2]Vor Beginn und bei Beendigung der Nutzung durch den öffentlichen Verkehr soll der Träger der Straßenbaulast den Zustand der Straße feststellen.

§ 7 Umstufung

(1) [1]Umstufung ist die Allgemeinverfügung, durch die eine öffentliche Straße einer anderen, ihrer Verkehrsbedeutung entsprechenden Straßenklasse zugeordnet wird (Aufstufung, Abstufung). [2]Die Umstufung ist von der nach Absatz 3 zuständigen Behörde mit Rechtsbehelfsbelehrung öffentlich bekanntzumachen. [3]Umstufungen, durch die der Widmungsumfang der Straße beschränkt wird (gemeingebrauchsbeschränkende Umstufungen), setzen keine Teileinziehung voraus. [4]§ 8 Absatz 4 ist auf gemeingebrauchsbeschränkende Umstufungen entsprechend anzuwenden.

(2) [1]Ändert sich die Verkehrsbedeutung einer Straße, soll diese in die entsprechende Straßenklasse umgestuft werden. [2]Das gleiche gilt, wenn eine Straße nicht in die ihrer Verkehrsbedeutung entsprechenden Straßenklasse eingeordnet ist oder überwiegende Gründe des öffentlichen Wohls für die Umstufung vorliegen.

(3) [1]Die Aufstufung zur Staatsstraße und die Abstufung einer Staatsstraße verfügt das Landesamt für Straßenbau und Verkehr. [2]Die Aufstufung zur Kreisstraße und die Abstufung einer Kreisstraße verfügt die obere Straßenaufsichtsbehörde. [3]Die Aufstufung zur Gemeindestraße und die Abstufung einer Gemeindestraße sowie die Umstufung von sonstigen öffentlichen Straßen verfügt die untere Straßenaufsichtsbehörde. [4]Die an der Umstufung beteiligten Träger der Straßenbaulast sind vor der Umstufung zu hören. [5]Gemeindeverbindungsstraßen können nur im Einvernehmen mit den betroffenen Gemeinden abgestuft werden. [6]Soweit die für die Umstufung zuständige Behörde nicht Behörde des Trägers der Straßenbaulast ist, sind gemeingebrauchsbeschränkende Umstufungen nur im Einvernehmen mit den betroffenen Straßenbaulastträgern zulässig.

(4) Die Umstufung soll nur zum Ende eines Haushaltsjahres ausgesprochen und drei Monate vorher angekündigt werden.

(5) [1]§ 6 Abs. 4 gilt entsprechend. [2]Die Umstufung wird mit der Ingebrauchnahme für den neuen Verkehrszweck wirksam.

(6) [1]Wird im Zusammenhang mit einer Maßnahme nach § 6 Abs. 5 ein Teil einer Straße in eine andere einbezogen, die einer anderen Straßenklasse angehört, gilt der einbezogene Straßenteil mit der Inbetriebnahme für den neuen Verkehrszweck als in die andere Straßenklasse umgestuft. [2]Einer öffentlichen Bekanntmachung nach Absatz 1 bedarf es nicht.

§ 8 Einziehung

(1) [1]Einziehung ist die Allgemeinverfügung, durch die eine gewidmete Straße die Eigenschaft einer öffentlichen Straße verliert. [2]Teileinziehung ist die Allgemeinverfügung, durch die die Widmung einer Straße nachträglich auf bestimmte Benutzungsarten oder Benutzungszwecke beschränkt wird. [3]Einziehung und Teileinziehung sind mit Rechtsbehelfsbelehrung öffentlich bekanntzumachen und werden im Zeitpunkt der öffentlichen Bekanntmachung wirksam.

(2) [1]Eine Straße soll eingezogen werden, wenn sie keine öffentliche Verkehrsbedeutung mehr hat oder überwiegende Gründe des öffentlichen Wohls vorliegen. [2]Die Teileinziehung einer Straße ist zulässig, wenn nachträglich Beschränkungen der Widmung auf bestimmte Benutzungszwecke oder Benutzungsarten aus überwiegenden Gründen des öffentlichen Wohls festgelegt werden.

(3) Einziehung und Teileinziehung verfügen die für die Widmung zuständigen Behörden.

(3a) [1]§ 6 Abs. 4 gilt entsprechend. [2]Die Einziehung wird mit der Sperrung wirksam.

(4) [1]Die Absicht der Einziehung oder Teileinziehung ist drei Monate vorher in den Gemeinden, die die Straße berührt, öffentlich bekanntzumachen, um Gelegenheit zu Einwendungen zu geben. [2]Von der Bekanntmachung kann abgesehen werden, wenn die zur Einziehung oder Teileinziehung vorgesehenen Teilstrecken in den in einem Planfeststellungsverfahren ausgelegten Plänen als solche kenntlich gemacht worden sind oder Teilstrecken im Zusammenhang mit Änderungen von unwesentlicher Bedeutung (§ 39 Abs. 3) eingezogen werden sollen.

(5) Mit der Einziehung entfallen Gemeingebrauch (§ 14) und Sondernutzung (§ 18).

(6) [1]Wird eine Straße begradigt, unerheblich verlegt oder in sonstiger Weise den verkehrlichen Bedürfnissen angepaßt und wird damit ein Teil der öffentlichen Straße dem Verkehr nicht nur vorübergehend entzogen, so gilt dieser Teil mit der Sperrung als eingezogen. [2]Einer Ankündigung und öffentlichen Bekanntmachung bedarf es in diesem Falle nicht.

§ 9 Straßenbaulast

(1) [1]Die Straßenbaulast umfaßt alle mit dem Bau und der Unterhaltung der Straßen zusammenhängenden Aufgaben. [2]Die Träger der Straßenbaulast haben nach ihrer Leistungsfähigkeit die Straßen in einem den regelmäßigen Verkehrsbedürfnissen genügenden Zustand zu bauen, zu unterhalten, zu erweitern oder sonst zu verbessern; dabei sind die sonstigen öffentlichen Belange einschließlich des Umweltschutzes, sowie die Belange von Menschen mit Behinderungen und Mobilitätsbeeinträchtigungen mit dem Ziel, möglichst weitgehende Barrierefreiheit zu erreichen, zu berücksichtigen. [3]Soweit sie hierzu unter Berücksichtigung ihrer Leistungsfähigkeit außerstande sind, haben die Straßenbaubehörden auf nicht verkehrssicheren Zustand vorbehaltlich anderweitiger Maßnahmen der Straßenverkehrsbehörden durch Verkehrszeichen hinzuweisen.

(2) [1]Zu den Aufgaben nach Absatz 1 gehören nicht das Schneeräumen, das Streuen bei Schnee- oder Eisglätte, die Reinigung und die Beleuchtung. [2]Die Träger der Straßenbaulast sollen jedoch nach besten Kräften die öffentlichen Straßen von Schnee räumen und bei Schnee- und Eisglätte streuen. [3]Ein Rechtsanspruch darauf besteht nicht. [4]Beim Streuen ist der Einsatz von Auftausalzen und anderen Mitteln, die sich umweltschädlich auswirken können, so gering wie möglich zu halten.

§ 10 Hoheitsverwaltung, bautechnische Sicherheit

(1) Die mit dem Bau und der Unterhaltung sowie der Erhaltung der Verkehrssicherheit der Straßen einschließlich der Bundesfernstraßen zusammenhängenden Pflichten obliegen den Organen und Bediensteten der damit befaßten Körperschaften und Behörden als Amtspflichten in Ausübung hoheitlicher Tätigkeit.

(2) [1]Die Straßenbaubehörde trägt die Verantwortung dafür, daß die Erfordernisse der öffentlichen Sicherheit und Ordnung, insbesondere die allgemeinen Regeln der Baukunst und der Technik eingehalten werden. [2]Genehmigungen, Erlaubnisse, Anzeigen oder Abnahmen nach anderen Rechtsvorschriften sind nicht erforderlich, wenn die Bauwerke unter verantwortlicher Leitung der Straßenbaubehörde ausgeführt und unterhalten werden.

(3) [1]Die Straßenbaubehörde kann Aufgaben, die ihr aufgrund des Absatzes 2 anstelle der Bauaufsichtsbehörde obliegen, auf Prüfingenieure im Sinne der Durchführungsverordnung zur SächsBO in der Fassung der Bekanntmachung vom 2. September 2004 (SächsGVBl. S. 427), die zuletzt durch Artikel 2 Absatz 14 der Verordnung vom 5. April 2019 (SächsGVBl. S. 245) geändert worden ist, in der jeweils geltenden Fassung, Prüfämter, Sachverständige oder sachverständige Stellen übertragen.

[2]Das Staatsministerium für Wirtschaft, Arbeit und Verkehr wird ermächtigt, durch Rechtsverordnung die Heranziehung von Prüfingenieuren, Prüfämtern, Sachverständigen und sachverständigen Stellen für diese Aufgaben zu regeln.

(4) Absatz 3 gilt auch für Bundesfernstraßen.

2. Abschnitt
Eigentum an öffentlichen Straßen

§ 11 Wechsel der Straßenbaulast

(1) Beim Übergang der Straßenbaulast von einer Gebietskörperschaft auf eine andere gehen das Eigentum des bisherigen Trägers der Straßenbaulast an der Straße sowie alle Rechte und Pflichten, die mit der Straße in Zusammenhang stehen, entschädigungslos auf den neuen Träger der Straßenbaulast über.

(2) Absatz 1 gilt nicht für

1. das Eigentum an Nebenanlagen (§ 2 Abs. 2 Nr. 4);
2. das Eigentum an Leitungen, die der bisherige Träger der Straßenbaulast für Zwecke der öffentlichen Versorgung in die Straße verlegt hat;
3. Rechte und Pflichten des bisherigen Trägers der Straßenbaulast aus Gebietsversorgungsverträgen;
4. Verbindlichkeiten des bisherigen Trägers der Straßenbaulast aus der Durchführung früherer Bau- und Unterhaltungsmaßnahmen. Soweit diese Verbindlichkeiten dinglich gesichert sind, hat der neue Eigentümer einen Befreiungsanspruch.

(3) [1]Hat der bisherige Eigentümer berechtigterweise besondere Anlagen in der Straße gehalten, so ist der neue Eigentümer verpflichtet, diese in dem bisherigen Umfang zu dulden. [2]§ 16 und § 18 Abs. 4 gelten entsprechend.

(4) Der bisherige Träger der Straßenbaulast hat dem neuen Träger der Straßenbaulast dafür einzustehen, daß er die Straße in dem durch die Verkehrsbedeutung gebotenen Umfang ordnungsgemäß unterhalten und den notwendigen Grunderwerb durchgeführt hat.

(5) [1]Bei Einziehung einer Straße kann der frühere Träger der Straßenbaulast innerhalb eines Jahres verlangen, daß ihm das Eigentum an Straßengrundstücken mit den in Absatz 1 genannten Rechten und Pflichten unentgeltlich übertragen wird, wenn es vorher nach Absatz 1 übergegangen war. [2]Absatz 3 gilt entsprechend.

§ 12 Grundbuchberichtigung und Vermessung

(1) [1]Beim Übergang des Eigentums an Straßen nach § 11 Abs. 1 hat der neue Träger der Straßenbaulast unverzüglich den Antrag auf Berichtigung des Grundbuches zu stellen. [2]Der Antrag muß vom Leiter der Behörde oder einem Vertreter unterschrieben und mit dem Dienstsiegel versehen sein. [3]Zum Nachweis gegenüber dem Grundbuchamt genügt die in dem Antrag aufzunehmende Erklärung, daß das Grundstück dem neuen Träger der Straßenbaulast gehört.

(2) Für die Eintragung des Eigentumsübergangs in das Grundbuch nach § 11 Abs. 1 werden Gebühren und Auslagen nach dem Gerichts- und Notarkostengesetz vom 23. Juli 2013 (BGBl. I S. 2586), das zuletzt durch Artikel 4 des Gesetzes vom 23. November 2015 (BGBl. I S. 2090) geändert worden ist, in der jeweils geltenden Fassung, nicht erhoben.

(3) Die Kosten für eine Vermessung oder Abmarkung des übergegangenen Grundstücks oder Grundstücksteils hat der neue Träger der Straßenbaulast zu tragen oder zu erstatten.

§ 13 Eigentumserwerb

(1) Der Träger der Straßenbaulast soll das Eigentum an den der Straße dienenden Grundstücken erwerben.

(2) [1]Stehen die für die Straße in Anspruch genommenen Grundstücke nicht im Eigentum des Trägers der Straßenbaulast, so hat dieser auf Antrag des Eigentümers oder eines sonst zur Nutzung dinglich Berechtigten die für die Straße in Anspruch genommenen Grundstücke oder dingliche Rechte daran zu erwerben. [2]Kommt innerhalb der Frist von vier Jahren nach Antragstellung zwischen dem Eigentümer oder einem sonst zur Nutzung dinglich Berechtigten und dem Träger der Straßenbaulast eine Einigung über den Erwerb der Grundstücke oder der dinglichen Rechte nicht zustande, so kann der Eigentümer oder der sonst zur Nutzung dinglich Berechtigte die Durchführung des Enteignungsverfahrens verlangen. [3]Im übrigen gelten die allgemeinen Vorschriften über die Enteignung.

(3) Absatz 2 gilt nicht, wenn und solange dem Träger der Straßenbaulast eine Dienstbarkeit oder ein sonstiges dingliches Recht eingeräumt ist, das den Bestand der Straße sichert.

(4) Bis zum Erwerb der für die Straße in Anspruch genommenen Grundstücke stehen dem Träger der Straßenbaulast die Rechte und Pflichten des Eigentümers der Ausübung nach in dem Umfang zu, wie es die Aufrechterhaltung des Gemeingebrauchs erfordert.

3. Abschnitt
Benutzung der öffentlichen Straßen

§ 14 Gemeingebrauch, Straßenanliegergebrauch

(1) [1]Der Gebrauch der öffentlichen Straße ist jedermann im Rahmen der Widmung und der verkehrsrechtlichen Vorschriften gestattet (Gemeingebrauch). [2]Auf die Aufrechterhaltung des Gemeingebrauchs besteht kein Rechtsanspruch.

(2) Der Gemeingebrauch ist unentgeltlich; Ausnahmen bedürfen einer gesetzlichen Regelung.

(3) Unbeschadet sonstiger öffentlich-rechtlicher Vorschriften dürfen Eigentümer und Besitzer von Grundstücken, die an einer öffentlichen Straße gelegen sind (Straßenanlieger), die an die Grundstücke angrenzenden Straßenteile über den Gemeingebrauch hinaus benutzen, soweit diese Benutzung zur angemessenen Nutzung des Grundstücks erforderlich ist und den Gemeingebrauch nicht dauernd ausschließt oder erheblich beeinträchtigt und nicht in den Straßenkörper eingreift.

§ 15 Beschränkungen des Gemeingebrauchs

[1]Der Gemeingebrauch kann durch die Straßenbaubehörden vorübergehend beschränkt werden, wenn dies wegen des baulichen Zustandes der Straße notwendig ist. [2]Die Beschränkungen sind von der Straßenbaubehörde durch Verkehrszeichen und -einrichtungen kenntlich zu machen. [3]Die Straßenverkehrsbehörde ist über wesentliche Beschränkungen zu unterrichten.

§ 16 Vergütung von Mehrkosten

(1) [1]Wenn eine Straße wegen der Art des Gemeingebrauchs durch einen anderen aufwendiger hergestellt oder ausgebaut werden muß, als es der regelmäßige Verkehrsbedürfnis entspricht, hat der andere dem Träger der Straßenbaulast die Mehrkosten für den Bau und die Unterhaltung zu vergüten. [2]Das gilt nicht für Haltestellenbuchten für den Linienverkehr. [3]Der Träger der Straßenbaulast kann angemessene Vorschüsse oder Sicherheiten verlangen.

(2) Absatz 1 gilt entsprechend, wenn eine Straße aus anderen Gründen auf Veranlassung eines anderen aufwendiger hergestellt oder ausgebaut wird oder wenn Anlagen errichtet oder umgestaltet werden müssen, ohne daß der Träger der Straßenbaulast in Erfüllung seiner Aufgaben dazu verpflichtet ist.

§ 17 Verunreinigung und Beschädigung

(1) [1]Wer eine Straße über das übliche Maß hinaus verunreinigt, hat die Verunreinigung ohne Aufforderung unverzüglich zu beseitigen; andernfalls kann der Träger der Straßenbaulast – in Ortsdurchfahrten die Gemeinde – die Verunreinigung auf Kosten des Verursachers beseitigen. [2]Weitergehende bundes- oder landesrechtliche Vorschriften bleiben unberührt. [3]Soweit Staatsstraßen betroffen sind, handeln die Landkreise und Kreisfreien Städte gemäß § 48 für den Straßenbaulastträger.

(2) [1]Wer eine Straße oder einzelne Bestandteile beschädigt oder zerstört, kann zur Übernahme der entstehenden Kosten verpflichtet werden. [2]Polizeirechtliche Maßnahmen bleiben davon unberührt.

(3) Absatz 2 gilt auch für Bundesfernstraßen.

§ 18 Sondernutzung

(1) [1]Die Benutzung der Straße über den Gemeingebrauch und den Anliegergebrauch hinaus ist Sondernutzung. [2]Sie bedarf der Erlaubnis der Straßenbaubehörde, in Ortsdurchfahrten der Erlaubnis der Gemeinde. [3]Soweit die Gemeinde nicht Träger der Straßenbaulast ist, darf sie die Erlaubnis nur mit Zustimmung der Straßenbaubehörde erteilen. [4]Die Gemeinde kann durch Satzung bestimmte Sondernutzungen in den Ortsdurchfahrten, den Gemeindestraßen und den sonstigen öffentlichen Straßen von der Erlaubnispflicht befreien, wobei die Befreiung von der Beachtung bestimmter Verhaltensmaßregeln abhängig gemacht werden kann. [5]Soweit die Gemeinde nicht Träger der Straßenbaulast ist, bedarf die Satzung der Zustimmung der oberen Straßenaufsichtsbehörde.

(2) [1]Die Erlaubnis darf nur auf Zeit oder Widerruf erteilt werden. [2]Sie kann mit Bedingungen und Auflagen verbunden werden. [3]Soweit die Gemeinde nicht Träger der Straßenbaulast ist, hat sie eine

widerruflich erteilte Erlaubnis zu widerrufen, wenn die Straßenbaubehörde dies aus Gründen des Straßenbaues oder der Sicherheit oder Leichtigkeit des Verkehrs verlangt.

(3) Der Erlaubnisnehmer hat gegen den Träger der Straßenbaulast keinen Ersatzanspruch bei Widerruf der Erlaubnis oder bei Sperrung, Änderung oder Einziehung der Straße.

(4) [1]Der Erlaubnisnehmer hat Anlagen so zu errichten und zu unterhalten, daß sie den Anforderungen der Sicherheit und Ordnung sowie den anerkannten Regeln der Technik genügen. [2]Arbeiten an der Straße bedürfen der vorherigen Zustimmung der Straßenbaubehörde. [3]Der Erlaubnisnehmer hat auf Verlangen der für die Erlaubnis zuständigen Behörde die Anlagen auf seine Kosten zu ändern und alle Kosten zu ersetzen, die dem Träger der Straßenbaulast durch die Sondernutzung entstehen. [4]Hierfür kann der Träger der Straßenbaulast angemessene Vorschüsse und Sicherheiten verlangen.

(5) Wechselt der Träger der Straßenbaulast, so bleibt eine nach Absatz 1 erteilte Erlaubnis bestehen.

(6) Sonstige nach öffentlichem Recht erforderliche Genehmigungen, Erlaubnisse oder Bewilligungen werden durch die Sondernutzungserlaubnis nicht ersetzt.

§ 18a[1] Sondernutzung durch stationsbasiertes Carsharing

(1) [1]Unbeschadet der sonstigen straßenrechtlichen Bestimmungen zur Sondernutzung kann die Gemeinde zum Zwecke der Nutzung als Stellflächen für stationsbasierte Carsharingfahrzeuge dazu geeignete Flächen einer Ortsdurchfahrt einer Staats-, Kreis- oder Gemeindestraße bestimmen. [2]Die nach Landesrecht zuständige Behörde im Sinne von § 5 des Carsharinggesetzes vom 5. Juli 2017 (BGBl. I S. 2230), auch in Verbindung mit Satz 1, bestimmt sich nach § 18 Absatz 1 Satz 2. [3]§ 18 Absatz 1 Satz 3 gilt entsprechend. [4]§ 2 Nummer 1, 2 und 4 sowie § 5 Absatz 1 Satz 3 des Carsharinggesetzes gelten entsprechend.

(2) [1]Die Flächen sind im Wege eines Auswahlverfahrens einem oder mehreren geeigneten und zuverlässigen Carsharing-Anbietern durch Erteilung einer Sondernutzungserlaubnis für einen Zeitraum von längstens acht Jahren zur Verfügung zu stellen. [2]Es ist im Auswahlverfahren festzulegen, wie verfahren wird, wenn pro Fläche mehr als ein Anbieter einen Antrag auf Sondernutzung stellt. [3]§ 5 Absatz 2 Satz 3 und 4 und Absatz 6 des Carsharinggesetzes gilt entsprechend.

(3) [1]Als Aspekte für die Auswahl der Carsharing-Anbieter kann die Gemeinde auch umweltbezogene Kriterien festlegen, die insbesondere einer Verringerung des motorisierten Individualverkehrs vor allem durch Vernetzung mit anderen Mobilitätsangeboten oder einer Entlastung von straßenverkehrsbedingten Luftschadstoffen dienlich sind. [2]Für die Festlegung der Eignungskriterien kann die Anlage zu § 5 Absatz 4 Satz 3 des Carsharinggesetzes herangezogen werden. [3]Die Festlegung der Eignungskriterien kann auch durch Satzung erfolgen.

(4) [1]Das vorgesehene Auswahlverfahren ist öffentlich bekanntzumachen. [2]Die Bekanntmachung muss alle für die Teilnahme an dem Auswahlverfahren erforderlichen Informationen enthalten, insbesondere über den vorgesehenen Ablauf des Auswahlverfahrens, Anforderungen an die Übermittlung von Unterlagen sowie die Eignungskriterien. [3]Sie muss zudem die vorgesehene Dauer der Sondernutzung enthalten. [4]Das Auswahlverfahren ist von Beginn an fortlaufend zu dokumentieren. [5]Städte und Gemeinden mit weniger als 100 000 Einwohnern können in ihrem Auswahlverfahren von einzelnen Anforderungen abweichen, wenn dies aufgrund besonderer örtlicher Umstände gerechtfertigt ist. [6]Die Gründe sind in der Bekanntmachung gemäß Satz 1 darzulegen.

§ 19 Besondere Veranstaltungen und gewerbliche Nutzung

[1]Ist nach den Vorschriften des Straßenverkehrsrechts eine Erlaubnis für eine übermäßige Straßennutzung oder eine Ausnahmegenehmigung erforderlich, so bedarf es keiner Erlaubnis nach § 18. [2]Vor ihrer Entscheidung hat die hierfür zuständige Behörde die sonst für die Sondernutzungserlaubnis zuständige Behörde zu hören. [3]Die von dieser geforderten Bedingungen, Auflagen und Sondernutzungsgebühren sind dem Antragsteller in der Erlaubnis oder Ausnahmegenehmigung aufzuerlegen.

§ 20 Unerlaubte Benutzung einer Straße

(1) [1]Wird eine Straße ohne die erforderliche Erlaubnis benutzt oder werden Gegenstände verbotswidrig abgestellt oder kommt ein Erlaubnisnehmer seinen Verpflichtungen nicht nach, so kann die für die Erteilung der Erlaubnis zuständige Behörde die erforderlichen Maßnahmen zur Beendigung der Be-

---

1) **Amtl. Anm.:** Notifiziert gemäß der Richtlinie (EU) 2015/1535 des Europäischen Parlaments und des Rates vom 9. September 2015 über ein Informationsverfahren auf dem Gebiet der technischen Vorschriften und der Vorschriften für die Dienste der Informationsgesellschaft (ABl. L 241 vom 17.9.2015, S. 1).

nutzung oder zur Erfüllung der Auflagen anordnen. [2]Sind solche Anordnungen nicht oder nur unter unverhältnismäßigem Aufwand möglich oder nicht erfolgversprechend, so kann sie den rechtswidrigen Zustand auf Kosten des Pflichtigen beseitigen oder beseitigen lassen.

(2) Die für die Erteilung der Erlaubnis zuständige Behörde kann die von der Straße entfernten Gegenstände bis zur Erstattung ihrer Aufwendungen zurückbehalten.

(3) [1]Ist der Eigentümer oder Halter der von der Straße entfernten Gegenstände innerhalb angemessener Frist nicht zu ermitteln oder kommt er seinen Zahlungspflichten innerhalb von zwei Monaten nach Zahlungsaufforderung nicht nach oder holt er die Gegenstände innerhalb einer ihm schriftlich gestellten angemessenen Frist nicht ab, so können die Gegenstände von der Straßenbaubehörde verwertet werden. [2]In der Aufforderung zur Zahlung oder Abholung ist darauf hinzuweisen. [3]Im Übrigen sind die §§ 27 und 28 Absatz 2 und 3 des Sächsischen Polizeibehördengesetzes vom 11. Mai 2019 (SächsGVBl. S. 358, 389), in der jeweils geltenden Fassung, entsprechend anzuwenden.

(4) Absätze 2 und 3 gelten für Bundesfernstraßen entsprechend.

(5) Zu Maßnahmen nach den Absätzen 1, 2 und 4 sind auch die Landratsämter und die Kreisfreien Städte als untere Verwaltungsbehörden befugt.

§ 21 Gebühren für Sondernutzungen

(1) [1]Für Sondernutzungen können Sondernutzungsgebühren erhoben werden. [2]Sie stehen in Ortsdurchfahrten den Gemeinden, im übrigen dem Träger der Straßenbaulast zu. [3]Bei der Bemessung der Gebühren sind Art und Ausmaß der Einwirkung auf die Straße und den Gemeingebrauch sowie das wirtschaftliche Interesse des Gebührenschuldners zu berücksichtigen.

(2) [1]Das Staatsministerium für Wirtschaft, Arbeit und Verkehr wird ermächtigt, im Einvernehmen mit dem Staatsministerium der Finanzen durch Gebührenordnung die Erhebung von Sondernutzungsgebühren, soweit sie dem Freistaat Sachsen als Träger der Straßenbaulast zustehen, zu regeln. [2]Die Landkreise und Gemeinden können die Gebühren durch Satzung regeln, soweit ihnen die Sondernutzungsgebühren zustehen.

§ 22 Zufahrten und Zugänge

(1) [1]Zufahrten und Zugänge zu Staatsstraßen, Kreisstraßen und Radschnellverbindungen außerhalb der zur Erschließung bestimmten Teile der Ortsdurchfahrt sowie zu Gemeindeverbindungsstraßen gelten als Sondernutzung im Sinne des § 18, wenn sie neu angelegt oder geändert werden. [2]Eine Änderung liegt auch vor, wenn eine Zufahrt gegenüber dem bisherigen Zustand einem erheblich größeren oder einem andersartigen Verkehr dienen soll.

(2) Einer Erlaubnis nach § 18 Abs. 1 bedarf es nicht für die Anlage neuer oder die Änderung bestehender Zufahrten und Zugänge

1. im Zusammenhang mit der Errichtung oder erheblichen Änderung baulicher Anlagen, wenn die Straßenbaubehörde nach § 24 Abs. 2 zugestimmt oder nach § 24 Abs. 9 eine Ausnahme zugelassen hat,

2. in einem Flurbereinigungsverfahren oder einem ähnlichen Verfahren, wenn die Straßenbaubehörde zugestimmt hat.

(3) Für die Errichtung und Unterhaltung der Zufahrten und Zugänge, die keiner Erlaubnis nach § 18 Abs. 1 bedürfen, gelten § 18 Abs. 4 Satz 1 und 2 sowie § 20 entsprechend.

(4) [1]Werden auf Dauer Zufahrten oder Zugänge durch die Änderung oder die Einziehung von Straßen unterbrochen oder wird ihre Benutzung erheblich erschwert, so hat der Träger der Straßenbaulast einen angemessenen Ersatz zu schaffen oder, soweit dies nicht zumutbar ist, eine angemessene Entschädigung in Geld zu leisten. [2]Kommt eine Einigung über die Entschädigung nicht zustande, so gilt § 43 Abs. 4 und 5. [3]Mehrere Anliegergrundstücke können durch eine gemeinsame Zufahrt angeschlossen werden, deren Unterhaltung nach Absatz 3 den Anliegern gemeinsam obliegt. [4]Die Verpflichtung nach Satz 1 entsteht nicht, wenn die Grundstücke eine anderweitige ausreichende Verbindung zu dem öffentlichen Wegenetz besitzen oder wenn die Zufahrten auf einer widerruflichen Erlaubnis beruhen.

(5) [1]Werden für längere Zeit Zufahrten oder Zugänge durch Straßenarbeiten unterbrochen oder wird ihre Benutzung erheblich erschwert, ohne daß von Behelfsmaßnahmen eine wesentliche Entlastung ausgeht, und wird dadurch die wirtschaftliche Existenz eines anliegenden Betriebes gefährdet, so kann dessen Inhaber eine Entschädigung in der Höhe des Betrages beanspruchen, der erforderlich ist, um das Fortbestehen des Betriebes bei Anspannung der eigenen Kräfte und unter Berücksichtigung der

gegebenen Anpassungsmöglichkeiten zu sichern. [2]Der Anspruch richtet sich gegen den, zu dessen Gunsten die Arbeiten im Straßenbereich erfolgen. [3]Absatz 4 Satz 4 gilt entsprechend.

(6) [1]Soweit es die Sicherheit oder Leichtigkeit des Verkehrs erfordert, kann die Straßenbaubehörde nach Anhörung der Betroffenen anordnen, daß Zufahrten oder Zugänge geändert oder verlegt oder, wenn das Grundstück eine anderweitige ausreichende Verbindung zu dem öffentlichen Wegenetz besitzt, geschlossen werden. [2]Absatz 4 gilt entsprechend. [3]Die Befugnis zum Widerruf einer Erlaubnis für Zufahrten nach § 18 Abs. 2 bleibt unberührt.

(7) Wird durch den Bau oder die Änderung einer Straße der Zutritt von Licht oder Luft zu einem Grundstück auf Dauer entzogen oder erheblich beeinträchtigt, so hat der Träger der Straßenbaulast für dadurch entstehende Vermögensnachteile eine angemessene einmalige Entschädigung in Geld zu gewähren.

(8) Hat der Entschädigungsberechtigte die Entstehung eines Vermögensnachteiles mitverursacht, so gilt § 254 des Bürgerlichen Gesetzbuches entsprechend.

(9) Den Straßenanliegern steht kein Anspruch darauf zu, daß die Straße nicht geändert oder eingezogen wird.

§ 23 Sonstige Benutzung

(1) Die Einräumung von Rechten zur Benutzung der Straßen richtet sich nach bürgerlichem Recht, wenn die Benutzung den Gemeingebrauch nicht beeinträchtigt, wobei eine vorübergehende Beeinträchtigung für Zwecke der öffentlichen Versorgung oder der Entsorgung außer Betracht bleibt.

(2) In Ortsdurchfahrten, deren Straßenbaulast nicht bei der Gemeinde liegt, hat der Träger der Straßenbaulast auf Antrag der Gemeinde die Verlegung von Leitungen, die für Zwecke der öffentlichen Ver- und Entsorgung der Gemeinde erforderlich sind, unentgeltlich zu gestatten, wenn die Verlegung in die in seiner Baulast befindlichen Straßenteile notwendig ist.

(3) [1]Im übrigen dürfen in Ortsdurchfahrten, deren Straßenbaulast nicht bei der Gemeinde liegt, Versorgungsleitungen sowie Leitungen zur Abwasserbeseitigung nur mit Zustimmung der Gemeinde verlegt werden. [2]Die Zustimmung ist zu erteilen, wenn es das Wohl der Allgemeinheit erfordert. [3]Will die Gemeinde die Zustimmung versagen, so bedarf es hierzu der Genehmigung der Rechtsaufsichtsbehörde. [4]Der Zustimmung bedarf es nicht, wenn es sich um Leitungen eines Versorgungsunternehmens handelt, das das Recht hat, die Gemeindestraßen zur Versorgung des Gemeindegebietes zu benutzen.

(4) Soweit eine vertragliche Regelung nicht besteht, gilt § 18 Abs. 4 entsprechend.

(5) [1]Erfolgt eine Straßenentwässerung über eine nicht straßeneigene, vom Träger der Abwasserentsorgung eingerichtete Abwasseranlage, so beteiligt sich der Träger der Straßenbaulast an den Kosten der Herstellung oder Erneuerung dieser Anlage in dem Umfang, wie es der Bau einer eigenen Straßenentwässerungsanlage erfordern würde. [2]Dem Träger der Abwasserentsorgung obliegt die schadlose Abführung des Straßenoberflächenwassers. [3]Für die Inanspruchnahme der Entwässerungsanlage ist darüber hinaus kein Entgelt zu erheben.

4. Abschnitt
Anbau an öffentlichen Straßen und Veränderungssperre

§ 24 Bauliche Anlagen an Straßen

(1) [1]Außerhalb der zur Erschließung der anliegenden Grundstücke bestimmten Teile der Ortsdurchfahrten dürfen längs der Staatsstraßen oder Kreisstraßen

1. Hochbauten jeder Art in einer Entfernung bis zu 20 m, gemessen vom äußeren Rand der befestigten Fahrbahn,
2. bauliche Anlagen, die über Zufahrten an Staatsstraßen oder Kreisstraßen unmittelbar oder mittelbar angeschlossen werden sollen,

nicht errichtet werden. [2]Satz 1 Nr. 1 gilt entsprechend für Aufschüttungen oder Abgrabungen größeren Umfangs. [3]Weitergehende bundes- oder landesrechtliche Vorschriften bleiben unberührt.

(2) [1]Im übrigen bedürfen Baugenehmigungen oder nach anderen Vorschriften notwendige Genehmigungen der Zustimmung der Straßenbaubehörde, wenn

1. bauliche Anlagen längs der Staatsstraßen oder Kreisstraßen außerhalb der zur Erschließung der anliegenden Grundstücke bestimmten Teile der Ortsdurchfahrten in einer Entfernung bis zu

40 m, gemessen vom äußeren Rand der befestigten Fahrbahn, errichtet, erheblich geändert oder anders genutzt werden sollen,

2. bauliche Anlagen auf Grundstücken, die außerhalb der zur Erschließung der anliegenden Grundstücke bestimmten Teile der Ortsdurchfahrten von Staatsstraßen oder Kreisstraßen über Zufahrten unmittelbar oder mittelbar angeschlossen sind, erheblich geändert oder anders genutzt werden sollen.

²Die Zustimmungspflicht nach Satz 1 gilt entsprechend für bauliche Anlagen, die nach der Bauordnung zustimmungsbedürftig sind. ³Weitergehende bundes- oder landesrechtliche Vorschriften bleiben unberührt.

(3) Die Zustimmung nach Absatz 2 darf nur versagt oder mit Bedingungen oder Auflagen erteilt werden, soweit dies wegen der Sicherheit oder Leichtigkeit des Verkehrs, der Ausbauabsichten oder der Straßenbaugestaltung nötig ist.

(4) Die Belange nach Absatz 3 sind auch bei der Erteilung von Baugenehmigungen innerhalb der zur Erschließung der anliegenden Grundstücke bestimmten Teile der Ortsdurchfahrten von Staatsstraßen und Kreisstraßen zu beachten.

(5) ¹Bei geplanten Straßen gelten die Beschränkungen der Absätze 1 und 2 vom Beginn der Auslegung der Pläne im Planfeststellungsverfahren oder von dem Zeitpunkt an, zu dem den Betroffenen Gelegenheit gegeben wird, den Plan einzusehen (§ 73 Absatz 3 Satz 2 des Verwaltungsverfahrensgesetzes). ²Die Baugenehmigungsbehörden sollen von einer ihnen gesetzlich zustehenden Möglichkeit, eine Baugenehmigung schon zu einem früheren Zeitpunkt zu verweigern, Gebrauch machen.

(6) Bedürfen die baulichen Anlagen im Sinne des Absatzes 2 keiner Baugenehmigung, baurechtlichen Zustimmung oder Genehmigung nach anderen Vorschriften, so tritt an die Stelle der Zustimmung nach Absatz 2 die Genehmigung der Straßenbaubehörde.

(7) ¹Anlagen der Außenwerbung stehen außerhalb der zur Erschließung der anliegenden Grundstücke bestimmten Teile der Ortsdurchfahrten den Hochbauten des Absatzes 1 und den baulichen Anlagen des Absatzes 2 gleich. ²An Brücken über Staatsstraßen oder Kreisstraßen außerhalb dieser Teile der Ortsdurchfahrten dürfen Anlagen der Außenwerbung nicht angebracht werden. ³Weitergehende bundes- oder landesrechtliche Vorschriften bleiben unberührt.

(8) Die Absätze 1 bis 6 gelten nicht, wenn das Bauvorhaben den Festsetzungen eines Bebauungsplanes im Sinne des Baugesetzbuches in der Fassung der Bekanntmachung vom 3. November 2017 (BGBl. I S. 3634), in der jeweils geltenden Fassung, entspricht, der mindestens die Begrenzung der Verkehrsflächen sowie die an diesen gelegenen überbaubaren Grundstücksflächen enthält und unter Mitwirkung der Straßenbaubehörde zustande gekommen ist.

(9) ¹Von den Verboten der Absätze 1, 5 und 7 können im Einzelfall Ausnahmen zugelassen werden, wenn ihre Durchführung zu einer offenbar nicht beabsichtigten Härte führen würde und die Abweichung mit den öffentlichen Belangen vereinbar ist oder wenn Gründe des Wohls der Allgemeinheit die Abweichung erfordern. ²Ausnahmen können mit Bedingungen und Auflagen versehen werden. ³Die Entscheidung wird im Baugenehmigungsverfahren durch die untere Bauaufsichtsbehörde im Einvernehmen mit der Straßenbaubehörde oder, wenn kein Baugenehmigungsverfahren durchgeführt wird, in einem eigenen Verfahren durch die Straßenbaubehörde getroffen.

(10) ¹Wird infolge der Anwendung der Absätze 1, 2, 5 und 6 die bauliche Nutzung eines Grundstücks, auf deren Zulassung bisher ein Rechtsanspruch bestand, ganz oder teilweise aufgehoben, so kann der Eigentümer insoweit eine angemessene Entschädigung in Geld verlangen, als seine Vorbereitungen zur baulichen Nutzung des Grundstücks in dem bisher zulässigen Umfang für ihn an Wert verlieren oder eine wesentliche Wertminderung des Grundstücks eintritt. ²Zur Entschädigung ist der Träger der Straßenbaulast verpflichtet.

(11) Im Falle des Absatzes 5 entsteht der Anspruch nach Absatz 10 erst, wenn der Plan unanfechtbar geworden oder mit der Ausführung begonnen worden ist, spätestens jedoch nach Ablauf von vier Jahren, nachdem die Beschränkungen der Absätze 1 und 2 in Kraft getreten sind.

(12) Die Gemeinden können durch Satzung vorschreiben, daß für bestimmte Gemeindeverbindungsstraßen die Absätze 1 bis 3, 5 bis 7 und 9 bis 11 insgesamt entsprechend anzuwenden sind, wobei die in den Absätzen 1 und 2 genannten Abstände geringer festgesetzt werden können.

§ 25 Freihalten der Sicht bei Kreuzungen und Einmündungen

(1) Bauliche Anlagen dürfen nicht errichtet oder geändert werden, wenn dadurch

1. bei höhengleichen Kreuzungen von Straßen oder bei Straßeneinmündungen,

2. bei höhengleichen Kreuzungen von Straßen mit dem öffentlichen Verkehr dienenden Schienenbahnen

die Sicht behindert und die Verkehrssicherheit beeinträchtigt wird.

(2) [1]§ 24 Abs. 10 und 11 gilt entsprechend mit der Maßgabe, daß bei Kreuzungen von Straßen verschiedener Straßenklassen die Entschädigung vom Träger der Straßenbaulast für die höher klassifizierte Straße zu leisten ist. [2]Im Fall des Absatzes 1 Nummer 2 ist der Träger der Straßenbaulast unbeschadet seiner Ausgleichsansprüche nach dem Eisenbahnkreuzungsgesetz in der Fassung der Bekanntmachung vom 21. März 1971 (BGBl. I S. 337), das zuletzt durch Artikel 462 der Verordnung vom 31. August 2015 (BGBl. I S. 1474) geändert worden ist, in der jeweils geltenden Fassung, zur Entschädigung verpflichtet.

5. Abschnitt
Schutz der öffentlichen Straßen

§ 26 Schutzwaldungen

(1) Waldungen und Gehölze längs der Straßen können auf Antrag der Straßenbaubehörde zu Schutzwaldungen erklärt werden, soweit dies zum Schutz der Straße gegen nachteilige Einwirkungen der Natur oder im Interesse der Sicherheit des Verkehrs notwendig ist.

(2) [1]Die Schutzwaldungen sind vom Nutzungsberechtigten zu erhalten und den Schutzzwecken entsprechend zu bewirtschaften. [2]Die Überwachung obliegt der Forstbehörde im Benehmen mit der Straßenbaubehörde. [3]Der Nutzungsberechtigte kann vom Träger der Straßenbaulast insoweit eine angemessene Entschädigung in Geld verlangen, als ihm durch die Verpflichtung nach Satz 1 Vermögensnachteile entstehen.

§ 27 Schutzmaßnahmen

(1) [1]Die Eigentümer und Besitzer der der Straße benachbarten Grundstücke haben die zum Schutz der Straße vor nachteiligen Einwirkungen der Natur wie Schneeverwehungen, Steinschlag, Vermurungen, Überschwemmungen notwendigen Vorkehrungen zu dulden. [2]Die Straßenbaubehörde hat dem Betroffenen die Durchführung der Maßnahmen mindestens zwei Wochen vorher schriftlich anzuzeigen, es sei denn, daß Gefahr im Verzuge ist. [3]Der Betroffene ist berechtigt, die Maßnahmen im Einvernehmen mit der Straßenbaubehörde selbst durchzuführen. [4]Der Träger der Straßenbaulast hat dem Betroffenen Aufwendungen und Schäden in Geld zu ersetzen, soweit diese nicht Folge von Veränderungen auf benachbarten Grundstücken sind, die der Betroffene zu vertreten hat.

(2) [1]Anpflanzungen und Zäune sowie Stapel, Haufen oder andere mit dem Grundstück nicht fest verbundene Einrichtungen dürfen nicht angelegt oder unterhalten werden, wenn sie die Sicherheit oder Leichtigkeit des Verkehrs beeinträchtigen. [2]Werden sie entgegen Satz 1 angelegt oder unterhalten, so sind sie auf schriftliches Verlangen der Straßenbaubehörde von dem nach Absatz 1 Verpflichteten binnen angemessener Frist zu beseitigen. [3]Nach Ablauf der Frist kann die Straßenbaubehörde die Anpflanzung oder Einrichtung auf Kosten des Betroffenen beseitigen oder beseitigen lassen.

(3) [1]Im Falle des Absatzes 2 hat der Betroffene die Kosten zu tragen, die durch die Beseitigung der Einrichtung oder Anpflanzung entstehen. [2]Das gilt nicht, wenn die Einrichtung oder Anpflanzung schon bei Inkrafttreten dieses Gesetzes vorhanden war oder wenn die Voraussetzungen für ihre Beseitigung deswegen eintreten, weil die Straße neu angelegt oder ausgebaut worden ist; in diesen Fällen hat der Träger der Straßenbaulast dem Betroffenen Aufwendungen und Schäden in Geld zu ersetzen.

§ 28 Bepflanzung des Straßenkörpers

(1) [1]Die Bepflanzung des Straßenkörpers sowie ihre Pflege und Unterhaltung bleibt dem Träger der Straßenbaulast vorbehalten. [2]Dem Natur- und Landschaftsschutz ist Rechnung zu tragen. [3]Die Bepflanzung ist im Benehmen mit der zuständigen Naturschutzbehörde vorzunehmen. [4]Die Straßenanlieger haben die erforderlichen Maßnahmen zu dulden.

(2) In Ortsdurchfahrten im Zuge von Staatsstraßen und Kreisstraßen steht die Befugnis nach Absatz 1 der Gemeinde zu, auch wenn sie nicht Träger der Straßenbaulast ist.

6. Abschnitt
Kreuzungen und Umleitungen

§ 29 Kreuzungen öffentlicher Straßen

(1) [1]Kreuzungen im Sinne dieses Gesetzes sind Überschneidungen öffentlicher Straßen in gleicher Höhe sowie Überführungen und Unterführungen. [2]Einmündungen öffentlicher Straßen stehen den Kreuzungen gleich. [3]Münden mehrere Straßen an einer Stelle in eine andere Straße ein, so gelten diese Einmündungen als Kreuzung aller beteiligten Straßen.

(2) [1]Über den Bau neuer sowie über die Änderung bestehender Kreuzungen wird vorbehaltlich des § 74 Absatz 6 und 7 des Verwaltungsverfahrensgesetzes in Verbindung mit § 39 Absatz 5 und 6 durch Planfeststellung entschieden. [2]Diese soll zugleich die Aufteilung der Kosten regeln, soweit die beteiligten Baulastträger keine Vereinbarung hierüber geschlossen haben.

(3) Ergänzungen an Kreuzungsanlagen sind wie Änderungen zu behandeln.

§ 30 Kostentragung bei Kreuzungen öffentlicher Straßen

(1) [1]Beim Bau einer neuen Kreuzung mehrerer öffentlicher Straßen hat der Träger der Straßenbaulast der neu hinzukommenden Straße die Kosten der Kreuzung zu tragen. [2]Zu ihnen gehören auch die Kosten der Änderungen, die durch die neue Kreuzung an anderen öffentlichen Straßen unter Berücksichtigung der übersehbaren Verkehrsentwicklung notwendig sind. [3]Die Änderung einer bestehenden Kreuzung ist als neue Kreuzung zu behandeln, wenn ein öffentlicher Weg, der nach der Beschaffenheit seiner Fahrbahn nicht geeignet und nicht dazu bestimmt war, einen allgemeinen Kraftfahrzeugverkehr aufzunehmen, zu einer diesem Verkehr dienenden Straße ausgebaut wird.

(2) Werden mehrere Straßen gleichzeitig neu angelegt oder an bestehenden Kreuzungen Anschlußstellen neu geschaffen, so haben die Träger der Straßenbaulast die Kosten der Kreuzungsanlage im Verhältnis der Fahrbahnbreiten der an der Kreuzung beteiligten Straßenäste zu tragen.

(3) Wird eine höhenungleiche Kreuzung geändert, so fallen die dadurch entstehenden Kosten
1. demjenigen Träger der Straßenbaulast zur Last, der die Änderung verlangt oder hätte verlangen müssen,
2. den beteiligten Trägern der Straßenbaulast zur Last, die die Änderung verlangen oder hätten verlangen müssen, und zwar im Verhältnis der Fahrbahnbreiten der an der Kreuzung beteiligten Straßenäste nach der Änderung.

(4) [1]Wird eine höhengleiche Kreuzung geändert, so gilt für die dadurch entstehenden Kosten der Änderung Absatz 2. [2]Beträgt der durchschnittliche tägliche Verkehr mit Kraftfahrzeugen auf einem an der Kreuzung beteiligten Straßenast nicht mehr als 20 vom Hundert des Verkehrs auf den anderen beteiligten Straßenästen, so haben die Träger der Straßenbaulast der verkehrsstärkeren Straßenäste im Verhältnis der Fahrbahnbreiten den Anteil der Änderungskosten mitzutragen, der auf den Träger der Straßenbaulast des verkehrsschwächeren Straßenastes entfallen würde.

(5) Bei der Bemessung der Fahrbahnbreiten sind die Rad- und Gehwege, die Trennstreifen und befestigten Seitenstreifen einzubeziehen.

§ 31 Unterhaltung von Straßenkreuzungen

(1) [1]Bei höhengleichen Kreuzungen hat der Träger der Straßenbaulast der höheren Straßenklasse die Kreuzungsanlage zu unterhalten. [2]Bei Über- oder Unterführungen hat das Kreuzungsbauwerk der Träger der Straßenbaulast der höheren Straßenklasse, die übrigen Teile der Kreuzungsanlage der Träger der Straßenbaulast der Straßenklasse, zu der sie gehören, zu unterhalten.

(2) [1]In den Fällen des § 30 Abs. 1 hat der Träger der Straßenbaulast der neu hinzukommenden Straße dem Träger der Straßenbaulast der vorhandenen Straße die Mehrkosten für die Unterhaltung zu erstatten, die ihm durch die Regelung nach Absatz 1 entstehen. [2]Die Mehrkosten sind auf Verlangen eines Beteiligten abzulösen.

(3) Nach einer wesentlichen Änderung einer bestehenden Kreuzung haben die Träger der Straßenbaulast ihre veränderten Kosten für Unterhaltung und Erneuerung sowie für Wiederherstellung im Falle der Zerstörung durch höhere Gewalt ohne Ausgleich zu tragen.

(4) Die Vorschriften der Absätze 1 bis 3 gelten nicht, soweit etwas anderes vereinbart wird.

(5) Abweichende Regelungen werden in dem Zeitpunkt hinfällig, in dem nach Inkrafttreten dieses Gesetzes eine wesentliche Änderung an der Kreuzung durchgeführt wird.

§ 32 Kreuzungen mit Gewässern

(1) [1]Werden Straßen neu angelegt oder ausgebaut und müssen dazu Kreuzungen mit Gewässern (Brücken oder Unterführungen) hergestellt oder bestehende Kreuzungen geändert werden, so hat der Träger der Straßenbaulast die dadurch entstehenden Kosten zu tragen. [2]Die Kreuzungsanlagen sind so auszuführen, daß unter Berücksichtigung der übersehbaren Entwicklung der wasserwirtschaftlichen Verhältnisse der Wasserabfluß nicht nachteilig beeinflußt wird.

(2) [1]Werden Gewässer ausgebaut (§ 67 Absatz 2 des Wasserhaushaltsgesetzes vom 31. Juli 2009 [BGBl. I S. 2585], das zuletzt durch Artikel 2 des Gesetzes vom 4. Dezember 2018 [BGBl. I S. 2254] geändert worden ist, in der jeweils geltenden Fassung) und werden dazu Kreuzungen mit Straßen hergestellt oder bestehende Kreuzungen geändert, so hat der Träger des Ausbauvorhabens die dadurch entstehenden Kosten zu tragen. [2]Wird eine neue Kreuzung erforderlich, weil ein Gewässer hergestellt wird, so ist die übersehbare Verkehrsentwicklung auf der Straße zu berücksichtigen. [3]Wird die Herstellung oder Änderung einer Kreuzung erforderlich, weil das Gewässer wesentlich umgestaltet wird, so sind die gegenwärtigen Verkehrsbedürfnisse zu berücksichtigen. [4]Verlangt der Träger der Straßenbaulast weitergehende Änderungen, so hat er die Mehrkosten hierfür zu tragen.

(3) Wird eine Straße neu angelegt und wird gleichzeitig ein Gewässer hergestellt oder aus anderen als straßenbaulichen Gründen wesentlich umgestaltet, so daß eine neue Kreuzung entsteht, so haben der Träger der Straßenbaulast und der Träger des Gewässerausbaues die Kosten der Kreuzung je zur Hälfte zu tragen.

(4) [1]Werden eine Straße und ein Gewässer gleichzeitig ausgebaut und wird infolgedessen eine bestehende Kreuzungsanlage geändert oder durch einen Neubau ersetzt, so haben der Träger des Gewässerausbaues und der Träger der Straßenbaulast die dadurch entstehenden Kosten für die Kreuzungsanlage in dem Verhältnis zu tragen, in dem die Kosten bei getrennter Durchführung der Maßnahme zueinander stehen würden. [2]Gleichzeitigkeit im Sinne des Satzes 1 liegt vor, wenn baureife Pläne vorhanden sind, die eine gleichzeitige Baudurchführung ermöglichen.

(5) Kommt über eine Kreuzungsmaßnahme oder ihre Kostenregelung eine Einigung nicht zustande, so ist darüber durch Planfeststellung zu entscheiden.

§ 33 Unterhaltung der Kreuzungen mit Gewässern

(1) [1]Der Träger der Straßenbaulast hat die Kreuzungsanlage von Straßen und Gewässern auf seine Kosten zu unterhalten, soweit nichts anderes vereinbart oder durch Planfeststellung bestimmt wird. [2]Die Unterhaltungspflicht des Trägers der Straßenbaulast erstreckt sich nicht auf Leitwerke, Leitpfähle, Dalben, Absetzpfähle oder ähnliche Einrichtungen zur Sicherung der Durchfahrt unter Brücken im Zuge von Straßen für die Schiffahrt sowie auf Schiffahrtszeichen. [3]Soweit diese Einrichtungen auf Kosten des Trägers der Straßenbaulast herzustellen waren, hat dieser dem Unterhaltungspflichtigen die Unterhaltungskosten und die Kosten des Betriebes dieser Einrichtungen zu ersetzen oder abzulösen.

(2) [1]Wird im Falle des § 32 Abs. 2 eine neue Kreuzung hergestellt, hat der Träger des Ausbauvorhabens die Mehrkosten für die Unterhaltung und den Betrieb der Kreuzungsanlage zu erstatten oder abzulösen. [2]Ersparte Unterhaltungskosten für den Fortfall vorhandener Kreuzungsanlagen sind anzurechnen.

(3) Die Absätze 1 und 2 gelten nicht, wenn bei dem Inkrafttreten dieses Gesetzes die Tragung der Kosten aufgrund eines bestehenden Rechts anders geregelt ist.

§ 34 Ermächtigung zu Rechtsverordnungen

Die oberste Straßenbaubehörde kann Rechtsverordnungen erlassen, durch die näher bestimmt wird

1.   der Umfang der Kosten nach §§ 30 und 32;
2.   welche Straßenanlagen zur Kreuzungsanlage und welche Teile einer Kreuzung nach § 31 Abs. 1 und 2 zu der einen oder der anderen Straße gehören;
3.   welche Anlagen einer Straße oder eines Gewässers zur Kreuzungsanlage nach § 33 gehören;
4.   die Berechnung und die Zahlung von Ablösebeträgen nach § 31 Abs. 2 und nach § 33 Abs. 1 und 2.

§ 35 Umleitungen

(1) Bei vorübergehender Beschränkung des Gemeingebrauchs auf einer Straße gemäß § 15 sind die Träger der Straßenbaulast anderer öffentlicher Straßen einschließlich der Bundesfernstraßen verpflichtet, den Umleitungsverkehr auf ihren Straßen zu dulden.

(2) Vor der Beschränkung sind der Träger der Straßenbaulast für die Umleitungsstrecke, die Straßenverkehrsbehörden und die Gemeinden, deren Gebiet die Straße berührt, zu unterrichten.

(3) ¹Im Benehmen mit dem Träger der Straßenbaulast für die Umleitungsstrecke ist festzustellen, welche Maßnahmen notwendig sind, um die Umleitungsstrecke für die Aufnahme des zusätzlichen Verkehrs verkehrssicher zu machen. ²Die hierfür nötigen Mehraufwendungen sind dem Träger der Straßenbaulast für die Umleitungsstrecke zu erstatten. ³Das gilt auch für die Aufwendungen, die der Träger der Straßenbaulast für die Umleitungsstrecke zur Beseitigung wesentlicher durch die Umleitung verursachter Schäden machen muß.

(4) ¹Muß die Umleitung ganz oder zum Teil über private Wege geleitet werden, die dem öffentlichen Verkehr dienen, so ist der Eigentümer zur Duldung der Umleitung auf schriftliche Anforderung durch die Straßenbaubehörde verpflichtet. ²Absatz 3 Satz 1 und 2 gilt entsprechend. ³Der Träger der Straßenbaulast der umgeleiteten Strecke hat auf Antrag des Eigentümers die Umleitungsstrecke in einen verkehrssicheren Zustand zu versetzen, während der Umleitung zu unterhalten und nach Aufhebung der Umleitung den früheren Zustand wieder herzustellen.

(5) Die Absätze 1 bis 4 gelten entsprechend, wenn neue Staatsstraßen oder Kreisstraßen vorübergehend über andere dem öffentlichen Verkehr dienende Straßen oder Wege an das Straßennetz angeschlossen werden müssen.

7. Abschnitt
Planungen, Planfeststellung und Enteignung

§ 36 Planungen

(1) Bei Planungen, welche den Bau neuer oder die wesentliche Änderung bestehender Straßen von überörtlicher Bedeutung betreffen, sind die Grundsätze der Raumordnung zu berücksichtigen und die Ziele der Raumordnung und der Landesplanung zu beachten.

(2) Bei örtlichen und überörtlichen Planungen, welche die Änderung bestehender oder den Bau neuer Staatsstraßen und Kreisstraßen zur Folge haben können, hat die planende Behörde das Einvernehmen mit der Straßenbaubehörde unbeschadet weitergehender gesetzlicher Vorschriften rechtzeitig herzustellen.

§ 37 Planungsgebiet

(1) ¹Um die Planung der Staatsstraßen und Kreisstraßen zu sichern, kann die Planfeststellungsbehörde durch Rechtsverordnung für die Dauer von höchstens zwei Jahren Planungsgebiete festlegen. ²Die Gemeinden und Landkreise, deren Bereich durch die festzulegenden Planungsgebiete betroffen wird, sind vorher zu hören. ³Die Frist kann, wenn besondere Umstände es erfordern, durch Rechtsverordnung auf höchstens vier Jahre verlängert werden. ⁴Die Festlegung tritt mit Beginn der Auslegung der Pläne im Planfeststellungsverfahren oder zu dem Zeitpunkt außer Kraft, zu dem den Betroffenen Gelegenheit gegeben wird, den Plan einzusehen. ⁵Ihre Dauer ist auf die Vierjahresfrist des § 40 Abs. 2 anzurechnen.

(2) ¹Vom Tage des Inkrafttretens der Rechtsverordnung an dürfen auf den vom Plan betroffenen Flächen bis zu ihrer Übernahme durch den Träger der Straßenbaulast wesentlich wertsteigernde oder den geplanten Straßenbau erheblich erschwerende Veränderungen nicht vorgenommen werden. ²Veränderungen, die in rechtlich zulässiger Weise vorher begonnen worden sind, Unterhaltungsarbeiten und die Fortführung einer bisher ausgeübten Nutzung werden hiervon nicht berührt.

(3) ¹Auf die Festlegung eines Planungsgebietes ist in Gemeinden, deren Bereich betroffen wird, hinzuweisen. ²Planungsgebiete sind außerdem in Karten kenntlich zu machen, die in den Gemeinden während der Geltungsdauer der Festlegung zur Einsicht auszulegen sind.

(4) Die Planfeststellungsbehörde kann Ausnahmen von der Veränderungssperre zulassen, wenn überwiegende öffentliche Belange nicht entgegenstehen.

§ 38 Vorarbeiten

(1) ¹Eigentümer und sonstige Nutzungsberechtigte haben zur Vorbereitung der Planung und der Baudurchführung notwendige Vermessungen, Boden- und Grundwasseruntersuchungen einschließlich der vorübergehenden Anbringung von Markierungszeichen und sonstige Vorarbeiten durch die Straßenbaubehörde oder von ihr Beauftragte zu dulden. ²Wohnungen dürfen nur mit Zustimmung des Wohnungsinhabers betreten werden. ³Satz 2 gilt nicht für Arbeits-, Betriebs- oder Geschäftsräume während der jeweiligen Arbeits-, Geschäfts- oder Aufenthaltszeiten.

(2) ¹Die Absicht, solche Arbeiten auszuführen, ist dem Eigentümer oder sonstigen Nutzungsberechtigten mindestens einen Monat vorher durch die Straßenbaubehörde bekanntzugeben. ²Sind Eigentü-

mer oder sonstige Nutzungsberechtigte nicht bekannt oder ist deren Aufenthalt unbekannt und lassen sie sich in angemessener Frist nicht ermitteln, kann die Benachrichtigung durch ortsübliche Bekanntmachung in den Gemeinden, in deren Bereich die Vorarbeiten durchzuführen sind, erfolgen.

(3) [1]Entstehen durch eine Maßnahme nach Absatz 1 einem Eigentümer oder sonstigen Nutzungsberechtigten unmittelbare Vermögensnachteile, so hat der Träger der Straßenbaulast eine angemessene Entschädigung in Geld zu leisten. [2]Kommt eine Einigung über die Geldentschädigung nicht zustande, so setzt die Enteignungsbehörde auf Antrag der Straßenbaubehörde oder des Berechtigten die Entschädigung fest. [3]Vor der Entscheidung sind die Beteiligten zu hören.

§ 39 Planfeststellung

(1) [1]Staatsstraßen, Kreisstraßen und Radschnellverbindungen dürfen nur gebaut oder geändert werden, wenn der Plan vorher festgestellt ist. [2]Dasselbe gilt für Gemeindestraßen und sonstige öffentliche Straßen, wenn eine Umweltverträglichkeitsprüfung nach Absatz 2 erforderlich ist. [3]Ist keine Umweltverträglichkeitsprüfung erforderlich, kann die Planfeststellungsbehörde für Straßen nach Satz 2 auf Antrag der Gemeinde ein Planfeststellungs- oder Plangenehmigungsverfahren durchführen. [4]Für den Neubau oder die Änderung einer öffentlichen Straße innerhalb eines angemessenen Sicherheitsabstandes von Betrieben nach Artikel 2 der Richtlinie 2012/18/EU des Europäischen Parlaments und des Rates vom 4. Juli 2012 zur Beherrschung der Gefahren schwerer Unfälle mit gefährlichen Stoffen, zur Änderung und anschließenden Aufhebung der Richtlinie 96/82/EG des Rates (ABl. L 197 vom 24.7.2012, S. 1) ist ein Planfeststellungsverfahren durchzuführen, wenn die geplante Maßnahme Ursache von schweren Unfällen sein kann, durch sie das Risiko eines schweren Unfalls vergrößert werden kann oder durch sie die Folgen eines solchen Unfalls verschlimmert werden können.

(2) Erforderlichkeit und Durchführung der Umweltverträglichkeitsprüfung bestimmen sich nach den Vorschriften des Gesetzes über die Umweltverträglichkeitsprüfung in der Fassung der Bekanntmachung vom 24. Februar 2010 (BGBl. I S. 94), das zuletzt durch Artikel 2 des Gesetzes vom 8. September 2017 (BGBl. I S. 3370) geändert worden ist, und des Gesetzes über die Umweltverträglichkeitsprüfung im Freistaat Sachsen in der Fassung der Bekanntmachung vom 9. Juli 2007 (SächsGVBl. S. 349), das zuletzt durch Artikel 5 des Gesetzes vom 12. Juli 2013 (SächsGVBl. S. 503) geändert worden ist, in den jeweils geltenden Fassungen.

(3) [1]Bei der Planfeststellung sind die von dem Vorhaben berührten öffentlichen und privaten Belange abzuwägen. [2]Es gelten die §§ 72 bis 78 des Verwaltungsverfahrensgesetzes, soweit im Folgenden nichts anderes bestimmt ist.

(3a) [1]§ 73 Absatz 3 Satz 2, § 74 Absatz 6 und 7 sowie § 76 Absatz 2 und 3 des Verwaltungsverfahrensgesetzes finden unter den Voraussetzungen des Absatzes 1 Satz 4 keine Anwendung. [2]Die Bekanntmachung der Auslegung muss unter den Voraussetzungen des Absatzes 1 Satz 4 neben den Angaben nach § 73 Absatz 5 des Verwaltungsverfahrensgesetzes die in Artikel 15 Absatz 2 der Richtlinie 2012/18/EU genannten Informationen enthalten. [3]Der Plan, der der betroffenen Öffentlichkeit zugänglich gemacht wird, umfasst unter den Voraussetzungen des Absatzes 1 Satz 4 neben den Zeichnungen und Erläuterungen nach § 73 Absatz 1 des Verwaltungsverfahrensgesetzes auch die erforderlichen Angaben nach Artikel 15 Absatz 3 der Richtlinie 2012/18/EU.

(4) [1]Die Anhörungsbehörde kann auf die Erörterung nach § 73 Absatz 6 des Verwaltungsverfahrensgesetzes, auch in Verbindung mit § 18 Absatz 1 Satz 4 des Gesetzes über die Umweltverträglichkeitsprüfung, verzichten. [2]Soll ein ausgelegter Plan geändert werden, kann im Regelfall von der Erörterung abgesehen werden. [3]Für die Planergänzung und das ergänzende Verfahren im Sinne des § 75 Absatz 1a Satz 2 des Verwaltungsverfahrensgesetzes und für die Planänderung vor Fertigstellung des Vorhabens gilt § 76 des Verwaltungsverfahrensgesetzes mit der Maßgabe, dass im Fall des § 76 Absatz 1 des Verwaltungsverfahrensgesetzes von einer Erörterung abgesehen werden kann.

(5) [1]Soll eine Plangenehmigung für ein Vorhaben erteilt werden, für das eine Umweltverträglichkeitsprüfung nach Absatz 2 durchgeführt werden muss, ist die Öffentlichkeitsbeteiligung nach § 18 des Gesetzes über die Umweltverträglichkeitsprüfung ohne Erörterungstermin durchzuführen. [2]Bedarf die Plangenehmigung nach § 74 Absatz 6 des Verwaltungsverfahrensgesetzes des Einvernehmens einer anderen Behörde, ist über das Einvernehmen innerhalb von einem Monat nach Übermittlung des Bescheidentwurfs zu entscheiden. [3]Nach fruchtlosem Verstreichen der Frist gilt das Einvernehmen als erteilt.

(6) Die Entscheidung im Falle des § 74 Absatz 7 des Verwaltungsverfahrensgesetzes trifft die Straßenbaubehörde.

(7) ¹Bebauungspläne nach § 9 des Baugesetzbuches ersetzen die Planfeststellung. ²Wird eine Ergänzung notwendig oder soll von den Festsetzungen eines Bebauungsplanes abgewichen werden, ist die Planfeststellung oder Plangenehmigung insoweit zusätzlich durchzuführen. ³In diesen Fällen gelten die §§ 40, 43 Absatz 1, 2, 4 und 5 sowie § 44 des Baugesetzbuches.

(8) Wird mit der Durchführung des Planes nicht innerhalb von zehn Jahren nach Eintritt der Unanfechtbarkeit der Planfeststellung oder der Plangenehmigung begonnen, tritt er außer Kraft.

(9) ¹Anhörungsbehörde, Planfeststellungsbehörde und Plangenehmigungsbehörde ist die Landesdirektion Sachsen. ²Dies gilt auch für Bundesfernstraßen. ³Das Sächsische Staatsministerium für Wirtschaft, Arbeit und Verkehr übt die Fachaufsicht aus.

(10) Die Anfechtungsklage gegen einen Planfeststellungsbeschluss oder eine Plangenehmigung hat keine aufschiebende Wirkung.

(11) ¹In einem Planfeststellungsverfahren kann die Planfeststellungsbehörde auf Antrag des Trägers des Vorhabens zulassen, dass bereits vor Feststellung des Planes mit vorbereitenden Maßnahmen begonnen wird, wenn

1. mit einer Entscheidung zugunsten des Trägers des Vorhabens gerechnet werden kann,
2. an dem vorzeitigen Beginn ein öffentliches Interesse besteht,
3. die nach § 74 Absatz 2 des Verwaltungsverfahrensgesetzes zu berücksichtigenden Interessen gewahrt werden und
4. Rechte anderer nicht beeinträchtigt werden oder die Betroffenen sich mit der Inanspruchnahme ihres Eigentums oder eines anderen Rechts schriftlich einverstanden erklärt haben.

²In der Zulassungsentscheidung sind der Umfang der vorbereitenden Maßnahmen und die Auflagen zur Sicherung der Interessen nach Satz 1 Nummer 3 festzulegen. ³Die Zulassungsentscheidung ist dem Vorhabenträger zuzustellen und ortsüblich bekannt zu machen. ⁴Die Planfeststellung ersetzt die Zulassungsentscheidung. ⁵Soweit die vorbereitenden Maßnahmen durch die Planfeststellung für unzulässig erklärt sind, hat der Träger des Vorhabens den früheren Zustand wiederherzustellen. ⁶Soweit ein Schaden eingetreten ist, der durch die Wiederherstellung des früheren Zustandes nicht ausgeglichen wird, ist der Betroffene zu entschädigen. ⁷Rechtsbehelfe gegen die Zulassungsentscheidung haben keine aufschiebende Wirkung. ⁸Ein Vorverfahren findet nicht statt.

§ 40 Veränderungssperre

(1) ¹Vom Beginn der Auslegung der Pläne im Planfeststellungsverfahren oder von dem Zeitpunkt an, zu dem den Betroffenen Gelegenheit gegeben wird, den Plan einzusehen (§ 73 Absatz 3 Satz 2 des Verwaltungsverfahrensgesetzes), dürfen auf den vom Plan betroffenen Flächen bis zu ihrer Übernahme durch den Träger der Straßenbaulast wesentlich wertsteigernde oder den geplanten Straßenbau erheblich erschwerende Veränderungen nicht vorgenommen werden. ²Veränderungen, die in rechtlich zulässiger Weise vorher begonnen worden sind, Unterhaltungsarbeiten und die Fortführung einer bisher ausgeübten Nutzung werden hiervon nicht berührt. ³In den Fällen des Satzes 1 steht dem Träger der Straßenbaulast an den betroffenen Flächen ein Vorkaufsrecht zu.

(2) ¹Dauert die Veränderungssperre länger als vier Jahre, so können die Eigentümer für die dadurch entstandenen Vermögensnachteile vom Träger der Straßenbaulast eine angemessene Entschädigung in Geld verlangen. ²Sie können ferner die Übernahme der vom Plan betroffenen Flächen verlangen, wenn es ihnen mit Rücksicht auf die Veränderungssperre wirtschaftlich nicht zuzumuten ist, die Grundstücke in der bisherigen oder einer anderen zulässigen Art zu nutzen. ³Kommt eine Einigung über die Übernahme nicht zustande, so können die Eigentümer die Durchführung des Enteignungsverfahrens verlangen. ⁴Im übrigen gelten die allgemeinen Vorschriften über die Enteignung.

(3) § 37 Abs. 4 gilt entsprechend.

§ 41 Einstellung des Planfeststellungsverfahrens

¹Wird das Vorhaben vor Erlaß des Planfeststellungsbeschlusses aufgegeben, so stellt die Planfeststellungsbehörde das Verfahren durch Beschluß ein. ²Der Beschluß ist in den Gemeinden, in denen die Pläne ausgelegen haben, ortsüblich bekanntzumachen. ³Damit enden die Veränderungssperre nach § 40 und die Anbaubeschränkungen nach § 24 Abs. 5.

§ 42 Vorzeitige Besitzeinweisung

(1) [1]Ist der sofortige Beginn von Bauarbeiten geboten und weigert sich der Eigentümer oder Besitzer, den Besitz eines für die Straßenbaumaßnahme benötigten Grundstücks durch Vereinbarung unter Vorbehalt aller Entschädigungsansprüche zu überlassen, so hat die Enteignungsbehörde den Träger der Straßenbaulast auf Antrag nach Feststellung des Planes oder Erteilung der Plangenehmigung in den Besitz einzuweisen. [2]Weiterer Voraussetzungen bedarf es nicht.

(2) [1]Die Enteignungsbehörde hat spätestens sechs Wochen nach Eingang des Antrages auf Besitzeinweisung mit den Beteiligten mündlich zu verhandeln. [2]Hierzu sind die Straßenbaubehörde und die Betroffenen zu laden. [3]Dabei ist den Betroffenen der Antrag auf Besitzeinweisung mitzuteilen. [4]Die Ladungsfrist beträgt drei Wochen. [5]Mit der Ladung sind die Betroffenen aufzufordern, etwaige Einwendungen gegen den Antrag möglichst vor der mündlichen Verhandlung bei der Enteignungsbehörde einzureichen. [6]Sie sind außerdem darauf hinzuweisen, daß auch bei Nichterscheinen über den Antrag auf Besitzeinweisung und andere im Verfahren zu erledigende Anträge entschieden werden kann.

(3) [1]Soweit der Zustand des Grundstücks von Bedeutung ist, hat die Enteignungsbehörde diesen bis zum Beginn der mündlichen Verhandlung in einer Niederschrift festzustellen oder durch einen Sachverständigen ermitteln zu lassen. [2]Den Beteiligten ist eine Abschrift der Niederschrift oder des Ermittlungsergebnisses zu übersenden.

(4) [1]Der Beschluß über die Besitzeinweisung ist dem Antragsteller und den Betroffenen spätestens zwei Wochen nach der mündlichen Verhandlung zuzustellen. [2]Die Besitzeinweisung wird in dem von der Enteignungsbehörde bezeichneten Zeitpunkt wirksam. [3]Dieser Zeitpunkt ist auf höchstens zwei Wochen nach Zustellung der Anordnung über die vorzeitige Besitzeinweisung an den unmittelbaren Besitzer festzusetzen. [4]Durch die Besitzeinweisung wird dem Besitzer der Besitz entzogen. [5]Der Träger der Straßenbaulast darf auf dem Grundstück das im Antrag auf Besitzeinweisung bezeichnete Bauvorhaben ausführen und die dafür erforderlichen Maßnahmen treffen.

(5) [1]Der Träger der Straßenbaulast hat für die durch die vorzeitige Besitzeinweisung entstehenden Vermögensnachteile Entschädigung zu leisten, soweit diese Nachteile nicht durch die Verzinsung der Geldentschädigung für die Entziehung oder Beschränkung des Eigentums oder eines anderen Rechts ausgeglichen werden. [2]Art und Höhe der Entschädigung sind von der Enteignungsbehörde in einem Beschluß festzusetzen.

(6) [1]Wird der festgestellte oder genehmigte Plan aufgehoben, so ist auch die vorzeitige Besitzeinweisung aufzuheben und der vorherige Besitzer wieder in den Besitz einzuweisen. [2]Der Träger der Straßenbaulast hat für alle durch die vorzeitige Besitzeinweisung entstandenen besondere Nachteile Entschädigung zu leisten. [3]Absatz 5 Satz 2 gilt entsprechend.

§ 42a Vertreter des Eigentümers

[1]Sind die Eigentumsverhältnisse an einem Grundstück ungeklärt, so hat die Rechtsaufsichtsbehörde der Gemeinde, in der das Grundstück liegt, in den Fällen, in denen ein Plangenehmigungsverfahren durchgeführt werden soll, auf Antrag der Planfeststellungsbehörde, in den Fällen, in denen eine vorzeitige Besitzeinweisung angeordnet werden soll, auf Antrag der Enteignungsbehörde und in den Fällen, in denen Vorarbeiten durchgeführt werden sollen, auf Antrag des Straßenbaulastträgers innerhalb von zwei Wochen nach Antragstellung einen Vertreter des Eigentümers zu bestellen. [2]§ 16 Absatz 3 und 4 des Verwaltungsverfahrensgesetzes findet entsprechende Anwendung.

§ 43 Enteignung

(1) [1]Die Träger der Straßenbaulast haben zur Erfüllung ihrer Aufgaben das Enteignungsrecht. [2]Die Enteignung ist zulässig, soweit sie zur Ausführung eines nach den Vorschriften des § 39 festgestellten oder genehmigten Planes notwendig ist. [3]Einer weiteren Feststellung der Zulässigkeit der Enteignung bedarf es nicht.

(2) Der festgestellte oder genehmigte Plan ist dem Enteignungsverfahren zugrunde zu legen und für die Enteignungsbehörde bindend.

(3) Wenn sich ein Betroffener mit der Übertragung oder Beschränkung des Eigentums oder eines anderen Rechts schriftlich einverstanden erklärt hat, jedoch keine Einigung über die Entschädigung erzielt wurde, kann das Entschädigungsverfahren durch die Enteignungsbehörde auf Antrag eines Beteiligten unmittelbar durchgeführt werden.

(4) ¹Soweit der Träger der Straßenbaulast nach den §§ 22, 24, 26, 58, aufgrund eines Planfeststellungsbeschlusses oder einer Plangenehmigung nach § 39 verpflichtet ist, eine Entschädigung in Geld zu leisten, und über die Höhe der Entschädigung keine Einigung zwischen dem Betroffenen und dem Träger der Straßenbaulast zustande kommt, entscheidet auf Antrag eines der Beteiligten die Enteignungsbehörde. ²Für das Verfahren gelten die enteignungsrechtlichen Vorschriften über die Feststellung von Entschädigungen entsprechend.

(5) Im übrigen gilt das Sächsische Enteignungs- und Entschädigungsgesetz vom 18. Juli 2001 (SächsGVBl. S. 453), das zuletzt durch Artikel 19 des Gesetzes vom 27. Januar 2012 (SächsGVBl. S. 130) geändert worden ist, in der jeweils geltenden Fassung.

Zweiter Teil
Straßenbaulastträger, Aufsicht und Zuständigkeit

§ 44 Träger der Straßenbaulast

(1) ¹Der Freistaat Sachsen ist Träger der Straßenbaulast für die Staatsstraßen. ²Die Landkreise und die Kreisfreien Städte sind Träger der Straßenbaulast für die Kreisstraßen. ³Die Gemeinden sind Baulastträger der Gemeindestraßen und der öffentlichen Feld- und Waldwege. ⁴Der Träger der Straßenbaulast für andere öffentliche Straßen wird auf seinen Antrag hin durch Widmungsverfügung der Straßenaufsichtsbehörde im Einvernehmen mit der jeweiligen Gemeinde bestimmt. ⁵Antragsteller können auch Privatpersonen sein.

(2) ¹Die Gemeinden mit mehr als 30 000 Einwohnern sind Träger der Straßenbaulast für die Ortsdurchfahrten im Zuge von Staatsstraßen und Kreisstraßen. ²Maßgebend ist die vom Statistischen Landesamt zum 31. Dezember 2006 und anschließend alle zehn Jahre festgestellte Einwohnerzahl. ³Die Straßenbaulast wechselt mit Beginn des dritten auf die Feststellung folgenden Haushaltsjahres.

(3) ¹Werden Gemeindegrenzen geändert oder neue Gemeinden gebildet, ist die in diesem Zeitpunkt vom Statistischen Landesamt festgestellte aktuelle Einwohnerzahl des neuen Gemeindegebietes maßgebend. ²In diesen Fällen wechselt die Straßenbaulast für die Ortsdurchfahrten, wenn sie bisher dem Freistaat oder einem Landkreis oblag, mit Beginn des dritten Haushaltsjahres nach dem Jahr der Gebietsänderung, sonst mit der Gebietsänderung.

(4) ¹Eine Gemeinde mit mehr als 10 000, aber weniger als 30 000 Einwohnern kann Träger der Straßenbaulast für die Ortsdurchfahrten werden, wenn sie es mit Zustimmung der Rechtsaufsichtsbehörde gegenüber dem Staatsministerium für Wirtschaft, Arbeit und Verkehr erklärt. ²Die Rechtsaufsichtsbehörde darf ihre Zustimmung nur versagen, wenn Tatsachen vorliegen, die die Leistungsfähigkeit der Gemeinde zur Übernahme der Straßenbaulast ausschließen.

(5) ¹Soweit dem Freistaat Sachsen oder den Landkreisen die Straßenbaulast für die Ortsdurchfahrten obliegt, erstreckt sich diese auch auf gemeinsame Geh- und Radwege, nicht jedoch auf Gehwege und Parkplätze; insoweit ist die Gemeinde Träger der Straßenbaulast. ²Dies gilt auch in den Fällen des § 5 Absatz 3a des Bundesfernstraßengesetzes in der Fassung der Bekanntmachung vom 28. Juni 2007 (BGBl. I S. 1206), das zuletzt durch Artikel 1 des Gesetzes vom 29. November 2018 (BGBl. I S. 2237) geändert worden ist, in der jeweiligen Fassung.

§ 45 Straßenbaulast Dritter

(1) § 44 gilt nicht, soweit die Straßenbaulast aufgrund anderer gesetzlicher Vorschriften oder aufgrund öffentlich-rechtlicher Verpflichtungen anderen Trägern obliegt oder übertragen wird.

(2) Bürgerlich-rechtliche Verpflichtungen Dritter zur Erfüllung der Aufgaben aus der Straßenbaulast lassen die Straßenbaulast als solche unberührt.

§ 46 Unterhaltung von Straßenteilen bei fremder Baulast

¹Obliegt nach § 45 die Straßenbaulast für die im Zuge einer Straße gelegenen Straßenteile, z.B. Brücken und Durchlässe, einem Dritten, so ist der nach § 44 an sich zuständige Träger der Straßenbaulast im Falle einer gegenwärtigen Gefahr für die öffentliche Sicherheit oder Ordnung berechtigt, nach vorheriger Ankündigung auf Kosten des Dritten alle Maßnahmen zu ergreifen, die im Interesse der Erhaltung der Verkehrssicherheit erforderlich sind. ²In dringenden Ausnahmefällen kann die vorherige Ankündigung unterbleiben.

§ 47 Straßenbaubehörden

(1) Oberste Straßenbaubehörde ist das Staatsministerium für Wirtschaft, Arbeit und Verkehr.

(2) Die Aufgaben der Straßenbaubehörden werden wahrgenommen:

1. für Staatsstraßen vom Landesamt für Straßenbau und Verkehr, soweit nicht die Gemeinden Träger der Straßenbaulast für die Ortsdurchfahrten sind, wobei die Unterhaltung und Instandsetzung nach § 48 durch die Landkreise und Kreisfreien Städte erledigt werden;
2. für die Kreisstraßen von den Landkreisen, soweit nicht die Gemeinden Träger der Straßenbaulast für die Ortsdurchfahrten sind und von den Kreisfreien Städten;
3. für die Gemeindestraßen und sonstigen öffentlichen Straßen sowie für Staatsstraßen und Kreisstraßen, soweit ihnen für diese in den Ortsdurchfahrten die Straßenbaulast obliegt, von den Gemeinden.

§ 48 Unterhaltung und Instandsetzung der Staatsstraßen

(1) [1]Die Unterhaltung und Instandsetzung der Staatsstraßen werden durch die Landkreise und Kreisfreien Städte erledigt, soweit dem Freistaat Sachsen die Straßenbaulast obliegt. [2]Alle anderen Aufgaben des Baulastträgers, insbesondere Planung, Bau und Erneuerung von Staatsstraßen, obliegen dem Landesamt für Straßenbau und Verkehr.

(2) [1]Im Rahmen der Erledigung der Unterhaltung und Instandsetzung sind die Landkreise und Kreisfreien Städte zuständig für Maßnahmen, die der Erhaltung der Substanz und des Gebrauchswertes der Verkehrsflächen einschließlich der Nebenflächen sowie der Umweltverträglichkeit dienen. [2]Die Unterhaltung umfasst zum einen die Maßnahmen zur betrieblichen Erhaltung von Verkehrsflächen, einschließlich Kontrolle und Wartung. [3]Hierzu zählen insbesondere auch der Winterdienst nach § 9 Abs. 2 Satz 2 sowie die Erfüllung der Verkehrssicherungspflicht und der verkehrssichernden Aufgaben nach § 9 Abs. 1 auf den der Straße benachbarten Grundstücken, sofern der Straßenbaulastträger verpflichtet ist. [4]Ausgenommen ist die Verkehrssicherung für die Durchführung von Maßnahmen, die nach Absatz 1 Satz 2 dem Landesamt für Straßenbau und Verkehr obliegen. [5]Die Unterhaltung umfasst weiterhin die Maßnahmen zur baulichen Unterhaltung von Verkehrsflächen. [6]Hierzu zählen bauliche Maßnahmen kleineren Umfangs zur Substanzerhaltung von Verkehrsflächen, die mit geringem Aufwand in der Regel sofort nach dem Auftreten eines örtlich begrenzten Schadens von Hand oder maschinell ausgeführt werden. [7]Die Instandsetzung umfasst bauliche Maßnahmen zur Substanzerhaltung oder zur Verbesserung von Oberflächeneigenschaften von Verkehrsflächen, die auf zusammenhängenden Flächen in der Regel in Fahrbahnstreifenbreite bis zu einer Dicke von 4 cm ausgeführt werden. [8]Die Erledigung der Aufgaben schließt alle notwendigen Vorbereitungs- und Kontrolltätigkeiten ein. [9]Hierzu gehören insbesondere Beschaffung, Verwahrung, Betrieb und Reparatur von Fahrzeugen, Maschinen und Geräten sowie die Unterbringung des Personals und die Lagerung aller Materialien, soweit sie zur Erledigung der Aufgaben nach diesem Absatz erforderlich sind. [10]Ausgenommen von der Übertragung sind die Tunnelbetriebseinrichtungen, Fernwirkanlagen und Strecken- und Netzbeeinflussungsanlagen.

(3) [1]Die Landkreise und Kreisfreien Städte nehmen die den Straßenbaubehörden nach § 15 obliegenden Aufgaben und Befugnisse wahr, soweit dies für die Erledigung der Unterhaltungs- und Instandsetzungsmaßnahmen erforderlich ist. [2]Führen Landkreise und Kreisfreie Städte im Zuge ihrer Aufgabe, die Staatsstraßen zu unterhalten und in Stand zu setzen, Maßnahmen durch, für die Kostenerstattungsansprüche nach § 17 bestehen, können sie die Kostenerstattungsansprüche des Berechtigten durch Verwaltungsakt geltend machen.

(4) [1]Zur Erfüllung der Aufgaben nach den Absätzen 1 bis 3 werden den Landkreisen und Kreisfreien Städten vom Freistaat Sachsen die für diesen Zweck veranschlagten Haushaltmittel aus dem Staatshaushalt zur Bewirtschaftung übertragen. [2]Die Bereitstellung der Haushaltsmittel erfolgt nach Maßgabe der Durchführungsbestimmungen zum Haushaltsplan des Freistaats Sachsen. [3]Die Landkreise und Kreisfreien Städte erbringen Nachweise für die zweckgerechte Bewirtschaftung der Mittel und erstellen Abrechnungen für die Kostenverteilung des Gemeinschaftsaufwandes nach einheitlichen Grundsätzen einschließlich der anteiligen Kosten für Fahrzeuge und Geräte gegenüber dem Landesamt für Straßenbau und Verkehr.

(5) Das Staatsministerium für Wirtschaft, Arbeit und Verkehr wird ermächtigt, durch Rechtsverordnung den Umfang der Unterhaltungs- und Instandsetzungsaufgaben gemäß Absatz 2 näher zu bestimmen.

§ 49 Straßenaufsicht

(1) [1]Die Erfüllung der Aufgaben, die den Trägern der Straßenbaulast nach den gesetzlichen Vorschriften obliegen, wird durch die Straßenaufsicht überwacht. [2]Dies gilt auch für Aufgaben, deren Erledigung durch dieses Gesetz auf Dritte übertragen wurde. [3]Satz 1 gilt auch für die Befugnisse, die Gemeinden nach § 17 Absatz 1 und § 18 Absatz 1 Satz 2 wahrnehmen, ohne Straßenbaulastträger zu sein.

(2) Die Landkreise, Gemeinden, Verwaltungsverbände und Zweckverbände unterliegen als Träger der Straßenbaulast nur der Rechtsaufsicht durch die Straßenaufsichtsbehörden nach Maßgabe des § 112 Absatz 2 bis 4 und der §§ 113 bis 116 der Sächsischen Gemeindeordnung in der Fassung der Bekanntmachung vom 9. März 2018 (SächsGVBl. S. 62), in der jeweils geltenden Fassung.

(3) [1]Die Aufgaben nach § 48 Abs. 1 werden von den Landkreisen und Kreisfreien Städten nach Weisung erledigt. [2]Das Weisungsrecht ist nicht beschränkt. [3]Die Beschränkungen nach § 2 Absatz 3 Satz 3 der Sächsischen Gemeindeordnung und nach § 2 Absatz 3 Satz 3 der Sächsischen Landkreisordnung in der Fassung der Bekanntmachung vom 9. März 2018 (SächsGVBl. S. 99), in der jeweils geltenden Fassung, finden keine Anwendung. [4]Fachaufsichtsbehörde ist die obere Straßenaufsichtsbehörde nach Absatz 5 Satz 2. [5]Die Fachaufsichtsbehörde kann die Befugnisse des Landkreises oder der Kreisfreien Stadt bei Gefahr im Verzug oder dann ausüben, wenn einer Weisung innerhalb der gesetzten Frist keine Folge geleistet wird. [6]Sie kann einen Dritten mit der Durchführung beauftragen. [7]Die Landkreise und Kreisfreien Städte haben die Mehrkosten zu tragen, die aufgrund der Durchführung der Maßnahme durch die Fachaufsichtsbehörde oder durch einen von ihr beauftragten Dritten entstehen.

(4) [1]Ist ein anderer als der Freistaat Sachsen oder eine der in Absatz 2 genannten Körperschaften Träger der Straßenbaulast, ist er bei der Wahrnehmung der sich aus der Straßenbaulast ergebenden Aufgaben an die Anordnungen der Straßenaufsichtsbehörde gebunden. [2]Kommt er diesen Anordnungen nicht innerhalb einer ihm gesetzten angemessenen Frist nach, kann die Straßenaufsichtsbehörde die notwendigen Maßnahmen an seiner Stelle und auf seine Kosten selbst durchführen oder einen Dritten mit der Durchführung beauftragen.

(5) [1]Oberste Straßenaufsichtsbehörde ist das Staatsministerium für Wirtschaft, Arbeit und Verkehr. [2]Obere Straßenaufsichtsbehörde ist das Landesamt für Straßenbau und Verkehr. [3]Untere Straßenaufsichtsbehörden sind

1.   für Kreisstraßen sowie für Gemeindestraßen und sonstige öffentliche Straßen Kreisfreier Städte das Landesamt für Straßenbau und Verkehr,

2.   im Übrigen die Landkreise und Kreisfreien Städte.

§ 50 Behörden nach dem Bundesfernstraßengesetz

(1) [1]Oberste Landesstraßenbaubehörde ist das Staatsministerium für Wirtschaft, Arbeit und Verkehr. [2]Straßenbaubehörden sind

1.   das Landesamt für Straßenbau und Verkehr, wobei sich die Erledigung der Unterhaltung und Instandsetzung von Bundesstraßen nach § 50a richtet,

2.   die Gemeinden, soweit sie Träger der Straßenbaulast für die Bundesstraßen sind.

(2) [1]Oberste Straßenaufsichtsbehörde ist das Staatsministerium für Wirtschaft, Arbeit und Verkehr. [2]Straßenaufsichtsbehörde ist

1.   das Landesamt für Straßenbau und Verkehr, soweit eine Gemeinde Träger der Straßenbaulast ist oder soweit die Aufgabenerledigung durch die Landkreise und Kreisfreien Städte nach § 50a erfolgt.,

2.   im Übrigen das Staatsministerium für Wirtschaft, Arbeit und Verkehr.

(3) [1]Die Aufgaben nach § 50a werden von den Landkreisen und Kreisfreien Städten nach Weisung erledigt. [2]Das Weisungsrecht ist nicht beschränkt. [3]Die Beschränkungen nach § 2 Absatz 3 Satz 3 der Sächsischen Gemeindeordnung sowie nach § 2 Absatz 3 Satz 3 der Sächsischen Landkreisordnung finden keine Anwendung. [4]Fachaufsichtsbehörde ist die Straßenaufsichtsbehörde nach Absatz 2 Nr. 1. [5]Die Fachaufsichtsbehörden können die Befugnisse des Landkreises oder der Kreisfreien Stadt bei Gefahr im Verzug oder dann ausüben, wenn einer Weisung innerhalb der gesetzten Frist keine Folge geleistet wird. [6]Sie können einen Dritten mit der Durchführung beauftragen. [7]Die Landkreise und Kreisfreien Städte haben die Mehrkosten zu tragen, die aufgrund der Durchführung der Maßnahme durch die Fachaufsichtsbehörde oder durch einen von ihr beauftragten Dritten entstehen.

(4) Den Antrag nach § 6 Absatz 3 des Bundesfernstraßengesetzes stellt die für die neue Straßenklasse zuständige Straßenbaubehörde.

(5) [1]Das Staatsministerium für Wirtschaft, Arbeit und Verkehr kann durch Rechtsverordnung die nach dem Bundesfernstraßengesetz in der jeweils geltenden Fassung der obersten Landesstraßenbaubehörde zustehenden Befugnisse ganz oder teilweise auf nachgeordnete Behörden übertragen. [2]In der Rechtsverordnung können auch die weiteren nach dem Bundesfernstraßengesetz für den Vollzug zuständigen Landesbehörden bestimmt werden. [3]In der Rechtsverordnung kann auch bestimmt werden, daß Entscheidungen nach dem Bundesfernstraßengesetz in einem auf Grund sonstiger Rechtsvorschriften durchzuführenden Verfahren zu treffen sind.

§ 50a Unterhaltung und Instandsetzung der Bundesstraßen

(1) [1]Die Unterhaltung und Instandsetzung der Bundesstraßen wird durch die Landkreise und Kreisfreien Städte erledigt, soweit dem Bund die Straßenbaulast obliegt. [2]Alle anderen Aufgaben des Baulastträgers, insbesondere Planung, Bau und Erneuerung von Bundesstraßen, obliegen dem Landesamt für Straßenbau und Verkehr.

(2) § 48 Abs. 2 und 5 gelten entsprechend.

(3) [1]Die Landkreise und Kreisfreien Städte nehmen die den Straßenbaubehörden nach § 7 Absatz 2 des Bundesfernstraßengesetzes obliegenden Aufgaben und Befugnisse wahr, soweit dies für die Erledigung der Unterhaltungs- und Instandsetzungsmaßnahmen erforderlich ist. [2]Führen Landkreise und Kreisfreie Städte im Zuge ihrer Aufgabe, die Bundesstraßen zu unterhalten und in Stand zu setzen, Maßnahmen durch, für die Kostenerstattungsansprüche nach § 7 Absatz 3 des Bundesfernstraßengesetzes oder § 17 Absatz 2 in Verbindung mit Absatz 3 bestehen, können sie die Kostenerstattungsansprüche des Berechtigten durch Verwaltungsakt geltend machen.

(4) Ein unmittelbares Auftragsverhältnis wird zwischen dem Bund und den Landkreisen und Kreisfreien Städten nicht begründet.

(5) [1]Zur Erledigung der Aufgaben nach den Absätzen 1 bis 3 werden den Landkreisen und Kreisfreien Städten vom Freistaat Sachsen die für diesen Zweck veranschlagten Haushaltsmittel aus dem Bundeshaushalt zur Bewirtschaftung übertragen. [2]Die Bereitstellung der Haushaltsmittel erfolgt nach Maßgabe der Durchführungsbestimmungen zum Haushaltsplan des Bundes. [3]Die Landkreise und Kreisfreien Städte erbringen die Nachweise über die zweckgerechte Bewirtschaftung der Mittel und erstellen Abrechnungen für die Kostenverteilung des Gemeinschaftsaufwandes nach einheitlichen Grundsätzen einschließlich der anteiligen Kosten für Fahrzeuge und Geräte gegenüber dem Landesamt für Straßenbau und Verkehr.

§ 51 Beleuchtung, Straßenreinigung, Winterdienst

(1) Die Gemeinden haben alle öffentlichen Straßen innerhalb der geschlossenen Ortslage zu reinigen und im Rahmen des Zumutbaren zu beleuchten.

(2) Die Gemeinden können durch Satzung die Reinigung auf solche öffentlichen Straßen außerhalb der geschlossenen Ortslage ausdehnen, an die bebaute Grundstücke angrenzen.

(3) [1]Die Reinigungspflicht umfaßt auch die Verpflichtung, die Gehwege und Überwege für Fußgänger vom Schnee zu räumen und bei Schnee- und Eisglätte zu streuen. [2]Soweit in Fußgängerzonen (Zeichen 242.1 und 242.2 der Anlage 2 der Straßenverkehrs-Ordnung vom 6. März 2013 [BGBl. I S. 367], die zuletzt durch Artikel 4a der Verordnung vom 6. Juni 2019 [BGBl. I S. 756] geändert worden ist, in der jeweils geltenden Fassung) und in verkehrsberuhigten Bereichen (Zeichen 325.1 und 325.2 der Anlage 3 der Straßenverkehrs-Ordnung) Gehwege nicht vorhanden sind, gilt als Gehweg ein Streifen von 1,5 m Breite entlang der Grundstücksgrenze.

(4) Die Gemeinden haben im übrigen die öffentlichen Straßen innerhalb der geschlossenen Ortslage nach Maßgabe ihrer Leistungsfähigkeit vom Schnee zu räumen und bei Schnee- und Eisglätte zu streuen, soweit dies zur Aufrechterhaltung der öffentlichen Sicherheit und Ordnung erforderlich ist und nicht andere aufgrund sonstiger Rechtsvorschriften, insbesondere der Verkehrssicherungspflicht, hierzu verpflichtet sind.

(5) [1]Die Gemeinden sind berechtigt, durch Satzung die Verpflichtung zur Reinigung im Sinne der Absätze 1 bis 3 ganz oder teilweise den Eigentümern oder Besitzern der durch öffentliche Straßen erschlossenen Grundstücke aufzuerlegen oder sie zu den entsprechenden Kosten heranzuziehen. [2]Bei Inkrafttreten dieses Gesetzes bestehende weitergehende Verpflichtungen der Eigentümer oder Besitzer der anliegenden Grundstücke und Verpflichtungen Dritter bleiben unberührt.

(6) Straßen im Sinne dieser Vorschrift sind auch die Bundesstraßen.

Dritter Teil
Ordnungswidrigkeiten, Übergangs- und Schlußbestimmungen

§ 52 Ordnungswidrigkeiten

(1) Ordnungswidrig handelt, wer vorsätzlich oder fahrlässig

1. entgegen § 17 Abs. 1 eine von ihm verursachte Verunreinigung einer öffentlichen Straße nicht unverzüglich beseitigt,
2. eine öffentliche Straße oder einzelne Bestandteile beschädigt oder zerstört (§ 17 Abs. 2),
3. entgegen § 18 Abs. 1 eine Straße über den Gemeingebrauch hinaus ohne Erlaubnis benutzt oder einer nach § 18 Abs. 2 Satz 2 erteilten vollziehbaren Auflage nicht nachkommt,
4. entgegen § 18 Abs. 4 Anlagen nicht vorschriftsmäßig errichtet, unterhält oder nicht ändert,
5. entgegen § 20 Abs. 1 Gegenstände verbotswidrig abstellt,
6. entgegen § 22 Abs. 1 in Verbindung mit § 18 Abs. 1 Zufahrten oder Zugänge ohne Erlaubnis anlegt oder ändert,
7. entgegen § 22 Absatz 3 in Verbindung mit § 18 Absatz 4 Satz 1 und 2 Zufahrten oder Zugänge nicht vorschriftsmäßig errichtet oder unterhält,
8. einer nach § 22 Abs. 6 ergangenen vollziehbaren Anordnung nicht nachkommt,
9. entgegen § 23 Absatz 4 in Verbindung mit § 18 Absatz 4 ohne entsprechende vertragliche Regelung Anlagen nicht vorschriftsmäßig errichtet, unterhält oder nicht ändert oder Arbeiten an der Straße ohne Zustimmung der Straßenbaubehörde vornimmt,
10. entgegen § 24 Abs. 1 oder 2 bauliche Anlagen errichtet, ändert oder anders nutzt oder vollziehbaren Auflagen nicht nachkommt, unter denen die Straßenbaubehörde eine Ausnahme zugelassen oder eine Zustimmung erteilt hat,
11. entgegen § 27 Abs. 1 die notwendigen Vorkehrungen nicht duldet oder entgegen § 27 Abs. 2 Satz 1 Anpflanzungen oder Einrichtungen, die die Verkehrssicherheit beeinträchtigen, anlegt oder unterhält,
12. entgegen § 38 Abs. 1 Vorarbeiten oder die vorübergehende Anbringung von Markierungszeichen nicht duldet,
13. einer aufgrund des § 51 Abs. 5 Satz 1 erlassenen Satzung zuwiderhandelt, soweit die Satzung für einen bestimmten Tatbestand auf diese Bußgeldvorschrift verweist.

(2) Ordnungswidrigkeiten nach Absatz 1 Nummer 2 und Nummer 6 bis 10 können mit einer Geldbuße bis zu fünftausend Euro, die übrigen mit einer Geldbuße bis zu fünfhundert Euro geahndet werden.

(3) Verwaltungsbehörden im Sinne des § 36 Absatz 1 Nummer 1 des Gesetzes über Ordnungswidrigkeiten in der Fassung der Bekanntmachung vom 19. Februar 1987 (BGBl. I S. 602), das zuletzt durch Artikel 3 des Gesetzes vom 17. Dezember 2018 (BGBl. I S. 2571) geändert worden ist, in der jeweils geltenden Fassung sind

1. die Städte und Gemeinden bei Ordnungswidrigkeiten nach Absatz 1 Nr. 13; bei den übrigen Ordnungswidrigkeiten des Absatzes 1, soweit sie für den Vollzug der entsprechenden Norm zuständig sind,
2. im übrigen die Landkreise und Kreisfreien Städte.

§ 53 Einteilung der vorhandenen öffentlichen Straßen (Übergangsvorschrift zu § 3 und § 6)

(1) ¹Die bei Inkrafttreten dieses Gesetzes vorhandenen Straßen, Wege und Plätze, die zu diesem Zeitpunkt mit oder ohne eine Entscheidung nach § 4 Absatz 1 der Straßenverordnung vom 22. August 1974 (GBl. I S. 515) ausschließlich der öffentlichen Nutzung dienten oder betrieblich-öffentliche Straßen waren, sind öffentliche Straßen im Sinne dieses Gesetzes. ²In diesen Fällen stehen dem Träger der Straßenbaulast, soweit er noch nicht Eigentümer der Straße, dem Weg oder dem Platz dienenden Grundstücke ist, die Rechte und Pflichten des Eigentümers der Ausübung nach in dem Umfang zu, wie es die Aufrechterhaltung des Gemeingebrauchs erfordert.

(2) ¹Die bisherigen Bezirksstraßen werden
– soweit sie Landstraßen I. Ordnung waren, Staatsstraßen,
– soweit sie Landstraßen II. Ordnung waren, Kreisstraßen.
²Dies gilt auch dann, wenn Straßen, ohne im Straßenverzeichnis eingetragen zu sein, bisher als Landstraßen I. Ordnung oder als Landstraßen II. Ordnung verwaltet worden sind. ³Bezirksstraßen ohne Unterteilung werden Staatsstraßen.

(3) Die bisherigen Kreisstraßen bleiben Kreisstraßen.

(4) Die bisherigen Stadt- und Gemeindestraßen bleiben bis zur unanfechtbaren Entscheidung über ihre Aufnahme in das Bestandsverzeichnis Gemeindestraßen.

(5) ¹Die bisher betrieblich-öffentlichen Straßen werden Gemeindestraßen oder sonstige öffentliche Straßen im Sinne von § 3 Abs. 1 Nr. 4. ²Die Einteilung erfolgt durch Eintragung im Bestandsverzeichnis. ³Bis zur unanfechtbaren Entscheidung über die Eintragung im Bestandsverzeichnis hat die Gemeinde die Aufgaben aus der Straßenbaulast wahrzunehmen.

§ 54 Bestandsverzeichnisse (Übergangsvorschrift zu § 4)

(1) ¹Bestandsverzeichnisse sind nach ihrer erstmaligen Anlegung sechs Monate in den Gemeinden zur öffentlichen Einsicht auszulegen. ²Die Straßenbaubehörden haben den Lauf dieser Frist vorher öffentlich bekanntzugeben. ³Soweit die Beteiligten bekannt sind, sind sie gegen Zustellungsnachweis zu unterrichten. ⁴Die Verwaltungsgerichte entscheiden auch über die bürgerlich-rechtlichen Fragen unter Ausschluss des Rechtsweges vor den ordentlichen Gerichten.

(2) Wird eine Eintragung nach Absatz 1 im Bestandsverzeichnis unanfechtbar, gilt eine nach § 6 Absatz 3 erforderliche Zustimmung als erteilt und die Widmung als verfügt.

(3) ¹Sind Straßen, Wege und Plätze im Sinne von § 53 Absatz 1 Satz 1 nicht bis zum Ablauf des 31. Dezember 2022 in ein Bestandsverzeichnis aufgenommen, verlieren sie den Status als öffentliche Straße. ²Wer ein berechtigtes Interesse an der Eintragung als Straße, Weg oder Platz im Sinne von § 53 Absatz 1 Satz 1 hat, hat dies der Gemeinde schriftlich bis zum Ablauf des 31. Dezember 2020 mitzuteilen. ³Die Gemeinden haben auf die Sätze 1 und 2 bis zum 30. Juni 2020 öffentlich hinzuweisen. ⁴Die Gemeinde soll in den Fällen des Satzes 2 innerhalb eines Jahres eine schriftliche Entscheidung über die Eintragung treffen. ⁵Nach Ablauf der Frist nach Satz 1 oder nach Abschluss des Verfahrens nach Satz 4 ist die Eintragung in das Bestandsverzeichnis nur nach erfolgter Widmung gemäß § 6 zulässig.

(4) ¹Mit Ablauf der Frist nach Absatz 3 Satz 1 wird für alle zu diesem Zeitpunkt in ein Bestandsverzeichnis eingetragenen Straßen, Wege und Plätze vermutet, dass sie nach § 53 Absatz 1 Satz 1 öffentliche Straßen im Sinne dieses Gesetzes geworden sind, soweit die jeweiligen Bestandsverzeichnisse den Straßenverlauf unter Angabe von Straßenklasse, Anfangs- und Endpunkten sowie den Baulastträger erkennen lassen. ²Satz 1 gilt nicht, sofern über Verwaltungsverfahren nach Absatz 3 Satz 2 und 4 sowie über Rechtsbehelfe noch nicht rechtskräftig entschieden wurde. ³Soweit die Voraussetzungen nach Satz 1 nicht erfüllt sind, sollen formelle oder materielle Fehler der Bestandsverzeichnisse in einem ergänzenden Verwaltungsverfahren nach diesem Gesetz oder aufgrund dieses Gesetzes unter Beteiligung der Betroffenen nachträglich geheilt werden.

§§ 55 bis 57 (aufgehoben)

§ 58 Sondernutzung (Übergangsvorschrift zu §§ 18ff.)

(1) ¹Die bei Inkrafttreten dieses Gesetzes bestehenden Rechte und Befugnisse zur Benutzung einer Straße über den Gemeingebrauch hinaus gelten als Sondernutzungen im Sinne dieses Gesetzes. ²Die Erlaubnis nach § 18 Absatz 1 gilt als erteilt, solange sie nicht widerrufen oder durch Fristablauf erloschen ist. ³Nach bisherigem Recht unwiderrufliche und zugleich unbefristete Nutzungsrechte können zur Beseitigung von Beeinträchtigungen des Gemeingebrauchs widerrufen werden; dies gilt auch für das befristete Nutzungsrecht. ⁴Wird in den Fällen des Satzes 3 die Sondernutzung widerrufen, so kann der Betroffene für die dadurch entstehenden Vermögensnachteile vom Träger der Straßenbaulast eine angemessene Entschädigung in Geld verlangen.

(2) (aufgehoben)

(3) Sondernutzungen im Sinne des § 13 der Straßenverordnung, die nach diesem Gesetz sonstige Benutzungen der Straßen im Sinne von § 23 sind, sollen nach Inkrafttreten dieses Gesetzes durch bürgerlich-rechtliche Verträge geregelt werden.

§§ 59 und 60 (aufgehoben)

§ 61 Schlußbestimmungen

(1) Dieses Gesetz tritt am Tage nach seiner Verkündung¹⁾ in Kraft.

---

1) Verkündet am 15.2.1993.

(2) Mit Inkrafttreten dieses Gesetzes treten außer Kraft:

1. Verordnung über die öffentlichen Straßen (Straßenverordnung) vom 22. August 1974 (GBl. I Nr. 57 S. 515)

2. Erste Durchführungsbestimmung zur Straßenverordnung vom 22. August 1974 (GBl. I Nr. 57 S. 522)

3. Zweite Durchführungsbestimmung zur Straßenverordnung (Sperrordnung) vom 14. Mai 1984 (GBl. Nr. 20 S. 259)

Verordnung der Sächsischen Staatsregierung und des Sächsischen Staatsministeriums für Wirtschaft, Arbeit und Verkehr über Zuständigkeiten nach dem Bundesfernstraßengesetz und dem Sächsischen Straßengesetz (StrZuVO)

Vom 2. Juni 2006 (SächsGVBl. S. 160)
(BS Sachsen 91-2-1)
zuletzt geändert durch Art. 1 ÄndVO vom 2. März 2012 (SächsGVBl. S. 163)

Es wird verordnet
1. durch die Staatsregierung aufgrund von § 9a Abs. 3 Satz 1 und 5 in Verbindung mit Satz 3 des Bundesfernstraßengesetzes (FStrG) in der Fassung der Bekanntmachung vom 20. Februar 2003 (BGBl. I S. 286), das durch Artikel 3 des Gesetzes vom 22. April 2005 (BGBl. I S. 1128, 1137) geändert worden ist,
2. durch das Staatsministerium für Wirtschaft und Arbeit aufgrund von
   a) § 50 Abs. 5 Satz 1 und 2 des Straßengesetzes für den Freistaat Sachsen (Sächsisches Straßengesetz – SächsStrG) vom 21. Januar 1993 (SächsGVBl. S. 93), das zuletzt durch Artikel 3 des Gesetzes vom 28. Mai 2004 (SächsGVBl. S. 200, 225) geändert worden ist,
   b) § 16 Abs. 1 Nr. 2 des Gesetzes über die Verwaltungsorganisation des Freistaates Sachsen (Sächsisches Verwaltungsorganisationsgesetz – SächsVwOrgG) vom 25. November 2003 (SächsGVBl. S. 899), das zuletzt durch Artikel 2 des Gesetzes vom 9. September 2005 (SächsGVBl. S. 257, 258) geändert worden ist:

§ 1 Zuständigkeiten nach dem Bundesfernstraßengesetz
(1) Die Zuständigkeiten der obersten Landesstraßenbaubehörde nach dem Bundesfernstraßengesetz sowie die Zuständigkeit der höheren Verwaltungsbehörde gemäß § 5 Abs. 4 Satz 4 FStrG werden auf das Landesamt für Straßenbau und Verkehr übertragen, soweit nachfolgend nichts anderes bestimmt ist.
(2) [1]Die Zuständigkeiten der obersten Landesstraßenbaubehörde nach § 2 Abs. 6 Satz 3 und § 5 Abs. 2a Satz 1 und 2 FStrG verbleiben abweichend von Absatz 1 beim Staatsministerium für Wirtschaft, Arbeit und Verkehr. [2]Die Entscheidung nach § 2 Abs. 6 Satz 2 FStrG ergeht im Einvernehmen mit dem Staatsministerium für Wirtschaft, Arbeit und Verkehr.
(3) Die Zuständigkeit der obersten Straßenbaubehörde für Ausnahmen von der Veränderungssperre gemäß § 9a Abs. 5 FStrG wird auf die Landesdirektion Sachsen übertragen.

§ 2 Übertragung von Ermächtigungen
Die Ermächtigungen zum Erlass von Rechtsverordnungen nach § 9a Abs. 3 Satz 1 und 5 FStrG werden auf die Landesdirektion Sachsen übertragen.

§ 3 Zuständigkeit für die Aufhebung von Bauvorbehaltsgebieten
Die Zuständigkeit für die Aufhebung von gemäß § 7 des Gesetzes über die Bereitstellung von Grundstücken für Baumaßnahmen (Baulandgesetz) vom 15. Juni 1984 (GBl. DDR I S. 201) für verkehrliche Anlagen festgelegten Bauvorbehaltsgebieten wird auf die Landesdirektion Sachsen übertragen.

§ 4 (aufgehoben)

§ 5 In-Kraft-Treten und Außer-Kraft-Treten
(1) [1]Diese Verordnung tritt mit Wirkung vom 1. Januar 2006 in Kraft, mit Ausnahme des § 3 Nr. 3 Buchst. a, der am Tage nach der Veröffentlichung[1]) der Verordnung in Kraft tritt. [2]Gleichzeitig treten außer Kraft
1. die Verordnung der Sächsischen Staatsregierung über Zuständigkeiten nach dem Bundesfernstraßengesetz (FStrGZuVO) vom 15. Dezember 1992 (SächsGVBl. 1993 S. 3), geändert durch Verordnung vom 6. September 1994 (SächsGVBl. S. 1561) und

---

1) Veröffentlicht am 30.6.2006.

2. die Verordnung des Sächsischen Staatsministeriums für Wirtschaft und Arbeit über Zuständigkeiten nach dem Bundesfernstraßengesetz und dem Sächsischen Straßengesetz vom 5. August 1999 (SächsGVBl. S. 481), zuletzt geändert durch Artikel 2 der Verordnung vom 30. August 2001 (SächsGVBl. S. 659, 661), mit Ausnahme des § 3 Nr. 3 Buchst. a, der mit Ablauf des Tages der Veröffentlichung der Verordnung außer Kraft tritt.

(2) § 4 tritt am 1. Januar 2012 außer Kraft.

Stichwortverzeichnis

Die **fetten** Zahlen verweisen auf die laufenden Nummern der Gesetze (vgl. Inhaltsverzeichnis), die **mageren** auf die Artikel, Paragraphen und Nummern.

DIE IDEALE ERGÄNZUNG
Das Studienbuch zum Landesrecht

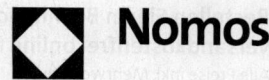